國家社會科學基金項目資助

敦煌漢文大智度論整理與研究

劉顯 著

廣陵書社

圖書在版編目（ＣＩＰ）數據

敦煌漢文本《大智度論》整理與研究 / 劉顯著. --
揚州 : 廣陵書社, 2021.4（2022.3 重印）
ISBN 978-7-5554-1619-7

Ⅰ. ①敦… Ⅱ. ①劉… Ⅲ. ①中觀派－佛經②《大智
度論》－研究 Ⅳ. ①B946.9

中國版本圖書館CIP數據核字（2020）第247559號

書　　　名	敦煌漢文本《大智度論》整理與研究
著　　　者	劉　顯
責任編輯	徐大軍　鄒鎮明
出 版 人	曾學文
出版發行	廣陵書社

揚州市四望亭路 2-4 號　　　郵編 225001
（0514）85228081（總編辦）　　85228088（發行部）
http://www.yzglpub.com　　E-mail:yzglss@163.com

印　　　刷	無錫市海得印務有限公司
裝　　　訂	無錫市西新印刷有限公司
開　　　本	889 毫米 × 1194 毫米　1/16
印　　　張	65.5
字　　　數	1900 千字
版　　　次	2021 年 4 月第 1 版
印　　　次	2022 年 3 月第 2 次印刷
標準書號	ISBN 978-7-5554-1619-7
定　　　價	380.00 元

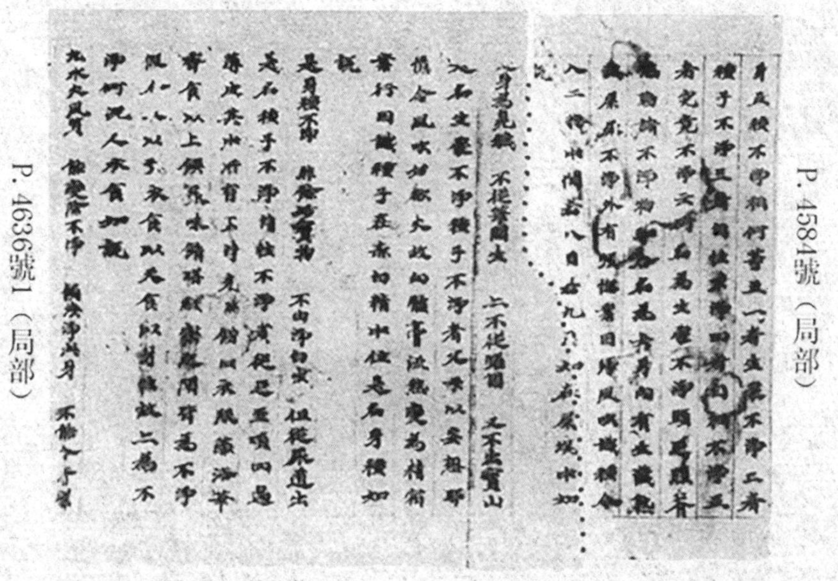

彩圖 1　中村 016 號(《大智度經》寫本,題記反映了北魏時期的寫經、校經制度)

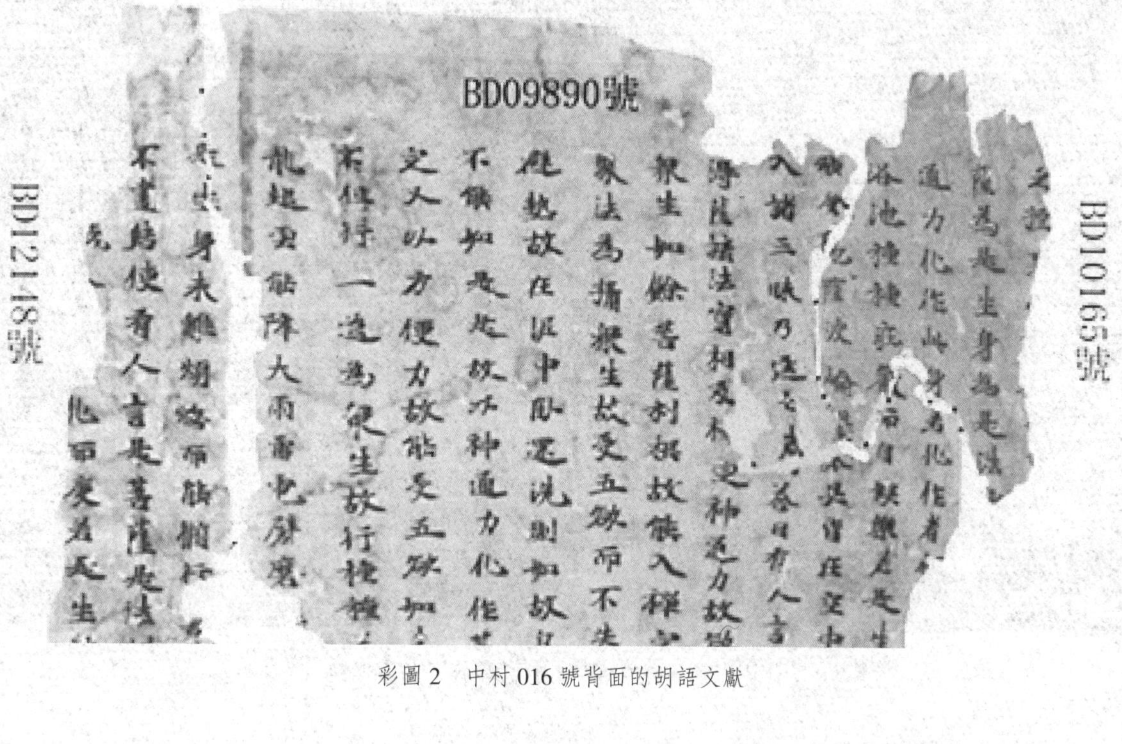

彩圖 2　中村 016 號背面的胡語文獻

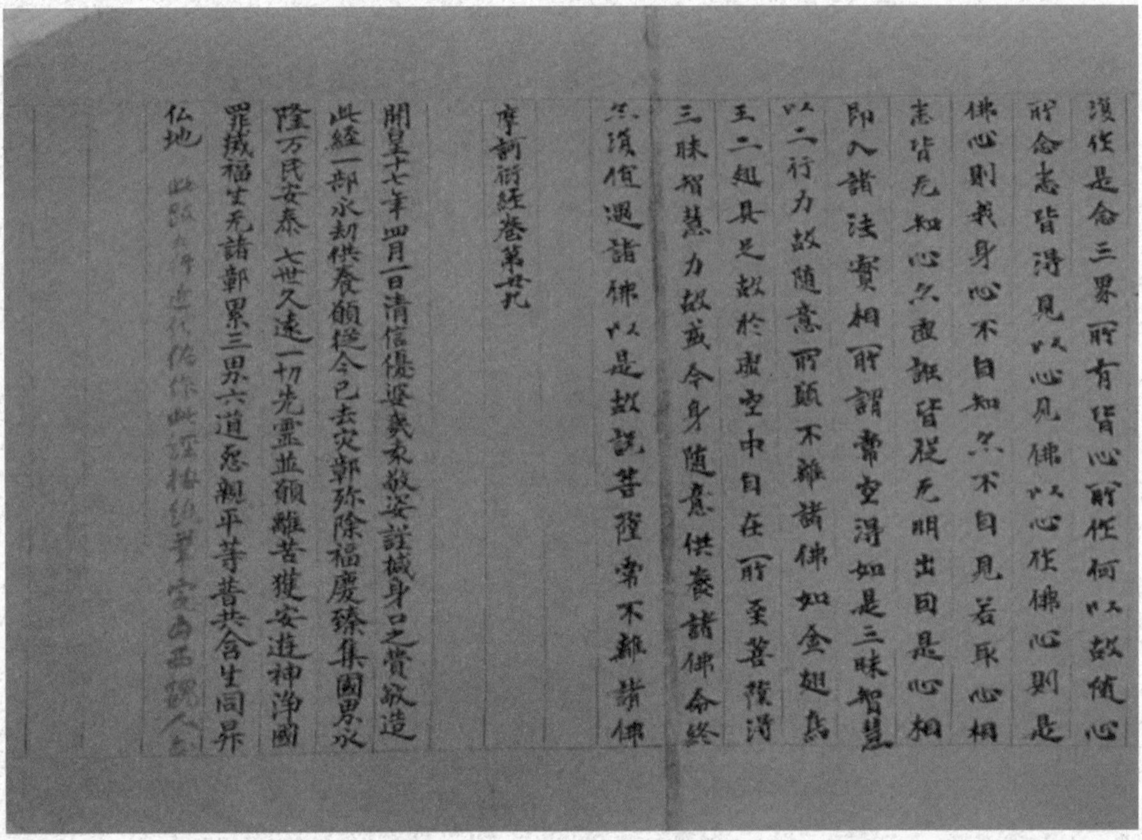

彩圖 3　中村 037 號(《摩訶衍經》寫本,卷末有隋開皇十七年袁敬姿造經題記)

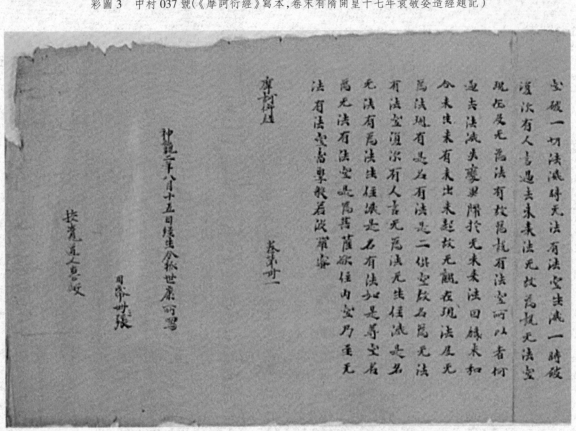

彩圖 4　中村 019 號(《摩訶衍經》寫本,卷末有北魏神龜二年題記)

期若世有佛眾生浮出三界牢獄譬如二國
之間无日之處是中眾生從冥中生從冥中
死若佛生時光明暫焰各各相見乃見日月
所照眾生知彼為大福我等有罪如是或時
佛以光明遍照諸佛國有佛國眾生見佛光
明則大歡喜念言我等黑闇故為大明滅火
有佛之國眾生知有罪福人受三歸五戒八
齋及出家五眾等種種甚深禪定智慧四沙
門果有餘无餘涅槃等以是種種善法以是
曰緣故佛國為貴著佛國眾生雖不見佛值
遇經法循善持戒希施祀敬等種種淨縛因緣
乃至畜生皆能種福德因緣若无佛之國乃
至天人不能備善以是故菩薩生願欲使佛
世界不斷

大智度論卷第卅

隋賢書法內吸周齊剽勁之氣
外收梁陳綿嚴之風統合南北
滙成一局以故生面獨開古法宛
存自非唐人專謹結撰者亦可比
擬是卷精光外溢勁氣直達尤為
隋書中傑作與余所藏比丘尼惠
坐於大業四年所造大般涅槃經
實出一手書定為隋墨夫復何羨
煜青老哥其寶藏之
庚申仲秋　靈蘭宏主徐聲金題

彩圖 5、6　津文 3 號（南北朝寫本，近代接出黃綾拖尾，有徐聲金跋文 10 行）

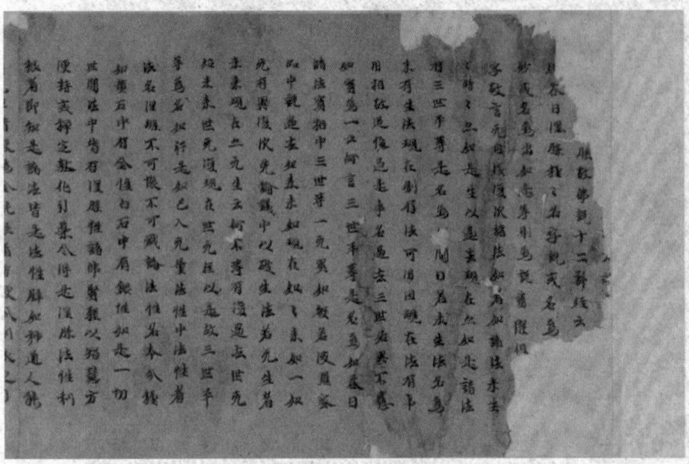

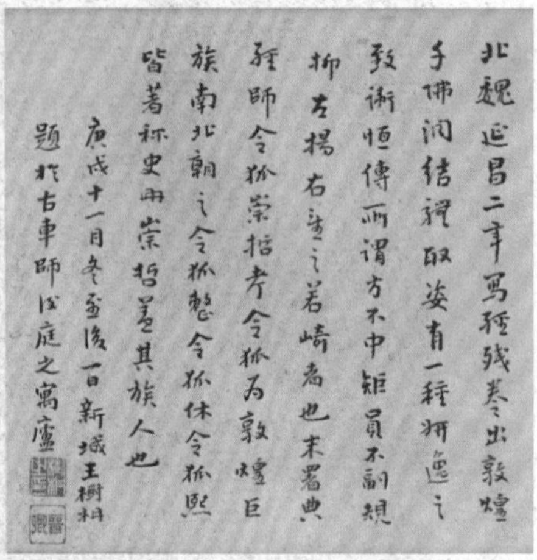

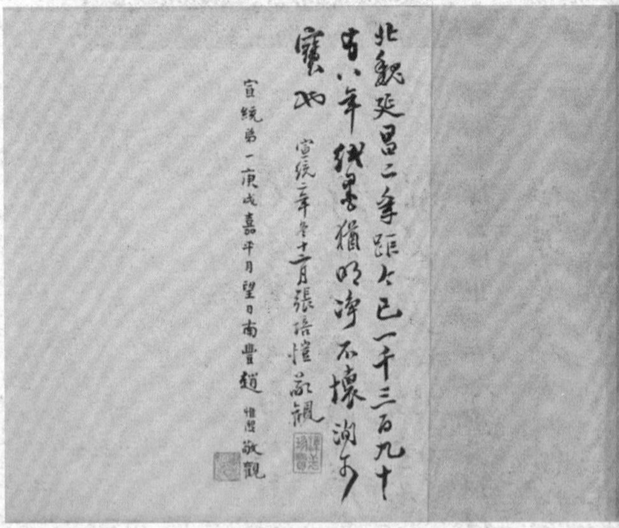

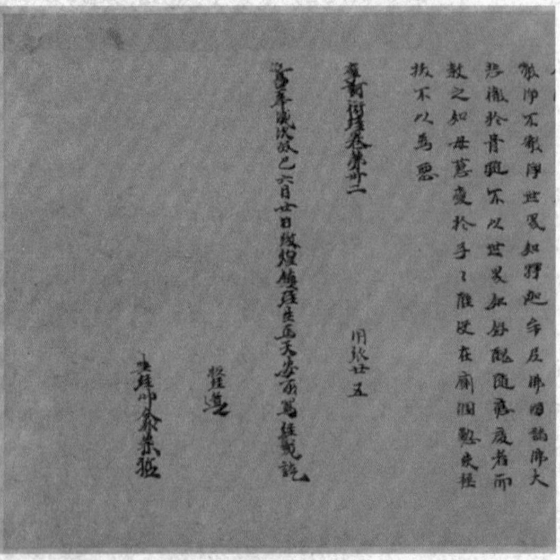

彩圖 7、8　中村 017 號（敦煌鎮官方寫經，有北魏延昌二年題記，卷首有王樹枏序，卷末有趙惟熙跋）

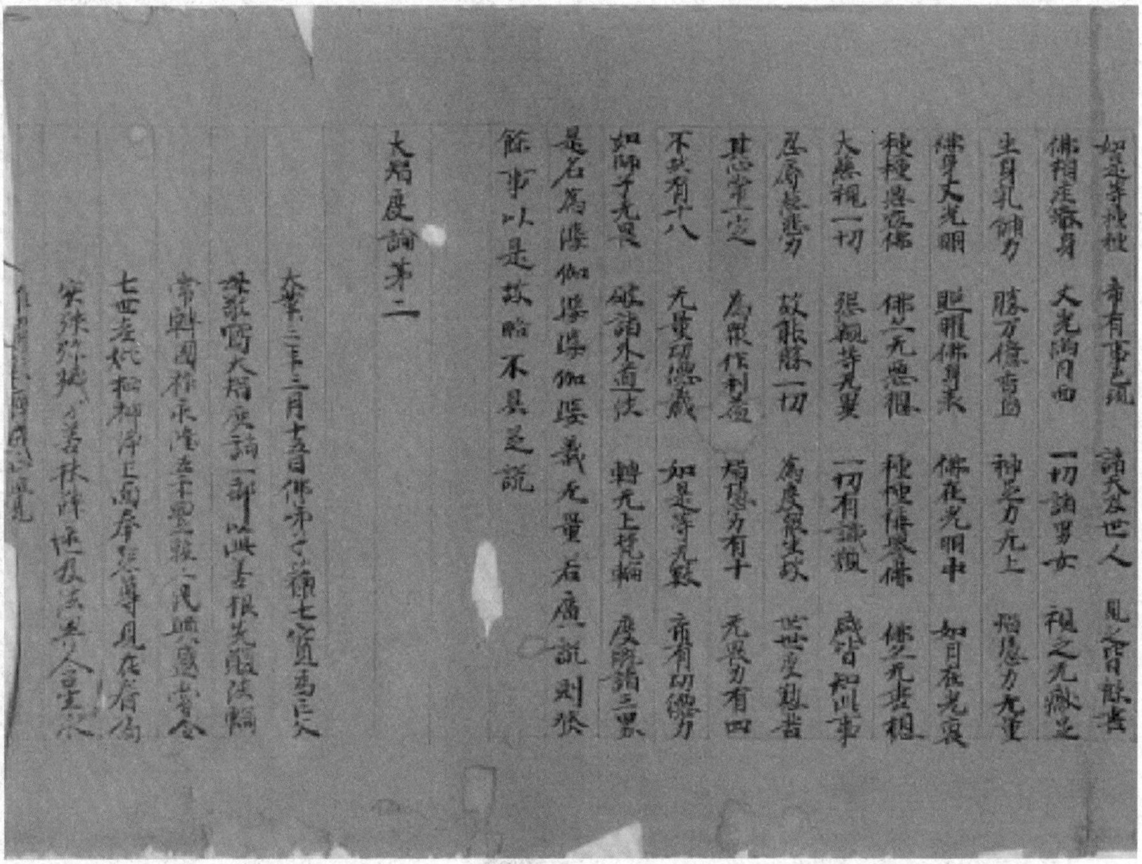

彩圖9　中村057號（隋大業三年寫本，卷末有蘇七寶寫經題記）

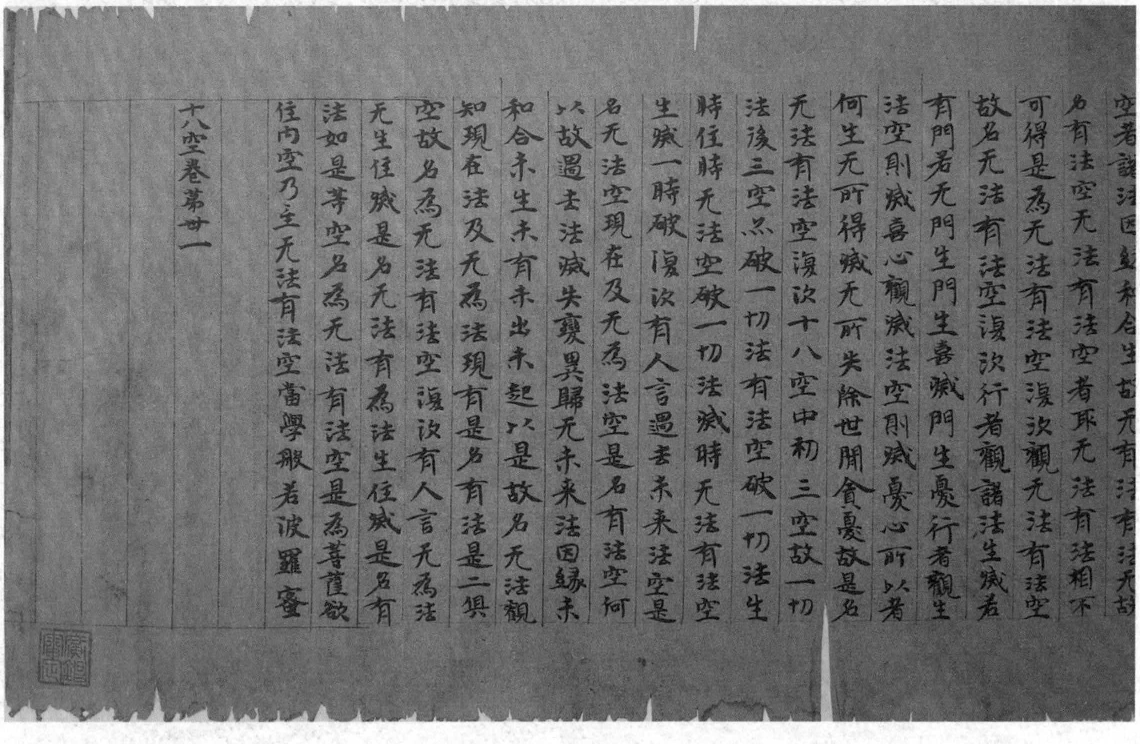

彩圖10　務本001號（南北朝寫本，黃賓虹舊藏，上下部有水漬，背有現代裱補）

唐人寫大方便報恩經一卷 元旦觀題

昭現代世若波羅蜜在於世者世間便
有剎利大姓婆羅門大姓居士大家四天王
天乃至阿迦尼吒天諸須陀洹果乃至阿羅
漢果辟支佛道善薩摩訶薩无上佛道轉法
輪成就眾生淨佛世界辟日上釋善言供養
故若福德甚至更有大天辉以非一切智人
曰若說或錯是以佛印可所知是如是問
敬若說若波羅蜜相一切般若東世者
不生不滅如虛空相今何以說般若相諸
三寶不滅善日眼若波羅蜜注有佛无佛
常住不壞此言在世者何謂般若絲名可綱
習讀誦者是曰中說果群如坏深經短不反
便言失井已寶不失眼若波羅蜜相如深
於絲名名為綖行者不能書寫欲知般言疾
閒日若說三寶盡獨一切善人善法何以復
言般若在世者世閒有十善人善道乃至一切種
智善日此諸法及諸道守廣辦三寶中義佛
寶者法阿稱寧无學五眾法者第三辦阿綱
浸繫涂四沙門而獅學切應餘殘辟文佛切
槐善薩切悔僧寶者四間四將學无學反眾
餘十善道四禪四无色寺時是道方便門是
故別說

經名第五十七

一校竟

彩圖 11、12　務本 032 號（南北朝寫本，有現代裝裱，卷端有啟功題簽，卷末有校經題記）

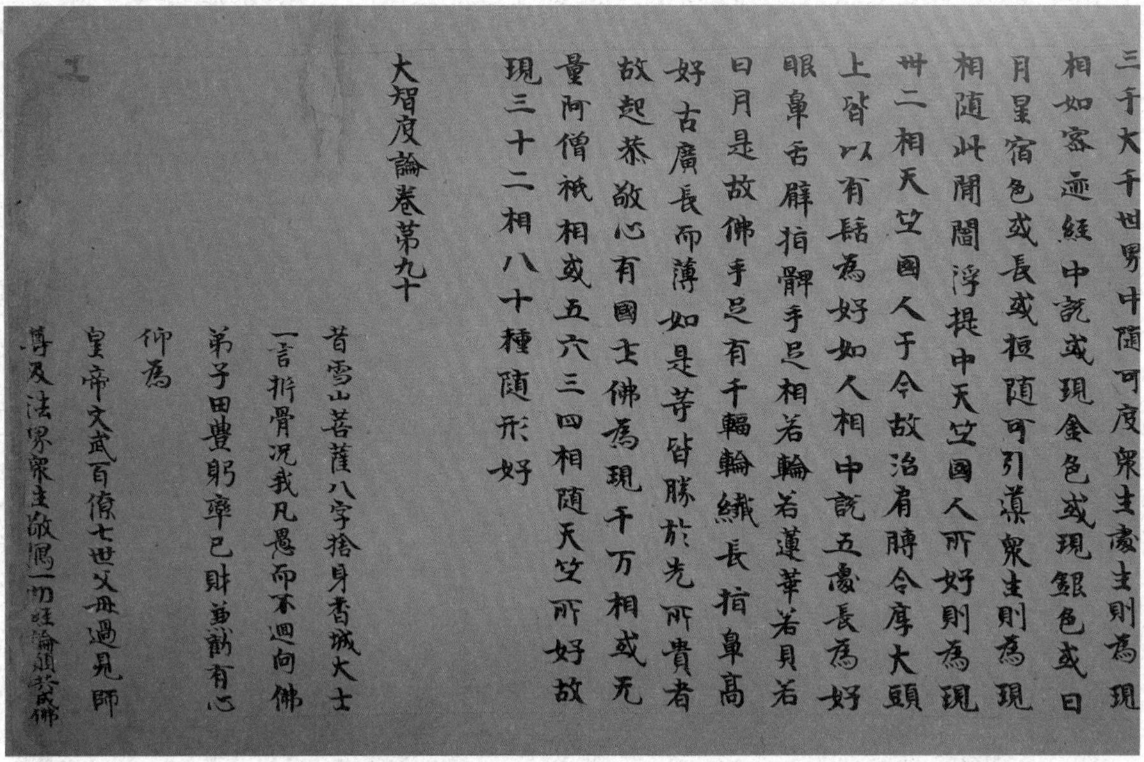
三千大千世界中隨可度衆生處生則爲現
相如密迹經中說或現金色或現銀色或日
月星宿色或長或短隨可引導衆生則爲現
相隨此閻浮提中天竺國人所好則爲現
卅二相天竺國人于今故治肩髆令厚大頭
上皆以有髻爲好如人相中說五處長爲好
眼鼻舌髆指髀手足相若輪若蓮華若貝若
日月是故佛手足有千輻輪纖長指鼻高
好古廣長而薄如是等皆勝於先所貴者
故起恭敬心有國土佛爲現千万相或无
量阿僧祇相或五六三四相隨天竺所好故
現三十二相八十種隨形好
大智度論卷第九十
昔雪山菩薩八字捨身香城大士
一言折骨況我凡愚而不迴向佛
弟子田豊躬率已財兼勸有心
仰爲
皇帝文武百僚七世父母過見師
尊及法界衆生敬寫一切經論願成佛

彩圖 13　浙敦 027 號(七世紀寫本《大藏經》零本,卷末有田豐造經題記)

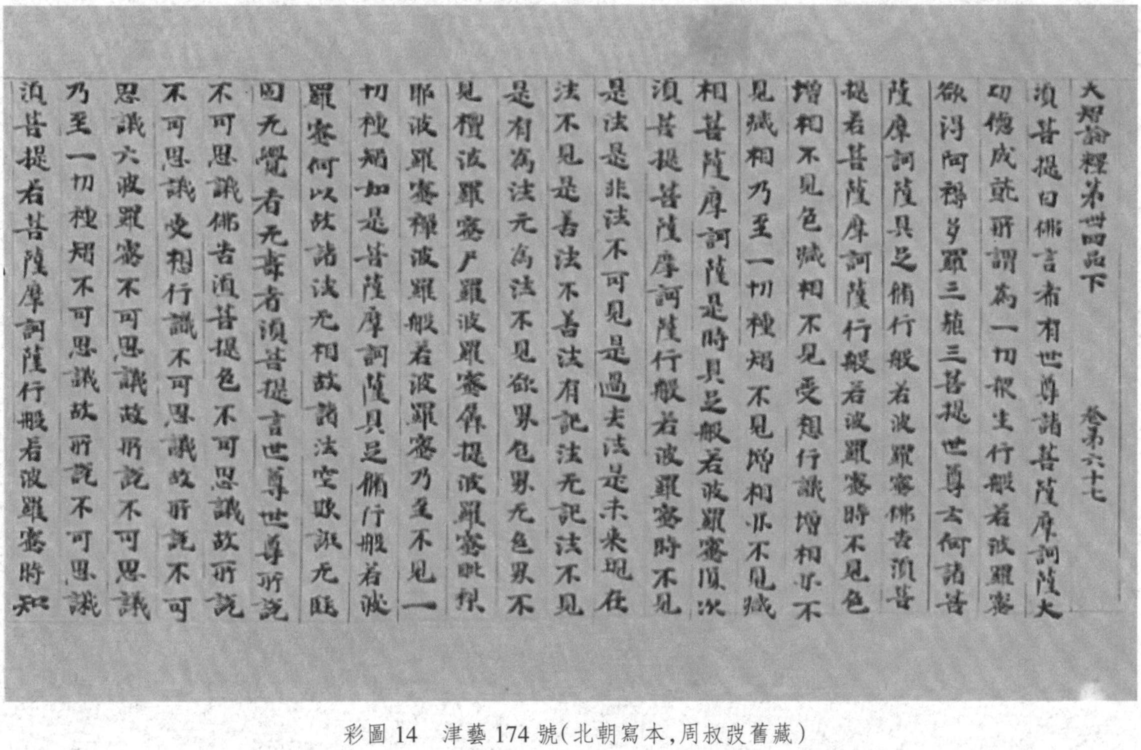
大智論釋第卌四品下　卷第六十七
須菩提白佛言希有世尊諸菩薩摩訶薩大
功德成就所謂爲一切衆生行般若波羅蜜
欲得阿耨多羅三藐三菩提世尊云何諸菩
薩摩訶薩具足修行般若波羅蜜佛告須菩
提若菩薩摩訶薩行般若波羅蜜時不見色
增相不見色減相不見受想行識增相亦不
見減相乃至一切種智不見增相亦不見減
相菩薩摩訶薩是時具足般若波羅蜜復次
須菩提菩薩摩訶薩行般若波羅蜜時不見
是法是非法不可見是過去法是未來現在
法不見是善法不善法有記法无記法不見
是有爲法无爲法不見欲界色界无色界不
見檀波羅蜜尸羅波羅蜜羼提波羅蜜毗梨
耶波羅蜜禪波羅蜜般若波羅蜜乃至不見一
切種智如是菩薩摩訶薩具足修行般若波
羅蜜何以故諸法无相故諸法空欺誑无所
因无覺者无知者須菩提言世尊世尊所說
不可思議佛告須菩提色不可思議故所說
不可思議受想行識不可思議故所說不可
思議六波羅蜜不可思議故所說不可思議
乃至一切種智不可思議故所說不可思議
須菩提若菩薩摩訶薩行般若波羅蜜時知

彩圖 14　津藝 174 號(北朝寫本,周叔弢舊藏)

序

　　劉顯教授著《敦煌漢文本〈大智度論〉整理與研究》，囑余題簽作序。僻居鄉下，日月易得，忽忽多忘，今始憶及。

　　劉顯隨我在南京師範大學文學院讀研六年：三年碩士，三年博士。凡是跟我讀完六年研究生者，無一例外皆已進入學術界，并都取得尚佳成就。

　　2002 年，劉顯以優異成績考取南京師範大學文學院中國古典文獻學碩士研究生。當年我指導兩位碩士生，皆作敦煌文獻研究。劉顯性澹泊，不慕榮利，此前曾有意於蘇州西園寺學佛，去時兩人同行，結果陪同者剃度出家，劉顯獨悶悶回寧。出家不成，乃銳意考研，專心讀書。而於此時，我因鑒定、研讀吳士鑒舊藏敦煌北朝寫卷《大智度論》殘卷，積累資料，有意作一考訂，未遑實施，知劉顯有志於佛學，故特別推薦做敦煌寫本《大智度論》專題研究。不過，劉顯在碩士生階段主要是做先師蔣禮鴻《敦煌變文字義通釋》一書訂補，曾經發表四篇論文。

　　2007 年，劉顯考博回到南師大文學院古典文獻學專業跟我繼續讀書，開始系統研究敦煌寫本《大智度論》，搜集各個卷號，排比考訂，校録整理，至 2010 年畢業時已在核心期刊發表多篇論文，如《敦煌本〈大智度論〉學術價值初探》《〈大正藏〉本〈大智度論〉校勘札記（一）》《〈大正藏〉本〈大智度論〉校勘札記（二）》《敦煌寫本〈大智度論〉殘卷綴合四則》《〈大正藏〉本〈大智度論〉校勘舉誤》《論敦煌本佛經的校勘價值》《論〈大藏經〉的校勘不應忽略敦煌寫本》等，較之大多數博士生同學，已可謂出類拔萃、成果不俗。

　　《大智度論》凡一百卷，古印度龍樹著，後秦鳩摩羅什於弘始四年（402）至弘始七年（405）在長安逍遙園西明閣譯出。佛教文獻分爲經、律、論三大類，"論"爲古代高僧大德研究佛學之論著，考訂難度最高，因此必須專心致志方能做出成績。劉顯既有良好的文獻功底，又有佛學基礎，更加持之以恒，因而終有所獲。

　　《大智度論》爲解釋《摩訶般若波羅蜜經》之著，又稱《摩訶衍經》《大智度經》《大智度經論》《摩訶般若釋論》《大智釋論》《釋論》《智度論》《大智論》《智論》《大論》等，主要講述中道實相，以二諦解釋實相之理，發揮般若思想，對《摩訶般若波羅蜜經》所述歷史、地理、譬喻、教理、修持、人物、部派、經典等皆做詳盡解釋，突出論述以"六波羅蜜"爲綱領之大乘佛法。由於所釋《摩訶般若波羅蜜經》爲當時諸經篇幅最大者，作者又對經中"性空幻有"等思想有所發揮，故《大智度論》被譽爲論中之最，成爲中國佛教各宗派的重要經典。論中所引經籍甚多，許多今已亡佚，幸賴該論而得窺其一斑；同時論中保存大量當時流傳於北印度之民間故事與傳説，因而亦爲研究古印度文化者所不可或缺。

　　劉顯自 2007 年讀博以來，十三年青燈黄卷，孜孜以求，厚積薄發，不浪虛言。既從原始材料入手，搜剔爬梳，巨細無遺，篳路藍縷之功不少；更由彙證歸納，縱橫探索，獨抒己見，考證辯駁之力實夥。我嘗謂對於中國古典文獻學之研究，既需要小聰明，又需要大智慧。何謂小聰明？能綜合排比，條分縷析，時獲靈感，此之謂小聰明。何謂大智慧？甘坐冷板凳，持之以恒，終成正果，此之謂大智慧。僅有小聰明，可得一時之效，進得了校門，出得了校門；僅有大智慧，徒然堆積許多材料，終不能獨抒己見，嶄露頭角。劉顯其人，既有小聰明，又有大智慧，故能有所發明。

俗言云何者：師傅領進門，修行靠個人。故劉顯有今日之成就，主要是靠個人之努力。有鑒於此，特爲之序。

江浙散人　黄征

2020 年 12 月 16 日作於杭州佛日寺之側

凡 例

一、本書所論"敦煌漢文本《大智度論》"皆出土於敦煌莫高窟藏經洞,凡非其出土或不能肯定者,概不闌入;非漢文敦煌《大智度論》寫本亦不收録。

二、本書的整理工作具體細則:

(一)定名原則:《大智度論》別名甚多,爲避免紛歧,本書一律統稱《大智度論》。原卷若標明卷次,則沿用;原卷若分卷與傳世刻本不同,則在定名後標注"(異卷)",以示區別;原卷若無任何卷次信息,則依《大正新修大藏經》本卷次定名。又諸家定名甚多,若悉數收録,恐不勝其繁,亦無此必要,故本書只收録《敦煌遺書總目索引》《敦煌遺書總目索引新編》及圖版出處之定名。

(二)凡引敦煌文獻,皆標明卷號,如S.1621號。同一卷子抄有不同文獻者,若圖版已有編號,則沿用,如BD14825號CG;圖版若無編號,則在卷號後以A、B、C……標明該文獻所在次序,如S.4006號A。若爲背面文獻,則以卷號加英文字母"V"表示,如S.6537號V。

(三)爲展示敦煌漢文本《大智度論》全貌,對校本的所有異文、文句不同及殘文皆出校説明。底本誤而他本正確者,徑改正文,在校記中説明所據。敦煌寫本以外諸本情況皆採自《大正藏》校記。爲避文繁,校記只提供結論,概不詳作考證。

(四)異體字皆不出校,但古今字(如"弟"與"第"、"然"與"燃")、借音字(如"有"與"又"、"如"與"汝")、記音字(如"傴侲"與"敏勉"、"琉璃"與"瑠璃"),則出校説明。

(五)凡抄寫符號,如刪除符號、重文符號、顛倒符號、題頭符號等,皆不出校。原卷行間校加字徑行補入,有塗抹符號者不録。

(六)原卷缺字用"□"號表示,缺幾字就用幾個"□"。不能確定字數者,上部殘缺用"￣￣"號,中部殘缺用"□￣"號,下部殘缺用"□￣"號分別表示。缺字據別本補足時,所補之字以"( )"括之;模糊不清,無法辨識者用"◪"號表示,缺幾個就用幾個"◪"號;借音字、訛字在原字下,用"( )"注出本字;原卷換行處以"/"號表示。

(七)凡綴合殘卷,可直接綴合的卷號用"+"相接,不可直接綴合的卷號用"…"相連。綴合示意圖中,直接綴合者銜接處必要時加點示意,間接綴合者標注":"示意。

(八)校勘所用底本爲佛學界通行較廣的《大正新修大藏經》本(施以新式標點),對校本爲敦煌漢文本《大智度論》。同一寫本以所存原文之先後爲序,以甲本、乙本、丙本、丁本……子本、丑本、寅本、卯本……次之。若對校本是由若干殘卷或殘片綴合而成,則分別以甲一、二、三爲序標列。

三、書中引用敦煌文獻收藏編號,統一使用簡稱,簡稱及對應全稱如下:

S.——英國國家圖書館藏敦煌文獻斯坦因(M.A.Stein)編號

P.——法國國家圖書館藏敦煌文獻伯希和(P.Pelliot)編號

Дx——俄羅斯科學院東方文獻研究所藏敦煌文獻編號

Ф——俄羅斯科學院東方文獻研究所藏敦煌文獻弗魯格編號

中村——《臺東區立書道博物館所藏中村不折舊藏禹域墨書集成》編號

大谷敦續編——《大谷大學所藏敦煌古寫經續編》編號

龍谷——日本龍谷大學藏敦煌文獻編號

羽——《敦煌秘笈》影印日本杏雨書屋藏敦煌文獻原羽田亨編號

伍倫——《濱田德海搜藏敦煌遺書》編號

BD——《國家圖書館藏敦煌遺書》編號

北——中國國家圖書館藏敦煌文獻原編號（附該件千字文編號）

新——中國國家圖書館藏敦煌文獻新編號

散——《敦煌遺書散錄》編號（《敦煌遺書總目索引》附錄）

國博——《中國歷史博物館藏法書大觀》編號

上圖——《上海圖書館藏敦煌吐魯番文獻》編號

津藝——《天津市藝術博物館藏敦煌文獻》編號

津文——《天津市文物公司藏敦煌寫經》編號

浙敦——《浙藏敦煌文獻》編號

敦研——《甘肅藏敦煌文獻》敦煌研究院藏敦煌文獻編號

敦博——《甘肅藏敦煌文獻》敦煌市博物館藏敦煌文獻編號

務本——《務本堂藏敦煌遺書》編號

榮寶齋——榮寶齋藏敦煌文獻編號

臺圖——《敦煌卷子》影印臺灣"中央圖書館"藏敦煌文獻編號

傅圖——《中央研究院歷史語言研究所傅斯年圖書館藏敦煌遺書》編號

四、徵引文獻首次引用時，注明作者、書名、出版社、出版時間、頁碼，再次引用時，則只標注書名和頁碼。常用徵引文獻一律使用簡稱，常用簡稱如下：

《英圖》——《英國國家圖書館藏敦煌遺書》

《法藏》——《法藏敦煌西域文獻》

《俄藏》——《俄藏敦煌文獻》

《中村》——《臺東區立書道博物館所藏中村不折舊藏禹域墨書集成》

《大谷敦續編》——《大谷大學所藏敦煌古寫經續編》

《羽田》——《敦煌秘笈》

《濱田》——《濱田德海搜藏敦煌遺書》

《寶藏》——《敦煌寶藏》

《國圖》——《國家圖書館藏敦煌遺書》

《國博》——《中國歷史博物館藏法書大觀》

《上圖》——《上海圖書館藏敦煌吐魯番文獻》

《津藝》——《天津市藝術博物館藏敦煌文獻》

《津文》——《天津市文物公司藏敦煌寫經》

《浙藏》——《浙藏敦煌文獻》

《甘藏》——《甘肅藏敦煌文獻》

《務本》——《務本堂藏敦煌遺書》

《臺圖》——《敦煌卷子》

《傅圖》——《中央研究院歷史語言研究所傅斯年圖書館藏敦煌遺書》

《索引》——《敦煌遺書總目索引》

《索引新編》——《敦煌遺書總目索引新編》

《孟目》——《俄藏敦煌漢文寫卷敘錄》

《翟目》——《翟林奈目錄》

《大正藏》——《大正新修大藏經》

《郭曉燕》——《敦煌本〈大智度論〉寫本考》

《伊藤》——《敦煌本〈大智度論〉の整理》

目　録

上　篇

下　篇

上　篇

第一章　緒　論

第一節　《大智度論》的傳譯

《大智度論》，凡 100 卷，古印度龍樹著，後秦鳩摩羅什於弘始四年（402）至弘始七年（405）在長安逍遙園西明閣譯出。[1]《大智度論》是解釋《摩訶般若波羅蜜經》的論著，又稱《摩訶衍經》《大智度經》《大智度經論》《摩訶般若釋論》《大智釋論》《釋論》《智度論》《大智論》《智論》《大論》等。該論主要講述中道實相，以二諦解釋實相之理，發揮般若思想，對《摩訶般若波羅蜜經》中敘及的歷史、地理、譬喻、教理、修持、人物、部派、經典以及其他概念術語作了詳盡的解釋，突出論述了以“六波羅蜜”爲綱領的大乘佛法。由於所釋《摩訶般若波羅蜜經》爲當時諸經篇幅最大者，作者并對經中的“性空幻有”等思想有所發揮，故《大智度論》被譽爲論中之王，是中國佛教各宗派的重要經典。論中所引經籍甚多，許多今已亡佚，幸賴該論而得窺其一斑；同時論中還保存了大量當時流傳於北印度的民間故事和傳說，是研究古印度文化不可或缺的重要參考資料。

相傳，《大智度論》一百卷尚非全譯，僧睿《大智釋論序》云：“經本既定，乃出此釋論。論之略本有十萬偈，偈有三十二字，并三百二十萬言。梵夏既乖，又有煩簡之異，三分除二，得此百卷，於大智三十萬言，玄章婉旨，朗然可見。”[2] 卷末附記又云：“論初三十四卷，解釋一品，是全論具本。二品以下法師略之，取其要足以開釋文意而已，不復備其廣釋，得此百卷。若盡出之，將十倍於此。”[3] 謂《大智度論》梵本有十萬偈，如全部譯出，將有千餘卷。羅什認爲華夏之士喜歡簡潔，不習慣冗長繁瑣的議論，因而只將解釋名相事數的《序品》依照梵本全部譯出，成三十四卷；自第二品《奉鉢品》以下至第九十品《囑累品》則擇要節譯，成六十六卷，總計一百卷。[4]

翻譯《大智度論》之際，中國佛教界正盛行般若經的研究，衆說紛紜，莫衷一是，待《大智度論》一出，諸説頓息。自南北朝至隋、初唐，華北地區特別盛行《大智度論》的研究，歷史上注疏甚多，重要的有僧肇《大智度論鈔》8 卷、慧影《大智度論疏》24 卷、僧侃《大智度論疏》14 卷、曇影《大智度論鈔》15 卷等，然今僅存慧影《大智度論疏》殘本，餘皆亡佚。

1　關於《大智度論》作者，近代一些學者存在不同看法，代表人物有比利時的拉蒙特，日本的干舄龍祥、平川彰、加藤純章。拉蒙特認爲《大智度論》并非龍樹所作，而是西北印度某説一切有部而轉習大乘的學者所作，參拉蒙特著、郭忠生譯《〈大智度論〉之作者及其翻譯》，《諦觀》，1990 年第 62 期，頁 97—179。干舄龍祥雖肯定《大智度論》爲龍樹所作，但認爲鳩摩羅什在漢譯過程中對其內容有所增修，參干舄龍祥著《〈大智度論〉の作者について》，《印度學佛教學研究》，1958 年第 7 卷第 1 號，頁 1—12。加藤純章認爲《大智度論》的作者并非龍樹，此人很可能來過西域，并和鳩摩羅什一起完成了《大智度論》的寫作，參加藤純章著、宏音譯《〈大智度論〉的世界》，《諦觀》，1988 年第 52 期，頁 1—47。

2　《大正藏》，25 册，頁 57。

3　《大正藏》，25 册，頁 756。

4　一些學者對是否存在十萬偈的梵本提出質疑，如釋印順認爲沒有所謂“千有餘卷”的廣本，他認爲，因僧睿疏忽了經論合編一事，誤將一百卷當作《大智度論》論文一百卷，故有此誤解。參印順述、昭慧記《大智度論之作者及其翻譯》，《東方宗教研究》，1990 年第 2 期，頁 970。

　　《大智度論》至今尚未發現梵本,亦無藏文譯本,僅有鳩摩羅什漢譯本傳世。歐美、印度學術界對此論高度重視,陸續有人將漢譯本的部分内容譯成法文、英文、德文;其中,比利時學者拉蒙特窮其一生精力,將前三十四卷譯成法文,并詳加注釋,影響較大。

第二節　敦煌漢文本《大智度論》概述

　　敦煌藏經洞出土《大智度論》寫卷爲數甚多,通過對已公佈敦煌文獻的全面普查,我們共發現《大智度論》漢文寫卷 486 號,分藏於中國、英國、法國、俄羅斯、日本凡 20 個公私收藏機構。其中,中國國家圖書館藏 114 號,中國歷史博物館藏 2 號,敦煌研究院藏 13 號,敦煌市博物館藏 1 號,天津藝術博物館藏 9 號,天津市文物公司藏 2 號,上海圖書館藏 3 號,浙江省博物館藏 5 號,浙江圖書館藏 1 號,務本堂藏 2 號,榮寶齋藏 1 號,臺灣"國立中央圖書館"藏 3 號,臺灣傅斯年圖書館藏 2 號,英國圖書館藏 67 號,法國國立圖書館藏 25 號,俄羅斯科學院東方學研究所聖彼德堡分所藏 217 號,日本書道博物館藏 8 號,日本杏雨書屋藏 7 號,日本龍谷大學藏 1 號,日人濱田德海舊藏 1 號,日本大谷大學藏 2 號。

　　此外,《大智度論》尚有未公佈漢文寫卷 13 號。其中,故宮博物院藏 4 號,天津圖書館藏 1 號,湖北省博物館藏 3 號,湖南省圖書館藏 1 號,重慶市博物館藏 1 號,重慶寶林博物館藏 1 號,南京藝蘭齋美術館藏 1 號,丹麥哥本哈根皇家圖書館藏 1 號。[1]

　　與《大正藏》本相對照,寫本保存了《大智度論》的絕大部分内容,目前僅卷六十、六十九、九十八未發現相應寫卷,其餘九十七卷皆有一個或多個複本。[2] 寫本階段的《大智度論》分品、分卷尚未定型,不少寫卷的卷品開合都異於傳世刻本,這些寫卷展示了寫本階段《大智度論》豐富多彩的流傳形式,爲我們瞭解《大智度論》早期的篇章結構提供了鮮活的樣本。[3]

　　全部寫卷首尾俱全者凡 24 號,分別爲:S.1621 號、S.4614 號、P.2106 號、國博 39 號、S.5393 號、S.5120 號、S.1829 號 2、S.5130 號、S.5132 號、S.5134 號、S.5126 號、S.5119 號、BD 14024 號、S.4492 號、臺圖 95 號、羽 451 號、津藝 174 號、S.2160 號、BD 15353 號、BD 15318 號、浙敦 028 號、中村 061 號、BD 14087 號、羽 470 號,其餘皆爲殘卷或殘片。這些殘卷或殘片有些古已如此,有些則是近代自然斷裂或人爲撕裂所致,經仔細比對,其中有 185 號可綴合爲 71 組。[4] 通過綴合,不僅使原本"身首異處"的殘卷或殘片聚合爲一,而且也有助於對相關寫卷的性質作出更準確、客觀的判斷。

　　一個完整的佛經寫卷卷末通常會附有題記,《大智度論》寫卷同樣如此。據統計,存有題記的《大智度論》寫卷凡 42 號,依據内容可分爲"田豐寫經""元榮寫經""蘇七寶寫經""李思賢寫經""尹夫人受持經""泛彦芝寫經""其他寫經"七類。[5] 這些寫經題記,可以讓我們瞭解到當時社會的政治狀況、宗教制度、社會生活、風俗習慣以及民眾的思想感情等等,因而具有很高的史料價值。如 P.2143 號《大智度論》卷五十四題記:

　　　　大代普泰二年歲次壬子三月乙丑朔二十五日己丑,弟子使持節散騎常侍都督領(嶺)諸軍事車騎

　　1　詳附録"敦煌漢文本《大智度論》收藏情況表"。
　　2　詳附録"敦煌漢文本《大智度論》卷號對應表"。
　　3　詳附録"敦煌漢文本《大智度論》卷品開合表"。
　　4　詳附録"敦煌漢文本《大智度論》殘卷綴合表"。
　　5　詳附録"敦煌漢文本《大智度論》題記彙總表"。

大將軍開國（府）儀同三司瓜州刺使（史）東陽王元榮，惟天地天荒，王路否塞，群臣失禮，於慈（兹）多載。天子中興，是以遣息叔和詣闕修受。弟子年老疹患，冀望叔和早得還迴。敬造《無量壽經》一百部，四十卷爲毗沙門天王，三十部爲帝釋天，三十部爲梵釋天王。造《摩訶衍》一百卷，三（四）十卷爲毗沙門天王，三十卷爲帝釋天王，三十卷爲梵釋天王。内律一部五十卷，一分爲毗沙門天王，一分爲帝釋天王，一分爲梵釋天王。《賢愚》一部，爲毗沙門天王。《觀佛三昧》一部，爲帝釋天王。《大雲》一部，爲梵釋天王。願天王等早成佛道，又願元祚無窮，帝嗣不絶，四方付化，惡賊退散，國豐民安，善願從心，含生有識，咸同斯願。

該號爲北魏普泰二年（532）瓜州刺史元榮所造。北魏時期，設敦煌鎮，作爲經營西域的基地。正光五年（524），敦煌鎮改稱瓜州，以宗室東陽王元榮任瓜州刺史，歷北魏、西魏兩代。元榮崇佛，在任期間大興佛事，在敦煌開窟造像，同時廣寫佛經以求功德。該號即爲當時所造，題記表達了對危難時局的憂念和對在朝質子的牽挂。

西魏大統七年（541），元榮死，子康襲位。元榮之婿鄧彦旋即殺康，繼任瓜州刺史。羽001號《大智度論》卷八爲鄧彦初任瓜州刺史時所造，題記曰：

大魏大統八年十一月十五日，佛弟子瓜州刺史鄧彦妻昌樂公主元，敬寫《摩訶衍經》一百卷，上願皇帝陛下國祚再隆，八方順軌。又願弟子現在夫妻、男女家眷，四大康健，殃災永滅；將來之世，普及衆生，同成正覺。

兩條題記爲研究北魏晚期的動蕩政局、敦煌刺史之更替以及中央與敦煌的關係提供了新的資料。[1]
又如，中村017號題記作：

用紙二十五。延昌二年歲次癸巳六月二十日，敦煌鎮經生馬天安敬寫經成訖。校經道人、典經帥令狐崇哲。

中村016號題記作：

宗慶寫，用紙十七張。永平三年，課姚宋安寫，比字校竟。

從這兩條題記中，可以窺見北魏時期的佛教寫經、校經制度。

《大智度論》寫卷抄寫時間上起東晉，下迄歸義軍時期，其中以魏晉南北朝時期寫本居多，有些寫本，如浙敦028號、S.5132、S.5119號，抄寫于東晉十六國時期，距離《大智度論》創譯僅數十年，非常接近其原始形態，因而具有極高的研究價值。

與其他敦煌佛經略同，《大智度論》寫卷字體仍以楷書爲主，但早期寫本普遍隸意濃重，有些甚至非常接近隸書，如P.2089號卷末題記"摩訶衍經卷第卅三"八字，幾乎是標準的隸書樣式（圖1-1）。敦煌研究院所藏《大智度論》寫卷多爲早期寫本，字體亦多爲隸楷，如敦研303號（圖1-2）、敦研025號＋敦研026號。

---

1 《敦煌學大辭典》"大智度論"條，上海辭書出版社，1998年，頁720。

此外,敦煌漢文本《大智度論》中尚有部分行書寫卷,如羽210號,書寫時絲毫不隱藏筆鋒,筆畫之間的連帶和牽絲十分明顯(圖1-3)。而BD11809號的寫經題記"開皇十三年歲次癸丑四月八日,弟子李思賢敬寫供養",字形偏胖,結構自然瀟脱,字與字之間氣脈貫通,已是標準的行書,頗接近當時的日常書寫(圖1-4)。

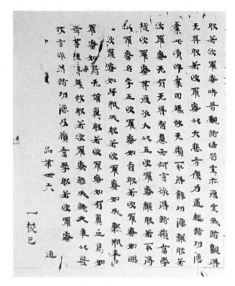

圖1-1　P.2089號　　　　　　　　　　圖1-2　敦研303號

圖1-3　羽210號　　　　　　　　　　圖1-4　BD11809號

第三節　敦煌漢文本《大智度論》的流傳

一、寫卷的來源

依據敦煌遺書中保存有大量寫經題記以及其他資料,我們可以把敦煌佛典的來源大致劃分爲三大類:本地抄經、外地傳入、官方賜經。本地抄經主要指在敦煌本地僧俗二眾抄寫的佛典;外來傳入的佛典主要指從敦煌以外其他地區流通過來的佛典;官方賜經主要指朝廷所賜官方組織抄寫的佛典。[1]

1　林世田等《敦煌佛典的流通與改造》,甘肅教育出版社,2013年,頁93。

敦煌是絲綢之路上最大的交通樞紐，在宋代海上絲綢之路開闢之前，一直是在政治、經濟、文化以及軍事上連接中原、西域、中亞以及歐洲各國的咽喉要地，歷朝歷代統治者都非常重視經營敦煌地區，因此敦煌和外界聯繫非常密切，這樣有不少寫卷就經由外地輾轉傳入敦煌。如P.2457號卷末題記：

> 開元廿三年太歲乙亥九月丙辰朔十七日丁巳，於河南府大弘道觀，敕隨駕修祈攘（禳）保護功德院，奉爲開元神武皇帝寫一切經，其斯福力，保國寧民。經生許子顯寫，修功德院法師蔡茂宗初校，京景龍觀上座李崇一再校，使京景龍觀大德丁政觀三校。

題記表明，該號抄寫於河南府大弘道觀，後輾轉流入敦煌地區。此外，諸如S.81號《大般涅槃經》、P.2184號《金剛般若經注》、S.3475號《淨名經關中疏》等卷號題記亦皆顯示其抄寫于敦煌以外的其他地區。

官方賜經主要是指朝廷把一些新譯的佛典或出于特定目的抄寫的佛典賜給各地寺院流通、保存，如玄奘奉詔翻譯的一系列佛典以及爲武則天登臺製造輿論的《大雲經疏》《佛說寶雨經》等。[1] 如S.2926V/1《佛說校量數珠功德經》題記：

> 神龍元年正月廿三日，北天竺國三藏（梵云阿彌真那，唐云寶思惟）宣譯梵本，翻經大德僧尸利秣多證梵本義，婆羅門大首領臣李無諂譯語，翻經大德大興善寺僧師利證義。至景雲二年歲次辛亥三月十三日奏行。太極元年四月日，正議大夫、太子洗馬、昭文館學士張齊賢等進。
>
> 奉勅太中大夫、照（昭）文館學士鄭喜王詳定，奉勅秘書少監韋利器詳定，奉勅正議大夫、行太府卿、照（昭）文館學士沈佺期詳定，奉勅銀青光禄大夫、太子右諭德、照（昭）文館學士丘悦詳定，奉勅銀青光禄大夫、黃門侍郎、昭文館學士、上柱國李義詳定，奉勅工部侍郎、昭文館學士、上護軍盧藏用詳定，奉勅左散騎常侍、昭文館學士、權兼檢校右羽林將軍、上柱國、壽昌縣開國伯賈膺福詳定，奉勅右散騎常侍、照（昭）文館學士、權兼檢校左羽林將軍、上柱國、高平縣開國侯（徐）彥伯詳定，奉勅銀青光禄大夫、行中書郎、昭文館學士、兼太子左庶子崔湜詳定，奉勅金紫光禄大夫、禮部尚書、昭文館學士、上柱國、晉國公薛禝（稷）詳定。
>
> 延和元年六月二十日，大興善寺翻經沙門師利檢校寫，奉勅照（昭）文館學士等詳定編入目錄記流行。

由此長篇題記可知，該卷自神龍元年（705）由昭文館開始組織宣譯梵本，歷時七年，至延和元年（712）方才編目流行，其間經歷了一系列複雜的程序。參與其事者多爲朝廷官員，有些人的傳記還見載于新舊《唐書》，如沈佺期、盧藏用、徐彥伯、薛稷等人，由此可見當時官方抄經制度的嚴謹慎重。此外，P.3709號《佛地經》、S.312號《妙法蓮華經》等寫卷亦可見類似的官方寫經題記。

敦煌藏經洞出土文獻中，雖有不少外地傳入和官方頒賜的經卷，但敦煌本地抄寫的經卷仍爲主體。敦煌歷史悠久，自漢武帝設敦煌郡，至北宋初年，敦煌雖歷經盛衰，但是文化的發展却從未停滯，文書抄寫活動也一直綿延不絕。如S.3475號《淨名經關中疏卷上》卷末題記云：

---

1 《敦煌佛典的流通與改造》，頁98。

巨唐大曆七年三月廿八日,沙門體清於播州開元寺爲僧尼道俗敷演此經,寫此疏以傳來學,願秘藏常開,廣而真如之理,蓮宮永麗,弘分般若之源矣。又壬辰九月十六日,俗弟子索遊岩於蕃管沙州爲普光寺比丘尼普意轉寫此卷記。

據題記記載可知,該號是在沙州,即敦煌本地抄寫。此外,諸如S.1824號《受十戒文》、S.1073號《和菩薩戒文》等大量寫卷中,均可見此類含有本地抄寫信息的題記。

就敦煌漢文本《大智度論》而論,通過對現存42條題記的全面考察,所有寫卷皆抄寫於敦煌當地,未見有外地傳入及官方賜經。寫卷抄寫者包括了當時社會的各個階層,大體可分爲四類人:

1. 經生,如BD07657號+BD11921號⋯中村019號題記:

神龜二年八月十五日,經生令狐世康所寫。用紙四十三張。校竟(經)道人惠敫。

職業經生的寫經是敦煌佛典的重要來源。由題記可知,寫經者爲經生令狐世康。令狐家族於漢末避王莽亂而遷居敦煌,後迅速發展爲敦煌望族。在東陽王元榮任瓜州刺史及之後的很長一段時間,令狐家族對敦煌地區的政治、經濟、文化均有重大影響。寫經是令狐家族世襲的職業,令狐世康外,見于文獻記載的經生尚有令狐廣嗣、令狐廉嗣、令狐弄、令狐君兒、令狐崇哲、令狐禮太等人。此外,中村017號等號亦爲經生所抄。

2. 僧侶,如S.2942號卷末題記:

法師帛慧融經,比丘安弘嵩寫。

安弘嵩其生平不詳,當爲敦煌某寺院僧侶。此外,P.2089、BD14454、BD02901、S.2160等號亦爲僧侶所抄。

3. 官吏,如P.2082號1卷末題記:

菩薩戒佛弟子寧遠將軍、折衝都尉泛彥芝爲亡夫人陰氏助成此經,資益亡者及法界眾生,同時作佛。

據題記,該號爲折衝都尉泛彥芝爲亡夫人陰氏所造之經。折衝都尉爲唐代官名。唐府兵制軍府稱折衝府,長官則爲折衝都尉,上府正四品上,中府從四品下,下府正五品下。每冬率兵操練,按規定輪番宿衛京師,有事則徵發全府,率兵出發。該題記又見于MS00530號。此外,BD05850、P.2143號元榮寫經,無疑亦屬此類。

4. 普通民眾,如S.0227號卷末題記:

開皇十三年歲次癸丑四月八日,弟子李思賢敬寫供養。

抄寫者爲普通民眾李思賢,相同題記還見于S.0227、S.5130、S.0457、S.4967、S.4954、S.5288+P.2199、BD14085、BD11809號《大智度論》寫卷。蘇七寶寫經七號亦可歸于此類。

二、寫卷的流傳

敦煌藏經洞出土《大智度論》寫卷數量衆多,且多爲南北朝時期寫本,究其原因,不外乎有兩點。其一,羅什翻譯《大智度論》之際,中國佛教界正熱衷於般若學的研究,對於經義的理解,"六家七宗"[1]聚訟紛紜,莫衷一是;然而《大智度論》一出,衆家折服,諸説頓息。所以,自魏晉南北朝至隋、初唐時期,《大智度論》的研究頗爲盛行,自然也就需要大量的文本用於持誦學習。其二,南北朝時期政局動蕩不安,戰亂頻仍,社會各界充滿憂患意識,民衆希望通過抄寫佛經來積功累德,除罪滅災,而《大智度論》作爲重要佛典,被抄寫的頻率自然較高。正是在這樣的時代大背景之下,《大智度論》得以廣泛傳播,在敦煌藏經洞中留下大量寫本。通過考察現存題記,我們認爲《大智度論》在敦煌地區的流傳方式大致有三種:

1.以一切經的形式傳播

大藏經早期又名一切經,如《隋書・經籍志四》記載:"開皇元年高祖普詔天下,任聽出家,仍令計口出錢,營造經像。而京師及并州、相州、洛州等諸大都邑之處,并官寫一切經,置於寺内;而又別寫,藏於秘閣。"[2]敦煌遺書中,保留了一些早期寫本大藏經的零種,如S.996號《雜阿毗曇心論》爲北魏太和三年(479)馮熙所造一切經,P.2965號《佛説生經》卷一爲陳太建八年(576)白馬寺僧慧湛所造一切經零本,P.2413號《大樓炭經》卷三、S.2154號《佛説甚深大迴向經》皆爲隋開皇九年(589)獨狐皇后所造經藏。《大智度論》寫卷中也保留了若干件早期一切經的零本,具體可分兩類:

其一,官方所造一切經,如中村017號卷末題記云:

用紙二十五。延昌二年歲次癸巳六月二十日,敦煌鎮經生馬天安敬寫經成訖。校經道人、典經帥令狐崇哲。

由題記可知,該號爲敦煌鎮官經生馬天安參與抄寫的一切經,具有官方性質。據不完全統計,敦煌遺書中保存了十餘號北魏永平四年(511)至延昌三年(514)由敦煌鎮官經生抄寫的佛經。這些寫卷的所用紙張、抄寫形態基本一致,卷末題記格式也基本一致。這説明在北魏時期敦煌已設立了官方抄經機構,并開展了以官府爲中心的大規模抄經活動。[3]

其二,私人所造一切經,如S.4614、P.2106、浙敦027號卷末題記皆作:

昔雪山菩薩,八字捨身;香城大士,一言析骨。況我凡愚,而不迴向。佛弟子田豐,躬率己財,兼勸有心,仰爲皇帝、文武百僚、七世父母、過見師尊及法界衆生,敬寫一切經論,願共成佛。

田豐其人生平不詳,但必爲虔誠的佛教徒。題記表明,該號爲田豐自出資財,并勸募有心人共同出資修造的一切經,帶有民間性質。[4]

2.因信徒受持、供養的需要而傳播

1　魏晉時代般若學派別之總稱。自漢末迄劉宋時代,般若經流行,東漢支婁迦讖傳譯《道行般若經》(爲印度般若學説傳入中國之始),朱士行講經,道安亦著手研究般若。當時爲理解般若思想,一方面依據老莊玄學之義,理解及論釋般若經義,產生"格義佛教",對般若空之思想產生種種分歧;一方面則出現對空之思想之真正理解,此等派別總括稱爲"六家七宗"。詳《佛光大辭典》"六家七宗"條。

2　〔唐〕魏徵、令狐德棻《隋書》,中華書局,1973年,頁1099。

3　方廣錩《中國寫本大藏經研究》,上海古籍出版社,2006年,頁18。

4　林世田等《敦煌佛典的流通與改造》,甘肅教育出版社,2013年,頁194。

作爲大乘佛教的基礎著作,《大智度論》的地位舉足輕重,出家、在家信徒都會大量抄寫,以滿足日常誦習及供養功德的需求,如S.5119、S.5132、BD 12966、BD 12426 四號題記皆作:

尹夫人受持。

尹夫人,西涼國王李皓的王后,祖籍天水冀縣(今甘肅甘谷),其父尹文徙居姑臧(今甘肅武威),尹夫人即出生于此。她才思敏捷,足智多謀,遠見卓識。初嫁扶風人(今陝西寶雞東)馬正元,正元病故,改嫁李皓。隆安四年(400),李皓建立西涼政權,自稱涼王,定都敦煌。執政期間,尹夫人襄助其治理,使生產得到較大發展,國力逐漸增強,當時諺云:"李尹王敦煌。"《晋書·列傳》:"玄盛之創業也,謨謀經略多所毗贊,故西州諺曰:'李尹王敦煌。'"P.3870 號《敦煌廿咏·李廟咏》:"昔時興聖帝,遺廟在敦煌。叱咤雄千古,英威靜一方。牧童歌冢上,狐兔穴壙邊。晋史傳韜略,留名播五涼。"即是對李尹政權治理敦煌的歌頌。此四號爲尹夫人受持供養之經。

P.2089 號卷末題記作:

一校竟。比丘善惠所供養經。

BD 14454 號卷末題記作:

比丘善慧所寫供養。

據題記,此二號爲敦煌某寺院比丘善惠、善慧供養經。

3. 因祈福禳災而傳播

長時間以來,寫經之風一直在我國民間廣爲流傳,廣大信徒通過這種方式表達對佛教的虔信以及自身功利的訴求,從《大智度論》題記考察,現存寫卷多屬此類,具體目的又分三種:

其一,爲健在的親人求福,如BD 05850、P.2143 號卷末題記皆作:

大代普泰二年歲次壬子三月乙丑朔二十五日己丑,弟子使持節散騎常侍都督領(嶺)諸軍事車騎大將軍開國(府)儀同三司瓜州刺使(史)東陽王元榮,惟天地天荒,王路否塞,群臣失禮,於慈(兹)多載。天子中興,是以遣息叔和詣闕修受。弟子年老疹患,冀望叔和早得還迴。敬造《無量壽經》一百部,四十卷爲毗沙門天王,三十部爲帝釋天,三十部爲梵釋天王。造《摩訶衍》一百卷,三(四)十卷爲毗沙門天王,三十卷爲帝釋天王,三十卷爲梵釋天王。内律一部五十卷,一分爲毗沙門天王,一分爲帝釋天王,一分爲梵釋天王。《賢愚》一部,爲毗沙門天王。《觀佛三昧》一部,爲帝釋天王。《大雲》一部,爲梵釋天王。願天王等早成佛道,又願元祚無窮,帝嗣不絕,四方付化,惡賊退散,國豐民安,善願從心,含生有識,咸同斯願。

此二卷爲北魏普泰二年(532)瓜州刺史元榮所造。北魏時期,設立敦煌鎮,將其作爲經營西域的基地。正光五年(524),敦煌鎮改稱瓜州,以宗室元榮任瓜州刺史。元榮任刺史歷北魏、西魏兩朝。元榮崇佛,在任期間大興佛事,在敦煌開窟造像,同時廣寫佛經以求功德。由題記可知,除《摩訶衍》(即《大智度論》)外,他還請人抄寫了《賢愚經》《觀佛三昧經》《大雲經》等經典。他造經的目的主要是爲自己及六親眷屬祈福，祈求諸天王保佑在朝爲質之子叔和早日平安返鄉。

其二，爲亡故的親人超度，如羽 469 號題記作：

> 大業三年三月十五日，佛弟子蘇七寶爲亡父母敬寫《大智度論》一部。以此善根，先願國祚永隆，人民興盛。當令七世考妣，棲神淨土，面奉慈尊；見在家室，內外眷屬，災殃彌滅，萬善扶疏。逮及法界含生，永離羈障，齊成正覺。玄福念佛。

該題記還見于 S.7105 … 俄 Дx05948 … 中村 057、國博 38、P.2138、大谷敦續編 2-22 等號，内容略同。此數號皆爲隋大業三年（607）蘇七寶爲亡父母所寫《大智度論》，目的是超度去世的父母及七世考妣脫離輪回，往生淨土，早成正覺。

其三，爲普濟衆生抄寫，如中村 037 號卷末題記：

> 開皇十七年四月一日，清信優婆夷袁敬姿謹減身口之費，敬造此經一部，永劫供養。願從今已去，災障殄除，福慶臻集，國界永隆，萬民安泰。七世久遠，一切先靈，并願離苦獲安，遊神淨國，罪滅福生，無諸障累。三界六道，怨親平等，普共含生，同升佛地。

該號係優婆夷袁敬姿節衣縮食，爲一切衆生所造，目的是祈求國泰民安，一切衆生離苦獲安，同升佛地。此外，在 S.6650 號《華嚴經》卷三十、上圖 092 號《華嚴經》卷七、上圖 022 號《華嚴經》卷十四、S.4520 號《華嚴經》卷四十七、S.1529 號《華嚴經》卷四十九、S.6650 號《華嚴經》、羽 463 號《佛説羅摩伽經》皆可見類似題記。

綜上，《大智度論》主要以上述三種方式在敦煌地區流傳。當然，也不排除還有其他流傳方式，但是因爲存有題記的寫卷數量太少，僅佔寫卷總數的十分之一左右，依據有限的材料，我們也只能暫時推論至此了。

第四節　敦煌漢文本《大智度論》研究綜述

自 1900 年，敦煌藏經洞文獻出土以來，中外不少學者對《大智度論》寫卷進行了深入研究，并利用這些材料對其他相關問題進行了探討，涌現出一批杰出的研究成果。下面就從國內外兩方面，對相關研究情況作一總體回顧。

一、國內研究

長期以來，在敦煌佛教文獻研究領域，學者關注較多的是藏外佛教文獻，對已入藏佛教文獻則措意不多。但著名佛教研究專家方廣錩卻獨具慧眼，提出已入藏佛教文獻雖已被傳統大藏經所收，但仍具有很高的學術價值，因此必須予以足夠的重視。在《敦煌學大辭典》"大智度論"條目中，他詳細介紹了《大智度論》寫卷的抄寫與收藏情況，指出敦煌寫本保留了《大智度論》的較早形態，具有很高的校勘與研究價值。[1]

受此啟發，筆者自 2007 年攻讀博士學位以來，就一直致力於敦煌漢文本《大智度論》的整理與研究，

1　季羨林《敦煌學大辭典》，上海辭書出版社，1998 年，頁 720。

并取得系列成果。《敦煌本〈大智度論〉學術價值初探》一文對《大智度論》寫本的收藏情況作了詳盡調查，指出寫本在校勘、版本、史料、文字、書法學等方面的學術價值。[1] 論文《〈大藏經〉的校勘不應忽略敦煌寫本——以〈大智度論〉爲例》以敦煌漢文本《大智度論》與《大正藏》本對校，論證了敦煌寫本的巨大校勘價值，指出今後《大藏經》編纂中使用敦煌寫本的必要性。[2] 論文《〈大正藏〉本〈大智度論〉校勘劄記——以敦煌寫本爲對校本》《〈大正藏〉本〈大智度論〉校勘舉誤——以敦煌本爲參校本》利用敦煌寫本對校《大正藏》本，訂正了《大正藏》本的十餘處訛誤。[3]《敦煌寫本〈大智度論〉殘卷綴合四則》《敦煌寫本〈大智度論〉殘卷綴合研究》《敦煌出土〈大智度論〉寫卷綴合六則》《敦煌出土〈大智度論〉寫卷綴合十例》都是《大智度論》殘卷綴合的專題論文，共計對94個殘卷進行了綴合，并對定名、斷代等相關問題作了深入探討。[4] 論文《〈漢語大詞典〉收詞補遺十六則》《〈漢語大詞典〉收詞補遺十四則》《〈漢語大詞典〉釋義訂補六則》則以敦煌漢文本《大智度論》爲基本語料，對《漢語大詞典》的相關條目進行了增補與修訂。[5]

在各項專題研究的基礎之上，筆者的博士論文《敦煌寫本〈大智度論〉研究》從古典文獻學和漢語史的角度，對敦煌漢文本《大智度論》展開了較系統深入的研究。該文共分五章，第一章綜述《大智度論》及譯經者鳩摩羅什的基本情況，并對百年來敦煌漢文本《大智度論》的研究情況作了回顧。第二章爲敦煌漢文本《大智度論》敘錄，對凡253號《大智度論》寫卷的面貌、性質、研究狀況等進行了描述。第三章從紙張和形制、書寫符號、卷品開合、行文、俗字五方面研究敦煌漢文本《大智度論》的文本特徵。第四章利用敦煌寫本對《大正藏》本《大智度論》部分内容作校勘，論證了敦煌漢文本《大智度論》的重要校勘價值。第五章從增補未收詞語、提前書證時間、補充書證、補正釋義四個方面論述敦煌漢文本《大智度論》對於《漢語大詞典》等大型語文辭書編纂的重要語料價值。

但今天來看，筆者的博士論文資料收集仍不全面，研究亦可拓展。主要原因有三點：其一，該文定稿之時，《國家圖書館藏敦煌遺書》方出版至前90册，90—146册中《大智度論》寫本的收錄情況不得而知；其二，南京師範大學敦煌學研究中心當時尚未購置《大谷大學所藏敦煌古寫經》《中村不折舊藏禹域墨書集成》《敦煌秘笈》《中國歷史博物館藏法書大觀》《天津市文物公司藏敦煌寫經》等圖版，故對其中收錄的《大智度論》寫卷亦不得而知；其三，未能查找《俄藏敦煌文獻》11—17册中的未定名殘片，故亦失收了不少寫卷。

針對博士論文的不足，郭曉燕的碩士論文《敦煌寫本〈大智度論〉寫本考》從三方面進行了增補：第一，對博士論文未收的79號寫卷作詳細敘錄；第二，爲《俄藏》11—17册中，159號《大智度論》殘片定名；第三，綴合了73號31組《大智度論》殘片；第四，將寫卷中的部分俗字整合成字表，展現敦煌漢文本《大智度論》俗字面貌。[6] 此外，張磊、郭曉燕尚有單篇論文發表，如《俄藏楷書〈大智度論〉寫本殘片綴合研究》將俄藏26號殘片綴合爲12組[7]，《敦煌寫本〈大智度論〉殘卷綴合研究》將18號《大智度論》殘卷

1　《敦煌本〈大智度論〉學術價值初探》，《圖書館理論與實踐》，2009年第3期。

2　《〈大藏經〉的校勘不應忽略敦煌寫本——以〈大智度論〉爲例》，《藝術百家》，2009年第5期，頁180—183。

3　《〈大正藏〉本〈大智度論〉校勘劄記——以敦煌寫本爲對校本》，《蘭州教育學院學報》，2009年第2期；《〈大正藏〉本〈大智度論〉校勘舉誤——以敦煌本爲參校本》，《遼東學院學報》，2008年第5期。

4　《敦煌寫本〈大智度論〉殘卷綴合四則》，《敦煌學研究》，2008年第1期；《敦煌寫本〈大智度論〉殘卷綴合研究》，《宗教學研究》，2011年第2期；《敦煌出土〈大智度論〉寫卷綴合六則》，《新世紀宗教研究》，2012年第3期；《敦煌出土〈大智度論〉寫卷綴合十例》，《新世紀宗教研究》，2011年第4期。

5　《〈漢語大詞典〉收詞補遺十六則》，《魯東大學學報》，2009年第6期；《〈漢語大詞典〉收詞補遺十四則》，《貴陽學院學報》，2011年第3期；《〈漢語大詞典〉釋義訂補六則》，《貴陽學院學報》，2011年第1期。

6　郭曉燕《敦煌本〈大智度論〉寫本考》，浙江師範大學碩士學位論文，2015年。

7　張磊、郭曉燕《俄藏楷書〈大智度論〉寫本殘片綴合研究》，《復旦學報》，2015年第6期。

綴合爲 7 組。[1]

　　鍾玉娟的碩士論文《敦煌本〈大智度論〉俗字與書法美學研究》亦是敦煌漢文本《大智度論》研究的專題之作。該文俗字研究部分運用張涌泉的俗字理論,對《大智度論》寫卷中的俗字作了分析考證;書法研究部分則從美學的視角,以敦煌漢文本《大智度論》爲樣本,探究了敦煌寫經書法中呈現的獨立性、實用性和慈悲精神。

　　其他學者也有研究成果涉及《大智度論》寫卷,如曾良的專著《敦煌佛經字詞與校勘研究》、馬德的論文《俄藏敦煌寫經部分殘片內容的初步辨識——以〈俄藏敦煌文獻〉第六、七、八册爲中心》、宗舜法師的論文《六家散藏敦煌遺書之佛教文獻考辨》《〈浙藏敦煌文獻〉佛教資料考辨》對部分俄藏、浙藏未定名殘片作了準確定名。[2] 趙鑫曄的論文《〈俄藏敦煌文獻〉第 11 册佛經殘片綴合初步研究》將俄 Дx3793、俄 Дx4097 號綴合爲一組,并準確定名。[3]

　　此外,《索引》《索引新編》《孟目》《翟目》《英圖》《國圖》《上圖》《中村》等目録和圖版的著録或解題,對《大智度論》寫本的整理研究亦有很高的參考價值。

二、國外研究

　　國外對敦煌漢文本《大智度論》關注較多的主要是日本學者,相關成果有小川隆《敦煌本〈大智度論〉の惠能傳に關する一試論》[4]、臼田淳三《敦煌出土〈大智度論〉の諸相(上)》《敦煌出土〈大智度論〉の諸相(下)》[5]、佐藤心嶽《中國における《大智度論》の研究講説——とくに隋時代中心として》[6]、本田義英《敦煌本〈智度論〉と現行藏經本その本文異同對校》《再び敦煌出土〈智度論〉に就て》《敦煌出土〈智度論〉に就て》[7]、伊藤美重子《敦煌本〈大智度論〉の整理》[8],這些成果主要從文獻學、歷史學、佛學等角度對當時公布的若干《大智度論》寫本進行了研究,其研究方法與研究結論對後繼學人頗有啓發。

　　這其中,學術價值最高的,當首推伊藤美重子《敦煌本〈大智度論〉の整理》一文。該文通過目録、論文、圖版等相關資料,細致調查了《大智度論》寫卷的收藏情況,并對 174 號寫卷作了分類整理,其研究思路、研究方法今天仍值得借鑒。但因定稿於二十世紀九十年代,當時不少敦煌文獻尚未正式對外公布,受客觀條件限制,該文亦存在寫卷收集不全面、著録失誤等不足之處。

　　綜上,前輩學人在《大智度論》寫卷的刊布、整理、研究等方面付出了巨大的努力,其研究成果對後人

　　1　張磊、郭曉燕《敦煌寫本〈大智度論〉殘卷綴合研究》,《中國俗文化研究》,2015 年第 10 輯。

　　2　曾良《敦煌文獻字義通釋》,廈門大學出版社,2001 年;馬德《俄藏敦煌寫經部分殘片內容的初步辨識——以〈俄藏敦煌文獻〉第六、七、八册爲中心》,《戒幢佛學》,2005 年第 3 卷;宗舜《六家散藏敦煌遺書之佛教文獻考辨》,《敦煌學研究》,2006 年第 1 期;宗舜《〈浙藏敦煌文獻〉佛教資料考辨》,《敦煌吐魯番研究》第 6 卷,北京大學出版社,2002 年。

　　3　趙鑫曄《〈俄藏敦煌文獻〉第 11 册佛經殘片綴合初步研究》,《出土文獻綜合研究集刊》第一輯,巴蜀書社,2014 年,頁 315。

　　4　〔日〕小川隆《敦煌本〈大智度論〉の惠能傳に關する一試論》,《駒澤大學大學院佛教學研究會年報》,1985 年。

　　5　〔日〕臼田淳三《敦煌出土〈大智度論〉の諸相(上)》,《佛教學研究》,1981 年 3 月;〔日〕臼田淳三《敦煌出土〈大智度論〉の諸相(下)》,《佛教學研究》,1979 年 1 月。

　　6　〔日〕佐藤心嶽《中國における《大智度論》の研究講説——とくに隋時代中心として》,《大谷大學所藏敦煌古寫經》,1972 年 10 月。

　　7　〔日〕本田義英《敦煌本〈智度論〉と現行藏經本その本文異同對校》,《佛典內相外相》,1934 年 9 月;〔日〕本田義英《再び敦煌出土〈智度論〉に就て》,《佛典內相外相》,1934 年 9 月;〔日〕本田義英《敦煌出土〈智度論〉に就て》,《宗教研究》,1929 年 3 月。

　　8　〔日〕伊藤美重子《敦煌本〈大智度論〉の整理》,〔日〕氣賀澤保規《中國佛教石經の研究》,京都大學學術出版會,1996 年,頁 340—409。

頗具借鑒意義,功不可没。但同時,我們也應看到,受種種客觀條件限制,前賢對敦煌漢文本《大智度論》的研究仍不夠全面深入。

鑒於此,我們通過對已公布的敦煌文獻資源的全面普查,把所有《大智度論》漢文寫本搜羅齊備,從古典文獻學、漢語史的角度,深入研究,系統整理,彙編成册。讀者執此一編,即可獲睹敦煌漢文本《大智度論》的全貌,從而方便閱讀利用。

第二章 敘 録

爲了展現敦煌漢文本《大智度論》的全貌,我們爲全部 486 号寫卷撰寫了敘録,敘録内容大致包括以下九個方面:

一、列出卷號,并做出正確定名。

二、寫卷整體面貌描述,包括用紙[1]、完缺情況、裝裱、印章、首尾題、題記、背面抄寫内容等。

三、寫卷抄寫行數、每行字數、字體、界欄、特殊符號等。

四、抄寫内容起迄,在《大正藏》中的頁碼及行數,寫卷圖版出處、册數及頁碼。

五、介紹分卷與《大正藏》本的不同。

六、列出《總目》《索引新編》及圖版出處的定名,并糾正錯誤之處。

七、綴合斷裂的寫卷,并製作綴合示意圖。

八、介紹寫卷的抄寫年代。

九、列舉前人主要研究成果。

寫卷分類主要借鑒伊藤美重子先生的分類方法。[2]首先,依據首尾題及題記,將寫卷分爲“大智度經”“摩訶衍經”“大智論”“大智度論”“大智度經論”“卷數尾題”“蘇七寶寫經”七類。其次,將無首尾題,然品題尚存的寫卷分爲“摩訶般若波羅蜜優婆提舍中……”“大智度第……品釋論”“大智度……釋論”“第……品釋論”“大智度……品第……”“……品第……”六類。最后,將經題、題記皆不存的寫卷歸入“暫無法分類的寫卷”。每類中的寫卷,則皆以文本内容先後順序排列。

第一節 據尾題分類的寫卷

一、大智度經

S.3865 號《大智度論》卷七(異卷)[3]

首殘尾全,第 1、8、9 行略有殘泐,尾題“大智度經卷第七”。存 128 行[4],行 17 字,隸楷,有界欄。所抄自“祇劫”至尾題,文見《大正藏》25 册卷四 91 頁下 21 行至 93 頁中 14 行,圖版見《寶藏》32 册 28 頁下至 31 頁下。與《大正藏》本分卷不同,所存相當於《大正藏》本卷四的部分内容。《總目》《寶藏》《索引新編》皆定名爲“大智度經卷第七”。《翟目》定爲 6 世紀晚期寫本。

---

1 因無法見及寫卷實物,故用紙情況皆據圖版敘録,若圖版未載用紙情況,則本敘録暫付闕如。

2 《伊藤》,頁 346。

3 “異卷”是指與《大正藏》本分卷有差異的卷號,下同。

4 關於行數之統計,本書不論首題、尾題,一律計入總數,惟題記不計入内。下同。

S.6124 號《大智度論》卷七、八（異卷）[1]

殘片，前後殘泐，存 20 行，行 17 字，楷書。中有品題"大智度初品中丈光釋論"。所抄自"放光"至"至十"，文見《大正藏》25 冊卷七 114 頁中 13 行至卷八 114 頁下 10 行，圖版見《寶藏》45 冊 44 頁下。所抄分屬《大正藏》本卷七"大智度初品中放光釋論第十四"、卷八"大智度初品中放光釋論第十四之餘"。《寶藏》《總目》《索引新編》皆定名爲"大智度初品中文光釋論"（按："文"當爲"丈"之形訛）。《翟目》定爲 6 世紀寫本。

BD07723 號《大智度論》卷八、九（異卷）[2]

原編號"北 7267 號（始 023）"。4 紙，首尾殘，卷面多水漬，有蟲蝕，下部有破裂殘缺。中有品題"大智度初品中現普身品第十一釋論"。存 102 行，行 17 字，隸楷，有界欄。所抄自"智慧"至"種供"，文見《大正藏》25 冊卷八 120 頁下 20 行至卷九 122 頁上 21 行，圖版見《寶藏》105 冊 203 頁下至 205 頁下、《國圖》98 冊 221 頁上至 223 頁下。與《大正藏》分卷不同，所抄內容分屬《大正藏》本卷八"大智度初品中放光釋論第十四之餘"和卷九"大智度初品中放光釋論之餘"。《總目》泛名爲"大智度論"，《寶藏》定名爲"大智度初品中現普身品第十一釋論"，《索引新編》定名爲"大智度論初品中現普身品第十一釋論"。《國圖》定名爲"大智度論（異卷）卷八"，定爲 5—6 世紀南北朝寫本。

BD15298 號《大智度論》卷九（異卷）

原編號"新 1498 號"。8 紙，首殘尾全，卷面有水漬，通卷現代托裱，後配楠木軸。現代用虎皮宣紙接出護首，有題簽"隋經生書《大智度經》卷九，前缺後全，二百五行"。護首上方有兩個紙簽貼在一起，上面紙簽寫"購 12420"，下面紙簽數字被遮。護首下方貼有特藝公司宣武經營管理處紙簽："貨號：9439；品名：隋寫經 1 卷；定價：40.00。"護首有橢圓形朱印，印文爲"乾隆年仿金粟山藏經紙"。卷首下邊及卷尾經題後均有正方形陰文朱印，印文爲"馮恕之印"。卷尾有正方形陰文朱印，印文爲"公度所藏隋唐墨寶"。尾題"大智度經卷第九"，中有品題"大智度初品中譬喻釋論"。存 204 行，行 17 字，楷書，有界欄。所抄自"從取"至尾題，文見《大正藏》25 冊卷五 100 頁中 27 行至卷六 103 頁中 23 行，圖版見《國圖》141 冊 120 頁上。與《大正藏》本分卷不同，所存相當於《大正藏》本卷五"大智度初品中菩薩功德釋論第十"、卷六"大智度初品中十喻釋論第十一"的部分內容。《國圖》定名爲"大智度論（異卷）卷九"，定爲 6 世紀南北朝寫本。

津藝 252 號《大智度論》卷十二（異卷）

周叔弢舊藏。薄潢寫經紙，14 紙，首殘尾全。尾題"大智度經卷第十二"，中有品題"大智度初品中文光釋論"（按："文"當爲"丈"字之誤）。存 372 行，行約 17 字，楷書，有界欄。所抄自"南西"至尾題，文見《大正藏》25 冊卷七 114 頁上 6 行至卷八 118 頁下 8 行，圖版見《津藝》5 冊 286 頁上至 294 頁下。分卷與《大正藏》本不同，所存相當於《大正藏》本卷七"大智度初品中放光釋論第十四"、卷八"大智度初品中放光釋論第十四之餘"的部分內容。《津藝》定名爲"大智度經卷第十二"，定爲隋寫本。與俄 Φ 137 號《大智度論》卷十三（異卷）書風書跡、行款格式完全一致，當爲同一抄手所書。

俄 Φ 137 號《大智度論》卷十三（異卷）

1 紙，紙色黃，紙質薄，首全尾殘，引首有"大智度論卷第十三"8 字，首題"大智度初品中釋論卷第十三"。所抄自首題至"諸結"，文見《大正藏》25 冊卷八 118 頁下 8 行至 118 頁下 21 行，圖版見《俄藏》3 冊

1　該號尾題雖殘，然品題與"大智度經"書寫格式一致，且符合"大智度經"與《大正藏》本分卷不同之特徵，故歸入此類。
2　該號尾題雖殘，然品題與"大智度經"書寫格式一致，且符合"大智度經"與《大正藏》本分卷不同之特徵，故歸入此類。

344 頁下至 345 頁上。《俄藏》定名爲“大智度初品中釋論卷第十三”。分卷與《大正藏》本不同,所存相當於《大正藏》本卷八的部分内容。《孟目》定爲 7—9 世紀寫本。與津藝 252 號《大智度論》卷十二（異卷）書風書跡、行款格式完全一致,當爲同一抄手所書。《伊藤》謂該號與《大正藏》分品分卷存在差異,可歸入此類[1],甚是,該號與津藝 252 號出於同一抄手,亦可爲其旁證。

S.2866 號《大智度論》卷二十二（異卷）

首殘尾全,首 2 行有殘泐,卷背有雜寫 8 字。尾題“大智度經卷第二十二”。存 437 行,行 17 字,隸楷,有界欄。所抄自“乃至”至尾題,文見《大正藏》25 册卷二十二 223 頁上 21 行至 228 頁下 24 行,圖版見《寶藏》24 册 173 頁上至 185 頁下。《寶藏》《總目》《索引新編》皆定名爲“大智度經卷第二十二”。從書風書跡、行款格式等推斷,似爲南北朝時期寫本。《伊藤》謂該號與 S.0629 號…BD06811 號行文高度一致,故歸入此類。[2]今按該號尾題雖作“大智度經卷第二十二”,然所抄内容却在中村016號《大智度論》卷三十（異卷）之後,故頗疑“二十”爲“三十”之誤。《翟目》定爲 6 世紀晚期寫本。

BD00428 號《大智度論》卷二十六（異卷）

原編號“北 7271 號（洪 028）”。20 紙,首殘尾全,卷首有殘泐,卷中有殘破,有燕尾。尾題“大智度經卷第二十六”,中有品題“般若相品第三十”。存 550 行,行 17 字,楷書,有界欄。所抄自“但略”至尾題,文見《大正藏》25 册卷十八 190 頁上 26 行至 197 頁中 9 行,圖版見《寶藏》105 册 234 頁下至 247 頁上、《國圖》6 册 417 頁上至 429 頁上。《總目》泛名爲“大智度論”,《寶藏》定名爲“大智度論經卷第二十六般若相品第三十”,《索引新編》定名爲“大智度經卷第二十六”。《國圖》定名爲“大智度論（異卷）卷二六”,定爲 6 世紀南北朝寫本。分卷與《大正藏》本不同,所存相當於《大正藏》本卷十八的大部分内容。該號與俄 Дх11892 號 A+ 俄 Дх12006 號 +BD 11224 號 +S.3677 號《大智度論》卷二十八（異卷）書風書跡、行款格式完全一致,當爲同一抄手所書。

伍倫 20 號《大智度論》卷二十七（異卷）

原編號“濱田 88”,13 紙,首殘尾全,卷面有水漬,上下邊略有殘破,首行下部殘 3 字。卷尾下有正方形陽文朱印 2 枚,印文一爲“南海藏經”,一爲“陶齋鑒藏書畫”。尾題“大智度經卷第二十七”。存 358 行,行 17 字,隸楷,有界欄。所抄自“佛道”至尾題,文見《大正藏》25 册卷十九 197 頁下 5 行至 202 頁上 9 行,圖版見《濱田》133 頁上至 140 頁下。與《大正藏》本分卷不同,所存相當於《大正藏》本卷十九的大部分内容。《濱田》定名爲“大智度論（異卷）卷一九”,定爲 6 世紀南北朝寫本。

俄 Дх11892 號 A+ 俄 Дх12006 號 +BD 11224 號 +S.3677 號《大智度論》卷二十八（異卷）

俄 Дх11892 號 A,殘片,前後上下皆有殘泐,存 4 殘行,每行存上部 7—16 字,楷書,有界欄。所抄自“因緣”至“是爲”,文見《大正藏》25 册卷十九 202 頁上 29 行至 202 頁中 4 行,圖版見《俄藏》15 册 350 頁上。《俄藏》未定名,《郭曉燕》定作“大智度論卷第十九　大智度論釋初品中三十七品義第三十一”。[3]

俄 Дх12006 號,殘片,前後及下端有殘泐,存 4 殘行,每行存上部 12 至 16 字,楷書,有界欄。所抄自“苦心”至“苦樂”,文見《大正藏》25 册卷十九 202 頁中 4 行至 202 頁中 8 行,圖版見《俄藏》16 册 18 頁上。《俄藏》未定名,《郭曉燕》定作“大智度論卷第十九　大智度論釋初品中三十七品義第三十一”。[4]

BD11224 號,原編號“L1353”。1 紙,殘片,前後有殘泐,存 12 行,行 17 字,楷書,有界欄。所抄自“復次”

1　《伊藤》,頁 349。

2　《伊藤》,頁 349。

3　《郭曉燕》,頁 37。

4　《郭曉燕》,頁 37。

至"意識"，文見《大正藏》25 册卷十九 202 頁中 9 行至 202 頁中 20 行，圖版見《國圖》109 册 85 頁上。《國圖》定名爲"大智度論卷一九"。

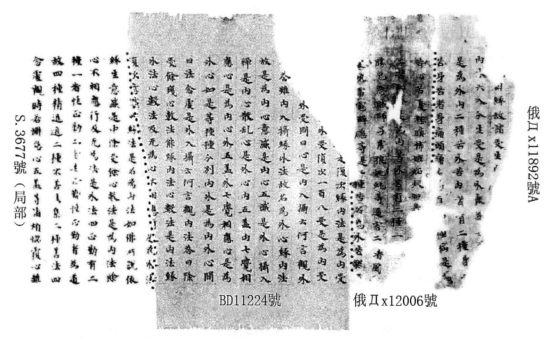

俄 Дх11892 號 A+ 俄 Дх12006 號 +BD11224 號 +S.3677 號（局部）綴合示意圖[1]

S.3677 號，首殘尾全，首 2 行、末 2—7 行略有殘泐。尾題"大智度經卷第二十八"，中有品題"大智度初品中三三昧品第三十一釋論"。存 437 行，行 17 字，楷書，有界欄。所抄自"意識"至尾題，文見《大正藏》25 册卷十九 202 頁中 20 行至卷二十 208 頁上 2 行，圖版見《寶藏》30 册 429 頁上至 440 頁下。《寶藏》《總目》《索引新編》皆定名爲"大智度經卷第二十八"。

按：《郭曉燕》謂兹四號可綴合[2]，甚是。綴合後，所抄自"因緣"至尾題，文見《大正藏》25 册卷十九 202 頁上 29 行至 208 頁上 2 行。分卷與《大正藏》本不同，所存相當於《大正藏》本卷十九、卷二十"大智度論釋初品中三三昧義第三十二"的部分内容。《國圖》定 BD11224 號爲 6 世紀隋寫本，《翟目》以爲 S.3677 號爲公元 600 年寫本，餘二號既可與之綴合，則皆爲同一時期寫本。又上揭四號與 BD00428 號《大智度論》卷二十六（異卷）書風書跡、行款格式完全一致，當爲同一抄手所書。

中村 016 號《大智度論》卷三十（異卷）

6 紙，首殘尾全，首 2 紙中部有裂縫，卷背抄有胡語文獻。尾題"大智度經卷弟三十"，卷末有題記"宗慶寫，用紙十七張。永平三年，課姚宋安寫，比字校竟"（按："姚宋安"，《中村》敘錄誤作"狹來安"）。中有品題"大智度初品中念佛品弟三十四釋論"。存 199 行，行 17 字。所抄自"已唯"至尾題，文見《大正藏》25 册卷二十一 217 頁下 6 行至 220 頁上 15 行，圖版見《中村》卷上 88 頁至 95 頁。與《大正藏》本分卷不同，所存相當於《大正藏》本卷二十一"大智度論釋初品中九相義第三十五""大智度論釋初品中八念義第三十六之一"的部分内容。《中村》定名爲"大智度經卷第三十"，定爲六朝寫本。方廣錩先生認爲，該號題記反映了北魏時期的寫經、校經制度。[3]

1　凡《郭曉燕》綴合之殘卷，綴合示意圖亦皆採自該文。下同，不復出校。

2　《郭曉燕》，頁 133。又見張磊、郭曉燕《敦煌寫本〈大智度論〉殘卷綴合研究》，《中國俗文化研究》，2015 年第 10 輯。

3　《敦煌學大辭典》，頁 720。

敦研 331 號《大智度論》卷三十二（異卷）

黃麻紙，9紙，首殘尾全。卷中有陽文收藏印2枚，一曰"砥廬"，一曰"鴻汀"。卷末鈐收藏印2枚，一曰"隴人張維"，陰文；一曰"▨▨舊族"，陽文。尾題"□□□（大智度）經□（卷）第三十二"，中有品題"大智度初品中想品第三十五釋論"。存225行，行16—18字，楷書，有界欄。所抄自"放逸"至尾題，文見《大正藏》25冊卷二十二228頁中5行至卷二十三231頁中4行，圖版見《甘藏》2冊62頁下至67頁下。與《大正藏》本分卷不同，所抄相當於《大正藏》本卷二十二後部、卷二十三"大智度論初品中十想釋論第三十七"的部分內容。《甘藏》定名爲"大智度釋初品中八念義第三十六之餘、大智度論初品中十想釋論第三十七"。

BD 02901 號《大智度論》卷三十四（異卷）

原編號"北7277號（陽001）"。16紙，首殘尾全，1—15行下部殘泐，卷中有破裂，接縫處有開裂。卷背有古代裱補。存338行，行17字，楷書，有界欄。尾題"大智度經卷第三十四"，卷末有題記"善泰寫，用紙▭▭。"所抄自"若諸"至題記，文見《大正藏》25冊卷二十四237頁中3行至241頁中16行，圖版見《寶藏》105冊271頁上至279頁上、《國圖》39冊102頁上至110頁上。與《大正藏》本分卷不同，所存相當於《大正藏》本卷二十四的部分內容。《總目》泛名爲"大智度論"，《寶藏》《索引新編》定名爲"大智度論卷第三十四"。《國圖》定名爲"大智度論（異卷）卷三四"，定爲5—6世紀南北朝寫本。

BD 14901 號+BD 15352 號《大智度論》卷三十七（異卷）

BD 14901號，原編號"新1101"。9紙，首殘尾全，前3紙有等距離殘洞，第8紙有殘洞。尾題"大智度經卷第三十七"，中有品題"摩訶般若波羅蜜優波提舍中大慈大悲品第三十六"。存244行，行17字，楷書，有界欄。該號由二殘卷粘合而成，內容并不銜接。1—86行係殘卷一，所抄自"言一"至"世事"，文見《大正藏》25冊卷二十六254頁上15行至255頁上19行；87至244行係殘卷二，所抄自"地中"至尾題，文見《大正藏》25冊卷二十六256頁上26行至卷二十七258頁上27行。圖版見《國圖》135冊153頁上至159頁上。與《大正藏》本分卷不同，所存相當於《大正藏》本卷第二十六後部與二十七前部。《國圖》定名爲"大智度論（異卷）卷三七"。

BD 15352號，原編號"新1552"。3紙，首尾殘，卷首有殘洞。現代用高麗紙接出護首。護首有經名"摩訶衍經，十八不共法殘卷"，下方貼有紙簽，上寫"獻，14455，摩訶衍經"。卷首、卷尾與拖尾騎縫處有正方形陽文朱印，印文爲"北京圖書館藏"。卷首下有長方形陽文朱印，印文爲"敦煌長史"。卷尾現代接出拖尾，有題跋，前作"摩訶衍經，十八不共法。餘三張，張二十九行"，此下有正方形陰文朱印，印文爲"麥積山館"。題跋曰："此殘卷僅餘紙三張，審爲《摩訶衍》十八不共法。北魏造寫經卷，以東陽王元榮爲最多。友人周定宣所藏魏造《摩訶衍經》卷第二十六'十八不共法'第三十四品，用紙三十四張，題尾十行：'大代普泰二年歲次壬子三月乙丑朔二十五日己丑，弟子使持節散騎常侍都督領（嶺）諸軍事車騎大將軍開國（府）儀同三司瓜州刺使（史）東陽王元榮，惟天地夭荒，王路否塞，群臣失禮，於慈（茲）多載。天子中興，是以遣息叔和詣闕修受。弟子年老疹患，冀望叔和早得還迴。敬造《無量壽經》一百部，四十卷爲毗沙門天王，三十部爲帝釋天，三十部爲梵釋天王。造《摩訶衍》一百卷，三（四）十卷爲毗沙門天王，三十卷爲帝釋天王，三十卷爲梵釋天王。內律一部五十卷，一分爲毗沙門天王，一分爲帝釋天王，一分爲梵釋天王。《賢愚》一部，爲毗沙門天王。《觀佛三昧》一部，爲帝釋天王。《大雲》一部，爲梵釋天王。願天王等早成佛道，又願元祚無窮，帝嗣不絕，四方忖化，惡賊退散，國豐民安，善願從心，含生有識，咸同斯願。'"

據此題記，東陽王寫《摩訶衍》一部百函四十卷。又據古寫經尾錄存《大智論》題記云："大魏大統八年十一月十五日，佛弟子瓜州刺史鄧彥妻昌樂公主元，敬寫《摩訶衍經》一百卷，上願皇帝陛下國祚再隆，八方順軌。又願弟子現在夫妻、男女、家眷，四大康健，殃災永滅；將來之世，普及含生，同成正覺。"

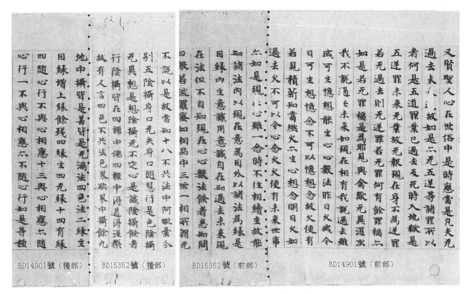

BD 14901 號（局部）+BD 15352 號（局部）綴合示意圖

　　茲據此 2 條實證，則此殘卷不爲北魏孝武帝普泰二年東陽王元榮所寫造《摩訶衍經》中之斷編，即爲西魏文帝大統八年昌樂公主元敬所寫造《摩訶衍經》中之斷編，斷可無疑。外此，元魏時期尚未見更有發願寫造《摩訶衍》之題記，作爲根據者。又，與周宣定宜十行題記之普泰二年卷尾完全相同之另一卷，存北京圖書館，而經名爲《大智度論》（《敦煌石室寫經題記彙編》，菜字五十號），趙萬里先前數年，作《莫高窟與東陽王關係》一文，當即據此材料。外此，元榮寫有題記經卷，於域外求之，一爲《大般若波羅蜜多經》，有大代建明二年元榮題記一百一十六字，S4528，《倫敦大學東方研究院報告》第七卷第四期。一爲《大般涅盤經》，有大代大魏永熙二年，東陽王太榮題記一百〇二字，S4415，《倫敦大學東方研究院報告》第七卷第四期頁八二二。又見影印本之《仁王護國般若波羅蜜經》，有元榮大代永安三年題記二百四十五字。今不知流傳何處。對此一千四百二十五年前之故紙，深感興嘆。爰據故實，以告知者。一九五七年十月五日，天水馮國瑞。"題跋下，有 2 枚印章，一爲圓形陰文朱印，印文爲"馮國瑞"；一爲正方形陽文朱印，印文爲"中翔"。

　　存 87 行，行 17 字，楷書，有界欄。所抄自"亦如"至"餘九"，文見《大正藏》25 册卷二十六 255 上 19 行至 256 上 26 行，圖版見《國圖》142 册 393 頁上至 396 頁上。《國圖》定名爲"大智度論卷二六"。

　　按：上揭二號所抄皆爲《大智度論》卷三十七（異卷），BD 14901 號殘卷一、殘卷二之間所殘缺者正爲BD 15352 號，三殘卷密合無間，中無缺字，確爲一卷之裂無疑。綴合後，所抄自"言一"至尾題，文見《大正藏》25 册卷二十六 256 頁上 26 行至卷二十七 258 頁上 27 行。又二號既可綴合，《國圖》據《大正藏》等傳世刻本爲 BD 15352 號擬題"大智度論卷二六"，則不妥。而應尊重原卷，定作"大智度論（異卷）卷三七"爲宜。又二號既爲一卷之裂，《國圖》敘錄稱 BD 14901 號爲 6 世紀隋寫本，BD 15352 號爲 6 世紀南北朝寫本，亦不甚確，需再斟酌。

S.4950 號《大智度論》卷四十二（異卷）

　　首殘尾全。尾題"大智度經卷第四十二"。存 435 行，行 17 字，楷書。所抄自"者得"至尾題，文見《大正藏》25 册卷三十 281 頁中 27 行至卷三十一 287 頁上 6 行，圖版見《寶藏》39 册 8 頁上至 18 頁下。與《大正藏》本分卷不同，所存相當於《大正藏》本卷三十、卷三十一的部分內容。《寶藏》《總目》《索引新編》皆定名爲"大智度經卷第四十二"。與 S.4960 號《大智度論》卷四十三（異卷）書風書跡、行款格式完全一致，當出於同一抄手。《翟目》定爲公元 600 年寫本。

S.4960 號《大智度論》卷四十三（異卷）

首殘尾全，卷有水漬漫漶。尾題"大智度經卷四十三"。存 376 行，行 17 字，楷書。所抄自"切處"至尾題，文見《大正藏》25 冊卷三十一 288 頁上 17 行至 292 頁下 10 行，圖版見《寶藏》39 冊 87 頁上至 96 頁上。分卷與《大正藏》本不同，所存相當於《大正藏》本卷三十一的部分內容。《寶藏》《總目》《索引新編》皆定名爲"大智度經卷第四十三"。與 S.4950 號《大智度論》卷四十二（異卷）書風書跡、行款格式完全一致，當出於同一抄手。《翟目》定爲公元 600 年寫本。

S.5393 號《大智度論》卷四十五（異卷）

首尾俱全。首題"大智度釋論卷第四十五"，尾題"大智度經卷第四十五"，中有品題"摩訶般若波羅蜜憂波提舍中欲到彼岸義品第四十五"。存 427 行，行 17 字，楷書，有界欄。所抄自首題至尾題，文見《大正藏》25 冊卷三十二 298 頁上 8 行至卷三十三 303 頁中 9 行，圖版見《寶藏》42 冊 342 頁上至 353 頁下。與《大正藏》分卷不同，所抄相當於《大正藏》本卷三十二後部、卷三十三"大智度論釋初品中到彼岸義第五十"的部分內容。《總目》《寶藏》《索引新編》皆定名爲"大智度釋論卷第四十五"。與 S.5120 號《大智度論》卷四十七（異卷）、S.1829 號 1《大智度論》卷四十七（異卷）、S.1829 號 2《大智度論》卷四十八（異卷）書風書跡、行款格式完全一致，當爲同一抄手所書。《翟目》定爲公元 600 年寫本。

羽 207 號《大智度論》卷四十六（異卷）

6 紙，黃麻紙，首殘尾全，中有品題"摩訶般若波羅蜜憂波提舍中信持義品第四十六"，尾題"大智度經卷第四十六"。存 141 行，行 17 字，楷書，有界欄。所抄自"是戒"至尾題，文見《大正藏》25 冊卷三十三 307 頁中 7 行至卷三十四 309 頁上 20 行，圖版見《羽田》3 冊 305 頁至 309 頁。與《大正藏》本分卷不同，所抄相當於《大正藏》本卷三十三"大智度論釋初品中見一切佛世界義第五十一之一"、卷三十四"大智度論釋初品中見一切佛世界義第五十一之餘"的部分內容。《羽田》定名爲"大智度論卷第三十三、三十四"。

S.5120 號《大智度論》卷四十七（異卷）

首尾俱全，首題"大智度釋論卷第四十七"，尾題"大智度經卷第四十七"。存 427 行，行 17 字，楷書，有界欄。所抄自首題至尾題，文見《大正藏》25 冊卷三十四 309 頁上 21 行至 314 頁中 19 行，圖版見《寶藏》40 冊 160 頁上至 171 頁下。《總目》定名爲"大智論卷第四十七"，《寶藏》定名爲"大智度經卷第四十七"，《索引新編》定名爲"大智度釋論卷第四十七"。與《大正藏》本分卷不同，所抄相當於《大正藏》本卷三十四的部分內容。與 S.5393 號《大智度論》卷四十五（異卷）、S.1829 號 1《大智度論》卷四十七（異卷）、S.1829 號 2《大智度論》卷四十八（異卷）書風書跡、行款格式完全一致，當爲同一抄手所書。《翟目》定爲公元 600 年寫本。

S.1829 號 1《大智度論》卷四十七（異卷）

打紙，研光上蠟，首全尾缺，卷面有等距離水漬。背有古代裝裱，現代已修整，硬紙托裱前部，接出護首。卷首下邊鈐有英國博物館 1 號印。卷首背面有斯坦因紅鋼筆寫早期編號"76.X 21"。首題"摩訶般若波羅蜜憂波提舍中第二品義第四十七卷第四十八"。存 383 行，行 17 字，隸楷，有界欄。所抄自首題至"涅槃"，文見《大正藏》25 冊卷三十五 314 頁中 20 行至 319 頁中 4 行，圖版見《寶藏》13 冊 656 頁下至 674 頁下，《英圖》28 冊 284 頁下至 302 頁下。與《大正藏》本分卷不同，所抄內容相當於《大正藏》本卷三十五"大智度論釋報應品第二"。《英圖》將 S.1829 號著録爲"斯 01829 號 1""斯 01829 號 2"兩個文獻，且謂："本遺書將《大智度論》（異卷）第四十七、第四十八 2 卷合抄在一個卷軸上。首題上標明此卷軸中抄寫 2 卷經文的卷次。文中無第一卷尾題，有第二卷首題，文末有第二卷尾題。這種抄寫方式在寫經中較爲少見。爲體現這一特點，今按照體例分別著録 2 個文獻。"《寶藏》定名爲"大智度論卷第四十八"，《總目》《索引新編》

定名爲 "大智度經卷第四十八",皆未確。《英圖》定名爲 "《大智度論》(異卷)卷四十七",斷爲6—7世紀隋寫本。《翟目》定爲6世紀晚期寫本。與S.5393號《大智度論》卷四十五(異卷)、S.5120號《大智度論》卷四十七(異卷)書風書跡相同,行款格式一致,當出於同一抄手。又《英圖》敘録稱該號所書字體爲隸書,S.1829號2爲隸楷,今按此二號既出於同一寫卷,抄手亦同,字體亦不應有別,《英圖》之説顯有不妥。

S.1829號2《大智度論》卷四十八(異卷)

打紙,砑光上蠟,24紙,首尾俱全,卷面有等距離水漬。背有古代裝裱,現代已修整,硬紙托裱前部,接出護首。卷首下邊鈐有英國博物館1號印。卷首背面有斯坦因紅鋼筆寫早期編號 "76.X21"。首題 "摩訶般若波羅蜜憂波提舍中第三品義第四十八",尾題 "大智度經卷第四十八"。存264行,行17字,隸楷,有界欄。所抄自首題至尾題,文見《大正藏》25册卷三十五319頁中5行至322頁中27行,圖版見《寶藏》13册656頁下至674頁下,《英圖》28册284頁下至302頁下。與《大正藏》本分卷不同,所抄內容相當於《大正藏》本卷三十五 "大智度論釋習相應品第三之一"。《英圖》將S.1829號著録爲 "斯01829號1" "斯01829號2" 兩個文獻,且謂:"本遺書將《大智度論》(異卷)第四十七、第四十八2卷合抄在一個卷軸上。首題上標明此卷軸中抄寫2卷經文的卷次。文中無第一卷尾題,有第二卷首題,文末有第二卷尾題。這種抄寫方式在寫經中較爲少見。爲體現這一特點,今按照體例分別著録爲2個文獻。"《寶藏》定名爲 "大智度論卷第四十八",《總目》《索引新編》定名爲 "大智度經卷第四十八",皆未確。《英圖》定名爲 "《大智度論》(異卷)卷四十七",斷爲6—7世紀隋寫本。《翟目》定爲6世紀晚期寫本。與S.5393號《大智度論》卷四十五(異卷)、S.5120號《大智度論》卷四十七(異卷)書風書跡相同,行款格式一致,當出於同一抄手。又《英圖》敘録稱S.1829號1所書字體爲隸書,該號爲隸楷,今按此二號既出於同一寫卷,抄手亦同,字體亦不應有別,《英圖》之説顯有不妥。

BD03729號《大智度論》卷四十八(異卷)

原編號 "北7282號(霜029)"。27紙,首殘尾全,首8行下部有殘泐,接縫處有開裂,尾有原軸,兩端塗朱漆。尾題 "大智度經卷第四十八",中有品題 "摩訶般若波羅蜜憂波提舍中第三品義第四十八"。存636行,行17字,隸楷,有界欄。所抄自 "生故" 至尾題,文見《大正藏》25册卷三十五314頁下9行至322頁中27行,圖版見《寶藏》105册292頁下至307頁下、《國圖》52册48下至64頁上。與《大正藏》本分卷不同,所存相當於《大正藏》本卷三十五的絶大部分內容。《總目》泛名爲 "大智度論",《索引新編》定名爲 "大智度論卷第四十八",《寶藏》定名爲 "大智度論卷第四十八摩訶般若波羅蜜憂波提舍中第三品義第四十八"。《國圖》定名爲 "大智度論(異卷)卷四八",定爲5—6世紀南北朝寫本。

S.7163號…BD11570號…BD08451號+BD14086號《大智度論》卷五十一(異卷)

S.7163號,首尾殘,卷面殘損嚴重,有多處破洞及大塊殘泐。存43行,完整行17字,楷書,有界欄。所抄自 "高爲" 至 "兵等",文見《大正藏》25册卷三十七332頁上29行至332頁下17行,圖版見《寶藏》54册480頁上至481頁上。《寶藏》定名爲 "大智度論卷第三十七"。

BD11570號,原編號 "L1699"。1紙,殘片,前後及下端殘泐。存7殘行,每行存上部5—17字,楷書,有界欄。所抄自 "間樂" 至 "見檀",文見《大正藏》25册卷三十七336頁上11行至336頁上17行,圖版見《國圖》109册277頁下。《國圖》定名爲 "大智度論卷三七"。

BD08451號,原編號 "北7284號(裳051)"。2紙,首尾殘,首紙下部有較多殘泐。中有品題 "大智度往生品第四釋論"。存49行,行17字,楷書,有界欄。所抄自 "見世" 至 "可愍",文見《大正藏》25册卷三十七336頁上15行至336頁下20行,圖版見《寶藏》105册320頁上至321頁上、《國圖》103册10頁上至11頁上。《總目》泛名爲 "大智度論",《寶藏》《索引新編》皆定名爲 "大智度論卷第三十八",《國圖》定

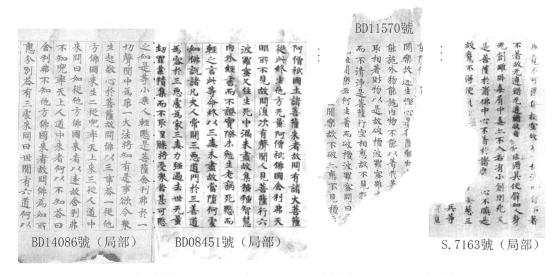

S.7163 號（局部）⋯ BD 11570 號 ⋯ BD 08451 號（局部）+BD 14086 號（局部）

名爲“《大智度論》（異卷）卷三八”。

BD 14086 號，原編號“新 0286”。打紙，砑光上蠟，10 紙，首殘尾全，卷尾數紙有等距離殘洞。原爲日本大谷探險隊所得并通卷托裱。護首爲黄底雲龍織錦。卷端有題簽“大智度經卷第五十一”，并鈐有藍色長方形印章，印文爲“圖書臺帳登録番號 1133”（數字係手寫），有千字文編號“節”。尾有軸，人工水晶軸頭。下軸頭粘有紙簽，上書“類别 8，番號 290”。尾題“大智度經卷第五十一”。存 257 行，行 17 字，楷書，有界欄。所抄自“之如”至“如是”，相當於《大正藏》25 册卷三十八 336 頁下 20 行至 340 頁上 11 行。圖版見《國圖》121 册 77 頁下至 85 頁上。與《大正藏》本分卷不同，所抄相當於《大正藏》本卷三十八的部分内容。《國圖》定名爲“大智度論（異卷）卷五一”。

按：上揭四號所抄皆爲《大智度論》卷五十一（異卷），且内容前後相承，行款格式相同，書風書跡一致，可以綴合。綴合後，所抄自“高爲”至尾題，文見《大正藏》25 册卷三十七 332 頁上 29 行至卷三十八 340 頁上 11 行。S.7163、BD 11570 號之間殘缺内容參見《大正藏》25 册卷三十七 332 頁下 17 行至 336 頁上 11 行。BD 11570、BD 08451 號之間僅殘“亦不”2 字，參見《大正藏》25 册卷三十八 336 頁上 15 行。

又《國圖》敘録稱 BD 11570 號所書字體爲隸楷，BD 08451、BD 14086 號爲楷書，今此三號既爲一卷之裂，則對其所書字體判斷尚待統一。又 BD 11570 號，《國圖》定名爲“大智度論卷三七”；BD 08451 號，《國圖》定名爲“《大智度論》（異卷）卷三八”，今此四號既可綴合，當據 BD 14086 號尾題定名爲“大智度論卷五一（異卷）”。又《國圖》敘録定 BD 11570、BD 08451 號爲 5—6 世紀南北朝寫本，BD 14086 號爲 6 世紀隋寫本，今謂此四號既出於同一寫卷，則其斷代亦需重新斟酌。

BD 13372 號《大智度論》卷六十三

原編號“L3501”。1 紙，殘片，存 1 行，楷書，有界欄。所存文字爲尾題“大智度經卷第六十三”，文見《大正藏》25 册卷六十三 509 頁上 5 行，圖版見《國圖》112 册 179 頁下。《國圖》定名爲“大智度論卷六三”，定爲 6 世紀隋寫本。

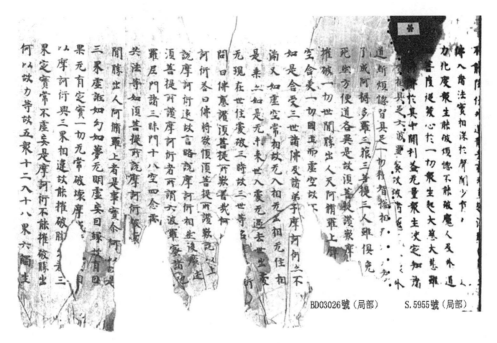

S.5955 號(局部)+BD03026 號(局部)綴合示意圖

附: 大智度經摘抄(省略經文)[1]

S.5955 號+BD03026 號《大智度論》卷五十、五十一、五十二摘抄

S.5955 號,首尾殘,通卷下部皆有等距離殘洞。中有品題"大智度經品第二十一釋論"。存 24 行,行約 17 字,楷書,有界欄。所抄自"於人"至"壞外",文見《大正藏》25 冊卷五十 422 頁上 6 行至卷五十一 423 頁下 16 行,圖版見《寶藏》44 冊 598 頁上至 598 頁下。該號爲《大智度論》卷五十、五十一摘抄,其特點是僅抄寫論文,省略經文或只摘録經文開頭 1—2 句表示起止。《寶藏》定名爲"大智度經品第二十一釋論",《總目》《索引新編》定名爲"大智度品釋論",皆未確。

BD03026 號,原編號"北 7286(雲 026)",13 紙,首尾殘,前 9 紙下部有等距離殘洞,第 6 紙上下全斷開,卷尾上方破裂。中有品題"大智度經品第二十二釋論""憂波提舍中隨順品第二十三""憂波提舍中品第二十四"。存 292 行,行約 17 字,楷書,有界欄。所抄自"法實"至"發問",文見《大正藏》25 冊卷五十一 423 頁下 15 行至卷五十二 431 頁下 26 行。該號爲《大智度論》卷五十一、五十二摘抄,其特點亦是僅抄寫論文,省略經文或只摘録經文開頭 1—2 句表示起止。《總目》泛名爲"大智度論",《寶藏》定名爲"大智度論卷第五十一至第五十二大智度經品第二十二釋論至憂波提舍中品第二十四",《索引新編》定名爲"大智度論卷第五十一至五十二"。《國圖》定名爲"大智度論抄",定爲 6—7 世紀隋寫本。

按: 上揭二號所抄內容前後相承,行款格式相同,書風書跡一致,顯爲一卷之撕裂。綴合後,所存內容始"於人"至"發問",相應文字參見《大正藏》25 冊卷五十 422 頁上 6 行至卷五十二 431 頁下 26 行。又《國圖》稱 BD03026 號爲 6—7 世紀隋寫本,S.5955 號既可與之綴合,亦可作如是斷代。又 P.2739 號…P.4838 號《大智度論》卷七十四、七十五摘抄與上揭二號行款格式、書風書跡相同,爲同一抄手所書,其抄寫年代亦當略同。

羽 451 號《大智度論》卷七十一摘抄(異卷)

薄潢麻紙,13 紙,首尾俱全,首題"大智度淨其深品第□□七十一",中有品題"無所作義品第四十三",

---

1 該類寫本僅抄寫論文,省略經文,這大約與《大智度論》34 卷之後所引經文內容較多有關。

尾題"大智度經卷第七十一"。存367行,行17字,楷書,有界欄。所抄自首題至尾題,文見《大正藏》25册卷六十三506頁中15行至卷六十四514頁下23行,圖版見《羽田》6册9頁至15頁。與《大正藏》分卷不同,相當於《大正藏》本《大智度論》卷六十三、六十四的摘抄,其特點亦是僅抄寫論文,省略經文或只摘録經文開頭1—2句表示起止。《羽田》定名爲"大智度經卷第七十一"。

P.2739號…P.4838號《大智度論》卷七十四、七十五摘抄

P.2739號,首尾殘,背面抄有于闐文書信。中有品題"大智度第中入三三昧品第五十八釋論"。存235行,首4行有殘泐,行17字,楷書,有界欄。所抄自"迴向"至"因餘",文見《大正藏》25册卷七十四583頁下23行至卷七十五588頁上28行,圖版見《寶藏》123册534頁下至539頁上、《法藏》18册32頁下至37頁上。該號爲《大智度論》卷七十四、七十五摘抄,其特點亦是僅抄寫論文,省略經文或只摘録經文開頭1—2句表示起止。《總目》定名爲"大智度論殘卷",不甚確。《寶藏》定名爲"大智度論卷第七十四、第七十五",《索引新編》定名爲"大智度論卷第七十四、七十五",《法藏》定名爲"大智度論卷第七十四七十五"。該號所抄内容相當於《大正藏》本卷七十四"大智度論釋燈柱品第五十七"、卷七十五"大智度論釋燈喻品第五十七之餘"、"大智度論釋夢中入三昧品第五十八"。

P.4838號,首尾殘,存19行,完整行17字,楷書,有界欄。所抄自"無相"至"次第",文見《大正藏》25册卷七十五588頁下13行至590頁下15行,圖版見《法藏》33册212頁上、《寶藏》134册509頁上至509頁下。該號爲《大智度論》卷七十五摘抄,其特點亦是僅抄寫論文,省略經文或只摘録經文開頭1—2句表示起止。《總目》定名爲"殘佛經",《寶藏》定名爲"佛經疏釋",皆失考。《法藏》《索引新編》定名爲"大智度論卷第七十五"。

按:上揭二號所抄内容前後相承,行款格式相同,書風書跡一致,可以綴合。綴合後,所抄自"迴向"至"次第",文見《大正藏》25册卷七十四583頁下23行至卷七十五590頁下15行。二號之間殘缺内容參見《大正藏》25册卷七十五588頁上28行至588頁下13行。與S.5955號+BD03026號《大智度論》卷五十、五十一、五十二摘抄書風書跡、行款格式完全一致,當爲同一抄手所抄。《國圖》定BD03026號爲6—7世紀隋寫本,則兹二號亦當爲隋寫本。

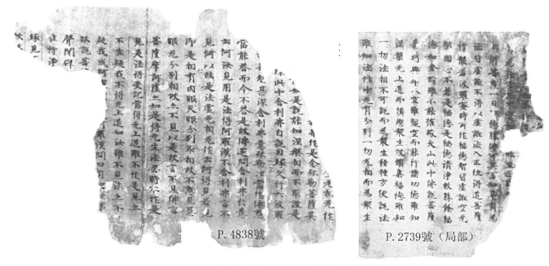

P.2739號(局部)…P.4838號綴合示意圖

S.3185號《大智度論》卷六十五摘抄[1]

首尾殘,末行後有"十二"2字,背面抄唐三藏法師玄奘譯《十一面咒心經》。存298行,行17字,楷書。

---

1 該號無標題,然僅抄論文、省略經文的書寫形式符合此類標準,故歸入。

所抄自"不能"至"智故",文見《大正藏》25 册卷六十五 516 頁中 20 行至 522 頁上 5 行,圖版見《寶藏》26 册 439 頁下至 447 頁下。該號爲《大智度論》摘抄,抄寫内容相當於《大正藏》本卷六十五,抄寫特點是僅抄寫論文,省略經文或只摘録經文開頭 1—2 句表示起止。《總目》定名爲"佛經疏釋",失考。《寶藏》《索引新編》皆定名爲"大智度論卷第六十五"。《翟目》定爲 6 世紀晚期寫本。

BD 10934 號+BD 11641 號…BD 06764 號《大智度論》卷七十六摘抄(異卷)

BD 10934 號,原編號"L1063",1 紙,殘片,前後殘泐,卷中部有殘爛。存 12 行,行 17 字,有界欄。所抄自"羅蜜"至"如相",文見《大正藏》25 册卷七十二 564 頁中 1 行至 564 頁中 14 行,圖版見《國圖》108 册 239 頁上。《國圖》定名爲"大智度論卷七二",定爲 5—6 世紀南北朝寫本。

BD 11641 號,原編號"L1770",2 紙,殘片,前後殘泐,卷面有等距離殘爛。存 18 行,行 17 字,有界欄。所抄自"無作"至"五衆",文見《大正藏》25 册卷七十二 564 頁中 14 行至 564 頁下 3 行,圖版見《國圖》109 册 317 頁上。《國圖》定名爲"大智度論卷七二",定爲 5—6 世紀南北朝寫本。

BD 06764 號,原編號"北 7300(潛 064)",2 紙,首殘尾全,首紙上部破裂,第 2 紙中下部殘缺,下邊有蟲繭。尾題"大智度經卷第七十六"。存 26 行,行 17 字,有界欄。所抄自"窮無"至尾題,文見《大正藏》25 册卷七十二 564 頁下 2 行至 566 頁上 14 行,圖版見《寶藏》105 册 398 頁上至 398 頁下、《國圖》93 册 173 頁下至 174 頁下。與《大正藏》本分卷不同,所存内容相當於《大正藏》本《大智度論》卷七十二的摘抄,特點是僅抄寫論文,省略經文或只摘録經文開頭 1—2 句表示起止。《總目》泛名爲"大智度論",《寶藏》《索引新編》皆定名爲"大智度論卷第七十六"。《國圖》定名爲"大智度論(異卷)卷七六",定爲 5—6 世紀南北朝寫本。

按:上揭三號所抄皆爲《大智度論》卷七十六(異卷),且内容前後相承,行款格式相同,書風書跡一致,可以綴合。綴合後,所抄自"羅蜜"至尾題,文見《大正藏》25 册卷七十二 564 頁中 1 行至 566 頁上 14 行。BD 11641、BD 06764 號之間僅殘缺"十方無"3 字,參見《大正藏》25 册卷七十二 564 頁下 2 行。

又《國圖》敘録稱 BD 10934 號所書字體爲楷書,BD 11641 號爲隸楷,BD 06764 號爲隸書,歧互不一,殊爲不妥。就實際書寫情况而言,雖個别字體帶有隸意,但總體仍以定作楷書爲宜。此外,此三號既可綴合,《國圖》據《大正藏》等傳世刻本將 BD 10934、BD 11641 號皆定名爲"大智度論卷七二",亦不妥。此處當尊重原卷分卷方式,定作"《大智度論》卷七十六摘抄(異卷)"爲是。

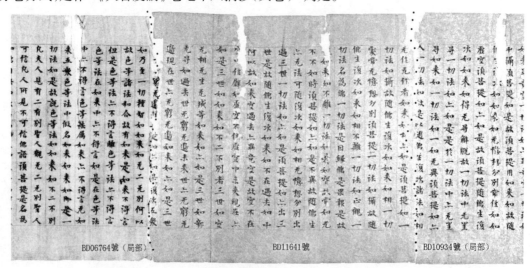

BD 06764 號(局部)　　　　BD 11641 號　　　　BD 10934 號(局部)

BD 10934 號(局部)＋BD 11641 號…BD 06764 號(局部)綴合示意圖

津藝 247 號《大智度論》卷九十五摘抄(異卷)

周叔弢舊藏。薄潢寫經紙,13 紙,首殘尾全,卷下部有等距離破洞,下邊沿有水漬。尾題"大智度經卷第九十五"，中有品題"大智度四諦品第八十四釋論""大智度非三乘品第八十五釋論"。存379行，行17字，楷書，有界欄。所抄自"可受"至尾題，文見《大正藏》25册卷九十四717頁上19行至卷九十五724頁上7行，圖版見《津藝》5册215頁上至224頁上。與《大正藏》本分卷不同，相當於《大正藏》本卷九十四、九十五的摘抄，其特點是僅抄寫論文，省略經文或只摘録經文開頭1—2句表示起止。《津藝》定名爲"大智度經卷第九十五"，定爲隋朝寫本。

二、摩訶衍經

BD 05850 號《大智度論》卷一

原編號"北7308號（菜050）"。5紙，首殘尾全，第2紙有破裂，第2、3紙接縫中下部開裂，尾紙有殘洞。尾題"摩訶衍經卷第一"，卷末有題記："大代普泰二年歲次壬子□□乙丑☒（朔）二十五日己丑，弟子使持節散騎□□□諸□□□陽王元榮□□。"存93行，行17字，隸楷，有界欄。所抄自"可□（聞）"至題記，文見《大正藏》25册卷一64頁下3行至66頁上18行，圖版見《寶藏》105册421頁下至423頁上、《國圖》78册352頁上至354頁上。《總目》定名爲"摩訶衍經"。《寶藏》《索引新編》定名爲"摩訶衍經卷第一"，《索引新編》謂："矢吹慶輝云：'大智度論有多種別稱，但摩訶衍經一稱，乃古而且稀。三階教籍中，每每呼智度論以此名。'"《國圖》定名爲"《大智度論》卷一"，定爲532年南北朝寫本。類似題記還見於P.2143號。據題記，該號爲北魏普泰二年（532）元榮寫本。元榮亦名元太榮。北魏時人。孝昌元年（525）任瓜州刺史，治敦煌。永安二年（529）封東陽王。魏末河西亂時，團結敦煌豪右，使境獲安。永安至永熙（528—534）間，出巨資寫經十餘部，達數百卷。又開鑿佛窟，規模宏大，莫高窟第285窟即鑿成於其任上。[1]方廣錩先生認爲：該號與羽001號題記爲研究北魏晚期的動盪政局、敦煌刺史的更替及中央與敦煌的關係提供了新的資料。[2]

羽001號《大智度論》卷八

黃麻紙，20紙，首殘尾全。卷末有"李滂""敦煌石室秘笈""李盛鐸闔家眷屬供養"等藏書印。尾題"摩訶衍經卷第八"，卷末有題記："大魏大統八年十一月十五日，佛弟子瓜州刺史鄧彦妻昌樂公主元，敬寫《摩訶衍經》一百卷，上願皇帝陛下國祚再隆，八方順軌。又願弟子現在夫妻、男女家眷，四大康健，殃災永滅；將來之世，普及衆生，同成正覺。"存436行，行19—21字，隸楷。所抄自"食見"至題記，文見《大正藏》25册卷八115頁上24行至121頁中13行，圖版見《羽田》1册1頁至12頁。《羽田》定名爲"大智度論卷第八"。據題記，該號爲西魏大統八年（542）寫經。方廣錩先生認爲：元榮造經題記與該題記爲研究北魏晚期的動盪政局、敦煌刺史的更替及中央與敦煌的關係提供了新的資料。[3]

BD 01364 號《大智度論》卷八

原編號"北7309號（張064）"。3紙，首殘尾全，通卷上部等距離殘缺，下部略有殘泐。後配《趙城藏》軸。卷背有勘記"第十五袟"。尾題"摩訶衍經卷第八　丈光義品第十一"。存56行，行17字，隸楷。所抄自"問曰"至"衆生"，文見《大正藏》25册卷八120頁下14行至121頁中12行，圖版見《寶藏》105册423頁下至424頁下、《國圖》20册308頁上至309頁上。《總目》泛名爲"摩訶衍經"，《寶藏》據尾題定名爲"摩訶衍經卷第八文光義品第十一"（按："文光"當爲"丈光"之誤），《索引新編》定名爲"摩訶衍經卷第八　文光義品第十二"（按："文光義品第十二"當作"丈光義品第十一"）。《國圖》定名爲"大智度論卷八"，定爲4—5世紀東晉寫本。

1　《敦煌學大辭典》，頁343。

2　《敦煌學大辭典》，頁721。"李盛鐸舊藏卷八"爲此號舊編號。

3　《敦煌學大辭典》，頁721。"李盛鐸舊藏卷八"爲此號舊編號。

S.2161 號《大智度論》卷十三

經黃打紙，研光上蠟，30 紙，首殘尾全，卷端殘破，卷面有水漬。有燕尾。卷首下邊鈐有英國博物館 1 號印。卷首下邊、卷尾下邊各貼有藍色長方形紙簽，上寫 "or.8210/（2161）"。第二紙背面有斯坦因紅鋼筆寫早期編號，被托裱，隱約可見 "7.1X.□"。尾題 "摩訶衍經卷第十三　品第十七"。存 666 行，行 17 字，楷書，有界欄。所抄自 "三惡" 至尾題，文見《大正藏》25 册卷十三 153 頁中 12 行至 161 頁下 22 行，圖版見《寶藏》16 册 628 頁下至 644 頁上、《英圖》35 册 153 頁下至 169 頁上。《總目》《寶藏》皆定名爲 "摩訶衍經卷第十三"，《索引新編》定名爲 "摩訶衍經卷第十三　品第十七"。《英圖》定名爲 "大智度論卷一三"，定爲 5—6 世紀南北朝寫本。《翟目》定爲 6 世紀寫本。該號第 13、14 紙後附有大段音義，爲《大正藏》所無。第 13 紙後有數行空白，但音義與第 14 紙首部相接，文無缺漏。

中村 037 號《大智度論》卷二十九

18 紙，首殘尾全，首 5 行上部有殘泐。尾題 "摩訶衍經卷第二十九"，卷末有題記："開皇十七年四月一日，清信優婆夷袁敬姿謹減身口之費，敬造此經一部，永劫供養。願從今已去，災障殄除，福慶臻集；國界永隆，萬民安泰。七世久遠、一切先靈，并願離苦獲安，遊神淨國，罪滅福生，無諸障累。三界六道，怨親平等，普共含生，同升佛地。" 題記後有今人紅筆字二行："此跋五行近代僞作。此經按紙筆，當爲西魏人書。" 存 493 行，行 17 字，隸楷，有界欄。所抄自 "三昧" 至題記，文見《大正藏》25 册卷二十九 270 頁中 27 行至 276 中 20 行，圖版見《中村》卷上 198 頁至 201 頁。《中村》定名爲 "摩訶衍經卷第二十九"，定爲六朝寫本（按：斷代不甚確，當據題記定作開皇十七年寫本）。

BD 07657 號+BD 11921 號…中村 019 號《大智度論》卷三十一

BD 07657 號，原編號 "北 7280（皇 057）"。3 紙，首尾殘，卷面有黴斑及等距離殘洞。存 40 行，首行僅存末 2 字左側殘筆，末行上部 4 字殘，行 17 字，隸楷。所抄自 "内法" 至 "作是"，文見《大正藏》卷三十一 286 頁中 20 行至 287 頁上 5 行，圖版見《寶藏》105 册 281 頁上至 281 頁下、《國圖》98 册 85 頁下至 86 頁下。《總目》泛名爲 "大智度論"，《寶藏》《索引新編》皆定名爲 "大智度論卷第三十一"。《國圖》定名爲 "大智度論卷三一"，定爲 5—6 世紀南北朝寫本。

BD 11921 號，原編號 "L2050"。2 紙，首尾殘，卷面有黴斑及殘洞。存 8 行，首行僅存上部 5 字，行 17 字，隸楷。所抄自 "空如" 至 "内外"，文見《大正藏》25 册卷三十一 287 頁上 4 行至 287 頁上 12 行，圖版見《國圖》110 册 152 頁上。《國圖》定名爲 "大智度論卷三一"，定爲 5—6 世紀南北朝寫本。

中村 019 號，32 紙，首殘尾全，卷面有黴斑。尾題 "摩訶衍經卷第三十一"，卷末有題記："神龜二年八月十五日，經生令狐世康所寫。用紙四十三張。校竟（經）道人惠敞。" 存 702 行，1—6 行下部殘泐，7—11 中部有裂縫，行 17 字，隸楷。所抄自 "者先" 至題記，文見《大正藏》25 册卷三十一 287 頁下 26 行至 296 頁中 3 行，圖版見《中村》卷上 107 頁至 111 頁。《中村》定名爲 "摩訶衍經卷第三十一"。

按：上揭三號所抄皆爲《大智度論》卷三十一，且内容前後相承，行款格式相同，書風書跡一致，可以綴合。三號綴合後，所抄自 "内法" 至題記，文見《大正藏》25 册卷三十一 286 頁中 20 行至 296 頁中 3 行。BD 11921、中村 019 號之間殘缺内容參見《大正藏》卷三十一 287 頁上 5 行至 287 頁下 26 行。又《國圖》敘錄稱 BD 07657 號所書字體爲隸楷，BD 11921 號爲隸書，《中村》敘錄稱中村 019 號爲隸書，判斷歧互不一。今考察整體書寫情況，雖部分字體有隸意，但仍不能定作隸書寫本，似以隸楷爲宜。據題記，三號皆爲北魏孝明帝神龜二年（519）年寫本，而《國圖》敘錄稱 BD 07657 號、BD 11921 號爲 5—6 世紀南北朝寫本，失之寬泛。

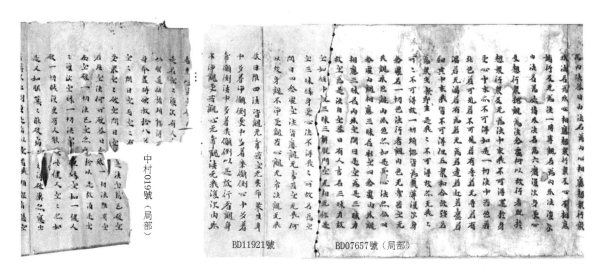

BD07657 號（局部）＋BD11921 號…中村 019 號（局部）綴合示意圖

中村 017 號《大智度論》卷三十二

16 紙，首殘尾全。卷首有近人王樹楠序：“北魏延昌二年寫經殘卷，出敦煌千佛洞。結體取姿有一種妍逸之致，《衛恒傳》所謂‘方不中矩，員不副規，抑左揚右，望之若崎’者也。末署典經帥令狐崇哲。考令狐爲敦煌巨族，南北朝之令狐整、令狐休、令狐熙皆著稱史，而崇哲蓋其族人也。庚戌十一月冬至後一日，新城王樹楠題於古車師後庭之寓廬。”後有“樹楠之印”陰文印章及“晉卿”陽文印章 2 枚。卷末有跋：“北魏延昌二年距今已一千三百九十有八年，紙墨猶明淨不壞，洵可寶也。宣統二年冬十二月張培愷敬觀。宣統弟[1]一庚戌嘉平月望日南豐趙惟熙敬觀。”後有“澤平珍賞”和“覺園經眼”陽文印章 2 枚。尾題“摩訶衍經卷第三十二”，卷末有題記：“用紙二十五。延昌二年歲次癸巳六月二十日，敦煌鎮經生馬天安敬寫經成訖。校經道人、典經帥令狐崇哲。”存 360 行，行 17 字，隸楷。所抄自“盤故”至題記，文見《大正藏》25 冊卷三十二 298 頁中 3 行至 302 頁下 11 行，圖版見《中村》卷上 98 頁至 101 頁。《中村》定名爲“摩訶衍經卷第三十二”，定爲六朝寫本，不甚確。由題記可知該號爲北魏延昌二年（513）敦煌鎮官方寫經。

敦研 303 號《大智度論》卷三十四[2]

白麻紙，1 紙，首殘尾全，首 2 行下部文字略有殘泐，尾題作“▭▭ 品第四十六”，後有題記“通 一校已”。存 22 行，行 19 字，隸書，有界欄。所抄自“蜜能”至尾題，文見《大正藏》25 冊卷三十四 314 頁上 25 行至 314 頁中 18 行，圖版見《甘藏》2 冊 3 頁下。《甘藏》定名爲“大智度論卷第三十四釋初品中信持無三毒義第五十二”。從書風書跡、行款格式等判斷，似南北朝寫本。

P.2089 號《大智度論》卷四十三

首殘尾全，尾題“摩訶衍經卷第四十三”，中有品題“大智度品第十釋論”，卷末有題記：“一校竟。比丘善惠所供養經。”存 430 行，行 19 字，隸楷，有界欄。所抄自“可見”至題記，文見《大正藏》25 冊卷四十三 370 頁上 28 行至 375 頁中 22 行，圖版見《寶藏》114 冊 52 頁上至 58 頁下《法藏》5 冊 59 頁上至 65 頁下。該號分段與《大正藏》本不同，《大正藏》本體例爲“經”“論”各一小段，分開解釋，該號則將“經”“論”分別歸併爲整段。《總目》《寶藏》《索引新編》《法藏》皆定名爲“摩訶衍經卷第四十三”。根據書風書跡、行款格式等判斷，該號爲南北朝寫本。《伊藤》轉引饒宗頤説，謂該號字體爲北魏[3]，似可從。

---

1 原卷作“弟”，當爲“第”之古字。

2 該號殘存尾題書寫規則與“摩訶衍經”略同，故暫歸入此類。

3 《敦煌寫本〈大智度論〉の整理》，頁 40。

S.5134 號《大智度論》卷四十五

首尾俱全,首題"大智度第十三品釋論卷第四十五",尾題"摩訶衍經卷第四十五",中有品題"大智度第十四品釋論",首題、尾題下有"瓜沙州大王印"。存491行,行19字,隸楷,有界欄。所抄自首題至尾題,文見《大正藏》25冊卷四十五382頁中6行至389頁上27行,圖版見《寶藏》40冊271頁下至282頁上。《寶藏》《總目》《索引新編》皆定名爲"摩訶衍經卷第四十五"。《翟目》定爲6世紀寫本。據所存"瓜沙州大王印",可定爲歸義軍時期寫本。[1] 同樣的印章還見於P.2177號《佛說馬有三相經》、P.2209號《妙法蓮華經卷第三》等數十個卷號。

S.5132 號《大智度論》卷四十五

首尾俱全,首題"大智度第十三品釋論　下有十四品　第四十五卷",尾題"摩訶衍經卷第四十五　品第十三　品第十四",中有品題"大智度第十四品釋論",卷背有題記"▭▭論卷第四十五　尹夫人受持"[2]。凡569行,行17字,隸楷,有界欄。所抄自首題至題記,文見《大正藏》25冊卷四十五382頁中6行至389頁上27行,圖版見《寶藏》40冊241頁上至256頁上。《總目》定名爲"摩訶衍經卷第四十五",《索引新編》定名爲"摩訶衍經卷第四十五　品第十三　品第十四"。《寶藏》定名爲"大智度論摩訶衍經卷第四十五"(按:《摩訶衍經》即《大智度論》別稱,《寶藏》定名不妥)。S.5119號《大智度論》卷五十、BD12966號《大智度論》卷十七護首、BD12426號《大智度論》卷七十九護首皆有相同題記。尹夫人,西涼太祖李暠之妻,被封爲昭武皇后,十六國時期傑出政治家,生卒年爲363—437年。據此,該號似爲十六國時期寫經。《翟目》定爲6世紀晚期寫本。

S.2410 號《大智度論》卷四十五

16紙,首殘尾全,卷面有多處撕裂。有燕尾。尾有原軸,兩端塗黑漆,頂端點朱漆。第二紙下邊鈐有英國博物館1號印。卷首背面有斯坦因鉛筆寫早期編號"74.X.1."。卷首背面有藍鉛筆標注阿拉伯數字"1501",應源自蔣孝琬編號。尾題"摩訶衍經卷第四十五　品第十三　品第十四",中有品題"大智度第十四品釋論"。存462行,行17字,隸楷,有界欄。所抄自"度脫"至尾題,文見《大正藏》25冊卷四十五383頁下7行至389頁上27行,圖版見《寶藏》19冊226頁上至237頁下《英圖》40冊168頁至179頁。《總目》定名爲"摩訶衍經卷第四十五",《寶藏》定名爲"摩訶衍經卷第四十五品第十三、第十四(大智度論卷第四十五)",《索引新編》定名爲"摩訶衍經卷第四十五　品第十三品第十四"。《翟目》定爲7世紀寫本。《英圖》定名爲"《大智度論》卷四五",定爲6—7世紀隋寫本。

BD14454 號《大智度論》卷四十八

原編號"新0654"。20紙,首殘尾全,前2紙有破裂殘損,第6紙前方下有1處破裂。第2紙背粘有白紙簽條,上寫:"《摩訶衍經》卷第四十八,比丘善慧所寫,長二十二尺六寸半,高七寸八分。"另有紙簽,上寫號碼"七"。尾題"摩訶衍經卷第四十八▭▭",卷末有題記"比丘善慧所寫供養"。存500行,行19字,隸楷,有界欄。所抄自"菩提"至題記,文見《大正藏》25冊卷四十八402頁下24行至409頁下16行,圖版見《國圖》127冊253頁下至264頁上。《國圖》定名爲"大智度論卷四八",定爲5世紀南北朝寫本。據題記,該號抄寫者爲僧侶善慧,生平不詳。

S.2761 號《大智度論》卷四十九

首殘尾全,首4行上端有斜向殘缺。尾題"摩訶衍經卷第四十九　品第十九"。存524行,行17字,楷書,有界欄。所抄自"法無"至尾題,文見《大正藏》25冊卷四十九409頁下27行至416頁上22行,圖版見《寶

1　王艷明《瓜沙州大王印考》,《敦煌學輯刊》,2000年第2期。

2　相同題記又見於S.5119號《大智度論》卷五十,但2號筆跡不同,非一人所抄。

藏》23 册 185 頁上至 199 頁下。《寶藏》《總目》皆定名爲 “摩訶衍經卷第四十九”,《索引新編》定名爲 “摩訶衍經卷第四十九　品第十九”。《翟目》定爲 6 世紀早期寫本。

S.4953 號《大智度論》卷五十

首殘尾全,尾題 “摩訶衍經卷第五十　第十九品　第二十品”,中有品題 “大智度第二十品釋論”。存 393 行,行 17 字,楷書。所抄自 “是名” 至尾題,文見《大正藏》25 册卷五十 417 頁中 3 行至 422 頁上 16 行,圖版見《寶藏》39 册 33 頁下至 43 頁上。《寶藏》《總目》皆定名爲 “摩訶衍經卷第五十”,《索引新編》定名爲 “摩訶衍經卷第五十　第十九品　第二十品”。《翟目》定爲 7 世紀早期寫本。

俄 Дx12223 號 R《大智度論》卷五十二[1]

殘片,卷末及下部殘泐。首題 “大智度第二十三品釋論”。存 14 殘行,末行僅存右側殘筆,每行存 9—16 字,隸楷,有界欄。背面抄有文字 “弟六部弟二卷　▨▨　▨▨▨”,似爲某種文獻的尾題。所抄自首題至 “羅蜜”,文見《大正藏》25 册卷五十二 429 頁中 18 行至 429 頁下 8 行,圖版見《俄藏》16 册 72 頁上。《俄藏》未定名,《郭曉燕》定作 “大智度論卷五十二　大智度論釋會宗品第二十四”。[2]

BD08095 號＋BD11474 號…津藝 065 號 5…BD10817 號…BD03533 號＋BD08533 號《大智度論》卷五十二

BD08095 號,原編號 “北 7287 號(字 095)”。3 紙,首尾殘,後 2 紙下方破裂。存 55 行,行 17 字,隸楷,有界欄。所抄自 “得眼” 至 “無後”,文見《大正藏》25 册卷五十二 432 頁中 27 行至 433 頁上 27 行,圖版見《寶藏》105 册 329 頁下至 330 頁上、《國圖》100 册 287 頁下至 288 頁下。《總目》泛名爲 “大智度論”,《寶藏》《索引新編》皆定名爲 “大智度論卷第五十二”,《國圖》定名爲 “大智度論卷五二”。

BD11474 號,原編號 “L1603”。2 紙,殘片,存 9 行,行 17 字,隸楷,有界欄。所抄自 “色無” 至 “共法”,文見《大正藏》25 册卷五十二 433 頁上 25 行至 433 頁中 4 行,圖版見《國圖》109 册 224 頁上。《國圖》定名爲 “大智度論卷五二”。

津藝065 號爲數個佛經殘片裱合而成。津藝065 號 5,殘片,前後殘泐,存 15 行,末行僅存 3 字右側殘筆,隸楷,有界欄。所抄自 “十□(八)” 至 “空無”,文見《大正藏》25 册卷五十二 433 頁中 15 行至 433 頁中 23 行,圖版見《津藝》1 册 318 頁上。《津藝》失考,定名爲 “佛經”。

BD10817 號,原編號 “L0946”。1 紙,殘片,前後及下部殘泐,存 7 殘行,每行存上部 4—11 字,隸楷,有界欄。所抄自 “法等” 至 “可得”,文見《大正藏》25 册卷五十二 433 頁中 29 行至 433 頁下 6 行,圖版見《國圖》108 册 165 頁下。《國圖》定名爲 “大智度論卷五二”。

BD03533 號,原編號 “北 7288 號(結 033)”。3 紙,首尾殘,通卷上下殘破。存 47 行,行 17 字,隸楷,有界欄。所抄自 “我説” 至 “一切”,文見《大正藏》25 册卷五十二 434 頁上 21 行至 434 頁下 13 行,圖版見《寶藏》105 册 331 頁上至 332 頁上、《國圖》49 册 21 頁上至 22 頁上。《總目》泛名爲 “大智度論”,《寶藏》《索引新編》皆定名爲 “大智度論卷第五十二”,《國圖》定名爲 “大智度論卷五二”。

BD08533 號,原編號 “北 7289 號(推 033)”。3 紙,首尾殘,背有古代裱補。存 38 行,行 17 字,隸楷,有界欄。所抄自 “亦無” 至 “不二”,文見《大正藏》25 册卷五十二 434 頁下 9 行至 435 頁上 20 行,圖版見《寶藏》105 册 332 頁下至 333 頁上、《國圖》103 册 147 頁上至 147 頁下。《總目》泛名爲 “大智度論”,《寶藏》《索引新編》皆定名爲 “大智度論卷第五十二”,《國圖》定名爲 “大智度論卷五二”。

按:上揭六號所抄皆爲《大智度論》卷五十二,且內容前後相承,行款格式相同,書風書跡一致,可以

1　該號首題與 “摩訶衍經” 書寫規則一致,故歸入此類。

2　《郭曉燕》,頁 63。

綴合。綴合後,所抄自"得眼"至"不二",文見《大正藏》25冊卷五十二432頁中27行至435頁上20行。BD11474、津藝065號5之間殘缺内容參見《大正藏》25冊卷五十二433頁中4行至433頁中15行,津藝065、BD10817號之間殘缺内容參見《大正藏》25冊卷五十二433頁中23行至433頁中29行,BD10817、BD03533號之間殘缺内容參見《大正藏》25冊卷五十二433頁下6行至434頁上21行。又兹六號與P.2143號《大智度論》卷五十四書風、書跡相同,行款格式一致,當出於同一抄手,故歸入此類。又《國圖》敘錄稱BD08095、11474號所書字體爲隸書,稱BD10817號字體爲楷書,又稱BD03533、08533號字體爲隸楷,結論歧互不一,實難信從。此五號既可綴合,字體亦不應有別,根據整體書寫情況,當定作隸楷爲宜。

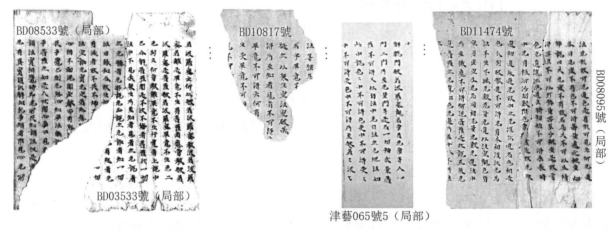

BD08095 號(局部)+BD11474 號…津藝 065 號 5(局部)…BD10817 號…BD03533 號(局部)+BD08533 號(局部)

P.2143號《大智度論》卷五十四[1]

首殘尾全,首2行有殘缺,尾題作"大智第二十六品釋論竟",卷末有題記:"大代普泰二年歲次壬子三月乙丑朔二十五日己丑,弟子使持節散騎常侍都督領(嶺)諸軍事車騎大將軍開國(府)儀同三司瓜州刺使(史)東陽王元榮,惟天地夭荒,王路否塞,群臣失禮,於慈(兹)多載。天子中興,是以遣息叔和詣闕修受。弟子年老疹患,冀望叔和早得還迴。敬造《無量壽經》一百部,四十卷爲毗沙門天王,三十部爲帝釋天,三十部爲梵釋天王。造《摩訶衍》一百卷,三(四)十卷爲毗沙門天王,三十卷爲帝釋天王,三十卷爲梵釋天王。内律一部五十卷,一分爲毗沙門天王,一分爲帝釋天王,一分爲梵釋天王。《賢愚》一部,爲毗沙門天王。《觀佛三昧》一部,爲帝釋天王。《大雲》一部,爲梵釋天王。願天王等早成佛道,又願元祚無窮,帝嗣不絶,四方付化,惡賊退散,國豐民安,善願從心,含生有識,咸同斯願。"存419行,行17字,隸楷,有界欄。所抄自"居天"至題記,文見《大正藏》25冊卷五十四443頁中20行至448頁下4行,圖版見《寶藏》115冊358頁上至366頁下、《法藏》7冊3頁下至12頁下。《總目》《寶藏》《法藏》皆定名爲"大智第二十六品釋論",《索引新編》定名爲"大智第二十六品釋論竟"。據題記,該號爲北魏普泰二年(532)元榮造經,類似題記還見於BD05850號,説詳該號敘錄。又與BD08095號+BD11474號…津藝065號5…BD10817號…BD03533號+BD08533號《大智度論》卷五十二書風書跡、行款格式完全一致,當爲同一抄手所書。

BD14024號《大智度論》卷五十五

原編號"新0224"。24紙,首尾俱全。原卷有護首。原爲日本大谷探險隊所得并通卷托裱,護首爲黄底雲龍織錦。卷端有題簽"摩訶衍經卷第五十五",并鈐有藍色長方形印章,印文爲"圖書臺帳登録番號812"(數字係手寫),有千字文編號"退"。尾有軸,人工水晶軸頭。下軸頭粘有紙簽,上書"類别8,番號225"。首題"大智度第二十七品釋論 卷第五十五",尾題"摩訶衍經卷第五十五",中有品題"大智度二十

---

1 據題記"造《摩訶衍》一百卷",歸入此類。

八品釋論"。楷書,有界欄,存656行,行17字。所抄自首題至尾題,文見《大正藏》25冊卷五十五448頁下5行至456頁下24行,圖版見《國圖》119冊1頁上至17頁下。《國圖》定名爲"大智度論卷五五",定爲6世紀南北朝寫本。

BD06724號+S.2988號《大智度論》卷五十六

BD06724號,原編號"北7292號(潛024)"。4紙,首尾殘,卷首殘缺嚴重,通卷中部有兩排等距離殘洞。存114行,行17字,隸楷,有界欄。所抄自"若波"至"我民",文見《大正藏》25冊卷五十六457頁上8行至458頁中15行,圖版見《寶藏》105冊344頁下至347頁上,《國圖》93冊45頁下至48頁上。《總目》泛名爲"大智度論",《寶藏》《索引新編》皆定名爲"大智度論卷第五十六"。《國圖》定名爲"大智度論卷五六",定爲5—6世紀南北朝寫本。

S.2988號,首殘尾全。尾題"摩訶衍經卷第五十六",中有品題"大智度第三十品釋論"。存413行,行17字,隸楷,有界欄。所抄自"拔生"至尾題,文見《大正藏》25冊卷五十六458頁中16行至463頁中13行,圖版見《寶藏》25冊125頁上至135頁下。《寶藏》《總目》《索引新編》皆定名爲"摩訶衍經卷第五十六"。《翟目》定爲6世紀寫本。

按:兹二號皆爲《大智度論》卷五十六殘卷,且内容前後相承,行款格式相同,書風書跡一致,可以綴合。綴合後,所抄自"若波"至尾題,文見《大正藏》25冊卷五十六457頁上8行至463頁中13行。

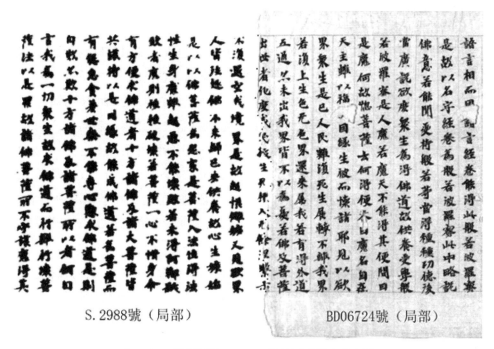

S.2988號(局部)　　　　　　　BD06724號(局部)

BD06724號(局部)+S.2988號(局部)綴合示意圖

俄 Дx00535號《大智度論》卷七十四

紙色白,紙質脆。首殘尾全,存40殘行,隸楷,有界欄,尾題"□(摩)▨(訶)衍經卷第七十四"。所抄自"等是"至尾題,文見《大正藏》25冊卷七十四584頁上29行至584頁5行,圖版見《俄藏》6冊349頁上至下。《俄藏》定名爲"摩訶衍經卷第七十四"。《孟目》定名爲"摩訶衍經卷第七十四",定爲5—6世紀寫本。

中村042號《大智度論》卷八十七

9紙,首殘尾全,尾題"摩訶衍經卷第八十七　品七十四七十五"。存223行,行17字,隸楷,有界欄。

所抄自"薩亦"至尾題,文見《大正藏》25 冊卷八十七 672 頁中 13 行至 675 頁上 14 行,圖版見《中村》卷上 214 頁至 217 頁。《中村》定名爲"摩訶衍經卷第八十七",定爲六朝寫本。

BD01889 號《大智度論》卷八十八

原編號"北 7302 號(秋 089)"。22 紙,首殘尾全,卷首下部殘缺,卷面下部有破損殘裂。第 15 紙下方有"果"字。有燕尾。尾題"摩訶衍經卷第八十八　品第七十六　品第七十七",中有品題"第七十七品釋論"。存 630 行,行 17 字,隸楷,有界欄。所抄自"辟支"至尾題,文見《大正藏》25 冊卷八十八 676 頁下 6 行至 684 頁中 5 行,圖版見《寶藏》105 冊 400 頁上至 414 頁上、《國圖》26 冊 145 頁上至 158 頁下。《總目》泛名爲"大智度論",《寶藏》定名爲"摩訶衍經卷第八十八、第七十六品至第七十七品",《索引新編》定名爲"摩訶衍經卷第八十八品第七十六品第七十七"。《國圖》定名爲"大智度論卷八八",定爲 6 世紀南北朝寫本。

津藝 241 號《大智度論》卷九十一 [1]

周叔弢舊藏。麻紙,染潢,17 紙,首全尾殘,全卷已裝裱,卷首上方鈐陽文閑章"偉大的佛教",下方鈐陽文方印"果懺行一"。首題作"大智▨▨▨▨▨▨▨(度第八十一品釋)▨▨　　▨▨▨▨(九十一)"。存 462 行,末 2 行有殘缺,行 17 字,楷書,有界欄。所抄自首題至"共相",文見《大正藏》25 冊卷九十一 699 頁下 1 行至 705 頁上 20 行,圖版見《津藝》5 冊 139 頁下至 151 頁上。《津藝》定名爲"大智度論釋照明品第八十一",定爲唐寫本。

羽 470 號《大智度論》卷九十三(異卷)

黄麻紙,20 紙,首尾俱全。卷末有三處朱文方印,後有今人題跋:"東魏寫摩訶衍經,姚秦譯,敦煌石室藏。東魏人書法漸趨方緊,隋唐之先導也。此卷筆法結體與東魏碑志相似,如'蘇'作'蘇'、'濡'作'濡'、'奪'作'奪'、'射'作'㑺'、'率'作'率'、'妓'作'伎'、'物'作'物'之類可按而知也。紙亦不似唐人所造,凡藏經家皆一望而知之。庚申仲冬避兵申江爲之考定故記之。蓬累行者向燊。"首題"第八十二品中釋論　第九十三卷",中有品題"第八十三品釋論",尾題"摩訶衍經卷第九十三"。存 517 行,行 17 字,楷書,有界欄。所抄自首題至尾題,文見《大正藏》25 冊卷九十二 706 頁下 1 行至 715 頁上 9 行,圖版見《羽田》6 冊 171 頁至 181 頁。與《大正藏》本分卷不同,内容有大段删略且行文順序有異,所抄相當於《大正藏》本卷九十二後部與卷九十三的全部内容。《羽田》定名爲"大智度論卷第九十二、第九十三"。

俄Ƽ3 號R《大智度論》卷一百

殘片,前後上下皆殘泐,尾題"摩訶衍第百卷",存 5 殘行,每行存 6—8 字,首行僅存左側殘筆,末行僅存右側殘筆,隸楷,有界欄,有删除符。所抄自"經等"至尾題,文見《大正藏》25 冊卷一百 756 頁下 7 行至 756 頁下 8 行,圖版見《俄藏》17 冊 362 頁上。《俄藏》未定名,《郭曉燕》定作"大智度論卷第一百　大智度論釋囑累品第九十"。[2]

三、大智論

BD11818 號+BD03614 號…BD07385 號…BD07315 號+BD02251 號《大智度論》卷十三

BD11818 號,原編號"L1947",2 紙,殘片,前後及下端皆殘泐,存 18 殘行,每行存上部 4—10 不等,有界欄。所抄自"破戒"至"言汝",文見《大正藏》25 冊卷十三 153 頁下 21 行至 154 頁上 11 行,圖版見《國圖》110 冊 92 頁下。《國圖》定名爲"大智度論卷一三",定爲 5—6 世紀南北朝寫本。

---

1 該號首題符合"摩訶衍經"書寫規則,故暫時歸入此類備考。

2 《郭曉燕》,頁 85。

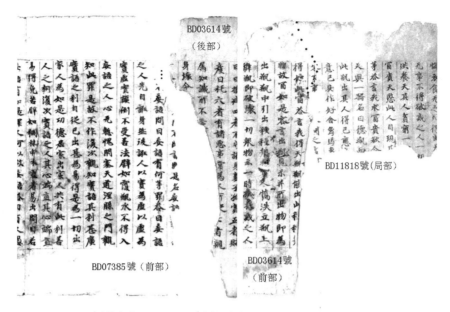

BD11818 號（局部）…BD03614 號（局部）…BD07385（局部）號綴合示意圖

BD03614 號，原編號"北6791（爲014）"。11 紙，首尾殘，存 244 行，行 17 字，有界欄。所抄自"客事"至"壞命"，文見《大正藏》25 册卷十三 154 頁上 10 行至 157 頁上 11 行，圖版見《寶藏》101 册 605 頁上至 610 頁上、《國圖》50 册 71 頁上至 76 頁下。《總目》《寶藏》皆定名爲"菩薩戒義"，非是。《索引新編》泛名爲"大智度論"。《國圖》定名爲"大智度論卷一三"，定爲 5—6 世紀南北朝寫本。

BD07385 號，原編號"北7306（鳥085）"。2 紙，首尾殘，存 28 行，行 17 字，有界欄。所抄自"不聞"至"佛入"，文見《大正藏》25 册卷十三 157 頁上 18 行至 157 頁中 18 行，圖版見《寶藏》105 册 419 頁上至 419 頁下、《國圖》96 册 314 頁上至 314 頁下。《總目》泛名爲"大智度論"，《寶藏》定名爲"大智度論卷第十三釋初品中尸羅波羅蜜義第二十一"，《索引新編》定名爲"大智度論卷第十三"。《國圖》定名爲"大智度論卷一三"，定爲 5—6 世紀南北朝寫本。

BD07315 號，原編號"北7305（鳥015）"，2 紙，首尾殘，存 39 行，行 17 字，有界欄。所抄自"心依"至"朋黨"，文見《大正藏》25 册卷十三 158 頁上 8 行至 158 頁中 21 行，圖版見《國圖》96 册 168 頁下至 169 頁下，《寶藏》105 册 418 頁上至 418 頁下。《總目》泛名爲"大智度論"，《寶藏》定名爲"大智度論卷第十三釋初品中尸羅波羅蜜義第二十一"，《索引新編》定名爲"大智度論卷第十三"。《國圖》定名爲"大智度論卷一三"，定爲 6 世紀南北朝寫本。

BD02251 號，原編號"北7269（閏051）"，11 紙，首殘尾全，尾題"大智論卷第十三"。存 250 行，行 17 字，有界欄。所抄自"佛十"至尾題，文見《大正藏》25 册卷十三 158 頁中 20 行至 161 頁下 22 行，圖版見《寶藏》105 册 222 頁上至 227 頁下、《國圖》31 册 389 頁上至 394 頁下。《總目》泛名爲"大智度論"，《寶藏》《索引新編》皆定名爲"大智度論卷第十三"。《國圖》定名爲"大智度論卷一三"，定爲 5—6 世紀南北朝寫本。

按：上揭五號皆爲《大智度論》卷十三殘卷，且内容前後相承，行款格式相同，書風書跡一致，可以綴合。綴合後，所抄自"破戒"至尾題，文見《大正藏》25 册卷十三 153 頁下 21 行至 161 頁下 22 行。BD03614 號與 BD07385 號之間殘缺内容參見《大正藏》25 册 157 頁上 11 行至 157 頁上 18 行，BD07385 號與 BD07315 號之間殘缺内容參見《大正藏》25 册卷十三 157 頁中 18 行至 158 頁上 8 行。

又《國圖》敘録稱 BD07385 號所書字體爲隸書，BD07315 號、BD02251 號爲楷書，甚不妥。此五號既爲一卷之裂，且出於同一抄手，字體亦不應有别。總體而言，雖原卷個别字形帶有隸意，但仍以定作楷書爲宜。

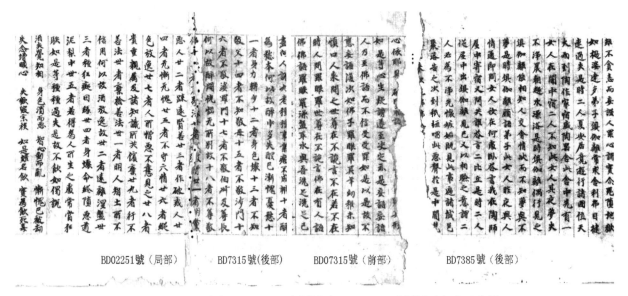

BD02251 號（局部）　　BD7315 號（後部）　　BD07315 號（前部）　　BD7385 號（後部）

BD07385 號（局部）…BD07315 號（局部）+BD02251 號（局部）綴合示意圖

國博 39 號《大智度論》卷十四

硬質紙本。卷端有包首，簽條上書“大智度論卷十四　尹夫人受持界”，卷末有長方形印章，印文爲“周肇祥曾護持”。首尾俱全，首題作“大智論釋初品中尸羅波羅蜜下弟十七　下有忍波羅蜜上　卷第十四”，尾題作“大智論卷弟十四”。存 487 行，行 17 字，楷書，有界欄。所抄自首題至尾題，文見《大正藏》25 冊卷十四 162 頁上 8 行至 168 頁上 26 行，圖版見《國博》11 冊 83 頁至 87 頁。該號所收 5 幅圖版僅爲寫卷部分內容。《國博》稱該號爲隋寫本。

上圖 115 號《大智度論》卷十四[1]

原編號“141”。潢薄麻寫經紙，13 紙，首尾殘，有水漬。中有品題“大智論釋初品中羼提波羅蜜第十八”。存 372 行，行 17 字，楷書，有界欄。所抄自“挽滿”至“知其”，文見《大正藏》25 冊卷十四 163 頁上 14 行至 167 頁下 29 行，圖版見《上圖》3 冊 97 頁下至 105 頁下。《上圖》擬題爲“大智度論釋初品中尸羅波羅蜜義之餘”，定爲南北朝寫本。

S.1538 號 +BD14081 號《大智度論》卷三十二

S.1538 號，經黃打紙，研光上蠟，1 紙，首尾殘，卷面有水漬，前 3 行上部有殘泐，卷尾下邊鈐有英國博物館 1 號印。存 19 行，行 17 字，楷書，有界欄。所抄自“當學”至“論如”，文見《大正藏》25 冊卷三十二 296 頁中 16 行至 296 頁下 8 行，圖版見《寶藏》11 冊 471 頁下，《英圖》24 冊 113 頁下。《總目》定名爲“佛經”，失考。《寶藏》《索引新編》皆定名爲“大智度論卷第三十二”。《英圖》定名爲“大智度論卷三二”，定爲 7—8 世紀唐寫本。《翟目》定爲 7 世紀寫本。

BD14081 號，原編號“新 0281”。經黃打紙，研光上蠟，18 紙，首殘尾全。原爲日本大谷探險隊所得并通卷托裱。護首爲黃底雲龍織錦。卷端有題簽“大智度論卷第三十二”，并鈐有藍色長方形印章，印文爲“圖書臺帳登錄番號 1125”（數字爲手寫），有千字文編號“離”。有燕尾。尾有軸，人工水晶軸頭。下軸頭粘有紙簽，上書“8,285”。有尾題“大智論釋初品中四緣第四十　下訖三世佛功德　卷第三十二”。存 491 行，行 17 字，楷書，有界欄。所抄自“佛說”至尾題，文見《大正藏》25 冊卷三十二 296 頁下 8 行至 302 頁下 11 行。圖版見《國圖》121 冊 32 頁上至 44 頁上。《國圖》定名爲“《大智度論》卷三十二”，定爲 7—8 世紀唐寫本。

按：上揭二號所抄皆爲《大智度論》卷三十二，且內容前後相承，行款格式相同，書風書跡一致，可以綴

1　該號尾題符合“大智論”書寫規則，故歸入此類。

合。綴合後,所抄自"當學"至尾題,文見《大正藏》25 冊卷三十二 296 頁中 16 行至 302 頁下 11 行。

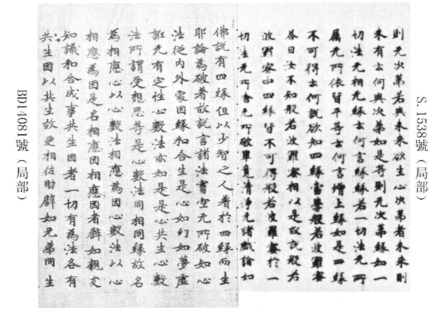

S.1538 號(局部)+BD 14081 號(局部)綴合示意圖

S.3483 號《大智度論》卷三十八

首殘尾全,首 2 行略有殘缺,尾題"大智論卷第三十八"。存 520 行,行 17 字,楷書。所抄自"中命"至尾題,文見《大正藏》25 冊卷三十八 336 頁中 17 行至 343 頁上 5 行,圖版見《寶藏》29 冊 32 頁上至 45 頁上。《總目》定名爲"大智論卷第三十八",《寶藏》《索引新編》皆定名爲"大智度論卷第三十八"。《翟目》定爲 7 世紀寫本。

P.5579 號《大智度論》卷四十題籤

首尾殘,存"大智論卷第四十" 6 字,下有"尹夫" 2 字("夫"字捺筆未寫),圖版見《寶藏》135 冊 537 頁上、《法藏》34 冊 266 頁下。《總目》定名爲"大智度論第四十開端",《寶藏》未定名,《索引新編》定名爲"大智論卷第四十題籤",《法藏》定名爲"大智度論卷第四十題籤"。

S.0227 號《大智度論》卷四十一

19 紙,紙張染潢,首殘尾全,卷下端鈐有英國博物館 1 號印。卷首背面有蔣孝琬朱筆寫蘇州碼子"623",旁藍鉛筆注阿拉伯數字"623",下有墨筆注記"大智論弟四十一釋七記八。開皇十三年歲次癸丑四月八日李思賢寫"。尾題"大智論卷第四十一　釋第七品　訖第八品",中有品題"大智論釋第八品",卷末有題記"開皇十三年歲次癸丑四月八日,弟子李思賢敬寫供養"[1]。存 537 行,行 17 字,隸楷,有界欄。所抄自"滅但"至尾題,文見《大正藏》25 冊卷四十一 357 頁中 4 行至 363 頁下 13 行,圖版見《寶藏》2 冊 316 頁上至 329 頁下、《英圖》4 冊 18 頁下至 32 頁下。《寶藏》定名爲"大智度論卷第四十一",《總目》《索引新編》據尾題定名爲"大智論釋卷第四十一釋第七品記第八品"(按:"記"當作"訖")。《英圖》定名爲"大智度論卷四一",定爲 593 年隋寫本。《翟目》認爲與 4233 號、4235 號、4242 號、4246 號爲同批寫經。與 S.5130 號《大智度論》卷四十二、S.0457 號《大智度論》卷四十四、S.4967 號《大智度論》卷四十七、S.4954 號《大智度論》卷五十、S.5288 號+P.2199 號《大智度論》卷五十一、BD 14085 號《大智度論》卷五十八、BD 11809 號《大

1　相同題記又見 S.5130 號《大智度論》卷四十二、S.0457 號《大智度論》卷四十四、S.4967 號《大智度論》卷四十七、S.4954 號《大智度論》卷五十、S.5288 號+P.2199 號《大智度論》卷五十一、BD 14085 號《大智度論》卷五十八、BD 11809 號《大智度論》卷六十三。

智度論》卷六十三皆有相同題記,李思賢生平未詳。

S.5130 號《大智度論》卷四十二

首尾俱全,首題"大智論釋第九品上卷第四十二",尾題"大智論卷第四十二 釋第九品上",卷末有題記"開皇十三年歲次癸丑四月八日,弟子李思賢敬寫供養"。存 459 行,行 17 字,楷書,有界欄。所抄自首題至尾題,文見《大正藏》25 册卷四十二 363 頁下 17 行至 369 頁中 18 行,圖版見《寶藏》40 册 225 頁下至 237 頁上。《總目》定名爲"大智論卷第三十二"(按:"三十二"當爲"四十二"之訛),《寶藏》定名爲"大智度論卷第四十二",《索引新編》定名爲"大智論卷第四十二"。據題記,該號爲隋開皇十三年(593)寫本。與 S.0227 號《大智度論》卷四十一、S.0457 號《大智度論》卷四十四、S.4967 號《大智度論》卷四十七、S.4954 號《大智度論》卷五十、S.5288 號+P.2199 號《大智度論》卷五十一、BD14085 號《大智度論》卷五十八、BD11809 號《大智度論》卷六十三皆有相同題記。

俄 Дх05786 號 + 俄 Дх05867 號 + 俄 Дх05720 號 +S.1830 號《大智度論》卷四十三

俄 Дх05786 號,殘片,前後上下殘泐,存 7 殘行,每行存 5—8 字,首行僅存 3 字左側殘筆,隸楷。所抄自"藐三"至"般若",文見《大正藏》25 册卷四十三 370 頁上 15 行至 370 頁上 20 行,圖版見《俄藏》12 册 244 頁上。《俄藏》未定名,《郭曉燕》定作"大智度論卷第四十三 大智度論釋集散品第九下"。[1]

俄 Дх05867 號,殘片,前後上下殘泐,存 7 殘行,每行存 5—8 字,首行僅存左側殘筆,隸楷。所抄自"舍利"至"體何",文見《大正藏》25 册卷四十三 370 頁上 15 行至 370 頁上 21 行,圖版見《俄藏》12 册 258 頁下。《俄藏》未定名,《郭曉燕》定作"大智度論卷第四十三 大智度論釋集散品第九下"。[2]

俄 Дх05720 號,殘片,前後殘泐,存 7 殘行,每行存 5—17 字,隸楷。所抄自"不住"至"色法",文見《大正藏》25 册卷四十三 370 頁上 20 行至 370 頁上 27 行,圖版見《俄藏》12 册 227 頁上。《俄藏》未定名,《郭曉燕》定作"大智度論卷第四十三 大智度論釋集散品第九下"。[3]

S.1830 號,17 紙,首殘尾全,第 3 紙上撕裂,第 4 紙上殘,第 16、17 紙下殘。卷面多水漬。尾有原軸,兩端塗黑漆,頂端點朱漆。卷首下鈐英國博物館 1 號印。卷首背面有斯坦因紅鋼筆寫早期編號"76.X.14"。尾題"大智論卷第四十三 釋第九品 訖第十品",中有品題"大智論釋第十品"。存 440 行,行 17 字,隸楷,有界欄。所抄自"一□[邊]"至尾題,文見《大正藏》25 册卷四十三 370 頁上 26 行至 375 頁中 22 行,圖版見《寶藏》14 册 1 頁上至 13 頁上、《英圖》28 册 303 頁上至 315 頁上。《寶藏》定名爲"大智度論卷第四十三",《總目》《索引新編》皆定名爲"大智論卷第四十三"。《英圖》定名爲"大智度論卷四三",定爲 6—7 世紀隋寫本。《翟目》定爲公元 600 年寫本。

按:《郭曉燕》謂兹四號可綴合[4],甚是。綴合後,所抄自"藐三"至尾題,文見《大正藏》25 册卷四十三 370 頁上 15 行至 375 頁中 22 行。《英圖》定 S.1830 號爲 6—7 世紀隋寫本,今此四號既可綴合,餘三號抄寫年代亦可作如是推斷。

---

1 《郭曉燕》,頁 90。

2 《郭曉燕》,頁 56。

3 《郭曉燕》,頁 57。

4 《郭曉燕》,頁 146。又見載張磊、郭曉燕《敦煌寫本〈大智度論〉殘卷綴合研究》,《中國俗文化研究》,2015 年第 10 輯。

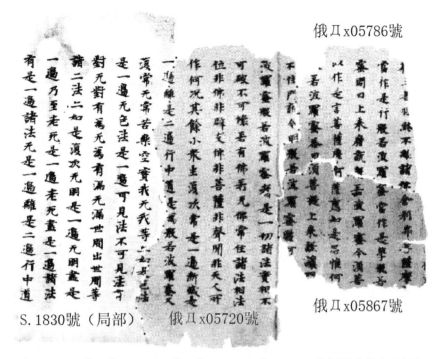

俄Дx05786號＋俄Дx05867號＋俄Дx05720號＋S.1830號（局部）綴合示意圖

S.0457號《大智度論》卷四十四

打紙，研光上蠟，20紙，首殘尾全，卷面略有破裂。有燕尾。現代已修整，接出護首。卷首下鈐英國博物館1號印。卷首背面有斯坦因紅鋼筆寫早期編號"87.Ⅵ.35"。尾題"大智論卷第四十四　釋第十一品　訖第十二品"，中有品題"大智論釋第十二品"，卷末有題記"開皇十三年歲次癸丑四月八日，弟子李思賢敬寫供養"。存542行，行17字，楷書，有界欄。所抄自"藐三"至尾題，文見《大正藏》25冊卷四十四375頁下25行至382頁中5行，圖版見《寶藏》3冊668頁下至682頁下，《英圖》7冊164頁上至178頁下。《寶藏》定名爲"大智度論卷第四十四"，《總目》《索引新編》皆定名爲"大智論卷第四十四"。《英圖》定名爲"大智度論卷四四"，定爲593年隋寫本。與S.0227號《大智度論》卷四十一、S.5130號《大智度論》卷四十二、S.4967號《大智度論》卷四十七、S.4954號《大智度論》卷五十、S.5288號＋P.2199號《大智度論》卷五十一、BD14085號《大智度論》卷五十八、BD11809號《大智度論》卷六十三皆有相同題記。

S.5126號《大智度論》卷四十六

首尾俱全，首題"大智論釋第十五品□（訖）第十七品上　卷第四十六"，尾題"大智論卷第四十六　釋第十五品　訖第十七品上"，中有品題"大智論釋第十六品""大智論釋十七品"。存596行，行17字，楷書，有界欄。所抄自首題至尾題，文見《大正藏》25冊卷四十六389頁中1行至396頁中18行，圖版見《寶藏》40冊193頁下至208頁下。《寶藏》定名爲"大智度論卷第四十六"，《總目》《索引新編》皆定名爲"大智論卷第四十六"。《翟目》定爲6世紀晚期寫本。

S.1407號《大智度論》卷四十六[1]

17紙，首全尾殘，卷首有少許開裂，卷面略有水漬。背面有現代隨意貼補。卷首上邊鈐有英國博物館1號印。卷首背面有蔣孝琬朱筆寫蘇州碼子"441"，朱筆注記"大智度論"。首題"大智論釋第十五品　訖十七品上　卷第四十六"，中有品題"大智論釋第十六品""大智論釋十七品"。存473行，行17字，隸楷，有界欄。所抄自首題至"等是"，文見《大正藏》25冊卷四十六389頁中4行至395頁上3行，圖版見《寶藏》

1　該號首題、品題皆與"大智論"書寫規則相符，故歸入此類。

10 册 437 頁下至 450 頁上、《英圖》22 册 1 頁上至 13 頁下。《索引新編》定名爲"大智論釋第十五品　卷第四十六"。《寶藏》《總目》皆定名爲"大智論釋卷第三十六"（按："三十六"當爲"四十六"之誤）。《英圖》定名爲"大智度論卷四六",定爲 6 世紀南北朝寫本。《翟目》定爲公元 600 年寫本。

S.4968 號《大智度論》卷四十六

首殘尾全,尾題"大智論卷第四十六　釋第十五品　訖第十七品上",中有品題"大智論釋第十六品""大智論釋十七品"。存 592 行,首行 15 字僅存左側殘筆,行 17 字,楷書。所抄自"次舍"至尾題,文見《大正藏》25 册卷四十六 389 頁中 14 行至 396 頁中 17 行,圖版見《寶藏》39 册 122 頁上至 137 頁上。《寶藏》定名爲"大智度論卷第四十六"。《總目》《索引新編》皆定名爲"大智論卷第四十六"。《翟目》定爲 6 世紀晚期寫本。

S.4967 號《大智度論》卷四十七

首殘尾全,首 2 行有殘缺,尾題"大智論卷第四十七　釋第十七品下",卷末有題記"開皇十三年歲次癸丑四月八日,弟子李思賢敬寫供養"。存 496 行,行 17 字,楷書,有界欄。所抄自"三昧"至題記,文見《大正藏》25 册卷四十七 396 頁下 21 行至 402 頁下 11 行,圖版見《寶藏》39 册 109 頁下至 121 頁下。《寶藏》定名爲"大智度論卷第四十七",《總目》《索引新編》皆定名爲"大智論卷第四十七"。據題記,該號爲隋開皇十三年（593）寫本。與 S.0227 號《大智度論》卷四十一、S.5130 號《大智度論》卷四十二、S.0457 號《大智度論》卷四十四、S.4954 號《大智度論》卷五十、S.5288 號 +P.2199 號《大智度論》卷五十一、BD 14085 號《大智度論》卷五十八、BD 11809 號《大智度論》卷六十三皆有相同題記。

S.5119 號《大智度論》卷五十

首尾俱全,首題"大智論釋第十九品下　訖第二十品　卷第五十",尾題"大智論卷第五十　釋第十九品　訖第二十品",中有品題"大智論釋第二十品",卷背有題記："▨▨論卷第五十　尹夫人受持"。存 485 行,行 17 字,楷書,有界欄。所抄自首題至題記,文見《大正藏》25 册卷五十 416 頁中 1 行至 422 頁上 16 行,圖版見《寶藏》40 册 147 頁上至 159 頁下。《寶藏》定名爲"大智度論卷第五十",《總目》《索引新編》皆定名爲"大智論卷第五十"。與 S.5132 號《大智度論》卷四十五、BD 12966 號《大智度論》卷十七護首、BD 12426 號《大智度論》卷七十九護首皆有相同題記。《翟目》定爲公元 600 年寫本。據題記,該號當爲十六國時期寫經,考詳 S.5132 號敘録。

S.4954 號《大智度論》卷五十

首殘尾全,首 2 行有殘缺,尾題"大智論卷第五十　釋第十九品　訖第二十品",中有品題"大智論釋第二十品",卷末有題記"開皇十三年歲次癸丑四月八日,弟子李思賢敬寫供養"。存 371 行,行 17 字,楷書。所抄自"菩薩"至題記,文見《大正藏》25 册卷五十 417 頁下 8 行至 422 頁上 16 行,圖版見《寶藏》39 册 43 頁下至 53 頁上。《寶藏》定名爲"大智度論卷第五十",《總目》《索引新編》皆定名爲"大智論卷第五十"。據題記,該號爲隋開皇十三年（593）寫本。與 S.0227 號《大智度論》卷四十一、S.5130 號《大智度論》卷四十二、S.0457 號《大智度論》卷四十四、S.4967 號《大智度論》卷四十七、S.5288 號 +P.2199 號《大智度論》卷五十一、BD 14085 號《大智度論》卷五十八、BD 11809 號《大智度論》卷六十三皆有相同題記。

S.5288 號 +P.2199 號《大智度論》卷五十一

S.5288 號,首全尾殘,7—11 行下部有殘泐,首題作"大智論釋第二十一品訖第二十二品卷第五十一"。存 27 行,行 17 字,楷書,有界欄。所抄自首題至"常不",相當於《大正藏》25 册卷五十一 422 頁上 17 行至 422 頁中 20 行,圖版見《寶藏》41 册 427 頁下至 428 頁上。《總目》定名爲"大智論卷第五十一",《寶藏》定名爲"大智度論卷第五十一"。《索引新編》據首題定名爲"大智論釋第十一品（訖第二十二品）卷第五十一"（按："十一品"當作"二十一品"）。《翟目》定爲7世紀早期寫本。

P.2199號，首殘尾全，尾題作"大智論卷第五十一"，中有品題"大智論釋第二十二品"，卷末有題記"開皇十三年歲次癸丑四月八日，弟子李思賢敬寫供養"。存599行，行17字，楷書，有界欄。所抄自"壞相"至題記，相當於《大正藏》25冊卷五十一422頁中20行至429頁中17行，圖版見《寶藏》116冊588頁下至602頁下、《法藏》8冊347頁下至358頁下。《總目》《寶藏》《索引新編》《法藏》皆定名爲"大智論卷第五十一"。

按：上揭二號所抄皆爲《大智度論》卷五十一，且內容前後相承，行款格式相同，書風書跡一致，可以綴合。綴合後，寫卷首尾俱全，所抄自首題至題記，文見《大正藏》25冊卷五十一422頁上17行至429頁中17行。又據題記，上揭二號爲隋開皇十三年（593）寫本。與S.0227號《大智度論》卷四十一、S.5130號《大智度論》卷四十二、S.0457號《大智度論》卷四十四、S.4967號《大智度論》卷四十七、S.4954號《大智度論》卷五十、BD14085號《大智度論》卷五十八、BD11809號《大智度論》卷六十三皆有相同題記。

S.5288號（局部）+P.2199號（局部）綴合示意圖

國博38號《大智度論》卷五十一

淺黃薄紙本。首殘尾全，尾題作"大智論卷第五十一"，卷末有題記"大業三年三月十五日，佛弟子蘇七寶爲亡父母敬寫《大智度論經》一部。以此善根，先願國祚永隆，人民興盛。當令七世考妣，棲神淨土，面奉慈尊；見在家室，內外眷屬，災殃彌滅，萬善扶疏。逮及法界含生，永離羈鞅，齊成正覺"。存424行，行17字，楷書，有界欄。所抄自"佛告"至題記，文見《大正藏》25冊卷五十一424頁中19行至429頁中17行，圖版見《國博》11冊79頁至82頁。該號所收4幅圖版僅爲寫卷部分內容。據題記，該號爲隋大業三年（607）寫本。與S.7105號···俄Дx05948號···中村057號《大智度論》卷二、羽469號《大智度論》卷三十九、P.2138號《大智度論》卷九十一、大谷敦續編2—22號行款格式、書風書跡一致，題記略同，與S.7454號+P.4865A號+BD05974號+P.4865B號《大智度論》卷三十九行款格式、書風書跡一致，故上述寫卷當爲同一抄手所書。

BD14082號《大智度論》卷五十一

原編號“新0282”。20紙,首殘尾全,第17至尾紙有等距離殘洞、殘損,近代已托裱。原爲日本大谷探險隊所得并通卷托裱。護首爲黃底雲龍織錦。卷端有題簽“大智論卷第五十一”,并鈐有藍色長方形印章,印文爲“圖書臺帳登録番號1120”(數字係手寫)。有千字文編號“義”。尾有軸,人工水晶軸頭。下軸頭粘有紙簽,上書“類別8,番號286”。尾題“大智論卷第五十一”,中有品題“大智論釋第二十二品”。存509行,行17字,隸楷,有界欄。所抄自“有法”至尾題,文見《大正藏》25册卷五十一423頁中16行至429頁中17行,圖版見《國圖》121册44頁下至58頁上。《國圖》定名爲“大智度論卷五一”,定爲6世紀隋代寫本。

BD14085號《大智度論》卷五十八

原編號“新0285”。17紙,首殘尾全,首紙有火燒殘洞,首2紙上邊有殘損,第8及以下各紙有等距離殘洞。原爲日本大谷探險隊所得并通卷托裱,護首爲黃底雲龍織錦。卷端有題簽“大智度論卷第五十八”,并鈐有藍色長方形印章,印文爲“圖書臺帳登録番號1138”(數字係手寫),有千字文編號“沛”。尾有軸,人工水晶軸頭,下軸頭已脫落。尾題“大智論卷第五十八　釋第三十三品　訖第三十五品”,中有品題“[大智論釋]第三十四品”“大智論釋第三十五品”,卷末有題記“▇▇歲次癸丑四▇▇子李思賢敬▇▇”。存432行,行17字,楷書,有界欄。所抄自“故受”至題記,文見《大正藏》25册卷五十八470頁上8行至475頁上22行,圖版見《國圖》121册66頁至77頁上。《國圖》定名爲“大智度論卷五八”,定爲593年隋寫本。與S.0227號《大智度論》卷四十一、S.5130號《大智度論》卷四十二、S.0457號《大智度論》卷四十四、S.4967號《大智度論》卷四十七、S.4954號《大智度論》卷五十、S.5288號+P.2199號《大智度論》卷五十一、BD11809號《大智度論》卷六十三皆有相同題記。

BD05783號《大智度論》卷五十九

原編號“北7294號(奈083)”。4紙,首殘尾全,卷尾有蟲繭,有燕尾。尾題“大智論卷第五十九”。存108行,行17字,楷書,有界欄。所抄自“若波”至尾題,文見《大正藏》25册卷五十九480頁上15行至481頁中11行,圖版見《寶藏》105册348頁下至350頁下、《國圖》77册188頁上至190頁下。《總目》泛名爲“大智度論”,《寶藏》定名爲“大智度論卷第五十九”,《索引新編》定名爲“大智論卷第五十九”。《國圖》定名爲“大智度論卷五九”,定爲5—6世紀南北朝寫本。

BD06016號+BD11950號…BD06018號《大智度論》卷六十六

BD06016號,原編號“北7296號(芥016)”。5紙,首全尾殘,有護首,已殘破。第2紙下方殘破,接縫處有開裂,卷尾殘破嚴重。卷面有蟲繭。首題“大智度論釋第四十四品上卷第六十六”。存109行,行17字,楷書,有界欄。所抄自首題至“神力”,文見《大正藏》25册卷六十六522頁上7行至523頁中9行,圖版見《寶藏》105册357頁下至361頁上、《國圖》81册104頁上至106頁下。《總目》泛名爲“大智度論”,《寶藏》定名爲“大智度論卷第六十六、釋第四十四品上”,《索引新編》定名爲“大智度論釋第四十四品上　卷第六十六”。《國圖》定名爲“大智度論卷六六”,定爲6世紀南北朝寫本。

BD11950號,原編號“L2079”。1紙,殘片,前後及上部皆殘泐,存3殘行,每行存底部1—4字,楷書,有界欄。所抄自“切智”至“一切”,文見《大正藏》25册卷六十六523頁上26行至523頁上27行,圖版見《國圖》110册168頁上。《國圖》定名爲“大智度論卷六六”,定爲6世紀南北朝寫本。

BD06018號,原編號“北7297號(芥018)”。7紙,首殘尾全,首紙下方有破裂,通卷上邊有等距離殘缺,接縫處有開裂。卷面有蟲繭。有燕尾。背有古代裱補。尾題“大智論卷第六十六　釋第四十四品上”。存178行,行17字,楷書,有界欄。所抄自“提何”至尾題,文見《大正藏》25册卷六十六525頁上16行至527頁上29行,圖版見《寶藏》105册361頁上至365頁下、《國圖》81册110頁下至115頁上。《總目》泛

名爲“大智度論”，《寶藏》《索引新編》皆定名爲“大智度論卷第六十六、釋第四十四品上”，《國圖》定名爲
“大智度論卷六六”，定爲6世紀南北朝寫本。

　　按：上揭三號所抄皆爲《大智度論》卷六十六，且内容前後相承，行款格式相同，書風書跡一致，可
以綴合。綴合後，所抄自首題至尾題，文見《大正藏》25册卷六十六522頁上7行至527頁上29行。
BD11950、BD06018號之間殘缺内容參見《大正藏》本25册卷六十六523頁上27行至525頁上16行。

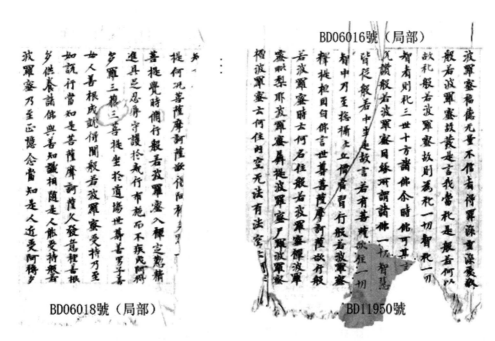

BD06016號（局部）+BD11950號…BD06018號（局部）綴合圖

津藝174號《大智度論》卷六十七

　　周叔弢舊藏。薄潢寫經紙，18紙，首尾俱全，首題“大智論釋第四十四品下　卷第六十七”，尾題“大智
論卷第六十七　釋第四十四品下”。存538行，行17字，隸楷，有界欄。所抄自首題至尾題，文見《大正藏》
25册卷六十七527頁中1行至532頁下23行，圖版見《津藝》3册311頁上至322頁上。《津藝》定名爲“大
智論釋卷第六十七第四十品下”，定爲北朝寫卷。

BD15318號《大智度論》卷六十八

　　原編號“新1518”。打紙，研光上蠟，16紙，首尾俱全，卷右下殘缺，通卷下部有紅色染污。有燕尾。首
紙背有古代裱補，裱補紙上有般若部經文，被夾在另一層裱補紙後。前2紙現代托裱，接出護首。護首背
下方貼有小紙簽，上寫“購12408”。卷尾背有長方形“留香”陽文朱印。首題“大智論釋第四十六品　訖
第四十七品上”，中有品題“大智論釋第四十七品上”，尾題“大智論卷第六十八　釋第四十五品　訖第四
十六品二”（“二”當爲“上”字之誤）。存440行，行17字，楷書，有界欄。所抄自首題至尾題，文見《大正藏》
25册卷六十八533頁上1行至538頁中17行，圖版見《國圖》142册175頁至185頁下。《國圖》定名爲“大
智度論卷六八”，定爲7—8世紀唐寫本。

BD15353號《大智度論》卷六十八

　　原編號“新1553”。17紙，首尾俱全，有護首，已殘。護首有經名“大智度論卷第六十八”。下邊有殘
損，卷面保存尚好，卷尾略殘。首題“大智度論釋第四十五品　訖第四十六品上　卷第六十八”，首題下有
“北京圖書館藏”陽文朱印，尾題“大智論卷第六十八　釋第四十五品　訖第四十六品”，中有品題“大智論
釋第四十六品上”。存442行，行17字，楷書，有界欄。所抄自首題至尾題，文見《大正藏》25册卷六十八

533 頁上 1 行至 538 頁中 17 行,圖版見《國圖》142 册 396 頁下至 407 頁下。《國圖》定名爲 "大智度論卷六八",定爲 5—6 世紀南北朝寫本。

BD04611 號《大智度論》卷七十

原編號 "北 7298 號(劍 011)"。18 紙,首殘尾全,卷首上部殘破嚴重,卷上邊變色殘裂,第 14 紙下方破裂。尾有原軸,兩端塗黑漆,頂端點朱漆。背有古代裱補。中有品題 "大智論釋第四十八品",尾題 "大智論卷第七十 釋第四十七品 下訖第四十八品"。存 475 行,行 17 字,楷書,有界欄。所抄自 "具有" 至尾題,文見《大正藏》25 册卷七十 546 頁下 10 行至 552 頁下 15 行,圖版見《寶藏》105 册 366 頁上至 378 頁上、《國圖》62 册 46 頁上至 58 頁上。《總目》泛名爲 "大智度論",《寶藏》定名爲 "大智度論卷第七十釋第四十七品下至第四十八品",《索引新編》定名爲 "大智度論卷第七十 釋第四十七品下 説第四十八品"。《國圖》定名爲 "大智度論卷七十",定爲 6—7 世紀隋寫本。

四、大智度論

P.2913 號《大智度論》卷五

首殘尾全,首行僅存數字殘劃,2—8 行下部有殘泐。尾題 "大智度論第五",中有品題 "大智度初品中菩薩功德釋論第七"。背面抄有《失名邈真讚》《歸義軍節度使檢校司徒南陽張府君墓誌銘》《大唐敦煌譯經三藏吴和尚邈真讚》數種文獻。存 530 行,行 16—18 不等,楷書。所抄自 "經曰" 至尾題,文見《大正藏》25 册卷五 94 頁上 16 行至 101 頁中 24 行,圖版見《寶藏》125 册 190 頁上至 201 頁上、《法藏》20 册 38 頁下至 49 頁下。《總目》《法藏》皆定名爲 "大智度論卷第五",《索引新編》定名爲 "大智度論第五"。該號字體爲成熟楷書,"世""淵" 兩字缺筆避諱,又背後所抄《大唐敦煌譯經三藏吴和尚邈真讚》題記時間爲唐咸通十年(869),綜合以上因素判斷,該號當爲唐寫本。又 P.2082 號 1《大智度論》卷四十六、P.2082 號 2《大智度論》卷四十一與該號書風書跡、行款格式完全一致,當係同一抄手所書。

BD15150 號《大智度論》卷五

原編號 "新 1350 號"。13 紙,首殘尾全,卷中有殘缺,有燕尾,尾有原軸,兩端點黑漆,頂端點朱漆。卷背面各紙接縫處均有長方形陰文朱印,字跡難辨。卷首背貼有紙簽,上書 "購 12158,28"。卷首存品題 "大智度初品中菩薩功德釋論第七",尾題 "大智度論第五"。存 352 行,行 17 字,楷書,有界欄。該號實由二殘卷粘合而成,1—51 行爲殘卷一,所抄自品題至 "華香",文見《大正藏》25 册卷五 95 頁下 1 行至 96 頁中 6 行;52—352 行爲殘卷二,所抄自 "無作" 至尾題,文見《大正藏》25 册卷五 97 頁上 16 行至 101 頁中 24 行。圖版見《國圖》140 册 1 頁上至 9 頁下。《國圖》定名爲 "大智度論卷五",定爲 6 世紀隋寫本。

S.6796 號《大智度論》卷七

首殘尾全,首行右上部略有殘泐。尾題 "大智度論卷第七",中有品題 "摩訶般若波羅蜜優波提舍中放光品第十"。存 487 行,行 17 字,楷書,有界欄。所抄自 "心常" 至尾題,文見《大正藏》25 册卷七 108 頁中 24 行至 114 頁下 2 行,圖版見《寶藏》52 册 1 頁上至 13 頁上。《總目》《寶藏》《索引新編》皆定名爲 "大智度論卷第七"。《翟目》定爲 6 世紀晚期寫本。

BD06638 號《大智度論》卷二十三[1]

原編號 "北 7274 號(鱗 038)"。18 紙,首殘尾全,第 2 紙上方殘破,中部有殘洞。尾有原軸,兩端塗黑漆,頂端點朱漆。存 439 行,行 17 字,隸楷,有界欄。尾題 "大智度卷第二十三",中有品題 "大智度初品中

---

1 《伊藤》謂該號尾題雖作 "大智度",但品題寫法與 P.2913 號相同,疑尾題漏 "論" 字,今從之。見頁 367。

十一智釋論弟三十"。所抄自"教化"至尾題,文見《大正藏》25 册卷二十三 229 頁中 1 行至 235 頁上 20 行,圖版見《寶藏》105 册 249 頁下至 260 頁上《國圖》91 册 295 頁下至 306 頁下。《總目》泛名爲"大智度論",《寶藏》定名爲"大智度論卷第二十三初品中十一智釋論第三十"(按:不確。該號所抄凡二品,"初品中十一智釋論第三十"僅爲其一),《索引新編》定名爲"大智度論卷第二十三"。《國圖》定名爲"大智度論卷二三",定爲 5—6 世紀南北朝寫本。

津文 3 號《大智度論》卷三十

收藏編號"436"。麻紙,入潢,20 紙。首殘尾全,首紙與前紙接縫處脱落,近代收藏者接出黄綾護首、拖尾,首紙右上角與末紙左上角各有"煜青所事"陽文朱印一方。拖尾有跋文 10 行:"隋賢書法内吸周齊陽剛之氣,外收梁陳綿麗之風,統合南北,彙成一局。以故生面獨開,古法宛存,自非唐人專講結構者所可比擬。是卷精光外溢,勁氣真達,尤爲隋書中傑作。與余所藏比丘尼惠休於大業四年所造《大般涅槃經》實出一手書。定爲隋墨,夫復何疑!煜青老哥其寶藏之。庚申仲秋,靈蘭室主徐聲金題。"跋文前有"柳根映翠"隨形章陽文朱印一方,後有"徐印聲金"陰文朱印和"靈蘭室主"陽文朱印各一方。尾題"大智度論卷第三十"。存 549 行,行 17 字,隸楷,有界欄。該號由二殘卷粘合而成,1—195 行爲殘卷一,所抄自"菩薩"至"五道",文見《大正藏》25 册卷三十 277 頁下 8 行至 280 頁上 16 行;196—549 行爲殘卷二,所抄自"德令"至尾題,文見《大正藏》25 册卷三十 280 頁下 27 行至 285 頁上 29 行。圖版見《津文》5 頁至 17 頁。《津文》定名爲"大智度論卷第三十",定爲公元前 6 世紀下半葉南北朝晚期或隋朝寫本。

BD01227 號《大智度論》卷三十六

原編號"北 7283 號(列 027)"。21 紙,首殘尾全,卷首下端殘泐,卷中有殘破,有水漬。尾有原軸,兩端塗黑漆,頂端點朱漆。尾題"大智度論卷第三十六"。存 502 行,行 17 字,楷書,有界欄。所抄自"爲諸"至尾題,文見《大正藏》25 册卷三十六 323 頁中 2 行至 329 頁中 28 行,圖版見《寶藏》105 册 308 頁上至 319 頁下、《國圖》18 册 177 頁下至 189 頁上。《總目》泛名爲"大智度論",《寶藏》《索引新編》皆定名爲"大智度論卷第三十六"。《國圖》定名爲"大智度論卷三六",定爲 6 世紀南北朝寫本。

P.2082 號 2《大智度論》卷四十一

P.2082 號 2,首全尾殘,背面抄唐代敦煌高僧曇曠所著《金剛般若經旨讚》卷下。首題"大智度三假品第七釋論　訖第八品　四十一",中有品題"大智度勸學第八品釋論"。存 561 行,行 17 字,楷書,有界欄。所抄自首題至"滅盡",文見《大正藏》25 册卷四十一 357 頁上 1 行至 363 頁中 28 行,圖版見《寶藏》113 册 562 頁上至 571 頁下、《法藏》4 册 303 頁上至 314 頁上。《總目》定名爲"大智度三假品第七論釋",《寶藏》定名爲"大智度論卷第四十一三假品第七勸學品第八論釋",《索引新編》定名爲"大智度三假品第七釋論　訖第八品　四十一",《法藏》定名爲"大智度論卷第四十一"。據 P.2082 號 1 題記,該號爲折衝都尉泛彦芝爲亡夫人陰氏所造之經。折衝都尉爲唐代官名。唐府兵制軍府稱折衝府,長官則爲折衝都尉,上府正四品上,中府從四品下,下府正五品下。每冬率兵操練,按規定輪番宿衛京師,有事則徵發全府,率兵出發。綜合題記和卷背所抄文獻的内容,可以確定該號爲唐人寫經。與 P.2082 號 1《大智度論》卷四十六、P.2913 號《大智度論》卷五書風書跡、行款格式完全一致,當係同一抄手所書。

P.2082 號 1《大智度論》卷四十六

P.2082 號 1,首殘尾全,背面抄有唐代敦煌高僧曇曠所著《金剛般若經旨讚》卷下。[1] 尾題"大智度論卷第四十六",中有品題"大智度論釋摩訶衍品第十七",卷末有題記"菩薩戒佛弟子寧遠將軍折衝都尉泛

---

1 屈直敏《敦煌高僧》,民族出版社,2004 年,頁 94—96。

彦芝爲亡夫人陰氏助成此經,資益亡者及法界衆生,同時作佛"[1]。存490行,行17字,楷書,有界欄。所抄自"薩住"至題記,文見《大正藏》25冊卷四十六390頁下6行至396頁中18行,圖版見《寶藏》113冊553頁下至561頁下、《法藏》4冊293頁上至302頁下。《寶藏》《總目》《索引新編》《法藏》皆定名爲"大智度論卷第四十六"。據題記,該號爲唐人寫經,説詳P.2082號2敘録。與P.2082號2《大智度論》卷四十一、P.2913號《大智度論》卷五MS00530《大智度論》卷五十書風書跡、行款格式完全一致,當係同一抄手所書。

MS00530號《大智度論》卷五十

9紙,首殘尾全,尾題"大智度論卷第五十",中有品題"大智度論釋出到品第二十",卷末有題記"菩薩戒弟子寧遠將軍折衝都尉泛彦芝爲亡夫人陰氏助成此經,資益亡者"。存211行,行17字,楷書,有界欄。所抄自"某方"至題記,文見《大正藏》25冊卷五十419頁下7行至422頁上16行,圖版見"國際敦煌項目網站"。據卷末題記,該號當爲唐人寫經,説詳P.2082號2敘録。與P.2082號《大智度論》卷四十六、P.2082號2《大智度論》卷四十一、P.2913號《大智度論》卷五書風書跡、行款格式完全一致,當係同一抄手所出。

BD14425號《大智度論》卷六十五

原編號"新0625"。11紙,首尾殘,卷面有殘洞,卷端背有近代人貼的白色簽條,上寫"六朝人寫經,長一丈四尺四寸"。尾題"▨▨▨▨▨▨▨▨(大智度論卷第六十五)"。楷書,有界欄,存287行,行17字。所抄自"一切"至尾題,文見《大正藏》25冊卷六十五518頁中19行至522頁上5行,圖版見《國圖》126冊397頁上至403頁下。《國圖》定名爲"大智度論卷六五",定爲5—6世紀南北朝寫本。

浙敦027號(浙博002)《大智度論》卷九十(異卷)

浙博原藏品號"21296"。黃麻紙,綾裱,19紙,首殘尾全。副隔水題"石室冠冕　陳季侃"。引首題:"敦煌石室藏經記。清光緒庚子,甘肅敦煌縣莫高窟砂磧中發見石室。室有碑記,封閉於宋太祖太平興國初元,距今千餘歲。以藏經考之,將近二千年。唐寫佛經爲獨多,晉魏六朝稍稀有矣。紙皆成卷,束以絹帶。上自西晉,下訖朱梁。紙書帛畫,粲然備具。誠天壤間瑰寶也。吾國官民,不知愛惜。丁未歲,法國文學博士伯希和聞之,自新疆馳詣石室,賄守藏道士,檢去精品數巨篋,英人、日人繼之,咸大獲而歸。迨端陶齋赴歐考察憲政,見於倫敦博物院,詢知其故。歸而返求,則石室已空。僅於處士家搜得佛經三千卷,藏庋北平圖書館。今不尚存否?余度隴之歲,購求唐寫精品,已極難得;而著有年代及六朝人書,則非以巨價求之巨家不可得也。昔蘇子瞻云'紙壽一千年',今兹發見,突破先例。蓋敦煌浪沙堆積如阜,高地風燥,苟石室永閉,即再經千年猶當完好。一入人間,則百十年内可淪黦以盡。證之今日,藏經已稀如星鳳,其後可知。猶憶在隴時,朋輩與余競購者,所得多已散亡,余亦何能永保? 但求愛護有人,千百年珍物不致損毁於吾人之手,私願已畢。風雨如晦,鷄鳴不已,識者寶諸。壬午秋月,前護隴使者陳閭記。"前隔水題:"卷末有田豐題款,造詞雅馴,書法剛健婀娜,唐人無此風味。卷亦特長,六朝精品也。季侃。"拖尾有陳季侃題郭璞《遊仙詩》。陳季侃名閭,1919—1921年曾任蘭州道尹、甘肅省代省長,故自言曾官護隴使者。尾題"大智度論卷第九十",卷末有題記:"昔雪山菩薩,八字捨身;香城大士,一言析骨。況我凡愚,而不迴向。佛弟子田豐,躬率己財,兼勸有心,仰爲皇帝、文武百僚、七世父母、過見師尊及法界衆生,敬寫一切經論,願共成佛。"存442行,行15—17字,隸楷,有界欄。所抄自"含果"至題記,文見《大正藏》25冊卷八十八678頁上2行至684頁中5行,圖版見《浙藏》106頁上至123頁上。分卷與《大正藏》本不同,其内容與《大正藏》本卷八十八"釋四攝品第七十八"相當。《浙藏》定名爲"大智度論卷第九十",定爲北朝寫本。此題記亦見於

1　相同題記又見P.2082號2《大智度論》卷四十一、MS00530號《大智度論》卷五十。

S.4614 號《大智度論》卷一、P.2106 號《大智度論》卷一。據題記,該號屬七世紀寫本大藏經系統,説詳 S.4614 號敍録。

附:大智度論——大智度論釋經……[1]

S.1621 號《大智度論》卷一

20 紙,首尾俱全,護首及卷首黴爛殘破嚴重,下邊有等距離殘損,卷面多水漬,有燕尾。首題"釋摩訶般若波羅蜜經論 卷第一 説大智度緣起法 龍樹菩薩造",中有品題"大智度論釋經序品中如是我聞義第一",尾題"大智度論卷第一",卷末有題記"一百卷成部",卷尾下邊鈐有英國博物館 1 號印,卷背有經名勘記"大智度論卷第一"。存 579 行,行 17 字,楷書,有界欄。所抄自首題至題記,文見《大正藏》25 册卷一 57 頁下 3 行至 66 頁上 18 行,圖版見《寶藏》12 册 245 頁上至 257 頁上、《英圖》25 册 225 頁上至 237 頁下。《總目》定名爲"大智度論卷第一 龍樹菩薩造 釋摩訶般若波羅蜜經論卷第一",《寶藏》定名爲"釋摩訶般若波羅蜜經論卷第一",《索引新編》定名爲"釋摩訶般若波羅蜜經卷第一 説大智度緣起法 龍樹菩薩造"。《英圖》定名爲"大智度論卷一",定爲 9—10 世紀歸義軍時期寫本。

P.4754 號《大智度論》卷五

殘片,首題"大智度論釋經序品中摩訶薩義第四 卷第五",背面抄有"壬寅年靈圖寺索法律欠經歷"。存 3 行,楷書。所抄自首題至"秦言",文見《大正藏》25 册卷五 94 頁上 11 行至 94 頁上 17 行,圖版見《寶藏》134 册 420 頁下、《法藏》33 册 154 頁下。《總目》定名爲"釋經序品中摩訶薩義第四(在卷五内)"(按:未涉及文獻名,不確),《寶藏》定名爲"大智度論釋經卷第五序品中摩訶薩義第四",《索引新編》定名爲"大智度論釋經序品中摩訶薩義第四卷第五",《法藏》定名爲"大智度論釋經序品中摩訶薩義第四"。

BD07581 號…BD07752 號《大智度論》卷二十三(兑廢稿)

BD07581 號,原編號爲"北 7273 號(人 081)"。1 紙,首全尾殘,天頭有"兑"字,又被硬物刮去。首題"大智度論釋經序品中十想義第二十二 卷第二十三"。存 26 行,行 17 字,楷書,有界欄。所抄自首題至"失行",文見《大正藏》25 册卷二十三 229 頁上 1 行至 229 頁中 2 行,圖版見《寶藏》105 册 248 頁下至 249 頁上、《國圖》97 册 378 頁上至 378 頁下。《總目》泛名爲"大智度論",《寶藏》定名爲"大智度論卷第二十三序品中十想義第二十二",《索引新編》據首題定名爲"大智度論釋經序品十一想義第二十二 卷第二十三"(按:"十一想義"當作"十想義"),《國圖》定名爲"大智度論卷二三",定爲 9—10 世紀歸義軍時期寫本。

BD07752 號,原編號爲"北 8629 號(始 052)"。1 紙,首尾殘,天頭有"兑"字。存 28 行,行 17 字,楷書,有界欄。所抄自"復有"至"苦於",文見《大正藏》25 册卷二十三 229 頁下 3 行至 230 頁上 3 行,圖版見《寶藏》111 册 54 頁上至 54 頁下、《國圖》98 頁 287 頁。《總目》泛名爲"大智度論",《寶藏》《索引新編》皆定名爲"大智度論卷第二十三",《國圖》定名爲"大智度論(兑廢稿)卷二三",定爲 8 世紀唐寫本。

按:上揭二號皆爲《大智度論》卷二十三殘卷,且内容前後相承,行款格式相同,書風書跡一致,可以綴合。綴合後,所抄自首題至"苦於",文見《大正藏》本 25 册卷二十三 229 頁上 1 行至 230 頁上 3 行。二號之間殘缺内容參見《大正藏》本 25 册卷二十三 229 頁中 2 行至 229 頁下 3 行。又《國圖》敍録稱 BD07581 號爲 9—10 世紀歸義軍時期寫本,稱 BD07752 號爲 8 世紀唐寫本,今此二號既爲一卷之裂,則其斷代必有一誤。

---

1 該類尾題作"大智度論",然首題或品題格式皆作"大智度論釋經……",故單獨列爲一類,附於"大智度論"下。

BD07752號（局部）　　BD07581號（局部）

BD07581 號（局部）…BD07752 號（局部）綴合示意圖

S.4006 號 A《大智度論》卷八十八

S.4006 號爲佛經雜抄，所抄依次爲《大智度論》卷八十八、三十一、四十六、五十四、八十，《摩訶般若波羅蜜經》卷二十四。現將所抄《大智度論》分別編號爲 S.4006 A、S.4006 B、S.4006 C、S.4006 D、S.4006 號 E。S.4006 號 A 所抄爲《大智度論》卷八十八，存 24 行，行 17 字，楷書。所抄自"滿復"至"種種"，文見《大正藏》25 册卷八十八 682 頁中 11 行至 682 頁下 9 行，圖版見《寶藏》33 册 128 頁。《寶藏》《索引新編》皆定名爲"大智度論卷第八十八"。

S.4006 號 B《大智度論》卷三十一

S.4006 號 B 所抄爲《大智度論》卷三十一，存 25 行，行 17 字，楷書。所抄自"無常"至"善根"，文見《大正藏》25 册卷三十一 291 頁中 19 行至 291 頁下 17 行，圖版見《寶藏》33 册 128 頁下至 129 頁上。《寶藏》《索引新編》皆失考，未定名。

S.4006 號 C《大智度論》卷四十六

S.4006 號 C 所抄爲《大智度論》卷四十六，存 15 行，行 17 字，楷書。所抄自"放大"至"異故"，文見《大正藏》25 册卷四十六 394 頁下 1 行至 394 頁下 15 行，圖版見《寶藏》33 册 129 頁上至 129 頁下。《寶藏》《索引新編》皆失考，未定名。

S.4006 號 D《大智度論》卷五十四

S.4006 號 D 所抄爲《大智度論》卷五十四，首題"大智度論釋經天主品第二十七　卷第五十四"。存 12 行，行 17 字，楷書。所抄自"經爾"至"不可"，文見《大正藏》25 册卷五十四 442 頁中 9 行至 442 頁中 19 行，圖版見《寶藏》33 册 129 頁下至 130 頁上。《寶藏》《索引新編》皆定名爲"大智度論卷第五十四"。《索引新編》按語稱："中有子目：大智度論第八十，一百卷成部。"按：《索引新編》之説非是。所謂子目實爲 S.4006 號 E《大智度論》卷八十摘抄之首題。

S.4006 號 E《大智度論》卷八十

S.4006 號 E 所抄爲《大智度論》卷八十，尾題"大智度論卷第八十　一百卷成部"，存 5 行，行 17 字，楷書。所抄自"離虛"至"羅蜜"，文見《大正藏》25 册卷八十 625 頁中 18 行至 625 頁中 21 行，圖版見《寶藏》

33 册 130 頁上。《寶藏》定名爲"大智度論卷第八十",《索引新編》失考,未定名。

五、大智度經論

S.4614 號《大智度論》卷一(異卷)

首尾俱全。首題"摩訶般若波羅蜜經　大智度緣起論第一",尾題"大智度經論卷第一"。卷末有題記:"昔雪山菩薩,八字捨身;香城大士,一言析骨。況我凡愚,而不迴向。佛弟子田豐,躬率己財,兼勸有心,仰爲皇帝、文武百僚、七世父母、過見師尊及法界衆生,敬寫一切經論,願共成佛。"存 367 行,行 17 字,隸楷。所抄自首題至題記,文見《大正藏》25 册卷一 57 頁下 3 行至 62 頁下 14 行,圖版見《寶藏》37 册 67 頁上至 77 頁上。與《大正藏》本分卷不同,所抄相當於《大正藏》本卷一首品"大智度初序品中緣起義釋論第一"。《總目》《索引新編》定名爲"大智度論卷第一",《寶藏》定名爲"大智度經論卷第一"。相同題記又見於 P.2106 號《大智度論》卷八(異卷)、浙敦 027 號《大智度論》卷九十(異卷),造經人田豐生平不詳。《翟目》定爲公元 600 年寫本,林世田認爲該號爲 7 世紀寫本。方廣錩先生認爲該號屬南北朝寫本大藏經系統。[1]

大谷敦續編 2-21 號(餘乙-32)《大智度論》卷一、二 [2]

首尾缺,中有品題"釋初品中總說如是我聞一時第三"。存 44 行,行 15—17 字,楷書,有界欄。該號所收圖版爲寫卷部分內容,凡 2 圖版。圖版 1 所抄自"衆人"至"皆出",文見《大正藏》25 册卷一 66 頁上 6 行至卷二 66 頁中 8 行,圖版 2 所抄自"我和"至"不即",文見《大正藏》25 册卷二 68 頁下 9 行至 69 頁上 9 行。茲 2 圖版見《大谷敦續編》55 頁下至 56 頁上。《郭曉燕》謂《大谷敦續編》泛名爲"大智度論",不確,《大谷敦續編》實作"大智度論卷第一"。《大谷敦續編》敘錄稱該號抄寫年代爲 6 世紀後半至 7 世紀初。分卷與《大正藏》本不同,所抄相當於《大正藏》本卷一"摩訶般若波羅蜜初品如是我聞一時釋論第二"、卷二"大智度初品總說如是我聞釋論第三"的部分內容。

P.2106 號《大智度論》卷八(異卷) [3]

首尾俱全,首題"摩訶般若波羅蜜經論釋初品　八",中有品題"釋初品中佛世界願",尾題"大智度論卷第八"。卷末有題記:"昔雪山菩薩,八字捨身;香城大士,一言析骨。況我凡愚,而不迴向。佛弟子田豐,躬率己財,兼勸有心,仰爲皇帝、文武百僚、七世父母、過見師尊及法界衆生,敬寫一切經論,願共成佛。"存 390 行,行 17 字,隸楷,有界欄。所抄自首題至題記,文見《大正藏》25 册卷六 106 頁中 9 行至卷七 111 頁上 22 行,圖版見《寶藏》114 册 370 頁上至 377 頁下、《法藏》5 册 272 頁上至 282 頁下。該號"經""論"皆換行標注於天頭處。與《大正藏》本分卷不同,所抄相當於《大正藏》本卷六"大智度初品中意無礙釋論第十二"和卷七"大智度初品中佛土願釋論第十三"。《總目》《寶藏》《索引新編》《法藏》皆定名爲"大智度論卷第八"。據題記,該號屬七世紀寫本大藏經系統,說詳 S.4614 號敘錄。

俄 Дx01882 號+俄 Дx02134 號《大智度論》卷三十六 [4]

茲二殘片《俄藏》已綴合。前後殘泐,首題"摩訶般若波羅蜜▢▢▢",存 6 殘行,楷書。所抄自"舍利"至"問云",文見《大正藏》25 册卷三十六 322 頁下 5 行至 322 頁下 9 行,圖版見《俄藏》8 册 376 頁上左。《俄藏》失考,定名爲"佛經"。馬德考訂所抄爲《大智度論》卷三十六"大智度論釋習相應品第三之餘"。[5]《敦

1　方廣錩《敦煌遺書與奈良平安寫經》,《敦煌研究》,2006 年第 6 期,頁 139—145。

2　《伊藤》謂該號品題與房山石刻一致,故歸入此類。見頁 370。

3　《伊藤》謂該號雖尾題作"大智度論",但行文、卷品開合、題記均與 S.4614 號同,故列入此類。

4　該號殘存首題符合"大智度經論"書寫規則,故暫歸入此類備考。

5　《俄藏敦煌寫經部分殘片內容的初步辨識——以〈俄藏敦煌文獻〉第六、七、八册爲中心》,頁 450—460。

煌佛經字詞與校勘研究》定名爲"摩訶般若波羅蜜經論"。[1]

附: 大智度經釋論

BD06397 號《大智度論》卷七十一[2]

原編號爲"北7299號(鹹097)"。29紙,首殘尾全,首紙上方破裂。尾題"大智度經論釋卷第七十一",中有品題"大智度經譬喻品第五十一釋論 有二段經文""大智度經善知識品第五十二釋論 有三段經文""大智度經趣一切智品第五十三釋論 有二段經文"。存801行,行17字,隸楷,有界欄。所抄自"起無"至尾題,文見《大正藏》25冊卷七十一553頁上1行至562頁中5行,圖版見《寶藏》105冊378頁下至397頁下、《國圖》86冊175頁下至194頁下。《總目》泛名爲"大智度論",《寶藏》定名爲"大智度論卷第七十一釋譬喻品第五十一至趣一切智品第五十三",《索引新編》定名爲"大智度論釋卷第七十一"。《國圖》定名爲"大智度論卷七一一",定爲6世紀南北朝寫本。

S.3673 號《大智度論》卷七十七[3]

首尾殘。中有品題"大智度經同學品第六十二釋論 有一段經文"。存442行,行17字,楷書,有界欄。所抄自"善根"至"同學",文見《大正藏》25冊卷七十七599頁中4行至604頁下1行,圖版見《寶藏》30冊399頁上至411頁下。《總目》《索引新編》皆泛名爲"大智度經",《寶藏》定名爲"大智度論卷第七十七"。《翟目》定爲6世紀寫本。

傅圖 32 號《大智度論》卷七十八

館藏編號"188102號",鄭目編號"13"。12紙,首殘尾全,卷前部有殘存,通卷有水漬,多黴斑,有蟲蛀殘洞。卷首、卷尾上邊有朱印編號"188102",卷背每紙亦有同樣朱印編號。卷首下有長方形陽文朱印,印文爲"傅斯年圖書館"。尾題"大智度經釋論卷第七十八",中有品題"大智度稱揚品第六十五釋論 有二段經文"。存315行,行17字,楷書,有界欄。所抄自"論釋"至尾題,文見《大正藏》25冊卷七十八609頁下9行至613中21行,圖版見《傅圖》309頁至321頁。《傅圖》定名爲"《大智度論》卷第七十八",定爲7世紀隋寫本。

臺圖 96 號《大智度論》卷八十四[4]

《寶藏》編號"散0019號"。首全尾殘,首題"大智度經七十品釋論之餘 卷八十四"。存524行,行17字,楷書,有界欄。所抄自"經須"至"行故",文見《大正藏》25冊卷八十四645頁中8行至651頁下2行,圖版見《臺圖》3冊947頁上至964頁上、《寶藏》136冊124頁上至141頁上。《臺圖》定名爲"大智度經(論)",《寶藏》定名爲"大智度經七十品釋論之餘 卷八十四"。該號與臺圖95號《大智度論》卷六十三筆跡極相似,蓋爲同一抄手所書。

俄 Дx01085 號《大智度論》卷八十五

紙色黃,紙質薄,殘片,前後及上端殘泐。首題"▭▭一段經文 卷八十五"。存5殘行,每行存下部5—7字,末行僅存右側殘筆,楷書,有界欄。所抄自首題至"如人",文見《大正藏》25冊卷八十五651頁下4行至651頁下10行,圖版見《俄藏》7冊305頁下。《俄藏》定名爲"佛經",失考。馬德考定爲《大智

---

1 《敦煌佛經字詞與校勘研究》,頁157。

2 《伊藤》謂此類尾題皆作"釋論",唯該號作"論釋",但品題寫法、行款與他卷完全吻合,疑"釋論"當爲"論釋"之倒。見頁373。

3 《伊藤》謂該件首尾題殘,然品題寫法及行款與"大智度經釋論"系統完全吻合,故歸入此類。見頁373。

4 該號首題書寫格式與BD14087號類似,故歸入此類。

度論》卷八十五"道樹品第七十一"。[1]《孟目》定爲7—8世紀寫本。

中村061號《大智度論》卷八十八

28紙,首尾俱全,前5行中上部有殘泐。首題"▨▨六釋論　有一段經文　卷第八十八",中有品題"大智度經四攝品第七十八釋論　有二段經",尾題"大智度經釋論卷第八十八"。存775行,行17字,隸楷,有界欄。所抄自首題至尾題,文見《大正藏》25冊卷八十八675頁上15行至684頁中5行,圖版見《中村》卷上336頁至349頁。《中村》定名爲"大智度經六釋論卷第三",定爲隋寫本。

BD14087號《大智度論》卷九十

原編號"新0287"。22紙,首尾俱全。原件有護首,已殘,後爲日本大谷探險隊所得并通卷托裱。護首爲黃底雲龍織錦。卷端有題簽"大智度經釋論卷第九十",并鈐有藍色長方形印章,印文爲"圖書臺帳登録番號1132"(數字係手寫)。有千字文編號"匪"。尾有軸,人工水晶軸頭。上軸頭粘有紙簽,上書"類別8,番號291"。下軸頭已脱落。首題"大智度經實際品下第八十釋論　有一段經文　卷第九十",尾題"大智度經釋論卷第九十"。存568行,行17字,楷書,有界欄。所抄自首題至尾題,文見《大正藏》25冊卷九十下692頁下9行至699頁中24行,圖版見《國圖》121冊85頁下至101頁上。《國圖》定名爲"大智度論卷九十",定爲6世紀南北朝寫本。

六、卷數尾題

BD01145號《大智度論》卷十一

原編號"北7268號(宿045)"。30紙,首殘尾全。首紙殘缺,第2紙上部有殘泐,第2紙背面有雜寫"無無倀終終"5字。尾題"卷第十一　品弟十四五千六百五十五字　讚檀品弟十五六千一百三十字",中有品題"摩訶般若波羅蜜憂婆提舍中讚檀品第十五"。存665行,行17字,隸楷,有界欄。所抄自"生處"至題記,文見《大正藏》25冊卷十一136頁中16行至145頁上5行,圖版見《寶藏》105冊206頁上至211頁下《國圖》17冊66頁上至81頁下。《總目》泛名爲"大智度論",《寶藏》定名爲"大智度論摩訶般若波羅蜜憂婆提舍中讚檀品第十五",《索引新編》定名爲"摩訶般若波羅蜜優婆提舍中讚檀品第十五"。《國圖》定名爲"大智度論卷一一",定爲5—6世紀南北朝寫本。

敦研030號《大智度論》卷二十一(異卷)

土地廟出土。[2]白麻紙,首殘尾全,有燕尾。尾題"第二十一卷　第二十七品　第二十八品",卷末有題記"紙二十二張。一校道通。比丘僧泰"。存23行,行19—21字,隸楷,有界欄。所抄自"義是"至"所緣",文見《大正藏》25冊卷二十二223頁上26行至223頁中24行,圖版見《甘藏》1冊38頁上至39頁上。《甘藏》據《大正藏》擬題"大智度論卷第二十二釋初品中念義第三十六之餘"(按:"念義"前脱"八"字)。與《大正藏》本分卷不同,所抄相當於《大正藏》本卷二十二。比丘僧泰生平未詳,然從書風書跡、行款格式等判斷,該號當係南北朝寫本。

務本001號《大智度論》卷三十一

黃賓虹舊藏,22紙,首殘尾全,卷上下部有等距離水漬,背有現代裱補。卷首右上有正方形陽文朱印1枚,印文爲"務本堂藏"。卷首下端有印章2枚,1枚爲陽文朱印"黃賓虹",另1枚爲陰文朱印"黃山予向"。卷首背有現代人墨書"六朝",卷末下端有陽文印章1枚,印文爲"廣鍴審定"。尾題"十八空卷第三十一"。存605行,行17字,隸楷,有界欄。所抄自"有爲"至尾題,文見《大正藏》25冊卷三十一288頁下21行至

1　《俄藏敦煌寫經部分殘片內容的初步辨識——以〈俄藏敦煌文獻〉第六、七、八冊爲中心》,頁450—460。

2　土地廟出土的寫卷亦源自藏經洞,説詳敦研224號敍録。

296 頁中 3 行,圖版見《務本》1 頁上至 14 頁上。《務本》定名爲"《大智度論》卷三一",勘定爲 6 世紀南北朝寫本。

中村 159 號①《大智度論》卷三十九

1 紙,首殘尾全,尾題"卷第三十九　品第五十二"。存 25 行,行 17 字,隸楷,有界欄。所抄自"劫盡"至尾題,文見《大正藏》25 册卷三十九 348 頁中 11 行至 348 頁下 6 行,圖版見《中村》卷下 37 頁上。《中村》定名爲"大智度論三十九",定爲北涼寫本。

S.1224 號⋯S.4312 號《大智度論》卷五十二

S.1224 號,10 紙,首尾殘,卷首多殘破,通卷有等距離水漬,卷尾左下殘缺。卷首下邊鈐有英國博物館 1 號印。卷首背面有蔣孝琬朱筆寫蘇州碼子"276"。存 257 行,行 17 字,楷書,有界欄。所抄自"須菩"至"得故",文見《大正藏》25 册卷五十二 431 頁中 16 行至 434 頁中 24 行,圖版見《寶藏》9 册 318 頁上至 324 頁下、《英圖》19 册 203 頁上至 209 頁下。《總目》失考,定名"佛經"。《索引新編》《寶藏》皆誤擬作"摩訶般若波羅蜜經卷第七"。《英圖》定名爲"大智度論卷五二",定爲 5—6 世紀南北朝寫本。《翟目》定爲 6 世紀早期寫本。

S.4312 號,5 紙,首殘尾全,首 3 行有斜向殘泐。尾題作"第五十二卷　第二十三品　二十四品"。存 100 行,行 17 字,楷書,有界欄。所抄自"生中"至尾題,文見《大正藏》25 册卷五十二 434 頁中 25 行至 435 頁下 16 行,圖版見《寶藏》35 册 259 頁下至 262 頁上。《總目》定名爲"佛經",失考。《寶藏》定名爲"摩訶般若波羅蜜經卷第七問答",亦不確。《索引新編》定名爲"大智度論卷第五十二"。《翟目》定爲 6 世紀寫本。

按:上揭二號所抄皆爲《大智度論》卷五十二,且內容前後相承,行款格式相同,書風書跡一致,可以綴合。綴合後,所抄自"須菩"至尾題,文見《大正藏》25 册卷五十二 431 頁中 16 行至 435 頁下 16 行。二號之間殘缺約 10 字,參見《大正藏》25 册卷五十二 434 頁中 24 行至 25 行。

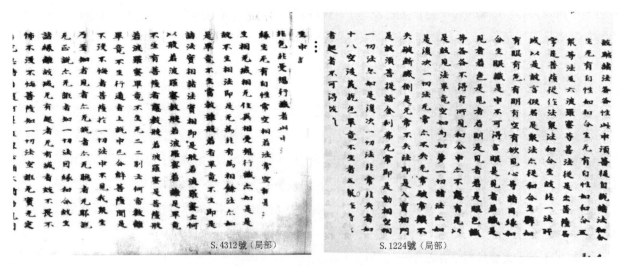

S.1224 號(局部)⋯S.4312 號(局部)綴合示意圖

S.4492 號《大智度論》卷五十七

首尾俱全,首題"大智度第三十一品釋論",尾題"第五十七卷　三十一品　三十二品　十一張",中有品題"大智度第三十二品釋論",卷末有題記"一校已　進業"。存 283 行,行 21—24 字,隸楷,有界欄。所抄自首題至尾題,文見《大正藏》25 册卷五十七 463 頁中 14 行至 468 頁上 9 行,圖版見《寶藏》36 册 330 頁上至 337 頁上。《總目》定名爲"大智度第三十一品禪論三十二品釋論"(按:"禪"當爲"釋"之形訛),《寶藏》定名爲"大智度論第五十七卷第三十一品釋論三十二品釋論",《索引新編》定名爲"大智度第三十一品釋論三十二品釋論"。《翟目》定爲 5 世紀寫本。

S.1888 號《大智度論》卷五十七

13 紙,首殘尾全,卷面下端有撕裂及等距離水漬,卷尾有小破洞,有鳥糞。卷首下邊鈐有英國博物館 1 號印。卷首背面有蔣孝琬朱筆寫蘇州碼子"1066",墨筆注記"大智度經論"。尾題"大智度第三十一品釋論 卷第五十七",尾題後有"大智度經論" 5 字,中有品題"大智度第三十二品釋論"。存 329 行,行 17 字,隸楷,有界欄。所抄自"陣中"至尾題,文見《大正藏》25 册卷五十七 464 頁上 16 行至 468 頁上 9 行,圖版見《寶藏》14 册 330 頁上至 339 頁下、《英圖》29 册 309 頁上至 318 頁下。《總目》定名爲"大智度卷第五十七",《寶藏》定名爲"大智度論卷第五十七",《索引新編》定名爲"大智度第三十一品釋論卷第五十七"。《英圖》定名爲"大智度論卷五七",定爲 6 世紀南北朝寫本。《翟目》定爲 6 世紀寫本。

務本 032 號《大智度論》卷五十七

寶梁閣舊藏。7 紙,首殘尾全。有現代裝裱,卷端有題籤"六朝人寫大智度論一卷",下有"啓功題籤" 4 字和陰文印章 1 枚,印文爲"啓功之印"。卷首上端有陽文印章 1 枚,印文爲"寶梁閣";下端亦有印章 1 枚,印文爲"務本堂藏"。卷末有陽文印章 2 枚,1 枚印文爲"廣錩審定",1 枚爲"曾在不因人熱之室"。尾題"經卷第五十七",中有品題"大智度第三十二品釋論",卷末有題記"一校竟"。存 164 行,行 17 字,隸楷,有界欄。所抄自"提桓"至題記,文見《大正藏》25 册三十一 466 頁上 11 行至 468 頁上 9 行,圖版見《務本》181 頁下至 185 頁下。《務本》定名爲"《大智度論》卷五七",定爲 6 世紀南北朝寫本。

S.2942 號《大智度論》卷五十九

首殘尾全,首行下部有殘缺。尾題"卷第五十九 第三十六品",卷末有題記"法師帛慧融經,比丘安弘嵩寫"。存 199 行,行 17—21 不等,隸楷,有界欄。所抄自"蟲所"至尾題,文見《大正藏》25 册卷五十九 478 頁中 27 行至 481 頁中 11 行,圖版見《寶藏》24 册 581 頁上至 585 頁下。《總目》失考,定名爲"佛經"。《寶藏》《索引新編》皆定名爲"大智度論卷第五十九"。《翟目》定爲 5 世紀寫經。據題記,法師姓帛名慧融,"帛氏即白氏,乃龜茲人,見於《晉書·龜茲傳》和《鳩摩羅什傳》。安弘嵩出武威安氏,本安息胡人,漢時來歸,以國爲姓"。[1]《敦煌歸義軍史專題研究》云"安弘嵩爲北魏時期居住在敦煌的粟特僧人"[2],故該號當爲北魏寫經。

臺圖 95 號《大智度論》卷六十三

原編號"散 0018"。首尾俱全,首題"卷第六十三",尾題"卷第六十三",中有品題"大智度第四十一品釋論"。存 485 行,行 17 字,楷書,有界欄。所抄自首題至尾題,文見《大正藏》25 册卷六十三 503 頁上 14 行至 509 頁上 5 行,圖版見《寶藏》136 册 108 頁上至 123 頁上、《臺圖》3 册 931 頁上至 946 頁上。《臺圖》泛名爲"大智度論"。《寶藏》定名爲"大智度論卷第六十三",編號"散 0018"。與臺圖 96 號《大智度論》卷八十四筆跡極爲相似,蓋同一抄手所書。

S.0786 號···BD11440 號《大智度論》卷六十三 [3]

S.0786 號,5 紙,首尾殘,卷面有水漬,背有鳥糞。第 1、2 紙接縫處下邊鈐有英國博物館 1 號印。卷末背面有斯坦因紅鋼筆寫早期編號"75.Ⅶ.25"。存 101 行,行 17 字,有界欄。所抄自"於大"至"根隨",文見《大正藏》25 册卷六十三 503 頁下 10 行至 505 頁上 1 行,圖版見《寶藏》6 册 481 頁上至 483 頁下《英圖》

---

1 劉正成《中國書法全集 14·三國兩晉南北朝編·兩亞南北朝寫經寫本卷》,榮寶齋出版社,2013 年,頁 144。

2 鄭炳林《敦煌歸義軍史專題研究》,蘭州大學出版社,1997 年,頁 450。

3 該號與俄 Φ113 號爲同一抄手所書,故歸入此類。

13册316頁上至318頁下。《總目》失考,定名爲"佛經"。《寶藏》誤擬作"摩訶般若波羅蜜經卷第十一問答",《索引新編》定名爲"大智度論卷第六十三"。《英圖》定名爲"大智度論卷六三",定爲6—7世紀隋寫本。《翟目》定爲公元600年寫本。

BD11440號,原編號"L1569"。1紙,殘片,卷面多鳥糞。存9行,行17字,有界欄。所抄自"故喜"至"等即",文見《大正藏》25册卷六十三505頁上3行至505頁上13行,圖版見《國圖》109册205頁上。《國圖》定名爲"大智度論卷六三",定爲5—6世紀南北朝寫本。

按:上揭二號所抄皆爲《大智度論》卷六十三,且内容前後相承,行款格式相同,書風書跡一致,可以綴合。綴合後,所抄自"於大"至"等即",文見《大正藏》25册卷六十三503頁下10行至505頁上13行。二號之間殘缺内容參見《大正藏》25册卷六十三505頁上1行至505頁上3行。又此二號與俄Φ113號《大智度論》卷六十四書風書跡、行款格式完全一致,當爲同一抄手所書。

又《英圖》敘錄稱S.0786號爲6—7世紀隋寫本,《國圖》敘錄稱BD11440號爲5—6世紀南北朝寫本,二家斷代結論歧互不一,尚需斟酌。又《英圖》敘錄稱S.0786號所書字體爲楷書,《國圖》敘錄又稱BD11440號字體爲隸書。今此二號既可綴合,字體亦不應有別,就原卷整體書風而言,雖個别字體帶有隸意,但仍以定作楷書或隸楷爲妥。

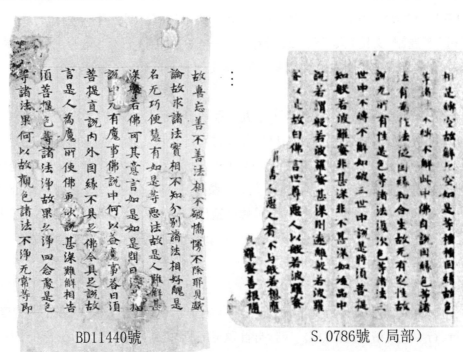

BD11440號　　　　　　S.0786號（局部）

S.0786號（局部）⋯BD11440號綴合示意圖

BD11809號《大智度論》卷六十三[1]

原編號"L1938"。1紙,首尾殘,有燕尾,僅存尾題與題記,尾題作"卷第六十三",題記作"開皇十三年歲次癸丑四月八日,弟子李思賢敬寫供養"。圖版見《國圖》110册87頁下。《國圖》定名爲"大智度論卷六三",定爲593年隋寫本。與S.0227號《大智度論》卷四十一、S.5130號《大智度論》卷四十二、S.0457號《大智度論》卷四十四、S.4967號《大智度論》卷四十七、S.4954號《大智度論》卷五十、S.5288號+P.2199號《大智度論》卷五十一、BD14085號《大智度論》卷五十八皆有相同題記。

1　該號雖有"李思賢"題記,然尾題書寫形式與"大智論"不同,故歸入此類。

俄 Φ 113 號《大智度論》卷六十四

18 紙,紙色黃,紙質薄而脆。首殘尾全,尾題"卷第六十四",中有品題"大智度第四十二品釋論",品題上有朱筆圈。存 473 行,行 17 字,楷書,有界欄。所抄自"八聖"至尾題,文見《大正藏》25 冊卷六十四509 頁上 16 行至 514 頁下 23 行,圖版見《俄藏》3 冊 205 頁上至 216 頁下。《俄藏》定名爲"大智度論卷第六十四"。《孟目》定爲 7—8 世紀寫本。與 S.0786 號…BD 11440 號《大智度論》卷六十三書風書跡、行款格式完全一致,當爲同一抄手所書。

BD 00684 號《大智度論》卷六十四

原編號"北 7295 號(日 084)"。13 紙,首殘尾全,卷面殘損,多裂痕。通卷現代托裱,裝爲手卷。尾題"卷第六十四　第四十一品　第四十二品",卷末有題記"用紙二十張"。存 286 行,行 17 字,隸楷,有界欄。所抄自"若波"至尾題,文見《大正藏》25 冊卷六十四 511 頁中 9 行至 514 頁下 23 行,圖版見《寶藏》105冊 351 頁上至 357 頁上、《國圖》10 冊 53 頁上至 59 頁上。《總目》泛名爲"大智度論",《寶藏》《索引新編》皆定名爲"大智度論卷第六十四、弟四十一品、弟四十二品"。《國圖》定名爲"大智度論卷六四",定爲 5—6 世紀南北朝寫本。

S.2160 號《大智度論》卷六十七

21 紙,首尾俱全。有護首,上下有殘破,髒染。托裱紙上粘一塊脱落殘片,上邊有字。卷前部上下有殘缺、破損,有殘洞,卷尾有破裂。尾有雜寫"我",背有勘記"▭六十七",爲本號卷次。前 11 紙與後紙抄寫人不同,《英圖》敍録謂:"本遺書原卷爲 5 世紀南北朝寫本,後因殘缺,6 世紀上半葉曾經有人修補。現存前 11 紙爲 6 世紀修補。"有燕尾。現代已修整,硬紙托裱前部。卷首中部空白處鈐有英國博物館 1 號印。卷首背面有斯坦因紅鋼筆寫早期編號,被托裱遮蓋,似爲"76.IX.◇."。第 1 紙下邊貼有藍色長方形紙籤,上寫"or.8210/(2160)"。首題"弟四十四品功德成就釋論　第六十七",尾題"弟六十七卷",卷末有題記"比丘德朗經"。存 439 行,行 17 字,隸楷,有界欄。所抄自首題至題記,文見《大正藏》25 冊卷六十七 527 頁中 1 行至 532 頁下 23 行,圖版見《寶藏》16 冊 616 頁上至 628 頁上。《寶藏》《總目》皆定名爲"第四十四品成就功德釋論第六十七卷",《索引新編》定名爲"第四十四品成就功德釋論",上三家定名皆未説明所抄爲何種文獻,未確。《英圖》擬題爲"大智度論卷六七",定爲 5 世紀南北朝寫本。《翟目》定爲 5 世紀寫本。《全北魏東魏西魏文補遺》定爲北魏景明元年(500)寫本[1],然未詳其所據。據題記,該號爲比丘德朗所抄,其生平未詳。

浙敦 028 號(浙博 003)《大智度論》卷七十二

黃賓虹原藏,浙博原藏品號"22371"。麻紙,紙色黃,絹裱,23 紙,首尾俱全。有品題"第五十三品釋論",品題下鈐 2 枚印章,一爲"黃賓虹"朱文篆書方印,一爲"歙許苌父遊隴所得"朱文篆書長方印。尾題"第七十二卷　第五十二品　第五十三品"。存 519 行,行 19—25 字,隸楷,有界欄。所抄自品題至尾題,文見《大正藏》25 冊卷七十二 562 頁中 6 行至 570 頁上 11 行,圖版見《浙藏》123 頁下至 134 頁下。《浙藏》定名爲"大智度論卷第七十二·釋論",定爲東晉寫本。

上圖 042 號《大智度論》卷八十一

原編號"016"。潢薄麻寫經紙,13 紙,首殘尾全,卷首有蛀痕,有"歙許苌父遊隴所得"朱文長方印。卷尾有紅木軸。尾題"第八十一卷　品六十七"。存 375 行,行 17—18 字,楷書,有界欄。所抄自"若聲"至尾題,文見《大正藏》25 冊卷八十一 627 頁下 15 行至 632 頁中 11 行,圖版見《上圖》1 冊 309 頁上至

1　韓理洲等輯校《全北魏東魏西魏文補遺》,三秦出版社,2010 年,頁 692。

318 頁上。《上圖》定名爲“大智度論卷第八十一”,定爲唐寫本。

BD14998 號《大智度論》卷九十五

原編號“新 1198 號”。14 紙,首殘尾全,現代接出織錦護首,有縹帶、骨別子。護首下方貼有特藝公司宣武經營管理處紙簽:“類別:雜,26。貨號:1206。品名:六朝寫經一卷。備注:購 11895。”尾題“第九十五卷　第八十四品　第八十五品”,有品題“第八十五品釋論”。存 362 行,行 17 字,楷書,有界欄。所抄自品題至尾題,文見《大正藏》25 册卷九十五 724 頁上 8 行至 728 頁中 15 行,圖版見《國圖》136 册 367 頁上至 375 頁下。《國圖》定名爲“大智度論卷九五”,定爲 6 世紀南北朝寫本。

羽 471 號《大智度論》卷九十五

麻紙,16 紙,首殘尾全。通卷現代裝裱,接出護首,上有題簽,書“釋論”2 字,題簽下有今人印章 2 枚。尾題“第九十五卷　第八十四品　第八十五品”,有品題“第八十五釋論”。卷末有今人題跋:“東魏寫釋論,姚秦譯,敦煌石室藏。此卷紙色筆法結體與所藏摩訶衍經同爲東魏人所書也。如‘辦’作‘辧’、‘物’作‘物’、‘㑥’‘俗’作‘裕’、‘穿’作‘穿’、‘演’作‘演’皆與東魏以來碑誌相同。庚申仲冬避兵申江,詳爲考定,故記之。瓜廬老人向燊。”題跋後有今人印章數枚。存 364 行,行 17 字,楷書,有界欄。所抄自首題至尾題,文見《大正藏》25 册卷九十五 724 頁上 8 行至 728 頁中 15 行,圖版見《羽田》6 册 183 頁至 191 頁。《羽田》定名爲“大智度論卷第九十五平等品第八十六”。

七、蘇七寶寫經

S.7105 號…俄 Дx05948 號…中村 057 號《大智度論》卷二

S.7105 號,首尾殘,後部如綴合示意圖右部所示,存 25 行,行約 17 字,首行僅存上端 3 殘字,次行下端殘 7 字。末行上端殘 2 字,3—7 字有殘泐。有烏絲欄。所抄自“佛諸”至“初十”,相應文字參見《大正藏》25 册 67 頁下 2 行至 68 頁上 3 行,圖版見《寶藏》54 册 403 頁下至 404 頁上。原卷缺題,《寶藏》擬題爲“大智度初品總説如是我聞釋論第三(大智度論卷第二)”。

俄 Дx5948 號,首尾殘,前、後部如綴合示意圖中部所示,存 25 行,行約 17 字,首行上部 2 字存左半部,第 5、7、21、23 行下部略有殘泐。有烏絲欄。所抄自“有阿”至“葉復”,相應文字參見《大正藏》25 册 68 頁上 6 行至 68 頁中 3 行,圖版見《俄藏》12 册 284 頁下。原卷缺題,《俄藏》未定名,《郭曉燕》定作“大智度論卷第二　大智度初品總説如是我聞釋論第三”。[1]

中村 057 號,17 紙,首殘尾全,前部如綴合示意圖左部所示,存 480 行,行約 17 字,首行存上部 7 字,僅“中出”2 字完整,餘 5 字存左半部,末行上部 4 字左側略有殘泐。有烏絲欄。尾題“大智度論第二”,卷末有題記:“大業三年三月十五日,佛弟子蘇七寶爲亡父母敬寫《大智度論》一部。以此善根,先願法輪常轉,國祚永隆,五禾豐熟,人民興盛。當令七世考妣,棲神淨土,面奉慈尊;見在眷屬,災殃彌滅,萬善扶疏。逮及法界含生,永離羈彰(障),齊成正覺。”所抄自“中出”至題記,相應文字參見《大正藏》25 册 69 頁上 3 行至 75 頁下 4 行,圖版見《中村》卷上 314 頁至 317 頁。《中村》敘録定名爲“大智度論第二”,定爲隋代寫本。

按:上揭三號所抄内容皆爲《大智度論》卷二,《郭曉燕》已綴合 S.7105、俄 Дx5948 號[2],今謂中村 057 號亦可與上二號綴合。如綴合示意圖所示,中村 057 號與俄 Дx5948 號行款格式相同(行皆 17 字,有烏絲欄,行間距一致,字間距相近,字體大小相似),書風書跡一致(字體端正,墨色均匀,字間距疏朗),確爲一卷之斷裂。但二者難以直接綴合,比照《大正藏》本,其間約缺 46 行。三號綴合後,所存内容起“佛諸弟”三殘字,

1 《郭曉燕》,頁 23。

2 《郭曉燕》,頁 123。又見張磊、郭曉燕《敦煌寫本〈大智度論〉殘卷綴合研究》,《中國俗文化研究》,2015 年第 10 輯。

訖題記,相應文字參見《大正藏》25 册 67 頁下 2 行至 75 頁下 4 行。

據題記,中村 057 號爲隋煬帝大業三年(607)寫本,餘二號既可與之綴合,則抄寫年代亦當一致。又此三號與羽 469 號《大智度論》卷三十九、國博 38 號、P.2138 號《大智度論》卷九十一、大谷敦續編 2–22 號行款格式、書風書跡一致,題記略同,與 S.7454 號 +P.4865 A 號 +BD 05974 號 +P.4865 B 號《大智度論》卷三十九行款格式、書風書跡相同,故上述寫卷皆當爲同一抄手所書。《國圖》敍録稱 BD05974 號爲 6 世紀南北朝寫本,則未確。又《中村》敍録稱中村 057 號所書字體爲隸書,似不妥。就原卷整體書風而言,雖個別字體帶有隸意,但仍以定作楷書或隸楷爲妥。

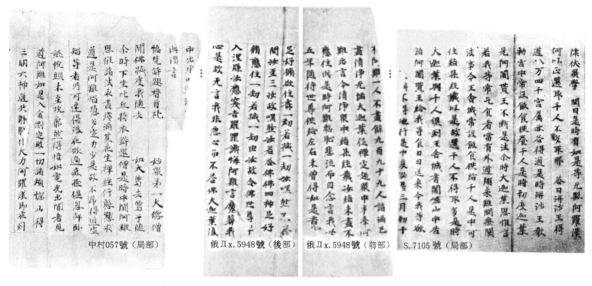

中村057號(局部)　俄 Дx.5948號(後部)　俄 Дx.5948號(前部)　S.7105號(局部)

S.7105 號(局部)… 俄 Дx 5948 號(局部)… 中村 057 號(局部)綴合示意圖

S.7454 號 +P.4865 號 A+BD 05974 號 +P.4865 號 B《大智度論》卷三十九

S.7454 號,首尾殘,卷首有殘泐及破洞,存 52 行,行 17 字,楷書,有界欄。所抄自"譬如"至"之事",文見《大正藏》25 册卷三十九 343 頁中 3 行至 343 頁下 29 行,圖版見《寶藏》55 册 152 頁上至 153 頁下。《寶藏》定名爲"大智度論卷第三十九釋往生品第四之中"。

P.4865 號由兩個《大智度論》卷三十九殘片組成,兹分別編號爲 P.4865 號 A、P.4865 號 B。P.4865 號 A,首尾殘,存 10 行,首行僅存首 2 字左側殘筆,行 17 字,楷書,有界欄。所抄自"其謬"至"二者",文見《大正藏》25 册卷三十九 343 頁下 28 行至 344 頁上 9 行,圖版見《寶藏》134 册 536 頁上、《法藏》33 册 226 頁下。《總目》失考,定名爲"殘佛經兩節"。《寶藏》亦失考,定名爲"殘佛經"。《索引新編》定名爲"大智度論卷第三十九兩節",《法藏》定名爲"大智度論卷第三十九"。

BD 05974 號,原編號"北 7285 號(重 74)"。2 紙,首尾殘,有朱筆點標。存 39 行,行 17 字,楷書,有界欄。所抄自"菩薩"至"蜜時",文見《大正藏》25 册卷三十九 344 頁上 8 行至 344 頁中 20 行,圖版見《寶藏》105 册 321 頁下至 322 頁上、《國圖》80 册 238 頁下至 239 頁上。《總目》泛名爲"大智度論",《寶藏》《索引新編》皆定名爲"大智度論卷第三十九"。《國圖》定名爲"大智度論卷三九",定爲 6 世紀南北朝寫本。

P.4865 號 B,首尾殘,存 12 行,末行僅存右側殘筆,行 17 字,楷書,有界欄。所抄自"應學"至"淨利",文見《大正藏》25 册卷三十九 344 頁中 20 行至 344 頁下 3 行,圖版見《寶藏》134 册 537 頁下、《法藏》33 册 227 頁上。《總目》失考,定名爲"殘佛經兩節"。《寶藏》亦失考,定名爲"殘佛經"。《索引新編》定名爲"大智度論卷第三十九兩節",《法藏》定名爲"大智度論卷第三十九"。

按:上揭四號所抄皆爲《大智度論》卷三十九,且內容前後相承,行款格式相同,書風書跡一致,可以綴合。綴合後,所抄自"譬如"至"淨利",文見《大正藏》25 册卷三十九 343 頁中 3 行至 344 頁下 3 行。又此四號與 S.7105 號…俄 Дx05948 號…中村 057 號《大智度論》卷二、羽 469 號《大智度論》卷三十九、國博 38 號《大智度論》卷五十一、P.2138 號《大智度論》卷九十一、大谷敦續編 2-22 號行款格式、書風書跡相同,當爲同一抄手所書。

BD05974號(前部)　　　　　　　　　　　　P.4865號A　　S.7454號(局部)

S.7454 號(局部)+P.4865 號 A+BD05974 號(局部)綴合示意圖

BD05974 號(局部)+P.4865 號 B(局部)綴合示意圖

P.4865號B(局部)　　　　　　　　　　BD05974號(後部)

羽 469 號《大智度論》卷三十九

薄黄麻紙,7 紙,首殘尾全,首二紙天頭有雜寫。尾題"大智度卷第三十九",卷末有題記:"大業三年三月十五日,佛弟子蘇七寶爲亡父母敬寫《大智度論》一部。以此善根,先願國祚永隆,人民興盛。當令七世考妣,棲神淨土,面奉慈尊;見在家室,内外眷屬,災殃彌滅,萬善扶疏。逮及法界含生,永離羈障,齊成正覺。玄福念佛。"[1] 存 185 行,行 17 字,楷書,有界欄。所抄自"衆生"至題記,文見《大正藏》25 册卷三十九 346 頁中 15 行至 348 頁下 6 行,圖版見《羽田》6 册 166 頁至 169 頁。據題記,該號爲隋大業三年(607)寫經。

與 S.7105 號…俄 Дx05948 號…中村 057 號《大智度論》卷二、國博 38 號《大智度論》卷五十一、P.2138

1　相似題記又見 S.7105 號…俄 Дx05948 號…中村 057 號《大智度論》卷二、P.2138 號《大智度論》卷九十一。

號《大智度論》卷九十一、大谷敦續編 2－22 號行款格式、書風書跡一致，題記相似，與 S.7454 號 +P.4865 A 號 +BD 05974 號 +P.4865 B 號《大智度論》卷三十九行款格式、書風書跡相同，故上述寫卷皆當爲同一抄手所書。

P.2138 號《大智度論》卷九十一

首殘尾全，尾題“大智度經論卷第九十一”，卷末有題記：“大業三年三月十五日，佛弟子蘇七寶爲亡父母敬寫《大智論》一部。以此善根，先願法輪常轉，國祚永隆，五禾豐熟，人民興盛。當令七世考妣，棲神淨土，面奉慈尊；見在眷屬，災殃彌滅，萬善扶疏。逮及法界含生，永離羇彰（障），齊成正覺。”存 491 行，行 17 字，楷書，有界欄。所抄自“四無”至題記，文見《大正藏》25 册卷九十 699 頁下 6 行至 705 頁中 15 行，圖版見《寶藏》115 册 300 頁下至 310 頁上、《法藏》6 册 316 頁下至 327 頁上。《寶藏》定名爲“大智度論卷第九十一”，《總目》《索引新編》《法藏》皆定名爲“大智度經論卷第九十一”。據題記，該號爲隋大業三年（607）寫本。與 S.7105 號…俄 Дx05948 號…中村 057 號《大智度論》卷二、羽 469 號《大智度論》卷三十九、國博 38 號《大智度論》卷五十一、大谷敦續編 2－22 號行款格式、書風書跡一致，題記略同，與 S.7454 號 +P.4865 A 號 +BD 05974 號 +P.4865 B 號《大智度論》卷三十九行款格式、書風書跡相同，故上述寫卷皆當爲同一抄手所書。

大谷敦續編 2－22 號（餘乙－28）《大智度論》卷九十五

首缺尾全，尾題作“大智度卷第九十五”，卷末有題記：“大業三年三月十五日，佛弟子蘇七寶爲亡父母敬寫《大智度論》一部。以此善根，先願法輪常轉，國祚永隆，五禾豐熟，人民興盛。當令七世考妣，棲神淨土，面奉慈尊；見在眷屬，災殃彌滅，萬善扶疏。逮及法界含生，永離羇彰（障），齊成正覺。勘校定畢。”存 36 行，行 17—18 字，楷書，有界欄。所抄自“於平”至“題記”，文見《大正藏》25 册卷九十五 728 頁上 6 行至 728 頁中 15 行，圖版見《大谷敦續編》56 頁下至 57 頁上。該號所收 2 圖版僅爲寫卷部分内容。據題記，該號爲隋大業三年（607）寫本。與 S.7105 號…俄 Дx05948 號…中村 057 號《大智度論》卷二、羽 469 號《大智度論》卷三十九、國博 38 號《大智度論》卷五十一、P.2138 號《大智度論》卷九十一、大谷敦續編 2－22 號行款格式、書風書跡一致，題記略同，與 S.7454 號 +P.4865 A 號 +BD 05974 號 +P.4865 B 號《大智度論》卷三十九行款格式、書風書跡相同，故上述寫卷皆當爲同一抄手所書。

第二節　據品題分類的寫卷

一、摩訶般若波羅蜜優婆提舍中……

俄 Дx11543 號 + 俄 Ф 307 號《大智度論》卷七

俄 Дx11543 號，殘片，前後及下部皆殘泐，存 24 殘行，每行存上部 4—14 字，隸楷，有界欄。中有品題“摩訶般若波羅蜜憂婆提舍中放光▢▢”。所抄自“曰如”至“子非”，文見《大正藏》25 册卷七 111 頁上 1 行至 111 頁中 1 行，圖版見《俄藏》15 册 238 頁上。《俄藏》未定名，《郭曉燕》定作“大智度論卷第七　大智度初品中佛土願釋論第十三”[1]。

俄 Ф 307 號，1 紙，紙色白，紙質厚，殘片，前後及下部皆殘泐，中有品題“▢▢品第十”。存 25 殘行，每行存上部 3—11 字，隸楷，有界欄。所抄自品題至“如是”，文見《大正藏》25 册卷七 111 頁上 23 行至 111 頁中 22 行，圖版見《俄藏》5 册 129 頁上。原卷缺題，《俄藏》擬題爲“大智度論卷第八初品中放光釋

1 《郭曉燕》，頁 26。

論第十四"。

　　按：上揭二號所抄皆爲《大智度論》卷七，且内容前後相承，行款格式相同，書風書跡一致，當可綴合。綴合後，所抄自"曰如"至"如是"，文見《大正藏》25册卷七111頁上1行至111頁中22行。《孟目》稱俄Ф307號爲3—5世紀寫本，近是。俄Дx11543號既可與之綴合，則抄寫年代亦可如是推斷。

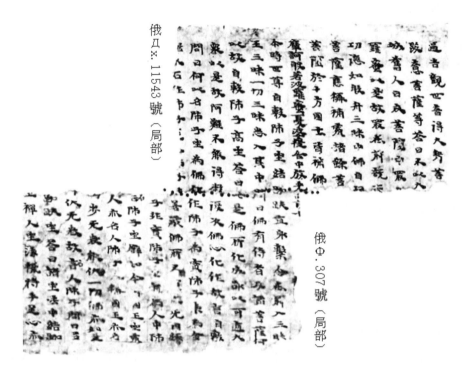

俄Дx11543號（局部）+俄Ф307號（局部）綴合示意圖

BD03741號《大智度論》卷十四

　　原編號"北7270號（霜041）"。12紙，首全尾殘，首題"摩訶般若波羅蜜優婆提舍中尸波羅蜜品第十八　下有羼提第十九　卷第十四"，中有品題"摩訶般若波羅蜜優婆提舍中讚忍辱品第十九"。存279行，行19字，隸楷，有界欄。所抄自首題至"是觀"，文見《大正藏》25册卷十四162頁上1行至165頁下25行，圖版見《寶藏》105册228頁上至224頁上、《國圖》52册119頁上至125頁上。《總目》泛名爲"大智度論"，《寶藏》定名爲"大智度論卷第十四摩訶般若波羅蜜優婆提舍中尸波羅蜜品第十八至讚忍辰品第十九"（按："辰"當爲"辱"字之誤），《索引新編》定名爲"摩訶般若波羅蜜優婆提舍中尸波羅蜜品第十八"。《國圖》定名爲"大智度論卷一四"，定爲4—5世紀東晉寫本。

BD02833號+BD16419號《大智度論》卷二十三、二十四

　　BD02833號，原編號"北7275號（調033）"。19紙，首尾殘，卷首尾殘破嚴重，上下邊多有破裂。中有品題"摩訶波若波羅蜜憂婆提舍中十一智弟三十一"。存414行，行17字，隸楷，有界欄。所抄自"或言"至"知差"，文見《大正藏》25册卷二十三229頁下13行至卷二十四235頁下12行，圖版見《寶藏》105册260頁下至269頁上、《國圖》38册223頁下至232頁下。《總目》泛名爲"大智度論"，《寶藏》定名爲"大智度論卷第二十三至二十四摩訶波若波羅蜜憂婆提舍中十一智第三十一"，《索引新編》定名爲"大智度論卷第二十三至二十四"。《國圖》定名爲"大智度論（異卷）卷二三"，定爲5—6世紀南北朝寫本。

　　BD16419號，原編號"L4485"。1紙，殘片，前後及上端殘泐，存2殘行，每行存下部3字，隸楷，有界欄。所抄自"能除"至"漏或"，文見《大正藏》25册卷二十三229頁下15行至229頁下17行，圖版見《國圖》

146 册 151 頁上。《國圖》定名爲 "大智度論卷二三",定爲 6 世紀南北朝寫本。

按:《郭曉燕》謂兹二號可綴合[1],甚是。綴合後,所抄自 "或言" 至 "知差",文見《大正藏》25 册卷二十三 229 頁下 13 行至卷二十四 235 頁下 12 行。又《國圖》敘録定 BD 02833 號爲 5—6 世紀南北朝寫本,BD 16419 號爲 6 世紀南北朝寫本,今此二號既可綴合爲一,則斷代宜再作斟酌。又《國圖》敘録稱 BD 02833 號字體爲隸楷,BD 16419 號字體爲楷書,亦歧互不一。

BD 02833 號（局部）+BD 16419 號綴合示意圖

二、大智度第……品釋論

BD 05501 號 B《大智度論》卷五十三（雜寫兑廢稿）

BD 05501 號,原編號 "北 7304 號（珍 001）"。卷尾上方有雜寫 "波羅"。卷尾下部有倒寫 "一四維"。第 11 行有品名雜寫 "大智度第二十五品釋論論",第 16 行有雜寫衍文 "大智度第二十五品釋論五十三",背面有雜寫 "爾,爾時,大智度第二十品"。原爲經文錯抄兑廢稿,用來雜抄經文。共抄有兩種文獻,第 1—15 行所抄爲《大般若波羅蜜多經》卷四百一十一,第 16—28 行所抄爲《大智度論》卷五十三,現將所抄《大智度論》部分編爲 "BD 05501 號 B"。

BD 05501 號 B,1 紙,首全尾殘。首題 "大智度第二十五品釋論五十三"。存 13 行,行 17 字,楷書,有界欄。所抄自首題至 "羅蜜",文見《大正藏》25 册卷五十三 435 頁下 17 行至 436 頁上 8 行,圖版見《寶藏》105 册 416 頁下至 417 頁下,《國圖》74 册 122 頁下至 123 頁。《總目》泛名爲 "大智度論",《寶藏》定名爲 "大智度第二十五品釋論五十三",《索引新編》據首題改題爲 "大智度論卷第二十五"（按:非是,"第二十五品" 不可解作 "卷第二十五"）。《國圖》擬題爲 "兑廢雜寫稿",定爲 9—10 世紀歸義軍時期寫本。

BD 05776 號《大智度論》卷五十五

原編號 "北 7291 號（奈 076）"。8 紙,首尾殘,卷背有鳥糞,抄有 "佛經論釋"。中有品題 "大智度第二

---

1 《郭曉燕》,頁 137。又見張磊、郭曉燕《敦煌寫本〈大智度論〉殘卷綴合研究》,《中國俗文化研究》,2015 年第 10 輯。

十八品釋論"。存 186 行,行 19 字,隸書,有界欄。所抄自"若波"至"無受",文見《大正藏》25 冊卷五十五 450 頁下 18 行至 453 頁下 12 行,圖版見《寶藏》105 冊 335 頁下至 339 頁上《國圖》77 冊 96 頁至 104 頁。《寶藏》定名爲"大智度論卷第五十五"。《國圖》定名爲"大智度論卷五五",定爲 5 世紀東晉寫本。

三、大智度……釋論

BD09853 號 + 俄 Дx06109 號…S.6632 號《大智度論》卷二十三

BD09853 號(朝 074),2 紙,首尾殘,後部如綴合示意圖右部所示。存 23 行,行約 17 字。首行上 7 字殘,下 10 字有殘泐,次行前 6 字右側略有殘泐,末行前 7 字殘,後 10 字略有殘泐。隸楷,有烏絲欄。所抄自"無常"至"凡夫",相應文字參見《大正藏》25 冊卷二十三 229 頁中 1 行至 229 頁中 25 行,圖版見《國圖》106 冊 344 頁上。《國圖》定名爲"大智度論卷二三",并稱該號爲 5—6 世紀南北朝寫本。

俄 Дx6109 號,殘片,如綴合示意圖中部所示。存 12 行,行約 17 字。前 3 行存上部 3—5 字(首行僅存 4 殘字),3—7 行中部有殘泐,末 2—3 行中上部有殘泐,末行僅存最後 1 字右側殘筆。楷書,有烏絲欄。所抄自"不爲"至"□(何)能",相應文字參見《大正藏》25 冊卷二十三 229 頁中 25 行至 229 頁下 8 行,圖版見《俄藏》13 冊 4 頁下。原卷缺題,《俄藏》未定名,《郭曉燕》定作"大智度論卷二十三 大智度論初品中十想釋論第三十七"[1]。

S.6632 號,首尾殘,前部如綴合示意圖左部所示。存 68 行,行約 17 字。前 19 行下部有殘泐,存上部 9—13 字(比勘完整文本,滿行行約 17 字)。楷書,有烏絲欄。有品題"大智度初品中十一智釋論第三十六"。所抄自"等四"至品題,相應文字參見《大正藏》25 冊卷二十三 231 頁下 29 行至 232 頁下 15 行,圖版見《寶藏》49 冊 516 頁下至 518 頁上。《寶藏》《索引》《索引新編》皆定名爲"大智度初品中十一智釋論第三十六"。《翟目》定爲公元 600 年寫本。

按:上揭三號所抄皆爲《大智度論》卷二十三,且内容前後銜接,可以綴合。劉顯指出 BD09853 號、S.6632 號可綴合[2],《郭曉燕》亦謂 BD09853、俄 Дx6109 號可綴合[3]。如綴合示意圖所示,綴合後,BD09853 號與俄 Дx6109 號左右相接,斷痕吻合,銜接處分屬二卷的"爲""無"二字可以密合無間。俄 Дx6109 號與 S.6632 號可以遥綴,比照《大正藏》本,其間約缺 172 行,如綴合示意圖所示。又此三號行款格式相同(行約 17 字,天頭等高,有烏絲欄,行間距、字間距相似,字體大小近同),書風書跡一致(字體方正,字距疏朗,筆墨濃重),可資比勘。三號綴合後,所存内容始"言諸法皆無常"之後二殘字,迄品題"大智度初品中十一智釋論第四十六",相應文字參見《大正藏》25 冊 229 頁中 1 行至 232 頁下 15 行。又《國圖》勘定 BD09853 號爲 5—6 世紀南北朝寫本,《翟目》定 S.6632 爲公元 600 年寫本。俄 Дx6109 號既可與此二號綴合,亦當爲同時期寫本。

---

1 《郭曉燕》,頁 39。

2 《敦煌出土〈大智度論〉寫卷綴合六則》,《新世紀宗教研究》,2012 年 3 月第 10 卷。

3 《郭曉燕》,頁 136。又見張磊、郭曉燕《敦煌寫本〈大智度論〉殘卷綴合研究》,《中國俗文化研究》,2015 年第 10 輯。

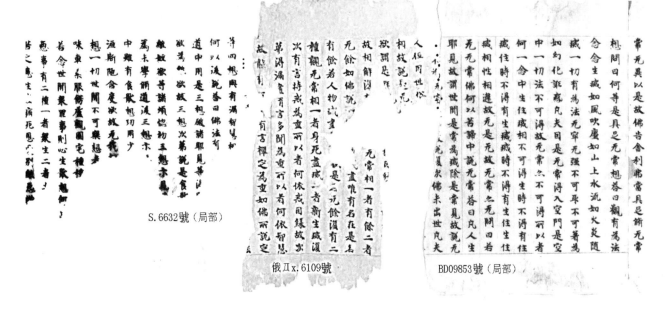

BD09853 號(局部) + 俄 Дx6109 號 … S.6632 號(局部)綴合示意圖

P.6017 號《大智度論》卷三十一

殘片,前後殘泐。首題"大智度初品 □□ 第三十"。存 4 殘行,每行存下部 7—9 字,楷書,有界欄。所抄自首題至 "一義",文見《大正藏》25 冊卷三十一 285 頁中 1 行至 285 頁中 6 行,圖版見《寶藏》135 冊 684 頁下、《法藏》34 冊 350 頁上。《寶藏》定名爲 "大智度論卷第三十一初品中十八空義第四十八",《索引新編》定名爲 "大智度論殘片四行",《法藏》定名爲 "大智度論釋初品中十八空義第四十八"。

S.5375 號 … S.0224 號《大智度論》卷四十

S.5375 號,首全尾殘,卷首下部有殘泐,中後部有殘洞。首題 "大智度第四品中法眼釋論卷第四十"。存 68 行,行 17 字,楷書,有界欄。所抄自首題至 "但説",文見《大正藏》25 冊卷四十 348 頁下 7 行至 349 頁中 25 行,圖版見《寶藏》42 冊 280 頁上至 281 頁下。《寶藏》《總目》皆定名爲 "大智度論卷第四十"。《索引新編》據首題定名爲 "大智度第四品中法眼釋 論卷第四十"(按:斷句有誤,當於 "論" 字爲句)。《翟目》定爲公元 600 年寫本。

S.0224 號,4 紙,首尾殘,卷首有殘缺,首 2 行中上部有殘泐,現代已修整。通卷硬紙托裱,接出護首、拖尾。卷尾下邊鈐有英國博物館 1 號印。存 62 行,行 17 字,楷書,有界欄。所抄自 "薩方" 至 "羅蜜",文見《大正藏》25 冊卷四十 349 頁下 8 行至 350 頁上 22 行,圖版見《寶藏》2 冊 313 頁下至 314 頁上、《英圖》4 冊 15 頁上至 16 頁上。《寶藏》《總目》皆失考,定名爲 "佛經"。《索引新編》定名爲 "大智論釋往生品第四之下",且謂該號與 S.0227《大智度論》卷四十一筆跡完全一致,爲同一抄手所書,然細審二號筆跡差異較大,《索引新編》之説恐未確。《英圖》定名爲 "大智度論卷四〇",定爲 6 世紀南北朝寫本。《翟目》定爲公元 600 年寫本。

按:上揭二號所抄皆爲《大智度論》卷四十,且內容前後相承,行款格式相同,書風書跡一致,可以綴合。綴合後,所抄自 "舍利" 至 "羅蜜",文見《大正藏》25 冊卷四十 348 頁下 7 行至 350 頁上 22 行。二號之間殘缺內容參見《大正藏》本 25 冊卷四十 349 頁中 25 行至 349 頁下 8 行。

S.5375 號（局部）…S.0224 號（局部）綴合示意圖

四、第……品釋論

S.4241 號《大智度論》卷七十七

首尾殘。中有品題"第六十一品釋論""第六十二品釋論"。存541行，行17字，楷書。所抄自"尼珠"至"等復"，文見《大正藏》25册卷七十七599頁下12行至607頁上26行。所抄論文有兩段省略，其一從"論"至"有垢"，文見《大正藏》25册卷七十七600頁中18行至600頁下14行；其二從"復次"至"羅蜜"，文見《大正藏》25册卷七十七605頁中5行至606頁上7行。圖版見《寶藏》34册656頁上至670頁上。《總目》失考，定名爲"佛經疏釋"。《寶藏》《索引新編》皆定名爲"大智度論卷第七十七"。《翟目》定爲公元6世紀寫本。

S.6996 號《大智度論》卷一百

首尾殘，首4行有殘泐。中有品題"弟九十品釋論"。存97行，行17字，楷書，有界欄。所抄自"等六"至"異物"，文見《大正藏》25册卷一百753頁中24行至754頁下7行，圖版見《寶藏》54册274頁上至277頁下。《寶藏》定名爲"大智度論卷第一百"。

五、大智度……品第……

俄 Дх04881 號《大智度論》卷七十五、七十六

殘片，前後及下端殘泐。有品題"大智度學空不證品第六十"。存5殘行，每行存上部4至13字，楷書，有界欄。所抄自"果報"至品題，文見《大正藏》25册卷七十五592頁上7行至卷七十六592頁上12行，圖版見《俄藏》11册346頁上。《俄藏》未定名，《郭曉燕》定作"大智度論卷七十五　大智度論釋恒伽提婆品第五十九"[1]。

---

1 《郭曉燕》，頁75。

六、……品第……

俄 Дx11874 號A《大智度論》卷八十九

俄 Дx11874 號所抄依次爲《大智度論》卷八十九、九十九,兹分別編號爲俄 Дx11874 號A、俄 Дx11874 號B。俄 Дx11874 號A,右上部有殘泐,存 6 行,其中 3 行完整,完整行 21—22 字,首行僅存右側殘筆,楷書。所抄自"知界"至"因緣",文見《大正藏》25 册卷八十九 689 頁中 8 行至 689 頁中 14 行,圖版見《俄藏》15 册 347 頁下。《俄藏》未定名,《郭曉燕》定作"大智度論卷八十九 大智度論釋四攝品第七十八之餘"[1]。

俄 Дx11874 號B《大智度論》卷九十九

俄 Дx11874 號B,左下部有殘泐,品題"曇無竭品第八十八",存 8 行,僅 1 行完整,完整行 22 字。所抄自"品題"至"如諸",文見《大正藏》25 册卷九十九 744 頁下 9 行至 744 頁下 23 行,圖版見《俄藏》15 册 347 頁下。《俄藏》未定名,《郭曉燕》定作"大智度論卷九十九 大智度論釋曇無竭品第八十九"[2]。

第三節 暫無法分類的寫卷

俄 Дx01623 號《大智度論》卷一

殘片,前後及下部殘泐,存 20 殘行,每行存上部 3—8 字,隸楷。所抄自"等世"至"皆詣",文見《大正藏》25 册卷一 58 頁上 7 行至 58 頁上 29 行,圖版見《俄藏》8 册 260 頁下。《俄藏》失考,泛名爲"佛經"。馬德考定其所抄爲《大智度論》卷一。[3] 根據書風書跡、行款格式等判斷,該號似爲南北朝時期寫本。

津藝 013 號 1《大智度論》卷一

首尾殘,存 25 行,行約 20 字,隸楷,有界欄,行文與《大正藏》本頗異。所抄自"皆悉"至"塔品",文見《大正藏》25 册卷一 59 頁上 3 行至 59 頁中 6 行,圖版見《津藝》1 册 66 頁下至 67 頁上。該號行文內容頗異於諸寫本及傳世刻本,當係作者摻合己意,改寫而成。《津藝》定名爲"大智度初序品中緣起義釋論第一",定爲六朝寫本。

俄 Дx14679 號《大智度論》卷一

殘片,前後上下皆殘泐,存 2 殘行,每行存中部 3 字,楷書,有界欄。所抄自"淨何"至"皆有",文見《大正藏》25 册卷一 61 頁中 5 行至 61 頁中 6 行,圖版見《俄藏》16 册 202 頁下。《俄藏》未定名,《郭曉燕》定作"大智度論卷第一 大智度初序品中緣起義釋論第一"[4]。

S.3273 號《大智度論》卷一

首尾殘,首 2 行上部有殘泐,末 7 行下部有殘泐。存 133 行,行 17 字,楷書,有界欄。所抄自"梨説"至"世瓶",文見《大正藏》25 册卷一 63 頁中 21 行至 65 頁中 29 行,圖版見《寶藏》27 册 264 頁上至 267 頁下。《總目》失考,泛名爲"佛經"。《寶藏》《索引新編》皆定名爲"大智度論卷一"。從書風書跡、行款格式等判斷,該號似爲南北朝時期寫本。

俄 Дx12256 號《大智度論》卷一

殘片,前後上下皆殘泐,存 6 殘行,每行存下部 2—8 字,楷書,有界欄。所抄自"説略"至"尊也",文

---

1 《郭曉燕》,頁 80。

2 《郭曉燕》,頁 80。

3 《俄藏敦煌寫經部分殘片内容的初步辨識——以〈俄藏敦煌文獻〉第六、七、八册爲中心》,頁 450—460。

4 《郭曉燕》,頁 21。

見《大正藏》25 册卷一 64 頁下 11 行至 64 頁下 18 行,圖版見《俄藏》16 册 88 頁上。《俄藏》未定名,《郭曉燕》定作"大智度論卷第一　摩訶般若波羅蜜初品如是我聞一時釋論第二"[1]。

俄 Дx12027 號《大智度論》卷一

殘片,前後上下皆殘泐,存 6 殘行,每行存下部 1—9 字,楷書,有界欄。所抄自"諸物"至"一是",文見《大正藏》25 册卷一 65 頁上 14 行至 65 頁上 17 行,圖版見《俄藏》16 册 24 頁下。《俄藏》未定名,《郭曉燕》定作"大智度論卷第一　摩訶般若波羅蜜初品如是我聞一時釋論第二"[2]。

俄 Дx08102 號《大智度論》卷一

殘片,前後上下皆殘泐,存 2 殘行,每行存中部 2—6 字,楷書,有界欄。所抄自"應是"至"瓶體",文見《大正藏》25 册卷一 65 頁上 16 行至 65 頁上 17 行,圖版見《俄藏》14 册 23 頁上。《俄藏》未定名,《郭曉燕》定作"大智度論卷第一　摩訶般若波羅蜜初品如是我聞一時釋論第二"[3]。

俄 Дx03737 號《大智度論》卷二

殘片,前後及下端殘泐,存 4 殘行,每行存上部 8—9 字,楷書。所抄自"突吉"至"毗尼",文見《大正藏》卷二 68 頁中 15 行至 68 頁中 18 行,圖版見《俄藏》11 册 37 頁上。《俄藏》未定名,《敦煌佛經字詞與校勘研究》定名爲"大智度論卷二"[4]。

俄 Дx15013 號《大智度論》卷二

殘片,前後上下皆殘泐,存 2 殘行,每行存中部 3—4 字,楷書。所抄自"法師"至"姓迦",文見《大正藏》25 册卷二 70 頁上 9 行至 70 頁上 10 行,圖版見《俄藏》16 册 216 頁上。《俄藏》未定名,《郭曉燕》定作"大智度論卷第二　大智度初品總説如是我聞釋論第三"[5]。

BD02695 號《大智度論》卷二

原編號"北 8626 號(律 095)"。10 紙,首尾殘,通卷上下邊有等距離殘缺,接縫處有開裂,卷尾殘破嚴重,背有鳥糞。存 201 行,行 17 字,楷書。所抄自"聞亦"至"故置",文見《大正藏》25 册卷二 72 頁中 2 行至 75 頁上 17 行,圖版見《寶藏》111 册 48 頁下至 52 頁下,《國圖》36 册 434 頁至 439 頁上。《總目》泛名爲"大智度論",《寶藏》《索引新編》皆誤擬作"大智度論卷第一"。《國圖》定名爲"大智度論卷二",定爲 5—6 世紀南北朝寫本。

俄 Дx04036 號 B《大智度論》卷三

殘片,前後上下皆殘泐,存 4 殘行,每行存中部 6—9 字,隸楷,有界欄。所抄自"善根"至"婆提",文見《大正藏》25 册卷三 77 頁中 17 行至 77 頁中 24 行,圖版見《俄藏》11 册 130 頁下。《俄藏》未定名,《敦煌佛經字詞與校勘研究》定名爲"大智度論卷三"[6]。

BD06869 號 B+ 浙敦 091 號 A（浙博 066）《大智度論》卷三

BD06869 號 B,原編號"北 8627 號(羽 069)"。1 紙,殘片,存 13 行,行 17 字。楷書,有界欄。天頭、地腳有校改字。所抄內容自"如蜫"至"讚諸",文見《大正藏》25 册卷三 82 頁下 24 行至 83 頁上 17 行,圖版見《寶藏》111 册 53 頁上、《國圖》94 册 132 頁上。《總目》泛名爲"大智度論",《寶藏》《索引新編》皆

---

1 《郭曉燕》,頁 21。
2 《郭曉燕》,頁 22。
3 《郭曉燕》,頁 22。
4 《敦煌佛經字詞與校勘研究》,頁 208。
5 《郭曉燕》,頁 23。
6 《敦煌佛經字詞與校勘研究》,頁 215。

定名爲"大智度論卷第三"。《國圖》定名爲"大智度論卷三",定爲7—8世紀唐寫本。

　　浙敦091號(浙博066),張宗祥原藏,浙博原藏品號"23279·15"。該號爲《大智度論》卷三、《大智度論》卷七十四兩塊殘片粘合而成,兹分別編爲浙敦091號A(浙博066)、浙敦091B(浙博066)號。浙敦091號A(浙博066),1紙,麻紙,紙色褐,殘片,存12行,行16—17字,楷書,有界欄。所抄自"阿羅"至"解脫",文見《大正藏》25冊卷三83頁上17行至83頁上25行,圖版見《浙藏》201頁上左。《浙藏》泛名爲"大智度論",定爲唐寫本。

　　按:上揭二號所抄皆爲《大智度論》卷三,且内容前後相承,行款格式相同,書風書跡一致,當可綴合。綴合後,所抄自"如蜫"至"解脫",文見《大正藏》25冊卷三82頁下24行至83頁上25行。又《浙藏》《國圖》二家斷代結論相同,可從。

BD06869號B(局部)+浙敦091號A(局部)綴合示意圖

俄Дx09569號+俄Дx00241號《大智度論》卷三

　　俄Дx09569號,殘片,前後及上端殘泐,存12殘行,每行存下部2—7字,楷書,有界欄,背面抄有非漢文。所抄自"各五"至"如五",文見《大正藏》25冊卷三84頁中1行至84頁中12行,圖版見《俄藏》14冊185頁下。《俄藏》未定名,《郭曉燕》定作"大智度論卷第三　大智度初品中四衆義釋論第七"[1]。

　　俄Дx00241號,紙質黃,紙色薄而脆,殘片,前後及上端殘泐,存7殘行,每行存下部2—6字,楷書,有界欄。所抄自"千阿"至"大如",文見《大正藏》25冊卷三84頁中12行至84頁中19行,圖版見《俄藏》6冊151頁下右。《俄藏》失考,定名爲"佛經",馬德考定所抄爲《大智度論》卷三[2]。《孟目》定爲7—8世紀寫經。

　　按:上揭二號所抄皆爲《大智度論》卷三,且内容前後相承,行款格式相同,書風書跡一致,當可綴合。綴合後,所抄自"各五"至"大如",文見《大正藏》25冊卷三84頁中1行至84頁中19行。又《孟目》定俄Дx00241號爲7—8世紀寫經,則俄Дx09569號亦可如是斷代。

1　《郭曉燕》,頁24。
2　《俄藏敦煌寫經部分殘片内容的初步辨識——以〈俄藏敦煌文獻〉第六、七、八冊爲中心》,頁450—460。

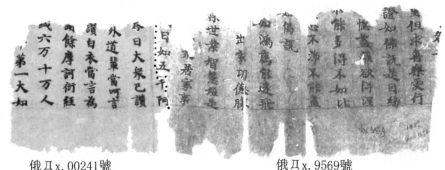

俄 Дx.00241號　　　　　俄 Дx.9569號

俄 Дx09569 號 + 俄 Дx00241 號綴合示意圖

俄 Дx17730 號《大智度論》卷四

殘片,前後上下皆殘泐,存 2 殘行,每行存中部 3—4 字,楷書。所抄自"磨各"至"羅蜜",文見《大正藏》25 册卷四 88 頁下 26 行至 88 頁下 27 行,圖版見《俄藏》17 册 149 頁下。《俄藏》未定名,《郭曉燕》定作"大智度論卷第四　大智度初品中菩薩釋論第八"[1]。

俄 Дx09045 號《大智度論》卷四

殘片,前後上下皆殘泐,存 6 殘行,每行存中部 3—9 字,楷書,有界欄。所抄自"治香"至"故菩",文見《大正藏》25 册卷四 91 頁中 10 行至 91 頁中 16 行,圖版見《俄藏》14 册 118 頁下。《俄藏》未定名,《郭曉燕》定作"大智度論卷第四　大智度初品中菩薩釋論第八"[2]。

俄 Дx03333 號《大智度論》卷四

殘片,前後上下皆有殘泐,存 5 殘行,行 2—8 字,楷書。所抄自"不知"至"滿如",文見《大正藏》25 册卷四 92 頁下 23 行至 92 頁下 28 行,圖版見《俄藏》10 册 265 頁上。《俄藏》未定名,《敦煌佛經字詞與校勘研究》考訂所抄爲《大智度論》卷四[3]。

S.7138 號《大智度論》卷五

首尾殘,首 5 行下部有殘泐。存 22 行,行 17 字,楷書。所抄自"呵秦"至"可思",文見《大正藏》25 册卷五 94 頁上 21 行至 94 頁中 13 行,圖版見《寶藏》54 册 442 頁上至 442 頁下。《寶藏》定名爲"大智度論卷第五　初品中摩訶薩埵釋論第九"。

俄 Дx16734 號《大智度論》卷五

殘片,前後及上端皆殘泐,存 4 殘行,每行存下部 2—4 字,楷書,有界欄。所抄自"世界"至"三千",文見《大正藏》25 册卷五 95 頁上 1 行至 95 頁上 3 行,圖版見《俄藏》17 册 6 頁下。《俄藏》未定名,《郭曉燕》定作"大智度論卷第五　大智度初品中摩訶薩埵釋論第九"[4]。

俄 Дx12868 號《大智度論》卷五

殘片,前後及下端皆殘泐,存 5 殘行,每行存上部 2—6 字,楷書,有界欄。所抄自"切人"至"爲人",文見《大正藏》25 册卷五 98 頁中 13 行至 98 頁中 18 行,圖版見《俄藏》16 册 182 頁上。《俄藏》未定名,《郭曉燕》定作"大智度論卷第五　大智度初品中菩薩功德釋論第十"[5]。

1　《郭曉燕》,頁 24。

2　《郭曉燕》,頁 25。

3　《敦煌佛經字詞與校勘研究》,頁 191。

4　《郭曉燕》,頁 25。

5　《郭曉燕》,頁 25。

俄 Дх01803 號 + 俄 Дх01804 號 + 俄 Дх01805 號《大智度論》卷五

兹三殘片,《俄藏》已綴合。存 22 行,行約 17 字,楷書。所抄自"中無"至"薩當",文見《大正藏》25 册卷五 100 頁中 14 行至 100 頁下 8 行,圖版見《俄藏》8 册 351 頁上。《俄藏》定名爲"大智度初品中菩薩功德釋論第十"。《孟目》定爲 6—7 世紀寫本。

津藝 011 號《大智度論》卷六

白麻紙,2 紙,首尾殘,中上部有破洞兩處,存 28 行,行 19—23 不等,隸楷,有界欄。所抄自"空故"至"如說",文見《大正藏》25 册卷六 101 頁下 13 行至 102 頁上 28 行,圖版見《津藝》1 册 63 頁下。《津藝》失考,定名爲"佛經",定爲六朝寫本。宗舜考定所抄爲《大智度論》卷六的内容,且云:"其中文字頗有不同者,如'德女'作'有德女'、'世尊'作'大德'、'凡夫'作'小人',個别地方文意爲概括之語。此號對於研究《大智度論》南北朝的流行面貌甚有價值。"[1]

敦研 025 號 + 敦研 026 號《大智度論》卷六

土地廟出土。敦研 025 號,白麻紙,首尾殘,存 47 行,行 19 字,隸楷,有界欄。所抄自"實欲"至"人欲",文見《大正藏》25 册卷六 102 頁中 20 行至 103 頁上 15 行,圖版見《甘藏》1 册 32 頁下至 33 頁上。《甘藏》定名爲"大智度論卷第六大智度初品中十喻釋論第十一"。

土地廟出土。敦研 026 號,白麻紙,首尾殘,存 25 行,行 19 字,隸楷,有界欄。所抄自"語時"至"無常",文見《大正藏》25 册卷六 103 頁上 15 行至 103 頁中 21 行,圖版見《甘藏》1 册 33 頁下。《甘藏》定名爲"大智度論卷第六大智度初品中十喻釋論第十一"。

按:《甘藏》稱兹二號可綴合,是。兹二號所抄皆爲《大智度論》卷六,且内容前後相承,行款格式相同,書風書跡一致,確爲一卷之裂。綴合後,所抄自"實欲"至"無常",相當於《大正藏》25 册卷六 102 頁中 20 行至 103 頁中 21 行。又根據書風書跡、行款格式等判斷,兹二號當爲南北朝時期寫本。

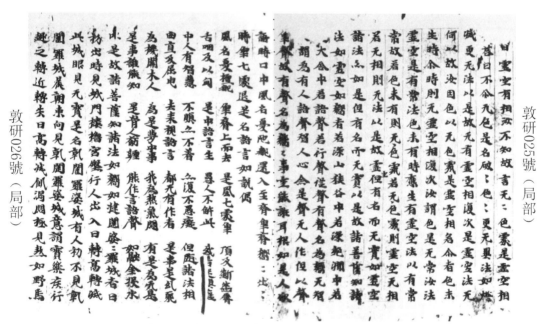

敦研 025 號(局部)+ 敦研 026 號(局部)綴合示意圖

俄 Дх04222 號《大智度論》卷六

殘片,前後上下皆殘泐,存 7 殘行,每行存中部 2—9 字,隸楷,有界欄。所抄自"生酪"至"法性",文

---

1 《六家散藏敦煌遺書之佛教文獻考辨》,2006 年第 1 期。

見《大正藏》25 册卷六 104 頁下 28 行至 105 頁上 5 行,圖版見《俄藏》11 册 165 頁下。《俄藏》未定名,《郭曉燕》定作 "大智度論卷第六 大智度初品中十喻釋論第十一"[1]。

浙敦 018 號(浙圖 18)《大智度論》卷六

2 紙,麻紙,首尾殘,存 50 行,行 19 字,隸楷,有界欄。背面鈐 "劉□泉" 朱文方印、"浙江圖書館珍藏金石書畫" 朱文長方印。所抄自 "喻難" 至 "壞又",文見《大正藏》25 册卷六 105 頁下 2 行至 106 頁中 5 行,圖版見《浙藏》66 册下至 67 頁上。《浙藏》泛名爲 "大智度論",定爲北朝寫本。

P.4933 號《大智度論》卷七

首尾殘,首 6 行上部有殘泐,末 3 行下部有殘泐。存 38 行,行 17 字,楷書,有界欄。所抄自 "脂若" 至 "河出",文見《大正藏》25 册卷七 113 頁下 14 行至 114 頁上 22 行,圖版見《寶藏》134 册 625 頁上至 625 頁下、《法藏》33 册 284 頁上至 284 頁下。《總目》失考,泛名爲 "殘佛經"。《寶藏》《索引新編》皆定名爲 "大智度論卷第七初品中放光釋論第十四"。《法藏》定名爲 "大智度論初品中放光釋論第十四"。

俄 Дx06662 號 + 俄 Ф305 號《大智度論》卷七

俄 Дx06662 號,殘片,前後殘泐。存 17 行,行 19—23 字,隸楷,有界欄。所抄自 "名周" 至 "出閻",文見《大正藏》25 册卷七 113 頁下 21 行至 114 頁上 13 行,圖版見《俄藏》13 册 169 頁下。《俄藏》未定名,《郭曉燕》定作 "大智度論卷第七 大智度初品中放光釋論第十四"[2]。

俄 Ф305 號,1 紙,紙色白,紙質厚,殘片,前後殘泐,存 12 行,行 19—23 字,隸楷,有界欄。所抄自 "是佛" 至 "復次",文見《大正藏》25 册卷七 114 頁上 13 行至 114 頁上 28 行,圖版見《俄藏》5 册 127 頁下。《俄藏》定名爲 "大智度論卷第七初品中佛土願釋論第十三"。

按:《郭曉燕》謂此二號可綴合[3],甚是。綴合後,所抄自 "名周" 至 "復次",文見《大正藏》25 册卷七 113 頁下 21 行至 114 頁上 28 行。《孟目》定俄 Ф305 號爲 4—5 世紀寫本,則俄 Дx06662 號年代亦同。

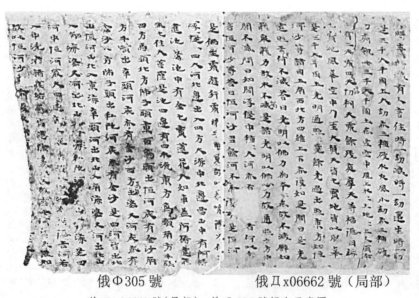

俄 Ф305 號 　　　 俄 Дx06662 號(局部)

俄 Дx06662 號(局部)+ 俄 Ф305 號綴合示意圖

俄 Дx01807 號《大智度論》卷八

殘片,前後及下部殘泐,存 12 殘行,每行存 3—11 字,楷書。所抄自 "爾時" 至 "衆生",文見《大正藏》

1 《郭曉燕》,頁 26。

2 《郭曉燕》,頁 27。

3 《郭曉燕》,頁 124。

25 册卷八 114 頁下 8 行至 114 頁下 22 行,圖版見《俄藏》8 册 352 頁上右。《俄藏》定名爲"大智度初品中放光釋論第十四之餘"。《孟目》定爲 6—7 世紀寫本。

BD 12288 號《大智度論》卷八

原編號"L2417"。1 紙,殘片,前後及上端殘泐,存 13 殘行,每行存下部 7—11 字,末行僅存右側殘筆,隸楷。所抄自"阿耨"至"世尊",文見《大正藏》25 册卷八 115 頁上 8 行至 115 頁上 22 行,圖版見《國圖》111 册 16 頁下。《國圖》定名爲"大智度論卷八",定爲 5—6 世紀南北朝寫本。

俄 Дx11609 號 + 俄 Дx11619 號 + 俄 Дx11605 號《大智度論》卷八

俄 Дx11609 號,殘片,前後上下皆有殘泐,存 18 殘行,每行存 2—18 字,隸楷,有界欄,有刪除符、重文符。所抄自"是佛"至"萬日",文見《大正藏》25 册卷八 115 頁下 18 行至 116 頁上 8 行,圖版見《俄藏》15 册 276 頁下。《俄藏》未定名,《郭曉燕》定作"大智度論卷第八　大智度初品中放光釋論第十四之餘"[1]。

俄 Дx11619 號,殘片,前後及下端殘泐,存 3 殘行,每行存 6—7 字,首行僅存左側殘筆,隸楷,有界欄。所抄自"能持"至"千葉",文見《大正藏》25 册卷八 116 頁上 6 行至 116 頁上 8 行,圖版見《俄藏》15 册 281 頁下。《俄藏》未定名,《郭曉燕》定作"大智度論卷第八　大智度初品中放光釋論第十四之餘"[2]。

俄 Дx11605 號,殘片,前後殘泐,存 13 行,每行存 17—19 字,末行僅存右側殘筆,隸楷,有界欄。所抄自"俱照"至"議是",文見《大正藏》25 册卷八 116 頁上 9 行至 116 頁上 22 行,圖版見《俄藏》15 册 274 頁下。《俄藏》未定名。

按:《郭曉燕》謂此三號可綴合[3],甚是。綴合後,所抄自"是佛"至"議是",文見《大正藏》25 册卷八 115 頁下 18 行至 116 頁上 22 行。

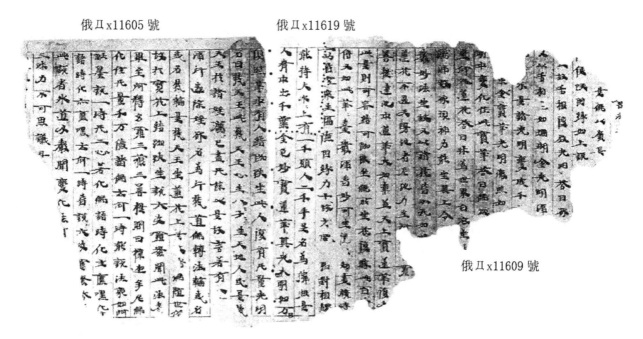

俄 Дx11605 號　　俄 Дx11619 號　　俄 Дx11609 號

俄 Дx11609 號 + 俄 Дx11619 號 + 俄 Дx11605 號綴合示意圖

1　《郭曉燕》,頁 28。

2　《郭曉燕》,頁 86。

3　《郭曉燕》,頁 125。

P.4939 號…俄 Дx04411 號＋俄 Дx00526 號…BD14825 號DE…BD03564 號…俄 Дx01092 號…BD14825 號CJ…BD14825 號CG《大智度論》卷八

P.4939號，殘片，存26行，行約17字，前後及下部皆有殘泐，卷末有破洞一處，有烏絲欄。所抄自"震動"至"地動"，相應文字參見《大正藏》25冊116頁下16行至117頁上15行，圖版見《法藏》33冊290頁下、《寶藏》134冊632頁上至632頁下。《索引》失考，泛名爲"殘佛經"。《寶藏》《索引新編》皆定名爲"大智度論卷第八初品中放光第十四之餘"。《法藏》定名爲"大智度論初品中放光釋論第十四之餘"。

俄 Дx04411號，殘片，存9行，行約17字，前後上下部皆有殘泐，有烏絲欄。所抄自"大千"至"其福"，相應文字參見《大正藏》25冊117頁中27行至117頁下7行，圖版見《俄藏》11冊227頁下。原卷缺題，《俄藏》未定名，《郭曉燕》定作"大智度論卷第八　大智度初品中放光釋論第十四之餘"[1]。

俄 Дx00526號，殘片，存14行，行約17字，前後及上部皆有殘泐，有烏絲欄。所抄自"未熟"至"羅蜜"，相應文字參見《大正藏》25冊117頁下7行至117頁下21行，圖版見《俄藏》6冊341頁下。《俄藏》定名爲"大智度初品放光釋論第十四之餘"。《孟目》擬題爲"大智度論卷第八初品中放光釋論第十四之餘"，定爲6世紀中期寫經。

BD14825號DE(新1025)，現代割截爲6紙，冊頁裝。首尾殘，存39行，行約17字，有烏絲欄。所抄自"相殺"至"餘佛"，相應文字參見《大正藏》25冊117頁下24行至118頁中11行，圖版見《國圖》134冊148頁。《國圖》擬題爲"大智度論卷八"，定爲5—6世紀南北朝寫本。

BD03564號(北8628；結064)，首尾殘，存23行，行約17字，通卷下部缺損，有烏絲欄。所抄自"裸者"至"不説"，相應文字參見《大正藏》25冊119頁上10行至119頁中5行，圖版見《國圖》49冊224頁下至225頁上、《寶藏》111冊53頁下。《索引》泛名爲"大智度論"。《寶藏》《索引新編》皆定名爲"大智度論卷第八"。《國圖》定名爲"大智度論卷八"，定爲6世紀南北朝寫本。

俄 Дx01092號，殘片，存6行，行約17字，有烏絲欄。所抄自"或有"至"白象"，相應文字參見《大正藏》25冊119頁中14行至119頁中20行，圖版見《俄藏》7冊310頁上右。《俄藏》泛名爲"佛經"，馬德考定所存内容爲《大智度論》卷八"初品中放光釋論第十四之餘"[2]，是。

BD14825號CJ（新1025），現代割截爲二紙，裝爲冊頁裝。殘片，存11行，行約17字，有烏絲欄。所抄自"不滅"至"禪更"，相應文字參見《大正藏》25冊120頁下20行至121頁上2行，圖版見《國圖》134冊135頁。《國圖》定名爲"大智度論卷九"，定爲5—6世紀南北朝寫本。《國圖》敘録謂："與《大正藏》本25/120校勘對照，本卷與石山寺本相同。"

BD14825號CG（新1025），現代割裂爲二紙，裝爲冊頁裝。殘片，存12行，行約17字，前4行下部殘泐，末行僅存右側殘筆，有烏絲欄。所抄自"□（自）守"至"力得"，相應文字參見《大正藏》25冊121頁上8行至121頁上21行，圖版見《國圖》134冊134頁。《國圖》定名爲"大智度論(宮本)卷八"，定爲6世紀南北朝寫本。《國圖》敘録謂："據《大正藏》本校勘記，此卷經文與《思溪藏》《普寧藏》《嘉興藏》圖書寮本及石山寺本同。"

按：上揭八號皆爲《大智度論》卷八殘片，且内容前後銜接，可以綴合。《郭曉燕》已綴合俄 Дx04411號、俄 Дx00526號二號[3]，今謂此二號與餘六號行款格式相同（地角等高，行約17字，有烏絲欄，行間距相等，字間距相似，字體大小相近），書風書跡一致（字形端正規範，黑色濃重，行筆有隸意），亦爲一卷之斷裂。

1　《郭曉燕》，頁29。

2　《俄藏敦煌寫經部分殘片内容的初步辨識——以〈俄藏敦煌文獻〉第六、七、八冊爲中心》，頁450—460。

3　《郭曉燕》，頁127。亦見張磊、郭曉燕《俄藏楷書〈大智度論〉寫本殘片綴合研究》，《復旦學報》，2015年第6期。

　　P.4939 號與俄 Дx04411 號可以遙綴,比照《大正藏》本,其間約缺 38 行。俄 Дx00526 號與 BD 14825 號 DE 可以遙綴,比照《大正藏》本,其間約缺 3 行。BD 14825 號 DE 與 BD 03564 號可以遙綴,比照《大正藏》本,其間約缺 53 行。俄 Дx01092 號與 BD 14825 號 CJ 可以遙綴,比照《大正藏》本,其間約缺 105 行。BD 14825 號 CJ 與 BD 14825 號 CG 可以遙綴,比照《大正藏》本,其間約缺 6 行。兹八號綴合後,所抄自"震動"至"力得",相應文字參見《大正藏》25 册卷八 116 頁下 16 行至 121 頁上 21 行。

　　又《國圖》敘録稱 BD 14825 號 DE 爲 5—6 世紀南北朝隸楷寫本,BD 03564 號爲 6 世紀南北朝楷書寫本,BD 14825 號 CJ 爲 5—6 世紀南北朝隸書寫本,BD 14825 號 CG 爲 6 世紀南北朝隸書寫本,《孟目》定俄 Дx00526 號爲 6 世紀中期隸楷寫本,二書對寫卷年代、字體之判斷歧互不一。今就整體書寫風格而言,雖個别字體帶有隸意,以定爲楷書或隸楷爲妥。

　　此外,《國圖》敘録定 BD 14825 號 CG 爲宫本,并云"據《大正藏》本校勘記,此卷經文與《思溪藏》《普寧藏》《嘉興藏》圖書寮本及石山寺本同"。BD 14825 號 CJ 條敘録又云:"與《大正藏》本 25/120 校勘對照,本卷與石山寺本相同。"今以 BD 14825 號 CG 與《大正藏》對勘,得異文凡 6 條,驗之《大正藏》校勘記,僅 1 條與宫本同,無與石山寺本同者。又以 BD 14825 號 CJ 與《大正藏》對校,得異文 11 條,與石山寺本同者僅 5 條。若以上揭八號校勘結果論之,則異文更爲錯綜,故《國圖》之説恐非是。

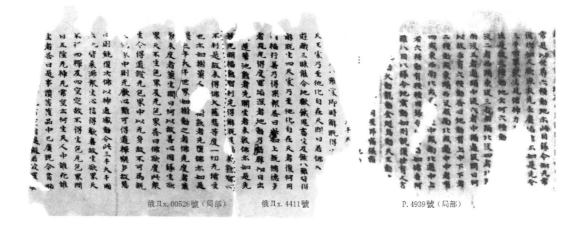

俄 Дx.00526 號（局部）　　俄 Дx.4411 號　　P.4939 號（局部）

P.4939 號（局部）…俄 Дx04411 號 + 俄 Дx00526 號（局部）綴合示意圖

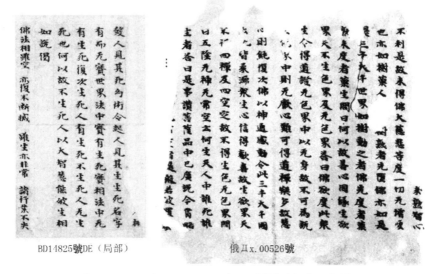

BD14825號DE（局部）　　俄 Дx.00526號

俄 Дx00526 號 … BD 14825 號 DE（局部）綴合示意圖

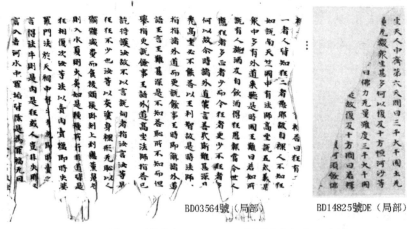

BD 14825 號 DE（局部）…BD 03564 號（局部）綴合示意圖

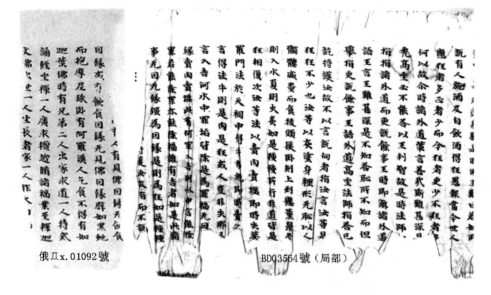

BD 03564 號（局部）…俄 Дx 01092 號綴合示意圖

俄 Дx 01092 號…BD 14825 號 CJ…BD 14825 號 CG（局部）綴合示意圖

俄 Дx03816 號 + 俄 Дx06679 號 + 俄 Дx06172 號《大智度論》卷八

俄 Дx03816 號,殘片,前後及上端殘泐,存 2 殘行,每行存 5—19 字,隸楷,有界欄。所抄自"天不"至"色界",文見《大正藏》25 冊卷八 117 頁下 11 行至 117 頁下 13 行,圖版見《俄藏》11 冊 56 頁下。《俄藏》未定名,《敦煌佛經字詞與校勘研究》定名爲"大智度論卷第八"[1]。

俄 Дx06679 號,殘片,上端殘泐,存 24 殘行,完整行 19—22 字,隸楷,有界欄。所抄自"中以"至"報得",文見《大正藏》25 冊卷八 117 頁下 13 行至 118 頁上 16 行,圖版見《俄藏》13 冊 178 頁上。《俄藏》未定名,《郭曉燕》定作"大智度論卷第八　大智度初品中放光釋論第十四之餘"[2]。

俄 Дx06172 號,殘片,前後殘泐,存 10 殘行,完整行約 20 字,隸楷,有界欄。所抄自"王等"至"化生",文見《大正藏》25 冊卷八 118 頁上 16 行至 118 頁上 28 行,圖版見《俄藏》13 冊 31 頁下。《俄藏》未定名,《郭曉燕》定作"大智度論卷第八　大智度初品中放光釋論第十四之餘"[3]。

按:《郭曉燕》謂兹三號可綴合[4],甚是。綴合後,所抄自"天不"至"化生",文見《大正藏》25 冊卷八 117 頁下 11 行至 118 頁上 28 行。

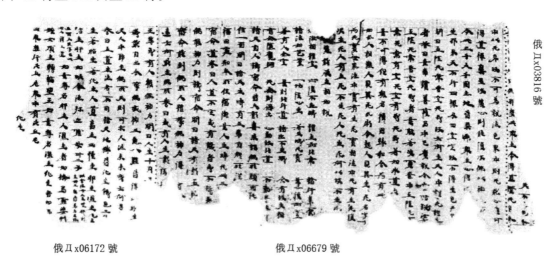

俄 Дx06172 號　　　　　　　　俄 Дx06679 號　　　　　　俄 Дx03816 號

俄 Дx03816 號 + 俄 Дx06679 號 + 俄 Дx06172 號綴合示意圖

BD14506 號《大智度論》卷十

原編號"新 0706"。24 紙,首尾殘,卷面有破裂及殘洞,接縫處有開裂,卷背有鳥糞。尾有原軸,兩端點黑漆,頂端點朱漆。卷首背貼有紙簽,上寫"購 3917"。背有近代裱補。存 584 行,行 17 字,楷書,有界欄。所抄自"人即"至"故應",文見《大正藏》25 冊卷十 128 頁中 22 行至 135 頁下 26 行,圖版見《國圖》128 冊 322 頁下至 336 頁上。《國圖》定名爲"大智度論卷一○",定爲 6 世紀南北朝寫本。

S.2260 號《大智度論》卷十

18 紙,首尾殘,上邊有水漬,上下邊略有撕裂。卷首下邊鈐有英國博物館 1 號印。卷背有紅鋼筆標注阿拉伯數字"1338",應源自蔣孝琬編號。存 379 行,行 17 字,隸楷,有界欄。所抄自"母諸"至"偈言",文見《大正藏》25 冊卷十 130 頁下 7 行至 135 頁中 24 行,圖版見《寶藏》17 冊 575 頁下至 588 頁上、《英圖》37 冊 108 頁下至 121 頁上。《總目》失考,定名爲"佛經"。《寶藏》《索引新編》皆定名爲"大智度論卷第十"。

1　《敦煌佛經字詞與校勘研究》,頁 211。

2　《郭曉燕》,頁 30。

3　《郭曉燕》,頁 30。

4　《郭曉燕》,頁 128。

《英圖》定名爲"大智度論卷一〇",定爲6世紀南北朝寫本。《翟目》定爲6世紀寫本。

俄 Дx 04663 號《大智度論》卷十

殘片,前後及下端殘泐,存4殘行,每行存上部15字,隸楷,有界欄。所抄自"汝羅"至"以偈",文見《大正藏》25册卷十135頁中19行至135頁中22行,圖版見《俄藏》11册292頁上。《俄藏》未定名,《郭曉燕》定作"大智度論卷第十 大智度初品中十方菩薩來釋論第十五之餘"[1]。

俄 Дx 02995 號《大智度論》卷十一

殘片,前後上下皆有殘泐,存20行,行17字,楷書,有界欄。所抄自"智量"至"疏驗",文見《大正藏》25册卷十一136頁上24行至136頁中18行,圖版見《俄藏》10册156頁上。《俄藏》定名爲"大智度論釋初品中舍利弗因緣第十六"。

俄 Дx 11318 號《大智度論》卷十一

殘片,前後及上端殘泐,存3殘行,首行僅存左側殘筆,每行存下部3—7字,楷書,有界欄。所抄自"施僧"至"慈心",文見《大正藏》25册卷十一141頁下14行至141頁下15行,圖版見《俄藏》15册205頁下。《俄藏》未定名,《郭曉燕》定作"大智度論卷第十一 大智度論釋初品中檀相義第十九"[2]。

俄 Дx 11539 號《大智度論》卷十二

該號包括一個大殘片和兩個小殘片。大殘片前後及上端皆有殘泐,存23殘行,每行存3—17字。左上部小殘片存4殘行,每行存3—5字。左下部小殘片存3殘行,每行存2—3字。隸楷,有界欄。所抄自"三者"至"所施",文見《大正藏》25册卷十二146頁下28行至147頁上29行,圖版見《俄藏》15册237頁上。《俄藏》未定名,《郭曉燕》定作"大智度論卷第十二 大智度論釋初品中檀波羅蜜法施之餘"[3]。

俄 Дx 14199 號《大智度論》卷十二

殘片,前後上下皆殘泐,存2殘行,每行存2—4字,楷書,有界欄。所抄自"德或"至"念佛",文見《大正藏》25册卷十二147頁上13行至147頁上15行,圖版見《俄藏》16册186頁下。《俄藏》未定名,《郭曉燕》定作"大智度論卷第十二 大智度論釋初品中檀波羅蜜法施之餘"[4]。

BD 01034 號 2《大智度論》卷十二(兑廢稿)

原編號"北8716號(辰034)"。BD01034號由《四分律删補隨機羯磨抄》《大智度論抄》《太上一乘海空智藏經》《佛教名數手記》《印佛文》《齋儀號頭》《上皇勸善斷肉文》《出家功德經》《戒律疏釋抄》《斷三界見修煩惱之圖》《明〈大般若經〉四處十六會文》《沙彌十戒法并威儀》《四分律删繁補闕行事抄剃髮羯磨抄》十三種文獻組成。BD01034號2抄寫在正面,天頭有"兑"字,卷面空白處及行間雜有《佛教名數手記》內容數行。54行,行17字,楷書。抄《大智度論》卷十二凡2段:第一段所抄自"人未"至"還是",文見《大正藏》25册卷十二149頁下23行至150頁上21行;第二段所抄自"曾以"至"有絶",文見《大正藏》25册卷十二151頁中18行至151頁下5行。圖版見《寶藏》111册264頁上至264頁下、《國圖》15册218頁。《總目》失考,定名爲"俟考諸經"。《寶藏》《索引新編》皆定名爲"大智度論卷第十二"。《國圖》定名爲"大智度論抄",定爲7—8世紀唐寫本。

BD 10440 號 … BD 10898 號《大智度論》卷十三

BD10440號,殘片,存4行,末行中部有殘泐,行17字,楷書,有界欄。所抄自"銅鐵"至"床上",文見

1 《郭曉燕》,頁31。
2 《郭曉燕》,頁31。
3 《郭曉燕》,頁31。
4 《郭曉燕》,頁32。

《大正藏》25 册卷十三 154 頁中 25 行至 154 頁中 29 行,圖版見《國圖》107 册 304 頁下。《國圖》定名爲"大智度論卷十三"。

BD 10898 號,殘片,存 4 行,末行中部有殘泐,行 17 字,楷書,有界欄。所抄自"記無"至"生自",文見《大正藏》25 册卷十三 154 頁下 28 行至 155 頁上 4 行,圖版見《國圖》108 册 216 頁下。《國圖》定名爲"大智度論卷一三"。

按:上揭二號皆爲《大智度論》卷十三殘卷,且内容前後相承,行款格式相同,書風書跡一致,可以綴合。綴合後,所抄内容自"銅鐵"至"生自",文見《大正藏》25 册卷十三 154 頁中 25 行至 155 頁上 4 行,所缺内容參見《大正藏》25 册卷十三 154 頁中 29 行至 154 頁下 28 行。據《國圖》敘録,此二號皆爲 6 世紀南北朝寫本。

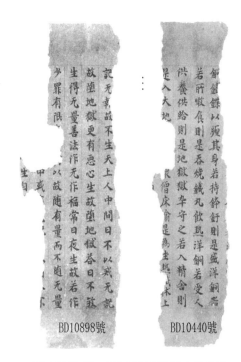

BD 10440 號⋯BD 10898 號綴合示意圖

俄 Дx12037 號 R《大智度論》卷十三

殘片,前後及下端皆殘泐,存 6 殘行,首行僅存左側殘筆,每行存上部 5—7 字,隸楷,有界欄,背面抄有非漢文。所抄自"語心"至"五種",文見《大正藏》25 册卷十三 158 頁下 17 行至 158 頁下 22 行,圖版見《俄藏》16 册 26 頁上。《俄藏》未定名,《郭曉燕》定作"大智度論卷十三 大智度論釋初品中戒相義第二十二之一"[1]。

俄 Дx01618 號《大智度論》卷十三

殘片,前後及下端皆殘泐,存 5 殘行,每行存 7—13 字,楷書,有界欄。所抄自"子唊"至"緣故",文見《大正藏》25 册卷十三 160 頁中 18 行至 160 頁中 22 行,圖版見《俄藏》8 册 259 頁上左。《俄藏》失考,定名爲"佛經"。馬德考定所抄爲《大智度論》卷十三。[2]《敦煌佛經字詞與校勘研究》定名爲"《大智度論》卷一《緣起論第一》"[3],未確。

---

1 《郭曉燕》,頁 32。

2 《俄藏敦煌寫經部分殘片内容的初步辨識——以〈俄藏敦煌文獻〉第六、七、八册爲中心》,頁 450—460。

3 《敦煌佛經字詞與校勘研究》,頁 144。

俄 Дх16499 號《大智度論》卷十四

殘片,前後上下皆殘泐,存 3 殘行,每行存 5—7 字,楷書。所抄自"云何"至"出瞋",文見《大正藏》25 册卷十四 167 頁上 24 行至 167 頁上 27 行,圖版見《俄藏》16 册 312 頁上。《俄藏》未定名,《郭曉燕》定作"大智度論卷第十四　大智度論釋初品中羼提波羅蜜義第二十四"[1]。

俄 Дх04445 號 + 俄 Дх04619 號《大智度論》卷十五

俄 Дх04445 號,殘片,前後上下皆殘泐,存 5 殘行,每行存 2—5 字,末行僅存右側部分殘筆,楷書。所抄自"此言"至"河沙",文見《大正藏》25 册卷十五 171 頁下 8 行至 171 頁下 11 行,圖版見《俄藏》11 册 237 頁下。《俄藏》未定名,《郭曉燕》定作"大智度論卷第十五　大智度論釋初品中羼提波羅蜜法忍義第二十五"[2]。

俄 Дх04619 號,殘片,前後及下端殘泐,存 5 殘行,每行存上部 1—3 字,首行僅存首字上部殘筆,末行僅存首 2 字右側殘筆,楷書。所抄自"如過"至"等諸",文見《大正藏》25 册卷十五 171 頁下 11 行至 171 頁下 13 行,圖版見《俄藏》11 册 284 頁下。《俄藏》未定名,《郭曉燕》定作"大智度論卷第十五　大智度論釋初品中羼提波羅蜜法忍義第二十五"[3]。

按:《郭曉燕》謂兹二號可綴合[4],甚是。綴合後,所抄自"此言"至"等諸",文見《大正藏》25 册卷十五 171 頁下 8 行至 171 頁下 13 行。

俄 Дх04445 號 + 俄 Дх04619 號綴合示意圖

俄 Дх16192 號《大智度論》卷十五

殘片,前後上下皆殘泐,存 3 殘行,每行存 4—5 字,楷書。所抄自"皆由"至"怠心",文見《大正藏》25 册卷十五 173 頁中 6 行至 173 頁中 10 行,圖版見《俄藏》16 册 287 頁上。《俄藏》未定名,《郭曉燕》定作"大智度論卷第十五　大智度論釋初品中毘梨耶波羅蜜義第二十六"[5]。

俄 Дх12178 號《大智度論》卷十五

殘片,前後及下端有殘泐,存 9 殘行,首行、末行僅存部分殘筆,完整行 19—20 字,隸楷,有界欄。所抄自"皆得"至"偈言",文見《大正藏》25 册卷十五 173 頁下 21 行至 173 頁下 29 行,圖版見《俄藏》16 册

1　《郭曉燕》,頁 33。

2　《郭曉燕》,頁 33。

3　《郭曉燕》,頁 33。

4　《郭曉燕》,頁 129。亦見張磊、郭曉燕《俄藏楷書〈大智度論〉寫本殘片綴合研究》,《復旦學報》,2015 年第 6 期。

5　《郭曉燕》,頁 34。

58 頁下。《俄藏》未定名,《郭曉燕》定作"大智度論卷第十五　大智度論釋初品中毘梨耶波羅蜜義第二十六"[1]。

俄 Дx18637 號 … 俄 Дx18618 號 … 俄 Дx18636 號《大智度論》卷十六

俄 Дx18637 號,殘片,前後上下皆有殘泐,存 9 殘行,每行存上部 3—5 字,隸楷,有界欄。所抄自"獸形"至"明偏",文見《大正藏》25 册卷十六 175 頁上 8 行至 175 頁上 16 行,圖版見《俄藏》17 册 235 頁下。《俄藏》未定名,《郭曉燕》定作"大智度論卷第十六　大智度論釋初品中毘梨耶波羅蜜義第二十七"[2]。

俄 Дx18618 號,殘片,前後上下皆殘泐,存 6 殘行,每行存 3—6 字,隸楷,有界欄。所抄自"若與"至"見八",文見《大正藏》25 册卷十六 175 頁下 12 行至 175 頁下 18 行,圖版見《俄藏》17 册 232 頁下。《俄藏》未定名,《郭曉燕》定作"大智度論卷第十六　大智度論釋初品中毘梨耶波羅蜜義第二十七"[3]。

俄 Дx18636 號,殘片,前後上下皆殘泐,存 9 殘行,每行存 2—6 字,隸楷,有界欄。所抄自"檋若"至"徹髓",文見《大正藏》25 册卷十六 177 頁上 20 行至 177 頁上 28 行,圖版見《俄藏》17 册 235 頁下。《俄藏》未定名,《郭曉燕》定作"大智度論卷第十六　大智度論釋初品中毘梨耶波羅蜜義第二十七"[4]。

按:《郭曉燕》謂兹三號可綴合[5],甚是。上揭三號皆爲《大智度論》卷十六殘片,且内容前後相承,行款格式相同,書風書跡一致,可以綴合。綴合後,所抄自"獸形"至"徹髓",文見《大正藏》25 册卷十六 175 頁上 8 行至 177 頁上 28 行。俄 Дx18637 號、俄 Дx18618 號之間殘缺内容參見《大正藏》25 册卷十六 175 頁上 16 行至 175 頁下 12 行。俄 Дx18618 號、俄 Дx18636 號之間殘缺内容參見《大正藏》25 册卷十六 175 頁下 18 行至 177 頁上 20 行。

俄 Дx18637 號 … 俄 Дx18618 號 … 俄 Дx18636 號綴合示意圖

津藝 065 號 3《大智度論》卷十六

潢寫經紙,1 紙,殘片,前後及下部有殘泐,存 9 行,完整行 17 字。楷書,有界欄。所抄自"五逆"至"羅羅",文見《大正藏》25 册卷十六 176 頁下 17 行至 176 頁下 25 行,圖版見《津藝》1 册 317 頁下至 318 頁上。《津藝》定名爲"大智度論卷第十六",定爲初唐寫本。

S.6093 號《大智度論》卷十六

首尾殘,通卷下部殘泐。存 27 殘行,每行存上部 5—12 字,隸楷,有界欄。所抄自"精進"至"時我",文見《大正藏》25 册卷十六 178 頁中 4 行至 178 頁下 7 行,圖版見《寶藏》45 册 25 頁下至 26 頁上。《總目》失考,定名爲"佛經"。《寶藏》《索引新編》皆定名爲"大智度論卷第十六"。《翟目》定爲 5 世紀寫本。

1　《郭曉燕》,頁 34。

2　《郭曉燕》,頁 35。

3　《郭曉燕》,頁 87。

4　《郭曉燕》,頁 35。

5　《郭曉燕》,頁 130。

羽 210 號 C《大智度論》卷十六摘抄

羽 210 號,楮紙,17 紙,首尾殘,卷末抄《慧上菩薩問大善權經》卷下。存 276 行,行 17—18 字,行書,圖版見《羽田》3 冊 330 頁至 339 頁。《羽田》定名爲 "大智度論卷第三十他抄寫本",欠全面。該號爲《大智度論》卷三十、二十九、十六、三十五、三十九、三十二、三十八、四十、五十七、四十一、四十七、四十九、六十一、六十八、六十三、七十九、八十一、八十二、八十八、九十一、一百、九十三摘抄,現分別編號爲羽 210 號 A、羽 210 號 B、羽 210 號 C、羽 210 號 D、羽 210 號 E、羽 210 號 F、羽 210 號 G、羽 210 號 H、羽 210 號 I、羽 210 號 J、羽 210 號 K、羽 210 號 L、羽 210 號 M、羽 210 號 N、羽 210 號 O、羽 210 號 P、羽 210 號 Q、羽 210 號 R、羽 210 號 S、羽 210 號 T、羽 210 號 U、羽 210 號 V。羽 210 號 C 所抄爲《大智度論》卷十六,所抄自 "復次" 至 "不倦",文見《大正藏》25 冊卷十六 178 頁下 29 行至 179 頁上 12 行。

俄 Дx6364 號 + 俄 Дx07310 號《大智度論》卷十六

俄 Дx06364 號,殘片,前後及下端殘泐,存 6 殘行,每行存上部 4—6 字,楷書,有界欄。所抄自 "節食" 至 "佛以",文見《大正藏》25 冊卷十六 180 頁上 25 行至 180 頁中 2 行,圖版見《俄藏》13 冊 94 頁下。《俄藏》未定名,《郭曉燕》定作 "大智度論卷第十六　大智度論釋初品中毘梨耶波羅蜜義第二十七"[1]。

俄 Дx07310 號,殘片,前後及下端殘泐,存 2 殘行,每行存上部 2—5 字,楷書,有界欄。所抄自 "即時" 至 "量諸",文見《大正藏》25 冊卷十六 180 頁中 3 行至 180 頁中 4 行,圖版見《俄藏》13 冊 291 頁下。《俄藏》未定名,《郭曉燕》定作 "大智度論卷第十六　大智度論釋初品中毘梨耶波羅蜜義第二十七"[2]。

按:《郭曉燕》謂兹二號可綴合[3],甚是。綴合後,所抄自 "節食" 至 "量諸",文見《大正藏》25 冊卷十六 180 頁上 25 行至 180 頁中 4 行。

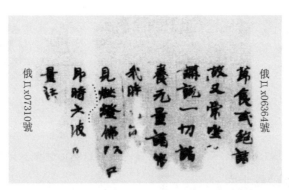

俄 Дx06364 號 + 俄 Дx07310 號綴合示意圖

S.0195 號《大智度論》卷十八

7 紙,首尾殘,卷面多水漬,變色嚴重。卷首下邊鈐有英國博物館 1 號印。卷尾殘紙直接粘在一尾軸上,尾軸鑲軸頭,上軸頭保留部分花飾,下軸頭失落。卷首背有蔣孝琬朱筆寫蘇州碼子 "708",旁注藍鋼筆寫阿拉伯數字 "708",下有墨筆注記 "缺名"。存 167 行,行 17 字,隸楷,有界欄。所抄自 "不可" 至 "進常",文見《大正藏》25 冊卷十八 194 頁下 29 行至 197 頁上 7 行,圖版見《寶藏》2 冊 212 頁上至 216 頁上、《英圖》3 冊 269 頁上至 273 頁下。《總目》定名爲 "佛經",失考。《寶藏》定名爲 "大智度論卷第十八",《索引新編》定名爲 "大智度論卷十八"。《英圖》定名爲 "大智度論卷一八",定爲 6—7 世紀隋寫本。《翟目》定爲 6 世紀寫本。

1　《郭曉燕》,頁 36。

2　《郭曉燕》,頁 36。

3　《郭曉燕》,頁 131。亦見張磊、郭曉燕《俄藏楷書〈大智度論〉寫本殘片綴合研究》,《復旦學報》,2015 年第 6 期。

俄 Дx08129 號《大智度論》卷十九

殘片,前後上下皆殘泐,存 3 殘行,每行存 4—6 字,楷書,有界欄,所抄自"汝以"至"説四",文見《大正藏》25 冊卷十九 198 頁上 10 行至 198 頁上 13 行,圖版見《俄藏》14 冊 25 頁下。《俄藏》未定名,《郭曉燕》定作"大智度論卷第十九 大智度論釋初品中三十七品義第三十一"[1]。

P.4584 號 +P.4636 號 1《大智度論》卷十九

P.4584 號,首尾殘,卷端、卷尾及卷中有多處殘破。存 57 行,行 17 字,楷書,有界欄。所抄自"已世"至"九月",文見《大正藏》25 冊卷十九 198 頁上 27 行至 198 頁下 28 行,圖版見《寶藏》133 冊 536 頁上至 537 頁上、《法藏》33 冊 226 頁下至 227 頁上。《總目》失考,定名爲"殘佛經一節"。《寶藏》《索引新編》定名爲"大智度論卷第十九釋初品中三十七品義第三十一"。《法藏》定名爲"大智度論卷第十九"。

P.4636 號 1,殘片,前後及上部有殘泐。存 22 行,行 17 字,楷書,有界欄。所抄自"如在"至"如説",文見《大正藏》25 冊卷十九 198 頁下 28 行至 199 頁上 25 行,圖版見《法藏》32 冊 223 頁上。

按:《郭曉燕》謂兹二號可綴合[2],甚是。綴合後,所抄自"已世"至"如説",文見《大正藏》25 冊卷十九 198 頁上 27 行至 199 頁上 25 行。

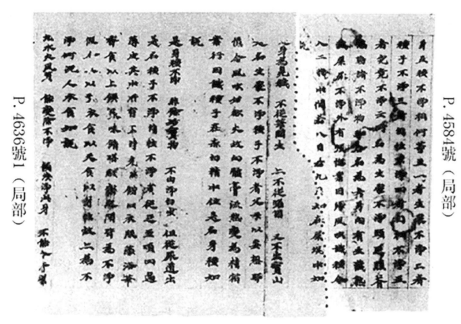

P.4584 號(局部)+P.4636 號 1(局部)綴合示意圖

俄 Дx02931 號《大智度論》卷十九

殘片,前後上下皆有殘泐,存 23 殘行,行 4—13 字,隸楷,有界欄。所抄自"是小"至"山間",文見《大正藏》25 冊卷十九 199 頁中 21 行至 199 頁下 19 行,圖版見《俄藏》10 冊 130 頁下。《俄藏》定名爲"大智度論釋初品中三十七品義第三十一"。從書風書跡、行款格式等推斷,似爲南北朝寫本。

俄 Дx03673 號《大智度論》卷十九

殘片,前後上下皆殘泐,背後抄有非漢文。存 3 殘行,行 1—10 字,首行僅存 1 字左側殘筆,隸楷,有界欄。所抄自"緣盡"至"盡是",文見《大正藏》25 冊卷十九 201 頁下 18 行至 201 頁下 20 行,圖版見《俄藏》11 冊 21 頁下。《敦煌佛經字詞與校勘研究》定名爲"大智度論卷十九殘片"[3]。

1 《郭曉燕》,頁 36。
2 《郭曉燕》,頁 132。又見張磊、郭曉燕《敦煌寫本〈大智度論〉殘卷綴合研究》,《中國俗文化研究》,2015 年第 10 輯。
3 《敦煌佛經字詞與校勘研究》,頁 206。

俄 Дx16047 號《大智度論》卷十九

殘片，前後上下皆殘泐，存 4 殘行，每行存 2—8 字，楷書。所抄自"苦外"至"二種"，文見《大正藏》25 冊卷十九 202 頁中 2 行至 202 頁中 6 行，圖版見《俄藏》16 冊 275 頁下。《俄藏》未定名，《郭曉燕》定作"大智度論卷第十九　大智度論釋初品中三十七品義第三十一"[1]。

BD 15664 號 + 津藝 265 號《大智度論》卷十九

BD 15664 號，原編號"簡 057862"。1 紙，殘片，存 18 行，首 2 行有殘泐，行 17 字，楷書，有界欄。所抄自"諸相"至"不生"，文見《大正藏》25 冊卷十九 203 頁中 28 行至 203 頁下 18 行，圖版《國圖》144 冊 136 頁上。《國圖》定名爲"大智度論卷一九"，定爲 6 世紀南北朝寫本。

津藝 265 號，3 紙，首尾殘，存 60 行，行 16—17 字，楷書，有界欄。所抄自"如是"至"不忘"，文見《大正藏》25 冊卷十九 203 頁下 18 行至 204 頁中 24 行，圖版見《津藝》6 冊 30 頁上至 31 頁下。《津藝》定名爲"大智度論卷第十九"，定爲隋寫本。

按：《郭曉燕》謂兹二號可綴合[2]，甚是。綴合後，所抄自"諸相"至"不忘"，文見《大正藏》25 冊卷十九 203 頁中 28 行至 204 頁中 24 行。又《國圖》敘錄將 BD 15664 號定爲 6 世紀南北朝寫本，《津藝》敘錄稱津藝 265 號爲隋寫本，二説略有扞格。又《國圖》敘錄稱 BD 15664 號所書字體爲隸書，《津藝》敘錄稱津藝 265 號字體爲楷書，亦相抵牾。今就原卷整體書風而言，雖個别字體帶有隸意，但仍以定作楷書書或隸楷爲妥。

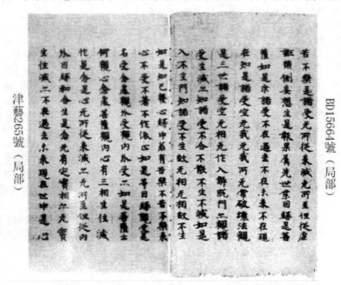

BD 15664 號（局部）+ 津藝 265 號（局部）綴合示意圖

BD 14869《大智度論》卷二十一

原編號"新 1069"。2 紙，首尾殘，天頭有殘破，存 32 行，行 17 字，楷書，有界欄。所抄自"尋諸"至"諸物"，文見《大正藏》25 冊卷二十一 215 頁上 17 行至 215 頁中 22 行，圖版見《國圖》134 冊 420 頁。《國圖》定名爲"大智度論卷二一"，定爲 6 世紀南北朝寫本。

俄 Дx03179 號《大智度論》卷二十一

殘片，存 10 殘行，前 6 行上部皆殘，行 17 字，楷書，有界欄。所抄自"能内"至"色界"，文見《大正藏》25 冊卷二十一 215 頁上 18 行至 215 頁中 1 行，圖版見《俄藏》10 冊 205 頁上右。《俄藏》定名爲"大智度論釋初品中八背捨義第三十四"。

---

1 《郭曉燕》，頁 37。

2 《郭曉燕》，頁 135。又見張磊、郭曉燕《敦煌寫本〈大智度論〉殘卷綴合研究》，《中國俗文化研究》，2015 年第 10 輯。

俄 Дx08950 號《大智度論》卷二十二

殘片，前後及下端殘泐，存 4 殘行，每行存上部 7—11 字，隸楷，有界欄。所抄自"此食"至"如佛"，文見《大正藏》25 冊卷二十二 225 頁中 1 行至 225 頁中 4 行，圖版見《俄藏》14 冊 107 頁下。《俄藏》未定名，《郭曉燕》定作"大智度論卷二十二　大智度論釋初品中八念義第三十六之餘"[1]。

BD09799 號《大智度論》卷二十二

原編號"朝 020"。1 紙，殘片，前後及下端殘泐，存 13 殘行，每行存上部 3—14 字，首行、末行僅存數字殘筆，楷書，有界欄。所抄自"戒如"至"餘重"，文見《大正藏》25 冊卷二十二 225 頁下 21 行至 226 頁上 3 行。圖版見《國圖》106 冊 296 頁上。《國圖》定名爲"大智度論卷二二"，定爲 5—6 世紀南北朝寫本。

S.0629 號…BD06811 號《大智度論》卷二十二

S.0629 號，8 紙，首尾殘，卷下邊有等距離殘缺。有朱筆點標。卷首下邊鈐有英國博物館 1 號印。卷首背面有斯坦因紅鋼筆寫早期編號"81.XV.28"。存 204 行，行 17 字，楷書，有界欄。所抄自"偈故"至"中有"，文見《大正藏》25 冊卷二十二 225 頁中 1 行至 227 頁下 27 行，圖版見《寶藏》5 冊 210 頁上至 215 頁上、《英圖》10 冊 317 頁下至 322 頁下。《總目》失考，定名爲"佛經"。《寶藏》《索引新編》皆定名爲"大智度論卷第二十二"。《英圖》定名爲"大智度論卷二二"。《翟目》定爲 7 世紀寫本。

BD06811 號，原編號"北 7272 號（羽 011）"。3 紙，首尾殘，第 2 紙中下部有破裂。有兩個朱筆點標。存 37 行，行 17 字，楷書，有界欄。所抄自"出氣"至"時説"，文見《大正藏》25 冊卷二十二 228 頁中 4 行至 228 頁下 12 行，圖版見《寶藏》105 冊 247 頁下至 248 頁上、《國圖》93 冊 251 頁下至 252 頁下。《總目》泛名爲"大智度論"，《寶藏》定名爲"大智度論卷第二十二"，《國圖》定名爲"大智度論卷二二"，《索引新編》定名爲"大智度論卷第二十三"（按："二十三"當爲"二十二"之誤）。

按：上揭二殘片所抄皆相當於《大正藏》本卷二十二，且內容前後相承，行款格式相同，書風書跡一致，可以綴合。綴合後，所抄自"偈故"至"時説"，文見《大正藏》25 冊卷二十二 225 頁中 1 行至 228 頁下 12 行。二號之間殘缺內容參見《大正藏》本 25 冊卷二十二 227 頁下 27 行至 228 頁中 4 行。又《英圖》敍錄稱 S.0629 號爲 6—7 世紀隋寫本，《國圖》敍錄謂 BD06811 號爲 5—6 世紀南北朝寫本。今此二號既可綴合爲一，二家斷代必有一誤。

BD06811 號（局部）　　S.0629 號（局部）

S.0629 號（局部）…BD06811 號（局部）綴合示意圖

---

1 《郭曉燕》，頁 38。

俄 Дх10246 號《大智度論》卷二十三

殘片,卷前部、上部有殘泐。存5殘行,每行存下部6—14字,楷書,有界欄。所抄自"重所"至"想即",文見《大正藏》25冊卷二十三229頁下8行至229頁下12行,圖版見《俄藏》14冊246頁上。《俄藏》未定名,《郭曉燕》定作"大智度論卷二十三 大智度論初品中十想釋論第三十七"[1]。

BD08223 號《大智度論》卷二十三

原編號"北7276號(服023)"。3紙,首尾殘,卷面有殘洞,首5行中下部有殘泐,末1行下部有殘泐。存61行,行17字,隸楷,有界欄。所抄自"若我"至"食本",文見《大正藏》25冊卷二十三231頁上14行至231頁下25行,圖版見《寶藏》105冊269頁下至271頁上、《國圖》101冊267頁上至268頁上。《總目》泛名爲"大智度論",《寶藏》《索引新編》皆定名爲"大智度論卷第二十三"。《國圖》定名爲"大智度論卷二三",定爲5—6世紀南北朝寫本。

俄 Дх18697 號《大智度論》卷二十三

殘片,前後上下皆殘泐。存4殘行,首行僅存左側兩點殘筆,楷書。所抄自"無一"至"身所",文見《大正藏》25冊卷二十三232頁中8行至232頁中11行,圖版見《俄藏》17冊241頁下。《俄藏》未定名,《郭曉燕》定作"大智度論卷二十三 大智度論初品中十想釋論第三十七"[2]。

俄 Дх17455 號《大智度論》卷二十三

殘片,存9殘行,前後及下端有殘泐,隸楷,有界欄。所抄自"盡智"至"比智",文見《大正藏》25冊卷二十三233頁上9行至233頁上21行,圖版見《俄藏》17冊128頁上。《俄藏》未定名,《郭曉燕》定作"大智度論卷二十三 大智度初品中十一智釋論第三十八"[3]。

P.2427 號1《大智度論》卷二十三

P.2427號爲佛經雜抄,所抄依次爲《大智度論》卷二十三、《阿毗達磨藏顯宗論》卷二十七、《阿毗達磨藏顯宗論》卷十八、《阿毗達磨順正理論》卷三十三、《阿毗達磨順正理論》卷五十四、《大集經》卷三十三、《大智度論》卷八十二、《長爪梵志請問經》。P.2427號1爲《大智度論》卷二十三摘抄,首尾殘,存9行,行17字,楷書。所抄自"盡智"至"如佛",文見《大正藏》25冊卷二十三233頁中24行至233頁下3行,圖版見《寶藏》120冊360頁下右、《法藏》13冊341頁下右。《寶藏》定名爲"大智度論卷第二十三犬集經"(按:"犬"當爲"大"字之誤),《法藏》定名爲"大智度論卷第二十三"。又P.2427號F《大集經》卷三十三"月""國""初""日"諸字皆作武周新字,故該號抄寫時間上限爲武后朝。

俄 Дх12090 號+俄 Дх12148 號《大智度論》卷二十三

俄 Дх12090號,殘片,存4殘行,前後及上端有殘泐,隸楷,有界欄。所抄自"能生"至"相名",文見《大正藏》25冊卷二十三234頁上28行至234頁中3行,圖版見《俄藏》16冊32頁上。《俄藏》未定名,《郭曉燕》定作"大智度論卷二十三 大智度初品中十一智釋論第三十八"[4]。

俄 Дх12148號,殘片,存7殘行,前後及下端有殘泐,隸楷,有界欄。所抄自"覺觀"至"船風",文見《大正藏》25冊卷二十三234頁中2行至234頁中9行,圖版見《俄藏》16冊47頁下。《俄藏》未定名,《郭曉燕》定作"大智度論卷二十三 大智度初品中十一智釋論第三十八"[5]。

---

1 《郭曉燕》,頁39。

2 《郭曉燕》,頁39。

3 《郭曉燕》,頁40。

4 《郭曉燕》,頁40。

5 《郭曉燕》,頁41。

按：《郭曉燕》謂兹二號可綴合[1]，甚是。綴合後，存 11 殘行，所抄自“能生”至“船風”，文見《大正藏》
25 册卷二十三 234 頁上 28 行至 234 頁中 9 行。

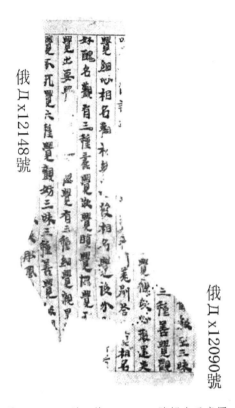

俄 Дх12090 號 + 俄 Дх12148 號綴合示意圖

俄 Дх03299 號《大智度論》卷二十四

殘片，前後上下皆殘泐，存 2 殘行，每行存 6—7 字，楷書，有界欄。所抄自“以故”至“薩所”，文見《大
正藏》25 册卷二十四 235 頁中 2 行至 235 頁中 3 行，圖版見《俄藏》10 册 257 頁上。《敦煌佛經字詞與校
勘研究》定名爲“大智度論卷二十四”。[2]

BD10488 號《大智度論》卷二十四

原編號“L0617”。1 紙，殘片，前後及下部皆殘泐，存 12 殘行，每行存上部 1—7 字，首行僅存首字左
側殘筆，隸楷，有界欄。所抄自“籌量”至“□（果）報”，文見《大正藏》25 册卷二十四 236 頁下 9 行至 236
頁下 21 行，圖版見《國圖》107 册 331 頁下。《國圖》定名爲“大智度論卷二四”，定爲 5—6 世紀南北朝寫本。

BD10269 號《大智度論》卷二十四

原編號“L0398”。1 紙，殘片，前後上下皆有殘泐，存 2 殘行，每行存上部 1—8 字，楷書，有界欄。所
抄自“道有”至“無明”，文見《大正藏》25 册卷二十四 237 頁中 20 行至 237 頁中 22 行，圖版見《國圖》
107 册 215 頁上。《國圖》定名爲“大智度論卷二四”，定爲 6 世紀南北朝寫本。

S.0313 號《大智度論》卷二十四

1 紙，未染潢，首尾殘，有油污，有木軸，兩頭塗棕色漆，一軸頭已壞，非原配。卷首下邊鈐有英國博物館
1 號印。卷首背面有蔣孝琬朱筆寫蘇州碼子“775”。存 28 行，行 17 字，隸楷，有界欄。所抄自“廣説”至
“生化”，文見《大正藏》25 册卷二十四 239 頁下 8 行至 240 頁上 3 行，圖版見《寶藏》3 册 60 頁上、《英圖》

1 《郭曉燕》，頁 138。

2 《敦煌佛經字詞與校勘研究》，頁 188。

5册174頁下。《寶藏》《總目》皆失考,定名爲"佛經"。《索引新編》定名爲"大智度論卷第二十四"。《英圖》定名爲"大智度論卷二四",定爲5—6世紀南北朝寫本。《翟目》定爲6世紀寫本。

俄 Дx08991 號《大智度論》卷二十四

殘片,前後及下端殘泐,存5殘行,每行存上部1—3字,首行僅存左側殘筆,楷書,有界欄。所抄自"著過"至"因緣",文見《大正藏》25册卷二十四239頁下12行至239頁下16行,圖版見《俄藏》14册112頁上。《俄藏》未定名,《郭曉燕》定作"大智度論卷二十四 大智度論初品十力釋論第三十九"[1]。

俄 Дx09289 號 + 俄 Дx09290 號《大智度論》卷二十四

兹二殘片《俄藏》已綴合。殘片,前後及下端有殘泐,存7殘行,每行存上部2—13字,首、末行僅存殘筆,楷書,有界欄。所抄自"善知"至"囗(乃)至",文見《大正藏》25册卷二十四240頁上1行至240頁上6行,圖版見《俄藏》14册147頁下。《俄藏》未定名,《郭曉燕》定作"大智度論卷二十四 大智度論初品十力釋論第三十九"[2]。

BD07357 號《大智度論》卷二十五

原編號"北8630號(鳥057)"。1紙,首尾殘,卷下部有等距離殘缺,卷面有殘洞。存23行,行17字,楷書,有界欄。所抄自"實▨(言)"至"智巧",文見《大正藏》25册卷二十五241頁中23行至241頁下22行,圖版見《寶藏》111册55頁上《國圖》96册268頁上。《寶藏》《索引新編》皆定名爲"大智度論卷第二十五"。《國圖》定名爲"大智度論卷二五",定爲5—6世紀南北朝寫本。

BD14424 號《大智度論》卷二十五

原編號"新0624"。7紙,首尾殘,首4行有殘泐。包裹紙上寫"38"。存157行,行17字,楷書,有界欄。所抄自"說聖"至"不善",文見《大正藏》25册卷二十五241頁下13行至243頁下3行,圖版見《國圖》126册393頁上至396頁下。《國圖》定名爲"大智度論卷二五",定爲6世紀南北朝寫本。

俄 Дx15512 號《大智度論》卷二十五

殘片,前後上下皆殘泐,存4殘行,每行存2—6字,楷書,有界欄。所抄自"鷄豬"至"所謂",文見《大正藏》25册卷二十五243頁上4行至243頁上7行,圖版見《俄藏》16册240頁下。《俄藏》未定名,《郭曉燕》定作"大智度論卷二十五 大智度論釋初品中四無畏義第四十"[3]。

俄 Дx04627 號《大智度論》卷二十五

殘片,前後上下皆有殘泐,存6殘行,每行存4—7字,第6行僅存右側殘筆,楷書。所抄自"國中"至"則有",文見《大正藏》25册卷二十五243頁上10行至243頁上15行,圖版見《俄藏》11册285頁下。《俄藏》未定名,《郭曉燕》定作"大智度論卷二十五 大智度論釋初品中四無畏義第四十"[4]。

俄 Дx04159 號《大智度論》卷二十五

殘片,前後上下皆有殘泐,存6殘行,每行存下部4—9字,楷書。所抄自"行步"至"除愚",文見《大正藏》25册卷二十五243頁上15行至243頁上21行,圖版見《俄藏》11册153頁下。《俄藏》未定名,《郭曉燕》定作"大智度論卷二十五 大智度論釋初品中四無畏義第四十"[5]。

---

1 《郭曉燕》,頁41。
2 《郭曉燕》,頁42。
3 《郭曉燕》,頁42。
4 《郭曉燕》,頁42。
5 《郭曉燕》,頁43。

俄 Дx03793 號 + 俄 Дx04097 號《大智度論》卷二十五

俄 Дx03793 號，殘片，前後上下皆有殘泐，存 17 殘行，每行存中、下部 1—12 字，楷書，有界欄。所抄自 "菩□（薩）" 至 "千愚"，文見《大正藏》25 冊卷二十五 246 頁下 23 行至 247 頁上 7 行，圖版見《俄藏》11 冊 51 頁上。《俄藏》未定名，《敦煌佛經字詞與校勘研究》定名爲 "大智度論卷第二十五"[1]。

俄 Дx04097 號，殘片，前後上下皆有殘泐，存 5 殘行，每行存上部 4—8 字，楷書，有界欄。所抄自 "實皆" 至 "皆爲"，文見《大正藏》25 冊卷二十五 246 頁下 23 行至 246 頁下 27 行，圖版見《俄藏》11 冊 141 頁上。《俄藏》未定名，《敦煌佛經字詞與校勘研究》定名爲 "大智度論卷第二十五"[2]。

按：《郭曉燕》、趙鑫曄謂兹二號可綴合[3]，甚是。綴合後，所抄自 "菩□（薩）" 至 "皆爲"，文見《大正藏》25 冊卷二十五 246 頁下 23 行至 247 頁上 7 行。

俄 Дx03793 號 + 俄 Дx04097 號綴合示意圖

俄 Дx15412 號 + 俄 Дx12901 號 + 俄 Дx12907 號《大智度論》卷二十六

俄 Дx15412 號，殘片，前後上下殘泐，存 2 殘行，每行存 1—2 字，楷書，有界欄。所抄自 "□（十）劫" 至 "諸清"，文見《大正藏》25 冊卷二十六 247 頁下 4 行至 247 頁下 5 行，圖版見《俄藏》16 冊 235 頁下。《俄藏》未定名，《郭曉燕》定作 "大智度論卷第二十六　大智度論初品中十八不共法釋論第四十一"[4]。

俄 Дx12901 號，殘片，前後上下殘泐，存 2 殘行，每行存 3—4 字，楷書，有界欄。所抄自 "不久" 至 "戒成"，文見《大正藏》25 冊卷二十六 247 頁下 4 行至 247 頁下 5 行，圖版見《俄藏》16 冊 184 頁上。《俄藏》未定名，《郭曉燕》定作 "大智度論卷第二十六　大智度論初品中十八不共法釋論第四十一"。[5]

俄 Дx12907 號，殘片，前後上下殘泐，存 5 殘行，每行存 2—6 字，楷書，有界欄。所抄自 "故有" 至 "者□（貪）"，文見《大正藏》25 冊卷二十六 247 頁下 4 行至 247 頁下 8 行，圖版見《俄藏》16 冊 184 頁下。《俄藏》未定名，《郭曉燕》定作 "大智度論卷第二十六　大智度論初品中十八不共法釋論第四十一"[6]。

1　《敦煌佛經字詞與校勘研究》，頁 210。
2　《敦煌佛經字詞與校勘研究》，頁 216。
3　《郭曉燕》，頁 139；《俄藏敦煌文獻第 11 冊佛經殘片初步綴合研究》，頁 315。
4　《郭曉燕》，頁 44。
5　《郭曉燕》，頁 44。
6　《郭曉燕》，頁 44。

按:《郭曉燕》謂茲三號可綴合[1],甚是。綴合後,所抄自"▨(十)劫"至"者▨(貪)",文見《大正藏》25冊卷二十六 247 頁下 4 行至 247 頁下 8 行。

俄 Дx15412 號 + 俄 Дx12901 號 + 俄 Дx12907 號綴合示意圖

俄 Дx08923 號《大智度論》卷二十六

殘片,前後上下皆殘泐,存 6 殘行,每行存 2—12 字,楷書,有界欄。所抄自"聲聞"至"覺諸",文見《大正藏》25 冊卷二十六 248 頁下 25 行至 248 頁下 28 行,圖版見《俄藏》14 冊 105 頁上。《俄藏》未定名,《郭曉燕》定作"大智度論卷第二十六　大智度論初品中十八不共法釋論第四十一"[2]。

俄 Дx09067 號《大智度論》卷二十七

殘片,前後上下皆殘泐,存 6 殘行,每行存 2—10 字,末行僅存右側殘筆,楷書。所抄自"道等"至"今亦",文見《大正藏》25 冊卷二十七 258 頁中 25 行至 258 頁中 29 行,圖版見《俄藏》14 冊 121 頁上。《俄藏》未定名,《郭曉燕》定作"大智度論卷二十七　大智度論釋初品大慈大悲義第四十二"[3]。

俄 Дx08249 號《大智度論》卷二十七

殘片,前後上下皆殘泐,存 3 殘行,每行存 3—6 字,楷書。所抄自"種種"至"賤因",文見《大正藏》25 冊卷二十七 259 頁上 14 行至 259 頁上 17 行,圖版見《俄藏》14 冊 35 頁下。《俄藏》未定名,《郭曉燕》定作"大智度論卷第二十七　大智度論釋初品大慈大悲義第四十二"[4]。

俄 Дx07837 號《大智度論》卷二十七

殘片,前後上下皆殘泐,存 6 殘行,第 5、6 行上下錯位,每行存 2—4 字,楷書。所抄自"能燒"至"最第",文見《大正藏》25 冊卷二十七 260 頁上 10 行至 260 頁上 15 行,圖版見《俄藏》13 冊 343 頁下。《俄藏》未定名,《郭曉燕》定作"大智度論卷二十七　大智度論釋初品大慈大悲義第四十二"[5]。

俄 Дx08147 號《大智度論》卷二十八

殘片,前後上下皆殘,存 3 殘行,每行存 2—3 字,楷書,有界欄。所抄自"生心"至"於諸",文見《大正藏》25 冊卷二十八 265 頁上 29 行至 265 頁中 2 行,圖版見《俄藏》14 冊 27 頁上。《俄藏》未定名,《郭曉燕》

---

1 《郭曉燕》,頁 140。亦見張磊、郭曉燕《俄藏楷書〈大智度論〉寫本殘片綴合研究》,《復旦學報》,2015 年第 6 期。

2 《郭曉燕》,頁 44。

3 《郭曉燕》,頁 45。

4 《郭曉燕》,頁 46。

5 《郭曉燕》,頁 46。

定作"大智度論卷二十八　大智度論初品中欲住六神通釋論第四十三"[1]。

俄 Дх03502 號＋俄 Дх02412 號A《大智度論》卷二十九

俄 Дх03502 號，殘片，前後上下皆殘泐，存 4 殘行，每行存 3—4 字，楷書。所抄自"時須"至"菩薩"，文見《大正藏》25 册卷二十九 271 頁下 1 行至 271 頁下 4 行，圖版見《俄藏》10 册 315 頁下。《俄藏》未定名，《敦煌佛經字詞與校勘研究》定名爲"大智度論卷二十九"[2]。

俄 Дх02412 號A，殘片，前後及上端皆殘泐，存 7 殘行，每行存下部 2—6 字，楷書。所抄自"耳香"至"羅漢"，文見《大正藏》25 册卷二十九 271 頁下 1 行至 271 頁下 7 行，圖版見《俄藏》9 册 190 頁下。《俄藏》未定名，《敦煌佛經字詞與校勘研究》定名爲"大智度論初品中迴向釋論第四十五"[3]。

按：《郭曉燕》謂兹二號可綴合[4]，甚是。綴合後，所抄自"時須"至"羅漢"，文見《大正藏》25 册卷二十九 271 頁下 1 行至 271 頁下 7 行。又《孟目》稱俄 Дх02412 號A 爲 6—7 世紀寫本，則俄 Дх03502 號抄寫年代亦當相同。

俄 Дх03502 號＋俄 Дх02412 號A 綴合示意圖

羽 210 號B《大智度論》卷二十九摘抄

羽 210 號，詳見前。羽 210 號B 所抄爲《大智度論》卷二十九，所抄自"問曰"至"莊嚴"，文見《大正藏》25 册卷二十九 274 頁中 27 行至 274 頁下 20 行。

BD10227 號＋BD11714 號＋BD10758 號＋BD11070 號＋BD09666 號…BD07658 號《大智度論》卷三十

BD10227 號，原編號"L0356"。1 紙，殘片，前後及上部有殘泐，存 7 行，完整行 17 字，有界欄。所抄自"如農"至"金得"，文見《大正藏》25 册卷三十 276 頁下 10 行至 276 頁下 16 行，圖版見《國圖》107 册 193 頁上。《國圖》定名爲"大智度論卷三十"，定爲 6 世紀南北朝寫本。

BD11714 號，原編號"L1843"。1 紙，殘片，前後殘泐，存 5 行，完整行 17 字，有界欄。所抄自"食故"至"因答"，文見《大正藏》25 册卷三十 276 頁下 16 行至 276 頁下 20 行，圖版見《國圖》110 册 35 頁上。《國圖》定名爲"大智度論卷三十"，定爲 5—6 世紀南北朝寫本。

BD10758 號，原編號"L0887"。2 紙，殘片，前後殘泐，存 7 行，完整行 17 字，有界欄。所抄自"者何"至"教誨"，文見《大正藏》25 册卷三十 276 頁下 20 行至 277 頁上 2 行，圖版見《國圖》108 册 132 頁上。《國

1 《郭曉燕》，頁 46。

2 《敦煌佛經字詞與校勘研究》，頁 199。

3 《敦煌佛經字詞與校勘研究》，頁 169。

4 《郭曉燕》，頁 141。

《圖》定名爲“大智度論卷三十”,定爲 6 世紀南北朝寫本。

BD 11070 號,原編號“L 1199”。1 紙,殘片,前後殘泐,存 10 行,完整行 17 字,有界欄。所抄自“持戒”至“之具”,文見《大正藏》25 册卷三十 277 頁上 1 行至 277 頁上 10 行,圖版見《國圖》108 册 316 頁下。《國圖》定名爲“大智度論卷三十”,定爲 5—6 世紀南北朝寫本。

BD 09666 號,原編號“湯 087”。1 紙,殘片,前後殘泐,存 14 行,完整行 17 字,有界欄。所抄自“嘆隨”至“隨意”,文見《大正藏》25 册卷三十 277 頁上 7 行至 277 頁上 21 行。圖版見《國圖》106 册 176 頁下。《國圖》定名爲“大智度論卷三十”,定爲 6 世紀南北朝寫本。

BD 07658 號,原編號“北 7278 號（皇 058）”。3 紙,首尾殘,前後殘泐,存 43 行,行 17 字,有界欄。所抄自“度脱”至“所求”,文見《大正藏》25 册卷三十 277 頁中 13 行至 277 頁下 28 行,圖版見《寶藏》105 册 279 頁上至 279 頁下、《國圖》98 册 87 頁上至 88 頁上。《總目》泛名爲“大智度論”,《寶藏》《索引新編》皆定名爲“大智度論卷第三十”。《國圖》定名爲“大智度論卷三十”,定爲 5—6 世紀南北朝寫本。

按:上揭六號所抄皆爲《大智度論》卷三十,且内容前後相承,行款格式相同,書風書跡一致,可以綴合。綴合後,所抄自“如農”至“所求”,相當於《大正藏》25 册卷三十 276 頁下 10 行至 277 頁下 28 行,BD 09666、BD 07658 號之間殘缺内容參見《大正藏》本 25 册卷三十 277 頁上 21 行至 277 頁中 13 行。

又《國圖》敘録稱 BD 10227、BD 10758、BD 11070、BD 09666 號所書字體爲楷書,BD 11714、BD 07658 號爲隸楷,今此六號既可綴合,則對字體的判斷亦應統一。又《國圖》敘録謂 BD 10227、BD 10758、BD 09666 號爲 6 世紀南北朝寫本,又稱 BD 11714、BD 11070、BD 07658 號爲 5—6 世紀南北朝寫本,今此六號既爲一卷之裂,則斷代亦不應有異。

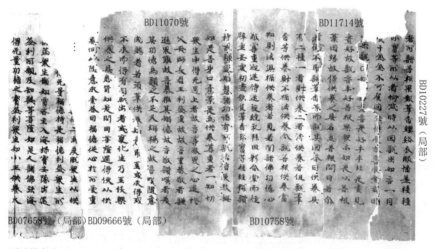

BD 10227 號（局部）+BD 11714 號 +BD 10758 號 +BD 11070 號 +BD 09666 號（局部）…BD 07658 號（局部）

俄 Дх15062 號《大智度論》卷三十

殘片,前後上下皆殘泐,存 3 殘行,每行存 2—4 字,楷書,有界欄。所抄自“瓔珞”至“如言”,文見《大正藏》25 册卷三十 276 頁下 14 行至 276 頁下 15 行,圖版見《俄藏》16 册 218 頁下。《俄藏》未定名,《郭曉燕》定作“大智度論卷第三十　大智度論釋初品中善根供養義第四十六”[1]。

俄 Дх17726 號《大智度論》卷三十

殘片,前後上下皆殘泐,存 4 殘行,每行存 2—8 字,楷書,有界欄。所抄自“金或”至“爲善”,文見《大正藏》25 册卷三十 276 頁下 16 行至 276 頁下 19 行,圖版見《俄藏》17 册 149 頁下。《俄藏》未定名,《郭曉燕》

---

1 《郭曉燕》,頁 47。

定作"大智度論卷第三十　大智度論釋初品中善根供養義第四十六"[1]。

BD00866號《大智度論》卷三十

原編號"北7279號(盈066)"。2紙,首尾殘,上部有殘洞。存28行,行17字,楷書,有界欄。所抄自"如對"至"羅密",文見《大正藏》25冊卷三十284頁上19行至284頁中19行,圖版見《寶藏》105冊280頁上至280頁下、《國圖》12冊253頁上至253頁下。《總目》泛名爲"大智度論",《寶藏》定名爲"大智度論卷第三十",《索引新編》定名爲"大智度論卷第四十"(按:"四十"當作"三十")。《國圖》定名爲"大智度論卷三十",定爲9—10世紀歸義軍時期寫本。

俄 Дx07419號《大智度論》卷三十

殘片,前後及下端皆殘泐,存5殘行,每行存上端1—4字,首行僅存左側一殘筆,楷書,有界欄。所抄自"攝阿"至"不入",文見《大正藏》25冊卷三十280頁中12行至280頁中15行,圖版見《俄藏》13冊303頁下。《俄藏》未定名,《郭曉燕》定作"大智度論卷第三十　大智度論釋初品中善根供養義第四十六"[2]。

羽210號A《大智度論》卷三十摘抄

羽210號,詳見前。羽210號A抄《大智度論》卷三十凡三段:第一段所抄自"復憂"至"起瞋",文見《大正藏》25冊卷三十280頁下22行至281頁上11行;第二段所抄自"立毗"至"羅蜜",文見《大正藏》25冊卷三十281頁中3行至281頁中16行;第三段所抄自"立禪"至"切智",文見《大正藏》25冊卷三十281頁下11行至282頁上13行。

俄 Дx04985號《大智度論》卷三十

殘片,前後及上端殘泐,存5殘行,每行存下部3—4字,第5行存右側殘筆,楷書,有界欄。所抄自"種讚"至"護令",文見《大正藏》25冊卷三十280頁下27行至281頁上2行,圖版見《俄藏》11冊374頁上。《俄藏》未定名,《郭曉燕》定作"大智度論卷第三十　大智度論釋初品中善根供養義第四十六"[3]。

俄 Дx04997號《大智度論》卷三十

殘片,前後上下皆殘泐,存5殘行,每行存5—11字,楷書。所抄自"佛稱"至"世間",文見《大正藏》25冊卷三十282頁下20行至282頁下24行,圖版見《俄藏》11冊376頁上。《俄藏》未定名,《郭曉燕》定作"大智度論卷第三十　大智度論初品中諸佛稱讚其命釋論第四十七"[4]。

俄 Дx16161號《大智度論》卷三十

殘片,前後上下皆殘泐,存4殘行,每行存4—7字,楷書,有界欄。所抄自"薩以"至"學般",文見《大正藏》25冊卷三十284頁上9行至284頁上13行,圖版見《俄藏》16冊285頁上。《俄藏》未定名,《郭曉燕》定作"大智度論卷三十　大智度論初品中諸佛稱讚其命釋論第四十七"[5]。

敦研120號《大智度論》卷三十一

黃麻紙,1紙,首尾殘,存27行,行18—19字,隸楷,有界欄。所抄自"爲實"至"有牢",文見《大正藏》25冊卷三十一286頁中8行至286頁下10行,圖版見《甘藏》1冊158頁。《甘藏》定名爲"大智度論卷第三十一釋初品中十八空義第四十八"。從書風書跡、行款格式等判斷,該號似爲南北朝寫本。

1 《郭曉燕》,頁47。

2 《郭曉燕》,頁48。

3 《郭曉燕》,頁48。

4 《郭曉燕》,頁49。

5 《郭曉燕》,頁49。

臺圖 134 號《大智度論》卷三十一

首尾殘,存 56 行,行 17—19 字,楷書,有界欄。所抄自"互相"至"有異",文見《大正藏》25 册卷三十一 287 頁上 13 行至 287 頁下 14 行,圖版見《臺圖》3 册 1243 頁上至 1244 頁下、《寶藏》136 册 501 頁上至 502 頁下。《臺圖》泛名爲"大智度論"。《寶藏》定名爲"大智度論卷第三十一",編號爲"散 0086"。

俄 Дx17768 號《大智度論》卷三十一

殘片,前後上下皆殘泐,存 2 殘行,每行存 3—4 字,楷書,有界欄。所抄自"故更"至"如衆",文見《大正藏》25 册卷三十一 287 頁上 28 行至 287 頁中 1 行,圖版見《俄藏》17 册 151 頁上。《俄藏》未定名,《郭曉燕》定作"大智度論卷三十一　大智度論釋初品中十八空義第四十八"[1]。

俄 Дx11630 號 + 俄 Дx04747 號《大智度論》卷三十一

俄 Дx11630 號,殘片,前後及下端皆殘泐,存 10 殘行,每行存上部 7—9 字,隸楷。所抄自"則無"至"空內",文見《大正藏》25 册卷三十一 287 頁下 15 行至 287 頁下 24 行,圖版見《俄藏》15 册 283 頁下。《俄藏》未定名,《郭曉燕》定作"大智度論卷三十一　大智度論釋初品中十八空義第四十八"[2]。

俄 Дx04747 號,殘片,前後及上端皆殘泐,存 7 殘行,每行存下部 4—8 字,隸楷。所抄自"微細"至"空得",文見《大正藏》25 册卷三十一 287 頁下 20 行至 287 頁下 28 行,圖版見《俄藏》11 册 310 頁下。《俄藏》未定名,《郭曉燕》定作"大智度論卷三十一　大智度論釋初品中十八空義第四十八"。

按:《郭曉燕》謂兹二號可綴合[3],甚是。綴合後,所抄自"則無"至"空得",文見《大正藏》25 册卷三十一 287 頁下 15 行至 287 頁下 28 行。

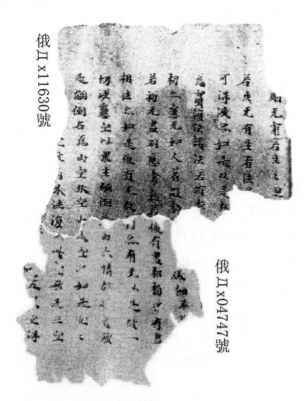

俄 Дx11630 號 + 俄 Дx04747 號綴合示意圖

1　《郭曉燕》,頁 50。

2　《郭曉燕》,頁 50。

3　《郭曉燕》,頁 143。亦見張磊、郭曉燕《俄藏楷書〈大智度論〉寫本殘片綴合研究》,《復旦學報》,2015 年第 6 期。

俄 Дх05219 號《大智度論》卷三十一

首尾殘,卷首有一處殘洞。存 32 行,行 19—21 行,隸楷,有界欄。所抄自"復次"至"之生",文見《大正藏》25 册卷三十一 290 頁中 1 行至 290 頁下 12 行,圖版見《俄藏》12 册 69 頁下。《俄藏》未定名,《郭曉燕》定作"大智度論卷三十一　大智度論釋初品中十八空義第四十八"[1]。

俄 Дх08896 號《大智度論》卷三十一

殘片,存 5 殘行,前後及上下皆殘泐,每行存 4—5 字,楷書,有界欄。所抄自"如經"至"等過",文見《大正藏》25 册卷三十一 291 頁上 3 行至 291 頁上 8 行,圖版見《俄藏》14 册 102 頁上。《俄藏》未定名,《郭曉燕》定作"大智度論卷三十一　大智度論釋初品中十八空義第四十八"[2]。

俄 Дх17707 號《大智度論》卷三十一

殘片,前後及下端殘泐,存 4 殘行,每行存 1—3 字,楷書,有界欄。所抄自"一劫"至"□(父)祖",文見《大正藏》25 册卷三十一 291 頁上 27 行至 291 頁中 2 行,圖版見《俄藏》17 册 147 頁上。《俄藏》未定名,《郭曉燕》定作"大智度論卷三十一　大智度論釋初品中十八空義第四十八"[3]。

俄 Дх04038 號 + 俄 Дх04039 號 A《大智度論》卷三十一

兹二殘片《俄藏》已綴合。俄 Дх04038 號 + 俄 Дх04039 號所抄分别爲《大智度論》卷三十一、八十六,現分别編號爲俄 Дх04038 號 + 俄 Дх04039 號 A、俄 Дх04038 號 + 俄 Дх04039 號 B。俄 Дх04038 號 + 俄 Дх04039 號 A,前後殘泐,存 8 殘行,每行存 1—17 字,隸楷,有界欄。所抄自"□(凡)夫"至"破若",文見《大正藏》25 册卷三十一 294 頁下 20 行至 294 頁下 29 行,圖版見《俄藏》11 册 131 頁上。《俄藏》未定名,《敦煌佛經字詞與校勘研究》定名爲"大智度論卷第三十一"[4],亦不甚確。

俄 Дх18390 號《大智度論》卷三十二

殘片,前後上下皆殘泐,存 5 殘行,楷書,有界欄。所抄自"無相"至"若波",文見《大正藏》25 册卷三十二 296 頁下 2 行至 296 頁下 5 行,圖版見《俄藏》17 册 192 頁下。《俄藏》未定名,《郭曉燕》定作"大智度論卷三十二　大智度論釋初品中四緣義第四十九"[5]。

羽 210 號 F《大智度論》卷三十二摘抄

羽 210 號,詳見前。羽 210 號 F 所抄爲《大智度論》卷三十二,所抄自"又如"至"皆妙",文見《大正藏》25 册卷三十二 301 頁中 15 行至 301 頁中 19 行。

敦研 052 號…敦研 224 號 + 敦研 264 號《大智度論》卷三十三

土地廟出土。敦研 052 號,白麻紙,1 紙,殘片,前後上下皆殘泐。存 11 殘行,每行存上部 8—13 字,隸楷,有界欄。所抄自"道以"至"思議",文見《大正藏》25 册卷三十三 303 頁中 12 行至 303 頁中 24 行,圖版見《甘藏》1 册 57 頁上。《甘藏》定名爲"大智度論卷第三十三釋初品中到彼岸義第五十"。

敦研 224 號,白麻紙,1 紙,殘片,前後殘泐。存 13 殘行,每行存 2—19 字,隸楷,有界欄。所抄自"菩薩"至"一切",文見《大正藏》25 册卷三十三 303 頁中 26 行至 303 頁下 9 行,圖版見《甘藏》1 册 213 頁下。《甘藏》定名爲"大智度論卷第三十三釋初品中到彼岸義第五十"。《甘藏》敍録謂:"此卷可與〇五二號、二六四號綴合,次序爲〇五二號、二二四號、二六四號。其中〇五二號爲土地廟出土物,這説明土地廟寫經源自

---

1 《郭曉燕》,頁 52。

2 《郭曉燕》,頁 51。

3 《郭曉燕》,頁 51。

4 《敦煌佛經字詞與校勘研究》,頁 215。

5 《郭曉燕》,頁 52。

藏經洞。"[1]

敦研 264 號,白麻紙,1 紙,殘片,上端有殘泐。存 18 殘行,每行存 8—14 字,隸楷,有界欄。所抄自"發心"至"多與",文見《大正藏》25 册卷三十三 303 頁下 8 行至 303 頁下 29 行,圖版見《甘藏》1 册 248 頁上。《甘藏》定名爲"大智度論卷第三十三釋初品中到彼岸義第五十"。

《甘藏》謂兹三號可綴合,是。上揭三號所抄内容前後相承,行款格式相同,書風書跡一致,確爲一卷之裂無疑。綴合後,所抄自"道以"至"多與",相當於《大正藏》25 册卷三十三 303 頁中 12 行至 303 頁下 29 行。敦研 052、敦研 224 號之間殘缺内容參見《大正藏》25 册卷三十三 303 頁中 24 行至 303 頁中 26 行。《甘藏》未斷代,從書風書跡、行款格式推斷,似南北朝寫經。

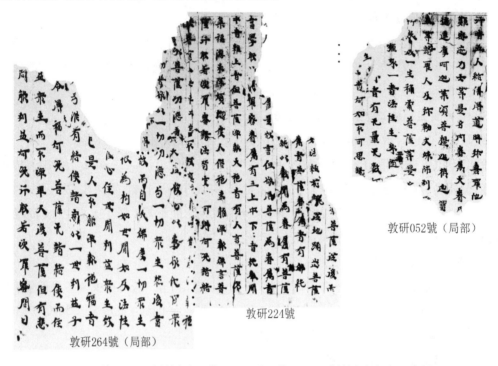

敦研052號（局部）

敦研224號

敦研264號（局部）

敦研 052 號（局部）…敦研 224 號 + 敦研 264 號（局部）綴合示意圖

俄 Дx14828 號《大智度論》卷三十三

殘片,前後上下皆殘泐,存 2 殘行,每行存 2—3 字,楷書。所抄自"道何"至"戒心",文見《大正藏》25 册卷三十三 304 頁上 9 行至 304 頁上 10 行,圖版見《俄藏》16 册 208 頁上。《俄藏》未定名,《郭曉燕》定作"大智度論卷三十三　大智度論釋初品中到彼岸義第五十"[2]。

敦研 171 號 + 敦研 143 號《大智度論》卷三十三

敦研 171 號,1 紙,殘片,末 3 行上端有殘泐,存 17 行,行 18—19 字,隸楷,有界欄。所抄自"造色"至"著譬",文見《大正藏》25 册卷三十三 306 頁上 21 行至 306 頁中 11 行,圖版見《甘藏》1 册 183 頁下。《甘藏》定名爲"大智度論卷第三十三釋初品中到彼岸義第五十"。

敦研 143 號,1 紙,殘片,首 4 行下端有殘泐,存 14 行,行 18—19 字,隸楷,有界欄。所抄自"況無"至"念佛",文見《大正藏》25 册卷三十三 306 頁中 7 行至 306 頁中 26 行,圖版見《甘藏》1 册 170 頁下。《甘藏》定名爲"大智度論卷第三十三釋初品中到彼岸義第五十"。

按:《甘藏》敘録云:"兩件交叉接茬,如果綴合,接縫處完整無缺。"綴合後,所抄自"造色"至"念佛",

1　段文傑《甘肅藏敦煌文獻》(一),甘肅人民出版社,1999 年,頁 301。

2　《郭曉燕》,頁 53。

相當於《大正藏》25 冊卷三十三 306 頁上 21 行至 306 頁中 26 行。又《甘藏》敘録稱敦研 171 號用紙爲白麻紙，敦研 143 號爲黃麻紙，兹二號既爲一卷之裂，用紙不應有别，宜再細察之。

敦研 171 號（局部）+ 敦研 143 號（局部）綴合示意圖

俄 Дx05101 號《大智度論》卷三十四

殘片，前後殘泐，存 7 行，僅 3 行完整，完整行 17 字，楷書，有界欄。所抄自"利弗"至"來世"，文見《大正藏》25 冊卷三十四 308 頁下 8 行至 308 頁下 15 行，圖版見《俄藏》12 冊 20 頁上。《俄藏》未定名，《郭曉燕》定作"大智度論卷三十四　大智度論釋初品中見一切佛世界義第五十一之一"[1]。

BD01975 號《大智度論》卷三十四

原編號"北 7281 號（收 075）"。17 紙，首殘尾全，首紙上部有殘洞，下部殘缺。有燕尾。卷末有題記"一校"。存 444 行，行 17 字，隸楷，有界欄。所抄自"宿世"至題記，文見《大正藏》25 冊卷三十四 309 頁上 8 行至 314 頁中 18 行，圖版見《寶藏》105 冊 282 頁上至 292 頁上、《國圖》27 冊 290 頁下至 300 頁上。《總目》泛名爲"大智度論"，《寶藏》《索引新編》皆定名爲"大智度論卷第三十四"。《國圖》定名爲"大智度論卷三四"，定爲 6 世紀南北朝寫本。

敦博 035 號《大智度論》卷三十四

白麻紙，1 紙，首尾殘，存 27 行，行 18—20 字，隸楷，有界欄。所抄自"衆生"至"毒之"，文見《大正藏》25 冊卷三十四 312 頁中 2 行至 312 頁下 9 行，圖版見《甘藏》6 冊 40 頁。《甘藏》失考，定名爲"佛經"。從書風書跡、行款格式等判斷，該號似南北朝寫本。

羽 210 號D《大智度論》卷三十五摘抄

羽 210 號，詳見前。羽 210 號 D 所抄爲《大智度論》卷三十五，所抄自"菩薩"至"賊魚"，文見《大正藏》25 冊卷三十五 317 頁下 22 行至 318 頁上 5 行。

俄 Дx06996 號《大智度論》卷三十五

殘片，前後上下皆殘泐，存 7 殘行，第 7 行僅存右側殘筆，楷書，有界欄。所抄自"是中"至"名字"，文

1 《郭曉燕》，頁 53。

見《大正藏》25 冊卷三十五 318 頁下 29 行至 319 頁上 5 行,圖版見《俄藏》13 冊 238 頁上。《俄藏》未定名,《郭曉燕》定作“大智度論卷三十五　大智度論釋報應品第二”[1]。

S.4945 號《大智度論》卷三十六

首尾殘,首 2 行有殘泐,存 451 行,行 17 字,楷書。所抄自“曰小”至“相應”,文見《大正藏》25 冊卷三十六 322 頁下 10 行至 328 頁中 21 行,圖版見《寶藏》138 冊 675 頁下至 680 頁下。《總目》失考,定名爲“佛經”。《寶藏》《索引新編》皆定名爲“大智度論卷第三十六”。《翟目》定爲公元 600 年寫本。《伊藤》將該號歸入《大智度經》類,然證據不足[2],故歸入此類。

BD10464 號《大智度論》卷三十六

原編號“L0593”。1 紙,殘片,前後及上端殘泐,存 5 殘行,每行存下部 1—4 字,楷書,有界欄。所抄自“有三”至“生無”,文見《大正藏》25 冊卷三十六 324 頁中 8 行至 324 頁中 11 行,圖版見《國圖》107 冊 319 頁上。《國圖》定名爲“大智度論卷三六”,定爲 6 世紀南北朝寫本。

S.7586 號《大智度論》卷三十六

殘片,末 2 行上部有殘缺,存 13 行,行 17 字,楷書。所抄自“至意”至“行爲”,文見《大正藏》25 冊卷三十六 328 頁上 24 行至 328 頁中 8 行,圖版見《寶藏》55 冊 250 頁下。《寶藏》據《大正藏》擬題爲“大智度論卷第三十六釋相應品第三之餘”(按:“相應品”當作“習相應品”)。

俄 Дx04143 號《大智度論》卷三十七

殘片,前後及下端皆殘泐,存 6 殘行,楷書,有界欄。所抄自“十力”至“婆若”,文見《大正藏》25 冊卷三十七 330 頁下 1 行至 330 頁下 6 行,圖版見《俄藏》11 冊 150 頁上。《俄藏》未定名,《郭曉燕》定作“大智度論卷三十七　大智度論釋習相應品第三之餘”[3]。

俄 Дx03222 號B《大智度論》卷三十七

殘片,前後及上端殘泐,存 6 殘行,行 3—6 字,隸楷,有界欄。所抄自“不破”至“以是”,文見《大正藏》25 冊卷三十九 336 頁上 17 行至 336 頁上 22 行,圖版見《俄藏》10 冊 228 頁上。《俄藏》定名爲“佛經”,《敦煌佛經字詞與校勘研究》定名爲“大智度論卷三十七”[4]。

S.1934 號《大智度論》卷三十八

打紙,前後紙張不同,研光上蠟。18 紙,首尾殘,首 2 紙上下殘缺,3—8 紙下有等距離殘缺水漬,卷尾下邊鈐有英國博物館 1 號印,卷首背面有蔣孝琬墨筆注記 2 行“無頭尾經一長卷缺名”。有拖尾,有燕尾。背後有鳥糞。存 455 行,行 16—18 字,楷書,有界欄。所抄自“有人”至“國也”,文見《大正藏》25 冊卷三十八 337 頁中 13 行至 343 頁上 4 行,圖版見《寶藏》14 冊 584 頁上至 596 頁下、《英圖》30 冊 235 頁上至 247 頁下。《總目》失考,定名爲“佛經”。《寶藏》《索引新編》皆定名爲“大智度論卷第三十八釋往生品第四之上”。《英圖》定名爲“大智度論卷三八”,定爲 7—8 世紀唐寫本。《翟目》定爲 7 世紀早期寫本。

俄 Дx17884 號 + 俄 Дx16305 號《大智度論》卷三十八

俄 Дx17884 號,殘片,前後及上端殘泐,存 3 殘行,每行存下部 3—4 字,楷書,有界欄。所抄自“不賜”至“譬喻”,文見《大正藏》25 冊卷三十八 339 頁中 24 行至 339 頁中 26 行,圖版見《俄藏》17 冊 157 頁上。

---

1 《郭曉燕》,頁 54。

2 《敦煌本〈大智度論〉の整理》,頁 349。

3 《郭曉燕》,頁 54。

4 《敦煌佛經字詞與校勘研究》,頁 184。

《俄藏》未定名,《郭曉燕》定作"大智度論卷三十八　大智度論釋往生品第四之上"[1]。

俄 Дх16305 號,殘片,前後及上端殘泐,存 2 殘行,每行存下部 4 字,首行僅存左側殘筆,楷書,有界欄。所抄自"遠離"至"故除",文見《大正藏》25 冊卷三十八 339 頁中 27 行,圖版見《俄藏》16 冊 291 頁下。《俄藏》未定名,《郭曉燕》定作"大智度論卷三十八　大智度論釋往生品第四之上"[2]。

按:《郭曉燕》謂茲二號可綴合[3],甚是。綴合後,所抄自"不賜"至"故除",文見《大正藏》25 冊卷三十八 339 頁中 24 行至 339 頁中 27 行。

俄 Дх17884 號 + 俄 Дх16305 號綴合示意圖

羽 210 號 G《大智度論》卷三十八摘抄

羽 210 號,詳見前。羽 210 號 G 抄《大智度論》卷三十八凡 2 段:第 1 段所抄自"又如"至"功德",文見《大正藏》25 冊卷三十八 341 頁下 3 行至 341 頁下 5 行;第 2 段所抄自"是釋"至"馬麥",文見《大正藏》25 冊卷三十八 341 頁中 17 行至 341 頁中 21 行。

羽 210 號 E《大智度論》卷三十九摘抄

羽 210 號,詳見前。羽 210 號 E 所抄爲《大智度論》卷三十九,所抄自"舍利"至"盡定",文見《大正藏》25 冊卷三十九 343 頁上 10 行至 343 頁上 16 行。

俄 Дх17456 號《大智度論》卷三十九

殘片,前後上下殘泐,存 3 殘行,每行存 4—9 字,隸楷,有界欄。所抄自"有菩"至"不下",文見《大正藏》25 冊卷三十九 344 頁中 29 行至 344 頁下 1 行,圖版見《俄藏》17 冊 128 頁上。《俄藏》未定名,《郭曉燕》定作"大智度論卷第三十九　大智度論釋往生品第四之中"[4]。

俄 Дх05157 號 + 俄 Дх04073 號 + 俄 Дх04078 號《大智度論》卷三十九

俄 Дх05157 號,首尾殘,卷末有兩處破洞,地角有殘泐,存26行,行16字,隸楷,有界欄。所抄自"不淨"至"聲聞",文見《大正藏》25 冊卷三十九 345 頁上 27 行至 345 頁中 25 行,圖版見《俄藏》12 冊 39 頁。《俄藏》未定名,《郭曉燕》定作"大智度論卷第八　大智度初品中放光釋論第十四之餘"[5]。

俄 Дх04073、俄 Дх04078 號二殘片《俄藏》已綴合。首尾殘,卷末下部有殘泐,存 7 殘行,每行存上部 2—16 字,隸楷,有界欄。所抄自"辟支"至"作是",文見《大正藏》25 冊卷三十九 345 頁中 25 行至 345 頁下 2 行,圖版見《俄藏》11 冊 138 頁上。《俄藏》未定名,《敦煌佛經字詞與校勘研究》定名爲"大智度論

---

1 《郭曉燕》,頁 55。

2 《郭曉燕》,頁 55。

3 《郭曉燕》,頁 144。亦見張磊、郭曉燕《俄藏楷書〈大智度論〉寫本殘片綴合研究》,《復旦學報》,2015 年第 6 期。

4 《郭曉燕》,頁 88。

5 《郭曉燕》,頁 88。

卷第三十九"[1]。

按:《郭曉燕》謂兹三號可綴合[2],甚是。綴合後,所抄自"不淨"至"作是",文見《大正藏》25 册卷三十九 345 頁上 27 行至 345 頁下 2 行。

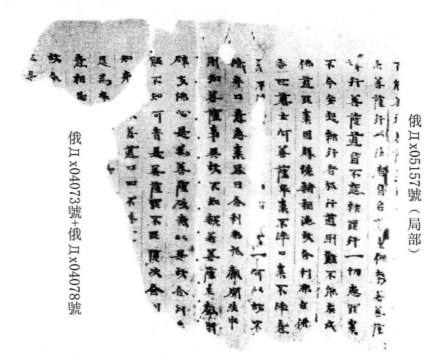

俄 Дx05157 號(局部)+ 俄 Дx04073 號 + 俄 Дx04078 號綴合示意圖

俄 Дx03358 號《大智度論》卷三十九

殘片,前後上下皆殘泐,存 2 殘行,每行存 5 字,楷書。所抄自"慧非"至"以故",文見《大正藏》25 册卷三十九 348 頁上 9 行至 348 頁上 10 行,圖版見《俄藏》10 册 270 頁上。《俄藏》未定名,《敦煌佛經字詞與校勘研究》定名爲"大智度論卷三十九"[3]。

俄 Дx03359 號《大智度論》卷三十九

殘片,前後上下皆殘泐,存 2 殘行,每行存 2—3 字,楷書。所抄自"壞故"至"應慧",文見《大正藏》25 册卷三十九 348 頁上 9 行至 348 頁上 10 行,圖版見《俄藏》10 册 270 頁上。《俄藏》未定名,《敦煌佛經字詞與校勘研究》定名爲"大智度論卷三十九"[4]。

俄 Дx12125 號《大智度論》卷四十

殘片,前後及下端皆殘泐,存 7 殘行,每行存 2—7 字,末行僅存 2 字左側殘筆,隸楷,有界欄。所抄自"薩摩"至"取是",文見《大正藏》25 册卷四十 348 頁下 11 行至 348 頁下 17 行,圖版見《俄藏》16 册 38 頁上。《俄藏》未定名,《郭曉燕》定作"大智度論卷四十 大智度論釋往生品第四之下"[5]。

羽 210 號H《大智度論》卷四十摘抄

羽 210 號,詳見前。羽 210 號 H 抄《大智度論》卷四十凡二段:第 1 段所抄自"爾時"至"國土",文見《大正藏》25 册卷四十 355 頁下 9 行至 355 頁下 14 行;第 2 段所抄自"釋曰"至"經宿",文見《大正藏》25 册

1 《敦煌佛經字詞與校勘研究》,頁 216。

2 《郭曉燕》,頁 145。

3 《敦煌佛經字詞與校勘研究》,頁 192。

4 《敦煌佛經字詞與校勘研究》,頁 192。

5 《郭曉燕》,頁 89。

卷四十 353 頁下 6 行至 353 頁下 11 行。

俄 Дx18123 號《大智度論》卷四十

殘片,前後及上端皆殘泐,存 5 殘行,每行存下部 1—2 字,楷書,有界欄。所抄自"須菩"至"如恒",文見《大正藏》25 册卷四十 356 頁上 23 行至 356 頁上 26 行,圖版見《俄藏》17 册 171 頁下。《俄藏》未定名,《郭曉燕》定作"大智度論卷第四十　大智度論釋舌相品第六"[1]。

羽 210 號 J《大智度論》卷四十一摘抄

羽 210 號,詳見前。羽 210 號 J 抄《大智度論》卷四十一凡二段:第 1 段所抄自"譬如"至"菩薩",文見《大正藏》25 册卷四十一 361 頁下 28 行至 362 頁上 5 行;第 2 段所抄自"復次"至"如是",文見《大正藏》25 册卷四十一 358 頁中 12 行至 358 頁中 21 行。

俄 Дx15777 號《大智度論》卷四十二

殘片,前後上下皆殘泐,存 4 殘行,每行存 2—4 字,末行僅存 2 字右側殘筆,楷書,有界欄。所抄自"故一"至"智慧",文見《大正藏》25 册卷四十二 369 頁中 1 行至 369 頁中 3 行,圖版見《俄藏》16 册 256 頁上。《俄藏》未定名,《郭曉燕》定作"大智度論卷第四十二　大智度論釋集散品第九"[2]。

俄 Дx03733 號《大智度論》卷四十四

殘片,前後及下端殘泐,存 2 殘行,每行存上部 2—4 字,楷書,有界欄。所抄自"等世"至"記四",文見《大正藏》25 册卷四十四 381 頁下 29 行至 382 頁上 2 行,圖版見《俄藏》11 册 36 頁上。《俄藏》未定名,《敦煌佛經字詞與校勘研究》定名爲"大智度論卷第四十四"[3]。

俄 Ф 346 號《大智度論》卷四十五

首尾殘,存 33 行,行 15—16 字,隸楷,有界欄。所抄自"凡夫"至"諸法",文見《大正藏》25 册卷四十五 383 頁中 15 行至 383 頁下 19 行,圖版見《俄藏》5 册 265 頁。《俄藏》定名爲"大智度論卷第四十五釋摩訶薩品第十三"。

俄 Дx15521 號《大智度論》卷四十五

殘片,前後上下皆殘泐,存 3 殘行,每行存 1—4 字,楷書。所抄自"名摩"至"切結",文見《大正藏》25 册卷四十五 383 頁中 24 行至 383 頁中 26 行,圖版見《俄藏》16 册 241 頁上。《俄藏》未定名,《郭曉燕》定作"大智度論卷四十五　大智度論釋摩訶薩品第十三"[4]。

俄 Дx06305 號 + 俄 Дx07888 號 + 俄 Дx06294 號 A《大智度論》卷四十五

俄 Дx06305 號,殘片,前後及下端殘泐,存 18 殘行,每行存上部 3—16 字,隸楷,有界欄。所抄自"羅蜜"至"至畜",文見《大正藏》25 册卷四十五 387 頁下 8 行至 387 頁下 25 行,圖版見《俄藏》13 册 77 頁下。《俄藏》未定名,《郭曉燕》定作"大智度論卷第四十五　大智度論釋斷見品第十四"[5]。

俄 Дx07888 號,殘片,前後及下端殘泐,存 4 殘行,每行存上部 1—4 字,隸楷,有界欄。所抄自"惱道"至"大小",文見《大正藏》25 册卷四十五 387 頁下 22 行至 387 頁下 25 行,圖版見《俄藏》13 册 348 頁下。《俄藏》未定名,《郭曉燕》定作"大智度論卷第四十五　大智度論釋斷見品第十四"[6]。

---

1 《郭曉燕》,頁 55。
2 《郭曉燕》,頁 56。
3 《敦煌佛經字詞與校勘研究》,頁 208。
4 《郭曉燕》,頁 57。
5 《郭曉燕》,頁 57。
6 《郭曉燕》,頁 58。

俄 Дx06294 號 A，殘片，前後殘泐，存 8 行，其中 5 行完整，完整行約 16 字，末行僅存右側殘筆，隸楷，有界欄。所抄自"檀皆"至"生諸"，文見《大正藏》25 冊卷四十五 387 頁下 25 行至 388 頁上 3 行，圖版見《俄藏》13 冊 74 頁下。《俄藏》未定名，《郭曉燕》定作"大智度論卷四十五　大智度論釋大莊嚴品第十五"[1]。

按：《郭曉燕》謂兹三號可綴合[2]，甚是。綴合後，所抄自"羅蜜"至"生諸"，文見《大正藏》25 冊卷四十五 387 頁下 8 行至 388 頁上 3 行，楷，圖版見《羽田》3 冊 330 頁至 339 頁。

俄 Дx07888號

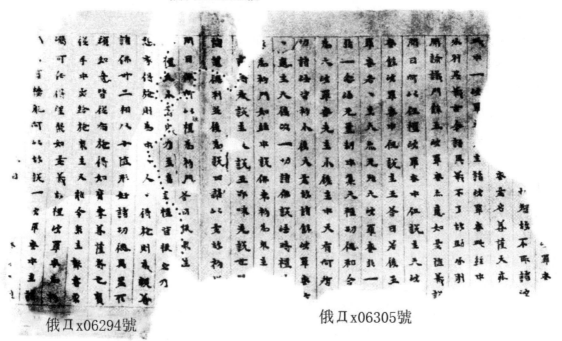

俄 Дx06294號　　　　　　俄 Дx06305號

俄 Дx06305 號 + 俄 Дx07888 號 + 俄 Дx06294 號 A 綴合示意圖

羽 210 號 K《大智度論》卷四十七摘抄

羽 210 號，詳見前。羽 210 號 K 抄《大智度論》卷四十七凡 2 段：第 1 段所抄自"復次"至"震動"，文見《大正藏》25 冊卷四十七 399 頁上 14 行至 399 頁上 17 行；第 2 段所抄自"如大"至"能懷"，文見《大正藏》25 冊卷四。

俄 Дx15834 號《大智度論》卷四十七

殘片，前後上下皆殘泐，存 4 殘行，楷書，有界欄。所抄自"羅蜜"至"諸無"，文見《大正藏》25 冊卷四十七 400 頁下 24 行至 400 頁下 26 行，圖版見《俄藏》16 冊 259 頁上。《俄藏》未定名，《郭曉燕》定作"大智度論卷四十七　大智度論釋摩訶衍品第十八之餘"[3]。

俄 Дx12283 號 + 俄 Дx12284 號《大智度論》卷四十八

兹二殘片《俄藏》已綴合。首尾殘泐，卷上部有多處殘洞，且有黴斑，存 52 行，行約 16 字，隸楷，有界欄。所抄自"二種"至"提是"，文見《大正藏》25 冊卷四十八 405 頁下 10 行至 406 頁中 4 行，圖版見《俄藏》16 冊 97 頁上。《俄藏》未定名，《郭曉燕》定作"大智度論卷四十八　大智度論釋四念處品第十九"[4]。

---

1 《郭曉燕》，頁 59。

2 《郭曉燕》，頁 147。

3 《郭曉燕》，頁 59。

4 《郭曉燕》，頁 60。

俄 Дx01531 號《大智度論》卷四十八

殘片,前後及上端殘泐,存 4 殘行,每行存上部 2—9 字,楷書。所抄自"無漏"至"復次",文見《大正藏》25 册卷四十八 407 頁上 23 行至 407 頁上 26 行,圖版見《俄藏》8 册 222 頁下左。《俄藏》定名爲"大智度論釋四念處品第十九"。《孟目》定爲 6—7 世紀寫本。

浙敦 126 號 B(浙博 101)《大智度論》卷四十八

浙博原藏品號"23279.32"。張宗祥原藏。麻紙,紙色淺褐,墨色濃。該號所抄依次爲《大智度論》卷九十一、卷四十八,兹分別編號爲浙敦 126 號 A(浙博 101)、浙敦 126 號 B(浙博 101)。浙敦 126 號 B(浙博 101),存 8 行,行 18—20 字,楷書,有界欄。所抄自"何等"至"無障",文見《大正藏》25 册卷四十八 407 頁中 29 行至 407 頁下 8 行,圖版見《浙藏》211 頁上左。《浙藏》定名爲"佛經殘片",宗舜考定該號所抄分別爲《大智度論》卷四十八"釋四念處品第十九"、卷九十一"釋照明品第八十一"[1]。《浙藏》敘録稱該號爲唐寫本。

BD12128 號《大智度論》卷四十八

原編號"L2257"。2 紙,殘片,前後及上端皆殘泐,存 6 殘行,每行存下部 1—2 字,楷書,有界欄。所抄自"摩字"至"法虚",文見《大正藏》25 册卷四十八 407 頁下 23 行至 407 頁下 28 行,圖版見《國圖》110 册 268 頁上。《國圖》定名爲"大智度論卷四八",定爲 5—6 世紀南北朝寫本。

俄 Дx12221 號《大智度論》卷四十九

殘片,前後殘泐,存 18 行,首行僅存左側殘筆,行約 16 字,隸楷,有界欄。所抄自"演説"至"作是",文見《大正藏》25 册卷四十九 412 頁中 13 行至 412 頁下 2 行,圖版見《俄藏》16 册 71 頁上。《俄藏》未定名,《郭曉燕》定作"大智度論卷四十九　大智度論釋發趣品第二十"[2]。

羽 210 號 L《大智度論》卷四十九摘抄

羽 210 號,詳見前。羽 210 號 L 所抄爲《大智度論》卷四十九,所抄自"又如"至"如是",文見《大正藏》25 册卷四十九 414 頁下 28 行至 415 頁上 1 行。

俄 Дx12485 號《大智度論》卷四十九

殘片,前後上下皆殘泐,存 6 殘行,每行存 3—6 字,楷書,有界欄。所抄自"願令"至"白衣",文見《大正藏》25 册卷四十九 415 頁中 23 行至 415 頁中 28 行,圖版見《俄藏》16 册 128 頁上。《俄藏》未定名,《郭曉燕》定作"大智度論卷四十九　大智度論釋發趣品第二十"[3]。

俄 Дx14274 號《大智度論》卷五十

殘片,前後上下皆殘泐,存 2 殘行,每行存 4 字,楷書,有界欄。所抄自"種十"至"是分",文見《大正藏》25 册卷五十 418 頁下 15 行至 418 頁下 16 行,圖版見《俄藏》16 册 189 頁下。《俄藏》未定名,《郭曉燕》定作"大智度論卷五十　大智度論釋發趣品第二十之餘"[4]。

俄 Дx14512 號《大智度論》卷五十

殘片,前後及下端殘泐,存 2 殘行,每行存上部 2—3 字,楷書,有界欄。所抄自"此中"至"足般",文見《大正藏》25 册卷五十 418 頁下 19 行至 418 頁下 20 行,圖版見《俄藏》16 册 196 頁下。《俄藏》未定名,

1　宗舜《〈浙藏敦煌文獻〉佛教資料考辨》,《敦煌吐魯番研究》第 6 卷,北京大學出版社,2002 年。

2　《郭曉燕》,頁 61。

3　《郭曉燕》,頁 62。

4　《郭曉燕》,頁 62。

《郭曉燕》定作"大智度論卷五十　大智度論釋發趣品第二十之餘"[1]。

俄 Дx03580 號 + 俄 Дx17631 號《大智度論》卷五十

俄 Дx03580 號,殘片,前後及上端殘泐,存 7 殘行,末行僅存 1 字右側殘筆,楷書,有界欄。所抄自"邊世"至"得宿",文見《大正藏》25 冊卷五十 418 頁下 18 行至 418 頁下 23 行,圖版見《俄藏》10 冊 339 頁下。《俄藏》未定名,《敦煌佛經字詞與校勘研究》擬題"大智度論卷五十"[2]。

俄 Дx17631 號,殘片,前後及下端皆殘泐,存 2 殘行,每行存上部 3—6 字,楷書,有界欄。所抄自"所度"至"分疑",文見《大正藏》25 冊卷五十 418 頁下 17 行至 418 頁下 18 行,圖版見《俄藏》17 冊 141 頁下。《俄藏》未定名,《郭曉燕》定作"大智度論卷五十　大智度論釋發趣品第二十之餘"[3]。

按:上揭二號所抄皆爲《大智度論》卷五十,且內容前後相承,行款格式相同,書風書跡一致,可以綴合。綴合後,所抄自"邊世"至"分疑",文見《大正藏》25 冊卷五十 418 頁下 18 行至 418 頁下 23 行。

俄 Дx17631號

俄 Дx03580號

俄 Дx03580 號 + 俄 Дx17631 號綴合示意圖

BD13792 號《大智度論》卷五十一

原編號"善5177"。13 紙,首尾殘,近代裁斷爲 13 葉,裝裱成冊葉,首尾用木板夾裝。木板護首有經名簽,墨筆書寫"六朝北涼寫經殘葉(計六十二行宣統辛亥九月十八日澄齋)"。夾有館藏紙簽,上書"采 27650 號五一七七一冊佛經"。扉頁鈐有方形陽文朱印,印文爲"正紅旗蒙古都統印"。第一個半頁右下裝裱紙上有 4 枚朱印:陽文,印文爲"北京圖書館藏";陽文,印文爲"澄齋所藏書畫";陰文,印文爲"小松曾觀";陰文,印文爲"惲毓鼎印"。第 9 個半葉左下殘破處裝裱紙上有 1 枚陰文朱印,印文爲"毓鼎"。第 13 個半葉左下裝裱紙上有 3 枚朱印:陰文,印文爲"毓鼎";陽文,印文爲"北京圖書館藏";陽文,印文爲"◇心館主"。

第 15、16 半葉有王樹楠信劄:"薇孫先生世大人有道:別五十餘日,靡日不思,抵家霖雨兼旬,河水泛濫,棹舟三日至琉璃河,始登輪返都。連日爲冗事牽綴,未及趨教。三、二日內,當約期一談也。惟亮詧不宣。世小弟王樹楠頓首。"

第 17 至第 20 個半葉有王樹楠信劄:"聞八月初十日爲先生五十覽揆之辰。樹楠至都,盛筵已畢,未及

1　《郭曉燕》,頁 62。

2　《敦煌佛經字詞與校勘研究》,頁 201。

3　《郭曉燕》,頁 62。

登堂拜祝,歉疚無似。去歲在吐魯番三堡,掘得六朝寫經殘卷,字在楷隸之間,點畫尤存科斗遺意。如佛家所言,香、色、味三者俱備。今之太平引也。敬以一紙爲公補壽,并綴以小詩,奉哂存而吟定之。五年踏遍天山路,搜得蘭臺六代書。持此祝公無量壽,可能酒肉乞齋餘。樹楠呈稿。"信劄後有 2 枚朱印:陰文,印文爲"樹楠之印";陽文,印文爲"晉卿"。

第 21 到 24 個半葉有惲毓鼎題記:"近二十年新疆吐魯番一帶,土人掘沙,往往從沙中得古人寫經殘卷。新城王晉卿方伯所收頗多,撿其一以贈予。方伯爲予言:卷中常有承平某年年號,蓋沮渠安周王高昌時物也。己酉年,予從法蘭西人伯希和許,見沮渠安周造寺功德刻石,其末署承平三年,知方伯之言確也。考史,北涼沮渠牧犍永和七年爲魏所滅。其弟無諱西渡流沙,擊降鄯善,據高昌自王。無諱卒,安周代立。至宋大明四年,爲蠕蠕所滅。據始臧之亡,已二十二年,北涼至是始絕。《魏》《宋》二書,於沮渠西徙後紀載殊略,無諱、安周兩世紀年無徵。承平年號,可以補史之缺。安周都高昌,其故城正在今吐魯番東附近四十里。沮渠氏自蒙遜以來,世奉佛法。造寺寫經,乃其國俗。安知今之沙磧,非即安周時佛寺舊址,故經卷多埋壓沙中歟?經紙粗厚似繭,埋沙中久,不爲風濕所侵,閱二千年,彌覺堅固。今人得唐人墨蹟,已詫詫爲天壤瑰寶,況更在魏、宋時乎?卷共六十二行,前三行缺角,末二行僅存數字。書法奇古,晉卿手劄中已言之。乙卯春澄齋惲毓鼎識。"題記後有陽文朱印,印文爲"薇孫"。

存 60 行,行 17 字,隸楷,有界欄。所抄自"能勝"至"嘆作",文見《大正藏》25 冊卷五十一 423 頁上 2 行至 423 頁下 3 行,圖版見《國圖》112 冊 334 頁上至 346 頁上。《國圖》定名爲"大智度論卷五一",定爲 5 世紀南北朝寫本。

上圖 030 號《大智度論》卷五十二

本白皮紙,8 紙,首尾殘。《上圖》敘錄稱"卷首下端文字上鈐有'歙許芑父遊隴所得'朱文長方印。卷尾下端及卷首背面下端鈐有相同方印 1 枚,印文難辨,似爲'孫國雲'章",然今於圖版上幾不可辨。背面抄"新集文詞九經抄"一卷。存 163 行,行 17 字,隸楷,有界欄。所抄自"呵薩"至"邊故",文見《大正藏》25 冊卷五十二 430 頁中 7 行至 432 頁中 2 行,圖版見《上圖》1 冊 218 頁下至 221 頁下。《上圖》定名爲"大智度論釋十無品第二十五",定爲北魏寫本。

俄 Дx07803 號《大智度論》卷五十二

殘片,前後上下皆殘泐,卷中有撕裂,存 15 殘行,每行存 2—10 字,楷書,有界欄。所抄自"畢竟"至"般若",文見《大正藏》25 冊卷五十二 430 頁中 14 行至 430 頁中 26 行,圖版見《俄藏》13 冊 339 頁下。《俄藏》未定名,《郭曉燕》定作"大智度論卷五十二 大智度論釋十無品第二十五"[1]。

S.546 號《大智度論》卷五十二

5 紙,首尾殘,首 2 行中部有殘泐,卷尾下殘。現代已修整,接出護首、拖尾。卷尾上邊鈐有英國博物館 1 號印。卷首背面有斯坦因紅鋼筆寫早期編號"81.XV.2"。存 91 行,行 17 字,隸楷,有界欄。所抄自"菩薩"至"道法",文見《大正藏》25 冊卷五十二 431 頁上 8 行至 432 頁上 16 行,圖版見《寶藏》4 冊 414 頁上至 416 頁上、《英圖》9 冊 80 頁至 81 頁。《寶藏》《新編》皆誤擬作"摩訶般若波羅蜜經卷第七"。《英圖》定名爲"大智度論卷五二",定爲 5—6 世紀南北朝寫本。《翟目》定爲 6 世紀寫本。

俄 Дx18605 號《大智度論》卷五十二

殘片,前後及上端殘泐,存 4 殘行,每行存下部 1—6 字,楷書。所抄自"亦無"至"無爲",文見《大正藏》25 冊卷五十二 433 頁上 27 行至 433 頁中 1 行,圖版見《俄藏》17 冊 231 頁上。《俄藏》未定名,《郭曉燕》

---

1 《郭曉燕》,頁 90。

定作"大智度論卷五十二　大智度論釋十無品第二十五"[1]。

俄 Дх18671 號《大智度論》卷五十二

殘片,前後上下皆殘泐,存 2 殘行,楷書。所抄自"薩不"至"中説",文見《大正藏》25 冊卷五十二 433 頁中 18 行至 433 頁中 19 行,圖版見《俄藏》17 冊 238 頁下。《俄藏》未定名,《郭曉燕》定作"大智度論卷五十二　大智度論釋十無品第二十五"[2]。

BD01198 號《大智度論》卷五十四

原編號"北 7290 號(宿 098)"。3 紙,首尾殘,天頭有等距離水漬。存 75 行,行 17 字,楷書,有界欄。所抄自"千世"至"言治",文見《大正藏》25 冊卷五十四 442 頁中 8 行至 443 頁中 10 行,圖版見《寶藏》105 冊 335 頁下至 339 頁下、《國圖》17 冊 373 頁下至 375 頁下。《總目》泛名爲"大智度論",《寶藏》《索引新編》皆定名爲"大智度論卷第五十四"。《國圖》定名爲"大智度論卷五四",定爲 6—7 世紀隋寫本。

BD14083 號《大智度論》卷五十四

原編號"新 0283"。5 紙,首尾殘,前 4 紙有殘洞,下有殘泐。原爲日本大谷探險隊所得并通卷托裱,護首爲黄底雲龍織錦。卷端有題籤"大智度論卷第五十四",并鈐有藍色長方形印章,印文爲"圖書臺帳登録番號 1128"(數字係手寫),有千字文編號"廉"。尾有軸,人工水晶軸頭。下軸頭粘有紙籤,上書"8.287"。隸書,有界欄,存 117 行,行 17 字。所抄自"當承"至"根故",文見《大正藏》25 冊卷五十四 442 頁下 2 行至 444 頁上 16 行,圖版見《國圖》121 冊 58 頁下至 62 頁下。《國圖》定名爲"大智度論卷五四",定爲 5 世紀南北朝寫本。《伊藤》謂該號與 P.2143 號文字異同一致,故歸入"摩訶衍經"一類[3],今以全文對校結果視之,二者異文頗有差異,故《伊藤》之説恐非是。

俄 Дх17847 號《大智度論》卷五十四

殘片,前後上下皆殘泐,存 3 殘行,每行存 3—5 字,楷書,有界欄。所抄自"檀波"至"法空",文見《大正藏》25 冊卷五十四 448 頁上 7 行至 448 頁上 8 行,圖版見《俄藏》17 冊 155 頁上。《俄藏》未定名,《郭曉燕》定作"大智度論卷五十四　大智度論釋天主品第二十七"[4]。

俄 Дх18848 號《大智度論》卷五十四

殘片,前後上下皆殘泐,存 4 殘行,每行存 2—3 字,楷書。所抄自"菩提"至"薩初",文見《大正藏》25 冊卷五十四 448 頁中 25 行至 448 頁中 29 行,圖版見《俄藏》17 冊 256 頁下。《俄藏》未定名,《郭曉燕》定作"大智度論卷五十四　大智度論釋天主品第二十七"[5]。

俄 Дх07080 號《大智度論》卷五十六

殘片,前後及下端皆殘泐,存 8 殘行,每行存上部 4—6 字,楷書。所抄自"畢竟"至"當爲",文見《大正藏》25 冊卷五十六 457 頁中 27 行至 457 頁下 6 行,圖版見《俄藏》13 冊 250 頁下。《俄藏》未定名,《郭曉燕》定作"大智度論卷五十六　大智度論釋顧視品第三十"[6]。

BD07392 號《大智度論》卷五十六

原編號"北 7307 號(鳥 092)"。2 紙,首尾殘,通卷下部破損殘缺,有朱筆點標。存 39 行,行 17 字,楷書,

---

1 《郭曉燕》,頁 64。

2 《郭曉燕》,頁 64。

3 《伊藤》,頁 355。

4 《郭曉燕》,頁 64。

5 《郭曉燕》,頁 65。

6 《郭曉燕》,頁 65。

有界欄。所抄自"一切"至"廣説",文見《大正藏》25 册卷五十六 457 頁下 9 行至 458 頁中 8 行,圖版見《寶藏》105 册 420 頁上至 421 頁上、《國圖》96 册 335 上 336 上。《總目》泛名爲"大智度論",《寶藏》定名爲"大智度論卷第五十六釋顔視品第三十",《索引新編》定名爲"大智度論卷第五十六"。《國圖》定名爲"大智度論卷五六",定爲 6 世紀隋寫本。

俄 Дx12281 號(3-1)《大智度論》卷五十六

殘片,前後殘泐,卷面有 4 處破洞,有黴斑,存 24 行,首行僅存左側殘筆,行 16 字,隸楷,有界欄。所抄自"滅復"至"不貪",文見《大正藏》25 册卷五十六 461 頁中 23 行至 461 頁下 16 行,圖版見《俄藏》16 册 95 頁上。《俄藏》未定名,《郭曉燕》定作"大智度論卷五十六 大智度論釋滅諍亂品第三十一"[1]。

羽 210 號I《大智度論》卷五十七摘抄

羽 210 號,詳見前。羽 210 號I抄《大智度論》卷五十七凡 3 段:第 1 段所抄自"答曰"至"反問",文見《大正藏》25 册卷五十七 465 頁下 14 行至 465 頁下 21 行;第 2 段所抄自"善男"至"勢力",文見《大正藏》25 册卷五十七 464 頁上 23 行至 464 頁上 26 行;第 3 段所抄自"兩陣"至"刀箭",文見《大正藏》25 册卷五十七 463 頁中 20 行至 463 頁中 25 行。

BD14084 號《大智度論》卷五十七

原編號"新 0284"。3 紙,首尾殘,通卷下部有殘損,尾紙內有一殘洞。原爲日本大谷探險隊所得并通卷托裱,護首爲黃底雲龍織錦。卷端有題簽"大智度論卷第五十七",并鈐有藍色長方形印章,印文爲"圖書臺帳登録番號 1123"(數字係手寫),有千字文編號"顛"。尾有軸,人工水晶軸頭。下軸頭粘有紙簽,上書"8.288"。存 50 行,行 17 字,隸書,有界欄。所抄自"人若"至"内外",文見《大正藏》25 册卷五十七 464 頁上 26 行至 464 頁下 18 行,圖版見《國圖》121 册 63 頁上至 65 頁下。《國圖》定名爲"大智度論卷五七",定爲 5 世紀南北朝寫本。《伊藤》謂該號多有重文號,故歸入"摩訶衍經"一類[2],今謂重文號爲敦煌寫本中常見抄寫符號,僅據此一條定性,恐證據不足,故不從。

俄 Дx04492 號《大智度論》卷五十七

殘片,前後及上端皆殘泐,存 7 殘行,行 2—10 字,首行僅存 2 字左側殘筆,楷書,有界欄。所抄自"無作"至"共法",文見《大正藏》25 册卷五十七 467 頁上 13 行至 467 頁上 19 行,圖版見《俄藏》11 册 247 頁下。《俄藏》未定名,《郭曉燕》定作"大智度論卷五十七 大智度論釋寶塔校量品第三十二"[3]。

俄 Дx16170 號《大智度論》卷五十八

殘片,前後上下殘泐,存 4 殘行,每行存 3—6 字,楷書,有界欄。所抄自"心是"至"今世",文見《大正藏》25 册卷五十八 469 頁上 14 行至 469 頁上 16 行,圖版見《俄藏》16 册 285 頁下。《俄藏》未定名,《郭曉燕》定作"大智度論卷五十八 大智度論釋勸受持品第三十四"[4]。

傅圖 50 號C《大智度論》卷五十八

館藏編號"188171 號"。鄭阿財《臺北中研院傅斯年圖書館藏敦煌卷子題記》編號"43"。現代裝爲册頁裝,上邊寫有"西史 HA 16"。1 紙。首尾殘,左下部有殘泐,卷面有水漬、殘洞及折痕。正面行中夾雜回鶻文 6 行,其中 2 行似雜寫。背面抄回鶻文 37 行。從現有形態看,本號原抄寫《大智度論》卷五八,其後因故廢棄,利用其背面抄寫回鶻文文獻。存 15 行,行 17 字,楷書,有界欄。所抄自"出世"至"天世",文見

---

1 《郭曉燕》,頁 66。
2 《伊藤》,頁 355。
3 《郭曉燕》,頁 66。
4 《郭曉燕》,頁 91。

《大正藏》25 册卷七十八 474 頁中 26 行至 474 頁下 12 行,圖版見《傅圖》503 頁下。《傅圖》定名爲"大智度論卷五八",定爲 7—8 世紀唐寫本。

俄 Дx08832 號 + 俄 Дx08833 號《大智度論》卷六十一

兹二殘片《俄藏》已綴合。前後及上端皆殘泐,存 4 殘行,每行存下部 3—7 字,楷書,有界欄。所抄自"語彌"至"善根",文見《大正藏》25 册卷六十一 487 頁中 11 行至 487 頁中 14 行,圖版見《俄藏》14 册 94 頁下。《俄藏》未定名,《郭曉燕》定作"大智度論卷第六十一 大智度論釋隨喜迴向品第三十九"[1]。

俄 Дx07923 號 ⋯ 俄 Дx06948 號《大智度論》卷六十一

俄 Дx07923 號,殘片,前後及上端皆殘泐,存 4 殘行,每行存下部 6—7 字,楷書,有界欄。所抄自"三藐"至"耨多",文見《大正藏》25 册卷六十一 487 頁中 15 行至 487 頁中 18 行,圖版見《俄藏》14 册 3 頁下。《俄藏》未定名,《郭曉燕》定作"大智度論卷第六十一 大智度論釋隨喜迴向品第三十九"[2]。

俄 Дx06948 號,殘片,前後及上端皆殘泐,存 3 殘行,每行存下部 5—7 字,楷書,有界欄。所抄自"等是"至"三菩",文見《大正藏》25 册卷六十一 487 頁中 21 行至 487 頁中 23 行,圖版見《俄藏》13 册 230 頁下。《俄藏》未定名,《郭曉燕》定作"大智度論卷第六十一 大智度論釋隨喜迴向品第三十九"[3]。

按:《郭曉燕》謂兹二號可綴合[4],甚是。綴合後,所抄自"三藐"至"三菩",文見《大正藏》25 册卷六十一 487 頁中 15 行至 487 頁中 23 行。殘缺內容參見《大正藏》25 册卷六十一 487 頁中 18 行至 487 頁中 21 行。

俄 Дx07923 號 ⋯ 俄 Дx06948 號綴合示意圖

羽 210 號M《大智度論》卷六十一摘抄

羽 210 號,詳見前。羽 210 號 M 所抄爲《大智度論》卷六十一,抄自"佛是"至"念佛",文見《大正藏》25 册卷六十一 488 頁中 16 行。

俄 Дx09574 號《大智度論》卷六十一

殘片,前後及下端殘泐,背面抄有非漢文。存 6 殘行,每行存上部 2—4 字,楷書,背面抄有非漢文。所抄自"心迴"至"不生",文見《大正藏》25 册卷六十一 489 頁中 25 行至 489 頁下 1 行,圖版見《俄藏》14 册 188 頁上。《俄藏》未定名,《郭曉燕》定作"大智度論卷六十一 大智度論釋隨喜迴向品第三十九"[5]。

俄 Дx06479 號《大智度論》卷六十二

殘片,前後及上端殘泐,存 5 殘行,每行存下部 2—6 字,楷書,有界欄。所抄自"若波"至"於諸",文見《大正藏》25 册卷六十二 499 頁中 15 行至 499 頁中 18 行,圖版見《俄藏》13 册 113 頁上。《俄藏》未定名,

1 《郭曉燕》,頁 92。

2 《郭曉燕》,頁 93。

3 《郭曉燕》,頁 94。

4 《郭曉燕》,頁 148。亦見張磊、郭曉燕《俄藏楷書〈大智度論〉寫本殘片綴合研究》,《復旦學報》,2015 年第 6 期。

5 《郭曉燕》,頁 67。

《郭曉燕》定作“大智度論卷六十二　大智度論釋照明品第四十”[1]。

俄 Дx06962 號《大智度論》卷六十二

殘片，前後上下殘泐，存9殘行，每行存5—8字，隸楷，有界欄。所抄自“有八”至“生勤”，文見《大正藏》25冊卷六十二502頁上25行至502頁中6行，圖版見《俄藏》13冊233頁上。《俄藏》未定名，《郭曉燕》定作“大智度論卷六十二　大智度論釋信謗品第四十一”[2]。

BD 15223 號《大智度論》卷六十三

原編號“新1423號”。8紙，首尾殘，前5紙上邊有等距離殘缺，下邊多有殘缺。背有古代及現代裱補。卷首、卷背下方各有“顧二郎”正方形陽文朱印。卷首背寫有“隋經”及“105”等字。又有3張紙籤重疊粘在一起，上面一張寫“購12234，105”。存199行，行17字，楷書，有界欄。所抄自“集瞋”至“道記”，文見《大正藏》25冊卷六十三504頁上8行至506頁中14行，圖版見《國圖》140冊349頁上至353頁下。《國圖》定名爲“《大智度論》卷六三”，定爲6世紀南北朝寫本。

俄 Дx11544 號 + 俄 Дx03320 號《大智度論》卷六十三

俄 Дx11544 號，殘片，前後殘泐，第10—14行中部有一大洞，存14行，完整行21—23字，隸楷，有界欄。所抄自“念處”至“智不”，文見《大正藏》25冊卷六十三505頁中26行至505頁下17行，圖版見《俄藏》15冊238頁下。《俄藏》未定名，《郭曉燕》定作“大智度論卷六十三　大智度論釋信謗品第四十一之餘”[3]。

俄 Дx03320 號，殘片，前後上下皆殘泐，存3殘行，每行存4—6字，隸楷，有界欄。所抄自“無明”至“薩所”，文見《大正藏》25冊卷六十三505頁下10行至505頁下13行，圖版見《俄藏》10冊262頁下。《俄藏》未定名，《敦煌佛經字詞與校勘研究》定名爲“大智度論卷六十三”[4]。

按：《郭曉燕》謂茲二號可綴合[5]，甚是。綴合後，所抄自“念處”至“智不”，文見《大正藏》25冊卷六十三505頁中26行至505頁下17行。

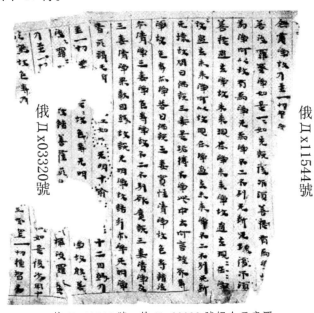

俄 Дx11544 號 + 俄 Дx03320 號綴合示意圖

---

1 《郭曉燕》，頁67。

2 《郭曉燕》，頁68。

3 《郭曉燕》，頁69。

4 《敦煌佛經字詞與校勘研究》，頁190。

5 《郭曉燕》，頁149。

羽 210 號 O《大智度論》卷六十三摘抄

羽 210 號,詳見前。羽 210 號 O 所抄爲《大智度論》卷六十三,所抄自"如畫"至"如是",文見《大正藏》25 册卷六十三 506 頁上 21 行至 506 頁上 24 行。

BD 16456 號 D…BD 16456 號 B…BD 16456 號 A《大智度論》卷六十四

BD 16456 號 D,《國圖》敘錄謂:"本號爲從 BD 00712 號背面揭下的古代裱補紙。"殘片,前後上下皆殘泐,存 2 殘行,行 2—6 字,隸楷,有界欄。所抄自"受者"至"念佛",文見《大正藏》26 册卷六十四 510 頁上 2 行至 510 頁上 3 行,圖版見《國圖》146 册 174 頁下。《國圖》定名爲"《大智度論》卷六四",定爲 6 世紀南北朝寫本。

BD 16456 號 B,《國圖》敘錄謂:"本號包括 2 塊殘片,可上下綴接,故著錄爲一號。"殘片 1,存 4 殘行,每行存中部 7—11 字不等。殘片 2,存 6 殘行,每行存下端 3—10 字不等。隸楷,有界欄。所抄自"等今"至"解是",文見《大正藏》25 册卷六十四 510 頁上 2 行至 510 頁上 9 行,圖版見《國圖》146 册 173 下。《國圖》定名爲"《大智度論》卷六四",定爲 6 世紀南北朝寫本。

BD 16456 號 A,《國圖》敘錄謂:"本號爲從 BD 00712 號背面揭下的古代裱補紙。"殘片,前後上下皆殘泐,存 4 殘行,每行存下部 10—14 字不等,隸楷,有界欄。所抄自"者是"至"説求",文見《大正藏》25 册卷六十四 510 頁中 28 行至 510 頁下 3 行,圖版見《國圖》25 册 146 頁 173 上。《國圖》定名爲"《大智度論》卷六四",定爲 6 世紀南北朝寫本。

按:上揭三號皆爲《大智度論》卷六十四殘片,且内容前後相承,行款格式相同,書風書跡一致,可以綴合。綴合後,所抄自"受者"至"説求",文見《大正藏》26 册卷六十四 510 頁上 2 行至 510 頁下 3 行。BD 16456 號 D、BD 16456 號 B 之間僅殘缺數字,BD 16456 號 B、BD 16456 號 A 之間殘缺内容參見《大正藏》25 册卷六十四 510 頁上 9 行至 510 頁中 28 行。

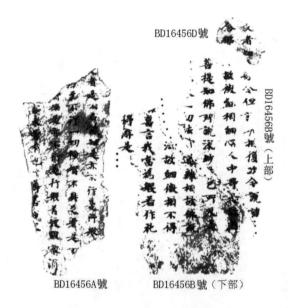

BD 16456 號 D+BD 16456 號 B…BD 16456 號 A 綴合示意圖

津文 2 號…BD 15310 號《大智度論》卷六十五

津文 2 號,收藏編號"462-5",麻紙,入潢,殘片。《津文》敘錄謂:"首紙前端係被剪齊,尾紙與後紙接縫處脱落。天頭殘破兩處,卷面文字未損。"存 9 行,行 17—18 字,楷書,有界欄。所抄自"種因"至"能拔",文見《大正藏》25 册卷六十五 516 頁上 23 行至 516 頁中 4 行,圖版見《津文》第 4 頁。《津文》定名爲"大智度論卷第六十五”,定爲6世紀南北朝晚期寫本。

BD15310號,原編號“新1510”。1紙,殘片,存10行,行17—18字,楷書,有界欄。所抄自“不與”至“波羅”,文見《大正藏》25冊卷六十五516頁下5行至516頁下15行,圖版見《國圖》142冊120頁上。《國圖》定名爲“大智度論卷六五”,定爲7—8世紀唐寫本。

按:上揭二號皆爲《大智度論》卷六十五殘片,且內容前後相承,行款格式相同,書風書跡一致,可以綴合。綴合後,所抄自“種因”至“波羅”,文見《大正藏》25冊卷六十五516頁上23行至516頁下15行。二號之間殘缺內容參見《大正藏》25冊卷六十五516頁中4行至516頁下5行。又《津文》敘錄稱津文2號爲6世紀南北朝晚期寫本,《國圖》敘錄稱BD15310號爲7—8世紀唐寫本,斷代不一,二者必有一誤,宜再斟酌。

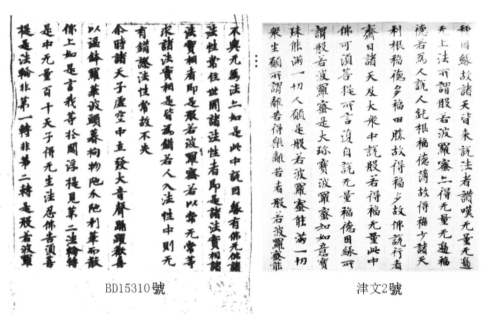

津文2號···BD15310號綴合示意圖

俄 Дх03758號《大智度論》卷六十五

殘片,前後上下殘泐,存6殘行,每行存7—11字,隸楷。所抄自“蜜佛”至“世尊”,文見《大正藏》25冊卷六十五519頁上29行至519頁中9行,圖版見《俄藏》11冊43頁上。《俄藏》未定名,《敦煌佛經字詞與校勘研究》定名爲“大智度論卷第六十五”[1]。

俄 Дх03254號《大智度論》卷六十五

殘片,前後及上部殘泐,存5殘行,每行存下部1—5字,楷書。所抄自“意足”至“波羅”,文見《大正藏》25冊卷六十五520頁下17行至520頁下21行,圖版見《俄藏》10冊240頁上左。《俄藏》定名爲“大智度論釋諸波羅蜜品第四十四”。

S.1534號《大智度論》卷六十六

8紙,首尾殘,卷首、尾少許殘破,卷面有等距離水漬,卷尾有蟲繭。卷尾下邊鈐有英國博物館1號印。卷首背面有蔣孝琬朱筆寫蘇州碼子,朱筆注記“破無名目經”。存212行,行17字,隸楷,有界欄。所抄自“眠阿”至“著故”,文見《大正藏》25冊卷六十六524頁下10行至527頁上28行,圖版見《寶藏》11冊442頁下至448頁下,《英圖》24冊84頁下至90頁下。《總目》失考,定名爲“佛經”。《寶藏》《索引新編》皆定名爲“大智度論卷第六十六”。《英圖》定名爲“大智度論卷六六”,定爲6世紀南北朝寫經。《翟目》定

---

1 《敦煌佛經字詞與校勘研究》,頁209。

爲公元 600 年寫者。

俄 Дх09434 號《大智度論》卷六十六

殘片,前後及上端殘泐,存 5 殘行,每行存下部 1—4 字,隸楷,有界欄,卷背抄有非漢文。所抄自 "等□(以)" 至 "令住",文見《大正藏》25 册卷六十六 527 頁上 9 行至 527 頁上 12 行,圖版見《俄藏》14 册 162 頁上。《俄藏》未定名,《郭曉燕》定作 "大智度論卷六十六　大智度論釋歎信行品第四十五"[1]。

俄 Дх08211 號 + 俄 Дх09061 號 ⋯ 俄 Дх09057 號《大智度論》卷六十七

俄 Дх08211 號,殘片,前後上下殘泐,存 3 殘行,每行存 5—7 字,末行僅存 1 字右側殘筆,楷書。所抄自 "心息" 至 "施無",文見《大正藏》25 册卷六十七 532 頁中 23 行至 532 頁中 24 行,圖版見《俄藏》14 册 32 頁下。《俄藏》未定名,《郭曉燕》定作 "大智度論卷六十七　大智度論釋歎信行品第四十五之餘"[2]。

俄 Дх09061 號,殘片,前後及下端殘泐,存 5 殘行,每行存上部 3—5 字,楷書。所抄自 "内外" 至 "緣故",文見《大正藏》25 册卷六十七 532 頁中 24 行至 532 頁中 27 行,圖版見《俄藏》14 册 120 頁下。《俄藏》未定名,《郭曉燕》定作 "大智度論卷六十七　大智度論釋歎信行品第四十五之餘"[3]。

俄 Дх09057 號,殘片,前後及下端殘泐,存 3 殘行,每行存上部 1—4 字,首行僅存左側殘筆,楷書。所抄自 "道心" 至 "稀有",文見《大正藏》25 册卷六十七 532 頁下 2 行至 532 頁下 3 行,圖版見《俄藏》14 册 120 頁上。《俄藏》未定名,《郭曉燕》定作 "大智度論卷六十七　大智度論釋歎信行品第四十五之餘"[4]。

按:《郭曉燕》謂兹三號可綴合[5],甚是。綴合後,所抄自 "心息" 至 "稀有",文見《大正藏》25 册卷六十七 532 頁中 23 行至 532 頁下 3 行。俄 Дх09061、俄 Дх09057 號之間殘缺內容參見《大正藏》25 册卷六十七 532 頁中 27 行至 532 頁下 2 行。

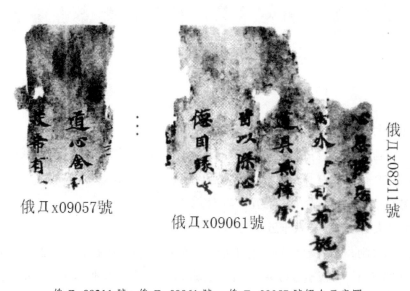

俄 Дх09057 號　　俄 Дх09061 號　　俄 Дх08211 號

俄 Дх08211 號 + 俄 Дх09061 號 ⋯ 俄 Дх09057 號綴合示意圖

羽 210 號 N《大智度論》卷六十八摘抄

羽 210 號,詳見前。羽 210 號 N 所抄爲《大智度論》卷六十八,所抄自 "節量" 至 "飲漿",文見《大正藏》25 册卷六十八 538 頁上 1 行至 538 頁上 14 行。

1　《郭曉燕》,頁 69。

2　《郭曉燕》,頁 69。

3　《郭曉燕》,頁 70。

4　《郭曉燕》,頁 70。

5　《郭曉燕》,頁 150。亦見張磊、郭曉燕《俄藏楷書〈大智度論〉寫本殘片綴合研究》,《復旦學報》,2015 年第 6 期。

俄 Дx12093 號 + 俄 Дx12105 號《大智度論》卷六十八

俄 Дx12093 號,殘片,前後上下殘泐,背面抄有非漢文,存 2 殘行,每行存 3—4 字,楷書。所抄自“受常”至“不輕”,文見《大正藏》25 冊卷六十八 538 頁中 1 行至 538 頁中 2 行,圖版見《俄藏》16 冊 32 頁上。《俄藏》未定名,《郭曉燕》定作“大智度論卷六十八　大智度論釋兩不和合品第四十七”[1]。

俄 Дx12105 號,殘片,前後上下殘泐,背面抄有非漢文,存 7 殘行,首行僅存左側殘筆,楷書。所抄自“富故”至“道行”,文見《大正藏》25 冊卷六十八 538 頁中 3 行至 538 頁中 9 行,圖版見《俄藏》16 冊 33 頁下。《俄藏》未定名,《郭曉燕》定作“大智度論卷六十八　大智度論釋兩不和合品第四十七”[2]。

按:《郭曉燕》謂茲二號可綴合[3],甚是。綴合後,所抄自“受常”至“道行”,文見《大正藏》25 冊卷六十八 538 頁中 1 行至 538 頁中 9 行。

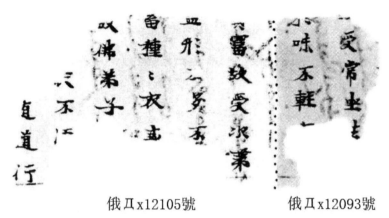

俄 Дx12105號　　　　　　俄 Дx12093號

俄 Дx12093 號 + 俄 Дx12105 號綴合示意圖

P.5589 號《大智度論》卷七十

殘片,前後及上端殘泐,存 8 殘行,每行存下部 4—5 字,楷書,有界欄。所抄自“人所”至“先世”,文見《大正藏》25 冊卷七十 547 頁中 2 行至 547 頁中 10 行,圖版見《寶藏》135 冊 616 頁上、《法藏》34 冊 301 頁上。《寶藏》未定名,《法藏》定名爲“大智度論釋佛母品第四十八之餘”。

俄 Дx17741 號 + 俄 Дx03575 號《大智度論》卷七十一

俄 Дx17741 號,殘片,前後上下皆殘泐,存 2 殘行,每行存 4 字,楷書,有界欄。所抄自“薩無”至“説聲”,文見《大正藏》25 冊卷七十一 557 頁下 29 行至 558 頁上 1 行,圖版見《俄藏》17 冊 150 頁上。《俄藏》未定名,《郭曉燕》定作“大智度論卷七十一　大智度論釋善知識品第五十二”[4]。

俄 Дx03575 號,殘片,前後上下皆殘泐,存 7 殘行,每行存 4—6 字,楷書,有界欄。所抄自“學空”至“羅蜜”,文見《大正藏》25 冊卷七十一 557 頁下 28 行至 558 頁上 6 行,圖版見《俄藏》10 冊 338 頁上。《俄藏》未定名,《敦煌佛經字詞與校勘研究》定名爲“大智度論卷七十一”[5]。

按:《郭曉燕》謂茲二號可綴合[6],甚是。綴合後,所抄自“學空”至“羅蜜”,文見《大正藏》25 冊卷七十一 557 頁下 28 行至 558 頁上 6 行。

---

1 《郭曉燕》,頁 71。

2 《郭曉燕》,頁 71。

3 《郭曉燕》,頁 151。

4 《郭曉燕》,頁 71。

5 《敦煌佛經字詞與校勘研究》,頁 201。

6 《郭曉燕》,頁 152。亦見張磊、郭曉燕《俄藏楷書〈大智度論〉寫本殘片綴合研究》,《復旦學報》,2015 年第 6 期。

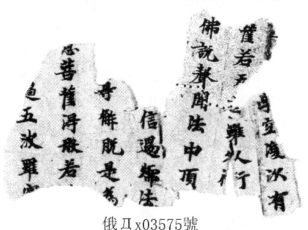

俄 Дх17741 號＋俄 Дх03575 號綴合示意圖

俄 Дх03463 號《大智度論》卷七十二

殘片，前後及上端殘泐，存 9 殘行，行 7—15 字，楷書。所抄自“色等”至“畢竟”，文見《大正藏》25 册卷七十二 566 頁上 9 行至 566 頁上 19 行，圖版見《俄藏》10 册 305 頁上。《俄藏》未定名，《敦煌佛經字詞與校勘研究》考訂所抄爲《大智度論》卷七十二[1]。

俄 Дх04232 號《大智度論》卷七十二

殘片，前後及下端殘泐，存 3 殘行，每行存上部 2—4 字，楷書，有界欄。所抄自“佛乘”至“有若”，文見《大正藏》25 册卷七十二 567 頁中 6 行至 567 頁中 8 行，圖版見《俄藏》11 册 167 頁上。《俄藏》未定名，《郭曉燕》定作“大智度論卷七十二　大智度論釋大如品第五十四”[2]。

俄 Дх12031 號＋俄 Дх12153 號《大智度論》卷七十三

俄 Дх12031 號，殘片，前後及下端殘泐，存 4 殘行，每行存上部 4—6 字，隸楷，有界欄。所抄自“已來”至“佛言”，文見《大正藏》25 册卷七十三 574 頁下 24 行至 574 頁下 27 行，圖版見《俄藏》16 册 25 頁上。《俄藏》未定名，《郭曉燕》定作“大智度論卷七十三　大智度論釋善知識品第五十六”[3]。

俄 Дх12153 號，殘片，前後及下端殘泐，存 9 殘行，每行存上部 3—14 字，隸楷，有界欄。所抄自“不轉”至“□（知）是”，文見《大正藏》25 册卷七十三 574 頁下 27 行至 575 頁上 5 行，圖版見《俄藏》16 册 48 頁下。《俄藏》未定名，《郭曉燕》定作“大智度論卷七十三　大智度論釋善知識品第五十六”[4]。

按：《郭曉燕》謂兹二號可綴合[5]，甚是。綴合後，所抄自“已來”至“□（知）是”，文見《大正藏》25 册卷七十三 574 頁下 24 行至 575 頁上 5 行。

---

1 《敦煌佛經字詞與校勘研究》，頁 196。

2 《郭曉燕》，頁 72。

3 《郭曉燕》，頁 72。

4 《郭曉燕》，頁 72。

5 《郭曉燕》，頁 153。

俄 Дx12031 號 + 俄 Дx12153 號綴合示意圖

俄 Дx16118 號《大智度論》卷七十四

殘片,前後上下皆殘泐,存 4 殘行,每行存 2—5 字,楷書。所抄自"於是"至"提記",文見《大正藏》25 冊卷七十四 578 頁上 7 行至 578 頁上 10 行,圖版見《俄藏》16 冊 282 頁上。《俄藏》未定名,《郭曉燕》定作"大智度論卷七十四　大智度論釋轉不轉品第五十六之餘"[1]。

浙敦 091 號 B（浙博 066）《大智度論》卷七十四

浙敦 091 號（浙博 066）,張宗祥原藏,浙博原藏品號"23279·15"。該號爲《大智度論》卷三、《大智度論》七十四兩塊殘片粘合而成,兹分別編爲浙敦 091 號 A（浙博 066）、浙敦 091 號 B（浙博 066）。浙敦 091 號 B（浙博 066）,1 紙,麻紙,紙色褐,殘片,存 12 行,行 16—17 字,楷書,有界欄。所抄自"遠離"至"般若",文見《大正藏》25 冊卷七十四 578 頁上 23 行至 28 行,圖版見《浙藏》201 頁上左。《浙藏》泛名爲"大智度論",定爲唐寫本。

俄 Дx11473 號《大智度論》卷七十四

殘片,前後及下端殘泐,存 11 殘行,每行存上部 4—8 字,楷書,有界欄。所抄自"從□（見）"至"不著",文見《大正藏》25 冊卷七十四 579 頁下 24 行至 580 頁上 6 行,圖版見《俄藏》15 冊 221 頁下。《俄藏》未定名,《郭曉燕》定作"大智度論卷七十四　大智度論釋轉不轉品第五十六之餘"[2]。

俄 Дx11435 號《大智度論》卷七十四

殘片,前後及下端殘泐,存 3 殘行,每行存上部 7—8 字,楷書。所抄自"是因"至"涅盤",文見《大正藏》25 冊卷七十四 581 頁下 15 行至 581 頁下 17 行,圖版見《俄藏》15 冊 216 頁下。《俄藏》未定名,《郭曉燕》定作"大智度論卷七十四　大智度論釋燈炷品第五十七"[3]。

俄 Дx10815 號《大智度論》卷七十五

殘片,前後及下端殘泐,存 6 殘行,每行存上部 2—14 字,楷書,有界欄。所抄自"生無"至"多羅",文

---

1 《郭曉燕》,頁 73。

2 《郭曉燕》,頁 74。

3 《郭曉燕》,頁 74。

見《大正藏》25 册卷七十五 587 頁下 13 行至 587 頁下 18 行,圖版見《俄藏》15 册 58 頁下。《俄藏》未定名,《郭曉燕》定作 "大智度論卷七十五　大智度論釋夢中入三昧品第五十八"[1]。

俄 Дx00202 號《大智度論》卷七十五

紙色灰,有白色斑點,殘片,前後及下端殘泐,存 6 殘行,每行存上部 6—8 字,楷書,有界欄。所抄自 "故有" 至 "因緣",文見《大正藏》25 册卷七十五 588 頁中 19 行至 588 頁中 24 行,圖版見《俄藏》6 册 132 頁上。《俄藏》失考,定名爲 "佛經",馬德考定所抄爲《大智度論》卷七十五[2]。《孟目》定爲 9—11 世紀寫經。

榮寶齋 1255 號《大智度論》卷七十六

諶延年舊藏。2 紙,染潢,首尾殘,卷首中部略有殘泐,卷首上方鈐有 "諶延年得敦煌石室密寶" 長方形陽文朱印。存 54 行,行 17 字,隸楷,有界欄。所抄自 "般若" 至 "益故",文見《大正藏》596 頁中 15 行至 597 頁上 12 行,圖版見微信公衆號 "金石書畫録" 所載《20 世紀四大考古發現之一!　15 件名家舊藏敦煌寫經,首次集體全部呈現!》一文。榮寶齋定名爲 "大智度論卷七十六",并稱其爲 6—7 世紀南北朝寫本。

BD 07764 號《大智度論》卷七十七

原編號 "北 7301 號(始 064)"。2 紙,首尾殘,尾紙中下部破裂。存 31 行,行 17 字,隸楷,有界欄。所抄自 "菩提" 至 "衆生",文見《大正藏》25 册卷七十七 604 頁下 25 行至 605 頁上 27 行,圖版見《寶藏》105 册 399 頁、《國圖》98 册 324 頁。《總目》泛名爲 "大智度論",《寶藏》《索引新編》皆定名爲 "大智度論卷第七十七"。《國圖》定名爲 "大智度論卷七七",定爲 5—6 世紀南北朝寫本。

俄 Дx03480 號《大智度論》卷七十八

殘片,前後及下端殘泐,存 5 殘行,每行存上部 2—4 字,楷書。所抄自 "若有" 至 "一不",文見《大正藏》25 册卷七十八 608 頁上 4 行至 608 頁上 8 行,圖版見《俄藏》10 册 309 頁下。《俄藏》未定名,《敦煌佛經字詞與校勘研究》定名爲 "大智度論卷七十八"[3]。

俄 Дx18172 號《大智度論》卷七十八

殘片,前後上下皆殘泐,存 13 殘行,每行存 3—17 字,楷書,有界欄。所抄自 "緣故" 至 "二離",文見《大正藏》25 册卷七十八 611 頁上 16 行至 611 頁上 29 行,圖版見《俄藏》17 册 175 頁下。《俄藏》未定名,《郭曉燕》定作 "大智度論卷七十八　大智度論釋願樂品第六十四"[4]。

俄 Дx18478 號《大智度論》卷七十八

殘片,前後及上端殘泐,存 15 殘行,每行存下部 2—10 字,楷書,有界欄。所抄自 "提知" 至 "□(提)爲",文見《大正藏》25 册卷七十八 611 頁中 1 行至 611 頁中 15 行,圖版見《俄藏》17 册 199 頁上。《俄藏》未定名,《郭曉燕》定作 "大智度論卷七十八　大智度論釋願樂品第六十四"[5]。

俄 Дx12543 號 + 俄 Дx10538 號《大智度論》卷七十九

俄 Дx12543 號,殘片,前後及下端皆殘泐,存 6 殘行,每行存上部 3—14 字,楷書,有界欄。所抄自 "薩時" 至 "摩訶",文見《大正藏》25 册卷七十九 614 頁上 1 行至 614 頁上 6 行,圖版見《俄藏》16 册 141 頁上。《俄藏》未定名,《郭曉燕》定作 "大智度論卷七十九　大智度論釋稱揚品第六十五之餘"[6]。

1　《郭曉燕》,頁 74。
2　《俄藏敦煌寫經部分殘片内容的初步辨識——以〈俄藏敦煌文獻〉第六、七、八册爲中心》,頁 450—460。
3　《敦煌佛經字詞與校勘研究》,頁 197。
4　《郭曉燕》,頁 76。
5　《郭曉燕》,頁 76。
6　《郭曉燕》,頁 94。

俄 Дx 10538 號,殘片,前後及上端皆殘泐,存 4 殘行,每行存下部 3 字,楷書,有界欄。所抄自 "得無" 至 "薩滅",文見《大正藏》25 冊卷七十九 614 頁上 5 行至 614 頁上 9 行,圖版見《俄藏》14 冊 320 頁上。《俄藏》未定名,《郭曉燕》定作 "大智度論卷七十九　大智度論釋稱揚品第六十五之餘"[1]。

按:《郭曉燕》謂茲二號可綴合[2],甚是。綴合後,所抄自 "薩時" 至 "薩滅",文見《大正藏》25 冊卷七十九 614 頁上 1 行至 614 頁上 9 行。

俄 Дx 12543 號 + 俄 Дx 10538 號綴合示意圖

S.4432 號《大智度論》卷七十九

首尾殘,存 39 行,行 17 字,楷書,有界欄。所抄自 "薩摩" 至 "諸天",文見《大正藏》25 冊卷七十九 614 頁中 10 行至 614 頁下 23 行,圖版見《寶藏》36 冊 116 頁上至 117 頁上。《總目》失考,定名爲 "佛經疏釋"。《寶藏》《索引新編》皆定名爲 "大智度論卷第七十九"。

羽 210 號 P《大智度論》卷七十九摘抄

羽 210 號,詳見前。羽 210 號 P 所抄爲《大智度論》卷七十九,所抄自 "所以" 至 "覆面",文見《大正藏》25 冊卷七十九 620 頁中 1 行至 620 頁中 3 行。

俄 Дx08979 號《大智度論》卷八十一

殘片,前後及上端殘泐,有破洞一處,背面有大字二行 "▭和崇▭ / ▭寅▭",小字三行 "▭生▭ / ▭常樂我淨不住▭ / ▭受想行▭"。存 7 殘行,每行存下部 5—9 字,楷書,有界欄。所抄自 "後忍" 至 "行此",文見《大正藏》25 冊卷七十八 628 頁下 16 行至 628 頁下 23 行,圖版見《俄藏》14 冊 110 頁下。《俄藏》未定名,《郭曉燕》定作 "大智度論卷八十一　大智度論釋六度品第六十八之

---

1 《郭曉燕》,頁 95。

2 《郭曉燕》,頁 154。亦見張磊、郭曉燕《俄藏楷書〈大智度論〉寫本殘片綴合研究》,《復旦學報》,2015 年第 6 期。

餘"[1]。

羽 210 號 Q《大智度論》卷八十一摘抄

羽 210 號,詳見前。羽 210 號 Q 抄《大智度論》卷八十一凡 2 段:第 1 段所抄自"譬如"至"而得",文見《大正藏》25 冊卷八十一 630 頁上 1 行至 630 頁上 4 行;第 2 段所抄自"我爲"至"羅蜜",文見《大正藏》25 冊卷八十一 626 頁下 13 行至 626 頁下 17 行。

P.2427 號 G《大智度論》卷八十二

P.2427 號爲佛經雜抄,所抄依次爲《大智度論》卷二十三、《阿毗達磨藏顯宗論》卷二十七、《阿毗達磨藏顯宗論》卷十八、《阿毗達磨順正理論》卷三十三、《阿毗達磨順正理論》卷五十四、《大集經》卷三十三、《大智度論》卷八十二、《長爪梵志請問經》,法藏原編號"P.2427 號 4",不確,茲準確編號作"P.2427 號 G"。P.2427 號 G 所抄爲《大智度論》卷八十二,存 19 行,行 17 字,楷書。所抄自"何以"至"般若",文見《大正藏》25 冊卷八十二 633 頁中 15 行至 633 頁下 6 行,圖版見《寶藏》120 冊 368 頁下左、《法藏》13 冊 343 頁下左。《寶藏》定名爲"大智度論卷第二十三犬集經",誤。《法藏》失考,定名爲"佛經"。據 P.2427 號 F《大集經》卷三十三有"月""國""初""日"等武周新字,可推知該號抄寫時間上限爲武后朝。

羽 210 號 R《大智度論》卷八十二摘抄

羽 210 號,詳見前。羽 210 號 R 抄《大智度論》卷八十二凡 3 段:第 1 段所抄自"譬如"至"功德",文見《大正藏》25 冊卷八十二 637 頁上 27 行至 637 頁中 4 行;第 2 段所抄自"以布"至"婆若",文見《大正藏》25 冊卷八十二 636 頁中 5 行至 636 頁中 12 行;第 3 段所抄自"月是"至"菩提",文見《大正藏》25 冊卷八十二 636 頁上 4 行至 636 頁上 9 行。

俄 Дx07345 號《大智度論》卷八十二

殘片,前後上下皆殘泐,存 3 殘行,每行存 1—4 字,楷書,有界欄。所抄自"行難"至"觀諸",文見《大正藏》25 冊卷八十二 636 頁中 7 行至 636 頁中 8 行,圖版見《俄藏》13 冊 295 頁下。《俄藏》未定名,《郭曉燕》定作"大智度論卷八十二 大智度論釋大方便品第六十九"[2]。

俄 Дx12470 號 + 俄 Дx12488 號《大智度論》卷八十三

俄 Дx12470 號由二殘片組成,《俄藏》已綴合。前後上下皆殘泐,存 8 殘行,每行存 2—9 字,首行僅存 2 字左側殘筆,末行僅存 4 字右側殘筆,楷書,有界欄。所抄自"善知"至"善知",文見《大正藏》25 冊卷八十三 640 頁中 2 行至 640 頁中 7 行,圖版見《俄藏》16 冊 125 頁上。《俄藏》未定名,《郭曉燕》定作"大智度論卷第八十三 大智度論釋大方便品第六十九之餘"[3]。

俄 Дx12488 號,殘片,前後及上端皆殘泐,存 7 殘行,每行存下部 3—15 字,楷書,有界欄。所抄自"界善"至"相空",文見《大正藏》25 冊卷八十三 640 頁中 6 行至 640 頁中 12 行,圖版見《俄藏》16 冊 128 頁下。《俄藏》未定名,《郭曉燕》定作"大智度論卷第八十三 大智度論釋大方便品第六十九之餘"[4]。

按:《郭曉燕》謂茲二號可綴合[5],甚是。綴合後,所抄自"善知"至"相空",文見《大正藏》25 冊卷八十三 640 頁中 2 行至 640 頁中 12 行。

---

1 《郭曉燕》,頁 77。

2 《郭曉燕》,頁 78。

3 《郭曉燕》,頁 96。

4 《郭曉燕》,頁 96。

5 《郭曉燕》,頁 156。亦見張磊、郭曉燕《俄藏楷書〈大智度論〉寫本殘片綴合研究》,《復旦學報》,2015 年第 6 期。

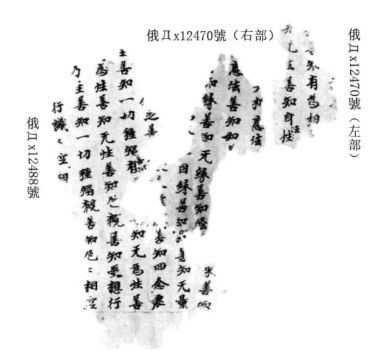

俄 Дx12470 號 + 俄 Дx12488 號綴合示意圖

俄 Дx08987 號《大智度論》卷八十三

殘片,前後及下端殘泐,存 4 殘行,每行存上部 3—9 字,末行僅存右側殘筆,楷書,有界欄。所抄自"佛意"至"若波",文見《大正藏》25 冊卷八十三 640 頁下 9 行至 640 頁下 11 行,圖版見《俄藏》14 冊 111 頁下。《俄藏》未定名,《郭曉燕》定作"大智度論卷八十三 大智度論釋大方便品第六十九之餘"[1]。

俄 Дx06290 號 A《大智度論》卷八十三

殘片,前後及下端皆殘泐,存 5 殘行,每行存上部 3—5 字,楷書。所抄自"至分"至"念世",文見《大正藏》25 冊卷八十三 641 頁上 3 行至 641 頁上 7 行,圖版見《俄藏》13 冊 72 頁下。《俄藏》未定名,《郭曉燕》定作"大智度論卷八十三 大智度論釋大方便品第六十九之餘"[2]。

俄 Дx12259 號《大智度論》卷八十四

殘片,前後殘泐,存 9 殘行,完整行 17 字,隸楷,有界欄。所抄自"羅三"至"須菩",文見《大正藏》25 冊卷八十四 646 頁上 19 行至 646 頁上 26 行,圖版見《俄藏》16 冊 88 頁下。《俄藏》未定名,《郭曉燕》定作"大智度論卷第八十四 大智度論釋三慧品第七十之餘"[3]。

俄 Дx06944 號《大智度論》卷八十四

殘片,前後及下端皆殘泐,存 7 殘行,每行存上部 2—5 字,楷書,有界欄。所抄自"婆羅"至"人種",文見《大正藏》25 冊卷八十四 649 頁下 19 行至 649 頁下 26 行,圖版見《俄藏》13 冊 230 頁上。《俄藏》未定名,《郭曉燕》定作"大智度論卷八十四 大智度論釋三慧品第七十之餘"[4]。

敦研 223 號《大智度論》卷八十五

白麻紙,1 紙,殘片,前後及上端殘泐,有污斑,破損嚴重。存 27 行,完整行 17—18 字,隸楷,有界欄。所抄自"菩薩"至"法能",文見《大正藏》25 冊卷八十五 654 頁上 14 行至 654 頁中 16 行,圖版見《甘藏》

---

1 《郭曉燕》,頁 78。
2 《郭曉燕》,頁 78。
3 《郭曉燕》,頁 97。
4 《郭曉燕》,頁 79。

1 冊 213 頁上。《甘藏》定名爲 "大智度論卷第八十五釋道樹品第七十一"。從書風書跡、行款格式等判斷，似南北朝寫本。

敦研 064 號《大智度論》卷八十五

土地廟出土。黃麻紙，1 紙，首尾殘，存 27 行，行 17—21 字，隸楷，有界欄。所抄自 "行皆" 至 "因緣"，文見《大正藏》25 冊卷八十五 656 頁下 3 行至 657 頁上 4 行，圖版見《甘藏》1 冊 70 頁上至 70 頁下。《甘藏》定名爲 "大智度論卷第八十五釋菩薩行品第七十二"。從字體和書寫風格等判斷，似南北朝時期寫本。

俄 Дx04038 號 + 俄 Дx04039 號 B《大智度論》卷八十六

兹二殘片《俄藏》已綴合。俄 Дx04038 號 + 俄 Дx04039 號所抄爲《大智度論》卷三十一、八十六兩種文獻，現分別編號爲俄 Дx04038 號 + 俄 Дx04039 號 A、俄 Дx04038 號 + 俄 Дx04039 號 B。俄 Дx04038 號 + 俄 Дx04039 號 B，前後及下部殘泐，存 4 殘行，每行存 1—7 字，末行僅存右側殘筆，隸楷，有界欄。所抄自 "辟支" 至 "處作"，文見《大正藏》25 冊卷八十六 659 頁中 20 行至 659 頁中 23 行，圖版見《俄藏》11 冊 131 頁上。《俄藏》未定名，《敦煌佛經字詞與校勘研究》定名爲 "大智度論卷第三十一"[1]，不甚確。

俄 Дx09508 號《大智度論》卷八十六

殘片，前後及上端皆殘泐，存 5 殘行，每行存下部 2—4 字，楷書。所抄自 "三乘" 至 "菩提"，文見《大正藏》25 冊卷八十六 665 頁中 2 行至 665 頁中 6 行，圖版見《俄藏》14 冊 169 頁上。《俄藏》未定名，《郭曉燕》定作 "大智度論卷八十六　大智度論釋次第學品第七十五"[2]。

俄 Дx08230 號《大智度論》卷八十六

殘片，前後上下皆殘泐，存 4 殘行，每行存 3—7 字，楷書。所抄自 "故義" 至 "般若"，文見《大正藏》25 冊卷八十六 665 頁中 4 行至 665 頁中 7 行，圖版見《俄藏》14 冊 34 頁上。《俄藏》未定名，《郭曉燕》定作 "大智度論卷八十六　大智度論釋次第學品第七十五"[3]。

俄 Дx04447 號《大智度論》卷八十八

殘片，前後上下皆殘泐，存 3 殘行，每行存 6—9 字，楷書，有界欄。所抄自 "阿羅" 至 "佛言"，文見《大正藏》25 冊卷八十八 678 頁中 7 行至 678 頁中 9 行，圖版見《俄藏》11 冊 238 頁上。《俄藏》未定名，《郭曉燕》定作 "大智度論卷第八十八　大智度論釋四攝品第七十八"[4]。

羽 210 號 S《大智度論》卷八十八摘抄

羽 210 號，詳見前。羽 210 號 S 所抄爲《大智度論》卷八十八，所抄自 "譬如" 至 "作業"，文見《大正藏》25 冊卷八十八 683 頁中 5 行至 683 頁中 14 行。

俄 Дx15580 號《大智度論》卷八十八

殘片，前後上下皆殘泐，存 3 殘行，末行僅存右側殘筆，楷書，有界欄。所抄自 "青眼" 至 "好而"，文見《大正藏》25 冊卷八十八 684 頁上 15 行至 684 頁上 16 行，圖版見《俄藏》16 冊 244 頁下。《俄藏》未定名，《郭曉燕》定作 "大智度論卷八十八　大智度論釋四攝品第七十八"[5]。

俄 Дx00182 號 + 俄 Дx00183 號《大智度論》卷八十九

兹二殘片《俄藏》已綴合。紙色白，前後殘泐，存 16 行，完整行 17 字，首行僅存左側殘筆，楷書，有界欄。

---

1 《敦煌佛經字詞與校勘研究》，頁 215。
2 《郭曉燕》，頁 79。
3 《郭曉燕》，頁 80。
4 《郭曉燕》，頁 98。
5 《郭曉燕》，頁 80。

所抄自"行如"至"乃至",文見《大正藏》25 册卷八十九 689 頁中 1 行至 689 頁中 16 行,圖版見《俄藏》6 册 123 頁上。《俄藏》定名爲"摩訶般若波羅蜜經卷第二十四善達品第七十九"。《孟目》定爲 6—7 世紀寫經。

俄 Дx07268 號 + 俄 Дx07178 號《大智度論》卷九十

俄 Дx07268 號,殘片,前後上下皆殘泐,存 6 殘行,每行存 6—7 字,首行僅存左側殘筆,末行僅存右側殘筆,楷書。所抄自"者言"至"果甘",文見《大正藏》25 册卷九十 697 頁中 27 行至 697 頁下 2 行,圖版見《俄藏》13 册 285 頁下。《俄藏》未定名,《郭曉燕》定作"大智度論卷九十　大智度論釋實際品第八十"[1]。

俄 Дx07178 號,殘片,前後上下皆殘泐,存 9 殘行,每行存 2—7 字,楷書。該號抄《大智度論》卷九十凡 2 段:1—3 行爲第一段,所抄自"者是"至"言世",文見《大正藏》25 册卷九十 697 頁下 2 行至 697 頁下 5 行;4—8 行爲第二段,所抄自"生不"至"須菩",文見《大正藏》25 册卷九十 694 頁中 6 行至 694 頁中 11 行。圖版見《俄藏》13 册 268 頁上。《俄藏》未定名,《郭曉燕》定作"大智度論卷九十　大智度論釋實際品第八十"[2]。

按:《郭曉燕》謂兹二號可綴合[3],甚是。綴合後,第一段所抄自"者言"至"言是",文見《大正藏》25 册卷九十 697 頁中 27 行至下 697 頁 5 行;第二段所抄自"生不"至"須菩",文見《大正藏》25 册卷九十 694 頁中 6 行至 694 頁中 11 行。

俄 Дx07178 號　　　　俄 Дx07268 號

俄 Дx07268 號 + 俄 Дx07178 號綴合示意圖

S.4195 號 +S.0461 號 +P.4525 號 16···P.4525 號 18《大智度論》卷九十(兑廢稿)

S.4195 號,首尾殘,卷面有大寫的"兑"字,背面抄有字書《籑金》。存 28 行,行 17 字,楷書,有界欄。所抄自"意而"至"提言",文見《大正藏》25 册卷九十 697 頁下 10 行至 698 頁上 12 行,圖版見《寶藏》34 册 389 頁上至 389 頁下。《總目》失考,定名爲"佛經"。《寶藏》《索引新編》皆定名爲"大智度論卷第九十"。

S.0461 號,1 紙,首尾殘,卷面有大寫的"兑"字,卷面、卷背有雜寫,卷首下邊鈐有英國博物館 1 號印。卷背面抄"經袟",《英圖》敘錄謂:"本遺書原抄寫《大智度論》卷九十,因錯抄廢棄。後用該廢棄經卷作爲包裹其他經卷的經袟。"背面有斯坦因紅鋼筆寫早期編號"87. Ⅵ .6"。存 28 行,行 17 字,楷書。所抄自"不也"至"足一",文見《大正藏》25 册卷九十 698 頁上 12 行至 698 頁中 13 行,圖版見《寶藏》4 册 3 頁上至 3 頁下,《英圖》7 册 195 頁下至 197 頁上。《總目》失考,定名爲"佛經"。《寶藏》《索引新編》皆定名爲"大智度論卷第九十"。《英圖》定名爲"大智度論(兑廢稿)卷九○"。

P.4525 號 16,首尾殘,卷面有大寫的"兑"字,存 27 行,行 17 字,楷書,有界欄。所抄自"切道"至"云何",文見《大正藏》25 册卷九十 698 頁中 13 行至 698 頁下 13 行,圖版見《寶藏》133 册 424 頁上、《法藏》

1 《郭曉燕》,頁 81。

2 《郭曉燕》,頁 82。

3 《郭曉燕》,頁 157。亦見張磊、郭曉燕《俄藏楷書〈大智度論〉寫本殘片綴合研究》,《復旦學報》,2015 年第 6 期。

31 冊 375 頁上。《寶藏》未定名,《索引新編》泛名爲"大智度論",《法藏》定名爲"大智度論釋實際品第八十"。

P.4525 號 18,殘片,卷面有大寫的"兑"字,存 7 行,行 17 字,楷書,有界欄。所抄自"欲小"至"羅漢",文見《大正藏》25 冊卷九十 699 頁上 8 行至 699 頁上 16 行,圖版見《寶藏》133 冊 426 頁上、《法藏》31 冊 376 頁下。《寶藏》未定名,《索引新編》泛名爲"大智度論",《法藏》定名爲"大智度論釋實際品第八十"。

按:上揭 4 號所抄皆爲《大智度論》卷九十,且内容前後相承,行款格式相同,書風書跡一致,可以綴合。綴合後,所抄自"意而"至"羅漢",文見《大正藏》25 冊卷九十 697 頁下 10 行至 699 頁上 16 行。P.4525 號 16、P.4525 號 18 二號之間殘缺内容可參見《大正藏》本 25 冊卷九十 698 頁下 13 行至 699 頁上 8 行。《英圖》謂 S.0461 號爲 8—9 世紀吐番統治時期寫本,近是,S.4195 號背面所抄唐若立所撰字書《籑金》亦可爲佐證。[1] 敍號既可與之綴合,則抄寫年代亦同。

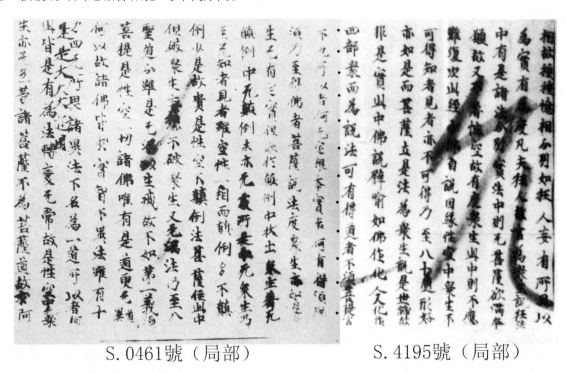

S.0461 號(局部)   S.4195 號(局部)

S.4195 號(局部)+S.0461 號(局部)綴合示意圖

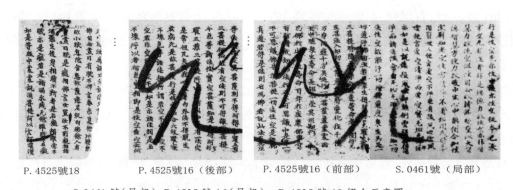

P.4525 號18   P.4525 號16(後部)   P.4525 號16(前部)   S.0461 號(局部)

S.0461 號(局部)+P.4525 號 16(局部)…P.4525 號 18 綴合示意圖

1　鄭炳林、李强《敦煌寫本〈籑金〉研究》,《敦煌學輯刊》,2006 年第 2 期,頁 1—20。

俄 Дx08524 號《大智度論》卷九十

殘片,前後上下皆殘泐,存 8 殘行,每行存 3—5 字,楷書,有界欄。所抄自"佛猶"至"雖眠",文見《大正藏》25 冊卷九十 699 頁上 7 行至 699 頁上 14 行,圖版見《俄藏》14 冊 60 頁下。《俄藏》未定名,《郭曉燕》定作"大智度論卷九十　大智度論釋實際品第八十"[1]。

浙敦 126 號 A（浙博 101）《大智度論》卷九十一

浙博原藏品號"23279.32"。張宗祥原藏。麻紙,紙色淺褐,墨色濃。該號所抄依次爲《大智度論》卷九十一、卷四十八,茲分別編號爲浙敦 126 號 A（浙博 101）、浙敦 126 號 B（浙博 101）。浙敦 126 號 A（浙博 101）,存 5 行,行 18—20 字,楷書,有界欄。所抄自"羅蜜"至"如是",文見《大正藏》25 冊卷九十一 699 頁下 11 行至 699 頁下 16 行。《浙藏》定名爲"佛經殘片",宗舜考定該號所抄分別爲《大智度論》卷四十八"釋四念處品第十九"、卷第九十一"釋照明品第八十一"[2]。《浙藏》敘錄稱該號爲唐寫本。

BD01245 號《大智度論》卷九十一

原編號"北 3467 號（列 045）"。8 紙,首尾殘,首紙有殘裂,卷上下端有殘損。背有古代裱補。存 212 行,行 17 字,楷書,有界欄。所抄自"陀洹"至"今須",文見《大正藏》25 冊卷九十一 700 頁上 14 行至 702 頁中 25 行,圖版見《寶藏》78 冊 128 頁下至 133 頁上、《國圖》18 冊 311 頁上至 315 頁下。《寶藏》誤擬作"摩訶般若波羅蜜經具足品第八十一",《索引新編》誤擬作"摩訶般若波羅蜜經具足品八十一"。《國圖》定名爲"大智度論卷九一",定爲 6 世紀南北朝寫本。

羽 210 號 T《大智度論》卷九十一摘抄

羽 210 號,詳見前。羽 210 號 T 所抄爲《大智度論》卷九十一,所抄自"菩薩"至"菩提",文見《大正藏》25 冊卷九十一 701 頁下 13 行至 701 頁下 21 行。

俄 Дx09424 號《大智度論》卷九十一 [3]

殘片,前後上下皆殘泐,尾題"▆▆▆品八十一",卷末有題記"紙十八張"。存 4 殘行,行 4—8 字,楷書,有界欄。所抄自"等莫"至題記,文見《大正藏》25 冊卷九十一 705 頁中 11 行至 705 頁中 14 行,圖版見《俄藏》14 冊 161 頁上。《俄藏》未定名,《郭曉燕》定作"大智度論卷九十一　大智度論釋照明品第八十一"[4]。

俄 Дx07550 號《大智度論》卷九十三

殘片,前後上下殘泐,存 3 殘行,每行存 3—4 字,楷書。所抄自"有百"至"果報",文見《大正藏》25 冊卷九十三 710 頁下 22 行至 710 頁下 24 行,圖版見《俄藏》13 冊 315 頁上。《俄藏》未定名,《郭曉燕》定作"大智度論卷九十三　大智度論釋淨佛國土品第八十二之餘"[5]。

羽 210 號 V《大智度論》卷九十三摘抄

羽 210 號,詳見前。羽 210 號 V 所抄爲《大智度論》卷九十三,所抄自"又爲"至"所妨",後有"大智度論付囑阿難九十品不付囑菩薩"16 字,文見《大正藏》25 冊卷九十三 711 頁上 26 行至 711 頁上 29 行。

俄 Дx00559 號《大智度論》卷九十四

1 紙,紙色淡褐,紙質薄,首尾殘,存 25 行,其中 8 行完整,完整行約 17 字,隸楷,有界欄。所抄自"共法"至"名有",文見《大正藏》25 冊卷九十四 716 頁下 6 行至 716 頁下 29 行,圖版見《俄藏》6 冊 365 頁上。《俄

1 《郭曉燕》,頁 82。

2 《〈浙藏敦煌文獻〉佛教資料考辨》,2002 年。

3 該號尾題殘存字數過少,無法確定其類別歸屬,暫歸入此類,俟考。

4 《郭曉燕》,頁 83。

5 《郭曉燕》,頁 83。

藏》定名爲“大智度論釋畢定品第八十三之餘”。《孟目》定名爲“大智度論卷第九十四釋畢定品第八十三之餘”,定爲 6 世紀寫本。

俄 Дx05014 號《大智度論》卷九十四

殘片,前後及上端皆殘泐,存 6 殘行,每行存下部 1—3 字,楷書,有界欄。所抄自“生故”至“死須”,文見《大正藏》25 冊卷九十四 719 頁下 19 行至 719 頁下 25 行,圖版見《俄藏》12 冊 2 頁下。《俄藏》未定名,《郭曉燕》定作“大智度論卷九十四　大智度論釋四諦品第八十四”[1]。

俄 Дx08280 號《大智度論》卷九十五

殘片,前後上下皆殘泐,存 4 殘行,每行存 4—9 字,楷書,有界欄。所抄自“法非”至“謂無”,文見《大正藏》25 冊卷九十五 725 頁下 7 行至 725 頁下 11 行,圖版見《俄藏》14 冊 38 頁下。《俄藏》未定名,《郭曉燕》定作“大智度論卷九十五　大智度論釋平等品第八十六”[2]。

俄 Дx03205 號《大智度論》卷九十六

殘片,前後上下皆殘泐,存 5 殘行,首行僅存左側殘筆,隸楷,有界欄。所抄自“問佛”至“是法”,文見《大正藏》25 冊卷九十六 730 頁中 18 行至 730 頁中 21 行,圖版見《俄藏》10 冊 220 頁下。《俄藏》未定名,《敦煌佛經字詞與校勘研究》定名爲“大智度論卷九十六”[3]。

P.5561 號《大智度論》卷九十七

首尾殘,首 3 行上部殘泐,存 26 行,行 17 字,楷書,有界欄。所抄自“羅蜜”至“般若”,文見《大正藏》25 冊卷九十七 735 頁中 29 行至 735 頁下 27 行,圖版見《寶藏》135 冊 507 頁下至 508 頁上、《法藏》34 冊 241 頁下至 242 頁上。《總目》失考,定名爲“殘佛經”。《法藏》定名爲“大智度論薩陀波侖品第八十八之餘”,《寶藏》《索引新編》定名爲“大智度論卷第九十七薩陀波侖品第八十八之餘”。

BD 10165 號 +BD 09890 號 +BD 12148 號《大智度論》卷九十七

BD 10165 號,原編號“L0294”。1 紙,殘片,前後及下部皆殘泐,存 5 殘行,每行存上部 3—9 字,有界欄。所抄自“乏短”至“侖供”,文見《大正藏》25 冊卷九十七 736 頁上 16 行至 736 頁上 20 行,圖版見《國圖》107 冊 159 頁上。《國圖》定名爲“大智度論卷九七”,定爲 5—6 世紀南北朝寫本。

BD 09890 號,原編號“L0019”。1 紙,殘片,卷面殘破,存 12 行,其中 7 行完整,完整行 17 字,有界欄。所抄自“若化”至“是雖”,文見《大正藏》25 冊卷九十七 736 頁上 18 行至 736 頁中 2 行,圖版見《國圖》107 冊 73 頁上。《國圖》定名爲“大智度論卷九七”,定爲 5—6 世紀南北朝寫本。

BD 12148 號,原編號“L2277”。1 紙,殘片,前後及下部皆殘泐,存 3 殘行,每行存 7—16 字,有界欄。所抄自“是生”至“生身”,文見《大正藏》25 冊卷九十七 736 頁中 2 行至 736 頁中 5 行,圖版見《國圖》110 冊 278 頁上。《國圖》定名爲“大智度論卷九七”,定爲 5—6 世紀南北朝寫本。

按:上揭三號皆爲《大智度論》卷九十七殘片,且内容前後相承,行款格式相同,書風書跡一致,可以綴合。綴合後,所抄自“乏短”至“生身”,文見《大正藏》25 冊卷九十七 736 頁上 16 行至 736 頁中 5 行。又《國圖》敘錄稱 BD 10165 號所書字體爲隸楷,又稱 BD 09890、BD 12148 號字體爲隸書,今此三號既爲一卷之裂,字體亦不應有別,當根據實際書寫情況定作隸楷爲妥。

---

1 《郭曉燕》,頁 99。

2 《郭曉燕》,頁 83。

3 《敦煌佛經字詞與校勘研究》,頁 182。

BD 10165 號 +BD 09890 號 +BD 12148 號綴合示意圖

俄 Дx 03653 號《大智度論》卷九十九

殘片,前後殘泐,背後抄有非漢文,存 8 殘行,每行存 3—17 字,楷書,有界欄。所抄自"佛所"至"五衆",文見《大正藏》25 册卷九十九 746 頁中 11 行至 746 頁中 19 行,圖版見《俄藏》11 册 14 頁下。《俄藏》未定名,《敦煌佛經字詞與校勘研究》定名爲"大智度論釋曇無竭品第八十九"[1]。

BD 10212 號…BD 10006 號《大智度論》卷一百

BD 10212 號,原編號"L0341"。1 紙,殘片,前後及下部殘泐,背後有校勘記 2 行:"《摩訶衍經》卷百""品第□十五""欠頭半個"。存 8 殘行,每行存上部 10—16 字,首行僅存左側殘筆,楷書,有界欄。所抄自"薩陀"至"欲得",文見《大正藏》25 册卷一百 751 頁上 9 行至 751 頁上 17 行,圖版見《國圖》107 册 185 頁上。《國圖》定名爲"大智度論卷一百",定爲 5—6 世紀南北朝寫本。

BD 10006 號,原編號"L0135"。1 紙,殘片,前後及上部殘泐,存 6 殘行,每行存 4—15 字,楷書,有界欄。所抄自"大經"至"葉將",文見《大正藏》25 册卷一百 756 頁中 10 行至 756 頁中 14 行,圖版見《國圖》107 册 10 頁上。《國圖》定名爲"大智度論卷一百",定爲 5—6 世紀南北朝寫本。

按:上揭二號皆爲《大智度論》卷一百殘片,且内容前後相承,行款格式相同,書風書跡一致,可以綴合。綴合後,所抄自"薩陀"至"葉將",文見《大正藏》25 册卷一百 751 頁上 9 行至 756 頁中 14 行。二號之間殘缺内容參見《大正藏》25 册卷一百 751 頁上 17 行至 756 頁中 10 行。

---

1 《敦煌佛經字詞與校勘研究》,205 頁。

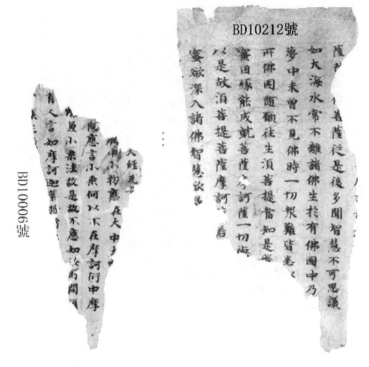

BD 10212 號 … BD 10006 號綴合示意圖

俄 Дх00572 號《大智度論》卷一百

1 紙,紙色白,首尾殘,前後上下殘泐,存 26 行,完整行約 18 字,隸楷,有界欄。所抄自"力無"至"故智",文見《大正藏》25 冊卷一百 753 頁上 20 行至 753 頁中 20 行,圖版見《俄藏》6 冊 372 頁下。《俄藏》定名爲"大智度論釋曇無竭品第八十九"。《孟目》定名爲"《大智度論》卷第一百釋曇無竭品第八十九",定爲 6 世紀初寫本。

俄 Дх08027 號《大智度論》卷一百

殘片,前後及上端皆殘泐,存 1 殘行,行 6 字,楷書,有界欄。所抄自"盤等"至"別故",文見《大正藏》25 冊卷一百 755 頁下 1 行,圖版見《俄藏》14 冊 15 頁下。《俄藏》未定名,《郭曉燕》定作"大智度論卷第一百 大智度論釋囑累品第九十"[1]。

俄 Дх07079 號《大智度論》卷一百

殘片,前後及下端皆殘泐,存 4 殘行,每行存上部 2—9 字,楷書。所抄自"語是"至"聞受",文見《大正藏》25 冊卷一百 755 頁下 23 行至 755 頁下 27 行,圖版見《俄藏》13 冊 250 頁下。《俄藏》未定名,《郭曉燕》定作"大智度論卷第一百 大智度論釋囑累品第九十"[2]。

俄 Дх07086 號《大智度論》卷一百

殘片,前後及下端殘泐,存 3 殘行,每行存上部 2—9 字,楷書。所抄自"牢固"至"德純",文見《大正藏》25 冊卷一百 756 頁上 1 行至 756 頁上 3 行,圖版見《俄藏》13 冊 251 頁下。《俄藏》未定名,《郭曉燕》定作"大智度論卷第一百 大智度論釋囑累品第九十"[3]。

羽 210 號U《大智度論》卷一百摘抄

羽 210 號,詳見前。羽 210 號U 抄《大智度論》卷一百凡 2 段:第 1 段所抄自"如此"至"萬偈",文見《大

---

1 《郭曉燕》,頁 84。

2 《郭曉燕》,頁 84。

3 《郭曉燕》,頁 85。

正藏》25 册卷一百 756 頁上 28 行至 756 頁中 1 行；第 2 段所抄自 "諸佛" 至 "羅蜜"，文見《大正藏》25 册卷一百 755 頁下 9 行。

BD 12966 號《大智度論》卷十七護首

原編號 "L3095"。1 紙，首全尾脱。有芨芨草天竿及縹帶。卷上下邊殘缺，中有殘洞。存 1 行，楷書。該號爲護首，上有經名 "□（大）智度論卷第十七"，下有題記 "尹夫人受持"。圖版見《國圖》112 册 12 頁上。《國圖》定名爲 "護首（大智度論）"，定爲 7—8 世紀唐寫本（按：不確，當據題記定作十六國時期寫經，考詳 S.5132 號敘録）。S.5119 號《大智度論》卷五十、S.5132 號《大智度論》卷四十五、BD 12426 號《大智度論》卷七十九護首皆有相同題記。

浙敦 046（浙博 021）《大智度論》卷六十四護首

張宗祥原藏，浙博原藏品號 "23993.12"。麻紙，紙色褐，墨色較淡，1 紙，存 1 行，楷書。上有經名 "《大智度論》卷第六十四"，下有 "表七恩四" 四字，背面左邊殘半印 "報恩寺" 朱文篆書方印。圖版見《浙藏》167 頁下。《浙藏》定爲晚唐五代寫本，定名爲 "大智度論卷第六十四引首"。報恩寺爲唐宋時敦煌僧寺，寺址在沙州城内，盛唐時初見其名（P.3265），北宋天禧三年（1019）猶存（《天禧塔記》）。寺有藏經（P.2726、P.2233、P.4000、北荒 54、爲 97、爲 98 等）。同官府關係密切，遺書中有節度孔目官范祐禛（P.3878）、節度使曹宗壽（Φ32A）施經該寺之記事。著名僧人金霞、慈惠、慶力、法眼、福惠、愿德等均在該寺出家。莫高窟第 148、346 等窟有該寺僧人慈惠等供養像及題名。[1]

BD 12426 號《大智度論》卷七十九護首

原編號 "L2555"。1 紙，殘片，存 1 行，楷書。該號爲護首，上有經名 "大智度論卷第七十九"，下有題記 "尹夫人受持"。圖版見《國圖》111 册 93 頁上。《國圖》定名爲 "護首（大智度論）"，定爲 7—8 世紀唐寫本（按：不確，當據題記定作十六國時期寫經，考詳 S.5132 號敘録）。S.5119 號《大智度論》卷五十、S.5132 號《大智度論》卷四十五、BD 12966 號《大智度論》卷七十九護首皆有相同題記。

BD 13502 號《大智度論》經袟

原編號 "L3631"。殘片，存 1 行，楷書。該號爲經袟，上面寫有 "大智論第二袟"，圖版見《國圖》112 册 189 頁下。《國圖》定名爲 "經袟（大智度論）"，定爲 9—10 世紀歸義軍時期寫本。

S.5695 號《大智度論》經名雜寫

有經名雜寫 "大智度論經卷第八" "大智度論經卷第九"，無 "經" "論" 中内容。《寶藏》定名爲 "佛説無級寶三昧經"。

---

1 《敦煌學大辭典》，頁 629。

第三章　文本特徵研究

宋代以前,我國的圖書主要是以寫本的形式流傳[1],但由於過去宋代以前的寫本實物甚爲罕見,所以一直没有人對寫本進行系統的研究。直到1900年敦煌藏經洞大批寫本資料的出土,以及民國之後,吐魯番文書、黑水城文獻、宋元以來契約文書、明清檔案等衆多寫本文獻陸續公諸於世,才爲我們對寫本進行系統深入的研究提供了豐富的第一手資料。但儘管如此,長時間以來學者們多致力於敦煌寫本内容的研究,對敦煌寫本的外觀形態則不甚措意。直到20世紀60年代,學者們才逐漸開始重視敦煌寫本外部形態的研究。[2]近年來,在郝春文、榮新江、張涌泉、伏俊璉等學者的大力倡導之下,中國古代寫本學這樣一門新興學科才應運而生。一批學者開始注重從寫本整體入手,發現了諸多學術新問題,寫本學的研究正越來越引起學界的重視。[3]

作爲敦煌文獻的一部分,敦煌漢文本《大智度論》也是通過寫本的形式來展現其内容的。與刻本的程式化、規范化不同,寫本《大智度論》的個性化特徵比較突出,無論是抄寫内容還是外在形制等方面,都呈現出鮮明的特徵。下面擬從紙張形制、卷品開合、抄寫符號、行文差異、俗字別體、文獻彙抄、文多疏誤七方面展開討論。

第一節　紙張形制

在我國古代,記録文獻的載體先後有甲骨、金石、簡牘、縑帛等材料,這些材料爲人類保存、傳播、發展文化起了重要的作用。但在西漢發明造紙術後[4],紙便以其輕便、價廉等特點而逐漸成爲最主要的文獻載體。敦煌藏經洞出土文獻表明,從十六國早期開始,西北地區抄寫佛經就開始使用紙張了。這些紙張雖然年代久遠,但因長期封存在石室之中,未受空氣、日光、水分和蟲蛀等侵蝕破壞,大多保存良好,是我們研究古代造紙術的第一手資料。

因爲接觸不到寫本原卷,這裡只能參考圖版、敘録等材料,對敦煌漢文本《大智度論》的用紙情況略作介紹。《大智度論》寫卷用紙大致有麻紙、皮紙兩種,其中以麻紙居多。麻紙大多以黄麻、布頭、破履爲主要原料製成,是一種古老的紙張,其歷史一直可以追溯到西漢時期。東漢時蔡倫加以改進,使麻紙製造得到

1　雖然中國的雕版印刷術在唐代就已發明,然而它的大量普及是在宋代,故宋代以前書籍主要還是以寫本的形式流傳。

2　較早關注敦煌文獻寫本特徵的學者是日本的藤枝晃,相關成果有:〔日〕藤枝晃著,徐慶全、李樹清譯,榮新江校《敦煌寫本概述》,《敦煌研究》,1996年第2期,頁96—119;〔日〕藤枝晃著,翟德芳、孫曉林譯《漢字的文化史》,知識出版社,1991年。法國的戴仁主要致力於敦煌寫本紙張、形制方面的研究,論文有"Lanalyse fibreues des papiers et la datatiou des manuscripts Dunhuaug""Lea cahiers des manuscripts de touen-houaug"等。

3　參郝春文《敦煌寫本學與中國古代寫本學》,《中國高校社會科學》,2015年第2期。

4　關於中國造紙術起源的時間,主要有兩種不同的意見:一、東漢說,以曹魏張揖和劉宋范曄爲代表;二、西漢說,以當代學者黄文弼、潘吉星等爲代表。參盧嘉錫總主編,潘吉星著《中國科學技術史:造紙與印刷卷》,科學出版社,1998年,頁3374。

普及。由漢至唐,麻紙一直是產量最大的紙。自宋以後,由於造紙業的發展,麻紙的優勢地位才逐漸被別的紙類所代替。麻紙有多種,如白麻紙、黃麻紙、麻布紋紙、桑麻紙等,但主要分白、黃兩種。白麻紙是"以苧麻爲主要原料的生紙,直接從紙槽抄出後經烘乾而成,未作進一步加工處理,所用原料很少直接取用生麻,多爲麻繩頭、廢麻布等廢麻。其色較白,故稱"[1]。敦研 025、敦研 026、敦研 171、敦研 223、津藝 011 等號《大智度論》寫卷所用即白麻紙。黃麻紙是"白麻紙經加工處理後形成的一種黃色熟紙,處理方法有兩種,一種用黃檗染色……另一種經黃檗染色後再加蠟塗布,稱'硬黃'或'黃硬'。質地硬密光亮,呈半透明狀,防蛀抗水,千年如新,最爲名貴。常用以寫貴重經書和摹拓法帖"[2]。現存《大智度論》寫卷所用多爲黃麻紙,如敦研 120、浙敦 028、羽 001、羽 451、津藝 241、上圖 115 等號。皮紙是以樹皮製成的紙,有楮皮紙、桑皮紙等區別,出現要晚於麻紙,大約在東漢時期。它的出現爲紙的製造開闢了新的原料來源,促進了紙的產量和品質的提高。宋以後的圖書典籍中,皮紙是使用最多的紙類之一。現存《大智度論》寫卷中,上圖 030 號所用爲"本白皮紙",津藝 013 所用爲"粗白楮紙",羽 210 號所用爲楮紙,皆屬皮紙。

就形制而言,《大智度論》寫本絕大多數爲卷軸裝。[3] 卷軸裝,顧名思義是將若干張紙粘連成長幅後,用木棒等爲軸,從末尾至開頭捲成一束而成。卷軸裝始於帛書,魏晉以後,紙書逐漸替代帛書流行,以後歷代均沿用,它是紙張發明之後、雕版印刷盛行之前一種重要的書籍裝幀形式。

卷軸裝的書,經過多次伸展捲縮,容易破裂,因此要加以"裝潢",才能耐用。所謂"裝"指的是裝裱,即用綾羅、絹等材料粘貼在字紙的背後,用以保護,所用的材料稱爲包首或護首。如 BD 12966 號即爲《大智度論》卷十七護首,上有經名"□(大)智度論卷第十七",下有題記"尹夫人受持"。(圖 3-1)BD 12426 號爲《大智度論》卷七十九護首,上有經名"大智度論卷第七十九",下有題記"尹夫人受持"。此外,S.1829、BD 02901、BD 04611、BD 06018、BD 08533、BD 15318 等號均存古代裝裱。而所謂"潢",是指"染潢",即將紙用黃檗染過。染潢的起源很早,早在東漢煉丹家魏伯陽的《周易參同契》中就有"若蘗染爲黃兮,似藍成綠組"之語。其中的"蘗",指的就是黃檗。關於染潢的具體方法,《齊民要術》有專篇敘述:"凡潢紙滅白便是,不宜太深,深則年久色暗也。入浸蘗熟,即棄滓,直用純汁,費而無益。蘗熟後,漉滓搗而煮之,布囊壓訖,復搗煮之。凡三搗三煮,添和純汁者,其省四倍,又彌明淨。寫書,經夏然後入潢,縫不綻解。其新寫者,須以熨斗縫縫熨而潢之。不爾,入則零落矣。"[4]《大智度論》寫本中,經染潢的卷子很多,如津藝 013、津藝 174、津藝 247、上圖 042、羽 451 號(圖 3-2)。

其實,不僅佛經、道經寫本用紙常染潢,官府文書亦常用黃紙書寫。那麼,染潢目的何在呢?大致有四點:第一,黃檗中所含生物鹼既是一種染料,同時又能起到殺蟲防蛀的作用,利於書籍的長期保存。第二,黃色較柔和,長期閱讀不傷眼。第三,遇有筆誤,可用雌黃塗後改寫,甚便校勘。第四,按照五行學說,五行對應於五色、五方、五音等,而黃居中央,古代凡神聖之物常飾以黃色,故用黃紙書寫亦可表示神聖。

1 《敦煌學大辭典》,頁 594。
2 《敦煌學大辭典》,頁 594。
3 BD 14825 號 DE、BD 14825 號 CJ、BD 14825 號 CG 爲册頁裝,但係現代改造而成。
4 繆啟愉《齊民要術校釋》,中國農業出版社,1998 年,頁 226。

圖 3-1　BD 12966 號護首

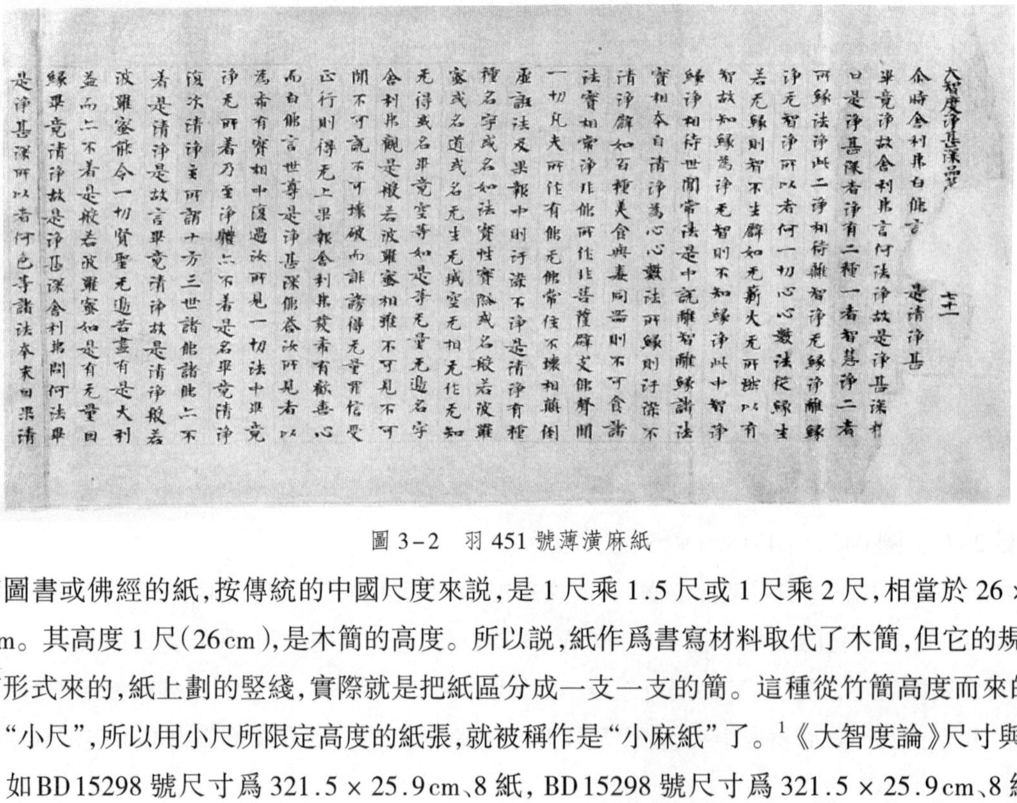

圖 3-2　羽 451 號薄潢麻紙

　　抄寫圖書或佛經的紙,按傳統的中國尺度來説,是 1 尺乘 1.5 尺或 1 尺乘 2 尺,相當於 26×39 cm 或 26×52 cm。其高度 1 尺(26 cm),是木簡的高度。所以説,紙作爲書寫材料取代了木簡,但它的規格還是從木簡書寫形式來的,紙上劃的豎綫,實際就是把紙區分成一支一支的簡。這種從竹簡高度而來的尺,在唐朝被稱作"小尺",所以用小尺所限定高度的紙張,就被稱作是"小麻紙"了。[1]《大智度論》尺寸與此是大體相符的。如 BD 15298 號尺寸爲 321.5×25.9 cm、8 紙,BD 15298 號尺寸爲 321.5×25.9 cm、8 紙,屬 1 尺乘 1.5 尺一類。BD 15150 號尺寸爲 653.1×26.1 cm、13 紙,BD 00428 號尺寸爲 $(7+991) \times 26.5$ cm、20 紙,可歸之於 1 尺乘 2 尺一類。

　　用來抄寫圖書的標準紙上一般都劃有界欄和行欄,這些界欄和行欄多用墨筆或鉛(石墨)勾畫,稱"烏絲欄"[2],可以起到整飭美觀,便於閱讀的作用。《大智度論》寫卷中大多都存有這樣的"烏絲欄",這些"烏絲欄"多數爲墨筆勾畫,還有少數是由鉛(石墨)勾畫,如浙敦 027、浙敦 028 號(圖 3-3)等。

　　1　《敦煌學十八講》,頁 303。
　　2　唐人稱"邊準",宋人稱"解行",見宋程大昌《演繁露》"唐人行卷"條。參影清嘉慶年刊《學津討原》卷七,臺灣藝文印書館,1965 年,頁 8。

圖 3-3　浙敦 028 號烏絲欄

一卷完整的卷軸裝寫經應同時具足首題和尾題，有些還有品題。首題寫於卷首，包括經名和品名，經名使用全稱；尾題經名一般使用簡稱，如 S.1829 號首題作"摩訶般若波羅蜜憂波提舍中第二品義第四十七卷第四十八"，尾題簡稱作"大智度經卷第四十八"。因卷子經常展開的緣故，卷首往往脫落而首題不存，但尾題一般保存良好。卷子抄完通常會在卷尾的空白處寫上題記，題記一般包括抄寫者、供養者、抄寫年代、發願文等幾個部分，長短不一，長的多達數百字，如 P.2143 號東陽王元榮寫經題記共計三百餘字（圖 3-4）；短的僅寥寥數字，如 BD01975 號僅"一校"二字。

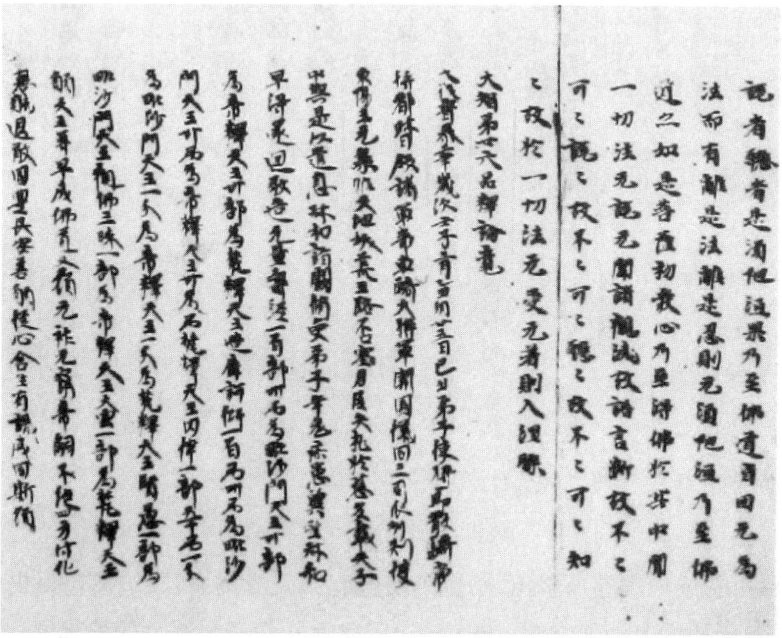

圖 3-4　P.2143 號元榮寫經題記

敦煌寫本的首尾或紙張的接縫之處，有時會鈐有印信，根據其性質可以分爲官府印信和寺院印信兩類。常見的官府印信有"沙州節度使印""瓜沙州大王印""瓜沙等州觀察使新印""瓜沙團練使印""歸義軍印""歸義軍節度使新鑄印""豆盧軍印""大于闐漢天子制印""金山白帝王印""敦煌縣印""通天萬壽之印""河西都僧統印""沙州乾寧使印"等。今所見寺院印信大抵皆爲寺院藏經印,常見的寺院的印信有"淨土寺藏經印""三界寺藏經印""報恩寺藏經印""龍恩寺藏經印"等。《大智度論》寫本中,多爲近現代收藏、鑒定印,但古代印信亦偶有所見,如S.5134號卷末鈐"瓜沙州大王印"篆書陽文方印(圖3-5),浙敦046號背面左邊殘半印"報恩寺"朱文篆書方印。

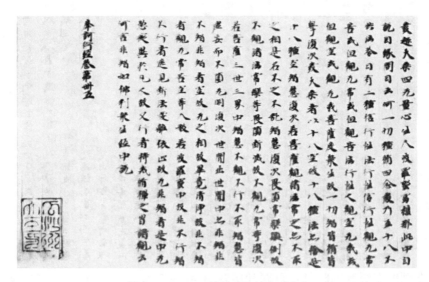

圖3-5　S.5134號"瓜沙州大王印"

爲了便於卷經卷,尾題或題記之後多有卷軸,卷首有時也會裝一個木條,木條上繫一絲帶,以便捆扎卷子。BD01227、BD01364、BD04611、BD03729(圖3-6)等號皆可見卷軸。卷軸多以竹、木製成,兩端塗有黑漆,頂端點朱漆。

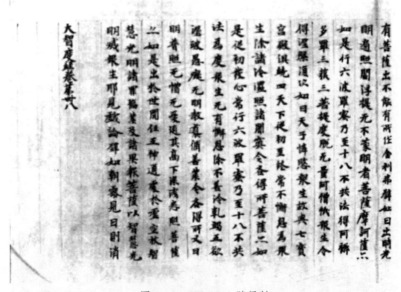

圖3-6　BD03729號尾軸

將捲好的卷子以十卷或十二卷爲單位,用包裹皮包起來就成爲一帙,這種包裹皮就叫作"經帙",又名"帙""帙皮""帙子"。經帙的裏面通常繫一根帶子,用以捆扎卷子。經帙的外部常以絲綿裝飾,上面寫上經名和帙號。《大智度論》經帙存世不多,目前所知僅BD13502號一件,該號左上端寫有"大智論第二帙"6

字,爲 9—10 世紀歸義軍時期寫本(圖 3-7)。

圖 3-7　BD 13502 號經袱

第二節　卷品開合

經比對,我們發現不少《大智度論》寫卷與《大正藏》本等傳世刻本在分卷、分品上存在較大差異,這其中以"大智度經"寫本最爲典型。該系列寫本中,幾乎每件寫卷的分卷、分品方式均異於《大正藏》本等傳世刻本,兹略舉數例如下:

BD 00428 號,20 紙,首殘尾全,尾題"大智度經卷第二十六",中有品題"般若相品第三十",所存相當於《大正藏》本卷十八的大部分内容,二者分卷、分品皆不同。

中村 016 號,6 紙,首殘尾全,尾題"大智度經卷弟三十",中有品題"大智度初品中念佛品弟三十四釋論",所存相當於《大正藏》本卷二十一"大智度論釋初品中九相義第三十五""大智度論釋初品中八念義第三十六之一"的部分内容,二者分卷、分品皆不同。

敦研 331 號,9 紙,首殘尾全,尾題"□□□(大智度)經□(卷)第三十二",中有品題"大智度初品中想品第三十五釋論",所抄相當於《大正藏》本卷二十二後部、卷二十三"大智度論初品中十想釋論第三十七"的部分内容,二者分卷、分品皆不同。

這種卷品開合差異并非"大智度經"寫本所獨有,其他寫本也存在,如:

P.2106、S.4614、浙敦 027 號卷末題記相同,均爲田豐寫經。

P.2106 號,首尾俱全,首題"摩訶般若波羅蜜經論釋初品　八",尾題"大智度論卷第八",但持此卷與《大正藏》本卷八相比對,則内容根本無涉。經檢索,此卷内容相當於《大正藏》本卷六"大智度初品中意無礙釋論第十二"、卷七"大智度初品中佛土願釋論第十三",二者分卷不同。

S.4614 號,首尾俱全,首題"摩訶般若波羅蜜經　大智度緣起論第一",尾題"大智度經論卷第一",然所抄内容僅與《大正藏》本卷一第一品"大智度初序品中緣起義釋論"相當,二者分卷不同。

浙敦 027 號,首殘尾全,尾題"大智度論卷第九十",然所抄内容實與《大正藏》本卷八十八第二品"大智度論釋四攝品第七十八"相當,二者分卷不同。

此外,敦煌漢文本《大智度論》中,分卷雖同而分品不同的寫卷也爲數不少,如:

S.2161 號,首殘尾全,尾題"摩訶衍經卷第十三　品第十七",與《大正藏》分卷一致,然分品不同。《大正藏》本分三品,品題分别爲"大智度論釋初品中尸羅波羅蜜義第二十一""大智度論釋初品中戒相義第二十二之一""大智度論釋初品中讚尸羅波羅蜜義第二十三",而該號僅"品第十七"一品。

S.4953 號,首殘尾全,尾題"摩訶衍經卷第五十 第十九品 第二十品",中有品題"大智度第二十品釋論",與《大正藏》本分卷一致,然分品不同。《大正藏》本分兩品,品序爲"大智度論釋發趣品第二十之餘""大智度論釋出到品第二十一",而該號品序爲"第十九品""第二十品"。

瞭解到敦煌漢文本《大智度論》的這一特點,我們在定名時就要充分尊重原卷的分卷方式,不能生搬硬套,用後世刻本的分卷方式爲古寫本定名。如:

BD14901 號,由二殘卷粘合而成,9 紙,首殘尾全,存 244 行,有尾題"大智度經卷第三十七"。殘卷一所存内容始"則言一切諸法空"句之"言一"二字,迄"未來世事亦如是"句"世事"二字,相應文字參見《大正藏》25 册 254 頁上 15 行至 255 頁上 19 行;殘卷二所存内容始"餘九地中攝"句之"地中"二字,迄尾題,相應文字參見《大正藏》25 册 256 頁上 26 行至 258 頁上 27 行。《國圖》定名爲"大智度論(異卷)卷三七"。

BD15352 號,3 紙,首尾殘,存 87 行,所存内容始"未來世事亦如是"句之"亦如"二字,迄"餘九地中攝"句之首二字,相應文字參見《大正藏》25 册 255 頁上 19 行至 256 頁上 26 行。因原卷無題,《國圖》據通行《大正藏》本定名作"大智度論卷二六"。

經比對,兹二號實爲一卷之裂,可以綴合,故《國圖》對 BD15352 號定名不確,當尊重寫卷自身的分卷方式,據 BD14901 號尾題定作"大智度論卷三七(異卷)"。

關於敦煌漢文本《大智度論》的每個寫卷的具體分卷、分品情況,附錄"敦煌漢文本《大智度論》卷品開合表"有詳細説明,兹不贅述。

這種内容雖同,但卷品開合不同的情況,并非敦煌漢文本《大智度論》所獨有,敦煌寫本《妙法蓮華經》《晉譯華嚴經》《大般涅槃經》等都存在類似的現像,究其原因,應該與底本、用紙以及不同的抄經者對經文的理解有關。這些卷品開合不同的寫卷充分表明,在刻本佛經定型之前,《大智度論》的篇章結構并不單一,它曾以不同的傳本形式在社會上廣泛流傳;刻本出現之後,這些傳本才慢慢消亡,以致於湮没無聞了。敦煌漢文本《大智度論》可以使我們窺斑見豹,瞭解《大智度論》早期不同的傳本形式,因此彌足珍貴。

第三節　抄寫符號

在我國大多數古典文獻中,通常不使用標點符號,而是通過語法結構、語氣助詞等斷句。但這不代表我國古代就没有標點符號,事實上,我國標點符號的歷史源遠流長,從出土文獻考察,遠在甲骨文、金文時代,就已有標點符號萌芽。比如甲骨文中,常常使用分隔號、橫線、曲線等標識把不同的卜辭分隔開來,金文當中同樣可見類似符號。此後歷朝歷代寫本、刻本文獻中,各種類型的標點符號依然層出不窮,且有長足發展。

敦煌文獻抄寫時間上起魏晉,下迄北宋初年,前后跨越 600 多年,其中同樣保存著豐富的古代標點符號。這些獨特的抄寫符號皆有不同的含義,要想正確地釋讀敦煌文獻,就必須熟悉這套符號系統。對於敦煌寫本的抄寫符號,前賢多有論及[1],其觀點大同小異,大體可歸納爲斷句符號、重文符號、省略符號、敬空符

1　如李正宇《敦煌遺書中的標點符號》,《文史知識》,1988 年第 8 期,頁 98—101;郭在貽、張涌泉、黄征《敦煌寫本書寫特例發微》,《敦煌吐魯番學研究論文集》,1990 年,頁 310—346;林聰明《敦煌文書學》,臺灣新文豐出版公司,頁 245—269;項楚《敦煌歌辭總編匡補》,巴蜀書社,2000 年,頁 151—153;鄧文寬《敦煌本〈六祖壇經〉書寫形式和符號發微》,《出土文獻研究》第 3 輯,中華書局,1998 年 10 月,頁 228—233;黄征《敦煌語言文字學研究》,甘肅教育出版社,2002 年,頁 12—26;張小豔《刪字元號"卜"與敦煌文獻的解讀》,《敦煌研究》,2003 年第 3 期,頁 71—73;張小豔《敦煌書儀語言研究》,浙江大學博士學位論文,2004 年 5 月,頁 158—164;張涌泉《敦煌寫本文獻學》,甘肅教育出版社,2013 年,頁 263—537。

號、題頭符號、換行符號、顛倒符號、删除符號、層次符號、校勘符號十類。[1]

就《大智度論》寫本而言,抄寫符號的使用并不頻繁,歸納起來,不出删除符號、重文符號、顛倒符號、敬空符號、題頭符號五種。究其原因,主要有兩點:其一,抄寫符號多用於世俗文獻,而佛教經典因其莊重性和神聖性,通常抄寫規範,校勘嚴謹,不輕易使用抄寫符號;其二,敦煌寫本中,抄寫符號多爲朱筆書寫[2],在彩色圖版中清晰可見,但在黑白圖版中則要模糊很多,有些甚至無法呈現,而已公布《大智度論》寫卷圖版,絕大多數皆爲黑白圖版,這也造成了一部分抄寫符號的缺失。下面,我們擬就《大智度論》寫本中所能見及的五種抄寫符號加以介紹。

一、删除符號

書手抄寫時,難免會出現錯字和衍文,遇到這種情況,解決的方法通常有兩種,一種是直接在錯字或衍文的右側補出正確的字;另一種就是在錯字或衍文的右側標注删除符號以示删去。敦煌寫本删除符號形體衆多,就《大智度論》寫本而言,則主要有"卜"號、"彡"號、"、"號、"○"號諸形,如:

BD 05501 號 B《大智度論》卷五十三:"須菩薩卜提言:'信以名字因緣和合等,知諸法是色,是聲、香、味、觸、法。'"(圖 3-8)

抄手誤將"提"字寫作"薩",後於"薩"下補寫"提"字,又在"薩"字右側加"卜"號,以示删除。

BD 01364 號《大智度論》卷八:"身口善是名持戒。撿心就戒彡善是名自守。亦名不嬈衆生。"(圖 3-9)

抄手誤將"善"字寫作"戒",後於"戒"下補寫"善"字,又在"戒"字右側加"彡"號,以示删除。

若寫錯幾個字,則在每個字前皆加"彡"號,如:

BD 00428 號《大智度論》卷五十五:"以須菩提善説般若波彡羅彡蜜彡,敬之重故,甄名供養。"

抄手在"善説般若"後誤寫"波羅蜜"三字,復於此三字右側分別標注"彡"號,以示廢除。

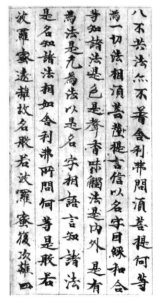 

圖 3-8　BD 05501 號 B"卜"號　　　圖 3-9　BD 01364 號"彡"號

BD 08095 號《大智度論》卷五十二:"如、我説如我名字,我亦畢竟不生。"(圖 3-10)

抄手在"我"前誤寫"如"字,復於此字前標注"、"號,表示此字當删。

1　《敦煌語言文字學研究》,頁 12。

2　上列五種抄寫符號中,删除符號、重文符號、顛倒符號、題頭符號大抵皆爲墨筆書寫。

羽210號H《大智度論》卷四十摘抄:"有人言:佛過十二歲然後結戒,是比丘施衣時未結戒。"(圖3-11)

抄手在"未結戒"後誤寫"是比丘施衣時"六字,復於在此六字上畫圈,以示删除。

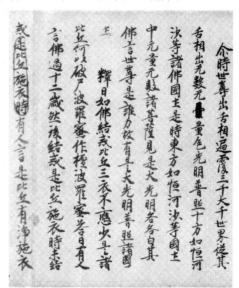

圖3-10　BD08095號"、"號　　　　　　　　圖3-11　羽210號H"○"號

二、重文符號

在書寫過程中,遇有重複的文字,爲求書寫的簡潔便利,抄手往往以重文符號代替。敦煌寫本中使用的重文符號,常見的大致有"ᔈ""ᔙ""ᔚ"幾種。《大智度論》寫卷中這幾種寫法皆可見,如:

敦研120號《大智度論》卷三十一:"如是思惟:"若心無常,誰知是心?ᔈ爲屬誰?ᔈ爲心主而受苦樂?一切諸物,誰之所有?"(圖3-12)

重文符號"ᔈ"用以替代"心""誰"二字。

敦研120號《大智度論》卷三十一:"知爾所時不苦不樂心住,ᔈ已還滅,ᔈ已還生樂心。"

重文符號"ᔈ"用以替代"住""滅"二字。

圖3-12　敦研120號"ᔈ"號

S.2161 號《大智度論》卷十三：“復次，殺生之人今世、後世受種ㄥ身心苦痛，不殺之人，無此衆難。”（圖 3-13）

這裏的重文符號“ㄥ”替代的是“種”字。

津藝 013 號《大智度論》卷一：“復次，佛初生時，墮地行七步，口自發言，ㄥ竟便默。”（圖 3-14）

這裏的重文符號“ㄥ”替代的是“言”字。

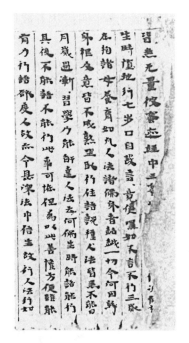

圖 3-13　S.2161 號“ㄥ”號　　　圖 3-14　津藝 013 號“ㄥ”號

應當指出的是，在不同的寫卷中，重文符號有不同的釋讀方法。如：

BD03741 號《大智度論》卷十四：“是忍是心數法，與心相應，隨心行，非ㄥ業ㄥ報，隨業行。”

這裏的“非ㄥ業ㄥ”不能讀作“非非業業”，而當讀作“非業非業”。

BD00428 號《大智度論》卷五十五：“色色空，乃至一ㄥ切ㄥ種ㄥ智ㄥ空。”

句中“一ㄥ切ㄥ種ㄥ智ㄥ”，當讀作“一切種智一切種智”。全句當錄作“色色空，乃至一切種智一切種智空”，方與文意相符。

清杭世駿《訂訛類編》卷三“重字不可作二”條：“篆書凡重叠字皆不復書，但作二，偏於字右。二乃古文上字，言同於上也，今作兩點者非是。”[1] 敦煌漢文本《大智度論》中的“ㄥ”與“二”相似，大約可以視爲“二”之訛變。“ㄥ”省筆則作“ㄥ”，“ㄥ”亦可視爲“ㄥ”的手寫訛變。

三、顛倒符號

古人在抄寫文字時，若遇顛倒之處，通常做法是在互倒文字的右側，施以顛倒符號。如韓愈《昌黎集》卷十一云：“文字脫謬，爲之正三十有五字，乙者三，滅者二十有二，注十有二字云。”[2] 這里的“乙”，指的就是使用符號“乙”正文字。《大智度論》寫本中，顛倒符號也很常見，常用的大抵有“√”“乙”二形。如：

BD02833 號《大智度論》卷二十三：“如舍弗√利風熱病苦，畢陵伽婆蹉眼痛苦，羅婆那跋提痔病苦，云何言無苦？”（圖 3-15）

1　〔清〕杭世駿《訂訛類編·續編》，中華書局，1997 年，頁 99。

2　《朱文公校昌黎先生文集》卷十一，《四部叢刊》景印元刊本，頁 11。

原卷“弗”和“利”之間右側有“√”號,表示“弗利”當乙正爲“利弗”。

敦研 331 號《大智度論》卷二十三:“持戒、佈施法則√中爲住十善道中,離十不善道。”

原卷“則”和“中”之間右側有“√”號,表示“則中”當乙正爲“中則”。

敦研 171 號《大智度論》卷三十三:“菩薩隨是如能乙故知諸佛心。”（圖 3-16）

原卷“能故”之間右側有“乙”號,表示“能故”當乙正爲“故能”。

BD03741 號《大智度論》卷十四:“因五戒得沙彌戒,因沙彌得乙戒律儀,因乙戒律儀戒得禪定戒,因禪定戒得無漏戒,是爲戒生戒。”

原卷“得”和“戒”,“因”和“戒”之間有“乙”字,表示兩字之間當互相乙正,依其例,上述文字當標點作“因五戒得沙彌戒,因沙彌戒得律儀戒,因律儀戒得禪定戒,因禪定戒得無漏戒,是爲戒生戒。”

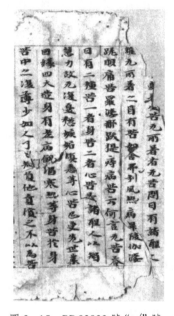

圖 3-15　BD02833 號“√”號　　　　圖 3-16　敦研 171 號“乙”號

四、敬空符號

古人行文,若遇尊者或其他當表敬意之處,常會有意留空,然後再接寫下文,所留的空格即稱爲敬空符。敬空符大體可以分爲兩種,常見的是在表示敬空之處空出數字的位置;最講究的是換行抬頭書寫。這兩種方法唐人稱之爲“平闕”,《唐六典》卷四“禮部郎中員外郎”條云:“凡上表、疏、箋、啓及判、策、文章,如平闕之式。”[1]

敦煌寫本中不僅敬號使用之例甚多,而且有些文書還對哪些詞前須敬空作了明確規定。如 S.6537 號 V《大唐新定吉凶書儀》的“公移(私)平闕式第三”便列舉了許多須敬空的詞,有:“大道、至道、玄道、道本、道源、道宗;吳(昊)天、上天、天神、后土、地祇、上帝;皇祖、皇孝(考)、神靈、皇帝、天子、[皇]妣、穹蒼、五方帝、九天、乾象、乾符、坤道、坤紾(珍)、坤德、坤儀;天皇、天帝、太皇、太后、皇后、皇帝、天子、陛下、我太子、至尊、皇祧(祧)、廣(廟)號、我國家、我后。右已前件公中表奏,准式并平闕。……朝庭、震極、璽誥、慈旨、聖鑒、聖體、天睠(眷)、中旨、上宛(苑)、林期、詔書。右已前件公中表奏,准式闕二字。高祖、曾祖、祖、翁婆、外族耶娘、兹(慈)顏、尊親、尊體、動止、起居、寢善(膳)、伯叔姑舊(舅)姨、桑梓、墳塋。右前牛(件)家私書疏准式并平闕。"

敦煌漢文本《大智度論》中亦多有其例。S.4614、P.2106、浙敦027號均爲田豐造經,題記相同,但S.4614（圖3-17）、P.2106號敬空爲"平"式,題記曰:

> 昔雪山菩薩,八字捨身;香城大士,一言析骨。況我凡愚,而不迴向。佛弟子田豐,躬率己財,兼勸有心,仰爲　　　　皇帝、文武百僚、七世父母、過見師尊及法界衆生,敬寫一切經論,願共成佛。

"皇帝"之前的一段空格,即爲敬空符。

浙敦027號（圖3-18）爲"闕"式,題記作:

> 昔雪山菩薩,八字捨身;香城大士,一言析骨。況我凡愚,而不迴向。佛弟子田豐,躬率己財,兼勸有心,仰爲
> 皇帝、文武百僚、七世父母、過見師尊及法界衆生,敬寫一切經論,願共成佛。

"皇帝"二字換行抬頭書寫以示敬。

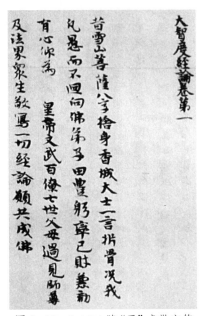
圖3-17　S.4614號"平"式敬空符

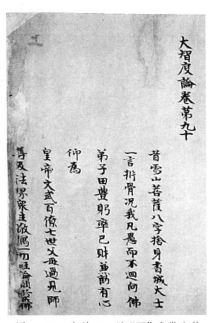
圖3-18　浙敦027號"闕"式敬空符

五、題頭符號

一篇文獻之中,往往會有各種標題,如佛經的首題、品題、尾題等等。爲使標題醒目,抄手常常在標題上施題頭符號。敦煌文獻中,題頭符號形式多樣,有蓮花形、草木形、點綫形等等。敦煌漢文本《大智度論》題頭符號則主要以濃筆墨點"◥"、短橫"━"、菱形"◆"三種爲主,如:

羽001號《大智度論》卷八之尾題"摩訶衍經卷第八",尾題首字上部可見標題符號"◥"。（圖3-19）

俄Дx12223R號《大智度論》卷五十二之品題"大智度第二十三品釋論",品題首字上部可見標題符號"◥"。

S.4492號《大智度論》卷五十七之品題"大智度第三十一品釋論""大智度第三十二品釋論",品題首

字上部亦皆有標題符號"▼"。

俄Φ113號《大智度論》卷六十四、浙敦028號《大智度論》卷七十二、P.2089號《大智度論》卷四十三等號亦可見這樣的標題符號。

BD05776號《大智度論》卷五十五之品題"大智度第廿八品釋論",品題上部有標題符號"▼"。（圖3-20）

浙敦028號《大智度論》卷七十二之首題"第五十三品釋論",首題上部有標題符號"◆"。（圖3-21）

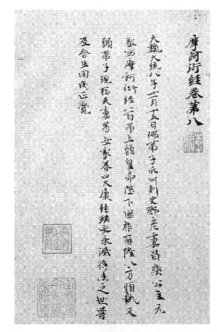

圖3-19　羽001號標題符號"▼"　　圖3-20　BD05776號標題符號"▼"　　圖3-21　浙敦028號標題符號"◆"

第四節　行文差異

敦煌漢文本《大智度論》行文與《大正藏》本等傳世刻本并非完全一致,而是呈現出一種較大的、有系統的差異。來看下面幾段文字。

各各自依見,戲論起諍競。若能知彼非,是爲知正見[1]。不肯受他法,是名愚癡人。作是論議者[2],真是愚癡人[3]。若依自是見,而生諸戲論。若此是淨智,無非淨智者。（《大正藏》25冊60頁下15行至61頁上2行）

校記:

[1]"見",S.1621、S.4614號作"法",聖、石本同。

[2]"作是論議",S.1621、S.4614號作"諸有戲論",聖、石本同。

[3]"真是愚癡",S.1621、S.4614號作"皆是大愚",聖、石本同。

復次,是三天,愛之則[1]欲令得[2]一切[3]願,惡之則欲令七世滅。佛不爾[4],菩薩時,若怨家[5]賊來[6]欲殺,尚自以身肉、頭目、髓腦而供養之,何況得佛? 不惜身時,以是故,獨佛應當受佛名號。應當歸命佛，以佛爲師，不應事天。復次，佛有二事：一者，大功德神通力。二者，第一淨[7]心，諸結使滅。諸天雖有福德神力，諸結使不滅故，心不清淨，心不清淨故，神力亦少[8]。聲聞、辟支佛雖結使滅，心[9]清淨，福德薄故力勢少。佛二法滿足，故稱勝一切人；餘人不[10]勝一切人。（《大正藏》25 冊 73 頁上 25 行至中 6 行）

校記：

［1］"則"，BD 02695、中村 057 號無，聖、石本同。

［2］"得"，BD 02695 號無。

［3］"一切"，BD 02695、中村 057 號作"如"，聖、石本同。

［4］"佛不爾"，BD 02695、中村 057 號作"佛法則不然"，石本同。

［5］"家"，BD 02695 號無。

［6］"來"，BD 02695 號無。

［7］"淨"，BD 02695、中村 057 號作"善"，聖、石本同。

［8］"故心"至"亦少"十四字，BD 02695、中村 057 號作"無清靜善心故無大力"，聖、石本同。

［9］"心"，BD 02695、中村 057 號作"善心"，聖、石本同。明本作"心善"。

［10］"不"，BD 02695、中村 057 號作"非"，聖、石本同。

有外道法，雖度眾生，不如實度。何以故[1]？種種邪見結使殘故。二乘雖有所度[2]，不如所應[3]度。何以故[4]？無一切智，方便心薄故[5]。唯有菩薩能如實[6]巧度。（《大正藏》25 冊 107 頁上 17 行至 21 行）

校記：

［1］"何以故"，P.2106 號作"二乘不能故所應度外道"，聖乙、石本同。

［2］"二乘雖有所度"，P.2106 號無，聖乙、石本同。

［3］"如所應"，P.2106 號作"能如實"，聖乙、石本同。

［4］"何以故"，P.2106 號作"二乘"，聖乙、石本同。

［5］"故"，P.2106 號作"是故不能巧度不以佛道而度眾生以是故言不能巧度"，聖乙、石本同。

［6］"實"，P.2106 號作"法"，聖乙、石本同。

經比勘，我們發現，敦煌寫本與《大正藏》本之間行文差異較大，這種差異有的是個別字詞的增衍、奪漏、錯訛，有的却是整句、整段的增衍、刪略或句式的改變。字詞的區別或許可以解釋爲輾轉傳抄或口耳相傳致誤，但大段的、有系統的文字差異則明顯是有意識修訂造成的。這種修訂或許反映了后世不同教團或個人對《大智度論》文本理解的歧異，其修訂動機與目的，頗值得研究佛學的專家深入研究探討。

同時我們也可以發現，敦煌漢文本《大智度論》行文雖與傳世刻本差異較大，但與日本聖本、宮本等古寫本頗有相合之處。這充分證明，《大智度論》自羅什創譯之後的數百年間，歷經修訂，刻本已非其原始形態，而寫本因抄寫年代早，較多保留了《大智度論》早期面貌，是不可多得的第一手研究資料，其學術價值必須予以充分重視。

對此，衣川賢次先生亦表達了同樣的觀點。他認爲："我們通過校勘就發現刊本藏經之間的差異不是很大，而刊本和寫本之間存在著明顯的、較大的、有系統的差異。這大概是因爲從寫本階段到刊本階段必須經過一次某種規範化。這種規範化反映了宋人（或宋代以後的人）的文字表達意識。因此當我們閱讀刊本大藏經中的漢唐時期翻譯的佛經時，不能盲目地就認爲這和當年的原本一模一樣。即使是唐代寫經、奈良平安朝寫經，當然也都是後代書寫的，但如上所述，這些古寫經保留了文字表達上的古老形態，價值很高。作爲漢語史資料而使用漢譯佛經，要做嚴密的詞彙語法研究，應當依據這些古寫經資料……敦煌寫經與日本寫本一切經大致可視爲刊本以前的寫本系統，兩者均可做爲校訂《大正藏》的重要校本。"[1]

第五節　俗字別體

所謂俗字，即不規范的異體字。敦煌文獻可謂俗字之淵藪，我們只要隨意打開一個敦煌卷子就會發現其中的俗字連篇累牘，俯拾即是。對於俗字的盛行，《顏氏家訓·雜藝》曾有評述：

> 晉、宋以來，多能書者。故其時俗，遞相染尚，所有部帙，楷正可觀，不無俗字，非爲大損。至梁天監之間，斯風未變；大同之末，訛替滋生。蕭子雲改易字體，邵陵王頗行偽字；朝野翕然，以爲楷式。畫虎不成，多所傷敗。至爲一字，唯見數點，或妄斟酌，逐便轉移。爾後墳籍，略不可看。北朝喪亂之餘，書跡鄙陋，加以專輒造字，猥拙甚於江南。乃以百念爲憂，言反爲變，不用爲罷，追來爲歸，更生爲蘇，先人爲老，如此非一，遍滿經傳。唯有姚元標工於楷隸，留心小學，後生師之者衆。洎於齊末，秘書繕寫，賢於往日多矣。[2]

《顏氏家訓·書證》又云：

> 吾昔初看《説文》，蚩薄世字，從正則懼人不識，隨俗則意嫌其非，略是不得下筆也。所見漸廣，更知通變，救前之執，將欲半焉。若文章著述，猶擇微相影響者行之，官曹文書，世間尺牘，幸不違俗也。[3]

晉、宋以來，俗字之流行由此可見一斑。對于俗字流行的原因，黃征先生認爲："敦煌俗字的興衰消長，在很大程度上受制于政治的分合寧亂。中國的語言文字，自上古以來就是有著楚夏胡越、關内關外、江南江北的隔閡，因此在九州分裂、藩鎮割據的朝代裏，要統一文字是絕對不可能的。"[4]魏晉六朝和晚唐五代是中國歷史上的兩個長期分裂混亂的時期，軍閥割據，戰亂不休，改朝換代，恍如走馬，在這種政治背影之下，文字使用的混亂紛歧是必然的。

這些俗字在契約、賬籍、藥方、變文、曲子詞等世俗文獻中最爲集中，同時因爲同處在一個俗字流行的大環境之下，佛經、道經等宗教文獻中的俗字亦屢見不鮮，有些寫本中甚至爲數甚多。《大智度論》寫本的情況亦是如此。如敦研 026 號《大智度論》卷六（圖 3-22），該殘卷僅存 414 字，其中俗字竟多達 87 個，占全卷字數的 21%，如颩（風）、斉（齊）、觕（觸）、甶（申）、耶（耶）、乹（乾）、岀（出）、悩（惱）、厄（厄）、凡（凡）、

1　〔日〕衣川賢次《以敦煌寫經校訂〈大正藏〉芻議》，劉進寶、高田時雄主編《轉型期的敦煌學》，上海古籍出版社，2007年，頁 403—434。

2　王利器《顏氏家訓集解》，中華書局，1993 年，頁 574—575。

3　《顏氏家訓集解》，頁 516。

4　黃征《敦煌俗字典》，上海教育出版社，2005 年，頁 12。

㐱（身）、撮（攝）等等，可謂俗寫滿紙，異體紛呈。這些俗字大多爲《漢語大字典》等現代大型語文工具書所未載，或可補其收字之不足，或可補其例證之缺，或可爲其提供更早期的例證，因而具有很高的文字學價值。

關於俗字的具體類型，在第六章第一節"俗字研究"有詳細介紹，茲不贅言。

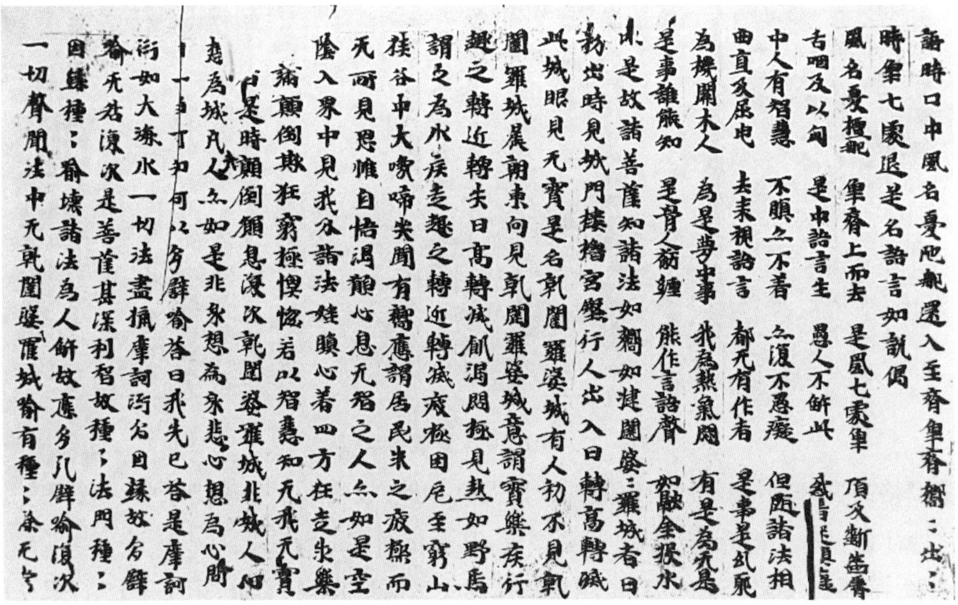

圖 3–22　敦研 026 號全貌

第六節　文獻彙抄

這裏的"文獻彙抄"指的是同一寫卷抄有不同文獻的現象，這一現象在敦煌寫本中甚爲常見。

張涌泉先生在談及敦煌文獻寫本特徵時指出："傳世的刻本文獻大抵是編者根據一定的宗旨編輯加工而成的，帶有定本性質，同一部書的不同部分往往是同一主題的有機結合體。而敦煌寫本所抄文字大多沒有經過加工改造，是原生態的，一個寫卷往往抄有多種不同的文獻，叢脞蕪雜，相互間有的內容有關聯，有的則沒有關聯，甚至可以是風馬牛不相及。"[1]誠如所言，作爲敦煌文獻的一部分，敦煌漢文本《大智度論》中也存在着大量諸如此類的現象。如：

如 BD01034 號（圖 3–23），10 紙，正面 283 行，行字不等。背面 252 行，行字不等。共抄有 13 種文獻，其中正面 4 種，分別爲《四分律刪補隨機羯磨抄》《大智度論卷十二》《太上一乘海空智藏經》《佛教名數手記》；背面 9 種，分別爲《印佛文》《齋儀號頭》《上皇勸善斷肉文》《出家功德經》《戒律疏釋抄》《斷三界見修煩惱之圖》《明〈大般若經〉四處十六會文》《沙彌十戒法并威儀》《四分律刪繁補闕行事抄剃髮羯磨抄》。這 13 種文獻雖皆爲佛教文獻，然各自皆獨立成篇，彼此在內容上並沒有太多的關聯，大約是某位僧侶爲了讀誦或使用的方便而將其聚爲一書。

1　《敦煌寫本文獻學》，頁 75。

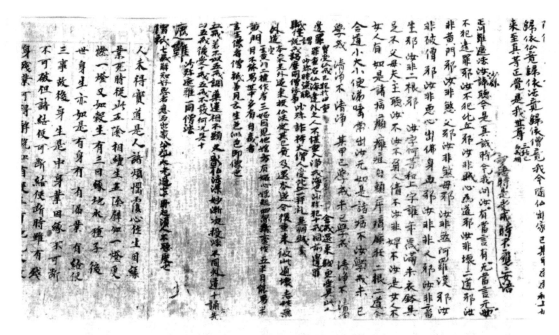

图 3-23　BD01034 號彙抄本(局部)

　　古代紙張價格昂貴,位於邊疆沙漠地區的敦煌尤其如此,故時人十分珍惜紙張。敦煌文獻中常見用已廢棄的寫本雜抄社會經濟文書、佛經疏釋、胡語文獻,甚至是習字的現象。如:

　　BD05501 號,原爲經文錯抄兑廢稿,後用來雜抄經文,共抄有兩種文獻,第1—15行爲《大般若波羅蜜多經》卷四百一十一,第16—28行爲《大智度論》卷五十三。卷尾上方有雜寫"波羅",卷尾下部有倒寫"一四維",第11行有品名雜寫"大智度第二十五品釋論論",第16行有雜寫衍文"大智度第二十五品釋論五十三",背面有雜寫"爾,爾時,大智度第二十品"。

　　傅圖50號,所抄原爲《大智度論》卷五十八,其後因故廢棄,遂利用其背面抄寫回鶻文文獻,其中正面行中夾雜回鶻文6行,其中2行似雜寫。背面抄回鶻文37行。S.3185號正面爲《大智度論》卷七十五摘抄(異卷),背面抄唐三藏法師玄奘譯《十一面咒心經》。P.2739號…P.4838號正面爲《大智度論》卷七十四、七十五摘抄,背面抄有于闐文書信。P.4754號正面爲《大智度論》卷五,背面抄有"壬寅年靈圖寺索法律欠經歷"。

　　值得注意的是,敦煌漢文本《大智度論》這種"叢脞蕪雜"的情況,對寫卷斷代頗有幫助。如:

　　P.2913號,正面所抄爲《大智度論》卷五,背面抄有《失名邈真讚》《歸義軍節度使檢校司徒南陽張府君墓誌銘》《大唐敦煌譯經三藏吳和尚邈真讚》數種文獻。《大唐敦煌譯經三藏吳和尚邈真讚》題記時間爲唐咸通十年(869),該號字體爲成熟楷書,"世""淵"二字缺筆避諱,綜合以上因素,該號可確定爲唐寫本。

　　P.2082號1,正面所抄爲《大智度論》卷四十六,背面抄有唐代敦煌高僧曇曠所著《金剛般若經旨讚》卷下,卷末有題記:"菩薩戒佛弟子寧遠將軍、折衝都尉泛彦芝爲亡夫人陰氏助成此經,資益亡者及法界衆生,同時作佛。"綜合題記和卷背所抄文獻的内容,便可確定該號爲唐人寫經。

第七節　文多疏誤

　　作爲千百年以前的古寫本,敦煌文獻是不可多得的稀世奇珍,其学术價值无需多言;但同時,我們也應當清醒地认识到,敦煌文獻抄寫者多爲經生、釋子等社會下層民衆,這些人文化水平不高,識字不多,所以在抄寫時自然會有心、無心造成各種文字訛誤。這些訛誤在世俗文獻中表現尤爲明顯,而宗教文獻通常抄寫較爲認真嚴謹,有些還經過專人校勘,錯誤相對較少。儘管如此,各種文字疏誤仍然無法避免,有些甚至相當嚴重。對此問題,第四章第四節"異文的成因"、第五章第二節"敦煌漢文本《大智度論》校勘示例"有詳細介紹,此處僅舉二例以發起端:

1. BD 00428 號《大智度論》卷二十六(異卷):"**法空中亦無汝空相,汝得法空,心著故,而生是難。**"

"汝空",《大正藏》本作"法空"。

按:"法空"是也,"法""汝"形近易訛。"法空",《佛光大辭典》云:"指諸法之自性爲空,又作法無我,爲二空之一,三空之一。"[1]

2. S.2866 號《大智度論》卷二十二:"**二種施中,法施爲第十。**"

"十",《大正藏》本作"一"。

按:"一"是也。"法施",《佛光大辭典》云:"指宣説教法,利益衆生。爲二施之一,三施之一。"[2]《本事經》卷第五:"爾時世尊重攝此義而説頌曰:'於二種施中,法施爲第一。能行法施者,善逝最爲尊。受財施田中,如來爲第一。行財施不定,受法施衆生。財施令衆生,得世安隱樂。法施令受者,究竟證涅槃。"(CBETA,T 17, no.0765 P.0683 c 06)[3]

作爲重要的佛教典籍,《大智度論》自後秦弘始七年(405)創譯之後,幾百年間經過不斷地傳抄,産生了不少的文字錯誤,同時因爲抄手水準不等、態度不一,造成各個卷子抄寫質量也是良莠不齊。對此,我們必須有正確的認識:在高度肯定敦煌漢文本《大智度論》學術價值的同時,不能想當然地認爲它就是權威的、完全可以信從的善本,從而唯敦煌寫本是尊,而是要實事求是、客观地加以看待。

1　慈怡《佛光大辭典》,臺灣佛光山出版社,1989 年,頁 3362。

2　《佛光大辭典》,頁 3366。

3　此處表示材料來自《大正藏》,"CBETA"是《大正藏》的英文縮寫,"T"表示册數,"no"表示經號,"p"表示頁碼,而"a、b、c"則分別表示上、中、下欄,後面的數字代表行號。下同。

第四章 異文研究

　　敦煌漢文本《大智度論》數量衆多,不少卷次存在多個複本,寫本與刻本之間存在較大的文字差異,這些存有差異的文字就是我們要探討的異文。敦煌漢文本《大智度論》的異文看似錯綜複雜,變化多端,但仔細考察,仍不出形、音、義三類。下面,我們就從這三方面考察異文并分析其致異的具體原因。

第一節 因字形關係而形成的異文

　　就敦煌漢文本《大智度論》而言,這類異文主要有正字和俗字、古字和今字、正確字和形訛字、合文四種類型。

一、正字和俗字

　　關於敦煌漢文本《大智度論》俗字的概況、成因、類型及學術價值,在本書第三章第五節"俗字紛呈"、第六章第一節"俗字研究"中有詳細介紹,讀者可以參考,故這裏只做簡單陳述而不做繁瑣考證。如:

　　《大智度論》卷十一:"愚惑之人,但知惜屋,忽忽營救,狂愚失智,不量火勢,猛風絶焰……"(《大正藏》25 册 140 頁中 14 行至 140 頁中 15 行)

　　"忽",BD01145 號作"�"。

　　按:"㿃"爲"忽"俗字。"㤀"爲"忽"之異體,贅加"艸"頭則取草返青之勢,表示快且忙亂。

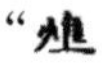

　　《大智度論》卷十一:"……土石爲焦,翕響之間,蕩然夷滅。"(《大正藏》25 册 140 頁中 15 行至 140 頁中 16 行)

　　"焦",BD01145 號作"㷱"。

　　按:"㷱"爲"焦"俗字。《干禄字書》:"燋焦:焦爛字。上通,下正。"[1]"通"意爲通行已久的俗字。

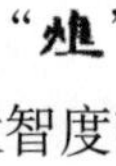

　　《大智度論》卷六:"如偈説:風名憂檀那,觸臍而上去。"(《大正藏》25 册 103 頁上 17 行)

　　"觸",敦研 26 號作"𤛪"。

　　按:"𤛪"爲"觸"俗字。"觸"字省略聲旁"蜀",在"角"下添一"牛"以增强象形功能,即爲"𤜯",再進一步減省"牛"的一撇,豎畫與"角"的豎畫相連,即作"𤛪"。

　　《大智度論》卷十四:"王子意惑,於奈園中大立精舍,四種供養,並種種雜供,無物不備,以給提婆達多。"(《大正藏》25 册 164 頁下 24 至 164 頁下 26 行)

　　"備",BD03741 號作"𤰩"。

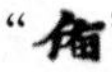

　　按:"𤰩"爲"備"俗字。"備"省略部件"艸","宀"下部件"用"寫作"田",即成"𤰩"。

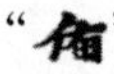

　　《大智度論》卷十四:"金剛力士以金剛杵而遥擲之,碎石迸來,傷佛足指。"(《大正藏》25 册 165 頁上

---

1 〔唐〕顏元孫《干禄字書》,紫禁城出版社,1990 年,頁 26。

3 行至 165 頁上 4 行）

"碎"，上圖 115 號作"砕"。

按："砕"爲"碎"俗字。"碎"右偏旁"卒"簡省成一撇一捺，而"十"上面的部件，點與撇相連，橫畫接捺畫，與"九"相似，即爲"砕"。

《大智度論》卷二十三："度脱一切諸衆生，名聞普遍滿十方，今日廓然悉安在？何有智者不感傷！"（《大正藏》25 册 229 頁上 21 行至 229 頁上 22 行）

"脱"，BD 07581 號作"脫"。

按："脫"爲"脱"俗字。"脱"的部件"口"换成"厶"，遂有此形。

《大智度論》卷十一："即時鬚髮自落，法服著身，衣鉢具足，受成就戒。"（《大正藏》25 册 136 頁下 16 行至 136 頁下 17 行）

"鬚"，BD 01145 號作"䯳"。

按："䯳"爲"鬚"俗字。"鬚"字省略"彡"和"須"重複的三撇後，"镸"部件向下延伸，占整個字的一半，保持字的結體平衡方正。

《大智度論》卷十三："譬如小兒，蜜塗苦藥，然後能服；今先讚戒福，然後人能持戒，能持戒己，立大誓願，得至佛道。"（《大正藏》25 册 159 頁中 7 行至 159 頁中 9 行）

"然"，BD 02251 號作"烾"。

按："烾"爲"然"俗字。"然"的草書字形作"烾"，楷定後寫作"然"，進而省去右上一點，形成"烾"。

二、古字和今字

漢字中存在很多一詞多義的現象，這不利於漢字的發展和應用，於是後世爲了避免使用時的歧義，就造出一些漢字來承擔原有漢字的一個或幾個義項，這些新造漢字即爲今字，而原字就相對被稱爲古字。敦煌漢文本《大智度論》因抄寫年代較早，故多用古字。如：

《大智度論》卷一："時來衆生熟，時至則催促，時能覺悟人，是故時爲因。"（《大正藏》25 册 65 頁中 12 行至 65 頁中 13 行）

"熟"，S.3273 號作"孰"。

按："孰"爲"熟"之古字。《説文解字注》："孰，食飪也。《易》曰：'孰飪。'"段玉裁注："後人乃分別熟爲生熟，孰爲誰孰矣。曹憲曰：'顧野王《玉篇》始有熟字。'"[1]

《大智度論》卷二："汝大智人説，汝佛子當演，何處佛初説，今汝當布現！"（《大正藏》25 册 69 頁中 8 行至 69 頁中 9 行）

"現"，中村 057 號作"見"。

按："見"爲"現"之古字。《易·乾》："九二：見龍在田。"陸德明釋文："見，賢遍反。"高亨注："是即今之現字，出現也，對上文潛字而言。"[2]

《大智度論》卷二："諸阿羅漢復更思惟：誰能明了集阿毘曇藏？念言：長老阿難，於五百阿羅漢中，解修妬路義第一，我等今請。"（《大正藏》25 册 69 頁下 15 行至 69 頁下 18 行）

"第"，中村 057 號作"弟"。

按："弟"爲"第"之古字。《説文·弟部》："弟，韋束之次第也。"段注："引申之爲凡次弟之弟，爲兄弟

1　《説文解字注》，頁 113 下。

2　《漢語大詞典》，頁 6048。

之弟，爲豈弟之弟。”[1]如《墨子·迎敵祠》：“舉屠酤者，置厨給事，弟之。”[2]

《大智度論》卷二：“如是等諸天，各各言大，皆稱一切智。有人作弟子，學其經書。亦受其法，言是一切智。”（《大正藏》25冊73頁上9行至73頁上11行）

“智”，BD02695號作“知”。

按：“知”爲“智”之古字。《集韻·寘韻》：“智，或作知。”清徐灝《説文解字注箋·矢部》：“知，智慧即知識之引申，故古祇作知。”[3]

《大智度論》卷四：“第二阿僧祇劫行滿，未入第三阿僧祇時，於燃燈佛所受記爲佛，即時上昇虛空，見十方佛於虛空中立，讚然燈佛。”（《大正藏》25冊91頁下20行至91頁下23行）

“然”，S.3865號作“燃”。

按：“然”爲“燃”之古字。《説文解字注》：“然，燒也。”段玉裁注：“俗作燃，非是。”[4]《孟子·公孫丑上》：“若火之始然，泉之始達。”[5]

《大智度論》卷六：“是風七處觸，項及齗齒脣，舌咽及以胸，是中語言生。”（《大正藏》25冊103頁上19行至103頁上20行）

“胸”，敦研026號作“匈”。

按：“匈”爲“胸”之古字。《玉篇·勹部》：“匈，膺也，或作胷。”[6]如《史記·高祖本紀》：“項羽大怒，伏弩射中漢王，漢王傷匈。”[7]

《大智度論》卷八：“佛知其心信敬清淨，伸手以鉢受其施食；佛時即笑，出五色光，普照天地，還從眉間相入。”（《大正藏》25冊115頁上28行至115頁中1行）

“伸”，津藝252號作“申”。

按：“申”爲“伸”之古字。《説文》：“伸，屈伸。從人，申聲。”段玉裁注：“伸，古經傳皆作信……古但作詘信，或用申爲之……宋毛晃曰：‘古惟申字，後加立人以別之。’”[8]

《大智度論》卷十一：“提舍納其女爲婦。其婦懷妊，夢見一人，身被甲胄，手執金剛，摧破諸山，而在大山邊立。覺已白其夫言，我夢如是。”（《大正藏》25冊137頁下6行至137頁下9行）

“妊”，BD01145號作“任”。

按：“任”爲“妊”之古字。《正字通·人部》：“任，與妊、姙同。”如《漢書·元后傳》：“初，李親任政君在身，夢月入其懷。”顔師古注：“任，懷任。”[9]

《大智度論》卷十一：“生死輪轉，往來五道，無親可恃，唯有布施若生天上、人中，得清淨果，皆由布施；象、馬畜生得好櫪養，亦是布施之所得也。”（《大正藏》25冊140頁下3行至140頁下6行）

“櫪”，BD01145號作“歷”。

按：“歷”爲“櫪”之古字。如《漢書·李尋傳》：“馬不伏歷，不可以趨道。”顔師古注：“伏歷，謂伏槽歷

1　《説文解字注》，頁236下。
2　方勇譯注《墨子》，中華書局，2011年，頁533。
3　徐中舒《漢語大字典》，湖北辭書出版社、四川辭書出版社，1995年，頁2582。
4　《説文解字注》，頁480。
5　〔南宋〕朱熹《四書章句集注》，中華書局，1983年，頁238。
6　《漢語大字典》，頁258。
7　〔西漢〕司馬遷《史記》，中華書局，2014年，頁475。
8　《説文解字注》，頁377。
9　《漢語大字典》，頁123。

而秣之也。"¹《漢書·梅福傳》："雖有景公之位，伏歷千駟，臣不貪也。"²

《大智度論》卷十四："譬如金師煉金，垢隨火去，真金獨在。"（《大正藏》25 册 167 頁中 3 行至 167 頁中 4 行）

"煉"，上圖 115 號作"練"。

按："練"爲"煉"之古字。《列子·湯問》："故昔者女媧氏練五色石以補其缺。"楊伯峻集釋引秦恩德曰："練，古鍊字，《淮南》亦作'練'。"³ "鍊"同"煉"。《刊謬補缺切韻》："鍊，亦作煉。"《淮南子·墜形》："是故鍊土生木，鍊木生火。"⁴

三、正確字和形訛字

形訛字又稱"誤字""錯字"等，指二字因形體接近而誤寫。有人認爲形訛字即俗字，但其實二者有根本的區別。俗字可以理解爲是一種約定俗成的、不規範的異體字，具有較廣的受衆面；而形訛字則是抄手偶然寫錯的字，它的出現是一種偶然現象，不具備普遍性。不少《大智度論》寫卷出自文化程度不高的經生、僧侶、普通民衆之手，其中形訛字甚爲常見。如：

《大智度論》卷一："又《佛二夜經》中説：佛初得道夜，至般涅槃夜，是二夜中間所説經教，一切皆實不顛倒。"（《大正藏》25 册 59 頁下 5 行至 59 頁下 7 行）

"又"，S.1621 號誤作"天"。

《大智度論》卷一："問曰：云何通？答曰：所謂通者，離一切過失，不可變易，不可勝。"（《大正藏》25 册 60 頁下 10 行至 60 頁下 12 行）

"離"，S.4614 號誤作"雜"。

《大智度論》卷四："答曰：大德阿難本願如是：我於多聞衆中最第一；亦以諸佛法——阿羅漢所作已辦，不應作供給供養人，以其於佛法中能辦大事，煩惱賊破，共佛在解脱床上坐故。"（《大正藏》25 册 83 頁上 21 行至 83 頁上 25 行）

第一個"阿"字，浙敦 091 號 A 誤作"何"，第二個未誤。

《大智度論》卷五："是名無憂安隱幢。我知此一解脱門，不知諸菩薩大心如大海水，一切諸佛法能持能受。"（《大正藏》25 册 95 頁中 15 行至 95 頁中 17 行）

"幢"，P.2913 號誤作"憶"。

《大智度論》卷十四："又如麞鹿爲虎搏逐，追之不捨，雖得好草、美水飲食，心無染著。"（《大正藏》25 册 165 頁中 16 行至 165 頁中 18 行）

"追"，BD 03741 號誤作"退"。

《大智度論》卷十八："外道以我心逐禪故，多愛、見、慢故，不捨一切法故，無有實智慧。"（《大正藏》25 册 191 頁下 14 行至 191 頁下 15 行）

"逐"，BD 00428 號誤作"遂"。

《大智度論》卷十九："譬如病風之人，不能俯仰行來；病咽塞者，不能語言。"（《大正藏》25 册 199 頁中 28 行至 199 頁中 29 行）

1　〔東漢〕班固《漢書》，中華書局，1962 年，頁 3190。

2　《漢書》，頁 2924。

3　《漢語大字典》，頁 3424。

4　《漢語大字典》，頁 4228。

"塞"，伍倫 20 號誤作"寒"。

《大智度論》卷二十三："是三根利，能直入至涅槃，諸有爲法中主故，得自在，能勝諸根。"(《大正藏》25 册 234 頁下 4 行至 234 頁下 5 行)

"主"，BD02833 號誤作"生"。

《大智度論》卷三十："如病疹得差，更不求藥。"(《大正藏》25 册 281 頁下 20 行至 281 頁下 21 行)

"藥"，津文 3 號誤作"樂"。

《大智度論》卷三十八："又如冬木，雖未有花葉果實，得時節會，則次第而出。"(《大正藏》25 册 338 頁上 27 行至 338 頁上 28 行)

"未"，S.1934 號誤作"木"。

四、合文

合文指將兩個漢字合寫成一個字，但讀音却要讀成兩個字。這類字在刻本古籍中不多見，但在敦煌寫本中却頗爲常見。如：

《大智度論》卷二十二："如沙門二十億，毗婆尸佛時，作一房舍，以物覆地，供養衆僧。"(《大正藏》25 册 224 頁上 1 行至 224 頁上 2 行)

"二十"，S.2866 號作"𠦄"。

《大智度論》卷二十三尾題："大智度論卷二十三。"(《大正藏》25 册 235 頁上 20 行)

"二十"，BD06638 號作"𠦄"。

《大智度論》卷三十五："三十三天，乃至他化自在天，亦皆歡喜。"(《大正藏》25 册 315 頁中 17 行)

"三十"，BD03729 號作"卅"。

《大智度論》卷三十六："是十八受中有淨、有垢，爲三十六。"(《大正藏》25 册 325 頁中 7 行至 325 頁中 8 行)

"三十"，S.4945 號作"卅"。

《大智度論》卷三十五"大智度論卷第四十八"。(《大正藏》25 册 409 頁下 16 行)

"四十"，BD03729 號作"卌"。

第二節　因字音關係而形成的異文

就敦煌漢文本《大智度論》而言，這類異文主要有借音字和記音字兩類。

一、借音字

借音字又稱通假字，它是古典文獻中一種常見的用字現象，即用讀音相同或者相近的字代替本字。不論是宗教經典、文人别集還是稗官野史中，借音字都普遍存在。在正規的古典文獻中，通常只認可先秦兩漢有用例的借音字，而非任何同音或近音字皆可借代，但在敦煌文獻中，則完全打破了這一常規，凡二字同音或音近即可互代。這大概與多數抄手文化水平不高，識字不多有關。如：

《大智度論》卷二："阿羅漢、辟支佛雖破三毒，氣分不盡；譬如香在器中，香雖出，餘氣故在；又如草木薪火燒煙出，炭灰不盡，火力薄故。"(《大正藏》25 册 70 頁下 4 行至 70 頁下 7 行)

"又"，乙三、石本作"有"，中村 057 號作"又"。

按："有"通"又"。《説文通訓定聲·頤部》："有,假借爲又。"《詩經·邶風·終風》："終風且曀,不日有曀。"鄭玄箋："有,又也。"

《大智度論》卷一："如佛身無量,光明、音響亦復無量,戒、定、慧等諸佛功德,皆悉無量。"(《大正藏》25 册 59 頁上 2 行至 59 頁上 3 行)

"響",S.1621 號作"嚮"。

按："嚮"通"響"。《易·繫辭上》："其受命也如嚮。"陸德明釋文："嚮,又作響。"楊衡《賦得夜雨滴空階送魏秀才》："始兼泉嚮細,稍雜更聲促。"

《大智度論》卷十六："答言:'我救此林,愍衆生故!此林蔭育處廣,清涼快樂,我諸種類,及諸宗親,并諸衆生,皆依仰此。我有身力,云何懈怠而不救之?'"(《大正藏》25 册 179 頁上 3 行至 179 頁上 6 行)

"懈",羽 210 號 C 作"解"。

按："解"通"懈"。《説文通訓定聲·解部》："解,假借爲懈。"《詩經·大雅·烝民》："夙夜匪解,以事一人。"《禮記·雜記下》："三日不怠,三月不解。"鄭玄注："解,倦也。"

《大智度論》卷二："有人奉事恭敬者,現世不免没憂海。有人不敬不供養,現世不妨受富樂。"(《大正藏》25 册 73 頁上 19 行至 73 頁上 20 行)

"恭",中村 057 號作"供"。

按："供"通"恭"。《説文通訓定聲·豐部》："供,假借爲恭。"《荀子·修身》："行而供冀,非漬淖也。"楊倞注："供,恭也。冀當爲翼。凡行自當恭敬,非謂漬於泥淖也。人在泥淖中則兢兢然。"

《大智度論》卷五："凡人行惠爲己利,求報以財而給施,佛大慈仁無此事,怨親憎愛以等利!"(《大正藏》25 册 94 頁上 29 行至 94 頁中 1 行)

"仁",P.2913、S.7138 號作"人"。

按："人"通"仁"。《荀子·修身》："體恭敬而心忠信,術禮義而情愛人。"王先謙集解引王引之曰："人讀爲仁。言其體則恭敬,其心則忠信,其術則禮義,其情則愛仁也。愛仁猶言仁愛。"

《大智度論》卷六："如小兒仰視青天,謂有實色,有人飛上極遠而無所見,以遠視故,謂爲青色。"(《大正藏》25 册 102 頁中 28 行至 102 頁下 1 行)

"青",BD 15298 號作"清"。

按："清"通"青"。《釋名·釋言語》："清,青也,去濁遠穢色如青也。"王先謙疏證補："葉德炯曰:'清、青古通。'"

《大智度論》卷七："譬如銷金,隨師所作,金無定也。"(《大正藏》25 册 108 頁中 17 行至 108 頁中 18 行)

"銷",P.2106 號作"消"。

按："消"通"銷"。《説文通訓定聲·小部》："消,假借爲銷。"《文子·上禮》："老子曰:衰世之主,鑽山石,挈金玉,擿礛磻,消銅鐵,而萬物不滋。"王充《論衡·雷虚》："當冶工之消鐵也,以土爲形,燥則鐵下,不則躍溢而射。"

《大智度論》卷九："提婆達推山壓佛,傷足大指。"(《大正藏》25 册 121 頁下 11 行)

"壓",BD 07723 號作"押"。

按："押"通"壓"。《正字通·手部》："押,與壓通。"《後漢書·東夷傳》："兒生欲令其頭扁,皆押之以石。"

《大智度論》卷十一："答言:闇有二種:一者日光不照,二者愚癡闇蔽。"(《大正藏》25 册 137 頁中 11 行至 137 頁中 12 行)

"蔽",BD 01145 號作"弊"。

按："弊"通"蔽"。《説文通訓定聲·履部》："弊,假借爲蔽。"《韓非子·姦劫弑臣》："爲姦利以弊人主。"王先慎集解："弊,讀爲'蔽'。"

《大智度論》卷十三："一切世人,甘受刑罰刑殘考掠以護壽命。"(《大正藏》25 册 155 頁下 4 行至 155 頁下 5 行)

"刑",S.2161 號作"形"。

按："形"通"刑",刑罰。《説文通訓定聲·鼎部》："形,假借爲刑。"《逸周書·武紀》："其形慎而殺。"朱右曾校釋："形當爲刑,刑當其罪曰殺。形、刑古通。"

二、記音字

記音字主要指聯綿詞、音譯外來詞而言。敦煌漢文本《大智度論》中,音譯外來詞數量很多,這些音譯詞往往存在一詞多形的現象。此外,還有一些聯綿詞也是如此,往往因聲成義,不拘其形。如:

《大智度論》卷十一："僵俛而來。於道中見二特牛,方相觗觸,心中作想:此牛是我,彼牛是彼,以此爲占,知誰得勝?"(《大正藏》25 册 137 頁中 20 行至 137 頁中 22 行)

"僵俛",BD01145 號作"敏勉"。

按："僵俛"爲雙聲聯綿詞,"僵""敏"音同,"俛""勉"音同,故又可寫作"敏勉"。其形雖異,而其音不變。

《大智度論》卷一："譬如大力狂象,搪揆蹴踏,無能制者。"(《大正藏》25 册 61 頁下 8 行至 61 頁下 9 行)

"搪揆",S.4614 號作"唐突"。

按："搪揆"爲雙聲聯綿詞,"搪""唐"音同,"揆""突"音近,故又作"唐突"。

《大智度論》卷五："得無礙陀羅尼。"(《大正藏》25 册 97 頁下 5 行)

"陀羅尼",P.2913、BD15150 號作"陀隣尼者"。

按："陀鄰尼"爲"陀羅尼"的早期音譯形式。《佛學大辭典》："陀羅尼,又曰陀羅那,陀鄰尼。譯作持,總持,能持能遮。以名持善法不使散,持惡法不使起之力用。"[1]

《大智度論》卷七："中有五戒優婆塞語衆人言:吾等當共稱南無佛,佛爲無上,能救苦厄! 衆人一心同聲稱南無佛。"(《大正藏》25 册 109 頁上 20 行到 109 頁上 22 行)

"優婆塞",P.2106、S.6796 號作"憂婆塞"。

按："憂婆塞"同"優婆塞",音譯詞往往不拘其形,如《佛説長阿含經》卷第十一："唯願世尊聽我於正法中爲憂婆塞。"(CBETA,T01,no.0001 P.0072 c 04)

《大智度論》卷七："觀世音菩薩,文殊尸利菩薩(秦言妙德),執寶印菩薩……"(《大正藏》25 册 110 頁下 26 行至 110 頁下 27 行)

"觀世音",S.6796 號作"光世音"。

按：早期佛典中,"觀世音"多寫作"光世音"。《佛光大辭典》謂："觀世音菩薩,以慈悲救濟衆生爲本願之菩薩。又作光世音菩薩、觀自在菩薩、觀世自在菩薩、觀世音自在菩薩、現音聲菩薩、窺音菩薩。"[2]

《大智度論》卷十："龍珠、如意珠、玉貝、珊瑚、琥珀等種種名爲寶。"(《大正藏》25 册 134 頁上 4 行至 134 頁上 5 行)

"琥珀",S.2260、BD14506 號作"虎魄"。

1　丁福保《佛學大辭典》,上海書店,1991 年,頁 1360。

2　《佛光大辭典》,頁 6953。

按：“虎魄”同“琥珀”。《佛説文陀竭王經》：“適坐，左右顧視天上，有玉女侍使，皆以七寶金銀琉璃、水精珊瑚、虎魄車璩，以爲宮殿。”（CBETA，T01，no.0040 P.0824 c 23 – 25）

《大智度論》卷十三：“白衣來欲求出家，應求二師：一和上，一阿闍梨。和上如父，阿闍梨如母。”（《大正藏》25 册 161 頁中 26 行至 161 頁中 28 行）

“阿闍梨”，S.2161 號作“阿闍利”。

按：異譯詞，其義無別。玄應《一切經音義》卷第四十八：“阿遮利耶，此曰軌範師，舊經中或言阿祇利，或作阿闍利，義譯云正行，或云於善法中教授，令知名阿闍梨也。”（CBETA，T54，no.2128 P.628 a 9 – 10）

《大智度論》卷十三：“三十二者、遠離涅槃。”（《大正藏》25 册 158 頁中 27 至 158 頁中 28 行）

“涅槃”，BD02251 號作“涅盤”。

按：異譯詞也，其義無別。慧琳《一切經音義》卷第四十四：“泥洹，下活官反，梵語或云涅盤。”（CBETA，T54，no.2128 P.0600 b 22）《雜阿含經》卷第四：“究竟般涅盤，大仙如是説。”（CBETA，T02，no.0099 P.0026 b 15）

《大智度論》卷十九：“是身爲臭穢，不從花間生，亦不從瞻蔔，又不出寶山。”（《大正藏》25 册 198 頁下 29 行至 199 頁上 1 行）

“瞻蔔”，P.4636 號 1 作“瞻匐”。

按：異譯詞。慧琳《一切經音義》卷第八：“瞻博迦花，梵語花樹名也。舊云瞻匐，訛略也。此花芬馥，香聞數里，大如楸花，爛然金色也。亦是香名也。”（CBETA，T54，no.2128 P.0351 c 04）

《大智度論》卷二十九：“譬如嚴身之具雖復富有珠璣，不可重著瓔珞。”（《大正藏》25 册 274 頁下 1 行至 274 頁下 2 行）

“瓔珞”，羽 210 號 B 作“纓絡”。

按：“纓絡”即“瓔珞”。《佛光大辭典》：“瓔珞，音譯作吉由羅、枳由羅。又作纓絡。”[1] 音譯外來詞往往重在記音，不拘其形。

第三節　因字義關係而形成的異文

除了因字形、字音不同而造成的異文，在敦煌漢文本《大智度論》中，還有一類異文是由於字義的不同而造成的，主要可分爲近義詞、異義詞和義各有適的異文三類。

一、近義詞

近義詞是指辭彙意義相同或相近的詞語。如：

《大智度論》卷三十：“菩薩如是入諸佛法海，得無量功德之寶，利益衆生。”（《大正藏》25 册 277 頁中 16 行至 277 頁中 18 行）

“利益”，BD07658 號作“益利”。

按：此二詞義同，佛典常混用。如《佛説菩薩本行經》卷下：“佛告阿難：‘爾時象幡者，則我身是。時婆羅門者，今此婆羅門是。爾時歡我而得益利，用濟窮乏。今我成佛而復歡我，獲其福報不可限量，因得濟度生死之難。’”（CBETA，T03，no.0155 P.0121 c 24 – 28）

---

1 《佛光大辭典》，頁 6856。

《大智度論》卷五十一："是摩訶衍有大力勢,破壞人、天世間已,能於中勝出。"(《大正藏》25 册 423 頁下 3 行至 423 頁下 5 行)

"力勢",S.5955 號作"勢力"。

按:此二詞義同,佛典常混用。如《起世經》卷第八:"帝釋天王爲羞畏,爲無勢力故懷忍,聞如是等麤惡駡,含受耐之都不言。"(CBETA,T01,no.0024 P.0350 b 15-16)

《大智度論》卷五十一："三者、如大王將大軍衆,摧破寇賊,舉軍全濟,無所畏難。"(《大正藏》25 册 423 頁下 6 行至 423 頁下 7 行)

"寇賊",S.5955 號作"賊寇"。

按:此二詞義同,佛典常混用。如《六度集經》卷第二:"賊寇尚仁,偷賊競施,干戈戢藏,囹圄毁矣。"(CBETA,T03,no.0152 P.0011 a 14)

《大智度論》卷五十四："答曰:有世界,大福德智慧人生處,樹木、虛空、土地、山水等,常出諸法實相之音,所有法皆是不生不滅、不淨不垢、空、無相、無作等,衆生生便聞是音,自然得無生法忍。"(《大正藏》25 册 447 頁中 7 行至 447 頁中 11 行)

"山水",P.2143 號作"山川"。

《大智度論》卷五十六："若聽、受持、親近、讀誦、爲他説、正憶念,不離薩婆若心……"(《大正藏》25 册 457 頁下 17 行至 457 頁下 18 行)

"他",BD06724 號作"他人"。

《大智度論》卷五十七："若有善男子、善女人,聞是深般若波羅蜜,受持、親近、讀誦、正憶念,不離薩婆若心,兩陣戰時,是善男子、善女人,誦般若波羅蜜故,入軍陣中終不失命,刀箭不傷。"(《大正藏》25 册 463 頁中 21 行至 463 頁中 25 行)

"讀誦",S.4492 號作"誦讀"。

《大智度論》卷五十八："菩薩於恭順之中,倍復殊勝。供養恭敬;尊重道德故,沙門、婆羅門愛敬。平實至誠,口不妄言;深愛後世功德,不著今世樂。"(《大正藏》25 册 474 頁下 5 行至 474 頁下 8 行)

"妄言",傅圖 50 號 C 作"妄語"。

《大智度論》卷十二："我今共汝俱入大海,我必不全,汝當安我屍骸,著大海之中金沙洲上。"(《大正藏》25 册 151 頁中 25 行至 151 頁中 26 行)

"屍骸",BD01034 號 2 作"身骸"。

《大智度論》卷二十二："即時諸沙彌自變其身皆成老年,鬚髮白如雪,秀眉垂覆眼,皮皺如波浪,其脊曲如弓,兩手負杖行,次第而受請。"(《大正藏》25 册 224 頁中 19 行至 224 頁中 21 行)

"老",S.2866 號作"耆"。

《大智度論》卷十三："天樹自然生,花鬘及瓔珞,丹萉如燈照,衆色相間錯。"(《大正藏》25 册 159 頁上 7 行至 159 頁上 8 行)

"萉",S.2161 號作"花"。

二、異義詞

異義詞是指詞彙意義有別的詞,往往是由於抄手臆改或誤解原文而造成的。如:

《大智度論》卷五:"無量無邊智慧福德力集,故無所畏。"(《大正藏》25 册 101 頁上 20 行)

"福德",BD15298 號作"功德"。

按：二詞雖一字之差，然其義殊别。佛教認爲，著相修福是爲福德，福德感應人天福報，然福報有限，不能超越生死輪迴。而離相修福謂之功德，功德的福報無限，可以超越生死輪迴。總之，功德可以包含福德，而福德則不能包含功德。

《大智度論》卷十："月能照闇而清涼，是虛空中大燈明，其色白淨有千光，汝莫吞月疾放去！"（《大正藏》25 册 135 頁中 15 行至 135 頁中 16 行）

"白淨"，BD14506、S.2260 號作"白青"。

按："白淨"謂潔白、乾淨，但"白青"則指白中帶有青色。

《大智度論》卷十一："檀爲涅槃之初緣，入善人聚中之要法，稱譽讚歎之淵府，入衆無難之功德，心不悔恨之窟宅，善法道行之根本，種種歡樂之林藪，富貴安隱之福田。"（《大正藏》25 册 140 頁中 4 行至 140 頁中 8 行）

"窟宅"，BD01145 號作"室宅"。

按："窟宅"指洞窟形成的住宅，而"室宅"則指房舍住宅。

《大智度論》卷十一："滿十二歲，飯汁行船，以酪爲池，米麵爲山，蘇油爲渠，衣服、飲食、臥具、湯藥，皆令極妙。"（《大正藏》25 册 142 頁中 26 行至 142 頁中 28 行）

"米麵"，BD01145 號作"粳米"。

按："米麵"指大米和白麵，而"粳米"則指粳稻碾出的米。

《大智度論》卷十一："顯現說法燈，照悟諸衆生，以此之功德，威光如日曜。"（《大正藏》25 册 144 頁中 22 行至 144 頁中 23 行）

"日曜"，BD01145 號作"日月"。

按："日曜"指太陽照耀，而"日月"則指太陽和月亮。

《大智度論》卷十三："若彼侵我妻，我則忿恚；我若侵彼，彼亦何異？"（《大正藏》25 册 156 頁下 29 行至 157 頁上 1 行）

"忿恚"，S.2161、BD03614 號作"愁毒"。

按："忿恚"指怒恨，"愁毒"則指愁苦怨恨，二者意義有别。

《大智度論》卷十四："復次，菩薩持戒，心樂善清淨，不爲畏惡道，亦不爲生天，但求善淨。"（《大正藏》25 册 162 頁中 10 行至 162 頁中 12 行）

"不爲"，BD03741 號作"不樂"。

《大智度論》卷十四："汝不知天命，失好而黃耈。"（《大正藏》25 册 165 頁下 5 行）

"天命"，BD03741 號作"天帝"。

《大智度論》卷九十四："譬如白鷺欲取魚時，籌量進止，不失期會，知其可得，即便取之，終不空也。"（《大正藏》25 册 717 頁中 20 行至 717 頁中 22 行）

"白鷺"，津藝 247 號作"白鵝"。

《大智度論》卷二十二："如佛所説及所説法義經——從一句一偈，乃至八萬四千法聚，信、戒、捨、聞、定、智慧等諸善法，乃至無餘涅槃，皆是念法三昧所緣。"（《大正藏》25 册 223 頁中 19 至 223 頁中 20 行）

"四"，敦研 030 號作"二"。

三、義各有適的異文

黃征先生認爲，義各有適的異文的出現主要有兩種原因："一種是底本被傳抄後，有的句意被後人竄改；另一種是同一文章有兩種底本或一本據另一本改寫而成。"[1] 本書第三章第四節 "行文差異" 所列異文即可歸入此類。爲更好地説明問題，臚列數例如次：

《大智度論》卷一："各各自依見，戲論起諍競，若能知彼非，是爲知正見。不肯受他法，是名愚癡人，作是論議者，真是愚癡人。"（《大正藏》25 册 60 頁下 15 行至 60 頁下 18 行）

"作是論議"，S.1621 號作 "諸有戲論"。

《大智度論》卷二："問：長老阿難今何所作？是比丘言：長老阿難，佛滅度後，憂愁、啼哭、迷悶，不能自喻。"（《大正藏》25 册 68 頁下 14 行至 68 頁下 16 行）

"迷悶不能自喻"，大谷敦續編 2–21 號作 "悉忘諸方悲哀懊惱不能發言"。

《大智度論》卷二："佛聖師子王，阿難是佛子，師子座處坐，觀衆無有佛。如是大德衆，無佛失威神，如空無月時，有宿而不嚴。"（《大正藏》25 册 69 頁中 4 行至 69 頁中 7 行）

"有宿而不嚴"，中村 057 號作 "虚空不明淨"。

《大智度論》卷二："生時行七步，光明滿十方；四觀發大音，我生胎分盡。成佛説妙法，大音振法鼓；以此覺衆生，世間無明睡。"（《大正藏》25 册 75 頁中 7 行至 75 頁中 10 行）

"世間無明"，中村 057 號作 "愚癡盲冥"。

《大智度論》卷三："譬如飽滿人得好食，猶尚更食，云何飢渴人而言不應食！"（《大正藏》25 册 83 頁上 3 行至 83 頁上 4 行）

"飽滿人"，BD06869 號 B 作 "豪富之人"。

《大智度論》卷五："善軟人求道，欲度諸衆生，除四邪口業，譬如馬有轡。"（《大正藏》25 册 101 頁上 4 行至 101 頁上 5 行）

"譬如馬有轡"，P.2913、BD15150、BD15298 號本作 "如馬四種轡"。

按："四種轡" 即指 "除四邪口業" 而言。

《大智度論》卷七："答言：見三日出，白山羅列，水流奔趣，如入大坑。船師言：是摩伽羅魚王開口，一是實日，兩日是魚眼，白山是魚齒，水流奔趣是入其口。我曹了矣！各各求諸天神以自救濟！"（《大正藏》25 册 109 頁上 15 行至 109 頁上 19 行）

"白山羅列"，S.6796、P.2106 號作 "有大白山"。

《大智度論》卷七："問曰：佛至尊重，何以故笑？答曰：如大地，不以無事及小因緣而動；佛亦如是，若無事及小因緣則不笑，今大因緣故，一切身笑。"（《大正藏》25 册 112 頁下 10 行至 112 頁下 13 行）

"如大地……而動" 十三字，S.6796 號作 "如大地若無因緣若小因緣不動"。"若無事……不笑" 十字，S.6796 號作 "無因緣及小因緣則不笑"。

《大智度論》卷十一："譬如長老阿泥盧豆，在林中坐禪時，淨愛天女等，以淨妙之身來試阿泥盧豆。"（《大正藏》25 册 139 頁中 15 行至 139 頁中 16 行）

"以淨妙之身"，BD01145 號作 "來此女人端政第一"。

《大智度論》卷十三："舍利弗、目揵連心淨柔軟，汝莫謗之而長夜受苦！"（《大正藏》25 册 157 頁中 22 行至 157 頁中 23 行）

"心淨柔軟"，S.2161 號作 "真清淨人"。

1　黄征《敦煌語言文字學研究》，甘肅教育出版社，2002 年，頁 57。

第四節　異文的成因

對於某條異文的具體成因,上文已做詳細説明。本節我們擬從宏觀的視野,探討敦煌漢文本《大智度論》異文産生的原因。

一、傳本的差異

"任何寫本,無論是單獨的寫經也好,寫本藏經也好,如果不是原稿本,就必然有其底本。底本與抄本,形成了一個傳本系統。"[1]敦煌漢文本《大智度論》的情況也是如此。伊藤美重子先生就曾依據尾題的不同,將寫卷分爲"大智度經""摩訶衍經""大智論""大智度論""大智度經論""卷數尾題""蘇七寶寫經"七類[2]。其實,這七類也可以認爲是七種不同的傳本系統。因爲各有祖本,所以在文句上有出入,因而形成異文。如《大智度論》卷一:

> 　　有四種悉檀:一者,世界悉檀;二者,各各爲人悉檀;三者,對治悉檀;四者,第一義悉檀。四悉檀中,一切十二部經,八萬四千法藏,皆是實,無相違背。佛法中有,以世界悉檀故實,有以各各爲人悉檀故實,有以對治悉檀故實,有以第一義悉檀故實。有世界者,有法從因緣和合,故有無別性。譬如車,轅、軸、輻、輞等和合故有,無別車。人亦如是,五衆和合故有無別人。若無世界悉檀者,佛是實語人,云何言我以清淨天眼,見諸衆生隨善惡業,死此生彼,受果報。善業者,生天人中;惡業者,墮三惡道。復次經言:一人出世,多人蒙慶,福樂饒益,佛世尊也。如法句中説,神自能救神,他人安能救神! 自行善智,是最能自救。如瓶沙王迎經中佛説:凡人不聞法,凡人著於我。又佛二夜經中説:佛初得道夜,至般涅槃夜,是二夜中間所説經教,一切皆實不顛倒。若實無人者,佛云何言我天眼見衆生? 是故當知有人者,世界悉檀故,非是第一義悉檀。問曰:第一悉檀是真實,實故名第一,餘者不應實? 答曰:不然! 是四悉檀各各有實,如:如、法性、實際,世界悉檀故無,第一義悉檀故有。人等亦如是,世界悉檀故有,第一義悉檀故無。(《大正藏》25 册 59 頁中 18 行至 59 頁下 14 行)

上揭文字對應的 S.4614、S.1621 號,除了個別字詞差異外,較大的行文差異有兩處,第一,"若無世界悉檀者"至"云何言"十五字,S.4614 號作"問曰如佛説",S.1621 號同《大正藏》本;第二,"言我天眼見衆生"至"是四悉檀各各有實"五十七字,S.4614 號作"説人等答曰人等世界故有第一義故無",S.1621 號同《大正藏》本。S.4614 號屬"大智度經論"傳本系統,而 S.1621 號則屬於"大智度論"傳本系統,由此可以看出《大智度論》不同傳本系統之間文字差異很大,這種差異決非是由於傳抄次數過多,由一種訛變到另外一種,而一定是有各自的底本。

二、俗字的影響

"敦煌文書的書寫年代上起魏晉,下迄宋初,綿延了近千年。這一時期俗字的流行曾先後在魏晉六朝和晚唐五代形成過兩個高峰。敦煌文書作爲這一特定歷史時期的産物,俗字的繁衍也在它身上留下了深

1　《中國寫本大藏經研究》,頁 27。
2　《伊藤》,頁 346。

深的印記。"[1]在現存敦煌寫卷中,不僅契約、賬籍、藥方、變文、曲子詞等世俗文獻中俗字隨處可見,即便是經過嚴謹校勘的佛經、道經寫卷中,俗字也是層出不窮。現存敦煌漢文本《大智度論》多爲魏晉六朝寫本,正好經歷了俗字流行的第一個高峰期,這就造成了大量的俗字異文,給識讀造成一定的障礙。關於敦煌漢文本《大智度論》俗字的具體類型,可分爲增加部件、省略部件、改換偏旁、部件易位、書寫變易、整體創造、異形借用、合文八類,本書第六章第一節 "俗字研究" 已有詳細論述,兹不贅言。

三、抄手的疏誤

除了傳本和俗字的原因之外,異文産生的另一個重要原因是抄手的疏誤。"由於敦煌寫本多出於經生釋子、信衆社人及仕子學郎等文化水準不高的下層民衆之手(另有部分漢文寫卷是學習漢字之吐番或其他少數民族漢文水準不高者所抄寫),且多係抄手個人自用的文本,寫作或傳抄時未必經過認真的校勘,所以其中的疏誤也十分嚴重。"[2]具體來説,這類疏誤又可分爲有心致誤與無心致誤兩種。由於敦煌漢文本《大智度論》的抄手成分十分複雜,涵蓋當時社會的各個階層,有經生、釋子、官吏、普通民衆,這些人文化水平不同,佛學修養各異,在抄寫佛經時往往會按照自己的理解改動一些詞語,從而造成同義詞、近義詞。比如把 "寇賊" 寫作 "賊寇","窟宅" 寫作 "室宅",此爲 "有心致誤";而指抄手在抄經時,由於文字水準低或者粗心大意而造成的錯誤,此爲 "無心致誤",如形訛字、音訛字,將 "阿" 寫作 "何",將 "亦" 寫作 "一",等等。

---

1 張涌泉《敦煌俗字研究》,上海教育出版社,1996 年,頁 19。

2 《敦煌寫本文獻學》,頁 69。

第五章 校勘研究

第一節 《大正藏》本《大智度論》校勘示例

敦煌藏經洞出土文獻總數近 7 萬號,其中佛教文獻爲其大宗,約占總數的百分之九十五;而佛教文獻當中,已入藏佛教文獻又占絕大多數[1]。這些已入藏佛教文獻雖已被傳統大藏經所收,但因其多爲千百年前的古寫本,大多抄寫精良,校勘謹嚴,較之傳世刻本,減少了許多後代輾轉翻刻産生的訛誤,因而具有極高的校勘價值。但令人遺憾的是,敦煌藏經洞被發現一百多年來,已入藏佛教文獻的校勘價值,却一直未能充分發揮出來。

對此,方廣錩先生説過:"傳統大藏經雖然在一千多年的流傳中曾多次經過校勘、訂正,依然存在不少問題。我本人就曾遇到這樣的情況,對於傳統大藏經本的文意窒礙處,用敦煌遺書本一對照,立即文從字順……需要指出的是,敦煌已入藏佛教文獻的這一價值,基本上還没有發揮出來。"[2]

榮新江先生亦持同樣的觀點,他認爲:"這些古寫本在校勘後代的《大藏經》刻本上,價值很高。日本學者在二十世紀初葉編輯《大正藏》時,利用了部分敦煌寫本來校勘《高麗藏》本,但當時所見敦煌寫本極爲有限,主要是矢吹慶輝攝自倫敦的寫本,而且《大正藏》排印上有不少錯誤,有些甚至不可信賴。迄今爲止,絕大多數敦煌佛教文獻的寫本都已經影印出版,可惜還没有系統地用作校勘資源。近年來陸續印行的《中華大藏經》,也没有充分取用敦煌資源,因此也就没能在學術上超過《大正藏》。"[3]

二位先生所言極是。日本的《大正藏》和我國的《中華大藏經》是近現代編輯出版的兩部重要大藏經,是全世界佛教研究者案頭必備的基本典籍,但二者在校勘上均未使用敦煌已入藏佛教文獻。《大正藏》只是在第 85 卷收録了部分敦煌藏外佛教文獻,但在校勘上則没有使用敦煌材料。《中華大藏經》出版於 20 世紀 80 年代,堪稱迄今爲止包羅最爲宏富的一部大藏經,它以《趙城金藏》爲底本,以《房山雲居寺石經》《資福藏》《影宋磧砂藏》《普甯藏》《永樂南藏》《徑山藏》《清藏》《高麗藏》八種大藏經爲參校本,但參校本中亦無敦煌寫本。

出現這種狀況,大致有主客觀兩方面原因。主觀上,因敦煌已入藏佛教文獻已爲傳統大藏經所收,且多爲殘卷或殘片,難免令人對其校勘價值估計不足,有人甚至認爲,二者之間只是異體字的區別。客觀上,這部分文獻數量龐大,複本衆多,用作校勘材料之前必須先系統整理,因而難度極大。以敦煌漢文本《大智度論》爲例,目前已公布 486 號寫卷,涉及《大智度論》97 卷,現分藏于英國、法國、俄羅斯、丹麥、日本、中國大陸、中國臺灣 7 個國家或地區的 21 個單位,其中還有 185 號殘卷需綴合,對其系統整理,決非易事;若要全面整理所有的敦煌已入藏佛教文獻,那將更是一個浩大的工程;于是,限于人力、物力只得忍痛割愛。

---

1 "已入藏佛教文獻"是指已經被唐代智昇的《開元釋教録·入藏録》著録的佛教典籍。
2 方廣錩《敦煌已入藏佛教文獻簡目》,《敦煌研究》,2006 年第 3 期。
3 榮新江《敦煌學十八講》,北京大學出版社,2001 年,頁 223。

其實今天的情況亦是如此。若要全面系統整理數萬號敦煌已入藏佛教文獻,任何單位以一己之力,都不免力不從心,望洋興嘆。在這種情況下,國家相關部門應出臺政策,統籌規劃,整合各單位的學術資源,并提供必要的經費保障。只有通過這樣一種跨地區、跨單位的協同運作機制,數量龐大的敦煌已入藏佛教文獻纔能早日得到全面整理,從而在大藏經的校勘中發揮重要作用,爲學術研究提供可靠的文本依據。

我們以敦煌漢文本《大智度論》與《大正藏》本相對勘,發現可匡補《大正藏》本訛、衍、脫、錯亂各類錯誤共計百餘處。兹分類各舉數例如下,以期拋磚引玉,引起學界對敦煌已入藏佛教文獻的充分重視。

一、訛文例

答曰:若過去復過去,則破過去相;若過去不過去,則無過去相。何以故? 自相捨故。**末來**世亦如是。(《大正藏》25 冊 65 頁下 11 行—13 行)

"末來",S.1621 號作"未來"。

按:"未來"是也。上文"過去時、未來時非現在相中行,過去時過去世中行,未來世未來時中行"可證。"末來"不辭,"末"當爲"未"之形訛。

復次,婆伽名分別,婆名巧,巧分別**語法**總相別相,故名婆伽婆。(《大正藏》25 冊 70 頁中 16 行—17 行)

"語法",中村 057 號作"諸法"。

按:"諸法"是也。《佛光大辭典》"諸法"條謂:"又作萬法。現代語稱之爲存在、一切現象等。"[1]《佛説長阿含經》卷第一:"毗婆尸閑靜,觀察於諸法。"(CBETA, T01, no.0001 P.0008 b03)"語"蓋爲"諸"之形訛。

行事都集,斷第七繩,船去**如駝**,到衆寶渚。(《大正藏》25 冊 151 頁中 26 行—27 行)

"如駝",BD 01034 號 2 作"如馳"。

按:"如馳"是也。"如馳"喻船行之疾也,作"如駝"則義不可通。《經律異相》引此亦作"馳"。"駝"當爲"馳"之形訛。

隨時得名者,或因一、**因一**得般若波羅蜜。(《大正藏》25 冊 196 頁中 27 行)

"因一",BD 00428、S.0195 號作"因二",宋、元、明、宫、石本同。

按:"因二"是也。上文"亦有行一、二波羅蜜,得般若波羅蜜耶"可證。"一"當爲"二"之形訛。

厨人污垢,種種不淨。若著口中,**惱**有爛涎,二道流下,與唾和合,然後成味,其狀如吐,從腹門入。(《大正藏》25 冊 231 頁中 18 行—20 行)

"惱",BD 06638、BD 02833、BD 08223 號作"腦"。

按:"腦"是也。"腦"即大腦,合於文義。《法苑珠林》引此亦作"腦"。"惱"爲"腦"之形訛。

一切無漏法,十六行,三三昧**相處**故,皆名無相。(《大正藏》25 冊 274 頁上 22 行—23 行)

"相處",中村 037 號作"相應"。

按:"相應"是也。《阿毗曇毗婆沙論》卷第五十七:"法智與三三昧相應,空三昧與二智相應。"(CBETA, T28, no.1546 P.0401 b11 –b12)《鞞婆沙論》卷第十三:"等智或三三昧相應,或不相應。"(CBETA, T28, no.1547 P.0512 a11 –a12)可參。"處""應"二字形近易混。

我從初發心乃至成佛,及**十力佛**,於諸法中求實不可得,是名不可得空。(《大正藏》25 冊 295 頁下 19 行—20 行)

---

1 《佛光大辭典》,頁 6302。

“十力佛”，中村 019、務本 001 號作“十方佛”。

按：“十方佛”是也。《妙法蓮華經》卷第一：“我及十方佛，乃能知是事。”（CBETA，T09，no.0206 P.0005 c 24）《佛說廣博嚴淨不退轉輪經》卷第一：“當爾之時，釋迦牟尼佛及十方佛放大光網，其光皆有百千種色照明正法，令諸衆生生歡喜故。”（CBETA，T09，no.0268 P.0256 b 14－15）皆可參。

復次，若果從因生，果則屬因，因不自在，更屬餘因；若因不自在者，云何言果**旦**從此因生？（《大正藏》25 册 296 頁中 25 行—27 行）

“旦”，S.1538 號作“但”，宋、元、明、宫、石本同。

按：“但”是也。“但”爲“只”義，作“旦”則文義不可通。“旦”“但”二字形、音俱近，易訛。

或生四天王天處，或生三十三天，夜摩天、兜率陀天、化樂天、**地化自在天**。（《大正藏》25 册 340 頁中 2 行—4 行）

“地化自在天”，S.1934 號作“他化自在天”，宋、元、明、宫、石本同。

按：“他化自在天”是也。《佛光大辭典》“他化自在天”條云：“音譯作波羅尼蜜和耶越致、波羅尼蜜、波羅維摩婆奢、娑舍跋提。又譯作他化樂天、他化自轉天、化應聲天。單稱自在天、他化天、化他天，或第六天。即六欲天之第六天。此天假他所化之樂事以成己樂，故稱他化自在天。”[1]《大正藏》本《摩訶般若波羅蜜經》亦作“他化自在天”。“地”當爲“他”之形訛。

菩薩摩訶薩行羼提波羅蜜時，應薩婆若心，身、心精進，不休不息——是名菩薩摩訶薩行羼提波羅蜜**持**，毘梨耶波羅蜜。（《大正藏》25 册 386 頁中 8 行—11 行）

“持”，S.5132、S.5134、S.2410 號作“時”，宋、元、明、宫、聖、石本同。

按：“時”是也。“時”爲“時候”之義，作“持”則義不可解。《大正藏》本《摩訶般若波羅蜜經》亦作“持”。“持”“時”二字形、音俱近，易訛。

荼字門，入諸法邊竟處不可得故，不終不生故。過荼無字**可得**，何以故？更無字故。（《大正藏》25 册 408 頁上 12 行—13 行）

“可得”，BD 14454 號作“可説”，宋、元、明、宫本同。

按：“可説”是也。《大正藏》本《摩訶般若波羅蜜經》亦作“説”。“得”當涉前一“得”字而訛。

云何菩薩知諸天龍夜叉揵闥婆**諸辭**辯力故。（《大正藏》25 册 416 頁下 29 行—417 頁上 1 行）

“諸辭”，S.5119 號作“語辭”，宋、元、明、宫、聖、石本同。

按：“語辭”是也。《大正藏》本《摩訶般若波羅蜜經》亦作“語”。又上揭文字當斷作：“云何菩薩知諸天、龍、夜叉、揵闥婆語？辭辯力故。”

重問其事：“佛及涅槃審如幻、如夢耶？”須菩提將無誤説！我等將無謬聽！是以更**定問**。（《大正藏》25 册 449 頁上 27 行—29 行）

“定問”，BD 14024 號作“重問”。

按：“重問”是也。“重問”即再次發問，合于文義，“定問”不辭。上文“以是故，更重問其事”可參。

佛言：非但十力者不可破、不可伏，一切法實相亦不可破、亦不可伏。佛意：爲度衆生故説十方，佛力無量無邊；如佛力，一切法實相亦如是不可伏，故名**十方波羅蜜**。（《大正藏》25 册 521 頁中 21 行—25 行）

“十方”，S.3185、BD 14425 號皆作“十力”，宋、元、明、宫本同。

按：“十力”是也。上文“行是般若波羅蜜菩薩，初得菩薩十力，後得佛十力，是故説十力波羅蜜”可證。

---

1 《佛光大辭典》，頁 1540。

《佛光大辭典》"十力"條謂："一、指如來十力,唯如來具足之十種智力,即佛十八不共法中之十種。又作十神力。謂如來證得實相之智,了達一切,無能壞,無能勝,故稱爲力。二、菩薩之十力。指在十迴向中,第九無縛無著解脱迴向位之菩薩所具足之十種作用。"[1] "方"蓋爲"力"之形訛。

若有菩薩摩訶薩,久行六波羅蜜,種善根,多**觀近**供養諸佛,與善知識相隨,是菩薩能信解深般若波羅蜜。(《大正藏》25 册 527 頁下 4 行—7 行)

"觀近",津藝 174、S.2160 號作"親近",宫、聖、聖乙本同。

按:"親近"是也。《大智度論》卷五十八:"善女人受持般若波羅蜜乃至正憶念者,當知是人先世於佛所作功德,多親近供養諸佛,爲善知識所護。"(CBETA, T25, no.1509 P.0470 c11–c14)《大方廣佛華嚴經》卷第四十:"親近供養諸佛海,修行無倦經劫海。"(CBETA, T10, no.0293 P.0847 c23)皆可參。"觀"當係"親"之形訛。

佛於過去、未來、現在法,無法不知,無法**知相**不知,衆生之行無事不知! (《大正藏》25 册 532 頁上 22 行—23 行)

"知相",津藝 174、S.2160 號作"如相",宋、元、明、宫、聖、聖乙、石本同。

按:"如相"是也。《小品般若波羅蜜經》卷第五:"如來得是深法,能爲衆生説是如相。如是如相,誰能信者?"(CBETA, T08, no.0227 P.0558 c21–c22)《不退轉法輪經》卷第四:"如相非到智,無有此彼岸。"(CBETA, T09, no.0267 P.0247 a28)皆可參。《大正藏》本《摩訶般若波羅蜜經》亦作"如相"。"知"當係"如"之形訛。

又塚間住,若見死屍**嗅爛**不淨,易得九相觀,是離欲初門。(《大正藏》25 册 538 頁上 14 行—15 行)

"嗅爛",BD015318、BD015353 號皆作"臭爛"。

按:"臭爛"是也。"臭爛",腐爛發臭,合於文義。《大智度論》卷四:"是我此身肉,恒屬老病死,不久當臭爛,彼須我當與。"(CBETA, T25, no.1509 P.0088 b07–b10)《菩薩本生鬘論》卷第一:"願將身肉以救二親,若割肉時勿令頓盡,漸可取食得延數程;若命絶者肉當臭爛,必爲所棄,於事無成。'"(CBETA, T03, no.0160 P.0334 b19–b22)"嗅"蓋爲"臭"之形訛。

所謂菩薩習行般若波羅蜜,方便力故,雖行檀波羅蜜諸助道法,我我所、憍慢斷故,不作是念:我增長是六波羅蜜等法;不取内外諸法相行,是**謂善法**,如無上道相迴向。(《大正藏》25 册 584 頁中 19 行—23 行)

"謂善法",P.2739、俄 Дx00535 號作"諸善法",宋、元、明、宫本同。

按:"諸善法"是也。"諸善法"即各種善法。《佛説長阿含經》卷第九:"云何一成法? 謂於諸善法能不放逸。"(CBETA, T01, no.0001 P.0053 a04–a05)《大般涅槃經》卷下:"今者諸天充滿虚空,皆是我昔爲王之時,以諸善法教化所成,其於今日復在此城,見般涅槃,當令其獲般涅槃果。"(CBETA, T01, no.0007 P.0203 a18–a11)"謂"當爲"諸"之形訛。

天欲教化一切衆生。除四波羅蜜所生般若,餘智慧多從精進生故,住精進爲主,取智慧。(《大正藏》25 册 630 頁上 8 行—10 行)

"天欲",上圖 042 號作"又欲"。

按:"又欲"是也。"又欲"猶言"又想",合於文義。"天"當爲"又"之形訛。

須菩提! 云何爲四念處? 菩薩摩訶薩觀内身循身觀,觀外身循身觀,觀内外身循身觀,勤精進,以一心智慧觀身、觀身集因緣、觀身滅、觀身集生滅;行是道無所依,於世間**無所愛**。受、心、法念處,亦如是。(《大

正藏》25 冊 680 頁上 15 行—20 行）

“無所愛”，中村 061、BD 01889 號作“無所受”，宋、元、明本同。

按：“無所受”是也。“受”謂感官與外界接觸時所生之感受，分三種：苦受、樂受、不苦不樂受。修四念處菩薩無所依，故云於世間無所受。《大正藏》本《摩訶般若波羅蜜經》亦作“受”。“愛”當係“受”之形訛。

二、衍文例

復次，婆伽名名聲，婆名有，是名有名聲，無有得名聲如佛者。（《大正藏》25 冊 70 頁中 17 行—19 行）

“名”，中村 057 號、聖、石本無。

按：“名名”不辭，“名”字必衍其一。下句“婆名有”之例可參。

問曰：諸天何以作是願？答曰：世間中有五欲第一，無不愛樂；於五欲中，觸[1]爲第一，能繫人心；如人墮在深泥，難可拯濟。（《大正藏》25 冊 317 頁上 16 行—18 行）

“有”，S.1829 號 1、BD 03729 號、宋、元、明、宮本無。

按：“有”字于此無義，係衍文，當刪。

佛告舍利弗言：若菩薩摩訶薩學般若波羅蜜時，不見般若波羅蜜。舍利弗！菩薩摩訶薩如是**學學**般若波羅蜜，得薩婆若，以不可得故。（《大正藏》25 冊 374 頁下 7 行—10 行）

“學學”，S.1830 號作“學”，宋、元、明、宮本同。

按：“學學”不辭，“學”字必衍其一。《大正藏》本《摩訶般若波羅蜜經》亦作“學”，可證。

不見色、受、想、行、識故，不見眼乃至意，不見色乃至**法法**，不見淫、怒、癡，不見無明乃至老死……（《大正藏》25 冊 360 頁上 7 行—9 行）

“法法”，P.2082 號 2、S.0227 號作“法”。

按：“法法”不辭，“法”字必衍其一。《大正藏》本《摩訶般若波羅蜜經》亦作“法”，可證。

檀波羅蜜、檀波羅蜜相空，乃至般若波羅蜜、般若波羅蜜相空。内空、**内空空**相空，乃至無法有法空、無法有法空相空。四念處、四念處相空，乃至十八不共法、十八不共法相空。菩薩、菩薩相空。（《大正藏》25 冊 391 頁下 21 行—25 行）

“内空空”，S.5126、S.1407、S.4968、P.2082 號 1 作“内空”，宋、元、明本同。

按：“内空”是也，後一“空”字當係衍文。《佛光大辭典》“内空”條：“十八空之一。内，指六内處。謂眼、耳、鼻、舌、身、意六内處之中，無我、我所，亦無眼等之法。”[2]《大正藏》本《摩訶般若波羅蜜經》亦作“内空”，可證。

若菩薩不行色等不具足者，即是行具足般若波羅蜜。何以故？色不具足則非色，色非**無常**相故。（《大正藏》25 冊 511 頁下 7 行—10 行）

“無常”，俄 Ф 113 號作“常”，宋、元、明、宮、聖本同。

按：“常”是也。“色”本無常之物，故云“色非常相”。若施“無”字，則文義相悖。

三、脱文例

佛從三昧起，欲宣示一切諸法實相，斷一切衆生疑結故，説**般若**波羅蜜經。（《大正藏》25 冊 58 頁中 17 行—19 行）

1　“觸”，甲、乙本作“最”，誤。

2　《佛光大辭典》，頁 1236。

"般若"前,S.1621、S.4614 號有"摩訶"二字,宋、元、明、宫、聖、石本同。

按:當作"摩訶般若波羅蜜經"。《大智度論》係解釋《摩訶般若波羅蜜經》之論著,《大正藏》本脱"摩訶"二字。上文:"佛住般若波羅蜜,實相清淨如虛空,無量無數法中,自發誠言:我是一切智人,欲斷一切衆生疑。以是故説摩訶般若波羅蜜經。"(CBETA, T25, no.1509 P.0058 b05 – b07)"是時三千大千世界主梵天王,名式棄,及色界諸天等,釋提桓因及欲界諸天等,并四天王,皆詣佛所,勸請世尊初轉法輪。亦是菩薩念本所願,及大慈大悲故,受請説法。諸法甚深者,般若波羅蜜是。以是故佛説摩訶般若波羅蜜經。"(CBETA, T25, no.1509 P.0058 a25 – b02)皆可參。

須菩提白佛言:世尊!若以名字相故説諸法,令衆生解。世尊!**一切法**無名無相,云何以名相示衆生欲令解?(《大正藏》25 册 646 頁上 26 行—28 行)

"一切法"前,臺圖 96 號有"若"字,宋、元、明、宫本同。

按:上揭所引爲《摩訶般若波羅蜜經》卷第二十一之經文,經文"一切法"前亦有"若"字,《大正藏》本脱,當據補。

佛告須菩提:於汝意云何?汝住道中,**受諸法故**,漏盡得解脱不?(《大正藏》25 册 646 頁下 11 行—12 行)

"受",臺圖 96 號作"不受",元、明、宫本同。

按:"不"字脱。若無"不"字,則文義相悖,殊不可解。《小品般若波羅蜜經》卷第六:"舍利弗!是如甚深。今説是如,三千比丘不受諸法故,漏盡心得解脱。"(CBETA, T08, no.0227 P.0562 c26 – c28)《佛説首楞嚴三昧經》卷下:"萬八千菩薩,得是首楞嚴三昧;萬八千比丘、比丘尼,不受諸法故,漏盡解脱,得阿羅漢。"(CBETA, T15, no.0642 P.0645 b18 – b20)皆可參。

如是,不得言二乘及菩薩智慧是遍如實智。遍如實智,是佛;但如實智,二乘及菩薩所**共**。(《大正藏》25 册 651 頁上 10 行—13 行)

"共",臺圖 96 號作"不共",宋、元、明、宫、石本同。

按:"不"字脱。"如實智",真如實相之智慧,唯佛獨有,二乘及菩薩所無。

四、錯亂例

見天眼有二種:一者、從報得;二者、從修得。是五通中天眼從修得,非報得。何以故?常憶念種種光明**得故**。(《大正藏》25 册 98 頁上 10 行—13 行)

"得故",P.2913 號作"故得",聖本同。

按:"故得"是也。"常憶念種種光明得故"謂常憶念種種光明,故得此天眼,文義順適,"得故"當爲"故得"之倒。

譬如百由旬大火聚,有人負乾草入火中過,不燒一葉,**是甚爲難**。(《大正藏》25 册 113 頁上 3 行—5 行)

"是甚爲難",S.6796 號作"是爲甚難"。宋本、元本、明本、宫本、聖本、石本同。

按:"是爲甚難"是也。《大智度論》卷十一:"是爲甚難!勤苦得此少物,盡以施僧,汝是善人!"(CBETA, T25, no.1509 P.0142 a07 – a09)《央掘魔羅經》卷第四:"謂于未來正法住世餘八十年,安慰説此《摩訶衍經》常恒不變如來之藏,是爲甚難。"(CBETA, T02, no.0120 P.0537 c20 – c24)皆可參。

問曰:先已説天世界,今何以復説天?答曰:天世界是四天王、忉利天。魔是他化自在天。梵是色界。今説天,是欲界中夜摩、兜率陀、化樂、愛身天等。**愛身在六天上,形色絶妙,故言愛身**。(《大正藏》25 册 135 頁上 22 行—26 行)

"愛身在六天上,形色絕妙,故言愛身",S.2260 號作小字注文。

按:"愛身在六天上,形色絕妙,故言愛身"是對正文"愛身天"之解釋,《大正藏》本誤混入正文。

若今世故功德而得供養,當自思惟:"我以智慧,若知諸法實相,若能斷結,以此功德故,是人供養,于我無事。"如是思惟已,自伏其心,不自憍高;此實愛樂功德,不愛我也。(《大正藏》25 冊 165 頁上 21 行—25 行)

"若今世故功德而得供養",上圖 115 號、BD 03741 號作"若今世功德故而得供養"。

按:"若今世功德故而得供養"是也。該句意謂因今世所作功德而得到他人之供養,文從字順,《大正藏》本誤倒。

譬如熟癰,若無治者,得小因緣而便自潰。亦如熟果,**若人無取**,微風因緣,便自隨落。(《大正藏》25 冊 313 頁下 29 行—314 頁上 2 行)

"若人無取",BD 01975 號、S.5120 號作"若無人取",宋本、元本、明本、宮本、聖本、石本同。

按:上文意謂若衆生福德淳熟,煩惱較少,只需聽聞佛號便可得解脱,就如同樹上成熟的果實,雖無人採摘,但只要有微風吹拂,便會自然掉落。"若人無取"詞序顛倒。

又日明普照,無憎無愛,隨其高下深淺悉照;菩薩亦如是,出于世間,住五神通,處于虚空,**放智慧火,照明諸罪福業及諸果**。(《大正藏》25 冊 322 頁中 22 行—25 行)

"放智慧火,照明諸罪福業及諸果",BD 03729 號、S.1829 號皆作"放智慧光明,照諸罪福業及諸果",宋本、元本、明本、石本同。

按:"放智慧光明,照諸罪福業及諸果"是也。下句"菩薩以智慧光明,滅衆生邪見戲論;譬如朝露,見日則消"可參。"智慧光明"指佛、菩薩智慧鑒照所發出之光明,能破衆生愚痴無明,如《賢愚經》卷第一:"當此之時,王大歡喜,心無悔恨,自立誓願:'我今求法,爲成佛道,後得佛時,當以智慧光明照悟衆生結縛黑暗。"(CBETA,T04,no.0202 P.0350 a03 – a06)"智慧火",指智慧能燒煩惱之薪,故喻以火,然施于此,于義未安。

慧命須菩提隨佛心言:"當知是菩薩摩訶薩行是諸三昧者,以爲過去**佛諸**所授記,今現在十方諸佛亦授是菩薩記。(《大正藏》25 冊 373 中 8 行—10 行)

"佛諸",P.2089 號、S.1830 號皆作"諸佛",聖本、石本同。

按:"佛諸"不辭,當爲"諸佛"之倒。《大正藏》本《摩訶般若波羅蜜經》亦作"諸佛"。《大般若波羅蜜多經》卷第四十一:"舍利子問善現言:'爲別實有菩薩摩訶薩住如是等諸三摩地,已爲過去現在諸佛所授記耶?'"(CBETA,T05,no.0220 P.0230 c10 – c12)《大方廣佛華嚴經》卷第六:"若得無生深法忍,則爲諸佛所授記。"(CBETA,T09,no.0278 P.0434 a05)可資比勘。

云何菩薩受無邊世界所度之分? **十方無世界量中衆生**,如諸佛法所應度者而度脱之。(《大正藏》25 冊 416 頁下 26 行—28 行)

"十方無世界量中衆生",S.5119 號作"十方無量世界中衆生"。

按:"十方無量世界中衆生"是也。東、西、南、北,四維,上下,十方世界無量無邊,故曰十方無量世界。《大正藏》本"量"字錯位,當係排版失誤。

第二節　敦煌漢文本《大智度論》校勘示例

我們在第三章第七節"文多疏誤"中説過,敦煌文獻抄寫者多爲經生釋子、信衆社人及仕子學郎等社會下層民衆,這些人文化水平不高,識字不多,所以在抄寫時自然會有心、無心造成各種文字訛誤。這些訛誤在世俗文獻中表現尤爲明顯,宗教文獻通常抄寫態度較爲認真嚴謹,有些還經過專人校勘,錯誤相對較少;但儘管如此,各種文字疏誤仍然無法避免,有些甚至相當嚴重。所以,對此我們一定要保持清醒的認識,在高度肯定敦煌寫本校勘價值的同時,也要防止走向另一個極端,認爲敦煌寫本就是正確無誤,完全可以信從的善本,從而唯敦煌寫本是尊。兹各舉數例以見之。

一、訛文例

BD00428 號《大智度論》卷二十六(異卷):**菩薩摩訶衍**行四念處,觀是内身無常、苦,如病如癰,焰聚敗壞,不淨充滿,九孔流出,是爲行厠。

"菩薩摩訶衍",《大正藏》本作"菩薩摩訶薩"。

按:"菩薩摩訶薩"是也。"菩薩摩訶薩",具名菩提薩埵摩訶薩埵。菩提薩埵作道衆生,新譯曰覺有情。摩訶薩埵作大衆生,新譯曰大有情。如支謙譯《菩薩本緣經》卷上:"菩薩摩訶薩行檀波羅蜜時,不見此是福田此非福田,亦不分別多親少疑。"(CBETA, T03 n 0153_p 0054 c 26-c 27)

BD00428 號《大智度論》卷二十六(異卷):法空中亦無**汝空**相,汝得法空,心著故,而生是難。是法空,諸佛以憐愍心,爲斷愛結、除邪見故説。

"汝空",《大正藏》本作"法空"。

按:"法空"是也,"法""汝"形近易訛。《佛光大辭典》"法空"條謂:"指諸法之自性爲空。又作法無我。爲二空之一,三空之一。"[1]

S.2866 號《大智度論》卷二十二:佛説:"二種施中,法施爲第**十**。"

"十",《大正藏》本作"一"。

按:"一"是也。《佛光大辭典》"法施"條謂:"指宣説教法,利益衆生。爲二施之一,三施之一。"[2] 如《本事經》卷第五:"於二種施中,法施爲第一。能行法施者,善逝最爲尊。"(CBETA, T17, no.0765 P.0683 c 06)

BD02833 號《大智度論》卷二十三、二十四:比智者,**如**現在五受衆無常、苦、空、無我,過去、未來及色、無色界中五受衆無常、苦、空、無我亦如是。

"如",《大正藏》本作"知"。

按:"知"是也。"如"不合文義,當係"知"之形訛,敦煌寫本中二字常相混。

臺圖 134 號《大智度論》卷三十一:若**是**與身不異者,有如是過!今應足等和合故,更有法生名爲身,身雖異於足等,應當依於足住。如衆縷和合而能生氈,是氈依縷而住。

"是",《大正藏》本作"足"。

按:"足"是也,"是"當爲"足"之形訛。此爲借足與身,論述内外法之關係,下文"若足不異身者,頭應是足,足與身不異故。若頭是足者,甚爲可笑"即作"足",可以爲證。(CBETA, T25, no.1509 P.0287 a 26)

S.4960 號《大智度論》卷四十三:復次,一切法不離第一義,第一義不離諸法實相;能使諸法實相空,是名爲第一義空。如是等種種,**無**爲第一義空。

"無",《大正藏》本作"名"。

按:"名"是也,"無"蓋爲"名"之形訛。如《大般涅槃經》卷第十六:"何等名爲第一義空?有業有報不見作者,如是空法名第一義空。"(CBETA, T12, no.0374 P.0461 a 23)

P.2199 號《大智度論》卷五十一:今佛廣演須菩提所**謂**。是三世云何不可得?所謂過去世、過去世空,

1 《佛光大辭典》,頁 3362。

2 《佛光大辭典》,頁 3366。

未來世、未來世空,現在世、現在世空故不可得。

"謂",《大正藏》本作"讚"。

按:"讚"是也。上句"須菩提略讚說是摩訶衍,前際、後際、中際俱不可得,三世等故,名摩訶衍"(CBETA, T25, no.1509 P.0429 a 03 – 04)亦作"讚"。

BD 03026 號《大智度論》卷五十、卷五十一摘抄:常一切處、一切種、一切時求菩薩不可得,當爲誰**誰**?

"誰",《大正藏》本作"說"。

按:"說"是也。上句"若菩薩無邊者,是事不然!以此因緣故,菩薩不可得,當爲誰說"即作"當爲誰說"。(CBETA, T25, no.1509 P.0431 b 26 – 28)

二、衍文例

BD 00428 號《大智度論》卷二十六(異卷):佛告摩訶男:"汝勿怖勿畏!汝是時不生惡趣,必至善處。譬如樹常**不**東向曲,若有斫者,必當東倒;善人亦如是,若身壞死時,善心意識長夜以信、戒、聞、施、慧熏心故,必得利益,上生天上。"

"不",《大正藏》本無。

按:"不"字衍。"譬如樹常不東向曲,若有斫者,必當東倒",意謂樹東向生長,則砍倒之後,亦必然東向倒下。若施"不"字,則文義相悖,不可通。

BD 14024 號《大智度論》卷五十五:"問曰:如來用**智**智慧分別能知,眼是能見,餘不能見,以是故用眼,不取餘根!"

"智智慧",《大正藏》本作"智慧"。

按:"智智慧"不辭,"智"字必衍其一。

三、脱文例

S.2260 號《大智度論》卷十:復次,菩薩寶勝能出種種法音;若爲首飾寶冠,則雨十方無量世界諸佛上,幢幡、**華**種種供養之具以供養佛。

"華",《大正藏》本作"華蓋"。

按:"華蓋"是也。《佛光大辭典》:"華,即花、花鬘等;蓋,即遮陽之傘。以花裝飾而成之傘蓋,稱爲華蓋。又作花蓋。相傳我國古代神話中黃帝與蚩尤戰於涿鹿,常有五色雲氣,金枝玉葉,如花狀之物出現於黃帝頭頂上,稱爲華蓋。故後世帝王所用之傘,別稱華蓋。"[1]此詞佛典習見,如《佛般泥洹經》卷下:"諸天龍鬼神,散華雜寶名香伎樂幢幡華蓋,各皆導從,王及黎民,供具亦爾。"(CBETA, T01, no.0005 P.0173 b 27)《六度集經》卷第七:"上方佛來,飛在其前,身色紫金,相好絕聖,面若滿月,項有日光,諸天翼從,寶帳華蓋,作樂散華,叉手垂首。"(CBETA, T03, no.0152 P.b 19)

BD 01145 號《大智度論》卷十一:爾時,淨居諸天**現身而**,說此偈言:"開門大佈施,汝所爲者是。憐愍衆生故,爲之求佛道!"

"現身而",《大正藏》本作"現身而讚"。

按:"現身而讚"是也。若無"讚"字,則語義不足。依上文"具足施已,釋提婆那民來語韋羅摩菩薩,說此偈言:"天地難得物,能喜悅一切。汝今皆以得,爲佛道佈施"(CBETA, T25, no.1509 P.0142 c 14 – c 17),

---

1 《佛光大辭典》,頁 5234。

知此爲淨居天對韋羅摩菩薩所讚之語。

S.2161 號《大智度論》卷十三：若人求大善利，當堅持戒，如惜重寶，**如身命**。何以故？譬如大地，一切萬物有形之類，皆依地而住；戒亦如是，戒爲一切善法住處。

"如身命"，《大正藏》本作"如護身命"。

按："如護身命"是也。"如護身命"意謂把持戒看得如同生命一樣珍貴。如《佛説白衣金幢二婆羅門緣起經》卷下："今日已往，誓歸依佛、歸依正法、歸依僧伽，近事世尊，乃至盡壽，奉持佛法，如護身命，常具慚愧，悲愍有情，下至螻蟻，起護念想。"（CBETA，T1，no.0010 P.0221 c 25）《如意寶珠轉輪秘密現身成佛金輪咒王經》："我等眷屬守護行者，如守眼睛，如護身命。衛護秘密真言教法，流通世間，令不斷絶。"（CBETA，T 19，no.0 P.334 c 10）

S.2161 號《大智度論》卷十三：答曰："不殺生，得無量善法，作、無作，福常日夜生故；若作少罪，有限、有量。何以故隨有量而不隨無量？以是故，知不殺戒中，或有**無**。"

"無"，《大正藏》本作"無記"。

按："無記"是也。《佛光大辭典》"無記"條曰："一切法可分爲善、不善、無記等三性，無記即非善非不善者，因其不能記爲善或惡，故稱無記。"[1]如《中阿含經》卷第四十七："復次，阿難！見三界知如真，善界、不善界、無記界。"（CBETA，T 1，no.0026 P.0723 c 02）

S.2161 號《大智度論》卷十三：我自憶念本宿命時作戲女，著種種衣服而説舊語，或時著比丘尼衣以爲戲笑。以是因緣故，迦葉佛時作比丘尼，自恃貴姓端政，心生憍慢而破**禁**。

"禁"，《大正藏》本作"禁戒"。

按："禁戒"是也。《佛光大辭典》"禁戒"條謂："佛爲防止弟子們身、口、意之過非而制定之戒律。"[2]如《大寶積經》卷第八十八："若有比丘整理法服，似像比丘而破禁戒，作不善法，是名第一沙門之賊。"（CBETA，T 11，no.310 P.0501 b 25）

BD 03741 號《大智度論》卷十四：譬如野干在林樹間，依隨師子及諸虎豹，求其殘肉以自存活。有時空乏夜半逾城深入人舍，求肉不得，屏處睡息，不覺夜竟；惶怖無計，走則**不自免**，住則懼畏死痛；便自定心，詐死在地。

"不自免"，《大正藏》本作"慮不自免"。

按："慮不自免"是也。此句意謂野干潛入人家求食，不慎睡著，醒後天已大亮，逃跑擔心被捉，住下又怕被發現打死，只得裝死在地，施一"慮"字語義方足。

---

1 《佛光大辭典》，頁 5107。

2 《佛光大辭典》，頁 5539。

第六章　語言研究

第一節　俗字研究

對於俗字類型的劃分,歷來學者多有不同意見。張涌泉先生在《敦煌寫本文獻學》中將俗字歸納爲增加部件、省略部件、改換偏旁、部件易位、書寫變易、整體創造、異形借用、合文八種類型[1],這一分類方法亦適用於敦煌漢文本《大智度論》。下面我們就依據這一分類方法對敦煌漢文本《大智度論》中的俗字情況進行梳理,並對有代表性的字形略作描述分析。

一、增加部件

1. 增加偏旁

【蒽】

BD01145 號《大智度論》卷十一:"愚惑之人,但知惜屋,蒽蒽營救,狂愚失智,不量火勢,猛風絶炎。"

按:"忽"的俗體。"忽"本作"悤"。《説文·囪部》:"悤,多遽悤悤也,從囪從心,囪亦聲。"[2]《字彙·心部》:"與悤同。"[3]據此,"悤"爲"悤"異體,而"悤"加"艸"則取草返青之勢,表快且忙亂。敦煌寫本中"悤""蒽"常混用。

【㷔】

BD01145 號《大智度論》卷十一:"土石爲㷔,翕響之間,蕩然已滅。"

按:"焦"的俗體。《干禄字書》:"燋焦,焦爛字。上通,下正。"[4]"焦"四點底是"火"隸變而來,模糊了其屬性,故俗字增加表意偏旁以明確字義。又如 P.2160 號《摩訶摩耶經卷上》:"譬如猛火,燒於熱鐵,若有觸者,身心燋痛。"亦作此形。

【㾕】

S.2161 號《大智度論》卷十三:"復次,殺生之人,今世、後世受種種身、心苦㾕。"

按:"痛"的俗體。《碑別字新編》引《魏巨平縣元欽神銘》"痛"即作"㾕"[5]。同卷"是故佛言莫奪他命,奪他命,世世受諸苦痛","痛"字亦作"㾕",而"㾕"是"㾕"再進一步增加心字底,來增强表意功能。

【散】

S.0457 號《大智度論》卷四十四:"世間十善道;九相:脹相、血相、壞相、膿爛相、青相、噉相、散相、骨相、燒相。"

1　《敦煌寫本文獻學》,頁 174。

2　《説文解字注》,頁 490。

3　《漢語大字典》,頁 2435。

4　《干禄字書》,頁 26。

5　秦公《碑別字新編》,頁 215。

按："散"的俗體。在"散"字右邊部件"攵"上增加一個"宀"。S.6825V《老子道經·想爾注》卷上："樸散淳薄更入耶。""散"亦作此形。BD14085號《大智度論》卷五十八："眾生十方中數無量無邊,三世中數亦無量無邊。""數"寫作"數",其例略同。

【䏏】

BD14454號《大智度論》卷四十八："身中有髮、毛、爪、齒、薄皮、厚皮、筋、肉、骨、髓、脾、腎、心、肝、肺、小腸、大腸、䏏……膜。"

按："胃"的俗體。左邊加一偏旁"月"。"月"字作偏旁置於左,多與人體器官相關,如脾、臟、肝、肺、腸等。"胃"加偏旁"月",起到增加表意偏旁指示類屬的作用。甘博003號《佛説觀佛三昧海經》卷第五："腸胃焦爛躄地。""胃"字亦作此形。

【棶】

羽470號《大智度論》卷九十二："多惡口業故,地生荆棶。"

按："棘"的俗體。《説文·束部》："小棗叢生者,從並束。"[1]《隸辨》："棶即棘字,碑變從來。"[2]"束"與"來"形似,常混用。"棶"即"棶"增加表意偏旁"艸"以指示類屬。

2.增加筆畫

【塞】

BD02251號《大智度論》卷十三："如是四罪不作,是身善律儀;妄語不作是口善律儀;名爲優婆塞五戒律儀。"

按："塞"的俗體。敦煌寫本中,"土"多作"圡"。《隸辨》："土本無點,諸碑土或作圡,故加點以區別之。"[3]"塞"受下面的部件"土"的影響,亦加一點。S.2832號《願文等坆本》："居傾絶塞,境接胡林;戎羯往來,侵抄莫准。""塞"字即作此形。

【炤】

BD07581號《大智度論》卷二十三："聖德尊貴皆亦盡,大火炤明忽然滅。"

按："照"的俗體。"照"的"日"部件多加一橫,當是受到後一字"明"在部件"日"中加一橫的影響。

二、省略部件

1.減省偏旁

【𤙡】

敦研26號《大智度論》卷六："如偈説:風名憂檀那,𤙡臍而上去。"

按："觸"的俗體。《説文·角部》："觸,抵也,從角,蜀聲。"[4]"觸"省略聲旁"蜀",在"角"下添一"牛"增強象形功能,即爲"𤙡","𤙡"進一步減省"牛"的一撇,豎畫與"角"豎畫相連,可使書寫更加便利。敦研365號《大般涅槃經》卷第十五："或説七種,謂識、名色、六入、觸、受及以愛取。""觸"字字形同。

【𦟤】

敦研26號《大智度論》卷六："風名憂檀那,觸𦟤而上去。"

---

1 《説文解字注》,頁319。

2 〔清〕顧藹吉《隸辨》,紫禁城出版社,2004年,頁70。

3 《隸辨》,頁30。

4 《説文解字注》,頁185。

按："臍"的俗體。臍本作"齊"。《説文·肉部》："𦝠,從肉,齊聲。"[1]篆體"𦝠"隸定後作"臍","臍"省略了左邊偏旁"月",又因右邊"齊"的下部件與"月"相似,寫作"月"指示類屬,從肉不變,而"齊"的上部件字形複雜,故減省筆劃,即爲"脊"。

【愛】

BD06638 號《大智度論》卷二十三："能斷一切欲愛、色愛、無色愛。"

按："愛"的俗體。《説文·夊部》："愛,從夊,㤅聲。"[2]"愛"爲"愛"古體字,"㤅"爲聲旁。《説文》："㤅,從心,旡聲。"[3]而"愛"則把部件"心"略去,保留了另一個聲旁,並在"夊"加一點。這樣加一點的寫法,同卷中"憂"作"憂"是一致的。S.6659 號《太上洞玄靈寶妙經衆篇序章》："慈愛忠孝。""愛"字字形與之略同。

【備】

BD03741 號《大智度論》卷十四："王子意惑,於奈園中大立精舍,四種供養,並種種雜供,無物不備,以給提婆達多。"

按："備"的俗體。"備"省略了部件"艹","宀"下面的"用"與"田"形似而混。《玉篇·人部》"俻,同備。"[4]敦研 135 號《金光明經》："備具四兵,發向是國。""備"字亦作此形。

2.減少筆畫

【釐】

BD01145 號《大智度論》卷十一："若有法如毫釐許有者,皆有過失可破,若言無亦可破。"

按："釐"的俗體。爲求書寫便利,"釐"省略"厂"旁,而形成"釐"字形。

【逸】

BD02251 號《大智度論》卷十三："二十五者、不守六情;二十六者、縱色放逸。"

按："逸"的俗體。畢沅《經典文字辨證書》："逸,正;逸,省。"[5]故"逸"當爲"逸"省筆俗字。P.2524 號《語對》："逸驥。"P.2160 號《摩訶摩耶經卷上》："嬉戲縱逸,不造微善。"二"逸"字並作此形。

【愧】

BD02251 號《大智度論》卷十三："二十三者、作破戒人,二十四者、無慚無愧。"

按："愧"的俗體。《説文·女部》："媿,慚也,從女,鬼聲。"[6]又"鬼"在碑文或隸書中常作"𪚥","愧"隨之省筆爲"愧"。《干禄字書》："愧、媿,並正。"[7]

【遭】

BD07385 號《大智度論》卷十三："有人愚癡少智,遭事苦厄,妄語求脱;不知事發今世得罪,不知後世有大罪報。"

按："遭"的俗體。"曹"的兩筆豎畫,減省其中一豎,並移至正中位置,保持結體平衡。《干禄字書》："曺曹,上通,下正。"[8]S.462 號《金光明經果報記》："遭杻履械,鞭撻狼藉。""遭"字亦作此形。

---

1 《説文解字注》,頁 170。

2 《説文解字注》,頁 233。

3 《説文解字注》,頁 506。

4 《漢語大字典》,頁 219。

5 《漢語大字典》,頁 4098。

6 《説文解字注》,頁 626。

7 《干禄字書》,頁 46。

8 《干禄字書》,頁 27。

【己】

務本001號《大智度論》卷三十一："若如是説,但破假名而不破己;亦如離散輻、輞,可破車名,不破輻、輞。"

按:"色"的俗體。"色"省略中間的豎畫。《隸辨》引《史晨後碑》:"色,按《説文》'色,從'巴','巴'即'色'字,碑省作'巳',與人巳字相類。"[1]《唐懷仁集·右軍書聖教序》中'色'皆作'色'"。敦研191號《大般涅槃經》卷第十一:"是諸蓮花,各出種種雜色。"敦研270號《佛經》:"女身形金色,兩手額上,皆持有相。"二"色"字皆作此形。

【增】

S.1538號《大智度論》卷三十二:"若一切法無所屬、無所依、皆平等,云何言增上緣。"

按:"增"的俗體。敦煌寫本中"丷"中常寫作開口朝下的"八",進一步簡省中間短豎畫,寫作"曾",故"增"作"增"。

三、改換偏旁

1. 因形近改換偏旁

【碎】

上圖115號《大智度論》卷十四:"金剛力士以金剛杵而遥擲之,碎石迸來,傷佛足指。"

按:"碎"的俗體。右邊的"卒"在《隸辨》中引《孔龢碑》有"卆"字形[2],即把中間雙人部件,簡省成一撇一捺。而"十"上面的部件,點與撇相連,橫畫接捺畫,與"九"相似。P.2173號《御注金剛般若波羅蜜經宣演》卷上:"一釋喻,即金剛真實,能碎堅積。"S.318號《洞淵神咒經·斬鬼品》:"先斬萬碎不恕矣。"二"碎"字並作此形。

【熟】

S.2866號《大智度論》卷二十二:"又有四種人如庵羅果:生而似熟,熟而似生,生而似生,熟而似熟。"

按:"熟"的俗體。"灬"換成"火","灬"意爲"烈火",從"火"象形之屬,如"熱""焦"之類。S.388號《正名要録》:"熟:煮。""右本音雖同字義各別例。"

【脱】

BD07581號《大智度論》卷二十三:"度脱一切諸衆生,名聞普遍滿十方,今日廓然悉安在?何有智者不感傷!"

按:"脱"的俗體。部件"口"換成"厶",遂有此形。"口"寫作"厶",在敦煌寫卷中常見,如BD08223號《大智度論》卷二十三:"從地獄出,當作畜生:牛、羊、駱駝,償其宿責;或作豬狗,常啖糞除。""狗"寫作"狗"。又如BD03741號《大智度論》卷十四:"但以心故入三惡趣。是故應當好自勉強,勤修忍辱。""强"寫作"強"。

【答】

BD07752號《大智度論》卷二十三:"答曰:諸法雖無常,愛著者生苦,無所著者無苦。"

按:"答"的俗體。敦煌寫卷中,偏旁"竹"和"艸"常混用,大概是形近又書寫便利的緣故,而偏旁"艸"與"艹"形近,故"答"又常寫作"荅"。從"艸"之字,如"蘇""若"等常如是書寫。敦研020號《大般涅槃經》:

---

1 《隸辨》,頁69。

2 《隸辨》,頁25。

"時王答言：'我今云何不親汝耶？'""答"字亦作此形。

【顛】

務本 001 號《大智度論》卷三十一："有人言：我心顛倒，故計我爲常，是常空則入衆生空。"

按："顛"的俗體。《説文解字》："顛，頂也，從頁，真聲。"後因"頁"與"真"形相近，故"顛"又寫作"顛"。《字彙·八部》："顛，俗顛字，與顛同。"[1] 浙敦 027 號《大智度論》卷八十八："以顛倒心起屬業果報。""顛"字亦作此形。

【戱】

S.4960 號《大智度論》卷三十一："以衆生聞涅槃名，生邪見，著涅槃音聲而作戱論：若有若無。"

按："戲"的俗體。"戲"的左旁"虘"與"虚"篆書字形相近，故常混用，《干禄字書》"戱戲，上通，下正"[2]，可以爲證。右旁"戈"與"戊"字形相近，亦常混用，故"戲"又作"戱"。敦研 365 號《大般涅槃經》卷第十五："復爲其餘無量衆生示現神通師子遊戲。""戲"即作此形。

2. 因事物構成或觀察角度發生變化而改偏旁

【祑】

BD02251 號《大智度論》卷十三："失念增瞋心，失歡毀宗祑，如是雖名飲，實爲飲死毒。"

按："族"的俗體。《説文·㫃部》："族，從㫃、從矢。㫃所目標衆，衆矢之所集。"[3] 據此，"族"有聚集之義，後因其衍生義與宗族、宗廟之事聯繫更爲緊密，遂將"方"旁改爲"示"旁，故有此形。

四、部件易位

【髩】

BD01145 號《大智度論》卷十一："即時髩髮自落，法服自著，衣鉢具足，受成就戒。"

按："須"的俗體。"鬚"字省略"彡"和"須"重複的三撇後，"镸"部件向下延伸，占整個字的一半，保持字的結體平衡方正。津藝 022 號《大般涅槃經》卷第四："頭鬚髮爪，悉皆長利。""鬚"字亦作此形。

【睚】

BD01145 號《大智度論》卷十一："座中有佛，及轉輪睚王、諸天大衆，衆會莊嚴，先未曾有！"

按："聖"的俗體。"聖"左上部件"耳"向下延伸，"王"向右壓縮，"聖"從上下結構易位成左右結構。S.6825V 想爾注《老子道經》卷上："道去之矣，聖人治靈。""聖"字亦作此形。

【揩】

BD01145 號《大智度論》卷十一："菩薩憐憫衆生故，先立揩願，我必當度脱一切衆生。"

按："誓"的俗體。"誓"左上部件提手旁向下延伸，"言"向右壓縮，"誓"從上下結構易位成左右結構。敦研 365 號《大般涅槃經》卷第十五："應當堅發如是誓願。""誓"字亦作此形。

【騰】

BD01145 號《大智度論》卷十一："乃至有相大辟支佛不能説法，直行乞食，飛騰變化而以度人。"

按："騰"的俗體。"騰"左邊部件"月"向上壓縮，"馬"向左延伸，"騰"從左右結構易位成上下結構。

【鋒】

上圖 115 號《大智度論》卷十四："若五衆是衆生，鋒如草木自生自滅，如是則無罪縛，亦無解脱。"

---

1 《漢語大字典》，頁 132。

2 《干禄字書》，頁 46。

3 《説文解字注》，頁 312。

按："譬"的俗體。譬的下部件"言"由寬變窄左移，"启"與"言"的"口"重複出現，故簡省"启"爲"尸"，右上部件"辛"拉長，從上下結構變爲左右結構。《干禄字書》："𨐈譬：上俗，下正。"[1] 甘博 136 號《道行般若經》卷第九："譬如忉利天上懸幢幡。""譬"字即作此形。

五、書寫變易

1. 隸變

【犳】

BD01145 號《大智度論》卷十一："八萬四千車，皆以金、銀、瑠璃、頗梨、寶飾，覆以獅子、虎、犳之皮。"

按："豹"的俗體。《隸辨》引《魯峻碑》有"豹"形[2]，後"豸"旁簡化成反犬旁，得"犳"字。敦研 365《大般涅槃經》卷第十六："譬如有人，遥見師子、虎、豹、犳狼、羅刹、鬼等，自然生怖。""豹"即作此形。

【廉】

BD02251 號《大智度論》卷十三："白衣居家，受世間樂，廉修福德，不能盡行戒法，是故佛令持五戒。"

按："兼"的俗體。小篆"兼"隸變後，下面代表禾苗的部分變成四點底，《隸辨》中《魯峻碑》《華山廟碑》皆有此形。敦研 008 號《維摩詰經》："何謂爲護？曰：兼利之。""兼"字亦作此形。

【軟】

BD03741 號《大智度論》卷十四："我當持戒，以此戒軟，爲諸衆生作轉輪聖王，或作閻浮提王，若作天王，令諸衆生滿足於財，無所乏短。"

按："報"的俗體。《隸辨》引《史晨奏銘》字形作"軟"[3]，右旁"卩"隸變成"欠"。而爲求書寫方便故，"報"左旁"幸"的兩點常簡化成一橫，如同卷中"短"字寫作"短"，"來"字寫作"未"。故"軟"當爲"報"字隸變之訛。

【庹】

BD02901 號《大智度論》卷二十四："佛用是種種性智力，知是衆生可度，是不可庹。"

按："度"的俗體。《隸辨》引《華山亭碑》"度"寫作"庹"，並云："《説文》：庹，從又，碑變從攵。"[4] "度"的部件"又"受隸書書寫方式影響變爲"攵"。"庹"的短橫加長則爲其訛變。敦研 137 號《佛説首楞嚴三昧經》："唯皆可以辟支佛身威儀法則而得度脱。""度"即作此形。

【謬】

S.4950 號《大智度論》卷三十："隸變諸天、世人雖有智慧，三毒薄者，亦不能得如實讚，猶有謬失；無一切智故，結使不盡故。"

按："謬"的俗體。隸變後，"謬"字右邊下部件"彡"寫作"小"，《隸辨》引《曹全碑》有"謬"字。[5] 俄 Φ 096《雙恩記》："揭（偈）曰：謬忝爲王主藏臣，佩魚衣紫入朝門。""謬"即作此形。

【緣】

S.1538 號《大智度論》卷三十二："如是種種，則知無因緣。"

---

1 《干禄字書》，頁 46。

2 《隸辨》，頁 70。

3 《隸辨》，頁 72。

4 《隸辨》，頁 44。

5 《隸辨》，頁 92。

按："緣"的俗體。"緣"的右旁"彖"隸變後,上部件作"ヨ",《隸辨》引《袁良碑》即有"緣"字形[1]。《漢語大字典·ヨ部》:"彑,同ヨ。"[2] P.2173 號《御注金剛般若波羅蜜經宣演》卷上:"何故上座須菩提發斯問耶?有六因緣。""緣"字字形與之略同。

2.草書楷化

【然】

BD 02251 號《大智度論》卷十三:"譬如小兒,蜜塗苦藥,然後能服;今先讚戒福,然後人能持戒,能持戒己,立大誓願,得至佛道。"

按:"然"的俗體。"然"的草書字形作"然",楷定後寫作"然",進而省去右上一點,形成"然"。敦研178 號《佛説幻事仁賢經》:"白佛言:'唯然,世尊!'""然"字字形與之略同。

【能】

BD 06638 號《大智度論》卷二十三:"是覺觀能生三昧,亦能壞三昧;譬如風能生雨,亦能壞雨。"

按:"能"的俗體。"能"的草書體寫作"能",右邊部件的簡化被保留,書寫便利又不影響辨識。P.3742《二教論》:"孔子動容,有閒,曰:'西方之人有聖者焉!不治而不亂,不言而自信,不化而自行,蕩蕩乎民無能名焉!'""能"字字形與之略同。

【從】

BD 06638 號《大智度論》卷二十三:"從天下生地獄時,憶本天上歡樂事。"

按:"從"的俗體。"從"的草書形體作"從",敦煌寫本中單人旁、雙人旁常混用,於是"從"楷化後即寫作"從"。津藝 22 號《大般涅槃經》卷第四:"而我此身畢竟不從婬欲和合而得生也,我已久從無量劫來離於愛欲。""從"字亦作此形。

【須】

S.0457 號《大智度論》卷四十四:"須菩提白佛言:世尊!何等是一切法?云何一切法中無礙相應學、應知?"

按:"須"的俗體。"須"草書體作"須",左邊三撇與三點水寫法幾乎一致,楷化後則作三點水,而右旁則仍保留楷書形體。俄 Ф 096《雙恩記》:"留連雖切無心住,懇至拜辭須欲去。""須"字亦作此形。

六、整體創造

【老】

BD 01145 號《大智度論》卷十一:"釋種太子厭老、病、死、苦,□(出)家學道得阿耨多羅三藐三菩提,是我師也。'"

按:"老"的俗體。"老"有先人、逝者之義,故作此形。《漢語大字典》:"㐂,同老。"[3]《顏氏家訓·雜藝》:"至梁天監之間,斯風未變;大同之末,訛替滋生。……乃以……更、生爲蘇,先、人爲老,如此非一,遍滿經傳。"[4] 敦研 042(2-2)《妙法蓮華經》:"生緣老死憂悲苦惱。""老"亦作此形。

【刃】

S.2161 號《大智度論》卷十三:"復次,居家慣刃多事多務,結使之根,衆惡之府,是爲甚難。"

1　《隸辨》,頁 9。

2　《漢語大字典》,頁 1030。

3　《漢語大字典》,頁 177。

4　《顏氏家訓》,頁 574。

按："鬧"的俗體。《干禄字書》："鬧、𠴿,上通,下正。"[1],"𠴿"則爲"𠴿"訛變,"𠴿"字省略中間豎畫,"人"字上移,最終形成"𠴿"。

【䚸】

BD01145 號《大智度論》卷十一："八萬四千乳牛,牛出乳一䚸,金飾其角,衣以白氎。"

按："斛"的俗體。左旁爲"百",右旁爲"升"。《説文·斗部》："斛,十斗也。"[2]《説文·斗部》："斗,十升也。"[3]可見"斛"就是百升。S.388 號《正名要録》："斛、䚸,右字形雖別,意義是同。古而典者居上,今而要者居下。"P.3833 號《王梵志詩》："生時不須歌,死時不須哭。天地捉秤量,鬼神用斗斛。體上須得衣,口裡須得禄。人人覓長命,没地可種穀。""斛"亦作此形。

【牙】

BD14081 號《大智度論》卷三十二："譬如兄弟同生,故牙相成濟。"

按："互"的俗體。《漢語大字典》引《正字通》："互,差也。"[4]《説文·牙部》："牙,壯齒也,象上下相錯之形……𠃌,古文牙。"[5]因爲"互"和"牙"有相同的義項表示交錯之義,大概是爲了兩個字有所區分,故撇畫橫貫豎畫,此外也有把撇畫改成橫畫或捺畫的寫法。如 P.2160《摩訶摩耶經》卷上："若居王位,互相討伐。"撇畫即作橫畫。而俄 Φ096《雙恩記》："互興損害,終結冤家。"撇畫即作捺畫。

七、異形借用

【𣲖】

BD06638 號《大智度論》卷二十三：" '𣲖想',有餘涅槃;'盡想',無餘涅槃。"

按："斷"的俗體。"斷"的左旁筆畫較多,而敦煌寫本寫經是用毛筆書寫,字形複雜書寫易暈染,故用"米"來替代,又延長了半框的橫畫,改左右結構的字形爲半包圍結構。甘博 003《佛説觀佛三昧海經》卷第五："得此利劍,割斷我心,不亦快乎?"敦博 072《妙法蓮華經》卷第四："一切語言道斷,不生不出不起。""斷"字皆作此形。

【𫝀】

S.4614 號、S.1621 號《大智度論》卷一："智度大道佛從來,智度大海佛窮盡,智度相義佛無𫝀,稽首智度無等佛。"

按："礙"的俗體。慧琳《一切經音義》卷五十四《佛説食施獲五福報經》音義："礙,《韻略》作硋,《文字集略》作𫝀,並俗字也。"敦煌寫本中"礙"多寫作"𫝀"。"礙"字寫成"𫝀",就和"得"的古文"𫝀"成爲同形字,但其義却並不相同。[6]敦研 024(5-2)《大方等大集經》："往返無礙。""礙"即作此形。

八、合文

【𠦝】【𠦝】【廿】

S.2866 號《大智度論》卷二十二："如沙門𠦝億,毗婆尸佛時,作一房舍,以物覆地,供養衆佛。"

---

1 《干禄字書》,頁 54。

2 《説文解字注》,頁 717。

3 《説文解字注》,頁 717。

4 《漢語大字典》,頁 15。

5 《説文解字注》,頁 80。

6 《敦煌寫本文獻學》,頁 197。

BD 06638 號《大智度論》卷二十三 “大智度論卷 ⿰ 三”。

BD 07581 號《大智度論》卷二十三：“大智度論釋經初品中十想第 廿”。

【 卋 】【 卅 】【 卋 】

BD 03729 號《大智度論》卷三十五：“卋三天，乃至他化自在天，亦皆歡喜。”

S.1829 號《大智度論》卷三十五：“卅三天，乃至他化自在天，亦皆歡喜。”

S.4945 號《大智度論》卷三十六：“是十八受中有淨、有垢，爲 卋六。”

【 卌 】

BD 03729 號《大智度論》卷三十五 “大智度經卷第 卌八”。

按：上揭三組字分別爲 “二十” “三十” “四十” 的合文。洪邁《容齋隨筆》卷五：“今人書二十字爲‘廿’，三十字爲‘卅’，四十字爲‘卌’，皆《説文》本字也。‘廿’音入，二十並也。‘卅’音先合反，三十之省便，古文也。‘卌’音先立反，數名，今直以爲四十字。”[1] 可爲證。

第二節　詞彙研究

《漢語大詞典》作爲目前世界上收録漢語詞彙數量最多的大型權威語文工具書，收詞上，它主張 “古今兼收，源流并重”；編纂上，它 “著重從語詞的歷史演變過程中加以全面闡述。所收條目力求義項完備，釋義確切，層次清楚，文字簡煉，符合辭書科學性、知識性、穩定性的要求”[2]。但由於編纂時所用語料基本以中土文獻爲主，對漢文佛典材料甚少關注，這就使得《漢語大詞典》中部分條目仍存在義項漏略或釋義不周之處，尤其對一些佛教詞語的解釋就更是如此。關於漢文佛典的重要語料價值，朱慶之先生曾有過論述：“漢文佛典，包括翻譯佛典與本土佛教撰述，對於漢語詞彙史的研究來説，甚至具有比同期中土（世俗）文獻更高的史料價值……甚至可以這樣認爲，如果我們能早一點重視佛典材料的利用，漢語詞彙史的研究就可能少走許多彎路，而取得更多的有價值的成果，也許就會對東漢以後漢語的發展演變得出一些與現在不盡相同的認識。”[3]

鑑於此，本章擬從增補辭書詞目、提前書證時代、補充辭書書證、修正辭書釋義四個方面舉例論證敦煌漢文本《大智度論》對《漢語大詞典》等大型語文辭書訂補的重要語料價值。

一、增補辭書詞目

《漢語大詞典》是從事漢語言文字學研究不可或缺的大型語文辭書，而大型辭書的使命是將我國歷史上各個時期、各種文獻中的詞語盡可能搜羅齊備，并作出正確的解釋。如果某個詞語在古典文獻中用例頗多，但卻爲大型語文辭書所未收，這對其學術性是有一定的影響的。和其他大型語文辭書一樣，《漢語大詞典》在編纂時，較少參考佛教文獻，因而失收了大量具有佛教特色的詞語。我們在敦煌漢文本《大智度論》中發現不少這樣的詞目，兹略舉數例如下。

【成辦】

S.2161 號《大智度論》卷十三：“九者、種種事業，廢不成辦。”

1 〔宋〕洪邁《容齋隨筆》，上海古籍出版社，2015 年，頁 50。

2 《漢語大詞典·前言》，羅竹風主編《漢語大詞典》，漢語大詞典出版社，1997 年。

3 朱慶之《佛典與中古漢語詞彙研究》，文津出版社，1993 年，頁 2。

按："成辦"，成功之義。"成""辦"皆有完成、成功的意義。《詩·大雅·靈台》："庶民攻之，不日成之。"[1]《左傳·哀公三年》："無備而官辦者，猶拾瀋也。"[2]佛典用例如：

東晉瞿曇僧伽提婆譯《中阿含經》卷三十一："所爲修梵行者，彼義已得，佛教所作，今已成辦。"（CBETA，T02，np.0026P.0625b08−b10）

姚秦竺佛念譯《出曜經》卷六："正念常興起者，或有行人興起想念，所欲爲事則不成辦。"（CBETA，T04，np.0212P.0638b12−b13）

唐菩提流志譯《大寶積經》卷一百二十："雲涵雨潤誰見積聚？于其出生必自成辦。"（CBETA，T11，np.0310P.0680b14）

宋法護譯《佛説如來不思議祕密大乘經》卷二十："若有于正法中得自在者，已善成辦諸勝事業是法器者，應當爲説此正法門。"（CBETA，T11，np.0312P.0751a17−a19）

【臭穢】

BD03741號《大智度論》卷十四："菩薩言：汝等不淨，臭穢可惡。去！勿妄談！"

BD01975號《大智度論》卷三十四："或有衆生罪重因緣故，不見佛相，直謂大威德沙門而已；譬如人重病欲死，名藥美食，皆謂臭穢，是故不盡敬附。"

按："臭穢"，指不淨、骯髒。佛經中人身的臭穢，一般指肉身的不淨，還指過失、惡行、私欲、瞋恚等，以及因此導致的煩惱等。

該詞佛典用例其多，如：

東晉瞿曇僧伽提婆譯《中阿含經》卷五十五："阿羅訶真人盡形壽離非梵行、斷非梵行，修行梵行，至誠心淨，行無臭穢，離欲斷婬。"（CBETA，T01，np.0026P.0547b22−b23）

劉宋求那跋陀羅譯《雜阿含經》卷四十七："我不讚歎受少有身，況復多受？所以者何？受有者苦。譬如糞屎，少亦臭穢，何況於多？"（CBETA，T02，np.0099P.0346a19−a21）

宋法賢譯《大正句王經》卷二："汝本不淨身，今復加臭穢，汝意求鬪者，我即墮於汝。"（CBETA，T02，np.0099P.0035b19−b21）

【愛念】

BD02695號《大智度論》卷二："云何留乳？犢母愛念犢子故與乳，以留殘乳故犢母歡喜，則犢子不竭，牛主及放牛人，日日有益。"

BD15352號《大智度論》卷二十六："三者、深心愛念衆生故，名大悲。"

按："愛念"有思念，疼愛，喜歡等義。該詞佛典習見，如：

元魏慧覺等譯《賢愚經》卷一："爾時阿難，見此小兒，雖爲年小，恭敬孝順，心懷愛念。"（CBETA，T04，np.0202P.0356a19−a20）

西晉竺法護譯《佛説四未曾有法經》卷一："於是，轉輪聖王爲人民類皆悉愛念，未曾傷害，譬如父子。"（CBETA，T02，np.0136P.0859b23−b25）

吳支謙譯《菩薩本緣經》卷一："心常愛念一切衆生，猶如父母念所生子。"（CBETA，T03，np.0153P.0057c24−c25）

【如昔】

津藝252號《大智度論》卷十二："如昔一時佛於舍婆提國受歲竟，阿難從佛遊行諸國，欲到婆羅門城。"

---

[1] 王秀梅譯注《詩經》，中華書局，2018年，頁752。

[2] 《十三經注疏》，頁2158。

　　5130 號《大智度論》卷四十二：“佛言：恣汝所問。先尼言：昔我一時曾到論堂，與諸人論議；如昔所聞，具向佛説。是時我作是念：佛法説弟子小者更生，大者不生，何者爲定？”

　　按：“如昔”，從前。該詞佛典習見，如：

　　陳慧思撰《受菩薩戒儀》卷一：“如昔有二沙彌，發菩提心，阿羅漢返生恭敬，擔衣襆，讓路而行等。”（CBETA，T59，np.1085 P.0350 b20 – b21）

　　隋吉藏撰《法華義疏》卷四：“問：云何現通？ 答：如昔滅火、伏龍令外道心醉，今放光、現瑞使内侍發請，則其事也。”（CBETA，T34，np.1721 P.0504 c10 – c11）

　　唐澄觀述《大方廣佛華嚴經隨疏演義鈔》卷三十四：“如昔曾坐禪今勸坐禪即易得定。”（CBETA，T36，np.1736 P.0258 b26）

　　元文才述《肇論新疏》卷一：“如昔有堯舜，今則無之。”（CBETA，T45，np.1860 P.0205 a14 – a15）

【皆共】

　　BD01145 號《大智度論》卷十一：“衆人以其舍利所生，皆共名之爲舍利弗（弗秦言子）。”

　　S.5132 號《大智度論》卷四十五：“如轉輪聖王太子初受胎時，勝於諸子，諸天鬼神皆共尊貴；菩薩心亦如是，雖在結使中，勝諸天、神通聖人。”

　　按：“皆共”，全部，共同，都。該詞佛典習見，如：

　　東晉瞿曇僧伽提婆譯《增壹阿含經》卷十四：“是時，拔祇人民皆共集聚，而作是説：我等可得避此國至他國界，不須住此。”（CBETA，T02，np.0125 P.0615 b12 – b13）

　　西晉竺法護譯《生經》卷五：“爾時餘梵志，道共侶行，皆共謂言：莫信此人，將無欺卿搗奪財物。”（CBETA，T03，np.0154 P.0104 b03 – b04）

　　後漢康孟詳譯《佛説興起行經》卷一：“衆人聞見，皆共聚觀，大衆見之，驚愕失聲。”（CBETA，T04，np.0197 P.0168 a19 – a20）

【放舍】

　　BD14506 號《大智度論》卷十：“如是觀已，於一切世界中心不著，欲放舍六波羅蜜入涅槃。”

　　按：“放舍”，釋放。該詞佛典習見，如：

　　後秦佛陀耶舍共竺佛念譯《長阿含經》卷十五：“瞿曇！ 我爲祭祀，具諸牛羊各五百頭，今盡放舍，任其自遊隨逐水草。”（CBETA，T01，np.0001 P.0100 c24 – c25）

　　劉宋求那跋陀羅譯《雜阿含經》卷二十二：“若不喜我所問者，當放舍之，如餘天神。”（CBETA，T02，np.0099 P.0156 c10 – c11）

　　元魏瞿曇般若流支譯《奮迅王問經》卷一：“彼憶念已，則不貪著，一切有爲、一切所攝皆悉放舍。”（CBETA，T13，np.0421 P.0940 a16 – a17）

【道斷】

　　S.5130 號《大智度論》卷四十二：“不示者，一切諸觀滅，語言道斷故，無法可示是法如是相——若有、若無，若常、若無常等。”

　　2143 號《大智度論》卷五十四：“不得言有，不得言無，不得言有無，不得言非有非無，非非有非非無亦無，一切心行處滅、言語道斷故。”

　　按：“道斷”，決斷之義。如：

　　後秦鳩摩羅什譯《摩訶般若波羅蜜經》卷五：“和字門，入諸法語言道斷故。”（CBETA，T08，np.0223 P.0256 a15）

唐菩提流志譯《大寶積經》卷八十六：“若如來於一切法不可言説、無名無相、無色無聲、無行無作、無文字、無戲論、無表示、離心意識、一切語言道斷寂靜照明，而以文字語言分別顯示。”（CBETA，T11，np.0310P.0493a07–a10）

隋吉藏撰《仁王般若經疏》卷三：“就前正問中有三句歎般若甚深，一過言説故云不可説言語道斷故，二過相心境界故言不可解深而無盡故，三過覺觀故云不可以識識非思慮境界非緣慮之所達也。”（CBETA，T33，np.1707P.0348a18–a22）

【澆浸】

BD14454號《大智度論》卷四十八：“或時行者見骨人在地，雨水澆浸，日曝風吹，但有白骨；或見久骨筋斷節解，分散異處，其色如鴿；或腐朽爛壞，與土同色。”

按：“澆浸”，淋灑淹没。“澆”，淋灑之義。“浸”有淹没之義。《詩·曹風·下泉》：“冽彼下泉，浸彼苞稂。”[1]佛典用例如：

元魏慧覺等譯《賢愚經》卷十一：“乃往過去迦葉佛時，有一比丘，爲僧執事，將僧人畜，載致穀米，道中逢雨，隱避無處，穀米囊物，悉被澆浸。”（CBETA，T04，np.0202P.0427c04–c06）

二、提前書證時代

詞語溯源工作做的好壞，是衡量大型語文辭書學術水準和科學性的重要指標之一。王力先生曾經説過：“人們如果能把每個詞的每個意義都指出始見書，功勞就大了，對漢語詞彙發展史的研究立下了大功勞。”[2]《漢語大詞典》在這方面作了很大的努力。全書書證充分，所釋詞條的每一義項通常都給出數條書證，書證按時間先後順序排列，這對於讀者探求詞源和瞭解詞義的演變軌跡提供了很大方便。但儘管如此，由於受到編纂時所用語料以中土文獻爲主的限制，《漢語大詞典》中部分詞條仍存在書證滯後的問題，有些書證甚至推遲了數百年、上千年之久。如“愁惱”一詞，《大智度論》中已有用例，目前我們找到的最早用例是東漢安世高所譯《佛説奈女祇域因緣經》：“即取食之，而大苦澀，了不可食，梵志更大愁惱。”（CBETA，T14.no0554P.0902b19–b20）但《漢語大詞典》首例卻只引明謝肇淛《五雜俎·事部四》：“吾憐其無辜，是以深生愁惱。”[3]時間推遲了千年之久。《漢語大詞典》中這一類書證滯後的條目爲數不少，如：

【瞋恨】

浙敦028號《大智度論》卷七十二：“若菩薩于眾生起下心，眾生若罵、若打，則無恚恨；譬如大家打奴，奴不敢瞋恨。”

S.4241號《大智度論》卷七十七：“菩薩若作是學，輕慢、瞋恨事皆滅，是則名菩薩同學。”

按：“瞋恨”，《漢語大詞典》謂：“憤怒怨恨。”[4]佛典用例如：

西晉竺法護譯《生經》卷四：“其主長者，甚懷瞋恨，還歸在家，鞭撾酷毒，不與水草，獨令窮困。”（CBETA，T03，np.0154P.0099c05–c07）

隋闍那崛多譯《佛本行集經》卷四十七：“爾時，彼長者婦即生瞋恨，便告之曰：汝以何故，故違我勅？”（CBETA，T03，np.0190P.0872b17–b18）

劉宋求那跋陀羅譯《雜阿含經》卷十八：“長老！彼比丘實舉汝罪，非不實，汝莫瞋恨……”（CBETA，

1　王秀梅譯注《詩經》，中華書局，2018年，頁361。
2　王力《字典問題雜談》，《辭書研究》，1983年第2期。
3　《漢語大詞典》，頁4332。
4　《漢語大詞典》，頁4593。

T02，np. 0099 P. 0130 a 15 – a 16）

《漢語大詞典》首例引唐李華《律師體公碑》："咄因吾身，生彼瞋恨，乃別立一室。室纔方丈，晏然安居，不踐門閾。"時代偏晚。

【苦厄】

浙敦 018 號《大智度論》卷六："當知處胎不淨，苦厄猶如地獄；既生在世，老病死苦，憂悲萬端；若生天上，當復墮落；三界無安，汝何以樂著？"

BD 14506 號《大智度論》卷十："又雨衣被、卧具、生活之物，種種衆事，隨衆生所須皆悉雨之給施衆生；如是等種種衆寶，以除衆生貧窮苦厄。"

2106 號《大智度論》卷八："以念佛故，能除重罪、濟諸苦厄，何況念佛三昧！"

按："苦厄"，《漢語大詞典》謂："苦難，災厄。"[1] 佛典用例如：

吳支謙譯《撰集百緣經》卷一："今者如來無上法王，觀諸衆生有苦厄者，爲作救護，於鬭諍間，能令和解。"（CBETA，T04，np. 0200 P. 0207 a 15 – a 16）

隋闍那崛多譯《佛本行集經》卷四十三："復次大王！我於彼處，亦捨身命，以昔遇緣造惡業故，有餘未盡，即便墮落叫喚地獄。在於彼處，經多千年，受極苦厄。"（CBETA，T03，np. 0190 P. 0855 a 11 – a 13）

馬鳴菩薩造、後秦鳩摩羅什譯《大莊嚴論經》卷二："云何世工匠，奇巧合聖心，圖像舉右手，示作安慰相，怖者觀之已，尚能除恐懼，況佛在世時，所濟甚弘多，今遭大苦厄，形像免濟我。"（CBETA，T04，np. 0201 P. 0263 b 25 – b 29）

《漢語大詞典》首例引唐玄奘《大唐西域記·施鹿林東涸池》："受胎出胎，備經苦厄。"時代偏晚。

【夫主】

S. 2161 號《大智度論》卷十三："邪婬者，若女人爲父母、兄弟、姊妹、夫主、兒子、世間法、王法守護，若犯者，是名邪婬。"

按："夫主"，《漢語大詞典》謂："丈夫。舊以丈夫爲家主，故稱。"[2] 佛典用例如：

吳支謙譯《撰集百緣經》卷三："天若有神，不違人願，使我夫主安隱速還，我今當作金銀瓔珞以報天恩；若不還者，我以糞屎不淨臭處毀辱天身。"（CBETA，T04，np. 0200 P. 0214 a 24 – a 27）

姚秦竺佛念譯《出曜經》卷二十四："見一宮殿七寶所作，金銀刻鏤玉女營從不可稱計，純女無男亦無夫主。"（CBETA，T04，np. 0212 P. 0739 c 15 – c 17）

《漢語大詞典》首例引《後漢書·列女傳·班昭》："正色端操，以事夫主。"時代偏晚。

【壽限】

BD 01975 號《大智度論》卷三十四："何況佛世世救無量阿僧祇衆生：或以財物救濟，或以身命代死，云何壽限不過百歲？"

按："壽限"，《漢語大詞典》謂："壽數。"[3] 佛典用例如：

西晉竺法護譯《正法華經》卷七："世尊說是如來壽限時，則無央數不可思議衆生，皆獲利誼解脫至道。"（CBETA，T09，np. 0263 P. 0115 b 07 – b 09）

隋慧遠述《地持論義記》卷五："就後命中，若少年者是壽限也，若中年者是久住也，言長年者是長壽也，如是下結。"（CBETA，T39，np. 0704 P. 0234 c 19 – c 20）

---

1 《漢語大詞典》，頁 5437。

2 《漢語大詞典》，頁 1355。

3 《漢語大詞典》，頁 1248。

《漢語大詞典》首例引唐邵仲方《冀王府典軍邵才志墓誌》："豈期壽限將畢,大願不從。"時代偏晚。

【軟言】

BD14506號《大智度論》卷十："問曰:何以不供奉而已,而自散上? 答曰:手自供養是身業,軟言問訊是口業,能起身、口業是意業。"

按:"軟言",《漢語大詞典》謂:"柔和、委婉的言語。"[1]佛典用例如:

後秦佛陀耶舍共竺佛念譯《長阿含經》卷七："彼同人類,俱存現世,而猶不放,況汝所親,十惡備足,身死命終,必入地獄,獄鬼無慈,又非其類,死生異世,彼若以軟言求於獄鬼……"(CBETA,T01,np.0001P.0043b01-b04)

隋慧遠撰《大乘義章》卷十二："二者柔軟不以麁礦,謂舉罪時軟言求聽,然後舉之不得麁礦令其瞋恚。"(CBETA,T44,np.1851P.0705a05-a06)

《漢語大詞典》首例引《敦煌變文集·伍子胥變文》："子胥被認相辭謝,方便軟言而帖寫。"時代偏晚。

【小婢】

散19號《大智度論》卷八十四："又如畢陵伽婆蹉阿羅漢,五百世生婆羅門中,習輕蔑心故,雖得阿羅漢,猶語恒水神言:小婢! 止流! 恒神瞋恚,詣佛陳訴;佛教懺悔,猶稱小婢。"

按:"小婢",《漢語大詞典》謂:"未成年的女奴。"[2]佛典用例如:

後秦弗若多羅共羅什譯《十誦律》卷十五："即脫嚴具裹著衣中,與一小婢。與已詣佛所,頭面禮足一面坐。"(CBETA,T23,np.1435P.0108b26-b27)

《漢語大詞典》首例引唐白居易《自在》詩："小奴搥我足,小婢搔我背。"時代偏晚。

【最初】

BD01145號《大智度論》卷十一："化王到佛所已,還復本身,爲比丘尼最初禮佛。是時,佛告比丘尼:非汝初禮,須菩提最初禮我。所以者何? 須菩提觀諸法空,是爲見佛法身,得真供養,供養中最,非以致敬生身爲供養也。"

S.4960號《大智度論》卷四十三："復次,若人七世、百千萬億無量世貴族是名畢竟貴,不以一世、二、三世貴族爲真貴也。畢竟空亦如是,從本已來,無有定實不空者。有人言:今雖空,最初不空;如天造物始,及冥初、微塵。"

按:"最初",《漢語大詞典》謂:"最早的時期;開始的時候。"[3]該詞佛典用例甚多,如:

宋施護等譯《白衣金幢二婆羅門緣起經》卷三："爾時田主,眾許立故,由是名爲眾許田主;此田主名,最初墮於文字數中。"(CBETA,T01,np.0010P.0220c14-c15)

唐地婆訶羅譯《方廣大莊嚴經》卷十："如來最初爲二商主及諸商人,而授記荔,時諸商人聞受記已得未曾有,皆悉合掌作如是言:我從今者歸依如來。"(CBETA,T03,np.0187P.0602c24-c26)

《漢語大詞典》首例引艾青《寫在彩色紙條上的詩》："樹枝投下了最初的落葉,空氣像是冰鎮過的果汁。"時代太晚。

【虛誑】

BD02695號《大智度論》卷二："當知虛誑無實事,是故智人不屬天。"

BD15298號《大智度論》卷九："近聖法,則知諸法實相,是時虛誑種種妄想盡除。"

---

1 《漢語大詞典》,頁5822。

2 《漢語大詞典》,頁1426。

3 《漢語大詞典》,頁3055。

　　S.4960 號《大智度論》卷四十三：“若諸法實相有者，應受應著；以無實故，不受不著；若受著者即是虛誑。”

　　按：“虛誑”，《漢語大詞典》謂：“欺蒙，欺騙。”[1]該詞佛典習見，如：

　　後秦佛陀耶舍共竺佛念譯《長阿含經》卷三：“內懷於奸邪，外像如清白；虛誑無成實，此爲道作穢。”（CBETA，T01，np.0001 P.0018 b26–b27）

　　隋闍那崛多譯《佛本行集經》卷五十四：“咄哉癡人！汝于我邊，有如是力，今日何因虛誑我也？汝速出國，勿住我境。”（CBETA，T03，np.0190 P.0905 b02–b03）

　　梁明徽集《五分比丘尼戒本》卷一：“我不知言知、不見言見，虛誑妄語。”（CBETA，T22，np.1423 P.0207 a11–a12）

　　《漢語大詞典》首例引《敦煌變文集·降魔變文》：“有德不假身高，無智徒勞百歲。構之虛誑，不如驗之取實。”時代偏晚。

三、補充辭書書證

　　書證是辭書的血肉，一部辭書只有書證充實，釋義才具有較强的説服力。《漢語大詞典》在書證的收集方面作了大量的工作，多數詞條都列舉了兩條以上的書證，但仍有不少詞條只列一條書證，這一方面是受編纂時選取材料範圍的制約，另一方面與編纂年代較早，電腦檢索尚未普及，書證獲取不易有關。但是，缺乏書證就不能得知詞語的確切意義和適用語境，更不能很好地説明詞義的演變，這無論對學術研究，還是辭書檢索都是不利的。鑒於此，今將翻檢所得略舉數例如下。

【給施】

　　BD02695 號《大智度論》卷二：“比丘亦如是，居士白衣給施衣食，當知節量，不令罄竭，則檀越歡喜，信心不絶，受者無乏。”

　　BD14506 號《大智度論》卷十：“又雨衣被、臥具、生活之物，種種衆事，隨衆生所須皆悉雨之給施衆生；如是等種種衆寶，以除衆生貧窮苦厄。”

　　按：“給施”，《漢語大詞典》謂：“接濟施捨。”[2]該詞佛典用例甚多，如：

　　宋施護譯《佛説月喻經》卷一：“若苾芻，爲欲令他發起信心，及作信心事給施衣服、飲食、坐臥之具、病緣醫藥，以是利故，爲他説法者，此不清淨。”（CBETA，T02，np.0121 P.0544 c29–c30）

　　姚秦竺佛念譯《出曜經》卷十二：“沙門數至者，見沙門者心開意解，給施所須隨時問訊，四事供養，衣被飯食床褥臥具病瘦醫藥。”（CBETA，T04，np.0212 P.0677 b03–b05）

　　《漢語大詞典》僅《後漢書·逸民傳·戴良》“〔戴良〕家富，好給施，尚俠氣，食客常三四百人”一例，時代偏晚，且係孤證。

【癩瘡】

　　BD02833 號《大智度論》卷二十三：“老母日日作餅送之；婆羅門貪著，飽食歡喜。老母作餅，初時白淨，後轉無色、無味。即問老母：何緣爾耶？母言：癩瘡差故。”

　　按：“癩瘡”，《漢語大詞典》謂：“癩疽惡瘡。”[3]如：

　　馬鳴菩薩造、後秦鳩摩羅什譯《大莊嚴論經》卷二：“身如惡癩瘡，將適須衆具，意求於道故，是名少欲

1　《漢語大詞典》，頁 5076。
2　《漢語大詞典》，頁 4882。
3　《漢語大詞典》，頁 4882。

者。爲治惡癩瘡,少受資生具,心不貪後有,是真名少欲。"(CBETA, T04, np.0201 P.0264 a 13－a 16)

元魏菩提流支譯《入楞伽經》卷八:"觀諸珍寶如糞聚想,見諸飲食如膿血想,受諸飲食如塗癩瘡,趣得存命繫念聖道不爲貪味,酒肉蔥韭蒜薤臭味悉舍不食。"(CBETA, T16, np.0671 P.0562 b 07－b 10)

劉宋佛陀什共竺道生等譯《彌沙塞部和醯五分律》卷九:"爾時毘羅荼比丘體生癩瘡,膿血流溢;衣服著瘡,脱時剥痛。"(CBETA, T22, np.1421 P.0071 a 15－a 16)

《漢語大詞典》僅《法苑珠林》卷一一二"想見諸飲食如膿血,想受諸飲食如塗癩瘡"一例,時代偏晚,且係孤證。

【諍競】

S.1621 號《大智度論》卷一:"所謂世間衆生自依見、自依法、自依論議而生諍競;戲論即諍競本,戲論依諸見生。"

BD00428 號《大智度論》卷二十六:"或有持戒,不惱衆生,心無有悔;若取相生著,則起諍競。"

按:"諍競",《漢語大詞典》謂:"競爭;爭論。諍,通'爭'。"[1] 佛典用例如:

東晉瞿曇僧伽提婆譯《增壹阿含經》卷二十三:"大法之中快得改過,自知有諍競之心,聽汝悔過。"(CBETA, T02, np.0125 P.0673 c 07－c 08)

姚秦竺佛念譯《出曜經》卷十七:"汝等已得人身,諸根不缺堪任受化,何爲于正法中共相諍競?"(CBETA, T04, np.0212 P.0697 a 9－a 10)

唐義淨譯《根本説一切有部苾芻尼毘奈耶》卷十八:"時吐羅難陀苾芻尼,入室羅伐城乞食,見一女人立性多瞋凶麁樂鬥,與餘女人共爲諍競,頭髮皆竪作野幹鳴,餘人聞聲即便倒地。"(CBETA, T23, np.1443 P.1006 c 22－c 25)

《漢語大詞典》僅《萬善同歸集》卷一"如今不論見性,罔識正宗,多執是非,紛然諍競,皆不了祖佛蜜意"一例。

【無量】

S.6796 號《大智度論》卷七:"請有二種:一者,佛初成道,菩薩夜三、晝三六時禮請;偏袒右肩,合掌言:十方佛土無量諸佛初成道時未轉法輪,我某甲請一切諸佛爲衆生轉法輪度脱一切。"

P.2106 號《大智度論》卷八:"婬欲即是道,恚癡亦如是;如此三事中,無量諸佛道。"

BD14506 號《大智度論》卷十:"復次,菩薩寶勝,能出種種法音;若爲首飾寶冠,則雨十方無量世界諸佛上、幢幡、華蓋種種供養之具以供養佛。"

按:"無量",《漢語大詞典》謂:"佛教語。指無量壽佛。"[2] 該詞佛典用例甚多,如:

隋闍那崛多譯《佛本行集經》卷四:"阿難! 我念往昔,將無量種供養之具,所至到處,即持供養過去無量諸佛菩薩及聲聞衆,種諸善根,求未來世阿耨多羅三藐三菩提故。"(CBETA, T03, np.0190 P.0670 c 09－c 12)

西晉無羅叉譯《放光般若經》卷七:"是善男子、善女人已見無量諸佛所致,與善知識相隨所致。"(CBETA, T08, np.0221 P.0049 b 26－b 27)

元魏菩提流支譯《金剛般若波羅蜜經》卷一:"如來説第一波羅蜜者,彼無量諸佛亦説波羅蜜,是名第一波羅蜜。"(CBETA, T08, np.0236 aP.0754 b 28－b 29)

《漢語大詞典》此義項僅宋蘇軾《興龍節功德疏文》之五"福如南山之不騫,壽等西方之無量"一例,時

---

1 《漢語大詞典》,頁6590。

2 《漢語大詞典》,頁4125。

代偏晚,且係孤證。

【戀惜】

S.629 號《大智度論》卷十一:"臨當墮死坑,戀惜生懊恨;涕泣當獨去,憂悔火燒身。"

按:"戀惜",《漢語大詞典》謂:"戀戀不捨。"[1]佛典用例如:

姚秦鳩摩羅什譯《坐禪三昧經》卷一:"父母生養長育汝,宗親恩愛共成就;咸皆涕泣戀惜汝,汝能舍離不顧念?"(CBETA, T15, np.614 P.0273 b 18－b 19)

唐普光述《俱舍論記》卷二十五:"由於身命無所戀惜,至第七返臨命終時,得阿羅漢便般涅槃,故喬底迦,但於學位退有漏定,亦非退失阿羅漢果。"(CBETA, T41, np.1821 P.0374 b 23－b 26)

《漢語大詞典》僅明文徵明《送嘉定尹王君赴召敘》"不知嘉定之民所爲戀惜君者,視今日何如也"一例,時代偏晚,且係孤證。

【習慢】

BD 02833 號《大智度論》卷二十三:"無常者,示斷愛;苦者,示斷我習慢;無我者,示斷邪見。"

按:"習慢",《漢語大詞典》謂:"輕忽怠慢。"[2]"習""慢"皆有輕忽之義。《書·咸有一德》:"夏王弗克庸德,慢神虐民。"[3]《三國志·蜀志·諸葛亮傳》:"若無興德之言,則責攸之、禕、允等之慢,以彰其咎。"[4]佛典用例如:

後秦佛陀耶舍共竺佛念譯《長阿含經》卷五:"欺妄懷嫉妬,習慢增上慢,貪欲瞋恚癡,自恣藏於心。"(CBETA, T01, np.0001 P.0032 c 20－c 21)

《漢語大詞典》僅宋葉適《崇國趙公行狀》:"汝翼謂公可習慢也,以事至,則傲抗無禮,公械治之"一例,時代偏晚,且係孤證。

【映奪】

BD 15150 號《大智度論》卷五:"若小智法師,是中退縮;若大學多聞問難中大膽欣豫,一切衆中有大威德。如《天會經》中偈說:面目齒光明,普照於大會;映奪諸天光,種種皆不現。"

按:"映奪",《漢語大詞典》謂:"光輝奪目。"[5]佛典用例如:

唐實叉難陀譯《大方廣佛華嚴經》卷四十:"佛子!菩薩摩訶薩住此三昧,超過世間,遠離世間,無能惑亂,無能映奪。"(CBETA, T10, np.0279 P.0213 c 13－c 14)

高齊那連提耶舍譯《佛說施燈功德經》卷一:"是佛、如來、應、正遍知於一切惡皆悉遠離,一切善法皆悉成就,衆行備滿,具如實見,遠離闇冥,能爲光曜,具足無量福智資糧,隱蔽世間,不爲世間之所映奪……"(CBETA, T16, np.0702 P.0804 a 03－a 06)

新羅太賢集《梵網經古跡記》卷一:"入二諦處,諦故非一,解故非二,非有陰界入即是慧光之所映奪,然慧光照性即入一切法,以證真時思惟一切法故。"(CBETA, T40, np.1815 P.0695 a 21－a 23)

《漢語大詞典》僅宋葉適《北村記》"若夫城中甲觀大囿,照耀映奪,曾不敢仰視而側立也"一例,時代偏晚,且係孤證。

---

1 《漢語大詞典》,頁 4406。

2 《漢語大詞典》,頁 5577。

3 王世舜、王翠葉譯注《尚書》,中華書局,2012 年,頁 409。

4 陳素撰、陳乃乾點校《三國志·蜀書》,中華書局,1982 年,頁 920。

5 《漢語大詞典》,頁 3018。

【厠溷】

BD 14081 號《大智度論》卷三十二："諸佛大悲,徹於骨髓,不以世界好醜,隨應度者而教化之;如慈母愛子,子雖没在厠溷,懃求拯拔,不以爲惡。"

按:"厠溷",《漢語大詞典》謂:"厠所。"[1] 佛典用例如:

後秦佛陀耶舍共竺佛念譯《長阿含經》卷七:"諸天亦爾。此閻浮利地,臭穢不淨,諸天在上,去此百由旬,遥聞人臭,甚於厠溷。"(CBETA,T01,np.0001 P.0043 c 01 - c 02)

隋闍那崛多等譯《起世經》卷二:"轉輪聖王出現世時,此閻浮洲清淨平正,無有荆棘,及諸稠林、丘墟坑坎、厠溷雜穢臭處不淨、礓石瓦礫沙鹵等物,悉皆無有。"(CBETA,T01,np.0024 P.0319 c 18 - c 20)

《漢語大詞典》僅宋歐陽修《歸田録》卷一"每罷官去後,人至官舍,見厠溷間燭淚在地,往往成堆"一例,時代偏晚,且係孤證。

四、修正辭書釋義

"釋義的準確性是語文辭書釋義的基本原則之一,釋義的準確包括説解的準確和用語的規範。"[2] 一部好的辭書必然要對所收詞語做出準確解釋。然而,就實際操作層面而言,一部詞典要對所收每個詞語都作出精準釋義殊非易事。總體而言,作爲一部大型語文工具書,《漢語大詞典》所收詞目基本做到了釋義準確、義項完備,符合辭書應有的知識性與科學性的要求,但有些詞條仍存在義項漏略或概括不周之處。兹結合敦煌漢文本《大智度論》,略舉數例如下。

【瞻視】

《漢語大詞典》:1. 觀瞻。指外觀。《論語・堯曰》:"君子正其衣冠,尊其瞻視,儼然人望而畏之。"2. 觀看;顧盼。《東觀漢記・東平憲王蒼傳》:"今以光烈皇后假髻帛巾各一、衣一篋遺王,可時瞻視,以慰《凱風》寒泉之思。"[3]

羽 001 號《大智度論》卷八:"是時佛手持户排,入諸比丘房,見一比丘病苦,無人瞻視,卧大小便,不能起居。"

按:"瞻視",不僅指"觀瞻;觀看;顧盼",亦有"照顧"之義。此義從"瞻視"的"觀看"義引申而來。上例中,"無人瞻視"是説一比丘病苦,没有人照顧。《大唐西域記》卷六"我性踈嬾,不耐看病,故今嬰疾,無人瞻視……"[4] 中的"瞻視"也是"照顧"之義。此義項佛典用例習見,如:

後秦佛陀耶舍共竺佛念譯《長阿含經》卷一:"于其中路逢一病人,身羸腹大,面目黧黑,獨卧糞除,無人瞻視,病甚苦毒,口不能言。"(CBETA,T01,np.0001 P.0006 b 18 - b 20)

東晉瞿曇僧伽提婆譯《中阿含經》卷六:"當知我今在家,以家業爲事,我應自安隱,供養父母,瞻視妻子……"(CBETA,T01,np.0026 P.0456 c 22 - c 23)

隋瞿曇法智譯《佛爲首迦長者説業報差別經》卷一:"六者,見賢聖病,瞻視供養……"(CBETA,T01,np.0080 P.0892 a 23)

劉宋求那跋陀羅譯《雜阿含經》卷四十五:"時,有尊者尼拘律想住於曠野禽獸之處,疾病委篤,尊者婆耆舍爲看病人,瞻視供養。"(CBETA,T02,np.0099 P.0333 a 04 - a 05)

---

1 《漢語大詞典》,頁 1972。

2 蘇寶榮《詞義研究與辭書釋義》,商務印書館,2000 年,頁 128。

3 《漢語大詞典》,頁 4603。

4 〔唐〕玄奘《大唐西域記》,中華書局,2014 年,頁 200。

《漢語大詞典》"瞻視"條收二義項，未收"照顧"義，當據補。

【負處】

S.1621 號《大智度論》卷一："我墮負處，世尊不彰我負，不言是非，不以爲意。佛心柔濡，第一清淨。"

BD01145 號《大智度論》卷十一："既入衆中，見彼論師，顏貌意色，勝相具足，自知不如。事不獲已，與共論議。論議既交，便墮負處。"

按："負處"，《漢語大詞典》謂："猶錯處。"[1] "負處"亦有"不好之處"的意思，如上兩例中的"自知墮負處""我墮負處""便墮負處"中，皆有落入不好的處境的含義，而非"錯處"之義。又如：

迦斾延子造、五百羅漢釋、北涼浮陀跋摩共道泰等譯《阿毘曇毘婆沙論》卷九："即時還詣婆秀羅所，作如是言：汝是勝者，我墮負處。汝今是師，我是弟子。如是默然而能得勝，何況所説。"（CBETA，T28，np.1546 P.0063 b06–b08）

安慧菩薩糅、唐玄奘譯《大乘阿毘達磨雜集論》卷十六："論負者，謂舍言、言屈、言過。由此三種，諸立論者墮在負處，受他屈伏。"（CBETA，T31，np.1606 P.0772 b01–b02）

劉宋求那跋陀羅譯《雜阿含經》卷九："爾時，世尊説偈答言：若言有我者，彼説我則非，是故知波旬，即自墮負處。"（CBETA，T02，np.0099 P.0059 a20–a22）

《漢語大詞典》僅"猶錯處"一義項，僅引《漢書·酈食其傳》"項王遷殺義帝，漢王起蜀漢之兵擊三秦，出關而責義帝之負處，收天下之兵，立諸侯之後"一例，未收"不好之處"的義項，當據補。

【逆順】

《漢語大詞典》：1.逆與順。多指臣民的順與不順，情節的輕與重，境遇的好與不好，事理的當與不當等。《管子·版法解》："人有逆順，事有稱量。" 2.指星辰的逆行與順行。《隋書·律曆志下》："其月之所食，皆依日虧起，每隨類反之，皆與日食限同表裡，而與日返其逆順。"[2]

S.7105 號《大智度論》卷二："爾時，大迦葉選得千人，除善阿難，盡皆阿羅漢，得六神通，得共解脱，無礙解脱；悉得三明，禪定自在，能逆順行諸三昧，皆悉無礙。"

浙敦 028 號《大智度論》卷七十二："自逆順觀十二因緣，亦教人逆順觀十二因緣，讚歎逆順觀十二因緣法，歡喜讚歎逆順觀十二因緣者。"

上圖 042 號《大智度論》卷八十一："菩薩住般若波羅蜜，除諸佛三昧，入餘一切三昧：若聲聞三昧、若辟支佛三昧、若菩薩三昧，皆行、皆入。是菩薩住諸三昧，逆順出入八背舍。"

按："逆順"，《漢語大詞典》上二釋義稍窄，除此之外，還應有"反復"之義，由"逆與順"義引申而來。該義項佛典用例習見，如：

後秦佛陀耶舍共竺佛念譯《長阿含經》卷九："漏盡比丘逆順觀察，如實覺知，如實見已，世間貪嫉、惡不善法不漏不起，修四念處，多修多行，五根、五力、七覺意、賢聖八道，多修多行。"（CBETA，T01，np.0001 P.0054 c11–c14）

劉宋求那跋陀羅譯《雜阿含經》卷二十二："彼優婆塞於後夜時端坐思惟，繫念在前，於十二因緣逆順觀察，所謂是事有故是事有，是事起故是事起。"（CBETA，T02，np.0099 P.0156 c20–c22）

唐金剛智述《念誦結護法普通諸部》卷一："舌端微動脣齒合，逆順循身觀相好。"（CBETA，T18，np.0904 P.0903 a17）

《漢語大詞典》"逆順"條收二義項，未收"反復"義，當據補。

1　《漢語大詞典》，頁 5947。

2　《漢語大詞典》，頁 6268。

【莊嚴】

《漢語大詞典》"莊嚴"條收九義項：（1）裝飾端正。（2）莊重而嚴肅。（3）指文辭典雅莊重。（4）指建築物壯盛嚴整。（5）佛教謂用善美之物盛飾國土。（6）謂建築寺塔，裝飾佛像。（7）指佛菩薩像端莊威嚴。（8）佛教謂以福德等淨化身心。有戒、三昧、智慧、陀羅尼四種莊嚴。見《大集經》卷一。（9）佛教語。指宏偉精妙境界。[1]

津藝252號《大智度論》卷十二："般若波羅蜜有二種：一者莊嚴，二者未莊嚴。如人著好瓔珞莊嚴其身，有人不著，名未莊嚴。"

S.2761號《大智度論》卷四十九："譬如人香湯沐浴，著好新衣，瓔珞莊嚴，鏡中自觀，心生歡喜……"

按：上述兩例中"莊嚴"一詞，爲裝飾、裝束之義。"如人著好瓔珞莊嚴其身"意爲就好像人穿戴好瓔珞來裝飾身體。"著好新衣，瓔珞莊嚴，鏡中自觀，心生歡喜"意爲穿好新衣，佩戴上瓔珞的裝束，在鏡子裡自己看自己，心中十分高興。

"莊嚴"，《漢語大詞典》第一義項作裝飾端正。漢荀悦《漢紀·武帝紀五》："王太后皆莊嚴，將入朝。"此義項釋義不確，可訂正爲"裝飾；裝束"。

"莊嚴"一詞，佛典習見，如：

隋闍那崛多等譯《起世經》卷六："爾時，鞞摩質多羅阿修羅王，見此諸小阿修羅王，及諸小阿修羅衆，來在殿前，亦即自以種種瓔珞，莊嚴其身，既莊嚴已，便起就乘。"（CBETA，T01，np.0024 P.0337b25-b27）

東晉瞿曇僧伽提婆譯《中阿含經》卷三十一："此欺愚癡人，不誆度彼岸，以衆好彩色，莊嚴臭穢身。"（CBETA，T01，np.0026 P.0625b23-b24）

劉宋求那跋陀羅譯《雜阿含經》卷十一："不自高、不放逸、不著色、不著莊嚴，支身而已。"（CBETA，T02，np.0099 P.0073b05-b06）

---

1 《漢語大詞典》，頁5483—5484。

下　篇

大智度初序品中緣起義釋論第一（卷第一）[1]

龍樹菩薩造

後秦龜茲國三藏法師鳩摩羅什奉詔譯[2]

智度大道佛從來，智度大海佛窮盡，智度相義佛無礙，稽首智度無等[3]佛。有無二見滅無餘，諸法實相佛所説，常住不壞淨煩惱，稽首佛所尊重法。聖衆大海行福田，學無學人以莊嚴，後有愛種永已[4]盡，我所既滅根[5]亦[6]除；已捨世間諸事業，種種功德所住處，一切衆中最爲上，稽首真淨大德僧。一心恭敬三寶已，及諸救世彌勒等；智慧第一舍利弗，無諍空行[7]須菩提。我今如力欲演説，大智彼岸實相義，願諸大德聖智人，一心善順聽我説！

問曰：佛以何因緣故，説《摩訶般若波羅蜜經》？諸佛法不以無事及小因緣而自發言；譬如須彌山王不以無事及小因緣而動。今有何等大因緣故，佛説《摩訶般若波羅蜜經》？答曰：佛於三藏中，廣引種種諸喻，爲聲聞説法，不説菩薩道。唯《中阿含・本末經》中，佛記彌勒菩薩：汝當來世，當得作佛，號字彌勒；亦不説種種菩薩行。佛今欲爲彌勒等廣説諸菩薩行，是故説《摩訶般若波羅蜜經》。復次，有菩薩修念佛三昧，佛爲彼等欲令於此三昧得增益故，説《般若波羅蜜經》。如《般若波羅蜜・初品》中説：佛現神足，放金色光明，遍照十方[8]恒河沙等[9]世界，示現大身，清淨光明，種種妙色滿虛[10]空中。佛在衆中，端正[11]殊妙，無能及者。譬如須[12]彌山王，處於大海。諸菩薩見佛神變，於念佛三[13]昧，倍復增益，以是事故，説《摩訶[14]般若波羅[15]蜜經》。復次，菩薩初生時，放大光明，普遍十方[16]，行至七步，四顧[17]觀察[18]，作師子吼而説偈言[19]：

1　本卷對應《大智度論》寫本凡11號：S.1621號（以下簡稱"甲本"）、S.4614號（以下簡稱"乙本"）、俄Дx01623號（以下簡稱"丙本"）、俄Дx14679號（以下簡稱"丁本"）、S.3273號（以下簡稱"戊本"）、BD05850號（以下簡稱"己本"）、俄Дx12256號（以下簡稱"庚本"）、俄Дx12027號（以下簡稱"辛本"）、俄Дx08102號（以下簡稱"壬本"）、大谷敦續編2-21號（以下簡稱"癸本"，所抄分屬《大正藏》本卷一、二）、津藝013號1（該號行文頗異於諸寫本及傳世刻本，當係作者摻合己意改寫而成，茲單獨校録附於卷末）。

2　甲、乙本始。"大智度……譯"三十八字，甲本作"釋摩訶般若波羅蜜經論　卷第一　説大智度緣起法　龍樹菩薩造"，乙本作"摩訶般若波羅蜜經　大智度緣起論第一　龍樹菩薩造"。

3　"等"，甲、元、明、聖本作"子"，乙本作"礙"。元本指《普寧藏》本，明本指《永樂北藏》本，聖本指日本《正倉院聖語藏》本。下同，不另注明。

4　"已"，乙、聖本作"以"，"以"通"已"。

5　"滅根"，甲本殘。

6　"亦"，甲、乙、宋、元、明、宮本作"已"。宋本指《資福藏》本，宮本指舊宋本，係以宋之崇寧藏和毗盧藏合成全藏。下同，不復出校。

7　"空行"，乙本作"行者"。

8　"十方"後，甲、乙、宋、元、明、宮、聖、石本有"如"。石本指日本《石山寺一切經》本。下同，不另注明。

9　丙本始。

10　"身清……滿虛"十一字，丙本殘。

11　"正"，乙本作"政"，"政"通"正"。

12　"正殊……如須"十字，丙本殘。

13　"海諸……佛三"十二字，丙本殘。

14　"摩訶"，乙、宮、石本無。

15　"益以……波羅"十二字，丙本殘。

16　"薩初……十方"十二字，丙本殘。

17　"四顧"，丙本殘。

18　"四顧觀察"，乙、宋、元、明、宮、石本作"觀察四方"。

19　"作師……偈言"八字，丙本殘。

我生胎分盡，是最末後身 [1]；我已得解脱 [2]，當復度衆生 [3]。

作是誓已，身漸長大，欲捨親屬，出家修 [4] 無上道。中 [5] 夜起觀，見諸伎直，后妃 [6] 綵 [7] 女，狀若臭屍。即命 [8] 車匿，令被白馬，夜半踰城，行十二由旬，到跋 [9] 伽婆仙人所住 [10] 林中，以刀剃髮，以 [11] 上妙寶衣 [12]，貿麁布僧伽梨。於泥連禪河 [13] 側，六年苦行，日 [14] 食一麻，或食一米等。而自念言：是處非道！爾 [15] 時，菩薩捨苦行處，到菩提樹下，坐金剛處。魔 [16] 王將十八億萬衆來壞菩薩，菩薩以智慧功 [17] 德力故，降魔衆已，即得阿耨多羅三藐三菩 [18] 提。是時三千大千世界主梵天王，名式棄，及色 [19] 界諸天等，釋提桓因及欲界諸天等，并四天王 [20]，皆詣佛所，勸請世尊初轉法輪。亦是菩薩 [21] 念本所 [22] 願，及大慈大悲故，受請説法。諸法甚深者，般若波羅蜜是；以是故佛説《摩訶般若波羅蜜經》。復次，有人疑佛不得一切智，所以者何？諸法無量無數，云何一人能知一切法？佛住般若波羅蜜實相清淨如虛空，無量無數法中，自發誠言：我是一切智人，欲斷一切衆生疑；以是故説《摩訶般若波羅蜜經》。復次，有衆生應得度者，以佛大功德智慧無量，難知難解故 [23]，爲惡師所惑 [24]，心没邪法，不入正道。爲是輩人，起大慈心，以大悲手 [25] 拔 [26] 之，令入佛道；是故自現最妙功德，出大神力。如《般若波羅蜜·初品》中説：佛入三昧王三昧，從三昧起，以天眼觀十方世界，舉身毛孔皆笑，從其足下千輻輪相 [27]，放六百千萬億種種色光明，從足指上至肉髻，處處各放六百千萬億種種色光明，普照十方無量無數如恒沙 [28] 等諸佛世界，皆令大明。佛從三昧起欲宣示一切諸法實相，斷一切衆生疑結故，説《般若波羅蜜經 [29]》。復次，有惡邪人，

1　"後身"，丙本殘。

2　"我已得解脱"，丙本殘。

3　"當復度衆生"，丙本殘。

4　"出家修"，甲本作"出家求"，聖本作"求"。

5　"長大……道中"十三字，丙本殘。

6　"后妃"，乙、宋、元、明、宫本作"妃后"。

7　"綵"，原作"婇"，兹據甲本改。

8　"直后……即命"十一字，丙本殘。

9　"夜半……到跋"十一字，丙本殘。

10　"住"，甲、乙本作"住處"。

11　"以"，甲、乙、宋、元、明、宫、石本作"持"；聖本作"時"，"時"爲"持"之借字。

12　"林中……寶衣"十一字，丙本殘。

13　"泥連禪河"，乙、宋、元、明、宫本作"尼連禪河"，異譯詞。

14　"伽梨……行日"十三字，丙本殘。

15　"一米……道爾"十二字，丙本殘。

16　"行處……處魔"十二字，丙本殘。

17　"億萬……慧功"十三字，丙本殘。

18　"魔衆……三菩"十三字，丙本殘。

19　"千世……及色"十二字，丙本殘。

20　"等釋……天王"十五字，丙本殘。

21　"菩薩"，乙、宫、石本無。

22　丙本終。

23　"故"，甲本無。

24　"惑"，乙、聖本作"或"，"或"爲"惑"之古字。下同，不復出校。

25　"手"，甲、乙本無。

26　"拔"，原作"授"，誤，兹據甲、乙、宋、元、明、宫本改。

27　"輪相"，甲、乙、宫、石本作"相輪"。

28　"恒沙"，甲、乙、宋、元、明、宫本作"恒河沙"。

29　"般若波羅蜜經"前，甲、乙、宋、元、明、宫、聖、石本有"摩訶"。

懷嫉妬意[1]，誹謗言：佛[2]智慧不出於人，但以幻術惑世。斷彼貢高邪慢意故，現無量神力，無量智慧力，於《般若波羅蜜》中，自説：我神德無量，三界特尊，爲一切覆護；若一發惡念，獲罪無量[3]；一發[4]淨信，受人天樂，必得涅槃果[5]。復次，欲[6]令人信受法故，言：我是大師，有十力、四無所畏，安立聖主住處，心得自在，能師子吼，轉妙法輪，於一切世界最尊最上。復次，佛世尊[7]欲令衆生歡喜故，説是《般若波羅蜜經》，言：汝等應生大喜！何以故？一切衆生入邪見網，爲異學惡師所惑，我於一切惡師邪網中得出。十力大師，難可值見，汝今已遇，我隨時開發三十七品等諸深法藏，恣汝採取。復次，一切衆生爲結使病所煩惱，無始生死已來，無人能治此病者，常爲外道惡師所誤。我今出世爲大醫王，集諸法藥，汝等當服，是故[8]佛説《摩訶般若波羅蜜經》。復次，有人念言：佛與人同，亦有生死，實受飢渴、寒熱、老病苦[9]。佛欲斷彼意故，説是《摩訶般若波羅蜜經》，示言：我身不可思議，梵天王等諸天祖父，於[10]恒河沙等劫中，欲思量我身，尋究我聲，不能測度，況我智慧三昧？如偈説：

諸法實相中，諸梵天王等，一切天地主，迷惑不能了！此法甚深妙，無能測量者，佛出悉開解，其明如日照。

又如[11]佛初轉法輪時，應時菩薩[12]從他方來，欲量佛身，上過虛空無量佛刹[13]，至華上佛[14]世界，見佛身如故，菩薩説言[15]：

虛空無有邊，佛功德亦爾；設欲量其[16]身，唐勞不能盡！上過虛空界，無量諸佛土，見釋師子身，如故而不異！佛身如金山，演出大光明，相好自莊嚴，猶如春華敷。

如佛身無量，光明、音響[17]亦復無量，戒、定、慧等諸佛功德，皆悉無量。如《密迹經》中三密，此中應廣説。復次，佛初生時，墮[18]地行[19]七步，口自發言，言竟便默，如諸嬰[20]孩，不行不語，乳餔三歲[21]，諸母養育，漸[22]次長大。然佛身無數，過諸世間，爲衆生故，現如凡人。凡人生時，身分諸根及其意識未成就故，身四威儀：坐、

臥、行、住[1]，言談語默，種種人法，皆悉未了；日月歲過，漸漸習學，能[2]具人法。今佛云何生便能語[3]能行，後更不能？以此致怪！但爲此故以方便力，現行人法，如人威儀，令諸衆生信於深法。若菩薩生時[4]，便能行能語，世人當作是念：今見此人，世未曾有，必是天、龍、鬼、神，其所學法，必非我等所及。何以故？我等生死肉身，爲結使業所牽，不得自在，如此深法，誰能及之？以此自絕，不得成賢聖法器。爲是人故，於嵐毘尼園中生。雖即能至菩提樹下成佛，以方便力故，而現作孩童、幼[5]小、年少[6]、成人；於諸時中次第而受嬉戲術藝服御五欲。具足人法。後漸[7]見老、病、死苦，生厭患心，於夜中半，踰城出家，到鬱特伽阿羅洛[8]仙人所，現作弟子而不行其法。雖[9]常用神通，自念宿命，迦葉佛時持戒行道，而今現修苦行六年求道。菩薩雖主三千大千世界，而[10]現破魔軍，成無上道。隨順世法故，現是[11]衆變。今於《般若波羅蜜》中，現[12]大神通智慧力故。諸人當知佛身無數，過諸世間。復次，有人應可度者，或墮二邊；或以無智故，但求身樂；或有爲道故，修著苦行。如是人等，於第一義中，失涅槃正道。佛欲拔此二邊，令入中道，故説《摩訶般若波羅蜜經》。復次，分別生身、法身，供養果報故[13]，説《摩訶般若波羅蜜經》。如《舍利塔品》中説。復次，欲説鞞跋致[14]，阿鞞跋致相故説[15]。又爲魔幻、魔事故説[16]。復次，爲當來世人，供養般若波羅蜜[17]因緣故；又欲[18]授三乘記別[19]故，説是《般若波羅蜜[20]經》。如佛告阿難：我涅槃[21]後，此般若波羅蜜當至南方，從南方至西方，後五百歲中[22]當至北方。是中多有信法善男子、善女人，種種華香、瓔珞[23]、幢幡、伎樂、燈明、珍寶，以[24]財物供養。若自書，若教人書，若讀誦、聽説，正憶念、修行，以[25]法供養。是人以是因緣故，受種種世間樂；末後[26]得三乘，入無餘涅槃。如是等觀諸品中因緣事故，説《般若波羅蜜經》。復次，佛欲説第一義悉檀相故，説是《般若波羅蜜經[27]》。有四種

1　“住”，乙本作“往”，誤。

2　“能”，甲、聖本作“乃”。

3　“語”，乙本作“言”。

4　“時”，甲、乙、宋、元、明、宮、聖、石本無。

5　“幼”，乙本作“幻”，誤。

6　“小年少”，甲、乙、宋、元、明、宮、石本作“稚少年”，聖本作“年少”。

7　“後漸”，甲本作“漸漸”，宋、元、明、宮、聖、石本作“漸”。

8　“鬱特伽阿羅洛”，乙、元、明本作“鬱特伽阿羅羅”；宮本作“鬱特伽阿羅浴”，“浴”爲“洛”之誤。

9　“雖”，甲、乙、宋、元、明、宮、聖本作“雖以”。

10　“而”，甲、聖、石本無。

11　“是”，甲、聖本無。

12　“現”，甲、宋、宮、聖、石本作“出”。

13　“故”，甲本脱。

14　“鞞跋致”，原作“阿鞞跋致”，誤，兹據甲、乙、宋、宮、石本删。

15　“説”，甲、乙本無，宋、元、明、宮、石本作“復次欲説”。

16　“又爲……故説”八字，甲、乙本作“復次欲説魔幻、魔偽、魔事故”，宋、元、明、宮、聖、石本作“魔幻、魔偽、魔事故”。

17　“般若波羅蜜”，甲本作“般若波羅蜜多”。

18　“欲”，甲本脱。

19　“別”，乙、宋、元、明、宮本作“莂”。

20　“般若波羅蜜”，甲本作“般若波羅蜜多”，異譯詞。

21　“涅槃”，甲、乙、宋、元、明、宮本作“般涅槃”，異譯詞。

22　“中”，甲、乙、宋、元、明、宮、聖、石本無。

23　“瓔珞”，甲本作“纓絡”，異譯詞。

24　“以”，甲本作“是”。

25　“以”，甲本作“是”，聖本無。

26　“末後”，甲本作“後”，乙、宋、元、明、宮本作“末後世時”，石本作“後世時”。

27　“經”，甲本脱。

悉檀：一者，世界悉檀；二者，各各爲人悉檀；三者，對治悉檀；四者，第一義悉檀。四悉檀中[1]，一切十二部經、八萬四千法藏，皆是實，無相違背。佛法中，有[2]以世界悉檀故實，有以各各爲人悉檀故實，有以對治悉檀故實，有以第一義悉檀故實。有世界者[3]，有法從因緣和合故有，無別性。譬如車，轅、軸、輻、輞等和合故有，無別車。人亦如是，五衆和合故有，無[4]別人[5]。若無世界悉檀者，佛是實語人，云何言[6]我以清淨天眼，見諸衆生隨善惡業死此生彼[7]，受果報；善業者生天人中，惡業者墮三惡道？復次，經言：一人出世，多人蒙慶，福樂饒益，佛世尊也。如《法句》中説：神自能救神，他人安能救！神自行善智，是最能自救。如《瓶沙王迎經》中，佛説：凡人不聞法，凡人著於我[8]。又[9]《佛二夜經》中説：佛初[10]得道夜，至般涅槃[11]夜，是二夜中間所説經教，一切皆實不顛倒。若實[12]無人者，佛云何言我天眼見衆生？是故當知有人者，世界[13]悉檀，故非是第一義悉檀。

問曰：第一[14]悉檀是真實，實故名第一，餘者不應實。答曰：不然！是四悉檀各各有實[15]，如：如、法性、實際，世界悉檀[16]故無，第一義悉檀[17]故有。人等亦如是，世界悉檀故有，第一義悉檀故無[18]。所以者何？人[19]五衆因緣有故有是[20]人等[21]。譬如乳，色、香、味、觸因緣有故有是乳[22]；若乳[23]實無，乳因緣亦應無。今乳因緣實有故，乳亦應有；非如一人第二頭、第三手，無因緣而有假名。如是等相，名爲[24]世界悉檀。云何[25]各各爲人悉檀者[26]？觀人心行而爲説法，於一事中，或聽或不聽。如經中所説：雜報[27]業故，雜生世間，得雜觸，雜受[28]。更有《破群那經》中説：無人得觸，無人得受。問曰：此二經云何通？答曰：以有人疑後世，不信罪福，作不善行，墮斷滅

1　“中”，甲、乙本作“總攝”，宋、元、明本作“中總攝”，聖、石本作“總説”。

2　“有”，乙、元、明本作“實有”。

3　“者”，甲、乙、聖本作“悉檀者”，宋、元、明本作“悉檀”。

4　“有無”，甲、聖本作“有人無”，石本作“無有”。

5　“別人”後，甲、乙、宋、元、明、宫本有“也”。

6　“若無……何言”十五字，乙、宋、元、明、宫、石本作“問曰：如佛説”。

7　“隨善……生彼”八字，乙、宋、元、明、宫、石本作“死此生彼，隨善惡業”。

8　“受果報……著於我”八十一字，甲、聖本無。“受果報”前，石本有“隨善惡業”。

9　“又”，甲本作“天”，誤。

10　“初”，甲、乙、宋、元、明、宫、聖、石本作“從”。

11　“涅槃”，甲本作“涅般”，異譯詞。

12　“實”，甲、聖、石本無。

13　“世界”前，甲、聖本有“以”。

14　“第一”，甲、聖本作“第一義”。

15　“言我天眼見衆生……各各有實”五十七字，乙、宋、元、明、宫、石本作“説人等？答曰：人等世界故有，第一義故無”。

16　“悉檀”，乙、宋、元、明、宫、石本無。

17　“悉檀”，乙、宋、元、明、宫、石本無。

18　“世界……故無”十三字，乙、宋、元、明、宫、石本作“第一義故無，世界故有”。

19　“人”，甲、乙、宋、元、明、宫、聖、石本無。

20　“是”，甲、乙、宋、元、明、宫、石本無。

21　“等”，乙、宋、元、明、宫、石本無。

22　“是乳”，甲、乙本作“若乳”，宋、元、明、宫、聖、石本無。

23　“若乳”，甲、乙本無。

24　“爲”，甲、乙、聖本無。

25　“云何”，甲、聖本無，乙本作“云何名”。

26　“者”，乙、宋、元、明、宫、石本無。

27　“報”，甲、聖本無。

28　“雜觸雜受”，甲、聖本作“雜受，雜觸”，乙、宋、元、明、宫本作“雜觸，得雜受”。

見；欲斷彼疑，捨彼惡行，欲拔彼斷見，是故說雜生世間，雜觸雜受[1]。是破群那[2]計有我有神，墮計常中。破[3]群那問佛言[4]：大德！誰受？若佛說某甲某甲受，便墮計常中，其人我見倍復牢固，不可移轉，以是故不說有受者、觸者。如是等相，是名[5]各各爲人悉檀。對治悉檀者[6]，有法，對治則有，實性則無。譬如重、熱、膩、酢、醎藥草飲食等，於風病中名爲藥，於餘病非藥；若輕、冷、甘、苦、澀藥草飲食等，於熱病名爲藥，於餘病非藥；若輕、辛、苦、澀、熱藥草飲食等，於冷病中名爲藥，於餘病非藥。佛法中治心病亦如是：不淨觀思惟，於貪欲[7]病中，名爲善對治法；於瞋恚病中，不名爲善，非對治法。所以者何？觀身過失[8]，名不淨觀；若瞋恚人觀過失者，則增益瞋恚火故。思惟慈心，於瞋恚病中，名爲[9]善對治法；於貪欲病中，不名爲善，非對治法。所以者何？慈心於衆生中求好事，觀功德[10]；若貪欲人求好事[11]，觀功德者，則增益貪欲故。因緣觀法，於愚癡病中，名爲善對治法；於貪[12]欲、瞋恚病中[13]，不名爲善，非對治法。所以者何？先邪觀故生邪見，邪見即是愚癡。問曰：如[14]佛法中說十二因緣甚深。如說，佛告阿難：是因緣法甚深，難見難解，難覺難觀，細心巧慧人乃[15]能解。愚癡人於淺近法，猶尚難解，何況甚深因緣？今云何言愚癡人應觀因緣法？答曰：愚癡人者，非謂如牛羊等愚癡[16]；是人[17]欲求實道，邪心觀故生種種邪見。如是愚癡人[18]，當觀因緣，是名爲善對治法。若行瞋恚、婬欲人[19]，欲求樂，欲惱他，於此人中，非善非[20]對治法；不淨、慈心思惟，是二人中，是善是對治法。何以故？是二觀能拔瞋恚、貪欲毒刺故。復次，著常顛倒衆生，不知諸法相似相續有；如是人觀無常，是對治悉檀，非第一義。何以故？一切諸法自性空故。如說偈言[21]：

> 無常見有常，是名爲顛倒；空中無無常，何處見有常？

問曰：一切有爲法，皆無常相應，是第一義，云何言無常非實？所以者何？一切有爲法，生、住、滅相，前生、次住、後滅故，云何言無常非實[22]？答曰：有爲法不應有三相。何以故？三相不實故。若諸法[23]生、住、滅

1　"雜觸雜受"，乙本作"得雜觸，得雜受"，宋、元、明、宮、石本作"雜觸，得雜受"。

2　"破群那"後，甲本有"說"，聖本有"經說"。

3　"破"，甲本作"彼"，誤。

4　"言"，甲、乙、宮、聖本無。

5　"是名"，甲、乙、宋、元、明、宮、聖、石本作"名爲"。

6　"對治悉檀者"，乙、宋、元、明、宮、石本作"云何名對治悉檀"。

7　"貪欲"，乙本作"貪婬欲"。

8　"過失"，甲、乙、聖本作"過罪"。下同，不復出校。

9　"爲"，乙本無。

10　"功德"後，甲、聖本有"故"。

11　"事"，甲本作"好"，誤。

12　"貪"，乙本作"婬"。

13　"中"，甲本作"忠"，"忠"通"中"。

14　"如"，甲、宋、元、明、宮、聖、石本無。

15　"乃"，乙本無。

16　"愚癡"，甲、乙本無。

17　"人"，甲本脱。

18　"人"，甲本脱。

19　"人"，甲本作"求"，誤。

20　"非"，甲本無。

21　"如說偈言"，甲、宮、聖、石本作"如說偈"，乙本作"如偈說"。

22　"前生……非實"十四字，甲本作"一切有爲法前生、次住、後滅，故無常"，聖本作"前生、次住、後天故、無常"。

23　"法"，甲、宋、宮、聖本無。

是有爲相者,今生中亦應有三相,生是[1]有爲相[2]故;如是一一處亦應有三相,是則無窮,住、滅亦如是。若諸生、住、滅各[3]更無有[4]生、住、滅者,不應名有爲法。何以故?有爲法[5]相無故。以是故,諸法無常,非第一義[6]。復次,若一切實性無常,則無行業報。何以故?無常名生滅失故,譬如腐種子不生果。如是則無行業,無行業云何有果報?今一切賢聖法有果報,善智之人所可信受,不應言無。以是故,諸法非無常性。如是等無量因緣説,不得言諸法無常性。一切有爲法無常,苦、無我等[7]亦如是。如是等相,名爲對治悉檀。第一義[8]悉檀者[9],一切法性,一切論議語言,一切是法非法,一一可分別破散;諸佛、辟支佛、阿羅漢所行真實法,不可破,不可散。上於[10]三悉檀中所不通者[11],此中皆通。問曰:云何通?答曰:所謂通者,離[12]一切過失[13],不可變易,不可勝。何以故?除第一義悉檀,諸餘論議,諸餘悉檀,皆可破故。如《衆義經》中所説偈[14]:

　　各各自依見,戲論起諍競,若能知彼非,是爲知正見[15]。不肯受他法,是名愚癡人,作是論議[16]者,真是愚癡人[17]。若依自是見,而生諸戲論,若此是淨智,無非淨智者。

　　此[18]三偈中,佛説第一義悉檀相。所謂世間衆生自依見,自依法,自依論議,而生諍競;戲論即諍競本,戲論依諸見生。如説偈言[19]:

　　有受法故有諸論,若無有受何所論?有受無受諸見等,是人於此悉已除。

　　行者能[20]如實知此者,於一切法、一切戲論[21],不受不著,不見是實[22],不共諍競,能知佛法甘露味。若不爾者,則謗法。若不受他法,不知不取,是無智人。若爾者,應一切論議人皆[23]無智[24]。何以故?各各不相受法

　　　1　“生是”,甲、聖本作“是生”。
　　　2　“相”,乙、宋、元、明、宫、石本作“法”。
　　　3　“各”,甲、聖本無。
　　　4　“有”,乙、元、明、宫、石本無。
　　　5　“法”,乙、宋、元、明、宫、石本無。
　　　6　“第一義”,甲、宋、元、明本作“第一義悉檀”。
　　　7　“等”,乙、宫、石本無。
　　　8　“第一義”前,乙、宋、元、明、宫、石本有“云何名”。
　　　9　“者”,乙、宋、元、明、宫、聖、石本無。
　　10　“於”,甲、宋、元、明、宫、聖、石本無。
　　11　“者”,甲、乙、宋、元、明、宫、聖、石本無。
　　12　“離”,甲、乙本作“雜”,誤。
　　13　“失”,乙、聖本作“罪”。
　　14　“所説偈”,乙、宋、元、明、宫、石本作“偈説”。
　　15　“見”,甲、乙、聖、石本作“法”。
　　16　“作是論議”,甲、乙、聖、石本作“諸有戲論”。
　　17　“真是愚癡人”,甲、乙、聖、石本作“皆是大愚人”。
　　18　“此”,甲、乙、聖、石本作“於是”,宋、元、明、宫本作“於此”。
　　19　“如説偈言”,甲本作“故如偈説”,乙、宋、元、明、宫本作“如偈説”,聖、石本作“如説偈”。
　　20　“行者能”,甲、聖本無。
　　21　“一切戲論”前,甲、乙本有“於”。
　　22　“實”,甲、乙、聖本作“實事”。
　　23　“若爾者……人皆”十字,甲本作“諸自執者皆亦”,乙本作“諸自執者皆是”,宋、元、明、宫、石本作“如是則諸有戲論者皆是”,聖本作“諸自執者皆亦如是”。
　　24　“無智”,甲本作“如是”,聖本無。

故[1]。所謂有人自謂法第一義淨[2]，餘人妄語不淨[3]。譬如世間治法，故治法者[4]，刑罰殺戮，種種不淨，世間人信受行之，以爲真淨；於餘出家善聖人中，是最爲不淨。外道出家人法，五熱中一脚立、拔髮等，尼犍子[5]輩以爲妙慧，餘人說此爲[6]癡法。如是等種種外道出家，白衣婆羅門法，各各自以爲好，餘皆妄語。是佛法中亦有犢子比丘說：如四大和合有眼法，如是五衆和合有人法。《犢子阿毘曇》中說：五衆不離人，人不離五衆，不可說五衆是人，離五衆是人，人是[7]第五不可說法藏中所攝。說一切有道人[8]輩言：神人，一切種、一切時、一切法門中求不可得；譬如兔角龜毛常無。復次，十八界，十二入，五衆[9]實有[10]，而[11]此中無人[12]。更有佛法中方廣道人言：一切法不生不滅，空無所有，譬如兔角龜毛常無。如是等一切論議師輩，自守其法，不受餘法，此是[13]實，餘者妄語。若自受其法，自法供養，自法修行[14]，他法不受、不供養[15]爲作過失。若以是爲清淨得第一義利者，則一切無非[16]清淨[17]。何以故？彼一切皆自愛法故。問曰：若諸見[18]皆有[19]過失[20]，第一義悉檀何者是？答曰：過[21]一切語言道，心行處滅[22]，遍無所依，不示諸法，諸法實相，無初、無中、無後，不盡、不壞。是名第一義悉檀。如摩訶衍義偈[23]中說：

　　語言盡竟，心行亦訖[24]；不生不滅，法如涅槃。說諸行處，名世界法；說不行處，名第一義。

　　一切實一切非實，及一切實亦非實，一切非實非不實，是名諸法之實相。

　　如是等處處經中說第一義悉檀。是義[25]甚深，難見難解；佛欲說是義故[26]，說[27]《摩訶般若波羅蜜經》。復次，

1　"故"，甲本脫。

2　"義淨"，甲、乙本作"真實"，宋、元、明、宫、石本作"實淨"。

3　"妄語不淨"，甲、乙本作"法虛妄不淨"，聖本無。

4　"故治法者"，乙、宫、石本無，宋、元、明本作"者"。

5　"尼犍子"前，甲、乙本有"是"。

6　"爲"，甲、聖本作"以爲"。

7　"是"後，甲本有"五法藏"，聖本有"第五法藏"。

8　"道人"，甲本作"諸道人"，聖本作"語道人"，"語"當爲"諸"之訛。

9　"五衆"，甲、乙、聖本作"五陰"，異譯詞。下同，不復出校，

10　"實有"後，甲、乙、宋、元、明、宫、石本有"自性"。

11　"而"，乙、宋、元、明、宫、石本作"而人"。

12　"無人"，乙、宋、元、明、宫、石本作"不攝"。

13　"不受餘法此是"，甲、乙、聖本作"以爲"。

14　"法供養……修行"七字，甲、乙、元、明、聖本作"供養法，自修行法"。

15　"他法……供養"七字，甲、聖本作"不受、不供養他法"，乙本作"他法不受、不供養他法"。

16　"非"，乙本作"不"。

17　丁本始。

18　"故彼……諸見"十四字，丁本殘。

19　丁本終。

20　"過失"後，甲、乙、宋、元、明、宫、聖、石本有"者"。

21　"過"，乙、元、明本無。

22　"心行處滅"前，乙本有"過"。

23　"偈"，甲、聖本無。

24　"亦訖"，甲本作"言說"，聖本作"亦說"。

25　"是義"，乙本作"如是第四悉檀義"。

26　"佛欲說是義故"，乙本作"佛世尊欲說是第一義悉檀故"，宫、石本作"佛欲說故"。

27　"說"，乙本作"說是"。

欲令長爪梵志等大論議師於[1]佛法中生信故,説[2]是《摩訶[3]般若波羅蜜經》。有梵志號[4]名長爪,更有名先尼婆蹉衢多羅,更有名薩遮迦摩揵提等。是[5]等閻浮提大論議師輩言:一切論可破,一切語[6]可壞,一切執可轉故[7],無有實法可信可恭敬者。如《舍利弗本末經》中説:舍利弗舅摩訶俱[8]絺羅,與姊舍利論議不如。俱絺羅思惟念言:非姊力也,必懷智人,寄言母口。未生乃爾,及生長大,當如之何? 思惟已,生憍慢心,爲廣論議故,出家作梵志。入南天竺國,始讀經書。諸人問言:汝志何求? 學習何經? 長爪答言[9]:十八種大經[10],盡欲讀之。諸人語言:盡汝壽命,猶不能知一,何況能盡? 長爪自念:昔作憍慢,爲姊所勝,今此諸人復見輕辱。爲是[11]二事故,自作誓言:我不剪爪,要讀十八種經書盡。人見爪長,因號爲[12]長爪梵志。是人以種種經書智慧力[13],種種譏刺是法是非法,是應是不應,是實是不實,是有是無,破他論議。譬如大力狂象,搪揆[14]蹴踏,無能制者。如是長爪梵志以論議力,摧伏諸論師已,還至摩伽陀國[15]王舍城那羅聚落,至本生處,問人言:我姊生子,今在何處? 有人語言:汝姊子者,適生八歲,讀一切經書盡;至年十六,論議勝一切人。有釋種道人姓瞿曇,與作弟子。長爪聞之,即起憍慢,生不信心,而作是言:如我姊子聰明如是[16],彼以何術,誘誑剃頭作弟子? 説是語已,直向佛所。爾時,舍利弗初受戒半月,佛邊侍立,以扇扇佛。長爪梵志見佛,問訊訖,一面坐,作是念:一切論可破,一切語可壞,一切執可轉,是中何者是諸法實相? 何者是第一義? 何者性? 何者相? 不顛倒? 如是思惟,譬如大海水中[17],欲盡其涯[18]底,求之既久,不得一法實可以入心者。彼以何論議道而得我姊子? 作是思惟已,而語佛言:瞿曇! 我一切法不受。佛問長爪:汝一切法不受,是見受不? 佛所質義,汝已飲邪見毒,今出是毒氣,言一切法不受,是見汝受不? 爾時,長爪梵志,如好馬見鞭影即覺,便著正道;長爪梵志亦如是,得佛語鞭影入心,即棄捐貢高,慚愧[19]低頭,如是思惟:佛置我著二[20]處負門中。若我說是見我受,是負處門麤,故多人知[21],云何自言一切法不受,今受是見? 此是[22]現前妄語,是麤負處門,多人所知[23]。第二負處門細,我欲受之,以不多人知[24]故。作是念已,答佛言:瞿曇! 一切法不受,是見亦不受。佛語梵志:

1　"於",甲本作"欲於"。

2　"説",乙本作"佛説"。

3　"摩訶",乙本無。

4　"號",甲、乙、聖、石本無。

5　"是",甲、乙本作"如是"。

6　"語",乙本作"言"。

7　"故",乙本無。

8　"俱",甲本脱。

9　"言",甲、聖本作"曰"。

10　"經",甲本作"經書"。

11　"是",甲、聖本無。

12　"爲",甲、乙、聖本無。

13　"智慧力",甲本作"智惠力故","惠"通"慧"。

14　"搪揆",乙、宋、宮本作"唐突",聖本作"搪突",異形詞。

15　"摩伽陀國",甲本作"摩訶陀國",異譯詞。

16　"如是",甲本作"是如",誤倒。

17　"中",乙、宋、元、明、宮、石本無。

18　"涯",甲、乙、宮、聖本作"崖"。

19　"慚愧",甲本作"愧慚"。

20　"著二",甲、乙本作"兩"。

21　"多人知",甲、乙本作"衆人所共知",聖本作"多衆人共知"。

22　"此是",甲、乙、聖本作"此",宋、元、明本作"我受此",宮、石本作"我忍此"。

23　"多人所知",甲、乙本作"衆人所共知",聖本作"多衆人共知"。

24　"不多人知",甲、聖本作"少有知者",乙本作"少人知故"。

汝不受一切法,是見亦不受,則無所受[1],與衆人無異,何用自高而生憍慢? 如是,長爪梵志不能得答,自知墮負[2]處,即於佛一切智中起恭敬,生信心,自思惟:我墮負處,世尊不彰我負,不言是非,不以爲意;佛心[3]柔濡,第一清淨;一切語論處滅,得大甚深法,是可[4]恭敬處;心淨第一[5]。佛説法斷其邪見故,即於坐處得遠塵離垢,諸法中得法眼淨。時[6],舍利弗聞是語[7],得阿羅漢。是長爪梵志出家作沙門,得大力阿羅漢。若長爪梵志不聞般若波羅蜜氣分,離[8]四句第一義相應法,小信尚不得,何況得出家道果? 佛欲導引如是等大論議[9]師利根人故,説是[10]《般若波羅蜜經》。復次,諸佛有二種説法:一者,觀人心隨可度者;二者,觀諸法相。今佛欲説諸法實相故,説是《摩訶[11]般若波羅蜜經》。如説[12]《相不相品》中[13],諸天子問佛:是般若波羅蜜甚深,云何作相? 佛告諸天子:空則是相、無相、無作相、無生滅相、無行之相,常不生、如性相、寂滅相等。復次,有二種説法:一者,静處;二者,不静處。静處,如餘經中説;今欲明無静處故,説是《般若波羅蜜經[14]》。有相、無相,有物、無物,有依、無依,有對、無對,有上、無上,世界、非世界[15],亦如是。問曰:佛大慈悲心,但應説無静法,何以説静法? 答曰:無静法皆是無相,常寂滅不可説;今説布施等,及無常、苦、空等諸法,皆爲寂滅無戲論故説[16]。利根者知佛意,不起静;鈍根者不知佛意,取相、著心故起静。此般若波羅蜜,諸法畢竟空故,無静處;若畢竟空可得可静者,不名畢竟空[17]。是故,《般若波羅蜜經》名無静處,有無二事皆寂滅故[18]。復次,餘經中多以三種門説諸法,所謂善門、不善門、無記門;今欲説非善門、非不善門、非無記門諸法相故,説《摩訶般若波羅蜜經》。學法、無學法、非學非無學法,見諦斷法、思惟斷法、無斷法,可見有對、不可見有對、不可見無對,上、中、下法;小、大、無量法,如是等三法門[19]亦如是。復次,餘經中説四念處,隨聲聞法門。於是比丘觀内身三十六物,除欲貪病;如是觀外身,觀内外身。今於[20]四念處,欲以異門説般若波羅蜜。如所説:菩薩觀内身,於身不生覺觀,不得身,以無所得故。如是觀外身,觀内外身,於身不生覺觀,不得身,以無所得故。於身念處中觀身而不生身覺觀,是事甚難。三念處亦如是。四正勤、四如意足、四禪、四諦等[21]種種四法門,亦如是。復次,餘經中佛説五衆,無常、苦、空、無我相;今於是五衆欲説異法門故,説[22]《般若波羅蜜經[23]》。如

---

1 "受",甲、乙、宋、聖、石本作"破"。
2 "負",甲本作"貧",誤。下同,不復出校。
3 "佛心"後,甲、乙本有"處"。
4 "可",甲、乙、聖本作"最可"。
5 "心淨第一"後,甲、乙本有"無遇佛者",元、明、聖本有"無過佛者"。
6 "時",甲、乙、元、明、宫、石本作"是時",聖本無。
7 "聞是語",甲、聖本無。
8 "離",乙本作"雜",誤。
9 "議",甲本作"論",誤。
10 "是",甲、乙本無。
11 "摩訶",甲、乙本無。
12 "説",甲、聖本無。
13 "中",甲本作"中説"。
14 "般若波羅蜜經"前,甲、乙本有"摩訶"。
15 "非世界"後,甲、乙、宋、元、明、宫、石本有"如是等二種法門"。
16 "説",甲、乙、宋、元、明、聖本無。
17 "畢竟空"後,乙本有"畢竟空有無二事皆滅故"。
18 "有無……滅故"八字,乙、宋、宫本無。
19 "如是等三法門",甲、聖本無。
20 "今於",甲本作"今佛於"。
21 "等"前,甲、乙本有"如是"。
22 "説",甲、乙、聖本作"説是"。
23 "般若波羅蜜經"前,甲、乙本有"摩訶"。

佛告須菩提：菩薩若觀色是[1]常行，不行般若波羅蜜；受、想、行、識是[2]常行，不行般若波羅蜜；色無常行，不行般若波羅蜜；受、想、行、識無常行，不行般若波羅蜜。五受衆、五道，如是[3]等種種五法門亦如是。餘六、七、八等，乃至無量法門亦如是。如摩訶般若波羅蜜無量無邊，說般若波羅蜜因緣，亦無量無邊。是事廣故，今略說[4]摩訶般若波羅蜜因[5]緣起法竟。

摩訶般若波羅蜜初品如是我聞一時釋論第二[6]

【經】[7]如是我聞：一時。

【論】[8]問曰：諸佛經何以故初稱如是語？答曰：佛法大海[9]，信爲能入，智爲能度。如是義者，即是信。若人心中有信清淨，是人能入佛法；若無信，是人不能入佛法。不信者言：是事不如是，是不信相。信者言：是事如是。譬如牛皮未柔，不可屈折；無信人亦如是。譬如牛皮已柔，隨用可作；有信人亦如是。復次，經中說：信如手，如人有手，入寶山中，自在取寶；有信亦如是，入佛法無漏根、力、覺、道、禪定寶山中，自在所取。無信如無手，無手人入寶山中，則不能有所取。無信[10]亦如是，入佛法寶山[11]，都無所得。佛言：若人有信，是人[12]能入我大法海中，能得沙門果，不空剃頭染袈裟。若無信，是人不能入我法海中，如枯樹不生華實，不得沙門果，雖剃頭染衣，讀種種經，能難能答，於佛法中空無所得。以是故，如是義在佛法初，善信相故。復次，佛法深遠，更有佛乃能知。人有信者，雖未作佛，以信力故能入佛法。如梵天王請佛初轉法輪，以偈請佛[13]：

閻浮提先出，多諸不淨法；願開甘露門，當說清淨道！

佛以偈答：

我法甚難得，能斷諸結使；三有愛著心，是人不能解！

梵天王白佛：大德！世界中智，有上、中、下。善濡直心者，易可得度，是人若不聞法者，退墮諸惡難中，譬如水中蓮華，有生有熟，有水中未出者[14]，若不得日光則不能開。佛亦如是，佛以大慈悲憐愍衆生，故爲說法。佛念過去、未來、現在三世諸佛法，皆度衆生爲說法，我亦應爾。如是思惟竟，受梵天王等諸天請說法。爾時，世尊以[15]偈答曰：

我今開甘露味門，若有信者得歡喜；於諸人中說妙法，非惱他故而爲說。

---

1 "是"，甲本無。

2 "是"，甲本無。

3 "如是"，甲、聖本作"五法"。

4 "說"，甲、乙、宮、石本作"說說"。

5 "因"，甲、聖本無。

6 甲本品題作"大智度論釋經序品中如是我聞義第一"。乙本終，尾題作"大智度經論卷第一"，題記作："昔雪山菩薩，八字捨身；香城大士，一言析骨。況我凡愚，而不迴向。佛弟子田豐，躬率己財，兼勸有心，仰爲皇帝、文武百像、七世父母、過見師尊及法界衆生，敬寫一切經論，願共成佛。"

7 "經"，甲本作"經曰"，宋、宮、聖本無。

8 "論"，甲本作"論曰"，宋、宮、聖本無。

9 "大海"，甲本作"大海水中"，聖本作"大海水"。

10 "無信"，甲本作"無信人"。

11 "寶山"，甲本作"寶山中"。

12 "是人"，甲本無。

13 "請佛"，甲、聖本作"問佛"，宋、元、明、宮、石本作"請曰"。

14 "者"，甲、聖本無。

15 "以"，甲本作"說"。

佛此偈中，不説布施人得歡喜，亦不説多聞、持戒、忍辱、精進、禪定、智慧人得歡喜，獨説信人。佛意如是：我第一甚深法[1]微妙，無量無數，不可思議，不動不猗[2]不著，無所得法，非一切智人則不能解。是故佛[3]法中信力爲初，信力能入，非布施、持戒、禪定、智慧等能初入佛法。如説偈言[4]：

世間人心動，愛好福果報，而不好福因，求有不求滅。先聞邪見法，心著而深入，我此甚深法，無信云何解？

如提婆達大弟子俱迦梨等，無信法故，墮惡道中。是人無信，於佛法自以[5]智慧求不能[6]得。何以故？佛法甚深故。如梵天王教俱迦梨[7]説偈：

欲量無量法[8]，智者所不量，無量法欲量，此人自覆没[9]！

復次，如是義者，若人心善直信，是人可聽法，若無是相則不解。如所説偈：

聽者端視如渴飲，一心入於語議[10]中，踊躍聞法心悲[11]喜，如是之人應爲説。

復次，如是義在佛法初，現世利、後世利、涅槃利、諸利根本，信爲大力。復次，一切諸外道出家，心念我法微[12]妙，第一清淨。如是人自歎[13]所行法，毀[14]他人法，是故現世相打鬭諍，後世墮地獄，受種種無量苦。如説偈：

自法愛染故，呰毀[15]他人法，雖持戒行人，不脱地獄苦！

是佛法中，棄捨一切愛，一切見，一切吾我憍慢，悉斷不著。如《栰喻經》言：汝曹若解我栰喻法，是時善法應棄捨，何況不善法？佛自於般若波羅蜜，不念不猗[16]，何況餘法有猗著者？以是故，佛法初頭稱如是[17]。佛意如是：我弟子無愛法，無染法，無朋黨，但求離苦解脱，不戲論諸法相。如説[18]《阿他婆耆經》摩犍提難[19]偈[20]言：

決定諸法中，横生種種想[21]，悉捨内外故[22]，云何當得道？

佛答言[23]：

1　"法"，甲、宋、元、明、宫、聖、石本無。
2　"猗"，甲、元、明本作"倚"，"倚"通"猗"。
3　"佛"，甲本作"此"。
4　"如説偈言"，甲、聖本作"如説偈"，宋、元、明、宫、石本作"如偈曰"。
5　"以"，甲本作"思以"，宋、元、明本作"思惟"，宫、石本作"以思"，聖本作"思惟以"。
6　"能"，甲、聖本無。
7　戊本始。
8　"欲量無量法"，戊本殘。
9　"此人自覆没"，戊本作"是野人覆没"。
10　"議"，甲、宋、元、明、宫本作"義"，"義"通"議"。
11　"悲"，戊本作"歡"。
12　"微"，戊本作"教"。
13　"歎"，戊木作"難"，誤。
14　"毀"，甲、戊、宋、元、明、宫、聖、石本作"毀呰"。
15　"呰毀"，甲、聖、石本作"呰毀"，戊、元、明本作"毀呰"。
16　"猗"，戊、元、明本作"倚"。
17　"如是"後，戊、聖本有"我聞"。
18　"説"，戊本無。
19　"摩犍提難"，甲本作"摩種提難"，異譯詞。下同，不復出校。
20　"偈"，甲、戊、聖本作"中"。
21　"想"，甲本脱，戊本作"相"，"相"爲"想"之借字。
22　"内外故"，甲、戊、聖本作"内滅故"，宋、元、明本作"内外滅"，宫、石本作"爲内滅"。
23　"佛答言"，戊本無，宋、元、明、宫、石本作"佛答曰"。

非見聞知覺[1]，亦非持戒得[2]；非不見聞等[3]，非不持戒得。如是論悉捨，亦捨我我所，不取諸法相，如是可得道[4]。

摩犍提問曰：

若不見聞等，亦非持戒得；非不見聞等，非不持戒得。如我心觀察，持啞法得道！

佛答言：

汝依邪見門，我知[5]汝癡道。汝不見妄想[6]，爾時自當啞！

復次，我法真實，餘法妄語，我法第一，餘法不實，是爲鬥諍本。今如是義，示人無諍法，聞他所說，說人無咎。以是故，諸佛經初稱如是[7]。略說如是義竟。我者，今當說。問曰：若佛法中言一切法空，一切無有吾我，云何佛經初頭言[8]如是我聞？答曰：佛弟子輩雖知無我，隨俗法說我，非實我也。譬如以金錢買銅錢，人無笑者。何以故？賣買法應爾。言我者亦如是，於無我法中而說我，隨世[9]俗故不應難。如《天問經》中偈說[10]：

有[11]羅漢比丘，諸漏已永盡，於最後邊身，能言吾我不？

佛答言：

有[12]羅漢比丘，諸漏已永盡，於最後邊身，能言有[13]吾我。

世界法中說我[14]，非第一實義中說。以是故，諸法空無我[15]，世界法故，雖說我[16]，無咎[17]。復次，世界語言有三根本：一者，邪見[18]；二者，慢；三者，名字。是中二種不淨，一種淨。一切凡人三種語：邪、慢、名字。見道學[19]人二種語：慢、名字。諸[20]聖人一種語：名字。內心雖不違[21]實法，而[22]隨世界人故共傳是語，除世界邪見，

1 "知覺"，戊、元、明本作"覺知"。

2 "亦非持戒得"，戊本作"亦非不見等"，宋、元、明、宮、石本作"非持戒所得"。

3 "非不見聞等"，戊本作"亦非不見等"，宋、元、明、宮、石本作"亦非不見聞"。

4 "不取……得道"十字，戊、聖本無。

5 "知"，戊本作"如"，誤。

6 "妄想"，甲、聖本作"妄相"，宋、宮本作"諸相"，石本作"諸想"。

7 "如是"，戊本作"如是義"。

8 "一切……頭言"一行十七字，甲本脫。

9 "世"，甲、戊、宮、聖、石本無。

10 "說"，甲、戊、聖本無。

11 "有"，甲、宋、元、明、宮、石本作"阿"。

12 "有"，甲、宋、元、明、宮、石本作"阿"。

13 "言有"，甲本作"有言"。

14 "我"，戊本作"吾我"。

15 "我"，戊本作"吾我"。

16 "我"，戊本作"吾我"。

17 "咎"，戊本作"罪"。

18 "見"，甲、戊、宋、元、明、宮、石本無。

19 "道學"，戊本作"學道"，誤倒。

20 "諸"，戊本作"語"，誤。

21 "雖不違"，甲本作"不著"，戊、聖本作"不違"。

22 "而"，甲、戊本無。

故隨[1]俗無諍。以是故,除二種不淨[2]語,本隨世[3]故用一種語。佛弟子隨[4]俗故説我,無有咎[5]。復次,若人著無吾[6]我相言[7]是實,餘妄語,是人應難:汝一切法實相無我[8],云何言如是我聞?今諸佛弟子,一切法空無所有,是中心[9]不著,亦不言[10]著諸法實相,何況無我法中心著?以是故,不應難言何以説我[11]。如《中論》中偈説[12]:

若有所不空,應當有所空,不空尚不[13]得,何況得於空?凡人見不空,亦復見於空,不見見無見,是實名涅槃。非二安隱門,能破諸邪見;諸佛所行處,是名無我法。

略説我義竟。

聞者[14],今當説。問曰:聞者,云何聞?用耳根聞耶?用耳識聞?用意識聞耶?若耳根聞,耳根無覺知故,不應聞。若耳識聞,耳識一念故不能分別,不應聞。若意識聞,意識亦不能聞。何以故?先五識識五塵,然後意識識;意識不能識現在五塵,唯識過去、未來五塵。若意識能識現在五塵者,盲聾人亦應識聲色。何以故?意識不破故。答曰:非耳根能聞聲,亦[15]非耳識,亦[16]非意識。能[17]聞聲事,從多因緣和合故得聞聲,不得言一法[18]能聞聲。何以故?耳根無覺故,不應聞聲;識[19]無色無對無處故,亦不應聞聲;聲無覺亦無根故,不能知聲。爾時,耳根不破,聲至[20]可[21]聞處,意欲聞。情、塵、意和合故耳識[22]生,隨耳識即生意識,能分別種種因緣得聞[23]聲。以是故,不應作是難:誰聞聲[24]?佛法中亦無[25]有一[26]法能作、能見、能知。如説偈[27]:

有業亦有果,無作業果者,此第一甚深,是法佛能見[28]。雖空亦不斷,相續亦不常,罪福亦不失,如是法佛説[29]。

―――――――――

1 "故隨",甲、戊本作"順"。

2 "淨",戊本作"諍",誤。

3 "世",甲、戊、聖本作"俗"。

4 "隨",甲、戊、聖本作"順"。

5 "咎",戊本作"罪"。

6 "吾",甲、宋、元、明、宫、聖、石本無。

7 "言",甲、戊、聖本作"諸法"。

8 "我",戊本作"吾我"。

9 "心",戊、元、明本作"心亦"。

10 "言",甲、戊、元、明、聖本無。

11 "我",戊本作"吾我"。

12 "偈説",甲、戊、聖本作"説偈"。

13 "尚不",戊本作"不可"。

14 "聞者",戊本作"聞"。

15 "亦",甲、戊、聖本無。

16 "亦",甲、戊本無。

17 "能",甲、戊、宋、元、明、宫、聖、石本作"是"。

18 "法",甲本作"切",誤。

19 "識",甲、聖本作"識亦"。

20 "至",甲、宋、元、明、宫、聖、石本作"在"。

21 己本始。

22 "聞處……耳識"十三字,己本殘。

23 "耳識……得聞"十五字,己本殘。

24 "誰聞聲",戊、宋、元、明本作"雖聞聲",宫、石本無。

25 "作是……亦無"十一字,己本殘。

26 "一",戊本無。

27 "如説偈",己本殘。

28 "能見",甲、己本作"能説",宋、元、明、宫、石本作"所説",聖本作"能説"。

29 庚本始。

略説聞竟。

一者，今當説。問曰：佛法中，數[1]、時等法實無[2]，陰、入、持[3]所不攝故，何以[4]言一時？答曰：隨世俗故[5]有一時[6]無有咎。若畫泥木等作天像，念天故禮拜無咎[7]。説一時亦如是，雖實無一時，隨俗説一時，無咎。問曰：不應無一時[8]！佛自説言：一人出世間[9]，多人得樂，是者何人？佛世[10]尊也[11]。亦如[12]説偈：

我行無師保，志一無等侶，積一行得佛，自然通聖道。

如是等佛處處説一，應當有一。復次，一法和合故，物名爲一，若實無一法，何以故一物中一心生，非二非三？二物中二心生，非一非三？三物中三心生，非二非一？若實無諸數，一物中應二心生，二物中應一心生；如是等三、四、五、六皆爾。以是故，定知[13]一物中有一法，是法[14]和合故[15]，一物中一心生。答曰：若一與物一，若一與物異，二俱有過。問曰：若一，有何過？答曰：若一、瓶，是一義，如因提梨、釋迦，亦是一義[16]。若爾[17]者，在在有一者[18]，應[19]皆是[20]瓶；譬如在在有因提梨[21]，亦處處[22]有釋迦。今衣等諸[23]物皆應是瓶，一、瓶一[24]故。如是處處一[25]，皆應[26]是瓶[27]；如瓶、衣等悉是一[28]物，無有分別[29]。復次，一[30]是數法，瓶亦應[31]是數法。瓶體[32]有五法，

1　"竟一……中數"十二字，庚本殘。

2　"等法實無"，庚本殘。

3　"入持"，己本作"持入"，宋、元、明、宮、石本作"入界"，"界"爲"持"之異譯詞。

4　"何以"，己本作"何以故"。

5　"故"，甲本作"説故"。"不攝……俗故"十四字，庚本殘。

6　"時"，庚本殘。

7　"畫泥……無咎"十四字，庚本殘。

8　"是雖……一時"二十字，庚本殘。

9　"間"，甲、己、聖本無。

10　"自説……佛世"十八字，庚本殘。

11　庚本終。"也"，戊、己、聖本無。

12　"亦如"，戊、聖本作"亦"，己本作"如"。

13　"知"，己、宋、宮、石本無。

14　"法"，戊本無。

15　"故"，己本無。

16　"亦是一義"，甲、戊本作"若一義"，己、聖本作"一義"，宮、石本無。

17　"若爾"，甲、戊、聖本無。

18　"者"，甲、戊、己、宋、宮、聖、石本作"處"，元、明本作"處處"。

19　"應"前，己本有"處處"。

20　"是"，戊本作"有"。

21　"因提梨"後，甲本有"處"。

22　"亦處處"，甲本作"亦應"，戊、元、明本作"亦應處處"，宮、石本作"處"，聖本作"處亦應"。

23　辛本始。

24　"一"，己本無。

25　"一"，己本無。

26　"應"，戊、宋、元、明、宮、石本無。

27　"應是……是瓶"十六字，辛本殘。

28　辛本以下内容與《大正藏》本出入頗大，對應關係不明，兹校録如下："□□▨（體）是五法，一亦▨（應）是五法/ □□▨（若）不在一□（是）▨瓶，今不/ □一▨▨（邊不）□□。"

29　"有分別"，甲、聖本作"分別"，宮、石本作"有別異"。

30　"物無……次一"八字，辛本殘。

31　壬本始。

32　壬本終。

一亦應有五法。瓶有色有對，一亦應有色有對。若在在一，不名爲[1]瓶，今不應瓶、一一[2]！若説一不攝瓶，若[3]
説瓶亦不[4]攝一[5]。瓶[6]一不異故，又復欲説一，應説瓶；欲説瓶，應説一，如是則錯亂。問曰：一中過如是，異
中有何咎？答曰：若一與瓶異，瓶則非一；若瓶與一異，一則[7]非瓶[8]。若瓶與一合，瓶名一者，今一與瓶合，何
以不名一[9]爲瓶？是故不得言瓶異一[10]。問[11]：雖[12]一數合故，瓶爲一，然[13]一不作瓶。答曰：諸數初一，一與瓶異；
以是故瓶不作一，一無故，多亦無。何以故？先一後多故。如是異中，一亦[14]不可得。以是故，二門中求一法
不可得[15]，不可得故，云何陰、持、入攝？但佛弟子隨俗語言名爲一，心實不著，知數法名字有。以是故，佛法
中言一人、一師、一時[16]，不墮[17]邪見咎。

略説一竟[18]。

時者[19]，今當説。問曰：天竺説時名有二種：一名迦羅，二名三摩耶；佛何以不言迦羅，而言三摩耶？答
曰：若言迦羅，俱亦有疑。問曰：輕易説故[20]，應言迦羅，迦羅[21]二字，三摩耶三字，重語難故。答曰：除邪見故，
説三摩耶，不言迦羅。復次[22]有人言：一切天地[23]好醜皆以[24]時爲因。如《時經》中偈[25]説：

時來衆生熟[26]，時至則催促，時能覺悟人，是故時爲因。世界[27]如車輪[28]，時變如轉輪[29]，人亦如車輪[30]，或上
而或下。

---

1 "爲"，戊本無。

2 "一"，己、官、石本無。

3 "若"，己、宋、官、石本無。

4 "亦不"，甲本作"亦應"，宋、元、明、官、石本作"亦應不"。

5 "一"，甲、戊、宋、元、明、官、石本作"瓶"，己、聖本無。

6 "瓶"，戊、己本無。

7 "一則"，己本作"則"，宋、官、石本作"則一"。

8 "瓶"，己本作"一瓶"。

9 "名一"，戊、聖本無，宋、官本作"一名"。

10 "異一"，甲、己、宋、官、聖、石本作"一異"。

11 "問"，甲、戊、己本作"問曰"。

12 "雖"，戊本作"數"。

13 "然"，甲、戊、聖本無。

14 "亦"，戊、己、聖本無。

15 "不可得"，戊本無。

16 "一人一師一時"，戊、宋、元、明、官、石本作"一時一人一師"。

17 "墮"，己本作"隨"，"隨"通"墮"。

18 "竟"，己本作"義竟"。

19 "者"，戊、聖本無。

20 "説故"，己本作"故説"。

21 "羅"，甲本脱。

22 "復次"，甲、己、宋、元、明、官、聖、石本無。

23 "地"，己本脱。

24 "以"，戊、石本無。

25 "偈"，甲、戊、己、聖本無。

26 "熟"，戊本作"孰"，"孰"爲"熟"之古字。

27 "界"，甲、聖本作"間"。

28 "輪"，甲、聖本作"輻"。

29 "轉輪"，戊、聖本作"車輪"，己、宋、元、明、官、石本作"輪轉"。

30 "輪"，己、官、石本作"輻"。

更有人言：雖天地好醜一切物非時所作，然時是不變因，是實有。時法細故，不可見、不可知，以華果[1]等果[2]故可知有時。往年今年，久近[3]遲疾，見此相，雖不見時，可知有時。何以故？見果知有因故。以是故有時法，時法不壞故常。答曰：如泥丸[4]是現在時，土塵是過去時，瓶是[5]未來時。時[6]相常故，過去時不作未來時；汝經[7]書法，時是一物，以是故，過去世不作未來世[8]，亦不作現在世，雜[9]過[10]故[11]。過去世中亦無未來[12]世，以是故無未來世；現在世[13]亦如是[14]。問曰：汝[15]受過去土塵時，若有過去時，必應有未來時[16]，以[17]是故實有時法。答曰：汝不聞我先說[18]，未來[19]世瓶[20]，過去世土塵。未來世不作過去世，墮未來世相中是未來世相時，云何名過去時？以是故，過去時亦無。問曰：何以無時？必應有時。現在有現在相，過去有過去相，未來有未來相。答曰：若令一切三世時有自相，應盡是現在世，無過去、未來時。若今有未來[21]，不名未來，應當名現在[22]。以是故，是語[23]不然！問曰：過去時、未來時非現在相[24]中行，過去時[25]過去世中行，未來世未來時中[26]行。以是故，各各法相有時。答曰：若過去復過去，則破過去相；若過去[27]不過去，則無過去相。何以故？自相捨故[28]。未[29]來世[30]亦如是。以是故，時法無實，云何[31]能生天地好醜及華果等諸物？如是等種種除邪見故[32]，不說迦羅

1　"華果"，戊、元、明本作"華實"，己本作"花果"。

2　"果"，甲、己、宮、石本無。

3　"久近"，己本作"近遠"。

4　"丸"，甲、聖本作"洹"。

5　"瓶是"，己本無。

6　"時"，己本無。

7　"汝經"，戊本無，己、宋、元、明本作"如經"。

8　"未來世"，戊本殘。

9　"雜"，己本作"離"，誤。

10　"過"，己本作"過去"。

11　"故"，甲本作"故世"，宋、元、明、宮本作"去"。

12　"中亦無未來"，戊本殘。

13　"世"，己本無。

14　"世亦如是"，戊本無。

15　"世亦……曰汝"七字，戊本殘。

16　"過去……來時"九字，戊本殘。

17　"以"，己本無。

18　"說"，己本無。

19　"答曰……未來"十字，戊本殘。

20　戊本終。

21　"未來"，己、聖本無。

22　"當名現在"，甲、聖本作"當名已來"，宋、元、明、宮、石本作"名已來"。

23　"語"，己本作"事"。

24　"相"，己本無。

25　"過去時"後，甲、己、聖本有"則"。

26　"時中"，甲、己本作"世中"，宋、元、明、宮、石本作"相"，聖本作"中"。

27　"過去"，己本作"過去相"。

28　"故"，己本無。

29　"未"，原作"末"，誤，茲據甲本改。

30　"未來世"後，甲、聖本有"時"。

31　"云何"前，甲、己本有"是"。

32　"除邪見故"，甲本作"耶見餘見却故"，聖本作"耶見耶見除却故"，"耶見"衍其一，"耶"爲"邪"之俗字。

時，說[1]三摩耶。見[2]陰、界、入生滅[3]，假名爲時，無別時。所謂方、時[4]、離、合、一、異、長、短等名字，出[5]凡人心著，謂是實有法；以是故，除棄[6]世界名字語言法。問曰：若無時，云何聽時食、遮非時食是[7]戒？答曰：我先已[8]說世界名字法有，時非實法，汝不應難！亦是毘尼中結戒法，是世界中實；非第一實法相，吾我法相實不可得故；亦爲衆[9]人瞋呵故，亦欲護佛法使久存，定弟子禮法故。諸三界[10]世尊結諸戒，是中不應求[11]：有何實？有何名字等？何者相應？何者不相應？何者是法如是相？何者是[12]法不如是相？以是故，是事不應難[13]！問曰：若[14]非時食、時藥、時衣皆是[15]柯邏[16]，何以不說三摩耶？答曰：此毘尼中說，白衣不得聞，外道何由[17]得聞而生邪見！餘經通皆得聞，是故說三摩耶，令其不生邪見。三摩耶詭名，時亦是假名[18]稱。又佛法中多說三摩耶，少說柯邏，少故不應[19]難。

如是、我、聞、一、時五語各各義略說竟[20]。

大智度論卷第一[21]。

附：

津藝 013 號 1 錄文

▬▬皆悉無量。彼《蜜迹經》中三蜜▢。復次，佛初/生時，墮地行七步，口自發言，言竟便默，如不言不行。三歲/在抱，諸母養育，如凡人法。諸佛身者超越一切，今何因緣/身根及意皆不成熟，坐臥行住語說種種人法，皆悉不能。日/月歲過，漸漸習學，乃能解達人法。云何佛生時能語能行，/其後不能語，不能行，此事可怪。但爲以此善權方便，雖能/有力行語，欲度人故，亦令甚深法中信生故，行人法行，如/人威儀。若菩薩初生時，若行若語，世人當作是念：今見/此人未曾所見，必是天主。如此人所覺法，非我等所及。何/以故？我等生死肉眼穢身爲結使業所牽，不得自在。如/此人所得法，我等不解。諸人以此鄙自不成器。不成何/等器？不成賢聖法器。是故佛作是思惟，行方便法。佛從/嵐毗尼園中即生能至菩提樹下作佛，現

---

1 "說"，己本作"但說"。

2 "見"，己本作"時"。

3 "生滅"後，己本有"故"。

4 "方時"，甲、己、聖本作"有方時"，宮、石本作"方"。

5 "出"，甲本無。

6 "棄"，甲、己、宋、元、明、宮、聖、石本作"捨"。

7 "是"，甲、己、聖本作"爲"。

8 "已"，己本作"以"，"以"通"已"。

9 癸本始。

10 "三界"，甲、己、癸、元、明、聖本作"佛"。

11 "求"，己本作"失"，誤。

12 "是"，甲本無。

13 "難"後，己、聖本有"'如是、我、聞、一、時'五語，各各義略說竟"，宮、石本有"如是我聞"。

14 "若"，甲、己、聖本作"如"，宋、宮、石本無。

15 "是"，癸本無。

16 "柯邏"，甲、癸本作"迦羅"，己本作"阿羅"，皆爲異譯詞。

17 "由"，己本無。

18 "名"，甲、己、聖本無。

19 "不應"後，己本有"比丘"。

20 "如是……說竟"十四字，己本無。

21 甲本終，尾題作"大智度論卷第一"，題記作"一百卷成部"。己本終，尾題作"摩訶衍經卷第一"，題記作"大代普泰二年歲次壬子▢▢乙丑月二十五日己丑，弟子使持節散騎▢▢諸▢▢▢▢▢陽王元榮▢▢▬"。癸本終，無尾題，以下所抄相當於《大正藏》本卷二。

作孩童、幼/少、人中、成人,於諸時中次第而受,或戲笑,或術藝書/數五欲服御,具足人法。後漸漸見老、病、死,生厭患心,於/夜中半逾城出家,到鬱持伽伽阿羅洛仙人所,現作弟/子。後還捨此,師法菩薩,以常神通自念宿命,迦葉佛時/持戒行道,今世現爲六年苦行求道。復次,雖主大千世界/故,與六天王共鬥破魔軍,已無上道,此法隨順世俗,故現/如是事,當作是知。以是故,佛於般若波羅蜜中現大神/力、智慧力,諸人當智佛身非世界人。或有人應可度者,/或墮二邊,無中智故,或爲身樂,或爲求道,而自困苦。如/非人等於第一義中失涅槃正道。佛欲拔此二邊無中/智者入中道,故説摩訶般若波羅蜜。復次,分別主身、/法身,供養果報故,説摩訶般若波羅蜜。如舍利塔品▭▭

大智度初品總説如是我聞釋論第三(卷第二)[1]

龍樹菩薩造

後秦龜茲國三藏法師鳩摩羅什奉詔譯[2]

如是我聞:一時今當總説。問曰:若諸佛一切智人,自然無師,不隨他教,不受他法,不用他道[3],不從他聞而説法,何以言如是我聞? 答曰:如汝所言,佛一切智人,自然無師[4],不應從他聞法而説。佛法非但佛口説者,是一切世間真實善語,微妙好語[5],皆出佛法中。如佛毘尼中説:何者是佛法? 佛法有[6]五種人説:一者,佛自口説;二者,佛弟子説;三者,仙人説;四者,諸天説;五者,化人[7]説。復次,如《釋提桓因得道經》,佛告憍尸迦:世間真實善語、微妙好語[8],皆出[9]我法中……

……佛[10]諸弟子! 若念於佛,當報佛恩,莫入涅槃[11]!

是揵稚[12]音、大迦葉語聲,遍至三千大千世界[13],皆悉聞知;諸有弟子得神[14]力者,皆來集會大迦葉所。爾時,大迦葉告諸會者:佛法欲滅,佛從三阿僧祇劫種種勤苦,慈愍衆生,學得是法。佛般涅槃已,諸弟子知法、持法、誦法者,皆亦隨[15]佛滅度;法今欲滅,未來衆生甚可憐愍,失智慧眼,愚癡盲冥;佛大慈悲愍傷衆生,我曹[16]應當承用佛教,須待結集經藏竟,隨意滅度。諸來衆會,皆受教住。爾時,大迦葉選得千人,除善阿難,盡皆阿羅漢,得六神通,得共解脫、無礙[17]解脫;悉得三明,禪定自在,能逆順行諸三昧,皆悉無礙。誦讀三藏,

---

1　本卷對應《大智度論》寫本凡7號:大谷敦續編2–21號(以下簡稱"甲本",所抄分屬《大正藏》本卷一、二)、S.7105號(以下簡稱"乙一")、俄 Дx05948號(以下簡稱"乙二")、中村057號(以下簡稱"乙三")、俄 Дx03737號(以下簡稱"丙本")、俄 Дx15013號(以下簡稱"丁本")、BD02695號(以下簡稱"戊本")。

2　甲本(圖版1)始。"大智度……譯"三十九字,甲本作"釋初品中總説如是我聞一時第三"。

3　"若諸……他道"二十三字,甲本作"'如是我聞一時'是言:若諸佛一切智人,自然而出,不隨他語,不隨他法,不隨他道"。

4　"無師",甲本作"而出"。

5　"真實……好語"八字,甲本作"中實好語、微妙語"。

6　"有",甲本作"皆有"。

7　"化人",甲本作"變化"。

8　"真實……好語"八字,甲、聖、石本作"實好語、微妙語"。

9　甲本(圖版1)終。

10　乙一始。

11　"子若……涅槃"十三字,乙一殘。

12　"稚",乙一作"極",誤。

13　"遍至……世界"八字,乙一殘。

14　"神",乙一、聖、石本作"神通"。

15　"隨",乙一作"逐"。

16　"曹",乙一作"當",誤。

17　"礙",乙一作"癡",誤。

知內外經書,諸外道家十八種大經[1],盡[2]亦讀知;皆能論議,降伏異學。問曰:是時,有如是等無數阿羅漢,何以故[3]正選取千人,不多取耶? 答曰:頻婆娑羅[4]王得道,八萬四千官[5]屬亦各得道。是時,王[6]教勅宮中,常設飯食,供養千人[7];阿闍貰王不斷是法。爾時,大迦葉思惟言:若我等常乞食者,當有外道强來難問,廢闕法事;今王舍城常設飯食供給千人,是中可住結集經藏。以是故,選取[8]千人,不得多取[9]。是時,大迦葉與千人俱,到王舍城耆闍崛山中,告語阿闍世王:給我等食,日日送來,今我曹[10]等[11]結集經藏,不得他行。是中夏安居三月,初十[12]五日説戒時……唯有[13]阿難一人不盡,餘九百九十九人諸漏已盡,清淨無垢。大迦葉從禪定起,衆中手牽阿難出,言:今清淨衆中結集經藏,汝結未盡,不應住此! 是時,阿難慚恥悲泣,而自念言:我二十五年隨侍世尊,供給左右,未曾得如是苦惱[14];佛實大德,慈悲含忍。念已,白大迦葉言:我能有力,久可得道;但諸佛法,阿羅漢者不得供[15]給左右使令;以是故,我留殘結不盡斷耳。大迦葉言:汝更有罪! 佛意不欲聽女人出家,汝[16]慇懃勸請,佛聽[17]爲道;以是故,佛之正法五百歲而衰微——是汝突吉羅罪[18]! 阿難言:我憐愍瞿曇彌;又三世諸佛法皆有四部衆,我釋迦文佛云何[19]獨無[20]? 大迦葉復言:佛欲涅槃[21]時,近俱夷那竭城,脊痛,四疊漚多羅僧敷臥,語汝言:我須水。汝不供給——是汝突吉羅罪[22]! 阿難答言:是時,五百乘車,截流而渡,令水渾濁,以是故不取。大迦葉復言:正使水濁,佛有大神力,能令大海濁水清淨,汝何以不與? 是汝之罪,汝去作突吉羅[23]懺悔! 大迦葉復言:佛問汝:若有人四神足好修,可住壽一劫,若減一劫;佛四神足好修,欲住壽一劫,若減一劫。汝默然不答。問汝至三,汝故默然。汝若答佛:佛四神足好修,應住一劫,若減一劫。由汝故,令佛世尊早入涅槃——是汝突吉羅罪[24]! 阿難言:魔蔽我心,是故無言;我非惡心而不答佛。大迦葉復[25]言……六種突[26]吉羅罪懺悔。大迦葉於僧中,手牽阿難出[27],語阿難言:斷汝漏盡,然後來

---

1 "大經",乙一作"大經書"。

2 "盡",乙一無。

3 "故",乙一、戊、宋、元、明、官、聖、石本無。

4 "頻婆娑羅",乙一、聖本作"洴沙",石本作"洴娑",官本作"頻浮婆羅",皆爲異譯詞。

5 "官",乙一作"宫",誤。

6 "王",乙一、聖、石本作"洴沙王"。

7 "千人"後,乙一、聖、石本有"是時初度迦葉兄"。

8 "取",乙一、聖本無。

9 "多取",乙一、聖、石本作"取多"。

10 "曹",乙一、宋、元、明、官、聖、石本無。

11 "等",乙一、聖、石本作"等欲"。

12 乙一終。

13 乙二始。

14 "惱",乙二殘。

15 "供",乙二殘。

16 "汝",乙二、聖、石本作"汝何以",明本作"以汝"。

17 "佛聽",乙二、聖、石本作"聽使"。

18 "是汝突吉羅罪",乙二、聖、石本作"汝應突吉羅罪懺悔"。

19 "云何",乙二、聖、石本作"豈可"。

20 "獨無",乙二作"獨無耶"。

21 "涅槃",乙二、聖、石本作"般涅槃",異譯詞。

22 "是汝突吉羅罪",乙二、聖、石本無。

23 "突吉羅",乙二作"突吉羅罪"。

24 "是汝突吉羅罪",乙二、聖、石本作"汝應突吉羅罪懺悔"。

25 乙二終。

26 丙本始。

27 "葉於……難出"九字,丙本殘。

入;殘結未盡,汝[1]勿來也! 如是語竟,便自閉門。爾時,諸阿羅漢[2]議言:誰能結集毘尼[3]法藏者……我[4]和上舍利弗今在何所? 答曰:先入涅槃。憍梵波提言:大師法將,各自別離,當可奈何! 摩訶[5]目伽連[6]今在何所? 是比丘言,是亦滅度。憍梵波提言:佛法欲散,大人過去,衆生可愍[7]。問[8]:長老阿難今何所作? 是比丘言:長老阿難,佛滅度後,憂愁、啼哭、迷悶,不能自喻[9]。憍梵波提言:阿難懊惱,由有愛結,別離生苦。羅睺羅復云何? 答言:羅睺羅得阿羅漢故,無憂無愁,但觀諸法無常相。憍梵波提言:難斷愛[10]已斷,無憂愁[11]。憍梵波提言:我失離欲大師,於是尸利沙樹園中住,亦何所爲? 我和上、大師皆已滅度,我今不能復下閻浮提,住此般涅槃。説是言已,入禪定中,踊在虛空,身放光明,又出水火,手摩日月,現種種神變;自心出火燒身,身中[12]出水四道流下,至大迦葉所。水中有聲,説[13]此偈言:

憍梵鉢提[14]稽首[15]禮,妙衆第一大德僧,聞佛滅度我隨去,如大象去象子隨!

爾時,下坐比丘持衣鉢還僧。是時中間,阿難思惟諸法,求[16]盡殘漏;其夜坐禪經行,慇懃求道。是阿難智慧多、定力少,是故不即[17]得道;定智等者,乃可速得。後夜欲過,疲極偃息,却卧就枕,頭未至枕,廓然得悟;如電光出,闇者見道。阿難如是入金剛定,破一切諸煩惱山;得三明、六神通、共解脱,作大力阿羅漢。即夜到僧堂門,敲[18]門而喚。大迦葉問言:敲門者誰? 答言:我是阿難。大迦葉言:汝何以來? 阿難言:我今夜得盡諸漏。大迦葉言:不與汝開門,汝從門鑰孔中來! 阿難答言:可爾! 即以神力從門鑰孔中入,禮拜僧足懺悔:大迦葉莫復見責! 大迦葉手摩阿難頭言:我故爲汝,使汝得道;汝無嫌恨,我亦如是,以汝自證。譬如手畫虛空,無所染著;阿羅漢心亦如是,一切法中得無所著。復汝本坐。是時,僧[19]復[20]議言:憍梵波提已取滅度,更有誰能結集法[21]藏? 長老阿泥盧豆[22]言:是長老阿難,於佛弟子[23],常侍近佛,聞經能持,佛常歎譽;是阿難能結集經藏。是時,長老大迦葉摩阿難頭言:佛囑累汝,令持法藏,汝應報佛恩! 佛在何處最初説法? 佛諸大弟子能守護法藏者,皆以滅度,唯[24]汝一人在。汝今應隨佛心,憐愍衆生故,集佛法藏。是時,阿難禮

---

1 "然後……盡汝"九字,丙本殘。

2 "自閉……羅漢"九字,丙本殘。

3 丙本終。

4 甲本(圖版2)始。

5 "摩訶",甲本作"摩呵",異譯詞。

6 "目伽連"後,甲本有"子慶"。

7 "大人……可愍"八字,甲本作"衆生可愍、大人過憐",聖、石本作"大人過憐、衆生可愍"。

8 "問",甲、聖、石本作"問言"。

9 "迷悶不能自喻",甲本作"悉忘諸方,悲哀懊惱,不能發言"。

10 "愛",甲本作"處"。

11 "無憂愁",甲本作"是故羅睺羅不憂愁"。

12 乙三始。

13 "道流……聲説"十三字,乙三殘。

14 "憍梵鉢提",甲、乙三、聖、石本作"憍梵鉢題",異譯詞。

15 "稽首",甲本作"頭面"。

16 "求",乙三作"永",誤。

17 甲本(圖版2)終。

18 "敲",乙三、宮、聖、石本作"撓"。

19 "僧",乙三、聖、石本作"衆僧"。

20 "復",乙三、聖、石本無。

21 "法",乙三、宋、元、明、宮、聖、石本作"經"。

22 "阿泥盧豆",乙三作"阿那律",聖、石本作"阿那律豆",皆爲異譯詞。

23 "弟子"後,乙三、聖、石本有"中"。

24 "唯",乙三、聖本作"惟";石本作"忖",誤。

僧已,坐師子床。時,大迦葉説此[1]偈言:

佛聖師子王,阿難是佛子,師子座[2]處坐,觀衆無有佛。如是大德衆,無佛失威神,如空[3]無月時,有宿而不嚴[4]。汝[5]大智人説,汝佛子當演,何處佛初説,今汝當布現[6]!

是時,長老阿難一心合手,向佛涅槃方如是説言[7]:

佛初説法時,爾時我不見,如是展轉聞。佛在波羅奈,佛爲五比丘,初開甘露門;説四真諦法,苦集滅[8]道諦。阿若憍陳如,最初得見道;八萬諸天衆,皆亦入道迹!

是千阿羅漢聞是語已,上昇虛空,高七多羅樹,皆言:咄[9]!無常力大,如我等眼見佛説法,今乃言我聞!便説偈言:

我見佛身相,猶如紫金山,妙相衆德滅,唯有名獨存。是故當方便,求出於三界,勤集諸善根[10],涅槃最爲[11]樂!

爾時,長老阿泥盧豆[12]説偈[13]言:

咄世間無常!如水月芭蕉,功德滿三界,無常風所壞!

爾時,大迦葉復説此偈[14]:

無常力甚大,愚智貧富貴,得道及未得,一切無能免!非巧言妙寶,非欺誑力諍,如火燒萬物,無常相法爾。

大迦葉語阿難:從《轉法輪經》至《大般涅槃》,集作四阿含:增一阿含,中阿含,長阿含,相應阿含。是名修妬路法藏。諸阿羅漢更問:誰能明了集毗尼法藏?皆言:長老憂婆離[15],於五百阿羅漢中持律第一,我等今請。即請言:起,就師子座[16]處坐!説:佛在何處初説毗尼結戒?憂婆離受僧[17]教,師子座[18]處坐,説:如是我聞,一時佛在毗舍離。爾時,須提那迦蘭陀[19]長者子初作婬欲,以是因緣故,結初大罪。二百五十戒義[20]作三部,七法、八法、比丘尼毗尼、增一、憂婆利[21]問、雜部、善部;如是等八十部,作毗尼藏。諸阿羅漢復更[22]思

1　"此",乙三無。

2　"座",乙三作"坐","坐"爲"座"之古字。

3　"空",乙三、元、明、聖、石本作"夜"。

4　"有宿而不嚴",乙三、元、明、聖、石本作"虛空不明淨"。

5　"汝",乙三作"如","如"通"汝"。

6　"現",乙三、聖本作"見"。

7　"説言",乙三作"説偈言",宋、元、明、宮、聖、石本作"説"。

8　"集滅",乙三、聖本作"習盡",石本作"集盡"。

9　"咄",乙三、宋、元、明、宮、聖本無。

10　"根",乙三、聖、石本作"法"。

11　"爲",乙三、聖、石本作"安"。

12　"阿泥盧豆",乙三、聖、石本作"阿那律",異譯詞。

13　"偈",乙三、宋、元、明、宮、聖、石本作"此偈"。

14　"偈",乙三作"偈言"。

15　"憂婆離",乙三、宋、元、明、宮本作"憂波利",聖本作"憂婆梨",石本作"憂婆利",皆爲異譯詞。下同,不復出校。

16　"座",乙三作"坐","坐"爲"座"之古字。

17　"僧",乙三、聖、石本作"衆僧"。

18　"座",乙三作"坐","坐"爲"座"之古字。

19　"須提那迦蘭陀",乙三、聖、石本作"須溡那迦蘭陀",宋、元、明、宮本作"須鄰那迦蘭陀",皆爲異譯詞。

20　"義",乙三、聖本作"議","議"爲"義"之借字。

21　"優婆利",乙三、宋、元、明、宮本作"優波利",異譯詞。

22　"復更",乙三、聖本作"等復更",宋、元、明、宮本作"等復"。

惟：誰能明了集阿毘曇藏？念言：長老阿難，於五百阿羅漢中[1]，解[2]修妬路義[3]第[4]一，我等今請。即請言：起，就師子座處坐[5]！佛在何處初説阿毘曇？阿難[6]受僧教，師子座處坐[7]，説：如是我聞，一時佛在舍婆提城[8]。爾時，佛告諸比丘：諸有五怖、五罪、五怨，不除不滅，是因緣故，此生中身、心受無量苦；復[9]後世墮惡道中。諸有無此五怖、五罪、五怨，是因緣故，於今生種種身、心受樂；後世生天上樂處。何等五怖應遠？一者殺[10]，二者盜，三者邪婬，四者妄語，五者飲酒。如是等名阿毘曇藏。三法藏[11]集[12]竟，諸天、鬼神、諸龍、天女，種種供養，雨天華香、幡蓋、天衣，供養法故。於是説偈：

憐愍世界[13]故，集結三藏法[14]；十力一切智，説智無[15]明燈！

問曰：八犍度阿毘曇、六分阿毘曇等，從何處出？答曰：佛在世時，法無違錯；佛滅度後，初集法時，亦如佛在。後[16]百年，阿輸迦王作般闍于瑟[17]大會，諸大法[18]師論議異故，有別部名字。從是以來，展[19]轉至姓迦[20]旃延婆羅門道人，智慧利根，盡讀三藏內外經書，欲解佛語故，作《發智經八犍度[21]》，初品是世間第一法。後諸弟子等，爲後人不能盡解《八犍度》故，作鞞婆娑[22]。有人言：六分阿毘曇中，第三分八品之名《分別世處分》（此是《樓炭經》作六分中第三分[23]），是目犍連作；六分中，初分八品，四品是婆須蜜菩薩作，四品是罽賓阿羅漢作；餘五分[24]諸論議師所作。有人言：佛在時，舍利弗解佛語故作阿毘曇；後犢子道人等讀誦，乃至今名爲《舍利弗阿毘曇》。摩訶迦旃延，佛在時，解佛語作蜫勒（蜫勒秦言篋藏[25]），乃至今行於南天竺。皆是廣解佛語故。如説五戒：幾有色，幾無色？幾可見，幾不可見？幾有對，幾無對？幾有漏，幾無漏？幾有爲，幾

1　“中”後，乙三、聖、石本有“誦持”。

2　“解”，乙三無。

3　“義”，乙三、聖、石本無。

4　“第”，乙三作“弟”，“弟”爲“第”之古字。

5　“起就……處坐”七字，乙三、聖、石本無。

6　“阿難”前，乙三、聖、石本有“長老”。

7　“師子座處坐”，乙三、聖、石本無。

8　“舍婆提城”，乙三、聖、石本作“舍衛城”，異譯詞。

9　“復”，乙三、聖、石本無。

10　“殺”，乙三、宋、元、明、宮、聖、石本作“殺生”。

11　“藏三法藏”，乙三、宋、聖、石本無。

12　“集”，乙三、聖、石本作“集法”，宋、宮本作“作”。

13　“界”，乙三、聖、石本作“間”。

14　“藏法”，乙三、聖本作“法竟”，宋、元、明、宮本作“法藏”，石本作“藏竟”。

15　“無”，乙三作“光”。

16　“後”，乙三、宋、元、明、聖、石本作“佛後”。

17　“般闍于瑟”，乙三作“般遮乎瑟”，聖、石本作“般遮于瑟”，明本作“般遮於瑟”，皆爲異譯詞。“乎”當爲“于”之誤。

18　丁本始。

19　“論議……來展”十四字，丁本殘。

20　丁本終。

21　“八犍度”，乙三作“八揵度”，宋、元、明、宮本作“八乾度”，異譯詞。

22　“鞞婆娑”，乙三作“鞞婆沙”，異譯詞。

23　“此是……三分”十二字，乙三、宮、石本無，宋、聖本作“此之一”。

24　“五分”，乙三、聖、石本作“四分是”，宋、元、明、宮本作“五分是”。

25　“蜫勒秦言篋藏”，乙三作本文“蜫勒，篋藏也”，宋、宮本作“三篋藏也”，元、聖本作“蜫勒，秦言篋藏也”，明本作“蜫勒，此言篋藏也”，石本作“篋藏也”。

無爲？幾有報，幾無報？幾有[1]善，幾不善？幾有記[2]，幾無記？如是等是名阿毘曇。復次[3]，七使：欲染使，瞋恚使，有愛使，憍慢使，無明使，見使，疑使。是七使。幾欲界繫，幾色界繫，幾無色界繫？幾見諦斷，幾思惟斷？幾見苦斷，幾見集[4]斷，幾見盡斷，幾見道斷？幾遍使，幾不遍使？十智：法智，比智，世智，他心智，苦智，集[5]智，滅智，道智，盡智，無生智。是十智幾有漏，幾無漏？幾有爲，幾無爲？幾有漏緣，幾無漏緣？幾有爲緣，幾無爲緣？幾欲界緣，幾色界緣，幾無色界緣？幾不繫緣？幾無礙道中修，幾解脱道中修？四果得時，幾得，幾失？如是等分別一切法，亦名阿毘曇。爲阿毘曇三種[6]：一者[7]，阿毘曇身[8]及義，略説三十二萬言；二者，六分，略説三十六[9]萬言；三者，蜫勒，略説三十二萬言。蜫勒廣比諸事以類相從，非阿毘曇[10]。略説如是我聞一時總[11]義竟。

大智度初品中婆伽婆釋論第四[12]

【經】婆伽婆。

【論】今當説。釋曰：云何名婆伽婆？婆伽婆者，婆伽言[13]德，婆言有，是名有德。復次，婆[14]伽名分別，婆名巧，巧分別諸[15]法總相別相[16]，故名婆伽婆。復次，婆伽名[17]聲，婆名有，是名[18]有名聲，無有得名聲如佛者。轉輪聖王、釋、梵、護世者，無有及佛，何況諸餘凡庶！所以者何？轉輪聖王與結相應，佛已離結；轉輪聖王没在生、老、病、死泥中，佛已得渡；轉輪聖王爲恩愛奴僕，佛已永離；轉輪聖王處在世間曠野災[19]患，佛已得[20]離；轉輪聖王處在無明闇中，佛處第一明中；轉輪聖王若極多領四天下，佛領無量諸世界[21]；轉輪聖王財自在，佛心自在；轉輪聖王貪求天樂，佛乃至有頂樂亦不貪著；轉輪聖王從他求樂，佛内心自樂。以是因緣，佛勝轉輪聖王。諸餘釋、梵、護世者，亦復如是，但於轉輪聖王小勝。復次，婆伽名破，婆名能，是人[22]能破婬怒癡故，稱爲婆伽婆。問曰：如阿羅漢、辟支佛，亦破婬怒癡，與佛何異？答曰：阿羅漢、辟支佛雖破三毒，氣分不

1　“有”，乙三、宋、元、明、宫、聖本無。

2　“幾有記”，乙三、聖、石本無。

3　“如是……復次”十字，乙三、宋、元、明、宫、聖、石本無。

4　“集”，乙三、聖、石本作“習”。

5　“集”，乙三、聖、石本作“習”。

6　“爲阿毘曇三種”，乙三、聖、石本無，宫本作“三種”。

7　“一者”，乙三無。

8　“身”，乙三、石本作“八犍度”，聖本無。

9　“六”，乙三、宋、元、明、宫、聖、石本作“二”。

10　“阿毘曇”後，乙三、聖、石本有“也”。

11　“總”，乙三、聖本無。

12　乙三無品題。

13　“經婆伽婆……伽言”二十三字，乙三、聖本作“‘頗伽婆住王舍城’，今當説。云何名頗伽婆？天竺語頗伽，秦言”，“頗伽婆”爲“婆伽婆”之異譯詞。

14　“婆”，乙三、聖、石本作“頗”。下同，不復出校。

15　“諸”，原作“語”，兹據乙三改。

16　“巧分……別相”九字，乙三作“用總相別相巧分別諸法，是”，聖、石本作“總相別相巧分別語法，是”，“語”當爲“諸”之誤。

17　“名”後，原衍“名”，兹據乙三、聖、石本删。

18　“名”，乙三、聖、石本作“言”。

19　“災”，乙三、聖、石本作“惱”。

20　“得”，乙三、石本作“永”。

21　“世界”，乙三、聖、石本作“國土”。下同，不復出校。

22　“人”，乙三、宫本無。

盡[1]；譬如香在器中，香雖出[2]，餘氣故在；又[3]如草木薪火燒煙出，炭灰不盡，火力薄故。佛三毒永盡無餘；譬如劫盡火燒須彌山，一切地都盡，無煙無炭。如舍利弗瞋恚氣殘[4]，難陀婬欲氣殘，必陵伽婆磋慢氣殘；譬如人被鎖，初脫時行猶不便。時佛從禪起經行，羅睺羅從佛經行，佛問羅睺羅何以羸瘦[5]？羅睺羅説偈答佛[6]：

若[7]人食油則得力，若食酥[8]者得好色，食麻滓[9]菜無色力，大德世尊自當知！

佛問羅睺羅：是衆中誰爲上座[10]？羅睺羅答：和上舍利弗。佛言：舍利弗食不淨食。爾時，舍利弗轉聞是語[11]，即時吐食，自作誓言：從今日不復受人請。是時，波斯匿王、長者須達多等，來詣舍利弗所，語舍利弗：佛不以無事而受人請，大德舍利弗復不受請，我等白衣云何當得大信清淨？舍利弗言：我大師佛言[12]，舍利弗食不淨食[13]，今不得受人請。於是波斯匿[14]等至佛所，白佛言：佛不常受人請，舍利弗復不受請，我等云何心得大信？願佛勅舍利弗還受人請！佛言：此人心堅，不可移轉。佛爾時，引[15]本生因緣：昔有一國王爲[16]毒蛇所嚙，王時欲死，呼諸[17]良醫令治蛇毒。時諸醫言：還令蛇嗽[18]，毒氣乃盡。是時諸醫各設呪術，所嚙王蛇即來王所。諸醫積薪燃火，勅蛇：還嗽汝毒，若不爾者，當入此火！毒蛇思惟：我既吐毒，云何還嗽？此事劇死！思惟心定，即時入火。爾時，毒蛇，舍利弗是。世世心堅，不可動也。復次，長老必陵伽婆蹉常患眼痛，是人乞食，常渡恒水，到恒水邊彈指言：小婢住莫流！水即兩斷，得過乞食。是恒神到佛所白佛：佛弟子必陵伽婆蹉，常罵我言小婢住莫流水[19]！佛告：必陵伽婆蹉懺謝恒神！必陵伽婆蹉即時合手[20]語恒神言：小婢莫瞋！今懺謝汝！是時，大衆笑之：云何懺謝而復罵耶？佛語恒神：汝見必陵伽婆蹉合手懺謝不？懺謝無慢而有此言，當知非惡。此人五百世來，常生婆羅門家，常自憍貴，輕賤餘人，本來所習，口言而已，心無憍也。如是諸阿羅漢雖斷結使，猶有殘氣[21]。如諸佛世尊，若人以刀割一臂，若人以栴檀香泥一臂，如左右眼，心無憎愛，是以永無殘氣。栴闍婆羅門女木[22]杅謗佛，於大衆中言：汝使我有娠[23]，何以不憂？與我衣食，爲爾無羞，

1 "氣分不盡"，乙三作"亦不了了盡"。

2 "出"，乙三、宋、元、明、宮本作"去"，聖、石本作"出去"。

3 "又"，乙三、石本作"有"，"有"通"又"。

4 "氣殘"，乙三、元、明、聖、石本作"餘習"。下同，不復出校。

5 "羸瘦"，乙三、聖本作"瘦羸"。

6 "佛"後，乙三有"言"。

7 "若"，乙三作"如"。

8 "酥"，乙三、宋、元、聖本作"蘇"，"蘇"通"酥"。

9 "滓"，乙三、聖本作"澤"，誤。

10 "誰爲上座"，乙三、聖、石本作"上座誰爲"。

11 "轉聞是語"，乙三作"聞是言"，聖、石本作"聞是語"。

12 "言"，乙三、聖、石本作"説言"。

13 "舍利……淨食"七字，乙三、聖、石本作"不淨食不應食"。

14 "波斯匿"，乙三、聖本作"波斯匿王"。

15 "引"，乙三、聖本作"説"。

16 "爲"，乙三、聖、石本無。

17 "諸"，乙三、聖本作"請"。

18 "嗽"，乙三、宋、元、明、宮本作"嗽"。下同，不復出校。

19 "水"，乙三、宋、元、明、宮、聖、石本無。

20 "合手"，乙三作"叉手"，聖、石本作"义手"，"义手"又作"合手"，"义"當爲"叉"之誤。下同，不復出校。

21 "殘氣"，乙三、聖、石本作"習氣"，元、明本作"餘氣"，異譯詞。下同，不復出校。

22 "木"，乙三、宋、元、明、宮、聖、石本作"帶"。

23 "娠"，乙三、宋、元、明、宮、聖、石本作"身"。

誑惑餘人！是時，五百婆羅門師等，皆舉手唱言：是！是[1]！我曹[2]知此事。是時，佛無異色，亦無慚色。此事即時彰露，地爲大動，諸天供養，散衆名華，讚歎佛德，佛無喜色。復次，佛食馬麥，亦無憂慼[3]；天王獻食，百味具足，不以爲悦，一心無二。如是等種種飲食、衣被、卧具、讚呵、輕敬等種種事中，心無異也[4]。譬如真金，燒鍛打磨，都無增損。以是故，阿羅漢雖斷結得道，猶有殘氣，不得稱婆伽婆。問曰：婆伽婆正有此一名，更有餘名？答曰：佛功德無量，名號亦無量；此名取其大者，以人多識故。復有異名，名多陀阿伽陀等。云何名多陀阿伽陀？如法相解；如法相説；如諸佛安隱道來，佛亦[5]如是來，更不去後有中，是故名多陀阿伽陀。復[6]名阿羅呵。云何名阿羅呵？阿羅名賊，呵名殺——是名殺賊。如偈説[7]：

佛以忍爲[8]鎧，精進爲剛甲[9]，持戒爲大馬，禪定爲良弓，智慧爲好箭；外破魔王軍，内滅煩惱賊，是名阿羅呵。

復次，阿名不，羅呵名生——是名不生。佛心種子，後世田中不生無明糠[10]脱故。復次，阿羅呵名應受供養。佛諸結使除盡，得一切智慧故，應受一切天地[11]衆生供養；以是故，佛名阿羅呵。復[12]名三藐三佛陀。云何名三藐三佛陀[13]？三藐名正，三名遍，佛名知——是名正遍知一切法。問曰：云何正遍知？答曰[14]：

知苦如苦相，知集如集相[15]，知滅如滅相[16]，知道如道相。

是名三藐三佛陀。復次，知一切諸法實不壞相，不增[17]不減。云何名不壞相？心行處滅，言語道斷[18]，過諸法如涅槃相不動。以是故，名三藐三佛陀。復次，一切十方諸世界名號，六道所攝衆生名號；衆生先世因緣，未來世生處；一切十方衆生心相，諸結使，諸善根，諸出要；如是等一切諸法悉知，是名[19]三藐三佛陀。復名[20]鞞侈遮羅那三般那[21]，秦言明行具足。云何名[22]明行具足？宿命、天眼、漏盡，名爲三明。問曰：神通、明有何等異？答曰：直知過去宿命事，是名通；知過去因緣行業，是名明。直知死此生彼，是名通[23]；知行因緣，際會不失，是名明。直盡結使，不知更生不生，是名通[24]；若知漏盡，更不復生，是名明。是三明，大阿羅漢、大辟

1　“是”，乙三、石本無。

2　“曹”，乙三作“當”。

3　“慼”，乙三、聖本作“戚”，“戚”爲“慼”之古字。

4　“無異也”，乙三、聖、石本作“若干”。

5　“亦”，乙三、宋、宫、聖、石本無。

6　“復”，乙三無，聖、石本作“云何”。

7　“如偈説”，乙三作“如説言”。

8　“爲”，乙三、聖本作“辱”。

9　“剛甲”，乙三、聖、石本作“堅甲”，宋、元、明、宫本作“鋼鉀”，“鉀”爲“甲”之俗字。

10　“糠”，乙三作“穀皮”，聖、石本作“繋”，“繋”爲“穀”之俗字。

11　“天地”，乙三、聖、石本作“天人等”。

12　“復”，乙三、聖、石本作“云何”。

13　“云何名三藐三佛陀”，乙三、聖、石本無。

14　“答曰”，乙三作“以偈答曰”。

15　“知集如集相”，乙三、聖、石本作“知習如習相”。

16　“知滅如滅相”，乙三、聖、石本作“知盡如盡相”。

17　“增”，乙三作“壞”。

18　“斷”，乙三、宫、聖本無。

19　“是名”後，乙三、聖、石本有“正遍知，是爲”。

20　“復名”，乙三、聖、石本無。下同，不復出校。

21　“鞞侈遮羅那三般那”，乙三、聖、石本作“鞞侈遮羅那三婆那”，異譯詞。

22　“名”，乙三無。

23　“通”，乙三、聖、石本作“天眼通”。

24　“通”，乙三、聖、石本作“漏盡通”。

支佛所得。問曰：若爾者，與佛有何等異？答曰：彼雖得三明，明不滿足，佛悉滿足，是爲異。問曰：云何不滿？云何滿？答曰：諸阿羅漢、辟支佛宿命智[1]，知自身及他人，亦不能遍；有阿羅漢知一世，或二世、三世、十、百、千、萬劫，乃至八萬劫，過是以往[2]不能復知[3]，是故不滿。天眼明未來世亦如是。佛一念中生、住、滅時，諸結使分，生時如是，住時如是，滅時如是。苦法忍、苦法智中所斷結使悉覺了。知如是結使解脫，得爾所有爲法解脫，得爾所無爲法解脫，乃至道比忍見諦道十五心中。諸聲聞、辟支佛所不[4]覺知，時少[5]疾故。如是知過去衆生、因緣、漏盡，未來、現在亦如是。是故名佛[6]明行具足。行名身[7]、口業，唯佛身、口業具足；餘皆有失，是[8]名明行具足。復名[9]修伽陀：修秦言好，伽陀或言去，或言説——是名好去、好説。好去者，於[10]種種諸深三摩提[11]，無量[12]諸大智慧中去，如偈[13]説：

佛一切智爲大車[14]，八正道行入涅槃。

是名好去。好説者，如諸法實相説，不著法愛説[15]。觀弟子智慧力，是人正使一切方便神通[16]智力化之，亦無如之何。是人可度，是疾、是遲；是人應是處度；是人應説布施，或[17]説戒，或説涅槃；是人應説五衆[18]、十二因緣、四諦等諸法[19]，能入道。如是等種種知弟子智力而爲説法，是名好説。復名[20]路迦憊[21]：路迦秦言世，憊名知——是名知世間。問曰：云何知世間[22]？答曰：知二種世間[23]，一[24]衆生，二[25]非衆生。及如實相知世間、世間[26]因、知世間滅[27]、出世間道。復次[28]，知世間，非如[29]世俗知，亦非外道知；知世間無常故苦，苦故無我。復次，

1　“智”，乙三作“智慧”。

2　“過是以往”，乙三、聖、石本作“憶念”。

3　“復知”，乙三、聖、石本作“遍知，以”。

4　“不”，乙三、聖、石本作“不能”。

5　“少”後，乙三、聖、石本有“速”。

6　“名佛”，乙三、聖、石本作“佛名”。

7　“身”，乙三、宋、元、明、宮本作“身業”。

8　“是”，乙三、宋、元、明、宮、聖、石本作“是故”。

9　“復名”，乙三、宮、聖、石本無。

10　“於”，乙三、聖、石本無。

11　“三摩提”，乙三、聖本作“三昧提”，異譯詞。

12　“無量”，乙三、聖、石本作“無量等”。

13　“偈”，乙三、聖、石本無。

14　“大車”後，乙三有“者，如説法”。

15　“是名……愛説”十八字，乙三無。

16　“通”，乙三、宋、宮、聖、石本無。

17　“或”，乙三、聖、石本作“或應”。

18　“衆”，乙三、聖、石本作“陰”，異譯詞。

19　“法”，乙三、元、明、聖、石本作“法，則”。

20　“復名”，乙三、宮、聖、石本無。

21　“路迦憊”，乙三作“路伽憊”，異譯詞。

22　“世間”，乙三、聖、石本無。

23　“世間”，乙三、聖、石本無。

24　“一”，乙三、元、明、聖、石本作“一者”。

25　“二”，乙三、元、明、聖、石本作“二者”。

26　“世間”，乙三、聖、石本無。

27　“滅”，乙三、聖、石本作“盡，知”。

28　“次”，乙三、聖、石本無。

29　“如”，乙三、聖、石本無。

知[1]世間相[2]，非有常非無常，非有邊非無邊，非去非不去，如是相亦不著，清淨、常[3]不壞相如虛空——是名知世間。復名[4]阿耨多羅，秦言無上[5]。云何無上[6]？涅槃法無上。佛自知是涅槃，不從他聞[7]，亦將導衆生令至涅槃。如諸法中涅槃無上，衆生中佛亦無上。復次，持戒、禪定、智慧，教化衆生，一切無有與等者，何況能過[8]？故言無上。復次，阿名無，耨多羅名答[9]。一切外道法，可答可破，非實非[10]清淨故；佛法不可答、不可破，出一切語言道[11]，亦實清淨故，以是故名無答[12]。復名[13]富樓沙曇藐婆羅提[14]：富樓沙秦言丈夫，曇藐言可化[15]，婆羅提言調御師——是名可化丈夫調御師。佛以大慈大悲[16]大智故，有時軟美語，有時苦切語，有時雜語，以此調御令不失道。如偈説[17]：

佛法爲車弟子馬，實法實主佛調御，若馬出道失正轍，如是當治令調伏。若小不調輕法治，好善成立爲上道[18]，若不可治便棄捨，以是調御爲無上。

復次，調御師[19]有五種：初父母兄姊親里[20]；中官法；下師法，今世三種法治；後世閻羅王治；佛以今世樂、後世樂及涅槃樂[21]利益，故名師。上[22]四種法治人不久畢[23]壞，不能常實成就；佛成[24]人以三種道，常隨道不失。如火自相不捨乃至滅，佛令人[25]得善法亦如是，至死不捨。以是故，佛名可化丈夫調御師。問曰：女人，佛亦化令得道，何以獨言丈夫？答曰：男尊女卑故，女從[26]男故，男爲事業主故[27]。復次，女人有五礙：不得作轉輪王、釋天王、魔天王、梵天王、佛[28]，以是故不説。復次，若言[29]佛爲女人調御師，爲不尊重。若説丈夫，一切都攝。

1　“知”，乙三、聖、石本無。

2　“相”後，乙三、聖、石本有“所謂”，宋、元、明、宮本無。

3　“常”，乙三、聖、石本無。

4　“復名”，乙三、宮、聖、石本無。

5　“上”後，乙三、聖、石本有“問曰”。

6　“上”後，乙三、聖、石本有“答曰”。

7　戊本始。

8　“過”，乙三、戊、聖、石本作“過上”。

9　“答”，戊、元、明本作“上答”。

10　“非”，乙三、戊、宋、元、明、宮、聖、石本無。

11　“道”，乙三、聖、石本作“道故”。

12　“無答”，戊本作“無上答”。

13　“名”，乙三、戊、聖本作“次”，誤。

14　“富樓沙曇藐婆羅提”，戊本作“富樓沙曇藐波羅提”，異譯詞。下同，不復出校。

15　“可化”，戊本作“化彼”。

16　“大悲”，戊、宋、元、明、宮本無。

17　“偈説”，乙三作“説偈言”，戊、聖、石本作“説偈”。

18　“道”，乙三、宋、官、聖本作“首”。

19　“師”，乙三、宋、官、聖、石本無。

20　“親里”，乙三、聖本作“親理”。

21　“樂”，乙三、戊、聖、石本無。

22　“上”，乙三、戊、聖、石本作“是”。

23　“畢”，乙三、戊、聖、石本作“必”。

24　“成”，乙三、聖、石本作“治”。

25　“人”，戊本作“治人”。

26　“從”，戊本作“屬”。

27　“男尊……主故”十五字，乙三作“男子中男大，女屬男故，男能辦大事故”，戊本作“男尊女卑故，女屬男故”，聖、石本作“男女中男大，女屬男故，男能辦大事”。

28　“佛”，乙三作“三界法王”。

29　“言”，乙三、戊、聖、石本無。

譬如王來,不應獨來[1],必有侍從。如是説丈夫,二根、無根及女盡攝,以是故説丈夫。用是[2]因緣故,佛名可化丈夫調御師。復名[3]舍多提婆魔兔舍喃:舍多秦言教師,提婆言天,魔兔舍喃言人——是名天人教師。云何名天人教師? 佛示導是應作、是不應作,是善、是不善,是人隨教行,不捨道法,得煩惱解脱報——是名天人師。問曰:佛能度龍、鬼、神等墮餘道中生者,何以獨言天人師? 答曰:度[4]餘道中生者少,度天、人中生[5]者多。如白色人,雖有黑黶[6]子,不名黑人,黑少故。復次,人中結使薄,厭心易得;天中智慧利[7]。以是[8]故,二處[9]易得道,餘道中不爾[10]。復次,言天則攝一切天,言人則[11]攝一切[12]地上生者[13]。何以故? 天上則天大,地上則人大。是故説,天則天上盡攝,説人則地上盡攝。復次,人中得受戒律儀,見諦道、思惟道及諸道果。或有人言:餘道中不得。或有人言:多少得。天、人中易得[14]多得,以[15]是故,佛爲天人師。復次,人中行樂因多,天中樂報多[16];善法是樂因,樂是善法報[17]。餘道中善[18]因報[19]少,以是故,佛爲天人師。復名[20]佛陀(秦言知者[21])。知何等法? 知過去、未來、現在,衆生數、非衆生數[22],有常、無常等一切諸法。菩提樹下了了覺知,故名爲佛陀[23]。問曰:餘人亦知一切諸法,如摩醯首羅天(秦言大自在[24]),八臂、三眼,騎白牛。如韋紐天(秦言遍悶[25]),四臂,捉貝持輪,騎金翅鳥。如鳩摩羅天(秦言童子[26]),是天擎雞持鈴,捉赤幡,騎孔雀,皆是[27]諸天大將。如是等諸天,各各言大,皆稱一切智[28]。有人作弟子,學其經書,亦受[29]其法,言是一切智[30]。答曰:此不應一切智[31]。

1　"不應獨來",戊本無。

2　"故説丈夫用是",乙三、聖、石本無。

3　"復名",乙三、戊本無。

4　"度",乙三、戊、聖、石本作"雖度"。

5　"生",乙三、戊、聖、石本無。

6　"黶",乙三、聖、石本作"點",宋本作"魘","魘"爲"黶"之借字,宮本作"黯"。

7　"智慧利",乙三、聖、石本作"利智慧"。

8　"以是"後,乙三、戊本有"二事"。

9　"二處",乙三、戊本無,聖、石本作"二事"。

10　"中不爾",乙三、戊本作"無此,故不説"。

11　"則",乙三、聖、石本作"則盡"。

12　"攝一切",乙三、石本作"攝",戊本無。

13　"生者"後,戊本有"無不盡攝"。

14　"得",戊本作"可"。

15　"以",乙三、聖、石本無。

16　"行樂……報多"九字,乙三、聖本作"多樂因,天中多樂果",戊本作"行樂因多,天中果樂多",石本作"多樂因,天中多樂果"。

17　"報",乙三、戊、聖、石本作"果"。

18　"善",乙三、戊、宋、元、明、宮、聖本無。

19　"報",乙三、戊本作"果"。

20　"復名",乙三、戊本無。

21　此小注,乙三、戊、宋、元、明、宮、聖本作本文。

22　"數",乙三、戊、聖本作"數法"。

23　"佛陀",戊本作"陀佛",誤倒。

24　此小注,乙三作本文,戊本作本文"秦言自在"。

25　此小注,乙三、戊本作本文。

26　此小注,乙三、戊本作本文。

27　"是",乙三、戊、聖、石本無。

28　"智",戊本作"知","知"爲"智"之古字。

29　"受",乙三作"愛",誤。

30　"言是一切智",戊本作"是一切知","知"爲"智"之古字。

31　"智",乙三作"知","知"爲"智"之古字。

何以故？瞋恚、憍慢心著故[1]。如偈説[2]：

若彩畫像及泥像，聞經中天及讚天，如是四種諸天等，各各手執諸兵杖。若力不如畏怖他，若心不善恐怖他，此天定必若怖他[3]，若少力故[4]畏怖他。是天一切常怖畏，不能除却諸衰苦。有人奉事恭[5]敬者，現世不免[6]没憂海。有人不敬不供養，現世不妨受富樂。當知虚誑無實事，是故智人不屬天。若世間中諸衆生，業因緣故如循環，福德緣[7]故生天上，雜業因緣故[8]人中，世間行業屬因緣，是故智者不依天！

復次，是三天，愛之則[9]欲令得一切[10]願，惡之則[11]欲令七世滅。佛不爾[12]。菩薩時，若怨家賊來欲殺[13]，尚自以身肉、頭目、髓腦而供養之，何況得佛？不惜身時，以是故，獨佛應當受佛名號[14]；應當歸命佛，以佛爲師，不應事天。復次，佛有二事：一者，大功德神通力；二者，第一淨[15]心，諸結使滅。諸天雖有福德[16]神力，諸結使不滅故，心不清淨；心不清淨故，神力亦少[17]。聲聞、辟支佛雖結使滅，心[18]清淨，福德薄故力勢少。佛二法滿足，故稱勝一切人；餘人不[19]勝一切人。婆伽婆名有德，先已説。復名[20]阿婆磨[21]（秦言無等[22]），復名[23]阿婆摩婆摩[24]（秦言無等等[25]），復名[26]路迦那他（秦言世尊[27]），復名[28]波羅伽（秦言度彼岸[29]），復名[30]婆檀陀（秦言大德[31]），復名[32]尸

1　"故"，戊本無。

2　"如偈説"，乙三作"如偈説言"，戊、聖本作"如説偈言"，石本作"如説偈"。

3　"怖他"，乙三作"他邦"。

4　"故"後，乙三有"如"。

5　"恭"，乙三作"供"，"供"通"恭"。

6　"免"，乙三、聖、石本作"勉"，"勉"通"免"。

7　"緣"，乙三、戊、聖、石本作"因"。

8　"故"，戊、元、明、聖、石本作"生"。

9　"則"，乙三、戊、聖、石本無。

10　"得一切"，乙三、聖、石本作"得如"，戊本作"如"。

11　"則"，戊本無。

12　"佛不爾"，乙三、戊本作"佛法則不然"。

13　"若怨……欲殺"七字，乙三、石本作"若怨家惡賊來欲殺"，戊本作"若怨賊欲殺"。

14　"號"，乙三、宋、元、明、宫、聖本作"字"。

15　"淨"，乙三、戊、聖、石本作"善"。

16　"德"，乙三、聖、石本無。

17　"故心……亦少"十四字，乙三作"無清靜善心，故無大力"，戊本作"無清淨善心，故無大力"，聖、石本作"無靜善心，故無大力"，"清淨"亦作"清靜"。

18　"心"，乙三、戊、聖、石本作"善心"，明本作"心善"。

19　"不"，乙三、戊、聖、石本作"非"。

20　"名"，乙三、戊、聖、石本作"次"，誤。

21　"阿婆磨"，戊、明本作"阿婆摩"，異譯詞。

22　此小注，乙三作本文，戊本作本文"秦言無礙"。

23　"復名"，乙三、戊本無。

24　"阿婆摩婆摩"，乙三作"阿婆摩婆磨"，異譯詞。

25　此小注，乙三、戊本作本文。

26　"復名"，乙三、戊本無。

27　此小注，乙三、戊本作本文。

28　"復名"，乙三、戊本無。

29　此小注，乙三、戊本作本文。

30　"復名"，乙三、戊本無。

31　此小注，乙三、戊本作本文。

32　"復名"，乙三、戊本無。

梨伽那（秦言厚德[1]）：如是等無量名號。父母名字悉達陀[2]（秦言成利[3]）。得道時，知一切諸法故，是[4]名爲佛，應受諸天世人供養[5]。如是等得[6]名大德、厚德。如是種種，隨德立名。問曰：汝愛刹利種，淨飯王子，字悉達多[7]，以是故[8]而大稱讚言一切智[9]，一切智人，無也！答曰：不爾！汝惡邪故妬瞋佛，作妄語。實有一切智人。何以故？佛一切衆生中，身色顏貌，端正[10]無比，相、德、明具，勝一切人。小[11]人見佛身相，亦知是一切智人，何況大人？如《放牛譬喻經》中說：摩伽陀國王頻婆娑[12]羅，請佛三月，及五百弟子。王須新乳酪酥[13]供養佛及比丘僧。語諸[14]放牛人，來近處住。日日送新乳酪酥。竟三月[15]。王憐愍此放牛人，語言：汝往見佛，還出放牛。諸放牛人往詣佛所，於道中自共論言：我等[16]聞人説，佛是一切智人，我等是下劣小人，何能[17]別知實有一切智人[18]！諸婆羅門喜好[19]酥酪故，常來往[20]諸放牛人所作親厚，放牛人由是[21]聞婆羅門種種經書名字。故言《四違陀[22]經》中治病[23]法，鬭戰[24]法，星宿法，祠天法，歌舞、論議難問法，如是等六十四種世間伎藝，淨飯王子廣學多聞，若知此事不足爲難。其從生已來不放牛，我等[25]以放牛祕法問之，若能解者，實是一切智人。作是論已，前入竹[26]園。見佛光明照於[27]林間。進前覓佛，見坐樹下[28]，狀似金山，如酥投火，其炎大明，有似融金，散竹林[29]間上，紫[30]金光色[31]，視之無厭，心大歡喜，自相謂言：

1　此小注，乙三、戊本作本文。

2　“悉達陀”，乙三、戊本作“悉達他”，異譯詞。

3　此小注，乙三、戊本作本文。

4　“是”，戊本無。

5　“應受……供養”八字，戊本作“諸天人中大得供養”。

6　“等得”，乙三、聖本作“德，是”，宮本作“得”，石本作“得，是”，“德”通“得”。

7　“悉達多”，乙三、聖、石本作“悉達他”，戊本作“悉達□”，宋、元、明、宮本作“悉達陀”，皆爲異譯詞。

8　“以是故”，乙三、戊、聖、石本作“故”，宋、元、明、宮本作“以是故，汝”。

9　“智”，乙三、聖、石本作“智人”。

10　“正”，乙三、戊、聖本作“政”，“政”通“正”。

11　“小”，乙三、戊、聖、石本作“凡”。

12　“娑”，戊本無。

13　“酥”，乙三、戊、宋、元、宮、聖本作“蘇”，“蘇”通“酥”。

14　“語諸”，乙三、聖、石本作“諸”，脱“語”，戊本作“語”。

15　“三月”，戊本作“三月日”，“日”字衍。

16　“等”，乙三作“當”，戊、聖、石本作“曹”。

17　“何能”，乙三、聖、石本作“云何”，戊本作“云何□”。

18　“人”，乙三、聖、石本無。

19　“喜好”，乙三、聖、石本作“喜”，宋、元、明、宮本作“好喜”。

20　“往”，乙三、石本作“住”，誤。

21　“由是”，乙三、戊、聖、石本無。

22　“四違陀”，乙三、聖、石本作“四違大”，“四違”爲“四違陀”之略稱，戊本作“四韋陀大”，“韋陀”爲“違陀”之異譯詞。

23　“病”，戊本作“疾”。

24　“戰”，乙三作“軍”，戊本作“車”，誤，聖、石本作“爭”。

25　“等”，戊本無。

26　“竹”，戊本作“祇”。

27　“於”，乙三、戊、石本作“竹”。

28　“見坐樹下”，乙三、戊、石本作“見樹下坐”。

29　“竹林”，戊本作“樹林”。

30　“紫”，乙三、宋、宮、聖、石本無。

31　“色”，戊本殘。

今此釋師子,一切智[1]有無,見之無不喜,此事亦已足。光明第[2]一照,顏貌甚貴重,身相威德備,與佛名相稱。相相皆[3]分明,威神亦滿足,福德自纏絡,見者無不愛;圓光身處中,觀者無厭足! 若有一切智,必有[4]是功德。一切諸彩畫,寶飾莊嚴像,欲比此妙身,不可以爲喻! 能滿諸觀者,令得第一樂,見之發淨信,必是一切智!

如是思惟已,禮佛而坐。問佛言:放牛人[5]有幾法成就,能令牛群蕃息[6]? 有幾法不成就,令牛群不增,不得安隱? 佛答言:有十一法,放牛人能令[7]牛群番息。何等十一[8]? 知色,知相,知刮刷,知覆[9]瘡[10],知作煙,知好道,知牛所宜處,知好度[11]濟[12],知安隱處,知留乳,知養牛主。若放牛人知此十一法,能令牛群[13]番息。比丘亦如是,知十一法能增長善法。云何知色? 知黑、白、雜色。比丘亦如是,知一切色皆是四大,四大造。云何知相? 知牛吉不吉相,與他群合,因相則識。比丘亦如是,見善業相,知是智人;見惡業相,知是愚人。云何刮刷? 爲[14]諸虫飲血,則增長諸瘡;刮刷則除害。比丘亦如是,惡邪覺觀虫飲善根[15]血,增長心瘡;除則安隱。云何覆瘡? 若衣若草葉以防蚊虻惡刺[16]。比丘亦如是,念正觀法,覆[17]六情瘡,不令煩惱貪欲、瞋恚惡虫刺蘇所傷[18]。云何知作煙? 除諸蚊虻,牛遙見煙,則來趣向屋[19]舍。比丘亦如是[20],如所聞而説,除諸結使蚊虻,以説法煙,引衆生入於無我實相空舍中。云何知道? 知牛[21]所行來去好惡道。比丘亦如是,知八[22]聖道能至涅槃,離斷常惡道。云何知牛所宜處? 能令牛番息少病。比丘亦如是,説佛法時,得清淨法喜,諸善根增盛。云何知濟? 知易入易度,無波浪惡虫處。比丘亦如是,能至多聞比丘所問法;説法者知前人心利鈍、煩惱輕重,令入好濟,安隱得度。云何知安[23]隱處? 知所住處無虎、狼、師子、惡虫、毒獸。比丘亦[24]如是,知四念處,安隱,無煩惱、惡魔、毒獸;比丘[25]入此,則安隱無患。云何留乳? 犢母愛念犢子,故[26]與乳;以留殘乳,故犢母

---

1 "智",戊本作"知","知"爲"智"之古字。

2 "第",戊本作"弟","弟"爲"第"之古字。下同,不復出校。

3 "皆",乙三、聖、石本作"已"。

4 "有",乙三、石、聖本作"得"。

5 "人",戊本無。

6 "蕃息",乙三、聖本作"孜茂",石本作"牧茂","牧"當爲"孜"之誤。下同,不復出校。

7 "令",戊本殘。

8 "十一",戊本作"十一法"。

9 "刷知覆",戊本殘。

10 "瘡",乙三、戊、聖本作"創","創"通"瘡"。下同,不復出校。

11 "度",乙三作"渡","度"通"渡"。下同,不復出校。

12 "度濟",戊本殘。

13 "牛群",戊本作"群牛"。

14 "爲",乙三、戊、宫、聖、石本作"若"。

15 "根",戊本作"相",誤。

16 "刺",戊本作"創"。

17 "法覆",戊本殘。

18 "所傷",戊本殘。

19 "趣向屋",戊本殘。

20 "如是",乙三、聖、石本作"爾"。

21 "牛",乙三、聖、石本作"中"。

22 "八",乙三作"八種"。

23 "安",戊本殘。

24 "丘亦",戊本殘。

25 "比丘",戊本殘。

26 "犢子故",戊本殘。

歡喜,則犢子[1]不[2]竭,牛主及放[3]牛人,日日有益。比丘亦如是,居士白衣給施衣食,當知節量,不令罄竭,則檀越歡喜,信心不絕,受者無乏。云何知養牛主? 諸大特牛能守牛群,故應養護,不令羸瘦,飲以麻油,飾以瓔珞,標以鐵角,摩刷、讚譽稱[4]等。比丘亦如是,衆僧中有威德大人,護益佛法,摧伏外道,能令八衆,得[5]種諸善根;隨其所宜,恭敬供養等。放牛人[6]聞此語已,如是思惟:我等[7]所知不過[8]三四事[9],放牛師輩遠不過五六事,今聞此說,歎[10]未曾有! 若知此事,餘亦皆爾,實是一切智人,無復疑也。是[11]經,此中應廣說。以是故,知有[12]一切智人。問曰:世間不應有一切智人,何以故? 無見一切智人者[13]? 答曰:不爾! 不見有二種,不可以不見故[14]便言無[15]。一者,事實有,以因緣覆故不見。譬如人姓族[16]初,及雪山斤兩,恒河[17]邊沙數,有而不可知。二者,實無[18],無[19]故不見[20]。譬如第二頭、第三手,無因緣覆而不見[21]。如是一切智人,因緣覆故汝不見[22],非無一切智人。何等是覆因緣? 未得四信,心著惡邪——汝[23]以是因緣覆[24]故,不見[25]一切智人。問曰:所知處無量故,無[26]一切智人。諸法無量無邊,多人和合,尚不能知[27],何況一人[28]? 以是故,無一切智人! 答曰:如諸法無量[29],智慧亦[30]無量無數無邊;如函大蓋亦大,函小蓋亦小。問曰:佛自說佛法,不說餘經。若藥方、星宿、算經世典,如是等法;若是[31]一切智人,何以不說? 以是故,知非一切智人。答曰:雖知一切法,用故說,不用故

---

1 "犢子",乙三、戊、聖、石本作"犢有",宋、元、明、宮本作"續有","續"當爲"犢"之誤。

2 "不",戊本殘。

3 "放",乙三作"牧"。

4 "讚譽稱",乙三、聖、石本作"稱美",戊本作"稱嘆",宋、元、明、宮本作"稱差","差"當爲"美"之誤。

5 "得",乙三、聖、石本無。

6 "放牛人"後,戊本有"有此十一法能令牛群□息"。

7 "等"後,戊、宋、元、明、宮本有"放牛人"。

8 "不過",戊本殘。

9 "所知⋯⋯四事"七字,乙三、聖、石本無。

10 "此說歎",戊本殘。

11 "切智⋯⋯也是"八字,戊本殘。

12 "知有",戊本殘。

13 "無見⋯⋯人者"七字,乙三、聖、石本作"見一切智人者尚不可得,況一切智人",戊本作"見一切智人者尚不可得,何況一切智人"。

14 "故",戊本無。

15 "無",乙三、戊、聖、石本作"無也"。

16 "姓族",乙三、戊、聖本作"種族之",石本作"姓族之"。

17 "河",乙三、戊、宋、宮、聖本無,元、明、石本作"水"。

18 "實無"前,戊本有"或"。

19 "無",乙三、宋、元、明、宮、聖本無。

20 "不見"後,戊本有"不知"。

21 "不見",戊、宋、元、明、宮本作"不可見"。

22 "不見"後,乙三、戊、聖、石本有"不知"。

23 "汝",乙三作"法",誤。

24 "緣覆",戊本殘。

25 "不見"後,乙三、戊本有"不知"。

26 "無量故無",戊本殘。

27 "尚不能知",戊本殘。

28 "一人"後,乙三、戊、聖、石本有"能知"。

29 "人答⋯⋯無量"八字,戊本殘。

30 "亦",乙三、聖、石本無。

31 "是",乙三、戊、聖、石本無。

不説[1]；有人問故説，不問故不説。復次，一切法[2]略説有[3]三種[4]：一者[5]，有爲法；二者[6]，無爲法；三者[7]，不可説法——此已攝[8]一切法。問曰：十四難不答故，知非一切智人。何等十四難[9]？世界及我常；世界及我無常；世界及我亦有常亦無常；世界及我亦非有常亦非無常；世界及我有邊無邊；亦有邊亦無邊；亦非有邊亦非無邊；死[10]後有神去後世；無神去後世；亦有神去亦無神去；死後[11]亦非有神去；亦非無神去後世；是身是神；身異神異[12]。若佛一切智人，此十四難何以不答？答曰：此事無實[13]故不答。諸法有常，無此理；諸法[14]斷，亦無此理。以是故，佛不答。譬如人問搆牛角得幾升乳，是爲非問，不應答。復次，世界無窮，如車輪無初無後。復次，答此無利有失，墮惡邪中。佛知十四難，常覆四諦諸法實相。如渡[15]處有[16]惡虫水[17]，不應將人渡[18]；安隱無患處，可[19]示人令渡[20]。復次，有人言[21]：是事非一切智人不能解，以人不能知，故佛不答。復次，若人無言有[22]，有言無，是名非一切智人；一切智人有言有，無言無。佛[23]有不言無，無不言有。但説諸法實相，云何不[24]名一切智人？譬如日不作高下，亦不作[25]平地，等一而[26]照。佛亦如是，非令[27]有作無，非令無[28]作有，常説實智[29]慧光

1　“説”，乙三、戊、聖、石本作“説亦”。

2　“法”，乙三、聖、石本作“法已”。

3　“有”，乙三、戊本無。

4　“三種”，戊本作“三種法”。

5　“一者”，戊本無。

6　“二者”，戊本無。

7　“三者”，戊本無。

8　“此已攝”，乙三、宋、元、明、宫、聖、石本作“此三已攝”，戊本作“此三皆攝”。

9　“難”，乙三、聖、石本作“難者”。

10　“死”，乙三作“無”，誤。

11　“死後”，乙三作“後世”。

12　“世界……身異神異”九十七字，戊本作“世界常；世界無常；世界亦有常亦無常；世界亦非有常亦非無常；世界有□□界無邊；世界亦有邊亦無邊；世界亦□□□□非無邊；死後有神去後世；死後無□□□□□□□□神去亦無神去；死後亦非□□□□□□□□□□是身是神身異神□”。

13　“無實”，乙三、聖、石本作“實無”。

14　“諸法”，乙三、戊、聖、石本無。

15　“渡”，戊本作“濟”，宋、元、明、宫本作“度”，“度”通“渡”。

16　“有”，戊本無。

17　“水”，乙三、宋、元、明、宫、聖、石本無。

18　“渡”，戊本作“度”，“度”通“渡”。下同，不復出校。

19　“可”，乙三作“則”，戊本無。

20　“渡”，戊本作“度”，“度”通“渡”。

21　“有人言”，戊本無。

22　“無言有”，乙三、戊、聖、石本作“無有言有”。

23　“佛”，戊本無。

24　“云何不”，戊本殘。

25　“亦不作”後，乙三有“地”。

26　“下亦……一而”九字，戊本殘。

27　“非令”，乙三、石本作“不令”，宋、元、明、宫本作“非”，聖本作“不”。

28　“非令無”，乙三作“無”，戊本作“非無令”，宋、元、明、宫本作“非無”，聖本無，石本作“非”。

29　“有常説實智”，戊本殘。

照諸法。如一道人問佛言：大德！十二因緣佛作耶[1]？他[2]作耶？佛言[3]：我[4]不作十二因緣，餘人[5]亦不作。有佛無佛，生[6]因緣老死[7]，是法常定住。佛能説是生因緣老死[8]，乃至無明因緣諸行[9]。復次，十[10]四難中若答有過罪。若人[11]問：石女、黄門兒，長短好醜何類？此[12]不應答，以無兒故。復次，此十四難，是邪見非真實[13]，佛常以真實[14]，以是故，置[15]不答。復次，置不答，是爲答。有四種答：一、決了[16]答，如[17]佛第一涅槃安隱；二、解義答；三、反問答；四、置答。此中佛以置答。汝言無一切智人，有是言而無義[18]，是大妄語。實有一切智人，何以故？得十力故[19]：知處[20]非處故，知因緣業報故，知諸禪定解脱故，知衆生根善惡故，知種種欲解故，知種種世間[21]無量性故，知一切至處道故，先世[22]行處憶念知[23]故，天眼分明得故[24]，知一切漏盡故；淨不淨分明知故，説一切世界中上法故，得甘露味故，得中道故，知一切法若有爲、若無爲實相故，永離三界欲故。如是種種因緣故，佛爲一切智人。問曰：有一切智人[25]，何等人是[26]？答曰：是第一大人，三界尊，名曰佛。如讚佛偈説[27]：

頂生轉輪王，如日月燈明；釋迦貴種族，淨飯王太子。生時動三千，須彌山海水；爲破老病死，哀愍故生世。生時行七步，光明滿十方[28]；四觀[29]發大音，我生胎分盡。成佛説妙法，大音振法鼓；以此覺衆生，世間無明[30]睡。如是等種種，希有事已現；諸天及世人，見之皆歡喜！佛相莊嚴身，大光滿月面；一切諸男女，視之無厭足！生身乳餔力，勝萬億香象；神足力無上，智慧力無量。佛身大[31]光明，照曜佛身表；佛在光明中，

1　"大德……作耶"九字，戊本殘。

2　"他"，乙三、戊、聖、石本作"他人"。

3　"佛言"，乙三、戊、聖、石本作"佛答言"，戊本作"佛答"。

4　"我"，戊本作"道人"。

5　"不作……餘人"八字，戊本殘。

6　"有佛無佛生"，戊本作"若佛出；若"。

7　"因緣老死"，戊本殘。

8　"是生因緣老死"，戊本殘。

9　"行"後，乙三、戊、聖、石本有"而不作"。

10　"次十"，戊本殘。

11　"若人"，乙三、聖、石本作"如人"，戊本作"若"。

12　"此"，戊本無。

13　"真實"，乙三、聖、石本作"真實見"。

14　"真實"，乙三作"實真見"，石本作"真實見"，聖本作"實直見"，"直"當爲"真"之訛。

15　戊本終。

16　"了"，乙三、宋、元、明、宫、聖、石本作"定"。

17　"如"，乙三、聖、石本作"如説"。

18　"義"，乙三、聖本作"議"，"議"爲"義"之借字。

19　"故"，乙三、宋、元、明、宫、聖、石本無。

20　"處"，乙三、聖、石本作"是處"。

21　"種種世間"，乙三、聖、石本作"世間種種"。

22　"先世"，乙三、石本作"知宿世"，聖本作"宿世"。

23　"知"，乙三無。

24　"天眼分明得故"，乙三作"念天眼了明得故"，聖本作"天眼分了得故"。

25　"有一切智人"後，乙三、聖、石本有"是"。

26　"是"，乙三、石本無。

27　"説"，乙三作"説言"。

28　"生時……十方"十字，乙三、聖、石本作"光明滿十方；生時行七步"。

29　"觀"，乙三、聖本作"故"，"故"當爲"顧"之借字，石本作"願"，誤。

30　"世間無明"，乙三、聖、石本作"愚癡盲冥"。

31　"大"，乙三作"丈"，聖、石本作"杖"，"杖"爲"丈"之借字。

如月在光裏。種種惡毀佛，佛亦無惡想；種種稱譽佛，佛亦無喜想。大慈視一切，怨親等無異；一切有識類，咸皆知此事。忍辱慈悲力，故能勝一切；爲度衆生故，世世受勤苦。其心常一定，爲衆作利益。智慧力有十，無畏力有四，不共有十八，無量功德藏。如是等無數，希有功德力，如師子無畏，破諸外道法，轉無上梵輪，度脱諸三界。

是名爲婆伽婆。婆伽婆義無量，若廣説則廢餘事，以是故略[1]説。

大智度論卷第二[2]。

大智度初品中住王舍城釋論第五（卷第三）[3]

……弟子善[4]根未熟，則須久住。佛出世間，正爲欲[5]度衆生，著涅槃境界安隱樂處故，是故多住舍婆提，不多住迦毘羅婆。佛於摩伽陀國尼連禪河側，漚樓頻螺聚落，得阿耨多羅三藐三菩提，成就法身故，多住王舍城。問曰：已知多住[6]王舍城、舍婆提因緣[7]，於此二城，何以多住王舍城？答曰：以[8]報生地恩故，多住舍婆提[9]，一切衆生皆念生地……

……復次，諸阿羅漢在佛邊聽法，心無厭足，如[10]《蜫盧提迦經》中説：舍利弗語蜫盧提迦：我法中聽法無厭[11]。復次，如佛大師，自一心從弟子邊[12]聽法，不應難言阿羅漢所作已辦，何以聽法？譬如飽滿人[13]得好食，猶尚更食[14]，云何飢渴人而言不應食[15]！以是故，諸阿羅漢雖所作已辦，常在佛邊聽法。復次，佛住解脱法中，諸阿羅漢亦住解脱法中，住法相應，眷屬莊嚴。如《栴檀譬喻經》中言：有栴檀林，伊蘭圍之；有伊蘭林，栴檀圍之；有栴檀，栴檀以爲叢林；有伊蘭，伊蘭自相圍繞。佛諸阿羅漢，亦復如是。佛住善法解脱中，諸阿羅漢亦住善法解脱中[16]，住法相應，眷屬莊嚴。佛以大衆[17]圍繞，如須彌山王，十寶山圍繞；如白香象王，白香象圍繞；如師子王，師子衆圍遶。佛亦如是，佛爲世間無上福田，與諸弟子圍繞共住。

【經】[18]唯除阿難在學地，得須陀洹。

1　“略”後，乙三、聖、石本有“不具足”。

2　乙三終，尾題作“大智度論第二”，題記作“大業三年三月十五日，佛弟子蘇七寶爲亡父母敬寫《大智度論》一部。以此善根，先願法輪常轉，國祚永隆，五禾豐熟，人民興盛。當令七世考妣，棲神淨土，面奉慈尊；見在眷屬，災殃彌滅，萬善扶疏。逮及法界含生，永離羈彰（障），齊成正覺”。

3　本卷對應《大智度論》寫本凡5號：俄 Дx04036 號 B（以下簡稱“甲本”）、BD06869 號 B（以下簡稱“乙一”）、浙敦091 號 A（浙博 066）（以下簡稱“乙二”）、俄 Дx09569 號（以下簡稱“丙一”）、俄 Дx00241 號（以下簡稱“丙二”）。

4　甲本始。

5　“則須……爲欲”十一字，甲本殘。

6　“安隱……多住”六十二字，甲本殘。

7　“因緣”後，甲本有“今”。

8　“於此……曰以”十四字，甲本殘。

9　甲本終。

10　乙一始。

11　“厭”，乙一、聖、石本作“厭足”。

12　“邊”，乙一、聖本無。

13　“飽滿人”，乙一作“豪富之人”，聖本作“豪富五人”，“五”當爲“之”之誤。

14　“尚更食”，乙一作“珍而食之”，聖本作“珍而食”。

15　“云何……應食”十字，乙一作“何況飢虛渴之者”，聖本作“之，何況飢虛渴乏者”。

16　“住善法……解脱中”十七字，乙一無。

17　“衆”，乙一殘。

18　“經”，乙一作“經曰”，宋、宫、聖本無。

【論】[1]問曰:何以言唯除阿難? 答曰:上所讚諸[2]阿[3]羅漢,阿難不在其數。何以故? 以[4]在學地,未離欲故。問曰:大德阿難第三師,大衆法將,種涅槃種已無量劫,常近佛,持法藏。大德利根,何以至今未離欲作學人? 答曰:大德[5]阿[6]難本願如是:我於多聞衆中最第一;亦以諸佛法——阿羅漢[7]所作已辦,不應作供給供養人,以其於佛法中能辦大事,煩惱賊破,共佛在解脱[8]床上坐故……

……餘三衆各[9]五百? 答曰:女人多短智慧,煩惱垢[10]重,但求喜樂;愛行多故,少能斷結使,得解脱[11]證。如佛説:是因緣起法,第一甚深難得;一切煩[12]惱盡,離欲得涅槃,倍復難見。以是故,女人不[13]能多得,不如比丘。優婆塞、優婆夷有居家故,心[14]不淨,不能盡漏,止可得四聖諦,作學人[15]。如偈説:

孔雀雖有色嚴身,不[16]如鴻鴈能遠飛;白衣雖有富貴力,不如[17]出家功德勝!

以是故,諸比丘尼雖出家棄[18]世業,智慧短,是故有五百阿羅漢比丘尼。白衣二衆[19],居家事懅故,得道亦各五百。問[20]曰:如五[21]千[22]阿羅漢皆讚,三衆何以不讚[23]? 答曰:大衆已讚,則知餘亦讚。復次,若別讚[24],外道輩當呵言:何以讚比丘尼! 生誹謗故。若[25]讚白衣,當言:爲供養故。以是故不讚。問曰:諸[26]餘摩訶衍經,佛與大比丘衆俱,或八千人,或[27]六萬、十萬人俱。是《摩訶般若波羅蜜經》,諸經中[28]第一大。如[29]《囑累品》中説……

1　“論”,乙一作“論曰”,宋、宫、聖本無。

2　乙一終。

3　乙二始。

4　“以”,乙二無。

5　“德”後,乙二、宋、宫、聖、石本有“善”。

6　“阿”,乙二作“何”,誤。

7　“阿羅漢”,乙二作“阿難”。

8　乙二終。

9　丙一始。

10　“百答……惱垢”十二字,丙一殘。

11　“多故……解脱”十字,丙一殘。

12　“起法……切煩”十一字,丙一殘。

13　“槃倍……人不”十一字,丙一殘。

14　“丘優……故心”十二字,丙一殘。

15　“漏止……學人”十字,丙一殘。

16　“孔雀……身不”八字,丙一殘。

17　“白衣……不如”九字,丙一殘。

18　“以是……家棄”十一字,丙一殘。

19　“故有……二衆”十四字,丙一殘。

20　“懅故……百問”九字,丙一殘。

21　丙一終。

22　丙二始。

23　“羅漢……不讚”十字,丙二殘。

24　“則知……别讚”十字,丙二殘。

25　“何以……故若”十一字,丙二殘。

26　“供養……曰諸”十一字,丙二殘。

27　“佛與……人或”十二字,丙二殘。

28　“俱是……經中”十三字,丙二殘。

29　丙二終。

大智度初品中菩薩釋論第八（卷第四）[1]

……是時釋提桓因、毘首羯磨[2]各還天上。如是等種種相，是檀波[3]羅蜜[4]滿……

……塗治[5]香熏，安施床榻，被褥綩綖，幃帳幄慢，幡蓋[6]華香，必令嚴飾，然後我當到汝舍。阿耨[7]多羅三藐三菩提亦復如是，遣智慧使[8]，未來世中到菩薩所言：若欲得我，先修相好[9]以自莊嚴，然後我當住汝身中；若不莊嚴身者，我[10]不住也。以是故，菩[11]薩修三十二相自莊嚴身，爲得阿耨多羅三藐三菩提故……

……第二阿僧祇[12]劫行滿，未入第三阿僧祇時，於燃燈佛所[13]受記爲佛，即時上昇虛空，見十方佛，於虛空中立，讚然燈佛[14]。然燈佛言：汝過一阿僧祇劫，當得作佛，名釋迦牟尼。得記如是，而言爾時未是菩薩，豈非大失！迦旃延尼子弟子輩言：三阿僧祇劫中未有佛相，亦無種佛相因緣[15]，云何當知是菩薩？一切法先有相，然後可知其實；若無[16]相則不知。摩訶衍人言：受記爲佛，上昇虛空，見[17]十方佛，此非大相耶？爲佛所記，當得作佛，得作佛者，此是大相，捨此大相而取三十二相！三十二相，轉輪聖王亦有，諸天魔王亦能化作此相。難陀、提婆達等皆[18]有三十相，婆跋隸婆羅門有三相，摩訶迦葉婦有金色相，乃至今世人亦各各有一相、二相：若青眼、長臂[19]、上身如師子，如是等種種或多或少，汝何以重此相？何經中言，三阿僧祇劫中菩薩不種相因緣？如難陀澡浴鞞婆尸佛[20]，願得清淨端正，於一辟支佛塔，青黛塗壁，作辟支佛像，因而作願：願我恒得金色身相。又作迦葉佛塔中級。以此三福因緣，世世受樂，處處所生，恒得端嚴。是福之餘，生迦毘羅婆釋種中，爲佛弟子，得三十大人相，清淨端正，出家得阿羅漢道。佛説於五百弟子中，難陀比丘端正第[21]一。此相易得，云何言：於九十一大劫中種，餘一生中得？是爲大失！汝言：初阿僧祇劫中，不知當作佛不作佛；二阿僧祇劫中，知當作佛，不自稱説；三阿僧祇劫中[22]，知得作佛，能爲人説。佛何處説是語？何經中有是語？若聲聞法三藏中説？若摩訶衍中説？迦旃延尼子弟子輩言：雖佛口三藏中不説，義理應爾！《阿毘曇鞞婆沙[23]·菩

1　本卷對應《大智度論》寫本凡 4 號：俄 Дx17730 號（以下簡稱"甲本"）、俄 Дx09045 號（以下簡稱"乙本"）、S.3865 號（以下簡稱"丙本"）、俄 Дx03333 號（以下簡稱"丁本"）。

2　甲本始。

3　"上如……檀波"十字，甲本殘。

4　甲本終。

5　乙本始。

6　"安施……幡蓋"十四字，乙本殘。

7　"嚴飾……阿耨"十一字，乙本殘。

8　"提亦……慧使"九字，乙本殘。

9　"言若……相好"九字，乙本殘。

10　"住汝……者我"十一字，乙本殘。

11　乙本終。

12　丙本始。

13　"燃燈佛所"，丙本殘。

14　"然燈佛"，丙本作"燃燈佛"，"然"爲"燃"之古字。聖本作"燃橙佛"，"橙"爲"燈"之借字，石本作"定光佛"，"定光佛"爲"然燈佛"之異譯詞。下同，不復出校。

15　"因緣"後，丙本有"云何因緣"。

16　"實若無"，丙本殘。

17　"虛空見"，丙本殘。

18　"皆"，丙本無。

19　"長臂"，丙、聖、石本作"若長臂"。

20　"鞞婆尸佛"，丙本作"毗婆尸佛"，異譯詞。

21　"第"，丙本作"弟"，"弟"爲"第"之古字。

22　"中"，丙本無。

23　"阿毘曇鞞婆沙"，丙本作"阿毗曇毗婆沙"，異譯詞。

薩品》中如是説。答曰：摩訶衍中説：初發心，是時知我當作佛。如阿遮羅菩薩於長手佛邊初發心時，乃至金剛座[1]處成佛道，於其中間，顛倒不淨心不生。如《首楞嚴三昧》中，四種菩薩，四種受記：有未[2]發心而授記；有適發心而授記；有於前授記，他人盡知，己身不知；有於前授記，他人、己身盡知。汝云何言：於二阿僧祇劫，知受記而[3]不自稱説？復次，佛言：無量阿僧祇劫[4]作功德，欲度衆生；何以故言三阿僧祇劫？三阿僧祇劫有量有限。問曰：摩訶衍中雖有此語，我亦不能[5]都信。答曰：是爲大失！是佛真法，佛口所説，汝無反復[6]！汝從摩訶衍中出生，云何言我不能[7]都信？復次，摩訶衍論議，此中應廣説。復次，説是三十二相業因緣，欲界中種，非色、無色界中種。無色界中[8]以無身無色，是三十二相是身莊嚴故，於中不得種可爾[9]，色界中何以不得種？色界中大有諸梵王，常請佛初轉法輪，是智慧清淨，能求佛道，何以言不得種三十二相因緣？又言：人中得種，非餘道。如娑伽度[10]龍王十住菩薩，阿那婆達多龍王七住菩薩，羅睺阿修羅王[11]亦是大菩薩，復何以言餘道不得[12]種三十二相因緣？汝言：人中閻浮提種，欝怛羅曰[13]不可種。有義：彼中人無吾我，著樂、不利根故。劬陀尼[14]、弗婆提[15]二處，福德、智慧、壽命勝閻浮提，何以[16]不得種？復次，汝言：一思種一相。是心彈指頃六十生滅，一心中不住[17]，不能分別，云何能種大人相？此大人相不應了心得種，以是故，多思和合能種一相。如重物一人不能擔，必須多人力。如是種相，要得大心多思和合，爾乃得種。以是故，名百福相。百大心思[18]種福德，是名百福相，不應一思種一相。餘事尚不得一思種一事，何況百福相！何以故言釋迦文尼菩薩心未純淑[19]，弟子心純淑；彌勒菩薩心純淑，弟子心未純淑？是語何處説？三藏中、摩訶衍中無是[20]事，此言自出汝心[21]。汝但見釋迦文尼菩薩於寶窟中見弗沙佛，七日七夜以一偈讚；彌勒菩薩亦種種讚弗沙佛，但《阿波陀那經》[22]中不説，汝所不知。無因緣故，汝便謂彌勒弟子心未純淑，如是皆爲違失！汝言菩薩一切物能施，無所愛惜，如尸毗王爲鴿故，割肉與鷹，心不悔恨。如以財寶布施，是名下布施；以身布施，是名中布施；種種施中心不著，是爲上布施。汝何以讚中布施爲檀波羅蜜滿？此施心雖大[23]，多慈悲，有知智慧、有不知智慧。如人爲父母親屬不惜身，或爲主不惜身。以是故，知爲鴿不惜身，是中布施。問曰：

1　“座”，丙本作“坐”，“坐”爲“座”之古字。
2　“有未”，丙本作“未有”，誤倒。
3　“而”，丙本無。
4　“阿僧祇劫”，丙本作“阿僧祇劫中”。
5　“不能”，丙、宋、元、明、宫、聖本作“不”，石本作“未能”。
6　“復”後，丙、聖、石本有“人”。
7　“不能”，丙、宋、元、明、宫、聖本作“不”，石本作“未能”。
8　“中”，丙、宋、元、明、宫、聖本無。
9　“於中……可爾”七字，丙本作“無色界中不種可爾”。
10　“娑伽度”，丙本作“娑伽羅”，宋、元、明、宫本作“婆伽羅”，皆爲異譯詞。
11　“羅睺阿修羅王”，丙本作“羅睺阿須羅王”。
12　“得”，丙本作“能”。
13　“欝怛羅曰”，丙本作“欝單羅曰”，異譯詞。
14　“劬陀尼”，丙本作“劬耶尼”，異譯詞。
15　“弗婆提”，丙本作“弗波提”，異譯詞。
16　“何以”，丙本作“何以故”。
17　“不住”後，丙、石本有“是一心無力不住”，宋、元、明、宫本有“是一心中無力不住”。
18　“心思”，丙本作“心思出”，聖、石本作“心思生”。
19　“心未純淑”，丙本作“心不純淑”。下同，不復出校。
20　“是”，丙、石本作“此”。
21　“此言自出汝心”，丙本作“汝自心中出此言”。
22　“阿波陀那經”，丙、宋、元、明、宫本作“阿波陀經”，異譯詞。
23　“心雖大”，丙、宋、元、明、宫、聖本作“雖心大”，石本作“雖大心”。

菩薩爲一切衆生[1]，爲父母，爲主者，爲一切[2]人故，以是故，非直不惜身爲檀波羅蜜滿。答曰：雖爲一切衆生，是心不清淨，不知己[3]身無吾我；不[4]知取者無人無主；不知所施物[5]實性不[6]可説一，不可説異。於[7]是三事心著，是爲不清淨，於[8]世界中得福德[9]報，不能直至佛道。如説般若波羅蜜中[10]三事不可得，亦不著，是爲具足檀波羅蜜[11]滿。如[12]是乃至般若波羅蜜，能分別[13]大地、城郭[14]、聚落作七分，是爲般若波羅蜜滿。是般若波羅蜜[15]無量無邊如大海水，諸天、聖人、阿羅漢、辟支佛，乃至初行菩薩尚不能知其邊涯，十地住[16]菩薩乃能知。云何汝言：能分大地、城郭、聚落[17]作七分，是名般若波羅蜜滿？是事是算數法，能分地是世俗般若波羅蜜中[18]少許分，譬如大海水中一渧兩渧[19]。實般若波羅蜜名三世諸佛母，能示一切法實相。是[20]般若波羅蜜無來處，無去處，一切處求不可得；如幻、如響、如水中月，見便失。諸聖人憐愍故，雖一相，以種種名字説是般若波羅蜜諸佛智慧寶藏，汝言大失！汝言四種觀：觀時、觀土地、觀種族、觀生處。人壽八萬歲佛出世[21]，七、六、五、四、三、二[22]萬歲中佛出世，人壽百歲是佛出世[23]時。若諸佛常憐愍衆生，何以正八種時中出世，餘時不出？佛法不待時，如好藥服時便差病[24]，佛法亦如是不待時。問曰：雖菩薩憐愍衆生諸佛不待時，過八萬歲，人長壽、多樂，染愛等結使厚，根鈍，非可化時。若百歲後時[25]，人短壽、苦多，瞋恚等諸結使更厚。此樂時、苦時非得道時，以是故，佛不出世。答曰：諸天壽出千萬歲，有先世因緣，雖多樂，染愛厚，能得道，何況人中不大樂！三十六種不淨，易可教化，以是故，人壽過八萬歲，佛[26]應出世[27]。是中，人無病、心樂故，人皆利根、福德；福德、利根故，應易得道。復次，師子鼓音王佛時，人壽十萬歲；明王佛[28]時，人壽七百阿僧祇劫；阿彌陀佛時，人壽

1　“衆生”後，丙、聖、石本有“故”。
2　“切”，丙本脱。
3　“已”，丙、聖本作“自”。
4　丁本始。
5　“所施物”後，丙、聖本有“是物”。
6　“主不……性不”九字，丁本殘。
7　“於”，丙、丁、聖本無，石本作“心著”。
8　“三事……淨於”十字，丁本殘。
9　“德”，丁、宋、元、明、宫、聖本無。
10　“能直……蜜中”十三字，丁本殘。
11　“可得……羅蜜”十三字，丁本殘。
12　丁本終。
13　“別”，丙、宋、元、明、宫本無。
14　“城郭”，丙本作“城”。下同，不復出校。
15　“般若波羅蜜”後，丙本有“甚深”。
16　“住”，丙本無。
17　“落”，丙本脱。
18　“中”，丙、聖本作“邊”。
19　“兩渧”，丙本作“兩渧水”。
20　“是”前，丙本有“能出”。
21　“世”，丙、宋、元、明、宫本無。
22　“二”後，丙本有“一”。
23　“世”，丙、宋、元、明、宫本無。
24　“差病”，丙本作“病差”。
25　“時”，丙、宋、元、明、宫本無。
26　“佛”，丙、聖本無。
27　“世”，丙、宋、元、明、宫、聖本無。
28　“明王佛”前，丙、聖、石本有“明若燈之”，宫本有“若燈”。

無量阿僧祇劫。汝云何言：過八萬歲佛不出世？問曰：摩訶衍經[1]有此事，我法中無十方佛，唯過去釋迦文尼、拘陳若等一百佛，未來彌勒等五百佛。答曰：摩訶衍論中，種種因緣説三世十方佛。何以故？十方世界有老、病、死、婬、怒、癡等諸苦惱，以是故，佛應出其國。如經中説：無老、病、死、煩惱者，諸佛則不出世[2]。復次，多病人應有多藥師。汝等聲聞法，《長阿含》中毘沙門王以偈白佛：

稽首去、來、現在諸佛，亦復歸命釋迦文佛。

汝經説[3]：過去、未來、現在諸佛言稽[4]首，釋迦文尼佛言歸命。以此故，知現在有餘佛。若無餘國佛，何以故前稽首三世佛，後別歸命釋迦文尼佛？此王未離欲[5]，在釋迦文尼所得道，敬愛心重故歸命[6]，於餘佛所直[7]稽首[8]。……

大智度初品中摩訶薩埵釋論第九（卷第五）[9]

龍樹菩薩造

後秦龜茲國三藏法師鳩摩羅什奉詔譯[10]

【經】[11]摩訶薩埵[12]。

【論】[13]問曰：云何名摩訶薩[14]埵？答[15]曰：摩訶[16]者[17]大；薩埵名衆生，或名勇心，此人心能[18]爲大事，不退不還[19]大勇心故，名爲摩訶薩埵[20]。復次，摩訶薩埵者，於多衆生中最爲上[21]首[22]故，名爲摩訶薩埵。復次，多衆生中

1　"經"，丙本作"經中"。

2　"世"，丙本無。

3　"經説"，丙、聖本作"説"，宋、官本作"經"。

4　"稽"，丙本作"智"，誤。

5　"未離欲"，丙、聖本無。

6　"敬愛……歸命"七字，丙本作"故，愛著歸命"。

7　"直"，丙本作"宜"。

8　"稽首"後，丙本有"以示未離欲故口説"，後有尾題"大智度經卷第七"。丙本終。

9　本卷對應《大智度論》寫本凡8號：P.4754號（以下簡稱"甲本"）、P.2913號（以下簡稱"乙本"）、S.7138號（以下簡稱"丙本"）、俄Дx16734號（以下簡稱"丁本"）、BD15150號（以下簡稱"戊本"）、俄Дx12868號（以下簡稱"己本"）、俄Дx01803號＋俄Дx01804號＋俄Дx01805號（以下簡稱"庚本"）、BD15298號（以下簡稱"辛本"，所抄分屬《大正藏》本卷五、六）。

10　甲本始。"大智度論……譯"三十八字，甲本作"大智度論釋經序品中摩訶薩義第四　卷第五"。

11　乙本始。"經"，甲、乙本作"經曰"，宋、官、聖本無。

12　"摩訶薩埵"後，乙、聖、石本有"者"。

13　"論"，甲本作"論曰"，乙、官、聖、石本無。

14　"薩"，甲本脱。

15　"云何……埵答"八字，乙本殘。

16　丙本始。

17　"者"，甲、乙、丙、聖、石本作"秦言"，甲本終，元、明、官本作"名"。

18　"衆生……人心"九字，乙本殘。"衆生……心能"十字，丙本殘。

19　"還"，乙、丙、聖、石本作"轉"。

20　"勇心……訶薩"八字，乙本殘。"還大……薩埵"十一字，丙本殘。

21　"多衆……爲上"七字，乙、丙本殘。

22　"首"，乙本作"是"。

起大慈大[1]悲,成立大乘,能行大道,得最大處故,名摩[2]訶[3]薩埵[4]。復次,大人相成就故,名摩訶薩埵。摩訶薩埵相者,如讚佛偈中説:

　　唯佛一人獨第一,三界父母一切智,於一切等無與等,稽首世尊希有比!凡人行惠爲己利,求報以財而給施,佛大慈仁[5]無此事,怨親憎[6]愛以等利!

　　復次,必能説法破一切衆生及己身大邪見、大愛慢[7]、大我心等諸煩惱故,名爲摩訶薩埵。復次,衆生如大海,無初、無中、無後。有明智算師,於無量歲計算,不能盡竟。如佛語無盡意菩薩:譬如十方一切世界,乃至虛空邊際,合爲一水,令無數無量衆生,共持一髮取一渧而去,更有無央數[8]衆生,如前共持一髮取一渧而去,如是令彼大水悉盡無餘,衆生故不盡。以是衆[9]生等無邊、無量、不可數、不可思議,盡能救濟,令離苦惱,著於無爲安隱樂中。有此大心,欲度多衆生故,名摩訶薩埵。如《不可思[10]議經》中,漚舍那優婆夷[11]語須達那[12]菩薩言:諸菩薩摩訶薩輩,不[13]爲度一人故,發阿耨多羅三藐三菩提心,亦非爲二、三乃至十人故,非百、非千、非萬、非十萬、非[14]百萬,非一億十百千萬乃至億億。非爲阿由他[15]億衆生故發心,非那由他[16]億,非阿耶陀衆生故,非頻婆羅、非歌歌羅、非阿歌羅、非簸婆羅、非摩波羅、非波陀、非多婆、非鞞婆呵[17]、非怖摩[18]、非念摩、非阿婆迦、非摩伽婆、非毘羅伽、非僧伽摩[19]、非毘薩羅[20]、非謂闍婆、非鞞闍迦、非鞞盧呵[21]、非鞞跋帝、非鞞伽多、非兜羅、非阿婆羅那、非他婆羅、非鞞婆耶婆[22]、非藐寫、非鈍那耶寫、非醯婆羅、非鞞婆羅、非菩遮多、非阿跋伽陀、非鞞施他、非泥婆羅、非醯犂浮陀[23]、非波摩陀夜、非比初婆[24]、非阿犁浮陀[25]、非阿犁薩寫、非醯云迦、非度于多[26]、非呵樓那[27]、非摩樓陀、非叉夜、非烏羅多、非末殊夜摩、非三摩陀、非毘摩陀、非波摩陀、非阿滿陀

1　"次多……大慈"八字,乙本殘。"次多……慈大"九字,丙本殘。
2　"處故名摩",乙本殘。
3　"訶",丙本殘。
4　"薩埵",乙本殘。
5　"仁",乙、丙本作"人","人"通"仁"。
6　"憎",乙、丙本作"增","增"通"憎"。
7　"慢",乙、丙、聖、石本無。
8　"無央數",乙、丙、聖本作"無鞅數",異譯詞。
9　"衆",乙本脱。
10　丙本終。
11　"優婆夷",乙本作"憂波夷",異譯詞。
12　"那",乙本無。
13　"不",乙、聖本作"非"。
14　"非",乙本無。
15　"阿由他",乙、聖本作"阿遊他"。
16　"那由他",乙本作"那由多",異譯詞。
17　"鞞婆呵",乙本作"鞞婆訶"。
18　"怖摩",乙本作"佈摩"。
19　"僧伽摩",乙本作"僧迦摩"。
20　"毘薩羅",乙本作"鞞薩羅"。
21　"鞞盧呵",乙本作"鞞盧訶"。
22　"鞞婆耶婆",乙本作"鞞婆耶娑"。
23　"醯犂浮陀",乙本作"醯梨浮陀"。
24　"比初婆",乙、聖本作"毗初婆"。
25　"阿犁浮陀",乙本作"阿犁浮阿","阿"當爲"陀"之誤。
26　"度于多",乙本作"度乎多",明本作"度於多",聖本作"度孚多",石本作"度干多","乎""孚""干"皆爲"于"之誤。
27　"呵樓那",乙本作"阿塍那","阿塍"當爲"呵樓"之誤。

羅，非婆滿多羅，非摩多羅，非醯兜末多羅，非鞞摩多羅，非波羅多羅，非尸婆多羅，非醯羅[1]，非爲羅，非提羅，非枝羅[2]，非翅羅，非[3]尼羅，非斯羅，非波羅[4]，非彌羅，非婆羅羅，非迷樓，非企盧，非摩屠羅，非三牟羅，非阿婆夜，非劍摩羅[5]，非摩摩羅，非阿達多，非醯樓，非鞞樓婆，非迦羅跋，非呵婆跋[6]，非鞞婆跋，非婆婆，非阿羅婆，非娑羅婆羅[7]，非迷羅浮羅，非摩遮羅[8]，非陀摩羅，非波摩陀[9]，非尼伽摩，非阿跋多，非泥提舍，非阿叉夜，非三浮陀，非婆摩摩，非阿婆陀，非漚波羅[10]，非波頭摩[11]，非僧佉，非伽提，非漚波伽摩[12]，非阿僧祇，非阿僧祇阿僧祇，非無量，非無量無量，非無邊，非無邊無邊，非無等，非無等無等，非無數，非無數無數，非不可計，非不可計不可計，非不可思議，非不可思議不可思議，非不可説，非不可説不可説。非爲一國土微塵等衆生故發心，非爲二、三至十百千萬億千萬億阿由陀[13]、那由他，乃至不可説[14]不可説國土[15]微塵等衆生故發心。非爲一閻浮提微塵等衆生故發心，非爲拘陀尼、欝怛羅曰、弗婆提微塵等衆生故發心。非爲小千世界[16]、中千世界、大千世[17]界微塵等衆生故發心[18]；非爲二[19]、三至十[20]百千萬億阿由他[21]、那由陀[22]，乃至不可説不可[23]説三千[24]大千世界微塵等衆生故發心。非爲[25]供養供給一佛故發心，乃至非爲供養供給不可説不可説[26]諸佛故發心；非爲供養供給一國土微塵等諸佛[27]故發心，乃至非爲供養供給不可説不可説三千大千世界微塵等諸[28]佛故發心。非爲[29]淨一佛土故發心，乃至非爲淨不可説不可説三千大千世界微塵等佛土故發心。非爲受持一佛法故發心，乃至非爲受持不可説不可説三千大千世界微塵等佛法故發心。非爲令一[30]三千大千世界中佛種不斷故發心，乃

1　“醯羅”，乙、聖本作“馨羅”。

2　“枝羅”，乙、元、明、宮本作“忮羅”。

3　“非”，原作“醯”，誤，兹據乙本改。

4　“波羅”，乙、宮、聖、石本作“被羅”。

5　“劍摩羅”，乙本作“劍婆羅”。

6　“呵婆跋”，乙本作“訶婆跋”。

7　“娑羅婆羅”，乙、聖本作“婆婆婆羅”，宋、元、明、宮本作“娑婆婆羅”。

8　“摩遮羅”，乙本作“遮摩羅”。

9　“波摩陀”，乙、宋、元、明、宮本作“婆摩陀”，聖本作“婆婆陀”。

10　“漚波羅”，乙、聖本作“漚婆羅”。

11　“波頭摩”，乙、聖本作“婆頭摩”。

12　“漚波伽摩”，乙本作“漚婆伽摩”。

13　“阿由陀”，乙、宋、元、明、宮本作“阿由他”，異譯詞。

14　“説”，乙本無。

15　“國土”，乙、聖本作“國土中”。

16　“世界”，乙、聖本作“國土”。下同，不復出校。

17　丁本始。

18　“發心”後，乙、聖本有“非爲二三千大千國土微塵等衆生故發心”。

19　“二”，乙本無。

20　“塵等……至十”十三字，丁本殘。

21　“阿由他”，乙本作“阿由陀”，異譯詞。

22　“那由陀”，乙本作“那由他”，異譯詞。

23　“億阿……不可”十四字，丁本殘。

24　丁本終。

25　“非爲”前，乙、聖、石本有“復次”。

26　“不可説”後，乙本衍“説”。

27　“諸佛”，乙本無。

28　“諸”，乙本無。

29　“爲”，乙本無。

30　“一”，乙本無。

至非爲令不可説不可説三千大千世界微塵等三千大千世界中佛種不斷故發心。非爲分別知一佛願故發心，乃至非爲分別知不可説不可説三千大千世界微塵等佛願故發心。非爲莊嚴一佛土[1]故發心，乃至非爲莊嚴不可説不可説三千大千[2]世界微塵等佛土[3]故發心。非爲分別知一佛會弟子衆故發心，乃至非爲分別知不可説不可説三千大千世界微塵等[4]佛會弟子衆故發心。非爲持一佛法輪故發心，乃至非爲持不可説不可説三千大千世界微塵等[5]佛法輪故發心。非爲知一人諸心故、非爲知一人諸根故、非爲知一三千大千世界中諸劫次第相續故、非爲分別斷一人諸煩惱故發心，乃至非爲分別斷不可説不可説三千大千世界微塵等人諸煩惱[6]故發心。是諸菩薩[7]摩訶薩願言：盡教化一切十方衆生，盡供養供給一切十方諸佛，願令一切十方諸佛土[8]清淨，心堅受持一切十方諸佛法，分別知一切諸佛土[9]故，盡知一切諸佛弟子衆故，分別[10]知一切衆生諸心故，知斷一切衆生諸煩惱故，盡知一切衆生諸根故，諸菩薩發心作[11]阿耨多羅三藐三菩提——如是等十門爲首，乃至百千萬億阿僧祇門是爲道法門，菩薩應知、應入！略説如是諸菩薩實道。一切諸法皆入皆知，智慧知故，一切佛土[12]菩薩道中莊嚴故。漚舍那言：善男子！我願如是：自有世界已來[13]，一切衆生盡清淨，一切煩惱悉斷。須達那言：是何解脱？漚舍那答言：是名無憂安隱幢[14]。我知此一解脱門，不知諸菩薩大心如大海水，一切諸佛法能持能受。諸菩薩心不動，如須彌山；諸菩薩如藥王，能除一切諸煩惱；諸菩薩如日，能照[15]除一切闇；諸菩薩如地，能含受一切衆生；諸菩薩如風，能益一切衆生；諸菩薩如火，能燒一切外道諸煩惱；諸菩薩如雲，能雨法水；諸菩薩如月，福德光明，能照一切；諸菩薩如釋提桓因，守護一切衆生。是菩薩道法甚深，我云何能盡知！以是諸菩薩生大願，欲得大事，欲至大處故，名摩訶薩埵。復次，是《般若波羅蜜經》中摩訶薩埵相，佛自説：如是如是相，是摩訶薩埵相。舍利[16]弗、須菩提、富樓那等諸大弟子各各説彼品，此中應廣説。

大智度初品中菩薩功德釋論第十[17]

【經】[18]皆得陀羅尼及[19]諸三昧，行空、無相、無作，已得等忍[20]。

1　"土"，乙、聖、石本作"世界"。

2　"三千大千"，乙本作"佛"。

3　"微塵等佛土"，乙本無。

4　"三千……微塵等"九字，乙、聖本無，石本作"微塵等"。

5　"三千……微塵等"九字，乙、聖本無，石本作"微塵等"。

6　"斷不……煩惱"二十字，乙本作"不可説不可説人斷諸煩惱次第相續"，聖本作"斷不可説不可説斷諸煩惱次第相續"。

7　"是諸菩薩"，乙本作"今是諸"，聖本作"今是諸菩薩"。

8　"土"，乙本作"世界"。

9　"土"，乙、聖、石本作"國土"。

10　"分別"前，乙本有"盡"。

11　"作"，乙、元、明、聖本作"住"。

12　"土"，乙、聖、石本作"國"。

13　"已來"，乙、聖本無。

14　"幢"，乙本作"憶"，誤。

15　"照"，乙、宋、元、明、宫、聖本無。

16　"利"，乙本作"弗"，誤。

17　戊本（殘卷一）始。乙、戊本品題皆作"大智度初品中菩薩功德釋論第七"。

18　"經"，乙本作"經曰"，戊、宋、宫、聖本無。下同，不復出校。

19　"及"，乙、戊本無。

20　"已得等忍"後，乙、戊、聖、石本有"者"。

【論】[1]問曰：何以故以此三事次第讚菩薩摩訶薩？答曰：欲出諸菩薩實功德故，應讚則讚，應信則信；以[2]一切衆生所不能信甚深清淨法讚菩薩[3]。復次，先説菩薩摩訶薩名字，未説所以爲菩薩摩訶薩，以[4]得諸陀羅尼、三昧及[5]忍等諸[6]功德故，名爲菩薩摩訶薩。問曰：已知次第義，何以故[7]名陀羅尼？云何陀羅尼？答曰：陀羅尼，秦言能持，或言能遮。能持者，集種種善法，能[8]持令不散不失。譬如完器盛水，水不漏散。能遮[9]者，惡[10]不善根心生，能遮令不[11]生。若欲作惡罪，持令不作。是名陀羅尼。是陀羅尼，或心相應，或心不相應；或有漏，或無漏；無色不可見無對；一持、一入、一陰攝——法持、法入、行陰；九智知[12]（丹注云：除盡智[13]）；一識識[14]（丹注云：一意識[15]）。阿毘曇法，陀羅尼義如是。復次，得陀羅尼菩薩，一切所聞法，以念力故，能持不失。復次，是陀羅尼法，常逐菩薩，譬如間日瘧病；是陀羅尼不離菩薩，譬如鬼著；是陀羅尼常隨菩薩，如善不善律儀。復次，是陀羅尼持菩薩，不令墮二地坑，譬如慈父愛子，子欲墮坑，持令不墮。復次，菩薩得陀羅尼力故，一切魔王、魔民、魔人無能動、無能破、無能勝，譬如須彌山，凡人口吹不能令動。問曰：是陀羅尼有幾種？答曰：是陀羅尼多種。一名[16]聞持陀羅尼。得是陀羅尼者[17]，一切語言諸法，耳所聞者，皆不忘失——是名聞持陀隣尼[18]。復有分別知陀羅尼。得是陀羅尼者，諸衆生、諸法，大小好醜，分別悉知。如偈説[19]：

諸象馬金，木石諸衣，男女及[20]水，種種不同。諸物名一，貴賤理殊，得此總持，悉能分別。

復有[21]入音聲陀羅尼。菩薩得此陀羅尼者，聞一切語言音，不喜不瞋。一切衆生如[22]恒河[23]沙等劫，惡言罵詈，心不憎[24]恨。問曰：菩薩諸漏未盡，云何能如恒河[25]沙等劫忍此諸惡？答曰：我先言：得此陀羅尼力故能爾。復次，是菩薩雖未盡漏，大智利根，能思惟除遣瞋心。作是念：若耳根不到[26]聲邊，惡聲著誰[27]？又如罵聲，

---

1 "論"，乙、戊、宮、聖、石本無。下同，不復出校。

2 "以"，乙、戊本無。

3 "讚菩薩"前，乙、戊、聖本有"故以此法"，石本有"以此法"。

4 "以"，乙、戊本無。

5 "及"，乙、戊本作"等"。

6 "諸"，乙、戊、聖本無。

7 "故"，乙、戊、宋、元、明、宮、聖、石本無。

8 "能"，乙、戊本無。

9 "遮"，乙、戊本作"遮惡"。

10 "惡"，乙、戊本無。

11 "令不"，乙、戊、聖本作"不令"。

12 "法入……智知"七字，乙本作"法入、九智知（除盡智）"，戊本作"法入、九智知"。

13 "丹注云除盡智"，戊、聖本作本文"除盡智"，宋、元、明、宮本作小注"除盡智"，石本作"丹注云除盡智也"。

14 "一識識"後，乙本有"意識"。

15 "丹注云一意識"，乙、戊、聖本作本文"意識"，宋、元、明本作"一意識"，石本作"一意識也"，宮本無。

16 "多種一名"，乙、戊、宋、元、明、宮、聖本作"甚多，有"。

17 "者"，乙、戊、聖本無。

18 "是名……隣尼"七字，乙、戊、宋、元、明、宮、聖本無。

19 "如偈説"，乙、戊本作"如説偈言"，聖本作"如説偈"。

20 "及"，乙、戊本作"漿"。

21 "復有"，乙、聖本作"復次"，戊本作"得次"，"得"當爲"復"之誤。

22 "如"，乙、聖本作"如若"，石本無。

23 "河"，乙、戊本無。

24 "憎"，乙、戊本作"增"，"增"通"憎"。

25 "河"，乙、戊本無。

26 "到"，乙、戊、聖、石本作"趣"。

27 "誰"，乙本作"諸"，誤。

聞便直過，若不分別，誰當瞋者？凡人心著吾[1]我，分別是非而生恚恨。復次，若人能知語[2]言隨生隨滅，前後不俱，則無瞋恚。亦知諸法內無有主，誰罵誰瞋？若有人聞殊方異語，此言爲好，彼以爲惡，好惡無定，雖罵不瞋。若有人知語聲無定，則無瞋喜。如親愛罵之，雖罵不恨；非親惡言，聞則生恚。如遭風雨，則入舍持蓋；如地有刺，則著鞴鞵；大寒燃火，熱時求水。如是諸患，但求遮法而不瞋之。罵詈諸[3]惡，亦復如是，但以慈悲息此諸惡，不生瞋心。復次，菩薩知諸法不生不滅，其性皆空。若人瞋恚罵詈、若打若殺，如夢如化，誰瞋誰罵？復次，若有人，如恒河[4]沙等劫衆生，讚歎、供養衣食、臥具、醫藥、華香[5]、瓔珞，得忍[6]菩薩其心不動[7]，不喜不著。問[8]曰：已知菩薩種種不瞋因緣，未知實讚功德而亦不喜？答曰：知種種供養恭敬，是皆無常。今有因緣故，來讚歎供養；後[9]更有異因緣則瞋恚，若打若殺。是故不喜。復次，菩薩作是念[10]：以我有功德智慧故，來讚歎供養，是爲讚歎功德，非讚我也，我何以喜？復次，是人自求果報故，於我[11]所作因緣，供養我作功德，譬如人種穀，漑灌修理，地亦不喜。復次，若人供養我，我若喜受者，我福德[12]則薄，他人得福[13]亦少，以[14]是故不喜。復次，菩薩觀一切法如夢如響，誰讚誰喜？我於三界中未得脫，諸漏未盡，未得佛道，云何得讚而喜？若應喜者，唯佛一人，何以故？一切功德都已滿故。是故菩薩得種種讚歎、供養、供給，心不生喜。如是等相，名爲入音聲陀羅尼。復有名寂滅陀羅尼，無邊旋陀羅尼，隨地觀陀羅尼，威德陀羅尼，華嚴陀羅尼，音淨陀羅尼，虛空藏陀羅尼，海藏陀羅尼，分別諸法地陀羅尼，明諸法義陀羅尼。如是等略說五百陀羅尼門，若廣說則無量。以是故，言諸菩薩皆得陀羅尼。諸三昧者，三三昧：空、無作、無相。有[15]人言：觀五陰無我、無我所，是名爲空；住是空三昧，不爲後世故起三毒，是名無作；緣離十相故[16]——五塵、男、女、生、住、滅故[17]，是名無相[18]。有人言：住是三昧中，知一切諸法實相，所謂畢竟空，是名空三昧。知是空已無作。云何無作？不觀諸[19]法若空若不空、若有若無等。如佛說《法句》中偈：

> 見有則恐怖，見無亦恐怖，是故不著有，亦復不著無。

是名無作三昧。云何無相三昧？一切法無有相，一切法不受不著，是名無相三昧。如偈說[20]：

> 言語已息，心行亦[21]滅，不生不滅，如涅槃相。

1　"吾"，乙、戊本無。

2　"語"，原作"諸"，誤，茲據乙、戊、宋、元、明、宮、聖、石本改。

3　"詈諸"，乙、戊本作"言語"。

4　"河"，乙、戊本無。

5　戊本（殘卷一）終。

6　"忍"，乙、聖本作"是陀羅尼"。

7　"不動"，乙、聖本無。

8　"問"，乙本作二字空白。

9　"後"，乙本作"復"。

10　"菩薩作是念"，乙、宋、元、明、宮、聖本無。

11　"我"，乙本無。

12　"德"，乙、宋、元、明、宮本無。

13　"他人得福"，乙、宋、元、明、宮本作"於他"，聖本作"於"，石本作"於他人德福"。

14　"以"，乙、宋、元、明、宮、聖本無。

15　"有"，乙本作"又"，"又"通"有"。

16　"故"，乙、聖本無，宋、元、明本作"法"，宮本作"法故"。

17　"滅故"，乙本作"滅法"，聖本作"滅法故"。

18　"是名無相"，乙本作"是故名無相三昧"，聖、石本作"是名無相三昧"。

19　"諸"，乙、宋、宮、聖本作"是"。

20　"如偈説"，乙本作"如説偈"。

21　"亦"，乙本作"已"。

復次，十八空，是名空三昧；種種(丹注云：五道生有、本有、死有、中有、業[1])有中心不求，是名無作三昧；一切諸相破壞[2]不憶念，是名無相三昧。問曰：有種種禪定法，何以故獨稱此三三昧？ 答曰：是三三昧中，思惟近涅槃故[3]，令人心不高不下，平等不動，餘處不爾。以是故，獨稱是三三昧。餘定中，或愛多、或[4]慢多、或見多；是三三昧中第一實義實利，能得涅槃門；以是故，諸禪定法中，以是三定[5]法爲三解脫門。亦名爲三三昧，是三三昧實三昧故，餘定[6]亦得名定[7]。復次，除四根本禪，從未到地乃至有頂地，名爲[8]定，亦名三昧，非禪[9]；四禪亦名定，亦名禪，亦名三昧；諸餘定亦名定，亦名三昧：如四無量、四空定、四辯、六通、八背捨、八勝處、九次第定、十一切處等諸定法。復有人言：一切三昧法有二十三種。有[10]言六十五種。有言五百種。摩訶衍[11]最大故，無量三昧，所謂遍法性莊嚴三昧，能照一切三世法三昧，不分別知觀法性底三昧，入無底佛法三昧，如虛空無底無邊照三昧，如來力行觀三昧，佛無畏莊嚴力嚬呻[12]三昧，法性門旋藏三昧，一切世界無礙莊嚴[13]遍[14]月三昧，遍莊嚴法雲光三昧，菩薩得如是等無量諸三昧。復次，《般若波羅蜜·摩訶衍義品》中，略說則有一百八三昧——初名首楞嚴三昧，乃至虛空不著不染三昧；廣說則無量三昧。以是故說諸菩薩得諸三昧。行空、無相、無作[15]者，問曰：前言菩薩得諸三昧，何以故復言行空、無相、無作？ 答曰：前說三昧名，未說相，今欲說相，是故言行空、無作、無相[16]。若有人行空、無相、無作，是名得實相三昧。如偈說[17]：

　　若持戒清淨，是名實比丘。若有能觀空，是名得三昧。若有能精進，是名行道人。若有得涅槃，是名爲實樂。

　　已得[18]等忍者，問曰[19]：云何等？ 云何忍？ 答曰：有二種等：衆生等，法等。忍亦二種：衆生忍，法忍。云何衆生等？ 一切衆生中，等心、等念、等愛、等利，是名衆生[20]等。問曰：慈悲力故，於一切衆生中[21]，應[22]等念，不應等觀[23]。何以故？ 菩薩行實道，不顛倒[24]，如法相[25]；云何於善人、不善人、大人、小人，人及畜生一等觀？ 不

1　乙、宫、聖本無此小注，宋、元、明、石本無“丹注云”。
2　“破壞”後，乙本有“不壞”。
3　“故”，乙本無。
4　“或”，乙本無。
5　“定”，原作“空”，誤，兹據乙、宋、元、明、宫、聖本改。
6　“餘定”，乙、聖本作“餘定中”。
7　“定”，乙、宫、聖、石本作“字”。
8　“爲”，乙、聖本作“曰”。
9　“非禪”，乙、宫、聖本無。
10　“有”，乙、聖本作“又”，“又”通“有”，石本作“有一種人”。
11　“摩訶衍”，乙、聖本作“摩訶衍法”。
12　“嚬呻”，乙、宋、元、宫、聖本作“頻申”，異譯詞。
13　“莊嚴”，乙、宋、元、明、宫本作“疾”。
14　“遍”，乙、聖本作“通”，誤。
15　戊本(殘卷二)始。“無作”，乙、戊、聖本作“無作三昧”。
16　“無作無相”，乙、戊、聖本作“無相、無作”。
17　“如偈説”，乙、戊本作“如説偈”。
18　“已得”前，乙本有“經曰”。
19　“問曰”後，乙、戊、聖本有“云何得”。
20　“衆生”後，乙、戊、聖本有“中”。
21　“中”，戊本無。
22　“應”，乙、戊、聖本無。
23　“不應等觀”後，乙本有“無好無醜説之等”，“説”當爲“謂”之誤。戊、聖、石本有“無好無醜謂之等”。
24　“倒”，乙本作“到”，“到”通“倒”。
25　“如法相”，乙、戊本無。

善人中實有不善相,善人中實有善相,大人、小人、人及畜生亦爾。如牛相牛中住,馬相馬中住,牛相非馬中[1],馬相[2]非牛中,馬不作牛故,衆生各各相,云何一等觀而不墮顛倒[3]?答曰:若善相、不善相是實,菩薩應墮顛倒。何以故[4]?破諸法相故。以諸法非實善相、非實不善相,非多相、非少相,非人、非畜生,非一、非異;以是故,汝難非也。如說諸法相偈:

不生不滅,不斷不常,不一不異,不去不來;因緣生法,滅諸戲論,佛能説是,我今當禮。

復次,一切衆生中,不著種種相,衆生相,空相,一等無異;如是觀,是名衆生等。若人是中心等無礙,直入不退,是名得等忍。得[5]等忍菩薩,於一切衆生不瞋不惱,如慈母愛子。如偈[6]説:

觀聲如呼響,身行如鏡像;如此得觀人,云何而不忍?

是名衆生等忍。云何名法等忍?善法、不善法,有漏、無漏,有爲、無爲等法,如是諸法入不二入法門,入實法相門[7],如是入竟。是中深入諸法實相時,心忍直入,無諍無礙,是名法等忍。如偈説[8]:

諸法不生不滅,非不生非不滅,亦[9]不生滅非[10]不生滅,亦[11]非不生滅,非非不生滅。

已得解脱(丹注云:於邪見得離,故言解脱也[12]),空、非空[13](丹注云:於空不取,故言非也[14]),是[15]等悉[16]捨,滅諸戲論,言語道斷,深入佛法,心通無礙,不動不退,名無生忍,是助佛道初門。以是故,説已得等忍。

【經】得無礙陀羅尼[17]。

【論】問曰:前已説諸菩薩得陀羅尼,今何以復説得無礙[18]陀羅尼?答曰:無礙陀羅尼最大故。如一切三昧中,三昧王三昧最大,如人中之王;如諸解脱中無礙解脱大[19](丹注云:得佛得道時所得也[20])。如是一切諸陀羅尼中,無礙陀羅尼大,以是故重説。復次,先説諸菩薩得陀羅尼,不知是何等陀羅尼?有[21]小陀羅尼,如轉輪聖王、仙人等所得:聞持陀羅尼,分別衆生陀羅尼,歸命救護不捨陀羅尼。如是等小陀羅尼,餘人亦有。是無礙陀羅尼,外道、聲聞、辟支佛、新學菩薩皆悉[22]不得;唯無量福德智慧大力諸菩薩獨有是陀羅尼,

---

1 "牛相非馬中",乙本作"牛相非馬中相"。

2 "相",乙、戊本無。

3 "倒",乙、戊本作"到","到"通"倒"。下同,不復出校。

4 "何以故"後,乙本衍"以故"。

5 "得",乙、戊本作"是得"。

6 "偈",乙、戊本無。

7 "相門",乙、戊本作"門相"。

8 "如偈説",乙、戊本作"如説偈言"。

9 "亦",乙、戊本無。

10 "非",戊本無。

11 "亦",乙、戊本無。

12 乙、戊、宫本無此小注,宋、元、明、聖、石本作"於邪見得離,故言解脱",聖本作本文。

13 "空非空",乙、戊、聖本作"非空、非不空"。

14 乙、戊、宫本無此小注,宋、元、明、石本作"於空不取,故言非也",聖本作"非空不取,故言非如是"。

15 "是",乙、戊本作"如是"。

16 "悉",乙、戊本無。

17 "陀羅尼",乙、戊本作"陀隣尼者","陀隣尼"爲"陀羅尼"之異譯詞。下同,不復出校。

18 "礙",戊本作"無",誤。

19 "大",乙、戊、宋、元、明、宫本無。

20 乙、戊、宫本無此小注,聖本作"得佛道時所得",石本作"得佛得道時所得也"。

21 "有",乙、戊本作"有諸"。

22 "悉",乙、戊、聖、石本作"所"。

以是故別説。復次，是菩薩輩自利已具足，但欲益彼，説法教化[1]無盡，以無礙陀羅尼[2]爲根本。以是故，諸菩薩常行無礙陀羅尼。

【經】悉是五通[3]。

【論】如意、天眼、天耳、他心智、自識宿命。云何如意？如意有三種：能到、轉變[4]、聖如意。能到有四種：一者，身能飛行，如鳥無礙；二者，移遠令近，不往而到；三者，此没彼出；四者，一念能至。轉變者，大能作小，小能作大，一能作多，多[5]能作一，種種諸物皆能轉變。外道輩轉變，極久[6]不過七日；諸佛及弟子轉變自在，無有久近。聖如意者，外六塵中不可[7]愛不淨物，能觀令淨；可[8]愛淨物，能觀令不淨。是聖如意[9]法，唯佛獨有。是如意通，從修四如意足生；是如意足[10]通等，色緣故次第生，不可一時得。天眼通者，於眼得色界四大造清淨色，是名天眼。天眼所見，自地及下地六道中衆生諸物，若近若遠，若覆若細諸色，無不能照。是[11]天眼有二種：一者，從報得[12]；二者，從修得。是五通中天眼從修得，非報得。何以故？常憶念種種光明故得[13]。復次，有人言：是諸菩薩輩得無生法忍力故，六道中不攝，但爲教化衆生故，以法身現[14]於十方三界中；未得法身菩薩，或修得，或報得。問曰：是[15]諸菩薩功德，勝阿羅漢、辟支佛[16]，何以故讚凡夫所共小功德天眼[17]，不讚諸菩薩慧眼、法眼、佛眼？答曰：有三種天——一，假號天；二，生天；三，清淨天。轉輪聖王、諸餘大王等，是名假號天；從四天王天，乃至有頂生處，是名生天；諸佛、法身菩薩、辟支佛、阿羅漢，是名清淨天。是清淨天修得天眼，是謂天眼通。佛[18]、法身菩薩清淨天眼，一切離欲五通凡夫[19]所不能得，聲聞、辟支佛亦所不得。所以者何？小阿羅漢小用心，見一千世界[20]；大用心，見二千世界[21]。大阿羅漢小用心，見二千世界[22]；大用心，見三千大千世界[23]。辟支佛亦爾。是名天眼通。云何名天耳通？於耳得色界四大造清淨色，能聞一切聲：天聲、人聲、三惡道聲。云何得天耳通修得？常憶念種種聲——是名天耳通。云何識宿命通？本事常憶念：日月

---

1 “化”，乙、戊本作“他”。

2 “陀羅尼”，乙本作“隣隣尼”，第一個“隣”當爲“陀”之誤，“陀隣尼”爲“陀羅尼”異譯詞。

3 “五通”後，乙、戊、宋、宫、聖、石本有“者”。

4 “轉變”後，乙、戊、聖本有“自在”。

5 “多”，乙本脱。

6 “極久”，乙、戊、聖本作“極久能”。

7 “可”，乙、戊、聖本無。

8 “可”，乙、戊、聖本無。

9 “聖如意”，乙、戊、聖、石本作“自在”。

10 “足”，乙、戊本無。

11 “是”，原作“見”，誤，兹據乙、戊、宋、元、明、宫、聖、石本改。

12 “得”，乙、戊、聖本作“生”。

13 “故得”，原作“得故”，誤倒，兹據乙、戊、聖本乙正。

14 “以法身現”，乙、戊、聖本作“現法身”。

15 “是”，乙、戊、聖、石本作“若是”。

16 “辟支佛”後，乙、戊、聖、石本有“者”。

17 “小功德天眼”，乙、戊、聖本作“天眼小功德”。

18 “佛”後，乙、戊、聖本有“及”。

19 “離欲五通凡夫”，乙、戊本作“凡夫離欲五通”，石本作“凡夫人離欲五通”。

20 “世界”，戊本作“國土”。

21 “世界”，戊本作“國土”。

22 “世界”，戊本作“國土”。

23 “大千世界”，乙、戊本作“國土”。

年歲至胎中，乃至[1]過去[2]世中，一世、十世、百世、千萬億世，乃至大阿羅漢、辟支佛知八萬大劫；諸大菩薩及佛知[3]無量劫——是名識宿命通。云何名知他心通？知他心若有垢，若無垢；自觀心生、住、滅時，常憶念故得。復次，觀他人喜相、瞋相、怖相、畏相，見此相已，然後知心，是爲他心智初門。是五通略説竟[4]。

【經】言必信受[5]。

【論】天、人、龍、阿修羅等，及一切大人，皆信受其語，是不綺語報故。諸綺語報者，雖有實語，一切[6]人皆不信受。如偈説[7]：

有墮餓鬼中，火炎從口[8]出，四向發大聲，是爲口過報[9]！雖復多聞見，在大衆説法。以不誠信業[10]，人皆不信受。若[11]欲廣多[12]聞，爲人[13]所信受，是故當至誠，不應作綺語！

【經】無復懈怠[14]。

【論】懈怠法，破在家人財利、福利，破出家人生天樂、涅槃樂。在家、出家名聲俱滅，大失大賊，無過懈怠。如偈説[15]：

懈怠没善心，癡闇破智明，妙願皆爲滅，大業亦已[16]失！

以是故，説無復懈怠。

【經】已捨利養、名聞[17]。

【論】是利養法如賊[18]，壞功德本。譬如天雹[19]，傷害五穀；利養、名聞亦復如是，壞功德苗，令不增長。如佛説[20]譬喻：如毛繩縛人，斷膚截骨；貪利養人斷功德本，亦復[21]如是。如偈説[22]：

得入栴檀[23]林，而但取其葉；既入七寶山，而更取水精；有人入佛法，不求涅槃樂，反求利供養，是輩爲自欺！是故佛弟子，欲得甘露味，當棄捨雜毒，勤求涅槃樂[24]！譬如惡雹雨，傷害於五穀；若著利供養，破慚愧頭陀。今世燒善根，後世墮地獄；如提婆達多，爲利養自没。

1　“乃至”，乙、戊本作“及”，聖本作“及知”，石本作“及至”。

2　“去”，乙、戊本無。

3　“知”，乙、戊本無。

4　“竟”，乙、戊、宋、元、明、宫、聖本無。

5　“言必信受”後，乙、戊、宋、聖、石本有“者”。

6　己本始。

7　“如偈説”，乙、戊本作“如説偈言”，聖本作“如説偈”。“皆不……偈説”七字，己本殘。

8　“口”，乙、戊、聖本作“中”。

9　“火炎……過報”十五字，己本殘。

10　“業”，乙、戊、聖本作“等”。

11　“在大……受若”十六字，己本殘。

12　“多”，乙、戊、宫、聖本作“名”。

13　己本終。

14　“無復懈怠”後，乙、戊、宋、宫、聖、石本有“者”。

15　“如偈説”，乙、戊本作“如説偈言”。

16　“已”，乙、戊、聖本作“以”，“以”通“已”。

17　“名聞”後，乙、戊、宋、宫、聖、石本有“者”。

18　“如賊”後，乙、戊、聖本有“如雹”。

19　“譬如天雹”，乙、戊本無，聖本作“復”。

20　“如佛説”，乙、戊本作“佛”，聖本作“佛説”。

21　“復”，乙、戊本無。

22　“如偈説”，乙、戊本作“如説偈言”。

23　“栴檀”，乙本作“旃檀”，異譯詞。

24　“樂”，乙、戊、宫、石本作“利”。

以是故，言已捨利養、名聞[1]。

【經】[2] 説法無所悕望[3]。

【論】大慈憐愍，爲衆説法，不爲衣食、名聲、勢力故説；大慈悲故，心清淨故，得無生法忍[4]故。如偈説[5]：

多聞辯慧巧言語，美説諸法轉人心，自不如法行不正，譬如雲雷而不雨。博學多聞有智慧，訥口拙言無巧便，不能顯發法寶藏，譬如無雷而小雨。不廣學問無智慧，不能説法無好行，是弊法師無慚愧，譬如小雲無雷[6]雨。多聞廣智美言語[7]，巧説諸法轉人心，行法心正無所畏[8]，如大雲雷澍洪雨[9]。法之大將持法鏡，照明佛法智慧藏，持誦廣宣振法鈴，如海中船渡[10]一切。亦如蜂王集諸味，説如佛言隨佛意，助佛明法度衆生，如是法師甚難值！

【經】度甚[11]深法忍[12]。

【論】云何甚深法[13]？十二因緣，是名甚[14]深法[15]。如佛告阿難：是十二因緣法甚深，難解難知！復次，依[16]過去、未來世生[17]六十二邪見網永離[18]，是名[19]甚深法。如佛語比丘：凡夫無聞，若欲讚佛，所讚甚小[20]，所謂若讚[21]戒清淨，若讚離諸欲。若能[22]讚是甚深難解難[23]知法，是爲實讚佛。是中，《梵網經》應廣説。復次，三解脱門，是名甚深法。如佛説般若波羅蜜中，諸[24]天讚言：世尊！是法甚深！佛言：甚深法者，空則是義，無作、無相則是義。復次，解一切諸法相，實不可破不可動，是名甚深法。復次，除內心想智力，但定心諸法清淨實相中住。譬如熱氣盛，非黃見黃；心想智力故，於諸法轉觀，是名淺法。譬如人眼清淨無熱氣，如實見黃是黃；如是除內心想智力，慧眼清淨，見諸法實相。譬如真水精，黃物著中則隨作黃色，青、赤、白色皆隨色變；心亦如是，凡夫人內心想智力故，見諸法異相。觀諸法實相，非空非不空，不有非不有；是法中深入不轉，無所罣礙，是名度深法忍。度名得甚[25]深法，具足滿，無所礙，得度彼岸，是名爲度。

1　"名聞"，乙本無。
2　"經"，乙本作"經曰名聞"，宋、宫、聖本無。
3　"悕望"後，乙、戊、宋、宫、聖、石本有"者"。
4　"法忍"，乙、戊本作"忍法"。
5　"如偈説"，乙、戊本作"如説偈言"。
6　"雷"，乙、戊本作"大"。
7　"言語"，乙、戊、聖本作"語言"。
8　"畏"，乙、戊本作"怖"。
9　"如大……洪雨"七字，乙、戊本作"如大雷雲而大雨"。
10　"渡"，乙、戊本作"度"，"度"通"渡"。
11　"甚"，乙、戊本無。
12　"法忍"後，乙、戊、宋、宫、聖、石本有"者"。
13　"云何甚深法"，乙、戊、聖本作"問曰：云何名甚深法？答曰"，石本作"問曰：云何甚深忍？答曰"。
14　"甚"，乙、戊、聖、石本無。
15　"法"，乙、戊、聖本作"法，佛口自説"，宫本無，石本作"法佛自口説"，宫本無。
16　"依"，乙、戊、元、明、聖、石本作"説法破"。
17　"生"，乙、戊、元、明、聖、石本無。
18　"永離"，乙、戊、元、明、聖、石本無。
19　"是名"，乙、戊本作"故名爲"，聖、戊本作"故名"。
20　"小"，乙、戊、宋、元、明、宫本作"少"，"少"通"小"。
21　"讚"，乙、戊本無。
22　"能"，乙、戊本無。
23　"難"，乙本無。
24　"諸"，乙本作"説"，誤。
25　"甚"，乙、戊本無。

【經】得無畏力[1]。

【論】諸菩薩四無所畏力成就。問曰：如菩薩所作未辦，未得一切智，何以故說得四無所畏？答曰：無所畏有二種——菩薩無所畏，佛無所畏。是諸菩薩雖未得佛無所畏，得菩薩無所畏，是故名爲得無畏力。問曰：何等爲菩薩四無所畏？答曰：一者，一切聞[2]能持故，得諸陀羅尼故，常憶念不忘故，衆中說法無所畏故[3]；二者，知一切衆生欲解脫因緣，諸根利鈍，隨其所應而爲說法故，菩薩在大[4]衆中說法無所畏；三者，不見若東方、南西北方、四維、上下，有來難問，令我不能如法答者——不見如是少[5]許相故，於[6]衆中說法無所畏；四者，一切衆生聽受問難，隨意如法答，能巧斷一切衆生疑故。菩薩在大衆中說法無所畏。

【經】過諸魔事[7]。

【論】魔有四種：一者，煩惱魔；二者，陰魔；三者，死魔；四者，他化自在天子魔。是諸菩薩得菩薩道故，破煩惱魔；得法身故，破陰魔；得道、得法性[8]身故，破死魔；常一心故，一切處心不著故，入不動三昧故，破他化自在天子魔。以是故，說過諸魔事。復次，是《般若波羅蜜·覺魔品》中，佛自說魔業、魔事。是魔業、魔事盡已過故，是[9]名已過魔事。復次，除諸法實相，餘殘一切法盡名爲魔。如諸煩惱、結、使、欲、縛、取、纏；陰、界、入[10]；魔王、魔民、魔人[11]——如是等盡名爲魔。問曰：何處說欲縛等諸結使名爲魔？答曰：《雜法[12]藏經》中，佛說偈語魔王[13]：

欲是汝初軍；憂愁軍第二；飢渴軍第三；愛軍爲第四；第五眠睡軍；怖畏軍第六；疑爲第七軍；含毒軍第八；第九軍利養，著虛妄[14]名聞；第十軍自高，輕慢於他人。汝軍等如是，一切世間人，及諸一切天，無能破之者。我以智慧箭，修定智慧力，摧破汝魔軍，如坏瓶沒水。一心修智慧，以度於一切；我弟子精進，常念修智慧，隨順如法行，必得至涅槃。汝雖不欲放，到汝不到處！是時魔王聞，愁憂即滅去[15]；是魔惡部黨，亦復沒不現！

是名諸結使魔。問曰：五衆、十八界、十二入，何處說是魔？答曰：莫拘羅山中，佛教弟子羅陀，色衆是魔[16]，受、想、行、識亦如是。復次，若[17]欲作未來世色身，是爲動處；若欲作無色身，是亦爲動處，若欲作有想、無想、非有想[18]、非無想身，是爲一切動處。動是魔縛，不動則不縛，從惡得脫。此中說衆、界、入，是[19]魔。自

---

1 “得無畏力”後，乙、戊、宋、宮、聖、石本有“者”。

2 “聞”，戊本脫。

3 “故”，乙、戊、宋、元、明、宮本無。

4 “在大”，乙、戊本無。

5 “少”，乙、戊本作“小”，“小”通“少”。

6 “於”，乙、戊、聖本作“菩薩”。

7 “魔事”後，乙、戊、宋、宮、聖、石本有“者”。

8 “性”，乙、戊、宮、聖本無。

9 “是”，乙、戊本無。

10 “界入”，乙、戊、聖本作“入界”。

11 “魔民魔人”，乙、戊、聖本作“魔人、魔民”。

12 “法”，乙、戊、宋、元、明、宮、石本無。

13 “魔王”，乙、戊本作“魔王言”。

14 “妄”，乙、戊本作“忘”，“忘”通“妄”。

15 “愁憂即滅去”，乙、戊本作“懷愁而退去”，元、明本作“愁愛即滅去”，聖本作“愁憂而退去”。

16 “魔”，乙、戊、聖本作“魔處”。

17 “若”，乙、戊、聖本作“若有”。

18 “想”，乙本作“相”，“相”爲“想”之借字。

19 “是”，乙、戊、聖、石本無。

在天子魔、魔民、魔人即是魔，不須説。問曰：何以名魔？答曰：奪慧命，壞道法功德善本，是故名爲¹魔。諸外道人輩言：是²名³欲主，亦名華箭，亦名五箭（丹本注云：五欲箭也⁴），破種種善事故。佛法中名爲魔羅，是業是事，名爲魔事。是⁵何等魔事？如《覺魔品》中説。復次，人展轉世間受苦樂，結使因緣，亦魔王力因緣；是魔名諸佛怨讎⁶，一切聖人賊，破一切逆流人事，不喜⁷涅槃，是名魔。是⁸魔有三事：戲笑語言、歌舞邪視，如是等從愛生；縛打鞭拷⁹、刺割斫截，如是等從瞋生；炙身、自¹⁰凍、拔¹¹髮、自餓、入火、赴淵、投巖，如是等從愚癡生。又大過失不淨，染著世間¹²，皆是魔事。憎¹³惡利益，不用¹⁴涅槃及涅槃道，亦是魔事。没大苦海，不自覺知。如是等無量，皆是魔事。已棄¹⁵已捨，是爲過諸魔事¹⁶。

【經】一切業障悉得解脱¹⁷。

【論】一切惡業¹⁸得解脱，是名業障得解脱。問曰：若三種障——煩惱障、業障、報障，何以捨二障，但説業障？答曰：三障中業力最大故¹⁹，積集諸業²⁰乃至百千萬劫中，不失、不燒、不壞，與果報時不亡²¹。是諸²²業能久住²³，和合時與果報，如穀草子在地中²⁴，得時節而生，不失不壞。是諸佛一切智，第一尊重，如須彌山王，尚²⁵不能轉是諸業，何況²⁶凡人！如偈説²⁷：

生死輪載人，諸煩惱結使²⁸，大力自在轉，無人能禁止。先世業自作，轉爲種種形，業力最爲²⁹大，世間³⁰中

1　“名爲”，乙、戊本作“爲名”，誤倒。

2　“人輩言是”，乙、戊本無、石本作“言是”。

3　“名”後，乙、戊本有“魔”。

4　乙、戊、宋、元、明、宫本無此小注，聖本作本文“五情箭”，石本作“五欲箭”。

5　“是”，乙、戊、聖本無。

6　“怨讎”，乙、戊、石本作“怨家”，聖本作“怨家仇”。

7　“喜”，乙、戊本作“言”。

8　“是”，乙、戊本無。

9　“拷”，乙、戊本作“考”，“考”有拷義。

10　“自”，戊本脱。

11　“拔”，乙本脱。

12　“又大……世間”十字，乙、戊本作“又世間不淨，有大過失而染著”，石本作“有大過失不淨，染著世間”，宫、聖本作“又大過失不淨，而染著世間”。

13　“憎”，乙本作“增”，“增”通“憎”。

14　“利益不用”，乙、戊、石本無，宋、元、明本作“無益，不用”，宫本作“不用”。

15　“已棄”前，乙、戊本有“除却”。

16　“事”，乙、戊本作“行”。

17　“解脱”後，乙、戊、宋、宫、聖、石本有“者”。

18　“業”，乙、戊、聖本作“業障”。

19　“故”，乙、戊本無。

20　“積集諸業”，乙、戊、聖、石本作“諸業積集”。

21　“亡”，乙、戊、宋、元、明、宫、聖本作“忘”。

22　“諸”，乙、戊、聖本無。

23　“久住”，乙本作“久久住住”，“住”衍其一，戊、聖本作“久久住”。

24　“中”，乙、戊本無。

25　“尚”，乙、戊本作“常”，“常”通“尚”。

26　“何況”，乙、戊本作“何況於”，聖本作“何況拎”，“拎”當爲“於”之誤。

27　“如偈説”，乙、戊本作“如説偈言”。

28　“使”，乙、戊本作“雜”，宋、元、明、宫、聖本作“業”。

29　“最爲”，乙、戊、宋、元、明、宫、聖、石本作“爲最”。

30　“間”，乙、戊、宋、元、明、宫、聖本作“界”。

無比！先世業自在[1]，將人受果報，業力故輪轉，生死海中迴。大海水乾竭，須彌山地盡，先世因緣業，不燒亦不盡[2]。諸業久和集，造者自逐去，譬如責[3]物主，追逐人不置。是諸業果報，無有能轉者，亦無逃避處，非求哀可免[4]。三界中衆生，追之不暫[5]離，如阿梨刺逐[6]，是業佛所說。如風不入實，水流不仰行，虛空不受害[7]，無業亦如是。諸業無量力，不逐非造者；果報時節來，不亡[8]亦不失。從地飛上天，從天入雪山[9]，從雪山入海，一切處不離[10]。常恒隨逐我，無一時相捨，直至無失時，如星流趣月。

以是故，説一切諸業障悉得解脱。

【經】巧説因緣法[11]。

【論】十二因緣生法，種種法門能巧説煩惱、業、事，法[12]次第展轉相續生，是名十二因緣。是中[13]無明、愛、取三事[14]，名煩惱；行、有二事，名爲業[15]；餘七分，名爲體[16]事。是十二因緣，初二過去世[17]攝，後二未來世攝，中八現前[18]世攝。是略説三[19]事：煩惱，業[20]，苦。是三事展轉更互爲因緣：是煩惱業因緣，業苦因緣，苦苦因緣，苦煩惱因緣，煩惱業因緣，業苦因緣，苦苦[21]因緣。是名展轉更互爲因緣。過去世一切煩惱，是名無明。從無明生業，能作世界果，故名爲行。從行生垢心，初身因[22]，如犢子識母，自相識故，名爲識。是識共生無色四陰[23]，及是所住色[24]，是名名色。是名色中生眼等六情，是名六入。情、塵、識[25]合，是名爲觸。從觸生受。受中心著，

1　"在"，乙、戊本作"作"。

2　"盡"，乙、戊、聖本作"滅"。

3　"責"，乙、戊本作"嘖"，誤，宋、元、明、宫本作"債"，"責"爲"債"之古字。

4　"免"，乙、戊、聖本作"勉"，"勉"通"免"。

5　"暫"，乙、戊本作"慙"，誤。

6　"阿梨刺逐"，原作"珂梨羅刹"，誤，兹據乙、戊本改。聖本作"阿梨刺遂"，石本作"珂梨刺遂"，此二"遂"當爲"逐"字之誤，宋、明、宫本作"珂梨羅刺"，"刺"當爲"刺"字之誤，元本作"珂梨羅刺"。

7　"害"，乙、戊、聖本作"苦"。

8　"亡"，乙、戊、宋、元、明、宫、聖、石本作"忘"。

9　"雪山"，乙、戊本作"須彌"。

10　"不離"，乙、戊本作"常受"，聖、石本作"常隨"。

11　"因緣法"後，乙、戊、宋、宫、聖、石本有"者"。

12　"法"，乙、戊、宋、元、明、宫、聖本無。

13　庚本始。

14　"取三事"，庚本殘。

15　"行有……爲業"七字，庚本殘。

16　"爲體"，乙、戊本作"爲"，宋、元、明、宫本無。

17　"二過去世"，庚本殘。

18　"前"，乙、戊本作"在"。

19　"是略説三"，庚本殘。

20　"業"，戊本作"苦"。

21　"苦"，乙本無。

22　"因"，庚本殘。

23　"陰"，庚本作"衆"，異譯詞。

24　"是所住色"，乙、戊、庚本作"四陰住處色"，聖本作"四陰住所色"。

25　"識"，庚本作"心"。

是名渴愛。渴[1]愛因緣求,是名取。從[2]取後世因緣業[3],是名有。從有還受後世五衆[4],是名生。從生五衆[5]熟壞,是名老死。老死生憂、悲、哭、泣,種種愁惱,衆苦和合集。若一心觀諸法實相清淨,則[6]無明盡,無明盡故行盡,乃至衆苦和合集皆盡。是十二因緣相[7],如是能方便不著邪見,爲人演説,是名爲巧。復次,是[8]十二因緣觀中,斷法愛,心不著,知實相,是名爲巧。如彼[9]《般若波羅蜜·不可盡品》中,佛告須菩提:癡如虛空不可盡,行如虛[10]空不可盡,乃至衆苦和合集如虛空不可盡[11]。菩薩當[12]作是知!作是知者,爲捨癡際,應無所入。作是觀十二因[13]緣起者,則爲坐道場,得薩婆若。

【經】從阿僧祇劫已[14]來,發大誓願[15]。

【論】阿僧祇義,《菩薩義品》中已説。劫義,佛譬喻説:四千里石山,有長壽人百歲過,持細軟衣一來拂拭,令是大石山盡,劫故未盡。四千里大城,滿中芥子,不概令平;有長壽人百歲[16]過,一[17]來取一芥子去[18],芥子盡,劫故不盡。菩薩如是無數劫,發大正願度脱衆生。願名大心要誓,必度一切衆生,斷諸結使,成阿耨多羅三藐三菩提,是[19]名爲願。

【經】顏色和悦,常先問訊,所語不麤[20]。

【論】瞋恚本拔故,嫉妒除故,常修大慈、大[21]悲、大喜故,四種邪語斷故,得顏色和悦[22]。如偈説[23]:

若見乞道人,能以四種待:初見好眼視,迎逆[24]敬問訊[25],床座[26]好供養,充滿施所欲。布施心如是,佛道如在掌。若能除四種,口過妄語毒,兩舌、惡、綺語,得大美果報。善軟人求道,欲度諸衆生,除四邪口業,譬如馬有轡[27]!

1　"渴",乙、戊、庚本無。

2　辛本始。

3　"業",乙、戊本無。

4　"衆",庚、辛本作"陰",異譯詞。

5　"衆",乙、戊、庚、辛、聖本作"陰",異譯詞。

6　"則"前,乙本有"淨"。

7　"相",庚本殘。

8　"是",庚、辛本無。

9　"彼",乙、戊、庚、辛、宋、元、明、宮、聖、石本作"説"。

10　"盡行如虛",庚本殘。

11　"如虛空不可盡",庚本殘。

12　庚本終。

13　"因",乙、戊、聖本無。

14　"已",乙、戊、辛、聖、石本作"以"。

15　"誓願"後,乙、戊、辛、宋、宮、聖、石本有"者"。

16　"歲",乙、戊本作"年"。

17　"過一",辛本作"一過"。

18　"去",乙、戊、辛、宋、元、明、宮本無。

19　"是",乙、戊本無。

20　"所語不麤"後,乙、戊、辛、宋、宮、聖、石本有"者"。

21　"大",乙、戊本無。

22　"悦",乙、戊本作"合"。

23　"如偈説",乙、戊本作"説偈言",辛本作"如説偈"。

24　"迎逆",辛本作"逆迎"。

25　"訊",乙、戊本作"信"。

26　"座",乙、戊、辛本作"坐","坐"爲"座"之古字。

27　"譬如馬有轡",乙、戊、辛、聖本作"如馬四種轡",石本作"譬馬四種轡"。

【經】[1]於大眾中得[2]無所畏[3]。

【論】[4]大德故，堅實功德智慧故，得最上[5]辯陀羅[6]尼故，於大眾中得無所畏。如偈説[7]：

内心智德[8]薄，外善以美言；譬如竹無内，但示[9]有其外。内心智德[10]厚，外善以法[11]言；譬如妙金剛，中外力具足。

復次，無畏法成就故，端正[12]、貴族、大力、持戒、禪定、智慧、語議[13]等皆成就，是故[14]無所畏。以是故，於大眾中無所畏。如偈説[15]：

少德無智慧，不應處高座[16]，如豻見師子，竄伏不敢出。大智無所畏，應處師子座[17]，譬如師子吼，衆獸皆怖畏！

無量無邊智慧福德[18]力集，故無所畏。如偈説[19]：

若人滅衆惡，乃至無小罪，如是大德人，無願而不滿。是人大智慧，世界中無惱，是故如[20]此人，生死涅槃一。

復次，獨得菩薩無所畏故，如《毘那婆那王經》中説。菩薩獨得四無所畏，如先説。

【經】無數億劫説法巧出[21]。

【論】不放逸等諸善根，自身好修。是諸菩薩，非一世、二、三、四[22]世[23]，乃至無量阿僧祇劫集功德智慧。如偈説[24]：

爲衆生故發大心，若有不敬生[25]慢者，其罪甚大[26]不可説，何況而復加惡心[27]！

---

1 “經”，辛、宋、官、聖本無。下同，不復出校。
2 “得”，辛本無。
3 “無所畏”後，乙、戊、辛、官本有“者”。
4 “論”，辛、官、聖、石本無。下同，不復出校。
5 “上”，乙、戊、辛、官、石本無。
6 “陀羅尼”，乙、戊、辛本作“陀隣尼”，異譯詞。
7 “如偈説”，乙、戊本作“如説偈言”，辛本作“如説”。
8 “德”，乙本作“慧”。
9 “示”，乙、戊本作“亦”，誤。
10 “德”，乙本作“慧”。
11 “法”，乙、戊、聖本作“語”。
12 “正”，乙、本、戊、聖本作“政”，“政”通“正”。
13 “議”，戊本作“義”，“義”通“議”。
14 “是故”，乙、戊本作“以是故”。
15 “如偈説”，乙、戊本作“如説偈言”，辛本作“如説”。
16 “座”，辛、戊本作“坐”，“坐”爲“座”之古字。
17 “座”，辛、戊本作“坐”，“坐”爲“座”之古字。
18 “福德”，辛、石本作“功德”。
19 “如偈説”，乙、辛本作“如説偈”，戊本作“如説偈”。
20 “如”，乙、戊、辛本作“知”，官本作“此”。
21 “巧出”後，乙、戊、辛、宋、官、聖、石本有“者”。
22 “四”，辛、元、明本無。
23 “世”，乙、戊、宋、官、聖本無。
24 “如偈説”，乙、戊本作“如説偈”，辛本作“如説”。
25 “生”，乙、戊、辛、元、明、聖、石本作“而”，宋、官本作“大”。
26 “大”，乙、戊、辛、石本作“重”。
27 “心”，乙、戊、辛、宋、元、明、官、聖、石本作“者”。

復次，是菩薩，無數無量劫中，修身、修戒、修心、修慧；生滅縛解逆順[1]中，自了了知[2]諸法實相。有三種解：聞解，義解，得解。種種説法門中，無所罣礙，皆得説法方便、智[3]慧波羅蜜。是諸菩薩所説，如聖人説[4]，皆應信受。如偈説[5]：

有慧無多聞，是不知[6]實相；譬如大闇中，有目無所見。多聞無智慧，亦不知實義；譬如大明中，有燈而無目[7]。多聞利智慧，是所説應受。無慧亦無明[8]，是名人身[9]牛。

問曰：應言無數億劫巧説法，復何以言出？答曰：於無智人中，及弟子中説法易；若多聞利智善論議人中説法難。若小智法師，是中退縮；若大學多聞，問難中大膽[10]欣豫[11]，一切衆中有大威德。如《天[12]會經》中偈説[13]：

面目[14]齒光明，普照於大會；映奪諸天光，種種皆不現。

以是故，名爲無數億劫巧説法中能得出[15]。

大智度論卷第五[16]。

大智度初品中十喻釋論第十一（第六卷）[17]

龍樹菩薩造

後秦龜兹國三藏法師鳩摩羅什奉詔譯[18]

【經】[19]解了諸法：如幻、如焰[20]、如水中月、如虛空、如響、如犍闥婆城[21]、如夢、如影、如鏡中像、如化。

【論】[22]是十[23]喻，爲解空法故。問曰：若一切諸法空如幻，何以故諸法有可見、可聞、可嗅、可嘗、可觸、可

1　"逆順"，乙、戊、宋、元、明、宫本無。

2　"知"，乙、戊、辛、聖、石本作"知解"。

3　"智"，乙、戊本作"皆"，誤。

4　"説"，乙、戊、辛、宋、元、明、宫、聖、石本作"語"。

5　"如偈説"，乙、戊本作"如説偈言"，辛本作"如説"。

6　"知"，辛本作"智"，"智"通"知"。

7　"目"，辛本作"明"。

8　"無慧亦無明"，乙、戊、辛、宋、元、明、宫、聖本作"無聞亦無智"。

9　"身"，辛本作"中"。

10　"膽"，乙、戊、辛本作"瞻"，誤。

11　"欣豫"，乙、戊、辛、聖、石本作"歡喜"。

12　"天"，乙、戊、辛、聖、石本作"大"。

13　"偈説"，乙、戊本作"説偈言"，辛本作"説"。

14　"目"，乙、戊本作"出"。

15　辛本終，以下所抄相當於《大正藏》本卷六。

16　乙、戊本（殘卷二）終，尾題作"大智度論第五"。

17　本卷對應《大智度論》寫本凡7號：BD15298號（以下簡稱"甲本"，所抄分屬《大正藏》本卷五、六）、津藝011號（以下簡稱"乙本"）、敦研025號（以下簡稱"丙一"）、敦研026號（以下簡稱"丙二"）、俄Дx04222號（以下簡稱"丁本"）、浙敦018號（以下簡稱"戊本"）、P.2106號（以下簡稱"己本"，所抄分屬《大正藏》本卷六、七）。

18　甲本始。"大智度……譯"三十七字，甲本作"大智度初品中譬喻釋論"。

19　"經"，甲、宋、宫本無，聖本殘。

20　"焰"，甲本作"炎"，"炎"爲"焰"之古字。下同，不復出校。

21　"犍闥婆城"，甲、宋、元、明、宫本作"揵闥婆城"，異譯詞。

22　"論"，甲、宋、宫、聖乙本無。下同，不復出校。

23　"十"，甲本作"中"。

識者？若實無所有，不應有 [1] 可見乃至可識。復次，若無而妄見者，何以不見聲、聞色？若皆一等空無所有，何以有可見、不可見者？以諸法空 [2] 故，如一指第一甲無，第二甲亦無，何以不見第二甲，獨見第 [3] 一甲？以是故知：第一甲實有故可見，第二甲實無故不可 [4] 見。答曰：諸法相雖空，亦有分別可見、不可見。譬如幻化 [5] 象、馬及 [6] 種種諸物，雖知無實 [7]，然色可見，聲可聞，與六情相對，不相錯亂 [8]。諸法亦如是，雖空而可 [9] 見、可聞，不相錯亂 [10]。如《德女經 [11]》說：德女 [12] 白 [13] 佛言：世尊 [14]！如無明內有不？佛言：不！外有不？佛言：不！內外有不？佛言：不！世尊 [15]！是無明從先世來不 [16]？佛言：不！從此世至後世不？佛言：不！是無明有生 [17] 者、滅者不 [18]？佛言：不！有 [19] 一法定 [20] 實性，是名無明不？佛言：不！爾時德女 [21] 復白佛言 [22]：若無明無內，無外，亦無內外，不從先世至今世、今世至後世 [23]，亦無真實性者，云何從無明緣行乃至衆苦集？世尊 [24]！譬如有樹，若無根者，云何得生莖節枝葉華果？佛言 [25]：諸法相雖 [26] 空，凡夫 [27] 無聞無智 [28] 故，而於中生種種煩惱；煩惱 [29] 因緣，作身、口、意業；業因緣作後身；身因緣受苦受樂。是中無有 [30] 實作煩惱，亦無 [31] 身、口、意業，亦無有 [32] 受苦樂者 [33]。

1　"不應有"，甲本作"云何有"。

2　乙本始。

3　"第二……見第"十五字，乙本殘。

4　"實有……不可"十三字，乙本殘。

5　"不可……幻化"七字，乙本殘。

6　"及"，乙本作"等"。

7　"實"，甲、乙、聖本作"有實"。

8　"與六情……錯亂"九字，甲本作"不相錯亂，與六情對故"，乙本作"不相錯亂，六情定故"，聖、石本作"故不相錯亂，與六情相對"。

9　"可"，甲本作"不"，誤。

10　"雖空……錯亂"十一字，乙本無。

11　"德女經"，乙本無。

12　"德女"，乙本作"有德女"。

13　"白"，甲、乙、聖、石本作"問"。

14　"言世尊"，甲、乙、聖、聖乙、石本作"大德是"。

15　"世尊"，甲、乙、石本作"大德"。

16　"先世來不"，乙本殘。

17　"有生"，乙本殘。

18　"者滅者不"，乙本作"能生、能滅否"，聖乙本作"有滅有否"。

19　"不有"，乙本殘。

20　"定"，乙本無。

21　"德女"，甲本作"有德女"。

22　"復白佛言"，乙本殘。

23　"今世至後世"，乙本殘。

24　"乃至……世尊"七字，乙本殘。

25　"言"，乙本作"答曰"。

26　"相雖"，乙本作"雖相"。

27　"凡夫"，乙本作"小人"。

28　"智"，乙本作"知"，"知"爲"智"之古字。

29　"煩惱"，乙本無。

30　"無有"前，甲、聖乙本有"無明"。

31　"煩惱亦無"，乙本殘。

32　"有"，甲、乙本作"有人"。

33　"者"，乙本無。

譬如幻師,幻[1]作種種事[2];於[3]汝意[4]云何? 是幻[5]所作內有不? 答言:不! 外有不? 答言:不! 內外有不? 答言[6]:不! 從先世至今世,今世至後世不? 答言:不! 幻所作有生者滅者不[7]? 答言:不! 實有一法是幻所作[8]不? 答言:不! 佛言:汝頗見[9]頗聞幻所作妓[10]樂不? 答言[11]:我亦聞亦見[12]。佛問德女:若幻空[13],欺誑無實,云何從幻能作伎樂[14]? 德女白佛[15]:世尊[16]! 是幻[17]相爾,雖[18]無根本而可聞見[19]。佛言:無明亦如是,雖不內有,不外有,不內外有;不先世至今世,今世至後世,亦無實性,無有生者、滅者[20],而無明因緣諸行生,乃至衆苦陰集。如幻息、幻所作亦息;無明亦爾,無明盡,行亦[21]盡,乃至衆苦[22]集皆盡。復次,是幻譬喻示衆生[23],一切有爲法空不堅固;如説[24]:一切諸行如幻,欺誑小兒,屬因緣,不[25]自在,不久住。是故説諸菩薩知諸法如幻。如炎者,炎以日光風動塵故,曠野中見如野馬,無智人初見謂之爲水。男相[26]、女相亦如是,結使煩惱日光熱諸行塵,邪憶念風,生死曠野中轉,無智慧者謂爲一相,爲男、爲女。是名如炎。復次,若遠見炎,想[27]爲水,近則無水想。無智人亦如是,若遠聖法,不知無我,不知諸法空,於陰、界[28]、入[29]性空法中,生人相[30]、男相[31]、女相[32];近聖法,則知諸法實相,是時虛誑種種妄想盡除。以是故,説諸菩薩知諸法如炎。如水中月者,月實在虛空中[33],影現

1　"幻",甲、聖乙本作"所"。

2　"作種種事",乙本作"□是幻人,復幻作人。佛言:□幻師所作幻人空,幻人所作幻人及種種諸物□□欺誑,無實法"。

3　"於",乙本無。

4　"意",乙本作"心"。

5　"幻",甲、乙本作"幻幻"。

6　"言",甲本作"曰"。

7　"幻所……者不"九字,乙本作"若幻人能生能滅否"。

8　"所作",乙本無。

9　"見",乙本殘。

10　"妓",甲、聖乙本作"伎",乙本無。

11　"言",乙本作"曰"。

12　"聞亦見",乙本作"見亦聞"。

13　"幻空",乙本殘。

14　"能作伎樂",乙本作"有所作",宋、元、明、聖乙本作"能作妓樂"。

15　"德女白佛",甲、乙、石本作"女答佛"。

16　"世尊",甲、乙本作"大德"。

17　"幻",乙本殘。

18　"爾雖",乙本作"法爾",元、明本作"法爾,雖",聖乙本作"法爾,佛言雖"。

19　"無根……聞見"七字,乙本無。

20　"生者滅者",乙本作"能生,能滅"。

21　"亦",甲本無。

22　"衆苦"後,甲、乙本有"陰"。

23　"衆生",乙本無。

24　乙本終。

25　"不",甲、聖乙、石本作"不得"。

26　"相",甲、聖乙、石本無。

27　"想"後,甲本衍"想"。

28　"陰界",甲本作"衆",聖乙本作"衆持","衆"爲"陰"之異譯詞,"持"爲"界"之異譯詞。

29　"入",甲本作"入於"。

30　"相",甲、聖乙本作"想","想"爲"相"之借字。

31　"相",甲、聖乙本作"想","想"爲"相"之借字。

32　"相",甲、聖乙本作"想","想"爲"相"之借字。

33　"中",甲、石本作"中行"。

於水；實法相月在如、法性、實際虛空中，而凡天[1]人心水中有我、我所相現。以是故，名如水中月。復次，如小兒見水中月，歡喜欲取；大人見之則笑。無智人亦如是，身見故見有吾我，無實智故見種種法，見已歡喜，欲[2]取諸相：男相、女相等；諸得道聖人笑之。如偈説[3]：

如水中月炎中水，夢中得財死求生；有人於此實[4]欲得，是人癡惑聖所笑！

復次，譬如靜水中見月影，攪[5]水則不見。無明心靜水中，見吾我、憍慢諸結使影；實智慧杖[6]攪心水，則不見吾我等諸結使影。以是故，説諸菩薩知諸法如水中月。如虛空者，但有名而無實法。虛空非可見法，遠視故，眼光轉見縹色[7]。諸法亦如是，空無所[8]有，人遠無漏實智慧故，棄實相，見彼我、男女、屋舍、城[9]郭等種種雜物心著。如小兒仰視青[10]天，謂有實色[11]，有人飛上[12]極遠而無所見，以遠視故，謂爲青色；諸法亦如是。以是[13]故説如虛空。復次，如虛空性常清[14]淨，人謂陰曀爲不淨[15]。諸法亦如是，性常清淨，婬[16]欲瞋恚等[17]曀故，人謂爲[18]不淨。如偈説[19]：

如夏月天雷電雨，陰雲覆曀不清淨；凡夫無智亦如是，種種煩惱常覆心。如冬天日時一出，常爲昏氣雲[20]蔭曀；雖得初果第二道，猶爲[21]欲染之所蔽。若如春天日欲出，時爲陰雲所覆曀；雖離欲染第三果，餘殘癡慢猶覆心。若如秋日無雲曀，亦如大海水清淨；所作已辦[22]無漏心，羅漢如是得清淨。

復次，虛空無初、無中、無後，諸法亦如是。復次，如摩訶[23]衍中，佛語須菩提：虛空無前世，亦無中世，亦無後世，諸[24]法亦如是。彼[25]經，此中應廣説。是故説[26]諸法如虛空。問曰：虛空實有法[27]，何以故？若虛空無實

1　"而凡天"，甲本作"而凡夫"，宋、元、明、宫、聖本作"凡"，聖乙本作"凡見"。

2　"欲"，甲本無。

3　"偈説"，甲、聖乙本作"説偈"。

4　丙一始。

5　"攪"，甲、丙一、元、明、宫、聖、聖乙本作"擾"。下同，不復出校。

6　"杖"，丙一作"愁"。

7　"見法……縹色"十一字，丙一殘。

8　"是空無所"，丙一殘。

9　"彼我……舍城"七字，丙一殘。

10　"青"，甲、石本作"清"，"清"通"青"。

11　"青天謂有實色"，丙一殘。

12　"上"，甲本作"在上"。

13　"故謂……以是"十二字，丙一殘。

14　"虛空性常清"，丙一殘。

15　"淨"，丙一作"清淨"。

16　"常清淨婬"，丙一脱。

17　"等"，丙一無。

18　"爲"，甲、丙一無。

19　"如偈説"，甲、丙一作"如説偈"。

20　"雲"，甲、丙一、宋、元、明、宫、聖乙本作"雪"。

21　"爲"，甲本作"如"，誤。

22　"辦"，甲、丙一作"辨"，"辨"爲"辦"之古字。

23　"訶"，丙一殘。

24　"後世諸"，丙一殘。

25　"彼"，甲本作"後"，誤。

26　"説"，丙一無。

27　"虛空……有法"九字，丙一殘。

法者[1]，若舉、若下，若來、若往，若屈、若申，若出、若入等，有所作應無有，以無動處[2]故。答曰：若虛空法實有，虛空應有住處，何以故？無住處則無法。若[3]虛空在孔穴[4]中住，是爲虛空在虛空中住，以是故不應孔中住；若在實中住，是實非空，則不得住，無所受故。復次，汝言：住處[5]是虛空。如石壁實中，無有[6]住處；若無住處[7]則無虛空，以虛空[8]無住處，故無虛空。復次，無相故無虛空；諸法各各有相，相有[9]故知有法。如地堅相，水濕相，火熱相，風動相，識識相，慧解相，世間生滅相，涅槃永滅相；是[10]虛空無相故無。問[11]曰：虛空有相，汝不知故言無，無色處是虛空相。答曰：不爾！無色是名破色[12]，更無異法，如燈滅，更無法。以是故，無有虛空相。復次，是虛空法無，何以故？汝因色故[13]，以無色處是虛空相。若爾者，色未生時，則[14]無虛空相。復次，汝謂：色是無常法[15]，虛空是有[16]常法；色未有時，應先[17]有虛空法，以有[18]常[19]故。若色未有，則無無色處；若無無色處[20]，則無虛空相[21]；若無相則無法。以是故虛空但有名而無實。如虛空，諸法亦如是，但有假[22]名而無實。以是故，諸菩薩知諸法如虛空。如響者，若深山狹谷中，若深絕澗中，若[23]空大舍中；若語聲，若打[24]聲，從聲有聲，名爲響。無智人[25]謂爲有人語聲；智者[26]心念：是聲無人作，但以聲觸[27]，故更有聲[28]，名[29]爲響。響事[30]空，

---

1 “者”，丙一、宋、宮本無。

2 “處”，甲本作“虛”，誤。

3 “若”，甲本作“如”。

4 “穴”，丙一、宋、元、明、宮、聖乙本無。

5 “處”，丙一無。

6 “有”，丙一、聖乙本無。

7 “處”，丙一脱。

8 “虛空”，甲、丙一無。

9 “相有”，丙一作“有相”。

10 “是”，丙一無。

11 “問”，丙一無。

12 “破色”，丙一作“破色，破色”。

13 “故”，丙一無。

14 “則”前，丙一有“爾時”。

15 “法”，丙一作“汝法”，“汝”衍。

16 “有”，甲本無。

17 “先”，丙一作“生”，誤。

18 “有”，甲本無。

19 “常”，丙一作“常常”。

20 “若無無色處”，甲本作“若色無處”。

21 “則無虛空相”，丙一作“則虛空無相”。

22 “假”，丙一無。

23 “若”，甲本無。

24 “打”，丙一作“行”。

25 “人”，丙一殘。

26 “者”，丙一、聖乙本作“人”。

27 “但以聲觸”後，甲、丙一有“聲”。

28 “更有聲”，丙一作“故有聲”，宋、元、明、宮、聖乙本無。

29 “名”，甲本作“故名”。

30 “響事”後，甲本有“故”。

能誑耳根。如人[1]欲[2]語[3]時,口中風名憂陀那,還入至臍[4],觸臍響出,響出時觸七處退,是名語言。如偈説[5]:

風名憂檀那[6],觸臍而上[7]去;是風七處觸,項[8]及斷齒脣[9],舌咽及以胸[10],是中語言生。愚人不解此,惑[11]著起[12]瞋癡;中人有智慧,不瞋亦不著,亦復不愚癡,但隨諸法相。曲直及屈申,去來現[13]語言,都無有作者。是事是幻耶? 爲機關木人? 爲是夢中事? 我爲熱氣悶[14],有是爲無是? 是事誰能知? 是骨人筋纏,能作是[15]語聲,如融金投水。

以是故言[16]諸菩薩知諸法如響。如揵闥婆城[17]者,日初出時,見城門、樓櫓、宮殿、行人出入,日轉高轉滅;此城但可[18]眼見而無有實[19],是名揵闥婆城[20]。有人初不見揵闥婆城[21],晨朝東向見之[22],意謂實樂;疾行趣之,轉近轉失,日高轉滅;飢渴悶極,見熱氣[23]如野馬,謂之爲水,疾走趣之,轉近轉滅;疲極困厄,至窮山狹谷中,大喚啼哭,聞有響應,謂有[24]居民,求之疲極而無所見;思惟自悟,渴願心息。無智人[25]亦如是,空陰、界、入[26]中見吾[27]我及諸法,婬瞋心著,四方狂走,求樂自[28]滿,顛倒欺誑[29],窮極懊惱;若以智慧知無我無實法者[30],是時顛倒願息。復次,揵闥婆城[31]非城,人心想爲城;凡夫亦如是,非身想爲身,非[32]心想爲心。問曰[33]:一事[34]可知,何以

1　"人",丙一作"是人"。

2　丙一終。

3　丙二始。

4　"臍",甲、丙二作"齊","齊"通"臍"。下同,不復出校。

5　"偈説",甲、丙二作"説偈"。

6　"憂檀那",甲、元、明、石本作"憂陀那",異譯詞。

7　"而上",丙二作"上而"。

8　"項",甲、丙二、宫、聖、聖乙、石本作"頂"。

9　"脣",甲本作"肩",誤。

10　"胸",甲、丙二作"匈","匈"爲"胸"之古字。

11　"惑",甲本作"或","或"爲"惑"之古字。

12　"著起",丙二殘。

13　"現",甲、丙二、宫、聖、石本作"視"。

14　"熱氣悶",甲本作"熱悶心"。

15　"是",甲、丙二、宋、元、明、宫、聖乙本作"言"。

16　"言",丙二、聖乙本無。

17　"揵闥婆城",甲、宋、元、明、宫、聖、聖乙本作"捷闥婆城",丙二作"揵闥婆婆羅城",皆爲異譯詞。

18　"但可",甲本作"但",丙二、聖乙本無。

19　"而無有實",丙二、聖乙本作"無實"。

20　"捷闥婆城",丙二作"乾闥羅婆城",異譯詞。

21　"捷闥婆城",丙二作"乾闥羅城",異譯詞。

22　"之",丙二作"乾闥羅婆城",聖乙本作"捷闥婆城",異譯詞。

23　"氣",丙二脱。

24　"有",丙二脱。

25　"人",丙二作"之人"。

26　"界入",丙二作"入界"。

27　"吾",丙二、聖乙本無。

28　"自",丙二殘。

29　"欺誑",甲、石本作"誑欺",丙二作"欺狂","狂"通"誑"。

30　"法者",丙二殘。

31　"捷闥婆城",丙二作"乾闥羅婆城",異譯詞。

32　"非",丙二作"悲",誤。

33　"曰",丙二殘。

34　"事",丙二殘。

多喻[1]？答曰：我先已答，是摩訶衍如大海水，一切法盡攝；摩訶衍多因緣故，多譬喻無咎。復次，是菩薩甚深利智故，種種法門，種種因緣，種種喻[2]，壞諸法；爲人解故，應多引喻[3]。復次，一切聲聞法中，無揵闥婆城[4]喻，有種種餘無常[5]喻[6]：色如聚沫，受如泡，想如野馬，行如芭蕉，識如幻；及《幻網經》中空譬喻。以是揵闥婆城喻[7]異故，此中説[8]……

……水中何以不生[9]酪？若乳是酪因緣，乳亦不自在，乳亦從[10]因緣生；乳從牛有，牛從水草生，如是無邊[11]，皆有因緣。以是故因緣中果，不得言有，不得言[12]無，不得言有無，不得言非有非無，諸法從因緣生[13]，無自性，如鏡中像。如偈説[14]：

若法[15]因緣生，是法性[16]實空……

……今以易解空喻[17]難解空。復次，諸法有二種，有心著處，有心不著處，以心不著處解心著[18]處。問曰：此十譬喻，何以是心不著處？答曰：是十事不久住，易生易滅故，以是故，是心不著處。復次，有人知十喻，誆惑耳目法，不知諸法空故，以此喻諸法。若有人於十譬喻中心著，不解種種難論，以此爲有[19]，是[20]十譬[21]喻不爲其用[22]，應更爲説餘法門。問曰：若諸法都空，不生不滅，是十譬[23]喻等種種譬喻[24]，種種因緣論議，我已[25]悉知爲空；若[26]諸法都空，不應説是喻，若説是喻，是爲不空。答曰：我説空，破諸法有；今所説者[27]，若説有，先已破；

1　“喻”，甲、丙二、聖乙、石本作“譬喻”。

2　“喻”，甲本作“是譬喻”，聖、石本作“譬喻”。

3　“喻”，甲、丙二、聖乙本作“譬喻”。

4　“揵闥婆城”，丙二作“乾闥羅婆城”，異譯詞。

5　丙二終。

6　“喻”，甲本作“譬喻”。

7　“喻”，甲、聖乙本無。

8　甲本終，有尾題“大智度經卷第九”。

9　丁本始。

10　“是酪……亦從”十二字，丁本殘。

11　“牛從……無邊”九字，丁本殘。

12　“中果……得言”九字，丁本殘。

13　“非有……緣生”十字，丁本殘。

14　“偈説”，丁本殘。

15　“若法”，丁本殘。

16　丁本終。

17　戊本始。

18　“著”後，戊本衍“著”。

19　“有”，戊本作“是”。

20　“是”，戊本作“有”。

21　“譬”，戊本無。

22　“是十……其用”八字，戊本作“有十喻不爲其喻用”。

23　“譬”，戊本無。

24　“喻”，戊本無。

25　“已”，戊、聖、聖乙、石本作“以”，“以”通“已”。

26　“若”，戊本作“若知”。

27　“者”，戊本無。

若説無[1]，不應難！譬如執事比丘[2]高聲舉手唱[3]言：衆皆寂靜[4]！是爲以[5]聲遮聲，非求聲也。以是故，雖説諸法空，不生不滅，愍念衆生故，雖説非有也。以是故[6]説諸法如化。

【經】[7]得無礙無所畏[8]。

【論】[9]種種衆[10]、界、入因緣中，心無礙無盡無滅，是爲無礙無所[11]畏。問曰：如先説諸菩薩於無量衆中無所畏，今何以更説無礙無所[12]畏？答曰：先説無所畏因[13]，今説無所畏果[14]。於諸大衆乃至菩薩衆中，説法無盡，論議無滅，心無疑難，已[15]得無礙無所[16]畏故。復次，如先説於無量衆中無所畏，不知以何等力故無畏；以是故，更説無所畏，以得無礙力故。問曰：若諸菩薩亦有無礙無所畏，佛與菩薩有何等異？答曰：如我先説，諸菩薩自有無所[17]畏力故，於諸法中無所畏，非佛無所畏。復次，無礙法有[18]二種：一者，一切處；二者，非一切處。非一切處名[19]，如入[20]一經書乃[21]至百千經書中無礙，若入一衆、若入[22]百千衆中無所畏[23]；諸菩薩亦如是，自智慧中無礙，非佛智慧。如佛放鉢時，五百阿羅漢及彌勒等諸菩薩皆不能取；諸菩薩亦如是，自力[24]中無礙，佛智慧力中有礙。以是故，説諸菩薩得無礙無所畏。

【經】悉知衆生心行所趣，以微妙慧而度脱之。

【論】問曰：云何悉知衆生心行？答曰：知衆生心種種法中處處行，如日光遍照，菩薩悉知衆生心行有所趣向而教之，言一切衆生趣有二種：一者，心常求樂；二者，智慧分別，能知好惡。汝莫隨著心，當隨智慧；當自責心：汝無數劫來，集諸雜業而無厭足，而但馳逐世樂不覺爲苦。汝不見世間貪樂致患，五道受生，皆心所爲，誰使爾者？汝如狂象蹈藉殘害，無所拘制，誰調汝者！若得善調，則離世患。當知處胎不淨、苦厄，猶如地獄；既生在世，老病死苦，憂悲萬端。若生天上，當復墮落。三界無安，汝何以樂著？如是種種呵責其心，誓不隨汝。是爲菩薩知衆生心行。問曰：云何名以微妙慧而度脱之？是中云何名微妙慧？云何名麁

1　“無”，戊本作“是無”。

2　“比丘”，戊本作“比丘人”。

3　“唱”，戊本無。

4　“寂靜”後，戊本有“莫作聲、莫作聲”。

5　“以”，戊本無。

6　“以是故”後，戊本衍“雖”。

7　“經”，戊、宋、官、聖、聖乙本無。下同，不復出校。

8　“無所畏”後，戊、宋、官、聖、聖乙、石本有“者”。

9　“論”，戊、宋、官、聖、聖乙本無。下同，不復出校。

10　“種種衆”，戊本作“名種種雖”。

11　“所”，戊、聖乙本無。

12　“所”，戊、聖乙本無。

13　“因”，戊本作“果”。

14　“果”，戊本作“因相”。

15　“已”，戊本作“以”，“以”通“已”。

16　“所”，戊本無。

17　“所”，戊本無。

18　“有”，戊本作“月”，誤。

19　“名”，戊本無，元、明、聖乙本作“者”。

20　“入”，戊本作“人”，誤。

21　“乃”，戊本作“及”。

22　“入”，戊、官、聖本無。

23　“無所畏”後，戊本有“中無礙”。

24　“力”，戊本作“智慧”。

智慧？答曰：世界巧慧，是名麁智慧；行[1]施、戒、定，是名微妙[2]慧。復次，布施智[3]是爲麁慧，戒、定智是名微妙慧。復次，戒、定智[4]是爲麁慧，禪定智[5]是名微妙[6]慧。復次，禪定智[7]是爲麁慧，無猗禪定[8]是名微妙[9]慧。復次，取諸法相是爲麁慧，於諸法相不取不捨是名微妙[10]慧。復次，破無明等諸煩惱，得諸法相，是名麁慧[11]；入[12]如法相者[13]，譬如真金不損不失，亦如金剛不破不壞，又[14]如虚空無染無著……

大智度初品中意無礙釋論第十二[15]

【經】意無罣礙[16]。

【論】云何名意無罣礙？菩薩於一切怨、親、非怨、非親人中，等心無有礙。復次，一切世界衆生中，若來侵害，心不恚恨；若種種恭敬，亦不喜悦。如偈説：

　　諸佛菩薩，心不愛著；外道惡人，心不憎[17]恚。

如是清淨，名爲意無罣礙。復次，於諸法中心無礙。問曰：是菩薩未得佛道，未得一切智，云何於諸法中心無礙？答曰：是菩薩得無量清淨智慧故，於諸法中心無[18]礙。問曰：諸菩薩未得佛道故，不應有無量智；有殘結故，不應有清淨智。答曰：是諸菩薩，非三界中結業肉身，皆得法身自在，過老病死；憐愍衆生故，在世界中行；爲莊嚴佛土，教化衆生；已得自在，欲成佛能成。問曰：如法身菩薩，則與佛無異，何以名爲菩薩？何以禮佛聽法？

若與佛異，云何有無量清淨智？答曰：是菩薩雖爲法身，無[19]老病死，與佛小異。譬如月十四日，衆人生疑，若滿若不滿；菩薩如是，雖能作佛、能説法，然未實成佛。佛如月十五日，滿足無疑。復次，無量、清淨有二種：一者，實有量，於不能量者謂之無量。譬如海水、如恒河沙等，人不能量，名爲無量；於諸佛菩薩，非爲無量。菩薩無量清淨智亦復[20]如是，於諸天人及聲聞、辟支佛所不能量，名爲無量智。菩薩得無生道時，諸結使斷故，得清淨智。問曰：若爾時已斷諸結，成佛時復何所斷？答曰：是清淨有二種：一者，得佛時，除結都盡，得實清淨；二者，菩薩捨肉身、得法身時，斷諸結清淨。譬如一燈能除闇，得有所作，更有大燈，倍復[21]

1　“行”後，戊本衍“世界”。

2　“妙”，戊本無。

3　“布施智”，戊本作“行布施知”，“知”爲“智”之古字。

4　“戒定智”，戊本作“戒行施智”。

5　“禪定智”，戊本作“行禪定智”。

6　“妙”，戊本脱。

7　“禪定智”，戊本作“行禪定智”。

8　“無猗禪定”，戊本作“行無猗禪智”，宋、元、明、官本作“無猗禪”。

9　“妙”，戊本脱。

10　“妙”，戊本脱。

11　“慧”，戊本脱。

12　“入”，戊、宋、官本無。

13　“者”，戊本無。

14　戊本終。

15　己本始，首題作“摩訶般若波羅蜜經論釋初品　八”。

16　“罣礙”後，己、宋、官、聖、聖乙、石本有“者”。

17　“憎”，己本作“增”，“增”通“憎”。

18　“無”，己、石本作“無有”。

19　“無”後，己、石本有“生”。

20　“復”，己、石本無。

21　“倍復”，己本作“復位”，“位”爲“倍”之誤，聖乙、石本作“復倍”。

明了；佛及菩薩斷諸結使亦復如是，菩薩所斷雖曰已斷，於佛所斷猶爲未盡。是名得無量清淨智故，於諸法中意無罣礙。

【經】大忍成就[1]。

【論】問曰：先已説等忍、法忍，今何以故復説大忍成就？答曰：此二忍增長，名爲大忍。復次，等忍在衆生中一切能忍；柔順[2]法忍於深法中忍。此二忍增長作證，得無生忍；最後肉身，悉見十方諸佛化[3]現在前於空中坐，是名大忍成就。譬如聲聞法中：煖法增長名爲頂法，頂法增長名爲忍法，更無異法增長爲異。等忍、大忍，亦復如是。復次，有二種忍：生忍、法忍，生忍名衆生中忍，如恒河沙劫等，衆生種種加惡，心不瞋恚；種種恭敬供養，心不歡喜。復次，觀衆生無初，若有初則無因緣，若有因緣則無初；若無初亦應無後，何以故？初後相待故；若無初後，中亦應無。如是觀時，不墮常、斷[4]二邊，用安隱道觀衆生，不生邪見，是名生忍。甚深法中心無罣礙，是名法忍。問曰：何等甚深法？答曰：如先甚深法忍中説。復次，甚深法者，於十二因緣中展轉生果，因中非有果，亦非無果，從是中出，是名甚深法。復次，入三解脱門——空、無相、無作，則得涅槃常樂故，是名甚深法。復次，觀一切法：非空非不空，非有相非無相，非有作非無作；如是觀中心亦不著，是名甚深法。如偈説：

因緣生法，是名空相，亦名假名，亦名中道。若法實有，不應還無，今無先有，是名爲斷。不常不斷，亦不有無；心識處滅，言説亦盡。

於此深法信心無礙，不悔不没，是名大忍成就。

【經】如實巧度[5]。

【論】有外道法，雖度衆生，不如實度，何以故[6]？種種邪見結使殘故。二乘雖有所度[7]，不如所應[8]度，何以故[9]？無一切智，方便心薄故[10]。唯有菩薩能如實[11]巧度。譬如渡師，一人以浮囊草筏渡之，一人以方舟而渡，二渡之中相降懸殊；菩薩巧渡[12]衆生亦如是。復次，譬如治病，苦藥針灸，痛而得差；如有妙藥名蘇陀扇陀，病人眼見，衆病[13]皆愈。除病雖同，優劣法異。聲聞、菩薩教化度人亦復如是。苦行頭陀，初、中、後夜，勤心坐[14]禪，觀苦而得道，聲聞教也。觀諸法相，無縛無解，心得清淨，菩薩教也。如文殊師利本緣：文殊師利白佛：大德！昔我先世過無量阿僧祇劫，爾時有佛名師子音王，佛及衆生壽十萬億那由他歲，佛以三乘而度衆生。國名千光明，其國中諸樹皆七寶成，樹出無量清淨法音：空、無相、無作，不生不滅、無所有之音，衆生聞之，心解得道。時師子音王佛初會説法，九十九億人得阿羅漢道，菩薩衆亦復如是。是諸菩薩，一切皆得無生法忍，入種種法門，見無量諸佛，恭敬供養，能度無量無數衆生，得無量陀羅尼門，能[15]得無量種種三昧。初

---

1 “大忍成就”後，己、宋、宫、聖、聖乙、石本有“者”。
2 “順”，己本作“慎”，“慎”通“順”。
3 “化”，己本無。
4 “常斷”，己、石本作“斷常”。
5 “如實巧度”後，己、宋、宫、聖、聖乙、石本有“者”。
6 “何以故”，己、聖乙、石本作“二乘不能如所應度外道”。
7 “二乘雖有所度”，己、聖乙、石本無。
8 “如所應”，己、聖乙、石本作“能如實”，聖本作“知所應”。
9 “何以故”，己、聖乙、石本作“二乘”。
10 “故”，己、聖乙、石本作“是故不能巧度，不以佛道而度衆生，以是故言不能巧度”。
11 “實”，己、聖乙、石本作“法”。
12 “渡”，己本作“度”，“度”通“渡”。
13 “病”，己、宋、元、明、宫、聖本作“疾”。
14 “坐”，己、宫本無。
15 “能”，己、石本無。

發心新入道門菩薩,不可稱數。是佛[1]土無量莊嚴,説不可盡。時佛教化已訖,入無餘涅槃;法住六萬歲,諸樹法音亦不復出。爾時,有二菩薩比丘:一名喜根,二名勝意。是喜根法師,容儀質直,不捨世法,亦不分別善惡。喜根弟子聰明樂法,好聞深義;其師不讚少欲知足,不讚戒行頭陀,但説諸法實相清淨。語諸弟子:一切諸法婬欲相、瞋恚相、愚癡相,此諸法相即是諸法實相,無所罣礙。以是方便,教諸弟子入一相智。時諸弟子於諸人中無瞋無悔,心不悔故得生忍,得生忍故則得法忍,於實法中不動如山。勝意法師持戒清淨,行十二頭陀,得四禪、四無色定。勝意諸弟子鈍根多求,分別是淨是不淨,心即動轉。勝意異時入聚落中,至喜根弟子家,於坐處坐;讚説持戒、少欲、知足,行頭陀行[2],閑處禪寂,訾[3]毀喜根言:是人説法教人入邪見中,是説婬欲、瞋恚、愚癡,無所罣礙相,是雜行人,非純清淨。是弟子利根得法忍,問勝意言:大德! 是婬欲法名何等相? 答言:婬欲是煩惱相。問言:是婬欲煩惱,在内耶? 在外耶? 答言:是婬欲煩惱不在内,不在外:若在内,不應待外因緣生;若在外,於我無事,不應惱我。居士言:若婬欲[4]非内、非外,非東、西、南、北、四維、上下,來遍求實相不可得,是法即不生不[5]滅;若無生滅相,空無所有,云何能作煩[6]惱? 勝意聞是語已,其心不悦,不能加答,從座而起,説如是言:喜根多誑衆人著邪道中。是勝意菩薩未學音聲陀羅尼,聞佛所説便歡喜,聞外道語便瞋恚;聞三不善則[7]不歡悦[8],聞三善則[9]大歡喜;聞説生死則憂,聞涅槃則喜。從居士家至林樹間,入精舍中,語諸比丘:當知喜根菩薩是人虛誑,多令人入惡邪中。何以故? 其言婬、恚、癡相,及一切諸法皆無[10]礙相。是時,喜根作是念:此人大瞋,爲惡業所覆,當墮大罪! 我今當爲説甚深法,雖今[11]無所得,爲作後世佛道因緣。是時,喜根集僧,一心説偈:

　　婬欲即是道,恚癡亦如是;如此三事中,無量諸佛道。若有人分別,婬怒癡及道,是人去佛遠,譬如天與地。道及婬怒癡,是一法平等;若人聞怖畏,去佛道甚遠。婬法不生滅,不能令心惱,若人計吾我,婬將入惡道。見有無法異,是不離[12]有無;若知有無等,超勝成佛道。

　　説如是等七十餘偈,時三萬諸天子得無生法忍,萬八千聲聞人,不著一切法故皆得解脱。是時,勝意菩薩身即陷入地獄,受無量千萬億歲苦! 出生人中,七十四萬世常被誹謗,無量劫中不聞佛名。是罪漸薄,得聞佛法,出家爲道而復捨戒,如是六萬三[13]千世常捨戒;無量世中作沙門,雖不捨戒,諸根闇鈍。是喜根菩薩於今東方過十萬億佛土作佛,其土[14]號寶嚴,佛號光踰[15]日明王。文殊師利言:爾時勝意比丘我身是也,我觀爾時受是無量苦。文殊師利復[16]白佛:若有人求三乘道,不欲受諸苦者,不應破諸法相而懷瞋恚。佛問文殊

1　"佛",己、聖乙、石本作"國"。

2　"行",己、官、聖、聖乙、石本無。

3　"訾",己、宋、元、明、官本作"呰"。

4　"婬欲"後,己、元、明、石本有"煩惱"。

5　"不",己本無。

6　"煩",原脱,兹據己、宋、元、明、官、石本補。

7　"則",己、聖乙、石本作"便"。

8　"悦",己、石本作"喜"。

9　"則",己本作"便"。

10　"無",己、石本作"無有"。

11　"雖今",己本作"今雖"。

12　"離",己本作"雜",誤。

13　"三",己、宋、元、明、官、聖、聖乙、石本作"二"。

14　"土",己、聖乙、石本作"國土"。

15　"踰",己本作"喻","喻"通"踰"。

16　"復",己、聖乙、石本無。

師利:汝聞諸偈,得何等利? 答曰[1]:我聞此偈,得畢衆苦,世世得利根智慧,能解深法,巧説深[2]義,於諸菩薩中最爲第一。如是等,名巧説諸法相。是名如實巧度。

大智度論卷第六[3]。

大智度初品中佛土願釋論第十三(卷第七)[4]

龍樹菩薩造

後秦龜兹國三藏法師鳩摩羅什奉詔譯[5]

【經】願受無量諸佛世界[6]。

【論】諸菩薩見諸佛世界無量嚴淨,發種種願。有佛世界都無衆苦,乃至無三惡之名者[7];菩薩見已,自發願言:我作佛時,世界無衆苦,乃至無三惡之名,亦當如是。有佛世界七寶莊嚴,晝夜常有清淨光明,無有日月;便發願言:我作佛時,世界[8]常有嚴淨光明,亦當[9]如是。有佛世界一切衆生皆行十善,有大智慧,衣被飲食,應念而至;便發願言:我作佛時,世界中衆生,衣被飲食[10],亦當如是。有佛世界純諸菩薩,如佛色身三十二相,光明徹照,乃至無有聲聞、辟支佛名,亦無女人;一切皆行深妙佛道,遊至十方,教化一切;便發願言:我作佛時,世界中[11]衆生,亦當如是。如是等無量佛世界[12]種種嚴淨,願皆得之。以是故名願受無量諸佛世界。問曰:諸菩薩行業清淨,自得淨報,何以要須立願然後得之? 譬如田家得穀,豈復待願? 答曰:作福無願,無所摽立,願爲導御,能有所成。譬如銷[13]金,隨師所作,金無定也。如佛所説:有人修少施福,修少戒福,不知禪法;聞人中有富樂人,心常念著,願樂不捨,命終之後,生富樂人中。復有人修少施福,修少戒福,不知禪法;聞有四天王天處、三十三天,夜摩天、兜率陀天[14]、化樂天(專念色欲,化來從己)、他化自在天(此天他化色欲[15],與之行欲,展轉如是,故名他化自在[16]),心[17]常願樂,命終之後,各生其中;此皆願力所得。菩薩亦如是,修淨世界[18]願,然後得之。以是故知,因願受勝果[19]。復次,莊嚴佛世界[20]事大,獨行功德不能成故,要須

1 "曰",己、宋、元、明、宫、聖乙本作"言"。

2 "深",己、聖乙、石本作"深法"。

3 己本終,以下所抄内容屬《大正藏》本卷七。

4 本卷對應《大智度論》寫本凡 9 號:P.2106 號(以下簡稱"甲本",所抄分屬《大正藏》本卷六、七)、S.6796 號(以下簡稱"乙本")、俄 Дx11543 號(以下簡稱"丙一")、俄 Φ 307 號(以下簡稱"丙二")、P.4933 號(以下簡稱"丁本")、俄 Дx06662 號(以下簡稱"戊一")、俄 Φ 305 號(以下簡稱"戊二")、津藝 252 號(以下簡稱"己本",所抄分屬《大正藏》本卷七、卷八)、S.6124 號(以下簡稱"庚本",所抄分屬《大正藏》本卷七、八)。

5 甲本始。"大智度……譯"三十八字,甲本作"釋初品中佛世界願"。

6 "世界"後,甲、宋、宫、石本有"者"。

7 "者",甲、石本無。

8 "世界",甲、石本作"國土"。下同,不復出校。

9 "亦當",甲、石本作"亦復"。下同,不復出校。

10 "飲食",甲本作"食飲"。

11 "中",甲、石本無。

12 "世界",甲、石本作"國"。

13 "銷",甲本作"消","消"通"銷"。

14 "兜率陀天",甲本作"兜帥陀天",異譯詞。

15 "欲",甲本脱。

16 "他化自在",甲本作"他化自在天"。

17 乙本始。

18 "世界",乙本作"國"。

19 "以是……勝果"九字,乙本無。

20 "世界",甲、乙、石本作"國",宋、元、明、宫本作"界"。

願力。譬如牛力雖能挽車[1]，要須御者能[2]有所至；淨世界願，亦復如是，福德如牛，願如御者。問曰：若不作願，不得福耶？答曰：雖得，不如有願；願能助福，常念所行[3]，福德增長。問曰：若作願得報，如人作十惡，不願地獄，亦不應得地獄報？答曰：罪福雖有定報[4]，但作願者修少福，有願力故得大果報。如先説罪中報苦，一切衆生皆願得樂，無願苦者，是故不願地獄。以是故，福有無量報，罪報有量[5]。有人言：最大罪在阿鼻地獄，一劫受報；最大福在非有想非無想處，受八萬大劫報。諸菩薩淨世界[6]願，亦無量劫入道得涅槃，是爲常樂。問曰：如《泥黎[7]品》中謗般若波羅蜜罪，此間劫盡，復至他方泥黎中，何以[8]言最大罪受地獄中一劫報？答曰：佛法爲衆生故，有二道教化——一者佛道；二者聲聞道。聲聞道中作[9]五逆罪人[10]，佛説受地獄一劫；菩薩道中[11]破佛法人，説[12]此間劫盡，復至他方受無量罪。聲聞法最第一福，受八萬劫；菩薩道中大福，受無量阿僧祇[13]劫。以是故福德要[14]須願，是名願受無量諸佛世界[15]。

【經】[16]念[17]無量佛[18]土，諸佛三昧[19]，常現在前[20]。

【論】[21]無量佛[22]土，名十方諸佛[23]土。念佛三昧，名十方三世諸佛，常以心眼見，如現在前。問曰：云何爲念佛三昧？答曰：念佛三昧有二種：一者，聲聞法中，於一佛身，心眼見滿十方；二者，菩薩道於無量佛[24]土中，念三世十方[25]諸佛。以是故言念[26]無量佛[27]土，諸[28]佛三昧，常現在前。問曰：如菩薩三昧種種無量，何以故但[29]讚是菩薩[30]念佛三昧常現在前？答曰：是菩薩念佛故，得入佛道中，以是故念佛三昧常現在前。復次，念佛

1　“力雖能挽車”，甲、乙本作“雖有挽車力”。

2　“能”，甲本作“得”。

3　“所行”，甲、乙本作“不忘”。

4　“罪福雖有定報”，乙本作“福德亦爾，若不作願，可得生天”。

5　“無量……有量”七字，乙本作“量有無苦報罪報”。

6　“世界”，甲、乙、石本作“國”。

7　“泥黎”，乙、宋、元、明、宮本作“泥梨”，異譯詞。

8　“何以”，乙本作“何以故”。

9　“作”，乙本作“爲作”。

10　“五逆罪人”後，乙本有“故”。

11　“菩薩道中”後，乙本有“爲”。

12　“説”，乙本作“故説”。

13　“阿僧祇”，乙本無。

14　“要”，甲、乙、宋、元、明、宮、石本無。

15　“世界”，乙本作“國土”。

16　“經”，乙、宋、宮本無。下同，不復出校。

17　“念”，乙本無。

18　“佛”，甲、乙、石本作“國”。

19　“三昧”，乙本作“念佛三昧”。

20　“常現在前”後，甲、乙、宋、宮、石本有“者”。

21　“論”，乙、宋、宮本無。下同，不復出校。

22　“佛”，甲、乙本作“國”。

23　“佛”，乙本作“國”。

24　“佛”，甲、乙本作“國”。

25　“三世十方”，甲、石本作“十方三世”。

26　“念”，乙本無。

27　“佛”，甲、乙本作“國”。

28　“諸”，乙本作“念”。

29　“但”，乙、宋、元、明、宮本無。

30　“是菩薩”，乙本無。

三昧能除種種煩惱及先世罪；餘諸三昧，有能除婬不能除瞋，有能除瞋不能除婬，有能除癡不能除婬、恚，有能除三毒不能除先世罪。是念佛三昧，能除種種煩惱[1]、種種罪。復次，念佛三昧有大福德，能度衆生；是諸菩薩欲度衆生，諸餘三昧無如此念佛三[2]昧福德，能速滅諸罪者。如説：昔有五百估客，入海採寶；值摩伽羅魚王開口，海[3]水入中，船[4]去駛[5]疾。船師問樓上人：汝見何等？答言[6]：見三[7]日出，白山羅列[8]，水流奔趣，如入大坑。船師言：是摩伽羅魚王開口，一是實日[9]，兩日是魚眼[10]，白山是魚[11]齒，水流奔趣是入其口。我曹了矣！各各求諸天神以自救濟[12]！是時諸人各各求其所事，都無所益。中有五戒優婆塞[13]語衆人言：吾等當共稱南無佛，佛爲無上，能救苦厄！衆人一心同聲稱南無佛。是魚先世是佛破戒[14]弟子，得宿命智，聞稱佛聲，心自悔悟，即便合口，船人得脱。以念佛故，能除重罪、濟諸苦厄，何況念佛三昧[15]！復次，佛爲法王，菩薩爲法[16]將，所尊所重唯佛世尊，是故應[17]常念佛。復次，常念佛得種種功德利。譬如大臣特蒙恩寵常念其主；菩薩亦如是，知種種功德、無量智慧皆從佛得，知恩重故常念佛。汝言云何常念佛，不行餘三昧者，今言常念，亦不言[18]不行餘三昧；行念佛三昧多故言常念。復次，先雖説空、無相、無作三昧，未説念佛三昧，是故今説。

【經】能請無量諸佛[19]。

【論】請有二種：一者，佛初成道，菩薩夜三、晝三六時禮請[20]；偏袒右肩，合掌言：十方佛[21]土無量諸佛初成道時，未轉法輪；我某甲請一切諸佛，爲衆生轉法輪，度脱一切。二者，諸佛欲捨無量壽命入涅槃時，菩薩亦夜三時、晝三時，偏袒右肩，合掌言：十方佛[22]土無量諸佛；我某甲請令久住世間，無央數[23]劫，度脱一切，利益衆生。是名能請無量諸佛。問曰：諸佛之法，法應説法廣度衆生，請與不請法自應爾，何以須請？若於目[24]前面請諸佛則可，今十方無量佛[25]土諸[26]佛亦不目[27]見，云何可請？答曰：諸佛雖必應説法，不待人請，請者

1　“種種煩惱”，乙本無。
2　“三”後，乙本衍“三”字。
3　“海”，甲、乙、石本作“大海”。
4　“船”，乙本脱。
5　“駛”，甲本作“駃”。
6　“言”，甲本作“曰”。
7　“三”，乙本作“兩”。
8　“白山羅列”，甲、乙、石本作“有大白山”，石本作“白山”。
9　“一是實日”，乙本無。
10　“眼”，乙本作“兩眼”。
11　“魚”，甲、乙本無。
12　“濟”，乙本作“勉”。
13　“優婆塞”，甲、乙本作“憂婆塞”，異譯詞。
14　“破戒”，乙本無。
15　“三昧”後，甲、乙本有“以是故言無量國土諸佛念佛三昧，常現在前”。
16　“法”，乙本無。
17　“應”，乙本無。
18　“言”，乙本脱。
19　“諸佛”後，甲、乙、宮、石本有“者”。
20　“禮請”，乙本無。
21　“佛”，甲、乙本作“國”。
22　“佛”，甲、乙本作“國”。
23　“無央數”，甲、乙、宋、宮本作“無鞅數”，異譯詞。
24　“目”，原作“自”，誤，茲據甲、乙、宋、元、明、宮、石本改。
25　“佛”，甲、乙本作“國”。
26　“諸”，乙本作“請”，誤。
27　“目”，原作“自”，誤，茲據甲、乙、宋、元、明、宮、石本改。

亦應得福。如大國王雖多美饍，有人請者必得恩福，録其心故。又如慈心念諸衆生令得快樂，衆生雖無所得，念者大得其福；請佛説法，亦復如是。復次，有諸佛無人請者，便入涅槃而不説法。如《法華經》中多寶世尊，無人請故便入涅槃。後化佛身及七寶塔，證説《法華經》故，一時出現。亦如須扇多佛[1]，弟子本行未熟，便捨入涅槃，留化佛一劫以度衆生。今是釋迦文尼[2]佛，得道後五十七日寂不説法，自言：我法甚深，難解難知！一切衆生縛著世法，無能解者；不如默然入涅槃樂。是時，諸菩薩及釋提桓因[3]、梵天王諸天合掌敬禮，請佛爲諸衆生初轉法輪。佛時默然受請，後到波羅㮈鹿林[4]中轉法輪。如是，云何言請無所益？復次，佛法等觀[5]衆生，無貴無賤，無輕無重；有人請者，爲其請故便爲説法。雖衆生不面請[6]佛，佛常見其心亦聞彼請；假令諸佛不聞不見，請亦有福德，何況佛悉聞見而無所益？問曰：既知請佛有益，何以正以二事[7]請？答曰：餘不須請，此二事要，必須請；若不請而説，有外道輩言：體道常定，何以著法[8]，多言多事？以是故，須請而説。若有人言：若知諸法相，不應貪壽[9]，久住世間而[10]不早[11]入涅槃。以是故須請。若不請而説，人當謂佛愛著於法；欲令人知，以是故，要待人請而轉法輪。諸外道輩自著於法，若請、若不請而自爲人説；佛於諸法不著不愛，爲憐愍衆生[12]故，有請佛説者佛便爲説[13]，諸佛不以無請而初轉法輪。如偈[14]説：

> 諸佛説何實？何者是不實？實之與不實，二事不可得。如是真實相，不戲於諸法。憐愍衆生故，方便轉法輪。

復次，佛若無請而自説法者，是爲自顯自執法[15]，應必[16]答十四難。今諸天請佛説法，但爲斷老病死無戲論處[17]，是故不答十四難無咎。以是因緣[18]故，須請而轉法輪。復次，佛在人中生，用大人法故[19]，雖有大悲，不請不説；若不請而説，外道所譏。以是故，初要須請[20]。又復外道宗事梵天，梵天自請，則外道心伏。復次，菩薩法晝三時、夜三時，常行三事。一者，清旦偏袒右肩，合掌禮十方佛，言：我某甲若今世，若過世無量劫，身口意惡業罪，於十方現在佛前懺悔，願令滅除，不復更作。中、暮、夜三亦如是。二者，念十方三世諸佛所行功德，及弟子衆所有功德，隨[21]喜勸助。三者，勸請現在十方諸佛初轉法輪，及請諸佛久住世間無量劫，度脱

1　“須扇多佛”，乙本作“須扇頭佛”，異譯詞。

2　“釋迦文尼”，甲本作“釋迦车尼”，異譯詞。

3　“因”，乙本脱。

4　“鹿林”，乙本作“鹿野菀”。

5　“觀”，甲、乙、宋、元、明、宫本作“視”。

6　“面請”，乙、宋、元、明、宫本作“見”。

7　“二事”，甲、石本作“二時”。下同，不復出校。

8　“著法”，乙本無。

9　“貪壽”，乙本作“惜身”。

10　“而”，乙本作“何”。

11　“早”，甲、石本作“速”。

12　“生”，乙、石本作“人”。

13　“説”，乙本作“轉”。

14　“偈”，乙本無。

15　“是爲……執法”七字，乙本無。

16　“必”，甲、石本無。

17　“但爲……是故”十二字，乙本作“爲度衆生故”。

18　“以是因緣”，乙本作“是”。

19　“故”後，乙本有“須請而説”。

20　“雖有……須請”二十四字，乙本作“佛雖有大悲，實不待請。欲斷外道謗故，初要須請”。

21　“隨”，乙本作“歡”。

一切。菩薩行此三事，功德無量，轉近得佛，以[1]是故須請。

【經】能斷種種見[2]、纏及諸煩惱[3]。

【論】見[4]有二種：一者常，二者斷。常見者，見五衆[5]常，心忍樂；斷見者，見五衆滅，心忍樂。一切衆生，多墮此二見中。菩薩自斷此二，亦能除一切衆生二見，令處中道。復有二種見：有見、無見。復有[6]三種見：一切法忍，一切法不忍，一切法亦忍亦不忍。復有四種見：世間常，世間無常，世間亦常亦無常，世間亦非常亦非無常[7]。我及[8]世間有邊、無邊，亦如是。有死後如去，有死後不如去，有死後如去不如去，有死後亦不如去亦不不如去。復有五種見：身見、邊見、邪見、見取、戒取。如是等種種諸見，乃至六十二見。斷[9]如是諸見，種種因緣生，種種智門觀[10]，種種師邊聞[11]。如是種種相，能爲種種結使作因，能與衆生種種苦，是名種種見。見義，後當廣説。纏者，十纏：瞋纏、覆罪纏、睡纏、眠纏、戲纏、掉纏[12]、無慚纏、無愧纏、慳纏、嫉纏。復次，一切煩惱結繞心故[13]，盡名爲纏。煩惱者，能令心煩，能作惱故，名爲煩惱。煩惱有二種：内著，外著——内著者，五見、疑、慢等；外著者，婬、瞋等；無明内外共。復有二種結[14]：一，屬愛；二，屬見。復有三種：屬婬，屬瞋，屬癡。是名煩惱。纏者[15]，有人言十纏，有人言五百纏。煩惱名一切結使[16]：結有九結[17]，使有七，合爲[18]九十八結。如《迦旃延子阿毘曇》義[19]中説：十纏，九十八結，爲百八煩惱。《犢子兒阿毘曇[20]》中結使亦[21]同；纏有五百。如是諸煩惱，菩薩[22]能種種方便自斷，亦能巧方便斷他人諸煩惱[23]。如佛在時，三人爲伯、仲、季[24]；聞毘

1　“以”，乙本無。

2　“見”，乙本作“諸見”。

3　“煩惱”後，甲、宋、宫、石本有“者”。

4　“見”前，乙本有“問曰：云何名能斷種種諸見纏及煩惱？答曰”，石本有“問曰：云何名能斷種種諸見及煩惱？答曰”。

5　“衆”，甲、乙、石本作“陰”，異譯詞。下同，不復出校。

6　“有”，乙本無。

7　“無常”後，乙本有“神四種亦如是”。

8　“我及”，乙本無。

9　“斷”，乙本無。

10　“觀”後，乙本有“諸法生”。

11　“邊聞”後，乙本有“生”。

12　“掉纏”，甲、乙、宋、宫、石本作“調纏”，異譯詞。

13　“心故”，乙本無。

14　“結”，乙本無。

15　“纏者”，乙本作“是纏”。

16　“結使”，乙本作“纏使”。

17　“結”，乙、宋、元、明、宫本無。

18　“合爲”，甲、乙本作“是和集爲”，石本作“是知集爲”。

19　“義”，甲、乙本無。

20　“阿毘曇”前，乙本有“如”。

21　“亦”，乙本無。

22　“菩薩”，乙本無。

23　“煩惱”後，甲、石本有“是名能斷種種諸見纏及煩惱”，乙本有“是名能斷種種纏及煩惱”。

24　“季”，甲、乙、宫本無。

耶離[1]國[2]婬女人,名菴羅婆利[3];舍婆提[4]有[5]婬女人,名須曼那[6];王舍城婬女人,名優鉢羅槃那[7]。有三人各各[8]聞人讚三女人端正[9]無比,晝夜專念,心著不捨,便於夢中夢與從事;覺已心念:彼女不來,我亦不往,而婬事得辦[10]。因是而悟:一切諸法皆如是耶?於是往到颰陀婆羅[11]菩薩所,問是事。颰陀婆羅答言:諸法實爾,皆從念生。如是種種爲此三人方便巧說諸法空[12],是時三人即得阿鞞跋致。是諸菩薩亦復如是,爲諸衆生種種巧說法,斷諸見、纏、煩惱。是名能斷種種見、纏及諸煩惱[13]。

【經】遊戲出生百千三昧[14]。

【論】諸菩薩禪定心調,清淨智慧方便力故,能生種種諸三昧。何等爲三昧?善心一處住不動,是名三昧。復有三種三昧:有覺有觀,無覺有觀,無覺無觀三昧。復有四種三昧:欲界繫三昧,色界繫三昧,無色界繫三昧,不繫三昧。是中所用菩薩三昧,如先說於佛三昧中未滿,勤行勤修故,言能出生。問曰:諸菩薩何以故出生遊戲是百千種三昧?答曰:衆生無量,心行不同有利有鈍;於諸結使有厚有薄;是故菩薩行百千種[15]三昧,斷其塵勞。譬如爲諸貧人欲令大富,當備種種財物,一切備具,然後乃能濟諸貧者[16]。又復如人欲廣治諸病,當備種種衆藥,然後能治。菩薩亦如是,欲廣度衆生故,行種種百千三昧。問曰:但當出生此三昧,何以故[17]復遊戲其中?答曰:菩薩心生諸三昧,欣樂出入自在,名之爲戲,非結愛戲也。戲名自在;如師子在鹿中自在無畏故,名爲戲。是諸菩薩於諸三昧有自在力,能出能入亦能[18]如是。餘人於三昧中,能自在入,不能自在住、自在出;有自在住,不能自在入、自在出;有自在出,不能自在住、自在入;有自在入、自在住,不能自在出;有自在住、自在出,不能自在入。是諸菩薩能三種自在,故言[19]遊戲[20]出生[21]百千三昧[22]。

【經】諸菩薩如是[23]等[24]無量功德成就[25]。

---

1 "離",甲本作"雜",誤。

2 "聞毘耶離國",乙本作"聞毘維耶離國有","毘維耶離"爲"毘耶離"之異譯詞。

3 "菴羅婆利",乙本作"阿梵婆利",異譯詞。

4 "舍婆提",甲、乙、石本作"舍衛國",異譯詞。

5 "有",乙本作"中"。

6 "須曼那",甲、宋、元、明、宮、石本作"須蔓那",乙本作"須曼",皆爲異譯詞。

7 "優鉢羅槃那",甲本作"憂鉢羅槃那",異譯詞。

8 "各",甲本無。

9 "正",甲、乙本作"政","政"通"正"。

10 "辦",甲、乙本作"辯",誤。

11 "颰陀婆羅",甲本作"跋陀婆羅",異譯詞。下同,不復出校。

12 "空",乙本無。

13 "是名……煩惱"十二字,乙本無。

14 "三昧"後,甲、乙、宋、宮、石本有"者"。

15 "種",乙本無。

16 "者",甲、乙本作"人"。

17 "故",甲、石本無。

18 "能",甲、乙、宋、元、明、宮本作"復"。

19 "言",乙本無。

20 "遊戲"前,甲本有"能"。

21 "生",乙本作"入"。

22 "三昧"後,乙本有"如是等種無量功德成就"。

23 "諸菩薩如是",甲、宋、宮本作"如是"。

24 "等"後,甲、宋、元、明、宮本有"種種"。

25 "成就"後,乙、石本有"者"。

【論】是[1]諸菩薩共佛住，欲讚其功德，無量億劫不可得盡[2]。以是故言無量功德成就。

【經】其名曰：颰陀婆羅菩薩(秦言善守)，剌那伽羅[3]菩薩(秦言寶積)，導師菩薩，那羅達菩薩，星得菩薩，水天菩薩，主天菩薩，大意菩薩，益意菩薩，增意菩薩，不虛見菩薩，善進菩薩，勢勝菩薩，常勤菩薩，不捨精進[4]菩薩，日藏菩薩，不缺意菩薩，觀世音[5]菩薩，文殊尸利[6]菩薩(秦言妙德)，執寶印菩薩，常舉手菩薩，彌勒[7]菩薩。如是等無量千萬億那由他諸菩薩摩訶薩[8]，皆是[9]補處紹尊位者。

【論】如是等諸菩薩，共佛住王舍城耆闍崛山中。問曰[10]：如是菩薩眾多，何以獨說二十二菩薩名[11]？答曰：諸菩薩無量千萬億，說不可盡，若都說者，文字[12]所不能載。復次，是中二種菩薩：居家、出家。善守等十[13]六菩[14]薩[15]，是居家菩薩。颰陀婆羅居士菩薩，是王舍城舊[16]人；寶積王子菩薩，是毘耶離[17]國人；星得長者子菩薩，是[18]瞻波[19]國人；導師居士菩薩，是舍婆提國[20]人；那羅達婆羅[21]門菩薩，是彌梯羅國人；水天優婆塞菩薩。慈氏、妙德[22]菩薩等，是出家菩薩。觀世音菩薩等[23]，從他方佛[24]土[25]來。若說居家，攝一切居家菩薩；出家、他方亦如是。問曰：善[26]守菩薩有何[27]殊勝，最在前說？若最大在前，應說[28]遍吉、觀世音[29]、得大勢菩薩[30]等[31]；若最小在前，

1　"是"前，甲、宋、元、明、宫本有"諸菩薩如是等無量功德成就者"。

2　"不可得盡"後，乙本有"不可說"。

3　"剌那伽羅"，甲、乙、宋、元、明、宫、石本作"剌那那伽羅"，異譯詞。

4　"不捨精進"，乙本作"不解息"。

5　"觀世音"，乙本作"光世音"，異譯詞。下同，不復出校。

6　"文殊尸利"，甲、石本作"滿濡尸利"，乙本作"滿儒尸利"，皆爲異譯詞。

7　"彌勒"，乙本作"慈氏"，異譯詞。

8　"摩訶薩"，乙本無。

9　"皆是"前，乙本有"一切菩薩"。

10　丙一始。

11　"眾多……薩名"十二字，丙一殘。

12　"說不……文字"十字，丙一殘。

13　"十"，乙本脱。

14　"菩薩……六菩"十二字，丙一殘。

15　"薩"後，丙一有"等"。

16　"婆羅……城舊"十一字，丙一殘。

17　"毘耶離"，丙一作"毘陀離"。

18　"離國……薩是"十一字，丙一殘。

19　"瞻波"，甲、石本作"占波"，異譯詞。乙、丙一作"占彼"，"彼"當爲"波"之誤。

20　"舍婆提國"，甲、乙、石本作"舍衛國"，異譯詞。

21　"是舍……婆羅"十一字，丙一殘。

22　"水天……妙德"十一字，丙一殘。

23　"等"，乙本無。

24　"佛"，甲、乙本作"國"。

25　"世音……佛土"十字，丙一殘。

26　"薩出……曰善"十一字，丙一殘。

27　"何"，乙、丙一作"何等"。

28　"在前……應說"十字，丙一殘。

29　"觀世音"，甲、乙、石本作"觀世音菩薩"。

30　"得大勢菩薩"，甲本作"德大勢旨菩薩"，乙本作"大勢旨菩薩"，石本作"菩薩德大勢旨菩薩"，前一"菩薩"衍，"德"通"得"。

31　"等"，甲、乙本無。

應説肉身初 [1] 發意菩薩等。答曰：不以大、不以小，以善守菩薩是王舍 [2] 城舊人，白衣菩薩中最大。佛在王舍城欲説般若波 [3] 羅蜜，以是故最在前説。復次，是善守菩薩，無量種種 [4] 功德，如《般舟三昧》中，佛自現前讚其功德。問曰：若彌勒 [5] 菩薩應稱補處，諸餘菩薩何以復言紹尊位者？答曰：是諸 [6] 菩薩於十方佛 [7] 土皆補佛處 [8]。

大智度初品中放光釋論第十四 [9]

【經】[10] 爾時，世尊自敷師子座 [11]，結加 [12] 趺坐 [13]，直身繫念在前 [14]，入三昧 [15] 王三昧，一切三昧悉入其中。

【論】[16] 問曰：佛有侍者及諸菩薩，何 [17] 以故自敷師子座 [18] ？答曰：此 [19] 是佛所化成，欲以可適大 [20] 衆，以是故，阿難不能得敷 [21]。復次，佛心化作，故言自敷 [22]。問曰：何以名師子座？爲佛化 [23] 作師子，爲實師子來，爲金銀木石作師子耶？又 [24] 師子非 [25] 善獸故 [26]，佛所不須，亦 [27] 無因緣故，不應來！答曰：是號名師 [28] 子，非實師子也。佛爲

1　“薩等……身初”十二字，丙一殘。

2　“不以……王舍”十一字，丙一殘。

3　“大佛……若波”十一字，丙一殘。

4　“復次……種種”十一字，丙一殘。

5　“前讚……彌勒”十字，丙一殘。

6　“薩何……是諸”十三字，丙一殘。

7　“佛”，甲、乙、丙一作“國”。

8　甲本終，尾題作“大智度論卷第八”，題記作“昔雪山菩薩，八字捨身；香城大士，一言析骨。況我凡愚，而不迴向。佛弟子田豐，躬率己財，兼勸有心，仰爲皇帝、文武百僚、七世父母、過見師尊及法界衆生，敬寫一切經論，願共成佛”。“處”，丙一殘。

9　乙本品題作“摩訶般若波羅蜜優波提舍中放光品第十”。丙一、丙二綴合後，品題作“摩訶般若波羅蜜憂婆提舍中放光品第十”，丙二始於“品第十”三殘字。

10　“經”，乙、丙一、宋、宮本無。

11　“師子座”，乙、丙一作“師子坐”，“坐”爲“座”之古字。下同，不復出校。

12　“結加”，乙、丙一、宋、元、明、宮本作“結跏”，異譯詞。下同，不復出校。

13　“坐”，丙二脱。

14　“直身繫念在前”，乙本作“正身正念”。

15　“趺坐……三昧”十一字，丙一殘。

16　“王三……中論”十二字，丙二殘。

17　“論問……薩何”十二字，丙一殘。

18　“師子座”，丙一作“師子高坐”，“坐”爲“座”之古字。

19　“此”，丙二作“此坐”。“以故……曰此”十字，丙二殘。

20　“是佛……適大”十字，丙一殘。

21　“衆以……得敷”十字，丙二殘。

22　“復次……自敷”十字，丙一殘。

23　“問曰……佛化”十一字，丙二殘。

24　“又”，乙本無。

25　丙一終。

26　“故”，乙本作“故不應來”，丙二無。

27　“須亦”，丙二殘。

28　“故不……名師”十字，丙二殘。

人中師子,佛所坐處[1]若床若地[2],皆名[3]師子座。譬如今者國王坐處,亦名師子座。復次,王呼健[4]人,亦名人師子;人稱國王,亦名人師子。又如師子四足獸中,獨[5]步無畏,能伏一切;佛亦如是,於九十六種道中,一切降[6]伏無畏故[7],名人師子。問曰:多有坐法,佛何以故唯用結[8]加趺坐? 答曰:諸坐法中結加趺坐[9]最安隱,不疲極;此是坐[10]禪人坐法,攝持手足,心亦不散。又於一切四種身儀中[11],最安隱。此是禪坐取道法坐,魔王見之,其心憂怖。如[12]是[13]坐者,出家人法,在林樹下結加趺坐,眾人見之皆大[14]歡喜,知此道人必當取道。如偈說[15]:

若結加趺坐,身安入三昧[16];威德人敬仰,如日照天下。除睡嬾覆心,身輕不疲懈[17];覺悟亦輕便,安坐如龍蟠。見畫加趺坐,魔王亦愁怖[18],何況入道人,安坐不傾動。

以是故,結加趺坐。復次,佛[19]教弟子應如是[20]坐。有外道輩,或常翹足求道、或常立、或荷足[21]——如是狂狷,心没邪海,形不安隱。以是故,佛教弟子結加趺直身坐。何以故直身? 心易正故,其身直坐則心不嬾;端心正意,繫念在前,若心馳散,攝之令還。欲入三昧故,種種馳念皆亦攝之;如此繫念[22],入三昧王三昧。云何名三昧王三昧? 是三昧於諸三昧中最第一自在,能緣無量諸法。如諸人中王第一,王中轉輪聖王第一,一切天上天下佛第一;此三昧亦如是,於諸三昧中最第一。問曰:若以佛力故,一切三昧皆應第一,何以故獨稱三昧王爲第一? 答曰:雖應以佛神力故,佛所行諸三昧皆第一,然諸法中應有差降;如轉輪聖王眾寶,雖勝一切諸王寶,然此珍寶中自有差別,貴賤懸殊。是三昧[23]王三昧,何定攝? 何等相? 有人言:三昧王三昧名爲自在相,善五眾[24]攝,在第四禪中。何以故? 一切諸佛於第四禪中行見諦道,得阿那含,即時十八心中得佛道。在第四禪中捨壽,於第四禪中起,入無餘涅槃。第四禪中有八生住處。背捨[25]、勝處[26]、一切入多在

1　"坐處"後,乙本有"名師子坐一切坐處"。
2　"若地"後,乙本有"佛所坐處"。
3　"子佛……皆名"十一字,丙二殘。
4　"亦名……呼健"十字,丙二殘。
5　"人師……中獨"十二字,丙二殘。
6　"於九……切降"十字,丙二殘。
7　"無畏故",乙本作"故",石本作"無畏無故"。
8　"有坐……用結"十字,丙二殘。
9　"坐",乙本脱。
10　"趺坐……是坐"十一字,丙二殘。
11　"不散……儀中"十一字,丙二殘。
12　"取道……怖如"十三字,丙二殘。
13　"是",乙、丙二、宋、元、明、宫、聖、石本作"此"。
14　"下結……皆大"十一字,丙二殘。
15　"偈説",乙本作"説偈"。
16　"如偈……三昧"十三字,丙二殘。
17　"懈",乙、聖本作"寄"。"除睡……疲懈"十字,丙二殘。
18　"見畫……愁怖"十字,丙二殘。
19　"安坐……次佛"十五字,丙二殘。
20　丙二終。
21　"或荷足",乙本作"或荷足坐"。
22　"繫念"後,乙本有"已"。
23　"三昧",乙、宋、宫本無。
24　"眾",乙本作"陰相",聖、石本作"陰","陰"爲"眾"之異譯詞。
25　"背捨",乙本作"解脱",異譯詞。
26　"勝處",乙本作"除入"。

第四禪中。第四禪名不動，無遮禪定法。欲界中諸欲遮禪定心，初禪中覺觀心動，二禪中大喜動，三禪中大樂動，四禪中無動。復次，初禪火所燒，二禪水所及，三禪風所至，四禪無此三患；無出入息，捨[1]念清淨。以是故，三昧[2]王三昧應在第四禪中[3]，如好寶物置之好藏。更有人言：佛三昧誰能知其相？一切諸佛法，一相無相、無量、無數、不可思議。諸餘三昧尚不可量、不可數、不可思議，何況三昧王三昧！如此三昧，唯佛能知。如佛神足、持戒尚不可知，何況三昧王三昧！復次，三昧王三昧，諸一切三昧皆入其中，故名三昧王三昧。譬如閻浮提衆川萬流皆入大海；亦如一切民人[4]皆屬國王。問曰：佛一切智無所不知，何以故入此三昧王三昧，然後能知？答曰：欲明智慧從因緣生故，止外道六師[5]輩言：我等智慧一切時常有常知故。以是故言佛入三昧[6]王三昧故知，不入則不知。問曰：若如是者，佛力減劣！答曰：入是三昧王三昧時，不以爲難，應念即得；非如聲聞、辟支佛、諸小菩薩方便求入。復次，入是三昧王三昧中，令六神通通徹十方，無限無量。復次，佛入三昧王三昧，種種變化現大神力。若不入三昧王三昧而現神力者，有人心念：佛用幻力、呪術力，或是大力龍神力[7]，或是天，非是人。何以故？一身出無量身，種種光明變化故，謂爲[8]非人。斷此疑故，佛入三昧王三昧。復次，佛若入餘三昧中，諸天、聲聞、辟支佛或能測知；雖言佛神力大而猶可知，敬心不重。以是故，入三昧王三昧中，一切諸衆聖，乃至十住菩薩不能測知，不知佛心何所依、何所緣。以是故，佛入三昧王三昧。復次，佛有時放大光明，現大神力：如生時、得道時、初轉法輪時、諸天聖人大集會[9]時、若破外道時，皆放大光明。今欲現其殊特故，放大光明，令十方一切天人衆生及諸阿羅漢、辟支佛、菩薩皆得見知，以是故，入三昧[10]王三昧。復次，光明神力有下、中、上——呪術、幻術能作光明變化，下也；諸天龍神報得光明神力，中也；入諸三昧，以今世功德心力，放大光明現大神力，上也[11]。以是故，佛入三昧[12]王三昧。問曰：如諸三昧各各相，云何一切三昧悉入其中？答曰：得是三昧[13]王三昧時，一切三昧悉得，故言悉入其中。是三昧力故，一切諸三昧皆得無量無數，不可思議。以是故名爲入。復次，入是三昧[14]王三昧中，一切三昧欲入即入。復次，入是三昧[15]王三昧，能觀一切三昧相，如山上觀下。復次，佛入是三昧[16]王三昧中，能觀一切十方世界[17]，亦能觀一切衆生。以是故，入三昧王三昧[18]。

【經】爾時，世尊從三昧安庠[19]而起，以天眼觀視世界，舉身微笑。

【論】問曰：云何世尊入三昧王三昧，無所施作，而從定起觀視世界？答曰：佛入是三昧王三昧，一切佛

1　“捨”，乙本作“護”。

2　“三昧”，乙、宋、元、明、宮本無。

3　“中”，乙本作“中住”。

4　“民人”，乙、宋、元、明、宮、聖、石本作“人民”。

5　“六師”前，乙本有“有”。

6　“三昧”，乙、宋、元、明、宮本無。

7　“力”，乙、宋、元、明、宮、聖本無。

8　“謂爲”，乙本作“知”。

9　“會”，乙、宋、元、明、宮、聖、石本作“和合”。

10　“三昧”，乙、宋、宮本無。

11　“上也”，乙本作“是爲上”，聖本作“爲上也”。

12　“三昧”，乙本無。

13　“三昧”，乙本無。

14　“三昧”，乙本無。

15　“三昧”，乙本無。

16　“三昧”，乙本無。

17　“世界”，乙、聖、石本作“國土”。下同，不復出校。

18　“入三昧王三昧”，乙本作“名入”。

19　“庠”，乙、宋、明、宮、聖、石本作“詳”，“庠”通“詳”。下同，不復出校。

法寶藏,悉開悉看。是三昧王三昧中觀已,自念:我此法藏無量無數,不可思議！然後從三昧安庠而起,以天眼觀衆生,知衆生[1]貧苦,此法藏者從因緣得,一切衆生皆亦可得,但坐癡冥,不求不索。以是故,舉身微笑。問曰:佛有佛眼、慧眼、法眼,勝於天眼,何以用天眼觀視[2]世界？答曰:肉眼[3]所見不遍故;慧眼知諸法實相;法眼見是人以何方便,行何法得道;佛眼名一切法現前了了知。今天眼緣世界及衆生,無障無礙,餘眼不爾。慧眼、法眼、佛眼雖勝,非見衆生法;欲見衆生,唯以二眼:肉眼、天眼。以肉眼不遍,有所障故,用天眼觀。問曰:今是眼在佛,何以名爲天眼？答曰:此眼多在天中,天眼所見,不礙山壁[4]樹木。若人精進、持戒、禪定行力得,非是生分。以是[5]故,名爲天眼。復次,人多貴天,以天爲主,佛隨人心,以是故名爲天眼。復次,天有三種:名天、生天、淨天。名天:天王、天子是也。生天:釋、梵諸天是也。淨天:佛、辟支佛、阿羅漢是也。淨天中尊者[6],是佛;今言天眼,亦無咎也。天眼觀視世界者,以世界衆生,常求安樂而更得苦;心著吾我,是中實無吾我。衆生常畏苦而常行苦,如盲人求好道,反墮深坑。如是等種種觀已,舉[7]身微笑。問曰:笑從口生,或時眼笑,今云何言一切身笑？答曰:佛,世界中尊,得自在,能令一切身如口、如眼故,皆能[8]笑。復次,一切毛孔皆開,故名爲笑;由口笑歡喜故,一切毛孔皆開。問曰:佛至[9]尊重,何以故笑？答曰:如大地,不以無事及小因緣而動[10];佛亦如是,若無事及小因緣則不笑[11],今大因緣故一切身笑。云何爲大？佛欲説摩訶般若波羅蜜,無央數[12]衆生當續佛種,是爲大因緣。復次,佛言:我世世曾作小蟲、惡人,漸漸集諸善本,得大智慧;今自致作佛,神力無量最上最大。一切衆生亦可得爾,云何空受勤苦而墮小處？以是故笑。復次,有小因大果、小緣大報。如求佛道,讚一偈、一稱南無佛、燒一捻香,必得作佛;何況聞知諸法實相[13]不生不滅、不不生不不滅[14],而行因緣業亦不失！以是事故笑。復次,般若波羅蜜相,清淨如虛空,不可與,不可取。佛種種方便,光明神德,欲教化一切衆生令心調柔,然後能信受般若波羅蜜。以是故,因笑放光。笑有種種因緣:有人歡喜而笑,有人瞋恚而笑,有輕人而笑,有見異事而笑,有見可羞恥事而笑,有見殊方異俗而笑,有見希有難事而笑。今是第一希有難事:諸法相,不生不滅,真空無字無名,無言無説;而欲作名立字,爲衆生説令得解脱,是第一難事。譬如百由旬大火聚[15],有人負乾草入火中過,不燒一葉,是爲甚難[16];佛亦如是,持八萬法衆名字草,入諸法實相中,不爲染著火所燒,直過無礙,是爲甚難,以是難事故笑。如是種種希有難事故,舉身微笑。

【經】從足下千輻相輪中,放六百萬億光明[17]。

---

1 "衆生",乙本作"其"。
2 "視",乙本無。
3 "肉眼",乙本無。
4 "壁",乙本作"辟","辟"通"壁"。
5 "以是",乙本作"是以"。
6 "者",乙本無。
7 "舉",乙本作"一切"。
8 "皆能",乙本作"能皆"。
9 "至",乙本無。
10 "如大地……而動"十三字,乙本作"如大地若無因緣,若小因緣不動"。
11 "若無事……不笑"十字,乙本作"無因緣及小因緣,則不笑"。
12 "無央數",乙、宋、宮、聖本作"無鞅數",異譯詞。
13 "相",原脱,兹據乙本補。
14 "不不生不不滅",乙本作"不生不滅"。
15 "聚",乙本作"積"。
16 "是爲甚難",原作"是甚爲難",誤倒,兹據乙、宋、元、明、宮、聖、石本乙正。
17 "光明",乙本作"諸光明"。

【論】問曰：佛何以故[1]先放身光？答曰：上笑因緣中已答，今當更說：有人[2]見佛無量身，放大光明，心信清淨恭敬故，知非常人。復次，佛欲現智慧光明神[3]相故，先出身光，衆生知佛身光既現，智慧光明亦應當出。復次，一切衆生常著欲樂，五欲中第一者色；見此妙光，心必愛著，捨本所樂；令其心漸離欲，然後爲説智慧。問曰：其餘天人亦能放光，佛放光明有何等異？答曰：諸天人雖能放光，有限有量；日月所照，唯四天下；佛放光明，滿三千大千世界，三千大千世界中出，遍至下方。餘人光明，唯能[4]令人歡喜而已；佛放光明，能令一切聞法得度，以是爲異。問曰：如一身中，頭爲最[5]上，何以故先從足下放光？答曰：身得住處，皆由於足。復次，一身中雖頭貴而足賤，佛不自貴光，不爲利養，以是故於賤處放光[6]。復次，諸龍、大蛇、鬼神，從口中[7]出光，毒害前物；若佛口放光明，衆生怖畏，是何大光！復恐被害，是故從足下放光[8]。問曰：足下六百萬億光明，乃至肉髻[9]，是皆可數；三千大千世界尚不可滿[10]，何況十方[11]！答曰：此身光是諸光之本，從本枝流無量無數。譬如迦羅求羅虫，其身微細，得風轉大，乃至能吞食一切；光明亦如是，得可度衆生轉增無限。

【經】足十[12]指、兩踝、兩踹、兩膝、兩髀、腰、脊、腹、背[13]、臍[14]、心、胸[15]德字、肩[16]、臂、手十指、項、口、四十齒、鼻兩孔、兩眼、兩耳、白毫相[17]、肉髻，各各放六百萬億光明。

【論】問曰：足下光明能照三千大千及十方世界，何用身分各各放六百萬億光明？答曰：我先言足下光明照下方，餘方不滿，是故更放身分光明。有人言：一切身分，足爲立處故最大，餘不爾；是故佛初放足下六百萬億光明以示衆生。如三十二相中，初種足下安住相；一切身分皆有神力。問曰：依何三昧、依何神通、何禪定中放此光明？答曰：三昧王三昧中放此光明；六通中如意通，四[18]禪中第四禪，放此光明。第四禪中火勝處[19]，火一切入，此中放光明。復次，佛初生時、初成佛時、初轉法輪時，皆放無量光明滿十方；何況説摩訶般若波羅蜜時而不放光[20]？譬如轉輪[21]聖王珠寶，常有光明照王軍衆，四邊各一由旬；佛亦如是，衆生緣故，若不入三昧，恒[22]放常光[23]。何以故？佛衆法寶成故。

1　“故”，乙、宋、宮本無。

2　“有人”，乙本作“有人言”。

3　“神”，乙、宋、元、明、宮、聖本作“初”。

4　“能”，乙本無。

5　“爲最”，乙本作“最爲”。

6　“一身中……放光”二十六字，乙本作“佛不自貴光，不爲利養，以是故如一身中，足爲最賤，頭爲最貴，不爲利故，於賤處放光”。

7　“中”，乙、石本無。

8　“足下放光”，乙本作“下放光明”。

9　“肉髻”，乙本作“肉結”。下同，不復出校。

10　“世界尚不可滿”，乙本作“國土多”。

11　“十方”後，乙本有“云何能遍”。

12　“足十”，乙本作“十足”。

13　“背”，乙本無。

14　“臍”，乙本作“齊”，“齊”通“臍”。

15　“胸”後，乙本有“背肩”。

16　“肩”，乙本無。

17　“毫相”，乙本作“豪毛”，“豪”通“毫”。

18　“四”，乙本作“中”，誤。

19　“火勝處”，乙本作“十除入”。

20　“光”，乙本作“光明”。

21　“輪”，乙本作“法輪”。

22　“恒”，乙本無。

23　“光”，乙、聖本作“光明”。

【經】從是諸光¹,出大光明,遍照三千大千世界。從三千大千世界,遍照東方如恒河沙等諸世界,南西²北方、四維、上下,亦復如是。若有衆生遇斯光者³,必得阿耨多羅三藐三菩提。

【論】問曰:如火相上焰⁴,水相下潤⁵,風相傍行⁶;是光明火氣應當上去,云何遍滿三千大千世界及十方世界⁷?答曰:光明有二種——一者火氣,二者水氣。日珠火氣,月珠水氣;火相雖焰上⁸,而⁹人身中火上下遍到。日火亦爾¹⁰,是故¹¹夏月地水盡熱。以是故,知¹²火不皆上。復次,是光明佛力故,遍至十方;譬如強¹³弓遣箭,隨所向至。問曰:何以先照東方,南、西、北後¹⁴?答曰:以日出東方爲¹⁵上故,佛隨衆生意,先照東方。復次,俱有一難。若先照南方,當言何以不先照東、西、北方?若先照西方、北方,亦爾¹⁶。問曰:光明幾時當滅?答曰:佛用神力欲住便住,捨神力便滅。佛光如燈,神力如脂¹⁷,若¹⁸佛不捨神力,光不滅也。

【經】¹⁹光明出過東方如²⁰恒²¹河沙等世界²²,乃至十方亦復如是²³。

【論】²⁴問曰:云何爲²⁵三千大千世界²⁶?答曰:佛《雜阿含》中分別説²⁷:千日、千月、千²⁸閻浮提、千瞿陀尼²⁹、千³⁰欝怛羅越、千弗婆提、千須彌山、千四天王天處、千三十三天³¹、千夜摩天³²、千兜率陀天³³、千化自在天³⁴、千

---

1 “光”,乙本作“光明”。

2 “南西”,乙、聖本作“南方、西方”。

3 “遇斯光者”,乙本作“值斯光明”。

4 “相上焰”,乙本作“上相”。

5 “相下潤”,乙本作“下相”。

6 “相傍行”,乙本作“傍行相”。

7 “世界”,乙本作“國”。

8 “火相雖焰上”,乙本作“火炎上相”。

9 “而”,乙本無。

10 “亦爾”,乙本作“亦到上下”。

11 “是故”,乙本無。

12 “知”,乙本無。

13 “强”,乙本作“彊”,二字本義不同,後世多以“强”代“彊”。

14 “後”,乙本作“在後”。

15 “爲”,乙本作“以爲”。

16 “亦爾”,乙本作“亦復如是”。

17 丁本始。

18 “若”,乙本作“佛以是故”。

19 “經”,丁、宋、宫本無。下同,不復出校。

20 “如”,乙本無。

21 “東方如恒”,丁本殘。

22 “世界”,乙本作“諸國土如是”,丁、聖、石本作“國土”。

23 “亦復如是”,乙本無。

24 “論”,丁、宋、宫本無。下同,不復出校。

25 “曰云何爲”,丁本無。

26 “世界”,丁本作“國土”。下同,不復出校。

27 “分別説”,丁本殘。

28 “千”後,丁本有“千歲滿”。

29 “千瞿陀尼”,乙本作“千瞿陀羅尼”,異譯詞。

30 “尼千”,乙本殘。

31 “三十三天”,乙本作“忉利”,異譯詞。

32 “天”,乙本無。

33 “兜率陀天”,乙本作“兜帥陀”,聖本作“兜師陀天”,皆爲異譯詞。

34 “天”,乙本無。

他化自在天[1]、千梵世天[2]、千大梵天[3]，是名小千世界[4]，名[5]周利[6]。以[7]周利千世界[8]爲一，一數至千，名二千中世界。以[9]二[10]千中世界爲一，一數至千，名三千大千世界。初千小，二千中，第三[11]名大千。千千重數，故名大[12]千；二[13]過復千，故言三千；是合集名。百億日月乃至百億大梵天[14]，是名三千大千世界。是一時生、一時滅。有人言：住時一劫，滅時一劫，還生時一劫。是三千大千世界，大劫亦三種破：水、火、風；小劫亦三種破：刀、病、飢。此三千大千世界在虛空中；風上水，水上地，地上人。須彌山有二天處：四天處，三十三天[15]處。餘殘夜摩天等，福德因緣七寶地，風舉空中；乃至大梵天，皆七寶地，皆在風上[16]。是三千大千世界，光明遍照，照竟，餘光過出，照東方如[17]恒河沙等諸世界；南[18]西北方、四維、上下，亦復如是。問曰：是光遠照，云何不滅？答曰：光明以佛神[19]力爲本，本在故不滅。譬如龍泉[20]，龍力故水不竭。是諸光明以佛心力故，遍照十方，中間不滅。問曰：如閻浮提中種種大河，亦有過恒河[21]者，何以常言恒河沙等？答曰：恒河沙[22]多，餘河不爾。復次，是恒河是[23]佛生處、遊行處，弟子眼見，故以爲喻。復次，佛出閻[24]浮提，閻[25]浮提四大河北邊出，入四[26]方大海中。北邊雪山中，有阿那婆達多池[27]；是池中有金色[28]七寶蓮華，大如車蓋[29]。阿那婆達多龍王[30]，是[31]七住大菩

1　“天”，乙本無。

2　“天”，乙本無。

3　“天”，乙本無。

4　“小千世界”，乙本作“千國國土”。

5　戊一始。

6　“周利”，乙本作“周力”，異譯詞。

7　“以”，乙本作“是”。

8　“世界”，戊一作“國土”。下同，不復出校。

9　“以”，乙本作“是”。

10　“以二”，戊一殘。

11　“三”，戊一殘。

12　“大”，戊一作“二”。

13　“二”，戊一作“大二”。

14　“天”，乙本無。

15　“三十三天”，乙、丁、戊一、聖、石本作“忉利天”，異譯詞。

16　“皆在風上”，乙、戊一作“皆以風舉”。

17　“如”，乙本無。

18　己本始。

19　“神”，戊一無。

20　“泉”，丁、己本作“身”。

21　“河”，乙本無。“過恒河”，戊一殘。

22　“恒河沙”後，丁、己本有“等”。

23　戊二始。

24　戊一終。

25　“弟子……提閻”十六字，戊二殘。

26　“四”，丁、己本作“西”，誤。

27　“阿那婆達多池”，乙、戊二作“阿耨達池”，丁、己、聖、石本作“阿耨婆達多池”，皆爲異譯詞。下同，不復出校。

28　“色”，乙、戊二無。

29　“蓋”，丁、己、聖、石本作“輪”。

30　“阿那婆達多龍王”，戊二作“阿耨達龍王”，聖、石本“阿耨婆達多龍王”，皆爲異譯詞。

31　“是”，乙、戊二無。

薩。是池四邊有四流水[1]:東方象頭,南方牛頭,西方馬頭,北方師子頭。東方[2]象頭出恒河,底[3]有金沙;南方牛頭出辛頭河,底[4]亦有金沙;西方馬頭出婆叉河,底[5]亦有金沙;北方師子頭出私陀河,底[6]亦[7]有金沙[8]。是四河皆出北山[9]:恒河出[10]北山[11]入東海,辛頭河出北山入南海,婆叉河[12]出北山入西海,私陀河出北山入北海。是四河中,恒河最大;四遠諸人經書,皆以恒河爲福德吉河,若入中洗者,諸罪垢惡皆悉除盡。以人敬事此河、皆共識知故,以恒河沙爲喻。復次[13],餘河名字喜轉,此恒河世世不轉,以是故,以恒河沙爲喻,不取餘河。問曰:恒河中沙,爲有幾許? 答曰:一切算數所不能知,唯有佛及法身菩薩能知其數。佛及法身菩薩,一切閻浮提中微塵生滅多少,皆能數知,何況恒河沙? 如佛在祇桓外林中樹下坐,有一婆羅門來到佛所問佛:此樹林有幾葉? 佛即時便答:有若干數。婆羅門心疑:誰證知者? 婆羅門去至一樹邊,取一樹上少葉藏[14]還,問佛:此樹林定有幾葉? 即答:今少若干葉。如其所取語之。婆羅門知已,心大敬信,求佛出家,後得阿羅漢道。以是故,知佛能知恒河沙數。問曰:有幾許人值佛光明,必得阿耨多羅三藐三菩提? 若值光明便得道者,佛有大慈,何以不常放[15]光明,令一切得道? 何須持戒、禪定、智慧[16],然後得道? 答曰:眾生種種因緣得度[17]不同:有禪定得度者,有持戒說法得度者,有光明觸身而得度者。譬如城有多門入處,各各至處不異。有人光明觸身而得度者,有若見光明、若觸身不得度者。

【經】[18]爾時,世尊舉身[19]毛孔,皆亦微笑[20]而放[21]光明,遍照[22]三千大千世界[23],復至十方[24]如[25]恒河沙等世界[26]。若有眾生遇[27]斯光者,必[28]得阿耨多羅三藐三菩提。

1　"流水",乙、丁、己、戊二、宋、元、明、宫、聖本作"水流"。

2　"方",乙、丁、己、戊二作"面"。

3　"底",乙本無。

4　"底",乙本無。

5　"底",乙、丁、己本無。

6　"底",己本無。

7　"亦",乙本無。

8　"底亦有金沙",丁本殘。

9　"山",丁、己本作"方"。

10　丁本終,"出",戊二作"山"。

11　"山",戊二無。

12　"河",乙本無。

13　戊二終。

14　"藏",乙本脱。

15　庚本始。

16　"切得……智慧"十一字,庚本殘。

17　"眾生……得度"八字,庚本殘。

18　"經",己、庚、宋、宫本無。

19　"舉身",乙、己、庚本作"一切"。

20　"皆亦微笑",乙本作"皆笑"。

21　"而放",乙本作"是笑",庚本作"後"。

22　"照",乙本作"滿"。

23　"世界",己、庚本作"國土"。

24　"復至十方",乙本作"乃至東方"。

25　"如",乙、己本無。

26　"世界"後,乙本有"皆悉遍滿。南西北方,四維上下,皆亦如是"。己、庚本"世界"作"國土"。

27　"遇",乙、己、庚本作"值"。

28　"必",乙本無。

【論】[1]問曰：上已舉身微笑，今何以故復一切毛孔皆笑？答曰：舉身微笑是麁分，今一切毛孔皆笑是細分[2]。復次，先舉身微笑，光明有數；今一切毛孔皆笑，有光明而無數。復次，先舉身光明所未度者，今值毛孔光明，即便得度。譬如搖樹取果，熟者前墮[3]；若[4]未熟者，更[5]須後搖。又如捕魚，前網不盡，後網乃得。笑因緣，如上説[6]。

大智度論卷第七[7]。

大智度初品中放光釋論第十四之餘（卷第八）[8]

龍樹菩薩造

後秦龜兹國三藏法師鳩摩羅什奉詔譯[9]

【經】[10]爾[11]時，世尊以常光明遍照三千大千世界[12]，亦至東方如[13]恒[14]河沙等諸佛世界[15]，乃[16]至十方亦復如是[17]。若有眾生[18]遇[19]斯光[20]者，必得[21]阿耨多羅三藐三菩提。

【論】[22]問曰：上已[23]舉[24]身微笑及放毛孔光明，今何以復放常光[25]而照[26]十方？答曰：有人見異光明，謂非佛

---

1 "論"，己、庚、宋、官本無。

2 "分"，庚本無。

3 "墮"，庚本作"隨"，"隨"通"墮"。

4 "若"，己本無。

5 "更"，己本作"便"。

6 己、庚本終，以下所抄相當於《大正藏》本卷八。

7 乙本終，尾題作"大智度卷第七"，石本尾題作"大智度經卷第七"，聖本無尾題。

8 本卷對應《大智度論》寫本凡22號：津藝252號（以下簡稱"甲本"，所抄分屬《大正藏》本卷七、八）、S.6124號（以下簡稱"乙本"，所抄分屬《大正藏》本卷七、八）、俄Дx01807號（以下簡稱"丙本"）、BD12288號（以下簡稱"丁本"）、羽001號（以下簡稱"戊本"）、俄Дx11609號（以下簡稱"己一"）、俄Дx11619號（以下簡稱"己二"）、俄Дx11605號（以下簡稱"己三"）、P.4939號（以下簡稱"庚一"）、俄Дx04411號（以下簡稱"庚二"）、俄Дx00526號（以下簡稱"庚三"）、BD14825號DE（以下簡稱"庚四"）、BD03564號（以下簡稱"庚五"）、俄Дx01092號（以下簡稱"庚六"）、BD14825號CJ（以下簡稱"庚七"）、BD14825號CG（以下簡稱"庚八"）、俄Дx03816號（以下簡稱"辛一"）、俄Дx06679號（以下簡稱"辛二"）、俄Дx06172號（以下簡稱"辛三"）、俄Ф137號（以下簡稱"壬本"）、BD01364號（以下簡稱"癸本"）、BD07723號（以下簡稱"子本"，所抄分屬《大正藏》本卷八、九）。

9 甲、乙本始。"大智度……譯"三十九字，甲本作"大智度初品中文（丈）光釋論"，乙本作"大智度初品中丈光釋論"。

10 "經"，甲、乙、宋、官本無。下同，不復出校。聖本不分卷。

11 丙本始。

12 "世界"，甲、乙、聖、石本作"國土"。下同，不復出校。

13 "遍照……方如"十三字，丙本殘。

14 "亦至東方如恒"，乙本污損莫辨。

15 "世界"，丙本作"國土"。

16 "乃"，丙本作"又"，誤。

17 "復如是"，甲本作"爾"。

18 "亦復……眾生"八字，乙本殘。

19 "十方……生遇"十一字，丙本殘。"遇"，甲、乙本作"值"。

20 乙本終。

21 "必得"，甲、丙本作"畢至"。

22 "論"，甲、宋、官本無。下同，不復出校。

23 "已"，甲本作"以"，"以"通"已"。

24 "藐三……已舉"十字，丙本殘。

25 "光"，甲本作"光明"。

26 "何以……而照"八字，丙本殘。

光。見佛常光轉[1]大,心則歡喜,此實佛光,便畢至阿耨多羅三藐三[2]菩提。問曰:云何爲常光? 答曰:佛身四邊各一丈光明[3],菩薩生便有此,是[4]三十二相之一,名爲[5]丈光相。問曰:佛何以[6]故光常[7]一丈而不多? 答曰:一切諸佛常光無量,常照十方[8]世界[9]。釋迦牟尼佛神通身光無量,或一丈、百丈、千萬億[10],乃至滿三千大千世界;乃至十方,如諸佛常法。但於五[11]濁世爲[12]衆生[13]少德、少智故,受一丈光明;若受多光,今衆生薄福鈍根,目不堪其明。如人見天身眼則失明,以光盛眼微故。若衆生利根福重,佛則爲之現無量光明。復次,有人見佛常光歡喜得度。譬如國王以常食之餘,賜諸群下,得者大喜[14];佛亦如是,有人見佛種種餘光,心不歡喜,見佛常光,必[15]至阿耨多羅三藐三菩提。

【經】爾時,世尊出廣長舌相,遍[16]覆三千大千世界,熙怡而笑。從其舌根出無量千萬億光,是一一光化成千葉金色寶華。是諸華上,皆有化佛結加[17]趺坐,説六波羅蜜,衆生聞者,必得[18]阿[19]耨多羅三藐三菩提。復至十方如恒河沙等諸佛世[20]界,皆[21]亦如是。

【論】[22]問曰:如佛世尊大德尊重,何以故[23]出廣長舌,似如輕相? 答曰:上三種放光,照十方衆[24]生令得度脱。今欲[25]口説摩訶般若波羅蜜,摩訶般若波羅蜜[26]甚深,難解、難知、難可信受,是故出廣長舌[27]爲證[28]。舌相如是,語必[29]真實。如昔一時佛於舍婆提國[30]受歲竟[31],阿難從佛遊行諸國,欲到婆羅門城。婆羅門城王知佛神[32]

1　"非佛……光轉"八字,丙本殘。

2　"畢至……藐三"九字,丙本殘。

3　"佛身……光明"九字,丙本殘。

4　"是",丙本無。

5　"爲",甲本作"名",誤。

6　"爲丈……何以"九字,丙本殘。

7　"光常",甲本作"常光"。

8　"量常照十方",丙本殘。

9　"世界",丙本作"國土"。

10　"佛神……萬億"十五字,丙本殘。

11　"五",甲本無。

12　"千大……世爲"二十字,丙本殘。

13　丙本終。

14　"喜",甲、聖、石本作"歡喜"。

15　"必",甲、宋、宮本作"畢"。

16　"遍",甲本作"悉"。

17　"結加",甲本作"結迦",宋、元、明、宮本作"結跏",異譯詞。下同,不復出校。

18　"必得",甲本作"畢得至"。

19　丁本始。

20　"三菩……佛世"十五字,丁本殘。

21　"皆",甲本無。

22　"論",丁、宋、宮本無。下同,不復出校。

23　"佛世……以故"十字,丁本殘。

24　"上三……方衆"九字,丁本殘。

25　"欲",丁本作"故"。

26　"訶般……羅蜜"十三字,丁本殘。

27　"舌",甲本作"舌相"。

28　"受是……爲證"九字,丁本殘。

29　"必",甲本作"畢"。

30　"舍婆提國",甲、聖、石本作"舍衛國",異譯詞。

31　"一時……歲竟"十一字,丁本殘。

32　"婆羅……佛神"十二字,丁本殘。

德,能化衆人[1]感動群心[2]。今[3]來到此,誰復樂我？便作制限[4]:若有與佛食、聽佛語者,輸五百金錢。作制限後,佛到其[5]國;將阿難持鉢入城乞食,城中衆人皆閉門不應,佛空[6]鉢而出。是時,一家有一老使人,持破瓦器,盛臭潘淀[7],出門棄之。見佛世尊[8]空鉢而來,老使人見佛相好——金色、白毛、肉髻、丈光,鉢空無食[9];見已思惟:如此神人應食天厨,今自降身[10]持鉢行乞,必是大慈愍一切故。信心清淨,欲好供養[11],無由如願;慚愧白佛:思欲設供,更不能得,今此弊食[12],佛須者可[13]取！佛知其心信[14]敬清淨,伸手以[15]鉢受其施食;佛時[16]即笑,出五色光,普照天地,還從眉間相[17]入。阿難合掌長跪白佛:唯然！世尊！今笑因緣,願聞其意！佛告阿難:汝見老女人信心施佛食不？阿難言:見。佛言:是老[18]女人施佛食故,十五劫中天上人間受福快樂,不墮惡道;後得男子身,出家學道,成辟支佛,入無餘涅槃。爾時佛邊有一婆羅門[19]立,説偈[20]言:

汝是日種刹利姓[21],淨飯國王之太子,而以食故大妄[22]語,如[23]此臭食報何重？

是時,佛出廣長舌,覆面上至髮際,語婆羅門言:汝見經書,頗有如此舌人而作妄語不？婆羅門言:若人舌能覆鼻,言無虛妄,何況乃至髮際？我心信佛,必[24]不妄語;不解小施報多如是！佛告婆羅門:汝頗曾見世所希有難見事[25]不？婆羅門言:見！我曾共婆羅門道中行,見一[26]尼拘盧陀樹,蔭覆賈客五百乘車,蔭猶不盡,是謂希有難見事也！佛言:此樹種子,其形大小？答言:大如芥子三分之一。佛言:誰當信汝言者？樹大乃爾,而種[27]子甚小[28]！婆羅門言:實爾！世尊！我眼見之,非虛妄也。佛言:我亦如是,見老女人淨信心[29]

1　"人",甲、元、明、聖、石本作"生"。

2　"感動群心",丁本作"動一切心"。

3　"今",甲本無。

4　"到此……制限"十字,丁本殘。

5　"五百……到其"十一字,丁本殘。

6　"城中……佛空"十一字,丁本殘。

7　"潘淀",甲本作"潘淀",丁本作"潘汁",元、明本作"潘澱","潘"爲"潘"之俗字,"澱"通"淀"。"一老……臭潘"十一字,丁本殘。

8　丁本終。

9　戊本始。

10　"思惟……降身"十四字,戊本殘。

11　"一切……供養"十一字,戊本殘。

12　"供更……弊食"九字,戊本殘。

13　"可",戊本無。

14　"信",戊本無。

15　"伸",甲本作"申","申"爲"伸"之古字。"伸手以",戊本殘。

16　"佛時",戊本無。

17　"眉間相",戊本作"白豪中"。

18　"老"後,戊本衍"老"。

19　"婆羅門",戊本作"披羅門",異譯詞。

20　"偈",甲、戊、聖、石本作"此偈"。

21　"姓",戊本作"性","性"通"姓"。

22　"妄",甲本作"忘","忘"通"妄"。

23　"如",戊本作"以"。

24　"必",甲、戊本無。

25　"事",甲本作"之事"。

26　"一",甲本無。

27　"種",戊本無。

28　"小",甲本作"少","少"通"小"。

29　"信心",甲、聖、石本作"心",戊本作"心信",誤倒。

施佛,得大果報,亦如此樹,因少報多;又是如來福田良美之所致也。婆羅門心開意解,五體投地悔過向佛:我心[1]無狀,愚不信佛。佛爲種種説法,得初道果;即時舉手大發聲言:一切衆人！甘露門開,如何不出！城中一切諸婆羅門,皆送五百金錢與王,迎佛供養,皆言得甘露味,誰當惜此五百金錢！衆人皆去,制限法破。是婆羅門王亦共臣民歸命佛法,城人[2]一切皆得淨信。如是佛出廣長舌相,爲不信者故。問曰:如爲婆羅門出舌相覆面,今舌相光明,何以乃至三千大千世界[3]？答曰:覆面髮際,爲小信故;今爲般若波羅蜜大事興[4]故,廣長舌相覆三千大千世界。問曰[5]:是一城中人,盡得見此覆面舌相,猶尚爲難;何況今説摩訶般若波羅蜜,一切大會,此及他方無量衆集而得盡見？又以人目所覩[6]不過數里,今言遍三千大千世界,無乃大而難信！答曰:佛以方便借其神力,能令一切皆見舌相覆此三千大千世界。若不加神力,雖復十住亦不知佛心;若加神力,乃至畜生能知佛心。如《般若波羅蜜》後品中説:一切衆人皆見阿閦佛會,與眼作對。亦如佛説阿彌陀佛世界[7]種種嚴淨,阿難言:唯願欲見。佛時[8]即令一切衆會,皆見無量壽佛[9]世界嚴淨。見佛舌相,亦復如是[10]。佛以廣長舌相遍覆三千大千世界已,然後[11]便笑。笑[12]伸手以已出舌相光明,今何[13]以故舌根[14]復放光明？答曰:欲令一切得重信故[15]。又以舌相色如珊瑚,金光明淨共相發起故,復放光。復[16]次,是諸光明變成千葉金色寶華。從舌相出此千葉金色[17]寶華,光明徹照,如日初出。問曰:何以故光[18]明中變化作此寶華？答曰:佛欲坐故。問曰:諸床可[19]坐,何必蓮華？答曰:床爲世界白衣坐法。又以蓮華[20]軟淨[21],欲[22]現神力,能坐其上令花不壞故;又以莊[23]嚴妙法座[24]故;又以諸華皆小,無如此華香淨大者。人中[25]蓮華,大[26]不過尺;漫陀耆尼

1　"我心",甲本作"我之心"。

2　"城人",甲本作"城中人民",宋、元、明、宫、聖、石本作"城中人"。

3　"世界",戊本作"國土"。下同,不復出校。

4　"興",戊本作"典",誤。

5　"問曰",甲、戊本作"復次"。

6　"覩",甲、戊、聖、石本作"見"。

7　"世界",戊本作"國"。

8　"時",戊本無。

9　"佛",甲本無。

10　己一始。

11　"舌相……然後"十三字,己一殘。

12　"笑",己一無。

13　"問曰……今何"十一字,己一殘。

14　"根",戊、宋、宫本作"相"。

15　"令一……信故"七字,己一殘。

16　"共相……光復"九字,己一殘。

17　"葉金……金色"十四字,己一殘。

18　"日初……故光"九字,己一殘。

19　"坐故……床可"七字,己一殘。

20　"法又以蓮華",己一殘。

21　"淨"後,戊、己一有"故"。

22　"欲",戊、己一作"故欲"。

23　"花不……以莊"七字,己一殘。

24　"座",甲、戊、己一作"坐","坐"爲"座"之古字。

25　"華香……人中"七字,己一殘。

26　"大",己一無。

池¹,及²阿那婆達多池³中蓮華,大如車蓋;天上寶蓮華復大於⁴此,是則可容結加⁵跌坐。佛所坐華,復勝於⁶此百千萬⁷倍。又如此華⁸華臺,嚴淨香妙可坐。復次,劫盡燒時,一切皆空;衆生福德因緣力故,十方風至⁹,相對相觸,能¹⁰持大水;水上有¹¹一千頭人,二千手足,名爲韋紐¹²;是¹³人臍¹⁴中出千葉¹⁵金色妙寶蓮花,其光大明,如萬日¹⁶俱照¹⁷;華中有人結加¹⁸跌坐,此人復有無量光明,名曰梵天王;此梵天王心生八子,八子生天地人民。是梵天王於諸婬瞋已盡無餘。以是故言:若有人修禪¹⁹淨行,斷除婬欲,名爲行梵道。佛轉法輪,或名法輪²⁰,或名梵輪。是梵天王坐蓮華上,是故諸佛隨世俗故,於寶華²¹上結加跌坐,說六波羅蜜。聞此法者,畢至阿耨多羅三藐三菩提。問曰:釋迦文尼佛²²化作無量千萬億諸佛,云何一時能說法耶?如《阿毘曇》說:一時無二心。若化佛語時,化主應默;化主語時,化亦應默。云何一時皆說六波羅蜜?答曰:如²³此說者,外道及聲聞變化法耳。如佛變化,無量²⁴三昧力不可思議,是²⁵故佛自語時,無量千萬億化佛亦一時皆語。又諸外道及聲聞化不能作化;如佛世尊,化復作化。諸外道及聲聞,滅後不能留化;如佛世尊,自身滅度²⁶後,復能留化,如佛無異。復次,《阿毘曇》中,一時無二心;今佛亦如是,當化語時,亦不有心;佛心念²⁷化,欲令化語即便皆語。問曰:佛今欲說般若波羅蜜,何以令化佛說六波羅蜜?答曰:是六波羅蜜及般若波羅蜜一法無異。是五波羅蜜不得般若波羅蜜,不名波羅蜜。如檀波羅蜜,不得般若波羅蜜,没在世界有盡法中,或得阿羅漢²⁸、辟支佛道般涅槃²⁹;若得般若波羅蜜共合,是名波羅蜜,能至佛道。以是故,般若波羅蜜與六波羅蜜一法無異。般若波羅蜜有二種:一者,莊嚴;二者,未莊嚴。如人著好瓔珞,莊嚴其身;有人不著,名未莊嚴。亦

1　"漫陀耆尼池",甲、戊、己一作"漫陀耆泥池",異譯詞。

2　"及",戊、己一作"乃至"。

3　"阿那婆達多池",戊本作"阿□□達池",己一作"阿耨達池",聖本作"阿婆婆達多池",皆爲異譯詞。

4　"大於",己一殘。

5　"結加",甲本作"結跏",異譯詞。戊、己一作"可跏","可"當爲"結"字之誤。

6　"於",甲、戊、己一無。

7　"萬",己一殘。

8　"華",甲本無,元、明本作"蓮"。

9　"至",己一殘。

10　己二始。

11　"能持……上有"七字,己一殘。

12　"韋紐",甲本作"違紐",戊、己一作"緯紐",異譯詞。

13　"一千……紐是"十三字,己二殘。

14　"臍",甲、戊、己二作"齊","齊"通"臍"。

15　己二終。

16　己一終。

17　己三始。

18　"結加",甲、戊本作"結跏",己三作"結迦",皆爲異譯詞。下同,不復出校。

19　"修禪",己三殘。

20　"或名法輪",甲、己三無。

21　"華",甲、戊本作"蓮華"。

22　"釋迦文尼佛",甲、戊、己三作"釋迦牟尼佛",異譯詞。

23　"曰如",己三殘。

24　"耳如……無量"七字,己三殘。

25　己三終。

26　"度",戊本無。

27　"念",甲本作"令",誤。

28　"阿羅漢"後,戊本有"道"。

29　"涅槃",戊本作"涅槃樂"。

如國王將諸官[1]從,是[2]名王來;若無官從,是名獨身[3]。如是東方如[4]恒河沙等世界,乃至十方亦爾[5]。問曰:若佛有如是大神力,無數千萬億化佛,乃至十方説六波羅蜜,度脱一切,應盡得度,不應有殘! 答曰: 有三障[6]:三惡道中衆生不能解知;人中、天上,若大小[7],若大老,若大病;及上無色、無想天,皆不能聞、不能知。問曰:諸能聞、能知者,何以不皆[8]得道? 答曰:是亦不應盡得道。何以故? 結使、業障故:有人於結使重,常爲結使覆心,以是故不盡得道。問曰:當令[9]十方諸佛,亦應遣化説六波羅蜜,我等亦無三障,何以不聞? 答曰:當今衆生,生在惡世,則入三障中! 生在佛後,不善業報,或有世界惡罪業障,或有厚重結使障。墮在佛後,人多爲厚重結使所障:或婬欲薄而瞋恚厚,瞋恚薄而婬欲厚,婬欲薄而愚癡厚,愚癡薄而瞋恚厚,如是等展轉互有厚薄。是結使障故,不聞、不知化佛説法[10],不見諸佛光明,何況得道! 譬如日出,盲人不見,便謂世間無有[11]日月,日有何咎[12]! 又如雷電震地,聾人不聞,聲有何過! 今十方諸佛常説經法,常遣化佛至十方世[13]界説六波羅蜜,罪業盲聾[14]故,不聞法聲;以是故不盡聞見。雖復[15]聖人有大慈[16]心,不能令皆聞、皆見。若罪欲滅、福將生者,是時乃得見佛聞法。

【經】[17]爾時,世尊故在師子座[18],入師子遊戲三昧,以神通力感動三千大千世界,六種震動。

【論】[19]問曰:此三昧何以名師子遊戲? 答曰:譬如師子搏[20]鹿,自在戲樂;佛亦如是,入此三昧,能種種迴轉此地,令六反[21]震動。復次,師子遊戲,譬如師子戲日,諸獸安隱;佛亦如是,入是三昧時,震動三千大千世界,能令三惡衆生一時得息,皆得安隱。復次,佛名人師子,師子遊戲三昧,是佛戲[22]三昧也。入此三昧時[23],令[24]此大地六種震[25]動,一切地獄、惡道衆生,皆蒙解脱得生天[26]上,是名爲戲。問曰:佛何以故[27]入此三昧? 答

1　"官",甲、戊、元、明、聖、石本作"營"。下同,不復出校。

2　"是",甲本無。

3　"獨身",甲本作"獨身來"。

4　"如",戊本無。

5　"亦爾",戊、宋、宮本無。

6　"障",戊本作"彰","彰"通"障"。

7　"小",戊本作"若小"。

8　"不皆",戊本作"皆不",誤倒。

9　"令",戊本作"令念"。

10　"説法"後,戊本有"不見諸佛説法"。

11　"有",戊本無。

12　"咎",甲本作"各",誤。

13　"世",甲本脱。

14　"盲聾",甲、戊本作"聾盲",聖、石本作"襲盲","襲"當爲"聾"之誤。

15　"復",戊本作"受"。

16　"慈",甲、戊本作"慈悲"。

17　"經",戊、宋、宮本無。下同,不復出校。聖本不分卷。

18　"座",甲、戊本作"坐"。

19　"論",戊、宋、宮本無。下同,不復出校。

20　"搏",甲、戊本作"博","博"通"搏"。

21　"反",甲、戊、石本作"種"。

22　"戲",戊本作"遊戲"。

23　"時",甲本無。

24　"令",甲本作"合",誤。

25　庚一始。"震",戊本無。

26　"惡道……生天"十一字,庚一殘。

27　"故",戊、宋、元、明、宮本無。

曰：欲[1]動三千大千世界，出三惡道[2]衆生，著二道中故[3]。復次，上三種變化，出自佛身，人或信心不深[4]；今動大地，欲令衆生知佛神力無量，能令外[5]物皆動，信[6]淨心喜皆得離苦。問曰：有諸阿羅漢[7]及諸天亦能動地，何以獨言是佛神力？答曰：諸阿羅漢及諸天不能具足動，唯[8]佛世尊能令大地六種震動。問曰：佛何以故震動三千大千世界[9]？答曰：欲令衆生知一切皆空、無常故。有諸人言：大地及日月、須彌、大海，是皆有常；是以世尊六種動[10]地，示此因緣，令知無常。復次，如人欲染衣，先去塵土[11]；佛亦如是，先令三千世界衆生見佛神力，敬心柔軟，然後説[12]法，是故六種動地。云何六種動？

【經】東涌西没[13]，西涌東没[14]；南涌北没[15]，北涌南没[16]；邊涌中没[17]，中涌邊没[18]。

【論】問曰：何以故正有六種動？答曰：地動有上、中、下。下者，二種動[19]：或東涌[20]西没，或南湧[21]北没[22]，或邊中。中[23]者，有四：或東、西、南、北，或東、西、邊[24]、中，或南、北、邊、中。上者，六種動。有種種因緣令地大動[25]，如佛告阿難：八因八緣，令地震動，如別説。復次，有人言：四種地動[26]：火[27]動，龍動，金翅鳥動，天王動。

1　“以故……曰欲”九字，庚一殘。
2　“道”，戊、宫本無。
3　“惡道……中故”九字，庚一殘。
4　“出自……不深”十字，庚一殘。
5　“衆生……令外”十一字，庚一殘。
6　“信”，甲本無。
7　“皆得……羅漢”十一字，庚一殘。
8　“唯”，庚一作“唯有”。
9　“世界”，庚一作“國土”。下同，不復出校。
10　“動”，甲本作“震動”。
11　“土”，庚一、石本作“垢”。
12　“敬心……後説”七字，庚一殘。
13　“東涌西没”，甲本作“一者、東踊西没”，戊本作“一者、東勇西没”，庚一作“□□□□没”，宋、元、石本作“東踊西没”。
14　“西涌東没”，甲、庚一作“二者、西踊東没”，戊本作“二者、西勇東没”，宋、元、石本作“西踊東没”，“踊”“勇”皆爲“涌”之借字。
15　“南涌北没”，甲、庚一作“三者、南踊北没”，戊本作“三者、南勇北没”，宋、元、石本作“南踊北没”，“踊”“勇”皆爲“涌”之借字。
16　“北涌南没”，甲、庚一作“四者、北踊南没”，戊本作“四者、北勇南没”，宋、元、石本作“北踊南没”，“踊”“勇”皆爲“涌”之借字。
17　“邊涌中没”，甲、庚一作“五者、邊踊中没”，戊本作“五者、邊勇中没”，宋、元、石本作“邊踊中没”，“踊”“勇”皆爲“涌”之借字。
18　“中涌邊没”，甲、庚一作“六者、中踊邊没”，戊本作“六者、中勇邊没”，宋、元、石本作“中踊邊没”，“踊”“勇”皆爲“涌”之借字。
19　“動”，甲、石本無。
20　“涌”，甲、庚一作“踊”，戊本作“勇”，“踊”“勇”皆爲“涌”之借字。
21　“湧”，甲本作“踊”。
22　“南湧北没”，戊、庚一作“南北”。
23　“中”，甲本作“二”。
24　“西邊”，庚一殘。
25　“地大動”，庚一殘。
26　“四種地動”，庚一殘。
27　“火”，甲本作“水”。

二十八宿，月月[1]一周繞：若[2]月至昴宿、張宿[3]、氐宿、婁[4]宿、室宿、胃宿，是六種宿中，爾時地動若崩，是動屬火神；是時無雨，江河枯竭，年不宜麥，天子凶，大臣受殃。若柳宿、尾宿、箕[5]宿、壁[6]宿、奎宿[7]、危宿，是六種宿中，爾時，地動若崩，是動屬龍神；是時無雨，江河枯竭，年不宜麥，天子凶，大臣受殃。若參宿、鬼宿、星[8]宿、軫宿、亢宿、翼宿，是六種宿中，爾[9]時，若[10]地動若崩，是[11]動屬金翅鳥；是時無雨，江河枯竭，年不宜麥，天子凶，大臣受殃。若心宿、角宿、房宿、女宿、虛宿、井[12]宿、畢宿、觜宿、斗宿，是九種宿中，爾時地動若崩，是動屬天帝；是時安隱豐雨，宜五穀，天子吉，大臣受福，萬民安隱[13]。復次，地動因緣有小有大，有動一閻浮提，有動四天下，一千、二千、三千大千世界[14]。小動以小因緣故：若福德人若生若死，一國地[15]動，是爲小動。大動大[16]因緣故：如佛初生時、初[17]成佛時、將滅度時，三千大千世界皆爲震動，是爲大動。今佛欲大集衆生故，令此地六種震動。復次，般若波羅蜜中授[18]諸菩薩記，當得作佛；佛爲天地大主，是時[19]地神大喜：我今得主！是故地動。譬如國主初立，臣民喜慶，皆稱萬歲，踊躍歌舞。復次，三千大千世界衆生福德因緣故，有此大[20]地山河樹木一切衆物，而[21]衆生不知無常！是故佛以福德智慧大力[22]，動此世界衆生福德，令知微薄，一切磨[23]滅，皆歸無常。

【經】地皆柔軟，令衆生和悦[24]。

【論】問曰：地動，云何能令衆生心得和悦[25]？答曰：心隨身故，身得樂事，心則[26]欣悦。悦者[27]，共住之人及便身之具，能令心悦。今以是三千大千世界雜惡衆生其心麁獷，無有善事；是故世尊動此大地，令皆柔[28]軟，

---

1 "月月"後，甲本衍"月"。
2 "二十……繞若"十字，庚一殘。
3 庚一終。
4 "婁"，戊本作"樓"。
5 "箕"，甲、戊本作"基"。
6 "壁"，戊本作"辟"，"辟"通"壁"。
7 "奎"，甲本作"金"，戊本無。
8 "星"，戊本作"畢"。
9 "爾"，甲、石本作"是"。
10 "若"，戊本無。
11 "是"，甲本作"若"。
12 "井"，戊本作"其"。
13 "隱"，甲、戊本作"樂"。
14 "一千……世界"十字，甲本作"有動千小國土，有動二千國土，有動三千大千國土"。
15 "地"，甲、戊本作"土地"。
16 "大"，戊本脱。
17 "初"，戊本無。
18 "授"，戊本作"受"，"受"爲"授"之古字。
19 "時"，甲本無。
20 "大"，戊本無。
21 "而"，戊本無。
22 "力"，戊本脱。
23 "磨"，甲本作"摩"，"摩"通"磨"。
24 "地皆……和悦"九字，戊本作"是時此地柔濡和樂，令諸衆生心中歡喜，大得利益"。
25 "心得和悦"，甲本作"得心和悦"，戊本作"心喜得利"。
26 "則"，戊本作"得"。
27 "悦者"，甲本無，戊本作"者"，宫本作"如"。
28 "柔"，甲本無。

心得¹利益。譬如三十三天²王歡樂園中,諸天入者,心³皆柔軟,歡樂和悦,麤心不生;若阿修羅起兵來時,都無鬭心。是時,釋提婆那民,將諸天衆入麤澁園中;以此園中樹木華實,氣不和悦,麤澁惡故,諸天人衆鬭心即生。佛亦如是,以此大地麤澁弊⁴惡故,變令柔軟,使⁵一切衆生心得喜⁶悦。又如呪術藥草熏人鼻時,恚心便生,即時鬭諍;復有呪術藥草能令人心和悦歡喜,敬心相向。呪術草藥⁷尚⁸能如此,何況三千大千世界地皆柔軟?

【經】是三千大⁹千世界中地獄、餓鬼、畜生及¹⁰八難處¹¹,即時解脱,得生天上,從四¹²天王¹³天¹⁴處乃至他化自在天處¹⁵。

【論】¹⁶問曰:若佛入師子¹⁷遊戲三昧,能令地獄、餓鬼、畜生及餘¹⁸八難皆得解脱,生四天處乃至他化自在天者,復何用修福行善,乃得果報? 答曰:此如¹⁹上説,福²⁰德多者,見光得度;罪垢深者,地動乃悟。譬如日出照²¹蓮華池,熟者先開,生者未敷。佛亦如是,先放光明,福熟智²²利,先得解脱;其福²³未²⁴熟,智心不利,是故未得。佛大慈悲,等度一切,無憎²⁵愛也。亦如樹果,人動其²⁶樹,熟者先墮;佛亦如是,是三千大千世界如樹,動之者佛,先度者果熟,未度者果生。問曰:何以故善心因緣生欲界天²⁷,不生色界及無色界? 答曰²⁸:佛欲度此衆生令得道證;無色界²⁹中³⁰以無身故,不可爲説法;色³¹界中則無厭心,難可得道,禪樂多故,慧心則鈍。復

---

1 “心得”,戊本作“使心得”。
2 “三十三天”,戊本作“忉利天”,異譯詞。
3 “心”,戊本無。
4 “弊”,戊本無。
5 “使”,戊本作“使得”。
6 “喜”,甲本作“善”,誤。
7 “草藥”,甲、戊、石本作“藥草”。
8 “尚”,戊本作“常”,“常”通“尚”。
9 庚二始。
10 “世界……生及”十字,庚二殘。
11 “處”,甲本無。
12 “生天上從四”,庚二殘。
13 “天王”,庚二作“王天”,誤倒。
14 “天”,戊本無。
15 “處”,甲、戊、庚二、宋、元、明、宫本無,石本作“者”。
16 “論”,庚二、宋、宫本無。
17 “師子”,庚二殘。
18 “餘”,甲本作“諸”。
19 “此如”,戊本作“如此”。
20 “福”,庚本作“脩”。
21 “照”,庚二殘。
22 “智”,戊本作“者心”。
23 庚二終。
24 庚三始。
25 “憎”,庚三作“增”,“增”通“憎”。
26 “動其”,庚三脱。
27 辛一始。
28 “及無色界答曰”,辛一殘。
29 辛一終。
30 辛二始。
31 “法色”,庚三無。

次，佛以神通感動[1]，令此三千大千世界地[2]皆柔軟，衆生心信得歡喜故[3]，生欲界天；不行四禪及四空定[4]故，不得生色、無色界。問曰：五衆[5]無常、空[6]、無我[7]，云何生天人中？誰死誰生者？答曰：是事，《讚菩薩品》中已廣説，今當略答：汝言五衆無常、空[8]、無我[9]者，是般若波羅蜜[10]中五衆，無有常無常、有空無空、有我無我。若如外道求索實我[11]，是不可得；但有假名，種種因緣和合[12]而有，有[13]此名字。譬[14]如幻人相殺[15]，人見其死；幻術令起，人見其生；生死名字，有而無實。世界法中實有生死，實相法中無有生死。復次，生死人有生死，不生死人無生死[16]。何以故？不生死人以大智[17]慧能破生相。如説偈言[18]：

佛[19]法相雖空，亦復不斷滅；雖生亦非常，諸行業不失[20]。諸法如芭蕉，一切從心生；若知法[21]無實，是心亦復空。若有人念空，是則非道行[22]；諸法不生滅，念有故失相。有念墮魔網，無念則得出；心動故非道，不動是法印[23]。

【經】[24]是[25]諸天人自識宿命，皆大歡喜，來詣佛所頭面禮佛足，却[26]住一面。

【論】[27]問曰：諸天生時，有三事自知[28]：知所從[29]來處，知所修[30]福田處，知本所作福德。是人生時，無此三事，

1　"通感動"，辛二殘。

2　"地"，戊本無。

3　"得歡喜故"，辛二殘。

4　"定"，甲本無。

5　"衆"，甲、戊、庚三、辛二、宋、元、明、宫、石本作"陰"，異譯詞。下同，不復出校。

6　"空"，辛二作"苦空"。

7　"無常空無我"，戊、辛二作"無常苦空無我故"，庚三作"無神無常空"。

8　"空"，戊、辛二作"苦空"。

9　"答汝……無我"十字，庚三殘。

10　庚三終。

11　"索實我"，辛二殘。

12　"和合"，甲、石本作"合會"。

13　"有"，辛二、石本無。

14　"名字譬"，辛二殘。

15　庚四始。

16　"生死"後，庚四有"也"。

17　"人以大智"，辛二殘。

18　"偈言"，戊、辛二、宋、元、明、宫本無，庚四作"偈"。

19　"佛"，辛二殘。

20　"失"，辛二殘。

21　"知法"，辛二作"生滅"。

22　"行"，甲本作"空"，辛二作"行道"。

23　"印"，辛二殘。

24　"經"，庚四、宋、宫本無。下同，不復出校。聖本不分卷。

25　"是"，戊、辛二無。

26　"佛足却"，辛二無。

27　"論"，庚四、宋、宫本無。下同，不復出校。

28　"知"，庚四、宋、宫本無。

29　"從"，庚四、宋、元、明、宫本無。

30　"來處知所修"，辛二無。

云何識[1]宿命[2]？答曰：人道不定，或有識者，有[3]不識者。復次[4]，假佛[5]神力，則識宿命。問曰：諸天有報五神通，自識[6]宿命能到佛所；人雖蒙佛神力得知[7]宿命，所住處[8]遠，云何能至佛所？答曰：或有人生報得[9]神[10]通，如轉輪王、聖[11]人等[12]；或有人假佛神力。問曰：人生十月，三年乳餔，十[13]歲後能自出[14]。今蒙佛威神，三惡、八難皆得解脫，生天[15]、人中，即至佛所。天則可爾，人法未成，云何得來[16]？答曰：五道生法各各不同：諸天、地獄皆化生。餓鬼二種生：若胎[17]、若化生。人道、畜生四種生：卵生、濕生、化生、胎生。卵生者[18]，如毘舍佉、彌伽羅母三十二子（毘舍佉母[19]生三十二卵，卵剖生三十二男，皆爲力士。彌伽羅，大兒字也，此母人[20]得三道果[21]）——如是等名卵生[22]。濕生者，如搣羅婆利[23]（搣烏甘反[24]）婬女，頂生轉輪聖王——如是等名[25]濕生。化生者，如佛與[26]四衆遊行，比丘尼衆中，有比丘尼名阿羅婆，地中[27]化生[28]；及劫初時，人皆化生——如是等名爲化生。胎生者，如常人生。化生人即時長大，能到佛所。有人報得神通故，能到佛所。復次，佛借神通[29]力故，能到佛所。

【經】如是十方如恒河沙等世界[30]，地皆[31]六種震動；一切地獄、餓鬼、畜生及餘八難處[32]，即[33]得解脫，得生

---

1 "事云何識"，辛二無。

2 "宿命"，辛二作"宿命道"。

3 "有"，甲、戊、辛二、元、明、石本作"或"。

4 "復次"，辛二無。

5 "假佛"，戊、辛二作"佛假"，誤倒。

6 "通自識"，辛二殘。

7 "知"，辛二殘。

8 "知宿命所住處"，辛二作"□宿□□□□"。

9 辛二終。

10 "神"，戊、庚四無。

11 "王聖"，戊本作"聖王"。

12 辛三始。"人等"，辛三作"王等"。

13 "三年乳餔十"，辛三殘。

14 "後能自出"，戊、辛三作"能自出"，庚四作"能出"。

15 "天"，甲本作"天上"。

16 "來"，辛三殘。

17 "胎"，辛三作"胎生"。

18 "者"，甲、戊、庚四、辛三、宮、石本無。

19 "母"，甲、戊、庚四、辛三、宋、元、明、宮、石本作"母人"。

20 "人"，庚四無。

21 "三道果"，甲本作"二道"，戊、庚四、辛三、宋、元、明、宮、石本作"三道"。

22 "卵生"，甲、戊、庚四、辛二、宋、元、明、宮、石本作"卵生人"。

23 "搣羅婆利"，戊、辛三作"搣烏羅婆利"，庚四作"羅搣"，皆爲異譯詞。

24 "搣烏甘反"，甲、戊、辛三、明本無，宋、元、宮本作"搣，音烏甘反"，庚四作"烏甘反"，後聖"婆利"。

25 "名"，甲本作"名爲"。

26 "與"，辛三無。

27 "名阿羅婆地中"，辛三殘。"地中"後，戊、庚四有"忽然"。

28 辛三終。

29 "通"，戊、庚四、宋、元、明、宮本無。

30 "如是……世界"十一字，戊本作"如是十方恒河沙等世界"，庚四作"頭面禮佛，却住一面，東方南西北方，四維上下，亦如是，及十方恒河沙等國土"。

31 "皆"，戊、庚四無。

32 "處"，甲、庚四無。

33 "即"，甲、戊、庚四作"皆"。

天上¹,齊第²六天。

【論】問曰:三千大千世界無量無數,衆生甚多,何以復及十方如³恒河沙等世界衆生?答⁴曰:佛力無量,雖度三千大千世界衆生,猶以⁵爲少,以是⁶故復及十方。問曰:若釋迦文尼佛⁷以大神力廣度十方,復何⁸須餘佛⁹?答曰:衆生無量,不¹⁰一時熟故。又¹¹衆生¹²因緣各各不同,如聲聞法中説:舍利弗因緣弟子,除舍利弗,諸佛尚¹³不能度,何況餘人?復次,今但説東方一恒河沙等,不説¹⁴若二、三、四乃至千¹⁵萬億恒河沙等諸世界¹⁶。又以世界無邊無量¹⁷,若有邊有量,衆生可盡。以是故十方無量世界,諸佛應度。

【經】爾時,三千大千世界衆¹⁸生,盲者¹⁹得視,聾者得聽,啞者能言,狂者得正,亂者得定,裸者得衣,飢渴者得飽滿,病者得愈,形殘者得具足。

【論】問曰:衆生苦患有百千種,若佛神力,何以不遍令得解²⁰脱?答曰:一切皆救,今但略説龐者²¹;如種種結使,略説爲三毒。問曰:但言盲者得視則足,何以故言生盲?答曰:生盲者,先世重罪故;重罪者,猶尚²²能令得視,何況輕者?問曰:云何先世重罪而令生盲?答曰:若破衆生眼,若出衆生眼;若破正見眼,言無罪福,是人死墮地獄,罪畢爲人,從生而盲。若復盜佛²³塔中火珠,及諸燈明;若阿羅漢,辟支佛塔珠及燈明;若餘福田中奪取光明。如是等種種先世業因緣故失明²⁴。今世若病、若打故失明²⁵,是今世因緣²⁶。復次,九十六種眼病,闍那迦藥王所不能治者,唯佛世尊能令得視。復次,先令得視,後令得智慧眼。聾者得聽,亦如是。問曰:若有生盲,何以不説生聾?答曰:多有生盲,生聾者少,是故不説。問曰:以何因緣故聾²⁷?答²⁸曰:聾

---

1 “得生天上”,甲本作“生天”,戊本作“生天”,庚四作“生天人中”,石本作“生天上”。

2 “第”,戊本作“弟”,“弟”爲“第”之古字。下同,不復出校。

3 “如”,戊、庚四無。

4 “世界衆生答”,庚四殘。

5 “以”,戊本無。

6 “界衆……以是”九字,庚四殘。

7 “釋迦文尼佛”,戊本作“釋迦牟尼佛”,異譯詞。

8 “迦文……復何”十四字,庚四殘。

9 庚四終。

10 “不”,戊本作“不可”。

11 “又”,甲、戊、石本作“有”,“有”通“又”。

12 “衆生”,戊本無。

13 “尚”,戊本作“常”,“常”通“尚”。

14 “不説”,戊本作“不説餘”。

15 “千”,甲本作“十”。

16 “世界”,甲、戊本作“佛國土”。

17 “無邊無量”,戊本作“無邊亦無有量”。

18 “衆”,甲、戊本脱。

19 “者”,戊本脱。

20 “解”,戊、宫本無。

21 “者”,戊本作“事”。

22 “尚”,戊本無。

23 “佛”,甲本無。

24 “明”,甲、戊、元、明、聖、石本作“眼”。

25 “明”,甲、戊、元、明、聖、石本作“眼”。

26 “緣”,甲本無。

27 甲本終。

28 壬本始,有首題“大智度初品中釋論卷第十三”。

者 [1]，是先世因緣：師父教訓，不受不行而反瞋恚，以是罪故聾。復 [2] 次，截眾生耳，若破眾生耳；若盜佛塔、僧塔、諸善人福田中捷稚 [3]、鈴、貝及鼓，故得此罪。如是等種種先世業因緣。今世因緣 [4]，若病、若打。如是等是今世因緣得聾。問曰：啞者不 [5] 能言，作何等罪故啞？答曰：先世截他舌，或塞其口，或與惡藥令不得語 [6]；或聞師教 [7]、父母 [8] 教勅，斷其語，非其教；或作 [9] 惡邪人，不信 [10] 罪福破正語；地獄罪出，生世 [11] 爲人，啞不能言。如是種種 [12] 因緣故啞。問曰：狂者得正，云何爲狂？答曰：先世作罪 [13]，破他坐禪，破坐禪舍，以諸呪術呪人令瞋鬪諍婬欲 [14]。今世諸結 [15] 使厚重。如婆羅門失其福田，其婦 [16] 復死，即時狂發，裸形而走。又如翅舍伽憍曇比丘尼，本白衣時，七子皆死，大憂愁故，失心發狂。有人大瞋不能自制，成大癡狂。有愚癡人惡邪故，以灰塗身，拔髮裸形，狂癡食糞。有人若風病、若熱病，病重成狂。有人惡鬼所著；或有人癡飲 [17] 雨水而狂。如是失心，如是種種名爲狂。得見佛故，狂即得正 [18]。問曰：亂者得定，狂則是亂，以何事別？答曰：有人不狂而心多散亂，志如獼猴，不能專住 [19]，是名亂心。復有劇務忽忽，心著眾事，則失心力，不堪受道。問曰：亂心有何因緣？答曰：善心轉薄，隨逐不善，是名心亂 [20]。復次，是 [21] 人不觀無常，不觀死相，不觀世空；愛著壽命，計念事務，種種馳散，是故 [22] 心亂。復次，不得佛法中內樂，外求樂事，隨逐樂因，是 [23] 故心亂。如是亂人得見佛故，其心得定。問曰：先言狂者得正，今言裸 [24] 者得衣，除狂，云何更有裸？答曰：狂有二種：一者，人皆知狂；二者，惡邪故自裸，人不知狂。如 [25] 說南天竺國中有法師，高坐說五戒義，是眾中多有外道來聽。是時國王難曰：若如所說，有人施酒及自飲酒，得狂愚報，當今世人應狂者多，正者少；而今狂者更少，不狂者多，何以故爾？是 [26] 時諸外道輩言：善哉！斯難甚深！是禿高坐，必不能答，以王利智故。是時法師以 [27] 指指諸外道，而更說餘事，

1　“聾者”，戊本無。

2　“復”，原作“從”，誤，茲據戊、壬本改。

3　“諸善……捷稚”八字，戊本作“諸善人福田捷推”，壬本作“諸善人福田中捷椎”，明本作“諸善人福田中捷椎”。

4　“因緣”，戊本無。

5　“不”，戊、壬本脫。

6　“或與……得語”八字，戊本作“惡藥令不能言”，壬、石本作“或與惡藥令不能語”。

7　“教”，戊本無。

8　“母”，戊本無。

9　“作”，戊本無。

10　“人不信”，壬本殘。

11　“世”，戊本作“世間”。

12　“不能……種種”七字，壬本殘。

13　“云何……作罪”十字，壬本殘。

14　“舍以……婬欲”十三字，壬本殘。

15　壬本終。

16　“婦”，戊本作“妻”。

17　“癡飲”，戊、宮、石本作“飲癡”。

18　“如是……得正”十五字，戊本作“是爲狂者得正”。

19　“住”，戊本作“作”。

20　“心亂”，戊本作“亂心”。

21　“是”，戊本作“有”。

22　“是故”，戊本作“是故名”。

23　“是”，戊本作“以是”。

24　庚五始。

25　“如”，戊本作“而”。

26　“是”，戊、庚五無。

27　“以”，庚五殘。

王時[1]即解。諸外道語王言：王[2]難甚深，是不知答，恥所不知，而但舉指更説餘事。王語外道：高坐法師指答已訖，將護汝故，不以言説；向者指汝，言汝等是狂，狂不少也。汝等以灰塗身，裸形無恥，以人髑髏盛[3]糞而食；拔頭髮，臥刺上，倒[4]懸熏鼻；冬則入水，夏則火炙。如是種種所行非道，皆是狂相。復次，汝等法以賣肉賣鹽，即時失婆羅門法；於天祠中得牛布施，即時賣之，自言得法；牛則是肉，是誑惑[5]人，豈非失耶？又言：入吉河水中，罪垢皆除，是爲罪福無因無[6]緣。賣肉賣鹽此有何罪？入吉河水中言能除罪，若能除罪，亦能除福，誰有吉者？如[7]此諸事，無因無緣，强爲因緣，是則爲狂。如是種種狂相，皆是汝等；法師將護汝故，指[8]而不説[9]。是名爲裸形狂。復次，有人貧窮無衣，或弊衣藍縷，以佛力故，令其得衣。問曰：飢者得飽，渴者得飲，云何飢渴？答曰：福德薄故，先世無因，今世無緣，是故飢渴。復次，是人先世奪佛、阿羅漢、辟支佛食，及父母所親食；雖值佛世，猶故飢渴，以罪重[10]故。問曰：今有惡世生人得好飲食，值佛世生而更飢渴；若罪人不應生值佛世，若福人不應生惡世，何以故爾？答曰：業報因緣，各各不同：或有[11]人有見佛因緣，無飲食因緣；或有飲食因緣，無[12]見佛因緣。譬如黑蛇而抱摩尼珠臥，有阿羅漢人乞食不得。又[13]如迦葉佛時，有兄弟二人出家求道；一人持戒、誦經、坐禪；一人廣求檀越，修諸福業。至釋迦文佛出世：一人生長者家；一人作大白象[14]，力能破賊。長者子出家學道，得六神通阿羅漢，而以薄福，乞食難得。他日持鉢入城乞食，遍不能得；到白象廏中[15]，見王供[16]象種種豐足，語此象言：我之與汝，俱有罪過。象即感結，三日不食。守象人怖，求覓道人，見而問言：汝作何呪，令王白象病不能食？答言：此象是我先身時弟，共於迦葉佛時出家學道。我但持戒、誦經、坐禪，不行布施；弟但廣求檀越作諸布施，不[17]持戒、不學問。以其不持戒、誦經、坐禪故，今作此象；大修布施故，飲食備具，種種豐足。我但行道，不修布施故，今雖得道，乞食不能得。以是事故，因緣不同，雖值佛世，猶故飢渴。問曰：此諸衆生，云何飽滿？答曰：有人言：佛以神力變作食[18]，令得飽滿。復有人言：佛光觸身，令不飢渴。譬如如意摩尼珠，有人心念，則不飢渴，何況值佛！病者得愈，病有二[19]種：先世行業報故，得種種病。今世冷熱風發故，亦得種種病。今世病[20]有二種：一者，内病，五藏不調，結堅宿疹；二者，外病，奔車逸馬，搥壓墜落，兵刃刀杖，種種諸病。問曰：以何因緣得病？答曰：先世好行鞭杖、拷掠、閉繫，種種惱故，今世得病。現世病，不知將身，飲食不節，臥起無常；以是事故，得種種諸病。如是有四百四

1　"王時"，戊本作"時王"。

2　"王"，戊本無。

3　"盛"，戊本作"成"，"成"通"盛"。

4　"倒"，庚五作"到"，"到"通"倒"。

5　"惑"，戊、庚五作"或"，"或"爲"惑"之古字。

6　"無"，庚五殘。

7　"如"，庚五、宋、元、明、宫本作"如是"。

8　"狂相……故指"十三字，庚五殘。

9　庚五終。

10　"重"，戊本無。

11　庚六始。

12　"無"，戊本作"無有"。

13　"又"，庚六作"有"，"有"通"又"。

14　庚六終。

15　"中"，戊、宋、元、明、宫、石本無。

16　"供"，戊本作"供養"。

17　"不"，戊本脱。

18　"食"，戊本作"飲食"。

19　"二"，戊本作"種"。

20　"今世病"，戊本無。

病，以佛神[1]力故，令病者得[2]愈。如説：佛在舍婆提國[3]，有一居士請佛及僧於舍飯食，佛住精舍迎食有五因緣：一者，欲入定；二者，欲爲諸天説法；三者，欲遊行觀諸比丘房；四者，看諸病比丘；五者，若未結戒欲爲諸比丘結戒。是時佛手[4]持户排，入諸比丘房，見一比丘病苦，無人瞻視，卧大小便，不能起居。佛問比丘：汝何所苦？獨無人看[5]！比丘答言：大德！我性[6]嬾，他人有病，初不看視；是故我病，他亦不看！佛言：善男子！我當看汝。時釋[7]提婆那民盥[8]水，佛以手摩其身；摩其身時，一切苦痛即皆[9]除愈，身心安隱。是時，世尊安徐扶此病比丘起，將出房澡洗著衣，安徐將入，更與敷褥令坐。佛語病比丘：汝久來[10]不勤求未得事令得，未到事[11]令到，未識事令識，受諸苦患，如是方當更有大苦[12]！比丘聞已[13]，心自[14]思念：佛恩無量，神力無數，以手摩我苦痛即除，身心快樂！以是故，佛以[15]神力令病者得愈。形殘者得具足，云何名形殘者[16]？若有人先世破他身，截其頭[17]，斬其[18]手足，破種種身分；或破壞佛像，毀[19]佛像鼻，及諸賢聖形像；或破父母形像。以是罪故，受形多不具足。復次，不善法報，受身醜陋。若今世被賊，或被刑戮，種種因緣以致殘毀[20]；或風寒熱病，身生惡瘡，體分爛壞，是名[21]形殘！蒙佛大恩，皆得具足。譬如祇洹中奴，字犍[22]抵（揵抵，秦言續也[23]），是波斯匿王兄子；端正勇健，心性和善。王大夫人見之心著，即微呼之，欲令從己。犍抵不從，夫人大怒，向王讒之，反被[24]其罪。王聞，即[25]節節解之，棄於塚間；命未絶頃，其夜虎、狼、羅[26]刹來欲食之。是時佛到其邊，光明照之，身即平復，其心大喜，佛爲説法，即得三道。佛牽其手將至祇洹，是人言：我身已破、已棄，佛續我身，今當盡此形壽，以身布施佛及比丘僧。明日波斯匿王聞如是事，來至祇洹，語犍抵言：向汝悔過！汝實無罪，枉相刑害，今當與汝分國半[27]治。犍抵言：我已厭矣！王亦無罪。我宿世殃咎，罪報應爾！我今以身施佛及僧，

1　“神”，戊本無。

2　“得”，戊本脱。

3　“舍婆提國”，戊、石本作“舍衛國”，異譯詞。

4　“手”，戊、宋、元、明、宫、石本無。

5　“看”，戊本作“看汝”。

6　“性”，戊本作“相”，誤。

7　“釋”後，戊本衍“迦”。

8　“盥”，戊、石本作“與”，誤。

9　“皆”，戊本無。

10　“來”，戊本作“遠”。

11　“事”，原作“時”，誤，兹據戊本改。

12　“如是……大苦”八字，戊、石本作“如是方來，當更有大苦痛”，元、明本作“如是方，當更有大苦痛”。

13　“已”，戊本無。

14　“心自”，戊本作“以心自”。

15　“以”，戊本無。

16　“者”，戊、宋、元、明、宫、石本無。

17　“截其頭”，戊本作“或截頭”，石本作“或截其頭”。

18　“斬其”，戊本作“或截”，宫、石本作“斬”。

19　“毀”，戊本作“破”。

20　“殘毀”，戊本作“形殘”。

21　“名”，戊本脱。

22　“犍”，戊、宋、元、明、宫本作“揵”。下同，不復出校。

23　此小注戊、宋、宫本作本文。

24　“被”，戊、元、明本作“狀”。

25　“即”，戊本作“此語”。

26　“羅”，戊本作“罪”，誤。

27　“國半”，戊本作“半國”。

不復還也。如是[1]若有衆生形殘不具足者，蒙佛光明即時平復。是故言[2]：乃至形殘皆得具足，蒙佛光明，即時平復。

【經】一切[3]衆生皆得等心相視：如父如母、如兄如弟、如姊如妹，亦如親親及善知識。是時，衆生等行十善業道，淨修梵行，無諸瑕[4]穢，惔[5]然快樂；譬如比丘入第[6]三禪。皆得好慧，持戒自守，不嬈衆生。

【論】問曰：是諸衆生未離欲，無禪定，不得四無量心[7]，云何得等心？答曰：是等，非禪中等，是於一切衆生中無怨無恚；以此等故，善心相視。復次，等心者，經中有言：云何等心？相視如父母[8]，是名等心。問曰：視一切衆生便是父母、兄弟、姊妹不？答曰：不也！見[9]老者如父母，長者如兄，少者如弟，姊妹亦爾。等心力故，皆如親親。問曰：云何非父母言父母，乃至非親親言親親？不墮妄語耶？答曰：一切衆生無量世中，無非父母、兄弟、姊妹、親親者。復次，實法相中，無父母、兄弟；人著吾我，顛倒計故，名爲父母、兄弟。今以善心力故，相視如父如母，非妄語也。復次，如[10]人以義相親，非父事之爲父，非母事之爲母，兄弟、兒子亦復如是。如人有子行惡，黜而棄之；他姓[11]善行，養以爲子。如是相視，則爲等心。如説偈[12]：

視他婦[13]如母，見他財如火，一切如親親，如是名等見。

是時，衆生等行[14]十善業道者。身業道三種：不殺、不盜、不邪婬。口業道四種：不妄語、不兩舌、不惡口、不綺語。意業道三種：不貪、不惱害、不邪見。自不殺生，不教他殺，讚不殺者，見人不殺[15]代其歡喜；乃至邪見亦有四種。問曰：後三業道非業，前七業道亦業，云何言十善業道？答曰：没[16]少從多故，通名業道。後三雖非業，能起業。又復爲業故生，是故總名業道。淨修梵行，無諸瑕穢者[17]，問曰：上説行十善業道，此理已足，今何以復言淨修[18]梵行？答曰：有人行十善業道，不斷婬；今更讚此行梵天行，斷除婬欲故，言淨修梵行。無諸瑕穢者，行婬之人，身惡名臭，以是故讚斷婬人，言無諸瑕穢。惔然快樂者，問曰：此何等樂？答曰：是樂二種——內樂，涅槃樂。是[19]樂不從[20]五塵生。譬如石泉，水自中出，不從外來；心樂[21]亦如是，行等心，修梵行，得十善業道，清淨無[22]穢，是名內樂。問曰：此樂何界繫？欲界繫、色界繫[23]、無色界繫耶？答曰：是樂欲

1　“如是”，戌本作“如是等”。

2　“是故言”，戌本作“是言盲者”。

3　“一切”前，戌本有“爾時”。

4　“瑕”，戌本作“假”，“假”爲“瑕”之借字。下同，不復出校。

5　“惔”，戌、宋、官本作“淡”，元、明本作“恬”。下同，不復出校。

6　“第”，癸本作“弟”，“弟”爲“第”之古字。下同，不復出校。

7　“無量心”後，戌本有“等”。

8　“母”，戌、宋、元、明、官、石本作“如母”。

9　“見”，戌本作“是”。

10　“如”，戌本無。

11　“姓”，戌本作“性”，“性”通“姓”。

12　“偈”，戌、宋、官本無。

13　“婦”，戌本作“妻”。

14　“行”，戌本脱。

15　“見人不殺”，戌本作“見不殺者”。

16　“没”，戌、官、石本無。

17　“者”，戌、宋、元、明、官本無。

18　“修”，戌本無。

19　癸本始。

20　“不從”，癸本殘。

21　“心樂”，癸本殘。

22　“淨無”，癸本殘。

23　“色界繫”，癸本作“□界”，戌、宋、元、明、官本作“色界”。

界繫,亦不繫;非[1]色、無色界繫。今言譬如比丘入第三禪;若是色界繫,不應言譬如[2]。以是事故知非色界繫。此欲界心生喜樂,一切滿身;譬如煖蘇漬身[3],柔軟和樂。不繫者,得般若波羅蜜相,觀諸法不生不[4]滅,得實智[5]慧,心無所著,無相[6]之樂,是爲不繫。問曰:佛言涅槃第[7]一樂,何以言第三禪樂? 答曰:有二種樂:有受[8]樂,有受[9]盡[10]樂。受[11]盡[12]樂,一切五衆[13]盡[14]更不生,是無餘涅槃樂。能除憂愁煩惱,心中歡喜,是名樂受[15];如是樂受[16]滿足,在第三禪中。以是故言譬[17]如第三禪樂[18]。問曰:初禪、二禪亦有樂受[19],何以故但言第三禪[20]? 答曰:樂有上、中、下:下者初禪,中者二禪,上者三禪。初禪有二種:樂根、喜[21]根;五[22]識相應樂根,意識相應喜根。二禪中[23]意識相應喜根。三禪意識相應樂根。一切三界中,除三禪,更[24]無意識相應樂根。是五識不能分別,不知名字相,眼識生如彈指頃,意識已生。以[25]是故,五識相應樂根不能滿足樂,意識相應樂根能滿足樂。以是故,三禪中諸功德少、樂多故,無背捨[26]、勝處[27]、一切入。過是三禪更無樂,以是故言譬如比丘入第三禪。一切衆生皆得好慧,持戒、自守[28],不嬈衆生者[29],問曰:何以故次樂後,言皆得[30]好慧? 答曰:人未得樂,能作功德;既得樂已[31],心著[32]樂多故,不作功德! 是故樂後[33]次第心得好慧[34]。好慧者,持戒、自守,不嬈衆生。

1　"非",癸本殘。

2　"譬如"後,戊、宋、元、明、宮本有"比丘得第三禪",癸本有"比丘得弟三禪","弟"爲"第"之古字。

3　"暖蘇漬身",戊、癸本作"濡蘇塗身"。

4　庚七始。

5　子本始。

6　"無相",戊、庚七、癸本作"無想","想"爲"相"之借字,子本作"無定相"。

7　"第",癸本作"弟","弟"爲"第"之古字。下同,不復出校。

8　"受",戊、庚七、癸、子本作"痛"。

9　"受",戊、庚七、癸、子本作"痛"。

10　"盡",癸本作"蓋",誤。

11　"受",戊、子本無,庚七、癸本作"痛"。

12　"盡",癸本作"蓋",誤。

13　"衆",戊、庚七、癸、子本作"陰",異譯詞。

14　"盡",癸本作"蓋",誤。

15　"受",戊、庚七、癸本作"痛"。

16　"受",庚七作"痛"。

17　"譬",戊、庚七、癸本無。

18　"第三禪樂",癸本殘。

19　"受",庚七作"痛"。

20　"第三禪",庚七作"第三禪樂"。

21　"喜",癸、宮本作"善","善"當爲"喜"之誤。

22　"五",戊、庚七、癸、子、宋、宮、石本作"三"。

23　"二禪中"後,戊、癸本有"言"。

24　庚七終。

25　"以",子、石本無。

26　"背捨",子本作"解脱",異譯詞。

27　"勝處",子本作"除入"。

28　庚八始。

29　"者",癸、宋、宮、石本無。

30　"皆得",癸本無。

31　"已",戊、癸本作"以","以"通"已"。

32　"未得……心著"十三字,庚八殘。

33　"後",戊本作"復",誤。

34　"樂後……好慧"八字,庚八殘。

問曰:持戒是名[1]自守,亦名不嬈衆生,何以故復言自守、不嬈衆生耶? 答曰:身口善,是名持戒;撿[2]心就善,是名自守,亦名不嬈衆生。一切諸功德,皆戒身、定身、慧身所攝。言好持戒,是[3]戒身攝;好自守者[4],是[5]定身攝;不嬈衆生,禪中慈等諸功德,是[6]慧身攝。問曰:亦無有人言不好持戒者,今何以言好持戒? 答曰:有如婆羅門著世界法者言:捨家好持戒,是爲斷種人。又以自力得[7]財[8],廣作功德,如是有福。出家乞食,自身不給,何能作諸功德? 如是爲呵好持戒。亦有著世界治法[9]道人,呵[10]好自守者,言:人當[11]以法治世,賞善罰惡,法不可犯,不捨尊親[12],立法濟世,所益者大,何用獨善其身,自守無事? 世亂而不理,人急而不救! 如是名爲呵[13]好自守。亦有人呵好不嬈衆生者,言:有怨不能[14]報,有賊不能繫[15],惡人不能治,有罪無以肅,不能却患救難,默然無益,何用此爲! 如是爲呵[16]好不嬈衆生。如說[17]:

人而無勇健,何用生世間,親難而不救,如木人在地!

如是等種種不善語,名爲呵不嬈衆生。是諸天人皆[18]得好慧,持戒、自守,不嬈衆生;行是善法,身心安隱,無所畏難,無熱無惱,有好名善譽,人所愛敬,是爲向涅槃門。命欲[19]終時,見福德[20]心喜,無憂無悔。若未得涅槃,生諸佛世界[21],若生天上。以是故[22]言:得好慧,持戒、自守,不嬈衆生[23]。

大智度論卷第八[24]。

大智度初品中放光釋論之餘(卷第九)[25]

龍樹菩薩造

---

1 "曰持戒是名",庚八殘。

2 "撿",庚八作"斂"。

3 "是",庚八作"是爲"。

4 "者",戊、癸、庚八、宋、元、明、宫本無。

5 "是",庚八作"是名"。

6 "是",庚八作"是名"。

7 庚八終。

8 "財",子、石本作"財物"。

9 "法",戊、癸、宋、元、明、宫本無。

10 "呵",子本作"訶"。

11 "言人當",子本污損莫辨。

12 "尊親",子本殘。

13 "呵",子本作"訶"。

14 "能",戊、癸本無。

15 "繫",戊、癸、元、明本作"擊"。

16 "呵",戊本脱。

17 "如説",子本作"如説也"。

18 "皆",戊、癸本作"皆等"。

19 "欲",癸本無。

20 "德",戊、癸、子、宋、元、明、宫、石本無。

21 "世界",戊、癸本作"國",子本作"國土"。

22 "天上以是故",癸本殘。

23 子本終,以下所抄相當於《大正藏》本卷九。

24 戊本終,尾題作"摩訶衍經卷第八",題記作"大魏大統八年十一月十五日,佛弟子瓜州刺史鄧彦妻昌樂公主元,敬寫《摩訶衍經》一百卷,上願皇帝陛下國祚再隆,八方順軌。又願弟子現在夫妻、男女家眷,四大康健,殃災永滅;將來之世,普及衆生,同成正覺"。癸本終,尾題作"摩訶衍經卷第八　丈光義品第十一"。

25 本卷對應《大智度論》寫本凡1號:BD07723號(以下簡稱"甲本",所抄分屬《大正藏》本卷八、九)。

後秦龜茲國三藏法師鳩摩羅什奉詔譯[1]

【經】[2]爾時，世尊在師子座[3]上坐，於三千大千世界中，其德特尊，光明色像威德巍巍[4]，遍至十方如恒河沙等諸佛世界。譬如須彌山王光色殊特，衆山無能及者。

【論】[5]問曰：佛以何力故於一切衆生中其德特尊，光明、威德巍巍，乃如是耶？如轉輪聖王、諸天、聖人亦有大力、光明、威德，何以獨言佛德特尊？答曰：此諸賢聖雖有光明、威德，有量有限。譬如衆星，日光既出，則没不現[6]。佛從無量阿僧祇劫集大功德，一切具足，因緣大故果報亦大；餘人無此。復次，佛世世修諸苦行，無量無數頭、目、髓、腦常施衆生，豈唯國、財、妻、子而已！一切種種戒、種種忍、種種精[7]進、種種禪定，及無比清淨不可壞不可盡智慧，世世修行，已具足滿。此果力故，得不可稱量殊特威神，以是故言因緣大故果報亦大。問曰：若佛神力無量，威德巍巍，不可稱說，何以故受九罪報？一者，梵志女孫陀利謗，五百阿羅漢亦被謗；二者，旃遮婆羅門女繫木盂[8]作腹謗佛；三者，提婆達推山壓[9]佛，傷足大指；四者，迸木刺脚；五者，毘樓璃王[10]興兵殺諸釋子，佛時頭痛；六者，受阿耆達多婆羅門請而食馬麥；七者，冷風動故脊痛；八者，六年苦行；九者，入婆羅門聚落，乞食不得，空鉢而還。復有冬至前後八夜，寒風破竹，索三衣禦[11]寒。又復患熱，阿難在後扇佛。如是等世界小事，佛皆受之。若佛神力無量，三千大千世界乃至東方恒河沙等諸佛世界，南西北方、四維、上下，光明色像威德巍巍，何以故受諸罪報？答曰：佛在人中生，人父母，受人身力，一[12]指節力勝千萬億那由他白象力，神通力無量無數、不可思議。是淨飯王子，厭老、病、死苦，出家得佛道——是人豈受罪報，爲寒熱等所困！如佛神力不可思議，不可思議法中[13]，何有寒熱諸患？復次，佛有二種身：一者，法性身；二者，父母生身。是法性身滿十方虛空，無量無邊，色像端正，相好莊嚴，無量光明，無量音聲，聽法衆亦滿虛空（此衆亦是法性身，非生死人所得見也[14]）；常出種種身、種種名號、種種生處、種種方便度衆生，常度一切，無須臾息時。如是法性身佛，能度十方世界衆生。受諸罪報者是生身佛，生身佛次第說法如人法。以有二種佛故，受諸罪無咎。復次，佛即得道時，一切不善法盡斷，一切善法皆成就，云何今實有不善法報可受？但憐愍未來世衆生故，現方便受此諸罪。復次，如阿泥盧豆與一辟支佛食故，受無量世樂，心念飲食應意即得；何況佛世世割肉、出髓以施衆生，而乞食不得空鉢而還？以是事故，知佛方便爲度衆生故受此諸罪。云何方便？憐愍未來世五衆佛弟子施福薄故，乞種種自活之具不能得。諸白衣言：汝衣食不能得，有病不能除，何能得道以益於人？是五衆當答：我等雖無活身小事，有行道福德。我等今日衆苦，是先身罪報；今之功德，利在將來。我等大師佛入婆羅門聚落乞食，尚亦不得，空鉢而還；佛亦有諸病，釋子畢罪時佛亦頭痛，何況我等薄福下人！諸白衣聞已，瞋心則息，便以四種供[15]養……

1　甲本始。"大智度……譯"三十六字，甲本作"大智度初品中現普身品第十一釋論"。

2　"經"，甲、宋、宮本無。

3　"座"，甲本作"坐"，"坐"爲"座"之古字。

4　"巍巍"，甲本作"魏魏"，"魏魏"同"巍巍"。下同，不復出校。

5　"論"，甲、宋、宮本無。

6　"現"，甲、宮本作"見"，"見"爲"現"之古字。

7　"精"，甲本脱。

8　"木盂"，甲本作"木杅"，"杅"爲"杆"之誤，石本作"木杆"，宋、宮本作"大杆"。

9　"壓"，甲本作"押"，"押"通"壓"。

10　"毘樓璃王"，甲本作"毗樓流王"。

11　"禦"，甲本作"御"，"御"通"禦"。

12　"一"，甲、宋、宮本無。

13　"中"，甲本無。

14　"得見也"，甲本作"不見此"。

15　甲本終。

大智度初品中十方菩薩來釋論第十五之餘（卷第十）[1]

……佛告棄諸蓋菩薩：汝覺此女人[2]！即時彈指，此女從三昧起。文殊尸利白佛言[3]：以何因緣，我動三千大千世界[4]不能[5]令此女起，棄諸蓋菩薩一彈指，便從三昧起？佛告文殊尸利：汝因此女人初發阿耨多羅三藐三菩提[6]意，是女人因棄諸蓋菩薩初發阿耨多羅三藐三菩提[7]意。以是故，汝不能令覺。汝於諸佛[8]三昧中功德未滿。是諸菩薩三昧中得自在，佛三昧中少多入，而未得自在故耳。

【經】[9]佛告普明[10]：欲往隨意，宜知是時。爾時，寶積佛以千葉金色蓮華與普明菩薩，而告之曰：善男子！汝以此華散釋迦牟尼佛上。生彼娑婆世界[11]諸菩薩，難勝難及[12]，汝當一心遊彼世界[13]！

【論】[14]問曰：佛何以言欲往隨意，宜知是時？答曰：佛於弟子愛斷故，於弟子中心不著故。復次，是菩薩未得一切智，未得佛眼故，心中少多有疑，謂釋迦牟尼佛功德大，所益或勝，是故語言：欲往隨意。復次，是菩薩遙見釋迦牟尼佛身小，心生小慢，言彼佛不如。是故佛語：汝往莫觀佛身，勿念世界，但聽佛說法！復次，是世界離娑婆世[15]界極遠，最在東邊。是諸[16]菩薩聞釋迦牟尼佛所說諸法相，與寶積佛說諸法相正同，便言：世界雖遠，法相不異！增益大信，心轉堅固。復次，先世因緣故，雖遠處生，應來聽法；譬如繩繫雀腳，雖復遠飛，攝之則還。復次，是娑婆世界中菩薩，見普明遠來聽法，便作是念：彼從遠來，況我生此世界[17]中而不聽法？如是種種因緣，是故佛言：欲往隨意，宜知是時[18]。問曰：諸佛力等，更不求福，何故以華爲信？答曰：隨世間法行故；如二國王力勢雖同，亦相贈遺。復次，示善軟心故，以華爲信。世間法中，使從遠來，必應有信；佛隨世法，是故致信。復次，諸佛恭敬法故，供養於法，以法爲師。何以故？三世諸佛，皆以諸法實相爲師。問曰：何以不自供養身中法，而供養他法？答曰：隨世間法，如比丘欲供養法寶，不自供養身中法，而供養餘持法、知法、解法者；佛亦如是，雖身中有法，而供養餘佛法。問曰：如佛不求福德，何以故供養？答曰：佛從無量阿僧祇劫中修諸功德，常行諸善，不但求報，敬功德故而作供養。如佛在時，有一盲比丘，眼無所見而以手縫衣，時針[19]紝[20]脫，便言：誰愛福德？爲我紝針[21]！是時佛到其所，語比丘：我是愛福德人，爲汝

1　本卷對應《大智度論》寫本凡3號：BD 14506號（以下簡稱“甲本”）、S. 2260號（以下簡稱“乙本”）、俄 Дх 04663號（以下簡稱“丙本”）。

2　甲本始。

3　“言”，甲、宋、元、明、宮、石本無。

4　“世界”，甲、石本作“國土”。下同，不復出校。

5　“不能”前，甲本有“地”。

6　“提”，甲本脫。

7　“提”，甲本脫。

8　“佛”，甲本作“菩薩”。

9　“經”，甲、宋、宮本無。下同，不復出校。

10　“佛告普明”，甲本作“寶積佛聞是語已，告普明曰”，石本作“寶積佛聞是語也，佛告普明”。

11　“世界”，甲本作“國中”。

12　“難勝難及”，甲、石本作“難及難勝”。

13　“遊彼世界”，甲本作“以遊彼國”。

14　“論”，甲、宋、宮本無。下同，不復出校。

15　“世”，甲本無。

16　“諸”，甲、宋、元、明、宮本無。

17　“世界”，甲本作“國”。

18　“時”，甲本作“故”。

19　“針”，甲本作“鉢”，誤。

20　“紝”，甲、宋、元、明、宮本作“袵”。下同，不復出校。

21　“針”，甲本作“鉢”，誤。

紙針¹來！是比丘識佛聲，疾起著衣禮佛足，白佛言：佛功德已滿，云何言愛福德？佛報言：我雖功德已滿，我深知功德恩²，功德果報，功德力，令³我於一切衆生中得最第一。由此功德，是故我愛。佛爲此比丘讚功德已，次爲隨意説法。是比丘得法眼淨，肉眼更明。復次，佛雖功德已滿，更無所須，爲教化弟子故，語之言：我尚作功德，汝云何不作？如伎家百歲老翁⁴而舞，有⁵人呵之言：老翁年已百歲，何用是舞？翁答：我不須舞，但欲教子孫故耳！佛亦如是，功德雖滿，爲教弟子作功德故，而作⁶供養。問曰：若爾者，佛何以不自遥散釋迦牟尼佛上，而遣人供養？答曰：爲此間諸菩薩信普明故。復次，佛所遣使，水、火、兵、毒，百千種害，終不能傷；道里懸遠，欲令安隱故。問曰：何故⁷不以好寶深經、若佛菩薩寶（言此寶諸天所不見，能出種種妙物如摩尼珠寶⁸，故曰⁹名佛寶）爲信，而以蓮華？蓮華小物，何足爲信？答曰：佛不須物，佛寶、天寶尚亦不須，何況人寶？以不須故不遣；亦以佛自等有，故不遣。深經亦爾。復次，諸經於佛則無甚深，甚深之稱出自凡人。凡人所疑，於佛無礙；凡人所難，佛皆易之。復次，華香清妙，宜爲供養；如人獻贈，必以異物。問曰：何故正以蓮華，不以餘物？答曰：供養唯以華香、幡蓋；華有二事——有色、有香。問曰：餘華亦有香、有色¹⁰，何故唯以蓮華供養？答曰：如《華手經》中説：十方佛皆以華供養釋迦文佛。復次，蓮華有三種：一者，人華；二者，天華；三者，菩薩華¹¹。人華，大蓮華十餘葉；天華百葉；菩薩華千葉。彼世界中多有金色光明千葉蓮華；娑婆世界中唯¹²有化華千葉，無水生者，以是故遣。是蓮華千葉金色，如上舌相中説。問曰：佛何以令普明以華散佛上？答曰：供養法，華香、幡蓋：幡蓋應上，乾香應燒，濕香應塗地，末香及華應散。問曰：何以不供奉而已，而自散上？答曰：手自供養是身業，軟言問訊是口業，能起身、口業是意業。是三業得功德牢固，與佛道作因緣。問曰：何以言汝當一心敬慎，娑婆世界¹³中諸菩薩難及難勝？答曰：佛、辟支佛、阿羅漢一切諸賢聖，皆一心敬慎。魔若魔民，及內身結使，種種先世罪報皆是賊，近此諸賊故，應一心敬¹⁴慎；譬如入賊中行，不自慎護，爲賊所得。以是故言一心敬慎，以遊彼界¹⁵。復次，以人心多散，如狂如醉；一心敬慎，則是諸功德初門。攝心得禪，便得實智慧，得實智慧，便得解脱，得解脱便得盡苦。如是事，皆從一心得。如佛般涅槃後一百歲，有一比丘，名優波毱¹⁶，得六神通阿羅漢，當爾時世爲閻浮提大導師。彼時有一¹⁷比丘尼，年百二十歲，此比丘尼年小時見佛。優波毱來入其舍，欲問佛容儀，先遣弟子。弟子語比丘尼：我大師優波毱欲來見汝，問佛容儀。是時，比丘尼以鉢盛滿麻油，著户扇¹⁸下試之，知其威儀，詳審以不？優波毱入，

---

1 “針”，甲、宋、元、明、宫、石本無。
2 “恩”，甲、元、明本作“因”。
3 “令”，甲本無，宋、元、明、宫本作“今”。
4 “翁”，甲、宋、元、明、宫、石本作“公”。下同，不復出校。
5 “有”，甲本無。
6 “作”，甲本無。
7 “故”，甲本作“以”。
8 “寶”，甲、宋、元、明、宫、石本無。
9 “曰”，甲、宋、元、明、宫、石本無。
10 “有香有色”，甲、石本作“有色有香”。
11 “華”，甲本脱。
12 “唯”，甲本作“難”，誤，宋、元、明、宫本作“雖”。
13 “世界”，甲本作“國”。
14 “敬”，甲本脱。
15 “界”，甲、石本作“國”。
16 “優波毱”，甲、宋、元、明、宫、石本作“憂波毱”，異譯詞。
17 “一”，甲本無。
18 “扇”，甲本作“扉”。下同，不復出校。

徐排户扇,麻油小棄。坐已,問比丘尼:汝見佛不? 容儀[1]何似? 爲我説之! 比丘尼答:我爾時年小,見佛來入聚落,衆人言佛來,我亦隨衆人出,見光明便禮。頭上金釵墮地,在大闇林下,佛光明[2]照之,幽隱皆見,即時得釵。我自是後,乃作比丘尼。優波毱更問:佛在世時,比丘威儀禮法何如? 答曰:佛在時,六群[3]比丘無羞無恥、最是弊惡;威儀法則勝汝[4]今日,何以知之? 六群比丘入户不令油棄。此雖弊惡,知比丘儀法,行、住、坐、卧,不失法則;汝雖是六神通阿羅漢,不如彼也! 優波毱聞是語[5],大自慚愧! 以是故言一心敬慎[6]。一心敬慎,善人相也。復次,何以故言一心敬慎,是菩薩難勝難及、難破、難近? 譬如大師子王,難勝難破;亦如白象王及龍王,如大火焰[7],皆難可近。是菩薩大福德智慧[8]力故,若人欲勝欲破,是不可得,正可自破,是故言難近。問曰:一切大菩薩皆大功德,智慧利根,一切難近,何以獨言娑婆世界[9]中菩薩難近? 答曰:實如所言。但以多寶世界[10]中菩薩遠來,見此世界不如,石沙穢惡,菩薩身小,一切衆事皆亦不如,必生輕慢,是故佛言:一心敬慎,彼諸菩薩難近。復次,樂處生人多不勇猛,不聰明,少智慧。如欝怛羅衛[11]人,以大樂故,無出家、無受戒;諸天中亦爾。是娑婆世界中,是樂因緣少,有三惡道、老病死、土地自活法難,以是故,易得厭心。見老、病、死至,心大厭患;見貧窮人,知先世因緣所致,心生大厭。以是故智慧根利[12]。彼間菩薩,七寶世界,種種寶樹,心念飲食,應意即得,如是生厭心難,是故智慧不能大利。譬如利刀,著好飲食中,刀便生垢,飲食雖好而與刀不相宜;若以石磨之,脂灰瑩治,垢除刀利。是菩薩亦如是,生雜世界[13]中,利智難近。如人少小勤苦,多有所能,亦多有所堪;又如養馬不乘,則無所任。復次,是娑婆世界[14]中菩薩,多方便故難近,餘處不爾。如佛説:我自憶念宿世,一日施人千命。度衆生故,雖諸功德、六[15]波羅蜜一切佛事具足,而不作佛,恒以方便度脱衆生。以是事故,是娑婆世界[16]中菩薩難近。

【經】爾時,普明菩薩從寶積佛受千葉金色蓮花[17],與無數出家、在家菩薩,及諸童男、童女,俱共發引[18]。

【論】問曰:是普明菩薩大力神通故應能來,是出家、在家[19]菩薩及童男、童女,云何自致? 多[20]寶世界最在東邊,道里悠遠,是自用力行? 爲寶積佛力? 是普明菩薩力耶? 爲釋迦牟尼佛力? 答曰:盡是四種人力。是出家、居家菩薩,或是不退五通成就菩薩四如意[21]足,好修先世釋迦牟尼佛因緣,亦自用己力,亦是普明菩

1　"儀",甲、宋、元、明、宫本作"貌",石本作"狼",俗字。

2　"明",甲本無。

3　"群",甲本作"郡","郡"爲"群"之借字。

4　"汝",甲本作"如","如"通"汝"。

5　"語",甲本作"謂",誤。

6　"慎",甲本作"順","順"通"慎"。下同,不復出校。

7　"焰",甲本作"炎","炎"爲"焰"之古字。

8　"福德智慧",甲本作"智慧福德"。

9　"世界",甲本作"國"。

10　"世界",甲本作"國"。

11　"欝怛羅衛",甲本作"欝怛羅曰",明本作"欝怛羅越",皆爲異譯詞。

12　"根利",甲、元、明、石本作"利根",宋本作"根則",疑"則"爲"利"之誤。

13　"世界",甲本作"國"。

14　"世界",甲本作"國"。

15　"六",甲本作"大",誤。

16　"世界",甲本作"國"。

17　"受千……蓮花"七字,甲本作"取千葉金色光明蓮華"。

18　"與無數……發引"十九字,甲本作"與無數菩薩,出家在家,童男、童女,共俱發到"。

19　"在家",甲本無。

20　"何自致多",甲本作四字空白。

21　"如意",甲本作"禪"。

薩力,何以故? 是中力勢薄者,是普明菩薩力故得來。如轉輪聖王飛上天時,四種兵及諸宮觀、畜獸,一切皆飛;轉輪聖王功德[1]大故,能令一切隨而飛從。此亦如是,力勢薄者,以普明菩薩力故皆亦得來。亦是寶積佛力[2],及[3]釋迦牟尼光明照之。若自無力,但釋迦牟尼佛光明照之,亦應能來,何況有三! 問曰:是普明菩薩何不獨來,而多將衆人? 答曰:翼從所宜故;譬如國王出時,必有營從。復次,是普明菩薩及釋迦牟尼佛因緣人故。所以者何[4]? 彼大衆中[5]二衆共來,是故知有因緣者來,無因緣者住。問曰:是菩薩何以故與諸在[6]家、出家、童男、童女俱來? 答曰:佛弟子七衆:比丘、比丘尼、學戒尼、沙彌、沙彌尼、優婆塞、優婆夷。優婆塞、優婆夷是居家,餘五衆是出家。出家、在家中更有二種:若大、若小——小者,童男、童女;餘者爲大。問曰:大者應行,小者何以能來? 答曰:在功德,不在大小[7]。若失功德利,行不善法,雖老而小;若有功德利,行善法,雖小而大[8]。復次,此小者遠來,人見則歡:小而能爾,爲法遠來! 亦顯佛法小大皆得奉行。外道法中,婆羅門得行其法,非婆羅門不得行;佛法無大、無小、無内、無外,一切皆得修行。譬如服藥,以除病爲主,不擇貴賤大小。

【經】皆供養、恭敬[9]、尊重、讚歎[10]東方諸佛。

【論】問曰:若皆供養東方諸佛,諸佛甚多,何時當訖,得來此間? 答曰:是諸菩薩非作人、天法供養,自行菩薩供養法。菩薩供養法,身入禪定,其身直進,從其身邊出無量身,化作種種供養之物,滿諸佛世界[11]。譬如龍王[12]行時,從身出水[13],普雨天下。問曰:此諸菩薩欲詣釋迦牟尼佛,何以中道供養諸佛? 答曰:諸佛第一福田,若供養者得大果報。譬如人廣修田業[14],爲多得穀故。諸菩薩見諸佛供養,得佛果報,是故供養。復次,菩薩常敬重於佛,如人敬重父母[15]。諸菩薩蒙佛説法,得種種三昧,種種陀羅尼[16],種種神力,知恩故廣供養。如《法華經》中:藥王菩薩,從佛得一切變現色身[17]三昧,作是思惟:我當云何供養佛及法華三昧[18]? 即時飛到天上,以三昧[19]力,雨七寶、華香、幡蓋,供養於佛。出三昧[20]已,意猶不足。於千二百歲,服食衆香,飲諸香油,然後以天白疊纏身而燒,自作誓言[21]:使我身光明,照八十恒河沙等佛世界[22]! 是八十恒河沙等世界[23]中諸佛讚

1　"德",甲本作"福"。

2　"亦是寶積佛力",甲本作"亦寶積力"。

3　"及",甲本作"亦是"。

4　"所以者何",甲本作"何以"。

5　"彼大衆中",甲本作"彼國大衆中是"。

6　"在",甲、宋、元、明、宮、石本作"居"。

7　"大小"後,甲本衍"若失功德利不善法雖老而小若"一行十三字,此行居第7紙末行,第8紙首行復抄,故衍。

8　"雖小而大"前,甲本有"是"。

9　"恭敬"後,甲本有"奉給"。

10　"讚歎",甲本無。

11　"世界",甲本作"國"。

12　"龍王",甲本作"大龍王"。

13　"從身出水",甲本作"身邊水出"。

14　"業",甲本作"地"。

15　乙本始。

16　"陀羅尼",甲本作"陀隣尼",異譯詞,乙本殘。

17　"身",乙本無。

18　"三昧"後,甲本衍"三昧"。

19　"昧",乙本作"時",誤。

20　"昧",乙本作"時",誤。

21　"言",甲本無,石本作"願"。

22　"世界",甲、乙本作"土",石本作"國土"。

23　"世界",甲、乙本作"國",石本作"國土"。

言：善哉！善哉！善男子！以身供養，是爲第一！勝以國城¹妻子供養百千萬倍²，不可以譬喻爲比。於千二百歲，身然³不滅。復次，是供養佛，得無量名聞福德利益，諸不善事皆悉滅除，諸善根得增長，今世、後世常得供養報，久⁴後得作佛。如是供養佛，得種種無量利。以是故，諸菩薩供養佛。

【經】⁵持諸⁶華香、瓔珞、末⁷香、澤香、燒香、塗香、衣服、幢蓋，向釋迦牟尼佛所。到已⁸，頭面禮佛⁹足，一面立。

【論】¹⁰問曰：應言禮，何以名頭面禮足？答曰：人身中第一貴者頭，五情所著而最在上故；足第一賤¹¹，履不淨處¹²，最在下故。是故以所貴禮所賤，貴重供養故。復次，有下、中、上禮：下者揖，中者跪，上者稽首。頭面禮足，是上供養。以是故佛毘尼¹³中，下坐比丘兩手捉上坐兩足，以頭面禮。問曰：四種身儀：若坐、若立、若行、若臥，何以故一面立？答曰：爲來故不應行¹⁴，爲恭敬供養故不應臥，此事易明，何足問耶¹⁵？應問或坐、或立。坐者，於供養不重；立者，恭¹⁶敬供養法。復次，佛法中，諸外道出家及一切白衣，來到佛所皆坐。外道他法輕佛，故坐；白衣如客，是故坐；一切五衆身、心屬佛，是故立。若得道諸阿羅漢，如舍利弗、目連、須菩提等，所作已辦¹⁷，是故聽坐；餘雖得三道，亦不聽坐，大事未辦¹⁸，結賊未破故。譬如王臣，大有功勳故得坐。是諸菩薩中，雖有白衣，以從遠來供養佛，故立。

【經】白佛言¹⁹：寶積如來²⁰致問世尊：少惱、少患、興居輕利、氣力安樂不？又以此²¹千葉金色蓮華，供養世尊。

【論】問曰：寶積佛一切智，何以方問訊釋迦牟尼佛少惱、少患、興居輕利、氣力安樂不？答曰：諸佛法爾，知而故問。如毘尼中，達貳迦比丘作赤色瓦窟，佛見已，知而問：阿難！此作何物？阿難白佛：是陶家子出家，字達貳迦，作小草舍，常爲放牛人所壞，三作三破，是故作此瓦舍。佛語阿難：破此瓦窟！何以故？外道輩當言：佛大師在時，漏處法出！如是等，處處知而故問。復次，佛雖一切智，隨世界法，世人問訊，佛亦問訊，佛人中生，受人法，寒熱、生死與人等，問訊法亦應等。復次，世界中大貴、大賤不應相問訊；佛等力

1　“城”，甲、乙、宋、元、明、宫、石本作“財”。

2　“倍”，甲、乙本作“億”。

3　“然”，甲、乙本作“燃”，“然”爲“燃”之古字。

4　“久”，甲、乙本作“又”。

5　“經”，乙、宋、宫本無。下同，不復出校。

6　“持諸”，甲、乙本無。

7　“末”，甲、乙本作“擣”。

8　“已”，甲、乙本作“以”，“以”通“已”。

9　“佛”，甲、乙本無。

10　“論”，乙、宋、宫本無。下同，不復出校。

11　“賤”，甲本作“踐”，“踐”爲“賤”之借字。

12　“處”，乙本無。

13　“尼”，甲、乙本作“泥”。下同，不復出校。

14　“行”，甲、乙本作“住”。

15　“耶”，甲、乙本作“也”。

16　“恭”，乙本作“供”，“供”通“恭”。

17　“辦”，甲、乙本作“辯”，誤。

18　“辦”，甲、乙本作“辯”，誤。

19　“白佛言”，甲、乙本作“普明菩薩白佛：大德”，石本作“普明菩薩白佛言”。

20　“如來”，甲、乙本作“佛”。

21　“又以此”，甲本作“今以”，乙本作“今以此”。

故,應相¹問訊。復次,是多寶世界²清淨莊嚴,佛身色像³光明亦大,若不問訊,人謂輕慢。又復欲示佛世界⁴身色光明,種種雖勝,智慧、神力俱等無異,是故問訊⁵。問曰:何以⁶問少病、少惱⁷不? 答曰:有二種病:一者,外因緣病;二者,內因緣病。外者,寒熱、飢渴、兵刃、刀杖、墜落、塸壓⁸,如是等種種外患,名爲惱。內者,飲食不節,臥起無常,四百四病,如是等種種,名爲內病。如此二病,有身皆苦,是故問少惱、少患⁹不。問曰:何以不問無惱、無病,而問少惱、少患¹⁰? 答曰:聖人實知身爲苦本,無不病時。何以故? 是四大合而爲身。地、水、火、風,性不相宜,各各相害。譬如疽瘡¹¹,無不痛時,若以藥塗,可得少¹²差而不可¹³愈;人身亦如是,常病¹⁴常治,治¹⁵故得活,不治則死。以是故,不得問無惱、無病。外患,常有風、雨、寒、熱爲惱故¹⁶。復有身四威¹⁷儀:坐、臥、行、住¹⁸,久坐則極惱,久臥、久住、久行皆惱。以是故問少惱、少患¹⁹。問曰:問少惱、少患²⁰則足,何以復言興居輕利? 答曰:人雖病差,未得平復,以是故問興居輕利。問曰:何以故言氣力安樂不? 答曰:有人病差,雖能行步坐起,氣力未足,不能造事施爲,携輕舉重,故問氣力。有人雖病得差,能舉重携輕,而未受安樂,是故問安樂不。問曰:若無病有力,何以未受安樂? 答曰:有人貧窮、恐怖、憂愁,不得安樂,以是故問得安樂不。復次,有二種問訊法:問²¹訊身,問訊心。若言少惱、少病、興居輕利及²²氣力,是問訊身。若言安樂不,是問訊心。種種內、外諸病,名爲身病;婬欲、瞋恚、嫉妬、慳貪、憂愁、怖畏等種種煩惱,九十八結,五百纏,種種欲願等,名爲心病。是二²³病問訊故,言少惱、少病、興居輕利、氣力安樂不。問曰:人問訊則應爾,諸天尚不應如此問訊,何況於佛? 答曰:佛身二種:一,神通變化身;二,父母生身。父母生身,受人法故,不如天,是故應如人法問訊。問曰:一切賢聖,心無所著,不貪身,不惜壽,不惡²⁴死,不悦生,若如是者,何用問訊? 答曰:隨世界法故,受人法問訊。遣問訊,亦以人法。千葉金色蓮華,如上説。

1　"相",甲、乙本無。

2　"世界",乙本作"國土"。下同,不復出校。

3　"像",甲、乙本無。

4　"世界",甲、乙本作"國"。

5　"問訊",乙本無。

6　"何以"前,乙本衍"何"。

7　"少病少惱",甲、乙、宋、元、明、宮本作"少惱、少病"。

8　"塸壓",甲、乙、宋、元、明、宮本作"推壓",石本作"推押","押"爲"壓"之俗字。

9　"少患",甲、乙本無。

10　"患",甲、乙本作"病"。

11　"瘡",甲、乙本作"創","創"通"瘡"。下同,不復出校。

12　"少",甲、乙本作"小","小"通"少"。

13　"可",甲、乙、宋、元、明、宮、石本作"可得"。

14　"常病"前,甲、乙本有"此中"。

15　"治",乙本無。

16　"故",甲、乙、宋、元、明、宮本無。

17　"威",甲、乙、宋、元、明、宮本無。

18　"住",甲、乙本作"立"。

19　"患",甲、乙本作"病"。

20　"患",甲、乙本作"病"。

21　"問",甲本作"法",誤。

22　"及",甲、乙、宋、元、明、宮本無。

23　"二",原作"一一",誤,兹據甲、乙、宋、元、明、宮、石本改。

24　"惡",甲、乙、宮本作"樂"。

【經】爾時,釋迦牟尼佛[1]受是千葉金色蓮華已,散東方恒河沙等世界中佛[2]。

【論】問曰:佛無勝如,今[3]何以故向東方諸佛散華供養?如佛初得道時,自念:人無所尊,則事業不成,今十方天地[4]誰可尊事者,我欲師而事之?是時,梵天王等諸天白佛:佛爲無上,無過佛者。佛亦自以天眼觀三世十方天地中,無勝佛者,心自念言:我行摩訶般若波羅蜜,今自致作佛,是我所尊,即是我師,我當恭敬供養尊事是法。譬如有樹名爲好堅,是樹在地中百歲,枝葉具足,一日出生高百丈,是樹出已,欲求大樹以蔭其身,是時林中有神,語好堅樹言:世[5]中無大汝者,諸樹皆當在汝蔭中。佛亦如是,無量阿僧祇劫,在菩薩地中生,一日於菩提樹下金剛座[6]處坐,實知一切諸法相,得成佛道。是時自念:誰可尊事以爲師者,我當承事恭敬供養。時,梵天王等諸天白佛言:佛爲無上,無過佛者。今何以故復供養東方諸佛?答曰:佛雖無上,三世十方天地中無過佛者,而行供養。供養有上、中、下:下於己者而供養之,是下供養;供養勝己,是上供養;供養與己等者,是中供養。諸佛供養,是中供養。如大愛道比丘尼,與五百阿羅漢比丘尼等[7],一日中一時入涅槃。是時,諸得三道優婆塞[8],舉五百床;四天王舉佛乳母大愛道床;佛自在前擎香爐燒香供養。佛語比丘:汝等助我供養乳母身。爾時,諸阿羅漢比丘,各各以神足力,到[9]摩梨山[10]上,取牛頭栴檀香薪,助佛作積,是爲下供養。以是[11]故,雖不求果而行等供養。復次,唯佛應供養佛,餘人不知佛德。如偈[12]説:

　　智人能敬[13]智,智論則智喜;智人能知智[14],如蛇知蛇足!

以是故,諸佛一切智,能供養一切智。復次,是十方佛,世世勸助釋迦牟尼佛。如七住菩薩,觀[15]諸法空無所有,不生不滅。如是觀已,於一切世界中心不著,欲放捨[16]六波羅蜜入涅槃。譬如人夢中作筏,渡大河水,手足疲勞,生患厭想。在中流中夢覺已[17],自念言:何許有河而可渡者?是時,勤心都放。菩薩亦如是,立七住中,得無生法忍,心行皆止,欲入涅槃[18]。爾時,十方諸佛皆放光明,照菩薩身,以右手摩其頭,語言:善男子!勿生此心!汝[19]當念汝本願,欲度[20]衆生。汝雖知空,衆生不解,汝當集諸功德,教化衆生,共入涅槃!汝未得金色身、三十二相、八十種隨形[21]好、無量光明、三十二業。汝今始得一無生法門,莫便大喜!是時,菩

1　"釋迦牟尼佛",甲、乙本作"世尊"。
2　"散東……中佛"十一字,甲、乙本作"向東方供養,散恒河沙等諸國土中佛"。
3　"今",甲、乙本無。
4　"時自……天地"十七字,乙本無。
5　"世",乙本無。
6　"座",甲、乙本作"坐","坐"爲"座"之古字。
7　"等",甲、乙、宋、元、明、宫、石本無。
8　"優婆塞",甲、乙本作"憂婆塞",異譯詞。
9　"到",乙本作"能到"。
10　"摩梨山",甲本作"摩犁山",異譯詞。
11　"以是",甲、乙本作"是以"。
12　"偈",甲、乙、宫、石本無。
13　"敬",甲本作"驚","驚"爲"敬"之借字。
14　"知智",乙本作"智知",誤倒。
15　"觀",甲本作"勸",誤。
16　"放捨",乙本作"捨放"。
17　"已",甲、乙、宋、元、明、宫本無。
18　"欲入涅槃"前,乙本衍"入"。
19　"汝",乙本無。
20　"度",甲、乙本作"渡","渡"通"度"。
21　"隨形",甲、乙本無。

薩聞諸佛教誨[1]，還生本[2]心行六波羅蜜以度眾生。如是等初得佛道時，得是佐助。又佛初得道時，心自思惟：是法甚深，眾生愚蒙[3]薄福，我亦五惡世生，今當云何？念已，我當於一法中作三分，分爲三乘以度[4]眾生。作是思惟時，十方諸佛皆現光明，讚言：善哉！善哉！我等亦在五惡世中，分一法作三分以度眾生。是時，佛聞十方諸佛[5]語聲，即大歡喜，稱言：南無[6]佛！如是十方佛處處勸助爲作大利；知恩重故。以華供養十方佛，最上福德，無過此德。何以故？是華寶積佛功德力所生，非是水生華。普明是十住法身菩薩，送此華來，上釋迦牟尼佛。釋迦牟尼佛知十方佛是第一福田，故以供養，是福倍多。何以故？佛自供養佛故。佛法中有四種布施：一，施者清淨，受者不淨；二，施者不淨，受者清淨；三，施者清淨，受者亦淨；四，施者不淨，受者不淨。今施東方諸佛，是爲二俱清淨，是福最大。以是故，佛自供養十方佛。問曰：一切聖人不受報果[7]，後更不生，云何言[8]是施福最大？答曰：是福雖無人受，其[9]相自大；若有人受者，其報無量。諸聖人知有爲法皆無常、空故，捨入涅槃，是福亦捨；譬如燒金[10]丸，雖眼見其好[11]，不可以手觸，燒人手故。復次，如人有瘡[12]，則須藥塗；若無瘡者[13]，藥無所施。人有身亦如是，常爲飢、渴、寒、熱所逼，亦如瘡發；以衣被飲食，溫煖[14]將適，如藥塗瘡。如愚癡人，爲貪藥故，不用除瘡；若其無瘡，藥亦無用。諸佛以身爲瘡，捨放身瘡故，亦不受報藥。以是故，雖有大福，亦不受報。

【經】所散[15]蓮華，滿東方如[16]恒河沙等諸佛世界。

【論】問曰：華少而世界[17]多，云何滿？答曰：佛神通力故，如上八種自恣變化法：大能令小，小能令大，輕能令重，重能令輕，自在無礙，隨意所到，能動大[18]地，所願能辦[19]。諸大聖人皆得是八種自在，是故佛能以小華滿東方如[20]恒河沙等世界。又復以示眾生未來福報，如此少華，滿東方世界。又勸東方菩薩，言：殖福於佛田中，所得果報，亦如此華彌滿無量土[21]；汝雖遠來，應當歡喜，遇此大福田，果報無量！

【經】一一華上皆有菩薩，結加[22]趺坐說六波羅蜜；聞此法者，畢至[23]阿耨多羅三藐三菩提。

---

1 "誨"，甲、乙本作"悔"，"悔"爲"誨"之借字。

2 "本"，乙本作"大"。

3 "蒙"，甲、乙本作"矇"，宋、宮本作"朦"。

4 "度"，甲、乙本作"渡"，"渡"通"度"。

5 "諸佛"，甲、乙、宮本無，石本作"佛"。

6 "南無"，甲本作"南撲"，異譯詞。

7 "報果"，甲、石本作"果報"。

8 "言"，甲、乙本作"名"。

9 "其"，甲、石本作"其福"。

10 "金"，甲本作"舍"，誤。

11 "其好"，甲、乙本作"端政"。

12 "瘡"，甲、乙本作"創"，"創"通"瘡"。

13 "者"，甲、乙本無。

14 "煖"，甲本作"曘"，乙本作"臑"。

15 "所散"前，甲、乙、石本有"爾時"。

16 "如"，甲、乙本無。

17 "世界"，甲、乙本作"國"。

18 "大"，甲、乙、石本作"天"。

19 "辦"，甲、乙本作"辯"，誤。

20 "如"，甲、乙本無。

21 "土"，甲、乙、宋、元、明、宮本無。

22 "結加"，甲、乙、宋、元、明、宮本作"結跏"，異譯詞。下同，不復出校。

23 "畢至"，甲、乙本作"皆畢至"。

【論】問曰：上，佛以舌相光明化[1]作千葉寶華，一一華上皆有坐佛；今何以故一一華上，皆有坐菩薩？答曰：上是佛所化華，故有坐佛；此是普明菩薩所供養華，是故有坐菩薩。復次，上諸衆生應見坐佛得度；今此衆生應見坐菩薩得度。結加趺坐，説六波羅蜜，聞此法者畢至阿耨多羅三藐三菩提，如先説。

【經】諸出家、在家菩薩，及諸童男、童女，頭面禮釋迦牟尼佛足，各以供養具，供養恭敬，尊重讚歎釋迦牟尼佛。是諸出家、在家菩薩，及諸童男[2]、童女[3]，各各以善根福德力故，得供養釋迦牟尼佛多陀阿伽度[4]、阿羅呵、三藐三佛陀。

【論】如説偈：

諸聖所來道，佛亦如是來；實相及所去，佛亦爾無異；諸聖如實語，佛亦如實説：以是故名佛，多陀阿伽度[5]。忍鎧心堅固，精進弓力强，智慧利勁箭[6]，破憍慢諸賊。應受天世人，一切諸[7]供養，以是故名佛，以爲阿羅訶[8]。正知苦實相，亦實知苦集[9]，知苦滅[10]實相，亦知苦滅[11]道。真正解四諦，定實不可變，是故十方中，號三藐三佛。得微妙三明[12]，清淨行亦具，是故號世尊，鞞闍遮羅那。解知一切法，自得妙道去，或時方便説，愍念一切故[13]。滅除老病死，令到安隱處，以是故名佛，以爲修伽陀。知世所從來，亦知世滅[14]道，以是故名佛，爲路迦鞞陀。禪戒智等眼，無及況出上，以是故名佛，爲阿耨多羅。大悲度衆生，軟善[15]教調御，以是故名佛，富樓沙曇藐。智慧無煩惱，説最上解脱，以是故名佛，提婆摩㝹舍。三世動不動，盡及不盡法，道樹下悉知，是故名爲佛。

【經】南方度如[16]恒河沙等諸佛世界[17]，其土[18]最在邊，世界[19]名離一切憂，佛號無憂德[20]，菩薩名離憂。西方度如[21]恒河沙等諸佛世界[22]，其世界[23]最在邊，世界[24]名滅惡，佛號寶山，菩薩名儀意。北方度如[25]恒河沙等諸佛

---

1 "明化"，甲本無。

2 "童男"，甲、乙本作"小男"。

3 "童女"，甲、乙本作"小女"。

4 "佛多陀阿伽度"，甲本作"佛何伽度"，乙本作"多他阿阿度"，誤，宋、元、明、宫本作"多陀阿伽度"。

5 "多陀阿伽度"，甲、乙本作"多他阿伽度"。

6 "利勁箭"，甲、乙、宋、元、明、石本作"箭勁利"，宫本作"箭劍利"。

7 "諸"，甲、乙本作"所"。

8 "阿羅訶"，甲、乙本作"阿犁訶"，宫本作"阿梨訶"，皆爲異譯詞。

9 "集"，甲、乙、石本作"因"。

10 "滅"，甲、乙本作"盡"。

11 "滅"，甲、乙本作"盡"。

12 "微妙三明"，乙本作"正解四明"。

13 "解知……切故"二十字，甲本無。

14 "滅"，甲、乙、石本作"盡"。

15 "軟善"，甲、乙、石本作"濡言"。

16 "度如"，甲、乙本無。

17 "佛世界"，甲、乙本作"國土"。

18 "土"，甲、乙本作"國"，宋、元、明、宫本作"世界"，石本作"國土"。

19 "世界"，甲、乙、石本作"國"。

20 "德"，甲本作"佛"。

21 "度如"，甲、乙本無。

22 "佛世界"，甲、乙本作"國土"。

23 "世界"，甲、乙本作"國"。

24 "世界"，甲、乙本作"國"。

25 "度如"，甲、乙本無。

世界¹，其世界²最在邊，世界³名勝，佛號勝王，菩薩名得勝。下方度如⁴恒河沙等諸佛世界⁵，其世界⁶最在邊，世界⁷名善，佛號善德，菩薩名華上。上方度如⁸恒河沙等諸佛世界⁹，其世界¹⁰最在邊，世界¹¹名喜，佛號喜德，菩薩名得喜。如是一切，皆如東方。

【論】問曰：如佛法中，實無諸方名，何以故？諸五衆¹²、十二入、十八界¹³中所不攝，四法藏中亦無。説方是實法，因緣求亦不可得，今何以故此中説十方諸佛、十方菩薩來？答曰：隨世俗法所傳故説方，求方實不可得。問曰：何以言無方？汝四法藏中不説，我六法藏中説。汝衆、入、界¹⁴中不攝，我陀羅驃中攝。是方法，常相故，有相故，亦有亦常。如經中説：日出處是東方，日没處是西方，日行處是南方，日不行處是北方。日有三分合：若前合，若今合，若後合。隨方日分，初合是東方，南方¹⁵、西方亦如是。日不行處是無分。彼間、此間，彼此¹⁶是方相；若無方，無彼、此，彼、此¹⁷是方相而非方。答曰：不然！須彌山在¹⁸四域之中，日繞¹⁹須彌，照四天下：欝怛羅越²⁰日中，是弗婆提日出，於弗婆提人是東方；弗婆提日中，是閻浮提日出，於閻浮提人是東方。是實無初，何以故？一切方皆東方，皆南方，皆西方，皆北方。汝言日出處是東方，日行處是南方，日没處是西方，日不行處是北方，是事不然！復次，有處日不合，是爲非方，無方相故。問曰：我説一國中方相，汝以四國爲難，以是故，東方非無初。答曰：若一國中，日與東方合是爲有邊，有邊故無常，無常故是不遍²¹。以是故，方但有名而無實²²。

【經】爾時，是三千大千世界，變²³成爲寶，華遍覆地，懸繒幡蓋，香樹、華樹，皆悉莊嚴。

【論】問曰：此誰神力令地爲寶？答曰：是佛無量神力變化所爲。有人呪術、幻法，及諸²⁴鬼神、龍王、諸天等能變化²⁵少物；令三千大千世界皆爲珍寶，餘人及梵天王皆所²⁶不能。佛入四禪中十四變化心，能令三千

1　“佛世界”，甲、乙本作“國土”。

2　“世界”，甲、乙本作“國”。

3　“世界”，甲、乙本作“國”。

4　“度如”，甲、乙本無。

5　“佛世界”，甲、乙本作“國土”。

6　“世界”，甲、乙本作“國”。

7　“世界”，甲、乙本作“國”。

8　“度如”，甲、乙本無。

9　“佛世界”，甲、乙本作“國土”。

10　“世界”，甲、乙本作“國”。

11　“世界”，甲、乙本作“國”。

12　“衆”，甲、乙、石本作“陰”，異譯詞。下同，不復出校。

13　“界”，甲、乙、石本作“持”，異譯詞。

14　“界”，甲、乙、石本作“持”，異譯詞。

15　“南方”，甲本無。

16　“間彼此”，甲、宋、元、明、宮本作“此間彼”。

17　“彼此”，乙本無。

18　“山在”，甲、乙本作“是”。

19　“繞”，乙本作“嬈”，“嬈”爲“繞”之借字。

20　“欝怛羅越”，甲、乙、石本作“欝怛羅曰”，異譯詞。

21　“有邊……不遍”十一字，甲本作“故無常無不遍”。

22　“無實”後，甲、乙本有“是叉那中一日一夜有是，羅耶中一日一夜有一百二十四分是，者睒多中須臾”。

23　“變”，甲、乙、宋、元、明、宮、石本作“皆”。

24　“諸”，甲、乙本無。

25　“化”，甲、乙、宋、元、明、宮、石本無。

26　“皆所”，甲、乙本作“所皆”。

大千世界華香樹木,一切土地皆悉莊嚴;一切衆生皆悉和同,心轉爲善。何以故?莊嚴此世界,爲説般若波羅蜜故。亦爲十方諸菩薩客來,及諸天世人故莊嚴。如人請貴客,若一家請則莊嚴一家,一國主則莊嚴一國,轉輪聖王則莊嚴四天下,梵天王則[1]莊嚴三千大千世界。佛爲十方無量恒河沙等諸世界中主,是諸他方菩薩及諸天世人客來故。亦爲此彼衆人見此變化莊嚴,則生大心,生清淨歡喜心,從大心發大業,從大業得大報,受大報時更生大心,如是展轉增長[2],得成阿耨多羅三藐三菩提。以是故,變此世界皆悉爲寶。云何名寶[3]?寶有四種:金、銀、毘琉璃[4]、頗梨[5]。更有七種寶:金、銀、毘琉璃、頗梨、車渠、馬瑙[6]、赤真珠(此珠極貴,非是珊瑚[7])。更復有寶:摩羅伽陀(此珠金翅鳥口邊出,緑色,能辟一切毒),因陀尼羅(天青珠[8]),摩訶尼囉[9](大青珠[10]),鉢摩羅伽(赤光珠[11]),越闍(金剛),龍珠,如意珠[12],玉貝,珊瑚,琥珀[13]等種種名爲寶。是寶有三種:有人寶、天寶、菩薩寶。人寶力少,唯有清淨光色,除毒、除[14]鬼、除闇,亦除飢、渴、寒、熱種種苦事。天[15]寶亦大、亦勝常,隨逐天身,可使令,可[16]共語,輕而不重。菩薩寶勝於天寶,能兼有人寶、天寶事,又能令一切衆生知死此生彼因緣本末,譬如明鏡見其面像。復次,菩薩寶勝[17]能出種種法音;若爲首飾寶冠,則雨十方無量世界諸佛上,幢幡、華蓋[18]種種供養之具以供養佛。又雨衣被、卧具、生活之物,種種衆事,隨衆生所須皆悉雨之給施衆生;如是等種種衆寶,以除衆生貧窮苦厄。問曰:是諸珍寶從何處出?答曰:金出山石沙赤銅中,真珠出魚腹中、竹中、蛇腦[19]中,龍珠出龍腦[20]中,珊瑚出海中石樹,生貝出虫甲中[21],銀出燒石,餘琉璃[22]、頗梨等皆出山窟中。如意珠出自佛舍利;若法没盡時,諸舍利皆變爲如意珠;譬如過千歲水,化爲頗梨珠。如是等諸寶,是人中常寶。佛所莊嚴一切世界,是最殊勝,諸天所不能得,何以故?是[23]從大功德所生。種種華、幡,如先説。香樹者,名阿伽樓(蜜香樹[24]),多伽樓(木香樹[25]),栴檀,如是等種種香樹。華樹名占匐[26](黄華樹[27]),阿輸迦(無

1　"則",甲、乙、宋、元、明、官本無。
2　"長",甲、乙、宋、元、明、官本作"益"。
3　"云何名寶",甲、乙本作"何名爲寶",石本作"云何名爲寶"。
4　"琉璃",甲本作"瑠璃",乙本作"琉琍",皆爲異譯詞。下同,不復出校。
5　"頗梨",甲、乙本作"頗棃",異譯詞。
6　"馬瑙",乙本作"馬惱",異譯詞。
7　"非是珊瑚",甲、乙、宋、元、明、官本作"非珊瑚也"。
8　"天青珠"後,甲、乙、石本有"也"。
9　"摩訶尼囉",甲、乙本作"摩呵尼羅",宋、元、明、官本作"摩訶尼羅",皆爲異譯詞。
10　"大青珠"後,甲、乙、石本有"也"。
11　"赤光珠"後,甲、乙、石本有"也"。
12　"金剛龍珠如意珠",甲、乙本作小注"金剛、部珠、如意珠也"。
13　"琥珀",甲、乙本作"虎魄",宋、官本作"虎珀",皆爲異譯詞。
14　"除",甲本無。
15　"天",乙本脱。
16　"可",甲、乙本無。
17　"勝",甲、乙、宋、元、明、官本無。
18　"蓋",乙本脱。
19　"腦",乙本作"惱","惱"爲"腦"之借字。
20　"腦",乙本作"惱","惱"爲"腦"之借字。
21　"中",甲、乙、官本無。
22　"琉璃",乙本作"琉離",異譯詞。
23　"是",甲、乙本無。
24　"蜜香樹",甲、乙本作"漆香樹也",石本作"蜜香樹也"。
25　"木香樹"後,甲、乙、石本有"也"。
26　"占匐",甲、乙本作"占匐",宋、元、官本作"占蔔",明本作"瞻蔔",皆異譯詞。
27　"黄華樹"後,甲、乙、石本有"也"。

憂花樹），婆呵迦羅 [1]（赤華樹 [2]），如是等種種華樹。

【經】譬如華積世界，普華世界 [3]，妙德菩薩 [4]，善住意菩薩，及餘大威神諸菩薩，皆在彼住 [5]。

【論】問曰：何以言譬如華積世界？答曰：彼世界 [6] 常有淨華，此世界 [7] 變化一時，故以喻也。譬喻法，以小喻大。如人面好，譬如 [8] 滿月。問曰：更有十方諸清淨世界，如阿彌陀佛安樂世界等，何以故 [9] 但以普華世界爲喻？答曰：阿彌陀佛世界，不如華積世界。何以故？法積比丘，佛雖將至十方觀清淨世界 [10]，功德力薄，不能得見上妙清淨世界，以是故，世界不如。復次，當佛變化此世界 [11] 時，正與華積世界相似。以是故言譬如華積世界。問曰：更有餘大菩薩，如毘摩羅詰 [12]、觀世音 [13]、遍吉菩薩等，何以不言此諸菩薩在彼住，而但言文殊尸利、善住意菩薩 [14]？答曰：是遍吉菩薩，一一毛孔常出諸佛世界及諸佛菩薩，遍滿十方以化衆生，無適 [15] 住處。文殊尸利分身變化入五道中，或作聲聞，或作緣覺，或作佛身，如《首楞嚴三昧經》中說：文殊師利 [16] 菩薩，過去世作龍種尊佛，七十二億世作辟支迦佛，是可言可說。遍吉菩薩不可量、不可說，住處不可知；若住，應在 [17] 一切世界 [18] 中住，是故不說。復次，及諸大威神菩薩者 [19]，亦應總說遍吉等諸大菩薩。

【經】爾時，佛知一切世界 [20]，若天世界，若魔世界，若梵世界；若沙門、若 [21] 婆羅門及天，若揵闥婆、人、阿修羅等 [22]，及諸菩薩摩訶薩紹尊位者一切皆集 [23]。

【論】問曰：佛神力無量，一切十方衆生，若盡來在會者，一切世界應空；若不來者，佛無量神力有所不能！答曰：不應盡來，何以故？諸佛世界無邊無量，若盡來者，便爲有邊。又復十方各各有佛，亦說般若波羅蜜。如彼 [24]《般若波羅蜜・四十三品》中，十方面各千佛現，皆說般若波羅蜜。以是故不應盡來。問曰：若有十方諸佛，皆說般若波羅蜜，十方諸菩薩何以故來？答曰：如普明菩薩來章中已說，與釋迦牟尼佛因緣故來。復次，是諸菩薩本願故，若有說般若波羅蜜處，我當聽受、供養，是以遠來。欲以身力積功德故，亦以示

---

1 “婆呵迦羅”，甲、乙本作“婆呵伽羅”。

2 “赤華樹”後，甲、乙、石本有“也”。

3 “世界”，甲、乙本作“佛國”，石本作“國”。

4 “妙德菩薩”，甲、乙、石本作“文殊尸利”，異譯詞。下同，不復出校。

5 “彼住”，甲、乙本作“此國”。

6 “世界”，甲、乙本作“國”。

7 “世界”，甲、乙本作“國”。

8 “如”，甲、乙本無。

9 “故”，甲、乙本無。

10 “世界”，甲、乙、石本作“國”。

11 “世界”，甲、乙本作“國”。

12 “毘摩羅詰”，甲、乙、宋、元、明、宫本作“毘摩羅𦠄”，異譯詞。

13 “觀世音”，甲、乙、石本作“光世音”，異譯詞。

14 “菩薩”，乙本無。

15 “適”，乙本作“邊”。

16 “文殊師利”，甲、乙本作“文殊尸利”，異譯詞。

17 “在”，乙本作“住在”。

18 “世界”，甲、乙本作“國”。

19 “者”，甲、乙、宋、元、明、宫本無。

20 “世界”後，甲、乙本有“皆集”。

21 “若”，甲、乙、宋、元、明、宫本無。

22 “等”後，甲、乙本有“世界皆集”。

23 “一切皆集”，甲、乙本無。

24 “彼”，甲、乙、宋、元、明、宫本無。

諸衆生：我從遠來供養法故，云何汝在此世界[1]而不供養？問曰：佛於法不著，何以故七現[2]神力而令衆生大集？答曰：是般若波羅蜜甚深，難知難解，不可思議，是故廣集諸大菩薩，令新發意者心得信樂。譬如小人所語不爲人信，貴重大人人必信受。問曰：何以故言若天世界，若魔世界，若梵世界？但應言天世界、人世界則足，何以故？十號中言天、人師，以是故[3]應言天、人而已。答曰：諸天有天眼、天耳，利根智慧多，自知來，以是故言天世界。問曰：若天世界已攝魔、梵，何以故[4]別說若魔、若梵？答曰：天中有三大[5]主：釋提婆那民，二處天主；魔王，六欲天主；梵世界中，大[6]梵天王爲主。問曰：如夜魔天[7]、兜率陀天、化樂天皆有主，何以但有三主？答曰：釋提婆那民依地住，佛亦在[8]地住，常來佛所，大有名稱，人多識[9]故。魔王常來嬈佛，又是一切欲界中主；夜摩天[10]、兜率陀天、化樂天，皆屬魔王。復次，天世界，則三界天皆攝是天中；一切欲界，魔爲主[11]，是故別說。復次，魔常嬈佛，今來聽般若波羅蜜，餘人增益信故。問曰：色界中大有天，何以[12]但言梵世界集？答曰：上諸天無覺觀，不喜散心，又難聞故。梵世界有四識，易聞故。又梵世界近故。復次，梵名離欲清淨，今言梵世界，已總說色界諸天。復次，餘天未[13]有人民，劫初生時，梵天王獨在梵宮寂漠無人，其心不悦而自生念：此間何以不生人民？是時光音天命盡者，應念[14]來生。梵王便自生念：此諸天先無，隨我念故生，我能生此諸天。諸天是時亦各自念：我從梵王生，梵王是我父也。以是故，但說梵世界。復次，二禪、三禪、四禪天，於欲界見佛聽法，若勸[15]助菩薩，眼識、耳識、身識皆在梵世界中取。以是故，別說梵世界。問曰：何以故獨說諸沙門、婆羅門，不說國王及長者諸餘人衆？答曰：智慧人有二分：沙門、婆羅門。出家名沙門，在家名婆羅門。餘人心存世樂，是故不說。婆羅門多學智慧求福，出家人一切求道，是故但說沙門、婆羅門。在家中七世清淨，生滿六歲皆受戒，名婆羅門。是沙門、婆羅門中，有道德智慧，以是故說。問曰：先已說天世界，今何以復說天？答曰：天世界是四天王、忉利天；魔是他化自在天；梵是色界。今說天，是欲界中夜摩、兜率陀[16]、化樂、愛身天等；愛身在六天上，形色絶妙，故言愛身[17]。問曰：何以但說揵闥婆，不說諸餘鬼神及龍王？答曰：是揵闥婆是諸天伎人[18]，隨逐諸天，其心柔軟，福德力小減諸天。諸鬼神，鬼神道中攝；龍王，畜生道中攝。甄陀羅亦是天伎，皆屬天，與天同住共坐，飲食伎樂皆與天同。是揵闥婆王名童籠磨（秦言樹[19]）。是揵闥婆、甄陀羅，恒在二處住，常所居止在十寶山間；有時天上爲諸天作樂，此二種常番[20]休上下。人在四

1　"世界"，甲、乙本作"國"。

2　"七現"，甲本作"七見"，"見"爲"現"之古字，乙本作"大現"，宋本作"言現"。

3　"故"，甲、乙本無。

4　"故"，甲、乙、宋、元、明、宮本無。

5　"大"，乙、明本作"天"。

6　"大"，甲、乙、宋、元、明、宮、石本無。

7　"夜魔天"，甲、乙本作"夜摩天"，異譯詞。

8　"在"，甲、乙、宋、元、明、宮、石本作"依"。

9　"識"，甲本作"說"，誤。

10　"夜摩天"，甲、乙本作"夜魔天"，異譯詞。

11　"主"，甲本作"王"。

12　"以"，甲、乙本作"故"。

13　"未"，甲、乙本作"無"。

14　"念"，甲本作"命"，誤。

15　"勸"，甲本作"觀"，誤。

16　"陀"，乙本作"他"，誤。

17　"愛身……愛身"十四字，甲、乙本作小注，乙本此句後有"也"。

18　"人"，甲、乙本無。

19　"秦言樹"，甲、乙本作"秦言樹也"，明本作"此言樹"。

20　"番"，甲、乙本作"憣"，"憣"通"番"。

天下生,生有四種,極長壽乃至無量歲,極短壽乃至十歲。阿修羅惡心鬥諍而不破戒,大修施福,生在大海邊住,亦有城郭宮殿。是阿修羅王名毘摩質多、婆梨[1]、羅睺羅[2],如是等名阿修羅王。如說:一時,羅睺羅阿修羅王欲噉月,月天子怖疾到佛所,說偈言[3]:

大智成就[4]佛世尊,我今歸命稽首禮;是羅睺羅惱亂我,願佛憐愍見救護!

佛與羅睺羅而說偈言:

月能照闇而清涼,是虛空中大燈明,其色白淨[5]有千光,汝莫吞月疾[6]放去!

是[7]時,羅睺羅怖懅流汗,即疾放月。婆梨[8]阿修羅王見羅睺羅惶怖放月,說偈問曰:

汝[9]羅睺羅何以故,惶怖戰慄疾放月?汝身流汗如病[10]人,心怖不安乃如是[11]!

羅睺羅爾時說偈答曰:

世[12]尊以偈[13]而勑我,我不放月頭七分,設得生活不安隱,以故我今放此月!

婆梨[14]阿[15]修羅王說偈[16]:

諸佛甚難值[17],久遠乃出世,說此清淨偈,羅睺即放月。

問曰:何以不說地獄、畜生、餓鬼?答曰:地獄大苦心亂,不能受法;畜生愚癡覆心,不能受化;餓鬼爲飢渴火燒身故,不得受法。復次,畜生、餓鬼中,少多有來聽法者,生福德心而已,不堪受道,是故不說。問曰:若爾者,揵闥婆、阿修羅亦不應說,何以故?鬼神道中已攝故。答曰:佛不說攝,今何以言攝?此是迦旃延子等說。如阿修羅力與天等,或時戰鬥勝天。揵闥婆是諸天伎,與天同受福樂,有智慧能別好醜,何以[18]不得受道法?如《雜阿含·天品》中說:富那婆藪鬼神母,佛遊行宿其處。爾時,世尊說上妙法甘露[19],女男二人啼泣,母爲說偈止之:

汝䁤怛羅勿作聲,富那婆藪亦莫啼!我今聞法得道證,汝亦當得必如我。

以是事故,知鬼神中有得道者。復次,摩訶衍中密迹金剛力士,於諸菩薩中勝,何況餘人?如屯崙摩甄陀羅王、揵闥婆王,至佛所,彈琴讚佛,三千世界皆爲震動,乃至摩訶迦葉不安其坐。如此人等,云何不能得道?如諸阿修羅王、龍王,皆到佛所,問佛深法,佛隨其問而答深義,何以言不能得道?問曰:於五道衆生

1　“婆梨”,甲、乙本作“婆犁”,異譯詞。

2　“羅睺羅”,甲、乙本作“羅睺”,異譯詞。下同,不復出校。

3　“言”,甲、乙、宋、元、明、宫、石本無。

4　“成就”,甲、乙、宋、元、明、宫、石本作“精進”。

5　“淨”,甲、乙本作“青”。

6　“疾”,甲、乙本作“自”。

7　“是”,甲、乙本作“爾”。

8　“婆梨”,甲、乙本作“婆利”,異譯詞。

9　丙本始。

10　“病”,甲、乙本作“疾”。

11　“羅睺羅……如是”二十七字,丙本殘。

12　“偈答曰世”,丙本殘。

13　丙本終。

14　“婆梨”,甲、乙本作“婆利”,宋、元、明、宫本作“波利”,皆爲異譯詞。

15　“阿”,乙本無。

16　“說偈”,甲、乙、宋、元、明、宫、石本作“說此偈言”,乙本終。

17　“甚難值”,甲本作“難得值”。

18　“何以”,甲、宋、元、明、宫、石本作“何以故”。

19　“露”,甲本脱。

中,佛是天人師,不説三惡道,以其無福,無受[1]道分故[2]。是諸龍、鬼,皆墮惡道中。答曰:佛亦[3]不分明説五道;説五道者,是一切有部僧所[4]説;婆蹉弗妬路部僧説有六道。復次,應有六道,何以故? 三惡道一向是罪處,若福多罪少。是名阿修羅、揵闥婆等,生處應別,以是故應[5]言六道……

大智度論釋初品中舍利弗因緣第十六(卷第十一)[6]

……或謂智[7]量過人。雖復嘉其神異,而猶各懷自矜,恥[8]其年小,不自與語,皆遣年少弟子傳言問之[9]。其答酬旨趣,辭理超絶,時諸論師歎[10]未曾有,愚智大小一切皆伏。王大歡喜,即命有司[11]封一聚落[12],常以給之。王乘象輿,振鈴告吉[13]宣示一切,十六大國,六大城中無不慶悦。是時,告占師子,名拘律陀,姓大目揵連,舍利弗友而親[14]之。舍利弗才明見重[15],目揵連豪爽最貴[16]。此二人者,才智相比,德行互同;行則俱遊,住則同止;少長繾綣,結要終始。後俱厭世,出家學道,作梵志弟子。情[17]求道門,久而無徵,以問於師。師名删闍耶,而答之言:自我求道,彌歷年歲,不知爲有道果無耶? 我非其人耶? 而亦不[18]得! 他日其師寢疾,舍利弗在頭邊立,大目連[19]在足邊立,喘喘然其命將終,乃愍爾而笑。二[20]人同心,俱問笑意。師答之言:世俗無眼,爲恩[21]愛所侵。我見金地國王死,其大夫人自投火藉[22],求同一處,而此二人行報各異,生[23]處殊絶[24]。是時二人筆受師語,欲以驗其虛實。後有[25]金地商人,遠來摩伽陀國[26],二人以疏[27]驗[28]之,果如師語,乃慄[29]然歎曰:我等

1　"受",甲本殘。

2　"故",甲本作"故者"。

3　"佛亦",甲本殘。

4　"僧所",甲本殘。

5　甲本終。

6　本卷對應《大智度論》寫本凡3號:俄Дx02995號(以下簡稱"甲本")、BD01145號(以下簡稱"乙本")、俄Дx11318號(以下簡稱"丙本")。

7　甲本始。

8　"復嘉……矜恥"十二字,甲本殘。

9　"弟子傳言問之",甲本殘。

10　"師歎",甲本殘。

11　"司",甲本作"伺","伺"爲"司"之借字。

12　"聚落",甲本作"聚洛","聚落"亦作"聚洛"。下同,不復出校。

13　"吉",原作"告",誤,茲據甲、宋、元、宮本改。明本作"言"。

14　"親",甲本殘。

15　"重",甲、宋、元、明、宮本作"貴"。

16　"貴",甲、宋、元、明、宮本作"重"。

17　"情",甲、宋、元、明、宮本作"精"。

18　"而亦不",甲本殘。

19　"大目連",甲本殘。

20　"爾而笑二",甲本殘。

21　"無眼爲恩",甲本殘。

22　"人自投火藉",甲本作"□□□□藉"。

23　乙本始。

24　"處殊絶",甲本殘。

25　"師語……後有"十字,乙本殘。

26　"後有……陀國"十二字,甲本殘。

27　"伽陀……以疏"七字,乙本殘。

28　甲本終。

29　"慄",乙本作"杌",誤。

非其人耶？爲[1]是師隱我耶？二人相與誓曰：若先得甘露[2]，要畢[3]同味。是時，佛度迦葉兄弟千人，次遊[4]諸國，到王舍城，頓止竹園。二梵志師聞佛[5]出世，俱入王舍城，欲知消息。爾時，有一比[6]丘，名阿説示（五人之一），著衣持鉢，入城乞食。舍利弗見[7]其儀服異容，諸根靜默，就而問言：汝誰弟子？師是何[8]人？答言：釋種太子厭老、病、死、苦，出[9]家學道，得阿耨多羅三藐三菩提，是我師也。舍利弗言：汝師教授爲我説之！即答偈曰[10]：

我年既幼稚，學日又[11]初淺，豈能宣至真，廣説如來義！

舍利弗言：略説其要！爾時，阿説示比丘説此偈言：

諸法因緣生，是法説因緣，是法因緣盡，大師如是説[12]。

舍利弗聞此偈已，即得初道，還報目連。目連見其顏色和悦，迎謂之言：汝得甘露味耶？爲我説之！舍利弗即爲其説向所聞偈。目連言：更爲重説！即復爲説，亦得初道。二師與二百五十弟子，俱到佛所。佛遙見二人與弟子俱來，告諸比丘：汝等見此二人，在諸梵志前者不？諸比丘言：已見。佛言：是二人者，是我弟子中，智慧第[13]一、神足第一弟子。大衆俱來，以漸近佛，既到稽首，在一面立；俱白佛言：世尊！我等於佛法中欲出家受戒！佛言：善來比丘！即時鬚髮自落，法服著身，衣鉢具足，受成就戒。過半月後，佛爲長爪梵志説法時，舍利弗得阿羅漢道。所以半月後得道者，是人當作逐佛轉法輪師，應在學地，現前自入諸法，種種具知，是故半月後得阿羅漢道。如是等種種功德甚多，是故舍利弗雖是[14]阿羅漢，佛以是般若波羅蜜甚深法，爲舍利弗説。問曰：若爾者，何以初少爲舍利弗説，後多爲須菩提説？若以智慧第一故應爲多[15]説，復何以爲須菩提説？答曰：舍利弗佛弟子中智慧第一；須菩提於弟子中，得無諍三昧最第一。無諍三昧相，常觀衆生不令心惱，多行憐愍。諸菩薩者，弘大誓願以度衆生，憐愍相同，是故命説。復次，是須菩提好行空三昧，如佛在忉利天，夏安居受歲已，還下閻浮提。爾時，須菩提於石窟中住，自思惟：佛從忉利天來[16]下，我當至佛所耶？不至佛所耶？又念言：佛常説：若人以智慧眼觀佛法身，則爲見佛中最。是時，以佛從忉利天[17]下故，閻浮提中[18]四部衆集，諸天見人，人亦見天。座[19]中有佛，及轉輪聖王、諸天大衆，衆會莊嚴，先未曾有！須菩提心念：今此大衆，雖復殊特，勢不久停，磨[20]滅之法，皆歸無常。因此無常觀之初門，悉知諸法空

1　“曰我……耶爲”八字，乙本殘。

2　“誓曰……甘露”七字，乙本殘。

3　“畢”，乙、元、明本作“必”。

4　“兄弟千人次遊”，乙本殘。

5　“梵志師聞佛”，乙本殘。

6　“時有一比”，乙本殘。

7　“食舍利弗見”，乙本殘。

8　“師是何”，乙本殘。

9　“出”，乙本殘。

10　“曰”，乙本作“言”。

11　“學日又”，乙、宋、元、明、宮本作“受戒日”。

12　“諸法……如是説”二十字，乙本無。

13　“第”，乙本作“弟”，“弟”爲“第”之古字。下同，不復出校。

14　“是”，乙本作“得”。

15　“多”，乙、宋、宮本無。

16　“來”，乙本無。

17　“天”，乙本無。

18　“中”，乙本無。

19　“座”，乙本作“坐”，“坐”爲“座”之古字。

20　“磨”，乙、宋、宮本作“摩”，“摩”通“磨”。

無有實；作是觀時，即得道證。爾時，一切眾人皆欲求先[1]見佛，禮敬供養。有華色比丘尼，欲除女名之惡[2]，便化爲轉輪聖王及七寶千子，眾人見之，皆避坐起去。化王到佛所已，還復本身，爲比丘尼最初禮佛。是時，佛告比丘尼：非汝初禮，須菩提最初禮我。所以者何？須菩提觀諸法空，是爲見佛法身，得真供養，供養中最，非以致敬生身爲供養也。以是故言[3]須菩提常行空三昧，與般若波羅蜜空相相應[4]。以[5]是故佛命令説般若波羅蜜。復次，佛以眾生信敬阿羅漢諸漏已盡，命之爲説，眾得淨信故。諸菩薩漏未盡，若以爲證諸人不信。以是故，與舍利弗、須菩提，共説般若波羅蜜。問曰：何以名舍利弗？爲是父母所作字？爲是依行功德立名？答曰：是父母所作名字。於閻浮提中第一安樂，有摩伽陀國，是中有大城名王舍，王名頻婆娑羅，有婆羅門[6]論議師，名摩陀羅，王以其人善能論故，賜封一邑，去城不遠。是摩陀羅遂有居家，婦生一女，眼似舍利鳥眼，即名此女爲舍利。次生一男，膝骨麤大，名拘郗羅。拘郗羅（秦言大膝也[7]）是婆羅門，既有居家，畜養男女，所學經書，皆已[8]廢忘，又不[9]業新。是時，南天竺有一婆羅門大論議師，字提舍，於十八種大經，皆悉通利。是人入王舍城，頭上戴火，以銅鍱腹。人問其故，便言：我所學經書甚多，恐腹破裂，是故鍱之。又問：頭上何以戴火？答言：以大闇故。眾人言：日出照明，何以言闇？答言：闇有二種：一者，日光不照；二者，愚癡闇蔽[10]。今[11]雖有日明，而愚癡猶黑。眾人言：汝但未見婆羅門摩陀羅，汝若見者，腹當縮，明當闇。是婆羅門逕至鼓邊，打論議鼓。國王聞之，問是何人？眾臣答言：南天竺有一婆羅門，名提舍，大論議師，欲求論處，故打論鼓。王大歡喜，即集眾人而告之曰：有能難者，與之論議！摩陀羅聞之自疑，我以廢忘，又不[12]業新，不知我今能與論不？僛俛[13]而來。於道中見二特牛，方相觝[14]觸，心中作想：此牛是我，彼牛是彼，以此爲占，知誰得勝？此牛不如，便大愁憂而自念言：如此[15]相者，我將不如。欲入眾時，見有母人，挾[16]一瓶水，正在其[17]前，躄地破瓶。復作是念：是亦不吉[18]。甚大不樂。既入眾中，見彼[19]論師。顏貌意色，勝相具足，自知不如。事不獲已，與共論議。論議既交，便墮負處。王大歡喜，大智明人遠入我國，復欲爲之[20]封一聚落。諸臣議言：一聰明人來，便封一邑，功臣不賞，但寵語論，恐非安國全家之道！今摩陀羅論議不如，應奪其封以與勝者；若更有勝人，復以與之。王用其言，即奪與後人。是時[21]摩陀羅語提舍言：汝是聰明人，我以女妻汝，男兒相

1　"皆欲求先"，乙本作"欲先求"。
2　"除女名之惡"，乙、宋、宮本作"除惡名"。
3　"言"，乙本無。
4　"應"，乙、宮本無。
5　"以"，乙、宮本作"似"，誤，宋、元、明本無。
6　"婆羅門"，乙本作"披羅門"，異譯詞。下同，不復出校。
7　"也"，乙本無。
8　"已"，乙本作"以"，"以"通"已"。
9　"不"，乙本作"不復"。
10　"蔽"，乙本作"弊"，"弊"通"蔽"。
11　"今"，乙本作"故今"。
12　"不"，乙本作"不復"。
13　"僛俛"，乙本作"敏勉"，異形詞。
14　"觝"，乙本作"牴"。
15　"此"，乙本作"是"。
16　"挾"，乙本作"俠"，"俠"通"挾"。
17　"其"，乙本無。
18　"吉"，乙本作"告"，誤。
19　"彼"，乙本作"破"，誤。
20　"爲之"，乙本無。
21　"時"，乙本無。

累；今欲遠出他國，以求本志。提舍納其女爲婦。其婦懷妊[1]，夢見一人，身被甲胄，手執金剛，摧破諸山，而在大山邊立。覺已白其夫言，我夢如是。提舍言：汝當生男，摧伏一切諸[2]論議師，唯不勝一人，當與作弟子。舍利懷妊，以其子故，母亦聰明，大能論議。其弟拘郗羅，與姊談論，每屈不如；知所懷子，必大智慧，未生如是，何況出生？即捨家學問，至南天竺，不剪指爪[3]，讀十八種經書，皆令通利，是故時人號[4]爲長爪梵志。姊子既生，七日之後，裹以白氎，以[5]示其父。其父思惟：我名提舍，逐我名字，字爲憂波提舍[6]（憂波[7]，秦言逐；提舍[8]，星名[9]）。是爲父母作字。衆人以其舍利所生，皆共名之爲舍利弗（弗，秦言子[10]）。復次，舍利弗世世本願，於釋迦文尼佛[11]所作智慧第一弟子，字舍利弗。是爲本願因緣名字，以是故名舍利弗。問曰：若爾者，何以不言[12]憂波提舍，而但言舍利弗？答曰：時人貴重其母，於衆女人中[13]聰明第一，以是因緣故稱[14]舍利弗。

【經】[15]菩薩摩訶薩欲以一切種知[16]一切法，當習行般若波羅蜜。

【論】[17]菩薩摩訶薩義，如先《讚菩薩品[18]》中說。問曰：云何名一切種[19]？云何名一切法？答曰：智慧門名爲種。有人以[20]一智慧門觀，有以[21]二、三、十、百、千、萬乃至恒河沙等阿僧祇[22]智慧門觀諸法。今以一切智慧[23]門入一切種，觀一切法，是名一切種[24]。如凡夫人三[25]種觀，欲求離欲、離色故：觀欲、色界麁惡[26]、誑[27]惑、濁重[28]。佛弟子八種觀：無常、苦、空、無我[29]、如病、如癰[30]、如箭[31]入體[32]、惱患。是八種觀，入四聖諦中，爲十六行之

1　“妊”，乙本作“任”，“任”爲“妊”之古字。下同，不復出校。

2　“諸”，乙本無。

3　“不剪指爪”，乙本作“要不揃爪”，宋、元、明本作“不暇剪爪”，宮本作“不翦指爪”。

4　“號”，乙、宋、元、明、宮本作“名”。

5　“以”，乙本無。

6　“憂波提舍”，乙、宋、宮本作“憂婆提舍”，異譯詞。下同，不復出校。

7　“憂波”，乙本作本文。

8　“提舍”後，乙本衍“提舍”。

9　“星名”後，乙本有“也”。

10　“弗秦言子”，乙本作“秦言子也”，元、明本作“弗者，秦言子”，宮本作“秦言子”。

11　“釋迦文尼佛”，乙本作“釋迦牟尼佛”，異譯詞。

12　“言”，乙本作“名”。

13　“於衆女人中”，乙本作“於諸女中”。

14　“稱”，乙本作“名”。

15　“經”，乙、宋、宮本無。下同，不復出校。

16　“知”，乙本作“智”，“智”通“知”。

17　“論”，乙、宋、宮本無。

18　“讚菩薩品”，乙本作“讚善菩薩品”。

19　“種”，乙本作“種智”。

20　“以”，乙本作“觀”。

21　“有以”，乙本無，宋、元、明、宮本作“有人以”。

22　“阿僧祇”，乙本作“阿僧秪”，異譯詞。

23　“慧”，乙本無。

24　“一切種”，乙本作“一切種種者”。

25　“人三”，乙本作“八”。

26　“觀欲色界麁惡”，乙本作“觀欲界不淨麁惡”。

27　“誑”，乙本作“狂”。

28　“濁重”後，乙本有“粗樸”。

29　“佛弟子……無我”十二字，乙本無。

30　“癰”，乙本作“創”。

31　“如箭”前，乙本有“如刺、如癰”。

32　“入體”，乙本作“患哉”。

四。十六者,觀[1]苦四種:無常、苦、空、無我;觀苦因四[2]種:集、因、緣、生;觀苦盡四種——盡、滅、妙、出;觀道四種——道、正、行、跡[3]。出[4]入息中復有[5]十六行[6]:一,觀[7]入息;二,觀[8]出息;三,觀[9]息長息[10]短;四,觀[11]息遍身;五,除諸身行;六,受喜;七,受樂;八者[12],受諸心行;九,無[13]作喜;十,心作攝;十一,心作解脱;十二,觀無常;十三,觀[14]散壞;十四,觀離欲;十五,觀滅[15];十六,觀棄捨。復有六種念:念佛者,佛是[16]多陀阿伽陀[17]、阿羅呵、三藐三佛陀,如是等十號;五念如後説[18]。世智、出世智、阿羅漢、辟支佛、菩薩、佛智,如是等智慧[19]知諸法,名爲一切種。一切法者,識所緣法[20],是一切法。所謂[21]眼識緣色,耳識緣聲,鼻識緣香,舌識緣味,身識緣觸,意識緣法;緣眼、緣色、緣眼識,耳聲、鼻香、舌味、身觸亦如是,乃至緣意、緣法、緣意識——是名一切法,是爲識所緣法。復次,智所緣法,是一切法。所謂苦智知苦,集智知集,盡智知盡,道智知道,世智知苦、集、盡、道及虚空、非數緣滅,是爲智所緣法[22]。復次,二法攝[23]一切法:色法、無色法;可見法、不可見法;有對法、無對法;有漏、無漏;有爲、無爲;心相應、心不相應;業相應、業不相應(丹注云[24]:心法中除思,餘盡相應[25],業[26]即是思,故除[27]);近法、遠法等,如是[28]種種二法,攝一切法(丹注云[29]:現在及無爲是名近法,未來、過去[30]是名遠法)。復次[31],三種法攝[32]一切法:善、不善、無記;學、無學、非學非無學;見諦斷、思惟斷、不斷。復

---

1 "惱患……者觀"二十一字,乙本作"是爲八聖種十六觀中"。

2 "四",乙本無。

3 "跡",乙本作"能"。

4 "出"後,乙本衍"出"。

5 "復有",乙本無。

6 "行",乙本作"種"。

7 "觀",乙本無。

8 "觀",乙本無。

9 "觀",乙本無。

10 "息",乙本無。

11 "觀",乙本作"念"。

12 "者",乙本無。

13 "無",乙、元、明、宫本無。

14 "觀",乙本作"觀出"。

15 "滅",乙本作"盡"。

16 "是",乙本無。

17 "多陀阿伽陀",乙、宋、元、明、宫本作"多陀阿伽度",異譯詞。

18 "如後説",乙本作"亦如是"。

19 "如是等智慧",乙本作"種種分別用"。

20 "識所緣法",乙本作"識緣物"。

21 "所謂",乙本作"何以故"。

22 "意識緣法……是爲智所緣法"九十字,乙本作"意識亦緣眼,亦緣色,亦緣眼識,乃至亦緣意,亦緣法,亦緣意識,是名一切法。是故言識所緣物,智緣物亦如是"。

23 "攝",乙本作"名",誤。

24 "丹注云",乙本無。

25 "餘盡相應",乙本作"餘盡業相應"。

26 "業",乙本無。

27 "除",乙本無。

28 "如是",乙本作"如是等"。

29 "丹注云",乙本無。

30 "過去"前,乙本有"復有"。

31 "復次",乙本無。

32 "攝",乙本作"名"。

有三種法：五衆[1]、十二入、十八界[2]。持如是等種種三法，盡攝一切法。復有四種法：過去、未來、現在法、非過去未來現在法；欲界繫法、色界繫法、無色界繫法、不繫法；因善法、因[3]不善法、因無記法、非因善不善無記法；緣緣法、緣不緣法、緣緣不[4]緣緣法、亦非緣緣非不緣緣法[5]——如是等四種法，攝一切法。有五種法：色、心、心相應、心不相應、無爲法——如是等種種五法，攝一切法。有六種法：見苦斷法、見習[6]、盡[7]、道斷法、思惟斷法、不斷法——如是等種種六法，乃至無量法，攝一切法。是爲一切法。問曰[8]：諸法甚深微妙不可思議，若[9]一切衆生尚不能得知，何況一人欲盡知一切法？譬如有人欲量大地，及數大海水渧，欲稱須彌山，欲知虛空邊際，如是等[10]事皆不可知，云何欲以一切種知一切法？答曰：愚癡闇蔽甚大苦，智慧光明最爲樂！一切衆生皆不用苦，但欲求樂。是故菩薩求一切第一大智慧，一切種觀，欲知一切法。是[11]菩薩發大心，普爲一切衆生求大智慧，是故欲以一切種知[12]一切法。如醫爲一人、二人，用一種、二種藥則足；若欲治一切衆生病者，當須一切種藥；菩薩亦如是，欲度一切衆生故，欲知一切種一切法。如諸法甚深微妙無量，菩薩智慧亦甚深微妙無量，先答破一切智人中已[13]廣説，如函大蓋亦大[14]。復次，若不以理求一切法，則不可得，若以理求之，則無不得。譬如鑽火以木，則火可得，析薪求火，火不可得。如大地有邊際，自非一切智人[15]，無大神力，則不能知；若神通力大，則知此[16]三千大千世界地[17]邊際。今此大地在金剛上，三千大千世界[18]四邊則虛空，是爲知地邊際。欲稱須彌山，亦如是。欲量虛空，非不能量，虛空無法，故不可量。

【經】舍利弗白佛言：世尊！菩薩摩訶薩云何欲以一切種[19]知[20]一切法，當習行般若波羅蜜？

【論】問曰：佛欲説般若波羅蜜故，種種現神變，現已[21]即應便[22]説，何以故令舍利弗問而後説？答曰：問而後説[23]，佛法應爾。復次，舍利弗知般若波羅蜜甚深，微妙無相之法，難解難知。自以智力種種思惟：若觀

---

1 “衆”，乙本作“陰”，異譯詞。

2 “界”，乙本無。

3 “因”，乙本無。

4 “不”後，乙本衍“不”。

5 “亦非……緣法”九字，乙本作“非緣亦非不緣緣法”。

6 “習”，乙、元、明本作“集”。

7 “盡”，乙本作“滅”。

8 “問曰”後，乙本有“何以故欲知一切種一切法”。

9 “若”，乙本作“若一切人”，宋、元、明、宮本無。

10 “等”，乙本無。

11 “是”，乙本作“是故”。

12 “知”，原脱，兹據乙本補。

13 “已”，乙本作“以”，“以”通“已”。

14 “大”，乙本作“無”，誤。

15 “自非一切智人”，乙本作“人非一切智”，宋、元、明、宮本作“非一切智人”。

16 “此”，乙本無。

17 “世界地”，乙本作“土地”。

18 “世界”，乙本作“國土”。下同，不復出校。

19 “一切種”，乙本作“一切種智”。

20 “知”，乙本作“智”，“智”通“知”。

21 “現已”，乙本無。

22 “便”，乙本無，宋、元、明、宮本作“即”。

23 “説”，乙、宋、元、明、宮本作“答”。

諸法無常,是般若波羅蜜[1]耶? 不是[2]耶? 不能自了,以是故問。復次,舍利弗非一切智[3],於佛智慧中譬如小兒。如説《阿婆檀那[4]經》中:佛在祇洹住,晡[5]時經行,舍利弗從佛經行。是時有鷹逐鴿,鴿飛來佛邊住,佛經行過之[6],影覆鴿上,鴿身安隱,怖畏即除,不復作聲。後舍利弗影到,鴿便作聲,戰怖如初。舍利弗白佛言:佛及我身,俱無三毒,以[7]何因緣佛影覆鴿,鴿便無聲,不復恐怖? 我影覆上,鴿便作聲,戰慄如故? 佛言:汝三毒習氣未盡,以是故,汝影覆時恐怖不除。汝觀[8]此鴿宿世因緣,幾世作鴿? 舍利弗即時[9]入宿命智三昧,觀見[10]此鴿從鴿中來,如是一、二、三世,乃至八萬大劫,常作鴿身;過是已往[11],不能復見。舍利弗從三昧起,白佛言:是鴿八萬大劫中,常作鴿身;過是已[12]前,不能復知。佛言:汝若不能盡知過去世,試觀未來世,此鴿何時當脱? 舍利弗即入願智[13]三昧,觀見此鴿,一、二、三世,乃至八萬大劫,未脱鴿身;過是已往,亦不能知。從三昧起白佛言:我見此鴿從一世、二世、乃至八萬大劫,未免[14]鴿身;過此已往,不復能知! 我不知過去、未來齊限,不審此鴿何時當脱? 佛告舍利弗:此鴿除諸聲聞、辟支佛所知齊限,復於恒河沙等大劫中常作鴿身,罪訖得出。輪轉五道中,後得爲人,經五百世中[15],乃得利根。是時有佛,度無量阿僧祇衆生,然後入無餘涅槃。遺法在世,是人作五戒[16]優婆塞[17],從比丘聞讚佛功德,於是初發心,願欲作佛。然後於三阿僧祇劫,行六波羅蜜,十地具足,得作佛,度無量衆生已而[18]入無餘涅槃。是時,舍利弗向佛懺[19]悔,白佛言:我於一鳥,尚不能知其本末,何況諸法? 我若知佛智慧如是者,爲佛智慧故,寧入阿鼻地獄受無量劫苦,不以爲難[20]。如是等,於[21]諸法中不了故問。

大智度論釋初品中檀波羅蜜義第十七[22]

【經】佛告舍利弗:菩薩摩訶薩以不住法住般若波羅蜜中;以[23]無所捨法具足檀波羅蜜,施者、受者及財物不可得故。

---

1 "波羅蜜",乙、宋、宫本無。

2 "是",乙本作"退"。

3 "智",乙本作"知","知"爲"智"之古字。

4 "那",乙本無。

5 "晡",乙本作"脯","脯"爲"晡"之借字。

6 "之",乙本無。

7 "以",乙本無。

8 "觀",乙本作"觀見"。

9 "時",乙本無。

10 "見",乙本無。

11 "已往",乙本作"以往"。下同,不復出校。

12 "已",乙本作"以"。

13 "智",乙本作"知","知"爲"智"之古字。

14 "免",乙本作"勉","勉"通"免"。

15 "中",乙本無。

16 "戒",乙本作"誡","誡"有"戒"義。

17 "優婆塞",乙本作"憂婆塞",異譯詞。下同,不復出校。

18 "而",乙本無。

19 "懺",乙本作"識","識"通"懺"。

20 "不以爲難",乙本作"終不中悔"。

21 "於",乙本無。

22 乙本無品題。

23 "以",乙本無。

【論】[1]問曰：般若波羅蜜是何等法？答曰：有人言：無漏慧根是般若波羅蜜相。何以故？一切慧中第一慧是名般若波羅蜜，無漏慧根是第一；以是故，無漏慧根名般若波羅蜜。問曰：若菩薩未斷結，云何得行無漏慧？答曰：菩薩雖未斷結，行相似無漏般若波羅蜜，是故得名行無漏般若波羅蜜。譬如聲聞人行暖法、頂法、忍法、世間第一法，先行相似無漏法，後易得生苦法智忍[2]。復有人言：菩薩有二種——有斷結使清淨，有未斷結使不清淨。斷結使[3]清淨菩薩，能[4]行無漏般若波羅蜜。問曰：若菩薩斷結清淨，復何以行般若波羅蜜？答曰：雖斷結使，十地未滿，未莊嚴佛土，未教化衆生，是故行般若波羅蜜。復次，斷結有二種：一者，斷三毒心，不著人天中五欲；二者，雖不著人天中五欲，於菩薩功德果報五欲[5]，未能捨離——如是菩薩，應行般若波羅蜜。譬如長老阿泥盧豆，在林中坐禪時，淨愛天女等[6]，以淨妙之身[7]來試阿泥盧豆。阿泥盧豆言：諸姊作青色來，不用雜色。欲觀不淨，不能得觀；黃、赤、白色，亦復如是。時阿泥盧豆閉目不視，語言：諸姊遠去！是時天女即滅不現。天福報形[8]，猶尚如是，何況菩薩無量功德果報五欲？又如甄陀羅王與八萬四千甄陀羅來到佛所，彈琴歌頌，以供養佛。爾時，須彌山王及諸山樹木、人民、禽獸，一切皆舞。佛[9]邊大衆，乃至大迦葉，皆於座[10]上不能自安。是時，天須菩[11]薩問長老大迦葉：耆年舊宿[12]，行十二頭陀法之第一[13]，何以在座不能自安？大迦葉言：三界五欲不能動我；是菩薩神通功德果報力故，令我如是，非我有心不能自安也[14]。譬如須彌山，四邊風起，不能令動；至大劫盡時，毘藍風[15]起，如吹爛草。以是事[16]故，知二種結中一種未[17]斷；如是菩薩等[18]，應[19]行般若波羅蜜。是阿毘曇中如是説。復[20]有人言：般若波羅蜜是有漏慧。何以故？菩薩至道樹下乃斷結；先雖有大[21]智慧，有[22]無量功德，而諸煩惱未斷。是故言菩薩[23]般若波羅蜜是有漏智慧。復[24]有人言：從初發意乃至道樹[25]下，於其中間所有智慧，是名般若波羅蜜。成[26]佛時，是般若波羅蜜，轉名[27]薩婆若。

---

1 “論”，乙、宋、宮本無。下同，不復出校。

2 “苦法智忍”，乙本作“苦法忍苦法智”。

3 “使”，乙、宋、元、明、宮本無。

4 “能”，乙本無。

5 “五欲”後，乙本有“中”。

6 “等”，乙本作“輩”。

7 “以淨妙之身”，乙本作“來此女人端政第一”。

8 “形”，乙本作“之形”。

9 “佛”，乙本作“佛道”。

10 “座”，乙本作“坐”，“坐”爲“座”之古字。

11 “菩”後，乙本衍“提”。

12 “耆年舊宿”，乙本作“耆年先宿舊”。

13 “行十……第一”九字，乙本作“行阿蘭若法第一”。

14 “也”，乙本無。

15 “風”，乙本作“大風”。

16 “事”，乙本無。

17 “未”，乙本作“不”。

18 “如是菩薩等”，乙本作“如是輩菩薩”。

19 “應”，乙本作“應以”。

20 “復”，乙本作“又”。

21 “有大”，乙本作“大有”。

22 “有”，乙本無。

23 “菩薩”，乙本作“諸菩薩”。

24 “復”，乙本作“又”。

25 “道樹”前，乙本有“坐”。

26 “成”，乙本作“成得”。

27 “轉名”，乙本作“轉名成”。

復[1]有人言:菩薩有漏、無漏智慧,總名般若波羅蜜。何以故?菩薩觀涅槃,行佛道,以是事故,菩薩智慧應是無漏;以未斷結使,事未成辦故,應名有漏。復[2]有人言:菩薩般若波羅蜜,無漏無爲,不可見無對。復[3]有人言:是般若波羅蜜,不可得相,若有若無,若常若無常,若空[4]若實。是般若波羅蜜,非陰界入所攝[5],非有爲[6]、非無爲,非法、非非法,無取無捨,不生不滅,出有無四句,適無所著。譬如火焰[7],四邊不可觸,以燒手故;般若波羅蜜相,亦如是不可觸,以邪見火[8]燒故。問曰:上種種人説般若波羅蜜[9],何者爲[10]實?答曰:有[11]人言:各各有理,皆是實。如經説:五百比丘各各説二邊及中道義,佛言皆有道理。有人言:末後答者爲[12]實,所以者何?不可破、不可壞故。若有法如毫[13]氂許有[14]者,皆有過失可破,若言無亦可破。此般若中,有亦無,無亦無,非有非無亦無,如是言説亦無;是名寂滅[15]、無量、無[16]戲論法。是故不可破、不可壞,是名真實般若波羅蜜,最勝無過者。如轉輪聖王降伏諸敵而不自高;般若波羅蜜亦如是,能破一切語言戲論,亦不有所破。復次,從此已[17]後,品品中種種義門,説般若波羅蜜,皆是實相[18]。以不住法住般若波羅蜜中,能具足六波羅蜜。問曰:云何名不住法住般若波羅蜜中,能具足六波羅蜜?答曰:如是菩薩觀一切法,非常非無常,非苦非樂,非空[19]非實,非我[20]非無我,非生滅非不生滅;如是住甚深般若波羅蜜中,於般若波羅蜜相亦不取,是名不住法住。若取[21]般若波羅蜜相,是爲住法住[22]。問曰:若不取般若波羅蜜相,心無所著,如佛所言:一切諸法,欲爲其本,若不取者,云何得具足六波羅蜜?答曰:菩薩憐愍衆生故,先立誓願,我必當度脱一切衆生。以精進波羅蜜力故,雖知諸法不生不滅、如涅槃相,復行諸功德,具足六波羅蜜。所以者何[23]?以[24]不住法住般若波羅蜜中故。是[25]名不住法住般若波羅蜜中。

---

1 "復",乙本作"又"。
2 "復",乙本作"又"。
3 "復",乙本作"又"。
4 "空",乙本作"虛"。
5 "非陰界入所攝",乙本作"衆界入所不攝",宫本作"非衆界陰入所攝","衆"爲"陰"之異譯詞。
6 "非有爲",乙本作"故非有爲"。
7 "焰",乙本作"炎","炎"爲"焰"之古字。
8 "火",乙、宋本無。
9 "波羅蜜",乙本無。
10 "爲",乙本作"是"。
11 "有",乙本作"諸"。
12 "爲",乙本作"是"。
13 "毫",乙本作"豪","豪"通"毫"。
14 "有",乙、宋、元、明、宫本無。
15 "寂滅"後,乙本衍"滅"。
16 "無",乙本脱。
17 "已",乙本作"以"。
18 "皆是實相"後,乙本有"如是般若波羅蜜"。
19 "空",乙本作"虛"。
20 "非我",乙本無。
21 "取",乙本作"不取"。
22 "是爲住法住",乙本作"是爲以不住法住"。
23 "所以者何",乙本作"何以故"。
24 "以",乙、宋、元、明、宫本無。
25 "是",乙本作"以是故"。

大智度論釋初品中讚檀波羅蜜義第十八 [1]

問曰：檀有何等利益 [2] 故，菩薩住般若波羅蜜中，檀波羅蜜具足滿？答曰：檀有種種利益：檀爲寶藏，常隨逐人；檀爲破苦，能與人樂；檀爲善御，開示天道；檀爲善府，攝諸善人（施攝善人，與爲因緣，故言攝 [3]）；檀爲安隱，臨命終時心不怖畏 [4]；檀爲慈相，能濟一切；檀爲集樂，能破苦賊；檀爲大將，能伏慳敵；檀爲妙果，天人所愛；檀爲淨道，賢聖所遊 [5]；檀爲積善福德之門；檀爲立事 [6] 聚衆之緣；檀爲善行愛果之種；檀爲福業善人之相；檀破貧窮，斷三惡道；檀能全護福樂之果 [7]；檀爲涅槃之初緣，入善人聚中之要法，稱譽讚歎之淵府，入衆無難之功德，心不悔恨之窟 [8] 宅，善法道行之根本，種種歡樂之林藪，富貴安隱之福田，得道涅槃之津梁 [9]，聖人大士智者之所行，餘人儉德寡識之所效。復次，譬如失火之家，黠慧之人，明識形勢，及火未至，急出財物；舍雖燒盡，財物悉在 [10]，更修室宅。好施之人，亦復如是，知身危脆，財物無常，修福及時，如火中出物；後世受樂，亦如彼人更修宅業，福慶 [11] 自慰。愚惑之人，但知惜屋，忽忽營救，狂愚失智，不量 [12] 火勢，猛風絕焰 [13]，土石爲焦，翕響之間，蕩然夷 [14] 滅；屋既不救，財物亦 [15] 盡，飢寒凍餓，憂苦畢世。慳惜之人，亦復如是，不知身命無常，須臾叵保，而更聚斂 [16] 守護愛惜，死至無期，忽焉逝没，形 [17] 與土木同流，財與委物俱棄，亦如愚人憂苦失計。復次，大慧之人，有心之士，乃能覺悟，知身如幻，財不可保，萬物無常，唯福可恃，將人出苦，津通大道。復次，大人大心，能大布施，能自利己；小人小心，不能益他，亦不自厚。復次，譬如勇士見敵，必期吞滅；智人慧心，深得悟 [18] 理，慳賊雖强，亦能挫之，必令如意。遇 [19] 良福田，值好時節（時：應施之時也。遇而不施是名失時 [20]），覺事應心，能大布施。復次，好施之人，爲人所敬，如月初出，無不愛者；好名善譽，周聞天下，人所歸仰，一切皆信。好施之人，貴人所念，賤人所敬；命欲終時，其心不怖，如是果報，今世所得；譬如樹華，大果無量 [21]，後世福也。生死輪 [22] 轉，往 [23] 來五道，無親可恃，唯有布施若生天上、人中，得清淨果，皆由布施；象、馬畜生得好櫪 [24] 養，亦是布施之所得也。布施之德，富貴歡樂；持戒之人，得生天上；禪智心淨，無

1　乙本品題作“摩訶般若波羅蜜憂婆提舍中讚檀品第十五”。
2　“益”，乙、宋、宮本無。
3　“攝”，乙本作“攝也”。
4　“怖畏”，乙本作“畏怖”。
5　“遊”，乙本作“由”。
6　“立事”後，乙本有“衆”。
7　“檀能……之果”八字，乙本作“檀能令護富樂之果”，宋、元、明、宮本作“檀能全獲福樂之果”。
8　“窟”，乙本作“室”。
9　“津梁”，乙本作“資糧”。
10　“悉在”，乙本作“不燒”。
11　“慶”，乙本作“吉”。
12　“量”，乙本作“知”。
13　“焰”，乙本作“炎”，“炎”爲“焰”之古字。
14　“夷”，乙本作“已”。
15　“亦”，乙本作“喪”。
16　“斂”，乙本作“撿”，“撿”爲“斂”之借字，宋、宮本作“歛”。
17　“形”，乙本無。
18　“悟”，乙本無。
19　“遇”，乙本作“愚”，“愚”爲“遇”之借字。
20　“時”，乙本作“也”。
21　“量”，乙本作“異”，誤。
22　“輪”，乙本無。
23　“往”，乙本作“住”，誤。
24　“櫪”，乙、宋、宮本作“歷”，“歷”爲“櫪”之古字。

所染著,得涅槃道。布施之福,是涅槃道之資糧也;念施故歡喜,歡喜故一心,一心[1]觀生滅無常,觀[2]生滅無常故得道。如人求蔭故種樹,或求華,或求果故種樹;布施求報亦復如是,今世、後世樂如求蔭[3],聲聞、辟支佛道如華[4],成佛如果[5]。是爲檀[6]種種功德。

大智度論釋初品中檀相義第十九[7]

問曰:云何名檀? 答曰:檀名布施;心相應善思,是名爲檀。有人言:從善思起身[8]、口業,亦名爲[9]檀。有人言:有信、有福田、有財物,三事和合時,心生捨法,能破慳貪,是名爲檀。譬如慈法,觀衆生樂而心生慈[10];布施心數法,亦復如是,三事和合,心生捨法,能破慳貪。檀有三種:或[11]欲界繫,或[12]色界繫,或[13]不繫。(丹本注云[14]:聖人行施故名不繫)心相應法,隨心行,共心生,非色法,能作[15]緣。非業,業相應,隨業行,共業生,非先世業報生。二種修[16]:行修、得修。二種證:身證、慧證。若思惟斷,若不斷,二見斷。欲界、色界盡見斷[17];有覺有觀法;凡夫、聖人共行。如是等,阿毘曇中廣分別說[18]。復次,施有二種:有淨,有不淨。不淨施者,直施無所爲[19],或有爲求財故施,或愧人故施,或爲嫌責故施,或畏懼故施,或欲取他意故施,或畏死故施,或狂[20]人令喜故施,或自以富貴故應施,或諍勝故施,或妬瞋故施,或憍慢[21]自高故施,或爲名譽故施,或爲呪願故施,或解除[22]衰求吉故施,或爲聚衆故施,或輕賤不敬[23]施。如是等種種,名爲不淨施。淨施者[24],與[25]上相違,名爲淨施。復次,爲道故施,清淨心生,無諸結使,不求今世後世報,恭敬憐愍故,是爲[26]淨施。淨施是趣涅槃道之資糧,是故言爲道故施。若未得涅槃時,施是人天[27]報樂之因。淨施者;如華瓔珞,初成未壞,香潔鮮明;

---

1 "一心",乙本作"一心故",宋、元、明、宫本無。

2 "觀",乙本作"故觀"。

3 "今世……求蔭"八字,乙本作"求蔭如今世、後世樂"。

4 "聲聞……如華"八字,乙本作"華如聲聞、辟支佛道"。

5 "成佛如果",乙本作"果如成佛"。

6 "檀",乙本作"布施",異譯詞。

7 乙本無品題。

8 "身",乙本作"身業"。

9 "爲",乙本無。

10 "而心生慈",乙本作"而生慈心"。

11 "或",乙本作"若"。

12 "或",乙本作"若"。

13 "或",乙本作"若"。

14 "丹本注云",乙本無。

15 "作",乙本無。

16 "二種修"前,乙本有"應"。

17 "欲界……見斷"七字,乙、宫本無。

18 "說",乙本脫。

19 "直施無所爲",乙、宋、元、明本作"愚癡施無所分別"。

20 "狂",乙本作"誑或","或"爲"惑"之古字,宋、元、明、宫本作"誑"。

21 "憍慢"後,乙本有"故"。

22 "除"後,乙本衍"除"。

23 "不敬"後,乙本有"故"。

24 "淨施者",乙本作"淨施時者"。

25 "與",乙本作一字空白。

26 "爲",乙、宋、元、明、宫本作"名"。

27 "天",乙本作"無",誤。

爲涅槃淨施,得果報香,亦復如是。如佛説:世有二人爲難得:一者,出家中非時解脱比丘;二者,在家白衣能[1]清淨布施。是淨施相,乃至無量世,世世不失,譬如券要,終無失時。是布施果[2],因緣和合時便有。譬如樹得時節會,便有華葉果實;若時節未至,有因而無果。是布施法,若以求道,能與人道。何以故?結使滅名涅槃。當布施時,諸煩惱薄故,能助涅槃——於所施物中不惜[3]故除慳,敬念受[4]者故除嫉妒,直心布施故除諂曲,一心布[5]施故除調,深思惟施故除悔,觀受者功德故[6]除不恭敬,自攝心故除不慚[7],知人好功德故[8]除不愧[9],不著財物故除愛,慈愍受者故除瞋,恭敬受者故除憍慢,知行善法故除無明,信有果報故除邪見,知[10]決定有報故除疑——如是等種種不善[11]諸煩惱,布施時悉皆薄;種種善法悉皆得:布施時六根清淨,善[12]欲心生,善欲心生[13]故内心清淨;觀果報功德故信心生,身心柔軟故喜樂生,喜樂生故得一心,得一心故實智慧生——如是等諸善法悉皆得。復次,布施時心生[14]相似八正道:信布施果故得正見;正見中思惟不亂故得正思惟[15];清淨説故得正語;淨身行故得正業;不求報故得正命;懃心施[16]故得正方便;念施不廢故得正念;心住不散故得正定。如是等相似三十七品善法,心中生。復次,有人言[17]:布施是得三十二相因緣。所以者何?施時與心堅固,得足下安立相;布施時五事圍繞,受者是眷屬業因緣故[18],得足下輪相;大勇猛力施故,得足跟廣平相;施攝人故,得手足縵網相;美味飲食施故,得手足柔軟、七處滿相;施以益命故,得長指、身不曲、大直相[19];施時言我當相與[20],施心轉增故,得足趺高、毛上向相;施時受者求之,一心好聽,懃懃約勅,令必疾得故,得伊泥延蹲相;不瞋不輕求者故,得臂長過膝相;如求者意施,不待言故,得陰藏相;好衣服、卧具、金銀、珍寶施故,得金色身相[21]、薄皮相;布施令受者獨得自在用故[22],得一一孔一毛生[23]、眉間白毫相;求[24]者求之,即言當與,以是業故,得上身如師子[25]、肩圓相;病者施藥,飢渴者與飲食故[26],得兩腋下滿[27]、最上味相;

1　“能”,乙本作“能有”。

2　“果”,乙本作“果報”。

3　“不惜”,乙本作“心不惜”。

4　“受”,乙本作“取”。

5　“布”,乙、宋、元、明、宮本無。

6　“觀受者功德故”,乙本作“觀受者功故作”。

7　“不慚”,乙本作“無慚”,後有小注“▨▨▨故言攝心”。

8　“故”後,乙本有小注“見功德人▨而敬之故言知”。

9　“除不愧”,乙本作“受除無愧”。

10　“知”,乙本無。

11　“善”,乙本作“著”,誤。

12　“善”,乙本作“若”,誤。

13　“心生”,乙本無。

14　“心生”,乙、元、明本作“心中生”。

15　“惟”,乙、宮本無。

16　“施”,乙本作“布施”。

17　“言”,乙、宋、元、明、宮本無。

18　“布施……因緣故”十六字,乙本作“得衆業故,施者得人所名,故言得名業”。

19　“相”,乙本作“身相”。

20　“我當相與”,乙本作“我當與相與”。

21　“相”,乙本無。

22　“布施……用故”十一字,乙本作“施時適可前人起自在業因緣故”。

23　“一毛生”後,乙本有“相”。

24　“求”,乙、宋、元、明本作“乞”。

25　“師子”,乙本作“師子相”。

26　“飢渴……食故”七字,乙本作“飢渴者施飲食起少病業因緣故”。

27　“兩腋下滿”後,乙本有“相”。

施時勸人行施而安慰之，開布施道故，得肉髻[1]相、身圓如尼拘盧相；有乞求者，意欲與時，柔軟實語，必與不虛故，得廣長舌相、梵音聲相、如迦陵毘伽鳥[2]聲相；施時如實語，利益語故，得師子頰相；施時恭敬受者，心清淨故，得牙白[3]、齒齊相；施時實語、和合語故，得齒密[4]相、四十齒相；施時不瞋不著，等心視彼故，得青眼相、眼睞如牛王相。是爲種三十二相因緣。復次，以七寶、人民、車乘、金銀、燈燭、房舍、香華布施故，得作轉輪王[5]，七寶具足。復次，施得時故，報亦增多。如佛説：施遠行人，遠來人，病人，看病人，風寒衆難時施，是爲時施。復次，布施時隨土地所須施故，得報增多。復次[6]，曠路中施故，得福增多；常施[7]不廢故，得報[8]增多；如求者所欲施故，得福增多；施物重故，得福增多，如以[9]精舍、園林、浴池等；若施善人故，得報增多；若施[10]僧故，得報增多；若施者[11]、受者俱有德故[12]（丹注云[13]：如菩薩及佛慈心[14]布施，是爲施者；若施佛及菩薩、阿羅漢、辟支佛是爲受者故[15]），得報增多[16]；種種將迎恭敬受者故，得福增多；難得物施故，得福增多；隨所有物盡能布施故，得福增多。譬如大月氏弗迦羅城中，有一畫師，名千那。到東方多刹陀羅國[17]，客畫十二年，得三十兩金，持還本國。於弗迦羅城中，聞打鼓作大會聲，往[18]見衆僧，信心清淨，即問維那：此衆中幾許物，得作一日食？維那答曰[19]：三十兩金，足得一日食。即以所有三十兩金付維那，爲我作一日食，我明日當來。空手而歸，其婦問曰：十二年作得何等物？答言[20]：我得三十兩金。即問：三十兩金今在何所？答言[21]：已[22]在福田中種。婦言：何等福田？答言[23]：施與衆僧。婦便縛其[24]夫送官治罪，斷事大官問以何事故？婦言：我夫狂癡，十二年客[25]作得三十兩金，不憐愍婦兒[26]，盡以與他人；依如官制，輒縛送來。大官問其夫：汝何以不供給婦兒，乃以與他？答言：我先世不行功德，今世貧窮，受諸辛苦；今世遭遇福田，若不種福，後世復貧，貧貧相[27]續，

1　“髻”，乙本作“結”。
2　“迦陵毘伽鳥”，乙本作“迦毗羅鳥”，異譯詞。
3　“牙白”，乙本作“牙白相”。
4　“密”，乙本作“蜜”，“蜜”通“密”。
5　“轉輪王”，乙本作“轉輪聖王”。
6　“復次”，乙本無。
7　“常施”前，乙本有“復次”。
8　“報”，乙本作“福報”。
9　“以”，乙本無。
10　丙本始。
11　“者”，乙本無。
12　“有德故”，乙本作“有功德”。
13　“丹注云”，乙本無。“得報……丹注云”十六字，丙本無。
14　丙本終。
15　“故”，乙本作“也”。
16　“得報增多”前，乙本有“故”。
17　“多刹陀羅國”，乙、官本作“多刹施羅國”，異譯詞。
18　“往”，乙本作“住”，誤。
19　“曰”，乙本作“言”。
20　“言”，乙本作“曰”。
21　“言”，乙本作“曰”。
22　“已”，乙本作“以”，“以”通“已”。
23　“言”，乙本作“曰”。
24　“其”，乙、宋、元、明、官本無。
25　“客”，乙、宋、元、明、官本無。
26　“婦兒”，乙本作“妻子”。下同，不復出校。
27　“相”後，乙本衍“相”。

無得脱時。我今欲頓捨貧窮，以是故，盡以[1]金施衆僧。大官是優婆塞，信佛清淨，聞是語已[2]，讚言：是爲甚難！勤苦得此少物，盡以施僧，汝是善人！即脱身瓔珞及所乘馬，并一聚落，以施貧人，而語之言：汝始施衆僧，衆[3]僧未食，是爲穀子未種，牙已得生[4]，大果方在後身[5]！以是故，言難得之物盡用布施，其福最多。復次，有世間檀，有出世間檀；有聖人所稱譽檀，有聖人所不稱譽檀；有佛菩薩[6]檀，有聲聞檀。何等世間檀？凡夫人布施[7]，亦聖人作有漏心布施，是名世間檀。復次，有人言：凡夫人布施，是爲世間檀。聖人雖[8]有漏心布施，以結使斷故，名出世間檀。何以故？是聖人[9]得無作三昧故。復次，世間檀者不淨，出世間檀者清淨。二種結使：一種屬愛，一[10]種屬見。爲二種[11]結使所使，是爲世間檀；無此二種結使，是爲出世間檀。若三礙繫心，是爲世間檀。何以故？因緣諸法實無吾我，而言我與彼取，是故名世間檀。復次，我無定處：我以爲我[12]，彼以爲非；彼以爲我，我以爲非——以是不定故，無實我也。所施財者，從因緣和[13]合有，無有一[14]法獨可得者。如絹、如布，衆緣合故成，除絲除縷，則無絹、布；諸法亦如是，一相無相，相常自空。人作想念，計以爲有，顛倒不實，是爲世間檀。心無三礙，實知法相，心不顛倒，是爲出世間檀。出世間檀爲聖人所稱譽，世間檀聖人所不稱譽。復次，清淨檀，不雜結[15]垢，如諸法實相，是聖人所稱譽；不清淨，雜結使，顛倒心著，是聖人所不稱譽。復次，實相智慧和合布施，是聖人所稱譽；若不爾者，聖人所不稱譽。復次，不爲衆生[16]，亦不爲知諸法實相故施，但求脱生、老、病、死，是爲聲聞檀；爲一切衆生故施，亦爲知諸法實相故施，是爲諸佛菩薩檀。於諸功德不能具足，但欲得少許分，是爲聲聞檀；一切諸功德欲具足滿，是爲諸佛菩薩檀。畏老、病、死故施，是爲聲聞檀；爲助佛道，爲化衆生，不畏老、病、死，是爲諸佛菩薩檀。是中應説菩薩本生經，如説《阿婆陀那[17]經》中：昔[18]閻浮提中有王，名婆薩婆。爾時有婆羅門[19]菩薩，名韋羅摩[20]，是國王師，教王作轉輪聖王法。韋羅摩財富無量，珍寶具足，作是思惟：人[21]謂我爲貴人[22]，財富無量，饒益衆生，今正是時，應當大施。富

1　“以”，乙本無。

2　“已”，乙本作“以”，“以”通“已”。

3　“衆”，乙本無。

4　“牙已得生”，乙本作“牙以生”，“以”通“已”。

5　“身”，乙、宋、元、明、宫本作“耳”。

6　“菩薩”，乙本作“道”。

7　“布施”，乙本作“作布施”。

8　“聖人雖”，乙本作“雖聖人”。

9　“人”後，乙本衍“人”。

10　“一”，乙本作“二”，誤。

11　“種”，乙本無。

12　“我”後，乙本衍“非”，宋、元、明、宫本“我”作“彼”。

13　“和”，乙、宋、元、明、宫本無。

14　“一”，乙本無。

15　“結”，乙、宋、元、明、宫本作“諸”。

16　“衆生”後，乙本有“亦不爲佛道”。

17　“那”，乙本無。

18　“昔”，乙本作“如昔時”。

19　“婆羅門”，乙本作“披羅門”，異譯詞。

20　“韋羅摩”，乙本作“違羅摩”。下同，不復出校。

21　“人”，乙本無。

22　“人”，乙、宋、元、明、宫本無。

貴雖樂，一切無常，五家所共，令人心散，輕洪不定，譬如獼猴[1]不能暫住；人命逝速[2]，疾[3]於電滅，人身無常，衆苦之藪。以是之故，應行布施。如是思惟已，自作手疏，普告閻浮提諸婆羅門及一切出家人：願各屈德，來集我舍，欲設大施[4]。滿十二歲，飯汁行船，以酪爲池，米麵[5]爲山，蘇油爲渠，衣服、飲食、臥具、湯藥，皆令極妙。過十二歲，欲以布施：八萬四千白象，犀甲金飾，珞以名寶，建大金幢，四[6]寶莊嚴；八萬四千[7]馬，亦以犀甲金飾，四[8]寶交絡。八萬四千車，皆以[9]金、銀、琉璃[10]、頗梨、寶飾，覆以師子、虎、豹之皮，若白劍婆羅寶轝雜飾，以爲莊嚴；八萬四千四[11]寶床，雜色綩綖種種茵蓐，柔軟細滑，以爲挍飾，丹枕錦被，置床兩頭，妙衣盛服，皆亦備有[12]；八萬四千金鉢盛滿銀粟，銀鉢盛金粟，琉璃鉢盛頗梨粟，頗梨鉢盛琉璃粟；八萬四千乳牛，牛出乳一斛，金飾其[13]踟角，衣以白疊；八萬四千美女，端正[14]福德，皆以白珠名寶瓔珞其身。略舉其要，如是種種，不可勝記。爾時，婆羅婆王[15]及八萬四千諸[16]小國[17]王，并諸臣民豪傑[18]長者，各以十萬舊[19]金錢，贈遺[20]勸助，設此法祠。具足施已，釋提婆那民來語[21]韋羅摩菩薩，説此偈言：

　　天地難得物，能喜悦一切；汝今皆以得，爲佛道布施！

　　爾時，淨居諸[22]天現身而讚[23]，説此偈言：

　　開門大布施，汝所爲者是；憐愍衆生故，爲之求佛道！

　　是時，諸天作是思惟：我當閉其[24]金瓶，令水不下。所以者何？有施者，無福田[25]故。是時，魔王語淨居天：此諸婆羅門皆出家持戒，清淨入道，何以故[26]乃言無有福田？淨居天言：是菩薩爲佛道故布施，今此諸人皆是邪見，是故我言無有福田。魔王語天言：云何知是人爲佛道故布施？是時，淨居天化作婆羅門身，持金

1　“獼猴”，乙本作“彌猴”。

2　“速”，乙本作“疾”。

3　“疾”，乙本作“速”。

4　“施”，乙本作“祠”。

5　“米麵”，乙本作“粳米”。

6　“四”，乙本作“七”。

7　“四千”，乙本作“四千匹”。

8　“四”，乙本作“七”。

9　“以”，乙本無。

10　“琉璃”，乙本作“琉瑀”，異譯詞。下同，不復出校。

11　“四”，乙本無。

12　“有”，乙本作“具”。

13　“其”，乙本無。

14　“正”，乙本作“政”，“政”通“正”。下同，不復出校。

15　“婆羅婆王”，乙本作“婆薩婆王”。

16　“諸”，乙、宋、元、明、宮本無。

17　“國”，乙本無。

18　“傑”，乙本作“桀”，“桀”爲“傑”之古字。

19　“舊”，乙本無。

20　“遺”，乙本作“貢”。

21　“語”，乙本作“詣”。

22　“諸”，乙本無。

23　“讚”，乙本脱。

24　“其”，乙本作“此”。

25　“福田”，乙本作“受者”。下同，不復出校。

26　“故”，乙、宋、元、明、宮本無。

瓶，執金[1]杖，至韋羅摩菩薩所[2]，語言：汝大布施，難捨能捨，欲求何等？欲作轉輪聖王，七寶、千子、王四天下耶？菩薩答言：不求此事！汝求釋提婆那民，爲八千[3]那由他[4]天女主耶？答言[5]：不！汝[6]求六欲天主耶？答言：不！汝[7]求梵天王，主三千大千世界，爲衆生祖父耶？答言[8]：不！汝欲何所[9]求？是時，菩薩説此偈言：

我求無欲處，離生老病死，欲度諸衆生，求如是佛道[10]！

化婆羅門言[11]：布施主！佛道難得，當大辛苦；汝心軟串[12]樂，必不能求[13]成辦此道。如我先語轉輪聖王、釋提婆那民、六欲天王、梵天王，是易可得，不如求此！菩薩答言：汝聽我一心誓[14]：

假令熱鐵輪，在我[15]頭上轉，一心求佛道，終不懷悔恨！若使三惡道，人中無量苦，一心求佛道，終不爲此轉！

化婆羅門言：布施主[16]！善哉！善哉！求佛[17]如是。便讚偈言[18]：

汝精進力大，慈愍於一切，智慧無罣礙，成佛在不久！

是時，天雨衆華，供養菩薩。諸淨居天閉瓶水者，即隱不現。菩薩是時至婆羅門[19]上座[20]前，以金瓶行水，水閉不下。衆人疑怪：此種種[21]大施，一切具足，布施主人功德亦大，今[22]何以故瓶水不下？菩薩自念：此非他事，將無我心不清淨耶[23]？得無施物不具足乎？何以致此？自觀祠經十六種書，清淨無瑕。是時，諸天語菩薩言：汝莫疑悔[24]！汝無不辦！是諸婆羅門[25]惡邪不淨故也。即説偈言[26]：

是人[27]邪見網，煩惱破正智，離諸清淨戒，唐苦墮異道！

以是故，水閉不下。如是語已，忽然不現。爾時，六欲天放種種光明，照諸衆會，語[28]菩薩而説偈言：

---

1 “金”，乙本作“金瓶”。
2 “所”，乙本作“邊”。
3 “千”，乙、宋、元、明、宫本作“十”。
4 “那由他”，乙本作“那由陀”，異譯詞。
5 “言”，乙本作“曰”。
6 “汝”，乙本作“若”。
7 “汝”，乙本作“若”。
8 “言”，乙本作“曰”。
9 “所”，乙本無。
10 “求如是佛道”，乙本作“如是佛大道”。
11 “言”，乙本作“問言”。
12 “串”，乙本作“受”。
13 “求”，乙本無。
14 “誓”，乙本作“誓願”。
15 “我”，乙本脱。
16 “布施主”前，乙本有“十”。
17 “佛”，乙本作“佛道”。
18 “便讚偈言”，乙本無。
19 “婆羅門”，乙本作“披羅門”，異譯詞。
20 “座”，乙本作“坐”，“坐”爲“座”之古字。
21 “種種”後，乙本衍“種”。
22 “今”，乙本無。
23 “耶”，乙本作“佛”，誤。
24 “悔”，乙本作“恠”。
25 “婆羅門”，乙本作“披羅門”，異譯詞。
26 “偈言”，乙本作“此偈”。
27 “是人”，乙本作“以是入”。
28 “語”，乙本作“語於”。

邪惡海[1]中行，不順汝正道；諸受施人中，無有如汝者！

說是語[2]已，忽然不現。是時，菩薩聞說此偈，自念：會中實自無有[3]與我等者，水閉不下，其將爲此乎[4]？即說偈言：

若有十方天地中，諸有好人清淨者，我今歸命稽首禮！右手執瓶灌左手，而[5]自立願我一人，應受如是大布施！

是時，瓶水踊在虛空，從上來下而灌其左手[6]。是時，婆薩婆王見是感應，心生恭敬而說偈[7]言：

大婆羅門主，清琉璃[8]色水，從上流注下，來墮汝手中！

是時，大婆羅門衆恭敬心生，合手[9]作禮，歸命菩薩。菩薩是時說此偈言：

今我所布施，不求三界福；爲諸衆生故，以用求佛道！

說此偈已，一切大地、山川、樹木，皆六返[10]震動。韋羅摩本[11]謂此衆[12]應受供養故與，既知此衆無堪受者，今以憐愍故，以所受物施之[13]。如是種種檀本生因緣[14]，是中應廣說。是爲外布施。云何名[15]內布施？不惜身命，施諸衆生。如本生因緣說[16]：釋迦文佛本爲菩薩，爲[17]大國王時，世無佛、無法、無比丘僧，是王四出求索佛法，了不能得。時有一婆羅門言：我知佛偈，供養我者，當以與汝[18]。王即問言：索何等供養？答言：汝能就汝身上，破肉爲燈炷供養我者，當以與汝。王心念言：今我此身危脆不淨，世世受苦，不可復數，未曾爲法，今始得用，甚不[19]惜也！如是念已，喚旃陀羅，遍割身上以作燈炷，而以白疊纏肉，酥油灌之，一時遍燒，舉身火燃，乃與一偈。又[20]復，釋迦文佛[21]本作一鴿，在雪山中。時大雨雪，有一人失道，窮厄辛苦，飢寒并至，命在須臾。鴿見此人，即飛求火，爲其聚薪然[22]之；又復以身投火，施此飢人。如是等頭[23]、目、髓、腦給施衆生，種種本生因緣經，此中應廣說。如是等種種，是名內布施[24]。如是內、外布施無量，是名檀相。

1　“海”，乙本作“法”，誤。
2　“語”，乙本作“偈”。
3　“會中實自無有”，乙本作“將無此會中無”。
4　“乎”，乙、宋、元、明、宮本無。
5　“而”，乙本作“而上”。
6　“是時……左手”十七字，乙本作“是時瓶水上虛空，從上而下灌左手”，屬前偈。
7　“偈”，乙本作“此偈”。
8　“琉璃”，乙本作“流離”，異譯詞。
9　“手”，乙本作“掌”。
10　“返”，乙、宋、元、明、宮本作“反”，“反”爲“返”之古字。
11　“本”，乙本無。
12　“衆”，乙本作“不”。
13　“今以……施之”十一字，乙本無。
14　“檀本生因緣”，乙本作“檀中本生因緣經”。
15　“名”，乙本無。
16　“說”，乙本作“經”。
17　“菩薩爲”，乙本無。
18　“當以與汝”，乙本作“我以與汝”。
19　“不”，乙本作“不可”。
20　“又”，乙本作“有”，“有”通“又”。
21　“釋迦文佛”，乙本作“釋迦牟尼佛”，異譯詞。
22　“然”，乙本作“燃”，“然”爲“燃”之古字。
23　“頭”，乙本無。
24　“布施”，乙本作“檀”，異譯詞。

大智度論釋初品中檀波羅蜜法施義第二十[1]

問曰：云何名法布[2]施？答曰：有人言：常以好語，有所利益，是爲法施。復次[3]，有人言：以諸佛語妙善之法，爲人演說，是爲法施。復次[4]，有人言：以三種法教人：一，修妬路；二，毘尼；三，阿毘曇——是爲法施。復次，有人言：以四種法藏教人：一，修妬路藏；二，毘尼藏；三，阿毘曇藏；四，雜藏——是爲法施。復次，有人言：略說[5]以二種法教人[6]：一[7]，聲聞法；二[8]，摩訶衍法[9]——是爲法施。問曰：如提婆達[10]、呵多等，亦以三藏、四藏、聲聞法、摩訶衍法教人，而身入地獄，是事云何？答曰：提婆達邪見罪多，呵多妄語罪多，非是爲道清淨法施，但求名利恭敬供養。惡心罪故，提婆達生入地獄，呵多死墮惡道。復次，非但言說名爲法施；常以淨心善思以教一切，是名法施。譬如財施，不以善心，不名福德；法施亦爾，不以淨心善思，則非法施。復次，說法者，能以淨心善思[11]，讚歎三寶，開罪福門，示四真諦，教化衆生，令入佛道，是爲真淨法施。復次，略說法[12]有二種：一者，不惱衆生，善心慈愍，是爲佛道因緣；二者，觀知諸法真空，是爲涅槃道因緣。在[13]大衆中興愍哀心，說此二法，不爲名聞利養恭敬，是爲清淨佛道法施。如說：阿輸[14]伽王一日作八萬佛圖[15]，雖未見道，於佛法中少有信樂，日日請諸比丘入宮供養，日日次第留法師說法。有一三藏年少法師，聰明端正[16]，次應說法，在王邊坐，口[17]有異香；王甚疑怪，謂爲不端，欲以香氣動王宮人，語比丘言：口中何等？開口看之。即爲開口，了無所有；與水令漱，香氣如故。王問：大德！新有此香？舊有之耶？比丘答言：如此久有，非適今也。又[18]問：有此久如？比丘以偈答言[19]：

迦葉佛時，集此香法，如是久久，常若新出。

王言：大德！略說未解，爲我廣演[20]！答言：王當一心，善聽我說：我昔於[21]迦葉佛法中，作說法比丘，常在大衆之中，歡喜演說迦葉世尊無量功德、諸法實相、無量法門，慇懃讚歎[22]，教誨一切；自是以來，常有妙香從口中出，世世不絕，恒如今日。而說此偈：

草木諸華香，此香氣超絕，能悦一切心，世世常不滅。

1　乙本無品題。
2　“布”，乙本無。
3　“次”，乙本無。
4　“次”，乙本無。
5　“有人言略説”，乙本無。
6　“教人”，乙本作“施”。
7　“一”，乙本作“一者”。
8　“二”，乙本作“二者”。
9　“法”後，乙本有“教人”。
10　“提婆達”，乙本作“提婆達多”，異譯詞。
11　“説法……善思”九字，乙本無。
12　“略説法”，乙本作“佛説一切法”。
13　“在”前，乙本有“復次”。
14　“輸”後，乙本衍“輸”。
15　“圖”，乙本作“面”。
16　“正”，乙本作“政”，“政”通“正”。
17　“口”，乙本作“口中”。
18　“又”，乙本作“有”，“有”通“又”。
19　“比丘以偈答言”，乙本作“以偈答大王”。
20　“演”，乙本作“宣”。
21　“昔於”，乙本作“自住昔”。
22　“歎”，乙、宋、元、明、宮本作“講”。

于時國王愧喜交集,白比丘言:未曾有也! 説法功德,大果乃爾! 比丘言:此名爲華,未是果也。王言:其果云何? 願爲演説! 答言:果,略説有十[1],王諦聽之! 即爲説偈言[2]:

大名聞端政,得樂及恭敬,威光如日月,爲一切所愛,辯才有大智,能盡一切結,苦滅得涅槃,如是名爲十。

王言:大德! 讚佛功德[3],云何而得如是果報[4]? 爾時,比丘以偈答曰:

讚佛諸功德,令一切普聞,以此果報故[5],而得大名譽[6]。讚佛實功德,令一切歡喜,以此功德故,世世常端正[7]。爲人説罪福,令得安樂所[8],以此之功德,受樂常歡豫[9]。讚佛功德力,令一切心伏,以此功德故,常獲恭敬報[10]。顯現説法燈,照悟諸衆生,以此之功德,威光如日曜[11]。種種讚佛德,能悦於一切,以此功德故,常爲人所愛。巧言讚佛德,無量無窮已,以此功德故,辯才不可盡。讚佛諸妙法,一切無過者[12],以此功德故,大智慧清淨。讚佛功德時,令人煩惱薄,以此功德故,結盡諸垢滅[13]。二種結盡故,涅槃身已[14]證,譬如澍大雨,火盡[15]無餘熱。

重告王言:若有未悟,今是問時,當以智箭破汝疑軍。王白法師:我心悦[16]悟,無所疑也。大德福人,善能讚佛。如是等種種因緣,説法度人,名爲法施。問曰:財施[17]、法施,何者爲勝? 答言:如佛所言:二施之中,法施爲勝。所以者何? 財施果報,在欲界中;法施果報,或在三界,或出[18]三界。復次[19],口説清淨,深得理中,心亦得之,故出三界。復次,財施有量[20],法施無量。財施有盡,法施無盡;譬如以薪益火,其明轉多。復次,財施之報,淨少垢多;法施之報,垢少淨多。復次,若作大施,必待衆力;法施出心,不待他也。復次,財施能令四大諸根增長;法施能令無漏根、力、覺、道具足。復次,財施之法,有佛無佛,世間常有;如法施者,唯有佛世乃當有耳。是故當知法施甚難! 云何爲難? 乃至有相辟支佛[21]不能説法,直行乞食,飛騰變化而以[22]度人。復次,從法施中能出生財施,及諸聲聞、辟支佛、菩薩及佛。復次,法施能分別諸法:有漏、無漏法,色

---

1 "十",乙本作"十事"。
2 "言",乙、宋、元、明、宫本無。
3 "功德"後,乙本有"其事"。
4 "云何……果報"八字,乙本作"云何果報乃爾"。
5 "以此果報故",乙本作"以此大果報"。
6 "而得大名譽",乙本作"值此大名聞"。
7 "端正",乙本作"端政","政"通"正"。
8 "令得安樂所",乙本作"令得安隱處"。
9 "豫",乙本作"喜"。
10 "報",乙本作"福"。
11 "曜",乙本作"月"。
12 "者",乙本作"上"。
13 "結盡諸垢滅",乙本作"結盡滅諸惡"。
14 "已",乙本作"以","以"通"已"。
15 "盡",乙、宋、元、明、宫本作"滅"。
16 "悦",乙本作"忽"。
17 "財施"後,乙本有"爲"。
18 "出",乙本脱。
19 "復次",乙本無。
20 "有量"後,乙本有小注"財有限也"。
21 "辟支佛"前,乙本有"大"。
22 "以",乙本作"已","已"通"以"。

法、無色法，有爲[1]、無爲法，善、不善[2]、無記法，常法、無常法，有法、無法。一切諸法實相清淨，不可破不可壞。如是等法，略説則八萬四千法藏，廣説則無量。如是等種種，皆從法施分別了知。以是故，法施爲勝。是二施和合，名之爲檀行。是二施願求作佛，則能令人[3]得至佛道，何況其餘！問曰：四種捨，名爲檀。所謂財捨、法捨、無畏捨、煩惱捨[4]。此中何以不説二種捨？答曰：無畏捨[5]，與尸羅無別，故不説；有般若[6]故，不説煩惱捨[7]。若不説六波羅蜜，則應[8]具説四捨。

大智度論卷第十一[9]。

大智度論釋初品中檀波羅蜜法施之餘（卷第十二）[10]

……三[11]者，法施。云何物施？珍寶、衣、食、頭、目、髓、腦——如是[12]等一切內、外所有，盡以布施，是名物施。恭敬施者，信心清淨[13]，恭敬禮拜，將送迎逆，讚遠供養——如是等種種，名爲恭[14]敬施。法施者，爲道德故，語言論議，誦讀講説，除[15]疑問答，授人五戒——如是等種種，爲佛道故施，是名法施。是三種施滿，是名檀波羅蜜滿[16]。復次，三事因緣生[17]檀：一者，信心清淨；二者，財物；三者，福田。心有三種：若憐愍[18]，若恭敬，若憐愍恭敬。施貧窮下賤及諸畜生，是[19]爲憐愍施；施佛及[20]諸法身菩薩等，是爲恭敬施；若施[21]諸老病貧乏[22]阿羅漢、辟支佛，是爲恭敬憐愍施[23]。施物[24]清淨，非盜非劫，以時而施，不求名譽，不[25]求利養。或時從心大

1　“有爲”，乙本作“有爲法”。

2　“不善”，乙本作“不善法”。

3　“人”，乙本無。

4　“煩惱捨”，乙本作“及捨煩惱”。

5　“捨”，乙本作“施”。

6　“般若”，乙本作“般若波羅蜜”。

7　“煩惱捨”，乙本作“捨煩惱”。

8　“應”，乙本無。

9　乙本終，尾題作“卷第十一　品弟十四五千六百五十五字　讚檀品弟十五六千一百三十字”。

10　本卷對應《大智度論》寫本凡3號：俄Дx11539號（以下簡稱“甲本”）、俄Дx14199號（以下簡稱“乙本”）、BD01034號2（以下簡稱“丙本”）。

11　甲本始。

12　“施云……如是”十五字，甲本殘。

13　“物施……清淨”十字，甲本殘。

14　“等種種名爲恭”，甲本殘。

15　“誦讀講説除”，甲本殘。

16　“是名……蜜滿”七字，甲本作“是名滿足檀波羅蜜”。

17　“次三事因緣生”，甲本殘。

18　“若憐愍”，甲本殘。

19　“諸畜生是”，甲本殘。

20　“及”，甲本殘。

21　“敬施若施”，甲本殘。

22　“乏”，甲本作“窮”。

23　“憐愍施”，甲本殘。

24　“施物”，甲本作“復次所施物者”。

25　“以時……譽不”九字，甲本殘。

得福德[1]，或從福田大得功德，或從[2]妙物大得功德。第一從心，如四[3]等心、念佛[4]三昧、以身施虎[5]，如是名爲從心大得功德[6]。福田有二種：一者，憐愍福田；二者，恭[7]敬福田。憐愍福田，能生憐愍心[8]；恭敬福田，能生恭敬心。如[9]阿輸伽[10]（秦言[11]無憂）王以土上佛。復次，物施中，如一女人，酒[12]醉没心，誤以七[13]寶瓔珞布施迦葉佛塔，以福德故，生三十三天。如是種種，名[14]爲物施。問曰：檀名捨[15]財，何以言具足無所捨法？答曰：檀有[16]二種：一者，出世間；二者，不出世間。今説出世間檀無相，無相故無所捨，是故言[17]具足無所捨法。復次，財物不可得故，名爲無所捨。是[18]物未來、過去空，現在分别，無一定法，以是故言無所捨[19]。復次[20]，以行者捨財時，心念此施大有功德，倚[21]是而生[22]憍慢、愛結等[23]；以是故言無所捨[24]……今[25]未得實道，是人諸煩惱覆心，作生因緣業，死時從此五陰相續生五陰。譬如一燈，更然[26]一燈。又如穀生，有三因緣：地、水、種子。後世身生，亦如是。有身，有有漏業，有結使，三事故後身生。是中身、業因緣，不可斷、不可破；但諸結使可斷。結使斷時，雖有殘身、殘業，可得解脱。如有穀子、有地，無水故不生。如是雖有身、有業，無愛結水潤則不生。是名雖無神，亦名得解脱。無明故縛，智慧故解，則我無所用。復次，是名色和合，假名爲人。是人爲諸結所繫，得無漏智慧爪[27]，解此諸結，是時，名人得解脱。如繩結、繩解，繩即是結，結無異法，世界中説結繩、解繩。名色亦如是，名色二法和合，假名爲人。是結使與名色不異，但名爲名色[28]結，名色解。受罪福亦如是，雖無一法爲人實[29]，名色故受罪福果，而人得名。譬如車載物，一一推之，竟無車實，然車受載物之名。人受罪福亦如

---

1 乙本始。

2 "福田……或從"八字，甲本殘。

3 "或從……如四"二十二字，乙本殘。

4 乙本終。

5 "心念……施虎"九字，甲本殘。

6 "如是……功德"十字，甲本作"如是爲心、福田次之"。

7 "憐愍……者恭"七字，甲本殘。

8 "憐愍……憐愍心"九字，甲本作"憐憫福田從心而得，如四等心"。

9 "田能……心如"七字，甲本殘。

10 "阿輸伽"，甲本作"漢輸伽"，"漢"當爲"阿"之誤，"阿輸伽王"即阿育王。

11 "秦言"，甲本作"晉言"，明本作"此言"，石本作"秦云"。

12 "酒"，甲本無。

13 "醉没心誤以七"，甲本殘。

14 "天如是種種名"，甲本殘。

15 "檀名捨"，甲本殘。

16 "法答曰檀有"，甲本殘。

17 "言"，甲本作"説"。"不出……是故"二十字，甲本殘。

18 "故名……捨是"七字，甲本殘。

19 "法以……所捨"八字，甲本殘。

20 "復次"後，甲本有"無所捨法者"。

21 "此施……德倚"七字，甲本殘。

22 "生"，甲本無。

23 "等"，甲本作"等生"。

24 甲本終。

25 丙本（第1段）始。"今"，丙、石本作"人"。

26 "然"，丙本作"燃"，"然"爲"燃"之古字。

27 "名爲……智慧"十五字，丙本無。"爪"，丙、宫本作"抓"，"抓"通"爪"。

28 "名色"後，丙本衍"名色"。

29 "實"，丙、宋、元、明、宫、石本作"空"。

是,名色受罪福,而人受其名。受苦樂亦如是。如是種種因緣,神不可得。神[1]即是施者,受者亦如是。汝以神爲人,以是故,施人不可得,受人不可得亦如是。如是種種因緣,是名財物、施人、受人不可得。問曰:若施於諸法,是如實相,無所破、無所滅、無所生、無所作,何以故言三事破析不可得?答曰:如凡夫人見施者、見受者、見財物,是爲[2]顚倒妄見,生世間受樂,福盡轉還。是[3]故佛欲令菩薩行實道……

……曾[4]以七反[5]入大海中,具知海道。菩薩即命共行。答曰[6]:我年既老,兩目失明,曾雖數入,今不能去!菩薩語[7]言:我今此行,不自爲身,普爲一切求如意寶珠,欲給足衆生令身無乏;次以道法因緣而教化之。汝是智人,何得辭耶?我願得成,豈非汝力!陀舍聞其要言,欣然同懷,語菩薩言:我今共汝俱入大海,我必不全,汝當安我尸[8]骸,著大海之中金沙洲上。行事都集,斷第七繩,船去如馳[9],到衆寶渚。衆賈競取七寶,各各已足。語菩薩言:何以不取?菩薩報言:我所求者,如意寶珠,此有盡物,我不須也。汝等各當知足知量,無令船重,不自免[10]也!是時,衆賈白菩薩言:大德!爲我呪願,令得安隱!於是辭去。陀舍是時語菩薩言:別留艇舟,當隨是別道而去。待風七日,博海南岸,至一險處,當有絶[11]崖……

大智度論釋初品中尸羅波羅蜜義第二十一(卷第十三)[12]

……墮三[13]惡道中。若下持戒生人中[14],中持戒生六[15]欲天中,上持戒又[16]行四禪、四空定,生色、無色界清淨天中。上持戒有三種:下清淨持戒得阿羅漢,中清淨持戒得辟支佛,上清淨持戒得佛道。不著、不猗,不破、不缺,聖所讚愛,如是名爲上清淨持戒。若慈愍衆生故,爲度衆生故,亦知戒實相故,心不猗著;如此持戒,將來令人至佛道[17],如是名爲得無上佛道戒。若人求大善利,當堅持戒,如惜重寶,如護[18]身命。何以故?譬如大地,一切萬物有形之類,皆依地而住;戒亦如是,戒爲一切善法住處。復次,譬如無足欲行,無翅欲飛,無船欲渡[19],是不可得;若無戒欲得[20]好果,亦復如是。若人棄捨此戒,雖山居苦行,食果服藥,與禽獸無異。

1　"神",丙本作"我",誤。

2　"爲",丙本無。

3　丙本(第1段)終。

4　丙本(第2段)始。

5　"反",丙本作"返","反"爲"返"之古字。

6　"曰",丙、宋、元、明、宫本作"言"。

7　"語",丙、宋、元、明、宫、石本無。

8　"尸",丙本作"身"。

9　"馳",原作"駝",誤,兹據丙本改。

10　"免",丙、石本作"勉","勉"通"免"。

11　丙本(第2段)終。

12　本卷對應《大智度論》寫本凡10號:S.2161號(以下簡稱"甲本")、BD11818號(以下簡稱"乙一")、BD03614號(以下簡稱"乙二")、BD07385號(以下簡稱"乙三")、BD07315號(以下簡稱"乙四")、BD02251號(以下簡稱"乙五")、BD10440號(以下簡稱"丙一")、BD10898號(以下簡稱"丙二")、俄 Дx12037號R(以下簡稱"丁本")、俄 Дx01618號(以下簡稱"戊本")。

13　甲本始。

14　"若下持戒生人中",甲本作"□□□□生□中"。

15　"六",甲本殘。

16　"又",甲本作"及"。

17　"如此……佛道"十一字,甲本作"如此持得人至佛道"。

18　"護",甲本無。

19　"欲渡",甲本作"求度","度"通"渡",宋、宫、石本作"求渡"。

20　"得",甲本作"求得",宋、宫、石本作"求"。

或有人但服水爲戒，或服乳[1]，或服氣；或剃髮，或長髮，或[2]頂上留少許髮[3]；或著袈裟，或著白衣，或著草衣，或[4]木皮衣；或冬入水，或夏火炙；若自墜高巖，若於恒河中洗[5]；若日三浴，再[6]供養火——種種祠祀，種種呪願，受行苦行。以[7]無此戒，空無所得[8]。若有人雖處高堂大殿，好衣美食，而能行此戒者，得生好處及得道果。若貴若賤、若小若大，能行此淨戒[9]，皆得大利。若破此戒，無貴無賤、無大無小[10]，皆不得隨意生善處。復次，破戒之人，譬如清涼池[11]而有毒蛇，不中澡浴；亦如好華果樹，而多逆刺。若人雖在貴家生，身體端政，廣學多聞，而不樂持戒，無慈愍心，亦復如是。如偈説[12]：

貴而無智則爲衰，智而憍慢亦爲衰，持戒之人而毀戒，今世後世一切衰！

人雖貧賤而能持戒，勝於富貴而破戒者。華香、木香不能遠聞；持戒之香，周遍十方。持戒之人，具足安樂，名聲遠聞，天、人敬愛，現世常得種種快樂。若欲天上、人中、富貴、長壽，取之不[13]難；持戒清淨，所願皆得。復次，持戒之人，見破[14]戒人刑[15]獄考掠，種種苦惱，自知永離此事[16]，以爲欣慶。若持戒之人，見善人得譽，名聞快[17]樂，心自念言：如彼得譽，我亦有分。持戒之人[18]，壽終之時，刀風解身，筋脈斷絶，自知持戒清[19]淨，心不怖畏。如偈説[20]：

大惡病中，戒爲良藥；大恐怖[21]中，戒爲守護[22]；死闇冥中，戒爲明燈；於惡道中，戒爲橋樑[23]；死海水中，戒爲大船。

復次，持戒之人，常得今世人所敬養，心樂不[24]悔，衣食無乏，死得生天，後得佛道。持戒之人[25]，無事不得；破戒之人，一切皆失。譬如有人常[26]供養天，其人貧窮，一心供養，滿十二歲，求索[27]富貴。天愍此人，自現其

1　"乳"，甲本作"少許乳"。

2　"或"後，甲本衍"或"。

3　"髮"，甲本作"毛"。

4　"或"，甲本作"或著"。

5　"洗"，甲本作"澡洗"。

6　"再"，甲本作"二"。

7　"以"，甲本作"若"。

8　"空無所得"，甲本作"亦空無所得"。

9　"此淨戒"，甲本作"尸羅"，"尸羅"即"淨戒"。

10　"無大無小"，甲本作"無小無大"。

11　"池"，甲本作"池中"。

12　"偈説"，甲本作"説偈"。

13　"不"，甲本脱。

14　乙一始。

15　"刑"，甲本作"形"，"形"通"刑"。

16　"刑獄……此事"十四字，乙一殘。

17　"人見……聞快"九字，乙一殘。

18　"我亦……之人"八字，乙一殘。

19　"脈斷……戒清"八字，乙一殘。

20　"偈説"，甲本作"説偈"。

21　"恐怖"，甲、乙一作"怖畏"。

22　"大恐……守護"八字，乙一殘。

23　"於惡……橋樑"八字，乙一殘。

24　"今世……樂不"九字，乙一殘。

25　"後得……之人"八字，乙一殘。

26　"皆失……人常"七字，乙一殘。

27　"心供……求索"九字，乙一殘。

身而問之曰：汝求何[1]等？答言：我求富貴，欲令心之所願，一切皆得[2]！天與一器，名曰德瓶，而語[3]之言：所須之物，從[4]此瓶出。其人得已，應意所欲，無所不得。得如[5]意已，具作好舍、象馬、車乘、七寶具足，供給賓[6]客[7]，事事無乏。客[8]問之言：汝[9]先貧窮，今日所由得如此富？答言：我得天瓶，瓶能出此[10]種種衆物，故富如是。客言：出瓶見示，并所出物！即爲出瓶，瓶中引出種種衆物。其人憍泆[11]，立瓶上舞[12]，瓶即破壞，一切衆物亦一時滅。持戒之人，亦復如是[13]，種種妙樂，無願不得；若人破[14]戒，憍泆自恣，亦如彼人破瓶失物[15]。復次，持戒之人，名稱之香，今世、後世周滿天上及在人中。復次，持戒之人，人所樂施，不惜財物，不修世利而無所乏；得生天上、十方佛前，入三乘道而得解脫。唯[16]種種邪見持戒，後無所得。復次，若人雖不出家，但能修行戒法，亦得生天。若人[17]持戒清淨，行禪、智慧，欲求度脫老、病、死苦，此願必得。持戒之人，雖無兵仗[18]，衆惡不加；持戒之財，無能奪者；持戒親親，雖死不離；持戒莊嚴，勝於七寶。以是之故，當護於戒，如護身命，如愛寶物。破戒之人，受苦萬端，如向貧人破瓶失物，以是之故應持淨戒[19]。復次，持戒之人，觀破戒人罪，應自勉勵[20]，一心持戒。云何名爲破戒人罪？破戒之人，人所不敬，其家如塚[21]，人所不到。破戒之人，失諸功德，譬如枯樹，人不愛樂。破戒之人，如霜蓮花，人不喜[22]見。破戒之人，惡心可畏，譬如羅刹。破戒之人，人不歸向，譬如渴人，不向枯[23]井。破戒之人，心常疑悔，譬如犯事之人，常畏罪至。破戒之人，如田被雹[24]，不可依仰。破戒之人，譬如苦苽[25]，雖形似甘種而不可食。破戒之人，如賊聚落，不可依止。破戒之人，譬如大病[26]，人不欲近。破戒之人，不得免[27]苦，譬如惡道難可得過。破戒之人，不可[28]共止，譬如惡賊難可親近。破戒之人，譬如大坑，行者避之。破戒之人，難可共住，譬如毒蛇。破戒之人，不可近觸，譬如大火。破戒之人，譬如破船，

1　“身而……求何”八字，乙一殘。
2　“心之……皆得”八字，乙一殘。
3　“語”，甲本脫。
4　“語之……物從”八字，乙一殘。
5　“意所……得如”九字，乙一殘。
6　“乘七……給賓”八字，乙一殘。
7　乙二始。
8　“無乏客”，乙一殘。
9　乙一終。
10　“此”，甲本作“此寶”。
11　“憍泆”，甲本作“憍逸”。下同，不復出校。
12　“立瓶上舞”前，甲本有“不加謹慎”。
13　“亦復如是”，甲本無。
14　“破”，甲本作“毀”，乙二作“敗”。
15　“物”，乙二、宋、元、明、宮、石本作“利”。
16　“唯”，甲、乙二無。
17　“人”，乙二作“天”，誤。
18　“仗”，乙二作“杖”。
19　“以是……淨戒”八字，乙二、宋、元、明、宮、石本無。
20　“勉勵”，甲本作“勉厲”，乙二作“免厲”。下同，不復出校。
21　“塚”，甲本作“家”，誤。
22　“喜”，乙二作“憙”，“憙”爲“喜”之古字。
23　“枯”，乙二脫。
24　“雹”，甲本作“霜”。
25　“苽”，乙二作“瓜”，“苽”爲“瓜”之俗字。
26　“大病”，甲本作“大病人”。
27　“免”，甲本作“勉”，“勉”通“免”。
28　“可”，甲本無。

不可乘渡[1]。破戒之人,譬如吐食,不可更噉。破戒之人,在好衆中,譬如惡馬在善馬群[2]。破戒之人,與善人異,如驢在牛群。破戒之人,在精進衆,譬如儜兒在健人中。破戒之人,雖似比丘,譬如死屍在眠[3]人中。破戒之人,譬如僞珠在真珠中。破戒之人,譬如伊蘭在栴檀林[4]。破戒之人,雖形似善人,内無善法;雖復剃頭、染衣、次第捉籌,名爲比丘,實非比丘。破戒之人,若著法衣[5],則是熱銅[6]鐵鍱[7]以纏其身;若持鉢盂[8],則是盛洋銅[9]器;若所噉食,則是吞燒鐵丸,飲熱洋銅;若受人供養供給,則是地獄獄鬼[10]守之;若入精舍,則是入大地獄;若坐[11]衆僧床榻,是爲坐熱鐵床上[12]。復次,破戒之人,常懷怖慄,如重病人,常畏死至。亦如五逆罪人,心常自念:我爲佛賊,藏覆避隈[13];如賊畏人,歲月日過,常不安隱。破戒之人,雖得供養利樂,是[14]樂不淨;譬如愚人,供養莊嚴死屍,智者聞之,惡不欲見。如是種種無量破戒之罪,不可稱説,行者應當一心持戒。

大智度論釋初品中戒相義第二十二之一[15]

問曰:已知如是[16]種種功德果報,云何名爲戒相[17]?答曰:惡止不更作[18],若心生、若口言、若從他受,息身、口惡,是爲戒相[19]。云何名爲惡?若實是衆生,知是衆生,發心欲殺而奪其命,生身業有作色,是名殺生罪。其餘繋閉、鞭打等,是助殺法。復次,殺他得殺罪,非自殺身。心知衆生而殺,是名[20]殺罪,不如夜中見人謂爲杌樹而殺者[21]。故殺生得殺罪,非不故也。快心殺生得殺罪,非[22]狂癡。命根斷,是殺罪,非作瘡[23]。身業是殺罪,非但口[24]教勅。口教是殺罪,非但心生。如是等,名[25]殺罪;不作是罪,名爲戒。若人受戒,心生、口言:我從今日不復殺生! 若身不動,口不言,而獨心生自誓:我從今日不復殺生! 是名不殺生[26]戒。有人言:是不殺生[27]

1　"渡",甲、乙二作"度","渡"通"度"。

2　"群",甲、乙二、宋、元、明、宫、石本作"群中"。

3　"眠",甲本作"卧"。

4　"林",甲本作"中",乙二、宋、元、明、宫本作"林中"。

5　"衣",乙二作"服"。

6　丙一始。

7　"鍱",甲、宫本作"葉","葉"通"鍱"。

8　"盂",甲本作"杅"。

9　"銅",甲本作"洞",誤。

10　"鬼",甲、乙二、丙一、宋、元、明、宫、石本作"卒"。

11　"獄若坐",丙一無。

12　丙一終。

13　"隈",甲、乙二作"偎","偎"爲"隈"之借字。

14　"是",乙二作"不"。

15　甲、乙二無品題。

16　"已知如是",甲本作"以智如是等","智"通"知"。

17　"云何名爲戒相",甲、乙二、宋、宫、石本作"云何爲戒"。

18　"更作"後,甲本有"是名爲戒"。

19　"相",甲、乙二、宋、宫、石本無。

20　"是名",甲本作"是時名",乙二、宋、元、明、宫、石本作"是"。

21　"不如……殺者"十三字,甲本作"知夜中見人謂爲無樹而殺之","知"當爲"如"之誤。

22　"非",甲本脱。

23　"瘡",甲、乙二作"創","創"通"瘡"。下同,不復出校。

24　"口",甲本無。

25　"名",甲本作"名爲"。

26　"生",甲本無。

27　"生",甲本無。

戒,或善或無記。問曰:如阿毗曇中説一切戒律儀[1]皆[2]善,今何以言無記? 答曰:如《迦栴延子阿毗曇》中言一切善,如餘《阿毗曇[3]》中言不殺戒,或善、或無記。何以故? 若不殺戒常善[4]者,持此戒人[5],應如得道人,常不墮惡道。以是故,或時應無記;無記[6]無果[7]報故[8],不生天上、人中。問曰:不以戒無記故墮地獄,更有惡心生故墮地獄! 答曰:不殺生,得無量善法,作、無作,福常日夜生故;若作少罪,有限、有量。何[9]以故隨有量而不隨無量? 以是故,知不殺戒[10]中,或有無記[11]。復次,有人不從師受戒,而但心[12]生自[13]誓:我從今日不復殺生! 如是不殺,或時無記。問曰:是不殺戒何界繫? 答曰:如[14]《迦栴延子阿毗曇》中言:一切受戒律儀,皆欲界繫。餘《阿毗曇》中言:或欲界繫,或不繫。以實言之,應有三種:或欲界繫,或色界繫,或無漏[15]。殺生法雖欲界,不殺戒[16],應隨殺在欲界;但色界不殺、無漏不殺,遠遮故,是真不殺戒。復次,有人不受戒,而從生已[17]來,不好殺生,或善或無記,是名無記。不殺生法[18],非心,非心[19]數法,亦非心相應;或共心生,或不共心生。《迦栴延子阿毗曇》中言:不殺生是身、口業,或作色,或無作色,或時[20]隨心行,或不隨心行(丹注云:隨心行、定共戒、不隨心意、五戒[21]),非先世業報。二種修應修,二種證應證(丹注云:身證、慧證[22])。思惟斷,一切欲界最後得;見斷、時斷,凡夫、聖人所得。是色法,或可見、或不可見法[23],或有對法、或無對法,有報法,有果法,有漏法,有爲法,有上法(丹注云:非極故有上[24]),非相應因。如是等分別,是名不殺戒。問曰:八直道中戒[25],亦不殺生,何以獨言不殺生戒有報、有漏? 答曰:此中但説受戒律儀法[26],不説無漏戒[27]律儀。復次,

---

1　"律儀",甲本作"律義"。下同,不復出校。
2　"皆",甲本作"皆是"。
3　"餘阿毗曇",甲本作"婆蹉弗多羅阿毗曇"。
4　"善",甲本作"著",誤。
5　"持此戒人",甲本作"不殺戒者"。
6　丙二始。
7　"果",甲、乙二、丙二、宋、元、明、宫本無。
8　"故"後,甲本有"一切不殺戒者"。
9　"有量何",丙二殘。
10　"以是……殺戒"七字,丙二殘。
11　"記",甲本脫。
12　"有無……但心"十五字,丙二殘。
13　丙二終。
14　"如",甲、乙二無。
15　"無漏",甲、乙二、宋、元、明、宫、石本作"不繫"。
16　"戒",甲本作"或"。
17　"已",甲本作"以"。
18　"法",乙二、宋、宫、石本無。
19　"心",乙二作"心心"。
20　"時",甲、乙二、宋、元、明、宫、石本無。
21　"丹注……五戒"十五字,甲本作小注"隨心行、定共戒、不隨心行、五戒",乙二、宋、元、明、宫、石本無。
22　"丹注……慧證"七字,甲本作小注"身證、慧證",乙二、宋、元、明、宫、石本無。
23　"法",甲本脫。
24　"丹注……有上"八字,甲本作小注"非▨▨故有上",乙二、宋、元、明、宫、石本無。
25　"中戒",甲本作"戒中"。
26　"法",乙二、宋、元、明、宫、石本無。
27　"戒",甲、乙二、宋、元、明、宫、石本無。

餘《阿毘曇[1]》中言：不殺法常不逐心行，非身口業[2]；不隨心業行，或有報，或無報；非心相應法[3]，或[4]有漏，或[5]無漏。是爲[6]異法，餘者皆同。復有言：諸佛賢聖不戲論諸法（丹注云：種種異説名爲戲也[7]），現前衆生各各惜命，是故佛言莫奪他命；奪他命，世世受諸苦痛。衆生有、無，後當説。問曰：人能以力勝人，并國、殺怨，或田[8]獵皮肉，所濟處大；令不殺生，得何等利？答曰：得無所畏，安樂無怖。我以無害於彼故，彼亦無害於我，以是故，無怖、無畏。好殺之人，雖復位極人王，亦不自安；如持戒之人，單行獨遊，無所畏難。復次，好[9]殺之人，有命之屬皆不喜[10]見；若不好殺，一切衆生皆樂依附。復次，持戒之人，命欲終時，其心安樂，無疑、無悔；若生天上、若在人中，常得長壽；是爲得道因緣，乃至得佛，住[11]壽無量。復次，殺生之人，今世、後世受種種身、心苦痛；不殺之人，無此衆難，是爲大利。復次，行者思惟[12]：我自惜命、愛身，彼亦如是，與我何異？以是之故，不應殺生。復次，若人[13]殺生者，爲善人所訶、怨家所嫉[14]；負他命故，常有怖畏，爲彼所憎[15]；死時心悔，當墮地獄，若畜生中；若出爲人，常當短命。復次，假令後世無罪，不爲善人所訶，怨家所嫉[16]，尚[17]不應故奪他命[18]。何以故？善相之人所不應行，何況兩世有罪，弊惡果報！復次，殺爲罪中之重。何以故？人有死急，不惜重寶，但以[19]活命爲先。譬如賈客入海採寶，垂出大[20]海，其船卒壞，珍寶失盡，而自喜慶，舉手而言：幾失大寶！衆人怪言：汝失財物，裸形得脱，云何喜言幾失大寶？答言：一切寶中[21]，人命第一；人[22]爲命故求財，不爲財故求命。以是故，佛説十不善道中，殺罪[23]最在初；五戒中亦最在初。若人種種修諸福德，而無不殺生戒，則無所益。何以故？雖在富貴處生，勢力豪强而無壽命，誰受此樂？以是故，知諸餘罪中，殺罪最重；諸功德中，不殺第一。世間中惜命爲第一。何以知之？一切世人，甘受刑[24]罰刑[25]殘考掠以護壽命。復次，若有人受戒，

1　"餘阿毘曇"，甲本作"婆蹉弗多羅阿毗曇"。

2　"非身口業"後，甲本有"相"。

3　"非心相應法"，乙二、宋、元、明、宮、石本無。

4　"或"，甲本作"或時"。

5　"或"，甲本作"或時"。

6　"爲"，甲本作"名"。

7　"丹注……戲也"十一字，甲本作小注"種種異説名爲戲論"，乙二、宋、元、明、宮、石本無。

8　"田"，甲本作"由"，誤。

9　"好"，甲本脱。

10　"喜"，乙二作"憙"，"憙"爲"喜"之古字。

11　"住"，甲本作"注"，"注"爲"住"之借字。

12　"惟"，甲本作"雖"，誤。

13　"人"，甲、乙二、宋、元、明、宮、石本無。

14　"嫉"，甲本作"疾"。

15　"憎"，甲本作"增"，"增"通"憎"。

16　"嫉"，甲本作"疾"。

17　"尚"，甲本作"常"，"常"通"尚"。

18　"尚不應故奪他命"，甲本作"常不應奪他命也"。

19　"以"，甲本無。

20　"大"，甲本無。

21　"中"，甲本無。

22　"人"，甲本無。

23　"罪"，甲、乙二、宋、元、明、宮、石本無。

24　"刑"，甲本作"形"，"形"通"刑"。

25　"刑"，甲本作"則"，乙本作"刖"，誤，石本作"形"，"形"通"刑"。

心生[1]:從今日不殺一切衆生。是[2]於無量衆生中,已[3]以所愛重物施與[4],所得功德亦復無量。如佛説:有五大施,何等五?一者,不殺生,是爲最大施;不盜、不邪[5]婬、不妄語、不飲酒,亦復如是。復次,行慈三昧,其福無量,水、火不害,刀、兵不傷,一切惡毒所不能中;以五大施故,所得如是。復次,三世十方中尊,佛爲第一。如佛語難提迦優婆塞:殺生有十罪,何等爲[6]十?一者,心常懷毒,世世不絶;二者,衆生憎[7]惡,眼不喜見;三者,常懷惡念,思惟惡事;四者,衆生畏之,如見蛇虎;五者,睡時心怖,覺亦不安;六者,常有惡夢;七者,命終之時,狂怖惡死;八者,種短命業因緣;九者,身壞命終,墮泥梨[8]中;十者,若出爲人,常當短命。復次,行者心念:一切有命,乃至昆虫,皆自惜[9]身;云何以衣[10]服、飲食自爲身故而殺衆生?復次,行者當學大人法,一切大人中,佛爲最大。何以故?一切智慧成就[11],十力具足[12],能度衆生[13],常行慈愍,持不殺戒,自致得佛,亦教弟子行此慈愍。行者欲學大人行故,亦當不殺。問曰:不侵我者,殺心可息;若爲[14]侵害、强奪、逼迫,是當云何?答曰:應當量其輕重。若人殺己,先自思惟:全戒利重?全身爲[15]重?破戒爲失?喪身爲失?如是思惟已,知持戒爲重,全身爲輕。若苟免[16]全身,身何所得?是身名爲老、病、死藪,必當壞敗!若爲持戒失身,其利甚重。又復思惟:我前後失身,世世無數,或作惡賊、禽獸之身,但爲財利諸不善事;今乃得爲持淨戒故,不惜此身,捨[17]命持戒,勝於[18]毀禁全身百千萬倍[19],不可[20]爲喻。如是定心,應當捨身以護淨戒。如一須陀洹人,生屠殺家;年向成人,應當修其家業而不肯殺生。父母與刀并一口羊,閉著屋中而語之言[21]:若不殺羊,不[22]令汝出、得見日月、生活飲食!兒自思惟言:我若殺此一羊,便當終爲此業,豈以身故爲此大罪?便以刀自殺。父母開户,見羊在一面立,兒已命絶[23]。當自殺時,即生天上。若如此者,是爲不惜壽命,全護淨戒。如是等義,是名不殺生[24]戒。不與取者,知他物,生盜心,取物去離本處,物屬我,是名盜。若不作[25],是名不盜。其

1　“生”,甲本作“生念”,宋、元、明本作“生口言”。

2　“是”,甲本作“有”。

3　“已”,甲、乙二、宋、元、明、宫本無。

4　“施與”後,甲本有“無量衆生”。

5　“邪”,甲本無。

6　“爲”,甲本無。

7　“憎”,乙二作“增”,“增”通“憎”。

8　“泥梨”,乙二、宋、元、明、宫本作“泥犁”,異譯詞。

9　“自惜”,甲本作“惜自”。

10　“衣”,甲本作“依”,“依”通“衣”。

11　“成就”後,甲本有“故”。

12　“具足”後,甲本有“故”。

13　“衆生”後,甲本有“故”。

14　“爲”,甲本作“有”。

15　“爲”,甲本作“利”。

16　“苟免”,甲本作“勉”,“勉”通“免”,乙二作“免苟”,誤倒。

17　“捨”,甲本作“放”。

18　“於”,甲本無。

19　“倍”,甲本作“位”,誤,宫本作“億”,疑誤。

20　“可”,乙二、宋、宫、石本作“以”。

21　“言”,甲本無。

22　“不”,甲本脱。

23　“兒已命絶”,甲本作“兒以命終”,“以”通“已”,乙二作“兒已命終”。

24　“生”,甲本無。

25　“若不作”,甲本作“若不作盜”。

餘方便計挍[1]，乃至手捉[2]未離地者[3]，名[4]助盜法。財物有二種：有屬他，有不屬他。取屬他物，是爲[5]盜罪。屬他物亦有二種：一者，聚落[6]中；二者，空地。此二處物，盜心[7]取，得盜罪。若物在空地，當撿挍知[8]是物近誰國？是物應當有[9]屬，不應取。如毘尼[10]中説種種不盜[11]，是名不盜相[12]。問曰：不盜有何等利[13]？答[14]曰：人命有二種：一者，内；二者，外。若奪[15]財物，是爲奪外命。何以故？命依飲食、衣被等[16]故[17]活，若劫若奪，是名奪外命。如偈説[18]：

一切諸衆生，衣[19]食以自活；若奪若劫取[20]，是名劫奪命。

以是事故[21]，有智之人不應劫奪。復次[22]，當自思惟：劫奪得物，以自供養，雖身充足，會亦當死；死入地獄，家室[23]親屬，雖共受樂，獨自受罪，亦不能救。已得此觀，應當不盜。復次，是不與取有二種：一者，偷；二者，劫。此二共名不與取。於不與取中，盜爲最重。何以故？一切人以財自活，而或穿踰[24]盜取，是最不淨。何以故？無力勝人，畏死盜取故。劫奪[25]之中，盜爲罪重[26]，如偈説[27]：

飢餓身羸瘦，受罪大苦劇[28]；他物不可觸，譬如大火聚。若盜取他物，其主泣懊惱，假使[29]天王等，猶亦以爲苦。

殺生人罪雖重，然於[30]所殺者是賊，偷盜人於一切有物人中賊[31]。若犯餘戒，於異國中有不以爲罪者；若[32]

---

1 “計挍”，甲本作“挍計”，宋、元、明、宫、石本作“校計”。

2 “捉”，乙二作“足”，誤。

3 “者”，甲本作“是”，乙二、宋、元、明、宫、石本作“者是”。

4 “名”，甲本作“名位”，“位”爲“爲”之借字。

5 “爲”，甲、乙二、宋、元、明、宫、石本無。

6 “聚落”，甲本作“聚洛”，“聚洛”同“聚落”。下同，不復出校。

7 “心”，乙二作“必”，誤。

8 “知”，乙二作“如”，誤。

9 “有”，甲、宋、宫本無。

10 “毘尼”，乙二作“毘泥”，異譯詞。

11 “不盜”，甲本作“盜相”。

12 “是名不盜相”，甲本無。

13 “等利”，甲本作“利益”。

14 “答”，甲本無。

15 “奪”，甲本作“奪他”。

16 “等”，乙二、宫、石本無。

17 “故”，甲本無。

18 “偈説”，甲、石本作“説偈”。

19 “衣”，甲本作“依”，“依”通“衣”。

20 “取”，甲本作“奪”。

21 “以是事故”，甲本作“是故”。

22 “復次”，甲本無。

23 “家室”，甲本作“室家”。

24 “踰”，甲本作“偷”。

25 “奪”，甲、乙二作“盜”。

26 “盜爲罪重”，甲本作“盜罪最重”，元、明本作“盜爲重罪”，宫本作“盜爲罪”。

27 “如偈説”，甲本作“如説偈”。

28 “劇”，乙二、宋、元、明、宫本作“處”。

29 “使”，甲本作“令”。

30 “於”，乙二無。

31 “賊”，甲本作“財”，誤。

32 “若”，乙二、宋、元、明、宫本無。

偷盜[1]人，一切諸國無[2]不治罪。問曰：劫奪之人，今世有人讚美其健，於此劫奪，何以不作[3]？答曰：不與而[4]盜，是不善相；劫盜[5]之中，雖有差降，俱爲不善。譬如美食雜毒，惡食雜毒，美惡雖殊[6]，雜毒不異。亦如明闇蹈火，晝夜雖異，燒足一也。今世愚人，不識罪、福二世果報，無[7]仁慈心，見人能以力相侵，強奪他財，讚以爲強[8]。諸佛賢聖，慈愍一切，了達三世殃禍[9]不朽，所不稱譽。以是故[10]，知劫盜[11]之罪，俱爲不善，善人行者之所不爲。如佛説：不與取有十罪，何等爲[12]十？一者，物主常瞋[13]；二者，重[14]疑（丹注云：重罪人疑[15]）；三者[16]，非行時[17]，不籌量；四者，朋黨惡人，遠離賢善；五者，破善相；六者，得罪於官；七者，財物没入；八者，種貧窮業因緣；九者，死入地獄；十者，若出爲人，勤苦求財，五家所共——若王、若賊[18]、若火、若水、若[19]不愛子用，乃至藏埋[20]亦失。邪婬者，若[21]女[22]人爲父母、兄弟、姊妹、夫主、兒子、世間法、王法守護，若犯者是名邪婬。若有雖不守護，以法爲守[23]；云何法守？一切出家女人，在家受一日戒，是名法守。若以力[24]，若以財，若誑誘[25]；若自有妻受戒、有娠[26]、乳兒、非道[27]，如是犯者，名爲邪婬。如是種種[28]乃至以[29]華鬘與婬女[30]爲要，如是犯者，名爲邪婬。如是種種不作，名爲不邪婬[31]。問曰：人守人瞋，法守破法[32]，應名邪婬；人自有妻，何以爲邪？答曰：既聽受一日戒，

1　“盜”，甲本脱。

2　“無”，甲本作“莫”。

3　“不作”，乙二、宋、元、明、宫、石本作“放捨”。

4　“而”，乙二、宋、元、明、宫本作“而偷”，石本無。

5　“盜”，乙二作“奪”。

6　“殊”，甲本作“姝”，“姝”爲“殊”之借字。

7　“無”，甲本作“無有”。

8　“強”，甲、宫、石本作“健”。

9　“禍”，甲、乙二、石本作“福”。

10　“故”，甲本作“之故”。

11　“盜”，甲本作“奪”。

12　“爲”，甲本無。

13　“常瞋”，甲本作“雠恨”。

14　“重”，乙二作“人”。

15　甲、乙二、宋、石本無此小注，元、明本作“重罪人疑”。

16　“者”，甲本無。

17　“非行時”，甲、乙二、宋、元、明、宫、石本“非時行”。

18　“賊”，甲本作“財”，誤。

19　“若”，甲本脱。

20　“埋”，甲本作“理”，誤。

21　“若”，乙二、宫本無。

22　“女”，乙二作“女人”。

23　“守”，甲本作“守護”。

24　“力”，乙二作“刀”，誤。

25　“誑誘”，乙二、宋、元、明、宫本作“誘誑”。

26　“有娠”，甲本作“身”，乙二、宋、元、明、宫、石本作“有身”，“身”有“娠”義。

27　“非道”後，乙二有“乃至以華鬘與婬女爲要”。

28　“如是……種種”十二字，乙二、宋、元、明、宫、石本無。

29　“以”，甲本作“與”，“與”爲“以”之借字。

30　“婬女”，甲本作“人”。

31　“如是……邪婬”十九字，甲本作“而於犯者是事不作，名曰不邪婬”。

32　“法”，甲本脱。

墮[1]於法中；本雖是婦，今不自在；過受戒時，則非法守。有娠[2]婦人，以其身重，厭本所習，又爲傷娠[3]。乳兒時婬其[4]母，乳則竭；又以心著婬欲，不復護兒。非道之處，則非女根[5]，女心不樂，强以非理，故名邪婬。是事不作，名爲不邪婬。問曰：若夫[6]主不知、不見、不惱，他有何罪？答曰：以其邪故；既名爲邪，是爲不正，是故有罪。復次，此有種種罪過[7]，夫妻之情，異身同體，奪他所愛，破其[8]本心，是名爲賊。復[9]有重罪，惡名醜聲，爲人所憎；少樂多畏，或畏刑[10]戮，又[11]畏夫主傍[12]人所知；多懷妄語，聖人所呵，罪中之罪（丹注云：婬罪、邪婬破戒故，名罪中之罪[13]）。復次，婬泆[14]之人，當自思惟：我婦他妻，同爲女人，骨肉情態，彼此無異，而我何爲橫生惑[15]心，隨逐邪意？邪婬之人，破失今世、後世之樂（好名善譽、身心安樂，今世得也；生天、得道、涅槃之利，後世得也[16]）。復次，迴己易處，以自制[17]心：若彼侵我妻，我則忿恚[18]；我若侵[19]彼，彼亦何[20]異？恕[21]己自制，故應[22]不作[23]。復次，如佛所説：邪婬之人，後墮劍樹地獄，衆苦備受；得出爲人，家道不穆，常值婬婦、邪僻殘賊。邪婬爲患，譬如蝮蛇，亦如大火，不急避之，禍害將及！如佛[24]所説邪婬有十罪：一者，常爲所婬夫主欲危害之；二者，夫婦不穆，常共鬬諍；三者，諸不善法日日增長，於諸善法日日損減；四者，不守護身，妻子孤寡；五者，

1　"墮"，甲本作"隨"，"隨"通"墮"。

2　"娠"，甲、乙二、宋、元、明、宫、石本作"身"，"身"有"娠"義。下同，不復出校。

3　"娠"，乙二、宋、元、明、宫、石本作"身"。

4　"其"，甲本無。

5　"根"，乙二作"相"，誤。

6　"夫"，甲本作"無"，誤。

7　"罪過"，甲本作"過罪"。

8　"其"，甲本作"他"。

9　"復"，甲本作"復次"。

10　"刑"，甲本作"形"，"形"通"刑"。

11　"又"，甲本作"或"。

12　"傍"，甲本作"仿"，"仿"爲"傍"之借字。

13　"丹注云……之罪"十五字，甲本作小注"罪，婬罪也，邪婬破戒故，名罪中之罪也"，乙二、宋、元、明、宫、石本無。

14　"泆"，乙二、宋、元、明、宫本作"泆"。

15　"惑"，甲、乙二作"或"，"或"爲"惑"之古字。

16　"好名……得也"二十四字，甲本作小注。

17　"制"，甲本作"害"。

18　"忿恚"，甲、乙二作"愁毒"。

19　"我若侵"，乙二無。

20　"何"，甲本作"無"。

21　"恕"，乙二作"如"，誤。

22　"應"，甲、乙二作"言"。

23　"不作"後，甲本有小注"罨婆沙中羅摩持來即其章也"，小注後有正文"天祠"及小注二段，第一段作："帝釋以此劫初時，來至仙人瞿曇住處。仙人有妻，是大梵天王所化，名曰賓女。帝釋或之。仙人遂之，禠得其丸。帝釋大怖，復形而謝。仙人以其天帝之尊，不忍加害，但咒其一身有千處女根，使千弟子婬之。帝釋苦惱逃遁而去，仙人遂及，以丸擲之，還得男根。一身有（按：上三字當係衍文）。到大遍天所求除不淨，天言：彼仙人者是諸天人師，彼之所爲，不敢却也。到大遍天後（按：此段未抄完，下紙又換行重新抄寫）。"第二段作："帝釋以此劫初時，來至仙人瞿曇住處。仙人有妻，是大梵天王所化，名曰賓女，帝釋或之。仙人出行，取香薪燃火，就其家中而妻。仙人行還，帝釋便變爲特羊而去，仙人遂之，禠得其丸。帝釋大怖，復形而謝。仙人以其天帝之尊，不忍迦（加）害，但咒其一身有千處女根，使千弟子婬之。帝釋苦惱逃遁而去，仙人遂及，以丸擲之，還得男根。到大遍天所求除不淨，天言：彼仙人者是諸天人師，彼之所爲，不敢却也。到大遍天後所求自清淨，後令入一浴池，千處女根，皆變成眼。是以天帝名千眼狗翼梵志，祠中至今猶號帝釋爲羊卵。（按：此段與上段筆跡不同，當出於不同抄手）"

24　"如佛"前，甲本有"復次"。

財産日耗;六者,有諸惡事,常爲人所[1]疑;七者,親屬、知識所不愛憙[2];八者,種怨家業因緣;九者[3],身壞命[4]終,死入地獄;十者,若出爲女人,多人共夫,若爲男子,婦不貞[5]潔。如是等種種因緣不作,是名不邪婬。妄語[6]者,不淨心,欲誑他,覆隱[7]實,出異語,生口業,是名妄語。妄語之罪,從言聲相解生;若不相解,雖不實語[8],無妄語罪。是妄語,知言不知,不知言知;見言不見,不見言見;聞言不[9]聞,不聞言聞——是名妄語。若不作,是名[10]不妄語。問曰:妄語有何等罪?答曰:妄語之人,先自誑身,然後誑人;以實爲虛,以虛爲實,虛實顛倒,不受善法。譬如覆瓶,水不得入。妄語之人,心無慚愧,閉塞天道、涅槃之門。觀知此罪,是故不作。復次,觀知實語,其利甚廣,實語之利,自從己出,甚爲易得,是爲一切出家人[11]力[12]。如是功德,居家、出家人,共有此利,善人之相。復次,實語之人,其心端直;其心端直,易得免[13]苦。譬如稠林曳木,直者[14]易出。問曰:若妄語有如是罪,人何以故妄語?答曰:有人愚癡少智,遭事苦厄,妄語求脱;不知事發今世得罪,不知後世有大罪報。復[15]有人雖知妄語罪,慳貪、瞋恚、愚癡多故,而作妄語。復有人雖不貪恚[16],而妄證人罪,心謂實爾,死墮地獄。如提婆達多弟子俱伽離,常求舍利弗、目揵連[17]過失。是時,二人夏[18]安居竟,遊行諸國,值天大雨,到陶作家,宿盛陶器舍。此舍中先有一女人在闇中宿,二人不知。此女人其夜夢失不淨,晨朝趣水澡洗[19]。是時,俱伽離偶行見之。俱伽離能相,知人交會情狀,而不知夢與不夢。是時,俱伽離顧[20]語弟子:此女人昨夜與[21]人情通。即問女人:汝在何處臥[22]?答言:我在陶師[23]屋中寄宿。又問:共誰?答言:二比丘。是時,二人從屋中[24]出,俱伽離見已,又以相驗之,意謂二人必爲不淨。先懷嫉妬,既見此事,遍諸城邑聚落告之;次到祇洹[25]唱此惡聲。於是中間,梵天王來欲見佛。佛入[26]靜室,寂然三昧;諸比丘衆,亦各閉房三昧,皆不可覺。即自思惟:我故來見佛,佛入三昧,且欲還去。即復念言:佛從定起,亦將不久,於是小住。到俱

---

1 "所",甲本無。
2 "憙",甲本作"喜","憙"爲"喜"之古字。
3 "不愛憙……九者"十三字,乙二殘。
4 乙二終。
5 "貞",甲本作"真","真"爲"貞"之借字。
6 "妄語"後,甲本衍"妄語"。
7 "覆隱",甲本無。
8 "語",甲本無。
9 乙三始。
10 "若不作是名",乙三殘。
11 "人",甲本作"之",石本作"人爲"。
12 "力",乙三、宮本作"爲"。
13 "免",甲本作"勉","勉"通"免"。
14 "稠林曳木直者",乙三漫漶不清。
15 "復",甲、乙三作"復次"。
16 "恚",甲本作"瞋恚"。
17 "目揵連",甲本作"目連",異譯詞。
18 "夏",甲本作"憂",誤。
19 "洗",甲、乙三、宋、元、明、宮本作"浴"。
20 "顧",甲本作"故","故"爲"顧"之借字。
21 "與",甲本作"作"。
22 "臥",甲本作"宿"。
23 "師",甲本作"家"。
24 "中",甲本無。
25 "祇洹",甲、乙三、宋、元、宮、石本作"祇桓",異譯詞。
26 乙三終。

伽離房前，扣其户而言：俱伽離！俱伽離！舍利弗、目揵連[1]心淨柔軟[2]，汝莫謗[3]之而長夜受苦！俱伽離問言：汝是何人？答言：我是梵天王[4]。問言：佛説汝得阿那含道，汝何以故[5]來？梵王心念而説偈言：

　　無量法欲量，不應以相取；無量法欲量，是野人覆没！

　　説此偈已，到佛所，具説其事。佛言：善哉！善哉！快説此偈！爾時，世尊復説此[6]偈：

　　無量法欲量，不應以相取；無量法欲量，是野人覆没！

　　梵天王聽佛説已，忽然不現，即還天上。爾時，俱迦離到佛所，頭面禮佛足，却住一面。佛告俱[7]伽離：舍利弗、目揵連[8]心淨柔軟[9]，汝莫謗之而長夜受苦！俱伽離白佛言：我於佛語不敢不信，但自目見了了，定知二人[10]實行不淨。佛如是三呵，俱伽離亦三不受，即從坐起而去。還其房中，舉身生瘡——始如芥子，漸大如豆、如棗、如榛，轉大如苽[11]，翕然爛壞，如大火燒，叫唤嘷哭，其夜即死[12]，入大蓮華地獄。有一梵天夜來白佛：俱伽離已死。復有一梵天言：墮大蓮華地獄。其夜過已，佛命僧集[13]而告之言：汝等欲知俱伽離所墮地獄[14]壽命長短不？諸比丘言：願樂欲聞！佛言：有六十斛胡麻，有人過百歲取一胡麻[15]，如是至盡，阿浮陀地獄中壽故未盡。二十阿浮陀地獄中壽，爲一尼羅浮陀地獄中壽；如[16]二十尼羅浮陀地獄中壽，爲一阿羅邏[17]地獄中壽；二十阿羅邏地獄中壽，爲一[18]阿婆婆[19]地獄中壽；二十阿婆婆地獄中壽，爲一休休地獄中壽；二十休休地獄中壽，爲一漚波羅[20]地獄中壽；二十漚波羅地獄中壽[21]，爲一分陀梨迦地獄中壽[22]；二十分陀梨迦地獄中壽，爲一摩呵[23]波頭摩地獄中壽。俱伽離墮是摩呵波頭摩地獄中，出其大舌，以[24]百釘釘之，五百具犁耕之。爾時，世尊説此偈言：

　　夫士之生，斧在口中；所以斬身，由其惡言。應呵而讚，應讚而呵；口集諸[25]惡，終不見樂！心、口業生惡，

1　"目揵連"，甲本和"目健連"。

2　"心淨柔軟"，甲本作"真清淨人"。

3　"謗"，甲本作"訪"，誤。

4　"我是梵天王"，甲本作"我梵王"。

5　"故"，甲本無。

6　"此"，甲本作"是"。

7　"俱"，甲本脱。

8　"目揵連"，甲本作"目連"，異譯詞。

9　"心淨柔軟"，甲本作"真清淨人"。

10　"二人"後，甲本有"實定二人"。

11　"苽"，甲本作"瓜"，"苽"爲"瓜"之俗字。

12　"死"，甲本無。

13　"僧集"，甲本作"集僧"。

14　"獄"，甲本脱。

15　"胡麻"後，甲本有"而去"。

16　"二十……壽如"二十字，甲本無。

17　"阿羅邏"，甲、宋、元、明、宫、石本作"呵羅邏"，異譯詞。下同，不復出校。

18　"一"，甲本脱。

19　"阿婆婆"，甲、宋、元、明、宫、石本作"呵婆婆"，異譯詞。下同，不復出校。

20　"漚波羅"，甲本作"於波羅"。

21　"二十……中壽"九字，甲本無。

22　"中壽"後，甲本有"中壽二十於婆羅地獄中壽，爲一分陀梨迦地獄中壽"。

23　"摩呵"，甲本作"摩訶"，異譯詞。下同，不復出校。

24　"以"，甲本作"有"。

25　"諸"，甲本作"衆"。

墮尼羅浮獄;具滿百千世,受諸毒苦痛。若生阿浮陀,具滿三十六;別更[1]有五世,皆受諸苦毒。心[2]依邪見,破賢聖語;如竹生實,自毀其形[3]。

如是等心生疑謗,遂至決定,亦是妄語[4]。妄語人,乃至佛語而不信受,受罪如是!以是故[5],不應妄語。復次,如佛子羅睺羅[6],其年幼稚,未知慎口。人來問之:世尊在不?詭言:不在。若不在時,人問羅睺羅:世尊在不?詭言:佛在。有人語佛;佛語羅睺羅:澡槃[7]取水,與吾洗足!洗足已,語羅睺羅:覆此澡槃!如勅即覆。佛言:以水注之!注已,問言:水入中不?答言:不入!佛告羅睺羅:無慚愧人,妄語覆心,道法不入,亦復如是!如佛説:妄語有十罪,何等爲[8]十?一者,口氣臭;二者,善神遠之[9],非人得便;三者,雖有實語,人不信受;四者,智[10]人語[11]議[12],常不參豫;五者,常[13]被誹謗,醜惡之聲,周聞天下;六者,人所不敬,雖有教[14]勅,人不承用;七者,常多憂愁;八者,種誹謗業因緣;九者,身壞[15]命終,當墮地獄;十者,若出爲人,常被誹謗。如是種種不作,是爲不妄語,名口[16]善律儀。不飲酒者,酒[17]有三種:一者,穀酒;二者,果酒;三者,藥草酒。果酒者[18],蒱桃[19]、阿梨咤樹果,如是等種種,名爲果酒。藥草酒者,種種藥草,合和[20]米麴[21]、甘蔗[22]汁中,能變成酒;同蹄畜乳酒,一切乳熱者,可中作酒。略[23]説若乾、若濕、若清、若濁,如是等能令人心動放逸,是名爲酒。一切不應飲,是名不飲酒。問曰:酒能破冷益身,令心歡喜,何以不飲[24]?答曰:益[25]身甚少,所[26]損甚多,是故不應飲。譬如美飲,其中雜毒,是何等毒?如佛語難提迦優婆塞[27]:酒有三十五失。何等三十五?一者,現世財物虛[28]竭。何以故?人飲酒醉,心無節限,用費無度故。二者,衆病之門。三者,鬭諍之本。四者,裸露無恥。五者,醜名惡聲,人所不敬。六者,覆没智慧。七者,應所得物而不得,已所得物而散失。八者,

---

1　"更",甲本作"便",誤。

2　乙四始。

3　"如竹……其形"八字,乙四殘。

4　"亦是妄語",甲本作"亦如妄語等"。

5　"以是故",甲本作"故以是"。

6　"羅睺羅",甲本作"羅云",異譯詞。下同,不復出校。

7　"澡槃",乙四、宋、元、明、宮本作"澡盤"。下同,不復出校。

8　"爲",甲本無。

9　"之",甲本無。

10　"智",甲本作"知","知"爲"智"之古字。

11　"語",甲、乙四、宋、元、明、宮、石本作"謀"。

12　"議"後,甲本有"事"。

13　"常",甲本脱。

14　"雖有教",甲本無。

15　"壞",甲本作"死"。

16　"口",甲本無。

17　"酒",甲本無。

18　"者",甲本作"多種"。

19　"蒱桃",乙四、石本作"蒲陶",宋、元、明、宮本作"蒲萄",異譯詞。

20　"合和",甲本作"和合"。

21　"麴",甲本作"麵",乙四、宋、元、明、宮本作"䴺"。

22　"甘蔗",甲本作"羊遮"。

23　"略",甲本作"酪",誤。

24　"不飲",甲本漫漶不清。

25　"益",甲本漫漶不清。

26　"所",甲本無。

27　"優婆塞",甲、乙四作"憂婆塞",異譯詞。下同,不復出校。

28　"虛",甲本作"空"。

伏匿之事,盡[1]向人説。九者,種種事業,廢不成辦。十者,醉爲愁本。何以故？醉中多失,醒[2]已慚[3]愧、憂愁。十一者,身力轉少。十二者,身色壞。十三者,不知敬父。十四者,不知敬母。十五者,不[4]敬沙門。十六者,不[5]敬婆羅門。十七者,不敬伯、叔及尊長。何以故？醉悶悗[6]惚[7]無所別故。十八者,不尊敬佛[8]。十九者,不敬法。二十者,不敬僧。二十[9]一者,朋黨[10]惡人。二十二者,疎遠賢善。二十三者,作破戒人。二十四者,無慚、無愧。二十五者,不守六情。二十六者,縱色放逸。二十七者,人所憎惡,不喜[11]見之。二十八者,貴重親屬及諸知[12]識所共擯[13]棄。二十九者,行不善法。三十者,棄捨善法。三十一者,明人、智士所不信用。何以故？酒放逸故。三十二者,遠離涅槃[14]。三十三者,種狂癡因緣。三十四者,身壞命終,墮惡道泥梨中。三十五者,若得爲人,所生之處,常當狂騃[15]。如是等種種過失,是故不飲。如偈[16]説：

酒失覺知相,身色濁而惡,智心動而亂,慚愧已被劫。失念增瞋心,失歡毀宗族；如是雖名飲,實爲飲死毒。不應瞋而[17]瞋,不應笑而笑,不應哭而哭,不應打而打,不應語而語,與狂人無異；奪諸善功德,知愧者不飲。

如是四罪不作,是身善律儀；妄語不作是口善律儀；名爲[18]優婆塞[19]五戒律儀。問曰：若八種律儀及淨命,是名爲戒；何以故優婆塞於口律儀中無三律儀及淨命？答曰：白衣居家,受世間樂,兼修福德,不能盡行戒法,是故佛令持五戒。復次,四種口業中[20],妄語最重。復次,妄語[21]心生故作；餘者或故作,或不故作。復次,但説妄語[22],已[23]攝三事。復次,諸善法中,實爲最大；若説實語,四種正語[24]皆已[25]攝得。復次,白衣處世,當官理務,家業作使,是故[26]難持不惡口法。妄語故作,事重故不應作。是五戒有五種[27]受,名五種[28]優婆塞：一者,

---

1　"盡",甲本無。
2　"醒",甲本作"醉",誤。
3　"慚",乙四作"漸",誤。
4　"不",甲本作"不知"。
5　"不",甲本作"不知"。
6　"悗",甲、宋、元、明、宫本作"恍"。
7　"惚",乙四作"惱",誤。
8　乙五始。
9　"十九……二十"十四字,乙四殘。
10　乙四終。
11　"喜",乙五作"憙","憙"爲"喜"之古字。下同,不復出校。
12　"知",甲本作"智","智"通"知"。
13　"擯",甲、乙五作"儐","儐"通"擯"。
14　"涅槃",乙五作"涅盤",異譯詞。
15　"狂騃"後,甲本有"是三十五罪"。
16　"偈",甲本無。
17　"而",乙五作"所"。
18　"爲",甲本無。
19　"優婆塞",乙五作"憂婆塞",異譯詞。下同,不復出校。
20　"中",甲本無。
21　丁本始。
22　"妄語",甲本作"妄説語"。
23　"或故……語已"十四字,丁本殘。
24　"法中……正語"十四字,丁本殘。
25　"已",甲本作"以","以"通"已"。
26　"白衣……是故"十四字,丁本殘。
27　"語故……五種"十五字,丁本殘。
28　丁本終。

一[1]分行優婆塞；二者，少分行優婆塞；三者，多分行優婆塞；四者，滿行優婆塞；五者[2]，斷婬優婆塞。一分行者，於五戒中受一戒，不能受持四戒；少分行者，若受二戒、若受三戒；多分行者，受四戒；滿[3]行者，盡持五戒；斷婬[4]者，受五戒已，師前更作自[5]誓言：我於自婦不復行婬。是名五戒。如佛偈[6]說：

不殺亦不盜，亦不有邪婬，實語不飲酒，正命以淨心。若能行此者，二世憂畏除，戒福恒隨身[7]，常與天人俱。世間六時華，榮曜色相發，以此一歲華，天上一日具[8]。天樹自然生，花鬘及瓔珞[9]，丹葩[10]如燈照，衆色相間錯。天衣無央數[11]，其色若干種，鮮白映天日，輕密[12]無間壠[13]；金色映繡文，斐亹如雲氣，如是上妙服，悉從天樹出。明珠天耳璫，寶渠曜手足，隨心所好愛，亦從天樹出。金華琉璃[14]莖，金剛爲華鬚[15]，柔軟香芬熏[16]，悉從寶池出。琴瑟箏箜篌[17]，七寶爲挍飾，器妙故音清，皆亦從樹出。波綵質妬樹[18]，天上樹中王，在彼歡喜園，一切無有比[19]。持戒爲耕田，天樹從中出，天厨甘露味，飲食除飢渴。天女無監礙[20]，亦無妊[21]身難，嬉怡縱逸樂，食無便利患。持戒常攝心，得生自恣[22]地，無事亦無難，常得肆樂志。諸天得自在，憂苦不復生，所欲應念至，身光照幽冥。如是種種樂，皆由施與戒，若欲得此報，當勤自勉勵[23]！

問曰：今說尸羅[24]波羅蜜，當以成佛，何以故[25]乃[26]讚天福？答曰：佛言三事必得報果[27]不虛：布施得大富[28]，持戒生好處，修定得解脫。若單[29]行尸羅，得生好處；若修定、智慧、慈悲和合，得三乘道。今但讚持戒現世功德，名聞、安樂後世得報，如偈所[30]讚。譬如小兒，蜜塗苦藥，然後能服；今先讚戒福，然後人能持戒，能持

1　"一"，甲本脫。

2　"者"，甲本作"戒"，誤。

3　"滿"，甲本作"滿分"。

4　"婬"，甲本脫。

5　"自"，甲、乙五、宋、元、明、宮本無。

6　"偈"，甲本無。

7　"身"，甲本作"已"。

8　"具"，甲本作"見"。

9　"瓔珞"，乙五作"纓絡"，異譯詞。

10　"葩"，甲本作"花"。

11　"無央數"，甲本作"無殃數"，異譯詞。

12　"密"，甲本作"蜜"，"蜜"通"密"。

13　"壠"，乙五作"隴"，"隴"通"壠"。宋、宮本作"瓏"，"瓏"爲"壠"之借字。

14　"琉璃"，甲、乙五作"琉瑀"，異譯詞。

15　"華鬚"，甲本作"花飾"，乙五、宮、石本作"華飾"。

16　"熏"，乙五作"薰"。

17　"箜"，甲本作"矦"，"矦"爲"箜"之借字。

18　"波綵質妬樹"，甲本作"波疑質妬樹"。

19　"有比"，甲本作"可方"。

20　"無監礙"，甲、乙五作"得自在"。

21　"妊"，甲、乙五、石本作"任"，"任"爲"妊"之古字。

22　"恣"，甲本作"在"。

23　"勉勵"，甲本作"勉屬"，乙五作"免屬"，"免"通"勉"。下同，不復出校。

24　"尸羅"，甲本作"尸"，異譯詞。

25　"故"，甲、乙五、宋、元、明、宮、石本無。

26　"乃"，甲本作"及"，誤。

27　"報果"，甲本作"果報"。

28　"富"，甲、乙五、宋、元、明、宮本作"福"。

29　"單"，甲本作"但"。

30　"所"，甲本無。

戒已，立大誓願，得至佛道——是爲尸羅生尸羅波羅蜜。又以一切人皆著樂，世間之樂天上爲最。若聞天上種種快樂，便能受行尸羅；後聞天上無常，厭患心生，能求解脱；更聞佛無量功德，若慈悲心生，依尸羅波羅蜜得至佛道。以是故，雖説尸羅報無咎。問曰：白衣居家，唯此五戒[1]，更有餘法耶[2]？答曰：有一日[3]戒，六齋日持，功德無量；若十二月一日至十五日，受持此戒，其福甚[4]多。問曰：云何受一日戒？答曰：受一日戒法，長跪合掌，應如是言：我某甲今一日一夜，歸依佛、歸依法、歸依僧！如是二、如是三歸依[5]。我某甲歸依佛竟、歸依法竟、歸依[6]僧竟。如是二、如是三歸依竟[7]。我某甲若身業不善，若[8]口業不善，若[9]意業不善，貪欲、瞋恚、愚癡故。若今世，若過[10]世，有如是罪，今日誠心懺[11]悔。身清淨，口清淨，心清淨，受行八戒，是則布薩，秦言共住[12]。如諸佛盡壽不殺生，我某甲一日一夜不殺生亦如是；如諸佛[13]盡壽不盜，我某甲一日一夜不盜亦如是；如諸佛盡壽不婬，我某甲一日一夜不婬亦如是；如諸佛盡壽不妄語，我某甲一日一夜不妄語亦如是；如諸佛盡壽不飲酒，我某甲一日一夜不飲酒亦如是；如諸佛盡壽不坐高大床上，我某甲一日一夜不坐高大床上亦如是；如諸佛盡壽不著花瓔珞、不香塗身、不著香熏衣，我某甲一日一夜不著[14]花瓔珞、不香塗身、不著香熏衣亦如是；如諸佛盡壽不自歌舞作樂[15]、亦[16]不往觀聽，我某甲一日一夜不自歌舞作樂[17]、不往觀聽亦如是。已受八戒，如諸佛盡壽不[18]過中食，我某甲一日一夜不過中食亦如是。我某甲受行[19]八戒，隨學諸佛法，名爲布薩。願持是布薩福報，願[20]生生不墮三惡八難[21]。我亦不求轉輪聖王、梵、釋天王世界之樂；願諸煩惱盡，逮得[22]薩婆若[23]，成就佛道。問曰：云何受五戒？答曰：受五戒法，長跪合掌[24]言：我某甲，歸依佛、歸依法、歸依僧！如是二、如是三。我某甲歸依佛竟、歸依法竟、歸依僧竟。如是二、如[25]是三。我是釋迦牟尼佛優

1　“唯此五戒”，甲本作“唯有此戒”。
2　“耶”，甲本無。
3　“有一日”，甲本無。
4　“甚”，甲、乙五、宋、元、明、宫本作“最”。
5　“歸依”，甲本無。
6　“依”，甲本脱。
7　“歸依竟”，甲本無。
8　“若”，甲本無。
9　“若”，甲本無。
10　“過”，甲、乙五、宋、元、明、宫、石本作“先”。
11　“懺”，乙五作“識”，“識”通“懺”。
12　“共住”，甲、宋、元、明、宫、石本作“善住”，乙五作“善宿”。
13　“佛”，甲本脱。
14　“著”，甲本脱。
15　“不自歌舞作樂”，甲本作“不作伎樂”。
16　“亦”，甲、乙五、宋、元、明、宫本無。
17　“不自歌舞作樂”，甲本作“作伎樂”。
18　“不”，甲本脱。
19　“行”，甲本作“持”。
20　“願”，乙五、宋、元、明、宫本無。
21　“難”，甲本脱。
22　“得”，乙五、宋、元、明、宫、石本無。
23　“薩婆若”，甲本作“薩云若”，異譯詞。
24　“掌”，乙五作“手”。
25　“如”後，甲本衍“如”。

婆塞[1]，證知我[2]，我某甲，從今日盡壽歸依。戒師應言：汝[3]優婆塞聽！是多陀[4]阿伽[5]度、阿羅呵、三藐三佛陀，知[6]人見人，爲優婆塞説五戒如是，是[7]汝盡壽[8]持！何等五？盡壽不殺生，是優婆塞戒，是中盡壽不應故殺生；是事若能，當言諾。盡壽不盜，是優婆塞戒，是中盡壽不應盜；是事若能，當言諾。盡壽不[9]邪婬，是優婆塞戒，是中盡壽不應邪婬；是事若能，當言諾。盡壽不妄[10]語，是優婆塞戒，是中盡壽不應妄語；是事若能，當言諾。盡壽不飲酒，是優婆塞戒，是中盡壽不應飲酒；是事若能，當言諾。是優婆塞五戒，盡壽受持。當供養三寶：佛寶、法寶、比丘僧寶，勤修福業[11]，以求[12]佛道！問曰：何以故六齋日受八戒，修福德？答曰：是日惡鬼逐人，欲奪人命，疾病、凶衰，令人不吉[13]。是故劫初聖人教人持齋，修善、作福，以避凶衰。是時，齋法不受八戒，直以一日不食爲齋。後佛出世，教語之言：汝當一日一夜，如諸佛持八戒，過中不食，是功德將人至涅槃。如《四天王經》中佛説[14]：月六齋日，使者太[15]子及四天王，自下觀察衆生，布施、持戒、孝順父母少[16]者，便上忉利[17]，以啟帝釋；帝釋、諸天心皆不悦，言[18]：阿修羅種多，諸天種少。若布施、持戒、孝順父母多者，諸天、帝釋心皆歡喜，説言：增益天衆[19]，減損阿修羅[20]。是時，釋提[21]婆那民見諸天歡喜[22]。説此偈言：

六日神足月，受持清淨戒；是人壽終後，功德必如我！

佛告諸[23]比丘：釋提桓因不應説如是[24]偈。所以者何？釋提[25]桓因三衰、三毒未[26]除，云何妄言持一日戒，功德福報必得如我？若受持此戒，必[27]應如佛，是則實説。諸大尊天歡喜因緣故，得福增多。復次，此六齋日，

1　“優婆塞”，乙五作“憂婆塞”，異譯詞。下同，不復出校。

2　“我”，乙五、宋、元、明、宫、石本無。

3　“汝”，甲本作“如”，“如”通“汝”。

4　“多陀”後，甲本有“阿智度”。

5　“伽”，甲本作“迦”。

6　“知”，甲本作“智”，“智”通“知”。

7　“是”，甲、乙五、宋、元、明、宫、石本無。

8　“壽”，甲本作“受”，“受”爲“壽”之借字。

9　“不”，甲本作“不得”。

10　“妄”，乙五作“忘”，“忘”通“妄”。下同，不復出校。

11　“業”，甲、乙五、宋、元、明、宫、石本作“德”。

12　“求”，原作“來”，誤，兹據甲、乙五改。

13　“吉”，甲本作“告”，誤。

14　“如四……佛説”八字，甲本作“如説《四天王經》中佛言”。

15　“太”，甲本作“本”，誤。

16　“少”，乙五作“小”，“小”通“少”。

17　“便上忉利”，甲本作“上刀利”，“刀利”爲“忉利”之異譯。

18　“言”，甲、乙五、宋、元、明、宫、石本作“説言”。

19　“天衆”，甲、乙五、宋、元、明、宫、石本作“諸天衆”。

20　“阿修羅”，甲本作“阿修羅衆”。

21　“提”，甲本脱。

22　“見諸天歡喜”，乙五、宫、石本無。

23　“告諸”，甲本作“諸告”，誤倒。

24　“是”，甲本作“此”。

25　“提”，甲本脱。

26　“未”，甲本作“不”。

27　“必”，原作“心”，誤，兹據甲、乙五改。

惡鬼害人,惱亂一切,若[1]所在丘聚,郡縣、國[2]邑,有持齋受戒行[3]善人者,以此因緣,惡鬼遠[4]去,住處安隱。以是故,六日持齋受戒,得福增[5]多。問曰:何以故諸惡鬼神[6]輩,以此六日惱害於人?答曰:《天地本起經》説:劫初成時,有異梵[7]天王子諸鬼神父,修梵志苦行,滿天上十二歲,於此六日,割肉[8]、出血以著火中。以是故,諸惡鬼神於此六日輒有勢力。問曰:諸鬼神父[9],何以於此六日割身肉、血以著[10]火中?答曰:諸神中摩醯首羅神[11]最大第一,諸神皆有日分。摩醯首羅一月有四日分:八日、二十三日、十四日、二十九日。餘神一月有二日分:月一日、十六日,月二日、十七日[12]。其[13]十五日、三十日,屬一切神。摩醯首羅爲諸神主[14],又得日多故,數其四日爲齋;二日是一切諸神日,亦數以爲齋。是故諸鬼神於此六日[15],輒有力勢。復次,諸鬼神父,於此六日割肉、出血以著火中;過十二歲已[16],天王[17]來下,語其子言:汝求何願?言[18]:我求有子!天[19]王言:仙人供養法,以燒香、甘果諸清淨事;汝云何以肉、血著火中,如[20]罪惡法?汝破善法,樂爲惡事,令汝[21]生惡子[22],噉肉、飲血。當説是時[23],火中有八大[24]鬼出,身黑如墨,髮黄、眼赤,有[25]大光明。一切鬼神,皆從此八鬼生。以是故,於[26]此六日,割身肉、血以著火中而得勢力。如[27]佛法中,日無好、惡[28],隨世惡日因緣故[29],教持齋受八[30]戒。問曰:五戒、一日戒,何者爲勝?答曰:有因緣故,二戒俱等;但五戒終身持,八戒一日持。又[31],五戒常持,時多而戒少;一日戒,時少而戒多。復次,若無大心,雖復終身持戒,不如有大心人一日持戒也。譬如軟夫爲將,雖

1　"若"後,甲本衍"若"。

2　"國",甲本作"因",誤。

3　"行",甲、乙五、宋、元、明、宫本無。

4　"遠",甲本作"達",誤。

5　"增",甲本作"憎","憎"通"增"。

6　"神",甲、乙五、宋、元、明、宫本無。

7　"梵",甲本作"凡","凡"爲"梵"之借字。

8　"肉",甲本作"身"。

9　"父",乙五作"父母"。

10　"著",甲本脱。

11　"神",甲本作"天"。

12　"十七日"後,甲本有"等"。

13　"其",甲本無。

14　"主",乙五作"王"。

15　"六日",甲本作"六齋日"。

16　"已",甲本作"以","以"通"已"。

17　"天王"前,甲本有"異梵"。

18　"言",甲本作"答曰",乙五作"答言"。

19　"天",甲本作"梵"。

20　"如",甲本作"汝","汝"通"如"。

21　"汝",甲本無。

22　戊本始。

23　"當説是時",甲本作"當説此時",戊本殘。

24　"八大",甲本作"大八"。

25　"黄眼赤有",戊本殘。

26　"以是故於",戊本殘。

27　"如",甲本作"汝","汝"通"如"。

28　"勢力……好惡"十字,戊本殘。

29　戊本終。

30　"八",甲、乙五、宋、元、明、宫本無。

31　"又",甲本作"有","有"通"又"。

復將兵終身，智勇不足，卒無功名；若如英雄奮發，禍[1]亂立定，一日之勳，功蓋天下。是二種戒，名居家優婆塞法。居家持戒，凡有四種：有下、中、上[2]，有上上[3]。下[4]人持戒，爲今世樂故；或爲怖畏，稱譽、名聞故；或爲家法，曲隨他意故；或避苦役，求離危[5]難故——如是種種，是下人持戒。中人持戒，爲人中富貴，歡娛適意；或期[6]後世福樂，剋己自[7]勉，爲苦日少，所得甚多——如是思惟，堅固持戒。譬如商人，遠出深入，得利必多；持戒之福，令人受後世福樂[8]，亦復如是。上人持戒，爲涅槃故，知諸法一切無常故，欲求離苦、常樂無爲故。復次，持戒之人，其心不悔，心[9]不悔故得喜樂，得喜樂故得一心，得一心故得實智[10]，得實智[11]故得厭心，得厭心故得離欲，得離欲故得解脱，得解脱故得涅槃——如是持戒爲諸善法根本。復次，持戒爲[12]八正道初門，入道初門，必至[13]涅槃。

大智度論釋初品中讚尸羅波羅蜜義第二十三[14]

問曰：如八正道，正語、正業在中，正見、正行在初，今何以言戒爲八正道初門？答曰：以數言之，大者爲始；正見最大，是故在初。復次，行[15]道故，以見爲先[16]；諸法次第，故戒在前。譬如作屋，棟梁雖大，以地爲先。上[17]上人持戒，憐愍衆生，爲佛道故；以知諸法，求實相故，不畏惡道[18]，不求樂[19]故——如是種種，是[20]上上人持戒。是四總名優婆塞戒。出家戒[21]亦有四種：一者，沙彌、沙彌尼戒；二者，式叉摩那[22]戒；三者[23]，比丘尼戒；四者，比丘僧戒。問曰：若居家戒得生天上，得菩薩道，亦得至涅槃[24]，復何用出家戒？答曰：雖俱得度，然有難易。居家生業種種事務，若欲專心道法，家業則廢；若[25]欲專修家業，道事則廢；不取不捨，乃應行法，是名

1　“禍”，甲本作“揖”。
2　“上”，甲本作“下”，誤。
3　“有上上”，甲本脱。
4　“下”，甲本作“上”，誤。
5　“危”，甲、宋、元、明、宫本作“厄”。
6　“期”，甲本作“其”，“其”通“期”。
7　“自”，甲本作“白”，誤。
8　“令人……福樂”七字，甲本作“拚人傳至後世受福德樂”。
9　“心”，甲本作“其心”。
10　“智”，甲本作“知”，“知”爲“智”之古字。
11　“智”，甲本作“知”，“知”爲“智”之古字。
12　“爲”，甲本作“有”。
13　“至”，甲本作“得至”。
14　甲、乙五無品題。
15　“行”，甲本作“求”。
16　“以見爲先”，甲本作“正見在前”。
17　“上”，甲本無。
18　“惡道”，甲本作“墮惡道”。
19　“樂”，甲本作“天上樂”。
20　“是”，甲本無。
21　“戒”，乙五脱。
22　“式叉摩那”，甲本作“式叉摩尼”，異譯詞。
23　“者”，甲本脱。
24　“亦得至涅槃”，甲本作“亦至得涅槃”。
25　“若”，甲本作“若爲”。

爲難。若出家離俗[1]，絕諸紛[2]亂，一向專心，行道爲易。復次，居家憒閙多事多務，結使之根，衆惡之府，是爲甚難。若出家者，譬如有人，出[3]在空野無人之處而一其心，無思[4]、無慮，内想[5]既除[6]，外事亦去。如偈説[7]：

閑坐林樹間，寂然滅衆[8]惡；恬澹得一心，斯樂非天樂。人求富貴利，名衣好床褥[9]；斯樂非安隱，求利無厭足。納衣行乞食，動止心常一；自以智慧眼，觀知諸法實。種種法門中，皆以等觀入；解慧心寂然，三界無能及！

以是故，知[10]出家修戒，行道爲易。復次，出家修戒，得無量善律儀，一切具足滿。以是故，白衣等應當[11]出家受具足[12]戒。復次，佛法中，出家法第一難修。如閻浮呿提梵志問舍利弗：於佛法中何者最難？舍利弗答曰：出家爲難！又問：出家有[13]何等難？答曰：出家樂法爲難[14]。既得樂法[15]，復何者[16]爲難？修諸善法難。以是故，應出家。復次，若人出家時，魔王[17]驚愁[18]言：此人諸結使欲[19]薄，必得涅槃，墮僧寶數中。復次，佛法中出家人，雖破戒墮罪，罪畢得[20]解脱。如《優鉢羅華[21]比丘尼本生經》中説：佛在世時，此比丘尼得六神[22]通阿羅漢。入貴人舍，常讚出家法，語[23]諸貴人婦女言：姊妹可出家！諸貴婦女言：我等少壯[24]，容[25]色盛美，持戒爲難，或當破戒！比丘尼言：但出家，破戒便破[26]。問言：破戒當墮地獄，云何可破？答言：墮地獄便墮！諸貴[27]婦女[28]笑之言：地獄受罪，云何可墮？比丘尼[29]言：我自憶念本宿命時作戲女，著種種衣服而説舊語，或時著

1　“俗”，甲本作“欲”，誤。

2　“紛”，甲、乙五、宋、元、明、宫本作“忿”。

3　“出”後，甲本衍“家”。

4　“思”，乙五作“憂”。

5　“想”，甲本作“相”，“相”爲“想”之借字。

6　“除”，甲本作“餘”，誤。

7　“如偈説”，甲本作“如説偈”。

8　“衆”，甲本作“諸”。

9　“褥”，甲、乙五作“辱”，“辱”爲“褥”之借字。

10　“知”，甲本作“智”，“智”通“知”。

11　“當”，乙五、宋、元、明、宫、石本無。

12　“具足”，乙五、宋、元、明、宫、石本無。

13　“有”，乙五、宋、元、明、宫、石本無。

14　“樂法爲難”，甲本作“内樂爲難”。

15　“樂法”，甲本作“内”。

16　“者”，甲本無。

17　“魔王”後，甲本有“人民”。

18　“愁”，甲、乙五、宋、元、明、宫、石本作“疑”。

19　“欲”，甲本無。

20　“得”，乙五作“必得”。

21　“優鉢羅華”，甲、乙五、宋、元、明、宫、石本作“鬱鉢羅華”，異譯詞。

22　“神”，甲本無。

23　“語”，甲本無。

24　“壯”，甲、乙五作“莊”，“莊”通“壯”。

25　“容”，甲本作“欲”。

26　“但出……便破”七字，甲本作“破戒便破，但出家”。

27　“貴”，甲本作“貴人”。

28　“婦女”後，甲、宋、元、明、宫本有“皆”。

29　“尼”，甲本脱。

比丘尼衣以爲戲笑。以是因緣故，迦葉佛時作比丘尼[1]，自恃[2]貴姓[3]端政，心生憍慢而破禁戒[4]；破戒罪故，墮地獄受種種罪。受罪畢竟，值釋迦牟尼佛出家，得六神通阿羅漢道。以是故，知出家受戒，雖復破戒，以戒因緣故得阿羅漢道；若但作惡，無戒因緣，不得道也。我乃昔時世世墮地獄，地獄[5]出爲惡人，惡人死還入地獄，都無所得。今以此證知出家受戒，雖復[6]破戒，以是因緣，可得道果。復次，如佛在祇洹[7]，有一醉婆羅門來到佛所，求[8]作比丘。佛勅阿難與剃頭，著法衣。醉酒既醒，驚怪己身忽爲比丘，即便走去。諸比丘問佛：何以聽此醉婆羅門作比丘？佛言：此婆羅門無量劫中初無出家心，今因醉故暫發微心，以是因緣故，後[9]當出家得道。如是種種因緣，出家之利，功德無量。以是故，白衣雖有[10]五戒，不如出家。是出家律儀有四種：沙彌、沙彌尼、式叉摩那[11]、比丘尼、比丘。云何沙彌、沙彌尼出家受戒法？白衣來欲求出家，應[12]求二師：一和上，一阿闍梨。和上如父，阿闍梨[13]如母；以棄本生父母，當求出家父母。著袈裟[14]，剃除[15]鬚髮，應兩手捉[16]和上兩[17]足。何以捉足？天竺法以捉足[18]爲第一恭敬供養。阿闍梨應教十戒，如受戒法。沙彌尼亦如是，唯以比丘尼爲和上。式叉摩那受六法[19]二歲。問曰：沙彌十戒，便受具足戒；比丘尼法中，何以有式叉摩那，然後得受具足戒？答曰：佛在世時，有一長者婦，不覺懷妊[20]，出家受具足戒；其後身大轉現，諸長者譏嫌比丘。因此制有二歲[21]學戒，受六法[22]，然後受具足戒。問曰：若爲譏嫌，式叉摩那豈不致譏？答曰：式叉摩那未受具足戒[23]，譬如小兒、亦如給使，雖有罪穢，人不譏嫌。是名[24]式叉摩那受六法[25]。是式叉摩那有二種：一者，十八歲童女，受六法；二者，夫家，十歲，得受六法。若欲[26]受具足戒，應二部僧中[27]，用[28]五衣、鉢盂[29]；比丘尼爲和上及教師，比丘爲戒

---

1 “尼”，甲本脫。
2 “恃”，甲本作“持”，“持”通“恃”。
3 “姓”，甲、乙五作“性”，“性”通“姓”。
4 “戒”，甲本脫。
5 “地獄”，甲本作“墮地獄”，乙五無。
6 “復”，甲本無。
7 “祇洹”，甲、乙五、宋、元、宮、石本作“祇桓”，異譯詞。
8 “求”，乙五脫。
9 “後”，甲、乙五、宋、元、明、宮、石本無。
10 “有”，甲本作“受”。
11 “式叉摩那”，甲、乙五、宋、元、宮本作“式叉摩尼”，異譯詞。下同，不復出校。
12 “應”，甲本無
13 “阿闍梨”，甲本作“阿闍利”，異譯詞。
14 “袈裟”，乙五、宋、元、明、宮、石本作“袈裟衣”。
15 “除”，甲本無。
16 “捉”，乙五、宋、元、明、宮本作“急捉”。
17 “兩”，甲本無。
18 “以捉足”，甲本作“捉”。
19 “法”，甲本作“戒”。
20 “妊”，甲、乙五作“任”，“任”爲“妊”之古字。
21 “歲”，甲、乙五、宋、元、宮本作“年”。
22 “法”後，甲本衍“法”。
23 “戒”，甲、乙五、宋、元、明、宮、石本無。
24 “名”，甲本作“故”。
25 “是名……六法”九字，乙五無。
26 “欲”，乙五、宋、元、明、宮、石本無。
27 “中”，甲本無。
28 “用”，乙五、宮、石本無。
29 “盂”，甲本作“于”，“于”爲“盂”之借字，乙五、石本作“杅”。下同，不復出校。

師,餘如受戒法。略説則五百戒[1],廣説則八萬戒。第三羯磨訖,即得無量律儀,成就比丘尼。比丘則有三衣、鉢盂,三師十僧,如受戒法。略説二百五十,廣説則八萬。第三羯磨[2]訖,即[3]得無量律儀法。是總名爲戒,是爲[4]尸羅。

大智度論卷第十三[5]。

大智度論釋初品中尸羅波羅蜜義之餘(卷第十四)[6]

龍樹菩薩造

後秦龜茲國三藏鳩摩羅什奉詔譯[7]

問曰:已[8]知尸羅相[9],云何爲尸羅[10]波羅蜜? 答曰:有人言:菩薩持戒,寧自失身,不毀小戒,是爲尸羅[11]波羅蜜。如上《蘇陀蘇摩王經[12]》中説,不惜身命以全禁戒。如菩薩本身,曾作大力毒龍。若衆生在前,身力弱者,眼視便死;身力強者,氣往而死。是龍受一日戒,出家求静,入林樹間思惟;坐久,疲懈而睡[13]。龍法,睡時形狀如蛇,身有文章,七寶雜色。獵者見之驚喜,言曰:以此希有難得之皮,獻上國王以爲服[14]飾,不亦宜乎? 便[15]以杖按[16]其頭,以刀剥其皮。龍自念言:我力如意,傾覆此國,其如反掌;此人小物,豈能困我? 我今以持戒故,不計此身,當從佛語! 於是自忍,眠目不視,閉氣不息;憐愍此人,爲持戒故,一心受剥,不生悔意[17]。既以失皮,赤肉在地,時日大熱,宛[18]轉土中;欲趣大水,見諸小蟲來食其身,爲持戒故,不復敢動。自思惟言:今我此身以施諸蟲,爲佛道故,今以肉施,以充其身;後成佛時,當以法施,以益其心。如是誓已[19],身乾命絶[20],即生第[21]二忉利天上。爾時毒龍,釋迦文佛[22]是;是[23]時獵[24]者,提婆達等六師是也;諸小蟲輩,釋迦文佛初

---

1 "略説則五百戒",甲本作"受五百戒略説則五百"。

2 "羯磨",乙五作"羯摩",異譯詞。

3 "即",甲本作"則"。

4 "爲",甲本無。

5 甲本終,尾題作"摩訶衍經卷第十三　品第十七"。乙五終,尾題作"大智度論卷第十三"。

6 本卷對應《大智度論》寫本凡 4 種:國博 39 號(以下簡稱"甲本")、BD 03741 號(以下簡稱"乙本")、上圖 115 號(以下簡稱"丙本")、俄 Дx16499 號(以下簡稱"丁本")。

7 甲(圖版 1、2)、乙本始,"大智度……譯"三十九字,甲本作"大智論釋初品中尸羅波羅蜜下弟十七　下有忍波羅蜜上　卷第十四",乙本作"摩訶般若波羅蜜優婆提舍中尸波羅蜜品第十八　下有羼提第十九　卷第十四"。

8 "已",乙本作"以","以"通"已"。

9 "尸羅相",乙本作"波羅蜜相"。

10 "尸羅",乙本作"尸",異譯詞。

11 "尸羅",乙本作"尸",異譯詞。

12 "蘇陀蘇摩王經",乙本作"蘇陀摩王經",異譯詞。

13 "睡",乙本作"眠"。

14 "服",甲本作"船",宫本作"莊"。

15 "便",乙本作"便自"。

16 "按",甲、乙、石本作"案","案"通"按"。宫本作"桉"。

17 "意",甲本作"喜",誤。

18 "宛",甲本作"蜿",乙本作"悗","蜿""悗"皆爲"宛"之借字。

19 "已",乙本作"以","以"通"已"。

20 "絶",乙、宋、元、明、宫本作"終"。

21 "第",乙本作"弟","弟"爲"第"之古字。

22 "釋迦文佛",乙本作"釋迦牟尼佛",異譯詞。下同,不復出校。

23 "是",甲、宋、元、明、宫、石本作"也"。

24 "獵",乙本"獵師"。

轉法輪，八萬諸天得道者是。菩薩護戒，不惜身命[1]，決定不悔，其事如是，是名尸羅[2]波羅蜜。復次，菩薩持戒，爲[3]佛道[4]故，作大要誓，必度衆生！不求今世、後世之樂，不爲名聞虛譽法故，亦不自爲早求涅槃，但爲衆生没[5]在長流，恩愛所欺，愚惑所誤，我當度之令到彼岸。一心持戒，爲生善處，生善處故見善人，見善人故生智慧，生智慧故得行六波羅蜜，得行六波羅蜜故得佛道。如是持戒名爲尸羅波羅蜜[6]。復次，菩薩持戒，心[7]樂善清淨，不爲畏惡道，亦不爲[8]生天，但求善淨；以戒熏心，令心樂善，是爲尸羅[9]波羅蜜。復次，菩薩以大悲心持戒，得至佛道，是名[10]尸羅[11]波羅蜜。復次，菩薩持戒，能生六波羅蜜，是則名爲尸羅波羅蜜。云何持戒能生戒？因五戒得沙彌戒，因沙彌戒得律儀戒，因律儀戒得禪定戒，因禪定戒得無漏戒，是爲戒生[12]戒。云何持戒能生於檀？檀有三種：一者，財施；二者，法施；三者，無畏施。持戒自撿[13]，不侵一切衆生財物，是名[14]財施。衆生見者，慕其所行，又爲説法，令其開悟。又自思惟：我當堅持淨戒，與一切衆生作供養福田，令諸衆生得無量福。如是種種，名爲法施。一切衆生皆畏於死，持戒不害，是則無畏施。復次，菩薩自念：我當持戒，以此戒報，爲諸衆生作轉輪聖王、或作閻浮提王、若作天王，令諸衆生滿足於財，無所乏短；然後坐佛樹下，降伏魔王，破諸魔軍，成無上道，爲諸衆生説清[15]淨法，令無量衆生度老、病、死海。是爲持戒因緣生檀波羅蜜。云何持戒生忍辱？持戒之人心自念言：我今持戒爲治[16]心故。若持戒無忍[17]，當墮地獄；雖不破戒，以無忍故，不免惡道；何可縱忿不自制心？但以心故入三惡趣。是故應當好自勉強，懃修忍辱。復次，行者欲令戒德堅强，當修忍辱。所以者何？忍爲大力，能牢[18]固戒，令不動搖。復自思惟：我今出家，形與俗別，豈可縱心如世人法？宜自勉勵[19]，以忍調心。以身、口忍，心亦得忍；若心不忍，身、口亦爾。是故行者當令身、口、心忍，絕諸忿恨[20]。復次，是戒略説則有八萬，廣説則[21]無量，我當云何能具持此無量戒法？唯當忍辱，衆戒自得。譬如有人得罪於王，王以罪人載之刀車，六邊利刃，間不容間，奔逸馳走[22]，行不擇路；若能持身，不爲刀傷，是則殺而不死。持戒之人，亦復如是，戒爲利刀，忍爲持身，若忍心不固，戒亦傷人。又復譬如老人夜行，無杖則蹶；忍爲戒杖，扶人至道，福樂因緣，不能動搖。如是種種，名爲持戒生羼提波羅蜜。云何持戒而生精進？持戒

1　“命”，甲本無。

2　“尸羅”，乙本作“尸”，異譯詞。

3　“爲”，乙本作“爲得”。

4　甲本（圖版1、2）終。

5　“没”，乙本作“故”。

6　“名爲尸羅波羅蜜”，乙本作“名尸波羅蜜”，異譯詞。

7　“心”，乙本無。

8　“爲”，乙本作“樂”。

9　“尸羅”，乙本作“尸”，異譯詞。

10　“名”，乙本作“爲”。

11　“尸羅”，乙本作“尸”，異譯詞。

12　“生”，乙本作“能生”。

13　“撿”，乙本作“斂”，“斂”爲“撿”之借字。

14　“名”，乙、宋、元、明、宫本作“則”。

15　“清”，乙本作“諸”。

16　“治”，乙、宋、元、明、宫、石本作“持”。

17　“忍”，乙本作“忍辱”。

18　“牢”，乙本作“堅”。

19　“勵”，乙本作“属”，“属”爲“勵”之古字。

20　“恨”，乙本作“根”，誤。

21　“則”，乙本作“則有”。

22　“走”，乙、宋、宫、石本作“赴”。

之人除去[1]放逸，自力懃修，習無上法，捨世間樂，入於善道，志求涅槃，以度一切，大心不懈，以求佛[2]爲本，是爲持戒能生精進。復次，持戒之人，疲厭世苦老、病、死患，心生精進，必求自脱，亦以度人[3]。譬如野干在林樹間，依隨師子及諸虎豹，求其殘肉以自存活。有時[4]空乏夜半踰城深入人舍，求肉不得，屏[5]處睡息，不覺夜竟；惶怖無計，走則慮[6]不自免[7]，住則懼畏死痛；便自定心，詐死在地。衆人來見，有一人言：我須野干耳，即便截取。野干自念：截耳雖痛，但令身在。次有一人言：我須野干尾，便復截去。野干復念：截尾雖痛猶是小事。次有一人言：我須野干牙。野干心念：取者轉多，儻取我頭，則無活路。即從地起奮其智力，絶踊間關，徑得自濟。行者之心，求脱苦難，亦復如是：若老至時，猶故自寬，不能慇懃決斷精進；病亦如是，以有差期，未能決計；死欲至時，自知無冀，便能自勉，果敢慇懃，大修精進，從死地中畢[8]至涅槃。復次，持戒之法，譬如人射，先得平地，地平然後心安，心安然後挽滿，挽滿然後陷深。戒爲平地，定意[9]爲弓，挽[10]滿爲精進，箭爲智慧，賊是無明。若能如是展[11]力精進，必至大道，以度衆生。復次，持戒之人，能以精進自制五情，不受五欲[12]；若心已[13]去，能攝[14]令還；是爲持[15]戒能護諸根。護諸根則生禪定，生禪定則生智慧，生智慧得至佛道；是爲持戒生毘梨耶波羅蜜。云何持戒生禪？人有三業作諸不[16]善，若身、口業善，意業自然入善；譬如曲草生於麻中，不扶自直。持戒之力，能嬴諸結使。云何能嬴？若不持戒，瞋恚事來，殺心即[17]生；若欲事至，婬心即成。若持戒者，雖有微瞋，不生殺心；雖有婬念，婬事不成——是爲持戒能令諸結使嬴。諸[18]結使嬴，禪定[19]易得。譬如老病失力，死事易得；結使嬴故，禪定易得。復次，人心未息，常求逸[20]樂；行者持戒，棄捨世福，心不放逸，是故易得禪定。復次，持戒之人[21]，得[22]生人中，次生六欲天上，次至色界，若[23]破色相生無色界；持戒清淨，斷諸結使，得阿羅漢道；大心持戒，愍念衆生，是爲菩薩。復次，戒爲撿[24]麁，禪爲攝細。復次，戒攝身、口，禪止亂心；如[25]人上屋，非梯不昇，不得戒梯，禪亦不立。復次，破戒之人，結使風强，散亂其心；其心散亂，

1　“去”，乙本作“却”。

2　“佛”，乙本作“佛道”。

3　“人”，乙本作“彼”。

4　“有時”，乙、宋、元、明、宫、石本作“時間”。

5　“屏”，乙、宋、宫、石本作“僻”，元本作“並”。

6　“慮”，乙本脱。

7　“免”，乙本作“勉”，“勉”通“免”。

8　“畢”，乙、宋、元、明、宫、石本作“得”。

9　“定意”，乙本作“禪定”。

10　丙本始。

11　“展”，乙本作“轉”。

12　“五欲”，乙本作“五塵”。

13　“已”，乙本作“以”，“以”通“已”。

14　“攝”，乙本作“制”。

15　“持”，乙、丙、宋、元、明、宫、石本作“於”。

16　“不”，原脱，兹據乙、丙、宋、宫、石本補。

17　“即”，乙本作“則”。

18　“諸”，丙本無。

19　“禪定”前，丙本有“故”。

20　“逸”，乙、丙、宋、元、明、宫、石本作“實”。

21　“人”，丙本作“人下”，宋、宫、石本作“下”。

22　“得”，丙本作“下得”。

23　“若”，乙、丙、宋、元、明、宫、石本無。

24　“撿”，丙本作“斂”，“斂”爲“撿”之借字。

25　“如”，乙本作“如是”。

則禪不可得。持戒之人，煩惱風軟，心不大散，禪定易得。如是等種種因緣，是爲持戒生禪[1]波羅蜜。云何持戒能生智慧？持戒之人，觀此戒相從何而有，知從衆罪而生；若無衆罪，則亦[2]無戒。戒相如是，從因緣有，何故生著？譬如蓮華出自污泥，色雖鮮好，出處不淨；以是悟心，不令生著，是爲持戒生般若波羅蜜。復次，持戒之人，心自思惟：若我以持戒貴而可取，破戒賤而可捨者[3]，若有此心不應般若[4]。以智慧[5]籌量，心不著戒，無取、無捨，是爲持戒生般若波羅蜜。復次，不持戒人，雖有利智，以營世務，種種欲求生業之事，慧根漸鈍；譬如利刀以割泥土，遂成[6]鈍器。若出家持戒，不營世業，常觀諸法實相無相[7]；先[8]雖鈍根，以漸轉利。如是等種種因緣，名爲持戒生般若波羅蜜。如是名爲尸羅[9]波羅蜜生六波羅蜜。復次，菩薩持戒不以畏[10]故，亦非愚癡，非疑[11]、非惑[12]，亦不自爲涅槃故持戒；但爲一切衆生故，爲得佛道故，爲得一切佛法故。如是相名爲尸羅[13]波羅蜜。復次，若菩薩於罪、不罪不可得故[14]，是時，名爲尸羅波羅蜜。問曰：若[15]捨惡行善，是爲持戒，云何言罪、不罪不可得？答曰：非謂邪見、麁心言不可得也[16]；若[17]深入諸法相，行空三昧，慧眼觀故，罪不可得；罪無故，不罪亦不可得。復次，衆生不可得故，殺罪亦不可得；罪不可得故，戒亦不可得。何以故？以有殺罪故，則有戒；若無殺罪，則亦無戒。問曰：今衆生現有，云何言衆生不可得？答曰：肉眼所見，是爲非見；若以慧眼觀，則不得衆生。如上檀中説無施者[18]、無受者、無財物，此亦如是。復次，若有衆生，是五衆[19]耶？離五衆耶[20]？若是五衆，五衆有五，衆生爲一[21]；如是者，五可爲一，一可[22]爲五。譬如市易物直五匹，以一匹取之[23]，則不可得。何以故？一不得作五故。以是故，知五衆不得作一衆生。復次，五衆生滅無常相；衆生法，從先世來、至後世，受罪、福於三界。若五衆是衆生[24]，譬如草木自生自滅，如是則無罪縛，亦無解脱。以是故，知非五衆是衆生；若離五衆有衆生，如先説神常遍中已破。復次，離五衆則我見心不生，若離五衆有衆生，是爲墮常；

1　“禪”，乙本作“禪那”，異譯詞。

2　“亦”，乙本無。

3　“者”，乙、丙、宋、元、明、宮、石本無。

4　“般若”，乙本作“般若波羅蜜”。

5　“慧”，乙、宋、元、明、宮本無。

6　“成”，乙本作“成就”。

7　“無相”，乙本無。

8　“先”，丙本無。

9　“尸羅”，乙本作“尸”，異譯詞。

10　“畏”，丙本作“疑”。

11　“疑”，乙本作“愚癡”，丙本作“癡”。

12　“惑”，乙、丙、宋、元、明本作“戒盜”，宮本作“戒”，石本作“惑盜”。

13　“尸羅”，乙本作“尸”，異譯詞。

14　“故”，丙、宋、元、明、宮、石本無。

15　“若”，乙、丙、宋、元、明、宮、石本作“若人”。

16　“也”，乙、丙、宋、元、明、宮、石本無。

17　“若”，丙本無。

18　“者”，乙本作“人”。

19　“五衆”，乙本作“五陰”，異譯詞。下同，不復出校。

20　“離五衆耶”，乙本作“離五陰有耶”，“陰”爲“衆”之異譯詞。

21　“若是……爲一”十二字，乙本作“若是五陰，五陰則有五，衆生”，“陰”爲“衆”之異譯詞。

22　“可”，乙本作“不可”。

23　“之”，乙本無。

24　“若五衆是衆生”，乙本無。

若墮常者,是則無生、無死。何以故?生名先無今有[1],死名[2]已生便滅。若眾生常者,應遍滿五道中,先已[3]常有,云何今復來生?若不有生,則無有死。問曰:定有眾生,何以故言無?五眾因緣,有眾生[4]法;譬如五指因緣,拳[5]法生。答曰:此言非也!若五眾因緣有眾生法者,除五眾,則別有眾生法,然不可得;眼自見色,耳自[6]聞聲,鼻嗅香,舌知味,身知觸,意知法[7],空無我[8]法;離此六事,更無眾生。諸外道輩倒[9]見故,言眼能見色,是爲眾生;乃至意能知法,是爲眾生;又能憶念能受苦樂,是爲眾生;但作是見[10],不知眾生實。譬如一長老大德比丘,人謂是阿羅漢,多致供養。其後病死,諸弟子懼失供養故,夜盜出之;於其臥處安施被枕,令如師在,其狀如臥。人來問疾[11]:師在何許?諸弟子言:汝不見床上被枕耶?愚者不審察之,謂師病臥,大送供養而去,如是非一。復有智人來而問之,諸弟子亦如是答。智人言:我不問被枕、床褥,我自求人。發被求之,竟[12]無人可得。除六事相,更無我人;知[13]者、見者,亦復如是。復次,若眾生於五眾因緣有者,五眾無常,眾生亦應[14]無常。何以故?因果相似故;若眾生無常,則不至後世。復次,若如汝言:眾生從本已[15]來常有。若爾者,眾生應生五眾,五眾不應生眾生;今五眾因緣生眾生名字,無智之人逐名求實。以是故,眾生實無;若無眾生,亦無殺罪;無殺罪故,亦無持戒。復次,是五眾深入觀之,分別知空,如夢所見,如鏡中像;若殺夢中所見及鏡中像,無有殺罪。殺五陰空相眾生,亦復如是[16]。復次,若人不樂罪、貪著無罪[17],是人見[18]破戒罪人則輕慢,見持戒善人則愛敬;如是持戒,則[19]是起罪因緣。以是故言於罪、不罪不可得故,應具足尸羅波羅蜜[20]。

大智度論釋初品中羼提波羅蜜義第二十四[21]

【經】[22]心不動故,應具足羼提波羅蜜。

【論】[23]問曰:云何名羼提?答曰:羼提,秦言忍辱。忍辱有二種:生忍,法忍。菩薩行生忍,得無量福德;

1　"有",乙、丙、宋、宮、石本作"出"。

2　"名",乙本無。

3　"已",乙、石本作"以","以"通"已"。

4　"眾生",乙本作"生死"。

5　"拳",乙本作"有捲",石本作"捲","捲"通"拳"。

6　"自",乙本作"主"。

7　"法",乙、丙本無。

8　"我",乙本作"吾我"。

9　"倒",乙本作"顛倒"。

10　"見",乙本作"視"。

11　"疾",乙、丙本作"病"。

12　"竟",乙本無。

13　"知",乙本作"智","智"通"知"。

14　"應",丙、宋、元、明、宮、石本無。

15　"已",丙本作"以"。

16　"亦復如是"後,乙本有"以是故言,於罪不罪不著故,具足尸羅波羅蜜也"。

17　"貪著無罪",乙本作"無貪著罪"。

18　"見",乙本脫。

19　"則",乙本無。

20　"以是……波羅蜜"二十字,乙本作"是故説罪不罪不著故,是名尸波羅蜜"。

21　乙本品題作"摩訶般若波羅蜜優波提舍中讚忍辱品第十九",丙本品題作"大智論釋初品中羼提波羅蜜第十八"。

22　"經",乙、丙、宋、宮、石本無。

23　"論",乙、丙、宋、宮、石本無。

行法忍，得無量[1]智慧。福德、智慧[2]二事具足故，得如所願；譬如人有目、有足，隨意能到。菩薩若遇惡口罵詈，若刀杖所加，思惟知罪、福業因緣諸法，內、外畢竟空，無我、無我所，以三法印、印諸法故，力雖能報，不生惡心，不起惡口業；爾時，心數法生，名爲忍。得是忍法故，忍智牢固；譬如畫彩，得膠則堅著。有人言：善[3]心有二種：有麁，有細；麁名忍辱，細名禪定。未得禪定心樂，能遮衆惡，是名忍辱；心得禪定樂，不爲衆惡，是名禪定。是忍，是心數法，與心相應，隨心行；非業，非業報，隨業行。有人言：二[4]界繫。有人[5]言：但欲界[6]繫，或不繫。色界無外惡可忍故。亦有漏、亦無漏，凡夫、聖人俱得故。障[7]己心、他心不善法，故名爲善。善故，或思惟斷，或不斷。如是等[8]種種，阿毘曇廣分別[9]。問曰：云何名生忍？答曰：有二種衆生來向菩薩：一者，恭敬供養；二者，瞋罵打害。爾時，菩薩其心能忍，不愛敬養[10]衆生；不瞋加惡衆生。是名生忍。問曰：云何恭敬、供養，名之爲忍？答曰：有二種結使：一者[11]，屬愛結使；二者，屬恚結使。恭敬、供養雖不生恚，令[12]心愛著，是名軟賊。是故於此應當自忍，不著不愛。云何能忍？觀其無常，是結使生處。如佛所説：利養瘡[13]深，譬如斷皮至肉，斷肉至骨，斷骨至髓。人著利養，則破持戒皮，斷禪定肉，破智慧骨，失微妙善心髓。如佛初遊迦毘羅婆國，與千二百五十比丘俱，悉是梵志之身。供養火故，形容憔悴；絕食苦行故，膚體瘦黑。淨飯王心念言：我子侍從，雖復心淨清[14]潔，竝無容貌，我當擇取累重多子孫者，家出一人，爲佛弟子。如是思惟已，勅下國中：簡擇諸釋[15]貴戚子弟，應書之身，皆令出家。是時，斛飯王子提婆達多[16]，出家學道，誦六萬法聚[17]，精進修[18]行，滿十二年。其後爲供養利故，來至佛所，求學神通。佛告憍曇：汝觀五陰無常，可以得道，亦得神通。而不爲説取通之法。出求舍利弗、目揵連，乃至五百阿羅漢，皆不爲説；言：汝當觀五陰無常，可以得道，可以得通。不得[19]所求，涕泣不樂；到阿難所，求學神通；是時阿難未得他心智，敬其兄故[20]，如佛所言以授。提婆達多受學通法，入山不久，便得五神[21]通。得五神[22]通已，自念：誰當與我作檀越者？如王子阿闍世，有大

1　“無量”後，乙本有“福德”。

2　“福德智慧”，乙本無。

3　“善”，乙本作“若”誤。

4　“二”，乙本作“三”。

5　“人”，乙本無。

6　“界”，乙本作“色”。

7　“障”，乙本作“彰”，“彰”通“障”。

8　“等”，乙本無。

9　“菩薩若遇惡口罵詈……阿毘曇廣分別”二百一十八字，丙本無。“分別”後，乙本有“到”。

10　“敬養”，乙本作“恭敬”。

11　“者”，乙本作“種”。

12　甲本（圖版3）始。

13　“瘡”，甲、乙、丙本作“創”，“創”通“瘡”。下同，不復出校。

14　“淨清”，乙、宋、元、明、宮本作“清淨”。

15　“諸釋”，乙本無。

16　“提婆達多”，乙本作“提婆達”，異譯詞。下同，不復出校。

17　“聚”，乙本作“藏”。

18　甲本（圖版3）終。乙本無“修”。

19　“得”，丙本作“可”。

20　“敬其兄故”，丙本無，宋、元、明、宮本作“以其父兄”。

21　“神”，乙本無。

22　“神”，乙本無。

王相。欲與[1]爲親厚,到天上取天食;還到欝旦羅越[2],取自然粳米;至[3]閻浮林中,取閻浮果,與王子阿闍世。或時自變其身,作象寶、馬寶,以惑[4]其心;或作嬰[5]孩[6]坐其膝上,王子抱之,嗚唼[7]與唾;時時[8]自説己名,令太[9]子知之,種種變態以動其心。王子意惑,於奈[10]園中大立精舍,四種供養,并種種雜供,無物不備,以給提婆達多;日日率諸大臣,自爲送五百釜羹飯[11]。提婆達多大得供養,而徒衆尠少,自念:我有三十相,減佛未[12]幾,直以弟子未集;若大衆圍繞,與佛何異?如是思惟已,生心破僧,得五百弟子;舍利弗、目犍連説法教化,僧還和合。爾時,提婆達多便生惡心,推山壓[13]佛,金剛力士以金剛杵而遥[14]擲之,碎石迸來,傷佛足指。華色比丘尼呵之,復以拳打尼,尼即時眼出而死,作三逆罪。與惡邪師富蘭那外道等爲親厚,斷諸善根,心無愧悔。復以惡毒著指爪中,欲因禮佛以中傷佛;欲去未到[15]王舍城中,地自然破裂,火車來迎,生入地獄。提婆達多身有三十相,而不能忍伏其心,爲供養利故,而作大罪,生入地獄。以是故言利養瘡深,破皮至髓,應當除却愛供養人心。是爲菩薩忍,心不愛著供養、恭敬人。復次,供養有三種:一者,先世因緣福德故;二者,今世功德,修戒、禪定、智慧故,爲人敬養[16];三者,虚妄欺惑,内無實德,外如清[17]白,以誑時人而得供養。於此三種供養中,心自思惟:若先世因緣懃修[18]福德,今得供養,是爲懃身作之而自得耳,何爲於此而生貢高?譬如春種秋穫,自以力得,何足自憍?如是思惟已,忍伏其心,不著、不憍。若今世功德故[19]而得供養,當自思惟:我以智慧,若知諸法實相,若能斷結,以此功德故,是人供養[20],於我無事。如是思惟已[21],自伏其心[22],不自憍高;此[23]實愛樂[24]功德,不愛我也[25]。譬如罽賓三藏比丘,行阿蘭若法,至一王寺,寺設大會,守門人見其衣服麁弊,遮門不前。如是數數,以衣服弊故,每不得前,便作方便,假借好衣而來,門家見之,聽前不禁;既至會坐,得種種好食,先以與衣。衆人問言:何以爾也[26]?答言:我比數來,每不得入,今以衣故得在[27]此坐,得種種好食,

---

1　“與”,乙本作“與我”。

2　“欝旦羅越”,乙本作“欝單日”,丙、宋、元、明、宫本作“欝怛羅越”,皆爲異譯詞。

3　“至”,乙本作“到”。

4　“惑”,丙本作“或”,“或”爲“惑”之古字。下同,不復出校。

5　“嬰”,乙、丙本作“嫈”,“嫈”爲“嬰”之借字,宋、元、宫本作“瓔”,俗字。

6　“孩”,乙本作“咳”,“咳”通“孩”。

7　“嗚唼”,乙、丙、元、明、宫本作“嗚嗽”,石本作“嗚嗽”。

8　“時時”,乙本作“常”。

9　“太”,乙本作“王”。

10　“奈”,乙、丙、宫、石本作“李”。

11　“飯”,乙、丙本作“餅”。

12　“未”,乙本作“無”。

13　“壓”,乙、丙本作“庘”。

14　“遥”,乙本作“摇”。“摇”通“遥”。

15　“到”,乙、丙、宋、元、明、宫本作“到於”。

16　“爲人敬養”,乙本作“爲人供養”,丙、宋、宫、石本無。

17　“清”,乙本作“青”,“清”通“青”。

18　“懃修”,乙本作“修懃”,誤倒。

19　“若今世功德故”,原作“若今世故功德”,誤倒,兹據乙、丙本乙正。

20　“供養”後,乙本有“功德”。

21　“已”,乙本作“以”,“以”通“已”。

22　“已自伏其心”,乙本作“以自調心”。

23　“此”,乙本作“是”。

24　“樂”,乙本作“愛”,誤。

25　“也”,乙本無。

26　“也”,乙本作“耶”。

27　“在”,乙本無。

實是衣故得之,故以與衣。行者以修行功德,持戒智慧故而得供養,自念:此爲[1]功德,非爲我也。如是思惟,能自伏心,是名爲忍。若[2]虛妄欺僞而得供養,是爲自害,不可近也!當自思惟:若我以此虛妄而得供養,與惡賊劫盜得食無異,是爲墮欺妄罪。如是[3]於三種供養人中,心不愛著,亦不自高,是名生忍。問曰:人未得道,衣食爲急,云何方便能得忍,心不著、不愛給施之人?答曰:以智慧力,觀無常相、苦相、無我相[4],心常厭患。譬如罪人臨當受戮,雖復美味在前,家室[5]勸喻,以憂死故,雖飲食餚膳,不覺滋味;行者亦爾,常觀無常相、苦相,雖得供養,心亦不著。又如麞鹿爲虎搏逐,追[6]之不捨,雖得好草、美水飲食,心無染著[7];行者亦爾,常爲無常虎逐不捨須臾,思惟厭患,雖得美味,亦不染著[8]。是故行者於供養人中,心得自忍。復次,若有女人來欲娛樂,誑惑菩薩,菩薩是時當自伏心,忍不令起。如釋迦文尼佛在菩提樹下,魔王憂愁,遣三玉女——一名樂見,二名悦彼,三名渴愛——來現其身,作種種姿態,欲壞[9]菩薩。菩薩是時心不傾動,目不暫視。三女念言:人心不同,好愛各異;或有好少,或愛中年,或好長好短[10],好黑好白,如是衆好,各有所愛。是時三女,各各化作五百美女,一一化女作無量變態,從林中出。譬如黑雲,電光暫現,或揚眉頓睫,婹媠細視,作衆伎樂,種種姿[11]媚,來近菩薩,欲以態身觸逼菩薩。爾時,密迹金剛力士瞋目叱之:此是何人,而汝妖媚敢來觸嬈[12]!爾時,密迹説偈呵之:

汝不知天命[13],失好而黃髯;大海水清美,今日盡苦醶。汝不知日[14]減,婆藪諸天墮;火本爲天口,而今一切噉。汝不知此事,敢輕此聖人!

是時,衆女逡巡小[15]退,語菩薩言:今[16]此衆女端嚴無比,可自娛意[17],端坐何爲?菩薩言:汝等不淨,臭穢可惡,去勿妄談!菩薩是時,即説偈言:

是身爲穢藪,不淨物腐積,是實爲行厠,何足以樂意!

女[18]聞此偈,自念:此人不知我等清淨天身而説此偈,即自變身,還復[19]本形,光曜[20]昱爍,照林樹間,作天伎樂,語菩薩言:我身如是,有何可呵?菩薩答言:時至自知!問曰:此言何謂?以偈[21]答言:

---

1 "爲",乙本無。
2 "若",乙本無。
3 "如是"後,乙本有"思惟"。
4 "無我相",乙本作"無吾我相"。
5 "室",原作"至",誤,兹據乙、丙本改。
6 "追",乙本作"退",誤。
7 "心無染著",乙本作"心不味著"。
8 "雖得……染著"八字,乙本作"雖得美味,亦如麞鹿,心不染著"。
9 "壞",乙本作"懷","懷"爲"壞"之借字。
10 "好短",乙本作"或好短"。
11 "姿",乙本脱。
12 "嬈",乙本作"繞","繞"爲"嬈"之借字。
13 "命",乙、丙、宋、元、明、宫本作"帝"。
14 "日",乙、丙、宋、元、明、宫、石本作"月"。
15 "小",乙本作"而"。
16 "今",乙本無。
17 "娛意",乙本作"娛樂意"。
18 "女",乙本作"汝",誤。
19 "復",乙本作"服","服"爲"復"之借字。
20 "曜",乙本作"燿"。
21 "以偈",乙本無。

諸天園林中,七寶蓮華池,天人相娛樂,失時汝自知! 是時見[1]無常,天人樂皆苦[2],汝當厭欲樂,愛樂正真道!

女[3]聞偈已,心念:此[4]人大智無量,天樂清淨,猶[5]知其惡,不可當也! 即時滅去。菩薩如是觀[6]婬欲樂,能自制心,忍不傾動。復次,菩薩觀欲,種種不淨,於諸衰中,女衰最重。刀火、雷電、霹靂、怨家、毒蛇之屬,猶可暫近;女人慳妬、瞋諂、妖穢、鬭諍、貪嫉,不可親近。何以故? 女子小人,心淺智薄,唯欲是視,不觀富貴、智德、名聞,專行欲惡,破人善根。桎梏、枷鎖、閉繫、囹圄,雖曰難解,是猶易開;女鎖繫人,染固根深,無智没之,難可得脱。眾病之中,女病最重。如佛偈言:

寧[7]以赤鐵,宛轉[8]眼中;不以散心,邪視女色,含笑作姿,憍慢羞恥[9];迴面攝眼,美言妬瞋。行步妖穢,以惑於人,婬羅彌網,人皆没身。坐臥行立,迴眄巧媚[10];薄智愚人,爲之心醉。執劍向敵,是猶可勝;女賊害人,是不可禁。蚖蛇含毒,猶可手捉;女情惑[11]人,是不可觸。有智之人,所應不[12]視;若欲觀之,當如母姊[13]。諦視觀之,不淨填積;婬火不除,爲之燒滅!

復次,女人相者,若得敬待,則令夫心高;若敬[14]待情捨,則令夫心怖。女人如是,恒以煩惱、憂怖與人,云何可近? 親好乖[15]離女人之罪;巧察人惡[16]女人之智。大火燒人,是猶可近;清風無[17]形,是亦可捉;蚖蛇含毒,猶亦可觸;女人之心,不可得實。何以故? 女人之相:不觀富貴、端政、名聞,智德、族姓、技[18]藝、辯言,親厚、愛重,都不在心,唯欲是視;譬如蛟龍,不擇好醜,唯欲殺人。又復,女[19]人不瞻視,憂苦憔悴;給養敬待,憍奢叵制。復次,若在善人之中,則自畜心高;無智人中,視之如怨;富貴人中,追之敬愛;貧賤人中,視之如狗。常隨欲心,不隨功德。如説:國王有女,名曰拘牟頭。有捕魚師,名述婆伽[20],隨道而行,遥見王女在高樓上。窻中見面,想像染著,心不暫捨,彌歷日月,不能飲食。母問其故,以情答母:我見王女,心不能忘[21]! 母諭兒言:汝是小人,王女尊貴,不可得也! 兒言:我心願樂,不能暫忘,若不如意,不能活也! 母爲子故,入王宮中,常送肥魚美[22]肉,以遺王女而不取價。王女怪而問之:欲求何願? 母白王女:願却左右,當以情告;我唯

1　"見",乙本作"知"。

2　"天人樂皆苦",乙本作"天上樂亦苦"。

3　"女",乙本作"汝",誤。

4　"此",乙本作"是"。

5　"猶",乙本作"由","由"通"猶"。

6　乙本終。

7　甲本(圖版4)始。

8　"宛轉",甲、丙本作"蜿轉",異形詞。

9　"耻",丙本作"慙",宋、元、明、宫、石本作"慚","慙"同"慚"。

10　"媚",甲、丙本作"瞔","瞔"爲"媚"之借字。

11　"惑",甲本作"或","或"爲"惑"之古字。

12　"應不",甲、丙、宋、元、明、宫本作"不應"。

13　"姊",甲、丙本作"想"。

14　"敬",甲、丙本無。

15　"乖",甲、丙本作"求女"。

16　"惡",原作"耍",誤,兹據甲、丙、宋、元、明、宫、石本改。

17　甲本(圖版4)終。

18　"技",丙本作"伎"。

19　"女",丙、宋、元、明、宫、石本無。

20　"述婆伽",丙、宋、元、明、宫本作"怵波伽",石本作"床婆伽","床"當爲"怵"之誤。

21　"忘",丙本作"妄","妄"爲"忘"之借字。

22　"美",丙、宋、元、明、宫、石本作"鳥"。

有一子,敬慕王女,情結成病,命不云遠;願垂愍念,賜其生命! 王女言:汝去! 月十五日,於某甲天祠中,住天像後。母還語子,汝願已得,告之如上。沐浴新衣,在天像後住。王女至時,白其父王:我有不吉,須至天祠以求吉福。王言:大善! 即嚴車五百乘,出至天祠;既到,勅諸從者齊門而止,獨入天祠。天神思惟:此不應爾! 王爲世[1]主,不可令此小人毀辱王女! 即厭此人,令睡不覺。王女既入,見其睡重,推之不悟,即以瓔珞直十萬兩金,遺之而去。去後,此人得覺,見有瓔珞,又問衆人,知王女來;情願不遂,憂恨懊惱,婬火內發,自燒而死。以是證故,知女人之心不擇貴賤,唯欲是從。復次,昔有國王女,逐旃陀羅,共爲不淨。又有仙人女,隨逐師子。如是等種種,女人之心無所選擇。以是種種因緣,於女人中除去情欲,忍不愛著。云何瞋惱人中而得忍辱? 當自思惟:一切衆生有罪因緣,更相侵害。我今受惱,亦本行因緣,雖非今世所作,是我先世惡報,我今償之,應當甘受,何可逆也! 譬如負債[2],債主索之,應當歡喜償債,不可瞋也。復次,行者常行慈心,雖有惱亂逼身,必能忍受。譬如:羼提仙人在大林中修忍行慈。時,迦利王將諸婇女,入林遊戲;飲食既訖,王小睡息。諸婇女輩遊花[3]林間,見此仙人,加敬禮拜,在一面立。仙人爾時爲諸婇女讚説慈忍,其言美妙,聽者無厭,久而不去。迦利王覺,不見婇女,拔劍追蹤;見在仙人前立,憍妬隆盛,瞋目奮劍而問仙人:汝作何物? 仙人答言:我今在此修忍、行慈。王言:我今試汝,當以利劍截汝耳鼻,斬汝手足,若不瞋者,知汝修忍! 仙人言:任意! 王即拔劍截其耳鼻,斬其手足,而問之言:汝心動不? 答言:我修慈忍,心不動也。王言:汝一身在此,無有勢力,雖口言不動,誰當信者? 是時仙人即作誓言:若我實修慈忍,血當爲乳! 即時血變爲乳。王大驚喜,將諸婇女而去。是時林中龍神,爲此仙人,雷電、霹靂,王被毒害,沒不還宮。以是故言於惱亂中能行忍辱。復次,菩薩修行悲心,一切衆生常有衆苦:處胎迫[4]隘,受諸苦痛;生時迫迮,骨肉如破,冷風觸身,甚於劍戟;是故佛言:一切苦中,生苦最重。如是老、病、死苦,種種困厄,云何行人復加其苦? 是爲瘡中復加[5]刀破! 復次,菩薩自念:我不應如諸餘人常隨生死水流,我當逆流以求盡源,入泥洹道。一切凡人,侵至則瞋,益至則喜,怖處則畏。我爲菩薩,不可如彼,雖未斷結,當自抑制,修行忍辱,惱害不瞋,敬養不喜,衆苦艱難不應怖畏;當爲衆生興大悲心! 復次,菩薩若見衆生來爲惱亂,當自念言:是爲我之親厚,亦是我師,益加親愛,敬心待之。何以故? 彼若不加衆惱惱[6]我,則我[7]不成忍辱;以是故言是我親厚,亦是我師。復次,菩薩心知:如佛所説:衆生無始,世界無際,往來五道,輪轉無量。我亦曾爲衆生父母、兄弟,衆生亦皆曾爲我父母、兄弟;當來亦爾。以是推之,不應惡心而懷瞋害。復次,思惟:衆生之中,佛種甚多,若我瞋意向之,則爲瞋佛;若我瞋佛,則爲已了! 如説鴿鳥當得作佛,今雖是鳥,不可輕也。復次,諸煩惱中,瞋爲最重,不善報中,瞋報最大;餘結無此重罪。如釋提婆那民問佛[8]偈言:

何物殺安隱? 何物殺不悔? 何物毒之根,吞滅一切善? 何物殺而讚? 何物殺無[9]憂?

佛答偈[10]言:

殺瞋心安隱,殺瞋心不悔;瞋爲毒之根,瞋滅一切善;殺瞋諸佛讚,殺瞋則無憂!

---

1 "世",丙、宋、元、明、宫本作"施"。

2 "債",丙本作"責","責"爲"債"之古字。下同,不復出校。

3 "遊花",丙、宋、元、明、宫、石本作"採華"。

4 "迫",丙、宋、元、明、宫、石本作"逼"。

5 "加",丙、宋、元、明、宫、石本作"以"。

6 "惱",丙、宋、元、明、宫本無。

7 "我",丙、宋、元、明、宫本無。

8 "問佛"後,丙、宋、元、宫本有"佛答"。

9 "無",丙本作"而"。

10 "偈",丙、宋、元、明、宫本無。

菩薩思惟：我今行悲，欲令衆生得樂。瞋爲吞滅諸善，毒害一切，我當云[1]何行此重罪？若有瞋恚，自失樂利，云何[2]能令衆生得樂？復次，諸佛菩薩以大悲爲[3]本，從悲而出[4]；瞋[5]爲滅悲之毒，特不相宜，若壞悲本，何名菩薩？菩薩從何而出？以是之故，應修忍辱。若衆生加諸瞋惱，當念其功德；今此衆生雖有一罪，更自別有諸妙功德，以其功德故，不應瞋[6]。復次，此人若罵若打，是爲治我；譬如金師煉[7]金，垢隨火去，真金獨在；此亦如是。若我有罪，是從先世因緣，今當償之，不應瞋也，當修忍辱！復次，菩薩慈念[8]衆生，猶[9]如赤子。閻浮提人多諸憂愁，少有歡日；若來罵詈，或加讒賊，心得歡樂，此樂難得[10]，恣汝罵之！何以故？我本發心，欲令衆生得[11]歡喜故。復次，世間衆生，常爲衆病所惱，又爲死[12]賊常隨伺之，譬如怨家恒伺人便；云何善人而不慈愍復欲加苦？苦未及彼，先自受害。如是思惟，不應瞋彼，當修忍辱。復次，當觀瞋恚，其咎最深。三毒之中，無重此者；九十八使中，此爲最堅；諸心病中，第一難治。瞋恚之人，不知善，不知非善；不觀罪福；不知利害；不自憶念，當墮惡道；善言忘失，不惜名稱；不知他惱，亦不自計身心疲惱；瞋覆慧眼，專行惱他。如一五通仙人，以瞋恚故，雖修淨行，殺害一國，如旃陀羅。復次，瞋恚之人，譬如虎狼，難可共止；又如惡瘡，易發、易壞。瞋恚之人，譬如毒蛇，人不喜見。積瞋之人，惡心漸大，至不可至，殺父、殺[13]君，惡意向佛。如拘睒彌國[14]比丘，以小因緣，瞋心轉大，分爲二部。若欲斷當，終竟三月，猶不可了。佛來在衆，舉相輪手，遮而告[15]言：

汝諸比丘，勿起鬥[16]諍！惡心相續，苦報甚重！汝求涅槃，棄捨世利，在善法中，云何瞋諍？世人忿諍，是猶可恕，出家之人，何可諍鬥？出家心中，懷毒自害；如冷雲中，火出燒身！

諸比丘白佛言：佛爲法王，願小默然！是輩侵我，不可不答！佛念是人不可度也，於衆僧中凌[17]虛而去，入林樹間寂然三昧。瞋罪如是，乃至不受佛語。以是之故，應當除瞋，修行忍辱。復次，能修忍辱，慈悲易得；得慈悲者，則至佛道。問曰：忍辱法皆好，而有一事不可：小人輕慢，謂爲怖畏；以是之故，不應皆忍。答曰：若以小人輕慢，謂爲怖畏而欲不忍，不忍之罪甚於此也！何以故？不忍之人，賢聖善人之所輕賤；忍辱之人，爲小人所慢；二輕之中，寧爲無智所慢，不爲賢聖所賤。何以故？無智之人，輕所不輕；賢聖之人，賤所可賤。以是之故，當修忍辱。復次，忍辱之人，雖不行[18]布施、禪定，而常得微妙功德，生[19]天上、人中，後得佛道。何以故？心柔軟故。復次，菩薩思惟：若人今世惱我，毀辱、奪利、輕罵、繫縛，且當含忍。若我不忍，當

1　丁本始。

2　"重罪……云何"十二字，丁本殘。

3　"復次……悲爲"十字，丁本殘。

4　"出"，丙本作"生"。

5　丁本終。

6　"不應瞋"，丙、宋、元、明、宮本作"不應瞋之"。

7　"煉"，丙本作"練"，"練"爲"煉"之古字。

8　"念"，丙本作"狯"，誤。

9　"猶"，丙、宋、元、明、宮、石本作"有"。

10　"得"，丙本作"德"，"德"通"得"。

11　"得"，丙本無。

12　"死"，丙本作"怨"。

13　"殺"，丙本作"弑"。

14　"拘睒彌國"，丙本作"狗睒彌國"，"狗"蓋爲"拘"之誤。

15　"告"，丙本作"之"，宋、元、明、宮本作"告之"。

16　"鬥"，丙本作"瞋"。

17　"凌"，丙本作"陵"，"陵"通"凌"。

18　"行"，丙、宋、元、明、宮、石本無。

19　"生"，丙本脫。

墮地獄,鐵垣熱地,受無量苦,燒炙燔煮,不可具説!以是故,知小人無智,雖輕而[1]貴;不忍用威,雖快而賤;是故菩薩應當忍辱。復次,菩薩思惟:我初發心,誓爲衆生治其心病。今此衆生爲瞋恚結使所病,我當治之,云何而復以[2]之自病?應當忍[3]辱!譬如藥師療治衆病,若鬼狂病,拔刀罵詈,不識[4]好醜,醫知鬼病,但爲治之而不瞋恚;菩薩若[5]爲衆生瞋惱罵詈,知其[6]爲瞋恚者煩惱所病,狂心所使,方便治之,無所嫌責,亦復如是。復次,菩薩育養一切,愛之如子;若衆生瞋惱菩薩,菩薩愍之,不瞋、不責。譬如慈父撫育子孫,子孫幼稚未有所識,或時罵詈、打擲,不敬、不畏,其父愍其愚小,愛之愈至,雖有過罪,不瞋、不恚;菩薩忍辱,亦復如是。復次,菩薩思惟:若衆生瞋惱加我,我當忍辱。若我不忍,今世心悔,後入地獄,受苦無量;若在畜生,作毒龍、惡蛇、師子、虎、狼;若爲餓鬼,火從口出。譬如人被火燒,燒時痛輕,後痛轉重。復次,菩薩思惟:我爲菩薩,欲爲衆生益利;若我不能忍辱,不名菩薩,名爲惡人。復次,菩薩思惟:世有二種:一者,衆生數;二者,非衆生數。我初發心,誓爲一切衆生。若有非衆生數:山石、樹木、風寒、冷熱、水雨侵害,但求衞之,初不瞋恚。今此衆生是我所爲,加惡於我,我當受之,云何而瞋[7]?復次,菩薩知從久遠已來,因緣和合,假名爲人,無實人法,誰可瞋者?是中但有骨血、皮[8]肉,譬如累塹;又如木人,機關動作,有去有來。知其如此,不應有瞋!若我瞋者,是則愚癡,自受罪苦。以是之故,應修忍辱。復次,菩薩思惟:過去無量恒河沙等諸佛,本行菩薩道時,皆先行生忍,然後修行法忍。我今求學佛道,當如諸佛法;不應起瞋恚,如魔界[9]法。以是故,應當忍辱。如是等種種無量因緣故能忍,是名生忍。

　　大智度論卷第十四[10]。

大智度論釋初品中羼提波羅蜜法忍義第二十五(卷第十五)[11]

　　……此[12]言誰當信者!若言顛倒故見有者,當見[13]一人時,何以不見二、三?以其實無而顛倒見[14]故。若不墮此有、無見,得中道實相。云何知實?如過[15]去恒河沙[16]等諸佛菩薩所知所説,未來[17]恒河沙等諸佛菩薩所知所説,現在恒河沙[18]等諸[19]佛菩薩所知所説……

1　"輕而",丙本殘。

2　"以",丙本作"瞋"。

3　"當忍",丙本殘。

4　"罵詈不識",丙本殘。

5　"恚菩薩若",丙本殘。

6　丙本終。

7　甲本(圖版5)始。

8　"皮",甲本無。

9　"界",甲、宋、元、明、宫本作"境界"。

10　甲本(圖版5)終,尾題作"大智論卷弟十四"。

11　本卷對應《大智度論》寫本凡4號:俄Дx04445號(以下簡稱"甲一")、俄Дx04619號(以下簡稱"甲二")、俄Дx16192號(以下簡稱"乙本")、俄Дx12178號(以下簡稱"丙本")。

12　甲一始。

13　"言誰……當見"十五字,甲一殘。

14　"以不……倒見"十三字,甲一殘。

15　"墮此……如過"十六字,甲一殘。甲二始於"如"。

16　甲一終。

17　"去恒……未來"十五字,甲二殘。

18　"等諸……河沙"十四字,甲二殘。

19　甲二終。

……皆[1]由懈怠心。雖聞增益法，不能得上及，如是之過罪，皆[2]由懈怠心。生業不修理，不入於道法，如是之過失[3]，皆由懈怠心[4]……

……所願皆[5]得。復次，譬如水流，能決大石；不放逸心，亦復如是[6]。專修方便，常行不廢，能破煩惱諸結使山。復次，菩薩[7]有三種思惟：若我不作[8]，不得果報；若我不自作，不從他來[9]；若我作者，終[10]不失。如是思惟，當必精進，爲佛道故，懃修專精而不放逸。如一[11]小阿蘭若，獨在林中坐禪而生懈怠。林中有神[12]是佛弟子，入一死屍[13]骨中，歌儛而來，説此偈言[14]……

大智度論釋初品中毗梨耶波羅蜜義第二十七（卷第十六）[15]

……受禽[16]獸形。色界諸天，亦復如是，從清淨處墮，還受[17]婬欲，在不淨中。欲界六天，樂著五欲，還墮地獄，受[18]諸苦痛。見人道中，以十善福貿得人身，人身多[19]苦少樂，壽盡多墮惡趣中。見諸畜生，受諸苦惱，鞭[20]杖驅馳，負重涉遠，項領穿壞，熱鐵燒爍；此人宿[21]行因緣，以繫縛衆生，鞭杖苦惱；如是等種種[22]因緣故，受象、馬、牛、羊、麞、鹿畜獸之形。婬欲情重，無[23]明偏[24]多……若[25]與其水，千歲不足。或有餓鬼自破其頭，以手取[26]腦而舓[27]。或有餓鬼形如黑山，鐵鎖鎖頸，叩頭[28]求哀，歸命獄卒。或有餓鬼先世惡口，好以麁語加[29]彼衆生，

1　乙本始。

2　"心雖……罪皆"十七字，乙本殘。

3　"生業……過失"十五字，乙本殘。

4　乙本終。

5　丙本始。

6　"逸心亦復如是"，丙本殘。

7　"使山復次菩薩"，丙本殘。

8　"不作"，丙本殘。

9　"自作不從他來"，丙本殘。

10　"終"，丙本作"亦"。

11　"一"，丙本無。

12　"有神"，丙本作"羅刹鬼"。

13　"屍"，丙本作"尸"，"尸"爲"屍"之古字。

14　丙本終。

15　本卷對應《大智度論》寫本凡8號：俄Дx18637號（以下簡稱"甲一"）、俄Дx18618號（以下簡稱"甲二"）、俄Дx18636號（以下簡稱"甲三"）、津藝065號3（以下簡稱"乙本"）、S.6093號（以下簡稱"丙本"）、羽210號C（以下簡稱"丁本"）、俄Дx06364號（以下簡稱"戊一"）、俄Дx07310號（以下簡稱"戊二"）。

16　甲一始。

17　"諸天……還受"十三字，甲一殘。

18　"中欲……獄受"十四字，甲一殘。

19　"人道……身多"十四字，甲一殘。

20　"多墮……惱鞭"十四字，甲一殘。

21　"負重……人宿"十五字，甲一殘。

22　"緣以……種種"十五字，甲一殘。

23　"象馬……重無"十五字，甲一殘。

24　甲一終。

25　甲二始。

26　"不足……手取"十三字，甲二殘。

27　"舓"，甲二作"自舐之"。

28　"有餓……叩頭"十三字，甲二殘。

29　"獄卒……語加"十五字，甲二殘。

衆生憎惡,見之如讎,以此罪故,墮餓鬼[1]中。如是等種種罪故,墮餓鬼趣中,受無量苦[2]痛。見八[3]大地獄……多造大惡五[4]逆重罪,斷諸[5]善根,法言非法,非法言法[6],破因破果,憎嫉善人。以是罪故,入此地獄,受罪最劇。如是等種種八大地獄。周圍其外[7],復有十六小地獄爲眷屬[8]:八寒冰,八炎火,其中罪毒,不可見聞。八炎火地獄者:一名炭坑,二名沸屎,三名燒林,四名劍林,五名刀道,六名鐵刺林,七名醎河,八名[9]銅橛——是爲八。八寒冰地獄者:一名頞浮陀(少多有孔),二名尼羅浮陀(無孔[10]),三名阿羅羅[11](寒戰聲也)……若橛[12]若槍傷人;若斷截道路,撥徹橋樑,破正法道[13],示以非法道,如是等種種因緣,墮利刀道地獄中。利刀道地獄者,於絕壁狹道中竪利刀,令罪人行[14]上而過。若犯邪婬,侵他婦女,貪受樂觸,如是等種種[15]因緣墮鐵刺林地獄中。刺樹高一由旬,上[16]有大[17]毒蛇,化作美女身,喚此罪人上來,共汝作樂;獄卒[18]驅之令上,刺皆下向,貫刺罪人,身被刺害,入骨[19]徹髓[20]……是爲心精[21]進。生身菩薩行六波羅蜜,是爲身精進;法性身菩[22]薩行六波羅蜜,是爲心精進(未得法身,心則隨身;已得法身,則心不隨身,身不累心也)。復次[23],一切法中,皆能成辦,不惜身命,是爲身精進;求一切[24]禪定、智慧時,心不懈惓,是爲心精進。復次,身精[25]進者,受諸懃苦,終不懈廢。如說:波羅柰國梵摩[26]達王,遊獵於野林中。見二鹿群,群各有主,一主有[27]五百群鹿。一主身七寶色,是釋迦牟尼菩薩;一[28]主是[29]提婆達多。菩薩鹿王見人王大衆殺其部黨[30],起大悲心,逕到王前。王人競射,飛矢如雨;

1　“衆生……餓鬼”十七字,甲二殘。
2　“是等……量苦”十五字,甲二殘。
3　甲二終。
4　乙本始。
5　“諸”,乙、宋、宮、石本無。
6　“法”後,乙、宋、元、明、宮、石本有“實言非實,非實言實”。
7　“周圍其外”,乙、宋、元、明、宮、石本無。
8　“眷屬”,乙本無。
9　“八名”,乙本脱。
10　“少多……無孔”十二字,乙本無。
11　“阿羅羅”,乙、宋、元、明、宮本作“呵羅羅”,異譯詞。乙本終。
12　甲三始。
13　“若斷……法道”十三字,甲三殘。
14　“是等……人行”三十二字,甲三殘。
15　“邪婬……種種”十五字,甲三殘。
16　“墮鐵……旬上”十四字,甲三殘。
17　“大”,甲三無。
18　“化作……獄卒”十七字,甲三殘。
19　“刺皆……入骨”十四字,甲三殘。
20　甲三終。
21　丙本始。
22　“是爲……身苦”九字,丙本殘。
23　“進未……復次”二十五字,丙本殘。
24　“身命……一切”十字,丙本殘。
25　“是爲……身精”九字,丙本殘。
26　“懈廢……梵摩”十字,丙本殘。
27　“見二……主有”十一字,丙本殘。
28　“色是……薩一”九字,丙本殘。
29　“是”,丙本脱。
30　“人王……部黨”八字,丙本殘。

王見此[1]鹿直進趣已,無所忌憚,勅諸從人:攝汝弓矢,無[2]得斷其來意。鹿王既至,跪白人王:君以嬉遊逸[3]樂小事故,群鹿一時皆受死苦;若以供膳,輒當差[4]次,日送一鹿,以供王厨。王善其言,聽如其意。於是二[5]鹿群主,大集差次,各當一日。送應次者,是時,提婆[6]達多[7]鹿群中,有一鹿懷[8]子,來白其主:我身今日當應[9]送死,而我懷子,子非次也;乞垂料理,使死者得次,生[10]者不濫[11]!鹿王怒之言:誰不惜命?次來但去,何得辭[12]也?鹿母思惟:我王不仁,不以理恕,不察我辭,橫見[13]瞋怒,不足告也!即至菩薩王所,以情具白。王問此[14]鹿:汝主何言?鹿曰:我主不仁,不見料理,而見瞋怒;大王[15]仁及一切,故來歸命。如我今日,天地雖曠,無所控告[16]!菩薩思惟:此甚可愍!若我不理,枉殺其子;若非[17]次更差,次未及之,如何可遣?唯有我當代之。思之既定[18],即自送身,遣鹿母還,我今代汝,汝勿憂也!鹿王逕到[19]王門,眾人見之,怪其自來,以事白王。王亦怪之,而命令[20]前,問言:諸鹿盡耶?汝何以來?鹿王言:大王仁及群鹿[21],人無犯者,但有滋茂,何有盡時!我[22]以異部群中……

……復[23]次,昔野火燒林,林中有一雉,懃身自力,飛入水中,漬其毛羽,來滅大火;火大水少,往來疲乏,不以爲苦。是時,天帝釋來問之言:汝作何等?答言:我救此林,愍眾生故!此林蔭育處廣,清涼快樂,我諸種類,及諸宗親,并諸眾生,皆依仰此。我有身力,云何懈[24]怠而不救之?天帝問言:汝乃精懃,當至幾時?雉言:以死爲期!天帝言:汝心雖爾[25],誰證知者?即自立誓:我心至誠,信不虛者,火即當滅!是時,淨居天知菩薩弘誓,即爲滅火。自古及今,唯有此林,常獨蔚茂,不爲火燒。如是等種種宿世所行,難爲能爲,不

---

1 "飛矢……見此"七字,丙本殘。

2 "憚勅……矢無"十字,丙本殘。

3 "既至……遊逸"十一字,丙本殘。

4 "皆受……當差"十一字,丙本殘。

5 "王善……是二"十一字,丙本殘。

6 "各當……提婆"十二字,丙本殘。

7 "多",丙本無。

8 "懷",丙本作"壞","壞"爲"懷"之借字。

9 "來白……當應"十字,丙本殘。

10 "乞垂……次生"十字,丙本殘。

11 "濫",丙本作"攬","攬"爲"濫"之借字。

12 "怒之……得辭"十四字,丙本殘。

13 "王不……橫見"十三字,丙本殘

14 "也即……問此"十四字,丙本殘。

15 "鹿曰……大王"十六字,丙本殘。

16 "日天……控告"九字,丙本殘。

17 "我不……若非"九字,丙本殘。

18 "唯有……既定"十字,丙本殘。

19 "汝汝……逕到"九字,丙本殘。

20 "白王……命令"九字,丙本殘。

21 "鹿王……群鹿"九字,丙本殘。

22 丙本終。

23 丁本始。

24 "懈",丁本作"解","解"通"懈"。

25 "爾",丁本作"大"。

惜身命、國財、妻子、象馬、七珍、頭目骨髓[1]，懃[2]施不倦[3]……或持齋節[4]食，或絶諸色味，或忍罵辱、刀杖之患，是故身體焦[5]枯[6]。又常坐禪，曝露懃苦，以求智慧；誦讀、思惟、問難[7]、講説一切諸法；以智分别好惡、麁細、虛實、多少；供[8]養無量諸佛，慇懃精進求此功德，欲具足五波羅蜜[9]。我是[10]時無所得，不得檀、尸、羼、精進、禪、智慧波羅蜜[11]。見然燈佛，以[12]五華散佛，布髮泥中，得無生法忍，即[13]時六波羅蜜滿；於空中立偈，讚然燈佛；見十方無[14]量諸[15]佛……

大智度論釋初品中禪波羅蜜第二十八（卷第十七）[16]

……

大智度論釋初品中般若波羅蜜第二十九（卷第十八）[17]

……今但[18]略説。如人入海，有始入者，有盡其源底[19]者，深淺雖異，俱名爲入。佛、菩薩亦如是[20]，佛則窮盡其底；菩薩未斷諸煩惱[21]、習，勢力少故，不能深入。如後品中説譬喻：如人於闇室然[22]燈，照諸器物，皆悉分了，更有大燈，益復明審。則知後[23]燈所破之闇，與前燈合住；前燈雖與闇共住，而亦能照物。若前燈[24]無闇，則後燈無所增益。諸佛菩薩智慧亦如是；菩薩智慧雖與煩惱、習合，而能得諸法實相，亦如前燈亦能照物；佛智慧盡諸煩惱、習，亦得諸法實相，如後燈倍復明了。問曰：云何是諸法實相？ 答曰：衆人各各説諸法實相，自以爲是。此中實相者，不可破壞，常住不異，無能作者。如後品中佛語須菩提：若菩薩觀一切法[25]，非常非無常，非苦非樂，非我非無我，非有非無等，亦不作[26]是觀，是名菩薩行般若波羅蜜。是義，捨一切觀，滅

1　“骨髓”，丁、明、石本作“體腦”，宋宫本作“體惱”，“惱”爲“腦”之借字。

2　“懃”，丁本作“難”，誤。

3　丁本終。

4　戊一始。

5　“色味……體焦”十五字，戊一殘。

6　“枯”，戊一作“故”，“故”爲“枯”之借字。

7　“禪曝……問難”十五字，戊一殘。

8　“法以……少供”十四字，戊一殘。

9　“慇懃……羅蜜”十五字，戊一殘。

10　“是”，戊一無。

11　“無所……羅蜜”十六字，戊一殘。

12　戊一終。

13　戊二始。

14　“羅蜜……方無”十六字，戊二殘。

15　戊二終。

16　本卷對應《大智度論》護首 1 件（BD 12966 號），不入校。

17　本卷對應《大智度論》寫本凡 2 號：BD 00428 號（以下簡稱“甲本”）、S.0195 號（以下簡稱“乙本”）。

18　甲本始。

19　“有始……源底”九字，甲本殘。

20　“入佛……如是”七字，甲本殘。

21　“諸煩惱”，甲本殘。

22　“然”，甲本作“燃”，“然”爲“燃”之古字。

23　“後”，甲本作“大”。

24　“前燈”，甲本作“前燈中”。

25　“法”，甲本作“諸法”。

26　“作”，甲本作“有”。

一切言語[1]，離諸心行，從本已[2]來，不生不滅，如涅槃相；一切諸法相亦如是，是名諸法實相。如《讚般若波羅蜜偈》説：

般若波羅蜜，實法不顛倒，念想觀已除，言語法亦滅。無量衆罪除，清淨心常一，如是尊妙人，則能見般若。如虚空無染，無戲無文字，若能如是觀，是即爲見佛。若如法觀佛，般若及涅槃，是三則一相，其實無有異。諸佛及菩薩，能利益一切，般若爲之母，能出生養育。佛爲衆生父，般若能生佛，是則爲一切，衆生之祖母。般若是一法，佛説種種名，隨諸衆生力，爲之立異字。若人得般若，議論心皆滅；譬如日出時，朝露一時失。般若之威德，能動二種人：無智者恐怖[3]，有智者歡喜[4]。若人得般若，則爲般若主，般若中不著，何況於餘法！般若無所來，亦復無所去，智者一切處，求之不能得。若不[5]見般若，是則爲被縛；若人[6]見般若，是[7]亦名被縛。若人見般若，是則[8]得解脱；若不見般若，是[9]亦得解脱。是事爲希有，甚深有大名，譬如幻化物，見而不可見。諸佛及菩薩，聲聞辟支佛，解脱涅槃道，皆從般若得。言説爲世俗，憐愍一切故，假名説諸法，雖説而不説。般若波羅蜜，譬如大火焰[10]，四邊不可取，無取亦不取，一切取已[11]捨，是名不可取，不可取而取，是即[12]名爲取。般若無壞相，過一切言語，適無所依止，誰能讚其德？般若雖叵[13]讚，我今能得讚[14]，雖未脱死地，則爲已得出。

大智度論釋般若相義第三十[15]

問曰：何以獨稱般若波羅蜜爲摩訶，而不稱五波羅蜜？答曰[16]：摩訶，秦言大；般若言[17]慧；波羅蜜言到彼岸；以其能到[18]智慧大海彼岸，到諸[19]一切智慧邊，窮盡其極故，名到彼岸。一切世間中、十方、三世，諸佛第一大，次有菩薩、辟支佛、聲聞。是四大人皆從[20]般若波羅蜜中[21]生，是故名爲大。復次，能與衆生大果報，無量無盡，常不變異[22]，所謂涅槃；餘五波羅蜜不能爾。布施等離般若波羅蜜，但能與世間果報，是故不得名大[23]。

1　"言語"，甲本作"語言"。

2　"已"，甲本作"以"，"以"通"已"。

3　"恐怖"，甲本作"怖恐"。

4　"喜"，甲本作"憙"，"憙"爲"喜"之古字。下同，不復出校。

5　"不"，甲本作"人"。

6　"人"，甲本作"不"。

7　"是"，甲本作"則"。

8　"是則"，甲本作"則時"。

9　"是"，甲本作"則"。

10　"焰"，甲本作"炎"，"炎"爲"焰"之古字。

11　"已"，甲本作"以"，"以"通"已"。

12　"即"，甲本作"則"。

13　"叵"，甲本作"頗"，"頗"通"叵"。

14　"我今能得讚"，甲本作"而我今能讚"。

15　甲本品題作"般若相品第三十"。

16　"曰"，甲本作"言"。

17　"言"，甲本作"秦言"。

18　"到"，甲本作"度"。

19　"諸"，甲、宋、元、明、宫本無。

20　"從"，甲本作"由"。

21　"中"，甲、宋、元、明、宫、石本無。

22　"異"，甲本作"壞"。

23　"名大"，甲本作"名爲大"。

問曰：何者是智慧？答曰：般若波羅蜜攝一切智慧[1]。所以者何？菩薩求佛道，應當學一切法，得一切智慧，所謂聲聞[2]、辟支佛[3]、佛智慧。是智慧[4]有三種：學、無學、非學非無學。非學非無學智者，如乾慧地、不淨、安那般那、欲界繫四念處，煖法、頂法、忍法、世間第一法等。學智者，苦法智[5]忍慧，乃至向[6]阿羅漢第九無礙道中金剛三昧慧。無學智者，阿羅漢第九解脫智；從是已後，一切無學智，如盡智、無生智等，是爲無學智。求辟支佛道智慧亦如是。問曰：若辟支佛道亦如是者，云何分別聲聞、辟支佛？答曰：道雖一種，而用智有異。若諸佛不出、佛法已滅，是人先世因緣故，獨出智慧，不從他聞，自以智慧得道。如一國王，出在園中遊戲。清朝見林樹華菓蔚茂，甚可愛樂。王食已而臥，王諸夫人婇女[7]皆共取華，毀折林樹。王覺已，見林毀壞，而自覺悟：一切世間無常變壞，皆亦如是。思惟是已，無漏道心生，斷諸結使，得辟支佛道，具六神通，即飛到閑靜林間。如是等因緣，先世[8]福德、願行、果報，今世見少因緣，成辟支佛道，如是爲異。復次，辟支佛有二種[9]：一名獨覺，二名因緣覺。因緣覺如上說。獨覺者，是人今世成道，自覺不從他聞，是名獨覺辟支迦佛。獨覺[10]辟支迦佛有二種：一[11]，本是學人，在人[12]中生；是時無佛，佛法滅。是須陀洹已滿七生，不應第八生，自得成道。是人不名佛，不名阿羅漢，名爲小辟支迦佛，與阿羅漢無異；或有不如舍利弗等大阿羅漢者。大辟支佛，亦於[13]一[14]百劫中作功德，增長智慧，得三十二相分：或有三十一相，或三十、二十九相，乃至一相。於九種阿羅漢中，智慧利勝，於諸深法中總相、別相能入；久修習定，常樂獨處。如是相，名爲大辟支迦佛，以是爲異[15]。求佛道者，從初發心作願：願我作佛度脫衆生，得一切佛法，行六波羅蜜，破魔軍衆及諸煩惱，得一切智，成佛道，乃至入無餘涅槃。隨本願行，從是中間所有智慧，總相、別相一切盡知[16]，是名佛道[17]智慧。是三種智慧盡能知，盡到其邊，以是故言到智慧邊。問曰：若如所説一切智慧盡應入，若世間、若出世間，何以但言三乘智慧盡到其邊，不説餘智？答曰：三乘是實智慧，餘者皆是虛妄，菩薩雖知而不專行。如除摩梨山一切[18]無出栴檀[19]木；若餘處或有好語，皆從佛法中得。自非佛法，初聞似好，久則不妙。譬如牛乳、驢乳，其色雖同；牛乳攢[20]則成酥[21]，驢乳攢則成尿[22]。佛法語及外道語，不殺、不盜、慈愍衆生、攝心、離欲、觀空雖同；然外

1　“智慧”後，甲、元、明本有“故”。
2　“聲聞”，甲本作“求聲聞”。
3　“辟支佛”，甲本作“求辟支佛智慧”。
4　“是智慧”，甲本無。
5　“智”，甲本無。
6　“向”，甲本無。
7　“婇女”，甲本作“采女”。
8　“先世”前，甲本有“及”。
9　“二種”，甲本作“二種義”。
10　“獨覺”，甲本無。
11　“一”，甲本作“一種”。
12　“人”，甲本作“學人”。
13　“亦於”，甲本無，宋、元、明本作“於”。
14　“一”，甲、石本無，宋、元、宮本作“二”。
15　“以是爲異”，甲本作“是爲別異”。
16　“知”，甲本作“智”，“智”通“知”。
17　“道”，甲本無。
18　“一切”，甲本無。
19　“栴檀”，甲本作“旃檀”，異譯詞。
20　“攢”，甲本作“搖”，元、明本作“抨”，宮本作“鑽”，石本作“杵”。下同，不復出校。
21　“酥”，甲、石本作“蘇”，“蘇”通“酥”。
22　“尿”，甲本作“屎”，宋、元、明、宮、石本作“糞”。

道語初雖似妙[1]，窮盡所歸，則爲虛誑。一切外道皆著我見；若[2]實有我，應墮二種：若壞相，若不壞相。若壞相，應如牛皮；若不壞相，應如虛空。此二處無殺罪，無不殺福。若如虛空，雨露不能潤，風熱不能乾，是則墮常相。若常者，苦不能惱，樂不能悦；若不受苦、樂，不應避禍就福。若如牛皮[3]，則爲風雨所壞，若壞則墮無常，若無常[4]則無罪、福。外道語若實如是[5]，何有不殺爲福、殺生爲罪[6]？問曰：外道戒福，所失如是，其禪定[7]、智慧復云何？答曰：外道以我心逐[8]禪故，多愛、見、慢故，不捨一切法故，無有實智慧。問曰：汝言外道觀空，觀空則捨一切法，云何言不捨一切法故，無有實智慧？答曰：外道雖觀空而取空相，雖知諸法空而不自知我空，愛著觀空智慧故。問曰：外道有無想定，心[9]心數法都滅；都滅故[10]，無有取相愛著智慧咎！答曰：無想定力，强令心滅，非實智慧力。又於此中生涅槃想，不知是和合作法，以是故墮顛倒中！是中心雖暫滅，得因緣還生。譬如人無夢睡時，心想不行，悟則還有。問曰：無想定其失如是，更有非有想非無想定，是中無一切妄想[11]，亦不如强作無想定滅想，是中以[12]智慧力故無想！答曰：是中有想，細微故不覺。若無想，佛弟子復[13]何緣更求實智慧？佛法中，是非有想非無想[14]中識，依四衆住[15]；是四衆[16]屬因緣故無常，無常故苦，無常苦故空，空故無我，空無我故可捨。汝等愛著智慧故，不得涅槃。譬如尺蠖，屈安[17]後足，然後[18]進前足；所緣盡，無復進處而還。外道依止初禪，捨下地欲，乃至依非有想非無想處，捨無所有處；上無所復[19]依，故[20]不能捨非有想非無想處。以[21]更無依處，恐懼失我，畏墮無所得中故[22]。復次，外道經中有聽殺、盜、婬、妄語、飲酒；言爲天祠呪殺無罪；爲行道故，若遭急難，欲自全身而殺小人無罪。又有急難爲行道故，除金，餘者得盜取以自全濟，後當除此殃罪。除師婦、國王夫人、善知識妻、童女[23]，餘者逼迫急難，得邪婬。爲師及[24]父母，爲身、爲牛、爲媒故，聽妄語。寒鄉，聽飲石蜜酒；天祠中，或聽嘗一渧、二渧酒。佛法中則不然！於一切衆生慈心等視，乃至蟻子亦不奪命，何況殺人！一針一縷不取，何況多物！無主婬女不以指觸，何況人之婦女！戲笑不得妄語，何況故作妄語！一切酒，一切時常不得飲，何況寒鄉、天祠！汝等外道與佛法懸殊，有若天地！

---

1 "初雖似妙"，甲本作"初似雅妙"。
2 "若"，甲本無。
3 "若如牛皮"，甲本作"若壞相如牛皮"。
4 "無常"，甲本作"隨身滅"。
5 "外道……如是"七字，甲本作"汝等生相如是"。
6 "不殺……爲罪"八字，甲本作"殺生爲罪，不殺爲福"。
7 "定"，甲本無。
8 "逐"，甲本作"遂"，誤。
9 "心"，甲本無。
10 "故"後，甲本衍"故"。
11 "想"，甲本作"相"，"相"爲"想"之借字。
12 "以"，甲本無。
13 "佛弟子復"，甲本無。
14 "非無想"，甲本無。
15 "非無想定……依四衆住"四行六十四字，甲本衍。
16 "衆"，甲本作"陰"，異譯詞。
17 "安"，甲本無。
18 "然後"，甲本無。
19 "復"，甲本無。
20 "故"，甲、元、明本作"則"。
21 "非有……處以"八字，甲本作"其自地"。
22 "故"，甲本無。
23 "童女"，甲本作"僮女"。
24 "及"，甲本無。

汝等外道法，是生諸煩惱處；佛法則是滅諸煩惱處，是爲大異。諸佛法無量，有若大海，隨衆生意故，種種説法：或説有，或説無；或説常，或説無常；或説苦，或説樂；或説我，或説無我；或説懃行三業、攝諸善法，或説一切諸法無作相。如是等種種異説，無智聞之，謂爲乖錯；智者入三種法門，觀一切佛語皆是實法，不相違背。何等是三門？一者，蜫勒[1]門；二者，阿毘曇門；三者，空門。問曰：云何名蜫勒？云何名阿毘曇？云何名[2]空門？答曰：蜫勒有三百二十萬言，佛在世時，大迦栴延[3]之所造；佛滅度後人壽轉減，憶識力少，不能廣誦，諸得道人撰爲三十八萬四千言。若人入蜫勒門，論議則無窮；其中有隨相門、對治門等種種諸門。隨相門者[4]，如佛説偈：

諸惡莫作，諸善奉行，自淨其意，是諸佛教。

是中心數法盡應説，今但説自[5]淨其意，則知諸心數法已説。何以故？同相、同緣故。如佛説四念處，是中不離四正懃、四如意足、五根、五力。何以故？四念處中：四種精進，則是四正懃；四種定，是爲四如意足；五種善法，是爲五根、五力。佛雖不説餘門，但説四念處，當知已説餘門。如佛於四諦中，或説一諦，或二、或三。如馬星比丘爲舍利弗説偈：

諸法從緣生，是法緣及盡。我師大聖王[6]，是義如是説。

此偈但説三諦，當知道諦已在中，不相離故；譬如一人犯事，舉家受罪。如是等，名爲隨相門。對治門者，如佛但説四顛倒：常顛倒、樂顛倒、我顛倒、淨顛倒。是中雖不説四念處，當知已有四念處義。譬如説藥，已知其病，説病則知其藥。若説四念處，則知已説四倒[7]；四倒[8]則是邪相。若説四倒，則已説諸結。所以者何？説其根本，則知枝條[9]皆得。如佛説一切世間有三毒；説三毒，當知[10]已説三分、八正道。若説三毒，當知已説一切諸煩惱毒。十五種愛是貪欲毒，十[11]五種瞋是瞋恚毒，十五種無明是愚癡毒，諸邪見、憍慢、疑屬無明。如是一切結使，皆入三毒。以何滅之？三分、八正道。若説三分、八正道，當知已説一切三十七品[12]。如是等種種相，名爲對治門。如是等諸法，名爲蜫勒門。云何名阿毘曇門？或佛自説諸法義，或佛自説諸法名，諸弟子種種集述解其義[13]。如佛説：若有比丘於諸[14]有爲法，不能正憶念，欲得世間第一法，無有是處。若不得世間第一法，欲入正位中，無有是處。若不入正位，欲得須陀洹、斯陀含、阿那含、阿羅漢，無有是處。有比丘於諸有爲法[15]正憶念，得世間第一法，斯有是處。若得世間第一法，入正位；入正位，得須陀洹、斯陀含、阿那含、阿羅漢，必有是處。如佛直説世間第一法，不説相義、何界繫、何因、何[16]緣、何果報[17]。從世間第一法，種

1 "蜫勒"，甲本作"蜫勒篋"，音義合譯。
2 "名"，甲本作"名爲"。
3 "大迦栴延"，甲、宋、元、明、宫本作"大迦旃延"，異譯詞。
4 "其中……相門者"十八字，甲本無。
5 "説自"，甲本作"自説"。
6 "王"，甲、宋、元、明、宫本作"主"。
7 "倒"，甲本作"到"，"到"通"倒"。
8 "倒"，甲本作"顛倒"。
9 "條"，甲本作"葉"。
10 "説三毒當知"，甲本作"當知説三毒"。
11 "十"，甲、宫、明本無。
12 "當知……七品"十字，甲本作"當知一切三十七品已説"。
13 "集述解其義"，甲本作"集演其義"。
14 "諸"，甲本無。
15 "於諸有爲法"，甲本作"於有爲諸法"。
16 "何"，甲、宫本無。
17 "果報"後，甲本有"如是相義種種分别，名爲阿毘曇"。

種聲聞所行法,乃至無餘涅槃,一一分別相義,如是等是名阿毘曇門。空門者,生空[1]、法空。如《頻婆娑羅王迎經》中,佛告大王:色生時但空生,色滅時但空滅。諸行生時但空生,滅[2]時但空滅。是中無吾我,無人、無神,無人從今世至後世,除因緣和合名字等衆生,凡夫愚人逐名求實。如是等經中,佛説生空[3]。法空者,如《佛説大空經》中,十二因緣,無明乃至老死:若有人言:是老死,若言:誰老死,皆是邪見[4]。生、有、取、愛、受[5]、觸、六入、名色、識、行、無明,亦如是。若有人言:身即是神,若言:身異於神,是二雖異,同爲邪見。佛言:身即是神,如是邪見,非我弟子;身異於神,亦是邪見,非我弟子。是經中,佛説法空。若説誰老死,當知是[6]虛妄,是名生空[7];若説是老死[8],當知是虛妄,是名法空。乃至無明亦如是。復次,《佛説梵網經》中,六十二見:若有人言:神常,世間亦常,是爲邪見;若言:神無常,世間無常,是亦邪見;神及世間常亦無常、神及世間非常亦[9]非非常,皆是邪見。以是故,知諸法皆空,是爲實。問曰:若言神常,應是邪見,何以故?神性無故。若言世間常,亦應是邪見,何以故?世間實皆無常,顛倒故言有常。若言神無常,亦應是邪見,何以故?神性無故,不應言無常。若言世間無常,不應是[10]邪見,何以故?一切有爲法性,實皆無常。答曰:若一切法實皆無常,佛云何説世間無常是名邪見?是故可知非實是無常。問曰:佛處處説觀有爲法,無常、苦、空、無我,令人得道,云何言無常墮邪見?答曰:佛處處説無常,處處説不滅,如摩訶男釋王來至佛所,白佛言:是迦毘羅人衆殷多,我或值奔車、逸馬、狂象、鬪人時,便失念佛心;是時自念:我今若死當生何處?佛告摩訶男:汝勿怖勿畏!汝是時不生惡趣,必至善處。譬如樹常[11]東向曲,若有斫[12]者,必當東倒;善人亦如是,若身壞死時,善心意識長夜以信、戒、聞、施、慧熏心故,必得利益,上生天上。若一切法念念生滅無常,佛云何言諸功德熏心故必[13]得上生?以是故,知非無常性。問曰:若無常不實,佛何以説無常?答曰:佛隨衆生所應而説法,破常顛倒故,説無常;以人不知不信後世故,説心去後世,上生天上,罪福業因緣,百千萬劫不失。是對治悉檀,非第一義悉檀。諸法實相,非常非無常。佛亦處處説諸法空,諸法空中亦無無常。以是故説世間無常是邪見。是故名爲法空。復次,毘耶離梵志,名論力,諸梨昌[14]等大雇[15]其[16]寶物,令與佛論。取其雇已,即以其夜思撰五百難,明旦與諸梨昌至佛所,問佛言:一究竟道?爲衆多究竟道?佛言:一究竟道,無衆多也。梵志言:佛説一道,諸外道師各各有究竟道,是爲衆多非一!佛言:是雖各[17]有衆多,皆非實道。何以故?一切皆以邪見著故,不名究竟道。佛問梵志:鹿頭梵志得道不?答言[18]:一切得道中,是爲第一。是時長老鹿頭

---

1 "生空",甲本作"衆生空"。

2 "滅",甲本作"法",誤。

3 "生空",甲本作"衆生空"。

4 "皆是邪見",甲本無。

5 "愛受",甲、宋、元、明、宫、石本作"受愛"。

6 "是",甲本無。

7 "生空",甲本作"衆生空"。

8 "老死",甲本作"老病死"。

9 "亦",甲本無。

10 "是",甲本作"見",誤。

11 "常"後,甲本衍"不"。

12 "斫",甲本作"折"。

13 "必",甲、宋、元、宫本作"心",誤。

14 "梨昌",甲、宋、元、明、宫、石本作"利昌",異譯詞。下同,不復出校。

15 "雇",甲、明、石本作"顧","顧"通"雇"。下同,不復出校。

16 "其",甲本無。

17 "各",甲、宋、元、明、宫本作"名"。

18 "言",甲本作"曰"。

梵志比丘，在佛後扇佛。佛問梵志：汝識是比丘不？梵志識之，慚愧低頭。是時佛説《義品》偈：

　　各各謂究竟，而各自愛著，各自是非彼，是皆非究竟！是人入論衆，辯明義理時[1]，各各相是非，勝負懷憂喜。勝者墮憍[2]坑，負者墮憂獄；是故有智者，不隨[3]此二法。論力汝當知，我諸弟子法，無虚亦無實，汝欲何所求？汝欲壞我論，終已無此處，一切智難勝，適足自毀壞！

　　如是等處處聲聞經中，説諸法空。摩訶衍空門者，一切諸法，性常自空[4]，不以智慧方便觀故空[5]。如佛[6]爲須菩提説：色，色自空；受、想、行、識、識自空；十二入、十八界、十二因緣、三十七品、十力、四無所畏、十八不共法、大慈大悲、薩婆若，乃至阿耨多羅三藐三菩提，皆自空。問曰：若一切諸法性，常自空[7]、真空、無所有者，云何不墮邪見？邪見名無罪無福，無今世後世，與此無異！答曰：無罪無福人，不言無今世，但言無後世；如草木之類，自生自滅。或人生、或人殺，止於現在，更無後世生；而[8]不知觀身内外所有自相皆空，以是爲異[9]。復次，邪見人[10]多行衆惡，斷諸善事；觀空人善法尚[11]不欲作，何況作惡！問曰：邪見有二種：有破因破果，有破果不破因。如汝所説[12]，破果不破因。破果破因者，言無因無緣，無罪無福，則是[13]破因；無今世、後世、罪福報，是則破果。觀空人言皆[14]空，則罪福、因果皆無，與此有何等異？答曰：邪見人於諸法斷滅令空[15]；摩訶衍人知諸法[16]真空，不破不壞。問曰：是邪見三種：一者、破罪福報，不破罪福；破因緣果報，不破因緣；破後世，不破今世。二者、破罪福報，亦破罪福；破因緣果[17]報，亦破因緣；破後世，亦破今世，不破一切法。三者、破一切法，皆令無所有。觀空人亦言真空無所有，與第三邪見[18]有何等異？答曰：邪見破諸法令空；觀空人知諸法真空，不破不壞。復次，邪見人，言諸法皆空無所有，取諸法空相戲論；觀空人，知諸法空，不取相、不戲論。復次，邪見人雖口説一切空，然於愛處生愛，瞋處生瞋，慢[19]處生慢，癡處生癡，自誑其身；如佛弟子實知空，心不動，一切結使生處不復生。譬如虚空，烟火不能染[20]，大雨不能濕；如是觀空，種種煩惱不復著其心。復次，邪見人言無所有，不從愛[21]因緣出；真空名從愛[22]因緣生，是爲異。四無量心諸清淨法，以所緣不實故，猶尚不與真空智慧等，何況此邪見？復次，是見名爲邪見，真空見名爲正見。行邪見人，今世爲[23]弊惡

1　“時”，甲本作“曉”。
2　“憍”，甲本作“慢”。
3　“隨”，甲本作“墮”，“隨”通“墮”。
4　“性常自空”，甲本作“常空”。
5　“故空”，甲本作“空故，諸法性常自空”。
6　“佛”，甲本無。
7　“性常自空”，甲本作“常空”。
8　“而”，甲本無。
9　“以是爲異”，甲本作“以是故異於邪見”。
10　“邪見人”後，甲本有“生”。
11　“尚”，甲本作“常”，“常”通“尚”。
12　“説”，甲本作“破”，誤。
13　“則是”，甲本作“是則”。
14　“皆”，甲本作“皆是”。
15　“令空”，甲本作“故説空”。
16　“諸法”前，甲本衍“真”。
17　“緣果”，甲本作“果緣”，誤倒。
18　“邪見”，甲、宋、元、明、宮本作“邪見人”。
19　“慢”，甲本作“憍”，誤。
20　“染”，甲本作“燒”。
21　“愛”，甲、石本作“受”。
22　“愛”，甲、石本作“受”。
23　“爲”，甲、宋、元、明、宮、石本作“名爲”。

人,後世當入地獄;行真空智慧人,今世致譽,後世得作佛。譬如水、火之異,亦如甘露、毒藥,天食須陀[1]以比臭糞! 復次,真空中有空空三昧;邪見[2]空雖有空,而無空空三昧。復次,觀真空人,先有無量布施[3]、持戒、禪定,其心柔軟,諸結使薄,然後[4]得真空;邪見中無此事,但欲以憶想分別,邪心取空。譬如田舍人初不識鹽,見貴人以鹽著種種肉菜中而食,問言:何以故爾? 語言:此鹽能令諸物味美故。此人便念此鹽能令諸物美,自味必多,便空抄[5]鹽,滿口食之,醎苦傷口,而問言:汝何以言鹽能作美? 貴人言:癡人! 此當籌量多少,和之令美,云何純食鹽? 無智人聞空解[6]脱門,不行諸功德,但欲得空,是爲邪見,斷諸善根。如是等義,名爲空門[7]。若人入此三門,則知佛法義不相違背。能知是[8]事,即是般若波羅蜜力,於一切法[9]無所罣礙。若不得般若波羅蜜法,入阿毘曇門則墮有中,若入空門則墮無中,若入蜫勒門則墮有無中。復次,菩薩摩訶薩行般若波羅蜜,雖知諸法一相亦能知一切[10]法種種相;雖[11]知諸法種種相,亦能知一切法一相[12]。菩薩如是智慧,名爲般若波羅蜜。問曰:菩薩摩訶薩云何知一切法種種相? 云何知一切法一相? 答曰:菩薩觀諸法相[13],所謂有相。因是有,諸法中有心生,如是等一切有。問曰:無法中云何有心生? 答曰:若言無,是事即是有法。復次,菩薩觀一切法一相,所謂無相[14]。如牛中無羊相,羊中無牛相;如是等諸法[15]中,各各無他相[16]。如先言因有故有心生,是法異於有,異故應無。若有法是牛,羊[17]亦應是牛。何以故? 有法不異故。若異[18]則無,如是等[19]一切皆無。復次,菩薩觀一切法一,因是一法,諸法中一心生。諸法各各有一相,合衆一故名爲二、名爲三;一爲實,二、三爲虛[20]。復次,菩薩觀諸法有所因故有,如人身無常,何以故? 生滅相故。一切法皆如是,有所因故有。復次,一切諸法無所因故有,如人身無常,生滅故;因生滅故知無常。此因復應有因,如是則無窮,若無窮則無因;若是因更無因,是無常因亦非因,如是等一切無因。復次,菩薩觀一切法有相,無有法無相者,如:地,堅、重相;水,冷、濕相;火,熱、照相;風,輕、動相;虛空,容受相;分別覺知,是爲識相;有此有彼,是爲方相;有久有近,是爲時相;濁惡心惱衆生,是爲罪相;淨善心愍衆生,是爲福相;著諸法,是爲縛相;不著諸法,是爲解脱相;現前知一切法無礙,是爲佛相。如是等一切各有相。復次,菩薩觀一切法皆無相,是諸相[21]從因緣和合生,無自性故無。如地,色、香、味、觸四法和合故名地,不但色故名地,亦不但香、但味、但觸

---

1 "須陀"後,甲本有"味"。

2 "見",甲、石本無。

3 "先有無量布施",甲本作"先無量劫布施"。

4 "然後",甲本無。

5 "空抄",甲本作"抄空",誤倒。

6 "解",甲本脱。

7 "如是……空門"八字,甲本無。

8 "是",甲本作"其"。

9 "法",甲本作"諸法"。

10 "一切",甲本作"諸"。

11 "雖",甲本作"雖能"。

12 "亦能……一相"八字,甲本作"亦知諸法一相"。

13 "相",甲、元、明本作"一相"。

14 "無相",甲本作"無有相"。

15 "諸法",甲本作"一切法"。

16 "各各無他相",甲本作"無有他相"。

17 "牛羊",甲本作"馬"。

18 "若異",甲本作"若異故"。

19 "等",甲本作"等事"。

20 "爲虛",甲本作"虛假"。

21 "相",甲本作"法相"。

故名爲地。何以故？若但色是地，餘三則不應是地，地則無香、味、觸；香、味、觸亦如是。復次，是四法云何爲一法？一法云何爲四法？以是故，不得以四爲地，亦[1]不得離四爲地。問曰：我不以四爲地，但[2]因四法故地法生，此地在四法中住！答曰：若從四法生地，地與四法異。如父母生子，子則異父母。若爾者，今眼見色、鼻知香、舌知味、身知觸，地若異此四法者，應更有異根、異識知；若更無異根、異識知，則無有地。問曰：若上說地相有失，應如阿毘曇[3]説地相。地名四大造色，但地種是堅相，地是可見色！答曰：若地但是色，先已説失。又地爲堅相，但眼見色，如水中月，鏡中像，草木影，則無堅相，堅則[4]身根觸知故。復次，若眼見色是地，堅相是地種；眼見色亦是水、火，濕、熱相[5]是水、火種。若爾者，風、風種亦應分別，而不分別！如説：何等是風？風種。何等風種？風。若是一物，不應作二種答；若是不異者，地及[6]地種不應異。問曰：是四大各各不相離，地中有四種，水、火、風各有四種。但地中地多故，以地爲名；水、火、風亦爾[7]。答曰：不然！何以故？若火中有四大，應都是熱，無不熱火故。若三大在火中不熱，則不名爲火；若熱，則捨自性，皆名爲火。若謂細故不[8]可知，則與無無異。若有[9]麁可得，則知有細；若無麁，亦無細。如是種種因緣，地相不可得[10]；若地相不可得，一切法相亦不可得；是故一切法皆一相。問曰：不應言無相。何以故？於諸法無相即是相。若無無相，則不可[11]破一切法相，何以故？無無相故。若有是無相，則不應言一切法無相！答曰：以無相破諸法相。若有無相相[12]，則墮諸法相中；若不入諸法相[13]中，則不應難！無相皆破諸法相，亦自滅相；譬如前火木，然[14]諸薪已，亦復自然[15]。是故聖人行無相無相[16]三昧，破無相故。復次，菩薩觀一切法不合、不散，無色、無形，無對、無示、無説，一相所謂無相。如是等諸法一相[17]云何[18]觀種種相？一切法[19]攝入二法中，所謂名、色，色、無色，可見、不可見，有對、無對，有漏、無漏，有爲、無爲等，二，百二法門，如《千難品》中説。復次，有[20]二法[21]：忍辱、柔和。又[22]二法：親敬、供養。二施：財施、法施。二力：慧分別力、修道力。二具足：戒具足、正見具足。二相：質直相、柔軟相。二法：定、智。二法：明、解説[23]。二法：世間法、第一義法。二法：念、巧[24]慧。二諦：世諦、

1　“亦”，甲本無。

2　“但”，甲本無。

3　“阿毗曇”後，甲本有“中”。

4　“則”，甲、宋、元、明、宫本作“相”。

5　“是地……熱相”十三字，甲本作“是地種水火是可見濕熱”。

6　“及”，甲本無。

7　“爾”，甲本作“如是”。

8　乙本始。

9　“有”，乙本作“謂”。

10　“得”，乙本殘。

11　“可”，甲、乙、宋、元、明、宫、石本無。

12　“若有無相相”，甲本作“若無相相有”。

13　“相”，乙、宋、元、明、宫本無。

14　“然”，甲、乙本作“燃”，“然”爲“燃”之古字。

15　“然”，乙本作“燃”，“然”爲“燃”之古字。

16　“無相”，甲本作“無相相”。

17　“諸法一相”，甲本作“觀諸法一相”。

18　“云何”後，乙、石本有“謂無相”。

19　“法”，甲本無。

20　“有”，乙本無。

21　“二法”後，甲本有“所謂”。

22　“又”，甲、乙本無。

23　“説”，甲、乙本作“脱”。

24　“巧”，甲本作“攻”，誤。

第一義諦。二解脱：待時解脱、不壞心解脱。二種涅槃：有餘涅槃、無餘涅槃。二究竟：事究竟、願究竟。二見：知見、斷見。二具足：義[1]具足、語具足。二法：少欲、知足。二法：易養、易滿。二法：法、隨[2]法行。二智：盡智、無生智。如是等分別[3]無量二法門。復次[4]，知三道：見道[5]、修道、無學道。三性：斷性、離性、滅性。三修：戒修、定修、慧修。三菩提：佛菩提、辟支迦佛[6]菩提、聲聞菩提[7]（更不復學，智滿足之名也[8]）。三乘：佛乘、辟支迦佛乘、聲聞乘。三歸依：佛、法、僧。三住：梵住、天住、聖住。三增上：自[9]增上、他[10]增上、法[11]增上。諸佛三不護：身業不護、口業不護、意業不護。三福處：布施、持[12]戒、善心。三器杖[13]：聞器杖、離欲器杖、慧器杖。三輪：變化[14]輪、示他心輪、教化輪。三解脱門：空解脱門、無相解脱門、無作解脱門。如是等無量三法門。復[15]知四法：四念處、四正懃、四如意足、四聖諦、四聖種、四沙門果、四知、四[16]信、四道、四攝法、四依、四通達善根、四道、四天人輪、四堅法[17]、四無所畏、四無量心——如是等無量四法門。復知五無學衆[18]、五出性、五解脱處、五根、五力、五大施、五智、五阿那含、五淨居天處、五治道[19]、五智三昧、五聖分支[20]三昧、五如法語道——如是等無量五法門。復知[21]六捨[22]法、六愛敬法、六神通、六種阿羅漢、六地見諦道、六隨順[23]念、六三昧、六定、六波羅蜜——如是等無量六法門。復知[24]七覺意、七財、七依止、七想[25]定、七妙法、七知[26]、七善人去處、七淨、七財福、七非財福、七助定法——如是等無量七法門。復知八聖[27]道分、八背捨、八勝處、八大人念、八種精進、八丈夫[28]、八阿羅漢力——如是等無量八法門。復知九次第定、九名色等滅[29]（從名色至生死爲九[30]）、九無漏智得

1　“義”，乙本作“儀”，“儀”爲“義”之借字。

2　“隨”，甲本作“隨行”。

3　“分別”，乙、宋、元、明、宫、石本無。

4　“次”，乙、石本無。

5　“道”，甲本無。

6　“辟支迦佛”，甲本作“辟支佛”，異譯詞。

7　“菩提”後，甲本衍“菩提”。

8　“更不……名也”十字，甲本作“更不復，知滿足之名”，乙本無。

9　“自”，甲本作“自愧”。

10　“他”，甲本作“他愧”。

11　“法”，甲本作“法愧”。

12　“布施持”，乙、宋、元、明、宫本作“施”，石本作“施持”。

13　“器杖”，甲本作“器用”。下同，不復出校。

14　“變化”，甲本作“神通”。

15　“復”，甲本作“復次”。

16　“四”後，甲本衍“四”。石本無。

17　“四堅法”後，甲本有“諸佛”。

18　“五無學衆”後，甲本有小注“五分法身”。

19　“道”，甲、乙、宫、石本無。

20　“支”，乙、宋、元、宫、石本作“枝”。

21　“知”，甲本作“次”，誤。

22　“六捨”，乙本作“云”。

23　“順”，乙本作“慎”，“慎”通“順”。

24　“知”，甲本作“次”，誤。

25　“想”，乙本作“相”，“相”爲“想”之借字。

26　“知”，甲本作“智”，“智”通“知”。

27　“聖”，甲本作“正”。

28　“丈夫”，甲本作“大丈夫”。

29　“九名色等滅”，甲本作“九滅名色等”。

30　此小注甲本作“名色至生死爲九”，乙、石本無。

盡智故除等智也[1]、九無漏地[2]六禪三無色[3]、九地思惟道——如是等無量九法門。復知十無學法、十想[4]、十智、十一切入、十善大地[5]、佛十力——如是等無量十法門。復知十一助聖道法，復知十二因緣法，復知十三出法，十四變化心，十五心見諦道，十六安那般那[6]行，十七[7]聖行，十八不共法[8]，十九離地。思惟道中[9]一百六十二道，能[10]破煩惱賊。一[11]百七十八沙門果——八十九有爲果、八十九無爲果。如是等種種無量異相法，生、滅、增、減[12]、得、失、垢、淨，悉能知之[13]。菩薩摩訶薩知是[14]諸法已，能令諸法[15]入[16]自性空，而於諸法無所著，過聲聞、辟支佛地，入菩薩位中；入菩薩位中已，以大悲憐愍故，以方便力分別諸法種種名字，度衆生令得三乘。譬如工巧之人，以藥力故，能令銀變爲金，金變爲銀。問曰：若諸法性真空，云何分別諸法種種名字？何以不但說真空性？答曰：菩薩摩訶薩不說空是可得可著；若可得可著，不應說諸法種種異相。不可得空者，無所罣礙；若有罣礙，是爲可得，非不可得空。若菩薩摩訶薩知不可得空，還能分別諸法，憐愍度脫衆生，是爲般若波羅蜜力。取要言之，諸法實相是般若波羅蜜。問曰：一切世俗經書，及九十六種出家經中，皆說有諸法實相；又聲聞法三藏中，亦有諸法實相，何以不名爲[17]般若波羅蜜？而此經中[18]諸法實相，獨名[19]般若波羅蜜？答曰：世俗經書中，爲[20]安國、全家、身[21]、命[22]、壽[23]樂故非實。外道出家墮邪見法中，心愛著故，是亦[23]非實。聲聞法中雖有四諦，以無常、苦、空、無我觀諸法實相，以智慧不具足不利、不能爲一切衆生、不爲得佛[24]法故，雖有實智慧，不名般若[25]波羅蜜。如說：佛入出諸三昧，舍利弗等乃至[26]不聞其名，何況能知！何以故？諸阿羅漢、辟支佛初發心時，無大願，無大慈大悲，不求一切諸功德，不供養一切三世十方佛[27]，不審諦[28]求知諸法實

---

1 “除等智也”，甲本作小注。“得盡智故除等智也”，乙、宋、元、明、宫、石本無。

2 “地”，甲本作“道”。

3 “六禪三無色”，甲本作小注，乙、宋、元、明、宫、石本無。

4 “十想”前，甲本有“十直”。

5 “地”，乙本作“施”。

6 “安那般那”，甲本作“阿那般那”，異譯詞。

7 “七”，甲、乙、宫、石本作“六”。

8 “十八不共法”前，甲、乙、宫本有“十七行”。

9 “思惟道中”，乙、宫、石本無。

10 “能”前，甲本有“在思惟道”，宋、元、明、宫本有“思惟道”。

11 “一”，乙、宋、元、明、宫、石本無。

12 “減”，甲本作“長”，誤。

13 “知之”後，甲本有“盡”。

14 “是”，甲本作“如是”。

15 “能知……諸法”一行十七字，乙本脱。

16 “入”前，乙本衍“等種種無量異相法生滅增”。

17 “爲”，甲本無。

18 “中”後，甲本有“獨名”。

19 “獨名”，甲本作“爲”。

20 “爲”，甲本作“以”。

21 “身”，甲本作“爲身”。

22 “壽”，甲本作“得”。

23 “是亦”，甲本作“亦是”。

24 “佛”，甲本作“佛道”。

25 “般若”，甲本無。

26 “至”，乙、宋、元、明、宫、石本無。

27 “佛”，甲本作“諸佛”。

28 “諦”，甲本無。

相;但欲求脱老、病、死苦故[1]。諸菩薩從初發心,弘大誓願,有大慈悲[2],求一切諸功德,供養一切三世十方諸佛,有大利智,求諸法實相。除種種諸觀,所謂淨觀、不淨觀,常觀、無常觀,樂觀、苦觀,空觀、實觀,我觀、無我觀。捨如是等妄見心力諸觀,但觀外緣中實相,非淨、非不淨,非常、非非常,非樂、非苦,非空、非實,非我、非無我。如是等諸觀,不著不得;世俗法[3]故,非第一義。周遍清淨,不破不壞,諸聖人行處,是名般若波羅蜜。問曰:已知般若體相是無相無得法,行者云何能得是法? 答曰:佛以方便説法,行者如所説行則得。譬如絶崖[4]嶮道,假梯能上;又如深水,因船得渡[5]。初發心菩薩,若從佛聞、若從弟子聞、若於經中聞,一切法畢竟空,無有決定性可取可著,第一實法,滅諸戲論。涅槃相是最安隱,我欲度脱一切衆生,云何獨取涅槃? 我今福德、智慧、神通力未具足故,不能引導衆生,當具足是諸因緣,行布施等五波羅蜜:財施因緣故得大富,法施因緣故得大智慧;能以此二施,引導貧窮衆生,令入三乘道。以持戒因緣故,生人天尊貴,自脱三惡道,亦令衆生免[6]三惡道。以忍辱[7]因緣故,障瞋恚毒,得身色端政[8],威德第一,見者歡喜,敬信心伏,況[9]復説法! 以精進因緣故,能破今世後世福德、道法懈怠,得金剛身、不動心;以是身、心,破凡夫憍慢,令得涅槃。以禪定因緣故,破散亂心,離五欲罪樂,能爲衆生説離欲法。禪是般若波羅蜜依止處,依是禪[10],般若波羅蜜自然而生。如經中説:比丘一心專定,能[11]觀諸法實相。復次,知欲界中多以慳、貪罪業,閉諸善門;行檀波羅蜜時,破是二事,開諸善門。欲令常開故,行十善道尸羅[12]波羅蜜。未得禪定、智慧,未離欲故,破尸羅波羅蜜,以是故行忍辱。知上三事能開福門。又知是福德果報無常,天人中[13]受[14]樂,還復墮苦;厭是無常福德故,求實相般若波羅蜜。是云何當得? 必以一心,乃當[15]可得。如貫龍王寶珠,一心觀察,能不觸龍,則得[16]價[17]直閻浮提。一心禪定,除却五欲、五蓋,欲得心樂,大用精進,是故次忍辱説精進[18]波羅蜜。如經中説:行者端身直坐[19],繫念在前[20],專精求定;正[21]使肌骨枯朽,終不懈退。是故精進修禪。若有財而施,不足爲難;畏墮惡道,恐失好名,持戒、忍辱亦不爲難。以是故,上三度[22]中不説精進。今爲般若波羅蜜實相,從心求定,是事難故,應須精進。

---

1 "故",乙、宋、元、明、宫本無。
2 "悲",甲、乙本作"大悲"。
3 "法",乙本作"治",誤。
4 "崖",乙本作"岸"。
5 "渡",甲、宋、元、明、宫本作"度","度"通"渡"。
6 "免",甲、乙本作"勉","勉"通"免"。
7 "辱",甲本脱。
8 "政",甲本作"正","政"通"正"。
9 "況",甲本作"何況"。
10 "依是禪",甲本作"爾時"。
11 "定能",乙本作"行禪",後有一字空白,疑當補"能"。
12 "尸羅",甲本作"尸",異譯詞。
13 "中",乙、宋、元、明、宫本無。
14 "受",甲本作"愛",誤。
15 "當",甲本作"至"。
16 "得",乙、宋、元、明、宫本無。
17 "價",甲本作"賈","賈"爲"價"之古字。
18 "説精進",甲本作"精進説",誤倒。
19 "直坐"後,乙本有"閉目合手,齒齒相當,舌薄上斷"。
20 "在前",甲本作"五處"。
21 "正",乙本作"政","政"通"正"。
22 "度",甲本作"事"。

如是行,能得般若[1]波羅蜜。問曰:要行五波羅蜜[2],然後得般若波羅蜜?亦有[3]行一、二[4]波羅蜜,得般若波羅蜜[5]耶?答曰:諸波羅蜜有二種:一者,一波羅蜜中相應隨[6]行具諸波羅蜜;二者,隨時別行波羅蜜。多者受名。譬如四大共合,雖不相離,以多者爲名。相應隨行者,一波羅蜜中具五波羅蜜,是不離五波羅蜜,得般若[7]波羅蜜。隨時得名者,或因一、因二[8]得般若波羅蜜。若人發阿耨多羅三藐三菩提心布施,是時求布施相,不一不異,非常非無常,非有非無等,如破布施中説。因布施實相,解一切法亦如是——是名因布施得般若波羅蜜。或有持戒不惱衆生,心無有悔,若取相生著,則起諍競。是人雖先不瞋衆生,於法有憎[9]愛心故而瞋衆生。是故若欲不惱衆生,當行諸法平等;若分別是罪是無罪,則非行尸羅[10]波羅蜜。何以故?憎罪、愛不罪,心則自高,還墮惱衆生道中。是故菩薩觀罪者、不罪者,心無憎愛;如是觀者,是爲但行尸羅波羅蜜得般若波羅蜜。菩薩作是念:若不得法忍,則不能常忍。一切衆生未有逼迫能忍,苦來切已,則不能忍。譬如囚[11]畏杖楚,而就死苦。以是因緣故,當生法忍:無有打者、罵者,亦無受者,但從先世顛倒果報因緣故名爲受。是時不分別是忍事、忍法者[12],深入畢竟空故,是名法忍。得是[13]法忍,常不復瞋[14]惱衆生;法忍相[15]應慧,是般若波羅蜜。精進常在一切善法中,能成就一切善法。若智慧籌量分別諸法,通達法性,是時精進助成智慧。又知精進實相,離身心,如實不動,如是精進能生般若波羅蜜。餘精進如幻、如夢,虛誑非[16]實,是故不説。若深心攝念,能如實見諸法實相。諸法實相者,不可以見聞念知能得。何以故?六情、六塵,皆是虛誑因緣果報;是中所知所見[17],皆亦虛誑。是虛誑知,都[18]不可信[19];所可信者,唯有諸佛於阿僧祇劫所得實相智慧。以是智慧,依禪定一心,觀諸法實相——是名禪定中生般若波羅蜜。或有離五波羅蜜,但聞、讀[20]誦、思惟、籌量通達諸法實相,是方便智中生般[21]若波羅蜜。或從二、或三、四波羅蜜生般若波羅蜜。如聞説一諦而成道果,或聞二、三、四諦而得道果。有人於苦諦多惑故[22],爲説苦諦而得道;餘三諦亦如是。或有都惑[23]四諦故,爲説四諦而得道。

1　"般若",甲本作"波若",異譯詞。

2　"要行五波羅蜜",甲本作"皆行五度波羅蜜"。

3　"亦有",甲本作"爲"。

4　"二",甲本作"一"。

5　"波羅蜜",乙、宋、元、明、宫、石本無。

6　"隨",甲本作"修"。

7　"般若",甲本作"波若",異譯詞。

8　"二",原作"一",誤,兹據甲、乙、宋、元、明、宫、石本改。

9　"憎",甲本作"增","增"通"憎"。下同,不復出校。

10　"尸羅",甲本作"尸",異譯詞。

11　"囚",甲本作"因",誤。

12　"者",甲、乙、宋、元、明、宫、石本作"忍者"。

13　"是",乙本無。

14　"瞋",甲本無。

15　"相",甲本作"想","想"爲"相"之借字。

16　"非",甲本作"不"。

17　"所知所見",甲本作"所以見"。

18　"都",甲本無。

19　"不可信"後,甲本有"都不信"。

20　"讀",甲本作"讚",誤。

21　"般若",甲本作"波若",異譯詞。

22　"惑故",甲本作"或故",乙本作"或","或"爲"惑"之古字。

23　"惑",乙本作"或","或"爲"惑"之古字。

如佛語比丘：汝若能斷貪欲，我[1]保汝得阿那含道。若斷貪欲，當知[2]恚、癡亦斷。六波羅蜜中亦如是，爲破多慳貪故，説布施法，當知餘惡亦破。爲破雜[3]惡故，具爲説六。是故或一一行、或合行；普爲一切人故説六波羅蜜，非爲一人。復次，若菩薩不行一切法，不得一切法故，得般若波羅蜜。所以者何？諸行皆虚妄不實，或近有過，或遠有過：如不善法近有過罪；善[4]法久後變異時，著者能生憂苦，是遠有過罪。譬如美食、惡食，俱有雜毒：食惡食即時不悦；食[5]美食即時甘悦，久後俱奪命，故二不應食！善、惡諸行亦復如是。問曰：若爾者，佛何以説三行：梵行、天行、聖行？答曰：行無行故，名爲聖行。何以故？一切聖行中，不離三解脱門故[6]。梵行、天行中，因取衆生相故生，雖行時無過，後皆有失[7]。又即今求[8]實，皆是虚妄；若賢聖以無著心行此二行，則無咎。若能如是行無行法，皆無所得，顛倒虚妄煩惱畢竟不生。如虚空清淨故，得諸法實相，以無所得爲得，如無所得般若中説：色等法非以空故空，從本已[9]來常自空。色等法不以智慧不及故無所得，從本已[10]來常自無所得。是故不應問[11]行幾波羅蜜得般若波羅蜜？諸佛憐愍衆生，隨俗故説行，非第一義。問曰：若無所得、無所行，行者何以求之？答曰：無所得有二種：一者，世間欲有所求，不如意，是無所得；二者，諸法實相中，受[12]決定相不可得故名無所得；非無有福德智慧、增益善根。如凡夫人分別世間法故有所得；諸善功德亦如是，隨世間心故説有所得，諸佛心中則無所得。是略説般若波羅蜜義，後當廣説。

大智度論卷第十八[13]。

大智度論釋初品中三十七品義第三十一（卷第十九）[14]

……得佛[15]道。隨其本願，諸根利鈍，有大悲、無大悲。譬[16]如龍王降雨，普雨天下，雨無差別。大樹、大草，根大故多受；小樹、小草，根小故少[17]受。問曰：三十七品，雖無處説獨是聲聞、辟支佛道，非菩薩道，以義推之可知：菩薩久住生死，往來五道，不疾取涅槃；是三十七品但説涅槃法，不説波羅蜜，亦不説大悲，以是故知非菩薩道。答曰：菩薩雖久住生死中，亦應知實道、非實道，是世間、是涅槃。知是已，立大願，衆生

---

1 乙本終。

2 "當知"，甲本無。

3 "雜"後，甲本衍"雜"。

4 "善"，甲本作"善人"。

5 "食"，甲本無。

6 "故"，甲本無。

7 "失"，甲本作"過"。

8 "求"，甲本作"所求"。

9 "已"，甲本作"以"。

10 "已"，甲本作"以"。

11 "問"，甲本作"問曰"。

12 "受"，甲、宋、元、明、宫、石本無。

13 甲本終，尾題作"大智度經卷第二十六"。

14 本卷對應《大智度論》寫本凡 13 號：伍倫 20 號（以下簡稱"甲本"）、俄 Дx08129 號（以下簡稱"乙本"）、P.4584 號（以下簡稱"丙一"）、P.4636 號 1（以下簡稱"丙二"）、俄 Дx02931 號（以下簡稱"丁本"）、俄 Дx03673 號（以下簡稱"戊本"）、俄 Дx11892 號 A（以下簡稱"己一"）、俄 Дx12006 號（以下簡稱"己二"）、BD11224 號（以下簡稱"己三"）、S.3677 號（以下簡稱"己四"，所抄分屬《大正藏》本卷十九、二十）、俄 Дx16047 號（以下簡稱"庚本"）、BD15664 號（以下簡稱"辛一"）、津藝 265 號（以下簡稱"辛二"）。

15 甲本始。

16 "大悲譬"，甲本殘。

17 "少"，甲本作"小"，"少"通"小"。

可愍，我當拔出著無爲處；以是實法行諸波羅蜜，能到佛道。菩薩雖學、雖知是法，未具足六波羅蜜故不取[1]證。如佛說：譬如仰射空中，箭箭相柱[2]，不令落地；菩薩摩訶薩亦如是，以般若波羅蜜箭，射三解脫門空中，復以方便箭射般若[3]箭，令不墮涅槃地。復次，若如汝所說菩薩久住生死中，應受種種身心苦惱，若不得實智，云何能忍是事？以是故，菩薩摩訶薩求是道品實智時，以般若波羅蜜力故，能轉世間爲道果涅槃。何以故？三界世間皆從和合生，和合生者無有自性，無[4]自性故是則爲空，空故不可取，不可取相是涅槃。以是故，說菩薩摩訶薩不住法，住般若波羅蜜中，不生故應具足四念處。復次，聲聞、辟支佛法中，不說世間即是涅槃。何以故？智慧不深入諸法故。菩薩法中，說世間即是涅槃，智慧深入諸法故。如佛告須菩提：色即是空，空即是色；受、想[5]、行、識即是空，空即是受、想、行、識；空即是涅槃，涅槃即是空。《中論》中亦說：

　　涅槃不異世間，世間不異涅槃。涅槃際世間際，一際[6]無有異故。

　　菩薩摩訶薩得是實相故，不厭世間，不樂涅槃；三十七品是實智之地。問曰：四念處則能具足得道，何以說三十七[7]？若汝[8]以略說故四念處，廣說故三十七[9]，此則不然[10]！何以故？若廣應無量！答曰：四念處雖具足能得道，亦[11]應說四[12]正懃等諸法。何以故？衆生心種種不同，結使亦種種，所樂所解法亦種種。佛法雖一實一相，爲衆生故，於十二部經，八萬四千法聚，作是分別說。若不爾，初轉法輪說四諦則足，不須餘法。以有衆生厭苦著樂，爲是衆生故說四諦。身心等諸法皆是苦，無有樂；是苦因緣，由愛等諸煩惱；是苦所盡處，名涅槃；方便至涅槃，是爲道。有衆生多念，亂心顛倒故，著此身、受、心、法中作邪行，爲是人故說四念處。如是等諸道法，各各爲衆生說。譬如藥師，不得以一藥治衆病；衆病不同，藥亦不一。佛亦如是，隨衆生心病種種，以衆藥治之。或說一法度衆生。如佛告一比丘：非汝物莫取！比丘言：知已[13]！世尊！佛言：云何知？比丘言：諸法非我物，不[14]應取。或以二法度衆生：定及慧；或以三法：戒[15]、定、慧；或以四法：四念處。是故四念處雖可得[16]道，餘法行異，分別多少異，觀亦異，以是故應[17]說四正懃等諸餘法。復次，諸菩薩摩訶薩信力大故，爲度一切衆生故，是中佛爲一時說三十七品；若說異法[18]道門，十想等皆攝在三十七品中。是三十七品，衆藥和合，足療一切衆生病，是故不用多說。如佛雖有無量力，但說十力，於度衆生事足。是三十七品，十法爲根本。何等十？信、戒、思惟、精進、念、定、慧、除、喜、捨。信者，信根、信力；戒者，正語、正業、正命；精進者，四正懃、精進根、精進力、精進覺、正精進；念者，念根、念力、念覺、正念；定者，四如意

1　“取”，甲、宮、石本無。

2　“柱”，甲、宋、元、明、宮本作“拄”，“拄”通“柱”。石本作“注”，“注”爲“柱”之借字。

3　“般若”，甲本作“般若波羅蜜”。

4　“無”，甲本作“無有”。

5　“想”，甲本作“相”，“相”爲“想”之借字。

6　“際”，甲本作“切”，誤。

7　“三十七”，甲本作“三十七品”。

8　乙本始。

9　“三十七”，甲本作“三十七品”。

10　“故四……不然”十四字，乙本殘。

11　“應無……道亦”十五字，乙本殘。

12　乙本終。

13　丙一始。

14　“佛言……物不”十四字，丙一殘。

15　“及慧……法戒”七字，丙一殘。

16　“四念處雖可得”，丙一殘。

17　“異以是故應”，丙一殘。

18　“說異法”後，甲、丙一衍“說異法”。

足、定根、定力、定覺、正定；慧者，四念處、慧根、慧力、擇法覺、正見。是諸法，念隨順智慧緣中正[1]住，是時名念處。破邪法、正道中行，故名正懃。攝心安隱於緣中，故名如意足。軟智心得，故名根。利智心得，故名力。修道用，故名覺。見道用，故名道。問曰：應先説道，何以故？行道然後得諸善法；譬如人先行道，然後得所至處。今何以顛倒，先説四念處，後説八正道？答曰：不顛倒也。三十七品，是初欲入道時名字。如行者到師所，聽道法時，先用念持是法，是時名念處。持已，從法中求果，故精進行，是時名正懃。多精進故心散亂，攝心調柔故，名如意足。心調柔已，生五根。諸法實相，甚深難解，信根故能信，是名信根；不惜身命，一心求道，是名精進根；常念佛[2]道，不念餘事，是名念根；常攝心在道，是名定根；觀四諦實相，是名慧根。是五根增長[3]，能遮煩惱；如大樹力能遮水。是五根增長時，能轉入深法，是名爲力。得力已，分別道法有[4]三分：擇法覺、精進覺、喜[5]覺，此三法，行道時若心没，能令起。除覺、定覺、捨覺，此三法，若行道時心動散，能攝令定。念覺在二[6]處，能集善法，能遮惡法；如守門人，有利者令入，無益者除却。若心没時，念三法起；若心散時，念三法攝。無學[7]實覺，此七事能到，故名爲分。得是法安隱具足已，欲入涅槃無爲城故，行是諸法，是時名爲道。問曰：何等是四念處？答曰：身念處，受、心、法念處，是爲四念處。觀四法四種：觀身不淨，觀受是[8]苦，觀心無常，觀法無我。是四法雖各有四種，身應多觀不淨，受多觀苦，心多觀無常，法多觀無我。何以故？凡夫人未入道時，是四法中，邪行起四顛倒：諸不淨法中淨顛倒，苦中樂顛倒，無常中常顛倒，無我中我顛倒。破是四顛[9]倒故，説是[10]四念處；破淨倒[11]故説身念處；破樂倒[12]故説受念處；破常倒[13]故説心念處；破我倒[14]故說法念處。以是故說四，不少不多[15]。問曰：云何得是[16]四念處？答曰：行者依淨戒住，一心[17]行精進，觀[18]身五種不淨相。何等五？一者，生處不淨；二者，種子不淨；三者，自性不淨；四者，自相不淨；五者，究竟不淨。云何名[19]生處不淨？頭、足、腹、脊、脇、肋[20]諸不淨物和合，名爲女身。内有生藏、熟藏、屎尿不淨，外有煩惱業因緣風，吹識種令入二藏中間。若八月，若九月[21]，如[22]在屎尿[23]坑中。如説[24]：

1　“正”，原作“止”，誤，兹據甲、丙一、宋、元、明、宫、石本改。

2　“佛”，甲、丙一、宋、元、明、宫本無。

3　“是五根增長”，甲、丙一作“五根是增長”。

4　“道法有”，丙一殘。

5　“喜”，甲本作“憙”，“憙”爲“喜”之古字。

6　“二”，甲、丙一作“三”，誤。

7　“學”，原作“覺”，誤，兹據甲、丙一、宋、元、明、宫本改。

8　“是”，甲、丙一、石本無。

9　“顛”，甲、丙一脱。

10　“説是”，甲、丙一本作“説”。

11　“倒”，甲、丙一作“到”，“到”通“倒”。

12　“倒”，甲、丙一作“到”，“到”通“倒”。

13　“倒”，甲、丙一作“到”，“到”通“倒”。

14　“倒”，甲、丙一作“到”，“到”通“倒”。

15　“不多”後，丙一有“説”。

16　“云何得是”，丙一殘。

17　“一心”前，甲、丙一有“得”。

18　“進觀”，丙一殘。

19　“名”，甲、丙一作“名爲”。

20　“肋”，甲、丙一、石本作“勒”，“勒”通“肋”。

21　丙一終。

22　丙二始。

23　“尿”，甲、丙二、宋、元、明、宫、石本無。

24　“説”，丙二殘。

是身爲臭穢,不從花間生,亦不從瞻蔔[1],又不出寶山。

是名生處不淨。種子不淨者,父母以妄想邪憶念風吹婬欲火故,血髓[2]膏流,熱變爲精。宿業行因緣[3],識種子在赤白精中住,是名身種子[4]。如説:

是身種不淨,非餘妙寶物,不由淨白生,但從尿道出!

是名種子不淨。自性不淨者,從足至頂,四邊薄皮,其中所有不淨充滿;飾以衣服,澡[5]浴花香,食以上饌,衆味餚膳,經宿之間,皆爲不淨。假令衣以天衣,食以天食,以身性故亦爲不淨,何況人衣食? 如説:

地水火風質,能變除不淨,傾海洗[6]此身,不能令香潔!

是名自性不淨。自相不淨者,是身九孔常流不淨,眼流眵、淚,耳出結聹,鼻中涕流,口出涎吐,厠道[7]、水道常出屎、尿,及諸毛孔汗流不淨。如説[8]:

種種不[9]淨物,充滿於身內[10];常流出不止,如漏囊盛物。

是名[11]自相不淨。究竟不淨者,是身若投火則爲灰,若[12]虫食則爲屎,在地則腐壞爲土,在水則膖脹爛壞,或爲[13]水虫所食。一切死屍中,人身最不淨。不淨法,九相[14]中當廣説。如説[15]:

審諦觀此身,終必歸死處。難御無反復,背恩如小人。

是名究竟不淨。復次,是身生時、死時,所近身物,所安身處,皆爲不淨;如香美淨水,隨百川流,既入大海,變成鹹苦。身所食噉種種美味,好色好香,細滑上饌,入腹海中,變成不淨。是身如是從生至終,常有不淨,甚可患厭! 行者思惟:是身雖復不淨,若少有常者猶差,而復無常。雖復不淨、無常,有少樂者猶差,而復大苦。是身是衆苦生處,如水從地生,風從空出,火因木有,是身如是,內外諸苦皆從身出。內苦名老、病、死等,外苦名刀杖[16]、寒熱、飢渴等,有此身故有是苦。問曰:身非但是苦性,亦從身有樂;若令無身,隨意五欲,誰當受者? 答曰:四聖諦苦,聖人知實是苦,愚夫謂之爲樂;聖實可依,愚惑[17]宜棄。是身實苦,以止大苦故,以小苦爲樂。譬如應死之人,得刑罰代命,甚大歡喜。罰實爲苦,以代死故,謂之爲樂[18]。復次,新苦爲樂,故苦爲苦:如初坐時樂,久則生苦;初行、立、臥亦樂,久亦爲苦。屈申、俯仰,視眴、喘息,苦常隨身;從初受胎,出生至死,無有樂時。若汝以受[19]婬欲[20]爲樂,婬病重故,求外女色,得之愈多,患至愈重。如患疥病,向火

1　"瞻蔔",丙二作"瞻匐",異譯詞。

2　"血髓",甲、丙二作"四體",宋、元、明、宮、石本作"肉髓"。

3　"緣",甲、丙二脱。

4　"子",甲、丙二脱。

5　"澡",丙二作"藻","藻"爲"澡"之借字。

6　"洗",甲、丙二、宋、元、明、宮、石本作"淨"。

7　"吐厠道",丙二殘。

8　"如説",丙二殘。

9　"種種不",丙二殘。

10　"內",甲、丙二作"中"。

11　"是名",丙二殘。

12　"爲灰若",丙二殘。

13　"則膖……或爲"七字,丙二殘。

14　"身最……九相"九字,丙二殘。

15　丙二終。

16　"杖",甲本作"仗"。

17　"惑",甲本作"或","或"爲"惑"之古字。

18　"謂之爲樂",甲本作"故以爲樂"。

19　"受",甲本作"愛",誤。

20　"欲",甲本無。

指炙，當時小樂，大痛轉深；如是[1]小樂，亦是病因緣故有，非是實樂，無病[2]觀之，爲生慈愍。離欲之人觀婬欲者，亦復如是[3]，愍此狂惑爲欲火所燒，多受多苦。如是等種種因[4]緣，知身苦相、苦因。行者知身但是不淨、無常、苦[5]物，不得已而養育之；譬如父母生子，子復弊[6]暴[7]，以從己生故，要當養育[8]成就。身實無我，何以故？不自[9]在故。譬如病風之人，不能俯仰行來；病咽塞[10]者，不能語言。以是故，知身不自在。如人有物，隨意[11]取用[12]；身不得爾，不自在故，審知無我。行者思惟[13]是身，如是不淨、無常、苦、空、無我，有如是等無量過[14]惡。如是等種種觀身，是[15]名身念處。得是身念處[16]觀已，復思惟衆生以何因緣故貪著此身？樂受故。所[17]以者何？從内六情、外六塵和合故，生六種識。六[18]種識[19]中生三種受：苦受、樂受、不苦不樂受。是樂[20]受一切衆生所欲，苦受一切衆生所不欲，不苦不[21]樂受不取、不棄。如説：

　　若作惡人及出家[22]，諸天世人及蠕動，一[23]切十方五道中[24]，無不好樂而惡苦[25]。狂惑顛倒無智故，不知涅槃常樂處[26]！

　　行者觀是[27]樂受，以實知之，無有樂也，但有衆苦。何以故？樂名[28]實樂，無有顛倒。一切世間樂受，皆從顛倒生，無有實[29]者。復次，是樂受雖欲求樂，能得大苦。如説：

1　丁本始。
2　“是病……無病”十二字，丁本殘。
3　“欲之……如是”十一字，丁本殘。
4　“燒多……種因”十一字，丁本殘。
5　“者知……常苦”十字，丁本殘。
6　“弊”，甲本作“憋”，誤。
7　“如父母……弊暴”九字，丁本殘。
8　“養育”，甲本作“育養”。
9　“就身……不自”十字，丁本殘。
10　“塞”，甲本作“寒”，誤。“能俯……咽塞”八字，丁本殘。
11　“自在……隨意”八字，丁本殘。
12　“取用”後，甲本衍“取用”。
13　“知無……思惟”七字，丁本殘。
14　“有如……量過”七字，丁本殘。
15　“是”，丁本無。
16　“處得是身念處”，丁本殘。
17　“貪著……故所”八字，丁本殘。
18　“合故……識六”七字，丁本殘。
19　“識”後，丁本衍“種”。
20　“不樂受是樂”，丁本殘。
21　“所不欲不苦不”，丁本殘。
22　“若作……出家”七字，丁本殘。
23　“一”，丁本作“壹”。
24　“中”，丁本殘。
25　“無不……惡苦”七字，丁本殘。
26　“不知……樂處”七字，丁本殘。
27　“行者觀是”，丁本殘。
28　“也但……樂名”十字，丁本殘。
29　“皆從……有實”八字，丁本殘。

若人入海遭[1]惡風，海浪崛[2]起如黑山[3]；若入大陣鬪戰中，經大險[4]道惡山間[5]。豪貴長者降屈身，親近小人爲色欲。如是種種大苦事，皆爲著樂貪心故！

以是故，知樂受能生種種苦。復次，雖佛說三種受，有樂受，樂少故名爲苦；如一斗蜜，投之大河，則失氣味。問曰：若世間樂，顛倒因緣故苦，諸聖人禪定生無漏樂，應是實樂。何以故？此樂不從愚癡顛倒有故，此云何是苦？答曰：非是苦也！雖佛[6]說無常即是苦，爲有漏法故說苦[7]。何以故？凡夫人於有漏法中心著，以有漏法無常失壞故生苦；無漏法[8]心不著故，雖無常，不能生憂悲苦惱[9]等故，不名爲苦，亦諸使不使故。復次，若無漏樂是苦者，佛不別說道諦，苦諦攝故。問曰：有二種樂：有漏樂，無漏樂。有漏樂下賤弊惡，無漏樂上妙。何以故於下賤樂中生著，上妙樂中而不生著？上妙樂中生著應多，如[10]金銀寶物，貪著應重，豈同草木？答曰：無漏樂上妙而智慧多，智慧多[11]故能離此著。有漏樂中愛等結使多，愛爲著本；實智慧能離，以是故不著。復次，無漏智慧，常觀一切無常；觀無常故，不生愛等諸結使。譬如羊近於虎，雖得好草美水而不能肥；如是諸聖人雖受無漏樂，無常空觀故，不生染著脂。復次，無漏樂不離三三昧、十六聖行，常無眾生相。若有眾生相，則生著心；以是故，無漏樂雖復上妙而不生著。如是種種因緣，觀世間樂受是苦，觀苦受如箭，不苦不樂受觀無常壞敗相。如是則樂受中不生欲著，苦受中不生恚，不苦不樂受中不生愚癡，是名受念處。行者思惟：以樂故貪身，誰受是樂？思惟已，知從心受，眾生心狂顛倒故而受此樂。當觀是心無常生滅相，一念不住，無可受樂；人以顛倒故，謂得受樂。何以故？初欲受樂時心生異，樂生時心異，各各不相及，云何言心受樂？過去心已滅故不受樂，未來心不生故不受樂，現在心一念住疾故不覺受樂。問曰：過去、未來不應受樂，現在心一念住時應受樂[12]，云何言不受？答曰：我已說去疾，故不覺受樂。復次，諸法無常相故無住時，若心一念住，第二念時亦應住，是爲常住，無有滅相。如佛說：一切有爲法三相。住中亦有滅相，若無滅者，不應是有爲相。復次，若法後有滅，當知初已有滅。譬如人著新衣，初著日若不故，第二日亦不應故，如是乃至十歲應常[13]新；不應故而實已故。當知與新俱有，微故不覺；故事已成，方[14]乃覺知。以是故，知諸法無有住時。云何心住時得受樂？若無住而受樂，是事不然！以是故，知無有實受樂者；但世俗法以諸心相續故，謂爲一相受樂。問曰：云何當知一切有爲法無常？答曰：我先已說，今當更答。是有爲法一切屬因緣故無常，先無今有故、今有後無故無常。復次，無常相常隨逐有爲法故，有爲法無有增損[15]故，一切有爲法相侵剋故無常。復次，有爲法有二種老常隨[16]逐故：一者，將老；二者，壞老。有二種死常隨逐故[17]：一者，自死；

1　“得大……海遭”十字，丁本殘。

2　“崛”，甲本作“雀”，丁、元本作“崖”。

3　“如黑山”，丁本殘。

4　“若入……大險”十字，丁本殘。

5　丁本終。

6　“雖佛”，甲本作“佛雖”。

7　“爲有……說苦”七字，甲本作“若爲有漏法說苦”。

8　“無漏法”後，甲本有“中”。

9　“苦惱”，甲本作“惱苦”。

10　“多如”，甲本作“如多”，誤倒。

11　“智慧多”，甲本無。

12　“受樂”，甲本作“樂受”，誤倒。

13　“應常”，甲本作“常應”，誤倒。

14　“方”，甲本無。

15　“損”，甲、宋、元、明、宮、石本作“積”。

16　“隨”，甲、宋、元、明、宮、石本無。

17　“有二種死常隨逐故”，甲本作“老有二種死常逐故”，宋、元、明、宮、石本作“有二種死常逐故”。

二者，他殺。以是故，知一切有爲法皆無常。於有爲法中，心無常最易得[1]。如佛説：凡夫人或時知身無常，而不能知心無常。若凡夫言身有常猶[2]差，以心爲常是大惑！何以故？身住或十歲、二十歲；是心日月時頃，須臾過去，生、滅各異，念念不停，欲生異生，欲滅異滅，如幻事，實相不可得。如是無量因緣故，知心無常，是名心念處。行者思惟：是心屬誰？誰使是心？觀已，不見有主；一切法因緣和合故不自在，不自在故無自性，無自[3]性故無我。若無我，誰當使是心？問曰[4]：應有我！何以故？心能使身，亦應有我能使心。譬如國主使將，將使兵；如是應有我使心，有心使身，爲受五欲樂故[5]。復次，各各有我心故，知實有我。若但有身，心顛倒故計我者，何以故不他身中起我？以是相故，知各各有我。答曰：若心使身，有我使心，應更有使我者！若更有使我者，是則無窮。又更有使我者，則有兩神。若更無我，但我能使心，亦應但心能使身。若汝以心屬神，除心則神無所知。若無所知，云何能使心？若神有知相，復何用心爲？以是故，知但心是識相故，自能使身，不待神也。如火性能燒物，不假於人。問曰：火雖有燒力，非人不用；心雖有識相，非神不使。答曰：諸法有相故有，是神無相故無。汝雖欲以氣息出入、苦樂等爲神相，是事不然！何以故？出入息等是身相，受苦樂等是心相，云何以身、心爲神相？復次，或時火自能燒，不待於人。但以名故，名爲人燒。汝論墮負處，何以故？神則是人，不應以人喻人。又復汝言：各各有我心故，知實有我，若但有身，心顛倒故計我者，何以不他身中起我？汝於有我、無我未了，而問何以不他身中起我？自身、他身皆從我有，我亦不可得。若色相、若無色相，若常、無常，有邊、無邊，有去者、不[6]去者，有知者、不知者[7]，有作者、無作者，有[8]自在者、不自在者，如是等我相，皆不可得；如上《我聞品》中説。如是等種種因緣，觀諸法[9]和合因緣生，無有實法有我，是名法念處。是四念處有三種：性念處、共念處、緣念處。云何爲性念處？觀身智慧，是身念處；觀諸受智慧，是名[10]受念處；觀諸心智慧，是名心念處；觀諸法智慧，是名[11]法念處。是爲性念處。云何名共念處？觀身爲首，因緣生道，若有漏，若無漏，是身念處；觀受、觀心、觀法爲首，因緣生道，若有漏，若無漏，是名受、心、法念處。是爲共念處[12]。云何爲緣念處？一切色法，所謂十入及法入少分，是名身念處；六種受：眼觸生受，耳、鼻、舌、身、意觸生受，是名受念處；六種識：眼識，耳、鼻、舌、身、意識，是名心念處；想衆[13]、行衆[14]及三無爲，是名法念處。是名緣念處。是性念處，智慧性故無色；不可見；無對。或有漏，或無漏；有漏有報，無漏無報。皆有爲因緣生；三世攝；名攝；外入攝。以慧知。有漏是斷知[15]，無漏非斷知；有漏是可斷，無漏非可斷。是修法；是無垢；是果亦有果；一切非受法；非四大造；有上法。有漏念處是有，無漏念處是非有。皆

---

1 “得”，甲、宋、元、明本作“知”。
2 “猶”，甲本作“由”，“由”通“猶”。
3 “無自”，甲本作“自無”。
4 “曰”，甲本無。
5 “樂故”，甲本無。
6 “不”，甲本作“無”。
7 “不知者”，甲本作“有不知者”。
8 “有”，甲本無。
9 “觀諸法”，甲本作“諸法如”。
10 “名”，甲本無。
11 “名”，甲本作“爲”。
12 “是爲共念處”，甲本無。
13 “衆”，甲本作“陰”，異譯詞。
14 “衆”，甲本作“陰”，異譯詞。
15 “知”，甲本作“智”，“智”通“知”。

是相應因。四念處攝六種善中一種行衆善分[1]，行衆[2]善分攝四念處；不善，無記漏中不相攝。或有四念處非有漏，或有漏非四念處；或有四念處亦有漏，或非四念處亦非有漏。有四念處非有漏者，是無[3]漏性四念處。有漏非四念處者，除有漏性四念處，餘殘有漏分[4]。四念處亦有漏法者，有漏性四念處。非四念處非有漏法者，除無漏性[5]四念處，餘殘無漏法。無漏四句，亦如是。共念處，是[6]共念處中身業、口業，是爲色，餘殘非色；一切不可見；皆無對。或有漏，或無漏。皆有爲。有漏念處有報，無漏念處無報。因緣生，三世攝，身、口業色攝，餘殘名攝。心意識內入攝，餘殘外入攝。以慧知。有漏是斷知，無漏非斷知；有漏可斷，無漏非可斷。皆修法；皆無垢。是果亦有果；一切非受法。身、口業是四大造，餘殘非四大造。皆有上法。有漏念處是有，無漏念處是非有。身、口業及心不相應諸行，是非相應因；餘殘是相應因。五善分攝四念處，四念處亦攝五善分，餘殘不相攝；不善，無記漏法不攝。或有四念處非有漏，或有漏非四念處；或有四念處亦有漏，或非四念處亦非有漏。有四念處非有漏者，無漏四念處。有漏非四念處者，除有漏四念處，餘殘有漏法。有四念處亦有漏者，有漏四念處。非四念處非有漏者，虛空、數緣盡、非數緣盡。或有四念處非無漏，或有無漏非四念處；或有四念處亦[7]無漏，或非四念處非無漏。有四念處非無漏者，有漏四念處。有無漏非四念處者，三無爲法。有四念處亦[8]無漏者，無漏四念處。非四念處非無漏者，除有漏四念處，餘殘有漏法。是緣念處，緣念處中：一念處是色，三念處非色。三不可見，一當分別：身念處有可見、有不可見；可見者一入，不可見者九入及一入少分。三無對，一當分別：身念處有對十入，無對一入少分。身念處有漏十入及一入少分，無漏一入少分；受念處有漏意相應是有漏，無漏意相應是無漏，心念處亦如是；法念處有漏想衆[9]、行衆[10]，是有漏；無漏想衆[11]、行衆[12]及無爲法，是無漏。三是有爲，一當分別：法念處想衆[13]、行衆[14]是有爲，三無爲法是無爲。不善身念處及善有漏身念處是有報，無記身念處及無漏是無報；受念處、心念處、法念處亦如是。三從因緣生，一當分別：法念處有爲從因緣生，無爲不從因緣生。三三世攝，一當分別：法念處有爲是三世攝，無爲非三世攝。一念處攝色，三攝名[15]。一念處內入攝；受念處、法念處，外入攝；一當分別：身念處或內入攝，或外入攝；五內入是內入攝，五外入及一入少分是外入攝。以慧知。有漏者是斷見，無漏者非斷見。有漏者可斷，無漏者非可[16]斷。修當分別：身念處善應修，不善及無記不應修；受、心念處亦如是；法念處有爲善法應修，不善及[17]無記及數緣盡不應修。垢當分別：身念處隱没是垢，不隱没非垢；受、心、法[18]念處亦如是。三[19]

1　“四念……善分”十四字，甲本作“四念處六種善中攝一種行陰善”，“陰”爲“衆”之異譯詞。

2　“衆”，甲本作“陰”，異譯詞。

3　“無”，甲本作“有”，誤。

4　“餘殘有漏分”後，甲本有“亦性”。

5　“性”，甲本無。

6　“共念處是”，甲本作“是共念處”。

7　“亦”，甲、宋、元、明、宫、石本作“有”。

8　“亦”，甲、宋、元、明、宫、石本作“有”。

9　“衆”，甲本作“陰”，異譯詞。

10　“衆”，甲本作“陰”，異譯詞。

11　“衆”，甲本作“陰”，異譯詞。

12　“衆”，甲本作“陰”，異譯詞。

13　“衆”，甲本作“陰”，異譯詞。

14　“衆”，甲本作“陰”，異譯詞。

15　“攝名”，甲本作“名攝”，誤倒。

16　“可”，甲本無。

17　“及”，甲本無。

18　“法”後，甲本衍“心”。

19　“三”，甲本作“二”。

念處是果亦有果；一當分別：法念處或果非有果，或果亦有果，或非果非有果；數緣[1]盡，是果非有果；有爲法念處，是果亦[2]有果；虛空、非數緣盡，是[3]非果非有果。三不受；一當分別：身念處墮身數是受，不墮身數非受。三非四大造，一當分別：身念處九入及二入少分，四大造；一入少分，非四大造。三念處有上，一當分別：法念處有爲及虛空、非數緣盡，是有上；涅槃是無上。四念處若有漏是有，若無漏是非有。二念處相[4]應因，一念處不[5]相應因；一當分別：受念處、心念處，相應因；身念處，不相應[6]因；法念處，想衆[7]及相應行衆[8]是相應因；餘殘是不相應因。四念處分攝六[9]善法，六善法亦攝四念處分。不善分、無記分，亦如是隨種相攝。三漏攝一念處分，一念處分亦攝三漏。有漏攝四念處分，四念處分亦攝有漏。無漏攝四念處分，四念處分亦攝無漏。如是等義，《千難》中廣説。問曰：何等爲内身？何等爲外身？如内身、外身皆已攝盡，何以復説内外身觀？答曰：内名自身，外名他身。自身有二種：一者，身内不淨；二者，身外皮、毛、爪、髮等[10]。復次，行者觀死屍膖、脹、爛、壞，取是相，自觀身亦如是相，如是事我未離此法。死屍是外身，行者身是内身。如行者或時見端政女人心著，即時觀其身不淨，是爲外；自知我身亦爾，是爲内。復次，眼等五情爲内身，色等五塵爲外身；四大爲内身，四大造色爲外身；覺苦樂處爲内身，不覺苦樂處爲外身；自身及眼等諸根，是爲内身；妻子、財寶、田宅、所用之物，是爲外身。所以者何？一切色法，盡是身念處故。行者求是内身，有淨、常、樂、我？審悉求之，都不可得，如先説觀法。内觀不得，外或當有耶？何以故？外物是一切衆生著處。外身觀時，亦不可得。復作是念：我内觀不得，外或有耶？外觀亦復不得，自念：我或誤錯，今當總觀内外。觀内、觀外，是爲別相；一時俱觀，是爲總相。總觀、別觀，了不可得，所觀已竟。問曰：身念處可得内外，諸受是外入攝，云何分別有内受、外受？答曰：佛説有二種受：身受、心受。身受是外，心受是内。復有五識相應受是外，意識相應受是内。十二入因[11]緣故諸受生。内六入分生受是爲[12]内，外六入分生受是爲外。麁受是爲外，細[13]受是爲内[14]。二種苦：内苦[15]、外苦[16]。内苦[17]有二種：身苦[18]、心[19]苦。身苦者，身痛、頭

1　戊本始。
2　"有爲……果亦"八字，戊本殘。
3　戊本終。
4　"相"，甲本作"想"，"想"爲"相"之借字。
5　"不"，甲本作"非"。
6　"應"，甲本脱。
7　"衆"，甲本作"陰"，異譯詞。
8　"衆"，甲本作"陰"，異譯詞。
9　"六"，甲本作"行"。
10　甲本終，尾題作"大智度經卷第二十七"。
11　己一始。
12　"内六……是爲"八字，己一殘。
13　"受是爲外細"，己一殘。
14　"受是爲内"，己一作"是爲外内"。
15　庚本始。"内苦"，己一作"外苦"。
16　"外苦"，己一作"内苦"。
17　"内苦"，己一無。
18　"苦"，己一殘。
19　"心"，己一殘。

痛等[1]四百四種病[2]，是爲[3]身苦[4]；心苦者[5]，憂、愁、瞋、怖、嫉妒[6]、疑，如是等是爲心苦[7]。二苦和合，是爲内苦。外苦有二種[8]：一者，王者[9]、勝己、惡賊、師子、虎狼、蚖蛇[10]等逼害；二者，風雨[11]、寒熱、雷電、礔礰等。是二種苦，名爲外受[12]。樂[13]受、不苦不樂受，亦如是。復[14]次，緣内法，是爲内受；緣外法，是爲[15]外受。復次，一百八受，是爲内受；餘殘是[16]外受。問曰：心是内入攝，云何言觀外心[17]？ 答曰：心[18]雖内入攝，緣外法故名爲外心，緣内法故是爲内心。意識是内心，五識是外心。攝心[19]入禪是内心，散亂心是外心。内五蓋、内七覺相應心，是爲内心；外五蓋、外七覺相應心，是爲外心。如是等種種分別内、外，是爲内、外心。問曰：法念處是外入攝，云何言觀内法？ 答曰：除受，餘[20]心數法能緣内法心數法是内法；緣外法心數法及無爲、心不相應行，是爲外法。復次，意識[21]所[22]緣法，是名爲法[23]，如佛所説：依緣生意識。是中除受，餘心數法是爲内法，餘心不相應行及無爲法，是爲[24]外法。四正懃有二種：一者，性正懃；二者，共正懃。性正懃者，爲道故四種精進，遮二種不善法，集二種善法。四念處觀時，若有[25]懈怠心、五蓋等諸煩惱覆心，離五種信等善根時，不善法若已生爲斷故、未生不令生故，懃精進。信等善根未生爲生故、已生爲增長故，懃精進。精進[26]法於四念處多故，得名正懃。問曰：何以故於七種法中，此四名正懃，後八名正道，餘者不名正？ 答曰：四種精進，心勇發動，畏錯誤故言正懃；行道趣法故，畏墮邪法故言正道。性者，四種精進性；共者，四種精進性[27]爲首因緣生道。若有漏，若無漏，若有[28]色，若無色，如上説。行四正懃時，心小散故，以定攝心故，名如意足。譬如美食，少鹽則無味，得鹽則味足如意。又如人有二足，復得好馬[29]好車，如意所至。行者如是得四念處實智慧，四正懃中正精進，精

1　“身苦……痛等”十二字，庚本殘。

2　“四百四種病”，己一作“□百□種病”。

3　己一終。

4　己二始。

5　“者”，己二無。

6　“是爲……嫉妒”十三字，庚本殘。

7　“等是爲心苦”，己二殘。

8　庚本終。“是爲……有二”十六字，庚本殘。

9　“者王者”，己二殘。

10　“蚖蛇”，己二作“蛇蚖”，石本作“蛇蛇”，必有一誤。

11　“雨”，己二殘。

12　“受”，己二作“苦”，誤。

13　己二終。

14　己三始。

15　“緣外法是爲”，己三殘。

16　“餘殘是”，己三殘。

17　“心”，己三殘。

18　“曰心”，己三無。

19　“心”，己三無。

20　“餘”，己三作“餘殘”。

21　己三終。

22　己四始。

23　“法”，己四、宋、元、明本作“内法”。

24　“爲”，己四無。

25　“有”，己四無。

26　“精進”，己四無。

27　“性”，己四無，宋、元、明、宫、石本作“各”。

28　“有”，己四、宋、元、明、宫本無。

29　“好馬”，己四無。

進故智慧增多,定力小弱,得四種定攝心故,智、定力等,所願皆得故,名如意足。問曰:四念處、四正懃中已有定,何以故不名如意足? 答曰:彼雖有定,智慧[1]、精進力多,定力弱故,行者不得如意願。四種定者,欲爲主得定;精進爲主得定;定[2]因緣生道,若有漏[3]、若無漏。心爲主得定;思惟爲主得定;定因緣生道,若有漏、若無漏。共善五衆[4],名爲共如意。欲主等四種定,名爲性如意。四正懃、四如意足,如性念處、共念處中,廣分別説。五根者,信道及助道善法,是名信根;行者行是道、助道法時,懃求不息,是名精進根;念道及助道法,更無他念,是名念根;一心念不散,是名定根;爲道及助道法,觀無常等十六行,是名慧根[5]。是五根增長,不爲煩惱所壞,是名爲力,如五根中説。是五根、五力,行衆中攝;常共相應,隨心行,心數法,共心生,共心住,共心滅。若有是法,心[6]墮正定;若無是法,心[7]墮邪定。七覺,如先説義。問曰:先雖説義,非以阿毘曇法説。答曰:今當更説,如四念處義。是七覺分,無色,不可見,無對,無漏,有爲,因緣生,三世攝,名攝,外入攝。慧知[8],非斷見,不可斷,修法,無垢法,是果亦有果,非受法,非四大造,有上法,非有相應因[9]。二善分攝七覺分,七覺分攝二善分,不善、無記、漏、有漏法[10]不相攝。無漏二分攝七覺分,七覺分攝無漏二分。如是等種種,如《千難》中廣説。八聖道分,如先説。正見是智慧,如四念處、慧根、慧力、擇法覺中説[11]。正思惟,觀四諦時無漏心相應,思惟動發,覺知籌量。正方便,如四正懃、精進根、精進力、精進覺中説。正念,如念根、念力、念覺中説。正定,如:如意足、定根、定力、定覺中説。正語、正業、正命,今當説:除四種邪命,攝口業,以無漏智慧除、捨、離餘口邪業,是名正語。正業亦如是。五種邪命,以無漏智慧除、捨、離,是爲[12]正命。問曰:何等是五種邪命? 答曰:一者,若行者爲利養故,詐現異相奇特;二者,爲利養故,自説功德;三者,爲利養故,占相吉凶,爲人説;四者,爲利養故,高聲現威,令人畏敬;五者,爲利養故,稱説所得供養以動人心。邪因緣活命故,是爲邪命。是八正道有三分:三種爲戒分,三種爲定分,二種爲慧分。慧分、定分分別[13],如先説。戒分,今當説:戒分是色性,不可見,無對,無漏,有爲,無報,因緣生,三世攝,色攝非名攝[14],外入攝。慧知[15],非斷見,不可斷,修法,無垢法,是果亦有果,非受法,四大造,有上法,非有法[16],相應因。一善分攝三正,三正攝一善分;不善、無記、漏、有漏不相攝。無漏一法攝三正,三正亦攝無漏一法。如是等種種分別,如《阿毘曇》廣説。是三十七品,初[17]禪地具有;未到地中三十六,除喜[18]覺;第二禪中亦三十六,除正行;禪中間、第三、第四禪三十五,除喜覺,除正行。三無色定中三十二,除喜覺、正行、正語、正業、正命;有頂中二十二,除七覺

1　"慧",己四無。

2　"定",己四作"得定"。

3　"若有漏"後,己四衍"若有漏"。

4　"衆",己四作"陰",異譯詞。

5　"慧根",己四作"根慧"。

6　"心",己四、元、明、官、石本作"必"。

7　"心",己四、石本無,元、明本作"必",宋本作"忍"。

8　"慧知",己四作"智慧分"。

9　"相應因",己四作"因相應"。

10　"法",己四作"有法"。

11　"中説",己四無。

12　"爲",己四作"是爲"。

13　"慧分定分分別",己四作"慧定分別"。

14　"非名攝",己四作"名攝名攝"。

15　"知",己四作"智","智"通"知"。

16　"法",己四作"非"。

17　"初",己四作"物",誤。

18　"喜",己四作"憙","憙"爲"喜"之古字。下同,不復出校。

分、八聖道分。欲界中二十二,亦如是。是爲聲聞法中分別義。問曰:摩訶衍所説三十七品義云何? 答曰:
菩薩摩訶薩[1]行四念處,觀是内[2]身無常、苦,如病如癰,焰[3]聚敗壞,不淨充滿,九孔流出,是爲行厠。如是觀身
惡露無一淨處;骨幹肉塗,筋纏皮裹。先世受有漏業因緣,今世沐浴、華香、衣服、飲食、卧具、醫藥等所成。
如車有兩輪,牛力牽故,能有所至。二世[4]因緣以成身車,識牛所牽,周旋往反。是身四大和合造,如水沫聚,
虛無堅固。是身無常,久必破壞。是身相,身中不可得,亦不在外,亦不在中間。身不自覺,無知無作,如牆
壁瓦石。是身中無定身相,無有作是身者,亦無使作者。是身先際、後際、中際[5],皆不可得。八萬户蟲,無量
諸病,及諸飢渴、寒熱、刑[6]殘等,常惱此身。菩薩摩訶薩觀身如是,知非我身[7],亦非他有;不得自在,有作及
所不作。是身,身相空,從虛妄因緣生;是身假有,屬[8]本業因緣。菩薩自念:我不應惜身命,何以故? 是身
相不合不散,不來不去,不生不滅,不依猗[9]。循身觀是身無我、無[10]我所故,空故無男女等諸相[11],無相[12]故不
作願。如是觀者,得入無作智[13]門。知身無作、無[14]作者,但從諸法因緣和合生。是諸因緣作是身者,亦從虛
妄顛倒故有,是因緣中亦無因緣相,是因緣生亦無生相。如是思惟,知[15]是身從本以來,無有生相[16],知是身無
相無可取。無生故無相,無相故無生;但誑凡夫故名爲身。菩薩如是觀身實相時,離[17]諸染欲著,心常繫念
在身循[18]身觀——如是名爲菩薩身念處。觀外身、觀内外身亦如是。菩薩云何觀諸受? 觀内受,是受有三種:
若苦、若樂、若不苦不樂。是諸受無所從來,滅無所至,但從虛誑顛倒妄想生,是報果[19],屬先世業因緣。是菩
薩如是求諸受,不在過去,不在未來,不在現在;知[20]是諸受空、無我、無我所,無常、破壞法。觀是三世諸受:
空、無相、無作,入解脱門。亦觀諸受生滅;亦知[21]諸受不合不散、不生不滅,如是入不生門。知諸受不生故
無相,無相故不生[22];如[23]是知已,繫心緣中。若有苦、樂、不苦不樂來,心不受不著、不作依止。如是等因緣觀
諸[24]受,是名受念處。觀外受、觀内外受亦如是。菩薩云何觀心念處? 菩薩觀内心,是内心[25]有三相:生、住、滅;

---

1 "薩",己四作"衍",誤。
2 "内",己四作"肉"。
3 "焰",己四、官、石本作"炎",宋、元、明、官本作"肉"。
4 "二世"前,己四有"求"。
5 "後際中際",己四作"中際後際"。
6 "刑",己四、宋、元、明、官本作"形","形"通"刑"。
7 "身",己四作"身相"。
8 "屬",己四作"漏",誤。
9 "猗",己四作"倚","倚"通"猗"。
10 辛一始。
11 "空故……諸相"八字,己四作"空無故男子女等諸相無相",辛一作"空無故□□□□諸相無相"。
12 "無相",己四、辛一無。
13 "無作智",辛一殘。
14 "無",辛一無。
15 "知",己四無。
16 "無有生相",己四作"無有知生相"。
17 "離",己四作"誰",誤。
18 "循",己四、辛一作"順"。
19 "報果",己四作"果報"。
20 "知",己四作"如",誤。
21 "知",己四作"如",誤。
22 辛一終。
23 辛二始。
24 "諸",辛二無。
25 "是内心",己四、辛二無。

作是念：是心無所從來，滅亦無所至，但從內外因緣和合生。是心[1]無有定實相，亦無實生、住、滅，亦不在過去、未來、現在世中。是心不在內、不在外、不在中間。是心亦無性無相；亦無生者，無使生者。外有種種雜六塵因緣，內有顛倒心相[2]；生滅相續故，強名爲心。如是心中實心相不可得。是心性不生不滅，常是淨相，客[3]煩惱相著故，名爲不淨心。心不自知，何以故？是心，心相空故。是心本末無有實法，是心與諸法無合無散，亦無前際、後際、中際，無色無形無對，但顛倒虛誑生。是心空無我、無我所，無常無實，是名隨順[4]心觀。知心相無生，入無生法中。何以故？是心無生，無性無相，智者能知。智[5]者雖觀是心生滅相，亦不得實生滅法，不分別垢淨而得心清淨。以是[6]心清淨故，不爲客煩惱所染。如是等觀內心。觀外心，觀內外心，亦如是。菩薩云何觀法念處？觀一切法，不在內，不在外，不在中間；不過去、未來、現在世中；但從因緣和合妄見生，無有實定，無有是法，是誰法。諸法中法相不可得，亦無法若合若散。一切法無所有如虛空，一切法虛誑如幻；諸法性淨，不相污[7]染。諸法無所受，諸受無所有故[8]；諸法無所知，心心數法虛誑故。如是觀時，不見有法，若一相、若異相，觀一切法空無我。是時[9]作是念：一切諸法因緣生故，無有自性，是爲實空，實空故無有[10]相，無有相故無作[11]，無作故不見法若生若滅；住是智慧中，入無生法忍門。爾時雖[12]觀諸法生滅，亦入無相門。何以故？一切法離諸相，智者之所解。如是觀時，繫心緣中，隨順諸法相，不念身、受、心、法，知是四法無處所，是爲內法念處。外法念處、內外法念處亦如是[13]。四正懃，四如意足，亦如是應分別[14]，觀空無處所。云何爲菩薩所行五根？菩薩摩訶薩觀五根、修五根。信根者，信一切法從因緣生，顛倒妄見心生，如旋火輪，如夢如幻。信諸法不淨，無常、苦、無我，如病、如癰[15]、如刺，災變敗壞。信諸法無所有，如空拳[16]誑小兒。信諸法不在過去，不在未來，不在[17]現在，無所從來，滅無所至。信諸法空、無相、無作，不生不滅，無信相[18]無相；而信持戒、禪定、智慧、解脫、解脫知見。得是信[19]根故，不復退轉。以信根爲首[20]，善住持戒，住持戒已，信[21]心不動不轉。一心信依業果報，離諸邪見；更不信餘語，但受佛法，信衆僧。住實道中，直心柔軟能忍[22]，通達無礙，不動不壞，得力自在，是名信根。精進根者，晝夜常行精進，除却五蓋，攝護五根。諸深經法，欲得、欲知、欲

1　“心”，辛二作“念”。

2　“相”，己四、辛二、宋、元、明本作“想”，“想”爲“相”之借字。

3　“客”，辛二作“若”，宋、元、明本作“客塵”。

4　“順”，己四作“慎”，“慎”通“順”。

5　“智”，己四脱。

6　“以是”前，辛二有“常”。

7　“污”，己四、辛二作“惡”。

8　“諸受無所有故”，己四、辛二作“諸法無有故”。

9　“是時”，辛二無。

10　“有”，己四作“無”。

11　“無有相故無作”，己四作“有有無作”。

12　“雖”，己四、辛二無。

13　“外法……如是”十二字，己四作“外法、內外法念處亦如是”，辛二作“行內外法念處亦如是”。

14　“亦如是應分別”，己四、辛二作“亦應如是分別”。

15　“癰”，辛二作“雍”，“雍”通“癰”。

16　“拳”，己四、辛二、石本作“捲”，“捲”通“拳”。

17　“在”，辛二脱。

18　“信相”，己四、辛二、宋、元、明、宫、石本作“作”。

19　“信”，己四脱。

20　“以信根爲首”，己四作“以信根爲首也”，辛二作“信根爲首”。

21　“信”，辛二作“住”，誤。

22　“忍”，辛二作“思”，誤。

行、欲誦、欲讀，乃至欲聞。若諸不善惡法起令疾[1]滅；未生者[2]令不生。未生諸善法令生；已生[3]令增廣。亦不惡不善法，亦不愛善法，得等精進，直進不轉。得正精進定心故，名爲精進根。念根者，菩薩常一心念，欲具足布施、持戒、禪定、智慧、解脫；欲淨身口意業，諸法生滅住異智中，常一心念。一心念苦、集、盡、道；一心念分別根、力、覺、道、禪定、解脫，生滅入出；一心念諸法不生不滅，無作無説，爲得無生智慧、具足諸佛法故；一心念不令聲聞、辟支佛心得入。常念不忘[4]如是諸法甚深清淨，觀行得故，得[5]如是自在念，是[6]名念根。定根者，菩薩善取定相，能生種種禪定。了了知定門，善知入定，善知住定，善知出定。於定不著不味，不作[7]依止。善知所緣，善知壞緣[8]，自在遊戲諸禪定，亦知無緣定，不隨他語。不專隨禪定行，自在出入無礙，是名爲[9]定根。慧根者，菩薩爲盡苦，聖智慧成就。是智慧爲離諸法，爲涅槃。以智慧觀一切三界無常，爲三衰、三毒火所燒[10]。觀已，於三界中，智慧亦不著一切三界，轉爲空、無相、無作解脫門。一心爲求佛法，如救頭然。是菩薩智慧無能壞者，於三界無所依，於隨意五欲中，心常離之。慧根力故，積聚無量功德，於諸法實相，利入無疑無難。於世間無憂，於涅槃無喜，得自在智慧故，名爲慧根。菩薩得是五根，善知衆生諸根相：知染欲衆生根，知離欲衆生根；知瞋恚衆生根，亦知離瞋恚衆生根；知愚癡衆生根，亦知離愚癡衆生根；知欲墮惡道衆生根，知欲生人中衆生根，知欲生天上衆生根；知鈍衆生根，知利衆生根；知上、中、下衆生根；知罪衆生根，知無罪衆生根；知逆、順衆生根；知常生欲界、色界、無色界衆生根；知厚善根、薄善根衆生根；知正定、邪定、不定衆生根；知輕躁衆生根，知持重衆生根；知慳貪衆生根，知能捨衆生根；知恭敬衆生根，知不恭敬衆生根；知淨戒、不淨戒衆生根；知瞋恚、忍辱衆生根；知精進、懈怠衆生根；知亂心、攝心；愚癡、智慧衆生根；知無畏、有畏衆生根；知增上慢、不增上慢衆生根；知正道、邪道衆生根；知守根、不守根衆生根；知求聲聞衆生根，知求辟支佛衆生根，知[11]求佛道衆生根。於[12]知衆生根中，得自在方便力故，名爲知根。菩薩行是五根增長，能破煩惱，度衆生，得無生法[13]忍，是名五[14]力。復次，天魔外道不能沮[15]壞，是名爲力。七覺分者，菩薩於一切法，不憶不念，是名念覺分。一切法中，求索[16]善法、不善法、無記法不可得，是名擇法覺分。不入三界，破壞諸[17]界相，是名精進覺分。於一切作法，不生著樂，憂喜[18]相壞故，是名喜覺分。於一切法中，除心緣不可得故，是名除覺分。知一切法常定相，不亂不定，是名定覺分。於一切法不著不依止，亦不見是

1　“疾”，己四作“趣”。

2　“者”，辛二無。

3　“已生”，己四作“生已”。

4　辛二終。

5　“得”，己四無。

6　“是”，己四無。

7　“作”，己四作“住”。

8　“壞緣”前，己四有“所”。

9　“爲”，己四無。

10　“所燒”，己四作“之所燒”。

11　“知”，己四無。

12　“於”，己四無。

13　“法”，己四無。

14　“五”，己四作“爲”，誤。

15　“沮”，己四作“阻”。

16　“索”，己四作“常”，誤。

17　“諸”，己四作“法”。

18　“喜”，己四無。

捨心,是名[1]捨覺分。菩薩觀七覺分空如是。問曰:此七覺分何以[2]略説? 答曰:七覺分中,念、慧、精進、定,上已[3]廣説。三覺今當説:菩薩行喜覺分,觀是喜非實,何以故? 是喜從因緣生,作法、有法、無常法,可著法。若生著,是無常相,變壞則生憂,凡夫人以顛倒故心著。若知諸法實空,是時心悔,我則受虛誑。如人闇中飢渴所逼,食不淨物,晝日觀知,乃覺其非。若如是觀,於實智慧中生喜,是爲真喜。得是真喜,先除身麤,次除心麤,然後除一切法相,得快樂遍身心中,是爲除覺分。既得喜、除、捨諸觀行,所謂無常觀、苦觀、空無我觀、生滅觀、不生不[4]滅觀,有觀無觀[5],非有非無觀;如是等戲論盡捨。何以故? 無相、無緣、無作,無戲論;常寂滅是實法相。若不行捨,便有諸諍。若以有爲實,則[6]以無爲虛;若以無爲實,則以有爲虛;若以非有非無爲實,則以有無爲虛;於實愛[7]著,於虛恚[8]憎,生憂喜處,云何不捨? 得如是喜、除、捨[9],七覺分則具足滿[10]。

八聖道分[11]者,正見、正方便、正念、正定,上已説;正思惟今當説:菩薩於諸法空無所得,住如是正見中,觀正思惟相。知一切思惟,皆是邪思惟,乃至思惟涅槃、思惟佛,皆亦如是。何以故? 斷一切思惟分別,是名正思惟。諸思惟分別,皆從不實虛誑顛倒故有,分別思惟相皆無。菩薩住如是正思惟中,不見是正是邪,過諸思惟分別,是爲正思惟。一切思惟分別皆悉平等,悉平等故心不著;如是等名爲菩薩正思惟相。正語者,菩薩知一切語,皆從虛妄不實顛倒取相分別生,是時菩薩作是念:語中無語相,一切口業滅,知諸語實相,是爲正語。是諸語皆無所從來,滅亦無所去,是菩薩行正語法。諸有所語,皆住[12]實相中説;以是故諸經説:菩薩住正語中,能作清淨口業。知一切語言真相,雖有所説,不墮[13]邪語。正業者,菩薩知一切業邪相,虛妄無實,皆無作相,何以故? 無有一業可得定相。問曰:若一切業皆空,云何佛説布施等是善業? 殺害等是不善業? 餘事動作是無記業? 答曰: 諸業中尚無有一,何況有三? 何以故? 如行時已過則無去業,未至亦無去業,現在去時亦無去業;以是故無去業。問曰:已[14]過處則應無,未至處亦應無,今去處應是有去! 答曰:今去處亦無去,何以故? 除去業,今去處不可得;若除去業,今去處可得者,是中應有去,而不然。除今去處則無去業,除去業則無今去處;是相與共緣故,不得但言今去處有去。復次,若[15]今去處有去業,離去業應當有今去處,離今去處應當有去業。問曰[16]:若爾者,有何咎? 答曰:一時有二去業故。若有二去業,則有二去[17]者。何以故? 除去者則無去。若除去者,今去處不可得,無今去處故,亦無去者[18]。復次,不去者亦不去[19],故無去業。

1　“名”,己四無。

2　“何以”,己四作“何以故”。

3　“已”,己四作“以”,“以”通“已”。

4　“不”,己四無。

5　“觀”,己四脱。

6　“則”,己四作“相”,誤。

7　“愛”,己四作“受”,誤。

8　“恚”,己四作“忘”,誤。

9　“捨”,己四無。

10　“七覺……足滿”七字,己四作“七覺分别具足滿八聖”。

11　“分”後,己四衍“分”。

12　“住”,己四作“作”。

13　“墮”,己四作“隨”,“隨”通“墮”。

14　“已”,己四作“以”,“以”通“已”。

15　“若”,己四無。

16　“曰”,己四無。

17　“去”,己四作“法”,誤。

18　“若除……去者”十九字,己四作“若者”。

19　“不去者亦不去”,己四作“去不去者亦不去故”。

若除去者不去者,更無第三去者。問曰:不去者不去應爾,去者何以故言不去? 答曰:除去業,去[1]者不可得;除去者,去業不可得。如是等一切業空,是名正業。諸菩薩入一切諸業平等,不以邪業爲惡[2],不以正業爲善,無所作,不作正業,不作邪業,是名實智慧,即是正業。復次,諸法等中,無正無邪,如實知諸業。如實知已,不造不休,如是智人常有正業,無邪業,是名爲[3]菩薩正業。正命者,一切資生活命之具,悉正不邪。住不戲論智中,不取正命,不捨邪命,亦不住正法中,亦不住邪法中。常住清淨智中,入平等正命,不見命,不見非命,行如是實智慧,以是故名正命。若菩薩摩訶薩能觀是[4]三十七品,得過[5]聲聞、辟支佛地,入菩薩位中,漸漸得成一切種智[6]……

大智度論釋初品中三三昧義第三十二(卷第二十)[7]

龍樹菩薩造

後秦龜茲國三藏鳩摩羅什奉詔譯[8]

【經】[9]空三昧、無相三昧、無作三昧,四禪、四無量心、四無色定,八背捨、八勝處、九次第定、十一切處。

【論】[10]問曰:何以故次三十七品後,説八種法? 答曰:三十七品是趣涅槃道,行是道已,得到涅槃城[11]。涅槃城有三門,所謂空、無相、無作。已説道,次應説到處門;四禪等是助開門法。復次,三十七品是上妙法,欲界心散亂,行者依何地、何方便得? 當依色界、無色界諸禪定。於四無量心、八背捨、八勝處、九次第定、十一切處中,試心知得柔軟自在隨意不? 譬如[12]御者試馬,曲折隨意,然後入陣。十一切處亦如是,觀取小[13]許青色,視一切物皆能使青;一切黃、一切[14]赤、一切白皆如是。復次,於八勝處緣中自在。初、二背捨,觀身不淨;第三背捨,觀身還使淨。四無量心:慈觀衆生皆樂,悲觀衆生皆苦,喜觀衆生皆喜;捨是三心,但觀衆生無有憎愛。復次,有二種觀:一者,得解觀;二者,實觀。實觀者,是三十七品。以實觀難得故,次第説得解觀。得解觀中心柔軟,易得實觀,用實觀得入三涅槃門。問曰:何等空涅槃門? 答曰:觀諸法無我、我[15]所空,諸法從因緣和合生,無有作者,無有受者,是名空門。復次,空門,如《忍智品》中説。知是無我、我所已,衆生云何於諸法中心著? 行者思惟作是念:諸法從因緣生,無有實法,但有相,而諸衆生取是相,著我、我所。我今當觀是相有實可得不? 審諦[16]觀之,都不可得;若男相[17]女相、一異相等,是相實皆不可得。何以故? 諸

---

1 "去",己四脱。
2 "不以邪業爲惡",己四作"邪業不以爲惡"。
3 "爲",己四無。
4 "是",己四無。
5 "過",己四脱。
6 "一切種智"後,己四有"也",己四終,以下所抄相當於《大正藏》本卷二十。
7 本卷對應《大智度論》寫本凡1號:S.3677號(以下簡稱"甲本",所抄分屬《大正藏》本卷十九、二十)。
8 甲本始。"大智度……譯"三十九字,甲本作"大智度初品中三三昧品第三十一釋論"。
9 "經",甲、宋、宫、石本無。
10 "論",甲、宋、宫本無。
11 "得到涅槃城",甲本作"到涅槃"。
12 "譬如"前,甲本衍"僻"。
13 "小",甲本作"少","少"通"小"。
14 "一切",甲本無。
15 "我",甲本作"無我"。
16 "諦",甲本無。
17 "相",甲本作"若"。

法無我、我所故空，空故無男無女、一異[1]等法。我、我所中名字，是一、是異；以是故，男、女、一、異法實不可得。復次，四大及造色圍虚空故名爲身；是中内外入因緣和合生識種。身得是種和合，作種種事：言語、坐起、去來。於空六種和合中，强名爲男，强名爲女。若六種是男，應有六男，不可以一作六、六作一。亦於地種中無男女相[2]，乃至識種亦無男女相。若各各中無，和合中[3]亦無；如六狗[4]各各不能生師子，和合亦不能生，無性故。問曰[5]：何以故無男女？雖神無有別，即身分别有男女之異[6]。是身不得離身分，身分亦不得離身；如見身分足，知有有分法[7]，名爲身；足等身分異身，身即是男女相。答曰：神已先破，身相亦壞，今當重説。若有是有分名身，爲各各分中具足有？爲身分分在諸分中？若諸分中[8]具足有身者，頭中應有脚，何以故？頭中具足有身故。若身分分在諸分中，是身與分無有異，有分者隨諸分故。問曰：若[9]足等身分，與有分異，是有咎；今足等身分，與有分身法不異，故無咎！答曰：若足等身分與有分不異，頭即是[10]足。何以故？二事是身不異故。又身分多，有分一，不應多作一、一作多。復次，因無故果無，非果無故因無。身分與有分不異，應果無故因無[11]。何以故？因果一故。若一、若異中，求身不可得；身無故，何處有男女？若有男女，爲即是身？爲異身？身則無[12]可得。若在餘法，餘法非色故，無男女之别。但二世因緣和合，以顛倒心故，謂爲男女。如説：

俯仰屈申立去來，視瞻[13]言語中無實，風依識故有所作，是識滅相念念無[14]。彼此男女有[15]我心，無智慧故妄見有，骨鎖相連皮肉覆，機關動作如木人。内雖無實外似人，譬如洋金投水中，亦如野火焚竹林，因緣合故[16]有聲出。

如是等諸相，如先所説，此中應廣説，是名無相門。無作者，既知無相都無所[17]作，是名無作門。問曰：是三種，以智慧觀空、觀無相、觀無作；是智慧，何以故名三昧？答曰：是三種智慧，若不住定中，則是狂慧，多墮邪疑，無所能作；若住定中，則能破諸煩惱，得諸法實相。復次，是道異一切世間，與世間相違。諸聖人在定中得實相説，非是狂心語[18]。復次[19]，諸禪定中無此三法，不名爲三昧，何以故？還退失墮生死故。如佛説：

能持淨戒名比丘，能觀空名行定人，一心常懃精進者，是名真實行道人！於諸樂中第一者，斷諸渴愛滅

1　“異”，甲本脱。
2　“女相”，甲本作“無女相”。
3　“中”，甲本無。
4　“狗”，甲本作“勾”，“勾”爲“狗”之借字。
5　“曰”，甲本無。
6　“之異”，甲本作“之處異”。
7　“法”，甲本無。
8　“中”，甲本無。
9　“若”，甲本作“若是”。
10　“即是”，甲本作“則具”。
11　“應果無故因無”，甲本作“果應無故因無”。
12　“無”，甲、宋、元、明、宫本作“不”。
13　“視瞻”，甲本作“視占”，“視占”亦作“視瞻”。
14　“無”，甲本作“滅”。
15　“有”，甲、宋、元、明、宫、石本作“生”。
16　“合故”，甲本作“和合”。
17　“所”，甲、宋、元、明、宫、石本無。
18　“語”，甲本作“諸”，誤。
19　“次”，甲本脱。

狂[1]法,捨五衆[2]身及道法,是爲常樂得涅槃。

以是故,三解脱門佛説名爲三昧。問曰:今何以故名解脱門?答曰:行是法時得[3]解脱,到無餘涅槃,以[4]是故名解脱門。無餘涅槃是真解脱,於身、心苦得脱[5];有餘涅槃爲作門。此三法雖非涅槃,涅槃因故,名爲涅槃。世間有因中説果,果中説因。是空、無相、無作,是定性,是定相應心心數法,隨行身業、口業,此中起心不相應諸行和合,皆名爲三昧。譬如王來,必有大臣、營從;三昧如王,智慧如大臣,餘法如營從。餘法名雖不説,必應有,何以故?定力不獨生,不能獨有所作故。是諸法共生、共住、共滅、共成事,互相利益。是空三昧二行:一者,觀五受衆[6]一相、異相無故空;二者,觀我、我所法不可得故無我。無相三昧四行:觀涅槃種種苦盡故名爲盡,三毒等諸煩惱火滅故名爲滅,一切法中第一故名爲妙,離世間故名爲出。無作三昧二行:觀五受衆[7]因緣生故無常,身心惱故苦。觀[8]五受衆因四行:煩惱、有漏業和合能生苦果,故名爲集;以六因生苦果,故名爲因;四緣生苦果,故名爲緣;不多不少等因緣生果,故名爲生。觀五不受衆四行:是八聖道分,能到涅槃故道;不顛倒故正;一切聖人去處故迹[9];愛[10]見煩惱不遮故必到。是三解脱門,在九地中:四禪、未到地、禪中間、三無色,無漏性故[11]。或有説者:三解脱門一向無漏;三三昧或有漏或無漏。以是故,三昧、解脱有二名。如是説者:在十一地,六地、三無色、欲界及有頂地。若有漏者,繫在十一地;無漏者,不繫。喜根、樂根、捨根相應。初學在欲界中,成就在色、無色界中。如是等成就、不成就,修、不修,如《阿毘曇》中廣説。復次,有二種空義,觀一切法空,所謂衆生空,法空。衆生空,如上説。法空者,諸法自相空。如佛告須菩提:色、色相空;受、想、行、識,識[12]相空。問曰:衆生空,法不空,是可信;法自相空[13],是不可信。何以故?若法自相空,則無生無滅;無生無滅故,無罪無福;無罪無福故,何用學道?答曰:有法空故有罪福,若無法空,不應有罪福。何以故?若諸法實有自性,則無可壞。性相不從因緣生[14],若從因緣生,便是作法;若法性[15]是作法,則可破。若言法性可作可破,是事不然!性名不作法,不待因緣有。諸法自性有,自性有則無生者,性先有故[16]。若無生則無滅,生滅無故無罪福[17],無罪福故,何用學道?若衆生[18]有真性者,則無能害、無能利,自性定[19]故。如是等人,則不知恩[20]義,破業果報。法空中亦無法[21]空相,汝得法空,心著故,而生是難。

1　"狂",甲本作"誑"。

2　"衆",甲本作"陰",異譯詞。下同,不復出校。

3　"得",甲本無。

4　"以",甲本無。

5　"脱",甲本作"解脱"。

6　"受衆",甲本作"受陰",異譯詞。下同,不復出校。

7　"衆"後,甲本衍"生"字。

8　"觀"前,甲本有"世","世"當讀作"是"。

9　"迹",甲本作"亦",誤。

10　"愛",甲本作"受",誤。

11　"故",甲本無。

12　"識",甲本無。

13　"法自相空",甲本作"法自相識空"。

14　"生"後,甲本有"故"。

15　"法性",甲本無。

16　"性先有故",甲本作"無有故",宋本作"性無有故"。

17　"福",甲本作"無福"。

18　"衆生"後,甲本有"有生"。

19　"定",甲本作"空",誤。

20　"恩",甲本作"思",誤。

21　"法",甲本作"汝",誤。

是法空,諸佛以憐愍心,爲斷愛結、除邪見故說。復次,諸法實相能滅諸苦,是[1]諸聖人真實[2]行處。若是[3]法空有性者,說一切法空時,云何亦自空?若無法空性,汝何所難?以是二空,能觀諸法空,心得[4]離諸法,知世間虚誑如幻。如是觀空,若取是諸法空相,從是因緣生憍慢等諸結使,言我能知諸法實相,是時應學無相門,以滅取空相故。若於無相中生戲論,欲分別有所作,著是無相;是時復自思惟:我爲謬錯[5],諸法空無相中云何得相、取相作戲論?是時應隨空、無相行,身口意不應有所作,應觀無作相,滅三毒[6],不應起[7]身口意業,不應求三界中生身。如是思惟時,還入無作解脱門。是三解脱門,摩訶衍中是一法,以行因緣故,說有三種:觀諸法空是名空;於空中不可取相[8],是時[9]空轉名無相;無相中不應有所作爲三界生,是時無相轉名無作。譬如城有三門,一人身不得一時從三門入,若入則[10]從一門。諸法實相是涅槃城,城有三門:空、無相、無[11]作。若人入空門,不得是空,亦不取相,是人直入,事辦故,不須二門。若入是空門,取相、得是空,於是人不名爲門,通塗更塞。若除空相,是時從無相門入。若於無相相[12]心著、生戲論,是時除取無相相,入無作門。《阿毘曇[13]》義中:是空解脱門,緣苦諦,攝五衆;無相解脱門,緣一法,所謂數緣盡;無作解脱門,緣三諦,攝五衆[14]。摩訶衍義中:是三解脱門[15],緣諸法實相。以是三解脱門,觀世間即是涅槃。何以故?涅槃空、無相、無作,世間亦如是。問曰:如經說[16]涅槃一門,今何以[17]說三?答曰:先已說,法雖一而義有三。復次,應度者有三種:愛多者,見多者,愛見等者[18]。見多者,爲說空解脱[19]門;見一切諸法從因緣生,無有自性,無有自性故空,空故諸見滅。愛多者,爲說無作解脱門;見一切法無常苦,從因緣生,見已心厭離愛,即得入道。愛、見等者,爲說無相解脱門;聞是[20]男女等相無故斷愛,一異等相無故斷見。佛[21]或一時說二門,或一時說三門。菩薩應遍學[22],知一切道,故說三門。更欲說餘事故,三解脱門[23]義略說[24]……

1　“是”,甲、宋、元、明、宫、石本無。

2　“實”,甲、宫、石本無。

3　“是”,甲本無。

4　“得”,甲本作“淨”。

5　“謬錯”,甲本作“錯謬”。

6　“滅三毒”前,甲本有“應”。

7　“起”,甲本作“疑”,誤。

8　“是名……取相”十字,甲本作“不可得,是空亦不取,無相取”。

9　“時”,甲本無。

10　“則”,甲本無。

11　“無”,甲本脱。

12　“相”,甲本脱。

13　“曇”,甲本無。

14　“衆”,甲本作“除”,當爲“陰”之誤,“陰”之“衆”之異譯詞。

15　“門”,甲本脱。

16　“經說”,甲本作“經中說”。

17　“何以”,甲本作“何以故”。

18　“者”,甲本脱。

19　“解脱”後,甲本衍“者”。

20　“脱門聞是”,甲本殘。

21　“無故斷見佛”,甲本殘。

22　“時說……遍學”九字,甲本殘。

23　“欲説……脱門”九字,甲本殘。

24　甲本終,尾題作“大智度經卷第二十八”。

大智度論釋初品中八背捨義第三十四（卷二十一）[1]

　　……多著身見等[2]行[3]，爲内結使縛。以是故，愛多者觀外色[4]不淨；見多者觀自身不淨壞敗故[5]。復次，行者初心未[6]細攝，繫心一處難，故内外觀；漸習調柔，能[7]内壞色相，但觀外。問曰：若無内[8]色相，誰當觀外？答曰：是爲得解道，非實[9]道。行者念未來死及[10]火燒、蟲噉，埋著土中，皆磨[11]滅。若現在觀[12]，亦分別是身，乃至微塵皆無，是名[13]内無色相外觀色。問曰：二勝處見内外色，六勝處但見外色；一背捨見内外色[14]，二背捨但見外色，何以故但内有壞色相[15]，外色不能壞？答曰：行者眼見是身有死相，取是未來死相以況今身，外四大不見滅相故，難可觀無故，不説外色壞。復次，離色界[16]時，是時亦不見外色。淨背捨身作證者，不淨中淨觀，如八勝處説。前八一切處觀清淨：地、水、火、風及青、黄、赤、白。觀青色如青蓮華，如金精山，如優摩伽華，如真青婆羅捺衣[17]。觀黄、赤、白，各隨色亦復[18]如是，總名淨背捨。問曰：若總是淨背捨，不應説一切處！答曰：背捨是初行者，勝處是中行[19]，一切處是久行。不淨觀有二種：一者，不淨；二者，淨。不淨觀中：二背捨、四勝處。淨觀中[20]：一背捨、四勝處、八一切處。問曰：行者以不淨爲淨，名爲顛倒；淨背捨觀云何不顛倒？答曰：女色不淨妄見爲淨，是名顛倒。淨背捨觀一切實青色廣大，故不顛倒。復次，爲調心故淨觀；以久習不淨觀，心厭。以是故習淨觀，非顛倒，亦是中不著故。復次，行者先觀身不淨，隨身法所有内外不淨，繫心觀中，是時生厭，婬、恚、癡薄，即自驚[21]悟：我爲無目，此身如是，云何生著？攝心實觀，無令復錯。心既調柔，想身皮、肉、血、髓不淨；除却，唯有白骨，繫心骨人，若外馳散，攝之令還；深攝心故，見白骨流光，如珂如貝，能照内外諸物[22]……

　　……鳥獸食已[23]，唯有骨在；觀是骨人，是爲骨相。骨相有二種：一者，骨人筋骨相連；二者，骨節分離。筋骨相連破男女、長短、好色、細滑之相；骨節分離，破衆生根本實相[24]。復有二種：一者，淨；二者，不淨。淨

1　本卷對應《大智度論》寫本凡 3 號：BD 14869 號（以下簡稱"甲本"）、俄 Дx03179 號（以下簡稱"乙本"）、中村 016 號（以下簡稱"丙本"）。

2　甲本始。

3　"行"，甲本作"諸"，誤。

4　"爲内……外色"十四字，甲本殘。

5　"故"，甲、宋、元、明、宫、石本無。

6　"行者初心未"，甲本殘。

7　乙本始。"調柔能"，甲本殘。

8　"但觀……無内"八字，乙本殘。

9　"爲得解道非實"，乙本殘。

10　"及"，甲、乙、宋、元、明、宫、石本無。

11　"噉埋……皆磨"七字，乙本殘。

12　"若現在觀"，乙本作"著現觀"。

13　"至微……是名"七字，乙本殘。

14　"色"，乙本脱。

15　"何以……色相"九字，乙本作"何以□□内見有壞色相"。

16　乙本終。

17　"如真……捺衣"七字，甲本作"如真青染□□衣"。

18　"復"，甲、宋、元、明、宫、石本無。

19　"行"，甲、石本無。

20　"中"，甲本脱。

21　"驚"，甲本作"警"，"警"通"驚"。

22　甲本終。

23　丙本始。

24　"實相"後，丙、宋、宫本有"骨相"，元、明本有"骨想"，"想"爲"相"之借字。

者,久骨白淨,無血無膩,色如白雪;不淨者,餘血塗染,膩膏[1]未盡。行者到屍林中,或見積多草木,焚燒死屍,腹破眼出,皮色燋黑,甚可惡畏。須臾之間,變爲灰燼。行者取是燒相,思惟:此身未死之前,沐浴香華,五欲自恣;今爲火燒,甚於兵刃[2]!此屍初死,形猶似人,火燒須臾,本相都失。一切有身皆歸無常;我亦如是。是九相,斷諸煩惱,於滅婬欲最勝;爲滅[3]婬欲故,説是九相。問曰:無常等十想,爲滅何事故説? 答曰:亦爲滅婬欲等三毒。問曰:若爾者,二相有何等異? 答曰:九相爲遮未得禪定,爲婬欲所覆故;十想能除滅婬[4]欲等三毒。九相如縛賊;十想[5]如斬殺。九相爲初學,十想[6]爲成就。復次,是十想中,不淨想攝九相。有人言:十想中,不淨想、食不淨想、世間不可樂想,攝九相[7]。復有人言:十想、九相,同爲離欲,俱爲涅槃,所以者何? 初死相,動轉、言語須臾之間,忽然已死;身體脹,爛壞分散,各各變異,是則無常。若著此法,無常壞時,是即爲苦。若無常、苦[8]、無得自在者,是則無我。不淨、無常、苦、無我,則不可樂,觀身如是。食雖在口,腦涎流下,與唾和合成味,而咽與吐無異,下入腹中,即是食不淨想。以此九相觀身無常,變異[9],念念皆滅,即是死想。以是九相厭世間樂,知煩惱斷,則安隱寂滅,即是斷相[10]。以是九相遮諸煩惱,即是離想。以是九相厭世間故,知此五衆[11]滅,更不復生,是處安隱,即是盡想。復次,九相爲因,十想爲果。是故先九相,後十想。復次,九相爲外門,十想爲內門,是故經言:二爲甘露門:一者,不淨門;二者,安那般那[12]門。是九相,除人七種染著:或有人染著色:若赤、若白、若赤白、若黃、若黑。或有人不著色,但染著形容:細膚[13]、纖指、修目、高眉。或有人不著容、色,但染著威儀:進、止、坐、起、行、住、禮拜、俯[14]仰、揚眉、頓睞、親近、按摩。或有人不著容、色、威儀,但染著言語、軟聲、美辭、隨時而説,應意、承旨,能動人心。或有人不著容、色、威儀、軟聲,但染著細滑、柔膚軟肌[15],熱時身涼,寒時體溫。或有人皆著五事。或有人都不著五事,但染著人相,若男若女。雖得上六種欲,不得所著之人,猶無所解,捨世所重五種欲樂而隨其死。死相多除威儀、語言愛。脹相、壞相、噉相、散相,多除形容愛。血塗相、青瘀相、膿爛相,多除色愛。骨相、燒相,多除細滑愛。九相除雜愛,及所著人愛。噉相、散相、骨相偏除人愛;噉殘離散[16]白骨中,不見有人可著。以是九相觀離愛心,瞋癡亦微薄。不淨中淨顛倒,癡故著是身。今以是九相,披[17]析身內,見是[18]身相,癡心薄;癡心薄則貪欲薄;貪欲薄則瞋亦薄。所以者何? 人[19]以貪身故生瞋,今觀身不淨,心厭[20]故不復貪身,不貪身故,不復生瞋。三

---

1 "膩膏",丙、宋、元、明、宫、石本作"膏膩"。
2 "刃",丙本作"刀"。
3 "滅"後,丙本衍"滅"。
4 "婬",丙本脱。
5 "想",丙本作"相","相"爲"想"之借字。
6 "想",丙本作"相","相"爲"想"之借字。
7 "相",丙本作"想","想"爲"相"之借字。
8 "苦",丙本無。
9 "異",丙本無。
10 "相",丙本作"想","想"爲"相"之借字。
11 "衆",丙本作"陰",異譯詞。
12 "安那般那",丙本作"安那那般",誤。
13 "膚",丙本作"滑",石本作"腰"。
14 "俯",丙本作"府","府"通"俯"。
15 "柔膚軟肌",丙本作"柔濡肌膚"。
16 "離散",丙本作"散離"。
17 "披",丙本作"破"。
18 "見是",丙本作"身"。
19 "人",丙本無。
20 "厭",丙本作"癡",誤。

毒薄故，一切九十八使山皆動，漸漸增進其道，以金剛三昧，摧碎結山。九相雖是不淨觀，依是能成大事，譬如大海中臭屍，溺人依以得渡[1]。問曰：是九相有何性？何所緣？何處攝？答曰：取相性，緣欲界身，色相[2]陰攝，亦身念處少分；或欲界攝，或初禪、二禪、四禪攝——未離欲、散心人得欲界繫，離欲人心得色界繫。膖脹等八相，欲界、初禪、二禪中攝；淨骨相，欲界、初禪、二禪、四禪中攝。三禪中多樂故，無是相。是九相，是開身念處門，身念處開三念處門，是四念處開三十七品門，三十七品開涅槃城門，入涅槃，離一切憂惱諸苦，滅五陰因緣生故，受涅槃常樂。問曰：聲聞人如是觀，心厭離，欲疾[3]入涅槃；菩薩憐愍一切眾生，集一切佛法，度一切眾生，不求疾[4]入涅槃故，觀是九相，云何不墮二乘證？答曰：菩薩於眾生心生憐愍，知眾生以三毒因緣故，受今世、後世身，生[5]苦痛。是三毒終不自滅，亦不可以餘理得滅；但觀所著內外身相，然後可除。以是故，菩薩欲滅是婬欲毒故，觀是九相。如人憐愍病者，合和[6]諸藥以療之；菩薩亦如是，爲著色眾生，説是青瘀相等[7]，隨其所著，分別諸相，如先説——是爲菩薩行九相觀。復次，菩薩以大慈悲心，行是九相，作如[8]是念：我未具足一切佛法，不入涅槃，是爲一法門，我不應住此一門，我當學一切法門。以是故，菩薩行九相無所妨。菩薩行是九相，或時厭患心起；如是不淨身可惡可患，欲疾取涅槃。爾時，菩薩作是念：十方諸佛説：一切法相空，空中無無常，何況有不淨！但爲破淨顛倒故習此[9]不淨，是不淨皆從因緣和合生，無有自性，皆歸空相；我今不應取是因緣和合生無自性不淨法，欲疾入涅槃。經中亦有是説：若色中無味相，眾生不應著色；以色中有味故，眾生起著。若色無過罪，眾生亦無厭色者；以色實有過惡，故觀色則厭。若色中無出相，眾生亦不能於色得脱；以色有出相故，眾生於色得解脱。味是淨相因緣故，以是故，菩薩不於不淨中没、早[10]取涅槃。九相義，分別竟。

大智度論釋初品中八念義第三十六之一[11]

【經】[12]念佛、念法、念僧、念戒、念捨、念天、念入出息、念死。

【論】[13]問曰：何以故[14]九相次第[15]有八念？答曰：佛弟子於阿蘭若處，空舍、塚間，山林、曠野，善修九相，內、外不淨觀，厭患其身，而作是念：我云何擔是底下不淨屎尿囊？自隨愴然驚怖；及爲惡魔作種種惡事來恐怖之，欲令其退。以是故，佛次第爲説八念。如經中説：

佛告諸比丘：若於阿蘭若處，空舍、塚間，山林、曠野，在中思惟，若有怖畏，衣毛爲竪，爾時當念佛：佛

---

1 "渡"，丙本作"度"，"渡"通"度"。

2 "相"，丙本作"想"，"想"爲"相"之借字。

3 "欲疾"，丙本作"自欲"。

4 "疾"，丙本作"自"。

5 "生"，丙本作"心"。

6 "合和"，丙本作"和合"。

7 "説是青瘀相等"，丙本作"説瘀相"。

8 "如"，丙、宋、元、明、宫、石本無。

9 "此"，丙、元、明本作"行"。

10 "早"，丙本作"畢"。

11 丙本品題作"大智度初品中念佛品弟三十四釋論"。

12 "經"，丙、宋、石、宫本無。

13 "論"，丙、宋、宫本無。

14 "何以故"後，丙本有"以"。

15 "第"，丙本作"弟"，"弟"爲"第"之古字。下同，不復出校。

是多陀阿伽度、阿羅呵、三藐三佛陀,乃至婆伽婆[1];恐怖則滅。若不念佛,當疾[2]念法:佛法清淨,巧出善說,得今世報,指示開發,有智之人心力能解。如是念法,怖畏則除。若不念法,則當念僧:佛弟子衆修正道,隨法行。僧中有阿羅漢向、阿羅漢,乃至須陀洹向、須陀洹,四雙八輩;是佛弟子衆應供養,合手恭敬,禮拜、迎送,世間無上福田。作如是念僧,恐怖即滅。佛告諸比丘:釋提桓因與阿修羅鬬,在大陣中時,告諸天衆:汝與阿修羅鬬時,設有恐怖,當念我七寶幢[3],恐怖即滅;若不念我幢,當念伊舍那[4]天子(帝釋左面天王也[5])寶幢,恐怖即除;若不念伊舍那寶幢,當念婆樓那[6]天子(右面天子[7])寶幢,恐怖即除。以是故,知爲除恐怖因緣故,次第説八念。問曰:經中説三念因緣除恐怖,五念復云何能除恐怖? 答曰:是比丘自念布施、持戒功德,怖畏亦除。所以者何? 若破戒心,畏墮地獄;若慳貪心,畏墮餓鬼及貧窮中。自念我有是淨戒、布施,若念淨戒、若念[8]布施,心則歡喜,作是言:若我命未盡,當更增[9]進功德;若當命終,不畏墮惡道! 以是故,念戒施亦能令怖畏不生。念上諸天皆是布施、持戒果報,此諸天以福德因緣故生彼,我亦有是福德。以是故,念天亦能令怖畏不生[10]。十六行念安那般那時,細覺尚滅,何況恐怖麁覺? 念死者,念五衆[11]身,念念生滅,從生已[12]來,常與死俱,今何以畏死? 是五念,佛雖不説,亦當[13]除恐怖。所以者何? 念他功德以除恐怖則難,自念己事以除恐怖則易,以是故佛不説。問曰:云何是念佛? 答曰:行者一心念佛:得如實智慧,大慈大悲成就,是故言無錯謬,麁細、多少、深淺,皆無不實;皆是實故,名爲多陀阿伽度。亦如過去、未來、現在十方諸佛,於衆生中起大悲心,行六波羅蜜,得諸法相,來至阿耨多羅三藐三菩提中;此佛亦如是——是名多陀阿伽度。如三世十方諸佛,身放大光明,遍照十方,破諸黑闇;心出智慧光明,破衆生無明闇冥;功德、名聞亦遍滿十方,去至涅槃中;此[14]佛亦如是去。以是故亦名多陀阿伽度。有如是功德故,應受一切諸天、世人最上供養,是故名阿羅[15]呵。若有人言:何以故但佛如實説,如來如去故,應受最上供養? 以佛得正遍智慧故;正名諸法不動不壞相,遍名不爲一法、二法故,以悉知一切法無餘不盡,是名三藐三佛陀。是正遍智慧,不從無因而得,亦不從無緣得;是中依智慧、持戒具足故,得正遍智慧。智慧[16]名菩薩從初發意乃至金剛三昧相應智慧;持戒名菩薩從初發意乃至金剛三昧身業、口業清淨隨意行已[17]——是故名鞞闍遮羅那三般[18]那。若行是二行得善去,如車有兩輪;善去者,如先佛所去處,佛亦如是去,故名修伽陀。若有言佛自修其法,不知我等事。以是故知世間,知世間因,知世間盡,知世間盡道故,名爲路迦憊[19]。知世間已,調御衆生,於種種師中

---

1 "婆伽婆",丙本作"類伽婆",誤。
2 "疾",丙、宋、元、明、宫、石本作"應"。
3 "幢",丙本脱。
4 "伊舍那",丙本作"伊舍哪"。
5 丙本無此小注。
6 "婆樓那"後,丙本有小注"帝釋有面天王"。
7 丙本無此小注。
8 "若念",丙本無。
9 "增",丙本作"曾","曾"通"增"。
10 "不生"後,丙本衍"生"。
11 "衆",丙本作"陰",異譯詞。
12 "已",丙本作"以"。
13 "當",丙、宋、元、明、宫、石本作"能"。
14 "此",丙本無。
15 "阿羅"後,丙本衍"漢"。
16 "智慧",丙本無。
17 "已",丙本作"以","以"通"已",宋、元、明、宫、石本無。
18 "般",丙本作"波"。
19 "路迦憊",丙本作"路加備"。

最爲無上，以是故名阿耨多羅[1]富樓沙曇藐婆羅提。能以[2]三種道滅三毒，令衆生行三乘道，以是故名貰多提婆魔兗舍[3]。若有言：以何事故能自利益無量？復能利益他人無量？佛一切智慧成就故，過去、未來、現在，盡不盡，動不動[4]，一切世間了了悉知故，名爲佛陀。得是九種名號，有大名稱，遍滿十方，以是故名爲婆伽婆[5]。經中佛自説如是名號[6]，應當作是念佛。復次，一切種種功德，盡在於佛。佛是劫初轉輪聖王摩訶[7]三磨陀等種，閻浮提中智慧威德，諸釋子中生，貴性憍曇氏。生時光明遍照三千大千世界[8]，梵天王持寶蓋、釋提桓因以天寶衣承接，阿那婆蹋多[9]龍王、婆伽多龍王[10]以妙[11]香湯澡浴。生時地六種動，行至七步，安詳如象王，觀視四方，作師子吼：我是末後身，當度一切衆生！阿私陀仙人[12]相之，告淨飯王：是人足下千輻輪相，指合縵網，當自於法中安平立，無能動、無能壞者。手中德字，縵網莊嚴，當以此手安慰[13]衆生，令無所畏。如是乃至肉骨髻相[14]，如青珠山頂，青色光明從四邊出。頭中頂相無能見上，若天、若人無有勝者。白毫[15]眉間跱，白光踰[16]頗梨。淨眼長廣[17]，其色紺青。鼻高直好，甚可愛樂。口四十齒，白淨利好。四牙上白，其光最勝。脣上下等，不大不小，不長不短。舌薄而大，軟赤紅色，如天蓮華。梵聲深遠，聞者悅樂，聽無厭足。身色好妙，勝閻浮檀金。大[18]光周身，種種雜色，妙好無比。如是等三十二相具足，是人不久出家，得一切智成佛。佛身功德如是，應當念佛。復次，佛身功德，身力勝於十萬白香象寶，是爲父母遺體力；若神通功德力，無量無限。佛身以三十二相、八十隨形好莊嚴，內有無量佛法功德故，視之無厭。見佛身者，忘世[19]五欲，萬事不憶；若見佛身一處，愛樂無厭，不能移觀。佛身功德如是，應當念佛。復次，佛持戒具足清淨，從初發心修戒，增積無量，與憐愍心俱，不求果報，不向聲聞、辟支佛道，不雜諸結使，但爲自心清淨、不惱衆生故，世世持戒。以是故，得佛道時，戒得具足。應如是念佛戒衆。復次，佛定衆具足。問曰：持戒以身、口業清淨故可知；智慧以分別説法，能除衆生[20]疑故可知[21]；定者餘人修定尚不可知[22]，何況於佛[23]……

1　“阿耨多羅”後，丙本有“三藐三菩提”，石本有“三藐三”。

2　“能以”後，丙本有“與”。

3　“貰多提婆魔兗舍”，丙本作“世多提婆魔兗舍”。

4　“動不動”，丙本作“種不種”，“種”爲“動”之借字。

5　“婆伽婆”，丙本作“頗伽婆”，異譯詞。

6　“號”，丙本作“字”。

7　“摩訶”，丙本作“摩呵”，異譯詞。

8　“世界”，丙本作“國土”。

9　“阿那婆蹋多”，丙本作“阿那婆竭多”，“竭”當爲“蹋”之誤。

10　“婆伽多龍王”後，丙本衍“婆伽多龍王”。

11　“妙”，丙本作“上妙”。

12　“阿私陀仙人”，丙、宋、元、明、宮本作“阿私仙人”，異譯詞。

13　“慰”，丙本作“尉”，“尉”爲“慰”之古字。

14　“肉骨髻相”，丙本作“皮骨結相”。

15　“毫”，丙本作“豪”，“豪”通“毫”。

16　“踰”，丙本作“喻”，“喻”爲“踰”之借字。

17　“長廣”，丙本作“廣長”。

18　“大”，丙、石本作“丈”。

19　“忘世”，丙本作“妄一世”，“妄”爲“忘”之借字。

20　“生”，丙、宋、元、明、宮、石本無。

21　“知”，丙本作“智”，“智”通“知”。

22　“知”，丙本作“説”。

23　丙本終，尾題作“大智度經卷第三十”，題記作“宗慶寫，用紙十七張。永平三年，課姚宋安寫，比字校竟。”

大智度論釋初品中八念義第三十六之餘(卷二十二)[1]

……乃[2]至十方無量世界;應度者聞,不應[3]度者不聞。譬如雷霆振地,聾者不聞,聰[4]者得悟。如是種種念佛言語。何等是法義? 信、戒、捨、聞、定、慧等爲道諸善法及三法印,如通達中説。一切有爲法無常,一切法無我,寂滅涅槃,是名佛法義[5]。是三印,一切論議[6]師所不能壞,雖種種多有所説,亦無能轉諸法性者;如冷相無能轉令熱。諸法性不可壞,假使人能傷虛空,是諸法印[7]如法不可壞。聖人知是三種法相,於一切依止邪見各各鬪諍處得離;譬如有目人見群盲諍種種色相,愍而笑之,不與共諍。問曰:佛説聲聞法有四種實,摩訶衍中有一實,今何以故説[8]三實? 答曰:佛説三種實法印,廣説則四種,略説則一種。無常即是苦諦、集諦、道諦;説無我則一切法;説寂滅涅槃,即是盡諦。復次,有爲法無常,念念生滅故,皆屬因緣,無有自在;無有自在故[9]無我;無常、無我、無相故心不著[10];無相不著故,即是寂滅涅槃。以是故,摩訶衍法中,雖説一切法不生不滅,一相,所謂無相,無相即寂滅涅槃。是念法三昧,緣智緣盡,諸菩薩及辟支佛功德。問曰: 何以故念佛,但緣佛身中無學諸功德? 念僧三昧緣佛弟子身中諸學無學法? 餘殘善無漏法,皆念法三昧所緣? 答曰: 迦栴延尼子如是説。摩訶衍人説: 三世十方諸佛,及諸佛從初發意乃至法盡,於其中間所作功德神力,皆是念佛三昧所緣。如佛所説及所説法義[11]經[12]——從一句一偈,乃至八萬四[13]千法聚,信、戒、捨、聞、定、智[14]慧等諸善法[15],乃至無餘涅槃,皆是念法三昧所緣。諸菩薩、辟支佛、及聲聞衆,除佛餘殘一切聖衆及諸功德,是念僧三昧所緣[16]。念僧者,是佛弟子衆,戒衆具足,禪定衆、智慧衆、解脱衆、解脱知見衆具足;四雙八輩,應受供養恭敬禮事,是世間無上福田。行者應念如佛所讚: 若聲聞僧,若辟支佛僧,若菩薩僧功德。是聖僧五衆具足,如上説。問曰:先已[17]以五衆讚佛,云何復以[18]五衆讚僧? 答曰:隨弟子所得五衆而讚具足。具足有二種:一者,實具足;二者,名具足。如佛[19]弟子所可應得者,盡得而讚,是名名[20]具足;如佛所得而讚,是名[21]實具足。復次,爲欲異於外道出家衆、在家衆故,作如是讚。外道在家衆,讚其富貴、豪尊、勢力;出家衆,讚其邪見苦行,染著智慧,執論諍競。念僧衆中,或有持戒、禪定、智慧等,少不足稱;以是故佛自讚弟子

---

1 本卷對應《大智度論》寫本凡 7 號:S.2866 號(以下簡稱"甲本")、敦研 030 號(以下簡稱"乙本")、S.0629 號(以下簡稱"丙一")、BD06811 號(以下簡稱"丙二")、俄 Дx08950 號(以下簡稱"丁本")、BD09799 號(以下簡稱"戊本")、敦研 331 號(以下簡稱"己本",所抄分屬《大正藏》本卷二十二、二十三)。

2 甲本始。

3 "應度者聞不應",甲本殘。

4 "聰",原作"聽",誤,茲據甲、宋、元、明、宫本改。

5 乙本始。

6 "議",乙本無。

7 "印",乙本脱。

8 "故説",甲、宋、元、明、宫本作"説",乙本作"故"。

9 "故",乙本無。

10 "著",甲本作"苦","苦"當爲"若"之誤,"若"爲"著"之借字。

11 "義",乙本作"宜","宜"爲"義"之借字。

12 "經",甲、乙、宋、元、明、宫本無。

13 "四",乙本作"二"。

14 "智",乙本無。

15 "諸善法",乙本作"諸菩薩法"。

16 乙本終,尾題作"第二十一卷　第二十七品　第二十八品",題記作"紙二十二張。一校道通。比丘僧泰。"

17 "已",甲、宋、元、明、宫本無。

18 "以",甲本作"次",誤。

19 "佛",甲、宋、元、明、宫本無。

20 "名",甲、宋、元、明、宫本無。

21 "名",甲、宋、元、明、宫本無。

衆，一切功德根本住處，戒衆具足，乃至解脱知見衆具足。住是戒衆中不傾動，引禪定弓，放智慧箭，破諸煩惱賊，得解脱，於是解脱中生知見。譬如健人先安足，挽弓放箭，能破怨敵，得出二怖：免[1]罪於王，拔難於陣；決了知見，賊已破滅，心生歡喜，是故以五衆讚。應供養者，五衆功德具足故。如富貴、豪勢之人，人所宗敬；佛弟子衆亦如是，有淨戒、禪定、智慧、財富；解脱、解脱知見，勢力故，應供養恭敬、合掌禮事。世間無上福田者，施主有二種：貧者，富者。貧者禮事、恭敬、迎送而得果報；富者亦能恭[2]敬、禮事、迎送，又以財物供養而得果報，是故名爲世間無上福田。譬如良田，耕治調柔，以時下種，溉灌豐渥，所獲必多。衆僧福田亦復如是，以智慧犁耕，出結使根，以四無量心磨治調柔；諸檀越下信施穀子，溉以念施恭敬、清淨心水；若今世、若後世得無量世間樂，及得三乘果。如薄拘羅比丘，鞞婆尸佛時，以一呵梨勒果供養衆僧，九十一劫天上、人中受福樂果，常無疾病；今値釋迦牟尼佛，出家漏盡，得阿羅漢。如沙門二十億，鞞婆尸佛時，作一房舍，以物覆地，供養衆僧，九十一劫天上、人中受福樂果，足不蹈地；生時足下毛長二寸，柔軟淨好；父見歡喜，與二十億兩金。見佛聞法，得阿羅漢，於諸弟子中精進第一。如是等少施得大果報，是故名世間無上福田。僧中有四雙八輩者，佛所以說世間無上福田，以有此八輩聖人故，名無上福田。問曰：如佛告給孤獨居士：世間福田應供養者有二種：若學人，若無學人；學人十八，無學人有九。今此中何以故但說八？答曰：彼廣說故十八及九，今此略說故八；彼二十七聖人，此八皆攝。信行、法行，或向須陀洹攝，或向斯陀含攝，或向阿那含攝；家家向斯陀含攝；一種向阿那含攝；五種[3]阿那含向阿羅漢攝；信行、法行入思惟道，名信解脱[4]、見得，是信解脱[5]、見得，十五學人攝。九種福田，阿羅漢攝。復次，行者應念僧，僧是我趣涅槃之真伴，一戒、一見，如是應歡喜，一心恭敬，順[6]從無違。我先伴種種衆惡、妻子、奴婢、人民等，是入三惡道伴；今得聖人伴，安隱至涅槃。佛如醫王，法如良藥，僧如瞻病人。我當清淨持戒、正憶念，如佛所說法藥，我當順從。僧是我斷[7]諸結病中一因緣，所謂瞻病人，是故當念僧。復次，僧有無量戒、禪定、智慧等具足，其德不可測量。如一富貴長者信樂僧，白僧執事：我次第請僧於舍食。日日次請，乃至沙彌，執事不聽沙彌受請。諸沙彌言：以何意故不聽沙彌？答言：以檀越不喜請年少故。便說偈言：

鬚髮白如雪，齒落皮肉皺，傴步形體羸，樂請如是輩。

諸沙彌等皆是大阿羅漢，如打師子頭，欻然從坐起，而說偈言：

檀越無智人，見形不取德；捨是少[8]年相，但取老瘦黑！

上尊耆年相者，如佛說偈[9]：

所謂長老相，不必以年耆，形瘦鬚髮[10]白，空老内無德。能捨罪福果，精進行梵行；已離一切法，是名爲長老。

是時諸沙彌復作是念：我等不應坐觀此檀越品量僧好惡。即復說偈：

讚歎呵罵中，我等心雖一；是人毀佛法，不應不教誨！當疾到其舍，以法教語之，我等不度者，是則爲棄

1　“免”，甲、宮本作“勉”，“勉”通“免”。下同，不復出校。

2　“恭”，甲本作“供”，“供”通“恭”。

3　“五種”，甲、宋、元、明、宮本作“五”，石本作“六種”。

4　“脱”，甲本無。

5　“脱”，甲本無。

6　“順”，甲本作“慎”，“慎”通“順”。下同，不復出校。

7　“斷”，甲本作“斷是”。

8　“少”，甲、宮、石本作“耆”。

9　“上尊……説偈”十字，甲本作“上尊耆年相，如佛所説偈”。

10　“鬚髮”，甲本作“髮鬚”。

物！

即時諸沙彌自變其身皆成老[1]年，鬚髮白如雪，秀眉垂覆眼，皮皺如波浪，其脊曲如弓，兩手負杖行，次第而受請；舉身皆振掉[2]，行止不自安，譬如白楊[3]樹，隨風而動搖。檀越見此輩，歡喜迎入坐，坐已須臾頃，還復年少形。檀越驚怖言：

如是耆老相，還變成少身；如服還年藥，是事何由然？

諸沙彌言：

汝莫生疑畏，我等非[4]非人。汝欲平量僧，是事甚可傷[5]！我等相憐愍，故現如是化，汝當深識之，聖衆不可量！如說：

譬如以蚊[6]嘴，猶可測海底；一切天與人，無能量僧者。僧以功德貴，猶尚不分別；而汝以年歲，稱量諸大德！大小生於智，不在於老少；有智懃精進，雖少[7]而是老，懈怠無智慧，雖老而[8]是少。

汝今平量僧，是則爲大失！如欲以一指測知大海底，爲智者之所笑！汝不聞佛說：四事雖小而不可輕？太子雖小，當爲國王，是不可輕；蛇子雖小，毒能殺人，亦不可輕；小火雖微，能燒山野，又不可輕也；沙彌雖小，得聖神通，最不可輕！又有四種人如菴羅果：生而似熟，熟而似生，生而似生，熟而似熟。佛弟子亦如是：有聖功德成就，而威儀、語言不似善人；有威儀、語言似善人，而聖功德不成就；有威儀、語言不似善人，聖功德未成就；有威儀、語言似[9]善人，而聖功德成就。汝云何不念是言，而欲稱量於僧？汝若欲毀僧，是則爲自毀，汝爲大失！已過事不可追，方來善心，除去諸疑悔，聽我所說：

聖衆不可量，難以威儀知，不可以族姓，亦不以多聞，亦不以威德，又不以耆年，亦不以嚴容，復不以辯言。聖衆大海水，功德故甚深。佛以百事讚是僧，施之雖少得報多，是第三寶聲遠[10]聞，以是故應供養僧！不應分別是老少，多知[11]少聞及明闇；如人觀林不分別，伊蘭瞻蔔及薩羅。汝欲念僧當如是，不應以愚分別聖。摩訶迦葉出家時，納衣價[12]直十萬金，欲作乞人下賤服，更求麁弊不能得。聖衆僧中亦如是，求索最下小福田，能報[13]施者十萬倍，更求不如不可得。衆僧大海水，結戒爲畔際；若有破戒者，終不在僧數；譬如大海水，不共死屍宿！

檀越聞是事，見是神通力，身驚毛竪，合掌[14]白諸沙彌言：諸聖人，我今懺悔！我是凡夫人[15]，心常懷罪，我有少疑，今欲請問。而說偈言：

大德已過疑，我今得遭遇，若復不諮問，則是愚中愚！

諸沙彌言：汝欲問者便問，我當以所聞答。檀越問言：於佛寶中信心清淨，於僧寶中信心清淨，何者福

1　“老”，甲本作“耆”。

2　“掉”，甲本作“挑”，“挑”同“掉”。石本作“桃”，當爲“挑”之誤。

3　“楊”，甲、宋、宮本作“華”。

4　“非”，甲本無。

5　“是事甚可傷”，甲本作“是甚傷”。

6　“蚊”，甲本作“蚤”。

7　“少”，甲本作“小”，“小”通“少”。

8　“而”，甲本作“如”。

9　“似”，甲、宋、元、明、宮本作“似如”。

10　“聲遠”，甲本作“遠聲”。

11　“知”，甲本作“智”，“智”通“知”。

12　“價”，甲本作“賈”，“賈”爲“價”之古字。

13　“報”，甲、宋、元、明、宮本作“教”。

14　“掌”，甲、宋、元、明、宮本作“手”。

15　“人”，甲、石本無。

勝？答曰[1]：我等初不見僧寶、佛寶有增減，何以故？佛一時舍婆提乞食，有一[2]婆羅門姓婆羅埵逝，佛數數到其家乞食；心作是念：是沙門何以來數數[3]，如負其債[4]？佛時説偈：

時雨數數墮，五穀數數成；數數修福業，數數受果報。數數受生法，故受數數死；聖法數數成，誰數數生死？

婆羅門聞是偈已，作是念：佛大聖人，具知我心。慚愧取鉢入舍，盛滿美食以奉上佛。佛不受，作是言：我爲説偈[5]故得此[6]食，我不食也！婆羅門言：是食當與[7]誰？佛言：我不見天及人能消是食者，汝持去，置少[8]草地，若無虫水中！即如佛[9]教，持食著無虫水中，水即大沸，烟火俱出，如投大熱鐵。婆羅門見已驚怖言：未曾有也，乃至食中神力如是！還到佛所，頭面禮佛足懺悔，乞出家受戒。佛言：善來！即時鬚髮自墮，便成沙門；漸漸斷結[10]，得阿羅漢道。復有摩訶憍曇彌，以金色上下寶衣[11]奉佛。佛知衆僧堪能受用，告憍曇彌：以此上下衣與衆僧。以是故，知佛寶、僧寶，福無多少。檀越言：若爲佛布施，僧能消能受；何以故婆羅埵逝婆羅門食，佛不教令僧食？諸沙彌答言[12]：爲顯[13]僧大力故。若不見食在水中有大神力者，無以知僧力爲大！若爲佛施物而僧得受，便知僧力爲大。譬如藥師欲試毒藥，先以與鷄，鷄即時死，然後自服，乃知藥師威力爲大！是故，檀越當知：

若人愛敬佛，亦當愛敬僧，不當有分別，同皆爲寶故！

爾時，檀越聞説是事，歡喜言：我某甲從今日，若有入僧數中，若小若大，一心信敬，不敢分別！諸沙彌言：汝心信敬[14]無上福田，不久當得道[15]！何以故？

多[16]聞及持戒，智慧禪定者，皆入僧數中，如萬川歸海！譬如衆藥草[17]，依止於雪山；百穀[18]諸草木，皆依止於地；一切諸善人，皆在僧數中！

復次，汝等曾聞佛爲長鬼神將軍讚三善男子：阿泥盧陀、難提、迦翅彌羅不？佛言：若一切世間天及人，一心念三善男子，長夜得無量利益。以是事故，倍當信敬僧！是三人不名僧，佛説念三人有如是果報，何況一心清淨念僧？是故檀越當任力念僧名[19]！如説偈：

是諸聖人衆，則爲雄猛軍，摧滅魔王賊，是伴至涅槃！

諸沙彌、爲檀越種種説僧聖功德，檀越聞已，舉家大小，皆見四諦，得須陀洹道。以是因緣故，應當一心

1　“曰”，甲、宋、元、明、宮、石本作“言”。

2　“一”，甲、宋、元、明、宮本無。

3　“來數數”，甲、石本作“數數來”。

4　“債”，甲本作“責”，“責”爲“債”之古字。

5　丙一始。

6　丁本始。

7　“食也……當與”十字，丁本殘。

8　“消是……置少”九字，丁本殘。

9　丁本終。

10　“斷結”，甲、丙一無。

11　“寶衣”，甲、丙一、宋、元、明、宮本作“衣寶”。

12　“言”，甲、丙一、宋、元、明、宮本無，石本作“欲”。

13　“顯”，甲本作“頭”，誤。

14　“信敬”，甲、丙一、宋、元、明、宮、石本作“信敬於”。

15　“道”，甲、丙一作“真道”。

16　“多”，甲本作“名”，誤。

17　“藥草”，甲、丙一作“草藥”。

18　“穀”，甲、丙一本作“數”，誤。

19　“僧名”，甲、丙一、宋、元、明、宮本作“僧僧名”。

念僧。念戒者,戒[1]有二種:有漏戒,無漏戒。有漏復有二種:一者,律儀戒;二者,定共戒。行者初學,念是三種戒;學三種已,但念無漏戒。是律儀戒,能令諸惡不得自在。枯朽折減;禪定戒能遮諸煩惱,何以故?得內樂故,不求世間樂;無漏戒能拔諸惡煩惱根[2]本故[3]。問曰:云何念戒?答曰:如先説念僧中,佛如醫王,法如良藥,僧如瞻[4]病人,戒[5]如服藥禁忌;行者自念:我若不隨禁忌,三[6]寶於我爲無所益。又如導師指示好道,行者[7]不用,導師無咎,以是故我應念戒。復次,是戒,一[8]切善法之所住處;譬如百穀藥[9]木,依地而[10]生。持戒清淨,能生長諸深禪定,實相智慧;亦[11]是出家人之初門,一切出家人之所依仗[12],到[13]涅槃之初因緣[14]。如説:持戒故心不悔,乃至得[15]解脱涅槃。行者念清淨戒,不缺戒,不破戒,不[16]穿戒,不雜戒,自在戒,不著戒,智者所讚戒無[17]諸瑕隙,名爲清淨戒。云何名不缺戒?五衆戒[18]中除四重戒,犯諸餘重[19]者是名缺;犯餘罪是爲破。復次,身罪名缺;口罪名破。復次,大罪名缺;小罪名破。善心迴向涅槃,不令結使、種種惡覺觀得入,是名不穿。爲涅槃,爲世間,向二處,是名爲雜。隨戒不隨外緣,如自在人無所繫屬,持是淨戒,不爲愛結[20]所拘,是爲自在戒。於戒[21]不生愛慢等諸結使,知戒實相,亦不取是戒。若取是戒,譬如人在囹圄,桎梏所拘,雖得蒙赦,而復爲金鎖[22]所繫。人爲恩愛煩惱所繫,如在牢獄;雖得出家,愛著禁戒,如著金鎖[23]。行者若知戒是無漏[24]因緣而不生著,是則解脱,無所繫縛,是名不著戒。諸佛、菩薩、辟支佛及聲聞所讚戒,若行是戒,用是戒,是名智所讚戒。外道戒者,牛戒、鹿戒、狗戒,羅刹鬼戒,啞戒、聾戒,如是等戒,智所不讚,唐[25]苦無善報。復次,智所讚者,於三種戒中,無漏戒不破不壞,依此戒得實智慧,是聖所讚戒。無漏戒有三種,如佛説:正語,正業,正命。是三業義,如八聖道中説,是中應廣説。問曰:若持戒是禪定因緣,禪定是智慧因緣,八聖道中何以慧在前,戒在中,定在後?答曰:行路之法,應先以眼見道而後行,行時當精懃;精懃行時,常念如導師

1　"戒",甲、丙一無。

2　"根",甲、丙一作"相",誤。

3　"故",甲、丙一、宋、元、明、宫本無。

4　"瞻",原作"膽",誤,兹據甲、丙一改。

5　戊本始。

6　"若不隨禁忌三",戊本殘。

7　"好道行者",戊本殘。

8　"復次是戒一",戊本殘。

9　"藥",戊本作"草"。

10　"木依地而",戊本殘。

11　"相智慧亦",戊本殘。

12　"仗",甲、丙一作"杖"。

13　"所依仗到",戊本殘。

14　"緣",戊本作"地",誤。

15　"悔乃至得",戊本殘。

16　"不破戒不",戊本殘。

17　"所讚戒無",戊本殘。

18　"戒五衆戒",戊本殘。

19　戊本終。

20　"結",甲、丙一、宋、元、明、宫本作"等"。

21　"於戒",甲、丙一、石本作"於戒中"。

22　"鎖",甲、丙一、宫本作"瑣","瑣"爲"鎖"之古字。

23　"鎖",甲、丙一作"璅","璅"通"鎖"。

24　"無漏",甲、丙一、石本作"無漏戒"。

25　"唐",甲、丙一無。

所教，念已一心進路，不順[1]非道。正見亦如是，先以正智慧，觀五受衆皆苦，是名苦；苦從愛等諸結使和合生，是名集；愛等結使滅，是名涅槃；如是等觀八分，名爲道，是名正見。行者是時心定知世間虛妄可捨，涅槃實法可取，決[2]定是事，是名正見。知見[3]是事，心力未大，未能發行；思惟籌量，發動正見令得力，是名正思惟。智慧既發，欲以言宣故，次正語、正業、正命。戒行時精進不懈，不令住色、無色定中，是名正方便。用是正見觀四諦，常念不忘：念一切煩惱是賊，應當捨；正見等是我真伴，應當隨，是名正念。於四諦中攝心不散，不令向色、無色定中，一心向涅槃，是名正定。是初，得善有漏，名爲煖法，頂法，忍法中義。次第增進，初、中、後心。入無漏心中疾；一心中具，無有前後分別次第。正見相應，正思惟、正方便、正念、正定，三種戒隨是五[4]分行。正見分別好醜利益爲事；正思惟發動正見爲事；正語等，持是智慧諸功德，不令散失；正方便驅策令速進不息；正念七事所應行者，憶而不忘；正定令心清淨，不濁不亂，令正見七分得成。如無風房中燈，則[5]照明了了。如是無漏戒，在八聖道中，亦爲智者所讚。問曰：無漏戒應爲智者所讚，有漏戒何以讚？答曰：有漏戒似[6]無漏，隨無漏同行因緣，是故智者合讚。如賊中有人叛來歸我，彼雖是賊，今來向我，我當內[7]之，可以破賊，何[8]可不念！諸煩惱賊在三界城中住，有漏戒善根，若煖[9]法、頂法、忍法、世間第一法，與餘有漏法異故，行者受用。以是因緣故，破諸結使賊，得苦法忍無漏法財，以是故智者所讚。是名念戒。念捨者，有二種捨：一者，施捨[10]；二者，捨諸煩惱。施捨有二種：一者，財施；二者，法施。三[11]種捨和合，名[12]爲捨。財施是一切善法根本故，行者作是念：上四念因緣故，得差煩惱病，今以何因緣故得是四念？則是先世、今世，於三寶中少有布施因緣故。所以者何？衆生於無始世界中，不知於三寶中布施故，福皆盡滅。是三寶有無量法，是故施亦不盡，必得涅槃。復次，過去諸佛初發心時，皆以少多布施爲因緣；如佛説：是布施是初助道因緣。復次，人命無常，財物如電，若人不乞，猶尚應與，何況乞而不施？以是應施，作助道因緣。復次，財物是種種煩惱罪業因緣；若持戒、禪定、智慧種種善法，是涅槃因緣。以是故，財物尚[13]應自棄，何況好福田中而[14]不布施？譬如有兄弟二人，各擔十斤金行道中，更無餘伴。兄作是念：我何以不殺弟取金？此曠路中人無知者！弟復生念：欲殺兄取金。兄弟各有惡心，語言視瞻[15]皆異。兄弟即自悟，還生悔心：我等非人，與禽獸何異？同生兄弟，而爲少金故而生惡心！兄弟共至深水邊，兄以金投著水中；弟言：善哉！善哉！弟尋復棄金水中；兄復言：善哉！善哉！兄弟更互相問，何以故[16]言善哉？各相答言：我以此金故，生不善心，欲相危害，今得棄之，故言善哉！二辭各爾。以是故知財爲惡心因緣，常應自捨！何況施得大福而不施[17]？

1　“順”，甲、丙一作“慎”，“慎”通“順”。

2　“決”，原作“快”，誤，兹據甲、丙一改。

3　“見”，甲、丙一無。

4　“五”，原作“分”，誤，兹據甲、丙一、宋、元、明、宫、石本改。

5　“則”，甲、丙一無。

6　“似”，甲、丙一作“以”，誤。

7　“内”，甲、丙一、宋、元、明、宫、石本作“由”。

8　“何”，甲、丙一作“何以”。

9　“煖”，甲本作“燸”。

10　“捨”，原脱，兹據甲、丙一、宋、元、明、宫、石本補。

11　“三”，甲、丙一、石本作“三者”。

12　“名”，甲、丙一無。

13　“尚”，甲、丙一、宋、元、明、宫本作“常”，“尚”通“常”。

14　“而”，甲、丙一、宫本無。

15　“視瞻”，甲、丙一、宋、元、明、宫本作“視占”，“視占”亦作“視瞻”。

16　“故”，甲、丙一、宋、元、明、宫本無。

17　“施”，甲、丙一、宋、元、明、宫、石本作“布施”。

如説[1]：

施名行寶藏，亦爲善親友，終始相利益，無有能壞者。施爲好密蓋，能遮飢渴雨；施爲堅牢船，能度貧窮海。慳爲凶衰相，爲之生憂畏，洗之以施水，則爲生福利。慳惜不衣食，終身無歡樂，雖云有財物，與貧困無異！慳人之室宅，譬如丘塚墓，求者遠避之，終無有向者。如是慳貪人，智者所擯[2]棄，命氣雖未盡，與死等無異。慳人無福慧，於施無堅要，臨當墮死坑，戀惜生懊恨；涕泣當獨去，憂悔火燒身。好施者安樂，終無有是苦。人修布施者，名聞滿十方，智者所愛敬，入衆無所畏，命終生天上，久必得涅槃！

如是等種種訶慳貪，讚布施，是名念財施。云何念法施？行者作是念：法施利益甚大，法施因緣故，一切佛弟子等得道。復次，佛説：二種施中，法施爲第一[3]。何以故？財施果報有量，法施果報無量。財施欲界報；法施三界報，亦出三界報。若不求名聞、財利、力勢；但爲學佛道，弘大慈悲，度衆生生[4]、老、病、死苦，是名清淨法施。若不爾者，爲如市易法。復次，財施施多，財物減少；法施施多，法更增益。財施是無量世中舊法；法施聖法初來未[5]得，名爲新法。財施但能救諸飢渴、寒熱等病；法施能除九十八諸煩惱等病。如是等種種因緣分別財施、法施，行者應念法施。問曰：何等是法施？答曰：佛所説十二部經，清淨心爲福德與他説，是名法施。復有以神通力令人得道，亦名法施。如《網明[6]菩薩經》中説：有人見佛光明得道者，生天者。如是等口雖[7]不説，令他得法故，亦名法施。是法施應觀衆生心性，煩惱多少，智慧利鈍，應隨所利益而爲説法；譬如隨病服藥則有益。有[8]婬欲重，有瞋恚重，有愚癡重，有兩兩雜，三三雜。婬重者，爲説不淨觀；瞋重者，爲説慈心；癡重者，爲説深因緣；兩雜者，説兩觀；三雜者，説三觀；若人不知病相，錯投藥者，病則爲增[9]。若著衆生相者[10]，爲説但有五衆，此中無我；若言無衆生相者[11]，即爲説五衆相續有，不令墮斷滅故。求富樂者，爲説布施；欲生天者，爲説持戒；人中多所貧乏者，爲説天上事；惱患居家者，爲説出家法；著錢財居家者，爲説在家五戒法；若不樂世間，爲説三法印：無常，無我，涅槃。依隨經法，自演作義理，譬喻莊嚴法施，爲衆生説。如是等種種利益故，當念法施。捨煩惱者，三結乃至九十八使等皆斷除却，是名爲捨。念捨是法，如捨毒蛇、如捨桎梏，得安隱歡喜。復次，念捨煩惱，亦入念法中。問曰：若入念法中，今何以更説？答曰：捨諸煩惱，是法微妙難得、無上無量，是故更別説。復次，念法與念捨異：念法，念佛法微妙，諸法中第一；念捨，念諸煩惱罪惡，捨之爲快；行相別，是爲異。如是等種種因緣，行者當念捨。念捨者，是初學禪智中，畏生增上慢。念天者，有四天王天，乃至他化自在天。問曰：佛弟子應一心念佛及佛法，何以念天？答曰：知布施業因緣果報故，受天上富樂，以是因緣故念天。復次，是八念，佛自説因緣。念天者應作是念：有四天王天，是天五善法因緣故生彼中：信罪福，受持戒，聞善法，修布施，學智慧；我亦有是五法，以是故歡喜。言天以是五法故，生富樂處，我亦有是；我欲生彼，亦可得生，我以天福無常故不受；乃至他化自在天亦如是。問曰：三界中清淨天多，何以故但念欲天？答曰：聲聞法中説念欲界天，摩訶衍中説念一切三界天。行者未得道

1　“如説”，甲、丙一“如説偈言”，元、明、石本作“如説偈”。

2　“擯”，甲、丙一作“儐”，宫本作“殯”，“儐”“殯”爲“擯”之借字。

3　“一”，甲本作“十”，誤。

4　“生”，甲、丙一無。

5　“未”，甲、丙一、宋、元、明、宫本作“難”。

6　“網明”，甲、丙一、宫本作“明網”。

7　“口雖”，甲、丙一、宋、元、明、宫本作“雖口”。

8　“有”，甲、丙一作“有人”。

9　“增”，丙一作“憎”，“憎”爲“增”之借字。

10　“者”，甲、丙一、宋、宫本無。

11　“者”，甲、丙一、宋、宫本無。

恃，或心著人間五欲，以是故佛説念天。若能斷婬欲，則生上二界天中；若不能斷婬欲，即[1]生六欲天中，是中有妙細清淨五欲；佛雖不欲令人更生受五欲，有衆生不任入涅槃，爲是衆生故説念天。如國王子在高危處立，不可救護，欲自投地；王使人敷厚綿褥[2]，墮則不死，差於墮地故。復次，有四種天：名天、生天、淨天、生淨天。名天者，如今國王名天子。生天者，從四天王乃至非有想[3]非無想天。淨天者，人中生諸聖人。生淨天者，三界天中生諸聖人，所謂須陀洹，家家，斯陀含，一種，或於天上得阿那含[4]、阿羅漢道。生淨天，色界中有[5]五種阿那含，不還是間[6]，即於彼得阿羅漢；無色界中一種阿那含，離色界、生無色界，是中修無漏道，得阿羅漢，入涅槃。念是二種天：生天，生淨天。如是等天，是名念天。念安那般那者，如[7]《禪經》中説。念死者，有二種死：一者，自死；二者，他因緣死。是二種死，行者常念：是身若他不殺、必當自死；如是有爲法中，不應彈指頃生信不死心。是身一切時中皆有死，不待老，不應恃[8]是種種憂惱、凶衰身；生心望安隱不死，是心癡人所生。身中四大各各相害，如人持毒蛇篋，云何智人以爲安隱？若出氣保當還入，入息保出，睡眠保[9]復得還覺，是皆難必！何以故？是身内、外多怨故。如説[10]：

　　或有胎中死，或有生時死，或年壯時死，或老至時死；亦如果熟時，種種因緣墮。當求免[11]離此：死怨之惡賊[12]，是賊難可信，時捨則安隱。假使大智人，威德力無上，無前亦無後，於今無脱者。亦無巧辭謝，無請求得脱；亦無捍挌處，可以得免[13]者；亦非持淨戒，精進可以脱；死[14]賊無憐愍，來時無避處！

　　是故行者不應於無常危脆命中而信望活。如佛爲比丘説死相義：有一比丘偏袒白佛[15]：我能修是死相！佛言：汝云何修？比丘言：我不望過七歲活！佛言：汝爲放逸修死相！有比丘言：我不望過七月活！有比丘言：七日。有言六、五、四、三、二、一日活。佛言：汝等皆是放逸修死相！有言：從旦至食時。有言：一食頃。佛言：汝等亦是放逸修死相！一比丘偏袒白佛：我於出氣[16]不望入，於入氣不望出！佛[17]言：是真修死相，爲不放逸[18]比丘！一切有爲法，念念生、滅，住時甚少[19]；其猶如幻，欺誑無智。行者如是等種種因緣念死相。問曰：法是三世諸佛師，何以故念佛在前？是八念云何有次第？答曰：是法[20]雖是十方三世諸佛師，佛能演出

―――――――――――――

1　“即”，甲、丙一、宋、元、明、宫本無，石本作“則”。

2　“褥”，甲、丙一、宫本作“蓐”，“蓐”通“褥”。

3　“想”，甲本作“相”，“相”爲“想”之借字。

4　“天上得阿那含”，丙一殘。

5　丙一終。

6　“是間”，甲本作“更聞”，誤。

7　“如”，甲本無。

8　“恃”，甲、宋、宫本作“持”，“持”通“恃”。

9　“保”，甲、宋、元、明、宫、石本無。

10　“如説”，甲本作“如説偈”。

11　“免”，甲、宫本作“勉”，“勉”通“免”。

12　“死怨之惡賊”，甲、宋、元、明、宫本作“死惡之怨賊”。

13　“免”，甲本作“勉”，“勉”通“免”。

14　“死”，甲本作“怨”。

15　“白佛”，甲、石本作“白佛言”。

16　丙二始。

17　“望入……出佛”九字，丙二殘。

18　己本始。

19　“少”，己本作“深”，誤。

20　“法”，己本殘。

是法，其功[1]大故。譬如雪山中有寶山，寶山頂有如意寶珠，種種寶物多有[2]。人欲上，或有半道還者，有近而還者。有一大德國王，憐愍衆生，爲作大梯；人民大小，乃至七歲小兒，皆得上山，隨意取如意珠等[3]種種寶物。佛亦如是，世間諸法實相寶山，九十六種異道皆不能[4]得，乃至梵天王求諸法實相亦不能得，何況餘人？佛以大慈悲[5]，憐愍衆生故，具足六波羅蜜，得一切智慧方便，説十二部經、八萬四[6]千法聚梯；阿若憍陳如、舍利弗、目揵連、摩訶迦葉，乃至七歲沙彌蘇摩等，皆得諸無漏法：根、力、覺、道、實相。實相雖微妙[7]，一切衆生皆蒙佛恩故得。以是故，念佛在前。次第念法，次第念僧，僧隨佛語，能解法故第三；餘人不能解，僧能得解，以是故稱爲寶。人中寶者是佛；九十六種道法中寶者是佛法；一切衆中寶者是僧。復次，以佛因緣故，法出世間，以法因緣故有僧。行者念：我云何當得法寶，得在僧數中？當除却一切麁細身、口惡業。是故次第説持戒。復次，云何分別有七衆？以有戒故。欲除心惡，破慳貪故念捨；欲令受者得樂故破瞋恚；信福得[8]果報故破邪見。住持戒布施法中，則爲住十善道中，離十不善道。十善道有二種果：若上行者[9]，得淨天中生[10]；中[11]行，得生天。以是故，戒、施次第念天。行禪定[12]故，得二種天。滅諸惡覺，但集善法，攝心一處；是故念天次第念安那般那。念安那般那能滅諸惡覺；如雨淹塵；見息出、入，知身危脆，由息入、出，身得存立；是故念入、出息，次第念死。復次，行者，或時恃有七念，著此功德，懈怠心生，是時當念死；死事常在前，云何當懈怠著此法愛！如阿那律、佛[13]滅度時説[14]：

　　有爲法如雲，智者不應信，無常金剛來，破聖主山王！

　　是名八念次第。問曰：是説[15]聲聞八念；菩薩八念有何差別？答曰：聲聞爲身故；菩薩爲一切衆生故。聲聞但爲脱老、病、死故；菩薩爲遍具一切智功德故[16]——是爲差別。復次，佛是中亦説，告舍利弗：菩薩摩訶薩以[17]不住法住般若波羅蜜中，應具足檀波羅蜜，乃至應具足八念，不可得故。初有不住，後有不可得；以[18]此二印，以是故異。不住、不可得義，如先説（丹注云：八念竟[19]）。

　　大智度論卷第二十二[20]。

1　"功"，己本殘。
2　"有"，己本無。
3　"等"，己本無。
4　"能"，己本無。
5　"大慈悲"，甲、丙二、己、石本作"大慈悲心"。
6　"四"，甲、丙二作"二"。
7　"雖微妙"，甲本作"雖妙"，丙二作"妙"，己本作"微妙"，宋、元、明、宫本作"雖妙"。
8　"得"，己本脱。
9　"者"，甲、丙二、宋、元、明、宫本無。
10　"生"，己本作"天"，誤。
11　"中"，己本作"生"，誤。
12　"定"，己本無。
13　"愛如阿那律佛"，丙二殘。
14　丙二終。
15　"説"，己、石本無。
16　"一切智功德故"，甲本作"一切功德"。
17　"以"，甲、宋、元、明、宫本無。
18　"以"，甲、宋、元、明、宫本作"有"。
19　"丹注云八念竟"，甲、宋、元、明、宫本無，己本作"八念竟"，己本終，以下所抄相當於《大正藏》本卷二十三。
20　甲本終，尾題作"大智度經卷第二十二"。按：甲本尾題作"大智度經卷第二十二"，然所抄內容却在中村016號《大智度論》卷三十（異卷）之後，疑原卷"廿"爲"卅"之誤。

大智度論初品中十想釋論第三十七（卷二十三）[1]

聖者龍樹造

後秦龜茲國三藏鳩摩羅什譯[2]

【經】[3]十想：無常想、苦想、無我想、食不淨想、一切世間不可樂想、死想、不淨想、斷想、離欲想、盡想。

【論】[4]問曰：是一切行法，何以故或時名爲智？或時名爲念？或時名爲[5]想？答曰：初習善[6]法，爲不失故，但名念；能轉相[7]、轉心故名爲想；決定知無所疑故，名爲智。觀一切有爲法無常，智慧相應相，是名無常想。一切有爲法無常者，新新生滅故，屬因緣故，不增積故。復次，生時無來處，滅亦無去處，是故[8]名無常。復次，二種世間無常故說無常：一者[9]，衆生無常；二者，世界無常。如說：

大地草木皆磨[10]滅，須彌巨海亦崩竭，諸天住處皆[11]燒盡，爾時世界何物常？十力世尊身光具[12]，智慧明照亦無量，度脫一切諸衆生，名聞普遍滿十方，今日廓然悉安在[13]？何有智者不感傷[14]！

如是舍利弗、目犍連[15]、須菩提等諸聖人，轉輪[16]聖王[17]，諸國王，常樂天王及諸天，聖德尊貴皆亦盡，大火焰[18]明忽然滅。世間轉壞，如風中燈[19]，如險岸[20]樹，如漏器盛水，不久空竭。如是一切衆生及衆生住處皆無常故，名爲無常。問曰：菩薩何以故行是無常想？答曰：以衆生著常顛倒，受衆[21]苦，不得免[22]生死。行者得是無常

1　本卷對應《大智度論》寫本凡16號：敦研331號（以下簡稱"甲本"，所抄分屬《大正藏》本卷二十二、二十三）、BD07581號（以下簡稱"乙一"）、BD07752號（以下簡稱"乙二"）、BD06638號（以下簡稱"丙本"）、BD09853號（以下簡稱"丁一"）、俄Дx06109號（以下簡稱"丁二"）、S.6632號（以下簡稱"丁三"）、俄Дx10246號（以下簡稱"戊本"）、BD02833號（以下簡稱"己一"，所抄分屬《大正藏》本卷二十三、二十四）、BD16419號（以下簡稱"己二"）、BD08223號（以下簡稱"庚本"）、俄Дx18697號（以下簡稱"辛本"）、俄Дx17455號（以下簡稱"壬本"）、P.2427號1（以下簡稱"癸本"）、俄Дx12090號（以下簡稱"子一"）、俄Дx12148號（以下簡稱"子二"）。

2　甲、乙一始。"大智度……譯"三十六字，甲本作"大智度初品中想品第三十五釋論"，乙一作"大智度論釋經序品中十想義第二十二卷第二十三"。

3　"經"，甲、宋、宮本無，乙一作"經曰"。下同，不復出校。

4　"論"，甲、宋、宮本無，乙一作"論曰"。下同，不復出校。

5　"爲"，甲本無。

6　"善"，甲本作"若"，誤。

7　"相"，甲本作"想"，"想"爲"相"之借字。

8　"故"，甲本無。

9　"者"，甲本作"切"，誤。

10　"磨"，甲本作"摩"，"摩"通磨。

11　"皆"，乙一作"亦"。

12　"十力……光具"七字，甲、石本作"十力尊身光具足"。

13　"在"，乙一作"住"。

14　"何有……感傷"七字，甲、乙一、宋、元、明、宮、石本無。

15　"目犍連"，乙一作"目揵連"，異譯詞。

16　"轉輪"，乙一殘。

17　"王"，甲本作"主"，誤。

18　"焰"，甲本作"炎"，"炎"爲"焰"之古字，乙一、宮本作"照"。

19　"燈"，甲本作"燃"，誤。

20　"險岸"，甲本作"臨坑"，乙一作"臨岸"。

21　"衆"，甲本無。

22　"免"，甲本作"勉"，"勉"通"免"。

想,教[1]化衆生言:諸法皆無常[2],汝莫著常顛倒,失行[3]道時!諸佛上妙法,所謂四真諦,四諦[4]中苦諦爲初,苦四行中無常行爲初。以是故,菩薩行無常想。問曰:有人見無常事至,轉更堅著。如國王夫人寶女從地中生,爲十頭羅刹將度大海,王大憂[5]愁!智臣諫言:王智力具足,夫人還在不久,何以懷憂?答言[6]:我所以[7]憂者,不慮我婦叵[8]得,但恐壯時易過;亦如人好華好果,見時欲過便大生著。如是知[9]無常乃更生諸結使,云何言無常能令心厭,破諸結使?答曰:如是見無常,是知無常少分,爲不具足,與禽獸見無常無異。以是故,佛告舍利弗:當具足修無常想。問曰:何等是具足無常想?答曰:觀有爲法念念生、滅,如風吹塵,如山上水流,如火焰[10]隨滅。一切有爲法,無牢無強,不可取,不可著,爲如幻、化,誑惑[11]凡夫。因是無常得入空門,是空中一切法不可得故,無常亦不可得。所以者何?一念中生、住、滅相[12]不可得:生時不得有住、滅,住時不得有生、滅,滅時不得有生、住。生、住、滅相,性相違故無,是無故無常亦無。問曰:若無無常,佛何以苦諦中説無常?答曰:凡夫[13]人生邪見故,謂世間[14]是常;爲滅除是常見故,説無常,不[15]爲無常是實故説[16]。復次,佛未出世,凡夫[17]人但用世俗道,遮諸煩惱;今欲拔諸煩惱根本[18]故,説是無常。復次,諸外道法,但以形離五[19]欲,謂是解脱;佛説邪相因緣故縛[20],觀無常正[21]相故解脱[22]。復有二種觀[23]無常相:一者,有餘;二者,無餘。如佛説:一切人物滅[24]盡,唯有名在,是名有餘;若人物滅盡,名亦滅[25],是名無餘。復[26]有二種觀無常相[27]:一者,身死盡滅;二者,新新[28]生滅。復次,有言:持戒爲重,所以者何?依戒因緣故,次第[29]得漏盡。有言:多聞爲重,所以

1　丙本始。

2　丁一始。"法皆無",丙本殘。

3　乙一終。

4　"四諦",甲、丁一無。

5　"大憂",丙本殘。

6　"言",甲、丁一作"曰"。

7　"以",甲、丁一無。

8　"叵",甲、丁一作"叵可"。

9　"知",甲、丙、丁一、石、宫本無。

10　"焰",甲、丙、丁一作"炎","炎"爲"焰"之古字。

11　"惑",丙本作"或","或"爲"惑"之古字。

12　"相",丙本作"想","想"爲"相"之借字。

13　"夫",甲、丁一無。

14　"間",丙本作"聞",誤。

15　丁二始。

16　"常不……故説"九字,丁一殘。

17　丁一終。"是實……凡夫"十二字,丁二殘。

18　"根本",甲本作"本相",丁二作"□相"。"道遮……惱根"十二字,丁二殘。

19　"常復……離五"十二字,丁二殘。

20　"縛",甲本作"轉",誤。

21　"脱佛……常正"十三字,丁二殘。

22　"觀無……解脱"八字,甲本作"觀無常正故相解",丙本作"觀無常正相故解"。"相故解脱",丁二作"故相解"。

23　"二種觀",丁二殘。

24　"一切人物滅",丁二殘。

25　"名亦滅",丁二殘。

26　乙二始。

27　"相",乙二作"想","想"爲"相"之借字。

28　"新",丁二脱。

29　"第",丙本作"弟","弟"爲"第"之古字。下同,不復出校。

者何？依智慧故，能有所得[1]。有言：禪定爲重，如佛所説，定能得道。有言：以十二頭陀爲重[2]，所以[3]者何[4]？能[5]淨戒行故。如是各[6]各以所行爲貴，更不復慇求涅槃。佛[7]言：是諸功德，皆是趣涅槃分；若觀諸法無常[8]，是爲真涅槃道。如是等種種因緣故，諸法雖空[9]而説是無常想。復次，無常想，即[10]是聖道別名。佛種種異名説道：或言四念處，或[11]言四諦，或言無常想。如經中[12]説：善修無常想，能斷一切欲愛、色愛、無色愛[13]、掉[14]、慢、無明盡，能[15]除三界結使。以是故，即名爲道。是[16]無常想，或有[17]漏、或[18]無漏[19]——正得無常是無漏，初學[20]無常是有漏。摩訶衍[21]中，諸菩薩心廣大，種種教[22]化一切衆生故，是無常想亦有漏、亦無漏——若無漏，在九地；若有漏，在十一地。緣三界五受衆[23]；四根相[24]應，除苦根；凡夫、聖人得。如是等種種[25]因緣，説無常想[26]功德。苦想者，行者作是念：一切有爲[27]法無常故苦！問曰：若有爲法無常故苦者，諸賢聖[28]人有爲無漏法[29]，亦應當苦！答曰：諸法雖無常，愛著者[30]生苦，無所著者無苦！問曰：有諸聖人[31]雖無所著，亦皆有苦，如舍利弗風熱病苦[32]，畢陵伽婆蹉眼痛苦，羅婆那跋提[33]（音聲第一也[34]）痔病苦，云何言無苦？答曰：有二種苦：一者，身苦；

1　“所得”，丁二殘。

2　戊本始。

3　“以”，乙二殘。

4　“能得……者何”十六字，丁二殘。

5　丁二終。

6　“能淨……是各”八字，戊本殘。

7　“求涅槃佛”，戊本殘。

8　“諸法無常”，戊本殘。

9　“故諸法雖空”，戊本殘。

10　戊本終。

11　己一始。

12　“中”，甲本無。“諦或……經中”九字，己一殘。

13　“想能……色愛”十二字，己一殘。

14　“掉”，甲、石本作“調”，乙二、丙、己一作“挑”。

15　己二始。

16　“能除……道是”十四字，己一殘。

17　“三界……或有”十七字，己二殘。

18　己二終。

19　“漏或無漏”，己一殘。

20　“是無漏初學”，己一殘。

21　“衍”，己一殘。

22　“種種教”，己一殘。

23　“五受衆”，甲、石本作“五受陰”，異譯詞。下同，不復出校。

24　“相”，己一作“想”，“想”爲“相”之借字。

25　“如是等種種”，己一殘。

26　“想”，丙、己一、宋、元、明、宫本無。

27　“念一切”，己一殘。

28　“賢聖”，甲本作“聖賢”。“苦者諸賢聖”，己一殘。

29　“法”，甲本脱。

30　“雖無常愛著者”，己一殘。

31　“聖人”，甲、石本作“賢聖人”。

32　“苦”，甲、己一脱。

33　“羅婆那跋提”，甲本作“羅披那跋”，乙二、丙本作“羅披那跋提”。

34　“音聲第一也”，甲、乙二、宋、元、明、宫本作“音聲第一”，丙本作“音聲苐一”，“苐”爲“第”之古字，己一無。

二者,心苦。是諸聖人以智慧力故,無復憂愁[1]、嫉妬、瞋恚等心苦;已受先世業因緣四大造身,有老病、飢渴,寒、熱等身苦;於[2]身苦中亦復薄[3]少。如人了了知負他債[4],償[5]之不以爲苦;若人不憶負債[6],債主强奪,瞋惱[7]生苦。問曰:苦受是心心數[8]法,身如草木,離心則無所覺,云何言聖人但受身苦?答曰:凡夫人受苦時,心生愁惱,爲瞋[9]使所使,心但向五欲。如佛所説:凡夫人除五欲不知更有出苦法,於樂受中,貪欲使所使;不苦不樂受中,無明使所使;凡夫人受苦時,内受三毒苦,外受寒熱[10]、鞭杖[11]等。如[12]人内熱盛,外熱亦盛。如經説:凡夫人失所愛物,身、心俱受[13]苦,如二箭雙射;諸賢聖人無憂愁苦,但有身苦,更無餘苦。復次,五識相應苦,及外因緣杖楚、寒熱等苦,是名身苦;餘殘名心苦。復次,我言有爲無漏法,不著[14]故非苦;聖人身是有漏,有漏法則苦,有何咎?是末後身所受苦,亦微少。問曰:若無常即是苦者,道亦是苦,云何以苦離苦?答曰:無常即是苦,爲五受[15]衆故説;道雖作法故無常,不名爲苦。所以者何?是能滅苦,不生諸著,與空、無我等諸智和合故,但是無常而非苦。如諸[16]阿羅漢得道時,説偈言[17]:

我等不貪生,亦復不樂死;一心及智慧,待時至而去!

佛取涅槃時,阿難等諸未離欲人,未善修八聖道故,皆涕[18]泣憂愁[19];諸離欲阿那含,皆驚愕;諸漏盡阿羅漢,其心不變,但言[20]世間眼滅疾!以得道力故,雖從佛得大利益,知重佛無量功德而不生苦。以是故,知[21]道雖無常,非苦因緣故[22],不名爲苦;但五[23]受衆是苦。何以故?愛著[24]故,無常敗[25]壞故。如受念處中苦義,此中應廣説。復次,苦者,有身常是苦,癡覆故不覺。如説:

騎乘疲極故,求索住立處;住立疲極故,求索坐息處;坐久疲極故,求索安臥處;衆極由作生[26],初樂後

---

1 "憂愁",甲本作"憂愁病"。

2 乙二終。

3 "薄",甲本無。

4 "債",己一作"責","責"爲"債"之古字。下同,不復出校。

5 "償",丙本作"賞","賞"通"償"。

6 "債",丙本作"憒"。

7 "惱",甲、石本作"恚"。

8 "心心數",甲本作"心數",誤。

9 "瞋",己一作"瞋恚"。

10 "寒熱",己一作"寒熱苦"。

11 "杖",己一作"轊"。

12 "如",己一作"如是"。

13 "受",丙本作"愛",誤。

14 "著",丙本作"善",誤。

15 "受",己一脱。

16 "諸",甲本無。

17 "説偈言",丙本作"而説偈言"。

18 "涕",己一作"啼"。

19 "憂愁",甲、己一、石本作"愁憂"。

20 "言",甲本作"我",誤。

21 "知",甲本作"智","智"通"知"。

22 "故",己一無。

23 "五",己一無。

24 "愛著",甲、丙本作"受著",誤。

25 "敗",己一作"變"。

26 "衆極由作生",甲本作"衆苦從作生"。

則¹苦。視眴²息出入,屈伸³坐臥起,行立及去來,此事無不苦!

問曰:是五受衆爲一切皆苦? 爲苦⁴想觀故苦? 若一切皆苦⁵,佛云何說有⁶三種受:苦受,樂受,不苦不樂受? 若以苦想故苦,云何說苦諦爲實苦? 答曰:五受衆一切皆苦。凡夫人四顛倒因緣,爲欲所逼,以五欲爲⁷樂;如人塗瘡⁸,大痛息故以爲樂,瘡非樂也。佛說三種受,爲世間故,於實法⁹中非是樂也¹⁰! 若五受衆中實有樂,何以故佛說滅五受¹¹衆名爲樂? 復次,隨其所嗜,樂心則生樂,無定也¹²。樂¹³若實定,不待心著;如火實熱,不待著而熱也。以樂無定,故名爲苦。復次,世間顛倒樂,能得今世、後世無量苦果¹⁴報,故名爲苦。譬如大河水中著少毒,不能令水異;世間顛倒毒樂¹⁵,於一切大¹⁶苦水中¹⁷則不現。如說:

從天下生地獄時,憶¹⁸本天¹⁹上歡樂²⁰事,宮觀綵²¹女滿目前,園苑²²浴池以娱²³志。又見²⁴獄火來燒身,似如大火焚竹林,是時雖見天上樂,徒自感結無所益!

是苦想²⁵攝、緣,如無常想。如²⁶是等種種分別苦,名爲苦想。無我想者,苦則是無我。所以者何? 五受衆中盡皆是苦相²⁷,無有自在,若無自在是則無我;若有²⁸我自在者,不應令身有苦。如所說:

諸有無智人,身心計是我,漸近堅著故²⁹,不知無常法。是身³⁰無作者,亦無有受者,是身爲無生³¹,而作種

---

1 "則",己一作"受"。

2 "眴",丙本作"瞬","瞬"有"眴"義。下同,不復出校。

3 "伸",甲本作"身",丙、己一作"申","身"爲"伸"之借字,"申"爲"伸"之古字。

4 "爲苦",己一無。

5 "若一切皆苦",己一作"若一智苦"。

6 "有",甲本無。

7 "爲",己一無。

8 "瘡",甲、丙、己一作"創","創"通"瘡"。下同,不復出校。

9 "法",己一脱。

10 "也",甲、石本無。

11 "受",甲本無。

12 "無定也",丙本作"無定樂也"。

13 "樂",丙本無。

14 "果",甲本無。

15 "樂",原作"藥",誤,兹據丙、己一、宋、元、明、宫本改,甲本無。

16 "大",己一無。

17 "中",甲、丙、己一、宋、元、明、宫本無。

18 "憶",己一作"億","億"爲"憶"之借字。

19 "天",己一殘。

20 "樂",甲本作"喜"。

21 "綵",原作"婇",誤,兹據丙本改,甲、己一作"采","采"爲"綵"之古字。

22 "園苑",甲、石本作"苑園"。

23 "娱",己一作"悟",誤。

24 "見",甲本作"現","見"爲"現"之古字。

25 "想",甲本作"相","相"爲"想"之借字。

26 "如",甲本作"無","無"爲"如"之借字。

27 "相",甲、己一、宋、元、明、宫本作"苦想",丙、己一、石本作"苦相","想"爲"相"之借字。

28 "有"後,己一衍"無"。

29 "堅著故",己一作"著堅固"。

30 "是身",甲本作"身是",誤倒。

31 "生",甲本作"作",己一、宋、元、明、宫本作"主"。

種事。六情塵[1]因緣,六種識得生,從三事和合,因緣觸法生;從觸法因緣,受念業法生。如珠日[2]草薪,和合故火生,情塵識和合,所作事業成;相續相似有,如種有牙[3]莖!

復次,我[4]相不可得故無我[5]。一切法有相故則知有,如見煙覺熱,故知有火;於五塵中各各別異,故知有情;種種思惟籌量諸法故,知有心心數法。此我無相故,知無我。問曰:有出入氣,則是我相;視眴、壽命心、苦樂、愛憎、精懃等是我相。若無我,誰有是出入息,視眴、壽命心,苦樂、愛憎、精懃等?當[6]知有我,在內動發[7]故。壽命心亦是我法[8],若無我,如牛無御[9];有我故能[10]制心入法,不爲放逸。若無我者,誰制御心?受苦樂者是我,若無我者,爲如樹木,則[11]不應別苦樂!愛憎、精懃亦如是。我雖微細[12],不可以五情知,因是相故可知爲有。答曰:是諸相[13]皆是識相。有識[14],則有入出[15]息,視眴、壽命等;若識離身則無。汝等我常[16]遍故死人亦應有視眴、入出息、壽命等!復次,出入息等是色法,隨心風力故動發,此是識相非我相。壽命是心不相應行,亦是[17]識相。問曰:若入無心定中,或眠無[18]夢時,息亦出入,有壽命,何以故言皆[19]是識相?答曰:無心定等,識雖暫無,不久必還生,識不捨身故;有識時多,無識[20]時少,是故名識相。如人出行,不得言其家無主。苦樂、憎愛、精懃等,是心相應[21],共緣,隨心行;心有故便有,心無故便無。以是故,是識相非我相。復次若有我者,我有二種:若常、若無常,如說:

若[22]我是常,則無後身[23];常不生故,亦無解脫[24]!亦無妄[25]無作,以是故當知:無作罪福者,亦無有受者[26];捨我及我所,然後得涅槃。若實有我者,不應捨我心[27]!若我無常者,則應隨身滅;如大岸墮[28]水,亦無有罪福

---

1 "塵",甲本作"廣",誤。
2 "日",甲本作"近"。
3 "牙",甲本作"不",誤,明本作"芽","牙"爲"芽"古字。
4 "我",甲本作"有"。
5 "我",己一脱。
6 "當",甲本作"黨","黨"爲"當"之借字。
7 "動發",甲本作"動",己一作"發起"。
8 "我法"後,己一衍"若是我法"。
9 "御",丙本作"脚",誤。
10 "能",己一脱。
11 "則",甲、己一無。
12 "細",甲本作"弱"。
13 "相",甲本作"根",誤。
14 "有識",己一無。
15 "入出",甲本作"出入"。
16 "常",己一脱。
17 "是",己一作"如"。
18 "眠無",丙、己一作"睡",宋、元、明、宮本作"睡無"。
19 "言皆",甲本作"皆言"。
20 "識",丙、己一無。
21 "相應",甲本作"共相應"。
22 庚本始。
23 "後身",甲本作"後世",庚本殘。
24 "常不……解脱"八字,庚本殘。
25 "妄",甲、丙、己一、庚、宋、元、明、宮本作"忘"。
26 "知無……受者"十一字,庚本殘。
27 "槃若……我心"十一字,庚本殘。
28 "身滅如大岸墮",庚本殘。

如是,我及[1]知者、不知者、作者、不作者[2],如檀波羅蜜中説。不得是我相[3]故,知一切法中無我;若知一切法中無我,則不應生我心。若無我,亦無我所心,我、我所離故,則無[4]有縛[5],若無縛則是涅槃。是故行者應行無我想。問曰:是無常、苦、無我,爲一事? 爲三事? 若是一事,不應説三;若是[6]三事,佛何以故説無常即是[7]苦,苦即是無我? 答曰:是一事,所謂受有漏法。觀門分別故,有三種異:無常行相[8]應,是無常想;苦行相[9]應,是苦想;無我行相[10]應,是無我想。無常不令入三界;苦令[11]知三界罪過;無我則捨世間[12]。復次,無常生厭心;苦生畏怖;無我出拔令解脱。無常者,佛説五受衆是無常;苦者,佛説無常則是苦;無我者,佛説苦即是無我。無常者,佛示五受衆盡滅相;苦者,佛示如箭入心;無我者,佛示捨離相。無常者,示斷愛;苦者,示斷我習慢;無我者,示斷邪見。無常者,遮常見;苦者,遮今世涅槃樂見;無我者,遮著處。無常者,世間所可著常法是;苦者[13],世間計樂處是;無我者,世間所可計我牢固者是。是爲三相[14]分別想[15]。無我想緣、攝種種,如苦想[16]中説。食厭想者,觀是[17]食從不淨因緣生。如肉從精血水道生。是爲膿[18]蟲住處;如酥[19]乳酪,血變所成,與爛膿無異;厨人污[20]垢,種種不淨。若著口中,腦[21]有爛涎,二道流下,與唾和合,然後成味,其狀如吐,從腹門入;地持、水爛、風動、火煮,如釜熟糜,滓濁下[22]沈,清者在上;譬如釀酒,滓濁爲屎,清者爲尿。腰有三孔,風吹膩汁,散入百脈,與先血和合,凝變爲肉。從新肉生脂、骨、髓,從是中生身根;從新舊肉合生五情根,從[23]五根生五識;五識次第[24]生意識,分別取相[25],籌量好醜;然後生我、我所心等諸煩惱,及諸罪業。觀食如是本末因緣,種種不淨。知内四大與外四大無異,但以我見故,强爲我有。復次,思惟此食,墾植[26]耘除,收穫蹂治,舂磨洮汰,炊[27]煮乃成,用功甚重;計一鉢之飯,作夫流汗集[28]合,量之食少汗多。此食作之功重,辛

1　"及",甲、丙、己一、庚本無。

2　"不作者",丙本脱。

3　"相",己一作"想","想"爲"相"之借字。

4　"無",甲本作"不"。

5　"有縛"後,庚本衍"則縛"。

6　"是",丙、己一、庚、宋、元、明、宫本無。

7　"是",甲本無。

8　"相",甲本作"想","想"爲"相"之借字。

9　"相",己一作"想","想"爲"相"之借字。

10　"相",甲、己一作"想","想"爲"相"之借字。

11　"三界苦令",甲本殘。

12　甲本終,尾題作"□□□(大智度)經□(卷)第三十二"。

13　"者",己一、庚本無。

14　"相",丙、己一、庚本作"想","想"爲"相"之借字。

15　"想",丙本作"相","相"爲"想"之借字。

16　"想",己一、庚本作"相","相"爲"想"之借字。

17　"是",己一、庚本無。

18　"膿",己一、庚本作"體"。

19　"酥",丙、己一、庚、宋、元、宫本作"蘇","蘇"通"酥"。下同,不復出校。

20　"污",丙、己一、庚、宋、元、明、宫本作"汙"。

21　"腦",原作"惱",誤,兹據丙、己一、庚本改。

22　"下"後,庚本衍"下"。

23　"從",丙、己一、庚、宋、元、明、宫本作"從此"。

24　"第",己一作"弟","弟"爲"第"之古字。

25　"相",己一作"想","想"爲"相"之借字。

26　"植",丙、己一、庚本作"殖"。

27　"炊",丙、己一、庚本作"吹","吹"爲"炊"之借字。

28　"集",己一脱。

苦如是,入口食之,即成不淨,無所一直,宿昔之間變爲[1]屎尿。本是美味,人之所嗜;變成不淨,惡不欲見。行者自思:如此弊[2]食,我若貪著,當墮地獄噉燒[3]鐵丸;從地獄出,當作畜生:牛、羊、駱駝[4],償其宿債[5];或作豬狗,常噉糞除。如是觀食,則生厭想;因食厭故,於五欲中[6]皆厭。譬如一婆羅門[7]修淨潔法,有事緣故到不淨國;自思:我當云何得免此[8]不淨?唯當乾[9]食,可得清淨。見一老母賣白髓餅,而語之言:我有因緣住此百日,常作此[10]餅送來,當多與價[11]!老母日日作餅送之;婆羅門貪著,飽食歡喜。老母作餅,初時白淨;後轉無色、無味。即問老母:何緣爾耶?母言:癰瘡[12]差故。婆羅門[13]問:此言何謂?母言:我大家夫人隱處生癰,以麵、酥、甘草拊[14]之,癰熟膿出[15],和[16]合酥餅;日日如是,以此作餅與汝,是以餅好;今夫人癰差,我當何處更得?婆羅門聞之,兩拳[17]打頭,搥胸[18]乾[19]嘔:我當云何破此淨法?我爲了矣!棄捨緣事馳還本國。行者亦如是,著是飲食,歡喜樂噉,見其好色細滑[20],香美可口,不觀不淨;後受苦報,悔將何及!若能觀食本末[21]如是,生惡厭心;因離食欲,四欲皆捨,於欲界中樂悉皆捨離;斷此五欲,於五下分結亦斷。如是等種種因緣[22]惡罪,不復樂著,是名食厭想。問曰:無常、苦、無我想[23],與無漏智慧相應;食厭等[24]四想[25],與有漏智慧相應,次第法應在前,今[26]何以後說?答曰:佛法有二種道:見道,修道。見[27]道中用是三想,破諸邪見等,得聖果,猶未離[28]欲;爲離欲故,三想[29]次第説是食厭等四想,得[30]離婬欲等諸煩惱。初三想示見諦道,中四想[31]爲示學修道,後三想

1　"爲",丙本作"食",誤。

2　"弊",己一作"幣","幣"爲"弊"之借字。

3　"燒",己一、庚本作"熱"。

4　"駱駝",丙本作"駱馳",異譯詞。

5　"債",己一、庚本作"責","責"爲"債"之古字。

6　"中",丙、己一、庚、宋、元、明、宫本無。

7　"婆羅門",己一作"波羅門",庚本作"披羅門",皆爲異譯詞。

8　"免此",丙本作"勉此",己一、庚本作"勉","勉"通"免"。

9　"乾",己一、庚本作"干","干"通"乾"。

10　"此",庚本無。

11　"價",丙、己一、庚本作"賈","賈"爲"價"之古字。

12　"瘡",丙、庚本作"創","創"通"瘡"。

13　"婆羅門",己一作"波羅門",異譯詞。

14　"拊",己一、庚本作"附","附"通"拊"。

15　"膿出"後,己一、庚本有"如"。

16　"和"前,己一衍"如"。

17　"拳",丙、己一、庚、宫本作"捲","捲"通"拳",石本作"棒"。

18　"搥胸",丙、己一、庚、石本作"推勾","推"爲"搥"之借字,"勾"乃"匃"之誤,"匃"爲"胸"之古字。

19　"乾",原作"吁",誤,茲據元、明本改,丙、己一、庚、宋、宫本作"干","干"通"乾"。

20　"滑",己一、庚本作"濡"。

21　庚本終。

22　"因緣",己一無。

23　"想",己一作"相","相"爲"想"之借字。

24　丁三始。

25　"想",己一作"相","相"爲"想"之借字。

26　"應次……前今"八字,丁三殘。

27　"二種……道見"八字,丁三殘。

28　"得聖果猶未離",丁三殘。

29　"想",己一作"相","相"爲"想"之借字。

30　"等四想得",丁三殘。

31　"諦道中四想",丁三殘。

示無學道。初習身念處¹中，雖有食厭想，功用少故佛不說。今爲須陀²洹、斯陀含度欲故，無我想次第説食厭等四³想。一切世間不可樂想者，若念世間色欲滋味⁴，車乘、服飾，廬⁵觀、園宅，種種樂事，則生樂想⁶；若念世間衆惡⁷罪事，則心生厭想。何等惡事⁸？惡事有二種：一者，衆生；二者，土地。衆生有八⁹苦之患：生、老、病、死，恩愛別離，怨憎¹⁰同處，所求不得，略而言¹¹之，五受衆¹²苦。衆生之罪，婬欲多¹³故，不別好醜，不隨父母師長教誨，無有慚愧¹⁴，與¹⁵禽獸無異。瞋恚多故，不別輕重，瞋毒狂發¹⁶，乃至不受¹⁷佛語，不欲¹⁸聞法，不畏惡道；杖楚橫¹⁹加，不知他苦；入大闇中，都無所見。愚癡多故²⁰，所求不以道，不識事緣，如搆角求乳；無明覆故，雖蒙日照，永無所見。慳貪多故，其舍如塚，人不向之。憍慢多故，不敬賢聖，不孝父母，憍逸自壞²¹，永無所直。邪見多故，不信今世、後世，不信罪福，不可共處。如是等諸煩惱多故，弊敗爲無所直。惡業多故，造無間罪：或殺父母，或傷害賢聖。或要時榮貴²²，讒賊忠貞，殘害親戚²³。復次，世間衆生，善好²⁴者少，弊惡者多。或時²⁵雖有善行，貧賤鄙陋²⁶；或雖富貴端政²⁷，而所行不善；或雖好布施，而貧乏無財；或雖富有財寶，而慳惜貪著，不肯布施；或見人有所思，默無所説，便謂憍高自畜，不下接物；或見好下接物，恩惠²⁸普潤，便謂欺誑諂飾；或見能語²⁹善論³⁰，便謂恃是小³¹智，以爲³²憍慢；或見質直好人，便共欺誑調投³³，引挽陵易；或見善心柔濡，

1　"無學……念處"八字，丁三殘。

2　"故佛……須陀"八字，丁三殘。

3　"想次……等四"八字，丁三殘。

4　"若念……滋味"八字，丁三殘。

5　"廬"，原作"盧"，誤，茲據丙、丁三、己一改。

6　"樂事則生樂想"，丁三殘。

7　"惡"，丁三無。

8　"等惡事"，丁三殘。

9　"土地衆生有八"，丁三殘。

10　"憎"，己一作"增"，"增"通"憎"。

11　"憎同……而言"十字，丁三殘。

12　"五受衆"，丁三、石本作"五受陰"，"陰"爲"衆"之異譯詞，己一作"五受"。下同，不復出校。

13　"罪婬欲多"，丁三殘。

14　"誨無有慚愧"，丁三殘。

15　"與"，丁三作"名"。

16　"輕重瞋毒狂發"，丁三殘。

17　"受"，己一脱。

18　"欲"，丙、己一、宋、宫、石本作"敬"。

19　"畏惡道杖楚橫"，丁三殘。

20　"愚癡多故"，丁三殘。

21　"壞"，丁三殘。

22　"貴"，己一脱。

23　"戚"，丁三、己一作"族"，石本作"祇"。

24　"善好"，丙本作"好善"。

25　"時"後，丁三衍"時"。

26　"貧賤鄙陋"，己一作"貧踐醜陋"，"踐"爲"賤"之借字。

27　"政"，丁三、宋、元、明、宫本作"正"，"政"通"正"。

28　"惠"，己一作"慧"，"慧"通"惠"。

29　"能語"，丁三殘。

30　"善論"前，丁三有"善語"。

31　"小"，己一作"少"，"少"通"小"。

32　"以爲"，丙、丁三、己一作"爲以"，誤倒。

33　"調投"，原作"調捉"，誤，茲據丙、丁三、己一、宋、元、明、宫、石本改。

便共輕陵踏[1]蹴,不以理遇;若見持戒清淨者,便謂所行矯異,輕賤不數。如是等衆生弊惡,無[2]一可樂。土地惡者,一切土地,多衰無吉,寒[3]熱飢渴;疾病惡疫,毒氣侵害,老病死畏,無處不[4]有。身所[5]去[6]處,衆苦隨之,無處得免[7]!雖有好國豐樂安隱,多爲諸煩惱所惱,則[8]不名樂土。一切皆有二種苦:身苦,心苦。無國不有。如説[9]:

有國土多寒,或有國多熱,有國無救護,或有國多惡,有國常飢餓,或有國多病,有國不修福,如是無樂處。

衆生、土地有如是惡,思惟世間無一可樂。欲界惡事如是。上二界死時、退時[10],大生懊惱,甚於下界;譬如極高處墮,摧碎爛壞!問曰:無常[11]想、苦想、無我想、一切世間不可樂想,有何等異而別説?答曰:有二種觀:總觀、別觀。前爲總觀,此中別觀。復有二種觀:法觀、衆生觀。前爲呵一切法觀,此中觀衆生罪惡不同。復次,前者無漏道,此中有漏道。前見諦道,今思惟道。如是等種種差別。一切地中攝,緣三界法。是名一切世間不可樂想。死想者,如死念中説。不淨想者,如[12]身念處中説。斷想、離想、盡想者,緣涅槃相[13]。斷諸結使故,名斷想;離結使故,名離想;盡諸結使故,名盡想。問曰:若爾者,一想便足,何以説三?答曰:如前一法三種説:無常即是苦,苦即是無我[14];此亦如是,一切世間罪惡深重故三種呵。如伐大樹,不可以一下斷。涅槃微妙法,昔所未得,是故種種讚,名爲斷想、離想[15]、盡想。復次,斷三毒故名[16]爲斷;離愛故名爲離;滅一切苦,更不生故名爲盡。復次,行者於煖[17]法、頂法、忍法、世間第一法,正智[18]慧[19]觀,遠諸煩惱,是名離想;得無漏道,斷諸結使,是名斷想;入涅槃時,滅五受衆不復相續,是名盡想[20]。斷想[21],有餘涅槃;盡想,無餘涅槃;離想[22],二涅槃方便門。是三想有漏、無漏故,一切地中攝(十想竟[23])。

1　"踏",丙本作"蹹",誤。

2　辛本始。

3　"土地……吉寒"十三字,辛本殘。

4　"疾病……處不"十五字,辛本殘。

5　辛本終。

6　"去",己一作"立"。

7　"免",丙、丁三、己一作"勉","勉"通"免"。

8　"則",丁三無。

9　"説",丁三脱。

10　"時",丙本脱。

11　"常",己一脱。

12　"如",己一無。

13　"相",丁三、己一作"想","想"爲"相"之借字。

14　"我",己一作"常我"。

15　"離想",己一脱。

16　"名",己一脱。

17　"煖",己一作"燸"。下同,不復出校。

18　"智",丙本作"知","知"爲"智"之古字。

19　"慧",己一脱。

20　"想",丁三作"相","相"爲"想"之借字。

21　"想",丁三作"相","相"爲"想"之借字。

22　"想",丁三作"相","相"爲"想"之借字。

23　"十想竟",丙、己一、宋、元、明、宮本無。丁三以下殘,有品題"大智度初品中十一智釋論第四十六"。

大智度初品中十一智釋論第三十八 [1]（丹云：三三昧義、三根義合 [2]）

【經】[3] 十一智：法智、比智、他心智、世智、苦智、集智、滅智、道智、盡智、無生智、如實智。

【論】[4] 法智者，欲界繫法中無漏智，欲界繫因中無漏智，欲界繫法滅中無漏智；爲斷欲界繫 [5] 法道中無漏智，及法智品中無漏智。比智者，於色 [6]、無色界中無漏智亦如是。他心智者，知欲界、色界繫現在他心心數法，及無漏心心數法少分。世智者，諸有漏智慧。苦智者，五受衆無常、苦、空、無我，觀時得無漏智。集智者，有漏法因：因、集、生、緣，觀時無漏智。滅智者，滅、止、妙、出，觀時無漏智。道智者，道、正、行、達，觀時無漏智。盡智者，我見苦已，斷集已，盡證已，修道已；如是念時，無漏智慧見明覺。無生智者，我見苦已不復更見，斷集已不復更斷，盡證已不復更證，修道已不復更修；如是念時，無漏智慧見明 [7] 覺。如實智者，一切法總相 [8]、別相 [9]，如實正知，無有罣礙。是法智緣欲界繫法、及欲界繫法因、欲界繫法滅、爲斷欲界繫法道。比智亦如是。世智，緣一切法。他心智，緣他心有漏、無漏心心數法。苦智、集智，緣五受衆；滅智，緣盡 [10]；道智，緣無漏五衆。盡 [11] 智、無生智，俱緣四諦。十智，一有漏，八無漏，一當分別：他心智，緣有 [12] 漏心是有漏，緣無漏心是無漏。法智，攝法智及他心智、苦 [13]、集智、滅智、道智、盡智、無生智少分。比智，亦如是。世智，攝世智及 [14] 他心智少分。他心智，攝他心智及法智、比智、世智、道智、盡智、無生 [15] 智少分。苦智，攝苦智及法智、比智、盡智、無生智少分。集智、滅 [16] 智亦如是。道智，攝道智及法智、比智、他心智、盡智、無生智少 [17] 分。盡智，攝盡智 [18] 及法智、比智、他心 [19] 智、苦智、集智、滅智、道智少分。無生智 [20] 亦如是。九智，八根相應，除慧根、憂根、苦根。世智，十根相應，除慧 [21]。法智、比智 [22]、苦智，空三昧相應。法智、比智、滅智、盡智、無生智，無相三昧相應。法智、比智、他心智、苦智、集智、道智、盡智、無生智，無作 [23] 三昧相應。法智、比智、世智、苦智、盡智、無生智，無常想、苦想、無我想相應。世智，中四想相應；法智、比智、滅智、盡智、無生智，後 [24] 三想相應。有

1　丙本品題作“大智度初品中十一智釋論弟三十”，己一品題作“摩訶波若波羅蜜憂婆提舍中十一智第三十一”，丁三品題作“大智度初品中十一智釋論第三十六”，丁三終。

2　丙、己一、宋、元、明、宫、石本無此小注。

3　“經”，丙、己一、宋、宫本無。下同，不復出校。

4　“論”，丙、己一、宋、宫本無。下同，不復出校。

5　“繫”，丙、己一、宫本脱。

6　“色”，己一作“色界”。

7　“見明”，己一作“明見”，誤倒。

8　“相”，己一作“想”，“想”爲“相”之借字。

9　“相”，己一作“想”，“想”爲“相”之借字。

10　“緣盡”，丙、宋、元、明、宫本作“緣智緣盡”，己一作“緣智盡”。

11　壬本始。

12　“緣四……緣有”二十字，壬本殘。

13　“無漏……苦智”十三字，壬本殘。

14　“生智……智及”十五字，壬本殘。

15　“法智……無生”十二字，壬本殘。

16　“盡智……智滅”十字，壬本殘。

17　“智比……智少”十二字，壬本殘。

18　“攝盡智”後，壬本衍“智”。

19　“心”，己一脱。

20　“智他……生智”十七字，壬本殘。

21　“根”，丙本作“想”，誤。“八根……慧根”二十字，壬本殘。

22　壬本終。

23　“無作”，己一作“無所作”。

24　“後”，己一作“復”，誤。

人言：世智或與離想相應。法智，緣九智，除比智；比智亦如是。世智、他心智、盡智、無生智，緣十智。苦智、集智，緣世智及有漏他心智。滅智不緣智[1]。道智，緣九智，除世智。法智、比智：十六相。他心智，四相。苦、集、滅、道，各各四相。盡智、無生智，俱十四相，除空相、無我相。煖法、頂法、忍法中，世智十六相；世間第一法中，世智四相，除[2]無相（轉相[3]觀相也，舊言十六聖行）。初入無漏心，成就一世智；第二心增苦智、法智；第四心增比智；第六心增集智；第十心增[4]滅智；第十四心增道智。若離欲者增他心智；無學道增盡智；得不壞解脫增無生智。初無漏心中不修智；第二心中現在、未來修二智；第四心中現在修二智，未來修三智；第六心中現在、未來修二智；第八心中現在修二智，未來修三智；第十心中現在、未來修二智；第十二心中現在修二智，未來修三智；第十四心中現在、未來修二智；第十六心中現在修二智，未來修六智，若離欲修七智。須陀洹欲離欲界結使，十七心中修七智，除他心智、盡智、無生智。第九解脫心中修八智，除盡智、無生智。信解脫[5]人轉作見得，雙道中修六智，除他心智、世智、盡智、無生智。離七地欲時，無礙道中修七智，除他心智、盡智、無生智；解脫道中修八智，除盡智、無生智。離有頂欲時，無礙道中修六智，除他心智、世智、盡[6]智、無生智；八[7]解脫道中修七智，除世智、盡智[8]、無生智[9]。無學初心第九解脫，不時解脫人修十智，及一切有漏、無漏[10]善根；若時解脫人修九智，及一切有漏，無漏善根。如是等種種，以阿毗曇門廣分別。如實智分別相，此《般若波羅蜜》後品廣説。復次，有人言：法智者，知欲界五眾無常、苦、空、無我，知諸法因緣和合生，所謂無明因緣諸行，乃至生因緣老死。如佛[11]爲須尸摩梵志説：先用法智分別諸法，後用涅槃智。比智者，知[12]現在五受眾無常、苦、空、無我，過去、未來及色、無色界中五受眾無常、苦、空、無我亦如是。譬如見現在火熱能燒，以此比知過去、未來及餘國火亦如是。他心智者，知他眾生心心數法。問曰：若知他心心數法，何以故但名知[13]他心？答曰：心是主故，但名知他心；若説心，當知已説心數法。世智者，名爲假智。聖人於實法中知，凡夫人但假名中知，以是故名假。如棟梁椽壁名爲屋，但知是事，不知實義，是名世智。苦智者，用苦慧呵五受眾[14]。問曰：五受眾亦無常、亦苦、亦空、亦無我，何以故但説苦智，不説無常、空、無我智？答曰：爲苦諦故説苦智，集諦故説集智，滅諦故説滅智，道諦故説道智。問曰：五受眾有種種惡，何以故[15]但説苦諦，不説無常諦、空、無我諦？答曰：若説無常、空、無我諦[16]，亦不壞法相；以眾生多著樂畏苦故，佛呵世間一切皆是苦，欲令捨離故[17]。無常、空、無我中，眾生不大畏，故不説。復次，佛説[18]法中五受眾有異名，名爲苦；以是

1　“滅智不緣智”，丙、宋、元、明、宮本作“滅智無生智緣”，己一作“無生智緣”。

2　“除”，丙、己一、宮本作“餘”，誤。

3　“轉相”，丙、己一、宋、元、明、宮本作“相轉”。

4　“增”，己一作“憎”，“憎”通“增”。下同，不復出校。

5　“脫”，丙、宋、元、明、宮本無。

6　癸本始。

7　“八”，己一脫。

8　“盡智”前，癸本衍“盡”。

9　“無生智”後，癸本衍“八解脫道中修七智，除世智、盡智、無生智”。

10　“無漏”，己一脫。

11　癸本終。

12　“知”，丙、己一作“如”，誤。

13　“知”，己一作“智”，“智”通“知”。

14　“受眾”，己一作“眾受”，誤倒。

15　“故”，丙、己一、宋、元、明、宮本無。

16　“諦”，己一脫。

17　“故”，己一作“苦”。

18　“説”，丙、己一、宋、元、明、宮本無。

故,但説苦智[1]。是苦智,或有漏、或無漏:若在煖法、頂法、忍法、世間第一法,是有漏;若入見諦道,是無漏。何以故? 從煖法至世間第一法中,四種觀苦故。集智、滅智、道智亦如是。復次,苦智名知[2]苦相實不生。集智名知一切法離,無有和合。滅智名知[3]諸法常寂滅如涅槃。道智名知一切法常清淨、無正無邪。盡智名知[4]一切法無所有。無生智名知一切生法不實、不定故不生。如實智者,十種智所不能知,以如實智故能知。十智各各相,各各緣,各各別異,各各有觀法;是如實智中無相、無緣、無別,滅諸[5]觀法,亦不有觀。十智中有法眼、慧眼[6];如實智中唯有佛眼。十智,阿羅漢、辟支佛、菩薩共有;如實智唯獨佛有,所以者何? 獨佛有不誑法。以是故,知如實智獨佛有。復次,是十智入如實智中,失本名字,唯有一實智[7]。譬如十方諸流水,皆入大海,捨本名字,但名大海。如是等[8]種種分別十一智義,此中略説。(丹云: 十一智竟[9]。)

【經】三三昧: 有覺有觀三昧,無覺有觀三昧,無覺無觀三昧。

【論】一切禪定攝心,皆名爲三摩提,秦言正心行處。是心從無始世界來,常曲不端,得是正心行處,心則端[10]直;譬如蛇行常曲,入竹筒中[11]則直。是三昧三種:欲界未到地、初禪,與覺觀相應故,名有覺有觀;二[12]禪中間但觀相應故,名無覺有觀;從第二禪乃至有頂地,非覺觀相應故,名無覺無觀。問曰:三昧相應心數法,乃至二十,何以故[13]但説覺、觀? 答曰:是覺觀嬈亂三昧,以是故説。是二事雖善,而是三昧賊,難可捨離。有人言:心有覺觀者無三昧,以是故,佛説有覺有觀三昧,但不牢固;覺觀力小微,是時可得有[14]三昧。是覺觀能[15]生三昧,亦能壞三昧;譬如風能生雨,亦能壞雨[16]。三種善覺觀,能生初禪,得初禪時發大歡喜,覺[17]觀故心[18]散還失;以是故但説覺、觀。問曰:覺、觀有何[19]差別? 答曰:麁心[20]相名[21]覺,細心相名觀;初緣中心[22]發相名覺,後[23]分別籌量[24]好醜名觀。有三種麁覺:欲覺,瞋覺,惱覺。有三種善[25]覺:出要覺,無瞋覺,無[26]惱覺。有

---

1 "智",丙、己一、宋、元、明、宫本無。
2 "知",己一作"智","智"通"知"。
3 "知",己一作"智","智"通"知"。
4 "知",己一作"智","智"通"知"。
5 "諸",己一無。
6 "眼",己一脱。
7 "智",丙本作"相",誤。
8 "等",己一無。
9 丙、己一、宋、元、明、宫、石本無此小注。
10 "端",己一無。
11 "中",己一無。
12 "二",丙、己一、宋、元、明、宫本無。
13 "故",丙、宋、元、明、宫本無。
14 "有",己一無。
15 子一始。
16 "亦能……壞雨"十五字,子一殘。
17 子二始。
18 "能生……故心"十六字,子一殘。
19 "散還……有何"十六字,子二殘。
20 "以是……麁心"十九字,子一殘。
21 子一終。"曰麁心相名",子二殘。
22 "中心",子二殘。
23 "後",己一無。
24 "別籌量",子二殘。
25 "有三種善",子二殘。
26 "無瞋覺無",子二殘。

三種細覺：親里[1]覺，國土[2]覺，不死覺。六種覺[3]妨三昧，三種善覺能開三昧門。若覺觀過多，還失三昧；如風能使[4]船，風[5]過則壞船。如是種種分別覺、觀。問曰：經説三種法：有覺有觀法，無覺有觀法，無覺無觀法；有覺有觀地，無覺有[6]觀地，無覺無觀地。今何以但説三種三昧？答曰：妙而可用者取。有覺有觀法者，欲界、未到地、初禪中覺[7]觀相應法，若善、若不善、若無記。無覺有觀法者，禪中間觀相應法，若善、若無記。無覺無觀法者，離覺觀法，一切色、心不相應行及無爲法。有覺有觀地者，欲界、未到地、梵世。無覺有觀地者，禪中間，善修是地作大梵王。無覺無觀地者，一切光音、一切遍淨、一切廣果、一切無色地。於中上妙者是三昧，何等是三昧？從空等三三昧，乃至金剛，及阿羅漢、辟支佛諸三昧；觀十方佛三昧，乃至首楞嚴三昧；從斷一切疑三昧，乃至三昧王等諸佛三昧。如是等種種分別[8]，略説三三昧義竟[9]。

【經】三根：未知欲知根，知根，知已根。

【論】未知欲知根者，無漏九根和合，信行、法行人，於見諦道中名未知欲知根，所謂信等五根，喜、樂、捨根，意根。信解、見得人，思惟道中，是九根轉名知根。無學道中，是九根名知已根。問曰：何以故於二十二根中，但取是三根？答曰：利解了了自在相，是名爲根；餘十九根，根相不具足，故不取。是三根利，能直入至涅槃，諸有爲法中主[10]故，得自在，能勝諸根。復次，十根但有漏自得[11]，無所利益故；九根不定，或有漏，或無漏，故不説菩薩應具足。問曰：十想亦有漏、亦[12]無漏，何以故説應具足？答曰：十想皆是助道求涅槃法，信等五根雖是善法，不盡求涅槃。如阿毘曇中説：誰成就信等五[13]根？不斷善根者。復次，若五根清淨變爲無漏，三根中已攝。是三根中必有意根，三受中必有一受；以是故但説三根。復次，二十二根，有善、有不善、有無記，雜，是故不説應具足。是三根，受衆、行衆、識衆攝。未[14]知欲知根在六地，知根、知已根在九地。三根[15]緣四諦；六想相應。未知欲知根，三根因；知根，二根因；知[16]已根，但[17]知已根因。未知欲知根次第，生二根；知根次第，或生有漏根，或生知根，或生知已根；知已根，或生有漏根，或生知已根。如是等，以阿毘曇門廣分別説。復次，未知欲知根名諸法實相，未知欲知故，生[18]信等五根；是五根力故，能得諸法實相。如人初入胎中得二根：身根，命根。爾時如段肉，未具諸根，不能有所別知；五根成就，能知五塵。菩薩亦如是，初發心欲作佛，未具足是[19]五根，雖有願欲知諸法實相，不能得知。菩薩生是信等五根，則能知諸法實相。如眼四大及四大造色和合名爲眼，先雖有四大、四大造色，未清淨故，不名眼根；不斷善根人雖有信，未清淨故，不

1　“親里”，己一作“親理”，“親里”同“親理”。
2　“覺國土”，子二殘。
3　“覺”，子二作“覺觀”。
4　“能開……能使”十八字，子二殘。
5　子二終。
6　“有”，己一作“無”，誤。
7　“覺”，己一脱。
8　“如是……分別”七字，己一衍。
9　“竟”，丙、己一、宋、元、明、宫本無，石本作“三三昧竟”。
10　“主”，己一作“生”，誤。
11　“得”，己一作“在得”。
12　“亦”，丙、己一、宋、元、明、宫本無。
13　“五”，丙、己一、宋、元、明、宫本無。
14　“未”，己一脱。
15　“三根”，丙本作“根三”，誤倒。
16　“知”後，己一衍“根”。
17　“但”，己一作“但説”。
18　“生”，己一作“主”，誤。
19　“是”，己一無。

名爲根。若菩薩得是信等五根,是時能信諸法實相不生不滅,不垢不淨,非有非無,非取非捨,常寂滅,真淨,如虛空,不可示、不可説,一切語言道過,出一切心心數法,所行如涅槃,是則佛法。菩薩以信根力故,能受;精進根力故、懃行不退不[1]轉;念根力故,不令不善法入攝諸善法;定根力故,心散五欲中能攝實相中;慧根力故,於佛智慧中少多得義味不可[2]壞。五根所依意根,必與受具[3],若喜、若樂、若捨。依是根入菩薩位,乃至未得無生法忍果,是名未知欲知根。此中知諸法[4]實相了了故名知根[5]。從是得無生法忍果,住阿鞞跋致地得受記,乃至滿十地坐道場,得金剛三昧,於其中間,名爲知根。斷一切煩惱習,得阿耨多羅三藐三菩提,一切可知法智慧遍滿故,名爲知已根[6]。(丹云:三根竟[7]。)

大智度論卷第二十三[8]。

大智度論初品十力釋論第三十九(卷二十四)[9]

聖者龍樹造

後秦龜兹國三藏鳩摩羅什譯[10]

【經】[11]舍利弗! 菩薩摩訶薩欲遍知佛十力、四無所畏、四無礙智、十八不共法、大慈大悲,當習行般若波羅蜜!

【論】[12]問曰:是十力、四無所畏等,是佛無上法,應當前説,何以[13]故先説九相、八念等? 答曰:六波羅蜜[14]是菩薩所[15]應用,先已説。三十七品乃至三無漏根,是聲聞法。菩薩行是六波羅蜜得力故[16],欲過聲聞、辟支佛地,亦欲教化向聲聞[17]、辟支佛[18]人令入佛道;是故呵[19]是小乘法,捨一切衆生,無所利益。若諸聲聞人言:汝是凡夫人,未斷結使,不能行是法,是故空呵! 以是故佛言:菩薩應具足三十七品等諸聲聞法,不可得故。雖行是諸法,以不可得故,爲衆生行邪行故,行此正行,常不捨。是諸法不可得空,亦不疾取涅槃證。若菩薩不解不行是小乘而但呵者,誰當肯信? 譬如釋迦牟尼佛,若先不行六年苦行[20],而呵言非道者,無人信受! 以

---

1 "不",己一無。

2 "不可",己一作"不可得"。

3 "具",丙、己一作"俱"。

4 "法",己一脱。

5 "根",丙、己一、宋、元、明、宫本無。

6 己一終,以下所抄相當於《大正藏》本卷二十四。

7 丙、宋、元、明、宫本無此小注,石本作"三根竟"。

8 丙本終,尾題作"大智度卷第二十三"。己一終,以下所抄相當於《大正藏》本卷二十四。

9 本卷對應《大智度論》寫本凡8號:BD 02833號(以下簡稱"甲本",所抄分屬《大正藏》本卷二十三、二十四)、俄Дx 03299號(以下簡稱"乙本")、BD 10488號(以下簡稱"丙本")、BD 02901號(以下簡稱"丁本")、BD 10269號(以下簡稱"戊本")、S.0313號(以下簡稱"己本")、俄Дx 08991號(以下簡稱"庚本")、俄Дx 09289號+俄Дx 09290號(以下簡稱"辛本")。

10 甲本始。"大智度論……譯"三十五字,甲本無。

11 "經",甲、宋、宫本無。下同,不復出校。

12 "論",甲、宋、宫本無。下同,不復出校。

13 乙本始。

14 "八念……羅蜜"九字,乙本殘。

15 乙本終。

16 "得力故",甲本作"乃得力"。

17 "聲聞",甲本無。

18 "辟支佛"後,甲本有"地亦欲教化向聲聞、辟支佛"。

19 "呵",甲本作"可",誤。

20 "行",甲本脱。

是故,自行苦行,過於餘人;成佛道時,呵是苦行[1]道,人皆信受。是故六波羅蜜後,次第行聲聞法。復次,此非但是聲聞法,是法中和合,不捨衆生意,具足一切佛法,以不可得空智故,名菩薩法。問曰:若菩薩具足三十七品諸法者,云何不入聲聞法位?答曰:具足者,具足觀知而不取證,了了觀知,故名具足。如佛説:一切畏杖痛,莫不惜壽命;恕已可爲喻,杖不加群生。雖言一切畏杖痛,無色界衆生無身;色界雖有身而無鞭杖;欲界中諸佛、轉輪聖王、夜摩天已[2]上,皆不畏杖楚。爲畏得杖處者,故言一切。具足亦如是,不爲求證著法故言具足。復次,我先説不捨衆生,以不可得空智和合故,不墮聲聞地。問曰:從六波羅[3]蜜至三無漏根,但言應具足;自此以[4]後,何以故皆言[5]欲得、欲知是事,當習行般若波羅蜜?答曰:聲聞法[6]有量有限,故言應具足;自此已下,是諸佛法,甚深無[7]量[8],菩薩未得,故言欲得是事,當學般若波羅蜜[9]。復次,聲聞法易解易知,故言具足;菩薩法、佛法難[10]解難知,故言當學。復次,聲聞法總相:但知苦,知苦[11]因,知苦盡,知盡苦道。譬如二種醫:一者,但知病、知病[12]因、知差[13]病……分別籌[14]量是人業障,是人報障,是人無障;以禪定[15]解脱三昧智力,分別籌量是人著味,是人不著味[16];以上下根智力,分別籌量衆生智力多少;以種種[17]欲智力,分別籌量衆生所樂;以種種性智力,分別[18]籌量衆生深心所趣;以一切至處道智力,分別籌[19]量衆生解脱門;以宿命智力,分別衆生先所從來[20];以生死智力,分別衆生生處好醜;以漏盡智力,分[21]別籌量衆生得涅槃。佛用是十種力度脱衆生,審[22]諦不錯,皆得具足。以是故,佛雖有無量力,但説此[23]十力。復次,是處不是處力,定知從是因緣出是果[24]報[25]……若[26]諸賢聖覆藏罪,若須陀洹二十五有,皆無[27]是處;如賢聖分別中廣説。五逆人、

---

1 "行",甲本脱。
2 "已",甲本作"以"。
3 "六波羅",甲本殘。
4 "以",甲、明本作"已"。
5 "以故皆言",甲本殘。
6 "答曰聲聞法",甲本殘。
7 "是諸……深無"七字,甲本殘。
8 "量",甲本作"量法"。
9 "事當……羅蜜"八字,甲本殘。
10 "知故……法難"十一字,甲本殘。
11 "復次……知苦"十二字,甲本殘。
12 "苦道……知病"十四字,甲本殘。
13 甲本終。
14 丙本始。
15 "是人……禪定"十五字,丙本殘。
16 "智力……著味"十五字,丙本殘。
17 "力分……種種"十四字,丙本殘。
18 "量衆……分別"十三字,丙本殘。
19 "趣以……別籌"十二字,丙本殘。
20 "宿命……從來"十二字,丙本殘。
21 "分別……力分"十四字,丙本殘。
22 "得涅……生審"十四字,丙本殘。
23 "得具……説此"十五字,丙本殘。
24 "次是……是果"十六字,丙本殘。
25 丙本終。
26 丁本始。
27 "二十五有皆無",丁本殘。

五種黃門[1]、墮四惡道衆生、欝多羅越人、魔眷屬、三障所[2]遮,若言得道,皆無是處!輕[3]説法者,輕法、自輕[4]、破戒、愚癡,若言得具足法喜,亦無是處!自言[5]我是佛,此身口惡不悔欲見佛;若破僧罪不[6]悔欲見佛;邪定入正定,正定入邪定,正定入[7]不定;除佛法別有真得道人,應得道身若死[8],皆無是處!除因緣生識,出名色更有法,無是[9]處!佛遣使事未訖,若遮礙,無是處!入慈三昧[10],若他因緣死;入滅盡定、在見諦道中若死,皆[11]無是處!若害佛及佛母,無是處!轉輪聖王女[12]寶、象、馬、主藏臣、主兵臣,若在胎中死,母子夭喪[13],皆無是處!欝多羅越人、女寶、佛母,命終次身[14]入惡道,皆無是處!有爲常,涅槃無常,凡夫人[15]能斷非有想非無想結使,一切取相禪定中修聖道,無漏道[16]有漏因,若地濕相、水堅相、火冷相、風住[17]相[18],皆無是處!無[19]明不能生諸行,乃至生不能生老死,無有是處[20]!二心一時生;五識衆能分別取相,若著、若離[21];若眼,能起身業、口業;若眼,能入[22]禪定;無有是處!但五識相續生,不生意識;但五識衆中著有相續;但五識衆能緣名、能緣相、能緣無色法,能緣過去、未來,能緣離三世法;但五識衆中有增觸、明觸,修禪定,若受[23]善律儀,不善律儀,若憂喜;若有無覺無觀;若增益諸根,皆無是處!鼻識、舌識,有隱没無記[24];凡夫人第六識離我行[25],無是處[26]!如是等無量無是處,是處亦如是。佛知是處無是處,分別籌量可度者爲説法,不可度者爲作因緣。譬如良[27]醫,知病可治不可治。聲聞、辟支佛所知少[28],少故,或不應度者欲度,如首羅;應度而不度,如舍利弗所不度者是。佛無是事,無能壞,無能勝,悉遍知故,是名初力。業報智力者,身口所作業,及此生無作業,所受戒業,亦[29]惡業,日夜隨生業,用生罪福業,是業佛略説三處攝,是名一切業相。佛知一切衆生有業過去,報

---

1 "人五種黃門",丁本殘。

2 "眷屬三障所",丁本殘。

3 "輕",原作"經",誤,兹據丁本改。

4 "者輕法自輕",丁本殘。

5 "無是處自言",丁本殘。

6 "若破僧罪不",丁本殘。

7 "邪定正定入",丁本殘。

8 "得道身若死",丁本殘。

9 "更有法無是",丁本殘。

10 "處入慈三昧",丁本殘。

11 "若死皆",丁本殘。

12 "轉輪聖王女",丁本殘。

13 "死母子夭喪",丁本殘。

14 "命終次身",丁本殘。

15 "凡夫人",丁本殘。

16 "無漏道",丁本無。戊本始。

17 "濕相……風住"十字,戊本殘。

18 "火冷相風住相",丁本作"風住相、火冷相"。

19 戊本終。

20 "無有是處",丁本作"亦無是處",石本作"亦無有是處"。

21 "若著若離",丁本脱。

22 "若著……能入"十六字,丁本作"若眠能起身業、口業;若□"。

23 "受",丁本脱。

24 "若有……無記"二十四字,丁、元、明、石本作"鼻識、舌識、有隱没無記。若有無覺無觀;若增益諸根,皆無是處"。

25 "行",丁、元、明、石本作"受心行"。

26 "無是處",丁本作"是無處"。

27 "良",丁、宫、石本無。

28 "少",丁、石本無。

29 "亦",丁本作"受"。

亦過去；有業過去，報在[1]現在；有業過去，報在未來；有業過去，報在過去、現在；有業過去，報在過去、未來；有業過去，報在現在、未來；有業過去，報在過去、未來、現在。現在[2]業亦如是。復次，善心中受善、不善、無記業報；不善心、無記心亦如是。復次，樂業因緣故受樂報，苦業[3]因緣故受苦報，不苦不樂業因緣故受不苦不樂報。現報業因緣故受現報，生報業因緣故受生報，後報[4]業因緣故受後報。不淨業因緣故受惱報，淨業因緣故受無惱報，雜業因緣故受雜報。復次，二種業：必受報業，不必受報業。必受報業，不可得離，或待時、待[5]人、待處受報。如人應共轉輪聖[6]王受福，待轉輪聖[7]王好世出，是時乃受，是爲待時；待人者，人[8]即是轉輪聖王；待處者，轉輪聖王所出處。復次，是必受報業，不待技[9]能功勳[10]，若好、若醜，不求自來。如天上生人，福樂自至；地獄中人，罪苦自追。不待因緣，此業深重故。復次，必[11]受報業，如毘琉璃[12]軍殺七萬二千諸得道人及無量五戒優婆塞，如目連等大神通人所不能救。如薄拘羅[13]，後母投著[14]火中、湯中、水中而不死。如佛遊諸國，雖出家行乞，不須膳供，而五百乘車載王所食，葉中生粳米，隨飯[15]百味羹。如是等善惡業必受。餘者不必受。欲界受三種業報處：樂受業、苦受業、不苦不樂受業。色界受二種業報[16]處：樂受業，不苦不樂受業。無色界受一種業報處：不苦不樂受業。或待事者，依是事得受業報。如弗迦羅婆王[17]池中，生千葉金色蓮華，大如車輪，因是大會快樂，多人出家得道。佛知一切衆生造諸業處，或欲界、色界，無色界。欲界在何道中，若天道在何天中，若人中在何天下，若閻浮提在何國，若是國在何城、何聚落[18]、何精舍、何土地，若是城在何里、何巷、何舍、在何處。知是業何等時作，過去一世、二世乃至百千萬世。是業果報幾已受、幾未受；幾必受、幾不必受。知善不善所用事物，所謂刀杖、教勅殺等，自殺，遣人殺，諸餘惡業[19]亦如是。善業亦如是，知如是布施、持戒、修善。施中所施何等土地、房舍，衣服、飲食、醫藥、臥具，七寶財物。戒中受戒，自然戒，心生戒，口言戒，一行戒[20]，少分戒，多分戒，滿分戒；一日戒，七善道戒，十戒，具足戒，定共戒。善福中修初禪，二、三、四禪；慈心、悲、喜、捨心。如是等善業因緣。若慳貪，若瞋恚，若怖畏，若邪見，若惡知識等，種種惡業因緣。福業因緣：若信，若憐愍，若恭敬，若禪定，若智慧，若善知識等，種種善[21]業因緣。是諸業自在，一切天及人[22]，

---

1 “在”，丁本脱。

2 “在”，丁本脱。

3 “業”，丁本脱。

4 “報”，丁本脱。

5 “待”，丁本脱。

6 “聖”，丁本無。

7 “聖”，丁本無。

8 “人”，丁本脱。

9 “技”，丁、宋、宮本作“伎”，“伎”通“技”。

10 “勳”，丁本作“薰”，“薰”爲“勳”之借字。

11 “必”，丁本脱。

12 “毘琉璃”，丁本作“毗琉瑀”。

13 “薄拘羅”，丁本作“薄拘廬”，石本作“薄拘盧”。

14 “著”，丁本無。

15 “飯”，丁本作“飲”，誤。

16 “報”，丁本脱。

17 “弗迦羅婆王”，丁本作“佛迦婆羅王”，石本作“弗迦婆羅王”。

18 “聚落”，丁本作“聚洛”，“聚落”亦作“聚洛”。

19 “業”，丁本脱。

20 “戒”，丁本脱。

21 “善”，丁、石本作“善法”。

22 “及人”，丁本作“人及”，誤倒。

是諸業相無能轉者,於億千萬世常隨逐衆生不捨,如債[1]主隨人;得因緣具足,便與果報。如地中種子,得因緣時節和合便生。是業能令衆生六道中受生,駛疾於箭。一切衆生皆有諸業報分,如父母遺財,諸子皆應得分。是業果報時到,不可遮止,如劫盡火;隨衆生應生處[2],處處安置,如大國王隨其所應而與官職。人命終時,是業來蔭覆其心,如大山映物。是業能與種種身,如工畫師作種種像。若人以正行業,則與好報;若以邪行業,則與惡報[3]。如人事王,隨事得報。如是等分別諸業相果報。復次,如《分別業經》中,佛告阿難:行惡人好處生,行善人惡處生。阿難言:是事云何?佛言:惡人今世罪業未熟,宿世善業已熟,以是因緣故,今雖爲惡而生好處。或臨死時,善心心數法生,是因緣故,亦生好處。行善人生惡處者,今世善未熟,過世惡已熟,以是因緣故[4],今雖爲善而生惡處。或臨死時,不善心心數法生,是因緣故,亦生惡處。問曰:熟、不熟義可爾;臨死時少許時心,云何能勝終身行力? 答曰:是心雖時頃少,而心力猛利,如火如毒,雖少能成大事。是垂死時心,決定猛[5]健故,勝百歲行力;是後心名爲大心,以捨身及諸根事急故。如人入陣,不惜身命,名爲健[6]。如阿羅漢捨是身著故,得阿羅漢道。如是等種種罪福[7]業報,轉報,亦應如是知。聲聞人但知惡業罪報、善業福報,不能如是細分別;佛悉遍知是[8]業及業報,智慧勢力無礙無盡,無能壞故,是名第二力。禪定解脫三昧淨垢分別智力者,禪名四禪,佛知是禪佐助道法,名相、義分,次第熏修,有漏、無漏、學、無學、淨、垢、味[9]、不味[10],深淺分別等。八解脫,如禪中分別相。説禪攝一切色界定,説解脫攝一切定。禪[11]波羅蜜即是諸解脫。禪、定、三昧[12]、解脫、禪[13],三昧,皆名爲定,定[14]名爲心不散亂。垢名愛見慢等諸煩惱;淨名真禪定,不雜愛見慢等煩惱,如真金。分別名諸定中有一心行、不一心行[15],常行、不常行、難入、易入、難出、易出,別取相、總取相,轉治、不轉[16]治——轉治[17],如婬欲中慈心,瞋人不淨觀,愚癡人思惟邊無邊;掉[18]戲心中用智慧分別諸法,没心中欲攝心。若不爾者,名不轉治。是定中應分別時及住處:若身瘦羸[19],是非行[20]定時。如[21]菩薩苦行時作是念:我今不能生禪定。若多人處,亦非行定處。復次,佛知是禪定失,是禪住,是禪增益,是禪到涅槃[22]。復次,佛知是人難入定難出定,易入易出,易入難出,難入易出。佛知是人應得如是禪,知是人失禪受五欲,

---

1　"債",丁本作"憒"。
2　"處",丁本脱。
3　"若人……惡報"十九字,丁、石本作"若人以正行御業善法將養,還與好報;若以邪行御業不善將養,還與惡報"。
4　"故",丁本無。
5　"猛",丁本作"勇"。
6　"名爲健",丁本脱。
7　"福",丁本脱。
8　"是",丁本無。
9　"味",丁本脱。
10　"不味",丁本作"三昧",誤。
11　"禪",丁本脱。
12　"三昧",丁、元、明、石本無。
13　"禪",丁、元、明、石本無。
14　"定",丁本脱。
15　"不一心行",丁本脱。
16　"轉",丁本脱。
17　"轉治",丁本脱。
18　"掉",丁、石本作"桃"。
19　"瘦羸",丁本作"羸瘦"。
20　"非行",丁本作"行非",誤倒。
21　"如",丁本脱。
22　"失是……涅槃"十三字,丁本作"爲失故,爲住故,爲增益故,爲達到涅槃故",元、明、石本作"爲失故,是禪爲住故,是禪爲增益故,是禪爲達到涅槃故"。

知是人受五欲已還得禪，依是禪得阿羅漢。如是等一切諸禪定解脫，即是三昧。是禪定，佛以甚深智慧盡知，無能壞，無能勝[1]，是名第三力。知衆生上下根智力者，佛知衆生是利根、鈍根、中根。利智名爲上，鈍智名爲下，佛用是上下根智力，分別一切衆生是利根、是中根、是鈍根。是人如是根[2]，今世但能得初果，更不能得餘；是人但能得第二、第三、第四果。是人但能得初禪；是人但能得第二、第三、第四禪，乃至滅盡定亦如是。是人當作時解脫證；是人當作不時解脫證。是人能得於聲聞中第一；是人能得於辟支佛中第一；是人具足六波羅蜜，能得阿耨多羅三藐三菩提。如是知已，或爲略説得度，或爲廣説得度，或爲略廣説得度；或以軟語[3]教，或以苦語教，或以軟苦語教。佛亦分別是人有餘根，應令增生信根；是人應令生[4]精進、念、定、慧根。是人用信根入正位，是人用慧根入正位。是人利根，爲結使所遮，如鴦群梨[5]摩羅等；是人利根，不爲結使所遮，如舍利弗、目連[6]等。知根雖鈍而無遮，如周利般陀伽[7]；有根鈍而遮者。知是人[8]見諦所斷根鈍，思惟所斷根利；思惟所斷鈍，見諦所斷利。是人一切根同鈍同利，是人一切根不同鈍不同利。是人先因力大，是人今緣力大。是人欲縛而得解，是人欲解而得縛。譬如鴦群梨摩羅，欲殺母、害佛而得解脫；如一比丘得四禪，增上慢故，還入地獄。知是人必墮惡道，是人難出。是人易出，是人疾出[9]，是人久久乃出。如是等一切衆生上下根相，皆悉遍知，無能壞、無能勝，是名第四力。知衆生種種欲智力者。欲名信喜好[10]樂。好[11]五欲，如孫陀羅難陀等；好名聞，如提婆達等[12]；好世間財利，如須彌刹多羅[13]等；好出家，如耶舍等；好信，如[14]跋迦利等；好持戒，如羅睺羅等；好施，如施跋羅[15]（丹注云：佛姑甘露女所生[16]）；好頭陀遠離，如摩訶[17]迦葉；好坐禪，如隸跋多等；好智慧，如舍利弗等；好多聞，如阿難等；好知毘尼，如優婆離[18]等。如是佛弟子，各各有所好。凡夫人，亦各各有所喜[19]：或有憙婬欲，或有憙瞋恚。復次，佛知是人多欲、多瞋、多癡。問曰：何等是多欲、多瞋、多癡相？答曰：如《禪經》中説三毒相，是中應廣説。知如是相已，多婬欲人不淨法門治，多瞋人慈心法門治，多愚癡人因緣法門治。如是隨所欲説法，所謂善欲隨心爲説，如[20]船順流；惡欲以苦切語教，如以楔出楔。是欲智中，佛悉遍知，無能[21]壞、無能[22]勝，是名第五力。性智力者，佛知世間種種別異性。性名積習，相從性生，欲隨

1　“是禪……能勝”十七字，丁本無。

2　“根”，丁本脫。

3　“軟語”，丁本作“苦濡語”。

4　“生”，丁本脫。

5　“梨”，丁本脫。

6　“目連”，丁本作“目揵連”，異譯詞。

7　“周利般陀伽”，丁、石、宫本作“咒利般陀伽”，異譯詞。

8　“人”，丁本脫。

9　“是人疾出”，丁本脫。

10　“好”，丁本脫。

11　“好”，丁本脫。

12　“等”，丁本脫。

13　“須彌刹多羅”，丁本作“須那利多羅”，石本作“須那刹多羅”，異譯詞。

14　“如”，丁本脫。

15　“施跋羅”，丁、宋、元、明、宫本作“陀跋羅”。

16　丁本無此小注。

17　“摩訶”，丁本作“摩呵”，異譯詞。

18　“優婆離”，丁本作“婆羅”，元、明本作“優波離”。

19　“喜”，丁、石本作“好”。

20　“如”，丁本脫。

21　“無能”後，丁本衍“能”。

22　“無能”後，丁本衍“能”。

性作行；或時從欲爲性，習欲成性。性名深心爲事，欲名隨緣起，是爲欲、性分別。世間種種別異者，各各性，多性，無量不可數，是名世間別異。有二種世間：世界世間，衆生世間；此中但説衆生世間。佛知衆生如是性、如是欲，從是處來[1]，若成就善根、不善根[2]，可度、不可度，定、不定，必、不必，行何行、生何處、在何地。復次，佛知是衆生種種性相，所謂隨[3]所趣向，如是處偏多，如是貴，如是深心事[4]，如是欲，如是業，如是行，如是煩惱，如是禮法，如是定，如是威儀，如是知，如是見，如是憶想分別；爾所結使生，爾所結使未生；隨所著生欲，隨欲染[5]心，隨染[6]心趣向，隨向貴重，隨貴重常覺觀[7]，隨覺觀爲戲論，隨戲論常念，隨念發行，隨發行作業，隨作業果報。復次，佛用是種種性智力，知是衆生可度，是不可度；是今世可度，是後世可度；是即時[8]可度，是異[9]時可度；是現前可度，是眼不見可度；是人佛能度，是人聲聞能度，是人共可度；是人[10]必可度，是人必不可度；是人略説可度，是人廣[11]説可度，是人略廣説可度[12]；是人讚嘆可度，是人折伏可度；是人將迎可度，是人棄捨可度；是人細法可度，是人麁法可度；是人苦切可度，是人軟語可度，是人苦軟[13]可度。是[14]邪見，是[15]正見；是著[16]過去，是著未來；是著斷滅，是著常；是著有[17]見，是著無見；是欲生，是厭生；是求富貴樂，是[18]著厚邪見；是説無因無緣，是説邪因緣[19]，是説[20]正因緣[21]；是説無作業，是説邪作業，是説正作業；是説不求，是説邪求，是説正求；是貴我，是貴五欲，是貴得利，是貴飲食，是貴説戲樂事；是樂衆，是樂憒閙，是樂遠離；是多行愛，是多行見；是好信，是好[22]慧；是應守護，是應捨；是貴持戒，是貴禪定，是貴[23]智慧；是易悟，是講説乃悟；是可引導，是句句解；是利根，是鈍根，是中根；是易出易拔，是[24]難出難拔；是畏罪，是重罪；是畏生死，是不畏生死；是多欲，是多瞋，是多癡；是多欲瞋，是[25]多欲癡，是多瞋癡，是多欲瞋癡；是薄煩惱，是厚煩惱；是少垢，是多垢；是覆慧，是衣裓[26]慧，是廣慧；是人善知五衆相，十二入、十八界、十二因緣；是處、非是處，

1　“來”，丁本脱。

2　“不善根”，丁本脱。

3　“隨”，丁本脱。

4　“事”，丁本脱。

5　“染”，丁、石本作“深”，誤。

6　“染”，丁、石本作“深”，誤。

7　“隨貴重常覺觀”，丁本作“常觀覺觀”。

8　“時”，丁本脱。

9　“異”，丁本作“果”，誤。

10　“是人”，丁本脱。

11　己本始。

12　“略廣説”，己本作“廣略略説”，誤。

13　“苦軟”，己本作“苦軟語”。

14　“是”，己本作“是人”。

15　“是”，己本作“是人”。

16　庚本始。

17　“是著……著有”十四字，庚本殘。

18　“無見……樂是”十四字，庚本殘。

19　“因緣”後，己本衍“因緣”。

20　“見是……是説”十四字，庚本殘。

21　庚本終。

22　“好”，丁本作“妙”。

23　“貴”，丁本作“真”，誤。

24　“是”，己本脱。

25　“是”，丁本脱。

26　“衣裓”，己本作“依裓”，丁、元、明、石本作“略”，“依”通“衣”。

苦、集、滅、道;善[1]知入定、出定、住定。復次,佛知:是欲界衆[2]生,是色界、是[3]無色界衆生;是地獄、畜生、餓鬼、人[4]、天;是卵生、胎生、濕生、化[5]生;是有色、是無色,是[6]有想、是無想;是短命,是長命;是但凡夫人未[7]離欲,是凡夫人離下地欲,未離禪欲,如是乃[8]至[9]非有想非無想;是向道,是[10]得果;是辟支佛,是諸佛[11]無礙解脫。如是等種種分別:五道,四生,三聚,假名,障、衆、入、界,善根、不善根,諸結使,地,業果,是可度、是不可度[12],滅、智分別。以如是等分別,知世間種種別異性,得無礙解脫。如是等種種別異[13],佛悉遍知,無能壞、無能勝,是名第六力。一切至處道智力者。有人言:業即是道。所以者何?業因緣故,遍行五道。有業能斷,業能有所至,所謂三聖道分及無漏因[14]。以是故,諸業是一切至處道。復次,有人言:五別[15]五智[16]三昧(丹云:無漏三昧禪五支[17])住,一切處[18]利益事辦。復有人言:第四禪即是。何以故?第四禪一切諸定至處。如諸經中説[19]:是[20]善心、定心、不亂心、攝心,皆入第四禪中。復次[21],有人言:如身念處即是至處道,是諸道利益之本。復有人言:一切聖道是,用是聖道得隨意利益。復有論者言:一切善道,一切惡道,一切聖道,各各知諸道至處。如《毛豎經》中説。佛悉遍知,無能壞、無能勝,是名第七力。宿命智力者,宿命有三種:有通,有明,有力。凡夫人但有通,聲聞人亦通、亦明,佛亦通、亦明[22]、亦力。所以者何?凡夫人但知宿命所經,不知業因緣相續;以是故,凡夫人但有通,無有明。聲聞人知集諦故,了了知業因緣相續生;以是故,聲聞人亦有通、亦有明。若佛弟子,先凡夫人時得宿命智,入見諦道中知集因緣,第八無漏心得斷見故,通變爲明。所以者何?明名見根本。若佛弟子先得聖道,後宿命智生,亦知集因緣力,故通變爲明。問曰:若佛本爲菩薩時,先得宿命智,諸菩薩離無所有處煩惱,後入聖道故,云何佛説我初夜得初明?答曰:是時非明,若佛在衆中,説我彼時得是明,示衆人言:是明初夜得。譬如國王未作王時生子,後作王時,人問:王子何時生?答言[23]:王子某時生。是生時未作王,以今是王故,以彼爲王子,言王子彼時生。佛亦如是,宿命智生,爾時未是明,但名通;後夜時知集因緣故,通變爲明;後在衆中説言:我初夜時得是明。問曰:通、明義如是,云何爲力?答曰:佛用是明,知己身及衆生,無量無邊世中,宿命因緣所更,種種悉遍知,是爲力。是名第八力。生死智

1　辛本始。

2　"欲界衆",辛本殘。

3　"是",丁本脱。

4　"生餓鬼人",辛本殘。

5　己本終。

6　"色是無色是",辛本殘。

7　"命是……人未"七字,辛本殘。

8　"是凡……是乃"十五字,辛本殘。

9　辛本終。

10　"是",丁本脱。

11　"諸佛"後,丁、石本有"得"。

12　"是可……可度"七字,丁本作"是處不是處"。

13　"得無……別異"十二字,丁、石本無。

14　"因",原作"思",誤,兹據丁本改。

15　"別",丁本作"分"。

16　"智",丁本作"知","知"爲"智"之古字。

17　丁、宋、元、明、宮本無此小注,石本無"丹云"。

18　"處",丁本脱。

19　"説",丁本脱。

20　"是",丁本作"諸是"。

21　"次",丁本脱。

22　"亦明",丁本脱。

23　"言",丁本作"曰"。

力者，佛用天眼，見衆生生死處。凡夫人用是天眼，極多見四天下；聲聞人極多傍見小千世界，上下亦遍見。問曰：大梵王亦能見千世界，有何等異？答曰：大梵王自於千世界中立則遍見；若在邊立，則不見餘處。聲聞人則不爾，在所住處，常見千世界。辟支佛見百千世界，諸佛見無量無邊諸世界。凡夫人天眼智，是通而非明，亦如是，但見所有事，不能見隨業因緣受生，如宿命中説。復次，得天眼人中最第一者阿泥盧豆[1]，色界四大造色半頭清淨是天眼；佛天眼四大造色遍頭清淨，是爲差別。復次，聲聞人所住於三昧中得天眼，即所住三昧中能見：若有覺有觀三昧，若無覺有觀三昧，若無覺無觀三昧；佛隨所入三昧中住，欲見盡見；若依無覺無觀三昧中得天眼，入有覺有觀三昧，若無覺有觀三昧中亦能見[2]。復次，聲聞人用是天眼見時，所[3]住三昧中，心入餘三昧，天眼則滅；佛則不爾，心雖入餘三昧，天眼不滅。是智慧遍知一切衆生生死所趣，無能壞、無能勝，是名第九力。漏盡智力者，問曰：九力智慧分別有差別，漏盡則[4]同，一切聲聞、辟支佛有何等異？答曰：雖漏盡是同，智慧分別大差別。聲聞極大力，思惟所斷結，生分、住分、滅分三時[5]斷；佛則不爾，一生分時盡斷。聲聞人見諦所斷結使生時斷[6]，思惟所斷三時滅；佛則見諦所斷、思惟所斷，無異。聲聞人初入聖道時，入時與達時異；佛則一心中亦入亦達，一心中得一切智，一[7]心中壞一切障，一[8]心中得一切佛法。復次，諸聲聞人有二種解脱：煩惱解脱，法[9]障解脱。佛有一切煩惱解脱，亦有一切法障解脱。佛自然得智慧；諸聲聞人隨教道行得。復有人言：若佛以智慧斷一切衆生煩惱，其智亦不鈍不減[10]。譬如熱鐵丸，著少綿上，雖燒此綿而火熱勢[11]不減[12]；佛智慧亦如是，燒一切煩惱，智力亦不減[13]。復次，聲聞但知自盡漏；諸佛自知盡漏，亦知盡他人漏，如《淨經》中説。復次，佛獨知衆生心中分別有九十八使、一百九十六纏[14]，除佛無有知者。佛亦獨知苦法智、苦比智中斷爾所結使性，乃至道比智亦如是；思惟所斷，九解脱道中亦爾。佛悉遍知一切衆生如是事；聲聞若少知少説，皆隨佛語。佛如是[15]漏盡智慧力勢，無能壞、無能勝，是名第十力。問曰：是十力何者最勝？答曰：各各於[16]自事中大，如水能漬[17]，火能燒，各自有力。有人言：初力爲大，能攝十力故。或言：漏盡力大，事辦得涅槃故。論者言：是十力皆以無礙解脱爲根本，無礙解脱爲增上。問曰：若是十力獨是佛事，弟子今世無人能得，佛何以故説？答曰：斷人十力中疑故，無智人令心決定堅牢[18]故，令四衆歡喜，言：我等大師獨有如是力，不與一切衆生共。又諸外道輩言：憍曇氏沙門常寂靜處住，智慧縮没。以是故，

1　“阿泥盧豆”，丁、石本作“阿泥盧頭”，異譯詞。
2　“觀三昧……能見”十四字，丁本作“見，若依無覺無觀三昧中得天眼；入有覺有觀三昧中，亦能見”。
3　“所”，丁本脱。
4　“則”，丁本脱。
5　“時”，丁本作“昧”，誤。
6　“斷”，丁本脱。
7　“一”後，丁本衍“切”。
8　“一”後，丁本衍“切”。
9　“法”，丁、宋、元、明、宫、石本作“少”。
10　“減”，丁本作“滅”，誤。
11　“勢”，丁本作“熱”，誤。
12　“減”，丁、宋、宫本作“滅”，誤。
13　“減”，丁本作“滅”，誤。
14　“纏”，丁本作“種”，誤。
15　“如是”，丁本作“如是爲”。
16　“於”，丁本脱。
17　“漬”，丁、石本作“淨”。
18　“牢”，丁、石本作“固”。

發至誠言：我十[1]種智力，四無所畏，安立具足；在大衆中，説具足智慧[2]，教化衆生，如師子吼，轉梵輪，一切外道及天世人無能[3]轉者。爲止是謗故，説是十力。問曰：好人法，一事智慧尚不應自讚，何況無我、無所著人[4]而自讚十力？ 如説：

> 自讚自毀，讚他毀他，如是四種，智[5]者不行！

答曰：佛雖無我、無[6]所著，有無量力，大悲爲度衆生故，但説十力，不爲自讚。譬如好賈客導師，見諸惡賊誑諸賈客，示以非道[7]；導師愍念故，語諸[8]賈客：我是實語人，汝莫隨誑惑[9]者！ 又如諸弊醫等誑諸病人；良醫愍之，語衆病者：我有良藥[10]能除汝病，莫信欺誑以自苦困！ 復次，佛功德深遠，若佛不自説，無有知[11]者；爲衆生少説，所益甚多。以是故，佛自説是十力。復次，有可度者必應爲説，所應説中次第應説十力；若不説，彼不得度，是故自説。譬如日月出時，不作是念：我照天下當有名稱！ 日月既出必自有名；佛亦如是，不自念爲有名稱故，自説功德。佛清淨語言説法，光明破衆生愚闇，自然有大名稱。以是故，佛自説十力等諸功德無有失。力名能有所辦：用是十種力增益智慧故，能破論議師；用是十種力增益智慧故，能好説法；用是十種力增益智慧故，能摧伏不順；用是十種力增益智慧故，於諸法中得自在，如大國主於臣民大衆中得自在。是爲以聲聞法略説十力義。

大智度論卷第二十四[12]。

大智度論釋初品中四無畏義第四十（卷二十五）[13]

……如實[14]言：是法不知。乃至不見是微畏相；以是故[15]，我得安隱，得無所畏，安住聖主處，如牛王，在[16]大衆中師子吼，能轉梵輪；諸沙門、婆羅門，若天、若魔、若梵、若復餘衆，實不能轉。一無畏[17]也。佛作誠言：我一切漏盡。若有沙門、婆羅門，若天、若魔、若梵、若復餘衆，如實言：是漏不盡。乃至不見是微畏相；以是故，我得安隱，得[18]無所畏，安住聖主處，如牛王，在大衆中師子吼，能轉梵輪；諸沙門、婆羅門，若天、若魔、若梵、若復餘衆，實不能轉。二無畏也。佛作誠言：我説障法。若有沙門、婆羅門，若天、若魔、若梵、若復餘衆，如實言：受是障法，不障道。乃至不見是微畏相，以是故，我得安隱，得無所畏，安住聖主處，如牛王，在

1　"十"，丁本脱。

2　"具足智慧"，丁本作"真智"。

3　"無能"，丁本作"無能知"。

4　"人"，丁本脱。

5　"智"，丁本作"知"，"知"爲"智"之古字。

6　"無"，丁本作"無我"。

7　"道"，丁本脱。

8　"諸"，丁、石本作"衆"。

9　"誑惑"，丁本作"枉或"，"枉"爲"誑"之借字，"或"爲"惑"之古字。

10　"藥"，原作"樂"，誤，茲據丁本改。

11　"知"，丁本作"智"，"智"通"知"。

12　丁本終，尾題作"大智度經卷第三十四"，題記作"善泰寫　用紙□□"。

13　本卷對應《大智度論》寫本凡 7 號：BD 07357 號（以下簡稱"甲本"）、BD 14424 號（以下簡稱"乙本"）、俄 Дx15512 號（以下簡稱"丙本"）、俄 Дx04627 號（以下簡稱"丁本"）、俄 Дx04159 號（以下簡稱"戊本"）、俄 Дx03793 號（以下簡稱"己一"）、俄 Дx04097 號（以下簡稱"己二"）。

14　甲本始。

15　"言是……是故"十六字，甲本殘。

16　"得安……王在"十六字，甲本殘。

17　"無畏"，甲本作"無所畏"。

18　"隱得"，甲本殘。

大眾中師子吼,能轉梵輪;諸沙門、婆羅門,若天、若魔、若梵、若復餘眾,實不能轉。三無畏也。佛作誠言:
我所説[1]聖道,能出世間,隨是道[2],能盡[3]諸[4]苦。若有沙門、婆羅門,若天、若魔、若梵[5]、若復餘眾,如實言:行
是道,不能出世間[6],不能盡苦。乃至不見是微畏相;以是故,我得[7]安隱,得無所畏,安住聖主處,如牛王,在
大眾中師子吼,能轉梵輪;諸沙門、婆羅門,若天、若魔、若梵、若復餘眾,實不能轉。四無畏也。問曰:以何
事故,説四無所畏? 答曰:有人言:佛自稱一切智、一切見[8];世間一切經書、技[9]術、智巧[10]、方便,甚多無量,若
一切眾生共知一切事猶尚難,況佛一人而有一切智? 或有是事、有是難,佛將無有畏? 而欲斷是疑妄、斷是
難[11]故,佛説四無所畏。復次,若佛未出,世間[12]外道等種種因緣,欺誑求道、求福人。或食種種果,或食種種
菜,或食種種[13]草根,或食牛屎,或日一食稊稗,或二日、或十日、一月、二月一食,或噉風、飲水,或食水衣,如
是等種種食;或衣樹皮、樹葉、草衣、鹿皮,或衣板木;或在地臥,或臥杵上、枝上、灰上、棘上;或寒時入水,
或熱時五熱自炙;或入水死,入[14]火死,投巖死,斷食死。如是等種種苦行法[15]中,求天上,求涅槃,亦教弟子令
不捨是法;如是引致[16]少智眾生,以[17]得供養。譬如螢火蟲,日未出時,少多能照;若日[18]出時,千光明照,月及
眾星皆無有明[19],豈況螢火? 若佛未出世[20],諸[21]外道輩小明照世得供養;佛出世[22]時,以大智[23]光明,滅諸外道及
其弟子,皆不復得供[24]養。以失[25]供養利故,便妄語謗佛及佛弟子。如《孫陀利經》中説,自殺孫陀利而謗佛,
語眾人言:世間弊人尚不為是,是人世間禮法尚不能知,何況涅槃! 佛欲滅如是等誹謗故,自説實功德四無
所畏,言:我獨[26]是一切智人,無有能如實言佛不能知,我不畏是事。我獨一切諸漏及習盡,無有能如實言佛
漏未盡,我不畏是事。我説遮涅槃道法,無有能如實言是法不能遮涅槃,佛不畏是事。佛説苦盡道達到涅槃,
無有能如實言是道不能到涅槃,佛不畏是事。略説是四無所畏[27]體:一者,正知一切法;二者,盡一切漏及習;

1　乙本始。

2　“道”,甲、元、石本作“行”。

3　“出世……能盡”八字,乙本殘。

4　“諸”,甲本無。

5　“若魔若梵”,乙本殘。

6　“道不能出世間”,乙本殘。

7　“以是故我得”,乙本殘。

8　“智一切見”,甲本殘。

9　“技”,甲、乙、宋、宮本作“伎”,“伎”通“技”。

10　甲本終。

11　“斷是難”,乙本無。

12　“間”,乙、宋、元、明、宮本無。

13　“種種”,乙本無。

14　“入”,乙本脱。

15　“法”,乙本無。

16　“致”,乙本脱。

17　“以”,乙本作“已”,“已”通“以”。

18　“日”,乙本脱。

19　“有明”,乙本作“照世有照”。

20　“世”,乙本作“時”,石本作“世時”。

21　“諸”,乙本無。

22　“世”,乙本脱。

23　“智”,乙本脱。

24　“供”,乙本脱。

25　“失”,乙本作“先”,誤。

26　“獨”,乙本作“猶”,誤。

27　“所畏”,乙本作“畏所”,誤倒。

三者,説一切障道法;四者,説盡苦道。是[1]四法中,若有如實言不能盡遍知,佛不畏是事[2]。何以故? 正遍知了了故。初二無畏,爲自功德具足故;後二無畏,爲具足利益衆生故。復次,初[3]、第三[4]、第四[5]無畏中説智[6];第二[7]無畏中説斷;智、斷[8]具足故,所爲事畢。問曰:十力皆名智[9],四無所畏亦是智[10],有何等異? 答曰:廣説佛諸[11]功德是力;略説是無畏。復次,能有所作是力;無所疑難是無畏。智慧集故名力;散諸無明故名[12]無畏。集諸善法故名力;滅諸不善法[13]故名無畏。自有智慧故名力,無能壞者故名無畏。智慧猛健[14]是力;堪受問難是無畏。集諸智慧是名力;智慧外用是無畏。譬如轉輪[15]聖王七寶成就是力;得是七寶已,周[16]四天下無不降伏,是名無畏。又如良醫,善知藥方是名力;合和諸藥與人,是名無畏。自利益是名力,利益他是無畏。自除煩惱是名力,除他煩惱是無畏。無能沮[17]壞是名力,不難、不退是無畏。自成己善是名力,能成他善是無畏。巧便智是名力,用巧智是無畏。一切智、一切[18]種智是名力,一切智[19]、一切種智顯發是無畏。十八不共法是名力,十八不共法顯發於外是無畏。遍通達法性是名力;若有種種問難,不復思惟,即時能答是無畏。得佛眼是名力;佛眼見已[20],可度者爲説法是無畏。得三[21]無礙智是名力,得應辯無礙是無畏。無礙智[22]是名力,樂説無礙智是無畏。一切智自在是名力,種種譬喻、種種因緣、莊嚴語言説法是無畏。破魔衆是名力,破諸外道論議師是無畏。如是等種種因緣,分[23]別力、無畏。問曰:何等名無所畏? 答曰:得無所疑,無所[24]忌難,智慧不却不没,衣[25]毛不豎,在在法中,如説即作,是無畏。問曰:云何當知佛無所[26]畏? 答曰:若[27]有所畏,不能將御大衆。能攝、能捨,能苦切治、或軟語教[28]。如佛一時驅遣舍利弗、目連等,還復憐愍心受。若有所忌難者,諸論議師輩,住憍慢山頂,以外智慧心狂醉,皆言天下唯有我一人,更無餘人;自於經書決定知故,破他

---

1 "是",乙本無。

2 "事",乙本脱。

3 "初",乙本無。

4 "三",乙、元、明、石本作"一"。

5 "四",乙、元、明、石本作"三"。

6 "智",乙本作"知","知"爲"智"之古字。

7 "第二"後,乙、元、明、石本有"第四"。

8 "智斷",乙本作"知斷知"。

9 "智",乙、宫、石本作"知","知"爲"智"之古字。

10 "智",乙、宋、宫本作"知","知"爲"智"之古字。

11 "諸",乙本無。

12 "名",乙、宫本脱,宋本作"二",誤。

13 "法",乙本脱。

14 "健",乙、石本作"利"。

15 "輪",乙本作"轉",誤。

16 "周",乙本作"周而"。

17 "沮",乙本作"阻"。

18 "一切",乙本脱。

19 "智",乙本作"知","知"爲"智"之古字。

20 "已",乙本作"以","以"通"已"。

21 "三",乙本脱。

22 "無礙智",乙、元、明、石本作"義無礙智"。

23 "分",乙本作"令",誤。

24 "無所"後,乙本衍"所"。

25 "衣",乙本脱。

26 "所",乙本脱。

27 "若",乙本脱。

28 "教",乙本作"言教"。

經書、論議；以惡口訾[1]毀，如狂象無所護惜。如是狂人：菴跋咤[2]、長爪[3]、薩遮祇尼揵、鯤盧坻[4]等諸大論議師[5]皆降伏，若有所畏，則不能爾。及憍陳如等五出家人，漚樓頻螺迦葉等[6]千結髮仙人，舍利弗、目揵連、摩訶迦葉等，於佛法中[7]出家，及百千釋子；并諸閻浮提大王：波斯尼示王、頻婆娑羅王[8]、旃陀波殊提王[9]、優填王[10]、弗迦羅婆利王、梵摩達王[11]等，皆爲弟子。諸在家婆羅門，皆度一切世間智慧，爲大國王所師仰[12]：梵摩喻[13]、弗迦羅婆利[14]、鳩羅檀陀等，皆爲弟子。有得初道，有得第二、第三、第四道。諸大鬼神：阿羅婆迦、鞞沙迦[15]等；諸大龍王：阿波羅羅、伊羅鉢多羅[16]等；鴦群梨摩羅[17]諸惡人等，皆降化歸伏。若有所畏，不能獨在樹下師子座處坐；欲得阿耨多羅三藐三菩提時，魔王軍眾，化作[18]師子、虎、狼、熊、羆之首，或一眼、或多眼，或一耳、或多耳，擔山、吐火，四邊圍遶；佛以手指按地，晌息之頃，即皆消滅。諸天、阿修羅、鞞摩質帝隷、釋提婆那民、梵天王等，引導其心，皆爲弟子。若有所畏，不能在此大眾中說法；以無所畏故，能爲如是諸天、鬼神大眾中說法，故名無所畏。復次，佛於一切眾生最尊、最上，盡到一切法彼岸，得大名聞故，自說無所畏[19]。復次，且置是佛功德；佛一切世間功德亦無能及者，所畏法一切已拔根本故。所[20]畏法者：弊家生、弊生處、惡色、無威儀、麁惡語等。弊家生者，如首陀羅，所謂擔死人，除糞，養鷄[21]猪、捕獵、屠殺、酤酒[22]、兵伍[23]等卑賤小家；若在大眾[24]中[25]，則多怖畏。佛從本已[26]來，常生轉輪聖王種中[27]，所謂[28]頂生王[29]，快見王，娑竭王[30]，摩訶提婆王[31]，如是

1　"訾"，乙、宋、元、明、宮本作"呰"。

2　"菴跋咤"，乙本作"奄跋跢"。

3　"爪"，乙、宋、宮、石本作"抓"，"抓"通"爪"。

4　"坻"，乙本作"極"，誤。

5　"諸大論議師"，乙本作"論議諸大師"。

6　"等"，乙本無。

7　"中"，乙本脱。

8　"頻婆娑羅王"，乙本作"頻婆羅王"，異譯詞。

9　"旃陀波殊提王"，乙本作"旃陀陀波殊提王"。

10　"優填王"，乙、宋、宮、元、石本作"憂填王"，異譯詞。

11　"梵摩達王"，乙、石本作"梵羅摩達王"。

12　"仰"，乙本作"御"，誤。

13　"梵摩喻"，乙本作"梵摩論"，石本作"梵摩論喻"。

14　"弗迦羅婆利"，乙本作"弗迦婆利"。

15　"鞞沙迦"，乙本作"鞞婆迦"，石本作"鞞迦"。

16　"伊羅鉢多羅"，乙、宋、元、明、宮本作"咿羅鉢多羅"。

17　"鴦群梨摩羅"，乙本作"鴦群梨魔羅"。

18　"化作"，乙本作"作化"，誤倒。

19　"自說無所畏"後，乙本有"耶"。

20　"所"，乙本脱。

21　丙本始。

22　"酤酒"，乙本作"估酒"，宋、元、明、宮、石本作"沽酒"。

23　"伍"，乙、石本作"仵"，"仵"通"伍"。

24　"酤酒……大眾"十三字，丙本殘。

25　"中"，乙本無。

26　"已"，乙本作"以"。

27　"畏佛……種中"十四字，丙本殘。

28　丙本終。

29　"王"，乙本脱。

30　"娑竭王"，乙、宋、元、明、宮、石本作"婆竭王"，異譯詞。

31　"摩訶提婆王"後，乙本有"等"。

等名曰[1]王種家中生，亦以是故無所畏。弊生處者，安陀羅，舍婆羅（裸國也[2]），兜呿羅[3]（小月氏），修利，安息，大秦國等；在此邊國[4]中生；若在大衆中，則多怖畏。佛在迦毘羅婆中國[5]生，故無所畏。惡色者，有人身色枯乾[6]羸瘦，人不喜[7]見；若在[8]大衆，則亦有[9]畏。佛金色光潤，如火照赤金[10]山，有如是色故無所畏。無威儀者，進止行[11]步坐起，無[12]有人儀[13]，則有[14]怖畏。佛無是事。麁惡[15]語者[16]，有人惡音聲，蹇吃重語，無有次第，人[17]所不喜，則多怖畏。佛無是畏，所以者何？佛語[18]真實柔軟，次第易了，不疾不遲，不少不多[19]，不没不垢，不[20]調戲，勝於迦陵毘伽鳥[21]音；辭義[22]分明，不中傷物。離欲故無染，滅[23]瞋故無礙，除愚[24]故易解，法喜增長故可愛，遮罪故安隱，隨他心、隨解脱，義深語妙，有因緣故言有理，譬喻故善顯示，事訖故善會事，觀種種衆生心故雜説，久久皆入涅槃故一味。如是等種種無量莊嚴[25]語故，佛於語中無所畏。佛但以如是等世間法，尚無所畏，何況出世間法！以是故説佛有四無所畏。問曰：佛十力中有無所畏不？若有無所畏，不應但言四；若有所畏，云何言無畏成就[26]？答曰：一智在十處，名爲佛成就[27]十力；如一人知十事，隨事受名。是十力四處出用，是無所畏：是處不是處力、漏盡力，即是初、二無畏；八力雖廣説，是第三、第四無畏。以是故，十力中雖有無畏，別説亦無失。正遍知者[28]，知[29]一切法不顛倒，正、不邪[30]，如餘過去諸佛，是名三藐三佛陀。如佛告阿難：一切世間天及人所不能知，佛能遍知故，名三藐三佛陀。若有人言：是法不知。問曰：是何人？答曰：是中佛説：

1　“曰”，原作“日”，誤，兹據乙、石本改。

2　“裸國也”，乙本作“裸”。

3　“兜呿羅”，乙本作“兜呿羅”。

4　丁本始。

5　“若在……中國”十七字，丁本殘。

6　“乾”，乙本作“干”，“干”通“乾”，石本作“千”，當爲“干”之誤。

7　“者有……不喜”十二字，丁本殘。

8　“在”，乙本脱。

9　“亦有”，乙本脱。

10　“有畏……赤金”十二字，丁本殘。

11　戊本始。

12　“無所……起無”十四字，丁本殘。

13　“儀”，乙本作“義”，“義”爲“儀”之古字。

14　丁本終。

15　“惡”，乙本無。

16　“起無……語者”十七字，戊本殘。

17　“音聲……第人”十一字，戊本殘。

18　“無是……佛語”九字，戊本殘。

19　“不多”，乙、石本脱。

20　“疾不……垢不”十二字，戊本殘。

21　“迦陵毘伽鳥”，乙本作“迦陵毘鳥”。

22　“義”，乙本脱。

23　“音辭……染滅”十五字，戊本殘。

24　戊本終。

25　“莊嚴”，乙本作“疾發”。

26　“無畏成就”，乙、石本作“四無畏成就”。

27　“佛成就”，乙本作“佛説”。

28　“者”，乙本無。

29　“知”，乙本無。

30　“不邪”，乙本作“不者知邪”。

若[1]沙門、婆羅門，若天、若魔、若梵，乃至欲與佛[2]論者。論何等法？有人言：佛所[3]不説外諸經書，弊[4]迦蘭那、僧佉[5]、韋陀等十八種大經書。有[6]人言：須彌山斤兩，大地深淺，一切草木頭數。有人言：是常無常、有邊無邊十四難，佛不能答。有人言：是法色法、無色法[7]，可見、不可見，有對、無對，有漏、無漏，有爲、無爲等；佛但知一種道事因緣，是異法種種因緣，佛或不悉知。沙門者，説出家人；婆羅門者，説在家有智人；天者，説地天、虛空天；魔者，説六欲天；梵者，説梵天王爲首，及一切色界；餘者，除此更有餘人[8]。如實者，若以現事，若以因緣難。乃至不見是微畏相者，相名因緣；我不見小小因緣，如法能來破我者。以不見故，至誠言安立阿梨沙[9]（秦言聖主[10]）住處。佛至誠言：我一切漏盡。若有人言是漏不盡者，無有畏也。何等是漏？漏名三漏：欲漏，有漏，無明漏。復次，漏名六情中出，垢心相應心數法。復次，如《一切漏障經》中，分別説七漏。障道法，名諸有漏業，及一切煩惱，惡道報障；爲世間故布施、持戒，修十善[11]道，受諸味禪；略説若能障涅槃，若善、若不善[12]……

……菩[13]薩於一字中能説一切字，一語中能説[14]一切語，一法中能説一切法；於是中所説皆[15]是法、皆是實[16]、皆是真，皆隨可度者而有所益。所謂[17]樂修[18]姤路者爲説修姤路，樂祇夜者[19]爲説祇夜，樂[20]弊迦蘭陀者爲説弊迦蘭陀[21]，樂伽陀、優陀那、阿波[22]陀那，一筑多[23]、闍陀、爲頭離、頹浮陀達摩、優波提[24]舍，皆爲[25]説是經。隨一切衆生根樂説：若好信者爲[26]説信根，好精進者爲説精進根，好憇念者爲説念根，好[27]攝心者爲説定根，好智

1　“若”，乙、石本作“若有”。

2　“佛”，乙本脱。

3　“所”，乙、石本無。

4　“弊”，乙、石本後有小注“扶掖反”。

5　“佉”，乙本作“法”，誤。

6　“有”後，乙本衍“有”。

7　“無色法”，乙本脱。

8　“人”，乙本作“天”，誤。

9　“阿梨沙”，乙本作“梨沙”。

10　“聖主”，乙本作“古聖主也”，石本作“古聖主”。

11　“善”，乙本脱。

12　乙本終。

13　己一始。

14　“薩於……能説”十五字，己一殘。

15　“一法……説皆”十四字，己一殘。

16　己二始。

17　“法皆……所謂”十八字，己一殘。

18　“度者……樂修”十字，己二殘。

19　“姤路……夜者”十二字，己一殘。

20　“路樂……夜樂”十字，己二殘。

21　“弊迦……蘭陀”十一字，己一殘。

22　“迦蘭……阿波”十一字，己二殘。

23　“阿波……築多”七字，己一殘。

24　“闍陀……波提”十三字，己二殘。

25　己二終。“優波提舍皆爲”，己一殘。

26　“若好信者爲”，己一殘。

27　“好憇……根好”九字，己一殘。

慧者爲説[1]慧根。如五根[2]等，一切善根亦如是。復次，二[3]萬一千婬欲[4]人根，爲是根故，佛説八萬四千[5]治法根，隨是諸根，樂説治法次第。菩薩[6]樂説二萬一千瞋恚人根，爲是根故，佛説八萬[7]四千治法根，隨是諸根。樂説治法次第。菩薩[8]樂説二萬一千愚[9]癡人根……

大智度論初品中十八不共法釋論第四十一（卷第二十六）[10]

……極多六十[11]劫，不[12]久習戒故[13]有失。佛無量阿僧祇劫集[14]諸清[15]淨戒成[16]就故、常行甚深禪定故、得一切微妙[17]智慧故、善修大悲心故，無有失。復次，佛拔[18]諸罪根因緣[19]故，無有失。罪根本因緣有四種：一[20]者，貪[21]欲因緣……

……諸聲[22]聞、辟支佛，或時錯攝心，掉心未[23]平等便捨。佛於念念心中麁細深淺[24]無不悉[25]知，知已而捨。問曰：若爾者，佛何以爲[26]難陀説，告諸比丘：難陀諸受生時覺、住時覺[27]、滅時覺，諸[28]想……

……則言[29]一切諸法空；若方便説，則言無我。是二種説法，皆入般若波羅蜜相中。以是故，佛經中説，趣涅槃道，皆同一向，無有異道。復次，有我有法，多爲在家者説，有父母、罪福、大小業報。所以者何？ 在

1　“智慧者爲説”，己一殘。

2　“如五根”，己一殘。

3　“是復次二”，己一殘。

4　“婬欲”，己一殘。

5　“佛説八萬四千”，己一殘。

6　“説治……菩薩”七字，己一殘。

7　“根爲……八萬”九字，己一殘。

8　“根樂……菩薩”九字，己一殘。

9　己一終。

10　本卷對應《大智度論》寫本凡6號：俄Дх15412號（以下簡稱“甲一”）、俄Дх12901號（以下簡稱“甲二”）、俄Дх12907號（以下簡稱“甲三”）、俄Дх08923號（以下簡稱“乙本”）、BD14901號（以下簡稱“丙一”，所抄分屬《大正藏》本卷二十六、二十七）、BD15352號（以下簡稱“丙二”）。

11　甲一始。

12　甲二始。

13　甲三始。

14　“不久……劫集”十五字，甲一殘。

15　甲一終。“故有……諸清”十三字，甲二殘。

16　甲二終。“失佛……戒成”十四字，甲三殘。

17　“行甚……微妙”十一字，甲三殘。

18　“悲心……佛拔”十字，甲三殘。

19　“因緣”，甲三殘。

20　“無有……種一”十二字，甲三殘。

21　甲三終。

22　乙本始。

23　“支佛……心未”十字，乙本殘。

24　“麁細深淺”，乙本殘。

25　“不悉”，乙本殘。

26　“佛何以爲”，乙本殘。

27　“陀諸……時覺”九字，乙本殘。

28　乙本終。

29　丙一（殘卷一）始。

家人多不求涅槃故，著於後世[1]果報。爲出家人，多説無[2]我無法。所以者何？出家人多向涅槃故。求涅槃者，不受一切法故，自然滅是涅槃。復次，有人信等諸根未成就故，先求有所得，然後能捨；爲是人故，佛説諸善法，捨諸惡法。有人信等諸根成就故，於諸法不求有所得，但求遠離生死道；爲是人故，佛説諸法空無所有[3]。此二皆實，如無名指，亦長亦短，觀中指則短，觀小指則長，長短皆實。有説、無説亦如是；説有，或時是世俗，或時是第一義；説無，或時是世[4]俗，或時是第一義。佛説是有我、無我，皆是實。問曰：若是二事皆實，佛何以故多讚嘆空而毀訾[5]有？答曰：空無所有，是十方諸佛、一切賢聖法藏，如《般若波羅蜜·囑累品》中説：般若波羅蜜，是三世十方諸佛法藏，般若波羅蜜，即是無所有空。佛或時説有法，爲教化衆生故，久後皆當入無所有法藏中。問曰：若爾者，云何般若波羅蜜言[6]：若觀五衆[7]空無所有，非是道？答曰：是般若波羅蜜中，説有、無皆無。如《長爪[8]梵志經》中説：三種邪見：一者，一切有；二者，一切無；三者，半有半無。佛告長爪梵志：是一切有見[9]，爲欲染，爲瞋恚、愚癡所縛。一切無見，爲不染、不瞋、不癡[10]故所[11]不縛。半有半無，有者同上有縛，無者同上無縛。於三種見中，聖弟子[12]作是念：若我受一切有見，則與二人共諍，所謂一切無者，半有半無者。若我受一切無見，亦與二人共諍，所謂一切有者，半有半無者諍。若我受半有半無者，亦與二人共諍，所謂一切無者，一切有者。鬬諍故相謗，相謗故致惱，見是諍謗惱故，捨是無[13]見，餘見亦不受，不受故即入道。若不著一切諸法空，心不起諍，但除結使，是名爲實智。若取諸法空相起諍，不滅諸結使，依止是智慧，是爲非實智。如佛所説，爲度衆生故有所説，無不是實；但衆生於中有著、不著故，有實、不實。如是種種因緣[14]故，佛身、口、意業無有過失。是故説佛身、口、意先知，然後隨智慧行。問曰：初説身無失，口無失，念無失；今復説身、口、意業隨智慧行，義有何差別？答曰：先三種無失，不説因緣；今説因緣，隨智慧行故不失。若先不籌量，而起身、口、意業，則有失；佛先以智慧起[15]身、口、意業，故無失。復次，佛成就三種淨業[16]，三種寂靜業[17]，三不護業。有人疑言：佛何因緣成就如是業？以是故佛言：我一切身、口、意業，先以智慧，然後隨智慧行。佛以智慧知過去、未來、現在世，通達無礙者，此三種智慧，於三世通達無礙故，三業隨智慧[18]行。問曰：過去諸法已滅已盡，無所復有；未來世諸法，今不來不生，未和合；現在乃至一念中無住時，云何能知三世通達無礙？答曰：佛説過去、未來、現在，通達無礙，此言豈虛？復次，若無過去、未來，但有現在一念頃，佛亦不得成就無量功德。如十種智是十力[19]，是時亦不得一心有十智。若爾者，佛亦不

1　“世”，丙一、宋、元、明、宫、石本無。

2　“家人多説無”，丙一殘。

3　“無所有”，丙一殘。

4　“世”，丙一脱。

5　“訾”，丙一、石本作“呰”。

6　“言”，丙一脱。

7　“衆”，丙一作“陰”，異譯詞。

8　“爪”，丙一、石本作“抓”，“抓”通“爪”。下同，不復出校。

9　“見”，丙一脱。

10　“不瞋不癡”，丙一作“不癡不瞋”。

11　“故所”，丙一、宋、元、明、宫本作“不著”，石本無。

12　“聖弟子”，丙一殘。

13　“無”，丙一作“先”，誤。

14　“種因緣”，丙一殘。

15　“起”，丙一脱。

16　“淨業”，丙一作“寂淨業”。

17　“三種寂靜業”，丙一無。

18　“智慧”，丙一殘。

19　“力”，丙一脱。

得具足十力。以是因緣故,知有過去、未來。問曰:若過去、未來、現在皆[1]有者,何等是無? 佛説四諦,苦諦
觀無常等相,無常名生滅、敗壞、不可得;若過去法今實有,不名爲無常、敗壞、不可得。復次,若過去、未來、
現在皆有者,便墮[2]常,何以故? 是法在未來世中定有,轉來現在,從現在轉入過去;如人從一房入一房,不
名失人? 答曰:若不失,有[3]何咎? 問曰:若無無常,無罪無福,無生無死,無縛無解。罪名殺等十不善道,若
無無常無殺等罪。如分別邪見中説:刀在身七分中過,無所惱害。福名不殺等[4]十善道。無常名分別生死;
若無無常,亦[5]無生死,亦無縛亦無解。如是等無量過咎! 答曰:諸法三世各各有相:過去法有過去相,未來
法有未來相,現在法有現在相。若過去、未來有現在相者,應有是難;而今過去、未來、現在各自有相。復次,
若實無過去、未來,亦無出家律儀。所以者何? 若現在惡心中住,過去復無戒,是爲非比丘。又賢聖人心在
世俗中,是時應當是凡夫! 無過去、未來、現在[6]道故。如是亦無五逆等諸罪。所以者何? 是五逆[7]罪業已過
去;及死時入地獄,是五逆罪未來無業故無報;現在身不爲逆罪。若無過去,則無逆罪,若無逆[8]罪,何有餘
罪? 福亦如是。若無罪福,是爲邪見,與禽獸無異! 復次,我不説:過去、未來如現在相有。我説:過去雖
滅,可生憶想,能生心心數法。如[9]昨日火滅,今日可生憶想[10]念,不可以憶想念故火便有。若見積薪,知當然[11]
火,亦生心想念;明日火如過去火,不可以今心念火火便有;未來世事[12]亦[13]如是。現在心,雖一念時不住,相
續生故,能知諸法。內以現在意爲因,外以諸法爲緣,是因緣中生意識,用意識自在知過去、未來、現在法;
但不自知現在心心數法,餘者悉知。問曰:《般若波羅蜜·如相品》中,三世一相,所謂無相,云何言佛智慧
知三世通達無礙? 答曰:諸佛有二種説法:先分別諸法,後説畢竟空。若説三世諸法,通達無礙,是分別説;
若説[14]三世一相無相,是説畢竟空。復次,非一切智人,於三世中智慧有礙;乃至觀世音[15]、文殊師利、彌勒、舍
利弗等諸賢聖,於三世中智慧皆有礙。以是因緣故,説佛智慧於三世中通達無礙,不爲空事故説。復次,有
人於三世中生邪見,謂過去法及衆生有初、無初。若有初,則有新衆生;諸法亦無因無緣而生。若無初亦無
後,若無初[16]、無後,中亦無。初名有中、有後,無前[17];後名有初、有中,無後;中名有初、有後。若衆生及諸法
無初,亦無中、無後,若無三世,則都無所有。復次[18],若無初,云何有一切智人? 破如是等邪見故,説三世諸
法一相,所謂無相,不爲破三世佛智慧。問曰:無相是爲有邊! 答曰:若無相,即是無邊! 不可説、不可難
法,云何言有邊? 若無相中取相,非是無相。是無相名爲不可得空:是中無相亦不可得,空亦不可得,是故

1　"皆",丙一無。
2　"墮",丙一作"隨","隨"通"墮"。
3　"有"後,丙一衍"有"。
4　"等",丙一脱。
5　"亦",丙一無。
6　"現在",丙一脱。
7　"逆",丙一作"道",誤。
8　"逆",丙一無。
9　"如",丙一脱。
10　"憶想",丙一、宋、宫本作"想憶"。
11　"然",丙一作"燃","然"爲"燃"之古字。
12　丙一(殘卷一)終。
13　丙二始。
14　"説",丙二脱。
15　"觀世音",丙二作"光世音",異譯詞。
16　"亦無後若無初",丙二作"若無初,亦無後"。
17　"無前",丙二作"更無前"。
18　"復次",丙二無。

名不可得空。復次，佛有二種道：一者，福德道，有人聞佛[1]十力、四無所畏、四無礙智、十八不共法等，生恭敬信樂心；二者，智慧道，有人聞説諸法因緣和合生故，無有自性，便捨離諸法，於空中心不著。如月能潤物，日能熟物，二事因緣故，萬物成就；福德道、智慧道亦如是。福德道，能生諸功德；智慧道，能於福德道中離諸邪見著。以是故，佛雖説諸法畢竟空，亦説三世通達無礙而無咎。如是等，略説佛十八[2]不共法義。問曰：若爾者，迦栴延[3]尼子何以言十力、四無所畏、大悲、三不共意止，名爲十八不共法？若前説十八不共法是真義者，迦栴延[4]尼子何以故[5]如是説？答曰：以是故，名迦旃延尼子！若釋子則不作是説；釋子説者，是真不共法。佛法無量，是三十六法，於佛法中如大海一渧，法亦不少，何以重數爲十八？復次，諸阿羅漢、辟支佛、菩薩，亦能知是處不[6]是處，分別三世業果報，及諸禪定，乃至漏盡智等，云何言不共法？問曰：聲聞、辟支佛、菩薩，不能盡知遍知，但有通、明，無有力，獨佛能盡遍知故言不共，如十力中説。答曰：佛説十力義，不言盡知遍知，直言知是處不是處；言盡知遍知者，是諸論議師説。問曰：汝先自言摩訶衍經中説，佛爲菩薩故，自説盡知遍知。答曰：摩訶衍經中説，何益於汝？汝不信摩訶衍，不應以爲證！汝自當説聲聞法爲證。復次，十力，佛雖盡[7]知遍知，而聲聞、辟支佛有少分；十八不共法中，始終[8]都無分。以是故，名真不共法[9]。問曰：十八不共法，二乘亦應有分，但佛身、口、念常無失，二乘身、口、念亦有無失，如是等皆應有分！答曰：不然！所以者何？常無失故，名爲不共；不以不失爲不共；聲聞、辟支佛，於常無失中無分。復次，諸阿羅漢説有力，無有處説有不共法；汝不信摩訶衍故，不受真十八不共法，而更重數十力等，是事不可！如汝所信八十種好，而三藏中無，何以不更説？問曰：我等分別十八不共法，不重數也！何等十八？一者，知諸法實相故，名一切智；二者，佛諸功德相難解故，功德無量；三者，深心愛念衆生故，名大悲；四者，得無比智故，智慧中自在；五者，善解心相故，定中自在；六者，得度衆生方便故，變化自在；七者，善知諸法因緣故，記別[10]無量；八者，説諸法實相故，記別不虛；九者，分別籌量説故，言無失；十者，得十力成就，智慧無減；十一者，一切有爲法中，但觀法聚無我故，常施[11]捨行；十二者，善知時不時，安立於三乘，常觀衆生故；十三者，常一心故，不失念；十四者，無量阿僧祇劫深善心故，無煩惱習；十五者，得真淨智故，無有能如法出其失；十六者，世世敬重所尊故，無能見頂；十七者，修大慈悲心故，安庠[12]下足，足下柔軟，衆生遇者，即時得樂；十八者，得神通波羅蜜故[13]，轉衆生心令歡喜得度故，如入城時，現神變力。答曰：如是十八不共法[14]，非三藏中説，亦諸餘經所不説。以有人求索是法故，諸聲聞論議[15]師輩，處處撰集，讚佛功德。如：言無失，慧無減，念不失，皆於

1　“佛”，丙二無。

2　“佛十八”，丙二作“十八佛”。

3　“迦栴延”，丙二作“迦旃延”，異譯詞。

4　“迦栴延”，丙二作“迦旃延”，異譯詞。

5　“故”，丙二無。

6　“不”，丙二作“不退”。

7　“證汝……雖盡”一行十七字，丙二脱。

8　“始終”，丙二作“終如”。

9　“法”，丙二脱。

10　“別”，丙二、元、明本作“莂”。

11　“施”，丙二、宋、元、明、宮、石本作“放”。

12　“庠”，丙二、宋、元、明、宮、石本作“詳”，“詳”通“庠”。

13　“故”，丙二脱。

14　“法”，丙二脱。

15　“議”，丙二脱。

摩訶衍十八不共法中,取已[1]作論議。雖有無見頂,足下柔軟,如是甚多,不應在十八不共[2]法中;不共法皆以智慧爲義。佛身力如十萬白香象力,及神通力等皆不説。以是故,當知十八不共法中,但説智慧功德等,不説自然果報法。復次,是十八不共法[3],阿毘曇分別五衆[4]攝:身口無失,身口隨智[5]慧行,是色衆攝;無異想,是想衆攝;無不定心,是識衆攝;餘者行衆攝。皆在四禪中,佛四禪中得道得涅槃故。有人言:四色不共法,色界、欲界中攝;餘九[6]地[7]中攝。皆是善,皆是無漏法。四色法二緣生:因緣、增上緣,餘殘四緣生。四,無緣,十四,有緣。四隨心行,不與心相應;十三與心相應,亦隨心行;一不與心相應,亦不隨心行。如是等種種,阿毘曇分別説。初如是分別,入般若波羅蜜諸法實相中,盡皆一相,所謂無相;入佛心皆一寂滅相。

大智度論卷第二十六[8]。

大智度論釋初品大慈大悲義第四十二(卷二十七)[9]

聖者龍樹造

後秦龜茲國三藏鳩摩羅什譯[10]

【經】[11]大慈大悲,當習行般若波羅密[12]。

【論】[13]大慈、大悲者,四無量心中已分別,今當更略説。大慈與一切衆生樂,大悲拔一切衆生苦;大慈以喜樂因緣與衆生,大悲以離苦因緣與[14]衆生。譬如有人,諸子繫在牢獄,當受大罪[15];其父慈惻,以若干方便,令得免[16]苦,是大悲;得離苦已,以五所欲給與諸子,是大慈。如是等種種差別。問曰:大慈、大悲如是,何等是小慈、小悲,因此小而名爲大?答曰:四無量心中慈、悲名爲小;此中十八不共法次第説大慈悲,名爲大。復次,諸佛心中慈、悲名爲大,餘人心中名爲小。問曰:若爾者,何以言菩薩行大慈、大悲?答曰:菩薩大慈者,於佛爲小,於二乘爲大,此是假名爲大;佛大慈、大悲真實最大。復次,小慈,但心念與衆生[17]樂,實無樂事;小悲,名觀衆生種種身苦心苦,憐愍而已,不能令脱。大慈者,念令衆生得樂,亦與樂事;大悲,憐愍衆生苦,亦能令脱苦。復次,凡夫人、聲聞、辟支佛、菩薩慈悲,名爲小,諸佛慈悲乃名爲大。復次,大慈,從大人心中生,十力、四無所畏、四無礙智、十八不共法大法中出,能破三惡道大苦,能與三種大樂:天樂,人樂,涅槃樂。復次,是大慈遍滿十方三世衆生,乃至昆[18]虫,慈徹骨髓,心不捨離。若三千大千世界衆生墮三惡道,若人一

---

1 "取已",丙二作"所以"。

2 "不共",丙二脱。

3 "但説……不共法"二十二字,丙二無。

4 "衆",丙二作"陰",異譯詞。下同,不復出校。

5 "智",丙二脱。

6 丙二終。

7 丙一(殘卷二)始。

8 丙一(殘卷二)終,以下所抄相當於《大正藏》本卷二十七。

9 本卷對應《大智度論》寫本凡4號:BD14901號(以下簡稱"甲本",所抄分屬《大正藏》本卷二十六、二十七)、俄Дx09067號(以下簡稱"乙本")、俄Дx08249號(以下簡稱"丙本")、俄Дx07837號(以下簡稱"丁本")。

10 甲本始。"大智度……譯"三十七字,甲本作"摩訶般若波羅蜜憂波提舍中大慈大悲品第三十六"。

11 "經",甲、宋、宮、明本無。下同,不復出校。

12 "波羅密",甲、宋、元、宮本作"波羅蜜"。

13 "論",甲、宋、宮、明本無。下同,不復出校。

14 "與",甲本脱。

15 "罪",甲、石本作"僻",宋、元、明、宮本作"辟","僻"通"辟"。

16 "免",甲本作"勉","勉"通"免"。

17 "衆生",甲本脱。

18 "昆",甲、宋、元、明、宮本作"蚑"。

一皆代受其苦,得脱苦已,以五所欲樂、禪定樂、世間最上樂,自恣與之,皆令滿足;比佛慈悲,千萬分中不及一分。何以故?世間樂欺誑不實,不離生死故。問曰:法在佛心中,一切皆大,何以故但説慈、悲爲大?答曰:佛所有功德法,應皆大故[1]。問曰:若爾者,何以但説慈、悲爲大?答曰:慈、悲,是佛道之根本。所以者何?菩薩見衆生老、病、死苦,身[2]苦、心[3]苦,今世、後世苦等諸苦所惱,生大慈、悲,救如是苦,然後發心求阿耨多羅三藐三菩提;亦以大慈、悲力故,於無量阿僧祇世生死中,心不厭没;以大慈悲力故,久應得涅槃而不取證。以是故,一切諸佛法中,慈、悲爲大;若無大慈、大悲,便早入涅槃。復次,得佛道時,成就無量甚深禪定、解脱、諸三昧,生清淨樂,棄捨不受;入聚落城邑中,種種譬喻、因緣説法;變化[4]其身,無量音聲,將迎一切,忍諸[5]衆生罵詈誹謗,乃至自作伎樂,皆是大慈、大悲力。復次,大慈、大悲:大[6]名非佛所作,衆生名之;譬如師子大[7]力,不自言力大,皆是衆獸名之。衆生聞佛種種妙法,知佛爲祐利衆生故,於無量阿僧祇劫難行能行;衆生聞見是事,而名此法爲大慈、大悲。譬如一人,有二親友,以罪事因緣故,繫之囹圄。一人供[8]給所須,一人代死;衆人言:能代死者,是爲大慈悲[9]。佛亦如是,世世爲一切衆生,頭目髓腦盡以布施[10],衆生聞見是事,即共名之爲大慈、大悲。如尸毗王[11],爲救鴿故,盡以身肉代之,猶不與鴿等,復以手攀[12]稱,欲以[13]身代之,是時地爲六種震[14]動,海水波蕩,諸天香華供養於王。衆生稱言:爲一小鳥所感乃爾,真是大慈、大悲!佛因衆[15]生所名,故言大慈、大悲。如是等無量本生,是中悉應廣説。問曰:禪定等諸餘功德,人不知故,不名爲大;智慧説法等,能令人得道,何以不稱言大?答曰:佛智慧所能,無有遍知者;大慈、大悲故,世世不惜身命,捨禪定樂,救護衆生,人皆知之。於佛智慧,可比類知,不能了了知;慈悲心眼見、耳聞,處處變化大師子吼,是故可知。復次,佛智慧細妙,諸菩薩、舍利弗等尚不能知,何況餘人!慈悲相可眼見、耳聞故,人能信受;智慧深妙,不可測知。復次,是大慈、大悲,一切衆生所愛樂;譬如美藥,人所樂服。智慧如服苦藥,人多不樂;人多樂[16]故,稱慈悲爲大。復次,智慧者,得道人[17]乃能信受;大慈悲相[18],一切雜類皆能生信。如見像,若聞説,皆能信受,多所饒[19]益故,名爲大慈、大悲。復次,大智慧名捨相、遠離相;大慈大悲爲憐愍利益相。是憐愍利益法,一切衆生所愛樂;以是故名爲大[20]。是[21]大慈、大悲,如《持心經》中説:大慈、大悲有三十二種,於衆

1　"故",甲、石本脱。

2　"身",甲、石本作"心"。

3　"心",甲、石本作"身"。

4　"化",甲本作"現"。

5　"諸",甲本作"辱"。

6　"大",甲本脱。

7　"大",甲本作"云"。

8　"供",甲、石本作"恭","恭"通"供"。

9　"悲",甲本作"大悲"。

10　"盡以布施",甲、宋、宮本作"盡爲一切",元、明本作"盡爲一切衆生,一切",石本作"布施盡以一切衆生"。

11　"尸毗王",甲、宋、元、明、宮、石本作"尸韠王",異譯詞。

12　"攀",甲本作"板","板"爲"攀"之借字,石本作"板稱",宋本作"撐"。

13　"以",甲本脱。

14　"震",甲、宋、元、宮本作"振"。

15　"衆",甲本作"緣",誤。

16　"樂"前,甲本衍"不"。

17　"人",甲本脱。

18　"相",甲本作"想","想"爲"相"之借字。

19　"饒",甲、石本作"利"。

20　"大",甲本脱。

21　"是",甲本無。

生中行。是大慈、大悲攝、相、緣,如四無量心説。復次,佛大慈大悲等功德,不應一切如迦旃延法中分別求其相。上諸論議師,雖用迦旃延法分別顯示,不應盡信受。所以者何? 迦旃延説:大慈大悲,一切智慧,是有漏法,繫法,世間法。是事不爾。何以故? 大慈大悲名爲一切佛法之根本,云何言[1]是有漏法、繫法、世間法? 問曰:大慈悲[2]雖是佛法根本,故是有漏;如淤[3]泥中生蓮華,不得言泥亦應妙;大慈大[4]悲亦如是,雖是佛法根本,不應是無漏! 答曰:菩薩未得佛時大慈悲,若言有漏,其失猶可;今佛得無礙解脱智故,一切諸法皆清淨,一切煩惱及習盡。聲聞、辟支佛,不得無礙解脱智,故[5]煩惱習不盡,處處中疑不斷故,心應有漏;諸佛無是事,何以故[6]説佛大慈悲應有漏! 問曰:我不敢不敬佛,以慈悲心爲衆生故生,應是有漏。答曰:諸佛力勢不可思議,諸聲聞、辟支佛不能離衆生想而生慈悲;諸佛能離衆生想而生慈悲。所以者何? 如[7]諸阿羅漢、辟支佛,十方衆生相不可得,而取衆生相生慈悲;今諸佛十方求衆生不可得,亦不取衆生相而能生慈悲。如《無盡意經》中説,有三種慈悲:衆生緣、法緣、無緣。復次,一切衆生中,唯佛盡行不誑法;若佛於衆生中取相而行慈悲心,不名行不誑法。何以故? 衆生畢竟不可得故。聲聞、辟支佛,不名爲盡行不誑法;故聲聞、辟支佛,於衆生、於法,若取相,若不取相,不應難,不悉行不誑法故。一切智能斷一切諸漏,能從一切有漏法中出,能作無漏因緣,是法云何自是有漏! 問曰:無漏智各各有所緣,無有能悉緣一切者;唯[8]有世俗智能緣一切法。以是故説一切智是有漏相。答曰:汝法中有是説,非佛法中所説。如人自持斗入市,不與官斗相應,無[9]人用者;汝亦如是,自用汝法,不與佛法相[10]應,無人用者。無漏智慧,何以故不能緣一切法? 有漏智是假名虛誑,勢力少故,不應真實[11]緣一切法,汝法中自説能緣一切法! 復次,是聲聞法中十智,摩訶衍法中有十一智,名爲如實相智。是十智入是如實智中,都爲一智,所謂無漏智。如十方水入大海水中,都爲一味。是大慈、大悲,佛三昧王三昧、師子遊戲三昧所攝。如是略説大慈、大悲義。

【經】菩薩摩訶薩欲得道慧[12],當習行般若波羅蜜[13]! 菩薩摩訶薩欲以道慧具足道種慧,當習行般若波羅蜜[14]!

【論】道名一道,一向趣涅槃,於善法中一心不放逸,道隨身念。道復有二道:惡道、善道,世間道、出世間道,定道、慧道,有漏道、無漏道,見道、修道[15],學道、無學道,信行道、法行道,向道、果道,無礙道、解脱道,信解道、見得道,慧解脱道、俱解脱道。如是無量二道門。復有三道:地獄道,畜生道,餓鬼道。三種地獄:熱地獄,寒地獄,黑闇地獄。三種畜生道:地行,水行,空行。三種鬼道:餓鬼,食不淨鬼,神鬼。三種善道:人道,天道,涅槃道。人有三種[16]:作罪者,作福者,求涅槃者。復有三種人:受欲行惡者,受欲不行惡者,不

---

1 "言",甲本脱。
2 "悲",甲本作"大悲"。
3 "淤",甲、宋、官、石本作"污"。
4 "大",甲本無。
5 "故",甲、宋、元、明、官本無。
6 "故",甲本無。
7 "如",甲本脱。
8 "唯",甲本作"雖",誤。
9 "無",甲本作"無有"。
10 "相",甲本作"想","想"爲"相"之借字。
11 "實",甲本脱。
12 "得道慧",甲、宋、官本作"得具足道種慧"。
13 "波羅蜜"後,甲本有"者"。
14 "菩薩……波羅蜜"二十二字,甲、宋、官本無。
15 "修道"後,甲本有"隨修"。
16 "三種"後,甲本有"人"。

受欲不行惡者。天有三種：欲天，色天，無色天。涅槃道有三種：聲聞道，辟支佛道，佛道。聲聞道有三種：學道，無學道，非學非無學道。辟支佛道亦如是。佛道有三種：波羅蜜道，方便道，淨世界[1]道。佛復有三道：初發意道，行諸善道，成就眾生道。復有三道：戒道，定道，慧道。如是等無量三道門。復有四種道：凡夫道，聲聞道，辟支佛道，佛道。復有四種道：聲聞道，辟支佛道，菩薩道，佛道。聲聞道有四種：苦道，集道，滅道，道道。復有四沙門果道。復有四種道：觀身實相道，觀受、心、法實相道。復有四種道：爲斷未生惡不善令不生道，爲斷已[2]生惡令疾滅道，爲未生善法令生道，爲已生善法令增長道。復有四種道：欲增上道，精進增上道，心增上道，慧增上道。復有四聖種道：不擇衣、食、卧具、醫藥[3]，樂斷苦修定。復有四行道：苦難道，苦易道，樂難道，樂易道。復有四修道：一[4]，爲今世樂修道；二，生死智修道；三，爲漏盡故修道；四，分別慧修道。復有四天道，所謂四禪。復有四種道：天道，梵道，聖道，佛道。如是等無量四道門。復有五種道：地獄道[5]，畜生，餓鬼，人、天道。復有五無學眾道：無學戒眾道，乃至無學解脫知見眾道[6]……所謂世間道、出世間道[7]等。問曰：云何菩薩住一相無相中，而分[8]別是世間道、是出世間道[9]？答曰：世間名[10]，但從顛倒憶想、虛誑二法生，如幻、如夢、如轉[11]火輪，凡夫人强以爲世間；是世間皆從虛妄中[12]來，今亦[13]虛妄本亦虛妄……

……於一物中種[14]種名字？若天語，若龍語，如是等種種[15]語言名金，尚不能知，何況能知金因緣生處[16]、好惡、貴賤，因[17]而得福……

……能照能[18]燒。佛亦如是，於一切眾生中最第一故，得[19]一切智。問曰：佛何以故於一切眾生中獨[20]最第一？答曰：如先答，得一切智故；今當更説[21]：佛自利益亦利益他故，於眾生中最第[22]一。如一切照中日爲第一，一切人中轉輪聖王[23]最第[24]一……

---

1 “世界”，甲、石本作“國土”。
2 “已”，甲、宋、元、明、宫本無。
3 “醫藥”，甲本脱，宫、石本作“藥”。
4 “一”，甲本脱。
5 “道”，甲本無。
6 甲本終，尾題作“大智度經卷第三十七”。
7 乙本始。
8 “菩薩……而分”十字，乙本殘。
9 “道”，乙本殘。
10 “答曰世間名”，乙本殘。
11 “法生……如轉”八字，乙本殘。
12 “是世……妄中”八字，乙本殘。
13 乙本終。
14 丙本始。
15 “名字……種種”十三字，丙本殘。
16 “能知……生處”十一字，丙本殘。
17 丙本終。
18 丁本始。
19 “亦如……故得”十四字，丁本殘。
20 “曰佛……中獨”十二字，丁本殘。
21 “一答……更説”十五字，丁本殘。
22 “益亦……最第”十二字，丁本殘。
23 “照中……聖王”十四字，丁本殘。
24 丁本終。

大智度論初品中欲住六神通釋論第四十三(卷二十八)[1]

……知衆生[2]心皆欲離苦求樂,是故菩薩求漏盡神[3]通,於諸[4]樂中漏盡最勝……

大智度論初品中布施隨喜心過上釋論第四十四之餘(卷二十九)[5]

……上六事中[6],三昧即是禪、定、解脱、三昧,今何以復説? 答曰[7]:有二種三昧:一種慧解脱分,二種共解脱分[8]。前者慧解脱分,不能入禪定,但説未到地中[9]三昧;此中説共解脱分,具有禪、定、解脱、三昧[10]。彼是略説,此則廣説;彼但説名,此中分别義。復次,前勝三昧者,有人謂一二三昧,非深三昧;今此中具[11]説禪、定、解脱、甚深三昧。復次,禪、定、解脱、三昧有二種:一者,離欲時得;二者,求而得[12]。離欲得者,前已説;求而[13]得者,此中説。復次,禪、定、解脱、三昧得之甚難,精懃求之乃得。菩薩但持隨喜心便得過其上,是爲未嘗[14]有法,是故重説。問曰:彼中三昧、智慧、解脱、解脱知見亦難得,何以言此爲難得? 答曰:先以説[15]是慧解脱分,不盡甚深義;共解脱阿羅漢、三明阿羅漢難得,故更説。復次,是三昧、智慧、解脱、解脱知見,雖難得而不廣周悉,直爲涅槃。此間明阿羅漢欲得現世禪定樂,所謂滅盡定、頂際禪、願智、無諍三昧等如是事[16],非直爲涅槃。以是故更廣説。何以故? 如[17]前者直爲涅槃,彼中説解脱、解脱知見相次故,當知一向直爲涅槃。問曰:若以禪、定、解脱、三昧難得故重説者,智慧於一切法中最難[18]微妙,何以不重説? 答曰:上言欲過聲聞、辟支佛慧,當學般若波羅蜜中[19]已説,此禪定未説故重説。禪定、智慧二法最妙,有此二行,所願皆得;如鳥有兩翼,能有所至。解脱從此二法得。解脱知見即是智慧。布施、持戒是身口業,麁行易得故不重説。問曰:菩薩以隨喜心勝於聲聞、辟支佛布施、持戒、智慧,可爾。所以者何? 布施、持戒眼見、耳聞,智慧亦是聞法,可得生隨喜心。如禪定、解脱、三昧,是不可見聞法,云何隨喜? 答曰:菩薩以知他心智而隨喜。問曰:知他[20]心智法,有漏知他心智,知他有漏心;無漏知他心智,知他無漏心。菩薩未成佛,云何知聲聞、辟支佛無漏心? 答曰:汝聲聞法中爾;摩訶衍法中,菩薩得無生忍法,斷諸[21]結使,世世常不失六神通,以有漏他心智,

---

1　本卷對應《大智度論》寫本凡 1 號:俄 Дx08147 號(以下簡稱"甲本")。

2　甲本始。

3　"皆欲……盡神"十四字,甲本殘。

4　甲本終。

5　本卷對應《大智度論》寫本凡 4 號:中村 037 號(以下簡稱"甲本")、俄 Дx03502 號(以下簡稱"乙一")、俄 Дx02412 號 A(以下簡稱"乙二")、羽 210 號 B(以下簡稱"丙本")。

6　甲本始。

7　"解脱……答曰"十一字,甲本殘。

8　"慧解……脱分"十字,甲本殘。

9　"能入……地中"十字,甲本殘。

10　"脱分……三昧"十字,甲本殘。

11　"具",甲本作"其",誤。

12　"得",甲本作"難得"。

13　"而",甲、宋、元、明、宫本作"難"。

14　"嘗",甲、石本作"曾"。

15　"以説",甲、宋、元、明、宫本作"已答"。

16　"事",甲本脱。

17　"如",甲、石本作"知",誤。

18　"難",甲本作"難得"。

19　"中",甲本作"彼中"。

20　"他",甲本作"他人"。

21　"諸",甲本無。

能知無漏心，何況以無漏知他心智！復[1]有人言：初發意菩薩，未得法性生身，若見若聞聲聞、辟支佛布施、持戒，皆[2]知當得阿羅漢[3]，隨喜心[4]言：此人得諸法實相，離三界，我所欲度一切衆生生、老、病、死，彼已得脱，則是我事。如是等種種因緣隨喜。以是故隨喜，無咎！

大智度論初品中迴向釋論第四十五[5]

【經】[6]菩薩摩訶薩行少施、少戒、少忍、少進、少禪、少智，欲以方便力迴向故，而[7]得無量無邊功德者，當學般若波羅蜜！

【論】[8]問曰：前已説六波羅蜜，今何以復説？答曰：上總相説，此欲別相説：彼説[9]因緣，此説果報。問曰：不爾！彼中説六波羅蜜廣普具足，此言少施乃至少智，似不同上六波羅蜜義！答曰：不然！即是六波羅蜜。何以故？六波羅蜜義，在心，不在事多少；菩薩行若多若少，皆是波羅蜜。如《賢劫經》説：八萬四千諸波羅蜜。此經中亦説：有世間檀波羅蜜，有出世間檀波羅蜜，乃至般若波羅蜜，亦有世間、出世間。問曰：菩薩何以故少施？答曰：有種種因緣故少施。或有菩薩初發意，福德未集，貧故少施。或有菩薩聞施無多少，功德在心，以是故不求多物布施，但求好心。或有菩薩作是念：若我求多集財物，破戒失善，心心散亂，多惱衆生；若惱衆生以供養佛，佛所不許，破法求財故。若施凡人，奪彼與此，非平等法；如菩薩法，等心一切，皆如兒子。以是故少施。復次，菩薩有二種：一者，敗壞菩薩；二者，成就菩薩。敗壞菩薩者，本發阿耨多羅三藐三菩提心，不遇善緣[10]，五蓋覆心，行雜行，轉身受大富貴，或作國王，或大鬼神王、龍王等。以本造身、口、意惡業不清淨故，不得生諸佛前，及天上、人中無罪處，是名[11]爲敗壞菩薩。如是人雖失菩薩心，先世因緣故，猶好布施；多惱衆生，劫奪非法，取財以用作福。成就菩薩者，不失阿耨多羅三藐三菩提心，慈愍衆生；或有在家受五戒者，有出家受戒者。在家菩薩，雖行業成就，有先世因緣貧窮。聞佛法有二種施：法施，財施。出家人多應法施，在家者[12]多應財施。我今以先世因緣故，不生富家，見敗菩薩輩作罪布施，心不喜樂，聞佛不讚多財布施，但美心清淨施；以是故，隨所有物而施。又出家菩薩守護戒故，不畜財物；又自思惟：戒之功德，勝於布施。以是因緣故，隨所有而施。復次，菩薩聞佛法中本生因緣，少施得果報多。如薄拘羅阿羅漢，以一訶梨勒果[13]藥布施，九十一劫不墮惡道，受天人[14]福樂，身常不[15]病，末後身得阿羅漢道。又如沙門二十億耳[16]，於鞞婆尸佛法中作一房舍，給比丘僧；布一羊皮，令僧蹈上。以是因緣故，九十一劫中足不蹈地，受人天中無量福樂。末後身生大長者家，受身端政，足下生毛長二寸，色如青琉璃右旋；初生，時父與二十億兩金；後厭世五欲，出家得道，佛説精進比丘第一。又如須蔓耳比丘，先世見鞞婆尸佛塔，以耳上須蔓華布施。

1　“復”，甲本作“復次”。

2　“皆”，甲、宋、元、明、宫本作“此”。

3　“阿羅漢”，甲本作“阿羅漢道”。

4　“心”，甲、宋、宫本無。

5　甲本無品題。

6　“經”，甲、宋、宫本無，元、明、石本不分卷。下同，不復出校。

7　“而”，甲本無。

8　“論”，甲、宋、宫本無。下同，不復出校。

9　“説”，甲本作“問”。

10　“緣”，甲本作“因緣”。

11　“名”，甲本無。

12　“者”，甲本作“人”。

13　“一訶梨勒果”，甲本作“呵梨勒果”，石本作“何梨勒果”，均爲異譯詞

14　“天人”，甲本作“人天”。

15　“不”，甲、宋、元、明、宫、石本作“無”。

16　“耳”，甲、宋、元、明、宫本無。

以是因緣故，九十一劫中常不墮惡道，受天上人中樂；末後身生時[1]，須蔓在耳[2]，香滿一室，故字爲須蔓[3]耳；後厭[4]世出家，得[5]阿羅漢道。菩薩如是等本生因緣[6]，少施得大[7]報，便隨所有多少而布施。復次[8]，菩薩[9]亦不一定常少物布施，隨所有，多則多[10]施，少則少施。復次，佛欲讚般若波羅蜜功德[11]大故，言少施得大果，功德無量。問曰：如薄拘羅[12]阿羅漢[13]等，亦少施而得大報，何用般若波羅蜜？答曰：薄拘羅等雖得果報，有劫數限量，得[14]小道入涅槃；菩薩以般若波羅蜜方便迴向故，少施福德，無量無邊阿僧祇。問曰：何等是方便迴向，以少布施而得無量無邊功德？答曰：雖[15]少布施，皆迴向阿耨多羅三藐三菩提。菩薩作是念：我以是福德因緣，不求人天中王及世間之樂，但求阿耨多羅三藐三菩提。如阿耨多羅三藐三菩提無量無邊，是福德亦無量無邊；又以是福德爲度一切衆生，如衆生無量無邊故，是福德亦無量無邊。復次，是福德用大慈悲[16]，大慈悲[17]無量無邊故，是福德亦無量無邊。復次，菩薩福德諸法實相和合故，三分清淨：受者、與者、財物不可得故。如般若波羅蜜，初爲舍利弗說：菩薩布施時，與者、受者、財物不可得故，具足般若波羅蜜。用是實相智慧布施故，得無量無邊福德。復次，菩薩皆念所有福德如相、法性相、實際相故，以如、法性、實際無量無邊故，是福德亦無量無邊。問曰：若菩薩摩訶薩觀諸法實相，知如、法性、實際，是無爲滅相，云何更生心而作福德？答曰：菩薩久習大悲心故，大悲心爾時發起：衆生不知是諸法實相，當令得是實相。以精進波羅蜜力故，還行福德業因緣，以精進波羅蜜助大悲心；譬如火欲滅，遇得風、薪，火則然[18]熾。復次，念本願故，亦十方佛來語言：汝念初發心時！又汝始得[19]是一法門，如是有無量法門，汝未皆[20]得，當還集諸功德！如《漸備經》七地中說。問曰：施[21]多少可爾，戒中有五戒，一日戒，十戒，少多亦可知，色法可得分別故。餘四波羅蜜，云何知其多少[22]？答曰：是皆可知。如忍有二種：一者，身忍；二者，心忍。身忍者，雖身、口不動，而心不能令不起，少忍故不能制心；心忍者，身、心俱忍，猶如枯木。復次，少忍者，若人撾罵[23]不還報；大忍者，不分別罵者、忍者、忍法。復次，衆生中忍是爲少忍；法忍是爲大忍。如是等分別少忍。少進者。有二[24]：身進，心進。身進

1　乙一始。
2　乙二始。"須蔓在耳"，甲本作"須曼華耳"，"須曼"爲"須蔓"之異譯詞。
3　"須蔓"，甲本作"須曼"，異譯詞。
4　"耳香……後厭"十三字，乙一殘。
5　"滿一……家得"十五字，乙二殘。
6　"阿羅……因緣"十三字，乙一殘。
7　"漢道……得大"十五字，乙二殘。
8　"報便……復次"十二字，乙一殘。"隨所……復次"十字，乙二殘。
9　乙一終。
10　"常少……則多"十一字，乙二殘。
11　"復次……功德"十二字，乙二殘。
12　"得大……拘羅"十三字，乙二殘。
13　乙二終。
14　"得"，甲本作"必得"。
15　"雖"，甲本作"願"。
16　"悲"，甲本作"大悲"。
17　"悲"，甲本作"大悲"。
18　"然"，甲本作"燃"，"然"爲"燃"之古字。
19　"始得"，甲本作"得始"，誤倒。
20　"未皆"，甲本作"皆未"，誤倒。
21　"施"，甲本作"福"，誤。
22　"多少"，甲本作"少"，脫"多"，宋、元、明、宫本作"少多"。
23　"罵"，甲本作"打"。
24　"二"，甲本作"二種"。

爲少，心進爲大；外進爲少，内進爲大；身、口進爲少，意進爲大，如佛説：意業大力故，如大仙人瞋時，能令大國磨[1]滅。復次，身、口作五逆罪，大果報一劫在阿鼻泥犁[2]中。意業力大，得生非有想非無想，壽八萬大劫；亦在十方佛國，壽命無量。以是故，知身、口精進爲少，意精進爲大。復次，如經説，若身、口、意業寂滅不動，是爲大精進；動者爲少精進。如是等名爲少精進。少禪者，欲界定、未到地，不離欲故名爲少；亦觀二禪，初禪則少；乃至滅盡定，有漏爲少，無漏爲大；未得[3]阿鞞跋致[4]、未得無生忍法禪是爲少，得阿鞞跋致、得無生法忍禪[5]是爲大；乃至坐道場十六解脱相應定爲少，十七金剛三昧爲大。復次，若菩薩觀一切法常定無散亂者，無依止，無分別，是爲大，餘者[6]皆爲少。慧有二種：一者，世間；二者，出世間。世間慧爲少[7]，出世間慧爲大。淨慧、雜慧，相慧、無相慧，分別慧、不分別慧，隨法慧、破法慧，爲生死慧、爲涅槃慧，爲自益慧、爲益一切[8]衆生慧等亦如是。復次，聞慧爲少，思慧爲大；思慧爲少，修慧爲大；有漏慧爲少，無漏慧[9]爲大。發阿耨多羅三藐三菩提心[10]慧爲少，修行六度慧爲大；修慧爲少，方便慧爲大；諸地中方便展轉有大、少[11]，乃至十地[12]。如是等分別多少。佛歎菩薩奇特，於少事中得無量無邊功德，豈況大事！餘人多捨財，身、口意[13]懃苦，得福少，持戒、忍辱、精進、禪定、智慧等亦如是，不及菩薩少而報大。如先説：譬如口[14]氣出聲，聲則不遠；聲入角中，聲則能[15]遠。如是布施等同少，餘人行是所得福報則少；菩薩摩訶薩以般若波羅蜜方便力迴向故，得無量無邊福。以是故説：欲行少施、少戒、少忍、少進、少禪、少智。

【經】菩薩摩訶薩欲行檀波羅蜜、尸羅[16]波羅蜜、羼提波羅蜜、毘梨耶波羅蜜、禪波羅蜜，當學般若波羅蜜！

【論】諸波羅蜜義，如先説。問曰：五波羅蜜相即是般若波羅蜜相不？若是般若波羅蜜相[17]，不應五名差別！若異，何以故[18]言：欲行檀波羅蜜，當學般若波羅蜜？答曰：亦同、亦異：異者，般若波羅蜜名觀諸法實相故，不受、不著一切法；檀名捨内、外一切所有。以般若波羅蜜心行施，是時檀得名波羅蜜。復次，五波羅蜜殖[19]諸功德，般若波羅蜜除其著心[20]，邪見；如一人種穀，一人芸除衆穢，令得增長，果實成就。餘四波羅蜜亦如是。問曰：今云何欲行檀波羅蜜，當學般若波羅蜜？答曰：檀有二種：一者，淨；二者，不淨。不淨者，

1　“磨”，甲本作“摩”，“摩”通“磨”。

2　“泥犁”，甲、石本作“泥梨”，異譯詞。

3　“未得”，甲、宋、元、明、宫、石本無。

4　“阿鞞跋致”，甲本作“阿勒跋致”，“勒”爲“鞞”之誤。

5　“禪”，甲本脱。

6　“者”，甲本無。

7　“少”，甲本作“小”，“少”通“小”。

8　“一切”，甲本無。

9　“慧”，甲本無。

10　“心”，甲本無。

11　“少”，甲、宋、元、明、宫本作“小”，“少”通“小”。

12　“十地”，甲本作“十方”，“方”爲“地”之誤。

13　“意”，甲、宋、元、明、宫本無。

14　“口”，甲、宋、宫本無。

15　“能”，甲本無。

16　“尸羅”，甲本作“尸”，異譯詞。

17　“般若波羅蜜相”，甲本無。

18　“故”，甲、宋、元、明、宫本無。

19　“殖”，甲、宋、元、明、宫本作“植”。

20　“除其著心”，甲本作“除心著”。

憍慢故施,作是念:劣者尚[1]與,我豈不能? 嫉妬故施,作是念:我之怨憎,施故得名,如是勝我;今當廣施,要必勝彼。貪報故施,作是念:我施少物,千萬倍報,是故布施。爲名故施,作是念:我今好施,爲人所信,好人數中。爲攝人故施,作是念:我今施之[2],人必歸我。如是等種種雜結行施,是名不淨。淨施[3]者,無是雜事,但以淨心信因緣果報,敬[4]愍受者,不求今利,但爲後世功德。復有淨施,不求後世利益,但以修心助求涅槃。復有淨施,生大悲心,爲衆生故,不求自利早得涅槃;但爲阿耨多羅三藐三菩提,是名淨施。以般若波羅蜜心故,能如是淨施。以是故說:欲行檀波羅蜜,當學般若波羅蜜。復次,般若波羅蜜力故,捨諸法著心,何況我心而不捨! 捨吾我心故,身及妻子視如草土,無所戀惜,盡以布施。以是故說欲行檀波羅蜜,當學般若波羅蜜。餘波羅蜜亦皆[5]如是,以般若波羅蜜心助成故。復次,諸餘波羅蜜,不得般若波羅蜜,不得波羅蜜名字,亦不牢固。如後品中說:五波羅蜜不得般若波羅蜜,無波羅蜜名字。又如轉輪聖王無輪寶者,不名轉輪聖王,不以餘寶爲名。亦如群盲無導,不能有所至;般若波羅蜜亦如是,導五波羅蜜,令至薩婆若。譬如大軍無健將,不能成辦其事。又如人身餘根雖具,若無眼者,不能有所至。又如人無命根,則餘根皆滅;有命根故,餘根有用。般若波羅蜜亦如是,五波羅蜜不得般若波羅蜜,則不得增長;得般若波羅蜜故,餘波羅蜜得增益具足。以是故,佛言:欲行檀波羅蜜,當學般若波羅蜜。

【經】菩薩摩訶薩欲使世世身體與佛相似,欲具足三十二相,八十隨形好,當學般若波羅蜜!

【論】問曰:聲聞經中說:菩薩過三阿僧祇劫後,百劫中種三十二相因緣;今云何說世世與佛身體相似,有[6]三十二相、八十隨形好? 答曰:迦栴延子《阿毘曇鞞婆沙[7]》中有如是說,非三藏中所說。何以故? 三十二相,餘人亦有,何足爲貴! 如難陀先世時一浴衆僧,因作願言:使我世世端政[8]淨潔。又於異世值[9]辟支佛塔,飾以彩[10]畫,莊嚴辟支佛像,作願言:使我世世色相嚴身。以是因緣故,世世得身相莊嚴,乃至後身出家作沙門,衆僧遙見,謂其是佛,悉皆起迎。難陀小乘種[11]少功德,尚得此報,豈況菩薩於無量阿僧祇劫中修立功德,世世形體而不似佛? 又如彌勒菩薩白衣時,師名跋婆犁[12],有三相:一,眉間白毛相;二,舌覆面相;三,陰藏相[13]。如是等,非是菩薩亦皆有相,菩薩豈當[14]三阿僧祇劫[15]後乃[16]種相好! 復次,是摩訶衍中,有菩薩從初發心,乃至阿耨多羅三藐三菩提,初不生惡心;世世報得五通,身體似佛。問曰:菩薩未得佛[17]道,何得身[18]相如佛? 答曰:菩薩爲度衆生故,或作轉輪聖王身,或作帝釋身,或作梵王身,或作聲聞身、辟支佛[19]身、菩薩身、

---

1 "尚",甲本作"常","常"通"尚"。
2 "之",甲本作"人"。
3 "施",甲、宋、元、明、宫本無。
4 "敬",甲本作"故"。
5 "皆",甲、宋、元、明、宫本無。
6 "有",甲本無。
7 "沙",甲本作"婆",誤。
8 "政",甲、宋、元、明、宫本作"正","政"通"正"。
9 "值",甲本作"治","治"爲"值"之借字。
10 "彩",甲本作"來","來"爲"彩"之借字。
11 "種"後,甲本衍"種"。
12 "跋婆犁",甲本作"婆跋梨",宋、元、明、宫本作"婆跋犁",石本作"波跋梨"。
13 "陰藏相",甲本作"陰馬藏相"。
14 "菩薩豈當",甲本作"何況菩薩"。
15 "劫",甲、宋、元、明、宫本無。
16 "乃",甲本作"方"。
17 "佛",甲本脱。
18 "身",甲本作"身體"。
19 "辟支佛"前,甲本有"或作"。

佛身。如《首楞嚴經》中[1]，文殊師利自説：七十二億反[2]作一緣[3]覺而般涅槃；又現作佛，號龍種[4]尊；時世未應有佛，而衆生見佛身，歡喜心伏受化！問曰：菩薩若能作佛身説法度衆生者，與佛有何差別？答曰：菩薩有大神力，住十住地，具足佛法而住世間，廣度衆生故，不取涅槃。亦如幻師自變化身，爲人説法，非真佛身。雖爾度脱衆生，有量有限；佛所度者無量無限。菩薩雖作佛身，不能遍滿十方世界[5]；佛身者普能遍滿無量世界，所可度者，皆現[6]佛身。亦如十四[7]日月，雖有光明，猶[8]不如十五日。有如是[9]差別。或有菩薩得無生法忍，法性生[10]身，在七住地，住五神通，變身如佛，教化衆生。或初發意菩薩行六波羅蜜，行業因緣，得身相似佛，教化衆生。問曰：三十二相，布施等果報；般若波羅蜜無所有、如虛空，云何説欲得相好當學般若波羅蜜？答曰：三十二相有二種：一者，具足，如佛；二者，不具足，如轉輪聖王、難陀等。般若波羅蜜與布施和合故，能具足相好如佛；餘人但行布施等，相不具足。問曰：云何布施等得三十二相？答曰：如[11]檀越布施時，受者得色、力等五事益身故，施者具手足輪相。如檀波羅蜜中廣説。戒、忍等亦如是，各各[12]具三十二相。何等是三十二相？一者，足下安立相；餘如《讚菩薩品》中説。問曰：以[13]何因緣得足下安立相？答曰：佛世世一心堅固持戒，亦不令他敗戒，以是業因緣，故得是初相。初相者，自於法中無能動者。若[14]作轉輪聖王，自於國土無能侵者。以如法養護人民及出家沙門等；以是業因緣故，得千輻輪相。是轉法輪初相，若作轉輪聖王，得轉輪寶[15]。離殺生業因緣故，得長指相。離不與取業因緣故，得足跟滿相。以四攝法攝衆生業因緣故，得手足縵網相。以上妙衣服、飲食、臥具，供養尊長業因緣故，得手足柔軟相。修福轉增業因緣故，得足趺，高相；一一孔一毛生相；毛上向相。如法遣使爲福和合因緣，及速疾誨[16]人故，得妙踹相[17]，如伊泥延[18]鹿王。如法淨物布施，不惱受者故，得平立手過膝相；方身相，如尼拘盧陀[19]樹。多修慚愧及斷邪婬，以房舍、衣服、覆蓋之物用布施故，得陰藏相如馬王。修慈三昧，信淨心多，及以好色飲食、衣服、臥具[20]布施故，得金色相；大光相[21]。常[22]好問義，供給所尊及善人故，得肌皮[23]細軟相。如法斷事，不自專執，委以執政[24]故，得上身如師子

1　"中"，甲本作"中説"。

2　"反"，甲本作"返"。

3　"一緣"，甲本作"緣一"，誤倒。

4　"種"，甲本作"樹"，誤。

5　"世界"，甲本作"國土"。下同，不復出校。

6　"現"，甲、宫、石本作"有"。

7　"四"，甲本作"方"，誤。

8　"猶"，甲本無。

9　"如是"，甲本作"如是等"。

10　"生"，甲本無。

11　"如"，甲本無。

12　"各"，甲、宋、元、明、宫本無。

13　"以"，甲、宋、元、明、宫本無。

14　"若"，甲本作"菩薩"。

15　"輪寶"，甲、宋、元、明、宫本作"寶輪"。

16　"誨"，甲本作"悔"，"悔"爲"誨"之借字。

17　"妙踹相"，甲本作"好踹相"，宋、石本作"妙踹相"，元、明本作"妙腨相"。

18　"伊泥延"，甲本作"伊延"。

19　"尼拘盧陀"，甲本作"尼拘盧"。

20　"臥具"後，甲本有"而"。

21　"大光相"，甲本作"常丈光明"，宋、元、明、宫、石本作"丈光明"。

22　"常"，甲本無。

23　"肌皮"，甲本作"肌肉"。

24　"政"，甲本作"正"，"政"通"正"。

相;腋下滿相;肩圓相。恭敬尊長、迎逆侍送故,得身體[1]直廣相。布施具足充滿故,得七處滿相。一切捨施無所遺惜故,得方頰車相。離兩舌故,得四十齒相,齒齊相,齒密相。常修行慈、好思惟故,得白[2]牙無喻相。離妄語故,得舌廣薄相。美食布施、不惱受者故,得味中最上味相。離惡口故,得梵聲相。善心好眼視衆生故,得眼睞紺青相,眼睞如牛王相。禮敬所尊,及自持戒、以戒教人故,得肉髻相。所應讚歎者而讚歎故,得眉間白毛相。是爲用聲聞法三十二相[3]業因緣。摩訶衍中三十二相業因緣者:問曰:十方諸佛及三世諸法,皆無相相,今何以故説三十二相?一相尚不實,何況三十二[4]?答曰:佛法有二諦[5]:一者,世諦;二者,第一義諦。世諦故,説三十二相;第一義諦故,説無相。有二種道:一者,令衆生修福道;二者,慧道。福道故,説三十二相;慧道故,説無相。爲生身故,説三十二相;爲法身故,説無相。佛身,以三十二相、八十隨形好而自莊嚴;法身,以十力、四無所畏、四無礙智、十八不共法諸功德莊嚴。衆生有二種因緣:一者,福德因緣;二者,智慧因緣。欲引導福德因緣衆生故,用三十二相身;欲以智慧因緣引導衆生故,用法身。有二種衆生:一者,知諸法假名;二者,著名字。爲著名[6]衆生故,説無相;爲知諸法假名衆生故,説三十二相。問曰:是十力、四無所畏功德,亦各有別相,云何説法身無相?答曰:一切無漏法,十六行,三三昧相應[7]故,皆名無相;佛欲令衆生解故,種種分別説。説[8]一切諸佛法,以空、無相、無作印[9]故,皆入如、法性、實際;而爲見色歡喜發道心者,現三十二相莊嚴身。復次,爲一切衆生中顯最勝故,現三十二相而不破無相法。如菩薩初生七日之中,裹以白氎[10],示諸相師。相師以古聖相書[11]占之,以答王曰:我識記法,若人有三十二相者,在家當爲轉輪聖王,出家當得作佛。唯此二處,無有三處。諸相師出已,菩薩寢息。復有仙人名阿私陀,白淨飯王言:我以天耳聞諸天鬼神説,淨飯王生子,有佛身相,故來請見!王大歡喜,此人仙[12]聖,故從遠來,欲見我子;勅諸侍人,將太子出!侍人答王:太子小[13]睡。是時阿私陀言:聖王常請一切施以甘露,不應睡也!即從坐起,詣太子所,抱著臂上,上下相之;相已涕零[14],不能自勝!王大不悦,問相師曰:有何不祥,涕泣如是?仙人答言[15]:假使天雨金剛大山,不能動其一毛,豈有不祥!太子必當[16]作佛;我今年已[17]晚暮,當生無色天上,不得見佛,不聞其法故,自悲傷耳!王言:諸相師説,不定一[18]事,若在家者當作轉輪聖王,若出家者當得作佛!阿私陀言:諸相師者以世俗比知,非天眼知[19];諸聖相書,又不具足遍知於相,總觀不能明審。是故或言:在家當爲轉輪

---

1 "體",甲、宋、元、明、宮本無。

2 "白",甲本作"自",誤。

3 "相",甲本脱。

4 "三十二",甲本作"三十二相"。

5 "諦",原作"種",誤,兹據甲、宋、元、明、宮、石本改。

6 "名",甲、宋、元、明、宮本作"名字"。

7 "應",原作"處",誤,兹據甲本改。

8 "説",甲本無。

9 "印",甲本作"行"。

10 "氎",甲本作"疊",宋、宮本作"㲲",石本作"繫"。

11 "以古聖相書",甲本無。

12 "人仙",甲本作"仙人",誤倒。

13 "小",甲本作"少","少"通"小"。

14 "零",甲本作"泣",石本作"露"。

15 "言",甲本作"曰"。

16 "當",甲本作"當得"。

17 "已",甲本作"以","以"通"已"。

18 "定一",甲本作"一定",誤倒。

19 "知",甲本作"智","智"通"知"。

聖王,出家當爲佛。今太子三十二相,正滿明徹,甚深淨潔具足,必當[1]作佛,非轉輪王[2]也! 以是故,知三十二相於一切衆生中最爲殊勝。言無相法者,爲破常、淨、樂相[3]、我相,男女、生死等相,故如是説。以是故,佛法雖無相相,而現三十二相引導衆生,令知佛第一,生淨信故,説三十二相無咎。問[4]曰:何以故説三十二相,不多不少? 答曰:若説多、若説少,俱當有難。復次,佛身丈六,若説少相,則[5]不周遍,不具莊嚴;若過三十二相,則復雜亂。譬如嚴身之具雖復富有珠璣,不可重著瓔珞[6];是故[7]三十二相不多不少,正得其中。復次,若[8]少不端嚴[9],則留八十隨形好處;過則雜亂。問曰:若須八十隨形好,何不皆名爲相而別爲好? 答曰:相大嚴身,若説大者,則已[10]攝小。復次,相麁而好細,衆生見佛則見其[11]相,好則難見故。又相者,餘人共得;好者,或共、或不共。以是故,相、好別説。問曰:佛畢竟斷衆生相、吾我相,具足空[12]法相,何以故以相莊嚴,如取相者法? 答曰:若佛但以妙法莊嚴其心;身無相好者,或有可度衆生,心生輕慢,謂佛身相不具,不能一心樂受佛法。譬如以不淨器盛諸[13]美食,人所不喜;如臭皮囊盛諸寶物,取者不樂。以是故,佛以三十二相莊嚴其身。復次,佛常於大衆中作師子吼言:我於衆生中,一切功德最爲第一! 若佛生身不以相好莊嚴,或有人言:身形醜陋,何所能知! 佛以三十二相、八十隨形好莊嚴其身,衆生猶有不信,何況不以相好莊嚴[14]! 復次,佛法甚深,常寂滅相故,狂愚衆生不信不受,謂身滅盡,無所一取。以是故,佛以廣長舌、梵音聲、身放大[15]光,爲種種因緣、譬喻,説上妙法。衆生見佛身相威德,又聞音聲,皆歡喜信樂。復次,莊嚴物有內、外,禪定、智慧諸功德等,是內莊嚴;身相威德,持戒具足,是外莊嚴;佛內、外具足。復次,佛[16]愍念一切衆生,出興於世,以智慧等諸功德,饒益利根衆生;身相莊嚴,饒益鈍根衆生。心莊嚴,開涅槃門;身莊嚴,開天、人樂門。身莊嚴故,置衆生於三福處;心莊嚴故,置衆生入三解脫門。身莊嚴故,拔衆生於三惡道;心莊嚴故,拔衆生於三界獄。如是等無量利益因緣故,以相好莊嚴生身。

【經】欲生菩薩家,欲得鳩摩羅伽地,欲得不離諸佛,當學般若波羅蜜!

【論】菩薩家者,若於衆生中發甚深大悲心[17],是爲生菩薩家。如生王家,無敢輕者,亦不畏飢渴、寒熱等。入菩薩道中,生菩薩家亦如是,以佛子故,諸天龍、鬼神,諸聖人等無敢輕者,益加恭敬;不畏惡道、人、天賤處,不畏聲聞、辟支佛人、外道論師來沮[18]其心。復次,菩薩初發意,一心作願:從今日不復隨諸惡心,但欲度脫一切衆生,當得阿耨多羅三藐三菩提。復次,菩薩若能知諸法實相,不生不滅,得無生法忍;從是以

1　"當",甲本無。

2　"王",甲本作"聖王"。

3　"相",甲本無。

4　丙本始。

5　"則",甲本作"即"。

6　"瓔珞",丙、明本作"纓絡",異譯詞。

7　"故",丙本脫。

8　"若",丙本無。

9　"嚴",丙本作"政"。

10　"已",甲本作"以","以"通"已"。

11　"其",丙、宋、元、明、宮本無。

12　"空",甲本作"坐",誤。

13　"諸",甲本無。

14　丙本終。

15　"大",甲本作"丈"。

16　"佛",甲本無。

17　"心",甲本作"故"。

18　"沮",甲本作"阻"。

往,常[1]住菩薩道。如前[2]所説《持心經》中:我見錠光佛[3]時,得諸法無生忍,初具足六波羅蜜;自爾之前,都無布施、持戒等。復次,若菩薩作是念:如恒河沙等劫爲一日一夜,用是日夜,三十日爲月[4],十二月爲歲[5];如是歲數過百千萬億劫,乃有一佛,於是佛所,供養、持戒、集諸功德;如是恒河沙等諸佛,然後受記作佛,菩薩心不懈怠,不没不厭,悉皆樂行。復次,菩薩於諸邪定五逆衆生,及斷善根人中而生慈悲,令入正道,不求恩報。復次,菩薩初發心以[6]來,不爲諸煩惱所覆、所壞。復次,菩薩雖觀諸法實相,於諸觀心亦不生著。復次,菩薩自然口常實言,乃至夢中亦不妄語。復次,菩薩有所見色,皆是佛色,念佛三昧力故,於色亦不著。復次,菩薩見一切衆生流轉生死苦中、一切樂中,心亦不著,但作願言:我及衆生,何時當度?復次,菩薩於一切珍寶心不生著,唯樂三寶。復次,菩薩常[7]斷婬欲,乃至不生念想,況有實事!復次,衆生眼見菩薩者,即得慈三昧。復次,菩薩能令一切法,悉爲佛法,無有[8]聲聞、辟支佛法、凡夫之法種種差別。復次,菩薩分別一切法,於一切法中,亦不生法相,亦不生非法相。如是等無量因緣,是名生菩薩家。問曰:從發心[9]已來,已生菩薩家,今云何欲生菩薩家,當學般若波羅蜜?答曰:有二種菩薩家:有退轉家,不退轉家;名字家、實家;淨家、雜家;有信堅固家、不堅固家。爲不退轉家,乃至信堅固家,欲得如是等家故,言欲生菩薩家,當學般若波羅蜜。欲得鳩摩羅伽地[10]者,或有菩薩從初發心斷婬欲,乃至阿耨多羅三藐三菩提,常行菩薩道,是名鳩摩羅伽地。復次,或有菩薩作願:世世童男,出家行道,不受世間愛欲,是名爲[11]鳩摩羅伽地。復次,又如王子名鳩摩羅伽,佛爲法王,菩薩入法正位,乃至十地故悉名王子,皆任爲佛。如文殊師利,十力、四無所畏等悉具佛事故,住鳩摩羅伽地,廣度[12]衆生。復次,又如童子過四歲以[13]上,未滿二十,名爲鳩摩羅伽[14]。若菩薩初生菩薩家者,如嬰兒;得無生法忍,乃至十住地,離諸惡事,名爲鳩摩羅伽地。欲得如是地,當學般若波羅蜜。常欲不離諸佛者,菩薩世世所生,常值諸佛。問曰:菩薩當化衆生,何故常欲值佛?答曰:有菩薩未入菩薩位,未得阿鞞跋致[15]、受記別故;若遠離諸佛,便壞諸善根,没在煩惱,自不能度,安能度人!如人乘船,中流壞敗,欲度他人,反自没水;又如少湯投大氷池,雖消少處,反更成氷。菩薩未入法位,若遠離諸佛,以少功德、無方便力,欲化衆生,雖少利益,反更墜落!以是故,新學菩薩不應遠離諸佛。問曰:若爾者,何以不説不離聲聞,辟支佛,聲聞、辟支佛亦能[16]利益菩薩?答曰:菩薩大心,聲聞[17]、辟支佛雖有涅槃利益,無一切智故,不能教導菩薩;諸佛一切種智故,能教導菩薩。如象没泥,非象不能出;菩薩亦如是,若入非道中,唯佛能救,同大[18]道

---

1 "常",甲本作"當",誤。
2 "前",甲、宋、元、明、宫本作"佛"。
3 "錠光佛",甲本作"定光佛",異譯詞。
4 "月",甲、石本作"一月"。
5 "歲",甲、石本作"一歲"。
6 "以",甲、宋、元、明、宫本作"已"。
7 "常",甲本作"當",誤。
8 "有",甲本無。
9 "發心",甲本作"初發心"。
10 "鳩摩羅伽地",甲本作"鳩摩羅迦地",異譯詞。
11 "爲",甲本無。
12 "廣度",甲本作"爲廣度"。
13 "以",甲、宫本作"已"。
14 "鳩摩羅伽"後,甲、明本衍"地"。
15 "阿鞞跋致",甲本作"阿惟越致",異譯詞。
16 "能",甲本作"不",誤。
17 "聞",甲本脱。
18 "大",甲本脱。

故。以是故説菩薩常欲不離諸佛。復次，菩薩作是念：我未得佛眼故，如盲無異，若不爲佛所引導，則無所趣，錯入餘道[1]；設聞佛法，異處行者，未知教化時節、行法多少。復次，菩薩見佛得種種利益，或眼見心清淨，若聞所説，心[2]則樂法，得大智慧，隨法修行，而得解脱。如是等值佛無量利益，豈不一心求欲見佛！譬如嬰兒不應離母[3]，又如行道不離糧食，如大熱時不離涼風冷水，如大寒時不欲離火，如度深水不應離船，譬如病人不離良醫；菩薩不離諸佛，過於上事。何以故？父母、親屬、知識、人、天王等，皆不能如[4]佛利益；佛利益諸菩薩，離諸苦處，住世尊之地。以是因緣故，菩薩常不離佛。問曰：有爲之法，欺誑不真，皆不可信；云何得如願不離諸佛？答曰：福德、智慧具足故，乃應得佛，何況不離諸佛！以衆生有無量劫罪因緣故，不得如願；雖行福德而智慧薄少，雖行智慧而福德薄少，故所願不成。菩薩求佛道故，要行二忍：生忍，法忍。行生忍[5]故，一切衆生中發慈悲心，滅無量劫罪，得無量福德；行法忍故，破諸法無明，得無量智慧。二行和合故，何願不得！以是故，菩薩世世常不離諸佛。復次，菩薩常愛樂念佛故，捨身受身[6]，恒得值佛。譬如衆生習欲心重，受[7]婬鳥身，所謂孔雀、鴛鴦等；習瞋恚偏多，生毒虫中[8]，所謂惡龍、羅刹、蜈蚣、毒蛇等。是菩薩心，不貴轉輪聖王、人天福樂，但念諸佛，是故隨心所重而受身形。復次，菩薩常善修念佛三昧因緣故，所生常值諸佛。如《般舟三昧[9]》中説：菩薩入是三昧，即見阿彌陀佛；便問其佛：何業因緣故，得生彼國？佛即答言：善男子！以常修念佛三昧，憶念不廢故，得生我國！問曰：何者是念佛三昧得生彼國？答曰：念佛者，念佛三十二相、八十隨形好、金色身，身[10]出光明遍滿十方，如融閻浮檀金，其色明淨；又如須彌山王在大海中，日光照時，其色發明。行者是時都無餘色想，所謂山地樹木等；但見虚空中諸佛身相，如真琉璃中赤金外現。亦如比丘入不淨觀，但見身體脹脹爛壞，乃至但見骨人；是骨人無有作者，亦無來去[11]，以憶想故見。菩薩摩訶薩入念佛三昧，悉見諸佛，亦復如是；以攝心故，心清淨故。譬如人莊嚴其身，照[12]淨水鏡，無不悉見；此[13]水鏡中亦無形相，以明淨故，見其身像。諸法從本以[14]來，常自清淨，菩薩以[15]善修淨心，隨意悉見諸佛，問其所疑，佛答所問。聞佛所説，心大歡喜；從三昧起，作是念言：佛從何所來？我身亦不去。即時便知：諸佛無所從來，我亦無所去。復作是念：三界所有，皆心所作。何以故？隨心所念，悉皆得見；以心見佛，以心作佛，心即[16]是佛，心即[17]我身；心不自知，亦不自見。若取心相，悉皆無智[18]，心亦虚誑，皆從無明出。因是心相，即入諸法實相，所謂常空。得如是三昧、智慧已[19]，二行力故，隨意所願，不離諸佛；如金翅鳥王，二翅具足故，於虚空

---

1 “道”，甲本作“導”，“道”爲“導”之古字。
2 “心”，甲本脱。
3 “母”，甲本作“父母”。
4 “如”，甲本作“知”，誤。
5 “行生忍”，甲本脱。
6 “受身”，甲本脱。
7 “受”，甲本作“愛”，誤。
8 “所謂……毒虫中”一行十六字，甲本脱。
9 “般舟三昧”，甲、宋、元、明、宫本作“般舟般三昧”。
10 “身”，甲本無。
11 “來去”，甲本作“去來”。
12 “照”，甲本作“照於”。
13 “此”，甲本作“此於”。
14 “以”，甲、石本作“已”。
15 “以”，甲本作“已”，“已”通“以”。
16 “即”，甲本作“則”。
17 “即”，甲本作“則”。
18 “智”，甲本作“知”，“知”爲“智”之古字。
19 “已”，甲本作“以”，“以”通“已”。

中自在所至。菩薩得是[1]三昧、智慧力故，或今身隨意供養諸佛，命終亦復值遇諸佛。以是故説：菩薩常不離諸佛者[2]，當學般若波羅蜜[3]。

大智度論卷第二十九[4]。

大智度論釋初品中善根供養義第四十六（卷第三十）[5]

……譬如[6]農夫遇好良田而無種子，雖欲[7]加功，無以肆力，心大愁憂！菩薩亦如是，得遇諸佛而無供具，設有餘物，不稱其意，心便有礙。諸善根者，所謂善根果報，華香、瓔珞[8]、衣服、幡蓋種種珍寶等。所以者何？或時以因説果[9]，如言[10]一月食千兩[11]金，金不可食，因金得[12]食[13]，故言食金[14]。或時以果説[15]因，如見好[16]畫，言是好手；手非是畫，見[17]畫妙[18]故，説言手好。善根果報亦如是，以善根業[19]因緣故[20]，得供養之具，名爲善[21]根。問曰：若爾者[22]，何不即説華香等[23]而説其因？答[24]曰：供養具有二種：一者，財供養；二者，法供養。若但説華香等供養，則[25]不攝法供養；今説善根供養，當知則財[26]、法俱攝。供養者，若見、若聞諸佛功德，心敬尊重，迎逆侍

1　“是”，甲本無。

2　“者”，甲、宋、元、明、宫本無。

3　“當學……羅蜜”七字，甲、宫本無。

4　甲本終，尾題作“摩訶衍經卷第二十九”，題記作“開皇十七年四月一日，清信優婆夷袁敬姿謹減身口之費，敬造此經一部，永劫供養，願從今已去，災障殄除，福慶臻集，國界永隆，萬民安泰，七世久遠，一切先靈，并願離苦獲安，遊神淨國，罪滅福生，無諸障累，三界六道，怨親平等，普共含生，同升佛地”。題記後有紅筆字二行：“此跋五行近代僞作。此經按紙筆，當爲西魏人書。”

5　本卷對應《大智度論》寫本凡17號：BD 10227號（以下簡稱“甲一”）、BD 11714號（以下簡稱“甲二”）、BD 10758號（以下簡稱“甲三”）、BD 11070號（以下簡稱“甲四”）、BD 09666號（以下簡稱“甲五”）、BD 07658號（以下簡稱“甲六”）、俄 Дх15062號（以下簡稱“乙本”）、俄 Дх17726號（以下簡稱“丙本”）、津文3號（以下簡稱“丁本”）、俄 Дх08095號（以下簡稱“戊本”）、俄 Дх07419號（以下簡稱“己本”）、羽210號A（以下簡稱“庚本”）、俄 Дх04985號（以下簡稱“辛本”）、S.4950號（以下簡稱“壬本”，所抄分屬《大正藏》本卷三十、三十一）、俄 Дх04997號（以下簡稱“癸本”）、俄 Дх16161號（以下簡稱“子本”）、BD 00866號（以下簡稱“丑本”）。

6　甲一始。

7　“種子雖欲”，甲一殘。

8　“瓔珞”，甲一、明本作“纓絡”，異譯詞。乙本始於“瓔”。

9　“衣服……説果”十九字，乙本殘。

10　乙本終。

11　“兩”，甲一無。

12　甲一終。

13　甲二始。

14　丙本始。

15　“以果説”，甲二殘。

16　“見好”，甲二殘。

17　“果説……畫見”十六字，丙本殘。

18　“妙”，甲二作“好”。

19　“業”，甲二作“葉”，“葉”爲“業”之借字。

20　“手好……緣故”十六字，丙本殘。

21　丙本終。

22　甲三始。

23　“者何……香等”八字，甲二殘。

24　甲二終。“而説其因答”，甲三殘。

25　“則”，甲三作“財”，誤。

26　“財”，甲三脱。

送，旋繞禮拜，曲躬合手而住[1]，避[2]坐安處，勸進[3]飲食、華香、珍寶等。種種稱讚持[4]戒、禪定、智慧諸功德。有所[5]說法，信受教誨[6]。如是善身、口、意業，是爲供養。尊重者，知一切衆生中，德[7]無過上[8]，故言尊；敬畏之心過於父母、師長、君王，利益重故，故言重。恭敬者，謙遜畏難故言恭；推其智德故言敬。讚歎者，美其功德爲讚；讚之不足，又稱揚之，故言歎[9]。隨意[10]成就者，若須華供養[11]，如意即至，或求得，或[12]不求而得；有自[13]然出者，或變化生；乃至伎樂[14]供養之具[15]，悉皆如是。問曰：菩薩遇得便以供養，何以隨意求索？答曰：福德從心，於所愛重，持用供養，得福增多。如阿[16]育王小兒時，以所重土，持用奉佛；得閻浮提王，一日之中起八萬塔。若大人雖以多土投鉢而無所得，非所重故。有人偏貴重華，以其所貴，持供養佛，得福增多；乃至寶物亦如是。復次，隨時所宜，若寒時，應以薪火、上衣、溫室、被褥[17]，及以飲食；熱時，應以氷水、扇蓋、涼室、生薄之服，上妙之食；風雨之[18]時，就送供具；如是等隨時供養。又隨土地所宜，隨受者所[19]須，皆持供養。復次，隨意[20]供養者，有菩薩知佛無所須，又知諸物虛誑如幻，一相，所謂無相；爲教化衆生故，隨衆生國土所重，引導故供養。復有菩薩得甚深禪定，生菩薩神通，以神通力故，飛到十方佛前，或於佛國，若須遍雨天華，即滿三千世界持供養佛；或雨天栴檀，或雨真珠，光明鮮發；或雨七寶；或雨如意珠，大如須彌；或雨妓樂，音聲清妙；或以身如須彌以爲燈炷，供養諸佛。如是等名爲財供養。又菩薩行六波羅蜜，以法供養諸佛：或有菩薩行一地法供養諸佛，乃至十地行法供養。或時菩薩得無生法忍，自除煩惱及衆生煩惱，是法供養。或時菩薩住於十地，以神力故，令地獄火滅；於餓鬼道，皆得飽滿；令畜生得離恐怖，令生人、天；漸住阿惟越致地。如是等大功德力故，名爲法供養。以是故說：欲得善根成就，當學般若波羅蜜。

【經】欲滿一切衆生所願：衣服、飲食、臥具，塗香、車乘、房舍、床榻、燈燭等，當學般若波羅蜜！

【論】問曰：有何次第，欲滿一切衆生願？答曰：菩薩業有二種：一爲供養諸佛，二爲度[21]脫衆生。以供

1　“曲躬合手而住”，甲三作“曲躬合掌而往”。

2　“避”，甲三作“辟”，“辟”通“避”。聖本作“譬”，“譬”爲“避”之借字。

3　“勸進”，甲三作“初盡”，宮、聖本作“初進”，石本作“衏”。

4　甲四始。

5　“持戒……有所”十一字，甲三殘。

6　甲三終。“説法信受教誨”，甲四殘。

7　“德”，甲四作“得”，“得”通“德”。

8　“上”，甲四作“上者”。

9　甲五始。

10　“歎隨意”，甲四殘。

11　“成就……供養”八字，甲五殘。

12　“如意……得或”八字，甲四殘。

13　“不求而得有自”，甲五殘。

14　“然出……伎樂”十一字，甲四殘。

15　甲四終。“供養之具”，甲五殘。

16　“阿”，甲五作“何”，誤。

17　“褥”，甲五作“辱”，“辱”爲“褥”之借字，宮本作“蓐”，“蓐”通“褥”。

18　“風雨之”，甲五殘。

19　“土地……者所”八字，甲五殘。

20　甲五終。

21　甲六始。

養諸佛，得[1]無量福德；持是福德，利益衆生，所謂[2]滿衆生願。如賈客主入海採寶，安隱得出[3]，利益[4]所親及知識等；菩薩如是入[5]諸佛法海，得無量功德之寶，利益[6]衆生。如小王供養大王，能令歡喜，與其所願，職位財帛，還其本國，利益人物，除却怨賊。菩薩供養諸佛法王故，得受記別[7]；以無量善根珍寶，得無盡智力，來入衆生。善人供養，貧者隨其所須而給與之，魔民、邪見外道之屬悉皆破壞。是爲供養諸佛，次滿衆生所願。
問曰：菩薩實能滿一切衆生願不？若悉滿衆生願，餘佛菩薩何所利益？若不悉滿，是中何故説欲滿一切衆生願，當學般若波羅蜜？答曰：有二種願：一者[8]，可得願；二者[9]，不可得願。不[10]可得願者，有人欲籌量虛空，盡其邊際，及求時、方、邊際，如小兒求水中月、鏡中像；如是等願皆不可得。可得願者，鑽木求火，穿地得水，修福得[11]人天中生，及得阿羅漢、辟支佛果，乃至得諸佛[12]法王；如是等名皆可得願。可得願[13]有二種：一謂世間，二謂出世間。是中世間願故，滿衆生願。云何得知？以飲食、床、卧具[14]乃至燈燭，所須之物，皆給與之。
問曰：菩[15]薩何以故與衆生易得願，不與難者？答曰：願有下、中、上。下願令致今世樂因緣，中願與[16]後世樂因緣，上願與涅槃樂[17]因緣；是故先與下願，次及中願，然後上願。復次，衆生多著今樂，少求後樂，涅槃樂者轉復[18]少也。若説多者，少亦攝之。復次，此經前後多説後世涅槃道，少説今世利事。菩薩法者，常與衆生種種利益[19]，不應有捨。所以者何？初心但欲令諸衆生行大乘法；以不堪受化，次與聲聞、辟支佛道；若復不能，當與十善，四梵行等，令修福德。若衆生都不樂者，如是衆生不應遺捨，當與今世利益，所謂飲[20]食等也。復次，凡夫雖能與人飲食等、滿彼願者，皆有因緣，若今世事、若後世事；聲聞、辟支佛雖無因緣滿衆生願，而所益甚少；菩薩摩訶薩行檀波羅蜜業因緣故，得爲國王，或爲大[21]長者，財富無量，四方衆生若來求者，盡滿足之。如頻頭居士爲大檀越，坐七寶[22]大床，金剛爲脚，敷以天[23]褥[24]，以赤真珠上爲帳[25]幔，左右立侍，各八萬四千，

1　"養諸佛得"，甲六殘。
2　"謂"，甲六殘。
3　"得出"，甲六、宋、元、明、宫、聖、石本作"出還"。
4　"利益"，甲六、聖、石本作"益利"。
5　"入"，甲六作"人"，誤。
6　"利益"，甲六、聖、石本作"益利"。
7　"別"，甲六、宋、元、明、宫、聖、石本作"莂"。
8　"者"，甲六作作"種"，聖本作"種者"。
9　"二者"，甲六作"一種"，聖本作"二種者"。
10　"不"，甲六脱。
11　"得"，甲六作"德"，"德"通"得"。
12　"佛"，甲六脱。
13　"願"，甲六無。
14　"具"，甲六、宋、元、明、宫本無。
15　丁本(殘卷一)始。
16　"與"，甲六、丁、宋、元、明、宫、聖、石本無。
17　"樂"，原脱，兹據甲六、丁、宋、元、明、宫、聖本補。
18　"復"，甲六作"次"，誤。
19　"利益"，甲六、丁、宋、元、明、宫、聖本作"益利"。
20　"飲"，甲六作"飯"，誤。
21　"大"，甲六無。
22　"七寶"，甲六殘。
23　"天"，甲六作"大"，誤。
24　"褥"，甲六作"辱"，"辱"爲"褥"之借字，丁本作"蓐"，"蓐"通"褥"。
25　"真珠上爲帳"，甲六殘。

皆莊嚴琦妙；開四[1]大門，恣所求[2]者，晝夜六時鳴鼓，又放光明，十方無量衆生有聞鼓聲，光明觸身者，無不悉來。欲得種種飮[3]食者，長者見其大集，即時默然，仰視虛空，於時空中雨種種百味之食，隨意皆得；若衆生不自取者，左右給使分布與之，足滿乃止。須飮食、衣被、臥具、寶物等，皆亦如是。恣衆生所欲已，然後説法，令離四食，皆住阿鞞跋致地。如是等菩薩神通力故，能滿衆生願。問曰：佛在時，衆生尚有飢餓，天不降雨，衆生困弊；佛猶不能滿一切衆生之願，云何菩薩能[4]滿其願？答曰：菩薩住於十地，入首楞嚴三昧，於三千大千世界，或時現初發意，行六波羅蜜；或現阿鞞跋致；或現一生補處，於兜率[5]天上，爲諸天説法；或從兜率[6]天上來下生淨飯王宮；或現出家成佛；或現大衆中轉法輪，度無量衆生；或現入涅槃，起七寶塔，遍諸國土，令衆生供養舍利；或時法都滅盡。菩薩利益如是，何況於佛！而佛身[7]有二種：一者，真身；二者，化身。衆生見佛真身，無願不滿。佛真身者，遍[8]於虛空，光明遍炤十方，説法音聲亦遍十方；無量恒河沙等世界滿中大衆，皆共聽法；説法不息，一時之頃，各隨所聞而得解悟。如劫盡已，衆生行業因緣故，大雨澍下，間無斷絕，三大所不能[9]制；惟有[10]劫盡十方風起，更互相對，能持此水。如是法性身佛有所説法，除十住菩薩，三乘之人皆不能持；惟有十住菩薩不可思議方便智力，悉能聽受。衆生其有見法身佛，無有三毒及衆煩惱，寒熱諸苦一切皆滅，無願不滿。如如意珠，尚令衆生隨願皆得，豈況於佛！珠與一切世間之願，佛[11]與一切出世間願！若言佛不能悉滿衆生所願，是語不然！復次，釋迦文尼佛，王宮受身，現受人法，有寒熱、飢渴、睡眠，受諸誹謗，老、病、死等；内心智慧神德，真佛正覺，無有異也。欲滿衆生所願，悉皆能滿；而不滿者，以無數世來，常[12]滿衆生衣、食之願，而不免[13]苦；今但以涅槃無爲常樂益之。如人憐愍所親，不與雜毒美食。如是世間願者，生諸結使，又復[14]離時心生大苦，是故不以爲要。復次，有人言：釋迦牟尼佛已滿衆生所願，而衆生自不能得。如《毘摩羅詰[15]經》説[16]：佛以足指案[17]地，即時國土七寶莊嚴，我佛國如是。爲多怒害者，現佛國異。又如龍王等心降雨，在人爲水；餓鬼身上皆爲炭火。問曰：若能滿一切衆生願者，則衆生有邊，無有受諸飢寒苦者。何以故？一切衆生皆滿所願，願[18]離苦得樂故。答曰：滿一切者，名字一切，非實一切。如《法句偈》説：

一切皆懼死，莫不畏杖痛。恕己可爲譬[19]，勿殺勿行杖！

雖言一切畏杖痛，如無色衆生無身故，則無杖痛；色界衆生雖可有身，亦無杖痛；欲界衆生亦有不受杖

1　“千皆……開四”八字，甲六殘。

2　甲六終。

3　“飮”，丁、聖、石本無。

4　“能”，丁本作“得”，聖本作“得能”。

5　“兜率”，丁本作“兜術”，異譯詞。

6　“兜率”，丁本作“兜帥”，異譯詞。

7　“身”，丁本脱。

8　“遍”，丁、宋、元、明、宫、聖本作“滿”。

9　“能”，丁本脱。

10　“惟有”，丁、宋、元、明、宫、聖本作“唯有”。下同，不復出校。

11　“佛”，丁本脱。

12　“常”，丁本作“當”，誤。

13　“免”，丁、聖、石本作“勉”，“勉”通“免”。

14　“復”，丁、宋、元、明、宫本無。

15　“毘摩羅詰”，丁、宫、石本作“毘摩羅鞊”，異譯詞，聖本作“毘摩羅鞞鞊經”。下同，不復出校。

16　“説”，丁本無。

17　“案”，丁本作“安”，“安”爲“案”之借字，宋、元、宫本作“桉”，“桉”同“案”，明本作“按”。

18　“願”，丁本脱。

19　“譬”，丁本作“喻”。

痛。而言一切,謂應得杖者説言一切,非實一切。以是故,菩薩滿一切衆生所願,謂應可得者。然菩薩心無齊限,福德果報亦無有量;但衆生無量阿僧祇劫罪厚障故,而不能得。如舍利弗弟子羅頻周比丘,持戒精進,乞食六日而不能得,乃至七日,命在不久;有同道者乞食持與,鳥即持去。時舍利弗語目揵連:汝大神力,守護此食,令彼得之!即時目連持食往與,始欲向口,變成爲泥;又舍利弗乞食持與,而口自合;最後佛來,持食與之,以佛福德無量因緣故,令彼得食。是比丘食已,心生歡喜、倍加信敬。佛告比丘:有爲之法皆是苦相。爲説四諦,即時比丘漏盡意解、得阿羅漢道。有薄福衆生,罪甚此者,佛不能救。又知衆生不可得故,深達法性故,諸佛無有憶想分別:是可度、是不可度;心常寂滅,意無增減。以是故,菩薩欲滿一切衆生願,彼以罪故而不能得,菩薩無咎!飲、食者,略説麁、細二種。餅飯等百味之食,經雖説四食,衆生久住,而此但説揣食,餘者無色不可相與。若施¹揣食,則與三食,何以故?因揣食故,增益三食。如《經》所説:檀越施食,則與受者五事利益。飲,總説二種:一者,草木酒,所謂蒲桃、甘蔗等及諸穀酒;二者,草木漿,甘蔗漿、蒲桃漿、石蜜漿、安石榴²漿、梨椋漿、波盧沙果漿等,及諸穀漿。如是和合,人中飲食及天飲食,所謂修陀甘露味、天果食等,摩頭摩陀婆漿等。衆生各各所食,或食穀者,或食肉者,或食淨者、不淨者,來皆飽滿。衣服者,衣有二種:或從衆生生,所謂綿絹、毛㲉、皮韋等;或從草木生,所謂布氈³樹皮等。有諸天衣,無有經緯,自然樹出,光色輕軟。卧具者,床榻、被褥、幃帳、枕等。塗香者,有二種:一者,栴檀木⁴等,摩以塗身;二者,種種雜香,擣以爲末,以塗其身,及熏衣服,并塗地壁。乘者,所謂象、馬、車輿等。房舍者,所謂土木寶物所成樓閣、殿堂、宮觀等,以障寒熱、風雨、賊盜之屬。燈燭者,所謂脂膏、蘇油、漆蠟、明珠等。諸物者,是一切衆生所須之物,不可具説故,略言諸物。問曰:此中何以不説燒香、妙華等⁵?答曰:説諸物者,皆已攝之。問曰:若爾者,但應略説三種:飲食、衣服、莊嚴之具?答曰:此諸物是所須要者。若慈念衆生,以飲食爲先,次以衣服;以身垢臭,須以塗香,次以卧具;寒雨須房舍,黑闇須燈燭。問曰:華香亦能除臭,何故不説?答曰:華非常有,亦速萎爛,利益少故,是故不説。燒香者,寒則所須,熱時爲患;塗香,寒、熱通用,寒時雜以沈水,熱時雜以栴檀⁶以塗其身,是故但説塗香。問曰:若行檀波羅蜜,得無量果報,能滿一切衆生所願;何故言欲滿衆生願,當學般若波羅蜜?答曰:先已説,以般若波羅蜜和合故,得名檀波羅蜜。今當更説:所可滿衆生願者,非謂一國土、一閻浮提,都欲滿十方世界六趣衆生所願,非但布施所能辦故。以般若波羅蜜破近遠相,破一切衆生相,非一切衆生相,除諸礙⁷故;彈指之頃,化無量身,遍至十方,能滿一切衆生所願。如是神通利益,要從般若出生。以是故,菩薩欲滿一切衆生願,當學般若波羅蜜。

【經】⁸復次,舍利弗!菩薩摩訶薩欲使如恒河沙等世界衆生,立於檀波羅蜜,立於尸羅、羼提、毘梨耶、禪、般若波羅蜜,當學般若波羅蜜!

【論】⁹問曰:是義次第有何因緣?答曰:利有三種:今世利、後世利、畢竟利。復有三種樂:今世、後世、出世樂。前説今世利樂,此説後世、出世利樂。以是故,令衆生住六波羅蜜。菩薩愍念衆生,過於父母念子,

---

1　"施",丁、宋、元、明、宮本作"説"。

2　"安石榴",丁、聖、石本作"安石留",異譯詞。

3　"氈",丁、宮、聖、石本作"疊"。

4　"栴檀木",丁本作"旃檀",異譯詞。

5　"等",丁、宋、元、明、宮、聖本無。

6　"栴檀",丁本作"旃檀",異譯詞。

7　"礙",丁、聖、石本作"閡"。

8　"經",丁、宋、宮、聖本無。下同,不復出校。

9　"論",丁、宋、宮、聖本無。下同,不復出校。

慈悲之心,徹於骨髓。先以飲食充足其身,除飢渴苦;次以衣服莊嚴其身,令得受樂。菩薩心不滿足[1],復作是念:衆生已得今世樂,復更思惟令得後世[2]樂。若以世間六波羅蜜教之,則得人、天中樂,久後還來輪轉生死;當復以出世間六波羅蜜,令得無爲常樂。復次,先以衣服、華香等莊嚴其身,今以功德莊嚴其心。若有三種莊嚴,則爲具足、無有過者:一者,衣服七寶等;二者,福德;三者,道法。菩薩欲具足三種莊嚴衆生故,先説功德果報,今説功德因緣。復次,前説雖有大施,而衆生罪故,不能悉得。如《餓鬼經》説:雖與其食而不得噉[3],變成炭火不淨之物!又菩薩不捨一切,當作方便,令衆生得衣食利益[4],是故教修福業,自行自得。菩薩善知因緣不可强得,教令得之。以是故,次第教衆生住六波羅蜜。問曰:菩薩志願令十方一切衆生住六波羅蜜,何故但説如恒河沙世界衆生? 答曰:爲聽法者聞恒河沙故;又於新發意菩薩以無邊無量爲多,多則致亂;若大菩薩,不以恒河沙爲數。復次,説如恒河沙者,是無邊無量數,如《後品》中説。復次,如恒河沙者,已説十方諸世界,此中亦不言一恒河沙,不應爲難!以是故,説[5]如恒河沙世界,無咎!恒河沙世界義,如先説。衆生者,於五衆、十八界、十二入、六種、十二因緣等衆多法中,假名衆生是天、是人、是牛、是馬。衆生有二種:動者、靜者。動者生身、口業,靜者不能。有色衆生,無色衆生;無足、二足、四足、多足衆生;世間、出世間衆生;大者、小者;賢聖、凡夫;邪定、正定、不定衆生;苦、樂[6]、不苦不樂衆生;上、中、下衆生;學、無學、非學非無學衆生;有想、無想、非有想非無想衆生;欲界、色界、無色界衆生。欲界衆生者,有三種:以善根有上、中、下故。上者六欲天,中者人中富貴,下者人中卑賤。以面類不同故,四天下別異。不善亦有三品:上者地獄,中者畜生,下者餓鬼。復次,欲界衆生有十種:三惡道、人及六天。地獄有三種:熱地獄、寒地獄、黑闇地獄。畜生有三種:空行、陸行、水行;晝行、夜行、晝夜行;如是等差別。鬼[7]有二種:弊鬼、餓鬼。弊鬼如天受樂,但與餓鬼同住,即爲其主;餓鬼腹如山谷,咽如針,身惟有三事——黑皮、筋、骨,無數百歲不聞飲食之名,何況得見! 復有鬼,火從口出,飛蛾投火以爲飲食。有食糞,涕唾膿血,洗器遺餘。或得祭祀,或食産生不淨。如是等種種餓鬼。六欲天者,四王天等;於六天中間,別復有天,所謂持瓔珞[8]天,戲忘天,心恚天,鳥足天,樂見天。此諸天等,皆六天所攝。有人言:欲界衆生,應有十一種;先説五道,今益阿修羅道。問曰:阿修羅即爲五道所攝。是阿修羅非天、非人,地獄苦多,畜生形異;如是應鬼道所攝。答曰:不然!阿修羅力與三十三天等。何以故? 或爲諸天所破,或時能破諸天。如經中説:釋提桓因爲阿修羅所破,四種兵衆入藕根孔以自藏翳。受五欲樂,與天相似,爲佛弟子。如是威力,何得餓鬼所攝! 以是故,應有六道。復次,如阿修羅、甄陀羅、乾沓婆、鳩槃茶、夜叉、羅刹、浮陀等大神是,天;阿修羅民衆,受樂小減諸天,威德變化,隨意所作,是故人疑言:是修羅非修羅。修羅,秦言大也。説者言:是阿修羅非修羅,阿修羅道初得名,餘者皆同一道。問曰:經説有五道[9],云何言六道? 答曰:佛去久經流遠。法傳五百年後,多有別異,部部不同:或言五道,或言六道。若説五者,於佛經迴文説五;若説六者,於佛經迴文説六。又摩訶衍中,《法華經》説有六趣衆生。觀諸義旨,應有六道。復次,分別善惡故有六道:善有上、中、下故,有三善道——天、人、阿修羅;惡有上、中、下故,地獄、畜生、餓鬼道。若不爾者,惡有三果報,而善有二果,是事相違;若有六道,

---

1　"滿足",丁、聖本作"足滿"。
2　"世",丁、宋、元、明、宮本無。
3　"噉",丁、聖本作"敢","敢"當爲"噉"之誤。
4　"利益",丁、宋、元、明、宮、聖本作"益利"。
5　"説",丁本作"爲説"。
6　"苦樂",丁、宋、元、明、宮、聖本作"樂苦"。
7　"鬼",丁、聖本作"罪鬼"。
8　"瓔珞",丁、明本作"纓絡",異譯詞,聖本作"纓胳",疑"胳"字誤。
9　丁本(殘卷一)終。

於義無違。問曰：善法亦有三果：下者爲人，中者爲天，上者涅槃。答曰：是中不應説涅槃，但應分別衆生果報住處，涅槃非報故。善法有二種：一者，三十七品能至涅槃；二者，能生後世樂。今但説受身善法，不説至涅槃善法。世間善有三品：上分因緣故，天道果報；中分因緣故，人道果報；下分因緣故，阿修羅道果報。問曰：汝自説阿修羅與天等力，受樂與天不異，云何今説善下分爲阿修羅果報？答曰：人中可得出家受戒，以至於道。阿修羅道結使覆心，得道甚難。諸天雖隨結使，心直信道；阿修羅衆，心多邪曲，不時[1]近道。以是故，阿修羅雖與天相似，以其近[2]道難故，故在人下。如龍王、金翅鳥，力勢雖大[3]，亦能變化[4]故，在畜生道中；阿修羅道亦如是。問曰：若龍王、金翅鳥，力勢雖大，猶爲畜生道攝[5]，阿修羅亦應餓鬼道攝，何以更作六道[6]？答曰：是龍王、金翅鳥，雖復受樂，傍行形同畜[7]生故，畜生道攝。地獄、餓鬼形雖似人，以其大苦[8]故，不入[9]人道。阿修羅力勢既大，形似人、天故，別立六道。是爲略説欲界衆生。色、無色界衆生，如《後品》中説。立檀波羅蜜者，菩薩語諸衆生：當行布施！貧爲大苦，無以貧故，作諸惡行，墮三惡道；作諸惡行，墮三惡道，則不可救。衆生聞已，捨慳貪心，行檀波羅蜜。如《後品》中廣説。復次，菩薩於衆生前，種種因緣、種種譬喻而爲説法，毀呰慳貪。夫慳貪者，自身所須，惜不能用；見告求者，心濁色變，即於現身聲色醜惡；種後世惡業故，受形醜陋。先不種布施因緣故，今身貧賤；慳著財物，多求不息，開諸罪門；專造惡事故，墮惡道中！復次，生死輪轉利益之業，無過布施，今世、後世隨意便身之事，悉從施得；施爲善導，能開三樂：天上、人中、涅槃之樂。所以者何？好施之人，聲譽流布，八方信樂，無不愛敬；處大衆中無所畏難，死時無悔。其人自念：我以財物殖良福田，人、天中樂，涅槃之門，我必得之！所以者何？施破慳結，慈念受者；滅除瞋惱，嫉妬心息；恭敬受者，則除憍慢；決定心施，疑網自裂；知施果報，則除邪見及滅無明。如是等諸煩惱破，則涅槃門開。復次，非但開三樂而已，乃能開無量佛道、世尊之處。所以者何？六波羅蜜是佛道，檀爲初門，餘行皆悉隨從。如是等布施，有無量功德；以是因緣故，令衆生立檀波羅蜜。檀波羅蜜義，如先檀中説。立尸羅者，菩薩於衆生前，讚説戒行：汝諸衆生，當學持戒！持戒之德，拔三惡趣及人中下賤，令得天、人尊貴，乃至佛道。戒爲一切衆生衆樂根本，譬如大藏，出諸珍寶；戒爲大護，能滅衆怖，譬如大軍破賊；戒爲莊嚴，如著瓔珞；戒爲大船，能度生死巨海；戒爲大乘，能致重寶，至涅槃城；戒爲良藥，能破結病。戒爲善知識，世世隨逐不相遠離，令心安隱；譬如穿井，已見濕泥，喜慶自歡，無復[10]憂患。戒能成就利益諸行，譬如父母長[11]育衆子；戒爲智梯，能入無漏；戒能驚怖諸[12]結，譬如師子，能令群獸攝伏；戒爲一切諸德[13]之根，出家之要。修淨

1　戊本始。

2　“以是……其近”十四字，戊本殘。

3　“在人……雖大”十三字，戊本殘。

4　戊本終。

5　己本始。

6　“修羅……六道”十四字，己本殘。

7　“龍王……同畜”十四字，己本殘。

8　“生道……大苦”十五字，己本殘。

9　己本終。

10　庚本（第1段）始。

11　“父母長”，庚本殘。

12　“諸”，庚本殘。

13　“德”，庚本作“得”，“得”通“德”。

戒者,所願隨意;譬如如意珠,應念時得。如是等[1]種種[2]讚戒之德[3],令衆生歡喜,發心住尸羅波羅蜜[4]。住羼提者,於衆生前,讚歎忍辱:忍爲一切[5]出家之力,能伏諸惡,能於衆中現奇特事;忍能[6]守護,令[7]施、戒不毀;忍爲大鎧,衆兵不加;忍爲良藥,能除惡毒;忍爲善勝,於生死險道,安隱無患;忍爲大藏,施貧苦[8]人[9]無極大寶;忍爲大舟,能渡生死此岸,到涅槃彼岸;忍爲[10]碪礩[11],能瑩明諸德,若人加惡,如猪揩[12]金山,益發其明。求佛道、度[13]衆生之利器,忍爲最妙! 行者當作是念:我若以瞋報彼,則爲自害! 又我先世自有是罪,不得如意,要必當償;若於此人不受,餘亦害我,俱不得免[14],云何起瞋[15]? 復次,衆生爲煩惱所牽,起諸惡事,不得自在。譬如人爲非人所持,而罵辱良醫,良醫是時但爲除鬼,不嫌其罵;行者亦如是,衆生加惡向己,不嫌其瞋,但爲除結。復次,行忍之人,視前罵辱者,如父母視嬰孩,見其瞋罵,益加慈念,愛之踰深。又復自念:彼人加惡於我,是業因緣,前世自造,今當受之;若以瞋報,更造後苦,何時解已! 若今忍之,永得離苦,是故不應起瞋。如是種種因緣,訶瞋恚、生慈悲,入衆生忍中。入衆生忍中已,作是念:十方諸佛所説法,皆無有我,亦無我所,但諸法和合,假名衆生。如機關木人,雖能動作,內無有主;身亦如是,但皮骨相持,隨心風轉;念念生滅,無常空寂:無有作者,無罵者,亦無受者,本末畢竟空故;但顛倒虛誑故,凡夫心著。如是思惟已,則無衆生;無衆生已,法無所屬,但因緣和合無有自性。如衆生和合,強名衆生,法亦如是,即得法忍。得是衆生忍、法忍故,能得阿耨多羅三藐三菩提,何況諸餘利益! 衆生聞是已,住羼提波羅蜜。立[16]毘梨耶者,教衆生言:汝莫懈[17]怠! 若能精進,諸善功德悉皆易得;若懈怠者,見木有火而不能得,何況餘事! 是故勸令精進;若人隨方便精進,無願不得。凡得勝法,非[18]無因緣[19],皆從精進生。精進有二相:一,能進[20]生諸善法,二,能除諸惡法。復有三相:一,欲造事;二,精進作;三,不休息。復有四相:已生惡法斷之令滅,未生惡法能令不生,未生善法能令發生,已生善法能令增長。如是等名精進相。精進故能助成一切善法;譬如火得風助,其然[21]乃熾;又如世間勇健之人,能越山渡海;道法精進,乃至能得佛道,何況餘事! 衆生聞已,皆立精進波羅蜜[22]。復次,菩薩見有未發阿耨多羅三藐三菩提者,爲讚歎阿耨多羅三藐三菩提法[23],於一切諸法中最爲第一,極爲尊貴,

---

1　"等",庚本無。

2　辛本始。

3　丁本(殘卷二)始。

4　"戒之……羅蜜"十六字,辛本殘。

5　"者於……一切"十三字,辛本殘。

6　"能伏……忍能"十四字,辛本殘。

7　辛本終。

8　"苦",丁、庚、宋、元、明、宮本作"善"。

9　"人"前,丁、庚本有"財"。

10　"爲",庚本殘。

11　"碪礩",丁、庚、聖本作"碪碪",異譯詞。

12　"揩",庚本作"楷",借字。

13　"度",丁、庚本作"渡","渡"通"度"。

14　"免",丁、庚、宋、聖、石本作"勉","勉"通"免",宮本作"瓵"。

15　"起瞋"後,庚本有"住羼提波羅蜜",庚本(第1段)終。

16　庚本(第2段)始。

17　"懈",庚本作"解","解"通"懈"。

18　"非",丁、庚、聖本作"非天非"。

19　"緣",丁、庚、聖本無。

20　"進",丁、庚、宋、元、明、宮、聖、石本作"集"。

21　"然",丁、庚本作"燃","然"爲"燃"之古字。

22　庚本(第2段)終。

23　"法",丁、聖、石本無。

能饒[1]益一切,令得諸法實相不誑之法。有大慈悲,具一切智,金色身相,第一微妙;三十二相,八十隨形好,無量光明;無量戒、定、智慧、解脱、解脱知見;三達、無礙,於一切法無礙解脱。得如是者,一切衆生中最爲上尊,應受一切世間供養。若人但心念佛,尚得無量無盡福德,何況精進布施、持戒、供養、承事、禮拜者!語衆生言:佛事如是,汝等當發無上道心,懃修精進;行如法者[2],得之不難!衆生聞是已,便發[3]無[4]上道心。若發心者,不可但空爾而得,當行檀波羅蜜;行檀波羅蜜次,行尸羅波羅蜜,羼提波羅蜜,禪波羅蜜,般若波羅蜜;行五波羅蜜,則是毘梨耶波羅蜜。若不發大乘心者,當教辟支佛道;若無辟支佛道者,教行聲聞道;若無聲聞道者,教令離色,受無色定,寂滅安樂;若無無色定者,教令離欲,受色界種種禪定樂;若無禪者,教令修十善道,人、天中受種種樂。莫自懈怠,空無所得,貧窮下賤,種種懃苦,甚爲可患!懈怠法者[5]最爲弊惡,破壞今世、後世利益善道。衆生聞已,集諸善法,懃行精進。立[6]禪者,菩薩於衆生前,讚歎禪定清淨樂、內樂,自在樂,離罪樂,今世、後世樂,聖所受樂,梵天王樂,遍身受樂,深厚妙樂;汝諸衆生,何以著五欲不淨樂,與畜生同受諸罪垢樂,而捨是妙樂?若汝能捨小樂,則得大樂。汝不見田夫棄少[7]種子,後獲大果;如人獻王少物而得大報;如少鈎餌而得大魚,所捨甚少而所獲大多。智者亦如是,能棄世間之樂,得甚深禪定快樂。既得此樂,反觀欲樂,甚爲不淨,如從獄出;如病疹得差,更不求藥[8]。復次,禪定名實智初門,令智慧[9]澄靜[10],能照諸法;如燈在密[11]室,其明得用。若依禪定得四無量、背捨[12]、勝處[13]、神通、辯才等[14];諸甚深功德,悉皆具得,能令瓦石變成如意寶珠,何況餘事!隨意所爲,無不能作:入地如水,履水如地,手捉日、月,身不焦[15]、冷;化爲種種禽、獸之身,而不受其法。或時變身充滿虛空,或時身若微塵,或輕如鴻毛,或重若[16]太山[17];或時以足指按地,天地大動,如動草葉。如是等神通變化力,皆從禪得。衆生聞是已,立於禪波羅蜜。立般若波羅蜜者,菩薩教諸衆生:當學智慧!智慧者,其明第一,名爲慧眼。若無慧眼,雖有肉眼,猶故是盲[18];雖云有眼,與畜生無異。若有智慧,自別好醜,不隨他教;若無智慧,隨人東西,如牛駱駝穿鼻隨人。一切有爲法中,智慧爲上!聖所親愛,能破有爲法故。如經中説:於諸寶中,智慧寶爲最;一切利器中,慧刀利爲最;住智慧山頂,無有憂患!觀諸苦惱衆生,無不悉見。智慧刀[19]能斷無始煩惱生死連鎖;智慧力故,能具六波羅蜜,

---

1　"饒",丁、宋、元、明、宫、聖、石本無。

2　壬本始。

3　"不難……便發"九字,壬本殘。

4　"無",丁本脱。

5　"者",丁、石本無。

6　庚本(第3段)始。

7　"少",壬本作"小","小"通"少"。

8　"藥",丁、庚、宫、聖本作"樂",誤。

9　"慧",庚本作"惠","惠"通"慧"。下同,不復出校。

10　"靜",壬、聖本作"淨"。

11　"密",庚本作"蜜"。

12　"背捨",壬本作"解脱",異譯詞。

13　"勝處",壬本作"除入"。

14　"等",壬本無。

15　"焦",丁、庚本作"燋","燋"通"焦"。

16　"若",丁、庚、壬本作"如"。

17　"太山",丁、庚、宋本作"大山","大"通"泰"。

18　"猶故是盲",丁、庚、壬、聖本作"猶是盲人"。

19　"刀",丁、壬本作"力",誤。

得不可思議無量佛道、成一切智[1]，何況聲聞、辟支佛，及世間勝事！是智慧增長清淨，不可沮[2]壞，名爲波羅蜜。衆生聞已，住般若波羅蜜[3]。復次，菩薩或時不以口教，或現神足光明，令衆生住六波羅蜜；或現種種餘緣，乃至夢中爲作因緣，使其覺悟，令衆生住六波羅蜜。是故經言：欲令衆生住六波羅蜜，當學般若波羅蜜！

【經】[4]欲殖一善根於佛福田中，至得阿耨多羅三藐三菩提不盡者，當學般若波羅蜜！

【論】[5]善根者，三善根：無貪善根，無瞋善根，無癡善根。一切諸善法，皆從三善根生增長；如藥樹、草木，因有根故，得生成增長。以是故，名爲諸善根。今言善根者，善根因緣供養之具，所謂花香、燈明，及法供養，持戒、誦經等，因中説果。何以故？香華不定，以善心供養故，名爲善根。布施非即是福，但能破慳貪，開善法門；善根名爲福，如針導綖縫[6]衣，縫非針也。一者：若華、若香、若燈明，若禮敬，若誦經、持戒，若禪定，若智慧等，一一供養及法供養，殖於諸佛田中。佛田者，十方三世諸佛；若佛在世，若形像，若舍利，若但念佛。殖者，專心堅著。問曰：經言種種福田，今[7]何以獨言殖於佛田？答曰：雖有種種福田，佛爲第一福田，以十力、四無所畏、十八不共法如是等無量佛法具足，是故獨説殖於佛田。法寶雖爲佛師，若佛不説，法爲無用；如雖有好藥，若無良醫，藥則無用。以是故，法寶雖上而前説佛寶，何況僧寶！復次，佛田能獲無量果報，餘者雖言無量而有差降；以是故，佛田第一。不盡者，諸佛成就無量[8]功德故，於中殖福，福亦無盡[9]。復次，佛功德無量、無邊、無數、無等故，殖福者福亦不盡。復次，佛爲菩薩時，緣一切衆生，如衆生無量[10]、無邊故，福亦無盡。復次，佛田清淨：拔愛等諸煩惱穢草，淨戒爲平地，大慈悲爲良美，除諸惡邪醎土；三十七品爲溝港[11]，十力、四無所畏、四無礙智等爲垣牆，能出生三乘涅槃果報——殖種於此無上無比田者，其福無盡！問曰：一切有爲法，無常相故，皆歸於盡；福從因緣生，何得不盡？答曰：亦不言常不盡，自言乃至得佛中間不盡。復次，一切有爲法，雖念念生滅，相續不斷，果報不失故，名爲不盡。如燈雖焰焰[12]生滅不名[13]滅，脂盡炷[14]滅，乃可稱滅。福亦如是，深心種於良田故，乃至法盡而亦不盡。復次，菩薩知諸法實相，如涅槃不盡，福德入諸法實相故，而亦不盡。問曰：若爾者，涅槃不盡，福德亦應常不盡，云何言乃至佛中間不盡？答曰：是福德者[15]以智慧力故，令是功德如涅槃畢竟空，不生不滅。以是故，喻如涅槃，非即涅槃；若是涅槃，不應爲喻。若是涅槃，云何果報成佛而不盡？譬如三解脱門：空、無相、無作。如解脱畢竟空相，是空解脱門，觀世間亦畢竟空；如解脱無相相，是無相解脱門，觀世間亦無相相；如解脱無作相，是無作解脱門，觀世間亦無作相。以是故説：欲殖一善根於佛福田，乃至阿耨多羅三藐三菩提而不盡者，當學般若波羅蜜。

1　庚本(第3段)終。

2　“沮”，丁本作“俎”，壬本作“阻”。

3　“波羅蜜”後，丁、壬本有“中”。

4　“經”，丁、壬、宋、宫、聖本無。下同，不復出校。

5　“論”，丁、壬、宋、宫、聖本無。下同，不復出校。

6　“縫”，丁、聖本作“襓”。下同，不復出校。

7　“今”，丁、宋、元、明、宫本無。

8　“量”，壬、宋、元、明、宫、聖本作“盡”。

9　“盡”，壬本作“量”。

10　“量”，丁、壬本作“盡”。

11　“港”，壬本作“潰”，宋、元、明、宫本作“塍”。

12　“焰焰”，丁、壬本作“焰炎”，“炎”爲“焰”之古字。

13　“名”，丁、壬、宋、元、明、宫、聖本作“名爲”。

14　“炷”，丁本作“性”，誤。

15　“是福德者”，丁、宋、元、明、宫本作“是福者”，壬本作“是福法”。

大智度論初品中諸佛稱讚其命釋論第四十七[1]

【經】復次,舍利弗! 菩薩摩訶薩欲令十方諸佛稱讚其名,當學般若波羅蜜!

【論】問曰:菩薩若觀諸法畢竟空,内無吾我,已破憍慢,云何欲令諸佛[2]稱讚其名? 又菩薩法應供養[3]諸佛,云何反求諸[4]佛供養? 答曰:佛法有二[5]門:一爲第一義門,二爲世俗法門。以世俗[6]門故,欲令諸佛讚歎;雖爲[7]諸佛所讚歎,而不見我,不取衆[8]生相,世間[9]假名故説。汝言云何反求佛供養者,如《後品》中,佛所讚歎菩薩,畢竟阿[10]鞞跋致、阿耨多羅三藐三菩提。今是菩薩欲得決定知是阿鞞跋致以不[11],以是故,求佛讚歎,非求供養! 復次,餘人餘衆生,貪欲、瞋恚、愚癡覆心故,不能如實讚歎。何以故? 若偏有所愛,不見實過,但見功德;若偏有所瞋,但見其過,不見其德;若愚癡多,不能如實見其好醜。諸天、世人雖有智慧,三毒薄者,亦不能得如實讚,猶有謬失;無一切智故,結使不盡故。聲聞、辟支佛三毒雖盡,亦不能如實讚,猶有餘氣未盡;又智慧不具足故。唯佛一人,三毒及氣永盡,成就一切智故,能如實讚,不增不減。以是故,行者欲得諸佛所讚,知其實德,不求餘人稱讚。問曰:若諸佛出於[12]三界,不著世間,無有我及[13]我所;視於外道、惡人、大菩薩、阿羅漢,一等無異,云何讚歎菩薩? 答曰:佛雖無吾我,無有憎[14]愛,於一切法,心無所著;憐愍衆生,以大慈悲心引導一切故,分別善人而有所讚;亦欲破壞[15]惡魔所願;以佛讚歎故,無量衆生愛樂菩薩,恭敬供養,後皆成就佛道。以是故,諸佛讚歎菩薩。問曰:云何讚歎? 答曰:如佛於大衆中説法,欲令衆生入甚深法,讚是菩薩,如薩陀波崙等。復次,佛讚歎菩薩言:是菩薩能觀諸法畢竟空,亦能於衆生有大慈悲。能行生忍,亦不見衆生;雖行法忍,於一切法而不生著;雖觀宿命事,不墮始見;雖觀衆生入無餘涅槃,而不墮邊見;雖知涅槃是無上實法,亦能起身、口、意善業;雖行生、死中,而深心愛[16]樂涅槃;雖住三解脱門觀於涅槃,亦不斷本願及善行。如是等種種奇特功德,甚爲難有! 復次,若菩薩未得無生忍,未得五神通,生死肉身,有大慈悲心,能爲衆生故,内、外所有所貴惜者,悉能施與——外謂所著妻子、上妙五欲,如意珠、最上寶,安樂國土等;内謂身體、肌肉、皮膚、骨、血、頭、目、髓、腦[17]、耳、鼻、手、足。如是等施,甚爲[18]難有! 是故諸佛讚歎其德。若菩薩入法位,得神通,行苦行不足爲難;以是菩薩生身肉眼,志願弘曠[19],有大悲心,愛樂佛道,行如是事,甚爲希有! 復次,若菩薩持戒清淨具足,無所分別持戒、破戒;於一切諸法畢竟不生,常空[20]法忍。精

1　丁、壬本無品題。

2　癸本始。

3　"其名……供養"九字,癸本殘。

4　"諸",癸本殘。

5　"答曰佛法有二",癸本殘。

6　"俗法門以世俗",癸本殘。

7　"爲",癸本殘。

8　"佛所……取衆"十一字,癸本殘。

9　癸本終。

10　"阿",壬本脱。

11　"以不",丁本無,壬本作"非"。

12　"於",壬本無。

13　"我及",壬本無。

14　"憎",丁本作"增","增"通"憎"。

15　"破壞",丁、宋、元、明、宫本作"壞破"。

16　"愛",丁、壬、宋、元、明、宫本無。

17　"髓腦",丁本作"腦髓"。

18　"爲",壬本作"之"。

19　"曠",壬本作"廣"

20　"空",壬本作"定",誤。

進不休不息，不著不厭；精進、懈怠，一相不異；無量無邊無數劫，懃修精進。都欲受行甚深禪定，無所依止，定亂不異；不起於定而能變身無量，遍至十方說法度人。行深智慧，觀一切法不生不滅，非不生非不滅[1]，亦非不生亦[2]非不滅，非非不生非非不滅，過諸語言，心行處滅；不可壞不可破，不可受不可著；諸聖行處，淨如涅槃，亦不著是觀，意亦不没，能以智慧而自饒益。如是菩薩，諸佛讚歎。復次，菩薩未得受記，未得無生法忍，生不值佛，不見賢聖；以正思惟故，能觀諸法實相，雖觀實相，心亦不著。如是菩薩，十方諸佛皆共讚歎。復次，菩薩聞甚深無量無邊不可思議佛法，雖自未得，智慧未及，而能定心信樂，不生疑悔；若魔作佛來詭說其意[3]，意無增減。如是菩薩，諸佛所讚。復次，有諸菩薩一時發心，中有疾成佛者，佛則讚歎，有大精進力故。如釋迦文尼佛與彌勒等諸菩薩同時發心，釋迦文尼佛精進力故，超越九劫。復次，若有菩薩具足菩薩事，所謂十地、六波羅蜜、十力、四無所畏、四無礙智、十八不共法等無量清淨佛法；爲衆生故，久住生死，不取阿耨多羅三藐三菩提，而廣度衆生。如是菩薩，諸佛讚歎。何者是？如文殊師利、毘摩羅詰、觀世音[4]、大勢至[5]、遍吉等，諸菩薩之上首，出於三界，變化[6]無央數[7]身，入於生死，教化衆生故。如是希有事，皆從甚深般若波羅蜜生。以是故說：欲得諸佛稱歎其名，當學般若波羅蜜。

【經】復次，舍利弗！菩薩摩訶薩[8]欲一發意至[9]十方如[10]恒河沙等世界[11]，當學般若波羅蜜[12]！

【論】菩薩得身通變化力，作十方[13]恒河沙等身，於十方恒河沙等世界，一時能到。問曰：如經說：一[14]彈指頃有六十念，若一念中能至一方恒河沙等世界，尚不可信，何況十方恒河沙等世界，時少而所到處多？答曰：經說：五事不可思議，所謂衆生多少，業果報，坐禪人力，諸龍力，諸佛力。於五不可思議中，佛力最不可思議！菩薩入深禪定，生不可思議神通故，一念中悉到十方諸佛世界。如說四種神通中，唯佛、菩薩有如意疾遍神通。若金翅鳥子，始從穀出，從一須彌至一須彌；諸菩薩亦如是，以無生忍力故，破諸煩惱無明穀，即時一念中，作無量身，遍至十方。復次，菩薩一切無量世罪，悉已消滅；以智慧力故，能轉一切諸法，所謂小能作大，大能作小，能以千萬無量劫爲一日，又能以一日爲千萬劫。是菩薩世間之主，所欲自在，何願不滿！如《毘摩羅詰經》所說：以七夜爲劫壽。以是因緣故，菩薩乘神通力，能速疾超越十方世界。問曰：前五不可思議中，無有菩薩，今何以說菩薩不可思議？答曰：或時因中說果，如日食百斤[15]金，金不可食，因金得食，故言食金，是爲因中說果。或時果中說因，如見好畫[16]，言是好手，是爲果中說因。諸菩薩亦如是，菩薩

1　“不滅”後，丁本衍“不生不滅，非不生非不滅”。

2　“亦”，丁、壬本無。

3　“詭説其意”，壬本作“讒説其惡”。

4　“觀世音”，壬本作“光世音”，異譯詞。

5　“至”，丁、壬本作“力”，誤。

6　“變化”後，丁本衍“化”。

7　“無央數”，丁、壬、宋、宫本作“無鞅數”，異譯詞。

8　“摩訶薩”，壬本無。

9　“至”，丁、壬、宫本作“到”。

10　“如”，壬本無。

11　“世界”，壬本作“國土”。下同，不復出校。

12　“波羅蜜”後，丁、壬、宫本有“者”。

13　“作十方”，壬本作“能作”。

14　“一”，丁、壬、宋、元、明、宫本無。

15　“斤”，丁本脱。

16　“畫”，壬本作“書”，誤。

爲因,諸佛爲果,若説佛力不可思議,當知已説菩薩[1]。以是故言:欲一發意到十方恒河沙世界[2]者,當學般若波羅蜜。

【經】復次,舍利弗! 菩薩摩訶薩[3]欲發一音使十方如[4]恒河沙等[5]世界聞聲[6],當[7]學般[8]若波羅蜜[9]!

【論】菩薩得六神通,增長梵聲相,過三千大千世界,至十方恒河沙等諸世界[10]。問曰:若爾者,與佛音聲何異? 答曰:菩薩音聲有恒河沙[11]等之數,佛音聲所到無有限數。如《密跡經》中所説:目連試佛音聲,極至西方,猶聞佛音[12],若如[13]對面。問曰:若爾者,佛常在國土聚落,説法教化,而閻浮提内人不至佛邊,則不得聞。何[14]以知之? 多有從遠方來,欲聽法[15]者故。答曰:佛音聲有二種:一爲密中[16]音聲,二爲不密音聲。密音聲[17]先已説,不密音聲,至佛邊乃聞。是亦有二種弟子:一爲出世聖人,二爲世間凡夫。出世聖人如目揵連等,能聞微密音聲,凡夫人隨其所近乃聞。復次,諸菩薩得入正位,離生死身,得法性真形,能見十方無量佛身,及遍炤光明,亦能得聞諸佛六十種極遠無量音聲。諸大菩薩雖未具足如佛音聲,於佛音聲中普[18]得其分。是佛[19]菩薩音聲有三種:一者,先世種善音聲因緣故,咽喉中得微妙四大,能出種種妙好遠近音聲,所謂一里、二里、三里、十里、百里、千里[20],乃至三千大千世界,音聲遍滿;二者,神通力故,咽喉四大出聲,遍滿三千大千世界,及十方恒河沙世界;三者,佛音聲常能遍滿十方虛空。問曰:若佛音聲常能遍滿,今衆生何以不得常聞? 答曰:衆生無量劫以來,所作惡業覆,是故不聞。譬如雷電霹靂,聾者不聞,雷聲無減;佛亦如是,常爲衆生説法,如龍震大雷聲[21],衆生罪故,自不得聞。如今世人精進持戒者,於念佛三昧心得定時;罪垢不障,即得見佛,聞佛説法,音聲清了。菩薩於三種音聲中,欲得二種,是二種音聲[22],甚難希有故;如業果音聲,自然可得故。以是故説:菩薩摩訶薩欲以一音使十方恒河沙等世界聞聲者,當學般若波羅蜜[23]。

【經】復次,舍利弗! 菩薩摩訶薩[24]欲使諸佛世界不斷者,當學般若波羅蜜!

【論】佛世界不斷者,菩薩欲令國國相次,皆使衆生發心作佛。問曰:言次第者,爲一國前後相次? 爲

1　子本始。

2　"言欲……世界"十三字,子本殘。

3　"摩訶薩",壬本無。"若波……訶薩"十五字,子本殘。

4　"如",壬本無。

5　"等",壬本作"等諸"。

6　"方如……聞聲"十字,子本殘。

7　"當"前,子本有"者"。

8　子本終。

9　"波羅蜜"後,丁、壬、宫本有"者"。

10　"世界",壬本作"國"。

11　"沙",壬本脱。

12　"音",丁本作"音聲"。

13　丑本始。

14　"何"後,丁本衍"况"。

15　"法",丁、壬、丑、宋、元、明、宫本作"説法"。

16　"中",丁、壬、丑、石本作"口"。

17　"密音聲",壬本脱。

18　"普",丁、丑本作"并",元、明、宫本作"竝"。

19　"佛",壬本脱。

20　"里",壬、宋、元、明、宫本無。

21　"聲",丁、壬、丑本無。

22　"音聲",壬本作"聲音"。

23　"波羅蜜",丑本作"波羅密",異譯詞。丑本終。

24　"摩訶薩",壬本無。

十方世界次第？若一國相次者，大悲普覆一切衆生，何以不及餘國？若十方一切世界次第者，餘佛、菩薩何所利益？答曰：菩薩心願，欲令一切世界皆悉[1]作佛，大心曠[2]遠，無有齊限[3]；以是心集諸智慧，無量福德神通力故。又隨衆生種作佛因緣者，是菩薩皆悉令作。若一切[4]世界皆種作佛因緣者[5]，餘佛菩薩不應有益，但是事不然！復次，十方世界無量無邊，不應一菩薩盡得遍諸世界、令佛種不斷；諸餘菩薩各隨因緣，皆有其分。以慈悲大故，願亦無量，利益之心無有齊限。衆生種無量故，非一佛一菩薩所可盡度。問曰：若事不稱心，何故作願耶？答曰：欲令心願曠大清淨故；如行慈[6]三昧，雖不能令衆生離苦，但自欲令心曠大清淨，成利益願故[7]。如諸佛大菩薩力，皆能度一切衆生[8]，而衆生[9]福緣未集，未有智慧；因緣不會故，而不得度。如大海水，一切衆生取[10]用，水不窮竭，但衆生不能得用；如餓鬼衆生自罪因緣，不得見水，設得見之，即時乾竭，或爲洋銅，或成膿血。佛亦如是，有大慈悲智慧[11]無量無邊，悉能滿足衆生，而衆生罪業因緣故而不值佛；設得值佛，如餘人無異，或生瞋恚，或起誹謗；以是因緣故，不見佛威相神力，雖得值佛而無利益。復次，二因二緣，發於正見，所謂內因、外緣。佛外因緣具足，有三十二相、八十隨形好，無量光明莊嚴其身，種種神力，種種音聲，隨意説法，斷一切疑；但衆生內因緣不具足，先不種見佛善根而不信敬，不精進持戒，鈍根深厚，著於世樂。以是故，無有利益，非爲佛咎。佛化度衆生，神器利用，悉皆備足。譬如日出，有目則覩，盲者不見；設使有目而無日者，則無所覩[12]，是故日無咎也。佛明亦如是。問曰：云何佛世界因緣不斷？答曰[13]：菩薩於衆生中，種種因緣讚歎佛道，令衆生發阿耨多羅三藐三菩提心，漸漸行六波羅蜜，然後於諸世界各各作佛：若於一國次第作佛，或於異國各自作佛——是名不斷佛國。復次，菩薩疾集智慧具足，作佛，度無量衆生；欲入涅槃時，爲菩薩受[14]記：我滅度後，汝次作佛。展轉皆悉如是，令不斷絕。若佛不記菩薩者，則斷佛國！譬如王立太子，展轉如是，國祚不斷。問曰：何以貴有佛世界[15]，賤無佛國？答曰：是事不應致問，佛是莊嚴十方世界主[16]，何況一國！若離有佛國者，雖受人天樂，而不知是佛恩力之所致，與畜生無異！若一切諸佛不出世者，則無三乘涅槃之道，常閉在三界獄，永無出期；若世有佛，衆生得出三界牢獄。譬如二國之間，無日之處，是中衆生從冥中生，從冥中死。若佛生時，光明暫[17]焰，各各相見；乃見日月所焰衆生，知彼爲大福、我等有罪。如是或時佛以光明遍焰諸佛國[18]，有佛國[19]衆生見佛光明，則大歡喜；念言：我等黑闇，彼爲大明[20]。復

1　“皆悉”，壬本作“悉皆”。
2　“曠”，壬本作“廣”。
3　“齊限”，壬本作“限齊”。
4　“切”，壬本脱。
5　“者”，壬本無。
6　“慈”，壬本作“慈悲”。
7　“故”，丁、宋、元、明、宫本無。
8　“衆生”，丁、宋、元、明、宫本無。
9　“衆生”，壬本脱。
10　“取”，壬本作“所”。
11　“慧”，壬本脱。
12　“覩”，壬本作“都”，“都”爲“覩”之借字。
13　“答曰”，丁、宋、元、宫本無。
14　“受”，丁本作“授”，“受”爲“授”之古字。
15　“世界”，壬本作“土”。
16　“世界主”，丁本作“世界”，壬本作“國土”。
17　“暫”，壬本作“徹”。
18　“諸佛國”，壬本作“諸無佛國”。
19　“有佛國”，壬本無，元、明本作“無佛國”。
20　“彼爲大明”前，壬本有“然”。

次,有佛之國,衆生知有罪福,人受三歸、五戒、八齋及出家五衆等,種種甚深禪定、智慧,四沙門果,有餘、無餘涅槃等,如是種種善法。以是因緣故,佛國爲貴。若佛國衆生雖不見佛,值遇經法,修善[1]持戒,布施、禮敬等,種涅槃因緣,乃至畜生皆能種福德因緣;若無佛之國,乃至天、人不能修善。以是故,菩薩生願:欲使佛世界不斷[2]。

大智度論卷第三十[3]。

大智度論釋初品中十八空義第四十八(卷三十一)[4]

聖者龍樹造

後秦龜茲國三藏鳩摩羅什譯[5]

【經】[6]復[7]次,舍利弗!菩薩摩訶薩[8]欲住内空、外空、内[9]外空、空空、大空、第一義[10]空、有爲空、無爲空、畢竟空、無始空、散空、性空、自相空、諸法空、不可得空、無法空、有法空、無法有法空,當學般若波羅蜜!

【論】[11]内空者,内法,内法空[12]。内法者,所謂内六入:眼、耳、鼻、舌、身、意。眼空,無我、無我所,無眼法;耳、鼻、舌、身、意亦如是。外空者,外法、外法空。外法者,所謂外六入:色、聲、香、味、觸、法。色空者,無我、無我所,無色法;聲、香、味、觸、法亦如是。内外空者,内外法、内外法空。内外法者,所謂内外十二入。十二入中,無我、無我所,無内外法。問曰:諸法無量,空隨法故[13],則亦無量,何以但說十八? 若略說,應一空,所謂一切[14]法空。若廣說,隨一一法空,所謂眼空,色空等甚多,何以但說十八空? 答曰:若略說則事不周[15],若廣說則事繁。譬如服藥,少則病不除[16],多則增其患;應病投藥,令不增減,則能愈病。空亦如是,若佛但說一空,則不能破種種邪見及諸煩惱;若隨種種邪見說[17]空,空則過多,人愛著空相[18],墮在斷滅;說十八空,正得其中。復次,若說十,若說十五,俱亦有疑,此非問也! 復次,善惡之法,皆有定數:若四念處、四正勤、

---

1 "善",壬、石本作"善根"。

2 壬本終,以下所抄相當於《大正藏》本卷三十一。

3 丁本(殘卷二)終,尾題作"大智度論卷第三十"。

4 本卷對應《大智度論》寫本凡 17 號:P.6017 號(以下簡稱"甲本")、S.4950 號(以下簡稱"乙本",所抄分屬《大正藏》本卷三十、三十一)、敦研 120 號(以下簡稱"丙本")、BD07657 號(以下簡稱"丁一")、BD11921 號(以下簡稱"丁二")、中村019 號(以下簡稱"丁三")、臺圖 134 號(以下簡稱"戊本")、俄 Дx17768 號(以下簡稱"己本")、俄 Дx11630 號(以下簡稱"庚一")、俄 Дx04747 號(以下簡稱"庚二")、S.4960 號(以下簡稱"辛本")、務本 001 號(以下簡稱"壬本")、俄 Дx05219 號(以下簡稱"癸本")、俄 Дx08896 號(以下簡稱"子本")、俄 Дx17707 號(以下簡稱"丑本")、S.4006 號 B(以下簡稱"寅本")、俄 Дx04038 號 + 俄 Дx04039 號 A(以下簡稱"卯本")。

5 甲本始。"大智度……譯"三十七字,甲本作"大智度初品□□□第三十"。

6 "經",甲、宋、宫本無。下同,不復出校。

7 乙本始。

8 "摩訶薩",乙本無。

9 "薩欲……空内"八字,甲本殘。

10 甲本終。

11 "論",乙、宋、宫本無。下同,不復出校。

12 "内法空"後,乙本衍"空"。

13 "故",乙本作"故空"。

14 "一切",乙本作"諸"。

15 "周",乙本作"同",誤。

16 "除",乙本作"愈"。

17 "說",乙、元、明、宫本作"廣說"。

18 "人愛著空相",乙、石本作"人謂愛著空相",宋、宫本無。

三十七品,十力、四無所畏、四無礙智、十八不共法,五衆[1]、十二入、十八界,十二因緣,三毒、三結、四流、五蓋等,諸法如是各有定數;以十八種法中破著,故説有十八空。問曰:般若波羅蜜空、十八空,爲異、爲一?若異者,離十八空,以何爲般若空?又如佛説:何等是般若波羅蜜?所謂色空,受、想、行、識空,乃至一切種智空。若不異者,云何言:欲住十八空,當學般若波羅蜜[2]?答曰:有因緣故言異,有因緣故言一。異者,般若波羅蜜,名諸法實相,滅一切觀、法;十八空則十八種觀,令諸法空。菩薩學是諸法實相,能生十八種空,是名異。一者,十八空是空無所有相,般若波羅蜜亦空無[3]所有相;十八空是捨離相,般若波羅蜜一切法中亦捨離相;是十八空不著相,般若波羅蜜亦不著相。以是故,學般若波羅蜜,則是學[4]十八空,不異故。般若波羅蜜有二分:有小,有大。欲得大者,先當學小方便門;欲得大智慧,當學十八空。住是小智慧方便門,能得[5]十八空。何者是方便門?所謂《般若波羅蜜經》,讀誦、正憶念、思惟、如説修行。譬如人欲得種種好寶,當入大海;若人欲得内空等三昧智慧寶,當入般若波羅蜜大海。問曰:行者云何學[6]般若波羅蜜時,住内空、外空、内外空?答曰:世間有四顛倒:不淨中有淨顛倒,苦中有樂顛倒,無常中有常顛倒,無我中有我顛倒。行者爲破四顛倒故,修四念處十二種觀:所謂初觀内身三十六種不淨充滿,九孔常流,甚可厭患,淨相不可得;淨相不可得故,名内空。行者既知内身不淨,觀外所著,亦復如是,俱實不淨;愚夫狂惑,爲婬欲覆心,故謂之爲淨。觀所著色,亦如我身淨相不可得——是爲外空。行者若觀己身不淨,或謂外色爲淨;若觀外不淨,或謂己身爲淨。今俱觀内外:我身不淨,外亦如是,外身不淨,我亦如是,一等無異,淨[7]不可得。是名内外空。行者思惟:知[8]内外身俱實不淨,而惑者愛著,愛著深故,由以受身,身爲大苦,而愚以爲樂。問曰:三受皆外入所攝,云何言:觀内受?答曰:六塵初與六情和合生樂,是名外樂;後貪著深入生樂,是名内樂。復次,内法緣樂,是名内樂;外法緣樂,是名外樂。復次,五識相應樂,是[9]名外樂;意識相應樂,是名内樂。麁樂名爲外樂,細樂名爲内樂。如是等分別内、外樂。苦受,不苦不樂受,亦如是。復次,行者思惟:觀是内樂實可[10]得不[11]?即分別知實不可得,但爲是苦,強名爲樂。何以故?是樂從苦因緣生,亦生苦果報,樂無厭足故苦。復次,如人患疥[12],搔之向火,疥[13]雖小樂,後轉傷身,則爲大苦;愚人謂之爲樂,智者但[14]見其苦。如是世間樂顛倒病故,著五欲樂,煩惱轉多;以是故行者不見樂,但見苦,如病、如癰、如瘡[15]、如刺。復次,樂少苦多,少樂不現,故名爲苦;如大河水,投一合鹽,則失鹽相,不名爲醎。復次,樂[16]不定故,或此以爲樂,彼以爲苦;彼以爲樂,此以爲苦;著者爲樂,失者爲苦;愚以爲樂,智以爲苦;見樂患爲苦,不見樂過者[17]爲樂;不見樂無常相爲樂，見樂無常相爲苦；未離欲人以爲樂，離欲人以爲苦。如是等觀樂爲苦。觀苦如箭入身；觀不苦不樂無常變異相。如是等觀三種受，心則捨離，是名觀内受空。觀外受、内外受亦如是。行者作是念：若樂即是苦，誰受是苦？念已則知心受。然後觀心爲[1]實、爲虚？觀心無常，生、住、滅相；苦受心，樂受心，不苦不樂受心，各各異念[2]。覺樂心滅，而苦心生；苦心爾所時住，住已還滅，次生不苦不樂；知爾所時不苦不樂心住，住已還滅，滅已還生樂心。三受無常，故心亦無常。復次，知染心、無染心、瞋心、無瞋心、癡心、不癡心、散心、攝心、縛心、解脱心，如是等心，各各異相故，知心無常，無一定心常住。受苦、受樂等心，從和合因緣生；因緣離散，心亦隨滅。如是等觀内心、外心、内外心無常相。問曰：心是内入[3]攝，云何爲外心？答曰：觀内身名爲内心；觀外身名爲外心。復次，緣内法[4]爲内心；緣外法爲外心。復次，五識常緣外法，不能分別，故名爲[5]外心；意識能緣内法，亦分別好醜，故名爲内心。復次，意識初生，未能分別、決定，是爲外心；意識轉深，能分別取相，是名[6]内心。如是等分別内、外心。行者心意轉異，知身爲不淨相，知受[7]爲苦相，知心不[8]住爲無常相；結使未斷故，或生吾我。如是思惟：若心無常，誰知是心？心爲屬誰？誰爲心主？而受苦樂一切諸物，誰之所有？即分別知無有別主，但於五衆取相故，計有人相而生我心，以我心故生我所。我所心生故[9]，有利益我者生貪欲；違逆我者而[10]生瞋恚；此結使不從智生，從狂惑生故，是名爲癡——三毒爲一切煩惱之根本。亦[11]由吾我故，作福德，爲我後[12]當得；亦修助道法，我當得解脱。初取相故名爲想衆[13]；因吾我起結使及諸善行，是名行衆[14]。是二衆[15]則是法念處。於想[16]、行衆法中[17]求我不可得，何以故？是諸法皆從因緣生，悉是作法而不牢固[18]，無實我法。行如芭蕉，葉葉求[19]之，中無有堅；相[20]如遠見野馬，無水有水想，但誑惑[21]於眼。如是等，觀内法、外法、内外法。問曰：法是外入[22]攝，云何爲内法？答曰：内法名爲[23]内心相應想衆、行衆；外法名爲外心相應想[24]衆、行衆，及心不相應諸行，及無爲法。一時等觀，名爲内外法。復次，内法

1　丙本始。

2　“念”，乙、丙、石本作“今”。

3　“入”，丙本作“處”。

4　丁一始。

5　“名爲”，丁一作“爲名”，誤倒。

6　“是名”，乙本作“是名爲”。

7　“受”，乙本作“樂”。

8　“不”後，丙、丁一衍“不”。

9　“生故”，乙本作“故生”。

10　“而”，丙、丁一無。

11　“亦”，丁一、宋、元、明、宫本作“悉”，丙本作“皆”。

12　“後”，丙本作“故”。

13　“想衆”，乙本作“想陰”，“陰”爲“衆”之異譯詞。下同，不復出校。

14　“行衆”，乙本作“行陰”，“陰”爲“衆”之異譯詞。下同，不復出校。

15　“二衆”，乙本作“二陰”，丁一作“二種衆”。

16　“想”，乙本作“相”，“相”爲“想”之借字。

17　“中”，丙本作“中生”。

18　“而不牢固”，丙、丁一作“無有牢固”，丙本終。

19　“求”，丁一作“取”。

20　“相”，乙、丁一、宋、元、明、宫、石本作“想”，“相”爲“想”之借字。

21　“誑惑”，乙本作“狂惑”，丁本作“惑誑”。

22　“入”，丁一作“處”。

23　“爲”，乙本無。

24　“想”，丁一作“相”，“相”爲“想”之借字。

名爲六情，外法名爲六塵。復次，身、受、心及想衆[1]、行衆，總觀爲法念處。何以故？行者既於想衆、行衆及無爲法中求我不可得，還於身、受、心中求亦不可得。如是一切法中，若色、若非色，若可見、若不可見，若有對[2]、若無對[3]，若有漏、若無漏，若有爲、若無爲，若遠、若近，若麁、若細，其中求我皆不可得；但五衆和合故，強名爲衆生，衆生即是我。我不可得故，亦無我所；我所不可得故，一切諸[4]煩惱皆爲衰薄。復次，身念處，名一切色法。行者觀内色無常、苦、空、無我；觀外色、觀内外色，亦如是；受、心、法亦爾。四念處内觀相應空[5]三昧，名内空；四念處外[6]觀相應空[7]三昧，名外空[8]；四念處内外觀相應空三昧，名内外空[9]。問曰：是空，爲是三昧力故空？爲是法自空？答曰[10]：名爲[11]三昧力故空[12]。如經説[13]：三[14]三昧、三解脱門：空、無相、無作。是[15]空三昧，緣身、受、心、法，不得我、我所，故名爲空[16]。問曰：四念處空法，皆應觀無常、苦、空、無我，何以故身觀不淨、受觀苦、心觀無常、法觀無我？答曰：雖四法皆觀無常、苦、空、無我，而衆生身中多著淨顛倒，受中多著樂顛倒，心中多著常顛倒，法中多著我顛倒；以是故行者觀身不淨、觀受苦、觀心無常、觀法無我。復次，内、外[17]空[18]者，無有内、外定法[19]，互相因待故，謂爲内、外。彼以爲外，我以爲内；我以爲外，彼以爲内。隨人所繫内法爲内，隨人所著外法爲外。如人自舍爲内，他舍爲外。行者觀是内、外法無定相，故空。復次，是内、外法，無有自性，何以故？和合生故。是内、外法，亦不在和合因緣中，若因緣[20]中無者，餘處亦無。内、外法因緣亦無，因果無故，内、外法空。問曰：内、外法定有，云何言無？如手足等和合，故有身法生，是名内法。如梁椽壁等和合故，有屋法生，是名爲外。是身法雖有別名，亦不異足等，所以者何？若離足等，身不可得故；屋亦如是。答曰：若足不異[21]身者，頭應是足，足與身不異故。若頭是足者，甚爲可笑[22]！問曰：若足[23]與身不異者，有如是過！今應足等和合故[24]，更有法生名爲身，身雖異於足等，應當依於[25]足住。如衆[26]縷和合而

1　“衆”，乙、丁一無。
2　“對”，丁一作“礙”。
3　“對”，丁一作“礙”。
4　“諸”，丁一無。
5　“空”，丁一、宋、元、明、宫本無。
6　“外”，丁一作“内外”。
7　“空”，丁一、宋、元、明、宫本無。
8　“外空”，丁一作“内外空”。
9　“四念處……内外空”十五字，丁一無。
10　“答曰”後，乙、丁一、元、明本有“有人言”。
11　“名爲”，乙本作“有人言爲”，丁一作“名”。
12　丁二始。
13　“説”，丁二作“中説”。
14　“空如經説三”，丁一殘。
15　丁一終。“三三……作是”十三字，丁二殘。
16　乙本終。
17　丁二終。
18　戊本始。
19　“内外定法”，戊本殘。
20　“緣”，戊本脱。
21　“異”，戊本作“以”，“以”爲“異”之借字。
22　“甚爲可笑”，戊本作“是事不然”。
23　“足”，戊本作“是”，誤。
24　己本始。
25　“有法……依於”十六字，己本殘。
26　己本終。

能生氎[1]，是氎依縷而住。答曰：是身法，爲足等分中具有？爲分有？若具有，頭中應有足，何以故？身法具有故。若分有，與足分無異。又[2]身是一法，所因者多，一不爲多，多不爲一。復次，若除[3]足等分別有身者，與一切世間皆相違背。以是故，身不得言即是諸分；亦不得言異於諸分；以是故則無身，身無故，足等亦無，如是等名爲内空。房舍等外法，亦如是空，名[4]爲外空。問曰：破身、舍等是爲破一、破異，破一、破異，是破外道經；佛經中實有内、外法，所謂内六情、外六塵，此云何無？答曰：是内、外法和合假有名字，亦如身、如舍。復次，略説有二種空：衆生空、法空。小乘弟子鈍根故，爲説衆生空，我、我所無故，則不著餘法；大乘弟子[5]利根[6]故，爲[7]説法空，即時知世間常空、如涅槃。聲聞[8]論議師[9]説：内空，於内法中無我、無我[10]所、無常、無作者、無知者、無受者，是名内空；外空亦如是。不説内法相、外法相即是空。大乘説：内法中無内法相，外法中無外法相。如《般若波羅蜜》中説：色、色相空，受、想、行、識、識相空；眼、眼相空，耳、鼻、舌、身、意、意[11]相空；色、色相空，聲、香、味、觸，法、法相空。如是等一切諸法自法空。問曰：此二種説内、外空，何者是實？答[12]曰：二皆是實，但爲小智鈍根故，先説衆生空；爲大智利根者，説[13]法空。如人閉獄，破壞桎梏，傷殺獄卒，隨意得去；又有怖畏，盗穿牆壁，亦得免[14]出。聲聞者，但破吾我因緣生諸煩惱，離諸法愛，畏怖老、病、死、惡道之苦；不復欲本末推求了了、壞破諸法，但以得脱爲事。大乘者，破三界獄，降伏魔衆，斷諸結使及滅習氣，了知一切諸法本末，通達無礙；破散諸法，令世間如涅槃、同寂滅相，得阿耨多羅三藐三菩提，將一切衆生令出三界。問曰：大乘[15]有何方便能破壞[16]諸法？答曰：佛説：色從種種因緣生，無有堅實；如水波浪而成泡沫，暫見即滅，色亦如是。今世四大，先世行業因緣和合故而得成色，因緣滅故，色亦俱滅；行無常道，轉入空門。所以者何？諸法生滅，無有住時，若無住時則無可取。復次，有爲相故，生時有滅，滅時有生；若已生，生無所用；若未生，生無所生，法[17]與生亦不應有異。何以故？生若生法，應有生生，如[18]是復應有生[19]，是則[20]無窮；若生生更無生者，生不應有生[21]；若生無有生者，法亦不應有生。如是生不[22]可得，滅亦如是。以

1　“氎”，戊、石本作“疊”。下同，不復出校。
2　“又”，戊本作“有”，“有”通“又”。
3　“除”，戊本作“餘”，誤。
4　“名”，戊本作“是名”。
5　“弟子”，戊本作“人”。
6　“利根”後，戊本有“無我我所故，則不爲著餘”。
7　“爲”，戊本無。
8　“聲聞”，戊本作“小乘”。
9　“論議師”，戊本作“論師”，宋、元、明、宫本無。
10　“我”後，戊本衍“我”。
11　“意”，戊本脱。
12　“答”，戊本作“若”，誤。
13　“説”，戊本作“初説”。
14　“免”，戊、宋、宫本作“勉”，“勉”通“免”。
15　“大乘”，戊、石本作“大乘人”。
16　“壞”，戊本作“散”。
17　“法”後，戊本衍“法”。
18　“何以……生如”十二字，戊本殘。
19　戊本終。
20　庚一始。
21　“無生……有生”八字，庚一殘。
22　“亦不……生不”九字，庚一殘。

是故，諸法空，不生不滅，是¹爲實。復次，諸法若有者²，終歸於無；若後無者³，初亦應無。如人著屐⁴，初已有故，微⁵細不覺⁶；若初無故⁷，則應常新；若⁸後有故⁹相，初亦有故¹⁰。法亦如是，後有、無故¹¹，初亦有、無，以是故一¹²切法應空。以衆生顛倒，著¹³内六情故，行者破¹⁴是顛倒，名爲内空。外空、内¹⁵外空亦如是。空空者，以空破内空、外空¹⁶、内外空；破是三空，故名爲空空。復次，先¹⁷以法空，破内外法，復以此空，破是三空¹⁸，是名空空。復次，空三¹⁹昧觀²⁰五衆空，得²¹八聖道，斷諸煩惱，得有餘涅槃。先世業因緣²²身命盡時，欲放捨八道，故生空空三昧，是名²³空空。問曰：空與空空有何等異？答曰：空破五²⁴受衆，空空破空。問曰：空若²⁵是法，空爲已破；空若非法²⁶，空²⁷何所破？答曰：空破一切法，唯有空在；空破一切法已，空亦應捨；以是故，須是空空。復次，空緣一切法，空空但緣空。如一健兒²⁸破一切賊，復更有人能破此健人；空空亦如是。又如服藥，藥能破病，病已得破，藥亦應出，若藥不出，則復是病。以空滅諸²⁹煩惱病，恐空復爲患，是故以空捨空，是名空空。復次³⁰，以空破十七空，故³¹名爲空空。大空者，聲聞法中，法空爲大空。如《雜阿含·大空經》説：生因緣老死。若有人言：是老死、是人老死，二俱邪見。是人老死則衆生空，是老死是法空。《摩訶衍經》説：十方、十方相空³²，是爲大空。問曰：十方空，何以名爲大空？答曰：東方無邊故名爲大，亦一切³³處有故名爲大，遍一切

1　“諸法……滅是”八字，庚一殘。

2　“者”，庚一、宋、宫本無。

3　“歸於……無者”七字，庚一殘。

4　“屐”，庚一、石本作“跂”。

5　庚二始。

6　“已有……不覺”七字，庚一殘。

7　“故”，庚一作“盡”。

8　“覺若……新若”十字，庚二殘。

9　“故”，庚二作“盡”。

10　“後有……有故”八字，庚一殘。後一“故”，庚二作“盡”。

11　“法亦……無故”八字，庚二殘。

12　“初亦……故一”八字，庚一殘。

13　“切法……倒著”十字，庚二殘。

14　“著内……者破”八字，庚一殘。

15　庚一終。“顛倒……空内”九字，庚二殘。

16　“者以……外空”八字，庚二殘。

17　“先”，丁三作“者先”。丁三始。

18　“外法……三空”十字，丁三殘。

19　“空三”，丁三作“有人”。

20　“故名……昧觀”三十三字，庚二殘。

21　庚二終。“觀五衆空得”，丁三殘。

22　“有餘……因緣”九字，丁三殘。

23　“道故……是名”九字，丁三殘。

24　“何等……破五”八字，丁三殘。

25　“若”，丁三殘。

26　“法”，丁三作“空”。

27　“法空”，丁三作“空法”，誤倒。

28　“兒”，丁三作“人”。

29　“滅諸”，丁三作“諸滅”，誤倒。

30　“復次”，丁三作“復有人言”。

31　“故”，丁三殘。

32　“十方相空”後，丁三有“相”。

33　辛本始。

色故名爲[1]大,常有故名爲大,益世間故名爲大,令衆生不迷悶故名爲大。如是大方能破,故名爲大空。餘[2]空破因緣生法、作法,麁法易破,故不名爲大;是方非因緣生法、非作法,微細法難破故,名爲大空。問曰:若佛法中無方,三無爲——虚空、智緣盡、非智緣盡,亦所不攝,何以言:有方亦是常,是無爲法,非因緣生法、非作法、微細法? 答曰:是方法,聲聞論議中無。摩訶衍法[3]中:以世俗諦故有;第一義中,一切法不可得,何況方? 如五衆[4]和合,假名衆生;方亦如是,四大造色和合中,分別此間彼間[5]等,假名爲方。日出處是則東方,日没處是則西方,如是等是方相。是方自然常有故,非因緣生;亦不先無今有、今[6]有後無,故非作法;非現前知[7]故,是微細[8]法。問曰:方若如是,云何可破? 答曰:汝不聞我先說,以世俗諦故有,第一義故破。以俗諦有故,不墮斷滅中;第一義破故,不墮常中。是名略說大空義。問曰:第一義空亦能破無作法、無因緣法、細微法,何以不言大空? 答曰:前已得大名,故不名爲大。今第一義名雖異,義實爲大。出世間以涅槃爲大,世間以方爲[9]大,以是故第一義空亦是大空。復次,破大邪見故,名爲大空。如行者以慈心緣東方一國土衆生,復緣一國土衆生[10],如是展轉緣時,若謂盡緣東方國土則墮邊見[11];若謂未盡,則墮無邊見。生是二見故,即失慈心。若以方空破是東方,則滅有邊、無邊見;若不以方空破東方者,則隨[12]東方心,隨[13]心不已,慈心則滅,邪心則生。譬如大海[14]潮時,至其常限,水則旋[15]還;魚若不還,則漂在露地,有諸苦患;若魚有智,則隨[16]水還,永得安隱。行者如是,若隨[17]心不還,則漂在邪見[18];若隨[19]心還,不失慈心。如是破大邪見故,名爲大空。第一義空者,第一義名諸法實相,不破不壞故,是諸法實相亦空。何以故? 無受無著故。若諸法實相有者,應受應著;以無實故,不受不著;若受、著者[20]即是虚誑。復次,諸法中第一法,名爲涅槃。如《阿毘曇》中説:云何有上法? 一切有爲法及虚空,非智緣盡。云何無上法? 智緣盡。智緣盡是即涅槃,涅槃中亦無涅槃相,涅槃空是第一義空。問曰:若涅槃空無相,云何聖人乘三種乘入涅槃? 又一切佛法,皆爲涅槃故説。譬如衆流皆入于海。答曰:有涅槃,是第一[21]寶、無上法。是有二種:一者[22],有餘涅槃[23];二,無餘涅槃[24]。愛等諸煩惱斷,

---

1　“色故名爲”,辛本殘。
2　“餘”,丁三、辛本作“有”。
3　“法”,辛本無。
4　“五衆”,辛本作“五陰”,異譯詞。下同,不復出校。
5　“此間彼間”,丁三作“此彼”。
6　“今”,丁三脱。
7　“知”,丁三作“智”,“智”通“知”。
8　“微細”,辛本作“細微”。
9　“方爲”,丁三作“爲方”,誤倒。
10　“衆生”,丁三無。
11　“邊見”前,辛本衍“無”。
12　“隨”,丁三、辛本作“墮”,“隨”通“墮”。
13　“隨”,丁三、辛本作“墮”,“隨”通“墮”。
14　“大海”,丁三作“大海水”。
15　“旋”,丁三作“遊”。
16　“隨”,丁三作“墮”,“隨”通“墮”。
17　“隨”,丁三作“墮”,“隨”通“墮”。
18　“則漂在邪見”,丁三作“漂在所見”。
19　“隨”,丁三作“墮”,“隨”通“墮”。
20　“著者”,辛本作“若著”。
21　“一”,丁三、宋、宫本作“二”。
22　“者”,丁三、辛、壬、宋、元、明、宫本無。
23　“涅槃”,辛本無。
24　“涅槃”,辛本無。

是名有餘涅槃；聖人今世所受五衆盡，更不復受，是名無餘涅槃。不得言涅槃無！以衆生聞涅槃名，生邪見，著涅槃音聲而作戲論：若有若無。以破著故，説涅槃空。若人著有，是著世間；若著無，則著涅槃。破是凡人所著涅槃，不破聖人所得。何以故？聖人於一切法中不取相故。復次，愛等諸煩惱，假名爲縛；若修道，解是縛，得解脱，即名涅槃；更無有法名爲涅槃。如人[1]被械得脱[2]，而作戲論：是械，是脚，何者是解脱？是人可怪，於脚、械[3]外更求解脱；衆生亦如是，離五衆械[4]更求解脱法。復次，一切法不離第一義，第一義不離諸法實相；能使諸法實相空，是名爲[5]第一義空。如是等種種，名爲第一義空[6]。有[7]爲空、無爲空者，有爲[8]法名因緣和合生，所謂五衆、十二入[9]、十八界等。無爲法名無因緣，常不生不滅、如虛空。今有爲法二因緣故空：一者，無我、無我所及常相不變異不可得故空；二者，有爲法、有爲法相空，不生不滅，無所有故。問曰：我、我[10]所及常相不可得故應空，云何言[11]：有爲法、有爲法相空？答曰：若無衆生，法無[12]所依。又無常故，無住時；無住時[13]故，不可得知，是故法亦空。問曰：有爲法中，常相不可得[14]，不可得者，爲是衆生空？爲是法空？答曰：有人言：我心顛倒，故計我爲[15]常，是常空則入衆生空。有人言：以心爲常，如梵天王説：是四大，四大造色悉皆無常[16]，心意識是常。是常空，則入法空。或有人言：五衆即是常，如色衆[17]雖有[18]變化而亦不滅，餘衆[19]如心説[20]。五衆空，即是法空。是故常空，亦入法空中。復次，有爲法、無爲法[21]空者，行者觀有爲法、無爲法實相，無有作者，因緣和合故有，皆是虛妄，從憶想分別生。不在內，不在外，不在兩中間。凡夫顛倒見故有，智者於有爲[22]法不得其相，知但假名，以此假名導引凡夫，知其虛誑無實，無生無作，心無所著。復次，諸賢聖人，不緣有爲法而得道果，以觀有爲法空故，於有爲法心不繫著故。復次，離有爲則無無爲。所以者何？有爲法實相即是無爲，無爲相者則非有爲，但爲衆生顛倒故分別説。有爲相者，生、滅、住、異；無爲相者，不生、不滅、不住、不異，是爲入佛法之初門。若無爲法有相者，則是有爲[23]。有爲法，生相者，則是集諦；滅相者，則

1　“人”，辛本作“是”。

2　“脱”，丁三作“解脱”。

3　“械”，丁三、辛、宋、宮本作“解”。

4　“械”，丁三、辛、壬、石本作“滅”。

5　“爲”，丁三無。

6　“如是……義空”十一字，丁三、辛、壬本無。

7　壬本始。

8　“爲”，丁三脱。

9　“十二入”，丁三作“十二處”，異譯詞。下同，不復出校。

10　“我”，丁三、壬、宋、宮本無。

11　“言”，辛本作“云”。

12　“無”，丁三作“亦無”。

13　“無住時”，辛本無。

14　“得”，辛本脱。

15　“我爲”，丁三作“爲我”，誤倒。

16　“是四……無常”十一字，辛本作“是四天王大造色常皆無常”，“天王”衍。

17　“色衆”，辛本作“色陰”，異譯詞。

18　“有”，丁三、辛、壬、宋、元、明、宮、石本作“復”。

19　“衆”，辛本作“陰”，異譯詞。

20　“説”後，辛衍“説”。

21　“無爲法”，丁三脱。

22　“爲”，辛本脱。

23　“有爲”，丁三作“有爲法”。

是盡諦。若不集則不作，若不作則不[1]滅，是名無爲法如實相。若得是[2]諸法實相，則不復墮生、滅、住、異相中。是時不見有爲法與無爲法合，不見無爲法與有爲法合。於有爲法、無爲法不取相，是爲無爲法。所以者何？若分別有爲法[3]、無爲法，則於有爲、無爲而有礙。若斷諸憶想[4]分別，滅諸緣；以無緣實智[5]，不墮生數中[6]，則得[7]安隱常樂涅槃。問曰：前五空皆別説，今有爲、無爲空，何以[8]合説？答曰：有爲、無爲法，相待而有，若除有爲則無無爲，若除無爲則無有爲，是二法攝一切法。行者觀有爲法無常、苦、空等過，知無爲法所益處廣，是故二事合説。問曰：有爲法因緣和合生，無自性故空，此則可爾；無爲法非因緣生法，無破無壞，常若虛空，云何空[9]？答曰：如先説，若除有爲則無無爲，有爲實相即是無爲。如有爲空，無爲亦空，以二事不異故。復次，有人聞有爲法過罪，而著無爲法，以著故，生諸結使。如《阿毘曇》中説：八十九有爲法緣，六無爲法緣，三當分別：欲界繫，盡諦所斷無明使，或有爲緣，或無爲緣。何者有爲緣？盡諦所斷有爲法緣使相應無明使。何者無爲緣？盡諦所斷有爲法緣使不相應無明使。色、無色界無明亦如是。以此結使故，能起不善業，不善業故墮三惡道。是[10]故言無爲法空。無爲法[11]緣使：疑、邪見、無明。疑者，於涅槃法中，有耶？無耶？邪見者，若生心言：定無涅槃。是邪、疑相應無明及獨無明，合爲無明使。問曰：若云無爲法空，與邪見何異？答曰：邪見人不信涅槃，然後生心言：定無涅槃法。無爲[12]空者，破取涅槃相，是爲異。復次，若人捨有爲著無爲，以著故，無爲即成有爲。以是故，雖破無爲而非邪見。是名有爲、無爲空。畢竟空者，以有爲空、無爲空破諸法，令[13]無有[14]遺餘，是名畢竟空。如漏盡阿羅漢，名畢竟清淨，阿那含乃至離無所有處欲，不名畢竟清淨。此亦如是，内空、外空、内外空、十方空、第一義空、有爲空、無爲空，更無有餘不空法，是名畢竟空。復次，若人七世、百千萬億無量世貴族，是名畢竟貴，不以一世、二、三世貴族爲真貴也。畢竟空亦如是，從本已[15]來，無有[16]定實不空者。有人言：今雖空，最初不空，如天造物始[17]，及冥初[18]，微塵。是等皆空！何以故？果無常，因亦無常。如虛空不作果，亦不作因，天及微塵等，亦應如是；若是常，不應生無常。若過去無定相，未來、現在世亦如是；於三世中無有一法定[19]實不空者，是名畢竟空。問曰：若三世都空，乃至微塵及一念無所有者[20]，則是大可畏處！諸智慧人以禪定樂故捨世間樂，以涅槃樂故捨禪定樂；今畢竟空中乃至無有涅槃，依止何法得捨涅槃？答曰：有著吾我人，以一、異相分別諸法；如是之人，則以爲畏。如佛説：凡夫人大驚怖處，

1　"不"，丁三、辛、壬、宋、元、明、宫、石本作"無"。

2　"若得是"後，丁三有"果相"。

3　"法"，辛本無。

4　"憶想"，丁三作"億相"，"億相"爲"憶想"之借字。

5　"智"，丁三作"知"，"知"爲"智"之古字。

6　"不墮生數中"後，丁三衍"得得"。

7　"得"，丁三無。

8　"何以"，辛本作"何以故"。

9　"云何空"，丁三作"云何爲空"。

10　"是"，辛本無。

11　"法"，丁三、壬、宋、元、明、宫、石本無。

12　"爲"，辛本作"有"，誤。

13　"令"，壬、宋、元、明、宫本無。

14　"有"，丁三無。

15　"已"，辛本作"以"。

16　"無有"前，壬、宋、元、明、宫、石本有"因緣"。

17　"如天造物始"，丁三作"如天造萬物始"，辛本作"如天造及初"，壬本作"如天造初始"。

18　"及冥初"，丁三作"冥初"，辛本作"始實物"。

19　"定"，丁三、壬、宋、宫、石本無。

20　"及一……有者"七字，壬、宋、宫、石本作"無有者"。

所謂無我、無我所。復次，有爲法有三世，以有漏法故生著處。涅槃名一切愛[1]著斷，云何於涅槃而求捨離？復次，如比丘破四重禁，是名畢竟破戒，不任[2]得道！又如作五逆罪，畢竟閉[3]三善道！若取聲聞證者，畢竟不得作佛。畢竟空亦如是，於一切法畢竟空，無復有餘。問曰：一切法畢竟空，是事不然！何以故？三世十方諸法，乃至法相、法住，必應有實。以有[4]一法實故，餘法爲虛妄；若無一法[5]實者，亦不應有諸虛妄法是畢竟空。答曰：無有乃至一法[6]實者，何以故？若有乃至一法實者，是法應有[7]，若有爲、若無爲[8]。若是有爲，有爲空中已破；若是無爲，無爲空中亦[9]破。如是世間、出[10]世間：若世間，内空、外空、内外空、大空已破；若出世間，第一義空已破。色法、無色法，有漏、無漏法等，亦如是。復次，一切法皆畢竟空，是畢竟空亦空；空無有法故，亦無虛實相待。復次，畢竟空者，破一切法令無遺餘，故名畢竟空；若小[11]有遺餘，不名畢竟。若言相待故應有，是事不然！問曰：諸法不盡空，何以故？因緣所生法空，而因緣不空。譬如樑椽因緣和合，故名舍，舍空而樑椽不應空！答曰：因緣亦空，因緣不定故。譬[12]如父子，父生故名[13]爲子，生子故[14]名[15]爲父。復次，最後因緣，無所[16]依止故；如山、河、樹木、衆生之類皆依止地，地依止水，水依止風，風依止虛空，虛空無所依止。若本無所依止，末亦無所[17]依止。以是故，當知一切法畢竟空。問曰：不然，諸法應有根本。如神通有所變化，所化雖虛[18]，而化主不空！答曰：凡夫人見所化物不久故謂之爲空，化主久故謂之爲實[19]；聖人見化主復從前世業因緣和合生，今世復集諸善法，得神通力，故能作化。如《般若波羅蜜》後品中説：有三種變化：煩惱變化、業變化、法變化（法，法身也）。是故知化主亦空。問曰：諸不牢固者，不實故應空，諸牢固物及實法不應空。如大地、須彌山、大海水、日、月、金剛等色實法，牢固故不應空。所以者何？地及須彌[20]常住竟劫[21]故[22]；衆川有竭，海則常滿；日月周天，無有窮極。又如凡人[23]所見，虛妄不真，故應空；聖人所得如及法性、真際、涅槃相，應是實法，云何言畢竟[24]皆空？復[25]次，有爲法因緣生，故不實；無爲法不從因緣生，故應實，復云何言畢竟空？

1　“愛”，辛、壬本作“受”，誤。
2　“任”，丁三作“住”，誤。
3　“閉”，壬本“開”，誤。
4　“有”，丁三脱。
5　“法”，辛本作“切”，誤。
6　“法”，辛本作“切”，誤。
7　“有”，辛、壬、宋、宫本無。
8　“爲”，辛本無。
9　“亦”，丁三作“若”，誤。
10　“出”，丁三作“若出”。
11　“小”，辛本作“少”，“少”通“小”。
12　“譬”，丁三無。
13　“名”，丁三、壬、宋、宫本無。
14　“故”，壬本作“欲”，誤。
15　“名”，丁三、辛、宋、宫本無。
16　“所”，壬、宋、元、明、宫、石本無。
17　“所”，壬本無。
18　“虛”，丁三作“空”。
19　“實”後，丁三衍“實”。
20　“須彌”，丁三作“須彌山”。
21　“竟劫”，辛本無。
22　“故”，壬、宋、元、明、宫本無。
23　“凡人”，丁三作“凡夫人”。
24　“竟”，丁三脱。
25　癸本始。

答曰：堅固、不堅固不定，故皆空。所以者何？有人以此爲堅固，有人以此爲不堅固。如人以金剛爲牢固，帝釋手執，如人捉杖，不以爲[1]牢固。又不知破金剛因緣，故以爲牢固，若知著[2]龜甲[3]上，以山[4]羊角打破，則知不牢固。如[5]七尺之身，以大海爲深；羅睺阿修羅王立大海中，膝出水上；以兩手隱須彌[6]頂，下向觀忉利天[7]喜見城，此則以海水爲淺。若短壽人以[8]地爲[9]常久牢固，長壽者[10]見地無常不牢固。如佛説《七日喻經》，佛告諸比丘：一切有爲法，無常變異，皆歸磨[11]滅。劫欲[12]盡時，大旱積久，藥草[13]樹木，皆悉焦枯。有[14]第[15]二日出，諸小流水，皆悉乾[16]竭。第三日出，大河流水，亦都涸盡。第四日出，閻浮提中四大河及阿那婆達多池[17]，皆亦[18]空竭。第五日出，大海乾[19]涸。第六日出[20]，大地、須彌山等，皆悉煙出，如窯[21]燒器。第七日出，悉皆熾然[22]，無復煙氣[23]；地及須彌乃至梵天，火皆然[24]滿。爾時，新生光音天者，見火怖畏言：既燒[25]梵宫[26]，將無至此！先生諸天[27]慰喻後生天言：曾已有此，正燒梵宫[28]，於彼而滅，不來至此。燒三千大千世界[29]已，無[30]復灰[31]炭！佛語比丘[32]：如此大事，誰[33]信之者，唯有眼見，乃[34]能信耳！又[35]比丘過去時，須涅多羅外道師，離欲行四梵行，無量弟

1　"爲"，丁三、癸本脱。

2　"著"，辛本作"者"，"者"通"著"。

3　"甲"，丁三、辛、壬、癸、宋、元、明、宫、石本作"骨"。

4　"山"，丁三、辛、癸本無。

5　"如"，辛本無。

6　"須彌天"，丁三、癸本作"須彌山天"。

7　"忉利天"，丁三、癸本作"三十三"，異譯詞。

8　"以"，丁三脱。

9　"地爲"，癸本作"爲地"。

10　"壽者"，癸本殘。

11　"磨"，丁三、癸本作"摩"，"摩"通"磨"。

12　"欲"，壬本作"次"，誤。

13　"草"，癸本作"果"。

14　"有"，辛本無。

15　"第"，癸本作"弟"，"弟"爲"第"之古字。下同，不復出校。

16　"乾"，丁三、辛、壬、癸本作"干"，"干"通"乾"。

17　"阿那婆達多池"，丁三作"阿那達多池"，異譯詞。

18　"皆亦"，癸本作"亦皆"。

19　"乾"，丁三、辛、壬、癸本作"干"，"干"通"乾"，石本作"于"，當爲"干"之誤。

20　"出"，癸本作"出時"。

21　"窯"，丁三、辛、壬、癸、宋、元、明、宫、石本作"陶"，"陶"通"窯"。

22　"然"，辛、壬、癸本作"燃"，"然"爲"燃"之古字。

23　"氣"，辛本作一字空白。

24　"然"，辛、壬、癸本作"燃"，"然"爲"燃"之古字。

25　"燒"，丁三作"然燒"。

26　"梵宫"，丁三、癸本作"梵天宫"。

27　"天"，丁三脱。

28　"梵宫"，丁三、癸本作"梵天宫"。

29　"世界"，辛本作"國土"。

30　"無"，癸本脱。

31　"灰"，丁三作"炙"，誤。

32　"佛語比丘"，丁三作"佛告諸比丘"，癸本作"佛告比丘"。

33　"誰"，壬本作"難"。

34　"乃"，辛本作"方"。

35　"又"，丁三、癸本無，辛本作"有"，"有"通"又"。

子亦得離欲。須涅多羅作是念：我不應與弟子同生一處，今當深修慈心。此人以[1]深思[2]慈故，生光音天。佛言：須涅多羅者，我身是也；我是[3]時眼見此事。以是故當知：牢固實物皆悉歸滅！問曰：汝説畢竟空，何以説無常事？畢竟空今即是空，無常今有後空！答曰：無常則是空之初門；若諦[4]了無常，諸法則空。以是故，聖人初以四行觀世間無常；若見所著物無常[5]，無常則能生苦；以[6]苦故心生厭離。若無常、空相，則[7]不可取，如幻如化。是名爲空。外物既空，内主[8]亦空，是名無我。復次，畢竟空[9]是爲真空。有二種衆生：一、多習愛，二、多習見。愛多者，喜生著，以所著無常，故生憂苦。爲是人説：汝所著物無常壞故，汝則爲之生[10]苦，若此所著物生苦者，不應生著。是名説[11]無作解脱門。見多者，爲分別諸法，以不知實故而著邪見；爲是人故直[12]説諸法畢竟空。復次，若有所説，皆是可破，可破故空；所見既空，見主亦空，是名畢竟空。汝言：聖人所得法應實者，以聖人法能滅三毒，非顛倒虚誑[13]，能令衆生離老病死苦，得[14]至涅槃。是雖[15]名實，皆從因緣和合生故[16]，先無今有，今有後無故，不可受不可著故，亦空非實。如佛説《栰喻經》：善法尚[17]應捨，何況不善！復次，聖人有爲無漏法，從有漏法緣生；有漏法虚妄不實，緣所生法，云何爲實？離有爲法，無無爲法。如先説：有爲法實相，即是無爲法。以是故[18]，一切法畢竟不可得故，名爲畢竟空。無始空者[19]，世間若衆生、若法，皆無有始。如今生從前世因緣有，前世復從前世有，如是展轉，無有衆生始；法亦如是。何以故？若先生後死，則不從死故生，生亦無[20]死；若先死後有生，則無因無緣；亦不生而有死。以是故，一切法則無有始。如[21]經中説：佛語諸比丘：衆生無有始，無明覆[22]，愛所繫，往來[23]生死，始不可得。破是無始法，故名[24]爲無始空。問曰：

1　“以”，癸本無。

2　“深思”，癸本作“思”，辛本作“因”。

3　“是”，丁三、癸本作“爾”。

4　“諦”，辛本作“帝”，皆可通。

5　“無常”，丁三作“物無常”。

6　“以”，丁三、壬、癸、宋、元、明、宫本無。

7　“則”，辛本作“相”。

8　“主”，壬本作“生”，誤。

9　“空”，壬本脱。

10　癸本終。

11　“名説”，辛本作“説名”，誤倒。

12　“直”，辛本作“宜”。

13　“虚誑”前，丁三有“無有”。

14　“得”，丁三無。

15　“雖”，壬本作“離”，誤。

16　“生故”，丁三作“故生生”，後一“生”衍。

17　“尚”，丁三作“常”，“常”通“尚”。

18　“故”，丁三、辛、壬、宋、元、明、宫本無。

19　“者”，辛本無。

20　“無”，丁三作“不”。

21　子本始。

22　“佛語……明覆”十三字，子本殘。

23　“往來”，丁三作“來往”。

24　“往來……故名”十五字，子本殘。

無始是實不應破。何以故[1]？若眾生[2]及法有始者，即墮邊見，亦墮無因見[3]。遠離如是[4]等過[5]，故應説眾生及法無始；今以無始空[6]破是無始，則還墮有始見。答曰：今以[7]無始空爲[8]破無始見，又不墮有始見。譬如救人於火[9]，不應著深水中。今破是無始，亦不應[10]著有始中[11]，是則行於中道！問曰：云何破無始？答曰：以無窮故；若無窮則無後；無窮無後，則[12]亦無中。若無始，則爲破一切智人。所以者何？若世間無窮，則不知[13]其始，不知[14]始故，則無一切智人，若有一切智人，不名無始！復次，若取眾生相，又取諸法一相[15]、異相，以此一、異相，從今世推前世，從前世復推前世；如是展轉，眾生及法始不可得，則生無始見；是見虛妄，以一、異爲本，是故應破。如有爲空破有爲法，是有爲空即復爲患；復以無爲空破無爲法。今以無始破有始，無始即復爲患；復以無始空破是無始，是名無始空。問曰：若爾者，佛何以説：眾生往來生死，本際不可得？答曰：欲令眾生知久遠已[16]來，往來生死爲大苦，生厭患心。如經説[17]：一人在世間，計一[18]劫中受身被[19]害時聚集諸血，多於海水。啼[20]泣出淚，及飲母乳，皆亦如是。積集身骨，過於[21]毘浮羅山。譬喻斬天下草木爲二寸籌，數其父[22]、祖[23]、曾祖，猶不能盡。又如盡以地爲泥丸，數其母及[24]曾祖母，猶亦不盡。如是等無量劫中，受生死苦惱，初始不可得故，心生怖畏，斷諸結使。如無常雖爲邊，而佛以是無常而度眾生；無始亦如是，雖爲是邊[25]，亦以是無始而度眾生。爲度眾生，令生厭心，故説有[26]無始，非爲實有[27]。所以者何？若有無始，不應説無始空[28]！問曰：若無始非實法，云何以度人？答曰：實法中無度人，諸可説法語言度人，皆是[29]有爲虛誑法。佛以方便力

1　“始空……以故”十四字，子本殘。

2　“生”，子本脱。

3　“亦墮無因見”，丁三、辛本作“以無因緣故”。

4　“始者……如是”十五字，子本殘。

5　子本終。

6　“無始空”後，辛本有“爲”。

7　“以”，壬、宮、石本作“已”，“已”通“以”。

8　“爲”，丁三、辛、壬、宋、元、明、宮、石本無。

9　“火”，辛本作一字空白。

10　“應”，丁三、壬、宋、元、明、宮本無。

11　“中”，丁三無。

12　“則”，辛本無。

13　“知”，丁三作“智”，“智”通“知”。

14　“知”，丁三作“智”，“智”通“知”。

15　“相”，辛本作“切”，誤。

16　“已”，丁三、辛本作“以”。

17　“説”，丁三作“中説”。

18　丑本始。

19　“被”，辛本作“破”，誤。

20　“受身……水啼”十四字，丑本殘。

21　“及飲……過於”十四字，丑本殘。

22　“父”，丁三作“祖父”。“羅山……其父”十六字，丑本殘。

23　“祖”，丁三無。丑本終。

24　“及”，丁三無。

25　“邊”，丁三作“生邊”。

26　“有”，辛本無。

27　“有”，辛本無，丁三、壬、宋、元、明、宮本作“有無始”。

28　“所以……始空”十四字，丁三衍。

29　“是”，辛本無。

故,説是無始,以無著心説,故受者[1]亦得無著,無著故則生厭離。復次,以宿命智見衆生生[2]死相續無窮,是時爲實。若以慧眼,則見衆生及法[3]畢竟空;以是故説無始空。如《般若波羅蜜》中説:常觀不實,無常觀亦不實;苦觀不實[4],樂觀亦不實。而佛説:常、樂爲倒,無常、苦爲諦。以衆生多著常、樂,不著無[5]常、苦,是故以無常、苦諦,破是常、樂倒。以是故,説無常、苦爲諦;若衆生著無常、苦者,説無常、苦亦空。有始、無始亦如是。無始,能破著始倒,若著無始,復以無始爲空,是名無始空。問曰:有始法亦是邪見,應當破;何以但説破[6]無始? 答曰:有始是大惑[7],所以者何? 若有始者,初身則無罪福因緣而生善惡處;若從罪福因緣[8]而生,不名爲初身。何以故? 若有罪福,則從前身受後身[9]故,若世間無始,無如是咎。是故菩薩先已[10]捨是麁惡邪見。菩薩常習用無始,念衆生故説無始,常行因緣法故[11],言法無始。未得一切智故,或於無始中錯謬,是故説無始空。復次,無始已破有始,不須空破有始;今欲破無始,故説無始空。問曰:若無始破有始者,有始亦能破無始,汝何以言但以空破無始? 答曰:是二雖皆邪見,而有差別[12]:有始,起諸煩惱、邪見因緣;無始,起慈悲及正見因緣。所以者何? 念衆生受無始世[13]苦惱而生悲心,知從身次第[14]生身,相續不斷,便知罪福果報而生[15]正見。若人不著無始,即是助道善法;若取相生著,即是邪見,如常、無常見。有始見雖破無始見,不能畢竟破無[16]始;無始[17]能畢竟破有始[18]是故無始爲勝[19]。如善破不善,不善破善,雖互相破,而善能畢竟破惡,如得賢聖[20]道,永不作惡。惡法則不然,勢力微薄故。如人雖起五逆罪,斷善根[21],墮地獄,久不過一劫因緣得脱地獄,終成道果。無始、有始優劣不同,亦如是。以無始力大故,能破有始,是故不説有始空[22]。散空者,散名別離相,如諸法和合故有:如車以輻、輞、轅、轂,衆合爲車,若離散各在一處,則失車名。五衆和合因緣,故名爲人,若別離五衆,人不可得。問曰:若如是説,但破[23]假名而不破色;亦如離散輻、輞[24],可破車名,不破

1　"者",壬本作"著","著"爲"者"之借字。

2　"生",辛本作"衆",誤。

3　"及法",壬本作"法及",誤倒。

4　"不實",丁三作"亦不實"。

5　寅本始。

6　"破",丁三脱。

7　"惑",丁三、壬、寅、石本作"或","或"爲"惑"之古字。

8　"緣",辛、壬、寅本無。

9　"後身",壬本作"身後",誤倒。

10　"已",丁三、壬、寅本作"以","以"通"已"。

11　"故",丁三無。

12　"而有差別",辛本作"而各著別"。

13　"世",丁三、辛、壬、寅、宋、元、明、宫、石本作"世界"。

14　"第",壬、寅本脱。

15　"生",丁三脱。

16　"無",丁三作"有",誤。

17　"無始",辛、宋、宫本無。

18　"無始能畢竟破有始",丁三無。"始見……有始"一行十七字,寅本脱。

19　"勝",壬本作"始",誤。

20　"聖",丁三脱。

21　寅本終。

22　"有始空",辛本作"有如空","如"當爲"始"之誤,丁三作"有始空義"。

23　"破",壬本作"説",誤。

24　"輻輞",辛本作"輞輻"。

輻、輞。散空亦如是,但離散[1]五衆,可破人而不破色等五衆！答曰:色等亦是[2]假名破,所以者何？和合微塵假名爲[3]色故。問曰:我不受微塵,今以可見者爲色,是實爲有,云何散而爲空？答曰:若除微塵,四大和合因緣生[4]出可見色,亦是假名。如四方風和合,扇水則生沫聚,四大和合成色亦如是;若離散四大,則無有色。復次,是色以香、味、觸及四大和合,故有色可見,除諸香、味、觸等更無別色。以智[5]分別,各各離散,色不可得。若色實有,捨此諸法,應別有色,而更無別色[6]。是故經言:所有色皆從四大和合有[7]。和合有[8]故皆是假名,假名故可散。問曰:色假名故可散,四衆[9]無色[10],云何可散[11]？答曰:四陰[12]亦是假名,生、老、住、無常觀故,散而爲空。所以者何？生時異、老時異、住時異、無常時異故。復次,三世中觀是四衆,皆亦散滅。復次,心隨所緣,緣滅則滅,緣破則破[13]。復次,此四衆不定,隨緣生故;譬如火[14],隨所燒處爲名,若離燒處火[15]不可得。因眼[16]緣色生眼識,若離所緣,識不可得;餘情識亦如是。如經中説:佛告羅陀！此色衆[17]破壞散滅,令無所有,餘衆[18]亦如是。是名散空[19]。復次[20],譬如小兒,聚土爲臺殿、城郭[21]、閭里、宮舍,或名爲米,或名爲麵,愛著守護;日暮將[22]歸,其心捨離,蹋壞散滅。凡夫人亦如是,未離欲故,於諸法中生愛著心;若得離欲,見諸法皆散壞棄捨。是名散空。復次,諸法合集故[23],各有名字,凡夫人隨逐名字,生[24]顛倒染著;佛爲説法,當觀其實,莫逐名字,有無皆空。如《迦旃延經》[25]説:觀集諦則無無[26]見,觀滅諦則無有見。如是種種因緣是名[27]散空。性空者,諸法性常空,假業[28]相續故,似[29]若不空。譬如水性自冷,假火故熱,止火停[30]久,水則還冷。諸法性亦如是,未

1　"散",壬、宋、宫本無。

2　"是",丁三無"如是"。

3　"爲",丁三、辛、壬、宋、元、明、宫本無。

4　"生",丁三、辛本脱。

5　"以智",丁三作"知","知"爲"智"之古字。

6　"色",丁三、辛、壬、宋、元、明、宫本無。

7　"有",丁三脱。

8　"有"後,丁三衍"有"。

9　"四衆",辛本作"四陰",異譯詞。下同,不復出校。丁三脱。

10　"無色",丁三脱。

11　"云何可散",丁三脱。

12　"陰",丁三作"衆",異譯詞。

13　"則破",辛本脱。

14　"火",辛本作"水",誤。

15　"火",辛本作一字空白。

16　"因眼"後,丁三衍"生"。

17　"色衆",辛本作"色陰",異譯詞。

18　"餘衆",辛本作"餘陰",異譯詞。

19　"是名散空",丁三、辛本無。

20　"復次",丁三、辛本無。

21　"郭",辛、壬本作"廓",誤。

22　"將",丁三作"持"。

23　"合集故",丁三作"和合集故",辛本作"和合"。

24　"生"後,辛本有一字空白。

25　"諦",辛本作"帝",皆可通。

26　"無",辛本脱。

27　"名",辛本脱。

28　"業",丁三、壬、宋、元、明、宫本作"來"。

29　"似",辛本作"以",誤。

30　"停",辛、壬本作"亭","亭"爲"停"之古字。

生時空無所有,如水性常冷;諸法衆緣和合故有,如水得火成熱;衆緣若少若無,則無有法,如火滅湯冷。如經説:眼空,無我、無我所。何以故? 性自爾! 耳、鼻、舌、身、意,色乃至法等,亦復如是。問曰:此經説:我、我所空。是爲衆生空,不説法空,云何證性空? 答曰:此中但説性空,不説[1]衆生空及法空。性空有二種:一者,於十二入中無我、無我所;二者,十二入相自空。無我、無我所,是聲聞論中説。摩訶衍法説:十二入我、我所無故空,十二入性無故空。復次,若無我、無我所,自然得法空。以人多[2]著我及我所故,佛但説無我、無我所;如是應當知[3]一切法空。若我、我所法尚不著,何況餘法! 以是故,衆生空、法空終歸一義,是名性空。復次,性名自有,不待因緣;若待因緣,則是作法,不名爲性。諸法中皆無性,何以故? 一切有爲法,皆從因緣生,從[4]因緣生則是作法;若不從因緣和合,則是[5]無法。如是一切諸法性不可得故,名爲性空。問曰:畢竟空無所有,則是性空,今[6]何以重説? 答曰:畢竟空者,名爲無有[7]遺餘;性空者,名爲本來常爾。如水性冷,假火故熱,止火則還冷。畢竟空如虛空,常不生不滅、不垢不淨。云何言同! 復次,諸法畢竟空,何以故? 性不可得故;諸法性空,何以故? 畢竟空故。復次,性空多是菩薩所行[8];畢竟空,多是諸佛所行。何以故? 性空中,但有因緣和合,無有實性;畢竟空,三世清淨。有如是等差別。復次[9],一切諸法性有二種:一者,總性[10];二者,別性[11]。總性者,無常、苦、空、無我,無生無滅,無來無去,無入無出等。別性者,如:火,熱性[12];水,濕性[13];心爲識性。如人喜作諸惡,故名爲惡性;好集善事,故名爲善性。如《十力經》中説:佛知世間種種性。如是諸性皆空,是名性空。何以故? 若無常性是實,應失業果報。所以者何? 生滅過去不住故,六情亦不受塵,亦不[14]積習因緣;若無積習,則無誦經、坐[15]禪等。以是故,知無常性不可得。無常[16]尚不可得,何況常相[17]! 復次,苦性亦不可得,若實有[18]是苦,則不應生染著心。若人厭畏苦痛,於諸樂中亦應厭畏;佛亦不應説三受:苦受[19]、樂受[20]、不苦不樂受[21];亦不應苦中生瞋,樂中生愛,不苦不樂中生癡。若一相者,樂中應生瞋,苦中應生愛,但是事不然! 如是等苦性,不可得,何況樂性虛妄而可得。復次,空相亦不可得,所以者何? 若有空相,則無罪福;無罪福故,亦無今世後世。復次,諸法相待有,所以者何? 若有空應當有實,若有[22]實應

1　"不説",丁三作"無説不",誤。

2　"多",辛、壬、宋、元、明、宫本無。

3　"知",丁三、辛、壬本無。

4　"從",壬、宋、元、明、宫本無。

5　"是",丁三、辛本無。

6　"今",辛本無。

7　"有",壬本無。

8　"所行",丁三無。

9　"復次"後,辛本衍"性空"。

10　"性",辛本脱。

11　"性",辛本作"生",誤。

12　"熱性",辛本作"性熱"。

13　"濕性",辛本作"性濕"。

14　"不",丁三、辛、壬、宋、元、明、宫、石本作"無"。

15　"坐",壬本作"生",誤。

16　"無常",丁三作"無常性"。

17　辛本終,尾題作"大智度經卷四十三"。

18　"有",丁三脱。

19　"受",丁三、壬、宋、元、明、宫、石本無。

20　"受",丁三、壬、宋、元、明、宫、石本無。

21　"受",丁三、壬、宋、元、明、宫、石本無。

22　"有",丁三無。

當[1]有空,空性尚無,何況有實!復次,若無我者,則無縛無解,亦無從今世至後世受罪福,亦無業因緣果報;如是等因緣,知無我性尚不可得,何況我性!復次,無生無滅性亦不實,何以故?若實則墮常見;若一切法常,則無罪無福;若有者常有,無者常無,若無者不生,有者不失。如不生不滅性不可得,何況生滅性!無來無去、無入無[2]出等,諸總性亦如是。復次,諸法別性,是亦不然!何以故?如火[3]能燒,造色能炤,二法和合,故名爲火。若離是二法有火者,應別有火[4]用,而無別用。以是故,知火是假名,亦無有實。若實無火法,云何言熱是火性?復次,熱性從衆緣生,内有身根,外有色觸,和合生身識,覺知有熱;若未和合時,則無熱性[5],以是故,知無定熱爲[6]火性。復次,若火實有熱性[7],云何有人入火不燒,及人身中火而不燒身?空中火,水不能滅?以火無有定熱性故。神通[8]力故,火不能燒身;業因緣,五藏不熱;神龍力故,水不能滅。復次,若熱性與火異[9],火則非熱;若熱與火一,云何言熱是火性?餘性亦如是。是總性、別性無故,名爲性空。復次,性空者,從本已[10]來空。如世間人謂:虛妄不久者是空;如須彌、金剛等物,及聖人所知,以爲真實[11]不空。欲斷此疑故,佛説:是雖堅固相續久住,皆亦性空。聖人智[12]慧,雖度衆生,破[13]諸煩惱,性不可得故,是亦爲空。又人謂:五衆、十二入、十八界,皆空;但如、法性、實際,是其實性。佛欲斷此疑故,但分別説五衆,如、法性、實際皆亦是空。是名性空。復次,有爲性三相,生、住、滅;無爲性亦三相:不生、不住、不滅。有爲性尚空,何況有爲法!無爲性尚[14]空,何況無爲法!以是種種因緣,性不可得,名爲性空。自相空者,一切法有二種相:總相,別相。是二相空,故名爲[15]相空。問曰:何等是總相?何等是別相?答曰:總相者,如無常等;別相者,諸法雖皆無常,而各有別相,如地爲[16]堅相,火爲熱相。問曰:先已説性,今説相;性、相[17]有何等異?答曰:有人言:其實無異,名有差別,説性則爲説相,説相則爲説性;譬如説火性即是熱相,説熱相即是火性。有人言:性、相小有差別。性言其體,相言可識。如釋子受持禁戒,是其性;剃髮、割截染衣,是其相。梵志自受其法,是其性;頂有周羅,執[18]三奇杖[19],是其相。如火,熱是其性,烟是其相。近爲性,遠爲相。相不定,從身出,性則言其實。如見黃色爲金相而内是銅,火燒石磨,知非金性。如人恭敬供養時,似是善人,是爲相;罵詈毀辱,忿然瞋恚,便[20]是其性。性、相:内、外、遠、近,初、後等[21],有如是差別。是諸相皆空,名爲相空。如説一切有

---

1 "當",丁三無。
2 "無",壬本作"入",誤。
3 "火",丁三、壬、宋、元、明、宫本作"一火"。
4 "火",壬、宋、元、明、宫本無。
5 "性",丁三脱。
6 "無定熱爲",壬、宋、元、明、宫、石本作"熱非"。
7 "性",壬本脱。
8 "神通"前,丁三衍"火"。
9 "異",丁三作"以","以"爲"異"之借字。
10 "已",丁三作"以"。
11 "實",丁三脱。
12 "智",丁三作"知","知"爲"智"之古字。
13 "破",丁三作"彼",誤。
14 "尚",丁三作"常","常"通"尚"。
15 "爲",壬本無。
16 "爲",壬、元、明、宫、石本作"有"。
17 "性相",壬本作"性與相"。
18 "執",壬本作"報",誤。
19 "杖",丁三作"林",誤。
20 "便",丁三、壬、宋、元、明、宫本無。
21 "等",壬、宋、元、明、宫本無。

爲法,皆是無常相。所以者何？生滅不住故,先[1]無今有、已有還無故,屬諸因緣故,虛誑不真故,無常因緣生故,衆合因緣起故。如是等因緣故,一切有爲法是無常相。能生身心惱故,名爲苦；身四威儀無不苦故,苦聖諦故,聖人捨不受故,無時不惱故,無常故,如是等因緣,名爲苦相。離我所故空,因緣和合生故空,無常、苦、空、無我故名爲空,始終不可得故空,誑心故名爲空,賢聖一切法不著故名爲空,以無相、無作解脱門故名爲空,諸法實相無量無數故名爲空,斷一切語言[2]道故名爲空,滅一切心行故名爲空,諸佛、辟支佛、阿羅漢入而不出故名爲空。如是等因緣故,是[3]名爲空。無常、苦、空故無我,不自在故無我,無主[4]故名爲無我；諸法無[5]不從因緣生[6]、從因緣生故無我,無相無作故無我,假名字故無我,身見顛倒故無我,斷我心得道故無我。以是[7]種種,名爲無我。如是等名爲[8]總相。別相者,地,堅相；火,熱相；水,濕相；風,動相。眼識衣處[9]名眼相,耳、鼻、舌、身亦如是。識,覺相；智,慧相；慧,智[10]相。捨爲施相,不悔不惱爲持戒相,心不變異爲忍相,發懃爲精進相,攝心爲禪相,無所著爲智慧相,能成事爲[11]方便相。識作生滅爲世間相,無識爲涅槃相。如是等諸法各有別相。當[12]知是諸相皆空,是名自相空[13]。餘義[14]如性空中説,性、相義同故[15]。問曰：何以不但説相空而説自相空？答曰：若説相空,不説法體空；説自相空,即法體空。復次,衆法[16]和合,故一法生,是一法空,如是等一[17]一法皆空。今和合因緣法,展轉皆亦空,一切法各各自相空,以是故,名爲自相空。問曰：若一切法[18]各各自相空,云何復有所説？答曰：衆生顛倒故,以一相、異相、總相、別相等,而著諸法；爲斷是故而有所説。如是等因緣,名爲自相空。一切法空者,一切[19]法名五衆、十二入、十八界等；是諸法皆入種種門,所謂一切法有相、知相、識相、緣相、增上相、因相、果相、總相、別相、依相。問曰：云何一切法有相？答曰：一切法有好有醜,有内有外；一切法有心生,故名爲有。問曰：無法中云何言有相？答曰：若無法不名爲法,但以遮有故,名[20]爲無法；若實有無法[21],則名爲有。是故説一切法有相。知相者,苦法智、苦比智能知苦諦；集法智、集比智能知集諦；滅法智、滅比智能知滅諦；道法智、道比智能知道諦；及世俗善智能知苦、能知集、能知滅、能知道,亦能知虚空、非智緣滅——是名一切法知相[22]。知相故攝一切法[23]。識相者,眼識能知色；耳

---

1 “先”後,丁三衍“有”。

2 “言”,壬本脱。

3 “是”,丁三無。

4 “主”,丁三作“生”,誤。

5 “無”,丁三脱。

6 “生”,丁三、石本作“不”。

7 “以是”,丁三作“以是故”。

8 “爲”,壬、宋、元、明、宫本無。

9 “眼識衣處”,丁三作“眼識相依處”,壬、宋、元、明、宫本作“眼識依處”,“衣”爲“依”之古字。

10 “慧智”,丁三、壬本作“智慧”。

11 “爲”,丁三脱。

12 “當”,丁三、壬、宋、元、明、宫、石本無。

13 “是名自相空”後,丁三衍“名自相空”。

14 “餘義”,壬、宋、元、明、宫本無,石本作“餘小生”。

15 “説性相義同故”,壬、石本無。

16 “法”,壬本作“生”,誤。

17 “等一”,丁三作“等”,壬、宋、宫本無。

18 “法”,丁三脱。

19 “一切……一切”七字,丁三作“諸”。

20 “名”,壬、宋、元、明、宫、石本作“名字”。

21 “無法”,丁三作“法無”,誤倒。

22 “是名……知相”七字,丁三作“是爲一切法智相”。

23 “知相……切法”七字,丁三作“法智相故攝一切法”,壬、宋、元、明、宫、石本無。

識能知聲；鼻識能知香；舌識能知味；身識能知觸；意識能知法，能知[1]眼、能知色、能知眼識，能知耳、能知聲、能知耳識，能知鼻、能知香、能知鼻識，能知舌[2]、能知味、能知舌識，能知身、能知觸、能知身識，能知意、能知法、能知意識——是名識相[3]。緣相者，眼識及眼識相應諸法能緣色；耳識及耳識相應諸法能緣聲；鼻識及鼻識相應諸法能緣香；舌識及舌識相應諸法能緣味；身識及身識相應諸法能緣觸；意識及意識相應諸法能緣法[4]，能緣[5]眼、能緣色、能緣眼識，能緣耳、能緣聲、能緣耳識，能緣鼻、能緣香、能緣鼻識，能緣舌、能緣味、能緣舌識，能緣身、能緣觸、能緣身識，能緣意、能緣法、能緣意識——是名緣相[6]。增上相者，一切有爲法，各各增上；無爲法亦於有爲法有增上——是名[7]增上相[8]。因果相者，一切法各各爲因，各各爲果——是名因果相。總相、別相者[9]，一切法中，各各有總相、別相。如馬是總相，白是別相；如人是總相，若失一耳，則是別相。如是各各展轉，皆有總相[10]、別相[11]——是爲總相、別相[12]。依相者，諸法各共相依止，如草木山河依止於地，地依止水[13]，如[14]是一切各各相依——是名依止相。依止相攝一切法[15]。如[16]是等一法門相攝一切法。復次，二法門攝一切法[17]，所謂色、無色法，可見、不可見法，有對、無對法，有漏[18]、無漏法，有爲[19]、無爲法，内法、外法，觀法、緣法，有法、無法，如是等種種二法門相。三、四、五、六乃至無量法門相，攝[20]一切法。是諸法皆空，如上說[21]，名一切法空[22]。問曰：若皆空者，何以說一切法種種名字[23]？答曰：凡夫人於空法中，無明顛倒取相故，生愛等諸煩惱；因煩惱故，起種種業；起種種業故，入種種道；入種種道故，受種種[24]身；受種種身故，受種種苦樂。如蠶[25]出絲[26]無所因，自從己出[27]而自纏裹，受燒煮苦。聖人清淨智慧力故，分別一切法本末皆空；欲度衆生故，說其著處，所謂五衆、十二入、十八界等；汝但以無明故，而生五衆等，自作自著！若聖人但說空者，不

1　“能知”，丁三、壬、宫本無。
2　“舌”，壬本作“香”。
3　“識相”後，丁三有“識相相故攝一切法”，“相”當衍其一。
4　“能緣法”，丁三脱。
5　“能緣”，壬本無。
6　“是名緣相”後，丁三有“緣相故攝一切法”。
7　“名”，丁三脱。
8　“增上相”後，丁三有“增上相攝故一切法”，“攝故”當爲“故攝”之倒。
9　“因果……別相者”二十五字，丁三作“因果相者，一切法互爲果，是名爲一相，一相故攝一切法”。
10　“相”，壬、宫本無。
11　“相”，壬本無，宫本作“若”。
12　“是爲總相別相”，丁三無。
13　“水”，丁三作“於水”。
14　“如”，壬、宋、元、明、宫、石本無。
15　“依止……切法”七字，壬、宋、元、明、宫本無。
16　“如”，原作“知”，誤，兹據丁三、壬、宋、元、明、宫、石本改。
17　“攝一切法”，丁三脱。
18　“有漏”，壬、宋、元、明、宫本作“有漏法”。
19　“有爲”，丁三、壬、宋、元、明、宫、石本作“有爲法”。
20　“相攝”，壬本作“攝相”，誤倒。
21　“如上說”，丁三無。
22　“名一切法空”，壬、宋、元、明、宫、石本無。
23　“名字”後，丁三有“種種空相”。
24　“種”，丁三脱。
25　“蠶”，壬本作“虫”。
26　“出絲”，丁三作“亦”。
27　“出”，丁三作“出絲”。

能得道,以無所因、無所厭[1]故。問曰:汝言一切法空,是事不然!何以故?一切法各各[2]自相攝故。如地堅相,水濕相,火熱相,風動相,心爲識相,慧爲知相;如是一切法,各自住其相,云何言空?答曰:性空、自相空中已破,今當更説。相不定故不應是相,如酥[3]、蜜、膠、蠟[4]等,皆是地相,與火合故,自捨其相,轉成濕相;金、銀、銅、鐵與火合故,亦自捨其相,變爲水相;如水得寒成冰,轉爲地相;如人醉睡,入[5]無心定,凍冰中魚[6],皆無心識,捨其心相,無所覺知;如慧爲知相,入諸法實相,則無所覺知,自捨知相。是故[7]諸法無有定相。復次,若謂諸法定相,是亦不然!所以者何?如未來法相,不應來至現在,若至現在,則捨未來相;若不捨未來相入現在者,未來則是現在,爲無未來果報[8];若現在入過去,則捨現在相;若不捨現在相入過去,過去則是現在。如是等過,則知諸法無有定相。復次,若謂無[9]爲法定有者,應別自有相;如:火自有熱相,不因他[10]作相。是故當知無爲法無相故實無[11]。復次[12],汝以未來世中非智緣滅[13]法是有爲法,而無有爲相。若汝謂以非智緣盡是滅相[14],是亦不然!所以者何?無常滅故[15],是名滅相,非[16]以非智緣滅故名爲滅相。如是等種種,無有定相。若有定相,可使不空;而無定相[17]而不空者,是事不然[18]。問曰:應實有法不空,所以者何?凡夫、聖人所知各異,凡夫所知是虛妄,聖人所知是實。依實聖智故捨虛妄法,不可依虛妄捨虛妄!答曰:爲破凡夫所知[19],故名爲聖智;若無凡夫法,則無聖法[20];如無病則無藥。是故經言:離凡夫法更無聖法,凡夫法實[21]性即是聖法。復次,聖人於諸法不取相亦不著,是故聖法爲真實;凡夫於諸法取相亦著,故以凡夫人法爲虛妄。聖人雖用而不取相,不取相故[22]則無定相,如是不應爲難!於凡夫[23]地著法分別:是聖法,是凡夫法;若於賢聖[24]地,則無所分別;爲斷衆生病,故言是虛、是[25]實。如説:佛語非虛非實,非縛非解,不一不異。是故無所[26]分別,清淨

1　“厭”,丁三作“能”。

2　“各”,丁三脱。

3　“酥”,丁三、壬、石本作“蘇”,“蘇”通“酥”。

4　“蠟”,壬、石本作“臘”,“臘”爲“蠟”之借字。

5　“入”,壬、宋、宮本無。

6　“凍冰中魚”,丁三作“冰中凍魚”。

7　“故”,壬本作“知”。

8　“爲無未來果報”,丁三作“爲無未來果,現在亦如是”。

9　“無”,丁三、壬、宋、元、明、宮、石本作“有”。

10　“他”,丁三作“地”,誤。

11　“者應別自有相……實無”二十九字,壬本作“三相:法、住、滅。無爲生亦有三相:不生、不住、不滅”,“法”當爲“生”之誤,第一個“生”當爲“法”之誤,宋、元、明、宮、石本作“三相:生、住、滅。無爲法亦有三相:不生、不住、不滅”。

12　“復次”,壬、宋、元、明、宮、石本無。

13　“滅”後,丁三有“畢不生”。

14　“以非……滅相”八字,丁三作“以非智緣滅是滅相者”。

15　“滅故”,壬、宋、元、明、宮本作“盡”,石本無。

16　“非”,丁三作“不”。

17　“可使……定相”八字,壬、宋、元、明、宮、石本無。

18　“而不……不然”八字,丁三作“是故空”。

19　“知”,丁三作“智”,“智”通“知”。

20　“聖法”,壬本作“聖智法”。

21　“實”,壬、宋、元、明、宮本無。

22　“故”,丁三作“不”,誤。

23　卯本始。

24　“地著……賢聖”十六字,卯本殘。

25　“則無……虛是”十五字,卯本殘。

26　“説佛……無所”十九字,卯本殘。

如虚空。復次，若法[1]不[2]悉空，不應説不戲論爲智人相！亦不[3]應[4]説不受不著，無所依止，空、無相、無[5]作名爲[6]真法！問曰：若[7]一切法空，即亦是實，云何言無實？答曰：若一切法空[8]，假令有法，已入一切法中破；若[9]無法，不應致難！問曰：若一切法空是真實者[10]，佛三藏中，何以多[11]説無常、苦、空、無我法？如經説：佛告諸比丘！爲汝説法，名爲第一義空。何等是第一義空？眼生無所從來，滅[12]亦無所去，但有業、有業果報，作者不可得！耳、鼻、舌、身、意，亦復如是。是中若説生無所從來，滅亦無所去，是常，常[13]法不可得故無常；但[14]有業及[15]業果報，而作者不可得，是爲聲聞法中第一義空。云何言：一切法空？答曰：我，是一切諸煩惱根本，先著五衆爲我，然後著外物爲我所[16]；我所縛故而生貪恚，貪恚因緣故起諸業。如佛説無作者，則破一切法中我；若説眼無所從來，滅亦無所去，則説眼無常，若無常即是苦，苦即是非我、我所；我、我所無故，於一切法中心無[17]所著；心無所著故，則不生結使；不生結使何用説空！以是故，三藏中，多説無常、苦、空、無我，不多説一切法空。復次，衆生雖聞佛説無常、苦、空、無我，而戲論諸法，爲是人故説諸法空；若無我亦無我所，若無我、無我所[18]，是即入空義。問曰：佛何以説有業有果報？若有業有果報，是則不空[19]！答曰：佛説法有二種：一者，無我；二[20]者，無法。爲著見神有常者，故爲説無作者；爲著斷滅見者，故爲説有業有業果報。若人聞説無作者，轉墮斷滅見中，爲説有業有業果報。此五衆能起業而不至後世，此五衆因緣，生五衆受業果報[21]相續，故説受業果報。如母子身雖異，而因緣相續故，如母服藥，兒病得[22]差。如是今世後世五衆雖異，而罪福業因緣相續故，從今世五衆因緣，受後世五衆果報。復次，有人求諸法相著一法，若有若無，若常若無常等；以[23]著法故，自法生愛，他法生恚，而起惡業；爲是人[24]故説諸法空，諸法空則無有法。所以者何？所可愛法，能生結使，能生結使，則是無明因緣，若生無明，云何是實？是爲法空。復次，衆生有二種：一者，著世間；二者，求出世間。求出世間，有上、中、下：上者利根，大心求佛道；中者中根[25]，求辟支佛道；下者鈍根，求聲

1　“法”，丁三、壬本脱。

2　“清淨……法不”十字，卯本殘。

3　“論爲……亦不”七字，卯本殘。

4　“應”，壬本作“虚”，誤。

5　“無相無”，卯本殘。

6　“名爲”，卯本作“爲是”。

7　“若”，丁三、壬、卯本無。

8　“空”，丁三作“虚”。

9　卯本終。

10　“真實者”，壬、宋、元、明、宫、石本作“實”。

11　“多”，丁三作“名”，誤。

12　“滅”，丁三作“無所滅”。

13　“常”，丁三、壬、宋、元、明、宫、石本無。

14　“但”，丁三脱。

15　“業及”，壬、宋、宫本無。

16　“所”，壬、宫本無。

17　“無”，壬本作“所”，誤。

18　“若無我無我所”，丁三作“諦求其實”。

19　“空”，丁三作“虚”。

20　“二”，原作“一”，兹據丁三、壬、宋、元、明、宫、石本改。

21　“果報”後，丁三衍“果報”。

22　“得”，丁三、壬、宋、元、明、宫、石本作“則”。

23　“以”，丁三、壬本作“已”，“已”通“以”。

24　“人”，丁三作“而”，誤。

25　“中者中根”後，丁三有“樂獨行”。

聞道。爲求佛道者，説六波羅蜜及法空；爲求辟支佛者，説十二因緣及獨行法[1]；爲求聲聞者，説衆生空及四真諦法。聲聞畏惡生死，聞衆生空，及四真諦，無常、苦、空、無我，不戲論諸法。如圍中有鹿，既被[2]毒箭，一向求脱，更無他念。辟支佛雖厭[3]老、病[4]、死，猶能少觀甚深因緣，亦能少度衆生。譬如犀在圍中[5]，雖被毒箭，猶能顧戀其子。菩薩雖厭老、病、死，能觀諸法實相[6]，究盡深入十二因緣，通達法空，入無量法性。譬[7]如白香象王在獵圍中，雖被箭[8]射，顧視獵者心無所畏，及將營從安步而去。以是故，三藏中不多説法空。或有利根梵志，求諸法實相，不厭老、病、死，著種種法相，爲是故説法空。所謂先尼梵志，不説五衆即是實，亦不説離五衆是實。復有强論梵志，佛答：我法中不受有無，汝何所論？有無是戲論法，結使生處。及《雜阿含[9]》中《大空經》説二種空：衆生空，法空。《羅陀經》中説：色衆破裂分散，令無所有。《栰喻經》中説：法尚應捨，何況非法。《波羅延經》《利衆經》中[10]説：智者於一切法不受不著，若受著法則生戲論，若無所依止則無所論。諸得道聖人於諸法無取無捨，若無取捨[11]，能離一切諸見[12]。如是等三藏中處處説法空。如是等[13]名爲一切法空[14]。不可得[15]空者。有人言：於衆、界、入中，我法、常法不可得故，名爲不可得空。有人言：諸因緣中求法不可得，如五指中拳[16]不可得故，名爲不可得空。有人言：一切法及因緣畢竟不可得故，名爲不可得空。問曰：何以故名不可得空？爲智力少故不可得？爲實無故不可得[17]？答曰：諸法實無故不可得，非智力少也。問曰：若爾者，與畢竟空、自相空無異，今何以故更説不可得空？答曰：若人聞上諸空都無所有，心懷怖畏生疑，今説所以空[18]因緣，以[19]求索不可得故，爲説不可[20]得空[21]。斷是疑怖故，佛説不可得空。所以者何？佛言：我從初發心乃至成佛，及十方[22]佛，於諸法中求實不可得，是名不可得空。問曰：何事不可得？答曰：一切法乃至無餘涅槃不可得故，名爲不可得空。復次，行者得是不可得空，不得[23]三毒、四流、四縛、五蓋、六愛、七使、八邪、九結、十惡，諸弊惡垢結等都不可得故，名爲[24]不可得空。問曰：若爾者，行是不可得空，得何等法利[25]？

---

1 “説十……行法”九字，丁三作“説四諦十二因緣”。

2 “被”，丁三、壬、宋、元、明、宫、石本作“著”。

3 “厭”，丁三作“厭求”。

4 “病”，丁三脱。

5 “中”，丁三無。

6 “相”，丁三、壬、宋、宫、石本無。

7 “譬”，壬本作“辟”，誤。

8 “箭”，丁三作“毒箭”。

9 “含”，壬本作“鉻”，“鉻”爲“含”之借字。

10 “利衆經中”，丁三作“義品中”。

11 “捨”，丁三、壬本作“無捨”。

12 “諸見”，壬本作“諸見等”。

13 “如是等”，丁三、壬、宋、元、明、宫、石本作“是”。

14 “法空”後，丁三有“義”。

15 “不可得”，丁三作“無所得”。下同，不復出校。

16 “拳”，壬、石本作“捲”。

17 “爲實無故不可得”，丁三無。

18 “所以空”，壬、宋、元、明、宫、石本無。

19 “以”，壬、宋、元、明、宫、石本無。

20 “可”，壬本作“不”，誤。

21 “爲説不可得空”，丁三作“名爲無所得空”。

22 “方”，原作“力”，誤，兹據丁三、壬本改。

23 “不得”，丁三作“不可得”。

24 “爲”，丁三無。

25 “利”，壬本作“大”，宋、元、明、宫本無。

答曰：得戒[1]、定、慧，得四沙門果、五根、五無學衆，六捨法、七覺分、八聖道分、九次第定、十無學法，得如是等，是[2]聲聞法。若得般若波羅蜜，則具足六波羅蜜及十地諸功德[3]。問曰：上言一切法乃至涅槃不可得，今何以言得戒、定、慧，乃至十無學法[4]？答曰：是法雖得，皆助[5]不可得空故，亦名不可得；又復無[6]受無著[7]故，是名不可得；爲無爲法故名[8]不可得；聖諦[9]故名不可得；第一義諦故名不可得。聖人雖得諸功德，入無餘涅槃故，不以爲得；凡夫人以爲大得。如師子雖有所作，不自以爲奇，餘衆生見以爲希有。如是等義[10]名爲不可得空。無法空、有法空、無法有法空[11]。無法空者，有人言[12]：無法，名法已滅，是滅無故，名無法空[13]。有法空者[14]，諸法因緣和合[15]生，故無[16]有法，有法[17]無故，名有法空。無法有法空者，取無法有法相不可得，是爲無法有法空。復次，觀無法有法空，故名無法有法空。復次，行者觀諸法：生、滅，若有門、若無門，生門生喜，滅門生憂。行者觀生法空則滅喜心，觀滅法[18]空則滅憂心。所以者何？生無所得，滅無所失，除世間貪憂故，是名無法有法空。復次，十八空中：初三空，破[19]一切法。後三空，亦破一切法：有法空，破一切法生時，住時；無法空，破一切法滅時；無法有法空，生、滅一時俱[20]破。復次，有人言：過去、未來法空[21]，是名[22]無法空；現在及無爲法空[23]，是名[24]有法空。何以故[25]？過去法滅失，變異歸無[26]；未來法因緣未和合，未生、未有，未出、未起[27]，以是故名無法[28]。觀知[29]現在法及無爲法現有，是名有法。是二俱空，故名爲無法有法空。復次，有人言：無爲法無生住滅，是名無法；有爲法生、住、滅，是名有法。如是等空，名爲無法有法空。是爲菩薩欲住內空乃至無法有法空，當學般若波羅蜜。

---

1 "戒"，丁三、壬本脱。

2 "是"，丁三、石本無。

3 "是聲聞法……功德"二十四字，壬、宋、宮本無，石本作"聲聞法。若得般若波羅蜜，則具足六波羅蜜及十地諸功德"。

4 "無學法"，丁三、元、明本作"地諸功德法"，石本作"地功德"。

5 "助"，丁三、元、明本作"趣"。

6 "無"，丁三脱。

7 "著"，壬本作"無愛著"。

8 "名"，丁三作"名爲"。

9 "聖諦"前，丁三有"於"。

10 "如是等義"，壬、宋、元、明、宮本作"聖人雖有所得，而不以爲得，是"，石本作"聖人雖有所得，而不以得，是"。

11 "無法有法空"後，丁三、壬本有"者"。

12 "無法……人言"七字，丁三作"有人言"，壬本無，宋、元、明、宮本作"者"，石本作"者有人言"。

13 "名無法空"後，丁三有"者"。

14 "有法空者"，丁三脱。

15 "和合"，丁三作"合和"。

16 "無"，丁三、宋、元、明、石本無。

17 "有法"，丁三、石本作"實性"。

18 "法"，丁三脱。

19 "破"，壬本作"故"，誤。

20 "俱"，丁三、壬、石本無。

21 "空"，丁三作"無"。

22 "是名"，丁三作"故爲説"。

23 "空"，丁三作"有"，誤。

24 "是名"，丁三作"故爲説"。

25 "何以故"，丁三作"所以者何"。

26 "無"，丁三作"於無"。

27 "未起"後，丁三有"故無"。

28 "以是故名無法"，丁三無。

29 "觀知"，丁三作"觀"。

大智度論卷第三十一[1]。

大智度論釋初品中四緣義第四十九（卷三十二）[2]

……當學[3]般若波羅蜜。問曰：如般若波羅蜜中[4]，四緣皆不可得。所以者何？若因中先有果[5]，是事不然；因中先無，亦不然。若先有，則無因；若先無，以何爲因？若先無而有者，亦可從無因而生。復次，見果從因生，故名之爲因；若先無果，云何名因？復次，若果從因生，果則屬因，因不自在，更屬餘因；若因不自在者，云何言果但[6]從此因生？如是種種，則知無因緣。又過去心心數法都滅，無所能作，云何能爲次第[7]緣？現在有心則無次第，若與未來欲生心次第者，未來則未有，云何與次第？如是等則無次第緣。如是[8]一切法無[9]相、無緣，云何言緣緣？若一切法無所屬、無所依、皆平[10]等，云何言增上緣？如是四緣不可得，云何說欲知四緣[11]，當學般若波[12]羅蜜？答曰：汝不知般若波羅蜜相，以是故説般若波羅蜜中，四緣皆不可得。般若波羅蜜，於一切法無所捨、無所破、畢竟清淨，無諸戲論。如[13]佛[14]説有四緣，但以少智之人，著於四緣而生邪論；爲破著故，説言諸法實空，無所破。如心法從内、外處因緣和合生，是心如幻、如夢，虚誑，無有定性；心數法亦如是。是心共生心數法——所謂受、想、思等，是心數法，同相、同緣故，名爲相應。心以心數法相應爲因，心數法以心相應爲因，是名相應因。相應因者，譬如親友、知識，和合成事。共生因者，一切有爲法，各有共生因，以共生故更相佐助；譬如兄弟同生，故互相成濟。自種因者，過去善種，現在、未來善法因；過去、現在善種，未來善法因。不善、無記亦如是。如是一切法，各有自種因。遍因者，苦諦、集諦所斷結使一切垢法因，是名遍因。報因者，行業因緣故，得善惡果報，是爲報因。是五因名爲因緣。心心數法次第[15]相續無間[16]故，名爲次第緣。心心數法，緣塵故生，是名緣緣。諸法生時，不相障礙，是爲無障。復次，心心數法從四緣生；無想、滅盡定從三緣生，除緣緣；諸餘心不相應諸行及色，從二緣生，除次第緣、緣緣。有爲法性羸故，無有從一緣生。報生心心數法，從五因生；不隱没無記，非垢法故，除遍因。諸煩惱亦從五因生，除報因。何以故？諸煩惱是隱没，報是不隱没，故除報因。報生色及心不相應諸行，從四因生；色[17]非心心數法，故除相應因；不隱没無記法，故除遍因。染污色及心不相應諸行，亦從四因生；非心心數法，故除相應因；垢故除報因。

1 丁三終，尾題作“摩訶衍經卷第三十一”，題記作“神龜二年八月十五日，經生令狐世康所寫。用紙四十三張。校竟（經）道人惠敞。”壬本終，尾題作“十八空卷第三十一”。

2 本卷對應《大智度論》寫本凡6號：S.1538號（以下簡稱“甲一”）、BD 14081號（以下簡稱“甲二”）、俄Дx18390號（以下簡稱“乙本”）、S.5393號（以下簡稱“丙本”，所抄分屬《大正藏》本卷三十二、三十三）、中村017號（以下簡稱“丁本”）、羽210號F（以下簡稱“戊本”）。

3 甲一始。

4 “若波……蜜中”十三字，甲一殘。

5 “可得……有果”十二字，甲一殘。

6 “但”，原作“旦”，誤，兹據甲一、宋、元、明、宫、石本改。

7 “第”，甲一作“弟”，“弟”爲“第”之古字。下同，不復出校。

8 “是”，甲一、宋、元、明、宫本無。

9 乙本始。

10 “緣云……皆平”十八字，乙本殘。

11 “增上……四緣”十七字，乙本殘。

12 乙本終。

13 甲一終。

14 甲二始。

15 “第”，甲二作“弟”，“弟”爲“第”之古字。下同，不復出校。

16 “間”，甲二作“聞”，誤。

17 “色”，甲二、宋、元、明、宫本無，石本作“非”，誤。

諸餘心心數法,除初無漏心,皆從四因生,除報因、遍因。所以者何?非無記故除報因,非垢故除遍因。諸餘不相應法,所謂色、心不相應諸行,若有自種因,則從三因生,除相應因、報因、遍因;若無自種因,則從二因生,共生因、無障因。初無漏心心數法,從三因生;相應因、共生因、無障因。是初無漏心中色及心不相應諸行,從二因生;共生因、無障因;無有法從一因生。若六因生,是名四緣。菩薩行般若波羅蜜,如是觀四緣,心無所著;雖分別是法,而知其空,皆如幻化;幻化中雖有種種別異,智者觀之,知無有實,但誑於眼。爲分別知凡夫人法,皆是顛倒虛誑而無有實,故有四緣,如是云何爲實!賢聖法因從凡夫法生故,亦是不實,如先十八空中説。菩薩於般若波羅蜜中,無有一法定性可取故,則不可破。以衆生著因緣空法故,名爲¹可破。譬如小兒見水中月,心生愛著,欲取而不能得,心懷²憂惱!智者教言:雖可眼見,不可手捉;但破可取,不破可見!菩薩觀知諸法從四緣生,而不取四緣中定相。四緣和合生,如水中月,雖爲虛誑無所有,要從水月因緣生,不從餘緣有。諸法亦如是,各自從因緣生,亦無定實,以是故説:菩薩欲如實知因³緣⁴、次第緣、緣緣⁵增上緣⁶相,當學般若波羅蜜。問曰:若欲廣知四緣義⁷,應學阿毗曇;云何此中欲知四緣義,當學般若波羅蜜?答曰:阿毗曇四緣義,初學如得其實;求之轉深,入於邪見,如汝上破四緣義中説⁸。復⁹次,諸法所因,因於四緣,四緣復何所因?若有因則無窮,若無窮則無始,若無始則無因。若然者,一切法皆應無因!若有始,始則無所因,若無所因而有,則不待因緣。若然者,一切諸法亦不待因緣而有!復次,諸法從因緣生,有二¹⁰種:若因緣中先有,則不待因緣而生,則非因緣;若因緣中先無,則無各各因緣。以戲論四緣故,有如是等過。如般若波羅蜜中¹¹不可得空,無如是等失。如世間人,耳目所覩生老病死,是則爲有;細求其相,則不可得。以是故,般若波羅蜜中,但除邪見而不破四緣。是故言:欲知四緣相,當學般若波羅蜜。

【經】復次,舍利弗!菩薩摩訶薩欲知一切¹²諸法如、法性、實際,當學般若波羅蜜!舍利弗!菩薩摩訶薩應如是住般若波羅蜜!

【論】諸法如,有二種:一者,各各相;二者,實相。各各相者,如:地,堅相;水,濕相;火,熱相;風,動相。如是等分別諸法,各自有相。實相者,於各各相中分別,求實不可得,不可破,無諸過失。如自相空中説:地若實是堅相者,何以故膠、蠟¹³等與火會時,捨其自性?有神通人,入地如水;又分散木石,則失堅相。又破地以爲微塵,以方破塵,終歸於空,亦失堅相。如是推求地相則不可得;若不可得,其實皆空,空則是地之實相。一切¹⁴別相,皆亦如是,是名爲如。法性者,如前説各各法空,空有差品,是爲如;同爲一空,是爲法性。是法性亦有二種:一者,用無著心分別諸法,各自有性故¹⁵;二者,名無量法,所謂諸法實相。如《持心經》説:

---

1 “爲”,甲二作“不”,誤。

2 “懷”,甲二作“壞”,“壞”爲“懷”之借字。

3 “因”,甲二脱。

4 “緣”,甲二脱。

5 “緣緣”,甲二、宋、元、明、宮本無。

6 “緣”,甲二脱。

7 “義”,甲二、宋、宮本無。

8 “説”,甲二作“復説”。

9 “説復”,甲二作“復説”,誤倒。

10 “二”,甲二作“三”,誤。

11 “中”,甲二、宋、元、明、宮本無。

12 “復次……一切”十四字,甲二、宋、元、明、宮、石本作“欲知”。

13 “蠟”,甲二、宋、宮本作“臘”,“臘”爲“臘”之俗字,“臘”爲“蠟”之借字,石本作“蟖”,“蟖”爲“蠟”之俗字。

14 “切”,甲二作“一”。

15 “故”,甲二作“者”,宋、元、明、宮本無。

法性無量,聲聞人雖得法性,以智慧[1]有量故,不能無量説。如人雖到大海,以器小故,不能取無量水,是爲法性。實際者,以法性爲實證,故爲際。如阿羅漢,名爲住於實際。問曰:如、法性、實際,是三事爲一、爲異?若一,云何説三?若三,今應當分別説!答曰:是三皆是諸法實相異名。所以者何?凡夫無智,於一切法作邪觀,所謂常、樂、淨、實、我等。佛弟子如法本相觀,是時不見常,是名無常;不見樂,是名苦;不見淨,是名不淨;不見實,是名空;不見我,是名無我。若不見常而見無常者,是則妄見,見苦、空、無我、不淨亦如是,是名爲如。如者,如本,無能敗壞。以是故,佛説三法爲法印,所謂一切有爲法無常印、一切法無我印、涅槃寂滅印[2]。問曰:是三法印,般若波羅蜜中,悉皆破壞。如佛告須菩提:若菩薩摩訶薩觀色常,不行般若波羅蜜;觀色無常,不行般若波羅蜜。苦、樂、我、無我,寂滅、非寂滅,亦如是。如是云何名法印?答曰:二經皆是佛説,如《般若波羅蜜經》中,了了説諸法實相。有人著常顛倒,故捨常見,不著無常相,是名法印;非謂捨常、著無常者,以爲法印;我乃至寂滅亦如是。般若波羅蜜中,破著無常等見;非謂破不受不著。得是諸法如已,則入法性中,滅諸觀,不生異信,性自爾故。譬如小兒見水中月,入水求之,不得便愁。智者語言:性自爾,莫生憂惱!善入法性,是爲實際。問[3]曰:聲聞法中,何以不説是如、法性、實際,而摩訶衍法中處處説?答曰:聲聞法中亦有説處,但少耳。如《雜阿含》中説,有一比丘問佛:十二因緣法,爲是佛作,爲是餘人作?佛告比丘:我不作十二因緣,亦非餘人作;有佛無佛,諸法——如、法相、法位常有,所謂是事有故是事有,是事生故是事生,如無明因緣故諸行,諸行因緣故識,乃至老死因緣故有憂悲苦惱。是事無故是事無,是事滅故是事滅;如無明滅故諸行滅,諸行滅故識滅,乃至老死滅故憂悲苦惱滅。如是生滅法,有佛、無佛常爾;是處説如。如《雜阿含·舍利弗師子吼經》中説:佛問舍利弗一句義,三問三不能答。佛少開示舍利弗已,入於靜室。舍利弗集諸比丘,語[4]諸比[5]丘言:佛未示我事端,未即能答;今我於此法,七日七夜,演説其事而不窮盡。復有一比丘白佛:佛入靜室後,舍利弗作師子吼而自讚歎!佛語比丘:舍利弗語實不虛,所以者何?舍利弗善通達法性故。聲聞法中,觀諸法生滅相,是爲如;滅一切諸觀,得諸法實相,是處説法性。問曰:是處但説如、法性,何處復説實際?答曰:此二事,有因緣[6]故説;實際[7]無因緣,故不説實際[8]。問曰:實際即是涅槃,爲涅槃[9]故佛説十二部經,云何言無因緣[10]?答曰:涅槃種種名字説,或名爲離,或名爲[11]妙,或名爲出;如是等則爲説實際,但不説名[12]字,故言無因緣。復次,諸法如者,如諸法未生時,生時亦如是,生已[13]過去,現在亦如是;諸法[14]三世平等,是名爲如[15]。問曰:若未生法名爲未有,生法現在,則有法可用;因現在法

---

1 "慧",甲二、宋、元、明、宫本無。
2 "印",甲二脱。
3 丙本始,有首題"大智度釋論卷第四十五"。
4 "語",丙本脱。
5 "比",丙本脱。
6 "因緣"後,甲二、丙、宋、元、明、宫本有"起"。
7 "實際"前,丙本衍"無"。
8 "實際",甲二、宋、宫、石本無。
9 丁本始。
10 "何言無因緣",丁本殘。
11 "離或名爲",丁本殘。
12 "不説名",丁本殘。
13 "已",丁本作"以","以"通"已"。
14 "諸法",丁本作"諸法有"。
15 "諸法……爲如"十字,甲二作"諸三世法中等,是爲如",丁本作"諸法有三世平等,是名爲如"。

有事用相，故追憶[1]過事，是名過去[2]。三世各異，不應如實爲一，云何言三世平等是名爲如？ 答曰：諸法實相中，三世等一無異。如《般若波羅蜜·如[3]品》中説：過去如，未來如，現在如，如來如，一如無有異。復次，先論議[4]中已[5]破生法；若無生法[6]者，未來、現在亦無生，云何不等！ 又[7]復過去世無始，未來世無後[8]，現在世無住。以是故三世平等名爲如。行是如已，入無量法性中。法性者，法名涅槃，不可壞，不可戲論。法性名爲[9]本分種，如黃石中有金性，白石中有銀性；如是一切世間法中，皆有涅槃性。諸佛賢聖，以智慧、方便、持戒、禪定，教化引導，令得是涅槃法性。利根者即知是諸法皆是法性；譬如神通人，能變瓦石皆使爲金。鈍根者方便分別求之，乃得法性；譬如大冶[10]鼓[11]石，然後得金。復次，如水性下流，故會歸於海，合爲[12]一味。諸法亦如是，一切總相、別相，皆歸法性，同爲一相，是名[13]法性。如金剛在山頂，漸漸穿下至金剛地際，到自性乃止[14]。諸法[15]亦如是，智慧分別，推求已[16]，到如中，從如入自性，如本末生，滅諸[17]戲論，是名[18]爲法性。又[19]如犢子周悼[20]鳴呼[21]，得母乃止。諸法亦如是，種種別異，取捨不同，得到自性乃止；無復過處，是名法性。實際者，如先説：法性名爲實，入處名爲際。復次，一一法有九種：一者，有體；二者，各各有法，如眼、耳雖同四大造，而眼獨能見，耳無見功，又如火以熱爲法，而不能潤[22]；三者，諸法各有力，如火以燒爲力，水以潤[23]爲力；四者，諸法各自有因；五者，諸法各自有緣；六者，諸法各自有果；七者，諸法各自有性；八者，諸法各[24]有限礙；九者，諸法各各有[25]開通方便。諸法生時，體及餘法，凡有九事。知[26]此法各各有體法具足，是名世間下如。知此九法終[27]歸變異盡滅[28]，是名中如。譬如此身生，從[29]不淨出，雖復澡浴嚴飾，終歸不淨。是法非有非無、非生非滅，

1　"在則……追憶"一行十七字，甲二衍。

2　"故追憶過事是名過去"，甲二作"故追憶過去事，名過去"，丁本作"故追憶過是，事名過去"，"是事"誤倒。

3　"如"，丁本無。

4　"論議"，丙本作"議論"。

5　"已"，丁本作"以"，"以"通"已"。

6　"法"，甲二、丁、宋、元、明、宫、石本無。

7　"又"，丁本作"有"，"有"通"又"。

8　"後"，甲二、丁本作"復"，誤。

9　"爲"，甲二、丁、宋、元、明、宫本無。

10　"冶"，甲二作"治"，誤。

11　"鼓"，丙、丁本作"固"，元、明本作"錮"，"固""錮"皆爲"鼓"之借字。

12　"合爲"，丙本作"爲合"，誤倒。

13　"是名"，丙本作"是名爲"。

14　"止"，甲二作"心"，誤，丙本作"至"。

15　"法"，丁本脱。

16　"已"，丁本作"以"，"以"通"已"。

17　"諸"，丙本作"諸法"。

18　"名"，丁本無。

19　"又"，丁本作"有"，"有"通"又"。

20　"周悼"，甲二作"周彰"，丙本作"周章"，丁本作"周"，脱"悼"字，宋、宫本作"周障"。皆爲異形詞。

21　"鳴呼"，甲二作"鳴籲"，丙本作"鳴喚"，丁、宋、元、明、宫本作"鳴呼"。

22　"又如……能潤"十一字，丁本作"有如火以熱爲法，水而有能潤"。

23　"潤"，甲二作"閏"，"閏"通"潤"。

24　"各"，丁本作"各自"。

25　"各各有"，丙本作"各自有"，丁本作"各自"。

26　"知"，丙本作"如"，誤。

27　"終"，丁本作"衆"，"衆"爲"終"之借字。

28　"盡滅"，丁本作"滅盡"。

29　"生從"，丁本作"從生"，誤倒。

滅諸觀法，究竟清淨，是名上如[1]。復次，有人言：是九事中有法者，是名如。譬如地法堅重，水法冷[2]濕，火法熱[3]照，風法輕動，心法識解；如是等法名爲如。如經中説：有佛無佛，如、法相、法位，常住世間，所謂無明因緣諸行，常如本法。法性者，是九法中性。實際者，九法中得果證。復次，諸法實相，常住不動。衆生以無明等諸煩惱故，於實相中轉異邪曲；諸佛賢聖種種方便説法，破無明等諸煩惱，令衆生還得實性，如本不異，是名爲如。實性與無明合，故變異則不[4]清淨；若除却無明等，得其真性[5]，是名法性清淨。實際名入法性中，知法性無量無邊，最爲微妙，更無有法勝於法性、出法性者，心則滿足，更不[6]餘求，則便作證。譬如行道，日日[7]發引而不止息[8]，到所至處，無復去心；行者住於實際，亦復如是。如羅漢[9]、辟支佛住於實際，縱復恒沙諸佛[10]爲其説法，亦不能更有增進，又[11]不復生三界。若菩薩入是法性中，懸[12]知實際，若未具足六波羅蜜、教化衆生，爾時若證，妨[13]成佛道；是時菩薩以大悲[14]精進力故，還修諸行[15]。復次，知諸法實相中無有常法，無有樂法，無有我法，無有實法，亦捨是觀法；如是等一切觀法皆滅，是爲諸法實如涅槃，不生不滅，如本末生[16]。譬如水是冷相，假火故熱；若火滅熱盡，還冷如本[17]。用諸[18]觀法，如水得火；若滅諸觀法，如火滅水冷，是名爲如。如實常住，何以故？諸法性自爾。譬如一切色法皆有空分，諸法中皆有涅槃性，是名法性。得涅槃種種方便法中皆有涅槃[19]性。若得證時，如、法性則[20]是實際。復次，法性者，無量無邊，非心心數法所量，是名法性。妙極於此，是名真際。

【經】[21]復次，舍利弗！菩薩摩訶薩欲數知三千大千世界[22]中大地諸山微塵，當學般若波羅蜜！菩薩摩訶

1　“如”，丁本作“始”，誤。

2　“冷”，丁本作“令”，誤。

3　“熱”，丙、丁本作“燒”。

4　“不”，丙本作“取”，誤。

5　“得其真性”，丙本作“得是真性”，丁本作“得其實真性”。

6　“不”，丁本作“無”。

7　“日”，甲二作“月”，誤。

8　“息”，丁本作“自”，誤。

9　“羅漢”，丁本作“阿羅漢”。

10　“佛”，丁本脱。

11　“又”，丁本作“有”，“有”通“又”。

12　“懸”，甲二、丙、丁、宋、元、明、宫、石本作“玄”。

13　“妨”，丁本作“欲”，誤。

14　“悲”，丁本作“慈”。

15　“諸行”，丁本作“諸善行”。

16　“生”，丁本脱。

17　“本”，丁本作“故”。

18　“諸”，丙本作“者”，誤。

19　“中皆有涅槃”，丙、丁、宋、元、明、宫、石本作“亦名爲法”。

20　“則”，丙本作“即”。

21　“經”，甲二、丙、丁、宋、宫本無。

22　“世界”，丙本作“國土”。下同，不復出校。

薩欲[1]析一毛爲百分,欲以一分毛,盡[2]舉[3]三千大千世界中[4]大海江河[5]池泉諸水[6],而不擾水性者[7],當學般若波羅蜜! 三千大千世界中,諸火一時皆然[8],譬如劫盡燒時;菩薩摩訶薩欲一吹令滅者[9],當學般若波羅蜜! 三千大千世界中,諸大風起,欲吹破三千大千世界及諸須彌山,如摧腐草;菩薩摩訶薩欲以一指障其風力令不起者,當學般若波羅蜜!

【論】[10]問曰:佛何以不讚歎諸菩薩六度等諸功德,而讚歎[11]此大力? 答曰:衆生有二種:一者,樂善法;二者,樂善法果報。爲樂善法者,讚歎諸功德;爲樂善法[12]果報者,讚歎大神力。復次,有人言:四大之名,其實亦無邊無盡,常在世故,無能悉動量其多少,人雖造作城廓臺殿,所用甚少,地之廣大,載育[13]萬物,最爲牢固。爲是故佛説:三千大千世界中地及須彌諸山微塵,皆欲盡知其數,及一一[14]微塵中衆生業因緣,各各有分[15],欲知其多少,當學般若波羅蜜。問曰:一石土之微塵,尚難可數,何況三千大千世界地及諸山微塵之數?是不可信! 答曰:聲聞、辟支佛智慧尚不能知,何況凡夫! 是事諸佛及大菩薩所知。如《法華經》説:譬喻三千大千世界地及諸山,末以爲塵,東方過千世界下一塵,如是過千世界,復下一塵,如是盡三千世界諸塵。佛告比丘[16]:是微[17]塵數世界,算數籌量可得知不? 諸比丘言:不可得知! 佛言:所可著微[18]塵、不著微塵諸國,盡皆末以爲塵,大通慧[19]佛出世已[20]來劫數如是。如是無量恒河沙等世界[21]微塵,佛、大菩薩皆悉[22]能知,何況一恒河沙[23]等世界! 復次,無量者,隨人心説。如大海水名爲無量,而深八萬由旬,如[24]大身羅睺阿脩羅王,量其多少,不以爲難。問曰:云何行般若波羅蜜得是智慧? 答曰:有人行[25]般若波羅蜜,滅諸煩惱及邪見戲論,入菩薩甚深禪定,念智清淨增廣故,則能分別一切諸色微塵,知其量數。復次,諸佛及大菩薩,得無礙解脱故,

---

1 "欲",甲二、丙、丁、宋、元、明、宫本無。

2 "盡",丙、丁本無。

3 "舉",丁本作"承"。

4 "世界中",丙本作"國土"。

5 "江河"後,丙本有"諸渠"。

6 "諸水",丙本無。

7 "者",甲二、宋、元、明、宫本無。

8 "然",甲二、丁本作"燃","然"爲"燃"之古字。

9 "者",丙、丁本無。

10 "論",甲二、丙、丁、宋、宫本無。

11 "歎",丁本作"嘆"。下同,不復出校。

12 "善法",丙本作"法善",誤倒。

13 "育",丁本作"之"。

14 "一一",甲二無。

15 "各各有分",丙本作"者,若有分別"。

16 "比丘",丙本作"諸比丘"。

17 "微",甲二、丙、丁、宋、元、明、宫本無。

18 "微",丙本脱。

19 "慧",甲二作"智"。

20 "已",丙本作"以"。

21 "界",甲二作"世",誤。

22 "悉",丁本無。

23 "沙",甲二脱。

24 "如",甲二、丁、宋、元、明、宫本無。

25 "行",甲二脱。

過於是事，尚不以爲難，何況於此！復次，有人爲地爲堅牢[1]；心無形質，皆是虛妄。以是故，佛説[2]：心力爲大；行般若波羅蜜故，散此大地以爲微塵。以地有[3]色、香、味、觸重故，自無所作；水少香故，動作勝地；火少香、味故，勢[4]勝於水；風少色、香、味故，動作勝火；心無四事故，所爲力大。又以心多煩惱結使繫縛故，令心力[5]微少。有漏善心，雖無煩惱；以心取諸法相故，其力亦少。二乘無漏心，雖不取相，以智慧有量；及出無漏道時，六情隨俗分別，取諸法相故，不盡心力。諸佛及大菩薩，智慧無量無邊，常處禪定，於世間涅槃無所分別。諸法實相，其實不異，但智有優劣；行般若波羅蜜者，畢竟清淨，無所罣礙，一念中能數十方一切[6]如恒河沙等三千大千世界、大地諸山微塵，何況十方各一恒河沙世界！復次，若離般若波羅蜜，雖得神通，則不能如上所知。以是故説：欲得[7]是大神力，當學般若波羅蜜。復[8]有人言：一切諸物中，水爲最大。所以者何？大地上下四邊，無不有水。若護世天主不節量天龍雨，又無消水珠者，則天地漂没。又以水因緣故，世間衆生數、非衆生數皆得生長。以是可知水爲最大。是故佛説：菩薩欲知水渧多少，渧渧分散令無力[9]者，當學般若波羅蜜。復有人言：火爲最大。所以者何？除香、味故。又以[10]水出處甚多，而火能滅之，大火之力，能燒萬物，能照諸闇；以是故知火爲最大。是故佛説：菩薩欲吹滅大[11]火者，當學般若波羅蜜。問曰：火因於風，乃得然[12]熾，云何相滅？答曰：雖復相因，過則相滅。問曰：若爾者，火多無量[13]，口風甚少，何能滅之？答曰：菩薩行般若波羅蜜，因禪定得神通，能變身令大，口風亦大，故能滅之。又以神力，小風能滅；譬如小金剛，能摧破大山。以是故，諸天世[14]人見此神力，皆悉宗伏。復次，菩薩以火爲害處廣，憐愍衆生故，以神力[15]滅之。又以三千世界成立甚難，菩薩福德智慧[16]故，力能制之[17]。復有人言：於四大中風力最大，無色、香、味故，動相最大。所以者何？如虛空無邊，風亦[18]無邊，一切生育成敗[19]，皆由於風，大風之勢，摧碎三千大千世界諸山。以是故佛説：能以一指[20]障其風力，當學般若波羅蜜。所以者何？般若波羅蜜實相，無量無邊，能令指力如是。

1　“爲地爲堅牢”，甲二、丁、宋、元、明、宫本作“謂地爲牢堅”，丙本作“謂地爲堅牢”，石本作“謂地所爲窂堅”，“窂”爲“牢”之俗字。

2　“説”，丁本脱。

3　“有”，丁本作“爲”。

4　“勢”，甲二作“熱”，明本作“火”。

5　“力”，丁本脱。

6　“一切”，丁本無。

7　“得”，甲二作“知”。

8　“復”，丙本作“復次”。

9　“力”，丁本作“分”，誤。

10　“以”，丁本無。

11　“大”，甲二無。

12　“然”，甲二、丙、丁本作“燃”，“然”爲“燃”之古字。

13　“無量”，丙本作“既無量”。

14　“天世”，甲二作“世天”，誤倒。

15　“神力”，丁本作“神通力”。

16　“智慧”，丁本作“智慧力”。

17　“力能制之”，丁本作“能斷之”。

18　“亦”，甲二作“示”，誤。

19　“一切生育成敗”，甲二、宋、宫、石本作“一切生有成敗”，丁本作“一切生育我敗”。

20　“指”，丁本作“脂”，“脂”爲“指”之借字。

【經】[1] 菩薩摩訶薩欲一結加趺坐,遍滿三千大千世界中虛空者[2],當學般若波羅蜜!

【論】[3] 問曰:菩薩以何因緣故,如是結加[4]趺坐?答曰:以梵天王主[5]三千世界,生邪見心,自以爲大;見菩薩結加[6]趺坐遍滿虛空,則憍慢心息。又於神通力中巧方便故,一能爲多,多能爲一;小能作大,大能作小。亦爲欲現[7]希有難事故,坐遍虛空。亦爲遮諸鬼神龍王惱亂衆生故,坐滿虛空,令衆生安隱。如難陀婆難陀[8]龍王兄弟,欲破舍婆提城,雨諸兵杖[9]、毒蛇之屬;是時目連端坐,遍滿虛空,變諸害物,皆成華香、瓔珞[10]。以是故説:菩薩摩訶薩欲一結加趺坐,遍滿三千大千世界虛空,當學般若波羅蜜[11]。

【經】[12] 復次[13],菩薩摩訶薩欲以一毛舉[14]三千大千世界中諸須彌山王,擲過他方無量阿僧祇諸佛世界[15],不擾衆生者,當學般若波羅蜜[16]!

【論】[17] 問曰:菩薩何以故舉須彌山及諸山,過着他方無量世界?答曰:不必有舉者,此明菩薩力能舉之耳。復次,諸菩薩爲佛當説法故,先莊嚴三千大千世界,除諸山令地平整。如《法華經》中説:佛欲集諸化佛故,先平治地。亦欲現希有事,令[18]衆生見故。所以者何?一須彌山,高八萬四千由旬;若舉此一山,已爲希有,何況三千大千世界百億須彌山!若以一毛舉三千大千世界百億須彌山尚難,何況以一毛頭,擲百億須彌山過無量阿僧祇世界!衆生見菩薩希有事,皆發阿耨多羅三藐三菩提心,作是[19]念言:是菩薩未成佛道,神力[20]乃爾,何況成佛!以是故如是説。

【經】[21] 欲以一食,供養十方各[22]如恒河沙等諸佛及僧,當學般若波羅蜜!欲以[23]一衣[24]、華香[25]、瓔珞、末香、

---

1 "經",甲二、丙、丁、宋、官本無。

2 "菩薩……虛空者"二十三字,甲二作"菩薩摩訶薩欲一跏趺坐,悉滿三千大千世界中虛空者",丙本作"復次菩薩摩訶薩所有三千大千國土中虛空欲一結跏趺坐,悉滿其中",丁本作"復次菩薩摩訶薩欲結跏趺坐,悉滿三千大千世界中虛空者"。

3 "論",甲二、丙、丁、宋、官本無。

4 "結加",甲二、丙、丁本作"結跏",異譯詞。下同,不復出校。

5 "主",丁本作"至",誤。

6 "結加",丁本作"結跏",異譯詞。

7 "現",丁本作"見","見"爲"現"之古字。

8 "難陀婆難陀",丁本作"難陀婆婆難陀","婆"衍。

9 "杖",甲二、宋、元、明、官本作"仗"。

10 "瓔珞",丙本作"纓絡",異譯詞。

11 "當學……羅蜜"七字,丁本無。

12 "經",甲二、丙、丁、宋、官本無。

13 "復次",甲二、丁、宋、元、明、官本無。

14 "舉",丁本作"承"。

15 "諸佛世界",丙本作"國土中",丁本作"世界"。

16 "者當……羅蜜"八字,甲二、宋、元、明、官本無。

17 "論",甲二、丙、丁、宋、官本無。

18 "令",丁本作"欲令"。

19 "是",甲二、丁本無。

20 "神力",丁本作"神通力"。

21 "經",甲二、丙、丁、宋、官本無。

22 "各",丙本無。

23 "以",丁本無。

24 "衣",丙、丁本作"衣服"。

25 "華香",丙本作"香華"。

塗香、燒香、燈燭、幢幡、華蓋等，供養諸佛及僧[1]，當學般若波羅蜜[2]！

【論】[3]問曰：菩薩若以一食供養一佛及僧，尚是難事，何況十方如[4]恒河沙等諸佛及[5]僧？答[6]曰：供養功德，在心不在事也。若菩薩以一食大心，悉供養十方諸佛及僧，亦[7]不以遠近爲礙[8]；是故諸佛皆見皆受。問曰：諸佛有一切智故，皆見皆受；僧無一切智，云何得見、云何得[9]受？答曰：僧雖不見不知，而其供養，施者得福。譬如有人遣使供養彼人，彼人雖不得，而此人已獲施福。如慈三昧，於衆生雖無[10]所施，而行者功德無量。復次，諸[11]菩薩無量無盡功德成就，以一食供養十方諸佛及僧，皆悉充足，而亦不盡；譬如涌[12]泉出而不竭。如文殊尸利[13]以一鉢歡喜丸供養八萬四千僧，皆悉充足，而亦不盡。復次，菩薩於此以一鉢食供養十方諸佛，而十方佛[14]前飲食之具[15]，具足而出。譬如鬼神，得人一口之食，而千萬倍出。復次，菩薩行般若波羅蜜，得無量禪定門，及得無量智慧方便門，以是故，無所不能。以般若波羅蜜無礙故，是菩薩心所作亦無礙。是菩薩能供養十方千萬[16]恒河沙等諸佛及僧，何況各[17]如一恒河沙！衣服、華香、瓔珞、末香、塗香、燒香，燈燭、幢幡、華蓋等亦如是。

【經】[18]復次，舍利弗！菩薩摩訶薩欲使十方各如恒河沙等世界中衆生，悉具於戒、三昧[19]、智慧、解脫、解脫知見，令得須陀洹果、斯陀含果、阿那含果、阿羅[20]漢果，乃至令得無餘涅槃[21]，當學般若波羅蜜！

【論】[22]五衆義，如先説。須陀洹果有二種：一者，佛説三結斷，得無爲果；又如《阿毘曇》説：八十八結斷，得無爲須陀洹果。二者，信行、法行人，住道比智中，得須陀洹果證者是[23]。復次，須陀洹[24]名流，即是八聖道分；般那[25]名入。入是八[26]聖道分流入涅槃，是名初觀諸法實相，得入無量法性分，墮聖[27]人數中。息忌名一，伽彌

1　“僧”後，丙、丁本有“者”。

2　“波羅蜜”，丙本無。

3　“論”，甲二、丙、丁、宋、宫本無。

4　“如”，丙本無。

5　“及”，丙本脱。

6　“答”後，丁本衍“問”。

7　“亦”，丁本無。

8　“礙”，丁本脱。

9　“得”，丁本脱。

10　“無”，丁本作“不”。

11　“諸”，丁本脱。

12　“涌”，丁本作“踊”，“踊”爲“涌”之借字。

13　“文殊尸利”，甲二、丙、丁本作“文殊師利”，異譯詞。

14　“佛”，丙本作“諸佛”。

15　“具”後，丁本衍“足”。

16　“千萬”，丁本作“萬千”，宋、元、明、宫本作“千萬億”。

17　“各”，丙、丁本脱。

18　“經”，甲二、丙、丁、宋、宫本無。

19　“昧”，丙本作“味”，誤。

20　“羅”，丁本脱。

21　“涅槃”後，丙本有“菩薩欲得是者”。

22　“論”，甲二、丙、丁、宋、宫本無。

23　“是”，甲二脱。

24　“須陀洹”前，甲二有“是”。

25　“般那”，甲二作“那般”。

26　“八”，丁本脱。

27　“聖”，丁本脱。

名來；是人從此死，生天上，天上一來，得盡衆苦。阿那名[1]不，伽彌名來，是名不來相；是人欲界中死，生色界、無色界中，於彼漏盡不復來生。問曰：今世[2]滅阿那伽彌、中陰[3]滅阿那伽彌，此亦不生色、無色界，何以名爲阿那伽彌？答曰：阿那伽彌，多生色[4]、無色[5]界中，現在滅者少，以[6]少從多故。中間滅者，亦欲生色界，見後[7]身可患，即取涅槃，以是故因多得[8]名。阿羅漢，盡一切煩惱故，應受一切天龍、鬼神供養。是阿羅漢有九種：退法、不退法、死法、護法[9]、住法、勝進法[10]、不壞法、慧解脱、共解脱[11]。九種義，如先説。及八背捨、八勝處、十一切處、滅盡定、無諍[12]三昧、願智等，阿羅漢諸妙功[13]德，及得無餘涅槃。無餘涅槃名阿羅漢捨此五衆[14]，更不復相續受後[15]五衆，身心苦皆悉永[16]滅。後三道果，如初道説。

【經】[17]復次，舍利弗！菩薩摩訶薩行般若波羅蜜布施時，應作[18]如[19]是分別：如是布施，得大果報；如是布施，得[20]生刹利大姓、婆羅門大姓、居士大家；如是布施，得[21]生四天王天[22]處、三十三天、夜摩天[23]、兜率陀天、化樂天、他化自在天；因是布施，得入初禪、二禪、三禪、四禪、無邊[24]空處、無邊[25]識處、無所有處、非有想非無想處；因是布施，能生八聖道分；因是布施，能得須陀洹道乃至佛道，當學般若波羅蜜[26]！

【論】[27]菩薩摩訶薩知諸法實相無取無捨、無所破壞，行不可得般若波羅蜜，以大悲心[28]還修福行；福行[29]初門，先行布施。菩薩行般若波羅蜜，智慧明[30]利，能分別施福；施物雖同，福德多少隨心優劣。如舍利弗以一

1　"名"，丙本作"若"，誤。
2　"今世"，丁本作"今世後"。
3　"陰"，甲二、丁、宋、宮、石本無。
4　"色"，丙本脱。
5　"色"，丁本作"生"，誤。
6　"以"後，丁本衍"沙"。
7　"後"，丙本作"彼"。
8　"得"，甲二作"羅"，誤，丙、丁、宮本作"爲"。
9　"護法"後，丁本衍"獲法"。
10　"法"，甲二、宋、元、明、宮本無。
11　"脱"，甲二作"勝"，誤。
12　"諍"，丙本作"淨"，誤。
13　"功"，甲二無。
14　"衆"，丙本作"陰"，異譯詞。下同，不復出校。
15　"後"，甲二、丙、丁、宋、宮、石本作"有"。
16　"永"，丁本作"不"，誤。
17　"經"，甲二、丙、丁、宋、宮本無。
18　"作"，丙本作"心"，誤。
19　"如"，甲二、丁、宋、元、明、宮本無。
20　"得"，甲二、宋、元、明、宮本無。
21　"得"，甲二、丙、丁、宋、元、明、宮本無。
22　"天"，丙、丁本脱。
23　"夜摩天"，丁本作"炎摩天"，異譯詞。
24　"邊"，丙本作"量"。
25　"邊"，丙本作"量"。
26　"蜜"，丁本脱。
27　"論"，甲二、丙、丁、宋、宮本無。
28　"大悲心"後，丁本衍"有"。
29　"福行"，丁本無。
30　"明"，丁本作"猛"。

鉢飯上佛，佛即[1]迴施狗而問舍利弗：汝以飯[2]施我，我以飯施狗，誰得福多？舍利弗言：如我解佛法義，佛施狗得福多。舍利弗者，於一切人中智慧最上，而佛福田最爲第一，不如佛[3]施狗惡田得福[4]極[5]多[6]。以是故，知[7]大福從心生[8]，不在田也。如舍利弗[9]千萬億倍，不及佛心。問曰：如[10]汝説福田妙故得福多，而舍利弗施佛不得大福？答曰：良田雖復得福多，而不如心；所以者何？心爲内主，田是[11]外事故。或時布施之福在於福田；如億耳阿羅漢，昔以一華施於佛塔，九十一劫人、天中受樂，餘福德力得阿羅漢。又[12]如阿輸迦王小兒時，以[13]土施佛；王閻浮提，起八萬塔，最後得道。施物至賤，小兒心薄，但以福田妙[14]故，得大果報，當知大福從良田生。若大中之上，三事都具——心、物、福田，三事皆妙[15]；如《般若波羅蜜》初品中説，佛以好華散十方佛。復次，又如以[16]般若波羅蜜心布施[17]，無所著故，得大果報。復次，爲涅槃故施，亦得大報；以大悲心爲度一切衆生故布施，亦得大報。復次，大果報者，如是[18]中説，生剎利家，乃至得佛者是。問曰：云何布施得生剎利家乃至得[19]？答曰：若有人布施及持戒故，得人天中富貴[20]。如[21]有人至心[22]布施、持戒故，生剎利家[23]；剎利者，王及大臣[24]。若著於智慧經書而不惱衆生布施、持戒故，生婆羅門家。若布施、持戒減少，而樂著世樂，生居士大家；居士者，小人而巨[25]富。若布施、持戒，清淨小[26]勝，厭患家業，好樂聽法，供養善人，生四天王處。所以者何？在彼有所須欲，心生皆得；常見此間賢聖善人，心生供養，以近修福處故[27]。若布施、持戒清淨，供養父母及其所尊，心欲求[28]勝，生三十三天。若布施、持戒清淨，而好學問，其心柔和，生夜摩天[29]。若布施、持戒清

1　“即”，丁本無。

2　“飯”，丁本脱。

3　“佛”，丙本脱。

4　“福”，丁本脱。

5　“極”，丙本作“最”。

6　“多”，甲二作“少”，誤。

7　“知”，丁本無。

8　“生”，甲二、丁、宋、元、明、宫本無。

9　“舍利弗”後，丙、丁本有“心”。

10　“如”，丁本無。

11　“是”，甲二作“爲”。

12　戊本始。

13　“以”，戊本作“有以”。

14　“妙”，戊本作“好”。

15　戊本終。

16　“以”，丁本無。

17　“布施”，丁本作“布好施”。

18　“如是”後，丙、丁本有“事”。

19　“乃至得佛”，丁本作“及至得佛者是”。

20　“貴”，丙本作“樂”。

21　“如”，丙、丁本無。

22　“至心”，甲二作“主心”，丙本作“言生心”，丁本作“生”。

23　“剎利家”，丁本脱。

24　“臣”，丙本作“官”。

25　“巨”，甲二作“臣”，誤。

26　“小”，丁本作“少”，“少”通“小”。

27　“故”，丁本作“故名”。

28　“求”，丁本作“爲”。

29　“夜摩天”，丁本作“炎摩天”，異譯詞。

淨,令二事轉勝,好樂多聞,分別好醜,愛[1]樂涅槃,心著功德,生兜率天。若布施、深[2]心持戒、多聞、好樂學問,自力生活,生化樂天。若布施時,清淨持戒轉深,好樂多聞,自貴情多,不能自苦,從他求樂,生他化自在天。他所思惟,慇心方便,化作女色五欲,奪[3]而自在。譬如庶民,苦身自業,強力奪[4]之。復次,布施時,以願因緣故生天上。如經説:有人少行布施、持戒,不知[5]禪定,是人聞有四天王天,心常志願。佛言:是人命終生四天上[6],必有是處。乃至他化自在天亦如是。復次,有人布施、持戒,修布施時,其心得樂,若施多樂亦多;如是思惟,捨五欲,除五蓋,入初禪,乃至非有想非無想天如是[7]。四禪、四無色定義,如上説。復次,有人布施佛及佛弟子,從其聞説道法;是人因此布施故,心得柔軟,智慧明利,即生八聖道分,斷三結,得須陀洹果,乃至佛道亦如是。因是布施聞其説法,便發阿耨多羅三藐三菩提心。復次,未離欲布施,生人中富貴,及六欲天中;若離[8]欲心布施,生梵世天上乃至廣果天;若離色心布施,生無色天中;離三界布施爲涅槃故,得聲聞道;布施時惡厭憒閙,好樂閑靜,喜深智慧,得辟支佛;布施時起大[9]悲心,欲度一切,爲[10]第一甚深畢竟清淨智慧,得成佛道。

【經】[11]復次,舍利弗!菩薩摩訶薩行般若波羅蜜布施時,以慧[12]方便力故,能具足檀波羅蜜、尸羅[13]波羅蜜、羼提波羅蜜、毘梨耶波羅蜜、禪波羅蜜、般若波羅蜜。舍利弗白佛言:世尊[14]!菩薩摩訶薩云何布施時,以慧方便力故,具足檀波羅蜜,乃至般若波羅蜜?佛告舍利弗:施人、受人、財物不可得故,能具足檀波羅蜜;罪、不罪不可得[15]故,具足尸羅[16]波羅蜜;心不動故,具足羼提波羅蜜;身心精進不懈息故,具足毘梨耶波羅蜜;不亂不味故,具足禪波羅蜜;知一切法不可得故,具足般若波羅蜜。

【論】[17]具足義,先已廣説。慧方便,今此中説,所謂三事不可得者是。問曰:慧方便者,能成就其事,無所破壞、更無所作;今破此三事,應墮[18]斷滅,云何言慧方便?答曰:有二種不可得:一者,得不可得;二者,不得不可得。得不可得者,墮於斷滅;若不得不可得者,是爲慧方便,不墮斷滅。若無慧方便布施者,取三事相;若以三事空,則取無相。有慧方便者,從本以[19]來不見三事相,以是故慧方便者,不墮有無中。復次,布施時壞諸煩惱,是名慧方便。復次,於一切衆生,起大悲心布施,是名[20]慧方便。復次,過去、未來無量世所

1　“愛”,丙本作“受”,誤。
2　“深”,丙本作“用”,丁本作“慈”。
3　“奪”,丙本作“集”,誤。
4　“奪”,丙本作“集”,誤。
5　“知”,丙本作“如”,誤。
6　“上”,丁本作“處”。
7　“如是”,甲二、丙、丁、宋、元、明、宫本作“亦如是”。
8　“離”,丁本脱。
9　“大”,丁本無。
10　“爲”,甲二、丁、宋、元、明、宫本無。
11　“經”,甲二、丙、丁、宋、宫本無。
12　“慧”,丙本作“智慧”。
13　“尸羅”,丙、丁本作“尸”,異譯詞。
14　“世尊”,丙本無。
15　“可得”,丙本作“著”。
16　“尸羅”,丙、丁本作“尸”,異譯詞。
17　“論”,甲二、丙、丁、宋、宫本無。
18　“墮”,丁本作“隨”,“隨”通“墮”。
19　“以”,甲二作“已”,“已”通“以”。
20　“名”,丁本脱。

修福德布施,迴向阿耨多羅三藐三菩提[1],亦名慧方便。復次,於一切十方三世諸佛及弟子所有功德,憶念隨喜布施,迴向阿耨多羅三藐三菩提,是名慧方便。如是等[2]種種力[3],是爲慧方便義。乃至般若波羅蜜慧方便亦[4]如是。

【經】復次,舍利弗！菩薩摩訶薩欲得過去、未來[5]、現在諸佛功德者[6],當學般若波羅蜜！

【論】[7]問曰:過去佛功德已滅,未來佛功德未有,現在佛功德不可得;又三世中佛[8]功德皆不可得,云何言:欲得三世佛功德,當學般若波羅蜜? 答曰:不言欲得三世佛功德;自欲得如三世佛功德無所減少耳！所以者何? 一切佛功德皆等,無多無少。問曰:若爾者,何以言阿彌陀佛[9]壽命無量,光明千萬億由旬,無量劫度衆生? 答曰:諸佛世界種種,有淨、不淨、有雜。如《三十三天品經》説:佛在三十三天安居。自恣時至,四衆久不見佛,愁思不樂。遣目連白佛言:世尊！云何捨此衆生住彼天上? 時佛告目連:汝觀三千世界！目連以佛力故觀,或見諸佛爲大衆説法,或見坐禪[10],或見乞食,如是種種施作佛事。目連即時五體投地,是時須彌山王,跛踦大動,諸天皆大驚怖。目連涕泣,稽首白佛:佛有大悲[11],不捨一切,作如是種種化度衆生！佛告目連:汝[12]所見甚少,過汝所見;東方有國,純以黃金[13]爲地,彼佛弟子,皆是阿羅漢,六通無礙。復過是[14],東方有國純以白銀爲地,彼佛弟子皆學辟支佛道。復[15]過是,東方有國純以七寶爲地,其地常有無量光明;彼佛所化弟子純諸菩薩,皆得陀羅尼[16]、諸三昧門,住阿毘跋致[17]地。目連！當知彼諸佛者,皆是我身。如是等東方恒河沙等無量世界[18],有莊嚴者,不莊嚴者,皆是我身而作佛事。如東方,南[19]、西、北方,四維、上下,亦復[20]如是。以是故,當知釋迦文佛[21],更有清淨世界如阿彌陀國[22];阿彌陀佛,亦有嚴淨、不嚴淨世界,如釋迦文佛國。諸佛大悲,徹於骨髓,不以世界[23]好醜,隨應度者而教化[24]之;如慈母愛子[25],子雖没在厠溷,懃求拯拔,

---

1　“菩提”後,丁本衍“菩提”。

2　“等”,丁本無。

3　“力”,丙本脱。

4　“亦”,丁本脱。

5　“過去未來”,丁本作“未來、過去”。

6　“者”,甲二、丁、元、明本無。

7　“論”,甲二、丙、丁、宋、宫本無。

8　“佛”,甲二、丙、丁、宋、宫本作“他”。

9　“阿彌陀佛”後,丁本衍“佛”。

10　“坐禪”,丁本作“禪定”。

11　“大悲”,丙本作“大悲心”。

12　“汝”,丙本作“如汝”。

13　“金”,丁本脱。

14　“是”,丁本作“見”,誤。

15　“復”,丁本脱。

16　“陀羅尼”,丙、丁本作“陀鄰尼”,異譯詞。

17　“阿毘跋致”,丙本作“阿鞞跋致”,異譯詞。

18　“世界”,丙本作“國土”。下同,不復出校。

19　“南”,甲二、丁本作“南方”。

20　“亦復”,丁本作“皆亦”。

21　“釋迦文佛”,丁本作“釋迦牟尼佛”,異譯詞。下同,不復出校。

22　“阿彌陀國”,丁本作“阿彌陀佛國”。

23　“世界”,丁本作“世界如”。

24　“化”,丁本無。

25　“慈母愛子”,丁本作“母慈愛於子”。

不以爲惡[1]。

大智度論卷第三十二[2]。

大智度論釋初品中到彼岸義第五十(卷三十三)[3]

聖者龍樹造

後秦龜玆國三藏鳩摩羅什譯[4]

【經】[5]復次,舍利弗!菩薩摩訶薩欲到有爲、無爲法[6]彼岸者,當學般若波羅蜜!

【論】[7]彼岸者,於有爲、無爲法盡到其邊。云何是彼岸?以大智慧悉知悉盡有爲法總相、別相種種悉解;無爲法中,從須陀洹至佛,悉皆了知。有爲、無爲法相義,如[8]先説。

【經】[9]菩薩摩訶薩欲知過去、未來、現在諸法如、諸法法相、無生際者,當學般若波羅蜜!

【論】[10]問曰:上已説如,今何以更説?答曰:上直[11]言諸法如,今言三世皆如;上略説,此[12]廣説;上説一,此説三。法相,即是法性;無生際,即是實際。過去法如,即是過去法相;未來、現在亦如是。復次,過去法如,即是未來、現在法如;現在法如,即是過去、未來法如;未來法如,即是過去、現在法如。所以者何?如相非一、非異故。復次,如先説二種如:一者,世間如;二者,出世間如。用是世間如,三世各各異;用是出世間如,三世爲一。復次,法相名諸法業,諸法所作、力、因、緣、果、報。如火爲熱相,水爲濕相;如是諸法中分別因、緣、果、報,各各別相;如是處非[13]處力中説。是名世間法相。若是諸法相推求尋究,入無生法中,更無過者,是名無生際。問曰:如、法相,可分別有三世;無生際,是未來法,云何有過去、現在?如《阿毘曇》説:生法者,過去、現在是;無生法者,未來及無爲法是。云何欲令過去、現在有無生?答曰:如先種種説破生法,一切法皆無生,何但未來無生?如一時義中,已破三世。三世一相,所謂無相;如是則無生相。復次,無生名爲涅槃,以涅槃不生不滅故。涅槃者,末後究竟,不復更生,而一切法即是涅槃。以是故佛説:一切法皆是無生[14]際。

【經】[15]復次,舍利弗!菩薩摩訶薩欲在一切聲聞、辟支佛前,欲給侍諸佛,欲爲諸佛内眷屬,欲得大眷屬,

1　丙本終,以下所抄相當於《大正藏》本卷三十三。

2　甲二終,尾題作"大智論釋初品中四緣第四十下訖三世佛功德卷第三十二"。丁本終,尾題作"摩訶衍經卷第三十二",題記作"用紙二十五。延昌二年歲次癸巳六月二十日,敦煌鎮經生馬天安敬寫經成訖。校經道人、典經帥令狐崇哲"。

3　本卷對應《大智度論》寫本凡 8 號:S.5393 號(以下簡稱"甲本",所抄分屬《大正藏》本卷三十二、三十三)、敦研 052 號(以下簡稱"乙一")、敦研 224 號(以下簡稱"乙二")、敦研 264 號(以下簡稱"乙三")、俄 Дx14828 號(以下簡稱"丙本")、敦研 171 號(以下簡稱"丁一")、敦研 143 號(以下簡稱"丁二")、羽 207 號(以下簡稱"戊本",所抄分屬《大正藏》本卷三十三、三十四)。

4　甲本始。"大智度論……譯"三十六字,甲本作"摩訶般若波羅蜜憂波提舍中欲到彼岸義品第四十五"。

5　"經",甲、宋、宫本無。

6　"法",甲本脱。

7　"論",甲、宋、宫本無。

8　"如",甲本脱。

9　"經",甲、宋、宫本無。

10　"論",甲、宋、宫本無。

11　"直",甲本作"真",誤。

12　"此",甲本作"今"。

13　"非",甲本作"非是"。

14　"無生"後,甲本衍"無生"。

15　"經",甲、宋、宫本無。

欲得菩薩眷屬，欲得¹淨報大施，當學般若波羅蜜！

　　【論】²問曰：若菩薩未得漏盡，云何在漏盡聖人前？答曰：菩薩初發意時，已在一切衆生前，何況積劫修行！是菩薩功德智慧大故，世世常大，能利益聲聞、辟支佛。衆生知菩薩恩故，推崇³敬重，乃至畜生中亦爲尊重。如菩薩昔作鹿，其色如金，其角七寶，五百鹿隨逐宗事。若在人中，好世作轉輪聖王，惡世恒作大王，護持佛法，利益衆生。若出家，值有佛法則爲世作大度師，興顯佛法；若無佛法，則爲外道大師，行四無量。阿⁴羅漢、辟支佛，雖有無漏，利益事少。譬如一升酥雖精，不如大海水酪。菩薩雖有漏智慧，及其成熟，利益無量⁵……令其成道⁶。以是故，在聲聞、辟支佛前。欲爲諸佛給使⁷者，如釋迦⁸文佛未出家時，車匿給使，優陀耶戲笑⁹；瞿毘耶、耶輸¹⁰陀等諸婇女¹¹，爲内眷屬。出家六年苦¹²行時，五人給侍。得道時，彌喜、羅陀、須那刹多羅、阿¹³難、密跡力士等，是名内眷屬。大眷屬者，舍利弗、目¹⁴揵連、摩訶¹⁵迦葉、須菩提、迦旃延、富樓那、阿泥盧¹⁶豆等諸聖人，及彌勒、文殊師利、颰陀婆羅諸阿毘¹⁷跋致一生補處菩薩等，是名大眷屬。復次，佛有二¹⁸種身：一者，法性生身；二者，隨世間身。世間身眷屬，如先説。法性生身¹⁹者，有無量無數阿僧祇一生補處菩薩侍從。所以者²⁰何？如《不可思議²¹解脱經》説：佛欲生時，八萬四千一生補處菩薩在前導，菩²²薩從後而出；譬如陰雲籠月。又²³如《法華經》説：從地踊出菩薩等，皆是内眷屬、大眷²⁴屬²⁵。菩薩眷屬者，有佛，純以菩薩爲眷屬；有佛²⁶，純以聲聞爲眷屬；有佛，菩薩、聲聞雜爲眷²⁷屬。是故言但欲得菩薩爲眷屬者，當學般若波羅蜜。眷屬有三：上、中、下——下者純聲聞，中者雜，上者但菩薩。淨報大施者，有人言：菩薩多集福德，未除煩

1　“得”，甲、宋、元、明、宫本無。
2　“論”，甲、宋、宫本無。
3　“崇”，甲本作“宗”。
4　“阿”，甲、宋、元、明、宫、聖本無。
5　甲本終，有尾題“大智度經卷第四十五”。
6　乙一始。
7　“聞辟……給使”十一字，乙一殘。
8　“釋迦”，乙一殘。
9　“使優陀耶戲笑”，乙一殘。
10　“耶耶輸”，乙一殘。
11　“婇女”，乙一作“采女”。
12　“屬出家六年苦”，乙一殘。
13　“須那刹多羅阿”，乙一殘。
14　“屬者舍利弗目”，乙一殘。
15　“摩訶”，乙一作“摩呵”，異譯詞。
16　“樓那阿泥盧”，乙一殘。
17　“颰陀……阿毘”七字，乙一殘。
18　“名大……有二”九字，乙一殘。
19　“世間……生身”十五字，乙一殘。
20　“阿僧……以者”十四字，乙一殘。
21　乙一終。
22　乙二始。
23　“出譬……月又”八字，乙二殘。
24　“等皆……大眷”八字，乙二殘。
25　“屬”後，乙二有“者”。
26　“以菩……有佛”八字，乙二殘。
27　“聲聞雜爲眷”，乙二殘。

惱,受人信施,未能淨報。佛言:菩薩行般若波羅蜜,諸法皆空不[1]可得,何況諸結使[2]! 菩薩入法性中故[3],不證真際,是故能淨報施福。復次[4],菩薩功德廣大,從發[5]心已[6]來,欲代一一衆生受一切苦[7],欲以一切[8]功德與一切衆生,然後當自求佛道。但是事不可得[9]故,而自成佛,度一切衆生。又菩薩志願,不以阿僧祇[10]爲拘;如世間及如[11]、法性、實際、虛空等久住。菩薩[12]心住世間,利益衆生故,亦如是久住,無有窮已[13]。是人不能淨報施福者,誰能淨畢! 如父母[14]雖有結使諸惡,以一世利益子故[15],受其供養[16],令子[17]得大福,何況菩薩無諸結使,而住無邊世中利[18]益衆生,而不淨畢? 又復菩薩但有悲心而無般若[19],尚能利益,何況行般若波羅蜜! 問曰:若菩薩無結[20]使,云何世間受生? 答曰:先已答,菩薩得無生法[21]忍,得法性生身,處處變化以度衆生,莊嚴世界。是功[22]德因緣故,雖未得佛,能淨報施福。

【經】復次,舍利弗! 菩薩摩訶薩欲不起慳心、破[23]戒心、瞋恚心、懈怠心、亂心、癡心者[24],當學般若波羅[25]蜜!

【論】[26]是六種心惡故,能障蔽六波羅蜜門。如菩薩[27]行布施時,若有慳心起,令布[28]施不清淨,所謂不能[29]以好物施;若與好物,不能多與[30]……破戒尚不得餘道[31],何況阿耨多羅三藐三菩提! 以是故,不生[32]破戒

1　"不",乙二殘。

2　"使",乙二殘。

3　"薩入法性中故",乙二殘。

4　"際是……復次"十字,乙二殘。

5　乙三始。

6　"已",乙三作"以"。

7　"從發……切苦"十五字,乙二殘。

8　乙二終。"生受……一切"九字,乙三殘。

9　"自求……可得"十字,乙三殘。

10　"又菩……僧祇"十字,乙三殘。

11　"及如",乙三、宋、元、明、宫、聖、石本作"如及"。

12　"實際……菩薩"九字,乙三殘。

13　"亦如……窮已"九字,乙三殘。

14　"誰能……父母"七字,乙三殘。

15　"故",乙三無。

16　"受其供養",乙三無。

17　"子",乙三、宋、元、明、宫本無。

18　"無邊世中利",乙三殘。

19　"心而無般若",乙三殘。

20　"若菩薩無結",乙三殘。

21　"薩得無生法",乙三殘。

22　"嚴世界是功",乙三殘。

23　"經復……心破"十七字,乙三殘。

24　"者",乙三、宋、元、明、宫本無。

25　"學般若波羅",乙三殘。

26　"論",乙三殘。

27　"蜜門如菩薩",乙三殘。

28　"布",乙三、宋、元、明、宫本無。

29　"淨所謂不能",乙三殘。

30　乙三終。

31　丙本始。

32　"況阿……不生"十五字,丙本殘。

心[1]……

……得色界四大造[2]色眼，四邊得遍明相，是爲差別。天眼功易，譬如日出，見色不難；三昧功難，如夜然[3]燈，見色不易。天耳亦如是。知諸佛心者，問曰：如上地鈍根，不能知下地利根心；菩薩，一佛心尚不應知，何況恒河沙等十方諸佛心？答曰：以佛神力故令菩薩知。如經説：一切衆生無知佛心者，若佛以神力令知，乃至蜫蟲亦能知。以是故[4]佛以神力故，令菩薩知佛心。復次，般若波羅蜜無礙相，麁細、深淺、愚聖，都無差別。諸佛心如、菩薩心如，一如[5]無異；菩薩隨是如故，能知諸佛心。復次，希有難事，不應知而知；以是故言欲得是者，當學般若波羅蜜。

【經】[6]欲聞十方諸佛所説法，聞已乃至阿耨多羅三藐三菩提不忘[7]者，當學般若波羅蜜！

【論】[8]問曰：一佛所説，猶尚難持，何況[9]無量諸佛[10]所説，欲憶而不忘[11]？答曰：菩薩以聞[12]持陀羅尼力故能受，堅[13]憶念陀羅尼力故不忘。復[14]次，此中説[15]：以般若波羅蜜力[16]，畢竟清淨無所著；譬[17]如大海，含受衆流。菩薩從十方諸佛所聞法，以般[18]若波羅蜜器大故，能受無量法，持而不忘。復次，是般若波羅蜜，不可譬喻、如虛空。如劫燒[19]盡已，大雨彌滿，是雨除虛空更無處能受；十方諸佛説法雨，從佛口出，除行般若波羅蜜菩薩，更無[20]能受者。以是故言欲聞十方諸佛説法，當學般若波羅蜜。

大智度論釋初品中見一切佛世界義第五十一之一[21]

【經】[22]復次，舍利弗！菩薩摩訶[23]薩欲見過去、未來諸佛世界，及見現在十方諸佛世界，當學般若波羅蜜！

【論】[24]問曰：若見十方佛，則已見世界，今何以復説欲見世界[25]？答曰：菩薩未深入禪定，若見十方世界

1　丙本終。
2　丁一始。
3　“然”，丁一作“燃”，“然”爲“燃”之古字。
4　“以是故”後，丁一有“知”。
5　“如”，丁一脱。
6　“經”，丁一、宋、官本無。
7　“忘”，丁一作“妄”，“妄”爲“忘”之借字。
8　“論”，丁一、宋、官本無。
9　丁二始。
10　“諸佛”，丁二殘。
11　“忘”，丁一作“妄”，“妄”爲“忘”之借字。
12　“欲憶……以聞”十一字，丁二殘。
13　“持陀……受堅”九字，丁一殘。
14　“憶念……忘復”十字，丁二殘。
15　“説”，丁二作“訊”，誤。
16　“次此……蜜力”十一字，丁一殘。
17　丁一終。“畢竟……著譬”八字，丁二殘。
18　“法以般”，丁二殘。
19　“燒”，丁二作“燃”。
20　“更無”，丁二作“更無餘”。
21　丁二無品題。
22　“經”，丁二、宋、官本無。
23　“摩訶”，丁二作“摩呵”，異譯詞。
24　“論”，丁二、宋、官本無。
25　“世界”，丁二作“國土”。下同，不復出校。

山河、草木,心則散亂;故但觀諸佛,如《念佛[1]義》中説……

……故結是[2]戒。一切佛語緣起事,皆名尼陀[3]那。阿波陀那者,與世間相似柔軟淺語;如《中阿含》中[4]《長阿波陀那經》,《長阿含》中《大阿波陀那》,毘尼中億耳阿波陀那,二十億阿波陀那,解二百五十戒經中欲阿[5]波陀那一部,菩薩阿波陀那出一部。如是等無量阿波陀那[6]。如是語經者,有二種:一者,結[7]句,言我先許説者,今已説竟。二者,三藏、摩訶衍外,更有經名一目多迦[8];有人言目多迦。目多迦名出三藏及摩訶衍。何等是? 如佛説:淨飯王強令出家作佛弟子者,佛選擇五百人堪任得道者,將至舍婆提;所以者何? 以其未離欲,若近親里,恐其破戒故,將至舍婆提。令[9]舍利弗、目乾連[10]等教化之[11],初夜、後夜,專精不睡,勤修精進,故得道;得道已,佛還將至本生國。一切諸佛法,還本國時,與大會諸天衆俱住迦毘羅婆仙人林中。此林去迦毘羅婆城五十里,是諸釋遊戲園。此諸釋子比丘,處舍婆提時,初夜、後夜,專精不睡,故以夜爲長;從林中來,入城乞食,覺道里長遠。爾時,佛知其心,有一師子來禮佛足,在一面住,佛以是三因緣,故説偈:

不寐夜長,疲惓[12]道長,愚生死長,莫知正法!

佛告比丘:汝未出家時,其心放逸多睡眠故,不覺夜長;今初夜、後夜,專精[13]求道,減省睡眠故,覺夜大[14]長。此迦毘羅婆林[15],汝本駕乘遊戲,不覺爲遠;今著衣持鉢,步行疲極,故覺道長。是師子,鞞婆尸[16]佛時作婆羅門師,見佛説法,來至佛所。爾時,大衆以聽法故,無共語者,即生惡念,發惡罵言:此諸禿輩,與畜生何異! 不別好人,不[17]知言語! 以是惡口[18]業故,從鞞婆尸佛乃至今日,九十一劫,常墮畜生中;此人爾時,即應得道,以愚癡故,自作生死長久;今於佛所心清淨故,當得解脱。如是等經,名爲出因緣。於何處出? 於三藏、摩訶衍中出,故名爲出。云[19]何名因緣? 是三事之本,名爲因緣經。本生經者,昔者[20]菩薩曾爲師子,在林中住,與一獼猴共爲親友。獼猴以二子寄於師子,時有鷲鳥,飢行求食,值師子睡,故取猴子而去,住於樹上。師子覺已,求猴子不得見,鷲持在樹上,而告鷲言:我受獼猴寄託二子,護之不謹,令汝得去,孤負言信,請從汝索;我爲獸中之王,汝爲鳥中之主,貴勢同等,宜以相還! 鷲言:汝不知時,吾今飢乏,何論同異! 師子知其

1　丁二終。

2　戊本始。

3　“緣起……尼陀”七字,戊本殘。

4　“中”,戊本脱。

5　“阿”,戊本脱。

6　“阿波陀那”,戊本作“阿波陀”。

7　“結”,戊、宋本作“經”,誤。

8　“一目多迦”,戊本作“一竹葉多迦”,宮、聖本作“一築多迦”,石本作“一築多迦”。

9　“令”,戊本作“令告”。

10　“目乾連”,戊本作“目揵連”,聖本作“目建連”,皆爲異譯詞,宮、石本無。

11　“之”,戊本無。

12　“惓”,戊本作“倦”,“倦”通“惓”。

13　“精”,戊、宋、宮、聖本無。

14　“大”,戊、元、明、聖本作“爲”。

15　“迦毘羅婆林”,戊本作“迦毘羅林”。

16　“尸”,戊本作“泥”,誤。

17　“不”,戊本脱。

18　“口”,戊本脱。

19　“云”,戊本脱。

20　“者”,戊、聖、石本無。

叵得,自以利爪摑其脇肉,以貿猴子。又過去世時,人民多病黄[1]白瘵熱[2];菩薩爾時,身爲赤魚,自以其肉施諸病人,以救其疾。又昔菩薩作一鳥身,在林中住,見有一人入於深水非人行處,爲水神所羂[3]。水神羂法,著不可解;鳥知解法,至香山中取一藥草,著其羂上,繩即爛壞,人得脱去。如是等無量本生,多有所濟,是名本生經。廣經者,名摩訶衍,所謂《般若波羅蜜經》《六波羅蜜經》《華首經[4]》《法華經》《佛本起因緣經》《雲經》《法雲經》《大雲經[5]》。如是等無量阿僧祇諸經,爲得阿耨多羅三藐三菩提故説。《毘佛略[6]（吕夜反,秦言未曾有[7]）經》:如佛現種種神力,衆生怪未曾有,所謂佛生時,身放大光明,照三千大千世界[8]及幽闇之處,復照十方無量諸佛三千大千世界。是時於佛母前,有清淨好池,以浴菩薩;梵王執蓋,帝釋洗身,二龍吐水。又生時,不須扶持而行七步,足跡之處,皆有蓮華,而發是言:我是度一切衆生老、病、死者! 地大震動,天雨衆花,樹出音聲,作天伎[9]樂。如是等無量希有事,是名未曾有經。論議經者,答[10]諸問者,釋其所以。又復廣説諸義。如佛説四諦,何等是四? 所謂四聖諦。何等是四? 所謂苦、集、滅、道聖諦。是名論議。何等爲苦聖諦? 所謂生苦[11]等八種苦。何等是生苦? 所謂諸[12]衆生各各生處,是中受苦。如是等問答,廣解其義,是名優波提舍。如摩訶衍中,佛説六波羅蜜。何等六? 所謂檀波羅蜜乃至般若波羅蜜。何等是檀波羅蜜? 檀波羅蜜有二種:一者,具足;二者,不具足。何等是具足? 與般若波羅蜜和合,乃至十住菩薩所得,是名具足。不具足者,初發菩薩心[13],未得無生忍法[14],未與般若波羅蜜和合,是名不具足。乃至禪波羅蜜,亦如是。般若波羅蜜具足者,有方便力;未具足者,無方便力。復次,佛所説論議經,及摩訶迦栴延所解修多羅,乃至像法凡夫人如法説者,亦名優波提舍。聲聞所不聞者,佛獨與菩薩説法,無諸聲聞聽者。又佛以神通力,變身無數,遍至十方一乘世界説法。又復佛爲欲天、色天説法,無諸弟子,故不得聞。問曰:諸六通阿羅漢,若佛説時,雖不在坐,以天耳[15]、天眼[16]可得見聞,若以宿命通并知過去事,何以不聞? 答曰:諸聲聞神通力所不及處,是故不聞。復次,佛爲諸大菩薩説《不可思議解脱經》,舍利弗、目連在佛左右而不得聞,以不種是聞大乘行法因緣故。譬如坐禪人,入一切處定中,能使一切皆水皆火,而餘人不見;如《不可思議解脱經》中廣説。盡欲受持者,聞而奉行爲受;久久不失爲持[17]……

1　"黄",戊本作"廣",誤。

2　"熱",戊本作"勢",石本作"執",皆誤。

3　"羂",戊、宋、宫、聖、石本作"街"。下同,不復出校。

4　"華首經",戊、宋、元、明、宫、聖、石本作"華手經",異譯詞。

5　"經",戊本作"法",誤。

6　"毘佛略",戊、宋、元、明、宫本作"鞞佛略",石本作"裴佛略",皆爲異譯詞。

7　"秦言未曾有",戊、宋、元、明、宫本作本文。

8　"世界",戊本作"國土"。下同,不復出校。

9　"伎",戊、宋、元、明、宫、石本作"妓"。

10　"答",戊本作"若",誤。

11　"苦",戊本脱。

12　"諸",戊本無。

13　"初發菩薩心",戊本作"初發心菩薩"。

14　"忍法",戊本作"法忍"。

15　"耳",戊、聖本作"眼"。

16　"眼",戊、聖本作"耳"。

17　戊本終,以下所抄相當於《大正藏》本卷三十四。

大智度論釋初品中見一切佛世界義第五十一之餘（卷三十四）[1]

聖者龍樹造

後秦龜茲國三藏鳩摩羅什譯[2]

【經】[3]復次，舍利弗！菩薩摩訶薩，十方如[4]恒河沙等世界[5]中[6]諸佛所説法：已説、今説、當説，聞已，欲一切信持、自行、亦爲[7]人説者，當學般若波羅蜜！

【論】[8]問曰：上已説十方諸佛所説，欲憶持不忘，當學[9]般若；今何以復説信持三世佛法？答曰：上説欲憶持十方諸佛法，未知是何法，故説十二部經是佛法，及聲聞所不聞者。上但言恒河沙等世界諸佛；今言恒河沙三世諸佛法。又上但説受持不忘，不説受持利益；今言自爲，亦爲他人説，是故復説。

【經】復次，舍利[10]弗！菩薩摩訶薩，過去[11]諸佛説已，未來[12]諸佛當説，欲聞，聞[13]已，自利亦利他人，當學般若波羅蜜！

【論】[14]問曰：十方現在佛所説法，可受、可持；過去已滅，未來未有，云何可聞？答曰：此義先已答，今當更説。菩薩有三昧，名[15]觀三世[16]諸[17]佛三昧；菩薩入是三昧中，悉見三世諸佛，聞其説法。譬如外道神仙，於未來世[18]事，未有形兆、未有言説，以智慧力故，亦見、亦聞。復次，諸菩薩力不可思議，未來世雖未有形、未有言説，而能見、能聞。或以陀羅尼力。或以今事比知過去、未來諸事。以是故言欲得是者，當學般若波羅蜜。

【經】十方如恒河沙等諸世界，中間闇處，日月所不照，欲持光明普照者，當學般若波羅蜜！

【論】菩薩從兜率天上欲降神母胎，爾時，身放光明，遍照一切世界，及世間幽冥之處。次後生時，光明遍照，亦復如是。初成道時、轉法輪時、般涅槃時，放大光明，皆亦如是。及於餘時現大神通，放大光明。如欲説般若波羅蜜時，現大神通，以大光明，遍照世間幽冥之處。如是比，處處經中説神通光明。問曰：此是佛力，何以故[19]説菩薩？答曰：今言菩薩欲得是者，當學般若波羅蜜。諸大菩薩能有是力。如遍吉[20]菩薩，觀世音、得大勢、明網、無量光菩薩等，能有是力，身出無量光明，能照十方如恒河沙等世界。又如阿彌陀佛世

1　本卷對應《大智度論》寫本凡6號：羽207號（以下簡稱“甲本”，所抄分屬《大正藏》本卷三十三、三十四）、俄Дx05101號（以下簡稱“乙本”）、BD01975號（以下簡稱“丙本”）、S.5120號（以下簡稱“丁本”）、敦博035號（以下簡稱“戊本”）、敦研303號（以下簡稱“己本”）。

2　甲本始。“大智度……譯”四十二字，甲本作“摩訶般若波羅蜜憂波提舍中信持義品第四十六”。

3　“經”，甲、宋、宮本無。下同，不復出校。

4　“如”，甲、聖本無。

5　“世界”，甲、聖乙、聖丙本作“國土”。下同，不復出校。

6　“中”，甲、聖本無。

7　“亦爲”，甲本作“爲他”，聖、聖乙、聖丙本作“亦爲他”。

8　“論”，甲、宋、宮本無。下同，不復出校。

9　“學”，甲本脱。

10　乙本始。

11　“摩訶薩過去”，乙本殘。

12　“説已未來”，乙本殘。

13　“聞”，甲本脱。

14　“論”，乙、宋、宮本無。下同，不復出校。

15　“名”，乙本作“若”，誤。

16　“世”，甲本作“昧”，誤。

17　“諸”，乙本殘。

18　乙本終。

19　“故”，甲、宋、元、明、宮本無。

20　“遍吉”，甲本作“遍至”，聖本作“遍告”。

界中，諸菩薩身出常光，照十萬由旬。問曰：菩薩身光如是，本以何業因緣得？答曰：身業清淨故身得莊嚴。如經説：有一鬼頭似豬，臭蟲從口出，身有金色光明。是鬼宿[1]世作比丘，惡口罵詈客[2]比丘。身持淨戒，故[3]身有光明[4]；口有惡言，故臭蟲從口出。如經説：心清淨優劣，故光有上、中、下：少光、大光、光音。欲界諸天，心清淨布施、持戒，故身有光明。復次，有人憐愍衆生故，於闇處然[5]燈，亦爲供養尊像、塔、寺故，亦以明珠、户牖、明鏡等明淨物布施故，身有光[6]明。復次，常修慈心，遍念衆生，心清淨故。又常修念佛三昧，念諸佛光明神德故，得身光明。復次，行者常修火一切入；又以智慧光明，教化愚闇邪見衆生。以是業因緣故，得心中智慧明，身亦有光。如是等業因緣，得身光清淨[7]。

【經】[8]十方[9]如恒河沙等世界[10]中，無有佛名、法名、僧名；欲使一切衆生皆得正見、聞三寶音者，當學般若波羅蜜！

【論】[11]菩薩於先無佛法塔寺處，於中起塔；以是業因緣，後身得力成就；於無佛法衆處，讚歎[12]三寶，令衆生入於正見。如經説：有人於先無佛塔國土中，修立塔廟，得梵福德——梵名無量福德；以是因緣，疾得禪定；得禪定故，得無量神通；神通力故，能到[13]十方讚歎三寶。正見者，若先不識三寶功德，因菩薩故得信三寶；信三寶故，信業因緣罪福；信業因緣故，信世間是縛、涅槃是解。讚歎三寶義，如八念中説。

【經】[14]菩薩摩訶薩[15]，欲令十方如恒河沙等世界中衆生，以我力故，盲者得視[16]、聾者得聽、狂者得念、裸者得衣、飢渴者得[17]飽滿者[18]，當學般若波羅蜜！

【論】菩薩行無礙般若波羅蜜，若得無礙解脱成佛、若作法性生身菩薩——如文殊師利[19]等，在十住地，有種種功德具足；衆生見者[20]，皆得如願。譬如如意珠，所欲皆得。法性生身佛及法性生身菩薩，人有見者，皆得所願，亦復如是。復次，菩薩從初發意[21]已[22]來，於無量劫中，治一切衆生九十六種眼病；又於無量世中，自以眼布施衆生；又智慧光明，破邪見黑闇；又以大悲，欲令衆生所願皆得。如是業因緣，云何令衆生見菩薩身而不得眼？餘事亦如是。此諸義，如《放光[23]》中説。

1　丙本始。

2　“客”，甲本作“蜜”，誤。

3　“身持淨戒故”，丙本殘。

4　“明”，甲本脱。

5　“然”，甲、丙本作“燃”，“然”爲“燃”之古字。下同，不復出校。

6　“布施故身有光”，丙本殘。

7　甲本終，尾題作“大智度經卷第四十六”。

8　“經”，丙、宋、宫本無。下同，不復出校。

9　“十方”前，丁本有“復次”，丁本始於是。

10　“世界”，丁本作“國土”。下同，不復出校。

11　“論”，丙、丁、宋、宫本無。下同，不復出校。

12　“歎”，丙本作“嘆”。下同，不復出校。

13　“到”，丙、丁、宋、元、明、宫、聖本作“至”。

14　“經”，丁、宋、宫本無。下同，不復出校。

15　“菩薩摩訶薩”，丙、宋、元、明、宫本無。

16　“視”，丙本作“觀”。

17　“者得……者得”十五字，丁本脱。

18　“者”，丙、丁、宋、元、明、宫、聖、聖乙、聖丙本無。

19　“文殊師利”，丙、丁、宋、元、明、宫、聖本作“文殊尸利”，異譯詞。

20　“者”，丁本脱。

21　“意”，丁、聖本作“心”。

22　“已”，丁、聖本作“以”。

23　“放光”，丁本作“初品”。

【經】復次,舍利弗! 菩薩摩訶薩,若欲令十方如恒沙等世界中衆生,諸在三惡趣者,以我力故皆得人身者[1],當學般若波羅蜜!

【論】問曰:自以善業因緣故得人身,云何菩薩言:以我力因緣故,令三惡道中衆生皆得人身? 答曰:不言以菩薩業因緣令衆生得人身,但言菩薩恩力因緣故得;菩薩以神通變化説法力故,令衆生修善得人身。如經中説:二因緣,發起正見:一者,外聞正法;二者,内有正念。又如草木,内有種子、外有雨澤,然後得生。若無菩薩,衆生雖有業因緣,無由發起。以是故知:諸佛菩薩,所益甚多! 問曰:云何能令三惡道中衆生皆得[2]解脱? 佛尚不能,何況菩薩! 答曰:菩薩心願欲爾,則無過咎。又多得解脱,故言一切。如諸佛及大[3]菩薩身遍出無量光明[4],從是光明[5]出無量化身,遍入十方三惡道中:令地獄火滅湯冷,其中衆生心清淨故,生天上、人中;令餓鬼道飢渴飽滿,開發善心,得生天、人中;令畜生道隨意得食,離諸恐怖,開發善心,亦得生天、人中。如是名爲一切三惡道得解脱。問曰:如餘經説:生天、人中,此何以但説皆得人身? 答曰:於人中得修大功德,亦受福[6]樂;天上多著樂故,不能修[7]道。以是故願令皆得人身。復次,菩薩不願衆生但受福樂,欲令得解脱,常樂涅槃。以是故不説生天上。

【經】欲令十方如恒河沙等世界中[8]衆生,以我力故,立於戒、三昧、智慧、解脱、解脱知見,令得須陀洹果,乃至阿耨多羅三藐三菩提者[9],當學般若波羅蜜!

【論】問曰:先已説此五衆、道果,今何以更説? 答曰:上説但是聲聞法,從須陀洹乃至無餘涅槃;今雜説三乘:聲聞、辟支佛,乃至阿耨多羅三藐三菩提。

【經】復次,舍利弗! 菩薩摩訶薩欲學諸佛威儀者[10],當學般若波羅蜜!

【論】問曰:何等是諸佛威儀? 答曰:威儀名身四[11]動止。譬如象王,迴身而觀;行時足離地四指,雖不蹈地而輪跡現;不遲不疾,身不傾動;常舉右手安慰衆生;結加[12]趺坐,其身正直;常偃右脅,累膝而臥;所敷草蓐,齊整不亂;食不著味,美惡等一;若受人請,默然無違[13];言辭柔濡,方便利益,不失時節。復次,法身佛威儀者,過東方如恒河沙等世界以爲一步;梵音説法,亦復如是。法身佛相義,如先説。

【經】復次[14],菩薩摩訶薩欲得如象王視[15]觀者[16],當學般若波羅蜜! 菩薩作是願:使我行時[17]離地四指,足[18]

---

1 "者",丙、丁、宋、元、明、宫、聖乙、聖丙本無。

2 "得",丁本無。

3 "大",丁本無。

4 "明",丙、宋、宫本無。

5 "從是光明",丁本無。

6 "福",丙本作"富"。

7 "修",丁本作"隨"。

8 "世界中",丁本無。

9 "者",丙、丁、宋、元、明、宫、聖乙、聖丙、石本無。

10 "威儀者",丙本作"威義"。

11 "四",丁本作"回",誤。

12 "結加",丙、丁、宋、元、宫本作"結跏",異譯詞。下同,不復出校。

13 "違",丙、丁、宋、元、明、宫、聖乙本作"言",聖丙本無。

14 "復次",丙、宋、元、明、宫本無。

15 "視",丁本作"親",誤。

16 "者",丙本無。

17 "使我行時"後,丁、聖乙、聖丙本有"足"。

18 "足",丁、聖乙、聖丙本作"而",石本無。

不蹈地。我當共四天王天[1]，乃至阿迦尼吒天[2]、無量千萬[3]億諸天衆圍繞恭敬，至菩提樹下者[4]，當學般若波羅蜜！

【論】如象王視者，若欲迴身觀時，舉身俱轉。大人相者，身心專一；是故若有所觀，身、心俱迴。譬如師子有所搏撮，不以小物故而改其壯[5]勢。佛亦如是，若有所觀、若有所説，身與心俱，常不分散。所以者何？從無數劫來，集一心法；以是業因緣故，頂[6]骨與身爲一，無有分解。又以世世破憍慢故，不輕衆生，觀則俱轉。如《尼陀阿波陀那[7]》中説：舍婆提國除糞人，而佛以手摩頭，教令出家，猶不輕之。足離地四指者，佛若常飛，衆生疑怪，謂佛非是人類，則不歸附；若足到地，則衆生以爲與常人不異，不生敬心。是故雖爲行地，四指不到而輪跡現[8]。問曰：如佛常放丈[9]光，足不到地，衆生何以故不盡敬附？答曰：衆生無量劫中積罪甚重，無明垢深，於佛生疑，謂是幻師，以術誑人；或言：足不蹈地，生性自爾，如鳥能飛，有何奇特！或有衆生罪重因緣故，不見佛相，直謂大[10]威德沙門而已；譬如人重病欲死，名藥美食，皆謂臭穢。是故不盡敬附。共四天王，乃至阿迦尼吒、無量千萬億諸天衆恭敬圍[11]繞，至菩提樹下者，是諸佛常法。佛爲世尊，至菩提樹下，欲破二種魔：一者，結使魔；二者，自在天子魔。欲成一切智，是諸天衆，云何不恭敬侍送？又諸天世世佐助擁護菩薩，乃至出家時，令諸宮人婇女[12]，淳惛[13]而臥，捧[14]馬足踰城出。今日事辦，我等[15]當共侍送至菩提樹下。問曰：何以不説刹利、婆羅門等無量人侍送，而但説諸天？答曰：佛獨於深林中求菩提樹，非是人行處，是故不説。又以人無天眼、他心智故，不知佛當成道，是故不説。復次，諸天貴於人，故但説天。復次，諸佛常樂閑靜處，諸天能隱身不現，不妨閑靜，是故但説[16]諸天從[17]。復次，菩薩見五比丘捨菩薩而去，而菩薩獨至樹下，是故作是願。

【經】我當於菩提樹下坐，四天王天乃至阿迦尼吒天，以天衣爲座[18]者[19]，當學般若波羅蜜！

【論】問曰：如經説：佛敷草樹下坐而成佛道，今云何願言以天衣爲座？答曰：聲聞經中説敷草；摩訶衍經中隨衆生所見——或有見敷草樹下，或見敷天綩綖——隨其福德多少，所見不同。復次，生身佛把草樹下；法性生身佛以天衣爲座，或勝天衣。復次，佛於深林樹下成佛，林中人見，則奉佛草。若貴人見者，當以所貴衣服爲座；但林中無貴人故，時諸龍神天，各以妙衣爲座。四天王衣重二兩，忉利天衣重一兩，夜摩

1　“天”，丁、聖乙、石本無。

2　“阿迦尼吒天”，丙、丁本作“阿迦貳吒”、宋、官、聖乙、石本作“阿迦貳吒天”，元、明本作“阿迦膩吒天”，皆爲異譯詞。下同，不復出校。

3　“千萬”，丁本無。

4　“者”，丙本無。

5　“壯”，丙、丁本作“莊”，“莊”通“壯”。

6　“頂”，丁、元、明本作“頭”。

7　“尼陀阿波陀那”，丁本作“尼他阿婆陀那”，聖乙、聖丙本作“尼陀阿婆陀那”。

8　“四指……跡現”八字，丙本作“四指不到地而轉跡現”。

9　“丈”，丙、丁、宋、元、明、官本作“大”。

10　“大”，丁本作“天”，誤。

11　“圍”，丁本作“違”，“違”爲“圍”之借字。

12　“婇女”，丁本作“采女”。

13　“淳惛”，丙本作“停婚”，“停”當爲“淳”之誤，丁、聖乙、聖丙本作“淳婚”，石本作“淳昏”，皆爲異形詞。

14　“捧”，丁、聖乙、聖丙、丙、石本作“奉”，“奉”通“捧”。

15　“等”，丙、宋、元、明、官本無。

16　“説”，丁本脱。

17　“從”，丙、丁、宋、元、明、官、聖乙、聖丙本作“侍從”，石本作“待從”。

18　“座”，丙、丁本作“坐”，“坐”爲“座”之古字。下同，不復出校。

19　“者”，丙本無。

天衣重十八銖[1]，兜率[2]天衣重十二銖[3]，化樂天衣重六銖，他化自在天衣重三銖。色界天衣無重相。欲界天衣從樹邊生，無縷無織；譬如薄冰，光曜明淨，有種種色。色界天衣，純金色光明，不可稱知。如是等寶衣敷座，菩薩坐上，成阿耨多羅三藐三菩提。問曰：何以但說諸天敷衣，不說十方諸大菩薩爲佛敷座？諸菩薩等，佛將成道時，皆爲佛敷座——或廣長一由旬，十百千萬億乃至無量由旬；高亦如是。此諸寶座，是菩薩無漏福德生故，是諸天目[4]所不見，何況手觸！十方三世諸佛，降魔得道，莊嚴佛事，皆悉照見，譬如明鏡；如是妙座，何以不說？答曰：般若波羅蜜有二種：一者，與聲聞、菩薩、諸天共說；二者，但與十住具足菩薩說。是般若波羅蜜中，應說菩薩爲佛敷座。所以者何？諸天知佛恩，不及一生、二生諸大菩薩，如是菩薩云何不以神通力而供養佛！是中合聲聞說，是故不說。

【經】我得阿耨多羅三藐三菩提時[5]，行、住、坐、臥處，欲使[6]悉爲金剛者[7]，當學般若波羅蜜！

【論】問曰：何以故佛四威儀中，地悉爲金剛？答曰：有人言：菩薩至菩提樹下時，於此處坐，得阿耨多羅三藐三菩提；爾時菩薩入諸法實相中，無有地能舉是菩薩。所以者何？地皆是衆生虛誑業因緣報故有，是故不能舉。菩薩欲成佛時，實相智慧身，是時坐處變爲金剛。有人言：土在金輪上，金輪在金剛上，從金剛際出，如蓮花臺[8]，直上持菩薩坐處，令不陷没；以是故，此[9]道場坐處名爲金剛。有人言：成佛道已，四種威儀[10]處，悉變成金剛。問曰：金剛亦是衆生虛誑業因緣有，云何能舉佛？答曰：金剛雖是虛誑所成，於地最爲牢固，更無勝者。金剛下水，諸大龍王以此堅固物，奉獻於佛。亦是佛宿世業因緣故，得此安立處。又復佛變金剛及四大令爲虛空，虛空不誑，佛智慧亦不誑；二事既同，是故能舉。

【經】復次，舍利弗！菩薩摩訶薩，欲[11]出家日即成阿耨多羅三藐三菩提；即是日轉法輪。轉法輪時，無量阿僧祇衆生遠塵離垢，諸法中得法眼淨；無量阿僧祇衆生，一切法不受故，諸漏心得解脫；無量阿僧祇衆生，於阿耨多羅三藐三菩提得不退轉者[12]，當學般若波羅蜜！

【論】或有菩薩，於惡世邪見衆生中，爲除衆生邪見故，自行勤苦甚難之行。如釋迦文佛於漚樓頻螺樹林中，食一麻一米。諸外道言：我等先師，雖修苦行，不能如是六年勤苦！又復有人[13]謂佛先世惡業，今受苦報。有菩薩謂佛爲實受是苦。是故發心：我當即以出家日成佛。又有菩薩於好世出家，如：大通惠[14]求佛道，結加[15]趺坐，經十小劫乃得成佛[16]。菩薩聞是已，發心言：願我以出家日即得成佛。有菩薩成佛已，不即轉法輪。

---

1 “銖”，丁本作“殊”，“殊”爲“銖”之借字。下同，不復出校。

2 “兜率”，丙、丁、宋、元、明、宮、聖乙、聖丙本作“兜率陀”，異譯詞。

3 “銖”，丙本作“殊”，“殊”爲“銖”之借字。

4 “目”，丙、丁本作“自”，誤。

5 “時”後，丁、聖乙、聖丙、石本有“欲得”。

6 “欲使”，丁本無。

7 “者”，丙、丁、聖乙、石本無。

8 “臺”，丁本作“憂”，誤。

9 “此”，丙、宮本作“以”。

10 “儀”，丙本作“德”。

11 “欲”，丁本作“若欲”。

12 “者”，丙、宋、元、明、宮、聖乙、聖丙本無。

13 “人”，丁、聖乙、石本作“人言”。

14 “大通惠”，丙、丁本作“大通慧”，異譯詞。

15 “結加”，丙本作“結伽”，丁、明本作“結跏”，異譯詞。

16 “佛”，丙、丁本作“道”。

如然[1]燈佛，成佛已，十二年但放光明，人無識者，而不説法。又如須扇多佛，成佛已[2]，無受化者，作化佛留住[3]一劫，説法度人，自身滅度。又如釋迦文佛，成佛[4]已，五十七日不説法。菩薩聞是已，願我成佛已，即轉法輪。有佛度衆生有限數。如釋迦文佛，轉法輪時，憍陳如一人得初道，八萬諸天諸法中得法眼淨。菩薩聞是已，作是願：我轉法輪時，令無量阿僧祇人，遠塵離垢，諸法中得法眼淨。以釋迦文佛初轉法輪時，一比丘及諸天，皆得初道；而無一人得阿羅漢及[5]菩薩道者；是故菩薩願言：我作佛時，當使無量阿僧祇衆生，一切法不受故[6]，諸漏心得解脱；及無量阿僧祇衆生，於阿耨多羅三藐三菩提得不退轉。問曰：若一切佛神力、功德、度衆生皆等，此菩薩何以作此願？答曰：一佛能變作無量阿僧祇身而度衆生，而世界有嚴淨者、有不嚴淨者。菩薩若見、若聞：是諸佛有苦行難得佛者；有不即轉法輪者；有如釋迦牟尼佛[7]，六年苦行成道。又聞：初轉法輪時，未有得阿羅漢道者，何況得菩薩道！是故菩薩未聞諸佛力等，故作是願。然諸佛神力、功德，平等無異[8]。

【經】我得阿耨多羅三藐三菩提時，以無量阿僧祇聲聞爲僧；我一説法時，便於座上盡得阿羅漢者[9]，當學般若波羅蜜！

【論】有佛以聲聞爲[10]僧，有數有限。如釋迦文尼佛，千二百五十比丘爲僧。彌勒佛，初會僧九十九億，第二會九十六億，第三會九十三億。如是等[11]諸佛僧，各各有限有數不同。以是故，菩薩願言：我當以無量阿僧祇聲聞爲僧。有佛爲衆生説法，一説法得初道，異時更説，得二道、三道、第四道。如釋迦文尼佛，爲五比丘説法，得初道，異日得阿羅漢道；如舍利弗得初道，經半月然後得阿羅漢道；摩訶迦葉見佛得初道，過八日已得阿羅漢；如阿難得須陀洹道，二十五歲供養佛已，佛般涅槃後得阿羅漢。如是等諸阿羅漢，不一時得四道。以是故菩薩願言：我一説法時，便於座上盡得阿羅漢。

【經】我當以無量阿僧祇菩薩摩訶薩爲僧；我一説法時，無量阿僧祇菩薩[12]，皆得阿鞞跋致！

【論】菩薩所以作此願者。諸佛多以聲聞爲僧，無別菩薩僧——如彌勒菩薩、文殊師利菩薩等。以釋迦文佛無別菩薩僧，故入聲聞僧中次第坐。有佛爲一乘説法，純以菩薩爲僧。有佛聲聞、菩薩雜以爲僧；如阿彌陀佛國，菩薩僧多，聲聞僧少。以是故，願以無量菩薩爲僧。有佛初轉法輪時，無有人得阿鞞跋致。以是故，菩薩願言：我一説法，無量阿僧祇人得阿鞞跋致。

【經】欲得壽命無量、光明具足者[13]，當學般若波羅蜜！

【論】諸佛壽命，有長、有短。如鞞婆尸佛，壽八萬四千歲；如：拘樓餐陀[14]佛，壽六萬歲；迦那伽牟尼佛[15]，壽三萬歲；迦葉佛，壽二萬歲；釋迦文佛，壽百歲，少有過者；彌勒佛，壽八萬四千歲。如釋迦文佛常光

1　“然”，丙、丁本作“燃”，“然”爲“燃”之古字。下同，不復出校。

2　“已”，丁、聖乙本作“以”，“以”通“已”。

3　“住”，丁本脱。

4　“佛”，丁本脱。

5　“阿羅漢及”，丁本無。

6　“故”，丙、宋、元、明、宫本無。

7　“釋迦牟尼佛”，乙本作“釋迦文佛”，丁、石本作“釋迦文尼佛”，異譯詞。

8　“異”，丙、宋、元、明本作“量”。

9　“者”，丙、丁、宋、元、明、宫、聖乙、石本無。

10　“爲”，丁、石本無。

11　“等”，丙本作“次第”。

12　“摩訶薩……菩薩”十七字，丁本脱。

13　“者”，丙本無。

14　“陀”，丙、丁本作“地”。

15　“迦那伽牟尼佛”，丁本作“加那迦牟尼佛”。

一丈,彌勒佛[1]常光十里。諸佛壽命、光明,各有二種:一者、隱藏,二者、顯現;一者、真實,二者、爲衆生故隱藏。真實者,無量、顯現;爲衆生者,有限有量。實佛壽不應短,所以者何? 諸佛長壽業因緣具足故。如婆伽梵宿世救一聚落人命,故得[2]無量阿僧祇壽命。梵世中壽法不過[3]半劫;而此梵天壽獨無量,以是故,生邪見言:唯我常住。佛到其所,破其邪見,説其本緣救一聚落,其壽乃爾。何況佛世世救無量阿僧祇衆生:或以財物救濟,或以身命代死,云何壽限不過百歲! 又不殺生戒,是長壽業因緣;佛以大慈衆生,愛徹骨髓,常能爲衆生故死,何況殺生! 又以諸法實相智慧,真實不誑故,亦是長壽因緣;菩薩以般若波羅蜜和合持戒諸功德故,得壽命無量,何況佛世世具足此諸無量功德而壽命有限! 復次,如一切色中,佛身第一;一切心中,佛心第一;以是故,一切壽命中,佛壽亦應第一。如世俗人言:人生於世,以壽爲貴;佛爲人中之上,壽亦[4]應長! 問曰:佛雖有長壽業因緣,生於惡世,故壽命便短;以此短壽,能具佛事,何用長爲? 又佛以神通力故,一日之中能具佛事,何況百歲! 答曰:此間閻浮提惡,故佛壽應短。餘處好,故佛壽應長。問曰:若然者,菩薩於此閻浮提淨飯王宮生,出家成道,是實佛;餘處皆是神通力變化作佛,以度衆生? 答曰: 此言非也! 所以者何? 餘處閻浮提,亦各各言我國是實佛,餘處爲變化。何以知之? 若餘處國土,自知是化佛,則不肯信受教戒。又如餘[5]國土人,壽命一劫,若佛壽[6]百歲,於彼裁[7]無一日,衆生則起輕慢,不肯受教;彼則以一劫[8]爲實佛,以此爲變化[9]。如《首楞嚴經》説:神通遍照佛,壽七百千阿僧祇劫。佛告文殊尸利:彼佛則是我身。彼佛亦言:釋迦文佛則是我身。以是故,知諸佛壽命,實皆無量;爲度人故,現有長、短。汝言:釋迦文佛,以神通力故,所度衆[10]生與久[11]壽不異者,則不須百歲,一日之中可具足佛事! 如阿難一時心生是念:如然[12]燈世尊、一切勝佛、鞞婆尸佛,出於好[13]世,壽命極多,能具[14]佛事;我釋迦文佛[15]出生惡世,壽命極短,將無世尊不能具足佛事耶? 爾時,世尊入日出三昧,從身變化,出無量諸佛及無量光明,普至十方;一一化佛在諸世界,各作佛事:或有説法、或現神通、或現三昧、或現飯食。如是之比種種因緣,施作佛事而度衆生。從三昧起,告阿難曰:汝悉見[16]聞是事不? 阿難言:唯! 然! 已見! 佛告阿難:佛以如是[17]神力,能具佛事不? 阿難言:假令佛壽一日,大地草木悉爲可度衆生,則能度盡[18],何況百歲! 以是故知[19]:諸佛壽命,皆悉[20]無量;爲度人故,

---

1 "佛",丁本無。

2 "故得",丁本作"得故",誤倒。

3 "不過",丁本作"雖不過"。

4 "壽亦",丁本作"亦壽",誤倒。

5 "餘",丙本作"餘處"。

6 "壽",丙本作"受","受"爲"壽"之借字。

7 "裁",丙本作"或"。

8 "劫",丁本作"切",誤。

9 "變化"後,原衍"化",兹據丙、丁、宋、元、明、宫、聖乙、石本删。

10 戊本始。

11 "久",原作"人",誤,兹據丙、丁、戊、宋、元、明、聖乙、石本改。

12 "然",丙、戊本作"燃","然"爲"燃"之古字。下同,不復出校。

13 "好",丁本脱。

14 "能具",戊本作"能具足"。

15 "釋迦文佛",戊本作"釋迦牟尼",異譯詞。

16 "見",丙本作"現",誤。

17 "如是",戊本無。

18 "度盡",戊本作"盡度"。

19 "知",戊本脱。

20 "皆悉",丙本作"悉皆"。

現有長、短。譬如日出,影現於水,隨水大小,水[1]大則影久,水小則速滅;若照琉璃[2]、頗梨[3]珠山,影則久住。又如火燒草木,然少則速滅,然多則久住;不可以滅處無火故,謂多然處亦無。光明[4]長、短義,亦如是。

大智度論釋初品中信持無三毒義第五十二[5]

【經】我成阿耨多羅三藐三菩提時,世界中無[6]有婬欲、瞋恚、愚癡,亦無三毒之名。一切衆生成就如是智慧,善施、善戒、善定[7]、善梵行、善不嬈衆生者[8],當學般若波羅蜜!

【論】問曰:若世界無三毒、亦無三毒名者,佛爲何等故出生其國? 答曰:貪欲、瞋恚、愚癡名爲三不善根,是欲界繫法。佛若説貪欲、瞋恚、愚癡,是欲界繫不善。若説染愛、無明是則通三界。有佛世界純諸離[9]欲人,爲是衆生故,菩薩願言:我成佛時,國無三毒及三毒之名。復有清淨佛國,純阿鞞跋致[10]、法性生身菩薩,無諸煩惱,唯有餘習,是故言無三毒之名[11]。若有人言:如菩薩願言:我當度一切衆生,而衆生[12]實不盡度;此亦如是,欲令世界無三毒之[13]名,亦應實有三毒不盡。若無三毒何用佛爲? 如地無大闇則不須日照[14]。如經所説:若無三法則佛不出世。若三法不斷則不得離老、病、死。三法者則是三毒。如《三法經》,此中應廣説。復次,有世界,衆生分別諸法是善、是不善、是縛、是解等,於一相寂滅法中而生戲論。菩薩以是故願言:令我世界中[15]衆生不生三毒,知三毒實相即是涅槃。問曰:一切衆生得[16]如是智慧是何等智慧? 答曰:智慧是世間正見。世間正見中,説有布施、有罪福、有今世後世、有阿羅漢。信罪福故,能善布施。信有阿羅漢故,能善持戒、善禪定、善梵行。得正見力故,能善不嬈衆生。世間正見是無漏智慧根本。以是故説國中無三毒之名。貪欲有二種:一者,邪貪欲;二者,貪欲。瞋恚有二種:一者,邪瞋恚[17];二者,瞋恚。愚癡有二種:一者,邪見愚癡;二者,愚癡。是三種邪毒,衆生難可化度;餘三易度。無三毒名者,無邪三[18]毒之名。善布施等五事,如上《放光品》中説[19]。

【經】使我般涅槃後,法無滅盡,亦無滅盡之名,當學般若波羅蜜。

【論】問曰:佛爲法王[20]尚自滅度,云何言法無滅盡? 答曰:如上説,是菩薩願事不必實。一切有爲法,從因緣和合生,云何常住而不滅? 佛如日明,法如日没餘光,云何日没而餘光不滅? 但久住故無能見滅者,

---

1　"水",戊本脱。

2　"琉璃",丙、戊本作"流離",丁本作"琉瑀",異譯詞。

3　"頗梨",丙本作"頗犁",聖乙本作"頗棃","棃"爲"棃"之俗字,皆爲異譯詞。

4　"光明",丙、戊、宋、元、明、宮本作"無量光明",丁本作"量光明",丁本脱"無"。

5　丙、丁、戊本無品題。

6　"無",戊本脱。

7　"善定",戊本無。

8　"者",丙、戊、宋、元、明、宮、聖乙、聖丙本無。

9　"離",原脱,茲據丙、丁、戊、宋、元、明、宮、聖乙、石本補。

10　"阿鞞跋致",戊本作"阿毗跋致",異譯詞。

11　"之名",丁本無。

12　"而衆生",戊本無。

13　戊本終。

14　"照",丙本作"昭","昭"通"照"。

15　"世界中",丙、宋、元、明、宮本作"世界",丁本作"國土"。

16　"得",丙、宋、元、明、宮本無。

17　"恚",丁本脱。

18　"邪三",丙、宮本作"三邪"。

19　"中説",丁本作"義説説",後"説"當係衍文,聖乙、石本作"中美説"。

20　"王",丙、丁、宋、元、明、宮、聖乙、石本作"主"。

故名不滅。復次,是[1]菩薩見諸佛法住有多有少。如迦葉佛法住七日,如釋迦牟尼佛法住千歲。是故菩薩發是願言:法雖有爲,願令相續不滅,如火得薪,相傳不絕。復次,諸法實相名爲佛法。是實法相,不生不滅、不斷不常、不一不異、不來不去、不受不動、不著不依、無所有,如涅槃相。法相如是,云何有[2]滅?問曰:法相[3]如是者,一切佛法皆應不滅!答曰:如所言,諸法實相無有滅者。有人憶想分別取諸法相、壞[4]實法相,用二法説是故有滅。實相法中無有滅也。復次,行[5]般若波羅蜜無礙法、集無量功德故,隨其本願,法法相續,無有見其滅者;譬如仰射虛空,箭去極遠,人雖不見,要必當墮。

【經】我得阿耨多羅三藐三菩提[6]時,十方如恒河沙等世界中衆生聞我名者,必[7]得阿耨多羅三藐三菩提。欲得如是等[8]功德者[9],當學般若波羅蜜。

【論】問曰:有人生值佛世,在佛法中,或墮地獄者,如提婆達、俱迦利[10]、訶多釋子[11]等,三不善法覆心故墮地獄。此中云何言去[12]佛如恒河沙等世界,但聞佛名便得道耶?答曰:上已説有二種佛:一者,法性生身佛;二者,隨衆生優劣現化佛。爲法性生身佛故,説乃至聞名得度;爲隨衆生現身佛故[13],説雖共佛住,隨業因緣有墮地獄者。法性生身佛者,無事不濟、無願不滿。所以者何?於無量阿僧祇劫積集一切善本功德,一切智慧無礙具足,爲衆聖主,諸天及[14]大菩薩希能見者。譬如如意寶珠難見、難得,若有見者,所願必果。如喜見[15]藥,其有見者,衆患悉除。如轉輪聖王,人有見者,無不富足。如釋提桓因,有人見者,隨願悉得。如梵天王,衆生依附,恐怖悉除。如人念觀世音[16]菩薩名者[17],悉脱厄難。是事尚爾,何況諸佛法性生身!問曰:釋迦文佛亦是法性生身分,無有異體;何以故佛在世時,有作五逆罪人、飢餓[18]、賊盜如是等惡?答曰:釋迦文佛本誓:我出惡世,欲以道法度脱衆生,不爲富貴世樂故出。若佛以力與之則無事不能。又亦是衆生福德力薄、罪垢深重故,不得隨意度脱。又今佛但[19]説清淨涅槃,而衆生譏論誹謗言:何以多畜弟子化導人民?此亦是繫縛法[20]。但以涅槃法化猶尚譏謗,何況雜以世樂!如提婆達欲令足下有千輻相輪故,以鐵作模燒而爍之,爍已,足壞,身惱大呼。爾時阿難聞已涕泣白佛:我兄欲死,願佛哀救!佛即伸[21]手[22]就摩其身,發至誠言:我看

1 "是",丙、宋、元、明、宫本無。

2 "有",丙本作"可"。

3 "法相",丙、宋、宫本作"若",丁本作"法相若"。

4 "壞",丁本作"續",誤。

5 "行",丙、宋、元、明、宫本無。

6 "菩提"後,丁、聖乙本有"記"。

7 "必",丁本無。

8 "等",丁、聖乙、石本無。

9 "者",丙、宋、元、明、宫、聖乙、聖丙本無。

10 "俱迦利",丙、丁、宋、元、明、宫、聖乙、石本作"俱迦梨",異譯詞。

11 "訶多釋子",丁本作"呵多釋子",異譯詞。

12 "去",丁本作"云",誤。

13 "爲隨……佛故"八字,丁本作"爲墮衆生爲現身故"。

14 "及",丙本作"於"。

15 "喜見",丁本作"意□"。

16 "觀世音",丁、聖乙本作"光世音",異譯詞。

17 "名者",丙、丁、宋、元、明、宫本無。

18 "飢餓"前,丙本衍"餘"。

19 "佛但",丁本作"但佛",誤倒。

20 "此亦是繫縛法",丁本作"此亦見縛繫法"。

21 "伸",丙、丁本作"申","申"爲"伸"之古字。

22 "手",丁本作"身",誤。

羅睺羅與提婆達等者，彼痛當滅。是時提婆達衆痛即除，執手觀之，知是佛手，便作是言：淨飯王子以此醫術足自生活。佛告阿難：汝觀提婆達不？用心如是，云何可度？若好世人則無是咎。如是衆生，若以世樂，不得度也。是事種種因緣上已廣說。以是故說聞佛名有得道者，有不得者。復次，佛身無量阿僧祇種種不同：有佛爲衆生說法令得道者；有佛放無量光明，衆生遇之而得道者；有以神通變化指示其心而得道者；有佛但現色身而得道者；有佛遍身毛孔出衆妙香，衆生聞之而得道者；有佛以食與衆生令得道者；有佛衆生但念而得道者；有佛能以一切草木之聲而作佛事令衆生得道者；有佛衆生聞名而得道者。爲是佛故說言：我作佛時，其聞名者皆令得度。復次，聞名，不但以名便得道也；聞已修道，然後得度。如須達長者，初聞佛名，内心驚喜，詣佛聽法而能得道。又如貰夷羅婆羅門，從雞[1]泥耶結髮梵志所初聞佛名，心即驚喜，直詣佛所聞法得道。是但說聞名：聞名爲得道因緣，非得道也。問曰：此經言聞諸佛名即時得道，不言聞名已修道乃得。答曰：今言即時，不言一心中；但言更無異事聞之，故言即時。譬如經中說：修慈心時即修七覺[2]意。難者言：慈三昧，有漏，是緣衆生法，云何得[3]即時修七覺？答者言：從慈起已即修七覺，更無餘法，故言即時。即時有二種：一者，同時；二者，雖久更無異法。即是心而得修七覺亦名即時。復次，有衆生福德淳熟、結使心薄，應當得道，若聞佛名，即時得道。又復以佛威力故，聞即得度。譬如熟癰，若無治者，得小因緣而便自潰。亦如熟果[4]，若人無取[5]，微風因緣，便自隨[6]落。譬如新淨白㲲[7]，易爲受色，爲是人故，說若聞佛名即時得道。譬如鬼神著人，聞仙人呪名，即時捨去。問曰：過[8]如恒河沙等世界，誰傳此名令彼得聞？答曰：佛以神力舉身毛孔放無量光明，一一光上皆有寶華，一一華上皆有坐佛，一一諸佛各說妙法以度衆生，又說諸佛名字，以是故聞。如《放光[9]》中說。復次，諸大菩薩以本願欲至無佛法處稱揚佛名，如此品中[10]說者，是故得聞。復有大功德人從虛空中聞佛名號，如薩陀波崙[11]菩薩。又有從諸天聞，或從樹木音聲中聞，或從夢中[12]。復次，諸佛[13]有不可思議力故[14]自往語，或以聲告。又如菩薩作願誓度一切衆生。以是故說：我成佛時，過如恒河沙等世界[15]衆生聞我名皆得成佛。欲得是者，當學般若波羅蜜。問曰：上欲得諸功德及諸所願，是[16]諸事皆是衆行和合所成，何以故但說當學般若波羅蜜？答曰：是經名般若波羅蜜，佛欲解說其事，是故品品中皆讚般若波羅蜜。復次，般若波羅蜜是諸佛母，父母之中母功最重，是故佛以般若爲母，般舟[17]三昧爲父。三昧唯[18]能

1　"雞"，丙本作"難"，誤。

2　"覺"，丙本作"學"，誤。

3　"得"，丙、宋、元、明、宫本無。

4　"熟果"，丁本作"果熟"。

5　"若人無取"，丙、丁、宋、元、明、宫、聖乙、石本作"若無人取"。

6　"隨"，丙、丁本作"墮"，"墮"通"隋"。

7　"㲲"，丙、丁、聖乙、石本作"疊"。

8　"過"，丁本作"過去"。

9　"放光"，丁本作"初品"，明、聖乙、石本作"放光品"。

10　"中"，丁、聖乙、石本無。

11　"薩陀波崙"，丁、聖乙、石本作"薩陀波輪"，異譯詞。

12　"夢中"，丙、丁、宋、元、明、宫本作"夢中聞"。

13　"佛"，丁本作"從"，誤。

14　"故"，丙、丁、明、聖乙、石本作"或"。

15　"世界"，丁、聖乙、聖丙、石本作"國土中"。

16　"是"，丁本無。

17　"般舟"，丙、宋、宫本作"般周"，異譯詞。

18　"唯"，丙、宋、元、明、宫本無。

攝持亂心令智慧得成,而不能觀諸法實相。般若波羅蜜[1]能遍觀諸法分別實相,無事不達、無事不成;功[2]德大故,名之爲母。以是故,行者雖行六波羅蜜及[3]種種功德和合能具衆願,而但説當學般若波羅蜜。復次,如《般若[4]》後品中説:若無般若波羅蜜,餘五事不名波羅蜜。雖普修衆行,亦不能滿具諸願。如種種畫[5]彩[6],若無膠者,亦[7]不中用。衆生從無始世界中來,雖修布施、持戒、忍辱、精進、一心、智慧,受世間果報已而復還盡。所以者何? 離般若波羅蜜故。今以佛恩,以般若波羅蜜修行[8]六事故得名波羅蜜,成就佛道,使佛佛相續而無窮盡。復次,菩薩行般若波羅蜜時,普觀諸法皆空,空亦復空,滅諸觀,得無礙般若波羅蜜,以大悲方便力還起諸功德業。此清淨業因緣故,無願不得。餘功德離般若波羅蜜無有無礙智慧,云何言欲得諸願當學檀波羅蜜等[9]? 復次,又以五波羅蜜離般若,不得波羅蜜名字。五波羅蜜如盲,般若波羅蜜如眼;五波羅蜜如坏瓶盛[10]水[11],般若波羅蜜如盛[12]熟瓶;五波羅蜜如鳥無兩[13]翼,般若波羅蜜如有翼之鳥。如是等種種因緣故,般若波羅蜜能成[14]大事。以是故言: 欲得諸功德及願,當學般若波羅蜜。

大智度論卷第三十四[15]。

大智度論釋報應品第二(卷三十五)[16]

聖者龍樹造

後秦龜兹國三藏鳩摩羅什譯[17]

【經】[18]佛告舍利弗:若菩薩摩訶薩行般若波羅蜜能作是功德,是時四天王皆大歡喜[19],意念言:我等當以四鉢奉上菩薩,如前天王奉先佛鉢。

【論】[20]問曰:前品説[21]已具[22],今何以重説? 答曰:前雖歎[23]般若波羅蜜,事未具足,聞者無厭,是故復説。

---

1 己本始。

2 "不成功",己本殘。

3 "蜜及",己本殘。

4 "如般若",己本作"般若波羅蜜"。

5 "畫",丙本作"盡",誤。

6 "彩",丙、己、宋、元、明、宫本作"綵",丁本作"跡"。

7 "亦",丁本作"余"。

8 "行",己本無。

9 "等",丙本無。

10 "盛",丙、己本作"成","成"通"盛"。

11 "水",己本脱。

12 "盛",丙、丁、己、宋、元、明、宫、聖乙、石本作"成","成"通"盛"。

13 "兩",丙、聖乙本作"羽"。

14 "成",己本作"成就"。

15 丙本終,題記作"一校"。丁本終,尾題作"大智度經卷第四十七"。己本終,尾題作"■■品第四十六",題記作"通一校已。"

16 本卷對應《大智度論》寫本凡5號:S.1829號1(以下簡稱"甲本")、BD03729號(以下簡稱"乙本")、羽210號D(以下簡稱"丙本")、俄Дx06996號(以下簡稱"丁本")、S.1829號2(以下簡稱"戊本")。

17 甲本始。"大智度……譯"三十一字,甲本作"摩訶般若波羅蜜憂波提舍中第二品義第四十七卷第四十八"。

18 "經",甲、宋、宫本無。下同,不復出校。

19 "喜",甲本作"憙","憙"爲"喜"之古字。下同,不復出校。

20 "論",甲、宋、宫本無。下同,不復出校。

21 "説",甲本無。

22 "具",甲、宋、元、明、宫、石本作"具足"。

23 "歎",甲、宋、宫、石本作"讚歎"。

復次,初品但讚般若波羅蜜力,今讚行者能作是功德,四天王等歡喜奉鉢。復次,以菩薩能具諸願行,故佛安慰、勸進,言有此[1]果報,終不虛也。復次,般若波羅蜜有二種果:一者,成佛度衆生;二者,雖未成佛,受世間果報。轉輪聖王、釋、梵天王主三千世界,世間福樂供養之事,悉皆備足。今以世間果報以示衆生[2],故説是事。復次,世間欲成大業,多有壞亂[3]者;菩薩則不然,內心既定,外事亦應。如是等[4]因緣,故説此品。問曰:菩薩增益六波羅蜜時[5],諸天、世人何因緣故喜?答曰:諸天皆因十善[6]、四禪、四無量故生;是諸功德,皆由諸佛菩薩[7]故有。若佛出世,增益諸天衆,減損阿修羅種[8];若佛不在世,阿修羅種多,諸天減少;以種雜福不清淨故。若諸佛出世,能斷諸天疑網,能成大事。如釋提桓因命欲終時,心懷怖畏,求佛自救,遍不知處。雖見出家之人,山澤閑處,所供養者,皆亦不能斷其疑網。爾時毘首羯磨天[9]白釋提桓因言:尸毘王苦行奇特,世所希有!諸智人言,是人不久當得作佛!釋提桓因言:是事難辦[10];何以知之?如魚子、菴羅樹華、發心菩薩[11],是三事因時雖多,成果甚少。今當試之!帝[12]釋自化爲鷹,毘首羯磨化[13]作鴿,鴿投於王,王自割身[14]肉,乃至舉身上稱以代鴿命,地爲震動。是時釋提桓因等心大歡喜,散衆天華,歎未曾有[15];如是決定大心,成佛不久!復次,凡夫人[16]肉眼,無有智慧,苦身求財,以自生活;聞菩薩增益六波羅蜜,成佛不久,猶尚歡喜,何況諸天!問曰:四天王天[17]、三十三天有阿修羅難;上諸天等無有此患,何以歡喜?答曰:上諸天雖無阿修羅患,若佛不出世,生其天上者少;設有生者,五欲不妙。所以者何?但修不淨福故;色界諸天宮殿、光明、壽命,亦復如是。復次,諸天中有智慧者,能知禪味、五欲,悉皆無常;唯佛出世,能令得常樂涅槃。以世間樂、涅槃樂,皆由佛菩薩得,是故歡喜。譬如甘美果樹,茂盛成就,人大歡喜;以樹有種種利益:有庇其蔭者,有用其華,食其果實。菩薩亦如是,能以離不善法蔭,遮三惡苦熱;能與人天富樂之華,令諸賢聖得三乘之果,是故歡喜。問曰:諸天供養事多,何以奉鉢?答曰:四天王奉鉢,餘天供養。諸天供養,各有定法:如佛初生時[18],釋提桓因以天衣奉承佛身,梵天王躬自執蓋,四天王四邊防護。淨居諸天欲令菩薩生厭離[19]心故,化作老、病、死人,及沙門身。又出家時,四天王勅使者捧舉[20]馬足,自四邊侍護菩薩。天帝釋取髮,於其天上城東門外立髮塔;又持菩薩寶衣,於城南門外立衣塔;佛至樹下時,奉上好草。執金剛菩薩,常執金剛衛護菩薩;梵天王請佛轉法輪。如是等,各有常法。以是故,四天王奉鉢。四鉢義,如先説。問曰:佛一身何以受

---

1 "此",甲本作"是"。

2 乙本始。

3 "欲成……壞亂"八字,乙本殘。

4 "外事……是等"七字,乙本殘。

5 "增益……蜜時"七字,乙本殘。

6 "諸天皆因十善",乙本殘。

7 "皆由諸佛菩薩",乙本殘。

8 "減損阿修羅種",乙本殘。

9 "毘首羯磨天",乙本作"毘首羯摩天",異譯詞。

10 "辦",乙、宋、元、明本作"辨","辨"爲"辦"之古字,石本作"辯",誤。

11 "薩",甲、乙本作"提",誤。

12 "帝",乙本作"常",誤。

13 "化",甲、乙本無。

14 "身",甲、乙本無。

15 "歎未曾有",甲、乙本作"未曾有華",誤。

16 "凡夫人",甲、乙、宋、元、明、宮本作"凡人"。

17 "天",甲、乙本無。

18 "時",甲、乙本無。

19 "離",甲、乙本無。

20 "捧舉",甲本作"奉舉",乙本作"奉","奉"通"捧"。

四鉢？答曰：四王力等，不可偏受。又令見佛神力，合四鉢爲一，心喜信淨，作是念：我等從菩薩初生，至今成佛，所修供養，功德不虛。問曰：四天王壽命五百歲，菩薩過無量阿僧祇劫然後成佛；今之四天，非是後天，何以故喜？答曰：同一姓[1]故；譬如貴姓[2]胤流百世，不以遠故爲異[3]。或時行者，見菩薩增益六波羅蜜時，心作是願：是菩薩成佛[4]時，我當奉鉢，是故得生。復次，四天王壽五百歲；人間五十歲，爲四天王處一日一夜；亦三十日爲一月，十二月爲一歲；以此歲壽五百歲，爲人間九百[5]萬歲。菩薩能作是功德者，或近成佛，初生四天王足可得值。問曰：如摩訶衍經中説，有佛以喜爲食，不食揣食。如天王佛衣服儀容，與白衣無異，不須鉢食，何以言四天王定應奉鉢？答曰：定者，爲用鉢者故，不説不用。復次，用鉢諸佛多，不用鉢者少，是故以多爲定。

【經】[6]三十三天，乃至他化自在天，亦皆[7]歡喜，意念言：我等當給侍供養菩薩，減損阿修羅種，增益諸天衆。三千大千世界[8]，四天王天乃至阿迦尼吒天，皆大歡喜，意念[9]言：我等當請是菩薩轉法輪。

【論】釋曰[10]：是諸天等，以華香瓔珞[11]，禮拜恭敬，聽法讚歎[12]等供養；亦作是念：人修淨福，阿修羅種減，增益三十三天，我諸天亦得增益。問曰：上六種天已説，何以故更説三千大千世界中，乃至阿迦尼吒[13]天歡喜供養？答曰：先説一須彌山上六天，此説三千大千世界諸天；先但説欲界，今此説欲界、色界諸天請佛轉法輪；上雖説[14]淨居諸天種種供養勸助，今請轉法輪事大故。問曰：三藏中，但説梵天請轉法輪，今何以説四天王乃至阿迦尼吒天？答曰：欲界天近故前來。色界都名爲梵[15]，若説梵王請佛，已説餘天。又梵爲色界初門，説初故後亦説。復次，衆生有佛無佛，常識梵天，以梵天爲世間祖父，爲世人故説梵天。法輪相，如先説。

【經】舍利弗！是菩薩摩訶薩行般若波羅蜜增益六波羅蜜時，諸善男子、善女人各各歡喜，意念[16]言：我等當爲是人作父母、妻子、親族、知識。

【論】[17]問曰：前已説能作是功德，今何以復説增益六波羅蜜？答曰：先説總相，今説別相。復次，前所説功德中（前品中功德也）種種無量，聞者厭惓[18]；今但略説六波羅蜜，則盡攝諸功德。復次，爲天説故，能作諸功德；爲人説故，增益六波羅蜜。何以知之？如後説善男子、善女人，以是故知。問曰：四天王天乃至阿迦尼吒天，何以不説善天，而但人中説善男子、善女人？答曰：諸天皆有天眼、天耳、他心智，知供養菩薩，故不別説其善。人以肉眼見[19]，無知善者，能知供養，以少故別説善者。善者，從佛聞法，或從弟子、菩薩聞，或

1　“姓”，甲、乙本作“性”，“性”通“姓”。
2　“姓”，甲、乙本作“性”，“性”通“姓”。
3　“異”，甲、乙本作“累”。
4　“佛”，甲、乙本脱。
5　“九百”，甲、乙本作“九十”，官本作“百九”。
6　“經”，乙、宋、官本無。下同，不復出校。
7　“亦皆”，甲、乙本作“皆亦”。
8　“世界”，甲、乙本作“國土”。下同，不復出校。
9　“念”，甲、乙本脱。
10　“論釋曰”，甲、乙本作“論者言”。下同，不復出校。
11　“瓔珞”，乙本作“纓珞”，異譯詞。
12　“歎”，乙本作“嘆”。
13　“阿迦尼吒”，甲、乙、宋、官本作“阿迦貳吒”，元、明本作“阿迦膩吒”，異譯詞。下同，不復出校。
14　“説”，甲、乙本脱。
15　“爲梵”，甲、乙本作“梵爲”，誤倒。
16　“念”，乙本作“合”，誤。
17　“論”，乙、宋、官本無。下同，不復出校。
18　“惓”，甲、乙本作“倦”，“倦”通“惓”。
19　“見”，甲、乙、元、明本無。

聞受記當作佛；又聞佛[1]讚歎其名者，故知修善。問曰：何以但説男子、女人善，不説二根、無根者善？答曰：無根，所謂無得道相，是故不説。如毘尼中不得出家，以其失男女相故。其心不定，以小因緣故便瞋；結使多故，著於世事；多懷疑網，不樂道法；雖能少修福事，智慧淺薄，不能深入；本性轉易，是故不説。聲聞法如是説。摩訶衍中，譬如大海，無所不容；是無根人或時修善，但以少故不説。所謂少者，於男女中，是人最少，是人修善者少。譬如白人，雖復鬚髮、厴子黑，不名黑人。二根人結使多雜，亦行男事，亦行[2]女事，其心邪曲難可勉濟；譬如稠林曳木，曲者難出。又如阿修羅，其心不端故，常疑於佛，謂佛助天。佛爲説五衆[3]，謂有六衆[4]，不爲説一；若説四諦，謂有五諦，不説一事。二根人亦如是，心多邪曲故，不任得道。以是故，但説男子、女人中善者。善相者，有慈悲心，能忍惡罵。如《法句·罵品》中説：能忍惡罵人，是名[5]人中上[6]！譬如好良馬，可中爲王乘。復次，以五種邪語，及鞭杖、打害、縛繫等，不能毀壞其心，是名爲善相。復次，三業無失，樂於善人，不毀他善，不顯己德；隨順眾人，不説[7]他過；不著世樂，不求名譽，信[8]樂道德之樂；自[9]業清淨，不惱眾生；心貴實法，輕賤世事；唯好直信，不隨他誑；爲一切眾生得樂故，自捨己樂；令一切眾生得[10]離苦故，以身代之。如是等無量名爲善人相；是相多[11]在男、女，故説善男子、善女人。問曰：善男子、善女人，何因[12]能作是願？答曰：善男子、善女人，自知福薄，智慧尠少；習近菩薩，欲求過度。譬如沈石雖重，依船得度。又善男子、善女人，聞菩薩不從一世、二世而得成道[13]，無央數[14]世往來生死；便作是念：我當與爲因緣。復次，菩薩積德厚[15]故，在所生處，眾生皆來敬仰菩薩，以蒙利益重故。若見菩薩捨壽，則生是願：我當與菩薩作父母、妻子、眷屬。所以者何？知習近善人，增益功德故；譬如積集[16]眾香，香氣轉多。如菩薩先世爲國王太子，見閻浮提人貧窮，欲求如意珠，入於大海，至龍王宮。龍見太子威德殊妙，即起迎逆，延[17]前供養。而問之[18]言：何能遠來？太子答曰[19]：我憐閻浮提眾生故，欲求如意寶珠以饒益之！龍言：能住我宮，受供一月，當以相與！太子即住一月，爲龍王讚歎多聞，龍即與珠。是如意珠，能雨一由旬。龍言：太子有相，不久作佛，我當作多聞第一弟子。時，太子復至一[20]龍宮得珠，雨二由旬，二月讚歎神通力。龍言：太子作佛不久，我當作神足第一弟子。復至一龍宮得珠，雨三由旬，三月讚歎智慧。龍言：太子作佛不久，我當作智慧第一弟子。諸龍與珠已，言：盡汝壽命，珠當還我。菩薩許之。太子得珠，至閻浮提，一珠能雨飲食，一珠能雨衣服，一

1　“佛”，甲、乙本脱。

2　“行”，甲本作“可”。

3　“五衆”，甲、乙本作“五陰”，異譯詞。下同，不復出校。

4　“六衆”，甲、乙本作“六陰”，異譯詞。

5　“是名”，甲、乙本作“是名爲”，宋、元、明、宮本作“是爲”。

6　“上”後，乙本衍《法句·罵品》中説：能忍惡罵人，是名人中上”一行十六字。

7　“説”，甲、乙、石本作“知”。

8　“信”，甲、乙、石本作“但”。

9　“自”，甲、乙本作“因”，誤。

10　“得”，甲、乙本無。

11　“多”，甲、乙本作“名”，誤。

12　“因”，甲、乙、石本作“因緣”。

13　“道”，乙本作“就”。

14　“無央數”，甲、乙、石本作“無鞅數”，異譯詞。

15　“厚”，甲、乙本作“淳”。

16　“集”，甲、乙本作“聚”。

17　“延”，甲、乙、石本作“近”。

18　“之”，甲、乙本無。

19　“曰”，甲、乙本作“言”。

20　“一”，甲、乙本無。

珠能雨七寶,利益[1]衆生。又如須摩提菩薩,見燃[2]燈佛,從須羅婆[3]女買五莖花,不肯與之;即以五百金錢得五莖花,女猶不與而要之言:願我世世常爲君妻,當以相與! 菩薩以供養佛故,即便許之。又妙光菩薩,長者女見其身有二十八相,生愛敬心,住在門下。菩薩既到,女即解頸琉璃[4]珠,著菩薩鉢中,心作是願:我當世世爲此人婦! 此女二百五十劫中,集諸功德;後生喜見婬女園蓮花中,喜見養育爲女,至年十四,女工[5]、世智皆悉備足。爾時,有閻浮提王,名爲財主,太子名德主,有大悲心,時出城入園遊觀,諸婬女等導引歌讚。德主太子散諸寶物、衣服、飲食;譬如龍雨,無不周遍。喜德女見太子,自造歌偈而讚太子,愛眼視之,目未曾眴,而自發言:世間之事,我悉知之,以我此身,奉給太子! 太子問言:汝爲屬誰? 若有所屬,此非我宜。爾時,喜見婬女答太子言:我女生年日月時節,皆與太子同。此女非我腹生,我[6]晨朝入園,見蓮花中有此女生,我因養育,畜以爲女。無以我故而輕此女! 此女六十四能,無不悉備;女工技[7]術,經書醫方,皆悉了達;常懷慚愧,内心忠直,無有嫉妬,無邪婬想。我女德儀[8]如是,太子必應納之! 德主太子答語女言:姊! 我發阿耨多羅三藐三菩提心,修菩薩道,無所愛惜。國財妻子,象馬七珍,有所求索,不逆人意;若汝生男女及以汝身,有人求者,當以施之,莫生憂悔! 或時捨汝出家,爲佛弟子,淨居山藪[9],汝亦勿愁! 喜德女答言:假令地獄火來,燒滅我身,終亦不悔! 我亦不爲婬欲戲樂故而以相好,我爲勸助阿耨多羅三藐三菩提故奉事正士! 女又白太子言:我昨夜夢見妙日身佛,坐道樹下,可往觀之! 太子見女端正,又聞佛出,以此二因緣故,共載一車,俱詣佛所。佛爲說法,太子得無量陀羅尼門,女得調伏心志。太子爾時,以五百寶花供養於佛,以求阿耨多羅三藐三菩提。太子白父王言:我得見妙日身佛,大得[10]善利。父王聞已,捨所愛重之物以與太子,與其官屬國内人民,俱詣佛所。佛爲說法,王得一切法無闇燈陀羅尼。時王思惟:不可以白衣法攝治國土,受[11]於五欲而可得道! 作是思惟已,立德主[12]太子爲王,出家求道。是時太子於月十五日六寶來應,喜德妻變爲寶女[13]。如《不可思議經》中廣說如是等因緣。故知善男子、善女人,世世願[14]爲菩薩父母、妻子、眷屬。

【經】爾時,四天王乃至阿迦尼吒天,皆大歡喜,各[15]自念言:我等當作方便,令是菩薩離於婬欲,從初發意常作童真,莫使與色欲共會;若受五欲,障生梵天,何況阿耨多羅三藐三菩提! 以是故,舍利弗! 菩薩摩訶薩斷婬欲出家者,應得阿耨多羅三藐三菩提,非不斷欲。

【論】問曰:諸天何以作是願? 答曰:世間中[16]五欲第一,無不愛樂。於五欲中,觸[17]爲第一,能繫人心,如

---

1 "利益",甲、乙本作"益利"。
2 "燃",甲本作"然","然"爲"燃"之古字。下同,不復出校。
3 "婆",原作"娑",誤,據乙、宋、元、明、宫本改。
4 "琉璃",甲本作"琉瑀",乙本作"流離",皆爲異譯詞。
5 "工",乙本作"功"。
6 "我"後,甲、乙本有"日"。
7 "技",甲、乙、石本作"妓"。
8 "儀",甲本作"義","義"爲"儀"之古字。
9 "淨居山藪",甲、乙本作"靜居巖藪"。
10 "得",甲、乙本作"慈",誤。
11 "受",甲、乙本作"愛",誤。
12 "主",甲、乙本作"至",誤。
13 "寶女",甲、乙本作"女寶",誤倒。
14 "願",甲、乙本脱。
15 "各",甲、乙本作"又",誤。
16 "中"後,原衍"有",據甲、乙、宋、元、明、宫本删。
17 "觸",甲、乙本作"最",誤。

人墮在¹深泥，難可拯濟。以是故²，諸天方便，令菩薩遠離婬欲。復次，若受餘欲，猶不失智慧；婬欲會時，身、心慌迷，無所省覺，深著³自没！以是故，諸天令菩薩離之。問曰：云何令離？答曰：如釋迦文菩薩，在淨飯王宮欲出城遊觀，淨居諸天，化爲老、病、死人，令其心厭；又令夜半見諸宮人妓⁴直惡露不淨，涕唾流涎，屎尿塗漫；菩薩見已，即便穢厭。或時諸天，令女人惡心妬忌，不識恩⁵德，惡口欺誑，無所省察；菩薩見已，即生念言：身雖似人，其心可惡，即便捨之。欲使菩薩從初發心，常作童真行，不與色欲共會！何以故？婬欲爲諸結之本！佛言：寧以利刀割截身體，不與女人⁶共會。刀截雖苦，不墮惡趣；婬欲因緣，於無量劫數受地獄苦。人受五欲，尚不生梵世，何況阿耨多羅三藐三菩提！或有人言：菩薩雖受五欲，心不著故，不妨於道；以是故經言：受五欲尚不生梵世。梵世無始衆生皆得生中，受五欲者尚所應得而⁷不得之，何況阿耨多羅三藐三菩提本所不得而欲得之；以是故，菩薩應作童真，修行梵行，當得阿耨多羅三藐三菩提。梵行菩薩，不著世間，故速成菩薩道。若婬欲者，譬如膠漆，難可得離。所以者何？身受欲樂，婬欲根深！是故出家法中，婬戒在初，又亦爲重。

【經】舍利弗白佛言：世尊！菩薩摩訶薩要當有父母、妻子、親族、知識耶？佛告舍利弗：或有菩薩有⁸父母、妻子、親族、知識；或有菩薩，從初發意斷婬⁹欲，修童真行¹⁰，乃至得阿耨多羅三藐三菩提，不犯色欲；或有菩薩方便力故，受五欲已，出家得阿耨多羅三藐三菩提。

【論】釋曰：是三種菩薩。初者，如世間人受五欲，後¹¹捨離出家，得菩提道。二者，大功德牢固，初發心時斷於婬欲，乃至成佛道¹²。是菩薩，或法身，或肉身；或離欲，或未離欲。三者，清淨法身菩薩，得無生法忍，住六神通。爲¹³教化衆生故，與衆生同事而攝取之。或作轉輪聖王，或作閻浮提王、長者、刹利，隨其所須而利益之。

【經】譬如幻師、若幻弟子，善知幻法，幻作五欲，於¹⁴中共相娛樂。於汝意云何？是人於此¹⁵五欲，頗¹⁶實受不？舍利弗言：不也！世尊¹⁷！佛告舍利弗：菩薩摩訶薩以方便力故，化作五欲，於中受樂，成就衆生，亦復如是。是菩薩摩訶薩不染於欲，種種因緣，毁訾五欲：欲爲熾然，欲爲穢惡，欲爲毁壞，欲爲如怨！是故，舍利弗！當¹⁸知菩薩爲衆生故受五欲。

【論】問曰：三種菩薩中，何以獨爲一種菩薩作譬喻？答曰：一者，如人法，不斷婬欲；二者，常斷婬欲，

---

1 “在”，甲、乙本作“於”。
2 “故”，乙本脱。
3 “著”，乙本脱。
4 “妓”，甲、乙本作“彼”，誤。
5 “恩”，甲、乙本作“因”，誤。
6 “人”，甲、乙、宋、元、明、宫、石本作“色”。
7 “而”，甲、乙、宋、元、明、宫本作“尚”。
8 “菩薩有”，甲、乙本脱。
9 “婬”，甲、乙本脱。
10 “童真行”前，甲、乙、宋、元、明、宫本有“梵”。
11 “後”，甲、乙本作“復”。
12 “道”，甲、乙、宋、元、明、宫、石本無。
13 “爲”，甲、乙本無。
14 “於”後，甲、乙本有“五欲”。
15 “是人於此”，甲、乙本作“此人於”。
16 “頗”，甲、乙本作“頗有”。
17 “世尊”，甲、乙本無。
18 “當”，乙本作“菩”，誤。

修於淨行；三者，亦修淨行，現受婬欲——以人不了故，爲作譬喻。問曰：何以不以夢、化等爲喻？答曰：夢非五情所知，但内心憶想故生；人以五情所見，變失無常，可以得解。化雖五情所知，而見者甚少。佛爲度可度衆生，幻是衆人所信，是故爲喻。如幻師以幻術故，於衆人中現希有事，令人歡喜。菩薩幻師亦如是，以五神通術故，於衆生中化作五欲，共相娱樂，化度衆生。衆生有二種：在家、出家。爲度出家衆生故，現作聲聞、辟支佛、佛及諸出家外道師；在家衆生，或有見出家者得度，或有見在家同受五欲而可化度。菩[1]薩常以種種因緣，毁訾五欲。欲[2]爲熾然[3]者，若未失時，三毒火然；若其失時，無常火然[4]。二火然[5]故，名爲[6]熾然，都無樂時。欲爲穢惡者，諸佛、菩薩、阿羅漢等諸離欲者，皆所穢賤。譬如人見狗食糞，賤而愍之，不得好食，而噉不淨；受欲之人，亦復如是，不得内心離欲之樂，而於色欲不淨求樂。欲爲毁壞者，著五欲因緣故，天王、人王、諸[7]富貴者，亡國、危身，無不由之！欲如[8]怨者，失人善利；亦如刺[9]客，外如親善，内心懷害；五欲如是，喪失善心，奪人慧命。五欲之生，正爲破壞衆善，毁敗德業故出。又知五欲如鉤賊[10]魚[11]、如攎害鹿、如燈焚蛾；是故説欲如怨。怨[12]家之害，不過一世；著五欲因緣，墮三惡道，無量世受諸苦毒。

【經】舍利弗白佛言：菩薩摩訶薩云何應行般若波羅蜜？佛告舍利弗：菩薩摩訶薩行般若波羅蜜時，不見菩薩，不見菩薩字，不見般若波羅蜜，亦不見我行般若波羅蜜，亦不見我不行般若波羅蜜。何以故？菩薩、菩薩字性空，空中無色，無受、想、行、識；離色亦無空，離受、想、行、識亦無空；空即是色，色即是空，空即是受、想、行、識，受、想、行、識即是空[13]。何以故？舍利弗！但有名字故，謂爲菩提；但有名字故，謂爲菩薩；但有名字故，謂爲空。所以者何[14]？諸法實性，無生、無滅、無垢、無淨故[15]。菩薩摩訶薩如是行，亦不見生，亦不見滅；亦不見垢，亦不見淨。何以故？名字是[16]因緣和合作法，但以分別憶想假名説[17]。是故菩薩摩訶薩行般若波羅蜜時，不見一切名字，不見故不著。

【論】問曰[18]：是事，舍利弗上已問，今何以重問？答曰：先因佛[19]説欲以一切種知[20]一切法，當學般若波羅

1　丙本始。

2　"欲"，丙本脱。

3　"然"，乙、丙本作"燃"，"然"爲"燃"之古字。下同，不復出校。

4　"然"，甲、乙、宋、元、明、宫、石本作"燒"。

5　"然"，甲、乙、丙、宋、元、明、宫、石本作"燒"。

6　"爲"，丙本作"曰"。

7　"諸"，丙本無。

8　"如"，甲、乙本作"爲"，丙本作"爲如"。

9　"刺"，丙本作"勅"，"勅"爲"刺"之借字。

10　"鉤賊"，丙本作"狗賤"，誤。

11　丙本終。

12　"怨"，甲本脱。

13　"空即……是空"十四字，甲本作"受、想、行、識，識即是空，空即是識"，乙本作"色即是受想行識，識即是空，空即是識"。

14　"所以者何"，甲、乙本作"何以故"。

15　"故"，甲、乙本無。

16　"是"，甲、乙本無。

17　"但以……名説"九字，甲、乙本作"分別憶想但假名説"。

18　"問曰"後，甲、乙本有"云何直行般若者"。

19　"佛"，甲、乙本作"緣"，誤。

20　"知"，甲、乙本作"智"，"智"通"知"。

蜜故問，非自意[1]問。復次[2]，今舍利弗聞上種種讚般若功德，心歡喜尊重般若故，問云何應行。如病人聞歎[3]良藥，便問云何應服。問曰：先已問[4]住不住法[5]，行檀波羅蜜[6]，施者、受者、財物不可得故，如是等爲行般若；今何以復問行？答曰：上總問諸波羅蜜，此但問般若；上廣讚歎般若爲主，此直問行般若。復次，上雖廣歎[7]般若波羅蜜，時會渴仰欲得；是故舍利弗爲衆人故，問行般若波羅蜜。般若波羅蜜功德，無量無盡；佛智慧亦無量無盡。若舍利弗不發問，則佛讚歎無窮已；若舍利弗不問者，則無因緣故則不應止。問曰：般若功德尊重，若佛廣讚有何不可？答曰：讚歎般若，聞者歡喜尊重，則增其福德；若聞説般若，則增其智慧。不但以福德因緣故可成佛道，要須智慧得成；是故不須但讚歎。人聞讚歎，心已[8]清淨，渴仰欲得般若；如爲渴人，廣讚歎[9]美飲，不解於渴，即便應與之。如是等因緣故，舍利弗今問行般若。問曰：如人有眼見，方知所趣處，然後能行。菩薩亦如是，先[10]念佛道，知般若，見己身然後應行；今何以言不見菩薩及般若？若不見，云何得行？答曰：此中不言常不見，但明入般若觀時，不見菩薩及般若波羅蜜；般若波羅蜜，爲令衆生知實法故出；此菩薩名字，衆緣和合假稱。如後品中廣説。般若波羅蜜名字，亦如是，衆法和合故，假名爲般若波羅蜜。般若波羅蜜[11]雖是假名，而能破諸戲論；以自性無故，説言不可見。如火從衆緣和合，假名[12]爲火，雖無實事而能燒物。問曰：若入般若中不見，出則便見，何者可信？答曰：上言般若爲實法故出，是則可信；出般若波羅蜜，不實，故不可信。問曰：若入般若中不見、出則見者，當知非是[13]常空，以般若力故空！答曰：世俗法故，言行言入般若波羅蜜；諸觀戲論滅故，無出、無入。若諸賢聖不以名字説，則不得以教化凡夫；當取[14]説意，莫著語言！問曰：若般若中貴一切法空，此中何以先説衆生空破我？答曰：初聞般若，不得便説一切法空。我，不可以五情求得[15]，但憶想分別生我想，無而謂有。又意情中無有定[16]緣，但憶想分別，顛倒因緣故，於空五衆中而生我想；若聞無我，則易可[17]解。色等諸法，現眼所見。若初言空無，則難可信。今先破我，次[18]破我所法；破我、我所法故，則一切法盡空。如是離欲，名爲得道。復次，般若波羅蜜[19]，無一定[20]法故。不見我行般若，不見不行者。如凡夫不得般若，故名不行；菩薩則不然，但行空般若，故説不見不行。復次，佛爲法王，觀餘菩薩其智甚少，雜諸結使，不名爲行。譬如國王雖得少物，不名爲得；佛亦如是教諸菩薩，雖有

1　“意”，甲、乙本作“憶”，“意”爲“憶”之古字。

2　“復次”，甲、乙本無。

3　“歎”，甲、乙本作“讚嘆”。

4　“問”，甲、乙、宫、石本作“聞”。

5　“住不住法”，乙本作“注不注法”，“注”爲“住”之借字。

6　“波羅蜜”，甲、乙本脱。

7　“歎”，甲、乙本作“讚歎”。

8　“已”，甲、乙本無。

9　“歎”，甲、乙本無。

10　“先”，甲、乙本作“無”，誤。

11　“般若波羅蜜”前，甲、乙本有“爲”。

12　“名”，甲、乙本作“名字”。

13　“是”，原作“法”，誤，兹據甲、乙、宋、元、明、宫、石本改。

14　“取”，甲、乙本作“所”，誤。

15　“求得”，甲、乙本作“得求”。

16　“定”，甲、乙本作“空”，誤。

17　“可”，甲、乙本無。

18　“次”，甲、乙本作“欲”，誤。

19　“波羅蜜”，甲、乙本脱。

20　“定”，甲、乙本作“空”，誤。

少行，不名爲行。復次，行般若波羅蜜者生憍慢[1]，言我有般若波羅蜜，取是相；若不行者，心自懈没而懷憂悴。是故言不見我行與不行。復次，不見我行般若波羅蜜者，破著有見；不見我不行般若波羅蜜者，破著無見。復次，不見我行般若波羅蜜者，止諸法戲調；不見我不行者，止懈怠心故。譬如乘馬，疾則制之，遲則鞭之。如是等分別行、不行。復次，佛自説因緣，所謂菩薩、菩薩字性空。是[2]中雖[3]但説菩薩字空，而五衆亦空。空中無[4]色，離色亦無空者，空名法空，法空中乃無[5]一毫[6]法，何況麁色！空亦不離色，所以者何[7]？破色故有空，云何言離色！受、想、行、識亦如是[8]。何以故？佛自更説因緣，所謂但有名字謂爲菩提，但[9]有名字[10]謂爲菩薩，但有名字謂爲空。問曰：先已説此事，今何以重説？答曰：先説不見菩薩，不見菩薩字，不見般若波羅蜜；今説不見因緣，所謂但有名謂爲菩提，但有名謂爲菩薩，但有[11]名謂爲空[12]。上菩薩、此菩薩[13]義同。菩薩字，即如菩薩中説。般若波羅蜜，分爲二分：成就者，名爲菩提；未成就者，名爲空。生相實不可得故，名爲無生。所以者何？若先生後法，若先法後生，若生、法一時，皆不可得，如先説。無生故無滅，若法不生不滅如虛空，云何有垢有淨？譬如虛空，萬歲雨亦不濕，大火燒不熱，烟亦不著。所以者何？本自無生故。菩薩能如是觀，不見離是不生不滅法，有生有滅、有垢有淨。何以故？佛自説因緣：一切法皆憶想分別、因緣和合故，强以名説。不可説者是實義，可説者皆是名字。菩薩行般若波羅蜜，不見一切名字者，先略説名字，所謂菩薩、菩薩字，般若波羅蜜、菩提字[14]；今廣説：一切名字，皆不可見，不見故不著——不著者，不可得故。如諸眼中，慧眼第一；菩薩以慧眼遍求不見[15]，乃至不見細微一法，是故不著。問曰：若菩薩一切法中不著，何得不入涅槃？答曰：是事處處已説，今此中略説：大悲心故，十方佛念故，本願未滿故，精進波羅蜜力故，般若波羅蜜、方便二事和合故，所謂不著於不著故。如是等種種因緣故，説菩薩雖不著諸法，而不入涅槃[16]。

大智度論釋習相應品第三之一[17]

【經】佛告舍利弗：菩薩摩訶薩行般若波羅蜜時，應如是思惟：菩薩但有字[18]，佛亦但有字，般若波羅蜜亦但有字；色但有字，受、想、行[19]、識亦但有字。舍利弗！如我但有字，一切我常不可得，衆生、壽者、命者、

---

1 "憍慢"，甲、乙、宋、元、明、宫本作"憍慢心"。

2 丁本始。

3 "雖"，甲、乙本作"誰"，誤。

4 "雖但……中無"十五字，丁本殘。

5 "亦無……乃無"十三字，丁本殘。

6 "毫"，甲、乙、丁、石本作"豪"，"豪"通"毫"。

7 "況麁……者何"十二字，丁本殘。

8 "云何……如是"十二字，丁本殘。

9 "更説……提但"十五字，丁本殘。

10 丁本終。

11 "有"，甲、乙、宋、元、明、宫本作"此"。

12 "空"，甲、乙本作"虛"。

13 "此菩薩"，甲、乙本無。

14 "菩提字"，甲、乙、元、明本作"菩提空"，石本作"菩薩空"。

15 "不見"，甲、乙、宋、宫本無。

16 甲本終。

17 戊本始，戊、乙本品題皆作"摩訶般若波羅蜜憂波提舍中第三品義第四十八"。

18 "字"，戊、乙本作"名字"。

19 "想行"，戊、乙本作"行想"。

生者、養育、衆數、人、作者[1]、使作者、起者[2]、使起者、受者[3]、使受者、知者、見者，是一切皆不可得；不可得空故，但以名字説。菩薩摩訶薩亦如是行般若波羅蜜[4]，不見我、不見衆生，乃至不見[5]知者、見者，所説名字亦不可見。

【論】問曰：第二品末已説空，今何以重説？答曰：上多説法空，今雜説法空、衆生空。行者觀外法盡空無所有，而謂能知空者不空[6]，是故復説：觀者亦空。是衆生空，聲聞法中多説。一切佛弟子皆知諸法中無我；佛滅[7]後五百歳分爲二分：有信法空；有但信衆生空，言五衆是定[8]有法，但受五衆者空。以是故佛説衆生空以況法空。復次，我空易知，法空難見。所以者何？我[9]以五情求之不可得，但以[10]身見力故憶想分別爲我。法空者，色可眼見、聲可耳聞，是故難知其空。是二事般若波羅蜜中皆空，如十八空義中説。問曰：如我乃至知者[11]、見者，爲是一事？爲各各異？答曰：皆是一我，但以隨事爲異。於五衆中，我、我所心起，故名爲我。五衆和合中生故，名爲衆生。命根成就故，名爲壽者、命者。能起衆事，如父生子，名爲生者。乳哺、衣、食因緣得長，是名養育。五衆、十二入、十八界等諸法因緣[12]，是衆法有數，故名衆數。行人法故，名爲人。手足能有所作，名爲作者。力能役他故，名使作者。能造後世罪福業故，名能起者。令他起後世罪福業故，名使起者。後身[13]受罪福果報故，名受者。令他受苦樂，是名使受者。目覩色，名爲見者。五識知，名爲知者[14]。復次，用眼見色；以五邪見觀五衆；用世間、出世間正見觀諸法，是名見者——所謂眼根、五邪見、世間正見、無漏見，是名見者。餘四根所知及意識所知，通名爲知者。如是諸法皆説是神。此神，十方三世諸佛及諸賢聖求之不可得，但憶想分別，强爲其名。諸法亦如是，皆空無實，但假爲其名。問曰：是神但有十六名字？更有餘名？答曰：略説則十六，廣説則無量，隨事起名，如官號差別[15]、工能[16]智巧[17]、出家得道，種種諸名，皆是因緣和合生故無自性，無自性故畢竟空。生空故法空，法空故生亦空。

【經】菩薩摩訶薩作如是行般若波羅蜜，除佛智慧，過一切聲聞、辟支佛上，用不可得空故。所以者何？是菩薩摩訶薩諸名字法[18]、名字[19]所著處亦不可得故。舍利弗！菩薩摩訶薩能如是行，爲行般若波羅蜜。譬如滿閻浮提竹、麻、稻、茅，諸比丘其數如是，智慧如舍利弗、目連等，欲比菩薩行般若波羅蜜[20]智慧，百分不及

1　“作者”，戊、乙本脱。
2　“起者”，戊、乙本作“能起者”。
3　“受者”，戊、乙本脱。
4　“般若波羅蜜”後，戊、乙本有“者”。
5　“不見”，戊、乙本脱。
6　“不空”，戊、乙本作“不空也”。
7　“滅”，戊、乙、宋、元、明、宫本無。
8　“定”，戊、乙本作“空”，誤。
9　“我”，戊、乙本作“我法”。
10　“以”，戊、乙本無。
11　“者”，戊、乙本無。
12　“緣”，戊、乙本脱。
13　“身”，戊本脱。
14　“者”，戊、乙本脱。
15　“別”，戊、乙、宋、元、明、宫、石本作“品”。
16　“能”，戊、乙本無。
17　“巧”，原作“功”，誤，兹據戊、乙本改。
18　“是菩……字法”十字，戊、乙本作“是菩薩諸名字”。
19　“名字”，戊、乙本無。
20　“行般若波羅蜜”，戊、乙本脱。

一、千分、百千分乃至算數¹譬喻所不能及。何以故？菩薩摩訶薩用智慧度脫一切衆生故。

【論】釋曰：有二因緣故，菩薩智慧勝聲聞、辟支佛：一者，以空知一切法空，亦不見是空，空以不空等一不異；二者，以此智慧，爲欲度脫²一切衆生令得涅槃。聲聞、辟支佛智慧但觀諸法空，不能觀世間、涅槃爲一。譬如人出獄，有但穿牆而出³自脫身者；有破獄壞鎖⁴，既自脫身，兼濟衆人者⁵。復次，菩薩智慧入二法中故勝：一者，大悲；二者，般若波羅蜜。復有二法：一者，般舟三昧；二者，方便。復有二法：一者，常住禪定；二者，能通達法性。復有二法：一者，能代一切衆生受苦；二者，自捨一切樂。復有二法：一者，慈心無怨無恚；二者，乃至諸佛功德心亦不著。如是等種種功德莊嚴智慧故勝聲聞、辟支佛。問曰：諸鈍根⁶者可以爲喻，舍利弗智慧利根何以爲喻？答曰：不必以鈍根爲譬喻，譬喻爲莊嚴論議、令人信著；故以五情所見以喻意識，令其得悟。譬如登樓，得梯則易上。復次，一切衆生著世間樂，聞道得⁷涅槃則不信不樂；以是故以眼見事，喻所不見。譬如苦藥，服之甚難；假之以蜜，服之則易。復次，舍利弗於聲聞中智慧第一，比諸佛菩⁸薩未有現焉。如閻浮提者：閻浮，樹名⁹，其林茂盛，此樹於林中最大。提名爲洲。此洲上有此樹林；林中有河，底有金沙，名爲閻浮檀金；以閻浮樹故，名爲閻浮洲。此洲有五百小洲圍繞，通名閻浮提。問曰：諸弟子甚多，何以故説舍利弗、目揵連等，滿閻浮提中，如竹、麻、稻、茅？答曰：一切佛弟子中，智慧第一者舍利弗，神足第一者目揵連；此二人於佛法中大，於外法中亦大。富樓那、迦郗那、阿那律等，於佛法中雖大，於外法中不如。又此二人常在¹⁰大衆助佛揚化，破諸外道；富樓那等比丘無是功德，是故不説。復次，若説舍利弗則攝一切智慧人；若説目揵連則攝一切禪定人。譬喻有二種：一者，假以爲喻；二者，實事爲喻。今此名爲¹¹假喻。所以不以餘物爲喻者，以此四物叢生稠緻、種類又多故¹²。舍利弗、目連等比丘¹³滿閻浮提，如是諸阿羅漢智慧和合不及菩薩智慧百分之一，乃至算數譬喻所不能及。問曰：何以不但説算數譬喻所不能及，而説百分、千分不及一？答曰：算數譬喻所不能及者，是其極語。譬如人有重罪，先以打縛楚毒，然後乃殺。如聲聞法中，常以十六不及一爲喻；大乘法中，則以乃至算數譬喻所不能及。

【經】舍利弗！置閻浮提滿中如舍利弗、目連等，若滿三千大千世界如舍利弗、目連等；復置是事，若滿十方如恒河沙等世界如舍利弗、目連等智慧，欲比菩薩行般若波羅蜜智慧，百分不及一，千分百千分乃至¹⁴算數譬喻所不能及。

【論】釋曰：此義同上閻浮提，但以多爲異。問曰：舍利弗、目連等雖多智慧無異，何以以多爲喻？答曰：有人謂少無力¹⁵，多則有力。譬如水少，其力亦少。又如絶健之人，少衆力寡不能制之，大軍攻之則伏。有人

1　"乃至算數"，戊、乙本作"數算"。

2　"脫"，戊、乙、宫本無。

3　"有但穿牆而出"，戊、乙本作"有穿牆而出但"。

4　"鎖"，乙、戊本作"璅"，"璅"爲"鎖"之古字。

5　"既自……人者"九字，戊、乙本作"身及衆人皆出者"。

6　"根"，戊、乙本脫。

7　"得"，戊、乙、宋、元、明、宫、石本作"德"，"德"通"得"。

8　"菩"，乙本作"苦"，誤。

9　"樹名"，戊、乙本作"名樹"。

10　"在"，戊、乙本作"有"，誤。

11　"爲"，戊、乙本無。

12　"故"，戊、乙本無。

13　"丘"，戊、乙本作"次"，誤。

14　"千分……乃至"七字，戊、乙本作"千分百千分百千億分"。

15　"無力"，戊、乙本作"以無力"。

謂一舍利弗智慧[1]少，則不及菩薩，多或能及[2]。佛言：雖多不及，故以多爲喻。如一切草木力不如火，一切諸明勢不及[3]日。亦如十方世界諸山，不如一金剛珠。所以者何？菩薩[4]智慧是一切諸佛法本，能令一切衆生離苦得樂。如迦陵毘伽鳥子雖未出觳[5]，其音勝於衆鳥，何況出觳！菩薩智慧亦如是，雖未出無明觳勝一切聲聞、辟支佛，何況成佛！又如轉輪聖王太子，雖未成就，福祚威德勝於一切諸王，何況作轉輪聖王！菩薩亦如是，雖未成佛，無量阿僧祇劫集無量智慧福德故，勝於聲聞辟支佛，何況成佛！

【經】復次，舍利弗！菩薩摩訶薩行般若波羅蜜一日修智慧，出過一切聲聞、辟支佛上。

【論】問曰：先已説除佛智慧，過一切聲聞、辟支佛上，今何以復重説？答曰：非重説也！上總相説，今別相説。先言一切聲聞、辟支佛不及菩薩智慧；今但明不[6]及一日智慧，何況千萬歲！

【經】舍利弗白佛言：世尊！聲聞所有智慧——若須陀洹、斯陀含、阿那含、阿羅漢、辟支佛智慧，佛智慧，是諸衆智[7]無有差別，不相違背，無生、性空。若法不相違背、無生、性空，是法無有別異，云何世尊言：菩薩摩訶薩行般若波羅蜜一日修智慧，出過聲聞、辟支佛上？

【論】問曰：上佛已説菩薩摩訶薩修智慧出過聲聞、辟支佛上，今舍利弗何以故問？答曰：不問智慧勢力能度衆生；今但問佛及六子智慧，體性法中無有差別者。以諸賢聖智慧皆是諸法實相慧，皆是四諦及三十七品慧，皆是出三界、入三脱門[8]、成三乘果慧，以是故説無有差別。復次，如須陀洹以無漏智滅結[9]得果，乃至佛亦如是；如須陀洹用二種解脱果——有爲解脱、無爲解脱，乃至佛亦如是；如佛入涅槃，須陀洹極遲不過七世。皆同事、同緣、同行、同果報，以是故言無相違背。所以者何？不生、性空故。問曰：破無明、集諸善法故生智慧；是智慧，心相應、心共生、隨心行，是中云何説智慧無生、性空，無有別異？答曰：智慧緣滅諦是不生；因緣和合故無有自性，是名性空。無所分別。智慧隨緣得名，如眼緣色生眼識，或名眼識、或名色識。智慧[10]雖因緣和合作法，以緣無生、性空故名爲無生、性空。問曰：諸賢聖智慧皆緣四諦生，何以但説滅諦？答曰：四諦中滅諦爲上。所以者何？是三諦皆屬滅諦故。譬如人請天子併食[11]群臣，亦名供養天子。復次，滅諦故説無生；三諦故説性空。復次，有人言：是諸[12]智慧性自然不生、性自空。所以者何？一切法皆[13]因緣和合故無自性，無自性故不生。問曰：若爾者，智慧、愚癡無有別異！答曰：諸法如，入法性中無有別異；如火各各不同，而滅相無異。譬如衆川萬流，各各異色異味，入於大海，同爲一味一名；如是愚癡、智慧，入於般若波羅蜜中，皆同一味、無有差別。如五色近須彌山自失其色，皆同金色；如是内外諸法入般若波羅蜜中皆爲一味。何以故？般若波羅蜜相畢竟清淨故。復次，愚癡實相即是智慧；若分別著此智慧即是愚癡。如是愚癡、智慧有何別異？初入佛法，是癡、是慧；轉後深入，癡、慧無異。以是故是諸衆智無有別

1　“慧”，戊、乙本無。

2　“多或能及”後，戊、乙本衍“信”。

3　“及”，戊、乙、宋、元、明、宮本作“如”。

4　“菩薩”，戊、乙本脱。

5　“觳”，戊、乙本作“聲”，誤，宋、元、明本作“殼”。下同，不復出校。

6　“不”，乙本脱。

7　“智”，戊、乙本作“知”，“知”爲“智”之古字。

8　“門”，戊、乙本脱。

9　“結”，戊、乙本作“法”，誤。

10　“智慧”前，戊、乙本衍“智”。

11　“併食”，戊、乙本作“并食”，宋、元、明、宮本作“并及”。

12　“諸”，戊、乙本無。

13　“皆”，戊、乙、宮、石本無。

異、不相違背、不生、性空,故 [1] 無咎。

【經】佛告舍利弗:於汝意云何? 菩薩摩訶薩行般若波羅蜜一日修智慧,心念:我行道慧益一切衆生,當以一切種智知一切法 [2],度一切衆生;諸 [3] 聲聞、辟支佛智慧爲有是事不? 舍利弗言:不也! 世尊!

【論】釋曰:有四種論:一者,必定 [4] 論;二者,分別論 [5];三者,反問論;四者,置論。必定 [6] 論者:如衆生中世尊爲第一,一切法中無我,世間 [7] 不可樂,涅槃爲安隱寂滅,業因緣不失。如是等名爲必定論。分別論者:如無畏太子問佛:佛能説是語令他人瞋不? 佛言:是事當分別答 [8]。太子言:諸尼健子 [9] 輩了 [10] 矣! 佛或時 [11] 憐愍心 [12] 故,出衆生於罪中,而衆生瞋,然衆生後當得利。爾時無畏之子坐其膝上。佛問無畏:汝子或時吞諸瓦石草木,汝聽咽不? 答言:不聽。先教令吐;若不肯吐,左手捉耳,右手摘口,縱令血出亦不置之。佛言:汝不愍之耶? 答言:愍之深故,爲出瓦石,雖當時痛,後得安隱。佛言:我亦如是。若衆生欲作重罪,善教不從,以苦言諫之,雖起瞋恚,後得安隱。又如五比丘問佛:受樂得道耶? 佛言:不必定。有受苦得罪,受苦得樂;有受樂得罪,受樂得福。如是等名爲分別論。反問論者:還以所問答之。如佛告比丘:於汝意云何? 是色常耶 [13]? 無常耶? 比丘言:無常。若無常 [14],是苦不? 答言:苦。若法是無常、苦,聞法聖弟子著是法,言:是法是我、是我所不? 答曰:不 [15] 也! 世尊! 佛告比丘:從今已 [16] 後,所有色,若過去、若未來、若現在、若内、若外、若好、若醜,是色非我所,我非 [17] 此色所,如是應以正實智慧知;受、想、行、識亦如是。如是等名反問論。置論者,如十四難:世間有常、世間無常、世間有邊、世間無邊。如是等是名爲置論。今佛以反問論答舍利弗。以舍利弗智於事未悟,佛反問事端,令其得解。菩薩度衆生智慧名爲道慧。如《後品》中説:薩婆若慧是 [18] 聲聞、辟支佛事;一切種智慧 [19] 是諸佛事;道種慧是菩薩事。復次,八聖道分爲實道;令衆生種種因緣入道,是名道慧。令衆生住於道中,是爲利益:聲聞種、辟支佛種、佛種。又復一切智慧無所不得,是名一切種。若有爲、若無爲,用一切種智知。得佛道已 [20],應度一切衆生,利益一切衆生,或大乘、或聲聞乘、或辟支佛乘;若不入三乘道,教修福德,受天上人中富樂;若不能修福,以今世利益 [21] 之事——衣、食、卧具等;若復不得,當以慈悲心利益。是名度一切衆生。問曰:若佛知一切聲聞、辟支佛不能爲衆生,何以故問? 答曰:佛意

1　“故”,戊、乙本無。

2　“當以……切法”十字,戊、乙本作“一切種一切法”。

3　“諸”,戊、乙本無。

4　“定”,戊、乙本作“空”,誤。

5　“論”,戊、乙本脱。

6　“定”,戊、乙本作“空”,誤。

7　“間”,乙本作“尊”,誤。

8　“答”,戊、乙本無。

9　“尼健子”,戊、乙、宋、元、明、宫本作“尼揵子”,異譯詞。

10　“了”,戊、乙本作“子”,誤。

11　“或時”後,原衍“無”,茲據戊、乙、宋、元、明、宫本删。

12　“心”,戊、乙本脱。

13　“耶”,乙本作“也”。

14　“若無常”,戊、乙本脱。

15　“是我……曰不”九字,戊、乙本作九字空白。

16　“已”,戊、乙本作“以”。

17　“我非”,戊、乙本作“非我”,誤倒。

18　“是”,戊、乙、宋、元、明、宫本無。

19　“慧”,戊、乙本作“習”,誤。

20　“已”,戊、乙本作“以”,“以”通“已”。

21　“利益”,戊、乙、宋、元、宫本作“益利”。

如是,欲令舍利弗口自説諸聲聞、辟支佛不如[1]菩薩,是故佛問。舍利弗言:不也!世尊!所以者何?聲聞、辟支佛雖有慈心[2],本不發心願度一切衆生,亦不迴善根向阿耨多羅三藐三菩提。以是故菩薩一日修智慧,過聲聞、辟支佛上。

【經】舍利弗!於汝意云何?諸[3]聲聞、辟支佛頗有是念:我等當得阿耨多羅三藐三菩提,度[4]一切衆生,令得無餘涅槃不?舍利弗言:不也!世尊!佛告舍利弗:以是因緣故,當知諸聲聞、辟支佛智慧欲比菩薩摩訶薩智慧,百分不及一,乃至算數譬喻所不能及。

【論】問曰:上已反問舍利弗事已定,今何以復問?答曰:以舍利弗欲以須陀洹同得解脱故,與諸佛菩薩等,而佛不聽。譬如有人欲以毛孔之空與虛空等。以是故佛重質其事。復次,雖同一事,義門各異。先言智慧,爲一切衆生故;今言:頗有是念:我等當得阿耨多羅三藐三菩提,令一切衆生得無餘涅槃?無餘涅槃者,義如先説[5]。復次,一[6]聲聞、辟支佛尚不作是念,何況一切聲聞、辟支佛!

【經】舍利弗!於汝意云何?諸聲聞、辟支佛頗有是念:我行六波羅蜜,成就衆生,莊嚴世界,具佛十力、四無所[7]畏、四無礙智、十八不共法,度脱無量阿僧祇衆生令得涅槃不?舍利弗言:不也!世尊!

【論】釋曰[8]:先略説我當得阿耨多羅三藐三菩提;今廣説得[9]阿耨多羅三藐三菩提因緣,所謂六波羅蜜乃至十八不共法。六波羅蜜義如先説。教化衆生、淨佛世界後當説。餘十力等如先説。

【經】佛告舍利弗:菩薩摩訶薩能作是念:我當行六波羅蜜乃至十八不共法,成阿耨多羅三藐三菩提,度脱無量阿僧祇衆生令得涅槃。譬如螢火虫不作是念:我力能照一閻浮提普[10]令大明。諸阿羅漢、辟支佛亦如是,不作是念:我等行六波羅蜜乃至十八不共法,得阿耨多羅三藐三菩提,度脱無量阿僧祇衆生令得涅槃。

【論】釋曰:所以十方恒河沙舍利弗、目連不如一菩薩者,譬如螢火虫[11],雖衆多各有所照,不及於日。螢火虫亦不作是念[12]:我光明能照一閻浮提。諸聲聞辟支佛不作是念:我智慧能照無量無邊衆生。如螢火虫,夜能有所照,日出則不能。諸聲聞、辟支佛亦如是,未有大菩薩時,能師子吼説法教化;有菩薩出,不能有所作。

【經】舍利弗!譬如日出時,光明遍照閻浮提,無不蒙明者;菩薩摩訶薩亦如是,行六波羅蜜乃至十八不共法,得阿耨多羅三藐三菩提,度脱無量阿僧祇衆生令得涅槃。

【論】釋曰[13]:如日天子憐愍衆生故,與七寶宮殿俱繞四天下,從初至終常不懈息,爲衆生除諸冷濕、照諸闇冥,令各得所;菩薩亦如是,從初發心,常行六波羅蜜乃至十八不共法,爲度衆生無有懈息,除不善冷,乾竭五欲泥,破愚癡無明,教導修善業,令各得所。又日明普照,無憎無愛,隨其高下深淺悉照;菩薩亦如是,

---

1 "是欲……不如"十七字,戊本脱。
2 "心",戊、乙本脱。
3 "諸",戊、乙本脱。
4 "度",戊、乙本作"度脱"。
5 "義如先説",乙本作"義亦如先説"。
6 "一",戊、乙、元、明本作"一切"。
7 "所",戊本無。
8 "論釋曰",戊、乙本無。
9 "得",戊、乙本作"我當得"。
10 "普",戊、乙本作"皆"。
11 "螢火虫",乙本作"熒火虫",均可通。下同,不復出校。
12 "螢火……是念"八字,戊、乙本作"熒火亦不作念"。
13 "論釋曰",戊、乙本作"復次"。

出於世間,住五神通,處於虛空,放智慧火[1],照明[2]諸罪福業及諸果報。菩薩以智慧光明滅衆生邪見戲論;譬如朝露,見日則消。

　　大智度論卷第三十五(釋第二品訖第三品上)[3]。

大智度論釋習相應品第三之餘(卷三十六)[4]

　　聖者龍樹造

　　後秦龜兹國三藏鳩摩羅什譯[5]

　　【經】[6]舍利弗白佛言:云何菩薩摩訶薩過[7]聲聞、辟支佛地,住[8]阿鞞跋致地,淨[9]佛道?

　　【論】[10]問曰:舍利弗何因作是問? 答曰:舍利弗上問[11]衆智無異,佛既種種譬喻明菩薩智勝;意[12]既已解,今問:云[13]何能過二乘,住阿毘跋致地,淨佛道? 問曰[14]:小乘不任[15]成佛,何以故問淨佛道事[16]? 答曰:舍利弗者,是隨佛轉法輪將[17],雖自無益,爲利益求佛道衆生故問。又以菩薩大悲、多所利益,是故問菩薩事以益衆生。復次,舍利弗蒙佛恩故,破諸邪見,得成道果;欲報恩故問菩薩事。又舍利弗於聲聞地中究盡邊際,所未了者唯菩薩事,是故復問。又以菩薩法甚深微妙,雖不能得,愛樂故問。譬如見人妙寶已,雖自無,愛樂故問。

　　【經】[18]佛告舍利弗:菩薩摩訶薩從初發意[19]行六波羅蜜,住空、無相、無作法,能過一切聲聞、辟支佛地,住阿毘跋致[20]地,淨佛道。

　　【論】[21]問曰:是三事《後品》中各有因緣,佛今何以併[22]説? 答曰:是中略説,後當廣説三事因緣。又今但説空、無相、無作因緣;後當説種種功德,故[23]合説三事。問曰:入三解脱門則到涅槃;今云何以空、無相、

1　"火",戊、乙本作"光"。

2　"照明",戊、乙本作"明",宋、元、明、石本作"明照"。

3　戊、乙本終,尾題皆作"大智度經卷第四十八"。

4　本卷對應《大智度論》寫本凡5號:俄 Дx01882 號 + 俄 Дx02134 號(以下簡稱"甲本")、S.4945 號(以下簡稱"乙本")、BD01227 號(以下簡稱"丙本")、BD10464 號(以下簡稱"丁本")、S.7586 號(以下簡稱"戊本")。

5　甲本始。"大智度……譯"三十四字,甲本作"摩訶般若波羅蜜□□□"。

6　"經",甲、宋、宫、石本無。下同,不復出校。

7　"云何……薩過"八字,甲本殘。

8　"住",甲本作"至"。

9　"致地淨",甲本殘。

10　"論",甲、宋、宫、石本無。下同,不復出校。

11　"作是……上問"十字,甲本殘。

12　"譬喻……勝意"八字,甲本殘。

13　甲本終。

14　乙本始。

15　"任",原作"住",誤,兹據乙、宋、元、明、宫本改。

16　"問淨佛道事",乙本殘。

17　"將",乙本作"時"。

18　"經",乙、宋、宫、石本無。下同,不復出校。

19　"意",乙本作"心"。

20　"阿毘跋致",乙本作"阿鞞跋致",異譯詞。

21　"論",乙、宋、宫、石本無。下同,不復出校。

22　"併",乙本作"并"。

23　"故",乙本無。

無作能過聲聞、辟支佛地？答曰：無方便力故，入三解脱門，直取涅槃。若有方便力，住三[1]解脱門，見涅槃；以慈悲心故，能轉心還起[2]，如《後品》中説。譬如仰射虛空，箭箭相拄[3]，不令墮地；菩薩如是，以智慧箭仰射三解脱虛空，以方便後箭射前箭，不令墮涅槃之地。是菩薩雖見涅槃，直過不住，更期[4]大事，所謂阿耨多羅三藐三菩提。今是觀時，非是[5]證時。如是等應廣説。若過是二地，知諸法不生不滅，即是阿毘跋致地。住阿毘跋致[6]地中，教化衆生、淨佛世界[7]，是爲能淨佛道。復次，菩薩住三解脱門，觀四諦，知是聲聞、辟支佛法；直過四諦，入一諦，所謂一切法不生不滅、不垢不淨、不來不去等。入是一諦中，是名阿毘跋致地。住是[8]阿毘跋致地，淨佛道地，滅除身、口、意麁惡之業，及滅諸法中從初已[9]來所失之事，是名淨佛道地。

【經】舍利弗白佛言：菩薩摩訶薩住何等地能爲諸聲聞、辟支佛作福田？

【論】釋曰[10]：舍利弗深心恭敬菩薩，故今問：菩薩漏結未盡，住[11]何功德，能爲諸聲聞、辟支佛作福田？

【經】佛告舍利弗：菩薩摩訶薩從初發意[12]行六波羅蜜，乃至坐道場，於其中間常爲諸聲聞、辟支佛作福田。

【論】釋曰[13]：佛以是義示舍利弗：雖三解脱門、涅槃事同，而菩薩有大慈悲[14]，聲聞、辟支佛無。菩薩從初發心行六波羅蜜乃至十八不共法，欲度一切衆生、具一切佛法故勝。

【經】何以故？以有菩薩摩訶薩因緣故，世間諸善法生。

【論】釋曰[15]：佛先已以一因緣益[16]，行衆行故，爲[17]諸聲聞、辟支佛作福田；今説菩薩外益因緣故，世間[18]有一切諸善法。所以者何？菩薩發心雖未成佛[19]，令可度衆生住三乘道，不得三[20]乘者令住十善[21]道，何況成佛！問曰：聲聞、辟支佛因緣故，亦使[22]世間得善法[23]，何以但説菩薩能令世間有善法？答曰：因聲聞、辟支佛世間有善法者，亦皆由菩薩故有。若菩薩不發心者，世間尚無佛道[24]，何況聲聞、辟支佛！佛道是聲聞、辟支佛根本故。復次，雖因聲聞、辟支佛，有善法少，以少故不説。尚不説聲聞、辟支佛，何況外道諸師！

1　“三”，乙、宮、石本無。

2　“起”，乙、宮、石本無。

3　“拄”，乙、石本作“注”，“注”爲“拄”之借字。

4　“更期”，乙本作“更相期”。

5　“是”，乙本作“見”，誤。

6　“阿毘跋致”，乙本作“阿鞞跋致”，異譯詞。

7　“世界”，乙本作“國土”。下同，不復出校。

8　“是”，乙本無。

9　“已”，乙、宋、元、明、宮、石本作“以”。

10　“論釋曰”，乙本作“論者言”。

11　“住”，乙本作“作”。

12　“意”，乙本作“心”。

13　“論釋曰”，乙本無。

14　“大慈悲”，乙本作“大慈大悲”。

15　“論釋曰”，乙本無。

16　“因緣益”，乙本作“由旬若”，宮、石本作“因緣答”。

17　丙本始。

18　“世間”，丙本殘。

19　“未成佛”，丙本殘。

20　“三”，乙本脱。

21　“令住十善”，丙本殘。

22　“故亦使”，丙本殘。

23　“善法”，乙本作“十善法”。

24　“道”，乙本脱。

【經】[1]何等是[2]善法？所謂十善道、五戒、八分成就齋，四禪、四無量心、四無色定，四念處、四正勤、四如意足、五根、五力、七覺分、八聖道分，盡現於世；以菩薩因緣故，六波羅蜜、十八空，佛十力、四無所畏、四無礙智、十八不共法、大慈、大悲、一切種智，盡現於[3]世；以菩薩因緣故，有刹利大姓[4]、婆羅門大姓[5]、居士大家、四天王天，乃至非有想非無想天，皆現於世；以菩薩因緣故，有須陀洹、斯陀含、阿那含、阿羅漢、辟支佛、佛，皆現於世。

【論】[6]問曰：以菩薩因緣故有善法於世，可爾；刹利大姓、婆羅門大姓、居士大家，若世無菩薩亦有此貴姓，云何言皆從菩薩生？答曰：以菩薩因緣故，世間有五戒、十善、八齋等；是法有上、中、下——上者得道，中者生天，下者爲人，故[7]有刹利大姓、婆羅門大姓、居士大家。問曰：若世無菩薩，世間亦有五戒、十善、八齋、刹利等大姓！答曰：菩薩受身種種，或時受業因緣身、或受變化身，於世間教化，說諸善法及世界法、王法、世俗法、出家法、在家法、種類法、居家法，憐愍眾生，護持世界，雖無菩薩法，常行世法[8]。以是因緣故，皆從菩薩有。問曰：菩薩清淨、行大慈悲，云何說世俗諸雜法？答曰：有二種菩薩：一者，行慈悲直入菩薩[9]道；二者，敗壞[10]菩薩，亦有悲心，治以國法，無所貪利，雖有所惱，所安者多，治一惡人，以成一家。如是立法；人雖不名爲清淨菩薩，得名敗壞[11]菩薩。以是因緣故，皆由菩薩有。世間諸富貴皆從二乘道[12]有；二乘道[13]從佛有；佛因菩薩有。若無菩薩說善法者，世間無有天道、人道、阿修羅道，無有樂受[14]、不苦不樂受，但有苦受，常有地獄啼哭之聲。菩薩如是大利益[15]故，云何不名爲世間作福田！舍利弗聞是菩薩有大功德，應當供養，心念：煩惱未盡，雖有大福，不能消其供養。如人雖噉好食，以內有病故不能消化。以是故，

【經】舍利弗白佛言：菩薩摩訶薩淨畢施福不？佛言：不也！何以故？本以[16]淨畢故。

【論】釋曰[17]：以菩薩從初發心時，便爲一切眾生供養之上首。所以者何？以[18]決定爲無量無邊阿僧祇[19]眾生代受勤苦。又利益[20]無量阿僧祇[21]眾生，令得度脫，欲取一切諸佛法大智慧力故，能令世間即是涅槃。如是種種因緣故，言本已淨畢。復次，佛重說消施因緣故。

1　“經”，丙、宋、官、石本無。下同，不復出校。
2　“是”，乙本脱。
3　“現於”，乙本作“於現”，誤倒。
4　“姓”，乙本作“性”，“性”通“姓”。
5　“姓”，乙本作“性”，“性”通“姓”。
6　“論”，丙、宋、官、石本無。下同，不復出校。
7　“故”，乙本脱。
8　“法”，丙、宋、官、石本脱。
9　“菩薩”，乙本作“善”。
10　“敗壞”，乙本作“壞敗”。
11　“敗壞”，乙本作“壞敗”。
12　“道”，乙本無。
13　“道”，乙本無。
14　“樂受”後，乙本衍“苦受”。
15　“利益”，乙本作“益利”。
16　“以”，丙本作“已”，“已”通“以”。
17　“論釋曰”，乙本作“論者言”，丙本作“釋曰”。
18　“以”，乙、宋、元、明、官、石本作“心”。
19　“阿僧祇”後，乙、宋、元、明、官本有“劫”。
20　“利益”，乙、丙、宋、元、明、石本作“益利”。
21　“阿僧祇”，乙、宋、元、明、官本作“阿僧祇劫”。

【經】舍利弗！菩薩摩訶薩爲大施主，施何等？施諸善法。何等善[1]法？十善道、五戒乃至十八不共法、一切種智，以是施與。

【論】釋曰[2]：先説由菩薩因緣，世間有善法；今説菩薩施善法之主，是爲差別。

【經】舍利弗白佛言：世尊！菩薩摩訶薩云何習應[3]般若波羅蜜，與般若波羅蜜相應？

【論】釋曰[4]：上説一日修般若波羅蜜勝聲聞、辟支佛，從是因緣來，佛種種讚歎菩薩。如是大功德皆從般若波羅蜜生，是故今問：云何菩薩習行是般若波羅蜜，與般若波羅蜜相應？復次，舍利弗知般若波羅蜜難行難得，如幻如化，難可受持，恐行者[5]違錯，故問習[6]應。

【經】佛告舍利弗：菩薩摩訶薩習應色空，是名與般若波羅蜜相應；習應受、想、行、識空，是名與般若波羅蜜相應。復次，舍利弗[7]！菩薩摩訶薩習應眼空，是名與般若波羅蜜相應[8]；習應耳、鼻、舌、身、心空，是名與般若波羅蜜相應。習應色空，是名與般若波羅蜜相應；習應聲、香、味、觸、法空，是名與般若波羅蜜相應。習應眼界空、色界空、眼[9]識界空，是名與般若波羅蜜相應；習應耳聲識界[10]、鼻香識界、舌味識界、身觸識界、意法識界空，是名與般若波羅蜜相應。習應苦空，是名與般若波羅蜜相應；習應集、滅、道空，是名與般若波羅蜜相應。習應無明空，是名與般若波羅蜜相應；習應行、識、名色、六處、觸、受、愛、取、有、生、老死空，是名與般若波羅蜜相應。習應一切諸法空，若有爲、若無爲空[11]，是名與般若波羅蜜相應[12]。

【論】釋曰[13]：五衆者，色、受、想、行、識。色衆者[14]：是[15]可見法。是色因緣[16]故，亦有不可見[17]有對；有對雖不可見[18]，亦名爲色。如得道者名爲道人；餘出家未得道[19]者，亦名爲道人。何等是可見？一處，是可見有對色小[20]分，一入攝。餘九處及無作業，名不可見色。有對者：十處。無對者：唯無作色。有漏、無漏等分別亦

1 “善”，乙本脱。
2 “論釋曰”，乙本無，丙本作“釋曰”。
3 “習應”，乙、丙本作“習”。下同，不復出校。
4 “論釋曰”，乙本作“説者言”，丙本作“釋曰”。
5 “行者”，乙本作“行道者”。
6 “習”，丙本作“相”，誤。
7 “舍利弗”，乙本無。
8 “應”，丙本脱。
9 “眼”，丙、宋、元、明、宫、石本無。
10 “識界”，丙、宋、元、明、宫、石本作“識”。下同，不復出校。
11 “空”，丙、宋、元、明、宫本無。
12 “復次舍利弗……相應”二百二十五字，乙本作“復次菩薩摩訶薩習十二入空、十八界空、四諦空、十二因緣空、習應一切諸法空，若有若無，是爲與般若波羅蜜相應”。
13 “論釋曰”，乙本作“論者言”，丙本作“釋曰”。
14 “色衆者”後，乙本有“實色”。
15 “是”，丙、宋、宫、石本無。
16 “因緣”，乙、元、明本作“分別”。
17 “有不可見”，丙、宋、宫、石本無。
18 “有對雖不可見”，丙、宋、宫、石本作“有對者”。
19 “未得道”後，乙、元、明本有“因得道”。
20 “小”，乙、丙、元、明本作“少”，“少”通“小”，宋、宫、石本作“氣”。

如是[1]。如經説：色有[2]三種：有色可見有對，有[3]色不可見有對，有色不可見無對。是故[4]當知非但眼見故是[5]色，内外十處能起五識者皆名[6]色；因是色分[7]故生無[8]作色[9]。復有四種色[10]：内有受、不受，外有受、不受。復有五種色，所謂五塵[11]。復有一種色[12]，如經説[13]惱壞[14]相。衆生身色名爲惱壞相；非衆生色亦名[15]惱壞相，惱相因緣故亦名惱。譬[16]如有身，則有飢、渴、寒、熱、老、病、刀、杖等苦。復有二種色，所謂四大、四大造色；内色、外色；受色、不受色；繫色、不繫色；有色能生罪、有色能生福；業色、非業色；業色、果色；業色、報色；果色、報色；隱没無記色、不隱没無記色；可見色、不可見色；有對色、無對色；有漏色、無漏色。如是等二種分別色。復有三[17]種色，如上可見有對中説。復有三種色：善色、不善色、無記色；學色[18]、無學色[19]、非學非無學色；從見諦所斷[20]生色、從思惟所斷生色、從無斷生色。復有三種色：欲界繫色、色界繫色、不繫。有色能生貪欲、有色能生瞋恚、有色能生愚癡；三結、三漏等亦如是。有色能生不貪善根、不瞋善根、不愚癡善根；如是等諸三善根[21]應廣説。有色能生隱没無記法、能生不隱没無記法——不隱没無記有二種：有報生[22]、有非報生者；如是等二[23]種無記。復有四種色，如上受、不受中説；四大及造色三種——善、不善、無記；身業作、無作色、口業作、無作色；受色(受戒[24]時得律儀色[25])、止色(惡不善禁止也[26])、用色(如衆僧受用檀越所施之物)、不用色(餘無用之色[27])。如是等四種色。復有五種色：身作、無作色、口作、無作色、及非業色；五情，五塵；麁色、動色、影色、像色、誑色。麁色者，可見、可聞、可嗅、可味、可觸，如土石等。動色者有二種：一者，衆生動作；二者，非衆生動作——如水、火、風動作，地依他故動[28]；下有大風動水，水動地；風之動樹，如[29]酒自沸動。如

1　“一入……亦如是”三十七字，丙、石本作“無作業亦名爲色”。

2　丁本始。

3　“種有……對有”八字，丁本殘。

4　“故”，丙、石本作“色”。

5　“可見……故是”二十一字，丁本殘。

6　“名”，乙本作“名爲”。

7　“處能……色分”十三字，丁本殘。

8　丁本終。

9　“當知……作色”三十字，丙、石本無。

10　“色”，丙、宋、元、明、宫、石本無。

11　“復有……五塵”九字，乙本無。

12　“復有一種色”，乙本作“復次有一種相色”。

13　“如經説”，丙、宋、元、明、宫、石本作“所謂”。

14　“惱壞”，乙、丙、宫、石本作“壞惱”。下同，不復出校。

15　“名”，丙、宋、元、明、宫、石本作“名爲”。

16　“譬”，乙本無。

17　“三”，乙本作“二”。

18　“色”，丙本無。

19　“色”，丙本無。

20　“所斷”後，乙本有“法”。

21　“三善根”，乙本作“三善根法”，丙、宋、元、明、宫、石本作“三善法”。

22　“有報生”後，乙本有“者”。

23　“二”，乙、丙本作“三”。

24　“戒”，丙本作“持”，誤。

25　此小注乙本作本文。

26　“惡不善禁止也”，乙本作“惡不善禁止”，丙本作“惡不善止”，宋、元、明、宫、石本作“惡不善業止也”。

27　“色”後，乙、宋、元、明、宫本有“也”，石本有“矣”。

28　“地依他故動”，丙本作“地動”，乙、宋、元、明、宫本作“地依地故動”。

29　“如”，丙、宋、元、明、宫、石本無。

磁[1]石吸[2]鐵,如真珠、玉、車渠、馬磘[3]夜能自行,皆是衆生先世福德業因緣,不可思議。問曰:影色、像色不應別説!何以故?眼、光明對清淨鏡故,反[4]自照見;影亦如是,遮光故影現,無更有法。答曰:是事不然!如油中見像黑,則非本色。如五尺刀中,橫觀則[5]面像廣,縱觀則面像長,則非本面。如大秦水精中玷,玷中[6]皆有面像,則非一面像。以是因緣故,非還見本像。復次,有鏡、有人、有持者、有光明,衆緣和合故有像生;若衆緣不具則像不生。是像亦非無因緣,亦不在因緣中;如是别自有法,非是面也。此微色,生法如是,不同麁色;如因火有煙,火滅煙在。問曰:若爾者,不應别説影!同是細色故。答曰:鏡中像有種種色,影則一色,是故不同。是二雖待形俱動,形質各異:影從遮明而現,像則從種種因緣生。雖同細色,各各差别。誑色者,如炎、如幻、如化、如乾闥婆城等,遠誑人眼,近無所有。如是等種種無量色總名色[7]衆。受衆者,如經説:因眼緣色生眼識,三事和合故生觸,是觸即時[8]三衆共生,所謂受、想、行[9]。問曰:眼識亦與三衆作因,何以但説觸?答曰:眼識少時[10]住,見色便滅;次生意識,能分别色好醜。是故不説眼識。因眼、色、識三事和合故生觸;觸生心數法。眼識因緣遠故[11]不説。問曰:一切識皆有觸,何以但觸因緣生心數法?答曰:心有二種:一者,念念生滅心;二者,次第相續心。觸亦如是,次第相續觸麁故,説因觸[12]生心數法;念念觸微細,亦共生[13]心數法,不了故不説。若情、塵、識三事和合能受苦樂,爾時觸法了了,以是故説因觸生心數法[14]。如色法從因緣和合生;心數法亦如是,從觸法和合生。如色法從和合生,無和合則不[15]生;心數法亦如是,有觸則生,無觸則不生。此受衆:一種,所謂受相。復有二種:身受、心受;內受、外受;麁、細;遠、近;淨、不淨等。復[16]有三種受:苦、樂、不苦不樂;善、不善、無記;學、無學、非學非無學;見諦所斷、思惟所斷、不斷;因見諦所斷生受、因思惟所斷生受、因不斷生受;或因身見生、不還與身見作因,或因身見生、還[17]與身見作因,或不因身

---

1 "磁",乙、丙本作"慈","慈"通"磁"。

2 "吸",乙、丙、石本作"翕","翕"通"吸"。宋、元、明、宮本作"噏","噏"同"吸"。

3 "馬磘",乙、丙本作"馬瑙",異譯詞。

4 "反",乙、丙本作"及",誤。

5 "則",乙本作"則見"。

6 "中",丙、宋、宮本無。

7 "色",丙本作"爲",誤。

8 "時",乙本作"是"。

9 "所謂受想行",乙本無。

10 "時",乙本作"眼",誤。

11 "故",乙本作"離",誤。

12 "觸",乙本作"緣",誤。

13 "亦共生"後,乙本衍"法"。

14 "如經説……心數法"一百九十六字,丙、宋、宮本作"內眼因,外色緣,念欲見,有明,有空,色在可見處;如是等因緣生眼識。是上因緣及識和合故,從識中生心數法,名爲觸;是觸爲一切心數法根本,三衆俱生,所謂受、想、行。問曰:眼識中亦有觸及三衆,何以故言觸法因緣生三衆?答曰:此論現在因緣觸生三衆,非眼見因緣。問曰:因心、心數法生三衆,何以但言觸?答曰:眼識少許時住便滅,生意識細微不了,故不説生三衆,但説從觸生",元、明本作"內眼因,外色緣,念欲見,有明,有空,色在可見處;如是等因緣生眼識。是上因緣及識和合故,從識中生心數法,名爲觸;是觸爲一切心數法根本,三衆俱生,所謂受、想、行。問曰:眼識中亦有觸及三衆,何以故言觸法因緣生三衆?答曰:此論現在因緣觸生三衆,非眼見因緣。問曰:因心、心數法生三衆,何以但觸?答曰:眼識少許時住便滅,生意識細微不了,故不説生三衆,但説從觸生",石本作"因,外色緣,念欲見,有明,有空,色在可見處,如是等因緣生眼識。是上因緣及識和合故,從識中生心數法,名爲觸,是觸爲一切心數法根本,三衆俱生,所謂受、想、行。問曰:眼識中亦有觸及三衆,何以故言觸法因緣生三衆?答曰:此論現在因緣觸生三衆,非眼見因緣。問曰:因心、心數法生三衆,何以但言觸?答曰:眼識少許時住便滅,生意識細微不了,故不説生三衆,但説從觸生"。

15 "不",乙本作"非"。

16 "復",丙、宋、元、明、宮、石本作"復次"。

17 "還"前,丙本衍"不"。

見生、不還與身見作因。復有三種受：欲界繫、色界繫、無色界繫。如是等三種受。復有四種受：內身受、外身受、內心受、外心受；四正勤、四如意足等相應受，及四流、四縛等相應受。是名四種受。復有五種受：樂根、苦根、憂根、喜[1]根、捨根；見苦所斷[2]相應受，乃至思惟所斷相應受；五蓋、五結諸煩惱相應受亦如是。復有六受衆：六識相應受。復有[3]意識分別爲十八受，所謂眼見色思惟分別心生喜，眼見色思惟分別心生憂，眼見色思惟分別心生捨，乃至意識亦如是。是十八受中有淨、有垢，爲[4]三十六。三世各有[5]三十六[6]，爲百八。如是等種種因緣分別受義無量[7]，名爲受衆。想衆、相應行衆、識衆亦如是分別。何以故？與受衆[8]相應故。復次，佛説有四種想：有小想、大想、無量想、無所有想。小想者，覺知小法。如説小法者，小欲、小信、小色、小[9]緣相，名[10]爲小想。復次，欲界繫想名[11]爲小；色界繫想[12]名爲大；三無色天繫想名爲無量；無所有處繫想是名無所有想。復次，煩惱相應想名爲小想，煩惱覆故；有漏無垢[13]想名爲大想；諸法實相想名爲無所有想；無漏想名爲無量想，爲涅槃無量法故。復次，佛説有六想[14]：眼觸相應[15]生想，乃至意觸相應[16]生想。如是等名爲想衆[17]。行衆者：佛或時説一切有爲法名爲行。或説三行：身行、口行、意行。身行者，出入息。所以者何？息屬身故。口行者，覺觀。所以者何？先覺觀然後語言。意行者，受、想。所以者何？受苦樂，取相心發，是名意行。心數法有二種：一者，屬見；二者，屬愛。屬愛[18]主名爲受，屬見主名爲想。以是故説是二法爲意行。佛或説十二因緣中三行：福行、罪行、無動行。福行者，欲界繫善業。罪行者，不善業。無動行[19]者，色、無色界繫業。阿毘曇除受、想，餘心數法及無想定、滅盡定等心不相應法，是名爲行衆。識衆者：內外六入和合故生六覺，名爲識；以內緣力大故，名爲眼識乃至名爲意識。問曰：意即是識，云何意緣力故生意識？答曰：意生滅相故，多因前[20]意故，緣法生意識。問曰：前意已滅，云何能生後識？答曰：意有二種：一者，念念滅；二者，心次第[21]相續名爲一。爲是相續心故，諸心名爲一意，是故依意而生識無咎。意識難解故，九十六種外[22]道不説依意故生識，但以依神爲本。此五衆，四念處中廣説。所以者何？身念處説色衆，受念處説受衆，心念處説識衆，法念處説[23]想衆、行衆。問曰：不應有五衆，但應有色衆、識衆！識衆隨時分別故有異名，

1　"喜"，乙本作"憙"，"憙"爲"喜"之古字。下同，不復出校。
2　"所斷"後，乙本有"煩惱"。
3　"復有"，丙、宋、元、明、宮、石本無。
4　"爲"，乙本作"是"。
5　"有"，丙、宋、元、明、宮、石本無。
6　"三世……十六"七字，丙本作"三世各三十六"。
7　"受義無量"，丙、宋、元、明、宮、石本無。
8　"衆"，丙、宋、元、明、宮、石本無。
9　"小"，乙本作"少"，"少"通"小"。
10　"名"，乙本作"若"，誤。
11　"想名"，乙本作"相"，"相"爲"想"之借字。
12　"想"，乙本作"相"，"相"爲"想"之借字。
13　"有漏無垢"，乙本作"善有漏"。
14　"復次……六想"七字，乙本作"復有六想"。
15　"相應"，乙本無。
16　"相應"，乙本無。
17　"如是……想衆"七字，丙、宋、元、明、宮、石本無。
18　"愛"，丙本作"受"，誤。
19　"行"，乙本脱。
20　"前"，丙、宋、元、明、宮、石本作"先生"。
21　"次第"，丙、宋、元、明、宮、石本無。
22　"外"，乙、丙、宋、元、明、宮、石本無。
23　"説"後，丙本衍"想"。

名爲受、想、行。如不淨識名爲煩惱，淨識名[1]爲善法。答曰：不然！所以者何？若名異故實亦異；若無異法，名不應異。若唯有心而無心法者，心不應有垢、有淨。譬如清淨池水，狂象入中，令其混濁；若[2]清水珠入，水即清淨，不得言水外[3]無象、無珠。心亦如是，煩惱入故能令心濁；諸慈悲等善法入心，令心清淨。以是故不得言煩惱、慈悲等法即是心。問曰：汝不聞我先説：垢心即是煩惱，淨心即[4]是善法？答曰：若垢心次第云何能生淨心？淨心次第云何當生[5]垢心？以是故，是事不然！汝但知麤現之事，不知心數法；不可以不知故便謂爲無，當知必有五衆。問曰：若有者，何以不多不少但説五？答曰：諸法各有定限。如手法五指，不得求其多少。復次，有爲法雖復無量，佛分判爲五分則盡[6]。問曰：若爾者，何以故復説十二入、十八界？答[7]曰：衆義應爾；入、界義異。佛爲法王，爲衆生故，或時略説、或時廣説[8]。有衆生於色、識中不大邪惑[9]，於心數法中多有錯謬，故説五衆。有衆生心、心數法中不生邪惑[10]，但惑[11]於[12]色；爲是衆生故，説色爲十處，心、心數法總説二處。或[13]有衆生於心數法[14]中少生邪惑[15]，而多不了色、心[16]；爲是衆生故，説心數法爲一界，色、心爲十七界。或有衆生不知世間苦法生滅、不知離苦道；爲是衆生故説四諦：世間及身皆爲是苦，愛[17]等煩惱是苦因，煩惱滅是苦滅[18]，滅煩惱方便法是名道。或有[19]衆生著吾我故，於諸法中邪見生一、異相；或言世間無因無緣，或墮邪因緣；爲是衆生故，説十二因緣。有人説常法：或説神[20]常，或説一切法常，但滅時隱藏微細，非是無也[21]，若得因緣會還出，更無異法；爲是人故，説一切有爲法皆是作法，無有常定。譬如木人，種種機關，木楔[22]和合故能動作，無有實事，是名有爲法。問曰：是中説五衆有何次第？答曰：行者初習觀法，先觀麤法，知身不淨、無常、苦、空、無我等，身患如是。衆生所以著此身者，以能生樂故，諦觀此樂，有無量苦常隨逐之，此樂亦無常、空、無我等。六塵中有無量苦，衆生何因緣生著？以衆生取相故著。如人[23]身一種偏有所著，能没命隨死取相。受苦樂，發動生思等諸行。心行發動時，識知離苦得樂方便，是爲識。復次，衆生五欲因緣，故受苦樂；取相因緣，故深著是樂；以深著樂故，或起三毒、若三善根，是名爲行；識爲其主，受用上事。五欲即是色，色是根本，故初説色衆；餘次第有名。餘入、界諸法等皆由五衆次第有。唯法入、法界中增無爲法。

1　“名”，乙本作“故名”。
2　“若”，乙本作“如”。
3　“外”，乙本作“象”，誤。
4　“即”，乙本無。
5　“生”，乙本作“心”，誤。
6　“佛分……則盡”八字，乙本作“佛及分別爲五分”，石本作“佛分判爲五分別盡”。
7　“答”，丙本作“若”，誤。
8　“廣説”後，乙本有“如色識總説”。
9　“識中不大邪惑”，乙本作“識中不大邪或”，丙本作“識中不入邪或”，“或”爲“惑”之古字，明本作“識中生大邪惑”。
10　“惑”，乙本作“或”，“或”爲“惑”之古字。
11　“惑”，乙本作“或”，“或”爲“惑”之古字。
12　“於”，丙、石本作“總”。
13　“或”，丙、宋、元、明、宮本無。
14　“心數法”，丙本作“心心數法”。
15　“惑”，乙本作“或”，“或”爲“惑”之古字。
16　“心”，乙本作“及心”。
17　“愛”，丙本作“受”，誤。
18　“滅”，乙本作“盡”。
19　“或有”，乙本作“以”。
20　“神”，乙本作“身”。
21　“也”，乙本無。
22　“楔”，乙、丙、宋、元、明、宮、石本作“椚”。
23　“人”，丙、宋、元、明、宮本作“二人”。

四諦中增智緣滅。入、界、乃至有爲、無爲法如上説。今五衆等諸法皆是空。何以故？聖主説故。聖有三種下、中、上，佛爲其主。如星宿月中[1]，日爲其最，光明大故。佛得一切智慧故名爲聖主。聖主所説故，應當是實。復次，以有[2]十八空故一切法空。若但[3]以性空能空一切法，何況十八！若以内空、外空能空一切法，何況十八！復次，若有法不空[4]，應當有[5]二種：色法、非色法。是色法分別破裂乃至微塵，分別微塵亦不可得，終卒[6]皆空。無色法，乃至[7]念念生滅故皆空。如四念處中説。復次，諸法性空，但名字，因緣和合故有[8]。如山、河、草、木、土地、人民、州郡、城邑名之爲國；巷、里、市陌、廬館、宮殿名之爲都；梁柱、椽棟[9]、瓦竹、壁石名之爲殿；上、中、下分和合名之爲柱；片片和合故有分名；衆札[10]和合故有片名；衆微和合故有札名。是微塵有大、有中、有小：大者，遊塵可見；中者，諸天所見；小者，上聖人天眼所見；慧眼觀之則無所見。所以者何？性實無故。若微塵實有即是常，不可分裂、不可毀壞，火不能燒、水不能没。復次，若微塵有形、無形二俱有過。若無形，云何是色？若微塵有形，則與虛空作分，亦有十方分；若有十方分，則不名爲微[11]。佛法中色，無有遠、近、麁、細、是常者。復次，離是因緣名字則無有法。今除山、河、土地[12]因緣名字更無國名；除廬里、道陌因緣名字則無都名；除梁椽、竹瓦因緣名字更無殿名；除三分因緣[13]名字更無柱名；除片因緣名字則無分名；除札因緣名字則無片名；除衆微因緣名字則無札名；除中微塵因緣名字則無大微塵名；除小微塵名字則無中微塵名；除天眼妄見則無小微塵名。如是等種種因緣義故，知諸法畢竟[14]空。問曰：若法畢竟空，何以有名字？答曰：名字若是有，與法俱破；若無，則不應難。名字與法俱無有異，以是故知一切法空。復次，一切法實空。所以者何？無有[15]一法定[16]故，皆從多法和合生。若無有[17]一，亦無有多。譬如樹，根、莖、枝、葉和合故有假名樹；若無樹法，根、莖、枝、葉爲誰和合？若無和合則無一法；若無一法則亦無多，初一、後多故。復次，一切諸觀語言戲論皆無實[18]者，若世間常亦不[19]然，世間無常亦不然；有衆生、無衆生，有邊、無邊，有我、無我，諸法實、諸法空皆不然。如先種種論議門中説。若是諸觀戲論皆無者，云何[20]不空？問曰：汝言諸法實、諸法空皆不然者，今云何復言諸法空？答曰：有二種空：一者，説名字空，但破著有而不破空；二者，以空[21]破有，亦無有空。如小劫盡時，刀兵、疾疫、飢餓，猶有人、物、鳥、獸、山、河；大劫燒時，山、河、樹木乃至金剛、地下大

1　"星宿月中"，乙本作"宿月星中"，誤倒。
2　"有"，丙、宋、元、明、宫本無。
3　"但"，丙、宋、元、明、宫本無。
4　"不空"，丙、宋、宫、石本無。
5　"當有"，丙、宋、宫、石本無。
6　"卒"，丙、石本作"本"，誤。
7　"乃至"，丙、宋、元、明、宫、石本無。
8　"有"，丙、宋、元、明、宫、石本作"有名字"。
9　"椽棟"，乙本作"棟椽"。
10　"札"，乙本作"禮"，誤。下同，不復出校。
11　"微"，丙、宋、元、明、宫本作"微塵"。
12　"土地"，乙本作"國土"。
13　"因緣"，乙、丙本作"柱因緣"，宋、元、明、宫、石本作"因柱緣"。
14　"畢竟"，丙、宋、元、明、宫、石本作"必"。
15　"無有"前，丙本有"定"。
16　"定"，丙、宋、元、明、宫本無。
17　"有"，乙、丙、宋、元、明、宫本無。
18　"實"，乙、宋本作"安"，丙本作"常"，宫本作"女"，疑爲"安"之誤。
19　"不"，乙本作"無"。
20　"云何"，乙本作"何得"。
21　"以空"，丙、宋、宫本無。

水[1]亦盡,劫火既滅,持水之風亦滅,一切廓然無有遺餘。空亦如是,破諸法皆空,唯有空在,而取相著之。大空者,破一切法,空亦復空。以是故汝不應作是難！若滅諸戲論,云何不空？如是等種種因緣,處處説空,當知一切法空。習者:隨般若波羅蜜修習行觀,不息不休,是名爲習。譬如弟子隨順師教、不違師意,是名相應。如般若波羅蜜相,菩薩亦隨是相,以智慧觀能得、能成就,不增不減,是名相應。譬如函、蓋,大小相稱。雖般若波羅蜜滅諸觀法,而智慧力故,名爲無所不能、無所不觀;能如是知[2],不墮二邊,是爲與般若相應[3]。

【經】復次,舍利弗！菩薩摩訶薩習應性空,是名與般若波羅蜜相應。如是,舍利弗！菩薩摩訶薩行般若波羅蜜習應七空,所謂性空、自[4]相空、諸法空、不可得空、無法[5]空、有法空、無法有法空,是名與般若波羅蜜相應。

【論】問曰:何以不説住十八空,但説住七空,名與般若波羅蜜相應? 答曰:佛法中廣説則十八空,略説則七空。如廣説[6]助道法,則有三十七品,略説則[7]七覺分。復次,是七空多用利益衆生故。如大空、無始空,或時有衆生起是邪見,爲是故説。性空者,一切諸法性本末尚[8]自空,何況現在! 因緣尚[9]空,何況果報! 自相空者,諸法總相、別相盡觀其空,心則遠離。用是二空,諸法皆空,是名諸法空。從性空[10]故有相,相空故諸法皆空[11];諸法空故,更無所得,是名不可[12]得空。用是四種空破一切有法;若以有法、有相爲過者,取於無法,是故説無法空。若以無法爲[13]非,還欲取有法,是故説有法空[14]。先説四空雖破有法,行者心則離有而存於無,是則説無法空。若説無法爲非,心無所寄,還欲存有,是故略説有法空,以存有[15]心薄故。無法有法空者,行者以無法空爲非,心還疑有;若心觀有還疑無法,是故有、無俱觀其空,如内外空觀。以是故但説七空。問曰:汝言:知一切法空,滅諸觀,是名與般若波羅蜜相應;如是觀是名相應,不如是觀則不相應。分別是非故,即亦是觀,云何言滅? 答曰:以是故。

【經】佛告舍利弗:菩薩摩訶薩習應七空時,不見色若相應若不相應,不見受、想、行、識若相應若不相應;不見色若生相若滅相,不見受、想[16]、行、識若生相若滅相;不見色若垢相若淨相,不見受、想、行、識若垢相若淨相。

【論】釋曰[17]:不見色若生相若滅相者[18],不見五衆有生有滅。若五衆有生滅相即墮斷滅中;墮斷滅故,則無罪無福;無罪無福故與禽獸無異。不見色若垢若淨[19],不見五衆有縛有解。若五衆是縛性,無有得解脱者;

1　"水",乙本作"小",誤。
2　"知",丙、宋、宫本無。
3　"相應",乙本作"波羅蜜",誤。
4　"自",乙本脱。
5　"法",乙本作"有",誤。
6　"如廣説"後,丙本有"則"。
7　"則",丙本無。
8　"尚",乙、丙、宋、元、明、宫、石本作"常"。
9　"尚",乙、丙、宋、元、明、宫、石本作"常"。
10　"空",乙、丙本脱。
11　"皆空"後,乙本衍"是名諸法空。從性故有相,相空故諸法皆空"一行十七字。
12　"不可",乙本作"無所"。
13　"法爲",乙本作"爲法",誤倒。
14　"是故説有法空",乙本作"故言有法空"。
15　"有"後,乙本衍"有"字。
16　"想",丙本作"相","相"爲"想"之借字。
17　"論釋曰",乙本無,丙本作"釋曰"。
18　"不見……相者"十字,丙、宋、宫本作"不生不滅",石本作"不生不滅者"。
19　"不見……若淨"七字,丙、宋、宫、石本作"不垢不淨者",元、明本作"不見色若垢若淨者"。

若五衆是淨性者[1]，則無有學道法。

【經】不見色與受合，不見受與想合，不見想與行合，不見行與識合。何以故？ 無有法與法合者，其性空故。

【論】釋曰[2]：心、心數法無形，無形故則無住處，以是故色不與受合。如四大及四大所造色二觸和合；心、心數法中無觸法，故不得和合。問曰：若爾者，何以説受、想、行、識不共和合？ 答曰：佛此中自説無有法與法合者，何以故？ 一切法性常空故。若無法與法合，亦無有離。復次，佛自説因緣。

【經】舍利弗！ 色空中無有色，受、想、行、識空中無有識。

【論】釋曰[3]：何以故？ 色與空相違。若空來則滅色，云何色空中有色？ 譬如水中無火，火中無水，性相違故。復次，有人言：色非實空，行者入空三昧中見色爲空。以是故言：色空中都無有色，受、想、行、識亦如是。

【經】舍利弗！ 色空故無惱壞相[4]，受空故無受相[5]，想空故無知相[6]，行空故無作相[7]，識空故無覺相[8]。

【論】問曰：此義有何次第？ 答曰：先説五衆空中無五衆；今是中[9]説其因緣。五衆各各自相不可得故，故言：五衆空中無五衆。

【經】何以故？ 舍利弗！ 非色異空，非空異色[10]，色即是空，空即是色；受、想、行、識亦如是。

【論】釋曰[11]：佛重説因緣。若五衆與空異，空中應有五衆；今五衆不異空、空不異五衆，五衆即是空、空即是五衆；以是故空不破五衆。所以者何？ 是中佛自説因緣。

【經】舍利弗！ 是諸法空相，不生不滅、不垢不淨、不增不減，是空法，非過去、非未來、非現在。是故空中無色，無受、想、行、識，無眼、耳、鼻、舌、身、意，無色、聲、香、味、觸、法，無眼界乃至無意識界[12]，無無明、亦無無明盡，乃至無老死，亦[13]無老死盡，無苦、集、滅、道，亦無智、亦無得，無須陀洹、無須陀洹果，無斯陀含、無斯陀含果，無阿那含、無阿那含果，無阿羅漢、無阿羅漢果，無辟支佛、無辟支佛道，無佛、亦無佛道。舍利弗！ 菩薩摩訶薩如是習應，是名與般若波羅蜜相應。

【論】問曰：人皆知空中無所有，不生不滅、不垢不淨、不增不減，無一切法，佛何以分別説五衆等諸法各各空？ 答曰：有人雖復習空，而[14]想空中猶有諸法。如行慈人，雖無衆生而想衆生得樂，自得無量福故。以是故佛説諸法性常自空，非空三昧故令法空——如水冷相，火令其熱。若言以空三昧故令法空者，是事不然！ 智者，是無漏八智。得者，初得聖道須陀洹果乃至佛道。是[15]義先已廣説。

---

1 “者”，丙、宋、元、明、宫、石本無。
2 “論釋曰”，乙本作“論者言”，丙本作“釋曰”。
3 “論釋曰”，乙、丙本無。
4 “色空……壞相”七字，乙本作“色空無惱壞”。
5 “受空故無受相”，乙本作“受空無受”。
6 “想空故無知相”，乙本作“想空無知”。
7 “行空故無作相”，乙本作“行空故無作”。
8 “識空故無覺相”，乙本作“識空無覺”。
9 “今是中”，丙、宋、元、明、宫本作“是中今”。
10 “非色……異色”八字，乙本作“色不異空空不異色”。
11 “論釋曰”，乙本作“論者言”，丙本作“釋曰”。
12 “界”，乙本作“法界”。
13 “亦”，乙、丙、宫、石本無。
14 “而”，丙、宋、宫本無。
15 “是”，丙、宋、元、明、宫、石本無。

【經】舍利弗！是菩薩摩訶薩行般若波羅蜜，不見般若波羅蜜若相應、若不相應，不見檀波羅蜜、尸[1]波羅蜜、羼提波羅蜜、毘梨耶波羅蜜、禪波羅蜜若相應、若不相應，亦不見色若相應、若不相應，不見受、想、行、識若相應、若不相應，不見眼乃至[2]意、色乃至法、眼色識界乃至意法識界[3]若相應、若不相應，不見四念處乃至八聖道分，佛十力乃至一切種智若相應、若不相應。如是，舍利弗！當知菩薩摩訶薩與般若波羅蜜相應。

【論】釋曰[4]：菩薩得諸法實相，入般若波羅蜜，即於般若波羅蜜[5]不見定相，若相應、若[6]不相應，何況見有餘法！云何不見般若相應、不相應？不見如是行，爲應般若波羅蜜；不見不如是行，爲不應般若波羅蜜。如常、樂、我行，不應般若波羅蜜；無常、苦、無我行，爲應般若波羅蜜。若行實，不應般若波[7]羅蜜；若行空，爲應般若波羅蜜。如有、無行，爲[8]不應般若波羅蜜；如非有非無行，爲[9]應般若波羅蜜。般若波羅蜜中皆無是事，般若波羅蜜相畢竟清淨故。五波羅蜜、五衆，乃至一切種智亦如是。問曰：般若波羅蜜畢竟清淨應爾，五波羅蜜及餘法云何清淨？答曰：先說五事離般若波羅蜜不名波羅蜜，與般若波羅蜜和合故[10]名波羅蜜。如《般若波羅蜜・初品》中說：云何名檀波羅蜜？不見施者、不見受者、無財物故。五衆法是菩薩觀處，與般若波羅蜜和合故[11]，畢竟清淨故[12]，不見相應、不相應。十二入[13]、十八界、十二因緣亦如是。是諸法無有定性、無有定法，以是故不見若相應、若不相應。十八空、四念處，乃至大慈、大悲、一切種智，不見若相應、若不相應[14]。問曰：是菩薩非聲聞、辟支佛，云何有三十七品？未得佛道，云何有十力、四無所畏？答曰：是菩薩雖[15]非聲聞、辟支佛，亦觀聲聞、辟支佛法，欲以聲聞、辟支佛道度衆生故。復有人言：行聲聞、辟支佛道，但不取證，如《後品》中說：入空、無相、無作三昧，菩薩住是三解脫門，作是念言：今是觀時，非是證時。或有新發意菩薩聞有聲聞、辟支佛三十七品法，讀[16]誦、正憶念、分別。以是故說菩薩有三十七品。佛十力等亦如是。菩薩自於菩薩十力、四無所畏、十八不共法中住，住是法中，若聞、若憶想、分別佛十力、四無所畏、十八不共法等，甚深微妙，亦是我分。復次，是菩薩無量阿僧祇劫來[17]，修習佛十力、四無所畏等，坐佛[18]樹下時，得無礙解脫故增益清淨。譬如勳勞既立，然後受其功賞。菩薩亦如是，有是功德乃受其名。是功德皆是般若波羅蜜勢力合故，不見若相應、若不相應。此諸法義，從六波羅蜜乃至一切智，先已說。

【經】復次，舍利弗！菩薩摩訶薩行般若波羅蜜時，空不與空合，無相不與無相合，無作不與無作合。何以故？空、無相、無作無有合與不合。舍利弗！菩薩摩訶薩如是習應，是名與般若波羅蜜相應。

1　“尸”，乙本作“尸羅”，異譯詞。

2　戊本始。

3　“意法識界”，乙、戊本作“意識法界”。

4　“論釋曰”，乙、戊本作“論者言”，丙本作“釋曰”。

5　“波羅蜜”，乙、戊本脱。

6　“若”，乙、戊本脱。

7　“般若波”，戊本殘。

8　“無行爲”，戊本殘。

9　戊本終。

10　“故”，丙、宋、元、明、宮、石本無。

11　“故”，乙本無。

12　“畢竟清淨故”後，乙本有“五衆”。

13　“入”，乙本作“處”。

14　乙本終。

15　“雖”，丙、宋、元、明、宮、石本無。

16　“讀”，丙、宋、元、明、宮本作“讚”。

17　“來”，丙本作“未”，誤。

18　“佛”，丙、宋、元、明、宮、石本無。

【論】問曰：一心中無有二空，云何説空不與空合？答曰：空有二種：一者，空三昧；二者，法空。空三昧不與法空合。何以故？若以空三昧力合[1]法空者，是法非自性空。又空者，性自空，不從因緣生；若從因緣生，則不名性空。行者若入時見空，出時不見空，當知是虛妄。復次，佛自説因緣：空中無合無不合；無相、無作亦如是。舍利弗！菩薩如是習應，是名與般若波羅蜜相應。問曰：但一處説不見與般若波羅蜜相應不相應便足，何以故復更種種説相應不相應因緣？若一處應，餘則皆應；若一處不應，餘亦不應。譬如一盲無見，千盲俱爾。答曰：不然！若欲以戲論求勝，應如是難。諸法相雖不可説，佛以大慈大悲故種種方便説。又佛説法，爲一種衆生得道[2]，爲未悟者重説。又復一説爲斷見諦結使，二説爲斷思惟結使，復更説爲諸餘結使分分皆斷。又一説有人得聲聞道，一説種辟支佛道因緣；更一説發阿耨多羅三藐三菩提心；更一説行六波羅蜜，更一説行方便、得無生忍，更一説得初住地，更一説乃至十住地。更一説爲人故，更一説爲天故。復次，是般若波羅蜜相甚深，難解難知，佛知衆生心根有利鈍：鈍根者[3]，少智爲其重説；若利根者，一説二説便悟，不須種種重説。譬如駛[4]馬，下一鞭便走；駑馬多鞭乃去。如是等種種因緣故，經中重説無咎。

【經】復次，舍利弗！菩薩摩訶薩行般若波羅蜜時，入諸法自相空。入已，色不作合，不作不合；受、想、行、識不作合，不作不合。色不與前際合。何以故？不見前際故。色不與後際合，何以故？不見後際故。色不與現在合，何以故？不見現在故。受、想、行、識亦如是。

【論】釋曰：先説空、無相、無作，無合無不合，今更説因緣：入自相空故，五衆不作合、不作不合。若一切法自相空，是中無有合、不合。合者，諸法如其相。如地堅相、識知相。如是等自相不在異法，是名爲合。不合者，自相不在自法中。略説諸法相，不增不減。色不[5]與前際合。何以故？前際空無所有，但有名字；若色入過去，則滅無所有，云何與前際合？後際者，未有未生，色不應與後際合。現在色，生滅不住故，不可取相，色不應與現在合。復次，佛自説因緣：色不與前際合、非合。何以故？前際不可見故。色不與後際合，非不合。何以故？後際不可見故。色不與現在合，非不合。何以故？現在不可見故。受、想、行、識亦如是。

【經】復次，舍利弗！菩薩摩訶薩行般若波羅蜜，前際不與後際合，後際不與前際合，現在不與前際後際合，前際、後際亦不與現在合，三際[6]，名空故。舍利弗！菩薩摩訶薩如是習應者，是名與般若波羅蜜相應。

【論】問曰：云何前際、後際合？答曰：有人説：三世諸法皆是有，未來法轉爲現在，現在轉爲過去。如泥揣現在，瓶爲未來，土爲過去；若成瓶時，瓶爲現在，泥揣爲過去，瓶破爲未來。如是者是爲合。若有三世相，是事不然，以多過故，是爲不合。復次，三世合者，如過去法與過去、未來、現在世作因；現在法與現在、未來世作因；未來世[7]法與未來世作因。又過去心、心數法緣三世法；未來、現在心心數法亦如是。斷心心數法能緣不斷法，不斷心心數法能緣可斷法。如是等三世諸法因緣果報[8]共相和合，是名爲合。菩薩不作是合。何以故？如先説：過去已滅，云何能爲因、能爲緣？未來未有，云何爲因緣？現在乃至一念中不住，云何爲因緣？是名不合。復次，佛自説因緣：三世及名字空故，云何言合？

大智度論卷第三十六[9]。

---

1 “合”，丙本作“令”，誤。

2 “爲一……得道”七字，丙本作“不爲一種衆生得度”。

3 “者”，丙、宋、元、明、宫、石本無。

4 “駛”，丙、宋、元、明、宫、石本作“快”。

5 “不”，丙、宋、元、明、宫、石本作“不説”。

6 “際”，丙、宋、元、明、宫本作“世”。

7 “世”，丙、宋、元、明、宫、石本無。

8 “果報”，丙、宋、元、明、宫、石本作“業果”。

9 丙本終，尾題作“大智度論卷第三十六”。

大智度論釋習相應品第三之餘(卷三十七)[1]

……

【經】佛十[2]力,乃至十八不共法不與薩婆若合,佛十[3]力乃至十八不共法不可見故。舍利弗! 菩薩[4]摩訶薩如是習應,是名與般若波羅蜜相應[5]。

【論】釋曰:是十力乃至十八不共法,雖是妙法,爲[6]薩婆若故行;以菩薩漏結未盡,故不應與薩[7]婆若[8]合……

……心生憍高[9],爲是故説。所以者何? 菩薩於般若波羅蜜[10]諸佛之母尚不著,何況五神通[11]!

【經】[12]復次,舍利弗! 菩薩摩訶薩行般若波羅蜜,不作是念:我以如意神[13]通,飛到東方[14],供養恭敬如恒河沙等諸佛。南西北方、四維、上[15]下亦如是。復次,舍利弗! 菩薩摩訶薩行般若波羅蜜,不作是念:我以天耳,聞十方諸佛所説法。不作是[16]念:我以他心智,當知十方衆生心所念。不作是念:我以宿命通,知十方衆生宿命所作。不作是念:我[17]以天眼,見十方衆生死此生彼。舍利弗! 菩薩摩訶薩如是行,是名與般若波羅蜜相應,亦能度無量阿僧祇衆生。

【論】[18]釋曰:先雖説五神通名,今此中説其功用。問曰:菩薩何以故不作是念:我以如意神通,飛到十方,供養恭敬如恒河沙等諸佛? 答曰:已拔我見根本故,已摧破憍慢山故,善修三解脱門、三三昧故。佛身雖妙,亦入三解脱門;如熱金[19]丸,雖見色妙,不可手觸。又諸法如幻如化[20],無來無去,無近無遠,無有定相。如幻化[21]人誰去誰來[22]? 不取神通、國土、此彼、近遠相,故無咎! 若能在佛前[23]住於禪定,變爲無量身,至十方供養諸佛,無所分別,已斷法愛故。餘通亦如是。菩薩得是五神通,爲供養諸佛故,變無量身,顯大[24]神力,於十方

1　本卷對應《大智度論》寫本凡5號:俄Дx04143號(以下簡稱"甲本")、S.7163號(以下簡稱"乙一")、BD11570號(以下簡稱"乙二")、BD08451號(以下簡稱"乙三",所抄分屬《大正藏》本卷三十七、三十八)、俄Дx03222號B(以下簡稱"丙本")。

2　甲本始。

3　"至十……佛十"十四字,甲本殘。

4　"至十……菩薩"十五字,甲本殘。

5　"薩如……相應"十五字,甲本殘。

6　"是十……法爲"十五字,甲本殘。

7　"婆若……與薩"十六字,甲本殘。

8　甲本終。

9　乙一始。

10　"薩於……羅蜜"七字,乙一殘。

11　"何況五神通",乙一殘。

12　"經",乙一、宋、宮、聖本無。

13　"意神",乙一殘。

14　"到東方",乙一殘。

15　"方四維上",乙一殘。

16　"不作是",乙一殘。

17　"我",乙一脱。

18　"論",乙一、宋、宮、聖本無。

19　"解脱門如熱金",乙一殘。

20　"又諸……如化"七字,乙一殘。

21　"化"前,乙一衍"如"。

22　"誰去誰來",乙一作"雖去"。

23　"在佛前",乙一殘。

24　"無量身顯大",乙一殘。

世界三惡趣中，度無量衆生，如《往生品》中[1]説。

【經】舍利弗！菩薩摩訶薩能如是行般若波羅[2]蜜，惡魔不能得其便；世間衆事[3]，所欲隨意；十方各如恒河沙等諸佛，皆悉擁[4]護是菩薩，令不墮聲聞、辟支佛地；四天王天[5]乃至阿迦尼吒[6]天，皆亦擁護是菩薩，不令有礙[7]；是菩薩所有重罪，現世輕受。何以故？是[8]菩薩摩訶薩[9]用普慈加衆生故。舍利弗！是[10]菩薩摩訶薩如是行，是名與般若波羅蜜相應。

【論】[11]釋曰：今讚[12]是菩薩，如上行般若波羅蜜得大功德，是名菩薩智慧功力果報，得此五利。問曰：魔是欲[13]界主，菩薩是人，肉眼不得自在，云何不能得[14]其便？答曰：如此中佛自説：諸佛、諸大天擁護故。復次，是[15]菩薩行畢竟不可得自相空故，於一切法中皆[16]不著，不著故無違錯，無違錯故魔不能得其便。譬如人身不[17]瘡[18]，雖卧毒屑中，毒亦不入；若有小瘡則死無疑[19]。又是菩薩於諸佛中心不著、於諸魔中[20]心不瞋，是故魔不得便。復次，菩薩深入忍波羅[21]蜜、慈三昧故，一切外惡不能中傷，所謂水火、刀[22]兵等[23]……

……著世間[24]樂故還生慳心。是菩薩輕物能施，重物不[25]能；外物能，內物[26]不能。以著我、著受者，以[27]取相著財物，以是故破檀波羅蜜，雖有所施[28]而不清淨。是菩薩行空相應故，不見我，亦不見[29]世間樂，云何生著

1　"界三……品中"十五字，乙一殘。
2　"弗菩……波羅"十四字，乙一殘。
3　"不能……衆事"九字，乙一殘。
4　"恒河……悉擁"九字，乙一殘。
5　"聞辟……王天"九字，乙一殘。
6　"阿迦尼吒"，乙一、元、明本作"阿迦膩吒"，宋、宮本作"阿迦貳吒"，皆爲異譯詞。
7　"亦擁……有礙"十字，乙一殘。
8　"是"，乙一、宋、元、明、宮、聖本無。
9　"現世……訶薩"十三字，乙一殘。
10　"是"，乙一、宋、元、明、宮、聖本無。
11　"論"，乙一、宋、宮、聖本無。
12　"讚"，乙一殘。
13　"欲"，乙一殘。
14　"能得"，乙一殘。
15　"佛自……次是"十四字，乙一殘。
16　"於一切法中皆"，乙一殘。
17　"不"，乙一、宋、元、明、宮、石本作"無"。
18　"瘡"，乙一作"創"，"創"通"瘡"。下同，不復出校。
19　"無疑"，乙一、宋、元、明、宮、聖、石本無。
20　"中"，乙一殘。
21　"次菩……波羅"八字，乙一殘。
22　"昧故……火刀"十五字，乙一殘。
23　乙一終。
24　乙二始。
25　"能施重物不"，乙二殘。
26　"能外物能內物"，乙二作"能；施外物能，施內物"。
27　"受者以"，乙二殘。
28　"有所施"，乙二殘。
29　乙三始。"亦不見"，乙二殘。

而破檀波羅蜜！問曰：若[1]不見我，不見世[2]間樂，故不[3]破，亦應不見檀[4]，云[5]何行布施？答曰：是[6]菩薩雖不見布施，以清淨[7]空心布施；作是念：是[8]布施空無所有，眾生須[9]故施與。如小兒以土爲金銀[10]，長者則不見是[11]金銀，便隨意與，竟無所與。餘五法[12]亦如是。以[13]是[14]故，雖同空，破慳而不破檀。舍利弗！菩薩摩[15]訶薩住是空相應中，能常不生是六[16]惡心……

大智度論釋往生品第四之上（卷三十八）[17]

聖者龍樹造

後秦龜茲國三藏鳩摩羅什譯[18]

【經】[19]舍利弗白佛言：世尊！菩薩摩訶薩行般若波[20]羅蜜，能如是習相應者，從何處終來生此間[21]？從此間終，當生何處？佛告舍利弗：是菩薩摩[22]訶薩行般若波羅蜜，能如是習相應者，或從他方佛國來生此間，或從兜率天上來生此間，或從人道中來生此間。舍利弗！從他方佛[23]國來者，疾與般若波羅蜜相應；與般若波羅蜜相應故，捨身來生此間。諸深法要皆[24]現在前，後還與般若波羅蜜相應，在所生處常值諸佛。舍利弗！有一生補處菩薩，兜率天上終，來生是[25]間。是菩薩不失六波羅蜜，隨所生處，一切陀羅尼門、諸三昧門，疾現

1　“云何……曰若”十三字，乙三殘。

2　“若不……見世”七字，乙二殘。

3　丙本始。

4　乙二終。

5　“間樂……檀云”十一字，乙三殘。

6　“破亦……曰是”十四字，丙本殘。

7　“是菩……清淨”十一字，乙三殘。

8　“布施……念是”十三字，丙本殘。

9　“有眾生須”，乙三殘。

10　“眾生……金銀”十四字，丙本殘。

11　“不見是”，乙三殘。

12　“是金……五法”十四字，丙三殘。

13　“是以”，乙三殘。

14　丙本終。

15　“弗菩薩摩”，乙三殘。

16　乙三終，以下所抄相當於《大正藏》本卷三十八。

17　本卷對應《大智度論》寫本凡7號：BD08451號（以下簡稱“甲一”，所抄分屬《大正藏》本卷三十七、三十八）、BD14086號（以下簡稱“甲二”）、S.3483號（以下簡稱“乙本”）、S.1934號（以下簡稱“丙本”）、俄 Дх17884號（以下簡稱“丁一”）、俄 Дх16305號（以下簡稱“丁二”）、羽210號G（以下簡稱“戊本”）。

18　甲一始。“大智度……譯”三十三字，甲一作“大智度往生品第四釋論”。

19　“經”，甲一、宋、宮本無。下同，不復出校。

20　“薩行般若波”，甲一殘。

21　“此間”，甲一殘。

22　“薩摩”，甲一殘。

23　“他方佛”，甲一殘。

24　“皆”，甲一、宮本無。

25　“是”，甲一作“此”。

在前。舍利弗！有[1]菩薩人中[2]命終，還生人中者，除阿[3]毘跋致。是菩薩根[4]鈍，不能疾與般若波羅蜜相應，諸陀羅尼門、三昧門[5]，不能疾現在前。

【論】[6]問曰：是般若波羅蜜中，衆生畢竟不可得；如上品説：舍利弗！如[7]一切衆生不可得，壽者、命者乃至知者、見者等衆生諸異名字，皆空無實。此中[8]何以問：從何所來，去至何所上？衆生異名即是菩薩，衆生無故，菩薩亦無；又此經中説[9]：菩薩但有名字，無有實法。今舍利弗何以作此問？答曰：佛法中有二諦：一者，世諦；二者，第一義[10]諦。爲世諦故，説有衆生；爲第一義諦故，説衆生無所有。復有二種：有知名字相，有不知名字相。譬如軍立密號，有知者，有不知者。復有二種：有初習行，有久習行；有著者，有不著者；有知他意[11]，有[12]不知他意者（雖有言辭，知其寄言以宣理[13]）。爲不知名字相、初習行[14]、著[15]、不知他意者，故説無衆生。爲知名字相、久[16]習行、不著、知他意者，故説言有[17]衆生。舍利弗以天眼明，見六道衆生生死善惡，於此無疑，但不知從他方無量阿僧祇世界[18]諸菩薩來者，故問；有諸大菩薩從此間[19]終，生他方無量阿僧祇佛國，舍利弗天眼所不見，故問。復次，有聲聞人見菩薩行六波羅蜜，久住生死中，漏未盡故，集種種智慧，内外經書，而不證實際，未免[20]生、老、病、死，愍而輕之言：此等命終，以三毒未盡故，當墮何處？如佛説：諸凡夫人，常開三惡道門；於三善道爲客，於三惡處爲家。三毒力强，過去世無量劫罪業積集，而不取涅槃，將受衆苦，甚可愍[21]之[22]！如是等小乘人，輕愍是菩薩。舍利弗於一切聲聞中，爲第一大法將，知有是事，欲令衆生起敬心於菩薩，故問。佛以三事答：一、從他方佛國來生；二、從兜率天上來；三、從人道中來。問曰：如從他方佛國來者，以遠故，舍利弗不知；兜率天上、人道中來者[23]，何以不知？答曰：舍利弗不知他方佛國來者故問；佛爲如所應分別，答有三處來。問曰：世間有六道，何以故於天中別説兜率天來[24]，人道中不分別處所，他方佛國來者亦不分別天道、人道？答曰：六趣中，三是惡道；惡道中來，受苦因緣心鈍故，不任得道，是故不説。問曰：三惡道中來，亦有得道者，如舍利弗大弟子牛足比丘，五百世牛中生，末後得人身，足猶似牛，而得阿

1　“弗有”，甲一殘。

2　乙本始。

3　“除阿”，乙本殘。

4　“薩根”，乙本殘。

5　“三昧門”前，甲一有“諸”。

6　“論”，甲一、乙、宋、宫本無。下同，不復出校。

7　“如”，甲一、元、明本作“知”，誤，乙、宋、宫本無。

8　“中”，乙、宋、元、明、宫本無。

9　“又此經中説”，甲一作“此經中又説”。

10　“義”，乙本作“議”，“議”爲“義”之借字。

11　“者”，甲一、乙、宋、元、明、宫本無。

12　“有”，甲一、石本無。

13　“宣理”後，甲一、宋、元、明、宫本有“也”。

14　“初習行”後，甲一有“者、著者、不著者”。

15　“著”，甲一無，元、明本作“著者”。

16　“久”，甲一作“又”，誤。

17　“有”前，甲一衍“無”。

18　“世界”，甲一、石本作“國土”。下同，不復出校。

19　“間”，甲一無。

20　“免”，甲一、乙、宋、宫本作“勉”，“勉”通“免”。

21　“愍”，原作“惑”，誤，兹據甲一改。

22　甲一終，甲二始。

23　“以遠故……來者”一行十七字，乙本脱。

24　“別説兜率天來”，甲二作“分別説兜率天上來”。

羅漢道。復有摩偸婆尸他比丘，五百世生獼猴中，末後得人身，得三明、六神通阿羅漢，猶好跳躑[1]，以有餘習故。如是等皆得道，何以言不任？答曰：雖有得者，少不足言。又此人先世深種涅槃善根，小有謬錯，故墮惡道中；償罪既畢，涅槃善根熟故，得成道果。此中不說聲聞道，但爲得阿耨多羅三藐三菩提[2]前身、後身次第[3]。譬如從垢心起，不得次第入無漏，中間必有善有漏心，以無漏心貴故。言於三惡道出，不任次第得阿耨多羅三藐三菩提心；天、人、阿修羅，則不然。下三天結使利而深，上二天結使深而不利，兜率天結使不深不利。所以者何？常有菩薩說法故，是故不說餘處；或有，少故不說。色界諸天，得道者不復來下；未得道者，樂著禪味故不下，以著味故，智慧亦鈍，是故不說。阿修羅同下二天，故不說。他方佛國來者，從諸佛前來生是間，諸根猛利。所以者何？除無量阿僧祇劫罪故；又遇[4]諸佛隨心教導故，如刀得[5]好石則利；又[6]常聞、誦、正憶念般若波羅蜜故利。如是等因緣，則菩薩心利。人中來者，此間佛弟子聽般若波羅蜜，集諸功德，捨身還生是間。或於異國土，雖無有佛，值遇佛法，聽、受、書寫、正憶念，隨力多少[7]，修福德[8]、智慧。是人諸根雖鈍，堪受般若波羅蜜；以不見現在佛，故心鈍。他方佛國來者利根故，修行般若波羅蜜疾得相應；以相應故，常值諸佛。值佛[9]因緣，如先說。問曰：兜率天上，何以但說一生補處，不說二生、三生？答曰：人身罪結煩惱處所，唯大菩薩處之[10]，則無染累；如鵝入水，水不令濕[11]。如是菩薩，一切世間法所不能著。所以者何？佛自說因緣：不失六波羅蜜，諸陀羅尼門，諸三昧門，疾現在前。是菩薩於是世界[12]，應利益眾生，其餘菩薩分布十方；譬如大智慧人已在一處，其餘大智則至異[13]處，是故不說。復次，有[14]人言：但說大者，不限於小。復次，餘天中來生[15]者，餘處當廣說。人中死人中生者，不如上[16]二處。何以故？以人[17]身地大多故，身重心鈍，以心、心數法隨身強弱故；又諸業結使因緣生故。彼二處來者，是法身菩薩，變身無量以度眾生，故來生是間。人道中者，皆是肉身。問曰：阿毘跋致菩薩不以結業受身，何以故[18]人道中說？答曰：來生此[19]間得阿毘跋致，未捨肉身故；以鈍根故，諸陀羅尼、三昧門，不疾現在前；不疾現在前故，不疾與般若[20]相應。

【經】[21]舍利弗！汝所問菩薩摩訶薩與般若波羅蜜相應，從此間終當生何處者，舍利弗！此菩薩摩訶薩[22]，

---

1 "躑"，甲二、乙、宋、元、明、宮本作"擲"，"擲"爲"躑"之借字。
2 "提"，乙本作"薩"，誤。
3 "第"，乙本作"弟"，"弟"爲"第"之古字。下同，不復出校。
4 "遇"，乙本作"過"，誤。
5 "得"，乙本作"待"。
6 "又"，甲二無。
7 "多少"，甲二、石本作"少多"。
8 "德"，甲二脱。
9 "佛"，甲二作"佛國"。
10 "之"，甲二作"處"，誤。
11 "水不令濕"，甲二作"不令水濕"，乙本作"不令令濕"，後一"令"當爲"水"之誤，宮本作"不令濕"。
12 "世界"，甲二作"國土"。下同，不復出校。
13 "異"，甲二、石本作"餘"。
14 丙本始。
15 "大者……來生"十三字，丙本殘。
16 "如上"，丙本殘。
17 "人"，丙本作"人中"。
18 "故"，乙、宋、元、明、宮本無。
19 "此"，丙本作"是"。
20 "般若"，丙本作"般若波羅蜜"。
21 "經"，甲二、乙、丙、宋、宮本無。下同，不復出校。
22 "摩訶薩"，甲二無。

從一佛國至一佛國,常值諸佛,終不離佛。舍利弗!有菩薩摩訶薩不以方便入初禪,乃至第四禪,亦行六波羅蜜;是菩薩摩訶薩得禪故,生長壽天,隨彼壽終來生是間,得人身,值諸佛,是菩薩諸根不利。舍利弗!有[1]菩薩摩訶薩入初禪,乃至第四禪,亦行般若波羅蜜;不以方便故,捨諸禪,生欲界,是菩薩諸根亦鈍。舍利弗[2]!有菩薩摩訶薩[3]入初禪,乃至第四禪,入慈心乃至捨,入虛空處乃至非有想非無想處,修四念處乃至八聖道分,行十力乃至大慈大悲;是菩薩用方便力,不隨禪生,不隨無量心生,不隨四無色定生;在所有佛處於中生,常不離般若波羅蜜行。如是菩薩,賢劫中當得阿耨多羅三藐三菩提。

【論】[4]問曰:舍利弗今[5]問前世、後世,佛何以故前世中三種答,後世中廣分別? 答曰:人以肉眼,不見過去、未來故,而生邪疑;雖疑二處,而未來世當受,故廣分別。譬如已滅之火,不復[6]求救,但多方便防未來火;又如治病,已滅之病不復加治[7],但治將生之病。復次,佛無量辯才自恣[8],舍利弗所問雖少,佛廣爲其説。如問與般若波羅蜜[9]相應一事,而佛種種分別。如貧者從大富好施者乞,所乞雖少,所[10]與甚[11]多。佛亦如是,有無量無漏佛法具足之富,以大慈悲[12]好行施惠[13];因舍利弗少問故,佛爲大衆廣分別説。復次,是般若波羅蜜中,種種因緣譬喻,多説空法。有新發意者[14],取空相,著是空法,於生死業因緣中生疑:若一切法畢竟空,無來無去,無出無入相,云何死而有生? 現在眼見法,尚不應有,何況死後餘處生,不可見而有! 如是等種種邪疑顛倒心;爲斷是故,佛種種因緣,廣説有死有生。問曰:無有死生因緣,何以故? 人死歸滅;滅有三種:一者,火燒爲灰;二者,虫食爲糞;三者,終歸於土。今但見其滅,不見更有出者受於後身! 以不見故,則知爲無! 答曰:若汝謂身滅便無者[15],云何有衆生先世[16]所習憂喜怖畏等? 如小兒生時,或啼或笑,先習憂喜故,今無人教而憂喜續生。又如犢子生知趣乳;豬羊之屬,其生未幾,便知有牝牡之合。子同父母,好醜貧富,聰明闇鈍,各各不同;若無先[17]世因緣者,不應有異! 如是等種種因緣,知有後世。又[18]汝先言不見別有去者,人身中非獨眼根能見,身中六情各有所知:有法可聞、可嗅、可味、可觸、可知者;可聞法尚不可見,何況可知者! 有生有死法,亦可見,亦可知;汝肉眼[19]故不見[20],天眼者了了能見[21]。如見[22]人從一房出,入一房;捨此身

1 "有",甲二無。
2 "舍利弗"至本段經文末一百一十四字,甲二無。
3 "摩訶薩",丙本無。
4 "論",甲二、乙、丙、宋、宮本無。下同,不復出校。
5 "今",乙、丙、宋、元、明、宮本作"合"。
6 "復",甲二作"須"。
7 "治",甲二、石本作"療"。
8 "恣",甲二作"資","資"用同"恣"。丙本作"姿","姿"通"恣"。
9 "波羅蜜",甲二無。
10 "所",甲二無。
11 "甚",丙本作"基",誤。
12 "悲",甲二作"大悲"。
13 "施惠",甲二作"惠施",丙本作"施慧","慧"通"惠"。
14 "新發意者",丙本脱。
15 "者",甲二無,乙本作"有者"。
16 "先世"後,乙本有"有"。
17 "先",丙本作"無",誤。
18 "又",丙本作"又如"。
19 "肉眼"後,甲二有"法"。
20 "有法可聞……不見"四十二字,丙本作"有法可見者、可聞者、可嗅者、可味者、可觸者、可知者、可聞法,尚不可見,何況可知不見"。
21 "天眼……能見"七字,甲二作"得天眼者了了見"。
22 "見",原作"是",誤,兹據甲二、乙、丙、宋、元、明、宮、石本改。

至後身,亦如是。若肉眼能見者,何用求天眼?若爾者,天眼、肉眼,愚聖無異;汝以畜生同見,何能見後世?可知者,如人死生雖無來去者,而煩惱不盡故,於身情意相續,更生身情意;身情意[1]造業,亦不至[2]後世,而從是因緣更生,受後世果報。譬如乳中著毒,乳變爲酪,酪變爲酥[3];乳非酪酥,酪酥非乳[4],乳酪[5]雖變而皆有毒。此身亦如是,今世五衆因緣故,更生後世五衆行業,相續不異故,而受果報。又如冬木,雖未[6]有花葉果實,得時節會,則次第[7]而出。如是因緣,故知有死生。復次,現世[8]有知宿命者,如人行,疲[9]極睡臥,覺已,憶所經由[10]。又一切聖人內外經書,皆説後世。復次,現世不善法,動發過重,生瞋恚、嫉妒[11]、疑[12]悔內惱故,身則枯悴,顏色不悦。惡不善法,受害如是,何況起身業、口業!若生善法,淨信業因緣,心清淨,得如實智慧,心則歡[13]悦,身得[14]輕軟,顏色和適[15]。以有苦樂因緣故,有善不善[16];今定有善不善故,當知必有後世。但衆生肉眼不見,智慧薄故而生邪疑,雖修福事,所作淺薄。譬如藥師爲王療病,王密爲起宅,而藥師不知;既歸見之,乃悔不加意盡力治王。復次,聖人説今現在事實可信故,説後世事亦皆可信;如人夜行嶮道,導師授手,知可信故,則便隨逐。比智及聖人語,可知定有後世;汝以肉眼重罪,比智薄故,又無天眼,既自無智,又不信聖人[17]語,云何得知後世?復次,佛法中諸[18]法畢竟空,而[19]亦不斷滅;生死雖相續,亦不是常;無量阿僧祇劫業因緣,雖過去亦能生果報而不滅;是爲微妙難知。若諸法都空者,此品中不應説往生,何有智者前後相違?若死[20]生相實有,云何言:諸法畢竟空?但爲除諸法中愛著邪見顛倒故,説畢竟空;不爲破後世故説。汝無天眼明故疑後世,欲自陷[21]罪惡!遮是罪業因緣故,説種種往生。佛法不著有,不著無,有無亦不著,非有非無[22]亦不著,不著亦不著;如是人則不容難!譬如以刀斫空,終無所傷。爲衆生故隨緣説法,自無所著。以是[23]故《中論》中説:

一切諸法實,一切法虛妄[24],諸法實亦虛,非實亦非虛!涅槃際爲真,世間際亦真[25],涅槃世無別,小異不

1 "身情意",甲二無。
2 "至",甲二、石本作"生"。
3 "酥",甲二、乙、石本作"蘇","蘇"通"酥"。下同,不復出校。
4 "乳非……非乳"八字,丙本作"乳非酪、酪非蘇、蘇非乳"。
5 "乳酪",甲二作"酪乳",乙本作"酪"。
6 "未",丙本作"木",誤。
7 "第",原作"等",誤,兹據乙、丙本改。
8 "世",乙本作"在",誤。
9 "疲",丙本作"病",誤。
10 "憶所經由",甲二作"憶所有逕由"。
11 "嫉妒",丙本作"妒嫉"。
12 "疑",甲二、乙、丙本作"癡",誤。
13 "歡",乙本作"懷"。
14 "得",乙本作"則"。
15 "適",甲二、乙、丙、石本作"澤",宋、元、明、宫本作"悦"。
16 "不善",甲二作"有不善"。
17 "人",乙、丙、宋、元、明、宫本無。
18 "諸",丙本作"語",誤。
19 "而",甲二無。
20 "死",丙本作"無",誤。
21 "陷",丙本作"隨"。
22 "非有非無"後,甲二、石本有"非非有、非非無"。
23 "以是",丙本無。
24 "妄",乙本作"空"。
25 "真",丙本作"具",誤。

可得!

是爲畢竟空相。畢竟空,不遮生死業因緣,是故説往生。問曰:若[1]般若波羅蜜一相,所謂無相,云何與般若[2]相應,從一佛國至一佛國,常值諸佛? 答曰:般若波羅蜜攝一切法,譬如大海,以是故不應作難! 復次,汝自説般若波羅蜜一相,無相,若無相,云何有難? 汝則無相中取相,是事不然。復次,因般若波羅蜜故,行念佛三昧等諸善法,生值諸佛。復次,行般若波羅蜜者,深入大悲;如慈父見子爲無所直物故死,父甚愍之,此兒但爲虚誑故死! 諸佛亦如是,知諸法畢竟空不可得,而衆生不知;衆生不知故,於空法中深著,著因緣故,墮大地獄。是故深入大悲;以大慈悲因緣故,得無量福德;得無量福德[3]故,生值諸佛,從一佛國至一佛國。是菩薩從此間[4]死,彼間生,彼間死,復至[5]彼間生;如是乃至得佛,終不離佛。譬如有福之人,從一大會至一大會。或有是間死,彼間生,於彼以五神通力故,從一佛國至一佛國,供養諸佛,度脱衆生——是初菩薩。佛國者,十方如恒河沙等諸三千大千世界[6],是名一佛土。諸佛神力,雖能普遍自在無礙,衆生度者有局。諸佛現在者[7],佛現在其佛[8]國土中者。第二菩薩無方便入初禪,乃至行六波羅蜜。無方便者,入初禪時,不念衆生;住時、起時,亦不念衆生,但著禪味,不能與[9]初禪和合行般若波羅蜜,是菩薩慈悲心薄,故[10]功德薄少;功德薄少故,爲初禪果報所牽,生長壽天。復次,不能以初禪福德與衆生共迴向阿耨多羅三藐三菩提。如是等無量無方便義。長壽天者,非有想[11]非無想[12]處,壽八萬大劫。或有人言:一切無色定,通名長壽天;以無形不可化故,不任得道,常是[13]凡夫處故。或説無想天,名爲長壽,亦不任得道故。或説從初禪至四禪,除淨居天,皆名長壽[14],以著味邪見,不能受道者。還生人間值佛者,以本發阿耨多羅三藐三菩提心故,或於禪中集諸福[15]德。所以者何? 彼間著味,善[16]心難生故。如經中説:如佛問比丘:甲頭土多? 地上土多? 諸比丘言:地土甚多,不可爲喻! 佛言:天上命終,還生人中者,如甲頭土,墮地獄[17]者,如地土。問曰:鈍根者,二十二根中何者是? 答曰:有人言:慧根能觀諸法,以久受著禪味故鈍[18]。有人言:信等五根,皆助成道法,以受報著味故鈍。有人言:菩薩清淨福德、智慧因緣故,十八根皆利;罪故則鈍。眼[19]等六根,如《法華經》説。

---

1 "若",甲二無,宋本作"居",誤。

2 "般若",丙本作"般若波羅蜜"。

3 "福德",丙本作"福德生"。

4 "間",乙、丙、宋、元、明、宫本無。

5 "至",乙本作"生",誤。

6 "世界",丙本作"國土"。下同,不復出校。

7 "者",丙本作"其"。

8 "現在其佛",丙本無。

9 "與",丙本作"以"。

10 "故"前,甲二衍"功德少"。

11 "想",甲二作"相","相"爲"想"之借字。

12 "想",甲二作"相","相"爲"想"之借字。

13 "是",甲二無。

14 "長壽",甲二作"長壽天"。

15 "福",丙本作"功"。

16 "善",甲二作"著",誤。

17 "地獄"後,甲二、石本有"中"。

18 "鈍",丙本作"鈍根"。

19 "眼",甲二作"根",誤。

命根不爲老、病、貧、窮等所惱,安隱受樂,是爲命根利。喜[1]、樂等五根了了覺知[2],故言利。復次,受樂時知[3]樂無常等過隨逐,不生貪欲故利;餘受亦如是。信根牢堅深固[4],難事能信,故言利。餘[5]亦應[6]如是隨相分別。男[7]根淨者,得陰藏相;不著細滑故,知欲爲過[8],是爲利。復次,三善根利,故名爲利;菩薩或時於三無漏根不證實際故利。與利[9]相違故鈍。問曰:第三菩薩若能捨禪,云何言無方便? 答曰:是菩薩命終時,入不[10]善心,捨諸禪定方便。菩薩若入欲界繫善心、若無記心而捨諸禪,入慈悲心,憐愍衆生,作是念:我若隨禪定生,不能廣利益衆生。生[11]欲界者,有十處:四天下人,六欲天。三惡道,菩薩所不生。鈍根者,如第二菩薩説。第四[12]菩薩,入位得菩薩道,修三十七品,能住十八空,乃至大慈大悲,此名方便。上二菩薩,但有禪定,直行六波羅蜜,以是故無方便。第四菩薩,方便力故,不隨禪定無量心生。所以者何? 行四念處乃至大慈大悲故;命終時憐愍衆生,願生他方現在佛國,續與般若波羅蜜相應。所以者何? 愛樂隨順般若波羅蜜故。問曰:此是何等菩薩? 答曰:佛自説跋陀劫[13]中菩薩,或有非跋陀劫[14]中菩薩,但取其大者。問曰:云何名跋陀? 云何名劫? 答曰:如經説[15]:有一比丘問佛言:世尊! 幾許名劫? 佛告比丘:我雖能説,汝不能知,當以譬喻可解。有方百由旬城,溢滿芥子,有長壽人過百歲,持一芥子去,芥子都盡,劫猶不澌[16]。又如方百由旬石,有人[17]百歲,持迦尸[18]輕軟[19]疊衣一來拂之,石盡,劫猶不[20]澌[21]。時中最小者,六十念中之一念;大時[22]名劫。劫有二種:一爲大劫,二爲小劫。大劫者[23],如上譬喻[24]。劫欲盡時,衆生自然心樂遠離;樂遠[25]離故,除[26]五蓋,入初禪,是人離生喜樂。從是起已,舉聲大唱言:諸衆生! 甚可惡者是五欲,第一安隱者是初禪。衆生聞是唱已,一切衆生心皆自然遠離五欲,入於初禪;自然滅覺觀,入第二禪,亦如是唱;或離二禪、三禪[27]亦如是[28]。三惡道衆生,

---

1 "利喜",甲二作"喜利",誤倒,乙、丙、宋、元、明、宫本作"利"。
2 "覺知",丙本作"覺知故"。
3 "知",甲二脱。
4 "固",甲二作"故","故"通"固"。
5 "餘",甲二、乙、丙、宋、元、明、宫本無。
6 "應",甲二、宫、石本無。
7 "男",乙本作"界",誤。
8 "知欲爲過",甲二作"知不爲欲爲道"。
9 "利",甲二作"利根"。
10 "入不",乙本作"不入"。
11 "生",乙本無。
12 "第四"前,丙本有"是"。
13 "跋陀劫",甲二、乙、丙、宋、元、明、宫、石本作"颰陀劫",異譯詞。下同,不復出校。
14 "跋陀劫",乙、宋、元、明、宫、石本作"颰陀劫",異譯詞。下同,不復出校。
15 "説",甲二作"中説"。
16 "澌",甲二、乙、丙、石本作"賜",宋、元、明、宫本作"傷","傷"又作"澌"。
17 "人",甲二作"一人"。
18 "迦尸",丙本作"加尸",異譯詞。
19 "輕軟"前,甲二有"羅衣"。
20 丁一始。
21 "澌",甲二、乙、石本作"賜",丙本作"盡",宋、元、明、宫本作"傷","傷"又作"澌"。
22 "中最……大時"十三字,丁一殘。
23 "二種……劫者"十三字,丁一殘。
24 丁一終。
25 丁二始。
26 丁二終。
27 "三禪",甲二作"三",脱"禪",乙本無。
28 "亦如是"後,乙本有"三是"。

自然得善心,命終皆生人中;若重罪者,生他方地獄,如《泥犁[1]品》中説。是時三千大千世界[2],無一衆生在者;爾時,二日出,乃至七日出,三千大千世界地,盡皆燒盡[3]。如十八空中,廣説劫生滅相。復有人言:四大中三大有所動作,故有三種劫:或時火劫[4]起,燒三千大千世界,乃至初禪四處;或時水劫起,漂壞三千大千世界,乃至二禪八處;或時風劫[5]起,吹壞三千大千世界,乃至三禪十二住處。是名大劫。小劫亦三種:外三大[6]發,故[7]世界滅;內三毒發,故衆生滅,所謂飢餓、刀兵、疾病。復有人言:時節歲數,名爲小劫。如《法華經》中説:舍利弗作佛時,正法住世[8]二十小劫,像法住世[9]二十小劫;佛從三昧起,於六十小劫中説《法華經》,是衆[10]小劫和合,名爲大劫。劫簸,秦言分別時節。跋陀者,秦言善。有千萬劫過去,空無有佛;是一劫中有千佛興,諸淨居天歡喜,故名爲善劫。淨居天何以知此劫當有千佛?前劫盡已,廓然都空;後[11]有大水,水底涌出有千枚[12]七寶光明蓮華,是千佛之相;淨居諸[13]天,因是知有千佛。以是故説是菩薩於此劫中得阿耨多羅三藐三菩提。

【經】舍利弗!有菩薩摩訶薩,入初禪乃至第四禪,入慈心乃至捨,入空處乃至非有想非無想處;以方便力故[14]不隨禪生,還[15]生欲界若[16]刹利大姓、婆羅門大姓、居士大家,成就[17]衆生故。

【論】問曰:菩薩有二種:一者,隨業生;二者,得法性身。爲度衆生故[18],種種變化身生三界,具[19]佛功德,度脱衆生;故二者之中,今是何者?答曰:是菩薩,是業因緣生身。所以者何?入諸禪方便力故,不隨禪生。法身菩薩變化自在,則不大[20]須方便。入禪方便義,先已[21]説。問曰:若不隨禪定,何以生於欲界,不生他方清淨世界?答曰:諸菩薩行各[22]不同;或有菩薩於禪轉心,生他方佛國;菩薩迴心生欲界,亦如是[23]。問曰:生他方佛國者,爲是欲界、非欲界?答曰:他方佛國,雜惡不淨者,則名欲界。若清淨者,則無三惡道、三毒[24],乃至無三毒之名,亦無二乘之名,亦無女人。一切人皆有三十二相,無量光明,常照世間;一念之頃,作無量身,到無量如恒河沙等世界,度無量阿僧祇衆生,還來本處。如是世界在地上,故不名色界;無欲故,不名欲

1　“泥犁”,丙、石本作“泥梨”,異譯詞。
2　“世界”後,丙本有“中”。
3　“盡皆燒盡”,甲二作“皆燒燒盡”。
4　“火劫”,甲二殘。
5　“劫”,丙本脱。
6　“大”,丙本作“火”,誤。
7　“故”,甲二、乙、丙、宋、元、明、宮本無。
8　“世”,乙、丙、宋、元、明、宮本無。
9　“世”,乙、丙、宋、元、明、宮本無。
10　“衆”後,甲二、丙本衍“生”。
11　“後”,甲本作“復”,誤。
12　“枚”,甲二作“數”,乙本作“牧”,誤。
13　“淨居諸”,甲二殘。
14　“故”,乙、宋、元、明本無。
15　“還”,甲二作“欲”,誤。
16　“若”,乙、丙、宋、元、明、宮本無。
17　“成就”前,甲二有“爲”。
18　“生故”,甲二殘。
19　“具”,甲二作“求”。
20　“大”,丙本無。
21　“已”,丙本作“以”,“以”通“已”。
22　“各”,甲二、宋、元、明、宮、石本作“各各”。
23　甲二終,有尾題“大智度經卷第五十一”。
24　“三毒”,丙本作“無三毒”。

界；有形色故，不名無色界。諸大菩薩福德清淨業因緣故，別得清淨世界，出於三界。或有以大慈大悲心憐愍眾生故[1]，生此欲界。問曰：若命終時，捨此禪定，初何以求學？答曰：欲界心狂[2]不定，爲柔軟攝心故入禪；命終時，爲度眾生起欲界心。問曰：若生人中，何以故正生刹利等大家，不生餘處？答曰：生刹利，爲有勢力；生婆羅門家，爲有[3]智慧；生居士家，爲大富故，能利益眾生。貧窮中自不能利，何能益人？生欲界天，次當說。

【經】舍利弗！復有菩薩摩訶薩，入初禪乃至第四禪，入慈心乃至捨，入空處乃至非有想非無想處，以方便力故不隨禪生；或生四天王天處，或生三十三天，夜摩天、兜率陀天、化樂天、他[4]化自在天。於是中成就眾生，亦淨佛世界[5]，常值諸佛。

【論】是義同上，生天爲異。問曰：欲界諸天，情著五欲，難可化度，菩薩何以[6]生彼，而不生人中？答曰：諸天著心雖大，菩薩方便力亦大。如說三十三天上，有須浮摩樹林，天中聖天，厭捨五欲，在中止住，化度諸天。兜率天上，恒有一生[7]補處，諸菩薩常得聞法。密迹金剛力士[8]，亦在四天王天上。如是等教化諸天[9]。

【經】復次[10]，舍利弗！有菩薩摩訶薩，行般若波羅蜜，以方便力[11]入初禪，此間命終，生梵天處[12]，作大[13]梵天王。從梵天[14]處，遊一佛國至一佛國，在所有諸佛得阿耨多羅三藐三菩提，未轉法輪者，勸請令轉。

【論】問曰：若隨初禪生，有何方便？答曰：雖生而不著味，念佛道，憶[15]本願，入慈心，念佛三昧，時[16]與禪和合，故名爲[17]方便。問曰：何以故作梵王？答曰：菩薩集福德因緣大故，世世常爲物主，乃至生[18]鹿中，亦爲其王。復次，是菩薩本願，欲請佛[19]轉法輪，不應作散天。或時此中三千大千世界無佛，從一佛國至一佛國，求見[20]初成佛未轉法輪者。所以者何？梵天王法，常應勸請諸[21]佛轉法輪故。

【經】舍利弗！有菩薩摩訶薩三生補處，行般若波羅蜜，以方便力入初禪乃至第四禪，入慈心乃至捨，入空處乃至非有想非無想處，修四念處乃至八聖道分，入空三昧、無相、無作三昧，不隨禪生，生有佛處，修梵行。若生兜率[22]天上，隨其壽終，具足善根，不失正念；與[23]無數百千億萬諸天，圍[24]繞恭敬，來生此間，得阿耨

1　“故”，丙本無。
2　“狂”，乙、丙本作“狂亂”。
3　“有”後，乙本衍“餘”。
4　“他”，原作“地”，誤，茲據丙、宋、元、明、宮、石本改。
5　“世界”，丙本作“土”。
6　“何以”，丙本作“何以故”。
7　“一生”，丙本脫。
8　“密迹金剛力士”，丙本作“蜜迹金剛力士”，異譯詞。
9　“諸天”，乙本作“度人”。
10　“復次”，丙本無。
11　“方便力”後，丙、石本有“故”。
12　“處”，丙本作“上”。
13　“大”，乙、丙、宋、元、明、宮本無。
14　“梵天”，丙本作“梵天王”。
15　“憶”，丙本作“憶念”。
16　“時”，乙、丙、宋、元、明、宮本無。
17　“爲”，丙本無。
18　“生”，丙本脫。
19　“佛”，丙本作“諸佛”。
20　“見”，乙、丙、宋、元、明、宮本作“覓”。
21　“諸”，乙本無。
22　“兜率”，丙、宋、元、宮本作“兜術”，異譯詞。
23　“與”，乙、丙、宋、元、明、宮本作“以”。
24　“圍”，丙本作“違”，“違”爲“圍”之借字。

多羅三藐三菩提。

【論】問曰：是三生菩薩，在十住地，已具足諸功德，今何以修習諸行？答曰：心未入涅槃，要有所[1]行，所謂四禪乃至三三昧。復次，是菩薩於天、人中，示行人法，修行求道。復次，是菩薩雖在十住地，猶有煩惱習在；又[2]於諸法猶有所不知，是故修道[3]。復次，是菩薩雖行深行，三十七品、三解脫門等，猶未取證；今爲證故，更修諸行。復次，雖是大菩薩，於佛猶小；譬如大聚火，雖有能[4]照，於日則不現。如《放缽經》中，彌勒菩薩語文殊尸利[5]：如我後身作佛，如恒河沙等文殊尸利，不知我舉足下足事！以是故，雖在十住，猶應修行。問曰：三生菩薩，何以不廣度衆生，而要生佛前？答曰：是菩薩所度已[6]多，今垂[7]欲成佛，應在佛前。所以者何？非但度衆生得成佛，諸佛深法，應當聽聞故。問曰：若爲[8]諮問佛事故，在佛前者，何以故釋迦文佛作菩薩時，在迦葉佛前，惡口毀呰[9]？答曰：是事先已[10]說，法身菩薩，種種變化身以度衆生。或時[11]行人法，有飢渴、寒熱、老病、憎愛、瞋喜[12]、讚歎[13]、呵罵等，除諸重罪，餘者皆行。是釋迦文菩薩，爾時爲迦葉佛弟[14]，名欝多羅。兄智慧熟，不好多語[15]；弟[16]智慧未備故，多好論議；時人謂弟爲勝。兄後[17]出家，得成佛道，號名迦葉[18]；弟[19]爲閻浮提王訖梨机師，有五百弟子，以婆羅門書，教授諸婆羅門，諸婆羅門等不好佛法。爾時，有一陶師，名難陀婆羅，迦葉佛五戒弟子，得三道，與王師欝多羅爲善友，以其心善淨信故。爾時，欝多羅，乘金車，駕四白馬，與弟子俱出城門；難提婆羅於路相逢，欝多羅問[20]言：從何所來？答言：汝兄得阿耨多羅三藐三菩提，我供養還，汝可共行觀見於佛，故來相迎！欝多羅作是[21]念：若我徑到佛所，我諸弟子當生疑怪[22]，汝本論議、智慧[23]恒勝，今往供養，將是親屬愛故，必[24]不隨我。恐破其見佛因緣故，住諸法實相智中，入無上方便慧度衆弟子故，口出惡言：此禿頭人，何能[25]得菩提道！爾時，難提婆羅善友，爲[26]如瞋狀，捉頭挽言：汝不得止！欝多羅

1　“有所”，丙本作“所有”，誤倒。

2　“又”，丙本作“有”，“有”通“又”。

3　“道”，乙、丙、宋、元、明、宫、石本作“行”。

4　“能”，乙、丙、宋、元、明、宫本作“所”。

5　“文殊尸利”，丙本作“文殊師利”，異譯詞。下同，不復出校。

6　“已”，丙本作“以”，“以”通“已”。

7　“垂”，乙本作“乘”，誤。

8　“爲”，乙本作“欲”。

9　“呰”，丙本作“訾”。

10　“已”，丙本作“以”，“以”通“已”。

11　“時”，丙本無。

12　“喜”，丙本作“善”，誤。

13　“歎”，乙、丙本作“嘆”。

14　“弟”，丙本作“第”，“第”通“弟”。

15　“兄智……多語”八字，丙本無。

16　“弟”，丙本作“兄”，誤。

17　“兄後”，丙本作“況復”，誤。

18　“迦葉”，丙本作“迦葉佛”。

19　“弟”，乙本脱。

20　“問”，乙本作“門”，誤。

21　“是”，丙本無。

22　“怪”，丙本作“悔”。

23　“慧”，乙、丙、宋、官本作“德”。

24　“必”後，丙本有“汝”。

25　“能”，丙本無。

26　“爲”，丙本作“僞”，誤。

語弟子言：其事如是，吾不得止！即時師徒俱行詣佛，見佛光相，心即清淨，前禮佛足，在一面坐。佛爲隨意說法，醫多羅得無量陀羅尼門，諸三昧門皆開；五百弟子還發阿耨多羅三藐三菩提心。醫多羅從坐起，白佛言：願佛聽我出家作比丘！佛言：善來！即成沙門。以是方便故，現出惡言，非是實也。虛空可破，水可作火，火可作水，三生菩薩於凡夫[1]中瞋心叵[2]得，何況於佛！問曰：若爾者，佛何以[3]受第八罪報六年苦行？答曰：小乘法與大乘法異，若無[4]異者，不應有大、小。小乘法中，不説法身菩薩祕奥深法，無量不可思議神力；多説斷結使、直取涅槃法。復次，若佛不受是第八罪報，有諸天、神、仙、龍、鬼諸長壽者，見有此惡業而不受罪報，謂爲無業報因緣；以是故，雖現在無惡業[5]，亦受罪報。又有今世因緣，諸外道等信著苦行[6]，若佛不六年苦行，則人不信，言是王子串樂，不能苦行，以是故佛六年苦行。有外道苦行者，或三月、半歲、一歲，無能六年日食一麻一米者；諸外道謂此爲苦行之極，是人若言[7]無道，真無道也。於是信受，皆入正道。以是二因緣故，六年苦行，非實罪也。何以故？諸佛斷一切不善法[8]、成就一切善法故；佛若實受罪報，不得言[9]成一切善法，斷一切不善法。復次，小乘法中，佛爲小心衆生故，説二生菩薩猶惡口毀佛；二生菩薩，尚[10]不罵小兒，云何實[11]毀佛！皆是方便爲衆生故。何以知之？是[12]釋迦文佛，毘婆尸佛時作大婆羅門，見佛[13]衆僧食疾而發是言：如是人輩，應食馬麥！因此罪故，墮黑繩等地獄，受無量世苦已；餘罪因緣，雖成佛道，而三月食馬麥[14]。又聲聞法中説：佛過三阿僧祇劫，常爲男子，常生貴處，常不失諸根，常識宿命，常不墮三惡道中；從毘婆尸佛來，九十一劫。如汝法，九十[15]劫中，不應墮惡道，何況末後一劫！以是故知非是實也[16]，方便故説。問曰：佛二罪，毘尼[17]、雜藏中説，是可信受。三阿僧祇後百劫不墮惡道者，從初阿僧祇亦不應墮惡道，若不墮者，何以[18]但説百劫？佛無是説，但是《阿毘曇鞞婆沙》論議師説！答曰：《阿毘曇》是佛説，汝聲聞人隨《阿毘曇》論議，是名《鞞婆沙[19]》，不應有錯！又[20]如薄拘盧[21]，以一[22]訶梨勒果[23]施僧，於九十一劫中[24]不墮惡道，何況

1　“夫”，乙、丙、宋、元、明、宫本作“人”。

2　“叵”，丙本作“頗”，“頗”通“叵”。

3　“何以”，丙本作“何以故”。

4　“無”，丙本脱。

5　“雖現在無惡業”，乙、丙、宋、元、明、宫本作“雖現作惡業”。

6　“行”，乙本作“律”，誤。

7　“言”，乙、宋、元、明、宫本無。

8　“法”，乙、丙、宋、元、明、宫本無。

9　“言”，丙本無。

10　“尚”，丙本作“常”，“常”通“尚”。

11　“實”，乙本無。

12　戊本（第2段）始。

13　“佛”，丙本作“僧”，誤。

14　戊本（第2段）終。

15　“十”，乙、丙、宋、宫本無，元、明本作“十一”。

16　“也”，丙本無。

17　“毘尼”，乙本作“毘泥”，異譯詞。

18　“何以”，丙本作“何以故”。

19　“鞞婆沙”，丙本作“毗婆娑”，異譯詞。

20　戊本（第1段）始。

21　“薄拘盧”，戊本作“婆拘盧”，異譯詞。

22　“一”，乙本無。

23　“訶梨勒果”，乙、丙、戊本作“阿梨勒果”，異譯詞。

24　“中”，戊本無。

菩薩無量世來以身布施，修諸功德[1]，而以小罪因緣墮在地獄！如是事，《鞞婆沙》不應錯！以是故，小乘人不知菩薩方便。復次，聽汝《鞞婆沙》不錯，佛自説菩薩本起：菩薩初生時，行七步，口自説言：我所以生者，爲度衆生故。言已，默然。乳餔三年，不行、不語；漸次長大，行、語如法。一切嬰孩[2]，小時未能行、語，漸次長大，能具人法；今云何菩薩初生能行、能語，後便不能[3]？當知是[4]方便力故。若受是方便，一切佛語悉皆得通；若不受者，一實一虛！如是種種因緣，知爲度衆生故，現行惡口。問曰：三生菩薩，何以但生兜率天上，不生餘處？答曰：若在他方[5]世界來者，諸長壽天、龍鬼神求其來處不能知，則生疑心，謂爲幻化。若在人中死人中生，然後作佛者，人起輕慢，天則不信——法應天來化人，不應人化天也！是故天上來生，則是從天爲人，人則敬信。無色界中無形，不得説法，故不在中生。色界中雖有色身[6]可爲説法，而深著禪味，不能大利益衆生故，是故不在中生。下三欲天，深厚[7]結使，麁心錯亂；上二天結使既厚，心軟不利；兜率天上，結使薄，心軟利，常是菩薩住處。譬如太子將登王位，先於靜室，七日齋潔，然後登正殿受王位。補處菩薩亦如是，兜率天上如齋處，於彼末後受天樂；壽終來下，末後受人樂，便成阿毘三佛。無量百千萬億諸天圍遶，來生是間；以菩薩先常於無始生死中，往反[8]天上人間，今是末後天身，不復更[9]來生天，是故咸皆侍[10]送。菩薩於彼壽盡，當下作佛；諸天壽有盡者、不盡者，作願下生，爲菩薩檀越。復次，諸天下者，欲常侍衛菩薩，以有百億魔怨，恐來惱亂菩薩故。此菩薩生人中，厭老、病、死，出家，得阿耨多羅三藐三菩提，如《菩薩本起經[11]》中説。

【經】復次[12]，舍利弗！有菩薩摩訶薩得六神通，不生欲界、色界、無色界；從一佛國至一佛國，供養恭敬尊重讚歎[13]諸佛。舍利弗！有菩薩摩訶薩遊戲神通，從一佛國至一佛國，所至到處，無有聲聞、辟支佛乘，乃至無二乘之名。舍利弗！有菩薩摩訶薩遊戲神通，從一佛國至一佛國，所至到處，其壽無量。舍利弗！有菩薩摩訶薩遊戲神通，從一佛國至一佛國，所至到處，有[14]無佛、法、僧處，讚佛、法、僧功德；諸衆生等以[15]聞佛名、法名、僧名故，於此命終，生諸佛前[16]。

【論】釋曰：菩薩有二種：一者，生身菩薩；二者，法身菩薩。一者，斷結使；二者，不斷結使。法身菩薩斷結使[17]，得六神通；生身菩薩不斷結使[18]，或離欲得五神通。得六神通者，不生三界，遊諸世界[19]，供養十方諸佛。遊戲神通者，到十方世界度衆生，雨七寶；所至世界，皆一乘清淨，壽無量阿僧祇劫。問曰：菩薩法應度

1　戊本（第1段）終。
2　“孩”，丙本作“咳”，誤。
3　“能”，丙本作“語”，元、明本作“能語”。
4　“是”，丙本作“如是”。
5　“他方”後，丙本有“佛”。
6　“身”，丙本作“有身”。
7　“厚”，丙本作“後”，“後”爲“厚”之借字。
8　“反”，乙本作“返”，“反”爲“返”之古字。
9　“更”，丙本無。
10　“侍”，乙本作“待”，誤。
11　“經”，乙、丙、宋、宫本無。
12　“復次”，丙、石本無。
13　“歎”，乙本作“嘆”。
14　“有”，丙本作“若”。
15　“諸衆生等以”，丙本作“衆生”。
16　“舍利弗……生諸佛前”一百二十七字，乙本無。
17　“斷結使”後，乙、丙本有“菩薩”。
18　“斷結使”後，乙、丙本有“菩薩”。
19　“遊諸世界”，丙本作“由諸佛世界”，“由”爲“遊”之借字。

衆生,何以但至清淨無量壽佛世界中？答曰：菩薩有二種：一者,有慈悲心,多[1]為衆生；二者,多集諸佛功德。樂多集諸佛功德者,至一乘清淨無量壽世界；好多為衆生者,至無佛法衆處,讚歎[2]三寶之音[3],如後章[4]説。

【經】舍利弗！有菩薩摩訶薩初發意時,得初禪乃至第四禪,得四無量心,得[5]四無色定,修四念處乃至十八不共法；是菩薩不生欲界[6]、色界、無色界中,常生有益衆生之處。

【論】釋曰：此菩薩或生無佛世界,或生有佛世界。世界不淨,有三惡道,貧窮下劣；或生清淨世界。至無佛世界[7],以十善道、四禪乃至四無色定,利益衆生[8]；令信向三寶,稱[9]説五戒[10]及出家戒[11],令得禪定、智慧功德。不清淨世界有二種：有現在佛,及佛[12]滅度[13]後。佛滅度後,或時出家,或時在家,以財施、法施種種利益衆生。若佛在世,作種種因緣引導衆生,令至[14]佛所。清淨世界者,衆生未具[15]功德者,令其滿足,是名在所生處利益衆生。

【經】舍利弗！有菩薩摩訶薩,初發意時,行六波羅蜜,上菩薩位,得阿毘跋致地。舍利弗！有菩薩摩訶薩,初發心[16]時,便得阿耨多羅三藐三菩提,轉法輪[17],與無量阿僧祇衆生作益厚已,入無餘涅槃；是佛般[18]涅槃後,餘法若[19]住一劫,若減一劫。舍利弗！有菩薩摩訶薩,初發意時,與般若波羅蜜相應,與無數百千億菩薩,從一佛國[20]至一佛國,為[21]淨佛世界[22]故[23]。

【論】釋曰：有三[24]種菩薩：利根心堅,未發心前,久來集諸無量福德智慧；是人遇[25]佛,聞是大乘法,發阿耨多羅三藐三菩提心,即時行六波羅蜜,入菩薩位,得阿鞞跋致[26]地。所以者何？先集無量福德,利根心堅,

---

1 "世界中……心多"一行十七字,丙本脱。
2 "歎",乙、丙本作"嘆"。
3 "音",丙本作"音妙"。
4 "章",丙本作"事"。
5 "得",丙本無。
6 "界",乙本作"男",誤。
7 "世界",乙本作"世",丙本作"土"。
8 "以十……衆生"十六字,乙本無。
9 "稱",丙本作"講"。
10 "戒",乙本作"或",誤。
11 "戒",乙本作"或",誤。
12 "佛"後,丙本衍"佛"。
13 "度",丙本無。
14 "至",丙本作"到"。
15 "具",丙、石本作"具足"。
16 "心",丙本作"意"。
17 "轉法輪"前,丙、元、明、石本有"便"。
18 "般",丙本無。
19 "若",丙、石本作"或"。
20 "國",丙本作"國土"。
21 "為",乙、宋、元、明、宮本無。
22 "世界",丙本作"國土",石本作"土"。
23 "故",乙、丙、宋、元、明、宮本無。
24 "三",乙、丙、宋、宮本作"二"。
25 "遇",丙本作"見"。
26 "阿鞞跋致",丙本作"阿毗跋致",異譯詞。

從佛聞法故。譬如遠行,或有乘羊而去,或有乘馬而去,或有神通[1]去者。乘羊者久久乃[2]到;乘馬者[3]差速;乘神通者發意頃便到,如是不得言發意間云何得到?神通相爾,不應生疑!菩薩亦如是,發阿耨多羅三藐三菩提時,即入菩薩位。有菩薩初發意,初雖心好,後雜諸惡,時時生念:我求佛道,以諸功德迴向阿耨多羅三藐三菩提;是人久久無量阿僧祇劫,或至或不至[4]。先世福德因緣薄,而復鈍根,心不堅固,如乘羊者。有人前世,少有福德利根,發心漸漸行六波羅蜜,若三、若十、若百阿僧祇劫,得阿耨多羅三藐三菩提;如乘馬者,必有所到。第三乘神通者,如上説。是三種發心:一者,罪多福少;二者,福多罪少;三者,但行清淨福德。清淨有二種:一者,初發心時,即得菩薩道;二者,小住,供養十方諸佛,通達菩薩道,故入菩薩位,即是阿鞞跋致地。阿鞞跋致地菩薩義,如先説。次後[5]菩薩,大厭世間,世世已[6]來,常好真實,惡於欺誑。是菩薩亦利根、堅心,久集無量福德、智慧。初發心時,便得阿耨多羅三藐三菩提,即轉法輪,度無量衆生,入無餘涅槃;法住若一劫,若減一劫,留化佛度衆生。佛有二種神通力:一者,現在時[7];二者,滅後。劫義,如上説。劫中所度衆生,亦復不少!次後[8]菩薩,亦利根、心堅,久集福德。發心即與般若波羅蜜相應,得六神通;與無量衆生,共觀十方清淨世界[9],而自莊嚴其國。如阿彌陀佛,先世時作法藏比丘,佛將導遍至十方,示清淨國[10],令選[11]擇淨妙之國[12],以自莊嚴其國[13]。

大智度論卷第三十八[14]。

大智度論釋往生品第四之中(卷三十九)[15]

……舍[16]利弗!有菩薩摩訶薩,行般若波羅蜜時[17],得四禪、四無量心、四無色定,遊戲其中入初禪;從初禪起入滅盡定,從滅盡定起乃至入四禪,從四禪起入滅盡定,從滅盡定起入虛空處,從虛空處起入滅盡定,從滅盡定起乃至入非有想非無想處,從非有想[18]非無想[19]處起入滅盡定[20]。如是舍利弗!菩薩摩訶薩行般若波羅蜜,以方便力故入超越定。

---

1 "神通"前,丙本有"乘"。
2 "乃",丙本作"能"。
3 "者",丙本作"去者"。
4 "或至或不至",丙本作"或到或不到"。
5 "次後",丙本作"復次"。
6 "已",丙本作"以"。
7 "現在時"後,丙本衍"二種神通力:一者,現在時"。
8 "次後",丙本作"復次"。
9 "世界",丙本作"國土"。
10 "國",丙本作"國土"。
11 "選",丙本作"撰",誤。
12 "國",丙本作"國土"。
13 "其國"後,丙本有"也",丙本終。
14 乙本終,尾題作"大智論卷第三十八"。
15 本卷對應《大智論》寫本凡 12 號:羽 210 號 E(以下簡稱"甲本")、S.7454 號(以下簡稱"乙一")、P.4865 號 A(以下簡稱"乙二")、BD05974 號(以下簡稱"乙三")、P.4865 號 B(以下簡稱"乙四")、俄 Дх17456 號(以下簡稱"丙本")、俄 Дх05157 號(以下簡稱"丁一")、俄 Дх04073 號 + 俄 Дх04078 號(以下簡稱"丁二")、羽 469 號(以下簡稱"戊本")、俄 Дх03359 號(以下簡稱"己本")、俄 Дх03358 號(以下簡稱"庚本")、中村 159 號①(以下簡稱"辛本")。
16 甲本始。
17 "時",甲、宋、元、明、宮本無。
18 "想",甲本作"相","相"爲"想"之借字。
19 "非無想",甲本脱。
20 甲本終。

【論】問曰：若凡夫人不能入滅盡定，云何菩薩從初禪起入滅盡定？答曰：《阿毗曇鞞婆沙》中小乘如是說，非佛三藏說。又是菩薩，聖人尚不及，何況當是凡夫！譬如六牙白象，雖被毒箭，猶憐愍怨賊！如是慈悲心，阿羅漢所無。畜生中猶尚如是，何況作人身，離欲入禪而不得滅盡定！問曰：若菩薩得滅盡定，可爾；超越定法不能過二，若言從初禪起乃至入滅盡定，無有是法？答曰：餘人雖有定法，力少故，不能遠超；菩薩無量福德智慧力，深入禪定，心亦不著，故能遠超。譬[1]如人中力士，趠不過三四[2]丈；若天中[3]力士，無復限數。小乘法中，超一者是定法；菩薩禪定力大，心無所著，故遠近隨意。問曰：若爾者，超越者是大，次第定不應爲大？答曰：二俱爲大。所以者何？從初禪起至二禪，更無餘心，一念得入，乃至滅盡定皆爾。超越[4]者，從初禪起入第三禪，亦不令餘心雜，乃至滅盡定，逆順皆爾。有人言：超越定勝，所以者何？但[5]無餘心雜而能超越故；譬如槃馬迴轉隨意。

【經】[6]舍利弗！有菩薩摩訶薩行般若波羅蜜時[7]，修四念處乃至十八不共法，不取須陀洹果、斯陀含果、阿那含果、阿羅漢果、辟支佛道；以方便力，爲度[8]衆生故起八聖道分，以是八道，令得須陀洹果乃至辟支佛道。佛告舍利弗：一切阿羅漢、辟支佛果及智，是菩薩摩訶薩無生法忍。舍利弗！當知是菩薩摩訶薩行般若波羅蜜，在阿鞞跋致地中住。

【論】[9]問曰：何以不說是菩薩行六波羅蜜，而但說得四念處？答曰：若說、若不說，當知是[10]菩薩皆行六波羅蜜；於三十七品或行、或不行。不證聲聞、辟支佛道者，有大慈大悲、深入方便力等，如先說。問曰：自不得諸道果，云何能以化人？答曰：佛自說因緣，所謂聲聞、辟支佛果及智，皆是菩薩法忍，但不受諸道果名字；果及智皆入無生法忍中。復次，唯不取證，餘者皆行。得菩薩道故，名爲阿鞞跋致。

【經】舍利弗！有菩薩摩訶薩住六波羅蜜淨兜率天道，當知是賢劫中菩薩。

【論】釋曰：菩薩有各各道，各各行，各各願。是菩薩修業因緣，生兜率天上，入千菩薩會中，次第作佛，如是相當知是賢劫中菩薩。

【經】舍利弗！有菩薩摩訶薩修四禪乃至十八不共法，未證四諦，當知是菩薩一生補處。

【論】問曰：是一生補處菩薩，應生兜率天，云何說得四禪等？答曰：是菩薩生兜率天上，離欲得四禪等。復次，是補處菩薩，離欲來久具足佛法，以方便力，隨補處法，生兜率天。未證四諦者，故留不證。若取證者，成辟支佛；欲成佛故不證[11]。

【經】舍利弗！有菩薩摩訶薩無量阿僧祇劫修[12]行，得阿耨多羅三藐三菩提。

【論】釋曰：是菩薩雖種善根，求[13]阿耨多羅三藐三菩提，以鈍根雜行故，久乃得之。以深種善根，故必得。

1　乙一始。

2　“中力……三四”八字，乙一殘。

3　“中”，乙一、宋、宮、聖、石本無。

4　“超越”，乙一殘。

5　“但”，乙一、宋、元、明、宮、聖、石本作“俱”。

6　“經”，乙一、宋、宮、聖本無。下同，不復出校。

7　“時”，乙一、宋、元、明、宮、聖、石本無。

8　“度”，乙一、宋、元、明、宮、聖、石本無。

9　“論”，乙一、宋、宮、聖本無。下同，不復出校。

10　“是”，乙一、宋、元、明、宮、聖、石本無。

11　“欲成佛故不證”，乙一、宋、宮、聖本無。

12　“修”，乙一、宋、宮、聖本作“作”。

13　“求”，乙一脱。

【經】舍利弗！有菩薩摩訶薩住六波羅蜜，常懃[1]精進，利益眾生，不說無益之事。

【論】釋曰：是菩薩先有惡口故，發菩薩心願言：我永離口四[2]過，行是道。復次，此菩薩知是般若波羅蜜中諸法，無有定相，不可著、不可說相故。如是知能利益[3]者，皆是佛法；若不能利益，雖種種好語，非是佛法。譬如種種好藥，不能破病，不名爲藥；趣得土泥等能差病者，是名爲藥。以是故，恐其[4]謬錯故，不說無益[5]之事[6]。

【經】[7]舍利弗！有菩薩摩訶薩行六波羅蜜，常懃精進，利益眾生，從一佛國至一佛國，斷眾生三惡道。

【論】[8]釋曰：是菩薩住六神通，到十方世界，遮上、中、下三種不善道。

【經】舍利弗！有菩薩摩訶薩住六波羅蜜，以檀爲首，安樂一切眾生：須飲食與飲食，衣服、臥具、瓔珞、花香，房舍、燈燭，隨其所須皆給與之。

【論】[9]釋曰：菩[10]薩有二種：一者，能令眾生離苦；二者[11]，能與樂。復有二種：一者，憐愍三惡道眾生；二者，憐愍人。是菩薩與眾生樂，憐愍人故，隨所須皆與之。

【經】[12]舍利弗！有菩薩摩訶薩行般若波羅蜜時，變身如佛，爲地獄中眾生說法，爲畜生、餓鬼中眾生說法。

【論】問曰：是菩薩何以故[13]變作佛身，似不尊重佛？答曰：有眾生見佛身得度者，或有見轉輪聖王等餘身得度者，以是故變身作佛。復次，世間稱佛名字是大悲，是世尊。若以佛身入地獄者，則閻羅王諸鬼神不遮礙：是我所尊者師，云何可遮！問曰：若地獄中火燒，常有苦痛，心常散亂，不得受法，云何可化？答曰：是菩薩以不可思議神通力，破鑊滅火，禁制獄卒；放光照[14]之，眾生心樂，乃爲說法，聞則受持。問曰：若爾者，地獄眾生有得道者不？答曰：雖不得道，種得道善根因緣。所以者何？以重罪故，不應得道。畜生道中當分別：或得者，或不得者。如阿那婆達多龍王、沙竭龍王等得菩薩道。鬼神道中，如夜叉、密迹金剛、鬼子母等，有得見道，是[15]大菩薩。

【經】舍利弗！有菩薩摩訶薩行六波羅蜜時，變身如佛，遍至十方如恒河沙等諸佛世界，爲眾生說法；亦供養諸佛及淨佛世界，聞諸佛說法；觀採十方淨妙國土[16]相而已[17]，自起殊勝世界。其中菩薩摩訶薩，皆是一生補處。

【論】釋曰：是菩薩遍爲六道說法，以佛身爲十方眾生說法。若眾生聞弟子教者，不能信受；若聞佛獨

1　“懃”，乙一作“修”。

2　“四”，乙一作“惡”。

3　“利益”，乙一、官、聖本作“益利”。

4　乙二始。

5　“其謬……無益”八字，乙一殘。

6　乙一終。

7　“經”，乙二無。下同，不復出校。

8　“論”，乙二無。下同，不復出校。

9　“論”，乙三無。下同，不復出校。

10　乙三始。

11　乙二終。“一者……二者”十字，乙三殘。

12　“經”，乙三、宋、官、聖本無。下同，不復出校。

13　“故”，乙三、宋、官、聖、石本無。

14　“照”，乙一作“炤”。

15　“是”，乙三、聖本作“有”。

16　“國土”，乙三、宋、元、明、官本作“佛國”，聖本作“佛國土”，石本作“國”。

17　“已”，乙三、宋、元、明、官、聖本作“以”，“以”通“已”。

尊自在者説法,信受其語。是菩薩二事因緣故,供養諸佛、莊嚴世界:聞莊嚴世界法;到十方佛國,取清淨世界相。行業因緣,轉復殊勝,光明亦多。所以者何?此國土[1]中,皆一生補處菩薩。問曰:若先已説兜率天上一生補處菩薩,今云何説他方世界菩薩,皆一生補處?答曰:兜率天上一生補處者,是三千世界常法,餘處不定。所謂第[2]一清淨者,轉身成佛[3]故。

【經】舍利弗!有菩薩摩訶薩行六波羅蜜時,成就三十二相,諸根淨利。諸根淨利故,衆人愛敬;以愛敬故,漸以三乘法而度脱之。如是,舍利弗!菩薩摩訶薩行般若波羅蜜時[4],應[5]學身清淨、口清淨。

【論】[6]釋曰:是菩薩欲令衆生眼見其身得度故,以三十二相莊嚴身。諸根淨利者,眼等諸根明利,出過餘人;信、慧根諸心數根等,利淨第一;見者歎其希有:我無此事!愛敬是菩薩,信受其語,世世具足道法,以三乘道入涅槃。是三十二相[7],眼[8]等諸根,皆從身、口業因緣清淨得,以是故,佛説:菩薩應當淨身、口業。

【經】舍利弗!有[9]菩薩摩訶薩行六波羅蜜時[10]得諸根淨,以是淨根而不自高[11],亦不下[12]他。

【論】釋曰:是菩薩常深淨行六波羅蜜故,得眼等諸根淨利[13],人皆愛敬;慧等諸心數法根,淨利無比,爲度衆生故。世間常法,若得殊異,心則自高,輕諸餘人,作是念:汝無此事,我獨有此!以是因緣故,還失佛道。如經中説:菩薩輕餘菩薩,念念一劫,遠於佛道,經爾所劫,更修佛道。以是故,而不自高,亦不下他。

【經】舍利弗!有菩薩摩訶薩從初發心住檀波羅蜜、尸羅波羅蜜,乃至阿鞞跋致地,終不墮惡道。

【論】釋曰:是菩薩從初已來,性畏惡道,所作功德願不墮墮。乃至阿鞞跋致地者,以未到中間,畏墮惡道故作願。菩薩作是念:若我墮三惡道者,自不能度,何能度人?又受三惡道苦惱時,以瞋惱故,結使增長,還起惡業,復受苦報;如是無窮,何時當得修行佛道?問曰:若持戒果報不墮惡道者,何以復説布施?答曰:持戒是不墮惡道根本,布施亦能不墮。復次,菩薩持戒,雖不墮惡道中,生人中貧窮,不能自利,又不益人;以是故行布施。餘波羅蜜,各有其事。

【經】舍利弗!有菩薩摩訶薩,從初發心乃至阿鞞跋致地,常不捨十善行。

【論】釋曰:佛説持戒故,不墮惡道,布施隨逐,今不知云何行尸羅波羅蜜,乃至阿鞞跋致地;是故復説常行十善。復次,先菩薩持戒不牢固,布施隨助;今説但持戒牢固,不捨十善,不墮三惡道。

【經】舍利弗!有菩薩摩訶薩,住檀波羅蜜、尸羅波羅蜜中,作轉輪聖王,安立衆生,於十善道;亦以財物布施衆生。

【論】釋曰:是檀、尸波羅蜜因緣故,作轉輪聖王。行尸羅波羅蜜故,能令衆生信受十善。行檀波羅蜜故,以財寶給施衆生,亦不可盡。問曰:一切菩薩皆行是二波羅蜜,作轉輪聖王不?答曰:不必然也!何以故?如此品中,諸菩薩種種法入佛道。有菩薩聞轉輪聖王儀法,在此處能利益衆生,故作是願;或有菩薩種轉輪

---

1 "土",乙三、宋、元、明、宮、聖、石本無。

2 "第",乙三作"弟","弟"爲"第"之古字。

3 "佛",乙三、宋、元、明、宮、聖、石本作"佛道"。

4 乙三終。

5 乙四始。

6 "論",乙四、宋、宮、聖本無。下同,不復出校。

7 "相",乙四作"根",誤。

8 "眼",乙四作"根",誤。

9 丙本始。

10 "時",乙四、宋、元、明、宮、聖、石本無。

11 "波羅……自高"十六字,丙本殘。

12 丙本終。

13 乙四終。

聖王因緣,雖不作願,亦得轉輪聖王報。自行二波羅蜜故,作轉輪聖王,亦教一切衆生行十善道,亦自行布施。聞者生疑:爲一世作? 爲世世作? 以是故。

【經】佛告舍利弗:有菩薩摩訶薩,住檀波羅蜜、尸羅波羅蜜,無量千萬世作轉輪聖王,值遇無量百千諸佛,供養恭敬,尊重讚歎。

【論】釋曰:若菩薩知作轉輪聖王大益衆生者,便作轉輪聖王;若自知餘身益大,亦作餘身。復次,欲以世間法大供養佛故,作轉輪聖王。

【經】舍利弗! 有菩薩摩訶薩,常爲衆生以法照明,亦以自照;乃至阿耨多羅三藐三菩提,終不離照明。舍利弗! 是菩薩摩訶薩,於佛法中已得尊重。舍利弗! 以是故,菩薩摩訶薩行般若波羅蜜時,身、口、意不[1]淨,不令妄起。

【論】[2]釋曰:上菩薩行檀、尸波羅蜜[3]作轉輪聖王;是菩薩但分別諸經,讀誦[4]、憶念、思惟、分別諸法,以求佛道。以是智慧光明,自利益,亦能利益衆生;如人闇道中然[5]燈,亦能自益,亦能益人。終[6]不離者,是因緣故,終不離智慧光明,乃至阿耨多羅三藐三菩提。復次,是菩薩清淨法施,不求名利供養恭敬,不貪弟子,不恃[7]智慧,亦不自高輕於餘人,亦不譏刺;但念十方諸佛慈心念[8]衆生,我亦如是學佛道:説法無所依止,適無所著,但爲衆生,令知諸法實相。如是清淨説法,世世不失智慧光明,乃至阿耨多羅三藐三菩提。已得尊重者,上諸菩薩能如[9]是者,於諸衆生皆爲尊重。身、口、意不淨,不令妄起者,能以清淨法施者,不應雜起身、口、意惡業。所以者何? 若起身、口、意惡者,聞者或不信受。若意業不淨,智慧不明;智慧不明[10]不能善行菩薩道。復次,不但此一菩薩,上來菩薩能[11]行此法者,皆名尊重佛教。若菩薩欲行菩薩道,皆不應雜罪行,一切惡罪業,不令妄起;雜行者,於行道則難,不能疾成佛道,罪業因緣壞諸福德故。

【經】[12]舍利弗白佛言:世尊! 云何菩薩身業不淨、口業不淨、意業不淨。

【論】問曰:舍利弗智慧第[13]一,何以故不識身、口、意惡業? 答曰:舍利弗! 於聲聞法中則知,菩薩事異故不知,如[14]説若菩薩生聲聞[15]、辟[16]支佛心,是爲菩薩破戒,以是故舍利弗疑,不知何者是菩薩罪、非[17]罪。復次,

---

1　丁一始。
2　“論”,丁一、宋、宮、聖本無。下同,不復出校。
3　“蜜”,丁一脱。
4　“讀誦”,丁一、宋、元、明、宮、聖本作“誦讀”。
5　“然”,丁一作“燃”,“然”爲“燃”之古字。
6　“終”,丁一作“衆”,“衆”爲“終”之借字。
7　“不恃”前,丁一有“亦”。
8　“念”,丁一、宋、宮本無。
9　“如”,丁一作“知”,誤。
10　“智慧不明”,甲本無。
11　“能”,丁一無。
12　“經”,丁一、宋、宮、聖本無。下同,不復出校。
13　“論問……慧第”九字,丁一殘。
14　“如”,丁一無。
15　丁一終。
16　丁二始。
17　“非”,丁二作“不”。

舍利弗[1]！知身三不[2]善道，口四不善道，意三不善道[3]，是爲身、口、意罪。此中佛答：若菩薩取身、口[4]、意相，是則爲菩薩身、口、意罪。如是等因緣[5]故，舍利弗問。

【經】佛告舍利弗：若菩薩摩訶薩[6]作是[7]念……

……是名衆[8]生空。菩薩住是二空中，漸[9]得一切不可得空，不可得空即是諸法實相。是不可得空義，如先十八空中説。

【經】[10]舍利弗！有菩薩摩訶薩行六波羅蜜時，無能[11]壞者。舍利弗白佛言：世尊！云何菩薩[12]摩訶薩行六波羅蜜時，無能壞者？佛告舍利弗：若菩薩摩訶薩行六波羅蜜時，不念有色、乃至識，不念有眼、乃至意，不念有色、乃至法，不念有眼界、乃至法界，不念有四念處、乃至八聖道分，不念有檀波羅蜜、乃至般若波羅蜜，不念有十力、乃至十八不共法，不念有須陀洹果、乃至阿羅漢果，不念有辟支佛、乃至阿耨多羅三藐三菩提。舍利弗！菩薩摩訶薩如是行，增益六波羅蜜，無能壞者。

【論】[13]釋曰：佛爲舍利弗種種分別諸菩薩，次爲説有菩薩發心時無有能壞者。舍利弗驚喜恭敬諸菩薩，是故問：菩薩結使未斷，未於實相[14]法作證，何因緣故不可破壞？佛答：若菩薩不念有色，乃至不念有阿耨多羅三藐三菩提；得是法空故，亦得衆生空。若是法空，觀空者亦空。住是無礙般若波羅蜜中，無有能壞者。

【經】舍利弗！有菩薩摩訶薩住般若波羅蜜中，具足智慧；以是智慧，常不墮惡道，不生弊惡人中，不作貧窮人；所受身體，不爲人、天、阿修羅所憎惡。

【論】釋曰：此菩薩先世來愛樂智慧，學一切經書，觀察思惟，聽採諸法；自以智力推求一切法中實相。得是一切法實相故，爲諸佛深心愛念。是無量智慧福德因緣故，身、心具足，常受富樂，無諸不可。

【經】舍利弗白佛言：世尊！何等是菩薩摩訶薩智慧？佛告舍利弗：菩薩摩訶薩用是智慧，成就見十方如恒河沙等諸佛，聽法、見僧，亦見嚴淨佛土；菩薩摩訶薩以是智慧，不作佛想；不作菩薩想；不作聲聞、辟支佛想；不作我想；不作佛國想；用是智慧行檀波羅蜜，亦不得檀波羅蜜；乃至行般若波羅蜜，亦不得般若波羅蜜；行四念處亦不得四念處；乃至行[15]十八不共法，亦不得十八不共法。舍利弗！是名菩薩摩訶薩智慧。用是智慧，能具足一切法，亦不得一切法。

【論】釋曰：是中佛説二種智慧：一者，分別破壞諸法而不取相；二者，不著心、不取相見十方諸佛，聽法。問曰：云何行檀波羅蜜而不得檀？答曰：不得檀中若一若異、若實若空。是檀從和合因緣生，於是檀中令衆生得富樂，及勸助佛道；以是故，行檀亦不得檀。不得義，如上説；乃至十八不共法，亦如是。是名菩薩智慧，能具足一切法而不得諸法。

1　“弗”，丁二殘。

2　“三不”，丁二殘。

3　“道意三不善道”，丁二殘。

4　“口意……身口”十三字，丁二殘。

5　“則爲……因緣”十三字，丁二殘。

6　“利弗……訶薩”十五字，丁二殘。

7　丁二終。

8　戊本始。

9　“漸”，戊、宋、元、明、宮、聖、石本作“漸漸”。

10　“經”，戊、宋、宮、聖本無。

11　“無能”，戊本殘。

12　“菩薩”，戊本殘。

13　“論”，戊、宋、宮、聖本無。下同，不復出校。

14　“相”，戊、宋、元、明、宮、聖、石本無。

15　“行”，戊、宋、元、明、宮本無。

【經】舍利弗！有菩薩摩訶薩行般若波羅蜜時，淨於五眼：肉眼、天眼、慧眼、法眼、佛眼。舍利弗白佛言：世尊！云何菩薩摩訶薩肉眼淨？佛告舍利弗：有菩薩肉眼見百由旬，有菩薩肉眼見二百由旬，有菩薩肉眼見一閻浮提，有菩薩肉眼見二天下、三天下、四天下，有菩薩肉眼見小千世界，有菩薩肉眼見中千世界，有菩薩肉眼見三千大千世界。舍利弗！是爲菩薩摩訶薩肉眼淨。

【論】問曰：佛何以不説行般若波羅蜜生五眼，而説淨五眼？答曰：菩薩先有肉眼，亦有四眼分，以諸罪結使覆故不清淨。如鏡性有照明[1]，垢故不見；若除垢，則照[2]明如本。菩薩行六波羅蜜，滅諸垢法故，眼得清淨。肉眼，業因緣故清淨；天眼，禪定及業因緣故清淨；餘三眼，修無量智慧、福德因緣故清淨。最大菩薩，肉眼最勝，見三千大千世界。問曰：若三千大千世界中，百億須彌山，諸山鐵圍、山[3]阜、樹木等，是事障礙，云何得遍見？若能得見，何用天眼？若不能見，此中云何説見三千大千世界？答曰：不以障礙故見；若無障礙，得[4]見三千世界，如觀掌無異。復次，有人言：菩薩天眼有二種：一者，從禪定力得；二者，先世行業果報得。業報生天眼，常在肉眼中，以是故三千世界所有之物，不能爲礙；因天眼開障，肉眼得見。是故肉眼得名果報生天眼，常現在前，不待攝心。問曰：佛爲世尊，力皆周遍，何以但見一三千大千世界，不能見多？答曰：若肉眼能過三千大千世界，復有所見者，何用天眼？以肉眼不能及故，修學天眼。復次，三千大千世界，劫初一時生，劫盡一時滅；世界之外，無央數[5]由旬，皆是虛空；空中常有風，肉眼與風相違；以相違故，不能得過見異世界。或有菩薩住三千世界境上，計其道數，亦應見他方近世界。問曰：菩薩及佛，何以不集無量清淨福德，令肉眼遠有所見？答曰：是肉眼因緣，虛誑不淨，天眼因緣清淨；若無天眼，當修肉眼，強令遠見。復次，如經中説極遠見三千世界；佛法不可思議，經法甚多，或能遠見，但此中不説。小遠見[6]佛道菩薩，見二千中世界，不能種清淨業因緣故小；復不如者，見小千世界；復不如者，見四天下、一須彌山、一日月處；又見三天下，二天下，一天下；千由旬，乃至百由旬：是名最小肉眼淨。問曰：何以不説九十、八十等由旬以爲小？答曰：轉輪聖王所見，過於餘人；又人先世然[7]燈等因緣故，得堅固眼根，能遠有所見；雖遠，終不能見百由旬。以是故，菩薩小者見百由旬。問曰：日月在上，去地四萬二千由旬，人皆能見，何以不能見百由旬，見百由旬何足稱？答曰：日月雖遠，自有光明還照[8]其形，人得見之，餘色不然。又日月遠故，雖見而顛倒。所以者何？日月方圓五百由旬，而今所見，不過如扇；大而見小，顛倒非實，菩薩肉眼則不然！問曰：菩薩既得肉眼，能見何事？答曰：見可見色。色義，色衆中廣説。

【經】舍利弗白佛言：世尊！云何菩薩摩訶薩天眼淨？佛告舍利弗：菩薩摩訶薩天眼，見一切[9]四天王天所見，見[10]三十三天、夜摩天、兜率陀天、化樂天、他化自在天所見，見[11]梵天王所見，乃至阿迦尼吒[12]天所見。菩薩天眼所見者，四天王天乃至阿迦尼吒天，所不知、不見。舍利弗！是菩薩摩訶薩天眼，見十方如恒河沙等諸佛世界中衆生，死此生彼。舍利弗！是爲菩薩摩訶薩天眼淨。

1　“照明”，戊、宋、宫、聖本作“明照”。

2　“照”，戊、宋、宫、聖、石本無。

3　“山”，戊、宋、元、明、宫、聖、石本作“陵”。

4　“得”，戊、聖本無。

5　“無央數”，戊本作“無鞅數”，異譯詞。

6　“見”，戊、宋、宫、聖本無。

7　“然”，戊本作“燃”，“然”爲“燃”之古字。

8　“照”，戊本作“炤”。下同，不復出校。

9　“一切”，戊、宋、元、明、宫、石本無。

10　“見”，戊、宋、元、明、宫、聖、石本無。

11　“見”，戊、宋、元、明、宫、聖、石本無。

12　“阿迦尼吒”，戊、宋、宫、聖、石本作“阿迦貳吒”，元、明本作“阿迦膩吒”，異譯詞。下同，不復出校。

【論】釋曰：菩薩天眼有二種：一者，果報得；二者，修禪得。果報得者，常與肉眼合用，唯夜闇天眼獨用。諸人得果報天眼，見四天下欲界諸天，見下不見上；菩薩所得果報天眼，見三千大千世界。禪定離欲天眼所見，如先十力天眼明中説。菩薩用是天眼，見十方如恒河沙等世界中衆生生死，善惡好醜，及善惡業因緣，無所障礙。一切皆見四天王天乃至阿迦尼吒天所見，又能過之；是諸天不能知菩薩天眼所見。何以故？是菩薩出三界，得法性生身，得菩薩十力故，如是等因緣，菩薩天眼淨。餘菩薩天眼論議，如讚菩薩五神通中説。

【經】舍利弗白佛言：世尊，云何菩薩摩訶薩慧眼淨？佛告舍利弗：慧眼菩薩不作是念：有法若有爲、若無爲，若世間、若出世間，若有漏、若無漏。是慧眼菩薩，無法不見，無法不聞，無法不知，無法不識。舍利弗！是爲菩薩摩訶薩慧眼淨。

【論】釋曰：肉眼不能見障外事，又不能遠見，是故求天眼。天眼雖復能見，亦是虛誑見一、異相，取男、女相，取樹、木等諸物相；見衆物和合虛誑法，以是故求慧眼；慧眼中無如是過。問曰：若爾者何等是慧眼相？答曰：有人言：八聖道中正見是慧眼相，能見五受衆實相、破諸顛倒故。有人言：能緣涅槃慧，名爲慧眼；所緣不可破壞[1]故，是智慧[2]非虛妄。有人言：三解脱門相[3]應慧[4]，是名[5]慧眼；何以故[6]？是慧能開涅槃門故。有人言：智慧現前，能觀實際，了了深入，通達悉知，是名慧眼。有人言：能通達法性，直過無礙。有人言：定心知諸法相如，是名慧眼。有人言：法空是名慧眼。有人言：不可得空中，亦無法空，是名慧眼。有人言：十八空皆是慧眼。有人言：癡、慧非一、非異，世間法不異出世間，出世間法不異世間；世間法即是出世間，出世間法即是世間；所以者何？異不可得故。諸觀滅，諸心行轉還無所去，滅一切語[7]言，世間法相如涅槃不異，如[8]是智慧，是名慧眼。復次，此中佛自説：慧眼菩薩，一切法中不念：有爲、若無爲，若世間、若出世間，若有漏、若無漏等，是名慧眼。若菩薩見有爲、世間、有漏，即墮有見中；若見無爲、出世間、無漏[9]，即墮無見中。是有、無二見捨，以不戲論慧，行於中道，是名慧眼。得是慧眼，無法不見，無法不聞，無法不知，無法不識。所以者何？得是慧眼，破邪曲諸法、無明諸法。總相、別相各皆如是[10]。問曰：阿羅漢、辟支佛亦得慧眼，何以不説無法不見、無法不聞、無法不知、無法不識？答曰：慧眼有二種：一者，總相；二者，別相。聲聞、辟支佛見諸法總相，所謂無常、苦、空等；佛以總相、別相慧觀諸法。聲聞、辟支佛雖有慧眼，有量有限。復次，聲聞、辟支佛慧眼，雖見諸法實相，因緣少故，慧眼亦少，不能遍照法性；譬如燈油炷雖淨，小故不能廣照。諸佛慧眼，照諸法實性，盡其邊底，以是故無法不見，無法不聞，無法不知，無法不識。譬如劫[11]盡，火燒三千世界，明無不照。復次，若聲聞、辟支佛慧眼無法不知者，與一切智人有何等異？菩薩世世集福德、智慧苦行，何所施用？問曰：佛用佛眼，無法不知，非是慧眼，今云何言慧眼無法不知？答曰：慧眼，成佛時變名佛眼，無明等諸煩惱及習滅故，一切法中皆悉明了。如佛眼中説：無法不見、聞、知、識。以是故，肉眼、天

1　己本始。

2　庚本始。

3　“智慧……門相”十三字，己本殘。

4　己本終。

5　“有人……是名”十二字，庚本殘。

6　庚本終。

7　“語”，戊本作“諸”，誤。

8　“如”，戊、宋、元、明、宫、聖、石本作“能得”。

9　“漏”，戊本作“陋”，“陋”爲“漏”之借字。

10　“是”，戊、宋、宫、聖、石本作“法”。

11　辛本始。

眼、慧眼、法眼,成佛時失其本名,但名佛眼[1]。譬如閻浮提四大河,入大海中,則失其本名。何以故? 肉眼,諸煩惱有漏業生故,虛誑不實,唯佛眼無誑法;天眼,亦從[2]禪定因緣和合生故,虛誑,不能如實見事;慧眼、法眼,煩惱習未盡故,不畢竟清淨故捨;佛眼中無有謬錯,盡其邊極! 以是故阿羅漢、辟支佛慧眼,不能畢竟清淨,故不能無法不見。問曰:佛現得果報肉眼,能見色,是事云何? 答曰:肉眼雖生眼[3]識,而佛不隨其用,不以爲實;如聖自在神通中説,佛告[4]阿難:所見好色中生厭惡心,眼見惡色生不惡厭心;或時見色不生污穢不污穢,但生捨心。如是則肉眼無所施用。復次,有人言:得聖道時,五情清淨異本。復次,諸法畢竟空及諸法通達無礙[5],是二總爲慧眼。

大智度論卷第三十九[6]。

大智度論釋往生品第四之下(卷四十)[7]

聖者龍樹造

後秦龜兹國三藏鳩摩羅什譯[8]

【經】[9]舍利弗白[10]言:世尊! 云何菩薩[11]摩訶薩法眼淨? 佛告舍利弗:菩薩摩訶薩[12]以法眼知是人隨信行,是人隨法行,是[13]人無相行;是人行空解脱門,是人行無相解脱門[14],是[15]人行無作解脱門:得五根,得五根[16]故得[17]無間三昧,得無間三昧故得解脱智,得解脱智故斷三結——有衆見、疑[18]、齋戒取。是[19]人名爲須陀洹。是人得思惟道,薄婬、恚、癡,當得斯陀含;增進思惟道,斷婬、恚,得阿那含;增進思惟道,斷色染、無色染、無[20]明、慢、掉[21],得阿羅漢。是人行空、無相、無作解脱[22]門,得五根;得五根故得無間三昧,得無間三[23]昧故得解脱

1　"眼",辛本作"慧"。

2　"從",戊本作"行"。

3　"生眼",辛本作"能生"。

4　"告",辛本無。

5　"礙",戊本脱。

6　戊本終,尾題作"大智度卷第三十九",題記作"大業三年三月十五日,佛弟子蘇七寶爲亡父母敬寫《大智度論》一部。以此善根,先願國祚永隆,人民興盛。當令七世考妣,棲神淨土,面奉慈尊;見在家室,内外眷屬,災殃彌滅,萬善扶疏。逮及法界含生,永離羈障,齊成正覺。玄福念佛"。辛本終,尾題作"卷第三十九品第三十二"。

7　本卷對應《大智度論》寫本凡6號:S.5375號(以下簡稱"甲一")、S.0224號(以下簡稱"甲二")、俄Дх12125號(以下簡稱"乙本")、羽210號H(以下簡稱"丙本")、俄Дх18123號(以下簡稱"丁本")、P.5579號(以下簡稱"戊本")。

8　甲一始。"大智度……譯"三十二字,甲一作"大智度第四品中法眼釋論卷第四十"。

9　"經",甲一、宋、官本無。石本不分卷。

10　"白",甲一、宋、元、明、官本作"白佛"。

11　乙本始。

12　"訶薩……訶薩"十五字,乙本殘。

13　"人隨……行是"十字,乙本殘。

14　"行空……脱門"十三字,乙本殘。

15　"是"前,乙本有"相"。

16　"根",甲一作"眼",誤。

17　"脱門……故得"十字,乙本殘。

18　"智得……見疑"十三字,乙本殘。

19　乙本終。

20　"色染無",甲一殘。

21　"掉",甲一、石本作"挑","挑"同"掉"。

22　"解脱",甲一殘。

23　"間三",甲一殘。

智,得解脱智故知所有集法皆是[1]滅法,作辟支佛。是爲菩薩法眼淨。復次,舍利弗!菩薩摩訶薩,知是菩薩初發意行檀波羅蜜,乃至行般若波羅蜜,成就信根、精進根;善根[2]純厚,用方便力故,爲衆生受身;若生刹利大姓,若生婆羅門大姓,若生居士大家,若生四天王天處,乃至他化自在天處;是菩薩於其中住,成就衆生,隨其所樂皆給施之;亦淨佛世界,值遇諸佛,供養恭敬、尊重讚歎,乃至阿耨多羅三藐三菩提,亦不墮聲聞、辟支佛地;是爲菩薩摩訶薩法眼淨。復次,舍利弗!菩薩摩訶薩,如是知是菩薩於阿耨多羅三藐三菩提退,知是菩薩於阿耨多羅三藐三菩提不退;知是菩薩受阿耨多羅三藐三菩提記,知是菩薩未受阿耨多羅三藐三菩提記;知是菩薩到阿鞞跋致地,知是菩薩[3]未到阿鞞跋致地;知是菩薩具足神通,知是菩薩未具足神通;知是菩薩已[4]具足神通,飛到十方如恒河沙等世界,見諸佛供養恭敬,尊重讚歎;知是菩薩未得神通,當得神通;知[5]是菩薩當淨佛世界,未[6]淨佛世界;是菩薩成就衆生,未成就衆生;是菩薩爲諸佛所稱譽,所不稱譽;是菩薩親近諸佛,不親近佛;是菩薩壽命有量,壽命無量;是菩薩得佛時,比丘衆有量,比丘衆無量;是菩薩得阿耨多羅三藐三菩提時,以菩薩爲僧,不以菩薩爲僧;是菩薩當修苦行難行,不修苦行難行;是菩薩一生補處,未一生補處;是菩薩受最後[7]身,未受最後身;是菩薩能坐道場,不能坐道場;是菩薩有魔,無魔。如是,舍利弗!是爲菩薩摩訶薩法眼淨。

【論】[8]釋曰[9]:菩薩摩訶薩初發心時,以肉眼見世界衆生,受諸苦患,心生慈愍;學諸禪定,修得五通,以天眼遍見六道中衆生,受種種身心苦,益加憐愍故,求慧眼以救濟之。得是慧眼已,見衆生心相種種不同,云何令衆生得是實法?故求法眼,引導衆生令入法中,故名法眼。所謂是人隨信行,是人隨法行,初入無漏道——鈍根者名隨信行,是人初依信力故得道,名爲隨信行;利根者名隨法行,是人分別諸法故得道,是[10]名隨法行。是二人,十五心中亦名爲無相行[11];過是已往,或名須陀洹,或名斯陀含,或名阿那含。十五心中疾速,無人能取其相者,故名無相。有人無始世界來,性常質直,好樂實事者:有人好行捨離者;有人世世常好善寂者。好實者,用空解脱門得道,以諸實中空爲第[12]一故;好行捨者,行無作解脱門得道;好善寂者,行無相解脱門得道。問曰:何以説得五根?答曰:有人言:一切聖道,名爲五根;五根成立故八根,雖皆是善,而三無漏根[13]無有别異,以是故但説五根。取果時相應三昧,名無間三昧;得是三昧已,得解脱智,以是解脱智斷三結[14],得果證。有衆見者,於五受衆中,生我若我所。疑者,於三寶、四諦中不信。齋戒取者,九十六種

---

1 "皆是",甲一殘。

2 "根",甲一作"相",誤。

3 "知是菩薩",甲一、宋、宫、石本無。

4 "已",甲一、石本作"以","以"通"已"。

5 "知",甲一、宋、宫、石本無。

6 "未",甲一、宋、元、明、宫本作"不"。

7 "菩薩受最後",甲一殘。

8 "論",甲一、宋、宫、石本無。

9 "釋曰",甲一殘。

10 "故得道是",甲一殘。

11 "中亦……相行"七字,甲一殘。

12 "爲第",甲一殘。

13 "根",甲一、宋、宫、石本無。

14 "三結",甲一殘。

外道法中,取是法望得苦解脫。問曰:見諦所斷十結,得須陀洹果,何以故[1]但説[2]三……知菩薩[3]方便行[4]道門。聲聞、辟支佛事[5]先已處處説,今當分別菩薩法。若菩薩知是菩薩深行六波羅蜜,薄諸煩惱故,用信根、精進根及方便,爲度衆生故受身;是菩薩生死肉身,未得法性神通法身,以是故不説三根。未離欲故,今世行布施功德,信根[6]、精進根,後世生刹利大姓,乃至他化自在天。先知因,後知果。復次,是菩薩不退者,如先説不退轉相,亦如後《阿鞞跋致品》中説;與此相違,名爲退。不退菩薩有二種:一者,受記;二者,未受記。如《首楞嚴三昧》四種受記中説。具足神通者,於十方恒河沙世界中,一時能變化無量身,供養諸佛聽法,説法度衆生。如是等,除佛無能及者,是爲末後身。菩薩與此相違者,名不具足。復次,各各自地中無所少,名爲具足;各各地中未成就,是不具足。得神通有二種:有用者,有不用者。未得神通者,有菩薩新發意故,未得神通,或未離欲故,懈怠心故,行餘法故,是爲未得;與上相違,是爲得。淨佛世界、未淨世界,如先説。成就衆生者,有二種:有先自成功德,然後度衆生者;有先成就衆生,後自成功德者。如寶華佛欲涅槃時,觀二菩薩心,所謂彌勒、釋迦文菩薩。彌勒菩薩自功德成就,弟子未成就;釋迦文菩薩弟子成就,自身未成就;成就[7]多人難,自成則易。作是念已,入雪山谷寶窟[8]中,身放光明。是時釋迦文菩薩見佛,其心清淨,一足立七日七夜,以一偈讚佛,以是因緣故,超越九劫。如是等,知成就衆生、不成就衆生者。諸佛稱譽,如先説;與此相違,名爲不稱譽。親近諸佛,無量壽命,無量比丘僧,純菩薩爲僧,不修苦行,如初品末説。一生補處者,或以相知者,如阿私陀仙人觀其身相,知今世成佛。珊若婆羅門[9]見乳糜,知今日成佛者應食。如遍吉菩薩、觀世音菩薩、文殊師利菩薩等,見是菩薩如諸佛相,知當成佛,如是等。坐道場者,有菩薩見菩薩行處,地下有金剛地持是菩薩;又見天龍鬼神,持種種供養具,送至道場,如是等知坐道場。有魔者,宿世遮他行道及種種求佛道因緣,不喜行慈,好行空等餘法,如是等因緣;以宿世破他行道,故有魔破壞。問曰:云何末後身菩薩,受惡業報,爲[10]魔來壞?答曰:菩薩以種種門入佛道,或從悲門,或從精進、智慧門入佛道。是菩薩行精進、智慧門,不行悲心,好行精進、智慧故;譬如貴人,雖有種種好衣,或時著一,餘者不著。菩薩亦如是,修種種行以求佛道,或行精進、智慧道,息慈悲心。破行道者,增上慢故,諸長壽天、龍鬼神不識方便者,見作惡行因緣,若不受報,生斷滅見,是故佛現受報;是故雖無罪因緣實魔來,以方便力,故現有魔。如是等一切聲聞、辟支佛、諸菩薩種種方便門,令衆生入道,是名法眼淨[11]。

【經】[12]舍利弗白佛言:世尊!云何菩薩摩訶薩佛眼淨?佛告舍利弗:有菩薩摩訶薩求佛道心,次第入如金剛三昧,得一切種智。爾時,成就十力、四無所畏,四無礙智,十八不共法、大慈大悲。是菩薩摩訶薩用一切種,一切法中,無法不見,無法不聞,無法不知,無法不識。舍利弗!是爲菩薩摩訶薩得阿耨多羅三藐三菩提時佛眼淨。如是,舍利弗!菩薩摩訶薩欲得五眼,當學六波羅蜜[13]……

---

1 "故",甲一、宋、元、明、宫本無。

2 甲一終。

3 甲二始。

4 "行",甲二、宋、元、明、宫本作"得"。

5 "事",甲二、宋、元、明、宫本無。

6 "根",甲二、宋、宫本無。

7 "就",甲二、宋、元、明、宫、石本無。

8 "窟",甲二作"堀","堀"爲"窟"之古字。

9 "羅門",甲二無。

10 "爲",甲二、宋、元、明、宫本作"有"。

11 "淨",甲二脱。

12 "經",甲二、宋、宫本無。石本不分卷。

13 甲二終。

……問曰 [1]：如佛結戒，比丘三衣不應少，是諸比丘何以故破尸羅波羅蜜，作檀波羅蜜？答曰：有人言：佛過十二歲，然後結戒，是比丘施衣時未結戒。有人言：是比丘有淨施衣，心生當受，以是故施。有人言：是諸比丘多知多 [2] 識，即能更得，事不經宿 [3] ……

……爾 [4] 時，世尊出舌相，遍覆三千大千世界。從其舌相，出無數無量色光明，普照十方，如恒河沙等諸佛世界 [5]。是時，東方如恒河沙等世界中，無量無數諸菩薩，見是大光明，各各白其佛言：世尊！是誰神 [6] 力故，有是大光明，普照諸佛世界 [7]……

……是故命須 [8] 菩提説。是舌相光明，諸菩薩來往義，乃至華臺供養義 [9]，如先説。爾時，衆生見是大神通力，所謂十方 [10] 如恒 [11] 河沙等世界中諸佛……

大 [12] 智度論卷第四十 [13]。

大智度論釋三假品第七（卷第四十一）[14]

龍樹菩薩造

後秦龜茲國鳩摩羅什奉詔譯 [15]

【經】[16] 爾時，佛告慧命須菩提：汝當教諸菩薩摩訶薩般若波羅蜜，如諸菩薩摩訶薩，所應成就般若波羅蜜！即時諸菩薩摩訶薩及聲聞大弟子、諸天等作是念：慧命須菩提自以智慧力，當爲諸菩薩摩訶薩説般若波羅蜜耶 [17]？爲是佛力？慧命須菩提知諸菩薩摩訶薩、大弟子、諸天心所念，語慧命舍利弗：敢佛弟子所説法，所教授，皆是佛力。佛所説法，法相不相違背；是善男子學是法，得證此法，佛説如燈。舍利弗！一切聲聞、辟支佛，實無力能爲菩薩摩訶薩説般若波羅蜜。爾時，慧命須菩提白佛言：世尊所説菩薩、菩薩字，何等法名菩薩？世尊！我等不見是法名菩薩，云何教菩薩般若波羅蜜？佛告須菩提：般若波羅蜜，亦但有名字，名爲般若波羅蜜；菩薩、菩薩字，亦但有名字；是名字不在内，不在外，不在中間。須菩提！譬如説我名，和合故有，是我名，不生不滅，但以世間名字故説。如衆生、壽命、生者、養育者 [18]、衆數、人、作者、使作者、起者、使起者、受者、使受者、知者、見者等，和合法故有，是諸名，不生不滅，但以世間名字故説。般若波羅蜜、菩薩、菩薩字亦如是，皆和合故有，是亦不生不滅，但以世間名字故説。須菩提！譬如身和合故有，是亦不生

1　丙本（第 2 段）始。“問曰”，丙本作“釋曰”。

2　“多”，丙本無。

3　丙本（第 2 段）終。

4　丙本（第 1 段）始。

5　“世界”，丙、石本作“國土”。下同，不復出校。

6　“神”，丙、宋、元、明、宫本無。

7　“佛世界”，丙本作“國土”，石本作“佛國土”。丙本（第 1 段）終。

8　丁本始。

9　“提説……養義”二十字，丁本殘。

10　“先説……十方”十六字，丁本殘。

11　丁本終。

12　戊本始。

13　戊本終，尾題作“大智論卷第四十”，卷末題記僅存“尹夫”，且“夫”字無捺筆。

14　本卷對應《大智度論》寫本凡 3 號：P.2082 號 2（以下簡稱“甲本”）、S.0227 號（以下簡稱“乙本”）、羽 210 號 J（以下簡稱“丙本”）。

15　甲本始。“大智度……譯”三十二字，甲本作“大智度三假品第七釋論訖第八品四十一”。

16　“經”，甲本作“經曰”，宋、宫、聖本無。下同，不復出校。石本不分卷。

17　“耶”，甲本作“也”。

18　“者”，甲、宋、元、明、宫、聖、石本無。

不滅，但以世間名字故説。須菩提！譬如色、受、想、行、識，亦和合故有，是亦不生不滅，但以世間名字故説。須菩提！般若波羅蜜、菩薩、菩薩字亦如是，皆是[1]和合故有，是亦不生不滅[2]，但以世間名字故説。須菩提！譬如眼，和合故有，是亦不生不滅，但以世間名字故説；是眼不在内，不在外，不在中間；耳、鼻、舌、身、意，和合故有，是亦不牛不滅，但以世間名字故説。色乃至法亦如是。眼界和合故有，是亦不生不滅，但以世間名字故説；乃至意識界亦如是。須菩提！般若波羅蜜、菩薩、菩薩字亦如是，皆和合故有，是亦不生不滅，但以[3]名字故説；是名字亦不在内，不在外，不在中[4]間。須菩提！譬如内身，名爲頭，但有名字，項、肩、臂、脊、肋[5]、髀、蹲、脚，是和合故有；是法及名字，亦不生不滅，但以名字故説；是名字亦不在内，不在外，不在中間。須菩提！般若波羅蜜、菩薩、菩薩字亦如是，皆和合故有[6]，但以名字故説；是亦不生不滅，不在内，不在外，不在中間。須菩提！譬如外物，草、木、枝、葉、莖、節，如[7]是一切但以名字故説[8]；是法及名字，亦不生不滅，非内非外，非中間住。須菩提！般若波羅蜜、菩薩[9]、菩薩字亦如是，皆和合故有；是法及名字，亦不生不滅，非内非外，非中間住。須菩提！譬如過去諸佛，名字[10]和合故有，是亦不生不滅，但以名字故[11]説；是亦非内非外，非中間住；般若波羅蜜、菩薩[12]、菩薩字亦[13]如是。須菩提！譬如夢、響[14]、影、幻、炎、佛所化，皆是和合故有，但以名字説；是法及名字不生不滅，非内非外，非中間住。般若波羅蜜、菩薩、菩薩字亦如是。如是，須菩提！菩薩摩訶薩行般若波羅蜜，名假施設、受假施設、法假施設，如是應當學。

【論】[15]問曰：佛既不自説，諸菩薩摩訶薩福德智慧利根，勝諸聲聞，何以故命須菩提令説？答曰：先舌相中，已有二因緣故，使須菩提説。復次，佛威德尊重，畏敬心故，不敢問佛，畏不自盡[16]。復次，佛知衆中心所疑，衆人敬難佛故，不敢發問。所以者何？衆生見佛身過須彌山，舌覆三千大千世界，身出種種無量光明。是時衆會，心皆驚怖，不敢發問，各各自念：我當云何從佛聞法？以是故，佛命須菩提，令爲衆人[17]説法；言汝所説者，皆是佛力，如經中説。復次，般若波羅蜜有二種：一者，共聲聞、菩薩合説；二者，但與諸法身菩薩説。爲雜説故，命須菩提爲首，及彌勒、舍利弗、釋提桓因。爾時，衆會聞佛命須菩提令説，心皆驚疑。須菩提知衆人心，告舍利弗等言：一切聲聞所説所知，皆是佛力。我等當承佛威神，爲衆人説，譬如傳語人。所以者何？佛所説法，法相不相違背。是弟子等學是法作證，敢有所説，皆是佛力；我等所説，即是佛説。所以者何？現在佛前説，我等雖有智慧眼，不值佛法，則無所見。譬如夜行險道，無人執燈，必不得過；佛亦如是，若不

1　"皆是"，甲本無。
2　乙本始。
3　"但以"後，甲、乙本有"世間"。
4　"中"，甲本脱。
5　"肋"，甲、乙、聖、石本作"勒"，"勒"通"肋"。
6　"有"，甲本作"合"，誤。
7　"如"，甲、乙、宋、元、明、宫、聖、石本無。
8　"故説"，甲、乙本作"説故"，宋、宫本作"説"。
9　"菩薩"，甲本脱。
10　"字"，甲、乙、宋、元、明、宫、聖、石本無。
11　"故"，甲、乙、宋、元、明、宫、聖、石本無。
12　"菩薩"，甲本脱。
13　"亦"後，甲本衍"字亦"。
14　"響"，甲、乙本作"嚮"，"嚮"通"響"。
15　"論"，甲、乙、宋、宫、聖本無。下同，不復出校。
16　"不敢……自盡"八字，甲本作"不自盡"，乙本作"問不自盡"。
17　"人"，甲本脱。

以智慧燈照¹我等者,則無所見。又告舍利弗:一切聲聞、辟支佛,實無力能爲諸菩薩説般若波羅蜜²,況我一人!所以者何?菩薩智慧甚深,問答玄遠;諸餘淺近法,於菩薩邊説猶難,何況深法!如人能食一斛飯,從有一斗者索,欲以除飢,是不能除。以是故説聲聞、辟支佛無力能爲菩薩説般若。須菩提大明菩薩尊貴,佛亦然可;令須菩提欲於實相法中説,是故言:一切法中求菩薩不可得,菩薩不可得故,字亦不可得;菩薩、菩薩字不可得故,般若波羅蜜亦不可得。是三事不可得故,我云何當教菩薩般若波羅蜜?問曰:佛命須菩提爲諸菩薩説般若,而須菩提言無菩薩,與佛相反,佛何以同之?答曰:有二種説:一者,著心説;二者,不著心説。今須菩提以不著心説空,佛不訶³之。復次,須菩提常行空三昧,知諸法空故。佛告須菩提:爲諸菩薩説般若波羅蜜;而菩薩畢竟空。是故須菩提驚言:云何名⁴菩薩?佛即述成:菩薩如是從發心已⁵來,乃至佛道,皆畢竟空故不可得;若如是教者,是即⁶教菩薩般若波羅蜜。復次,凡有二法:一者,名字;二者,名字義。如火,能照、能燒是其義;照⁷是造色,燒是火大,是二法和合名爲火。若離是二法有火,更應有第三用,除燒、除照⁸更無第三業;以是故知二法和合,假名爲火。是火名不在二⁹法内。何以故?是法二,火是一,一不爲二,二不爲一。義以名二法不相合,所以者何?若二法合,説火時應燒口;若離,索火應得水!如是等因緣,知不在内。若火在二法外,聞火名,不應二法中生火想。若在兩中間,則無依止處。一切有爲法,無有¹⁰依止處;若在中間,則不可知!以是故,火不在三處,但有假名。菩薩亦如是,二法和合名菩薩,所謂名、色。色事異,名事異,若定有菩薩,應更有第三事;而無有事,則知假名是菩薩。菩薩名亦如是,不在内、不在外、不在兩中間。是中¹¹佛説譬喻:如五衆和合故名爲我,實我不可得;衆生乃至知者、見者,皆是五衆因緣和合生假名法;是諸法實不生不滅,世間但用名字説。菩薩、菩薩字、般若波羅蜜亦如是,皆是因緣和合假名法。是中佛更説譬喻:有人言:但五衆和合有衆生,而衆生空,但有五衆法。佛言:衆生空,五衆亦和合故假名字有;十二處、十八界亦如是。復¹²次,菩薩有二種:一者,坐禪;二者,誦經。坐禪者,常觀身、骨等諸分和合故名爲身;即以所觀爲譬喻,言:頭骨分和合故名爲頭,脚骨分¹³和合故名爲脚,頭、脚、骨等和合故名爲身。一一推尋,皆無根本。所以者何?此是常習常觀故,以爲譬喻。不坐¹⁴禪者,以草、木、枝、葉、華、實爲喻。如過去諸佛,亦但有名字,用是名字¹⁵可説。十譬喻亦但有名字,菩薩義亦如是。十喻¹⁶義,如¹⁷先説。菩薩應如是¹⁸學三種波羅¹⁹蜜提:五衆等法,是名法波羅蜜提。五衆因緣和合故名爲衆生,諸骨和合故名爲頭骨;如根、莖、枝、

1　“照”,乙本作“炤”。

2　“波羅蜜”,甲、乙、聖、石本無。

3　“訶”,甲本作“呵”。

4　“名”,甲、乙、宋、元、明、宫本作“有”。

5　“已”,甲、乙、聖本作“以”。

6　“是即”,甲本作“即是”。

7　“照”,甲本作“炤”。

8　“照”,甲本作“炤”。

9　“二”,甲本作“三”,誤。

10　“無有”後,甲、乙、元、聖、石本有“不”。

11　“中”,甲本脱。

12　丙本(第2段)始。

13　“分”,丙本脱。

14　“坐”,甲、乙本作“以”,誤。

15　“名字”後,丙本衍“用”。

16　“喻”,丙本作“譬喻”。

17　“如”,丙本作“以”。

18　丙本(第2段)終。

19　“波羅”後,甲本衍“蜜”。

葉和合故名爲樹；是名受波羅聶提。用是名字，取二法相，説是二種，是爲名字波羅聶提。復次，衆微塵[1]法和合故，有麁[2]法生；如微塵和合故有麁色，是名法波羅聶提，從法有法故。是麁法和合有名字生。如能照[3]、能燒，有火名字生；名色有故爲人，名色是法，人是假名，是爲受波羅聶提；取色取名，故名爲受[4]。多名字邊，更有名字，如梁、椽、瓦等名字邊，更有屋名字生；如樹枝[5]、樹葉名字邊，有樹名生[6]，是爲名字波羅聶[7]提。行者先壞名字波羅聶提，到受波羅聶提；次破受波羅聶提，到法波羅聶提；破法波羅聶提，到諸法實相中。諸法實相，即是諸法及名字空般若波羅蜜。

【經】[8]復次，須菩提！菩薩摩訶薩行般若波羅蜜時[9]，不見色名字是常，不見受、想、行、識名字是常，不見色名字無常，不見受、想、行、識名字無常；不見色名字樂，不見色名字苦；不見色名字我，不見色名字無我；不見色名字空，不見色名字無相，不見色名字無作；不見色名字寂滅；不見色名字垢，不見色名字淨；不見色名字生，不見色名字滅；不見色名字內，不見色名字外，不見色名字中間住；受、想、行、識亦如是。眼、色、眼識、眼觸、眼觸因緣生諸受，乃至意、法、意識、意觸、意觸因緣生諸受，亦如是。何以故？菩薩摩訶薩行般若波羅蜜，般若波羅蜜字、菩薩、菩薩字，有爲性中亦不見，無爲性中亦不見；菩薩摩訶薩行般若波羅蜜，是法皆不作分別。是菩薩行般若波羅蜜，住不壞法中。修四念處時，不見般若波羅蜜，不見般若波羅蜜字，不見菩薩，不見菩薩字；乃至修十八不共法時，不見般若波羅蜜，不見般若波羅蜜字，不見菩薩，不見菩薩字；菩薩摩訶薩如是行般若波羅蜜時，但知諸法實相；諸法實相者，無垢無淨。如是，須菩提！菩薩摩訶薩行般若波羅蜜時，當作是知名字假施設。知假名字已，不著色，不著受、想、行、識；不著眼乃至意；不著色乃至法；不著眼識乃至不著意識；不著眼觸乃至不著意觸，不著眼觸因緣生受——若苦、若樂、若不苦不樂，乃至不著意觸因緣生受——若苦、若樂、若不苦不樂；不著有爲性，不著無爲性；不著檀波羅蜜、尸羅波羅蜜、羼提波羅蜜、毗梨耶波羅蜜、禪波羅蜜、般若波羅蜜；不著三十二相，不著菩薩身；不著菩薩肉眼，乃至不著佛眼；不著智波羅蜜，不著神通波羅蜜；不著內空，乃至不著無法有法空；不著成就衆生，不著淨佛世界，不著方便法。何以故？是諸法無著者、無著法、無著處，皆無故。如是，須菩提！菩薩摩訶薩行般若波羅蜜時，不著一切法，便增益檀波羅蜜、尸羅波羅蜜、羼提波羅蜜、毗梨耶波羅蜜、禪波羅蜜、般若波羅蜜，入菩薩位，得阿鞞跋致地，具足菩薩神通；遊一佛國，至一佛國，成就衆生，恭敬、尊重、讚歎[10]諸佛；爲淨佛世界，爲見諸佛供養；供養之具，善根成就，故[11]隨意悉得；亦聞諸佛所説法，聞已乃至阿耨多羅三藐三菩提，終不忘失[12]；得諸陀羅尼門、諸三昧門。如是，須菩提！菩薩摩訶薩行般若波羅蜜時，當知諸法名假施設！須菩提！於汝意云何？色是菩薩不？受、想、行、識是菩薩不？不也！世尊！眼、耳、鼻、舌、身、意，是菩薩不？不也！世尊！色、聲、香、味、觸、法，是菩薩不？不也！世尊！眼識乃至意識，是菩薩不？不也！世尊！須菩提！於汝意云何？地種，是菩薩不？不也！世尊！水、火、風、空、識種，是菩薩不？不也！世尊！於須菩提意云

1　“塵”，甲、乙、聖、石本無。

2　“麁”，乙本作“麤”，“麁”爲“麤”之俗字。下同，不復出校。

3　“照”，甲本作“炤”。

4　“受”，甲、乙本作“名”，誤。

5　“枝”，甲、乙本脱。

6　“生”，甲、乙、宋、宫本無。

7　“聶”，甲本作“蜜”，誤。

8　“經”，甲本作“經曰”。

9　“時”，甲、乙、宋、元、明、宫、聖、石本無。

10　“歎”，甲、乙本作“嘆”。

11　“故”，甲、乙、宋、元、明、宫、聖本無。

12　“失”，甲、乙、宋、宫本無。

何？無明，是菩薩不？不也！世尊！乃至老死，是菩薩不？不也！世尊！於須菩提[1]意云何？離色，是菩薩不？不也！世尊[2]！乃至離老死，是菩薩不？不也！世尊！須菩提！於汝意云何？色如相，是菩薩不？不也！世尊！乃至老死如相，是菩薩不？不也！世尊！離色如相乃至離老死如相，是菩薩不？不也！世尊！佛告須菩提：汝觀何等義，言：色非菩薩，乃至老死非菩薩；離色非菩薩，乃至離老死非菩薩；色如相非菩薩，乃至老死如相非菩薩；離色如相非菩薩，乃至離老死如相非菩薩？須菩提言：世尊！衆生，畢竟不可得；何況當是菩薩！色，不可得；何況色、離色，色如、離色如，是菩薩！乃至老死，不可得；何況老死、離老死，老死如、離老死如，是菩薩！佛告須菩提：善哉！善哉！如是，須菩提！菩薩摩訶薩，衆生不可得故，般若波羅蜜亦[3]不可得，當作是學！於須菩提意云何？色，是菩薩義不？不也！世尊！受、想、行、識，是菩薩義不？不也！世尊！於須菩提意云何？色常，是菩薩義不？不也！世尊！受、想、行、識常，是菩薩義不？不也！世尊！色無常，是菩薩義不？不也！世尊！受、想、行、識無常，是菩薩義不？不也！世尊！色樂，是菩薩義不？不也！世尊！受、想、行、識樂，是菩薩義不？不也！世尊！色苦，是菩薩義不？不也！世尊！受、想、行、識苦，是菩薩義不？不也！世尊！色我，是菩薩義不？不也！世尊！受、想、行、識我，是菩薩義不？不也！世尊！色非我，是菩薩義不？不也！世尊！受、想、行、識非我，是菩薩義不？不也！世尊！於須菩提意云何？色空，是菩薩義不？不也！世尊！受、想、行、識空，是菩薩義不？不也！世尊！色非空，是菩薩義不？不也！世尊！受、想、行、識非空，是菩薩義不？不也！世尊！色相，是菩薩義不？不也！世尊！受、想、行、識相，是菩薩義不？不也，世尊！色無相[4]，是菩薩義不？不也！世尊！受、想、行、識無相[5]，是菩薩義不？不也！世尊！色作，是菩薩義不？不也！世尊！受、想、行、識作，是菩薩義不？不也！世尊！色無作，是菩薩義不？不也！世尊！受、想、行、識無作，是菩薩義不？不也！世尊！乃至老死亦如是。佛告須菩提：汝觀何等義，言：色非菩薩義，受、想、行、識非菩薩義；乃至色、受、想、行、識無作，非菩薩義；乃至老死亦如是？須菩提白佛言：世尊！色，畢竟不可得；何況色[6]是菩薩義！受、想、行、識，亦如是。世尊！色常，畢竟不可得；何況色無常，是菩薩義！乃至識亦如是。世尊！色樂，畢竟不可得；何況色苦，是菩薩義！乃至識亦如是。世尊！色我，畢竟不可得；何況色非我，是菩薩義！乃至識亦如是。世尊！色有[7]，畢竟不可得；何況色空，是菩薩義！乃至識亦如是。世尊！色相，畢竟不可得；何況色無相，是菩薩義！乃至識亦如是。世尊！色作，畢竟不可得；何況色無作，是菩薩義！乃至識亦如是。佛告須菩提：善哉！善哉！如是，須菩提！菩薩摩訶薩行般若波羅蜜，色義不可得，受、想、行、識義不可得，乃至無作義不可得，當作是學般若波羅蜜！須菩提！汝言我不見是法名菩薩。須菩提！諸法不見諸法，諸法不見法性，法性不見諸法。法性不見地種，地種不見法性，乃至識種不見法性，法性不見識種；法性不見眼、色、眼識性，眼、色、眼識性不見法性，乃至法性不見意、法、意識性，意、法、意識性[8]不見法性。須菩提！有爲性不見無爲性，無爲性不見有爲性。何以故？離有爲不可說無爲，離無爲不可說有爲。如是，須菩提！菩薩摩訶薩行般若波羅蜜，於諸法無所見；是時不驚、不畏、不怖，心亦不没、不悔。何以故？是菩薩摩訶薩，不見色、受、想、行、識故，不見眼乃至意，不

1　“提”，甲本作“意”，誤。

2　“世尊”後，甲、乙本有“離受想行識”。

3　“亦”，甲、乙、宋、元、明、宫本無。

4　“相”，甲、乙本作“想”，“想”爲“相”之借字。

5　“相”，甲本作“想”，“想”爲“相”之借字。

6　“色”，原作“無色”，誤，兹據甲、乙、宋、宫、聖本及《大正藏》本《摩訶般若波羅蜜經》刪。

7　“色有”，甲、乙本作“色法”，宋、元、明、宫本作“色有法”。

8　“意識……識性”八字，甲、乙、宋、宫本作“識意法識”。

見色乃至法[1]，不見淫、怒、癡，不見無明乃至老死，不見我乃至知者、見者，不見欲界、色界、無色界，不見聲聞心、辟支佛心，不見菩薩、不見菩薩法，不見佛、不見佛法、不見佛道。是菩薩一切法不見故，不驚、不畏、不怖[2]、不沒、不悔！須菩提白佛言：世尊！何因緣故是[3]菩薩心不怖、不沒、不悔？佛告須菩提：菩薩摩訶薩一切心心數法不可得、不可見，以是故，菩薩摩訶薩心不怖[4]、不沒、不悔。世尊！云何菩薩心不驚、不畏、不怖？佛告須菩提：是菩薩意及意界不可得、不可見，以是故不驚、不畏、不怖。如是，須菩提！菩薩摩訶薩一切法不可得故，應行般若波羅蜜。須菩提！菩薩摩訶薩一切行處，不得般若波羅蜜，不得菩薩名，亦不得菩薩心，即是教菩薩摩訶薩。

【論】釋曰：菩薩行般若波羅蜜，觀色法名字，非常[5]非無常，乃至有爲無爲性中，不見有菩薩、菩薩字；如先説一切法中不作憶想分別。菩薩住不壞法中，行六波羅蜜，乃至十八不共法；以諸法實相智慧，於諸法中求，不見一定法——所謂般若波羅蜜，亦不見般若波羅蜜名字，又不見菩薩及菩薩名字。用是智慧故，破無明等諸煩惱；用是不見亦不見智慧故，破著般若波羅蜜、般若波羅蜜名字，菩薩、菩薩名字；諸法實相清淨，通達無礙。菩薩得如是智慧，若見、若聞、若念，皆如幻化；若聞、見、念，皆是虛誑。以是故，不著色等。住是無礙智慧中，增益六波羅蜜，入菩薩位，得如是等利益。是一章，佛自教菩薩作如是觀。次後章，人謂佛多説法空，故反問須菩提：若諸法不空，頗有一法定是菩薩不？所謂色是菩薩不？乃至如、是菩薩不？須菩提作是念：諸法和合故有菩薩，我云何言一法定是菩薩？以是故言：不也！世尊！須菩提善[6]得衆生空故。佛言：善哉！善哉！菩薩知衆生空不可得故，應行般若波羅蜜。色是菩薩義，乃至無作畢竟空亦如是。須菩提入諸法深空中不疑故，能益諸菩薩，故佛讚言：善哉！善哉！菩薩法，應如是學一切法不可得空般若波羅蜜。如須菩提説：我不見是法名爲菩薩。佛言：非但菩薩獨不可見，都無有法見法者。法性無量不可見故，是故諸法不見法性。諸法因緣和合生、無有自性、畢竟空，故法性不見諸法。色性不見法性，法性不見色性，乃至識性亦如是。五衆性與法性同名故名爲性。十二處、十八界，有爲法、無爲法，亦如是。略説因緣：離有爲性，不得説無爲性；離無爲性，不得説有爲性。是二法中攝一切法故。是菩薩雖不見一切法，亦不怖畏，何以故？有所見，有所不見，則有恐畏；若都無所見，則無所畏，所謂五衆乃至十八不共法。問曰：若佛已説不恐畏因緣，須菩提何以[7]故重問？答曰：須菩提若謂：法都空無所有，恐墮邪見。所以者何？佛弟子得正見故，名爲行道人，云何言都不可見？佛知須菩提意，故説言：一切心心數法不可得、不可見，故無畏。凡夫人欲入空中，見心心數法可得，外法不可得，故恐怖；菩薩以心心數法虛妄不實，顛倒果報，不能示人實事，故不恐怖。以是異義，故重問。問曰：若爾者，何以復[8]有第三問？答曰：心心數法，意識中可見；意及意識，是心心數法根本。所以者何？意識中多分別故生恐怖；五識時頃促故，無所分別。欲破怖畏根本，以是故重問，無咎！若菩薩能行如是般若波羅蜜，雖不見四種事——菩薩，菩薩字，般若波羅蜜，般若波羅蜜字，能三種因緣不畏，即是教菩薩般若波羅蜜。若但了菩薩般若波羅蜜相，是爲行般若波羅蜜；不從十方求，亦無與者，亦非如金銀寶物力求而得。

1　"法"後，原衍"法"，茲據甲、乙本刪。

2　"怖"，甲本作"悔"，誤。

3　"是"，甲、乙、宋、元、明、宫、聖、石本無。

4　"不怖"，甲、乙、宋、元、明、宫、聖、石本無。

5　"非常"，甲本脱。

6　"善"，甲、乙、宋、宫本無。

7　"以"，甲、乙、宋、元、明、宫本無。

8　"復"，甲、乙、宋、元、明、宫本作"復次"。

大智度論釋勸學品第八 [1]

【經】[2] 爾時 [3]，須菩提白佛言：世尊！菩薩摩訶薩欲具 [4] 足檀波羅蜜，當學般若波羅蜜！欲具足尸羅波羅蜜、羼提波羅蜜、毗梨耶波羅蜜、禪波羅蜜、般若波羅蜜，當學般若波羅蜜！菩薩摩訶薩欲知色，當學般若波羅蜜！乃至欲知識，當學般若波羅蜜！欲知眼乃至意，欲知色乃至法，欲知眼識乃至意識，欲知眼觸乃至意觸，欲知眼觸因緣生受乃至意觸因緣生受，當學般若波羅蜜！欲斷婬瞋癡，當學般若波羅蜜！菩薩摩訶薩欲斷身見、戒取、疑、婬欲、瞋恚、色愛、無色愛、掉 [5]、慢、無明等一切結使及纏等 [6]，當學般若波羅蜜！欲斷四縛、四結、四顛倒，當學般若波羅蜜！欲知十善道，欲知四禪，欲知四無量心、四無色定、四念處乃至十八不共法，當學般若波羅蜜！菩薩摩訶薩欲入覺意三昧，當學般若波羅蜜！欲入六神通、九次第定、超越三昧，當學般若波羅蜜！欲得師子遊戲三昧，當學般若波羅蜜！欲得師子奮迅三昧，欲得一切陀羅尼門，當學般若波羅蜜！菩薩摩訶薩欲得首楞嚴三昧、寶印三昧、妙月三昧、月幢相三昧、一切法印三昧、觀印三昧、畢法性三昧、畢住相三昧、如金剛三昧、入一切法門三昧、三昧王三昧、王印三昧、淨力三昧、高出三昧、畢入一 [7] 切辯才三昧、入諸法名三昧、觀十方三昧、諸陀羅尼門印三昧、一切法不忘三昧、攝一切法聚印三昧、虛空住三昧、三分清淨三昧、不退神通三昧、出鉢三昧、諸三昧幢 [8] 相三昧——欲得如是等諸三昧門，當學般若波羅蜜！復次，世尊！菩薩摩訶薩欲滿一切眾生願，當學般若波羅蜜！

【論】問曰：《初品》中言：種種欲有所得，當學般若波羅蜜。今何以重說？答曰：先但讚歎欲得是諸功德，當行般若波羅蜜，未說般若波羅蜜；今已聞般若波羅蜜味，因欲得餘功德，所謂六波羅蜜等，當學 [9] 般若波羅蜜。復次，上種種因緣說諸法空，有人謂：佛法斷滅，無所復作。爲斷是人疑故，言：欲得布施等種種功德，當行般若波羅蜜。若般若波羅蜜實空無所有、斷滅者，不應說應行布施等功德；有智者說，何緣初後相違？復次，前廣說，此略說；彼是佛說，此是須菩提說 [10]。復次，般若波羅蜜深妙，故重說；譬如讚德之美，故言：善哉！善哉！六波羅蜜義，如先說。知五眾者，見無常、苦、空、總相、別相等。六情、六塵、六識、六觸、六受，亦如是。一切世間繫縛，受爲主，以受故生諸結使：樂受生貪欲，苦受生瞋恚，不苦不樂受生愚癡；三毒起諸煩惱及業因緣。以是故但說受；餘心數法不說，所謂想、憶、念等。三毒、十結、諸使、纏 [11]，乃至十八不共法，如先說。覺意三昧、超越三昧、師子遊戲三昧，是菩薩諸三昧，後當說。欲滿一切眾生願，先已說。

【經】欲得 [12] 具足 [13] 如是善根，常不墮惡趣；欲得不生卑賤之家，欲得不住聲聞、辟支佛地中，欲得不墮菩薩頂者，當學般若波羅蜜！爾時，慧命舍利弗問須菩提：云何爲菩薩摩訶薩墮頂？須菩提言：舍利弗！若菩薩摩訶薩不以方便行六波羅蜜，入空、無相、無作三昧，不墮聲聞、辟支佛地，亦不入菩薩位，是名菩薩摩

1　甲本品題作“大智度勸學第八品論釋”，乙本品題作“大智論釋第八品”。
2　“經”，乙、宋、宮、聖本無。下同，不復出校。石本不分卷。
3　“爾時”，甲本脫。
4　“欲具”後，甲本衍“欲具”。
5　“掉”，甲本作“悼”，誤。
6　“等”，甲、乙、宋、元、明、宮、聖、石本無。
7　“一”，甲本脫。
8　“幢”，甲、乙本作“憶”，誤。
9　“學”，甲本作“般”，誤。
10　“說”，甲本脫。
11　“纏”，甲、乙本作“縛”。
12　“得”，甲本無。
13　“足”後，甲本衍“足”。

訶薩法生,故墮頂。舍利弗問須菩提:云何名菩薩生?須菩提答舍利弗言:生名愛法[1]。舍利弗言:何等法愛?須菩提言:菩薩摩訶薩行般若波羅蜜,色是空,受念著,受、想、行、識是[2]空,受念著。舍利弗!是名菩薩摩訶薩順道法愛生。復次,舍利弗!菩薩摩訶薩,色是無相,受念著。受、想、行、識[3]無相,受念著;色是無作,受念著,受、想、行、識[4]無作,受念著。色是寂滅,受念著,受、想、行、識寂滅,受念著;色是無常乃至識,色是苦乃至識,色是無我乃至識,受念著,是[5]爲菩薩順道法愛生。是苦應知,集應斷,盡應證,道應修;是垢法,是淨法;是應近,是不應近;是菩薩所應行,是非菩薩所[6]應行;是菩薩道,是非菩薩道;是菩薩學[7],是非菩薩學;是菩薩檀波羅蜜乃至般若波羅蜜,是非菩薩檀波羅蜜乃至般若波羅蜜;是菩薩方便,是非菩薩方便;是菩薩熟,是非菩薩熟。舍利弗!菩薩摩訶薩行般若波羅蜜,是諸法受念著,是爲菩薩摩訶薩順道法愛生。

【論】問曰:何等善根故,不墮惡道、貧賤,及聲聞、辟支佛,亦不墮頂?答曰:有人言:行不貪善根故,愛等諸結使衰薄,深入禪定;行不瞋善根故,瞋等諸結使薄,深入慈悲心;行不癡善根故,無[8]明等諸結使薄,深入般若波羅蜜。如是禪定、慈悲、般若波羅蜜力故,無事不得,何況四事!問曰:何以四事中但問墮頂?答曰:三事先已說,墮頂未說故問。問曰:頂者是法位,此義先已說,今何以重說?答曰:雖說其義,名字各異。無方便入三解脫門,及有方便,先已說。法愛,於無生法忍[9]中,無有利益,故名曰生。譬如多食不消,若不療治,於身爲患。菩薩亦如是,初發心時,貪受法食,所謂無方便行諸善法,深心繫著,於無生法忍[10]是則爲生、爲病;以著法愛故,於不生不滅亦愛。譬[11]如必死之人,雖加諸藥,藥反[12]成病;是菩薩於畢竟[13]空、不生不滅法忍中而生[14]愛著,反[15]爲其患!法愛於人天中爲妙,於無生法忍[16]爲累。一切法中憶想分別,諸觀是非,隨[17]法而愛,是名爲生,不任盛[18]諸法實相水;與生相違,是名菩薩[19]熟。問曰:是一事,何以故名爲頂、名爲位、名爲不生?答曰:於柔順忍、無生忍中間所有法,名爲頂;住是頂,上直趣佛道,不復畏墮。譬如聲聞法中煖[20]、忍中間,名爲頂法。問曰:若得頂不墮,今云何言頂墮?答曰:垂近應得而失者,名爲墮。得頂者,智慧安隱,則不畏墮;譬如上山,既得到頂,則不畏墮;未到之間,傾危畏墮。頂增長堅固,名爲菩薩位。入是位中,一

---

1 "愛法",甲、乙、聖本作"受法","受"當爲"愛"之誤,宋、元、明、宮本作"法愛"。
2 "是",甲、乙、宋、元、明、宮、聖、石本無。
3 "識",甲、乙本作"識是"。
4 "識",甲、乙本作"識是"。
5 "是",甲、乙本作"者",誤。
6 "所",甲、乙本作"所不",誤。
7 "非菩……薩學"八字,甲、乙、宋、元、明、宮、聖、石本作"菩薩學是,非菩薩道"。
8 "無",甲、乙本作"先",誤。
9 "法忍",甲、乙、宋、元、明、宮本作"忍法"。
10 "法忍",甲、乙、宋、元、明、宮、聖本作"忍法"。
11 丙本(第1段)始。
12 "反",甲、乙、宋、宮本作"乃",丙本作"返","返"通"反",聖本作"及",當爲"反"字之誤。
13 "竟",丙本脫。
14 "生",丙本脫。
15 "反",丙本作"返","返"通"反"。
16 "法忍",丙本作"法忍中"。
17 "隨",甲、乙本作"墮","隨"通"墮"。
18 "盛",丙本作"成","成"通"盛"。
19 丙本(第1段)終。
20 "煖",甲、乙本作"燸"。

切結使,一切魔民,不能動搖。亦名無生法忍[1]。所以者何? 異於生故;愛等結使、雜諸善法,名[2]爲生。復次,無諸法實相智慧火,故名爲生;有諸法實相智慧火,故名爲熟。是人能信受諸佛實相智慧,故名爲熟;譬如熟瓶能盛[3]受水,生則爛壞。復次,依止生滅智慧故得離顛倒,離生滅智慧故不生不滅,是名無生法;能信、能受、能持故,名爲忍。復次,位者,拔一切無常等諸觀法故[4],名爲位;若不如是,是爲順道法愛生[5]。

【經】舍利弗問須菩提:云何名[6]菩薩摩訶薩無生? 須菩提言:菩薩摩訶薩行般若波羅蜜時,内空中不見外空,外空中不見内空,外空中不見内外空;内外空中不見外空,内外空中不見空空;空[7]空中不見内外空,空空中不見大空;大空中不見空空,大空中不見第一義空;第一義空中不見大空,第一義空中不見有爲空;有爲空中不見第一義空,有爲空中不見無爲空;無爲空中不見有爲空,無爲空中不見畢竟空;畢竟空中不見無爲空,畢竟空中不見無始空;無始空中不見畢竟空,無始空中不見散空;散空中不見無始空,散空中不見性空;性空中不見散空,性空中不見諸法空;諸法空中不見性空,諸法空中不見自相空;自相空中不見諸法空,自相空中不見不可得空;不可得空中不見自相空,不可得空中不見無法空;無法空中不見不可得空,無法空中不見有法空;有法空中不見無法空,有法空中不見無法有法空;無法[8]有法空中不見有法空,舍利弗! 菩薩摩訶薩行般若波羅蜜,得入菩薩位。復次,舍利弗! 菩薩摩訶薩欲學般若波羅蜜,應如是學:不念色、受、想、行、識,不念眼乃至意,不念色乃至法;不念檀波羅蜜、尸羅波羅蜜、羼提波羅蜜、毘梨耶波羅蜜、禪波羅蜜、般若波羅蜜、乃至十八不共法。如是! 舍利弗! 菩薩摩訶薩行般若波羅蜜,得是心不應念、不應高;無等等心不應念、不應高;大心[9]不應念、不應高。何以故? 是心非心,心相常淨故。舍利弗語須菩提:云何名心相常淨? 須菩提言:若菩薩知是心相,與婬、怒、癡不合不離;諸纏、流、縛等諸結使,一切煩惱,不合不離;聲聞、辟支佛心,不合不離。舍利弗! 是名菩薩心相[10]常淨。舍利弗語須菩提:有是無心相心不? 須菩提報舍利弗言:無心相中,有心相、無心相可得不? 舍利弗言:不可得! 須菩提言:若不可得,不應問有是無心相心[11]不! 舍利弗復問:何等是無心相? 須菩提言:諸法不壞不分別,是名無心相。舍利弗問須菩提:但是[12]心不壞不分別,色亦不壞不分別,乃至佛道亦不壞不分別耶? 須菩提言:若能知心相不壞不分別,是菩薩亦能知色乃至佛道不壞不分別。爾時,慧命[13]舍利弗讚須菩提:善哉! 善哉! 汝真是佛子! 從佛口生,從見法生,從法化生,取法分,不取財分,法中自信,身得證。如佛所説:得無諍三昧中,汝最第一,實如佛所舉! 須菩提! 菩薩摩訶薩應如是學般若波羅蜜。是中亦當分別知,菩薩如汝所説行,則不離般若波羅蜜。須菩提! 善男子、善女人,欲學聲聞地,亦當應聞般若波羅蜜,持、讀、誦[14]、正憶念,如説行;欲學辟支佛

1　“法忍”,甲、乙、宋、元、明、宫、聖本作“忍法”。

2　“名”,甲、乙、宋、元、明、宫本無。

3　“盛”,甲本作“成”,“成”通“盛”。

4　“故”,甲、乙、宋、元、明、宫本無。

5　“生”,甲本作“法”,誤。

6　“名”,甲本脱。

7　“空”,甲本脱。

8　“無法”,甲本脱。

9　“心”,甲、乙本作“小”,誤。

10　“心相”後,甲本衍“常淨。舍利弗語須菩提:有是無心相心否? 須菩提報舍利弗言:無心相中,有心相、無心相”三十四字。

11　“無心相心”,甲、乙本作“心非心相”,宋、元、明、宫、聖、石本作“心非”。

12　“是”,甲、乙、宋、元、明、宫、聖本無。

13　“命”,甲本作“舍”,誤。

14　“讀誦”,甲、乙、宋、元、明、宫、聖本作“誦讀”。

地,亦當應聞般若波羅蜜,持、讀、誦[1],正憶念,如説行;欲學菩薩地,亦當應聞般若波羅蜜,持、讀、誦[2],正憶念,如説行。何以故? 是般若波羅蜜中廣説三乘,是中,菩薩摩訶薩、聲聞、辟支佛當學!

【論】釋曰:内空中不見外空,外空中不見内空。有人言:外四大飲食入其[3]身中,故名爲内,若身死還爲外;一切法無來去相故,外空不在内空中。餘十七空亦如是,不生不滅無異相,無來去故,各各中不住。復次[4],菩薩位相,不念一切色爲有,乃至十八不共法亦不念是有。不念有義,如先説。問曰:菩提心、無等等心、大心,有何差別? 答曰:菩薩初發心,緣無上道:我當作佛,是名菩提心。無等名爲佛,所以者何? 一切衆生,一切法,無與等者;是菩提心與佛相似,所以者何? 因似果故,是名無等等心。是心無事不行,不求恩惠,深固[5]決定。復次,檀、尸波羅蜜,是名菩提心。所以者何? 檀波羅蜜因緣故,得大富無所乏少;尸波羅蜜因緣故,出三惡道人天中尊貴;住二波羅蜜果報力故,安立能成大事,是名菩提心。羼提、毘梨耶波羅蜜相,於衆生中現奇特事,所謂人來割肉出髓,如截樹木,而慈念怨家,血化爲乳;是心似如佛心,於十方六道中,一一衆生,皆以深心濟度;又知諸法畢竟空,而以大悲能行諸行[6],是爲奇特! 譬如人欲空中種樹,是爲希有。如是等精進波羅蜜力勢,與無等相似,是名無等等。入禪定,行四無量心,遍滿十方,與大悲、方便合故,拔一切衆生苦;又諸法實相,滅一切觀,諸語言斷,而不墮斷滅中,是名大心。復次,初發心名菩提心;行六波羅蜜名無等等心;入方便心中是名大心。如是等各有差別。復次,菩薩得如是大智,心亦不高,心相常清淨故。如虛空相常清淨,烟雲塵霧,假來故覆蔽不淨;心亦如是,常自清淨,無明等諸煩惱客來覆蔽故,以爲不淨,除去煩惱,如本清淨。行者功夫微薄,此清淨非汝所作,不應自高、不應念,何以故? 畢竟空故。問曰:舍利弗知心相常淨,何以故問? 答曰:以[7]菩薩發阿耨多羅三藐三菩提心,深入深著故;雖聞心畢竟空、常清淨,猶憶想分別,取是無心相,以是故問:是無心相心,爲有、爲無? 若有,云何言無心相? 若無,何以讚歎[8]是無等等心當成佛道? 須菩提[9]答曰:是無心相中畢竟清淨,有、無不可得,不應難! 舍利弗復問:何等是無心相? 須菩提[10]答曰:畢竟空,一切諸法無分別,是名無心相。舍利弗復問:但心相不壞不分別,餘法亦如是? 須菩提答言:諸法亦如是。若爾者,阿耨多羅三藐三菩提亦如虛空,無壞無分別。諸菩薩深著阿耨多羅三藐三菩提故,作是念:諸凡夫法可言虛誑,以不真實故;菩薩漏未盡故,亦可言不清淨;云何阿耨多羅三藐三菩提亦復虛誑? 是時心驚不悦! 須菩提知其心已,思惟籌量:我今應爲説實相法不? 思惟已,自念:今在佛[11]前,當以實相答;若我有失,佛自當説。重思惟竟,以是故説:阿耨多羅三藐三菩提雖是第一[12],亦從虛誑法邊生,故亦是空,不壞不分別相。以是故,行者,當隨阿耨多羅三藐三菩提相行,不應取相自高。爾時,舍利弗讚須菩提言:善哉! 善哉! 佛時[13]默然,聽須菩提所答,亦可舍利弗所歎。從佛口生者,有人言:

---

1 "讀誦",甲本作"讀讀",乙、宋、元、明、宫、聖本作"誦讀"。

2 "讀誦",甲、乙、宋、元、明、宫、聖本作"誦讀"。

3 "其",甲、乙、宋、元、明、宫本無。

4 "次",甲、乙、宫、石本作"有",聖本作"有住"。

5 "固",甲本脱。

6 "諸行",甲本脱。

7 "以",甲、宋、元、明、宫、聖本無。

8 "歎",甲本作"嘆"。

9 "須菩提",甲、乙、宋、宫、聖本無。

10 "須菩提",甲、乙、宋、宫、聖本無。

11 "佛",甲本脱。

12 "第一",甲本作"弟子",誤。

13 "時",甲本無。

婆羅門從梵天王口邊生故,於四姓中[1]第一。以是故,舍利弗讚言:汝真從佛口生。所以者何?見法知法故。有未得道者,亦[2]依佛故得供養,是名取財分;又如弊惡子不隨父教,但取財分。取法分者,取諸禪定、根、力、覺、道,種種善法,是名取法分。得四信故,名爲法中自[3]信。得諸神通、滅盡[4]定等著身中故,是名身得證。如舍利弗於智慧中第一,目揵連神足第一,摩訶迦葉頭陀第一,須菩提得無諍三昧中第一。得無諍定阿羅漢者,常觀人心,不令人起諍;是三昧,根本四禪中攝,亦欲界中用。問曰:般若波羅蜜是菩薩事,何以言欲得三乘者,皆當習學? 答曰:般若波羅蜜中説諸法實相,即是無餘涅槃。三乘人皆爲無餘涅槃故,精進習行。復次,般若波羅蜜[5]中種種因緣,説空解脱門義。如經中説:若離空解脱門,無道無涅槃。以是故,三乘人皆應學般若。復次,舍利弗自説因緣:於般若波羅蜜中,廣説三乘相,是中三乘人應學成。

　　大智度論卷第四十一(釋第七品訖第八品)[6]。

大智度論釋集散品第九(卷第四十二)[7]

　　龍樹菩薩造

　　後秦龜兹國鳩摩羅什奉詔譯[8]

　　【經】[9]爾時,慧命須菩提白佛言:世尊! 我不覺、不得是菩薩行般若波羅蜜,當爲誰説般若波羅蜜? 世尊! 我不得一切諸法集、散,若我爲菩薩作字言[10]菩薩,或當有悔! 世尊! 是字不住,亦不不住。何以故? 是字無所有故。以是故,是字不住,亦不不住。世尊! 我不得色集、散,乃至識集、散,若不可得,云何當作名字? 世尊! 以[11]是因緣故,是字不住,亦不不住,何以故? 是名[12]字無所有故。世尊! 我亦不得眼集、散,乃至意集、散,若不可得,云何當作名字,言是菩薩? 世尊! 是眼名字乃至意名字不住,亦不不住,何以故? 是名字無所有故。以是故,是字不住,亦不不住。世尊! 我不得色集、散,乃至法集、散,若不可得,云何當作名字,言是菩薩? 世尊! 是色字乃至法字不住,亦不不住。何以故? 是字無所有故。以是故,是字不住,亦不不住。眼識乃至意識,眼觸乃至意觸,眼觸因緣生受乃至意觸因緣生受,亦如是。世尊! 我不得無明集、散,乃至不得老死集、散。世尊! 我不得無明盡集、散,乃至不得老死盡集、散。世尊! 我不得婬、怒、癡集、散,諸邪見集、散,皆亦如是。世尊! 我不得六波羅蜜集、散,四念處集、散,乃至八聖道分集、散,空、無相、無作集、散,四禪、四無量心、四無色定集、散,念佛、念法、念僧、念戒、念捨、念天、念善、念入出息、念身[13]、念死集、散,我亦不得佛十力,乃至十八不共法集、散。世尊! 我若不得六波羅蜜,乃至十八不共法集、散,云何當作字,言是菩薩? 世尊! 是字不住,亦不不住。何以故? 是字無所有故。以是故,是字不住,亦不不住。世尊!

1　"姓中",甲、乙、宋、宫、聖本作"色衆生中",元、明、石本作"姓衆生中"。

2　"亦",甲、乙、宋、元、明、宫、聖、石本無。

3　"得四……中自"九字,甲本殘。

4　甲本終。

5　"波羅蜜",乙、宋、元、明、宫、聖本無。

6　乙本終,尾題作"大智論卷第四十一釋第七品訖第八品",題記作"開皇十三年歲次癸丑四月八日,弟子李思賢敬寫供養"。

7　本卷對應《大智度論》寫本凡2號:S.5130號(以下簡稱"甲本")、俄 Дx15777號(以下簡稱"乙本")。

8　甲本始。"大智度……譯"三十二字,甲本作"大智論釋第九品上卷第四十二"。

9　"經",甲、宋、宫、聖本無。下同,不復出校。

10　"言",甲本作"言是"。

11　"以",甲本無。

12　"名",甲、宋、元、明、宫、聖、石本無。

13　"念身",甲、宋、宫、聖、石本無。

我不得如夢五陰集、散，我不得如響[1]、如影、如焰[2]、如化五陰集、散，亦如上説。世尊！我不得離集、散，我不得寂滅、不生不滅、不示、不垢不淨集、散。世尊！我不得如、法性、實際、法相、法位集、散，亦如上説。我不得諸善、不善法集、散，我不得有爲無爲法、有漏無漏法集、散，過去、未來、現在法集、散，不過去、不未來、不現在法集、散。何等是不過去、不未來、不現在？所謂無爲法。世尊！我亦不得無爲法集、散。世尊！我亦不得佛集、散。世尊！我亦不得十方如恒河沙等世界諸佛，及菩薩、聲聞僧集、散。世尊！我若[3]不得諸佛集、散，云何當教菩薩摩訶薩般若波羅蜜？世尊！是菩薩字不住，亦不不住。何以故？是字無所有故。以是故，是字不住，亦不不住。世尊！我亦[4]不得是諸法實相集、散，云何當與菩薩作字，言是菩薩？世尊！是諸法實相名字不住，亦不不住。何以故？是名字無所有故。以是故，是名字不住，亦不不住。

【論】[5]問曰：先品中已説不見菩薩、菩薩字，般若波羅蜜，一切諸法不内、不外、不中間等，今何以重説？答曰：有四種愛——欲愛、有愛、非有愛、法愛。欲愛，易見，其過不淨等。有愛，無不淨等，小難遣。非有愛，破有，似智慧故，難遣。法愛者，愛諸善法利益道者。法愛中過患難見，故重説；譬如小草加功少易除，大樹功重難除。復次，上法與此法，有同有異：彼間[6]説菩薩字不見；此中説菩薩字不覺、不得，以不覺、不得故不見，非是智慧力少[7]故不見。問曰：未行般若波羅蜜時，爲有菩薩耶？今何以故言不見菩薩行般若波羅蜜？答曰：從無始已來，衆生不可得，非行般若波羅蜜故不可得。但以虚誑顛倒，凡夫人隨是假名故謂爲有；今行般若波羅蜜，滅虚誑顛倒[8]，了知其無，非本有今無；本有今無，則墮斷滅。復次，須菩提心悔，畏破妄語戒。所以者何？佛法中一切諸法決定無我，而我説言有菩薩、爲説般若波羅蜜，則墮妄語罪，是故心悔。復次[9]，有心悔因緣：一切法以不可得空故皆空，所以者何？無集、無散故。譬如眼、色因緣生眼識，三事和合故生眼觸，眼觸因緣中即生受、想、思等心數法。是中邪憶念故，生諸煩惱罪業；正憶念故，生諸善法。善、惡業受六道果報，從是身邊復種善、惡業，如是展轉無窮，是名爲集。餘情亦如是。散者，是眼識等諸法，念念滅故，諸因緣離故。是眼識等法，生時無來處，非如田上穀，運致聚集；若滅時無去處，非如散穀與民。是名略説諸法集、散相。生時無所從來，散時無所去，是諸法皆如幻化，但誑惑[10]於眼！問曰：若爾，有集、散相，須菩提何以言不覺、不得？答曰：無來處故，集不可得；無去處故，散不可得。復次，生無[11]故集不可得，滅無故散不可得；畢竟空故集不可得，業因緣不失故散不可得。復次，觀世間滅諦故，集不可得；觀世間集諦故，散不可得。如是等義，當知集、散不可得，云何當作菩薩字？若强爲名[12]，是名亦無住，亦無不住。問曰：是名字何以故不住？答曰：名字在法中住，法空故名字無住處。如車，輪、輞、輻、轂等和合故有車名，若散是和合，則失車名。是車名非輪等中住，亦不離輪等中住；車名字，一、異中求，皆不得！失車名字[13]故，名字無住處。因緣散時尚無，何況因緣滅！衆生亦如是，色等五衆和合故，有衆生字；若五衆離散，名字無住處。

1　“響”，甲本作“響”，“響”通“響”。下同，不復出校。石本作“影”。

2　“焰”，甲本作“炎”，“炎”爲“焰”之古字。

3　“我若”，甲、宋、元、明、宮、聖本作“若我”。

4　“亦”，甲、宋、元、明、宮本無。

5　“論”，甲、宋、宮、聖本無。下同，不復出校。

6　“間”，原作“聞”，誤，兹據甲、宋、元、明、宮、聖、石本改。

7　“少”，甲本作“小”，“小”通“少”。

8　“虚誑顛倒”，甲、宋、元、明、宮、聖本作“顛倒虚誑”。

9　“次”，甲、宋、宮、聖、石本無。

10　“誑惑”，甲本作“誑或”，“或”爲“惑”之古字。下同，不復出校。

11　“無”，甲本作“死”，誤。

12　“名”，甲、宋、元、明、宮、聖、石本作“其名”。

13　“字”，甲、宋、元、明、宮、聖、石本無。

五衆離散時尚無，何況無五衆！問曰：若散時名字不可得，和合未散時，則有名字，何以言不可得？答曰：是菩薩名字一，五衆則有五；一不作五，五不作一。若五作一，如五匹物不得爲一匹用；若一作五，如一匹物不得爲五匹用。以是故，一菩薩字，不得五衆中住。非不住者，若名字因緣和合無，則世俗語言衆事都滅；世諦無故，第一義諦亦無，二諦無故，諸法錯亂！復次，若因緣中有名字者，如說火則燒口，說有則塞口；若名字不在法中者，說火不應生火想，求火亦可得水。從久遠已來，共傳名字故，因名則識事。以是故，說名字義，非住，非不住。復次，是中須菩提自說因緣：無所有故，是名字非住、非不住。如菩薩名字，五衆、十二入、十八界等諸法，亦如是。問曰：如上來說五衆諸法集、散不可得，今何以復說五衆？答曰：上直說五衆，今說五衆如夢、如幻。復次，有人謂凡夫人五衆虛誑不實，如夢；聖人[1]五衆非是虛誑。以是故，須菩提說：如夢、如幻，同皆不住。問曰：十譬喻中何以但說五事？答曰：若說十事，無在，但以隨衆生心說五喻，事辦故不盡說；或以五衆故說五喻。餘法亦如是。離有二種：一者，身離；二者，心離。身離者，捨家恩愛世事等，閑居靜處；心離者，於諸結使，悉皆遠離。復有二種離：一者，諸法離名字；二者，諸法各各離自相。此中說後二種離。所以者何？此中破名字故，餘處自相離。小乘法中，多說前二離。寂滅亦有二種：一者，淳善相寂滅惡事；二者，如涅槃寂滅相，觀世間諸法亦如是。此中但說後寂滅。不生亦有二種：一者，未來無爲法名不生；二者，一切法實無生相，生不可得故。此中但說後不生。不滅有三種：智緣滅，非智緣滅，無常滅。此中說無常滅；與此相違，故名不滅。不示者，一切諸觀滅，語言道斷故，無法可示是法如是相——若有、若無，若常、若無常等。不垢不淨、如、法性、實際、法相、法位義如先說。問曰：五衆法有集、散，與此相違，故言不集不散；如、法性、實際等，無相違故，云何言不集不散？答曰：行者得如、法性等，故名爲集，失故名爲散；如虛空雖無集無散，鑿戶牖名爲集，塞故名爲散。善、不善，乃至十方如恒河沙等諸佛義，如先說。是諸佛[2]法及佛名字，無所依止，故皆空，不住、非不住。

【經】世尊！諸法因緣和合，假名施設，所謂菩薩。是名字於五陰[3]中不可說，十二入、十八界[4]，乃至十八不共法中不可說，於和合法中亦不可說。世尊！譬如夢，於諸法中不可說；響、影、焰[5]、化，於諸法中亦不可說。譬如名虛空，亦無法中可說。世尊！如地、水、火、風名，亦無法中可說；戒、三昧、智慧、解脫、解脫知見名，亦無法中可說；如須陀洹名字，乃至阿羅漢、辟支佛名字，亦無法中可說；如佛名、法名[6]，亦無法中可說——所謂若善、若不善，若常、若無常，若苦、若樂，若我、若無我，若寂滅、若離，若有、若無。世尊！我以是義故心悔：一切諸法集、散相不可得，若爲菩薩作字，言是菩薩。世尊！是字不住，亦不不住，何以故？是字無所有故，以是故，是字不住，亦不不住[7]。若菩薩摩訶薩聞作是說，般若波羅蜜如是相、如是義，心不没、不悔，不驚、不畏、不怖，當知是菩薩必住阿鞞跋致性中，住不住法故。

【論】釋曰：上來非住、非不住門，破菩薩名字及諸法；今以異門破菩薩名字，無法可說[8]爲菩薩。何以故？菩薩非是五衆，五衆非是菩薩；五衆中無菩薩，菩薩中無五衆；五衆不屬菩薩，菩薩不屬五衆；離五衆無菩薩，離菩薩無五衆。如是菩薩名字不可得，當知是空。乃至十八不共法亦如是。譬如夢中有所見，皆是虛

1　“聖人”，甲、宋、宫本無。

2　“佛”，甲、宋、元、明、宫、聖本無。

3　“陰”前，原衍“受”，兹據甲、宋、元、明、宫、聖本及《大正藏》本《摩訶般若波羅蜜經》刪。

4　“界”，甲、宋、宫、聖本作“性”。

5　“焰”，甲本作“炎”，“炎”爲“焰”之古字。

6　“法名”，甲、宋、宫、聖本作“佛法名”。

7　“不住”後，甲、石本有“世尊”。

8　“無法可說”，甲本作“法不可說”。

妄,不可説;此夢中無有定法相——所謂五衆、十二入、十八界,但有誑心。餘影、響、焰[1]、化,亦如是,但誑耳目!如虛空,一切法中不可説,無相故。虛空與色相違故,不得説名爲色;色盡處亦非虛空,更無別法故。若謂入出爲虛空相,是事不然,是身業非虛空相;若無相,則無法。以是故,虛空但有名字;菩薩名字亦如是。問曰:如夢、虛空等,可但有名字;云何地、水、火、風實法,亦但有名字?答曰:無智人謂地等諸物以爲實;聖人慧眼觀之,皆是虛誑。譬如小兒見鏡中像,以爲實,歡喜[2]欲取,謂爲真實;大人觀之,但誑惑人眼。諸凡夫人見微塵和合成地,謂爲實地;餘有天眼者,散此地,但見微塵;慧眼分別破散,此地都不可得。復次,初品論中,種種破身相,如身破,地亦破。復次,若地是實,云何一切火觀時皆是火?若以禪定觀爲實,佛説一切法空爲虛妄,但是事不然!水、火、風,亦如是。如四大爲身,本猶尚爾,何況身所作持戒等諸業而不空!如戒等麁業尚空,何況禪定、智慧、解脱、解脱知見[3]等而不空!若戒等五衆空者,何況是因緣得諸聖道果而不空!若聖道果空者,何況須陀洹人乃至佛而不空!以是故,菩薩名字雖善法,乃至有無法中出,不名爲善,乃至不名爲有無,集、散不可得故。須菩提知空相如是,云何説名菩薩,爲説般若波羅蜜?若菩薩聞是,不恐不畏,則是阿鞞跋致性中住,以如不住法住故。阿鞞跋致性者,是菩薩未得無生法忍,未從諸佛授[4]記,但福德、智慧力故,能信樂諸法畢竟空,是名阿鞞跋致性中住,得阿鞞跋致氣分故;如小兒在貴性中生,雖未成事,以姓貴[5]故便貴。

【經】復次,世尊!菩薩摩訶薩欲行般若波羅蜜,色中不應住,受、想、行、識中不應住;眼、耳、鼻、舌、身、意中不應住,色、聲、香、味、觸、法中不應住;眼識乃至意識中不應住,眼觸乃至意觸中不應住,眼觸因緣生受乃至意觸因緣生受中不應住;地種,水、火、風、空、識種中不應住;無明乃至老死中不應住。何以故?世尊!色、色相空,受、想[6]、行、識、識相空。世尊!色空,不名爲色,離空亦無色;色即是空,空即是色。受、想、行、識空,不名爲識,離空亦無識;識即是空,空即是識。乃至老死、老死相空。世尊!老死空,不名爲老死[7],離空亦無老死;老死即是空,空即是老死。世尊!以是因緣故,菩薩摩訶薩欲行般若波羅蜜,不應色中住,乃至老死中亦[8]不應住。復次,世尊!菩薩摩訶薩欲行般若波羅蜜,四念處中不應住。何以故?四念處、四念處相空。世尊!四念處空,不名爲四念處,離空亦無四念處;四念處即是空,空即是四念處。乃至十八不共法亦如是。世尊!以是因緣故,菩薩摩訶薩欲行般若波羅蜜,四念處乃至十八不共法中不應住。復次,世尊!菩薩摩訶薩欲行般若波羅蜜,檀波羅蜜中不應住,尸羅波羅蜜、羼提波羅蜜、毘梨耶波羅蜜、禪波羅蜜、般若波羅蜜中不應住。何以故?檀波羅蜜、檀波羅蜜相空,乃至般若波羅蜜、般若波羅蜜相空。世尊!檀波羅蜜空,不名爲檀波羅蜜,離空亦無檀波羅蜜;檀波羅蜜即是空,空即是檀波羅蜜。乃至般若波羅蜜亦如是。世尊!以是因緣故,菩薩摩訶薩欲行般若波羅蜜,不應六波羅蜜中住。

【論】釋曰:上須菩提以謙讓門説般若,雖言不説,而實爲諸[9]菩薩説般若波羅蜜。今須菩提以不住門,直爲菩薩説般若波羅蜜。般若波羅蜜有種種名字:觀、修、相應、合、入、習、住等,是皆名修行般若波羅蜜;

---

1 "焰",甲本作"炎","炎"爲"焰"之古字。
2 "喜",甲本作"憙","憙"爲"喜"之古字。下同,不復出校。
3 "知見",甲、宋、元、明、宫、聖本作"慧"。
4 "授",甲、宋、元、明、宫、聖、石本作"受"。
5 "姓貴",甲本作"性貴","性"通"姓",宋、元、明、宫本作"貴姓"。
6 "想",甲本作"相","相"爲"想"之借字。
7 "不名爲老死",甲本作"名不老死",宋、元、明、宫、聖本作"不名老死"。
8 "亦",甲、宋、宫、聖、石本無。
9 "諸",甲、宋、元、明、宫、聖本無。

但種種名字説，聞者歡喜。復次，小有[1]差別：行名聽聞、誦讀、書寫、正憶念、説、思惟、籌量、分別、修習等，乃至阿耨多羅三藐三菩提，總名爲行。是行中分別故：初者名觀，如初始見物；日日漸學是名習；與般若波羅蜜[2]相可，是名合；隨順般若波羅蜜，名相應；通徹般若波羅蜜，是名爲入；分別取相有是事，名爲念；常行不息，令與相似，是名爲學；學已，巧方便觀，知是非得失，名爲思惟；以禪定心共行，名爲修；得是般若波羅蜜道不失，是名住；與住相違，名不住。問曰：先説諸法空，即是不住，今何以説諸法中不應住？答曰：先雖説，著法愛心難遣故，今更説。復次，有無相三昧，入此三昧，於一切法不取相而不入滅定；菩薩智慧不可思議，雖不取一切法相，而能行道。如鳥於虛空中，無所依而能高飛；菩薩亦如是，於諸法中不住，而能行菩薩道。問曰：人心得緣便起，云何菩薩於一切法不住而不入滅定中？答曰：此中[3]須菩提自説，所謂：色、色相自空，色空爲非色，亦不離空有色；色即是空，空即是色。是義，《第二品》中已説。乃至不應六波羅蜜中住，亦如是，以空故無所住。

【經】復次，世尊！菩薩摩訶薩欲行般若波羅蜜，文字中不應住，一字門、二字門，如是種種字門中不應住。何以故？諸字、諸字相空故，亦[4]如上説。復次，世尊！菩薩摩訶薩欲行般若波羅蜜，諸神通中不應住。何以故？諸神通、諸神通相空，神通空不名爲神通，離空亦無神通；神通即是空，空即是神通。世尊！以是因緣故，菩薩摩訶薩欲行般若波羅蜜，諸[5]神通中不應住。

【論】釋曰：有二種菩薩：一者，習禪定；二者，學讀。坐禪者，生神通；學讀者，知分別文字。一字門者，一字一語，如地名浮。二字門者，二字一語，如水名闍藍。三字門[6]者，如水名波尸藍。如是等，種種字門。復次，菩薩聞一字，即入一切諸法實相中；如聞阿字，即知諸法從本已來無生；如是等。如聞頗佉，一切法中苦相生，即時[7]生大悲心。如聞阿尼吒，知一切法[8]無常相，即時入道聖行。餘如文字陀羅尼中廣説。神通義，先已説。是二事畢竟空故，菩薩不於中住。

【經】復次，世尊！菩薩摩訶薩欲行般若波羅蜜，色是無常，不應住，受、想、行、識是無常，不應住。何以故？無常、無常相空。世尊！無常空，不名無常，離空亦無無常；無常即是空，空即是無常。世尊！以是因緣故，菩薩摩訶薩欲行般若波羅蜜，色是無常不應住，受、想、行、識是無常不應住。色是苦不應住，受、想、行、識是苦不應住；色是無我不應住，受、想、行、識是無我不應住；色是空不應住，受、想、行、識是空不應住；色是寂滅不應住，受、想、行、識是寂滅不應住，色是離不應住，受、想、行、識是離不應住；亦[9]如上説。復次，世尊！菩薩摩訶薩欲行般若波羅蜜，如相中[10]不應住，何以故？如相、如相空[11]。世尊！如相空不名爲[12]如，離空亦無如；如即是空，空即是如。世尊！菩薩摩訶薩欲行般若波羅蜜，法性、法相、法位、實際中不應住。何以故？實際空。世尊！實際空，不名爲實際，離空亦無實際；實際即是空，空即是實際。復次，世尊！菩薩摩訶薩欲行般若波羅蜜，一切陀羅尼門中不應住，一切三昧門中不應住。何以故？陀羅尼門、陀羅尼門相空，

1　“有”，甲本作“者”，誤。

2　“波羅蜜”，甲、宋、元、明、宮、聖本無。

3　“此中”，甲、宋、元、明、宮、聖本無。

4　“亦”，甲、宋、元、明、宮、聖、石本無。

5　“諸”，甲本脱。

6　“門”，甲、宋、元、明、宮、聖、石本作“名”。

7　“時”，甲、聖本作“是”。

8　“法”，甲、聖、石本無。

9　“亦”，甲、宋、元、明、宮、聖本無。

10　“相中”，甲、明、聖本作“中”，宋、宮本無。

11　“如相如相空”，甲、宋、宮本作“如相空”，元、明、聖本作“如如相空”。

12　“爲”，甲、宋、元、明、宮、聖本無。

三昧門、三昧門相空。世尊！陀羅尼門、三昧門空，不名爲陀羅尼門、三昧門，離空亦無陀羅尼、三昧門；陀羅尼、三昧門即是空，空即是陀羅尼、三昧門。世尊！以是因緣故，菩薩摩訶薩欲行般若波羅蜜，乃至[1]陀羅尼、三昧門中不應住。世尊！如菩薩摩訶薩欲行般若波羅蜜，無方便故，以吾我心，於色中住，是菩薩作色行；以吾我心，於受、想、行、識中住，是菩薩作識行。若菩薩作行者，不受般若波羅蜜，亦不具足般若波羅蜜；不具足般若波羅蜜故，不能得成就薩婆若。世尊！如是[2]菩薩摩訶薩欲行般若波羅蜜，無方便故，以吾我心，於十二入乃至陀羅尼、三昧門中住，是菩薩作十二入乃至作[3]陀羅尼、三昧門行。若菩薩作行者，不受般若波羅蜜，亦不具足般若波羅蜜；不具足般若波羅蜜故，不能得成就薩婆若。何以故？色是不受，受、想、行、識是不受。色不受則非色，性空故；受、想、行、識不受則非識，性空故。十二入是不受，乃至陀羅尼、三昧門是不受。十二入不受，則非十二入；乃至陀羅尼、三昧門不受，則非陀羅尼、三昧門，性空故。般若波羅蜜亦不受；般若波羅蜜不受，則非般若波羅蜜，性空故。如是菩薩摩訶薩欲行般若波羅蜜，應觀諸法性空。如是觀心無行處，是名菩薩摩訶薩不受三昧廣大之用，不與聲聞、辟支佛共。是薩婆若慧亦不受，內空故，外空、內外空、空空、大空、第一義空、有爲空、無爲空、畢竟空、無始空、散空、性空、自相空、諸法空、不可得空、無法空、有法空、無法有法空故。何以故？是薩婆若，不可以相行得，相行有垢故。何等是垢相？色相乃至諸[4]陀羅尼、三昧門相，是名垢相。是相若受若修，可得薩婆若者。

【論】釋曰：無常等聖行，及如、法性、實際、陀羅尼、三昧門，先已説。問曰：垢法中不應住，以罪故；善、無記法中何故不應住？答曰：是雖非罪，而生罪因緣。如佛此中説：有菩薩以吾我心行般若波羅蜜，住色中著色，爲生色故作諸業；受、想、行、識亦如是。爲起五衆故行，是爲不取般若波羅蜜。是人雖言我行般若波羅蜜，是爲世間行，不具足般若波羅蜜故，不能至一切智；乃至陀羅尼、三昧門，亦如是。此中須菩提自説不住因緣，所謂色是不受，若色不受則非色，性常空故。問曰：是色無常、苦、空等，過罪故不受；譬如熱金丸，雖有金可貪，但以熱故知[5]不可取。如是者有何咎，而強破五衆法？答曰：有二種著——一者欲著，二者見著。有人觀是無常、苦等，破欲著，得解脱；或有人雖觀無常等，猶著法生[6]見，爲是人故，分別色相空，如是則離見著。乃至陀羅尼、三昧門，亦如是。問曰：聲聞、辟支佛，一切法不受故漏盡；此中云何説不受三昧，不與二乘共？答曰：彼雖有不受三昧，無有廣大之用，不利不深，亦不堅固。復次，聲聞、辟支佛漏盡時，得諸法不受；菩薩久來知一切法不受，皆如無餘涅槃，畢竟空，是故説不與二乘共。復次，二乘有習氣，有礙有障故，雖有無受三昧，不清淨；如摩訶迦葉聞菩薩伎[7]樂，於坐處不能自安。諸菩薩問言：汝頭陀第一，何故欲起似舞？迦葉答言：我於人天五欲中永離不動；此是大菩薩福德業因緣變化力，我未能忍！如須彌山王，四面風起，皆能堪忍；若隨嵐風至，不能自安。聲聞、辟支佛習氣，於菩薩爲煩惱。復次，此[8]無受三昧，惟佛遍知；菩薩求佛道故，雖不能遍，而勝於二乘，以是故説不與二乘共。以人貴重是不受三昧而生著心，是故須菩提説：不但是三昧不受，色乃至一切種智皆不受。所以者何？須菩提自説因緣，所謂十八空故不受。問曰：何以故用是十八空觀諸法皆空？答曰：此中須菩提自説因緣：取相著故，生諸結使。相者，色乃至陀

1　"乃至"前，甲、宋、元、明、宮、聖本有"如"。

2　"是"，甲、宋、元、明、宮、聖本無。

3　"作"，甲、宋、宮、聖本無。

4　"諸"，甲、宋、元、明、宮、聖、石本無。

5　"知"，甲、宋、元、明、宮、石本無。

6　"生"，甲本作"性"，誤。

7　"伎"，甲本作"妓"。

8　"此"，甲、宋、元、明、宮、聖、石本作"是"。

羅尼門諸三昧門相，皆是煩惱根本。若佛法中，乃至無[1]有法微相可取者。

【經】先尼梵志於一切智中終不生信。云何爲信？信般若波羅蜜，分別解知，稱量思惟，不以相法，不以無相法。如是先尼梵志，不取相，住信行中。用性空智，入諸法相，不受色，不受受、想、行、識。何以故？諸法自相空故，不可得受。是先尼梵志非內觀得故見是智慧，非外觀得故見是智慧，非內非外觀得故見是智慧，亦不無智慧[2]觀得故見是智慧。何以故？梵志不見是法、知者、知法、知處故。此梵志非內色中見是智慧，非內受、想、行、識中見是智慧；非外色中見是智慧，非外受、想、行、識中見是智慧；非內外色中見是智慧，非內外受、想、行、識中見是智慧；亦不離色、受、想、行、識中見是智慧，內外空故。先尼梵志此中心得信解於一切智，以是故，梵志信諸法實相，一切法不可得故。如是信解已，無法可受，諸法無相、無憶念故。是梵志於諸法亦無所得，若取、若捨，取、捨不可得故。是梵志智慧亦不念[3]，諸法相不[4]念故。世尊！是名菩薩摩訶薩般若波羅蜜，此彼岸不度故。是菩薩色、受、想、行、識不受，一切法不受故；乃至諸陀羅尼、三昧門亦不受，一切法不受故。是菩薩於是中亦不取涅槃。未具足四念處乃至八聖道分，未具足十力乃至十八不共法。何以故？是四念處非四念處，乃至十八不共法非十八不共法，是諸法非法、亦不非法。是名菩薩摩訶薩般若波羅蜜，色不受乃至十八不共法不受。

【論】問曰：此中何因緣說先尼梵志？答曰：此經種種因緣說法空，乃至無微相可取。人心疑怪不信，是理難見，以畢竟無相故。以是故須菩提引證小乘中尚有法空，何況行大乘法者而不信法空！復次，如刪若婆[5]婆羅門，善知一切智人相，見菩薩食乳糜，知今日當成佛。先尼，是其舅也。耆年智德，有大名聞，出家廣讀一切經書，修心坐禪學道，時時，欲求智慧故，往詣論議堂。諸梵志言：六師皆自稱一切智。不蘭迦葉有大名聞，是大衆師，其弟子死，若小若大，皆不說其生處；餘五師弟子死，若小若大，皆說其生處。佛亦是大師，有大名聞，其弟子死，小者說其生處，大者不說其生處。先尼聞已，異時詣佛所，問訊已，一面坐。問佛言：佛聽，當問！佛言：恣汝[6]所問。先尼言：昔我一時曾到論堂，與諸人論議；如昔所聞，具向佛說。是時我作是念：佛法說弟子小者更生，大者不生，何者爲定？佛告先尼：我法甚深，微妙難解！汝等長夜著諸異見、異欲、異法，汝於我法不能自[7]見！先尼梵志白佛言：我心敬佛，願加愍念，爲說妙法；令我於坐得眼，無令空起！佛問梵志：於汝意云何？汝見是色如去不？答言：不也！受、想、行、識如去不？答言：不也！色中如去不？答言：不也！受、想、行、識中如去不？答言：不也！離色如去不？答言：不也！離受、想、行、識如去不？答言：不也！汝更見無色，無受、想、行、識如去者不？答曰：不也！若汝種種門，不見如去者，應生疑言：佛法何者爲定？答曰：不應！佛告先尼：若我弟子是法中不了了知者，說有後生，本來有我慢等殘故；若我弟子了了解知是義者，不說其生處，本來我慢等無殘故。先尼聞是已，即時得道。得道已，從坐起，白佛言：願得出家爲道！即時鬚髮自墮，便成沙門，不久得阿羅漢，從佛得眼不虛故。是經論議：先尼信者，信佛能令我得道，是名初信。然後聞佛破吾我，從本已來，常自無我；無我故諸法無所屬、如幻、如夢，虛誑不實，不可得取。得是信力已，入諸法實相，不受色是如去乃至識是如去。問曰：梵志何以答佛，皆言不也？答曰：梵志本總相爲我，佛今一一別問，以是故，答佛言：不也[8]。復次，梵志聞人二種說我：或有說五衆即是

我,或有說離五衆別有我。若五衆即是我,則無別我[1]。所以者何? 我是一,衆是五,一不作五,五不作一。復次,五衆無常生滅相,五衆是我亦應生滅,若生滅者則失罪福。是五衆從因緣和合生,不自在;我若爾者,何用我爲! 不自在故。如是等過罪故,不得說言色如去,受、想、行、識如去。離五衆亦不應有我,無相故。若知、見、受等,是皆五衆相,非是我相,智者云何說離五衆而有我? 以是故言不也。若有言別更有我、無五衆,是亦不然,皆是顛倒妄見分別。如是種種因緣知無我,我即是如去;諸法亦爾,皆同如去,以無主故,法無所屬。復次,梵志推求得道智慧,於四處求之,皆無定相,所謂觀自身五衆名爲內,外[2]觀他身名爲外,彼此名爲內外;是三種智慧不得道,無智慧亦不得道。復次,內者內六入,外者外六入。復次,內名能觀智慧,外名所觀處。是先尼知諸觀皆有過罪,何以故? 內以智慧力故,謂外諸法是常、無常,有、無等,非外法有定相;若有定相,則無智用。又此智慧從外法因緣生,外法相不定故,智慧亦不定。如稱爲物故、物爲稱故,二事相待,若離物無稱、離稱無物。無[3]量教智名得道方便,得名得聖道果。復次,略說實智慧義,所謂不見內五衆中,不見外五衆中,亦不見內外五衆中,亦不見離五衆中,見是智慧爲實。以無常智慧觀五衆無常,是智慧從因緣和合故有不實。著觀者邪見,不著者得道。若無常相是實者,何故著而不得道? 以是故[4],一切內外不見定智慧。若離是無常等觀[5]得道者,一切凡人亦應得道,以是故說離是智[6]慧[7],亦無所得。爾時,梵志以是智慧,於一切法中心得遠離,於智慧亦復遠離;一切我見等取相邪見,一切皆滅,亦不從無智得。爾時,梵志歡喜,觀無量法性相,佛真爲大師! 不捨者,諸法中皆有助道力故。不受者,諸法實相畢竟空無所得故不受。復次,諸結使煩惱,顛倒虛妄故無所捨,但知諸法如實相,無相、無憶念故,是名菩薩不受、不捨波羅蜜。名爲般若波羅蜜,此彼岸[8]不度故;世間即是涅槃相,涅槃相即是世間相,一相,所謂無相。若如是知,應當滅,以未具足諸功德故不滅;大慈悲[9],本願力故不滅。雖求佛道,於此法中亦無好醜相及受捨相。以是故,非法、亦非非法,是名菩薩般若波羅蜜,一切相不受。

大智度論卷第四十二[10]。

大智度論釋集散品第九下(卷第四十三)[11]

……舍利弗[12]問須菩提:何因緣故[13],當知菩薩不離般若波羅蜜行? 須菩提言:色離色性,受、想、行,識離識性;六波羅蜜離六波羅蜜性,乃至實際離實際性[14]。舍利弗復問須菩提:云何是色性? 云何是受、想、行、識性? 云何乃至實際性? 須菩提言:無所有,是色性;無所有,是受、想、行、識性;乃至無所有,是實際性。

1　"別我",甲本作"答"。

2　"外",甲、聖本無。

3　"無",甲本脫。

4　乙本始。

5　"外不……等觀"十三字,乙本殘。

6　"者一……是智"十六字,乙本殘。

7　乙本終。

8　"岸",甲、宋、元、明、宮本無。

9　"悲",原作"慈",誤,茲據甲、宋、元、明、宮、聖本改。

10　甲本終,尾題作"大智論卷第四十二釋第九品上",題記作"開皇十三年歲次癸丑四月八日,弟子李思賢敬寫供養"。

11　本卷對應《大智度論》寫本凡5號:P.2089號(以下簡稱"甲本")、俄Дx05786號(以下簡稱"乙一")、俄Дx05867號(以下簡稱"乙二")、俄Дx05720號(以下簡稱"乙三")、S.1830號(以下簡稱"乙四")。

12　甲本始。"舍利弗"至此段經文末,甲本在下段論文"問曰:此經中常說五衆在前,一切種智在後,今何以先說六波羅蜜?"句前。

13　"故",甲本無。

14　"實際離實際性",甲本作"離實際實際性",誤倒。

舍利弗！以是因緣故，當知色，離色性；受、想、行、識，離識[1]性；乃至實際，離實際性。舍利弗！色亦離色相，受、想、行、識，亦離識相；乃至實際，亦離實際相。相亦離相，性亦離性。舍利弗問須菩提：菩薩摩訶薩若如是學，得成就薩婆若[2]？須菩提言：如是！如是！舍利弗！若菩薩摩訶薩如是學，得成就薩婆若。何以故？以諸法不生不成就故。舍利弗問須菩提：何因緣故，諸法不生不成就？須菩提言：色、色空，是色生、成就不可得；受、想、行、識，識空，是識生、成就不可得；乃至實際、實際空，是實際[3]生、成就不可得。舍利弗！菩薩摩訶薩如是學，漸近薩婆若，漸得身清淨、心清淨、相清淨；漸得身清淨、心清淨、相清淨故，是菩薩不生染心，不生瞋心，不生癡心，不生憍慢心，不生慳貪心，不生邪見心。是[4]菩薩不生染心，乃至不生邪見心故，終不生母人腹中，常得化生；從一佛國至一佛國，成就衆生，淨佛世界，乃至阿耨多羅三藐[5]三菩提，終不離諸佛。舍[6]利弗！菩薩摩訶薩[7]當作是行般若波羅[8]蜜，當作是學般若波羅[9]蜜。

【論】[10]問曰：上來廣說般[11]若波羅蜜，今須菩提何[12]以作是言：菩薩摩訶[13]薩應如是思惟：何者是般[14]若波羅蜜？答曰[15]：須菩提上來謙讓門說，次不[16]住門說，今明[17]般若[18]波羅蜜體——何[19]等是般若[20]波羅蜜？般若波羅蜜者，是一切諸法實相，不可破，不可壞；若有佛，若無佛，常住諸法相、法位，非佛、非辟支佛、非菩薩、非聲聞、非天人所作，何況其餘小衆生！復次，常是一邊，斷滅是一[21]邊——離是二邊行中道，是爲般若波羅蜜。又[22]復常、無常，苦、樂，空、實，我、無我等，亦如是[23]。色法[24]是一邊，無色法是一邊，可見法、不可見法，有對、無對[25]，有爲、無爲，有漏、無漏，世間、出[26]世間等諸二法，亦如是。復次，無明是一邊，無明盡[27]是一邊；乃至老死是一邊，老死盡是一邊；諸法有是一邊，諸法無是一邊——離是二邊行中道，是爲般若波羅蜜。菩薩是一邊，

1　"離識"，甲本脱。
2　"薩婆若"，甲本作"薩波若"。
3　"實際空是實際"，甲本脱。
4　"是"，甲本無。
5　乙一始。
6　乙二始。
7　"舍利……呵薩"八字，乙一殘。
8　"訶薩……波羅"十字，乙二殘。
9　"蜜當……波羅"九字，乙一殘。
10　"論"，乙一、宋、宫、聖本無。
11　"波羅……説般"十一字，乙二殘。
12　"若波……提何"九字，乙一殘。
13　"提何……摩訶"十字，乙二殘。
14　"薩應……是般"十字，乙一殘。
15　"者是……答曰"九字，乙二殘。
16　乙三始。
17　"須菩……今明"十六字，乙一殘。
18　乙一終。"説次……般若"十字，乙二殘。
19　乙二終。
20　"般若……般若"十一字，乙三殘。
21　"一"，乙三殘，乙四始。
22　"邊離……蜜又"十六字，乙四殘。
23　"復常……如是"十五字，乙三殘。
24　乙三終。"亦如是色法"，乙四殘。
25　"無對"，甲本作"無對法"。
26　"爲無……間出"十字，甲本殘。
27　"復次……明盡"十字，甲本殘。

六波羅蜜是一邊；佛是一邊，菩提是一邊——離是二邊[1]行中道，是爲般若波羅蜜。略説内六情是一邊[2]，外六塵是一邊；離是二邊行中道，是名般若波羅蜜。此般若波羅蜜是一邊，此非般若波羅蜜是一邊——離是二邊行中道，是名般若波羅蜜。如是等二門，廣説無量般若波羅蜜相。復次，離有、離無、離非有非無；不墮愚癡而能行善道，是爲般若波羅蜜。如是等三門，是般若波羅蜜相。復次，須菩提此中自説：是法無所有、不可得。是般若波羅蜜空故，無所有；常無常等諸觀，求覓無定相故，不可得。復次，無所有者，此中須菩提自説：般若波羅蜜，乃至[3]五波羅蜜法無所有、不可取、不可受、不可著故。復次，十八空故，是六波羅蜜無所有、不可得。譬如大風能破散諸雲，亦如大火燒乾草木，如金剛寶[4]摧破大山，諸空亦如是能破諸法。何以故名般若波羅蜜者[5]，般若者（秦言智慧[6]），一切諸智慧中最[7]爲第一，無上、無比、無等，更無勝者，窮盡到邊；如一切衆生中佛[8]爲第一，一切諸法中涅槃爲第一，一切衆中比丘僧爲[9]第一。問曰：汝先説諸法實相是般若波羅蜜，所謂法位、法住，有佛、無佛常住不異；今何以説諸[10]智慧中般若波羅蜜第一，譬如諸法中涅槃爲第一？答曰：世間法，或時因中説果，或時果中説因，無咎。如人日食數匹布[11]，布不可食，從布因緣得食，是名因中説果；如見[12]好畫而言好手，是名果中説因。因諸[13]法實相[14]生智慧，是則果中説因。復次，是菩薩入不二入[15]法門，是時能直[16]行此般若波羅蜜，不分别是因是果、是緣是知[17]，是内是外、是此是彼等，所謂一相，無相，以是故不應難。復次，世間三種智慧：一者，世俗巧便，博識文藝，仁智禮敬等；二者，離生智慧，所謂離欲界，乃至無所有處；三者，出世間智慧，所謂離我及我所，諸漏盡聲聞、辟支佛智慧。般若波羅蜜爲最殊勝，畢竟清淨，無所著故，爲饒益一切衆生故。聲聞、辟支佛智慧，雖漏盡故清淨，無大慈悲，不能饒益一切故不如，何況世俗罪垢、不淨[18]、欺詒智慧！三種智慧不及是智慧故，名爲般若波羅蜜。復次，是智慧爲度一切衆生故，爲得佛道故；是智慧相應，受、想、行、識，及從智慧起身業[19]、口業，及生、住等心不相應諸行，是諸法和合，名爲波羅蜜[20]。是諸波羅蜜中，智慧多故，名爲般若波羅蜜；念、定等多故，名爲禪波羅蜜；餘波羅蜜義，亦如是。如是等種種無量因緣故，名爲般若波羅蜜。是誰般若[21]波羅蜜者。第一義中無知[22]者、見者、得者，一切法無

1　"二邊"後，甲本衍"離"。

2　"一邊"，甲本作"遍"，誤。

3　"乃至"，甲本作"及"。

4　"金剛寶"前，甲本有"大"。

5　"者"，乙四、石本無。

6　此小注甲、乙四、宋、元、明、宫、聖本作本文。

7　"最"，甲本無。

8　"佛"，乙四作"無"，誤。

9　"爲"，甲、乙四、聖本無。

10　"何以説諸"，甲本作"何以故説"。

11　"如人日食數匹布"，甲本作"如日人食匹布"。

12　"見"，甲本作"人"，誤。

13　"因諸"，甲本作"諸"，乙四作"説"，誤。

14　"相"，乙四作"法"，誤。

15　"入"，甲、宫、石本無。

16　"直"，乙四、宋、元、明、宫、聖本作"具"。

17　"知"，甲、宋、元、明、宫、聖本作"智"，"知"爲"智"之古字。

18　"不淨"，甲本作"不清淨"。

19　"業"，甲本無。

20　"波羅蜜"前，甲本衍"般若"。

21　"般若"，甲本作"波若"，異譯詞。

22　"知"，甲、聖本作"智"，"智"通"知"。

我、無我所相,諸法但空,因緣和合相續生。若爾!般若波羅蜜[1]當屬誰?佛法有二種:一者,世諦;二者,第一義諦。爲世諦[2]故,般若波羅蜜屬菩薩;凡夫人法種種過罪,不清淨故,則不屬凡夫人[3]。般若波羅蜜畢竟清淨,凡夫所不樂,如蠅樂處不淨,不好蓮花;凡夫人雖復離欲,有吾我心,著離欲法故,不樂[4]般若波羅蜜。聲聞、辟支佛,雖欲樂般若波羅蜜,無深慈悲故,大厭[5]世間,一心向涅槃,是故不能[6]具足得般若波羅蜜。是般若波羅蜜,菩薩成佛時,轉名一切種智。是故[7],般若[8]不屬佛,不屬聲聞、辟支佛,不屬凡夫,但屬菩薩。問曰:此經中常説五衆在前、一切種智在後,今何以先説六波羅蜜?答曰:舍利弗問須菩提無所有義解[9],五衆種種因緣觀,强令無所有,難解;般若波羅蜜即是無所有,易解。譬如水中月,易明其空;天上月,難令無所有。五波羅蜜與般若波羅蜜,同名、同事,是故續説五波羅蜜,然後續説五衆,乃至[10]一切種智無所有,不可得。菩薩入是門,觀諸法實相,不恐不怖者,當知是菩薩不離般若波羅蜜。不離者,常行般若波羅蜜不虛,必有果報;此中須菩提自説不離因緣,所謂色離色性,色中無色相,虛誑、無所有。菩薩能如是知,不離實智慧,乃至實際亦如是。菩薩[11]能行是無障礙道,得至薩婆若,一切法不生、不出故。舍利弗問須菩提:云何一切法不生?須菩提答:色、色相空,故色無生、無成就;乃至實際亦如是。若菩薩能如是行[12],是清淨、第一、無上、無比故[13],漸近薩婆若;漸近薩婆若故,心不生邪見煩惱戲論,即時得心清淨;心清淨果報故,得身清淨;三十二相、八十隨形好,莊嚴其身。得三種清[14]淨故,破諸虛誑取相之法,受法性生身——所謂常得化生,不處胞胎。問曰:若有力如此,何用化生,貪著其身而不取涅槃?答曰:有二事因緣故:以諸佛是衆生中寶,欲供養無厭故;有本願度衆生、淨佛世界未滿故。是菩薩福德方便力故,常不離諸佛。

大智度論釋行相品第十[15]

【經】[16]爾時,須菩提白佛言:世尊!若菩薩摩訶薩無方便,欲行般若波羅蜜,若行色爲行相,若行受、想、行、識爲行相;若色是常行爲行相,若受、想、行、識是常行爲行相;若色是無常行爲行相,若受、想、行、識是無常行爲行相;若色是樂行爲行相,若受、想、行、識是樂行爲行相;若色是苦行爲行相,若受、想[17]、行、識是苦行爲行相;若色是[18]有行爲行相,若受、想、行、識是有行爲行相;若色是空行爲行相,若受、想、行、識是空行爲行相;若色是我行爲行相,若受、想、行、識是我行爲行相;若色是無我行爲行相,若受、想、行、識是無我

1　“波羅蜜”,甲、乙四、宋、元、明、宫、聖本無。
2　“諦”,甲本脱。
3　“人”,甲、乙四、宋、元、明、宫、聖本無。
4　“不樂”,甲本作“不樂取”。
5　“厭”,甲本作“能”,誤。
6　“能”,甲本無。
7　“是故”,甲、乙四作“以是故”。
8　“般若”,甲本作“般若波羅蜜”。
9　“解”,甲、乙四、宋、元、明、宫、聖本無。
10　“乃至”前,甲本有“五衆”。
11　“菩薩”,甲本作“若善”。
12　“能如是行”,乙四殘。
13　“故”,甲本脱。
14　“清”,甲本脱。
15　甲本品題作“大智度品第十釋論”,乙四品題作“大智論釋第十品”。
16　“經”,甲、乙四、宋、元、宫、聖本無。下同,不復出校。
17　“想”,甲本作“相”,“相”爲“想”之借字。
18　“是”,乙四作“相”,誤。

行爲行相；若色是離行爲行相，若受、想、行、識是離行爲行相；若色是寂滅[1]行爲行相，若受、想、行、識是寂滅行爲行相。世尊！若菩薩摩訶薩無方便，行四念處爲行相，乃至[2]十八不共法爲行相。世尊！若菩薩摩訶薩行般若波羅蜜時，作是念：我行般若波羅蜜有所得行，亦是行相。世尊！若菩薩摩訶薩作是念：能如是行，是[3]修行般若波羅蜜，亦是行相。當知是菩薩摩訶薩，行般若波羅蜜無方便！須菩提語舍利弗：若菩薩摩訶薩行般若波羅蜜時，色受念妄解，若色受念妄解，爲色故作行；若爲色作行，不得離生老病死、憂悲苦惱及後世苦。若[4]菩薩摩訶薩行般若波羅蜜時無方便，眼受念妄解乃至意，色乃至法；眼識界乃至意識界，眼觸乃至意觸，眼觸因緣生受乃至意觸因緣生受；四念處乃至十八不共法受念妄解，爲十八不共法故作行。若爲作行，是菩薩不能得離生老病死、憂悲苦惱及後世苦。如是菩薩，尚不能得聲聞、辟支佛地證，何況得阿耨多羅三藐三菩提！無有是處。舍利弗！當知是菩薩摩訶薩行般若波羅蜜[5]無方便。舍利弗問須菩提：云何當知是[6]菩薩摩訶薩行般若波羅蜜有方便？須菩提語舍利弗：若菩薩摩訶薩欲行般若波羅蜜時，不行色，不行受、想、行、識；不行色相，不行受、想、行、識相；不行色、受、想、行、識常，不行色、受、想、行、識無常；不行色、受、想、行、識樂；不行色、受、想、行、識苦；不行色、受、想、行、識我；不行色、受、想、行、識無我；不行色、受、想、行、識空；不行色、受、想、行、識無相；不行色、受、想、行、識無作；不行色、受、想、行、識離；不行色、受、想、行、識寂滅。何以故？舍利弗！是色空爲非色，離空無色，離色無空，色即是空，空即是色；受、想、行，識空爲非識，離空無識，離識無空，空即是識，識即是空；乃至十八不共法空爲非十八不共法，離空無十八不共法，離十八不共法無空，空即是十八不共法，十八不共法即是空。如是，舍利弗！當知是菩薩摩訶薩行般若波羅蜜有方便；是菩薩摩訶薩如是行般若波羅蜜，能得阿耨多羅三藐三菩提。是菩薩摩訶薩行般若波羅蜜時，行亦不受，不行亦不受，行不行亦不受，非行[7]非不行亦不受，不受亦不受。舍利弗語須菩提：菩薩摩訶薩行般若波羅蜜時，何因緣故不受？須菩提言：是[8]行般若波羅蜜自性不可得故不受。何以故？無所有性是般若波羅蜜。舍利弗！以是故，菩薩摩訶薩行般若波羅蜜，行亦[9]不受，不行[10]亦不受，行不行亦不受，非行[11]非不行亦不受，不受[12]亦不受。何以故？一切法性無所有，不[13]隨諸法行，不受諸法相故，是名菩薩摩訶薩諸法無所受三昧廣大之用，不與聲聞、辟支佛共。是菩薩摩訶薩行是三昧不離，疾得阿耨多羅三藐三菩提。

【論】[14]釋曰：前品用空門破諸法，此品欲以無相門破諸法。若菩薩無方便觀色，則墮相中，墮相中故，失般若波羅蜜行。所以者何？以一切法空故，無相可取[15]。問曰：人知善惡果報，取果報相已，分別善、惡，善者取，惡者捨，是故行道；云何説諸法無相相？答曰：取相者爲初學者説，無相者爲行道、住解脱門者説，不應

---

1 "寂滅"前，甲本衍"離"。
2 "乃至"後，甲、乙四、宋、元、明、宫本有"行"。
3 "是"，甲本脱。
4 "若"，乙四脱。
5 "般若波羅蜜"後，甲本有"時"。
6 "是"，甲、乙四、宋、元、明、宫本無。
7 "非行"，甲本脱。
8 "是"後，原衍"行"，茲據甲、乙四、宋、元、明、宫、聖、石本及《大正藏》本《摩訶般若波羅蜜經》删。
9 "亦"，甲、乙四、宋、元、明、宫、石本無。
10 "不行"前，甲本衍"行"。
11 "非行"，甲本脱。
12 "不受"前，甲本衍"亦"。
13 "不"，甲本作"故"，誤。
14 "論"，甲、乙四、宋、宫本無。下同，不復出校。
15 "可取"前，甲本衍"不"。

以麁事爲[1]難！今行者取善[2]相，破不善[3]相，所謂取男女等相，生諸煩惱因緣；後以無相相破善[4]法相。若破不善而不破善相者，善即爲患，生諸著故；以無相相破善[5]法，無相亦自破。所以者何？無相，善法所攝故。譬如電墮害穀，電自消滅。復次，一切法無相相爲實。譬如身，不淨充滿，九孔常流，無有淨相；而人無明故，强以爲淨，生煩惱，作諸罪。如小兒於不淨物中，取淨相以爲樂[6]，長者觀之而笑，知爲虛妄。如是等種種取相，皆爲虛妄。如頗梨珠，隨前色變，自無定色；諸法亦如是，無有定相，隨心爲異，若常、無常[7]等相。如以瞋心，見此人爲弊[8]；若瞋心休息，婬欲心生，見此人還復爲好；若以憍慢心生，見此人以爲卑賤；聞其有[9]德，還生敬心。如是等有理而憎愛[10]，無理而憎愛[11]，皆是虛妄憶想；若除虛誑[12]相，亦無空相，無相相，無作相[13]，無所破故。是色從種種因緣和合而有，譬如水沫，如幻、如夢；若菩薩於色中取一相，即失般若波羅蜜，色性是無相相故。受是色相已，見色散壞磨[14]滅，謂是無常；若見和合少許時住，謂爲常有[15]。常有二種：一者，若住百歲，千萬億歲，若一劫，若八萬劫，然後歸滅；二者，常住不壞。菩薩若邊、邪滅故，亦不復觀真實常；若觀常，知[16]是久住故常，非是真實。若不滅邊、邪，觀色爲真實常[17]，作是念：草木零[18]落還歸爲土，但離合有時。是故說是菩薩無方便。菩薩或觀色無常，無常亦有二種：一者，念念滅，一切有爲法，不過一念住；二者，相續法壞故，名爲無常，如人命盡，若火燒草木，如煎水消盡。若初發心菩薩行是相續，斷麁無常，心厭故；若久行菩薩，能觀諸法念念生滅無常。是二菩薩皆墮取相中，所以者何？是色常、無常相不可得，如先説。受、想、行、識亦如是。苦、樂、我、非我亦爾。問曰：是五衆可作常、無常等觀，云何言五衆是寂滅、遠離相？答曰：行者不見五衆常、無常相故，知是五衆離自相；若知五衆離自相，即是寂滅如涅槃。問曰：若爾者！初自無相，云何説言無方便墮相中？答曰：是菩薩根鈍[19]，不自覺心離五衆著，轉復著遠離寂滅，於無相中而生著。三十七品乃至十八不共法，亦應如是隨[20]義分別。若菩薩觀外諸法皆無相，言我能[21]作是觀；以有我心殘故，亦墮相中。若菩薩能離此著相非道，行真淨無相智慧，作是念：能如是内外清淨行，是爲修行般若波羅蜜；是人亦墮相中。所以者何？不可著而著，不可取[22]而取[23]故；是菩薩名爲無方便，依止愛見，著善法故。是菩薩

1　“爲”，甲本脱。

2　“善”，甲本作“著”，誤。

3　“善”，甲本作“著”，誤。

4　“善”，甲本作“著”，誤。

5　“善”，乙四作“著”，誤。

6　“樂”，甲本作“常樂”。

7　“常”，甲本脱。

8　“弊”，甲本作“幣”，“幣”爲“弊”之借字。

9　“有”，甲本脱。

10　“憎愛”，甲本作“愛增”，“增”通“憎”。

11　“憎愛”，甲本作“愛增”，“增”通“憎”。

12　“誑”，甲本作“妄”。

13　“無相相”，甲本作“無住相”，“住”當爲“作”之誤，乙四作“無無作相”，“無”當衍其一。

14　“磨”，乙四、宋、元、明、宫本作“摩”，“摩”通“磨”。

15　“有”，甲、乙四、宋、元、明、宫、聖本無。

16　“知”，甲本作“如”，誤。

17　“爲”後，甲本衍“不”。

18　“零”，甲本作“令”。

19　“根鈍”，甲本作“鈍根”。

20　“隨”，乙四作“墮”，“隨”通“墮”。

21　“能”，甲本脱。

22　“取”，甲本作“著”，誤。

23　“取”後，甲本衍“取”。

雖有福德,亦不得離老病死、憂悲苦惱;雜行道故,尚不能得小乘,何況大乘!與上相違,名爲有方便。於一切法不受不著,諸法和合因緣生,無 [1] 自性故。問曰:前説無受三昧,此説不受三昧,有何等異?答曰:前者爲空故,此爲無相故。不遠離者,常行不息不休,以大慈悲心故。疾得佛道者,入是三昧無障礙故,所行智慧與佛相似;若無量阿僧祇劫應得。或時超一阿僧祇劫、百劫 [2],乃至六十一劫;如弗沙佛 [3] 讚歎 [4],釋迦文佛超越九劫。

【經】舍利弗言:但不離是三昧,令菩薩摩訶薩 [5] 疾得阿耨多羅三藐三菩提,更有諸 [6] 餘三昧?須菩提語 [7] 舍利弗言:更有諸餘 [8] 三昧,菩薩摩訶薩行是三昧 [9],疾得阿耨多羅三藐三菩提。舍利弗言:何等三昧,菩薩摩訶薩行是,疾得阿耨多羅三藐三菩提?須菩提言:諸菩薩摩訶薩 [10] 有三昧名首楞嚴,行是三昧,令菩薩摩訶薩疾得阿耨多羅三藐三菩提。有名寶印三昧,師子遊戲三昧,妙 [11] 月三昧,月幢相 [12] 三昧,諸 [13] 法印三昧,觀頂三昧,畢法性三昧,畢幢相三昧 [14],金剛三昧,入法印三昧,三昧王安立三昧,放光三昧,力進三昧,出生三昧,必入辯才三昧,入名字三昧,觀方三昧,陀羅尼印三昧,不妄 [15] 三昧,攝諸法海印三昧,遍 [16] 覆虛空三昧,金剛 [17] 輪三昧,寶斷三昧,普 [18] 照三昧,不求 [19] 三昧,無處住三昧,無心三昧,淨燈 [20] 三昧,無邊明三昧 [21],能作明三昧,普遍明 [22] 三昧,堅淨諸三昧三昧,無垢明三昧,作樂三昧,電光三昧,無盡三昧,威德三昧 [23],離盡三昧,不動三昧,莊嚴三昧,日光三昧,月淨三昧,淨明三昧,能作明三昧,作行三昧,知相三昧,如金剛三昧,心住三昧,遍照三昧 [24],安立三昧,寶頂三昧,妙法印三昧,法等三昧,生喜三昧,到法頂三昧,能散三昧,壞諸法處三昧,字等相 [25] 三昧,離字三昧,斷緣三昧,不壞三昧,無種相 [26] 三昧,無處行三昧,離闇三昧,無去三昧,不動三昧,度緣

1　"無",乙四作"無有"。

2　"劫",甲本無。

3　"弗沙佛",甲本作"佛沙佛",異譯詞。

4　"歎",甲、乙四作"嘆"。

5　"摩訶薩",甲、乙四無。

6　"諸",甲、乙四、宋、元、明、宮、聖本無。

7　"語",甲本作"答"。

8　"餘",甲、乙四、宋、元、明、宮、聖、石本無。

9　"三昧",甲、乙四、宋、元、明、宮、聖、石本無。

10　"摩訶薩",甲本作"摩呵薩",異譯詞。

11　"妙",甲本作"如",誤。

12　"相",甲本無。

13　"諸",甲本作"識",誤。

14　"畢幢相三昧",甲本作"幢相"。

15　"妄",乙四作"忘","忘"通"妄"。

16　"遍",甲本無。

17　"剛",甲本脱。

18　"普",甲、乙四、宮、聖本作"能"。

19　"求",甲本作"生",誤。

20　"燈",甲本作"澄",誤。

21　"無邊明三昧",甲本作"普遍明無遍明三昧"。

22　"普遍明",甲本無。

23　"威德三昧",甲本無。

24　"三昧",甲本脱。

25　"相",甲本作"法相"。

26　"無種相",甲、乙四作"無幢"。

三昧，集諸功[1]德三昧，住無心三昧，妙淨華三昧，覺意三昧，無量辯三昧，無等等三昧，度諸[2]法三昧，分別諸法三昧，散疑三昧，無住處三昧，一相三昧，一性三昧[3]，生行三昧，一行三昧，不一行三昧，妙行三昧，達一切有底散三昧，入言語三昧，離音聲字語三昧，然[4]炬三昧，淨相三昧，破相三昧，一切[5]種妙足三昧，不喜苦樂三昧，不盡行三昧，多[6]陀羅尼三昧，攝[7]諸邪[8]正相三昧，滅憎[9]愛三昧，逆順三昧，淨光三昧，堅固三昧，滿月淨光三昧[10]，大莊嚴三昧，能照一切世三昧，三昧[11]等三昧，無諍行三昧[12]，無住處樂三昧，如住定三昧，壞身衰[13]三昧，壞語如虛空三昧，離著如[14]虛空不染三昧。舍利弗！是菩薩摩訶薩行是[15]諸三昧，疾得阿耨多羅三藐三菩提。復有無量阿僧祇三昧門、陀羅尼門；菩薩摩訶薩學是三昧門、陀羅尼門，疾得阿耨多羅三藐三菩提。慧命須菩提隨佛心言：當知是菩薩摩訶薩行是諸[16]三昧者，以爲過去諸佛[17]所授記，今現在十方諸佛亦授是菩薩記。是菩薩不見是諸三昧，亦不念是三昧；亦不念：我當入是三昧，我今入是三昧，我已入是三昧。是菩薩摩訶薩都無分別念！舍利弗問須菩提：菩薩摩訶薩住是諸三昧已，從過去佛[18]授記耶？須菩提報言：不也！舍利弗！何以故？般若波羅蜜不異諸三昧，諸[19]三昧不異般若波羅蜜；菩薩不異般若波羅蜜及三昧[20]，般若波羅蜜及三昧[21]不異菩薩；般若波羅蜜即是三昧，三昧即是般若波羅蜜；菩薩即是般若波羅蜜及三昧，般若波羅蜜及三昧即是菩薩。舍利弗語須菩提：若三昧不異菩薩，菩薩不異三昧，三昧即是菩薩，菩薩即是三昧，菩薩云何知一切諸法等三昧？須菩提言：若菩薩入是三昧，是時不作是念：我以是法入是三昧。以是因緣故，舍利弗！是菩薩於諸三昧不知不念！舍利弗言：何以故不知不念？須菩提言：諸三昧無所有故，是故[22]菩薩不知不念。爾時，佛讚言：善哉！善哉！須菩提！如我説汝行無諍三昧第一，與此義相應。菩薩摩訶薩應如是學般若波羅蜜、禪波羅蜜、毘梨耶波羅蜜、羼提波羅蜜、尸羅[23]波羅蜜、檀波羅蜜，四念處乃至十八不共法，亦應如是學！

【論】問曰：如佛説涅槃一道，所謂空、無相、無作；舍利弗何以更問有餘三昧，令菩薩疾得佛不？答曰：

---

1 "功"，甲、乙四、宋、宫、聖、石本無。

2 "諸"，甲本脱。

3 "一性三昧"，甲、乙四、聖、石本無。

4 "然"，甲、乙四作"燃"，"然"爲"燃"之古字。

5 "一切"，甲本無。

6 "多"，甲本作"名"，誤。

7 "攝"，甲、乙四、宋、元、明、宫、石本作"取"。

8 "邪"，甲本作"取"，誤。

9 "憎"，甲本作"增"，"增"通"憎"。

10 "堅固……三昧"十字，甲本無。

11 "三昧"，甲、乙四無。

12 "無諍行三昧"，甲、乙四、宋、元、明、宫、聖本作"無諍三昧"。

13 "衰"，甲、乙四、聖、石本無。

14 "如"，甲、宋、元、明、宫、聖本無。

15 "是"，甲本脱。

16 "諸"，甲、乙四、宋、元、明、宫、聖本無。

17 "諸佛"，原作"佛諸"，誤倒，兹據乙四、聖、石本乙正，甲本作"佛"。

18 "佛"，甲本脱。

19 "諸"，甲本脱。

20 "及三昧"，甲、宋、元、明、宫本無。

21 "及三昧"，甲、宋、元、明、宫本無。

22 "故"，甲、乙四、宋、元、明、宫、聖、石本無。

23 "尸羅"，甲本作"尸"，異譯詞。

未近涅槃時，多有餘道；近涅槃時，惟[1]有一道：空、無相、無作[2]；諸餘三昧[3]，皆入此三[4]解脱門。譬如大城，多有諸門，皆得入城；又如衆川萬流，皆[5]歸於海。何等餘三昧？所謂首楞嚴三昧等諸三昧，《摩訶衍品》中佛自説；有深難解者，彼中當説。若菩薩能行是百八三昧等諸陀羅尼門，十方諸佛皆與授[6]記。所以者何？是菩薩雖得是諸三昧，實無諸憶想分別我心故；亦不作是念：我當入是三昧，今入[7]、已入，我當住是三昧，是我三昧。以是心清淨微妙法不著故，諸佛授記。爾時，舍利[8]弗還以空智慧難須菩提言：菩薩住是三昧，取是三昧相，得授記耶？須菩提言：不也！何以故？三事不異故[9]：般若[10]不異三昧，三昧不異般若；般若不異菩薩、三昧，菩薩、三昧不異般若；般若、三昧即是菩薩，菩薩即是般若、三昧。若三昧、菩薩異者，諸佛授其記，不異故無授[11]記。舍利弗復問：若爾者，三昧及一切法平等不異？須菩提言：諸菩薩有諸法等三昧，入是三昧中，諸法無異。復次，如先説，於諸三昧不作憶想分別，覺與不覺[12]，諸三昧自性無所有故，菩薩不知不念。佛以須菩提自未得是三昧，而善説菩薩微妙三昧、陀羅尼，般若波羅蜜中不念不著，是故讚言：善哉！我説汝得無諍三昧第一，如我所讚不虛。

【經】舍利弗白佛言：世尊！菩薩摩訶薩如是學，爲學般若波羅蜜耶？佛[13]告舍利弗：菩薩摩訶薩如是學，爲學般若波羅蜜，是法不可得故，乃至學檀波羅蜜，是法亦[14]不可得故；學四念處乃至學[15]十八不共法，是法不可得故。舍利弗白佛言：世尊！如是菩薩摩訶薩學般若波羅蜜，是法不可得耶？佛言：如是！菩薩摩訶薩學般若波羅蜜，是法不可得。舍利弗言：世尊！何等法[16]不可得？佛言：我不可得，乃至知者、見者不可得，畢竟淨故。五陰[17]不可得，十二入不可得，十八界不可得，畢竟淨故。無明不可得，畢竟淨故；乃至老死不可得，畢竟淨故。苦諦不可得，畢竟淨故；集、滅、道諦不可得，畢竟淨故。欲界不可得，畢竟淨故；色界、無色界不可得，畢竟淨故。四念處不可得，畢竟淨故；乃至十八不共法不可得，畢竟淨故。六波羅蜜不可得，畢竟淨故[18]。須陀洹不可得，畢竟淨故；斯陀含、阿那含、阿羅漢、辟支佛不可得，畢竟淨故。菩薩不可得，畢竟淨故；佛不可得，畢竟淨故。舍利弗白佛言：世尊！何等是畢竟淨？佛言：不出、不生，無得、無作，是名畢竟淨。舍利弗白佛言：世尊！菩薩摩訶薩若如是學，爲學何等法？佛告舍利弗：菩薩摩訶薩如是學，於[19]諸法無所學。何以故？舍利弗！諸法相不如凡夫所著。舍利弗白佛言：世尊！諸法實相云何有？佛言：諸法無所有，如是有，如是無所有，是事不知，名爲無明。舍利弗白佛言：世尊！何等無所有，是事不知，名爲

1　"惟"，甲、乙四、宋、元、明、宫、聖、石本作"唯"。
2　"作"，甲本作"住"，誤。
3　"昧"，乙四作"時"，誤。
4　"三"後，甲本衍"昧"。
5　"皆"，甲本脱。
6　"授"，乙四、宋、元、宫、聖、石本作"受"。下同，不復出校。
7　"入"，甲本脱。
8　"利"，乙四脱。
9　"故"，甲、乙四、宋、宫、聖本無。
10　"般若"，甲、宋、宫本"般若般若"。
11　"授"，甲本作"受"。
12　"覺與不覺"，甲、乙四、宋、元、明、宫、聖、石本作"不覺不知"。
13　"佛"，甲本脱。
14　"亦"，甲、乙四、宋、元、明、宫本無。
15　"學"，甲、乙四、宋、元、明、宫、聖本無。
16　"法"，甲本脱。
17　"陰"，甲、石本作"衆"，異譯詞。
18　"故"，甲本脱。
19　"於"，甲本作"爲"。

無明？佛告舍利弗：色、受、想、行、識無所有，內空乃至無法有法空故；四念處乃至十八不共法無所有，內空乃至無法有法空故。是中凡夫以無明力渴愛故，妄見分別，說是無明。是凡夫爲二邊所縛，是人不知不見諸法無所有，而憶想分別著色，乃至十八不共法；是人著故，於無所有法[1]而作識知見，是凡夫不知不見。何等不知不見？不知不見色，乃至十八不共法，亦不知不見，以是故墮凡夫數，如小兒。是人不出，於何不出？不出欲界，不出色界，不出無色界；聲聞、辟支佛法中不出。是人亦不信，不信何等？不信色空，乃至不信十八不共法空。是人不住，不住何等？不住檀波羅蜜，乃至不住般若波羅蜜；不住阿毘跋致[2]地，乃至不住十八不共法。以是因緣故，名爲凡夫，如小兒，亦名著者。何等爲著？著色乃至識，著眼入乃至意入，著眼界[3]乃至意識界；著婬、怒、癡、著諸邪見、著四念處，乃至著佛道。舍利弗白佛言：世尊！若[4]菩薩摩訶薩作如是學，亦不學般若波羅蜜，不得薩婆若！佛語舍利弗：菩薩摩訶薩作如是學，亦不學般若波羅蜜，不得薩婆若。舍利弗白佛言：世尊！何以故菩薩摩訶薩亦不學般若波羅蜜，不得薩婆若？佛告舍利弗：菩薩摩訶薩無方便故，想念分別，著[5]般若波羅蜜，著禪波羅蜜、毘梨耶波羅蜜、羼提波羅蜜、尸羅[6]波羅蜜、檀波羅蜜，乃至十八不共法，一切種智，隨[7]念分別著。以是因緣故，菩薩摩訶薩如是學，亦不學般若波羅蜜，不得薩婆若！舍利弗白佛言：世尊！若菩薩摩訶薩如是學，亦[8]不學般若波羅蜜，不得薩婆若！佛告舍利弗：菩薩摩訶薩如是學，不學般若波羅蜜，不得薩婆若。舍利弗白佛言：世尊！菩薩摩訶薩，今云何應學般若波羅蜜，得薩婆若？佛告舍利弗言[9]：若菩薩摩訶薩學般若波羅蜜時，不見般若波羅蜜。舍利弗！菩薩摩訶薩如是學[10]般若波羅蜜，得薩婆若，以不可得故。舍利弗白佛言：世尊！云何名不可得？佛言：諸法內空，乃至無法有法空故。

【論】釋曰：舍利弗上問：但無受三昧，疾得佛，更有餘三昧？須菩提說：更有餘三昧疾得佛。是菩薩不念、不著是三昧，過去、現在諸佛授記。佛讚言：善哉！菩薩摩訶薩應如是學般若波羅蜜，乃至一切佛法。是時，舍利弗作是念：般若波羅蜜是空相，諸三昧種種分別相，云何學諸三昧是爲[11]學[12]般若波羅蜜？是故問。佛答舍利弗：如是學般若波羅蜜，皆以不可得故，以般若波羅蜜氣分相皆在諸三昧中；能如是學，是爲學般若波羅蜜，乃至十八不共法。佛即可之。舍利弗復問[13]：何等法不可得？佛此中自說：衆生空故，畢竟清淨故，我不可得，乃至知者、見者，須陀洹乃至佛不可得；法空故，畢竟清淨故，五衆不可得，乃至十八不共法不可得。畢竟清淨者，不出不生、不得不作等。因邊[14]不起故，名爲不出；緣邊不起故，名爲不生。定生相不可得故，名爲不出不生。不出不生故，名[15]不可得；不可得故，名無作無起。是起作法，皆是虛誑，離如是相，名畢

1　“法”，甲本作“法中”。

2　“阿毘跋致”，乙四作“阿毘拔致”，異譯詞。

3　“眼界”，甲本作“眼色”，乙四作“眼識界”。

4　“若”，甲、乙四、宋、元、明、宫本無。

5　“著”，甲本作“若”，誤。

6　“尸羅”，甲本作“尸”，異譯詞。

7　“隨”，甲、乙四、宋、元、明、宫、聖本作“想”。

8　“亦”，甲、乙四、宋、元、明、宫、聖本無。

9　“言”，甲、乙四、宋、元、明、宫、聖、石本無。

10　“學”後，原衍“學”，兹據乙四、宋、元、明、宫本及《大正藏》本《摩訶般若波羅蜜經》删。

11　“是爲”，甲、乙四、宋、元、明、宫、聖、石本作“爲是”。

12　“學”，甲本作“學諸”。

13　“舍利弗復問”，乙四、宋、宫本無。

14　“邊”，乙四作“緣”，宋、元、明、宫本作“邊邊”。

15　“名”，甲本作“名爲”。

竟清淨。舍利弗問佛：菩薩能[1]如是行畢竟真淨道，爲學何法？爲得何法？佛答：能如是學，爲無所學，無所得。問曰：菩薩用是畢竟空，學六波羅蜜，乃至十八不共法，云何言無法可學？答曰：此中佛自説：諸法不如凡夫[2]所著。凡夫人心有無明、邪見等結使，所聞、所見、所知，皆異法相；乃至聞佛説法，於聖道中、果報中皆著，污染於道。舍利弗白佛言：若凡夫人所見，皆是不實，今是諸法云何有？佛言：諸法無所有；凡夫人於無所有處，亦以爲有。所以者何？是凡夫人離無明、邪見不能有所觀，以是故説著無所有故，名爲無明；譬如空拳[3]以誑小兒，小兒著故，謂以爲有。舍利弗問佛：何等法無所有，著故名無明。佛答：色乃至十八不共法，是中無明、愛故，憶想[4]分別：是明、是無明，墮有邊、無邊，失智慧明[5]；失智慧明[6]故，不見、不知色畢竟空、無所有相，自生憶想[7]分別而著，乃至識衆、十二入、十八界、十二因緣；或聞善法，所謂六波羅蜜乃至十八不共法，亦如世間法，憶想分別著聖法亦如是。以是故[8]，名墮凡夫數，如小兒，爲人輕笑。如人以[9]指示月，愚者但看指，不看[10]月；智者輕笑言：汝何[11]不得示者意！指爲知月因緣，而更看[12]指不知月。諸佛賢聖爲凡夫人説法，而凡夫[13]著音聲語言，不取聖人意，不得實義；不得實義故，還於實中生著。佛今説凡夫[14]所失，故言不能過三界，亦不能離二乘。不得[15]聖人意故，聞説諸法空而不信，不信故不行，不住六波羅蜜乃至十八不共法。以失如是功德故，名爲凡夫[16]小兒。是小兒著五衆、十二入、十八界、三毒諸煩惱，乃至六波羅蜜、十八不共法、阿耨多羅三藐三菩提皆著，是故名爲著者。舍利弗問：若菩薩如是行，是名不行般若波羅蜜；不行般若波羅蜜，不得薩婆若？佛可舍利弗言：如是！如是！即爲説因緣，所謂新行[17]菩薩無方便力[18]，聞是般若波羅蜜，憶想[19]分別、尋求、欲取，作是念：我捨世間樂，復不能得般若波羅蜜，是爲兩失！專求欲得。或謂[20]説空是般若波羅蜜，或説空亦空是般若波羅蜜，或説諸法如實[21]相是般若波羅蜜；如是用六十二見、九十八使煩惱心，著是般若波羅蜜，乃至一切種智亦如是。以是著心學諸法，不能得薩婆若。與此相違者，能行般若波羅蜜，亦能得薩婆若，所謂不見般若波羅蜜，不見行者，不見緣法，不見亦不見。舍利弗更問不見因緣，佛答：是菩薩入十八空故不見，非[22]以無智故不見。

1　"能"，甲本作"能知"。
2　"夫"，甲本作"夫人"，乙四、宋、元、明、宫、聖本作"人"。
3　"拳"，甲、乙四作"捲"，"捲"通"拳"。
4　"想"，甲本作"相"，"相"爲"想"之借字。
5　"明"，甲、聖、石本作"眼"。
6　"明"，甲、聖、石本作"眼"。
7　"想"，甲本作"相"，"相"爲"想"之借字。
8　"以是故"，甲本無。
9　"以"，甲本作"如"，誤。
10　"看"，乙四作"著"，誤。
11　"何"，乙四作"可"，"可"通"何"。
12　"看"，甲、乙四、宫本作"著"。
13　"凡夫"，甲本作"凡夫人"。
14　"凡夫"，甲本作"凡夫人"，宫本作"凡人"。
15　"不得"，甲本作"不能得"。
16　"凡夫"，甲本作"凡夫人"
17　"行"，甲本作"學"。
18　"力"，甲本脱。
19　"想"，乙四作"相"，"相"爲"想"之借字。
20　"謂"，甲本無。
21　"如實"，甲本作"實如"，誤倒。
22　"非"，甲本作"不"。

大智度論卷第四十三[1]。

大智度論釋幻人無作品第十一（卷第四十四）[2]

……阿耨多羅三藐[3]三菩提，與幻有異不[4]？不也！世[5]尊！何以故？色[6]不異幻，幻不異色，色即是幻，幻即是色。世尊！受、想、行、識不異幻，幻不異受、想、行、識，識即是幻，幻即是識。世尊！眼不異幻，幻不異眼，眼即是幻，幻即是眼。眼觸因緣生受，乃至意觸因緣生受亦如是。世尊！四念處不異幻，幻不異四念處，四念處即是幻，幻即是四念處；乃至阿耨多羅三藐三菩提不異幻，幻不異阿耨多羅三藐三菩提，阿耨多羅三藐三菩提即是幻，幻即是阿耨多羅三藐三菩提。佛告須菩提：於汝意云何？幻有垢有淨不！不也！世尊！須菩提！於汝意云何？幻有生有滅不？不也！世尊！若法不生不滅，是法能學般若波羅蜜，當得薩婆若不？不也！世尊！於汝意云何？五受陰假名是菩薩不？如是！世尊！於汝意云何？五受陰假名有生滅、垢淨不？不也！世尊！於汝意云何？若法但有名字，非身非身業，非口非口業，非意非意業；不生不滅，不垢不淨；如是法能學般若波羅蜜，得薩婆若不？不也！世尊！菩薩摩訶薩若能如是學般若波羅蜜，當得薩婆若，以無所得故。須菩提白佛言：世尊！菩薩摩訶薩應如是學般若波羅蜜，得[7]阿耨多羅三藐三菩提，如幻人學[8]。何以故？世尊！當知五陰即是幻人，幻人即是五陰。佛告須菩提：於汝意云何？是五陰學般若波羅蜜，當得薩婆若不？不也！世尊！何以故？是五陰性無所有，無所有性亦不可得。佛告須菩提：於汝意云何？如夢五陰學般若波羅蜜，當得薩婆若不？不也！世尊！何以故？夢性無所有，無所有性亦不可得。於汝意云何？如響[9]、如影、如焰[10]、如化五眾，學般若波羅蜜，當得薩婆若不？不也！世尊！何以故？響、影、焰、化性無所有，無所有性亦不可得。六情亦如是。世尊！識即是六情，六情即是五眾，是法皆內空故不可得，乃至無法有法空故不可得。

【論】[11]問曰：須菩提何以故以是事問佛：若人問：幻人學般若波羅蜜[12]得作佛不？應答言不得，幻人虛誑，無有本末。是事易答，何以故問佛？答曰：上品佛答舍利弗甚深空義，須菩提作是念：諸法一相無分別。若爾者，幻人及實菩薩無異，而菩薩行諸功德得作佛，幻人無實，但誑人眼，不能作佛！問曰：幻人不能行功德，以無心識，云何言行？答曰：雖實不行，人見似行，故名爲行。如幻人以飲食、財物、七寶布施，出家持戒、忍辱、精進、坐禪、說法等，無智人謂是爲行，不知是幻。須菩提作是念：若如佛說諸法一相無所有，但是虛誑，幻人及實菩薩乃至佛等無有異。如幻人亦幻作佛，行六波羅蜜，降魔兵，坐道場，成佛道，放光明，說法度人；實菩薩行實道，得[13]作佛，度眾生，有何差別？佛言：我還問汝，隨汝意答我。問曰：佛何以不直答，而

1　甲本終，尾題作“摩訶衍經卷第四十三”，題記作“一校竟。比丘善惠所供養經。”乙本終，尾題作“大智論卷第四十三釋第九品訖第十品”。

2　本卷對應《大智度論》寫本凡2號：S.0457號（以下簡稱“甲本”）、俄 Дx03733號（以下簡稱“乙本”）。

3　甲本始。

4　“提與幻有異不”，甲本殘。

5　“也世”，甲本殘。

6　“何以故色”，甲本殘。

7　“得”，甲、宋、官、聖、石本無。

8　“學”，甲、宋、官、聖本無。

9　“響”，甲本作“嚮”，“嚮”通“響”。下同，不復出校。

10　“焰”，甲本作“炎”，“炎”爲“焰”之古字。下同，不復出校。

11　“論”，甲、宋、官、聖本無。下同，不復出校。

12　“波羅蜜”，甲、宋、官、聖本無。

13　“得”，甲、宋、官、聖本無。

還問令隨意答？答曰：須菩提以空智慧，觀三界五衆皆空，心生厭離；諸煩惱習故，雖能總相知諸佛法空，猶有所貴[1]，不能觀佛法如幻無所有，以是故方喻説。如汝以五衆空爲證，諸佛法亦爾；汝觀世間五衆爲空，我觀佛法亦爾。是故問須菩提：於汝意云何？色與幻有異不？幻與色有異不？乃至受、想、行、識亦如是。若異者汝應問，若不異不應作是問。須菩提言：不異。問曰：若色不異幻可爾，幻人有色故，云何言受、想、行、識如幻不異？答曰：幻人有喜[2]、樂、憂、苦相，無智人見，謂爲有受、想、行、識。復次，佛[3]譬喻欲令人知五受衆虛誑如幻；五受衆雖與幻無異，佛欲令解故，爲作譬喻。衆生謂幻是虛誑，五受衆雖有，與幻無異；是故須菩提一心籌量，知五衆與幻無異。所以者何？如幻人色誑肉眼，能令生憂、喜、苦、樂；五受衆亦能誑慧眼，令生貪欲、瞋惱諸煩惱等。如幻，因少許呪術、物事、語[4]言爲本，能現種種事，城郭、廬觀等；五受衆亦以先世少許無明術因緣，有諸行、識、名色等種種，以是故説不異。如人見幻事生著心，廢其生業，幻滅時生悔。五受衆亦如是，先業因緣，幻生今五衆，受五欲，生貪瞋；無常壞時，心乃生悔：我云何著是幻五衆，失諸法實相！佛問[5]，須菩提樂説門故，答言：幻與色不異。若不異，是色[6]法即是空，入不生不滅法中[7]；法若不生不滅，云何行般若波羅蜜得作佛？須菩提作是念：若爾者，菩薩何以故種種行道，求阿耨多羅三藐三菩提？佛知其念，即答：五衆虛誑，但以假名故，號爲菩薩。是假名中，無業、無業因緣，無心、無心數法，無垢無淨，畢竟空故。佛言：菩薩應如幻人行般若波羅蜜，五衆即是幻人無異，從先世業因緣、幻業出故，是五衆亦不能得成就佛。何以故？性無所有故。餘夢、化、影、響等亦如是。問曰：何以故説識即是六情，六情即是五衆？答曰：是識，十二因緣中第三事；是中亦有色，亦有心數法，未熟故受識名，從識生六入。是二時俱有五衆，色成故名五情，名成故名意情；六情不離五衆，以是故説識即是六情[8]。問曰：若爾者，十二因緣中，處處皆有五衆，何以但説六情有五衆？答曰：是識今身之本，衆生於現在法中多錯。名色未熟，未有所能故不説；六情受苦樂，能生罪福故説。其餘十一因緣，故説五衆。復次，佛知五百歲後，學者分別諸法相各異，離色法説識，離識法説色。欲破是諸見，令入畢竟空故，識中雖無五情，而説識即是六情；六情中雖不具五衆，而説六情即是五衆。復次，先世但有心住六情，作種種憶想分別故，生今世六情、五衆身；從今世身起種種結使，造後世六情、五衆；如是等展轉。是故説識即是六情，六情即是五衆。是法內空中不可得，乃至無法有法空中不可得。

【經】[9]須菩提白佛言：世尊！新發大乘意菩薩，聞説般若波羅蜜，將無驚、怖、畏[10]？佛告須菩提：若新發大乘意菩薩，於般若波羅蜜無方便，亦不得善知識，是菩薩或驚、或怖、或畏！須菩提白佛言：世尊！何等是方便？菩薩行是方便，不驚、不畏、不怖？佛告須菩提：有菩薩摩訶薩行般若波羅蜜，應薩婆若心，觀色無常相，是亦不可得；觀受、想、行、識無常相，是亦不可得。須菩提！是名菩薩摩訶薩行般若波羅蜜中方便。復次，須菩提！菩薩摩訶薩應薩婆若心，觀色苦相，是亦不可得，受、想、行、識亦如是；應薩婆若心，觀色無我相，是亦不可得，受、想、行、識亦如是。復次，須菩提！菩薩摩訶薩應薩婆若心，觀色空相，是亦不可得；受、

1　"貴"，甲本作"遺"，誤。

2　"喜"，甲本作"憙"，"憙"爲"喜"之古字。下同，不復出校。

3　"佛"，甲、聖本無。

4　"語"，甲本作"諸"，誤。

5　"問"，甲、聖本作"開"，誤。

6　"色"，甲、宋、元、明、宫、聖本無。

7　"中"，甲、聖本無。

8　"即是六情"，甲、宋、宫本無。

9　"經"，甲、宋、宫、聖本無。下同，不復出校。

10　"怖畏"，甲本作"恐怖"。

想、行、識亦如是。觀色無相相，是亦不可得；受、想、行、識亦如是。觀色無作相，是亦不可得；受、想、行、識亦如是。觀色寂滅相，是亦不可得，乃至識亦如是。觀色離相，是亦不可得，乃至識亦如是。是名菩薩摩訶薩行般若波羅蜜中方便。復次，須菩提！菩薩摩訶薩行般若波羅蜜，觀色無常相，是亦不可得；觀色苦相、無我相，空相、無相相、無作相，寂滅相、離相，是亦不可得。受、想、行、識亦如是。是時菩薩作是念：我當爲一切衆生說是無常法，是亦不可得；當爲一切衆生說苦相、無我相，空相、無相相、無作相，寂滅相、離相，是亦不可得。是名菩薩摩訶薩檀波羅蜜。復次，須菩提[1]！菩薩摩訶薩不以聲聞、辟支佛心觀色無常，亦不可得；不以聲聞、辟支佛心觀識無常，亦不可得；不以聲聞、辟支佛心觀色苦、無我，空、無相、無作，寂滅、離，亦不可得。受、想、行、識亦如是。是名菩薩摩訶薩[2]尸羅波羅蜜。復次，須菩提！菩薩摩訶薩行般若波羅蜜，是諸法無常相，乃至離想[3]，忍欲樂，是名菩薩摩訶薩羼提波羅蜜。復次，須菩提！菩薩摩訶薩行般若波羅蜜，應薩婆若心，觀色無常相，亦不可得；乃至離相亦不可得。受、想、行、識亦如是。應薩婆若心，不捨不息，是名菩薩摩訶薩[4]毘梨耶波羅蜜。復次，須菩提！菩薩摩訶薩行般若波羅蜜，不起聲聞、辟支佛意，及餘不善心，是名菩薩摩訶薩禪波羅蜜。復次，須菩提！菩薩摩訶薩行般若波羅蜜，如是思惟：不以空色故色空，色即是空，空即是色；受、想、行、識亦如是。不以空眼故眼空，眼即是空，空即是眼；乃至意觸因緣生受，不以空受故受空，受即是空，空即是受；不以空四念處故四念處空，四念處即是空，空即是四念處；乃至不以空十八不共法故十八不共法空，十八不共法即是空，空即是十八不共法。如是，須菩提！菩薩摩訶薩行般若波羅蜜，不驚、不畏、不怖。須菩提白佛言：世尊！何等是菩薩摩訶薩善知識守護故，聞說是般若波羅蜜，不驚、不畏、不怖？佛告須菩提：菩薩摩訶薩善知識者，說色無常亦不可得，持是善根，不向聲聞、辟支佛道，但向一切智，是名菩薩摩訶薩善知識。說受、想、行、識無常亦不可得，持是善根，不向聲聞、辟支佛道，但向一切智，是名菩薩摩訶薩善知識。須菩提！菩薩摩訶薩復有善知識，說色苦亦不可得，說受、想、行、識苦亦不可得；說色無我亦不可得[5]，受、想、行、識無我亦不可得；說色空、無相、無作、寂滅、離亦不可得，受、想、行、識、空、無相、無作、寂滅、離亦不可得。持是善根，不向聲聞、辟支佛道，但向一切智。須菩提！是名菩薩摩訶薩善知識。須菩提！菩薩摩訶薩復有善知識，說眼無常，乃至離亦不可得；乃至意觸因緣生受、說無常，乃至離亦不可得；持是善根，不向聲聞、辟支佛道，但向一切智，是名菩薩摩訶薩善知識。須菩提！菩薩摩訶薩復有善知識，說修四念處法，乃至離亦不可得；持是善根，不向聲聞、辟支佛道，但向一切智。須菩提！是名菩薩摩訶薩善知識。乃至說修十八不共法，修一切智，亦不可得；持是善根，不向聲聞、辟支佛道，但向一切智，是名菩薩摩訶薩善知識。

【論】問曰：須菩提何以生此疑，問佛言：新發意菩薩聞是將無恐怖？答曰：聞無有菩薩行般若波羅蜜者，但空五衆法，亦不能行般若波羅蜜；以是故生疑：誰當行般若波羅蜜[6]？是故問佛。佛言：若菩薩內、外因緣不具足，當有恐怖。內因緣者，無正憶念，無利智慧，於衆生中無深悲心，內無如是等方便。外因緣者，不生中國土，不得聞般若波羅蜜，不得善知識能斷疑者，無如是等外因緣。內外因緣不和合故，生驚、怖、畏。今須菩提問是方便，佛答：一切種智相應心觀諸法，亦不得諸法。問曰：方便有觀色無常等種種相故不怖畏，今何以但說薩婆若相應心觀諸法故，不恐不[7]怖？答曰：菩薩先來但觀諸法空，心羸故生著，今憶想分別觀，

1　“須菩提”，甲、宋、元、明、宫本無。
2　“菩薩摩訶薩”後，甲、石本有“不著”。
3　“想”，甲、宋、元、明、宫、聖、石本作“相”，“想”當爲“相”之借字。
4　“摩訶薩”，甲、宋、元、明、宫、聖本無。
5　“亦不可得”，甲、宋、元、明、宫、聖本無。
6　“波羅蜜”，甲、宋、元、明、宫、聖本無。
7　“不”，甲、宋、元、明、宫、聖本無。

如佛意：於衆生中起大悲，不著一切法，於智慧無所礙，但欲度衆生。以無常、空等種種觀諸法，亦不得是法。如是觀諸法已，作是念：我以是法度衆生令離顛倒，以是故心不著，不見定實有一法。譬如藥師和合諸藥，冷病者與熱藥，於熱病中爲非藥。二施¹中法施大故，是名²檀波羅蜜。五波羅蜜亦如是隨義分別。復次，菩薩方便者，非十八空故令色空，何以故？不以是空相³强令空故，色即是空；是色從本已來常自空，色相空故，空即是色；乃至諸佛法亦如是。善知識者，教人令以是智慧迴向阿耨多羅三藐三菩提。菩薩先知無常、空等諸觀，今惟⁴説迴向爲異。

【經】須菩提白佛言：世尊⁵！云何菩薩摩訶薩行般若波羅蜜無方便，隨惡知識，聞説是般若波羅蜜驚、怖、畏？佛告須菩提：菩薩摩訶薩離一切智心⁶，修般若波羅蜜，得是般若波羅蜜，念是般若波羅蜜、禪波羅蜜、毘梨耶波羅蜜、羼提波羅蜜、尸羅波羅蜜、檀波羅蜜，皆得、皆念。復次，須菩提！菩薩摩訶薩離薩婆若心，觀色内空乃至無法有法空，觀受、想、行、識内空乃至無法有法空；觀眼内空乃至無法有法空，乃至觀⁷意觸因緣生受内空乃至無法有法空；於諸法⁸空有所念、有所得。復次，須菩提！菩薩摩訶薩行般若波羅蜜，離薩婆若心，修四念處，亦念、亦得；乃至修十八不共法，亦念、亦得。如是，須菩提！菩薩摩訶薩行般若波羅蜜，以無方便故，聞是般若波羅蜜驚、怖、畏。須菩提白佛言：世尊！云何菩薩摩訶薩隨惡知識，聞般若波羅蜜驚、怖、畏。佛告須菩提：菩薩摩訶薩惡知識，教離般若波羅蜜，離⁹禪波羅蜜、毘梨耶波羅蜜、羼提波羅蜜、尸羅波羅蜜、檀波羅蜜；須菩提！是名菩薩摩訶薩惡知識。須菩提！菩薩摩訶薩復有惡知識，不説魔事、不説魔罪，不作是言：惡魔作佛形像來教菩薩離六波羅蜜，語菩薩言：善男子！用修般若波羅蜜爲？用修禪波羅蜜、毘梨耶波羅蜜、羼提波羅蜜、尸羅波羅蜜、檀波羅蜜爲？當知是菩薩摩訶薩惡知識。復次，須菩提！惡魔復作佛形像到菩薩所，爲説聲聞經：若修姤路，乃至優波提舍¹⁰，教詔分別演説如是經。終¹¹不爲説魔事、魔罪，當知是菩薩摩訶薩惡知識。復次，須菩提！惡魔作佛形像到菩薩所，作是語：善男子！汝無真菩薩心，亦非阿毘跋致¹²地，汝亦不能得阿耨多羅三藐三菩提。不爲説如是魔事、魔罪，當知是菩薩惡知識。復次，須菩提！惡魔作佛形像到菩薩所，語菩薩言：善男子！色空，無我、無我所；受、想、行、識空，無我、無我所；眼空，無我、無我所；乃至意觸因緣生受空，無我、無我所；檀波羅蜜空，乃至般若波羅蜜空；四念處空，乃至十八不共法空；汝用阿耨多羅三藐三菩提爲？如是魔事、魔罪，不説、不教，當知是菩薩惡知識。復次，須菩提！惡魔作辟支佛身到菩薩所，語菩薩言：善男子！十方皆空，是中無佛、無菩薩、無聲聞。如是魔事、魔罪，不説、不教，當知是菩薩摩訶薩惡知識。復次，須菩提！惡魔作和尚¹³、阿闍梨身到菩薩所，教離菩薩道，教離一切種智；教離四念處，乃至八聖道分；教離檀波羅蜜，乃至教離十八不共法；教入空、無相、無作，作是言：善男子！汝修念是諸法，得聲聞證，用阿耨多羅三藐三菩提爲？如是魔事、魔罪，不説、不教，當知是菩薩惡

1　“施”，甲本作“種”。

2　“名”，甲本作“故”，誤。

3　“不以是空相”，甲本作“是色相”，宋、元、明、宮本作“不以空相”。

4　“惟”，甲、宋、元、明、宮、聖、石本作“唯”。

5　“世尊”，甲、宋、元、明、宮、聖本無。

6　“一切智心”後，甲本衍“心”。

7　“觀”，甲、宮、聖本無。

8　“法”，甲、宋、元、明、宮、石本無。

9　“離”，甲、宋、元、明、宮、聖本無。

10　“優波提舍”，甲、聖本作“憂波提舍”，異譯詞。

11　“終”，甲、宋、元、明、宮、聖本無。

12　“阿毘跋致”，甲本作“阿毘拔致”，異譯詞。

13　“和尚”，甲、聖、石本作“和上”，異譯詞。下同，不復出校。

知識。復次，須菩提！惡魔作父母形像，到菩薩所，語菩薩言：子！汝爲須陀洹果證故勤精進，乃至阿羅漢果證故勤精進，汝用阿耨多羅三藐三菩提爲？求阿耨多羅三藐三菩提，當受無量阿僧祇劫生死，截手截脚，受諸苦痛！如是魔事、魔罪，不説、不教，當知是菩薩惡知識。復次，須菩提！惡魔作比丘形像到菩薩所，語菩薩言：眼無常可得法，乃至意無常可得法，眼苦、眼無我，眼空、無相、無作，寂滅、離，説可得法，乃至意亦如是。用有所得法，説四念處；乃至用有所得法，説佛十八不共法。須菩提！如是魔事、魔罪，不教、不説，當知是菩薩惡知識。知已，當遠離之！

【論】釋曰：先略説無方便；今欲廣説無方便，所謂離一切種智相應心行般若波羅蜜，取[1]是般若波羅蜜定相；五波羅蜜乃至諸佛法亦如是。是自無方便。又得惡知識教故。復次，惡知識，大失利益，種種壞人，是大惡因緣故，佛更種種因緣説惡知識相。惡知識者，教人遠離六波羅蜜。或不信罪福報故，教遠離。或著般若波羅蜜故，言諸法畢竟空，汝何所行？或讚歎小乘，汝但自免[2]老、病、死苦，衆生何豫汝事？如是等種種因緣教令遠離，是名惡知識。復次，惡知識者，不教弟子令覺知魔是佛賊。魔者欲界主，有大力勢，常憎行道者。佛威力大故，魔無所能；但能壞小菩薩。乃至作佛形像來壞菩薩行六波羅蜜。或讚歎、開解、論説，隨聲聞所應學經法。或作佛身來語之言：汝不任得佛。或説：眼等一切諸法空，何用是阿耨多羅三藐三菩提爲？或作辟支佛身，或説：十方世界中三乘人空，求佛道者，但有空名，汝云何欲作佛？或教令遠離菩薩三十七品，令入聲聞三解脱門中：汝入是三門實際作證，得盡衆苦；汝勤精進，汝爲得四果故，何用阿耨多羅三藐三菩提爲？或作和尚、阿闍梨、父母來，教令遠離佛道，空當受是截手、脚、耳、鼻等以與求者；若不與，則破求佛意；若與，則受是辛苦。或時作阿羅漢比丘被服來，爲説：眼是定無常相、苦、空、無我[3]相、無作，寂滅、離，乃至諸佛法亦如是。用有所得、取相憶念分別説。如是等種種無量魔事，不教令覺知，是爲惡知識。遠離者，以其無利益。如軟語賊，轉來親近，近[4]則害人，惡知識復過於是！所以者何？是賊但能害今世一身[5]，惡知識則世世害人；賊但能害命、奪財，惡知識則害慧念[6]命根，奪佛法無量寶。知已，急當身、心遠離。

大智度論釋句義品第十二[7]

【經】爾時，須菩提白佛言：世尊！云何爲菩薩句義？佛告須菩提：無句義，是菩薩句義。何以故？阿耨多羅三藐三菩提中無有義處，亦無我；以是故，無句義是菩薩句義。須菩提！譬如鳥飛虛空無有足[8]跡；菩薩句義無所有，亦如是。須菩提！譬如夢中所見無處所；菩薩句義無所有，亦如是。須菩提！譬如幻無有實義，如焰、如響、如影、如佛所化無有實義；菩薩句義無所有，亦如是。須菩提！譬如：如、法性、法相、法位、實際，無有義；菩薩句義無所有，亦如是。須菩提！譬如幻人色無有義，幻人受、想、行、識無有義；菩薩摩訶薩行般若波羅蜜時，菩薩句義無所有，亦如是。須菩提！如幻人眼無有義，乃至意無有義。須菩提！如幻人色無有義，乃至法無有義；眼觸乃至意觸因緣生受無有義；菩薩摩訶薩行般若波羅蜜時，菩薩句義

1　“波羅蜜取”，甲、宋、元、明、宮、聖本作“得”。

2　“免”，甲、宋、宮、石本作“勉”，“勉”通“免”。

3　“我”，甲、宋、元、明、宮、聖本無。

4　“近”，甲、宋、元、明、宮、聖本無。

5　“今世一身”，甲本作“人一世身”。

6　“念”，甲、宋、元、明、宮、聖、石本無。

7　“大智度論釋句義品第十二”，甲本作“大智論釋第十二品”，明本作“釋句義品第十二”，聖本作“釋第十二品”，石本作“摩訶般若波羅蜜品第十二句義無礙品”，宮本作“大智度論釋句義品第十二品”。

8　“足”，甲、宋、元、明、宮、聖本無。

無所有,亦如是。須菩提！如幻人行內空時無有義,乃至行無法有法空無有義;菩薩摩訶薩行般若波羅蜜時,菩薩句義無所有,亦如是。須菩提！如幻人行四念處,乃至十八不共法無有義;菩薩摩訶薩行般若波羅蜜時,菩薩句義無所有,亦如是。須菩提！如多陀阿伽度、阿羅訶[1]、三藐三佛陀色無有義,是色無有故;菩薩摩訶薩行般若波羅蜜時,菩薩句義無所有,亦如是。須菩提！如多陀阿伽度、阿羅訶、三藐三佛陀受、想、行、識無有義,是識無有故;菩薩摩訶薩行般若波羅蜜時,菩薩句義無所有,亦如是。須菩提！如佛眼無處所,乃至意無處所;色乃至法無處所;眼觸乃至意觸因緣生受無處所;菩薩摩訶薩行般若波羅蜜時,菩薩句義無所有,亦如是。須菩提！如佛內空無處所,乃至無法有法空無處所;菩薩摩訶薩行般若波羅蜜時,菩薩句義無所有,亦如是。須菩提！如佛四念處無處所,乃至十八不共法無處所;菩薩摩訶薩行般若波羅蜜時,菩薩句義無所有,亦如是。須菩提！如有爲性中無無爲性義,無爲性中無有爲性義;菩薩摩訶薩行般若波羅蜜時,菩薩句義無所有,亦如是。須菩提！如不生不滅義無處所,菩薩摩訶薩行般若波羅蜜時,菩薩句義無所有,亦如是。須菩提！如不作、不出、不得、不垢、不淨無處所;菩薩句義無所有,亦如是。須菩提白佛言:何法不生、不滅故無處所?何法不作、不出、不得、不垢、不淨故無處所?佛告須菩提:色不生不滅故無處所,受、想、行、識不生不滅故無處所,乃至不垢不淨亦如是。入、界不生不滅故無處所,乃至不垢不淨亦如是。四念處不生不滅故無處所,乃至不垢不淨亦如是。乃至十八不共法不生不滅故無處所,乃至不垢不淨亦如是。須菩提！菩薩摩訶薩行般若波羅蜜時,菩薩句義無所有,亦如是。須菩提！如四念處淨義畢竟不可得;須菩提[2],菩薩摩訶薩行般若波羅蜜時,菩薩句義無所有,亦如是。須菩提！如四正懃,乃至十八不共法淨義畢竟不可得;菩薩摩訶薩行般若波羅蜜時,菩薩句義無所有,亦如是。須菩提！如淨中我不可得,我無所有故;乃至淨中知者、見者不可得,知、見無所有故。須菩提！菩薩摩訶薩行般若波羅蜜時,菩薩句義無所有,亦如是。須菩提！譬如日出時無有黑闇;菩薩摩訶薩行般若波羅蜜時,菩薩句義無所有,亦如是。須菩提！譬如劫燒時無一切物;菩薩摩訶薩行般若波羅蜜時,菩薩句義無所有,亦如是。須菩提！佛戒中無破戒。須菩提！菩薩摩訶薩行般若波羅蜜時,菩薩句義無所有,亦如是。須菩提！如佛定中無亂心,佛慧中無有愚癡[3],佛解脱中無不解脱,解脱知見中無不解脱知見。須菩提！菩薩摩訶薩行般若波羅蜜時,菩薩句義無所有,亦如是。須菩提！譬如佛光中,日月光不現,佛光中,四天王天、三十三天、夜磨天[4]、兜率陀天、化樂天、他化自在天、梵衆天,乃至阿迦尼吒天光不現。須菩提！菩薩摩訶薩行般若波羅蜜時,菩薩句義無所有,亦如是。何以故?是阿耨多羅三藐三菩提,菩薩、菩薩句義,是一切法,皆不合、不散,無色、無形、無對,一相,所謂無相。如是,須菩提！菩薩摩訶薩一切法無礙相中,應當學,亦應當知!

【論】問曰:上來佛與須菩提種種因緣破菩薩字,今何以問菩薩句義?答曰:須菩提破菩薩字,佛不破,言:菩薩字從本已來畢竟空,但五衆中數假名菩薩,而衆生以假名爲實。佛言:假名無實,但從諸法數和合爲名。復次,諸佛法無量無邊,不可思議,須菩提因菩薩字空,説般若波羅蜜相;今欲聞佛説菩薩字義,因是説般若波羅蜜。復次,應問因緣無量無邊,所謂佛音聲有六十種莊嚴,能令諸天專聽,何況人!但音聲令人樂聞,何況説[5]大利益義!須菩提從佛聞是事,未發意人,當發阿耨多羅三藐三菩提;發意者,未行六波羅蜜,當令行;行者,不清淨,當令清淨;清淨行者,當令住阿鞞跋致地,成就衆生,具足佛法,乃至一生補處。如

---

1 "阿羅訶",甲本作"阿羅呵",異譯詞。

2 "須菩提",甲、宋、元、明、宮、聖本無。

3 "愚癡",甲本作"愚癡心"。

4 "夜磨天",甲本作"夜魔天",宋、元、明、宮、石本作"夜摩天",異譯詞。

5 "説",甲本作"諸"。

是等種種無量因緣利益故,佛以須菩提爲問主,語一切十方世界在會衆生。佛告須菩提:無句[1]義,是菩薩句義;阿耨多羅三藐三菩提無處所,亦無我無名。於是中無依止處,即是法空;無我名者[2],無得道者。佛謂[3]:須菩提!若汝知無我、無我所,得阿羅漢者;菩薩亦如是,於阿耨多羅三藐三菩提中,無我、無我所。譬如鳥飛虛空,無有足跡;菩薩句[4]義亦如是,行諸法虛空中,無依止著處。以是故言無菩薩句義。問曰:何等是菩薩句義[5]?答曰:天竺語法,衆字和合成語,衆語和合成句。如:菩爲一字,提爲一字,是二不合則無語;若和合名爲菩提,秦言無上智慧。薩埵[6],或名衆生,或是大心。爲無上智慧故,出大心,名爲菩提薩埵。願欲令衆生行無上道,是名菩提薩埵。復次,此品佛及佛弟子種種因緣說菩薩摩訶薩義。菩提一語,薩埵一語,二語和合故名爲義。若說名字、語、句,皆同一事無所在。今須菩提問:以何定相法爲菩薩句義?天竺言波陀,秦言句。是波陀有種種義,如後譬喻[7]中說。問曰:但以鳥飛虛空,足明句義,何以種種廣說?答曰:衆生聽受,種種不同,有好義者,有好譬喻者。譬喻可以解義,因譬喻心則樂著;如人從生端政,加以嚴飾,益其光榮。此譬喻中多以譬喻明義[8],如後所說,所謂:如夢、如影、如響,如佛所化,是事虛誑,如先說;菩薩義亦如是,但可耳聞,虛誑無實;以是故,菩薩不應自高。如、法性、法相、實際等句,無有定義。如幻人無五衆乃至諸佛法。如佛無[9]五衆乃至一切法。如有爲法中無無爲法,如無爲法中無有爲法,無爲法不生不滅等,諸法中無不生不滅相,亦無異相。如三十七品無清淨相。何以故?有人著是三十七品法,即是結使。如我乃至知者、見者,淨相不可得。問曰:我乃至知者、見者等云何淨?答曰:種種求覓我相不可得,是名我淨,第一義中,無淨無不淨。譬如洗臭死狗,乃至皮毛、血肉、骨髓都盡;是時,非狗非猪,不得言淨,不得言不淨。我乃至知者、見者亦如是,以無我空智慧,求我相不可得,是時,非有我非無我。如日出無闇。劫盡時無一切物。如佛五衆,戒中破戒不可得。如日月、星宿、真珠等,諸天、鬼神、龍王光,於佛光中則不現,從大福德神通力生故。菩薩句義亦如是,入是般若波羅蜜智慧光中則不現。因是譬喻教諸菩薩,當學一切法不取相,無所得故。

【經】須菩提白佛言:世尊!何等是一切法?云何一切法中無礙相,應學、應知?佛告須菩提:一切法者,善法、不善法;記法、無記法;世間法、出世間法;有漏法、無漏法;有爲法、無爲法;共法、不共法。須菩提!是名爲一切法。菩薩摩訶薩,是一切法無礙相中應學、應知!須菩提白佛言:世尊!何等名世間善法?佛告須菩提:世間善法者,孝順父母,供養沙門、婆羅門,敬事尊長。布施福處,持戒福處,修定福處,勸導福事,方便生福德,世間十善道。九相:脹相,血相,壞相,膿爛相,青相,噉相,散相,骨相,燒相。四禪,四無量心,四無色定;念佛,念法,念僧,念戒,念捨,念天,念善,念安般,念身,念死。是名世間善法。何等不善法?奪他命,不與取,邪婬,妄語,兩舌,惡口,非時語,貪欲,惱害,邪見:是十不善道等,是名不善法。何等記法?若善法,若不善法,是名記法。何等無記法?無記身業、口業、意業,無記四大,無記五衆、十二入、十八界,無記報,是名無記法。何等名世間法?世間法者,五衆、十二入、十八界、十善道,四禪、四無量心、四無色定,是名世間法。何等名出世間法?四念處、四正懃、四如意足、五根、五力、七覺分、八聖道分。空解脫門、無相

1 "句",甲、宋、元、明、宮、聖、石本無。
2 "者",甲、宋、元、明、宮、聖本無。
3 "謂",甲、宋、元、明、宮、聖本作"示"。
4 "句",甲、宋、元、明、宮、聖、石本無。
5 "義",甲、宋、元、明、宮、聖本無。
6 "埵",甲本作"瑶",誤。
7 "喻",甲本作"踰",誤。
8 "以譬喻明義",甲本作"以義喻義"。
9 "無",甲、宋、元、明、宮、聖本無。

解脱門、無作解脱門。三無漏根：未知欲知根、知根、知已[1]根。三三昧：有覺有觀三昧、無覺有觀三昧、無覺無觀三昧。明、解脱、念、慧、正憶。八背捨。何等八？色觀色，是初背捨；内無色相外觀色，是二背捨；淨背捨，身作證，是三背捨；過一切色相故，滅有對相故，一切異相不念故，入無邊虛空處，是四背捨；過一切無邊虛空處，入一切無邊識處，是五背捨；過一切無邊識處，入無所有處，是六背捨；過一切無所有處，入非有想非無想處，是七背捨；過一切非有想非無想處，入滅受想定，是八背捨。九次第定。何等九？離欲離惡不善法，有覺有觀，離生喜樂入初禪；滅諸覺觀内清淨故一心，無覺無觀，定生喜樂入第[2]二禪；離喜故，行捨，受身樂，聖人能説能捨，念行樂，入第三禪；斷苦樂故，先滅憂喜故，不苦不樂捨，念淨，入第四禪；過一切色相故，滅有對相故，一切異相不念故，入無邊虛空處；過一切無邊虛空處，入一切[3]無邊識處；過一切無邊識處，入無所有處；過一切無所有處，入非有想非無想處；過一切非有想非無想處，入滅受想定。復有出世間法，内空乃至無法有法空，佛十力、四無所畏、四無礙智、十八不共法，一切智，是名出世間法。何等爲有漏法？五受衆、十二入、十八界，六種、六觸、六受，四禪乃至四無色定，是名有漏法。何等爲無漏法？四念處乃至十八不共法，及一切種[4]智，是名無漏法。何等爲有爲法？若法生、住、滅；欲界、色界、無色界，五衆，乃至意觸因緣生受；四念處，乃至十八不共法，及一切智，是名有爲法。何等爲無爲法？不生、不住、不滅，若染盡、瞋盡、癡盡，如、不異、法相、法性、法住[5]、實際，是名無爲法。何等爲共法？四禪、四無量心、四無色定，如是等是[6]名共法。何等爲[7]不共法？四念處乃至十八不共法，是名不共法。菩薩摩訶薩於是自相空法中，不應著，不動故。菩薩亦應知一切法不二相，不動故。是名菩薩義。

【論】問曰：須菩提何以故[8]先問世間善法，後問出世間法？答曰：先問麁，後當問細；先知世間相，後則能知出世間相。世間善法者，知有罪、有福果報，有今世、後世，有世間、有涅槃，有佛等諸賢聖，今世、後世，及諸法實相證。所謂：孝順父母等，乃至十念；如法得物，供養供給沙門、婆羅門[9]。沙門，名爲出家求道人；婆羅門，名爲在家學問人。是二人於世間難爲能爲，利益衆生故，應當供養。尊長者，叔伯、姊兄等[10]。恭敬供養，是一切修家法。布施、持戒、修定、勸導，如《初品》中説。方便生福德，如懺悔、隨喜、請佛久住不涅槃、轉法輪；如雖行空不著空，還修行諸善，如是等方便生諸福德。十善道乃至四無色，如先説。十念中，八事如先説。善念者，思惟分別善業因緣，制伏其心。復次，涅槃是真善法，常繫心念涅槃，是善念。身念，即是身念處。與善法相違，是名不善法。無記法者，所謂威儀心、工巧心、變化心，及是起身業、口業；除善、不善五衆，餘五衆及虛空、非數緣滅等[11]。世間法者，五衆或善、或不善、或無記。十二入[12]：八無記，四[13]三種。十八界：八無記，十三種。十善道、四禪、四無量心、四無色定，是善法，凡夫人能得、能成就故；又自不能出世

---

1 "已"，甲、聖本作"者"。

2 "第"，甲、宋、元、明、宫、聖、石本無。

3 "一切"，甲、宋、宫、聖本無。

4 "種"，甲、宋、元、明、宫、聖、石本無。

5 "法住"，甲、宋、元、宫、聖、石本作"法位"。下同，不復出校。

6 "是"，甲、宋、元、明、宫、聖本無。

7 "爲"，甲、宋、元、明、宫本作"名"，聖本作"爲名"。

8 "故"，甲、宋、宫、聖本無。

9 "婆羅門"，甲、宋、宫、聖本無。

10 "等"，甲本作"弟"，誤。

11 乙本始。

12 "者五……二入"十四字，乙本殘。

13 乙本終。

故,名爲[1]世間法。出世間法[2]者,三十七品,三解脱門,三無漏根,三三昧,如先説。明、解脱:明者,三明;解脱者,有爲解脱,無爲解脱。念者,十念。慧者,十一智慧;正憶者,隨諸法實相觀;如隨身法觀一切善法之本。復次,八背捨,九次第定[3],十八空,十力,四無所畏,十八不共法,如先義中廣説。是四念處等,一心爲道故。又八背捨、九次第定[4]等,凡夫人[5]所不得,名爲出世間。念、慧、正憶,雖有二種:世間、出世間,此中説出世間。有漏法者,五衆等,四禪、四無量[6]、四無色定。無漏法者,非世間,是四念處乃至十八不共法。有爲法略説三相,所謂生、住、滅。三界繫,乃至四[7]念處,乃至十八不共法,雖爲無爲法,以作法故,是爲有爲法。與有爲相違,是爲[8]無爲法。復次,滅三毒等諸煩惱,五衆等不次第相續;如、法相、法性、法住、實際等,是名無爲法。問曰:色如,色不離如,如不離色;色是有爲,云何[9]是無爲? 答曰:色有二種:一者,凡夫肉眼憶想分別色;二者,聖人心所知色實相如涅槃。凡夫[10]人所知色[11],名爲色;是色入如中,更不生不滅。如有爲雖是五衆,而有種種名字,所謂十二入、十八界、因緣等。無爲法雖有三種,亦種種分別名字,所謂如、法相、法住、實際等。共法者,凡夫、聖人生處、入定處共故,名爲共法。不共法者,四念處乃至十八不共法。菩薩分别知此諸法各各相,是法皆從因緣和合生,故[12]無性;無性,故自性空。菩薩住是無障礙法中不動,以不二入法門,入一切法不動故。

大智度論卷第四十四[13]。

大智度論釋摩訶薩品第十三(卷四十五)[14]

龍樹菩薩造

後秦龜茲國三藏鳩摩羅什譯[15]

【經】[16]爾時,須菩提白佛言:世尊! 何以故名爲摩訶薩? 佛告須菩提:是[17]菩薩於畢定衆[18]中爲上首,是

1　"爲",甲、宋、元、明、宫、聖本無。

2　"法",甲、宋、元、明、宫本無。

3　"定",甲、聖本脱。

4　"定",甲、聖、石本無。

5　"人",甲、宋、元、明、宫、聖本無。

6　"四無量",甲、宋、元、明、宫本無。

7　"四",甲本脱。

8　"爲",甲、宋、元、明、宫、聖、石本無。

9　"云何"後,宫、聖、石本有"如"。

10　"夫",甲、聖本無。

11　"色",甲、宋、宫本無。

12　"故",甲本作"死",誤。

13　甲本終,尾題作"大智論卷第四十四釋第十一品訖第十二品",題記作"開皇十三年歲次癸丑四月八日,弟子李思賢敬寫供養"。

14　本卷對應《大智度論》寫本凡8號:S.5132號(以下簡稱"甲本")、S.5134號(以下簡稱"乙本")、俄Φ346號(以下簡稱"丙本")、俄Дx15521號(以下簡稱"丁本")、S.2410號(以下簡稱"戊本")、俄Дx06305號(以下簡稱"己一")、俄Дx07888號(以下簡稱"己二")、俄Дx06294號A(以下簡稱"己三")。

15　甲、乙本始。"大智度……譯"三十三字,甲本作"大智度第十三品釋論下有十四品第四十五卷",乙本作"大智度第十三品釋論卷第四十五"。

16　"經",甲、乙、宋、宫、聖本無。下同,不復出校。

17　"是",甲、乙本無。

18　"畢定衆",甲、宋、元、明、宫、聖、石本作"必定衆"。

故名[1]爲摩訶薩。須菩提白佛言：世尊！何等爲畢定衆[2]，是菩薩摩訶薩而爲上首？佛告須菩提：畢定衆[3]者，性地人、八人、須陀洹、斯陀含、阿那含、阿羅漢、辟支佛、初發心菩薩，乃至阿鞞跋致[4]地菩薩。須菩提！是爲畢定衆[5]，菩薩爲上首。菩薩摩訶薩於是中生大心[6]，不可壞如金剛，當爲畢定衆[7]作上首。須菩提白佛言：世尊！何等是菩薩摩訶薩生大心，不可壞如金剛？佛告須菩提：菩薩[8]摩訶薩應生如是心：我當於無量生死中大誓莊嚴；我應當捨一切所有；我應當等心於一切衆生；我應當以三乘度脱一切衆生，令入無餘涅槃；我度一切衆生已，無有乃至一人入涅槃者；我應當解一切諸法不生相；我應當[9]純以薩婆若心行六[10]波羅蜜；我應當學智慧，了達一切法；我應當了達諸法一相智門；我應當了達乃至無量相智門。須菩提！是名菩薩摩訶薩生大心，不可壞如金剛。是菩薩摩訶薩住是心中，於諸畢定衆[11]中而爲上首，是法用無所得故。須菩提！菩薩[12]摩訶薩應生如是心：我當[13]代[14]十方一切[15]衆生，若地獄衆生、若畜生衆生、若餓鬼衆生，受諸[16]苦痛；爲一一衆生無量百千億劫[17]，代受地獄中苦，乃至是衆生入無餘涅槃。以是法故，爲是衆生受諸勤苦；是衆生入無餘涅槃已，然後自種善根，無量百千萬[18]億阿僧祇劫，當得阿耨多羅三藐三菩提。須菩提！是爲菩薩摩訶薩大[19]心不可壞如金剛。住是心中，爲畢定衆[20]作上首。復次，須菩提！菩薩摩訶薩生大快[21]心，住是大快[22]心中，爲畢定衆[23]作上首。須菩提白佛言：世尊！何等是菩薩摩訶薩大快[24]心？佛言：菩薩摩訶薩從初發意，乃至阿耨多羅三藐三菩提，不生染心、瞋恚心、愚癡心，不生惱心，不生聲聞、辟支佛心，是名菩薩摩訶薩大快心。住是心中，爲畢定衆[25]作上首，亦不念有是心。復次，須菩提！菩薩摩訶薩應生不動心！須菩提白佛言：云何名不動心？佛言：常[26]念一切種智心，亦不念有是心，是[27]名菩薩摩訶薩不動心。復次，須菩提！菩薩摩訶

1　“名”，甲、乙本脱。

2　“畢定衆”，乙本作“必衆”，甲、宋、元、明、宫、聖、石本作“必定衆”。

3　“畢定衆”，甲、乙、宋、元、明、宫、聖、石本作“必定衆”。

4　“阿鞞跋致”，甲、乙本作“阿毗跋致”，異譯詞。下同，不復出校。

5　“畢定衆”，甲、乙、宋、元、明、宫、聖、石本作“必定衆”。

6　“於是中生大心”，甲、乙本作“於中是心”。

7　“畢定衆”，乙本作“必衆”，甲、宋、元、明、宫、聖、石本作“必定衆”。

8　“菩薩”，甲、乙本脱。

9　“應當”，甲、乙本作“當應”，誤倒。

10　“六”，甲、乙本脱。

11　“畢定衆”，甲、乙、宋、元、明、宫、聖、石本作“必定衆”。

12　“菩薩”，甲、乙、宫本無。

13　“當”，甲、乙本作“應當”。

14　“代”，乙本作“伐”，誤。

15　“十方一切”，甲、乙本作“一切十方”。

16　“諸”，甲、乙、宋、元、明、宫、聖、石本無。

17　“劫”，乙本脱。

18　“萬”，甲、乙、宋、元、明、宫本無。

19　“大”，甲、乙、宋、宫、聖本無。

20　“畢定衆”，甲、乙、宋、元、明、宫、聖、石本作“必定衆”。

21　“快”，乙本無。

22　“快”，乙本無。

23　“畢定衆”，甲、乙、宋、元、明、宫、聖、石本作“必定衆”。

24　“快”，乙本無。

25　“畢定衆”，甲、乙、宋、元、明、宫、聖、石本作“必定衆”。

26　“常”，甲、乙本作“當”，誤。

27　“是”，甲、乙本無。

薩於一切衆生中[1]，應生利益安樂心。云何名[2]利益安樂心？救濟一切衆生，不捨一切衆生，是事亦不念有是心，是名菩薩摩訶薩於一切衆生中生利益安樂心。如[3]是，須菩提！是菩薩摩訶薩行般若波羅蜜，於畢定衆[4]中最爲上首！復次，須菩提！菩薩摩訶薩應當行欲法、喜法、樂法心。何等是法？所謂不破諸法實相，是名爲法。何等名欲法、喜法？信法、忍法、受[5]法，是名欲法、喜法。何等名樂法[6]？常修行是法，是名樂法。如是，須菩提！菩薩摩訶薩行般若波羅蜜，於畢定衆[7]中能爲上首，是法用無所得故。復次，須菩提！菩薩摩訶薩行般若波羅蜜時，住內空，乃至無法有法空，能爲畢定衆[8]作上首，是法用無所得故。復次，須菩提！菩薩摩訶薩行般若波羅蜜時，住四念處中，乃至住十八不共法中，能爲畢[9]定衆作上首，是法用無所得故[10]。復次，須菩[11]提！菩薩摩訶薩行般若波羅蜜時，住如金剛三昧，乃至離著虛空不染三昧中住，於畢定衆[12]作上首，是法用無所得故。如是，須菩提！菩薩摩訶薩住是諸法中，能爲畢定衆[13]作上首。以是因緣故，名爲摩訶薩。

【論】[14]釋曰：須菩提已從佛聞菩薩義，今問摩訶薩義。摩訶[15]者，秦言大；薩埵，秦言心，或言衆生。是衆生於世間諸衆生中第一最上，故名爲大。又以大心知一切法，欲度一切衆生，是名爲大。復次，菩薩故名摩訶薩，摩訶薩故名菩薩，以發心爲無上道故。復次，如《讚菩薩摩訶薩義品》中[16]，此中應廣說。復次，佛此中自說摩訶薩[17]義，衆生有三分：一者，正定，必入涅槃；二者，邪定，必入惡道；三者，不定。於正定衆生中當最大，故名摩訶薩。大衆者，除佛，餘一切賢聖。所謂性地人，是聖人性中生，故名爲性。如小兒在貴家生，雖小未有所能，後必望成大事。是地從煖法乃至世間第一法。八人，名見諦道，十五心中行。問曰：是十五心中，何以名爲八人？答曰：思惟道中用智多，見諦道中多用見忍，智隨於忍，所以者何？忍功大故。復次，忍、智二事：能斷、能證；八忍中住，故名爲八人。須陀洹、斯陀含、阿那含、阿羅漢、辟支佛義，如先說。初發意菩薩者，有人言：初發意者，得無生法忍，隨[18]阿耨多羅三藐三菩提相發心，是名初發意，名真發心。了了知諸法實相，及知心相，破諸煩惱故，隨阿耨多羅三藐三菩提心，不破[19]故，不顛倒故，此心名爲初發心[20]。有人言：諸凡[21]夫人雖住諸結使，聞佛功德，發大悲心，憐愍衆生，我當作佛；此心雖在煩惱中，心尊貴故，天人所敬。如轉輪聖王太子初受胎時，勝於諸子，諸天鬼神皆共尊貴；菩薩心亦如是，雖在結使中，勝諸天、神通

1　“中”，甲、乙本脫。

2　“名”，甲、乙本脫。

3　“如”，乙本作“知”，誤。

4　“畢定衆”，甲、乙、宋、元、明、宮、聖、石本作“必定衆”。

5　“受”，甲、乙本作“愛”，誤。

6　“法”，甲、乙本脫。

7　“畢定衆”，甲、乙、宋、元、明、宮、聖、石本作“必定衆”。

8　“畢定衆”，甲、乙本作“必定衆”。

9　“畢”，乙本作“此”，誤。

10　“用無所得故”，甲本作“亦不可得故”。

11　“須菩”後，乙本衍“薩”。

12　“畢定衆”，甲、乙本作“必定衆生”，“生”衍。

13　“畢定衆”，甲、乙、宋、元、明、宮、聖、石本作“必定衆”。

14　“論”，甲、乙、宋、宮、聖本無。下同，不復出校。

15　“摩訶”後，甲、乙本衍“薩”。

16　“中”，甲、乙本無，聖本作“申”，誤。

17　“摩訶薩”前，甲本衍“菩薩”。

18　“隨”，乙本脫。

19　“不破”，甲、乙、宋、元、明、宮、聖本無。

20　“心”，甲、乙本作“音”，誤。

21　丙本始。

聖人。復次，菩薩初發[1]心，乃至未得阿耨多羅三藐三菩提，有授[2]記、入法位、得無生法忍者，名阿鞞跋致[3]。阿鞞跋致相，後當廣説。如是等大衆，當作上首，故名[4]摩訶薩[5]。是菩薩欲爲一切聖人主，故發大心[6]，受一切苦，心堅如金剛不動故。金剛心者[7]，一切結[8]使煩惱所不能動，譬如金剛山，不[9]爲風所傾摇。諸惡衆生、魔人來，不隨意行，不信受其語。瞋罵謗毁，打擊閉繫[10]，斫刺割截，心不變異；有來乞索頭、目、髓、腦、手、足、皮、肉，盡能與之；求者意猶無厭足，更瞋恚[11]罵詈，爾時心忍不動。譬如牢固金剛山，人來斸[12]鑿毁壞，諸蟲來齧，無所虧損，是名金剛心。復次，佛自説金剛心相，所謂菩薩應作是念：我不應一月、一歲、一世、二世乃至千萬劫世[13]大誓莊嚴，我應無量無[14]數無邊世生死中，利益度[15]脱一切衆生。二[16]者，我應捨一切内、外所有[17]貴重之物。三者，一切衆生中等心無憎[18]愛。四者，我當以三乘如應度脱一切衆生。五者，度如是衆生已，實無所度[19]而無其功[20]，此中心亦不悔、不没。六者，我應知一切法不生不滅、不來不去[21]、不垢不淨等諸相。七者，我應當以清淨無雜[22]心，行六波羅蜜，迴向薩婆若。八者，我應當善知[23]一切世間所[24]作之事及出世間所應知事，皆悉通達了知。九者，我應當解了諸法一相智門，所謂一切諸法畢竟空，觀一切諸法，如無餘涅槃相，離諸憶想分別。十者，我應當知諸法[25]二相、三相乃至無量相門，通達明了。二相者，一切法有二[26]種：若有、若無，若生、若滅，若作、若不作，若色、若無色等。三門者：若一、若二、若多——從三以上，皆名爲多。若有、若無、若非有非無；若上、若中、若下；若過去、若未來、若現在；三界、三法，善、不善、無記等三門。四門、五門，如是等無量法門，皆通達無礙。是中心不悔、不怯[27]、不疑，信受通達無礙。常行不息，滅諸煩惱，及其果報，及諸障礙之事，皆令敗壞，如金剛寶能[28]摧破諸山。住是金剛心中，當於大衆而作上首，以不可得空故。不可得

1　“發”後，乙本衍“發”。

2　“授”，甲、乙、丙、宋、元、明、宫、聖、石本作“受”。

3　“阿鞞跋致”，甲、乙、丙本作“阿毗跋致”，異譯詞。下同，不復出校。

4　丁本始。

5　“摩訶薩”，丙本作“菩薩摩訶薩”。

6　“訶薩……大心”十六字，丁本殘。

7　“一切……心者”十五字，丁本殘。

8　丁本終。

9　“不”，乙本脱。

10　“打擊閉繫”，甲、乙、丙本作“打縛繫閉”，宫、聖、石本作“打縛閉繫”，明本作“打繫閉擊”。

11　“恚”，丙本脱。

12　“斸”，甲本作“斵”。

13　“千萬劫世”，甲、乙本作“百千萬劫世”。

14　“無”，丙本脱。

15　戊本始。

16　“二”，乙本作“一”，誤。

17　“二者……所有”十一字，戊本殘。

18　“憎”，丙本作“增”，“增”通“憎”。

19　“度”，甲、乙、丙、戊、宋、宫、聖本作“一度”。

20　“功”，丙本殘。

21　“不來不去”，丙本作“不去不來”。

22　“雜”，乙、戊本作“離”，誤，宋、元、明、宫本作“染”。

23　“知”，乙、戊本脱。

24　“所”，丙本殘。

25　丙本終。“法”，甲、乙、戊本脱。

26　“二”，甲、乙、戊本脱。

27　“怯”，甲、乙、戊、宫本作“却”，宋、聖本作“劫”，當爲“怯”之誤。

28　“能”，甲、乙、戊本作“皆”。

空[1]者,若菩薩生如是大心如金剛而生憍慢者,罪過凡夫。以是故,説用無所得,諸法無定相,如幻如化。復次,心如金剛者,墮[2]三惡道所有衆生,我當代[3]受勤苦,爲一一衆生故,代[4]受地獄苦,乃至是衆生從三惡道出,集諸善本,至無餘涅槃已,復救一切衆生;如是展轉一切衆生盡度已,後當自爲集諸功德,無量阿僧祇劫,乃當作佛,是中不悔、不縮。能如是代[5]衆生受勤苦,自作諸功德,久住生死,心不悔、不没,如金剛地,能持三千大千世界令不動摇,是心堅牢[6]故,名爲如金剛。大快心者,雖有牢固心,未是大快,如馬雖有大力而未大快。於衆生中得二種等心故,不生欲染心,若有偏愛,則爲是賊,破我等心,爲佛道之本;常行慈悲心故,無有瞋心;常觀諸法因緣和合生,無有自性故,則無癡心;愛念衆生,過於赤子故,無有惱心;不捨衆生,貴佛道故,不生聲聞、辟支佛心。問曰:若心牢固如金剛,即是不動,今何以[7]更説不動心? 答曰:或時雖復牢固,心猶有增減[8],如樹雖牢固,猶可動摇[9]。動有二種:一者,外因緣動,如先説;二者,内因緣動,諸邪見、疑等。若常憶念一切智慧佛道,我當得是果報,故心不動。復次,菩薩應種種因緣利益衆生,飲食乃至佛樂以利[10]衆生,常不捨衆生,欲令離苦,是名安樂心,亦不念有是心。復次,菩薩樂法[11],名爲上首。法者,不破壞諸法相。不破壞諸法相者,無法可著,無法可受故,所謂不可得。是不可得[12]空,即是涅槃,常信、受、忍,是名爲欲法、喜法[13]。常行三解脱門,名爲樂法。復次,菩薩住是十八空中,不隨十八意行故,不起罪業。住四念處乃至十八不共法,滅諸煩惱[14],集諸善法故,能爲上首。復次,菩薩入金剛三昧等心,受快樂厭於世樂,增[15]長善根智慧方便故,於大聖衆而爲[16]上首。若能爲大者作上首,何況小者! 是故名爲摩訶薩。

大智度論釋斷見品第十四[17]

【經】[18]爾時,慧命舍利弗白佛言:世尊! 我亦欲説所以爲摩訶薩! 佛告舍利弗:便説! 舍利弗言:我見、衆生見、壽見、命見、生見、養育見、衆數見、人見、作見、使作見、起見、使起見、受見、使受見、知者見、見者見、斷見、常見、有見、無見、陰[19]見、入見、界見、諦見、因緣見,四念處見乃至十八不共法見,佛道見,成就衆生見,淨佛世界見,佛見,轉法輪見,爲斷如是諸見故而爲説法,是名摩訶薩。須菩提語舍利弗言:何因緣故色

---

1 "空",甲、乙、戊、宋、宫、聖本無。
2 "墮",甲、乙、戊、宋、宫、聖本作"隨","隨"通"墮"。
3 "代",戊本作"伐",誤。
4 "代",戊本作"伐",誤。
5 "代",戊本作"伐",誤。
6 "堅牢",甲、乙、戊本作"堅固",宋、元、明、宫、聖、石本作"牢堅"。
7 "何以",甲、乙、戊本作"何以故"。
8 "減",戊本作"滅",誤。
9 "動摇",乙本作"摇動"。
10 "利",甲、乙、戊本作"利益"。
11 "樂法"後,甲、乙、戊本有"菩薩"。
12 "得"後,乙本衍"得"。
13 "法",甲、戊本脱。
14 "滅諸煩惱",甲、乙、戊本作"上煩惱習"。
15 "增",乙本作"憎","憎"通"增"。
16 "爲",甲、乙、戊本作"作"。
17 甲、乙、戊本無品題。
18 "經",戊本無。下同,不復出校。
19 "陰",甲、乙、戊本作"衆",異譯詞。

見是妄[1]見？何因緣故受、想、行、識，乃至轉法輪見，是名妄[2]見？舍利弗語須菩提：菩薩摩訶薩行般若波羅蜜時，無方便故，於[3]色生見，用有所得故；於[4]受、想、行、識，乃至轉法輪生見，用有所得故。是中菩薩摩訶薩行般若波羅蜜，以方便力斷諸見故[5]而爲説法，用無所得故。

【論】[6]問曰：佛將五百大阿羅漢至阿那婆達多龍王池，受遠離樂，欲説自身[7]及弟子本業因緣，而舍利弗不在，佛令[8]目連命之。時，目連以神通力到祇洹；時，舍利弗縫[9]衣，語目連言：小住！待縫衣訖當去！目連催[10]促疾去；時，目連以手摩衣，衣即成竟。舍利弗見目連貴其[11]神通，即以腰帶擲地，語言：汝舉此帶去！目連以兩手舉此[12]帶，不能離地；即入諸深定舉之，地爲大動，帶猶著地。時，憍陳如問佛：以何[13]因緣故地大震動？佛言：目連入甚深禪定，作大神力，欲舉舍利弗帶而不能舉。佛告諸比丘：舍利弗所入出禪定，目連乃至不識其名；佛所入禪定，舍利弗乃至不識其名。如舍利弗[14]智慧與佛懸[15]殊，何以言我亦樂説？答曰：舍利弗非欲於大衆中顯其智慧、高心故説；舍利弗逐[16]佛轉法輪人，廣益衆生。是摩訶薩義所益甚廣，是故佛説已，舍利弗次説。復次，多人信樂舍利弗語，所以者何？以宿世因緣故，多發菩薩心。佛以大慈悲心故，吾我心及習根本已拔，又法愛[17]已斷故，如是種種因緣，故聽。舍利弗言：我見及知者、見者；佛見、菩薩見、諸衆生見等，及有無、斷常等邪見，五衆乃至諸佛法轉法輪等諸法見；是菩薩能斷是三種見故，當於大衆中説法。是三種見，無始世界來，習著入於骨髓。須菩[18]提作是念：佛説五衆等乃至諸佛法，是菩薩行，何以爲斷諸見故説法？作是念已，問舍利弗。舍利弗答：無方便菩薩欲行般若波羅蜜，觀色求定相，取色一切[19]相，生色見。與此相違，名爲有方便。是菩薩雖觀色，不生妄見，而能斷諸見。

【經】爾時，須菩提白佛言：世尊！我亦欲説所以爲摩訶薩！佛言：便説！須菩提言：世尊！是阿耨多羅三藐三菩提心，無等等心，不共聲聞、辟支佛心。何以故？是一切智心，無漏、不[20]繫故。是一切智心，無漏、不[21]繫中亦不著，以是因緣故，名摩訶薩。舍利弗語須菩提：何等爲菩薩摩訶薩無等等心，不共聲聞、辟支佛心？須菩提言：菩薩摩訶薩從初發意已[22]來，不見法有生有滅、有增有減、有垢有淨。舍利弗！若法無生無滅，

1　"妄"，甲、乙、戊、宋、元、明、宮、石本無。
2　"妄"，甲、乙、戊、宋、元、明、宮、石本作"爲"。
3　"於"，甲、乙、戊、宋、宮、聖本作"得"。
4　"於"，甲、乙、戊、宋、元、明、宮、聖本無。
5　"故"，甲、乙、戊、宋、元、明、宮本作"網"。
6　"論"，戊、宋、宮、聖本無。下同，不復出校。
7　"自身"，甲、戊本作"身自"，誤倒。
8　"令"，甲、乙、戊本作"命"，誤。
9　"縫"，甲、乙、戊本作"給"，誤。
10　"催"，甲本作"摧"。
11　"其"，甲、乙、戊本無。
12　"此"，甲、乙、戊、宋、元、明、宮、聖本無。
13　"以何"，乙本作"何以"，誤倒。
14　"弗"，乙本脱。
15　"懸"，甲、乙、戊本作"玄"，"玄"通"懸"。
16　"逐"，戊本作"遂"，誤。
17　"愛"，甲、乙、戊本作"受"，誤。
18　"須菩"後，乙本衍"薩"。
19　"切"，甲、乙、戊、宋、元、明、宮、石本無。
20　"不"，甲、乙、戊本作"無"。
21　"不"，甲、乙、戊本作"無"。
22　"已"，甲、乙、戊本作"以"。

乃至無垢無淨,是中無聲聞心,無辟支佛心,無阿耨多羅三藐三菩提心,無佛心。舍利弗！是名菩薩摩訶薩無等等心,不共聲聞、辟支佛心。舍利弗語須菩提：如須菩提說一切智心,無漏心、不繫心中不著。須菩提！色亦不著,受、想、行、識亦不著,四念處亦不著,乃至十八不共法亦不著,何以故[1]但說是心不著？須菩提言：如是！如是！舍利弗！色亦不著,乃至十八不共法亦不著。舍利弗語須菩提：凡夫人心,亦無漏不繫,性空故；諸聲聞、辟支佛心、諸佛心,亦無漏不繫,性空故。須菩提：如是！舍利弗！舍利弗言：須菩提！若色亦無漏不繫,性空故；受、想、行、識無漏不繫,性空故；乃至意觸[2]因緣生受無漏不繫,性空故！須菩提言：爾！舍利弗言：四念處亦無漏不[3]繫,性空故；乃至十八不共法,亦無漏不[4]繫,性空故！須菩提言：爾！如舍利弗所言,凡[5]夫人心亦無漏不繫。性空故。乃至十八不共法亦無漏不繫,性空故！舍利弗語須菩提：如須菩提所說空,無心故,不著是心。須菩提！色無故,不著色；受、想、行、識,乃至意觸因緣生受無故,不著受；四念處無故,不著四念處；乃至十八不共法無故,不著十八不共法。須菩提言：如是！舍利弗！色無故,色中不著；乃至十八不共法無故,十八不共法中不著。如是,舍利弗！菩薩摩訶薩行般若波羅蜜時,以阿耨多羅三藐三菩提心,無等等心,不共聲聞、辟支佛心；不念有是心,亦不著是心,以一切法無所得[6]故,以是故名摩訶薩。

【論】釋曰：須菩提說摩訶薩無等等心,於是心亦不著。不著者,是菩薩從初發心已來,不見有法定相,若生若滅[7],若增若減、若垢若淨。是心畢竟空,是中無有心相非心相,諸相畢竟清淨故。以是故,無聲聞心[8]、辟支佛心、菩薩心、佛心。須菩提稱貴菩薩,如是心亦美,菩薩不著是心亦爲尊貴。舍利弗欲難須菩提,作是言：非但一切智心無[9]漏不[10]繫,菩薩不應自高。所以者何？凡夫人心亦無漏不繫,性常空故；如聲聞、辟支佛[11]、佛心無漏不繫,是凡夫人[12]心實相性空。實[13]相性空,清淨不著[14]；如先說,陰雲[15]翳日月,不能污日月。又諸煩惱實相,與常性空心相[16]無異,但住凡夫地中,是垢是淨；住聖人地中,修無相智慧故,無所分別；但憐愍衆生故,雖復有說,心無所著。非獨凡夫人[17]心無漏不繫,五衆、乃至十八不共法亦如是。須菩提然可。又舍利弗言：是心無心,心[18]相空故不著,色中色相無故亦不著,乃至諸佛法亦如是。須菩提言：如是！以是故,菩薩能觀諸法性常空,不可[19]得空,畢竟清淨。以是故說阿耨多羅三藐三菩提心,無等等心,不共聲聞、辟支

1　“故”,甲、乙、戊、宋、元、明、宫、聖本無。

2　“觸”,甲、乙、戊、宋、元、明、宫、聖本作“識”。

3　“不”,甲、乙、戊本作“無”。

4　“不”,甲、乙、戊本作“無”。

5　“凡”,甲、乙、戊本作“梵”,“梵”爲“凡”之借字。

6　“得”,甲、乙、戊、宋、元、明、宫、聖本作“有”。

7　“若滅”,甲、乙、戊本脫。

8　“心”,甲、乙、戊本脫。

9　“無”後,乙本衍“無”。

10　“不”,甲、乙、戊本作“無”。

11　“佛”,甲、乙、戊本脫。

12　“人”,甲、乙、戊本無。

13　“實”,乙本脫。

14　“著”,甲、乙、戊本作“善”,誤。

15　“雲”,甲、乙、戊本作“雨”,誤。

16　“相”,乙本脫。

17　“人”,甲、乙、戊、宋、元、明、宫、聖本無。

18　“心”,甲、乙、戊、宋、元、明、宫、聖本無。

19　“可”,乙本脫。

佛心，不念有是心，亦不著是心，能疾至阿耨多羅三藐三菩提。（釋第十四品竟[1]。）

大智度論釋大莊嚴品第十五[2]

【經】爾時，富樓那彌多羅尼子白佛言：世尊！我亦樂説所[3]以爲摩訶薩！佛言：便説！富樓那彌多羅尼子言：是菩薩大莊嚴，是菩薩發趣大乘，是菩薩乘於大乘；以是故，是菩薩名摩訶薩。舍利弗語富樓那言：云何名菩薩摩訶薩大莊嚴？富樓那語舍利弗：菩薩摩訶薩不分別爲爾所人故，住檀波羅蜜，行檀波羅蜜；爲一切衆生故住檀波羅蜜，行檀波羅蜜。不爲爾所人故，住尸羅[4]波羅蜜，行尸羅波羅蜜，羼提波羅蜜，毘梨耶波羅蜜，禪波羅蜜，般若波羅蜜；爲一切衆生故，住般若波羅蜜，行般若波羅蜜。菩薩摩訶薩大莊嚴，不齊限衆生：我當度若干人，不度餘人；不言：我令[5]若干人至阿耨多羅三藐三菩提，餘人不至。是菩薩摩訶薩普爲一切衆生故大莊嚴。復[6]作是念：我當自具足檀波羅蜜，亦令一切衆生行檀波羅蜜；自具足尸羅波羅蜜，羼提波羅蜜，毘梨耶波羅蜜，禪波羅蜜；自具足般若波羅蜜，亦令一切衆生行般若波羅蜜。復次，舍利弗！菩薩摩訶薩行檀波羅蜜時，所有布施應薩婆若心，共一切[7]衆生，迴向阿耨多羅三藐三菩提。舍利弗！是名菩薩摩訶薩行檀波羅蜜時，檀波羅蜜[8]大莊嚴。復次，舍利弗！菩薩摩訶薩行檀波羅蜜時，應薩婆若心布施，不向聲聞、辟支佛地。舍利弗！是名[9]菩薩摩訶薩行檀波羅蜜時，尸羅波羅蜜大莊嚴。復次，舍利弗！菩薩摩[10]訶薩行檀波羅蜜時，應薩婆若心布施，是諸施法信忍欲——是名行檀波羅蜜時，羼提波羅蜜大莊嚴。復次，舍利弗！菩薩摩訶薩行檀波羅蜜時，應薩婆若心布施，勤修不息——是名行檀波羅蜜時，毘梨耶波羅蜜大莊嚴。復次，舍利弗！菩薩摩訶薩行檀[11]波羅蜜時，應薩婆若心布施，攝心不起聲聞、辟支佛意——是名行檀波羅蜜時，禪波羅蜜大莊嚴。復次，舍利弗！菩薩摩訶薩行檀波羅蜜時，應薩婆若心布施，觀諸法如幻，不得施者，不得所[12]施物，不得受者——是名行檀波羅蜜時，般若波羅蜜大莊嚴。如是，舍利弗！若[13]菩薩摩訶薩應[14]薩婆若[15]心，不取不得諸波羅蜜相，當知是菩薩摩訶薩[16]大莊嚴。復次，舍利弗！菩薩摩訶薩行尸羅波羅蜜時，應薩婆若心布施，共一切衆生，迴向阿耨多羅三藐三菩提——是[17]名菩薩摩訶薩行尸羅波羅蜜時，檀波羅蜜。復次，舍利弗！菩薩摩訶薩行尸羅波羅蜜時，諸法信忍欲——是名菩薩摩訶薩行尸羅波羅蜜時，羼提波羅蜜。復次，舍利弗！菩薩摩訶薩行尸羅波羅蜜時，勤修不息——是名菩薩摩訶[18]薩行尸羅波羅蜜

1　"釋第十四品竟"，甲、乙、戊、宋、元、明、宫本無。

2　甲、乙、戊本品題皆作"大智度第十四品釋論"。

3　"所"，乙本脱。

4　"尸羅"，甲、乙、戊本作"尸"，異譯詞。下同，不復出校。

5　"令"，甲、戊本作"命"。

6　"復"，甲、乙、戊本作"復次"。

7　"一切"，甲、乙、戊本脱。

8　"檀波羅蜜"，甲、乙、戊本脱。

9　"名"，甲、乙、戊本無。

10　"摩"，乙本脱。

11　"檀"，甲本作"檀若"，乙、戊本作"般若"，皆誤。

12　"所"，甲、乙、戊、宋、元、明、宫、聖本無。

13　"若"，甲、乙、戊、宋、元、明、宫、聖本無。

14　"應"後，乙本衍"般若波羅蜜"。

15　"若"，乙本脱。

16　"摩訶薩"，甲、乙、戊本脱。

17　"是"，乙本脱。

18　"摩訶"，乙本作"摩呵"，異譯詞。

時[1]，毘梨[2]耶波羅蜜。復次，舍利弗！菩薩摩訶薩行尸羅波羅蜜時，不受聲聞、辟支佛心——是名菩薩摩訶薩行尸羅波羅蜜時，禪波羅蜜。復次，舍利弗！菩薩摩訶薩行尸羅波羅蜜時，觀一切法如幻，亦不念有是戒，用無所得故——是名菩薩摩訶薩行尸羅波羅蜜時，般若波羅蜜。如是，舍利弗！菩薩摩訶薩行尸羅波羅蜜時，攝諸波羅蜜，以是故名大莊嚴。復次，舍利弗！菩薩摩訶薩行羼提波羅蜜時，應薩婆若心布施，共一切衆生，迴向阿耨多羅三藐三菩提——是爲菩薩摩訶薩行羼提波羅蜜時，檀波羅蜜。復次，舍利弗！菩薩摩訶薩行羼提波羅蜜時，不受聲聞、辟支佛心，但受薩婆若心——是名菩薩摩訶薩行羼提波羅蜜時，尸羅波羅蜜。復次，舍利弗！菩薩摩訶薩行羼提波羅蜜時，應薩婆若心，身、心精進，不休不息——是名菩薩摩訶薩行羼提波羅蜜時[3]，毘梨耶波羅蜜。復次，舍利弗！菩薩摩訶薩行羼提波羅蜜時，攝心一處，雖有苦事，心不散亂——是名菩薩摩訶薩行羼提波羅蜜時，禪波羅蜜。復次，舍利弗！菩薩摩訶薩行羼提波羅蜜時，應薩婆若心，觀諸法空，無作者，無受者，若有呵[4]罵割截者，心如幻夢[5]——是名菩薩摩訶薩行羼提波羅蜜時，般若波羅蜜。復次，舍利弗！菩薩摩訶薩行毘梨耶波羅蜜時，應薩婆若心布施時，不令身心懈怠——是名菩薩摩訶薩行毘梨耶波羅蜜時，檀波羅蜜。復次，舍利弗！菩薩摩訶薩行毘梨耶波羅蜜時，應薩婆若心，始終具足清淨持戒——是名菩薩摩訶薩行毘梨耶波羅蜜時，尸羅波羅蜜。復次，舍利弗！菩薩摩訶薩行毘梨耶波羅蜜時，應薩婆若心，修行忍辱——是名菩薩摩訶薩行毘梨耶波羅蜜時，羼提波羅蜜。復次，舍利弗！菩薩摩訶薩行毘梨耶波羅蜜時，應薩婆若心，攝心離欲，入諸禪定——是名菩薩摩訶薩行毘梨耶波羅蜜時，禪波羅蜜。復次，舍利弗！菩薩摩訶薩行毘梨耶波羅蜜時，應薩婆若心，不取一切諸法相，於不取相亦不著——是名菩薩摩訶薩行毘梨耶波羅蜜時，般若波羅蜜。如是，舍利弗！菩薩摩訶薩行毘梨耶波羅蜜時，攝諸波羅蜜[6]。復次，舍利弗！菩薩摩訶薩行禪波羅蜜時，應薩婆若心，定心布施，不令心亂——是名菩薩摩訶薩行禪那[7]波羅蜜時，檀波羅蜜。復次，舍利弗！菩薩摩訶薩行禪波羅蜜時，應薩婆若心持戒，禪定力故，破戒諸法不令得入——是名菩薩摩訶薩行禪波羅蜜時，尸羅波羅蜜。復次，舍利弗！菩薩摩訶薩行禪波羅蜜時，應薩婆若心，慈悲定故，忍諸惱害——是名菩薩摩訶薩行禪波羅蜜時，羼提波羅蜜。復次，舍利弗！菩薩摩訶薩行禪波羅蜜時，應薩婆若心，於禪不味不著，常求增進，從一禪至一禪——是名菩薩摩訶薩行禪波羅蜜時，毘梨耶波羅蜜。復次，舍利弗！菩薩摩訶薩行禪波羅蜜時，應薩婆若心，於一切法無所依止，亦不隨禪生——是名[8]菩薩摩訶薩行禪波羅蜜時，般若波羅蜜。如是，舍利弗！菩薩摩訶薩行禪波羅蜜時，攝諸波羅蜜。復次，舍利弗！菩薩摩訶薩行般若波羅蜜時，應薩婆若心，布施內外所有，無所愛惜，不見與者、受者及以財物——是名菩薩摩訶薩行般若波羅蜜時，檀波羅蜜。復次，舍利弗！菩薩摩訶薩行般若波羅蜜時，應薩婆若心，持戒、破戒二事不見故——是名菩薩摩訶薩行般若波羅蜜時，尸羅波羅蜜。復次，舍利弗！菩薩摩訶薩行般若波羅蜜時[9]，應薩婆若心，不見訶[10]者、罵者，打者、殺者，亦不見用是空能忍辱——是名菩薩摩訶薩行般若波羅蜜時，羼提波羅蜜。復次，舍利弗！菩薩摩訶薩行般若波羅蜜時，應薩婆若心，觀諸法

1　“時”，乙本無。

2　“毘梨”後，乙本衍“時”。

3　“時”，原作“持”，誤，茲據甲、乙、戊、宋、元、明、宮、聖、石本改。

4　“呵”，甲、乙、戊本作“訶”。

5　“夢”，甲、乙、戊、宮本作“如夢”。

6　“蜜”，乙本脱。

7　“那”，甲、乙、戊、宋、元、明、宮、聖、石本無。

8　“名”，甲、乙、戊本脱。

9　“時”，甲、乙、戊本脱。

10　“訶”，甲、乙、戊本作“呵”。

畢竟空，以大悲心故，行諸善[1]法——是名菩薩摩訶薩行般若波羅蜜時，毘梨耶波羅蜜。復次，舍利弗！菩薩摩訶薩行般若波羅蜜時，應薩婆若心，入禪定，觀諸禪離相、空相、無相相、無作相——是名菩薩摩訶薩行般若波羅蜜時，禪波羅蜜。如是，舍利弗！菩薩摩訶薩行般若波羅蜜時，攝諸波羅蜜。舍利弗！如是名爲菩薩摩訶薩大莊嚴。是大莊嚴菩薩，十方諸佛歡喜，於大衆中稱名讚歎[2]：某世界某菩薩摩訶薩大莊嚴，成就衆生，淨佛世界！

【論】釋曰：富樓那聞上二大弟子説摩訶薩義，而佛可言善哉。又富樓那，佛大衆中讚歎[3]法師之上，復欲説摩訶薩義，白佛言：我亦樂説。佛即聽許。問曰：須菩提説般若波羅蜜主，舍利弗應問須菩提，今何以故[4]乃問富樓那？答曰：此二人同是婆羅門[5]，俱以母字[6]爲名，此二人佛法中俱大——舍利弗智慧中大；富樓那説法種種莊嚴，牽引衆情，説法中大，是故二人等，等故於佛前共論。又富樓那先已[7]共舍利弗論議，善能相答，如《七車[8]譬喻經》中説，已共爲親厚，好共論理；須菩提無是因緣。又富樓那説摩訶薩義，是故應問，云何乃問須菩提？所説摩訶薩義者，所謂是人大莊嚴。如人遠行，重有資糧；又如破賊，備諸器仗[9]。是菩薩亦如是，欲破魔人[10]煩惱賊故，行六波羅蜜以自莊嚴。是人無量劫來[11]久住生死，集諸福德、智慧以爲資糧，三種乘中爲趣大乘故，發心行六波羅蜜，乘是大乘。舍利弗問富樓那：聲聞、辟支佛亦趣道，何以不名大莊嚴，而但説菩薩大莊嚴？富樓那答言[12]：聲聞、辟支佛雖行布施等六事，有量有限，自爲度身，及餘衆生可度者度，是故不名大莊嚴。菩薩所度，不分別，不齊限爲若干衆生故，布施乃至智慧，不作是念：我度若干人令得三乘，不能度若干人；令若干人得阿耨多羅三藐三菩提，若干人不能度。菩薩作[13]是莊嚴，令一切衆生盡入大乘作佛。菩薩行大莊嚴，自行檀波羅蜜，亦令一切衆生行檀波羅蜜，乃至般若波羅蜜亦如是。問曰：云何名大莊嚴？答曰：爲度衆生故，爲阿耨多羅三藐三菩提故，行[14]諸善福[15]功德者，略説是六波羅蜜。如富樓那次第説：若菩薩爲一切智慧故，行檀波羅蜜，是福德共一切衆生。共者，此布施福德，我及衆生共等，我以此迴向阿耨多羅三藐三菩提。迴向者，於此福德，不求人王、天王[16]、世間禪定樂；爲衆生，乃至涅槃樂[17]亦不求，持[18]此果報，盡爲度衆生故求佛法。如是等相，是名檀波羅蜜大莊嚴。是菩薩行布施時，若見諸辟支佛、

1 “善”，戊本作“苦”，誤。

2 “歎”，甲、戊本作“嘆”。

3 “歎”，甲本作“嘆”。

4 “何以故”，甲、戊本作“故何”，乙本作“何故”。

5 “婆羅門”，甲、乙、戊本作“波羅門”，異譯詞。

6 “字”，甲、乙、戊本脱。

7 “已”，甲、乙、戊本作“以”，“以”通“已”。

8 “車”，甲、乙、戊本作“事”，誤。

9 “仗”，甲、乙、石本作“杖”，戊本作“材”，誤。

10 “人”，原作“入”，誤，兹據戊、宋、元、明、宫本改。

11 “來”，甲、乙、戊、宋、元、明、宫本無，聖本作“糧”。

12 “言”，甲、乙、戊、石本作“曰”。

13 “作”，甲、乙、戊本作“住”，誤。

14 “行”，甲、乙、戊、宋、宫、聖本無。

15 “福”，甲、戊本作“福德”。

16 “王”，甲、戊本脱。

17 “樂”，甲、戊本脱。

18 “持”，甲、乙、戊本作“持戒”。

阿羅漢現大神通,得漏[1]盡,入涅槃,於中不貪不著,一心修佛道,是名檀波羅蜜生[2]尸羅[3]波羅蜜。布施時,有人惡口罵詈,刀杖毀害,所不應乞者而强[4]乞,不瞋不悔,入諸法相中,所謂畢竟空,是名檀波羅蜜生羼提波羅蜜。行布施時,和合財物、守護施彼,身心[5]不懈不息,是名檀波羅蜜生毘梨耶波羅蜜。布施時,一心念佛,念諸佛法,不令聲聞、辟支佛心入;因是布施,即入禪定,是名檀波羅蜜生禪波羅蜜。布施時,菩薩作是念:施者、受者、財物,因緣和合生故[6]無自性,無自性故空,如幻、如夢。衆生空故,無受者、無施者;法空故,無財物,是名檀波羅[7]蜜生般若波羅蜜。若菩薩爲一[8]切智故,不取諸波羅蜜相,而能行諸波羅[9]蜜,是名菩薩大莊嚴[10]。此中一波羅蜜備[11]生[12]諸波羅蜜,此經中自[13]分別其義。古今語[14]異,義不了故,助分別説[15],開論議門。餘五波羅蜜,亦應如是隨義説。問曰:何以但檀波羅蜜中説[16]生六波羅[17]蜜,餘波羅蜜中但説生五? 答曰:若後五波[18]羅蜜中[19],各各生六,亦無咎。六波羅蜜非一時[20]、非一念法,無量劫中,集六種功德和合,名[21]爲六波羅蜜。先生小,後生中、大,有何咎? 一[22]切諸法皆初小後大,以[23]是故,諸餘波羅蜜各各應生六。復次,一切諸佛説法時,檀波羅蜜[24]爲初門。如經中説:佛常初爲衆生説布施、説[25]持戒、説生天[26]、説五欲味,先[27]説世間苦惱[28],道[29]德利益,

---

1　"漏",甲、乙、戊、宋、宫、聖本作"苦"。

2　"生",甲、乙、戊本脱。

3　"尸羅",甲、戊、石本作"尸",異譯詞。

4　"强",甲、乙、戊本作"作"。

5　"身心",甲、乙、戊、宋、元、明、宫、聖、石本作"心身"。

6　"故",乙本脱。

7　己一始。

8　"生般……爲一"十一字,己一殘。

9　"羅蜜……波羅"九字,己一殘。

10　"嚴",己一殘。

11　"蜜備",己一殘。

12　"備生",甲、乙、戊、聖本作"邊",宋、元、明、宫本作"徧生"。

13　"自",己一殘。

14　"語",甲、戊本作"諸語"。

15　"説",己一殘。

16　"説",甲、乙、戊、己一作"但説"。

17　"羅",己一殘。

18　"波",己一殘。

19　"中",甲、乙、戊、己一無。

20　"時",己一殘。

21　"名",己一殘。

22　"一",己一殘。

23　"以",甲、乙、戊、己一無。

24　"波羅蜜",己一殘。

25　"説布施説",己一殘。

26　"天",乙、戊本作"無",己一殘。

27　"先",甲、乙、戊本作"失",誤。

28　己二始。

29　"間苦惱道",己一殘。

後爲説四諦。以是故,初説檀[1]。問曰:佛何[2]以故[3]説檀爲初門? 答曰:攝衆生法,無過於[4]檀;大小[5]貴賤[6],乃至畜[7]生,檀[8]皆攝之;乃至[9]怨家得施則爲中人[10],中人得施則成親善。諸佛三十二相,八十隨形好,諸功德具足,所願如意,皆從布施得。如寶掌菩薩等,七寶從手中出,給施衆生。亦[11]能令衆生歡喜柔軟,可任得涅槃。如是[12]等[13]義,故檀波羅蜜爲初。問曰[14]:富樓那何以故説一波羅蜜中生諸[15]波羅蜜爲大莊嚴? 答曰:是波羅蜜各各別[16]行,力勢少,譬如兵人未[17]集,則無戰力;若[18]大軍都集莊嚴,執持器仗[19],則能破敵。菩薩亦如是,六波羅蜜一時莊嚴,能破諸煩惱魔人賊[20],疾得阿耨多羅三藐三菩提。以是故,説一波羅蜜中具[21]諸波羅蜜。十方諸佛稱名讚歎[22],成就衆生,淨佛世界,如先説。

【經】慧命舍利弗問富樓那彌多羅尼子:云何菩薩摩訶薩發趣大乘? 富樓那語舍利弗:菩薩摩訶薩行六波羅蜜時,離諸欲,離諸惡不善法,有覺有觀,離生喜樂入初禪;乃至入第四禪中,以慈廣大,無二、無量、無怨、無恨,無惱心行[23],遍滿一方,二三四方、四維、上下,遍一切世間;悲、喜、捨心,亦如是。是菩薩入禪時、起時,諸禪、無量心及支[24],共一切衆生,迴向薩婆若,是名菩薩摩訶薩禪波羅蜜發趣大乘。是菩薩摩訶薩住禪、無量心,作是念:我當得一切種智,爲斷一切衆生煩惱故,當説法。是名菩薩摩訶薩行禪波羅蜜時[25]檀波羅蜜。若菩薩摩訶薩應薩婆若心,修[26]初禪,住初禪,二、三、四禪亦如是;不受餘心——所謂聲聞、辟支佛心。是名菩薩摩訶薩行禪波羅蜜時尸羅波羅蜜。若菩薩摩訶薩應薩婆若心入諸禪,作是念:我爲斷一切衆生煩惱故當説法,是諸心欲樂忍——是名菩薩摩訶薩行禪波羅蜜時羼提波羅蜜。若菩薩摩訶薩應薩婆[27]若心,

---

1　"德利……説檀"十四字,乙二殘。

2　"説檀問曰佛何",已一殘。

3　"故",甲、乙、戊、已一、宋、元、明、宫、聖本無。

4　"以故……過於"十六字,已二殘。

5　已二終。

6　"法無……貴賤"九字,已一殘。

7　已一終。

8　已三始。

9　"至",已三殘。

10　"人",甲、乙、戊本脱。

11　"亦",甲、乙、戊、已三、宋、元、明、宫、聖、石本作"又"。

12　"涅槃如是",甲、乙、戊本作"如是涅槃"。

13　"等",已三無。

14　"問曰",已三殘。

15　已三終。

16　"別",乙本作"別有"。

17　"未",甲、乙、戊本作"來",誤。

18　"若",甲本作"答",誤。

19　"仗",甲、乙、戊、石本作"杖"。

20　"賊",甲、戊本作"則賊","則"當係衍文,"賤"應爲"賊"之誤。

21　"具",甲、乙、戊本作"具足"。

22　"歎",甲、乙本作"嘆"。

23　"行",甲、乙、戊本脱。

24　"支",甲、乙、戊本作"枝",宋、元、明、宫、聖、石作"技"。

25　"時"後,甲、戊本衍"樓"。

26　"修",甲、戊本作"攝",誤。

27　"應薩婆",甲、乙、戊本脱。

入諸禪[1]，諸善根皆[2]迴向薩婆若，勤修不息——是名菩薩摩訶薩行禪波羅蜜時毘梨耶波羅蜜。若菩薩摩訶薩應薩婆若心，入[3]四禪及支[4]，觀無常相、苦相、無我相、空相、無相相、無作相，共一切衆生迴向薩婆若——是名菩薩摩訶薩[5]行禪波羅蜜時般若波羅蜜。舍利弗！是名菩薩摩訶薩發趣大乘。復次，菩薩摩訶薩行慈心，作是念：我當安樂一切衆生；入悲心，我當救濟一切衆生；入喜心[6]，我當度一切衆生；入捨心，我當令一切衆生得諸漏盡。是名菩薩摩訶薩行無量心時檀波羅蜜。復次，菩薩摩訶薩，是諸禪無量心，不向聲聞、辟支佛地，但迴向薩婆若——是名菩薩摩訶薩行無量心時尸羅波羅蜜。復次，舍利弗！菩薩摩訶薩行四無量心，不貪[7]聲聞、辟支佛地，但忍樂欲薩婆若——是名菩薩摩訶薩行無量心時羼提波羅蜜。若菩薩摩訶薩應薩婆若心[8]，行四無量心，但行清淨行——是名[9]菩薩摩訶薩行無量心時毘梨耶波羅蜜。復次，菩薩摩訶薩入禪、入無量心時，亦不隨禪、無量心生——是名菩薩摩訶薩行無量心時方便般若[10]波羅蜜。舍利弗！是名菩薩摩訶薩[11]發趣大乘。復次，舍利弗！菩薩摩訶薩發趣大乘，一切種修四念處，乃至一切種[12]修八聖道分；一切種修三解脫門，乃至十八不共法——是名菩薩摩訶薩發趣大乘。復次，舍利弗！菩薩摩訶薩内空中智慧，用無所得故，乃至無法有法空中智慧，用無所得故——是名菩薩摩訶薩發趣大乘。復次，舍利弗，菩薩摩訶薩一切法中，不亂不定智慧——是名菩薩摩訶薩發趣大乘。復次，舍利弗！菩薩摩訶薩發趣大乘，非常、非無常智慧，非樂、非苦，非實、非虛[13]，非我、非無我智慧——是名菩薩摩訶薩發趣大乘，用[14]無所得故。復次，舍利弗！菩薩摩訶薩智，不行過去世，不行未來世，不行現在世，亦非不知三世[15]——是名菩薩摩訶薩發趣大乘，用[16]無所得故。復次，菩薩摩訶薩發趣大乘智，不行欲界，不行色界，不行無色界；亦非不知欲界、色界、無色界，用無所得故——是名菩薩摩訶薩發趣大乘。復次，菩薩摩訶薩發趣大乘智，不行世間法，不行出世間法；不行有爲法，不行無爲法；不行有漏法，不行無漏法；亦非[17]不知世間法、出世間法，有爲、無爲，有漏、無漏法，用無所得故。舍利弗！是名菩薩摩訶薩發趣大乘。

【論】問曰：六波羅蜜中，若逆説，則應説般若波羅蜜，次説禪；若順，應先説檀波羅蜜；今何以乃説禪波羅蜜爲首？答曰：發大莊嚴，無有衆生能破壞者。若菩薩無禪定，心未離欲[18]，雖行餘波羅蜜則易壞；行禪波羅蜜，能入慈無量，是時無能壞。如説行慈三昧者，刀不能傷，水、火不害。亦有神通力種種變化，能發大

1　“諸禪”，甲、乙、戊本脱。

2　“皆”，甲、乙、戊、宋、元、明、聖宫本無。

3　“入”，甲、乙、戊、宋、元、明、宫本無。

4　“支”，甲、乙、戊本作“枝”，宋、元、明、宫、聖、石作“技”。

5　“摩訶薩”，甲、乙、戊本脱。

6　“心”，甲、乙、戊本脱。

7　“貪”，甲、乙、戊本作“念”，誤。

8　“心”，甲、乙、戊、宋、元、明、宫、聖本無。

9　“名”，甲、乙、戊本脱。

10　“般若”，甲、乙、戊本脱。

11　“摩訶薩”，乙本作“摩呵薩”，異譯詞。

12　“一切種”，甲、乙、戊本作“一切種智”。

13　“虛”，甲、乙、戊、宋、元、明、宫本作“空”。

14　“用”，甲、戊本作“因”。

15　“三世”後，甲、乙、戊本衍“界”。

16　“用”，甲、戊本作“因”。

17　“非”，甲、乙、戊本脱。

18　“欲”，乙、戊本脱。

莊嚴。如佛說鳥無兩翼,不能飛翔;菩薩[1]無神通力,不能發[2]大莊嚴。入禪波羅蜜中,能生慈無量、五神通故,物無能傷。以是故,今此說禪波羅蜜爲首。問曰:四禪中有種種功德,皆可行六波羅蜜,今何以但說四無量心中行六波羅蜜?答曰:四無量心,取[3]衆生相,緣衆生。菩薩常爲衆生故行道,是四無量等中有慈悲心,能利益[4]衆生;餘八背捨、九次第等,無如是利益[5]。問曰:菩薩住五神通,能廣利益衆生,何以故不說?答曰:大悲是菩薩根本。又五神通先已說,後當說四無量心;未說故,今說[6]。若菩薩但行四無量心,不名發趣大乘;六波羅蜜和合故,名爲發趣大乘。四無量心生六波羅蜜,富樓那此中自說因緣。問曰:云何一切種修四念處,乃至十八不共法?答曰:有二種:信行性,法行性。信行性觀無常苦,或但觀無常,或但觀苦;法行性人觀空、無我,或但觀空,或但[7]觀無我。菩薩度衆生故,一切門[8]皆修皆學。復次,發大乘者,以十八空,破十八種法,亦捨是十八種空智慧。復次,若菩薩觀諸法常定,亦不取定相,是名不定不亂智慧。復次,畏墮常、樂顛倒故,不觀諸法常、樂等;畏墮斷滅故,不觀無常等。復次,若菩薩三世、三界中智慧,不觀、不行、不取相[9],知[10]皆虛妄而不墮無明。復次,世間、出世間中,亦非智、非不智。非智者,空故,無定[11]相故,畢竟清淨故。非不智者,觀無常、苦、空等,入般若波羅蜜中故。非不行智,不行者,遮見、斷法愛、離依止故。無非智者,是中無愚癡,異於凡夫[12]故。又行者,持戒、修禪定、習諸觀,云何言非智?如《佛利衆生經》中說:

行者捨諸法,亦不依止慧,亦無所分別,是爲決定智!(釋第十五品竟[13]。)

大智度論卷第四十五[14]。

大智度論釋乘乘品第十六(卷第四十六)[15]

龍樹菩薩造

後秦龜兹國三藏鳩摩羅什譯[16]

【經】[17]爾時,慧命舍利弗問富樓那:云何名菩薩摩訶薩乘於大乘?富樓那答舍利弗言:菩薩摩訶薩行般若波羅蜜時,乘檀波羅蜜,亦不得檀波羅蜜,亦不得菩薩,亦不得受者,用無所得故,是名菩薩摩訶薩乘檀波羅蜜。菩薩摩訶薩行般若波羅蜜時,乘尸羅波羅蜜,羼提波羅蜜,毘梨耶波羅蜜,禪波羅蜜;乘般若波羅蜜,

---

1　"菩薩"前,甲、乙、戊本有"若"。

2　"發",甲、乙、戊本脱。

3　"取",甲、乙、戊本作"所",誤。

4　"利益",甲、戊、宋、元、明、宫本作"益利"。

5　"利益",甲、乙、戊、聖本作"益利"。

6　"未說故今說",甲、乙、戊、宋、元、明、宫本作"說故,今不說"。

7　"但",甲、乙、戊本脱。

8　"門",甲、乙、戊本作"智"。

9　"相",甲、乙、戊本無。

10　"知",甲、戊本作"智","智"通"知",乙本作"智慧","智"通"知","慧"衍。

11　"定",原作"空",兹據乙、戊、宋、元、明、宫、聖、石本改。

12　"夫",甲、乙、戊本作"人"。

13　"釋第十五品竟",甲、宋、元、明、宫、聖本無。"行者……竟"二十六字,乙、戊本無。

14　甲本終,尾題作"摩訶衍經卷第四十五品第十三品第十四",題記作"□□論卷第四十五尹夫人受持"。乙本終,尾題作"摩河衍經卷第四十五"。戊本終,尾題作"摩訶衍經卷第四十五　品第十三　品第十四"。

15　本卷對應《大智度論》寫本凡5號:S.5126號(以下簡稱"甲本")、S.1407號(以下簡稱"乙本")、S.4968號(以下簡稱"丙本")、P.2082號1(以下簡稱"丁本")、S.4006號C(以下簡稱"戊本")。

16　甲、乙本始。"大智度……譯"三十三字,甲本作"大智論釋第十五品□(訖)第十七品上　卷第四十六",乙本作"大智論釋第十五品訖十七品上卷第四十六"。

17　"經",甲、乙、宋、聖本無。下同,不復出校。

亦不得般若波羅蜜，亦不得菩薩，用無所得故，是爲菩薩摩訶薩乘於般若波羅蜜。如是，舍利弗！是爲菩薩摩訶薩乘於大乘。復次[1]，舍利弗！菩薩摩訶薩摩訶衍，一心應薩婆若[2]，修四念處，法壞故；乃至一心應薩婆若，修十八不共法，法壞故，是亦不可得。如是，舍利弗！是名菩薩摩訶薩乘於大乘。復次，舍利弗！菩薩摩訶薩作是念：菩薩但有名字，衆生不可得故，是名菩薩摩訶薩乘於大乘。復次，舍利弗！若[3]菩薩摩訶薩作是念：色但有名字，色不可得故；受、想、行識但有名字，識不可得故。眼但有名字，眼不可得故；乃至意亦如是。四念處但有名字，四念處不可得故；乃至八聖道分但有名字，八[4]聖道分不可得故。內空但有名字，內空不可得故；乃至無法有法空但有名字，無法有法空不可得故；乃至十八不共法但有名字，十八不共法不可得故。諸法如，但有名字；如，不可得故。法相、法性、法住[5]、實際，但有名字；實際，不可得故。阿耨多羅三藐三菩提及佛，但有名字；佛，不可得故。如是[6]，舍利弗！是名菩薩摩訶薩乘於大乘。復次，舍利弗！若菩薩摩訶薩從初[7]發意已來，具足菩薩神通，成就衆生，從一佛國至一佛國，恭敬、供養、尊重、讚歎[8]諸佛，從諸佛聽[9]受法教，所謂菩薩大乘。是菩薩乘此大乘，從一佛國至一佛國，淨佛世界，成就衆生，初無佛國想，亦無衆生想。此人住不二法中，爲衆生受身，隨其所應，自變其形而教化之，乃至一切智，終不離菩薩乘。是菩薩得一切種智已，轉法輪，聲聞、辟支佛及天龍、鬼神、阿修羅、世間人民所不能轉。爾時，十方如恒河沙等諸佛，皆歡喜稱名讚歎，作是言：某方某國某菩薩摩訶薩乘於大乘，得一切種智，轉法輪！舍利弗！是名菩薩摩訶薩乘於大乘。

【論】[10]釋曰：富樓那以三事明摩訶薩，上已說二事，今問第三事乘於大乘，富樓那答。有人言：菩薩直布施內外物，不能破吾我相，是名大莊嚴；若能破吾我相，入衆生空，未入法空，是名發大莊嚴；因衆生空入法空中，行檀波羅蜜，不見三事：施者、受者、財物。能如是者，是名乘於大乘。餘波羅蜜亦如是。是菩薩以不雜心，離諸煩惱及二乘意，爲薩婆若故[11]，修行四念處，修相亦不可得，畢竟清淨故。是名乘於大乘。乃至十八不共法亦如是。復次，若菩薩知一切法假名字，於名字和合中復有名字；一切世間、若出世間，皆是假名。是名乘於大乘。復次，菩薩發大莊嚴，具足菩薩神通；具足[12]菩薩神通故，成就衆生，從一佛國至一佛國。所經諸國，雨七寶蓮華，供養諸佛，拔三惡道衆生；變身無數，各各至諸佛前，聽受大乘法化，從諸佛前，趣大乘相。乘此大乘，從一佛國至一佛國，成就衆生，淨佛[13]世界；不生衆生相，不取佛國相，住不二入地中；隨諸衆生所應度者而化度之。爲衆生故受身，常乘大乘，初無休息。是菩薩乘於大乘，得成佛，轉法輪，諸聲聞、辟支佛所不能轉，何況餘小凡夫！十方如恒河沙等世界諸佛讚歎是菩薩：某方某國某甲菩薩乘於大乘，成佛，轉法輪。如是相，名爲乘於大乘。復次，大乘名畢竟清淨六波羅蜜。菩薩摩訶薩乘大[14]乘時，以五神通而自

---

1 丙本始。

2 "婆若"，丙本殘。

3 "若"，甲、乙、丙、宋、元、明、聖本無。

4 "八"，甲、乙、丙本脫。

5 "法住"，甲、乙、丙、聖、石本作"法位"，元、明本作"法住、法位"。

6 "如是"，甲、乙、丙、宋、元、明、聖本無。

7 "從初"，甲、乙、丙本作"初從"，誤倒。

8 "歎"，甲、乙、丙本作"嘆"。下同，不復出校。

9 "聽"，丙本脫。

10 "論"，甲、乙、丙、宋、聖本無。下同，不復出校。

11 "故"，甲、乙、丙本無。

12 "足"，甲本作"是"，誤。

13 "佛"，丙本脫。

14 "大"，甲、乙、丙、聖本脫。

莊嚴。菩薩住是乘中，一時變身無數，至十方世界供養諸佛，度脫衆生。是菩薩常不離諸佛，乃至得佛道，常乘此大乘。

大智度論釋無縛無脫品第十七[1]

【經】[2] 爾時，須菩提白佛言：世尊！菩薩摩訶薩大莊嚴，何等是大莊嚴？何等菩薩能大莊嚴？佛語須菩提：菩薩摩訶薩摩訶衍大莊嚴，所謂檀波羅蜜，乃至般若波羅蜜莊嚴；四念處莊嚴，乃至八聖道分；內空莊嚴，乃至無法有法空；十力，乃至十八不共法，及一切種智莊嚴。變身如佛莊嚴，光明遍照三千大千世界，亦照東方如恒河沙等世界；南西北方、四維、上下，亦復如是。三千大千世界六種振[3]動，亦動東方如恒河沙等諸世界；南西北方、四維、上下，亦復如是。是菩薩摩訶薩住檀波羅蜜摩訶衍大莊嚴，是三千大千世界，變爲琉璃[4]；化作轉輪聖王，隨衆生所欲[5]，須食與食，須飲與飲，衣服、臥具、花香、纓珞[6]、搗香、澤香、房舍、燈燭、醫藥種種所須，盡給與之。與已，而爲說法，所謂應六波羅蜜法[7]，衆生聞是法者，終不離六波羅蜜，乃至阿耨多羅三藐三菩提。如是，須菩提！是名菩薩摩訶薩摩訶衍大莊嚴。須菩提！譬如工幻師，若幻師弟[8]子，於四衢道中，化作大衆於前，須食與食，須飲與飲，乃至種種所須盡給與之。於須菩提意云何？是幻師實有衆生有給與不？須菩提言：不也！世尊！須菩提！菩薩摩訶薩亦如是，化作轉輪聖王，種種具足，須食與食，須飲與飲，乃至種種所須盡給與之，雖有所施，實無所與。何以故？須菩提！諸法相如幻故。復次，須菩提！菩薩摩訶薩住尸羅波羅蜜，現生轉輪聖王家，以十善道教化衆生；又以四禪、四無量心、四無色定、四念處，乃至十八不共法教化衆生，聞是法者[9]，至阿耨多羅三藐三菩提，終不離是法。譬如幻師，若幻師弟子，於四衢道中，化作大衆，以十善道教化令行，又以四禪、四無量心、四無色定、四念處，乃至十八不共法，教化令行。須菩提！於汝意云何？是幻師實有衆生，教化令行十善道，乃至十八不共法不？須菩提言：不也！世尊！須菩提！菩薩摩訶薩亦如是，以十善道教化衆生令行，乃至十八不共法，實無衆生行十善道，乃至十八不共法。何以故？諸法相如幻故。須菩提！是名菩薩摩訶薩大莊嚴。復次，須菩提！菩薩摩訶薩[10]住羼提波羅蜜，教化衆生忍辱。須菩提！云何菩薩摩訶薩住羼提波羅蜜，教化衆生著忍辱波羅蜜中？須菩提！菩薩摩訶薩從初發意已來，如是大莊嚴：若一切衆生來[11]罵詈，刀杖傷害，菩薩摩訶薩於此中不起一念，亦教一切衆生行此忍辱。譬如幻師，若幻師弟子，於四衢道中，化作大衆，令行忍辱，餘如上說。須菩提！是名菩薩摩訶薩大莊嚴。復次，須菩提！菩薩摩訶薩住毘梨耶波羅蜜，教化[12]一切衆生令行毘梨耶波羅蜜。須菩提！云何菩薩摩訶薩住毘梨耶波羅蜜，教一切衆生令行毘梨耶波羅蜜？須菩提！菩薩摩訶薩應薩婆若心，身心精進，教化衆生。譬如幻師，若[13]幻師弟子，於四衢道中，化作大衆，教令行身心精進，餘如上說。是名菩

1　甲、乙、丙本品題皆作"大智論釋第十六品"。

2　"經"，丙、宋、聖本無。下同，不復出校。

3　"振"，甲、乙、丙、元、明、聖本作"震"。

4　"琉璃"，乙本作"瑠璃"，丙本作"瑠瑀"，皆爲異譯詞。

5　"隨衆生所欲"，甲、乙、丙、宋、聖本無。

6　"纓珞"，乙、丙、宋、元、明本作"瓔珞"，異譯詞。

7　"法"，甲、乙、丙、宋、元、明、聖本無。

8　"弟"，甲本作"第"，"第"爲"弟"之借字。

9　"聞是法者"前，甲、乙、丙本有"衆生"。

10　丁本始。

11　"來"，甲、乙、丙、丁、宋、聖本無。

12　"化"，甲、乙、丙、丁、宋、元、明、聖本無。

13　"若"，甲、乙、丙、丁本無。

薩摩訶薩大莊嚴。復次，須菩提！菩薩摩訶薩住禪波羅蜜，教一切衆生令行禪波羅蜜。須菩提！云何菩薩摩訶薩住禪波羅蜜，教一切衆生令行禪波羅蜜？須菩提！菩薩摩訶薩住諸法等中，不見法若亂若定。如是，須菩提！菩薩摩訶薩住禪波羅蜜，教一切衆生令行禪波羅蜜，乃至阿耨多羅三藐三菩提，終不離禪波羅蜜。譬如工幻師[1]，若幻師弟子，於四衢道中，化作大衆，教令行禪波羅蜜，餘如上説。須菩提！是名菩薩摩訶薩大莊嚴。復次，須菩提！菩薩摩訶薩住般若波羅蜜，教一切衆生令行般若波羅蜜。須菩提！云何菩薩摩訶薩住般若波羅蜜，教一切衆生令行般若波羅蜜？須菩提！菩薩摩訶薩行般若波羅蜜時，無有法得此岸、彼岸，如是菩薩摩訶薩住般若波羅蜜中，教一切衆生令行般若波羅蜜。譬如幻師，若幻師弟子，於四衢道中，化作大衆，教令行般若波羅蜜。須菩提！是名菩薩摩訶薩大莊嚴。復次，須菩提！菩薩摩訶薩大莊嚴，十方如恒河沙等世界中，隨其所應，自變其身住檀波羅蜜乃至般若波羅蜜，亦教衆生令行檀波羅蜜，乃至般若波羅蜜；是衆生行是法，乃至阿耨多羅三藐三菩提，終不離是法。須菩提！譬如幻師，若幻師弟子，於四衢道中，化作衆生，教令行六波羅蜜，餘如上説。如是，須菩提！是名菩薩摩訶薩大莊嚴。復次，須菩提！菩薩摩訶薩大莊嚴，應薩婆若心，不生是念：我教若干人住檀波羅蜜，不教若干人住檀波羅蜜，乃至般若波羅蜜亦如是。不生是念：我教若干人住四念處，不教若干人住四念處，乃至十八不共法亦如是。亦不生是念：我教若干人令得須陀洹果，斯陀含果，阿那含果，阿羅漢果，辟支佛道，一切種智；亦不教若干人令得須陀洹果，乃至一切種智。我當令無量無邊阿僧祇衆生住檀波羅蜜，乃至般若波羅蜜；立衆生於四念處，乃至十八不共法；令無量無邊阿僧祇衆生得須陀洹果，乃至一切種智。譬如工幻師，若幻師弟子，於四衢道中，化作大衆，教令住六波羅蜜，乃至得一切種智。餘如[2]上説。須菩提！是名菩薩摩訶薩大莊嚴。

【論】[3]釋曰：上富樓那説大莊嚴及[4]發大誓莊嚴相；今須菩提作是念：富樓那未得一切智，雖説大莊嚴，或當有錯。是故問佛取定。佛爲須菩提説[5]：檀波羅蜜大莊嚴，乃至一切智。是諸善法果報故，得菩薩大神通力。爲出家好道衆生故，化作佛身，放大光明，照十方世界，震動大地，令衆生發心行善法，隨其所應而爲説法，令得三乘。爲在家好樂衆生，作轉輪聖[6]王，變三千世界悉爲琉璃[7]，爲不障礙故。乘七寶車，身放光明，雨諸寶物；隨衆生所須，皆令充足，然後爲説菩薩法。菩薩住大乘中，以二施利益衆生，所謂財施、法施。衆生聞已，行六波羅蜜，乃至十八不共法，至阿耨多羅三藐三菩提，終不離是法。菩薩雖住是變化中，亦不於諸法中生著相，亦不自高。須菩提作是念：菩薩能作如是大事，又諸漏未盡故，云何於諸法得不著，亦不生高心？是中佛自説譬喻：若幻師於四衢道中，化作種種物，隨人所須，悉能與之。於須菩提意云何？是[8]幻師實有所[9]與不？有受者、有用者不？須菩提言：是但虛誑，實無所有。佛言：菩薩亦如是，雖作佛身、轉輪聖王，以財、法施衆生，亦如幻師實無所與。何以故？諸法相畢竟空如幻。餘五波羅蜜亦如是，隨義分別。復次，檀波羅蜜、尸羅波羅蜜因緣故，人中富[10]貴作轉輪聖王；餘波羅蜜，或作梵王，或作法身[11]菩薩。問曰：六波羅

---

1 “師”，丁本脱。

2 “如”，丙本脱。

3 “論”，丁、宋、聖本無。

4 “及”，甲本作“乃”，誤。

5 “説”，丁本脱。

6 “聖”，丙本無。

7 “琉璃”，甲、乙、丙本作“流離”，丁本作“琉瑀”，異譯詞。

8 “是”，甲、乙、丙、丁、宋、聖本作“如”。

9 “所”，甲、乙、丙本無。

10 “富”，甲、乙、丙本作“當”，誤。

11 “法身”，甲、乙、丙、丁、聖本無。

蜜[1]外,更有何法可莊嚴?答曰:諸功德皆六波羅蜜中攝。有人言:別有智波羅蜜及方便等。於十方如恒河沙等世界中,隨所應度,作種種因緣說法,令衆生住六波羅蜜。復次,決定誓願名爲大[2]莊嚴,所謂菩薩不作是念:我度若干人令住檀波羅蜜,不能度[3]餘人,乃至十八不共法亦如是。亦不作是念:我令若干人得須陀洹果,不能令若干人得須陀洹果,乃至佛道亦如是。我當悉令無量阿僧祇衆生,住諸功德中,檀波羅蜜乃至一切種智。自立如幻師,如先説。是名發大莊嚴。

【經】[4]爾時,須菩提白佛言:世尊!如我從佛所聞義,菩薩摩訶薩無大莊嚴爲大莊嚴,諸法自相空故,所謂色、色相空,受、想、行、識、識[5]相空。眼、眼相空,乃至意、意相空;色、色相空,乃至法、法相空。眼識、眼識相空,乃至意識、意識相空;眼觸、眼觸相空,乃至意觸、意觸相空;眼觸因緣生受、受相空,乃至意觸因緣生受、受相空。世尊!檀波羅蜜、檀波羅蜜相空,乃至般若波羅蜜、般若波羅蜜相空。内空、内空[6]相空,乃至無法有法空、無法有法空相空。四念處、四念處相空,乃至十八不共法、十八不共法相空。菩薩、菩薩相空。世尊!以是因緣故,當知菩薩摩訶薩無大莊嚴爲大莊嚴。佛告須菩提:如是!如是!如汝所説[7]!須菩提!薩婆若非作法,衆生亦非作法,菩薩爲是衆生大莊嚴。須菩提白佛言:世尊!何因緣故,薩婆若非作法,是衆生亦非作法,菩薩爲是衆生大莊嚴?佛語須菩提:作者不可得故,薩婆若[8]非作非起法,是諸衆生亦非作非起法。何以故?須菩提!色非作非不作,受、想、行、識非作非不作;眼非作非不作,乃至意非作非不作;色乃至法,眼識乃至意識,眼觸乃至意觸,眼觸因緣生受乃至意觸因緣生受,非作非不作。須菩提!我非作非不作,乃至知者、見者非作非不作。何以故?是諸法畢竟不可得故。須菩提!夢非作非不作,何以故?畢竟不可得故;幻、嚮[9]、影、焰[10]、化非作非不作,何以故?畢竟不可得故。須菩提!内空非作非不作,畢竟不可得故;乃至無法有法空非作非不作,畢竟不可得故。須菩提!四念處非作非不作,畢竟不可得故;乃至十八不共法非作非不作,何以故?是法皆畢竟不可得故。須菩提!諸法如、法相、法性、法住、法位、實際,非作非不作,畢竟不可得故。須菩提!菩薩[11]非作非不作,畢竟不可得故[12]。薩婆若及一切種智,非作非不作,畢竟不可得故。以是因緣故,須菩提!薩婆若非作非起法,是衆生亦非作非起法,菩薩爲是衆生大莊嚴。爾時,須菩提白佛言:如我觀佛所説義,世尊!色無縛無脱,受、想、行、識無縛無脱。爾時,富樓那彌多羅尼子語須菩提:色是無縛無脱?受、想、行、識是無縛無脱?須菩提言:如是!如是!色是無縛無脱,受、想、行、識是無縛無脱。富樓那彌多羅尼子問須菩提:何等色無縛無脱?何等受、想、行、識無縛無脱?須菩提言:如夢色無縛無脱,如夢受、想、行、識無縛無脱。如嚮、如影、如幻、如焰、如化,色、受、想、行、識無縛無脱。富樓那彌多羅尼子!過去色無縛無脱,過去受、想、行、識無縛無脱;未來色無縛無脱,未來受、想、行、識無縛無脱;現在色無縛無脱,現在受、想、行、識無縛無脱。何以故無縛無脱?是色無所有故,無縛無脱;受、想、行、識無所有故,無縛無脱。離故,寂滅故,不生故,無縛無脱。富樓那!善色、受、想、行、識無縛無

1　"六波羅蜜"前,甲、乙、丙、丁、宋、元、明本有"出"。

2　"大",甲、乙、丙、丁、聖本無。

3　"度",丁本脱。

4　"經",丁、宋、聖本作"經曰"。

5　"識",丙本脱。

6　"空"後,原衍"空",兹據甲、乙、丙、丁、宋、元、明本及《大正藏》本《摩訶般若波羅蜜經》刪。

7　"説",甲、乙、丙、丁、宋、元、明、聖、石本作"言"。

8　"薩婆若"前,丙本有"故"。

9　"嚮",丁、宋、元、明本作"響","嚮"通"響"。下同,不復出校。

10　"焰",甲、乙、丙、丁本作"炎","炎"爲"焰"之古字。下同,不復出校。

11　"薩",原作"提",誤,兹據甲、乙、丙、宋、元、明本及《大正藏》本《摩訶般若波羅蜜經》改。

12　"須菩提……得故"十六字,丁本無。

脱,不善色、受、想、行、識無縛無脱。無記色無縛無脱,無記受、想、行、識無縛無脱。世間、出世間、有漏、無漏色無縛無脱,受、想、行、識亦無縛無脱。何以故？無所有故,離故,寂滅故,不生故,無縛無脱。富樓那！一切法亦無縛無脱,無所有故,離故,寂滅故,不生故。富樓那！檀波羅蜜無縛無脱,尸羅波羅蜜、羼提波羅蜜、毘梨耶波羅蜜、禪波羅蜜、般若波羅蜜無縛無脱,無所有故,離故,寂滅故,不生故,無縛無脱。富樓那！內空亦無縛無脱,乃至無法有法空亦無縛無脱。四念處無縛無脱,乃至十八不共法無縛無脱,無所有故,離故,寂滅故,不生故,無縛無脱。阿耨多羅三藐三菩提無縛無脱,一切智、一切種智無縛無脱,菩薩無縛無脱,佛亦無縛無脱,無所有故,離故,寂滅故,不生故,無縛無脱。富樓那！諸法如、法相、法性、法住、法位、實際、無爲法無縛無脱,無所有故,離故,寂滅故,不生故,無縛無脱。富樓那！是名菩薩摩訶薩無縛無脱檀波羅蜜,乃至般若波羅蜜；四念處,乃至一切種智無縛無脱。是菩薩摩訶薩住無縛無脱檀波羅蜜中,乃至住¹無縛無脱般若波羅蜜；住無縛無脱四念處,乃至住²無縛無脱一切種智；無縛無脱成就衆生,無縛無脱淨佛世界；無縛無脱諸佛當供養,無縛無脱當聽法；無縛無脱諸佛終不離,無縛無脱諸神通終不離,無縛無脱五眼終不離；無縛無脱陀羅尼門終不離,無縛無脱諸三昧門終不離；無縛無脱當生道種智,無縛無脱當得一切種智；無縛無脱法輪轉,無縛無脱衆生安立三乘。如是,富樓那！菩薩摩訶薩行無縛無脱六波羅蜜,當知一切法無縛無脱,無所有故,離故,寂滅故,不生故。富樓那！是名菩薩摩訶薩無縛無脱大莊嚴。

【論】釋曰：須菩提言：如我聞佛義,無大莊嚴爲大莊嚴,何以故？自相空故。問曰：須菩提何以故³如是説？答曰：佛説發大莊嚴義,甚深難得難解。會中衆生聞是事,心或退没：如是莊嚴畢竟空,亦以神通力故,一時能遍至十方如⁴恒河沙世界可適衆生,言：此是聖王事,我等云何能知！以是故,須菩提説發大莊嚴非深非難；非但發大莊嚴,自相空,易行易得；色、色中定相不可得,乃至十八不共法亦爾。若菩薩能如是知諸法空寂滅相,而不捨本願、精進,是故名發大莊嚴,非是難得。佛證須菩提所説,故言如是。作法皆是虛誑,故言：薩婆若無作法；衆生畢竟空故,亦無作法。佛説：作者不可得故,一切智非作相；衆生不可得故,作者不可得。作者不可得故,薩婆若非作非起相。復次,色亦無所能作,法空故；乃至諸佛法亦如是。須菩提等謂：諸法中無有定作相,如幻雖無實事,而有來去相。以是故,佛説：如幻、如焰等無作相,畢竟不可得故。是時聽者作是念：十八空能破一切法,則是有用,是則爲實,謂言有作。是以佛言：內空無所作,乃至無法有法空,至十八不共法亦無所作。若謂：今十八空,有爲虛誑無實,故可無作；如、法性、實際是真實法,應當有作！何以故？一切有爲法各各共因,無爲法亦與有爲法⁵作因故。佛言：如、法性、實際、法住、法位亦無作。又謂：菩薩、佛、一切種智是實法,能有所作。以是故⁶,佛言：是法亦畢竟空故,亦無所作,作相因緣生故。行者念言：佛法甚難！甚爲希有！諸法都無作,無縛無解⁷者,我等云何當從苦得脱？是故須菩提白佛言：如我知佛所説義,五衆無縛無解,若畢竟空無有作者,誰縛誰解？凡夫人⁸法虛誑,不可得,故非縛；聖人法畢竟空、不可得,故非解。如夢等五衆,及三世五衆,善、不善等五衆,一切法亦如是,乃至實際等亦復如是,無所有故,離故,不生故,無縛無解。是名菩薩摩訶薩不縛不解菩薩道。住是道中,諸煩惱不牽墮凡夫⁹中,故言不縛；不

———————————

1　"住",丙本脱。
2　"住",乙本脱。
3　"故",甲、乙、丙、丁、宋、元、明本無。
4　"如",甲、乙、丁、宋、元、明、聖本無。
5　"法",甲、乙、丙、丁、宋、元、明、聖本無。
6　"故",甲、乙、丙、丁本無。
7　"解",甲、乙、丙、丁本作"脱"。
8　"人",甲、乙、丙、丁、聖本無。
9　"夫",丁本作"中",誤。

以諸無漏法破[1]煩惱,故言不解。教化衆生,淨佛世界,乃至五神通、五眼、諸陀羅尼三昧門,終不離佛,及安立衆生於三乘,亦無縛無解。所以者何? 諸法無所有故,離故,寂滅故,不生故,畢竟空故[2]。如是等[3]因緣,是名菩薩摩訶薩發大莊嚴相,所謂不縛不解。

大智度論釋摩訶衍品第十八[4]

【經】爾時,須菩提白佛言: 世尊! 何等是菩薩摩訶薩摩訶衍? 云何當知菩薩摩訶薩發趣大乘? 是乘發何處? 是乘至何處? 當住何處? 誰當乘是乘出者? 佛告須菩提: 汝問何等是菩薩摩訶薩摩訶衍。須菩提! 六波羅蜜是菩薩摩訶薩摩訶衍。何等六? 檀波羅蜜,尸羅波羅蜜,羼提波羅蜜,毘梨耶波羅蜜,禪波羅蜜,般若波羅蜜。云何名檀波羅蜜? 須菩提! 菩薩摩訶薩以應薩婆若心,內、外所有布施,共一切衆生,迴向阿耨多羅三藐三菩提,用無所得故。須菩提! 是名菩薩摩訶薩檀波羅蜜。云何名尸羅波羅蜜? 須菩提! 菩薩摩訶薩以應薩婆若心,自行十善道,亦教他行十善道,用無所得故,是名菩薩摩訶薩不著尸羅波羅蜜。云何名羼提波羅蜜? 須菩提! 菩薩摩訶薩以應薩婆若心[5],自具足忍辱,亦教他行忍辱,用無所得故,是名菩薩摩訶薩羼提波羅蜜。云何名毘梨耶波羅蜜? 須菩提! 菩薩摩訶薩以應薩婆若心,行五波羅蜜,懃修不息,亦安立一切衆生於五波羅蜜,用無所得故,是名菩薩摩訶薩毘梨耶波羅蜜。云何名[6]禪波羅蜜? 須菩提! 菩薩摩訶薩以應薩婆若心,自以方便入諸禪,不隨禪生,亦教他令入諸禪,用無所得故,是名菩薩摩訶薩禪波羅蜜。云何名般若波羅蜜? 須菩提! 菩薩摩訶薩以應薩婆若心,不著一切法,亦觀一切法性,用無所得故;亦教他不著一切法,亦[7]觀一切法性,用無所得故,是名菩薩摩訶薩般若波羅蜜。須菩提! 是爲菩薩摩訶薩摩訶衍。復次,須菩提! 菩薩摩訶薩復有[8]摩訶衍,所謂內空、外空、內外空、空空、大空、第一義空、有爲空、無爲空、畢竟空、無始空、散空、性空、自相空、諸法空、不可得空、無法空、有法空、無法有法空。須菩提白佛言: 何等爲內空? 佛言: 內法名眼、耳、鼻、舌、身、意。眼、眼空,非常非滅故。何以故? 性自爾。耳、耳空,鼻、鼻空,舌、舌空,身、身空,意、意空,非常非滅故。何以故? 性自爾? 是名內空。何等爲外空? 外法名色、聲、香、味、觸、法。色、色空,非常非滅故。何以故? 性自爾。聲、聲空,香、香空,味、味空,觸、觸空,法、法空,非常非滅故。何以故? 性自爾。是名外空。何等爲內外空? 內、外法名內六入、外六入。內法、內法空,非常非滅故。何以故? 性自爾。外法、外法空,非常非滅故。何以故? 性自爾。是名內外空。何等爲空空? 一切法空,是空亦空,非常非滅故。何以故? 性自爾。是名空空。何等爲大空? 東方東方空,非常非滅故。何以故? 性自爾。南西北方、四維、上下,南西北方、四維、上下空,非常非滅故。何以故? 性自爾。是名大空。何等爲第一義空? 第一義[9]名涅槃,涅槃、涅槃空,非常非滅故。何以故? 性自爾。是名第一義空。何等爲有爲空? 有爲法名欲界、色界、無色界;欲界、欲界空,色界[10]、色界空,無色界、無色界空,非常非滅故。何以故? 性自爾。是名有爲空。何等爲無爲空? 無爲法名爲[11]無生相、無住相、無滅相;無爲法、無爲法空,非常

---

1 "破",甲、乙、丙、丁本作"故",誤。
2 "空故",甲、乙、丙、丁本作"故空"。
3 "如是等",丙本作"如等是","是等"誤倒,丁本作"如下是等","下"疑衍。
4 甲、乙、丙本品題皆作"大智論釋十七品",丁本品題作"大智度論釋摩訶衍品第十七"。
5 "自行十善道……薩婆若心"五十三字,丁本衍。
6 "名",甲、乙、丙、宋、元、明、聖本無。
7 "亦",甲、乙、丙、丁、宋、元、明、聖本無。
8 "復有",甲、乙、丙、丁、宋、元、明、聖本無。
9 "第一義"後,甲、乙、丙、丁、石本有"空"。
10 "色界"後,丁本衍"色界"。
11 "爲",甲、乙、丙、丁、宋、聖本作"若"。

非滅故。何以故？性自爾。是名無爲空。何等爲畢竟空？畢竟名諸法至竟不可得，非常非滅故。何以故？性自爾。是名[1]畢竟空。何等爲無始空？若法初來處不可得，非常非滅故。何以故？性自爾。是名[2]無始空。何等爲散空？散名諸法無滅，非常非滅故。何以故？性自爾。是名[3]散空。何等爲性空？一切法性，若有爲法性，若無爲法性，是性非聲聞、辟支佛所作，非[4]佛所作，亦非餘人所作；是性、性空[5]，非常非滅故。何以故？性自爾。是名性空。何等爲自相空？自相名色、壞相，受、受相[6]，想、取相，行、作相，識、識相，如是等有爲法[7]，無爲法各各自相空，非常非滅故。何以故？性自爾。是名自相空。何等爲諸法空？諸法名色、受、想、行、識，眼、耳、鼻、舌、身、意，色、聲、香、味、觸、法，眼界、色界、眼識界，乃至意界、法界、意識界。是諸法、諸法[8]空，非常非滅故。何以故？性[9]自爾。是爲諸法空。何等爲不可得空？求諸法不可得，是不可得空，非常非滅故。何以故？性自爾。是名不可得空。何等爲無法空？若法無是亦空，非常非滅故。何以故？性自爾。是名無法空。何等爲有法空？有法名諸法和合中，有自性相[10]；是有法空，非常非滅故[11]。何以故？性自爾。是名有法空。何等爲無法有法空？諸法中無法，諸法和合中有自性相；是無法有法空，非常非滅故。何以故？性自爾。是名無法有法空。復次，須菩提！法、法相空，無法、無法相空；自法、自法相空，他法、他法相空。何等名法、法相空？法名五衆[12]，五衆空，是名法、法相空。何等名[13]無法、無法相空？無法名無爲法，是名無法、無法相[14]空。何等名自法[15]、自法空？諸法自法空，是空非智作，非見作，是名自法、自法空。何等名他法、他法空？若佛出，若佛未出，法住、法相、法位、法性、如、實際，過此諸法空，是名他法、他法空。是名菩薩摩訶薩摩訶衍。

【論】問曰：是經名爲般若波羅蜜。又佛命須菩提爲菩薩説般若波羅蜜，須菩提應問般若波羅蜜，佛亦應答般若波羅蜜；今須菩提何以乃問摩訶衍，佛亦答摩訶衍？答曰：般若波羅蜜、摩訶衍一義，但名字異；若説般若波羅蜜，説摩訶衍無咎[16]。摩訶衍名佛道，行是法得至佛，所謂六波羅蜜；六波羅蜜中第一大者，般若波羅蜜；如《後品》佛種種説大因緣。若説般若波羅蜜，則攝六波羅蜜；若説六波羅蜜，則具説菩薩道，所謂從初發意，乃至得佛。譬如王來，必有營從，雖不説從者，當知必有；摩訶衍亦如是，菩薩初發意所行，爲求佛道故，所修集善法，隨可度衆生所説種種法，所謂《本起經》《斷一切衆生疑經》《華手經》《法華經》《雲經》《大雲經》《法雲[17]經》《彌勒問經》《六波羅蜜經》《摩訶般若波羅蜜經》——如是等無量無邊阿僧祇經，或佛説，或化佛説，或大菩薩説，或聲聞説，或諸得道天説。是事和合，皆名摩訶衍。此諸經中，般若波

---

1 “名”，甲、乙、丙、丁本作“爲”。

2 “名”，甲、乙、丙、丁本作“爲”，宋、元、明、聖本無。

3 “名”，甲、乙、丙、丁、宋、元、明、聖本作“爲”。

4 “非”，甲、乙、丙、丁本作“亦非”。

5 “空”，丁本脱。

6 “相”，丁本作“想”，“想”爲“相”之借字。

7 “法”，甲、乙、丙、丁、宋、元、明、聖本無。

8 “諸法”，丁、宋、元、明本無。

9 “性”，丙本脱。

10 “有自性相”，甲、乙、丙、丁本作“自性有相”。

11 “故”，甲本脱。

12 “五衆”，丁本脱。

13 “名”，甲、乙、丙、丁、宋、元本無。

14 “相”，甲、乙、丙、丁、宋本無。

15 “自法”，丁本脱。

16 “咎”，丁本作“各”，誤。

17 “雲”，丁本作“經”，誤。

羅蜜最大故；説摩訶衍，即知已説般若波羅蜜。諸餘助道法，無般若波羅蜜和合，則不能至佛；以是故，一切助道法，皆是般若波羅蜜。如《後品》中[1]佛語須菩提：汝説摩訶衍，不異般若波羅蜜。問曰：若爾者，初何以不先説摩訶衍？答曰：我上説般若波羅蜜最大，故應先説。又佛意欲説摩訶般若波羅蜜，放[2]大光明。十方諸[3]菩薩各自問佛：今何以有是光明？諸佛各答言[4]：娑婆世界有佛，名釋迦牟尼，欲説般若波羅蜜。彼諸菩薩及諸天人，和合而來。舍利弗問佛：世尊！云何菩薩摩訶薩欲知一切法，習行般若波羅蜜？又佛初品中種種讚般若波羅蜜功德：若欲得是[5]者，當學般若波羅蜜。有如是等因緣故，應初説般若波羅蜜。佛命須菩提：汝爲諸菩薩説般若波羅蜜！須菩提謙言：菩薩空，但有名。後言：能如是解，了知菩薩相，即是行般若波羅蜜。既知是已，問菩薩句義，次有摩訶薩義；摩訶薩義中，有大莊嚴、摩訶衍。如勇夫雖有種種器杖莊嚴，不乘駛[6]馬，則無能爲。是大乘，天竺語名摩訶衍。諸佛斷法愛故，又明般若波羅蜜義無異故[7]，佛不訶。以是故，須菩提更作異名，問摩訶衍。問曰：如摩訶衍序中説：從初發心乃至佛道，爲佛道故集一切善法，皆名摩訶衍。今何以但説六波羅蜜爲摩訶衍？答曰：如先説，般若波羅蜜，則説六波羅蜜；説六波羅蜜，則攝一切善法。以是故，不應作是問：諸善法多，何以但説六波羅蜜？復次，摩訶衍，初發心作願，乃至後方便等六波羅蜜；是諸法雖不名爲波羅蜜，然義[8]皆在六波羅蜜中。如：初發心作願，大悲等心力大故，名毘梨耶波羅蜜；捨小利，取大乘，名般若波羅蜜；方便即是智慧，智慧淳淨故，變名方便。教化眾生、淨佛世界等，皆在六波羅蜜中，隨義相攝。問曰：若爾者，後何以更説十[9]八空、百八三昧等，名摩訶衍？答曰：六波羅蜜[10]是摩訶衍體，但後廣分別其義。如：十八空、四十[11]二字等，是[12]般若波羅蜜義；百八三昧等，是禪波羅蜜義；以是故初説六波羅蜜。問曰：何以故正説六波羅蜜，不多不少？答曰：佛爲法王，隨眾生可度，或時略説一、二、三、四；或時廣説，如《賢劫經》八萬四千波羅蜜。復次，六道眾生，皆受身、心苦惱：如地獄眾生拷[13]掠苦[14]，畜生中相殘害苦，餓鬼中飢餓苦，人中求欲苦，天上離所愛欲時苦，阿修羅道鬥諍苦，菩薩生大悲心，欲滅六道眾生苦故，生六波羅蜜。以是故説六波羅蜜，不多不少。問曰：檀波羅蜜有種種相，此中佛何以但説五相？所謂用薩婆若相應心，捨内、外物，是福共一切眾生，迴向阿耨多羅三藐三菩提，用無所得故。何以不説大慈悲心，供養諸佛，及神通、布施等？答曰：是五種相中，攝一切布施。相應薩婆若心布施者，此緣佛道，依佛道；捨内外者，則捨一切諸煩惱；共[15]眾生者，則是大悲心；迴向者，以此布施但求佛道，不求餘報；用無所得故者，得諸法實相般若波羅蜜氣分故；檀波羅蜜非誑非倒，亦無窮盡。問曰：若爾者，則不須五種相，但説薩婆若相應心則足！答曰：此事可爾！但以眾生不知云何應薩婆若心布施義故，是故以四事分別其義。應薩婆若心者，以菩薩心，求佛薩婆若，作緣作念繫心。持是布施，欲得薩婆若果，不求今世因緣、名

1　“中”，甲、乙、丙、丁、宋、元、明、聖本無。

2　戊本始。

3　“諸”，丁本脱。

4　“言”，甲、乙、丙、丁、戊本作“曰”。

5　“是”，丁本作“者”，誤。

6　“駛”，甲、乙、丙、丁、戊、宋、元、明、聖、石本作“快”。

7　戊本終。

8　“義”，甲、乙、丙、丁本作“後”。

9　“何以更説十”，乙本殘。

10　“衍答……羅蜜”七字，乙本殘。

11　“廣分别……四十”十一字，乙本殘。

12　乙本終。

13　“拷”，甲、丙、丁、聖本作“考”。

14　“苦”，丙本作“共”，誤。

15　“共”，丙本作“苦”，誤。

聞、恩分等；亦不求後世轉輪聖王、天王富貴處；爲度衆生故，不求涅槃，但欲具一切智等諸佛法，爲盡一切衆生苦故。是名應薩婆若心。內、外物者，內名頭、腦、骨、髓、血、肉等，難捨故在初説；外物者，國土、妻子、七寶、飲食等。共一切衆生者，是布施福德果報，與一切衆生共用；譬如大家種穀，與人共食。菩薩福德果報，一切衆生皆來依附；譬如好菓樹，衆鳥歸集。迴向者，是福德邊，不求餘報，但求阿耨多羅三藐三菩提。問曰：先言應薩婆若心，後言迴向，有何等異？答曰：應薩婆若心，爲起諸福德因緣；迴向者，不求餘報，但求佛道。復次，薩婆若相應心，爲應阿耨多羅三藐三菩提故施；如先義説：薩婆若爲主，一切功德皆爲薩婆若。讚佛智慧有二種：一者，無上正智，名阿耨多羅三藐三菩提；二者，一切種智，名薩婆若。用無所得者，以般若波羅蜜心布施，順諸法實相而不虛誑，如是等説檀波羅蜜義。問曰：尸羅波羅蜜則總一切戒法，譬如大海總攝衆流，所謂不飲酒，不過中食，不杖加衆生等。是事十善中不攝，何以但説十善？答曰：佛總相説六波羅蜜，十善爲總相戒[1]，別相有無量戒。不飲酒、不過中食，入不貪中；杖不加衆生等，入不瞋中；餘道隨義相從。戒名身業、口業，七善道所攝。十善道及初後，如發心欲殺，是時作方便惡口、鞭打、繫縛、斫刺，乃至垂死皆屬於初；死後剝皮、食噉、割截、歡喜，皆名後；奪命是本體；此三事和合，總名殺不善道。以是故知説十善道，則攝一切戒。復次，是菩薩生慈悲心，發阿耨多羅三藐三菩提，布施利益衆生，隨其所須，皆給與之；持戒不惱衆生，不加諸苦，常施無畏。十善業[2]道爲根本，餘者是不惱衆生遠因緣。戒律爲今世取涅槃故，婬欲雖不惱衆生，心繫縛故爲大罪。以是故，戒律中[3]婬欲爲初；白衣不殺戒在前，爲求福德故。菩薩不求今世涅槃，於無量世中往返生死，修諸功德。十善道[4]爲舊戒，餘律儀爲客。復次，若佛出好世，則無此戒律；如釋迦文佛，雖在惡世，十二年中亦無此戒，以是故知是客。復次，有二種戒：有佛時或有或無；十善，有佛無佛常有。復次，戒律中戒，雖復細微，懺則清淨；犯十善戒，雖復懺悔，三惡道罪不除。如比丘殺畜生，雖復得悔，罪報猶不除。如是等種種因緣故，但説十善業道。亦自行，亦教他人，名爲尸羅波羅蜜。十善道：七事是戒，三爲守護故，通名爲尸羅波羅蜜。餘波羅蜜亦如是，隨義分別，如《初品》中六波羅蜜論議廣説。是經名般若波羅蜜，般若波羅蜜名捨離相；以是故，一切法中皆用無所得故。問曰：若用有所得集諸善法，猶尚爲難，何況用無所得！答曰：若得是無所得智慧，是時能妨善行，或生邪疑；若不得是無所得智慧，是時無所妨，亦不生邪疑！佛亦不稱著心取相行諸善道，何以故？虛誑住世間，終歸於盡。若著心修善，破者則易；若著空生悔，還失是道！譬如火起草中，得水則滅；若水中生火，則無物能滅。初習[5]行著[6]心[7]取相菩薩，修福德，如草生火，易可得滅；若體得實相菩薩，以大悲心行衆行，難可得破，如水中生[8]火，無能滅者。以是故，雖用無所得心行衆行，心亦不弱，不生疑悔，是名略説六波羅蜜義。廣説如《初品》中，一一波羅蜜皆具足。十八空者，六波[9]羅蜜中説般若波羅蜜義，不著諸法。所以者何？以十八空故。十八空論議，如《初品》中，佛告舍利弗：菩薩摩訶薩欲住十八空，當學般若波羅蜜。彼義，應此中廣説。問曰：十八空，內空等後皆言非常非滅故，此義云何？答曰：若人不習此空，必墮二邊——若常、若滅。所以者何？若諸法實有，則無滅義，墮常中；如人出一舍，入一舍，眼雖不見，不名爲無，諸法亦爾！從未來世入現在世，現在世入過去世，如是

1　“戒”，丙本作“或”，誤。
2　“業”，丁本作“道”，誤。
3　“中”，甲、丙本脱。
4　“道”，甲、丙、丁、宋、元、明、聖本無。
5　“習”，甲、丙、丁本作“皆”，誤。
6　“著”，丙、丁本作“者”，“者”通“著”。
7　“心”，丁本作“心則”。
8　“生”，甲、丙、丁、宋、元、明、聖本無。
9　“波”後，丁本衍“波”。

則不滅。行者以有爲患，用空破有，心復貴空；著於空者，則墮斷滅。以是故，行是空以破有，亦不著空。離是二邊，以中道行是十八空，以大悲心爲度衆生；是故十八空後，皆言非常非滅，是名摩訶衍。若異此者，則是戲論狂人！於佛法中空無所得；如人於珍寶聚中取水精珠，眼見雖好，價[1]無所直。問曰：若十八空已攝諸空，何以更[2]說四空？答曰：十八空中，現空盡攝。諸佛有二種說法：或初略後廣，或初廣後略。初略後廣，爲解義故；初廣後略，爲易持故。或爲後會衆生略說其要，或以偈頌。今佛前廣說十八空，後略說四空相。法、法相空者，一切法中，法相不可得；如色中色相不可得。復次，法中不生法故，名爲法[3]法空。無法、無法空者，無爲法名無法，何以故？相不可得故。問曰：佛以三相說無爲法，云何言無相？答曰：不然！破生故言無生，破住故言無住，破滅故言無滅，皆從生、住、滅邊有此名，更無別無生、無滅法，是名無法、無法空。是義，如無爲空中說。自法、自法空者，自法名諸法自性。自性有二種：一者，如世間法——地，堅性等；二者，聖人知[4]如、法性、實際。此法空。所以者何？不由智見知故有二性空，如先說。問曰：如、法性、實際，無爲法中已攝，何以復更說？答曰：觀時分別，說五衆實相：法性、如、實際，又非空智慧觀故令空，性[5]自爾。問曰：如色，是自法；識，爲他法。此中何以說：如、法性、實際，有佛、無佛常住，過是名爲他法空[6]？答曰：有人未善斷見結故，處處生著；是人聞是如、法性、實際，謂：過是已，更有餘法。以是故說過如、法性、實際亦空。

　　大智度論卷第四十六[7]。

大智度論釋摩訶衍品第十八之餘（卷四十七）[8]

　　……達一切有底散三[9]昧，入名語三昧，離音聲字語三昧，然炬三[10]昧，淨相三昧，破相三昧，一切種妙足三昧，不喜[11]苦樂三昧，無盡相三昧，陀羅尼三昧[12]，攝諸邪正相三昧，滅憎愛三昧，逆順三昧，淨光三昧，堅固三昧，滿月淨光三昧，大莊嚴三昧，能照一切世三昧，三昧等三昧，攝一切有諍無諍三昧，不樂一切住處三昧，如住定三昧，壞身衰三昧，壞語如虛空三昧，離著虛空不染三昧。云何名首楞嚴三昧？知諸三昧行處，是名首楞嚴三昧。云何名寶印三昧？住是三昧能印諸三昧，是名寶印三昧。云何名師子遊戲三昧？住是三昧能遊戲諸三昧中如師子，是名師子遊戲三昧。云何名妙月三昧？住是三昧能照諸三昧如淨月，是名妙月三昧。云何名月幢相三昧？住是三昧能持諸三昧相，是名月幢相三昧。云何名出諸法三昧？住是三昧能出生諸三昧，是名出諸法三昧。云何名觀頂三昧？住是三昧能觀諸三昧頂，是名觀頂三昧。云何名畢法性三昧？住是三昧決定知法性，是名畢法性三昧。云何名畢幢相三昧？住是三昧能持諸三昧幢，是名畢幢相三昧。云何名金剛三昧？住是三昧能破諸三昧，是名金剛三昧。云何名入法印三昧？住是三昧入諸法

1　"價"，甲、丙、丁本作"賈"，"賈"爲"價"之古字。

2　"更"，甲、丙、丁、聖本作"故"。

3　"爲法"，甲、丙、丁本作"亦爲"。

4　"知"，甲、丙、丁本作"如"，誤。

5　"性"，丁本無。

6　"空"，丁本無。

7　甲本終，尾題作"大智論卷第四十六釋第十五品訖第十七品上"。丙本終，尾題作"大智論卷第四十六釋第十五品　訖第十七品上"。丁本終，尾題作"大智度論卷第四十六"，題記作"菩薩戒佛弟子寧遠將軍折衝都尉泛彥芝爲亡夫人陰氏助成此經，資益亡者及法界衆生，同時作佛"。

8　本卷對應《大智度論》寫本凡3號：S.4967號（以下簡稱"甲本"）、羽210號K（以下簡稱"乙本"）、俄Дx15834號（以下簡稱"丙本"）。

9　甲本始。

10　"字語……炬三"七字，甲本殘。

11　"喜"，甲本作"憙"，"憙"爲"喜"之古字。下同，不復出校。

12　"三昧"前，甲、宋、元、明、宮、聖、石本有"多"。

印,是名入法印三昧。云何名三昧王安立三昧?住是三昧一切諸三昧中安立住如王,是名三昧王安立三昧。云何名放光三昧?住是三昧,能放光照諸三昧,是名放光三昧。云何名力進三昧?住是三昧於諸三昧能作力勢,是名力進三昧。云何名高出三昧?住是三昧能增長諸三昧,是名高出三昧。云何名必入辯才三昧?住是三昧能辯説諸三昧,是名必入辯才三昧。云何名釋名字三昧?住是三昧能釋諸三昧名字,是名釋名字三昧。云何名觀方三昧?住是三昧能觀諸三昧方,是名觀方三昧。云何名陀羅尼印三昧?住是三昧持諸三昧印,是名陀羅尼印三昧。云何名無誑三昧?住是三昧於諸三昧不欺誑,是名無誑三昧。云何名攝諸法海三昧?住是三昧能攝諸三昧如大海水,是名攝諸法海三昧。云何名遍覆虚空三昧?住是三昧遍覆諸三昧如虚空,是名遍覆虚空三昧。云何名金剛輪三昧?住是三昧能持諸三昧分,是名金剛輪三昧。云何名斷寶三昧?住是三昧斷諸三昧煩惱垢,是名斷寶三昧。云何名能照三昧?住是三昧能以光明顯照諸三昧,是名能照三昧。云何名不求三昧?住是三昧無法可求,是名不求三昧。云何名無住三昧?住是三昧一切三昧中不見法住,是名無住三昧。云何名無心三昧?住是三昧心心數法不行,是名無心三昧。云何名淨燈三昧?住是[1]三昧於諸三昧中作明如燈,是名淨燈三昧。云何名無邊明三昧?住是三昧與諸三昧作無邊明,是名無邊明三昧。云何名能作明三昧?住是三昧即時能爲諸三昧作明,是名能作明三昧。云何名普照明三昧?住是三昧即能照諸三昧門,是名普照明三昧。云何名堅淨諸三昧三昧?住是三昧能堅淨諸三昧相,是名堅淨諸三昧三昧。云何名無垢明三昧?住是三昧能除諸三昧垢,亦能照一切三昧,是名無垢明三昧。云何名歡喜三昧?住是三昧能受諸三昧喜,是名歡喜三昧。云何名電光三昧?住是三昧照諸三昧如電光,是名電光三昧。云何名無盡三昧?住是三昧於諸三昧不見盡,是名無盡三昧。云何名威德三昧?住是三昧於諸三昧威德照然[2],是名威德三昧。云何名離盡三昧?住是三昧不見諸三昧盡,是名離盡三昧。云何名不動三昧?住是三昧令諸三昧不動不戲,是名不動三昧。云何名不退三昧?住是三昧能不見諸三昧退,是名不退三昧。云何名日燈三昧?住是三昧放光照諸三昧門,是名日燈三昧。云何名月淨三昧?住是三昧能除諸三昧闇,是名月淨三昧。云何名淨明三昧?住是三昧於諸三昧得四無礙智,是名淨明三昧。云何名能作明三昧?住是三昧於諸三昧門能作明,是名能作明三昧。云何名作行三昧?住是三昧能令諸三昧各有所作,是名作行三昧。云何名知相三昧?住是三昧見諸三昧知相,是名知相三昧。云何名如金剛三昧?住是三昧能貫達諸法,亦不見達,是名如金剛三昧。云何名心住三昧?住是三昧心不動不轉不惱,亦不念有是心,是名心住三昧。云何名普明三昧?住是三昧普見諸三昧明,是名普明三昧。云何名安立三昧?住是三昧於諸三昧安立不動,是名安立三昧。云何名寶聚三昧?住是三昧普見諸三昧如見寶聚,是名寶聚三昧。云何名妙法印三昧?住是三昧能印諸三昧,以無印印故,是名妙法印三昧。云何名法等三昧?住是三昧觀諸法等、無法不等,是名法等三昧。云何名斷喜三昧?住是三昧斷一切法中喜,是名斷喜三昧。云何名到法頂三昧?住是三昧滅諸法闇,亦在諸三昧上,是名到法頂三昧。云何名能散三昧?住是三昧中能破散諸法,是名能散三昧。云何名分別諸法句三昧?住是三昧能[3]分別諸三昧諸法句,是名分別諸法句三昧。云何名字等相三昧?住是三昧得諸三昧字等,是名字等相三昧。云何名離字三昧?住是三昧諸三昧中乃至不見一字,是名離字三昧。云何名斷緣三昧?住是三昧斷諸三昧緣,是名斷緣三昧。云何名不壞三昧?住是三昧不得諸法變異,是名不壞三昧。云何名無種相三昧?住是三昧不見諸法種種,是名無種相三昧。云何名無處行三昧?住是三昧不見諸三昧處,是名無處行三昧。云何名離矇昧三昧?住是三昧離諸三昧微闇,是

---

1 "是",甲本作"此"。

2 "然",甲、石本作"燃","然"爲"燃"之古字,聖本無。下同,不復出校。

3 "能",甲、宋、元、明、宫、聖本無。

名離矇¹昧三昧。云何名無去三昧？住是三昧不見一切三昧去相，是名無去三昧。云何名不變異三昧？住是三昧不見諸三昧變異相，是名不變異三昧。云何名度緣三昧？住是三昧度一切三昧緣境界，是²名度緣三昧。云何名集諸功德三昧？住是三昧集諸三昧功德，是名集諸功德三昧。云何名住無心三昧？住是三昧於諸三昧心不入，是名住無心三昧。云何名淨妙華三昧？住是三昧令諸三昧得淨妙如華，是名淨妙華三昧。云何名覺意三昧？住是三昧諸三昧中得七覺分，是名覺意三昧。云何名無量辯三昧？住是三昧於諸法中得無量辯，是名無量辯三昧。云何名無等等三昧？住是三昧諸三昧中得無等等相，是名無等等三昧。云何名度諸法三昧？住是三昧度一切三昧³，是名度諸法三昧。云何名分別諸法三昧？住是三昧諸三昧及諸法分別見，是名分別諸法三昧。云何名散疑三昧？住是三昧得散諸法疑，是名散疑三昧。云何名無住處三昧？住是三昧不見諸法住處，是名無住處三昧。云何名一莊嚴三昧？住是三昧終不見諸法二相，是名一莊嚴三昧。云何名生行三昧？住是三昧不見諸行生，是名生行三昧。云何名一行三昧？住是三昧不見諸三昧此岸、彼岸，是名一行三昧。云何名不一行三昧？住是三昧不見諸三昧一相，是名不一行三昧。云何名妙行三昧？住是三昧不見諸三昧二相，是名妙行三昧。云何名達一切有底散三昧？住是三昧入一切有一切三昧，智慧通達亦無所達，是名達一切有底散三昧。云何名入名語三昧？住是三昧入一切三昧名語，是名入名語三昧。云何名離音聲字語三昧？住是三昧不見諸三昧音聲字語，是名離音聲字語三昧。云何名然炬三昧？住是三昧威德照明如炬，是名然炬三昧。云何名淨相三昧？住是三昧淨諸三昧相，是名淨相三昧。云何名破相三昧？住是三昧不見諸三昧相，是名破相三昧。云何名一切種妙足三昧？住是三昧一切諸三昧種皆具足，是名一切種妙足三昧。云何名不喜苦樂三昧？住是三昧不見諸三昧苦樂，是名不喜苦樂三昧。云何名無盡相三昧？住是三昧不見諸三昧盡，是名無盡相三昧。云何名陀羅尼三昧？住是三昧能持諸三昧，是名陀羅尼三昧。云何名攝諸邪正相三昧？住是三昧於諸三昧不見邪正相，是名攝諸邪正相三昧。云何名滅憎愛三昧？住是三昧不見諸三昧憎愛，是名滅憎愛三昧。云何名逆順三昧？住是三昧不見諸法諸三昧逆順，是名逆順三昧。云何名淨光三昧？住是三昧不得諸三昧明垢，是名淨光三昧。云何名堅固三昧？住是三昧不得諸三昧不堅固，是名堅固三昧。云何名滿月淨光三昧？住是三昧諸三昧滿足如月十五日，是名滿月淨光三昧。云何名大莊嚴三昧？住是三昧大莊嚴成就諸⁴三昧，是名大莊嚴三昧。云何名能照一切世三昧？住是三昧諸三昧及一切法能照，是名能照一切世三昧。云何名三昧等三昧？住是三昧於諸三昧不得定亂相，是名三昧等三昧。云何名攝一切有諍無諍三昧？住是三昧能使諸三昧不分別有諍無諍，是名攝一切有諍無諍三昧。云何名不樂一切住處三昧？住是三昧不見諸三昧依處，是名不樂一切住處三昧。云何名如住定三昧？住是三昧不過諸三昧如相，是名如住定三昧。云何名壞身衰三昧？住是三昧不得身相，是名壞身衰三昧。云何名壞語如虛空三昧？住是三昧不見諸三昧語業如虛空，是名壞語如虛空三昧。云何名離著虛空不染三昧？住是三昧見諸法如虛空無礙亦不染⁵，是名離著虛空不染三昧。須菩提！是名菩薩摩訶薩摩訶衍。

【論】⁶釋曰：上以十八空釋般若波羅蜜，今以百八三昧釋禪波羅蜜。百八三昧，佛自說其義，是時人利根故，皆得信解；今則不然，論者重釋其義，令得易解。首楞嚴三昧者，秦言健相，分別知諸三昧行相多少深

---

1 "矇"，原作"矓"，誤，茲據甲、宋、元、明、聖、石本改。

2 "是"，甲本脫。

3 "三昧"，甲、宋本作"三界"，元、明、石本作"三昧界"。

4 "諸"，甲本脫。

5 "不染"後，甲本衍"解脫"。

6 "論"，甲、宋、宮、聖本無。

淺,如[1]大將知諸兵力多少。復次,菩薩得是[2]三昧,諸[3]煩惱魔及魔人[4],無能壞[5]者,譬如轉輪聖王主兵寶將,所往[6]至處無不降伏。寶印三昧者,能印諸三昧。於諸寶中法寶是實寶,今世後世乃至涅槃,能爲利益。如經中説:佛語比丘:爲汝説法,所説法者[7],所謂法印。法印,即是寶印,寶印即是三[8]解脱門。復次,有人言:三法印名爲寶印三昧:一切法無我,一切作法無常,寂滅涅槃;是三法印,一切人天無能如法壞者。入是三昧,能三種觀諸法,是名寶印。復次,般若波羅蜜是寶,是相應三昧名印,是名寶印。師子遊戲三昧者,菩薩得是三昧,於一切三昧中,出入遲速皆得自在。譬如衆獸戲時,若見師子,率皆怖懾;師子戲時,自在無所畏難。復[9]次,師子戲時,於諸群獸,强者則殺,伏者則放;菩薩亦如是,得是三昧,於諸外道,强者破之,信者度之。復次,師子遊戲者,如《初品》中説:菩薩入是三昧中,地爲六反[10]震動[11];令一切十方世界地獄湯冷,盲者得視,聾者得聽等。妙月三昧者,如月滿清淨,無諸翳障,能除夜闇;此三昧亦如是,菩薩入是三昧,能除諸法邪見、無明闇蔽[12]等。月幢相三昧[13]者,如大軍將幢以寶作月像,見此幢相,人皆隨從;菩薩入是三昧中,諸法通達無礙,皆悉隨從。出諸法三昧者,菩薩得是三昧,令諸三昧增長;譬如時雨,林木茂盛。觀頂三昧者,入是三昧中,能遍見諸三昧;如住山頂,悉見衆物。畢法性三昧者,法性無量無二,難可執持;入是三昧,必能得定相;譬如虛空無能住者,得神足力,則能處之。畢幢相三昧者,入是三昧,則於諸三昧最爲尊長;譬如軍將得幢,表其大相。金剛三昧者,譬如金剛,無物不陷;此三昧亦如是,於諸法無不通達,令諸三昧各得其用;如車𤦲、瑪瑙[14]、琉璃[15],唯金剛能穿。入法印三昧者,如人入安隱國,有印得入,無印不得入。菩薩得是三昧,能入諸法實相中,所謂諸法畢竟空。三昧王安立三昧者,譬如大王安住正殿,召諸群臣,皆悉從命;菩薩入三昧王,放大光明,請召十方,無不悉集;又遣化佛,遍至十方。安立者,譬如國王安處正殿,身心坦然,無所畏懼。放光三昧者,常修火一切入故,生神通力,隨意放種種色光;隨衆生所樂,若熱、若冷、若不熱不冷。照諸三昧者,光明有二種:一者,色光;二者,智慧光。住是三昧中,照諸三昧,無有邪見、無明等。力進三昧者,先[16]於諸法中,得信等五種力;然後於諸三昧中,得自在力。又雖住三昧,而常能神通變化,度諸衆生。高出三昧者,菩薩入是三昧,所有福德智慧,皆悉增長;諸三昧性,從心而出。必入辯才三昧者,四無礙中,辭、辯相應三昧;菩薩得是三昧,悉知衆生語言次第,及經書名字等,悉能分別無礙。釋名字三昧者,諸法雖空,以名字辯諸法義,令人得解。觀方三昧者,於十方衆生,以慈悲憐愍,平等心觀。復次,方者,循道理名爲得方;是三昧力故,於諸三昧得其道理,出入自在無礙。陀羅尼印三昧者,得是三昧者,能得分別諸三昧,皆有陀羅尼。無誑三昧者,有三昧生愛、恚、無明、邪見等,是三昧於諸三昧都無迷悶之事。攝諸法海三昧者,

---

1　乙本(第2段)始。

2　"是",甲本脱。

3　"諸",甲本作"是諸"。

4　"諸煩……魔人"七字,甲本作"是諸煩惱魔及魔民",乙本作"諸煩惱摩及摩人","摩"通"魔"。

5　"壞",乙本作"懷","懷"爲"壞"之借字,乙本(第2段)終。

6　"往",甲、宋、宫本作"住",誤。

7　"所説法者",甲、宋、宫、聖本無。

8　"三",甲、宋、元、明、宫本無。

9　乙本(第1段)始。

10　"反",乙本作"返"。

11　乙本(第1段)終。

12　"蔽",甲本作"弊","弊"通"蔽"。

13　"三昧",甲、宋、元、明、宫、聖、石本無。

14　"瑪瑙",甲本作"馬瑙",異譯詞。

15　"琉璃",甲本作"瑠璃",異譯詞。

16　"先",甲本作"光",誤。

如[1]一切衆流皆歸於海，三乘法皆入是三昧中亦如是。又諸餘三昧，皆入是三昧中；如四禪、四無色中攝諸解脫九次第等，皆入其中。遍覆虛空三昧者，是虛空無量無邊，是三昧力，悉能遍覆虛空；或結加[2]趺坐，或放光明，或以音聲充滿其中。金剛輪三昧者，如真金剛輪，所往無礙；得是三昧者，於諸法中，所至無礙。復次，能分別諸三昧分界，故名輪；輪，分界也。斷寶三昧者，如有寶能淨治諸寶；是三昧亦如是，能除諸三昧煩惱垢。五欲垢易遣，諸三昧垢難却。能照三昧者，得是三昧，能以十種智慧，照了諸法；譬如日出照閻浮提，事皆顯了。不求三昧者，觀諸法如幻化，三界愛斷故，都無所求。無住三昧者，是三昧名無住[3]三昧；住是三昧中，觀諸法念念無常，無有住時。無心三昧者，即是滅盡定，或無想[4]定。何以故？佛自說因緣：入是三昧中，諸心心數法不行。淨燈三昧者，燈名智慧燈，諸煩惱名垢；離是垢，慧則清淨。無邊明三昧者，無邊，名無量無數。明有二種：一者，度衆生故，身放光明；二者，分別諸法總相、別相故，智慧光明。得是三昧，能照十方無邊世界，及無邊諸法。能作明三昧者，於諸法能爲作明，如闇中然炬。普照明三昧者，如轉輪聖王寶珠，於軍衆外，四邊各照一由旬；菩薩得是三昧，普照諸法種種門。堅淨諸三昧三昧者，菩薩得是三昧力故，令諸三昧清淨堅牢。無垢明三昧者，三解脫門相應三昧；得是三昧，離一切三昧垢，離一切無明、愛等，亦能照一切諸三昧。歡喜三昧者，得是三昧，於諸[5]法生歡喜樂。何者是？有人言：初禪是。如佛說有四修定：一者，修是三昧，得現在歡喜樂；二者，修定得知見，見衆生生死；三者，修定得智慧分別；四者，修定得漏盡。復次，得是三昧，生無量無邊法歡喜樂。電光三昧者，如電暫現，行者得路；得是三昧者，無始世界來失道還得。無盡三昧者，得是三昧，滅諸法無常等相，即入不生不滅。威德三昧者，菩薩得是三昧，威德莊嚴。離盡三昧者，菩薩得是三昧，無量阿僧祇劫善本功德必得，果報不失故。不動三昧者，有人言：第四禪是不動；欲界中五欲故動，初禪中覺觀故動，二禪中喜多故動，三禪中樂多[6]故動，四禪離出入息，無諸動相故不動。有人言：四無色定是不動，離諸色故。有人言：滅盡定是不動，離心心數法故。有人言：知諸法實相，畢竟空智慧相應三昧故不動；得是三昧已，於一切三昧，一切法，都不戲論。不退三昧者，住是三昧，不見諸三昧退。論者言：菩薩住是三昧常不退轉，即是阿鞞跋致智慧相應三昧。不退者，不墮頂，如不墮頂義中說。日燈三昧者，得是三昧，能照一切諸法種種門及諸三昧；譬如日出能照一切閻浮提。月淨三昧者，如月從十六日，漸減[7]至三十日都盡；凡夫人亦如是，諸善功德漸漸減[8]盡，墮三惡道。如月從一日漸漸增長，至十五日光明清淨；菩薩亦如是，得是三昧，從發心來，世世漸增善根，乃至得無生法忍，授[9]記，智慧清淨，利益衆生。又能破諸三昧中無明。淨明三昧者，明名慧，垢爲礙。得是三昧者，於諸法無障礙；以是故，佛於此說：住是三昧中，得四無礙智。問曰：佛何以獨於此中說四無礙智？答曰：於三昧中無覺觀心，所可樂說，與定相違，是事爲難！此三昧力故，得四無礙智。四無礙智義，如先說。能作明三昧者，明即是智慧，諸智慧中，般若智慧最第一；是般若相應三昧能作明。作行三昧者，得是三昧力，能發起先所得諸三昧。知相三昧者，得是三昧，見一切諸三昧中，有實智慧相。如金剛三昧者，得是三昧，以智慧能通達一切諸法，亦不見通達，用無所得故。問曰：三種三昧，何以皆言金剛？答曰：初言金剛，中言金剛輪，後言如金剛。如金剛三昧，佛

1　“如”，甲、宋、元、明、宮、聖本作“知”。

2　“結加”，甲、元、明、宮本作“結跏”，異譯詞。

3　“住”，甲、宋、元、明、宮本作“作”。

4　“想”，甲、宋、宮本作“相”，“相”爲“想”之借字。

5　“諸”，甲、宋、元、明、宮、聖本無。

6　“多”，甲、宋、宮本脱。

7　“減”，甲本作“滅”，誤。

8　“減”，甲本作“滅”，誤。

9　“授”，甲、宋、元、明、宮、聖、石本作“受”。

説能貫穿一切諸法,亦不見是[1]金剛三昧能通達諸三昧。金剛輪三昧者,得是三昧,即能[2]持諸三昧輪。是皆佛自説義。論者言:如金剛三昧者,能破一切諸煩惱結使,無有遺餘。譬如釋提桓因,手執金剛破阿修羅軍,即是學人末後心;從是心次第得[3]三種菩提;聲聞菩提、辟支佛菩提、佛無上菩提。金剛三昧者,能破一切諸法,入無餘涅槃,更不受有;譬如真金剛,能破諸山,令[4]滅盡無餘。金剛輪者,此三昧能破一切諸法,無遮無礙;譬如金剛輪轉時,無所不破,無所障礙。復次,初金剛,二金剛輪,三如金剛,名字分別,佛説其義亦異,論者釋其因緣亦異,不應致難。心住三昧者,心相輕疾,遠逝無形,難制難持,常是動相,如獼猴子;又如掣電,亦如蛇舌。得是三昧故,能攝令住,乃至天欲心不動轉,何況人欲! 普明三昧者,得是三昧,於一切法見光明相,無黑闇相。如畫所見,夜亦如是;如見前,見[5]後亦爾;如見上,見下亦爾,心中無礙。修是三昧故,得天眼通,普見光明,了了無礙。善修是神通故,得成慧眼,普照諸法,所見無礙。安立三昧者,得是三昧者,一切諸功德善法中,安立牢固;如須彌山在大海,安立不動。寶聚三昧者,得是三昧,所有國土,悉成七寶。問曰:此是肉眼所見? 禪定所見? 答曰:天眼、肉眼皆能見,何以故? 外六塵不定故;行者常修習禪定,是故能轉本相。妙法印三昧者,妙法名諸佛菩薩深功德智慧;得是三昧,得諸深妙功德智慧。法等三昧者,等有二種:衆生等,法等。法等相應三昧,名爲法等。斷喜三昧者,得是三昧,觀諸法無常、苦、空、無我、不淨等,心生厭離;十想中,一切世間不可樂想相應三昧是[6]。到法頂三昧者,法名菩薩法,所謂六波羅蜜,到般若波羅[7]蜜中;得方便力,到法山頂。得是三昧[8],能住是法山頂,諸無[9]明煩惱不能動搖。能散三昧者,得是三昧,能破散諸法;散空相應三昧是。分別諸法句三昧者,得是三昧,能分別一切諸法語言字句,爲衆生説辭無滯礙、樂説相應三昧是。字等相三昧者,得是三昧,觀諸字諸語,皆悉平等;呵詈[10]讚歡[11],無有憎愛。離字三昧者,得是三昧,不見字在義中,亦不見義[12]在字中。斷緣三昧者,得是三昧,若内若外,樂中不生喜,苦中不生瞋,不苦不樂中,不生[13]捨心。於此三受遠離不著,心則歸滅;心若滅,緣亦斷。不壞三昧者,緣法性畢竟空相應三昧,戲論不能破,無常不能轉,先已壞故。無種三昧者,得是三昧,不見諸法種種相,但見一相,所謂無相。無處行三昧者,得是三昧,知三毒火然三界故,心不依止,涅槃畢竟空故,亦不依止。離曚昧三昧者,得是三昧,於諸三昧中,微翳無明等悉皆除盡。無去三昧者,得是三昧,不見一切法來去相。不變異三昧者,得是三昧,觀一切諸法,因不變爲果;如乳不變作酪,諸法皆住自相,不動故。度緣三昧者,得是三昧,於六塵中諸煩惱盡滅,度六塵大海;亦能過一切三昧緣生智慧。集諸功德三昧者,得是三昧,集諸功德,從信至智慧。初夜、後夜、修習不息;如日月運轉,初不休息。住無心三昧者,入是三昧中,不隨心,但隨智慧,至諸法實相中住。淨妙華三昧者,如樹華敷開,令樹嚴飾;得是三昧,諸三昧中,開諸功德華以自莊嚴。覺意三昧者,得是三昧令諸三昧變成無漏,與七覺相應;譬如石汁一斤,能變千斤銅爲金。無量辯三昧者,即是樂説辯。得

1　“是”後,甲、宋、元、明、宫、聖本有“達”。

2　“即能”,甲、宋、元、明、宫本作“能”,聖本無。

3　“得”,甲、宋、元、明、宫本無。

4　“令”,甲本作“石”,誤。

5　“見”,甲、宋、元、明、宫、聖本無。

6　“是”,甲、宋、元、明、宫、聖本無。

7　丙本始。

8　“到法……三昧”八字,丙本殘。

9　丙本終。

10　“詈”,甲、宋、元、明、宫本作“駡”。

11　“歡”,甲本作“嘆”。

12　“義”,甲、宋、元、明、宫、聖本作“字”。

13　“不生”後,甲、宋、元、明、宫、聖本有“不知”。

是三昧力故,乃至樂説一句,無量劫而不窮盡。無等等三昧者,得是三昧,觀一切衆生皆如佛,觀一切法皆同佛法;無等等般若波羅蜜相應是。度諸法三昧者,得是三昧,入三解脱門;過出三界,度三乘衆生。分別諸法三昧者,即是分別慧相應三昧。得是三昧,分別諸法善、不善、有漏、無漏、有爲、無爲等相。散疑三昧者,有人言:即是見諦道中無相三昧;疑結,見諦智相應三昧斷故。有人言:菩薩無生法忍相應三昧是;時一切法中疑網悉斷,見十方諸佛,得一切諸法實相。有人言:無礙解脱相應三昧是;諸佛得是三昧,已於諸法中無疑,無近無遠,皆如觀掌中[1]。無住處三昧者,即是無受智慧相應三昧。得是三昧,不見一切諸法定有住處。一莊嚴三昧者,得是三昧,觀諸法皆一;或一切法有相故一,或一切法無故一,或一切法空故一,如是等無量皆一;以一相智慧,莊嚴是三昧,故言一莊嚴。生行三昧者,行名觀,得是三昧,能觀種種行相、入相、住相、出相。又是行皆空,亦不可見。一行三昧者,是三昧常一行,畢竟空相應三昧中,更無餘行次第;如無常行中次有苦行,苦行中次有無我行。又菩薩於是三昧,不見此岸,不見彼岸。諸三昧入相爲此岸,出相爲彼岸;初得相爲此岸,滅相爲彼岸。不一行三昧者,與上一行相違者是,所謂諸餘觀行。妙行三昧者,即是畢竟空相應三昧,乃至不見不二相,一切戲論不能破。達一切有底散三昧者,有名三有;底者,非有想非無想,以難到故名底。達者,以無漏智慧,乃至離非有想非無想,入無餘涅槃,三界、五衆散滅。復次,菩薩得是不生不滅智慧,一切諸有通達散壞,皆無所有。入名語三昧者,得是三昧,識一切衆生、一切物、一切法名字,亦能以此名字語化人;一切語言,無不解了,皆有次第。離音聲字語三昧者,得是三昧,觀一切諸法,皆無音聲語言,常寂滅相。然炬三昧者,如捉炬夜行,不墮險處;菩薩得是三昧,以智慧炬,於諸法中無錯、無著。淨相[2]三昧者,得是三昧,能清淨具足,莊嚴三十二相。又能如法觀諸法總相、別相,亦能觀諸法無相清淨,所謂空、無相、無作,如《相品》是中廣説。破相三昧者,得是三昧,不見一切法相,何況諸三昧相! 得[3]是無相三昧。一切種妙足三昧者,得是三昧,以諸功德具足莊嚴,所謂好姓、好家、好身[4]、好眷屬,禪定、智慧,皆悉具足清淨。不喜苦樂三昧者,得是三昧,觀世間樂,多過多患,虛妄顛倒,非可愛樂;觀世間苦如病,如箭入身,心不喜樂。以一切法虛誑故,不求其樂,何以故? 異時變爲苦;樂尚不喜,何況於苦! 無盡相三昧者,得是三昧,觀一切法無壞無盡。問曰:若爾者,云何不墮常邊? 答曰:如菩薩雖觀無常,不墮滅中,若觀不盡,不墮常中;此二相於諸法中皆不可得。有因緣故修行,所謂爲罪福不失故言常,離著故言無常。陀羅尼三昧者,得是三昧力故,聞持等諸陀羅尼,皆自然得。攝諸邪正相三昧者,得是三昧,不見三聚衆生,所謂正定、邪定、不定,都無所棄,一心攝取。又於諸法不見定正相,定邪相,諸法無定相故。滅憎愛三昧者,得是三昧,可喜法中不生愛,可憎[5]法中不生瞋。逆順三昧者,得是三昧,於諸法中逆順自在;能破諸邪逆衆生,能順可化衆生。又離著故,破一切法;善根增長故,成一切法;亦不見諸法逆順,是事亦不見,以無所有故。淨光三昧者,得是三昧,一切法中諸煩惱垢不可得;不可得故,諸三昧皆清淨。堅固三昧者,有人言:金剛三昧是;堅固不壞故。有人言:金剛非,所以者何? 金剛亦易破故;是諸法實相智相應三昧,不可破如虛空,以是故言牢固。滿月淨光三昧者,得是三昧,所言清淨,無諸錯謬;如秋時虛空,清淨、月滿、光明、涼樂、可樂,無諸可惡。菩薩亦如是,修諸功德故,如月滿;破無明闇[6]故,淨智光明具足;滅愛恚等火故,清涼功德具足;大利益衆生故,可樂。大莊嚴三昧者,見十方如恒河沙等世界,以七寶華香莊嚴,佛處其中。如是等清淨莊嚴,

---

1　"中",甲、宋、元、明、宮、聖本無。

2　"相",甲、宋、宮本作"明",誤。

3　"得",甲本作"即",誤。

4　"好姓好家好身",甲本作"好莊嚴、好身"。

5　"憎",甲、宋、元、明、宮、聖本作"惡"。

6　"闇",甲、宋、元、明、宮、聖本作"黑"。

得是三昧故,一時莊嚴諸功德;又觀此莊嚴,空無所有,心無所著。能照一切世間[1]三昧者,得是三昧故,能照三種世間;衆生世間,住處世間,五衆世間。三昧等三昧者,得是三昧,觀諸三昧皆一等,所謂攝心相。是三昧皆得[2]因緣生,有爲作法無深淺;得是三昧,皆悉平等,是名爲等。與餘法亦等無異,以是故義中説,一切法中定亂相不可得。攝一切有諍無諍三昧者,得是三昧,不見是法如是相,是法不如是相;不分別諸法有諍無諍,於一切法中通達無礙;於衆生中亦無好醜諍論,但隨衆生心行而度脱之[3]。得是三昧故,於諸三昧皆隨順不逆。不樂一切住處三昧者,得是三昧,不樂住世間,不樂住非世間。以世間無常過故不樂;非世間中無一切法,是大可畏處,不應生樂。如住定三昧者,得是三昧,故知一切法如實相,不見有法過是如者。如義,如先説。壞身衰三昧者,血肉、筋骨等和合故名爲身,是身多患,常與[4]飢、寒、冷、熱等諍,是名身衰。得是三昧故,以智慧力,分分破壞身衰相,乃至不見不可得相。壞語如虛空三昧者,語名内有風發,觸七處故有聲,依聲故有語。觀如是語言因緣故,能壞語言,不生我相及以愛、憎。有人言:二禪無覺觀,是壞語三昧,賢聖默然故。有人言:無色定三昧,彼中無身,離一切色故。有人言:但是諸菩薩三昧,能破先世結業因緣不淨身而受法身,隨可度衆生,種種現形。離著虛空不染三昧者,菩薩行般若波羅蜜,觀諸法畢竟空,不生不滅,如虛空無物可喻。鈍根菩薩著此虛空,得此三昧故,離著虛空等諸法,亦不染著是三昧,如人没在泥中有人挽出,鎖脚爲奴;如[5]有三昧能離著虛空,而復著此三昧亦如是。今是[6]三昧能離著虛[7]空,亦自離著。問曰:佛多説諸三昧,汝何以但説諸法?答曰:佛多説果報,論者合因緣果報説。譬如人觀身不淨,得不淨三昧;身是因緣,三昧是果。又如人觀五衆無常、苦、空等,得七覺意三昧,能生八聖道、四沙門果。復次,佛應適[8]衆生故,但説一法;論者廣説,分別諸事。譬如一切有漏,皆是苦因,而佛但説愛;一切煩惱滅,名滅諦,佛但説愛盡。是菩薩於諸觀行中必不疑,於諸三昧未了故,佛但説三昧;論者説諸法,一切三昧皆已在中。是諸三昧末後,皆應言用無所得,以同般若故。如是等無量無邊三昧和合,名爲摩訶衍。

大智度論卷第四十七[9]。

大智度論釋四念處品第十九(卷四十八)[10]

……須菩[11]提!菩薩摩訶薩,若來若去,視瞻一心,屈申俯仰[12],服僧伽梨,執持衣鉢,飲食、臥息、坐立、睡覺、語默,入[13]禪、出禪,亦常一心。如是,須菩提!菩薩摩訶薩行般若波羅蜜,内身中循身觀,以[14]不可得故。復次,須菩提!菩薩摩訶薩内身中循身觀時,一心念:入息時知入息,出息時知出息;入息長時知入息長,

---

1　"間",甲、宋、元、明、宫、聖本無。

2　"得",甲、宋、元、明、宫、聖、石本作"從"。

3　"之",甲、宋、宫本無。

4　"與",甲、宋、元、明、宫本無。

5　"如",甲、宋、元、明、宫、聖本無。

6　"是",甲本作"有",誤。

7　"虛",甲、宋、元、明、宫、聖本作"空"。

8　"適",甲本作"過",誤。

9　甲本終,尾題作"大智論卷第四十七釋第十七品下",題記作"開皇十三年歲次癸丑四月八日,弟子李思賢敬寫供養"。

10　本卷對應《大智度論》寫本凡5號:BD14454號(以下簡稱"甲本")、俄 Дx12283號+俄 Дx12284號(以下簡稱"乙本")、俄 Дx01531號(以下簡稱"丙本")、浙敦126號B(浙博101)(以下簡稱"丁本")、BD12128號(以下簡稱"戊本")。

11　甲本始。

12　"薩若……俯仰"十三字,甲本殘。

13　"臥息……默入"九字,甲本殘。

14　"以",甲本脱。

出息長時知出息長；入息短時知入息短，出息短時知出息短。譬如旋師，若旋師¹弟子，繩長知長，繩短知短。菩薩摩訶薩，亦如是一心念：入²息時知入息，出息時知出息；入息長時知入息長，出息長時知出息長；入息短時知入息短，出息短時知出息短。如是，須菩提！菩薩摩訶薩内身中循身觀，勤精進一心，除³世間貪憂，以不可得故。復次，須菩提！菩薩摩訶薩觀身四大，作是念：身中有地大、水大、火大、風大。譬如屠牛師，若屠牛弟子，以刀殺牛，分作四分，作四分已，若立若坐，觀此四分。菩薩摩訶薩亦如是，行般若波羅蜜時，種種⁴觀身四大：地大、水大⁵、火大、風大。如是，須菩提！菩薩摩訶薩内身中循身觀，以不可得故。復次，須菩提！菩薩摩訶薩觀内身，從足至頂，周匝薄皮，種種不淨，充滿身中。作是念：身中有髮、毛、爪、齒、薄皮、厚皮，筋、肉⁶、骨、髓、脾、腎、心、肝、肺，小腸、大腸、胃、胞、屎、尿、垢、汗、目⁷淚、涕、唾、膿、血、黃白痰⁸、陰⁹、肪、䏶、腦、膜。譬如田夫倉中，隔盛雜穀，種種充滿，稻、麻、黍、粟、豆、麥。明眼之人，開倉即知是麻、是黍、是稻、是粟、是麥、是豆，分別悉知。菩薩摩訶薩亦如是觀是身，從足至頂，周匝薄皮，種種不淨，充滿身中，髮、毛、爪、齒，乃至腦、膜。如是，須菩提！菩薩摩訶薩觀内身，勤精進一心，除世間貪憂，以不可得故。復次，須菩提！菩薩摩訶薩，若見棄死人身，一日、二日，至于五日，膖脹、青瘀、膿汁流出，自念：我身亦如是相、如是法，未脫此法。如是，須菩提！菩薩摩訶薩内身中循身觀，勤精進一心，除世間貪憂，以不可得故。復次，須菩提！菩薩摩訶薩，若見棄死人身，若六日，若七日，烏鵄雕鷲，豺狼狐狗，如是等種種禽獸，䶩裂食之，自念：我身如是相、如是法，未脫此法。如是，須菩提！菩薩摩訶薩内身中循身觀，勤精進一心，除世間貪憂，以不可得故。復次，須菩提！菩薩摩訶薩，若見棄死人身，禽獸食已，不淨爛臭，自念：我身如是相、如是法，未脫此法，乃至除世間貪憂。復次，須菩提！菩薩摩訶薩，若見棄死人身，骨鎖血肉塗染，筋骨相連，自念：我身如是相、如是法，未脫此法，乃至除世間貪憂。復次，須菩提！菩薩摩訶薩，若見棄死人身，骨瑣血肉已離，筋骨相連，自念：我身如是相、如是法，未脫此法，乃至除世間貪憂。復次，須菩提！菩薩摩訶薩，若見棄死人身，骨瑣已散在地；自念：我身如是相、如是法，未脫此法。如是，須菩提！菩薩摩訶薩觀内身，乃至除世間貪憂。復次，須菩提！菩薩摩訶薩，若見棄死人身，骨散在地，腳骨異處，膊骨、髀骨、腰骨、肋¹⁰骨、脊¹¹骨、手骨、項骨、髑髏，各各異處，自念：我身¹²如是相、如是法，未脫此法。如是，須菩提！菩薩摩訶薩觀内身，乃至除世間貪憂。復次，須菩提！菩薩摩訶薩，見是棄死人骨在地，歲久風吹日曝¹³，色白如貝，自念：我身如是相、如是法，未脫此法。如是，須菩提！菩薩摩訶薩觀内身，乃至除世間貪憂，以不可得故。

【論】¹⁴問曰：四念處中有種種觀，何以但説十二種觀——所謂若内、若外、若内外？復次，何等是内？何等是外？内外觀已，何以復別説内外？復次，四念處中，一念處是内，内法中攝，所謂心；二念處是外，外法

---

1 "師"，甲本脱。

2 "入"，甲本作"又"，誤。

3 "進一心除"，甲本殘。

4 "種種"，甲、宋、元、明、宫、聖本無。

5 "水大"，甲本脱。

6 "肉"，甲本作"皮"。

7 "目"，甲本無。

8 "痰"，甲、聖本作"淡"，"淡"通"痰"。

9 "陰"，甲本作"飲"，宋、元、明、宫本作"癊"，"飲""癊"皆爲"陰"之借字。

10 "肋"，甲本作"勒"，"勒"爲"肋"之借字。

11 "脊"，甲本作"背"。

12 "身"，甲本脱。

13 "曝"，甲本作"暴"，"暴"爲"曝"之古字。

14 "論"，甲、宋、宫、聖本無。

中攝，所謂受與法；一念處是内外，内外法中攝，所謂身。何以説四法都是内、都是外、都是内外？何以不[1]但言觀身，而言循身觀？云何觀身而不生身覺？何以言勤精進一心？三十七品皆應言一心，何以但此中言一心？此中若修行四念處時，一切五蓋應除，何以獨言除貪？世間喜亦能妨道，何以但言除憂？觀身法種種門：無常、苦、空、無我等，今何以但言不淨？若但觀不淨，何以復念身四威儀等？此事易知，何足問！答曰：是十二種觀，行者從此得定心。先來三種邪行，若内、若外、若内外；破三種邪行，是[2]故有三種正行。有人著内情多，著[3]外情少，如人爲身故，能捨妻子、親屬、寶物；有人著外情多，著[4]内情少，如人貪財喪身，爲欲没命；有人著内外情多，是故説三種正行。復次，自身名内身，他身名外身；九受入名爲内身，九不受入名爲外身；眼等五情名爲内身，色等五塵名爲外身；如是等分別内、外。行者[5]先以不淨、無常、苦、空[6]、無我等智慧觀内身，不得是身好相：若淨相，若常相[7]，若樂，若我，若實。内既不得，復觀外身，求淨、常、我、樂、實亦不可得。若不得便生疑：我觀内時，於外或錯；觀外時，於内或錯。今内外一時俱觀，亦不可得。是時心得正定，知是身不淨、無常、苦、空、無我，如病、如癰、如瘡[8]，九孔流穢，是爲行厠；不久破壞、離散、盡滅、死相；常有飢渴、寒熱、鞭杖、繫閉、罵詈、毁呰，老病[9]等，諸苦常圍遶[10]，不得自在。内空無主[11]，亦無知者、見者，作者、受者，但空諸法因緣和合而有，自生自滅，無所繫屬，猶如草木，是故内外俱觀。餘内、外義，如十八空中説。循身觀者，尋隨觀察，知[12]其不淨，衰老病死、爛壞臭處、骨節腐敗、摩滅歸土。如我此身，覆以薄皮，令人狂惑[13]，憂畏萬端；以是故，如身相内外隨逐，本末觀察。又如佛説循身觀法。不生身覺者，不取身一異相而生戲論。衆生於是身中起種種覺：有生淨覺，有生不淨覺；有生瞋覺，念他過罪；有人觀此身：身爲何法？諸身分邊爲一、爲異？不生如是種種覺，所以者何？無所利益，妨涅槃道故。復次，餘凡夫、聲聞人取身相能觀身；菩薩不取身相而能觀身。勤精進一心者，餘世事巧[14]便，從無始世界來，常習常作。如離別常人易，離別知識難；離[15]別知識易，離別父子難；離別父子易，自離其身難；自離其身易，離其心者難[16]。自不一心勤精進，此不可得！譬如攢[17]燧求火，一心勤著，不休不息，乃可得火，是故説一心勤精進。除世間貪憂者，貪除則五蓋盡去；猶如破竹，初節既破，餘節皆去。復次，行者遠離五欲，出家學道，既捨世樂，未得定樂；或時心生憂念，如魚樂水。心相如是，常求樂事，還念本所欲。行者多生是二[18]心，是故佛説當除貪、憂。説貪[19]，

1　“不”，甲本脱。
2　“是”，甲本脱。
3　“著”，甲本作“者”，“者”通“著”借字。
4　“著”，甲本作“者”，“者”通“著”借字。
5　“行者”後，甲本衍“行”。
6　“空”，甲本脱。
7　“相”，甲本脱。
8　“瘡”，甲、石本作“創”，“創”通“瘡”。
9　“病”後，甲本衍“病”。
10　“遶”，甲本作“繞”。
11　“主”，甲、聖本作“生”，誤。
12　“知”，甲本作“如”，誤。
13　“惑”，甲本作“或”，“或”爲“惑”之古字。
14　“巧”，甲本作“行”，誤。
15　“離”，甲本脱。
16　“難”，甲本作“離”，誤。
17　“攢”，甲、宋、元、明、宫本作“鑽”。
18　“二”，甲本脱。
19　“貪”，甲本作“憂”，誤。

即是[1]説世間喜，以相應故。初觀不淨者，人身不淨，薄皮覆故，先生淨相，後生餘倒；以是故，初説不淨觀。復次，衆生多著貪欲，取淨相；瞋恚、邪見不爾故，是以先治貪欲，觀不淨。念身四威儀等者，先欲破身賊，得一心人，所爲之事皆能成辦[2]。以是故先尋繹其身所爲、所行，來去、臥覺、坐禪觀身所作，常一心安詳，不錯不亂。作如是觀察，以不淨，三昧易得。身雖安詳，内有種種惡覺觀，破亂其心；以是故，説安那波那[3]十六分以防覺觀。安那般那義，如先説。身既安詳，心無錯亂，然後行不淨觀，安隱牢固。若先行不淨觀，狂心錯亂故，不淨反作淨相。佛法中，此二法名甘露初門。不淨觀者，所謂菩薩摩訶薩觀身如草木瓦石無異。是身外四大變爲飲食，充實内身：堅者是地，濕者是水，熱者是火，動者是風；是四事入内即是身。是四分中，各各無我、無[4]我所，隨逐自相，不隨人意。苦、空等亦如是説[5]。若坐、若立者，臥則懈怠，身不動故，心亦不動；行則心亂，身不靜故，心亦不靜。欲以眼見事況所不見，故説譬喻：牛即是行者身，屠兒即是行者，刀是利智慧，奪牛命即是破身一相，四分即是四大。屠者觀牛四分，更無別牛，亦非是牛。行者觀身四大亦如是。是四大不名爲身，所以者何？此四、身一故。又四大是總相，身是別相。若外四大，不名[6]爲身，入身中，假名爲身。我不在四大中，四大不在我中[7]；我去四大遠，但以顛倒妄計爲身。用是散空智慧，分別四大及造色，然後入三念處，得入道。又此身從足至髮，從髮至足，周匝薄皮；反覆思惟，無一淨處。髮毛等乃至腦膜，略説則三十六，廣説則衆多。穀倉是身，農夫是行者，田[8]種穀，是行者身業因緣。結實入倉，是行者因緣熟得身。稻麻、黍粟等，是身中種種不淨。農夫開倉，即知麻黍、麥豆種種別異，是行者不淨觀，以慧眼開見[9]是身倉，知此身中不淨充滿，必當敗壞，若他來害，若當自死。此身中但有屎尿不淨、種種惡露等。已觀内身不淨，今觀外身敗壞；是故説二種不淨：一者，已壞；二者，未壞。先觀己身未壞有識，若結使薄，利根人即生患厭；鈍根結厚者，觀死人已壞[10]，可畏可惡。若死一日至五日，親里[11]猶尚守護；是時禽獸未食，青瘀、脹脹、膿血流出，腹脹破裂，五藏爛壞，屎尿臭處，甚可惡厭。行者心念：此色先好，行來、言語，妖蠱姿則，惑亂人情，淫者愛著；今者觀之，好色安在？如佛所説，真是幻法，但誑無智之眼！今此實事露現，行者即念：我身與彼，等無有異；未脱此法，云何自著著彼！又亦何爲自重輕他！如是觀已，心則調伏，可以求道，能除世間貪憂。又復思惟：此屍初死之時，鳥獸見之，謂非死人，不敢來近；以是故説過六七日，親戚既去，烏鷲、野干之屬，競來食之，皮肉既盡，日日變異；以是故説但有骨人。見其如此，更生厭心，念言：是心肝皮肉，實無有我，但因是身合集罪福因緣，受苦無量！即復自念：我身不久，會當如是，未離此法。或時行者，見骨人在地，雨水澆浸，日曝[12]風吹，但有白骨；或見久骨筋斷節解，分散異處，其色如鴿；或腐朽爛壞，與土同色。初觀三十六物，死屍脹脹，一日至五日，是不淨觀；鳥獸來食，乃至與土同色，是無常觀；是中求我，我所不可得，如先説因緣生，不自在故，是非我觀；觀身相如此，無一可樂；若有著者，則生憂苦，是名苦觀。以四聖行觀外身，自知己身亦復如是，然後内外俱觀。若心散亂，當念老、病、死三惡道苦，身命無常，佛法欲滅；如是等鞭

---

1 “是”，甲、宋、元、明、宫本無。
2 “辦”，甲、乙本作“辨”，“辨”爲“辦”之古字。下同，不復出校。
3 “安那波那”，甲、石本作“安那般那”，異譯詞。
4 “無”，甲本脱。
5 “説”，甲、宋、元、明、宫、聖本無。
6 “名”，甲本脱。
7 “中”，甲本作“去”，誤。
8 “田”，甲、宋、元、明、宫、聖本作“田者”。
9 “見”，甲本脱。
10 “壞”，甲本脱。
11 “親里”，甲本作“親理”，“親里”同“親理”。
12 “曝”，甲本作“暴”，“暴”爲“曝”之古字。

心令伏，還繫不淨觀中，是名勤精進。一心勤精進故，能除貪、憂。貪、憂二賊，劫我法寶，行者作是念：是身無常，不淨可惡；如此[1]衆生，何故貪著此身，起種種罪因緣？如是思惟已，知是身中有五情，外有五欲，和合故生世間顛倒樂！人心求樂，初無住時。當觀此樂，爲實爲虛？身爲堅固，猶尚[2]散滅，何況此樂！此樂亦無住處，未來未有，過去已滅，現在不住，念念皆滅；以遮苦故名樂，無有實樂！譬如飲食，除飢渴苦故，暫以爲樂，過度則復[3]生苦，如先破樂中説。則知世間樂，皆從苦因緣生，亦能生苦果，誑人須臾，後苦無量。譬如美食雜毒，食[4]雖香美，毒則害人，世間樂亦如是。婬欲煩惱等毒故，奪智慧命，心則狂惑，捨利取衰，誰受此樂？唯有心識。諦觀此心念念生滅，相續有故，可得取相，譬如水波、燈焰[5]。受苦心非樂心，受樂心非苦心，受不苦不樂心非苦樂心，時相各異，以是故心無常。無常故不自在，不自在故無我。想、思[6]、憶念等亦如是。餘三念處，内外相如先説。行是四聖行，破四顛倒，破四顛倒故開實相門，開實相門已，愧本所習；譬人夜食不淨，他[7]了知非，羞[8]愧其事。觀是四法，不淨、無常等，是名苦諦；是苦因愛等諸煩惱，是集[9]諦；愛等諸煩惱斷，是滅諦；斷愛等諸煩惱方便[10]，是道諦。如是觀四諦，信涅槃道，心住快樂，似如無漏，是名煖法。如人攢火，並有煖氣，必望得火。信此法已，心愛樂佛是法，如佛所説，如服好藥差病[11]，知師爲妙。諸服藥病差者，人中第一，是則信僧——如是信三寶。煖法增進，罪福停[12]等故，名爲頂法。如人上山至頂，兩邊道里俱等。從頂至忍，乃至阿羅漢，是一邊道；從煖[13]至頂是一邊道。聲聞法中觀四念處，所得果報如是。菩薩法者[14]，於是觀中不忘本願，不捨大悲，先用不可得空，調伏心地。住是地中，雖有煩惱，心常不墮[15]；如人雖未殺賊，繫閉一處。菩薩頂法，如先法位中説。忍法、世間第一法，則是菩薩柔[16]順法忍。須陀洹道，乃至阿羅漢、辟支佛道，即[17]是菩薩無生法忍。如佛《後品[18]》自説：須陀洹若智、若果，皆是菩薩無生法忍。四正勤、四如意足，雖各各別，位皆在四念處中。慧多故，名四念處；精進多故，名四正勤；定多故，名四如意足。問曰：若爾者，何以不説智處而説念處？答曰：初習行時，未及有智；念爲初門，常念其事，是智慧隨念故，以念爲名。四念處實體是智慧；所以者何？觀内外身，即是智慧。念持[19]智慧在緣[20]中，不令散亂，故名念處。與九十六種邪行求道相違，故名正勤。諸外道等捨五欲自苦身，不能捨惡不善，不能集諸善法。佛有兩種斷惡不善法，已

1　“此”，甲本作“如是”。

2　“尚”，甲本作“常”，“常”通“尚”。

3　“復”，甲本作“後”，誤。

4　“食”，甲、宋、宫、聖本作“飯”。

5　“焰”，甲本作“炎”，“炎”爲“焰”之古字。

6　“思”，甲本作“思惟”。

7　“他”，甲、元、明、聖本作“地”，宫本作“諦”。

8　“羞”，甲本作“若”，誤，聖本作“著”。

9　“集”，甲本作“習”。

10　“方便”，甲本作“方便道”。

11　“差病”，甲本作“病差”。

12　“停”，甲、聖本作“亭”，“亭”爲“停”之古字。

13　“煖”，甲本作“授”，誤。

14　“者”，甲本脱。

15　“墮”，甲、聖、石本作“隨”，“隨”通“墮”。

16　“柔”，甲本作“矛”，誤。

17　“即”，甲、宋、元、明、宫、聖、石本無。

18　“品”，甲、宋、宫、聖本無。

19　“持”，甲本作“時”，“時”爲“持”之借字。

20　“緣”，甲本作“家”，誤。

來者除却,未來者防使[1]不生。善法亦有二[2]種:未生善法令生,已[3]生善法令增長,是名正勤。智慧火得正勤風,無所不燒。正勤若過,心則散亂,智火微弱;如火得風,過者或滅或微,不能燒照。是故須定以制過精進風,則可得定。定有四種:欲定、精進定[4]、心定、思惟定。制四念處中過智慧,是時定慧道得精進故,所欲如意;後得如意事辦故,名如意足。足者,名如意因緣,亦名分。是十二法,鈍根人中名爲根,如樹有根未有力;若利根人中名爲力,是事了了,能疾有所辦,如利刀截物故名有力。事未辦故名爲道;事辦,思惟修行,故名爲覺。三十七品論議,如先説。問曰:若菩薩修此[5]三十七品,云何不取涅槃?答曰:本願牢故,大悲心深入故,了了知諸法實相故,十方諸佛護念故。如經説:菩薩到七住地,外觀諸法空,內觀無我;如人夢中縛栰渡[6]河,中流而覺,作是念:我空自疲苦,無河無栰,我何所渡?菩薩爾時亦如是,心則悔厭,我何所度?何所滅?且欲自滅倒心。是時,十方佛伸[7]手摩頭:善哉[8]!佛子!莫生悔心,念汝本願!汝雖[9]知此,衆生未悟,汝當以此空法教化衆生!汝所得者,始是一門,諸佛無量身、無量音聲、無量法門、一切智慧等,汝皆未得。汝觀諸法空故,著是涅槃,諸法空中無有滅處,無有著處;若實有滅,汝先來已滅。汝未具足六波羅蜜,乃至十八不供[10]法,汝當具足此法,坐於道場,如諸佛法。復次[11],三三[12]昧、十一[13]智、三無漏根、覺觀三昧、十念、四[14]禪、四無量心、四無色定、八背捨、九次第定,如先説。復次,佛十力、四無所畏、四無[15]礙智、十八不共法,如《初品》中説。是諸法後皆用無所得故。以般若[16]波羅蜜畢竟空和合故,名[17]除世間貪憂,以不可得故。

【經】[18]復次,須菩提!菩薩摩訶薩見是[19]棄死人骨在地,歲久[20]其色如鴿,腐朽爛壞,與土共合,自念:我身如是法、如是相,未脱此法。如是,須菩提!菩薩摩訶薩[21]內身中循身觀,勤精進一心,除世間貪憂,以不可得故。外身、內外[22]身[23],亦如是。受念處、心念處、法念處,亦應如是廣説。須菩提!是[24]名菩薩摩訶薩摩訶衍。復次,須菩提!菩薩摩訶薩摩訶衍,所謂四正勤。何等四?須菩提!菩薩摩訶[25]薩,未生諸惡不善法爲不生

---

1 "防使",甲本作"方便"。

2 乙本始。

3 "已",乙本作"以","以"通"已"。

4 "定"後,甲本衍"定"。

5 "此",甲、乙、宋、元、明、宫、聖本作"是"。

6 "渡",甲、乙本作"度","渡"通"度"。下同,不復出校。

7 "伸",甲、乙本作"申","申"爲"伸"之古字。

8 "哉",甲、乙本作"我",誤。

9 "汝雖",甲本無。

10 "不供",甲、乙、宋、元、明、宫、聖本無。

11 "復次",甲本無。

12 "佛法復次三三",乙本殘。

13 "一",甲本作"二",誤。

14 "十念四",乙本殘。

15 "無"後,乙本衍"量"。

16 "般若",乙本作"波若",異譯詞。

17 "名",甲、乙本脱。

18 "經",甲、乙、宋、宫、聖本無。

19 "是",甲、乙本脱。

20 "歲久",甲、乙、宋、元、明、宫本無。

21 "摩訶薩",甲、乙本脱。

22 "外",甲本脱。

23 "身",乙本脱。

24 "是",甲本脱。

25 "菩薩摩訶",乙本殘。

故,欲生勤精進攝心行道;已生諸惡不善法爲斷故,欲生勤精進攝心行道;未生諸善法爲生故,欲生勤精進攝心行道;已生諸善法爲住不失修滿增廣故,欲生勤精進攝心行道;以不可得故。須菩提！是名菩薩摩訶薩摩訶衍。復次,須菩提！菩薩摩訶薩摩訶衍[1],所謂四如意分。何等四? 欲定斷行成就,修如[2]意分;心定斷行成就,修如意分;精進定斷行成就,修如意分;思惟[3]定斷行成就,修如意分;以不可得故。須菩提！是[4]名菩薩摩訶薩摩訶衍。復次,須菩提！菩薩摩訶薩摩訶衍,所謂五根。何等五? 信根、精進根、念根、定根、慧根,是名[5]菩薩摩訶薩摩訶衍,以不可得故。復次,須菩提！菩薩摩訶薩摩訶衍,所謂五力。何等五? 信力、精進力、念力、定力、慧力,是名菩薩摩訶薩摩訶衍,以不可得故。復次,須菩提！菩薩摩訶薩摩訶衍,所謂七覺分。何等七? 菩薩摩訶薩修念覺分,依離、依無染、向涅槃;擇法覺分、精進覺分、喜覺分、除覺分、定覺分[6]、捨覺分,依離、依無染、向涅槃;以不可得故,是名菩薩摩訶薩摩訶衍。復次,須菩提！菩薩摩訶薩摩訶衍,所謂八聖道分。何等八? 正見、正思惟、正語、正業、正命、正精進、正念、正定,是名菩薩摩訶薩摩訶衍,以不可得故。復次,須菩提！菩薩摩訶薩摩訶衍,所謂三三昧。何等三? 空、無相、無作三昧。空三昧,名諸法自相空,是爲空解脫門;無相,名壞諸法相,不憶不念,是爲無相解脫門;無作,名諸法中不作[7]願[8],是爲無作解脫門;是名菩薩摩訶薩摩訶衍,以不可得故。復次,須菩提！菩薩摩訶薩摩訶衍,所謂苦智、集智、滅智、道智、盡智、無生智、法智、比智、世智、他心智、如實智。云何名苦智? 知苦不生,是名苦智。云何名集智? 知[9]集應斷,是名集智。云何名滅智? 知苦滅,是名滅智。云何名道智? 知八聖道分,是名道智。云何名盡智? 知諸婬怒癡盡,是名盡智。云何名無生智? 知諸有中無生,是名無生智。云何名法智? 知五衆本事分別知無[10],是名法智。云何名比智? 知眼無常,乃至意觸[11]因緣生受無常,是名比智。云何名世智? 知因緣名字,是名世智。云何名他心智? 知他衆生心[12],是名他心智。云何名如實智? 知[13]諸佛一切種智,是名如實智[14]。須菩提！是名菩薩摩訶薩摩訶衍,以不可得故。復次,須菩提！菩薩摩訶薩摩訶衍,所謂三根:未知欲知根、知根、知者根。云何名未知欲[15]知根? 諸學人未得果,信根、精進根、念根、定根、慧根,是名未知欲知根。云何名知根? 諸學人得果,信根乃至慧根,是名知[16]根。云何名知[17]者根? 諸無學人,若阿羅漢,若辟支佛,諸佛,信根乃至慧根,是名知[18]者根。須菩提！是名菩薩摩訶薩摩訶衍[19],以不可得故。復次,須菩提！菩薩摩訶[20]薩

1　"摩訶衍",乙本殘。

2　"成就修如",乙本殘。

3　"思惟"後,甲、乙本有"慧"。

4　乙本終。

5　"名",甲本脱。

6　"定覺分"後,甲本衍"是"。

7　"作"後,甲本衍"作"。

8　"願",甲、宋、元、明、宮本無。

9　"知",甲本脱。

10　"分別知無",甲、宋、元、明、宮、聖本無。

11　"觸",甲本作"識",誤。

12　"心",甲本作"心生"。

13　"知",甲、宮、聖本無。

14　"智",甲本作"知","知"爲"智"之古字。

15　"欲"後,甲本衍"欲"。

16　"知",甲本作"智","智"通"知"。

17　"知",甲、宮本作"智","智"通"知"。

18　"知",甲本作"智","智"通"知"。

19　"摩訶衍",甲本作"摩呵衍",異譯詞。下同,不復出校。

20　"摩訶",甲本作"摩呵",異譯詞。

摩訶衍,所謂三三昧。何等三?有覺有觀三昧,無覺有觀三昧,無覺無觀三昧。云何名有覺有觀三昧?離諸欲,離[1]惡不善法,有覺有觀,離生喜樂入初禪,是名有覺有觀三昧。云何名無覺有觀三昧?初禪二禪中間,是名無覺有觀三昧。云何名無覺無觀三昧?從二禪乃至非有想非無想定,是名無覺無觀三昧。是名菩薩摩訶薩摩訶衍,以不可得故。復次,須菩提!菩薩摩訶薩摩訶衍,所謂十念。何等十?念佛、念法、念僧、念戒、念捨、念天、念滅[2]、念出入息、念身、念死[3]。須菩提!是名菩薩摩訶薩摩訶衍,以不可得故[4]。復次,須菩提!菩薩摩訶薩摩訶衍,所謂四禪、四無量心、四無色定、八背捨、九次第定。須菩提!是名菩薩摩訶薩摩訶衍,以不可得故。復次,須菩提!菩薩摩訶薩摩訶衍,所謂佛十力。何等十?佛如實知一切法是處不是處相,一力也。如實知他眾生過去、未來、現在諸業、諸受法,知造業處,知因緣、知報,二力也。如實知諸禪、解脫、三昧、定、垢、淨分別相,三力也。如實知他眾生諸根上下相,四力也。如實知他眾生種種欲解,五力也。如實知世間種種無數性[5],六力也。如實知一切至處道,七力也。知種種宿命,有相、有因緣,一世、二世乃至百千世,劫初劫盡,我在彼眾生中生:如是姓[6],如是名,如是飲食、苦樂,壽命長短;彼中死、是間生,是間死、還生是間,此間生姓名、飲食、苦樂、壽命長短亦如是,八力也。佛天眼淨,過諸天[7]眼,見眾生死時生時,端正[8]醜陋,若大若小,若墮惡道若墮善道;如是業因緣受報:是諸眾生惡身業成就,惡口業成就,惡意業成就,謗毀聖人,受邪見業[9]因緣故,身壞死時入惡道,生地獄中;是諸眾生善身業成就,善口業成就,善意業成就,不謗毀[10]聖人,受正見業[11]因緣故,身就壞[12]時入善道,生天上,九力也。佛如實知諸漏盡故,無[13]漏心[14]解脫,無漏慧解脫;現在法中自證[15]知入是法[16],所謂我生已盡,梵行已作[17],從今世不復見[18]後世,十力也。須菩提!是名菩薩摩訶薩摩訶衍,以不可得故。復[19]次[20],須菩提!菩薩摩訶薩摩訶衍,所謂四無所畏。何等四?佛作誠言:我是一切正智人,若有沙門、婆羅門,若天、若魔、若梵、若復餘眾,如實難言:是法不知,乃至不見[21]是微畏相。以是故,我得安隱[22],得無所畏,安住聖主處[23],在大眾中師子吼,能轉梵輪,諸沙門、婆羅門,若天、若魔、若梵、

1　"離",甲本脱。

2　"滅",甲、宋、元、明、宮、聖本作"善"。

3　"念死"後,甲、宋、宮、聖本有"以不可得故"。

4　"以不可得故",甲、宋、宮、聖本無。

5　"性",甲本作"住",誤。

6　"姓",甲本作"性","性"通"姓"。

7　"天",甲、宮本作"人"。

8　"正",甲、石本作"政","政"通"正"。

9　"業",甲、宮、聖本無。

10　"毀",甲、宋、元、明、宮、聖本無。

11　"業",甲、宋、宮本無。

12　"就壞",甲、宋、元、明、宮、聖、石本作"壞死"。

13　丙本始。

14　"心",丙本作"慧",誤。

15　"證",甲本作"諸",誤。

16　"脱無……是法"十六字,丙本殘。

17　"作",甲本作"住",誤。

18　"行已……復見"九字,丙本殘。

19　"是名……故復"十六字,丙本殘。

20　丙本終。

21　"不見"後,甲本衍"畏"。

22　"隱",甲本作"住"。

23　"我得……主處"十三字,甲本作"我得安住聖住處","住"當爲"主"之借字。

若復餘衆，實不能轉，一無畏也。佛作¹誠言：我一切漏盡，若有沙門、婆羅門，若天、若魔、若梵、若復餘衆，如²實難言：是漏不盡，乃至不見是微畏相。以是故，我得安隱，得無所畏，安住聖主處，在大衆中師子吼，能轉梵輪，諸沙門、婆羅門，若天、若魔、若梵、若復餘衆，實不能轉，二無畏也。佛³作誠言：我說障法，若有沙門、婆羅門，若天、若魔、若梵、若復餘衆，如實難言：受是法不障道，乃至不見是微畏相。以是故，我得安隱，得無所畏，安住聖主處，在大衆中師子吼，能轉梵輪，諸沙門、婆羅門，若天、若魔、若梵、若復餘衆，實不能轉，三無畏也。佛作誠言：我所說聖道，能出世間，隨是行能盡苦，若有沙門、婆羅門，若天、若魔、若梵、若復餘衆，如實難言：行是道不能出世間，不能盡苦，乃至不見是微畏相。以是故，我得安隱，得無所畏，安⁴住聖主處，在大衆中師子吼，能轉梵輪，諸沙門、婆羅門，若天、若魔、若梵、若復餘⁵衆，實不能轉，四無畏也。須菩提！是名菩薩摩訶薩摩訶衍，以不可得故。復次，須菩提！菩薩摩訶薩摩訶衍⁶，所謂四無礙智。何等四？義無礙、法無礙、辭無礙、樂說無礙。義無礙者，知諸法實相義。法無礙者，知諸法名。辭無礙者，言辭中無礙。樂說無礙者，審諦言無盡⁷。須菩提！是名菩薩摩訶薩摩訶衍，以不可得故。復次，須菩提！菩薩摩訶薩摩訶衍，所謂十八不共法。何⁸等十八？一、諸佛身無失，二、口無失，三、念無失，四、無異⁹想¹⁰，五、無不定心，六、無不知已¹¹捨心，七、欲無減，八、精進無減，九念無減，十、慧無減，十一、解脫無減，十二、解脫知見無減，十三、一切身業隨智慧行，十四、一切口業隨智慧行，十五、一切意業隨智慧行，十六、智慧知見過去世無礙¹²無障，十七、智慧知見未來世無礙無障，十八、智慧知見現在世無礙無障¹³。須菩提！是名菩薩摩訶薩摩訶衍，以不可得故¹⁴。復次，須菩提！菩薩摩訶薩摩訶衍，所謂字等、語等諸字入門。何等爲字等、語等諸字入門？阿字門，一切法初不生故。羅字門，一切法離垢故。波¹⁵字門，一切法第一義故。遮字門，一切法終¹⁶不可得故，諸法不終不生故。那字門，諸法離名，性¹⁷相不得不失故。邏字門，諸法度世間故，亦愛枝¹⁸因緣¹⁹滅故。陀字門，諸法善心生故，亦施相故。婆字門，諸法婆字離故。茶字門，諸法茶字淨故。沙字門，諸法六自在王性²⁰清淨故。和字門，入諸²¹法語言道斷故。多字門，入諸法如相不動故。夜字門，入諸法如實不生故。吒²²字門，

1　“作”，甲本作“住”，誤。

2　“如”，甲本作“汝”，“汝”爲“如”之借字。

3　“佛”，甲本脱。

4　“安”，甲、宋、元、明、宫本作“安隱”。

5　“餘”，甲本脱。

6　“以不……訶衍”十八字，甲本無。

7　“義無……無盡”三十七字，甲、宋、元、明、宫本無。

8　丁本始。

9　“異”，甲本作“畏”，誤。

10　“無異想”，甲本作“無畏相”，“畏”當爲“異”之誤，“相”爲“想”之借字。

11　“已”，甲、丁、宋、宫、聖本無。

12　“無礙”，丁本作“無閡”。下同，不復出校。

13　丁本終。

14　“以不可得故”後，甲本有“四正勤乃至十八不共法義，如初品中説”。

15　“波”，甲本作“婆”，誤。

16　“終”，甲本作“絡”，誤。

17　“性”，甲本作“姓”，“姓”爲“性”之借字。

18　“枝”，甲本作“忮”，元、明本作“支”。

19　“緣”，甲、宋、元、明、宫、聖本無。

20　“性”，甲本脱。

21　“諸”，甲本作“語”，誤。

22　“吒”，甲本作“宅”，誤。

入諸法制伏[1]不可得故。迦字門，入諸法作者不可得故。婆字門，入諸法時不可得故，諸法時來轉故。磨[2]字門，入諸法我所不可得故。伽字門，入諸法[3]去者不可得故。他字門，入諸法[4]處不可得故[5]。闍字門，入諸法生不可得故。簸[6]字門，入諸法[7]簸字不可得故。馱字門，入諸法性不可得故[8]。賒字門，入諸法定不可得故。咃字門，入諸[9]法虛[10]空不可得故。叉字門，入諸法盡不可得故。哆字門，入諸法有不可得故。若字門，入諸法智[11]不可得故。拖字門，入諸法拖字不可得故。婆字門，入諸法破壞不可得故。車字門，入諸法欲不可得故，如影五眾亦不可得故。魔字門，入諸法魔字不可得故。火字門，入諸法喚不可得故。蹉字門，入諸法蹉字不可得故。伽字門，入諸法厚不可得故。咃[12]字門，入諸法處不可得故。拏字門，入諸法不來不去，不立不坐不臥故。頗字門，入諸法邊[13]不可得故。歌字門，入諸法聚不可得故。醝字門，入諸法醝字不可得故。遮字門，入諸法行不可得故。侘[14]字門，入諸法軀[15]不可得故。荼字門，入諸法邊竟處不可得[16]故，不終不生故[17]。過荼無字可說[18]，何以故？ 更無字故。諸字無礙，無名亦[19]滅，亦[20]不可說，不可示，不可見，不可書。須菩提！ 當知一切諸法如虛空！須菩提！是名陀羅尼門，所謂阿字義。若菩薩摩訶薩，是[21]諸字門印，阿字[22]印，若聞、若受、若誦、若讀、若持，若爲他說，如是知，當得二十功德。何等二十？得強識念，得慚愧，得堅固心，得經旨[23]趣，得智慧，得樂說無礙，易得諸餘[24]陀羅尼門，得無疑悔心，得聞善不憙[25]、聞惡不怒，得不高不下住心[26]無增減[27]，得善巧知[28]眾生語，得巧分別五眾、十二入、十八界、十二因緣、四緣、四諦，得巧分別眾生諸根利鈍，得巧知他心，得巧分別日月歲節，得巧分別天耳通，得巧分別宿命通，得巧分別生死通，得能巧說是處非處，得巧知往來坐起等

1　“伏”，甲本作“拔”，誤。
2　“磨”，甲、戊、宋、元、明本作“摩”，宫本作“魔”。戊本始。
3　“門入……諸法”十六字，戊本殘。
4　“諸法”，甲本作“諸此法”。
5　“者不……得故”十六字，戊本殘。
6　“簸”，甲本作“頗”，宋、宫、聖本作“撥”。下同，不復出校。
7　“字門……諸法”十六字，戊本殘。
8　“字不……得故”十六字，戊本殘。
9　“字門……入諸”十五字，戊本殘。
10　戊本終。
11　“智”，甲本作“知”，“知”爲“智”之古字。
12　“咃”，甲、宋、元、明、宫、聖、石本作“他”。
13　“邊”，甲、宋、宫、聖本作“遍”。
14　“侘”，甲、宋、宫、聖本作“吒”。
15　“軀”，甲、宋、元、明、宫、聖本作“驅”。
16　“不可得”，甲、宋、元、明、宫、聖本無。
17　“故”，甲、宋、元、明、宫、聖本無。
18　“說”，原作“得”，誤，茲據甲、宋、元、明、宫本及《大正藏》本《摩訶般若波羅蜜經》改。
19　“亦”後，原衍“不”，茲據甲、宋、宫、聖本刪。
20　“亦”，甲、宋、宫本無。
21　“是”，甲本無，石本作“得是”。
22　“字”，甲本脱。
23　“旨”，甲本作“二日”，誤。
24　“餘”，原脱，茲據甲、宋、元、明、宫本及《大正藏》本《摩訶般若波羅蜜經》補。
25　“憙”，甲本作“善”，誤。
26　“住心”後，原衍“得”，茲據甲、宋、元、明、宫、聖本及《大正藏》本《摩訶般若波羅蜜經》刪。
27　“減”，甲本作“無減”。
28　“知”，甲本作“智”，“智”通“知”。

身威儀。須菩提！是陀羅尼門字門[1]、阿字門等，是名菩薩摩訶薩摩訶衍。

【論】釋曰[2]：字等、語等者，是陀羅尼，於諸字平等，無有愛憎。又此諸字因緣未會時亦無，終歸亦無，現在亦無所有，但住吾我心中，憶想分別覺觀心説；是散亂心説[3]，不見實事，如風動水則無所見。等者，與畢竟空、涅槃同等。菩薩以此陀羅尼，於一切諸法通達無礙，是名字等、語等。問曰：若略説則五百陀羅尼門，若廣説則無量陀羅尼門，今何以説是字等陀羅尼，名爲諸陀羅尼門？答曰：先説一大者，則知餘者皆説。此是諸陀羅尼初門，説初，餘亦説。復次，諸陀羅尼法，皆從分別字語生，四十二字是一切字根本。因字有語，因語有名，因名有義；菩薩若聞字，因字乃至能了其義。是字，初阿，後荼，中有四十。得是字陀羅尼菩薩。若一切語中聞阿字，即時隨義，所謂一切法從初來不生相。阿提，秦言初；阿耨波陀，秦言不生。若聞羅字，即隨義知一切法離垢相。羅闍，秦言垢。若聞波字，即時知一切法入第一義中。波羅木[4]陀，秦言第一義。若聞遮字，即時知一切諸行皆非行。遮梨夜，秦言行。若聞那字，即知一切法不得不失，不來不去。那，秦言不。若聞邏[5]字，即知一切法離輕重相。邏[6]求，秦言輕。若聞陀字，即知一切法善相。陀摩，秦言善。若聞婆字，即知一切法無縛無解。婆[7]陀，秦言縛。若聞荼字，即知諸法不熱相。南天竺荼闍他，秦言不熱。若聞沙字，即知人身六種相。沙，秦言六。若聞和字，即知一切諸法離語言相。和(于波反[8])波[9]他，秦言語言。若聞多字，即知諸法在如中不動。多他，秦言如。若聞夜字，即知諸法入實相中，不生不滅。夜他跋，秦言實。若聞吒[10]字，即知一切法無障礙相。吒婆，秦言障礙。若聞迦字，即知諸法中無有作者。迦羅迦，秦言作者。若聞婆字，即知一切法一切種不可得。薩[11]婆，秦言一切。若聞摩字，即知一切法離我所。魔[12]迦羅，秦言我所。若聞伽字，即知一切法底不可得。伽[13]陀，秦言底。若聞陀[14]字，即知四句如去不可得。多陀阿伽陀，秦言如去。若聞闍(社音[15])字，即知諸法生老不可得。闍提闍[16]羅，秦言生老。若聞濕波字，即知一切法不可得，如濕波字不可得。濕簸[17]字無義，故不釋。若聞馱字，即知一切法中法性不可得。馱摩，秦言法。若聞賒字，即知諸法寂滅相。賒多(都餓反)，秦言寂滅。若聞呿字，即知一切法虛空不可得。呿伽[18]，秦言虛空。若聞叉[19]字，即知一切法盡不可得。叉耶，秦言盡。若聞哆字，即知諸法邊不可[20]得。阿[21]利迦哆度求那，秦言是事邊得何

1　“字門”，原脱，茲據甲、宋、元、明、宮、聖、石本及《大正藏》本《摩訶般若波羅蜜經》補。

2　“論釋曰”，甲本作“論者言”。

3　“説”，甲、宋、元、明、宮、聖、石本作“語”。

4　“木”，甲、宋、元、明、宮、聖、石本作“未”。

5　“邏”，甲本作“羅”，聖本作“還”，誤。

6　“邏”，甲、石本作“羅”，聖本作“還”，誤。

7　“婆”，甲本作“槃”。

8　“反”，甲本作“返也”，明本作“切”。

9　“波”，甲本作“細波”。

10　“吒”，甲、宋、元、明、宮本作“咤”。下同，不復出校。

11　“薩”，甲本作“沙”，宋、宮本作“婆”，元、明、聖、石本作“娑”。

12　“魔”，甲本作“摩”，宋、元、明、宮、聖本作“磨磨”。

13　“伽”，甲本作“迦”。

14　“陀”，甲、宋、元、明、宮、聖、石本作“他”。

15　“音”，甲本作“者”，宮本作“字”。

16　“闍”，甲本無。

17　“簸”，甲、宋、元、明、宮、聖、石本作“波”。

18　“伽”，甲、宋、宮、聖、石本無。

19　“叉”，甲本作“又”，誤。

20　“不可”，甲、宋、元、明、宮、聖本無。

21　“阿”，甲、宋、元、明、聖本作“何”。

利。若聞若字，即知一切法中無智相。若那，秦言智[1]。若聞他字，即知一切法義不可得。阿[2]他，秦言義。若聞婆字，即知一切法不可破相。婆伽，秦言破。若聞車字[3]，即知一切法無所去。伽車提，秦言去。若聞濕麽字，即知諸法牢堅如[4]金剛石。阿濕麽，秦言石。若聞火字，即知一切法無音聲相。火夜，秦言喚來。若聞蹉字，即知一切法無慳無施相。末蹉羅，秦言慳。若聞伽字，即知諸法不厚不薄。伽那，秦言厚。若聞他（上荼反）字，即知諸法無住處。南天竺他那，秦言處。若聞拏字，即知一切法及衆生，不來不去，不坐不臥，不立不起，衆生空、法空故。南天竺拏，秦言不。若聞頗字，即知一切法因果空故。頗羅，秦言果。若聞歌字，即知一切法[5]五衆不可得。歌大，秦言衆。若聞醝字，即知醝字空，諸法亦爾。若聞遮字，即知一切法不動相。遮羅地，秦言動。若聞吒[6]字，即知一切法此彼岸不可得。吒[7]羅，秦言岸。若聞荼[8]字，即知一切法必不可得。波[9]荼，秦言必。荼外更無字；若更[10]有者，是四十二字枝派[11]。是字常在世間，相似相續故，入一切語故無礙。如國國不同，無一定名，故言無名。聞已便盡，故言滅。諸法入法性，皆不可得，而[12]況字可説！諸法無憶想分別故不可示。先意業分別故有口業，口業因緣故，身業作字。字是色法，或眼見，或耳聞，衆生强作名字，無因緣，以是故不可見、不可書。諸法[13]常空，如虛空相，何況字説已便滅！是文[14]字陀羅尼，是諸陀羅尼門。問曰：知是陀羅尼門因緣者，應得無量無邊功德，何以但説二十？答曰：佛亦能説諸餘[15]無量無邊功德，但以廢説般若波羅蜜故，但略説二十。得强識念者，菩薩得是陀羅尼，常觀諸字相，修習憶念故，得强識念。得慚愧者，集諸善法，厭諸惡法故，生大慚愧。心得堅固者，集諸福德、智慧故，心得堅固如金剛，乃至阿鼻地獄事，尚不退阿耨多羅三藐三菩提，何況餘苦！得經旨[16]趣者，知佛五種方便説法故，名爲得經旨[17]趣：一者，知作種種門説法；二者，知爲何事故説；三者，知以方便故説；四者，知示理趣故説；五者，知以大悲心故説。得智慧者，菩薩因是陀羅尼，分別破散諸字，言語亦空，言語空故名亦空，名空故義亦空，得[18]畢竟空，即是般若波羅蜜。智慧樂説者，既得如是[19]畢竟清淨無礙智慧，以本願、大悲心，度衆生故樂説易。得陀羅尼者，譬如破[20]竹，初節既破，餘者皆易；菩薩亦如是，得是文字陀羅尼，諸陀羅尼自然而得。無疑悔心者，入諸法實[21]相中，雖

1　“智”，甲本作“智相”。
2　“阿”，甲本脱。
3　“字”，甲本作“子”，“子”爲“字”之借字。
4　“如”，甲本脱。
5　“法”，甲、宋、元、明、宮、聖本無。
6　“吒”，甲、宋、宮、聖、石本作“多”。
7　“吒”，甲、宋、元、明、宮、聖、石本作“多”。
8　“荼”，甲、宋、元、明、宮、聖、石本作“茶”。
9　“波”，甲本作“婆”。
10　“更”，甲、宋、元、明、宮、聖本無。
11　“派”，甲、聖本作“流”。
12　“而”，甲、聖本作“何”，石本無。
13　“法”，甲本作“諸”，誤。
14　“文”，甲本作“名”，誤。
15　“諸餘”，甲本脱。
16　“旨”，甲本“二日”，誤。
17　“旨”，甲本“二日”，誤。
18　“得”，甲本作“故得”。
19　“如是”，甲本作“是如”，誤倒。
20　“破”，甲、宋、元、明、宮本作“析”，聖、石本作“拆”。
21　“實”，甲本脱。

未[1]得一切智慧,於一切深法中,無疑無悔。聞善不喜[2]、聞惡不瞋者,各各分別諸字,無讚歎,無毀呰故,聞善不喜[3],聞惡不瞋。不高不下者,憎愛斷故。善巧知衆生語者,得解一切衆生言語三昧故。巧分別五衆、十二入、十八界,十二因緣、四緣、四諦者,五衆等義如先説。巧分別衆生諸根利鈍,知他心,天耳,宿命,巧説是處非處者,如十力中説。巧知往來坐起等者,如《阿鞞跋致品[4]》中所説。日月歳節者,日名從旦至旦,初分、中分、後分,夜[5]亦三分。一日一夜有三十時:春、秋分時,十五時屬晝,十五時[6]屬夜,餘時增減。五月至,晝十八時,夜十二時;十一月至,夜十八時,晝十二時。一月或三十日,或三十日半,或二十九日,或二十七日半。有四種月:一者,日月;二者,世間月;三者,月月;四者,星宿月。日月者,三十日半;世間月者,三十日;月月者,二十九日加六十二分之三十;星宿月者,二十七日,加六十七分之二十一。閏月者,從日月、世間月二事中出,是名十三月。或十二月,或十三月,名一歳。是歳三百六十六日,周而復始。菩薩知日中分時,前分已過,後分未生,中分中[7]無住處,無相可取,日分空無所有。到三十日時,二十九日已滅,云何和合成月?月無故,云何和合而爲歳?以是故,佛言:世間法如幻、如夢,但是誑心法。菩薩能知世間日、月、歳和合,能知破散無所有,是名巧分別。如是等種種分別,是名菩薩摩訶薩摩訶衍。

大智度論卷第四十八(釋第十九品)[8]。

大智度論釋發趣品第二十(卷四十九)[9]

……菩薩摩訶薩知一切法[10]無來去相,亦無有法若來若去,若[11]至若不至,諸法相不滅故。菩薩摩訶薩[12]於諸地不念、不思惟而修治地業,亦不見地。何等菩薩摩訶薩治地業?菩薩摩訶薩住初地時,行十事:一者,深心堅固,是不可得故;二者,於一切衆生中等心,衆生不可得故;三者,布施[13],與人、受人不可得故;四者,親[14]近善知識,亦不自高;五者,求法,一切法不可得故[15];六者,常出家,家不可得故;七者,愛樂佛身,相好不可得故;八者,演[16]出法教,諸法分別不可得故;九者,破憍慢法[17],生慧不可得故;十者,實語,諸語[18]不可得故。菩薩摩訶薩如是初地中住,修治十事治地業。復次,須菩提! 菩薩摩訶薩住二地中,常念八法[19]。何等

1　"未",甲本脱。

2　"喜",甲、聖本作"善"。

3　"喜",甲本作"善"。

4　"品",甲、宋、元、明、宫、聖本無。

5　"夜",甲本作"夜分"。

6　"時",甲本脱。

7　"中",甲本脱。

8　甲本終,尾題作"摩訶衍經卷第四十八□□□",題記作"比丘善慧所寫供養。"

9　本卷對應《大智度論》寫本凡4號:S.2761號(以下簡稱"甲本")、俄Дx12221號(以下簡稱"乙本")、羽210號L(以下簡稱"丙本")、俄Дx12485號(以下簡稱"丁本")。

10　甲本始。

11　"若來若去若",甲本殘。

12　"摩訶薩",甲本殘。

13　"布施",甲、宋、元、明、宫、聖本作"捨心"。

14　"親",甲、宋、宫、聖本無。

15　"故",甲本脱。

16　"八者演",甲本殘。

17　"法",甲本脱。

18　"諸語",甲本脱。

19　"法",甲本脱。

八¹？一者,戒清淨;二者,知恩報恩;三者,住忍辱;四者,受歡喜²;五者,不捨一切衆生;六者,入大悲心;七者,信師恭敬諮受;八者,勤求諸波羅蜜。須³菩提!是名菩薩摩訶薩住二地中,應滿足八法。復次,須菩提!菩薩摩訶薩住三地中行五法。何等五?一者,多學問無厭足;二者,淨法施亦不自高;三者,莊嚴佛國土⁴亦不自高;四者,受世間無量勤苦不以爲厭;五者,住慚愧處⁵。須菩提!是名菩薩摩訶薩住三地中,應滿足五法。復次,須菩提!菩薩摩訶薩住四地中⁶,應受行不捨⁷十法。何等十?一者,不⁸捨阿練若住處;二者,少欲;三者⁹,知足;四¹⁰者,不捨頭陀功德;五¹¹者,不捨戒¹²;六¹³者,穢惡¹⁴諸欲;七¹⁵者,厭世間心;八¹⁶者,捨一切所有;九¹⁷者,心不没¹⁸;十者¹⁹,不惜一切物。須菩提!是名²⁰菩薩摩訶薩住第四地中²¹不捨十法。復次,須菩提!菩薩摩訶薩住五地中,遠離十二法。何等十二?一者,遠離親白衣;二者,遠離比丘尼;三者,遠離慳惜他家;四者,遠離無益談處²²;五者,遠離瞋恚;六者,遠離自大;七者,遠離蔑²³人;八者,遠離十不善道;九者,遠離大慢;十者,遠離自用;十一者,遠離顛倒;十二者,遠離婬、怒、癡。須菩提!是爲菩薩摩訶薩住五地中遠離十二事。復次,須菩提!菩薩摩訶薩住六地中,當具足六法。何等六?所謂六²⁴波羅蜜。復有六法所不應爲。何等六²⁵?一者,不作聲聞、辟支佛意²⁶;二者,布施不應生憂心;三者,見有所索心不没;四者,所有物布施;五者,布施之後心²⁷不悔;六者,不疑深法。須菩提!是名²⁸菩薩摩訶薩住六地中應滿具²⁹六法,遠離六法。復次,須菩提!菩薩摩訶薩住七地中,二十法所不應著。何等二十?一者,不著我;二者,不著衆生;

---

1 "何等八"後,甲本衍"等"。

2 "歡喜",甲本作"喜歡"。

3 "須",甲本殘。

4 "土",甲本脱。

5 "處",甲本作"衆",誤。

6 "住四地中",甲本脱。

7 "不捨",甲本脱。

8 "不",甲本脱。

9 "三者",甲、宋、宫本無。

10 "四",甲、宋、宫本作"三"。

11 "五",甲、宋、宫本作"四"。

12 "不捨戒"後,甲、宋、元、明、宫本有"不取戒相"。

13 "六",甲、宋、宫本作"五"。

14 "惡",甲、宋、元、宫本作"污"。

15 "七",甲、宋、宫本作"六"。

16 "八",甲、宋、宫本作"七"。

17 "九",甲、宋、宫本作"八"。

18 "心不没",甲本作"不没心"。

19 "十者"前,甲、宋、宫本有"九者、不生二識處"。

20 "是名",甲本無,宋、宫本作"是爲",聖本作"名"。

21 "中",甲本無。

22 "處",甲、宋、明、宫本作"説"。

23 "蔑",甲本作"夢",誤。

24 "六",甲本脱。

25 "何等六",甲本脱。

26 "辟支佛意",甲本脱。

27 "心",甲本脱。

28 "是名",甲本脱。

29 "具",甲本作"足"。

三者,不著壽命;四者,不著衆數乃至知者見者;五者,不著斷見;六者,不著常見;七者,不應作¹相;八者,不應作因見;九者,不著名色;十者,不著五衆;十一者,不著十八界;十二者,不著十二入;十三者,不著三界;十四者,不作²著處;十五者,不作所期處;十六者,不作依處;十七者,不著依佛見;十八者,不著依法見;十九者,不著依僧見;二十者,不著依戒見。是二十法所不應著。復有二十法應具足滿。何等二十?　一者,具足空;二者,無相證;三者,知無作;四者,三分清淨;五者,一切衆生中具足慈悲智;六者,不念一切衆生;七者,一切法等觀,是中亦不著;八者,知諸法實相,是事亦不念;九者,無生法忍³;十者,無生智;十一者,說諸法一相;十二者,破分別相;十三者,轉憶想;十四者,轉見;十五者,轉煩惱;十六者,等定慧地;十七者,調意⁴;十八者,心寂滅;十九者,無礙智;二十者,不染愛。須菩提!是名菩薩摩訶薩住七地中,應具足二十法。

復次,須菩提!菩薩摩訶薩住八地中,應具足五法。何等五?順入衆生心;遊戲諸⁵神通;觀諸佛國;如所見佛國,自莊嚴其國;如實觀佛身,自莊嚴佛身;是名⁶五法具足滿。復次,須菩提!菩薩摩訶薩住八地中,復⁷具足五法。何等五?知上下諸根;淨佛世界;入如幻三昧;常入三昧⁸;隨衆生所應善根受身。須菩提!是爲菩薩摩訶薩住八地中,具足五法。復次,須菩提!菩薩摩訶薩住九地中,應具足十二法。何等十二?受無邊世界所度之分,菩薩得如是願,知諸天龍、夜叉、犍闥婆語而爲説法,處胎成就,家⁹成就,所生¹⁰成就,姓成就,眷屬成就,出生成就¹¹,出家成就,莊嚴¹²佛樹成就,一切諸善功德成滿具足。須菩提!是名菩薩摩訶薩住九地中,應具足十二法。須菩提!十地菩薩當知如佛。爾時,慧命須菩提白佛言:世尊!云何菩薩摩訶薩深心治地業?佛言:菩薩摩訶薩應薩婆若心,集諸善根,是名菩薩摩訶薩深心治地業。云何菩薩於一切衆生中等心?佛言:若菩薩摩訶薩,應薩婆若心,生四無量心¹³,所謂慈、悲、喜、捨。是名於一切衆生中等心。云何菩薩修布施?佛言:菩薩¹⁴施與一切衆生,無所分別,是名修¹⁵布施。云何菩薩親近善知識?佛言:能教¹⁶入薩婆若中住,如是善知識,親近諮受,恭敬供養,是名親近善知識。云何菩薩求法?佛言:若菩薩應薩婆若心¹⁷求法,不墮聲聞、辟支佛地,是名求法。云何菩薩常出家治地業?佛言:菩薩世世不雜心¹⁸,佛法中出家,無能障礙者,是名常出家治地業。云何菩薩愛樂佛身治地業?佛言:若菩薩見佛身相,乃至阿耨多羅三藐三菩提,終不離念佛,是名愛樂佛身治地業。云何菩薩演出法教治地業?佛言:菩薩,若佛現在¹⁹、若佛

1　"作",甲本作"住"。
2　"作",甲本作"住"。
3　"法忍",甲、宋、元、明、宫、聖本作"忍法"。
4　"調意"前,甲本有"慧地"。
5　"諸",甲本諸。
6　"名",甲、宋、宫、聖本無。
7　"復"後,甲本衍"次"。
8　"昧",甲本作"界",誤。
9　"家",甲、宋、元、明、宫本作"生"。
10　"所生",甲、宋、元、明、宫本作"家"。
11　"出生成就",甲本無。
12　"莊嚴"後,甲本有"成就"。
13　"心",甲本作"意"。
14　"菩薩",甲本脱。
15　"修",甲本脱。
16　"教",甲本作"教人"。
17　"心",甲本脱。
18　"不雜心"後,甲本有"出家"。
19　"佛現在",甲、宋、元、明、宫、聖本作"現在佛"。

滅度後,爲衆生説法,初、中、後善,妙義好語,淨潔[1]純具[2],所謂修姤路乃至優婆提舍[3],是名演出法教治地業。云何菩薩破於憍慢治地業？佛言：菩薩破是憍慢故,終不生下賤家,是名[4]破於憍慢治地業。云何菩薩實語治地業？佛言：菩薩如所[5]説,隨説[6]行,是名[7]實語治地業。是爲菩薩摩訶薩住初[8]地中,修行十事治地業。

【論】釋曰[9]：須菩提上問摩訶衍,佛種種答摩訶衍相；上又問發趣大乘者,今答發趣大乘相。菩薩摩訶薩乘是乘,知一切法,從本已來,不來不去,無動無發,法性常住故。又以大悲心故,精進波羅蜜故,方便力故,還修諸善法；更求勝地而不取[10]地相,亦不見此地。問曰：應答發趣大乘,何以説發趣地？答曰：大乘即是地；地有十分,從初地至二地,是名發趣。譬如乘馬趣象,捨馬乘象,乘象趣龍,捨象乘龍。問曰：此中是何等十地？答曰：地有二種：一者,但菩薩地；二者,共地。共地者,所謂乾慧地乃至佛地。但菩薩地者,歡喜地、離垢地、有光地、增[11]曜地、難勝地、現在地、深入地、不動地、善根[12]地、法雲地。此地相,如《十地經》中廣説。入初地菩薩應行十法,深心乃至實語。須菩提雖知,爲斷衆生疑故,問世尊：云何是深心？佛答：應薩婆若心,集諸善根。薩婆若心者,菩薩摩訶薩,初發阿耨多羅三藐三菩提意,作是願：我於未來世當作佛！是阿耨多羅三藐三菩提意,即是應薩婆若心。應者,繫心願我當作佛。若菩薩利根,大集福德,諸煩惱薄,過去罪業少,發意即得深心。深心者,深樂佛道[13],世世[14]於世間心薄,是名應薩婆若心。所作一切功[15]德,若布施,若[16]持戒,若修定等[17],不求今世後世福樂、壽命、安隱,但爲薩婆若。譬如慳貪人無因緣,乃至一錢不施,貪惜積聚,但望增長；菩薩亦如是,福德若多若少,不向[18]餘事,但愛惜積集,向薩婆若。問曰：是菩薩未知薩婆若,不得其味,云何能得深心？答曰：我先已[19]説,此人若利根,諸煩惱薄,福德純厚,不樂世間,雖未聞讚歎大乘,猶[20]不樂世間,何況已聞！如摩訶迦葉,娶金色女爲妻,心不愛樂,棄捨出家。又如耶舍長者子,中夜見衆綵[21]女皆如死狀,捨直十萬兩金寶屐於水岸[22]邊,直渡[23]趣佛。如是等諸[24]貴人、國王,厭捨五欲者無數,何

1　"潔",甲本作"結","結"爲"潔"之借字。

2　"純具",甲、宫本作"具滿"。

3　"優婆提舍",甲本作"憂婆提舍",宋、元、明、宫、聖本作"優波提舍",石本作"憂波提舍",皆爲異譯詞。

4　"是名"後,宋、元、明、宫本有"菩薩"。

5　"所"後,甲本衍"所"。

6　"隨説",甲、宋、元、明、宫、聖本作"如所"。

7　"名",甲本脱。

8　"住初",甲、宋、宫、聖本作"初住"。

9　"論釋曰",甲、宋、宫、聖本作"論者言",元、明本作"論論者言"。

10　"取",甲本作"趣",誤。

11　"增",甲本作"憎","憎"爲"增"爲借字。

12　"根",甲、宋、元、明、宫本作"相"。

13　"道",甲本脱。

14　"世世",甲、聖本無。

15　"功",甲本脱。

16　"若",甲本脱。

17　"等",甲本作"時"。

18　"向",甲本作"同",誤。

19　"已",甲本作"以","以"通"已"。

20　"猶",甲本作"但"。

21　"綵",原作"婇",誤,兹據聖本改,甲本作"采","采"爲"綵"之古字。

22　"岸",甲本作"渠"。

23　"渡",甲、聖本作"度","渡"通"度"。

24　"諸",甲本脱。

況菩薩聞說佛道種種功德因緣，而不即時發心深入！如後[1]《薩陀波崙[2]品》中，長者女聞讚歎佛功德，即時捨家，詣曇無竭所。復次，信等五根成就純[3]熟故，能得是深心。譬如小兒，眼等五情根未成就故，不別五塵，不識好醜；信等五根未成就，亦復如是，不識善惡，不知縛解，愛樂五欲，沒於邪見。信等五根成就者，乃能識別善惡。十善道、聲聞法猶尚愛樂，況無上道而不深念！初發無上道心，已於世間最上，何況成就！復次，菩薩始得般若波羅蜜氣味故，能生深心。如人閉在幽闇，微隙[4]見光[5]，心則踊躍，作是念言：眾人獨得見如是光明，欣悅愛樂，即生深心，念是光明，方便求出！菩薩亦[6]如是，宿業因緣故，閉在十二入無明黑闇獄中，所有知見，皆是虛妄；聞般若波羅蜜，少得氣味，深念薩婆若：我當云何於此六情獄得出，如諸佛聖人！復次，發阿耨多羅三藐三菩提心[7]，隨願所行，以是故生深心。深心者，一切諸法中愛，無如愛薩婆若；一切眾生中愛，無如愛佛。又深入[8]悲心，利益眾生。如是等名深心相，初地菩薩應常行是心。於一切眾生等心者，菩薩得是深心已，等心於一切眾生。眾生常情，愛其所親，惡其所憎；菩薩得深心故，怨親平等，視之無二。此中佛自說：等心者，四無量心是。菩薩見眾生受樂，則生慈、喜心，作是願：我當令一切眾生皆得佛樂！若見眾生受苦，則生悲心愍之，作是願：我當拔一切眾生苦！若見不苦不樂眾生，則生捨心，作是願：我當令眾生捨愛憎[9]心！四無量心餘義，如先說。捨心者，捨[10]有二種：一者，捨財行施；二者，捨結得道。此以除慳爲捨，與第二捨結作因緣，至七地中乃能捨結。問曰：捨相有種種，內外、輕重，財施、法施[11]，世間、出世間等，佛何以故但說無分別憶想出世間施？答曰：布施雖有種種相，但說大者不取相。復次，佛於一切法不著，亦以此教菩薩布施，令如佛法不著，此中應廣說無分別布施；餘布施相，處處已種種說。近善知識義，如先說。求法者。法有三種：一者，諸法中無上，所謂涅槃；二者，得涅槃方便，八聖道；三者，一切善語實語，助八聖道者，所謂八萬四千法眾；十二部經；四藏——所謂阿含，阿毘曇，毘尼，雜藏；摩訶般若波羅蜜等諸摩訶衍經。皆名爲法。此中求法者，書寫、誦讀[12]、正憶念，如是等治眾生心病故，集諸法藥，不惜身命。如釋迦文佛[13]，本爲菩薩時，名曰樂法。時世無佛，不聞善語，四方求法，精勤不懈，了不能得。爾時，魔變作婆羅門而語之言：我有佛所說一偈，汝能以皮爲紙，以骨爲筆，以血爲墨，書寫此偈，當以[14]與汝！樂法即時自念：我世世喪身無數，不得是利，即自剝皮曝[15]之令乾[16]，欲書其偈，魔便滅身。是時，佛知其至心，即從下方踊出，爲說深法，即得無生法忍。又如薩陀波崙苦行求法。如釋迦文菩薩，五百釘釘身，爲求法故。又如金堅王，割身五百處

1　“後”，甲本無。

2　“薩陀波崙”，甲本作“薩陀波倫”，聖本作“薩陀波淪”，皆爲異譯詞。下同，不復出校。

3　“純”，甲本作“淳”。

4　“隙”，甲本脫。

5　“光”，甲本作“光明”。

6　“亦”，甲本作“亦復”。

7　“心”，甲、宋、元、明、宮、聖、石本無。

8　“入”，甲本作“心”。

9　“憎”，甲本作“增”，“增”通“憎”。

10　“捨”，甲本脫。

11　“法施”，甲本脫。

12　“誦讀”，甲、元、明本作“讀誦”。

13　“釋迦文佛”，甲本作“釋迦文尼佛”，聖本作“釋迦牟佛”，異譯詞。

14　“以”，甲本無。

15　“曝”，甲本作“暴”，“暴”爲“曝”之古字。

16　“乾”，甲本作“干”，“干”通“乾”。

爲燈炷[1]，投巖入火。如是等種種苦行、難行，爲衆生[2]求法。復次，佛自說求法[3]相：爲薩婆若，不墮聲聞、辟支佛地。常出家者，菩薩知在家有種種罪因緣：我若在家，自不能得行清淨行，何能令人得諸淨行？若隨在家法，則有鞭杖等苦惱衆生；若隨善法行，則破居家法。籌量二事：我今不出家者，死時俱亦當捨，今自遠離，福德爲大！復次，菩薩作是念：一切國王及諸貴人，力勢如天，求樂未已，死强奪之。我今爲衆生故捨家，持清淨戒，求佛道，具足尸羅[4]波羅蜜因緣。此中佛自說：菩薩世世不雜心出家。不雜心者，不於九十六種道中出家，但於佛道中出家。所以者何？佛道中有二種正見：世間正見，出世間正見故。愛樂佛身者，聞種種讚佛功德：十力、四無所畏、大慈大悲、一切智慧；又見佛身三十二相，八十種隨形好，放大光明，天人供養，無有[5]厭足。自知[6]：我當來[7]世，亦當如是。假令無得佛因緣，猶尚愛樂，何況當得而不愛樂！得是深心愛樂佛故，世世常得[8]值佛。演出法教者，菩薩如上求法已，爲衆生演[9]說。菩薩在家者，多以財施；出家[10]者，愛佛情重，常以法施。若佛在世、若不在世，善住持戒，不求名利，等心一切衆生而爲說法。讚歎檀義故，名爲初善；分別讚歎持戒，名爲中善；是二法果報，若生諸佛國[11]，若作大天，名爲後善。復次，見三界、五受衆身多苦惱，則生厭離心，名爲初善；棄捨居家，爲身離故，名[12]爲中善；爲心離煩惱故，名爲後善。解說[13]聲聞乘，名爲初善；說辟支佛乘，名爲中善；宣暢大乘，名爲後善。妙義好語者，三種語：雖復辭妙而義味淺薄，雖義理深妙而辭不具足，以是故說妙義好語。離三毒垢故，但說正法，不雜非法，是名清淨。八聖道分、六波羅蜜備故，名爲具足。修多羅十二部經，如先說。破憍慢者，是菩薩出家持戒，說法能斷衆疑，或時自恃[14]而[15]生憍慢；是時應作是[16]念：我剃頭著染衣，持鉢乞食，此是破憍慢法，我云何於中生憍慢？又此憍慢，在人心中，則覆沒功德，人所不愛，惡聲流布；後身常生弊惡畜生中，若生[17]人中卑鄙下賤——知是憍慢有如是無量過罪。破是憍慢，爲求阿耨多羅三藐三菩提故；如人求財，猶尚謙遜下意，何況求無上道！以破憍慢故，常生尊貴，終不在下賤家生。實語者，是[18]諸善之本，生天因緣，人所信受。行是實語者，不假布施、持戒、學問，但修實語，得無量福。實語者，如說隨[19]行。問曰：口業有四種，何以[20]但說實語？答曰：佛法中貴實故，說實餘皆攝；四諦實故，得涅槃。復次，菩薩與衆生共事，惡口、綺語、兩舌、或時有[21]；妄語罪重故，初地應捨。是菩薩行初地，

---

1 "炷"，甲本作"柱"。

2 "衆生"後，甲本有"故"。

3 "法"，甲本脫。

4 "尸羅"，甲本作"尸"，異譯詞。

5 "有"，甲本無。

6 "知"，甲本脫。

7 "來"，甲本作"未"，誤。

8 "常得"，甲本作"得常"。

9 乙本始。

10 "家"，乙本殘。

11 "國"，甲、乙本作"國土"。

12 "名"，甲本作"日"，誤。

13 "說"，甲、乙、石本作"脫"，誤。

14 "斷衆……自恃"七字，乙本殘。

15 "而"，甲、乙本作"所"。

16 乙本終。

17 "生"，甲本脫。

18 "是"，甲本無。

19 "隨"，甲本作"修"。

20 "何以"，甲本作"何以故"。

21 "有"，甲、宋、元、明、宫、石本作"能有"。

未能具足行此四業故，但説實語；第二地中則能具足。問曰：初地中何以但説十事？答曰：佛爲法王，諸法中得自在，知是十法，能成初地。譬如良醫，善知藥草種數，若五若十，足能破病，是中不應難其多少。（初地竟[1]。）

【經】[2]云何菩薩戒清淨？若菩薩摩訶薩，不念聲聞、辟支佛心，及諸破戒障佛道法，是名[3]戒清淨。云何菩薩知恩報恩？若菩薩摩訶薩行菩薩道，乃至小恩尚不忘[4]，何況多！是名知恩報恩。云何菩薩住忍辱力？若菩薩於一切衆生無瞋無惱，是名住忍辱力。云何菩薩受歡喜？所謂成就衆生，以此爲喜，是名受歡喜。云何菩薩不捨一切衆生？若菩薩念欲救一切衆生故，是名不捨一切衆生。云何菩薩入大[5]悲心？若菩薩如[6]是念：我爲一一衆生故，如恒河沙等劫地獄中受勤苦，乃至是人得佛道、入涅槃。如是名爲爲一切十方衆生忍苦，是名入大悲心。云何菩薩信師恭敬諮受？若菩薩於諸師，如世尊想，是名信師恭敬諮受。云何菩薩勤求諸波羅蜜？若菩薩一心求諸波羅蜜無異事，是名勤求諸波羅蜜。是爲[7]菩薩摩訶薩住二地中滿足八法。云何菩薩摩訶薩多學問無厭足？諸佛所説法，若是此[8]間世[9]界，若十方世界諸佛所説，盡欲聞持，是名多學問無厭足。云何菩薩淨法施？有所法施，乃至不求阿耨多羅三藐三菩提，何況餘事！是名不求名利法施[10]。云何菩薩淨佛世界？以諸善根迴向淨佛世界，是名淨佛[11]世界。云何菩薩受世間無量勤苦不以爲厭？諸善根備具故，能成就衆生亦莊嚴佛界，乃至具足薩婆若，終不疲厭，是名受無量勤苦不以爲厭。云何菩薩住慚愧處？恥諸聲聞、辟支佛意，是名住慚愧處。是爲菩薩摩訶薩住三地中滿足五法。云何菩薩不捨阿蘭若住處？能過聲聞辟支佛地，是名不捨阿蘭若住處。云何菩薩少欲？乃至阿耨多羅三藐三菩提尚不欲，何況餘欲！是名少欲。云何菩薩知足？得一切種智，是名知足。云何菩薩不捨頭陀功德？觀諸深法忍，是名不捨頭陀功德。云何菩薩不捨戒？不取戒相，是名不捨戒。云何菩薩穢惡諸欲？欲心不生故，是名穢惡諸欲。云何菩薩厭世間心？知一切法不作[12]故，是名厭世間心。云何菩薩捨一切所有？不惜内外諸法故，是名捨一切所有。云何菩薩心不没？二種識處心不生故，是名心不没。云何菩薩不惜一切物？於一切物[13]不著不念，是名不惜一切物。是爲菩薩於四地中不捨十法。云何菩薩遠[14]離親白衣？菩薩出家所生，從一佛界至一佛界，常出家、剃頭、著[15]染衣，是名[16]遠離親白衣。云何菩薩遠離比丘尼？不共比丘尼住，乃至彈指頃亦不生[17]念，是名遠離比丘尼。云何菩薩遠離慳惜他家？菩薩如是思惟：我應安樂衆生，他今助我安樂，云何生慳？是名遠離慳惜他家。云何菩薩遠離無益談處？若有談處，或生聲聞、辟支佛心，我當遠離，是名遠離無益談處。

1　“竟”，甲本脱。
2　“經”，甲、宋、宫、聖本無。下同，不復出校。
3　“名”，甲本作“爲”。
4　“忘”，甲本作“妄”，“妄”爲“忘”之借字。
5　“大”，甲本作“大慈”。
6　“如”，甲本作“知”，誤。
7　“爲”，甲本作“名”。
8　“此”，甲、宫、聖、石本無。
9　“間世”，甲本作“世間”。
10　“名利”後，甲本衍“云何”。
11　“佛”，甲本脱。
12　“作”，甲本作“住”。
13　“於一切”，甲本脱。
14　“遠”，甲本無。
15　“著”，甲本脱。
16　“名”，甲本作“爲”。
17　“生”，甲本脱。

云何菩薩遠離瞋恚? 不令瞋心、惱心、鬬心得入,是名遠離瞋恚。云何菩薩遠離自大? 所謂不見内法故,是名遠離自大。云何菩薩遠離蔑[1]人? 所謂不見外法故,是名遠離蔑[2]人。云何菩薩遠離十不善道? 是十不善道[3]能障八聖道,何況阿耨多羅三藐三菩提! 是名遠離十不善道。云何菩薩遠離大慢? 是菩薩不見法可作大慢者,是名遠離大慢。云何菩薩遠離自用? 是菩薩不見是法可自用者,是名遠離自用。云何菩薩遠離顛倒? 顛倒處不可得故,是名遠離顛倒。云何菩薩遠離婬、怒、癡? 婬、怒、癡處不可見故,是名遠離婬、怒、癡處[4]。是爲菩薩住五地中遠離十二法。云何菩薩住六地中具足六法? 所謂六波羅蜜。諸佛及聲聞、辟支佛,住六波羅蜜中,能度彼岸是名具足六法。云何菩薩不作聲聞、辟支佛意? 作是念: 聲聞、辟支佛意,非阿耨多羅三藐三菩提道。云何菩薩布施不生憂心? 作是念: 此非阿耨多羅三藐三菩提道。云何菩薩見有所索心不没? 作是念: 此非阿耨多羅三藐三菩提道。云何菩薩所有物布施? 菩薩初發心時布施,不言是可與是不可與。云何菩薩布施之後心不悔? 慈悲力故。云何菩薩不疑深法? 信功德力故。是爲菩薩住六地中遠離六法。

【論】者言:戒清淨者,初地中多行布施,次知持戒勝於布施,所以者何? 持戒則[5]攝一切衆生,布施則不能普周一切。持戒遍滿無量——如不殺生戒,則施一切衆生命;如衆生無量無邊,福德亦無量無邊。略説諸能破佛道事,此中皆名破戒;離是破戒垢,皆名清淨。乃至聲聞,辟支佛心,尚是戒垢,何況餘惡! 知恩報恩者,有人言: 我宿世福德因緣應得。或言: 我自然尊貴,汝有何恩? 墮是邪見,是故佛説: 菩薩當知恩! 衆生雖有宿世樂因,今世事不和合,則無由得樂。譬如穀種在地,無雨則不生,不可以地能生穀故,言雨[6]無恩。雖所受之物,是宿世所種;供奉之人,敬愛好心,豈[7]非恩分? 復次,知恩者,是大悲之本,開善業初門,人所愛敬,名譽遠聞,死則生天,終成佛道。不知恩人,甚於畜生! 如《佛説本生經》:有人入山伐木,迷惑失道,時值暴雨,日暮[8]飢寒,惡虫毒獸,欲來侵害。是人入一石窟,窟中有一大熊,見之恐怖而出。熊語之言:汝勿恐怖! 此舍温煖,可於中宿。時連雨七日,常以甘果美水,供給此人。七日雨止,熊將此人,示[9]其道逕。熊語人言:我是罪身,多有怨家,若有問者,莫言見我! 人答言:爾! 此人前行,見諸獵者。獵者問言[10]:汝從何來? 見有衆[11]獸不? 答言:我見一大熊,此熊[12]於我有恩,不得[13]示汝! 獵者言:汝是人,當以[14]人類相親,何以惜熊? 今一失道,何時復來? 汝示我者,與汝多分! 此人心變,即將獵者示熊處所,獵者殺熊,即以多分與之。此人展手取肉,二肘俱墮。獵者言:汝有何罪? 答言:是熊看我,如父視子,我今背恩,將是此罪!

1　"蔑",甲本作"夢",誤。

2　"蔑",甲本作"夢",誤。

3　"是十不善道",甲本脱。

4　"處",甲本脱。

5　"則",甲本無。

6　"雨",甲本脱。

7　"豈",甲本脱。

8　"暮",甲本作"暴",誤。

9　"示",甲本作"視","視"通"示"。

10　"言",甲本作"曰"。

11　"衆"後,甲本衍"生"。

12　"熊",甲本作"能",誤。

13　"不得",甲本作"我不得"。

14　"以",甲本作"與"。

獵者恐怖，不敢食肉，持施衆僧。爾時，上座[1]六通阿羅漢語諸下座[2]：此是[3]菩薩，未來世當得作佛，莫食此肉！
即時起塔供養。王聞此事，勅下國內，不知恩人，無令住此！又以[4]種種因緣讚知恩者，知恩[5]之義，遍閻浮提，
人皆信行。復次，菩薩作是念：若人有惡事於我，我猶尚應度，何況於我有恩！住忍辱力者，如忍波羅蜜中
廣說。問曰：種種因緣是忍辱相，此中何以但說不瞋不惱？答曰：此是忍辱體，先起瞋心，然後身口惱他。
是菩薩初行故，但說衆生忍，不說法忍。受歡喜者，菩薩見是持戒故，身口清淨；知恩忍辱故，心清淨；三業
清淨故，則自然生[6]歡喜。譬如人香湯沐，浴著好新衣，瓔珞莊嚴，鏡中自觀，心生歡喜。菩薩亦[7]如是，得是
善法自[8]莊嚴：戒是禪定、智慧根本，我今得是[9]淨戒，無量無邊福德皆應易得，以是自喜。菩薩住是戒忍中，
教化衆生，令得生他方佛前，及生天上人中受樂；或令得聲聞、辟支佛乘、佛乘者。觀衆生樂著，如長者觀小
兒共戲，亦與之同戲，更以少異物與之，令捨前所好；菩薩亦如是，教化衆生，令得人天福樂，漸漸誘進，令得
三乘。以是故言受歡喜樂。不捨一切衆生者，善修集[10]大悲心，誓度衆生故，發心牢[11]固故，不爲諸佛賢聖所
輕笑故，恐負一切衆生故不捨；譬如先許人物，後若不與，則是[12]虛妄罪人！以是因緣故，不捨衆生。入大悲
心者，如先說。此中佛自說：本願大心爲衆生故，所謂爲一一人故，於無量劫代[13]受地獄苦，乃至令是人集行
功德作佛，入[14]無餘涅槃。問曰：無有代[15]受罪者，何以作是願？答曰：是菩薩弘大之心，深愛衆生，若有代[16]理，
必代[17]不疑。復次，菩薩見人間有天祠[18]，用人肉血五藏祀羅刹鬼，有人代[19]者則聽。菩薩作是念：地獄中若當
有如是代[20]理，我必當代[21]！衆人聞菩薩大心如是，則貴敬尊重之。所以者何？是菩薩深念衆生，踰[22]於慈母故。
信師恭敬諮受者，菩薩因師得阿耨多羅三藐三菩提，云何不信恭[23]敬供養師？雖智德高明，若不恭敬供養，則
不能得大利；譬如深井美水，若無綆者，無由得水。若破憍慢高心，宗重敬伏，則功德大利歸之。又如雨墮，
不住山頂，必歸下處。若人憍心自高，則法水[24]不入；若恭敬善師，則功德歸之。復次，佛說依止善師，持戒、
禪定、智慧、解脫，皆得增長；譬如衆樹依於雪山，根、莖、枝、葉、華、果，皆得茂盛。以是故，佛說：於諸師宗，

1　"座"，甲本作"坐"，"坐"爲"座"之古字。
2　"座"，甲本作"坐"，"坐"爲"座"之古字。
3　"是"，甲本脫。
4　"以"，甲、聖本無。
5　"恩"，原作"思"，誤，茲據甲本改。
6　"生"，甲本無。
7　"亦"，甲本作"亦復"。
8　"自"，甲本脫。
9　"是"，甲本無。
10　"集"，甲、宋、元、明、宮本作"習"。
11　"牢"，甲本作"堅"。
12　"則是"，甲本作"是則"。
13　"代"，甲本作"伐"，誤。
14　"入"，甲本脫。
15　"代"，甲本作"伐"，誤。
16　"代"，甲本作"伐"，誤。
17　"代"，甲本作"伐"，誤。
18　"祠"，甲本作"祀"。
19　"代"，甲本作"伐"，誤。
20　"代"，甲本作"伐"，誤。
21　"代"，甲本作"伐"，誤。
22　"踰"，甲本作"喻"，"喻"爲"踰"之借字。
23　"恭"，甲、宋、宮本無。
24　"水"，甲、宋、元、明、宮、聖本無。

敬之如佛。問曰：惡師云何得供養信受？善師不能視[1]之如佛，何況惡師！佛[2]何以故此中説：於諸師尊，如世尊想？答曰：菩薩不應順世間法[3]！順世間法者[4]，善者心著，惡者遠離；菩薩[5]則不然，若有能開釋深義，解散疑[6]結，於我有益，則盡心敬之，不念餘惡。如弊囊盛寶，不得以囊惡故，不取其寶；又如夜行嶮道，弊人執炬，不得以人惡故，不取其照。菩薩亦如是，於師得智慧光明，不計其惡。復次，弟子應作是念：師行般若波羅蜜，無量方便力，不知以何因緣故，有此惡事？如薩陀波崙聞空中十方佛教：汝於法師，莫念其短，常生敬畏[7]！復次，菩薩作是念：法師好惡，非是我事；我所求者，唯欲聞法以自利益。如泥像、木像，無實功德，因發佛想故，得無量福德，何況是人智慧方便能爲人説！以是故，法師有過，於我無咎。如世尊想者，我先説：菩薩異於世人；世人分別好醜：好者愛著，猶不如佛；惡者輕慢，了不比數。菩薩則不然，觀諸法畢竟空，從本已來，皆如無餘涅槃相；觀一切衆生，視之如佛，何況法師有智慧利益！以能作佛事故，視之如佛。勤求諸波羅蜜者，菩薩作是念：是[8]六波羅蜜，是無上正真道因緣，我當一心行是因緣。譬如商人、農夫，隨所適國土，所須之物，地之所宜種子，勤修求辦，事無不成；又[9]如今世行布施後得大富，持戒後得尊貴，修禪定、智慧得道。菩薩亦如是[10]，行六波羅蜜則得成[11]佛。勤求道[12]者，常一心勤求六波羅蜜。所以者何？若軟心漸進，則爲煩惱所覆，魔人所壞。以是故佛説：於二地中勤求莫懈！（二地竟）多學問無厭足者，菩薩知多學問，是智慧因緣，得智慧則能分別行道；如人有眼，所至無礙。是故菩薩作是願：十方諸佛有所説法，我盡受持！聞持[13]陀羅尼力故，得清淨[14]天耳力故，得不忘[15]陀羅尼力故。譬如大海，能受持一切十方諸水；菩薩亦如是，能受持十方諸佛所説之法。淨法施者，如苗中生草，除穢則茂；菩薩亦如是，法施時不求名利、後世果報，乃至爲衆生故，不求小乘涅槃，但以大悲於衆生隨佛轉法輪。法施相，莊嚴佛國相，受世間無量勤苦，住慚愧處，不捨阿蘭若住處，少欲，知足，如先説。問曰：種種因緣，在生死中不厭；何以故但二因緣説不厭？答曰：是善根備具故，在生死中苦惱薄少；譬[16]人有瘡[17]，良藥塗之，其痛差少。菩薩得[18]善根清淨故，今世憂愁、嫉妒、惡心等，悉皆[19]止息；若更受身，得善根果報，自受福樂，亦種種因緣利益衆生。隨其所願，自淨世界，世界嚴淨，勝於天宮，視之無厭，能慰[20]釋大菩薩心，何況凡夫！以是故，雖有多因緣，但説二事無厭。慚愧雖有種種，此中大者，聲聞、辟支佛心。菩薩發心，欲廣度一切衆生，得少苦惱，便欲獨取涅槃，是可慚愧！譬如有

1　“視”，甲本作“親”，誤。
2　“佛”，甲本脱。
3　“不應順世間法”，甲本作“不應順世間世間法者”。
4　“順世間法者”，甲本無，石本作“世間法者”。
5　“菩薩”，甲本脱。
6　“疑”，甲本脱。
7　“敬畏”，甲本作“恭敬”。
8　“是”，甲本無。
9　丙本始。
10　丙本終。
11　“成”，甲本作“成就”。
12　“道”，甲、宋、元、明、宫、聖本無。
13　“聞持”，甲本脱。
14　“得清淨”，甲、宋、元、明、宫本作“清淨”，聖本作“得淨”。
15　“忘”，甲本作“妄”，“妄”爲“忘”之借字。
16　“譬”，甲本作“譬如”。
17　“瘡”，甲、石本作“創”，“創”通“瘡”。
18　“得”，甲本無。
19　“悉皆”，甲本作“皆悉”。
20　“慰”，甲本作“尉”，“尉”爲“慰”之古字。

人大設餚饍,請呼衆人,慳恪心起,便自獨食,其可慚愧!（三地[1]竟）不捨阿蘭若住處者,離衆獨住,若過聲聞、辟支佛心,是名離衆[2]。一切法[3]以無所得空故,不取不著相,乃至阿耨多羅三藐三菩提,亦不取,用無有著心故。菩薩常集諸功德無厭足,得無上道則足,更[4]無勝法故。飲食、衣服、卧具知足者,是善法因緣,不以爲要,故不説[5]。不捨頭陀功德者,如後《覺魔品》中説。無生法忍,此中以無生法忍爲頭陀。菩薩住於順忍,觀無生法[6]忍。是十二頭陀,爲持戒清淨故,持戒清淨爲禪定故,禪定[7]爲智慧故,無生忍法[8]即是真智慧;無生法忍是頭陀果報,果中説因故。不捨戒:不取戒相者,是菩薩知諸法實相故,尚不見持戒,何況破戒!雖種種因緣不破戒,此最爲大,入空解脱門故[9]。污穢諸欲者,如先説。此中佛説:知是心相,虚誑不實故,乃至不生欲心,何況受欲!厭世間心者,如世間不可樂相中説;此中佛説厭心果報,所謂無作解脱門。捨一切所有者,如先説。不没心者,先已種種因緣説,菩薩聞是不没不畏相。不生二識處者,二識處,所謂眼、色中,不生眼識,乃至意、法中不生意識。菩薩住是不二門中,觀六識所知,皆是虚誑無實。作大誓願[10]:令一切衆生住不二法中,離是六識。不惜一[11]切物者,不惜一切物[12]中,雖有種種因緣[13],此因緣最大,所謂菩薩知一切法畢竟空,不[14]憶念,滅一切取相,是故於受者不求恩惠,施[15]中無高心,如是其[16]清淨檀波羅蜜。(四地竟)遠離[17]親白衣[18]者,行者以妨道故出家,若復習近白衣,則與本無異。以是故,行者先求自度,然後度人;若未能自度而欲度人者,如不知浮人,欲救於溺,相與俱没!是菩薩遠離親白衣,則能集諸清淨功德;深念佛故,變身至諸佛國。出家剃頭著染衣,所以者何?常樂出家法,不樂習近白衣故。遠離比丘尼者,如《初品》中説。問曰:菩薩等心視一切衆生,云何不得共住?答曰:是菩薩未得阿鞞跋致[19],未斷諸漏、集諸功德,人所樂著,以是故不得共住。又爲離人誹謗,若誹謗者墮地獄故[20]。遠離慳惜他家者,菩薩作是念:我自捨家,尚不貪不惜,云何貪惜他家?菩薩法欲令一切衆生得樂,彼人助我與衆生樂,云何慳惜?衆生先世福德因緣,今世少有功夫,故得供養,我何以慳嫉?遠離無益談説者,此即是綺語,爲自心、他心解愁事,説王法事、賊事,大海、山林、藥草、寶物,諸方國土,如是等事,無益於福、無益於道。菩薩愍念:一切衆生没在無常苦火,我當救濟,

1　"地",甲本作"住",誤。

2　"衆",甲本脱。

3　"一切法"前,甲本有"於"。

4　"更",甲本作"受",誤。

5　"不説",甲本脱。

6　"法",甲、宋、元、明、宫、聖本無。

7　"禪定",甲本脱。

8　"忍法",甲、宫、石本作"法忍"。

9　"故",甲本脱。

10　丁本始。

11　"切衆……惜一"十五字,丁本殘。

12　"物",甲本脱。

13　"惜一……因緣"十一字,丁本殘。

14　"謂菩……空不"十一字,丁本殘。

15　"取相……惠施"十二字,丁本殘。

16　"具",甲本作"具足"。

17　"具清……遠離"十二字,丁本殘。

18　丁本終。

19　"阿鞞跋致",甲本作"阿毗跋致",異譯詞。

20　"若誹……獄故"八字,甲本作"者墮地獄"。

云何安坐空説無益之事？如人失火，四邊俱起，云何安處[1]其内，語説餘事[2]？此中佛説：若説聲聞、辟支佛事，猶爲無益之言，何況餘事！遠離瞋恚者，心中初生名瞋心，以未定故；瞋心增長事定，打斫[3]殺害，是名[4]惱心；惡口讒謗，是名[5]訟心；若殺害打縛等，是名鬭心[6]。菩薩大慈悲衆生故，則不生是心，常防[7]此惡心，不令得入。遠離自大、蔑人者，不見内、外法，所謂受五衆、不受五衆。遠離十不善道者，菩薩觀十不善道中過罪種種因緣，如先説。此中佛説：十不善道破小乘，何況大乘！遠離大慢者，菩薩行十八空，不見諸法定[8]有大小相。遠離自用者，拔七種憍慢根本故，又[9]深樂善法故。遠離顛倒者，一切法中，常、樂、淨、我不可得故。遠離三毒者，三毒[10]義如先説。又此三毒所緣，無有定相。（五地竟）六波羅蜜者，如先説。此中佛説：三乘之人，皆以此六波羅蜜得到彼岸。問曰：此是菩薩地，何以故[11]説聲聞、辟支佛得到彼岸？答曰：佛今説六波羅蜜，多有所能，大乘法中則能含受小乘，小乘則不能。是菩薩住六地中，具足六波羅蜜；觀一切諸法空，未得方便力，畏墮聲聞、辟支佛地，佛將護故説：不應生聲聞、辟支佛心。菩薩深念衆生故，大悲心故，知一切諸法畢竟空故，施時無所惜，見有求者，不瞋不憂；布施之後，心亦不悔。福德大故，信力亦大，深清淨信敬諸佛；具足六波羅蜜，雖未得方便、無生法忍、般舟三昧，於深法中亦無所疑，作是念：一切論議皆有過罪！唯佛智慧，滅諸戲論，無有闕失故，而能以方便修諸善法，是故不疑。（六地竟）

大智度論卷第四十九[12]。

大智度論釋發趣品第二十之餘（卷五十）[13]

龍樹菩薩造

後秦龜茲國三藏鳩摩羅什譯[14]

【經】[15]云何菩薩不著我？畢竟無我故。云何菩薩不著衆生、不著壽命、不著衆數，乃至知者、見者？是諸法畢竟不可得故。云何菩薩不著斷見？無有法斷，諸法畢竟不生故。云何菩薩不著常見？若法不生，是不作常。云何菩薩不應取相？無諸煩惱故。云何菩薩不應作因見？諸見不可得故。云何菩薩不著名色？名色處相無故。云何菩薩不著五衆、不著十八界、不著十二入？是諸法性無故。云何菩薩不著三界？三界性無故。云何菩薩不應作著心？云何菩薩不應作願？云何菩薩不應作依止？是諸法性無故。云何菩薩不著

1　"處"，甲本作"坐"。

2　"語説餘事"，甲本作"語餘"。

3　"斫"，甲、聖本作"破"，誤。

4　"名"，甲本脱。

5　"名"，甲本脱。

6　"心"，甲、宋、元、明、宫、聖、石本無。

7　"防"，甲本作"妨"，誤。

8　"定"，甲本作"空"，誤。

9　"又"，甲本作"又作"。

10　"毒"，甲本脱。

11　"故"，甲、宋、元、明、宫、聖、石本無。

12　甲本終，尾題作"摩訶衍經卷第四十九品第十九"。

13　本卷對應《大智度論》寫本凡9號：S.5119號（以下簡稱"甲本"）、S.4953號（以下簡稱"乙本"）、S.4954號（以下簡稱"丙本"）、俄Дx14274號（以下簡稱"丁本"）、俄Дx14512號（以下簡稱"戊本"）、俄Дx03580號（以下簡稱"己一"）、俄Дx17631號（以下簡稱"己二"）、MS00530號（以下簡稱"庚本"）、S.5955號（以下簡稱"辛本"，所抄分屬《大正藏》本卷五十、五十一）。

14　甲本始。"大智度……譯"三十三字，甲本作"大智論釋第十九品下訖第二十品卷第五十"。

15　"經"，甲、宋、宫、聖本無。下同，不復出校。

依佛見？作依見，不見佛故。云何菩薩不著依法見？法不可見故。云何菩薩不著依僧見？僧相無爲，不可依故。云何菩薩不著依戒見？罪、無罪不著故。是爲菩薩住七地中，二十法所不應著。云何菩薩應具足空？具足諸法自相空故。云何菩薩無相證？不念諸相故。云何菩薩知無作？於三界中不作故。云何菩薩三分清淨？十善道具足故。云何菩薩一切衆生中慈悲智具足？得大悲故。云何菩薩不念一切衆生？淨佛[1]世界具足故。云何菩薩一切法等觀？於諸法不損益故。云何菩薩知諸法實相？諸法實相無知故。云何菩薩無生忍？爲諸法不生不滅，不作故[2]。云何菩薩無生智？知名色不生故。云何菩薩説諸法一相？心不行二相故。云何菩薩破分別相？一切法不分別故。云何菩薩轉憶想？小、大、無量想轉故。云何菩薩轉見？於聲聞、辟支佛地見轉故。云何菩薩轉煩惱？斷諸煩惱故。云何菩薩等定慧地？所謂得一切種智故[3]。云何菩薩調意？於三界不動故。云何菩薩心寂滅？制六根故。云何菩薩無礙智？得佛眼故。云何菩薩不染愛？捨六塵故。是爲菩薩住七地中，具足二十法。云何菩薩順入衆生心？菩薩以一心知一切衆生心及心數法。云何菩薩遊戲諸神通？以是神通從一佛國[4]至一佛國[5]，亦不作佛國[6]想。云何菩薩觀諸佛國[7]？自住其國[8]，見無量諸佛國[9]，亦無佛國[10]想。云何菩薩[11]如所見佛國[12]，自莊嚴其國[13]？住轉輪聖王地，遍至三千大千世界以自莊嚴。云何菩薩如實觀佛身？如實觀法身故。是爲菩薩住八地中具足四[14]法。云何菩薩知上下諸根？菩薩住佛十力，知一切衆生上下諸根。云何菩薩淨佛世界？淨衆生故。云何菩薩如幻三昧？住是三昧，能成辦一切事，亦不生心相。云何菩薩常入三昧？菩薩得報生三昧故。云何菩薩隨衆生所應善根受身？菩薩知衆生所應生善根而[15]爲受身，成就衆生故。是爲菩薩住八地中，具足五法。云何菩薩受無邊世界所度之分？十方無量世界[16]中衆生，如諸佛法所應度者而度脱之。云何菩薩得如所願？六波羅蜜[17]具足故。云何菩薩知諸天、龍、夜叉、犍闥婆[18]語[19]？辭辯[20]力故。云何菩薩胎生成就？菩薩世世常化[21]生故。云何菩薩家成就？常在大家生故。云何菩薩所生成就？若刹利家生，若婆羅門家生故。云何菩薩性成就？如過去菩薩所生姓，從此中生故。云何菩薩眷屬成就？純諸菩薩摩訶薩爲眷屬故。云何菩薩出生成就？生時光明遍照無量無邊世界，亦不取相故。云何菩薩出家成就？出家時，無量百千億諸天侍從出家，是一切衆生必至三乘。云何菩薩莊

1　“佛”，甲、宋、元、明、宫、聖本無。

2　“不作故”後，甲本衍“忍”。

3　“故”，甲、宋、宫、聖本無。

4　“國”，甲、宋、元、明、宫、聖本作“界”。

5　“國”，甲、宋、元、明、宫、聖本作“界”。

6　“國”，甲、宋、元、明、宫、聖本作“界”。

7　“國”，甲、宋、元、明、宫、聖本作“界”。

8　“國”，甲、宋、元、明、宫、聖本作“界”。

9　“國”，甲、宋、元、明、宫、聖本作“界”。

10　“國”，甲、宋、元、明、宫、聖本作“界”。

11　“云何菩薩”，甲、聖本脱。

12　“國”，甲、宋、元、明、宫、聖本作“界”。

13　“國”，甲、宋、元、明、宫、聖本作“界”。

14　“四”，甲、元、明、聖、石本作“五”。

15　“而”，甲、宋、元、明、宫本作“所”。

16　“無量世界”，原作“無世界量”，誤倒，兹據甲本乙正。

17　“六波羅蜜”前，甲本有“得”。

18　“犍闥婆”，甲、宋、元、明、宫本作“捷闥婆”，聖本作“捷闥波”，皆爲異譯詞。

19　“語”，原作“諸”，誤，兹據甲、宋、元、明、宫、聖、石本及《大正藏》本《摩訶般若波羅蜜經》改。

20　“辯”，甲、聖本作“辨”，“辨”通“辯”。

21　“常化”後，甲本衍“衆”。

嚴佛樹成就？是菩提樹以黃金爲根，七寶爲莖、節、枝、葉，莖、節、枝、葉光明，遍照十方阿僧祇三千大千世界。云何菩薩一切諸善[1]功德成滿具足？菩薩得衆生清淨，佛國[2]亦淨。是爲菩薩住九地中具足十二法。云何菩薩住十地中當知如佛？若菩薩摩訶薩具足六波羅蜜，四念處，乃至十八不共法，一切種智具足滿，斷一切煩惱及習；是爲菩薩摩訶薩住十地中當知如佛。須菩提！菩薩摩訶薩住是十地中，以方便力故，行六波羅蜜，行四念處，乃至十八不共法，過乾慧地、性地、八忍[3]地、見地、薄地、離欲地、已作地、辟支佛地、菩薩地，過是九地，住於佛地。是爲菩薩十地。如是，須菩提！是名[4]菩薩摩訶薩大乘發趣。

【論】者言：我等二十法，不可得故不著。不可得因緣，如先種種説。我見乃至知者、見者，佛見、僧見，是入衆生空故，是見不應著；餘斷、常乃至戒[5]見，是法空故，不應著。問曰：餘者可知，因見云何？答曰：一切有爲法，展轉爲因果，是法中著心取相生見，是名因見；所謂非因説因，或因果一[6]異等。具足空者，若菩薩能盡行十八空，是[7]名具足空。復次，能行二種空：衆生空、法空，是名具足空。復次，若菩薩能行畢竟空，於中不著，是名具足空。問曰：若爾者，佛此中何以但説自相空？答曰：此三種空，皆是自相空。以住六地菩薩，福德故利根，利根故分別諸法取相；以是故，七地中以相空爲具足[8]空。佛或時説有爲空、無爲空[9]名具足空，或時説不可得空名具足空。無相證者，無相即是涅槃，可證、不可修；不可修故，不得[10]言知；無量無邊[11]不可分別故，不得言具足。知無作者，三事雖通是知，二事更義立其名，無作但有知名。三分清淨者，所謂十善道：身三、口四、意三，是名三分。上以説[12]三[13]解脱門故，此中不復説[14]。三分清淨者，或有人身業清淨，口業不清淨；口業清淨，身業不清淨；或身口業清淨，意業不清淨；或有世間三業清淨，而未能離著。是菩薩三業清淨及離著故[15]，是名三分清淨。一切衆生中具足慈悲智者，悲有三種：衆[16]生緣、法緣、無緣。此中説無緣大悲名具足。所謂法性[17]空，乃至實相亦空，是名無緣大悲。菩薩深入實相，然後悲念衆生；譬如人有一子[18]，得好寶物，則深心愛念欲以與之。不念一切衆生者，所謂淨世界具足故。問曰：若不念衆生者，云何能淨佛世界？答曰：菩薩令衆生住十善道，爲莊嚴佛國，雖莊嚴，未得無礙莊嚴；今菩薩教化衆生，不取衆生相，諸善根福德清淨；諸善根福德清淨故，是無[19]礙莊嚴。一切法等觀者，如法等忍中説。此中佛自説：於諸法不增損。知諸法實相者，如先種種因緣廣説。無生法忍[20]者，於無生滅諸法實相中，信受通達無礙不退，是

1　"善"，甲、宋、元、明、宮本作"善根"。

2　"國"，甲本作"界"。

3　"忍"，甲、聖、石本作"人"。

4　"是名"，甲本作"是爲"，宋、元、明、宮本無。

5　"戒"，甲本作"或"，誤。

6　"一"，甲、宋、宮、聖本作"必"。

7　乙本始。

8　"具足"，乙本作"見是"，誤。

9　"空"，甲本作"法"，誤。

10　"得"，乙本脱。

11　"無量無邊"，乙本作"無邊無量"。

12　"上以説"，甲、乙、宮、聖本作"以上説"，宋、元、明本作"巳上説"。

13　"三"，甲本脱。

14　"説"後，乙本衍"空"。

15　"故"，乙本脱。

16　"衆"，乙、宋、元、明、宮、聖、石本無。

17　"性"，甲、乙、宋、元、明、宮、聖本無。

18　"子"，乙本作"字"，"字"爲"子"之借字。

19　"無"，乙本脱。

20　"法忍"，甲、宋、元、明、宮、聖本作"忍法"。

名[1]無生忍。無生智[2]者,初名[3]忍,後名智;麁者忍,細者智[4]。佛自説:知名色不生故。説諸法一相者,菩[5]薩[6]知内外十二入,皆是魔網,虛誑不實;於[7]此中生六種識,亦是魔網[8]虛誑。何者是實?唯不二法,無[9]眼、無色,乃至無意、無法等,是名實。令衆生離十二入故,常以種種因緣説是不二法。破分別相者,菩薩住是不二法中,破所緣男女、長短、大小等分別諸法。轉憶想者,破内心憶想分別諸法等。轉見者,是菩薩先轉我見、邊見等邪見,然後入道。今轉法見、涅槃見,以諸法無定相。轉涅槃者,轉聲聞、辟支佛見,直趣[10]佛道。轉煩惱者,菩薩以福德持戒力故,折伏麁煩惱,安隱行道,唯有愛[11]、見、慢等微細者在,今亦離細煩惱。復次,菩薩用實智慧,觀是煩惱即是實相;譬如神通人,能轉不淨爲淨。等定慧地者,菩薩於初三地慧多定少,未能攝心故;後三地定多慧少,以是[12]故,不得入菩薩位。今衆生空、法空,定慧等故,能安隱行菩薩道;從阿鞞跋致地,漸漸得一切種智慧地。調意者[13],是菩薩先[14]憶念老、病、死,三惡道,慈愍衆生故,調伏心意;今知諸法實相故不著三界,不著三界故調伏。心寂滅者,菩薩爲涅槃故,先於[15]五欲中折伏五情,意情難折伏[16]故,今住七地[17],意情寂滅。無礙智者,菩薩得般若波羅蜜,於一切實、不實法中無礙;得是道慧,將一切衆生令入實法,得無礙解脱、得佛眼、於一切法中無礙。問曰:是七地中,何以説得佛眼?答曰:是中應學佛眼,於諸法無礙,似如佛眼。不染愛者,是菩薩雖於七地得智慧力,猶有先世因緣,有此肉身,入禪定不著,出禪定時有著氣;隨此肉[18]眼所見,見好人親愛[19],或愛是七地智慧實法。是故佛説於六塵中行捨心,不取好惡相。(七地竟)順入衆生心者,菩薩住是八地中[20],順觀一切衆生心之所趣,動發思惟,深念順觀,以[21]智慧分別:知是衆生永無得度因緣;是衆生過無量阿僧祇劫然後可度;是衆生或一劫二劫,乃至[22]十劫[23]可度;是衆生或一世二世,乃至今世可度;是衆生或即時可度者,是熟是未熟;是人可以聲聞乘度,是人可以辟支佛乘度。譬如良醫診病,知

---

1 "名",乙本作"爲"。
2 "智",乙本作"知","知"爲"智"之古字。
3 "名",甲、乙、宋、元、明、宮本無。
4 "智",乙本作"知","知"爲"智"之古字。
5 丙本始。
6 "薩",乙本作"菩",誤。
7 "外十……實於"十三字,丙本殘。
8 "識亦是魔網",丙本殘。
9 "無",乙本作"天",誤。
10 "趣",乙本作"取",誤。
11 "愛",乙本作"受",誤。
12 "是",乙本脱。
13 "者",乙本脱。
14 "先",乙本作"無",誤。
15 "先於",乙、宋、元、明、宮本作"於先"。
16 "伏",甲、乙、丙、宋、元、明、宮、聖本無。
17 "七地",乙本作"七地中"。
18 "肉",甲、丙本作"空",誤。
19 "愛",甲、丙本作"受",誤。
20 "行捨心……八地中"二十四字,乙本脱。
21 "以",甲、乙、丙、宋、宮本作"已","已"通"以"。
22 "二劫乃至",甲、乙、丙、宋、宮、聖本無。
23 "十劫"前,乙本有"或"。

差[1]久近，可治不可治[2]者。遊戲諸神通者，先得諸神通[3]，今得自在遊戲，能至無量無邊世界。菩薩住七地中時，欲取涅槃。爾時，有種種因緣，及十方諸佛擁護，還生心欲度衆生；好莊嚴神通，隨意自在，乃至無量無邊世界中無所罣礙，見諸[4]佛國，亦不取佛國相。觀諸佛國者，有菩薩以[5]神通力飛到十方，觀諸清淨世界，取相欲自莊嚴其國。有菩薩佛將至十方，示清淨世界，取淨國相，自作願行；如世自在王佛，將法積比丘至十方，示清淨世界。或有菩薩自住本國，用天眼見十方清淨世界，初取淨相，後得不著心故還捨。如所見佛國，自莊嚴其國者，如先説。是八地名轉輪地；如轉輪王寶輪至處，無礙無障，無諸怨敵。菩薩住是地中，能雨法[6]寶，滿衆生願，無能障礙，亦能取所見淨國[7]相而自莊嚴其國。如實觀佛身者，觀諸佛身如幻如化，非五衆、十二入、十八界所攝，若長若短，若干種色，隨衆生先[8]世業因緣所見。此中佛自説：見法身者，是爲見佛。法身者，不可得法空；不可得法空者，諸因緣邊生法，無有自性[9]。知上下諸根者，如十力[10]中説。菩薩先知一切衆生心所行：誰鈍[11]？誰利？誰[12]布施多？誰智慧多？因其多者而度脱之。淨佛世界者，有二種淨：一者，菩薩自淨其身；二者，淨衆生心，令行清淨道。以[13]彼我因緣清淨故，隨所願得清淨世界。入如幻三昧者，如幻人一處住，所作[14]幻事，遍滿世界，所謂四種兵衆，宮殿城郭，飲食歌舞，殺活、憂苦等。菩薩亦如是，住是三昧中，能於十方世界變[15]化，遍滿其中：先行布施等充滿衆生；次説法教化，破壞三惡道，然後安立衆生於三乘；一切所可利益之事，無不成就。是菩薩心不動，亦不取心相。常入三昧者，菩薩得如幻等三昧，所役[16]心能有所作；今轉身得報生三昧，如人[17]見色，不用心力。住是三昧中，度衆生安隱，勝於如幻三昧，自然成事，無所役用。如人求財，有役力得者，有自然得者。隨衆生所應善根受身者，菩薩得二種三昧，二種神通，行得、報得；知以何身、以何語、以何因緣、以何事、以何道、以何方便而爲受身，乃至受畜生身而化度之。(八地竟[18])受無邊世界所度之分[19]者，無量阿僧祇十方世界六道中衆生，是菩薩教化所應[20]度者而度之。是世界有三種：有淨、不淨、有雜。是三種世界中衆生，所可應度有利益者，皆攝取之。譬如[21]然[22]燈，爲有目之人，不爲盲者；菩薩亦

1　"診病知差"，乙本作"診知病差"，宋、元、明、宮本作"診病知瘥"，"差"爲"瘥"之古字。
2　"治"，甲本作"冶"，誤。
3　"神通"後，乙本有"者"。
4　"見諸"，乙本作"諸見"，誤倒。
5　"以"，乙本無。
6　"法"，甲、丙本作"生"，誤。
7　"國"，乙本脱。
8　"先"，乙本作"失"，誤。
9　"無有自性"後，乙本有"初立法竟"。
10　"力"，乙本作"六"，誤。
11　"鈍"，乙本作"純"，誤。
12　"誰"，乙本脱。
13　"以"，乙、石本作"以此"。
14　"作"，乙、聖本作"住"，誤。
15　"變"，乙本作"憂"，誤。
16　"役"，乙本作"没"，誤。
17　"人"前，乙本衍"幻"。
18　此小注乙本作本文。
19　"分"，乙本作"令"，誤。
20　"所應"，甲、丙、宋、宮、聖本作"應所"。
21　"如"，乙本脱。
22　"然"，甲、乙、丙本作"燃"，"然"爲"燃"之古字。

如是,或先有因緣者,或始¹作因緣者。復次,三千大千世界,名一世界,一時起、一時滅;如是²等十方如³恒⁴河沙等世界,是一佛世界⁵。如是一佛世界數⁶,如恒河沙等世界,是一佛世界海。如是佛世界海,數如十方恒河沙世界,是佛世界種。如是世界種⁷,十方無量,是名一佛世界。於一切⁸世界中取⁹如是分¹⁰,是名一佛所度之分。得如所願者,是菩薩福德、智慧具足故,無願不得。聽者聞無量無邊¹¹世界所¹²度之分,疑¹³不可得;以是故,次說所¹⁴願如意。此¹⁵中佛¹⁶自說六波羅蜜具足:五度¹⁷,則福德具¹⁸足;般¹⁹若²⁰,則智慧具足。知諸天²¹、龍、夜叉、犍闥婆²²語者,我上說²³福德、智慧具²⁴足,所願如意;知他人種種語,即是所願事。復次²⁵,菩薩得宿²⁶命智清淨故,知處處生一切語。復次,得願智故,知立名者心,强作²⁷種種名字語言。復次,菩薩得解衆生語言三昧故,通一切語無礙。復次,自得四無礙智,又復學佛四無礙智;以是故,知衆生語言音聲。處胎成就者,有人言:菩薩乘白象,與無量兜率²⁸諸天圍遶²⁹,恭敬供養,侍從入母胎。有人言:菩薩母得如幻三昧力故,令腹廣大無量,一切三千大千世界菩薩,及³⁰天龍、鬼神皆得入出;胎中有宮殿、臺³¹觀,先莊嚴床座³²,懸繒幡蓋,散花燒香;皆是菩薩福³³德業因緣所感,然後菩薩來下處之。亦以三昧力故,下入母胎,於兜率天上如故。生

1　“或始”,乙本作“有”,誤,石本作“有始”。

2　“是”,乙本脱。

3　“如”,乙本脱。

4　“恒”,甲、丙本作“是”,誤。

5　“是一佛世界”後,乙本衍“數”。

6　“如是……界數”七字,乙本脱。

7　丁本始。

8　“切”,乙本脱。

9　“量是……中取”十四字,丁本殘。

10　丁本終。

11　己一始。

12　己二始。

13　己二終。

14　“所度……說所”十四字,己一殘。

15　戊本始。

16　“佛”,乙本作“復”,誤。

17　“此中……五度”十三字,己一殘。

18　“佛自……德具”十五字,戊本殘。

19　戊本終。

20　“般若”前,乙本衍“說”。

21　“足般……諸天”十一字,己一殘。

22　“犍闥婆”,甲、乙、丙本作“捷闥婆”,異譯詞。

23　“說”,乙本脱。

24　“婆語……慧具”十一字,己一殘。

25　“他人……復次”十二字,己一殘。

26　己一終。

27　“作”,乙本作“住”,誤。

28　“兜率”,乙本作“兜術”,異譯詞。

29　“遶”,丙本作“繞”。

30　“及”,乙本作“及諸”。

31　“臺”,乙本作“吉室”,誤。

32　“座”,甲、乙、丙本作“坐”,“坐”爲“座”之古字。

33　“福”,乙本脱。

成就者,菩薩欲生時,諸天龍、鬼[1]神莊嚴三千大千世界;是時,有七寶蓮花座[2],自然而有;從母胎中,有無量菩薩先出,坐蓮華上,叉手讚歎,俟待[3]菩薩;及諸天龍、鬼神、仙聖諸玉女[4]等,皆[5]合手一心,欲見菩薩生。然後菩薩從母右脇出,如滿月從雲中出,放大光明,照無量世界。是時[6],有[7]大名聲,遍滿十方世界,唱言:某國菩薩末後身生。或有菩薩化生蓮華;於四生中,菩薩胎生、化生。於四種人中,菩薩生刹利,婆羅門二姓中;生此二種姓,人所貴故。家成就者,婆羅門家有智慧[8],刹利家有力勢[9];婆羅門利益後世,刹利利[10]益今世。是二種於世有益,是故菩薩在此中生。復次,諸功德法家,所謂不退轉生,是名家生。姓成就者,菩薩兜率[11]天上,觀世間何姓爲貴,能攝衆生,即於是姓中生。如七佛中初三佛,憍陳如[12]姓中生;次三佛,迦葉姓中生;釋迦文尼佛,憍曇[13]姓中生。復次,菩薩初深心[14]牢固,是名諸佛姓。有人言:得無生法忍,是諸佛姓。是時,得佛一切種智氣分故,如聲聞法中姓地人。眷屬成就者,皆是智人、善人,世世集功德。此中佛自説:純以菩薩爲眷屬。如《不可思議經》中説:瞿毘耶是大菩薩,一切眷屬皆是住阿毘跋致地菩薩;以方便三昧變化力,爲男、爲女,共爲眷屬。如轉輪聖王居士寶,是夜叉、鬼神現[15]作人身,與人共事。出家成就者,如釋迦文菩薩,夜於宮殿,見諸綵[16]女,皆如死狀;十方諸天鬼神,齎持幡華供養之具,奉迎將出。是時車匿雖先受淨[17]飯王勅,而隨菩薩意,自牽馬至;四天王[18]使者接捧[19]馬足,踰城而出。爲破諸[20]煩惱及魔人,示一切衆人在家之穢。如此大功德貴重之人,猶尚出家,況諸凡細!如是等因緣,名出家成就。莊嚴佛樹成就[21]者,莊嚴菩提樹[22],如先説。佛此中自説:是菩提樹,以黃金爲根,七寶爲莖、節、枝、葉,莖、節、枝、葉[23]光明遍照十方無數[24]阿僧祇諸佛世界。或有佛以菩薩七寶莊嚴佛樹,或有不如是者。所以者何?諸佛神力不可思議,爲衆生故現[25]種種莊嚴。一切諸善功德成滿具足者[26],菩薩住七地中,破諸煩惱,自利具足;住八地、九地,利益他人,所謂教化衆

---

1 "鬼",乙本脱。
2 "座",甲、乙、丙本作"坐","坐"爲"座"之古字。
3 "俟待",甲本作"俟侍",乙本作"侍",丙本作"俠侍",聖本作"使侍"。
4 "玉女",乙本作"王",誤。
5 "皆"後,乙本衍"令"。
6 "是時",乙本無。
7 "有",乙本作"有是"。
8 "智慧",乙本作"慧智"。
9 "力勢",乙本作"勢力"。
10 "利",甲、丙、石本無。
11 "兜率",乙本作"兜術",異譯詞。
12 "憍陳如",甲、乙、丙、聖本作"驕陳如",異譯詞。
13 "憍曇",乙本作"橋曇"。
14 "心",乙本脱。
15 "現",乙本作"見","見"爲"現"之古字。
16 "綵",原作"媒",誤,茲據甲、丙、聖本改。
17 "淨",乙本作"請",誤。
18 "王",甲、乙、丙、宋、元、明、宮、聖本無。
19 "捧",甲、乙、丙、石本作"奉","奉"通"捧"。
20 "諸",乙本脱。
21 "成就",乙本脱。
22 "莊嚴菩提樹",甲、乙本脱。
23 "莖節枝葉",甲、丙本無。
24 "數",乙本作"量"。
25 "現",乙本作"觀",誤。
26 "者",乙本脱。

生,淨佛世界。自利、利他[1]深大故,一切功[2]德具足。如阿羅漢、辟支佛,自利雖重,利他輕故,不名具足。諸天及小菩薩,雖能利益他[3],而自未除[4]煩惱故,亦不具足。是名功德具足。(九地竟[5])當知如佛者,菩薩坐如是樹下,入第十地,名爲法雲地。譬如大雲澍雨,連下無間;心自然生無量無邊清淨諸佛法,念念無量。爾時,菩薩作是念:欲界魔王心未降伏。放眉間光,令百億魔宮闇蔽[6]不現[7]。魔即瞋惱,集其兵衆來逼[8]菩薩。菩薩降魔已,十方諸佛慶其功勳,皆放眉間光,從菩薩頂入;是時,十地所得功德,變爲佛法,斷一切煩惱習,得無礙解脫;具十力、四無所畏、四無礙智、十八不共法、大慈大悲等,無量無邊諸佛法。是時,地爲六種震動,天雨華香,諸菩薩、天人皆合手讚歎。是時,放大光明,遍照十方無量世界;十方諸佛、菩薩[9]、天人,大聲唱言:某[10]方某國某甲菩薩,坐於道場,成具佛事,是其光明。是名十地當知如佛。復次,佛此中更說第十地相,所謂菩薩行六波羅蜜,以方便力故,過乾慧地[11],乃至菩薩地,住於佛地。佛地[12],即是第十地。菩薩能如是行十地,是名發趣大乘。

大智度論釋出到品第二十一[13]

【經】[14]佛告須菩提:汝所問是乘何處出,至何處住者,佛言:是乘從三界中出,至薩婆若中住,以不二法故。何以故?摩訶衍、薩婆若,是二法共,不合、不散、無色、無形、無對,一相,所謂無相。若人欲使實際出,是人爲欲使無相法出;若人欲使如、法性、不可思議性出,是人爲欲使無相法出;若人欲使色空出,是人爲欲使無相法出;若人欲使受、想、行、識空出,是人爲欲使無相法出。何以故?須菩提!色空相不出三界,亦不住薩婆若;受、想、行、識空相不出三界,亦不住薩婆若。所以者何?色、色相空,受、想、行、識、識相空故。若人欲使眼空出,是人爲欲使無相法出;若人欲使耳、鼻、舌、身、意空出,是人爲欲使無相法出;若人欲使乃至意觸因緣生受空出,是人爲欲使無相法出。何以故?須菩提!眼空不出三界,亦不住薩婆若;乃至意觸因緣生受空不出三界,亦不住薩婆若。所以者何?眼、眼相空,乃至意觸因緣生受、意觸因緣生受相空故。若人欲[15]使夢出,是人爲欲使無相法出;若人欲使幻、焰[16]、響[17]、影、化出,是人爲欲使無相法出。何以故?須菩提!夢相不出三界,亦不住薩婆若;幻、焰、響、影[18]、化相亦不出三界,亦不住薩婆若。須菩提!若人[19]欲使

1　"利他",乙本作"他人"。

2　"功",乙本脱。

3　"他",甲、乙、丙、宋、元、明、宫、聖、石本無。

4　"除",乙本作"離"。

5　此小注乙本作本文。

6　"蔽",甲、丙本作"弊","弊"通"蔽"。

7　"現",甲、丙本作"見","見"爲"現"之古字。

8　"逼",乙本作"遍",誤。

9　"菩薩"前,甲、乙、丙、宋、元、明、宫本有"諸"。

10　庚本始。

11　"乾慧地",甲、丙本作"干慧地","干"通"乾",乙本作"軒地慧","軒"當爲"幹"字之誤。

12　"佛地",乙本脱。

13　甲、丙本品題皆作"大智論釋第二十品",乙本品題作"大智度第二十品釋論",庚本品題作"大智度論釋出到品第二十"。

14　"經",丙、宋、宫、聖本無。下同,不復出校。

15　"人欲",乙本脱。

16　"焰",甲、乙、丙、庚本作"炎","炎"爲"焰"之古字。下同,不復出校。

17　"響",甲、乙、丙、庚本作"嚮","嚮"通"響"。下同,不復出校。

18　"響影",乙本作"嚮影","嚮"通"響"。

19　"人",乙本脱。

檀波羅蜜出,是人爲欲使無相法出 [1];若人欲使尸羅 [2] 波羅蜜、羼提波羅蜜、毘梨耶波羅蜜、禪波羅蜜、般若波羅蜜出,是人爲欲使無相法出。何以故? 檀波羅蜜相不出三界,亦不住薩婆若;尸羅 [3] 波羅蜜乃至般若波羅蜜不出三界,亦不住薩婆若。所以者何? 檀波羅蜜、檀波羅蜜相空,尸羅 [4] 波羅蜜、羼提波羅蜜、毘梨耶波羅蜜、禪波羅蜜、般若波羅蜜、般若波羅蜜相空故。若人欲使内空出,乃至無法有法空出,是人爲欲使無相法出。何以故? 須菩提! 内空相,乃至無法有法空相,不出三界,亦不住薩婆若。所以者何? 内空、内空性空,乃至無法有法空、無法有法空性空故 [5]。若人欲使四念處出,是人爲欲使無相法出。何以故? 四念處性不出三界,亦不住薩婆若。所以者何? 四念處 [6]、四念處性空故。若人欲使四正勤、四如意足、五根、五力、七覺分、八聖道分出,是人爲欲使無相法出。何以故? 八聖道分性,不出三界,亦不住薩婆若。所以者何? 八聖道分 [7]、八聖道分性空故。乃至十八不共法亦如是。須菩提! 若人欲使阿羅漢出生處,是人爲欲使無相法出 [8];若人欲使辟支佛出生處,是人爲欲使無相法出;若人欲使多陀阿伽度、阿羅訶 [9]、三藐三佛陀出生處,是人爲欲使無相法出。何以故? 須菩提! 阿羅漢性、辟支佛性、佛性 [10] 不出三界,亦不住薩婆若。所以者何? 阿羅漢 [11]、阿羅漢性空,辟支佛 [12]、辟支佛性空。佛 [13]、佛性空故。若人欲使須陀洹果、斯陀含果、阿那含果、阿羅漢果、辟支佛道、佛道、一切種智出 [14],是人爲欲使無相法出,如上説。若人欲使名字,假名施設相,但有語言出,是人爲欲使無相法出。何以故? 名字空,不出三界,亦不住薩婆若。所以者何 [15]? 名字相,名 [16] 字相空故,乃至施設亦如是。若人欲使不生不滅法、不垢不淨無作法出,是人爲欲使無相法出。何以故? 不生乃至無作法性不出三界,亦不 [17] 住薩婆若。所以者何? 不生性乃至無作性 [18],性空故。須菩提! 以是因緣故,摩訶衍從三界中出,至 [19] 薩婆若中住,不動法 [20] 故。

【論】[21] 問曰:佛已知須菩提所問,今何以更稱而答? 答曰:是《摩訶般若波羅蜜》有十萬 [22] 偈,三百二十

1　“出”,乙本脱。

2　“尸羅”,乙本作“尸”,異譯詞。

3　“尸羅”,乙本作“尸”,異譯詞。

4　“尸羅”,乙本作“尸”,異譯詞。

5　“乃至……空故”十五字,乙本作“乃至無相空、無相空性空故”。

6　“四念處”後,乙、宋、元、明、宫本有“性”。

7　“八聖道分”後,乙、宋、元、明、宫本有“性”。

8　“法出”,甲、丙、庚本作“出法”,誤倒。

9　“阿羅訶”,甲、丙、庚本作“阿羅呵”,異譯詞。

10　“佛性”,庚本脱。

11　“阿羅漢”後,乙、宋、元、明、宫本有“性”。

12　“辟支佛”後,乙、宋、元、明、宫本有“性”。

13　“佛”後,乙、宋、元、明、宫本有“性”。

14　“出”後,乙本有“三界”。

15　“何”後,乙本衍“名”。

16　“名”,乙本脱。

17　“不”,乙本脱。

18　“性”,甲、丙、己、庚、宋、元、明、宫、聖、石本作“無作”。

19　“至”,甲、乙、丙、己、庚、宋、元、明、宫、聖本無。

20　“法”,甲、乙、丙、己、庚、宋、元、明、宫本無。

21　“論”,甲、乙、丙、己、宋、宫本無。下同,不復出校。

22　“萬”,甲本作“方”,誤。

萬言,與《四阿[1]含》等,此非一坐説盡。又[2]上須菩提所問,已[3]答二事,異時[4]異日故稱第三問而答。復次,有人言:聲聞法中,無有不可思議事,不得一日一坐中[5]説盡。佛有無礙解脱,菩薩有不可思議三昧,能令多時作少時[6],少時作多時;亦能以大色入小[7],小[8]色作大。又如六十小劫説《法華經》,人謂從旦[9]至食。問曰:色有形可見,時無形但有名,云何得以近爲遠、以遠爲近? 答曰:以是故説以不可思議神通力。如人夢中,夢有所見,自以爲覺;夢中復夢,如是展轉,故是一夜。以是故,更稱其問而答。是乘何處出,至何處住者,佛答:是乘從三界中出,至薩婆若中住。問曰:是乘爲是佛法? 爲是菩薩法? 若是佛法,云何從三界出? 若是[10]菩薩法,云何薩婆若中住? 答曰:是乘是菩薩法,乃至金剛三昧,是諸功德清淨,變爲佛法。是乘有大力,能有所去,直以至佛,更[11]無勝處可去,故言住。譬如劫盡火燒三千世界,勢力[12]甚大,更無所燒,故便自滅;摩訶衍亦如是,斷一切煩惱,集諸功德,盡其邊際,更無所斷[13],更無所知,更無所集故,便自歸滅。不二法者,斷諸菩薩著[14]故説。此中佛自説:大乘、薩婆若,是二法不一故不合,不異故不散;六情所知盡虚[15]妄故,無色、無形、無對、一相。問曰:先言不一故不合,今何以言一相? 答曰:此中言一相,所謂無相;無相則無有出至佛道。爲引導凡夫人故,説言一相。實際者,是諸[16]法末後實相,無出無入;若有狂人欲使實際出至佛道者,此人則欲使無相法出。如、法性、法[17]相,如先説。不可思議性者,有人言:即是如、法性、實際,無量無邊,心心數法滅故,言不可思議。復有人言:過實際、涅槃,更求諸法實,若有若無,是名不可思議。復次,一切諸佛法,無有能思惟籌量者,故名不可思議。復有人言:一切諸法,分別思惟,皆同涅槃相,是不可思議。若人欲使空中出,此人則欲使無相法中出。此中佛自説:五衆空相,不能出三界,不能至薩婆若;五衆中五衆相空故。十二入乃至意觸因緣生受空,亦如是;夢等空譬喻,亦如是;自相空故,無出無至。若人欲使六波羅蜜出,此人[18]則爲欲使無相法出。何以故? 六波羅蜜因緣和合故無自性,自性無[19]故空;菩薩著六波羅蜜墮邪道,故爲説空。十八空乃至一切種智,亦如是。問曰:六波羅蜜有道俗,俗[20]可著故可説空;出世間六波羅蜜,三十七品乃至十八不共法,無所著故,何以説空? 答曰:諸菩薩漏未盡,以福德、智慧力故行是法,或取相愛著故。凡夫法虚妄顛倒,此法從凡夫法邊生,云何是實? 以是故,佛説是亦空,以喻無相法。是大乘即是無相,

---

1　"阿"後,乙本衍"那"。

2　"又",乙本作"有","有"通"又"。

3　"已",乙本作"以","以"通"已"。

4　"異時",甲、丙、己、庚、宋、元、明、宫、聖本無。

5　"中",乙本脱。

6　"時",乙本脱。

7　"小",乙本作"少","少"通"小"。

8　"小",乙本作"少","少"通"小"。

9　"旦",原作"日",誤,兹據甲、乙、丙、庚本改。

10　"是",乙本脱。

11　"更",庚本殘。

12　"力",甲、丙、庚本脱。

13　"更無所斷",庚、聖本無。

14　"著",甲、丙本作"者","者"通"著"。

15　"虚",庚本脱。

16　"諸",乙本脱。

17　"法",甲、乙、丙、己、庚、宋、宫本無。

18　"此人"後,乙本衍"中"。

19　"自性無",乙本作"無自性"。

20　"俗",乙、宋、元、明、宫、石本無。

無相[1]云何有出、有至？諸法皆空，但有名字相，假名語言，今名字等亦空，以喻無相第一義中不可得，世俗法中有相。名字等假名相義，如先説。用如[2]是法，從三界出[3]，至薩婆若中住，非是實法，亦無所動。

【經】[4]須菩提！汝所問是乘何處住者，須菩提！是[5]大乘無住處。何以故？一切法無住相故。是乘若住，不住法住。須菩提！譬如法性，不生不滅，不垢不淨，無起[6]無作，非住非不住。須菩提！是乘亦如是，非住非不住。何以故？法性相[7]乃至無作相[8]，非住非不住。所以者何？法性相性[9]空故；乃至無作性、無作性性空故。諸餘法亦如是[10]。須菩提！以是因緣故，是乘無住處[11]，以不住法、不動法故。

【論】問曰：上言是乘到薩婆若，更無勝法可去，今何以復説是乘無住處？答曰：先説：以空、不二法故言住[12]；如幻、如夢，雖有坐臥行住，非實是住。菩薩亦如是，雖言到薩婆若住，亦無定住。佛此中自説：一切法從本已[13]來無[14]住相，云何獨大乘有住？若有所住，以畢竟空法住。譬如：如、法性、法[15]相、實際，非住、非不住，不生不滅，不垢不淨，不起不作[16]。不住者，自相中不住；非不住者[17]，異相中不住。不住者，説空破有；非不住者，説世諦方便有住。不住者，説無[18]常破常相；非不住者，破滅相。此中佛自説：法性、法性相空[19]。何以故？自相空故。乃至無起無作諸餘法，亦如是。

【經】須菩提！汝所問誰當乘是乘出者，無有人乘是乘出者。何以故？是乘、及[20]出者、所用法、及[21]出時，是一切法皆無所有；若一切法無所有，用何等法當[22]出？何以故？我不可得，乃至知者、見者不可得，畢竟淨故。不可思議性不可得，畢竟淨故。衆、人、界不可得[23]，畢竟淨故。檀波羅蜜不可得，畢竟淨故；乃至般若波羅蜜不可得，畢竟淨故。內空不可得，畢竟淨故；乃至無法有法空不可得，畢竟淨故。四念處不可得，乃至十八不共法不可得，畢竟淨故。須陀洹不可得，乃至阿羅漢、辟支佛、菩薩、佛不可得，畢竟淨故。須陀洹果，乃至阿羅漢果、辟支佛道、佛道[24]，一切種智不可得，畢竟淨故。不生不滅，不垢不淨，無起無作[25]不可得，

1　“無相”，庚本無。

2　“如”，乙本無。

3　“出”，甲、乙、丙、己、庚、聖、石本無。

4　“經”，庚本作“經曰”。下同，不復出校。

5　“是”，乙本脱。

6　“起”，甲、乙、丙、己、庚、宋、元、明、宫、聖本作“相”。

7　“相”，乙本脱。

8　“乃至無作相”，甲、乙、丙、己、庚、宋、元、明、宫、聖、石本無。

9　“性”，乙本作“相”，誤。

10　“乃至……如是”一行十七字，乙本脱。

11　“住處”，甲、乙、丙、己、庚、宋、宫、聖本作“所住”，元、明本作“所住處”。

12　“住”，庚本作“任”，誤。

13　“已”，乙本作“以”。

14　“無”，乙本作“未有”。

15　“法”，乙本脱。

16　“作”，乙本作“住”，誤。

17　“者”，乙本脱。

18　“無”，乙本殘。

19　“法性法性相空”，乙本作“性説性相空”，石本作“法性相性相空”。

20　“及”，乙、宋、宫、聖本無。

21　“及”，乙本作“乃”，誤。

22　“當”，乙本作“者”。

23　“畢竟……可得”十字，乙本衍。

24　“佛道”，乙本脱。

25　“無起無作”，乙本脱。

畢竟淨故。過去世、未來世、現在世，生[1]、住、滅不可得，畢竟淨故。增、減不可得，畢竟淨故。何法不可得故不可得？法性不可得故不可得。如、實際、不可思議性，法性、法相、法位[2]，檀波羅蜜不可得故不可得；乃至般若波羅蜜不可得故不可得[3]。內空不可得故不可得，乃至無法有法空不可得故不可得。四念處不可得故不可得，乃至十八不共法不可得故不可得[4]。須陀洹[5]不可得故不可得，乃至佛[6]不可得故不可得。須陀洹果不可得故不可得，乃至佛道不可得故不可得[7]。不生不滅，乃至不起不作不可得故不可得。復次，須菩提！初地不可得故不可得，乃至第[8]十地不可得故不可得，畢竟淨故。云何爲初地[9]乃至十地？所謂乾[10]慧地、性地、八人地、見地、薄地、離欲[11]地、已作地、辟支佛地、菩薩地、佛地。內空中初地不可得，乃至無法有法空中初地不可得。內空乃至無法有法空中，第二[12]、第三、第四、第五、第六、第七、第八、第九、第十地不可得。何以故？須菩提！初地[13]非得非不得，乃至十地非得非不得，畢竟淨故。內空乃至無法有法空中[14]，成就衆生不可得，畢竟淨故。內空乃至無法有法空中，淨佛世界不可得，畢竟淨故。內空乃至無法有法空中，五眼不可得，畢竟淨故[15]。如是，須菩提！菩薩摩訶薩，以一切諸法不可得故，乘是摩訶衍出薩婆若。

【論】者言：出者，行是乘到佛道邊出，又復以成就故名出，以是乘成就薩婆若，是名爲出。此中佛自説空因緣：乘者，是六波羅蜜。所用法者，是慈悲、方便等諸法，六波羅蜜所不攝。出者，是菩薩。是三法皆空。此中佛復説因緣：我不可得，乃至知者[16]、見者不可得，畢竟空故。五衆、十二入、十八界、檀波羅蜜，乃至十八不共法，須陀洹乃至薩婆若，不生不滅，不垢不淨，乃至三世、三相、增減等，是名法空。我乃至知者、見者，須陀洹乃至佛，是名衆生空。問曰：有二種不可得：一者，有法，智慧少故不能得；二者，有大智慧，推求不能得。此云何不可得？答曰：是法無故不可得。問曰：一切法本末不可得，於[17]人有何利益[18]？答曰：此中佛自[19]説：畢竟清淨故。畢竟[20]者，若行者依無而[21]破有，於有得清淨；於無未清淨，以依止故。此中佛自説不可得因緣：一切衆生不可得，一切法不可得；譬如：如、法性[22]、實際等，乃至不作、不起不可得。復次，十八空故，

---

1 "生"，庚本脱。
2 "位"，庚本作"法"，誤。
3 "乃至……可得"十四字，乙本無。
4 "不可得"後，己、石本有"須陀洹不可得"。
5 "須陀洹"後，乙本有"果"。
6 "佛"，乙本作"佛道"。
7 "須陀洹……可得"二十二字，乙本無。
8 "第"，乙本脱。
9 "地"，乙本脱。
10 "乾"，乙本作"軒"，誤。
11 "欲"，甲、乙、丙、己、庚、宋、宫、聖本無。
12 "第二"前，乙本有"第一"。
13 "地"，乙本脱。
14 "中"，乙本無。
15 "內空……淨故"十九字，乙本無。
16 "者"，甲、丙、己、庚、宋、元、明、宫、聖本無。
17 辛本始。
18 "益"，甲、乙、丙、己、庚、宋、宫本無。
19 "利益……佛自"八字，辛本殘。
20 "畢竟"，乙本脱。
21 "無而"，辛本殘。
22 "如法性"，乙本作"法性如性如性法"。

法性不可得,乃[1]至不起、不作。十八空中,無初地[2]乃至十地,無成就衆生,無淨佛世界,無[3]五眼。以十八空故空,畢竟清淨故不可得。菩薩用不可得法,乘是乘出薩婆若[4]。

大智度論卷第五十(釋第十九品訖第二十品)[5]。

大智度論釋勝出品第二十二(卷五十一)[6]

聖者龍樹造

後秦龜茲國三藏鳩摩羅什譯[7]

【經】[8]慧命須菩提白佛言:世尊! 摩訶衍、摩訶衍者,勝出一切世間及諸天、人、阿修羅。世尊! 是摩訶衍與[9]虛空等,如虛空受無量無邊阿僧祇衆生;摩訶衍亦如是受無量無邊阿僧祇衆生。世尊! 是摩訶衍不見來處,不見去處,不見住處。是摩訶衍,前際不可得,後際不可得,中[10]際不可得,三世等是摩訶衍。世尊! 以是故,是[11]乘名摩訶衍。佛告須菩提:如是! 如是! 菩薩摩[12]訶薩摩訶衍,所謂六波羅蜜:檀波羅蜜、尸羅波[13]羅蜜、羼提波羅蜜、毘梨耶波羅蜜、禪波羅蜜[14]、般若波羅蜜,是名菩薩摩訶薩摩訶衍。復次,須菩提! 菩薩摩訶薩摩訶衍,所謂[15]一切陀羅尼門、一切三昧門,所謂首楞嚴三昧乃至離著虛空不染三昧,是名菩薩摩訶薩摩訶衍。復次,須菩提! 菩薩摩訶薩摩訶衍,所謂内空乃至無法有法空,是名菩薩摩訶薩摩訶衍。復次,須菩提! 菩薩摩訶薩摩訶衍,所謂四念處乃至十八不共法,是名菩薩摩訶薩摩訶衍。如須菩提所言:是摩訶衍勝出一切世間及諸天、人、阿修羅。須菩提! 若欲界當有實、不虛妄、不異諦、不顛倒、有常不壞相、非無法者,是摩訶衍不能勝出一切世間及諸天、人、阿修羅。須菩提! 以欲界虛妄憶想分別,和合名字等有,一切無常相、無法;以是故,摩訶衍勝出一切世間及諸天、人、阿修羅。須菩提! 色界、無色界若當實有、不虛妄、不異諦、不顛倒[16]、有常不[17]壞[18]相、非無法者,是摩訶衍不能勝出一切世間及諸天、人、阿修羅。須菩提! 以色界、無色界虛妄憶想分別,和合名字等有,一切無常破壞相、無法;以是故,摩訶衍勝出一切世間及諸

---

1 "性不可得乃",乙、辛本殘。

2 "地",庚本脱。

3 "無",乙本脱。

4 辛本終,以下所抄相當於《大正藏》本卷五十一。

5 甲本終,尾題作"大智論卷第五十釋第十九品訖第二十品",題記作"﹍﹍論卷第五十尹夫人受持"。乙本終,尾題作"摩訶衍經卷第五十　第十九品　第二十品"。丙本終,尾題作"大智論卷第五十　釋第十九品　訖第二十品",題記作"開皇十三年歲次癸丑四月八日,弟子李思賢敬寫供養"。庚本終,尾題作"大智度論卷第五十",題記作"菩薩戒弟子寧遠將軍折衝都尉泛彦芝爲亡夫人陰氏助成此經,資益亡者"。

6 本卷對應《大智度論》寫本凡7號:S.5288號(以下簡稱"甲一")、P.2199號(以下簡稱"甲二")、BD13792號(以下簡稱"乙本")、BD14082號(以下簡稱"丙本")、S.5955號(以下簡稱"丁一",所抄分屬《大正藏》本卷五十、五十一)、BD03026號(以下簡稱"丁二",所抄分屬《大正藏》本卷五十一、五十二)、國博38號(以下簡稱"戊本")。

7 甲一始,"大智度……譯"三十三字,甲一作"大智論釋第二十一品訖第二十二品卷第五十一"。

8 "經",甲一、宋、宫、聖本無。下同,不復出校。

9 "與",甲一、宋、元、明、宫、聖本無。

10 "可得中",甲一殘。

11 "世尊以是故是",甲一殘。

12 "如是……薩摩"七字,甲一殘。

13 "尸羅波",甲一殘。

14 "波羅蜜",甲一殘。

15 "所謂",甲一、宋、元、明、宫、聖本無。

16 "倒",甲一脱。

17 甲一終。

18 甲二始。

天、人、阿修羅。須菩提！若色當實有、不虛妄、不異諦、不顛倒、有常不壞相、非無法者，是摩訶衍不能勝出一切世間及諸天、人、阿修羅。須菩提！以色虛妄憶想分別，和合名字等有，一切無常破壞相、無法；以是故，是摩訶衍勝出一切世間及諸天、人、阿修羅。受、想、行、識亦如是。須菩提！若眼乃至意，色乃至法，眼識乃至意識，眼觸乃至意觸，眼觸因緣生受，乃至意觸因緣生受，若當實有、不虛妄、不異諦、不顛倒、有常不壞相、非無法者，是摩訶衍不能勝出一切世間及諸天、人、阿修羅。須菩提！以眼乃至意觸因緣生受，虛妄憶想分別，和合名字等有，一切無常破壞相、無法；以是故，摩訶衍勝出一切世間及諸天、人、阿修羅。須菩提！若法性是有法、非無法者，是摩訶衍不能勝出一切世間及諸天、人、阿修羅。須菩提！以法性無法、非法；以是故，摩訶衍勝出一切世間及諸天、人、阿修羅。須菩提！若如、實際、不可思議性是有法、非無法者，是摩訶衍不能勝出一切世間及諸天、人、阿修羅。須菩提！以[1]如、實際、不可思議性無法、非法；以是故，摩訶衍勝出一切世間及諸天、人、阿修羅。須菩提！若檀波羅蜜是有法、非無法者，是摩訶衍不能勝出一切世間及諸天、人、阿修羅。以檀波羅蜜無法、非法[2]；以是故，摩訶衍勝出一切世間及諸天、人、阿修羅。若尸羅波羅蜜、羼提波羅蜜、毘梨耶波羅蜜、禪波羅蜜、般若波羅蜜，是有法、非無法者，是[3]摩訶衍不能勝出一切世間及諸天、人、阿修羅。以尸羅波羅蜜乃至般若波羅蜜無法、非法[4]；以是故，摩訶衍勝出一切世間及諸天、人、阿修羅。須菩提！若內空乃至無法有法空，是有法、非無法者，是摩訶衍不能勝出一切世間及諸天人、阿修羅。以內空乃至無法有法空，無法、非法[5]；以是故，摩訶衍勝出一切世間及諸天人、阿修羅。須菩提！若四念處乃至十八不共法，是有法、非無法者，是摩訶衍不能勝[6]出一切世間及諸天、人、阿修羅。以四[7]念處乃至十八不共法，無法、非法[8]；以是故[9]，摩訶衍勝出一切世間及諸天、人、阿修羅[10]。須菩提！若性人法，是有法、非無法者，是摩訶衍不能勝出一切世間及諸天、人、阿修羅。以性人法無法、非法；以是故，摩訶衍勝出一切世間及諸天、人、阿修羅。須菩提！若八人法、須陀洹法[11]、斯陀含法、阿那含法、阿羅漢法、辟支佛法、佛法，是有法、非無法者，是摩訶衍不能勝出一切世間及諸天、人、阿修羅。以八人法乃至佛法，無法、非法；以是故，摩訶衍勝出一切世間及諸天、人、阿修羅。須菩提！若性人是有法、非無法者，是摩訶衍不能勝出一切世間及諸天、人、阿修羅。以性人無法、非法[12]；以是故，摩訶衍勝出一切世間及諸天、人、阿修羅。須菩提！若八人、須陀洹、乃至佛，是有法，非無法者，是摩訶衍不能勝出一切世間及諸天、人、阿修羅。以八人乃至佛，無法、非法；以是故，摩訶衍勝出一切世間及諸天、人、阿修羅。須菩提！若一切世間及諸天、人、阿修羅，是有法、非無法者，是摩訶衍不能勝出一切世間及諸天、人、阿修羅。以一切世間及諸天、人、阿修羅，無法、非法；以是故，摩訶衍勝出一切世間及諸天、人、阿修羅。須菩提！若菩薩摩訶薩從初發心乃至道場[13]，於其中間諸心，

1　"以"，甲二、聖本作"是以"。

2　"無法非法"，甲二、宋、宮、聖本作"非法、無法"。

3　"是"，甲二脫。

4　"無法非法"，甲二、宋、宮、聖本作"非法、無法"。

5　"非"後，甲二衍"無"。

6　乙本始。

7　"天人……以四"七字，乙本殘。

8　"無法非法"，甲二、乙、宋、宮、聖本作"非法、無法"。

9　"以是故"，乙本殘。

10　"修羅"，乙本殘。

11　"須陀洹法"前，甲二、聖、石本有"若"。

12　"無法非法"，乙本作"法無法、非法"。

13　"道場"，乙本作"坐道場"。

若當是[1]有法,非無法者,是摩訶衍不能勝出一切世間及諸天、人、阿修羅。以菩薩從初發心乃至道場,諸心無法、非法;以是故,摩訶衍勝出一切世間及諸天、人、阿修羅。須菩提! 若菩薩摩訶薩如金剛慧,若是有法、非無法者,是菩薩摩訶薩不能知一切結使及習,無法、非法,得一切種智。須菩提! 以菩薩摩訶薩如金剛慧,無法、非法,是故菩薩知一切結使及習,無法、非法,得一[2]切種智;以是故,摩訶衍勝出一[3]切世間及諸天、人、阿修羅。須菩提! 若諸佛三十二相,是有法、非無法者,諸佛威[4]德不能照然[5],勝出一切世間及諸天、人、阿修羅。須菩提! 以諸佛三十二相,無[6]法、非法;以是故,諸佛威德照然,勝出一切世間及諸天、人、阿修羅。須菩提! 若諸佛光明,是有法、非無法者,諸佛光明不能普照恒河沙等世界。須菩提! 以諸佛光明無法、非法;以是故,諸佛能以光明,普照恒河沙等世界[7]。須菩提! 若諸佛六十種莊嚴音聲,是有[8]法、非無法者,諸佛不能以六十種莊[9]嚴音聲,遍至十方無量阿僧祇世界。須菩提! 以諸佛六十種莊嚴音聲,無法、非法;以是故,諸佛能以六十種莊嚴音聲,遍至十方無量阿僧祇世界。須菩提! 諸佛法輪,若是有法、非無法者,諸佛不能轉法輪,諸沙門、婆羅門[10],若天、若魔、若梵及世間餘眾所不能如法轉[11]者。須菩提! 以諸佛法輪,無法、非法;以是故,諸佛轉法輪,諸沙門、婆羅門[12],若天、若魔、若梵及世間餘眾所[13]不能如法轉者。須菩提! 諸佛[14]爲眾生轉法輪,是眾生若實有法,非無法者,不能令是眾生於無餘涅槃而般涅槃。須菩提! 以諸佛爲眾生轉法輪,是眾生無法、非法;以是故,眾生於無餘涅槃中,已滅、今滅、當滅。

【論】[15]者言:須菩提上以五事問[16]摩訶衍,佛已答竟。須菩提歡喜讚歎,作[17]是言:世尊! 是摩訶衍有大力勢[18],破壞人、天世間已,能於中勝出。譬如三人度惡道:一者,於夜逃遁,獨脫其身;二[19]者,以錢求免[20];三者,如大王將大軍眾,摧破寇賊[21],舉軍全濟,無所畏難。三乘亦如是,如阿羅漢不能知一切總相、別相,亦不能破魔王,又不能降伏外道,厭老、病、死,直趣涅槃。如辟支佛入諸法實相,深於聲聞,少有悲心;以神通[22]

1　"是",甲二、乙、宋、元、明、宫、聖、石本無。
2　"一",乙本作"壹","壹"同"一"。
3　"一",乙本作"壹","壹"同"一"。
4　"威",乙本作"功",誤。
5　"然",甲二作"燃","然"爲"燃"之古字。
6　"無",甲二作"有",誤。
7　"須菩……世界"二十九字,乙本殘。
8　丙本始。
9　"種莊",乙本殘。
10　"婆羅門",乙本作"披羅門",異譯詞。
11　"轉",乙、聖本作"輪",誤。
12　"婆羅門",乙本作"披羅門",異譯詞。
13　"所",甲二、乙、丙、宋、元、明、宫、聖、石本無。
14　"諸佛",乙本脱。
15　丁一始。
16　"問",乙本殘。
17　乙本終。
18　"力勢",丁一作"勢力"。
19　"遁獨脱其身二",丁一殘。
20　"免",丙、丁一、石本作"勉","勉"通"免"。下同,不復出校。
21　"寇賊",丁一作"賊寇"。
22　"悲心以神通",丁一殘。

力化度衆生,能破煩惱,不能破魔人及外道。如菩薩從初[1]發心,於一切衆生起大慈悲[2],雖未得[3]佛,於其中間,利益無量衆生;決定知諸法[4]實相,具足六波羅[5]蜜故,破諸魔王及壞[6]外[7]道,斷煩惱習,具足一切種智,總相、別相,悉知悉[8]了,成阿耨多羅三藐三菩提。三人雖俱免生[9]死,然方便道各異;是故須菩提讚歎摩訶衍[10]:摧破一切世間,勝出人、天、阿修羅上。譬如虛[11]空含受一切國土,而虛空故不盡;摩訶衍亦[12]如是,含受三世諸佛及諸弟子,摩訶衍亦不滿。又如虛空常相故,無入相、無出相、無住相。是乘亦如是,無未來世入處,無過去世出處,無現在世住處;破三時故三世等,名摩訶衍。問曰:佛應讚須菩提所歎言[13]善哉,何以更説摩[14]訶衍? 答曰:佛將欲[15]順須菩提所歎而讚説[16],以上説摩訶衍遠故,今[17]略説摩訶衍相,然後廣述。須菩提所讚摩訶衍者[18],所謂六波羅蜜,諸陀羅尼門、三昧門[19],十八空,四念處,乃至十八不[20]共法等。如須菩提所説摩訶衍,破壞一切世[21]間,勝出人、天[22]、阿修羅上者,是事實爾。何以故? 是三界虛誑,如幻如夢,無明虛妄,因緣故有,因果無有定實,一切無常,破壞磨[23]滅,皆是空相[24]。以摩訶衍與三界相違,故能摧破勝出。若[25]三界定實,常不虛妄,是摩訶衍不能摧破勝出,何以故? 力等故。五衆、十二入、十八界、六觸生諸受,亦如是。若法性是有法、非無法者,摩訶衍不能破世間得勝出;須菩提! 以法性非有[26]故,摩訶衍能得勝出世間。問曰:有爲法,因緣[27]和合虛誑故言無;如、法性、實際、不思議性[28],是無爲實法,名爲實際,云何言無? 答曰:無爲空故言無。復次,佛説:離有爲,無爲法不可得,有爲[29]法實相即是無爲法。復次,觀是有爲法虛誑,如:如、法性、實際,

---

1 "初",丁一無。

2 "悲",丁一作"大悲"。

3 "未得",丁一殘。

4 丁二始。

5 "法實……波羅"八字,丁一殘。

6 "王及壞",丁一殘。

7 丁一終。"蜜故……壞外"九字,丁二殘。

8 "別相悉知悉",丁二殘。

9 "生",丁二殘。

10 "訶衍",丁二殘。

11 "如虛",丁二殘。

12 "盡摩訶衍亦",丁二殘。

13 "言",丁二脱。

14 "以更説摩",丁二殘。

15 "將欲",甲二、丙、宋、元、明、宮、石本作"欲將",聖本作"欲持"。

16 "所歎而讚説",丁二作"所讚歎説"。

17 "今",丁二作"言",誤。

18 "者",甲二、丙本脱。

19 "三昧門"前,丁二有"諸"。

20 "乃至十八不",丁二脱。

21 "一切世",丁二脱。

22 "天",丁二脱。

23 "磨",甲二、丙、丁二、宋、元、明、宮本作"摩","摩"通"磨"。

24 "皆是空相",丁二殘。

25 "出若",丁二殘。

26 "法性非有",丁二殘。

27 "緣",丁二殘。

28 "不思議性",丁二作"不可思議",元、明本作"不可思議性"。

29 "不可得有爲",丁二殘。

是實;以人於法性取相起靜,故言無法性。或説有,或説無,各[1]有因緣故無咎。如實際,不可思議性亦如是。世間檀波羅蜜著故有,出世間檀波羅蜜無故空;爲[2]破慳[3]貪故,言有檀波羅蜜;破邪見故,言檀波羅蜜無;爲度初學者説言有,若[4]聖人心中説言無。如檀波羅蜜,乃至若衆生實有、非是無法,不應令強滅,入無餘涅槃。問曰:從三十二相已[5]後,何以不説言摩訶衍勝出?答曰:應當説[6],直文煩故不説。復次,三十二相,乃至爲衆生轉法輪,亦是摩訶衍,但名字異耳。復次,上總相説摩訶衍勝出,不知云何勝出[7],今别相説,所謂佛三十二相莊嚴身故,勝一切衆生;佛光明勝日月諸天一切光明;佛音聲勝一切音樂,世界妙聲,諸天梵音;佛法輪[8]勝轉輪聖[9]王寶輪,及諸外道一切法輪,無障[10]無礙;餘法輪所利益微淺,或一世、二世,極至千萬世;佛法輪能令永入無餘涅槃,不復還入生死。復次,若衆生實有者,佛不應令衆生入涅槃,永拔其根;此過於殺一身,有如是大咎。以衆生顛倒心見我故,佛欲[11]破其顛倒,説[12]言涅槃;無衆生可滅,故無咎[13]。有如是功德故,摩訶衍能勝出一切世間。問曰:一切世間者,十方六道衆生,何以獨説勝出諸天、人、阿修羅? 答曰:六道中,三是善道,三是惡道。摩訶衍尚[14]能破三善道勝出,何況惡道! 問曰:《龍王經》中説龍得菩薩道,何以説是惡道? 答曰:衆生無量無邊,龍得道者少。復次,有人言:大菩薩變化身教化故,作龍王身。

大智度論釋含受品第二十三[15]

【經】[16]佛[17]告須菩提:汝所言衍與空等,如是! 如是! 須菩提! 摩訶[18]衍與空等。須菩提! 如虚空無東方、無南方、西方、北方、四維、上下;須菩提! 摩訶衍亦如是,無東方、無南方、西方、北方、四維、上下。須菩提! 如虚空非長非短、非方[19]非圓;須菩提! 摩訶衍亦如是,非長非短,非方[20]非圓。須菩提! 如虚空非青、非黄、非赤、非白、非黑;摩訶衍亦如是非青、非黄、非赤、非白、非黑。以是故,説摩訶衍與空等。須菩提! 如[21]虚空非過去、非未來、非現在;摩訶衍亦如是,非過去、非未來、非現在。以是故,説摩訶衍與空等。須菩提! 如虚空不增不減;摩訶衍[22]亦如是,不增不減。須菩提! 如虚空無垢無淨;摩訶衍亦如是,無垢無淨。須菩提!

---

1 "各",丁二作"各自"。
2 "空爲",丁二殘。
3 "慳",丁二作"吝"。
4 "若",丁二脱。
5 "十二相已",丁二殘。
6 "應當説"前,丁二有"爲衆生"。
7 "何勝出",丁二殘。
8 "輪",丁二作"轉輪"。
9 "聖",丁二無。
10 "無障",丁二殘。
11 "欲",甲二、丙、宋、元、明、宫、石本無。
12 "顛倒説",丁二殘。
13 "咎",丙本作"各",誤。
14 "摩訶衍尚",丁二殘。
15 甲二、丙本品題皆作"大智論釋第二十二品",丁二品題作"大智度經品第二十二釋論"。
16 "經",甲二、丙、宋、宫、聖本無。下同,不復出校。此段經文丁二無。
17 戊本(圖版1)始。
18 "摩訶",甲二、丙、戊、宋、元、明、宫、聖本無。
19 "非方",甲二、丙、戊本無。
20 "非方",甲二、丙、戊本無。
21 "如",甲二、丙、戊、聖本無。
22 戊本(圖版1)終。

如虛空無生、無滅、無住、無異；摩訶衍亦如是，無生、無滅、無住、無異。須菩提！如虛空非善、非不善、非記、非無記；摩訶衍亦如是，非善、非不善、非記、非無記。以是故，說摩訶衍與空等。如虛空無見、無聞、無知[1]、無識；摩訶衍亦如是，無見、無聞、無知[2]、無識。如虛空不可知、不可識、不可見、不可斷、不可證、不可修；摩訶衍亦如是，不可知、不可識、不可見、不可斷、不可證、不可修。以是故，說摩訶衍與空等。如虛空非染相、非離相；摩訶衍亦如是，非染相，非離相。如虛空不繫欲界、不繫色界、不繫無色界；摩訶衍亦如是，不繫欲界、不繫色界、不繫無色界。如虛空無初發心、亦無二、三、四、五、六、七、八、九、第十心；摩訶衍亦如是，無初發心乃至無第十心[3]。如虛空無乾慧地、姓地[4]、八人地、見地、薄地、離欲地、已辦[5]地；摩訶衍亦如是，無乾慧地乃至已作地。如虛空無須陀洹果、無斯陀含果、無阿那含果、無阿羅漢果；摩訶衍亦如是，無須陀洹果乃至無[6]阿羅漢果。如虛空無聲聞地、無辟支佛地、無佛地；摩訶衍亦如是，無聲聞地乃至無佛地。以是故，說摩訶衍與空等。如虛空非色、非無色，非可見、非不可見，非有對、非無對，非合、非散；摩訶衍亦如是，非色、非無色，非可見、非不可見，非有對、非無對，非合、非散。以是故，說摩訶衍與空等。須菩提！如虛空非常、非無常，非樂、非苦，非我、非無我；摩訶衍亦如是，非常、非無常，非樂[7]、非苦[8]，非我、非無我。以是故，說摩訶衍與空等。須菩提！如虛空非空、非不空，非相、非無相，非作、非無作；摩訶衍亦如是，非空、非不空，非相、非無相，非作、非無作。以是故，說摩訶衍與空等。須菩提！如虛空非寂滅、非不寂滅，非離、非不離；摩訶衍亦如是，非寂滅、非不寂滅，非離、非不離。以是故，說摩訶衍與空等。須菩提！如虛空非闇、非明；摩訶衍亦如是，非闇、非明。以是故，說摩訶衍與空等。須菩提！如虛空非可得、非不可得；摩訶衍亦如是，非可得、非不可得。以是故，說摩訶衍與空等。須菩提！如虛空非可說、非不可說；摩訶衍亦如是，非可說、非不可說。以是故，說摩訶衍與空等。須菩提！以是諸因緣故，說摩訶衍與空等。

【論】者言[9]：須菩提讚衍如虛空，佛即廣述成其事。如虛空無十方，是摩訶衍亦無十方；無長短、方圓、青黃、赤白等，是摩訶衍亦如是。問[10]曰：虛空應爾[11]，是無爲法，無色、無方；摩訶衍是有爲法，是色法，所謂布施、持戒等，云何言與虛空等？答曰：六波羅蜜有二種：世間、出世間。世間者，是有爲法、色法，不同虛空；出世間者，與[12]如、法性、實際、智慧和合故，似如虛空。從得無生忍已後，無所[13]分別如虛空。復次，如佛以無礙智，觀實相如虛空；餘人則不然，智慧未畢竟清淨故。復次，佛[14]前後說諸法畢竟空，如無餘涅[15]槃相，如虛空不應致疑。餘法亦如是；乃至如虛空非說、非不說，亦如是。問曰：如虛空，言無所有便足，何以說無種種相？答曰：初發心菩薩，於內外種種因緣法中著心；以是故，佛說如虛空無是種種相，摩訶衍亦如是。

1　“知”，甲二、丙、聖、石本作“覺”。

2　“知”，甲二、丙、聖、石、宮本作“覺”。

3　“心”，甲二、丙本脫。

4　“姓地”，甲二、丙本作“姓人地”，宋、元、明本作“性地”，宮、聖、石本作“性人地”。

5　“辦”，甲二、丙、聖、石本作“作”。

6　“無”，甲二、丙、宋、宮本無。

7　“樂”，甲二、丙、宋、宮本作“苦”。

8　“苦”，甲二、丙、宋、宮本作“樂”。

9　“言”，甲二、丙本無。

10　“亦如是問”，丁二殘。

11　“應爾”，丁二脫。

12　“者與”，丁二殘。

13　“所”，丁二脫。

14　“佛”，丁二脫。

15　“無餘涅”，丁二殘。

【經】[1] 須菩提！如汝所言如虛空受無量無邊阿僧祇眾生，摩訶衍亦受無量無邊阿僧祇眾生，如是！如是！須菩提！眾生無所[2] 有故，當知虛空無所[3] 有；虛空無所[4] 有故，當知摩訶衍亦無所[5] 有。以是因緣故，摩訶衍受無量無邊阿僧祇眾生。何以故？是眾生、虛空、摩訶衍，是法皆不可得故。復次，須菩提！摩訶衍無所有故，當知阿僧祇無所有；阿僧祇無所有故，當知無量無所有；無量無所有故，當知無邊無所有；無邊無所有故，當知一切諸法無所有。以是因緣故，須菩提！是摩訶衍受無量無邊阿僧祇眾生。何以故？是眾生、虛空、摩訶衍、阿僧祇、無量、無邊，是一切法不可得故。復次，須菩提！我無所有乃至知者、見者無所有故，當知如、法性、實際無所有，如法性、實際無所有故，當知乃至無量無邊阿僧祇無所有；無量無邊阿僧祇無所有故，當知一切法無所有。以是因緣故，須菩提！摩訶衍受無量無邊阿僧祇眾生。何以故？是眾生乃至知者、見者，實際乃至無量無邊阿僧祇，是一切法不可得故。復次，須菩提！我無所有乃至知者、見者無所有故，當知不可思議性無所有；不可思議性無所有故，當知色、受、想、行、識無所有；色、受、想、行、識無所有故，當知虛空無所有；虛空無所有故，當知摩訶衍無所有；摩訶衍無所有故，當知阿僧祇無所有；阿僧祇無所有故，當知無量無所有；無量無所有故，當知無邊無所有，無邊無所有故，當知一切諸法無所有。以是因緣故，須菩提！當知摩訶衍受無量無邊阿僧祇眾生。何以故？須菩提！我乃至知者、見者等，一切法皆不可得故。復次，須菩提！我無所有，乃至知者、見者無所有故，當知眼無所有，耳、鼻、舌、身、意無所有；眼乃至意無所有故，當知虛空無所有；虛空無所有故，當知摩訶衍無所有；摩訶衍無所有故，當知阿僧祇無所有；阿僧祇無所有故，當知無量無所有，無量無所有故，當知無邊無所有；無邊無所有故，當知一切諸法無所有。以是因緣故，須菩提！摩訶衍受無量無邊阿僧祇眾生。何以故？須菩提！我乃至一切諸法，皆不可得故。復次，須菩提！我無所有乃至知者、見者無所有故，當知檀波羅蜜無所有，尸羅波羅蜜、羼提波羅蜜、毘梨耶波羅蜜、禪波羅蜜、般若波羅蜜無所有；般若波羅蜜無所有故，當知虛空無所有；虛空無所有故，當知摩訶衍無所有，摩訶衍無所有故，當知無量無邊阿僧祇無所有；無量無邊阿僧祇無所有故，當知一切諸法無所有。以是因緣故，須菩提！摩訶衍受無量無邊阿僧祇眾生。何以故？我、眾生乃至一切諸法，皆不可得故。復次，須菩提！我無所有乃至知者、見者無所有故，當知內空無所有，乃至無法有法空無所有，無法有法空無所有故，當知虛空無所有，虛空無所有故，當知摩訶衍無所有，摩訶衍無所有故，當知阿僧祇無量無邊無所有，阿僧祇無量無邊無所有故，當知一切諸法無所有。以是因緣故，須菩提！摩訶衍[6] 受無量無邊阿僧祇眾生。何以故？我、眾生乃至一切諸法，皆不可得故。復次，須菩提！我眾生乃至知者、見者無所有故，當知四念處無所有；四念處無所有故，乃至十八不共法無所有；十八不共法無所有故，當知虛空無所有；虛空無所有故，當知摩訶衍無所有；摩訶衍無所有故，當知阿僧祇無量無邊無所有；阿僧祇無量無邊無所有故，當知一切諸法無所有。以是因緣故，須菩提！是[7] 摩訶衍受無量無邊阿僧祇眾生。何以故？我、眾生乃至一切諸法，皆不可得故。復次，須菩提！我、眾生無所有，乃至知者、見者無所有故，當知性地[8] 無所有，乃至已作地無所有；已作地無所有故，當知虛空無所有；虛空無所有故，當知摩訶衍無所有；摩訶衍無所有故，當知阿僧祇無量無邊無所有；阿僧祇無量無邊無所有故，當知一切諸法無所有。以是因緣故，是摩訶衍受無量無邊阿

1　此段經文丁二無。

2　“所”，甲二、丙、宋、元、明、宮、聖、石本無。

3　“所”，甲二、丙、宋、元、明、宮、聖、石本無。

4　“所”，甲二、丙、宋、元、明、宮、聖、石本無。

5　“所”，甲二、丙、宋、元、明、宮、聖、石本無。

6　“摩訶衍”前，甲二、丙、宋、元、明、宮、聖、石本有“是”。

7　“是”，甲二、丙脫。

8　“性地”，甲二、丙、聖、石本作“性法”，宮本作“法性”。

僧祇衆生。何以故？我、衆生乃至一切諸法，皆不可得故。復次，須菩提！我、衆生乃至知者、見者無所有故，當知須陀洹無所有；須陀洹無所有故，當知斯陀含無所有；斯陀含無所有故，當知阿那含無所有；阿那含無所有故，當知阿羅漢無所有；阿羅漢無所有故，當知乃至一切諸法無所有。以是因緣故，須菩提！摩訶衍[1]受無量無邊阿僧祇衆生。何以故？須菩提！我乃至一切諸法，皆不可得故。復次，須菩提！我乃至知者、見者無所有故，當知聲聞乘無所有；聲聞乘無所有故，當知辟支佛乘無所有；辟支佛乘無所有故，當知佛乘無所有；佛乘無所有故，當知聲聞人無所有；聲聞人無所有故，當知須陀洹無所有；須陀洹無所有故，乃至佛無所有；佛無所有故，當知一切種智無所有；一切種智無所有故，當知虛空無所有；虛空無所有故，當知摩訶衍無所有；摩訶衍無所有故，當知乃至一切諸法無所有。以是因緣故，摩訶衍受無量無邊阿僧祇衆生。何以故？我乃至一切諸法，皆不可得故。譬如，須菩提！涅槃性中，受無量無邊阿僧祇衆生，是摩訶衍亦受無量無邊阿僧祇衆生。以是因緣故，須菩提！如虛空受無量無邊阿僧祇衆生，是摩訶衍亦如是受無量無邊阿僧祇衆生。

【論】[2]問曰：何以不說虛空廣大無邊故受一切物，而言虛空無所有故，能受一切物衆生，摩訶衍亦無所有？答曰：現見[3]虛空無所有，一切萬物皆在其中，以無所有故能受。問曰：心心數法亦無形質，何以不受一切物？答曰：心心數法覺知相，非是受相；又無住處：若内若外，若近若遠；但以分別相故知有心。形色法有住處：因色處故知[4]有虛空，以色不受物故，則知虛空受物；色與虛空相[5]違：色若不受，則知虛空是受。如以無明故知有明，以苦故[6]知有樂，因色無故，說有虛空，更無別相。復次，心心數法更有不受義，如邪見心[7]不受正見，正見心不受邪見。虛空則不然，一切皆受故。又心心數法生滅相，是可斷法，虛空則不然。心心數法，虛空，但無色、無形同，不得言都不異。以是故，諸法中說虛空能受一切。問曰：我先問意不然！何以不言虛空無量無邊能受一切物，而言無所有受一切物？答曰：我說：虛空無自相，待色相說虛空；若無自相，則無虛空，云何言無量無邊？問[8]曰：汝言受相[9]，則是[10]虛空，云何言無？答曰：受相即是無色相，色不到處，名爲虛空；以是故無虛空。若實有虛空，未有色時應有虛空！若未有色有虛空，虛空則無相。何以故？以未有色故。因[11]色[12]故知有虛空，有色故便有無色。若先有色，後有虛空，虛空則是作法，作法不名爲常。若有無相法，是不可得，以是故無虛空。問曰：若[13]常有虛空，因色故虛空相現，然後相在虛[14]空？答曰：若虛[15]空先無相，後相亦無所住。若虛空先有相，相無所相；若先無相，相亦無所住。若離相、無相已，相無住處；若相無住處，所相處亦無；所相處無故，相亦無；離相及相處，更無有法。以是故，虛空不名爲相、不名爲所相，

1　“摩訶衍”前，甲二、丙、宋、元、明、宫、聖、石本有“是”。

2　“論”，甲二、丙、丁二、宋、聖本無。

3　“見”，甲二、丙本脱。

4　“因色處故知”，丁二作小注“因色處□知也”。

5　“相”，丁二脱。

6　“故”，丁二脱。

7　“邪見心”後，丁二衍“心”。

8　“邊問”，丁二殘。

9　“相”，丁二作“想”，“想”爲“相”之借字。

10　“則是”，丁二作“是則”。

11　“故因”，丁二殘。

12　“色”前，丁二有“色”。

13　“若”，甲二、丙、宫、聖、石本無。

14　“在虛”，丁二殘。

15　“虛”，丁二脱。

不名爲法、不名爲非法,不名爲有、不名爲無,斷諸語言,寂滅如無餘涅槃。餘[1]一切法,亦如是。問曰:若一切法如是者,即是虛空,何以復以虛空爲喻? 答曰:諸法因果,皆是虛誑,因無明故有,誑衆生心。衆生於是[2]法[3]中生著,而不於虛空生著;六塵法誑衆生心,虛空雖復[4]誑,則不爾[5]! 以是故,以虛空爲喻,以麁[6]現事破微細事。如虛空因色故,但有假名,無有定法;衆生亦如是,因五衆和合故,但有假名,亦無定法。摩訶衍亦如是,以衆生空,無佛無菩薩;以有衆生故,有佛有菩薩;若無佛無菩薩,則無摩訶衍。以是故,摩訶衍能受無量無邊阿僧祇衆生。若是有法,不能受無量諸佛及弟子。問曰:若[7]實無虛空,云何能受無[8]量無邊阿僧祇衆生? 答曰:以是故,佛說:摩訶衍無故,阿僧祇無;阿僧祇無故,無量亦無;無量無故,無邊亦無;無邊無故,一切法亦無,以是故能受。阿僧祇者[9],僧祇[10]秦言數;阿,秦言無。衆生諸法,各各不可得邊故,名無數;虛空[11]十方遠近不可得邊故,名[12]無數。分別數六波羅蜜,種種布施、種種持戒等無有數;數幾衆生已上乘、當上乘、今上乘不可數,是名無數。復次,有人言:初數爲一,但有一;一一[13]故言二,如是等皆一,更無餘數法。若皆是一,則無數! 有人言:一切法和合[14]故有名字,如輪、輞[15]、輻、轂和合故名爲車,無有定實法。一法無故,多亦無,先一[16]後多故。復次,以繫[17]數事,數事[18]無故,數亦無。無量者,如以斗稱量物,以智慧量諸法亦如是。諸法空故無數,無數[19]故無量無邊[20],無有實智,云何能得諸法定相? 無量故[21]無邊,量名總相,邊名別相;量爲初始,邊名終竟。復次,我乃至知者、見者無故,實際亦無;實際無故,無數亦無;無數無故,無量亦無;無量無故,無邊亦無;無邊無故,一切法亦無。以是故,一切法無[22],畢竟清淨。是摩訶衍能含受一切衆生及法;二事相因:若無衆生則無法,若無法則無衆生。先[23]總相説[24]一切法空,後一一別説諸法空。實際是末後妙法,此若無者,何況餘法! 從不可思議性乃至如涅槃性[25],亦如[26]是。

1　戊本(圖版2)始。
2　"是",甲二、丙、戊本無。
3　"法",丁二脱。
4　"復",丁二脱。
5　"則不爾",丁二殘。
6　"麁",戊本作"塵",誤。
7　"曰若",丁二殘。
8　戊本(圖版2)終。
9　"祇者",丁二殘。
10　"僧祇",甲二、丙、丁二、聖本作"僧呿"。
11　"虛空"前,原衍"數",茲據丁二删。
12　"名",丁二作"名故",疑當作"故名"。
13　"一",丁二脱。
14　"和合",丁二殘。
15　"輞",丁二脱。
16　"一",丁二脱。
17　"繫",甲二、丙、丁二、宋、元、明、宫、聖、石本無。
18　"數事數事",丁二、元、明、聖、石本作"數數事事"。
19　"無數",丁二殘。
20　"無邊",丁二、聖、石本無。
21　"故",丁二脱。
22　"無",甲二、丙、丁二、宋、元、明、宫、聖本無。
23　"先",丁二作"無",誤。
24　"説",甲二、丙、丁二、宋、元、明、宫、聖、石本無。
25　"性",甲二、丙本脱。
26　"亦如",丁二殘。

【經】¹須菩提！汝所言：是摩訶衍不見來處，不見去處，不見住處。如是！如是！須菩提！是摩訶衍²不見來處，不見去處，不見住處。何以故？須菩提！一切諸法不動相故，是法無來處，無去處，無住處。何以故？須菩提！色，無所從來，亦無所去，亦無所住；受、想、行、識，無所從來，亦無所去，亦無所住。須菩提！色法，無所從來，亦無所去，亦無所住；受、想、行、識法，無所從來，亦無所去，亦無所住。須菩提！色如，無所從來，亦無所去，亦無所住；受、想、行、識如，無所從來，亦無所去，亦無所住。須菩提！色性，無所從來，亦無所去，亦無所住；受、想、行、識性，無所從來，亦無所去，亦無所住。須菩提！色相，無所從來，亦無所去，亦無所住；受、想、行、識相，無所從來，亦無所去，亦無所住。須菩提！眼、眼法、眼如、眼性、眼相，無所從來，亦無所去，亦無所住；耳、鼻、舌、身、意、意法、意如、意性、意相，無所從來，亦無所去，亦無所住。色、聲、香、味、觸、法亦如是。須菩提！地種、地種法、地種如、地種性³、地種相，無所從來，亦無所去，亦無所住；水、火、風、空、識種、識種法、識種如、識種性、識種相，亦如是。須菩提！如、如法、如如、如性、如相，無所從來，亦無所去，亦無所住。須菩提！實際、實際法、實際如、實際性、實際相，無所從來，亦無所去，亦無所住。須菩提！不可思議、不可思議法、不可思議如、不可思議性、不可思議相，無所從來，亦無所去，亦無所住。須菩提！檀波羅蜜、檀波羅蜜法、檀波羅蜜如、檀波羅蜜性、檀波羅蜜相，無所從來，亦無所去，亦無所住；尸羅波羅蜜、羼提波羅蜜、毘梨耶波羅蜜、禪波羅蜜、般若波羅蜜、般若波羅蜜法、般若波羅蜜如、般若波羅蜜性、般若波羅蜜相，無所從來，亦無所去，亦無所住。須菩提！四念處，四念處法、四念處如、四念處性、四念處相，無所從來，亦無所去，亦無所住；乃至十八不共法亦如是。須菩提！菩薩，菩薩法、菩薩如、菩薩性、菩薩相，無所從來，亦無所去，亦無所住。佛，佛法、佛如、佛性、佛相，無所從來，亦無所去，亦無所住。阿耨多羅三藐三菩提，阿耨多羅三藐三菩提法、如、性、相，無所從來，亦無所去，亦無所住。須菩提！有爲法、有爲法法，有爲法如、有爲法性、有爲法相，無所從來，亦無所去，亦無所住。須菩提！無爲法、無爲法法、無爲法如、無爲法性、無爲法相，無所從來，亦無所去，亦無所住。以是因緣故，須菩提！是摩訶衍不見來處、不見去處、不見住處。

【論】者言：佛謂：須菩提！汝何以但讚摩訶衍無來、無去、無住？一切法亦如是無來、無去、無住，一切法實相不動故。問曰：諸法現有來、去可見，云何言不動相，無來無去⁴？答曰：來、去相，先已破；今當更⁵説：一切佛法中，無我、無衆生、乃至無⁶知者、見者故⁷，來者去者無⁸；來者去者無故，來、去相亦應無。復次，三世中求去⁹相不可得¹⁰，所以者何？已¹¹去中無去，未去中亦無去，離已去未去，去時亦無去。問曰：有身動處是名爲去。已去、未去中無身動；以是故去時身動，即應有去！答曰：不然！離去相，去時不可得；離去時，去相不可得，云何言去時去！復次，若去時有去相，應離去相有去時。何以故？汝説去時有去故。復次，若去

1　“經”，丁二無。下同，不復出校。

2　“是摩訶衍”至此段經文末，丁二無。

3　“性”，甲二、丙本作“姓”，“姓”爲“性”之借字。

4　“云何……無去”十字，丁二作“云何言不説一切佛法動相，無來無去”。

5　“更”，丁二無。

6　“乃至無”，丁二殘。

7　“見者故”，丁二作“見者無故”。

8　“無”，丁二無。

9　“求去”，丁二脱。

10　“不可得”前，丁二有“求”。

11　“已”，甲二、丙本作“以”，“以”通“已”。

時去[1]，應有二去[2]：一者，知去時；二者，知去時去。問曰：若爾，有何咎？答曰：若爾，有二去[3]者。何以故[4]？離去者無去相；若離去[5]者無去相[6]、離去相[7]無去者，是故去者不去，不去者亦不去。離去、不去，亦無有去。來者、住者亦如是。以是故佛説：凡夫人法，虛誑無實，雖復肉眼所見，與畜生無異，是不可信。是故説：諸法無來，無去，無住處，亦無動。何者是？所謂色、色法、色如、色性、色相。色，名眼見事[8]，未分別好醜，實不實、自相他相。色法，名無常生滅、不淨等[9]。色如，名色和合有，如[10]水沫不[11]牢固，離散則無，虛偽無實，但誑人眼。色現在如是，過去、未來亦爾。如現在火熱，比知過去、未來亦如是。復次，如諸佛觀色相畢竟清淨空，菩薩亦應如是觀。色眼[12]法、色如，何因緣不如凡夫人所見？性自爾故！此性深妙，云何可知？以色相力故可知。如火以烟爲相，見烟則知有火；今見眼[13]色無常，破壞、苦惱、麁澁相，知其性爾。此[14]五法不去、不來、不住，如先説。乃至無爲、無爲法、如、性、相，不來、不去、不住，亦如是[15]。

【經】須菩提！汝所言：是摩訶衍，前際不可得，後際不可得，中際不可得，是衍名三世等[16]；以是故，説名摩訶衍。如是！如是！須菩提！是摩訶衍，前際不可得，後際不可得，中際不可得，是衍名三世等。以是故，説名摩訶衍。何以故？須菩提！過去世、過去世空，未來世、未來世空，現在世、現在世空，三世等、三世等空；摩訶衍、摩訶衍空，菩薩、菩薩空。何以故？須菩提！是空[17]非一、非二、非三、非四、非五、非異。以是故，説名三世等，是菩薩摩訶薩摩訶衍。是衍中，等、不等相不可得故。染不染不可得，瞋不瞋不可得，癡不癡不可得，慢不慢不可得，乃至一切善法、不善法不可得。是衍中，常不可得，無常不可得；樂不可得，苦不可得；實不可得，空不可得；我不可得，無我不可得；欲界不可得，色界不可得，無色界不可得；度欲界不可得，度色界不可得，度無色界不可得。何以故？是摩訶衍自法不可得故。須菩提！過去色、過去色空、未來、現在色，未來、現在色空；過去受、想、行、識，過去受、想、行、識空；未來、現在受、想、行、識，未來、現在受、想[18]、行、識空[19]。空中過去色不可得。何以故？空中空亦不可得，何況空中過去色可得！空中未來、現在色不可得。何以故？空中空亦不可得，何況空中未來、現在色可得！空中過去受[20]、想、行、識不可得。何以故？空中空亦不可得，何況空中過去受、想、行、識可得！空中未來、現在受、想、行、識不可得。何以故？空中空亦不可得，何況空中未來、現在受、想、行、識可得！須菩提！過去檀波羅蜜不可得、未來檀波羅蜜不可得、現在檀

---

1 "去"，丁二脱。

2 "去"，丁二作"法"，誤。

3 "二去"後，丁二衍"去"。

4 "以故"，丁二殘。

5 "去"，丁二無。

6 "若離……去相"七字，丁二作"若離者去無去相"。

7 "離去相"後，丁二有"者"。

8 "事"，甲二、丙本作"者"。

9 "等"，丁二作"故等"。

10 "如"，丁二無。

11 "不"，丙本作"未"。

12 "眼"，甲二、丙、丁二、宋、元、明、宫、聖、石本無。

13 "今見眼"，甲二、丙、宋、元、明、宫、石本作"見今"，丁二作"今見"，聖本作"以見今"。

14 "此"，丁二無。

15 "是"，丁二脱。

16 "是衍名三世等"至此段經文末，丁二無。

17 "是空"，甲二、丙、聖本作"空是"。

18 "想"，甲二作"相"，"相"通"想"。

19 "空"，甲二、丙本脱。

20 "受"後，丙本衍"受"字。

波羅蜜不可得，三世等中檀波羅蜜亦不可得。何以故？等中過去世不可得、未來世不可得、現在世不可得；等中等亦不可得，何況等中過去世、未來世、現在世可得！尸羅波羅蜜、羼提波羅蜜、毘梨耶波羅蜜、禪波羅蜜、般若波羅蜜亦如是。復次，須菩提！過去世中四念處不可得，乃至過去世中十八不共法不可得；未來世、現在世亦如是。復次，須菩提！三世等中四念處不可得，三世等中乃至十八不共法亦不可得。何以故？等中過去世四念處不可得，等中未來世四念處不可得，等中現在世四念處不可得，等中等亦不可得，何況等中過去世四念處，未來、現在世四念處可得！等中等亦不可得，何況等中過去乃至十八不共法可得！未來、現在世亦如是。復次，須菩提！過去世中[1]凡夫人不可得，未來世現在世中凡夫人不可得，三世等中凡夫人亦不可得。何以故？衆生不可得，乃至知者、見者不可得故。過去世中聲聞、辟支佛、菩薩、佛不可得，未來、現在世中[2]聲聞、辟支佛、菩薩、佛不可得，三世等中聲聞、辟支佛、菩薩、佛不可得。何以故？衆生不可得，乃至知者、見者不可[3]得故。如是，須菩提！菩薩摩訶薩住般若波羅蜜中，學三世等相，當具足一切種智，是名菩薩摩訶薩摩訶衍，所謂三世等相。菩薩摩訶薩住是衍[4]中，勝出[5]一切世間及諸天、人、阿修羅，成就薩婆若。爾時，須菩提白佛言：世尊！善哉！善哉！是菩薩摩訶薩摩訶衍！何以故？過去諸菩薩是衍中學得一切種智，未來世諸菩薩摩訶薩亦是衍中學當得一切種智。世尊！今十[6]方無量阿僧祇世界中諸菩薩摩訶薩，亦是衍中學得一切種智。以是故，世尊！是衍實是菩薩摩訶薩摩訶衍。佛告須菩提：如是！如是！過去、未來、現在諸佛，是摩訶衍中學，已得一切種智，當得、今得。

【論】者言：須菩提略讚説是摩訶衍，前際、後際、中際俱不可得，三世等故，名摩訶衍；今佛廣演[7]須菩提所讚[8]。是三世云何不可得？所謂過[9]去世、過去世空，未來[10]世、未來世空，現在世、現在世空故不可得。三世等，等者空：摩訶衍、摩訶衍自[11]空；菩薩、菩薩自空。是三世中[12]三世相空[13]義，如先説。此中佛自説空因[14]緣，所謂空、空相，非一、非二、非三、非四、非五等，不異、不合、不散，無有分別，是故三世等空相，無所有故，是等亦空。菩薩能如是解諸法三[15]世等，不以無始世來爲疲厭，不以未來世無邊故爲難[16]，是爲菩薩三世等名摩訶衍。是摩訶衍中等相不可得，不等相亦不可得。得是三世等三昧，破是不等相。不等相待故有等，不等畢竟無故等亦無。欲、不欲，乃至三界、度三界，是相待法，亦如是。此中佛自説：是諸法皆從因緣和合故無自性，自性無故空。復次，過去色、過去色相空，未來、現在亦如是。如色，餘四衆亦如是。所以者何？空

1　“中”，甲二、丙、宋、元、明、宫、聖、石本無。
2　“中”，甲二、丙、宫、聖、石本無。
3　“可”，丙本殘。
4　“衍”，甲二、丙、聖、石本無。
5　“出”，甲二、丙、宫、聖、石本無。
6　“今十”，丙本殘。
7　“演”，丁二作“説”。
8　“讚”，甲二、丙本作“謂”，誤。
9　“謂過”，丙本殘。
10　“未來”，丁二殘。
11　“自”，丁二脱。
12　“三世中”，丁二脱。
13　“空”前，原衍“空”，兹據甲二、丙、丁二、宋、元、明、宫、聖、石本删。
14　“空因”，丁二殘。
15　“法三”，丁二殘。
16　“爲難”，丙本殘。

中空相不可得,何況空中[1]有三[2]世五衆相! 菩薩觀五衆空,斷貪欲,入道行,所謂檀波羅蜜等,亦如是[3]五衆三世中不可得。三世等故,等即是空,是等中檀波羅蜜不可得。問曰:何以故三世及三世等中檀波羅蜜不可得[4]? 答曰:諸法等中無三世,等等[5]中等相亦不可得,何況三世! 六[6]波羅蜜,乃至十八不共法亦如是。復次,三世中,凡夫相不可得,聲聞乃至佛亦不可得,以衆生空故。菩薩住般若波羅蜜,能如是學三世等空,集諸善功德[7],便[8]具足一切種智。佛説:菩薩能如是三世等中住,則能勝出一切世間及諸天、人、阿修羅。是時,須菩提讚言:世尊! 善哉! 善哉! 是摩訶衍利益諸菩薩[9]。所以者何? 過去諸菩薩學是摩訶衍,得一切種智,未得、今得亦如是。有人言:得清淨無因緣,染垢穢亦無因緣,大小好醜縛解,皆無主所與。有人言:好醜縛解,至[10]時節自得。有人言:福德成就故,得佛道。有人言:但得清淨實智慧,得佛道。如是等説,皆是非[11]因緣、少因緣,須菩提[12]所不讚歎。今佛捨非因[13]緣,亦捨不具足因緣,説是[14]具足因緣,所謂六波羅蜜,三世菩薩學是乘具足,得成佛道。佛亦可須菩提所歎[15],言:如是! 如是[16]!

大智度論卷第五十一[17]。

大智度論釋會宗品第二十四(卷五十二)[18]

聖者龍樹造

後秦龜茲國三藏鳩摩羅什譯[19]

【經】[20]爾時,慧命富樓那彌多羅尼子白佛言:世尊! 佛使須菩提爲諸菩薩摩訶薩説般若波羅蜜,今乃説

---

1 "空中",丙本殘。

2 "三",丁二作"一",誤。

3 "是",甲二、丙、宋、元、明、宫、聖、石本無。

4 "問曰……不可得"十九字,丁二脱。

5 "等",甲二、丙、宫、聖、石本無。

6 "六",甲二、丙、宋、元、明、宫、聖本作"五"。

7 "善功德",丙本殘。

8 戊本(圖版3、4)始。

9 "諸菩薩",丁二作"諸衆菩薩"。

10 "至",丁二作"即"。

11 "是非",丙本殘。

12 "提",丁二作"薩",誤。

13 "非因",丙本殘。

14 "是",甲二、丙、丁二、戊、宋、元、明、宫、聖本無。

15 "歎",丁二作"讚"。

16 丁二終,其後所抄屬《大正藏》本卷五十二。

17 甲二終,尾題作"大智論卷第五十一",題記作"開皇十三年歲次癸丑四月八日,弟子李思賢敬寫供養"。丙本終,尾題作"大智論卷第五十一"。戊本終,尾題作"大智論卷第五十一",題記作"大業三年三月十五日,佛弟子蘇七寶爲亡父母敬寫《大智度論經》一部。以此善根,先願國祚永隆,人民興盛。當令七世考妣,棲神淨土,面奉慈尊;見在家室,内外眷屬,災殃彌滅,萬善扶疏。逮及法界含生,永離羇郭,齊成正覺"。

18 本卷對應《大智度論》寫本凡15號:BD03026號(以下簡稱"甲本",所抄分屬《大正藏》本卷五十一、五十二)、俄Дx12223號R(以下簡稱"乙本")、上圖030號(以下簡稱"丙本")、俄Дx07803號(以下簡稱"丁本")、S.546號(以下簡稱"戊本")、S.1224號(以下簡稱"己一")、S.4312號(以下簡稱"己二")、BD08095號(以下簡稱"庚一")、BD11474號(以下簡稱"庚二")、津藝065號5(以下簡稱"庚三")、BD10817號(以下簡稱"庚四")、BD03533號(以下簡稱"庚五")、BD08533號(以下簡稱"庚六")、俄Дx18605號(以下簡稱"辛本")、俄Дx18671號(以下簡稱"壬本")。

19 甲、乙本始。"大智度…譯"三十三字,甲本作"憂波提舍中隨順品第二十三",乙本作"大智度第二十三品釋論"。

20 此段經文甲本無。"經",乙、宋、宫、聖本無。下同,不復出校。

摩訶衍爲？須菩提白佛言：世尊！我説摩訶衍，將無離般若波羅蜜？佛言：不也！須菩提！汝説摩訶衍，隨般若波羅蜜[1]，不離般若波羅蜜[2]。何以故？一切所有善法、助道法，若聲[3]聞法、若辟支佛法、若菩薩法、若佛法，是一[4]切法，皆攝入般若波羅蜜中。須菩提白佛言：世尊！何等諸善法、助道法，聲聞法[5]、辟支佛法、菩薩法、佛法，皆攝入[6]般若波羅蜜中？佛[7]告須菩提：所謂檀波羅蜜[8]、尸羅[9]波羅蜜、羼提波羅[10]蜜、毗梨耶波羅蜜、禪波羅蜜[11]、般若波羅蜜；四念處、四正勤、四如意足、五根、五力、七覺分、八聖道分；空、無相、無作解脱門；佛十力、四無所畏、四無礙智、大慈大悲、十八不共法，無錯謬相、常捨行。須菩提！是諸餘善法、助道法，若聲聞法、若辟支佛法、若菩薩法、若佛法，皆攝入般若波羅蜜中。須菩提！若摩訶衍，若般若波羅蜜、禪波羅蜜、毗梨耶波羅蜜、羼提波羅蜜、尸羅波羅蜜、檀波羅蜜；若色、受、想、行、識，眼色、眼識、眼觸、眼觸因緣生諸受，乃至意法、意識、意觸、意觸因緣生諸受；地種乃至識種；四念處乃至八聖道分；空、無相、無作解脱門；及諸善法，若有漏、若無漏，若有爲、若無爲，若苦諦、集諦、滅諦、道諦，若欲界、若色界、若無色界，若內空乃至無法有法空；諸三昧門、諸陀羅尼門；佛十力乃至十八不共法；若佛、佛法、法性、如、實際、不可思議性、涅槃。是一切諸法，皆不合不散，無色、無形、無對，一相，所謂無相。須菩提！以是因緣故，汝所説摩訶衍，隨順般若波羅蜜。何以故？須菩提！摩訶衍不異般若波羅蜜，般若波羅蜜不異摩訶衍，般若波羅蜜、摩訶衍無二無別；檀波羅蜜不異摩訶衍，摩訶衍不異檀波羅蜜，檀波羅蜜、摩訶衍無二無別；乃至禪波羅蜜亦如是。須菩提！四念處不異摩訶衍，摩訶衍不異四念處，四念處、摩訶衍無二無別；乃至十八不共法不異摩訶衍，摩訶衍不異十八不共法，十八不共法、摩訶衍無二無別。以是因緣故，須菩提！汝説摩訶衍，即是説般若波羅蜜。

【論】者言：富樓那[12]雖自無疑，爲新學鈍根者，不解義一而名字異，故發問。須菩提即以其事白佛：佛法甚深，我所説者將無有失？佛答：汝説摩訶衍，隨順般若，無有違錯。此義初已論之，今佛爲説隨順因緣，所謂三乘所攝一切善法，皆合聚在般若波羅蜜中，所以者何？一切三乘善法，皆爲涅槃故。涅槃門有三種，一切法皆入空門、無相、無作門[13]。如持戒能生[14]禪定，禪定能生實智慧，不著世間故。何等三乘助道法攝在般若中？所謂六波羅蜜，三十七品，三脱門，佛十力、四無所畏、四無礙智、大慈大悲、十八不共法，無錯謬相、常捨行。此中三十七品、三脱[15]門，是三乘共法；六波羅蜜，是菩薩法；十力乃至常捨行是佛法。有人言：六波羅蜜有具足、有不具足；不具足者共二乘法，具足者[16]獨菩薩法。復次，摩訶衍空，般若波羅蜜亦空，空義一故，須菩提隨順無錯。如般若波羅蜜空，五波羅蜜，乃至如、法性、實際、不可思議性、涅槃亦如是。復次，

1　“蜜”，乙本殘。

2　“般若波羅蜜”，乙、宫、聖本無。

3　“法若聲”，乙本殘。

4　“一”，乙本殘

5　“法”，乙本無。

6　“攝入”，乙本殘。

7　“佛”，乙本殘。

8　“波羅蜜”，乙本殘。

9　“尸羅”，乙本作“尸”，異譯詞。

10　“羼提波羅”，乙本殘。

11　乙本終。

12　“富樓那”，甲本作“富那羅”。

13　“門”，甲本脱。

14　“生”，甲本脱。

15　“脱”，甲、宋、元、明、宫、聖、石本作“解脱”。

16　“者”，甲、宋、元、明、宫、聖、石本無。

從¹般若波羅蜜乃至涅槃,皆是不合²、不散,無色、無形,無對,一相,所謂無相。是同相故,説:摩訶衍則是般若波羅蜜,摩訶衍、般若波羅蜜³無二無別故。

大智度論釋十無品第二十五

【經】⁴慧命須菩提白佛言:世尊!菩薩摩訶薩前際不可得,後際不可得,中際不可得;色無邊故,當知菩薩摩訶薩亦無邊;受、想、行、識無邊故,當知菩薩摩訶薩亦無邊;色是菩薩摩訶⁵薩,是亦不可得;受、想、行、識,是菩薩摩訶薩,是亦不可得;如是,世尊!於一切種,一切處,求菩薩不可得。世尊!我當教何等菩薩摩訶薩般若波羅蜜?世尊!菩薩摩訶薩但有名字;如⁶説我名字,我畢竟不生。如我,諸法亦如是無自性。何等色畢竟不生?何等受、想、行、識畢竟不生?世尊!是畢竟不生,不名爲色;是畢⁷竟不生,不名爲受、想、行、識;世尊!若⁸畢竟不生法,當教誰⁹是般若波羅蜜耶?離¹⁰畢竟不生,亦無菩薩行阿耨多羅三藐三¹¹菩提;若菩薩聞作是説,心不没、不悔、不驚¹²、不怖、不畏¹³,當知是菩薩摩訶薩,能行般若¹⁴波羅蜜。舍利弗¹⁵問:須菩提!何因緣故,言菩薩摩訶¹⁶薩前際不可得,後際不可得,中際不可¹⁷得?須菩提!何因緣故,言色無邊故當知菩¹⁸薩亦無邊?受、想、行、識無邊故,當知菩薩亦無¹⁹邊?須菩提!何因緣故,言²⁰色是菩薩,是亦不可²¹得?受、想、行、識是菩薩,是亦不可得?須菩提!何因緣²²故,言於一切種、一切處,菩薩不可得,當教何等菩²³薩般若²⁴波羅蜜?須菩提!何因緣故,言菩薩摩訶薩但有名字?須菩提!何因緣故,言如説我²⁵名字,我畢竟不生,如我,諸法亦如是無自性,何等色畢竟不生?何等受、想、行、識畢竟不生?須菩提!何因緣故,言畢竟不生,不名爲色?畢竟不生,不名爲受、想、行、識,須菩提!何因緣故,言若畢竟不生法,當教誰²⁶是般若波

---

1 “從”,甲本無。

2 “不合”,甲本作“不可合”。

3 “波羅蜜”,甲、宋、元、明、宫、聖、石本無。

4 此段經文甲本無。

5 丙本始。

6 “如”後,丙本衍“如”。

7 丁本始。

8 “名爲……尊若”九字,丁本殘。

9 “誰”,丙、宋、元、明、宫本無。

10 “是般……耶離”八字,丁本殘。

11 “阿耨……藐三”七字,丁本殘。

12 “不没不悔不驚”,丁本殘。

13 “不畏”,丁本殘。

14 “薩能行般若”,丁本殘。

15 “利弗”,丁本殘。

16 “何因……摩訶”九字,丁本殘。

17 “不可……不可”七字,丁本殘。

18 “色無……知菩”七字,丁本殘。

19 “故當……亦無”七字,丁本殘。

20 “言”,丙本脱。

21 “言色……不可”九字,丁本殘。

22 “亦不……因緣”十字,丁本殘。

23 “切處……等菩”十二字,丁本殘。

24 丁本終。

25 “説我”,丙本作“我説”,誤倒。

26 “誰”,甲、丙、宋、元、明、宫、聖本無。

羅蜜耶？須菩提！何因緣故，言離畢竟不生，亦無菩薩行阿耨多羅三藐三菩提？須菩提[1]！何因緣故，言若菩薩聞作是說，心不沒、不悔、不驚、不怖、不畏，若能如是行[2]，是[3]名菩薩摩訶薩行般若波[4]羅蜜？爾時，須菩提報舍利弗言：眾生無所有故，菩薩前際不可得；眾生空故，菩薩前際不可得；眾生離故，菩薩前際不可得。舍利弗！色無有[5]故，菩薩前際不可得；受、想、行、識無有[6]故，菩薩前際不可得。色空故，菩薩[7]前際不可得；受、想、行、識空故，菩薩前際不可得。色離故，菩薩前際不可得；受、想、行、識離故，菩薩前際不可得。舍利弗！色性無故[8]，菩薩前際不可得；受、想、行、識性無故，菩薩前際不可得。舍利弗！檀波羅蜜無有故，菩薩前際不可得[9]；尸羅[10]波羅蜜、羼提波羅蜜、毘梨耶波羅蜜、禪波羅蜜、般若波羅蜜無有故，菩薩前際不可得。何以故？舍利弗！空中前際不可得，後際不可得，中際不可得[11]；空不異菩薩，菩薩不異前際。舍利弗！空、菩薩、前際，是諸法無二無別。以是因緣故，舍利弗！菩薩前際不可得。舍利弗！檀波羅蜜空故，檀波羅蜜離故，檀波羅蜜性無故，菩薩前際不可得；尸羅[12]波羅蜜、羼提波羅蜜、毘梨耶波羅蜜、禪波羅蜜，般若波羅蜜空故，般若波羅蜜離故，般若波羅蜜性無故[13]，菩薩前際不可得。何以故？舍利弗！空中前際不可得，後際不可得，中際不可得；空不異菩薩，菩薩亦不異前際。舍利弗！空、菩薩、前際，是諸法[14]無二無別。以是因緣故，舍利弗！菩薩前際不可得。復次，舍利弗！內空無所有故，菩薩前際不可得；乃至無法有法[15]空無所有故，菩薩前際不可得。內空空故，內空離故，內空性無故，乃至無法有法[16]空空故、離故、性無故，菩薩前際不可得。餘如上說。復次，舍利弗！四念處無所有故，菩[17]薩前際不可得；四念處空故[18]、離故、性無故，菩薩前際不可得。乃至[19]十八不共法無所有故，菩薩前際不可得；十八不共法空故、離故、性無故，菩薩前際不可得。餘如上說。以是因緣故，舍利弗！菩薩前際不可得。復次，舍利弗！一切三昧門，一切陀羅尼門無有[20]故，菩薩前際不可得，三昧門[21]、陀羅尼門空故、離故、性無故[22]，菩薩前際不可得。餘如上說。復次，舍利弗！法性無有[23]故，菩薩前際不可得；法性空故、離故、性無故，菩薩前際不可得。餘如上說。復次，舍利弗！如，無有[24]故、空故、

1　“須菩提”，丙本無。

2　“行”，丙本脫。

3　“是”，丙本脫。

4　“波”後，丙本衍“若”。

5　“無有”，丙本作“無所有”。

6　“無有”，丙本作“無所有”。

7　“菩薩”，丙本脫。

8　“故”，丙本作“性”，誤。

9　“舍利……可得”一行十七字，丙本衍。

10　“尸羅”，丙本作“尸”，異譯詞。

11　“得”，丙本脫。

12　“尸羅”，丙本作“尸”，異譯詞。

13　“故”，丙本作“性”，誤。

14　“是諸法”，甲、丙、宋、元、明、宮、聖、石本無。

15　“法”，丙本脫。

16　“有法”，丙本脫。

17　戊本始。

18　“際不……空故”九字，戊本殘。

19　“乃至”，戊本殘。

20　“無有”，丙、戊本作“無所有”。

21　“門”，丙、戊本脫。

22　“離故性無故”，丙本作“性無故、離故”。

23　“無有”，丙、戊本作“無所有”。

24　“無有”，丙、戊本作“無所有”。

離故、性無故;實際,無有¹故、空故、離故、性無故;不可思議性,無有²故、空故、離故、性無故;菩薩前際不可得。餘如上説。復次,舍利弗!聲聞無有故,菩薩前際不可得;聲聞空故、離故、性無故,菩薩前際不可³得。辟支佛無有故、空故、離故、性無故,菩薩前際不可得。佛無有⁴故、空故、離故、性無故,菩薩前際不可得。阿耨多羅三藐三菩提無有故,乃至性無故,菩薩前際不可得。復次,一切種智無有故,乃至性無故,菩薩前際不可得。何以故?舍利弗!空前際不可得,後際不可得,中際不可得,菩薩不可得。舍利弗!空,不異菩薩,亦不異前際;空、菩薩、前際,是諸法無二無別。以是因緣故,舍利弗!菩薩前際不可得;後際、中際亦如是。

【論】⁵問曰:上已説菩薩⁶、菩薩字不可得,爲誰説般若波羅蜜,今何以更説?答曰:不應作是問!須菩提空行第⁷一,常樂説空⁸;若有所説,常以空⁹門利益衆生。復次,上略説,是中十種廣分別菩薩不可得。行者若觀諸法空,隨順無相、無¹⁰作,以無作心故,不欲有所作,尚不能自作利益,何況利益人!若人住我心中,能分別諸法善不善相,集諸善法、捨不善法;今佛説般若波羅蜜中,不應計我心,不應分別諸法,但行衆善,是事爲難。行者作是念:若無我者,爲誰修善?先有我,今以般若波羅蜜故無,心生憂戚。是故須¹¹菩提更重説:我¹²,從本已¹³來無,非先¹⁴有今無。行者如是知¹⁵本來自無,今無所失,故無所憂。譬如深根大樹,不可以一斫¹⁶能辦¹⁷,多用斧力¹⁸乃能¹⁹斷;菩薩空亦如是,不可一説便得,以是故廣分別。須菩提問佛時,作是念:若定有菩薩法,應三世通有,今前世中無有菩薩。何以故?前世無初²⁰故。未來世亦如是,未²¹有因緣故。前後相待故有中間,若無前後則無中間。若謂五衆是菩薩;五衆無邊,如先種種因緣説五衆畢竟空故無量無邊²²;無量無邊²³故,同無爲法。若菩薩無邊者,是事不然!以此因²⁴緣故,菩薩不可得,當爲誰説?常一切處、一切種、

1　"無有",丙、戊本作"無所有"。

2　"無有",丙、戊本作"無所有"。

3　"可",丙本作"得",誤。

4　"有",丙、戊本脱。

5　"論",丙、戊、宋、宮、聖本無。下同,不復出校。

6　"菩薩",戊本脱。

7　"第",丙、戊本作"弟","弟"爲"第"之古字。

8　"空",丙本脱。

9　"空",甲本作"苦",誤。

10　"無",甲本作"不"。

11　己一始。

12　"重説我",己一殘。

13　"已",甲、丙、戊本作"以"。

14　"先",甲本作"無",誤。

15　"知",原作"如是",兹據甲、丙、戊、己一、宋、元、明、宮、聖、石本改。

16　"斫",丙、戊、己一作"斧"。

17　"辦",甲、己一作"辨","辨"爲"辦"之左字。

18　"力",甲本作"刃",誤。

19　"能",甲本作"至",丙、戊、己一、宋、元、明、宮、聖、石本無。

20　"初",戊、己一作"功",誤。

21　"未",丙、戊、己一無,聖本作"未來"。

22　"無量無邊",丙、戊、己一作"無邊無量"。

23　"無量無邊",丙、戊、己一作"無邊無量"。

24　"因",戊本脱。

一[1]切時求菩薩不可得，當爲誰説[2]？如我畢竟不生、空無所有[3]，五衆亦如是畢竟不生、無所有。既無衆生[4]及五衆法[5]，云何有菩薩？問曰：衆生及五衆法畢竟[6]不生，解是法者，即是菩薩？答曰：畢竟不生不名爲色，不名爲[7]受想行識，何以故？五衆是生相，畢竟不生中無是分別。五衆畢竟不生，不可以教化；離畢竟不生，亦無菩薩行道，當教誰？菩薩聞是不怖、不畏，是爲能行菩薩道。問曰：我與菩薩是一物[8]，云何以我[9]喻菩薩？答曰：是[10]般若波羅蜜中[11]，一切法空；初學不得便爲説空，先當分別罪福，捨罪修福德[12]。福德[13]果報無常，無常故生苦，是故捨福厭[14]世間[15]，求道入涅槃。爾時，應作是念：因我故生諸煩惱，是我於六識中求不可得，但以顛倒故著我。是故解無我易，易可受化。若言色空[16]，則難解，雖耳聞説空，眼常見實。是故先破惡罪中[17]我，後破一切[18]諸法。一切佛弟子得道者，自知自[19]證無我；未得道者，信餘法空，不能如[20]信無我。是故以無我爲喻。此中須菩提説一切法空，推無菩薩，用無我爲喻；以小喻大，如石蜜喻甘露。問曰：舍利弗知空、無我義，何以故[21]事事致問？答曰：須菩提聲聞人，德不如菩薩，而於佛前説深般[22]若，新學菩薩心或生疑。上佛雖言汝説摩訶衍隨順般若，猶[23]謂佛將順須菩提；舍利弗欲斷此疑，故發問[24]。復次，佛欲共須菩提説般若，乃至終竟；是故舍利[25]弗事事質問，令須菩提善分別深義，使衆人敬信。以是故問：過去世中菩薩不可得，乃至不恐不怖。須菩提答義：我、衆生、人，即是一物。未得道時，名[26]凡夫人；初入[27]道乃至阿羅漢，名聲聞人，觀因緣法悟空小深，小[28]愍衆生，名辟支佛人；深入空法，行六波羅蜜，大慈大悲，是名菩薩人。功德別異故，名字亦異。如我、衆生、人一事，以眼見事故名見者，意得故名知者，受苦樂故名受者。是我、衆生、人等，先已[29]説種

1　“一”，甲本作“種”，誤。

2　“説”，甲本作“誰”，誤。“常—……誰説”二十字，丙、己一脱。

3　“有”後，甲本衍“有”。

4　“衆生”，丙、戊、己一作“衆生法”。

5　“法”，丙、戊、己一脱。

6　“畢竟”後，甲本有“亦”。

7　“不名爲”，甲本無。

8　“是一物”，甲本作“一切物”，丙、戊、己一、聖本作“一物”。

9　“我”，甲本脱。

10　“是”，丙、戊、己一無。

11　“中”，戊本無。

12　“德”，甲、宋、元、明、宫、聖、石本無。

13　“福德”，丙、戊、己一無，聖本作“德”。

14　“厭”，丙、戊、己一作“能厭”。

15　“世間”後，丙本衍“求道入涅槃。爾時，是念”。

16　“空”，甲本作“虛”。

17　“中”後，甲、聖、石本有“破”。

18　“一切”後，戊本有“惡”。

19　“自”，丙、戊、己一脱。

20　“不能如”，甲本作“不能”，丙本作“知”，戊、己一作“如”。

21　“故”，甲本無。

22　“佛前説深般”，甲本殘。

23　“猶”，甲本脱。

24　甲本終。

25　“利”，丙本脱。

26　“名”，原作“各”，誤，兹據丙、己一改。

27　“初入”，丙、戊、己一、石本作“入初”，聖本作“人初”，“人”當爲“入”之誤。

28　“小”，丙、戊、己一作“少”，“少”通“小”。

29　“已”，戊本作“以”，“以”通“已”。

種因緣無故,菩薩亦應無。是故須菩提語舍利弗:衆生無故,三世[1]中無菩薩。問曰:五衆和合有菩薩,菩薩應無,五衆應有? 答曰:爲破是事故,言無衆生、無我,無我故則五衆無所屬,無所屬故空,空故無菩薩。問曰:若五衆空者,空即[2]是菩薩? 答曰:五衆空亦非菩薩,空無[3]所有、無分別故。五衆離,五衆無性,亦無菩薩。若説無菩薩,則[4]三世皆無。觀是五衆等世間法、六波羅蜜等[5]道法[6],是名菩薩;是法空故,菩薩亦空。此中佛自説因緣:諸法空不異菩薩,菩薩[7]不異空,菩薩空、三世空,無二無別。從六波羅蜜乃至一切種智,行是諸法故,名爲菩薩。是諸法空故,菩薩亦空。此中法空,聲聞、辟支佛得是空故,名聲聞、辟支佛人[8];聲聞、辟支佛人空故,菩薩亦如是。

【經】[9]如舍利弗言:色無邊故,當知菩薩亦無邊;受、想、行、識無邊故,當知菩薩亦無邊。舍利弗! 色如虛空,受、想、行、識如虛空。何以故? 舍利弗! 如虛空邊不可得、中不可得,無邊無中故,但説名虛空。如是,舍利弗! 色邊不可得、中不可得,是色空故,空中亦無邊、亦無中;受、想、行、識邊不可得、中不可得,識空故,空中亦無邊、亦無中。以是因緣故,舍利弗! 色無邊故[10],當知菩薩亦無邊;受、想、行、識無邊故,當知菩薩亦無邊。乃至十八不共法亦如是。如舍利弗言:色是菩薩,是亦不可得;受、想、行、識是菩薩,是[11]亦不可得。舍利弗! 色、色相空[12],受、想、行、識,識相[13]空;檀波羅蜜、檀波羅蜜相空[14],乃至般若波羅蜜亦如是;内空、内空相空,乃至無法有法空[15]、無法有法空[16]相空;四念處、四念處相空,乃至十八不共法、十八不共法相空;如、法性、實際、不可思議性,不可思議性相空;三昧門、三昧門相空,陀羅尼門、陀羅尼門相空;一切智、一切智相空,道種[17]智、道種智[18]相空,一切種智、一切種智相空;聲聞乘、聲聞乘相空,辟支佛乘、辟支佛乘相空,佛乘、佛乘相空;聲聞人、聲聞人相空,辟支佛辟支佛[19]相空,佛、佛相空。空中色不可得,受、想、行、識不可得。以是因緣故,舍利弗! 色是菩薩,是亦不可得;受、想、行、識是菩薩,是亦不可得。如舍利弗言:何因緣故,於[20]一切種、一切處菩薩不可得,當教何等菩薩般若波羅蜜? 舍利弗! 色,色中不可得;色,受中不可得。受,受中不可得;受,色中不可得;受,想中不可得。想,想中不可得;想,色、受中不可得;想,行中不可得。行,行中不可得;行,色、受、想中不可得;行,識中不可得。識,識中不可得,識,色、受、想、行中不可得。舍利弗!

1　"三世",丙、戊、己一作"三世事"。
2　"即",丙本作"則"。
3　"無",己一作"無有"。
4　"亦無……薩則"十字,戊本殘。
5　"是五……蜜等"十二字,戊本殘。
6　戊本終。
7　"菩薩"後,己一衍"薩"。
8　"人",丙、己一、宋、元、明、宮、聖本無。
9　"經",丙、己一、宋、宮、聖本無。下同,不復出校。
10　丙本終。
11　"是菩薩是",己一脱。
12　"色相空"後,己一有"故"。
13　"相",己一作"想","想"爲"相"之借字。
14　"空",己一脱。
15　"空",己一無。
16　"法空",己一無。
17　"種",己一、宮、聖本無。
18　"種智",己一、宮、聖本無。
19　"辟支佛辟支佛",己一、聖、石本作"辟支佛人辟支佛人"。
20　"於",己一、宋、聖、石本無。

眼,眼中不可得[1];眼,耳中不可得。耳,耳中不可[2]得;耳,眼中不[3]可得;耳,鼻中不可得。鼻,鼻中不可得;鼻,眼、耳中不可得;鼻,舌中不可得。舌,舌中不可得;舌,眼、耳、鼻中不可得;舌,身中不可得。身,身中不可得;身,眼、耳、鼻、舌中[4]不可得;身,意中不可得。意,意中不可得;意,眼、耳、鼻、舌、身中不可得。六入、六識、六觸,六觸因緣生受亦如是。檀波羅蜜乃至般若波羅蜜,内空乃至無法有法空,四念處乃至十八不共法,一切三昧門,一切陀羅尼門,性法乃至辟支佛法,初地乃至十地,一切智、道種智、一切種智[5]亦如是。須陀洹乃至阿羅漢、辟支佛、菩薩、佛,亦如是。菩薩,菩薩中不可得;菩薩,般若波羅蜜中不可得。般若波羅蜜,般若波羅蜜中不可得;般若波羅蜜[6],菩薩中[7]不可得;般若波羅蜜中,教化無所有不可得。教化中,教化無所有不可得;教化中,菩薩及般若波羅蜜無所有不可得。舍利弗!如是一切法無所有不可得。以是因緣故,一切種、一切處、菩薩不可得,當教何等菩薩般若波羅蜜?如舍利弗言[8]:何因緣故説菩薩摩訶薩但有假名?舍利弗!色是假名,受、想、行、識是假名;色名[9]非色,受、想、行,識名非識。何以故?名、名相空,若空則非菩薩。以是因緣故,舍利弗!菩薩但有假名。復次,舍利弗!檀波羅蜜但有名字,名字[10]中非有檀波羅蜜,檀波羅蜜中非有名字。以是因緣[11]故,菩薩但有假名。尸羅[12]波羅蜜、羼提波羅蜜、毘梨耶波羅蜜、禪波羅蜜、般若波羅蜜,但有名字,名字[13]中無有般若波羅蜜,般若波羅蜜中無有名字,以是因緣故,菩薩但有假名。舍利弗!内空,但有名字,乃至無法有法空,但有名字,名字中無内空,内空中無名字。何以故?名字、内空[14]俱不可得,乃至無法有法空亦如是。以是因緣故,舍利弗!菩薩但有假名。舍[15]利弗!四念處但有名字,乃至十八不共法但有名字,一切三昧門、一切陀羅尼門,乃至一切種智[16]亦如是。以是因緣故,舍利弗!我説菩薩但有假名。如舍利弗言:何因緣故,説我名字畢竟不生?舍利弗!我畢竟不可得,云何當有生?乃至知[17]者、見者畢竟不可得,云何當有生?舍利弗!色畢竟不可得,云何當有生?受、想、行、識畢竟不可得,云何當有生?眼畢竟不可得,乃至意觸因緣生受畢竟不可得,云何當有生?檀波羅蜜畢竟不可得,乃至般若波羅蜜畢竟不可得,云何當有生?内空畢竟不可得,乃至無法有法,空畢竟不可得,云何當有生?四念處畢竟不可得,乃至十八不共法畢竟不[18]可得,云何當有生?諸三昧門、諸陀羅尼門畢竟不可得,云何當有生?聲聞乃至佛畢竟不可得,云何當有生?以是因緣故,舍利弗!我説如我名字,我亦畢竟不生。

---

1 庚一始。
2 "可",己一作"不",誤。
3 "不可……中不"七字,庚一殘。
4 "中",己一脱。
5 "一切種智",庚一無。
6 "般若波羅蜜"後,己一、庚一有"中"。
7 "中",己一、庚一無。
8 "言",己一、庚一作"所言"。
9 "名",己一脱。
10 "名字"前,己一、庚一有"但有"。
11 "因緣",己一、庚一無。
12 "尸羅",己一、庚一作"尸",異譯詞。
13 "名字",己一、庚一脱。
14 "空",己一脱。
15 "舍",己一作"金",誤。
16 "智",己一脱。
17 "知",己一、庚一作"智","智"通"知"。
18 "不",己一脱。

【論】[1]問曰：心、心數法無形[2]、不可見[3]故可無邊[4]；色是有形、可見，云何無邊？答曰：無處不有色，不可得籌量遠近輕重。如佛説：四大無處不有，故名爲大；不可以五情得其限，不可以斗稱量其多少輕重，是故言色[5]無邊。復次，是[6]色過去時，初始不可得；未來時[7]中，無有恒河沙劫數限色當有[8]盡，是故無後[9]邊；初邊、後邊無故，中亦[10]無。復次，邊名色相；是色分別破散，邊不可[11]得，無有本相。復次，無爲法不生[12]不滅故[13]，無數無量無邊；以法空觀觀[14]色皆空，與虛空[15]及無爲[16]同相。無量無數無邊法中，乃至微塵不可得，何況菩薩！是故説五衆無邊，菩薩亦無邊。如色無邊，乃至十八不共法[17]亦如是，隨相分別如先説。是五衆無量無數無邊故，不得言色是菩薩；四衆亦如是。復次，色若離心心數法，如草木瓦石，云何名菩薩？若心心數法離色，則無依止處，亦無所能爲，云何名菩薩？復次，六波羅蜜、十八空、三十七品，十力乃至十八不共法，如、法性、實際不可思議性，三解脱[18]門、陀羅尼門、諸三昧門[19]，薩婆若、道智、一切種智；三乘、三乘人，是法若修若觀，是名菩薩。是法皆以自相空故空[20]，所謂檀波羅蜜、檀波羅蜜相空，乃至佛、佛相空。一切處者，五衆、十二入、十[21]八界，乃至一切種智。一切種[22]智者，十八空、三[23]解脱門。般若波羅蜜觀若常若無常等，入一門、二門乃至無量門等，是名一切種智[24]求索菩薩[25]不可得。又以自法中無自法，亦無他法[26]。如此中説[27]：色，色中不可得；色，受中不可得。受[28]，受中不可得[29]；受，色中不可得；乃至般若波羅蜜，般若波羅蜜中不可得；乃至教化中，教化不可得。但有名字者，是五衆破壞散滅，如虛空無異。是菩薩但有名字，如幻化人，假名字中更

---

1 "論"，己一、庚一、宋、宫、聖本無。下同，不復出校。

2 "無形"後，庚一有"故"。

3 "不可見"，己一、庚一、宫、聖本無。

4 "故可無邊"，己一作"故無邊色"。庚一作"可無邊"，宋、元、明、石本作"無邊"。

5 庚二始。

6 "色無邊復次是"，庚一殘，己一無"是"。

7 "是色……來時"十三字，庚二殘。

8 "中無……當有"十二字，庚一殘。

9 庚一終。"盡是故無後"，庚二殘。

10 辛本始。

11 "無復……不可"十六字，辛本殘。

12 "無有……不生"十一字，辛本殘。

13 "故"，己一、庚二無。

14 "觀"，己一、庚二、宋、元、明、宫、聖、石本無。

15 "量無……虛空"十四字，辛本殘。

16 辛本終。

17 庚二終。

18 "脱"，己一作"説"，誤。

19 "門"，己一脱。

20 "故空"，己一脱。

21 庚三始。

22 "種"，己一脱。

23 "八界……空三"十七字，庚三殘。

24 "智"，己一、庚三、宫、聖、石本無。

25 壬本始。

26 "又以……他法"十二字，壬本殘。

27 壬本終。

28 "受"，己一脱。

29 "不可得"後，己一衍"得"。

爲立名。須菩提語舍利弗：不但菩薩假名字，五衆皆亦假名字；假名字[1]中，假名字相不可得，皆入第一義中；若如是空者，則非菩薩。復次，六波羅蜜，乃至一切種智，行是法故，名爲菩薩。是法亦假名字，菩薩亦假名字，空無[2]所有，是[3]諸法[4]等強爲作名，因緣和[5]合故有，亦無其實。我[6]名字畢竟不生者，如此品初已[7]説。此中須菩[8]提亦如[9]衆生空、法空破我，所謂我畢竟不可[10]得，乃至知者、見者不可得，云何當有生？五衆[11]畢竟不可得，云何有五衆生？乃至意觸因緣[12]生受畢竟不可得[13]，云何[14]當有生？六波羅蜜畢竟不可得，乃至諸[15]陀羅尼門、三昧門、聲聞、辟支佛佛畢竟不可得，云何當有生？若法先有，然後可問生；法體先無，云何有生？

【經】如舍利弗所言：如我，諸法亦如是無自性。舍利弗！諸法和合生[16]故無自性。舍利弗！何等和合生無自性？舍利弗！色和合生無自性，受、想、行、識和合生無自性。眼和合生無自性，乃至意和合生無自性。色乃至法；眼界乃至法界；地種乃至識種；眼觸乃至意觸，眼觸因緣生受乃至意觸因緣生受，和合生無自性。檀波羅蜜乃至般若波羅蜜，和合生無自性。四念處乃至十八不共法，和合生無自性。復次，舍利弗！一切法無常亦不失。舍利弗問須菩提：何等法無常亦不失。須菩提言：色無常亦不失，受、想、行、識無常亦不失。何以故？若[17]法無常，即是動相即是空相。以是因緣故，舍利弗！一切有爲法[18]無常亦不失。若有漏法、若無漏法，若有記法、若無記法，無常亦不失[19]。何以故？若法[20]無常，即是動相，即是空相。以是因緣故，舍利弗！一切作法無常亦不失。復次，舍利弗！一切法非常非滅。舍利弗言：何等法非常非滅？須菩提言：色非常非滅，何以故？性自爾。受、想、行、識非常非滅，何以故？性[21]自爾。乃至意識[22]因緣生受，非常非滅，何以故？性自爾。以是因緣故，舍利弗！諸法和合生無自性。如舍利弗所言：何因緣故，色畢竟不生，受、想、行、識畢竟不生？須菩提言：色非作法，受、想、行、識非作法，何以故？作者不可得故。舍利弗！眼非作法，何以故？作者不可得故[23]；乃至意亦如是。眼界乃至意觸因緣生受，亦如是。復次，舍利弗！一切諸法皆非起非作，何以故？作者不可得故。以是因緣故，舍利弗！色畢竟不生，受、想、行、識畢竟不生。如舍利弗

1　“假名字”，己一、庚三脱。

2　庚三終。

3　“是”，己一無。

4　庚四始。

5　“和”，己一作“利”，誤。

6　“作名……實我”十三字，庚四殘。

7　“已”，己一作“以”，“以”通“已”。

8　“生者……須菩”十二字，庚四殘。

9　“如”，己一、庚四、宋、元、明、宫、聖、石本作“以”。

10　“所謂……不可”七字，庚四殘。

11　“云何……五衆”七字，庚四殘。

12　“五衆……因緣”九字，庚四殘。

13　庚四終。

14　“何”，己一作“有”，誤。

15　“諸”，己一無。

16　“生”，己一脱。

17　“若”，己一、宫、聖本無。

18　“有爲法”，己一作“法有爲”，誤倒。

19　“無常亦不失”，己一、宫、聖、石本無。

20　“法”，己一脱。

21　“性”，己一脱。

22　“識”，己一、宋、元、明、宫、聖、石本作“觸”。

23　“故”，己一脱。

所言:何因緣故[1],畢竟不生,是不名爲色? 畢竟不生,是不名爲受、想、行、識? 須菩提言:色性空,是空無生、無滅、無住異[2],受、想、行、識性空,是空無生、無滅、無住異。眼乃至一切有爲法性空,是空無生、無滅、無住異。以是因緣故,舍利弗! 畢竟不生是[3]不名色,畢竟不生是[4]不名受、想、行、識。如舍利弗所言:何因緣故,畢竟不生法,當教是般若波羅蜜耶? 須菩提言:畢竟不生即是般若波羅蜜,般若波羅蜜即是畢竟不生,般若波羅蜜、畢竟不生[5],無二無別。以是因緣故,舍利弗,我[6]説畢竟不生,當教是[7]般若波羅蜜耶? 如舍[8]利弗所言:何因緣故,離畢竟不生,無菩薩行阿[9]耨多羅三藐三菩提? 須菩[10]提言:菩薩摩訶薩行般若波羅蜜時,不見畢竟不生異般若波羅蜜,亦不見畢竟不生異菩薩,畢竟不生及菩薩無二無別。不見畢竟不生異[11]色,何以故? 是畢竟不生及色,無二無別。不見畢竟不生異受、想、行、識,何以故? 畢竟不生,受、想、行、識無二無[12]別。乃至一切種智亦如是。以是因緣故,舍利弗! 離畢竟不生,無菩薩行阿耨多羅三藐三菩提。如舍利弗所言:何因緣故,菩薩聞作是説,心不没、不悔、不驚、不怖、不畏,是名菩薩行般若波羅蜜? 須菩提言:菩薩摩訶薩,不見諸法有覺、知相[13],見一切諸法,如夢、如幻、如炎、如影、如化。舍利弗! 以是因緣故,菩薩聞作[14]是説,心不没、不悔、不驚、不怖[15]、不畏。

【論】[16]者言:諸法無有自性者,以性空[17]破諸法各各性。此中須菩提自説:諸法和合生,無有自性[18]。如和合五衆等法,及六波羅蜜等善法,從是出菩薩名字;是菩薩從作法,衆緣[19]和合生故,非一法所成,以是故言假名。是衆法亦從和合邊生[20],譬如有眼、有色、有明、有空、有欲見心等,諸因緣和合生眼識,是中不[21]得言眼是見者、若識是見者、若色是見者、若明是見者。若是眼、色、識等,各各不得有所見,和合中亦不應有見。以是故,見法畢竟空,如幻、如夢。一切諸法亦如是。復次,一切法無常亦不失,無常破常倒[22],不失破斷滅倒;是無常不失法,即是入實相門,是故須菩提語舍利[23]弗:無常即是動相,即是[24]空相。一切法亦如是。復次,一

---

1 "故",己一脱。
2 "異",己一、宫本作"無異"。
3 "是",己一、宋、元、明、宫、聖、石本無。
4 "是",己一、宋、元、明、宫、聖、石本無。
5 "般若……不生"九字,己一無。
6 庚五始。
7 "是",己一脱。
8 "竟不……如舍"十四字,庚五殘。
9 "緣故……行阿"十二字,庚五殘。
10 "提須菩",庚五殘。
11 "不生異",己一、庚五脱。
12 "無",己一脱。
13 "相",己一、宋、元、明、宫、聖、石本作"想","相"通"想"。
14 "作",己一、庚五無。
15 "不怖"後,己一衍"不怖"。
16 "論",庚五無,元、明本作"論論"。
17 "性空"後,己一、庚五有"故"。
18 "無有自性"後,己一、庚五衍"如和合生,無有自性"。
19 "緣",己一、庚五、宋、元、明、宫、聖、石本作"法"。
20 "和合邊生",己一作"和合生",庚五作"合和生"。
21 "不",己一、庚五作"不可"。
22 "倒",己一作"顛",誤。
23 "利",庚五作"和",誤。
24 "即是",己一、庚五無。

切法非常非失者,如十八空後義説。色畢竟不生者[1],五衆作者、生者、起者不可得故[2]。復次,生相不可得者,如[3]先破生[4]中説。一切法亦如是。何以故説若色[5]不生爲[6]非色,非受、想、行、識者,此中須菩提自説:色從因[7]緣生,無有自性,常空相。若法常空相,是法無[8]生相、無滅相,無住異相。受、想、行、識亦如是。故[9]不生相法即是無爲,非有爲相。餘法亦如是。畢竟不生,當教誰般若者,畢竟不生即是諸法實相,諸法實相即是般若波羅蜜,云何以般若波羅蜜教般若[10]波羅蜜?若離是畢竟不生有菩薩者,應當[11]教般若波羅蜜。是菩薩、般若波羅蜜、畢竟不生,無二無[12]別,云何當教離畢竟不生行道者?上説中已合解。菩薩聞是不没、不悔者,菩薩於一切法中,不見我、衆生乃至知者、見者,亦無説者亦[13]無聽者,無邪[14]説、無正説,亦無無[15]説[16]者,知一[17]切法因緣和合故生,諸緣離故滅;無[18]有起者、無[19]有滅者,故不畏、不怖、不没、不悔。菩薩知一[20]切[21]法虚[22]誑、無實無定,若死急時,若墮[23]阿鼻泥犁[24],心猶不[25]動,況聞虚聲而有恐怖!如人夢中見怖[26]畏事,覺已則無恐心,知夢法能誑心無有實[27]事;菩薩亦如是,入世間心夢中見,有恐畏,得[28]諸法實相覺時,則[29]無所畏;知諸法但是虚誑[30],無有真實。復次,譬如幻事,智者雖見心無所惑[31],知是誑法;菩薩亦如是,知一切法如幻,能誑人心,是中無實,以是故不怖畏。如炎、如影、如化亦如是。

1　“者”,庚五作“生”,誤。

2　己一終。

3　“如”,庚五脱。

4　己二始。

5　“色”,庚五脱。

6　“一切……生爲”十五字,己二殘。

7　“須菩……從因”八字,己二殘,庚五脱“因”。

8　“法無”,己二殘。

9　“故”,己二、庚五、宋、元、明、宫、聖、石本作“是故”。

10　“般若”,庚五作“波若”,異譯詞。

11　“當”,己二無。

12　“無”,己二作“二”,誤。

13　庚六始。

14　“亦無聽者無邪”,庚五殘。

15　“無”,己二、庚五、宫、石本作“誑”,聖本作“誰”。

16　“説”,己二、庚五、宫、聖本無。

17　“説無……知一”十一字,庚六殘。

18　“切法……滅無”十四字,庚五殘。

19　“諸緣……者無”十字,庚六殘。

20　“有滅……知一”十六字,庚五殘。

21　庚五終。“不没……一切”九字,庚六殘。

22　“虚”,己二、庚六作“空”。

23　“墮”,己二作“隨”,“隨”通“墮”。

24　“時若……泥犁”七字,庚六殘。“泥犁”,己二作“泥黎”,異譯詞。

25　“不”後,己二衍“猶”。

26　“怖如……見怖”七字,庚六殘,己二脱“見”。

27　“心無有實”,庚六殘。

28　“恐畏得”,庚六殘。

29　“則”,庚六作“即”。

30　“誑”,庚六殘。

31　“惑”,己二作“感”,誤。

【經】[1] 須菩提白佛言：世尊！菩薩摩訶薩行般若波羅蜜，如是觀諸法，是時菩薩摩訶薩，不受色，不視[2]色，不住色，不著色，不言是色；受、想、行、識亦不受、不視、不住、不著，亦不[3]言是受、想、行、識。眼不受、不視、不住、不著，亦不言是眼；耳、鼻、舌、身、意，亦不受、不視、不住、不著，亦不言是意。檀波羅蜜不受、不視、不住、不著，亦不言是檀波羅蜜、尸羅[4]波羅蜜、羼提波羅蜜、毘梨耶波羅蜜、禪波羅蜜、般若波羅蜜，不受、不示、不住、不著，亦不言是般若波羅蜜。內空不受、不示、不住、不著，亦不言是內空；乃至無法有法空亦如是。復次，世尊！菩薩摩訶薩行般若波羅蜜時，四念處不受、不示、不住、不著，亦不言是四念處；乃至十八不共法不受、不示、不住、不[5]著，亦不言是十八不共法。一切三昧門、一切陀羅尼門乃至一切種智[6]，不受、不示、不住、不著，亦不言是一切種智。復次，世尊！菩薩摩訶薩行般若波羅蜜時，不見色乃至不見一切種智。何以故？色不生，是非色；受、想、行、識[7]不生，是非識。眼不生，是非眼；耳、鼻、舌、身、意不生，是[8]非意。檀波羅蜜不生，是非檀波羅蜜；乃至般若波[9]羅蜜不生，是非般若波羅蜜。何以故？色、不生，不二[10]不別，乃至般若波羅蜜、不生，不二不別。內空不生[11]，是非內空；乃至無法有法空不生，是非無法有法空[12]，何以故？內空乃至無法有法空、不生，不[13]二不別。世[14]尊！四念處不生，非四念處[15]，何以故？四念處、不生[16]，不二[17]不別。何以故？世尊！是不生法，非一、非二、非三、非異。以是故，四念處、不生，不二不別。乃至十八不共法不生[18]，非十八不共法。何以故？十八不共法、不生，不二不別。何以故？世尊！是不生法，非一、非二、非三、非異。以是故，十八不共法不生，非十八不共法。世尊！如不生，是非如；乃至不可思議性不生，是非不可思議性。世尊！是阿耨多羅三藐三菩提不生，一切智、一切種智不生，是非一切種智。何以故？是阿耨多羅三藐三菩提，乃至一切種智不生，不二不別。何以故？世尊！是不生法[19]非一、非二、非三、非異。以是[20]故，乃至一切種智不生，非一切種智。世尊！色不滅相，是非色。何以故？色及不滅相，不二不別。何以故？世尊！是不滅法非一、非二、非三、非異。以是故，色不滅相是非色。受、想、行；識不滅相是非識。何以故？識及[21]不滅不二不別。何以故？世尊！是不[22]滅法，非一、非二、非三、非異。以是故，識不滅相[23]是非識。檀波

1 "經"，己二、庚六、宋、宮、聖本無。下同，不復出校。
2 "視"，己二、庚六、宋、元、明、宮、聖、石本作"示"，"示"通"視"。下同，不復出校。
3 "不"，己二脱。
4 "尸羅"，己二、庚六作"尸"，異譯詞。
5 "不"，己二脱。
6 "一切種智"，己二、庚六作"一切種智者"。
7 "行識"，庚六殘。
8 "意不生是"，庚六殘。
9 "蜜乃至般若波"，庚六殘。
10 "何以……不二"八字，庚六殘。
11 "不生……不生"十字，庚六殘。
12 "法有……法空"十三字，庚六殘。
13 "不"，己二脱。
14 "空乃……别世"十五字，庚六殘。
15 "非四念處"，己二作"不二不別"。誤。
16 "處不……不生"十五字，庚六殘。
17 庚六終。
18 "不生"，己二脱。
19 "法"，己二脱。
20 "是"，己二脱。
21 "及"，己二、宋、元、明、宮、聖、石本無。
22 "不"，己二作"無"。
23 "相"，己二、宋、元、明、宮、聖本無。

羅蜜乃至般若波羅蜜,内空乃至無法有法空,四念處乃至十八不共法,亦如是。世尊！以是故,色入無二法數,受、想、行、識入無二法數,乃至一切種智入無二法數。

【論】者言：須菩提白佛：菩薩能如是觀諸法,於五衆中有五種正觀行：所謂不受,以五衆中有無常火能燒心故。不視者,不取相,非但觀無常等過,觀是五衆空,不取相故。不住者,不依止五衆,畏諸煩惱賊來故,不敢久住；譬如空聚落,賊所止處,智者不應久住。不著者,五衆若有一罪,猶不應著,何況身有飢渴、寒熱、老[1]病死等,心有憂愁、恐怖、妬嫉、瞋恚等,後世墮[2]三惡道！一切無常、苦、空、無我,不得自在；如是等無量無邊過罪,云何可著？不言是色[3]者,不以邪見説色,若常若無常等。不言五衆如是定相,乃至一切種智亦如是。何以故？色中行五種正行,是五衆,皆無生相,皆一相,一相則無相；若無相則非有五衆。乃至一切種智亦如是。若一切法無生相、般若波羅蜜不二不別。得是無生心,即是般若波羅蜜；得般若波羅蜜,即知[4]諸法不生不滅。以是故,般若波羅蜜即是不生,不二不別。復次,須菩提自説因緣,所謂是無[5]生法不一相,不二相[6]、不三、不異。何以故？諸法無生一相故。乃至一切種智亦如是。如無生,無滅亦如是。問曰：末後何以故[7]説色乃至一切種智入無二法數？答曰：菩薩若未破色,則生愛等結使,著是色等；破色已,則生邪見,著是色空等。今色等用空智慧故,皆空、不二相。是諸法虚誑不實,内外入所攝故,名爲二。色等乃至一切種智,離是二,名不[8]二。今須菩提憐愍衆生、利益諸菩薩故,説是[9]諸法不二,入無二法數中。

大智度論卷第五十二[10]。

大智度論釋無生品第二十六(卷五十三)[11]

聖者龍樹造

後秦龜茲國三藏鳩摩羅什譯[12]

【經】[13]爾時,慧命舍利弗語須菩提：菩薩摩訶薩行般若波羅蜜觀諸法,何等是菩薩？何等是般若波羅蜜？何等是觀？須菩提語舍利弗：如[14]汝所問：何等是菩薩；爲阿耨多羅三藐三菩提,是人[15]發大心,以是故名爲菩薩。亦知一切法、一切種相,是中亦不著；知色相不著,乃至知十八不共法亦不著。舍利弗問須菩提：何等爲一切法相？須菩提言：若[16]以名字因緣和合等,知諸法是色,是聲、香、味、觸、法,是内、是[17]外,是有爲法、是無爲法,以是名字相語言知諸法,是名知諸法相。如舍利弗所問：何等是般若波羅蜜；遠離故,名般

1　“老”,己二作“志”,誤。

2　“墮”,己二作“隨”,“隨”通“墮”。

3　“色”,己二脱。

4　“知”,己二作“是”。

5　“無”,己二作“不”。

6　“相”,己二、宋、元、明、宫、石本無。

7　“故”,己二、宋、元、明、宫、聖本無。

8　“不”,己二脱。

9　“是”,己二無。

10　己二終,尾題作“第五十二卷第二十三品二十四品”。

11　本卷對應《大智度論》寫本凡 1 號：BD05501 號 B（以下簡稱“甲本”）。

12　甲本始。“大智度……譯”三十三字,甲本作“大智度第二十五品釋論五十三”。

13　“經”,甲、宋、聖本無。

14　“如”,甲、宋、元、明、宫、聖、石本無。

15　“是人”後,甲本有“以”。

16　“若”,甲本作“信”,誤。

17　“是”,甲本無。

若波羅蜜[1]……

大智度論釋天主品第二十七(卷五十四)[2]

聖者龍樹造

後秦龜茲國三藏鳩摩羅什譯[3]

【經】爾時,三千大千[4]世界諸四天王天等,各[5]與無數百千億諸[6]天,俱來[7]在會中。三千大千世界諸釋提桓因等諸忉利天,須夜魔天王等諸夜魔天,删兜率陀天王等[8]諸兜率陀天,須涅蜜陀[9]天王等諸妙化天,婆舍跋提天王等諸自在行天,各與無數百千億諸天,俱來在會中。三千大千世界諸梵天王,乃至首陀婆諸天等[10],各與無數百千億諸天,俱來在會中。是諸四天王天,乃至首陀婆諸天[11],業[12]報生身光明,於佛常光,百分、千分、萬[13]億分不能及一,乃至不可[14]以算數譬喻爲比。世尊光明最勝、最妙、最上第一,諸天業報光明,在佛常光[15]邊不照不現;譬如焦炷[16]比閻浮檀金。爾時,釋提桓因白大德須菩提:是[17]三千大千世界諸四天王天,乃至首陀婆諸天,一切和合欲聽須菩提說般若波羅蜜義。須菩提! 菩薩摩訶薩云何應住般若波羅蜜中? 何等是菩薩摩訶薩般若波羅蜜? 云何菩薩摩訶薩應行般若波羅蜜? 須菩提語釋提桓因言:憍尸迦! 我今當[18]承順佛意、承佛神力,爲諸菩薩摩訶薩說般若波羅蜜,如菩薩摩訶薩所應住般若波羅蜜中。諸天子! 今未發阿耨多羅三藐三菩提心者,應當發;諸天子! 若入聲聞正位,是人[19]不能發阿耨多羅三藐三菩提心。何以故? 與生死[20]作障隔故。是人若發[21]阿耨多羅三藐三菩提心者,我亦隨喜,所以者何? 上人應更求上法,我[22]終不[23]斷其功德。憍尸迦! 何等是般若波羅蜜? 菩薩摩訶薩應薩婆若[24]心,念色無常,念色苦,念色空,念色無我,

---

1　甲本終。

2　本卷對應《大智度論》寫本凡6號:S.4006號D(以下簡稱"甲本")、BD01198號(以下簡稱"乙本")、BD14083號(以下簡稱"丙本")、P.2143號(以下簡稱"丁本")、俄Дx17847號(以下簡稱"戊本")、俄Дx18848號(以下簡稱"己本")。

3　甲本始。"大智度……譯"三十三字,甲本作"大智度論釋經天主品第二十七卷第五十四"。

4　乙本始。

5　"等各",甲、宋、元、明、宫、聖、石本無。

6　"王天……億諸"十一字,乙本殘。

7　"俱來",乙本殘。

8　"等"後,乙本衍"諸兜率陀天王等"。

9　"陀",甲、乙、宫、聖本無。

10　"等",甲、乙、宋、元、明、宫、聖、石本無。

11　"諸天"後,乙本有"等"。

12　"業",乙本脱。

13　"萬",甲、宋、元、明、宫、聖本作"千萬"。

14　甲本終。

15　"常光",乙本作"光明",宋、元、明、宫、聖本作"光"。

16　"焦炷",乙、聖、石本作"燋柱"。下同,不復出校。

17　"是",乙本無。

18　丙本始。

19　"人",乙、丙、聖本脱。

20　"死",丙本脱。

21　"發",丙本脱。

22　"我",丙本脱。

23　"不"後,乙本衍"不"。

24　"薩婆若",丙本脱,聖本作"薩波若",異譯詞。

念色如病、如疽 1、癰、瘡 2，如箭入身，痛、惱、衰、壞，憂、畏、不安，以無所得故；受、想、行、識亦如是。眼、耳、鼻、舌、身、意，地種，水 3、火、風、空、識種，觀無常乃至憂、畏、不安，是亦無所得故。觀色寂滅、離、不生不滅、不垢不淨，受、想、行、識亦如是。觀地種乃至識種寂滅、離、不生不滅、不垢不淨，亦無所得故。復次，憍尸迦！菩薩摩訶薩應薩婆若心，觀無明緣諸行，乃至老死因緣大苦聚集，亦無所得故。觀無明滅故諸行滅，乃至生滅故 4 老死滅，老死滅故憂悲愁 5 惱大苦聚 6 滅，以無所得故。復次，憍尸迦！菩薩摩訶薩應薩婆若心，修四念處，以無所得故；乃至修佛十力、十八不共法，以無所得故。復次，憍尸迦！菩薩摩訶薩應薩婆若心，行檀波羅蜜，以無所得故；行尸羅 7 波羅蜜、羼提波羅蜜、毘梨耶波羅蜜、禪波羅蜜，以無所得故。復次，憍尸迦！菩薩摩訶薩行般若波羅蜜時，作是觀：但諸法諸法共相因緣，潤益增長，分別校計，是中無我 8、無我所。菩薩迴向心 9 不在阿耨多羅三藐三菩提心中，阿耨多羅三藐三菩提心不在迴向心中；迴向心於阿耨多羅三藐三菩提心中不可得，阿耨多羅三藐三菩提心於迴向心中亦 10 不可得。菩薩雖觀一切法，亦無法可得，是名菩薩摩訶薩般若波羅蜜。釋提桓 11 因問大德須菩提：云何菩薩迴向心不在阿耨多羅三藐三菩提心中？云何阿耨多羅三藐三菩提心不在迴向心中？云何迴向心於阿耨多羅三藐三菩提心中不可得？云何阿 12 耨多羅三藐三菩提心於迴向心中不可得？須菩提語釋提桓因言：憍尸迦！迴向心、阿耨多羅三藐三菩提心，非心；是非心相，非心相中不可迴向。是非心 13 相常非心相，不可思議相，常不可思議相，是名菩薩摩訶薩般若波羅蜜。爾時，佛讚須菩提言：善哉！善哉！須菩提！汝爲諸菩薩摩訶薩說般若波羅蜜，安慰諸菩薩摩訶薩心！須菩提白佛言：世尊！我應報恩，不應不 14 報恩。過去諸佛及諸弟子，爲諸菩薩說六波羅蜜，示、教、利、喜！世尊爾時亦在中學，得阿耨多羅三藐三菩提。我今亦當爲諸菩薩說六波羅蜜，示、教、利、喜，令得阿耨多羅三藐三菩提。

【論】15 問曰：初品中佛放殊勝光明，諸天大集，此間何以更說？答曰：有人言：此是後會。有人言：即是前會。天以須菩提善能說深 16 般若波羅蜜，諸天歡喜；以是故佛微笑，常光益更發明，諸 17 天光明不 18 復現。如

1　“疽”，乙、宋、宫、石本作“敗”，聖本作“財”，當爲“敗”字之誤。

2　“瘡”，乙、丙本作“創”，石本作“如創”，“創”通“瘡”。

3　“水”，乙、丙本作“水種”。

4　“故”，乙本脱。

5　“愁”，乙、丙本作“苦”。

6　“聚”，乙本作“取”，誤。

7　“尸羅”，乙、丙、宋、元、明、宫本作“尸”，異譯詞。

8　“無我”，乙、丙本脱。

9　“迴向心”後，乙本衍“不在向心”。

10　“亦”，乙、丙、宋、元、明、宫本無。

11　“桓”，丙本脱。

12　“阿”，丙本脱。

13　“心”，乙本脱。

14　“不”，丙本脱。

15　“論”，乙、丙、宋、宫本無。下同，不復出校。

16　“深”，乙本脱。

17　“諸”，乙、丙本脱。

18　“明不”，丙本殘。

日出時，星、月、燈、燭，無復光明。譬如[1]焦炷[2]在閻浮檀金邊。四天王天者，東方名[3]提多羅吒（秦言治[4]國[5]），主乾闥婆及毘舍闍[6]；南方名毘流離（秦言增長），主拘[7]槃茶[8]及薜[9]荔多；西方名毘流波叉（秦言雜語），主諸龍王及富多那；北方名鞞沙門（秦言多聞），主夜叉及[10]羅刹。釋提桓因：釋迦，秦言能；提婆，秦言天；因提，秦言主：合而言之——釋提婆那民[11]。須夜磨[12]，夜摩天王[13]名也，秦言妙善。刪兜率陀，兜率陀天[14]王名也，秦言妙足。須涅蜜陀，秦言化樂。婆[15]舍跋提，秦言他化自在天。此間一梵天王[16]名尸棄，秦言火。從梵天乃至首陀婆天，秦言[17]淨居[18]天。業報生身光者，欲界天以[19]燈燭[20]、明珠[21]等施，及布施、持戒、禪定等清淨故，身常光明，不須日月。色界天行禪離欲，修習[22]火三昧故，身常出妙光，勝於日月，及欲界報光明。離欲天，取要言之，是諸天光明，皆由心清淨故得。佛常光[23]明者，面各一丈。諸天光明[24]大者，雖無量由旬，於佛[25]光邊蔽[26]而不現。釋提桓因見佛神力光明，作是念：佛光明能蔽[27]諸天光，智慧之明亦當[28]能破我等愚闇。又以佛命須菩提説般若[29]。是故言：一切諸天皆大集會，欲聽須菩提説般若[30]義。今大[31]福德諸天皆集，欲聞般若義。云何是般若[32]波羅蜜者，是問般若波羅蜜[33]體。云何行者，是問初入方便行。云何住者，問深入究竟住。須菩提受其語，作

1　"光明譬如"，丙本殘。

2　"炷"，丙、聖、石本作"柱"。

3　"名"，丙本殘。

4　乙本終。

5　此小注丙本作本文。

6　"舍闍"，丙本殘。

7　"拘"，丙、宫、聖本作"弓"。

8　"茶"，丙、宋、元、明、宫、聖、石本作"茶"。

9　"及薜"，丙本殘。

10　"及"，丙本脱。

11　"民"，丙本殘。

12　"須夜磨"，丙、宋、元、明、宫、聖、石本作"須夜摩"，異譯詞。

13　"王"，丙本脱。

14　"兜率陀天"，丙本殘。

15　"言化樂婆"，丙本殘。

16　"梵天王"，丙本殘。

17　"婆天秦言"，丙本殘。

18　丁本始。

19　"以"，丙本脱。

20　"者欲……燈燭"七字，丁本殘。

21　"明珠"，丙本殘。

22　"習"，丙、丁本作"尋"，誤。

23　"光"，丙、丁本脱。

24　"明"，丙、丁、宋、元、明、宫、聖本無。

25　"佛"，丙、宫、聖、石本作"丈"，丁本作"大"。

26　"蔽"，丁、石本作"弊"，"弊"通"蔽"。

27　"蔽"，丁、石本作"弊"，"弊"通"蔽"。

28　"當"，丙、丁、聖本作"常"。

29　"般若"，丙、丁本作"般若波羅蜜"。

30　"般若"，丙、丁本作"般若波羅蜜"。

31　"大"，丙本作"天"，誤。

32　"般若"，丁本作"波若"，異譯詞。

33　"波羅蜜"，丙、丁、宋、元、明、宫、聖本無。

是答:若[1]人飢渴,給足飲食,感恩則深;菩薩亦如[2]是,發心求佛道,爲是人説般若[3],則大得[4]利益,感恩亦深,是故説般[5]若。未[6]發心者當發;已[7]入聖道者則不堪任,以漏盡、無有後生故,如是等因緣,故言不任。問曰:若是人不任者,何以故言:是人若發心者[8],我亦隨喜,不障其功德,上人應更求上法?答曰:須菩提雖是小乘[9],常習行空故,不著聲聞道;以是故假設言:若發心,有何咎!此中須菩提自説二因緣:一者,不障其福[10]德心;二者,上人應更求上法。以是故,上人求阿耨多羅三藐三菩提,無咎;若上人求小法是可恥。以[11]中間傍及餘事故更稱問。何等是般若波[12]羅蜜者,所謂應薩婆若心,觀色無常、苦、空、無我,如先説。觀五衆能生諸[13]惱,故言如病。有人聞五衆如病,謂爲輕微,故言[14]如[15]癰疽。有人以癰疽[16]雖難愈,猶或可差,故言[17]如箭鏑入體,不可得出。有人以箭鏑在體,雖沈深難拔,良方妙術[18],猶可令出,故言常痛、惱。如人著衰,常有不吉;五衆亦如是,若人隨逐,則無安隱。以有衰故常懷憂怖。是五衆如與[19]師子虎狼共住,常懷憂畏。是五衆無常虛誑等過故,常不安隱。問曰:五衆但有此十五種惡,更有餘事?答曰:略説則十五,廣説則無量無邊,如《雜[20]阿含》中呵五衆有百種罪過。問曰:何[21]以常説無常[22]、苦、空、無我,或[23]時説八事,如病、如癰、疽等[24],餘七事少有説處?答曰:人有上、中、下。爲利根故説四,即入苦諦。中根者説四,則不能生厭心;説如病、如癰等八事,則生厭心。鈍根人聞是八事,猶[25]不生厭,更爲説痛、惱等七事,然後乃厭。利根易度故,常多説四事;鈍根人時有可度者,故希説餘事。上八事名爲聖行,餘七事凡夫、聖人共行。初四入十六[26]聖行故,般若中常説。又説般若,爲菩薩利根故[27],多説聖行。今問:云何是初行法故,此中都説。十二入[28]乃至六種等,亦應如是呵。十八界等,亦應具説,誦者忘失。所以者何?此十八界等諸法,皆是五衆別名故,不應不説。

1　"答若",丙本殘。

2　"如",丙本殘。

3　"般若",丙、丁本作"般若波羅蜜"。

4　"大得",丙本作"得大"。

5　"般",丙、丁、宋、聖本脱。

6　"未",丙、元、明本作"若未"。

7　"已",丙、丁本作"以","以"通"已"。

8　"者",丁本無。

9　"乘",丙本脱。

10　"福",丙本作"功"。

11　"以",丙本殘。

12　"般若波",丙本殘。

13　"諸",丙本無。

14　"言",丁本脱。

15　"如",丙本脱。

16　"有人以癰疽",丙、丁本無。

17　"言"後,丙本衍"言"。

18　"術",丙本作"述","述"爲"術"之借字。

19　"與",丙、丁本無。

20　"雜",丙本殘。

21　"何",丙本殘。

22　"無常",丙本無。

23　"或",丙、丁本無。

24　"如病如癰疽等",丙、丁本作"如癰等",宫、宋本作"如病、如癰等"。

25　"猶",丙、丁本作"由","由"通"猶"。

26　"十六"後,丙、丁本衍"無"。

27　丙本終。

28　"十二入",丁本作"十三",誤。

若行者觀五衆等寂滅、遠離、不生不滅、不垢不淨,此但爲般若波羅蜜故,不合上十五説;十五事三乘共故。聲聞[1]人智力薄故,初始[2]不能觀五衆若遠離、若寂滅等,但能觀無常等,入第三諦,乃能觀寂滅;菩薩利根故,初觀五衆,便得寂滅相。用無所得者,常用無所得空慧觀諸法相。復次,釋提桓因問般若波羅蜜相,不問五衆患厭事,但説般若相。般若相者,不離五衆有涅槃,不離涅槃有五衆,五衆實相即是涅槃。是故初發心鈍根者,先用無常等觀,然後觀五衆寂滅等。十二因緣亦如是。復次,修四念處乃至[3]八聖道分,是共法;應薩婆若心,以無所得者,是名般若波羅蜜相。六波羅蜜乃至十八不共法,獨是[4]大乘法。問曰:應説般若波羅蜜相行,何以故中間説:諸法諸法更相因緣潤益增長? 答曰:須菩提上先説諸法無常等過,後説諸法遠[5]離、寂滅、無所得空,然後説諸法雖空,從因緣和合故有,次説四念處乃至十八不共法行佛道。聽者作是念:上説遠離、寂滅、空故,知非常;説十二因緣故,知不滅。而無知者、見者,誰修行是諸法得佛? 是故説菩薩作是念:諸法空、無我、無衆生,而從因緣故,有四大、六識,是十法各各有力,能生能起,能有所作——如地能持,水能爛,火能消,風能迴轉,識能分別。是十法各有所作,衆生顛倒故,謂是人作、我作。如皮骨和合故有語聲,或者謂人語。如火燒乾竹林,出大音聲,此中無有作者。又如木人、幻人、化人,雖能動作,無有作者,此十法亦如是。前生法、後生法,因緣;或共生因緣,或[6]相應因緣[7],或報因緣等,常修常集因緣,令果報增長。如春殖[8]果樹,隨時漑灌,華果繁茂。以智慧分別,知一切諸法無有作者。菩薩初發意迴向,與佛心作因緣[9]。而初發意迴向時,未有佛心,佛心中無初迴向心,雖無而能作因緣。問曰:若初發心迴向時無菩提心者,何所迴向? 答曰:般若波羅蜜實相中,諸法非常相、非無常相,非有相、非無相,故不應難言:迴向心已滅無所有,云何與菩提作因! 若諸法不生不滅,非不生非不滅,云何以不生不滅作難:無菩提心,何所迴向! 復次,佛自説菩提相:非過去、非未來、非現在,云何難言:未來無菩提故,何所迴向! 復次,如《如品》中説:過去世不離未來世,未來世不離過去世,過去世如,未來世如,一如無二;云何説菩提心不在迴向心中,迴向心[10]不在菩提心中? 但菩薩聞是[11]讚歎[12]佛法,發心愛樂,我所有功德,皆迴向佛道。從發心已[13]來,乃至佛道,修是功德,不休不息;用如幻、如夢無所得故,是名[14]菩薩般若波羅蜜;能知諸法因緣生果報而無有定相。釋提桓因難:何以故迴向心不在菩提心中可得? 菩提心不在迴向心中可得? 須菩提不以世諦如幻、如夢説,但以第一義諦説:是二心皆空,非心相。何以故? 諸法畢竟空中,無是心非心。如是法,云何可有迴向? 若有二法,可有迴向,譬如乘車西行,南有止宿處,故迴車趣向。車與迴向處異故,可有迴向,不得但有車而言迴向,無異故。非心相常非心相者,須菩提意謂:是心相如常住,不生不滅,不垢不淨。以非心相故非心,亦無是非心,是故説不可思議;不可思議亦常不可思議,不可籌量思惟取相。以是因緣故,阿耨多羅三藐三菩

---

1 "聲聞"前,丁本衍"五"。
2 "始",丁本無。
3 "乃至",丁本無。
4 "是",丁本無。
5 "遠",丁本作"去"。
6 "或",丁本脱。
7 "因緣"後,丁本衍"因"。
8 "殖",丁、宋、元、明、宫本作"植"。
9 "緣",丁本脱。
10 "迴向心",丁本脱。
11 "是",丁、宋、元、明、宫、聖本無。
12 "歎",丁本作"嘆"。
13 "已",丁本作"以","以"通"已"。
14 "是名",丁本作"是名爲"。

提所因心似果,不似則不能生。若初心不淨,後不能發淨心,如鍊鐵不能成金。佛以須菩提深入因緣般若波羅蜜中[1],此是般若波羅蜜名也;以能深得諸法因緣故,即以爲名。無有違錯故,於大衆中讚言:善哉!善哉!汝[2]是小乘人,而[3]能善説深般若波羅蜜!安慰諸菩薩心者,以般若波羅蜜教[4]諸菩薩,汝莫自以煩惱未盡,未成佛道故而自懈廢!諸法無礙,初心後心無有異相,但勤精進,則成佛道。我應報恩者,須菩提作是念:我行此諸法實相,得脱老[5]、病、死、苦,我云何不念是法大恩?以是故常樂説法[6]。復次,佛有大悲心,樂説法度衆生,我以佛恩故得道,我亦助佛説法度衆生,是爲報恩。又知今世尊因過去諸佛得成佛道,是故我亦愛敬過去佛;如子愛敬父故,亦愛重於祖。又亦愛敬過去諸菩薩及弟子,能説法教示故;今世尊亦因此得成。須菩提深心信三寶故,説我知今世尊及法,過去諸佛及弟子恩。法即是法[7]寶,今佛、過佛即是佛寶,諸菩薩及弟子即[8]是僧寶。六波羅蜜,如先説。示者,示人好醜、善不善,應行不應行。生死爲醜,涅槃安隱爲好。分別三乘,分別[9]六波羅蜜,如是等名示。教者,教言汝[10]捨惡行善,是名教。利者,未得善法味故,心則退没,爲説法引導令出,汝莫於因時求果,汝今雖勤苦,果報出時大得利益,令其心利故名利。喜者,隨其所行而讚歎之,令其心喜,若樂布施者,讚布[11]施則喜,故名喜[12]。以此四事,莊嚴説法。

【經】[13]爾時,須菩提語釋提桓因言:憍尸迦!汝今當聽菩薩摩訶薩般若波羅蜜中如所應住、所不應住。憍尸迦!色、色空,受、想、行、識、識空,菩薩[14]、菩薩空。是[15]色空,菩薩空,不二不別;受、想、行、識空、菩薩空,不二不別[16]。憍尸迦!菩薩摩訶薩般若波羅蜜中應如是住。復次,眼、眼空,乃至意、意空,菩薩、菩薩空。眼空乃至菩薩空,不二不別。六塵亦如是。地種、地種空,乃至識種、識種空,菩薩、菩薩空。憍尸迦!地種空乃至識種空、菩薩空,不二不別。憍尸迦!菩薩摩訶薩般若波羅蜜中應如是住。無明、無明空,乃至老死、老死空;無明滅、無明滅空;乃至老死滅、老死滅空;菩薩、菩薩空。憍尸迦!無明空乃至老死空、無明滅空乃至老死滅空、菩薩空,不二不別。憍尸迦!菩薩摩訶薩般若波羅蜜中[17]應如是住。檀波羅蜜乃至般若波羅蜜,内空乃至無法有法空,四念處乃至十八不共法,一切三昧門、一切陀羅尼門,聲聞乘、辟支佛乘、佛乘,聲聞、辟支佛、菩薩、佛,亦如是。一切種智、一切種智空,菩薩、菩薩空,一切種智空、菩薩空,不二不別。憍尸迦!菩薩摩訶薩般若波羅蜜中應如是住。爾時,釋提桓因問須菩提:云何菩薩[18]般若波羅蜜中[19]所不應住?須菩提言:憍尸迦!菩薩摩訶薩不應色中住,以有所得故;不應受、想、行、識中住,以有所得故。不應眼中

1　“中”,丁、宫本無。

2　“汝”,丁本作“如”,“如”通“汝”。

3　“而”,丁、宋、宫、聖、石本無。

4　“教”,丁、宋、元、明、宫、聖本作“示”。

5　“老”,丁本作“苦”。

6　“法”,丁、宋、元、明、宫、聖、石本無。

7　“法”,丁本脱。

8　“即”,丁、宋、元、明、宫、聖、石本無。

9　“分別”,丁本無。

10　“汝”,丁本無。

11　“布”,丁本脱。

12　“故名喜”,丁本無。

13　“經”,丁、宋、聖本無。下同,不復出校。

14　“菩薩”,丁本脱。

15　“是”,丁本作“是名”。

16　“不二不別”後,丁本衍“受想行識空,不二不別”。

17　“中”,丁本無。

18　“菩薩”,丁、宋、元、明、宫、聖、石本無。

19　“中”,丁、宫、聖本無。

住，乃至不應意中住；不應色中住，乃至不應法中住；眼識乃至意識，眼觸乃至意觸，眼觸因緣生受，乃至意觸因緣生受[1]中不應住，以有所得。地種乃至識種中不應住，以有所得故。檀波羅蜜乃至般若波羅蜜；四念處乃至十八不共法中不應住，以有所得故。須陀洹果中不應住，以有所得故；乃至阿羅漢果、辟支佛道、菩薩道、佛道，一切種智不應住，以有所得故。復次，憍尸迦！菩薩摩訶薩，色是常不應住，色是無常不應住；受、想、行、識亦如是。色若樂若苦[2]、若淨若不淨、若我若無我、若空若不空、若寂滅若不寂滅、若離若不離不應住，以有所得故；受、想、行、識亦如是。復次，憍尸迦！菩薩摩訶薩，須陀洹果無爲相、斯陀含果無爲相、阿那含果無[3]爲相、阿羅漢果無爲相，不應住[4]；辟支佛道無爲相、佛道無爲相，不應住；須陀洹福田不應住，斯陀含、阿那含、阿羅漢、辟支佛、佛福田不應住。復次，憍尸迦！菩薩摩訶薩初地中不應住，以有所得故；乃至第[5]十地中不應住，以有所得故。復次，菩薩摩訶薩住初發心中，我當具足檀[6]波羅蜜不應住，乃至我當具足般若波羅蜜不應住；具足六波羅蜜當入菩薩位，不應住；入菩薩位已，當住阿鞞跋致地，不應住；菩薩當具足五神通，不應住，以有所得故。菩薩住五神通已，我當遊無量阿僧祇佛界，禮敬供養諸佛聽法，聽法已爲他人説；菩薩摩訶薩如是不應住，以有所得故。如諸佛世界嚴淨，我亦當莊嚴世界，不應住，以有所得故。成就衆生令入佛道，不應住；到無量阿僧祇世界諸佛所，尊重愛敬供養，以香華、瓔珞、澤香、搗香、幢幡、華蓋、百千億種寶衣，供養諸佛，不應住，以有所得故。我當令[7]無量阿僧祇衆生發阿耨多羅三藐三菩提心，如是菩薩不應住；我當生五眼：肉眼、天眼、慧眼、法眼、佛眼，不應住；我當生一切三昧門，不應住；隨所欲遊戲諸三昧，不應住；我當生一切陀羅尼門，不應住；我當得佛十力，不應住；我當得四無所畏、四無礙智、十八不共法，不應住；我當具足大慈大悲，不應住；我當具足三十二相，不應住[8]；我當具足八十隨形好，不應住；以有所得故。是八人——是信[9]行人、是法行人，如是不應住；須陀洹極七世[10]生不應住，家家不應住；須陀洹命終垢盡不應住，須陀洹中間入[11]涅槃不應住；是人向斯陀含果證不應住，是人斯陀含一往[12]來入涅槃不應住，是人向阿那含果證不應住，斯陀含一種不應住，是人阿那含彼間入涅槃不應住，是人向阿羅漢果證不應住，是人阿羅漢今世入無餘涅槃不應住，是辟支佛不應住；過聲聞、辟支佛地，我當住菩薩地，不應住；道種智中不應住，以有所得故。一切種、一切法知已[13]，斷諸煩惱及習，不應住；佛得阿耨多羅三藐三菩提，當轉法輪，不應住；作佛事，度無量阿僧祇衆生入涅槃，不應住。四如意足中[14]不應住；入是三昧住如恒河沙等劫壽，不應住；我當得壽命無殃數[15]劫，不應住；三十二相，一一相百福莊嚴，不應住；我一世[16]界如十方恒河沙

1　“受”後，丁本衍“受”。
2　“若樂若苦”，丁本作“若苦若樂”。
3　“無”，丁本脱。
4　“不應住”後，丁本有“須陀洹、斯陀含、阿那含、阿羅漢”。
5　“第”，丁本脱。
6　“檀”，丁本作“六”，誤。
7　“令”後，丁本衍“令”。
8　“我當……應住”十一字，丁本無。
9　“信”後，丁本有“所”。
10　“世”，丁本脱。
11　“入”後，丁本有“得”。
12　“往”，丁、宋、元、明、宫、聖本無。
13　“已”，丁本作“以”，“以”通“已”。
14　“中”，丁本無。
15　“無殃數”，丁、石本作“無鞅數”，宋、元、明、宫、聖本作“無央數”，皆爲異譯詞。
16　“世”，丁本作“切”，誤。

等世界，不應住；我三千大千世界純是金鋼[1]，不應住；使[2]我菩提樹當出如是香，衆生聞者[3]，無有婬欲、瞋恚、愚癡，亦無聲聞、辟支佛心，是一切人必當得阿耨多羅三藐三菩提，若衆生聞是香者，身病、意病皆悉除盡，不應住。當使我世界中無有色、受、想、行、識名字，不應住；當使[4]我世界中[5]無有檀波羅蜜名字，乃至無有般若波羅蜜名字；當使我世界中無有四念處名字，乃至無有十八不共法名字；亦無須陀洹名字，乃至無有佛名字，不應住，以有所得故。何以故？諸佛得阿耨多羅三藐三菩提時，一切諸法無所得故。如是，憍尸迦！菩薩於般若波羅蜜中不應住，以無所得故。爾時，舍利弗心念：菩薩今云何應住般若波羅蜜中？須菩提知舍利弗心所念，語舍利弗言：於汝意云何？諸佛何所住？舍利弗語須菩提：諸佛無有住處。諸佛不色中住，不受、想、行、識中住；不有爲性中住，不無爲性中住；不四念處中住，乃至不[6]十八不共法中住，不一切種智中住。舍利弗！菩薩摩訶薩般若波羅蜜中應如是住，如諸佛住於[7]諸法中，非住非不住。舍利弗！菩薩摩訶薩般若波羅蜜中應如是學：我當住不住法故。

【論】者言：般若波羅蜜中住者，所謂五衆，五衆相空。五衆相空者，以十八空觀故。復次，《般若波羅蜜經》中說空義，五衆相空；但凡夫顛倒故，取五衆相，五衆和合中取菩薩相。般若波羅蜜中，以衆生空除衆生，即是無菩薩相；以法[8]空除五衆，則無五衆相。二空無有別異，故言：五衆空、菩薩空，無二無別。如栴檀火滅，糞[9]草木[10]火滅，滅法無異。取未滅時相[11]於滅時說，故有別異；於滅中則無異[12]。乃至一切種智亦如是。不應住者，所謂五衆中不應住。問曰：應說如住義，何以故說不住？答曰：若[13]能於五衆中心離不住，則是住義。是故說：以有所得故不應住。乃至一切種智亦如是。先說五衆中不應住，不知以何門不應住；今說：常、無常等門中不應住，乃至遠離不應住。問曰：須陀洹果等無爲相不應住，有何次第？答曰：菩薩先觀諸法空無所有，心退没欲取涅槃，涅槃即是無爲相；是故今說須陀洹果等無爲相不應住。若是須陀洹果無爲相，則無法可著，何所愛？何所取？若是有爲相，有爲相則[14]虛誑無實，亦不應住。是故說須陀洹果無爲相不應住，乃至佛無爲相不應住亦如是。如[15]菩薩欲行佛道，初行檀波羅蜜，應求福田。所以者何？福田因緣功德故，所願得滿。如種良田，則所收益多；如佛說餘田果報有量，賢聖田無量，果報亦無量。菩薩聞是須陀洹等福田果報無量故，便欲作須陀洹，以是故說須陀洹福田不應住，乃至辟支佛亦如是。問曰：二乘小[16]故，應過不住，佛福田何故[17]不住？答曰：菩薩法，於諸法應平等，若以佛爲大，衆生爲小，則破等法相。復次，空

1　“鋼”，丁、宋、元、明、宫、聖本作“剛”。

2　“使”，丁本無。

3　“者”，丁、宋、元、明、宫、聖本作“是”。

4　“使”，丁本無。

5　“當使我世界中”，丁本作“當我世界”。

6　“不”，丁本脱。

7　“於”，丁本作“如”，宋、元、明、宫本無。

8　“法”，丁本脱。

9　“糞”，丁、聖本無。

10　“木”，丁本無。

11　“相”，丁本脱。

12　“於滅中則無異”，丁本作“於未滅中別無異”。

13　“若”，丁、聖本作“不”，石本無。

14　“則”，丁本作“則是”。

15　“如”，丁本無。

16　“小”，丁本脱。

17　“故”，丁、宋、元、明、宫、聖本作“以”。

故，一切處不應住。復次，菩薩應¹等心布施；若²分別福田，則破大悲，亦破三分清淨布施。初地中不應住者，若不捨初地，則不得二地，求大益³故，應捨小利。復次⁴，以著心取相故，不應住。乃至第十地亦如是。問曰：若菩薩摩訶薩法，從初發心應行六波羅蜜，行六波羅蜜故入法位，入法位故應住阿鞞跋致地，住阿鞞跋致地已，應起五神通、供養十方諸佛，如後廣說；今何以故皆言不應住？答曰：不破清淨住，但破計我邪見取相心住。譬如治田，去其穢草。復次，爲斷法愛故，不應住，不欲違諸佛説⁵畢竟空智慧故，不應住；若以方便不著心，憐愍衆生故，雖住，無咎。乃至八十種隨形好，亦如是。八人者，所謂見諦道中信行、法行。須陀洹，極久七世生⁶；有須陀洹今世煩惱盡，得阿羅漢。有家家須陀洹，三世生，三世生已入涅槃。有中間須陀洹，除第三，餘中間入涅槃。住六無礙、五解脫中者，皆是須陀洹、向斯陀含。斷欲界六種結，生天上，從天上來生人間，入涅槃，名斯陀含。斷欲界第七分結⁷，名向阿那含。斷第八分結，亦名向阿那含，又名一種子斯陀含，此間死，彼間生，入涅槃。能斷欲界一切結使，名阿那含，此間死，生色無色界，入涅槃，更不復來生。有今世滅阿那含，有中陰滅阿那含，有即生時入涅槃阿那含，有生已⁸修起諸行入涅槃阿那含，有不勤求諸⁹行入涅槃阿那含，有上行乃至阿迦貳吒阿那含，有生無色界入涅槃阿那含，有得身證入涅槃阿那含，是名阿那含，亦名向阿羅漢。阿羅漢有九種，漏盡捨身時，名入無餘涅槃。過聲聞、辟支佛地，住菩薩地；道種智，一切種智，知¹⁰一切法，斷一切煩惱及習，成佛轉法輪，三十二相，莊嚴¹¹世界度無量衆生，無量壽命，皆如先論議中説。聲聞人善修四如意足，得是三昧力，能住壽若一劫、若減一劫；菩薩善修四如意三昧，若欲如恒河沙劫壽，亦得如意。三千大千世界純是金剛者，餘世界¹²雖底有金剛，及佛所行所坐處有金剛，而餘處皆無，是菩薩所願世界皆是金剛。菩提樹香度衆生者，如先義中説。問曰：此中¹³事雖希有，皆可信，無有色、受、想、行、識名字，無檀波羅蜜名字乃至佛名字，是難可信¹⁴！答曰：有世界，大福德智慧人生處，樹木、虛空、土地、山水¹⁵等，常出諸法實相之音，所有法皆是不生不滅、不淨不垢、空、無相、無作等，衆生生便聞是音，自然得無生法忍。如是世界中，不須分別説諸法名字，所謂是五衆、十二入等，檀波羅蜜乃至十八不共法，須陀洹乃至諸佛。是世界中衆生，皆有三十二相、八十隨形好莊嚴身，無量光明，一種道，一種果。是中不應住者，菩薩自念：我能¹⁶生如是世界，則生高心，以是故不應取相住。此中須菩提自説不住因緣：諸佛得佛¹⁷道時，於諸法中不得定實相故，當何所住！今舍利弗作是念：若都無所住，當住何處得成佛道？須菩提知舍利弗心

1　“應”，丁、宋、元、明、宫本無。

2　“若”，丁本無。

3　“益”，丁本作“利益”。

4　“次”，丁本脱。

5　“説”，丁本無。

6　“生”，丁本作“世”，誤。

7　“結”，丁本脱。

8　“已”，丁本作“以”，“以”通“已”。

9　“求諸”，丁本脱。

10　“知”，丁本脱。

11　“莊嚴”，丁、宋、元、明、宫、聖本作“廣”。

12　“世界”，丁本作“世界中”。

13　“中”，丁、宫本無。

14　“信”，丁本作“得”。

15　“水”，丁本作“川”。

16　“能”，丁本無。

17　“佛”，丁本脱。

之[1]所念,語舍利弗:諸菩薩皆是佛子,子[2]法應如父所行。諸佛心於一切法中無所住,所謂色乃至一切種智;菩薩亦應如是學,用無所住心行般若波羅蜜。如諸佛無所住心中亦不住,非不住心中亦不住,畢竟清淨故。諸菩薩亦應隨佛住,畢竟清淨故,諸菩薩亦應隨佛學。

【經】爾時,會中有諸[3]天子作是念:諸夜叉言語字句所說,尚可了知,須菩提所說言語論義,解釋般若波羅蜜,了不可知！須菩提知諸天子心[4]所念,語諸天子:不解不知耶? 諸天子言:大德！不解不知。須菩提語諸天子:汝等法應不知,我無所論說,乃至不說一字,亦無聽者。何以故? 諸字非般若波羅蜜,般若波羅蜜中無聽者,諸佛阿耨多羅三藐三菩提,無字無說[5]。諸天子！如佛化作化人,是化人復化作四部衆——比丘、比丘尼、優婆塞、優婆夷,化[6]人於四部衆中說法。於汝意云何? 是中有說者、有聽者、有[7]知者不? 諸天子言:不也！大德！須菩提言:一切法皆如化,此中無說者,無聽者,無知者。諸天子！譬如人夢中見佛說法。於汝意云何? 是中有說者、有聽者、有知者不[8]? 諸天子言:不也！大德！須菩提語[9]諸天子:一切法皆如夢,無說、無聽、無知者。諸天子！譬如二人在大深澗,各住一面讚佛法衆,有二[10]嚮出。於諸天子意云何? 是二人[11]嚮展轉相解不? 諸天子言:不也！大德！須菩提語[12]諸天子:一切法亦如是,無說、無聽、無知者。諸天子！譬如工幻師,於四衢道中,化作佛及四部衆,於中說法。於諸天子意云何? 是中有說者、有聽者、有知者不? 諸天子言:不也！大德！須菩提語[13]諸天子:一切諸法如幻,無說者、無聽者、無知者。爾時,諸天子心念:須菩提所說,欲令易解,轉深轉妙！須菩提知諸天子心所念,語諸天子言:色非深非妙,受、想、行、識非深非妙。色性非深非妙,受、想、行、識性非深非妙。眼性乃至意性;色性乃至法性;眼界性乃至意界性;眼識乃至意識;眼觸乃至意觸;眼觸因緣生受乃至意觸因緣生受;檀波羅蜜乃至般若波羅蜜,內空乃至無法有法空;四念處乃至十八不共法;一切諸三昧門;一切[14]陀羅尼門;乃至一切種智,一切種智性非深非妙。諸天子復作是念:是[15]所說法中,不說色,不說受、想、行、識;不說眼乃至意觸[16]因緣生受;不[17]說檀[18]波羅蜜乃至般若波羅蜜;不說內空乃至[19]無法有法空[20];不說四念處乃至十八不共法;不說陀羅尼門、三昧門,乃至一切種智;不說須陀洹果乃至阿羅漢果;不說辟支佛道,不說阿耨多羅三藐三菩提道——是法中不說

1　“心之”,丁本無,宋、元、明、宮、聖、石本作“心”。

2　“子”前,丁本衍“佛”。

3　“諸”,丁、宋、宮本無。

4　“心”,丁本作“心中”。

5　“說”,丁本脫。

6　“化”後,丁本衍“作”。

7　“有”,丁本脫。

8　“不”,丁本脫。

9　“語”,丁本脫,石本作“須菩提語”。

10　“二”,丁本作“二人”。

11　“人”,丁、宋、宮、聖本無。

12　“須菩提語”,丁、宋、宮、聖本無。

13　“須菩提語”,丁、宋、元、明、宮、聖本無。

14　“一切”後,丁、石本有“諸”。

15　“是”,丁本脫。

16　“觸”,丁本作“識”,誤。

17　“不”,丁本脫。

18　戊本始。

19　“蜜乃……乃至”十四字,戊本殘。

20　戊本終。

名字語言！須菩提知諸天子心所念,語諸天子言：如是！如是！諸天子！是法中,諸佛得[1]阿耨多羅三藐三菩提不可説相,是中亦無説者[2],無聽者,無知者。以是故,諸天子！善男子、善女人欲住須陀洹果,欲證須陀洹果者,是人不[3]離是忍；斯陀含、阿那含[4]、阿羅漢果、辟支佛道、佛道,欲住、欲證,不離是忍。如是,諸天子！菩薩摩訶薩從初發心,般若波羅蜜中應如是住,以無説、無聽故[5]。

【論】問曰：諸夜叉語雖隱覆不正,而事則鄙近；説深般若波羅蜜,雖用常辭,而幽旨玄遠,事異趣乖,何以相況？答曰：諸天適以人所不解況已[6]未悟,不必事趣皆同以爲喻也。有人言：天帝九百九十九門,門皆以十六青衣夜叉守之。此諸夜叉語言浮僞[7],情趣妖詭,諸天賤之,不以在意,是故不解其言；而其意況,可不須言辯而識,故言[8]尚可了知。今聞深般若,言似可及,而玄旨幽邃[9],尋之雖深而失之逾[10]遠,故以夜叉言況其叵知。又以夜叉語雖難解,眼見相,傳以[11]其言,度其心,則皆[12]可知；譬如深淵[13]駛[14]水,得船可渡。須菩提所説般若波羅蜜,畢竟空義,無有定相,不可取,不可傳譯得悟；不得言有[15],不得言無[16],不得言有無,不得言非有非無,非非有非[17]非無亦無,一切心行處滅,言語道斷故。是故[18]諸天子驚疑迷悶。須菩提答諸天子：汝所不解者,法[19]自應爾！是法無所一説,乃至不説一字可著可取；無字無語,是諸佛道。何以故？是名字皆空,虛[20]誑無實,如破色名字中説。用名字則有語言；若無名字,則無語言。諸天子作是念：若無説、若無聽,今日和合聚會,爲[21]何所作？須菩提欲解此義故,以譬喻明之。諸天子復作是念：欲以譬喻[22]解悟我等,而此譬喻轉更深妙！譬喻以麁喻細,以定事明不定,今此譬喻亦微妙無定相。須菩提知諸天子心,於深般若中迷没不能自出,是故説：般若波羅蜜不異五衆,五衆實相即是般若波羅蜜。今是五衆非深非妙,乃至一切種智非深非妙。諸天子爾時深知須菩提口雖説色[23],心無所説,乃至阿耨多羅三藐三菩提亦如是。須菩提知諸天子心,答言：如是！如是！非我獨爾,佛得菩[24]提時亦無説,寂滅相實無説者、聽者。是故[25]須陀洹果乃至佛道,

---

1　“得”,丁、宋、元、明、宫本無。
2　“亦無説者”,丁、宋、宫、聖本無。
3　“不”,丁本脱。
4　“阿那含”,丁本脱,
5　“故”,丁本作“者故”。
6　“已”,丁本作“以”,“以”通“已”。
7　“僞”,丁、聖本作“爲”,“爲”通“僞”。
8　“故言”後,丁本有“而”。
9　“邃”,丁本作“遠”。
10　“逾”,丁本作“喻”,“喻”爲“逾”之借字。
11　“以”,丁、宋、元、明、宫、聖、石本無。
12　“皆”,丁本無。
13　“淵”,丁本作“峭”,誤。
14　“駛”,丁、聖、石本作“使”。
15　“有”,丁本作“無”。
16　“無”,丁本作“有”。
17　“非非有非”,丁、宋、元、明、宫、聖、石本作“非有”。
18　“故”,丁本脱。
19　“法”,原作“汝”,誤,兹據元、明、宫、聖、石本改。
20　“空虛”,丁本作“虛空”。
21　“爲”,丁、宋、元、明、宫、聖本作“有”。
22　“喻”,丁本脱。
23　“色”,丁本脱。
24　已本始。
25　“時亦……是故”十五字,已本殘。

皆因無爲法而有;離[1]是法、離是忍,則無須陀洹,乃至佛道亦如是[2]。菩薩初[3]發心乃至得佛,於其中間,一切法無説、無聞。諸觀滅故、語言斷故不可説,不可説故不可聽,不可聽故不可知,不可知故於一切法無受無著,則入涅槃。

　　大智度論卷第五十四[4]。

大智度論釋幻人聽法品第二十八(卷五十五)[5]

　　聖者龍樹造

　　後秦龜玆國三藏鳩摩羅什譯[6]

　　【經】[7]爾時,諸天子心念:應用何等人聽須菩提所説? 須菩提知諸天子心所念,語諸天子言:如幻化人聽法,我應用如是人。何以故? 如是人無聞、無聽、無知、無證故。諸天子語須菩提:是衆生如幻、如化,聽法者亦如幻[8]、如化耶[9]? 如是! 如是! 諸天子! 衆生如幻,聽法者亦如幻;衆生如化,聽法者亦如化。諸天子! 我如幻、如夢,衆生乃至知者、見者,亦如幻、如夢。諸天子! 色如幻、如夢,受、想、行、識如幻、如夢。眼乃至意觸因緣生受,如幻、如夢。内空乃至無法有法空,檀波羅蜜乃至般若波羅蜜,如幻、如夢。諸天子! 四念處乃至十八不共法,如幻、如夢。須陀洹果[10]如幻、如夢,斯陀含果、阿那含果、阿羅漢果、辟支佛道,如幻、如夢。諸天子! 佛道如幻、如夢。爾時,諸天子問須菩提:汝説佛道如幻、如夢,汝[11]説涅槃亦復如幻、如夢耶? 須菩提語諸天子:我説佛道如幻、如夢,我説涅槃亦如幻、如夢;若當有法勝於涅槃者,我説亦復如幻、如夢。何以故? 諸天子! 是幻、夢、涅槃,不二不别。

　　【論】[12]問曰:上已[13]説如幻、如夢,無説者、無聽者,今何以故[14]復問應用何等人,隨須菩提意聽法[15]者? 答曰:諸天子先言須菩提所説不可解,此中須菩提説幻化人喻。今諸天子更作是念:何等人聽,與須菩提所説相應,能信、受、行、得道果? 須菩提答:如幻化人聽者,則[16]與我説法相應。問曰:是化人無心心數法,不能

1　"洹果……有離"十四字,乙本殘。

2　"是忍……如是"十四字,乙本殘。

3　乙本終。

4　丁本終。尾題作"大智第二十六品釋論竟",題記作"大代普泰二年歲次壬子三月乙丑朔二十五日己丑,弟子使持節散騎常侍都督領(嶺)諸軍事車騎大將軍開國(府)儀同三司瓜州刺使(史)東陽王元榮,惟天地夭荒,王路否塞,群臣失禮,於慈(玆)多載。天子中興,是以遣息叔和,詣闕修受。弟子年老疹患,冀望叔和早得還迴。敬造《無量壽經》一百部,四十卷爲毗沙門天王,三十部爲帝釋天,三十部爲梵釋天王。造《摩訶衍》一百卷,三(四)十卷爲毗沙門天王,三十卷爲帝釋天王,三十卷爲梵釋天王。内律一部五十卷,一分爲毗沙門天王,一分爲帝釋天王,一分爲梵釋天王。《賢愚》一部,爲毗沙門天王。《觀佛三昧》一部,爲帝釋天王。《大雲》一部,爲梵釋天王。願天王等早成佛道,又願元祚無窮,帝嗣不絶,四方付化,惡賊退散,國豐民安,善願從心,含生有識,咸同斯願"。

5　本卷對應《大智度論》寫本凡2號:BD 14024號(以下簡稱"甲本")、BD 05776號(以下簡稱"乙本")。

6　甲本始。"大智度……譯"三十五字,甲本作"大智度第二十七品釋論卷第五十五"。

7　"經",甲、宋、聖本無。下同,不復出校。

8　"如幻",甲本脱。

9　"耶",甲本作"那",誤。

10　"果",甲本脱。

11　"汝",甲本脱。

12　"論",甲、宋、宫、聖本無。下同,不復出校。

13　"已",甲本作"以","以"通"已"。

14　"故",甲、宋、元、明、宫本無。

15　"法",甲本脱。

16　"則",甲本作"即"。

聽受,何用説法? 答曰:非即使幻化人聽,但欲令行者於諸法用心無所著,如幻化人,是幻化人[1]無聞亦無證。衆[2]生如幻、如夢,聽法亦如幻、如夢:衆生者説法人[3],聽法者是受法人。須菩提言:不但説法者、聽法者如幻、如夢,我[4]乃至知者、見者,皆如幻、如夢,色亦如幻、如夢,乃至涅槃如幻、如夢,即是所説法如幻、如夢。一切衆生中,佛爲第一,一切諸法中,涅槃第一[5]。聞是二事如幻、如夢,心則驚疑:佛及涅槃最上[6]最妙,云何如幻、如夢? 以是故,更重問其事:佛及涅槃審如幻、如夢耶? 須菩提將無誤説! 我等將無謬聽! 是以更重[7]問。須菩提語諸天子:我説佛及涅槃,正自如幻、如夢。是二法雖妙,皆從虛妄法出故空。所以者何? 從虛妄法故有涅槃,從福德智慧故有佛,是二法屬因緣,無有[8]實定[9];如念佛、念法義中説。須菩提作是念:般若波羅蜜力,假令有法勝涅槃者,能令[10]如幻,何況涅槃? 何以故? 涅槃一切憂愁苦惱[11]畢竟滅,以是故,無有法勝涅槃者。問曰:若無法勝涅槃者,何以故説若有法勝涅槃,亦復如幻? 答曰:譬喻法,或以實事、或時假設,隨因緣故説。如佛言:若令樹木解我所説者,我亦記[12]言得須陀洹。但樹木無因緣可解,佛爲解悟人意故,引此喻耳。涅槃是一切法中究竟無上法,如衆川[13]萬流大海爲上,諸山之中須彌[14]爲上,一切法中虛空爲上。涅槃亦如是,無有老、病、死苦,無有邪見、貪、恚等諸衰,無有愛別離苦,無怨憎會苦,無所求不得苦[15],無常、虛誑、敗壞、變異等一切皆無。以要言之,涅槃是一切苦盡,畢竟常樂,十方諸佛、菩薩弟子衆所歸處,安隱常樂,無過是者,終[16]不爲魔王魔人所破。如《阿毗曇》中説:有上法者,一切有爲法及虛空,非智[17]緣盡;無上法者智[18]緣盡,所謂涅槃。是故知無法勝涅槃者。須菩提美般若波羅蜜力大,故言若有法[19]勝涅槃者,是亦如幻。譬如[20]大熱鐵丸,以著譬[21]起蟲上,直燒下過,熱勢無損,但更無可燒者;般若波羅蜜智慧,破一切有法,乃至涅槃,直過無礙,智力不減,直更無法可破。是故言設有法勝涅槃,智慧力亦能破。

【經】爾時,慧命舍利弗、摩訶目揵連、摩訶拘絺羅、摩訶迦旃延、富樓那彌多羅尼子、摩訶迦葉及無數千菩薩問須菩提:般若波羅蜜,如是甚深難見、難解、難知,寂滅微妙,誰當受者? 爾時,阿難語諸大弟子及諸菩薩:阿鞞跋致諸[22]菩薩摩訶薩能受是甚深難見、難解、難[23]知,寂滅微妙般若波羅蜜;正見成就人、漏盡阿羅

---

1 "是幻化人",甲本無,宫、聖本作"是化人"。
2 "衆",甲本作"無",誤。
3 "人",甲本作"者"。
4 "我",甲本脱。
5 "第一",甲本作"爲第一"。
6 "最上",甲本無。
7 "重",原作"定",誤,兹據甲本改。
8 "有",甲本無。
9 "實定",甲本作"定實"。
10 "令",甲本脱。
11 "惱",甲本脱。
12 "記",甲本作"説",誤。
13 "川",甲本作"水"。
14 "須彌",甲本作"須彌山"。
15 "苦",甲本作"故",誤。
16 "終",甲本無。
17 "非智",甲本作"不知",聖本作"非知","知"爲"智"之古字。
18 "智",甲、聖本作"知","知"爲"智"之古字。
19 "法",甲本作"善法"。
20 "如",甲本無。
21 "譬",甲、宫、聖、石本作"臂"。
22 "諸",甲本脱。
23 "難",甲本無。

漢所願已滿,亦能受之[1];復次,善男子、善女人多見佛、於諸佛所多供養、種善根、親近善知識、有利根,是人能受,不言是法、非法。須菩提言:不以空分別色,不以色分別空;受、想、行、識亦如是。不以無相、無作分別色,不以色分別無相、無作;受、想、行、識亦如是。不以無生、無滅、寂滅、離分別色,不以色分別無生、無滅、寂滅、離;受、想、行、識,亦如是。眼乃至意觸因緣生受,亦如是。檀波羅蜜乃至般若波羅蜜,內空乃至無法有法空,四念處乃至十八不共法,一切三昧門,一切[2]陀羅尼門,須陀洹乃至阿羅漢、辟支佛、佛、一切智,不以空分別一切智,不以一切智分別空,不以空分別一切種智,不以一切種智分別空。無相、無作、無生、無滅、寂滅、離亦如是。須菩提語諸天子言:是般若波羅蜜甚深,誰能受者?是般若波羅蜜中無法可示,無法可說;若無法可示、無法可說,受人亦不可得。爾時,舍利弗語須菩提言:般若波羅蜜中,廣說三乘之教,及攝取菩薩之法,從初發意地乃至十地,檀波羅蜜乃至般若波羅蜜,四念處乃至八聖道分,佛十力乃至十八不共法,護持菩薩之教。菩薩摩訶薩如是行般若波羅蜜,常化生,不失神通,遊諸佛國,具足善根,隨其所欲供養諸佛,即得如願,從諸佛所聽受法教,至薩婆若初不斷絕,未曾離三昧時,當得捷疾辯、利辯[3]、不盡辯、不可斷辯、隨應辯[4]、義辯,一切世間最上辯。須菩提言:如是!如是!如舍利弗言:般若波羅蜜廣說三乘之教,及護持菩薩之教,乃至菩薩摩訶薩得一切世間最上辯,不可得故。我乃至知者、見者不可得,色、受、想、行、識,檀波羅蜜乃至般若波羅蜜不可得,內空乃至無法有法空不可得,四念處乃至八聖道分,佛十力乃至一切種智,亦不可得故。舍利弗語須菩提:何因緣故,般若波羅蜜中廣說三乘而不可得?何因緣故,般若波羅蜜中護持菩薩?何因緣故,菩薩摩訶薩得捷疾辯乃至一切世間最上辯不可得故?須菩提語舍利弗言:以內空故,般若波羅蜜廣說三乘不可得故[5];外空乃至無法有法空故,廣說三乘不可得故[6]。內空故,護持菩薩,乃至一切世間最上辯不可得故;外空乃至無法有法空故[7],護持菩薩,乃至一切世間最上辯不可得故。

【論】者言[8]:是時諸大[9]弟子舍利弗等語須菩提,是般若波羅蜜法甚深、難解:以諸法無定相故爲甚深;諸思惟觀行滅故難見;亦不[10]著般若波羅蜜故,名難解難知;滅三毒及諸戲論故,名寂滅;得是智慧妙味故,常得滿足,更無所求,餘一切智慧皆麁澁叵樂,故言微妙。諸大弟子作是言:般若波羅蜜智慧甚深,世間人智慧淺薄,但貪著福德果報,而不樂修福德;著有則情勇,破有則心怯;本所聞習邪見經書,堅著不捨,如是人常樂世樂。以是故言:誰能信受是[11]深般若波羅蜜?若無信受,何用說爲?阿難助答:有四種人能信受,是故大德須菩提所說必有信受,不空說也。一者,阿鞞跋致菩薩摩訶薩,知一切法不生不滅,不取相無所著故,是則能[12]受;二者,漏盡阿羅漢,漏盡故無所著,得無爲最上法,所願已滿,更無所求故,常住[13]空、無相[14]、無作三昧,隨順般若波羅蜜故,則能信受;三者,三種學人,正見成就,漏雖未都盡,四信力故,亦能信受;四者,

1 "之",甲本無。
2 "一切"後,甲、宋、元、明、宮本有"諸"。
3 "辯",甲本脫。
4 "辯",甲本作"解辯"。
5 "故",甲、宋、元、明、宮本無。
6 "故",甲、宋、元、明、宮、聖本無。
7 "故",甲本脫。
8 "者言",甲、石本作"釋曰",元、明本作"論者言"。
9 "大",甲本作"天",誤。
10 "不",甲本作"不可"。
11 "是",甲本作"甚"。
12 "能",甲本作"難",誤。
13 "常住",甲本作"當行"。
14 "無相",甲本無。

有菩薩雖未得阿鞞跋致，福德利根，智慧清淨，常隨善知識，是人[1]亦能信受。信受相，不言是法非佛菩薩大弟子所説；雖聞般若波羅蜜諸法皆畢竟空，不以愛[2]先法故而言非法。問曰：自上已[3]來，阿難都無言論，今何以代[4]須菩提答？答曰：阿難是第三轉法輪將，能爲大衆師，是世尊近侍。雖得初道，以漏未盡故，雖有多聞智慧，自以於空智慧中未能善巧，若説空法，自未入故，皆是他事，是故無言。或時説諸有事，則能問能答。如《後品》中問佛言：世尊何以故[5]但讚歎般若波羅蜜，不讚五波羅蜜？此中問人誰能信是深般若波羅蜜者，非是空事故，阿難便答。須菩提常樂説空事，不喜説有。又以阿難是時樂説心生，是故聽答。阿難煩惱未盡，故智慧力鈍，然信力猛利故，於甚深般若波羅蜜中能如法問答。問曰：般若波羅蜜無所有，無有[6]一定法，云何四種人信受，不言非法？答曰：今須菩提此中自説因緣：不以空分別色，色即是空，空即[7]是色。以是故，般若波羅蜜無所失，無所破；若無所破，則無過罪，是故不言非法。空即是般若波羅蜜，不以空智慧[8]破色令空，亦不以破色因緣故有空；空即是色，色即是空。故以[9]般若波羅蜜中破諸戲論，有如是功德，故無不信受。無相、無作，無生、無滅，寂滅、遠離，亦如是。乃至一切種智，皆應廣説。問曰：諸大弟子問是義，須菩提何以乃答諸天子？答曰：諸大弟子已得阿羅漢，但自爲疑故問，益利[10]事少；諸天子發心爲菩薩，利益深故爲説。復次，雖爲諸天子説，即是答諸大[11]弟子。上説諸法空，今説深般若波羅蜜中衆生畢竟空。以是故，般若波羅蜜中無有説者，何況有聽受者？若能如是解諸法空，心無所著則能信受。爾時，須菩提説深般若[12]波羅蜜，舍利弗讚歎助成其事。般若波[13]羅蜜非但以空故可受，亦廣説有三乘。三乘義，如先説。攝[14]取菩薩者，以般若波羅蜜，利益諸菩薩，令得增[15]長。復次，攝取[16]者，是般若波羅蜜中有十地，令菩薩從[17]一地至一地，乃至第十地。十地義，從六波羅蜜乃至一切種智義[18]，如先説。化生者，説般若波羅蜜行報。行[19]般若波羅蜜，於一切法無礙故，得捷疾辯[20]。有人雖能捷疾，鈍根故不能深入，以能深入故利，是利辯。説諸法實相，無邊無盡故，名樂説無盡辯[21]。般若中無諸戲論故，無能問難斷絶者，名不可斷辯。斷法愛[22]故，隨衆生所應而爲説法，名隨應辯。説趣涅槃利益之事故，名義辯。説一切世間第一之事，所謂大乘，是名世間最上辯。須菩提然其問，

---

1 "人"，甲本脱。

2 "愛"，甲、元、明、聖本作"受"。

3 "已"，甲本作"以"。

4 "代"，原作"伐"，誤，茲據甲、宋、元、明、官、聖、石本改。

5 "故"，甲、宋、元、明、官、聖、石本無。

6 "有"，甲本無。

7 "即"，甲本脱。

8 "智慧"後，甲本有"故"。

9 "以"，甲本脱。

10 "益利"，甲、宋、元、明、官本作"利益"。

11 "大"，甲本無。

12 乙本始。

13 "讚歎……若波"九字，乙本殘。

14 "三乘……説攝"七字，乙本殘。

15 "薩令得增"，乙本殘。

16 "取"，甲、乙本脱。

17 "令菩薩從"，乙本殘。

18 "至一切種智義"，乙本殘。

19 "般若……報行"八字，甲、乙本無。

20 "辯"，乙、聖本作"辨"，"辨"通"辯"。

21 "辯"，甲、乙、宋、元、明、官、聖、石本無。

22 "愛"，甲本作"受"，誤。

言：如是！如是！舍利弗作是念：須菩提常樂說空，何以故受我所說般若波羅蜜廣說三乘之教？應當更有因緣。須菩提答：般若波羅蜜雖廣說三乘法，非有定相，皆以十八空和合故說。攝取菩薩七種辯亦如是，以空智慧故。

大智度論釋散華品第二十九[1]

【經[2]】爾時，釋提桓因及三千大千世界中四天王天，乃至阿迦尼吒[3]諸天[4]，作是念：慧命須菩提爲雨法雨，我等寧可[5]化作華，散佛、菩薩摩訶薩、比丘僧、須菩提及般若波羅蜜上！釋提桓因及三千大千世界中諸天，化作華，散佛、菩薩摩訶薩、比丘僧及須菩提上，亦供養般若波羅蜜。是時，三千大千世界，華悉周遍於虛空中，化成華臺，端嚴殊[6]妙。須菩提心念：是諸[7]天子所散華，天上未曾見如是華比。是華是化華，非樹生華，是諸天子所散華，從心樹生，非樹生華[8]。釋提桓因知須菩提心所[9]念，語須菩提言：大德！是華非生華，亦非意樹生。須菩提語釋提桓因言：憍尸迦！汝言是華非生華，亦非意樹生。憍尸迦！是若非生法，不名爲華。釋提桓因語須菩提言：大德！但是華不生？色亦不生？受、想、行、識亦不生？須菩提言：憍尸迦！非但是華不生，色亦不生，若不生，是不名爲色；受、相[10]、行、識亦不生，若不生，是不名爲識。六入、六識、六觸，六觸因緣生諸受，亦如是。檀波羅蜜不生，若不生，是不名檀波羅蜜；乃至般若波羅蜜不生，若不生，是不名般若波羅蜜。內空不生，若不生，是不名內空；乃至無法有法空不生，若不生，是不名無法有法空。四念處不生，若不生，是不名四念處。乃至十八不共法不生，若不生，是不名十八不共法。乃至一切種智不生，若不生，是不名一切種智。

【論】釋曰[11]：釋提桓因及諸天聞須菩提所說般若[12]義：一切法盡是實相，無所分別。雖說空，於諸法無所破，亦不失諸行業果報。聲聞人於佛前能說是甚深法故，釋提桓因等皆[13]歡喜，作是念：須菩提所說法，無礙無障[14]，譬如時雨。如有國土，溉灌種蒔及種種用水，常苦不足；若時雨普降，無不霑[15]洽，無不如願。小乘法亦如是，初種種讚歎布施、持戒、禪定、無常等諸觀，有量有限，末後說涅槃。此中須菩提所明，從初發心乃至佛道，唯[16]說諸法實相，無所分別。譬如大雨遍滿閻浮提，無所不潤。又如地，先雖有穀子，無雨則不生；行者亦如是，雖有因緣，不得法雨，發心者退，未發[17]者住；若得法雨，發心者增長，未發者發。以是故說如雨[18]

1　甲本品題作"大智度二十八品釋論"，乙本品題作"大智度第二十八品釋論"。

2　"經"，乙本無。下同，不復出校。

3　"阿迦尼吒"，乙本作"阿迦膩吒"，異譯詞。

4　"諸天"，甲本作"天諸"，誤倒。

5　"可"，甲、乙、宮本無。

6　"殊"，乙、聖本作"姝"，誤。

7　"諸"，甲、乙、宮、聖本無。

8　"華"，甲本無，乙本作"也"。

9　"所"，甲、乙本無。

10　"相"，甲、乙本作"想"，"想"爲"相"之借字。

11　"論釋曰"，甲本無，乙、宋、聖本作"釋曰"。

12　"般若"，甲、乙本作"般若波羅蜜"。

13　"皆"，甲本作"甚"。

14　"障"，乙本作"彰"，"彰"通"障"。

15　"霑"，甲、乙、宋、元、明、宮、石本作"沾"，聖本作"活"。

16　"唯"，甲、乙、宋、元、明、宮、聖、石本作"雖"。

17　"發"，甲本作"發心"。

18　"雨"，甲本脫。

法雨。復次,譬如惡風、塵土、諸熱、毒氣等,得雨則[1]消滅;法雨亦如是,惡覺觀塵土、三不善毒、邪見惡風、邪師惡蟲及諸惡知識等,得般若波羅蜜法雨,則皆除滅。人蒙時雨故供養天,諸天聞法雨,大利益,欲供養故,作是念:我等寧可作華,散佛、諸大菩薩、比丘僧及須菩提[2],亦供養般若波羅蜜。以須菩提善説般若[3],敬之重故,甄名供養。是般若波羅蜜多説諸法空,又上欲得如化人聽法,隨其相故,以化華供養。復次,諸天當歡喜時,便稱心供養,不容多[4]還取,故即作化華,散佛、須菩提、諸菩薩、比丘僧及般若波羅蜜——華散佛上,是供養佛寶;散諸菩薩、須菩提,及般若波羅蜜,是供養法寶;散諸比丘僧,是供養僧寶。作是念已,隨意變化供養三寶。大福德成就故,心生所願[5],皆得如意,不從他求。問曰:華臺端嚴,爲是誰力[6]?答曰:是諸天力;諸天福德自在故,小能爲大。有人言:是佛神力,佛以此般若波羅蜜有大功德,因時少而果報甚大,成就佛道,是故[7]現此奇特。須菩提即時分別,知非[8]實華。釋提桓因知須菩提覺是化華[9],語須菩提[10]言:大德!是華非生華。非生華者,言是華[11]無生,空無所出。須菩提説[12]是般若波羅蜜,諸法無生空寂故,以無生華供養。意樹者,諸天隨意所念則得。以要言之,天樹隨意[13]所欲,應念則至,故言意樹。釋提桓因因難須菩提故言:是華無生,何以言是華不從樹[14]生?須菩提反質言:若不生,何以名華?不生法中無所分別——所謂是華、是非華。是時釋提桓因心伏而問:但是華無生,諸法亦無生?須菩提答:非但是華不生,色亦不生。何以故?若一[15]法空,則一切法皆空;若行者於一[16]法中了了決定知空,則一切法中皆亦明了。若五衆不生,則非五衆相;乃至一切種智亦如是。五衆從因緣和合生,無有定性,但有假名。假名實相者,所謂五衆如、法性、實際。須菩提所説,不違此理;何以故?聖人知名字是俗諦;實相是第一義諦。有所説者隨凡夫人,第一義諦中無彼此,亦無諍[17]。乃至一切種智亦如是。衆生空,乃至知者、見者空故。須陀洹但有假名,乃至佛亦如是。

【經】爾時,釋提桓因作是念:是[18]慧命須菩提,其智[19]甚深,不壞假名而説諸法實[20]相。佛知釋提桓因心所念,語釋提桓因言[21]:如是!如是!憍尸迦!須菩提其智[22]甚深,不壞假名而説諸法實[23]相。釋提桓因[24]白佛

---

1 "則",甲本作"即"。

2 "須菩提"後,甲、乙本有"上"。

3 "般若",乙本作"般若波羅蜜"。

4 "多",甲、乙本無。

5 "願",甲、乙本作"欲"。

6 "力",原作"方",誤,兹據甲、乙本改。

7 "故",甲本脱。

8 "非",甲、乙本脱。

9 "是化華",甲本作"是華",乙本作"是變化花"。

10 "提",乙本脱。

11 "華",甲、乙本作"化","化"爲"華"之借字。

12 "説",甲、乙、宋、元、明、宫本無。

13 "意",甲、乙本無。

14 "樹",甲、乙本作"意樹"。

15 "一"後,甲本衍"切"。

16 "一",甲本作"一切"。

17 "諍",甲、乙、聖本作"諦"。

18 "是",甲、乙、宋、宫、聖、石本無。

19 "智",乙本作"知","知"爲"智"之古字。

20 "實",甲、乙、宋、宫本無。

21 "言",乙本脱。

22 "智",乙本作"知","知"爲"智"之古字。

23 "實",甲、乙、宋、宫、聖本無。

24 "因",乙本脱。

言:大德須菩提云何不壞假名而説諸法實[1]相? 佛告釋提桓因:色但假名,須菩提不壞[2]假名而説諸法實[3]相;受、想、行、識但假名,須菩提亦不壞假名而説諸法實[4]相。所以者何? 是諸法實[5]相,無壞不壞故,須菩提所説亦無壞不壞。眼乃至意觸因緣生諸受,亦如[6]是。檀波羅蜜乃至般若波羅蜜,内空乃至無法有法空,四念處乃至十八不共法,亦如是。須陀洹果乃至阿羅漢果;辟支佛道、菩薩道、佛道;一切智、一切種智,亦如是。須陀洹乃至阿羅漢、辟支佛、佛,是但假名,須菩提不壞假名而説諸法實[7]相。何以故? 是諸法實[8]相,無壞不壞故。須菩提所説亦無壞不壞。如是,憍尸迦! 須菩提不壞假名而説諸法實[9]相。須菩提語[10]釋提桓因:如是! 如是! 憍尸迦! 如佛所説諸法但假名,菩薩摩訶薩當作是知:諸法但假名,應如[11]是學般若波羅蜜。憍尸迦! 菩薩摩訶薩作如是學,爲不學色,不學受、想、行、識。何以故? 不見色當可學者,不見受、想、行、識當可學者。菩薩摩訶薩如是學,爲不學檀波羅蜜。何以故? 不見檀波羅蜜當可學者。乃至不學般若波羅蜜,何以故? 不見般若波羅蜜當可學者。如是學,爲不學内空乃至無法有法空。何以故? 不見内空乃至無法有法空當可學者。如是學,爲不學四念處乃至十八不共法。何以故? 不見四念處乃至十八不共法當可學者。如是學,爲不學須陀洹果乃至一切種智。何以故? 不見須陀洹果乃至一切種智當可學者。爾時,釋提桓因語須菩提言:菩薩摩訶[12]薩何因緣故不見色,乃至不見一切種智? 須菩提言:色[13]、色空,乃至一切種智、一切種智空。憍尸迦! 色空不學色空,乃至一切種智空不學一切種智空。憍尸迦! 若如是不學空,是名學空,以不二故。是菩薩摩訶薩學色空,以不二故;乃至學一切種智空,以[14]不二故。若學色空不二故,乃至學一切種智空不二故;是菩薩摩訶薩能學檀[15]波羅蜜不二故,乃至能學般若波羅蜜不二故;能學四念處不二故,乃至能學十八不共法不二故;能學須陀洹果不二故,乃至[16]能學一切種智不二故。是菩薩能學無量無邊阿僧祇佛法。若能學無量無邊阿僧祇佛法,是菩薩不爲色增學,不爲色減學,乃至不爲一切種智增學,不爲一切種智減學。若不爲色增、減學[17],乃至不爲一切種智增、減學,是[18]菩薩不爲色受學,不爲色減學;亦不爲受、想、行、識受學,亦不爲減學。乃至一切種智亦不爲受學,亦不爲滅學。舍利弗語須菩提:菩薩摩訶薩如是學,不爲受色學,不爲滅色學,乃至一切種智亦不爲受學,亦不爲滅學? 須菩提言:菩薩摩訶薩若如是學,不爲受色學,不爲滅色學,乃至一切種智[19]亦不爲受學,亦不爲滅學。須菩提! 何因緣故,菩薩摩訶薩不爲受色學,不爲滅色學,乃至一切種智亦不爲受學,亦不爲滅學? 須菩提言:是色不可受,亦無受色者,乃至一切種

1　"實",甲、乙本無。

2　"不壞",甲本作"亦不壞"。

3　"實",甲、乙、宋、宫、聖本無。

4　"實",甲、乙、宋、宫、聖本無。

5　"實",甲、乙、宋、宫、聖本無。

6　"如",甲本脱。

7　"實",甲、乙、宋、宫、聖本無。

8　"實",甲、乙、宋、宫、聖本無。

9　"實",甲、乙、宋、宫、聖本無。

10　"語",甲本脱。

11　"如",甲本脱。

12　"摩訶",乙本作"摩呵",異譯詞。

13　"色",甲本脱。

14　"以",甲、乙、宋、元、明、宫、聖本無。

15　"檀",甲本作"般若",誤。

16　"乃至",乙本脱。

17　"學",乙本脱。

18　"是",甲、乙本脱。

19　"智",甲本脱。

智不可受,亦無受者,内外空故。如是,舍利弗! 菩薩摩訶薩一切法不受故,能到[1]一切種智。是時,舍利弗語須菩提[2]:菩薩摩訶薩如是學[3]般若波羅蜜,能到一切種智耶[4]? 須菩提言:菩薩摩訶薩如是學般若波羅蜜,能到一切種智,一切法不受故。舍利弗語須菩提:若菩薩摩訶薩於一切法不受、不滅學者,菩薩摩訶薩云何能到一切種智? 須菩提言:菩薩摩訶薩行般若波羅蜜,不見色生、不見色滅;不見色受、不見色不[5]受;不見色垢、不見色淨;不見色增、不見色減。何以故? 舍利弗! 色、色性空故[6]。受、想、行、識亦不見生,亦不見滅;亦不見受,亦不見不受;亦不見垢,亦不見淨;亦不見增,亦不見減。何以故? 識、識性空故。乃至一切種智亦不見生,亦不見滅;亦不見受,亦不見不受;亦不見垢,亦不見淨;亦不見增,亦不見減。何以故。一切種智、一切種智性空故。如是,舍利弗! 菩薩摩訶薩爲一切法不生不滅,不受不捨,不垢不淨,不合不散,不增不減故,學般若波羅蜜,能到一切種智;無所學、無所到故。

【論】釋曰[7]:釋提桓因歡喜言:須菩提其智[8]甚深,不壞假名而説諸法實[9]相。爾時,佛讚須菩提言:如是! 如是! 如釋所言。問曰:佛何故讚須菩提? 答曰:示師不自高,弟子承順師法故。有人[10]師所説,弟子不受;弟子所説,師不聽。如凡夫人處衆説法時,破一切語不受。以佛無吾我心故,讚須菩提言:如是! 如是! 復次,佛以大悲心[11],欲令衆生信受須菩提所説故,讚言:其[12]智[13]甚深! 菩薩知[14]一切法[15]假名,則應般若波羅蜜學。所以者何? 一切法但有假名,皆隨順般若波羅蜜畢竟空相故。如是學、不學色者。假名法中無有定色,若無色者,云何學色? 何以故? 菩薩以五眼求色,而不見是色若我、若無我等相。乃至一切種智亦如是。何以故不見色者,答言[16]:色中色相空,不可得故;不可見[17]即是自相空。乃至一切種智亦如是。復次,不學色者,是色空即自[18]不能學色空,以諸法行於他相、不行自相[19]故;譬如人乘馬,非馬乘馬。問曰:若如是不學一切法[20],云何學一切智? 答曰:是中説:若能於諸法空中無所著,是爲真學色空。若著空者,是破諸法而不破空。若人破色而不著空,是則色與空不二不別,是爲能學色空,以[21]不可[22]得空[23]故不見空[24]。乃至一切種智亦如

1　“能到”,甲、乙本作“乃至”,誤。

2　“須菩提”後,甲本有“言”。

3　“學”,甲本作“能學”。

4　“耶”,甲本作“那”,誤。

5　“不”後,甲本衍“見”。

6　“色色性空故”,甲本作“性色空故”。

7　“論釋曰”,甲、乙本無。

8　“智”,乙本作“知”,“知”爲“智”之古字。

9　“實”,甲、乙、宋、宫、聖本無。

10　“有人”,甲、乙本作“有人言”。

11　“心”,甲、乙本無。

12　“其”,甲本作“甚”,誤。

13　“智”,乙本作“知”,“知”爲“智”之古字。

14　“知”,甲本作“智”,“知”爲“智”之古字。

15　“法”,甲本脱。

16　“言”,乙、石本作“曰”。

17　“不可見”,甲本作“不可得故,不可見”。

18　“自”,甲、乙本作“是自空”。

19　“相”,甲本脱。

20　“法”,甲本脱。

21　“以”,甲、乙、宋、元、明、宫本無。

22　“可”,甲、乙、宋、宫本無。

23　“空”,甲、乙、宋、元、明、宫、聖本無。

24　“空”,甲、乙、宋、宫、聖本無。

是。無量無邊阿僧祇佛法者[1]，是讚一切種智。上一切種智[2]，是菩薩心中有量有限，在佛心中則無量無限。以是故，上雖説學佛法，今更別説。若能如是學，正行菩薩道，不增、減色學。不[3]增者，若但見四大及造[4]色和合成身者，則不生著；以於是身中，起男女好醜長短相，謂爲定實，生染著心，是爲增。若破色使空，心著是空，是爲減。乃至一切種智亦如是。不受、不滅者，空故不受；業果因緣相續故不滅。是中須菩提自説因緣：色受者，不可得故不受。又以色內、外[5]空故不受；以色中內、外空，空故不滅。問曰：應以十八空空諸法，此中何以但説內、外空？答曰：受色者無故，説內[6]空；色不可受故，名外空[7]。是內、外空，則攝一切法空；乃至一切種智亦如是。若菩薩能如是學，則出生一切種智。一切種智是無障礙相，若菩薩觀一切法如虛空無障礙，則是學一切種智，因果相似故。舍利弗作是念：菩薩法應當滅一切煩惱，應當受一切諸善法；今不受、不滅學，云何出至薩婆若？作是念已，問須菩提。須菩提答言：破一切法生相故不生，破一切法無常相故不滅，觀一切法種種過罪故不[8]受，觀一切法種種利益故不捨[9]，一切法性常清淨故不垢，一切法能生著心故不淨。一切法雖是有作無作、起滅、入出、來往等，而不多不少，不增不減。譬如大海，衆流歸之不增、火珠煎之不減；諸法亦如是，法性常住故，一切法自性不可得故。能如是學，則出到[10]薩婆若，不見學相，不見出相，不見菩薩相，不見般若波羅蜜相。此中[11]略説故，但説無學[12]、無出。

【經】爾時，釋提桓因語舍利弗：菩薩摩訶薩般若波羅蜜，當於何處求？舍利弗言：菩薩摩訶薩般若波羅蜜，當於須菩提品中求。釋提桓因語須菩提[13]：是汝神力使[14]舍利弗言：菩薩摩訶薩般若波羅蜜，當於須菩提品中求？須菩提語釋提桓因[15]：非我神力。釋提桓因語須菩提：是誰神力？須菩提言：是佛神力。釋提桓因言：一切法皆無受處，何以故[16]言是佛神力？離無受處相，如來不可得，離如[17]，如來亦不可得！須菩提語釋提桓因言[18]：如是！如是！憍尸迦！離無受[19]處相[20]，如來不可得；離如[21]，如來亦不可得。無受處相中如來不可得，如中如來不可得。色如中如來如[22]不可得，如來如中色如不可得。色法相中如來法相不可得，如來法相中色法相不可得；受、想、行、識法相[23]中，乃至一切種智亦如是。憍尸迦！如來色如中不合不散，受、想、行、

1　“者”，甲本脱。

2　“智”，甲本脱。

3　“不”，甲、乙、宋、元、明、宫、聖本無。

4　“造”，甲本作“告”，誤。

5　“外”，甲本脱。

6　“內”後，甲、乙本衍“外”。

7　“外空”前，甲本衍“內”。

8　“不”，甲本脱。

9　“捨”，甲本作“合”，誤。

10　“到”，甲、乙、宫、聖本作“至”。

11　“中”，甲本脱。

12　“無學”，甲、乙本脱。

13　“提”，乙本作“薩”，誤。

14　“使”，甲、乙本作“乃使”。

15　“釋提桓因”後，甲本有“言”。

16　“故”，甲、乙、宋、宫、聖本無。

17　“如”，甲本脱。

18　“如來……因言”十五字，乙本殘。

19　乙本終。

20　“相”，甲本脱。

21　“如”，甲本脱。

22　“如”，甲本脱。

23　“相”，甲本脱。

識如中不合不散；如來離色如不合不散，離受、想、行、識如不合不散；乃至一切種智亦如是。如來色法相中不合不散，受、想、行、識法相中不合不散；如來離色法相中不合不散，離受、想、行、識法相中不合不散[1]；乃至一切種智亦如是。憍尸迦！如是等一切法中不合不散，是佛神力，用無所受法故。如憍尸迦言：菩薩摩訶薩般若波羅蜜，當於何處求？憍尸迦！不應色中求般若波羅蜜，亦不應離色求般若波羅蜜；不應受、想、行、識中求，亦不應離受、想、行、識求。何以故？是般若波羅蜜，色、受[2]、想、行、識，是一切法皆不合、不散，無色、無形、無對，一相，所謂無相。乃至一切種智中不應求般若波羅蜜，亦不應離一切種智求般若波羅蜜。何以故？是般若波羅蜜，一切種智，是一切法皆不合、不散，無色、無形、無對，一[3]相，所謂無相。何以故？般若波羅蜜非色，亦非離色；非[4]受、想、行、識，亦非離受、想、行、識[5]；乃至非[6]一切種智，亦非離一切種智。般若波羅蜜非色如，亦非離色如；非受、想、行、識如，亦非離受、想、行、識如[7]。般若波羅蜜非色法，亦非離色法；非受、想、行、識法，亦非離受想、行、識法；乃至非一切種智如，亦非離一切種智如。般若波羅蜜非一切種智法，亦非離一切種智法。何以故？憍尸迦！是一切法皆無所有不可得，以[8]無所有不可得故，般若波羅蜜非色，亦非離色；非色如，亦非離色如；非色法，亦非離色法。乃至非[9]一切種智，亦非離一切種智；非一切種智如，亦[10]非離一切種智如；非一切種智法，亦非離一切種智法。

【論】問曰：佛[11]、舍利弗、須菩提，從上來種種因緣明般若波羅蜜相，今釋提桓因何以故問[12]當何處求般若波羅蜜？答曰：此不[13]問般若體，但問般若[14]言説名字可讀誦[15]事，是故舍利弗言：當於須菩提所説品中求。須菩提樂説空，常善修習空故；舍利弗雖智慧第一，以無吾我嫉妬心，又斷法愛[16]故，而言當於須菩提所説品中求。問曰：佛處處説般若波羅蜜，欲比須菩提所説，百千萬倍不可算數譬喻爲比，何以不言於佛所説品中求？答曰：釋提桓因意：除佛一人，誰能善説者？是以推須菩提。復次，佛常一日一夜六時，以佛眼觀衆生[17]，無令不聞法故墮落，是故隨衆生所應解、所應[18]得、所應習行等[19]説。或説般若波羅蜜無常、苦、空、無我，如病、如癰等，名爲般若波羅蜜；或分別諸法總相、別相，或説諸法因緣和合生，無[20]有作者、受者，無[21]知者、見

1 "如來……不散"二十三字，甲本脱。
2 "受"，甲本作"是"，誤。
3 "一"後，甲本衍"切"。
4 "離色非"，甲本脱。
5 "亦非……行識"七字，甲本無。
6 "非"，甲本脱。
7 "亦非……識如"八字，甲本脱。
8 "以"，甲本作"已"，"已"通"以"。
9 "非"，甲本脱。
10 "亦"，甲本脱。
11 "佛"，甲本脱。
12 "問"，甲本作"疑"。
13 "不"，甲本作"非"。
14 "般若"，甲本作"般若波羅蜜"。
15 "讀誦"，甲本作"誦讀"。
16 "愛"，甲本作"受"，誤。
17 "生"，甲本脱。
18 "應"，甲本脱。
19 "等"，甲本作"無"，誤。
20 "無"，甲本脱。
21 "無"，甲本脱。

者，名爲般若波羅蜜；或時説法空、或説畢竟空，名爲般若波羅蜜。以是故不言[1]佛所説品中求。又[2]釋提桓因心念[3]：不知何者定是般若定相？是以舍利弗言：須菩提常深入空，所説皆趣空，所説空亦空。是故言：當於須菩提所説品中求。釋提桓因歡喜，讚須菩提言：大德神力甚大！須菩提謙言：非是我力，是佛所受神力。釋提桓因言：若一切法皆無所受，云何言是佛所受神力？若離無受相，如來不可得，離如中，如來不可得。釋提桓因作是念言：一切法無受相，一切法空，無依止處[4]，云何當言定有如來？若無如來，云何有所受神力？又復離無受相，如來亦不可得；今離是[5]如，如來[6]不可得。問曰：無受相與如，有何等異[7]？答曰：諸法實相，亦名無受，亦名如——諸法中[8]不可著，故名無受[9]；諸戲論不能破壞，故名爲如。今如來空中不可得，離空亦不可得。須菩提然其言：如是！如是！今須菩提廣説其事。無受相、如相中，如來不可得者，或以佛名名爲如來，或以衆生名字名爲如來。如先世來，後世亦如是[10]去，是亦[11]名如來，亦名如去。如十四置難中説：死後如去者，爲有？爲無？亦有亦無？亦非有非無？佛名如來者，如定光佛等行六波羅蜜，得成佛道；釋迦文佛亦如是來[12]，故名如來。如錠光佛[13]等智[14]，知諸法如，從如[15]中來，故名如來；釋迦文佛[16]亦如是來，故名如來[17]。此二種如來中，此間説是佛如來。因解佛[18]如來無所有，一切衆生、一切法，皆如是[19]亦無所有。無受及如來義，如先説。今當更略説：無受相、如來相，皆空無所有，無受相、如相，無定性故，無如來。有人言：諸法實相有[20]二種説：一者，諸法相畢竟空，是實；二者，有人言：畢竟空可示可説故非實，如涅槃相不可示不可説，是名爲實。於此二事，畢竟空中如來不可得；破畢竟空實相中如來亦不可得。畢竟空即是無受相，破畢竟空實相即是如。從此[21]已下，廣説二義。於五衆乃至一切種智，如來不可得；如來不可得故，云何當有如來神力？如來不可得，如上説。是五衆非如來，離五衆非如來[22]，五衆不在如來中，如來不在五衆中，如來亦不有五衆。五衆生滅無常、苦、空、無我相故，非是如來；若是如來者，如來亦應是生[23]滅。復次，五衆是五法，如來是一，云何五法作一？若五即是一，一亦應即是五。若爾者，世間法、出世間法，一切亂壞！如是種種因

1　“言”，甲、宋、元、明、宮、聖本作“示”。

2　“又”，甲、宮、聖本無。

3　“念”，甲本作“疑”。

4　“處”，甲本脱。

5　“是”，甲本作“甚”，誤。

6　“來”，甲本作“如”，誤。

7　“有何等異”前，甲本衍“有”。

8　“中”，甲、宋、元、明、宮本無。

9　“名無受”，甲本作“受名”，誤。

10　“是”，甲本作“來”，誤。

11　“亦”，甲本無。

12　“來”，甲本脱。

13　“錠光佛”，甲、宋、元、明、宮、石本作“定光佛”，異譯詞。

14　“智”，甲本脱。

15　“如”，甲本脱。

16　“釋迦文佛”，甲本作“釋迦牟尼佛”，異譯詞。

17　“如來”後，甲本有“如定光佛等知諸法如，從如中來，故名如來。釋迦文佛亦如是來，故名如來”。

18　“佛”，甲本脱。

19　“是”，甲、宮、聖本無。

20　“有”，甲本無。

21　“此”，甲本脱。

22　“離五衆非如來”，甲本脱。

23　“生”，甲本脱。

緣故,五衆非如來。若離五衆有如來者,如來[1]應無見、無聞[2],無知、無識,亦不覺苦樂。所以者何? 知覺等是五衆法故。問曰: 如來用眼、耳、智慧等能知見者,有[3]何咎? 答曰: 能見是眼,非是如來。若如來非見相用眼能見者,未取色[4]時,云何知用是眼? 亦可用耳見! 問曰:如來用智[5]慧分別能知,眼是能見,餘不能見,以是故[6]用眼,不取餘根! 答曰:知亦如眼過,知是五衆,非是如來。若用知知眼,復用何事能知此知? 問曰:如來用知知眼,以眼知色,若欲知如來,以何得知? 若以如來知如來,是則無窮! 答曰:知相知中住; 如來若知,即是知相; 若是知相,則是無常; 若無常者,則無後世! 復次,離五衆有如來者,如來應是常,如虛空相不應變異受苦[7]受樂,亦應無縛無解,有如是等過罪。破異故,五衆不在如來,如來不在五衆,亦非如來有五衆。問曰:應以五衆因緣故有如來; 若無五衆,則無如來! 答曰:若以五衆因緣有如來者,則如來無自性; 若無自性,何得從他性生? 於五衆中,五種求如來不可得,是故無如來。但以戲論故,説有如來; 以斷戲論故,無如來。如來是不生不滅法,云何當以戲論求於[8]如來? 若以戲論求如來者,則不見如來。若當都無如來,則墮邪見! 是故,若以有、無戲論求如來,是則不然! 如來相即是一切法相,一切法相即是如來相[9],如來相即是畢竟空相,畢竟空相即是一切法相。問曰: 此中何以但説二事,言五衆如中無如來如[10],如來如中無五衆如? 答曰: 此是略説。説二,則五事都攝。復次,二十種我見,雖一切凡夫人有,不能一時起。今是會中,或此二事,以是故,但説二事。如五衆,乃至一切種智亦如是。五衆法相,乃至一切種智法相,亦如是。五衆如,即是法相。問曰: 若如即是法相,何以重説? 答曰: 行者既到五衆如,心驚,法相[11]何以畢竟空無所有! 是故説五衆法法[12]相自爾。如人觸火燒手,則無慍[13]心,以其火相自爾故。若人執火[14]燒之,則忿[15]然而怒,以其執火燒故。如來五衆如中、五衆法相中,不合不散者:除五衆如無如來,即是一相,所謂無相。所以者何? 一法無合無散故,二法故有合有散。離五衆法相,亦無合無散。所以者何? 離五衆法相,如來不可得故。如來如、法相,五衆如、法相,無二無[16]別故; 言五衆如、五衆法相,亦不合不散; 乃至一切種智亦如是。能如是知諸法如[17]、法相,不合不散故,有是神力。當於何處求者,上來因佛神力説般若相,今直説云何求般若。論者言: 五衆虛誑無常,本無今有,已有還無,如幻如夢,般若波羅蜜是諸佛實智慧,云何當於五衆中求? 譬如求重寶[18],必於大海寶山中求,不應在溝瀆臭穢處[19]求。離五衆則無生無滅,無作無起,無有法相,是中云何可求? 復次,五衆、般若波羅蜜,不一不異,不合不散,無色、無形、無對,一相,所謂無相。問曰:般若波羅蜜,

---

1 "如來",甲本脱。
2 "無聞",甲本脱,元本作"無間","間"當爲"聞"之誤。
3 "有"後,甲本衍"識,亦不覺苦樂"。
4 "色",甲、宫、聖、石本作"眼"。
5 "智"後,甲本衍"智"。
6 "以是故",甲、宋、元、明、宫、聖本作"是以"。
7 "受苦",甲本脱。
8 "於",甲本無。
9 "相",甲、宋、元、明、宫、聖本無。
10 "如",甲本脱。
11 "相",甲、宋、宫本脱。
12 "法",甲、宋、元、明、宫、聖、石本無。
13 "慍",甲本作"薀","薀"爲"慍"之借字,聖本作"慢",石本作"怨"。
14 "火",甲本脱,石本作"火來"。
15 "則忿",甲本作"見忽然"。
16 "無",甲本脱。
17 "如",甲本作"知",誤。
18 "重寶",甲本作"種種寶華"。
19 "處",甲本脱。

是智慧心[1]數法,故可應無色、無形、無對;五衆中色衆,云何當説無形、無對? 答曰:聖人以慧眼觀諸法平等皆空,一相,所謂無相;以是故,色衆無形、無對。復次,凡夫人所見色非實,種種如先破。復次,有因緣,般若波羅蜜,不即是[2]如凡夫人所見五衆;破凡夫人所見五衆故,即是般若波羅蜜,故言不離。乃至一切種智亦如是。如相、法相相,如先説。

【經】釋提桓因語須菩提:是摩訶波羅蜜,是菩薩摩訶薩般若波羅蜜! 無量波羅蜜、無邊波羅蜜,是菩薩摩訶薩般若波羅蜜! 諸須[3]陀洹、須陀洹果,從是般若[4]波羅蜜中學成;乃至諸阿羅漢、阿羅漢果,諸[5]辟支佛、辟支佛道、諸菩薩摩訶薩,皆從是般若波羅蜜中[6]學成。成就衆生、淨佛世界、得阿耨多羅三藐三菩提,皆從[7]是學成。須菩提語釋提桓因言: 如是! 如是! 憍尸迦! 是摩訶波羅蜜,是菩薩摩訶薩般若波羅蜜! 無量波羅蜜、無邊[8]波羅蜜,是菩薩摩訶薩般若波羅蜜! 從是中學成,須陀洹果,乃至阿羅漢果、辟支佛道、諸菩薩摩訶薩;從是般若波羅蜜中學成成就衆生、淨佛世界、得阿耨多羅三藐三菩提,已得、今得、當得[9]。憍尸迦! 色大故,般若波羅蜜亦大。何以故? 是色前際不可得,後際不可得,中際不可得。受、想、行、識大故,般若波羅蜜亦大。何以故? 受、想、行、識前際不可得,後際不可得,中際不可得乃至一切種智亦如是。以是因緣故,憍尸迦! 是摩訶波羅蜜,是菩薩摩訶薩般若波羅蜜。憍尸迦! 色無量故,般若波羅蜜無量。何以故[10]? 色量[11]不可得故。憍尸迦! 譬如虚空量[12]不可得,色[13]亦如是量不可得。虚空無量故,色無量;色無量故[14],般若波羅蜜無量。受、想、行、識,乃至一切種智無量故,般若波羅蜜無量。何以故? 一切種智量[15]不可得。譬如虚空量不可得,一切種智亦如是量不可得。虚空無量故,一切種智無量;一切種智無量故,般若波羅蜜無量。以是因緣故,是菩薩摩訶薩般若波羅蜜無量。憍尸迦! 色無邊故,諸菩薩摩訶薩般若波羅蜜無邊。何以故? 憍尸迦! 色前際不可得,後際不可得,中際不可得。受、想、行、識無邊故,般若波羅蜜無邊。何以故? 受、想、行、識,前際、後際、中際,皆不可得故。乃至一切種智無邊故,般若波羅蜜無邊。何以故? 一切種智前、後、中際不可得故。以是因緣故,憍尸迦! 是般若波羅蜜無邊。色無邊,乃至一切種智無邊。復次,憍尸迦! 緣無邊故,般若波羅蜜無邊。須菩提[16]! 云何緣無邊故,般若波羅蜜無邊? 須菩提言[17]:緣一切無邊法故,般若波羅蜜無邊。云何緣一切無邊法[18]故,般若波羅蜜無邊? 須菩提言:緣無邊[19]法性故,般若波羅蜜無邊。復次,憍尸迦! 緣無邊如故,般若波羅蜜無邊。釋提桓因言:云何緣無邊如故,般若波羅蜜無邊? 須

1　"心",甲本脱。
2　"不即是",甲本作"即不是"。
3　"須",甲本作"洹",誤。
4　"般若",甲本脱。
5　"諸",甲本脱。
6　"中",甲本脱。
7　"從",甲本脱。
8　"無邊"前,甲本衍"是"。
9　"當得",甲本脱。
10　"何以故",甲本脱。
11　"色量",甲本脱。
12　"量",甲本作"無量"。
13　"色",甲本作"故色"。
14　"色無……量故"七字,甲本脱。
15　"量",甲本作"無量"。
16　"須菩提"後,甲本衍"言"。
17　"云何……提言"十七字,甲本脱。
18　"法",甲本脱。
19　"邊",甲本脱。

菩提言：如無邊故，緣亦無邊；緣無邊故，如亦無邊。以是因緣故，諸菩薩摩訶薩般若波羅蜜無邊。復次，憍尸迦！衆生無邊故，般若波羅蜜無邊。釋提桓因問須菩提：云何衆生無邊故，般若波羅蜜無邊？須菩提言：於汝意云何？何等法名衆生？釋提桓因言：無有法名衆生，假名故爲衆生，是名字本無有法，亦無所趣，强爲作名！憍尸迦！於汝意云何？是般若波羅蜜中説衆生有實不？釋提桓因言：無也！憍尸迦！若般若波羅蜜中[1]實不説[2]，衆生無邊亦不可得。憍尸迦！於汝意云何？佛恒河沙[3]劫壽，説衆生、衆生名字，頗有衆生法有生有滅不？釋提桓因言：不也！何以故？衆生從本已[4]來常清淨故。以是因緣故，憍尸迦！衆生無邊故，當知般若波羅蜜亦無邊。

【論】問曰：釋提桓因是須陀洹人，云何能問深般若波羅蜜？答曰：如須菩提是具足阿羅漢，以利益菩薩、憐愍衆生故，問菩薩所行事。釋提桓因雖是[5]聲聞人，是諸天主，有利智慧、憐愍衆生故，問般若波羅蜜，亦如是。復次，有人言：三千大千世界中，有百億釋提桓因。《中阿含》中説釋提桓因得須陀洹者，異今釋提桓因。今釋提桓因是大菩薩，憐愍衆生故，三種讚般若波羅蜜[6]，所謂摩訶波羅蜜，無量波羅蜜，無邊波羅蜜，是般若波羅蜜；是般若波羅蜜[7]中學成諸[8]聖道故。須菩提然釋提桓因讚，而廣解其讚言。以五衆大故，般若波羅蜜大。五衆大者，所謂三際不可得故；亦以無量無邊故言大。破是無量無邊五衆，將一切衆生入無[9]餘涅槃中，故言[10]般若波羅蜜大。乃至一切種智亦如是。無量者亦爾，但以虛空譬喻爲異。有法雖大，不必無量，是故不得以空[11]爲喻；如須彌山[12]，於諸山中雖大而有量，所謂八萬四千由旬。無邊者，以五衆廣大[13]無量，故言無邊；亦以五衆有邊則有始，有始則有終，即是無因無緣，墮斷滅等種種過故。復次，五衆，三世中不可得故，言無邊。緣無邊者，所謂一切法[14]四緣：因緣，生一切有爲法；次第緣，過去現在心心數法；緣緣、增上緣，一切法。是四種緣，一切處、一切時皆有故，説緣[15]無邊；緣無邊故，般若波羅蜜無邊。復次，緣無邊者，四緣法虛誑無實，畢竟空故無邊。復次，緣如、法性、實際無邊故，般若波羅蜜無邊。如、法性、實際，是自然無爲相故[16]無量無邊。五衆無邊，是觀力故，强作無邊。復次，衆生無邊者，以衆生[17]多故；無量阿僧祇三世十方衆生，無人能知數，故言無邊。復次，是中説衆生空，故言無邊，但强[18]爲作名。亦無所趣者，以衆生無有定法可趣向故。如火[19]定有所趣；而衆生名，無實衆生可趣。於汝意云何，般若波羅蜜中頗説實有衆生不？不也！大德！若衆生實無，云何有邊？譬如諸佛是一切實語人中第一，於無量恒河沙劫壽説衆生名

---

1 “中”，甲本作“不”，誤，宋、宫、聖本無。
2 “實不説”，甲本作“實説”，脱“不”，元、明本作“不説實”。
3 “佛恒河沙”，甲本作“恒沙”，石本作“佛壽如恒河沙”。
4 “已”，甲本作“以”。
5 “是”，甲、宋、元、明、宫、聖本無。
6 “波羅蜜”，甲本脱。
7 “是般若波羅蜜”，甲、宫、聖、石本無。
8 “諸”，甲本脱。
9 “無”，甲本脱。
10 “言”，甲本脱。
11 “空”，甲本作“虛空”。
12 “須彌山”，甲本作“須彌山王”。
13 “大”，甲本脱。
14 “法”，甲本脱。
15 “緣”後，甲本衍“緣”。
16 “故”，甲本脱。
17 “生”，甲本脱。
18 “强”，甲本脱。
19 “火”，甲本作“水”。

字,是衆生法不以説故有生、有滅,何況餘人顛倒虚誑少時説? 生我心故,當有衆生。是衆生不以入般若波羅蜜中故言無,從本已[1]來,常清淨、無所有,有無等戲論滅故。是以説衆生無邊故,般若波羅蜜無邊。問曰:無邊中何以故廣説? 而大及無量何以略説? 答曰:以[2]衆生因緣故,一切凡夫起諸煩惱,於五衆中作諸邪行,難破故是以廣説。若破衆生相,餘一切易破。

　　大智度論卷第五十五[3]。

大智度論釋顧視品第三十(卷五十六)[4]

　　……若有菩薩摩訶薩行是般若[5]波羅蜜不遠離者,我輩視是人如佛。何以[6]故? 是般若波羅蜜中,雖無法可得,所謂色、受[7]、想、行、識,乃至一切種智,而有三乘之教——聲聞[8]、辟支佛、佛乘。爾時,佛告諸天子:如是! 如是! 諸天[9]子! 如汝所言,是般若波羅蜜中,雖無法可得[10],而有三乘之教,所謂聲聞、辟支佛、佛乘。諸天[11]子! 若有菩薩摩訶[12]薩行是般若波羅蜜不遠[13]離者,視是人當如佛,以無所得故。何以故? 是[14]般若波羅蜜中,廣説三乘之教,所謂聲聞、辟[15]支佛佛乘。檀波羅蜜中佛不可得,離檀波羅[16]蜜佛亦不可得;乃至般若波羅蜜中佛不可[17]得,離般若波羅蜜佛亦[18]不可得;內空乃至無法有法空,四念處乃至十八不共法,一切種[19]智亦如是。佛語諸天子[20]:菩薩摩訶薩若能學是一切法,所謂檀波[21]羅蜜,乃至一切種智;以是事故,當視是菩薩摩訶薩如佛。諸天子! 我昔於然[22]燈佛時,華嚴城內,四衢道頭,見佛聞法,即得不離檀波羅蜜行;不離尸羅[23]波羅蜜、羼提波羅蜜、毘梨耶波羅蜜、禪波羅蜜、般若波羅蜜行。不離內空乃[24]至無法有法空[25],四念處乃至八聖

1　"已",甲本作"以"。

2　"以"後,甲本衍"衆以"。

3　甲本終,尾題作"摩訶衍經卷第五十五"。

4　本卷對應《大智度論》寫本凡5號:BD06724號(以下簡稱"甲一")、S.2988號(以下簡稱"甲二")、俄 Дх07080號(以下簡稱"乙本")、BD07392號(以下簡稱"丙本")、俄 Дх12281號(3-1)(以下簡稱"丁本")。

5　甲一始。

6　"蜜不……何以"十四字,甲一殘。

7　"波羅……色受"十三字,甲一殘。

8　"切種……聲聞"十一字,甲一殘。

9　"佛告……諸天"十一字,甲一殘。

10　"波羅……可得"九字,甲一殘。

11　"辟支……諸天"七字,甲一殘。

12　"薩摩訶",甲一殘。

13　"是般……不遠"八字,甲一殘。

14　"人當……故是"十三字,甲一殘。

15　"廣説……聞辟"十一字,甲一殘。

16　"蜜中……波羅"十字,甲一殘。

17　"羅蜜中佛不可",甲一殘。

18　"亦",甲一無。

19　"共法一切種",甲一殘。

20　"語諸天子",甲一殘。

21　"檀波",甲一殘。

22　"然",甲一作"燃"。下同,不復出校。

23　"尸羅",甲一作"尸",異譯詞。

24　"內空乃",甲一殘。

25　"有法空",甲一殘。

道分;不離[1]四禪、四無量心[2]、四無色定,一切三昧門,一切陀憐尼[3]門;不離四無所畏,佛十力、四無礙智,十八不共法,大慈大悲,及餘無量諸佛[4]法行,亦無所得故[5]。是時,然燈佛記我當來世過一阿僧祇劫當作[6]佛,號釋迦牟尼,多陀阿伽度、阿[7]羅訶[8]、三藐三佛[9]陀、鞞侈遮羅那、脩伽度、路[10]迦憊、無上士[11]、調御丈夫[12]、天人師、佛、世尊[13]。爾時諸天子白佛言:世尊! 希有! 是般若波羅蜜,能令諸菩薩摩訶薩得[14]薩婆若,於色不取不捨故;於受、想、行、識不取不捨故,乃至一切種智不取不捨故。

【論】[15]釋曰:人以歡喜之至,則三反稱歎;是故諸天聞大德須菩提說般若波[16]羅蜜,歡喜言:快哉! 快[17]哉! 天王者,四天處四天王[18],三十三天王釋提桓因,乃至諸梵天王[19];梵天已[20]上更無有王。諸天,是欲界天。諸梵,是色界天。伊賒那,是大自在天王并其眷屬。神仙者,有二種:或天、或人。天女者,是天帝釋夫人舍脂等諸天女。所以歎須菩提說深般若波羅[21]蜜者,知其承佛神力故[22]。若能行是般若波羅蜜,我等當視是人如佛。所以者何? 尊重法故。法者,所謂深般若波羅蜜。深法者,一切法雖畢竟空,而有三乘分別。所以者何? 諸法若畢竟空,更不應修集三乘功德,則墮斷滅中;若修三乘功德,則是分別差降,不應是畢竟空。是般若波羅蜜,雖畢[23]竟空而不墮斷滅,雖分別有三乘亦不生[24]著心[25],於二[26]事中不取定相。是事甚深微妙,故[27]諸天大歡喜,歎言快哉! 佛然其讚,更說甚深[28]因緣:從六波羅蜜乃至一切種智中佛不可[29]得;離此佛亦不可

1　"分不離",甲一殘。
2　"心",甲一作"意"。
3　"陀憐尼",甲一、宋、元、明、官、石本作"陀羅尼",聖本作"他羅尼",皆爲異譯詞。
4　"佛",甲一脫。
5　"故",甲一、宋、元、明、官本無。
6　"作",甲一作"得作"。
7　"阿伽度阿",甲一殘。
8　"訶",甲一作"呵"。
9　"三藐三佛",甲一殘。
10　"伽度路",甲一殘。
11　"士",甲一、官本脫。
12　"丈夫",甲一、官本脫。
13　"佛世尊",甲一、官本脫。
14　"得",甲一脫。
15　"論",甲一、宋、官、聖本無。下同,不復出校。
16　"提說般若波",甲一殘。
17　"哉快",甲一殘。
18　"四天王",甲一作"天四王",誤倒。
19　"王",甲一作"上",誤。
20　"已",甲一、石本作"以","以"通"已"。
21　"深般若波羅",甲一殘。
22　"神力故",甲一殘。
23　乙本始。"雖畢",甲一殘。
24　"不墮……不生"十三字,乙本殘。
25　"著心",甲一殘。
26　"二",乙、石本作"三"。
27　"事中……妙故"十三字,乙本殘。
28　"歎言……甚深"十二字,乙本殘。
29　"羅蜜……不可"十二字,乙本殘。

得;諸法和合因緣故有佛[1],無有自性。若菩薩能如是行者,當知是菩薩[2]即是佛[3]。即是佛者,是世界中語;如太子雖未正位[4],必當爲[5]王。此中佛自引本事以爲證,此菩薩已[6]得無生忍,入菩薩位,見十方諸佛。諸天聞佛廣明已所歎[7]義,解心轉深,重復讚歎。以見一[8]切法過罪故不取,有利益故不捨;又以一切法畢竟空、不生不滅故,不取、不捨。

【經】[9]爾時,佛觀四[10]衆和合——比丘、比丘尼、優婆塞、優婆夷,及諸菩[11]薩摩訶薩,并四天王天[12],乃至阿迦尼吒諸天,皆會坐。普觀已,佛告釋提桓因:憍尸迦!若[13]菩薩摩訶薩、若比丘、若[14]比丘尼、若[15]優[16]婆塞、若[17]優婆夷、若諸天子、若諸天女,是般若[18]波羅蜜,若聽、受持、親近、讀、誦、爲他[19]説、正憶念,不離薩婆若心,諸[20]天子!是人,魔若[21]魔天不能得其便。何以故?是善男[22]子、善女人,諦了知色空,空不能得空便,無相不能得無相便,無作不能得無作便;諦了知受、想、行、識[23]空,空不能[24]得空便,乃至無作不能得無作便;乃至[25]諦了[26]知一切種智空,空不能得空便,乃至無作不能得無作便;何以故?是諸法自[27]性不可得,無事可得便,誰受惱者?復次,憍[28]尸迦!是善男子、善女人,若人、非人[29]不能得其便。何以故?是善男子、善女人,一切衆生中善修慈心,悲、喜、捨心,以無[30]所得故。憍尸迦!是善男子、善女人終不橫死,何以故?是善男子、善女人,行

1　“不可……有佛”十二字,乙本殘。
2　“薩能……菩薩”十一字,乙本殘。
3　“即是佛”,甲一脱。
4　“者是……正位”十三字,乙本殘。
5　乙本終。“當爲”,甲一殘。
6　“已”,甲一作“以”,“以”通“已”。
7　“歎”,甲一作“得”,宋、元、明、宮本作“讚”。
8　丙本始。
9　“經”,甲一、丙、宋、宮、聖本無。下同,不復出校。
10　“觀四”,甲一殘。
11　“菩”,甲一殘。
12　“天”,丙、宋、元、明、宮本無。
13　“若”,甲一、丙、宮、聖、石本無。
14　“若”,甲一、石本無。
15　“若”,甲一無。
16　“丘尼若優”,丙本殘。
17　“若”,甲一無。
18　“女是般若”,丙本殘。
19　“他”,甲一作“他人”。
20　“心諸”,甲一殘。
21　“魔若”,甲一無。
22　“男”,甲一殘。
23　“行識”,丙本作“識行”。
24　“空空不能”,丙本殘。
25　“乃至”,甲一無。
26　“諦了”,丙本殘。
27　“法自”,甲一殘。
28　“憍”,甲一殘。
29　“若人非人”,甲一、丙本無,宋、宮、聖本作“人”。
30　“無”,丙本殘。

檀波羅蜜,於一切衆生[1]等心供給故。復次,憍[2]尸迦! 三千大千世[3]界,四天王天、三十三天、夜摩天[4]、兜率陀天、化樂[5]天、他化自在天、梵天、光音天、遍淨天、廣果天,是諸天中有發阿耨多羅三藐三菩提心者,未聞是[6]般若波羅蜜,未受持、親近,是諸天子,今應聞、受持、親近、讀、誦、正憶念,不離薩婆若心。復次,憍尸迦! 諸善男子、善[7]女人,聞是般若波羅蜜,受持、親近、讀、誦、正憶念,不離薩婆若心,是諸善男子、善女人,若在空舍,若在曠野,若人住處,終不怖[8]畏。何以故? 是諸[9]善男子、善女人,明於内空,以無所得故;明於外空,乃至無法有法空,以無所得故。

【論】[10]問曰:此中佛觀四部衆已[11],何以[12]告釋提桓因? 答曰:餘[13]品中多説般若波羅蜜體,今欲讚般若功德,故命[14]釋提桓因。譬如先以好寶示人,然後讚寶所能。復次,普觀者,欲令會中衆生,各知佛顧念則不自輕,不自輕故堪任聽法,是以普觀。譬如王[15]顧眄[16]群下,群下則欣然自慶。説功德故,應以白衣證[17];白衣中釋提桓因[18]爲大。説般若者,以[19]出家人爲證;出家人中[20],是舍利弗、須菩提等爲大。問曰:先言釋是字,提婆因是天主;今佛何以不言釋,乃命言憍尸迦? 答曰:昔摩伽陀[21]國中,有婆羅門名摩伽,姓[22]憍尸迦,有福德大智慧,知友[23]三十三人共修福德,命終皆生須彌山頂第二天上,摩伽婆羅門爲天主,三十二人爲輔臣,以此三十三[24]人故,名爲三十三天。唤其本姓,故言憍尸迦。或言天主[25],或言千眼等;大人唤之,故稱其姓。此中所説[26]般若波羅蜜者,是十方諸佛所説,語言名字,書寫經卷,宣傳顯示實相智慧。何以[27]故? 般若波羅蜜,無諸觀語言相,而因語言、經卷,能得此般若波羅蜜。是故以名字、經卷,名[28]爲般若波羅蜜。此中略説佛意:若能聞、

---

1 "衆生"後,甲一有"中"。

2 "次憍",甲一殘。

3 "千世",甲一作"世千",誤倒。

4 "摩天",甲一殘。

5 "樂",原作"槃",誤,兹據甲一、丙、宋、元、明、宫、聖、石本改。

6 "未聞是",甲一作"是未聞",誤倒。

7 "善",甲一殘。

8 "怖",甲一無。

9 "諸",甲一、丙、宋、元、明、宫本無。

10 "論",甲一、丙、宋、宫、聖本無。下同,不復出校。

11 "衆已",甲一殘。

12 "何以",丙本作"何以故"。

13 "餘",甲一殘。

14 "命",甲一作"明","明"爲"命"之借字。

15 "王",丙本脱。

16 "眄",甲一作"盰",聖本作"明",誤。

17 "證",甲一殘。

18 "釋提桓因",甲一脱。

19 "以",甲一殘。

20 "出家人中",甲一作"出家中大",石本作"出家人中大"。

21 "摩伽陀",甲一作"群伽陀",丙本作"魔伽陀",異譯詞。

22 "姓",甲一、丙本作"性","性"通"姓"。下同,不復出校。

23 "友",甲一脱。

24 "三",甲一作"二",誤。

25 "或言天主",甲一脱。

26 "所説",丙本殘。

27 "以",甲一脱。

28 "名",甲一脱。

受持般若等，當得種種功德，後當廣説¹。欲度衆生，爲得佛道故，供養、受學般若波羅蜜；是人，魔若魔天不能得便²。問曰：何者³是魔？何故惱菩薩？云何得便？答曰：魔名自在天主。雖以福德⁴因緣生彼，而懷諸邪見，以欲界衆生是己人民，雖復死生展轉，不離我界。若復上生色、無色界，還來屬我；若有得外道五通，亦未出我界，皆不以爲憂。若佛及菩薩出世者，化度我民⁵，拔⁶生死根，入無餘涅槃，永不復還，空我境界，是故起恨讎嫉。又見欲界人，皆往趣佛，不來歸己，失供養故，心生嫉妬，是以以佛、菩薩名⁷爲怨家。是菩薩入法位，得法性生身，魔雖起惡不能壞敗；若未得阿鞞跋致者，魔則種種破壞。若菩薩一心不惜身命，有方便求佛道者，十方諸佛及諸大菩薩，皆共護持，以是因緣故，能成佛道。若爲菩薩而有懈怠，貪著世樂，不能專心勤求佛道，是則自欺，亦欺十方諸佛及諸菩薩。所以者何？自言：我爲一切衆生故求佛道，而行雜行，壞菩薩法；以是罪故，諸佛菩薩所不守護，魔得其便。所以者何？一切聖人已入正位，一心行道，深樂涅槃；魔入邪位，愛⁸著邪道；邪、正相違，是故憎嫉正行，狂愚自高，喚佛沙門瞿曇，佛稱其實名爲弊魔；以相違故名爲怨家。如經説魔有四種：一者，煩惱魔；二者，五衆魔；三者，死魔；四者，自在天子魔。此中以般若力故，四魔不能得便：得諸法實相，煩惱斷則壞煩惱魔，天魔亦不能⁹得其便；入無餘涅槃故，則壞五衆魔及死魔。云何爲得便？魔及魔民¹⁰來恐怖菩薩，如經中説魔作龍身，種種異形可畏¹¹之象¹²，夜來恐怖行者；或現¹³上妙五欲，壞亂菩薩；或轉世間人心令作大供養，行者貪著供養故，則失道德；或轉人心令輕惱菩薩，或罵、或打、或傷、或害，行者遭苦，或生瞋恚憂愁。如是等，魔隨前人意所趣向，因而壞之，是名得便。如《魔品》中廣¹⁴説。問曰：魔力甚大，肉¹⁵身菩薩道力¹⁶尚少，云何不得便？答曰：如上説，爲諸佛菩薩所護故。此中佛¹⁷自説因緣：是人善修諸法空，亦不著空。不著空者，云何當得便！譬如無瘡¹⁸則不受毒。無相、無作亦如是。復次，一切法實觀，皆是空、無相、無作相；皆¹⁹是空、無相、無作相故，則無得便，亦無受便者；是故空不應得空便，無相不應得無相便，無作不應得無作便，以一相故。如火不能滅火，得水則滅，以異相故。問曰：菩薩住三解脱門，則是受便處，與一切法相違故：空與有相違，無相與有相相違，無作與有作相違！答曰：此經中佛自説²⁰：三解脱門無有自性。又先論議中説²¹，於空、無相、無作中亦不著。是故雖住三解脱門，魔及魔民不得其便。問

---

1 丙本終。
2 “得便”，甲一作“得其便”。
3 “何者”，甲一脱。
4 “德”，甲一殘。
5 甲一終。
6 甲二始。
7 “名”，甲二、宫、聖本無。
8 “愛”，甲二、宫本作“受”，誤。
9 “能”，甲二脱。
10 “民”，甲二、宋、元、明、宫、聖本作“人”。
11 “畏”，甲二作“異”，誤。
12 “象”，甲二、宋、元、明、宫、聖、石本作“像”。
13 “現”，甲二作“見”，“見”爲“現”之古字。
14 “廣”，甲二無。
15 “肉”，甲二作“定”，誤。
16 “力”，甲二作“行”。
17 “佛”，甲二脱。
18 “瘡”，甲二、石本作“創”，“創”通“瘡”。
19 “皆”，甲二無。
20 “説”，甲二作一字空白。
21 “説”，甲二脱。

曰：餘處皆言菩薩摩訶薩，今何以言善男子、善女人？答曰：先說實相智慧難受，以能受故，則是菩薩摩訶薩；今說供養、受持、讀、誦等，雜說故，得稱[1]善男子、善女人。復次，經中說女人有五礙：不得作釋提桓因、梵王、魔王、轉輪聖王、佛。聞是五礙不得作佛，女人心退，不能發意；或有說法者，不爲女人說佛道。是故佛此間說善男子、善女人，女人可得作佛，非不轉女身也。五礙者，說一身事。善男子、善女人義先已廣說。人不得便者，人名若賊、若官、若怨等，欲惱亂菩薩，求索其便。問曰：先說不得便因緣，何以但說空？今說人不得便，但說四無量心？答曰：有人言：先說魔若魔民，怨大故法亦大，故說空；怨小故法亦小，故說四無量心。有人言：四無量心是菩薩常行，爲集諸功德故；後[2]以般若波羅蜜空相，令除邪見，不著衆生，亦不著法，是二法前後無在。復次，上魔作恐怖事甚多，多不現[3]本形，或現雷震、或[4]作風雨、或作病痛等，是故說諸法空；令人來惡口罵詈、刀杖[5]、打[6]斫[7]，故用四無量心。不橫死者，所謂無罪而死：或壽命未盡，錯投藥故，或不順[8]藥法，或無看[9]病人，或[10]飢渴、寒熱等夭命，是名橫死。菩薩從初發意來，於一切衆生中，常行檀波羅蜜：應病與藥，隨病所須，拯濟孤窮，隨其所乞[11]皆給與之，於一切衆生中，悉皆平等，好心供養；亦行是般若波羅蜜。以是功德故不橫死。是中略說三功德已，三千大千世界中，諸天發心，未聞般若波羅蜜者，先說善男子、善女人應聞、受持乃至正憶念，今說因緣。諸天有大功德，猶尚[12]供養，何況於人？雖一切人天[13]應聽般若[14]，能發無上道心者，最應深心聽。所以者何？般若是佛道之本故。問曰：此天發心，何以不聞般若？答曰：有人言：此天[15]前世人中發意，今生天上五欲覆心故不聞。復次，諸天雖發無上道心，五情利，五欲妙，染著深故，視東忘西，不能求般若。色界諸天，雖[16]先聞法發心，以味著禪定深故，不能求般若。是故說不聞者應聞、受持。復次，先說魔及魔民[17]不能得其便，是內因緣，所謂空三昧及四無量心；今更說不得便，是外因緣，所謂佛告諸天：汝等供養受持般若，是善男子、善女人亦受持供養是般若，同事故，若魔來破，汝應守護！復次，受持般若者，若在空舍住，若在曠野、若在人間住。處空舍中，多諸鬼魅及以賊寇，衆惡易來，故初說。除人住處及以空舍，餘殘山澤樹林等，皆是曠野；少人行故，多諸虎狼師子，惡賊鬼魅。人所住處不淨故，魔及鬼神趁來諸難少故，是以後說[18]。行者於三處住，無所畏懼，以二因緣故：一者，善修十八空；二者，般若波羅蜜威德故。

---

1 "得稱"，甲二、宋、元、明、宮本作"攝得"，聖、石本作"稱得"。

2 "後"，甲二作"復"。

3 "現"，甲二作"見"，"見"爲"現"之古字。

4 "或"，甲二脫。

5 "杖"，甲二、聖本作"仗"。

6 "打"，甲二、宮、聖本無。

7 "斫"，甲二、石本作"破"，誤。

8 "順"，甲二、石本作"慎"，"慎"通"順"。

9 "看"，甲二作"有看"。

10 "或"，甲二無。

11 "乞"，甲二、石本作"乏"。

12 "尚"，甲二作"上"，"上"通"尚"。

13 "天"，甲二作"無"，誤。

14 "般若"，甲二作"般若波羅蜜"。

15 "天"，甲二作"無"，誤。

16 "雖"，甲二脫。

17 "民"，甲二、宋、元、明、宮、聖、石本作"天"。

18 "是以後說"，甲二作"其以復說"。

【經】[1]爾時,三千大千世界中諸四天王天[2],三十三天,夜摩天,兜率陀天,化樂天,他化自在天,乃至首陀婆諸天,白佛言:世尊! 是[3]善男子、善女人,能受持般若波羅蜜,親近、讀、誦、正憶念,亦[4]不離薩婆若心者,我等常當守護! 何以故? 世尊! 以菩薩摩訶薩因緣故,斷三惡道,斷天人[5]貧,斷諸災患疾病飢餓。以菩薩因緣故,便有十善道出世間;四禪、四無量心、四無色定;檀波羅蜜、尸羅[6]波羅蜜、羼提波羅蜜、毘梨耶波羅蜜、禪波羅蜜、般若波羅蜜;内空乃至無法有法空;四念處乃至一切種智。以菩薩因緣故,世間便有生刹利大姓[7]、婆羅門大姓、居士大家,諸王及轉輪聖王,四天王[8]天乃至阿迦尼吒天。以菩薩因緣故,有須陀洹、須陀洹果,乃至阿羅漢、阿羅漢果,辟支佛、辟支佛道[9]。以菩薩因緣故,有成就眾生、淨佛世界,便有諸佛出現於世,便有轉法輪,知有[10]佛寶、法寶、比丘僧寶。世尊! 以是因緣故,一切世間諸天及人、阿脩羅,應守護是[11]菩薩摩訶薩。佛語釋提桓因:如是! 如是! 憍尸迦! 以菩薩摩訶薩因緣故,斷三惡道,乃至三寶出現於世。以是故,諸天及人、阿修羅常應守護,供養、恭敬、尊重、讚歎是菩薩摩訶薩。憍尸迦! 供養、恭敬、尊重、讚歎是菩薩摩訶薩,即是供養我。以是故,是諸菩薩摩訶薩,諸天及人[12]、阿修羅常應守護,供養、恭敬、尊重、讚歎! 憍尸迦! 若三千大千世界,滿中聲聞、辟支佛,譬如竹葦稻麻叢林,若有善男子、善女人,供養、恭敬、尊重、讚歎,不如供養、恭敬、尊重、讚歎初發心菩薩摩訶薩不離六波羅蜜所得福德。何以故? 不以聲聞、辟支佛因緣故有菩薩摩訶薩及諸佛出現於世;以有菩薩摩訶薩因緣故,有聲聞、辟支佛、諸佛出現於世。以是故,憍尸迦! 是諸[13]菩薩摩訶薩,一切世間諸天及人、阿修羅常應守護,供養、恭敬、尊重、讚歎。

【論】[14]釋曰:爾時諸天白佛:我等當守護是菩薩,與我等同事故;亦以求佛道者,能自捨身樂欲,使一切眾生得樂故。因菩薩斷三惡道者,菩薩雖未離欲,能遮眾生十不善故,斷三惡道及天人貧[15]、諸災患等。行十善故,開三善道門。或有菩薩見五欲過罪,能離欲得四禪;以本願故,起四無量心;欲離[16]種種因緣身苦故,起四無色定。爲佛道故,修六波羅蜜乃至一切種智。是法亦自行,亦教人[17],以是福德道法,於眾生中展轉相教,常在世間。今當說是諸善法果報:生刹利大姓,乃至三寶出現於世;如先義中說。今是菩薩結業生身,在因緣中,無有力勢,而能說是善法,令眾生修行,我等云何當不守護? 譬如太子雖小,群臣百官無不奉承。佛可諸天,述而成之。若供養菩薩,即是供養佛者,般若是三世佛母;若爲般若故,供養菩薩則爲供養佛。不如供養恭敬初發意菩薩者,問曰:二乘已[18]證實際,是一切眾生福田,何以故不如初發意菩薩? 答曰:以三

1　“經”,甲二無。下同,不復出校。

2　“天”,甲二脱。

3　“是”,甲二無。

4　“亦”,甲二、宋、元、明、宫、聖本無。

5　“天人”,甲二作“人天”。

6　“尸羅”,甲二、宋、元、明、宫本作“尸”,異譯詞。

7　“姓”,甲二作“性”,“性”通“姓”。下同,不復出校。

8　“四天王”,甲二脱。

9　“道”,甲二作“果”。

10　“有”,甲二、宋、元、明、宫本作“是”。

11　“是”,甲二無。

12　“人”,甲二脱。

13　“諸”,甲二脱。

14　“論”,甲二無。下同,不復出校。

15　“貧”,甲二、宋、元、明、宫本作“貧窮”。

16　“欲離”,甲二、聖、石本作“破”。

17　“教人”,甲二作“教人行”。

18　“已”,甲二作“以”,“以”通“已”。

事故不如：一者，用薩婆若心行般若；二者，常不離六波羅蜜等諸功德；三者，由是菩薩斷三惡道，出生三乘，依二乘人不能斷三惡道、出生三乘。

大智度論釋滅諍亂品第三十一[1]

【經】爾時釋提桓因白佛言：世尊！甚奇希有！諸菩薩[2]摩訶薩，是般若波羅蜜，若聞[3]、受持、親近、讀、誦、爲他人説、正憶念時，得[4]如是今世功德；亦成就衆生，淨佛世界，從一佛界至一佛界，供養諸佛，所欲供養之具，隨意即得。從諸佛聞法，至得阿耨多羅三藐三菩提，終不中忘。亦得家成就，母成就，生成就[5]，眷屬成就，相成就，光明成就，眼成就[6]，耳成就，三昧成就，陀羅尼成就；是菩薩以方便力，變身如佛，從一界至一界，到無佛處，讚檀波羅蜜乃至般若波羅蜜，讚四禪、四無量心、四無色定，讚四念處乃至十八不共法；以方便力説法，以三[7]乘法度脱衆生，所謂[8]聲聞、辟支佛、佛乘。世尊！快哉！希有！受是般若波羅蜜，爲已總攝五波羅蜜，乃至十八不共法；亦攝須陀洹果，乃至阿羅漢果、辟支佛道、佛道，一切智、一切種智。佛告釋提桓因：如是！如是！憍尸迦！受是般若波羅蜜，爲已總攝五波羅蜜，乃至一切種智。復次，憍尸迦！是般若波羅蜜，受持、親近、讀、誦、爲他[9]説、正憶念，是善男子、善女人所得今世功德，汝一心諦聽！釋提桓因言：唯！世尊！受教！佛告釋提桓因：憍尸迦！若有外道諸梵志，若魔、若魔民，若增上慢人，欲乖[10]錯破壞菩薩般若波羅蜜心；是諸[11]人適生此[12]心，即時滅去，終不從願。何以故？憍尸迦！菩薩摩訶薩長夜行檀波羅蜜，行尸羅、羼提、毘梨耶、禪、般若波羅蜜。以衆生長夜貪諍故，菩薩悉捨内外[13]物，安立衆生於檀波羅蜜中。以衆生長夜破戒故，菩薩悉捨内外[14]法，安立衆生於戒；以衆生長夜鬭諍故，菩薩悉捨内外法，安[15]立衆生於忍辱；以衆生長夜懈怠故，菩薩悉捨内外法，安立衆生於精進；以衆生長夜亂心故，菩薩悉捨内外法，安立衆生於禪；以衆生長夜愚癡故，菩薩悉捨内外法，安立衆生於般若波羅蜜。以衆生長夜爲愛[16]結故流轉[17]生死，是菩薩摩訶薩以方便力故[18]，斷衆生愛[19]結，安立於四禪、四無量心、四無色定、四念處乃至八聖道分，空、無相、無作三昧；安立衆生於須陀洹果，乃至阿羅漢果，辟支佛道，佛道[20]。憍尸迦！是爲菩薩摩訶薩行般若波

---

1 甲二品題作“大智度第三十品釋論”。

2 “菩薩”，甲二脱。

3 “聞”，甲二無。

4 “得”，甲二脱。

5 “母成就生成就”，甲二無。

6 “眼成就”，甲二無。

7 “三”，甲二作“乘”，誤。

8 “所謂”，甲二無。

9 “他”，甲二作“他人”。

10 “乖”，甲二作“來”，聖本作“亦”。

11 “諸”，甲二作“錯”，誤。

12 “此”，甲二無。

13 “外”，甲二作“空”，誤。

14 “外”，甲二作“空”，誤。

15 “安”，甲二作“委”，誤。

16 “愛”，甲二作“受”，誤。

17 “轉”，甲二作“傳”，誤。

18 “故”，甲二、宋、元、明、宮本無。

19 “愛”，甲二作“受”，誤。

20 “佛道”，甲二脱。

羅蜜¹，得現世功德。後世功德，得阿耨多羅三藐三菩提；菩薩²轉法輪所願滿足，入無餘涅槃。憍尸迦！是爲菩薩摩訶薩後世功德。復次，憍尸迦！善男子、善女人，是般若波羅蜜，若聞、受持、親近、讀、誦、爲他³説、正憶念，其所住處，魔若魔民，若外道梵志，增上慢人，欲輕毀難問，破壞般若波羅蜜，終不能成；其人惡心轉滅，功德轉增。聞是般若波羅蜜故，漸以三乘道，得盡衆苦。譬如，憍尸迦！有藥名摩祇，有蛇飢行索食，見虫欲噉，虫趣藥所，藥氣力故，蛇不能前⁴，即便⁵還去。何以故？是藥力能勝毒故。憍尸迦！摩祇藥有如是力。是善男子、善女人，是般若波羅蜜，若受持、親近、讀、誦、爲他説、正憶念，若有種種鬥諍起，欲來破壞者，以般若波羅蜜威力故，隨所起處，即疾消滅，其人即生善心，增益功德。何以故？是般若波羅蜜，能滅諸法諍亂。何等諸法？所謂婬、怒、癡；無明乃至大苦聚；諸蓋、結、使、纏；我見、人見、衆生見，斷見、常見，垢見、淨見，有見、無見——如是一切諸見；慳貪、犯戒、瞋恚、懈怠、亂意⁶、無智；常想、樂想、淨想、我想，如是等愛⁷行。著色，著受、想、行、識；著檀波羅蜜、尸羅⁸波羅蜜、羼提波羅蜜、毘梨耶波羅蜜、禪波羅蜜、般若波羅蜜；著内空、外空、内外空⁹，乃至無法有法空¹⁰；著四念處，乃至十八不共法；著一切智、一切種智¹¹；著涅槃。是一切法諍亂，盡能滅，不令增長。

【論】釋曰：聞者，若從佛，若菩薩，若餘説法人邊，聞般若波羅蜜，是十方三世諸佛法寶藏。聞已，用信力故受¹²；念力故持；得氣味¹³故，常來承奉、諮受故親近；親近已，或看文，或口受，故言讀；爲常得不忘故誦；宣傳未聞，故言爲他説；聖人經書、直説難了故解義；觀¹⁴諸佛法不可思議，有大悲於衆生故説法；不以邪見戲論求佛法，如佛意旨不著故，説法亦不著；除四顛倒等諸邪憶念故，住四念處正憶念中¹⁵。但爲得道故，不爲戲論，名爲正憶念。正憶念是一切善法之根本¹⁶，修習行者初入，名爲正憶念；常行得禪定故名爲修。今世功德者，如先説義。今釋提桓因更説今世功德，所謂教化衆生，乃至令衆生得三乘。先説般若波羅蜜攝三乘，令解其義，是故言：般若波羅蜜中攝五波羅蜜，乃至一切種智。佛可其所説者，欲令人信故。所得今世功德，汝一心諦聽者，上略説今世¹⁷功德，佛今欲廣説其事，難信¹⁸故言一心諦聽。復次，因小果大，難信故言一心諦聽。帝釋雖信受，人不知故，言：唯！世尊！是般若波羅蜜，雖不可破壞，而宣示實相語言可破，語言破故，信心未定¹⁹者亦可破，是故説：若外道梵志等來，欲破壞般若波羅蜜。梵志者，是一切出家外道，若

1　“般若波羅蜜”，甲二脱。

2　“菩薩”，甲二脱。

3　“他”，甲二作“他人”。

4　“前”，甲二作“得前”。

5　“便”，甲二無。

6　“意”，甲二無。

7　“愛”，甲二作“受”，誤。

8　“尸羅”，甲二作“尸”，異譯詞。

9　“内外空”，甲二脱。

10　“無法有法空”，甲二作“有法無法空”。

11　“一切種智”，甲二脱。

12　“受”，甲二作“愛”，誤。

13　“得氣味”，甲二作“得深三昧”。

14　“觀”，甲二作“親”，誤。

15　“中”，甲二無。

16　“本”，甲二作“大”，誤。

17　“世”，甲二作“説”，誤。

18　“信”，甲二、宋、元、明、宫、聖、石本作“信持”。

19　“定”後，甲二衍“定”。

有承用其法者,亦名梵志。梵志愛[1]著其法,聞實相空法,不信故欲破[2]壞。魔若魔民,如先説。增上慢人者,是佛弟子,得禪定未得聖道,自謂已得。是人聞無須陀洹,乃至無阿羅漢,無道、無涅槃,便發增上慢,生忿惱[3]心,欲破是實相空法。是般若波羅蜜[4]神力故,令彼惡心即時滅去,終不成願。如人以手障鉾,但自傷其手,鉾無所損。何以故?菩薩於内外法不著:衆生從無始世界來,常著内外法故起鬥諍。菩薩捨内外著處,自安立六波羅蜜;教化衆生,令捨内外鬥法[5],安立衆生於六波羅蜜。是無量世修集福德力,鬥諍根盡故,雖有鬥亂事來,不能得便。譬如毒蛇欲食蝦蟇,常隨逐之,蝦蟇到摩祇藥所,蛇聞藥氣,毒即消歇;是壞法惡人,亦復如是,欲壞行般若波羅蜜人,常隨逐之,以般若力勢故,瞋恚、邪見之毒,即時消滅。有降伏得道者,有作弟子者,有復道還去者。是般若波羅蜜,能破無明等諸結使,滅諸斷常邪見等,能滅著五衆乃至涅槃,何況瞋恚、嫉妬、鬥亂之事而不能滅[6]!

【經】[7]復次,憍尸迦!三千大千[8]世界中,諸四天王天[9],諸釋提桓因,諸梵天王,乃至阿迦尼吒[10]天,常守護是善男子、善女人,能受持、供養、讀、誦、爲他[11]説、正憶念般若波羅蜜者;十方現在諸佛,亦共擁護是善男子、善女人,能聞[12]、受持、供養、讀、誦、爲他[13]説、正憶念[14]般若波[15]羅蜜者。是[16]善男子、善女人,不善法滅,善法轉增,所謂檀[17]波羅蜜轉增,以[18]無所得故;乃至般若波羅蜜轉增,以無所得故;内空轉增,乃至無法有法空轉增,以無所得故;四念處乃至十八不共法轉增,以無所得故;諸三昧門,諸陀羅尼門,一切智、一切種智轉增,以無所得故。是善男子、善女人所説,人[19]皆信受。親友堅固,不説無益之語;不爲瞋恚所覆,不爲憍慢、慳貪、嫉妬所覆。是人自不殺生,教人不殺生[20],讚不殺生[21]法,亦歡喜讚歎不殺生者。自遠離不與取,亦教人遠離不與取,讚[22]遠離不與取法,亦歡喜讚歎遠離不與取者。自不邪婬,教人不邪婬,讚[23]不邪婬法,亦歡喜讚歎

1　“愛”,甲二作“受”,誤。
2　“破”,甲二、宋、元、明、宫、聖本無。
3　“惱”,甲二、宋、元、明、宫本作“怒”。
4　“波羅蜜”,甲二脱。
5　“鬥法”,甲二作“鬥諍法”。
6　丁本始。
7　“經”,甲二、丁、宋、宫、聖本無。
8　“千”,丁本脱。
9　“天”,甲二無。“天王”,丁本殘。
10　“尼吒”,丁本殘。
11　“他”,甲二、丁、石本作“他人”。
12　“聞”,甲二、丁本無。
13　“他”,丁、石本作“他人”。
14　“念”,丁本殘。
15　“若波”,丁本殘。
16　“是”,丁本無。
17　“檀”,丁本作“檀那”。
18　“以”,甲二作“成”,誤。
19　“人”,甲二脱。
20　“生”,丁、宋、元、明、宫、聖本無。
21　“生”,丁本無。
22　“讚”,丁本作“讚歎”。
23　“讚”,丁、石本作“讚歎”。

不邪婬者。自不妄[1]語，教人不妄[2]語，讚[3]不妄[4]語法，亦歡喜讚歎不妄[5]語者；兩舌、惡口、無[6]利益語，亦如是。自[7]不貪[8]教人不貪，讚不貪法，亦歡喜讚歎不貪者；不瞋惱、不邪見，亦如是。自行檀波羅蜜，教人行檀波羅蜜，讚行檀波羅蜜法，亦歡喜讚歎行檀波羅蜜者。自行尸羅[9]波羅蜜，教人行尸羅[10]波羅蜜，讚尸羅波羅蜜[11]，亦歡喜讚歎行尸羅[12]波羅蜜者。自行羼提波羅蜜，教人行羼提波羅蜜，讚羼提波羅蜜，亦歡喜讚歎行羼提波羅蜜者。自行毘梨耶波羅蜜，教人行毘梨耶波羅蜜，讚毘梨耶波羅蜜，亦歡喜讚歎行毘梨耶波羅蜜者。自行禪波羅蜜，教人行禪波羅蜜，讚禪波羅蜜，亦歡喜讚歎行禪波羅蜜者。自行般若波羅蜜，教人行般若波羅蜜，讚般若波羅蜜，亦歡喜讚歎行般若波羅蜜者。自修內空，教人修內空，讚內空，亦歡喜讚歎修內空者。乃至自修無法有法空，教人修無法有法空，讚無法有法空[13]，亦歡喜讚歎修無法有法空者。自入一切三昧中，教人入一切三昧中，讚一切三昧，亦歡喜讚歎入一切三昧者。自得陀羅尼，教人得陀羅尼，讚陀羅尼，亦歡喜讚歎得陀羅尼者。自入初禪，教人入初禪，讚初禪，亦歡喜讚歎入初禪者。二禪、三禪、四禪亦如是。自入慈心中[14]，教人入慈心中，讚慈心，亦歡喜讚歎入慈心者。悲、喜、捨心亦如是。自入無邊空處，教人入無邊空處，讚無邊空處，亦歡喜讚歎入無邊空處者。無邊識處、無所有處、非有想[15]非無想[16]處亦如是。自修四念處，教人修四念處，讚四念處，亦歡喜讚歎修四念處者。四正勤、四如意足、五根、五力、七覺分、八聖道分亦如是。自修空、無相、無作三昧，教人修空、無相、無作三昧，讚空、無相、無作三昧，亦歡喜讚歎修空、無相、無作三昧者。自入八解脫中，教人入八解脫，讚八解脫，亦歡喜讚歎入八解脫者。自入九次第定中，教人入九次第定，讚九次第定，亦歡喜讚歎入九次第定者。自修佛十力、四無所畏、四無礙智、大慈大悲、十八不共法亦如是。自行不謬錯[17]法、自行常捨法，教人行不謬錯[18]法、常捨法，讚不謬錯[19]法、常捨法，亦歡喜讚歎行不謬錯法、常捨法者。自得一切種智，教人得一切種智，讚一切種智，亦歡喜讚歎得一切種智者[20]。是菩薩摩訶薩行六波羅蜜時，所有布施與眾生共已，迴向阿耨多羅三藐三菩提，以無所得故。所有持戒、忍辱、精進、禪定、智慧，與眾生共已，迴向阿耨多羅三藐三菩提，是亦無所得故[21]。是善男子、善女人如是行六波羅蜜時，作是念：我若不布施，當生貧窮家，不能成就眾生、淨佛世界，亦不能得一切種智。我若不持戒，當生三惡道中，尚不得

1　“妄”，甲二、丁本作“忘”，“忘”通“妄”。
2　“妄”，甲二作“忘”，“忘”通“妄”。
3　“讚”，丁、石本作“讚嘆”。
4　“妄”，甲二作“忘”，“忘”通“妄”。
5　“妄”，甲二、丁本作“忘”，“忘”通“妄”。
6　“無”，丁本殘。
7　“自”，甲二脫。
8　丁本終。
9　“尸羅”，甲二作“尸”，異譯詞。
10　“尸羅”，甲二作“尸”，異譯詞。
11　“讚尸羅波羅蜜”，甲二作“讚行尸波羅蜜法”，“尸”爲“尸羅”之異譯詞。
12　“尸羅”，甲二作“尸”，異譯詞。
13　“空”，甲二脫。
14　“中”，甲二無。
15　“想”，甲二作“相”，“相”爲“想”之借字。
16　“想”，甲二作“相”，“相”爲“想”之借字。
17　“謬錯”，甲二作“錯謬”。
18　“謬錯”，甲二作“錯謬”。
19　“謬錯”，甲二作“錯謬”。
20　“者”後，甲二衍“是菩薩讚一切種智，亦歡喜讚嘆得一切種智者”。
21　“是亦無所得故”，甲二作“亦無所得”，宋、元、明、宮本作“亦以無所得故”，聖本作“是以無所得故”。

人身,何況能成就衆生、淨佛世界,得一切種智！我若不修忍辱,則當諸根[1]毀壞,色不具足,不能得菩薩具足色身,衆生見者必至阿耨多羅三藐三菩提,亦不能得以具足色身成就衆生、淨佛世界,得一切種智。我若懈怠,不能得菩薩道,亦不能得成就衆生、淨佛世界,得一切種智。我若亂心,不能得生諸禪定,不能以此禪定[2]成就衆生、淨佛世界,得一切種智。我若無智,不能得方便智[3],以方便智過聲聞、辟支佛地,成就衆生、淨佛世界,得一切種智。是菩薩復作是[4]思惟:我不應隨慳貪故不具足檀波羅蜜,不應隨[5]犯戒故不具足尸羅[6]波羅蜜,不應隨瞋恚故不具足羼提波羅蜜,不應隨懈怠故不具足毘梨耶波羅蜜,不應隨亂意故不具足禪波羅蜜,不應隨癡心故不具足般若波羅蜜。若不具足檀波羅蜜、尸羅[7]波羅蜜、羼提波羅蜜、毘梨耶波羅蜜、禪波羅蜜、般若波羅蜜,我終不能出到一切種智。如是善男子、善女人,是般若波羅蜜受持、親近、讀、誦、爲他[8]説、正憶念,亦不離薩婆若心,得是今世、後世功德。釋提桓因白佛言:世尊！希有！是[9]菩薩摩訶薩般若波羅蜜,爲迴向薩婆若心[10]故,亦爲不高心故。佛告釋提桓因:憍尸迦！云何菩薩摩訶薩般若波羅蜜,爲迴向薩婆若[11]心故,亦爲不高心故？釋提桓因白佛言:世尊！菩薩摩訶薩若行世間檀波羅蜜,布施諸佛、辟支佛、聲聞,及諸貧窮、乞匃、行路人,是菩薩無方便故生高心。若行世間尸羅[12]波羅蜜,言我行尸羅[13]波羅蜜,我能具足尸羅[14]波羅蜜,無方便故生高心;言我行羼提波羅蜜,毘梨耶波羅蜜,禪波羅蜜;我行般若波羅蜜,我修般若波羅蜜以是[15]世間般若波羅蜜,無方便故生高心。世尊！菩薩修世間四念處時,自念言:我修四念處,我具足四念處,無方便力故生高心。我修四正懃、四如意足、五根、五力、七覺分、八聖道分;自念言:我修空、無相、無作三昧;我修一切三昧門,當得一切陀羅尼門;我修佛十力、四無所畏[16]、十八不共法;我當成就衆生,我當淨佛世界,我當得一切種智——著吾我無方便力故生高心。世尊！如是菩薩摩訶薩行世間善法,著吾我故生高心。世尊！若[17]菩薩摩訶薩行出世間檀波羅蜜,不得施者,不得受者,不得施物;如是菩薩摩訶薩行出世間檀波羅蜜,爲迴向薩婆若故,亦不生高心。行尸羅[18]波羅蜜,尸羅[19]不可得;行羼提波羅蜜,羼提不可得;行毘梨耶波羅蜜,毘梨耶不可得;行禪波羅蜜,禪不可得;行般若波羅蜜,般若不可得;修四念處,四念處不可得;乃至修[20]十八不共法,十八不共法不可得;修大慈大悲,大慈大悲不可得;乃至修一切種智,一切種智不可得。世尊！如是菩薩摩訶薩般若波羅蜜,爲迴向薩婆若故,亦爲不生高心故。

1　“根”,甲二作“相”,誤。

2　“不能以此禪定”,甲二脱。

3　“智”前,甲二衍“得”。

4　“是”,甲二無。

5　“隨”,甲二脱。

6　“尸羅”,甲二作“尸”,異譯詞。

7　“尸羅”,甲二作“尸”,異譯詞。

8　“他”,甲二作“他人”。

9　“是”,甲二無。

10　“心”,甲二、宋、元、明、宮、聖本無。

11　“薩婆若”,甲二作“薩波若”,異譯詞。

12　“尸羅”,甲二作“尸”,異譯詞。

13　“尸羅”,甲二作“尸”,異譯詞。

14　“尸羅”,甲二作“尸”,異譯詞。

15　“以是”,甲二作“以是故”。

16　“四無所畏”,甲二無。

17　“若”,甲二無。

18　“尸羅”,甲二作“尸”,異譯詞。

19　“尸羅”,甲二無。

20　“修”,甲二脱。

【論】問曰：先已[1]說魔若魔民等三種人欲破壞[2]般若，今何以故[3]重說？答曰：佛先説三種人來求便恐怖，欲令愁惱。中來者，不爲惱人，但欲破毀般若波羅蜜，不隨其願，不能得破。後來三種人，雖欲生心破壞即時滅去。所語人皆信受者，是菩薩常令不善法斷[4]滅，善法轉增，所謂檀波羅蜜乃至一切種智。是人修集福德、智慧故，成大威德；設使妄語，人皆信受，何況實語！親友堅固者，是人於一切眾生中，深有慈悲心，何況親友於我有益！是菩薩愛敬佛道，知身口無常故，不説無益之言。以善法增長故，瞋恚等煩惱不能覆心。行者作是念：結使雖起，智慧思惟，不令覆心；結使若起，今世不善，後世不善[5]，妨於佛道！設使心起結使，不起[6]口業；設[7]口業起，不成身業；設身業起，不至大惡，如凡夫人也[8]。是菩薩雖卑[9]陋鄙賤，以行勝法故，得在勝人數中，是今世功德[10]。是人深樂善法故，能於善法四種正行求；二乘人不能具足四行，以不深樂善法故。所謂自不[11]殺生，慈悲一切；深自利[12]故，亦教他；慈是一切賢聖法故，常讚歎；是菩薩常欲令人得樂故，見有不殺者，歡喜愛[13]樂。乃至一切種智亦如是。上四種行廣説，今略説一切[14]功德，總攝入六波羅蜜中，所得果報與眾生共之。是菩薩未入正位，諸煩惱未盡故，或時起慳等諸煩惱，爾時應作是[15]思惟，諫喻其心：若不[16]布施，我自失四事[17]功德，所謂：後身生貧窮，貧窮故自不能利益，何[18]能利他！若不利他，則不能[19]成就眾生；若不能成就眾生[20]，亦不能淨佛世界。何以故？以[21]眾生淨故，世界清淨。若不具足等眾事，云何當得一切種智？以要言之，無方便者雖行六波羅蜜，内不能離我心，外取諸法相，所謂我是施者，彼是受者，是布施物；是因緣故，不能到佛道！與此相違，是有方便。問曰：若世間波羅蜜等，非是正道，是般若波羅蜜中，佛何以説？答曰：此是行者初門，與正道相似故；先行相似法，後得真道。

大智度論卷第五十六[22]。

1 "已"，甲二作"以"，"以"通"已"。

2 "壞"，甲二、宮、聖、石本無。

3 "故"，甲二無。

4 "法斷"，甲二作"析"。

5 "不善"，甲二脱。

6 "不起"後，甲二有"設"。

7 "設"，甲二無。

8 "也"，甲二、宮、聖本無。

9 "雖卑"，甲二、宋、元、明、宮、石本作"雖復卑"，聖本作"離復賊"。

10 "德"，甲二脱。

11 "自不"，甲二作"不自"。

12 "利"，甲二作"利益"。

13 "愛"，甲二作"受"，誤。

14 "一切"，甲二、宋、元、明、宮、聖本無。

15 "是"，甲二無。

16 "不"，甲二作"未"。

17 "四事"後，甲二有"供"。

18 "何"，甲二作"何況"。

19 "能"，甲二無。

20 "若不能成就眾生"，甲二作"不成就眾生故"。

21 "以"，甲二無。

22 甲二終，尾題作"摩訶衍經卷第五十六"。

大智度論釋寶塔校量品第三十二（卷五十七）[1]

聖者龍樹造

後秦龜茲國三藏鳩摩羅什譯[2]

【經】[3]爾時佛告釋提桓因：若有善男子、善女人，聞是深般若波羅蜜，受持、親近、讀誦[4]、正憶念，不離薩婆若心，兩[5]陣戰時，是善男子、善女人，誦般若波羅蜜故，入軍陣中終不失命，刀箭不傷。何以故？是善男子、善女人，長夜[6]修[7]行六波羅蜜，自除婬欲刀箭，亦除他人婬欲刀箭；自除瞋恚刀箭，亦除他人瞋恚刀箭；自除愚癡刀箭，亦除他人愚癡刀箭[8]；自除邪見刀箭，亦除他人邪見刀箭；自除纏垢刀箭，亦除他人纏垢刀箭；自除諸結使刀箭，亦除他人結使[9]刀[10]箭[11]。憍尸迦！以是因緣，是善男子、善女人，不爲刀箭所傷。復次，憍尸迦！是善男子、善女人，聞是深般若波羅蜜，受持、親近、讀誦、正憶念，不離薩婆若心，若以毒藥薰、若以蠱道、若以火坑、若以深水、若欲刀殺、若與毒，如是衆惡皆不能傷。何以故？是般若波羅蜜[12]，是大明呪[13]，是無上呪。若善男子、善女人，於是明呪中學，自不惱身、亦不惱他、亦不兩惱。何以故？是善男子、善女人不得我、不得衆生、不得壽命，乃至知[14]者、見者，皆不可得，不得色、受、想、行、識，乃至一切種智亦不可得；以不可得故，不自惱身、亦不惱他、亦不兩惱。學是大明呪故，得阿耨多羅三藐三菩提；觀一切衆生心，隨意説法。何以故？過去諸佛學是大明呪，得阿耨多羅三藐三菩提；當來諸佛學是大明呪，當[15]得阿耨多羅三藐三菩提；今現[16]在諸佛學是大明呪，得阿耨多羅三藐三菩提。復次，憍尸迦！般若波羅蜜，若有但書寫經卷，於[17]舍供養，不受、不讀、不誦、不説、不正憶念，是處若人、若非人不能得其便。何以故？是般若波羅蜜，爲三千大千世界中，四天王諸[18]天，乃至阿迦尼吒諸天子，及十方無量阿僧祇世界中諸四天王天，乃至阿迦尼吒諸天所守護故。是般若波羅蜜所止處，諸天皆來供養恭敬，尊重讚歎，禮拜已去。是善男子、善女人，是[19]般若波羅蜜但書寫經卷[20]於舍供養，不受[21]、不讀、不誦、不説、不正憶念，今世得如是功德。譬如若人、若畜生來[22]入菩提樹下，

1　本卷對應《大智度論》寫本凡6號：S.4492號（以下簡稱“甲本”）、羽210號I（以下簡稱“乙本”）、S.1888號（以下簡稱“丙本”）、BD14084號（以下簡稱“丁本”）、務本032號（以下簡稱“戊本”）、俄Дx04492號（以下簡稱“己本”）。

2　甲本始。“大智度……譯”三十五字，甲本作“大智度第三十一品釋論”。

3　“經”，甲、宋、宫、聖本無。下同，不復出校。

4　“讀誦”，甲本作“誦讀”。

5　乙本（第3段）始。

6　“夜”，乙本脱。

7　“修”，甲、乙、宋、元、明、宫、聖、石本無。

8　乙本（第3段）終。

9　“結使”，甲本作“諸結使”。

10　“刀”，甲本殘。

11　“箭”後，甲本衍“亦除”。

12　“般若波羅蜜”前，甲本有“深”。

13　“呪”，甲本作“柷”，誤。

14　“知”，甲本作“智”，“智”通“知”。

15　“當”，甲本脱。

16　“現”，甲本殘。

17　“於”，甲本作“佟”，誤。

18　“諸”，甲本無。

19　“是”，甲、宋、元、明、宫、聖本無。

20　“經卷”，甲、宋、元、明、宫、聖本無。

21　“不受”，甲本殘。

22　“若畜生來”，甲本殘。

諸邊内外，設人、非[1]人來，不能得其便。何以故？是處，過去諸佛於中得阿耨多羅三藐三菩提，未來諸佛、現在諸[2]佛，亦於中得阿[3]耨多羅三藐三菩提。得佛已，施[4]一切衆生無恐[5]無畏，令無量阿僧祇衆生受天上、人中福樂，亦令無量阿僧祇衆生得須陀洹果，乃至得[6]阿耨多羅三藐三菩提。以[7]般若波羅蜜力故，是處得恭[8]敬禮拜，華香、瓔珞、擣香、澤香、幢蓋、伎樂供養。

【論】[9]問曰：現有受持、讀誦，入於軍陣，爲刀兵所傷，或至失命。又佛説業因緣，非空非海中，無有得免者。是中佛何以故言讀誦般若者，入軍陣[10]中兵刃不傷，亦不失命？答曰：有二[11]種業因緣：一者，必應受報；二者，不必受報。爲必應受報故，《法句》中如是説；此中爲不必受報故，説：讀誦般若[12]，兵刃不傷。譬如大逆重罪應死之人，雖有强力、財寶，不可得免[13]；有人罪輕[14]，雖入死科，理在可救，用力勢、財物，便得濟命，不救則死。善[15]男子[16]亦如是，若無必受報罪[17]，雖[18]有死事來[19]，至讀誦般若波羅蜜，則得濟度；若不讀誦，則不免[20]死，是故不得言般若波羅蜜無有力勢[21]。復次，善男子、善女人[22]，若[23]遠離惡法，調伏[24]其心，煩惱折減，一心直信善法，無有疑悔；從久遠已[25]來，修集福德、智慧，於一切衆生有慈悲心，教化衆生，除去惡心。如是善男子，刀兵不傷，命不中斷[26]。如佛自説因緣：長夜行六波羅蜜，除己身及他身[27]三毒刀箭。五波羅蜜是福德，般若波羅蜜是智慧，以廣集此二事故，不中失命。毒藥、水、火等，亦如是。復次，如外道神仙呪術力故，入水不溺[28]，入火不熱，毒蟲不螫，何況般若波羅蜜是十方諸佛所因成就呪術！問曰：如上所説，是事可信；今此中不能受持、讀誦、念般若等，但書寫、供養，云何得是功德？答曰：是人所得功德，亦同於上。何以故？有人先已[29]

1　“人非”，甲本脱。

2　“諸”，甲本脱。

3　“阿”，甲本作“多”，誤。

4　“施”，甲本作“於”，誤。

5　“恐”，甲本作“怨”。

6　“得”，甲本無。

7　“以”，甲、宋、元、明、宫本無。

8　“恭”，甲本作“供”，“供”通“恭”。

9　“論”，甲、宋、宫、聖本無。下同，不復出校。

10　丙本始。

11　“兵刃……有二”十二字，丙本殘。

12　“般若”，甲、丙本作“般若波羅蜜”。

13　“免”，甲、丙本作“勉”，“勉”通“免”。

14　“輕”，甲、丙、宋、元、明、宫、聖本無。

15　乙本（第2段）始。

16　“善男子”後，甲、丙本有“善女人”。

17　“罪”，丙本脱。

18　“雖”後，丙本有“罪”。

19　“來”，甲、乙、丙本作“未”，誤。

20　“免”，甲、乙、丙本作“勉”，“勉”通“免”。

21　“力勢”後，乙本衍“力”，乙本（第2段）終。

22　丁本始。

23　“若”，丙、丁本作“名”，誤。

24　“惡法調伏”，丁本殘。

25　“已”，甲、丙、丁本作“以”，“以”通“已”。

26　“斷”，甲、丙本作“逝”。

27　“身”，甲、丙、宋、元、明、宫本無，丁本作“人”。

28　“溺”，甲、丙、丁、聖、石本作“濡”。

29　“已”，丁、石本作“以”，“以”通“已”。

聞[1]師説般若義，深入愛樂，然不識文字，違[2]離師故，不能讀誦；而不惜財寶，雇[3]人書寫，盡心[4]種種供養，意與讀誦[5]者同，故亦得功德。人不能得便者，諸天守護，是事難信，故佛以菩提樹爲喻。佛以般若力故，於菩提樹下成無上道，無上道氣勢故，其處猶有威德，衆生入中，衆惡不得其便；何況般若波羅蜜是諸佛之母，善男子盡心供養而無功德？

【經】[6]釋提桓因白佛言：世尊！若善男子、善女人書寫般若波羅蜜，華香、瓔珞乃至伎樂供養；若有人，佛般涅槃後，若供養舍利，若起塔供養，恭敬、尊重、讚歎，華香、瓔珞乃至伎樂供養——是二何者得福多？佛告釋提桓因：我還問汝，隨汝意答我。於汝意云何？如佛得一切種智、及得是身，從何道學，得是一切種智、得是身？釋提桓因白佛言[7]：佛從般若波羅蜜中學，得一切種智及相好身。佛告釋提桓因：如是！如是！憍尸迦！佛[8]從般若波羅蜜中學，得一切種智。憍尸迦！不以是身名爲佛，得一切種智故名爲佛。憍尸迦！是佛一切種智，從般若波羅蜜中生。以是故，憍尸迦！是佛身，一切種智所依處，佛因是身得一切種智。善男子當作是思惟：是身，一切種智所依處，是故我涅槃後舍利，當得供養。復次，憍尸迦！善男子、善女人，若聞是般若波羅蜜，書寫、受持、親近、讀誦、正憶念，華香、瓔珞、擣香、澤香、幢蓋、伎樂，恭敬、供養、尊重、讚歎，是善男子、善女人則爲供養一切種智。以是故，憍尸迦！若有善男子、善女人，書是般若波羅蜜，若受持、親近、讀誦、説、正憶念，供養、恭敬、尊重、讚歎，華香、瓔珞乃至伎樂；若復有善男子、善女人，佛般[9]涅槃後，供養舍利，起塔[10]，恭敬、尊重、讚歎，華香[11]乃至伎樂——若有善男子、善女人，是般若波羅蜜，書、持、供養[12]、恭敬、尊重[13]、讚歎，華香、瓔珞乃至伎樂；是人得福多！何以故？是般若波羅蜜中[14]，生五波羅蜜，生内[15]空乃至無法有法空；四念處乃至十八不共法，一切三昧，一切禪定，一切陀羅尼，皆從般若波羅蜜中生；成就衆生、淨佛世界，皆從般若波羅蜜中生；菩薩家成就、色成就、資生之物成就、眷屬成就、大慈大悲成就，皆從般若波羅蜜中生；刹利大姓[16]、婆羅門大姓、居士大家，皆從是般若波羅蜜中生；四天王天[17]乃至阿迦尼吒天、須陀洹乃至阿羅漢、辟支佛、諸菩薩[18]摩訶薩、諸佛，諸佛一切種智，皆從是般若波羅蜜中生。爾時，釋提桓因白佛言：世尊！閻浮提人不供養般若波羅蜜，不恭敬、不尊重、不讚歎，爲不知供養多所利益耶？佛告釋提桓因：憍尸迦！於汝意云何？閻浮提中幾所人信佛不壞？信法、信僧不壞？幾所人於佛無疑？於法[19]、於

1　"聞"，丙本作"問"，誤。

2　"違"，甲、丁、石本作"遠"。

3　"雇"，甲、丁、石本作"顧"。

4　"盡心"後，甲、丙、丁本有"恭敬"。

5　"讀誦"，丁本作"誦讀"。

6　"經"，丙、丁、宋、宫、聖本無。下同，不復出校。

7　"言"，甲、丙、丁本無。

8　"佛"，甲、丙、丁、宋、元、明、宫本無。

9　"般"，甲、丙、宋、元、明、宫本無。

10　"起塔"後，甲、丙本有"供養"。

11　"華香"後，丁本有"瓔珞"。

12　"養"，丁本殘。

13　"重"，丁本殘。

14　"中"，甲、丙、丁、宋、元、明、宫、聖本無。

15　"内"後，丁本有"外"，丁本終。

16　"姓"，甲本作"性"，"性"通"姓"。下同，不復出校。

17　"天"，丙本無。

18　"薩"，甲本脱。

19　"於法"後，甲、丙本有"無疑"。

僧無疑？幾所人於佛決了？於法[1]、於僧決了？釋提桓因白佛言：世尊！閻浮提人於佛、法、僧不壞信少，於佛、法、僧無疑、決了亦少。憍尸迦！於汝意云何？閻浮提幾所人得三十七品、三解脱門、八解脱、九次第定、四無礙智、六神通？閻浮提幾所人斷三結故，得須陀洹道？幾所人斷三結，亦婬瞋[2]癡薄故，得斯陀含道？幾所人斷五下分結，得阿那含道？幾所人斷五上分結，得阿羅漢[3]？閻浮提幾所人求辟支佛？幾所人發阿耨多羅三藐三菩提心？釋提桓因[4]白佛言：世尊！閻浮提中少所人得三十七品，乃至少所人發阿耨多羅三藐三菩提心。佛告釋提桓因：如是！如是！憍尸迦！少所人信佛不壞，信法不壞，信僧不壞；少所人於佛無疑，於法無疑，於僧無疑；少所人於佛決了，於法決了，於僧決了。憍尸迦！亦少所人得三十七品、三解脱門、八解脱、九次第定[5]、四無礙智、六神通。憍尸迦！亦少所人斷三結得須陀洹，斷三結亦婬瞋[6]癡薄得斯陀含，斷五下分結得阿那含，斷五上分結得阿羅漢，少所人求辟支佛。於是中亦少所人發阿耨多羅三藐三菩提心，於發心中亦少所人行[7]菩薩道。何以故？是衆生前世不見佛，不聞法，不供養比丘僧；不布施，不持戒，不忍辱，不精進，不禪定，無智慧；不聞内空、外空乃至無法有法空；亦不聞、不修四念處乃至十八不共法；亦不聞、不修諸三昧門、諸陀羅尼門；亦不聞、不修一切智、一切種智。憍尸迦！以是因緣故，當知[8]少所衆生信佛不壞，信法不壞，信僧不壞，乃至少所衆生求辟支佛道，於是中少所衆生發阿耨多羅三藐三菩提心[9]，於發心中少所衆生行菩薩道，於是中亦少所衆生得阿耨多羅三藐三菩提。憍尸迦！我以佛眼見東方無量阿僧祇衆生發心，行阿耨多羅三藐三菩提心，行菩薩道；是衆生遠離般若波羅蜜方便力故，若一、若二住阿鞞跋致地，多墮聲聞、辟支佛地。南、西、北[10]方，四維，上下，亦如是。以是故，憍尸迦！善男子、善女人，發心求阿耨多羅三藐三菩提者，應聞般若波羅蜜，應受持、親近、讀誦、説、正憶念；受持、親近、讀誦、説、正憶念已，應書經卷，恭敬、供養、尊重、讚歎、香華[11]、瓔珞乃至伎樂。諸餘善法，入般若波羅蜜中者，亦應聞、受持[12]乃至正憶念。何等是諸餘善法？所謂檀波羅蜜、尸羅[13]波羅蜜、羼提波羅蜜、毘梨耶波羅蜜、禪波羅蜜；内空、外空乃至無法有法空；諸三昧門，諸陀羅尼門；四念處乃至十八不共法，大慈大悲。如是等無量諸善法，皆入般若波羅蜜中，是亦應聞、受持乃至正憶念。何以故？是善男子、善女人當如是念：佛本爲菩薩時，如是行，如是學，所謂般若波羅蜜、禪波羅蜜、毘梨耶波羅蜜、羼提波羅蜜、尸羅波羅蜜、檀波羅蜜；内空、乃至無法有法空；諸三昧門，諸陀羅尼門；四念處，乃至十八不共法，大慈大悲。如是等無量佛法，我等亦應隨學。何以故？般若波羅蜜，是我等所尊；禪波羅蜜乃至無量諸餘善法，亦是我等所尊。此是諸佛法印，諸辟支佛、阿羅漢、阿那含、斯陀含、須陀洹法印。諸辟支佛學是般若波羅蜜，乃至一切種智，得度彼岸。諸辟支佛、阿羅漢、阿那含、

1　“於法”後，甲、丙本有“決了”。

2　“瞋”，甲、丙本作“怒”。

3　“阿羅漢”，甲、丙本作“阿羅漢道”。

4　“因”，甲本脱。

5　“九次第定”後，甲、丙本有“四禪”。

6　“瞋”，甲、丙本作“怒”。

7　“行”，甲、丙本作“於”，誤。

8　“知”，丙本作“智”，“智”通“知”。

9　“心”，甲、丙、宋、宫、聖本無。

10　“西北”，甲、丙本作“北西”。

11　“香華”，甲、丙本作“花香”。

12　“持”，甲、丙本脱，聖本作“聞”，誤。

13　“尸羅”，甲、丙本作“尸”，異譯詞。下同，不復出校。

斯陀含、須陀洹亦[1]學是般若波羅蜜,乃至一切智[2],得度彼岸。以是故,憍尸迦！若善男子、善[3]女人,若佛在世、若般涅槃後,應依止般若波羅蜜;禪波羅蜜、毘梨耶波羅蜜、羼提波羅蜜、尸羅波羅蜜、檀波羅蜜乃至一切種智[4]亦應依止。何以故？是般若波羅蜜乃至一切種智,是諸聲聞、辟支佛、菩薩摩訶薩[5]及一切世間天、人、阿修羅所可依止。

【論】[6]問曰：佛已[7]種種讚般若功德,今釋提桓因何故以舍利校[8]般若功德多少？答[9]曰：信根多者,憙[10]供養舍利;慧根多者,好讀誦經法。是故問[11]：有人書經供養,有人供養舍利,何所爲多？華香、瓔珞等義,如先說。於汝意云何者,四事答[12]中,此是反[13]問答。是故佛即反問釋提桓因;或有人供養舍利得福德多,或有人供養般若波羅蜜得[14]福德亦多,隨人心故,佛不得一定答,是故反問[15]。從般若波羅蜜中生五波羅蜜者,《後品》中佛自說：無方便智慧布施迴向,不名檀波羅蜜。十八空即是智慧,智慧因緣故,生四念處,乃至一切種智;雖非盡是智慧,以性同故,以智慧爲主,是故言從般若生。行般若波羅蜜,得諸法實相,於布施、持戒等通達;若不得般若實相,不能通達布施、持戒。何以故？若一切法空,則無罪無福,何用布施、持戒？若諸法實有相[16],不應從因緣生,先已有故。若衆生是常,則譬如虛空,亦無死者;若無常,神則隨身滅,亦[17]無後世罪福。若無衆生,何有殺罪？如是亦無不殺生戒等。若得是般若波羅蜜實相法,則不墮有無二邊,用中道通達布施、持戒等[18];以此[19]布施、持戒等果報故,有刹利大姓[20]乃至[21]諸佛。問曰：閻浮提人多貪利福德,何以不供養般若波羅蜜？答曰：智人少故,不知供養般若無咎;譬如金寶,盲者不識。以閻浮提人,但信三尊者少,何況知而能行？佛欲令釋提[22]桓因自說,故反問：有幾許人於三尊得不壞信等。問曰：不壞信、無疑、決了,有何差別？答曰：有人言：無有差別,佛莊嚴種種說[23],開悟[24]人心故。有人言：於三寶中得不壞信。何以知之？

1　“亦”前,丙本衍“亦”。

2　“一切智”,甲、丙、宋、元、明、宫本作“一切種智”。

3　“善”,丙本作“男”,誤。

4　“一切種智”後,甲本衍“一切種智”。

5　“摩訶薩”,甲、丙本無。

6　“論”,丙、宋、宫、聖本無。下同,不復出校。

7　“已”,甲、丙、宋、元、明、宫本作“以”,“以”通“已”。

8　“校”,甲本作“較”,丙本作“弗”,誤。

9　乙本(第1段)始。

10　“憙”,甲、丙本作“喜”,“憙”爲“喜”之古字。

11　“問”,甲、乙、丙本作“聞”,誤。

12　“答”,甲、乙、丙、宋、元、明、宫、石本作“問”,聖本作“門”,“門”當爲“問”之誤。

13　“反”,乙本作“返”,“反”爲“返”之古字。

14　“得”,甲、乙、丙本無。

15　乙本(第1段)終。

16　“相”,甲、丙、宋、元、明、宫本無。

17　“亦”,甲、丙本作“而”。

18　“等”後,丙本衍“以是布施、持戒等”。

19　“此”,甲、丙本作“是”。

20　“姓”,甲本作“性”,“性”通“姓”。

21　“至”,丙本脱。

22　戊本始。

23　“說”,甲、丙、戊本脱。

24　“開悟”前,甲、丙、戊本有“諸”。

以無疑故。何以知[1]無疑？以決了故。問曰：無疑、決了有何異？答曰：初信三寶故是無疑，智慧究竟故是[2]決了；譬如渡[3]水，初入是無疑，出彼岸是決了。三分聖戒力故信不壞，四分力故是無疑，正見分力故是決了。復次，見諦道中是不壞信，思惟[4]道中是無疑，無學道中是決了。如是等種種分別。是三事，得何果報？從三十七品至六神通，是有爲果；三結盡乃至煩惱及習盡，是無爲果——得如是等果報。釋提桓因有報生知他心，亦曾以天耳聞諸道差別，又以是大菩薩利根，入觀衆生心三昧故，得知諸道差別，是故[5]答佛：深信者少。從須陀洹乃至初發心求佛道轉少，轉少故不知供養般若[6]。何以故少？前世生死中，不聞三寶名，乃至不聞一切種智名。佛欲證上事故説：我今以佛眼觀十方無量阿僧祇衆生發無上道，離般若方便力故，若一、若二住阿毘跋致[7]地。諸餘善法入般若波羅蜜者，是諸餘經，所謂《法華經》《密迹經[8]》等。十二部經中義同般若者，雖不名爲般若波羅蜜經，然義理即同般若波羅蜜。問曰：云何須陀洹亦學般若波羅蜜，乃至一切種智得到彼岸？答曰：此中六波羅蜜、三解脱門、三十七品等，乃至一切種智，此非獨菩薩法，三乘共有，各隨分學。

【經】憍尸迦！若有善男子、善女人，佛般涅槃後，爲供養佛故，作七寶塔，高一由旬，天香、天華、天瓔珞、天擣香、天[9]澤香、天衣、天幢蓋、天伎樂，供養、恭敬、尊重、讚歎。憍尸迦！於汝意云何？是善男子、善女人，從是因緣得福多不？釋提桓因言：世尊！甚多！甚多！佛言：不如是善男子、善女人，聞是般若波羅蜜，書寫[10]、受持[11]、親近、正憶念，不離薩婆若心；亦供養[12]恭敬、尊重、讚歎，若花香、瓔珞、擣香、澤香、幢蓋、伎[13]樂供養。是善男子、善女人，福德多。佛告釋提桓因[14]憍尸迦：置一七寶塔，若善男子、善女人供養佛故；佛[15]般涅槃後，起七寶塔，滿閻浮提，皆高一由旬，恭敬、尊重、讚歎、華香、瓔珞、幢蓋、伎樂供養。憍尸迦！於汝意云何？是善男子、善女人，得福多不？釋提桓因言：世尊！其福[16]甚多！佛言：不如是善男子、善女人，如前供養般若波羅蜜，其福甚[17]多。憍尸迦！復置一閻浮提滿中七寶塔；有善男子、善女人，供養佛故，佛般涅槃後，起七寶塔，滿四天下，皆高一由旬，供養如前。憍尸迦！於汝意云何？是善男子、善女人，其福多不？釋提桓因言：甚多！甚多！佛言：不如是善男子、善女人，書持般若波羅蜜，恭敬、尊重、讚歎，華香乃至伎樂供養，其福甚多。憍尸迦！復置四天下滿中七寶塔；若有善男子、善女人，供養佛故，佛般涅槃後，起七寶塔，滿小千世界，皆高一由旬，供養如前。憍尸迦！於汝意云何？是善男子、善女人其福多不？釋提桓因言：甚多！甚多[18]！佛言：不如是善男子、善女[19]人，書是般若波羅蜜，受持、恭敬、尊重、讚歎，華香乃至伎樂供養，

1　“知”，丙、戊本作“智”，“智”通“知”。

2　“是”，甲、丙、戊、宋、元、明、宫、聖、石本無。

3　“渡”，甲、丙、戊、宋、元、明、宫、聖本作“度”，“度”通“渡”。

4　“惟”，甲、丙、戊本作“維”，誤。

5　“是故”，甲、丙本作“是以”，戊本作“以”。

6　“般若”，甲、丙、戊本作“般若波羅蜜”。

7　“阿毘跋致”，甲、丙、戊、宋、元、明、宫、聖、石本作“阿鞞跋致”，異譯詞。

8　“密迹經”，戊本作“蜜迹經”，異譯詞。

9　“天”，甲、丙、戊本無。

10　“寫”，甲、丙、戊、宫本無，聖本作“夜”，誤。

11　“持”，甲、丙、戊本脱。

12　“供養”，甲、丙、戊、宋、元、明、宫本無。

13　“伎”，戊本作“支”，誤。

14　“釋提桓因”，甲、丙、戊、宋、元、明、宫、石本無。

15　“佛”，甲、丙、戊本無。

16　“其福”，丙、戊本無。

17　“甚”，甲、戊、聖本無。

18　“甚多”，甲、丙、戊、明、宫、聖本無。

19　“女”，丙本脱。

其福甚[1]多。憍尸迦！復置小千世界滿中七寶塔；若有善男子、善女人，供養佛故[2]，佛般涅槃後[3]，起七寶塔，滿二千中世界，皆高一由旬，供養如前[4]，不如供養般若波羅蜜其福甚[5]多。復置二千中世界七寶塔；若有[6]善男子、善女人，供養佛故，佛般涅槃後，起七寶塔，滿三千大千世界，皆高一由旬，盡形壽供養，天華、天香、天瓔珞乃至天伎樂。於汝意云何？是善男子、善女人得福多不？釋提桓因言：世尊！甚多！甚多！佛言：不如是善男子、善女人書、持是般若波羅蜜，恭敬、尊重、讚歎，華香乃至伎樂供養，其福甚多。復置三千大千世界中七寶塔；若三千大千世界中眾生，一一眾生供養佛故，佛般涅槃後，各起七寶塔，恭敬尊重讚歎，花香乃至伎樂供養。若有善男子、善女人書持般若波羅蜜，乃至正憶念，不離薩婆若心，亦恭敬、尊重、讚歎，華香、瓔珞乃至伎樂供養，是人得福甚多。釋提桓因白佛言：如是！如是！世尊！是人供養、恭敬、尊重、讚歎是般若波羅蜜，則爲供養過去、未來、現在佛！世尊！若十方如恒河沙等世界[7]眾生，一一眾生供養佛故，佛[8]般涅槃後，各起七寶塔，高一由旬，是人若一劫，若減一劫，恭敬、尊重、讚歎，華香乃至伎樂供養。世尊！是善男子、善女人得福多不？佛言：甚多！釋提桓因言[9]：若[10]有善男子、善女人，書持是[11]般若波羅蜜，乃至正憶念，亦恭敬、尊重、讚歎，華香乃至伎樂供養，其福大多！何以故？世尊！一切善法皆入般若波羅蜜中，所謂十善道，四禪、四無量心、四無色定，三十七品，三解脱門——空、無相、無[12]作，四諦——苦諦、集諦、滅諦、道諦，六神通、八[13]解脱、九次第定，檀波羅蜜、尸羅[14]波羅蜜、羼提波羅蜜、毘梨耶波羅蜜、禪波羅蜜、般若波羅蜜，内空乃至無法有法空，諸三昧門、諸[15]陀羅尼門，佛十力、四無所畏、四無礙智、大慈大悲、十[16]八不共法[17]，一切智、道種智、一切種智。世尊！是名一切諸佛法印，是法中一切聲聞及辟支佛，過去、未來、現在諸佛，學是法印[18]得度彼岸。

【論】釋曰：般若波羅蜜，若聞、受持[19]、誦讀[20]等，有無[21]量功德。更欲説故，以現事譬喻證之：人見土塔高大，即時生心，謂是塔主福德極大，何況七寶起塔，高一由旬！是故佛以塔爲喻。問曰：是塔爲實、爲假？答曰：佛欲使人解知分別福德多小[22]故，作是譬喻，不應問其虚實！有人言：有實、有假。如迦葉佛般涅槃後，

---

1 "甚"，甲、丙、戊本無。

2 "故"，甲本作"告"，丙、戊本作"告憍尸迦"，皆誤。

3 "般涅槃後"，甲、丙本作"般涅槃"，"涅槃"爲"般涅槃"之異譯詞，戊本作"般涅"脱"槃"字。

4 "供養如前"後，甲、丙、戊有"故"。

5 "甚"，甲、丙、戊本無。

6 "有"，甲、丙、戊、宋、元、明、宫、聖本無。

7 "世界"，甲、丙、戊、宋、元、明、宫、石本作"世界中"。

8 "佛"，甲、丙、戊本無。

9 "言"，甲、丙、戊本脱。

10 "若"，甲、丙、戊、宋、元、明、宫本無。

11 "是"，甲、丙、戊本無。

12 己本始。

13 "集諦……通八"十字，己本殘。

14 "尸羅"，甲、丙本作"尸"，異譯詞。

15 "諸"，甲、丙、戊、宋、元、明、宫本無。

16 "無所……悲十"十二字，己本殘。

17 己本終。

18 "印"，甲、丙、戊、宋、元、明、宫、聖本無。

19 "受持"，甲、丙、戊本無。

20 "誦讀"，甲、丙、戊本作"若誦讀"。

21 "有無"，甲、丙本作"無有"，誤倒。

22 "小"，甲、丙、戊、宋、元、明、宫本作"少"，"少"通"小"。

有國王名吉梨姞[1]，爾時，人壽二萬歲；是王爲供養舍利故，起七寶塔，高五十里。又過去世有轉輪王，名德主，一日起五百塔，高五百由旬。此言滿三千大千世界，是事假喻。有人言：皆是實有。如[2]小國王隨力[3]起七寶塔；大王能起一由旬[4]七寶塔，或過一由旬；小轉輪王能起七寶塔滿四天下；大轉輪王能起七寶塔過四天下[5]；梵天王主三千大千世界，是佛弟子，能心生變化，起塔高至梵天，滿三千大千世界；或有菩薩得陀羅尼門、諸三昧門，深行六波羅蜜故，佛滅度後，能起七寶塔滿三千大千世界。滿者，舉其多故，不言間[6]不容間。後言一一衆生者，施主多故福德多。佛是中自說得福因緣：十善道乃至一切種智，皆攝在般若波羅蜜中。和合是法，名爲般若波羅蜜。是般若中，但出生佛，尚應[7]當供養，何況出生三乘及人天中樂，皆因般若波羅蜜有而不供養！舍利是無記法，是諸善法所依止處故，後乃能與人果報；行般若波羅蜜，即時得果，後亦得報。

大智度論釋述誠品第三十三[8]

【經】爾時，佛告釋提桓因[9]：如是！如是！憍尸迦！是諸善男子、善女人，書是般若波羅蜜，持經卷受學、親近、讀誦、説、正憶念，加復供養華香、瓔珞、擣香、澤香、幢蓋、伎樂，當得無量[10]無數、不可思議、不可稱量[11]、無邊福德！何以故？諸佛一切智、一切種智，皆從般若波羅蜜中生；諸菩薩摩訶薩禪波羅蜜、毘梨耶波羅蜜、羼提波羅蜜、尸羅[12]波羅蜜、檀波羅蜜，皆從般若波羅蜜中生；内空乃至無法有法空，四念處乃至十八不共法，皆從般若波羅蜜中生；諸佛五眼，皆[13]從般若波羅蜜中生；成就衆生[14]，淨佛世界，道種智，一切種智諸佛法，皆從般若波羅蜜中生；聲聞乘、辟支佛乘、佛乘，皆從般若波羅蜜中生。以是故，憍尸迦！善男子、善女人書是般若波羅蜜，受[15]持經卷，親近、讀誦、説[16]、正憶念，加復供養華香乃至伎樂，過出前供養七寶塔，百分、千分、千[17]億萬[18]分，乃至[19]算數譬喻所不能及！何以故？憍尸迦！若般若波羅蜜在於世者，佛寶、法寶、比丘僧寶，終不滅；若般若波羅蜜在於世者，十善道，四禪、四無量心、四無色定，檀波羅蜜乃至般若波羅蜜，四念處乃至十八不共法，一切智、一切種智，皆現於世；若般若波羅蜜在於世者，世間便有刹利大姓[20]、婆羅門大姓、居士大家，四天王天乃至阿迦尼吒諸天[21]，須陀洹果乃至阿羅漢果、辟支佛道、菩薩摩訶薩、無上佛

1　“吉梨姞”，甲、丙、戊本作“吉利姞”。

2　“如”，甲、丙、戊本脱。

3　“力”，甲、丙、戊本脱。

4　“由旬”，甲、戊本作“旬由”，誤倒。

5　“大轉輪王……天下”十三字，甲、丙、戊本脱。

6　“不言間”，甲、丙、戊本作“言”。

7　“應”，甲、丙、戊、宋、元、明、宫、聖、石本無。

8　甲、丙、戊本品題皆作“大智度第三十二品釋論”。

9　“釋提桓因”後，甲本有“言”。

10　“無量”後，甲、丙、戊本有“無邊”。

11　“量”，甲、丙、戊本脱。

12　“羅”，甲、丙、戊本脱。

13　“皆”，甲、丙、戊本脱。

14　“成就衆生”，甲、丙、戊本脱。

15　“受”，甲、丙、戊、聖、石本無。

16　“説”，甲、丙、戊本脱。

17　“千”，甲、丙、戊本無。

18　“億萬”，甲、丙、戊本作“萬億”。

19　“乃至”，甲、丙、戊、聖本作“及”。

20　“姓”，甲、戊本作“性”，“性”通“姓”。下同，不復出校。

21　“諸天”，甲、丙、戊本作“天諸”，誤倒。

道、轉法輪、成就衆生、淨佛世界。

【論】釋曰:上帝[1]釋答佛[2],言:供養般若,福德甚多。更有大天,以帝釋[3]非一切智人故,所説或錯,是以佛印可所説,言[4]:如是! 如是! 問曰:若般若波羅蜜相,一切諸觀滅,語言道斷,不生不滅,如虚空相;今何以説:般若在世者,三寶不滅? 答曰:般若波羅蜜體性,有佛、無佛,常住不滅。此言在世者,所謂般若經卷,可修習讀誦者,是因中説果。譬如井深,綆短不及,便言失井,井實不失;般若波羅蜜實相如深井,經卷名爲綆,行者不能書寫、修習[5]故言滅。問曰:若説三寶,盡攝一切善人善法,何以復言:般若在世者,世間有十善道,乃至一切種智? 答曰:此諸法及諸道,皆廣解三寶中義。佛寶者,佛[6]法所攝[7]無學五衆;法寶[8]者,第三諦,所謂涅槃,除四沙門所攝學、無學[9]功德,餘殘辟支佛功德,菩薩功德;僧寶者,四向、四果[10],學、無學五衆。餘十善道、四禪、四無量等,皆是道方便門,是故[11]別説。

大智度論卷第五十七[12]。

大智度論釋勸受持品第三十四(卷五十八)[13]

……常不離薩婆若心[14]。是善男子、善女人,乃至阿耨多羅三藐三[15]菩提,得今世[16]、後世功德成就……

……是人折伏惡心故[17],受身完具,不生下賤等家。學佛所學道故[18],得變化身似佛,有三十二相、八十隨形好。常得[19]化生現在佛國者,隨心所到十方世界,供養[20]諸佛,聽受諸法,教化衆生,漸漸得成佛道。是故行者應聞、受持,乃至正憶念,不離薩婆若心。如是得今世、後世功德。

1　"帝",甲、丙、戊本脱。

2　"佛",丙、戊本脱。

3　"以帝釋",甲、丙、戊本作"帝釋以",誤倒。

4　"言",甲、丙、戊本脱。

5　"習",甲、丙、戊本作"智",誤。

6　"佛",甲、丙、戊本脱。

7　"所攝"後,甲、丙、戊本衍"學"。

8　"寶",甲、丙、戊本脱。

9　"無學",甲、丙、戊本脱。

10　"果",甲、丙、戊本作"得"。

11　"故",丙本脱。

12　甲本終,尾題作"第五十七卷三十一品三十二品十一張",題記作"一校已,進業"。丙本終,尾題作"大智度第三十一品釋論　卷第五十七"。戊本終,尾題作"經卷第五十七",題記作"一校竟。"

13　本卷對應《大智度論》寫本凡 3 號:俄 Дx16170 號(以下簡稱"甲本")、BD 14085 號(以下簡稱"乙本")、傅圖 50 號 C(以下簡稱"丙本")。

14　甲本始。

15　"善女……藐三"十二字,甲本殘。

16　甲本終。

17　乙本始。

18　"完具……道故"十四字,乙本殘。

19　"好常得",乙本殘。

20　"養",乙本殘。

大智度論釋梵志品第三十五 [1]

【經】[2] 爾時，諸外 [3] 道梵志來向佛所，欲求佛短。是時釋提桓因心念：是諸外道梵志來向佛所，欲求佛短，我今當誦念從佛所受般若波羅蜜；是諸外道梵志等終不能中道作礙、斷説 [4] 般若波羅蜜。釋提桓因作是念已，即誦般若波羅蜜。是時諸外道梵志，遙遶佛，復道還去。時舍利弗心念：是中何因緣，諸外道梵志遙遶佛，復道還去？佛知舍利弗心念，告舍利弗：是釋提桓因誦念般若波羅蜜，以是因緣故，諸外道梵志遙遶佛，復道還去。舍利弗！我不見是諸外道梵志一念善心；是諸外道梵志，但 [5] 持惡心來，欲求 [6] 索佛短。舍利弗！我不見説般若波羅蜜時，一切世間若天、若魔 [7]、若梵、若沙門衆、婆羅門衆中，有持惡意來，能得短者！何以故？舍利弗！是三千大千世界中，諸四天王天乃至阿迦尼吒天，諸聲聞、辟支佛，諸菩薩摩訶薩等 [8]，守護是般若波羅蜜。所以者何？是諸天、人皆從般若波羅蜜中生故。復次，舍利 [9] 弗！十方如恒河沙等世界中，諸佛及聲聞、辟支佛、菩薩摩訶薩，諸天龍、鬼神等，皆守護是般若波羅蜜。所以者何？是諸佛等，皆從般若波羅蜜中生故。爾時，惡魔心念：今佛四衆現前集會，亦有欲界、色界諸天子，是中必有菩薩摩訶薩受記，當得阿耨多羅三藐三菩提。我寧可至佛所，破壞其意。是時，惡魔化作四種兵，來至佛所。爾時，釋提桓因心念：是四種兵，或是惡魔化作，欲來向佛。何以故？是四種兵嚴飾：頻婆娑羅王四種兵所不類，波斯匿王四種兵亦不類，諸釋子四種兵、諸梨唱四種兵皆 [10] 亦不類。是惡魔長夜索佛便，欲惱衆生，我寧可誦念般若波羅蜜。釋提桓因即時誦念般若波羅蜜，惡魔如所誦聞，漸漸復道還去。爾時，會中四天王諸天子，乃至阿迦尼吒諸天子，化作天華，於虛空 [11] 中而散佛上，作是言：世尊！願令般若波羅蜜久住閻浮提！所以者何？閻浮提人受持般若波羅蜜，隨所住時，佛寶住 [12] 不滅，法寶、僧寶亦住不滅。爾時，十方如恒河沙等世界中諸天，亦皆 [13] 散華作是言：世尊！願令般若波羅蜜久住閻浮提！若般若波羅蜜久住，佛、法、僧亦當久住，亦分別知菩薩摩訶薩道。復次，所在住處，有善男子、善女人書持般若波羅蜜經卷，是處則爲照明，已離衆冥。佛告釋提桓因等諸天子：如是！如是！憍尸迦及諸天子！閻浮提人受持般若波羅蜜，隨所住時，佛寶如是住，法寶、僧寶亦如是住；乃至所住在 [14] 處，善男子、善女人有書持般若波羅蜜經卷，是處則爲照明，已離衆冥。爾時，諸天子化作天華，散佛上，作是言：世尊！若有善男子、善女人，受持般若波羅蜜，乃至正憶念，魔若魔天不能得其便。世尊！我等亦當擁護是善男子、善女人！何以故？若善男子、善女人，受持般若波羅蜜，乃至正憶念，我等視是人即是佛、若次佛。是時，釋提桓 [15] 因白佛言：世尊！善男子、善女人受持般若波羅蜜乃至正憶念者，當知是人先世於佛所作功德，多親近供養諸佛，爲善知識所護。世尊！諸佛一切智應當從般若波羅蜜中求，般若波羅蜜亦當從一切智中求！所以者何？般若波羅蜜不異一切智，一切智不異般若波羅蜜；

1　乙本品題作“〓〓第三十四品”。

2　“經”，乙、宋、宫本無。下同，不復出校。

3　“外”，乙本殘。

4　“説”，乙、宋、宫本脱。

5　“但”，乙、宫、聖本無。

6　“求”，乙、宋、元、明、宫、聖本無。

7　“若魔”，乙本作“若天魔”。

8　“等”，乙、宋、元、明、宫、聖本無。

9　“舍利”後，乙本衍“舍”。

10　“皆”後，乙本衍“作”。

11　“虛空”，乙本作“空虛”，誤倒。

12　“住”，乙、宋、元、明、宫本無。

13　“皆”，乙、宋、元、明、宫本無。

14　“住在”，乙、宋、元、明、宫本作“在住”。

15　“桓”，乙本脱。

般若波羅蜜、一切智，不二不別。是故我等視是人即是佛、若次佛。佛告釋提桓因：如是！如是！憍尸迦！諸佛一切智即是般若波羅蜜，般若波羅蜜即是一切智。何以故？憍尸迦！諸佛一切智，從般若波羅蜜中生。般若波羅蜜不異一切智，一切智不異般若波羅蜜；般若波羅蜜、一切智，不二不別。

【論】[1]釋曰：上品中說聞、受般若者，魔若魔民、外道梵志，不得其便；今欲現證驗故，以威神感致衆魔，及諸外道。是以外道梵志作是念：佛在耆闍崛山中說般若波羅蜜，所謂諸法畢竟空、無所有，以引致十方衆生。我等共往難問，破此空論；其論若破，佛則自退，我等還得如本。是諸外道但有邪見、惡心、憍慢故來，欲出是畢竟清淨般若波羅蜜過罪。譬如狂人欲中傷虛空，徒自疲苦！爾時，帝釋如佛教，受持般若，外道不能得便。今欲驗實，令人信知故。帝釋無量福德成就，以天利根，深信般若，即時誦念，得般若力故，外道遙繞佛，復道而去。問曰：可[2]以不直還，方遶佛而去？答曰：以般若神力故，於遠處降伏，作是念：佛衆威德甚大，我等今往，徒自困辱，無所成辦[3]；我等今若遙見直去，人當謂我等怯[4]弱，來而空去。以是故，詐現供養繞佛，復道而去。舍利弗本是梵志，見諸外道遠處而去，心少憐愍；不能以小事故，入三昧求知，作是念：此諸外道何因緣來，竟不蒙度而空還去？佛言：是般若波羅蜜力。舍利弗意念：佛以般若波羅蜜，無事不濟，云何令此外道空來而去？佛知舍利弗所念，語舍利弗：是諸梵志乃至無一念善心，但持惡意，邪見著心，欲求諸法定相，是故不中度。譬如必死之病，雖有良醫、神藥，不能救濟。舍利弗！說般若波羅蜜時，非但此梵志，一切世間人，持惡心來，不能得便。何以故？一切諸佛及諸菩薩、諸天，常守護般若故。所以者何？諸佛、菩薩、天人作是念：我等皆從般若生故。魔來欲難問破壞，亦如是。是時，會中諸天子先聞般若功德，今見證驗，心大歡喜，化華供養，作是願：令般若波羅蜜久住閻浮提！是事如下廣說，佛即印可。諸天於佛前自誓言：行者若聞、受般若波羅蜜，乃至正憶念，我等常當守護！所以者何？我等視是人如佛、若次佛。如佛者，法性身住阿鞞跋致，得無生法忍，乃至十地。次佛者，肉身菩薩能說般若波羅蜜，及其正義。爾時，帝釋以先世因緣所集功德智慧，讚是菩薩，此中更說讚歎因緣：諸佛一切種智，應從般若中求者，菩薩行般若波羅蜜具足故，得佛時，般若變成一切種智，故言一切種智當從般若中求。佛能說般若波羅蜜故，言般若波羅蜜當從一切智中求。譬如乳變爲酪，離乳無酪，亦不得言乳即是酪。般若波羅蜜變爲一切種智，離般若亦無一切種智，亦不得言般若即是一切種智。般若與一切種智作生因，一切種智與般若作說因，因、果不相離故，言不二不別。

大智度論釋阿難稱譽品第三十六[5]

【經】爾時，慧命阿難白佛言：世尊！何以故[6]不稱譽檀波羅蜜、尸羅波羅蜜、羼提波羅蜜、毘梨耶波羅蜜、禪波羅蜜乃至十八不共法，但稱譽般若波羅蜜？佛告阿難：般若波羅蜜於五波羅蜜乃至十八不共法爲尊導！阿難！於汝意云何？不迴向薩婆若，布施得稱檀波羅蜜不？不也！世尊！不迴向薩婆若，尸羅、羼提、毘梨耶、禪，智慧是般若波羅蜜不？不也！世尊！以是故知般若波羅蜜於五波羅蜜乃至十八不共法爲尊導，是故稱譽。阿難白佛言：世尊！云何布施迴向薩婆若，作檀波羅蜜，乃至作般若波羅蜜？佛告阿難：以無二法布施，迴向薩婆若，是名檀波羅蜜。以不生、不可得迴向薩婆若布施，是名檀波羅蜜。乃至以無二

1　"論"，乙、宋、宫、聖本無。下同，不復出校。
2　"可"，乙本作"何"，"可"通"何"。
3　"辦"，乙本作"辨"，"辨"爲"辦"之古字。下同，不復出校。
4　"等怯"，乙、聖本作"等法"，宫本作"性法"，乙、宫本"法"皆爲"怯"之誤。
5　乙本品題作"大智論釋第三十五品"。
6　"故"，乙、聖本無。

法智慧，迴向薩婆若，是名般若波羅蜜；以不生、不可得，迴向薩婆若智慧，是名般若波羅蜜。阿難白佛言：世尊！云何以不二法，迴向薩婆若布施，是名檀波羅蜜？乃至以不二法，迴向薩婆若智慧，是名般若波羅蜜？佛告阿難：以色不二法故，受、想、行、識不二法故，乃至阿耨多羅三藐三菩提不二法故。世尊！云何色不二法？乃至阿耨多羅三藐三菩提不二法？佛言：色、色相空。何以故？檀波羅蜜、色，不二不別；乃至阿耨多羅三藐三菩提、檀波羅蜜，不二不別。五波羅蜜亦如是。以是故，阿難！但稱譽般若波羅蜜，於五波羅蜜[1]乃至一切種智爲尊導！阿難！譬如地，以種散中，得因緣和合故[2]便生，是諸種子依地而生。如是，阿難！五波羅蜜依般若波羅蜜得生，四念處乃至一切種智，亦依般若波羅蜜得生。以是故，阿難！般若波羅蜜爲五波羅蜜乃至十八不共法尊導！爾時，釋提桓因白佛言：世尊！佛説善男子、善女人，受持般若波羅蜜乃至正憶念者，功德未盡。何以故？受持般若波羅蜜乃至正憶念，則受三世諸佛無上道。所以者何？欲得薩婆若，當從般若波羅蜜中求；欲得般若波羅蜜，當從薩婆若中求。世尊！受持般若波羅蜜乃至正憶念故，十善道現於世間，四禪、四無量心、四無色定乃至十八不共法現於世間。受持般若波羅蜜乃至正憶念故，世間便有刹利大姓、婆羅門大姓、居士大家、四天王天乃至阿迦尼吒諸天。受持般若波羅蜜乃至正憶念故，便有須陀洹乃至阿羅漢、辟支佛、菩薩摩訶薩。受持般若波羅蜜乃至正憶念故，諸佛出於世間。爾時，佛告釋提桓因：憍尸迦！善男子、善女人受持般若波羅蜜乃至正憶念，我不説但有爾所功德。何以故？憍尸迦！是善男子、善女人受持般若波羅蜜乃至正憶念，不離薩婆若心，無量戒衆成就，定衆、慧衆、解脱衆、解脱知見衆成就。復次，憍尸迦！是善男子、善女人能受持般若波羅蜜乃至正憶念，不離薩婆若心，當知是人爲如佛。復次，憍尸迦！一切聲聞、辟支佛，所有戒衆、定衆、慧衆、解脱衆、解脱知見衆不及是善男子、善女人戒衆乃至解脱知見衆百分、千分、千億萬分，乃至算數譬喻所不能及！何以故？是[3]善男子、善女人於聲聞、辟支佛地中心得解脱，更不求大乘法故。復次，憍尸迦！若有善男子、善女人書持般若波羅蜜經卷，供養、恭敬、尊重，華香、瓔珞乃至伎樂，亦得今世、後世功德。爾時，釋提桓因白佛言：世尊！是善男子、善女人受持般若波羅蜜乃至正憶念，不離薩婆若心，供養般若波羅蜜，恭敬、尊重，華香乃至伎樂，我常當守護是人！

【論】釋曰：阿難雖多聞，力能分別空，而未離欲故，不能深入；雖常侍佛，不數問難空事。今佛讚歎般若波羅蜜，亦讚歎行者，是故阿難白佛言：世尊！何以不稱歎餘波羅蜜及諸法，而獨稱歎般若波羅蜜？問曰：佛從初以來常説六波羅蜜名，今阿難何以言不稱説？答曰：雖説名字，不爲稱美，皆爲入般若中故説。佛語阿難：一切有爲法中，智慧第一；一切智慧中度彼岸，般若波羅蜜第一。譬如行路，雖有衆伴，導師第一；般若亦如是，雖一切善法各各有力，般若波羅蜜能示導出三界，到三乘。若無般若波羅蜜，雖行布施等善法，隨受業行，果報有盡；以有盡故，尚不能得小乘涅槃，何況無上道！若布施等善法，能觀如佛道相不二、不生不滅、不得不失、畢竟空寂，是名迴向薩婆若。是布施福，世世常受果報而不盡，後當得一切種智。如布施，一切法亦如是相。問曰：佛何以不[4]答不二因緣，還以不二解？答曰：阿難不問不二因緣，但問何法不二，是故佛答：色等諸法不二故，般若波羅蜜能令五事等作波羅蜜故，但稱譽般若波羅蜜。佛欲令是義了了易解故，作是[5]喻譬：如大地能生萬物，般若波羅蜜亦如是。能持一切善法種子者，從發心來，除般若波羅蜜，餘一切善法。是因緣和合者，是佛道中一心信忍，精進不休不息，欲受通達不壞，有如是等法。事得成辦者，是增長者從發心起，學諸波羅蜜，從一地至一地，乃至佛地是。問曰：帝釋何以故言佛説行者受持般若，功

1　“於五波羅蜜”，乙本脱。

2　“故”，乙、宋、元、明、宫、聖本無。

3　“是”，乙、宋、元、明、宫、聖本無。

4　“不”，乙、宋、元、明、宫、聖本無。

5　“是”，乙本脱。

德未盡? 答曰: 般若波羅蜜無量無邊,功德亦無量無邊。説未究竟,中間外道梵志及魔來故,傍及異事,今還欲續聞。帝釋深愛[1]福德果報,樂聞般若功德,聽無厭足。今更欲聞説,故自説因緣: 世尊! 若人受持般若波羅蜜乃至正憶念,則受三世諸佛無上道功德智慧。所以者何? 般若中應求一切種智,一切種智中應求般若。如上品末説。行者若受持般若波羅蜜[2],發心求阿耨多羅三藐三菩提,爲度衆生故,集般若波羅蜜等諸功德,所謂十善道乃至十八不共法,現於世間。是善法因緣故,有刹利大姓,乃至諸佛。佛告天帝: 是人不但得如上功德,亦得無量戒衆等功德。戒衆者,是菩薩行般若波羅蜜,於一切衆生中修畢竟無畏施。衆生十方中數無量無邊,三世中數亦無量無邊。六道、四生種類各各相亦無量無邊,於此無量無邊衆生中,施第一所愛[3]樂物,所謂壽命,是故得無量戒衆果報。如是不殺等戒,但説名字,則二百五十。毘尼[4]中,略説則八萬四千,廣説則無量無邊。是戒凡夫人或一日受,或一世,或百千萬世; 菩薩世世於一切衆生中施無畏,乃至入無餘涅槃,是名無量戒衆。乃至解脱知見衆,亦如是隨義分别。是五衆功德,勝於二乘,不可計量。若人書寫、供養般若波羅蜜,得今世、後世功德。問曰: 今世、後世功德深重,書持、供養輕微,云何[5]得二世功德? 答曰: 供養有二種: 一者、効他供養; 二者、深心供養。知般若功德,深心供養故,得二世功德。是般若有種種門入,若聞持乃至正憶念者,智慧精進門入; 書寫、供養者,信及精進門入。若一心深信,則供養經卷勝; 若不一心,雖受持而不如。復次,有如[6]如意寶珠,是無記色法,無心、無識,以衆生福德因緣故生,有人供養者,能令人隨意所得; 何況般若波羅蜜是無上智慧,諸佛之母,諸法寶中是第一寶! 若人如所聞,一心信受供養,云何不得二世功德? 但人不一心供養,又先世重罪故,雖供養般若,而不得如上功德,般若無咎。

【經】佛告釋提桓因: 憍尸迦! 是善男子、善女人欲讀、誦、説般若波羅蜜時,無量百千諸天,皆來聽法。是善男子、善女人説般若波羅蜜法,諸天子益其膽力; 是諸法師若疲極,不欲説法,諸天益其膽力故,便更能[7]説。善男子、善女人受持[8]是般若波羅蜜乃至正憶念,供養華香乃至伎樂故,亦得是今世功德。復次,憍尸迦! 是善男子、善女人,於四部衆中説般若波羅蜜時,心無怯弱,若有論難,亦無畏想。何以故? 是善男子、善女人,爲般若波羅蜜所護持故。般若波羅蜜中亦分别一切法: 若世間、若出世間,若有漏、若無漏,若善、若不善,若有爲、若無爲,若聲聞法、若辟支佛法、若菩薩法、若佛法。善男子、善女人住内空乃至住無法有法空故,不見有能難般若波羅蜜者,亦不見受難者,亦不見般若波羅蜜。如是,善男子、善女人,爲般若波羅蜜所護持故,無有能難壞者。復次,善男子、善女人受持般若波羅蜜乃至正憶念時,不没、不畏、不怖。何以故? 是善男子、善女人,不見是法没者、恐怖者。憍尸迦! 善男子、善女人受持般若波羅蜜乃至正憶念,華香供養乃至幡蓋,亦得是今世功德。復次,憍尸迦! 善男子、善女人,受持般若波羅蜜,乃至正憶念,書持經卷,華香供養,乃至幡蓋,是人爲父母所愛,宗親知識所念,諸沙門、婆羅門所敬,十方諸佛及菩薩摩訶薩、辟支佛、阿羅漢乃至須陀洹所愛敬,一切世間若天、若魔、若梵及阿修羅等,皆亦愛敬。是人行檀波羅蜜,檀波羅蜜無有斷絶時; 尸羅波羅蜜、羼提波羅蜜、毘梨耶波羅蜜、禪波羅蜜、般若波羅蜜亦無有斷絶時; 修内空不斷,乃至修無法有法空不斷; 修四念處不斷,乃至修十八不共法不斷; 修諸三昧門不斷,修諸陀羅尼門不斷; 諸菩薩神通不斷,成就衆生、淨佛世界不斷,乃至修一切種智不斷。是人亦能降伏難論毁謗。善男

---

1 "愛",乙、宋、元、明、宫本作"受"。
2 "波羅蜜",乙、宋、元、明、宫本無。
3 "愛",乙本作"受",誤。
4 "毘尼",乙本作"毘泥",異譯詞。
5 "何",原作"得",誤,兹據乙本改。
6 "如",乙、宋、元、明、宫、聖、石本無。
7 "更能",乙、宋、元、明、宫、聖本作"能更"。
8 "持",乙、宫、聖本無。

子、善女人，受持般若波羅蜜，乃至正憶念，不離薩婆若心，書持經卷，華香供養乃至幡蓋，亦得是今世、後世功德。復次，憍尸迦！善男子、善女人，書持經卷，在所住[1]處，三千大千世界中所有諸四天王天發阿耨多羅三藐三菩提心者，皆來到是處，見般若波羅蜜，受、讀、誦、説、供養、禮拜還去。三十三天、夜摩天、兜率陀天、化樂天、他化自在天[2]，梵衆天、梵輔天、梵會天、大梵天、光天、少光天、無量光天、光音天、淨天、少淨天、無量淨天、遍淨天、無蔭行天、福德天、廣果天，發阿耨多羅三藐三菩提心者，皆來到是處，見般若波羅蜜，受、讀、誦説，供養、禮拜還去。淨居諸天，所謂無誑天、無熱天、妙見天、憙[3]見天、色究竟天，皆來到是處，見是般若波羅蜜，受、讀、誦、説、供養、禮拜還去。復次，憍尸迦！十方世界中諸四天王天乃至廣果天發阿耨多羅三藐三菩提心，及淨居天，并餘諸天龍、鬼神、捷闥婆、阿修羅、迦樓羅、緊那羅、摩睺羅伽，亦來見般若波[4]羅蜜，受、讀、誦、説、供養、禮拜還去。是善男子、善女人應作是念：十方世界中諸四天王天乃至廣果天發阿耨多羅三藐三菩提心，及淨居天并餘諸天龍、鬼神、捷闥婆、阿修羅、迦樓羅、緊那羅、摩睺羅伽，來見般若波羅蜜，受、讀、誦、説、供養、禮拜，我則法施已。憍尸迦！三千大千世界中，所有諸四天王天，乃至阿迦尼吒天，乃至[5]十方世界中諸四天王天乃至阿迦尼吒天發阿耨多羅三藐三菩提心者，護持是善男子、善女人，諸惡不能得便，除其宿命重罪。憍尸迦！是善男子、善女人，亦得是今世功德，所謂諸天子發阿耨多羅三藐三菩提心皆來到是處。何以故？憍尸迦！諸天子發阿耨多羅三藐三菩提心，欲救護一切衆生，不捨一切衆生，安樂一切衆生故。爾時，釋提桓因白佛言：世尊！善男子、善女人，云何當知：諸四天王天，乃至阿迦尼吒天來，及十方世界中諸四天王天，乃至阿迦尼吒天來見般若波羅蜜，受、讀、誦、説、供養、禮拜時？佛告釋提桓因：憍尸迦！若善男子、善女人，見大淨光明，必知有大德諸天來，見般若波羅蜜，受、讀、誦、説、供養、禮拜時。復次，憍尸迦！若[6]善男子、善女人，若聞異[7]妙香，必知有大德諸天來，見般若波羅蜜，受、讀、誦、説、供養、禮拜時。復次，憍尸迦！善男子、善女人，行淨潔故，諸天來到其處，見般若波羅蜜，受、讀、誦、説、供養、歡喜、禮拜。是中有小鬼輩，即時出去，不能堪任是[8]大德諸天威德故。以是大德諸天來故，是善男子、善女人生大心。以是故，般若波羅蜜所住處，四面不應有諸不淨，應然[9]燈、燒香，散衆名華，衆香塗地，衆蓋幢幡，種種嚴飾。復次，憍尸迦！善男子、善女人説法時，終無疲極，自覺身輕、心樂，隨法偃息，卧覺安隱，無諸惡夢。夢中見諸佛三十二相、八十[10]隨形好；比丘僧恭敬圍遶而爲[11]説法，在諸佛邊聽受法教，所謂六波羅蜜，四念處乃至十八不共法。分別六波羅蜜義；四念處乃至十八不共法，亦分別其義。亦見菩提樹莊嚴殊妙[12]；見諸菩薩趣菩提樹，得阿耨多羅三藐三菩提。見諸佛成已轉法輪；見百千萬菩薩共集法論[13]義，應如是求薩婆若，應如是成就衆生，應如是淨佛世界。亦見十方無數百千萬億諸佛，亦聞其名號，某方某界某佛，若干百千萬菩薩，若干百千萬聲聞，恭敬圍繞説法。復見十方無數百千萬億諸佛般涅槃；復見無數百千萬億諸佛七寶塔；

1　"住"，乙、宫、聖本無。

2　"化自在天"，乙本殘。

3　"憙"，乙本作"喜"，"憙"爲"喜"之古字。

4　"見般若波"，乙本殘。

5　"乃至"，乙、宋、元、明、宫、聖、石本作"及"。

6　"若"，乙、宋、元、明、宫本無。

7　"人若聞異"，乙本殘。

8　"是"，乙、宫、聖本無。

9　"然"，乙本作"燃"，"然"爲"燃"之古字。

10　"二相八十"，乙本殘。

11　"而爲"，乙、宋、元、明、宫、聖本無。

12　"殊妙"，乙、聖、石本無。

13　"共集法論"，乙本殘。

見供養諸佛[1]塔,恭敬、尊重、讚歎,華香乃至幢蓋[2]。憍尸迦! 是善男子、善女人,見如是善夢,臥安覺安,諸天益其氣力,自覺身體輕便,不大貪著飲食、衣服、臥具、湯藥,於此四供養[3],其心輕微。譬如比丘坐禪,從禪定起,心與定合,不貪著飲[4]食,其心輕微。何以故? 憍[5]尸迦! 諸天法應以諸味之精,益其氣力故。十方諸佛及天龍、鬼神、阿修羅、揵闥婆、迦樓羅、緊那羅、摩睺羅伽,亦益其氣力。如是,憍尸迦! 善男子、善女人欲得今世如是功德,應當受持般若波羅蜜,親近、讀、誦、說、正憶念,亦不離薩婆若心。憍尸迦! 善男子、善女人雖不能受[6]持乃至正憶念,應當書持經卷,恭敬、供養、尊重、讚歎,華香、瓔珞乃至幡蓋。憍尸迦! 若善男子、善女人聞是般若波羅蜜,受持、讀、誦、說、正憶念,書經卷,恭敬供養,尊重讚歎,華香乃至幢蓋;是善男子、善女人功德甚多,勝於供養十方諸佛及弟子,恭敬、尊重、讚歎,衣服、飲食、臥具、湯藥;諸佛及弟子般涅槃後,起七寶塔,恭敬、供養、尊重、讚歎,華香乃至幢蓋。

【論】問曰:天上自有般若,何以來至說法人所,益其膽力? 答曰:天上雖有般若,諸天憐愍衆生故來,天來[7]惡鬼遠去,益法師膽力,令其樂說;又使衆生益加信敬,以是故來。有人言:天甘露味,微細沾洽,能入孔[8]孔,使善男子四大諸情,柔軟輕利,樂有所說。問曰:一切說般若者,皆得諸天甘露味,令其樂說不? 答曰:不也! 若有行者一心求佛道,折伏結使,衣服淨潔,所說法處清淨,華香、幡蓋,香水灑地[9],無諸不淨;是故諸天歡喜,亦利益諸聽法[10]者。說法者雖不多讀內外經書,深入般若波羅蜜義故,心不怯弱、不没、不畏、不恐[11]。何以故? 般若波羅蜜中,無有定法可執、可難、可破故。復次,是般若波羅蜜中,亦分別說諸法:世間、出[12]世間,常、無常、善、不善等,無法不有;以備有諸法[13]故,不怯、不畏。若但有一法,則多所闕故,有恐畏。是菩薩行般若波羅蜜,煩惱折薄,諸[14]福德增益[15]薰[16]身故,威德可敬。身是功德住處故,雖形體醜陋,無所能作,猶爲人所愛重,何況自然端正[17],能利益人! 問曰:若諸佛、沙門、婆羅門所愛敬[18],可爾;父母愛念,何足稱? 答曰:人雖父[19]母所生,不順[20]父母教,則不愛念;菩薩於恭[21]順[22]之中,倍復殊勝。供養恭敬;尊重道德故,沙

1　"佛",乙、宋、元、明、宫、聖本無。

2　"幢蓋",乙、宋、元、明本作"幡蓋"。下同,不復出校。

3　"供養"後,乙本有"事"。

4　"飲",乙、宋、宫本無。

5　"微何以故憍",乙本殘。

6　"女人雖不能受",乙本殘。

7　"天來",乙、宋、元、明、宫、聖、石本作"來則"。

8　"孔",乙、宋、元、明、宫、聖、石本作"毛"。

9　"水灑地",乙本殘。

10　"法",乙、宋、元、明、宫、聖本無。

11　"不畏不恐",乙、宋、元、明、宫、聖、石本作"不恐、不畏"。

12　丙本始。

13　"以備有諸法",乙本殘。

14　"諸",丙、石本無。

15　"益",乙本作"長"。

16　"薰",乙、宫本作"勤",丙、聖本作"勳","勤"當爲"勳"之誤,"勳"通"薰"。

17　"正",乙、丙、石本作"政","政"通"正"。

18　"敬",丙、宋、元、明、宫、石本作"重"。

19　"人雖父",乙本殘。

20　"順",乙本作"慎","慎"通"順"。

21　"恭",丙、聖本作"敬"。

22　"順",乙本作"慎","慎"通"順",宋、元、明、宫本作"敬"。

門、婆羅門愛敬。平實至誠，口不妄言[1]；深愛後世功德，不著今世樂；接[2]養下人，不自高大[3]；若見他有過，尚不說其實，何況讒毀！若必不[4]得已，終不盡說。給恤孤窮[5]，不私附己。如是等[6]事，皆[7]是般若波羅蜜力。是人功德遠聞故，諸[8]天、世[9]人皆所愛敬。是供養般若波羅蜜故，世世常得六波羅蜜等，無有斷絶時。是人福德智慧名聞故，若有問難毀謗，悉能降伏。復次，諸天爲供養般若波羅蜜故，來至般若所住處。復次，山河[10]、樹木、土地、城[11]廓，一切鬼神，皆屬四天[12]王；四天王來故，皆隨從共來。是諸鬼神中有不得般若經卷者，是故來至般若波羅蜜處供養，讀誦[13]、禮拜，亦爲利益善男子故。此亦是今世功德，以諸天善神來故。天帝破肉眼人疑，故問：云何知大德天來？答[14]：時見大光明，若聞殊異之香，亦以如先說住處清淨故。問曰：人[15]身不淨内充，外淨何[16]益？答曰：淨其住處及以衣服，則外無不淨；外無不淨故，諸天歡喜。譬如國王大人來處，群細庶民避去；諸大德天來，小鬼去亦如是，大天威德重故，舊住小鬼避去。是諸大天來近故，是人心則清淨廣大。行者若欲令大德天來，當如經所說。惡鬼遠去故，身心輕便。所以者何？近諸惡鬼，令人[17]身心漸惡；譬如近瞋人，喜令人瞋；近美色，則令人好色情發。是人内外惡因緣遠離故，卧安覺安，無諸惡夢；若夢，但見諸佛，如經所說。問曰：般若波羅蜜在佛身中，若供養一佛，則供養般若波羅蜜，何以言供養十方佛，不如供養般若波羅蜜？答曰：供養者心，若供養佛取人相[18]，人畢竟不可得，以取相故，福田雖大而功德薄少；供養般若波羅蜜者，則如所聞般若中，不取人相，不取法相，用是心供養故，福德大。復次，般若波羅蜜，是一切十方諸佛母，亦是諸佛師。諸佛得是身三十二相，八十隨形好，及無量光明，神通變化，皆是般若波羅蜜力。以[19]是故，供養般若波羅蜜勝。以是等因緣故，勝供養十方諸佛，非不敬佛。

　　大智度論卷第五十八[20]。

1　“言”，丙、石本作“語”。

2　“接”，丙本殘。

3　“人不自高大”，丙本殘。

4　“尚不……必不”十二字，丙本殘。

5　“孤窮”，乙本殘。

6　“盡説……是等”十三字，丙本殘。

7　“己如是等事皆”，乙本殘。

8　“般若……故諸”十四字，丙本殘。

9　丙本終。

10　“河”，乙本作“海”。

11　“地城”，乙本殘。

12　“神皆屬四天”，乙本殘。

13　“讀誦”，乙本作“誦讀”。

14　“答”，乙、宋、元、明、宮本無。

15　“故問曰人”，乙本殘。

16　“何”，乙本殘。

17　“便所……令人”十一字，乙本殘。

18　“蜜答……人相”十四字，乙本殘。

19　“明神……力以”十四字，乙本殘。

20　乙本終，尾題作“大智論卷第五十八釋第三十三品　訖第三十五品”，題記作“□□歲次癸丑四□□子李思賢敬□□□”。聖本作“大智度經論卷第五十八釋第三十三品註第三十五品”。石本無尾題。

大智度論釋校量舍利品第三十七（卷五十九）[1]

......毒蛇等諸惡蟲[2]所不能害；般若亦如是，貪欲等毒所不能病。若[3]有人毒蛇所螫，持寶珠示之，即時除愈；有人爲貪欲等毒蛇所螫，得般若波羅蜜，貪恚毒即除，如難陀、鴦群梨摩[4]羅等。有人眼痛[5]盲瞽，以寶珠示之，即時除愈；般若波羅蜜亦如是，有人以[6]無明、疑悔、顛倒邪見等破慧眼，得般若即時明了。如人癩瘡[7]癰腫，以寶珠示之，即時除愈；般若亦如是，五逆癩罪等，得[8]般若即時消滅。如以種種色裹寶珠，著水中隨作一色；般若亦如是，行者得般若力故，心則柔軟，無所著，隨信手[9]五根等，亦隨順四禪、四無量心、背捨、勝處及一切入。復次，於須陀洹、斯陀含、阿那[10]含、阿羅漢、辟支佛地，隨順遍學，無所違逆。第六縹色者，是虛空色。行者得般若觀諸法空，心亦隨順不著。如是等種種者，入一切諸法，皆隨順[11]無礙。如水渾濁，雜色不淨，以珠著中，皆清淨一色；般若亦如是，人有種種煩惱、邪見、戲論，擾心渾濁，得般若則清淨一色。如如意珠有無量功德，般若功德亦如是。今當別相說般若功德[12]：是如意珠，但能除惡鬼，不能壞魔天；般若則能除二事。珠能治身病，般若能治身、心病。珠能治人、神所治病，般若能治一切天龍、鬼神所不能治病。珠能治世世曾所治病，般若能治無始世界來未曾所治病。如是等種種[13]差別。珠能照所住處夜闇；般若能照一切煩惱相應無明黑闇，及不共無明，一切法[14]中不了癡[15]黑闇。珠但能破所住處熱，不能破餘處熱；般若力，乃至無量世界劫盡大火，一吹能滅，何況一處熱！珠但能除形質火、日之熱，般若能[16]除三毒心熱。珠能除風雨、寒雪，般若能除十方無量世界衆生不信、不恭敬、懈怠心等寒。珠能却外毒螫，不能除[17]四大毒蛇；般若能畢竟除此二種毒。珠不能治[18]邪見毒，般若能除。珠能治肉眼，般若能治慧眼。珠能治近見眼，般若能治遠見眼。珠能治肉眼，肉眼不[19]作珠；般若能治慧眼，慧眼即作般若。珠能治肉眼，後病復發；般若治慧眼，畢竟清淨。珠能治癩瘡惡腫，般若能治身癩、心癩。問曰：四種病中，攝一切病，何以故[20]別說眼痛、癩病等[21]？答曰：眼是身中第一，所用最貴，是故別說；諸病中癩病最重，宿命罪因緣故難治，是故更說。珠能令水隨所裹色；般若能隨順心數善法。珠不能轉人心，般若能轉一切衆生心性所樂所欲。珠能令所著處濁水清，非一切水；

---

1 本卷對應《大智度論》寫本凡 2 號：S.2942 號（以下簡稱"甲本"）、BD 05783 號（以下簡稱"乙本"）。
2 甲本始。
3 "如是……病若"十一字，甲本殘。
4 "梨摩"，甲本作"魔"。
5 "痛"，甲本作"病"。
6 "以"，甲本作"爲"。
7 "瘡"，甲、石本作"創"，"創"通"瘡"。下同，不復出校。
8 "得"，甲本脱。
9 "信手"，甲、石本作"信首"，"首"爲"手"之借字。
10 "那"，甲本作"陀"，誤。
11 "順"，甲本脱。
12 "般若……功德"十六字，甲本脱。
13 "種種"，甲、聖、石本無。
14 "一切法"前，甲、宋、元、明、宫、聖本有"及"。
15 "癡"，甲本作"疑"，誤。
16 "能"，甲本作"乃"。
17 "除"，甲本脱。
18 "治"，甲本作"除"。
19 "不"，甲本作"不能"。
20 "故"，甲、宋、元、明、宫、聖本無。
21 "病等"，甲本作"等病"，誤倒。

般若力能令[1]六覺濁心即時清淨，又於諸龍王、鬼神王、人王等貪恚濁心，能令清淨。珠[2]能使所著函篋、房舍有威德；般若力能度十方無量世界阿僧祇衆生，令有威德。珠功德力[3]入函篋，函篋不能與人隨意功德；舍利得般若薰修故，有人供養，必還得般若而得成佛。是函篋，凡夫之[4]人所貴；舍利，凡夫、聖人所貴。函篋，世間受樂人所貴；舍利，出世間、世間受樂人所貴。般若是如意寶珠，函篋是舍利，舍利中雖無般若，般若所薰[5]故得供養。復次，諸聖法中，般若第一，無可譬喻，以世間人貴是寶珠故，以珠爲喻。人見如意寶珠[6]，所願皆得；若見珠所住處，亦得少願。行者亦[7]如是，得是般若波羅蜜義，即入佛道；若見般若所住舍利供養故[8]，得今世、後世無量[9]福樂，久必得道。如是總相、別相，應當知[10]。問曰：般若若有如是功德者，何以故説舍利是五波羅蜜乃至一切種智所住處故得供養？答曰：先已[11]説，一切諸法，般若波羅蜜爲首、爲明導；譬如王來必有將從，但舉其主名，餘者已盡得[12]。讚般若波羅蜜，是義先已説。

【經】[13]復次，世尊！有二種法相：有爲諸法相，無爲諸法相。云何名[14]有爲諸法相？所謂内空中智慧，乃至無法有法空中智慧，四念處中智慧[15]，乃至八聖道分中智慧，佛十力、四無所畏、四無礙智、十八不共法中智慧，善法中、不善法中、有漏法中、無漏法中、世間法中、出世間法中[16]智慧，是名有爲諸法法相。云何名無爲諸法法相？若法無生無滅、無住無異、無垢無淨、無增無減諸法自性。云何名諸法自性？諸法無所有性，是諸法自性，是名無爲諸法相。爾時，佛告釋提桓因：如是！如是！憍尸迦！過去諸佛，因是般若波羅蜜，得阿耨多羅三藐三菩提，過去諸佛弟子，亦因般若波羅蜜，得須陀洹道，乃至阿羅漢、辟支佛道[17]，未來、現在世十方無量阿僧祇諸佛，因是般若波羅蜜，得阿耨多羅三藐三菩提，未來、現在諸佛弟子，亦因般若波羅蜜，得須陀洹道，乃至辟支佛道。何以故？般若波羅蜜中廣説三乘義，以無相法故，無生無滅法故，無垢無淨法故，無作無起、不入不出[18]、不增不損、不取不捨法故。以俗法故，非以[19]第一義。何以故？是般若波羅蜜，非此非彼，非高非下，非等非不等，非相非無相，非世間非出世間[20]，非有漏非無漏，非有爲非無爲，非善非不善，非過去非未來非現在。何以故？憍尸迦！般若波羅蜜，不取聲聞、辟支佛法，亦不捨凡夫[21]法。釋提桓因白佛言：世尊！菩薩摩訶薩行般若波羅蜜，知一切衆生心，亦不得衆生，乃至知者、見者亦不得。是菩薩不得色，

1　“令”，甲本脱。
2　“珠”，原作“殊”，誤，茲據甲本改。
3　“力”，甲、聖本無。
4　“之”，甲、聖、石本無。
5　“薰”，甲本作“薰修”。
6　“意寶珠”，甲本作“寶意珠”，誤倒。
7　“亦”，甲本脱。
8　“供養故”，甲本作“得供養”。
9　“無量”，甲本脱。
10　“知”，甲本作“智”，“智”通“知”。
11　“已”，甲本作“以”，“以”通“已”。
12　“餘者已盡得”，甲本作“自譬喻已後盡”。
13　“經”，甲、宋、宮、聖本無。下同，不復出校。
14　“名”，甲、宋、元、明、宮、聖本無。
15　“四念處中智慧”，甲本脱。
16　“出世間法中”，甲本脱。
17　“道”，甲本脱。
18　“不入不出”，甲本作“不出不入”。
19　“以”，甲本脱。
20　“非出世間”，甲本脱。
21　“夫”，甲、聖本作“人”。

不得受、想、行、識，不得眼乃至意，不得色乃至法，不得眼觸因緣生受乃至意觸因緣生受，不得四念處乃至十八不共法，不得阿耨多羅三藐三菩提，不得諸佛法，不得佛。何以故？般若波羅蜜，不爲[1]得法故出。何以故？般若波羅蜜，性無所有不可得，所用法不可得，處亦不可得！佛告釋提桓因：如是！如是！憍尸迦！如汝所説！菩薩摩訶薩，長夜行般若波羅蜜，阿耨多羅三藐三菩提不可得，何況菩薩及菩薩法！爾時，釋提桓因白佛言：世尊！菩薩摩訶薩但行般若波羅蜜，不行餘波羅蜜耶？佛告釋提桓因言：憍尸迦！菩薩盡行六波羅蜜法，以無所得故。行檀波羅蜜，不得施者，不得受者，不得財物；行尸羅[2]波羅蜜，不得戒，不得持戒人，不得破戒人；乃至行般若波羅蜜，不得智慧，不得智慧人，不得無智慧人。憍尸迦！菩薩摩訶薩行布施時，般若波羅蜜爲作明導，能具足檀波羅蜜；菩薩摩訶薩行持戒時，般若波羅蜜爲作明導，能具足尸羅[3]波羅蜜；菩薩摩訶薩行忍辱時，般若波羅蜜爲作明導，能具足羼提波羅蜜；菩薩摩訶薩行精進時，般若波羅蜜爲作明導，能具足毘梨耶波羅蜜；菩薩摩訶薩行禪時，般若波羅蜜爲作明導，能具足禪波羅蜜；菩薩摩訶薩觀諸法時，般若波羅蜜爲作明導，能具足般若波羅蜜。一切法以無所得故，所謂色乃至一切種智。憍尸迦！譬如閻浮提諸樹，種種葉、種種華、種種果、種種色，其蔭無差別；諸波羅蜜入般若波羅蜜中，至薩婆若，無差別亦如是，以無所得[4]故。釋提桓因白佛言：世尊！般若波羅蜜，大功德[5]成就！世尊！般若波羅蜜，一切功[6]德成就！世尊！般若波羅蜜，無量功德成就！無邊功德成就！無等功德成就！世尊！若有善男子、善女人書是般若波羅蜜經卷，恭敬[7]、供養、尊重、讚歎，華香乃至幡蓋，如般若波羅蜜所説正憶念；復有善男子、善女人，書般若[8]波羅蜜經卷與他人，其福何所爲多[9]？佛告釋提桓因：憍尸迦！我還問汝，隨汝[10]意報我。若有善男子、善女人供養諸佛舍利，恭敬、尊重、讚歎，華香乃至幡蓋；若復有人分舍利如芥子許與他人，令供養，恭敬、尊重、讚歎，華香乃至幡蓋，其福何所爲多？釋提桓因白佛[11]言：世尊！如我從佛聞法中義，若[12]有善男子、善女人，自供養舍利，乃至幡蓋；若復有人分舍利如芥子許，與他人令供養，其福甚[13]多！世尊！佛見是福，利[14]衆生故，入金剛三昧中[15]，碎金剛[16]身作末舍利。何以故？有人佛滅度後，供養佛舍利，乃至如芥子許，其福報無邊，乃至苦盡[17]故。佛告釋提桓因：如是！如是！憍尸迦！若善男子、善女人，書般若波羅蜜經卷，供養、恭敬，華香乃至幡蓋；若復有人書般若波羅蜜經卷[18]，與他人令學，是善男子、善女人其福甚多！復次，憍尸迦！善男子、善女人，如般若波羅蜜中義，爲他人説，開示分別令易解，是善男子、善女人勝於前善男子、善女人功

1　“爲”，甲本脱。
2　“尸羅”，甲本作“尸”，異譯詞。
3　“尸羅”，甲本作“尸”，異譯詞。
4　“無所得”後，甲本衍“所”。
5　“大功德”後，甲本衍“所”。
6　“功”，甲本脱。
7　“恭敬”，甲本脱。
8　乙本始。
9　“福何所爲多”，乙本殘。
10　“汝”，甲本脱。
11　“佛”，乙本脱。
12　“若”，甲、乙、宋、元、明、宫、聖本無。
13　“甚”，甲、乙、宫本無。
14　“利”，甲本作“利益”。
15　“中”，乙本無。
16　“金剛”，乙本無。
17　“故”，甲、乙、宋、元、明、宫、聖本無。
18　“恭敬……經卷”二十字，甲本脱。

德。所從聞般若波羅蜜,當視[1]其人如佛,亦如高勝梵行人。何以故?當知般若波羅蜜即是佛,般若波羅蜜不異佛,佛不異般若波羅蜜。過去、未來、現在諸佛,皆從般若波羅蜜中學,得阿耨多羅三藐三菩提;及高勝梵行人,高勝梵行人者,所謂阿鞞跋致[2]菩薩摩訶薩,亦學是[3]般若波羅蜜,當得阿耨多羅三藐三菩提;聲聞人亦[4]學是般若波羅蜜,得阿羅漢道;求辟支佛道人亦[5]學是般若波羅蜜,得辟支佛道;菩薩亦[6]學是般若波羅蜜,得[7]入菩薩位。以是故,憍尸迦!善男子、善女人欲供養現在諸[8]佛,恭敬、尊重、讚歎,華香乃至幡蓋,當供養般若波羅蜜!我見是利益,初得阿耨多羅三藐三菩提時,作如是念:誰有可供養恭敬、尊重讚歎依止住者?憍尸迦!我一切世間中,若天、若魔、若梵、若沙門、婆羅門中,不見與我等者[9],何況有勝者!我[10]自思念:我所得法,自致作佛;我供養是法,恭敬、尊重、讚歎,當依止住,依是法[11]。何等是法?所謂般若波羅蜜。憍尸迦!我自供養是般若波羅蜜,恭敬、尊重、讚歎已,依止住;何況善男子、善女人欲得阿耨多羅三藐三菩提,而不供養般若波羅蜜,恭敬、尊重、讚歎,華香、瓔珞乃[12]至幡蓋?何以故?般若波羅蜜中生諸菩薩摩訶薩,諸菩薩摩訶薩中生諸佛。以是故,憍尸迦!善男子、善女人若求佛道、若求辟支佛道、若求聲聞道,皆應供養般若波羅蜜,恭敬、尊重、讚歎,華香乃至幡蓋。

【論】[13]問曰:何因緣故[14]說是有爲法、無爲法相?答曰:帝釋讚歎般若波羅蜜攝一切法,此中欲說因緣。有爲法[15]相[16],所謂十八空,三十七品乃至十八不共法;略說善、不善等,乃至世間、出世間,是名有爲法相。何以故?是作相,先無今有、已有還無故。與上相違,即是無爲法相。是二法,皆般若波羅蜜中攝。有爲善法是行處,無爲法是依止處;餘無記、不善法,以捨[17]離故不說。此是新發意菩薩[18]所學。若得般若波羅蜜方便力,應無生忍,則不愛行法、不憎[19]捨法,不離有爲法而有無爲法,是故不依止涅槃。是以經中說:般若波羅蜜中,廣說三乘,用無相法故,無生無滅等。以世諦故作是說,非第一義諦。菩薩行是諸法實相,雖能觀一切衆生心,亦不得衆生;雖能行一切法,亦不得一切法。何以故?以得得無所得[20]般若波羅蜜故。佛可其所歎:菩薩常習是行,乃至阿耨多羅三藐三菩提不可得,何況餘法!帝釋意念:若般若[21]是究竟法者,行人但行般若波

1　“視”,甲、乙本作“示”,“示”通“視”。

2　“阿鞞跋致”,甲本作“阿毘跋致”,異譯詞。

3　“是”,甲、乙、宋、元、明、宫、聖、石本無。

4　“亦”,乙、宋、元、明、宫、聖本無。

5　“亦”,乙、宋、元、明、宫、聖本無。

6　“亦”,乙、宋、元、明、宫、聖本無。

7　“亦學……蜜得”九字,甲本脱。

8　“諸”,甲、乙、宋、元、明、宫、聖本無。

9　“者”,甲、乙、宋、元、明、宫、聖本無。

10　“我”,甲、乙、聖本無。

11　“依是法”,甲、乙、宫、聖本無。

12　“乃”,乙本作“至”,誤。

13　“論”,甲、乙、宋、宫、聖本無。下同,不復出校。

14　“故”,甲、乙、聖、石本無。

15　“有爲法”後,甲本衍“無爲法相”。

16　“相”,甲本無,乙本作“想”,“想”爲“相”之借字。

17　“捨”,甲本脱。

18　“意菩薩”,甲、乙本作“菩薩意”,宋、元、明、宫本作“心菩薩意”。

19　“憎”,甲、乙本作“增”,“增”通“憎”。

20　“得”後,甲本衍“法”字。

21　“般若”,甲本作“般若波羅蜜”。

羅蜜,何用餘法? 佛答:菩薩行六波羅蜜,以般若波羅蜜,用無所得法和合故,此即是行般若[1]波羅蜜。若但行般若,不行五法,則功德不具足,不美[2]不妙。譬如愚人不識飲食種具,聞鹽[3]是衆味主,便純食[4]鹽,失味致患。行者亦如是,欲除著心故,但行般若,反墮邪見,不能增進善法;若與五波羅蜜和合,則功德具足,義味調適。雖衆行和合,般若爲主。若布施等諸法離般若波羅蜜,則有種種差別;至般若波羅蜜中,皆[5]一相無有[6]差別。譬如閻浮提阿那婆達多池[7],四大河流,一大[8]河有五百小川[9]歸之,俱入大[10]海,則失其本名,合爲一味無有別異。又如樹木,枝葉華果,衆色別異,蔭則無別。問曰:蔭亦有差別,樹大則蔭大,枝葉華果大小種種異形,云何無差別? 答曰:蔽[11]光故影現,無光之處即名爲蔭,蔭不以大小異形爲義。問曰:行般若波羅蜜,受、誦乃至正憶念,此事爲難;書持[12]般若[13]經卷與他人,爲易,功德尚不應等,云何言勝? 答曰:獨行讀、誦[14]正憶念雖難,或以我心故功德小;以經卷[15]與他[16]者,有大悲心,作佛道因緣,無吾我故,功德爲大。如佛問帝釋:若人自供養舍利,復有人以舍利與他[17]令供養,其福何所爲多? 答曰[18]:與他人令供養得福多,以無吾我、慈悲[19]心與故。佛雖不用福德,見有如是大利益衆生故,是以入金鋼三昧,自碎[20]其身。問曰:若福[21]德在心,佛何用碎身如芥子,令人供養? 答曰:信淨心從二因緣生:一者,內[22]正憶念;二者,外有良福田。譬如有好穀子,田又[23]良美,所收必多;是故心雖好,必因舍利,然後得大果報。佛既可其言[24],復更自説:有人書寫經卷與人,復有人於大衆中廣解其義,其福勝前;視是人如佛,若次佛。如佛、若次佛,義如先説。佛以二種因緣,證般若波羅蜜爲勝:一者,三世聖人從中學,成聖道;二者,我以此法故,得成無上聖,我今還師仰此法。法者,諸法實相,所謂般若波羅蜜。憍尸迦! 我更無所求,而猶推[25]尊般若供養,何況善男子不以種種供[26]具,供養般若波羅蜜! 此中説因緣:般若是菩薩根本因緣,菩薩是諸佛根本因緣,諸佛是一切世間大利益安樂因緣。

1　"般若",甲本脱。

2　"美",甲本作"義",誤,乙本作"善"。

3　"鹽",甲、乙、宋、元、明、宮、聖、石本作"醬"。

4　"食",甲、乙、宋、元、明、宮、聖本作"飲"。

5　"皆",甲本脱。

6　"有",甲本作"爲",誤。

7　"阿那婆達多池",甲本作"阿那波達多池",異譯詞。

8　"大",甲本脱。

9　"川",甲、乙本作"水"。

10　"大",甲本脱。

11　"蔽",甲、乙本作"幣","幣"爲"蔽"之借字。

12　"持",甲本脱。

13　"般若",甲、乙本作"般若波羅蜜"。

14　"讀誦",甲、乙、宋、元、明、宮本作"誦讀"。

15　"卷",甲本無。

16　"他",甲、乙本作"他人"。

17　"他",甲本作"他人"。

18　"曰",甲本作"言"。

19　"悲",乙、宋、元、明、宮、聖本無。

20　"碎",甲、乙、宮、聖本作"壞"。

21　"福",甲本脱。

22　"內",甲本作"內自"。

23　"又",甲、乙本作"有","有"通"又"。

24　"言",甲、乙本作"所言"。

25　"推",乙本脱。

26　"供",甲、乙本脱。

是故聲聞、辟支佛人,欲疾安隱[1]入三解脫門[2]者,猶尚[3]供養般若波羅蜜,何況菩薩! 供養具者,所謂以一心聽受乃至正憶念,及以華香乃至幡蓋。

大智度論卷第五十九[4]。

大智度論釋隨喜迴向品第三十八(卷六十)[5]

大智度論釋隨喜迴向品第三十九(卷六十一)[6]

……須菩提語[7]彌勒菩薩:若諸緣、諸事無所有,是善男[8]子行菩薩乘者取相,於十方諸佛諸善根,從初發[9]心乃至法盡,及聲聞辟支佛諸善根,學[10]無學善根[11],一切和合隨喜功德,迴向阿耨多羅三[12]藐三菩提;以無相故,是菩薩將無顛倒:無[13]常謂常,想顛倒、心顛倒、見顛倒;不淨謂淨,苦謂[14]樂,無我謂我,想顛倒、心顛倒、見顛倒! 若如緣[15]、如事,阿耨[16]多羅三藐三菩提亦如是,迴向心亦如是,檀波羅蜜,尸羅、羼提、毗梨耶、禪、般若波羅蜜,乃至十八不共法亦如是。若爾者,何等[17]是緣? 何等是事? 何等是阿耨多羅三藐三[18]菩提? 何等是善根? 何等是隨喜心迴向阿耨多羅[19]三藐三菩[20]提……

……佛[21]是福德主,是故念佛[22]……

……而能起隨喜心[23],迴向無上道。譬如鐵雖堅鞕,入鑪則柔軟[24],隨作何器;菩薩心亦如是,久行六波羅

---

1 "隱",乙本作"急",誤。

2 "門",甲、乙本作"行",宋、元、明、官、聖本作"門行"。

3 "尚",甲本無。

4 甲本終,尾題作"卷第五十九第三十六品",題記作"法師帛慧融經,比丘安弘嵩寫"。乙本終,尾題作"大智論卷第五十九"。

5 該卷無對應敦煌寫本。

6 本卷對應《大智度論》寫本凡5號:俄 Дx08832 號+俄 Дx08833 號(以下簡稱"甲本")、俄 Дx07923 號(以下簡稱"乙一")、俄 Дx06948 號(以下簡稱"乙二")、羽 210 號 M(以下簡稱"丙本")、俄 Дx09574 號(以下簡稱"丁本")。

7 甲本始。

8 "諸緣……善男"十字,甲本殘。

9 "相於……初發"十二字,甲本殘。

10 "至法……根學"十三字,甲本殘。

11 甲本終。

12 乙一始。

13 "相故……倒無"十字,乙一殘。

14 "顛倒……苦謂"十一字,乙一殘。

15 "顛倒……如緣"十一字,乙一殘。

16 乙一終。

17 乙二始。

18 "事何……藐三"十一字,乙二殘。

19 "根何……多羅"十三字,乙二殘。

20 乙二終。

21 丙本始。

22 丙本終。

23 丁本始。

24 "向無……柔軟"十五字,丁本殘。

蜜,善[1]知識所護故,其心調柔,過去諸佛諸緣、諸事[2]、諸善根中,不取相,能起隨喜心,用無相迴[3]向無上道。無相者,能用不二非不二,乃至[4]不生[5]不滅等……

大智度論釋照明品第四十(卷六十二)[6]

……讚歎般若[7]波羅蜜言:是般若名爲摩訶波羅[8]蜜。佛反問須菩提:於汝意云何? 何以名爲大[9]波羅蜜? 須菩提答: 色等諸法不作大、不作小[10]故。凡夫人[11]心,於諸[12]法中隨意作大、小……

……下有[13]八種大地獄[14]。八種大地獄,各有十六小地獄,是中阿鼻[15]最大。餘須彌四天下,亦如是。是三千大千世界中,有百[16]億須彌山,有百億阿鼻地獄,是故説從一阿鼻大地獄[17],至一[18]阿鼻大地獄,如人從會至會。又如入正位者,從[19]天上來受人間樂,從人中還至天上受樂。若此間[20]火劫起,其罪未盡,故轉至他處十方世界大地獄中受[21]罪,若彼間火劫起,復展轉至他方。他方火劫起,復還生[22]此間阿鼻地獄[23]中,展轉如前。是破般若波羅蜜罪[24]小滅,展轉生勤[25]苦畜生中……

大智度論釋信謗品第四十一之餘(卷六十三)[26]

聖者龍樹造

――――――――――

1　"菩薩……蜜善"十三字,丁本殘。
2　"護故……諸事"十四字,丁本殘。
3　"不取……相迴"十二字,丁本殘。
4　"上道……乃至"十四字,丁本殘。
5　丁本終。
6　本卷對應《大智度論》寫本凡2號: 俄 Дx06479 號(以下簡稱"甲本")、俄 Дx06962 號(以下簡稱"乙本")。
7　甲本始。
8　"羅蜜……波羅"十二字,甲本殘。
9　"提於……爲大"十一字,甲本殘。
10　"答色……作小"十一字,甲本殘。
11　"人",甲本無。
12　甲本終。
13　乙本始。
14　"大地獄",乙本殘。
15　"大地……阿鼻"十四字,乙本殘。
16　"四天……有百"十六字,乙本殘。
17　"億阿……地獄"十五字,乙本殘。
18　"一",乙本脱。
19　"如人……者從"十三字,乙本殘。
20　"間樂……此間"十四字,乙本殘。
21　"盡故……中受"十五字,乙本殘。
22　"復展……還生"十四字,乙本殘。
23　"地獄",乙本作"大地▢▢"。
24　"獄中……蜜罪"十四字,乙本殘。
25　乙本終。
26　本卷對應《大智度論》寫本凡10號: 臺圖95號(以下簡稱"甲本")、S.0786號(以下簡稱"乙一")、BD11440號(以下簡稱"乙二")、BD15223號(以下簡稱"丙本")、俄 Дx11544號(以下簡稱"丁一")、俄 Дx03320號(以下簡稱"丁二")、羽210號O(以下簡稱"戊本")、羽451號(以下簡稱"己本",所抄分屬《大正藏》本卷六十三、六十四)、BD11809號(以下簡稱"庚本")、BD13372號(以下簡稱"辛本")。

後秦龜兹國三藏鳩摩羅什譯[1]

【經】[2]爾時，須菩提白佛言：世尊！若善[3]男子、善女人，應好攝身、口、意業，無受如是諸苦——或不見佛，或不聞法，或不親近僧，或生無佛世界中，或生人中墮貧窮家，或人不信受其言！須菩提白佛言：世尊！以積集口業故，有是破法重罪耶[4]？佛告須菩提：以積集口業故，有是破法重罪。須菩提！是愚癡人在佛法中出家受戒，破深般若波羅蜜，毀呰不受。須菩提！若破般若波羅蜜，毀呰般若波羅蜜，則爲破十方諸佛一切智；一切智破故，則爲破佛寶，破佛寶故破法寶，破法寶故破僧寶；破三寶故[5]，則破世間正見；破世間正見故，則爲[6]破四念處，乃至破一切種智法；破一切種智法故，則得無量無邊阿僧祇罪；得無量無邊阿僧祇罪已，則[7]受無量無邊阿僧祇憂苦。須菩提白佛言：世尊！是愚癡人毀呰破壞深般若波羅蜜，有幾因緣？佛告須菩提：有四因緣，是愚癡人毀呰破是深般若波羅蜜。須菩提言：世尊！何等四？是愚癡人爲魔所使故，欲毀呰破壞深般若波羅蜜，是名初因緣。是愚癡人不信深法，不信不解，心不得清淨，是第[8]二因緣故，是愚癡人欲毀呰破壞深般若波羅蜜。是愚癡人與惡知識相隨，心没懈怠，堅著五受衆，是第三因緣故，是愚癡人欲毀呰破壞深般若波羅蜜。是愚癡人多行瞋恚，自高輕人，是第四因緣故，是愚癡人欲[9]毀呰破壞深般若波羅蜜。須菩提！以是四因緣故，是[10]愚癡人欲毀呰[11]破壞深般若波羅蜜。

【論】[12]問曰：口業是破法，何以言攝身口意業？答曰：意業是口業之本，若欲攝口業，先攝意業。意業攝故，身口業亦善；身口業善，意業亦善。是中須菩提自説因緣：莫受是諸苦——或不見佛等。世間人以身業爲重、口業爲輕，是故須菩提問：但以口業得如是罪耶？佛可其意，示言：是[13]愚癡人自無急事，又無使作者，亦無所得，而自以舌故，作如是罪，是爲大狂！是狂人未來世，在我法中出家——出家者五衆，受戒者有七衆。是聲聞人，著聲聞法。佛法過五百歲後，各各分別有五[14]部。從是已[15]來，以求諸法決定相故，自執其法，不知佛爲解脱故說法，而堅著語言故，聞說般若諸法畢竟空，如刀傷心！皆言：決定之法，今云何言無？於般若波羅蜜無得無著相中，作得作著相故，毀呰破壞，言非佛教。佛憐愍衆生故，爲說是道、非道；今般若中，是道、非道盡爲一相，所謂無相。是故先生疑，後定心於空法生邪見；邪見得力故，於[16]大衆中處處毀壞[17]般若波羅蜜；毀壞般若波羅蜜故，則破十方三世諸佛一切智等諸佛[18]功德；破佛功德故，即破三寶；三寶破故，則破世間樂因緣，所謂世間正見；若破世間正見，則破出世間樂因緣——出世間正見，所謂四念處，乃至一切

1　甲本始。“大智度……譯”三十五字，甲本作“卷第六十三”。

2　“經”，甲、宋、宫本無。下同，不復出校。石本不分卷。

3　“尊若善”，甲本殘。

4　“耶”，甲、宋、元、明、宫、聖本無。

5　“故”，甲本脱。

6　“爲”，甲、宋、元、明、宫、聖本無。

7　“則”，甲、宋、宫、聖本無。

8　“第”，甲本脱。

9　“欲”，甲、宋、元、明、宫本無。

10　“是”，甲、宋、元、明、宫本無。

11　“毀呰”，甲、宫、聖本無。

12　“論”，甲、宋、宫本無。下同，不復出校。

13　“是”，甲、宋、元、明、宫、聖本無。

14　“五”，甲、宋、元、明、宫、聖本作“五百”。

15　“已”，甲、宫、聖本作“以”。

16　“於”，乙一始。

17　“處處毀壞”，乙一殘。

18　“佛”，甲、乙一、宋、元、明、宫本無。

種智。是法名爲無量無邊福德因緣，破是法故，得無量無邊罪；得無量無邊罪故，受無量無邊憂愁苦惱。問曰：先以説破法因緣，所謂愛著法等，須菩提何以更問？答曰：先論中説，今經中説；先不遍説，今遍廣説。所謂四因緣：是人爲魔所使，若魔若魔人來入其心中，轉其身口，令破般若波羅蜜。如阿難，佛三問閻浮提樂，壽命亦樂，魔入身故，三不答佛。阿難得初道，猶爲魔嬈，何況凡人？復次，魔有四種：五衆魔、煩惱魔、死魔、自在天子魔。四魔中多煩惱魔、自在天子魔故，令不信般若，自貪著法、憎嫉他法，愚癡顛倒故，能破般若波羅蜜。有人言：初因緣，煩惱魔；後第四，自在¹天子魔。是二種魔所使，故名爲魔所使。堅著邪見、貪愛自法、慧根鈍故，不識佛意，不信不受甚深般若故破。有人利根堪信，魔又不來，但隨惡師教故，破般若。有人雖屬惡知識，諸結使薄，故勤精進，能信般若波羅蜜。是故二事和合爲一，亦屬惡知識，亦深著五衆、結使厚、生懈怠心，是故不信般若。是人世世多集²瞋恚，成其性——瞋相³者是不信相，是人剛强自高，輕賤⁴説法人：我智德如是，尚不能解，況汝愚賤而能知之？以是瞋恚、憍慢多故，破般若波羅蜜。

【經】⁵須菩提白佛言：世尊！是般若波羅蜜，不勤精進、種不善根、惡友相得人，難信難解！佛言：如是！如是！須菩提！是深般若波羅蜜，不勤精進、種不善根、惡友相得人，難信難解！須菩提白佛言：世尊！是般若波羅蜜，云何甚深、難信難解？須菩提！色不縛不解，何以故？無所有性是色；受、想、行、識不縛不解，何以故？無所有性是受、想、行、識。檀波羅蜜不縛不解，何以故？無所有性是檀波羅蜜；尸羅波羅蜜不縛不解，何以故？無所有性是尸羅波羅蜜；羼提波羅蜜不縛不解，何以故？無所有性是羼提波羅蜜；毘梨耶波羅蜜不縛不解，何以故？無所有性是毘梨耶波羅蜜；禪波羅蜜不縛不解，何以故？無所有性是禪波羅蜜；般若波羅蜜不縛不解，何以故？無所有性是般若波羅蜜。須菩提！內空不縛不解，何以故？無所有性是內空；乃至無法有法空不縛不解，何以故？無所有性是無法有法空。四念處不縛不解，何以故？無所有性是四念處；乃至一切智，一切種智不縛不解，何以故？無所有性是一切種智。須菩提！色本際不縛不解，何以故？本際無所有性是色；受、想、行、識，乃至一切種智本際，不縛不解，何以故？本際無所有性是一切種智。須菩提！色後際不縛不解，何以故？後際無所有性是色；受、想、行、識，乃至一切種智後際，不縛不解，何以故？後際無所有性是一切種智。須菩提！現在色不縛不解，何以故？現在無所有性是色；受、想、行、識，乃至現在一切種智不縛不解，何以故？現在無所有性是一切種智。須菩提白佛言：世尊！是般若波羅蜜，不勤精進、不種善根、惡友相得、懈怠、少進、喜忘⁶、無巧便慧，如此之人，實難信難解！如是！如是！須菩提！是般若波羅蜜，不勤精進、不種善根、惡友相得，繫屬於魔，懈怠、少進、喜忘、無巧便慧，如此之人，實難信難解。何以故？色淨果亦淨；受、想、行、識淨果亦淨；乃至阿耨多羅三藐三菩提淨果亦淨。復次，須菩提！色淨故，即般若波羅蜜淨；般若波羅蜜淨即色淨。受、想、行、識淨故⁷，即般若波羅蜜淨；般若波羅蜜淨，即受、想、行、識淨。乃至一切種⁸智淨，即般若波羅蜜淨；般若波羅蜜淨，即一切種智淨。色淨、般若波羅蜜淨，無二無別，無斷無壞；乃至一切種⁹智淨、般若波羅蜜淨，無二無別，無斷無壞。復次，須菩提！不二淨故色淨，

1　"自在"，甲、乙一、宋、元、明、宮、聖本無。

2　丙本始。

3　"恚成其性瞋相"，丙本殘。

4　"輕賤"，丙本殘。

5　"經"，乙一、丙、宋、宮、聖本無。下同，不復出校。

6　"喜忘"，丙本作"憙妄"，"憙"为"喜"之古字，"妄"爲"忘"之借字。下同，不復出校。

7　"故"，甲、乙一、丙、宋、元、明、宮本無。

8　"種"，甲、乙一、丙本脱。

9　"種"，甲、乙一、丙本無。

不二淨故乃至一切種[1]智淨。何以故？是不二淨、色淨乃至一切種[2]智淨，無二無別故。我淨、衆生淨[3]，乃至知者、見者淨故，色淨，受、想、行、識淨，乃至一切種智淨。色淨乃至一切種智淨故，我、衆生乃至知者、見者淨。何以故？我、衆生乃至知者、見者淨，色淨乃至一切種[4]智淨，不二不別，無斷無壞。

【論】釋曰[5]：爾時，須菩提白佛言：是般若波羅蜜甚深故，懈怠、隨惡知識、種不善根故，難信。與上相違，名爲信般若波羅蜜。佛可其言。須菩提更問：是般若波羅蜜，云何甚深故難信？佛答：色等諸法無縛無解。三毒是縛，三解脫門是解。是三毒等諸煩惱，虛誑不實，從和合因緣生，無自性故無縛，無縛故無解；破是三毒故，三解脫門亦空。復次，取相著法、顛倒一切煩惱等，是縛。縛法若實定有自性者，則不可解；若實定有，誰能破者？若破即墮斷滅中。若取相、顛倒等諸煩惱虛誑不實，亦無所斷。復次，一切心心數法，憶想分別、取相，皆縛在緣中。若入諸法實相中，知[6]皆是虛誑，如上品中説：心清淨相者，即是非心相。是縛空故，解亦空，如是等種種因緣故[7]，色等諸法不縛不解。此中佛自説因緣：色等諸法，有爲作法，從因緣和合生故，無有定性故，説無所有性是色等諸法。復次，色等諸法，三世中不縛不解；如破三世中説。是時，須菩提知般若波羅蜜非甚深、非不甚深，如《後品》中説：若謂般若波羅蜜甚深，則遠離般若波羅蜜。以是故白佛言：世尊！惡人以般若波羅蜜甚深難解，非謂[8]善人。惡人者，不與般若相[9]應，不一心勤精進；不種解般若波[10]羅蜜善根；隨[11]破壞般若惡師；懈怠者，著世間樂，不願出世間；如此人若有精進，少不足言；諸煩惱亂心，故[12]喜忘；善不善法相不破，憍慢不除，邪見戲論故，求諸法實相，不知分別諸法相好醜，是名無巧便慧。有如是等惡法故，是人難解甚深般若。佛可其意，言：如是！如是！問曰：須菩提説中，無有魔事，佛説中何以益魔事？答曰：須菩提直説内外因緣不具足，佛今具足説故，言：是人爲魔所使。佛更欲説甚深難解相，告須菩提：色等諸法淨故果亦淨。四念處是色等諸法果，何以故？觀色等[13]諸法不淨、無常等，即[14]得身念處。餘念如上説。是中四念處性無漏，斷煩惱，爲涅槃，故清淨；見果淨故，知因亦淨。問曰：先説觀色不淨、無常等，得身念處，云何言果淨故知因亦淨？答曰：不淨觀是初入門，非實觀，是故不入十六聖行。是十六行中，觀[15]無常、苦、空、無我，不觀不淨。淨顛倒故生婬欲，破此觀故言不淨，非是實；是故不淨不入十六聖行，但是得解觀。是般若中不觀常、不觀無常、不觀淨、不觀不淨等；常無常、淨不淨、空實等諸觀滅[16]、戲論滅，是色實相；色實相淨，故果亦淨。復次，佛此中自説因緣：般若波羅蜜如虛空，畢竟淨[17]，無所染污，是般若波羅蜜。觀色等諸法實相，不生不滅，行六波羅蜜、修四念處等，如是可得般若波羅蜜。是般若波羅蜜三種因緣：正觀、

---

1 “種”，甲、乙一、丙本無。
2 “種”，甲、乙一、丙本無。
3 “淨”，甲、乙一、丙本無。
4 “種”，甲、乙一、丙本無。
5 “論釋曰”，甲、乙一、丙本無。
6 “知”，甲、乙一、丙本作“智”，“智”通“知”。
7 “故”，甲本脱。
8 “甚深難解非謂”，乙一殘。
9 “相”，甲、乙一、丙本作“想”，“想”爲“相”之借字。
10 “不一……若波”十二字，乙一殘。
11 乙一終。
12 乙二始。
13 “等”，甲、乙二、丙本脱。
14 乙二終。
15 “觀”後，甲、丙本衍“無”。
16 “滅”，甲、丙、宋、元、明、宫、聖本無。
17 “淨”，甲、丙、宋、元、明、宫、聖、石本作“清淨”。

正行、正修。是故言：般若波羅蜜淨故，色等諸法淨；色等諸法淨故，般若波羅蜜淨。所以者何？色等諸法、般若波羅蜜，實相中無二無別；不異不別、不離不散故，不斷不壞。復次，如我法[1]，乃至[2]十方三世中求不可得，於五衆中但有假名；衆生乃至知者、見者，亦如是。如我，空、無所有、清淨故；一切法亦如是。

【經】復次，須菩提！婬淨故色淨乃至一切種智淨。何以故？婬淨、色淨乃至一切種[3]智淨，不二不別。瞋、癡淨故色淨乃至一切種智淨。何以故？瞋癡淨、色淨乃至一切種智淨，不二不別。復次，須菩提！無明淨故諸行淨，諸行淨故識淨，識淨故名色淨，名色淨故六入淨，六入淨故觸淨，觸淨故受淨，受淨故愛淨，愛淨故取淨，取淨故有淨，有淨故生淨，生淨故老死淨；老死淨故，般若波羅蜜淨，般若波羅蜜淨故，乃至檀波羅蜜淨；檀波羅蜜淨故，內空淨，內空淨故，乃至無法有法空淨；無法有法空淨故，四念處淨，四念處淨故，乃至一切智淨；一切智淨故，一切種智淨。何以故？是一切智淨、一切種智淨，不二不別，無斷無壞。復次，須菩提！般若波羅蜜淨故色淨，乃至般若波羅蜜淨故一切智淨，是般若波羅蜜淨、一切智淨，不二不別故。須菩提！禪波羅蜜淨故乃至一切智淨；毘梨耶波羅蜜、羼提波羅蜜、尸羅波羅蜜、檀波羅蜜淨故，乃至一切智淨；內空淨故，乃至一切智淨；四念[4]處淨故，乃至一切智淨。復次，須菩提！一切智淨故，乃至般[5]若波羅蜜淨。如是一一如先説。復次，須菩提！有爲淨故無[6]爲淨，何以故？有爲淨、無爲淨，不二不別，無斷無壞故[7]。復次，須菩提！過去淨故，未來、現在淨；未來淨故，過去、現在淨；現在淨故，過去、未來淨。何以故？現在淨、過去、未來淨，不二不別，無斷無壞故。

【論】[8]問曰：佛説三毒是垢穢不淨，此中云何言婬欲等淨故色等亦淨？答曰：佛説三毒實性清淨故，色等諸法亦清淨；三毒淨、色等淨故，不二不別。欲廣説三毒清淨及三毒清淨果報因緣故，説無明淨故諸行亦淨。無明淨者，所謂無明畢竟[9]空，如破無[10]明十[11]喻中説。從[12]十二因緣乃至一切種智，亦如[13]是。是故色等、無明等諸法清[14]淨故，般若波羅蜜清淨；般若波羅蜜清淨[15]故，諸菩薩所[16]行法，所謂[17]禪波羅蜜，乃至一切種智皆清淨。禪波羅蜜等諸法，亦[18]如是。復次，用十八空故，色等乃至一切種智空；乃至一切種智空故，十八[19]空亦空。一切種智不[20]離十八空，十八空不離一切種智，是故言不二不別。空者即是清淨。今色乃至一切種智，一法爲首，餘法各各爲首，展轉皆清淨。復次，諸法多無量故，略説有爲、無爲。有爲法實相，即是無爲

1　“如我法”，甲、丙本作“如是我等”。
2　“乃至”，甲、丙、宋、官、聖本無。
3　“種”，甲、丙本脱。
4　丁一始。
5　“淨復……至般”十四字，丁一殘。
6　“無”，丁一殘。
7　“故”，丁一無。
8　“論”，甲、丙、丁一無。下同，不復出校。
9　“畢竟”，丁一殘。
10　丁二始。
11　“破無明十”，丁一殘。
12　“中説從”，丁一殘。
13　“因緣……亦如”十字，丁二殘。
14　“種智……法清”十五字，丁一殘。
15　“等諸……清淨”二十字，丁二殘。
16　丁二終。
17　“蜜清……所謂”十二字，丁一殘。
18　“種智……法亦”十三字，丁一殘。
19　“至一……十八”十六字，丁一殘。
20　丁一終。

法。知[1]淨行者,於諸法中,求常、樂、我、淨不可得。若不可得,是爲實知有爲法;實知不可得,即是無爲法,是故說有爲法淨故無爲法清淨。復次,因有爲法故知無爲法;聖人得是無爲法,說有爲法相,是故說有爲法清淨故無爲法清淨,無爲法清淨故有爲法清淨。有爲法在三世中,故說過去世清淨故,未來世亦清淨;未來世[2]清淨故,過去世亦清淨。所以者何?如過去世破壞散滅無所有故空,未來世未生未有故空;二世無故,現在亦無。何以故?有先有後,知有現在。復次,有爲法念念生滅,故無住時;住時無故,無現在世;三世空故,有爲法空;有爲法空故,無爲法空。空即是畢竟清淨,不破不壞,無戲論,如虛空。如是般若波羅蜜畢竟清淨,三世諸佛法藏;破是能宣示實相般若言說文字故,墮地獄。問曰:若不信般若墮地獄,信者得作佛。若有五逆罪、破戒、邪見、懈怠之人,信是般若,是人得成佛不?復有持戒、精進者,而不信般若,是云何墮地獄?答曰:破般若有二種:一者,佛口所說,弟子誦習,書作經卷,愚人謗言:非是佛說,是魔若魔民所作,亦是斷滅邪見人手筆,莊嚴口力者說。或言:雖是佛說,其中處處餘人增益。或有人著心分別,取相說般若波羅蜜,口說空法而心著有。初破者,墮大地獄,不得聖人說般若意故。第二,破著心論議者,是不名爲破般若。如調達出佛身血,祇域亦出佛身血;雖同一名[3]出血,心異故,一人得罪,一人得福。如[4]畫作佛像,一人以像[5]不好故破[6],一人以惡心故破;以心不同故,一人得福,一人得罪。破般若[7]波羅蜜者[8],亦如是[9]。復次,或有人破般若,雖不瞋、不輕佛,自用心憶想分別:是甚深法,一切智人所說,應有深妙法,云何言都空?佛以無著心,爲度衆生故說法;是人以著心取相故,起口業毀呰,破壞般若;能起身業,手麾[10]非撥,指毀令去。與二種不信相違,故名二種信:一者,知般若實義信,得如說果報;二者,信經卷言語文字,得功德少。邪見罪重故,雖持戒等身口業好,皆隨邪見惡心。如佛自說喻譬[11]:如種苦種,雖復四大所成,皆作苦味;邪見人亦如是,雖持戒、精進,皆成惡法。與此相違,名爲正見。五逆罪人,惡罪常覆,心疑今世、後世業果,何況能信甚深般若?雖復書經卷供養,望免[12]惡罪,去般若大遠。或有遇善知識,先世精進[13]、福德、利智第一,信般若波羅蜜,清淨因緣,能得如所說果報。如阿闍世王殺父之罪,蒙佛、文殊師利善知識故,除其重罪,得如所說般若果報,受無上道記[14]。

1　"知",甲、丙、宋、元、明、聖本作"如",誤。
2　"世",甲、丙本脱。
3　"一名",甲、丙、宋、元、明、宫本無。
4　戊本始。
5　"像",甲、丙、戊、宋、元、明、宫本無。
6　"破",甲、丙、戊、宋、元、明、宫、聖、石本作"壞"。
7　"般若",戊本作"波若",異譯詞。
8　"波羅蜜者",戊本脱。
9　戊本終。
10　"麾",丙本作"摩",誤。
11　"喻譬",甲、丙、宋、元、明、宫本作"譬喻"。
12　"免",甲本作"勉","勉"通"免"。
13　"精進",甲、丙、宋、元、明、宫、聖、石本作"積集"。
14　丙本終。

大智度論釋歎淨品第四十二 [1]

【經】[2] 爾時,舍利弗白佛言:世尊[3]! 是淨[4]甚深! 佛言[5]:畢竟淨故。舍利弗言:何法淨故,是淨甚深? 佛言[6]:色淨故,是淨甚深,受、想、行、識淨故;四念處淨故,乃至八聖道分淨故;佛十力淨故,乃至十八不共法淨故[7];菩薩淨故[8],佛淨故,一切智、一切種智淨故,是淨甚深。世尊! 是[9]淨明! 佛言:畢竟淨故。舍利弗言:何法淨故,是淨明? 佛言:般若波羅蜜淨故是淨明,乃至檀波羅蜜淨故是淨明,四念處乃至一切智淨故是淨明。世尊! 是淨不相續! 佛言:畢竟淨故。舍利弗言:何法不相續故,是淨不相續? 佛言:色不去不相續故,是淨不相續;乃至一切種智不去不相續故,是淨不相續。世尊! 是淨無垢! 佛言:畢竟淨故。舍利弗言:何法無垢故,是淨無垢? 佛言:色性常淨故,是淨無垢;乃至一切種智性常淨故,是淨無垢。世尊! 是淨無得無著! 佛言:畢竟淨故。舍利弗言:何法無得無著故,是淨無得無著? 佛言:色無得無著故,是淨無得無著;乃至一切種智無得無著故,是淨無得無著。世尊! 是淨無生! 佛言:畢竟淨故。舍利弗言:何法無生故,是淨無生? 佛言:色無生故,是淨無生;乃至一切種智無生故,是淨無生。世尊! 是淨不生欲界中! 佛言:畢竟淨故。舍利弗言:云何是淨不生欲界中? 佛言:欲界性不可得故,是淨不生欲界中。世尊! 是淨不生色界中! 佛言:畢竟淨故。舍利弗言:云何是淨不生色界中? 佛言:色界性不可得故,是淨不生色界中。世尊! 是淨不生無色界中! 佛言:畢竟淨故。舍利弗言:云何是淨不生無色界中? 佛言:無色界性不可得故,是淨不生無色界中。世尊! 是淨無知! 佛言:畢竟淨故。舍利弗[10]言:云何是淨無知? 佛言:諸法鈍故,是淨無知。世尊! 色無知,是淨淨! 佛言:畢竟淨故。舍利弗言:云何色無知是淨淨? 佛言:色自性空故,色無知是淨淨。世尊! 受、想、行、識無知是淨淨! 佛言:畢竟淨故。舍利弗言:云何受、想、行、識無知是淨淨? 佛言:受、想、行、識自性空故,無知是淨淨。世尊! 一切法淨故,是淨淨! 佛言:畢竟淨故。舍利弗言:云何一切法淨故,是淨淨? 佛言:一切法不可得故,一切法淨是淨淨。世尊! 是般若波羅蜜,於薩婆若無益無損! 佛言:畢竟淨故。舍利弗言:云何般若波羅蜜,於薩婆若無益無損? 佛言:法常[11]住相故,般若波羅蜜於薩婆若無益無損。世尊! 是般若波羅蜜淨,於諸法無所受! 佛言:畢竟淨故。舍利弗言:云何般若波羅蜜淨,於諸法無所受? 佛言:法性不動故,是般若波羅蜜淨,於諸法無所受。

【論】[12]釋曰:是淨甚深者,淨有二種:一者,智慧淨;二者,所緣法淨。此二事[13]相待,離智淨無緣淨,離緣淨無智淨。所以者何? 一切心心數法從緣生,若無緣則智不生。譬如無薪,火無所然[14];以有智故,知緣爲淨,無智則不知緣淨。此中智淨、緣淨相待,世間常法。是中説:離智離緣,諸法實相,本自清淨。爲心、心數法所緣,則污染不清淨;譬如百種美食,與毒同器,則不可食。諸法實相常淨,非佛所作,非菩薩、辟支佛[15]、聲聞、

1　甲本品題作"大智度第四十一品釋論",己本品題作"大智度淨甚深品第□□七十一",己本始。
2　"經",甲、己本無。下同,不復出校。
3　"世尊",己本殘。
4　"淨",己本作"清淨"。
5　"深佛言",己本殘。
6　經文"佛言"至"是般若波羅蜜淨於諸法無所受",己本無。
7　"故",甲、宋、元、明、宮、聖本無。
8　"故",甲、宋、元、明、宮、聖本無。
9　"是",甲本脱。
10　"弗",甲本脱。
11　"常",甲、宋、宮、聖本無。
12　"論",己本無。下同,不復出校。
13　"事",甲、己、宋、元、明、宮、聖本作"淨",石本作"者"。
14　"然",甲、己本作"燃","然"爲"燃"之古字。
15　"辟支佛",甲、宋、元、明、宮、聖本作"非辟支佛"。

一切凡夫所作,有佛、無佛常住不壞相。在¹顛倒虛誑法及果報中,則污染不淨。是清淨有種種名字,或名如、法²性、實際,或名般若波羅蜜,或名道,或名無生無滅,空、無相、無作,無知無得,或名畢竟空等,如是等³無量無邊名字。舍利弗觀是般若波羅蜜相,雖不可見、不可聞、不可説、不可破壞⁴,而誹謗得無量罪;信受正行,則得無上果報。舍利弗發希有歡喜心,而白佛言:世尊! 是淨甚深! 佛答:汝所見⁵者以爲希有,實相中復過汝所見。一切法中,畢竟淨、無所著,乃至淨體亦不著,是名畢竟清淨。復次,清淨主,所謂十方三世諸佛;諸佛亦不著是清淨,是故言畢竟清淨故。是⁶清淨般若波羅蜜,能令一切賢聖無邊苦盡,有是大利益,而亦不著是般若波羅蜜。如是有無量因緣畢竟清淨⁷,是淨甚深。舍利弗問:何法畢竟清淨故,是淨甚深? 佛答:色等諸法清淨⁸,是淨甚深。所以者何? 色等諸法,本末因果清淨故,是淨甚深。如上品中説⁹:菩薩於色等法中,觀行斷¹⁰故,得如是清淨,以是故名色等清淨。是淨能破一切法中戲論、無明,能與畢竟空、智慧光明,是故言淨明。行檀波羅蜜等諸菩薩妙法故,得是淨明。是淨能與有餘涅槃故,言是淨明。今與無餘涅槃故,言是淨不相¹¹續。先以空¹²等三三昧¹³捨諸善法,後壽命自然盡故,色等五衆不去亦不相續,故淨不相續。以百八諸煩惱,不能遮覆污染淨故,言淨無垢。行如是諸法實相不二道,從苦法忍乃至十五心,是名得;第十六心,得沙門果,是名著。著者,著不墮落,得之別名也¹⁴。復次,行六波羅蜜,乃至生柔順忍,是名得;能生無生法忍,入菩薩位,是名著。是清淨法中,用無所得心,無此二事,故名無得無著。行如是法,知一切法畢竟空,畢竟空故不取相,不取相故不起不作三種業;不作業故,一切世間無生。世間¹⁵,所謂三界。此中二因緣故不生:一者,三種生業不起故;二者,三界自性不可得故。此中佛總説因緣,所謂三界自性空,是故説三界色等諸法自性不可得。是淨無知,諸法鈍故,如上品中説。一切諸法性常不生,不生故不可得,不可得故畢竟清淨。舍利弗得聲聞波羅蜜,佛爲一切智人,是二人問答故,諸菩薩貪著¹⁶是般若波羅蜜;是故舍利弗欲斷其貪著,故説言:世尊! 般若波羅蜜雖有如是功德,畢竟清淨故,於薩婆若亦無益無損。如夢如幻中,雖有得失,亦無益無損;如虛空畢竟清淨無所有,亦因是虛空有所成濟,亦不得言空有所作,亦不得言空無所益。檀波羅蜜因般若波羅蜜有所作,是故言般若波羅蜜無益無損。般若波羅蜜觀一切法有失,不淨,無常、苦、空、無我,不生不滅,非不生非不滅等,種種因緣,讚歎滅諸觀戲論,斷語言道,是故説般若波羅蜜清淨,於諸法無所受。滅諸觀戲論,斷語言道,即是¹⁷入法性相,是故此中説法性不動故。

1　“在”,己本脱。
2　“法”後,己本衍“實”。
3　“等”,甲、宋、元、明、宫本無。
4　“破壞”,己本作“壞破”,誤倒。
5　“見”,甲、宫、聖本作“知”。
6　“是”後,甲、聖本衍“淨”。
7　“清淨”後,己本有“故”。
8　“竟清……淨故”十七字,己本脱。
9　“説”,己本作“諸”,誤。
10　“行斷”,甲本作“斷行”,誤倒。
11　“相”,己本作“自”,誤。
12　“空”,甲、宋、元、明、宫本作“空空”。
13　“空等三三昧”,己本作“空等三昧空等三昧”。
14　“著者……名也”十一字,己本作小注“著者,著不隨落,得之別名”,“隨”通“墮”,元、明本作小注。
15　“世間”,己本脱。
16　“著”,甲、己、聖、石本作“貴”。
17　“是”,己本脱。

【經】爾時[1]，慧命須菩提白佛言：世尊！我淨故，色淨。佛言：畢竟淨故。須菩提言：以何因緣我淨故色淨畢竟淨？佛言：我無所有故，色無所有畢竟淨。世尊！我淨故，受、想、行、識淨。佛言：畢竟淨故[2]。須菩提言：何因緣故，我淨故[3]受、想、行、識淨畢竟淨？佛言：我無所有故，受、想、行、識無所有畢竟淨。世尊！我淨故檀波羅蜜淨，我淨故尸羅波羅蜜淨，我淨故羼提波羅蜜淨，我淨故毘梨耶波羅蜜淨，我淨故禪波羅蜜淨。世尊！我淨故般若波羅蜜淨。世尊！我淨故四念處淨。世尊！我淨故乃至八聖道分淨。世尊！我淨故佛十力淨。世尊！我淨故乃至十八不共法淨。佛言：畢竟淨故。須菩提言：何因緣故，我淨檀波羅蜜淨，我淨乃至十八不共法淨？佛言：我無所有故，檀波羅蜜無所有淨，乃至十八不共法無所有故淨。世尊！我淨故須陀洹果淨，我淨故斯陀含果淨，我淨故阿那含果淨，我淨故阿羅漢果淨，我淨故辟支佛道淨，我淨故佛道淨。佛言：畢竟淨。須菩提言：何因緣故，我淨須陀洹果淨、斯陀含果淨、阿那含果淨、阿羅漢果淨、辟支佛道淨、佛道淨？佛言：自相空故。世尊！我淨故一切智淨。佛言：畢竟淨故。須菩提言：何因緣故，我淨故一切智淨？佛言：無相無念故。世尊！以二淨故無得無著。佛言：畢竟淨。須菩提言：何因緣故，以二淨故無得無著是畢竟淨？佛言：無垢無淨故。世尊！我無邊故色[4]淨，受、想、行、識淨。佛言：畢竟淨。須菩提言：何因緣故，我無邊故色淨，受、想、行、識淨？佛言：畢竟空、無始空故。須菩提白佛言：世尊！若菩薩摩訶薩能如是知，是名菩薩摩訶薩般若波羅蜜！佛言：畢竟淨故。須菩提言：何因緣故，菩薩摩訶薩能如是知，是名菩薩摩訶薩般若波羅蜜？佛言：知道種故。世尊！若菩薩摩訶薩行般若波羅蜜，以方便力故，作是念：色不知色，受、想、行、識不知識。過去法不知過去法，未來法不知未來法，現在法不知現在法。佛言：菩薩摩訶薩行般若波羅蜜，以方便力故，不作是念：我施，與[5]彼人；我持戒，如是持戒；我修忍，如是修忍；我精進，如是精進；我入禪，如是入禪；我修智慧，如是修智慧；我得福德，如是得福德；我當入菩薩法位中；我當淨佛世界，成就衆生，當得一切種智。須菩提！是菩薩摩訶薩行般若波羅蜜，以方便力故，無諸憶想分別，內空、外空、內外空、空空、大空、第一義空、有爲空、無爲空、無始空、散空、性空、諸法空、自相空故。須菩提！是名菩薩摩訶薩行般若波羅蜜，方便力故無所礙。

【論】釋曰：佛初命須菩提說般若[6]，有所說，不應求其因緣；若[7]餘人所說者，當求因緣。舍利弗已問清淨相，佛作證；今須菩提說清淨相[8]，佛亦爲證。我淨故五衆淨者，如我畢竟無所有、不可得，五衆亦如是，畢竟空即是我清淨。五衆清淨解，我空易解；五衆空難，是故以易解喻難解。六波羅蜜乃至十八不共法、須陀洹果乃至佛道亦如是，我淨故，是[9]法亦淨。問曰：上言我無所有故，色乃至十八不共法亦無所有，今何以說[10]須陀洹果[11]乃至佛道自相空？答曰：我從和合因緣假名生，於無我中有我顛倒，是故說我虛妄無所有。以五衆著處因緣故，無所有；檀波羅蜜等諸法雖善，是有爲作法，菩薩所著故，言無所有。須陀洹果等是無爲法，

1　經文“爾時”至“方便力故無所礙”，己本無。
2　“故”，甲、宋、元、明、宫本無。
3　“故”，甲、宋、元、明、宫、聖本無。
4　“色”，甲本作“色等”。
5　“與”後，甲本衍“與”。
6　“般若”後，甲、宋、元、明、宫、聖、石本有“若”，己本衍“般若”。
7　“若”，己本脱。
8　“相”，己本作“想”，“想”爲“相”之借字。
9　“是”，己本無。
10　“説”，己本作“故”，誤。
11　“果”，己本脱。

無爲法自相空[1]，所謂無生無滅、無住異故，是故不説無所有，但言自相空。復次，有爲法中邪行多故，説無[2]所有；無爲法中，無生無滅，無邪行，故説自相空。我淨，一切種智淨者，以菩薩深著故無相、無念。無相者，是無相三昧。無念者，於無相三昧亦不念。今須菩提知般若波羅蜜真清淨，故白佛[3]：用二淨故無得無著。清淨有二種：一者，用二法清淨；二者，用不二法清淨。二法清淨，是名字清淨；用不二法清淨者，是真清淨。佛言：諸法畢竟空相。云何以二法清淨，有得有著？此中説因緣，所謂一切法無垢無淨。二清淨中，分別是垢、是淨。我無邊故五衆清淨者，如我空，空故無邊；五衆亦如是。問曰：常言[4]畢竟清淨故，今何以言畢竟空、無始空？答曰：畢竟空即是畢竟清淨；以人畏空，故言清淨。此中説我無邊，我即衆生，衆生空，何以故？無始空故。説[5]曰：能如是知，是名般若者，能以衆生空、法空，以一切法畢竟空，是名般若波羅蜜；般若波羅蜜，即是畢竟清淨。佛常答畢竟空，是故問：若畢竟空，云何言菩薩能如是知，是名菩薩般若？（難畢竟空[6]也，以畢竟空無知故[7]。）佛言：知道種故。菩薩雖[8]知一切法畢竟空，欲令衆生得此畢竟空，遠離著心。畢竟空，但爲破著心故説，非是實空[9]。（畢竟空，即是答道種智[10]。）爾時，須菩提白佛言：世尊！行般若者作是念：色不知色等。佛意般若無定相，但以道種智故分別説，令菩薩行般若有方便故，法雖畢竟空，亦如是知色、不知色法等。觀一切法畢竟空，唯有能觀智慧在，不應畢竟空，以引導[11]衆生著心令入畢竟空。佛答[12]：若[13]菩薩行般若有方便，能觀外法畢竟空，色不知色等；內自觀內心，亦如是方便力故，若行檀時，不作是念：我施與彼，彼[14]是受施[15]。須菩提！色不知色[16]等者，一切法空故不相知，不相知故無所作[17]，破二事，所謂受者、所施物（此二事，皆是外也[18]）；今破與者乃至我修一切種智，亦如是。此中説因緣：菩薩行般若，方便故無如是[19]分別。以內空故乃至自相空，是十三[20]空破諸法盡，後五種空總相説，是名菩薩無所礙[21]。無所礙者，以是諸空於一切法無所礙[22]。

大智度論卷第六十三[23]。

1　“空”，己本脱。

2　“但言……説無”十七字，己本脱。

3　“白佛”，己本作“白佛言”。

4　“言”，己、宋、元、明、宮、聖、石本作“説”。

5　“説”，甲、己本作“問”。

6　“空”，己本脱。

7　“故”，己本作“故也”。

8　“雖”，己本無。

9　“空”，甲、宋、元、明、宮本作“定”。

10　“畢竟……種智”九字，甲本作“畢竟空，即是答道種智也”，己本作“畢竟答道空即是種智也”誤倒。

11　“導”，己本作“道”，“道”爲“導”之古字。

12　“答”，己本作“答曰”。

13　“若”，己本無。

14　“彼”，甲、己、宋、元、明、宮、聖、石本無。

15　“施”，甲、宮本作“先”，己本作“者无”，“无”當爲“先”字之誤，宋、元、明、聖、石本作“者先”。

16　“色”，己本脱。

17　“作”，己本脱。

18　“也”，己本無。

19　“如是”後，己本衍“便”。

20　“十三”前，己本衍“三”。

21　“礙”，己本作“畏”，誤。

22　己本終，以下所抄相當於《大正藏》本卷六十四。石本不分卷。

23　甲本終，尾題作“卷第六十三”。庚本僅存尾題與題記，尾題作“卷第六十三”，題記作“開皇十三年歲次癸丑四月八日，弟子李思賢敬寫供養”。辛本僅存尾題“大智度經卷第六十三”。

大智度論釋歎淨品第四十二之餘（卷六十四）[1]

……取四念處相乃至八[2]聖道分相；取佛十力相乃[3]至十八不共法相；取諸佛相；取於諸佛種善根相，是一切福德和合，取相迴向阿耨多羅三藐三菩提。憍尸迦！是名求菩薩道善男子、善女人礙法[4]。用是法故，不能無礙行[5]般若波羅蜜。何以故？憍尸迦！是色相不可迴向，受、想、行、識相不可迴向，乃至一切智相不可迴向。復次，憍尸迦！若菩薩摩訶薩示、教、利、喜他人阿耨多羅三藐三菩提，應[6]示、教、利、喜一切諸法實相。若求菩薩道善男子、善女人行檀波羅蜜時，不應作是分別言：我施與，我持戒，我忍辱，我精進，我入禪，我修智慧；我行內空、外空、內外空，乃至我行無法有法空；我修四念處，乃至我行阿耨多羅三藐三菩提。善男子、善女人應如是示、教、利、喜他人阿耨多羅三藐三菩提。若如是示、教、利、喜阿耨多羅三藐三菩提，自無錯謬，亦如佛所許法示、教、利、喜，令是善男子、善女人遠離一切礙法。爾時，佛讚[7]須菩提：善哉！善哉！如汝爲諸菩薩説諸礙法。須菩提！汝今更聽我説微細礙相。汝[8]須菩提！一心好聽！佛告須菩提：有善男子、善女人發阿耨多羅三藐三菩提心，取相念諸佛。須菩提！所可有相，皆是礙相。又於諸佛，從初發意乃至法住，於其中間所有善根，取相憶念；取相憶念已，迴向阿耨多羅三藐三菩提。須菩提！所可有相，皆是礙相。又於諸佛及弟子所有善根及餘衆生善根，取相迴向阿耨多羅三藐三菩提；須菩提！所可有相，皆是礙相。何以故？不應取相憶念諸佛，亦不應取相念諸佛善根。須菩提白佛言：世尊！是般若波羅蜜甚深！佛言：一切法常離故。須菩提言：世尊！我當禮般若波羅蜜！佛告須菩提：是般若波羅蜜無起無作故，無有能得者。須菩提言：世尊！一切諸法亦[9]不可得。佛言：一切法一性，非二性。須菩提！是一法性，是亦無性，是無性即是性，是性不起不作。如是，須菩提！菩薩摩訶薩若知諸法一性，所謂無性，無起無作，則遠離一切礙相[10]。須菩提白佛言：世尊！是般若波羅蜜，難知難解！佛言：如所言，是般若波羅蜜，無見者、無聞者，無知者、無識者，無得者。世尊！是般若波羅蜜，不可思議！佛言：如所言，是般若波羅蜜，不從心生，不從色、受、相[11]、行、識生，乃至不從十八不共法生。

【論】[12]問[13]曰：若與無礙相違，是名爲礙，帝釋何以更問礙？答曰：菩薩礙法微妙，入諸善法和合，利根者所覺，鈍根[14]者不覺。以難解故，於佛前更問。礙法，何者是？所謂菩薩分別慳心、施心，捨慳心、取施心，是名取心相。知布施物貴賤，知修集布施能一切與。是檀波羅蜜乃至隨喜福德取相諸善法，雖爲是妙，內著我、外著法，墮礙法中。譬如食雖香美，過噉則病。此中須菩提自説因緣：色等諸法相畢竟空故，不可得迴向無

1　本卷對應《大智度論》寫本凡 7 號：俄 Φ 113 號（以下簡稱"甲本"）、羽 451 號（以下簡稱"乙本"，所抄分屬《大正藏》本卷六十三、六十四）、BD 16456 號 D（以下簡稱"丙一"）、BD 16456 號 B（以下簡稱"丙二"）、BD 16456 號 A（以下簡稱"丙三"）、BD 00684 號（以下簡稱"丁本"）、浙敦 046（該號爲護首，不入校）。

2　甲本始。

3　"佛十力相乃"，甲本殘。

4　"法"，甲本脱。

5　"行"後，甲、聖本衍"行"。

6　"應"，甲、宋、元、明、宫、聖本無。

7　"讚"，甲、宋、宫本作"語"。

8　"汝"，甲、宋、元、明、宫、聖本無。

9　"亦"後，甲本有"不可知"，聖、石本有"不可知亦"。

10　"礙相"，甲本作"礙"，宋、宫本作"相礙"。

11　"相"，甲本作"想"，"想"爲"相"之借字。

12　"論"，甲、宋、宫本無。下同，不復出校。

13　乙本始。

14　"根"，乙、石本無。

上道。上説礙相；今説無礙相，所謂菩薩若欲教他無上道，應以實法示、教、利、喜。示、教、利、喜義[1]，如先説。實法者，所謂滅諸憶想分別；是故説行檀時，不分別我與等。若能如是教化，得二種利：一者，自無錯謬；二者[2]，亦如佛所得[3]法以化他人。如是等無量礙相相違，是名無礙相。問曰：佛以[4]讚須菩提説無礙相，今何以[5]故，復更自説微細礙相？ 答曰：佛就須菩提力中讚歎：汝是捨衆生人，而能説菩薩礙相。微細礙相，須菩提力所不及，是故佛自説。是礙相[6]微細故，汝一心好聽！ 何者是？ 所謂菩薩用取相念諸佛等，皆是礙[7]。無相相，是般若波羅蜜；佛從般若中出，亦是無相相[8]。諸善根[9]著心取相迴向，是世間果報有盡，雜毒故，不能得無上道。 問曰：上説麁礙，言取相；今微細礙中，亦言取相，有何差別？ 答曰：上説我是與者、彼是受[10]者，如是等[11]；今但説取相[12]。復次，今説諸菩薩[13]念佛[14]三昧[15]故微細[16]相，微[17]細心人中礙，是故名微細礙。須[18]菩提知佛所説深妙，非己所及，是故讚言甚深[19]。佛答：一切法常[20]遠離相故。佛説是般若遠一切法[21]，遠[22]一切[23]法故，微細相[24]不得入般若中。須菩提歡[25]喜言：我當爲般若作禮。須菩提意作是念：我得解是[26]般若波羅蜜甚深相故發心，我應[27]作禮。佛言：是般若波羅蜜無起無作故，十方如恒河[28]沙佛無能得者，汝聲聞人云何言得？ 須菩提言：世尊！ 非但般若，一切法皆無知無得。佛言：諸法一性無二。一性，所謂畢竟空；無二者，無畢竟、不畢竟。一法[29]性即是無性。畢竟空不應著、不應取相。所以者何？ 從因緣和合生故。須菩提作是念：若無性即是性，以[30]不起不作故，後世苦不相續。能如是知般若波羅蜜，一切諸礙皆遠離；若遠離諸礙，則自在得無上道。

1　“義”，乙本無。

2　“二者”，甲本脱。

3　“得”，甲、宫本作“許”，聖本作“説”。

4　“以”，乙、宋、元、明、宫、石本作“已”，“以”通“已”。

5　“以”，乙本無。

6　“相”，甲本脱。

7　“礙”，乙本脱。

8　“相”，乙本脱。

9　“善根”，乙本作“根善”，誤倒。

10　丙一始。

11　丙二始。

12　“今但説取相”，丙二作“今但言□相”。

13　“是等……菩薩”十四字，丙一殘。

14　丙一終。

15　“菩薩念佛三昧”，丙二殘。

16　“説取……微細”一行十七字，乙本脱。

17　“微”，甲、丙二、聖本脱。

18　“微細礙須”，丙二殘。

19　“故讚言甚深”，丙二殘。

20　“一切法常”，丙二殘。

21　“遠一切法”，甲本作“離一切法”，聖本作“遠離一切法”，宫本無。

22　“遠”，甲、宋、元、明、宫、聖本作“離”。

23　“是般……一切”十字，丙二殘。

24　“微細相”，甲、丙二、宋、元、明、宫本作“細微”，乙本作“微細”。

25　“入般……提歡”八字，丙二殘。

26　丙二終。

27　“應”，乙本作“當”。

28　“河”，乙本無。

29　“法”，乙本作“切”，誤。

30　“以”，甲本作“以是”。

須菩提聞是説,作是念：我以爲得,佛謂不得；是般若波羅蜜,難解難知。佛答：非獨汝難,一切衆生無見者、無聞者、無知者、無識者、無得者。耳[1]、鼻、舌、身所不知,意所不識不得；是般若出過六種知,故言難解。須菩提入深般若中,智力窮極,故言不可思議。佛言：是般若非心生,非五衆生,乃至不從十八不共法生,無生相故。問曰：若説不從心生,何以復説五衆[2]？五衆中識衆即是心！答曰：先説心,是略説；後説五衆等,是廣説。五衆乃至十八不共法,可與般若作因緣,不能生般若,譬如猛風除雲,能令日月出現[3],而不能作日月也[4]。

大智度論釋無作實相品第四十三[5]

【經】[6]須菩提白佛言：是般若波羅蜜無所作。佛言：作者不可得故,色不可得,乃至一切法不可得故。世尊[7]！若菩薩摩訶薩欲行般若波羅蜜,應云何行？佛告須菩提：菩薩摩訶薩欲行般若波羅蜜,不行色,是行般若波羅蜜；不行受、想、行、識,是行般若波羅蜜；乃至不行一切種[8]智,是行般若波羅蜜。不行色常、無常,是行般若波羅蜜；乃至一切種智不行常、無常,是行般若波羅蜜。不行色若苦、若樂,是行般若波羅蜜；乃至不行一切種智若苦、若樂,是行般若波羅蜜。不行色是我、非我,是行般若波羅蜜；乃至不行一切種[9]智是我、非我,是行般若波羅蜜。不行色淨、不淨,是行般若波羅蜜；乃至不行一切種[10]智淨、不淨,是行般若波羅蜜。何以故？是色無所有性,云何有常、無常,苦、樂,我、無我,淨、不淨？受、想、行、識亦無所有性,云何有常、無常,乃[11]至淨、不淨？乃至一切種智無所有性,云何有常、無常,乃[12]至淨、不淨？復次,須菩提！菩薩摩訶薩行般若波羅蜜時,不行色不具足,是行般若波羅蜜；不行受、想、行、識不具足,是行般若波羅蜜；乃至不行一切種智不具足,是行般若波羅蜜。何以故？色不具足者是不名色,如是亦不行,是行般若波羅蜜；受、想、行、識不具足者[13],是不名識,如是亦不行,是行般若波羅蜜；乃[14]至不行一切種智不具足者,是不名一切種智[15],如是亦不行,是行般若波羅蜜。須菩提白佛[16]言：未曾有也！世尊！善説求[17]菩薩道善男子、善女人礙不礙相！佛言：如是！如是！須菩提！佛善説求菩薩道善男子、善女人礙不礙相。復次,須菩提！若菩薩摩訶薩行般若波羅蜜時,不行色不礙,是行般若波羅蜜；不行受、想、行、識不礙,是行般若波羅蜜。不行眼不礙,是行般若波羅蜜；不行耳、鼻、舌、身不礙,是行般若波羅蜜；不行意不礙,是行般若波羅蜜。不行檀波羅蜜不礙,是行般若波羅蜜；不行尸羅波羅蜜不礙,是行般若波羅蜜；不行羼提波羅蜜不礙,是行般若

1　“耳”,甲、乙、宋、元、明、宫、聖、石本無。

2　“五衆”後,乙本衍“生”。

3　“現”,乙本作“見”,“見”爲“現”之古字。

4　“也”,乙本無。

5　甲本品題作“大智度第四十二品釋論”,乙本品題作“無所作義品第四十三”。

6　“經”,甲、宋、宫本無。下同,不復出校。

7　經文“世尊”至“而有轉法輪”,乙本無。

8　“種”,甲本脱。

9　“種”,甲本脱。

10　“種”,甲本脱。

11　“乃”,甲本脱。

12　“乃”,甲本脱。

13　丙三始。

14　“若波羅蜜乃”,丙三殘。

15　“不名一切種智”,丙三殘。

16　“菩提白佛”,丙三殘。

17　丙三終。

波羅蜜；不行毘梨耶波羅蜜不礙，是行般若波羅蜜；不行禪波羅蜜不礙，是行般若波羅蜜；不行般若波羅蜜不礙，是行般若波羅蜜。乃至不行一切種[1]智不礙，是行般若波羅蜜。須菩提！菩薩摩訶薩如是行般若波羅蜜時，知色是不礙，知受、想、行、識是不礙，乃至知一切種[2]智是不礙；知須陀洹果不礙，知斯陀含果不礙，知阿那含果不礙，知阿羅漢果不礙，知辟支佛道不礙，知阿耨多羅三藐三菩提道不礙。爾時，慧命須菩提白佛言：未曾有也！世尊！是甚深法，若說亦不增不減、若不說亦不增不減。佛語須菩提：如是！如是！是甚深法若說亦不增不減、若不說亦不增不減。譬如佛盡形壽，若讚若毀虛空，讚時亦不增不減，毀時亦不增不減。須菩提！如幻人，若讚時不增不減，毀時亦不增不減；讚時不喜，毀時不憂。須菩提！諸法[3]相亦如是，若說亦如本不異，若不說亦如本不異。須菩提白佛言：世尊！諸菩薩摩訶薩所爲甚難，修行是般若波羅蜜時，不憂不喜，而能習行[4]般若波羅蜜，於阿耨多羅三藐三菩提亦不轉還。何以故？世尊！修般若波羅蜜，如修虛空。如虛空中無般若波羅蜜，無禪、無毘梨耶、無羼提、無尸羅、無檀波羅蜜；如虛空中無色、無受想行識，亦無內空、外空、內外空乃至無法有法空，無四念處乃至無八聖道分，無佛十力乃至無十八不共法；無須陀洹果、斯陀含果、阿那含果、阿羅漢果，無辟支佛道，無阿耨多羅三藐三菩提；修般若波羅蜜，亦如是。世尊！應禮是諸菩薩摩訶薩，能大莊嚴。世尊！是人爲衆生大莊嚴，勤精進，如爲虛空大莊嚴，勤精進。世尊！是人欲度衆生，如欲度虛空。世尊！是諸菩薩摩訶薩大莊嚴，爲虛空等衆生大莊嚴。世尊！是人大莊嚴欲度衆生，爲如舉虛空。世尊！諸菩薩摩訶薩大精進力，欲度衆生故，發阿耨多羅三藐三菩提心。世尊！諸菩薩摩訶薩大莊嚴，欲度衆生故，發阿耨多羅三藐三菩提心。世尊！諸菩薩摩訶薩大勇猛，爲度如虛空等衆生故，發阿耨多羅三藐三菩提心。何以故？世尊！若三千大千世界滿中諸佛，譬如竹葦、甘蔗、稻麻、叢林，諸佛若一[5]劫，若減一[6]劫說法，一一佛度無量無邊阿僧祇衆生，令入涅槃。世尊！是衆生性亦不減，亦不增。何以故？衆生無所有故，衆生離故。乃至十方世界中，諸佛所度衆生，亦如是。世尊！以是因緣故，我如是說：是人欲度衆生故，發阿耨多羅三藐三菩提心，爲欲度虛空。是時，有一比丘作是言：我當[7]禮般若波羅蜜！般若波羅蜜中，雖無法生、無法滅，而有戒衆、定衆、慧衆、解脫衆、解脫知見衆，而有諸須陀洹、諸斯陀含、諸阿那含、諸阿羅漢、諸辟支佛，有諸佛，而有佛寶、法寶、比丘僧寶，而有轉法輪。

【論】釋曰：須菩提聞佛說般若波羅蜜無起無作相，是故今在佛前說：般若[8]波羅蜜無所作。若無作者，不能斷諸煩惱，不能修集[9]諸善法。此中佛說因緣：從作者乃至一切法不可得故。知者尚無，何[10]況作者？須菩提言：若無作者，般若波羅蜜無所能作，應云何行云何得般若波羅蜜？佛言：若菩薩不行一切法，不得一切法——所謂若常、若[11]無常，乃至若淨、若不淨，是名行般若波羅蜜。一切法者，從色乃至一切種智，是菩薩行法。是法中，無智人行諸法常等，智人[12]行諸法無常等。是般若波羅蜜，示諸法畢竟實相故，不說諸法

---

1 "種"，甲本脫。
2 "種"，甲本脫。
3 "法"後，甲、聖本衍"法"。
4 "行"，甲、宮、聖本脫。
5 "一"，甲本脫。
6 "一"，甲本脫。
7 "當"，甲、宋、元、明、宮本無。
8 丁本始。
9 "集"，丁本作"習"。
10 "何"，甲本脫。
11 "若"，丁、宋、元、明、宮本無。
12 "智人"前，乙本衍"無"。

常[1]、無常[2]。無常等雖能破常等顛倒,般若中不受是法,以能生著心故;思惟籌量,求常、無常相不可得定實。問曰:色等罪法,可觀不淨、苦[3],餘善法云何觀不淨、苦? 答曰:是名字不淨、苦。如隨意安穩[4]好法,名清淨、快樂;不隨意非安穩法,名不淨、苦。於善法中愛樂悦可者,以爲淨、樂;厭惡不喜者,以爲不淨、苦。須菩提作是念:若離諸觀法者,將無不具足菩薩道耶? 是故佛説:若不行色等不具足,是行般若波羅蜜。色具足者,有人言:色等法中常、無常等憶想分別,是名具足。不具足者,是中用無常等觀破常等,是名不具足,少常等故。今於色中亦不行無常等,是故言不[5]行色不具足,是爲行般若波羅蜜。復次,有人言:具足者,謂:補處菩薩能如色實觀,乃至一切種智,是名具足;餘者是[6]不具足。若菩薩不行色等不具足者,即是行具足般若波羅蜜[7]。何以故? 色不具足則非色,色非常[8]相故。佛言:出衆生於常中,著無所有中,隨語言音聲故,是故説:如是實清淨亦不行,是爲行般若波羅蜜。善[9]説道、非道故[10],須菩提言希有! 礙者是非道,無礙者是道。佛觀會衆[11]心多迴向空,知般若波羅蜜無礙相,是故説:不行色等無礙,是行般若波羅蜜[12]。能如是行者,於色等法無礙。須菩提雖不能究盡知畢竟空理,而常樂説,是空[13]法希有,與[14]一切世間法相違。佛可須菩提所説:若説[15]、不説,無增無減。是諸法實相,若以身業毀壞,亦不能令異,何況口説? 常不生相故。譬如虛空——虛空是般若波羅蜜;幻人是行者。行者雖[16]罪業因緣生是虛誑法,般若波羅蜜合故無有異。如種種諸色,到須彌山邊,同爲金色。是諸法實相,不可知、不可説,故若説、不説,如本不異。爾時,須菩提作是念:若諸法畢竟空,無所有如虛空,乃至無有微細相,而菩薩能修集善法,得無上道,是事難信難受! 作是念已,白佛言:諸菩薩所爲甚難,能爲難事,故應禮拜,謂能大莊嚴[17]故。須菩提希有心説,是菩薩摩訶薩爲阿耨多羅三藐三菩提大莊嚴,一切天人皆應禮拜。問曰:云何知是大莊嚴? 答曰:須菩提此中自説譬喻[18]:如有人爲虛空故,勤行精進,利益故大莊嚴。菩薩爲利益衆生,勤精進亦如是。世尊! 若有人欲度虛空,菩薩摩訶薩欲度衆生,亦如是。問曰:一事何以再説? 答曰:利益者,未得涅槃,但令得智慧、禪定等[19]今世、後世樂。欲度者,令得漏盡,成三乘道,入無餘涅槃。如虛空無生無滅,無苦無樂,無縛無脱[20],無所有故,衆生亦如是。是故説:世尊! 爲度虛空等衆生故大莊嚴。如虛空無色無形,若有欲舉虛空,是爲難;衆生[21]法亦如是畢竟空,

---

1　"法常",丁本脱。

2　"無常",乙本脱。

3　"苦",乙本作"若",誤。

4　"安穩",甲、乙、丁本作"安隱",古時"安穩"多寫作"安隱"。下同,不復出校。

5　"言不",丁本作"不言",誤倒。

6　"是",乙、石本無。

7　"波羅蜜",丁本脱。

8　"常",原作"無常",誤,兹據甲、宋、元、明、宫、聖本改,乙、丁本作"無常",誤。

9　"善",乙本無,石本作"若"。

10　"故",乙、石本無。

11　"會衆",甲、乙、丁、宋、元、明、宫、聖本作"衆會"。

12　"波羅蜜",乙、丁、石本脱。

13　"空",甲、乙、丁、宫、聖本無,石本作"説",誤。

14　"與",丁本脱。

15　"説",丁本脱。

16　"雖",丁本作"離",誤。

17　"大莊嚴",乙、丁、聖、石本作"大誓莊嚴"。下同,不復出校。

18　"喻",丁、石本脱。

19　"等",丁本作"等等"。

20　"無縛無脱",甲、乙、丁、宋、元、明、宫、聖本作"無脱無縛"。

21　"生",丁本脱。

而菩薩欲舉[1]三界衆生著涅槃中,是故名[2]大莊嚴。須菩提復讚:是菩薩大[3]精進力、不隨邪疑心故,雖未得佛道、未滅諸結,而能大勇猛,能如是行菩薩道爲衆生,衆生亦空。譬如[4]以種種彩[5]色,欲畫虛空。此中佛説衆生空因緣,所謂十方如恒[6]河沙諸佛,以神通力,爲衆生無量劫説法,一一佛度無量阿僧祇衆生入涅槃,假令如是,於衆生無所減少。若實有衆生、實有減少者,諸佛應有減衆生罪。若衆生實空,和合因緣有假名衆生故,無有定相;是故爾所佛度衆生,實無[7]減少。若不度亦不增,是故諸佛[8]無減衆生咎!是故説:菩薩欲度衆生,爲欲度虛空。爾時一比丘,聞畢竟空相,驚喜言:我當[9]禮般若波羅蜜!般若中無有法定實相,而有戒衆[10]等及諸果報。

【經】[11]爾時,釋提桓因語須菩提:若菩薩摩訶薩習般若波羅蜜,爲習何法?須菩提語釋提桓因言:憍尸迦!是菩薩摩訶薩習般若波羅蜜,爲習空。釋提桓因白佛言:世尊!若善男子、善女人,受持般若波羅蜜,親近、讀[12]、誦、説、正憶念,我當作何等護?爾時,須菩提語釋提桓因言:憍尸迦!汝頗見是法可守護者不?釋提桓因言:不也!須菩提!我不見是法可守護者。須菩提言:憍尸迦!若善男子、善女人如般若波羅蜜中所説行[13],即是守護,所謂常[14]不遠離如所説般若波羅蜜行。是善男子、善女人,若人、若非人不得其便,當知是善男子、善女人,不遠離般若波羅蜜。憍尸迦!若人欲[15]護行般若波羅蜜菩薩,爲欲護虛空。憍尸迦!於汝[16]意云何?汝能護夢、焰[17]、影、響、幻、化不?釋提桓因言:不能護。若人欲護行般若波羅蜜諸菩薩摩訶薩,亦如是,徒自疲苦。憍尸迦!於汝意云何?能護佛所化不?釋提桓因言:不能護。若人欲護行般若波羅蜜諸菩薩摩訶薩,亦如是。憍尸迦!於汝意云何?能護法性、實際、如、不可思議性不?釋提桓因言:不能護。若人欲護行般若波羅蜜諸菩薩摩訶薩,亦如是。爾時,釋提桓因問須菩提:云何菩薩摩訶薩,行般若波羅蜜,知見諸法如夢、如焰、如影、如[18]響[19]、如幻、如化?諸菩薩摩訶薩如所知見故,不念夢,不念是夢,不念用夢,不念我夢?焰、影、響、幻、化,亦如是。須菩提言:憍尸迦!若菩薩摩訶薩行般若波羅蜜,不念色、不念是色、不念用色、不念我色;是菩薩摩訶薩亦能不念夢、不念是夢、不念用夢、不念我夢,乃至化亦不念化、不念是化、不念用化、不念我化;受、想、行、識亦如是。乃至一切智,不念一切智、不念是一切智、不念用一切智、不念我一切智;是菩薩摩訶薩亦能不念夢、不念是夢、不念用夢、不念我夢;乃至化亦如是。如是[20],憍

1　“是爲……欲舉”一行十七字,乙本脱。

2　“名”,丁本脱。

3　“大”,乙、丁、聖、石本作“大誓”。下同,不復出校。

4　“如”,丁本無。

5　“彩”,甲、宋、宫、聖本作“綵”,乙本作“采”,“采”爲“彩”之古字。

6　“恒”,甲本作“洹”,誤。

7　“無”,丁本作“無有”。

8　“度衆生……諸佛”一行十七字,乙本無。

9　“當”,丁本脱。

10　“戒衆”,乙、宋、元、明、宫、石本作“衆生”,丁本作“我衆生”。

11　此段經文乙本無。

12　“讀”,丁本脱,宋、宫本作“讚”。

13　“行”,丁本脱。

14　“常”,丁本脱。

15　“欲”,丁本作“守”,誤。

16　“汝”,丁本脱。

17　“焰”,甲、丁本作“炎”,“炎”爲“焰”之古字。下同,不復出校。

18　“如”,丁本脱。

19　“響”,丁、聖本作“嚮”,“嚮”通“響”。下同,不復出校。

20　“如是”,丁本無。

尸迦！菩薩摩訶薩知諸法如夢、如焰、如影、如響、如幻、如化[1]。

【論】[2]釋曰：即時帝釋問[3]：從佛、須菩提所聞是甚深般若，爲習何法？須菩提言：諸法久久皆歸[4]涅槃故，當習諸法空，是故説：欲習般若當習空。帝釋是人天王，於世間自在，能與所須，願作守護；聞是般若波羅蜜，歡喜白佛言：我當作何事守護？隨其所須，盡當與之。須菩提及一比丘，出家法敬禮而已。諸惡鬼[5]常惱是人，魔若魔民常惱行者；是故問佛：我當以何事守護？若自守護[6]，若遣子弟[7]，若遣官屬侍衛，隨佛教勅。須菩提知般若有無量力，又知佛意欲令般若波羅蜜貴重，不用受恩，故語帝釋：憍尸迦！般若波羅蜜中皆空，如幻、如夢，汝頗見定有一法可守護不？帝釋言：不也！若可見者，不名爲般若波羅蜜畢竟空；若不可見，云何説言：我當作何事守護？復次，憍尸迦！若行者如所説般若中住，即是守護。若菩薩如般若中所説，一心信受、思惟、正憶念，入禪定，觀諸法實相，得[8]畢竟空智慧，應無生法忍，入菩薩位，如是人不惜身命，何況外[9]物？是人不須守護。守護名遮諸苦惱，令[10]得安樂。是人離一切世間法，故無有憂愁苦惱；得世間事不以爲喜，失世間事不以爲憂，所謂常不離如所説般若波羅蜜行。若人少時應行，後還失者，宜須守護；若常不離如所説般若波羅蜜，則不須守護。如伽羅夜叉[11]以拳打舍利弗頭，舍利弗時入滅盡定，不覺打痛。般若波羅蜜氣[12]分，即是滅盡定，是故若人、若[13]非人不能得便。略説二種因緣，不須守護，若人、若非人不得便：一者，從身乃至一切諸法，皆厭[14]離，無我，無我所故，皆無所著，如斬草木，不生憂愁；二者，得上妙法故，爲十方諸佛菩薩、諸天守護。復次，譬如人欲守護虛空。虛空[15]雨不能壞、風日不能乾、刀杖[16]等[17]不能傷；若有人欲守護虛空者，徒自疲苦，於空無益。若人欲守護行般若波羅蜜菩薩，亦如是。欲令此事明了，故問[18]：汝能守護空及夢中所見人，及影[19]、響[20]、幻化人不？答言：不也！此法但誑心眼，暫現已滅，云何可守護？行般若[21]菩薩亦如是，觀五眾如夢等虛誑。如無爲法：如、法性、實際、不可思議性，無能守護者，亦無[22]所利益。行般若菩

1　下段經文"爾時"至"却住一面"八十三字，丁本抄於"如化"後。

2　"論"，丁、宋、宫本無。下同，不復出校。

3　"問"，甲、乙、丁本脱。

4　"歸"，甲本作"歸空"。

5　"鬼"，丁本作"鬼神"。

6　"若自守護"，丁本脱。

7　"子弟"，甲、乙、石本作"弟子"。

8　"得"，乙本脱。

9　"外"，丁本作"少"，誤。

10　"令"，乙本作"命"，聖本作"念"。

11　"夜叉"，丁本作"耶叉"。

12　"氣"後，丁本衍"力"。

13　"若"，乙、石本無。

14　"厭"，丁本作"能"。

15　"虛空"，甲本作"而空"。

16　"杖"，乙、宋、元、明、宫本作"仗"。

17　"等"，乙本無。

18　"問"，丁本作"問曰"。

19　"影"，丁本脱。

20　"響"，乙本作"嚮"，"嚮"通"響"。下同，不復出校。

21　"般若"，丁本作"般若波羅蜜"。

22　"無"，丁本作"在"，誤。

薩,知身[1]如如[2]、法性、實際,不分[3]別;得供養利時不喜,破壞失時不憂。如是人何須守護?爾時,帝釋貪貴是如夢等智慧,菩薩得是智慧力,不須外守護故,問須菩提:云何菩薩知是如夢等空法?如所知見不念夢等者,夢[4]等喻五衆。五衆,人所著,不著夢等;欲令離著事,故以不著事爲喻。欲令觀五衆如夢,於夢亦復生著,是故帝釋問:如夢,亦不著夢。凡夫人以夢喻五衆,即復著夢,作是言:定有夢法眠睡時生,是名[5]念夢。是夢惡,是夢好,如是分別,是名念是[6]夢;夢得好事則心高,得惡事則心愁[7]。又用此夢譬喻,得是如夢實智慧,是名念用夢。聞[8]是譬喻,我因此夢得知[9]諸法如夢,是名念[10]我夢。餘喻亦如是。爾時,須菩提答帝釋:若行者不念色——是色:人色[11]、非人色,樹色、山色,是四大、若四大所造[12]色等;不念是色若常、若無常等,不以色故心生憍慢;不念色是我所、非我所[13],入無我門,直至諸法實相中。是人能不念夢、不念是夢等;用是夢等譬喻,破著五衆,破著故於夢中亦不錯。若不能破色著,是人於色錯,於夢亦錯。受、想、行、識,乃至一切種智,亦如是。幻、焰、響[14]、影、化等,亦如是。諸菩薩知[15]諸法如夢,於夢亦不念[16]。

【經】爾時[17],佛神力故,三千大千世界中,諸四天王天、三十三天、夜摩天[18]、兜率陀天、化樂天、他化自在天,梵身天,梵輔天,梵衆天,大梵天,少光天,乃至淨居天——是一切諸天,以天栴檀遥散佛上,來詣佛所,頭面禮佛足,却住一面。爾時,四天王天、釋提桓因及三十三天、梵天王乃至諸淨居天,佛神力故,見東方千佛説法,亦如是相、如是名字,説是般若波羅蜜品,諸比丘皆[19]字須菩提,問難般若波羅蜜品者,皆字釋提桓因;南西北方、四維、上下,亦如是各千佛現。爾時,佛告須菩提:彌勒菩薩摩訶薩得阿耨多羅三藐三菩提時,亦當於是處説般若波羅蜜。如[20]賢劫中諸菩薩摩訶薩得阿耨多羅三藐三菩提時,亦當於是處説般若波羅蜜。須菩提白佛言:世尊! 彌勒菩薩摩訶薩得阿耨多羅三藐三菩提時[21],用何相、何因、何義説[22]是般若波羅蜜義?佛告須菩提:彌勒菩薩摩訶薩得阿耨多羅三藐[23]三菩提時,色非常非無常,當如是説法;色非苦非樂,色非我非無我,色非淨非不淨,當如是説法;色非縛非解,當如是説法。受、想、行、識非常非無常,乃至非縛非解,

---

1　“知身”前,丁本衍“如”。

2　“如”,丁本脱。

3　“分”,甲、丁、宋、宫、聖本無。

4　“夢”,丁本脱。

5　“名”,乙本脱。

6　“是”,丁、宋、元、明、宫本無。

7　“愁”,丁本作“悲”。

8　“聞”前,乙、石本有“生念”。

9　“知”,丁本脱。

10　“念”,丁本脱。

11　“人色”,丁本脱。

12　“造”,丁本作“告”,誤。

13　“非我所”,甲、宋、元、明、宫、聖、石本無。

14　“響”,乙本作“嚮”,“嚮”通“響”。

15　“知”,甲本作“智”,“智”通“知”。

16　下段論文“是般若波羅蜜”至“一面立”四十四字,丁本抄於“於夢亦不念”後。

17　經文“爾時”至“却住一面”八十三字,丁本抄於上段經文末二字“如化”後。

18　“夜摩天”,甲本作“夜磨天”,異譯詞。

19　“皆”,丁本脱。

20　“如”,甲、丁、宋、宫本無。

21　“時”,甲、丁本無。

22　“説”,丁本脱。

23　“三藐”,丁本脱。

當如是説法。色非過去,色非未來,色非現在,當如是説法;受、想、行、識亦如是。色畢竟淨[1],當如是説法;受、想、行、識畢竟淨,當[2]如是説法;乃至一切智畢竟淨,當如是説法。須菩提白佛言:世尊! 是般若波羅蜜清淨。佛言:色清淨故,般若波羅蜜清淨;受、想、行、識清淨故,般若波羅蜜清淨。世尊! 云何色清淨[3]故般若波羅蜜清淨? 云何受、想、行、識清淨故般若波羅蜜清淨? 佛言:若色不生不滅,不垢不淨,是名色清淨;受、想、行、識不生不滅,不垢不淨,是名受、想、行、識清淨。復次,須菩提! 虚空清淨故,般若波羅蜜清淨。世尊! 云何虚空清淨故般若波羅蜜清淨? 佛言:虚空不生不滅故清淨,般若波羅蜜亦如是。復次,須菩提! 色不污故,般若波羅蜜清淨;受、想、行、識不污故,般若波羅蜜清淨。世尊! 云何色不污故般若波羅蜜清淨? 受、想、行、識不污故般若波羅蜜清淨? 佛言:如虚空不可污故,虚空清淨。世尊[4]! 云何如虚空不可污故虚空清淨? 佛言:虚空不可取故虚空清淨,虚空清淨故般若波羅蜜清淨。復次,須菩提! 虚空不[5]可説故,般若波羅蜜清淨。世尊! 云何虚空不[6]可説故般若波羅蜜清淨? 佛言:因虚空中二聲出,般若波羅蜜亦如虚空不[7]可説故清淨。須菩提! 虚空不可説故,般若波羅蜜清淨。世尊! 云何虚空不可説故般若波羅蜜清淨[8]? 佛言:如虚空不[9]可説故,般若波羅蜜清淨。復次,如虚空不可得故,般若波羅蜜清淨。世尊! 云何如虚空不可得故般若波羅蜜清淨? 佛言:如虚空無所得相,般若波羅蜜亦如虚空無所得相[10]故清淨。復次,須菩提! 一切法[11]不生不滅、不垢不淨故,般若波羅蜜清淨。世尊! 云何一切法不生不滅、不垢不淨故般若波羅蜜清淨? 佛言:一切法畢竟清淨故,般若波羅蜜清淨。

【論】釋曰[12]:是般若波羅蜜[13]雖皆甚深,是品中了了説諸法實相故。是以三千大千世界中[14]諸天持諸供養具,來供養佛,一面立。問曰:即是上諸天,今更來? 答曰:有人言:事久故去竟更來。有人言:更有新天[15]來者,欲令信般若故,十方面各千佛現。是人[16]福德因緣,應見千佛故;佛神力故,在會衆人[17]皆[18]見十方佛。人天所見有限,非佛威神,無由得見彼諸佛。佛[19]前説法者,皆字須菩提;難問者,皆字釋提桓因。取其同字者有千人。是時,須菩提、帝釋皆歡喜言:非獨我等能説、能問! 佛欲證其事,故廣引其事,説彌勒及賢劫菩薩,於是[20]摩伽陀國,王舍城耆闍崛山,説般若波羅蜜。如經中説:彌勒菩薩將大衆到耆闍崛山,以足指開山頂,摩訶迦

---

1 "畢竟淨",丁本作"畢竟空淨"。下同,不復出校。
2 "當",甲本脱。
3 "淨",丁本作"清",誤。
4 "世尊"後,丁本衍"云何如虚空清淨。世尊"。
5 "不",原脱,兹據丁、聖本補。
6 "不",原脱,兹據丁、聖本補。
7 "不",原脱,兹據丁、聖本補。
8 "世尊……清淨"一行十七字,丁本脱。
9 "不",甲、宋、元、明、宫、聖本作"無"。
10 "相",甲、丁、宋、宫本無。
11 "法"後,丁本衍"中"。
12 "論釋曰",甲本作"釋曰",乙本作"論",丁本無。
13 "是般若波羅蜜"至"一面立"四十四字,丁本抄於上段論文"於夢亦不念"後。
14 "中",丁本脱。
15 "新天",甲、宋、元、明、宫、聖本作"新天上",丁本作"無",誤。
16 "人",丁本脱。
17 "人"後,乙、丁本衍"佛"。
18 "皆",乙、聖、石本作"皆令"。
19 "佛",丁本脱。
20 "是",丁本無。

葉骨身,著僧伽梨[1],執杖持鉢而出。彌勒爲大衆説言:有過去釋迦牟尼佛,人壽百歲時,是[2]人是[3]少欲知足、行頭陀弟子中第一,具六神通,得三明,常憐愍利益衆生故,以神通力,令此骨身至今。因[4]此小身得如是利,何況汝等大身生於好世,而不能自利? 爾時,彌勒因是事廣説法,令無量衆生得[5]盡苦際。以此事故,知彌勒在耆闍崛山中説法。是般若波羅蜜,過去、未來、現在佛所説,應當信受。須菩提問:彌勒菩薩[6]以何相、何因、以何法門説? 佛言:如我説。色等諸法非常非無常,非縛非解等,如先説。亦不説色過去、未來、現在;如涅槃出三世,色等諸法亦如是。如[7]先説一切法如涅槃相;彌勒所説亦如是。爾時,須菩提歡喜白佛言[8]:世尊! 是般若波羅蜜,第一清淨。佛言:色等諸法清淨故,因果[9]相似故。色等法清淨者,所謂色等法[10]不失業因緣故,及不得諸法生相定實故,不生不滅;諸法相常不污染故,不垢不淨。此中説譬喻,欲令事明了故。如虛空塵水不著,性清淨故;般若波羅蜜亦如是,不生不滅故常清淨。如虛空不可染污;般若波羅蜜[11]亦如是,雖有邪見戲論不能染污,刀杖[12]惡事不能壞,無色無形故[13]不可取,不可取故則不可染污。復次,諸菩薩住辯[14]才樂説無礙智中,爲衆生説十二部經、八萬四千法聚,皆是般若波羅蜜一[15]事,而分別爲説,是故説[16]:般若波羅蜜可[17]説故,清淨如虛空。因虛空及山谷,有人聲從口中空出[18],因是出[19]聲故名響。如響[20]空,口聲亦如是,是[21]二聲皆虛誑不實,而人以聲爲實,以[22]響爲虛[23]。般若亦如是,一切法皆畢竟空,如幻、如夢,凡夫法、聖法皆是虛誑;小菩薩以凡夫法爲虛誑、聖法爲實。問曰:是二皆虛誑,何以故小菩薩以凡夫法爲虛、聖法爲實? 答曰:聖法因持戒、禪定、智慧,修集功德所成,故以爲實。以凡夫法自然有[24],如[25]響自然出,非是[26]故作[27]以爲

1　"僧伽梨",丁本作"僧伽利",異譯詞。

2　"是",丁本無。

3　"是",甲本無。

4　"因",乙本脱。

5　"得",丁本作"併"。

6　"菩薩",甲、乙、丁、宋、元、明、宫本無。

7　"如",乙本作"知",誤。

8　"言",甲、丁本無。

9　"因果"前,甲、丁、宋、元、明、宫、聖本有"淨"。

10　"法",乙本脱。

11　"波羅蜜",丁本脱。

12　"杖",乙本作"仗"。

13　"故",丁本脱。

14　"辯",甲本作"辨","辨"通"辯"。

15　"一",丁本脱。

16　"説",乙、丁本脱。

17　"可",丁本作"不可"。

18　"口中空出",丁本作"山中出空","山"當爲"口"之誤,"出空"當互乙。

19　"出",甲、丁、宋、元、明、宫、聖本作"二"。

20　"如響",丁本脱。

21　"因虛空……是是"三十字,乙本作"因山谷、口聲出嚮如是",丁本無"是"。

22　"以",丁本作"故"。

23　"虛",乙本作"空"。

24　"有",乙本脱。

25　"如",乙本作"如有"。

26　"是",乙、宋、元、明、宫、聖、石本作"是人"。

27　"故作",乙、聖、石本作"作故"。

虛[1]。衆生無始世來[2]，著此身故，聲從身出以[3]爲實；小菩薩深樂善法故以爲實。復次，如虛空中，無音聲語言相故無所説；是語言音聲，皆是作法，虛空是無作法。般若波羅蜜亦如是，第一深義畢竟空，無有言説，一切語言道[4]斷故。復次，如虛空無所得相，不得有、不得無。若有無相[5]，如先破虛空相；若無，因是虛空造無量事！般若波羅蜜亦如是，有無[6]相不可得故清淨。復次，般若波羅蜜，因諸法正憶念故生；正憶念者，畢竟空[7]清淨，故一切法不生不滅、不垢不淨。

大智度論卷第六十四[8]。

大智度論釋無作實相品第四十三之餘（卷六十五）[9]

……如是等種種[10]因緣，故諸天皆來。説法者讚歎無量無邊無上法——所謂般若波羅蜜，亦得無量無邊福德。若爲人説，人鈍根、福德薄，故得福少；諸天利根、福德多、福田勝，故得福多。故佛説：行者齋日，諸天及大衆中説般若得福無量。此中佛可須菩提所言，復自説無量福德因緣，所謂般若波羅蜜，是大珍寶波羅蜜。如如意寶珠，能滿一切人願；是般若波羅蜜，能滿一切衆生願，所謂離苦、得樂。離苦者，般若波羅蜜能[11]拔衆生地獄、畜生、餓鬼及人中貧窮……善法尚不[12]能污染，何況不善法！如此[13]中説：如是亦不知者，如上説般若相，亦不作是知、不作知者；不取相亦不生著，不分別，不得定相；是名無有過患，無有法愛，斷諸戲論。如是人能實修行般若波羅蜜，以法禮佛，自得實法利益，故能利益衆生；能自離惡，能令衆生離惡，故得淨佛世界[14]。用無所得方便力，故知[15]諸法畢竟寂滅相，而能爲衆生故起諸善法。般若波羅蜜畢竟清淨，故無力、無非力。譬如虛空，雖無有法，而因虛空得有所作。無有一法定相可著，故無有力；得諸法實相，於諸善法無礙，乃至[16]降魔成佛，非無有力。不受不與、不生不滅等，乃至不捨有爲法、不[17]與無爲法，亦如是。此中説因緣：有佛無佛，諸法性常住世間。諸法性者，即是諸法實相；諸法實相者，即是般若波羅蜜。若以常、無常等求諸法實相，是皆爲錯；若人[18]入法性中求[19]，則無有錯謬。法性常故不失。

1　“虛”，乙、石本作“空”。

2　“來”，乙本作“界”，誤。

3　“以”，丁本脱。

4　“道”，丁本脱。

5　“無相”前，乙、聖、石本有“若”。

6　“有無”，丁本作“無有”。

7　“空”，乙本無。

8　甲本終，尾題作“卷第六十四”。乙本終，尾題作“大智度經卷第七十一”。丁本終，尾題作“卷第六十四弟四十一品弟四十二品”，題記作“用紙二十張。”

9　本卷對應《大智度論》寫本凡6號：津文2號（以下簡稱“甲一”）、BD 15310號（以下簡稱“甲二”）、S. 3185號（以下簡稱“乙本”）、BD 14425號（以下簡稱“丙本”）、俄 Дх03758號（以下簡稱“丁本”）、俄 Дх03254號（以下簡稱“戊本”）。

10　甲一始。

11　甲一終。

12　乙本始。

13　“此”，乙本作“此人”。

14　“世界”，乙、石本作“國土”。

15　“知”，乙本作“智”，“智”通“知”。

16　“乃至”後，乙本衍“畢竟清淨”。

17　甲二始。

18　“人”，乙、石本無。

19　“求”，甲二、宋、元、明、宮本無。

【經】[1]爾時,諸天子虛空中立,發大音聲,踊躍歡喜,以漚鉢羅華、波頭摩華[2]、拘物頭華[3]分陀利華而散佛上,如是言:我等於閻浮提,見第二法輪轉。是中無量百千天子,得無生法忍。佛告須菩提:是法輪非第一轉、非第二轉。是般若波羅[4]蜜,不爲轉故出、不爲還故出,無法有法空故。須菩提白佛言:世尊! 云何無法有法空故,般若波羅蜜不爲轉、不爲還故出? 佛言:般若波羅蜜、般若波羅蜜相空,乃至檀波羅蜜、檀波羅蜜相空;內空內空相空,乃至無法有法空、無法有法空相空;四念處、四念處相空,乃至八聖道分、八聖道分相空;佛十力、佛十力相空,乃至十八不共法、十八不共法相空;須陀洹果、須陀洹果相空,斯陀含果、斯陀含果相空,阿那含果、阿那含果相空,阿羅漢果、阿羅漢果相空,辟支佛道、辟支佛道相空;一切種智、一切種智相空。須菩提白佛言:世尊! 諸菩薩摩訶薩般若波羅蜜,是摩訶波羅蜜! 何以故? 雖一切法自相空,而諸菩薩摩訶薩因般若波羅蜜得阿耨多羅三藐三菩提,亦無法可得;轉法輪,亦無法可轉、亦無法可還;是摩訶般若波羅蜜中,亦無有法可見。何以故? 是法不可得,若轉、若還,一切法畢竟不生故。何以故? 是空相,不能轉、不能還;無相相,不能轉、不能還;無作相,不能轉、不能還。若能如是説般若波羅蜜,教、照、開、示、分別、顯現、解釋、淺易——有能如是教者,是名清淨説般若波羅蜜。亦無説者、亦無受者、亦無證者;若無説、無受、無證,亦無滅者,是説法中亦無畢定福田。

【論】[5]釋曰:諸天[6]聞般若,大[7]歡喜踊躍。諸天身輕利根,分別著相,知有輕重;聞般若波羅蜜畢竟清淨,平等實相,大利益眾生,無有過者,是故踊躍歡喜,起身業、口業,持供養具蓮華等,供養於佛,作是言:我等於閻浮提見第二法輪轉。問曰:初説法令人得道,是名轉法輪,今何以言第二法輪轉[8]? 若以佛説名爲轉法輪者,皆是法輪,何限[9]第二? 答曰:初説法名定[10]實一法輪,因初轉乃至法盡,通名爲轉。是諸天見是會中多有人[11]發無上道、得無生法忍;見是[12]利益,故讚言第二轉法輪。初轉法輪,八萬諸天得無生法[13]忍,阿若憍陳如一人得初道;今無量諸天得無生法忍,是故説第二法輪轉。今轉法輪,似如初轉。問曰:今轉法輪,多人得道,初轉法輪,得道者少,云何以大喻小? 答曰:諸佛事有二種:一者,密;二者,現。初轉法輪,聲聞人見八萬、一人得初[14]道;諸菩薩見無數阿僧祇人得聲聞道無數人種辟支佛道因緣,無數阿僧祇人發無上道心,無數阿僧祇人行六波羅蜜道,得諸[15]深三昧陀羅尼[16]門,十方無量眾生得無生法忍,無量阿僧祇眾生從初地中乃至十地住,無量阿僧祇眾生得一生補處,無量阿僧祇眾生得[17]坐道場,聞是法疾成佛道——如是等不可

1　“經”,甲二、宋、宮本無。此段經文乙本無。
2　“波頭摩華”,甲二作“波頭暮”,異譯詞。
3　“拘物頭華”,甲二作“拘物陀”,異譯詞。
4　甲二終。
5　“論”,乙、宋、宮本無。
6　“諸天”前,乙、石本有“時”。
7　“大”,乙、聖本作“發大”。
8　“轉”,乙、石本無。
9　“限”,乙本作“根”,誤。
10　“定”,乙本作“字”,誤。
11　“人”,乙本脱。
12　“是”,乙本脱。
13　“無生法”,乙本脱。
14　“初”,乙本脱。
15　“諸”,乙本脱。
16　“陀羅尼”,乙本作“陀隣尼”,異譯詞。
17　“得”,乙本脱。

思議相,是名密轉法輪相。譬如大雨,大樹則多受,小樹則少受。以是故,當知初轉法輪亦大,以後喻前[1]無咎!轉法輪非一非二者,爲畢竟空及轉法輪果報涅槃[2]故如是説,是則因中説果。法輪即是般若波羅蜜;是般若波羅蜜,無起無作相,故無轉無還。如十二因緣中,説無明畢竟空,故不能實生諸行[3]等;無明虛妄顛倒,無有實定,故無法可滅。説世間生法,故名爲轉;説世間滅法,故名爲還。般若波羅蜜中無此二事,故説無轉、無還。無法有法空故——無轉是有法空,無還是無法空。問曰:須菩提何以作是問:有法無法空故,般若波羅蜜,不爲轉、不爲還故出,而佛還以空答?答曰:有人説:諸法有四種相:一者,説有;二者,説無;三者,説亦有亦無;四者,説非有非無。是中邪憶念故,四種邪行,著[4]此四法故,名爲邪道。是中正憶念故,四種正行中不著故,名爲正道。是中破非有非無故,名無法有法空。佛説乃至破非有非無,故説無有轉,無有還。破非有非無有二種:一者,用上三句破;二者,用涅槃實相破。須菩提雖知佛以涅槃破有無,是中有新發意菩薩,或錯謬故用三句破非有非無,於無法有法空中還生邪見;是故佛説:有法無法亦自相空,是故説:般若波羅蜜無轉、無還。般若波羅蜜中,無般若波羅蜜相,一切法無相故;乃至檀波羅蜜亦如是。内空乃至一切種智相空,亦如是。爾時,須菩提及大衆歡喜讚歎般若波羅蜜,作是言:大波羅蜜[5],所謂般若波羅蜜[6]。大波羅蜜者[7],所謂一切法雖自性空,而般若波羅蜜能利益菩薩,令得阿耨多羅三藐三菩提,雖得,亦無所得;雖轉法輪,亦無所轉。問曰:若諸法空,般若波羅蜜空,阿耨多羅三藐三菩提亦空,不應讚般若[8]爲摩訶波羅蜜?答曰:此中説一切法自性空故,自性空中亦無自性空,是故名摩訶波羅蜜。若無空相,不應作難。以畢竟空故無所礙,而能行諸善法,得阿耨多羅三藐三菩提;世俗法故,非第一義。諸佛雖説法,令他得道,破煩惱,從此至彼,名爲轉。今我等諸[9]煩惱,虛誑顛倒,妄語無有定相,若無定相,爲何所斷?若無所斷,亦無轉、無還,是故説:雖轉法輪,亦無轉還。何以故?是般若波羅蜜中,無有法五眼所能見。若轉、若還;一切法,從本已[10]來畢竟不生故。是自性空、畢竟空,非轉相、非還相。畏墮常故不轉,畏墮滅故不還;畏墮有故不轉,畏墮無故不還;畏[11]著世間故不轉,畏著涅槃故不還。如是自性空、畢竟空、十八空等無量諸空,是空解脱門,不轉、不還;無[12]相、無作,亦如是。入是三解脱門,捨我、我所心,是名説得解脱。能如是不取相,不著心,説般若波羅蜜,教、照等。説者,若案文,若口傳。教者,爲人讚般若,令受持、讀誦、正憶念。照者,如人執燈照[13]物,若人不知般若,以智慧明照之令知。開者,如寶藏閉門,雖有好物而不能得,若開其門,則隨意所取[14];如人疑不信般若者,開邪疑扉[15],折無明關,是人則隨意所取。示者,如人眼視不明,指示好醜;如人有小信小智者,示是道非道,是利是失等。分別者,分別諸法,是善是不善,是罪是福,是世間是涅槃;經書略説,難

---

1 "前",乙本脱。
2 "涅槃"前,乙、聖、石本有"執"。
3 "行"前,乙本衍"法"。
4 "著",乙本作"者","者"通"著"。
5 "波羅蜜"前,乙本衍"般若"。
6 "波羅蜜"後,乙本有"者"。
7 "大波羅蜜者",乙本脱。
8 "般若"後,乙、石本有"波羅蜜"。
9 "諸",乙本作"著諸",聖本作"著"。
10 "已",乙本作"以"。
11 "畏"後,乙本衍"墮"。
12 "還無",乙本殘。
13 "照",乙本作"炤"。
14 "取",乙、石本作"求"。
15 "扉",乙本作"罪",誤。

解難信，能廣爲[1]分別解説，令得信解。顯現者，佛爲種種衆生説種種法，或時毀呰善法，助不善法，趣令衆生得解。説法者，説佛意趣以應衆生，令知輕重相。解釋者，如囊中寶物，繫口則人不知，若爲人[2]解經卷囊，解釋義理；又如重物，披析[3]令輕[4]，種種[5]因緣譬喻，解釋本末令易解。淺易者，如深水難渡，有人分散此水令淺，則渡[6]者皆易；般若波羅蜜，如水甚深，論議方便力故，種種説能令淺易，乃至小智之人皆能信解。能以十種爲首，説甚深義，是名清淨説般若波羅蜜義。第一義中，實無所説，畢竟空故無説，無説[7]故無受，無受故無證，無證故無滅諸煩惱者；若無滅煩惱，則無福田。受者，名信受、讀誦。行[8]是法，得沙門果，無生法忍，是名爲證。證時諸煩惱滅，得有餘涅槃，得有餘涅槃故是畢定福田。畢定者，諸法同無餘涅槃性，故説無畢定福田。

大智度論釋諸波羅蜜品第四十四[9]

【經】[10]爾時，慧命須菩提白佛言：世尊！無邊波羅蜜，是般若波羅蜜。佛言：如虛空無邊故。（一）世尊！等波羅蜜，是般若波羅蜜。佛言：諸法等故。（二）世尊！離波羅蜜，是般若波羅蜜。佛言：畢竟空故。（三）世尊！不壞波羅蜜，是般若波羅蜜。佛言：一切法不可得故。（四）世尊！無彼岸波羅蜜，是般若波羅蜜。佛言：無名無身故。（五）世尊！空種波羅蜜，是般若波羅蜜。佛言：入出息不可得故。（六）世尊！不可説波羅蜜，是般若波羅蜜。佛言：覺觀不可得故。（七）世尊！無名波羅蜜，是般若波羅蜜。佛言：受、想、行、識不可得故。（八）世尊！不去波羅蜜，是般若波羅蜜。佛言：一切法不來故。（九）世尊！無移波羅蜜，是般若波羅蜜。佛言：一切法不可伏故。（十）世尊！盡波羅蜜，是般若波羅蜜。佛言：一切法畢竟盡故。（十一）世尊！不生波羅蜜，是般若波羅蜜。佛言：一切[11]法不滅故。（十二）世尊！不滅波羅蜜，是般若波羅蜜。佛言：一切法不生故。（十三）世尊！無作波羅蜜，是般若波羅蜜。佛言：作者不可得故。（十四）世尊！無知波羅蜜，是般若波羅蜜。佛言：知者不可得故。（十五）世尊！不到波羅蜜，是般若波羅蜜。佛言：生死不可得故。（十六）世尊！不失波羅蜜，是般若波羅蜜。佛言：一切法不失故。（十七）

【論】[12]釋曰：無邊波羅蜜者，須菩提聞佛説大珍寶波羅蜜義，因而自讚般若[13]爲[14]摩訶波羅蜜。又以智慧深入種種法門，觀般若波羅蜜，如大[15]海水無量無邊，深知般若波羅蜜功德，因[16]發大歡喜；欲以種種因緣讚歎般若，是故白佛言：世尊！無邊波羅蜜，是般若波羅蜜。無邊義，從品初至竟，皆是無邊義；妨説餘事故略説，若廣説則無量。復次，常是一邊、無常是一邊，我無我，有無[17]，世間有邊無邊，衆生有邊無邊，如是等法，名爲

1　“爲”，乙、石本無。

2　“人”，乙、石本無。

3　“披析”，乙本作“减割”。

4　“輕”後，乙本衍“輕”。

5　“種種”，乙本無。

6　“渡”，乙本作“度”，“度”通“渡”。

7　“無説”，乙本作“故無受”，誤。

8　“行”前，乙本衍“行”。

9　乙本無品題。

10　此段經文乙本無。

11　丙本始。

12　“論”，丙、宋、宮本無。下同，不復出校。

13　“般若”，乙、聖、石本作“般若波羅蜜”，宋、元、宮本作“般爲若”。

14　“爲”，丙、宮本無，宋、元本作“若”。

15　“大”，丙、宋、宮、聖本無。

16　“因”，乙、丙、石本作“恩”，聖本作“田”，皆誤。

17　“我無我有無”，乙、聖本作“無我、有我”。

邪見邊；得般若波羅蜜，則無是諸邊，故言無邊。復次，譬如物盡處名爲邊，虛空無色無形故無邊；般若波羅蜜畢竟清淨故，無有邊，無有盡，無[1]取處，無受處；是[2]故佛答：如虛空無邊故，般若波羅蜜亦無邊。菩薩得法忍，觀一切法皆平等，是故説一切法等[3]故，言等波羅蜜。菩薩用畢竟空心，離諸煩惱，亦離諸法，是故名離波羅蜜。菩薩用是般若波羅蜜，總相、別相求諸法，不得[4]定相如毛髮許；以不可得故，於一切法心不著；若有邪見戲論人，用邪見著心，欲破壞是菩薩；是菩薩無所著故，不可破壞，是名不壞波羅蜜。此岸名爲生死，彼岸名[5]涅槃，中有諸煩惱大河；一切出家人，欲捨此岸，貪著彼岸；而般若波羅蜜無彼岸，彼岸是涅槃，無色無名，是故説無色無名故[6]，是名無彼岸波羅蜜。有虛空則有出入息，出入息皆從虛誑業因緣生；出者非入，入者非出，念念生滅，不可得實相；息不可得故，一切法亦不可得；不可得故，名空種波羅蜜。一切法空寂[7]相，故不須覺觀；覺觀無故，則無言説；無言説故，説般若波羅蜜斷語言道，是故名不可説波羅蜜。二法攝一切法，所謂名、色。四[8]大及造色，色所攝；受等四衆，名所攝。分別諸法者，説般若波羅蜜是智慧相故，名所攝。今實不離色是名、不離名是色，是般若波羅蜜無知[9]相，故説受、想、行、識不可得故，言無名波羅蜜。一切法無來無去故，名無去[10]波羅蜜。般若波羅蜜，是三世十方佛法藏，以三法印印，無天無人能破，故名無移波羅蜜。諸有爲法，念念盡滅，無有住時；若爾者，過去法不盡，未來法亦不盡，現在法不住故不盡。三世盡不可得故，名爲畢竟盡，畢竟盡故，名盡波羅蜜。一切法三世中生[11]不可得，故無生；無生故，名無生波羅蜜。不滅波羅蜜，亦如是。作有二種：一者，衆生作；二者，法作。衆生作者，布施、持戒等；法作者，火燒、水爛，心識所知。衆生空故，無作者；一切法鈍，不起作[12]相故，法亦不作。是二無作故，名無作波羅蜜。無知[13]波羅蜜，亦如是，一切法鈍，故無所知。天眼見有生死，用空[14]慧眼見生死不可得；生死不可得故，今世衆生死，無到後世者，但五衆先業因緣相續生故，名不到[15]波羅蜜。般若波羅蜜，不失諸法實相，亦能令一切法不失實相；離般若波羅蜜，一切法[16]皆失。觀一切法實相，得般若波羅蜜，是故名[17]不失波羅蜜。

【經】[18]世尊！夢波羅蜜，是般若波羅蜜。佛言：乃至夢中所見不可得故。（十八）世尊！響[19]波羅蜜，是般若波羅蜜。佛言：聞聲者不可得故。（十九）世尊！影波羅蜜，是般若波羅蜜。佛言：鏡面不可得故。（二十）

---

1 “無”，乙、元、明、聖、石本作“處無有”。

2 “是”前，乙、丙、宋、元、明、聖、石本有“無著處”。

3 “等”，乙本脱。

4 “得”，乙、石本作“可得”。

5 “名”，乙、石本作“是”。

6 “故”，乙本無。

7 “空寂”，乙本作“寂空”。

8 “四”，乙本脱。

9 “知”，乙本作“智”，“智”通“知”。

10 “去”，丙本作“生”，誤。

11 “生”後，乙本衍“故”。

12 “作”，丙、宋、元、明、宫、聖本作“不作”。

13 “知”，乙本作“智”，“智”通“知”。

14 “空”，乙本作“虛”。

15 “到”，乙本作“倒”，誤。

16 “法”，乙本脱。

17 “故名”，乙本作“名”，石本無。

18 “經”，丙、宋、宫本無。下同，不復出校。此段經文乙本無。石本不分卷。

19 “響”，丙本作“嚮”，“嚮”通“響”。

世尊！焰[1]波羅蜜，是般若波羅蜜[2]。佛言：水流不可得故。（二十一）世尊！幻波羅蜜，是般若波羅蜜。佛[3]言：術事不可得故。（二十二[4]）世尊！不垢波羅蜜，是般若波羅蜜[5]。佛言：諸煩惱不可得故。（二十三）世尊！無淨波羅蜜，是般若波羅蜜[6]。佛言：煩惱虛誑故。（二十四[7]）世尊！不污波羅蜜，是般若波羅蜜。佛[8]言：處不可得故。（二十五[9]）世尊！不戲論波羅蜜，是般若波羅蜜。佛言：一切[10]戲論破故。（二十六[11]）世尊[12]！不念波羅蜜，是般若波羅蜜。佛言：一切念破故。（二十七）世尊！不動波羅蜜，是般若波羅蜜。佛言：法性常住故。（二十八）世尊！無染波羅蜜，是般若波羅蜜。佛言：知一切法妄解故。（二十九）世尊！不起波羅蜜，是般若波羅蜜。佛言：一切法無分別故。（三十）世尊！寂滅波羅蜜，是般若波羅蜜。佛言：一切法相不可得故。（三十一）世尊！無欲波羅蜜，是般若波羅蜜。佛言：欲不可得故。（三十二）世尊！無瞋波羅蜜，是般若波羅蜜。佛言：瞋恚不實故。（三十三）世尊！無癡波羅蜜，是般若波羅蜜。佛言：無明黑闇滅故。（三十四）世尊！無煩惱波羅蜜，是般若波羅蜜。佛言：分別憶想虛妄故。（三十五）世尊！無衆生波羅蜜，是般若波羅蜜。佛言：衆生無所有故。（三十六）世尊！斷波羅蜜，是般若波羅蜜。佛言：諸法不起故。（三十七）世尊！無二邊波羅蜜，是般若波羅蜜。佛言：離二邊故。（三十八）世尊！不破波羅蜜，是般若波羅蜜。佛言：一切法不相離故。（三十九）世尊！不取波羅蜜，是般若波羅蜜。佛言：過聲聞、辟支佛地故。（四十）世尊！不分別波羅蜜，是般若波羅蜜。佛言：諸妄想不可得故。（四十一）世尊！無量波羅蜜，是般若波羅蜜。佛言：諸法量不可得故。（四十二）世尊！虛空波羅蜜，是般若波羅蜜。佛言：一切法無所有故。（四十三）

【論】釋曰[13]：須菩提讚般若波羅蜜，示衆生世間空如夢。佛言：夢亦不可得故，名夢波羅蜜。響[14]、影、焰[15]、幻[16]，亦如是。人心以聲爲實，以響爲虛；影以[17]人[18]面鏡爲實，像爲虛；焰[19]以風、塵、日光爲實，水爲虛；幻[20]以祝術[21]爲實，祝術所作爲虛[22]。須菩提讚[23]般若以喻爲空，佛説喻[24]、本事皆空，本事皆空故，是喻亦空。是

1　"焰"，丙本作"炎"，"炎"爲"焰"之古字。

2　丁本始。

3　"可得……蜜佛"十九字，丁本殘。

4　"二十二"，丁本脱。

5　"不垢……羅蜜"十一字，丁本殘。

6　"二十……羅蜜"十六字，丁本殘。

7　"二十四"，丁本脱。

8　"污波……蜜佛"十一字，丁本殘。

9　"二十五"，丁本脱。

10　"論波……一切"十四字，丁本殘。

11　"二十六"，丁本脱。

12　丁本終。

13　"釋曰"，乙本無。

14　"響"，乙、丙本作"嚮"，"嚮"通"響"。下同，不復出校。

15　"焰"，乙、丙本作"炎"，"炎"爲"焰"之古字。

16　"幻"，乙、石本作"化幻"。

17　"以"，乙本作"似"，誤。

18　"人"，丙、宋、元、明、宫、聖本無。

19　"焰"，乙、丙本作"炎"，"炎"爲"焰"之古字。

20　"幻"，乙本作"空"，誤。

21　"祝術"，乙本作"呪術"，"呪"同"咒"，"祝"爲"咒"之古字。下同，不復出校。

22　"爲虛"，乙本作"可爲虛"。

23　"讚"，乙、聖、石本作"讚嘆"。

24　"喻"，乙本脱。

般若波羅蜜無垢,能斷滅一切垢。佛言:諸煩惱從本已[1]來常無,今何所斷!是故名無垢波羅蜜。無淨波羅蜜,亦如是。無煩惱即是淨,淫欲、瞋恚等諸煩惱名爲污[2];是般若波羅蜜,一切垢法所不污。六情是諸煩惱處,六情及一切法,諸煩惱緣處、住處皆不可得故,名不污波羅蜜。得是般若波羅蜜,一切戲論憶想分別滅故,名不戲論波羅蜜。一切法畢竟空故,無憶、無念相[3],無憶、無念相[4]故,名無念波羅蜜。住法性菩薩,一切論議者所不能勝,一切結使邪見所不能覆,一切法無常破壞,心不生憂;如是等因緣,故名不動波羅蜜。一切法妄解,非但愛染故,名無染波羅蜜。憶想分別,是一切結使根本;有結使能起後身業。知憶想分別虛妄,一切後世生業更不復起故,是[5]名不起波羅蜜。般若波羅蜜中,不取三[6]毒火相故,言寂滅波羅蜜。佛言:非但三毒相寂滅,一切法相不可得故。是般若波羅蜜,乃至善法中尚不貪,何況餘欲!佛説:欲,從本已[7]來不可得故:貪欲虛誑,自性不可得故,名無欲波羅蜜;非是離欲故名無欲。瞋恚性畢竟無所有故,名無瞋波羅蜜;非是離瞋故名無瞋。一切法中,無明黑闇破故,名無癡波羅蜜;非是滅癡故名無癡。無煩惱波羅蜜者,菩薩得無生法忍故,一切煩惱滅。佛言:憶想分別,是煩惱根本,憶想尚[8]無,何況煩惱!故名無煩惱波羅蜜。般若能破無衆生中有衆生顛倒,故名無衆生波羅蜜。佛言:是衆生從本已[9]來不生,無所有故,名無衆生。須菩提意,以般若波羅蜜能斷一切有漏法故,名斷波羅蜜。佛言:諸法不起不生,無所作,諸法自然斷相故名斷。二邊者,所謂我、無我,斷、無斷,可斷法、無斷法,常、滅,有、無——如是等無量二邊;般若波羅蜜中無是諸邊故,名無二邊波羅蜜。佛言:是諸邊從本已[10]來無,但以虛誑顛倒故著。菩薩求實事故,離是顛倒邊。是[11]般若波羅蜜,一相空故,不可破。佛言:不但般若波羅蜜,一切法皆無定異相。如果不離因,因不離果;有爲法不離無爲法,無爲法不離有爲法;般若波羅蜜不離一切法,一切法不離般若波羅蜜;一切法實相即是般若波羅蜜故,名不破波羅蜜。破者,所謂諸法各各離散。一切法常、無常等過失,是故般若波羅蜜不取一切法。佛言:一切法乃至二乘出世間清淨法,亦不取,故名不取波羅蜜。分別名取相生心,妄[12]想分別;般若波羅蜜[13]是實相故,無是妄想[14]分別。佛言:因憶想分別,有無分別[15];今[16]憶想分別,從本已[17]來無故,名無分別波羅蜜。般若波羅蜜出四無量故,名無量波羅蜜。復次,畢竟空、爲得[18]涅槃無量法故,名無量。復次,

---

1 "已",乙本作"以"。

2 "污",乙本作"行污"。

3 "相",乙、元、明、石本作"想","相"通"想"。

4 "相",乙、元、明、石本作"想","相"通"想"。

5 "是",乙本無。

6 "三",乙本脱。

7 "已",乙本作"以","以"通"已"。

8 "尚",乙本作"常","常"通"尚"。

9 "已",乙本作"以"。

10 "已",乙本作"以"。

11 "是",乙本無。

12 "妄",乙本作"忘","忘"通"妄"。

13 "波羅蜜",丙、宋、元、明、宮、聖本無。

14 "妄想",乙本作"忘相","忘"通"妄","相"爲"想"之借字。

15 "有無分別",乙本作"有",丙本作"有無分"。

16 "今",乙本作"有今",丙本作"今別"。

17 "已",乙本作"以"。

18 "得",丙、宋、宮本無。

智慧所不能到邊崖[1]，是名無量[2]。是[3]名六情所籌度，是法空無相[4]無生滅，六情所不能量。何以故？物多而量器小故。佛言：非但是般若波羅蜜無量，色等一切法不可得故皆無量。如虛空無色無形，無所能作，般若波羅蜜亦如是。佛言：非但虛空無所有，色等諸法皆無所有故，名虛空波羅蜜。

【經】[5]世尊！無常波羅蜜，是般若波羅蜜。佛言：一切法破壞故。（四十四）世尊！苦波羅蜜，是般若波羅蜜。佛言：一切法惱相故。（四十五）世尊！無我波羅蜜，是般若波羅蜜。佛言：一切法不著故。（四十六）世尊！空波羅蜜，是般若波羅蜜。佛言：一切法不可得故。（四十七）世尊！無相波羅蜜，是般若波羅蜜。佛言：一切法不生故。（四十八）世尊！內空波羅蜜，是般若波羅蜜。佛言：內法不可得故。（四十九）世尊！外空波羅蜜，是般若波羅蜜。佛言：外法不可得故。（五十）世尊！內外空波羅蜜，是般若波羅蜜。佛言：內外法不可得故。（五十一）世尊！空空波羅蜜，是般若波羅蜜。佛言：空空法不可得故。（五十二）世尊！大空波羅蜜，是般若波羅蜜。佛言：一切法不可得故。（五十三）世尊！第一義空波羅蜜，是般若波羅蜜。佛言：涅槃不可得故。（五十四）世尊！有爲空波羅蜜，是般若波羅蜜。佛言：有爲法不可得故。（五十五）世尊！無爲空波羅蜜，是般若波羅蜜。佛言：無爲法不可得故。（五十六）世尊！畢竟空波羅蜜，是般若波羅蜜。佛言：諸法畢竟不可得故。（五十七）世尊！無始空波羅蜜，是般若波羅蜜。佛言：諸法無始不可得故。（五十八）世尊！散空波羅蜜，是般若波羅蜜。佛言：散法不可得故。（五十九）世尊！性空波羅蜜，是般若波羅蜜。佛言：有爲無爲法不可得故。（六十）世尊！諸法空波羅蜜，是般若波羅蜜。佛言：一切法不可得故。（六十一）世尊！自相空波羅蜜，是般若波羅蜜。佛言：自相離故。（六十二）世尊！無法空波羅蜜，是般若波羅蜜。佛言：無法不可得故。（六十三）世尊！有法空波羅蜜，是般若波羅蜜。佛言：有法不可得故。（六十四）世尊！無法有法空波羅蜜，是般若波羅蜜。佛言：無法有法不可得故。（六十五）世尊！念處波羅蜜，是般若波羅蜜。佛言：身受心法不可得故。（六十六）世尊！正懃波羅蜜，是般若波羅蜜。佛言：善不善法不可得故。（六十七）世尊！如意[6]足波羅蜜，是般若波羅蜜。佛言：四如意[7]足不可得故。（六十八）世尊！根波羅[8]蜜。佛言：五根不可得故。（六十九）世尊！力波羅蜜，是般[9]若波羅[10]蜜。佛言：五力不可得故。（七十）世尊！覺波羅蜜，是般若波羅蜜。佛言：七覺分不可得故。（七十一）世尊！道波羅蜜，是般若波羅蜜。佛言：八聖道分不可得故。（七十二）世尊！無作波羅蜜，是般若波羅蜜。佛言：無作不可得故。（七十三）世尊！空波羅蜜，是般若波羅蜜。佛言：空相不可得故。（七十四）世尊！無相波羅蜜，是般若波羅蜜。佛言：寂滅相不可得故。（七十五）世尊！背捨波羅蜜，是般若波羅蜜。佛言：八背捨不可得故。（七十六）世尊！定波羅蜜，是般若波羅蜜。佛言：九次第定不可得故。（七十七）世尊！檀波羅蜜，是般若波羅蜜。佛言：慳貪不可得故。（七十八）世尊！尸羅波羅蜜，是般若波羅蜜。佛言：破戒不可得故。（七十九）世尊！羼提波羅蜜，是般若波羅蜜。佛言：忍[11]不忍辱不可得故。（八十）世尊！毘梨耶波羅蜜，是般若波羅蜜。佛言：懈怠精進不可得故。（八十一）世尊！禪波羅蜜，是般若波羅蜜。佛言：定亂不可得故。（八十二）世

1　"崖"，乙本無。

2　"無量"，乙本作"無邊量"。

3　"是"，乙本無，丙、元、明、聖、石本作"量"。

4　"相"，乙本作"想"，"想"爲"相"之借字。

5　此段經文乙本無。

6　戊本始。

7　"羅蜜……如意"十三字，戊本殘。

8　"故六……波羅"十五字，戊本殘。

9　"根不……是般"十六字，戊本殘。

10　戊本終。

11　"忍"，丙、宋、宫、聖本無。

尊！般若波羅蜜，是般若波羅蜜。佛言：癡慧不可得故。（八十三）世尊！十力波羅蜜，是般若波羅蜜。佛言：一切法不可伏故。（八十四）世尊！無所畏波羅蜜，是般若波羅蜜。佛言：道種智不没故。（八十五）世尊！無礙智波羅蜜，是般若波羅蜜。佛言：一切諸[1]法無障無礙故。（八十六）世尊！佛法[2]波羅蜜，是般若波羅蜜。佛言：過一切法故。（八十七）世尊！如實說者波羅蜜，是般若波羅蜜。佛言：一切說[3]如[4]實故。（八十八）世尊！自然波羅蜜，是般若波羅蜜。佛言：一切法中自在故。（八十九）世尊！佛波羅蜜，是般若波羅蜜。佛言：知一切法、一切種智[5]故。（九十）

【論】釋曰[6]：般若波羅蜜中，有無常聖行，故名無常波羅蜜。佛言：非但般若中有無常，觀一切法無常故，名無常波羅蜜。問曰：上來說般若波羅蜜法性常住，今何[7]以說無常？答曰：般若波羅蜜是智慧，觀法從因緣和合生，是有爲法故無常；般若波羅蜜所緣處，如、法性、實際，無爲法故常。須菩提說有爲般若，故言般若波羅蜜[8]無常。問曰：若爾者，佛何以說一切法盡是破壞無常，無爲法無破壞相？答曰：一切法名六情，內外皆是作法，作法故必歸破壞相。離有爲法，無無爲法，亦更無有法相，因有爲法相，故說無爲法不生不滅。復次，一切有爲法有二種：一者，名字一切；二者，實一切。一切有爲法破壞，故名一切無常。苦等乃至無法有法空，亦如是。須菩提說一切[9]法相讚般若，佛舉[10]一切法答。正觀身等四法，從四念處生，四念處是四諦之初門，四諦是四[11]沙門果初門[12]，阿羅漢果分別即是三乘。四念處，般若波羅蜜中，種種廣說。佛言：是四種法緣處，從本已[13]來皆不可得，故名念處波羅蜜。從四正懃乃至般若波羅蜜，亦如是。問曰：餘法可以讚般若，云何復以[14]般若讚般若？答曰：有二種般若：一者，常住般若；二者，與五波羅蜜共行，有用般若波羅蜜。須菩提讚有用般若波羅蜜，能破無明黑闇，能與真智慧；是故佛說常住般若波羅蜜，癡慧不可得故。行是般若波羅蜜菩薩，初得菩薩十力，後得佛十力，是故說十力波羅蜜。佛言：非但十力者不可破、不可伏，一切法實相亦不可破、亦不[15]可伏。佛意：爲度衆生故說[16]十力[17]，佛力[18]無量無邊；如佛力，一切法實相亦如是不可伏，故名十力波羅蜜。菩薩得是般若波羅蜜力，於佛前能說法論議，何況餘處！尚不畏魔王，何況外道！故名無所畏波羅蜜。佛言：道種智不没故。道種智名法眼，知一切衆生以何道得涅槃。般若波羅蜜，常寂滅相不可說；是菩薩以道種智故，引導衆生，於大衆中師子吼；道種智增益故不没，無所畏，不自憍慢我有是法，名無畏波羅蜜。須菩提從佛聞，無畏轉深，故讚般若波羅蜜，言無礙波羅蜜。佛言：非但四無礙，一切法入

1　“諸”，丙、宋、元、明、宫本無。

2　“法”，丙本作“言”，誤。

3　“說”，丙、宋、元、明、宫、聖本作“語”。

4　“如”，丙本脱。

5　“智”，丙、宋、元、明、宫本無。

6　“釋曰”，乙本無。

7　“何”，乙本脱。

8　“波羅蜜”，丙、宋、元、明、宫、聖本無。

9　“切”，丙本脱。

10　“舉”，乙、石本作“以”。

11　“四”，丙、宋、宫本無。

12　“果初門”，乙本脱。

13　“已”，乙本作“以”。

14　“以”，乙本作“次”，誤。

15　“不”，丙本脱。

16　“說”，乙本脱。

17　“力”，原作“方”，誤，兹據乙、丙、宋、元、明、宫本改。下同，不復出校。

18　“佛力”，乙本無。

如、法性、實際故，皆是無礙相。菩薩因般若波羅蜜，能集十力、四無所畏、四無礙智、大慈大悲等諸佛法故，説佛法波羅蜜。佛言：聲聞法於[1]凡夫法爲勝，辟支佛法於聲聞法爲勝[2]，法[3]於一切法最勝。如一切色中，虚空廣大；佛法最勝，無能及，無[4]可喻，過一切法故，名佛法波羅蜜。如過去佛行六波羅蜜，得諸法如相，今佛亦如是行六波羅蜜，得佛道故，名[5]多陀阿伽陀波羅蜜。多陀阿伽陀者，或言如來，或言如實説，或言如實知。此中佛説：非但佛説名如實説，一切語言[6]皆是如實故，名如實説波羅蜜。是般若波羅蜜具足，後身自然作佛故，名自然波羅蜜。自然名佛[7]，佛所説故，名自然波羅蜜。復次，是般若波羅蜜實相自然，不由他作故，名自然。佛[8]言：佛[9]一切法中得自在力故[10]，名自然波羅蜜。具足十地，得十力，四無所畏，轉法輪，擊法鼓，覺世間無明睡衆生故，名爲佛波羅蜜。佛，秦言覺者，知者。何者是？所謂正知一切法、一切[11]種，故名覺[12]。一切法者，所謂五衆、十二入、十八界等。復次，一切法[13]名外道經書、伎術、禪定等；略説有五種，所謂凡夫法、聲聞法、辟支佛法、菩薩法、佛法。佛，略[14]知有二種相，所謂總相、別相；又以分別相、畢竟空相。廣知則一切種——一切種是一切無量無邊法門。以是事故，名爲佛波羅蜜；不以佛身故[15]名爲佛波羅蜜，但以一切種智故。

大智度論卷第六十五[16]。

大智度論釋歎信行品第四十五（卷六十六）[17]

聖者龍樹造

後秦龜茲國三藏鳩摩羅什譯[18]

【經】[19]爾時釋提桓因作是念：若善男子、善女人得聞般若波羅蜜經耳者，是人於前世佛作功德，與善知識相隨，何況受持、親近、讀、誦、正憶念、如説行！當知是善男子、善女人多親近諸佛，能得聽、受、如説行、能問、能答；當知是善男子、善女人於前世多供養、親近諸佛故，聞是深般若波羅蜜，不驚、不怖、不畏；當知是人亦於無量億劫行檀波羅蜜、尸羅波羅蜜、羼提波羅蜜、毗梨耶波羅蜜、禪波羅蜜、般若波羅蜜。爾時，舍利弗白佛言：世尊！若有善男子、善女人聞是深般若波羅蜜，不驚、不怖、不畏，聞已受持、親近、如説習行，

1　“於”後，原衍“於”，兹據乙、丙、宫、聖本删。

2　“爲勝”，乙本脱。

3　“法”，乙本無，丙、聖本作“佛法”。

4　“無”，乙本脱。

5　“名”，丙、宫、聖本無。

6　“語言”，乙、聖、石本作“諸語言”。

7　“名佛”，乙本作“佛名”，誤倒。

8　“佛”前，乙本衍“佛”。

9　“佛”，乙本無。

10　“故”，乙本無。

11　“切”，乙本作“法”，誤。

12　“名覺”，丙本脱。

13　“者所……一切法”一行十七字，乙本無。

14　“略”，乙本脱。

15　“故”，乙本無。

16　乙本終，卷末有“十二”。丙本終，尾題作“▨▨▨▨▨▨▨▨（大智度論卷第六十五）”。

17　本卷對應《大智度論》寫本凡5號：BD06016號（以下簡稱“甲一”）、BD11950號（以下簡稱“甲二”）、BD06018號（以下簡稱“甲三”）、S.1534號（以下簡稱“乙本”）、俄Дx09434號（以下簡稱“丙本”）。

18　甲一始。“大智度……譯”三十四字，甲一作“大智度論釋第四十四品上卷第六十六”。

19　“經”，甲一、宋、宫本無，

當知是善男子、善女人如阿鞞跋致[1]菩薩摩訶薩。何以故？世尊！是般若波羅蜜甚深，若先世不久行檀波羅蜜、尸羅波羅蜜、羼提波羅蜜、毘梨耶波羅蜜、禪波羅蜜、般若波羅蜜，終不能信解深般若波羅蜜。世尊！若有善男子、善女人呰毀深般若波羅蜜者，當知是人前世亦呰毀深般若波羅蜜。何以故？是善男子、善女人聞說深般若波羅蜜時，無信無[2]樂，心不清淨，當知[3]是善男子、善女人先世不問不難諸佛及弟子：云何應行檀波羅蜜、尸羅波羅蜜、羼提波羅蜜、毘梨耶波羅蜜、禪波羅蜜、般若波羅蜜？云何應修內空乃至云何應修無法有法空？云何應修四念處乃至云何應修八聖道分？云何應修佛十力乃至云何應修十八[4]不共法？釋提桓因語舍利弗：是深般若波羅蜜，若有善男子、善女人不久行檀波羅蜜、尸羅波羅蜜、羼提波羅蜜、毘梨耶波羅蜜、禪波羅蜜、般若波羅蜜，不行內空乃至無法有法空，不行四禪、四無量心、四無色定，不行四念處乃至八聖道分，不行佛十力乃至十八不共法——如是人不信解是深[5]般若波羅蜜，有何可怪！大德舍利弗！我禮般若波羅蜜！禮般若波羅蜜，是禮一切智。佛告釋提桓因：如是！如是！憍尸迦！禮般若波羅蜜，是禮一切智。何以故？憍尸迦！諸佛一切智皆從般若波羅蜜生，一切智即是般若波羅蜜。以是故，憍尸迦！善男子、善女人欲住一切智，當住般若波羅蜜。若善男子、善女人欲生道種智，當習行般若波羅蜜；欲斷一切諸結及習，當習行般若波羅蜜；善男子、善女人欲轉法輪，當習行般若波羅蜜；善男子、善女人，欲得須陀洹果、斯陀含果、阿那含果、阿羅漢果，當習行般若波羅蜜；欲得辟支佛道，當習行般若波羅蜜；欲教眾生令得須陀洹果、斯陀含果、阿那含果、阿羅漢果、辟支佛道，當習行般若波羅蜜；若善男子、善女人欲教眾生令得阿耨多羅三藐三菩提、若欲總攝比丘僧，當習行般若波羅蜜。

【論】[6]釋曰：釋提桓因是諸天主，利根智勝，信佛法故，倍復增益；如火得風，愈更熾盛[7]。聞須菩提以種種因緣，讚般若波羅蜜，佛以深理成其所讚。帝釋發希有心，作是念：若善男子、善女人，得聞般若經耳者，是人於前世多供養諸佛，作大功德，今世得遇好師、同學等善知識。因先世供養佛、緣今世善[8]知識故，聞般若波羅蜜能信；何況讀、誦、思惟、正憶念、修習禪定、籌量分別義趣，能成辦事者！當知是人，從過去諸佛及弟子，聞深般若波羅蜜義信受，不怖、不畏。何以故？是人於無量阿僧祇劫，行六波羅蜜等諸功德；是故雖未得阿鞞跋致[9]地，於深法中不疑、不悔。譬如新劈[10]乾氎，隨風東西；濕氎繰緻，則不可動。新發意菩薩亦如是，不久修德，作福淺薄，隨他人語，不能信受般若波羅蜜；若久修福德，不隨他語，則能信受深般若波羅蜜，不驚、不怖。帝釋思惟念般若[11]波羅蜜有無量功德時；舍利弗知帝釋所念，而白佛言：世尊！善男子、善女人雖未入菩薩位，能信受深般若波羅蜜，不驚、不怖，如說修[12]行，是人大福德智慧信力故，當知如阿鞞跋致無異。此中佛自說因緣：般若波羅蜜甚深，無相可取、可信、可受；若能信受，是爲希有！如人空中種殖，是爲

---

1 "阿鞞跋致"，甲一作"阿鼻跋致"。
2 "無"，甲一、宮、聖本無。
3 "當知"，甲一、宮、聖本無。
4 "八"，甲一脫。
5 "深"，甲一、宋、元、明、宮、聖本無。
6 "論"，甲一、宋、宮本無。下同，不復出校。
7 "盛"，原作"盡"，誤，茲據甲一改。
8 "善"，甲一作"值"。
9 "阿鞞跋致"，甲一作"阿睥跋致"。
10 "劈"，甲一、宮本作"擗"，元、明本作"擘"，聖本作"辟"。
11 "若"，甲一脫。
12 "修"，甲一、宋、元、明、宮、聖本無。

甚難！一切凡夫[1]得勝法，則捨本事；如得禪定樂，捨五欲樂，乃至依有頂處捨，無所有處[2]功德，不能無所依止而有所捨。如尺蠖尋條，安前足進後足，盡樹端，更無所依止，還歸本處。是菩薩未得道，於般若波羅蜜無所依止，而能修福德，捨五欲，是事希有，是中説因緣：是人先世信受，久行六波羅蜜，大集諸福德。與信相違，則毀呰般若波羅蜜[3]。如厚[4]福德者，從久積集；不信毀呰者，亦從久習。問曰：若先世毀呰誹謗，應墮地獄，何緣復得聞般若？答曰：有人言：是人墮地獄罪畢還來毀呰，不説次後身。有人言：作業積集厚重，則能與果報；是人前世雖不信，而積業未厚，則未得果報，以餘福德故生人中，續[5]復不信。復次，有人言：五逆罪，次後身必受；餘罪不爾，或次後身，或久後身。爾時，帝釋語舍利弗：是般若波羅蜜，畢竟空、無所有故甚深。菩薩不久行功德，則著心堅固，信力微弱，不信般若波羅蜜乃至一切智，何足怪！帝釋思惟籌量：信般若波羅蜜，福德無量，不信者得罪深重。深愛敬般若波羅蜜故，發是言：我當禮是般若！何以故？禮般若波羅蜜[6]，則爲禮一切智；禮一切智者，則禮三世十方諸佛。爾時，佛可其言，復[7]説讚般若波羅蜜因緣，所謂諸佛一切[8]智慧[9]皆從般若中生。是故言：若有菩薩[10]欲住一切[11]智中，乃至總攝比丘僧，當習行般若波羅蜜。

【經】釋提桓因白佛言：世尊！菩薩摩訶薩欲行般若波羅蜜時，云何名住般若波羅蜜、禪波羅蜜、毘梨耶波羅蜜、羼提波羅蜜、尸羅波羅蜜、檀波羅蜜？云何住內空乃至[12]無法有法空？云何住四禪、四無量心、四無色定、五神通？云何住四[13]念處乃至八聖道分？云何住佛十力乃至十[14]八不共法？世尊！菩薩摩訶薩云何習行般若[15]波羅蜜乃至檀波羅蜜？內空乃至十八不共[16]法？佛語釋提桓因：善哉！善哉！憍尸迦！汝能樂[17]問是事，皆是佛神力[18]……

……諸佛如羅睺阿[19]修羅王，於一切法無有深者，得無礙解脫故。以是故，知爲衆生及時節、利鈍、初久、懈怠、精進故，分別説深淺。不可測量，無有量，亦如是。此中佛自説因緣：色等法甚深相爲非色。何以故？怖畏心没疑悔故，以色爲甚深，色相則無深，如[20]先説。舍利弗白佛言：世尊！是般若波羅蜜甚深，甚深相難見難解。問曰：上説菩薩不行甚深，爲行般若波羅蜜，今舍利弗何以復説甚深？答曰：舍利弗非定心説甚深，得佛意趣爲人故説甚深；是故此中説：世尊！不應於新發意菩薩前説是般若波羅蜜，新學菩薩聞是深智慧則心没；應當在阿鞞跋致菩薩前説，阿鞞跋致智慧深故，信而不没。譬如深水，不應使小兒渡，應教大

1　“夫”，甲一、宋、元、明、宮、聖本作“人”。

2　“處”，甲一無。

3　“波羅蜜”，甲一、宋、元、明、宮本無。

4　“厚”，甲一作“後”，“後”爲“厚”之借字。

5　“續”，甲一作“續後”。

6　“波羅蜜”後，甲一有“故”。

7　“言復”，甲一殘。

8　甲二始。

9　“切智慧”，甲一殘。

10　“皆從……菩薩”十三字，甲二殘。

11　甲二終。“欲住一切”，甲一殘。

12　“乃至”，甲一無。

13　“何住四”，甲一殘。

14　“乃至十”，甲一殘。

15　“行般若”，甲一殘。

16　“八不共”，甲一殘。

17　“汝能樂”，甲一殘。

18　甲一終。

19　乙本始。

20　“如”，原作“知”，誤，兹據乙本改。

人令渡。帝釋問舍利弗：若爲新發意菩薩説，有何等過？舍利弗答：是新發意者則不信、心没，心没故生疑悔、怖畏——若受一切空法，我云何當墮斷滅中？若不受者，佛所説法，何可不受！是故怖畏、生疑悔！若心定，則生惡邪毁呰；毁呰果報，如《地獄品》中説。此中略説：種三惡道業因緣，久久難得無上道。

【經】釋提桓因問舍利弗：頗有未受記菩薩摩訶薩，聞是深般若波羅蜜，不驚、不怖者不？舍利弗言：如是！憍尸迦！若有菩薩摩訶薩聞是深般若波羅蜜，不驚、不怖，當知是菩薩，受阿耨多羅三藐三菩提記不久不過一佛、兩佛。佛告舍利弗：如是！如是！是菩薩摩訶薩久發意行六波羅蜜，多供養諸佛，聞是深般若波羅蜜，不驚、不怖、不畏，聞即受持，如般若波羅蜜中 [1] 所説行。爾時，舍利弗白佛言：世尊！我欲説譬喻：如求菩薩道善男子、善女人，夢中修行般若波羅蜜，入禪定，勤精進，具足忍辱，守護於戒，行布施；修行内空、外空，乃至坐於道場。當知是善男子、善女人近阿耨多羅三藐三菩提 [2]。何況菩薩摩訶薩欲得阿耨多羅三藐三 [3] 菩提，覺時修行般若波羅蜜，入禪定，勤精進，具足忍辱，守護於戒，行布施，而不疾成阿耨多羅三藐三菩提，坐於道場！世尊！善男子、善女人，善根成就，得聞般若波羅蜜，受持乃至如説行，當知是菩薩摩訶薩，久發意種善根，多供養諸佛，與善知識相隨；是人能受持般若波羅蜜乃至正憶念，當知是人近受阿耨多羅三藐三菩提記。當知是善男子、善女人如阿鞞跋致菩薩摩訶薩，於阿耨多羅三藐三菩提不動轉，能得深般若波羅蜜；得已，能受持、讀、誦，乃至正憶念。世尊！譬如人欲過百由旬，若二百、三百、四百由旬，曠野嶮道，先見諸相：若放牧 [4] 者、若壃界、若園林如是等諸相，故知近城、邑、聚落。是人見是相已，作如是念：如我所見相，當知城、邑、聚落不遠，心得安隱，不畏賊難、惡蟲、飢渴。世尊！菩薩摩訶薩亦如是，若得是深般若波羅蜜，受持、讀、誦，乃至正憶念，當知近受得阿耨多羅三藐三菩提記不久；當知是菩薩摩訶薩不應畏墮聲聞、辟支佛地。是諸先相，所謂甚深般若波羅蜜，得聞、得見、得受，乃至正憶念故。佛告舍利弗：如是！如是！汝復樂説者，便説！世尊！譬如人欲見大海，發心往趣，不見樹相，不見山 [5] 相，是人雖未見大海，知大海不遠。何以故？大海處平，無樹 [6] 相，無山相故。如是，世尊！菩薩摩訶薩聞是深 [7] 般若波羅蜜，受持乃至正憶念時，雖未佛前受劫數之記，若劫百 [8]、千劫 [9]、萬劫 [10]、百千萬 [11] 億劫，是菩薩自知近受阿耨多羅三藐三菩提記不久。何以故？我得聞是深般若波羅蜜，受持、讀、誦，乃至正憶念故。世尊！譬如初春，諸樹陳葉已墮，當知此樹新葉華果，出在不久。何以故？見是諸樹先相故，知今不久葉華果出；是時閻浮提人，見樹先相，皆大 [12] 歡喜 [13]。世尊！菩薩摩訶薩得聞是深般若波羅蜜，受持、讀、誦，乃至正憶念、如説行，當知是菩薩善根成就，多供養諸佛。是菩薩應作是念：先世善根所追趣阿耨多羅三藐三菩提；以是因緣故，得見、得聞是深般若波羅蜜，受持、讀、誦，乃至正憶念、如説行。是中諸天子曾見佛者，歡喜踊躍，作是念言：先諸菩薩摩訶薩，亦有如是

1　“中”，乙、宋、元、明、宫本無。

2　甲三始。

3　“多羅三藐三”，甲三殘。

4　“牧”，甲三作“收”，誤。

5　“山”，原作“出”，誤，兹據甲三、乙、宫、聖、聖乙、石本改。

6　“樹”，乙本作“處”，誤。

7　“深”，甲三、乙本作“甚深”。

8　“劫百”，甲三、乙、宋、元、明、宫、聖、聖乙、石本作“百劫”。

9　“劫”，甲三、乙、宫、聖乙本無。

10　“劫”，甲三、乙、宫、聖乙本無。

11　“萬”，甲三、乙、宋、元、明、宫本無。

12　“大”，甲三、乙、宫、聖、聖乙、石本無。

13　“歡喜”後，甲三、乙本有“言”。

受記先[1]相；今是菩薩摩訶薩，受阿耨多羅三藐三菩提記亦不久。世尊！譬如母人懷妊[2]，身體苦重，行步不便，坐起不安，眠食轉少，不喜言語，厭本所習，受苦痛故；有異母人見其先相，當知產生不久。菩薩摩訶薩亦如是，種善根，多供養諸佛，久行六波羅蜜，與善知識相隨，善根成就，得聞深般若波羅蜜，受持、讀、誦，乃至正憶念、如說行；諸菩薩[3]亦知是菩薩摩訶薩，得阿耨多羅三[4]藐三菩提記不久。佛告舍利弗：善哉！善哉！汝所樂說，皆是佛力。爾時，須菩提白佛言：希有！世尊！諸多陀阿伽度、阿羅呵、三藐三佛陀[5]，善付諸菩薩摩訶薩事！佛告須菩提：是[6]諸菩薩摩訶薩發阿耨多羅三藐三菩提心，安隱多眾生，令無量眾生得樂，憐愍、安樂[7]、饒益諸天人故。是諸菩薩行菩薩道時，以四事攝無量百千眾生，所謂布施、愛語、利益、同事；亦以十善道成就眾生。自行初禪，亦教他人令行初禪；乃至自行非有想非無想處，亦教他人令行乃至非有想非無想處。自行檀波羅蜜，亦教他人令行檀波羅蜜；自行尸羅波羅蜜，亦教他人令行尸羅波羅蜜；自行羼提波羅蜜，亦教他人令行羼提波羅蜜；自行毘梨耶波羅蜜，亦教他人令行毘梨耶波羅蜜；自行禪波羅蜜，亦教他人令行禪波羅蜜；自行般若波羅蜜，亦教他人令行般若波羅蜜。是菩薩得般若波羅蜜，以方便力教眾生令得須陀洹果，自於內不證。教眾生令得斯陀含果、阿那含果、阿羅漢果，自於內不證。教眾生令得辟支佛道，自於內不證。自行六波羅蜜，亦教無量百千萬諸[8]菩薩令行六波羅蜜；自住阿鞞跋致地，亦教他人住阿鞞跋致地。自淨佛世界，亦教他人淨佛世界；自成就眾生，亦教他人成就眾生。自得菩薩神通，亦教他人令得菩薩神通；自淨陀羅尼門，亦教他人淨陀羅尼門；自具足樂說辯[9]才，亦教他人具足樂說辯[10]才；自受色成就，亦教他人令受色成就；自成就三十二相，亦教他人成就三十二相；自成就童真地，亦教他人成就童真地；自成就佛十力，亦教他人令成就佛十力；自行四無所畏，亦教他人行四無所畏；自行十八不共法，亦教他人行十八不共法；自行大慈、大悲，亦教他人令行大慈大悲；自得一切種智，亦教他人令得一切種智；自離一切結使及習，亦教他人令離一切結使及習；自轉法輪，亦教他人轉法輪。

【論】[11]釋曰：爾時，帝釋問舍利弗：頗有未受記菩薩，聞是深般若不驚、不怖[12]者不？舍利弗言：無有不受記聞般若能信者；若或時能信者，當知垂欲受記，不過見一佛二佛便得受記。佛可舍利弗語。舍利弗聞佛可其所說，心生歡喜；復欲分明了了是事故說譬喻，作是言：夢中心爲睡所覆故，非真心所作；若善男子、善女人，於夢中發意行六波羅蜜，乃至坐於道場，當知是人福德輕微，近於受阿耨多羅三藐三菩提記。何況菩薩摩訶薩覺時，實心發阿耨多羅三藐[13]三菩提，行六波羅蜜而不近受記！世尊！若人往來六道生死中，或時得聞般若波羅蜜，受持、讀、誦、正憶念，必知是人不久得阿耨多羅三藐三菩提。如吞鉤之魚，雖復遊戲池中，當知出在不久，行者亦如是，深信樂般若波羅蜜，不久住於生死。此中舍利弗自說譬喻：若人欲過險道：險道者，即是世間；百由旬者，是欲界；二百由旬者，是色界；三百由旬者，是無色界；四百由旬者，是聲聞、辟

1　“先”，甲三、乙、宫、聖本無。
2　“妊”，甲三、乙、聖、聖乙本作“任”，“任”爲“妊”之古字。
3　“諸菩薩”，甲三、乙、宋、元、明、宫、聖、聖乙、石本作“諸人”。
4　“三”，乙本脱。
5　“三藐三佛陀”，甲三作“三藐三他佛”。
6　“是”，甲三、乙、宋、元、明、宫、聖本無。
7　“安樂”，甲三、乙、宋、元、明、宫、聖、聖乙本無。
8　“諸”後，乙本衍“諸”。
9　“辯”，乙本作“辨”，“辨”通“辯”。
10　“辯”，乙本作“辨”，“辨”通“辯”。
11　“論”，甲三、乙、宋、宫、聖乙本無。下同，不復出校。
12　“不驚不怖”，甲三、乙、宋、元、明、宫本作“不驚怖”。
13　“藐”，乙本作“若”，誤。

支佛道。復次，四百由旬是欲界；三百由旬[1]是色界；二百由旬[2]是無色界；百由旬是聲聞、辟支佛。欲出者，是信受行般若波羅蜜人。先見諸法相者，見大菩薩捨世間欲樂，深心樂般若波羅蜜。壃界者，分別諸法——是聲聞法、是辟支佛法、是大乘法；如是小利是聲聞，大利是菩薩；魔界是生死，佛界是般若波羅蜜、甘露法[3]味不死之處。園林者，隨佛道禪定、智慧等樂。如是等無量善法相。聚落者，是柔順法忍；邑是無生法忍；城是阿耨多羅三藐三菩提。得安穩[4]者，菩薩聞是法，思惟籌量行：我得是法，心安穩，當得阿耨多羅三藐三菩提。賊者，是我等六十二邪見。惡蟲者，是愛、恚等諸煩惱。不畏賊者，人不得便。不畏惡蟲者，非人不得便。不畏飢者，不畏不能得聖人真智慧。不畏渴者，不畏不能得禪定、解脫等法樂味。此中自説因緣：菩薩摩訶薩得先相者，不久當得阿耨多羅三藐三菩提，不畏墮惡道中飢餓死者，不畏墮聲聞、辟支佛地。佛[5]然可其喻，以麤喻細，以世間喻出世間。餘三譬喻，亦應如上分別説。大海水是無上道，平地無樹無山，是般若波羅蜜經卷等。樹果是無上道，樹華是阿鞞跋致地，春時陳葉落，更生新葉，是諸煩惱邪見、疑等滅，能得般若波羅蜜經卷等。母人是行者，所任[6]身是無上道，欲產相是菩薩久習行般若波羅蜜；厭本所習，是患世間婬欲樂，不復喜著。佛讚其所説善哉！爾時，須菩提聞佛然舍利弗所説，讚其善哉，知佛意深敬念是菩薩，是故白佛言：世尊！甚爲希有！善付菩薩事！菩薩事者，空道，福德道；亦如佛種種總相、別相説，以寄付阿難、彌勒[7]等，入無餘涅槃後，好自奉行，教示、利益眾生，無令謬錯！佛説善付因緣：諸菩薩發阿耨多羅三藐三菩提心。安穩多眾生者。一切眾生中，無量無邊阿僧祇，除佛無能計知者；從佛得利益者不可數故名多。安穩者，眾生著常教無常，著樂者教苦，著實者教空，著我者教無我，如是等名安穩。凡夫人聞是，當時雖不喜樂，久久滅諸煩惱，得安穩樂。如服苦藥，當時雖苦，後得除患。無量眾生得樂者，菩薩求般若波羅蜜未得成就時，以今世、後世樂，利益眾生。如《菩薩本生經》説：若得般若波羅蜜，已斷[8]諸煩惱，亦以世間樂、出世間樂，利益眾生；若得無上道時，但以出世間樂利益眾生。安樂饒益者，但以憐愍心故。安樂饒益，饒[9]者多利益天[10]人，餘道中饒益少故不説。利益事[11]者，所謂四攝法。以財施、法施二種攝取眾生。愛語有二種：一者，隨意愛語；二者，隨其所愛法爲説。是菩薩未得道，憐愍眾生，自破憍慢，隨意説法；若得道，隨所應度法爲説：高心富人爲讚[12]布施，是人能得他物利名聲福德故；若爲讚持戒，毀呰破戒，則心不喜樂——如是等，隨其所應而爲説法。利益亦有二種：一者，今世利、後世利，爲説法[13]以法治生，勤修利事；二者，未[14]信教令信，破戒令持戒，寡識令多聞，不施者令布施，癡者教智慧——如是等[15]，以善法利益眾生。同事者，菩薩教化眾[16]

---

1 “由旬”，甲三、乙、宋、元、明、宮本無。
2 “由旬”，甲三、乙、宋、元、明、宮本無。
3 “法”，甲三、乙、宋、元、明、宮本無。
4 “安穩”，甲三、乙、宋、元、明、宮本作“安隱”，古時“穩”多寫作“隱”。下同，不復出校。
5 “佛”，甲三脱。
6 “任”，乙本作“住”，誤，宋、元、明、宮本作“妊”，“任”爲“妊”之古字。
7 “彌勒”，甲三作“勒彌”，誤倒。
8 “斷”，甲三、乙、宋、元、明、宮、聖本作“滅”。
9 “饒”，甲三、乙、聖本作“饒益”。
10 “天”，甲三、乙、聖、聖乙、石本無。
11 “事”，甲三、乙、宮、聖本作“具”。
12 “讚”，甲三、乙本作“説”。
13 “法”，甲三、乙、宋、宮本無。
14 “未”，甲三、乙、宋、元、明、宮、聖、聖乙本作“不”。
15 丙本始。
16 “以善……化眾”十五字，丙本殘。

生，令行善法，同其所行；菩薩善心，衆生[1]惡心，能化其惡，令同己善。是菩薩以四種攝[2]衆生，令住[3]十善道，是廣説四攝義。於二施中法施。隨其所樂而爲説法，是愛語中第一；衆生愛惜壽命，令行十善道，則得久壽。利益，於一切寶物利中，法利最勝，是爲利益。同事中，同行善法爲勝；是菩薩自行十善，亦以教人。有人言：後自行十善等，是第四同義，是故説自行十善，亦教人行。自行初禪亦教他行：初禪等同離欲，同持戒，是故名相攝。相攝故，漸漸能以三乘法度；乃至非有想非無想處，亦如是。自行六波羅蜜，亦以教他。因般若故令衆生得般若分，所謂得須陀洹等；方便力故自不證；是[4]人福德、智慧力增益故，教無量阿僧祇菩薩，令住六波羅蜜。自住阿鞞跋致地等，亦以教他。乃至自轉法輪，亦教他轉法輪。是故我以慈悲心故，善付是[5]菩薩事，不以愛著故[6]。

　　大智度論卷第六十六[7]。

大智度論釋歎信行品第四十五之餘（卷六十七）[8]

　　聖者龍樹造

　　後秦龜茲國三藏鳩摩羅什譯[9]

　　【經】[10]須菩提白佛言：希有[11]！世尊！諸菩薩摩訶薩大功德[12]成就，所謂爲[13]一切衆生行般若波羅蜜，欲得阿[14]耨多羅三藐三菩提。世尊！云何諸菩薩摩訶薩[15]具足修行般若波羅蜜？佛告須菩提：若[16]菩薩摩訶薩行般若波羅蜜時，不見色增相，亦[17]不見色減相；不見受、想、行、識增相，亦不見減相；乃至一切種智不見增相，亦不見減相[18]。菩薩摩訶薩，是時，具足[19]般若波羅蜜。復次，須菩提！菩薩摩訶薩行般若波羅蜜時，不見是法、是非法，不見[20]是過去法、是未來現在法[21]，不見是善法、不善法、有記法、無記法，不見是有爲法、無爲法，不見[22]

1　“行善……衆生”十三字，丙本殘。

2　“其惡……種攝”十三字，丙本殘。

3　丙本終。

4　“是”，甲三殘。

5　“是”，甲三、乙、宋、元、明、宮本無。

6　乙本終。

7　甲三終，尾題作“大智論卷第六十六　釋第四十四品上”。

8　本卷對應《大智度論》寫本凡 5 號：津藝 174 號（以下簡稱“甲本”）、S.2160 號（以下簡稱“乙本”）、俄 Дx08211 號（以下簡稱“丙一”）、俄 Дx09061 號（以下簡稱“丙二”）、俄 Дx09057 號（以下簡稱“丙三”）。

9　甲、乙本始。“大智度……譯”三十六字，甲本作“大智論釋第四十四品下卷第六十七”，乙本作“第四十四品功德成就釋論　第六十七”。

10　“經”，甲、乙、宋、宮、聖乙本無。石本不分卷品。

11　“希有”，乙本脱。

12　“大功德”，乙本脱。

13　“爲”，乙本脱。

14　“欲得阿”，乙本脱。

15　“摩訶薩”，乙本脱。

16　“若”，乙本作“是”。

17　“亦”，甲、乙、宋、元、明、宮、聖本無。

18　“相”，乙本作“想”，“想”爲“相”之借字。

19　“具足”，乙本作“具足行”。

20　“不見”，甲本作“不可見”。

21　“是未來現在法”，乙本作“是未來法，是現在法”。

22　“不見”，乙本作“不見是”。

欲界、色界、無色界，不見檀波羅蜜、尸羅[1]波羅蜜、羼提波羅蜜、毘梨耶波羅蜜、禪波羅蜜[2]、般若波羅蜜，乃至不見一切種智。如是，菩薩摩訶薩具足修[3]行般若波羅蜜。何以故？諸法無相故，諸法空、欺誑、不[4]堅固，無覺[5]者、無壽者故[6]。須菩提言：世尊！世尊所説不可思議！佛告須菩提：色不可思議故，所説不可思議；受、想、行、識不可思議故，所説不可思議。六波羅蜜不可思議故，所説不可思議；乃至一切種智不可思議故，所説不可思議。須菩提！若[7]菩薩摩訶薩，行般若波羅蜜時，知色是[8]不可思議，受、想、行、識是[9]不可思議；乃至知[10]一切種智是不可思議，是[11]菩薩則不能具足般若波羅蜜。須菩提白佛言：世尊！是深般若波羅蜜，誰當信解者？佛言：若有[12]菩薩摩訶薩，久行六波羅蜜，種善根[13]，多親[14]近供養諸佛，與善知識相隨，是菩薩能信解深般若波羅蜜。須菩提白佛言：世尊！云何菩薩摩訶薩久[15]行六波羅蜜，種善根，多親近供養諸佛，與善知識相隨？佛言：若菩薩摩訶薩不分別色，不分別色相，不分別色性[16]；不分別受、想[17]、行、識，不分別識相[18]，不分別識性。眼、耳、鼻、舌、身、意，色、聲、香、味、觸、法，眼界乃至意識界，亦如是。不分別欲界、色界、無色界，不分別三界相[19]、性。不分別檀波羅蜜乃至般若波羅蜜、內空乃至無法有法空、四念處乃至八聖道分、佛十力乃至十八不共法，不分別十八不共法相、性；不分別道種智、相、性；不分別一切種智，不分別一切種智相，不分別一切種智性。何以故？須菩提！色不可思議，受、想、行、識不可思議[20]，乃至一切種智不可思議。如是，須菩提！是[21]名菩薩摩訶薩久行六波羅蜜，種[22]善根，多親近供養諸佛，與善知識相隨。須菩提白佛言：世尊！色甚深故，般若波羅蜜甚深；受、想、行、識甚深，乃至一切種智甚深故，般若波羅蜜甚深。世尊！是般若波羅蜜珍寶聚[23]，有須陀洹果寶故，有斯陀含果、阿那含果、阿羅漢果、辟支佛道、阿耨多羅三藐三菩提寶故；有[24]四禪、四無量心、四無色定、五神通，四念處乃至八聖道分[25]，佛十力、四無所畏、四無礙智、大慈大悲[26]、十八不

1　"尸羅"，乙本作"尸"，異譯詞。

2　"蜜"，甲本脱。

3　"修"，乙本脱。

4　"不"，甲、乙、宋、元、明、宫、聖本作"無"。

5　"覺"，乙本作"見"。

6　"故"，甲、乙、宋、元、明、宫本無。

7　"若"，乙本無。

8　"是"，乙本無。

9　"是"，乙本無。

10　"知"，乙本無。

11　"是"，甲、乙、宋、元、明、宫本無。

12　"有"，乙本無。

13　"善根"後，乙本衍"根"。

14　"親"，原作"觀"，誤，兹據甲、乙、宫、聖、聖乙本改。

15　"久"，乙本脱。

16　"不分……色性"十四字，乙本脱。

17　"想"，乙本作"相"，"相"爲"想"之借字。

18　"不分別識相"，乙本脱。

19　"相"，乙本脱。

20　"不可思議"前，乙本有"亦"。

21　"是"，乙本脱。

22　"種"後，乙本衍"種"。

23　"聚"，乙本作"所"。

24　"有"，甲、乙、宋、元、明、宫、石本無，聖乙本作"四"。

25　"八聖道分"後，乙本有"大慈大悲"。

26　"大慈大悲"，乙本無。

共法,一切智、一切種智寶[1]故。世尊!是般若波羅蜜是[2]清淨聚[3],色清淨故般若波羅蜜清淨聚[4],受、想、行、識清淨,乃至一切種智清淨故,般若波羅蜜清淨聚[5]。

【論】[6]釋曰[7]:是菩薩大功德成就者,如先説,自行亦教他人。復次,多功德者,衆生非親里,又[8]無所貪利,而爲是衆生勤苦,行般若波羅蜜,得阿耨多羅三藐三菩提,是名菩薩摩訶薩有大恩分,故名[9]大功德。修般若波羅蜜相,如先品中種種因緣説;今問修般若具足相。佛言:如修般若具足相亦如是。所以者何?若菩薩不見[10]色等諸法增、減,如是名具足。是菩薩雖得十地,坐道場,爾時修般若波羅蜜具足;如夢、如幻,不增不減,以畢竟空故説。復次,若菩薩於一切法,不分別是法、是非法,悉皆是法;如大海水,百川萬流,皆合一味,爾時修般若波羅蜜具足。復次,若菩薩入法空中,不見法有三世,善、不善等,不見六波羅蜜,乃至一切種智,爾時修般若波羅蜜具足。何以故?諸法無相是實相;若分別諸法,皆是邪見[11]相。用十八[12]空故,名諸法空。諸法和合因緣生,以爲有,諸緣離則破壞,故虛誑。一切有爲法中,無常無實故,是名不堅固。無受苦樂者,衆生空故,無覺者,不覺苦樂。無壽命者,壽名命根。有人言:是命根有我相,是故壽命爲我。衆生空中,已[13]種種因緣破,是故無行法者,無受法者。若觀諸法空,衆生空、法空,如是則具足[14]修般若波羅蜜。須菩提是時驚喜,不能自安,所説般若波羅蜜不可思議。佛言:色等諸法不可思議故不可思議。所以者何?因果相似故。復次,若菩薩知色等法亦不可思議,若住是不可思議中,則不具足般若波羅蜜,取[15]不可思議相故。是故説:若菩薩知色等法不可思議相故[16],則不具足般若波羅蜜。爾時,須菩提於般若中不得依止處,如没大海,是故白佛:是深般若不可思議,不可思議[17]亦不可思議故,誰當信解者?若但不可思議,猶不可信,何況不可思議復不可思議!佛答:若[18]菩薩久行六波羅蜜,久種善根,久供養親近諸佛,久與善知識相隨;是因[19]緣故,信心牢固,能信受深般若波羅蜜。餘品中説有新發意者,亦能信深般若波羅蜜;今佛説久發意故能信。是以須菩提問:云何是久發意者?佛言:若菩薩摩訶薩了了知般若波羅蜜相,不分別一切法,所謂不分別色,四大、若四大造色。不分別色相者,不分別色是可見、聲是可聞;是色若好若醜、若短若長[20]、若常若無常、若苦若樂等。不分別色性者,不見色常法,所謂地,堅[21]性等。復次,色實性名法性,畢竟空故;是菩

---

1 "寶",乙本作"實",誤。

2 "是",甲、乙、宋、元、明、宮本無。

3 "聚",乙本作"所"。

4 "聚",乙本作"所"。

5 "聚",乙本作"所"。

6 "論",甲、乙、宋、官、聖乙本無。下同,不復出校。

7 "釋曰",乙本無。

8 "又",甲本作"文",誤。

9 "名",乙本脱。

10 "見",乙本作"觀"。

11 "見",甲、乙、宋、宮本無。

12 "八",甲、乙、宋、官、聖本作"六"。

13 "已",乙本作"以","以"通"已"。

14 "具足",乙本作"是"。

15 "取",乙本作"所",誤。

16 "相故",乙、聖乙本無。

17 "不可思議",乙、聖乙本無,宋、宮本作"亦不可思議"。

18 "若",乙本無。

19 "因"後,乙本衍"故"。

20 "若短若長",乙、聖、聖乙、石本作"若長若短"。

21 "堅",乙本脱。

薩不分別法性,法性不壞相故。乃至一切種智亦如是。問曰:地是堅相,何以言性? 答曰:是相,積[1]習成性;譬如人瞋,日習不已,則成惡性。或性相異,如見烟知火,烟是火相,而非火也[2]。或相性不異,如熱是火相,亦是火性。此中佛說因緣:色等諸法不可思議。不可思議即是畢竟空,諸法實相常清淨。須菩提言:菩薩雖日月年歲不久,能如是行,是名久。須菩提聞[3]般若波羅蜜,更得深利益,故白佛言:世尊! 般若波羅蜜甚深,色等甚深故[4]。色等甚深相,如先說。世尊! 般若波羅蜜是珍寶聚;珍寶者,所謂須陀洹果,能滅三結惡毒故;乃至阿耨多羅三藐三菩提,能滅一切煩惱及習,能滿一切願。是諸果,依諸禪乃至一切種智,因果合說,是名珍寶聚。是般若波羅蜜清淨聚,色等諸法清淨故。色等法中正行不邪,名爲清淨[5],無諸過患;乃至畢竟空亦不著,不可思議亦不著,是故名清淨聚。爾時,須菩提應作是念:是般若波羅蜜,是珍寶聚,能滿一切眾生願,所謂今世樂、後世樂、涅槃樂、阿耨多羅三藐三菩提樂。愚癡之人,而復欲破壞是般若波羅蜜清淨聚;如如意寶珠無有瑕穢,如虛空無有塵[6]垢,般若波羅蜜,畢竟清淨聚,而人自起邪見因緣,欲作留難破壞。譬如人眼翳,見妙珍寶,謂爲不淨。作是念已。

【經】須菩提言[7]:世尊! 甚可怪[8]! 說是般若波羅蜜時,多有留難! 佛言:如是! 如是! 須菩提! 是甚深般若波羅蜜,多有留難。以是事故,善男子、善女人,若[9]欲書是般若波羅蜜時,應當疾書;若讀誦、思惟、說、正憶念、修行時,亦應疾修行! 何以故? 是甚[10]深般若波羅蜜,若書時,讀、誦、思惟、說[11]、正憶念、修行時,不欲令諸難起故。善男子、善女人,若能一月書成,當應勤書,若二月、三月、四月、五月、六月、七月,若一歲書成,亦當勤書;讀、誦、思惟、說、正憶念、修行,若一月得成就,乃至一歲得成就,應當勤成就。何以故? 須菩提! 是珍[12]寶中,多有難起故。須菩提言:世尊! 是甚深般若波羅蜜中,惡魔喜作留難故,不得令書,不得令讀誦、思惟、說、正憶念、修行。佛告須菩提:惡魔雖欲留難是深般若波羅蜜,令不得書、讀、誦、思惟、說、正憶念、修行,亦不能破壞是菩薩摩訶薩書般若波羅蜜乃至修行。爾時,舍利弗白佛言:世尊! 誰力故,令惡魔不能留難菩薩摩訶薩,書深般若波羅蜜乃至修行? 佛言:是佛力故,惡魔不能留難菩薩摩訶薩,書深般若波羅蜜乃至修行。舍利弗! 亦是十方世界[13]現在諸佛力故,是諸佛擁護念是菩薩故,令[14]魔不能留難菩薩摩訶[15]薩,令不書成[16]般若波羅蜜乃至修行。何以故? 十方世界中,現在無量無邊阿僧祇諸佛,擁護念是[17]菩薩,書深般若波羅蜜乃至修行;法應爾,無能作留難! 舍利弗! 善男子、善女人應當作是念:我書是深般若波羅蜜乃至修行,皆是十方諸佛力! 舍利弗言:世尊! 若有善男子、善女人書是深般若波羅蜜乃至修行,皆是

1　"相積",乙本作"性種"。

2　"也",乙本、聖乙、石本無。

3　"聞",乙本作"聞是"。

4　"色等甚深故",乙本脫。

5　"清淨"後,乙本衍"聚"。

6　"塵",乙本作"瑕"。

7　"須菩提言",乙本作"白佛言",聖本作"須菩提白佛言"。

8　"甚可怪"後,乙本衍"須菩提言:世尊! 甚可怪"。

9　"若",乙本作"爲",誤。

10　"甚",乙本無。

11　"說",乙本無。

12　"珍",乙本脫。

13　"世界",乙、聖、聖乙、石本作"國土"。下同,不復出校。

14　"令"後,乙本衍"念是"。

15　"訶"後,乙本衍"訶"。

16　"令不書成",乙本作"令書成就",誤。

17　"念是",乙本無。

佛力故,當知是人是諸佛所護！佛言：如是！如是！舍利弗！當知若有善男子、善女人書是深般若波羅蜜乃至修行,皆是[1]佛力故,當知亦是諸佛所護。舍利弗言：世尊！十方現在無量無邊阿僧祇諸佛皆識,皆以佛眼見是善男子、善女人書深般若波羅蜜乃至修行時。佛言：如是！如是！舍利弗！十方現在無量無邊阿僧祇諸佛皆識,皆以佛眼見是善男子、善女人書深般若波羅蜜乃至修行時。舍利弗！是中求菩薩道善男子、善女人,若書是深般若波羅蜜,受持、讀、誦、正憶念、如説修行,當知是人近阿耨多羅三藐三菩提不久。舍利弗！善男子、善女人,書是深般若波羅蜜,受持、讀、誦乃至正憶念,是人於深般若波羅蜜[2],多信解相,亦供養、恭敬、尊重、讚歎是深般若波羅蜜[3],華香、瓔珞乃至幡蓋供養。舍利弗！諸佛[4]皆識,皆以佛眼見是善男子、善女人。是[5]善男子、善女人供養功德,當得大利益、大果報。舍利弗！是善男子、善女人以是供養功德因緣故,終不墮惡道中,乃至阿鞞跋致地,終不遠離諸佛。舍利弗！是善男子、善女人,以是[6]善根因緣故,乃至阿耨多羅三藐三菩提,終不遠離六波羅蜜,終不遠[7]離内空乃至無法有法空,終不遠離四念處乃至八聖道分,終不遠離佛十力乃至阿耨多羅三藐三菩提。

【論】釋曰[8]：留難者,魔事等壞般若波羅蜜因緣。佛可須菩提所説：若善男子、善女人,欲書是般若波羅蜜,當疾疾書；乃至正憶念,如説行[9]時,疾修行[10]。所以疾者,是有爲法不可信,多有留難[11]起。是[12]般若波羅蜜,部黨經卷,有多有少,有上、中、下——光[13]讚、放光、道行。有書寫者,書有遲疾,有一心勤書者,有懈墮不精勤者；人身無常,有爲法不可信。釋迦文佛出惡世故,多有留難,是故説[14]：若可一月書竟,當勤書成,莫有中廢,畏有留難故；乃至一歲。如書,乃至修行亦如是。隨人根利鈍,得有[15]遲疾。此中佛更説因緣：世間以珍寶故,多有賊出；般若[16]即是大珍寶故,多有留難。留難者,雖有疾病、飢餓等,但以魔事大故,説言魔事。若魔、若[17]魔民、惡鬼,作惡因緣,入人[18]身中,嬈亂人身[19]心,破書般若；或令書人疲厭,或令國土事起,或書人不得供養,如是等。讀誦時,師徒不和合。大眾中説時：或有人來説法師過罪。或言：不能如説行,何足聽受？或言：雖能持戒[20],而復鈍根,不解深義,聽其所説,了無所益！或説：般若波羅蜜空無所有,滅一切法,無可行處。譬如裸人,自言我著天衣。如是等留難,令不得説。不正憶念者,魔作好身,若善知識身[21],或作所敬信沙門形,

---

1　“是”,乙本無。
2　“般若波羅蜜”後,乙本有“受持”。
3　“般若波羅蜜”後,乙本衍“多信解相,亦供養、恭敬、尊重、讚歎是深般若波羅蜜”。
4　“諸佛”,甲本作“佛”,乙本脱。
5　“是”,乙本作“已是”。
6　“以是”,甲、乙、聖乙、石本作“是”,宋、宮本無。
7　“遠”,甲本作“不”,誤。
8　“論釋曰”,乙本作“論者言”。
9　“行”,乙本作“修行”。
10　“行”,甲、乙本無。
11　“留難”,甲、乙本作“難”。
12　“是”,乙本無。
13　“光”,甲本作“先”,誤。
14　“是故説”後,乙本衍“是故説”。
15　“有”,乙本脱。
16　“般若”,乙本作“般若波羅蜜”。
17　“若”,乙本無。
18　“人”,甲、宮本無。
19　“身”,甲、乙、宋、元、明、宮本無。
20　“戒”,乙本脱。
21　“身”,甲、乙、宋、元、明、宮本無。

爲説般若波羅蜜空無所有,雖有罪福名而無道理;或説般若波羅蜜空[1],可即取涅槃;如是等,破修佛道正憶念事。新[2]發意菩薩聞是事,心大驚怖:我等生死身,魔是欲界主[3],威勢甚大,我等云何行般若波羅蜜,得無上道? 是故佛説:惡魔雖欲[4]留難,亦不能破壞。何以故? 大[5]能破小故。如離欲人常勝貪欲[6]者,慈悲人常勝瞋恚者,智人常勝無智者[7]。般若波羅蜜,是真智慧,其力甚大,魔事虚誑;是菩薩雖未得具足般若波羅蜜,得其氣分故,魔不能壞。是事因緣故,舍利弗白佛:誰力故魔不能破? 佛答:佛力故。如惡人中魔爲大,善人中佛爲大;縛人中魔爲大,解人中佛爲大;留難人中[8]魔爲大,通達人中佛爲大。初説佛力者,釋迦文佛;後説十方現在佛,是餘佛:阿閦阿彌陀等。如惡賊餘惡相助,諸佛法亦如是,常爲一切衆生故,有[9]發意[10]者便爲作護。所以者何? 般若波羅蜜,是十方諸佛母,人欲沮[11]壞,不得不[12]護。應當知其有書、讀,乃至正憶念者,皆十方佛力,是諸留難力大故。舍利弗言:若有書持乃至修行,皆是諸佛所護。佛可其言。舍利弗復説:世尊! 書持等善男子、善女人,十方現在諸佛,皆以佛眼見知念耶? 佛可言:如是! 先惡魔來欲[13]破[14]壞,佛及十方諸佛守護,不令沮[15]壞。今以佛眼見是善男子、善女人,知是人[16]功德難有,未破魔網,而能行是般若波羅蜜大事,是故十方佛以佛眼見知念是人。問曰:爲以天眼見? 以佛眼見? 若以天眼見,云何此中説佛眼? 若以佛眼見[17],衆生虚誑,云何以[18]佛眼見? 答曰:天眼有二種:一者,佛眼所攝;二者,不攝。佛眼所[19]不攝者,見現在衆生,有限有量;佛眼所攝者,見三世衆生,無限無量。法眼入佛眼中,但見諸法,不見衆生;慧眼入佛眼中,不見法,但見畢竟空。問曰:佛眼所攝天眼,爲實爲虚妄? 若虚妄[20],佛不[21]應以虚妄見! 若實者,衆生空[22],現在衆生尚不實,何況未來、過去? 答曰:佛眼[23]所攝皆是實。衆生於涅槃是虚妄,非於世界所見是虚妄;若人於衆生取定相故,説言虚妄,非爲世諦故説虚妄。以是故,佛眼所攝天眼,見衆生。問曰:若爾者,何以不以佛眼所攝慧眼見衆生? 答曰:慧眼[24]無相利故,慧眼常以空[25]、無相、無作共相應,不中觀衆生。何以

1　"空",乙本脱。

2　"新",乙本脱。

3　"主",乙本作"生",誤。

4　"欲",乙本作"作"。

5　"大",甲、乙、宋、元、明、宫、石本作"大因緣常"。

6　"貪欲",乙本作"無智",誤。

7　"慈悲……智者"十五字,乙本脱。

8　"中",乙本脱。

9　"有",乙本脱。

10　"意",乙、聖乙、石本作"心"。

11　"沮",甲、聖、聖乙本作"爼","爼"爲"爼"之俗字,"爼"爲"沮"之借字。

12　"不"後,乙本衍"得"。

13　"欲",甲、宋、元、明、宫本無。

14　"破",乙本脱。

15　"沮",甲本作"阻",聖、聖乙本作"爼"。

16　"人",乙本作"大",誤。

17　"若以佛眼見",甲、宋、元、明、宫本作"若以佛眼",乙本脱。

18　"以",乙本脱。

19　"所",乙本脱。

20　"妄",甲本作"空",誤。

21　"不",乙本脱。

22　"空",乙本作"虚"。

23　"眼",乙本脱。

24　"眼",乙本脱。

25　"空",乙本作"虚妄",誤。

故？五眾和合，假名眾生。譬如小兒，可以小杖鞭之，不可與大杖。此中讚菩薩行般若波羅蜜，爲世諦故説，非第一義諦。問曰：未來世未有，念知尚難，何況眼見？答曰：如過去法，雖滅無所有，而心[1]心數法中念力故，能憶過去事，盡其宿命；聖人亦如是，有聖智力，雖未起而能知能見。復次，是般若中，三世[2]無分別，未來、過去、現在不異。若見現在，過去、未來亦應見；若不見過去、未來，亦應不[3]見現在。問曰：北方末法眾生，漏結未盡，是罪惡人，佛何以故見知念？答曰：佛大悲相，愛徹骨髓，是菩薩能發無上道心，爲眾生故；佛觀是法末後熾盛，我涅槃後，是人佐助佛法故，是以念知。復次，北方末後人，生於邊地惡世[4]，三毒熾盛，刀兵劫中，賢聖希少；是人自不知諸罪福業因緣，但從人聞，若讀經，便能信樂供養，疾近無上道不久，是事爲難！若佛在世，作[5]阿鞞跋致，信行般若波羅蜜，不足爲難。如是等種種無量因緣故，佛應見念知。是人信解相大，故能供養般若波羅蜜。供養具華香等，如先説。是供養故得大果報，如毀呰者受大苦惱。大果報者，如須陀洹，終不墮三惡道。是菩薩一心信解，供養般若波羅蜜，亦如是愛念諸佛故，常行念佛三昧故，終不離諸佛；乃至到阿鞞跋致地，教化眾生，離諸佛無咎。如小兒不離其母，恐墮諸難故。常深愛念善法故，乃至阿耨多羅三藐三菩提，終不離六波羅蜜等。得如是等今世、後世大果報。

【經】舍利弗！是深般若波羅蜜，佛般涅槃後，當至南方國土[6]，是中比丘、比丘尼，優婆塞、優婆夷，當書是深[7]般若波羅蜜，當受持、讀、誦、思惟、説、正憶念、修行。以是善根因緣故，終不墮惡道中，受天上人中樂；增益六波羅蜜，供養、恭[8]敬、尊重、讚歎諸佛；漸以聲聞、辟支佛、佛乘而得涅槃。舍利弗！是[9]深般若波羅蜜，從南方當轉至[10]西方所在處，是中比丘、比丘尼，優婆塞、優婆夷，當書是深般若波羅蜜，當受持、讀、誦、思惟、説、正憶念、修行。以是善根因緣故，終不墮惡道中，受天上人中樂；增益六波羅蜜，供養、恭敬、尊重、讚歎諸佛；漸以聲聞、辟支佛、佛乘而得涅槃。舍利弗！是深[11]般若波羅蜜，從西方當轉至[12]北方所在處，是中比丘、比丘尼，優婆塞、優婆夷，當書是深般若波羅蜜，當受持、讀、誦、思惟、説、正憶念、修行。以是善根因緣故，終不墮惡道中，受天上人中樂；增益六波羅蜜[13]，供養、恭敬、尊重、讚歎諸佛；漸以聲聞、辟支佛、佛乘而得涅槃。舍利弗！是深般若波羅蜜[14]，是時北方當作佛事。何以故？舍利弗！我法盛時，無有[15]滅相[16]。舍利弗！我已[17]念是善男子、善女人，受持[18]是深般若波羅蜜，乃至修行；亦念[19]是善男子、善女人，能書是般若波羅蜜，

1　“心”，甲、乙、宋、元、明、宮、聖本無。

2　“世”，乙本作“界”，誤。

3　“應不”，甲、乙、宋、元、明、宮、聖、聖乙、石本作“不應”。

4　“世”，乙本脱。

5　“作”，乙本作“住”，誤。

6　“國土”，甲、宋、元、明、宮、聖、聖乙、石本無。

7　“深”，乙本脱。

8　“恭”，乙本作“供”，“供”通“恭”。

9　“是”前，乙本衍“是波羅蜜”。

10　“至”，乙本作“到”。

11　“深”，乙本脱。

12　“至”，乙本脱。

13　“蜜”，乙本脱。

14　“波羅蜜”後，乙本衍“若波羅蜜”。

15　“有”，甲、乙、宮本無。

16　“相”，乙本作“想”，“想”爲“相”之借字。

17　“已”，乙本作“以”，“以”通“已”。

18　“持”，甲、乙、宋、元、明、宮本無。

19　“亦念”，甲、乙本無。

恭敬供養[1]，尊重讚歎，華香乃至幡蓋。舍利弗！是善男子、善女人，以是善根因緣故，終不墮惡道中，受天上人中樂；增益六波羅蜜，供養、恭敬、尊重、讚歎諸佛；漸以聲聞、辟支佛、佛乘而得涅槃。何以故？舍利弗！我以佛眼見是人，我[2]亦稱譽、讚歎；十方世界中，無量無邊阿僧祇諸佛，亦以佛眼見是人，亦稱譽、讚歎。舍利弗白佛言：世尊！是深般若波羅蜜，後時當在北方廣行耶？佛言：如是！如是！舍利弗！是深般若波羅蜜，後時在北方當廣行。舍利弗！後時於北方，是善男子、善女人若聞是深般若波羅蜜，若書、受持[3]、讀、誦、思惟、説、正憶念、如説修行，當知是善男子、善女人，久發大乘心，多供養諸佛，種諸[4]善根，久與善知識相隨。舍利弗白佛言：世尊！後時北方，當有幾所善男子、善女人求佛道，書深般若波羅蜜，乃至如説修行？佛告舍利弗：後時北方，雖多有求佛道善男子、善女人，少有善男子、善女人[5]聞是深般若波羅蜜，不没、不驚、不怖、不畏。何以故？是人多親近供[6]養諸佛，多諮問[7]諸佛，是人必能具足般若波羅蜜、禪波羅蜜、毘梨耶波羅蜜、羼提波羅蜜、尸羅[8]波羅蜜、檀波羅蜜；具足四念處，乃至具足[9]十八不共法。舍利弗！是善男子、善女人，善根純厚[10]故，能多利益衆生，爲阿耨多羅三藐三菩提。何以故？我今爲是善男子、善女人説應薩婆若法；過去諸佛亦爲是善男子、善女人説應[11]薩婆若法。以是因緣故，是人後生時，續得阿耨多羅三藐三菩提心，亦爲他人説阿耨多羅三藐三菩提法。是善男子、善女人皆一心和合，魔、若魔民不能沮[12]壞阿耨多羅三藐三菩提心，何況惡行人[13]毀呰行深般若波羅蜜者能壞其阿耨多羅三藐三菩提心！舍利弗！是求菩薩道諸善男子、善女人聞是深般若波羅蜜[14]，大得[15]法喜、法樂，亦立多人於善根，爲阿耨多羅三藐三菩提。

【論】釋曰[16]：是深[17]般若波羅蜜，佛滅度後，當至南方國土者。佛出東方，於中説般若波羅蜜，破魔及魔民、外道，度無量衆生，然後於拘夷那竭[18]雙樹下滅度。後[19]般若波羅蜜，從東方至南方。如日月、五[20]星、二十八宿，常從東方至南方，從南方至西方，從西方至北方，圍繞須彌山。又如供養常法右[21]繞，遍[22]度閻浮提人，以是因緣故，從東方至南方，從南方至西方。如佛無著心故，不定一處[23]；般若波羅蜜亦如是，不定住一處。從西方

---

1 "供養"，乙本脱。
2 "我"，乙本無。
3 "受持"，甲、乙、宋、元、明、宫本作"持受"。
4 "諸"，甲、宋、元、明、宫、聖乙本無。
5 "善男子善女人"，甲、乙、宋、元、明、宫、聖本無。
6 "供"，甲本脱。
7 "諮問"，乙本作"問訊"。
8 "尸羅"，乙本作"尸"，異譯詞。
9 "具足"，乙本無。
10 "純厚"，甲本作"淳厚"，乙、元、明、聖、聖乙、石本作"淳熟"。
11 "説應"，乙本作"應説"，誤倒。
12 "沮"，甲本作"阻"。
13 "行人"，乙本作"人行"，誤倒。
14 "蜜"，乙本脱。
15 "大得"，乙、聖本作"得大"。
16 "論釋曰"，乙本作"論者言"。
17 "深"，乙本脱。
18 "拘夷那竭"，甲本作"拘夷那偈"。
19 "後"，乙本脱。
20 "五"後，乙本衍"宀"旁。
21 "右"，乙本作"布"，誤。
22 "遍"，甲、乙、宋、元、明、宫、聖、聖乙本作"應遍"。
23 "不定一處"後，乙本衍"不定一處"。

至北方,二方衆生,好供養、書、讀,乃至修行,華香乃至幡蓋,受大果報,如經中説。後[1]展轉至北方。此中供養所得果報,如上所[2]説。舍利弗! 是般若波羅蜜,北方當作佛事。是中説因緣:佛在時能斷衆[3]疑,佛法興盛,不畏法滅;佛滅[4]後,過五百歲,正法漸滅,是時佛事轉難。是時利[5]根者,讀、誦、正憶念,亦華香供養;鈍根者,書寫、華香等供養。是二種人[6],久久皆當得度,是故説當作佛事。佛言:是善男子、善女人,我及十方諸佛,皆以佛眼見,念、知、讚歎。舍利弗白佛言:是深般若[7],在北方廣行耶? 廣行者,於閻浮提北方廣大故。又北方地有雪山,雪山冷[8]故,藥草能殺諸毒,所食米穀,三毒不能大發。三毒不能大發故,衆生柔軟,信等五根皆得勢力。如是等因緣,北方多行般若波羅蜜。是人聞是深般若波羅蜜,書、持乃至正憶念、如説行,當知是人久發大乘意,多供養佛[9]、種善根[10]、與善知識相隨,是故能於惡世書、持、信受,乃至如説修行。舍利弗問:北方有幾許人,聞是深般若波羅蜜,能書、讀、誦,乃至如説修行? 佛答:是深般若波羅蜜[11],難知難行,雖多有人發無上道心,得名菩薩,少有人聞是般若波羅蜜,心通達,不驚、不没[12]。心通達,不驚、不怖[13]相,佛此中自説:是人多親近諸佛:親近諸佛者,於無量世常見諸佛,恭敬供養。問難者,直問其事,疑心不解,重種種問,名爲難;是人世世從諸[14]佛問難般若波羅蜜事。是人功德果報雖未成,當知是人具足六波羅蜜、三十七品,乃至十八不共法具足。是福德淳熟故,多利益衆生,所謂檀波羅蜜、尸羅[15]波羅蜜因緣故,生於富貴家,自行布施,教人布施。羼提波羅蜜、禪波羅蜜因緣故,令無量衆生出家、受戒,發阿耨多羅三藐三菩提心。此中佛説因緣:是人從我及過去諸佛,聞應薩婆若大乘法,是故後生不失是心;是人亦教化他人,説如是事。如然[16]一燈,展轉皆然[17]。是人諸煩惱薄,無慳貪、嫉妬、瞋恚故,不相讒謗,常一心和合;是故魔、若魔民,不能沮[18]壞。若人少有錯故,魔得其便,如人有瘡[19]受毒。魔是欲界主,尚不能沮壞,何況惡[20]行人! 或有人惡行而非惡,如未離欲聖人;以是故説惡[21]行人毀呰般若波羅蜜,即[22]毀壞菩薩。復次,諸善男子、善女人無量世來愛佛法,深著實法,信力、慧力多故,聞深般若波羅蜜,得大慈大悲[23]心故,隨衆生力,令入深般若波羅蜜、若令得般若

――――――――――

1　“後”,乙本無。

2　“所”,甲、乙、宋、元、明、宫、聖本無。

3　“衆”,乙、聖、聖乙、石本作“衆生”。

4　“滅”,乙本作“滅度”。

5　“利”,乙本作“鈍”,誤。

6　“種人”,乙本作“人種”,誤倒。

7　“般若”,乙本作“般若波羅蜜”。

8　“冷”,甲本作“泠”,誤。

9　“佛”,乙本作“諸佛”。

10　“善根”,乙本作“諸善根”。

11　“波羅蜜”,甲、宋、元、明、宫本無。

12　“没”,乙本作“怖”。

13　“心通……不怖”七字,乙本脱。

14　“諸”,乙本脱。

15　“尸羅”,乙本作“尸”,異譯詞。

16　“然”,甲本作“燃”,“然”爲“燃”之古字。

17　“然”,甲本作“燃”,“然”爲“燃”之古字。

18　“沮”,甲、聖、聖乙本作“咀”,“咀”爲“咀”之俗字,“咀”通“沮”。

19　“瘡”,甲、乙、聖、聖乙本作“創”,“創”通“瘡”。

20　“惡”後,甲、乙本衍“惡”。

21　“惡”後,甲、乙本衍“惡”。

22　“即”,甲、乙、宋、元、明、宫、聖本無。

23　“大慈大悲”,甲、宋、元、明、宫、聖、聖乙本作“大慈悲”,乙本作“慈悲”。

因緣——所謂布施[1]、持戒等諸善根。爲阿耨多羅三藐三菩提故者,是善男子、善女人求無上道故,教他令住諸善根福德。

【經】是善男子、善女人,於我前立誓願:我行菩薩道時,當度無數百千萬億眾生,令發阿耨多羅三藐三菩提心,示、教、利、喜,乃至阿鞞跋致地受記。我知其心,我[2]亦隨喜。是善男子、善女人,亦於過去諸佛前立誓願:我行菩薩道時,當度無數百千萬億眾生,令發阿耨多羅三藐三菩提心;示、教、利、喜,乃至阿鞞跋致地受記[3]。諸過去佛[4],亦知其心而隨喜。舍利弗!是諸善男子、善女人,所爲心大,所受色、聲、香、味、觸、法亦[5]大,亦能大施;能大施已,種大善根;種大善根已,得大果報。爲攝眾生故受身[6],能[7]於眾生中捨內外所有物。以是善根因緣故[8],發願欲生他方世界現在諸佛説深[9]般若波羅蜜處,於諸佛前聞是深般若波羅蜜已,亦於彼示、教、利、喜百千萬億眾生,令發阿耨多羅三藐三菩提心。舍利弗白佛言:希有!世尊!佛於過去、未來、現在法,無法不知,無法如[10]相不知,眾生之行無事不知!今佛悉知過去諸佛及菩薩、聲聞,亦知今現在[11]十方諸佛[12]世界菩薩及聲聞,亦知未來諸佛及菩薩、聲聞。世尊!未來世有善男子、善女人勤求六波羅蜜,受持、讀、誦乃至修行有得有不得?佛告舍利弗:若善男子、善女人一心精進勤求,當得應[13]六波羅蜜諸經。舍利弗白佛言:善男子、善女人如是勤行,當[14]得是應六波羅蜜深經?佛語舍利弗:是善男子、善女人得是應六波羅蜜深經。何以故?善男子、善女人爲阿耨多羅三藐三菩提故,與眾生説法,示、教、利、喜,令住六波羅蜜中[15]。以是因緣故,是善男子、善女人後身轉生易得應[16]六波羅蜜深經;得已,如六波羅蜜所説修行,精勤不息,乃至淨佛世界,成就眾生,得阿耨多羅三藐三菩提。

【論】釋曰[17]:佛説:善男子、善女人,於我前及過去諸佛前,立誓願:我行菩薩道,當令無量百千萬億[18]眾生,發無上道意;示、教、利、喜,令得阿鞞跋致記。我及過去佛,知是善男子[19]心大,能有所作,故隨喜。善男子、善女人,聞佛知[20]其心,則生歡喜,自念過去作誓願事,倍加精進。大心者,一切眾生心皆樂[21]緣六塵:有人行雜[22]福德,所謂作福時心生疑悔;是福德果報,雖得富貴,不能好用,亦不能與他;罪業因緣故,諸根闇鈍,

---

1　"布施"後,乙本有"等"。
2　"我",甲、乙、宋、元、明、宮本無。
3　"受記"後,乙本衍"我知其心,亦隨喜。是善男子、善女人,亦於阿鞞跋致受記"。
4　"諸過去佛",乙本作"過去諸佛"。
5　"法亦",乙本作"法亦",誤倒。
6　"受身",甲、宮、聖本作"受",乙本作"能受"。
7　"能",乙本無。
8　"故",甲、宋、元、明、宮、聖本無。
9　"深",乙本脱。
10　"如",原作"知",誤,兹據甲、乙、宋、元、明、宮、聖、聖乙、石本及《大正藏》本《摩訶般若波羅蜜經》改。
11　"在",乙本脱。
12　"佛",乙本脱。
13　"應",乙本脱。
14　"當",甲、乙、宮本作"者"。
15　"中",甲、乙、宋、宮、聖乙本無。
16　"應",乙本無。
17　"論釋曰",乙本作"論者言"。
18　"億",甲、乙本脱。
19　"善男子"後,乙本有"善女人"。
20　"知",乙本無。
21　"樂",乙本脱。
22　"雜",乙本脱。

不擇好醜。是[1]善男子未得道時，清淨福德故，得[2]上妙五欲，亦[3]能盡意用，能[4]隨意施[5]與，或施窮乏，或種於福田[6]。若得善知識，聞佛法，著欲心[7]息，憐愍眾生，爲阿耨多羅三藐三菩提故，內[8]外所有[9]布施，無[10]所愛惜；若持戒，遍行十善[11]道，具[12]戒律儀，以慈悲[13]心共行；餘善法亦如是[14]，皆以深心自行，及引導他人令行善道。是福[15]德因緣故[16]，不求世樂，天王、人王、富貴處；聞有現在佛處，願往生彼。是菩薩知諸法實相故不樂生；若爲眾生，生十方佛前，聞深般若波羅蜜；聞已，於彼開化無量百千眾生，發無上道[17]心。舍利弗無一切智，聞説[18]三世菩薩願行事[19]，發希有[20]心，白佛言：世尊！佛於三世中無法不知；從如、法性、實際無不知者；諸眾生心所行業、果報、因緣，無事不知；從十方現在諸佛及過去、未來世佛及世界弟子及所行事，皆悉遍知。佛一切智，其力甚大，不可[21]思議！舍利弗意謂：同是出家人，俱求般若波羅蜜，何以故有得[22]、有不得者？佛答：若是菩薩常一心求六波羅蜜，不惜身命，是人內有好心，外諸佛菩薩及諸天所護助故。舍利弗意：雖復精進，佛不在世，魔力復大，是菩薩云何得是般若[23]波羅蜜深經？是故更問：得[24]是應六波羅蜜深經？佛言：得。此中説得因緣，所謂善男子、善女人爲無上道故，爲眾生説法，示、教、利、喜，令住六波羅蜜，開佛道。是業果報故，轉身易得應六波羅蜜深經。若得，能[25]疾受持，乃至如所説修行，精進不捨，世世常不離。用六波羅蜜果報故，淨佛世界，成就眾生，乃至無上道。若悋惜法，則常生邊地無佛法處。

　　大智度論卷第六十七[26]。

1　“是”，甲、乙本無。

2　“得”，乙本脱。

3　“亦”，甲、乙、宋、元、明、宫、聖、聖乙、石本無。

4　“能”，甲、乙、宋、元、明、宫、聖、聖乙、石本作“亦能”。

5　“施”，乙本脱。

6　“田”，甲本作“德”，誤。

7　丙一始。

8　丙二始。

9　“生爲……所有”十六字，丙一殘。

10　丙一終。

11　“所有……十善”十五字，丙二殘。

12　“具”，乙本作“具足”。

13　“悲”，乙本無。

14　“以慈……如是”十二字，丙二殘。

15　“自行……是福”十三字，丙二殘。

16　丙二終。

17　丙三始。

18　“説”，乙本作“開”，誤。

19　“弗無……行事”十四字，丙三殘。

20　丙三終。

21　“可”，乙本脱。

22　“有得”，乙本作“有得者”。

23　“般若”前，乙本有“深”。

24　“得”，乙本脱。

25　“能”，乙本脱。

26　甲本終，尾題作“大智論卷第六十七　釋第四十四品下”。乙本終，題記作“第六十七卷”，題記作“比丘德朗經”。

大智度論釋魔事品第四十六（卷六十八）[1]

聖者龍樹造

後秦龜茲國三藏鳩摩羅什譯[2]

【經】[3]慧命須菩提白佛言：世尊！是善男子、善女人[4]，發阿耨多羅三藐三菩提心，行六波羅蜜，成[5]就衆生，淨佛世界，佛已讚歎説其功德。世尊[6]！云何善男子、善女人，求於佛道，生諸留難？佛[7]告[8]須菩提：樂説辯[9]不即生，當知是菩薩魔事[10]。須菩提言：世尊！何因緣故，樂説辯不即生，是[11]菩薩魔事？佛言：有菩薩摩訶薩行般若波羅[12]蜜時，難具足六波羅蜜。以是因緣故，樂説辯[13]不即生，是菩薩魔事。復次，須菩提！樂説辯卒[14]起，當知亦是菩薩魔事。世尊！何因緣故，樂説[15]辯卒起，復是魔事？佛言：菩薩摩訶薩行檀波羅蜜乃至般若波羅蜜，著樂説法。以是因緣故，樂説辯卒起，當知是菩薩魔事。復次，須菩提！書是般若波羅蜜經時，傴僂傲慢，當知是菩薩魔事。復次，須菩提！書是經時，戲笑亂心，當知是菩薩魔事。復次，須菩提！若書是經時，輕笑不敬，當知是菩薩魔事。復次，須菩提！若書是經時，心亂不定，當知是菩薩魔事[16]。復次，須菩提！若[17]書是經時，各各不和合，當知是菩薩魔事。復次，須菩提！善男子、善女人作是念：我不得是經中滋味，便棄捨去，當知是菩薩魔事。復次，須菩提！受持般若波羅蜜，讀、誦、説、若正憶念時，傴僂傲慢，當知是菩薩魔事。復次，須菩提！若受持般若波羅蜜經，親近、正憶念時，轉相形笑，當知是菩薩魔事。復次，須菩提！若受持般若波羅蜜經，讀、誦、正憶念、修行時，共相輕蔑[18]，當知是菩薩魔事。若受持般若波羅蜜，讀、誦乃至正憶念時，散亂心，當知是菩薩魔事。若受持般若波羅蜜，讀、誦乃至正憶念時，心不和合，當知是菩薩魔事。須菩提白佛言：世尊！世尊説善男子、善女人作是念：我不得經中滋味，便棄捨去，當知是[19]菩薩魔事。世尊！何因緣故，菩薩不得經中滋味，便棄捨去？佛言：是菩薩摩訶薩前世不久行般若波羅蜜、禪波羅蜜、毘梨耶波羅蜜、羼提波羅蜜、尸羅波羅蜜、檀波羅蜜，是人[20]聞説是般若波羅蜜，便從坐起，作是念言：我於般若波羅蜜中無記，心不清淨，便從坐起去，當知是菩薩魔事。須菩提白佛言：世尊！何因緣故不與受記，

1　本卷對應《大智度論》寫本凡 5 號：BD 15353 號（以下簡稱"甲本"）、BD 15318 號（以下簡稱"乙本"）、羽 210 號 N（以下簡稱"丙本"）、俄 Дx 12093 號（以下簡稱"丁一"）、俄 Дx 12105 號（以下簡稱"丁二"）。

2　甲、乙本始。"大智度……譯"三十三字，甲本作"大智度論釋第四十五品　訖第四十六品上　卷第六十八"，乙本作"大智論釋第四十六品　訖第四十七品上"。

3　"經"，甲、乙、宋、宫、聖乙本無。下同，不復出校。

4　"子善女人"，乙本殘。

5　"波羅蜜成"，乙本殘。

6　"功德世尊"，乙本殘。

7　"留難佛"，乙本殘。

8　"告"，乙本作"生"，誤。

9　"辯"，乙、聖、聖乙本作"辨"，"辨"通"辯"。

10　"菩薩魔事"，乙本殘。

11　"即生是"，乙本殘。

12　"若波羅"，乙本殘。

13　"樂説辯"，乙本殘。

14　"辯卒"，乙本殘。

15　"説"，乙本殘。

16　"復次……魔事"二十一字，乙本無。

17　"若"，甲本作"書"，聖本無。

18　"蔑"，乙本作"夢"，誤。

19　"是"，甲本脱。

20　"人"，甲本脱。

聞説是深[1]般若波羅蜜時，便從坐起去？佛告須菩提：若菩薩未入法位中，諸佛不與受阿耨多羅三藐三菩提記。復次，須菩提！聞説般若波羅蜜時，菩薩作是念：我是中無名字，心不清淨，當知是菩薩魔事。須菩提言：何因緣故，是深般若波羅蜜中，不説是菩薩名字？佛言：未受記菩薩，諸佛不説名字。復次，須菩提！是菩薩摩訶薩作是念：是般若波羅蜜中，無我生處名字，若聚落、城邑。是人不欲聽聞般若波羅蜜，便從會中起去。是人如所起念[2]時，念念却一劫，甫當更勤精進求阿耨多羅三藐三菩提。

【論】[3]釋曰：一切有爲法，各有增上。增上者共相違，相違即是怨賊。如水得增上力滅火，火得增上力則消水，乃至草木各有相害，何況衆生！菩薩摩訶薩有大悲心，雖不與衆生作怨，而衆生與菩薩作怨[4]；菩薩身，有[5]爲法故，能作[6]留難。佛上説菩薩功德，所謂諸佛、菩薩、諸天所護，而未説怨賊相。以佛憐愍故，先雖略説，今須菩提請[7]，佛廣説留難事。佛雖於一切衆生、一切法心平等，以是菩薩能大利益世間，故説好醜相及利害相[8]、是道非道、留難事。佛不令行人毀害留難者，但令覺知，不隨其事。何者是怨賊？略説若衆生法、非衆生法，能沮[9]壞菩薩無上道心。非衆生者，若疾病、飢渴、寒熱、槌壓[10]、墜落等。衆生者，魔及魔民、惡鬼，邪疑不信者，斷善根者，定有所得者，實定分別諸法者，深著世間樂者，怨賊，官事，師子、虎狼、惡獸、毒蟲等。衆生賊，有二種：若內，若外。內者，自從心生，憂愁不得法味，生邪見、疑悔、不信等；外者，如上説。如是諸難事，佛總名爲魔。魔有四種：煩惱魔，五衆魔，死魔，天子魔。煩惱魔者，所謂百八煩惱等，分別八萬四千諸煩惱。五衆魔者，是煩惱業和合因緣，得是身：四大及四大造色，眼根等色是名色衆；百八煩惱等諸受和合，名爲受衆；小、大、無量、無所有想[11]，分別和合，名爲想衆；因好醜心，發能起貪欲、瞋恚等，心相應、不相應法，名爲行衆；六情、六塵和合，故生六識，是六識分別，和合無量無邊心，是名識衆。死魔者，無常因緣故，破相續五衆壽命，盡離三法——識、斷、壽故，名爲死魔。天子魔者，欲界主[12]，深著世間樂，用有所得故生邪見，憎嫉一切賢聖涅槃道法，是名天子魔。魔，秦言能奪命者；雖死魔實能奪命，餘者亦能作奪命因緣，亦奪智慧[13]命，是故名殺者。問曰：一五衆魔攝三種魔，何以故別説四？答曰：實是一魔，分別其義，故有四。煩惱魔者，人因[14]貪欲、瞋恚故死，亦能作奪命因緣，是近奪命因緣故別説。天子魔，雜福德業因緣故，力勢大，邪見力故能奪慧命，亦能作死因緣，是故別説。無常死力大，一切無能免[15]者，甚可畏厭故別説。問曰：是魔何以惱亂行道者？答曰：先已廣[16]説，是品中皆有四種魔義，但隨處説。復次，三魔不相遠離：若有五衆，則有煩惱；有煩惱[17]，則天魔得其便，五衆、煩惱和合故有天魔。是故須菩提問佛：上已讚歎説菩薩功德，今

1　“深”，甲、乙、宋、宮本無。

2　“念”，甲、乙、宮、聖、聖乙、石本無。

3　“論”，乙、宋、宮、聖乙本無。下同，不復出校。

4　“而衆生與菩薩作怨”，乙本脱。

5　“有”，乙本脱。

6　“作”，乙本作“信”，誤。

7　“請”，乙本作“諸”，誤。

8　“相”，甲、乙、宋、元、明、宮、聖乙本無。

9　“沮”，甲本作“阻”，乙本作“䢗”，聖、聖乙本作“俎”。

10　“槌壓”，甲、乙本作“堆押”，宮、聖、聖乙本作“推押”，“押”通“壓”，宋、元、明本作“推壓”。

11　“想”，甲、乙、聖本作“相”，“相”爲“想”之借字。

12　“主”，乙本作“生”，誤。

13　“慧”，乙本作“惠”，“惠”通“慧”。

14　“因”，乙本作“曰”，誤。

15　“免”，乙、聖乙本、石本作“勉”，“勉”通“免”。

16　“廣”，乙本作“魔”，誤。

17　“有煩惱”，甲、乙本無。

云何是菩薩魔事起？佛答：樂説辯[1]不即生，是爲魔事者，若菩薩摩訶薩憐愍衆生故，高座[2]説法，而樂説辯[3]不生，聽者憂愁：我等故來，而法師不説。或作是念：法師怖畏故不能説；或言不知故不説；或自惟過咎深重故不説；或謂不得供養故不肯説；或謂輕賤我等故不説；或串樂故不説。如是等種種因緣，聽者心壞，故以不樂説名爲魔事。復次，是菩薩憐愍衆生故，來欲説法，聽者欲聞。而法師心生欲説，而口不能言。現見是魔事；如魔入阿難心，佛三問而三不答，久[4]乃説者。此中須菩提問世尊：何因緣故辯不即生？佛答：菩薩行六波羅蜜時，難具足六波羅蜜。所以者何？是人先世因緣故，鈍根懈怠，魔得其便；不一心行六波羅蜜故，樂説辯[5]不即生。問曰：如樂説辯[6]不即生可[7]是魔事；今樂説辯[8]卒起，何以復是魔事？答曰：是法師愛法著法，求名聲故，自恣樂説，無有義理，如逸馬難制；又如大水暴漲[9]，衆穢渾雜。是故此中佛[10]自説：菩薩行六波羅蜜，著樂説法，是爲魔事。復次，是般若波羅蜜爲破憍慢故出；而書是經者，生我心、憍慢心[11]；憍慢故身亦高，所謂傴僂傲慢。書是般若波羅蜜時，用輕心、瞋心、戲笑、不敬。復次，是般若波羅蜜，一心[12]攝心，猶尚難得，何況散亂心書！書時從人口受，或寫經卷，若一心和合則得；若授者不與，如是等種種因緣，是不和合。復次，觀看是般若波羅蜜[13]經時，品品皆空，無可樂處，作是念：我於是經不得滋味！便棄捨去。般若波羅蜜，是一切諸樂根本，此人不得其味，是爲魔事。復次，受持、讀、誦、説，正憶念時，傴僂、形笑、散亂心、不和合，如上説。共相輕蔑者，從人受持[14]、讀、誦、正憶念時，師徒[15]互相輕賤。書寫經時，但有捨去，無相輕賤[16]。問曰：上諸[17]事中，何以但問不得經中滋味，不問餘者？答曰：般若波羅蜜，聖人所説與凡人説異，是故凡夫人不得滋味。須菩提意謂：般若波羅蜜是清淨珍寶聚，能利益衆生，無有過惡，是人云何不得滋味？佛答：是人先世不久行六波羅蜜故。菩薩信等五根薄；薄故，不能信空、無相、無作，無依止法，嬈亂心起，作是言：佛一切智，何以不與我受記？便捨去。餘者易解，故不問。須菩提問：若爾者，何以故不與授[18]記？佛是大悲，應當愍念，防護其心，不令墮惡！佛言：未入法位人，諸佛不與授記。所以者何？諸佛雖悉知衆生久遠事，爲五通仙人及諸天，見是[19]人未有善行業因緣可授[20]記者[21]，若[22]爲授記，輕佛不信：無[23]有因緣，云何與授記？是

1　“辯”，乙本作“辨”，“辨”通“辯”。
2　“座”，乙本作“坐”，“坐”爲“座”之古字。
3　“辯”，甲、乙、聖本作“辨”，“辨”通“辯”。
4　“久”，甲、聖、石本作“久久”。
5　“辯”，乙本作“辨”，“辨”通“辯”。
6　“辯”，乙本作“辨”，“辨”通“辯”。
7　“可”，甲、乙、宋、元、明、宮本無。
8　“辯”，乙本作“辨”，“辨”通“辯”。
9　“漲”，甲、乙、宮、聖、聖乙、石本作“長”。
10　“佛”，乙本作“能”。
11　“心”，甲、乙、宋、元、明、宮本無。
12　“一心”前，甲、乙本有“若”。
13　“波羅蜜”，甲、乙、宋、元、明、宮、聖本無。
14　“持”，甲、乙、宋、元、明、宮本無。
15　“徒”，乙本作“從”，誤。
16　“輕賤”後，甲、乙、宋、元、明、宮、聖乙本有“以是故無”。
17　“諸”，甲、乙、宋、元、明、宮本無。
18　“授”，甲、乙、宋、宮本作“受”。下同，不復出校。
19　“是”，甲、乙、宋、元、明、宮本無。
20　“授”，甲、聖本作“受”，“受”爲“授”之古字。
21　“者”，甲、宋、元、明、宮、聖、聖乙、石本無。
22　“若”，乙本無。
23　“無”，乙本作“死”，誤。

故入法位者，與授記。是人名字及聚落處，亦如是。是人從坐起去，隨其起念多少，念念却一劫；償罪畢，還得人身，甫¹當復爾所劫行。

【經】復次，須菩提！菩薩學餘經，棄捨般若波羅蜜，終不能至薩婆若。善男子、善女人爲捨其根而攀枝葉，當知亦是²菩薩魔事。須菩提白佛言：世尊！何等是餘經，善男子、善女人所³學，不能至薩婆若？佛言：是聲聞所應行經，所謂四念處、四正勤、四如意足、五根、五力、七覺分、八聖道分，空、無相、無作解脫門。善男子、善女人住是中，得須陀洹果、斯陀含果、阿那含果、阿羅漢果，是名聲聞所行經⁴，不能至薩婆若。如是，善男子、善女人捨般若波羅蜜，親近是餘經。何以故？須菩提！般若波羅蜜中，出生諸⁵菩薩摩訶薩，成就世間、出世間法。須菩提！菩薩摩訶薩學般若波羅蜜時，亦學世間、出世間法。須菩提！譬如狗不從大家求食，反從作務者索。如是，須菩提！當來世有善男子、善女人，棄捨⁶深般若波羅蜜，而攀枝葉，聲聞、辟支佛所應行經，當知是爲菩薩魔事。須菩提！譬如有人，欲得見象，見已反觀其跡。須菩提！於汝意云何？是人爲黠不？須菩提言：爲不黠。佛言：諸求佛道善男子、善女人，亦復如是，得深般若波羅蜜棄捨去，取聲聞、辟支佛所應行經。須菩提！當知是爲菩薩魔事。須菩提！譬如人欲見大海，見已反⁷求牛跡水，作是念：大海水能與此等不？須菩提！於汝意云何？是人爲黠不？須菩提言：爲不黠。佛言：當來世有求佛道善男子、善女人亦如是，得深般若波羅蜜棄捨去，取聲聞、辟支佛所應行經，當知是亦菩薩摩訶薩魔⁸事。須菩提！譬如工匠，若工匠弟子，欲擬作釋提桓因勝殿，而揆則日、月宮殿。須菩提！於汝意云何？是人爲黠不？須菩提言：爲不黠。如是，須菩提！當來世有薄福德善男子、善女人求佛道者，得是深般若波羅蜜棄捨去，取⁹聲聞、辟支佛所應行經中求薩婆若。須菩提！於汝意云何？是人爲黠不？須菩提言：爲不黠。佛言：當知亦是菩薩魔事。須菩提！譬如有人，欲見轉輪聖王，見而不識，後見諸小國王，取其相貌¹⁰，作¹¹如是言：轉輪聖王與此何異？須菩提！於汝意云何？是人爲黠不？須菩提言：爲不黠。須菩提！當來世有薄福德善男子、善女人求佛道者，得是深般若波羅蜜棄捨去，取聲聞、辟支佛所應行經，持求薩婆若。須菩提！於汝意云何？是人爲黠不？須菩提言：爲不黠。當知是爲菩薩魔事。須菩提！譬如飢人，得百味食棄捨去，反食六十日穀飯。須菩提！於汝意云何？是人爲黠不？須菩提言：爲不黠。佛言：當來世有求佛道善男子、善女人，得聞深般若波羅蜜棄捨去，取聲聞、辟支佛所應行經，持求薩婆若，於汝意云何？是人爲黠不？須菩提言：爲不黠。當知是亦菩薩魔事。須菩提！譬如人得無價¹²摩尼珠，反持比水精珠。須菩提！於汝意云何？是人爲黠不？須菩提言：爲不黠。佛言：當來世有求佛道善男子、善女人，得聞深般若波羅蜜棄捨去，取聲聞、辟支佛所應行經，持求薩婆若，是人爲黠不？須菩提言：爲不黠。當知是亦菩薩魔事。復次，須菩提！是¹³求佛道善男子、善女人，書是深般若波羅蜜時，樂說不如法事，不得書成般若波羅蜜；所謂樂說色、聲、香、味、觸、法，樂說持

1　“甫”，甲、乙本作“補”，聖本有傍注“補或本”。

2　“是”前，甲本衍“如”。

3　“所”，甲、乙、聖本作“取”。

4　“經”，甲、乙、宋、元、明、宮本無。

5　“諸”後，甲本衍“佛”。

6　“捨”，甲、乙、宋、元、明、宮本無。

7　“見已反”，甲、乙、宋、元、明、宮、聖乙本、石本作“反”，聖本作“水”，有傍注“反或本”。

8　“魔”，乙本作“應”，誤。

9　“取”，甲、乙、宋、元、明、宮、聖本作“於”。

10　“貌”，乙本作“根”，誤。

11　“作”，甲、乙、宋、元、明、宮、聖、聖乙本無。

12　“價”，乙本作“賈”，“賈”爲“價”之古字。

13　“是”，乙、宋、元、明、宮本無。

戒、禪定、無色定，樂説檀波羅蜜乃至般若波羅蜜，樂説四念處乃至阿耨多羅三藐三菩提。何以故？須菩提！是般若波羅蜜中無樂説相。須菩提！般若波羅蜜不可思議相，般若波羅蜜不生不滅相，般若波羅蜜不垢不淨相，般若波羅蜜不亂不散相，般若波羅蜜無説相，般若波羅蜜無言無義相，般若波羅蜜無所得相。何以故？須菩提！是[1]般若波羅蜜中，無是諸相[2]。須菩提！若有善男子、善女人求菩薩道者，書是般若波羅蜜經時，以是諸法散亂心，當知是亦菩薩魔事。須菩提白佛言：世尊！是般若波羅蜜可書耶[3]？佛言：不可書！何以故？般若波羅蜜，自性無故。禪波羅蜜、毘梨耶波羅蜜、羼提波羅蜜、尸羅波羅蜜、檀波羅蜜，乃至一切種智，自性無故[4]。若自性無，是不名爲性，無法不能書無法。須菩提！若求菩薩道善男子、善女人作是念：無法是深般若波羅蜜，當知即是菩薩魔事。世尊！是求菩薩道善男子、善女人，用文[5]字書般若波羅蜜，自念：我書是般若波羅蜜；以字著般若波羅蜜，當知亦是菩薩魔事。何以故？世尊！是般若波羅蜜無文字，禪波羅蜜、毘梨耶波羅蜜、羼提波羅蜜、尸羅波羅蜜、檀波羅蜜無有文字。世尊！色無文字，受、想、行、識無文字，乃至一切種智無文字。世尊！若求菩薩道善男子、善女人著無文字般若波羅蜜，乃至著無文字一切種智[6]，當知亦是菩薩魔事。讀、誦、説、正憶念、如説修行，亦如是。復次，須菩提！求佛道善男子、善女人，書般若波羅蜜時，若[7]國土念起，聚落念起，城邑念起，方念起，若聞謗毀其師念起，若念父母及兄弟、姊妹、諸餘親里[8]，若念賊，若念旃陀羅，若念衆女，若念婬女，如是等種種諸餘異念留難；惡魔復益其念，破壞書般若波羅蜜，破壞讀、誦、説、正憶念、如説修行。須菩提！當知是亦菩薩[9]魔事。復次，須菩提！求佛道善男子、善女人，得名譽、恭敬，布施供養，所謂衣服、飲[10]食、臥床、疾藥、種種樂具，善男子、善女人，書是般若波羅蜜經，受、讀、誦[11]乃[12]至正憶念時，愛[13]著是事，不得書成般若波羅蜜，乃至正憶念，當知是亦菩薩魔事。復次，須菩提！求佛道善男子、善女人書般若波羅蜜乃至如説修行時，惡魔方便持諸餘深經，與是菩薩摩訶薩；有方便者，不應貪著惡[14]魔所與諸餘深經。何以故？是經不能令人至薩婆若故。是中無方便菩薩摩訶薩聞是諸餘深經，便捨深般若波羅蜜。須菩提！我是般若波羅蜜中，廣説諸菩薩摩訶薩方便道；諸菩薩摩訶薩應當從是中求。須菩提！今善男子、善女人求菩薩道，捨是深般若波羅蜜，於魔所與聲聞、辟支佛深經中求方便道，當知亦是菩薩魔事。

　　【論】釋曰：學餘經，捨般若波羅蜜等：有人於聲聞法[15]中，受戒學法，初不聞般若波羅蜜；或[16]時餘處聞，深著先所學法，捨於[17]般若波羅蜜，於先所學法中求薩婆若。有聲聞弟子先得般若波羅蜜，不知義趣，不得

1　“是”，甲、乙、宋、元、明、宮本無。
2　“諸相”，甲、宮、聖本作“諸法”，乙本作“説法”，宋、元、明本作“諸法相”。
3　“耶”，乙本作“般”，誤。
4　“故”，乙、宋、宮本作“法”，誤。
5　“文”，甲、乙、宋、宮、聖乙本無。
6　“智”，甲本作“知”，“知”爲“智”之古字。
7　“若”，甲、乙、宋、宮、聖本無，聖乙本作“起”。
8　“里”，甲、乙本作“理”。
9　“菩薩”，甲、乙、宋、元、明、宮本無。
10　“飲”，甲本作“餘”，誤。
11　“誦”，乙、宋、宮本無。
12　“乃”，甲本脱。
13　“愛”，甲、乙、聖本作“受”。
14　“惡”，乙本作“應”，誤。
15　“法”，甲、乙、宋、元、明、宮本作“師僧”，聖本作“師僧法”。
16　“或”，乙本作“戒”，誤。
17　“於”，甲、乙、宋、元、明、宮、聖本無。

滋味,以聲聞經行菩薩道。有人是聲聞弟子,得般若波羅蜜經,欲信受;餘聲聞人沮[1]壞其心,語言:是經初後不相應,無有定相,汝宜捨之! 聲聞法中,何所不有? 六足阿毘曇及其論議[2],分別諸法相,即是般若波羅蜜。八十部律,即是尸羅波羅蜜。阿毘曇中,分別諸禪、解脫、諸三昧等,是禪波羅蜜。三藏本生中,讚歎解脫[3],布施、忍辱、精進,即是三波羅蜜。如是等種種因緣,捨般若波羅蜜,於聲聞經中求薩婆若。如人欲得堅實好木,捨其根莖而取枝葉,雖是木名而不中用。復次,般若波羅蜜是三藏根本;得般若波羅蜜已,爲度衆生故說餘事,是名[4]枝葉。復次,聲聞經中,雖說諸法實相而不了了;般若波羅蜜經中,分明顯現,易見易得。如人[5]攀緣枝葉則墮[6]落,若捉莖幹則堅固。若執聲聞經,則墮小乘中;若持般若波羅蜜,易得無上道。是故說:捨根[7]莖,取枝葉。問曰:三十七品、三解脫門,《般若經》中亦有,今何以故但名聲聞、辟支佛經? 答曰:摩訶衍中雖有是法,與畢竟空合,心無所著,以不捨薩婆若、大悲心,爲一切衆生故說;聲聞經則不爾,爲小乘證故。復次,菩薩行般若波羅蜜故,能成就世間、出世間法;是故菩薩若求佛,應當學般若波羅蜜。譬如狗爲主守備,應當[8]從主索食,而反於奴、客求;菩薩亦如是。狗喻行者,般若波羅蜜喻主人;般若中有種種利益,而捨求餘經。佛欲令分明易見,故說譬喻。象、大海、帝釋殿、轉輪聖王、無價[9]寶亦如是。問曰:五欲生五蓋,以五蓋覆智慧[10]故,不應樂說;何以故樂說餘六波羅蜜,乃至無上道,而言不如法? 答曰:不如法者,不如般若波羅蜜實相。般若波羅蜜實相中,無定相法,云何可樂說? 若有定相,則心著樂說。諸佛及菩薩,以大悲心故,爲衆生說法,不著語言;用無所得法,示[11]衆生畢竟空相般若波羅蜜。是人書、讀、誦等,以染[12]著心取六塵相乃至無上道,故言不如法。問曰:若般若波羅蜜畢竟空,無所有法,不可書、讀、誦等,如是,則不應有魔事? 答曰:畢竟空、無所有,亦非般若波羅蜜相。何以故是魔事? 此中說:若是人知無所有是般若波羅蜜相,即是魔事。若用文字書般若波羅蜜,自知:我書般若波羅蜜;有此著心,即是魔事。若人知般若波羅蜜相,不以著心書、讀、誦等,若有來破者,是[13]爲破般若波羅蜜。復次,內有煩惱魔、外有天子魔,是二事因緣故,書般若波羅蜜乃至修行時,壞般若波羅蜜。念起者,所謂念此國土不安穩[14],彼國土豐樂;聚落、城邑、方,亦如是。或聞[15]謗毀其師,捨般若波羅蜜,欲助師除滅惡名;或聞父母疾[16]病、官事;或念賊恐怖,欲發心詣餘處;旃陀羅亦如是。與賊、旃陀羅共住,則發瞋恚;與衆[17]婬女共住故,婬欲心發。如是等種種因緣,破壞般若波羅蜜;菩薩覺知,當莫念、莫說。或書般若波羅蜜時,鈍根者於多恭敬供養事中愛[18]著,自念:我能書,能隨行

1　"沮",甲本作"阻",乙本作"岨",聖、聖乙本作"怚"。下同,不復出校。

2　"議",甲本作"義","義"通"議"。

3　"脫",甲本作"說",誤。

4　"是名",甲、乙、宋、元、明、宮本作"是故名"。

5　"人",甲本脫。

6　"墮",乙本作"隊","隊"通"墜"。

7　"根",乙本作"根本"。

8　"當",甲、乙、宋、元、明、宮本無。

9　"價",甲本作"賈","賈"爲"價"之古字。

10　"慧",乙本作"惠","惠"通"慧"。

11　"示",乙本作"亦",誤。

12　"染",甲、宮本作"深",誤。

13　"是",甲、乙本無。

14　"安穩",甲、乙、宮本作"安隱",古時"穩"多寫作"隱"。下同,不復出校。

15　"或聞",乙本作"聞或",誤倒。

16　"疾"後,甲本衍"疾"。

17　"衆"後,甲、乙、宋、元、明、宮、聖、聖乙本有"女"。

18　"愛",甲、乙、宋、宮、聖本作"受"。

故；有是著是利養，即是魔事。或有利根者，魔或思惟：是菩薩不著世間樂，一心受[1]般若波羅蜜，此人不可沮[2]壞，我今當以聲聞深經轉其心，使成阿羅漢。佛言：聲聞經雖深，不應貪著；譬如燒熱金丸[3]，色雖妙好[4]，不可捉。若菩薩無方便、不大利根，得是經歡喜，是空、無相、無作，盡苦本，何復過是！便捨般若波羅蜜，亦是魔事。何以故？此中佛說因緣：於般若波羅蜜中，廣說諸菩薩摩訶薩方便道，所謂觀聲聞、辟支佛道而不證，以大悲心行三解脫門故。譬如人以酥和毒，毒勢[5]則歇，不能害人；般若亦如是，菩薩於般若中，求無上道易得；於餘經則難，如但服毒。是故不應從聲聞經中求菩薩道。

大智度論釋兩不和合品第四十七[6]

【經】復次，須菩提！聽法人欲書、持般若波羅蜜，讀、誦、問義，正憶念；說法人懈墮[7]，不欲爲說；當知是爲[8]菩薩摩訶薩魔事。須菩提！說法之人心不懈墮，欲令書、持般若波羅蜜；聽法者不欲受之；二心不和，當知是爲魔事。復次，須菩提！聽法人若欲書、持般若波羅蜜，讀、誦乃至正憶念，說法者欲至他方；當知是爲魔事。須菩提！說法人欲令書、持[9]般若波羅蜜，聽法者欲至他方；二心不和，當知是爲魔事。復次，須菩提！說法人貴重布施，衣服、飲食、臥具、醫藥、資生之物；聽法人少欲知足，行遠離行，攝念精進，一心智[10]慧；兩不和合，不得書般若波羅蜜，受持、讀、誦、問義、正憶念，當知是爲魔事。須菩提！說法人少欲知足，行遠離行，攝念精進，一心智慧；聽法者貴重布施，衣服、飲食、臥具、醫藥、資生之物；兩不和合，不得書、持般若波羅蜜，讀、誦、問義、正憶念，當知是爲魔事。復次，須菩提！說法者受十二頭陀：一、作阿蘭若；二、常乞食；三、納衣；四、一坐食；五、節量食；六、中後不飲漿；七、塚間住；八、樹下住；九、露地住；十、常坐[11]不臥；十一、次第乞食；十二、但三衣。聽法人不受十二頭陀，不作阿蘭若乃至不受但三衣；兩不和合，不得書、持般若波羅蜜，讀、誦、問義、正憶念，當知是爲魔事。須菩提！聽法者，受十二頭陀，作阿蘭若乃至受但三衣；說法人不受十二頭陀，不作阿蘭若乃至不受但三衣；兩不和合，不得書、持般若波羅蜜，讀、誦、問義、正憶念，當知是爲魔事。

【論】釋曰：一切有爲法，因緣和合故生，衆緣離則無。譬如攢[12]燧求火，有鑽、有母，二事因緣得火；書寫般若，乃至正憶念，亦如是，內外因緣和合故生，所謂師、弟子，同心同事故，乃得書成。是故佛告須菩提：聽法人信等五善根發故，欲書、持般若，乃至正憶念；說法者五蓋覆心故，不欲說。問曰：若五蓋覆心故不欲說，何以作師？答曰：是人著世間樂，不觀空、無常，雖能心知口說，不能自行；弟子雖必欲行而不能知，不能知[13]故，更無餘處，必諮此人。或時師悲心發故，欲令書、持般若。弟子信等五善根鈍不發故，著世間樂故，

---

1 "受"，甲、石本作"愛"，誤。
2 "沮"，甲本作"阻"，聖本作"姐"。
3 "丸"，乙本作"九"，誤。
4 "好"，甲、乙、宋、元、明、宫本無。
5 "勢"，甲、乙、宫、聖、聖乙本作"熱"。
6 甲本品題作"大智論釋第四十六品上"，乙本品題作"大智論釋第四十七品上"。
7 "懈墮"，甲、乙本作"懈惰"，"墮"通"惰"。下同，不復出校。
8 "爲"，甲、乙、宋、元、明、宫本無。
9 "持"，乙本脫。
10 "智"，乙本作"知"，"知"爲"智"之古字。
11 "坐"，乙本脫。
12 "攢"，甲、宋、元、明、聖本作"鑽"，聖乙本無。
13 "不能知"，乙、宋、元、明、宫本無。

不欲受書、持乃至正憶念。問曰：若不欲受持，何以名爲[1]聽法者？答曰：少多聽、受、讀、誦，不能究竟成就故，但名聽法。若[2]二人善心共同，能得般若波羅蜜；若不同則不能得，是名魔事。內煩惱發，外天子魔作因緣，離是般若，菩薩應覺是魔事，防令不起。若自失，當具足；若弟子失，當教令得。復次，師或慈悲心薄，捨弟子至他方；或不宜水土、四大不和，或善法無所增益，或水旱[3]不適，或土地荒亂；如是等種種因緣故至他方；弟子亦種種因緣不能追隨。貴重利養者，如上五蓋覆心等。復次，是二人皆有信、有戒，而一人以十二頭陀莊嚴戒，一人不能。問曰：一人何以故不能？答曰：佛所結戒，弟子受持。十二頭陀不名爲戒，能行則戒莊嚴；不能行，不犯戒。譬如布施，能行則得福，不能行者無罪；頭陀亦如是。是故兩不和合，則是魔事。十二頭陀者，行者以居家多惱亂故，捨父母、妻子、眷屬，出家行道；而師徒、同學，還相結著，心復嬈亂。是故受阿蘭若法。令身遠離憒閙，住於空閑。遠離者，最近三里，能遠益善。得是身遠離已，亦當令心遠離五欲、五蓋。若受請食，若衆僧食，起諸漏因緣。所以者何？受請食者，若得，作是念：我是福德好人故得；若不得，則嫌恨請者：彼爲無所別識，不應請者請，應請者不請；或自鄙薄，懊惱自責而生憂苦。是貪、憂法，則能遮道。僧食者，入衆中，當隨衆法，斷事擯人，料理僧事，處分作使，心則散亂，妨廢行道。有如是等惱亂事故，受常乞食法。好衣因緣故，四方追逐，墮邪命中。若受人好衣，則生親著；若不親著，檀越則恨；若僧中得衣，如上說衆中之過。又好衣，是未得道者生貪著處。好衣因緣，招致賊難，或至奪命。有如是等患，故受弊納衣法。行者作是念：求一食尚多有所妨，何況小食、中食、後食！若不自損，則失半日之功，不能一心行道。佛法爲行道故，不爲益身，如養馬、養豬。是故斷數數食，受一食法。有人雖一食，而貪心極噉，腹脹氣塞，妨廢行道。是[4]故受節[5]量食法。節量者：略說隨所能食，三分留一分，則身輕安穩[6]，易消無患，於身無損，則行道無廢。如經中舍利弗說：我若食五口、六口，足之以水，則足支身。於秦人中[7]食，不[8]十口許。有人雖節量食，過中飲漿則心[9]樂著；求種種漿：果漿、蜜漿等，求欲無厭，不能一心修習善法。如馬不著彎[10]勒，左右噉草，不肯進路；若著彎勒，則噉草[11]意斷，隨人意去。是故受中後不飲漿[12]。無常、空觀，是入佛法門，能厭離三界。塚間常有悲啼哭聲，死屍狼藉，眼見無常，後或火燒，鳥獸所食，不久滅盡；因是屍觀，一切法中易得無常相、空相。又塚間住，若見死屍[13]臭[14]爛不淨，易得九相觀，是離欲初門。是故受塚間住法。能作[15]不淨、無常等觀已，得道事辦[16]，捨至樹下；或未得道者，心則不[17]大厭，取是相，樹下思惟：如佛生時，成道時，轉法輪時，般涅

1　"爲"，甲、乙、宋、元、明、宮本無。

2　"若"，甲本作"答"，誤。

3　"旱"，甲本作"早"，誤。

4　"是"，甲本無。

5　丙本始。

6　"安穩"，甲、乙、丙本作"安隱"，古時"穩"多寫作"隱"。

7　"中"，甲、乙、丙、宮、聖、聖乙本無。

8　"不"，甲、乙、丙、宮、聖、聖乙本作"可"，石本作"可不"。

9　"心"，甲、乙、丙、宋、元、明、宮、聖、聖乙本、石本作"心生"。

10　"彎"，甲、乙、丙、宮、聖、聖乙本、石本無。

11　"噉草"前，原衍"不"，茲據乙、丙、宋、元、明、宮、聖、聖乙本、石本刪。

12　丙本終。

13　"死屍"，甲、乙本作"屍屍死"。

14　"臭"，原作"嗅"，誤，茲據甲、乙本改。

15　"能作"，甲、乙、宋、元、明、宮本無。

16　"辦"，乙本作"辯"，誤。

17　"不"，甲本脫。

槃時,皆在樹下。行者隨諸佛法,常處樹下。如是等因緣故,受樹下坐法。行者或觀樹下[1]如半舍無異,蔭覆涼樂,又生愛者[2]:我所住者好,彼樹不如。如是等生漏故,至露地住;作是思惟:樹下有二種過:一者,雨漏濕冷;二者,鳥屎污[3]身,毒蟲所住。有如是等過,空地則無此患。露地住,則著衣、脱衣,隨意快樂;月光遍照,空中明淨,心易入空三昧。身四儀中,坐爲第一,食易消化,氣息調和。求道者大事未辦[4],諸煩惱賊常伺其便,不宜安臥;若行、若立,則心動難攝,亦不可久。故受[5]常坐法[6],若欲睡時,脅不著席。行者不著於[7]味,不輕[8]衆生,等心憐愍故,次第乞食;不擇貧富[9]故,受次第乞食法。行者少欲知足,衣趣蓋[10]形,不多不少故,受但[11]三衣法[12]。白衣求樂故,多[13]畜種種衣;或有外道苦行故,裸形無恥;是故[14]佛弟子捨二邊,處中道行。住處、食處常用[15]故事多[16];衣[17]不須日求,故略説。是十二頭陀,佛意欲令弟子[18]隨道行[19],捨世樂故,讚十二頭陀。是佛意,常以頭陀爲本;有因緣,不得已而聽餘事。如轉法輪時,五比丘初得道,白佛言:我等著何等衣? 佛言:應著納衣。又受戒法,盡壽著納衣,乞食,樹下住,弊棄藥——於古四聖種中,頭陀即是三事。佛法唯[20]以智慧爲本,不以苦爲先。是法皆助道、隨道故,諸佛常讚歎。

　　大智度論卷第六十八[21]。

大智度論釋佛母品第四十八之餘(卷七十)[22]

　　……二俱[23]有過故;非常非無常,著世間過故。世[24]間有邊者,有人求世間根本不得其始[25];不得其始,則無中、無後;若無初、中[26]、後,則無世間。是故世間應有始,始即是邊[27]。得禪者宿命智力,乃見八萬劫事,過是

1　"如是……樹下"一行十七字,乙本無。

2　"者",甲、乙、聖本作"著"。

3　"污",乙本作"汙",誤。

4　"辦",乙本作"辨","辨"爲"辦"之古字。

5　丁一始。

6　"法",丁一殘。

7　"若欲……著於"十三字,丁一殘。

8　丁一終。

9　丁二始。

10　"乞食……趣蓋"十二字,丁二殘。"蓋",乙本作"蓋",聖本作"善",有傍注"蓋或本"。

11　"但",甲、乙、宋、官本無。

12　"法",甲、乙、宋、元、明、官本無。

13　"少故……故多"十三字,丁二殘。

14　"有外……是故"十二字,丁二殘。

15　"用",乙本作"有"。

16　"捨二……事多"十六字,丁二殘。

17　"衣",丁二殘。

18　"日日……弟子"十七字,丁二殘。

19　丁二終。

20　"唯",乙本作"准",誤。

21　甲本終,尾題作"大智論卷第六十八　釋第四十五品　訖第四十六品"。乙本終,尾題作"大智論卷第六十八　釋第四十五品　訖第四十六品二"。

22　本卷對應《大智度論》寫本凡2號:BD04611號(以下簡稱"甲本")、P.5589號(以下簡稱"乙本")。

23　甲本始。

24　"非常……故世"十一字,甲本殘。

25　"根本不得其始",甲本殘。

26　"初中",甲本殘。

27　"邊",甲本殘。

已往，不復能知，但見身始中陰識，而自思惟：此識不應無因無緣，必應有因緣，宿命智所不能知；但[1]憶想分別：有法名世性，非五情所知，極微[2]細故。於世性中初生覺；覺即是中陰識。從覺生我，從我生五種微塵，所謂色、聲、香、味、觸。從聲微塵生空[3]大，從聲、觸生風大，從色、聲、觸生火大，從色、聲、觸、味生水大，從色、聲、觸、味、香生地大。從空生耳根，從風生身根，從火生眼根，從水生舌根，從地生鼻根。如是等漸漸從細至麁。世性者，從世性已來至麁，從麁轉細，還至世性[4]。譬如泥丸中具有瓶瓮等性，以泥爲瓶，破瓶爲瓮，如是轉變，都無所失；世性亦如是，轉變爲麁。世性是常法，無所從來，如[5]《僧佉經》廣說世性。復次，有人說：世間初邊名微塵，微塵常法，不可破、不可燒、不可爛、不可壞，以微[6]細故；但待罪、福因緣和合故有身：若天、若地獄等，以無父母故，罪、福因緣盡則散壞。有人以自然爲世界始，貧富、貴賤，非願行所得。有人言：天主即是世界始，造作吉凶禍[7]福，天地萬物；此法滅時，天還攝取。如是邪因，是世界邊。有人說：衆生世世受苦樂盡，自到邊。譬如山上投縷丸，縷盡自止；受罪受福，會歸於盡，精進、懈怠無異。有人說：國土世間，八方有邊，唯上、下無邊。有人說：下至十八地獄，上至有頂，上下有邊；八方無邊。如是種種說世界[8]邊。有人說：衆生世間有邊，如說神在體中，如芥子、如米[9]，或言一寸，大人則神大，小人則神小。說神是色法、有分，故言神有邊。無邊者，有人說：神遍滿虛空，無處不有，得身處能覺苦樂，是名神無邊。有人言：國土世間無始，若有始則無因緣[10]，後亦無窮常受身，是則破涅槃，是名無邊。復次，說國土世間，十方無邊。如[11]是等，說神世間、國土世間無邊。有邊[12]者：有人言：神世間無邊，國土世間有邊。或言：神世間有邊，國土世間無邊；如上說神是色故。或言：上下有邊，八方無邊。如[13]是總上二法，名爲有邊無邊。世間非有邊非無邊者，有人見世間有邊有過、無邊亦有過，故不說有邊、不說無邊，著非有邊非無邊以爲世間實。神即是身者，有人言：身即是神。所以者何？分折此身，求神不可得故。復次，受好醜苦樂皆是身，是故言身即是神。身異神異者，有人言：神微細，五情所不得，亦非凡夫[14]人[15]所見；攝心清淨，得禪定人乃能得見，是[16]故言身異神異。復次，若身即是神，身滅神亦[17]滅，是邪見。說身異神異，身滅神常在，是邊見[18]。死後有如去者，問曰：先說常、無常等，即是後[19]世或有或無，今何以別說如去四句？答曰：上[20]總說一切世間常、非常；後

1 “能知但”，甲本殘。

2 “微”，甲本殘。

3 “空”，甲、宋、元、明、宫本作“虛空”。

4 “細還至世性”，甲本殘。

5 “如”，甲、宋、元、明、宫本作“如是”。

6 “可壞以微”，甲本殘。

7 “禍”，甲本脫。

8 “界”，甲本作“間”。

9 “米”，甲、宋、元、明、宫本作“棗”，聖本作“來”，聖乙本作“菜”。

10 “緣”，甲、聖、聖乙、石本作“無緣”。

11 “如”，甲本作“始”，誤。

12 “有邊”後，甲、聖、聖乙、石本有“無邊”。

13 “如”，甲本作“始”，誤。

14 “夫”，甲、聖本無。

15 乙本始。

16 “攝心……見是”十三字，乙本殘。

17 “異神……神亦”十四字，乙本殘。

18 “說身……邊見”十三字，乙本殘。

19 “去者……是後”十三字，乙本殘。

20 “無今……日上”十三字，乙本殘。

世有、無事,要故,別¹説。如去者,如人來此間生,去至後世亦如是。有²人言:先世³無所從來,滅亦無所去。有人言:身、神和合爲人,死後神去身不去,是名如去不如去。非有如去非無如去者,見去、不去有失故,説非去非不去。是人不能捨神,而著非去非不去。如是諸邪見煩惱等,是名心出、没⁴、屈、伸⁵。所以者何?邪見者種種道求出不得故,欲出而没。邪見力多難解⁶,故説常、無常等十四事。外道雖復⁷種種憶想分別,佛言皆緣五衆,依止五衆,無神、無常。佛知五衆空、無相、無作、無戲論,但知五衆如,不如凡夫虚誑顛倒見。如五衆如,一切法如亦如是。何以故?二法攝一切法,所謂有爲、無爲。五衆是有爲法,五衆如即是無爲法。觀察、籌量、思惟五衆能行六波羅蜜,是故説五衆如即是一切法如,一切法如即是六波羅蜜如。行六波羅蜜菩薩求實道,觀五衆無常、空,生三十七品、八背捨、九次第⁸等,是聲聞道;知已直過,行十八空、十力等諸佛法:皆正觀五衆、五衆如,無分別故,皆是一切諸法如。是故説善法如即是不善法,不善法如即是善法如。世間、出世間法亦如是。是以行者不得著善法⁹,乃至阿耨多羅三藐三菩提,佛如相亦如是,皆是一如相,不二不別。所以者何?求諸法實,到畢竟空,無復異。如是等¹⁰諸法如,佛因般若波羅蜜得,是故言般若波羅蜜能生諸佛,能示世間相。須菩提歎未曾有,白佛言:世尊!一切諸法如甚深,隨順不相違。三世十方諸佛如,即是諸法如;解是諸法如故,爲衆生種種説法。是甚深如,難解難信,阿鞞跋致菩薩入法位受記者能信;具足正見人者,三道人;漏盡阿羅漢不受一切法故,能信。其有信者,近阿鞞跋致,故¹¹皆攝在阿鞞跋致中,故不別説。佛語須菩提:一切法無盡故,是如無盡;如無盡故,得聖道者能信。無爲法中差別故,有須陀洹諸道,聞自所得法故能信;凡夫人著虚誑顛倒法,故不能信。佛告須菩提:諸佛得是諸法如故,名爲如來,名爲一切智人,能教衆生令至涅槃。

大智度論釋問相品第四十九¹²

【經】¹³爾時,三千大千世界中所有欲界天子、色界天子遥散華香,來至佛所,頂禮佛足,一面住¹⁴,白佛言:世尊!所説般若波羅蜜甚深,何等是深般若波羅蜜相?佛告欲界、色界諸天子:諸天子!空相是深¹⁵般若波羅蜜相,無相、無作、無起、無生無滅、無垢無淨、無所有法、無相、無依止、虚空相,是深¹⁶般若波羅蜜相。諸天子!如是等相,是深般若波羅蜜相。佛爲衆生用世間法故説,非第一義。諸天子!是諸相,一切世間天、人、阿修羅不能破壞。何以故?是一切世間天¹⁷、人、阿修羅亦是相故。諸天子!相不能破相,相不能知相,相不

---

1 "世間……故別"十三字,乙本殘。
2 "如人……是有"十四字,乙本殘。
3 乙本終。
4 "心出没",甲本作"心没出"。
5 "伸",甲本作"申","申"爲"伸"之古字。
6 "解",甲本作"見解"。
7 "復",甲、宋、元、明、宫、聖本無。
8 "九次第",甲本作"九次第定"。
9 "善法"後,甲本有"捨不善法"。
10 "等",甲本脱。
11 "故",甲本脱。
12 甲本品題作"大智論釋第四十八品"。
13 "經",甲、宋、宫本無。
14 "住",甲本作"信",誤。
15 "深",甲、宋、元、明本無。
16 "深",甲、宋、元、明本無。
17 "天"後,甲本衍"子"。

能知無相,無相不能知相。是相,是無相,相、無相皆無所知[1],謂[2]:知者、知法皆不可得故。何以故?諸天子!是諸相非色作,非受、想、行、識作;非檀波羅蜜作,非尸羅波羅蜜、羼提波羅蜜、毘梨耶波羅蜜、禪波羅蜜、般若波羅蜜作;非內空作,非外空作,非內外空作,非無法空作,非有法空作,非無法有法空作,非四念處作,乃至非一切種智作。諸天子!是諸[3]相,非人所有,非非人所有;非世間,非出世間;非有漏,非無漏;非有爲,非無爲。佛復告諸天子:譬如有人問:何等是虛空相?此人爲正問不?諸天子言:世尊!此不正問。何以故?世尊!是虛空無相可説,虛空無爲無起故。佛告欲界、色界諸天子:有佛、無佛,相性常住;佛得如實相性故,名爲如來。諸天子白佛言:世尊!世尊所得諸相性甚深,得是相故得無礙智;住是相中,以般若波羅蜜集諸法自相。諸天子言:希有!世尊!是深般[4]若波羅蜜是諸佛常所行處,行是道得阿耨多羅三藐三菩提。得阿耨多羅三藐三菩提已,通達一切法相,若色相,若受、想、行、識相,乃至一切種智相。佛言:如是!如是!諸天子!惱壞相是色相,佛得是無相。覺者,受相;取者,想相;起作者,行相;了別者,識相——佛得是無相。能捨者,檀波羅蜜相;無熱惱者,尸羅波羅蜜相;不變異者,羼提波羅蜜相;不可伏者,毘梨耶波羅蜜相;攝心者,禪波羅蜜相;捨離者,般若波羅蜜相——佛得是無相。心無所嬈惱者,是四禪、四無量心、四無色定相——佛得是無相。出世間者,三十七品相——佛得是無相。苦者,無作脱門相;離者,空脱門相;寂滅者,無相脱門相——佛得是無相。勝者,十力相;不恐怖者,無所畏相;遍知者,四無礙智相;餘人無得者,十八不共法相——佛得是無相。愍念衆生者,大慈大悲相;實者,無謬錯相;無所取者,常捨相;現了知者,一切種智相——佛得是無相。如是,諸天子!佛得一切諸法無相,以是因緣故,佛名無礙智。

【論】問曰:上處處已説空、無相、無作,乃至無起、無所有是般若相,今諸天子,何以復問何等是般若相?答曰:佛雖處處説般若波羅蜜,或説空等,或説有,或説果報,或説罪福;不定故,是以今問何者定是般若相。復次,是般若波羅蜜如幻化,如似可得,而無定相可取,唯諸佛能正遍知其相;諸天子[5]雖有利智,不能了知故問。復次,有人言:是諸天子有後來者,不聞故問。佛答諸天子:空等是般若波羅蜜相。空相者,內外空等諸空。若諸法空者,即是無有男女、長短、好醜等相,是名無相相。若空、無相,不復生願著後世身,是名無作相。三解脱門是初入般若波羅蜜[6]相,三乘共有。不生不滅、不垢不淨、無所依止、虛空等,是般若波羅蜜深相。上三解[7]脱門中無相——無男女等外相;無所有下[8]無相相——無一切法相。空雖是一,人根有利鈍,入有深淺故,差別[9]説空。無生無滅等論議,如先説。佛知天子必有如是念:若般若波羅蜜,空、無所有、如虛空相,云何可説?若説即是有相。諸天子以佛威德大故,不敢致難,是故佛自爲説:佛憐愍衆生,以世諦故説空等諸相,非以第一義諦。若以第一義故應難;以世諦故説,則不應難。復次,雖説空,不以著心取相,不示法若是、若非,一切法同一相,無分別,是故復了了説,所謂無所有、如虛空相。無有一法不入此相者,是故説一切世間無能破壞。何以故?一切世間天、人、阿修羅即是相故。若異法相違,則有可破;如水能滅火,火不自滅火。口言如實欲破者,竟[10]不能破,何況不實者?譬如盲人蹈踐珍寶,口言非珍寶,竟

---

1 "知",甲本作"謂",元、明本作"有",宫本無。

2 "謂",甲本作"知",明、石本作"謂知",聖本作"所謂相知"。

3 "諸",甲、宋、宫本無。

4 "般"後,甲本衍"般"。

5 "子",甲、宋、元、明、宫本無。

6 "波羅蜜",甲、宋、元、明、宫、聖本無。

7 "解",甲本脱。

8 "下",甲本作"不",誤。

9 "別",甲、石本作"品"。

10 "竟",甲、宋、宫本無。

不能令非珍寶。此中佛更説：般若波羅蜜畢竟空無相故，相不能破相。復次，有人言：相不能破相者，有法能解散，諸法和合，竟無所破，無所失；如斧析薪，分分解散，竟無所失。復次，諸法無定相，如樹，根、莖、枝、葉和合故名 [1] 爲樹，樹無定相故無所破。如是等，名爲相不能破相。問曰：色等諸法非覺故，可不相知；心數法是知相，云何言不知？ 答曰：此中以實相故，不説如 [2] 凡夫人虚妄知。是智慧，有爲法故，因緣和合生，虚妄法不能實有所知，是故捨入無餘涅槃。若智慧知常、無常乃至空、寂滅等，上來已廣破，滅無所有。若如是者，云何當有知？ 以是故相不知相。相不能知無相者，内雖有智慧，外空故無法可知；外無緣云何智慧生？ 是故言相不能知無相。譬如刀雖利，不能破空。無相不能知 [3] 相者，有人言：内智慧無定相，外所緣法有定相，心隨緣而生，是故説無相不應知相。譬如無刀，雖有物，無刀可斫。是相、是無相、相無相皆不可得者，相不入相，何以故？ 先有相故。相不入無相，何以故？ 相無入處故。離是相、無相，更無處可入。復次，相、所相法不定故，因所相故有相。所以者何？ 若先有相、無所相者，則無相，無所因故。若先有所相而無相者，云何有所相？ 無所因待故！ 復次，相以所相不定，相或時作所相，所相或時是相。是故相不定、不實故，所相亦無；若所相不定、不實故，相亦無。是故説是相、是無相、是相無相不可得。如先説空等諸相是實，何以故？ 是相非五衆所作，非六波羅蜜乃至一切種智所作。是相，無爲故，無法可作，亦無若人若非人能作。人者，菩薩、諸佛等；非人者，諸天等。是相畢竟空故，非有漏、非無漏，非世間、非出世間。先雖説無爲相，但破有爲故説無爲，無爲亦無定相。此中佛欲使是事明了，故説譬喻。聽者作是念：若無佛則不聞是相，佛於衆生最上故，應當作是相。是故佛語諸天：有佛、無佛，此相常住。佛能知是相故名爲佛。爾時，諸天子歡喜，復白佛言：世尊！ 是諸相甚深。雖不可取相而可行，能與人無上果報。佛得是相故，於一切法得無礙智；若分別諸法有定相，則是有礙智。世尊住是諸法實相中，則通達無礙，能説諸法各各別相，所謂惱壞相是色相；乃至了現知 [4] 者，是一切種智相。佛可其意，爲分別諸相。凡夫所知，諸相各異；佛知皆是空相，空相即是無相，佛得是無相。得者，是知 [5]，無比遍知故名得。是諸法相，今轉名般若波羅蜜故。

【經】爾時，佛告須菩提：般若波羅蜜是諸佛母；般若波羅蜜能示世間相，是故佛依止是法住 [6]，供養、恭敬、尊重、讚歎是法。何等是法？ 所謂般若波羅蜜。諸佛依止般若波羅蜜住，恭敬、供養、尊重、讚歎是般若波羅蜜。何以故？ 是般若波羅蜜出生諸佛。佛知作人，若人正問知作人者，正答無過於佛。何以故？ 須菩提！ 佛知作人故。佛所乘來法，佛所從來道，得阿耨多羅三藐三菩提。是乘、是道，佛還恭敬供養，尊重讚歎，受持守護。須菩提！ 是名佛知作人。復次，須菩提！ 佛知一切法無作相，作者無所有故；一切法無起，形事不可得故。須菩提！ 佛因般若波羅蜜知一切法無作相，亦以是因緣故，佛知作人。復次，須菩提！ 佛因般若波羅蜜得一切法不生，以無所得故。以是因緣故，般若波羅蜜能生諸佛，亦 [7] 能示世間相。須菩提言：世尊！ 若一切法無知者、無見者，云何般若波羅蜜能生諸佛，能示世間相？ 佛告須菩提：如是！ 如是！ 一切法實無知者、無見者。云何無知者、無見者？ 一切法空，虚誑、不堅固，是故一切法無知者、無見者。復次，須菩提！ 一切法云何無知者、無見者？ 一切法無依止、無所繫，以是故，一切法無知者、無見者。如是，須菩提！ 般若波羅蜜能生諸佛，能示世間相。不見色故，示世間相；不見受、想、行、識故，示世間相；乃至不見一切種智故，示世間相。如是，須菩提！ 般若波羅蜜能生諸佛，能示世間相。須菩提言：世尊！ 云何不見色

---

1 "名"，甲本作"若"，誤。

2 "如"，甲、宋、元、明、宫本無。

3 "知"，甲本作"知有"。

4 "知"，甲本作"智"，"智"通"知"。

5 "知"，甲、石本作"智"，"智"通"知"。

6 "住"，甲、宋、宫、聖本作"行"。

7 "亦"，甲、宋、元、明、宫本無。

故,般若波羅蜜示世間相? 不見受、想、行、識,乃至一切種智故,示世間相? 佛告須菩提:若不緣色生識,是名不見色相故示;不緣受、想、行、識生識,乃至不緣一切種智生識,是名不見一切種智相故示。如是,須菩提! 是深般若波羅蜜能生諸佛,能示世間相。復次,須菩提! 般若波羅蜜云何能生諸佛,能示世間相? 須菩提! 般若波羅蜜能[1]示世間空。云何示世間空? 示五眾世間空,示十二入世間空,示十八界世間空,示十二因緣世間空,示我見根本六十二見世間空;示十善道世間空,示四禪、四無量心、四無色定世間空;示三十七品世間空,示六波羅蜜世間空;示內空世間空,示外空世間空,示內外空世間空,示無法空世間空,示有法空世間空,示無法有法空世間空;示有爲性世間空,示無爲性世間空;示佛十力世間空,示十八不共法世間空,乃至示一切種智世間空。如是,須菩提! 般若波羅蜜能生諸佛,能示世間相。復次,須菩提! 佛因般若波羅蜜示世間空、知世間空、覺世間空、思惟世間空、分別世間空。如是,須菩提! 般若波羅蜜能生諸佛,能示世間相。復次,須菩提! 般若波羅蜜示佛世間空。云何示佛世間空? 示五眾世間空,乃至示一切種智世間空。如是,須菩提! 般若波羅蜜能生諸佛,能示世間相。復次,須菩提! 般若波羅蜜示佛世間不可思議。云何示世間不可思議? 示五眾世間不可思議,乃至示一切種智世間不可思議。復次,須菩提! 般若波羅蜜示佛世間離。云何示世間離? 示五眾世間離,乃至示一切種智世間離。如是,須菩提! 般若波羅蜜示佛世間離。復次,須菩提! 般若波羅蜜示佛世間寂滅。云何示世間寂滅? 示五眾世間寂滅,乃至示一切種智世間寂滅。復次,須菩提! 般若波羅蜜示佛世間畢竟空。云何示世間畢竟空? 示五眾世間畢竟空,乃至示一切種智世間畢竟空。復次,須菩提! 般若波羅蜜示佛世間性空。云何示世間性空? 示五眾世間性空,乃至示一切種智世間性空。復次,須菩提! 般若波羅蜜示佛世間無法空。云[2]何示世間無法空,示五眾世間無法空,乃至示一切種智世間無法空。復次,須菩提! 般若波羅蜜示佛世間無法有法空。云何示世間無法有法空? 示五眾世間無法有法空,乃至示一切種智世間無法有法空。復次,須菩提! 般若波羅蜜示佛世間獨空。云何示世間獨空? 示五眾世間獨空,乃至示一切種智世間獨空。如是,須菩提! 般若波羅蜜能生諸佛,能示世間相。復次[3],須菩提! 是深般若波羅蜜示世間相,所謂不生今世、後世相。何以故? 諸法無可用生今世、後世相故。

【論】釋曰:般若波羅蜜是諸佛母,是因緣故,諸佛依止般若波羅蜜住。餘經中説諸佛依止法,以法爲師。佛此中告須菩提:法者,即是般若波羅蜜。一切不善法中無過邪見,邪見故不識恩分,我自然應爾。知恩者,諸世間善法中最上,能與今世好名聲,後與上妙果報;是故佛自説知恩、報恩中第一;我尚知布施、持戒等恩,何況般若波羅蜜! 復次,諸天子作是念:般若波羅蜜畢竟空無定相故,或有人不貪不貴。是故佛説:我爲三界尊,尚供養般若波羅蜜,何況餘人! 復有人生疑:佛於一切世間如虛空無所著,何以故貪是般若蜜,尊重、供養,似如貪著? 是故佛説:我無貪心,但分別知諸法好醜、力用多少;知是般若波羅蜜能斷一切戲論、開三乘道、能滅眾苦等,有無量無邊功德,是故讚歎、尊重、供養。譬如人行安穩[4]道,免諸患難,常念此道,以示於[5]人。佛知作人者,知他作恩於己。餘處説佛不知作人,恐人疑,是故説:佛知一切法無作相。知一切法無作相故,言無作人,不以不知恩分故名不知作人。言知作人、不知作人,無咎。爾時,須菩提以畢竟空難:世尊! 若一切法畢竟空故,無知者、無作者,云何般若波羅蜜能生諸佛、能示諸佛世間? 佛可其問,此中自説因緣:一切法空,虛誑、無堅固。須菩提意:一切法鈍相,無見、無知,云何般若波羅蜜獨能知見?

1　“能”,甲、宋、元、明、宫本無。

2　“云”,原作“示”,誤,兹據甲本改。

3　“復次”,甲、宋、元、明、宫本無。

4　“安穩”,甲、宫本作“安隱”,古時“穩”多寫作“隱”。

5　“於”,甲、宋、元、明、宫本無。

佛意：一切法非但無知、無見；一切法空、不牢固，無知者、無見者，亦不可得。故不應難。復次，一切法無所依止、無繫故，無知者、無見者。種種門破諸法令空：或破常，行無常入空；或破實入空；或畢竟盡故入空；或一切法遠離故入空。如是等入空。今以一切法無住處故，無依止、無繫；無依止故，亦無生滅，以是故即是空。不繫者，一切法實相不繫，出三界。所以者何？三界虛誑故。是以一切法無知者、無見者，如是示世間。是般若不見色等諸法故示世間。色等法無依止、無繫、虛誑故不見。此中佛自說不見因緣，所謂不生緣色識，乃至不生緣一切種智識，是名不見色等法。問曰：識可不生，色云何不生？答曰：惱壞相是色，因識故分別知，無識亦無惱壞相。復次，一切諸法從因緣和合故生相，無有自性。如有身、識、觸諸緣和合故，知地堅相，堅相不離身識。是故諸法皆由和合生，無有自性。般若波羅蜜示世間空者。世間名五眾乃至一切種智。菩薩行般若波羅蜜時，觀是法若大若小、若內若外，無不空者，是名般若波羅蜜示世間空。佛示世間空者，或有人疑：佛愛著法故，說般若波羅蜜示世間空，非是諸法常實相。是故佛說：我非愛法故說。佛知諸法相，本末籌量，思惟分別，無有法出於空者。我非但讀誦、從他聞故說，我以內心覺、知、思惟、分別，故說示世間空。此一段說示世間空者，上廣說離六十二見等，今但說五眾乃至一切種智。時會者謂：般若波羅蜜是畢竟空，心想取著；是故說不可思議。不可思議者，畢竟空亦不可得。畢竟空或名離，或名寂滅。離名分散，諸法久後無遺餘；又自離其性。知畢竟空已，無心數法、無語言故，名寂滅。畢竟空等，如先說。問曰：云何是獨空？答曰：十八空皆因緣相待：如內空因內法故名內空，若無內法，則無內空；十八空皆爾。是獨空無因無待，故名獨空。復次，獨空者，如虛空、如、法性、實際、涅槃。示世間非今世相、非後世相者：有諸外道但說今世，不說後世；是人邪見，墮斷滅中。有人說今世、後世，言：今世神入後世；是人邪見，墮常中。般若波羅蜜離二邊，說中道：雖空而不著空故，為說罪福；雖說罪福，不生常邪見，亦於空無礙。此中佛自說因緣：此中畢竟空故，云何有今世、後世見——若斷、若常？

【經】須菩提白佛言：世尊！是般若波羅蜜為大事故起。世尊！是般若波羅蜜為不可思議事故起。世尊！是般若波羅蜜為不可稱事故起。世尊！是般若波羅蜜為無量事故起。世尊！是般若波羅蜜為無等等事故起。佛言：如是！如是！須菩提！般若波羅蜜為大事起，為不可思議事起[1]，為不可稱事起，為無量事起，為無等等事起。須菩提！云何是般若波羅蜜為大事故起？須菩提！諸佛大事者，所謂救一切眾生，不捨一切眾生。須菩提！云何是般若波羅蜜為不可思議事起？須菩提！不可思議事[2]者，所謂諸佛法、如來法、自然人法、一切智人法。以是故，須菩提！諸佛般若波羅蜜為不可思議事起。須菩提！云何般若波羅蜜為不可稱事起？須菩提！一切眾生中，無有能思惟稱佛法、如來法、自然人法、一切智人法。以是故，須菩提！般若波羅蜜為不可稱事起。須菩提！云何般若波羅蜜為無量事起？須菩提！一切眾生中，無有能量佛法、如來法、自然人法、一切智人法。以是故，須菩提！般若波羅蜜為不可量事起。須菩提！云何般若波羅蜜為無等等事起？須菩提！一切眾生中無有能與佛等者，何況過！以是故，須菩提！般若波羅蜜為無等等事[3]起。須菩提白佛言：世尊！但佛法、如來法、自然人法、一切智人法，不可思議、不可稱、無有量、無等等事起耶？佛告須菩提：如是！如是！佛法、如來法、自然人法、一切智人法，不可思議、不可稱、無有量、無等等。色亦不可思議、不可稱、無有量、無等等；受、想、行、識亦不可思議、不可稱、無有量、無等等；乃至一切種智、法性、法相，不可思議、不可稱、無有量、無等等。是中心、心數法不可得。復次，須菩提！色不可思議，是亦不可得，乃至色無等等，是亦不可得；受、想、行識乃至一切種智無等等，是亦不可得？須菩提白佛言：世尊！何因緣色不可思議乃至無等等，是亦不可得？受、想、行、識乃至一切種智無等等，是亦不可得？佛告須菩

1　"為不……事起"七字，甲、宋、宮本無。

2　"事"，甲、宋、元、明、宮本無。

3　"事"，甲本作"過"，誤。

提：色量不可得故，受、想[1]、行、識量不可得故，乃至一切種智量不可得故。須菩提白佛言：世尊！何因緣色量不可得乃至一切種智量不可得？佛告須菩提：色不可思議故，乃至色無等等故，量不可得；乃至一切種智不可思議故，乃至一切種智無等等故，量不可得。須菩提！於汝意云何？不可思議乃至無等等中[2]，寧可得色、受、想、行、識，乃至一切種智不？須菩提言：世尊！不可得。以是故，須菩提！一切法不可思議，乃至無等等。如是，須菩提！諸佛法不可思議、不可稱、無有量、無等等。須菩提！是名諸佛法不可思議，乃至無等等。須菩提！是諸佛法不可思議，過思議相故；不可稱，過稱故；無有量，過量故；無等等，過等等故。須菩提！以[3]是因緣故，一切法亦不可思議相，乃至無等等。須菩提！不可思議名，是義不可思議；不可稱名，是義不可稱；無有量名，是義不可量；無等等名，是義無等等。須菩提！是諸佛法不可思議，乃至無等等。不可思議，如虛空不可思議；不可稱，如虛空不可稱；無有量，如虛空無有量；無等等，如虛空無等等。須菩提！是亦名諸佛法不可思議，乃至無等等。佛法如是無量，一切世間天、人、阿修羅無能思議籌量者。説是諸佛法不可思議、不可稱、無有量、無等等品時，五百比丘一切法不受故，漏盡心得[4]解脱，得阿羅漢；二十比丘尼亦不受一切法故，漏盡得阿羅漢；六萬優婆塞、三萬優婆夷諸法中遠塵離垢，諸法中法眼生；二十菩薩摩訶薩得無生法忍，於是賢劫中當受記。

【論】釋曰：須菩提深解般若相，於諸法中無著無礙，心生歡喜，白佛言：世尊！般若波羅蜜爲大事故起等。大事者，破一切衆生大苦惱，能與佛無上大法，故名爲大事[5]。不可思議，先已答。不可稱者，稱名智慧；般若定實相甚深極重；智慧輕薄，是故不能稱。又般若多，智慧少，故不能稱。又般若利益處廣，未成，能與世間果報；成已，與道果報。又究竟盡知故名稱；般若波羅蜜無能稱知——若常、若無常，若實、若虛，若有、若無。如是等不可稱義，應當知。無量事者，有人言：稱即是量。有人言：取相名爲量；是般若波羅蜜不可取相故無量。又菩薩以四無量心行般若故，名無量。又量名智慧；凡夫智慧、二乘智慧、菩薩智慧無能量般若得邊者，名無量。無等等者，無等名涅槃；一切有爲法，無有與涅槃等者。涅槃有三分：聲聞涅槃，辟支佛涅槃，佛涅槃；般若能與大乘涅槃，故名無等等。復次，一切衆生無與佛等故，佛名無等；般若波羅蜜利益衆生，令與佛相似，故名無等等。復次，諸佛法第一微妙，無能與等，無能及者，無可爲匹；般若波羅蜜能令衆生得是心故，名無等等。復次，無等名諸法實相，諸觀諸行無能及者，無戲論，無能破壞，故名無等；菩薩得是無等，能於衆生中生慈悲心故，名無等等。是名無等等義。須菩提是[6]聲聞人，無一切智，而能説是不可思議般若等故[7]，佛可其所説。佛自説五事。衆生無量無邊，多於十方恒河沙等世界中微塵；諸佛以十力等法，盡欲救濟，是名大事。復有菩薩久得無生法忍，不捨衆生故，不入無餘涅槃。復次，是菩薩得佛道時，爲衆生故受五事；一者，受諸勞苦；二者，捨寂定樂；三者，與惡人共事；四者，與人接對；五者，入大衆會。佛深得離欲樂，而爲衆生故，甘受是五事等種種[8]苦，如受功德，是爲大事。不可思議者，所謂佛法、如來法、自然人法、一切智人法。佛法者，佛名爲覺，於一切無明睡眠中最初覺故，名爲覺。如來者，如過去諸佛行六波羅蜜得諸法如相，來至佛道；今佛亦如是道來，如諸佛來，是名如來。自然人法者，聲聞人亦有覺，亦有知，而從他聞，是弟子法；是故説佛是自然人，不從他聞。一切智人法者，辟支佛亦自然得，不從他聞，而

---

1 “想”，甲本作“相”，“相”爲“想”之借字。
2 “中”，甲、宋、元、明、宮、聖、石本無。
3 “以”，甲、宮、聖本無。
4 “得”，甲、宋、元、明、宮本無。
5 “事”，甲、宮、聖、石本無。
6 “是”，甲、宋、宮本無。
7 “故”，甲、宋、元、明、宮本無。
8 “疾”，甲、聖、石本作“疲”。

無一切智；是故説佛一切智人得[1]。是四種法無有人能思惟稱量，是故名不可思議、不可稱、不可量。更無有法與是法相似者，是故名無等等。須菩提意：恐新學菩薩著是四法，是故白佛言：但是四法不可思議、無有與等耶？佛答：色等諸法亦不可思議、無稱、無量、無等等。佛是中自説因緣：色等一切法不可得故。如是，須菩提！諸佛法不可思議者，是如上事。是名不可思議者，結句。論者先廣解，佛此中略説：不可思議，過思議相；過等等相。義趣，涅槃法不可思議；名字，世諦故可思議。如虛空不可思議者，如先品中説：虛空相不可思議，是故説不可思議；乃至無等等如虛空，虛空無可喻故，名無等等。般若波羅蜜相即是佛法相；不可思議、無量、無稱、無等等，即是佛法相。是佛法，一切世間天、人、阿修羅無能思議稱量者，六道中但説三道者，三善道衆生，尚不能稱量，何況三惡道！問曰：説是品時，何以故比丘尼、菩薩得道者少？答曰：此中多讚歎諸佛法，所謂不可思議、無稱、無量、無等等，聞者多增益信根故，是故白衣得道者多。女人雖復信多，智慧少故，得道者亦少。白衣貪著世事，智慧淺薄、鈍根，不能盡漏。諸比丘信、慧諸根等，一心求道故，漏盡者多。比丘尼智慧少故，二十人得漏盡；雖多得初道，數過白衣，不盡漏故，不異白衣，此中不説。入無生忍法，甚深難得故少；又以於此法種因緣者少。賢劫中當受記者，或有人言：賢劫中千佛，除四佛當與受記；或有人言：釋迦文佛與受記，於賢劫中，在餘世界作佛。

大智度論卷第七十[2]。

大智度論釋大事起品第五十（卷七十一）[3]

……不可稱事故起[4]、無有量事故起，世尊！是深般若波羅蜜[5]無等等事故起。佛告須菩提：如是！如是！是深[6]般若波羅蜜爲大事故起，乃至無等等事故起。何以故？般若波羅蜜中含受五波羅蜜，般若波羅蜜中含受内空乃至無法有法空，含受四念處乃至八聖道分，是深般若波羅蜜中含受佛十力乃至一切種智。譬如灌頂王國土中尊，諸有官事皆委大臣，國王安樂無事。如是，須菩提！所有聲聞辟支佛法、若菩薩法、若佛法，一切皆在般若波羅蜜中，般若波羅蜜能成辦[7]其事。以是故，須菩提！般若波羅蜜爲大事故起，乃至無等等事故起。復次，須菩提！是般若波羅蜜不取色、不著色故能成辦，受、想、行、識不取不著故能成辦；乃至一切種智不取不著故能成辦；須陀洹果乃至阿羅漢果、辟支佛道、乃至阿耨多羅三藐三菩提不取、不著故能成辦。須菩提白佛言：云何色不取不著故，般若波羅蜜能成辦？云何受、想、行、識乃至阿耨多羅三藐三菩提不取、不著故，般若波羅蜜能成辦？佛告須菩提：於汝意云何：頗見是色可取、可著不？須菩提言：不也！世尊！須菩提！於汝意云何：頗見受、想、行、識乃至阿耨多羅三藐三菩提可取、可著不？須菩提言：不也！世尊！佛言：善哉！善哉！須菩提！我亦不見是色可取、可著，不見故不取，不取故不著；我亦不見受、想、行、識乃至阿耨多羅三藐三菩提及一切種智可取、可著，不見故不取，不取故不著；須菩提！我亦不見佛法、如來法、自然人法、一切智人法可取、可著[8]，不見故不取，不取故不著。以是故，須菩提！諸菩薩摩訶薩，色亦不應取、亦不應著，受、想、行、識，乃至佛法、如來法、自然人法、一切智人法，亦不應取、亦不應著。爾時，

1　"得"，甲、宋、元、明、宫、聖、石本作"法"。

2　甲本終，尾題作"大智論卷第七十　釋第四十七品　下訖第四十八品"。

3　本卷對應《大智度論》寫本凡3號：BD06397號（以下簡稱"甲本"）、俄 Дx03575號（以下簡稱"乙一"）、俄 Дx17741號（以下簡稱"乙二"）。

4　甲本始。

5　"是深……羅蜜"七字，甲本殘。

6　"提如……是深"七字，甲本殘。

7　"辦"，甲本作"辦"，"辦"爲"辦"之古字。下同，不復出校。

8　"可取可著"，甲本脱。

欲、色界諸天子白佛言：世尊！是般若波羅蜜，甚深、難見、難解、不可思惟比類知；微妙善巧智慧寂滅者可知。能信是般若波羅蜜者，當知是菩薩多供養諸[1]佛、多種善根、與善知識相隨，能信解深般若波羅蜜。世尊！若三千大千世界中所有衆生皆作信行、法行人八人，得[2]須陀洹、斯陀含、阿那含、阿羅漢、辟支佛，若智、若斷，不如是菩薩一日行深般若波羅蜜，忍、欲、思惟、籌量。何以故？是信行、法行人八人、須陀洹、斯陀含、阿那含、阿羅漢、辟支佛，若智、若斷，即是菩薩摩訶薩無生法忍。佛告欲、色界諸天子：如是！如是！諸天子！若信行、法行人八人、須陀洹乃至阿羅漢、辟支佛，即是菩薩摩訶薩無生法忍。諸天子！若善男子、善女人聞是深般若波羅蜜，書、持受、讀、誦、説、正憶念，是善男子、善女人疾得涅槃，勝求聲聞、辟支佛乘善男子、善女人遠離深般若波羅蜜行餘經，若一劫、若減一劫。何以故？是深般若波羅蜜中廣説上妙法，是信行、法行人八人、須陀洹、斯陀含、阿那含、阿羅漢、辟支佛所應學；菩薩摩訶薩亦所應學，學已得阿耨多羅三藐三菩提。是時欲、色界諸天子俱發聲言：世尊！是深般若波羅蜜名摩訶波羅蜜，世尊！是般若波羅蜜名不可思議、不可稱、無有量、無等等波羅蜜。信行、法行人八人學是深[3]般若波羅蜜，得成就；須陀洹、斯陀含、阿那含、阿羅漢、辟支佛，學是深般若波羅蜜，得成；菩薩摩訶薩是深般若波羅蜜中學，得阿耨多羅三藐三菩提。是深般若波羅蜜亦不增、亦不減。是時諸欲、色界天子頂禮佛足，遶佛而去，去[4]是不遠，忽然不現，各還本處。須菩提白佛言：世尊！若菩薩摩訶薩聞是深[5]般若波羅蜜即時信解者，從何處終來生是間？佛告須菩提：若菩薩摩訶薩聞是深般若波羅蜜即時信解，不没、不却、不難、不疑、不悔，歡喜樂聽，聽已憶念，終[6]不遠離是深般若波羅蜜，若行、若住、若坐、若臥，終不廢忘，常隨法師。譬如新生犢子不離其母；菩薩摩訶薩亦如是，爲聞深般若波羅蜜故，終不遠離法師，乃至得是深般若波羅蜜，口誦、心解，正見通達。須菩提！當知是菩薩從人道中終還生是間人中。何以故？是求佛道者，前世時聞深般若波羅蜜，書、持[7]、恭敬、尊重、讚歎、華香乃[8]至幡蓋供養，以是因緣故，人中命終還生人中，聞是深般若波羅蜜即時信解。須菩提白佛言：世尊！頗有菩薩摩訶薩如是功德成就，他方世界供養諸佛，於彼命終來生是間，聞深般若波羅蜜即時信解，書、持、讀、誦[9]、正憶念，有是者不？佛言：有！菩薩如是功德成就，他方世界供養諸佛，於彼命終來生是間，聞是深般若波羅蜜即時信解，書、持、讀、誦、説[10]、正憶念。何以故？是菩薩摩訶薩從他方諸佛所聞是深般若波羅蜜，信解、書、持、讀、誦、説、正憶念，於彼間終來生此間，當知是人是先世功德成就。復次，須菩提！有菩薩從彌勒菩薩摩訶薩聞是深般若波羅蜜，以是善根因緣故，來生此間。須菩提！復有菩薩摩訶薩，前世時雖聞深般若波羅蜜，不問中事；來生人中，聞是深般若波羅蜜，心有疑悔難悟。須菩提！如是菩薩，當知先世雖聞是深般若波羅蜜，不問故今續生[11]疑悔難悟。須菩提！若菩薩先世雖聞禪波羅蜜，不問中事；今世聞般若波羅蜜時，不問故續生疑悔。須菩提！若菩薩先世雖聞毘梨耶波羅蜜，不問中事；今世聞般若波羅蜜，不問故續復疑悔。須菩提！若菩薩先世聞羼提波羅蜜，不問中事；今世聞般若波羅蜜，不問故續復疑悔。須菩提！若菩薩先世雖聞尸羅波羅蜜，不問中事；今世聞般若波羅蜜，不問故續復疑悔。須菩提！若

1　“諸”，甲、宋、元、明、宫本無。

2　“得”，甲、宋、元、明、宫本無。

3　“深”，甲本脱。

4　“去”，甲本脱。

5　“深”，甲、宋、元、明、宫本無。

6　“終”，甲、聖本無。

7　“持”，甲、宋、元、明、宫、聖、石本作“受”。

8　“乃”，甲本作“及”，誤。

9　“讀誦”，甲本作“誦讀”。

10　“説”，甲、宋、元、明、宫本無。

11　“生”，甲本脱。

菩薩先世雖聞檀波羅蜜，不問中事；今世聞般若波羅蜜，不問故續復疑悔。復次，須菩提！菩薩摩訶薩先世雖聞内空、外空、内外空乃至無法[1]有法空，不問中事；來生人中，聞是深般若波羅蜜，不問故續復疑悔難悟。復次，須菩提！菩薩摩訶薩先世雖聞四念處乃至八聖道分、四禪、四無量心、四無色定、五神通、佛十力乃至一切種智，不問中事；來生人中，聞是深般若波羅蜜，不問故續復疑悔難悟。復次，須菩提！菩薩摩訶薩先世聞深般若波羅蜜，不[2]問中事而不行；捨身生時，聞是深般若波羅蜜，若一日、二日、三日、四日、五日，其心堅固無能壞者，若離所聞時便退失。何以故？先世聞是深般若波羅蜜時，雖問中事，不如説行，是人或時欲聞、或時不欲聞，心輕不固、志亂不定；譬如輕毛隨風東西。須菩提！當知是菩薩發意不久，不與善知識相隨，不多供養諸佛，先世不書是深般若波羅蜜，不讀、不誦、不正憶念，不學般若波羅蜜、不學禪波羅蜜、不學毗梨耶波羅蜜、不學羼提波羅蜜、不學尸羅波羅蜜、不學檀波羅蜜，不學内空乃至無法有法空，不學四念處乃至八聖道分，不學四禪、四無量心、五神通、佛十力，乃至不學一切種智。如是，須菩提！當知是菩薩摩訶薩新發大乘意，少信、少樂故，不能書是深般若波羅蜜，不能受持、讀、誦、説、正憶念。須菩提！若求佛道善男子、善女人不書是深般若波羅蜜，不受持讀誦、不説、不正憶念，亦不爲深般若波羅蜜所護，乃至不爲一切種智所護；是人亦不如説行深般若波羅蜜，乃至不如説行一切種智，是人或墮二地——若聲聞地、若辟支佛地。何以故？是善男子、善女人不書是深般若波羅蜜，不讀、不誦、不説、不正憶念，是人亦不爲深般若波羅蜜所護、亦不如説行。以是故，是善男子、善女人於二地中當墮一地。

【論】問曰：上來數説是般若波羅蜜甚深因緣，今何以復重説？答曰：處處説甚深，多有所益；凡人不知，謂爲重説。譬如大國王未有嫡子，求禱神祇，積年無應。時王出行，夫人產[3]子男，遣信告王：大夫人產男。王聞喜而不答，乃至十反。使者白王：向所白者王不聞耶？王曰：我即聞之，久來願滿故，喜心内悦，樂聞不已耳！即勅有司賜此人百萬兩金——一語十萬兩。王聞使者言語，語中有利益，非重語，不知[4]者謂爲重。處處説甚深亦如是，佛與菩薩、須菩提知大有利益，須菩提聞佛説深[5]般若不能得底，轉覺甚深。聽者處處聞甚深，得禪定、智慧利益等；凡夫人謂爲重説。復次，深淺無定，隨衆生解者無深，不解者謂爲深。般若波羅蜜除佛無能遍知故，常言甚深。是故佛爲衆生故説甚深，無定甚深相；若定甚深，無人能行。是故言：菩薩謂般若甚深，爲不行般若波羅蜜。甚深因緣，所謂爲大事故起，乃至無等等事故起。大事等義如先説。此中佛自説大事等因緣，所謂般若波羅蜜含受五波羅蜜等諸法。問曰：五波羅蜜等各異相，云何言般若波羅蜜中含受？答曰：是中説經[6]中含受。復次，五波羅蜜等諸法與般若波羅蜜和合方便迴向故，五波羅蜜等諸法[7]得至佛道。灌頂王如佛；國事是種種度衆生法；大[8]臣是般若波羅蜜。佛委仗[9]般若波羅蜜成辦種種法故，安處禪定，快樂無事。又如欲除乾薪草木，以火投中，則火力能燒令盡，人便無事。復次，是般若波羅蜜不取、不著色等諸法故名含受——初染曰取，生愛曰著。須菩提問：云何般若爲色等諸法不取、不著故名含受？佛於四答中以反問答：於汝意云何：以智慧眼見是色等法可取、可著不？須菩提念：若智慧眼見空、無相、無作、無量、不可思議相，云何當答色等法定相可取、可著？佛可其所説：汝未得一切智，不見色等諸

---

1 "無法"，甲、宋、元、明、宫本作"無法空"。

2 "不"，甲、元、明、聖、石本無。

3 "產"，甲本作"生"。

4 "知"，甲本作"智"，"智"通"知"。

5 "深"，甲本作"甚深"。

6 "經"，甲、宋、元、明、宫、聖、石本作"經卷"。

7 "故五……諸法"八字，甲、石本無。

8 "大"，甲本脱。

9 "仗"，甲、石本作"杖"，聖本作"枝"，誤。

法;我一切智人亦不見色等諸法。是故歎[1]言:善哉!是時諸天子讚歎般若波羅蜜及行般若波羅蜜者,作是言:若三千大千世界中衆生皆作信行、法行,乃至辟支佛,若智,若斷。智者,十智。斷者,二種斷:有殘斷、無殘斷;學人有殘斷,無學人無殘斷。不如是菩薩一日行深般若波羅蜜。何以故?是諸賢聖智、斷,皆是菩薩無生法[2]忍。問曰:若諸賢聖智斷即是無生忍者,何以[3]言不如?答曰:信行等人無大悲、捨衆生故不如;無方便力,不能於涅槃自反。譬如衆水[4]會恒河俱入大海,欲入海時水勢湊急,衆生在中無能自反,惟[5]有大力者乃能自出。復次,諸餘賢聖智、斷成就,菩薩始得無生忍而力能過之,是故勝。智、斷功德雖成就,不及菩薩初忍。譬如大臣功業雖大不及太子。復次,煖[6]、頂、忍法是小乘初門,菩薩法忍是大乘初門;聲聞、辟支佛雖終成,尚不及菩薩初入道門,何況成佛!問曰:聲聞、辟支佛法是小乘,菩薩是大乘,云何言二乘智斷即是菩薩無生忍?答曰:所緣同;如、法性、實[7]際亦同。利鈍智慧爲異;又有無量功德及大悲心守護故勝。餘種種說,是讚般若波羅蜜。行般若波羅蜜[8]人有上、中、下:下者,聞般若波羅蜜直信聽受,不問中義;中者,既聞已,問義而不能行;上者,聞、解、能行。下者,雖得人身,聞般若疑悔難悟,根鈍、福薄故;中者,得人身,聞般若,一心信樂,能知義趣,從一日至四、五日心能堅固,過是已往不能信樂,或欲聞、或不欲[9]聞,以其宿世雖解義而不能行,根[10]鈍、福薄故;上者,得人身,聞般若,心即深解,信樂不捨,常隨法師。上二種菩薩不能得上地故,當墮二乘,不爲般若所守護故。爲更明了是事故,佛於《後品》中爲作譬喻:如大海水中船破,若得所依則能渡;不得所依則不能渡。

大智度論釋譬喻品第五十一[11]

【經】佛告須菩提:譬如大海中船破壞,其中人若不取木、不取器物、不取浮囊、不取死屍,須菩提!當知是人不到彼岸,沒海中死。須菩提!若船破時,其中人取木、取器物、浮囊、死屍者,當知是人終不沒死,安隱無礙,得到彼岸。須菩提!求佛道善男子、善女人亦復如是,若但有信樂,不依深般若波羅蜜,不書、不讀、不誦、不正憶念;不依禪波羅蜜、毘梨耶波羅蜜、羼提波羅蜜、尸羅波羅蜜、檀波羅蜜,不書、不讀、不誦、不正憶念;乃至不依一切種智,不書、不讀、不誦、不正憶念,須菩提!當知是善男子中道衰耗,是人未到一切種智,於聲聞、辟支佛地取證。須菩提!若有求佛道善男子、善女人爲阿耨多羅三藐三菩提故,有信、有忍、有淨心、有深心、有欲、有解、有捨、有精進,是人依深般若波羅蜜,書、持、讀、誦、說、正憶念;是善男子、善女人爲阿耨多羅三藐三菩提故,有諸信、忍、淨心、深心[12]、欲、解、捨、精進,爲深般若波羅蜜所護,乃至一切種智所護[13]故,終不中道衰耗,過聲聞、辟支佛地,能[14]淨佛世界[15]成就衆生,當得阿耨多羅三藐三菩提。須菩提!譬

1　“歎”,甲、聖、石本作“讚”。

2　“法”,甲本脱。

3　“何以”,甲、聖、石本作“何以故”。

4　“水”,甲、聖、石本作“流”。

5　“惟”,甲、宋、元、明、宮、聖、石本作“唯”。

6　“煖”,甲本作“燸”。

7　“實”,甲、石本作“真”。

8　“波羅蜜”,甲、聖、石本無。

9　“不欲”,甲本作“欲不”。

10　“根”,甲本作“銀”,誤。

11　甲本品題作“大智度經譬喻品第五十一釋論　有二段經文”。

12　“深心”後,甲本有“念”。

13　“所護”後,甲、宋、元、明、聖、石本有“爲深般若波羅蜜守護故,乃至一切種智守護”。

14　“能”,甲、聖本無。

15　“世界”,甲、聖、石本作“國土”。下同,不復出校。

如男子、女人持坏瓶取水，當知是瓶不久爛壞。何以故？是瓶未熟故，還歸於地。如是，須菩提！善男子、善女人雖有爲阿耨多羅三藐三菩提心，有信、有忍、有淨心、有深心、有欲、有解、有捨、有精進，不爲般若波羅蜜、方便力所守護，不爲禪波羅蜜、毘梨耶波羅蜜、羼提波羅蜜、尸羅波羅蜜、檀波羅蜜所守護，不爲内空乃至無法有法空、四念處乃至八聖道分、佛十力乃至一切種智所守護。須菩提！當知，是人中道衰耗，墮聲聞、辟支佛地。須菩提！譬如男子女人持熟瓶取水，若河、若井、若池、若泉，當知是瓶持水安隱。何以故？是瓶成熟故。如是，須菩提！善男子、善女人求阿耨多羅三藐三菩提，有諸信、忍、淨心、深心、欲、解、捨、精進，爲般若波羅蜜、方便力所護，爲禪定、精進、忍、戒、施乃至一切種智所護故。須菩提！當知是人不中道衰耗，過聲聞、辟支佛地，能淨[1]世界、成就衆生，得阿耨多羅三藐三菩提。須菩提！譬如大海邊船未莊治，便持財物著上，須菩提！當知是船中道壞没，船與財物各在一處，是估客無方便力故亡其重寶。如是，須菩提！是求佛道善男子、善女人雖有爲阿耨多羅三藐三菩提心，有信、忍、淨心、深心、欲、解、捨、精進，不爲般若波羅蜜、方便力所守護，乃至不爲一切種智所守護故，當知是人中道衰耗，失大珍寶。大珍寶者，所謂一切種智。衰耗者，墮聲聞、辟支佛地。須菩提！譬如人有智方便莊治海邊大船，然後推著水中，持財物著上而去，當知是船不中道没壞，必得安隱到所至處。如是，須菩提！善男子、善女人爲阿耨多羅三藐三菩提，有信、忍、淨心、深心、欲、解、捨、精進，爲般若波羅蜜、方便力所護，爲禪、精進、忍、持[2]戒、施乃至一切種智所護故，當知是菩薩得到阿耨多羅三藐三菩提，不中道墮聲聞、辟支佛地。須菩提！譬如有人年百二十歲，年耆根熟，又有風、冷[3]、熱病、若雜病。須菩提！於汝意云何：是人能從床起不？須菩提言：不能。佛言：是人或[4]能起者，云何？須菩提言：是人雖能起，不能遠行若十里、若二十里，以其老病故。如是，須菩提！善男子、善女人雖有爲阿耨多羅三藐三菩提心，有信、忍、淨心、深心、欲、解、捨、精進，不爲般若波羅蜜、方便力所守護，乃至不爲一切種智所守護故，當知是人中道墮聲聞、辟支佛地。何以故？不爲般若波羅蜜、方便力所守護故。須菩提！如向老人百二十歲，年耆根熟，又有風、冷、熱病、若雜病，是人欲起行，有兩健人各扶一腋[5]，語老人言：莫有所難，隨所欲至，我等二人終不相捨。如是，須菩提！若善男子、善女人爲阿耨多羅三藐三菩提，有信、忍、淨心、深心、欲、解、捨、精進，爲般若波羅蜜、方便力所護，乃至爲一切種智所護，當知是人不中道墮聲聞、辟支佛地，能到是處——所謂阿耨多羅三藐三菩提。

【論】釋曰：菩薩有二種：一者，得諸法實相；二者，雖未得實相，於佛道中有信、有忍、有淨心、有深心、有欲、有解、有捨、有精進。信者，信罪福業因緣果報；信行六波羅蜜得阿耨多羅三藐三菩提。有人雖信佛道，思惟、籌量，心不能忍，是故説有忍。有人雖忍，邪疑未斷故心濁不淨，是故説有淨。有人雖信、忍、心淨，而有淺、有深，是故説深心。四事因緣故，一心欲得無上道，不欲餘事，是故説有欲。了了決定知無上道爲大、世間餘事爲小，是故説有解。以欲、解、定心故，捨財及捨諸惡心、慳、恚等煩惱，是故説捨。爲捨故常能精進。有如是等諸功德。若不得般若波羅蜜，若身壞命終時，若惡知識沮[6]壞則失菩薩道；世間功德故受世間果報，然後墮聲聞、辟支佛地，不能至無上道。此中佛自説五譬喻：船是行者身，浮囊等物即是般若、方便。瓶是菩薩道，般若、方便是火。未與般若、方便和合故，不能受持六波羅蜜功德水至無上道；不補治[7]船，是菩薩無方便；信等功德寶物，是五波羅蜜等諸善法船；寶異處者，與本願乖異，或受人天樂、或墮二乘；大利者，

1　“能淨”，甲、聖、石本作“淨佛”，宋、元、明、宫本作“能淨佛”。
2　“忍持”，甲、元、明、聖本作“忍辱”，石本作“忍”。
3　“風冷”，甲、聖本作“冷風”。
4　“或”，甲、宋、元、明、聖本作“或有”。
5　“腋”，甲本作“掖”，“掖”爲“腋”之古字。
6　“沮”，甲本作“阻”，宋、宫、聖本作“俎”。
7　“治”，甲本作“持”，誤。

所謂一切智等佛法寶。老病人是有信等功德菩薩；不斷六十二邪見故名老；不斷百八等諸煩惱故名病；從床起者，從三界床起，我當作佛。以邪見煩惱因緣故不能成菩薩道；二人者，般若及方便——般若波羅蜜能滅諸邪見、煩惱、戲論，將至畢竟空中。方便將出畢竟空。

【經】爾時，佛語須菩提言：善哉！善哉！須菩提！汝爲諸菩薩摩訶薩問佛是事。須菩提！若有求佛道善男子、善女人，從初發意已來，以我我所心布施、持戒、忍辱、精進、禪定、智慧；是善男子、善女人布施時作是念：我是施主，我施是人，我施是物[1]；我持戒，我修忍，我精進，我入禪，我修智慧。是善男子、善女人念：有是施、是我施，乃至念：有是慧、是我慧。何以故？檀波羅蜜中無如是分別，遠離此彼岸是檀波羅蜜相；尸羅波羅蜜、羼提波羅蜜、毘梨耶波羅蜜、禪波羅蜜，般若波羅蜜中無如是分別，何以故？遠離此彼岸是般若波羅蜜相。是人不知此岸、不知彼岸；是人不爲檀波羅蜜乃至不爲一切種智所護故，墮聲聞、辟支佛地，不能到薩婆若。須菩提！云何求佛道人無方便？須菩提！求佛道人從初發心已來無方便行布施、持戒、忍辱、精進、禪定、修智慧。是人作如是念：我布施、施[2]是人、以是物施；我持戒、修忍辱、勤精進、入禪定，修智慧、如是修智慧。是人念：有是施、是我施，以是施自高；念：有是戒、是我戒，以是戒自高；念：有是忍、是[3]我忍，以是忍自高；念：有是精進、是[3]我精進，以是精進自高；念：有是禪定、是我禪[4]，以是禪定自高；念：有是慧、是我慧，以是慧自高。何以故？檀波羅蜜中無如是分別，遠離此彼岸是檀波羅蜜相；遠離此彼岸是尸羅波羅蜜相；遠離此彼岸是羼提波羅蜜相；遠離此彼岸是毘梨耶波羅蜜相；遠離此彼岸是禪波羅蜜相；遠離此彼岸是般若波羅蜜相。何以故？般若波羅蜜中無如是憶念分別。是求佛道善男子、善女人不知此岸、不知彼岸，是人不爲檀波羅蜜所護，不爲尸羅波羅蜜、羼提波羅蜜、毘梨耶波羅蜜、禪波羅蜜、般若波羅蜜所護故[5]，乃至不爲一切種智所護故，或墮聲聞道中、或墮辟支佛道中，不能得到薩婆若。如是，須菩提！菩薩摩訶薩不爲般若波羅蜜、方便力所守護故，或墮聲聞地、或墮辟支佛道中。須菩提！云何菩薩摩訶薩爲般若波羅蜜、方便力所守護故，不墮聲聞、辟支佛道中，疾得阿耨多羅三藐三菩提？須菩提！菩薩從初已來，以方便力布施，無我我所心布施，乃至無我我所心修智慧；是人不作是念：我有是施、是我施，不以是施自高；乃至般若波羅蜜亦如是。是菩薩不念：我布施，不念：我施是人、用是物施；不念：我持戒、有是戒；不念：我忍辱、有是忍辱；不念：我精進、有是精進；不念：我禪定、有是禪定；不念：我修智慧、有是智慧。何以故？是檀波羅蜜中無如是分別，遠離此彼岸[6]是檀波羅蜜相；遠離此彼岸是尸羅波羅蜜相；遠離此彼岸是羼提波羅蜜相；遠離此彼岸是毘梨耶波羅蜜相；遠離此彼岸是禪波羅蜜相；遠離此彼岸是般若波羅蜜相。何以故？是般若波羅蜜中無如是憶想分別。是菩薩摩訶薩知此岸、知彼岸；是人爲檀波羅蜜所護、爲尸羅波羅蜜所護、爲羼提波羅蜜所護、爲毘梨耶波羅蜜所護、爲禪波羅蜜所護、爲般若波羅蜜所護、乃至爲[7]一切種智所護故，不墮聲聞、辟支佛地，得到薩婆若。如是，須菩提！菩薩摩訶薩爲般若波羅蜜、方便力所護故，不墮聲聞、辟支佛地，疾得阿耨多羅三藐三菩提。

【論】釋曰[8]：爾時，佛可須菩提意，更說失行因緣：菩薩雖行信等善法，亦不得無上道，所謂以我我所心行六波羅蜜故。是中無分別此岸、彼岸，以遠離相是般若波羅蜜；而分別著行，是爲失。上佛雖說無方便義，

---

1 "我施是物"，甲、聖本作"我以是物施"，聖本傍注"我施是物"。

2 "施"，甲本脫。

3 "是"，甲本脫。

4 "禪"，甲、聖、石本作"禪定"。

5 "故"，甲、宋、元、明、宮、聖本無。

6 "岸"，甲本脫。

7 "爲"，甲本脫。

8 "釋曰"，甲、宋、元、明、宮、聖本無。

不說無方便名；欲令是事明了故，命須菩提：云何有方便、無方便？内無我我所心，外觀一切法空不取相，般若、方便乃至一切種智守護菩薩故，名有方便。守護者，五波羅蜜邊得功德力，般若波羅蜜邊得智慧力；以二因緣故不失道。

大智度論釋善知識品第五十二[1]

【經】爾時須菩提白佛言：世尊！新學菩薩摩訶薩云何應學般若波羅蜜、禪波羅蜜、毘梨耶波羅蜜、羼提波羅蜜、尸羅波羅蜜、檀波羅蜜？佛告須菩提：新學菩薩摩訶薩若欲學般若波羅蜜，禪、精進、忍、戒、檀波羅蜜，先當親近、供養善知識能説是深般若波羅蜜者。是人作是教：汝善男子[2]！所有布施，一切迴向阿耨多羅三藐三菩提；善男子！所有持戒、忍辱、精進、禪定、智慧，一切迴向阿耨多羅三藐三菩提。汝莫以色是阿耨多羅三藐三菩提，莫以受、想、行、識是阿耨多羅三藐三菩提；莫以檀波羅蜜是阿耨多羅三藐三菩提，莫以尸羅波羅蜜、羼提波羅蜜、毘梨耶波羅蜜、禪波羅蜜、般若波羅蜜是阿耨多羅三藐三菩提；莫以内空乃至無法有法空是阿耨多羅三藐三菩提；莫以四念處、四正勤、四如意足、五根、五力、七覺分、八聖道分是阿耨多羅三藐三菩提；莫以四禪、四無量心、四無色定、五神通是阿耨多羅三藐三菩提；莫以佛十力乃至十八不共法是阿耨多羅三藐三菩提。所以者何？不取色便得阿耨多羅三藐三菩提，不取受、想、行、識便得阿耨多羅三藐三菩提，不取檀波羅蜜乃至般若波羅蜜便得阿耨多羅三藐三菩提，不取内空乃至無法有法空，不取四念處乃至十八不共法便得阿耨多羅三藐三菩提。善男子！行是深般若波羅蜜時莫貪色。何以故？善男子！是色非可貪者，莫貪受、想、行、識。何以故？受、想、行、識非可貪者。善男子！莫貪檀波羅蜜、尸羅波羅蜜、羼提波羅蜜、毘梨耶波羅蜜、禪波羅蜜、般若波羅蜜，莫貪内空乃至無法有法空，莫貪四念處乃至八聖道分，莫貪四禪、四無量心、四無色定、五神通，莫貪佛十力乃至一切種智。何以故？一切種智非可貪者。善男子！莫貪須陀洹果乃至阿羅漢果，莫貪辟支佛道，莫貪菩薩法位，莫貪阿耨多羅三藐三菩提。何以故？阿耨多羅三藐三菩提非可貪者。所以者何？諸法性[3]空故。

【論】問曰：須菩提問新學所行，佛何以乃答菩薩久行微妙事——所謂不取一切法，一切法性空故？答曰：諸法性空有二種：一者，大菩薩所得；二者，小菩薩所學柔順忍，以智慧發心。此中但説小菩薩所學[4]空。復次，有實智慧氣分，佛數爲菩薩[5]；若無者[6]，雖久行餘功德，不數爲菩薩。譬如[7]佛説聲[8]聞法中頂法相：於三寶中有少信是名頂法；是[9]信過煗[10]法，修禪定生，以色界心得，於佛無[11]礙解脱是爲小，於凡夫[12]爲大。如是新發意[13]菩薩得般若波羅蜜氣味故能受化，名爲新學[14]；過五波羅蜜[15]功德，於凡夫爲大，於佛爲小。復次，佛不直

1　甲本品題作"大智度經善知識品第五十二釋論　有二段經文"。

2　"子"，原作"于"，誤，兹據甲本改。

3　"性"，甲、宋、元、明、聖、石本作"自性"。

4　乙一始。

5　乙二始。

6　"實智……無者"十三字，乙一殘。

7　"者雖……譬如"十四字，乙二殘。

8　乙二終。"餘功……説聲"十三字，乙一殘。

9　"法相……法是"十四字，乙一殘。

10　"煗"，甲本作"燸"。

11　"修禪……佛無"十二字，乙一殘。

12　"凡夫"，甲、宋、元、明、官本作"凡人"，聖本作"凡夫人"。

13　"小於……發意"十一字，乙一殘。

14　"波羅……新學"十三字，乙一殘。

15　乙一終。

説諸法性空，先教供養親近善知識；善知識爲説五波羅蜜功德。善知識雖種種教化，佛但稱其不壞法——所謂於色等諸法不貪、不著、不取。譬如金翅鳥子始生，從一須彌至一須彌；菩薩亦如是，初學能生如是深智，何況久學！又如小火能燒，何況大者！菩薩亦如是，新學時能以般若轉世間法令畢竟空，燒諸煩惱，何況得力具足！

【經】須菩提白佛言：世尊！諸菩薩摩訶薩能爲難事——於一切性空法中求阿耨多羅三藐三菩提，欲得阿耨多羅三藐三菩提。佛言：如是！如是！須菩提！菩薩摩訶薩能爲難事——於一切性空法中求阿耨多羅三藐三菩提，欲得阿耨多羅三藐三菩提。須菩提！諸菩薩摩訶薩爲安隱世間故，發阿耨多羅三藐三菩提心；爲安樂世間故、爲救世間故、爲世間歸故、爲世間依處故、爲世間洲故、爲世間將導故、爲世間究竟道故[1]、爲世間趣故，發阿耨多羅三藐三菩提心。須菩提！云何菩薩摩訶薩爲安隱世間故發阿耨多羅三藐三菩提心？須菩提！菩薩摩訶薩得阿耨多羅三藐三菩提時，拔出六道衆生，著無畏岸涅槃處。須菩提！是爲菩薩摩訶薩爲安隱世間故發阿耨多羅三藐三菩提心。云何菩薩摩訶薩爲安樂世間故發阿耨多羅三藐三菩提心？須菩提！菩薩摩訶薩得阿耨多羅三藐三菩提時，拔出衆生種種憂苦愁惱，著無畏岸涅槃處。須菩提！是爲菩薩摩訶薩爲安[2]樂世間故發阿耨多羅三藐三菩提心。云何菩薩摩訶薩爲救世間故發阿耨多羅三藐三菩提心。須菩提！菩薩摩訶薩得阿耨多羅三藐三菩提時，救衆生生死中種種苦，亦爲斷是苦故而爲説法；衆生聞法，漸以三乘而得度脱。須菩提！是爲菩薩摩訶薩爲救世間故發阿耨多羅三藐三菩提心。云何菩薩摩訶薩爲世間歸故發阿耨多羅三藐三菩提心？須菩提！菩薩摩訶薩得阿耨多羅三藐三菩提時，拔出衆生生老病死相、憂悲愁[3]惱法，著無畏岸涅槃處。須菩提！是爲菩薩摩訶薩爲世間歸故發阿耨多羅三藐三菩提心。云何菩薩摩訶薩爲世間依處故發阿耨多羅三藐三菩提心？須菩提！菩薩摩訶薩得阿耨多羅三藐三菩提時，爲衆生説一切法無依處。須菩提！是爲菩薩摩訶薩爲世間依處故發阿耨多羅三藐三菩提心。須菩提白佛言：世尊！云何一切法無依處？佛言：色不相續即是色無生，色無生即是色不滅，色不滅即是色無依處；受、想、行、識乃至一切種智亦如是。須菩提！是爲菩薩摩訶薩爲世間依處故發阿耨多羅三藐三菩提心。云何菩薩摩訶薩爲世間究竟道故發阿耨多羅三藐三菩提心？須菩提！若[4]菩薩摩訶薩得阿耨多羅三藐三菩提時，爲衆生説如是法：色究竟相非是色，受、想、行、識，乃至一切種智究竟相非是一切種智。須菩提！如[5]究竟相，一切法相亦如是。須菩提言：世尊！若一切法如究竟相者，諸菩薩摩訶薩皆應得阿耨多羅三藐三菩提。何以故？世尊！色究竟相中無有分別，受、想、行、識究竟相中無有分別；乃至一切種智究竟相中無有分別——所謂是色，是受、想、行、識，乃至一切種智。佛告須菩提：如是！如是！色究竟相中無有分別，受、想、行、識乃至一切種智究竟相中無有分別——所謂是色乃至是一切種智。須菩提！是爲菩薩摩訶薩難事。如是觀諸法寂滅相，而心不没不却。何以故？是菩薩摩訶薩作是念：是諸深法我應如是知，得阿耨多羅三藐三菩提；如是寂滅微妙法當爲衆生説。是爲菩薩摩訶薩爲世間究竟道故發阿耨多羅三藐三菩提心。云何菩薩摩訶薩爲世間洲故發阿耨多羅三藐三菩提心？須菩提！若江河大海，四邊水斷，是名爲洲。須菩提！色亦如是，前後際斷；受、想、行、識前後際斷；乃至一切種智前後際斷。以是前後際斷故，一切法亦斷。須菩提！是一切法前後際斷故，即是寂滅、即是妙寶——所謂空、無所得、愛盡無餘、離欲、涅槃。須菩提！菩薩摩訶薩得阿耨多羅三藐三菩提時，以寂滅微妙法爲衆生説。須菩提！是爲菩薩摩訶薩爲世間

1　“故”，甲、宋、元、明、宫、聖本無。

2　“安”，甲、聖本無。

3　“愁”，甲、聖、石本作“苦”。

4　“若”，甲、聖、石本無。

5　“如”，甲、聖本作“如是”。

洲故發阿耨多羅三藐三菩提心。云何菩薩摩訶薩爲世間將導故發阿耨多羅三藐三菩提心[1]？須菩提！菩薩摩訶薩得阿耨多羅三藐三菩提時，爲衆生説色不生不滅、不垢不淨，説受、想、行、識不生不滅、不垢不淨；説十二處[2]、十八界、四念處乃至八聖道分、四禪、四無量心、四無色定、五神通不生不滅、不垢不淨；説須陀洹果乃至阿羅漢果、辟支佛道不生不滅、不垢不淨；説佛十力乃至一切種智不生不滅、不垢不淨。須菩提！是爲菩薩摩訶薩爲世間將導故發阿耨多羅三藐三菩提心。

【論】釋曰：須菩提發希有心白佛言：諸菩薩未斷煩惱、大悲未具、未得阿鞞跋致知諸法本性空，而能發無上道心，是事甚難。佛可其言：如是！更[3]讚菩薩希有因緣，所謂菩薩安穩[4]世間故發心。安穩者，能破一切煩惱，究竟不變失。譬如良藥能破病，不問甘苦，以能究竟除病安穩故。佛能使衆生常安穩，不期[5]一世、二世。世間樂者，有法雖安穩而不樂[6]；有法今世苦、後世樂，如服苦藥腹中安穩、口中不美。是故[7]説佛能與今世、後世樂。六道無常相故非安穩，是故説出六道名安穩。世間樂著因緣故，久後必生憂惱，不名爲樂；涅槃樂始終無變故，説離憂苦爲樂。救世間者：如人爲怨賊所逐，若親戚、若官力能救；衆生亦如是，惡罪諸煩惱因緣及魔民所逐，惟諸佛能説法救護。世間歸者：如人遇暴風疾雨[8]，必歸房舍；世間種種邪見煩惱等、身心內外苦惱老病死諸憂苦等，若歸佛，佛以種種因緣拔其憂悲苦惱。依處者：一切有爲法從和合因緣生故，無有自力，不可依止。衆生爲苦所逼來依止佛，佛爲説無依止法。無依止法者是真實，所謂無餘涅槃，色等五衆滅更不相續；不相續即是不生不滅；不生不滅即是畢竟空，無依止處。問曰：若無依止處，何以説依止？答曰：依止有二種：一者，以愛、見等諸煩惱依止有爲法；二者，清淨智慧説依止涅槃。煩惱見故説無依止。究竟道者：所謂諸法實相、畢竟空。色等法，前際中無，後際中亦無；現在中，凡夫人憶想分別，業果報諸情力故有顛倒見；聖人以智[9]慧眼觀之皆虛誑不實。如前、後，中亦爾；若無先後，云何有中？能如是爲衆生説法，則安處衆生於究竟第一道中。世間洲者：如洲四邊無地；色等法亦如是，前、後皆不可得；中間，如究竟道中破。入前後空故，中間亦空。水者，三漏、四流[10]諸煩惱及業果報中一切法；畢竟空、無所取，所謂涅槃，是爲洲。衆生没在四流水中，佛以八正道船，引著涅槃洲上。如是種種因緣接度衆生名爲將導。

【經】云何菩薩摩訶薩爲世間趣故發阿耨多羅三藐三菩提心？須菩提！菩薩摩訶薩得阿耨多羅三藐三菩提時，爲衆生説色趣空，説受、想、行、識趣空，乃至説一切種智趣空。爲衆生説色非趣非不趣，何以故？是色空相，非趣非不趣；説受、想、行、識非趣非不趣，何以故？是受、想、行、識空相，非趣非不趣；乃至一切種智非趣非不趣，何以故？是[11]一切種智空相，非趣非不趣。如是，須菩提！菩薩摩訶薩爲世間趣故發阿耨多羅三藐三菩提心。何以故？一切法趣空，是趣不過。何以故？空中，趣、非趣不可得故。須菩提！一切法趣無相，是趣不過。何以故？無相中，趣、非趣不可得故。須菩提！一切法趣無作，是趣不過。何以故？

1　“故發……提心”十二字，甲、聖本作“發阿耨多羅三藐三菩提心”，宋、元、明、宮本無。

2　“處”，甲、聖本作“入”。

3　“更”，甲本作“便”，誤。

4　“安穩”，甲、宮本作“安隱”，“穩”古時多寫作“隱”。下同，不復出校。

5　“期”，甲、石本作“其”，“其”通“期”。

6　“不樂”，甲本作“不樂者”。

7　“故”，甲本脱。

8　“暴風疾雨”，甲本作“暴疾風雨”。

9　“智”，甲本無。

10　“四流”後，甲、聖、石本有“等”。

11　“是”，甲、聖本無。

無作中,趣、非趣不可得故。須菩提! 一切法趣無起,是趣不過。何以故? 無起[1]中,趣、非趣[2]不可得故。須菩提! 一切法趣無所有、不生不滅、不垢不淨,是趣不過。何以故? 無所有、不生不滅、不垢不淨中,趣、非趣不可得故。須菩提! 一切法趣夢[3],是趣不過。何以故? 夢中,趣、非趣不可得故。須菩提! 一切法趣幻、趣嚮、趣影、趣化,趣[4]是趣不過。何以故? 是化等中,趣、非趣不可得故。須菩提! 一切法趣無量、無邊,是趣不過。何以故? 無量、無邊中,趣、非趣不可得故。須菩提! 一切法趣不與不取,是趣不過。何以故? 不與不取中,趣、非趣不可得故。須菩提! 一切法趣不舉不下,是趣不過。何以故? 不舉不下中,趣、非趣不可得故。須菩提! 一切法趣不增不減,是趣不過。何以故? 無增無減中,趣、非趣不可得故。須菩提! 一切法趣不來不去,是趣不過。何以故? 不來不去中,趣、非趣不可得故。須菩提! 一切法趣不入不出、不合不散、不著不斷,是趣不過。何以故? 不著不斷中,趣、非趣不可得故。須菩提! 一切法趣我、衆生、壽命、人、起、使起、作、使作[5]、知者、見者,是趣不過。何以故? 我乃至知者、見者畢竟不可得,何況當有趣、非趣! 須菩提! 一切法趣有[6]常,是趣不過。何以故? 常畢竟不可得[7],云何當有趣、非趣? 須菩提! 一切法趣樂、淨、我,是趣不過。何以故? 樂、淨、我畢竟不可得,云何當有趣、非趣? 須菩提! 一切法趣無常、苦、不淨、無我,是趣不過。何以故? 無常、苦、不淨、無我畢竟不可得,云何當有趣、非趣? 須菩提! 一切法趣欲事,是趣不過。何以故? 欲事畢竟不可得,何況當有趣、非趣? 須菩提! 一切法趣瞋事、癡事、見事,是趣不過。何以故? 瞋事、癡事、見事畢竟不可得,何況當有趣、非趣? 須菩提! 一切法趣如,是趣不過。何以故? 如中無來無去故。須菩提! 一切法趣法性、實際、不可[8]思議性,是趣不過。何以故? 法性、實際、不可思議性中無來無去故。須菩提! 一切法趣平等,是趣不過。何以故? 平等中,趣、非趣不可得故。須菩提! 一切法趣不動相,是趣不過。何以故? 不動相中,趣、非趣不可得故。須菩提! 一切法趣色,是趣不過。何以故? 色畢竟不可得[9],云何當有趣、非趣? 須菩提! 一切法趣受、想、行、識,是趣不過。何以故? 受、想、行、識畢竟不可得,云何當有趣、非趣? 十二處、十八界亦如是。須菩提! 一切法趣檀波羅蜜,是趣不過。何以故? 檀畢竟不可得故[10],云何當有趣、非趣? 須菩提! 一切法趣尸羅波羅蜜,是趣不過。何以故? 尸羅畢竟不可得故,云何當有趣、非趣? 須菩提! 一切法趣羼提波羅蜜,是趣不過。何以故? 羼提畢竟不可得故,云何當有趣、非趣? 須菩提! 一切法趣毘梨耶波羅蜜,是趣不過。何以故? 毘梨耶畢竟不可得故,云何當有趣、非趣? 須菩提! 一切法趣禪波羅蜜,是趣不過。何以故? 禪畢竟不可得故,云何當有趣、非趣? 須菩提! 一切法趣般若波羅蜜,是趣不過。何以故? 般若畢竟不可得故,云何當有趣、非趣? 須菩提! 一切法趣內空,是趣不過。何以故? 內空畢竟不可得故,云何當有趣非趣? 須菩提! 一切法趣外空,是趣不過。何以故? 外空畢竟不可得故,云何當有趣非趣? 須菩提! 一切法趣內外空,是趣不過。何以故? 內外空畢竟不可得故,云何當有趣非趣? 乃至一切法趣無法有法空,是趣不過。何以故? 無法有法空畢竟不可得故,云何當有趣、非趣? 須菩提! 一切法趣四念處乃至八聖道分,是趣不過。何以故? 四念處乃至八聖道分畢竟不可得故,云何當

1　“起”,甲本作“趣”,誤。

2　“趣”,甲本脱。

3　“夢”,甲、宋、元、明、宮、聖、石本作“如夢”。

4　“趣”,甲、元、明、聖、石本無。

5　“作”,甲、宋、元、明、宮、聖、石本作“作者”。

6　“有”,甲、明、聖本無。

7　“不可得”,甲本作“不可得故”。

8　“可”,甲本無。

9　“不可得”,甲、宋、元、明、宮、聖本作“不可得故”。

10　“故”,甲、聖、石本無。

有趣、非趣？須菩提！一切法趣佛十力乃至一切種智，是趣不過。何以故？一切種智中，趣、非趣不可得故。須菩提！一切法趣須陀洹果、斯陀含果、阿那含果、阿羅漢果、辟支佛道，是趣不過。何以故？須陀洹果乃至辟支佛道中，趣、非趣不可得故。須菩提！一切法趣阿耨多羅三藐三菩提是[1]趣不過。何以故？阿耨多羅三藐三菩提中，趣、非趣不可得故。須菩提！一切法趣須陀洹乃至佛，是趣不過。何以故？須陀洹乃至佛中，趣、非趣不可得故。須菩提白佛言：世尊！是深般若波羅蜜誰能信解者？佛告須菩提：有菩薩摩訶薩，先於諸佛所久[2]行六波羅蜜、善根純[3]熟、供養無數百千萬億諸佛、與善知識相隨，是輩人能信解深般若波羅蜜。須菩提白佛言：世尊！能信解是深般若波羅蜜者，有何等性、何等相、何等貌？佛言：欲、瞋[4]、癡斷離，是性、相、貌；是菩薩摩訶薩則能信解深般若波羅蜜。

【論】問曰：上諸事中略説，今趣中何以廣説？答曰：趣是[5]總上九事之會歸，是故多説。復次，安樂等及趣皆同一義，俱出衆生著涅槃故。若事[6]事廣説則不可盡，趣最在後故廣説；當知餘者亦皆應廣説。色等法趣空者，如虛空但有名而無法；色等法亦爾，終歸於空。諸法究竟相必空故，餘者皆虛妄。如人初雖有善言，久久乃知情實；色等諸法亦如是，入無餘涅槃時與虛空無異，當知先亦如是，但凡夫顛倒果報故見異。一切法無有過出空等諸相，如人欲出過虛空不可得。我等十六名，皆因五衆和合假有此名，無有實法，云何當有趣、非趣？若常、淨、樂、我等四顛倒破四聖行。如常等四法不可得，以顛倒故；色等諸法亦如是。如常等不可得，無常等從常等出故亦不可得。是故説一切法趣常等、趣無常等。須菩提問佛：是法甚深微細，誰當信解者？佛答説：久行等因緣能信。更問：久行等人有何等相？佛答：是人離三毒心，亦不見是離，深入諸法實相故。問曰：是人未得無生忍法，云何言斷三毒？答曰：斷有二種：一者，根本斷；二者，薄少斷。此中説薄少斷。行者不分別是斷[7]、是煩惱。何以故？煩惱相顛倒不定故，煩惱即是斷，是故言離。

大智度論釋趣一切智品第五十三[8]

【經】須菩提白佛言：世尊！是諸菩薩摩訶薩解[9]深般若波羅蜜者，當趣何所？佛告須菩提：是菩薩摩訶薩解深般若波羅蜜者，當趣一切種智。須菩提白佛言：世尊！是菩薩摩訶薩能趣一切種智者，則爲一切衆生所歸趣，修般若波羅蜜故。世尊！修般若波羅蜜即是修一切諸[10]法。世尊！無所修是修般若波羅蜜，不受修、壞修是修般若波羅蜜。佛告須菩提：何等法壞故，般若波羅蜜[11]爲壞修？世尊！色壞故，般若波羅蜜爲壞修；受、想、行、識、十二處[12]、十八界壞故，般若波羅蜜爲壞修；我乃至知者、見者壞故，般若波羅蜜爲壞修；世尊！檀波羅蜜壞故，般若波羅蜜爲壞修；乃至般若波羅蜜壞故，般若波羅蜜爲壞修；内空乃至無法有法空、四念處乃至十八不共法、須陀洹果乃至一切種智壞故，般若波羅蜜爲壞修。佛言：如是！如是！須菩提！色壞故，般若波羅蜜爲壞修；乃至一切種智壞故，般若波羅蜜爲壞修。爾時佛告須菩提：是深般若波

1　“是”，甲本脱。

2　“久”，甲本作“人”，誤。

3　“純”，甲、聖、石本作“淳”。

4　“瞋”，甲、聖本作“恚”。

5　“是”後，甲、宋、元、明、宫、聖、石本有“乃至品竟”。

6　“事”，甲本脱。

7　“是斷”，甲本脱。

8　甲本品題作“大智度經趣一切智品第五十三釋論　有二段經文”。

9　“解”，甲、元、明本作“能解”。

10　“諸”，甲、聖本無。

11　“般若波羅蜜”前，甲、宋、元、明、宫本有“修”。

12　“處”，甲、聖本作“入”。

羅蜜中，阿鞞跋致菩薩摩訶薩應當驗知！若菩薩摩訶薩是深般若波羅蜜中不著，當知是阿鞞跋致[1]；禪波羅蜜乃至檀波羅蜜中不著，四念處乃至一切種智中不著，當知是阿鞞跋致。

【論】問曰：般若波羅蜜非趣、非不趣，須菩提何以故問行般若者趣至何處？又佛何以答趣薩婆若？答曰：外道言：諸法從因起果、從先世入今世、從今世趣後世。破是常顛倒故，言：無趣、不趣。此中，須菩提以無著心問，佛以無著心答。般若波羅蜜畢竟空，於諸法無障[2]無礙；得無障無礙解脫故無障無礙。因果相似故，故言：解深般若[3]者，趣一切種智。須菩提言：菩薩知般若波羅蜜者，爲一切衆生所歸趣。如子爲苦惱所逼，則趣父母。問曰：何以故但菩薩解深般若波羅蜜爲衆生所歸趣？答曰：菩薩於衆生中大悲心故，常修習般若波羅蜜；以修故，能解一切諸法皆入般若波羅蜜，是故修般若波羅蜜即修一切法。般若無定實法可得，故經中說：無所修是修般若波羅蜜。般若波羅蜜中，一切諸觀有過故不受，是名不受修。壞修者，一切法無常散壞，故名壞修。可破壞法者，所謂色等乃至一切種智。佛可須菩提所說。上品未說阿鞞跋致菩薩性、相、貌，今應驗試知：於深般若波羅蜜中著不？若著，則非；若不著，則是其相。行般若波羅蜜[4]菩薩有二種：一者，因般若波羅蜜觀一切法畢竟空，般若亦自空；二者，不能觀般若亦空。是故經中試知著不？

【經】若[5]阿鞞跋致菩薩摩訶薩行深般若波羅蜜時，不以他人語爲堅要，亦不隨他教行。阿鞞跋致菩薩摩訶薩不爲欲心、瞋心、癡心所牽。若阿鞞跋致菩薩摩訶薩不遠離六波羅蜜。若阿鞞跋致菩薩摩訶薩聞說深般若波羅蜜時，心不驚、不没、不怖、不畏、不悔，歡喜樂聞，受持、讀、誦、正憶念、如說行。須菩提！當知是菩薩先世已聞[6]是深般若波羅蜜中事已，受持、讀、誦、說、正憶念。何以故？是菩薩摩訶薩有大威德故，聞是深般若波羅蜜，心不驚、不怖、不畏、不没、不悔，歡喜樂聞，受持、讀、誦、正憶念。須菩提白佛言：世尊！若菩薩摩訶薩聞深般若波羅蜜，不驚、不怖乃至正憶念，世尊！是菩薩摩訶薩云何行般若波羅蜜？佛言：隨順一切種智心，是菩薩摩訶薩應如是行般若波羅蜜。世尊！云何名隨順一切種智心，是菩薩摩訶薩應如是行般若波羅蜜？佛言：以空隨順，是爲菩薩摩訶薩行深般若波羅蜜；以無相、無作、無所有、不生不滅、不垢不淨隨順，是菩薩摩訶薩應如是行般若波羅蜜；以如夢、幻、炎、嚮、化隨順，是行般若波羅蜜。須菩提白佛言：佛說以空隨順乃至如夢如幻隨順，是行[7]般若波羅蜜。世尊！是菩薩摩訶薩行[8]何法——若色，若受、想、行、識，乃至一切種智？佛告須菩提：菩薩摩訶薩不行色，不行受、想、行、識，乃至不行一切種智。何以故？是菩薩摩訶薩行[9]處，無作法、無壞法、無所從來、亦無所去、無住處，是法[10]不可數、無有量；若無數、無量，是法不可得——不可以色得，乃至不可以一切種智得。何以故？色即是薩婆若，乃至一切種智即是薩婆若。色如相乃至一切種智如相皆是一如，無二無別。

【論】釋曰：阿鞞跋致菩薩所說[11]事，於他語言中不生念：是中有實、不實。何以故？他人有二種：在家人，著五欲樂，虛誑不淨；出家外道，著諸邪見不實。此等所說皆無實事，是故不信。自得諸法實相故，乃至佛身來說破諸法實相者亦不信；得無爲法故，心則安重，不復移轉。是菩薩雖未得佛道，貪欲等諸煩惱折薄故，

---

1 “阿鞞跋致”後，甲、聖、石本有“相”。
2 “障”，甲本作“彰”，“彰”通“障”。下同，不復出校。
3 “般若”，甲、聖、石本作“般若波羅蜜”。
4 “波羅蜜”，甲本無。
5 “若”，甲、宋、元、明、聖、石本作“若有”。
6 “聞”，原作“問”，誤，茲據甲、宋、元、明、宮、聖本改。
7 “行”，甲本脫。
8 “行”，甲、聖本作“觀”。
9 “行”，甲、宋、聖、石本作“無行”。
10 “法”，甲、聖、石本作“法相”。
11 “說”，甲、宋、元、明本作“試”，聖、石本作“誠”。

不爲所牽。心常不離六波羅蜜,知善法果報味故,心常愛樂,不離六波羅蜜。如是等種種因緣故,聞深般若不怖、不畏,歡喜欲聞,讀、誦、問義、修習。如雷霆[1],小鳥則怖畏悶死;孔雀大鳥歡喜舞戲。般若波羅蜜亦如是,邪見凡夫聞則恐怖;阿鞞跋致菩薩聞則歡喜,心無厭足,是故説歡喜樂聞。是中佛説因緣:是菩薩於過去世已聞[2]深般若波羅蜜,多集諸福德智慧[3]故有大威德;有大威德故不怖畏。須菩提問:是菩薩聞深般若波羅蜜雖不怖畏,是般若無定相,云何應行? 佛言:隨順一切種智心。問曰:是菩薩未得一切種智,云何能順? 答曰:是故説:隨順畢竟空心則順一切種智心[4]。一切種智是寂滅相,佛後品中説一切寂滅相是一切種智,是故言順畢竟空則順一切種智。無相、無作、虛空、無生無滅、無垢無淨、如夢等亦如是。爾時須菩提問:順畢竟空心,觀何等法? 佛答:不觀色乃至一切種智。何以故? 智慧欲求實事,色等有爲作法皆虛妄;一切種智是實法;實法故,過有爲法;過有爲法故,説是法:無作,無作者。無壞法,無壞者。是法不從六波羅蜜來,故言無所從來。不入佛法中,故言無所去。有爲虛誑故不住;無爲法中,無憶想分別故亦不住。五衆和合故有六道數;壞五衆相續故則無數、無量。無數、無量故則語言道斷;語言道斷故,不可以行色等諸法得。佛此中自説因緣:色等諸法即是薩婆若,薩婆若即是色等諸法。何以故? 色等諸法如即是薩婆若如,薩婆若如即是色等諸法如,以是故説如[5],是如無二無別。

大智度論卷第七十一[6]。

大智度論釋大如品第五十四(卷七十二)[7]

聖者龍樹造

後秦龜兹國三藏鳩摩羅什譯[8]

【經】[9]爾時,欲界諸天子、色界諸天子,以天末[10]栴檀香,以天青蓮華、赤蓮花、紅蓮華、白蓮華遙[11]散佛上,來至佛所,頂禮佛足,一面住;白佛言:世尊! 諸佛阿耨多羅三藐三菩提,甚深、難見、難解,不可思惟知,微妙寂滅智者能知,一切世間所不能信。何以故? 是深般若波羅蜜中,如是説:色即是薩婆若,薩婆若即是色,乃至一切種智即是薩婆若,薩婆若即是一切種智。色如相,薩婆若如相,是一如無二無別;乃至一切種智如相,薩婆若如相,一如無二無別。佛告欲色界諸天子:如是! 如是! 諸天子! 色即是薩婆若,薩婆若即是色;乃至一切種智即是薩婆若,薩婆若即是一切種智。色如相,乃至一切種智如相,一如無二無別。諸天子! 以是義故,佛初成道時,心樂嘿然,不樂説法。何以故? 是諸佛阿耨多羅三藐三菩提法,甚深、難見、難解,不可思惟知,微妙寂滅[12]智者能知,一切世間所不能信。何以故? 阿耨多羅三藐三菩提,無得者,無得處,無

---

1 "霆",甲、聖、石本作"電"。

2 "聞",甲本作"問",誤。

3 "福德智慧",甲、聖、石本作"智慧福德"。

4 "心",甲、聖、石本無。

5 "如",甲、宋、元、明、宫、石本無。

6 甲本終,尾題作"大智度經論釋卷第七十一"。

7 本卷對應《大智度論》寫本凡6號:浙敦028號(以下簡稱"甲本")、BD10934號(以下簡稱"乙一")、BD11641號(以下簡稱"乙二")、BD06764號(以下簡稱"乙三")、俄Дх03463號(以下簡稱"丙本")、俄Дх04232號(以下簡稱"丁本")。

8 甲本始。"大智度……譯"三十三字,甲本作"第五十三品釋論"。

9 "經",甲、宋、宫本無。下同,不復出校。

10 "末",甲本無。

11 "遥",甲本無。

12 "寂滅",甲本作"寂滅法"。

得時,是名諸法甚深相,所謂無有二法。諸天子! 如虛空甚深故,是法甚深;如甚深故,是法甚深[1];法性甚深,實際甚深,不可思議、無邊甚深故,是法甚深; 無來無去甚深故,是法甚深;不生不滅、無垢無淨、無知無得甚深故,是法甚深。諸天子! 我甚深,乃至知者、見者甚深故,是法甚深; 諸天子! 色甚深,受、想、行、識深故,是法甚深;檀波羅蜜甚深乃至般若波羅蜜甚深故,是法甚深。內空乃至無法有法空甚深故,是法甚深;四念處甚深,乃至一切種智甚深故,是法甚深。爾時,欲、色界諸天子白佛言:世尊! 是所説法,一切世間所不能信。世尊! 是甚深法,不爲受色故説,不爲捨色故説; 不爲受受、想、行、識故説,不爲捨受、想、行、識故説。不爲受須陀洹果故説,不爲捨須陀洹果故説; 乃至不爲受一切種智故説,不爲捨一切種智故説。諸世間皆受著行,所謂色是我、是我所; 受、想、行、識是我、是我所; 乃至十八不共法是我、是我所; 須陀洹果是我、是我所; 乃至一切種智是我,是我所。佛告諸天子:如是! 如是! 諸天子! 是法非爲受色故説,非爲[2]捨色故説; 乃至非爲受[3]一切種智故説,非爲捨一切種智故説。諸天子! 若有菩薩爲受色故行,乃至爲受一切種智故行,是菩薩不能修般若波羅蜜,不能修禪波羅蜜、毘梨耶波羅蜜、羼提波羅蜜、尸羅[4]波羅蜜、不能修檀波羅蜜,乃至不能修一切種智者[5]。須菩提白佛言:世尊! 是法隨順一切法。云何是法隨順一切法? 是法隨順般若波羅蜜,乃至隨順檀波羅蜜; 是法隨順內空,乃至隨順無法有法空; 是法隨順四念處,乃至隨順一切種智。是法無礙,不礙於色,不礙受、想、行、識,乃至不礙一切種智。諸天子! 是法名[6]無礙相,如虛空等故,如、法性、法住、實際,不可思議性[7]等故,空、無相、無作等故。是法不生相,色不生,不可得故; 受、想、行、識不生,不可得故,乃至一切種智不生,不可得故。是法無處,色處不可得故; 受、想、行、識處不可得故,乃至一切種智處不可得故。是時欲、色界諸天子白佛言:世尊! 須菩提是佛子、隨佛生! 何以故? 須菩提所説,皆與空合。爾時,須菩提語諸天子:汝等言須菩提是佛子、隨佛生,云何爲隨[8]佛生? 諸天子! 如相故,須菩提隨佛生。何以故? 如來如相不來不去,須菩提如相亦不來不去[9],是故須菩提隨佛生。復次,須菩提從本已[10]來隨佛生,何以故? 如來如相即是一切法如相,一切法如相即是如來如相;是如相[11]中亦無如相,是故須菩提爲隨佛生。復次,如來如,常住相,須菩提如,亦常住相;如來如相,無異無別,須菩提如相,亦無異無別。是故須菩提爲隨佛生。如來如相,無有礙處,一切法如相[12],亦無礙處;是如來如相,一切法如相[13],一如無二無別。是如相無作,終不不如,是故是如相一如[14]無二無別,是故須菩提爲隨佛生。如來如相一切處無念無別,須菩提如相亦如是,一切處無念無別;如來如相不異不別,不可得,須菩提如相亦如是。以是故須菩提爲隨佛生。如來如相,不遠離諸法如相,是如終不不如,是故須菩提如不有異[15],爲隨佛生,亦無所隨。復次,如來如相不過去、不未來、不現在,諸法如相亦不過去、不未來、不現在。是故須菩提爲隨佛生。復次,如來如不

1　“是法甚深”後,甲本衍“故是法甚深”。

2　“爲”,甲本脱。

3　“受”,甲本脱。

4　“尸羅”,甲本作“尸”,異譯詞。

5　“者”,甲本無。

6　“名”,甲本脱。

7　“性”,甲本脱。

8　“隨”,甲本脱。

9　“不去”,甲本作“亦不去”。

10　“已”,甲、石本作“以”。

11　“是如相”,甲本脱。

12　“相”,甲、元、明、宫本無。

13　“相”,甲本作“來”,誤。

14　“一如”,甲、宋、元、明、宫本無。

15　“如不有異”,甲本作“如來不異”,誤。

在過去如中,過去如亦不在如來如中;如來如不在未來如中,未來如不在如來如中;如來如不在現在如中,現在如不在如來如中:過去、未來、現在如、如來如,一如無二無別。色如、如來如,受、想、行、識如、如來如,是色如,受、想、行、識如,如來如[1],一如無二無別。我如乃至知者、見者如,如來如,一如無二無別。檀波羅蜜如,乃至般若波羅蜜如,内空如,乃至無法有法空如[2],四念處如,乃至一切種智如,如來如,一如無二無別。須菩提!菩薩摩訶薩[3]得是如故[4],名爲如來。説是《如相品》時,是三千大千世界,大地六種振[5]動:東踊西没,西踊[6]東没,南踊北没,北踊南没,中央踊四邊没,四邊踊中央没[7]。

【論】[8]問曰[9]:若般若波羅蜜無不甚深,何以[10]或時讚甚深?答曰:般若波羅蜜中,或時分別諸法空,是淺;或時説世間法即同涅槃,是深。色等諸法即是佛法;聽者聞説,心信佛語,自智慧不及故言甚深。譬如河水,有洄復[11]深處,有淺處。問曰:諸天所讚法甚深,一切世間所不能信,何用説爲?答曰:一切有二種:一者,名字一切;二者,實一切。如[12]此中説名字一切,以多不信故,言一切。如此中説微妙寂滅智者能知,知者必有信,先信後知故。復次,是般若波羅蜜,惟[13]佛能知。衆生聞所説而信者,此中不名爲信;智慧知已,名爲信。問曰:若爾者,何以言微妙智者能知?答曰:一切世間無能遍盡知諸佛智者,寂滅智者能知少分。如須陀洹於無上道得少分,所謂斷三結;如是諸道,展轉增多。若世間都不信者,云何有諸道?以是故言寂滅智者能知。阿耨多羅三藐三菩提即是般若波羅蜜[14],但名字異——在菩薩心中爲般若,在佛心中,名[15]阿耨多羅三藐三菩提。是中説色等法即是薩婆若,薩婆若即是色等法。此中説色等法如,薩婆若如,無二無別。佛可諸天子[16]意,更説因緣:如,名色等諸法真實相。譬如除宮殿及諸陋[17]廬,如燒栴檀及雜木,其處虚空無異;色及薩婆若等諸法,求其實皆是如。以是義故,佛初[18]成道時,心樂嘿然,不樂説法——知甚深法,凡夫人難悟故[19]。復次,是法無二故甚深,如虚空故甚深,如、法性等甚深故甚深[20]。爾時,諸天子知是法無可取相,白佛言:是所説法,一切世間所不能信,是法不爲受色等法故説。佛可其言,若有菩薩爲受色等故行菩薩道,不能修[21]般若波羅蜜等諸功德。須菩提白佛言:世尊!是般若波羅蜜相,隨順一切法,無所障礙。何以故?於般若

---

1 "是色……如來如"十一字,甲本無。

2 "如",甲本脱。

3 "摩訶薩",甲本作"摩呵薩",異譯詞。下同,不復出校。

4 "故",甲、宋、宮本無。

5 "振",甲、宋、元、明、宮本作"震"。

6 "踊",甲本作"勇",借字,元、明本作"湧","勇""湧"皆爲"踊"之借字。下同,不復出校。

7 "四邊踊中央没",甲本脱。

8 "論",甲、宋、宮本無。

9 "問曰"前,甲本有"是時諸天子"。

10 "何以",甲本作"何以故"。

11 "復",甲本作"有",宋、元、明、宮本作"澓"。

12 "如",甲本脱。

13 "惟",甲、宮、石本作"唯",宋、元、明本作"中"。

14 "波羅蜜",甲、宋、元、明、宮本無。

15 "名",甲本作"爲"。

16 "子",甲本脱。

17 "陋",甲本作"隨",誤。

18 "初",甲本脱。

19 "故",甲本無。

20 "故甚深",甲本脱。

21 "修",甲本作"隨",誤。

波羅蜜亦不著。説不障礙因緣：如虛空等故。譬如壁[1]中先有[2]空相，小兒以橛釘之，力少故不入，大力者能入；行者亦如是，色等諸法中，自有如實相，智慧力少故，不能令空，大智者能知，是故説諸法無礙，如虛空平等。色等法不生，亦不可得，以是故名不生。非但色等不生，若不生法可得，則非畢竟空，非名無得[3]。無住處，亦如是。爾時，諸天子白佛言：世尊！須菩提隨佛生。何以故？所知所説皆與空合。復次，經説有三種子：一者，不隨順生；二者，隨順生；三者，勝生。世人皆願二種子：隨順子，勝子。佛法中惟[4]欲一種：隨順生，以無有勝佛故。佛子有五，皆從口[5]生、法生：須陀洹乃至阿羅漢，入正位菩薩。辟支佛雖[6]佛法中種因緣，無佛時自能得道，不得言從佛口生，因緣遠故。諸漏盡者，是隨順生。須菩提於漏盡中，常樂畢竟空，是隨順生。何以故？所行法不可破壞如虛空，佛法如是相，是名隨佛生。問曰：何以不説入法位菩薩隨順[7]佛生[8]？答曰：有人言：漏未盡故不説，須菩提漏盡故説。有人言：入無餘涅槃者，是第一清淨。阿羅漢末後身住有餘涅槃，近無餘涅槃[9]門故説[10]。菩薩雖有深利智慧，往返生死中，是故不説。有人言：般若有二種：一者，唯與大菩薩説；二者，三乘共説。共聲聞説中，須菩提是隨佛生；但與菩薩説時，不説須菩提隨佛生。何以故？法性生身大菩薩，是中無有結業生身，但有變化生身，滅三毒、出三界、教化衆生、淨佛世界故，住於世間，此中都無一切聲聞人。佛大慈悲[11]心，菩薩心亦爾，是名菩薩隨[12]生；須菩提但取涅槃故，不説隨生。此經共二乘説。須菩提知般若波羅[13]蜜甚深；法性生身菩薩[14]力大。諸天雖讚，不應受，語諸天子言：諸法如一相，所謂無相，是因緣故隨佛生，如不異故。如經中説如：如來如相[15]不來不去，須菩提如相亦不來不去。復次，如來如[16]畢竟空，一切法如亦畢竟空。一切法如中，攝須菩提如，是故須菩提用如來如故，隨佛生。復[17]次，如如來如，無憶想分別，常住如[18]虛空；須菩提如亦如是，是[19]故須菩提隨佛生[20]。復次，如如來如，得無礙解脱故，一切法中無罣[21]礙，一切法如亦如是[22]，於一切法中亦無罣礙；如[23]來如，一切法如，一如無異；須菩提如，亦入一

1　“壁”，甲本作“泥”，誤。

2　“有”，甲本脱。

3　“得”，甲、元、明、宫、石本作“礙”。

4　“惟”，甲、宋、元、明、宫、石本作“唯”。

5　“口”，甲本作“佛口”。

6　“雖”，甲本作“唯”，誤。

7　“順”，甲、石本無。

8　“生”，甲本作“生者”。

9　“槃”，甲本作“涅”，誤。

10　“説”，甲本脱。

11　“悲”，甲本無。

12　“隨”，甲本作“隨順”。

13　乙一始。

14　“菩薩”，乙一殘。

15　“如來如相”，甲本作“如如來如相”，乙一作“如如來相”。

16　“如”，乙一脱。

17　“佛生復”，乙一殘

18　“如”後，乙一衍“如”。

19　“是”，乙一無。

20　“復次……佛生”三十一字，甲本無。

21　“罣”，甲本脱。

22　“如是”後，乙一衍“是”。

23　“如”後，甲本衍“如”。

切法如故,是以隨佛生。復次,諸法如相[1]無[2]作、無作者,如來如相亦如是;須菩提如,一切法如攝故,隨佛生。復次,如如來如相,一切處常無憶想[3]分別;須菩提如[4],一切法如攝故,隨佛生。復次,如來如相[5],不離一切法如。正觀一切法,名爲佛;一切法是因緣,佛是果報,是故説[6]如來如,不離一切法如,是如實故常如,無不[7]如時;須菩提如亦如是,不異故隨佛生,亦無法可隨。復次,如來如相,無憶想[8]分別,出過三世,一切法如亦如是;須菩提如,亦出三世,是故隨佛生。復次,如來如,不在過去如中,何以故?如來空,過去亦畢竟空,是故空不在空中住,譬如虛空不住[9]虛空中。未來、現在,亦如是。三世如,如來如,不二不分[10]別者,三世如,空、無相、無生無滅等,如來如亦如是。三世如無障礙,如過去世無窮無邊,未來世亦無窮無邊,現在世亦無窮無邊,如來如亦如是。此[11]三世十方無窮[12]無邊,須菩提如亦[13]如是。復次,五衆[14]乃至一切種智如,如來如[15],無二無別。何以故?色等諸法和合故,有如來。如[16]是如來,不得言但是色等法,亦[17]不得言離色等法,亦不得言色等法在如來中,亦不得言如來[18]在色等法中,亦不得言色等法屬如來,亦不得言無如來。五衆色等法中,假名如來。如來如即是一切法如,是故説色等法如、如來如,不二不別。凡夫人見有二有別,聖人觀無二無別;聖人可信,凡夫[19]人所見不可信,佛語須菩提:是名爲如;佛因此如故,名爲[20]如來。如來者,如實行來到佛法中。説是如時,地六種震動,如上説。

【經】[21]是[22]時,諸欲天子[23]、諸色天子,以天[24]末栴檀香散佛上[25],及散須菩提上。白佛言:未曾有也!世尊!須菩提以如來如,隨佛生。須菩提復爲諸天子説言:諸天子!須菩提不從色中隨佛生,亦不從色如中隨佛生,不離色[26]隨佛生,亦不離色如隨佛生[27]。須菩提不從受、想、行、識中隨佛生,亦不從受、想、行、識如中隨佛

1　乙一終。
2　乙二始。
3　"想",甲本作"無",誤。
4　"如",乙二脱。
5　"如"後,甲本衍"如"。
6　"説",乙二殘。
7　"無不"後,甲、乙二衍"不"。
8　"想",甲本脱。
9　"住",甲本作"在"。
10　"分",乙二脱。
11　"此",甲、乙二、石本無。
12　乙三始。"窮",甲、宋、元、明、宮本作"礙"。
13　"十方……如亦"十一字,乙二殘。
14　乙二終。"須菩……五衆"十一字,乙三殘。
15　"來如",乙三作"如來",誤倒。
16　"如",甲、乙三脱。
17　"亦",甲本作"言",誤。
18　"來",乙三作"是",誤。
19　"夫",乙三無。
20　"爲",甲本無。
21　"經",乙三、宋、宮本無。石本不分卷。
22　"是",甲本作"爾"。
23　"天子",乙三脱。
24　"天",甲本脱。
25　經文"以天末栴檀香散佛上"至"應修布施持戒忍辱精進禪定",乙三無。
26　"色"後,甲本衍"如"。
27　"亦不……佛生"八字,甲本脱。

生,不離受、想、行、識隨佛生,亦不離受、想、行、識如隨佛生[1]。乃至不從一切種智中[2]隨佛生,亦不從一切種智如中隨佛生,不離一切種智隨佛生,亦不離一切種智如隨佛生。須菩提不從無爲中隨佛生,亦不從無爲如中隨佛生,不離無爲隨佛生,亦不離無爲如隨佛生。何以故? 是一切法皆無所有、不可得,無隨生者,亦無隨生法。爾時,舍利弗白佛言:世尊! 是如實不虛,法相、法住、法位甚深;是中色不可得,色如不可得。何以故? 色尚不可得,何況色如當[3]可得? 受、想、行、識不可得,受、想、行、識如不可得,何以故? 受、想、行、識尚不可得,何況受、想、行、識如當可得? 乃至一切種智不可得,一切種智如不可得。何以故? 一切種智尚不可得,何況一切種智如當可得? 佛告舍利弗:如是! 如是! 舍利弗! 是如實不虛,法相、法住、法位甚深,是中色不可得,色如不可得。何以故? 色尚不可得,何況色如當可得? 乃至一切種智不可得,一切種智如不可得,何以故? 一切種智尚不可得,何況一切種智如當可得? 舍利弗説是如相時,二百比丘不受一切法故,漏盡得阿羅漢;五百比丘尼,遠塵離垢,諸法中得法眼淨[4],生天人中;五千諸[5]菩薩摩訶薩得無生忍法[6];六千[7]菩薩諸法不受故,漏盡心得解脱,成阿羅漢。舍利弗! 是六千菩薩先世值五百佛,親近供養,於五百佛法中,行布施、持戒、忍辱、精進、禪定,無般若波羅蜜、無方便力故,行別異相。作是念:是施、是持戒、是忍辱、是精進、是禪定。無般若波羅蜜、無方便力故,布施、持戒、忍辱、精進、禪定,行別異相;行別異相故[8],不得無異相[9];不得無異相[10]故,不得入菩薩位;不得入菩薩位故,得須陀洹果乃至阿羅漢果。舍利弗! 菩薩摩訶薩雖有道,若空[11]、若無相、若無作法,遠離般若波羅蜜、無方便力故,便於實際作證,取聲聞乘。舍利弗白佛言:世尊! 何因緣故,俱行空、無相、無作法,遠離方便力故[12],於實際作證取聲聞乘? 菩薩摩訶薩亦修空、無相、無作法,有方便力故,得阿耨多羅三藐三菩提? 佛告舍利弗:有菩薩遠離薩婆若心,修空、無相、無作法,無方便力故,取聲聞乘[13]。舍利弗! 復有菩薩摩訶薩,不遠離薩婆若心,修空、無相、無作法,有方便力故,入菩薩位,得阿耨多羅三藐三菩提。舍利弗! 譬如有鳥,身長百由旬,若二百、三百由旬,而無有翅;從三十三天,自投閻浮提。舍利弗! 於汝意云何? 是鳥中道作是念:欲還上三十三天,能得還不? 不得也! 世尊! 舍利弗! 是鳥復作是願:到閻浮提,欲使身不痛不惱。舍利弗! 於汝意云何? 是鳥得不痛不惱不? 舍利弗言:不得也! 世尊! 是鳥到地,若痛、若惱、若死、若死等苦。何以故? 世尊! 是鳥[14]身大而無翅故。舍利弗! 菩薩摩訶薩亦如是,雖如恒河沙等劫修布施、持戒、忍辱、精進、禪定發大事,生大心,爲[15]得阿耨多羅三藐三菩提故,受無量願。是菩薩遠離般若波羅蜜、方便力故,若墮阿羅漢、若墮辟支佛道。何以故? 是菩薩遠離薩婆若心,布施、持戒、忍辱、精進、禪定,無般若波羅蜜、無方便力故,墮聲聞地、若辟支佛道中。舍利弗! 菩薩摩訶薩雖念過去、未來、現在諸佛,持戒、禪定、智慧、解脱、解脱知見,取相受持。是人不知不解諸佛戒、

1　"不離……佛生"二十字,甲本無。

2　"中",甲本脱。

3　"當",甲本作"有",石本作"尚"。

4　"淨",甲、宋、元、明、宮本無。

5　"諸",甲、宋、元、明、宮本無。

6　"忍法",甲、宋、元、明、宮本作"法忍"。

7　"千",甲、石、宮本作"十"。下同,不復出校。

8　"行別……相故"九字,甲、宋、元、明、宮本作"行異別相,行異別相故"。

9　"相",甲本無。

10　"相",甲本無。

11　"若空",甲本無。

12　"故",甲本無。

13　"乘",甲本脱。

14　"鳥",甲本脱。

15　"爲",甲本脱。

定、慧、解脱、解脱知見[1]，但聞空、無相、無作名字聲[2]，而取名字聲迴向阿耨多羅三藐三菩提。菩薩摩訶薩若如是迴向，住聲聞、辟支佛地中，不能得過。何以故？遠離般若波羅蜜及[3]方便力，持諸善根，迴向阿耨多羅三藐三菩提故。舍利弗！有菩薩摩訶薩從初發意已來，不遠離薩婆若心，行布施、持戒、忍辱、精進、禪定，不遠離般若波羅蜜及[4]方便力故，不取相。於過去、未來、現在諸佛戒、定、慧、解脱、解脱知見，不取空解脱門相，不取無相、無作解脱門相。舍利弗！當知是菩薩摩訶薩不墮聲聞、辟支佛道[5]，直至阿耨多羅三藐三菩提。何以故？是菩薩摩訶薩從初發心已來，行布施不取相，持戒、忍辱、精進、禪定不取相；過去、未來、現在諸佛戒、定、慧、解脱、解脱知見不取相。舍利弗！是名菩薩方便力，以離相心行布施、持戒、忍辱、精進、禪定，乃至離相心行一切種智。舍利弗白佛言：世尊！如我解佛所説義，若菩薩摩訶薩不遠離般若波羅蜜、方便力，當知是菩薩近阿耨多羅三藐三菩提。何以故？是菩薩摩訶薩，從初發心[6]已來，無法可知，若色，若受、想、行、識，乃至一切種智。世尊！有求菩薩道善男子、善女人，遠離般若波羅蜜、方便力，當知是人於阿耨多羅三藐三菩提，或得或不得。何以故？世尊！是求菩薩道善男子、善女人，所有布施皆取相，所有持戒、忍辱、精進、禪定皆取相。以是故，是善男子、善女人，於阿耨多羅三藐三菩提不定。世尊！以是因緣故，菩薩摩訶薩欲得阿耨多羅三藐三菩提，不應遠離般若波羅蜜、方便力。是菩薩摩訶薩住般若波羅蜜、方便力中，以無得無相心，應修[7]布施、持戒、忍辱、精進、禪定，乃至以無得無相心，應修一切種智。

【論】釋曰[8]：諸天子歡喜，以末[9]栴檀香，散佛及須菩提上，歎言：希有！世尊！須菩提以如來如隨佛生者，諸天子意謂：須菩提智慧力故，令一切法皆如佛法，是故説隨佛生。須菩提知諸天子心，少貴尚是諸法如，是故須菩提欲斷[10]諸天子心故，説是如畢竟空相，以四種破著如心。所謂須菩提不在色中[11]，不在色如中，不以色等、不以色[12]等如，不離色等[13]、不離色等如，隨佛生。佛[14]此[15]中自説因緣：此法皆空不可得。舍利弗言：世[16]尊！是如甚深，是如中但色等法不可得，何況[17]色等法如當可得？問曰：何者是色等法？何者[18]是色等法[19]如[20]？答曰：色等法，眼所見等諸[21]；如名色等法實相，不虛誑。人於色等如法中[22]錯謬故，或起不善業墮惡

1　"取相……知見"二十一字，甲本脱。

2　"聲"，甲本脱。

3　"及"，甲、宋、宫本無。

4　"及"，甲、宋、宫、石本無。

5　"道"，甲本作"地"。

6　"心"，甲本作"意"。

7　"修"，甲本作"有"，宋、宫、石本無。

8　"論釋曰"，甲、乙三無。

9　"末"，乙三作"求"，明本作"未"，皆誤。

10　"斷"，甲、宋、宫本作"出"。

11　"色中"，乙三作"中色"。

12　丙本始。

13　"色等"，丙本殘。

14　"佛"，甲本無。"佛生佛"，丙本殘。

15　"此"，乙三無。

16　"利弗言世"，丙本殘。

17　"可得何況"，丙本殘。

18　"色等法何者"，丙本殘。

19　"法"，乙三脱。

20　乙三終，有尾題"大智度經卷第七十六"。

21　"所見等諸法"，丙本殘。

22　"色等如法中"，丙本殘。

道中,或起善業生於人天中[1],終歸磨[2]滅,還生諸苦;或起無漏業,應求大利而[3]取小乘,不得畢竟[4]清[5]淨如相故。色等法皆是作法,有爲,虛妄[6],從顛倒生,凡夫所憶想分別行處,是故色等法虛妄[7],不即是如。知色等法如實故即是如,因色等法得如名,是故言:不離色等法得如。色等法入如中,皆一相無異,是故須菩提謙言[8]:非但我隨佛生,一切法亦如是相。舍利弗讚歎須菩提所説:色等法亦畢竟空,何況如?因若空,何況果?聞如是甚深如相,衆生各得道利益。問曰:是般若波羅蜜爲菩薩説,何故[9]六千人成阿羅漢道?答曰:佛知必有難者,自爲舍利弗説因緣:是人無般若波羅蜜,無方便力。過去作功德,無方便故,邪行不正,是人離般若波羅蜜故,深著善法;今從佛聞般若波羅蜜,深厭世間、慈悲心薄故求自利,不受一切法,即得阿羅漢,於般若無咎!如人持器詣海隨器大小,各自取足。問曰:如經説:六千菩薩,無般若波羅蜜、方便力故,行五波羅蜜,不得是無分別法,作阿羅漢。若一切聖人,皆得無爲法,得[10]無爲法即是無分別,何以此中説不得無分別法,作阿羅漢?答曰:非説今世聽法時;乃是[11]過去五百世時,不得般若方便,修集五波羅蜜功德,以是故言:不得無分別。失菩薩信等五根;失菩薩信等五根故,雖聞般若,不得如菩薩所聞,即於實際作證。問曰:俱行空、無相、無作,何以一人得作[12]佛?一人作阿羅漢?答曰:雖有種種因緣得阿羅漢;大因緣,所謂離薩婆若心,行空等故。大鳥者,金翅鳥在於天上[13],如此間人鳥雀等無異。是鳥所以不來者,此鳥食龍,翅出毒風,扇一切人眼失明故。是鳥初出㲉,羽翼未成,意欲飛去,即時墮落,中道心悔:我未應飛,還欲住本天,上舍摩梨樹[14]上。是鳥身大,羽翼未成,不能舉身。鳥身,是菩薩身。大者,世世廣集五波羅蜜功德。無兩翅[15]者,是無般若波羅蜜、無方便。須彌山者,是三界。虛空,是無量佛法。未應飛而飛者,是菩薩功德未成滿[16],欲行菩薩三解脱門,欲遊無量佛法虛空中,而自退没,是心雖欲願作佛而不能得。若死者,是阿羅漢道;死等者,辟支佛道[17]。若病若惱者,失菩薩本願功德。佛自結句:乃至住是無得無相心中應布施等。此經中合喻,義自明了,故不説。

【經】爾時,欲、色界諸天子白佛言:世尊!阿耨多羅三藐三菩提難得!何以故?是菩薩摩訶薩,應知一切諸法已,得阿耨多羅三藐三菩提[18],是法亦不可得。佛言:如是!如是!諸天子!阿耨多羅三藐三菩提

1　"或起……天中"九字,丙本殘。

2　"磨",甲、宋、元、宫本作"摩","摩"通"磨"。

3　"或起……利而"十字,丙本殘。

4　丙本終。

5　"清",甲本無。

6　"妄",甲本作"忘","忘"通"妄"。

7　"妄",甲本作"忘","忘"爲"妄"之借字。

8　"言",甲本脱。

9　"何故",甲本作"何以故"。

10　"得",甲、宋、元、明、宫本無。

11　"是",甲本作"説是"。

12　"作",甲本脱。

13　"在於天上",甲、宋、元、明、宫本作"於諸天"。

14　"舍摩梨樹",甲本作"舍摩利樹",異譯詞。

15　"翅",甲本作"翅翼"。

16　"成滿"後,甲本有"故"。

17　"辟支佛道"前,甲本有"是"。

18　"已得……菩提"十一字,甲、宋、宫、石本無。

難得，我亦得一切法、一切種智已，得阿耨多羅三藐三菩提[1]，亦無所得，無能知，無[2]可知，亦[3]無知者。何以故？諸法畢竟淨故。須菩提白佛言：世尊！如佛所說：阿耨多羅三藐三菩提難得。如我解佛所說義，我心思惟：是阿耨多羅三藐三菩提易得。何以故？無有得阿耨多羅三藐三菩提者，亦無可得法。一切法、一切法相空，無法可得，無能得者。何以故？一切法空故，亦無法可增，亦無法可減。所謂布施、持戒、忍辱、精進、禪定[4]，乃至一切種智，是法皆無可得者、無能得者。世尊！以是因緣故，我意謂阿耨多羅三藐三菩提爲易得。何以故？世尊！色、色相空，受、想、行、識、識相空，乃至一切種智、一切種智相空。舍利弗語須菩提：若一切法空如虛空，虛空不作是[5]念：我當得阿耨多羅三藐三菩提。若菩薩摩訶薩信解一切諸[6]法空如虛空，是阿耨多羅三藐三菩提易得者，今恒河沙等諸[7]菩薩摩訶薩求阿耨多羅三藐三菩提，何以故退還？須菩提！以是[8]故，知阿耨多羅三藐三菩提不易得。須菩提語舍利弗：於[9]意云何？色於阿耨多羅三藐三菩提退還不？舍利弗言：不。受、想、行、識於阿耨多羅三藐三菩提退還不？舍利弗言：不[10]。乃至一切種智，於阿耨多羅三藐三菩提退還不？舍利弗言：不。離色，有法於阿耨多羅三藐三菩提退還不？舍利弗言：不。離受、想、行、識，有法於阿耨多羅三藐三菩提退還不？舍利弗言：不。乃至離一切種智，有法於阿耨多羅三藐三菩提退還不？舍利弗言：不。舍利弗！於意云何？色如相，於阿耨多羅三藐三菩提退還不？舍利弗言：不。受、想、行、識如相，乃至一切種智如相，於阿耨多羅三藐三菩提退還不？舍利弗言：不。離色如相，有法於阿耨多羅三藐三菩提退還不？舍利弗言：不。離受、想、行、識如相，乃至離一切種智如相，有法於阿耨多羅三藐三菩提退還不？舍利弗言：不。舍利弗！於意云何？如[11]，於阿耨多羅三藐三菩提退還不？舍利弗言：不。法性、法住、法位、實際、不可思議性，於阿耨多羅三藐三菩提退還不？舍利弗言：不。舍利弗！於意[12]云何？離如，有法於阿耨多羅三藐三菩提退還不？舍利弗言：不。離法性、法住、法位、實際、不可思議性，有法於阿耨多羅三藐三菩提退還不？舍利弗言：不。須菩提語舍利弗言：若[13]諸法畢竟不可得，何等法於阿耨多羅三藐三菩提退還？舍利弗語須菩提：如須菩提所說：是法忍中，無有菩薩於阿耨多羅三藐三菩提退還者；若不退還，佛說求道者有三種：阿羅漢道、辟支佛道、佛道，是三種爲無分別。如須菩提說[14]，獨有一菩薩求佛道！是時，富樓那彌多羅尼子[15]語舍利弗：應當問須菩提：爲有一菩薩乘不？爾時，舍利弗問須菩提：須菩提！爲欲說有一菩薩乘？須菩提語舍利弗：於諸法如中，欲使有三乘[16]人——聲聞乘、辟支佛乘、佛[17]乘耶？

---

1 "已得……菩提"十一字，甲、宫、石本無。
2 "無"，甲本作"不"。
3 "亦"，甲、石本無。
4 "禪定"，甲本作"一心"。
5 "是"後，甲本衍"是"。
6 "諸"，甲、宋、元、明、宫本無。
7 "諸"，甲本無。
8 "以是"，甲本作"何以"，誤。
9 "於"，甲本作"於汝"。
10 "受想……言不"二十二字，甲本無。
11 "如"，甲本脫。
12 "意"，甲本作"汝意"。
13 "言若"，甲、宋、元、明、宫本無，石本作"若"。
14 "說"，甲本作"所說"。
15 "富樓那彌多羅尼子"，甲本作"富樓那彌帝隸取尼子"。
16 "乘"，甲、宋、元、明、宫本作"種"。
17 丁本始。

舍利弗言：不也。舍利弗！三乘分別[1]中，有如可得不？舍利弗言：不也。舍利弗！是如[2]有若[3]一相、若二相、若三相不？舍利弗言：不也。舍利弗！汝欲於如中，乃至有一菩薩不？舍利弗言：不也[4]。如是四種中，三乘人不可得。舍利弗！云何作是念：是求聲聞乘人，是求辟支佛乘人，是求佛乘人？舍利弗！菩薩摩訶薩聞是諸法如相，心不驚、不没、不悔、不疑，是名菩薩摩訶薩能成就阿耨多羅三藐三菩提。爾時，佛讚須菩提言：善哉！善哉！須菩提！汝所説者，皆是佛力。須菩提！若菩薩摩訶薩聞説是如，無有諸法別異，心不驚、不怖、不畏、不難、不没、不悔，當知是菩薩能成就阿耨多羅三藐三菩提。舍利弗白佛言：世尊！成就何等菩提？佛言：成就佛阿耨多羅三藐三菩提。

【論】釋曰[5]：爾時，諸天子作是念，白佛言：世尊！阿耨多羅三藐三菩提難得！何以故？一切法畢竟空，而菩薩求佛道，觀行修集，成佛、度衆生，是法亦不可得。佛可其言，自身爲證：我坐道場，以一切種得一切法，亦無一定相可得。須菩提言：世尊！如我意：阿耨多羅三藐三菩提易得，一切法畢竟常空故，是中無得者，無可得法，無障無礙，無所修，無所斷故。爾時，舍利弗言：若佛道易得者，何以故恒河沙等無量菩薩求佛道，若一、若二作佛，餘者皆退還？須菩提答舍利弗：色於阿耨多羅三藐三菩提退還不？受、想、行、識，乃至一切種智退還不？答言：不也！何以故？色等法畢竟空，無有退還。色等法如無二相，亦無分別故無退還。離色等法，更有法退還不？答言：離色等更無有法，是故言：不也。離色等法如，更有法退還不？答言：如破色等法已，如亦自空，是故言：不。法性、法位，乃至不可思議性，亦如是。須菩提語舍利弗：若法無退還，何以故言如恒河沙等菩薩退還？舍利弗答：如須菩提所説，法忍中[6]則無退還。法忍者，是法門、法修、法行。入須菩提所説法門中，則無退還；出是法門，則有退還。舍利弗雖現[7]受須菩提語，亦自引佛法作難：若無退者，盡當作佛！何以説[8]有三乘？須菩提還以如相四句破三乘。佛歡須菩提：善哉！若菩薩聞如中無三乘分別，不恐怖，是菩薩即能成無上道。問曰：若佛[9]説菩薩成阿耨多羅三藐三菩提，舍利弗何以故問成就何等菩提？答曰：各各有無上，舍利弗疑故，問何等道無上，答大乘[10]無上。復次，須菩提以畢竟空智慧，破著三乘心，佛讚：善哉！須菩提言：菩薩聞是，心不没、不怖，則能成就阿耨多羅三藐三菩提。舍利弗問：三乘菩提無定相，今言成就菩提，成何等菩提？佛言：成就佛阿耨多羅三藐三菩提。若入畢竟空門，一切法盡一相；若出畢竟空，三乘則有異。今佛分別諸法故，説有上、中、下乘，不爲畢竟空故[11]説。

【經】須菩提白佛言：世尊！若菩薩摩訶薩，欲成就阿耨多羅三藐三菩提，應云何行？佛言：應起等心，於一切衆生亦以[12]等心與[13]語，無有偏黨；於一切衆生中起大慈心，亦以大慈心與語；於一切衆生中下意，亦以下意與語；於一切衆生[14]中應生安隱心，亦以安隱心[15]與語；於一切衆生中應生無礙心，亦以無礙心與語；

1　"耶舍……分別"十四字，丁本殘。

2　"得不……是如"十三字，丁本殘。

3　丁本終。

4　"也"，甲本無。

5　"論釋曰"，甲本無。

6　"中"，甲本脱。

7　"現"，甲、宋、元、明、宫本作"見"，石本無。

8　"説"，甲本作"故"。

9　"佛"，甲本脱。

10　"大乘"，甲本作"大乘道"。

11　"故"，甲本無。

12　"以"，甲、宋、元、明、宫本無。

13　"與"，甲本無。

14　"衆生"，甲本脱。

15　"亦以安隱心"，甲本脱。

於一切衆生中應生無惱心,亦以無惱心與語;於一切衆生中應生愛敬心,如父、如母,如兄、如弟,如姊、如[1]妹,如[2]兒子、如親族、知識,亦以愛敬心與語。是菩薩摩訶薩,亦[3]應自不殺生,亦教人不殺生,讚不殺生法,歡喜讚歎諸不殺生者;乃至自行不[4]邪見,亦教他人不行邪見,讚不邪見法,歡喜讚歎不邪見者。如是,須菩提!菩薩摩訶薩欲成就阿耨多羅三藐三菩提當如是行!復次,須菩提!菩薩摩訶薩欲[5]成就阿耨多羅三藐三菩提,應自行初禪,亦教他人行初禪,讚歎行初禪法,歡喜讚歎行初禪者;二禪、三禪、四禪,亦如是。復次,須菩提!菩薩摩訶薩欲成就阿耨多羅三藐三菩提,應自行慈心,亦教人[6]行慈心,讚歎行慈心法,歡喜讚歎行慈心者;悲、喜、捨心,亦如是。自行虛空處,亦教人[7]行虛空處,讚歎行虛空處法,歡喜讚歎行虛空處者;識處、無所有處、非有想非無想處,亦如是。自具足檀波羅蜜,亦教人[8]具足檀波羅蜜,讚歎具足檀波羅蜜法,歡喜讚歎具足檀波羅蜜者;尸羅、羼提、毘梨耶、禪、般若波羅蜜,亦如是。復次,菩薩摩訶薩欲[9]成就阿耨多羅三藐三菩提,自行內空,亦教人[10]行內空,讚歎行內空法,歡喜讚歎行內空者;乃至無法有法空,亦如是。自行四念處,亦教人[11]行四念處,讚歎行四念處法,歡喜讚歎行四念處者;乃至八聖道分,亦如是。自修空三昧[12]、無相、無作三昧,亦教人[13]修空[14]、無相、無作三昧,讚歎修空、無相、無作三昧法,歡喜讚歎修空、無相、無作三昧者。自行八背捨,亦教人行八背捨,讚歎行八背捨法,歡喜讚歎行八背捨者。自行九次第定,亦教人行九次第定,讚歎行九次第定法,歡喜讚歎行九次第定者。自具足佛十力,亦教人具足佛十力,讚歎具足佛十力法,歡喜讚歎具足佛十力者。自行四無所畏、四無礙智、十八不共法、大慈大悲,亦教人行四無所畏,乃至大慈大悲,讚歎行四無所畏,乃至大慈大悲法,歡喜讚歎行四無所畏,乃至大慈大悲者。自逆順觀十二因緣,亦教人逆順觀十二因緣,讚歎逆順觀十二因緣法,歡喜讚歎逆順觀十二因緣者。須菩提!菩薩摩訶薩欲成就阿耨多羅三藐三菩提,應如是行!復次,須菩提!菩薩摩訶薩欲成就阿耨多羅三藐三菩提,自應知苦、斷集、滅證、修道,亦教人知苦、斷集、滅證、修道,讚歎知苦、斷集、滅證[15]、修道法,歡喜讚歎知苦、斷集、滅證、修道者。自生須陀洹果證智而不證實際,亦教人著須陀洹果中,讚歎須陀洹果法,歡喜讚歎得須陀洹果[16]者;斯陀含果、阿那含果、阿羅漢果,亦如是。自生辟支佛道證知[17]而不證辟支佛道,亦教人著辟支佛道中,讚歎辟支佛道法,歡喜讚歎得辟支佛道者。自入菩薩位,亦教人入菩薩位,讚歎入菩薩位法,歡喜讚歎入菩薩位者。自淨佛世界、成就衆生,亦教人淨佛世界、成就衆生,讚歎淨佛世界、成就衆生法,歡喜讚歎淨佛世界、成就衆生者。自起菩薩神通,亦教人起菩薩神通,讚歎起菩薩神通法,歡喜讚歎起菩薩神通者。自生一切

---

1 "如",甲本無。
2 "如",甲本無。
3 "亦",甲、宋、元、明、宮本無。
4 "行不",甲本作"不行"。
5 "欲",甲本脫。
6 "人",甲本作"他人"。
7 "人",甲本作"他人"。
8 "人",甲本作"他人"。
9 "欲",甲本脫。
10 "人",甲本作"他人"。
11 "人",甲本作"他人"。
12 "三昧",甲本無。
13 "人",甲本作"他人"。
14 "空",甲本作"空三昧"。
15 "證",甲本脫。
16 "果",甲本脫。
17 "知",甲本作"智","智"通"知"。

種智,亦教人生一切種智,讚歎生一切種智法,歡喜讚歎生一切種智者。自斷一切結使習,亦教人斷一切結使習,讚歎斷一切結使習法,歡喜讚歎斷一切結使習者。須菩提! 菩薩摩訶薩欲成就阿耨多羅三藐三菩提,應如是行! 復次,須菩提! 菩薩摩訶薩欲成就阿耨多羅三藐三菩提,自取壽命成就,亦教人取[1]壽命成就,讚歎取[2]壽命成就法,歡喜讚歎取壽命成就者。自成就法住,亦教人成就法住,讚歎成就法住法,歡喜讚歎成就法住者。須菩提! 菩薩摩訶薩欲成就阿耨多羅三藐三菩提,應如是行,亦應如是學般若波羅蜜方便力! 是菩薩如是學、如是行時,當得無礙色,得無礙受、想、行、識,乃至得無礙法住。何以故? 是菩薩摩訶薩從本已來,不受色,不受受、想、行、識,乃至不受一切種智。何以故? 色不受者爲非色,乃至一切種智不受者爲非一切種智。説是菩薩行品時,二千菩薩得無生法忍。

【論】釋曰[3]:須菩提問:菩薩欲成[4]無上道者,云何應行? 佛答:應起等心,於一切眾生無有偏黨。五眾和合,假名眾生,如車、如林[5]。一切眾生者,盡舉十方六道,無有遺餘。一切眾生法,各行三分:怨、親、中人。佛今教菩薩等心:一切眾生皆有親愛想,莫生怨心,莫生中人心[6]。復次,眾生有二種:愛及憎[7]。佛言:於一切眾生離是二心,莫生憎[8]、愛。愛者[9],貪欲,煩惱心,不[10]應行;當行慈愛心。世間法,愛念妻子、牛馬等;憎[11]惡怨賊等。菩薩轉此世間法,但行慈愛心於一切眾生。復次,等心者,菩薩生法喜,於一切眾生,欲令皆至佛道。菩薩自捨憎[12]、愛心,亦捨眾生憎[13]、愛心加己。世間有三種人:惡、大惡、惡中惡;善、大善、善中善。惡者,如人以惡事加己,還報之以惡事。諸佛法於一切眾生平等心,不應起惡念,何況起身行、口行? 大惡者,如無人侵己,而以惡加人。惡中惡者,如人以好心供給慈念,而反以惡心毀害,如是等惡,名惡中惡。善者,如人以好事於己,還以善報。大善者,如人於己無善,而以善事利益。善中善者,如人以惡事[14]害[15]於己,而以善事乃至身命供養,是名善中善。菩薩捨是三惡,過是二種善,行第六心於一切眾生。問曰:是菩薩未得法身,云何能行是心? 答曰:是菩薩求無上道,應行無上法,受如是難爲苦行,乃成無上道。譬如估客,於險道中備受諸苦,乃得大利。復次,是菩薩聞佛法正體——所謂畢竟空,無我、無我所,無一[16]定實法,所見、所聞、所知,皆是虛誑,如幻、如夢;深信是法故,能以身命供養怨賊。復次,菩薩知此[17]身,從罪業煩惱顛倒因緣生;所見、所聞,皆是虛誑罪垢之本。若有人來欲加害於我,我宜歡喜受之,以此弊身而得無上道利,何爲不與! 復次,菩薩發心,深愛眾生,欲利益故,自以己身供養怨賊,欲令眾生効[18]己所行。以有眾生,説法教者不必肯

1　"取",甲本脱。

2　"取",甲本脱。

3　"論釋曰",甲本無。

4　"成",甲本作"成就"。

5　"林",甲本作"輪",誤。

6　"一切……人心"十八字,甲本無。

7　"憎",甲本作"增","增"通"憎"。

8　"憎",甲本作"增","增"通"憎"。

9　"者",甲本無。

10　"不",甲本作"不相"。

11　"憎",甲本作"增","增"通"憎"。

12　"憎",甲本作"增","增"通"憎"。

13　"憎",甲本作"增","增"通"憎"。

14　"事",甲、宋、元、明、宮本無。

15　"害",甲本脱。

16　"一",甲本脱。

17　"此",甲本作"是"。

18　"効",甲本作"效"。

受故,以身教[1]令其信受。復次,多有人發言求無上道而身行不稱;亦以是故,菩薩以身教之,令堅心行此難事。欲求無上道,當行善中善法,爲此難事,爾乃可得。如是等無量因緣,自以身命供養怨賊。問曰:等心、慈心,有何等[2]異? 答曰:等心者,是四無量心;慈心者,是一無量。有人言:初捨怨親是等心,後[3]加愍念是慈心。復次,有人言:等心者,觀衆生如:如、實際、法性,是法皆無爲、無量故等;愛念衆生,是名慈心。所以不説悲心者,悲心[4]或憂念衆生,積集此心,心則退没。或有衆生不愛菩薩悲念,言:汝何以不自憂其身而念他人? 慈心無如是事,易攝衆生故,但説慈心。問曰:若衆生有三種,上、中、下,菩薩福德智慧積集故,應是大人,云何言於一切衆生中起下意? 答曰:菩薩作是念:一切法無常,一切衆生上、中、下,皆[5]歸磨[6]滅,是中何者[7]是大? 何者是小? 人以世法故[8]有大小。復次,大小不定,此國以爲大,餘國以爲小;於此爲大,於彼爲小;如今世卑賤,後世爲天王。如是業因緣,在世間輪轉,貴賤大小無定;如水火貴賤隨時,用捨無定。復次,菩薩雖有功德,知是功德畢竟空,如幻、如夢,不著此功德,不有是大小[9]。復次,一切衆生中有佛道因緣者,唯佛能知。菩薩作是念:若我以衆生形貌、才能——以此事輕者,則爲輕未來佛;若輕佛則爲永了。復次,菩薩作是念:我誓度一切衆生;若衆生無所得,我則孤負衆生。譬如主人請客,則應敬客而自卑;若無所供設,是則負愧於客。復次,以自大心故,則喜生瞋恚,憍慢是瞋之本,瞋是一切重罪之根。若菩薩於衆生起下心,衆生若罵、若打,則無恚恨;譬如大家打奴,奴不敢瞋恨。若菩薩自高、意下衆生者,衆生侵害,忿然生怒;如[10]奴打大家,則起瞋怒。下意有如是等種種利益故,菩薩應當行。安隱心[11]者,與今世、後世、究竟樂,非如父母、知識與現世樂。菩薩若以等心、慈心、下心利益衆生時,若有不知恩人來惱菩薩,不信所行,謂爲欺誑,爲求名故,無有實事;又爲魔所使,來惱菩薩,惡中之惡,不識恩分;菩薩等心,於此通達無礙。得是無礙心已,衆生雖有大罪大過,但欲利益,不生惱心。慈心、安隱,無礙、不惱心。譬如孝子愛敬父母,如兄、如弟,如姊妹、如[12]兒女,無婬欲心而生愛敬慈念。世人但能愛敬所親;菩薩普及一切,得是柔軟清淨好心,名衆生忍,是法忍初門。次行十善道。十善道,有佛、無佛,世間常有,是善法教。菩薩先以四十種行,行[13]是十善道。何以故? 是菩薩深念善法,心慈衆生故。難欲[14]凡夫[15]法有十二事,亦以[16]四十八種行。六波羅蜜乃至法[17]住,是客法,有佛説則有菩薩行。上來舊法、客法,本末具足,今世得善法,智慧無礙;捨身得法身無礙,隨意至十方教化衆生,於十方佛前修集善法。聞是法時,二千菩薩得無生法忍者,是品説如微妙深法,亦説

1　"教",甲本作"教之"。

2　"等",甲本無。

3　"後",甲本作"復"。

4　"者悲心",甲本脱,宋、元、明、宫本作"有悲心"。

5　"皆",甲本脱。

6　"磨",甲本脱,宋、元、宫本作"摩","摩"通"磨"。

7　"者",甲本作"等"。

8　"故",甲本無。

9　"小",甲、宋、宫、石本無。

10　"如",甲本脱。

11　"心",甲本作"者"。

12　"如",甲、宋、元、明、宫本無。

13　"行",甲、石本脱。

14　"難欲",甲本作"欲離","難"當爲"離"之誤。

15　"夫",甲本作"人"。

16　"以",甲本脱。

17　"法",甲本脱。

有行,善門、智門,二行具足。但説如法,所利少;若説有法,所利亦[1]少;今説有無二法具足故,得無生法[2]忍。譬如二輪具足故,能有所至。此中善説二諦故,二千菩薩得無生法忍。

大智度論卷第七十二[3]。

大智度論釋阿毘跋致品第五十五(卷七十三)[4]

……菩薩摩訶薩從初發意已[5]來,聞是法,應堅固其心,不動、不轉[6]。菩薩摩訶[7]薩以是堅固心、不轉、不動[8]心行六波羅蜜,當入菩薩位中。須[9]菩提白佛言[10]:世尊! 不[11]轉故名阿鞞跋致,轉故亦名[12]阿鞞跋致? 佛言:不轉故名阿[13]鞞跋致,轉故亦名阿鞞跋致。須菩提白[14]佛言:世尊! 云何不轉故名阿鞞跋致[15],轉故亦名阿鞞跋致? 佛告須菩提:若菩薩摩訶[16]薩於聲聞地、辟支佛地不轉,是[17]故名不轉。若菩薩摩訶薩於聲聞地[18]、辟支佛地轉,是故亦名不轉。須菩提! 以[19]是行、類、相貌,當知[20]是[21]名阿鞞跋致菩薩摩訶薩相……

大智度論釋轉不轉品第五十六之餘(卷七十四)[22]

……汝今於[23]是間取阿羅漢道! 汝亦無阿耨多羅三藐[24]三菩提記,汝亦未得無生法忍,汝亦無是阿[25]鞞跋致行、類、相貌,亦無是相得受阿耨多羅三藐[26]三菩提記[27]……教我遠[28]離阿耨多羅三藐三菩提。須菩提! 當

1　"亦",甲本脱。

2　"法",甲、宋、元、明、宫本無。

3　甲本終,尾題作"第七十二卷　第五十二品　第五十三品"。

4　本卷對應《大智度論》寫本凡 2 號:俄 Дx 12031 號(以下簡稱"甲一")、俄 Дx 12153 號(以下簡稱"甲二")。

5　甲一始。

6　"法應……不轉"十字,甲一殘。

7　"訶",甲一作"呵"。

8　"薩以……不動"十字,甲一殘。

9　"波羅……中須"十字,甲一殘。

10　甲一終。

11　甲二始。

12　"名阿……亦名"九字,甲二殘。

13　"故名阿",甲二殘。

14　"提白",甲二殘。

15　"致",甲二殘。

16　"訶",甲二作"呵"。下同,不復出校。

17　"轉是",甲二殘。

18　"聞地",甲二殘。

19　"名不……提以"七字,甲二殘。

20　"當知",甲二殘。

21　甲二終。

22　本卷對應《大智度論》寫本凡 6 號:俄 Дx 16118 號(以下簡稱"甲本")、浙敦 091 號 B(浙博 066)(以下簡稱"乙本")、俄 Дx 11473 號(以下簡稱"丙本")、俄 Дx 11435 號(以下簡稱"丁本")、P. 2739 號(以下簡稱"戊本",所抄分屬《大正藏》本卷七十四、七十五)、俄 Дx 00535 號(以下簡稱"己本")。

23　甲本始。

24　"間取……三藐"十五字,甲本殘。

25　"汝亦……是阿"十三字,甲本殘。

26　"相貌……三藐"十四字,甲本殘。

27　甲本終。

28　乙本始。

知是菩薩已爲過去佛所受記,住阿鞞跋致地。何以故？諸菩薩所有阿鞞跋致行、類、相貌,是菩薩亦有是[1]行、類、相貌,是名阿鞞跋致菩薩相。復次,須菩提！阿鞞跋致菩薩摩訶薩行般若[2]波羅蜜時……

……從[3]見然燈佛,以五莖花散佛,以髮布地,佛爲[4]授[5]阿鞞跋致記,騰身虛空,以偈讚佛。從是已[6]來,名阿鞞跋致。此般若波羅蜜中,若菩薩[7]具足行六波羅蜜,得智慧方便力,不著是畢竟[8]空波羅蜜;觀一切法不生不滅、不增不減、不[9]垢不淨、不來不去、不一不異、不常不斷、非有[10]非無;如是等無量相待二法,因是智慧觀,破[11]一切生滅等無常相。先因無常等故破常等倒[12],今亦捨無生無滅等,捨無常觀等,於不生不[13]滅亦不著,亦不墮空無所有中;亦知是不生不滅[14]相,不得不著[15]故……

……須菩提知是[16]因緣法甚[17]深,如大海無有底故,讚言:希[18]有！世尊！佛以微妙方便力故,令菩薩離色[19]等諸法,處於涅槃[20]……

……隨喜迴[21]向無上道,不如一日應般[22]若隨喜迴向。爾時,須菩提難佛:如佛説一切有爲法,虛誑不實如幻,不[23]能生正見、入正位[24],云何菩薩一日福[25]德勝？佛可其言:如是！如是[26]！有爲法皆虛誑,不得以虛誑法入正位、得聖[27]道。菩薩行般若波羅蜜時,所作福德,知[28]皆虛誑,空無堅固,心不著是福德;是福德清淨故,勝餘福德。如金剛雖小,能摧破大山。此中佛説:菩薩善[29]學十八空。雖觀空而能行諸功德;雖知涅槃無上道,而憐愍衆生故,修集福德;雖知一切法相不可説,而爲衆生種種方便説法;雖知法性中無有分別、一相[30]

1　"是",乙本無。

2　乙本終。

3　丙本始。

4　"見然……佛爲"十六字,丙本殘。

5　"授",丙本作"受"。

6　"致記……是已"十三字,丙本殘。

7　"此般……菩薩"十字,丙本殘。

8　"蜜得……畢竟"十二字,丙本殘。

9　"切法……減不"十一字,丙本殘。

10　"不一……非有"十字,丙本殘。

11　"相待……觀破"十字,丙本殘。

12　"等無……等倒"十四字,丙本殘。

13　"等捨……生不"十字,丙本殘。

14　"空無……不滅"十二字,丙本殘。

15　丙本終。

16　丁本始。

17　"法甚",丁本殘。

18　"大海……言希"九字,丁本殘。

19　"便力……離色"八字,丁本殘。

20　丁本終。

21　戊本始。

22　"無上……應般"九字,戊本殘。

23　"幻不",戊本殘。

24　"見入正位",戊本殘。

25　"福",戊本殘。

26　"如是",戊、石本無。

27　"聖",戊本脱。

28　"知",戊本作"智","智"通"知"。

29　"善",戊、宋、元、明、宫、石本作"善巧"。

30　"相",戊本作"切",誤。

無相,而爲衆生分別是善是不善、是可行是不可行、是取是捨、是利是失等。若菩薩雖觀畢竟空,而能起諸福德,是名不離般若波羅蜜行。若菩[1]薩常不離般若波羅蜜,漸得無數、無量、無邊功德。何以故? 若菩薩初學般若時,煩惱力强,般若力弱;漸漸得般若力,斷諸煩惱,滅諸戲論,是故得福德[2]無數、無量、無邊。無數、無量、無邊義,佛自分別說:所謂無數者[3],不墮若有爲性中[4]、若無爲性中。三世量不可得,故名無量。十方邊不可得,故名無邊。須菩提問佛:五衆[5]頗有因緣亦無數、無量、無邊耶? 佛答:有,以五衆空故,亦無數、無量、無邊。須菩提問:世尊! 但五衆[6]空,非一切法空耶? 佛答:一切法空。須菩提言:是空法即不可盡,不可盡故即是無數,無數即是無量,無量即是無邊;是故空中,盡不可得故名無盡,數不可得故名無數,量不可得故名無量,邊[7]不可得故名無邊。四事名雖異,義是一,所謂畢竟空。佛可其言:如是! 更自說因緣:須菩提! 是空法相不可說;若不可說,不名[8]爲空。佛以大慈悲心憐愍衆生故方便爲說[9],强作名字語言,令衆生得解——所謂空,或說不[10]可盡、無數、無量、無邊等[11]。是實相不生、不作故[12]說不盡。諸聖人得[13]諸法實相,入無餘涅槃時,不墮六道數;是實[14]相法[15]亦不墮有爲、無爲等諸法數中,是故說[16]無數。量名,以智[17]慧稱量好醜多少大小是非[18]等;諸法實相中,滅諸相[19]故是故說無量。諸[20]法實相不可量故說無邊。是實相法寂滅故[21]說無著[22]。是實相法我我所定相不可得故說空。空故無相,無相[23]故則無作、無起。是法常住不壞故無生、無滅。是法能斷三界染[24]故名無染。更不織煩惱業[25]故名涅槃。如是等有無量名字,種種因緣說是諸法[26]實相[27]。爾時,須菩提白佛[28]:希有! 世尊! 諸法實相雖不可說,而[29]佛以方便力說! 如我解佛義,非但實相不可說,一

1　"菩",戊本作"薩",誤。

2　"德",戊本作"得","得"通"德"。

3　"者",戊本殘。

4　"中",戊本作"名",誤。

5　"衆",戊、石本作"陰",異譯詞。

6　"故亦……五衆"一行十七字,戊本無。

7　"邊"前,戊本衍"無"。

8　"說若……不名"七字,戊本殘。

9　"憐愍……爲說"九字,戊本殘。

10　"解所……說不"七字,戊本殘。

11　己本始。

12　"作故",戊本殘。

13　"故說……人得"八字,己本殘。

14　"槃時……是實"九字,己本殘。

15　"法",戊本脫。

16　"中是故說",己本殘。

17　"量名以智",己本殘。

18　"少大小是非",己本殘。

19　"相",己本殘。

20　"故說無量諸",己本殘。

21　"寂滅故",己本殘。

22　"無著",戊、石本作"無有著"。

23　"故說……無相"九字,己本殘。

24　"染",己本殘。

25　"無染……惱業"八字,己本殘。

26　"法",己本脫。

27　"說是諸法實相",戊本作"諸法是諸實相",誤。

28　"佛",己本殘。

29　"而",己本殘。

切諸法亦不可説。佛可[1]其言而説因緣:一切法終歸於空,歸於空[2]故不可説,不可説義即是無增無減。若一切法[3]無增無減,六波羅蜜等[4]諸善法,亦無增無減;若六波羅蜜善法不增者,云何得[5]無上道?佛[6]可其言,更爲説因緣:法雖無增減[7],而可得無上道,所謂菩薩習行[8]般若波羅蜜,方便力故,雖行檀波羅蜜諸助道法,我我[9]所、憍慢斷[10]故,不作念:我增長是六波羅蜜等法;不取内外諸法相行,是諸[11]善法,如無上道相迴向。須菩提問:何等是無上道?佛答:諸法如,即是[12]無上道。須菩提問:何等是一切法?佛答:色等法乃[13]至涅槃。是[14]諸法如即是[15]寂滅相,是[16]無[17]上道相。寂滅者,不增不減,不高不下,滅[18]諸煩惱戲論,不動不壞[19],無所障礙。菩薩以般若波羅蜜方便力故,亦能令布施等如寂滅相[20]。如是種種[21]因緣説無上道相。若菩薩常念無上道寂滅相,令一切法皆同寂滅相,亦觀[22]不可説義[23],所謂不增不減相;菩薩[24]如是疾得無上道,以不增不減、不可得故[25]。

大智度論卷第七十四[26]。

大智度論釋燈喻品第五十七之餘(卷七十五)[27]

……須[28]菩提問佛:以初心得無上道,爲用後心得者,問曰:須菩提何因緣故,作是問難?答曰:須菩提上聞諸法不增不減,心自生疑:若諸法不增不減,云何得無上道?復次,若以如實正行得無上道,唯佛能

---

1 "可",己本脱。

2 "終歸……於空"七字,己本殘。

3 "法",戊本作"故",誤。

4 "等",己本脱。

5 "何得",己本殘。

6 "道佛",己本殘。

7 "減",己、石本作"無減"。

8 "習行",己本殘。

9 "我我",己本殘。

10 "慢斷",己本殘。

11 "諸",原作"謂",誤,兹據戊、己、宋、元、明、宫本改。

12 "答諸法如即是",己本殘。

13 "切法……法乃"八字,己本殘。

14 "是"後,戊、己本衍"是"。

15 "即是",己、宋、元、明、宫本無。

16 "是",戊、石本作"即是"。

17 "相是無",己本殘。

18 "下滅",己本殘。

19 "壞",己、石本作"增",誤。

20 "滅相",己本殘。

21 "種",己本殘。

22 "觀",己本殘。

23 "不可説義"後,己本衍"所謂不義"。

24 "薩",己本殘。

25 戊本終,以下所抄相當於《大正藏》本卷七十五。"故"後,己本有"也"。

26 己本終,尾題作"□(摩)🟦(訶)衍經卷第七十四"。

27 本卷對應《大智度論》寫本凡 5 號:P.2739 號(以下簡稱"甲一",所抄分屬《大正藏》本卷七十四、七十五)、P.4838 號(以下簡稱"甲二")、俄 Дx10815 號(以下簡稱"乙本")、俄 Дx00202 號(以下簡稱"丙本")、俄 Дx04881 號(以下簡稱"丁本",所抄分屬《大正藏》本卷七十五、七十六)。

28 甲一始。

爾；菩薩未斷無明等煩惱，云何能如實正行？復次，須菩提，此中自說難問因緣，所謂初心不至後心，後心不在初心，云何增益善根得無上道？如是等因緣故作是問：以初心得，後心得？佛以深因緣法答，所謂不但以初心得，亦不離初心得。所以者何？若但以初心得、不以後心者，菩薩初發心，便應是佛；若無初心，云何有第二、第三心？第二、第三心，以初心爲根本因緣。亦不但後心、亦不離後心者，是後心亦不離[1]初心，若無初心，則無後心；初心集種種無量功德，後心則具足，具足故能斷煩惱習，得無上道。須菩提此中自說難因緣：初、後心心數法不俱，不俱者則過去已滅，不得和合[2]；若無和合，則善根不集；善根不集，云何成無上道？佛以現事譬喻答：如燈炷，非獨初焰[3]燋，亦不離初焰[4]，非獨後焰燋，亦[5]不離後焰而燈[6]炷燋。佛語須菩提：汝自[7]見炷燋，非初非後而炷燋，我亦以佛眼見菩薩得無上道，不以初心得，亦不離初心，亦不以後心得，亦不離後心而得無上道。燈譬[8]菩薩道。炷喻無明等煩惱。焰如初地相應智慧乃至金剛三昧相應智慧，燋無明等煩惱炷，亦非[9]初心智焰，亦非後心智焰，而無明等煩惱炷燋盡，得成無上道。此中佛更解得無上道因緣，所謂菩薩從初發心[10]來行般若波羅蜜，具足初地乃至十地，是十地皆佐助成無上道。十地者，乾慧地等。乾慧地有二種：一者，聲聞；二者，菩薩。聲聞人獨爲涅槃故，勤精進，持戒，心清淨，堪任受道；或習觀佛三昧、或不淨觀，或行慈悲、無常等觀，分別集諸善法、捨不善法。雖有智慧，不得禪定水，則[11]不能得道，故名乾慧地。於[12]菩薩，則初發心乃至未得順忍。性地者，聲聞人，從煖[13]法乃至世間第一法。於菩薩，得順忍，愛[14]著諸法實相，亦不生邪見，得禪定水。八人地者，從苦法忍乃至道比智忍，是十五心。於菩薩，則是無生法忍，入菩薩位。見地者，初得聖果，所謂須陀[15]洹果。於菩薩，則是阿鞞跋致地。薄地者，或須陀洹，或斯陀含，欲界九種煩惱分斷[16]故。於菩薩，過阿鞞跋致地乃至未成佛，斷諸煩惱，餘氣亦薄。離欲地者，離欲界等貪欲諸煩惱，是名阿那含。於菩薩，離欲因緣故，得五神通。已作[17]地者，聲聞人得盡智、無生智，得[18]阿羅漢。於菩薩，成就佛地。辟支佛地者，先世種辟支佛道因緣，今世少因緣[19]出家，亦觀深因緣法成道，名辟支佛。辟支迦，秦言因緣，亦名覺[20]。菩薩地者，從乾慧地乃至離欲地，如上說。復次，菩薩地，從歡喜地乃至法雲地，皆名菩薩地。有人言：從一發心來，乃至金剛三昧，名菩薩地。佛地者，一切種智等諸佛法，菩薩於自地中行具足，於他地中觀具足，二事具故名具足。問曰：何以故不說菩薩似辟支佛地？答曰：餘地不說名字，辟支佛地

1　"亦不……不離"一行十七字，甲一脫。

2　"不得和合"，甲一作"不知得合"。

3　"焰"，甲一作"炎"，"炎"爲"焰"之古字。下同，不復出校。

4　"焰"，甲一脫。

5　"亦"，甲一作"而"。

6　"燈"，甲一作"燸"，誤。

7　"自"，甲一、元、明本作"目"。

8　"譬"，甲一作"譬如"。

9　"非"，甲一作"不"，誤。

10　"心"，甲一、聖、石本作"意"。

11　"則"，甲一無。

12　"於"，甲一、石本無。

13　"煖"，甲一作"燸"。

14　"愛"，甲本作"受"，誤。

15　"陀"，甲本作"阤"。下同，不復出校。

16　"斷"，甲一存左旁"另"，右半殘，疑當作"別"。

17　"作"，甲一作"住"，誤。

18　"得"，甲一、聖、石本作"無著"，聖本有傍注"得或本"。

19　"因緣"，甲一作"因初"，聖、石本作"因緣初"。

20　"覺"，甲一脫。

説辟支佛名字故。復次，菩薩能分别知衆生，可以辟支佛因緣度者，是故菩薩以智慧行辟支佛事。如《首楞嚴經》中，文殊尸利七十二億反作辟支佛。菩薩亦如是，滿足[1]九地，修集佛法，十力、四無所畏等雖未具足，以修習近佛道故，名具足。以是故言十地具足故，得無上道。是諸法皆因緣和合故，非初、亦不離初，非後[2]、亦不離後，而得無上道。須菩提[3]尊重是法故歎[4]言：世尊！是因緣法甚深，所謂過去心不滅、不住，而能增益得無上道。是事甚深希有，難可信解！此心爲住、爲滅耶？佛反[5]問須菩提：於汝意云何？若心滅已更生不者，諸法雖畢竟空，不生不滅，爲衆生以六情所見生滅法故，問：心已滅更生不？須菩提言：不也！世尊！何以故？心滅已，云何當更生？若心滅已更生，則墮常中。若心生，是滅相不者，上問過去心已，今問現在心相當滅不？是故答：是滅相。何以故？生滅是相待法，有生必有滅故，先無今有，已有還無故。心滅相是滅不者，若心滅相即是滅耶？更有滅耶[6]？答言[7]：不也！世尊！何以故？若即是滅，則一心有兩時：生時、滅時。説無常者，心不過一念時；如《阿毗曇經》説：有生法，有不生法；有欲生法，有不欲生法；有滅法，有不滅法；有欲滅法，有不欲滅法。生法現在一心中有二種：一者，生；二者，欲滅。生非欲滅相，欲滅相非生；是事不然，故言不也。當如[8]是住不者，若滅相非即是滅者，應常住不？若常住，即是不滅相。佛如是翻[9]覆難，須菩提理窮故，作是念：我若言滅相即是[10]滅，則一心墮二時；若言不滅，實是滅相，云何言不滅？以上二理有過故，須菩提自以所證智慧答：世尊！如是住，如如住[11]。若是心如如住，當作[12]實際不者，若説心相同如住者，如即是[13]實際；若爾者，心可即作實際不？須菩提言：不也！世尊！何以故？須菩提久尊重是實際，心是虛誑法，小乘智慧力少，不能觀心即作實際，是故言不也！問曰：若須菩提已説是心如如，何以不得作實際？答曰：如名一切法實相，心實相亦名如。須菩提心謂：凡夫六情所見，虛妄顛倒故有過；今説心相如實，無咎，故言如如住。今實際即是涅槃，須菩提久[14]貴涅槃故，不能即以心爲涅槃，是故言不也！復次，以實際無相故，不得言心即是實際。是如深不者，以須菩提言心如如住，復言不得作實際，是故問[15]：如[16]是甚深不？須菩提不能[17]遍知[18]故，答言甚深！但如是心不？須菩提答言：不也！世尊！何以故？如是一相、不二相；心[19]憶想分別因緣生故，是二相[20]。如無所知，心有所知；又復如畢竟清淨故無所知，心有所覺知故。離如心亦如是，何以故？一切法皆有如，云何離如而有心？佛問須菩提：如能見如不？答：如中無分别——是知、是可知；

1　“足”，甲一作“具足”。

2　“非後”前，甲一、聖、石本有“亦”。

3　“提”，甲一作“薩”，誤。

4　“歎”，甲一作“難”，誤。

5　“反”，甲一作“及”，誤。

6　“耶”，甲一脱。

7　“言”，甲一、石本作“曰”。

8　“如”，甲一作“知”，誤。

9　“翻”，甲一、聖、石本作“憣”，“憣”通“翻”。

10　“是”，甲一無。

11　“住”，甲一、宋、宫本脱。

12　“作”，甲一作“住”，誤。

13　“是”，甲一無。

14　“久”，甲一作“人”，誤。

15　“問”，甲一作“問曰”。

16　“如”，甲一脱。

17　“能”，甲一作“得”。

18　“知”，甲一作“智”，“智”通“知”。

19　“心”，甲一脱。

20　“是二相”前，甲一、聖、石本有“心”。

是菩薩不住如、法性、實際,真[1]行深菩薩道。佛問須菩提:若如是行,能行深般若波羅蜜不?須菩提自觀小乘淺薄,觀大乘法深故,答言:如是行,是爲行深般若波羅蜜。爾時,有[2]未得無生法忍菩薩,聞是法則心高,自謂:出小乘,深入大乘[3]。佛欲破其高心故,問須菩提:菩薩如是行,爲何處行[4]?須菩提言[5]:如是行,爲無處所行。何以故?菩薩住如中,無所分別故。菩薩聞無處所行,或墮斷滅中,是故佛復問須菩提:菩薩行般若,爲何處行?須菩提言:第一義中行。第一義相者,無有二相。佛語須菩提:於汝意云何?若菩薩無念行[6]第一義,是行取相法不?須菩提言:不也!世尊!何以故?一切法畢竟空,無憶念,即是不行相。佛問須菩提:是菩薩壞相、得無相不?須菩提言:不也!相從本已[7]來無,但爲除顛倒故,不壞法相。佛語須菩提:若不壞相,云何行無相行?須菩提言:世尊!菩薩不作是念:我當破相故行般若。是菩薩未具足佛[8]十力等諸佛法,以方便力故,不作有相、不作無相。何以故?若取相,是相皆虛誑妄語,有諸過失;若破相,則[9]墮斷滅中,亦多過失。是故不取有相、不取無相。取相即是有法,不取相即是無法[10];方便力故,離是有、無二邊,行於中道。此中佛自說因緣,所謂知一切法自性空故,不著有無。自相空破一切法相,亦自破其相。菩薩住是自相[11]空中起三三昧,利益衆生。衆[12]生於六道中,種種作願受身:有人不攝心,不能修福,自放恣隨意造業——若墮地獄,臨死時冷風逼切,則願欲得火,便入地獄等三惡道;若得爲人,貧窮下賤。有人攝心,能折伏慳貪,行布施、持戒等善行,是人生欲界人天中富樂處。有人離欲界,除五蓋,因信等五根,得五支等諸禪,則生色界。有人捨諸色相,滅有對相,不念雜[13]相故,入無邊虛空處無色定等——是諸所作[14],皆是邪願。何以故?久久皆當破壞墮落;譬如以[15]繩繫鳥,繩盡復還。菩薩以是無作三昧斷衆生作[16]願。又復[17]是身皆空,但有筋骨五藏,血[18]塗皮裹,不淨充滿,風隨心動作;是心生滅不住,如幻如化,無定實相。衆生見是來去、語言[19]諸相故,謂有人、有我、有我所,起顛倒心,但憶想[20]分別故,有是錯謬。菩薩以空三昧斷衆生我、我所心,令住空中。又復衆生取[21]諸男女、色聲、香味、好醜、脩短相[22],以取相故,生種種煩惱,受諸憂苦。菩薩以是無相三昧斷衆生諸相,令住無相。問曰:若教化衆生令得空便足,何用無相、無作三昧?答曰:衆生根有利、鈍:利根者聞空,

---

1 "真",甲一、宋、元、明、宮、聖本作"直"。

2 "有",甲一無。

3 "乘",甲一作"海",誤。

4 "行",甲一脱。

5 "言",甲一脱。

6 "無念行",甲一作"行無念"。

7 "已",甲一、聖本作"以"。

8 "佛",甲一無。

9 "則",甲一無。

10 "法",甲一作"相",誤。

11 "相",甲一、石本作"性",誤。

12 "衆",甲一脱。

13 "雜",甲一、聖、石本作"異"。

14 "作",甲一、石本作"行"。

15 "以",甲一無。

16 "作",甲一無。

17 "復",甲一無。

18 "血"前,甲一衍"四"。

19 "言",甲一脱。

20 "想",甲一、聖、石本作"念"。

21 "取",甲一作"趣",誤。

22 "相",甲一脱。

即得無相、無作。鈍根者聞空破諸法，即取空相，是故説無相；若人雖知空、無相，因是智慧更欲作身；是有爲法，有種種過患，是故不應作身，如經説：離菩薩身，餘身彈指頃[1]不可樂，何況久住！是故説無作。以是因緣故，具説[2]三三昧，教化衆生。

大智度論釋夢中入三昧品第五十八[3]

【經】[4]爾時，舍利弗問須菩提：若菩薩摩訶薩夢中入三三昧：空、無相、無作三昧，寧有益於般若波羅蜜不？須菩提報舍利弗：若菩薩晝日入三三昧，有益於般若波羅蜜，夜夢中亦當有益。何以故？晝、夜夢中等無異故。舍利弗！若菩薩摩訶薩晝日行般若波羅蜜有益，是菩薩夢中行般若波羅蜜亦應有益。舍利弗問須菩提：菩薩摩訶薩若夢中所作業，是業有集成不？如佛説一切法如夢，以是故不應集成。何以故？夢中無有法集成，若覺時憶想分別，應有集成！須菩提語舍利弗：若人夢中殺衆生，覺已憶念，取相分別，我殺是快耶？舍利弗！是事云何？舍利弗言：無緣業不生，無緣思不生，有緣業生，有緣思生。舍利弗！如是！如是！無緣業不生，無緣思不生；有緣業生，有緣思生。於見、聞、覺、知法中心生，不從不見、聞、覺、知法中心生，是中心有淨有垢。以是故，舍利弗！有緣故業生，不從無緣生；有緣故思生，不從無緣生。舍利弗語須菩提：如佛説一切諸業、諸思自相離，云何言有緣故業生，無緣不生；有緣故思生[5]，無緣不生？須菩提語舍利弗：取相故，有緣[6]業生，不從無緣生；取相故，有緣思生，不從無[7]緣生。舍利弗語須菩提：若菩薩摩訶薩夢[8]中[9]布施、持戒、忍辱、精進、禪定、修智慧，是善[10]根福德，迴向阿耨多羅[11]三藐三菩提，是實迴向不？須菩提語舍利弗：彌勒菩薩今現在前，佛授不退轉記，當作佛，當問彌勒，彌勒當答。舍利弗白彌勒菩薩：須菩提言：彌勒菩薩今現在前，佛受不退轉記，當作佛，彌勒當答！彌勒菩薩語舍利弗：當以彌勒名答耶？若色、受、想、行、識答耶？若色空答耶？若受、想、行、識空答？是色不能答，受、想、行、識不能答，色空不能答，受、想、行、識空不能答。我不見是法可答，不見能答者；我不見是人授記，亦不見法可授記者，亦不見授記處，是一切法皆無二無別。舍利弗語彌勒菩薩：如仁者所説，如是爲得法作證不？彌勒答舍利弗：如我所説法，如是不證。爾時，舍利弗作是念：彌勒菩薩智慧甚深，久行檀波羅蜜、尸羅波羅蜜、羼提波羅蜜、毘梨耶波羅蜜、禪波羅蜜、般若波羅蜜，用無所得故，能如是説。爾時，佛告舍利弗：於汝意云何？汝用是法得阿羅漢，見是法不？舍利弗言：不見也。舍利弗！菩薩摩訶薩行般若波羅蜜亦如是，不作是念：是法當得授記，是法已授記，是法當得阿耨多羅三藐三菩提。如是，舍利弗！菩薩摩訶薩行般若波羅蜜，不疑：我若得、若不得，自知實得阿耨多羅三藐三菩提。

---

1 "頃"，甲一作"復"，誤。
2 "具説"前，甲一衍"是"。
3 甲一品題作"大智度第中入三三昧品第五十八釋論"。
4 此段經文甲一無。
5 乙本始。
6 "利弗……有緣"七字，乙本殘。
7 "不從無"，乙本殘。
8 "訶薩夢"，乙本殘。
9 "中"，乙本作"中有"。
10 "修智慧是善"，乙本殘。
11 乙本終。

【論】[1]問曰：舍利弗何以故[2]夢難菩薩三三昧？答曰：以夢虛誑如狂，非實見故；是三[3]三昧是實法。又復餘處說：夢中亦有三種：善、不善、無記。若菩薩善心行三三昧，應得[4]福德；然夢是狂癡法，不[5]應於中行實法得果報！若有實法，不名爲[6]夢。以是故問：若菩薩夢中行三三昧，增益般若波羅蜜福德，集善根，近佛道不？須菩提意：若言有益，夢是虛誑，般若是實法，云何得增益？若言無益，夢中有善，云何無益？不得答言有益、無益，是故須菩提離此二邊難故，以諸法實相答：尚破晝日所行，何況夢中！作是言[7]：舍利弗！菩薩若晝日行般若有益者，夜亦應有益；而晝日無益故，何況夢中！何以故？般若波羅蜜，不分別有晝、夜。舍利弗聞須菩提所說，既知般若無增無減，不應復難。今更因餘[8]事問夢中……何以故[9]？有因緣起故，晝日心、夢中心無異[10]。所以者何？皆因四種生故。舍利弗以空難須[11]菩提：如佛說一切諸業自相離，汝云何定說[12]諸業有因緣生，無因緣不生？須菩提答：諸法[13]雖空遠離相，而凡夫取相，有因緣故業生；若[14]不取相，無因緣[15]則不生……無[16]相、無作法，不應證。爾時，舍利弗[17]作是念：彌勒菩薩其智甚深，能[18]如是說，能知涅槃相而不取證，是名甚深[19]。此中舍利弗自說因緣：久行六波羅蜜故，其[20]智甚深。舍利弗意：彌勒次當作佛，應當能答而今不答。是故佛還問舍利弗：於汝[21]意云何？汝見用是法得阿羅漢不？舍利弗言：不見。何以故？是法空[22]、無相、無作，云何得見？若見即是有相[23]。肉眼、天眼分別取相，故不應見；慧眼無分別相，故亦不見，以是故言不見。佛言：菩薩摩訶薩亦如是，得無生忍[24]時，不作是言[25]：見是法，得授[26]記，當得無上道。雖不作是見，亦不生疑：我不得無上道。如汝雖不見法，亦不疑我成阿羅漢、不成阿[27]羅漢。

【經】[28]佛告須菩提：有菩薩摩訶薩行檀波羅蜜時，若見眾生飢寒凍餓、衣服弊壞，菩薩當作是願：我隨

1 “論”，甲一、宋、宮本無。下同，不復出校。

2 “故”，甲一、宋、元、明、宮、石本作“以”，聖本無。

3 “三”，甲一脫。

4 “得”，甲一作“時”，誤。

5 “不”，甲一殘。

6 “爲”，甲一作“帝”，誤。

7 “言”，甲一作“故言”。

8 甲一終。

9 丙本始。

10 “因緣……無異”十二字，丙本殘。

11 “種生……難須”十字，丙本殘。

12 “諸業……定說”十字，丙本殘。

13 “因緣……諸法”十字，丙本殘。

14 “夫取……生若”十字，丙本殘。

15 丙本終。

16 甲二始。

17 “法不……舍利弗”九字，甲二殘。

18 “智甚深能”，甲二殘。

19 “名甚深”，甲二殘。

20 “蜜故其”，甲二殘。

21 “汝”，甲二無。

22 “空”，甲二作“虛”。

23 “有相”，甲二作“相有”，誤倒。

24 “忍”，甲二作“法忍”。

25 “言”，甲二脫。

26 “授”，甲作“受”，“受”爲“授”之古字。

27 “羅漢不成阿”，甲二殘。

28 此段經文甲二無。

爾所時行檀波羅蜜，我得阿耨多羅三藐三菩提時，令我國土眾生無如是事！衣服、飲食、資生之具，當如四天王天、三十三天、夜摩天、兜率陀天、化樂天、他化自在天！須菩提！菩薩摩訶薩作如是行，能具足檀波羅蜜，近阿耨多羅三藐三菩提。復次，須菩提！菩薩摩訶薩行尸羅波羅蜜時，見眾生殺生乃至邪見，短壽、多病、顏色不好、無有威德、貧乏財物、生下賤家、形殘醜陋，當作是願：我隨爾所時行尸羅波羅蜜，如我得佛時，令我國土眾生無如是事！須菩提！菩薩摩訶薩作如是行，能具足尸羅波羅蜜，近阿耨多羅三藐三菩提。復次，須菩提！菩薩摩訶薩行羼提波羅蜜時，見諸眾生互相瞋恚罵詈，刀杖瓦石共相殘害奪命；當作是願：我隨爾所時行羼提波羅蜜，我作佛時，令我國土眾生無如是事！相視如父、如母，如兄、如弟，如姊、如妹，如善知識，皆行慈悲。須菩提！菩薩摩訶薩作如是行，能具足羼提波羅蜜，近阿耨多羅三藐三菩提。復次，須菩提！菩薩摩訶薩行毘梨耶波羅蜜時，見眾生懈怠，不勤精進，棄捨三乘——聲聞、辟支佛、佛乘；當作是願：我隨爾所時行毘梨耶波羅蜜，如我得阿耨多羅三藐三菩提時，令我國土眾生無如是事！一切眾生勤修精進，於三乘道各得度脫。須菩提！菩薩摩訶薩作如是行，能具足毘梨耶波羅蜜，近阿耨多羅三藐三菩提。復次，須菩提！菩薩摩訶薩行禪波羅蜜時，見眾生為五蓋所覆：婬欲、瞋恚、睡眠、掉悔、疑，失於初禪，乃至第四禪；失慈、悲、喜、捨，虛空處、識處、無所有處、非有想非無想處；當作是願：我隨爾所時行禪波羅蜜，如我得阿耨多羅三藐三菩提時，令我國土眾生無如是事！須菩提！菩薩摩訶薩作如是行，能具足禪波羅蜜，近阿耨多羅三藐三菩提。復次，須菩提！菩薩摩訶薩行般若波羅蜜時，見眾生愚癡，失世間、出世間正見，或說無業、無業因緣，或說神常、或說斷滅，或說無所有；當作是願：我隨爾所時行般若波羅蜜，淨佛世界、成就眾生；如我得阿耨多羅三藐三菩提時，令我國土眾生無如是事！須菩提！菩薩摩訶薩作如是行，能具足般若波羅蜜近一切種智。復次，須菩提！菩薩摩訶薩行六波羅蜜時，見眾生住於三聚：一者，必正聚，二者，必邪聚，三者，不定聚；當作是願：我隨爾所時行六波羅蜜，淨佛世界、成就眾生；我得佛時，令我國土眾生無邪聚，乃至無其名！須菩提！菩薩摩訶薩作如是行，能具足六波羅蜜，近一切種智。復次，須菩提！菩薩摩訶薩行六波羅蜜時，見地獄中眾生，畜生、餓鬼中眾生；當作是願：我隨爾所時行六波羅蜜，淨佛世界、成就眾生；我得佛時，令我國土中乃至無三惡道名！須菩提！菩薩摩訶薩作如是行，能具足六波羅蜜，近一切種智。復次，須菩提！菩薩摩訶薩行六波羅蜜時，見是大地株杌、荊棘，山陵、溝坑、穢惡之處；當作是願：我隨爾所時行六波羅蜜，淨佛世界、成就眾生；我作佛時，令我國土無如是惡，地平如掌！須菩提！菩薩摩訶薩作如是行，能具足六波羅蜜，近一切種智。復次，須菩提！菩薩摩訶薩行六波羅蜜時，見是大地純土，無有金銀珍寶；當作是願：我隨爾所時行六波羅蜜，淨佛世界、成就眾生；我作佛時，令我國土以金沙布地！須菩提！菩薩摩訶薩作如是行，能具足六波羅蜜，近一切種智。復次，須菩提！菩薩摩訶薩行六波羅蜜時，見眾生有所戀著；當作是願：我隨爾所時行六波羅蜜，淨佛世界、成就眾生；我作佛時，令我國土眾生無所戀著！須菩提！菩薩摩訶薩作如是行，能具足六波羅蜜，近阿耨多羅三藐三菩提。復次，須菩提！菩薩摩訶薩行六波羅蜜時，見四姓眾生——剎帝利、婆羅門、鞞舍、首陀羅；當作是願：我隨爾所時行六波羅蜜，淨佛世界、成就眾生；我作佛時，令我國土眾生無四姓之名！須菩提！菩薩摩訶薩作如是行，能具足六波羅蜜，近阿耨多羅三藐三菩提。復次，須菩提！菩薩摩訶薩行六波羅蜜時，見眾生有下、中、上，生下、中、上家；當作是願：我隨爾所時行六波羅蜜，淨佛世界、成就眾生；我作佛時，令我國土眾生無如是優劣！須菩提！菩薩摩訶薩作如是行，能具足六波羅蜜，近一切種智。復次，須菩提！菩薩摩訶薩行六波羅蜜時，見眾生種種別異色；當作是願：我隨爾所時行六波羅蜜，淨佛世界、成就眾生；我作佛時，令我國土眾生無種種別異色，一切眾生皆端政淨潔，妙色成就！須菩提！菩薩摩訶薩作如是行，能具足六波羅蜜，近一切種智。復次，須菩提！菩薩摩訶薩行六波羅蜜時，見眾生有主；當作是願：我隨爾所時行六波羅蜜，淨佛世界、成就眾生；我作佛時，令我國土眾生無有主名，乃至無其形像，除佛法王！須菩提！菩薩摩訶薩作如是行，能具足六波羅蜜,近一切種智。復次,須菩提! 菩薩摩訶薩行六波羅蜜時,見眾生有六道別異;當作是願:我隨爾所時行六波羅蜜,淨佛世界、成就眾生;我作佛時,令我國土眾生無六道之名:是地獄,是畜生,是餓鬼,是神,是天,是人;一切眾生皆同一業,修四念處乃至八聖道分! 須菩提! 菩薩摩訶薩作如是行,能具足六波羅蜜,近一切種智。復次,須菩提! 菩薩摩訶薩行六波羅蜜時,見眾生有四生:卵生、胎生、濕生、化生;當作是願:我隨爾所時行六波羅蜜,淨佛世界、成就眾生;我作佛時,令我國土眾生無三種生,等一化生! 須菩提! 菩薩摩訶薩作如是行,能具足六波羅蜜,近一切種智。復次,須菩提! 菩薩摩訶薩行六波羅蜜時,見眾生無五神通;當作是願:我隨爾所時行六波羅蜜,淨佛世界、成就眾生;我作佛時,令我國土眾生一切皆得五神通,乃至近一切種智。復次,須菩提! 菩薩摩訶薩行六波羅蜜時,見眾生有大小便患;當作是願:我作佛時,令我國土眾生皆以法喜爲食,無有便利之患,乃至近一切種智。復次,須菩提! 菩薩摩訶薩行六波羅蜜時,見眾生無有光明;當作是願:我作佛時,令我國土眾生皆有光明,乃至近一切種智。復次,須菩提! 菩薩摩訶薩行六波羅蜜時,見有日月、時節、歲數;當作是願:我作佛時,令我國土中無有日月、時節、歲數之名,乃至近一切種智。復次,須菩提! 菩薩摩訶薩行六波羅蜜時,見眾生短命;當作是願:我作佛時,令我國土中眾生壽命無量劫,乃至近一切種智。復次,須菩提! 菩薩摩訶薩行六波羅蜜時,見眾生無有相好;當作是願:我作佛時,令我國土中眾生皆有三十二相成就,乃至近一切種智。復次,須菩提! 菩薩摩訶薩行六波羅蜜時,見眾生離諸善根;當作是願:我作佛時,令我國土中眾生諸善根成就,以是福德,供養諸佛,乃至近一切種智。復次,須菩提! 菩薩摩訶薩行六波羅蜜時,見眾生有三毒、四病;當作是願:我作佛時,令我國土中眾生無四種病:冷、熱、風病、三種雜病,及三毒病,乃至近一切種智。復次,須菩提! 菩薩摩訶薩行六波羅蜜時,見眾生有三乘;當作是願:我作佛時,令我國土中眾生無二乘之名,純一大乘,乃至近一切種智。復次,須菩提! 菩薩摩訶薩行六波羅蜜時,見眾生有增上慢;當作是願:我作佛時,令我國土中眾生無增上慢之名,乃至近一切種智。復次,須菩提! 菩薩摩訶薩行六波羅蜜時,應作是願:若我光明、壽命有量,僧數有限,當作是願:我行六波羅蜜,淨佛世界、成就眾生;我作佛時,令我光明、壽命無量,僧數無限,乃至近一切種智。復次,須菩提! 菩薩摩訶薩行六波羅蜜時,應作是願:若我國土有量,當作是願:我隨爾所時行六波羅蜜,淨佛世界、成就眾生;我作佛時,令我一國土如恒河沙等諸佛世界。須菩提! 菩薩摩訶薩作如是行,能具足六波羅蜜,近一切種智。復次,須菩提! 菩薩摩訶薩行六波羅蜜時,當作是念:雖生死道長、眾生性多,爾時應如是正憶念——生死邊如虛空,眾生性邊亦如虛空,是中實無生死往來,亦無解脫者。菩薩摩訶薩作如是行,能具足六波羅蜜,近一切種智。

【論】問曰:有何次第故,說菩薩見眾生饑寒、凍餓等? 答曰:菩薩過[1]聲聞、辟支佛地,得無生法忍、授記,更無餘事[2],唯行淨佛世界、成就眾生。今說淨佛世界因[3]緣,見不淨世界相,願我國土無如是事,是故[4]次第[5]說是事……

……聞少法而得大果[6]報,是故難問:是女人從何處[7]殖諸德本? 佛答:定光佛[8]授我記時,是女人持[9]金

---

1 "薩見……薩過"十四字,甲二殘。
2 "支佛……餘事"十四字,甲二殘。
3 "佛世……界因"十四字,甲二殘。
4 "不淨……是故"十五字,甲二殘。
5 甲二終。
6 丁本始。
7 "故難……何處"九字,丁本殘。
8 "定光佛",丁、宋、元、明、宮、聖、石本作"錠光佛",異譯詞。
9 "時是女人持",丁本殘。

華散佛,彼¹作是願:此人後成佛時,亦當受與²我記。從彼種善根,今得果報。

　　大智度論卷第七十五³。

大智度論釋學空不證品第六十(卷七十六)⁴

　　……不勤修般⁵若波羅蜜,是菩薩摩訶薩不能具足一切種智。是菩薩行惡魔所說遠離法,心不清淨,而輕餘菩薩城傍心清⁶淨,無聲聞、辟支佛憒閙心,亦無諸餘雜惡心,具足禪定、解脫、智慧、神通者。是遠⁷離般若波羅蜜、無方便菩薩摩訶薩,雖在絕曠百由旬外,禽獸、鬼神、羅剎所住之處,若一歲百千萬億歲,若過萬億歲,不知是菩薩遠離法,所謂諸菩薩以是遠離法,深心發阿耨多羅三藐三菩提不雜行。是菩薩憒閙行而依受著是遠離法⁸,是人所行,佛所不許! 須菩提! 我所說實遠離法,是菩薩不在是中,亦不見是遠離相。何以故? 但行是空遠離故。爾時,惡魔來在虛空中住,讚言:善哉! 善哉! 善男子! 此是佛所說真遠離法! 汝行是遠離,疾得阿耨多羅三藐三菩提。是菩薩摩訶薩念著是遠離,而輕易諸餘求佛道清淨比丘以爲憒閙,以憒閙爲不憒閙,以不憒閙爲憒閙,應恭敬而不恭敬,不應恭敬而恭敬。是菩薩作是言:非人念我、來稱讚我,我⁹所行者是真遠離;住城傍者,誰當稱美汝! 以是因緣故,輕餘菩薩摩訶薩。須菩提! 當知是名菩薩旃陀羅,污染諸菩薩。是人似像菩薩,實是天上人中之大賊,亦是沙門被服中賊! 如是人,諸求佛道者所不應親近,不應供養恭敬。何以故? 須菩提! 當知是人墮增上慢。以是故,若菩薩摩訶薩欲不捨一切智,欲得阿耨多羅三藐三菩提,一心欲求阿耨多羅三藐三菩提,欲利益一切眾生,不應親近是人,恭敬供養。菩薩摩訶薩法,常應勤求自利,厭患世間,心常遠離三界;於是人當起慈、悲、喜、捨心,我行菩薩道,不應生如是過罪¹⁰,若生當疾滅! 須菩提! 菩薩摩訶薩當善覺是事,是事中善自免出! 復次,須菩提! 菩薩摩訶薩深心,欲得阿耨多羅三藐三菩提者,當親近、恭敬、供養善知識。須菩提白佛言:世尊! 何等是菩薩摩訶薩善知識? 佛告須菩提:諸佛是菩薩摩訶薩善知識,諸菩薩摩訶薩亦是菩薩善知識。須菩提! 阿羅漢亦是菩薩善知識,是爲¹¹菩薩摩訶薩善知識。復次,須菩提! 六波羅蜜亦是菩薩善知識,四念處乃至十八不共法亦是菩薩善知識。須菩提! 如、實際、法性亦是菩薩善知識。須菩提! 六波羅蜜是世尊,六波羅蜜是道,六波羅蜜是大明,六波羅蜜是炬,六波羅蜜是智,六波羅蜜是慧,六波羅蜜是救,六波羅蜜是歸,六波羅蜜是洲,六波羅蜜是究竟道,六波羅蜜是父是母。四念處乃至一切種智,亦如是。何以故? 六波羅蜜¹²、三十七道法,亦是過去諸佛父母;六波羅蜜¹³、三十七道法,亦是未來、現在十方諸佛父母。何以故? 須菩提! 六波羅蜜、三十七道法中

　　1　"彼",丁、聖、石本無。

　　2　"亦當受與",丁本殘。

　　3　丁本終,以下所抄屬《大正藏》本卷七十六。

　　4　本卷對應《大智度論》寫本凡2號:俄Дx04881號(以下簡稱"甲本",所抄分屬《大正藏》本卷七十五、七十六)、榮寶齋1255號(以下簡稱"乙本")。又此首題,甲本作品題"大智度學空不證品第六十"。甲本終于是。

　　5　乙本始。

　　6　"清",乙、宋、元、明、宮本無。

　　7　"遠",乙、宋、元、明、宮本無。

　　8　"法",乙、宋、元、明、宮本無。

　　9　"我",乙本脫。

　　10　"過罪",乙本作"罪過"。

　　11　"是爲"前,乙本有"須菩提"。

　　12　"六波羅蜜"後,乙、宋、元、明、宮、聖、石本有"及"。

　　13　"六波羅蜜"後,乙本有"及"。

生過去、未來、現在十方諸佛故[1]。以是故，須菩提！菩薩摩訶薩欲得阿耨多羅三藐三菩提，淨佛世界[2]，成就衆生，當學六波羅蜜、三十七道法，及四攝法攝取衆生。何等四？布施、愛語、利益、同事。須菩提！以是利益故[3]……

大智度論釋夢中不證品第六十一之餘（卷七十七）[4]

……持是善[5]根迴向阿耨多羅三藐三菩提，是人以是[6]因緣，得福多不？須菩提言：甚多！世尊！佛言：不如是善男子、善女人於大衆中說是般若波羅蜜，出示、分別，照明、開演，亦應般若波羅蜜行正憶念，其福多。乃至三千大千世界中衆生，亦如是。須菩提！於汝意云何？閻浮提中衆生一時皆得人身，得人身已，若善男子、善女人教行十善道、四禪、四無量心、四無色定，教令得須陀洹道，乃至阿羅漢、辟支佛道，教令得阿耨多羅三藐三菩提，持是善根迴向阿耨多羅三藐三菩提。須菩提！於汝意云何？是善男子、善女人得福多不？須菩提言：甚多！世尊！佛言：不如是善男子、善女人以是甚深般若波羅蜜爲衆生說，出示、分別[7]，照明、開演，亦不離薩婆若，得福多。乃至三千大千世界，亦如是。是菩薩摩訶薩不遠離應薩婆若心，則到一切福田邊。何以故？除諸佛，無有餘法如菩薩摩訶薩勢力。何以故？諸菩薩摩訶薩行般若波羅蜜時，於一切衆生中起大慈心；見諸衆生趣死地故，而起大悲；行是道時，歡悅而生大喜；不與想俱，便得大捨。須菩提！是爲菩薩摩訶薩大智光明。大智明者，所謂六波羅蜜。須菩提！是諸善男子雖未作佛，能爲一切衆生作大福田，於阿耨多羅三藐三菩提亦不轉；所受供養，衣服、飲食、臥具[8]、床敷[9]、疾藥、資生所須，行應般若波羅蜜，念能畢報施主之恩，疾近薩婆若。以是故，須菩提！若菩薩摩訶薩欲不虛食國中施，欲示衆生三乘道，欲爲衆生作大明，欲拔出三界牢獄，欲與一切衆生眼，應常行般若波羅蜜。行般若波羅蜜時，若欲有說，但說般若波羅蜜；說般若波羅蜜已，常憶念般若波羅蜜；常憶念般若波羅蜜已，常行般若波羅蜜，不令餘念得生，晝夜勤行般若波羅蜜相應念，不息不休。須菩提！譬如士夫，未曾得摩尼珠，後時得，得[10]已大歡喜踊躍；後復失之，便大憂愁，常憶[11]念是摩尼[12]珠，作是念：我奈何忽亡[13]失[14]此大寶！須菩提！菩[15]薩摩訶薩亦如是，常憶念般若波羅蜜，不離[16]薩婆若心。須菩提白佛言：世尊！一切念性自[17]離，一切念性自空，云何菩薩摩訶薩行般若波羅蜜不離應薩婆若念？是遠離空法中無菩薩，亦無念，無應薩婆若。佛告須菩提：若菩薩摩

1　“故”，乙本無。

2　“世界”，乙、聖、石本作“國土”。

3　乙本終。

4　本卷對應《大智度論》寫本凡3號：S.3673號（以下簡稱“甲本”）、S.4241號（以下簡稱“乙本”）、BD07764號（以下簡稱“丙本”）。

5　甲本始。

6　“多羅……以是”十一字，甲本殘。

7　“別”，甲本作“明”，誤。

8　“具”，甲、宋、宮、元本無。

9　“敷”，甲、宋、宮、元本無。

10　“得”，甲本脫。

11　“憶”，甲本作“應”，誤。

12　乙本始。

13　“亡”，甲、聖、石本作“忘”。

14　“失”，甲、宋、元、明、宮、聖本無。

15　“忽亡……提菩”十字，乙本殘。

16　“羅蜜不離”，乙本殘。

17　“世尊……性自”七字，乙本殘。

訶薩如是知一切法性自離,一切法性自[1]空,非聲聞、辟支佛作,亦非佛作;諸法相常住,法相、法住、法位、如、實際,是名菩薩行般若波羅蜜不離薩婆若念。何以故?般若波羅蜜性自離、性自空,不增不減故。須菩提白佛言:世尊!若般若波羅蜜性自離、性自空,云何菩薩摩訶薩與般若波羅蜜等,得阿耨多羅三藐三菩提?佛告須菩提:菩薩摩訶薩與般若波羅蜜等,不增不減。何以故?如、法性、實際,不增不減故。所以者何?般若波羅蜜非一非異故。若菩薩聞如是般若波羅蜜相,不驚[2]、不没、不畏不怖、不疑。須菩提!當知是菩薩摩訶薩行般若波羅蜜;當知是菩薩摩訶薩必住阿鞞跋致地中。須菩提白佛言:世尊!般若波羅蜜空無所有、不堅固,是行般若波羅蜜不?不也!須菩提!世尊!離空更有法行般若波羅蜜不?不也!須菩提!世尊!是般若波羅蜜行般若波羅蜜不?不也!須菩提!世尊!離般若波羅蜜行般若波羅蜜不?不也!須菩提!世尊!色是行般若波羅蜜不?不也!須菩提!世尊!受、想、行、識是行般若波羅蜜不?不也!須菩提!世尊!六波羅蜜是行般若波羅蜜不?不也!須菩提!世尊!四念處乃至十八不共法,是[3]行般若波羅蜜不?不也!須菩提!世尊!色空相、虛誑不實、無所有、不堅固相,色如相、法相、法住、法位、實際,是行般若波羅蜜不?不也!須菩提!世尊!受、想、行、識,乃至十八不共法空相、虛誑不實、無所有、不堅固相,如、法相、法住、法位、實際,是行般若波羅蜜不?不也!須菩提!世尊!若是諸法皆不行般若波羅蜜,云何行名菩薩摩訶薩行般若波羅蜜?佛告須菩提:於汝意云何?汝見有法行般若波羅蜜者不?不也!世尊!須菩提!汝見般若波羅蜜菩薩摩訶薩可行處不?不也!世尊!須菩提!汝所不見法,是法可得不?不也!世尊!須菩提!若法不可得,是法當生不?不也!世尊!須菩提!是名菩薩摩訶薩無生法忍。菩薩摩訶薩成就是忍,得受阿耨多羅三藐三菩提記。須菩提!是名諸佛無所畏、無礙智。菩薩摩訶薩行是法忍[4],勤精進,若不得大智、一切種智——所謂阿耨多羅三藐三菩提智[5]者,無有是處!何以故?是菩薩摩訶薩得無生法忍故,乃至阿耨多羅三藐三菩提不減不退。須菩提白佛言:世尊!諸法無生相,此中得阿耨多羅三藐三菩提記不?不也!須菩提!世尊!諸法生相,此中得阿耨多羅三藐三菩提記不?不也!須菩提!世尊!諸法非生非不生相,得阿耨多羅三藐三菩提記不?不也!須菩提!世尊!諸菩薩摩訶薩云何知諸法,得阿耨多羅三藐三菩提記?佛告須菩提:汝見有法[6]得阿耨多羅三藐三菩提記不?不也!世尊!我不見有法得阿耨多羅三藐三菩提記,我亦不見法有得者、得處。佛言:如是!如是!須菩提!若菩薩摩訶薩於一切法無所得時,不作是念:我當得阿耨多羅三藐三菩提,用[7]是事得阿耨多羅三藐三菩提,是[8]阿耨多羅三藐三菩提處。何以故?諸菩薩摩訶薩行般若波羅蜜,無諸憶想分別。所以者何?般若波羅蜜中,無諸分別憶想故。

【論】[9]問曰:上已種種說般若相,今何以更問?答曰:般若波羅蜜第[10]一微妙,聞者無厭足,無滿時,無一定相,故不應難。如十住大菩薩於般若波羅蜜猶未滿足,何況須菩提小乘人!復次,上聞種種讚般若是父是母等,是故更問。佛因須菩提問,爲餘衆生故,廣說般若波羅蜜相。須菩提!所謂虛空相是般若波羅蜜相;如虛空無色相、無非色相,般若波羅蜜亦如是,無所有相。須菩提更問:頗有因緣,諸法相如般若相不?

1　“性自”,乙本作“自性”,誤倒。

2　“不驚”,甲、乙、宋、元、明、宫、聖、石本作“心不驚”。

3　“是”,乙本脱。

4　“忍”,甲、乙、宋、元、明、宫本無。

5　“智”後,乙、聖本有“若不得”。

6　“法”,乙本脱。

7　“用”,乙、聖、石本作“因”。

8　“是”,甲、宋、元、明、宫、聖本作“是名”。

9　“論”至“亦以如是因緣故有淨有垢”,乙本無。

10　“第”,乙本作“弟”,“弟”爲“弟”之古字。下同,不復出校。

佛答：有。一切法究竟空、究竟離相故，説如般若波羅蜜相，一切法亦如是。須菩提[1]難：若一切法離相、空相，云何知有垢、淨？ 云何菩薩得無上道？ 佛告須菩提於汝意云何？ 衆生長夜行我、我所等，是佛所説義：如我、我所畢竟無，衆生狂顛倒因緣故，生諸煩惱；煩惱因緣故有業；業因緣故，於生死中往來——是事本末空。何以故？ 我無故，我所心虛誑；我所心虛誑[2]故，諸餘因[3]果展轉法皆是虛誑。若因般若波羅蜜實智慧，觀五衆無常、苦、空、無我，離自相，自相空，從本來畢竟不生。爾時，我、我所心則滅；如日出，衆冥皆除。我、我所心滅故，餘煩惱滅；餘煩惱滅故，業因緣亦滅，業因緣滅故，往來生死中斷，是名爲淨。雖一切法相皆空，亦以[4]如是因緣故，有淨、有垢。爾時，須菩提思惟籌量佛語已，白佛言：世尊！ 菩薩如是行，實不行色等一切法。何以故？ 是菩薩不得是法、若行、行處、行者。世尊！ 若菩薩能如是行，一切人、天[5]世間無能降伏者，世間人皆著假名，是行者行實法[6]，是故不能伏[7]。世間人著一切虛誑顛倒及虛誑果報，是菩薩於畢竟空中尚不著，何況餘法！ 如是，云何可降伏？ 天、人、阿修羅世間者，是三種善道中有智慧[8]人，故説不能降[9]伏。又復一切聲聞、辟支佛所不能及者，上三善道，據未得道人；此中説得道者不能及。此中説不能及因緣，所謂菩薩入法位，一切魔、魔[10]所使無能惱者，是菩薩常行應薩婆若心，則近阿耨多羅三藐三菩提。何以故？ 不著一切法，常集一切助道法故。佛可其言而讚。佛欲以如是智慧爲他人説故，先讚菩薩自利益；今爲利益他，分[11]別福德果報故，問須菩提：於汝意云何？ 閻浮提衆生盡得人身，如經廣説，乃至應薩婆若心，出一切福田之上。是中説因緣：若菩薩能自行般若波羅蜜，亦能教化[12]，是人於一切福田[13]，能到其邊。福田者，從須陀洹乃至佛。是菩薩能如所説般若波羅蜜[14]履[15]行，則得作佛；餘福德善法，離般若波羅蜜故皆盡，般若波羅蜜[16]不可盡故。言無有餘福德如菩薩摩訶薩力勢者，是中自説因緣：菩薩行般若[17]時，得諸法平等忍；得平等忍故，雖行空、亦能生四無量心。四無量心中，大悲是大乘之本，見衆生就於死法[18]，如[19]因受戮。諸菩薩能生六波羅蜜等，乃至一切種智[20]，是故諸菩薩能生大悲[21]。是故是人雖未得無上道，已[22]是一切衆生之福田。是故

1 “提”，甲本脱。

2 “誑”，甲本作“狂”，“狂”通“誑”。

3 “因”後，甲本衍“緣”。

4 “以”，甲、宋、宫本無。

5 “一切人天”，乙本作“一念”，誤。

6 “行實法”，乙本作“貴法”。

7 “伏”，乙本作“降伏”。

8 “智慧”，乙本作“智惠”，“惠”通“慧”。下同，不復出校。

9 “降”，甲、乙、宋、元、明、宫本無。

10 “魔”，甲本作“之”。

11 “分”，乙本作“亦”，誤。

12 “化”，甲、乙、宋、元、明、宫、聖、石本作“他”。

13 “福田”，乙本作“福田中”。

14 “波羅蜜”，甲、宋、元、明、宫本無。

15 “履”，乙本作“復”，誤。

16 “般若波羅蜜”前，乙本有“行”。

17 “般若”，乙本作“般若波羅蜜”。

18 “死”後，乙本衍“生”。

19 “如”，乙本脱。

20 “諸菩……種智”十六字，乙本作“六波羅蜜等，乃至一切種智，諸菩薩能生”。

21 “是故……大悲”九字，甲、乙、宋、元、明、宫本無。

22 “已”，乙本作“以”，“以”通“已”。

言菩薩摩訶薩若欲不空[1]食國中施者,當學般若波羅蜜。不空[2]食名能報施主,能生道,能令施主之福無盡,乃[3]至入涅槃。若示衆生三乘道,爲衆生示一切智大明,亦欲拔出三界獄中四縛,欲令衆生得五眼,應常行般若波羅蜜相應念——相應念[4]者,即是般若心。若行般若波羅蜜心,若有所説,但説般若波羅蜜。佛勅弟子,若和合共住,常行二事:一者,賢聖默然;二者,説法。賢聖默然者,是般若心;説法者,説般若波羅蜜。是人從般若心出,説般若波羅蜜;説般若波羅蜜已,還入般若中,不令餘心、餘語得入,晝夜常行;是不休不息,如是得先所説功德。佛欲令是事明了,故説譬喻:如貧人失大價[5]寶,常念不離。菩薩亦如是不離薩婆若心,常行般若波羅蜜,不休不息。爾時,須菩提聞是事,白佛言:世尊!若一切諸念空,云何菩薩不離薩婆若念?空中,菩薩不可得,薩婆若亦不可得。佛答:若菩薩知一切法離自性,非聲聞、辟支佛所作,亦非佛所作,自從因緣出;諸法法相、如、實際常住世間,即是菩薩不離般若波羅蜜行。佛自説因緣:般若波羅蜜空故、離故、不增不減。須菩提聞是,復問佛:若般若波羅蜜性空,云何菩薩與般若合,得無上道?佛隨須菩提語:若菩薩與般若波羅蜜合,則不增不減;諸法如、法性、實際不增不減故,般若波羅蜜不增不減。般若波羅蜜,即是諸法如、法性、實際;如、法性、實際,即是般若波羅蜜。此中佛自説因緣:如、如等三法,非一非異,般若亦如是。世間法非一即是二,不異即是一[6],般若波羅蜜則不爾,是故般若波羅蜜無量[7]無邊。空、無相、無作故,不增不減;若菩薩得是不增不減,則[8]能得阿耨多羅三藐三菩提。若菩薩聞是事通達無礙,入佛智慧,雖未作佛,信力故於佛法中亦無疑,不怖、不畏。所以者何?凡夫著我心故有畏,是菩薩我相[9]斷故無所畏。當知是菩薩即住阿鞞跋致地,亦能正行般若[10]。須菩提聞是菩薩正行般若波羅蜜,是故問佛:世尊!般若波羅蜜觀一切空,不牢固,是空相爲行般若不?佛言:不也!何以故?若空無有法,云何行般若[11]?離是空,更有[12]法行般若不?佛言:不也!何以故?若一切法空、無相、無作,云何離空更有法[13]?是故説不。須菩提聞空非行般若,離空非行般若[14],一切法皆攝在般若中,今但問:般若行般若不?法不自行,應以異法行,是故言不。復問:離般若,更有法行般若不?佛言:不。何以故?一切法攝在般若中,更無法行般若。先來略問行般若者,今問名字因緣:五衆行般若不?佛言:不。何以故?是五衆從虛誑和合因緣,不自在故,無住[15]相,云何能行?須菩提更問:若菩薩假名字空不實故,不行般[16]若,今六波羅蜜等諸助道法行般若波羅蜜不?佛言:不。何以故?如五衆和合有故不能行,是諸法亦如是。色等法空相,不牢固,如、法相、法位、法住、實際,是法行般若不?佛答:是法無爲法,不生不滅,常住自性故不行。須菩提問佛:世尊!假名字故,人不行;諸法亦和合因緣生,無自性,故亦不行,誰當行般若?若不行,云何得無上道?今佛以反問答:於汝意云何?

1　"空",乙本作"虛"。
2　"空",乙本作"虛"。
3　"乃",乙本作"能"。
4　"相應念",甲、宋、元、明、宫本無。
5　"價",乙、聖本作"賈","賈"爲"價"之古字。下同,不復出校。
6　"一",乙本脱。
7　"量",甲本作"異",誤。
8　"則",乙本作"相",誤。
9　"相",甲、宋、元、明、宫、聖、石本作"想"。
10　"般若",甲本作"般若波羅蜜"。
11　"若",乙本脱。
12　"有"前,乙本衍"無"。
13　"法",甲本作"空法"。
14　"般若",乙本脱。
15　"住",甲、乙、宋、元、明、宫本作"作",聖本有傍注"作或本"。
16　"般",甲本脱。

須菩提從佛急求行般若者,是故佛問:汝以慧眼[1]見,定有一法行般若不?須菩提因三解脱門,入諸法實相中,法相不可得,何況行者!是故答言:世尊!不見有行般若者。復問:汝見是般若波羅蜜菩薩行處不?須菩提答:不見。何以故?般若波羅蜜中一切諸觀滅:若常、若無常,若生、滅等,無一法定相是般若,云何當說是般若波羅蜜?復問:若汝以智慧眼不見法,是不見法爲有爲無?答言:無。何以故?佛說智慧眼實,肉眼、天眼虛誑,須菩提以慧眼觀,不見故言無。復問:若法無、不可得,是法有生不?答言:不生。是法本自無,畢竟空、無所有,是法有、無等戲論已滅,云何有生?佛語須菩提:若菩薩於是法中通達無疑,信力、智慧力故,能住是法中,是名無生忍。五衆中假名菩薩,得如是法[2],是[3]名行般若波羅蜜。世俗法故説,非第一義;第一義中,諸戲論語言即是無生[4];得是無生忍,便受無上道記。佛言:若菩薩一心勤精進,不休不息,隨無生忍行,不得是大智慧、無上智慧、一切智[5],無有是處!何以故?如經説:若無因無[6]緣則無果報,邪因緣[7]亦無果報,因緣少亦無果報。如是菩薩得是無生法忍,捨是生死肉身,得法性生身,住菩薩果報神通中,一時能作無量變化身,淨[8]佛世界[9],度脱衆生。是人末後身具足佛法坐道場。具足正因緣,若不得阿耨多羅三藐三菩提,無有是處!所以者何?是人得無生忍法[10],一心直進,無有廢退故。菩薩未得無生法忍,深著世間法,諸煩惱厚,雖有福德善心,軟薄不進[11]故,爲煩惱所遮;得無生忍法,無復是事。未得無生忍法,用力艱難,譬如陸行;得無生法忍[12]已,用力甚易,譬如乘船。是故無生法忍,諸菩薩所貴。以是[13]貴故,須菩提問:世尊!得無生法故受記?佛言:不也!何以故?無生法不生不滅,無得相[14],云何因[15]是受記?復問:生法得記耶?佛言:不得。何以故?生法虛誑妄語、作法,云何得[16]阿耨多羅三藐三菩提真實法?復問:生不生得受記不?佛言:不也!何以故?此二俱有過故。復問:世尊!若爾者,云何當授[17]記?佛反問:汝以慧眼觀,見有法與菩薩授[18]記不?答言:不見。何以故?是法從本已[19]來寂滅相,是中無見、不見[20],授[21]記、不授[22]記,亦不見阿耨多羅三藐三菩提,亦無得法[23],亦無得者。此中自説因緣:般若波羅蜜無是憶想分別。問曰:須菩提上問

---

1 "慧眼",乙本作"惠眼","惠"通"慧"。下同,不復出校。
2 "法",乙本脱。
3 "是",乙本無。
4 "無生",乙本作"無生忍"。
5 "智",乙本作"智惠"。
6 "無",乙本無。
7 "因緣"後,乙本衍"多"。
8 "淨",原作"浮",誤,茲據甲、乙本改。
9 "世界",乙、聖、石本作"國土"。
10 "忍法",乙、聖、石本作"法忍"。
11 "進",乙、宋、元、明、宫本作"集"。
12 "法忍",乙本作"忍法"。
13 "是",乙本無。
14 "無得相",乙本作"無生得相故"。
15 "因"後,乙本衍"緣"。
16 "得",乙本脱。
17 "授",甲、乙、宋、元、明、宫、聖、石本作"受"。
18 "授",甲、乙、元、明、宫、聖、石本作"受"。
19 "已",甲本作"以"。
20 "見",乙本脱。
21 "授",甲、乙、宋、元、明、宫、聖、石本作"受"。
22 "授",甲、乙、元、明、宫、聖、石本作"受"。
23 "亦無得法",乙本無。

菩薩得無生忍故受記,佛言不,佛何以還以無生理¹答,所謂菩薩行般若時,無一切憶想分別? 答曰:行者實以無生忍²故受記,而須菩提爲菩薩故,以著心、得心問,以是故言不。如一切法實無我,婆蹉³梵志問佛:有我不? 佛默然不答。無我不? 佛亦不答。一切雖實無我,以梵志著心問,欲戲弄無我,故不答。須菩提問意:知定有受記事,但不知觀何法得記,故問。是故佛以須菩提所得法問:汝以慧眼見定有法⁴受記不? 須菩提住三解脱門中,觀法性,不見定有受記者,諸法法性無相無量故;若不見受記法,云何當得阿耨多羅三藐三菩提者? 須菩提聞是受記者空,難情則⁵息,自解無疑。佛可其⁶意:如是! 如是! 汝不見不得法是實。何以故? 般若波羅蜜相,無所分別故。

大智度論釋同學品第六十二⁷

【經】⁸爾時,釋提桓因白佛言:世尊! 是般若波羅蜜無諸憶想分別,畢竟離故。世尊! 是衆生聞是般若波羅蜜能受⁹持、讀、誦、説、正憶念、親近、如説行,乃至阿耨多羅三藐三菩提,不雜¹⁰餘心心數法者,不從小功德來。佛言:如是! 如是! 聞是深般若波羅蜜,乃至不雜餘心心數法者,不從小功德來。憍尸迦! 於汝意云何? 若閻浮提衆生成就十善道、四禪、四無量心、四無色定,復有善男子、善女人受持深般若波羅蜜,讀、誦、親近、正憶念、如説行,勝於閻浮提衆生成就十善道乃至四無色定,百倍、千倍、千¹¹萬億倍,乃至算數譬喻所不能及。爾時,有一比丘語釋提桓因:憍尸迦! 是善男子、善女人行般若波羅蜜功德,勝於仁¹²者! 釋提桓因言:是善男子、善女人一發心勝於我,何況聞是般若波羅蜜,書、持、讀、誦、正憶念、如説行¹³! 是善男子、善女人行般若波羅蜜,非但勝我¹⁴,亦勝一切世間天及人、阿修羅;非但勝一切世間天及人、阿修羅,亦勝諸須陀洹、斯陀含、阿那含、阿羅漢、辟支佛。非但勝是須陀洹,乃至辟支佛,亦勝菩薩行五波羅蜜、遠離般若波羅蜜者;非但勝菩薩行五波羅蜜、遠離般若波羅蜜者,亦勝菩薩行般若波羅蜜無方便力者。是菩薩摩訶薩如説行般若波羅蜜,不斷佛種,常見諸佛,疾近道場。菩薩如是行,爲欲拔出衆生沈没長流者。是菩薩如是學,爲¹⁵不學聲聞、辟支佛學。菩薩如是學,四天王天來至菩薩所,如是言:善男子! 當¹⁶勤疾學,坐道場,成阿耨多羅三藐三菩提時,如過去諸佛所受四鉢,亦當應受,我當持來奉上菩薩,及諸餘天——四天王天、三十三天、夜摩天、兜率陀天、化樂天、他化自在天、梵天,乃至首陀會天,亦當供養。十方諸佛亦常念是菩薩摩訶薩——如説行是深般若波羅蜜者。是菩薩諸所有世間厄難勤苦之事永¹⁷無復有;一切世間有四百四病,

---

1　"理",乙本作"忍",誤。

2　"忍",乙本脱。

3　"蹉",甲本作"嗟",誤。

4　"法",乙本脱。

5　"則",乙本作"得"。

6　"其",甲本作"甚",誤。

7　甲本品題作"大智度經同學品第六十二釋論　有一段經文",乙本品題作"第六十一品釋論"。

8　"經",乙、宋、宮、聖本無。下同,不復出校。石本不分卷及品。

9　"受",甲、乙、宋、宮本無。

10　"雜",甲、石本作"離",誤。

11　"千",乙本無。

12　"仁",甲本作"人","人"通"仁"。

13　"行",甲、石本作"修行"。

14　"勝我",甲本作"勝於我"。

15　"爲",乙本脱。

16　"當",乙本作"常",誤。

17　"永",乙本作"放",誤。

是[1]菩薩身中無是[2]諸[3]病。以[4]行深般若波羅蜜故,得是現世功德。爾時,阿難作是念:釋提桓因自以力説耶?以佛神力説乎[5]?釋提桓因知阿難意所念,語阿難言:我之所説,皆[6]佛威神! 佛告阿難:如是! 如是! 如[7]釋提桓因所説,皆佛威神。阿難! 是菩薩摩訶薩習學是深般若波羅蜜[8]時,三千大千世界中諸惡魔,皆生狐[9]疑:今[10]是菩薩爲當[11]得阿耨多羅三藐三菩提? 當中道於[12]實際作證,墮聲聞、辟支佛地? 復次,阿難! 若菩薩摩訶薩不離般若波羅蜜時,魔大愁毒,如箭入心。是時,魔復放大火風,四方俱起,欲令菩薩心没、恐怖[13]、懈怠,於薩婆若中乃至起一亂念[14]。阿難白佛言:世尊! 魔爲都嬈亂諸菩薩? 有不嬈亂者? 佛告阿難:有嬈[15]者,有不嬈[16]者。阿難白佛言:世尊! 何等[17]菩薩爲惡魔所嬈? 佛言:有菩薩摩訶薩先世聞是深般若波羅蜜,心不信解,如是菩薩,魔得其便。復次,阿難! 菩薩聞説是[18]深般若波羅蜜時,意疑:是般若波羅蜜,爲實有? 爲實無? 如是菩薩魔得其便。復次,阿難! 有菩薩遠離善知識,爲惡知識所攝[19]故,不聞深般若波羅蜜,不聞故不知、不見,不[20]問:云何應行般若波羅蜜? 云何應[21]修般若波羅蜜? 是菩薩惡魔得其便。復次,阿難! 若菩薩遠離般若波羅蜜,受惡法,是菩薩爲惡魔得其[22]便。魔作是念:是輩當有伴黨[23],當滿我願。是菩薩自墮二地,亦使他人墮於二地。復次,阿難! 若菩薩聞説深般若波羅蜜時,語[24]他人言:是般若波羅蜜甚深,我尚不能得其[25]底,汝復用聞、用學是般若波羅蜜爲? 如是菩薩魔得其便。復次,阿難! 若菩薩輕餘菩薩言:我行般若波羅蜜,行遠離空;汝無是功德。是時,惡魔大歡喜踊躍。若有菩薩自恃[26]名姓[27]多人知識故,輕餘行善菩薩,是人

1　“是”,乙本脱。

2　“是”,甲本作“有”。

3　“諸”,甲本作“是”,石本無。

4　“以”,甲、石本作“以是”。

5　“乎”,甲本作“耶”。

6　“皆”,甲、石本作“是”。

7　“如”,乙本脱。

8　“蜜”,乙本脱。

9　“狐”,原作“孤”,誤,兹據甲、乙本改。

10　“今”,乙本作“當令”。

11　“爲當”,乙本作“不”。

12　“於”,乙本作“從”。

13　“恐怖”,乙本作“怖畏”。

14　“亂念”,甲、石本作“念亂”。

15　“嬈”,乙本作“嬈亂”。

16　“嬈”,乙本作“嬈亂”。

17　“何等”,乙本作“何等是”。

18　“是”,乙本脱。

19　“攝”,乙本作“持”。

20　“不”,乙本脱。

21　“應”,乙本脱。

22　“其”,甲、宋、元、明、宫、石本無。

23　“黨”,乙本作“儻”,“儻”爲“黨”之借字。

24　“語”,乙本作“誘”。

25　“其”,乙本脱。

26　“恃”,乙本作“持”,“持”通“恃”。

27　“姓”,甲、宋本作“性”,“性”通“姓”。

無實阿鞞跋致行、類、相貌功德；無是功德[1]故，生諸煩惱；但著虛[2]名故，輕賤餘人，言：汝不在如[3]我所得法中。爾時，惡魔作是念：今我境界宮殿不空，增益三惡道。惡魔助其威力，令餘人信受其語；信受其語故，受行其經，如說修學；如說修學時，增益諸結使。是諸[4]人心顛倒故，身、口、意業[5]所作皆受惡報。以是因緣，增益三惡道，魔之眷屬宮殿益多。阿難！魔見是利故，大歡喜踊躍。阿難！若行菩薩道者與求聲聞道家共諍鬪[6]。魔作是念：是遠離薩婆若。阿難！若菩薩、菩薩共諍鬪，瞋恚罵詈；是時惡魔便大歡喜踊躍言：兩離薩婆若遠。復次，阿難！若未受記菩薩向得記菩薩生惡心，諍鬪罵詈，隨起念多少劫[7]，若干劫數，若不捨一切種智，然後乃補爾所劫大莊嚴。阿難白佛言：世尊！是惡心乃經[8]爾所劫數[9]，於其中間，寧得出除不？佛告阿難：我雖說求菩薩道及[10]聲聞人得出罪[11]，阿難！若[12]求菩薩道人共鬪諍[13]，瞋恚罵詈，懷恨、不悔、不捨者，我不說有出，必當更爾所劫數，若不捨一切種智，然後乃[14]大莊嚴。阿難！若是菩薩鬪諍，瞋恚罵詈，便自改[15]悔，作是念：我爲大失！我當爲一切衆生下屈，今世、後世皆使和解，我當忍受一切衆生履踐，如橋梁、如聾、如瘂，云何以惡語報人？我不應壞是甚深阿耨多羅三藐三菩提心；我得阿耨多羅三藐三菩提時，應當度是一切苦惱衆生，云何當起瞋恚？阿難白佛言：世尊！菩薩、菩薩共住云何？佛告阿難：菩薩、菩薩共住，相視當如世尊。何以故？是菩薩摩訶薩應作是念：是我真伴，共乘一船，彼學我學，所謂檀波羅蜜，乃至一切種智。若是菩薩雜行、離薩婆若心，我不應如是學；若是[16]菩薩不雜行、不離薩婆若心，我亦應如是學。菩薩摩訶薩如是學者，是爲同學。

【論】釋曰[17]：釋[18]提桓因上說善男子書、受持般若[19]，乃至正憶念，得無量功德；今說其義。是人讀誦般若[20]，乃至阿耨多羅三藐三菩提，不令餘心、心數[21]雜者，得如上所說功德。但從聞說，而不能行[22]餘心[23]不入者，雖得功德，不名爲無上。餘心、心數法雜者，有人言：慳貪等，及[24]破六波羅蜜惡心是。有人言：但不令惡心增長，成其勢力，來則滅除。有人言：不令聲聞、辟支佛心得入。有人言：無記散亂心雖非惡，以遮善道故，

1　"無是功德"，乙本無。
2　"虛"，甲、石本作"空"。
3　"在如"，甲本作"及如"，宋、元、明本作"如在"。
4　"諸"，乙本作"故"，誤。
5　"業"，乙本作"等"，誤。
6　"諍鬪"，乙本作"鬪諍"。
7　"劫"，甲、乙、宋、宮本作"却"，石本作"起"。
8　"經"，甲本作"逕"，"逕"爲"經"之借字。
9　"劫數"，乙、宋、宮本作"數劫"。
10　"及"，乙本作"乃"，誤。
11　"得出罪"，乙本作"得出除罪"。
12　"若"，甲本作"是"。
13　"鬪諍"，甲、乙、石本作"諍鬪"。
14　"乃"，乙本無。
15　"自改"，乙本作"没自"。
16　"是"，乙本脱。
17　"論釋曰"，乙本作"論者言"。
18　"釋"，甲本脱。
19　"般若"，甲、石本作"般若波羅蜜"。
20　"般若"，甲、石本作"般若波羅蜜"。
21　"心數"後，乙本衍"法"。
22　"行"，甲、乙、宮、石本無。
23　"餘心"，乙本作"令餘"。
24　"及"，乙本脱。

亦不令得[1]入。是故是人不從小功德來。佛可其言：如是！欲分別清淨行勢力故，反[2]問憍尸迦：若閻浮提人一切成就十善道等，如經說，是福德雖多，離諸法實相故，虛妄[3]、不[4]牢固，無常盡滅，不足爲多；如草芥[5]雖多[6]，不如一小金剛。問曰：是比丘何以語[7]帝釋：善男子福德勝仁者？答曰：帝釋已住[8]福德果報中，人天之主，威德尊重。是比丘重是善法，欲顯此功德故，言勝於仁者。復次，是比丘聞帝釋得聲聞道，是故言汝雖有福德，是菩薩勝汝。帝釋得道，深念佛法故，不生高心，受其語言：菩薩爲阿耨多羅三藐三菩提，但發心[9]便勝我，何況如所說行！何以故？帝釋福報微薄，是菩薩功德淳厚。又以帝釋福德著天樂，自爲其身；菩薩功德，爲一切衆生迴向佛道[10]樂故。時會聽者聞比丘說勝於仁者，帝釋受其語，咸生輕帝釋心。是故帝釋言：不但勝我，乃至勝菩薩行般若無方便力者。如所說行[11]般若波羅蜜時不雜餘心心數法故。是中帝釋自說勝[12]因緣，所謂是菩薩如說行般若，不斷[13]佛種，乃至以行般若波羅蜜故，得是現世功德。問曰：阿難何以[14]作是念言：帝釋自以力說，用佛力說？答曰：阿難知帝釋是聲聞，而所說甚深，過聲聞、辟支佛智，是故生疑而問。問曰：帝釋自有智，能問能答，何以言佛力？答曰：般若甚深甚難，無量無邊，若在異處說尚難，何況於佛前大衆中說！是故言佛力。如《持心經》說[15]：佛以光明威神入其身故，能於佛前難問有所說。佛告阿難[16]，可帝釋所語[17]；更歎行深般若菩薩有大[18]威德，所謂阿難！是菩薩習學深般若時，惡魔生疑。惡魔是菩薩怨賊，常求菩薩便，如《魔品》中說。以菩薩深行般若波羅蜜故，魔大作方便，壞菩薩心。若菩薩懈怠者，魔大歡喜，是人自當墮落。有人言：一切菩薩應有魔怨，是故阿難問：爲盡有魔？亦有無者？佛分別答，所謂深清淨心，行菩薩道，則無魔擾[19]；不清淨爲魔所壞者，如經廣說。問曰：如佛所說一切有爲法，皆可轉可捨，阿難何以疑而問佛：是罪可悔不？答曰：阿難知般若波羅蜜是無盡因緣，若供養福[20]無邊，乃至得佛，福猶不盡；若訶[21]瞋，罪亦如是無邊，是故問佛。佛答：我法雖有出罪[22]，若菩薩共鬪結恨，不即捨，則不可出。何以故？是菩薩深心輕慢、瞋餘菩薩故。以瞋、憍慢故，不能下意共悔，欲更行餘功德求滅此罪。佛言：此罪不可出，以懷恨故，雖作餘福德，皆不清淨；不清淨故無力；無力故不能滅罪。此人若欲作佛，不捨一切智，下意懺悔者，

1　“得”，乙本無。

2　“反”，甲本作“及”，誤。

3　“妄”，乙本作“忘”，“忘”通“妄”。

4　“不”，甲、石本作“無”。

5　“芥”，乙本作“菜”，誤。

6　“多”，乙本脫。

7　“語”，甲本作“諸”，誤。

8　“住”，原作“作”，誤，兹據甲、乙、宋、元、明、宮、石本改。

9　“發心”，乙本作“發一心”。

10　“道”，乙、宋、宮本無。

11　“行”，乙本脫。

12　“勝”，乙本脫。

13　“不斷”前，乙本有“若”。

14　“何以”，乙本作“何以故”。

15　“說”，乙本作“中說”。

16　“告阿難”，甲、石本無。

17　“語”，乙本作“說”。

18　“有大”，甲、石本作“大有”。

19　“擾”，乙本作“怨擾”。

20　“福”，甲、乙本作“福德”。

21　“訶”，乙本作“呵”。

22　“出罪”，乙本作“出諸罪”。

補爾所劫乃得發大莊嚴。問曰：心中懷恨，云何可滅？答曰：破瞋因緣，如經説。阿難知一切衆生屬業因緣，不得自在，無能救者，心懷怖畏，問佛：菩薩共住云何？云何用心恭敬？佛答：供養恭敬，當如視佛。是未來佛故。此中佛自説因緣：菩薩共住，應作是念：是我真伴，俱到佛道，共乘一船。船者，六波羅蜜；三界、三漏爲水；彼岸是佛道。彼所學者，我亦應學，學者[1]，所謂六波羅蜜等，同戒、同見、同道。如白衣兄弟，不應共鬬；我是同法兄弟，亦不應共諍。若是菩薩雜行、離薩婆若心[2]，我不應如是學。何以故？勝事應從[3]他學，惡事應捨。菩薩若作是學，輕慢、瞋恨事皆滅，是則名菩薩同學[4]。

大智度論釋等學品第六十三[5]

【經】須菩提白佛言：世尊！何等是菩薩摩訶薩等法，菩薩所應[6]學？須菩提！内空是菩薩等法，外空乃至自相空，是菩薩等法。須菩提！色、色相空，受、想、行、識、識相空，乃至阿耨多羅三藐三菩提、阿耨多羅三藐三菩提相空。須菩提！是名菩薩摩訶薩等法。住[7]是等法，得阿耨多羅三藐三菩提。須菩提白佛言：世尊！若菩薩摩訶薩爲色盡故學，爲學薩婆若；爲色離故學，爲色滅故學，爲學薩婆若；爲色不生故[8]學，爲學薩婆若；受、想、行、識，亦如是。修行四念處，乃至十八不[9]共法，盡、離、滅、不生故學[10]，爲學薩婆若？佛告須菩提：如須菩提所説，爲色盡、離、滅、不生故學，爲學薩婆若；受、想、行、識，乃至十八不共法，盡、離、滅、不生故學，爲學薩婆若。佛告[11]須菩提：於汝意云何？色如，受、想、行、識如，乃至阿耨多羅三藐三菩提如，佛如，是諸如盡、滅、斷不？須菩提言：不也！世尊！佛告須菩提：菩薩摩訶薩如是學如，爲學薩婆若。是如不作證，不滅不斷。須菩提！菩薩摩訶薩如是學如，爲學薩婆若。須菩提！菩薩摩訶薩如是學，爲學六波羅蜜，爲學四念處乃至十八不共法；若學六波羅蜜乃至十八不共法，爲學薩婆若。須菩[12]提！如是學，爲盡諸學邊。如是學，魔、若魔天所不能壞；如是學，直到阿鞞跋致地；如是學，爲學佛所行道；如是學，爲得擁護，爲學大慈大悲，爲學淨佛世界[13]、成就衆生。須菩提！如是學，爲學[14]三轉十二行法輪轉故；如是學，爲學度衆生；如是學，爲學[15]不斷佛種；如是學，爲學開甘露門；如是學，爲學欲示無爲性。須菩提！下劣之人不能作是學；如是學者，爲欲拔出[16]沈没生死衆生。菩薩摩訶薩如是學，終不墮地獄、餓鬼、畜生中；終不生邊地；終不生栴陀羅[17]家；終不聾盲、瘖瘂、拘癖[18]，諸根不缺；眷屬成就，終不孤窮。菩薩如是學，終不殺生

---

1 “學者”，甲、石本無，宫本作“者”。
2 “心”後，甲、石本有“雜行薩婆若”。
3 “從”，乙本作“欲從”。
4 甲本終。
5 乙本品題作“第六十二品釋論”。
6 “應”，乙本脱。
7 “住”，乙本作“作”，誤。
8 “故”，乙、宋、宫本無。
9 “不”，乙本脱。
10 “故學”，乙本作“學學故”，宋、宫本作“學故”。
11 “佛告”，乙本脱。
12 丙本始。
13 “世界”，乙、丙、石本作“國土”。
14 “學”，乙、丙本脱。
15 “爲學”，乙本脱。
16 “出”，乙、丙、宋、元、明、宫本無。
17 “栴陀羅”，丙本作“㫋陀羅”，異譯詞。
18 “癖”，丙本作“辟”，宋、元、明、宫本作“躄”。

乃至終不邪見；如是學，不作邪命活；不攝惡人及破戒者。如是學，以方便力故，不生長壽天。何等是方便力？如般若波羅蜜品中所説。菩薩摩訶薩以方便力故，入四禪、四無量心、四無色定，不隨禪、無量、無色定生。須菩提！菩薩如是學，一切法中得清淨，所謂淨聲聞、辟支佛心。須菩提白佛言：世尊！一切法本性清淨，云何言菩薩一切法中得清淨？佛告須菩提：如是！如是！一切諸法本性清淨，若菩薩摩訶薩於是法中，心通達不没[1]，即是般若波羅蜜。如[2]是諸法，一切凡夫不知不見。菩薩摩訶薩爲是衆生故，行檀波羅蜜乃至般若波羅蜜，行四念處乃至一切種智。須菩提！菩薩如是學，於一切法中得智、力、無所畏；如是學，爲了知一切衆生心所趣向。譬如大地，少所處出金銀珍寶；須菩提！衆生亦如是，少所人[3]能學般若波羅蜜，多墮聲聞、辟支佛地。須菩提！譬如少所人受[4]行轉輪聖王業，多受行小王業：如是，須菩提[5]！少所衆生[6]行般若波羅蜜，求一切智，多行聲聞、辟支佛道。須菩提！諸菩薩摩訶薩發心求阿耨多羅三藐三菩提中，少有如説行，多住聲聞、辟支佛地；多有菩薩摩訶薩行般若波羅蜜，無方便力故，少所人住阿鞞跋致地。須菩提！以是故[7]，菩薩摩訶薩欲住[8]阿鞞跋致地、欲在阿鞞跋致數中，應當學是深般若波羅蜜。復次[9]，須菩提！菩薩摩訶薩學是般若波羅蜜時，不生慳貪心，不生破戒、瞋恚、懈怠、散亂、愚癡心，不生諸餘過失心；不生取色相、取受、想、行、識相心；不生取四念處相心，乃至不生取阿耨多羅三藐三菩提相心。何以故？是菩薩摩訶薩行是深般若波羅蜜，無有法可得；以不可得故，於諸法不生心取相。須菩提！菩薩摩訶薩如是學深般若波羅蜜，總攝諸波羅蜜，令諸波羅蜜增長，諸波羅蜜悉隨從。何以故？須菩提！是深般若波羅蜜，諸波羅蜜悉入中。須菩提！譬如我見中悉攝六十二見；如是，須菩提！是深般若波羅蜜悉攝諸波羅蜜。須菩提！譬如人死，命根滅故，餘根悉隨滅；如是，須菩提！菩薩摩訶薩行深般若波羅蜜時，諸波羅蜜悉隨從。須菩提！菩薩摩訶薩欲令諸波羅蜜度彼岸，應學深般若波羅蜜。須菩提！菩薩摩訶薩學是深般若波羅蜜者，出一切衆生之上。須菩提！於汝意云何？三千大千世界中衆生多不？須菩提言：一閻浮提中衆生尚多，何況三千大千世界！佛告須菩提：若三千大千世界中衆生一時皆得人身，悉得阿耨多羅三藐三菩提；若有菩薩盡形壽供養爾所佛，衣服、飲食、卧具、湯藥、資生所須。須菩提！於汝意云何？是人以是因緣故，得福德多不？須菩提言：甚多！甚多！佛言：不如是善男子、善女人學般若波羅蜜如説行、正憶念，得福多。何以故？般若波羅蜜有勢力，能令菩薩摩訶薩得阿耨多羅三藐三菩提。須菩提！以是故，菩薩摩訶薩欲出一切衆生之上，當學般若波羅蜜。欲爲無救護衆生作救護，欲與無歸依衆生作歸依，欲與無究竟道衆生作究竟道，欲爲盲者作目，欲得佛功德，欲作諸佛自在遊戲，欲作佛師子吼，欲撞擊佛鍾鼓，欲吹佛唄，欲昇佛高座説法，欲斷一切衆生疑，當學深般若波羅蜜。須菩提！菩薩摩訶薩若學深般若波羅蜜，諸善功德無事不得。須菩提白佛言：世尊！寧復得聲聞、辟支佛功德不？佛言：聲聞、辟支佛功德皆能得，但不於中住；以智觀已，直過，入菩薩位中。須菩提！菩薩摩訶薩如是學，近薩婆若，疾得阿耨多羅三藐三菩提。須菩提！菩薩摩訶薩如是學，爲一切世間天、人、阿修羅作福田。須菩提！菩薩摩訶薩如是學，過諸聲聞、辟支佛福田之上，疾近薩婆若。須菩提！菩薩摩訶薩如是學，是名不捨不離般若波羅蜜，常行般若波羅蜜。須菩提！菩薩摩訶薩如

1　“没”，乙本作“疑”。

2　“如”，乙本脱。

3　“人”，乙、丙、宋、宫本無。

4　“譬如少所人受”，丙本殘。

5　“受行……菩提”十字，丙本殘。

6　丙本終。

7　“故”，乙本脱。

8　“住”，乙、宋、宫本作“在”。

9　“復次”至此段經文末，乙本無。

是學深般若波羅蜜,當知是不退轉菩薩,疾近薩婆若,遠離聲聞、辟支佛,近阿耨多羅三藐三菩提。須菩提!菩薩摩訶薩行般若波羅蜜時,若作是念:是般若波羅蜜,我以是般若波羅蜜得一切種智。若如是念,不名行般若波羅蜜。須菩提!若不作是念:是般若波羅蜜,是人有般若波羅蜜;是般若波羅蜜法,是人行般若波羅蜜得阿耨多羅三藐三菩提。是名行般若波羅蜜。須菩提!若菩薩作是念:無是般若波羅蜜,無人有是般若波羅蜜;無有行是般若波羅蜜得阿耨多羅三藐三菩提。何以故?一切法如、法性、實際常住故。如是行,是爲菩薩摩訶薩行般若波羅蜜。

【論】釋曰[1]:上[2]阿難問鬪諍,佛答同學清淨;今須菩提問佛:甚深同心等法,是菩薩所學處,佛答:内空乃至自相空,是名等法。有二種等忍:上品末説衆生等忍,此品説法等忍[3]。如稱兩頭停等;如是内空等諸空,於諸法中平等。如内[4]法有種種差別,得内空則皆平等無法[5];乃至自相空,一切法相皆自空,是時心則平等。菩薩住是等中,能得阿耨多羅三藐三菩提。須菩提復問:爲色等盡故,爲學薩婆若?觀色等無常,念念滅不住;若得是觀,心則離色;心離色故,諸煩惱滅;煩惱滅故,得不生法。須菩提問:如是學爲學薩婆若?佛[6]反問須菩提:於汝意云何?色等諸法如及如來如,是如爲盡、滅、斷[7]不?須菩提言:不!是如從本已來,不集、不和合,云何有盡[8]?本來不生,云何有滅[9]?是法本來虛誑,無有定相,云何可斷?須菩提!菩薩摩訶薩能如是學如,爲學薩婆若。是如常、不可證[10]、不可滅、不可斷[11];是盡、離、斷,除顛倒故行,非是究竟。此中説究竟事,於是佛讚歎:如是學,雖不定爲一[12]法故學而[13]學薩婆若。若[14]學薩婆若,即是學六波羅蜜等;若能學六波羅蜜等,是爲盡諸學邊。若盡諸學邊,是人無量福德、智慧具足故,魔、若魔民無能降伏。如是正學故,直到[15]阿鞞跋致地。如是學[16],爲學佛所行道。如是學,皆爲十方諸佛及大菩薩諸天善人所守護。能如是學,是人無有邪見,心無所著,於[17]一切衆生,能起[18]大慈大悲;大慈大悲故,能教化衆生;衆生心清淨故,佛界[19]清淨;佛界[20]清淨已,得佛道,三轉十二行法輪,以三乘度無量衆生。以大乘度衆生故,不斷佛種;不斷佛種故,

---

1 "論釋曰",乙本無。

2 "上",乙本脱。

3 "忍",乙本作"法",誤。

4 "内",乙本作"空",誤。

5 "法",乙、元、明、宫、石本作"二"。

6 "佛",乙本脱。

7 "斷",乙本脱。

8 "盡",乙本作"滅",誤。

9 "本來……有滅"八字,乙本脱。

10 "證"前,乙本衍"滅"。

11 "不可斷",乙本脱。

12 "一",乙本脱。

13 "而"後,乙本有"説"。

14 "若",乙本無。

15 "直到"前,乙本衍"魔,若魔民無能降伏。如是正學故"。

16 "學",乙本脱。

17 "於",乙本作"若於"。

18 "起",乙本作"發"。

19 "界",乙、石本作"國",宫本作"世界"。

20 "界",乙、石本作"國",宫本作"世界"。

於[1]世間常開甘露法門[2]，常[3]示衆生無爲性。無爲性者，所謂如、法性[4]、實際、涅槃。甘露者，無爲性。門者，三解脱門。下劣者[5]，名懈怠、放逸，不樂佛法，不一心行道，罪福[6]雜行。如是等，不能學是法。何以故？是下劣者作是念：我身及親屬是我所應護，諸餘衆生何豫我事，而以頭目髓腦施之，令其得樂？一切人皆方便求樂，我今何爲捨樂求苦？或生邪見，復作是念：衆生無量無邊[7]，度不可盡；若可度盡，即是有量有邊，一佛便可度盡。或作是念：佛説一切法空，不生不滅，我復何所度？求佛道，不求佛道，同如幻夢。如是[8]等下劣人，以[9]種種邪見、貪欲因緣故，不能學此大法。或時有大人出世，籌量思惟諸法實相，所謂非常非無常，非有邊非無邊，非有非無等。行如是道，破顛倒見，還捨此道，直入法性，常住是清淨法[10]性中。以一切衆生不知是事故，生大悲心，然後修集六波羅蜜等諸功德，佛神通、智慧、無礙解脱，得阿耨多羅三藐三菩提；以種種方便門，廣度衆生。如是人爲[11]希有。問曰：如先説衆生無量無邊，又[12]言衆生空，復何所度？如是云何可有所度？答曰：此是[13]下劣人所説，何足以之爲證？復次，先所説：以邪見、貪欲因緣故，下劣之人[14]作是念言：衆生有邊、無邊，一切法空無所有、一切法常實——皆是六十二邪見所攝。大人無欲，思惟籌量，離如是過罪，住於法性，生大悲心。譬如大人，但以施心，施與他財而不取價[15]。貪欲之人，求因緣而與；邪見之人，依有邊、無邊等，無有能無利[16]事而有所作。譬如小人市易，求利乃[17]與。又復大人菩薩無所求欲，能以頭、目等施與衆生，所得果報，亦以施與；一切法心無所依，而能集諸功德。是故佛説：欲拔一切衆生沈没生死者，能如是學。復次，菩薩如是學者，常有慈悲憐愍心，不惱衆生故，不墮地獄；常觀因緣諸法實相，不生愚癡故，不墮畜生；常行布施，破慳貪心故，不生餓鬼中。佛所説十二部經、八萬四千法聚，常不[18]恪惜故，不生邊地。常供養尊長善人，破憍慢故，不生旃陀羅等下賤人中。深心愛衆生，具足行利益事故，受身完具。以善法多化衆生故，眷屬成就，終不孤窮。深愛樂尸羅[19]波羅蜜故，不行十惡道及以邪命。無有我心，但利益衆生，不自爲身故，不攝惡人及破戒者。惡人名心惡，破戒者[20]名身、口惡。復次，行三不善道名惡人，行七不善道名破戒。復次，菩薩若在家攝惡人名惡人[21]，出家攝惡人名破戒。問曰：菩薩爲度惡人故，出現於世，譬如良醫療諸疾病，何

1　"於"後，乙本有"一切"。

2　"法門"，乙本作"門法"，誤倒。

3　"常"，乙本脱。

4　"性"，乙本脱。

5　"者"，乙本脱。

6　"福"，乙本脱。

7　"無邊"，乙本無。

8　"如是"後，乙本衍"念"。

9　"以"，乙本脱。

10　"法"，乙本無。

11　"爲"，乙本脱。

12　"又"，乙本作"有"，"有"通"又"。

13　"是"，乙本脱。

14　"人"後，乙、宋、宫本有"生"。

15　"價"，乙本作"賈"，"賈"爲"價"之古字。

16　"利"，乙、宋、宫本無。

17　"乃"，乙本作"能"。

18　"常不"後，乙本衍"一"。

19　"尸羅"，乙本作"尸"，異譯詞。

20　"者"，乙本無。

21　"人"，乙本脱。

以故不攝惡人？答曰：惡人、破戒者，有可化、有不可化，此中但説不可化者。若攝取[1]共住，則自壞其道，於彼無益；譬如救溺，自[2]不能浮，而欲濟彼，二俱不免，是故説遠離惡人。以欲界多惡[3]，生憐愍心故，生欲界中；雖行禪，心調柔軟，以方便力故，命終時不隨禪生，如經中廣説。須菩提！菩薩如是學，於一切法中得清淨，所謂淨聲聞、辟支佛心。——淨名捨離、無所有、畢竟空。須菩提白佛言：若一切法從本已[4]來空清淨，云何言[5]菩薩如是學，得一切法中清淨？佛可須菩提言，爲説因緣：若[6]菩薩知一切法從本已[7]來空清淨，於是中心不没、不却。——不没名不疑，不生邪見。通達，不與空諍，是名般若波羅蜜。一切凡夫人不知不見如是清淨法，爲是人故，行六波羅蜜等諸助道法。菩薩法，應[8]教化是衆生，是名菩薩一切法中得清淨，所謂捨三界顛倒，過聲聞、辟支佛地，一切法中得清淨智慧力。得是功德故，三世十方一切衆生心心數法，心所行起，種種業因緣，悉能遍知；知已，隨其所應，爲説法開化。如是等利益，皆是學般若故得，是[9]故言盡諸學邊。少有能如是學，是人難得！佛欲令此義明[10]了，故説譬喻，金銀及轉輪聖王業等[11]……

大智度論釋願樂品第六十四（卷七十八）[12]

……若[13]有求阿耨多羅三藐三菩提者，令此人具[14]足佛法，具足一切種智，具足自然法；若求聲聞[15]者，令具足聲聞法。世尊！若有菩薩發阿耨多[16]羅三藐三菩提意者，我終不生一念令其轉[17]還，我亦[18]不[19]生一念令其轉還墮聲聞、辟支佛地……

【論】[20]釋曰：是時，釋提桓因及會中人皆共歡喜。釋提桓因作是念：是菩薩行菩薩道時，所有功德尚勝一切衆生，何況成阿耨多羅三藐三菩提！衆生有二種：一者，發心；二者，未發心。發心菩薩勝一切未發心者。所以者何？是人種無量無上佛法因緣，欲度一切衆生，令離苦得樂；其餘衆生但自求樂，欲與他苦！如是等因緣故，發心者勝。問曰：諸阿羅漢、辟支佛及五通，是離欲人；發心者，或有未離欲但發心，云何得勝？答曰：是事，先品中已種種答。阿羅漢等雖漏盡，不如初發心菩薩。譬如轉輪聖王太子，雖在胎中，已勝餘子；又如國王太子，雖未即位，勝諸大臣有位富貵者。發心菩薩有二種：一者，行諸波羅蜜等菩薩道；二者，

1　“取”，乙本脱。

2　“自”，乙本作“自若”。

3　“惡”，乙本作“苦”，誤。

4　“已”，乙、丙本作“以”，宋、官本無。

5　“言”，乙本脱。

6　“若”，乙本無。

7　“已”，乙、宋、官本無。

8　“應”，乙本無。

9　“故得是”，乙本無。

10　“明”，乙本無。

11　乙本終。

12　本卷對應《大智度論》寫本凡4號：俄Дх03480號（以下簡稱“甲本”）、傅圖32號（以下簡稱“乙本”）、俄Дх18172號（以下簡稱“丙本”）、俄Дх18478號（以下簡稱“丁本”）。

13　甲本始。

14　“求阿……人具”十五字，甲本殘。

15　“法具……聲聞”十六字，甲本殘。

16　“足聲……耨多”十四字，甲本殘。

17　“三菩……其轉”十四字，甲本殘。

18　“亦”，甲本作“一”，“一”爲“亦”之借字。

19　甲本終。

20　乙本始。

但空發心。此中説行菩薩道者；是人雖事未成就，能勝一切衆生，何況成就！如歌羅頻伽鳥在䚄中，未發聲已能勝諸鳥，何況成就！菩薩亦如是，雖未成佛，行菩薩道，説諸法實相音聲，破諸外道及魔民戲論，何況成佛！有人言：若有能一發心言：我當作佛，滅一切衆生苦。雖未斷煩惱，未行難事，以心、口業重故，勝於一切衆生。一切衆生皆自求樂，自爲身故，愛其所親；阿羅漢、辟支佛雖不貪世樂，自爲滅苦故，求涅槃樂，不能爲衆生；菩薩心生、口言，爲度一切，是故勝。譬如一六神通阿羅漢，將一沙彌令負衣鉢，循[1]路而行。沙彌思惟：我當以何乘入涅槃？即發心：佛爲世尊，最上最妙，我當以佛乘入涅槃。師知其念，即取衣鉢自擔，推沙彌在前行。沙彌覆復思惟：佛道甚難，久住生死，受無量苦，且以小乘早入涅槃。師復以衣鉢囊還與沙彌令擔[2]，語在後行。如是至三。沙彌白師：師[3]年老耄，狀如小兒戲，方始令我在前，已復令我在後，何其太速？師答：汝初念發心作佛，是心貴重，則住我師道中。如是人，諸辟支佛尚應供養，何況阿羅漢！以是故，推汝在前。汝心還悔，欲取小乘，而未便得，汝去我懸遠，是故令汝在後。沙彌聞已驚悟：我師能知我心，我一發意已勝阿羅漢，何況成就！即自堅固住大乘法。復次，勝名不必一切事中皆勝，但以一發心，欲作佛，度衆生，是事爲勝；諸餘禪定、解脱等，猶尚未有，何得言勝？譬如以飛言之，鳥則勝人。未來當得功德，此事不論。小乘人言：乃至補處菩薩，尚不勝小[4]沙彌得無量律儀者。摩訶衍論中，或有人如是言：其有發大乘心者，雖復在弊惡小人中，猶勝二乘得解脱者。是名二邊，離是二邊，名爲中道。中道義，如上説。以其有義理實故，應當取。是故説初發心時，勝一切衆生，何況成佛！聞薩婆若信[5]者，得人中善利：有人言：六波羅蜜是利。有人言：六波羅蜜果報是利，所謂轉輪聖王、釋梵天王、人王、法王等。有人言：得阿鞞跋致不墮惡道，常生人天富貴處。有人言：菩薩住於果報神通，遊至十方，供養諸佛，種種方便教化衆生。信受因緣，教化衆生，得如是等大利。壽[6]命中最者，衆生有二種命：一者，命根；二者，智慧命。是人得智慧命故，説壽命中最；何況發心！發心者可敬可貴。所以者何？如先説因緣：能捨自樂、與他樂；不自憂苦，憂他人苦故。爾時，釋提桓因欲現歡喜相，以天文陀羅花散佛上，如經廣説。問曰：罪福不可以與人，雖欲與亦不得，釋提桓因何以言以此福德令求佛道者具足佛法？答曰：雖不可與人，然自令心好。又是釋提桓因顯此不著福，是故以隨喜心與求佛者；與聲聞人亦爾。釋提桓因白佛：我雖得聲聞道，亦不生一念令菩薩轉還向二乘心。所以者何？諸菩薩見衆生在生死中有種種苦，欲利益一切世間故作是願：未度者我當等度。爾[7]時，會中衆生有作是念：若如上説，隨喜有功德；初發心人隨喜，於久發心人隨喜，有何差別？釋提桓因欲解衆人疑故，問佛言：世尊！於初發心菩薩功德隨喜得幾許福德？如經廣説。是福德無量無邊，以種無量無邊田中，人不能數知，故説譬喻令解，如經中廣説。隨喜之德雖無量無邊，於近佛道者，隨喜福德轉多。是時，帝釋歡喜故白佛言：世尊[8]！諸有聞是功德不隨喜者，則是魔民，從魔天來。所以者何？在魔境界，積集惡心故不隨喜。此中説因緣：隨喜心能破魔界；是故求佛道者，欲愛敬三尊不捨者，當以隨喜心迴向阿耨多羅三藐三菩提。不一不二相者，不見諸法有一定相不屬因緣者，故言不一；不分別隨喜心、迴向心，是名不二，畢竟空故。佛可帝釋意已，更稱説隨喜功德：是人常憶念十方諸佛功德隨喜故，疾得見佛。又以深心，於一切衆生欲令離苦得樂，是故往來生死，六情初不受惡塵，終不離生諸佛前，以不斷種見佛行故。此中佛自説

---

[1]　“循”，乙本作“順”。

[2]　“擔”後，乙本衍“推”。

[3]　“師”，乙本無。

[4]　“小”，乙本作“卜”，誤。

[5]　“信”，乙本脱。

[6]　“壽”，乙本作“受”，“受”爲“壽”之借字。

[7]　“爾”，乙本作“命”，誤。

[8]　“世尊”，乙、石本無。

因緣:是人於無央數[1]阿僧祇初發心菩薩乃至無量一生補處菩薩,皆隨喜故,得如上果報,疾成佛道,度無量阿僧祇衆生。復次,憍尸迦! 是菩薩因是福德如諸法實相迴向;於實相中心不可得,是故説非心亦不離心。如上説不一不二義,以事異故更説。須菩提聞已,取是空無有心相難佛:是心非心,空、無所有、如幻,云何能得阿耨多羅三藐三菩提? 佛反問須菩提:汝見是空心定相如幻不? 須菩提作是念:心若空如幻,云何可見? 若可見,則非空。是故答言:不[2]。佛言:心若空無所有,汝見是中有是若有若無戲論不? 答言:不也。離是空無所有如幻心,汝見更有法能得無上道不? 答言:不見。不見、不可得故,何有法若有、若無? 一切諸法畢竟離故、畢竟空故,不墮有、不墮無;若法不墮有無中,是則畢竟無所有,不應得無上道。以是因緣故,般若波羅蜜畢竟離相,見有、無二俱過故。禪波羅蜜,乃至阿耨多羅三藐三菩提,亦如是畢竟離相。若法畢竟離,則不可得見、不可得修、不可得斷、不可得證;行是法則更無所得,畢竟離故。世尊! 今般若波羅蜜畢竟離,阿耨多羅三藐三菩提畢竟離,云何以畢竟離得畢竟離? 若一法畢竟離,尚不應有所得,何況二離! 譬如以指觸虛空,虛空無觸故,指不能觸,何況二皆無觸! 亦如虛空、涅槃。般若波羅蜜畢竟離,阿耨多羅三藐三菩提畢竟離,云何用離得離? 佛知須菩提隨諸法實相説故,可其言:善哉! 善哉! 即説因緣[3]:須菩提! 若般若波羅蜜畢竟離,阿耨多羅三藐三菩提畢竟離,以是因緣[3]故可得。何以故? 若一法定有相非空者,則是[4]常法不生相,從未來至現在,從現在至過去[5]。若無實生相則無滅相,若無[6]生滅則無四諦,若[7]無四諦則無法寶,法寶無故亦無阿耨多羅三藐三菩提——法寶即是阿耨多羅三藐三菩提故,若無法寶則無佛寶,若無佛法[8]則[9]無僧寶,若無三寶則無一切諸法——有如是等過罪故;畢竟[10]離相則通達無礙。若説畢竟離當知亦離空,若不[11]離空不名畢竟離。是故經説言:般若波羅蜜畢[12]竟離故,能得阿耨多羅三藐三菩提;雖不離般若波[13]羅蜜得阿耨多羅三藐三菩提,亦不以二[14]離而得二離[15]。畢竟空故,不應難。須菩提[16]知佛所説甚深相,是故白佛言:若菩薩能[17]如是行,則是行甚深。佛可其言:是菩薩[18]能爲難事——能行如是甚深義,而不證二乘。所以者[19]何? 是菩薩一心,以利智深入空而不證涅槃,是則爲[20]難。須菩提言:如我解佛所説義,是不爲

1　"無央數",乙、石本作"無鞅數",異譯詞。

2　"不",乙、元、明本作"不也"。

3　丙本始。

4　"是",丙本殘。

5　"去",丙本殘。

6　"若無",丙本殘。

7　"諦若",丙本殘。

8　"法",乙、丙本作"無法",宫本作"寶"。

9　"則",丙本殘。

10　"等過罪故畢竟",丙本殘。

11　"離當……若不"八字,丙本殘。

12　"經説……蜜畢"九字,丙本殘。

13　"羅三……若波"十二字,丙本殘。

14　"耨多……以二"十二字,丙本殘。

15　丙本終。

16　丁本始。

17　"故白……薩能"八字,丁本殘。

18　"佛可……菩薩"七字,丁本殘。

19　"義而……以者"九字,丁本殘。

20　"深入……則爲"十一字,丁本殘。

難。何¹以故？是人不得是甚深義一定相可作證，不²得般若波羅蜜，不得證者，誰當以甚深義得³證？若不證是甚深義，誰當得阿耨多羅三藐⁴三菩提？是名菩薩無所得行；行⁵是道，則照⁶明一切法。問曰：佛説言難，須菩提言不難，師⁷弟子義應同，何以各相違背？答曰：佛以世諦故説，須⁸菩提以第⁹一義諦故説。佛説菩薩得是甚深義¹⁰，須菩提説菩薩亦不得是甚深義。佛以須菩提¹¹爲¹²衆生故説：有人聞難事則發心，故説難事；有人聞難事而廢退，故説無難。是名菩薩無所得行；住是行中，於一切法通達無礙。須菩提言：若菩薩聞如是説畢竟離，無法可證，無取證者，亦無般若及阿耨多羅三藐三菩提，是時不驚、不没、通達無礙者，是名行般若波羅蜜。行般若波羅蜜者，是名真行、深行。何以故？是菩薩不見般若波羅蜜，亦不見我行般若波羅蜜，不見阿耨多羅三藐三菩提，亦不見是法可得阿耨多羅三藐三¹³菩提，都無所分別。是菩薩安住一切諸法實相中，故不作是分別，言：二乘離我遠，佛道離我近。此中説虛空等譬喻，此諸譬喻，爲明了畢竟空義故。般若波羅蜜雖空，若有所修，能成其事；乃至如木人，隨作何事，皆能成就。舍利弗問須菩提：但般若無分別，諸波羅蜜亦無分別？若但般若空無分別，餘波羅蜜應是有相，是則菩薩道有別異不平等！又《初品》中説：行檀波羅蜜時，無施者、受者、亦無財物，今云何言別？若五事皆空，則無分別，無有六名，亦無可修行！須菩提言：五波羅蜜亦空，無有分別。初發心未得無生法忍者有分別。譬如四河未會大海，則有別名，既入大海，則無差別；菩薩亦如是，世俗諦中有差別，第一義諦則無分別。舍利弗問：色乃至阿耨多羅三藐三菩提，乃至¹⁴無爲性，亦無分別。若此法空無差別，云何有六道別異？云何有分別須陀洹乃至佛道？須菩提答舍利弗：諸法雖畢竟空無分別，而是衆生狂顛倒心而起身、口、意業，隨業受身業報。貪欲是本，但爲欲所逼而生著心；諸法無有定相。業果報者，所謂六道。以是故知：空、無所分別，是其實本；但以顛倒不實故，有六道差別。又須陀洹等賢聖，亦因畢竟空無分別法¹⁵生，所謂斷三結法，名須陀洹果。三結使即是顛倒，覺顛倒除却名爲斷，是故斷法即是空，無有分別。世諦故假名人，得是法故名須陀洹果¹⁶；是故當知須陀洹人及果¹⁷，畢竟空無分別；乃至佛、佛道亦如是。此中説因緣：非但現在無分別，過去如恒河沙諸佛一切分別斷故，入無餘涅槃，無有少許法定相可分別。一切法畢竟空，入是如、法性、實際門故。是故言：因緣法甚深，入是三昧¹⁸門故。菩薩應如是行無分別般若波羅蜜，行無分別般若波羅蜜故得無分別法，所謂阿耨多羅三藐三菩提。

1　“解佛……難何”十字，丁本殘。
2　“甚深……證不”十字，丁本殘。
3　“得證……義得”十字，丁本殘。
4　“義誰……三藐”十字，丁本殘。
5　“行”後，乙本衍“行”字。
6　“無所……則照”九字，丁本殘。
7　“言難……難師”九字，丁本殘。
8　“相違……説須”十二字，丁本殘。
9　“第”，丁本作“弟”，“弟”爲“第”之古字。
10　“義諦……深義”十三字，丁本殘。
11　“説菩……菩提”十五字，丁本殘。
12　丁本終。
13　“三”，乙本脱。
14　“乃至”，乙、元、明本作“及”。
15　“法”，乙本作“法性”。
16　“果”，乙、石本無。
17　“果”，乙、石本作“果報”，宫本無。
18　“昧”，乙、宋、元、明、宫、石本無。

大智度論釋稱揚品第六十五[1]

【經】舍利弗語須菩提：菩薩摩訶薩行般若波羅蜜，爲行真實法？爲行無真實法？須菩提報舍利弗：菩薩摩訶薩行般若波羅蜜，爲行無真實法。何以故？是般若波羅蜜無真實，乃至一切種智無真實故。菩薩摩訶薩行般若波羅蜜，無真實不可得，何況真實！乃至行一切種智，無真實法不可得，何況真實！爾時，欲、色界諸天子作是念：諸有善男子、善女人發阿耨多羅三藐三菩提意，如深般若波羅蜜所説義，行於等法，不作實際證，不墮聲聞、辟支佛地，應當爲作禮！須菩提語諸天子：諸菩薩摩訶薩於等法不作證聲聞、辟支佛地，不爲難；諸菩薩摩訶薩大誓莊嚴：我當度無量無邊阿僧祇衆生；知衆生畢竟不可得而度衆生，是乃爲難！諸天子！諸菩薩摩訶薩發阿耨多羅三藐三菩提心，作是願：我當度一切衆生；衆生實不可得，是人欲度衆生，如欲度虛空。何以故？虛空離故，當知衆生亦離；虛空空故，當知衆生亦空；虛空無堅固，當知衆生亦無堅固；虛空虛誑，當知衆生亦虛誑。諸天子！以是因緣故[2]，當知菩薩所作爲難。爲利益無所有衆生故而大莊嚴，是人爲衆生結誓，爲欲與虛空共鬪！是菩薩結誓已，亦不得衆生而爲衆生結誓。何以故？衆生離故，當知大誓亦離；衆生虛誑故，當知大誓亦虛誑。若菩薩摩訶薩聞是法，心不驚、不没，當知是菩薩摩訶薩行般若波羅蜜。何以故？色離，即是衆生離；受、想、行、識離，即是衆生離。色離，即是六波羅蜜離；受、想、行、識離，即是六波羅蜜離。乃至一切種智離，即是六波羅蜜離。若菩薩摩訶薩聞是一切諸法離相，心不驚、不没、不怖、不畏，當知是菩薩摩訶薩行般若波羅蜜。佛告須菩提：何因緣故，菩薩摩訶薩於深般若波羅蜜中心不没？須菩提白佛言：世尊！般若波羅蜜無所有故不没，般若波羅蜜離故不没，般若波羅蜜寂滅故不没。世尊！以是因緣故，菩薩[3]於深般若波羅蜜中心不没。何以故？是菩薩不得没者，不得没事，不得没處，是一切法皆不可得故。世尊！若菩薩摩訶薩聞是法，心[4]不驚、不没、不怖、不畏，當知是菩薩爲行般若波羅蜜。何以故？没者、没事、没處，是法皆不可得故。菩薩摩訶薩如是行般若波羅蜜，諸天及釋提桓因天、梵天王天、及世界主天，皆爲作禮。佛告須菩提：不但釋提桓因諸天、梵王[5]及[6]諸天，世界主及諸天禮是菩薩[7]行般若波羅蜜者，過是上光音天、遍淨天、廣果天、淨居天，皆爲是菩薩摩訶薩作禮。須菩提！今現在十方無量諸佛，亦念是行般若波羅蜜菩薩摩訶薩，當知是菩薩爲如佛。須菩提！若恒河沙等世界[8]中衆生悉使爲魔，是一一魔復化[9]作魔，如恒河沙等魔，是一切魔不能留難菩薩行般若波羅蜜。

【論】釋曰：爾時，舍利弗聞上無分別相法，心大歡喜，問須菩提：若菩薩行般若波羅蜜，爲行真實法？爲行無真實法？真實法者，審定、不變異，即是可取、可著；若不真實，即是虛誑妄語。須菩提常樂行深空，心無障礙故答：行般若者，即是行無真實。何以故？般若波羅蜜空無定相、無分別故。乃至一切種智亦如是。菩薩行如是般若波羅蜜時，先來生死中，所習所著虛誑有爲法尚不可得，何況後來觀虛誑因緣生般若波羅蜜——非所著法而可得！是故菩薩觀一切世間不真實，亦不著是般若波羅蜜。世諦故説真實；第一義中真實不可得，何況不真實！爾時，欲、色界諸天子歡喜言：其有發菩薩心者，皆應[10]禮敬！能爲難事，能行

1　乙本品題作“大智度稱揚品第六十五釋論　有二段經文”。

2　“故”，乙本無。

3　“菩薩”，乙本作“菩薩摩訶薩”。

4　“心”，乙本脱。

5　“梵王”，乙本作“梵天王”。

6　“及”，乙、石本無。

7　“菩薩”，乙、宋、元、明、宫、石本作“菩薩摩訶薩”。

8　“世界”，乙、石本作“國土”。

9　“化”，乙、石本作“變化”。

10　“皆應”後，乙、石本有“作”。

第一深義而不作證故。第一義即是平等法，但以異名説。須菩提語諸天子：菩薩於平等法不作[1]證，不爲難；菩薩欲度無量衆生，衆生畢竟不可得，是則爲難！何以故？欲度衆生者，爲欲度虛空。虛空離故，衆生亦離；虛空虛誑不實故，衆生亦虛誑不實。問曰：於平等法而不證，衆生畢竟空而度衆生，此二俱畢竟空，云何言一難、一不難？答曰：衆生虛誑假名故，是所著處；平等法無爲故，非所著處。衆生從有爲法假名而生，無爲法是第一義。於顛倒著處而能不著爲難；於無著處不著，是不爲難。以是故，如是説：衆生空故，大莊嚴亦空；若大莊嚴空而能發心爲難。菩薩若聞是第一平等義，度衆生、大莊嚴皆畢竟空，而心不驚、不没。譬如調馬，自見影不驚。何以故？自知影從身出故；菩薩亦如是，知畢竟空，因有爲和合虛妄法生故。菩薩聞是事，不驚、不没，是爲行般若波羅蜜。色等法離故，衆生亦離：離名爲空。若衆生空，法不空，應有怖畏；若法亦空，無生怖畏處。若菩薩聞是一切法離相，心不畏，是亦名菩薩行般若波羅蜜：上聞衆生空故不畏；今聞法空故不畏。若聞是二空不畏，是爲真行般若。佛問須菩提，何以故菩薩心不没者，問曰：佛是一切智人，何以問弟子心不驚、不没？答曰：以衆會有疑，敬難故不敢問，是以佛問。復次，是第一平等義甚深難得，深處應當没而不没，故試問須菩提。復次，佛以須菩提爲説法主，聽者法應問難。問曰：佛爲一切智，何以不自爲説[2]主，而令須菩提説？答曰：衆中有人以佛智慧無量無邊，我等智力有量，若心有所疑，不敢發問。爲是人故，命須菩提説。問曰：若爾者，何以不令大菩薩説？答曰：大菩薩智慧亦大，不可思議，威德重故，亦不敢問難。復次，有人言：阿羅漢、辟支佛、佛，三界繫無明永盡無餘故，能如實説法；諸菩薩雖廣集福德，漏未盡故，或不可信，是故不命。問曰：若爾者，舍利弗智慧第一，及餘大弟子，何以不命？答曰：是事先已答，所謂須菩提樂於空行，偏善説空；般若波羅蜜多説空故，令須菩提説。須菩提白佛：一切法畢竟空無所有，無所有故自相離，離相故常寂滅，常寂滅故無憶想分別，是故菩薩不應驚、不應[3]没——没者、没處、没法，皆不可得。若菩薩聞是事不驚、不没，是爲行般若波羅蜜。須菩提答已，白佛言：能如是行，亦名爲行般若波羅蜜。世尊！菩薩能如是行，一切諸天、帝釋及世界主禮菩薩者，地神、虛空中神、四天王、忉利天、帝釋爲主，皆共禮是菩薩。梵天王，初禪中梵世界衆生主；世界主者，欲界餘天主。衆生多信有此天故，須菩提説言作禮。何以故？是菩薩捨自樂，欲利益衆生；是三種天，但自求樂故。佛語須菩提：非但是三種天作禮，光音天等，清淨一心諸天，皆亦作禮。欲界諸天，著婬欲心多故，禮不足爲貴；初禪天有覺觀散亂，亦不足爲妙；上諸天心清淨，以菩薩有大功德故作禮，爾乃爲難。須菩提！菩薩若能如是行般若，爲十方無量諸佛所念：佛念因緣，如先説。今佛説：是菩薩諸佛念果報，所謂當知是菩薩爲如佛，以其必至佛道不退故。所以者何？如恒河沙等魔，不能壞是菩薩，如經廣説。

大智度論卷第七十八[4]。

大智度論釋稱揚品第六十五之餘（卷七十九）[5]

……如阿閦佛爲菩薩[6]時所行所學，諸菩薩亦如是學；是諸阿鞞[7]跋致[8]菩薩，諸佛説法時，歡喜讚歎。復

1　“作”，乙本脱。

2　“説”，乙、石本作“説法”。

3　“驚不應”，乙、石本無。

4　乙本終，尾題作“大智度經釋論卷第七十八”。

5　本卷對應《大智度論》寫本凡 5 號：俄 Дx12543 號（以下簡稱“甲一”）、俄 Дx10538 號（以下簡稱“甲二”）、S.4432 號（以下簡稱“乙本”）、羽 210 號 P（以下簡稱“丙本”）、BD12426 號（該號爲護首，不入校）。

6　甲一始。

7　“時所……阿鞞”十六字，甲一殘。

8　“阿鞞跋致”，甲一作“阿鞞拔致”，異譯詞。

次，須菩[1]提！有菩薩行般若波羅蜜，信解一切法無生[2]，未得無生忍法；信解一切法空，未得無生忍[3]法；信解一切法虛誑，不實不堅固，未得[4]無生[5]忍法。須菩提！如是等諸菩薩摩訶[6]薩[7]，佛説法時，歡喜自讚歎稱揚名姓。須菩提！若[8]諸菩薩摩訶薩，諸佛説法時，歡喜自讚歎者，是[9]菩薩滅[10]聲聞……諸菩薩[11]摩訶薩所爲甚難，深般若波羅蜜中欲得[12]阿耨多羅三藐三菩提。何以故？世尊！無有如中住者，亦無當得阿耨多羅三藐三菩提者，亦無説法者。菩薩摩訶薩於是處心不驚、不没、不怖、不畏、不疑、不悔。爾時，須菩提語釋提桓因：如[13]憍尸迦説菩薩摩訶薩所爲甚難，是甚深法中心不驚、不没、不怖、不畏、不疑、不悔。憍尸迦！諸法空中誰驚、誰没？誰怖、誰畏？誰疑、誰悔？是時，釋提桓因語須菩提：須菩提所説，但爲空事，無所罣礙。譬如仰射空中，箭去無礙；須菩提説法無礙亦如是。

【論】釋曰：衆會疑：菩薩[14]何因緣故得如是力，魔不能壞？佛答：有二因緣故，魔不能壞：一者，觀諸法空；二者，不捨一切衆生。以日月因緣故，萬物潤生：但有月而無日，則萬物濕壞；但有日而無月，則萬物燋爛。日、月和合故，萬物成熟。菩薩亦如是，有二道：一者，悲；二者，空。悲心憐愍衆生，誓願欲度；空心來則滅憐愍心。若但有憐愍心，無智慧，則心没在無衆生而有衆生顛倒中；若但有空心，捨憐愍度衆生心，則墮斷滅中。是故佛説二事兼用，雖觀一切空而不捨衆生，雖憐愍衆生不捨一切空——觀一切法空，空亦空故不著空，是故不妨憐愍衆生；觀憐愍衆生，亦不著衆生，不取衆生相，但憐愍衆生，引導入空，是故雖行憐愍而不妨空。雖行空亦不取空相故，不妨憐愍[15]心；如日、月相須。諸神天輕賤妄語人，若菩薩不如所説行，則五種執金剛神捨離不復守護，惡鬼得便。是人喜生惡心，惡心故則生惡業，生惡業故則墮惡道！菩薩不爲諸佛所念者，則善根朽壞；如魚子不爲母念，則爛壞不生。是故言：所作如所言，亦爲諸佛所念。得此二法故，不可破壞。若菩薩能如是，真行般若波羅蜜，魔不能壞，功德智慧增益，諸天則來親近、諮問、安慰、勸喻，作是言：善男子！汝疾得阿耨多羅三藐三菩提不久。以是因緣故，常行空行。問曰：諸天未得一切智，云何能與菩薩授[16]記？答曰：諸天長壽，從過去諸佛聞如是行得記，今見菩薩有如是行故説，見因知有果故。諸天[17]見是菩薩行三解脱門印……

……所[18]以現舌相者，世間相法，舌能覆鼻，是不妄語相，何況覆面[19]……

1　“歎復次須菩”，甲一殘。
2　“法無生”，甲一殘。
3　“無生忍”，甲一殘。
4　甲二始。
5　“未得無生”，甲一殘。
6　甲一終。
7　“忍法……訶薩”十四字，甲二殘。
8　“時歡……提若”十四字，甲二殘。
9　“摩訶……者是”十五字，甲二殘。
10　甲二終。
11　乙本始。
12　“中欲得”，乙本殘。
13　“如”，乙、宋、元、明、宫本作“汝”。
14　“菩薩”，乙、石本無。
15　“愍”，乙本脱。
16　“授”，乙、宋、元、明、宫、石本作“受”。
17　乙本終。
18　丙本始。
19　丙本終。

大智度論釋無盡方便品第六十七（卷八十）[1]

……但能令人離[2]虚誑有生法故，名無生。若得如是智慧，以方便力、本願、悲心故，不取二乘證，直至阿
耨多羅三藐三菩提。是名菩薩住尸羅波羅蜜取五波羅蜜。

大智度論卷第八十[3]。

大智度論釋六度品第六十八之餘（卷八十一）[4]

……我[5]爲衆生故受身，衆生還自來取。是時菩薩正憶念諸法實相。持是功德與衆生共之，迴向阿耨多
羅三藐三[6]菩提，不向聲聞、辟支佛地。是爲菩薩住毘梨耶波羅蜜[7]取羼提波羅蜜……若[8]聲聞、若辟支佛地，
何況餘法！是爲菩薩住般若波羅蜜取尸羅[9]波羅蜜。世尊！云何菩薩摩訶薩住[10]般若波羅蜜取羼提波羅蜜？
佛言：菩薩住般若波羅蜜，隨順法忍生，作是念：此法中無有法若起、若滅，若生、若死，若受罵詈、若受惡[11]口，
若割、若截，若破、若縛，若打、若殺。是菩薩從初發意乃至坐道場，若一切衆生來罵詈惡口、刀杖瓦石、割截
傷害、心不動，作是[12]念：甚[13]可怪！此諸[14]法中無有法受罵詈、惡口、割截、傷害者，而衆生受苦惱！是爲菩薩
住般若波羅蜜取羼提波羅蜜[15]。世尊！云何菩薩摩訶薩住般若波羅蜜取毘梨耶波羅蜜？佛言：菩薩住般若
波羅蜜，爲衆生説法，令行檀波羅蜜、尸羅波羅蜜、羼提波羅蜜、毘梨耶波羅蜜、禪波羅蜜、般若波羅蜜，教令
行四念處乃至八聖道分，令得須陀洹果、斯陀含[16]、阿那含[17]、阿羅漢果、辟支佛道，令得阿耨多羅三藐三菩提，
不住有爲性中，不住無爲性中。是爲菩薩住般若波羅蜜取毘梨耶波羅蜜。世尊！云何菩薩摩訶薩住般若
波羅蜜取禪波羅蜜？佛言：菩薩住般若波羅蜜，除諸佛三昧，入餘一切三昧：若聲聞三昧、若辟支佛三昧、
若菩薩三昧，皆行、皆[18]入。是菩薩住諸三昧，逆順出入八背捨。何等八？内有色相[19]外觀色，是初背捨；内無
色相[20]外觀色，二背捨；淨背捨，身作[21]證，三背捨；過[22]一切色相，滅有對相，不念種種相故，入無量虚空處，四

1　本卷對應《大智度論》寫本凡 1 號：S.4006 號 E（以下簡稱“甲本”）。

2　甲本始。

3　甲本終，尾題作“大智度論卷第八十　一百卷成部”。

4　本卷對應《大智度論》寫本凡 3 號：羽 210 號 Q（以下簡稱“甲本”）、上圖 042 號（以下簡稱“乙本”）、俄 Дx08979 號（以
下簡稱“丙本”）。

5　甲本（第 2 段）始。

6　“多羅三藐三”，甲本無。

7　甲本（第 2 段）終。

8　乙本始。

9　“尸羅”，乙本作“尸”，異譯詞。下同，不復出校。

10　“住”，乙本脱。

11　“受惡”，乙本作“惡受”，誤倒。

12　“是”，乙本無。

13　“甚”，乙本無。

14　“諸”，乙、宋、元、明、宫、聖本無。

15　“取羼提波羅蜜”，乙本脱。

16　“斯陀含”後，乙本有“果”。

17　“阿那含”後，乙本有“果”。

18　“皆”，乙本無。

19　“相”，乙、宫本無。

20　“相”，乙本作“想”，“想”爲“相”之借字。

21　“作”，乙本脱。

22　“過”，乙本作“是”，誤。

背捨；過一切虛空處，入無邊識處，五背捨[1]；過一切識處，入無所有處，六背捨[2]；過一切無所有處，入非有想非無想處，七背捨；過一切非有想非無想處，入滅受想處[3]，八背捨。於是八背捨，逆順出入九次第定。何等九？離諸欲，離諸惡不善法，有覺有觀，離生喜樂入初禪，乃至過非有想非無想處，入滅受想定；是名九[4]次第定，逆順出入。是菩薩依八背捨、九次第定，入師子奮迅三昧。云何名師子奮迅三昧？須菩提！菩薩離欲、惡不善法，有覺有觀，離生喜樂入初禪，乃至入[5]滅受想定；從滅受想定起，還入非有想非無想處；從[6]非有想非無想處起，乃至還入初禪。是菩薩依師子奮迅三昧，入超越三昧。云何爲超越三昧？須菩提！菩薩離欲[7]、離諸[8]惡不善法，有覺有觀，離生喜樂入初禪，從初禪起[9]乃至入非有想非無想處；非有想非無想處起入滅受想定；滅受想定起還入初禪，從初禪起入滅受想定；滅受想定起還[10]入二禪，二禪起入滅受想定；滅受想定起入三禪，三禪起入滅受想定；滅受想定起入四禪，四禪起入滅受想定[11]；滅受想定起入空處，空處起入滅受想定；滅受想定起入識處，識處起入滅受想定；滅受想定起入無所有處，無所有處起入滅受想定，滅受想定起入非有想非無想處，非有想非無想處起入滅受想定。滅受想定起入散心中[12]，散心中起入滅受想定，滅受想定起還入散心中；散心中起入非有想非無想處，非有想非無想處起還住散心中；散心中起入無所有處，無所有[13]處起住散心中；散心中起入識處，識處起住散心中；散心中起入空處，空處起住[14]散心中；散心中起入第四禪；第[15]四禪中起住散心中；散心中起入第三禪，第[16]三禪中起住散心中；散心中起入第二禪[17]，第二禪中起住散心中；散心中起入初禪，初[18]禪中起住散心中。是爲[19]菩薩摩訶薩住超越三昧，得諸法等相。是爲菩薩住般若波羅蜜取禪波羅蜜。

【論】[20]問曰：何以但[21]一波羅蜜爲主？答曰：行因緣次第應爾。菩薩有二種：在家、出家。在家菩薩福德因緣[22]故大富，大富故求佛道因緣，行諸波羅蜜，宜先行布施。何以故？既有財物，又知罪福，兼有慈悲心於衆生故，宜先行布施；隨次第因緣，行諸波羅蜜。出家菩薩以無財故，次第宜持戒、忍辱、禪定。次第所宜

---

1 "背捨"，乙本作"解脱"，異譯詞。
2 "背捨"，乙本作"解脱"，異譯詞。
3 "想處"，乙本脱。
4 "九"，乙本作"爲"，誤。
5 "入"，乙本脱。
6 "從"，乙、宋、宫本無。
7 "離欲"，乙本無。
8 "離諸"後，乙本有"欲"。
9 "從初禪起"後，乙本有"入第二禪"。
10 "還"，乙、宋、元、明、宫本無。
11 "滅受……想定"十六字，乙本脱。
12 "散心中"後，乙本衍"散心中起入識處，識處起住散心中；散心中起入空處，空處起入散心中"。
13 "所有"後，乙本衍"所有"。
14 "住"，乙本作"入"。
15 "第"，乙本作"中"。
16 "第"，乙本作"中"。
17 "第二禪"後，乙本有"中"。
18 "初"，乙本作"中"。
19 "爲"，乙、宋、元、明、宫本無。
20 "論"，乙、宋、宫、聖本無。
21 "但"，乙本作"故"。
22 "福德因緣"，乙本作"德"。

故名爲[1]主。除財施,餘波羅蜜皆出家人[2]所宜行。菩薩以羼提波羅蜜爲主,作是願:若人來截割[3]身體,不應生瞋心;我今[4]行菩薩道,應具足諸波羅蜜。諸波羅蜜中[5],檀波羅蜜最在初[6];於檀中所重惜者,無過於身,能以施人,不惜不瞋,能具足忍辱波羅蜜,攝取檀。菩薩住忍辱中,布施衆生衣食等諸物,盡給與[7];受者[8]逆罵、打害菩薩,破其施、忍;菩薩作是念:我不應爲虛誑身故毀[9]波羅蜜道,我應布施,不應生惡[10]心,不以小惡因緣故而生[11]廢退。是菩薩命未盡間,增益施心;若命終時,二波羅蜜力故,即生好處,續行布施。取尸羅波羅蜜者,問曰:住忍辱時不爲惡即是戒,何以故更説住忍取戒波羅蜜? 應當住戒攝忍! 答曰:此中説相,不説次第相生[12]。雖[13]和合而各各有相;若次第法,應先戒後忍[14]。戒[15]名不奪他命,忍名不自惜命;是故於忍[16]辱[17]中別説戒相。復次,忍名自攝其心,不起瞋[18]恚。持戒有二種:一者,不惱衆生;二者,自爲,生禪定[19]根本故。有菩薩行忍辱,未受持戒法,但以畏罪[20]故忍辱,未能深憐愍衆生。是人或從師聞,或自[21]思惟:持戒[22]是佛道因緣,不嬈衆生,我今已[23]能忍[24]辱,則行此[25]事易。是名説忍辱能取尸羅波羅蜜。復次,忍辱是心數法;持戒是色法。持戒名心生、口説、受持;忍辱但是心生,非受持法。復次,身、口清淨名持戒;意清淨名忍辱。問曰:禪、智波羅蜜亦是心清淨法,何以但説忍辱? 答曰:禪、智力大故不説;持戒時,心未能清淨,須忍辱守心故。此經中自説因緣:有菩薩大[26]功德智慧利根,於現在佛所[27]發心行諸[28]波羅蜜,是故世世增益,乃至阿耨多羅三藐三菩提,不墮惡處。爲是菩薩故説:從初發心乃至坐道場,不生瞋心,奪衆生命,亦不著二乘——皆是二

1　"名爲",乙本作"爲名",誤倒。

2　"人",乙本作"之人"。

3　"截割",乙本作"截割我",宋、元、明、宮本作"割截"。

4　"我今",乙本作"今我"。

5　"諸波羅蜜中",乙本無。

6　"初"後,乙本衍"禪"。

7　"盡給與"後,乙本有"之"。

8　"者",乙本脱。

9　"毀",乙本脱。

10　"惡",乙本脱。

11　"生",乙本無。

12　"相生",乙本作"相也生"。

13　"雖",乙本作"誰",誤。

14　丙本始。

15　"戒",乙本作"辱",誤。

16　"他命……於忍"十二字,丙本殘。

17　"辱",乙本脱。

18　"忍名……起瞋"九字,丙本殘。

19　"惱衆……禪定"十字,丙本殘。

20　"忍辱……畏罪"十一字,丙本殘。

21　"憐愍……或自"十二字,丙本殘。

22　"持戒",丙本殘。

23　"已",乙本作"以","以"通"已"。

24　"佛道……能忍"十三字,丙本殘。

25　丙本終。

26　"大",乙本無。

27　"所",乙本無。

28　"諸",乙本無。

波羅蜜功德故。離[1]三種心,迴向阿耨多羅三藐三菩提。三[2]心者,無人[3]、無法、無迴向處,無有我心、顛倒心。取毘梨耶波羅蜜者,若自集功德,若度衆生,發心不懈,乃至成辦其事;若有遮道因緣,心不没、不退[4],能堪受衆苦,不以久遠勤苦爲難。如經中説:是菩薩乃至過千萬由旬,乃至不得一人令入實法得涅槃,是時心亦不愁;若得一人令持五戒等,爾時心歡喜;不作是念:我過此無量國土,正得此一人,以爲愁苦。何以故?一人相即是一切人相[5],一切人相即是一人相[6],是諸法相[7]不二故。取禪波羅蜜者,是菩薩忍辱力故,其心調柔;心[8]調柔故易得禪定;於禪定中,得慈、悲等諸清淨心、心數法,皆以是不著心迴向阿耨多羅三藐三菩提。取般若波羅蜜者,菩薩住衆生忍中,忍[9]一切衆生加惡事,行大慈悲,是故得大福德;得大福德故心柔軟;心柔軟故易得法忍,所謂一切畢竟無生。住是法忍[10]中,觀一切法空相、離相、無盡、寂滅相,如涅槃相。爾時,還增長衆生忍:如是畢竟空中誰有罵者?誰有害者?爾時,具足二忍故,不見三事:忍法、忍者、忍處。如是不戲論一切法故,能見一切法空寂滅相如[11]涅槃。本願求佛道,不著是[12]畢竟空法故,乃至未坐道場不證實際。坐道場已,具足佛法;得佛道,轉法輪,隨意利益衆生,皆是般若波羅蜜力。住毘梨耶波羅蜜取檀波羅蜜者,菩薩[13]初用精進門入諸波羅蜜中,勤行五波羅蜜[14],身心精進,不休不息,精進更無異體。住是精進中,不畏阿鼻[15]泥梨苦,何況餘苦!菩薩亦知一切法畢竟空;從畢竟空出,以[16]慈悲心故,還起善業,不取涅槃,是精進力。菩薩住精進中,應作是念:我[17]久久必應當[18]得阿耨多羅三藐三菩提,不應[19]不得。是人過一由旬乃至百千由旬,以財、法二事施惠衆生;乃至過百千萬億國土,正使不得一人入三乘,菩薩心亦不悔、不没;不作是念:我爾所[20]佛土而不得一人可度,云何可得度一切人[21]?過百千國土,或得一人可令行[22]十善,不中入三乘,不以一人不得實相故,心懷輕悔。復作是念:我今並使此人行十善道,漸以三乘而度脱之。教十善已,復[23]以財、法二施滿足衆生,持是[24]功德迴向阿耨多羅三藐三菩提。身、心精進,過無數國,爲衆生説法。問曰:

1　"離",乙本作"雖",誤。

2　"三",乙本脱。

3　"人",乙本作"以",誤。

4　"不没不退",乙本作"不退不没"。

5　"相",乙、宋、宫、聖、石本無。

6　"一切……人相"九字,乙本作"一切人即是"。

7　"相",乙本無。

8　"心",乙本作"其心"。

9　"忍",乙本脱。

10　"法忍",乙本作"忍法"。

11　"相如",乙本作"相相如是"。

12　"是",乙本無。

13　"薩",乙本脱。

14　"蜜",乙本脱。

15　"阿鼻",乙本作"阿邊"。

16　"以",乙本無。

17　"我",乙本無。

18　"當",乙本無。

19　"不應",乙本脱。

20　"爾所",乙本作"爾許時取"。

21　"人",乙本作"衆生"。

22　"行",乙本作"教"。

23　"復"後,乙本衍"已"。

24　"是",乙本無。

一切布施皆以精進,何以但言此二施從精進生? 答曰:雖一切施皆由精進生[1],此以多精進力生故。如[2]經說:過百千國土,以二施滿足衆生。取尸羅波羅蜜者,菩薩直行十善道,是名尸羅波羅蜜;或從忍辱等波羅蜜生。若菩薩從初發心乃至坐[3]道場,捨十[4]不善道,行四十種善道,不休不息,是名精進波羅蜜力。有人一種不能行,何況四種! 亦以尸羅波羅蜜故,不生三界,不受二乘。衆生以[5]懈怠煩惱心[6]故,生三界中;厭[7]惡生死故,捨佛道,取小乘,此皆是[8]懈怠相;是故說是菩薩不貪三界、不證二乘。取羼提波羅蜜[9]者,菩薩從初發心乃至坐道場,若人、若非人來割截身體持去;爾時,菩薩破我顛倒,善集[10]畢竟空故,作是念:此中無有割者、截者,是事皆是凡夫虛誑所見;我得大利,我知諸法實相[11]時,能入涅槃,但爲憐愍衆生故受身;衆生自來取去,我不應惜。爾時,深入諸法實相:此中無有定[12]相,衆生自生怖畏。以此功德與衆生共之[13],迴向阿耨多羅三藐三菩提。是中若有罵詈、打害、能忍者,是爲忍[14];歡喜不退,是爲精進。是二法,或從精進生忍辱,或從忍辱生精進,今從精進生忍辱。取禪波羅蜜者。有人自然得禪定,如劫盡時;或有退得、生得;或上地生下地得。如是雖得禪定,不從精進生。有因大布施,破慳貪等五蓋,即得禪定;或有人持戒清淨[15]、修集忍辱故,因小厭心,便[16]得禪定;或有人大智慧力故,知[17]欲界無常虛誑不淨,即得禪定;禪定雖亦[18]虛誑,猶勝欲界。如是雖有精進,更因餘法得禪故,不名從精進生。有人不因五法爲主,但日夜精進,經行坐禪,常與心鬥;以信等五力,深御五蓋,若心馳散,便攝令還,如與賊鬥,乃至流汗。如是等人得禪定,從精進生。或有菩薩鈍根,宿罪所覆,深著世樂,馳逸難制;如是人深加精進,爾乃[19]得定。譬[20]如有[21]福德之人,安坐無事,福祿[22]自至;薄福之人,勤設方便、鬥戰乃得。有福之人自然得者,名爲福德自至;方便戰鬥得者[23],名爲精進而得[24]。如是一切處雖有精進,多處受[25]名。取般若波羅蜜者,菩薩[26]精進力故,得禪波羅蜜;得[27]禪波羅蜜故,生菩薩神通力。

1　"生",乙本無。

2　"如",乙本無。

3　"坐",乙本脫。

4　"十",乙本脫。

5　"以",乙本無。

6　"心"前,乙本衍"三"。

7　"厭",乙本作"能"。

8　"是"後,乙本衍"故"。

9　"取羼提波羅蜜"前,乙本衍"故"。

10　"集",乙、宋、元、明、宮本作"業"。

11　"相",乙、宋、元、明本無。

12　"定",乙本作"空",誤。

13　"之",乙、宋、元、明、宮本無。

14　"忍",乙本脫。

15　"清淨",乙本作"精進"。

16　"便",乙、聖本作"使",誤。

17　"知",乙本脫。

18　"亦",乙本無。

19　"乃",乙本無。

20　甲本(第1段)始。

21　"有",甲本無。

22　"祿",甲、乙本作"報"。

23　"者",甲本脫。

24　甲本(第1段)終。

25　"受",乙本脫。

26　"菩薩"後,乙本有"住"。

27　"得",乙本脫。

二事因緣故,以神通力遍至十方:未具足功德欲令具足,又[1]欲教化一切衆生。除四波羅蜜所生般若,餘智慧多從精進生故,住精進爲主,取智慧。般若波羅蜜者,有二種:一者,觀諸法實相,於一切法中,不見法相,不見非法相;二者,如所説行。人有懈怠心故[2],不能行二事;精進力故能具足行二事。住禪波羅蜜爲主,取五波羅蜜者,菩薩住禪波羅蜜中,心調柔不動,能觀察諸法實相[3]。譬如密[4]室然[5]燈,光照明了,是名住[6]禪波羅蜜生智慧。爾時,不[7]惱一切衆生,又加憐愍,是名甚深清淨持戒、忍辱。以神通力變化財物,具足布施;又遣化人爲一切説法。又菩薩從禪起,以清淨柔軟心爲衆生説法,是名布施。因禪定力起神通,周[8]至十方,導利一切而不懈息,是名精進。又因禪定令四波羅蜜增益,是名禪定生精進。餘義,如經廣説。住般若波羅蜜爲主,取五波羅蜜者,如經中佛自廣説。問曰:佛雖廣説,其中猶有[9]不解者,今當問:十八空中,何以不説四空?答曰:第十四名[10]一切法空;言一切者,法無不盡,是故不説。問曰:若爾者,但應説十四,何以有十八?答曰:彼中分別一切法相空,一切空皆總入十八空。此中爲行者説。行者[11]或行一空、二空乃至十四空,隨本所著多少故;有深著邪見者,以餘四空。所以者何?有法、無法等是外道邪見;是菩薩修慈悲,心柔軟故,不生如是有無見。復次,菩薩以十四空熏[12]心故,於有無中了了不錯,是故不説後[13]四空。問曰:何以故説菩薩如諸佛無貪著心,此説有何義?答曰:佛斷諸煩惱習不起,菩薩以般若力制令不起;今欲讚歎般若力故,結使雖[14]未斷,與佛斷無異,令人知貴般若般若[15]力故。發心作是念:此中無有法若生、若滅,若受罵詈割截等。問曰:此即是無生忍,何以言柔順忍?答曰:此中説破五衆和合假名衆生[16],不能破法,是故經説無生者滅者,無受罵詈者。又是人破我,雖觀法[17]空,未能深入,猶有著法愛[18]故。如得無生忍法,而有慈愍衆生;柔順忍中亦有念法空。是二法中:一、處衆生不可得故,名衆生忍;二、於[19]法不可得故,名爲法[20]忍。法[21]忍者不妨衆生忍,衆生忍不妨法忍,但以[22]深淺爲別。問曰:超越三昧,不得超二,又不從散心而入滅盡定,此中何以如是説?答曰:大小乘法異:不超二者,是小乘法中説;菩薩無量福德、智慧,深入禪定力故,能隨意超越。如人力超躑[23],不過丈數,若以天力超之,無廣遠之難。又《阿毘曇》中,皆爲凡夫人、聲聞人説;菩薩則不然,智慧力故,

---

1　“又”,原作“天”,誤,兹據乙本改。

2　“心故”,乙本作“故”,宋、元、明、宫本作“故心”。

3　“相”,乙本脱。

4　“密”,乙本作“蜜”,“蜜”通“密”。

5　“然”,乙本作“燃”。下同,不復出校。

6　“住”,乙本脱。

7　“不”,乙本脱。

8　“周”,乙本作“遍”。

9　“猶有”後,乙本衍“者”。

10　“名”,乙本作“名爲”。

11　“者”,乙本脱。

12　“熏”,乙本作“薫”。

13　“後”,乙本作“復”,誤。

14　“雖”,乙本脱。

15　“般若”,乙、宋、元、明、宫本無。

16　“生”,乙本脱。

17　“法”,乙本脱。

18　“愛”,乙本作“受”,誤。

19　“二於”,乙本作“施二”,“施二”當爲“二施”之倒,“施”又爲“於”之誤。

20　“法”,乙本脱。

21　“法”,乙本作“爲”,誤。

22　“但以”前,乙本有“法忍”。

23　“躑”,乙本作“擲”。

入師子奮迅三昧,能於諸法得自在;般若力故,能隨意自在說諸法,應適衆生。復有菩薩多行般若波羅蜜,知諸法實相,安住不動法中,一切世間天及人無能難詰、令傾[1]動者。若得財物布施二種衆生:若施佛,若施衆生;以衆生空故,其心平等,不貴著諸佛,不輕賤衆生——若施貧賤人,輕賤故福少;若施諸佛,貪著故福不具足。若以金銀寶物及施草木,以法空故,亦等無異。斷諸分別[2]一異等諸妄想,入不二法門布施,是名財施。法施亦如是,不貪貴有智能受法者,不輕無智不解法者。所以者何?佛法無量,不可說、不可思議故。若説布施等淺法,及説十二因緣、空、無相[3]、無作——空[4]、無相[5]、無作等諸甚深法[6],等無異。何以故?是法皆入寂滅不戲論法中故。如是等名般若生布施。復次,是菩薩於十方三世諸佛及弟子所修三種功德隨喜,皆與一切衆生共之,迴向阿耨多羅三藐三菩提。智慧力故,無所不[7]施,能與衆生[8]福德分。復有菩薩若布施時生種種好心,拔出慳貪根本而行布施;慈心施[9]故滅諸瞋恚;見受者得樂,歡喜故滅嫉妒心;恭[10]敬心施受者故,破[11]憍慢;了了信知[12]布施果報故,破疑及無明;不得與者、受者[13]定實故,破有、無等餘邪見。觀受者如佛,觀物如阿耨多羅三藐三菩提相,觀己身從本已來畢竟空。若如是布施,不虛誑故,直至阿耨多羅三藐三菩提。如是等相,名般若波羅蜜生檀波羅蜜。復次,菩薩深入[14]清淨般若波羅蜜故,非無衆生而[15]能受持十善等諸戒;欲破殺生顛倒故,有不殺生戒,非實相中有。復次,有人爲百由旬衆生持戒不殺,有[16]爲一閻浮提[17]衆生故持戒不殺,如是等爲有量衆生持戒。或[18]有一日持戒,或[19]受五戒、十戒,如是等有量持戒。菩薩行般若,爲無量國土一切衆生故持戒,不爲一世、二世,如:如、虛空[20]、法性、實際住。以畢竟空相故[21],不取是戒相,不憎[22]破戒,不著持戒。是名菩薩般若波羅蜜生具足無分別戒。忍辱有二種:一者,衆生忍;二者,法忍。菩薩深入[23]般若波羅蜜故,得諸法忍,能信受無量佛法,心無是非分別。如是相,名般若波羅蜜中生忍辱。復有菩薩勤精進具足五波羅蜜故,行[24]般若波羅蜜,得諸法實相,滅三業:身無所作,口無所説,心無所念。如人夢

1　"傾",乙、石本作"須",誤。

2　"分別"後,乙本有"無"。

3　"相",乙本作"想","想"爲"相"之借字。

4　"空",乙本脱。

5　"相",乙本作"想","想"爲"相"之借字。

6　"深法"後,乙本衍"深"。

7　"不",乙、聖、石本作"一"。

8　"生",乙本脱。

9　"慈心施",乙本作"慈悲心"。

10　"恭",乙本作"供","供"通"恭"。

11　"破",乙本脱。

12　"知",乙本作"如",誤。

13　"受者",乙本脱。

14　"入",乙本脱。

15　"而",乙本作"所"。

16　"有"後,乙本衍"一日"。

17　"提",乙本脱。

18　"或",乙本無。

19　"戒",乙本無。

20　"空",乙本脱。

21　"故",乙本無。

22　"憎",乙本作"增","增"通"憎"。

23　"入",乙本脱。

24　"行",乙本脱。

中没在大海，動[1]以手足求渡[2]，覺已夢心即息。是名從般若波羅蜜中生第一精進。如《持心經》中[3]説：我得是[4]精進故，於然燈佛得受記別。佛言：雖離智慧無禪定，多用智慧力得禪定，是故從智慧生禪定。如《佛説辟支佛經》中[5]：有一國王見二特牛婬欲故鬭死，即自[6]覺悟：我以[7]財色故，征伐他國，與此何異！即捨離五欲，得禪定，成辟支佛。菩薩亦如是，少多[8]因緣能厭[9]患五欲，籌量：五欲樂、禪樂[10]，相去懸遠，我豈可以五欲少[11]樂而棄禪定樂[12]？——禪定樂者，福德清淨、遍身受樂。如是等，從分別智慧生禪定[13]。禪定義，如經中説。復次，是菩薩於無量劫爲佛道故種善根，離欲故於諸禪定得自[14]在，深入如、法性、實際[15]；精進、方便、慈悲力故，出於甚深法，還修[16]功德。是人勝伏其心，一[17]念中能行[18]六波羅蜜，所謂菩薩布施時如法捨財，是爲檀波羅蜜；安住十善道中布施，不向二[19]乘，是爲尸羅波羅蜜；若慳貪等諸煩惱及魔人民來，不能動心，是名羼提波羅蜜；布施時身心精進，不休不息，是名精進波羅蜜；攝心在[20]布施，不令散亂，無疑無悔，正向阿耨多羅三藐三菩提，是名禪波羅蜜；布施時與者、受者、財物不可得，不如邪見取相，妄見[21]一定相；如諸佛賢聖觀物相，受者、與者[22]及迴向處相；法施時亦如是，是名般若波羅蜜。菩薩盡受諸戒，善心起正語、正業，三種律儀：戒律儀、禪定律儀[23]，無漏律儀；住是戒中，施一切眾生無畏[24]，是名檀波羅蜜。婬欲、瞋恚等諸煩惱欲破戒，能制能忍。復次，人來罵詈打害，畏破戒故，忍而不報；又復飢渴寒熱諸苦所逼，爲持戒故，如是等悉皆能忍[25]，是名羼提波羅蜜。分別諸戒相輕重：有殘無殘，因緣本末，或遮、或聽等，是心精進；能如[26]戒法行，有犯則下意懺除，是名身精進。以是持戒、精進，不求天王、人王，乃至不求小乘涅槃，但爲戒是菩薩道住處故，持戒能修集五波羅蜜，是名精進波羅蜜。菩薩若持戒清淨，不離禪定。何以故？持戒清淨，破諸煩惱力，心則[27]調伏。

---

1 "動"，乙、宫、聖本作"勤"。
2 "渡"，乙本作"度"，"度"通"渡"。
3 "中"，乙本無。
4 "是"，乙本無。
5 "中"，乙本無。
6 "即自"，乙本作"自即"，宋、元、明、宫本作"自"。
7 "以"，乙本作"今以"。
8 "少多"後，乙、石本有"有"。
9 "能厭"，乙、宋、元、明本作"厭"，石本作"能"。
10 "禪樂"，乙本作"禪定樂"。
11 "少"，乙本作"小"，"小"通"少"。
12 "禪定樂"後，乙本有"者"。
13 "定"，乙本脱。
14 "自"，乙本脱。
15 "實際"，乙本作"實相際"。
16 "修"，乙本脱。
17 "一"，乙本脱。
18 "行"，乙本脱。
19 "二"，乙本作"三"，誤。
20 "在"，乙本無。
21 "取相妄見"，乙本脱。
22 "與者"後，乙、元、明本有"相"。
23 "戒律……律儀"七字，乙本脱。
24 "畏"，原作"異"，誤，兹據乙本改。
25 "忍"，乙本脱。
26 "如"，乙本作"知"，誤。
27 "則"，乙本作"得"。

譬如老奪壯力,死來易壞。行者不得禪定故,念五欲,生五蓋,侵害持戒;是故爲戒堅牢故,求禪定樂[1]。禪定者[2],攝[3]諸心、心數法一處和合,名爲[4]禪定。行者能除惡身、口破戒業,次除三惡覺觀;然後除三細覺觀[5],所謂國土、親里[6]、不死。如是除已,即得禪定,是名禪波羅蜜。持戒時,知戒能生如是今世、後世功德[7]果報,是名智慧。復次,愛戒[8]、持戒、破戒者,三事不可得,是名智慧。人有三種:下人破戒,中人著戒,上人不著戒。是菩薩思惟:若我憎[9]破戒及破戒者,愛戒及持戒者[10],而生愛[11]、恚,則還受罪業因緣;譬如象浴洗[12]已,還以土坌。是故不應生憎[13]、愛[14]。復次,一切法皆屬因緣、無自在者,諸善法皆因惡生;若因惡生,云何可著? 惡是善因,云何可憎[15]? 如是思惟,直入諸法實相:觀[16]持戒、破戒皆從因緣生,從因緣生故無自性[17],無自性[18]故畢竟空,畢竟空故不著[19],是名般若波羅蜜。菩薩行忍辱時,作是念:若衆生來割截我身,我即布施,不令衆生得[20]劫盜之罪。或修忍[21]時,因忍説法,種種因緣分別世間、涅槃,令衆生住六波羅蜜中,得[22]衆生忍。能[23]以身施,是名[24]財施;得法忍,深入諸法,爲衆生説,是[25]爲法施。是二施從二忍生,故名檀波羅蜜。菩薩[26]行忍辱時,不惜身命爲忍辱[27],何況惱[28]衆生而破戒! 是故因忍[29]持戒,憐愍一切衆生欲度脱之。持戒名一切諸善法安立住處,是名尸羅波羅蜜。菩薩於忍中,身心勤行四波羅蜜,是名精進。於忍中心調柔不著五欲,攝心一處;我於一切衆生能忍如地,是名禪波羅蜜。菩薩知忍辱果報,相好嚴身等。菩薩修忍,能障諸煩惱,能忍衆生過惡,能忍受一切深法[30],後得諸法實相;是時,行者心中得是無生法忍,即是般若波羅蜜。菩薩住精進生諸波

1　“樂”,乙本作“者”。

2　“禪定者”,乙本無。

3　“攝”,乙本作“攝心”。

4　“爲”,乙本無。

5　“觀”,乙本脱。

6　“里”,乙本作“理”。

7　“功德”,乙、石本作“大功德”。

8　“愛戒”,乙、宋、元、明、宫、石本作“戒”,聖本無。

9　“憎”,乙本作“增”,“增”通“憎”。

10　“愛戒及持戒者”,乙本無。

11　“愛”,乙本作“受”,誤。

12　“洗”,乙、宋、宫本無。

13　“憎”,乙本作“增”,“增”通“憎”。

14　“愛”,乙本作“受”,誤。

15　“生若……可憎”十七字,乙本作“云何著惡是善因,云何可憎”。

16　“觀”,乙本無。

17　“自性”前,乙本衍“自”。

18　“無自性”,乙本脱。

19　“不著”,乙本脱。

20　“不令衆生得”,乙本作“不令衆得得生”,“得”衍其一,“得”“生”誤倒。

21　“忍”,乙本作“忍辱”。

22　“得”,乙本脱。

23　“能”後,乙本衍“能”。

24　“名”,乙本作“爲”。

25　“是”,乙本無。

26　“薩”,乙本脱。

27　“忍辱”後,乙本有“故”。

28　“惱”,乙本脱。

29　“忍”,乙本作“忍辱”。

30　“法”,乙本脱。

羅蜜,精進[1]雖是一切善根本,離精進則無善法可得,但以精進力多生五波羅蜜故,名精進生。菩薩常行三種施,未曾捨廢,財施[2]、法施、無畏施,是名檀波羅蜜。菩薩善身、口正業,直向佛道,不貪[3]二乘,是名尸羅波羅蜜。勤行精進,時有人來毀壞菩薩道,能忍不動,是名羼提波羅蜜。菩薩雖行種種餘法,心不散亂,一心念[4]薩婆若,是名[5]禪波羅蜜。有二種精進:一、動相,身、心勤行;二、滅一切戲論故,身、心不動。菩薩雖勤行[6]動精進,亦不離不動精進,不動精進不離般若[7]波羅蜜。菩薩入禪定慈悲心力故,施一切衆生無畏;或禪定力故,變化寶物如須彌山充滿一切,雨衆華香等供養諸佛,及施貧窮衆生衣服、飲食等;或入禪定中爲十方衆生説法,是名檀波羅蜜。此中隨禪定行[8]身、口善[9]業,及離聲聞、辟支佛心,是名尸羅波羅蜜。菩薩入禪定得清淨柔軟樂,能不著禪味;禪定力故能深入諸法空,能忍受是法,心不疑悔,是名羼提波羅蜜。菩薩忍辱[10]時,欲起諸三昧:超越三昧、師子奮迅三昧等無量諸菩薩三昧,不休不息,是名精進波羅蜜。菩薩禪定力故,心[11]清淨不動,能入諸法實相,諸法實相即是般若波羅蜜。菩薩行般若波羅蜜,能觀三種布施相,如阿耨多羅三藐三菩提,滅諸非有非無等戲論,是名無量無盡般若中檀波羅蜜。身、口業隨般若行,得般若故,能牢[12]固清淨持戒,是名尸羅波羅蜜。住般若心中,衆生忍、法忍轉深、清淨,是名羼提波羅蜜。行般若菩薩[13]身心清淨,得不動精進,觀動[14]精進如幻、如夢[15];得不動精進故,不入涅槃,是名精進波羅蜜。菩薩行是無礙般若[16]故,雖常入禪定,得般若波羅蜜力故,不起於禪而能度衆生,是名禪波羅蜜。如是等菩薩利智慧故,一心中一時能具足[17]六波羅蜜。

　　大智度論卷第八十一[18]。

大智度論釋大方便品第六十九(卷八十二)[19]

　　……何[20]以故? 是諸波羅蜜無自性故。以是因緣故,諸波羅蜜無[21]差別。須菩提白佛言:世尊! 若隨實義無分別,云何般若波羅蜜於五波羅蜜中最上、微妙? 佛言:如是! 如是! 須菩提! 雖實義中無有分別,但

1　"生諸……精進"七字,乙本脱。

2　"施",乙本作"物",誤。

3　"貪",乙本脱。

4　"念",乙本脱。

5　"名",乙本脱。

6　"勤行"後,乙本衍"不"。

7　"般若",乙本脱。

8　"行",乙本脱。

9　"善",乙本脱。

10　"辱",乙本脱。

11　"心",乙本脱。

12　"牢",乙本作"堅"。

13　"菩薩",乙本脱。

14　"動"前,乙本衍"不"。

15　"如幻如夢",乙本作"如夢、如幻"。

16　"般若",乙本作"般若波羅蜜"。

17　"足",乙、宋、元、明、宮本無。

18　乙本終,尾題作"第八十一卷　品六十七"。

19　本卷對應《大智度論》寫本凡3號:P.2427號4(以下簡稱"甲本")、羽210號R(以下簡稱"乙本")、俄Дx07345號(以下簡稱"丙本")。

20　甲本始。

21　"無",甲本作"故",誤。

以世俗法故，説檀波羅蜜、尸羅波羅蜜、羼提波羅蜜、毘梨耶波羅蜜、禪波羅蜜、般若波羅蜜。爲欲度衆生生死，是衆生實不生不死，不起不退。須菩提！衆生無所有故，當知一切法無所有；以是因緣故，般若波羅蜜於五波羅蜜中最上、最妙。須菩提！譬如閻浮提衆女人中，玉女寶第一、最上、最妙；般若波羅蜜亦如是，於五波羅蜜中第一、最上、最妙。須菩提白佛言：世尊！佛以[1]何意故説般若波羅蜜最上、最妙？佛告須菩提：是般若波羅蜜取一切善法到薩婆若中住，不住故。須菩提[2]白佛言：世尊！般若波羅蜜有法可取、可捨不？佛言：不也！須菩提！般若波羅蜜無法可取、無法可捨。何以故？一切法不可[3]取、不可[4]捨故。世尊！般若波羅蜜於何等法不取不捨？佛言：般若[5]波羅蜜於色不取不捨……

　　……月[6]是陰氣，日是陽氣，二氣和合，故萬物成長。是故日月於四天下，大有利益[7]。菩薩亦如是，於四生中，以大悲心憐愍衆生故，能隨所願行一切善法；大智慧[8]力故，破衆生著善法心。如是六波羅蜜等諸善增長成就，直至阿耨多羅三藐三[9]菩提[10]……以[11]布施破慳；持戒折薄諸煩惱；忍辱開福德門，能行[12]難事；精進如風吹火，熾然[13]不息；禪定攝[14]心[15]一定，觀諸[16]法實相故。是五波羅蜜，皆趣向般若波羅蜜；如諸小王朝宗轉輪聖王。如一切衆流皆入大海；布施等諸善法亦如是，爲般若波羅蜜所守護故，得至薩婆若[17]……譬如大[18]軍摧敵，而主將得功名。復有人言：諸善法不得[19]般若，不得至薩婆若；般若不得諸善法，獨能至薩婆若。如經説：師子雷音佛國，寶樹莊嚴，其樹常出無量法音，所謂一切法[20]畢竟空、無生無滅等。其土人民生便聞此法音故，不起惡心，得無生法忍。如此人何有布施、持戒等諸功德[21]。

1　“以”，甲、宋、元、明、聖本無。

2　“提”，甲本作“薩”，誤。

3　“可”，甲、宋、元、明、聖本無。

4　“可”，甲、宋、元、明、聖本無。

5　甲本終。

6　乙本（第3段）始。

7　“大有利益”，乙本作“有大益”。

8　“慧”，乙本作“惠”，“惠”通“慧”。

9　“多羅三藐三”，乙本脱。

10　乙本（第3段）終。

11　乙本（第2段）始。

12　丙本始。

13　“然”，乙本作“燃”，“然”爲“燃”之古字。

14　“定攝”，乙本脱。

15　“精進……攝心”十四字，丙本殘。

16　丙本終。

17　乙本（第2段）終。

18　乙本（第1段）始。

19　“不得”，乙本作“不能得”。

20　“法”，乙本脱。

21　乙本（第1段）終。

大智度論釋大方便品第六十九之餘(卷八十三)[1]

……善[2]知有爲相,善知無爲相;善知有法,善[3]知無法;善知自[4]性,善知他性;善知合法,善知散法;善知[5]相應法,善知不相應法,善知相應不相[6]應法;善知如,善知不如;善知法性,善知法位;善[7]知緣,善知無緣;善知陰,善知界,善知入;善知諦,善知十二[8]因緣;善知禪[9],善知無量心,善知無色[10]定;善知六波羅蜜[11],善知四念處,乃[12]至善知一切種智;善知有爲性,善[13]知無爲性;善知有[14]性,善知無性;善知色觀,善知受、想、行、識觀[15],乃至善知一切種智觀;善知色、色相空,善知受、想[16]、行、識、識相空[17]……

……佛[18]意:但一心精進欲學者可入。譬如熱時,清涼池[19],有目有足皆可入;雖近,不欲入者則不入。四[20]門、般若波[21]羅蜜池亦如是……乃至[22]分別善知三乘。善知字門者,如文字陀[23]羅尼中説。非字,名如、法性、實際,此中無文字[24]。略説義[25],是菩薩無量福德力故,善知二法——世間[26]及涅槃。若厭世苦,則念涅槃;若欲没涅槃,還[27]念世[28]間……

大智度論釋三慧品第七十之餘(卷八十四)[29]

聖者龍樹菩薩造

---

1 本卷對應《大智度論》寫本凡 3 號:俄 Дx12470 號 + 俄 Дx12488 號(以下簡稱"甲本")、俄 Дx08987 號(以下簡稱"乙本")、俄 Дx06290 號 A(以下簡稱"丙本")。

2 甲本始。

3 "善知……法善"十字,甲本殘。

4 "自"後,甲本衍"法"。

5 "善知……善知"十四字,甲本殘。

6 "善知……不相"十二字,甲本殘。

7 "善知……位善"十三字,甲本殘。

8 "善知……十二"十三字,甲本殘。

9 "入善……知禪"十三字,甲本殘。

10 "心善知無色",甲本殘。

11 "知六波羅蜜",甲本殘。

12 "乃",甲本殘。

13 "善知有爲性善",甲本殘。

14 "知有",甲本殘。

15 "識觀",甲本殘。

16 "善知受想",甲本殘。

17 甲本終。

18 乙本始。

19 "一心……涼池"十六字,乙本殘。

20 "近不……入四"九字,乙本殘。

21 乙本終。

22 丙本始。

23 "善知……字陀"十三字,丙本殘。

24 "字名……文字"十二字,丙本殘。

25 "義",丙本脱。

26 "無量……世間"十二字,丙本殘。

27 "世苦……榮還"十二字,丙本殘。

28 丙本終。

29 本卷對應《大智度論》寫本凡 3 號:臺圖 96 號(以下簡稱"甲本")、俄 Дx12259 號(以下簡稱"乙本")、俄 Дx06944 號(以下簡稱"丙本")。

後秦龜茲國三藏鳩摩羅什譯 [1]

【經】須菩提白佛言：世尊！若諸法無所爲、無所作，不應分別有三乘：聲聞、辟支佛、佛乘？佛告須菩提：諸法無所爲、無所作，無有分別；有所爲、有所作中有分別。何以故？凡夫愚人不聞聖法，著五受衆——所謂色、受、想、行、識，著檀波羅蜜，乃至著阿耨多羅三藐三菩提。是人念有是色、得是色，乃至念有是阿耨多羅三藐三菩提、得是阿耨多羅三藐三菩提。是菩薩作是念：我當得阿耨多羅三藐三菩提，我當度衆生生死。須菩提！我以五眼觀，尚不得色乃至阿耨多羅三藐三菩提。是狂愚人無目，而欲得阿耨多羅三藐三菩提，度脫衆生生死 [2]！須菩提白佛言：世尊！若佛以五眼觀，不見衆生生死中可度者，今世尊云何得阿耨多羅三藐三菩提，分別衆生有三聚：正定、邪定、不定？須菩提！我得阿耨多羅三藐三菩提，初不得衆生三聚——若正定、若邪定、若不定。須菩提！以衆生無法有法想，我以除其妄著，世俗 [3] 法故說有得，非第一義。世尊！非住第一義得阿耨多羅三藐三菩提耶？佛言：不也！世尊！住顛倒得阿耨多羅三藐三菩提耶？佛言：不也！世尊！若不住第一義中得，亦不住顛倒中得，將無世尊不得阿耨多羅三藐三菩提耶？佛言：不也！我實得阿耨多羅三藐三菩提，無所住若有爲相、若無爲相。須菩提！譬如佛所化人，不住有爲相，不住無爲相，化人亦有來有去，亦坐亦立。須菩提！是化人若行檀波羅蜜，行尸羅波羅蜜、羼提波羅蜜、毘梨耶波羅蜜、禪波羅蜜、般若波羅蜜，行四禪、四無量心、四無色定、五神通，行四念處乃至行八聖道分，入空三昧、無相三昧、無作三昧，行內空乃至無法有法空，行八背捨、九次第定，佛十力、四無所畏、四無礙智、大慈大悲，得阿耨多羅三藐三菩提，轉法輪。是化人化作無量衆生，有三聚。須菩提！於汝意云何？是化人有行檀波羅蜜，乃至有三聚衆生不？須菩提言：不也！須菩提！佛亦如是，知諸法如化，如化人度化衆生，無有實衆生可度。如是，須菩提！菩薩摩訶薩行般若波羅蜜，如佛所化人行！須菩提白佛言：世尊！若一切法如化，佛與化人有何等差別？佛告須菩提：佛與化無有差別。何以故？佛能有所作，化人亦能有所作。世尊！若無佛，化獨能 [4] 有所作不？佛言：能有所作。須菩提言：世尊！云何無佛，化能有所作？須菩提！譬如過去有佛名須扇多，爲欲度菩薩故，化作佛已，而自滅度；是化佛住半劫作佛事，授應菩薩行者記已滅度，一切世間衆生知佛實滅度。須菩提！化人實無生無滅。如是，須菩提！菩薩行般若波羅蜜，當信知諸法如化！世尊！若佛、佛所化人，無差別者，云何令布施清淨？如人供養佛，是衆生乃至無餘涅槃，福德不盡；若供養化佛，是人乃至無餘涅槃，福德亦應不盡耶？佛告須菩提：佛以諸法實相故，與一切衆生天及人作福田；化佛亦以諸法實相故，與一切衆生天及人作福田。佛告須菩提：置是化佛及於化佛所種福德，若有善男子、善女人但以敬心念佛，是善根因緣，乃至畢苦，其福不盡。須菩提！置是敬心念佛，若有善男子、善女人但以一華散虛空中念佛，乃至畢苦，其福不盡。須菩提！置是敬心念佛，散華念佛，若有人一 [5] 稱南無佛，乃至畢苦，其福不盡。如是，須菩提！佛福田中種其福無量。以是故，須菩提！當知佛與化佛無有差別，諸法法 [6] 相無異 [7] 故。須菩提！菩薩摩訶薩應如是行般若波羅蜜，入諸法實相中！是諸法實相不應壞，所謂般

1　甲本始。“大智度……譯”三十六字，甲本作“大智度經七十品釋論之餘卷八十四”。

2　“生生死”，甲本脱。

3　“俗”，甲、聖本作“間”。

4　“獨能”，甲本作“能獨”。

5　“一”，甲本作“二”。

6　“法”，甲本無。

7　“異”，甲本作“畢”，誤。

若波羅蜜相，乃至阿耨多羅[1]三藐三菩提相。須菩提白佛言：世尊[2]！若諸法實相不應壞，佛何以故[3]壞諸法相，言是色，是受、想、行、識，是内法[4]、是外法[5]、是善法、是不善法、是有漏、是[6]無漏、是世間、是出世間，是有静法、是無静法、是有爲法、是無爲法等？世尊！將無壞諸法相？佛告須菩提：不也！以名字相故示諸法，欲令衆生解；佛不壞[7]諸法法相。須菩[8]提白佛言：世尊！若以名字相故説諸法，令衆生解。世尊！一切法無名無相，云何以名相示衆生欲令解？佛告須菩提：隨世俗法有名相，實無著處。須菩提！如凡夫説苦，著名、隨相；須菩提！諸佛及弟子不著名、不隨相。須菩提！若名著名、相著相，空亦應著空，無相亦應著無相，無作亦應著無作，實際應[9]著實際，法性應[10]著法性，無爲性應[11]著無爲性。須菩提！是一切法但有名、相，是法不住名、相中。如是，須菩提！菩薩摩訶薩但名、相中住，應行般若波羅蜜，是名、相中亦不應著！世尊！若一切有爲法但名相者，菩薩摩訶薩爲誰故發阿耨多羅三藐三菩提心，受種種勤苦——菩薩行道時，布施、持戒、行忍辱、勤精進、入禪定、修智慧，行四禪、四無量心、四無色定，四念處乃至八聖道分，行空行、無相行、無作行，佛十力，乃至具足大慈悲？佛言：如須菩提所説：若一切有爲法但名相者，菩薩摩訶薩爲誰故行菩薩道？須菩提！若有爲法但名相等，是名相、名相相空，以是故，菩薩摩訶薩行菩薩道得一切種智；得一切種智已，轉法輪；轉法輪已，以三乘法度脱衆生。是名相，亦無生、無滅、無住異。爾時，須菩提白佛言：世尊！世尊説一切種智？佛告須菩提：我説一切種智。須菩提言：佛説一切智、説道種智、説一切種智，是三種智有何差別？佛告須菩提：薩婆若是一切聲聞、辟支佛智；道種智是菩薩摩訶薩智；一切種智是諸佛智。須菩提白佛言：世尊！何因緣故，薩婆若是聲聞、辟支佛智？佛告須菩提：一切，名所謂内外法，是聲聞、辟支佛能知，不能用一切道、一切種智。須菩提言：世尊！何因緣故，道種智是諸菩薩摩訶薩智？佛告須菩提：一切道，菩薩摩訶薩應知：若聲聞道、辟支佛道、菩薩道，應具足知；亦應用是道度衆生，亦不作實際證。須菩提白佛言：世尊！如佛説菩薩摩訶薩應具足諸道，不應以是道實際作證耶？佛告須菩提：是菩薩未淨佛土、未成就衆生，是時不應實際作證。須菩提白佛言：世尊！菩薩住道中，應實際作證？佛言：不也！世尊！住非道中，實際作證？佛言：不也！世尊！住道非道，實際作證？佛言：不也！世尊！住非道亦非非道，實際作證？佛言：不也！世尊！菩薩摩訶薩住何處，應實際作證？佛告須菩提：於汝意云何？汝住道中，不[12]受諸法故，漏盡得解脱不？須菩提言：不也！世尊！汝住非道，漏盡得解脱不？不也！世尊！汝住道非道，漏盡得解脱不？不也！世尊！汝住非道亦非非道，漏盡得解脱不？不也！世尊！我無所住，不受諸法，漏盡心得解脱。佛告須菩提：菩薩摩訶薩亦如是，無所住，應實際作證。須菩提言：世尊！云何爲一切種智相？佛言：一相故名一切種智，所謂一切法寂滅相。復次，諸法行類、相貌、名字顯示説，佛如實知，以是故名一切[13]種智。須菩提白佛言：世尊！一切智、道種智、一切種智，是三智結斷有差別、有盡、有餘不？佛言：煩

1　乙本始。

2　“菩提……世尊”十一字，乙本殘。

3　“應壞佛何以故”，乙本殘。

4　“識是内法”，乙本殘。

5　“法”，乙本殘。

6　“是”，乙本殘。

7　“壞”，乙本殘。

8　乙本終。

9　“應”，甲、石本作“亦應”。

10　“應”，甲、石本作“亦應”。

11　“應”，甲、石本作“亦應”。

12　“不”，原脱，兹據甲、元、明、宮本及《大正藏》本《摩訶般若波羅蜜經》補。

13　“切”，甲本作“相”，誤。

惱斷無差別；諸佛煩惱習一切悉斷，聲聞、辟支佛煩惱習不悉[1]斷。世尊！是諸人不得無爲法，得斷煩惱耶？佛言：不也！世尊！無爲法中可得差別不？佛言：不也！世尊！若無爲法中不可得差別，何以故説是人煩惱習斷、是人煩惱習不斷？佛告須菩提：習，非煩惱！是聲聞、辟支佛身、口有似婬欲、瞋恚、愚癡相，凡夫愚人爲之得罪。是三毒習，諸佛無有。須菩提白佛言：世尊！若道無法，涅槃亦無法，何以故分別説是須陀洹、是斯陀含、是阿那含、是阿羅漢、是辟支佛、是菩薩、是佛？佛告須菩提：是皆以無爲法而有分別，是須陀洹、是斯陀含、是阿那含、是阿羅漢、是辟支佛、是菩薩、是佛。世尊！實以無爲法故分別，有須陀洹乃至佛？佛告須菩提：世間言説故有差別，非第一義，第一義中無有分別説。何以故？第一義中無言説道，斷結故説後際。須菩提言：世尊！諸法自相空中，前際不可得，何況説有後際！佛告須菩提：如是！如是！諸法自相空中，無有前際，何況有後際！無有是處！須菩提！以衆生不知諸法自相空故，爲説是前際、是後際；諸法自相空中，前際、後際不可得。如是，須菩提！菩薩摩訶薩應以自相空法行般若波羅蜜。須菩提！若菩薩行自相空法，則無所著：若內法、若外法，若有爲法、若無爲法，若聲聞法、若辟支佛法、若佛法。須菩提白佛言：世尊！常説般若波羅蜜，般若波羅蜜以何義故，名般若波羅蜜？佛言：得第一度，一切法到彼岸，以是義故，名般若波羅蜜。復次，須菩提！諸佛、菩薩、辟支佛、阿羅漢，用是般若波羅蜜得度彼岸，以是義故，名般若波羅蜜。復次，須菩提！分別、籌量破壞一切法，乃至微塵，是中不得堅實，以是義故，名般若波羅蜜。復次，須菩提！諸法如、法性、實際皆入般若波羅蜜中，以是義故，名般若波羅蜜。復次，須菩提！是般若波羅蜜無有法——若合、若散，若有色、若無色，若可見、若不可見，若有對、若無對，若有漏、若無漏，若有爲、若無爲。何以故？是般若波羅蜜無色、無形、無對，一相所謂無相。復次，須菩提！是般若波羅蜜能生一切法、一切樂説辯、一切照明。須菩提！是般若波羅蜜，魔若魔天、求聲聞、辟支佛人及餘異道梵志、怨讎惡人不能斷壞菩薩行般若波羅蜜。何以故？是人輩，般若波羅蜜中皆不可得故。須菩提！菩薩[2]摩訶薩應如是行般若波羅蜜義！復次，須菩提！菩薩摩訶薩欲行深般若波羅蜜義，應行無常義、苦義、空義、無我義；亦應行苦智義、集智義、滅智義、道智義、法智義、比智義、世智義、他心智義、盡智義、無生智義、如實智義。如是，須菩提！菩薩摩訶薩爲般若波羅蜜義故，應行般若波羅蜜。須菩提白佛言：世尊！是深般若波羅蜜中，義與非義皆不可得，云何菩薩爲深般若波羅蜜義故，應行般若波羅蜜？佛告須菩提：菩薩摩訶薩爲深般若波羅蜜義故，應如是念：貪欲非義，如是義不應行；瞋恚、愚癡非義，如是義不應行；一切邪見無[3]義，如是義不應行。何以故？三毒如相，無有義、無有非義，一切邪見如相，無有義、無有非義。復次，須菩提！菩薩摩訶薩應作是念：色非義、非非義，乃至識非義、非非義，檀波羅蜜乃至阿耨多羅三藐三菩提非義、非非義。何以故？須菩提！佛得阿耨多羅三藐三菩提時，無有法可得——若義、若非義。須菩提！有佛、無佛，諸法法相常住，無有是義、無有非義。如是，須菩提！菩薩摩訶薩行般若波羅蜜，應離義、非義。須菩提白佛言：世尊！何以故般若波羅蜜非義、非非義？佛告須菩提：一切有爲法無作相，以是故，般若波羅蜜非義、非非義。世尊！一切賢聖，若佛、若佛弟子，皆以無爲爲義，云何佛言般若波羅蜜無有義[4]、非義？佛言：雖一切賢聖，若佛、若佛弟子，皆以無爲爲義，亦不以增，亦不以損。須菩提！譬如虛空如，不能益衆生，不能損衆生；如是，須菩提！菩薩摩訶薩般若波羅蜜無有增、無有損。世尊！菩薩摩訶薩不學無爲般若波羅蜜得一切種智耶？佛言：如是！如是！須菩提！菩薩摩訶薩學是無爲般若波羅蜜，當得一切種智，不以二法故。世尊！不[5]二

1　“悉”，甲本脱。

2　“菩薩”前，甲、宋、元、明本有“是”。

3　“無”，甲本作“非”。

4　“無有義”後，甲、石本有“以”。

5　“不”，甲、宋、元、明本作“不以”。

法能得不二法耶？佛言：不也！須菩提言：二法能得不二法耶？佛言[1]：不也！須菩提言：世尊！菩薩摩訶薩若不以二法，亦不以不二法，云何當得一切種智？須菩提！無所得即是得，以是得無所得。

【論】釋曰[2]：須菩提復問世尊：若一切法無作、無起相，云何分別有三乘？佛可其意，更説因緣：凡夫人未得道，著五衆故，亦著是空、無作、無起法故生疑：云何分別有三乘？汝已[3]得道，不著五衆，亦不著空、無作、無起，云何生疑？佛此中自説因緣：我以五眼尚不得色等諸法，狂人無眼而欲得！須菩提問：若無法、無衆生，云何説有三聚衆生？佛答：我觀衆生一聚不可得，云何有三？但爲欲破顛倒故，分別有三：能破顛倒者名正定；必不能破顛倒者是邪定；得因緣能破，不得則不能破，是名不定——皆以世俗法故説，非最第一義。問曰：佛實住第一義中得道，何以答須菩提言不？答曰：須菩提爲新發意著[4]者故問，是故佛言不。何以故[5]？顛倒有法中尚不可住，何況第一義無所有中住！是故須菩提疑：若二處不住，將無世尊不得正覺耶？佛答：實得阿耨多羅三藐三菩提道，但無所住。有爲性虛誑不實，無爲性空無所有，故不可住。此中佛欲明了是事故，説化佛譬喻：如化佛不住有爲性、不住無爲性，而能來去説法。問曰：化人來去説法可爾，云何能行檀波羅蜜等？答曰：不言化人能實行，衆生眼見似有所行。是化事，如經中説，乃至須扇多。須菩提意已信伏，種種因緣，化佛、真佛等無異，今猶少疑問佛：若無分別者，供養真佛乃至無餘涅槃福故不盡，供養化佛亦爾不？佛答：供養化佛、真佛，其福不[6]異。何以故？佛得[7]諸法實相故，供養福無盡；化佛亦不離實相故，若供養者心能不異，其福亦等。問曰：化佛無十力等諸功德，云何與真佛等？答曰：十力等諸功德皆入諸法實相；若十力等離諸法實相，則非佛法，墮顛倒邪見。問曰：若爾，真、化中定有諸法實相者，何以言惡心出佛身血得逆罪，不説化佛？答曰：經中但説惡心出佛身血，不辯真、化。若供養化佛得具足福者，惡心毀謗亦應得逆罪！惡人定謂化佛是真而惡心出血，血則爲出，便得逆罪。問曰：若爾者，毗尼中何以言殺化人不犯殺戒？答曰：毗尼中皆爲世間事、攝衆僧故結戒，不論實相。何以故？毗尼中有人、有衆生，逐假名而結戒，爲護佛法故，不觀後世罪多少。有後世罪重、戒中便輕；如道人鞭打殺牛羊等，罪重而戒輕。讚歎女人，戒中重、後世罪輕。殺化牛羊，則衆人不嫌、不譏、不論[8]，但自得心罪；若殺真、化牛羊，心不異者，得罪等。然制戒意，爲衆人譏嫌故爲重。是故經中説：意業最[9]大，非身、口業。如：人大行布施不及行慈三昧；行慈三昧，衆生無所得，而自得無量福。邪見斷善根人，不惱衆生而入阿鼻地獄。是故供養化佛、真佛，以心等故，其福不異。復次，此中佛説：置是化佛光相具足，有人見石泥像等，慈心念佛，是人乃至畢苦其福不盡。佛言：復置泥像，若有恭敬心，雖不見佛像，念佛故以華散空中，其福亦得畢苦。復置散華，但一稱南無佛，是人亦得畢苦其福不盡。問曰：云何但空稱佛[10]名字，便得畢苦其福不盡？答曰：是人曾聞佛功德，能度人老、病、死，若多[11]若少供養，及稱名字，得[12]無量福[13]，亦至畢苦不盡。是故福田無量故，雖濡心布施，其福亦

---

1. “佛言”，甲本無。
2. “釋曰”，甲本無。
3. “已”，甲本作“以”，“以”通“已”。
4. “著”，甲、元、明、聖、石本無。
5. “故”，甲本無。
6. “不”，甲本作“無”。
7. “得”，甲本作“答”，誤。
8. “不譏不論”，甲、宋、元、明、宫、聖、石本作“亦不譏論”。
9. “最”，甲、元、明本作“罪”。
10. “佛”，甲、宋、元、明、宫、聖、石本無。
11. “若多”，甲、聖、石本無。
12. “得”，甲本作“得福”，石本作“得無”。
13. “福”，甲、聖、石本無。

無盡。如是種種因緣譬喻故，真佛、化佛無異，於佛福田供養者，其福無量，以一切法實相無別無異故。爾時，須菩提問佛：世尊！若諸法實相無壞故二佛無異，今佛分別説諸法——是色，是受、想、行、識，乃至是有爲、是無爲法，將無壞諸法相耶？佛答：須菩提！佛雖種種分別説諸法，但以言説，欲令衆生得解[1]，心無所著。若二佛共語，不應説諸法名字；以衆生無及佛者，欲牽引令解故，説：是善、是惡。如《法華經》説火宅，以三乘引出諸子；但以名相説諸法，不壞第一義。須菩提問：雖以名相爲衆生説，無有實事，將無虚妄耶？佛答：聖人隨世俗言説，於中無有名相著處。佛此中自説因緣：如凡夫説苦，著名、取相；諸佛及弟子，口説苦而心不著，若著不名苦聖諦。苦諦即是名相等，無有定實；凡夫著者亦是名相，無有定實——云何空[2]名相中著空名相？若空名相中著名相者，空亦應著空，無相亦應著無相，無作亦應著無作，乃至無爲性亦應著無爲性。是法皆如凡夫苦諦相，但有名相；名相亦不住名相中。菩薩入是名、相等諸法門[3]中，住是名相般若中，應觀一切法無有實。須菩提問：若一切法但有名相，菩薩爲何等故發心？如經中説。佛答：若一切法但有名、相者，名相中名相亦空。——是法皆畢竟空，入如、法性、實際中，是故菩薩能發阿耨多羅三藐三菩提，乃至能以三乘度衆生。若諸法有定實、非名相者，即是無生滅；無生滅故，無苦、無集、無盡、無道，云何以三乘度衆生？若諸法但是空名相、無實者，亦無生滅；無生滅故，無苦、集、盡、道，亦云何可度？今菩薩知一切法名相等空，則離世間顛倒；亦知名相空，亦離名相空。如是離有、離無，處中道，能度衆生。佛意：菩薩行是中道般若，得一切種智。爾時，須菩提欲難故，先定佛語，乃問：世尊説一切種智耶？佛言：我説一切種智。復問：佛常説三種智；三種智有何差別？佛答：薩婆若是聲聞、辟支佛智。何以故？一切名内外十二入；是法，聲聞、辟支佛總相知，皆是無常、苦、空、無我等。道種智，是諸菩薩摩訶薩智。道有四種：一者，人天中受福樂道，所謂種福德；并三乘道爲四。菩薩法，應引導衆生，著大道中；若不任入大道者，著二乘中；若不任入涅槃者，著人天福樂中，作涅槃因緣。世間福樂道，是十善、布施諸福德；三十七品是二乘道；三十七品及六波羅蜜是菩薩道。菩薩應了了知是諸道。菩薩以佛道自爲、爲人，以餘三道但爲衆生是菩薩道種智。須菩提問：何以[4]道種智爲菩薩事？佛答：菩薩應具足一切道，以是道化衆生，雖出入是道，未教化衆生、淨佛國土而不取證；具足是事已，然後坐道場乃取證。是故，須菩提！道種智是菩薩事。須菩提復問：是菩薩住何處實際作證？須菩提意：若住道中作證，是事不然，有二過故：一者，有結使人，不應有畢竟清淨正智，若有則與佛無異，若異者有煩惱習氣故應有錯謬；二者，一切有爲法皆是虚誑，和合故有，假名，無有定實。是故佛言：不也！若住道中尚不得，何況非道！道、非道亦有二過故；非道非道，以著心取相故，亦言不也！爾時，須菩提意或作是念：佛所得道甚深，不可得底；是故復問：菩薩住何處實際作證？佛反問須菩提。問曰：佛何以故不直答而反問須菩提？答曰：須菩提自於所得道中了了無或，貴尚佛所證故，四句戲論，如有著心不了故問，是故佛以須菩提所得證反問：汝得道時住四句中得證耶？答言：不也！我無所[5]住而得漏盡。汝以無所住而心得解脱，當知菩薩摩訶薩亦如是，不住四句而證實際。是故佛反問。復有人言：四種答中，是名反問答。問曰：須菩提住金剛三昧，心得解脱，云何言不住道中？答曰：住名取相，定有是法；是人更求無爲勝法故，不名爲住有爲法，爲不[6]用故，不於中住。復有人言：住是名相，凡夫法中便有分別——是金剛，是解脱；得無相法，則無所分別。佛爲無相法故，反問須菩提：汝不應以名、相故問，汝不應以名、相爲難。

1　“解”，甲、宋、元、明本作“解脱”。

2　“空”，甲本脱。

3　“門”，甲本作“間”，誤。

4　“何以”，甲本作“何以故”。

5　“無所”後，甲本衍“得”。

6　“爲不”，甲、宋、元、明、聖、石本作“不爲”，宫本作“爲”。

一切種智是佛智。一切種智名一切三世法中通達無礙,知[1]大小、精麤,無事不知。佛自説一切種智義,有二種相:一者,通達諸法實相[2]故寂滅相。如大海水中風不能動,以其深故波浪不起;一切種智亦如是,戲論風所不能[3]動。二者,一切諸法可以名相文字言説,了了通達無礙。攝有、無二事故,名一切種智。有人言:十力、四無所畏、四無礙法、十八不共法,盡是智慧相和合,名爲一切種智。復有人言:金剛三昧次第得無礙解脱故,若大小、近遠、深淺、難易,無事不知。如是等種種無量因緣,名一切種智。須菩提聞是已,問佛:智慧故,有上、中、下分別,煩惱斷復有差別不? 佛言:無差別! 斷時有差別,斷已無差別。譬如刀有利鈍,斷時有遲速,斷已無差別。如來煩惱及習都盡;聲聞、辟支佛但煩惱盡,而習氣有餘。須菩提問佛:世尊! 三種斷,是有爲、是無爲? 佛答:皆是無爲。復問:世尊! 無爲法中可得差別不? 佛答:是法無相、無量,云何可得差別? 復問:世尊! 若無差別,云何説是斷中有餘、是斷中無餘? 須菩提! 是習不名真煩惱。有人雖斷一切煩惱,身、口中亦有煩惱相出;凡人見聞是相已,則起不清淨心。譬如蜜婆私詫阿羅漢,五百世在獼猴中,今雖得阿羅漢,猶騰跳樹木,愚人見之即生輕慢:是比丘似如獼猴! 是阿羅漢無煩惱心,而猶有本習。又如畢陵伽婆蹉阿羅漢,五百世生婆羅門中,習輕蔑心[4]故,雖得阿羅漢,猶語恒水神言:小婢! 止流! 恒神瞋恚,詣佛陳訴,佛教懺悔,猶稱小婢! 如是等身、口業煩惱習[5]氣,二乘不盡;佛無如是事。如一婆羅門惡口,一時以五百事罵佛,佛無愠[6]色;婆[7]羅門心乃歡喜,即復一時以五百善事讚歎[8]於佛,佛亦無喜色。當知佛煩惱習氣盡故[9],好、惡無異。又復佛初得道,實功德中出好名[10]聲充滿十方,唯[11]佛自知;而孫陀梨[12]梵志女,殺身[13]謗佛,惡名流布;佛於此二事,心無有異[14],亦不[15]憂喜。又入婆羅門聚落中,空鉢而出;天[16]人種[17]種供養。又復三月食馬麥;釋提桓因恭敬,以天食供養。阿羅婆伽林[18]中,棘刺寒風,佛在中宿;又於歡喜園中,在天白寶石上,柔濡滑澤,又敷天卧具。於此好、惡事中,心無憂喜。又提婆達瞋[19]心以石堆佛,羅睺羅敬心合手禮佛;於此二人,其心平等,如愛兩眼。如是等種種干亂,無有異想;譬如真金,燒磨鍛截,其色不變。佛經此衆事,心無增減,是故可知:諸佛愛、恚等諸煩惱習氣都盡。須菩提意:若諸法實相中,若道、若涅槃無所有;若無所有,何以分別是須陀洹乃至辟支佛習氣未盡,佛習氣盡? 佛言:三乘聖人,皆以無爲法而有差別。雖因無爲有差別,而有爲法中可得説。須菩提欲定佛語,故問:世尊! 實以無爲法故有差別耶? 佛答:世俗法語言名相故可分別,第一法中無分別。何以故? 第一義中一切語言道斷,以一切心所行斷故;但以諸聖

1　"知",甲本作"智知",宋、元、明、石本作"知智",宫、聖本作"智","智"通"知"。
2　"相",甲本脱。
3　"能",甲本無。
4　"心",甲本作"人心"。
5　"習",甲、聖本無。
6　"愠",甲、宫、石本作"恨",聖本作"慢"。
7　丙本始。
8　"門心……讚歎"十六字,丙本殘。
9　"亦無……盡故"十三字,丙本殘。
10　"又復……好名"十三字,丙本殘。
11　"唯",甲本作"惟"。
12　"孫陀梨",甲本作"酸陀利",石本作"酸陀梨"。
13　"唯佛……殺身"十三字,丙本殘。
14　"流布……有異"十一字,丙本殘。
15　"不",丙本作"無"。
16　"入婆……出天"十二字,丙本殘。
17　丙本終。
18　"阿羅婆伽林",甲本作"阿羅波伽林",異譯詞。
19　"瞋",甲本作"瞋恚"。

人結使斷故，説有後際。後際者，所謂無餘涅槃。須菩提問：世尊！諸法自相空故，前際不可得，何況後際！何以故？因前際故有後際。佛可其意，以衆生不知諸法自相空故，説是前際、是後際；自相空諸法中，前、後際不可得。何以故？若先有生，則後有老死；若離老死有生，是則不死而生，是生無因無緣；若先老死後有生者，不生云何有老死？先後既不可得，一時亦不可得，以是故説自相空法中，無有前後際。佛言：如是！須菩提！菩薩應以自相空法行般若，内外法乃至佛法不著故。問曰：上來常説般若波羅蜜相，今何以更問？答曰：不但問相，人常説般若波羅蜜，般若波羅蜜以何義故名般若。佛言：以第一度，一切法到彼岸，名般若波羅蜜。第一度者，聲聞人以[1]下智度；辟支佛以中智度；菩薩以上智度，故名第一度。復次，煩惱有九種，上、中、下，各有三品；智慧亦有九種：下下智慧從鈍根須陀洹來，乃至上下是第一聲聞舍利弗等；上中是大辟支佛；上上是菩薩，以上上智慧度故，名第一度。聲聞、辟支佛但總相度，於別相少；菩薩一切法總相、別相皆了了知故，名第一度。復次，菩薩度時，智慧遍滿可知法中；二乘人可知法中不能遍滿。是故名第一度。復次，第一度者，大乘福德、智慧、六波羅蜜、三十七品具足滿，故安隱度。又十方諸佛、大菩薩、諸天皆來佐助，安隱得度。如人乘七寶船，牢治行具，上有種種好食，有好導師，遇隨意好風，則爲好度；若人乘草栿度恐怖[2]，不名好度。復次，佛説：三乘人以是般若[3]波羅蜜度到[4]彼岸涅槃，滅一切憂苦，以是義故，名般若波羅蜜。復次，是般若波羅蜜中一切法，内外、大小、思惟、籌量、分別、推求，乃至如微塵不得堅實，既到微塵，則不可分別；心心數法，乃至一念中，亦不可分別。是般若波羅蜜中，心、色二法破壞，推求不得堅實，以是義故，名般若波羅蜜。復次，般若名慧；波羅蜜，到彼岸。彼岸名盡一切智慧邊。智慧名不可破壞相；不可破壞相即是如、法性、實際，以其實故不可破壞。是三事攝入般若中故，名爲般若波羅蜜。復次，般若波羅蜜，無有法[5]與法有合有散，畢竟空故；是般若，無色、無形、無對，一相——所謂無相，是義如先説。如是等種種因緣故，名般若義。今當説般若力，所謂般若能生一切智慧、禪定等諸[6]法；能生一切樂説辯才；以般若力故演説一句，種種莊嚴窮劫不盡；星宿日月不能照處，般若能照，能破邪見、無明黑闇故。魔若魔人、求聲聞、辟支佛人、外道、惡人所不能壞。何以故？菩薩行般若，此諸惡人於般若中皆不可得故。復次，若行者一心信受、諷誦，諸惡不能得便，何況正憶念、如説行！如是，須菩提！菩薩應行般若義。般若義者，所謂無常義，苦、空、無我義，四諦智、盡智、無生智、法智、比智、世智、知他心智、如實智義故，應行般若。是般若如大海有種種寶物，或大或小，唯[7]一是如意寶；般若波羅蜜亦有種種諸智慧寶——無常等四聖行、十智，唯[8]有如實智，如如意寶。問曰：如先品説，若常、若無常等行，不名行般若波羅蜜；今何以言行無常等義故，應行般若波羅蜜？答曰：我已先答，無常有二種：若著心戲論無常，是不名行般若；若以無著心不戲論無常，爲破常倒[9]，又不自生著心，是名行般若。問曰：三藏中但有十智，此中何以有如實智？答曰：是故名大乘！大法能受小法，小不能受大。問曰：十智各各有體相，如實智有何等相？答曰：有人言：能知諸法實相——所謂如、法性、實際，是名如實智相。佛此中説：如實智，唯[10]是諸佛所得。何以故？煩惱未盡者，猶有無明故，

1　“以”，甲本作“已”，“已”通“以”。

2　“度恐怖”，甲、石本作“恐怖度”。

3　“般若”，甲本作“波若”，異譯詞。

4　“到”，甲本無。

5　“法”，甲本脱。

6　“諸”，甲本作“語”，宫本作“謂”，皆誤。

7　“唯”，甲本作“惟”。

8　“唯”，甲本作“惟”。

9　“倒”，甲本作“到”，“到”通“倒”。

10　“唯”，甲本作“惟”。

不能知如實。二乘及大菩薩，習未盡故，不能遍知一切法、一切種，不名如實智；但諸佛於一切無明盡無遺餘故，能如實知。問曰：若除佛更無如實知[1]者，二乘云何得涅槃？大菩薩得無生忍？答曰：如實智有二種：一者[2]，遍滿具足；二者，未具足。具足者，佛；不具足者，二乘及大菩薩。譬如闇室中，爲有所作故然[3]燈，所爲已辦；後來燈，其明益增。黑闇有二分：一分，初燈已除；第二分，後燈所除。第二分闇與初燈明和合；若不爾，第二燈則無所用。如是，二乘及大[4]菩薩智慧雖已[5]破無明，佛智慧所除無明分是諸人所不能除。不得言初燈無照[6]；如是，不得言二乘及菩薩智慧是遍如[7]實智[8]。遍[9]如實智，是佛；但如實智，二乘及菩薩所不[10]共。爾時，須菩提問佛：世尊！若深般若中義、非義不可得，云何言菩薩爲深般若義故行般若？佛答：貪欲等煩惱非義不應行者，諸法有三分：貪欲等諸煩惱是非義；六波羅蜜等諸善法是義；色等法無記故，非義非非義。若人於煩惱及行煩惱者中，生怨憎心；於六波羅蜜等諸善法及行善法者中，生愛念心；於色等無記法及行無記法者中，即生癡心。如經中説：凡人得受樂時生貪心，受苦時生瞋心，受不苦不樂時生癡心。是故説菩薩應作是念：欲貪[11]等非義，不應念以爲非，如經廣説。此中自説因緣：惡法、善法、無記法，一如相，無有義、非義，如相無二無分別故。復次，佛得道時，不見一法若義、若非義。諸法實相，有佛、無佛常住，不作、非義。若如是知，即是義；但破分別心故，説義、非義不應行。如是，須菩提！菩薩應行是離義非義般若波羅蜜。須菩提復問：何緣故般若非義非非義？佛答：一切法無作無起相故，無所能作，云何般若波羅蜜作義以非義？須菩提復問：世尊！若一切諸佛及弟子皆以無爲法爲義，佛何以説般若波羅蜜不能作義以非義？佛答：一切聖人雖以無爲法爲義，不作義以非義，無增無損故。此中説譬喻：如虚空如不能益衆生、不能損衆生。虚空無法故，無有義以非義，何況虚空如！虚空雖無法，一切世間因虚空故得有所作；般若波羅蜜亦如是，雖無相無爲，而因般若能行五波羅蜜等一切佛道法。以著心故，説般若無義、非義；無著心故，説第一實義。以世諦故説言義；第一義中無有義。復次，般若有二種：一者，有爲；二者，無爲。學有爲般若，能具足六波羅蜜，住十地中；學無爲般若，滅一切煩惱習，成佛道。今須菩提問佛[12]：世尊！菩薩學無爲般若得一切智，云何言無義？佛答：雖得薩婆若，不以二法故得。分別取相者，是名二法。復問：不二法能得不二法耶？佛答：不也！何以故？不二法即是無爲，無爲無有得不得相，是無爲法不可行故。復問：若以不二法不得，可以二法得不二法不？答言：不也！何以故？二法虚誑不實故，云何行不實而得實法？復問：世尊！若不以二、不以不二，云何當得一切種智？佛答：無所得即是得。此中二、不二，即是無分別，皆無所得。是無所得，不以有所得爲行；雖行有爲法得是無所得，心不取相故無所得。何以故？與空、無相、無作合行故[13]……

1　“知”，甲、元、明、聖、石本作“智”，“知”爲“智”之古字。

2　“者”，原作“有”，誤，茲據甲、宋、元、明、宮、聖本改。

3　“然”，甲本作“燃”，“然”爲“燃”之古字。

4　“大”，甲本無。

5　“已”，甲本無。

6　“照”，甲本作“炤”。

7　“如”，甲本作“知”，誤。

8　“智”，甲、宋、元、明、聖、石本作“知”，宮本無。

9　“遍”，甲本作“遍知”。

10　“不”，原脱，茲據甲、宋、元、明、宮、石本補。

11　“欲貪”，甲、石本作“貪欲”。

12　“佛”，甲本脱。

13　甲本終。

大智度論釋道樹品第七十一（卷八十五）[1]

聖者龍樹菩薩造

後秦龜兹國三藏鳩摩羅什譯[2]

【經】須菩提白佛言：世尊！是般若波羅[3]蜜甚深！世尊！諸菩薩摩訶薩不得衆生[4]，而爲衆生求阿耨多羅三藐三菩提，是爲甚[5]難！世尊！譬如人[6]欲於虛空中種樹……

……須菩提聞是菩[7]薩功德甚多，白佛言：世尊！菩薩能如説行般若波羅蜜[8]，一切[9]世間應當作禮。如經中廣説，分[10]別初發意菩薩功德。爾時，須菩提知是甚[11]深般若無憶想，非初學所得，是故問佛：初發心[12]菩薩，應念何[13]等法？佛答：應念一切種智。一切種智者，即是阿耨多羅三藐三菩提、薩婆若、佛法、佛道，皆是一切[14]種智異名。問曰：佛[15]何以答言念一切種智？答曰：初發[16]意菩薩未得深智慧[17]，既捨世間五欲樂故[18]，佛教繫[19]心念薩婆若；應作是念[20]：雖捨小雜樂，當得清淨大樂；捨顛倒虛誑[21]樂，得實樂，捨繫縛樂，得解脱樂；捨獨善樂，得共一切衆生善樂。得如是等利益故，佛教初發意者，常念薩婆若。須菩提問：世尊！是一切種智，爲是有法[22]？爲是無法[23]？何等緣？何等增上？何等行？何等相？佛[24]答：須菩提！一切種智無所有。無所有名非法，無生無滅。諸法如實緣亦無所有，念爲增[25]上，寂滅爲行，無相爲相——問曰：皆是[26]畢竟空，念何

1　本卷對應《大智度論》寫本凡 3 號：俄 Дx01085 號（以下簡稱“甲本”）、敦研 223 號（以下簡稱“乙本”）、敦研 064 號（以下簡稱“丙本”）。

2　甲本始。“大智度……譯”三十五字，甲本作“▆▆一段經文　卷八十五”。

3　“經須……波羅”十四字，甲本殘。

4　“尊諸……衆生”十一字，甲本殘。

5　“耨多……爲甚”十一字，甲本殘。

6　甲本終。

7　乙本始。

8　“菩薩……羅蜜”十一字，乙本殘。

9　“一切”，乙本作“若一切”。

10　“廣説分”，乙本殘。

11　“知是甚”，乙本殘。

12　“佛初發心”，乙本殘。

13　“何”，乙本脱。

14　“法佛……一切”七字，乙本殘。

15　“佛”，乙本脱。

16　“初發”，乙本殘。

17　“慧”，乙本脱。

18　“故”，乙、宋、元、明、宫、聖本無。

19　“繫”，乙本殘。

20　“是念”，乙本作“念是”，誤倒。

21　“誑”，乙本作“妄”。

22　“有法”，乙本作“有爲法”。

23　“無法”，乙本作“無爲法”。

24　“佛”，乙本作“能”，誤。

25　“增”，乙本殘。

26　“是”，乙本無。

以[1]獨言增上？答曰：諸法各各[2]有力，佛智慧是畢竟空，如[3]、法性、實際，無相，所謂[4]寂滅相。佛[5]得一切種智，不復思惟[6]，無復難易遠近，所念皆得故，言念爲增上。須菩提問[7]：世尊！但一切種智無法，色等法[8]亦無法？佛答：色等一切法[9]亦是無法。自說因緣：若法從因緣和合生，即無自性；若法[10]無自性，即是空無法。以是因緣故，當知一切法無[11]所有性。須菩提問：初發心菩薩以何方便行[12]檀波羅蜜，乃至一切種智，淨佛世界[13]，教化衆生？佛答[14]：無所有法性中學，入觀亦能集諸功德，教化衆生[15]，淨佛世界，即是方便力[16]。所謂[17]有、無二法，能[18]一時行故……

……十智相應受、想、行、識，身、口業及心不相應諸行[19]，皆名菩提——共緣、共生、共相佐助故，皆名菩提。復[20]有人言：菩提[21]義無量無邊，唯佛能遍知，餘人知其[22]少分；譬如轉輪聖王寶藏中諸寶，無能分別知其價[23]者，聖王出寶賜人，正可知[24]其所得者。此中，須菩提問佛菩提相已[25]，更問世尊：若菩提畢竟空不壞相，菩薩行六波羅蜜諸法，增益何等善根？佛答：若菩薩行是菩提實相，於一切法無所[26]增益，何況善根！何以故？般若波羅蜜，不爲得失乃至垢淨故出，畢竟清淨故。佛可其意。復更問：若無增減，云何菩薩行般若取檀波羅蜜等諸菩薩行？佛答：菩薩雖行是法，不以二法故行。畢竟空和合共行，是故不應難。復問：世尊！若菩薩不行二法，云何從初發意乃至後[27]心增長善根？佛答：若人行二法，即是顛倒，不能增長善根。如人夢中雖大得財，竟無所得；覺已所得多少，真名爲得。佛語[28]須菩提：一切凡人，皆著二法故，不能增益善根；菩薩行諸法實相，所謂不二法，從初發心[29]來乃至後心，增益善根，無有錯謬。是故菩薩，一切天、人、阿修羅

---

1 "念何以"，乙本殘。

2 "各各"，乙本作"若"。

3 "竟空如"，乙本殘。

4 "所謂"，乙本作"實"。

5 "佛"，乙本無。

6 "不復思惟"，乙本殘。

7 "增上須菩提問"，乙本殘。

8 "法"，乙本脫。

9 "無法……切法"九字，乙本殘。

10 "從因……若法"十二字，乙本殘。

11 "故當……法無"七字，乙本殘。

12 "何方便行"，乙本殘。

13 "世界"，乙本作"國土"。下同，不復出校。

14 "化衆生佛答"，乙本殘。

15 "功德教化衆生"，乙本殘。

16 "力"，乙本脫。

17 "謂"，乙本脫。

18 乙本終。

19 丙本始。

20 "復"，丙本作"復次"。

21 "提"，丙本作"薩"，誤。

22 "知其"，丙本作"智甚"，誤。

23 "價"，丙本作"賈"，"賈"爲"價"之古字。

24 "知"，丙本脫。

25 "相已"，丙本作"佛答善相已"。

26 "所"，丙本脫。

27 "後"，丙本作"得"，誤。

28 "語"，丙本作"問"。

29 "心"，丙本作"意以"。

無能壞其善根、令墮二乘；及餘衆惡亦不能壞。餘惡者，慳貪等煩惱，破檀波羅蜜諸善法等。復問：世尊！菩薩爲善根故行般若耶？佛答：不爲善、不爲不善故行般若。問曰[1]：不爲不善根故行般若，可爾；云何不爲善根故？答曰：此中佛意貴阿耨多羅三藐三菩提故；雖行諸善根，爲辦[2]事故行，不以爲貴。如《栰喻經》說：善法尚應捨，何況不善法！善根是助佛道法，若人不爲栰故渡[3]，爲到彼岸故渡[4]。此中佛説因緣[5]……

大智度論釋遍學品第七十四（卷八十六）[6]

……若生辟支佛道，作辟[7]支佛！世尊！若菩薩摩訶薩作八人，然後[8]入菩薩位，無有是處！不入菩薩位，得一切[9]種智，亦無是處！作[10]須陀洹乃至作辟支佛……

……云何分別有三[11]乘？或問：世尊有相者乃至不得順忍，云何[12]當觀八地，入菩薩位？如是等種種問，異門故[13]義[14]得差別，般若無一定相故。佛可須菩[15]提意[16]：如是！如是！須菩提先問順忍者，是[17]小乘順忍；今須[18]菩提[19]問菩薩順忍法。若菩薩[20]行般若[21]時……

大智度論釋次第學品第七十五之餘（卷八十七）[22]

……是菩薩[23]亦知十方諸佛心，及知一切衆生念，知已[24]，隨其心而爲[25]説法。是菩薩以宿命智知一切衆生宿世善根，爲衆生説法，令其歡喜。是菩薩以漏盡神通，教化衆生，令得三乘。是菩薩摩訶薩行般若波羅蜜，以方便力成就衆生，具足一切種智，得阿耨多羅三藐三菩提，轉法輪。如是，須菩提！菩薩摩訶薩無相、

1　"問曰"，丙本無。

2　"辦"，丙本作"辯"，誤。

3　"渡"，丙、聖、石本作"度"，"度"通"渡"。

4　"渡"，丙、聖、石本作"度"，"度"通"渡"。

5　丙本終。

6　本卷對應《大智度論》寫本凡 3 號：俄 Дх04038 號＋俄 Дх04039 號Ｂ（以下簡稱"甲本"）、俄 Дх09508 號（以下簡稱"乙本"）、俄 Дх08230 號（以下簡稱"丙本"）。

7　甲本始。

8　"菩薩……然後"十字，甲本殘。

9　"處不……一切"九字，甲本殘。

10　甲本終。

11　乙本始。

12　"問世……云何"十四字，乙本殘。

13　丙本始。

14　"地入……故義"十五字，乙本殘。

15　"得差……須菩"十四字，丙本殘。

16　"別般……提意"十四字，乙本殘。

17　"如是……者是"十三字，丙本殘。

18　"須菩……今須"十五字，乙本殘。

19　乙本終。

20　"菩提……菩薩"十一字，丙本殘。

21　丙本終。

22　本卷對應《大智度論》寫本凡 1 號：中村 042 號（以下簡稱"甲本"）。

23　甲本始。

24　"方諸……知已"十三字，甲本殘。

25　"爲"，甲、宋、元、明、宮本無。

無得、無作法中,具足羼提波羅蜜。須菩提言:世尊! 菩薩摩訶薩,云何於諸法無相、無作、無得,能具[1]足毗梨耶波羅蜜? 佛告須菩提:菩薩摩訶薩行般若波羅蜜時,成就身精進、心精進。入初禪,乃至入第四禪,受種種神通力,能分一身爲多身,乃至手捫摸日月。成就身精進故,飛到[2]東方過無量百千萬諸佛世界,供養諸佛飲食、衣服、醫藥、臥具,華香、瓔珞種種所須,乃至阿耨多羅三藐三菩提,福德果報終不可[3]盡。是菩薩得阿耨多羅三藐三菩提時,一切世間天及人勤設供養衣服、飲食,乃至入無餘涅槃後舍利及弟子得供養。亦以[4]是神通力故,至諸佛所,聽受法教,乃至阿耨多羅三藐三菩提,終不違失。是菩薩修一切種智時,淨佛世界[5]、成就[6]衆生。如是,須菩提! 菩薩摩訶薩行般若波羅蜜,成就身精進,能具足毗梨耶波羅蜜。須菩提! 云何菩薩成就心精進[7],能具足毗梨耶波羅蜜? 須菩提[8]! 菩薩摩訶薩心精進,以是心精進聖無漏,入八聖道分精進,不令身、口不善業得入[9];亦不取諸法相——若常、若無常,若苦、若樂,若我、若無我;若有爲、若無爲;若欲界、若色界、若無色界;若有漏性、若無漏性。若初禪乃至第四禪,若慈、悲、喜、捨,若無邊虛空處乃至非有想非無想處;若四念處、若[10]四正勤、四如意足、五根、五力、七覺分、八聖道分;若空、無相、無作;若佛十力乃至十八不共法,不取相——若常、若無常,若苦、若樂,若我、若無我。若須陀洹果、斯陀含果[11]、阿那含果[12]、若阿羅漢果、若辟支佛道,若菩薩道、若阿耨多羅三藐三菩提;若是[13]須陀洹、斯陀含、阿那含、阿羅漢,若是辟支佛,是菩薩,是佛,不取相——是衆生斷三結故,得須陀洹;是衆生三毒薄故,得斯陀含;是衆生斷下分[14]結故,得阿那含;是衆生斷上分[15]結故,得阿羅漢;是衆生以辟支佛道故,作辟支佛;是衆生行道種智故,名菩薩,亦不取是諸法相。何以故? 不[16]可以性取相,是性無故。是菩薩以是心精進故,廣[17]利益衆生,亦不得是衆生,是爲菩薩具足毗梨耶波羅蜜。具足諸佛法,淨佛國土,成就衆生,不可得故。是菩薩身精進、心精進成就故,攝取一切諸善法;是法[18]亦不著故,從一佛國至一佛國,爲利益衆生,所作神通,隨意無礙:若雨諸華,若諸名香,若作伎樂,若動[19]大地,若放光明,若示七寶莊嚴國土,若現種種身,若放大智光明;令知聖道,令遠離[20]殺生乃至邪見。或以布施利益衆生,或以持戒,或[21]支解身體,或以妻子,或以國土,或以己身給施,隨所方便,利益衆生。如是,須菩提! 菩薩摩訶薩行般若波羅蜜,無相、無作、無得諸法中,用身、

1　"能具",甲本作"具能",誤倒。
2　"到",甲本作"至"。
3　"可",甲、宋、元、明、宫、聖本作"滅"。
4　"以",甲本作"如",誤。
5　"世界",甲、石本作"國土"。下同,不復出校。
6　"就",甲本作"佛",誤。
7　"進",甲本脫。
8　"須菩提"後,甲本衍"言"。
9　"入",甲本脫。
10　"若",甲、石本無。
11　"斯陀含果",甲、石本作"若斯陀含果"。
12　"阿那含果",甲、石本作"若阿那含果"。
13　"是",甲本無。
14　"分",甲本無。
15　"分",甲本無。
16　"不",甲、聖、石本作"所"。
17　"廣",甲本無。
18　"是法",甲本脫。
19　"動",甲本脫。
20　"離",甲本脫。
21　"或",甲、石本作"或以"。

心精進,能具足毘梨耶波羅蜜[1]。世尊！云何菩薩摩訶薩行般若波羅蜜,住無相、無作、無得法中,能具足禪波羅蜜？須菩提！菩薩摩訶薩,除佛諸禪定,餘一切諸禪、三昧,皆能具足。是[2]菩薩離諸欲、諸惡不善法,離生喜樂,有覺有觀,入初禪,乃至入第四禪。以是慈、悲、喜、捨心,遍滿一方,乃至十方,一切世間遍滿。是菩薩過一切色相,滅有對相,不念別異相故,入無邊虛空處；乃至入非有想非無想處。是菩薩於禪波羅蜜中住,逆順入八背捨[3]、九次第定,入[4]空三昧,無相、無作三昧[5],或時入如電光三昧,或時入聖正三昧,或時入如金剛三昧。是菩薩住[6]禪波羅蜜中,修三十七助道法,用道種智入一切禪定,過乾慧地、性地、八人地、見地、薄地、離欲地、已辦[7]地、辟支佛地,入菩薩位；入[8]菩薩位已,具足佛地。是諸地中行,乃至阿耨多羅三藐三菩提,不中道取道果。是菩薩住[9]是禪波羅蜜中,從一佛國至一佛國,供養諸佛,從諸佛所植[10]諸善根,淨佛國土。從一佛[11]國,至一佛[12]國,利益眾生：以布施攝取眾生,或以持戒,或以三昧,或以智慧,或以解脫[13],或以解脫知見,攝取[14]眾生；教眾生[15]令得須陀洹果、斯陀含果、阿那含果、阿羅漢果,辟支佛道——諸有善法能令眾生得道,皆教令得。是菩薩住此禪波羅蜜中,能生一切陀羅尼門,得四無礙智、報得[16]神通[17]。是菩薩終不入母人胞胎,終不受五欲,無生不生[18],雖生不爲生法所污[19]。何以故？是菩薩見一切作[20]法如幻,而利益眾生,亦不得眾生,及一切法[21]教眾生令得無所得處；是世俗法故,非第一實義。住是禪波羅蜜,一切行禪、定、解脫、三昧,乃至阿耨多羅三藐三菩提,終不離禪波羅蜜。是菩薩行[22]如是道種智時,得一切種智,斷一切煩惱習；斷已[23],自益其身,亦益他人；自益益他已,爲一切世間天及人[24]、阿修羅作福田。如是,須菩提！菩薩摩訶薩行般若波羅蜜時,能具足無相禪波羅蜜。世尊！云何菩薩摩訶薩行般若波羅蜜時,住無相、無作、無得法中,修具足般若波羅蜜？須菩提！菩薩摩訶薩行般若波羅蜜時,於諸法不見定實相。是菩薩見色不定、非實相,乃至見識不定、非實相。不見色生,乃至不見識生；若不見色生乃至不見識生,一切法若有漏[25],若無漏,不見來處,

---

1　“無相……波羅蜜”二十三字,甲本衍。

2　“是”,甲本脫。

3　“八背捨”,甲本作“八解脫”,異譯詞。

4　“入”,甲本脫。

5　“三昧”後,甲本有“或時入無相三昧”。

6　“住”,甲本作“作”,誤。

7　“辦”,甲本作“辨”,“辨”爲“辦”之古字。

8　“入”,甲本脫。

9　“住”,甲本作“位”,誤。

10　“植”,甲、宋、元、明、宮本作“殖”。

11　“佛”,甲、宋、宮本無。

12　“佛”,甲、宋、宮本無。

13　“或以……解脫”八字,甲本作“或以三昧,或以智慧,或以解脫”。

14　“取”,甲本無。

15　“教眾生”,甲本無。

16　“報得”前,甲本有“得”。

17　“神通”前,甲、石本有“諸”。

18　“無生不生”,甲本作“不生無生”,宋本作“眾生不生”。

19　“污”,甲本作“呼”,“呼”爲“污”之借字。

20　“作”,甲本脫。

21　“法”,甲本脫。

22　“行”,甲本脫。

23　“已”,甲本作“以”,“以”通“已”。

24　“人”,甲本脫。

25　“若有漏”,甲本脫。

不見去處[1]，亦不見集處。如是觀時，不得色性乃至識性，亦不得有漏、無漏法性。是菩薩行般若波羅蜜時，信解一切諸[2]法無所有相。如是信解已，行內空乃至無法有法空，於諸法無所著——若色，若受、想、行、識，乃至阿耨多羅三藐三菩提。是菩薩行無所有般若波羅蜜，能具足菩薩道，所謂六波羅蜜，乃至三十七助道法，佛十力、四無所畏、四無礙智、十八不共法、三十二相、八十隨形好。是菩薩住空淨佛道中，所謂六波羅蜜、三十七助道法、報得神通，以是法饒益衆生：宜以布[3]施攝，教令布施；宜以戒攝，教令持戒；宜以禪定、智慧、解脫、解脫知見攝，教令[4]修禪定、智慧、解脫、解脫[5]知見；宜以諸道[6]法教者，教令得須陀洹果、得斯陀含果、阿那含果、阿羅漢果、辟支佛道；宜以佛道化者，教令得菩薩道，具足佛道——如是等，隨其所應道地而教化之，各令得所。是菩薩現[7]種種神通力時，過無量恒河沙國土，度脫衆生，隨其所須，皆化給之，各令滿足。從一國土至一國土，見淨妙國土，以自莊嚴己佛國土。譬如他化自在天中，資生所須，隨意自至；亦如諸淨佛[8]國，離於求欲。是人以是報得檀波羅蜜、尸羅波羅蜜、羼提波羅蜜、毗梨耶波羅蜜、禪波羅蜜、般若波羅蜜，報得五神通，行菩薩道種[9]智，成就一切功[10]德，當得阿耨多羅三藐三菩提。是菩薩爾時不受色法乃至識，不受一切[11]法——若善、若不善，若世間、若出世間，若有漏、若無漏，若有爲、若無爲——如是一切法皆不受。是菩薩得阿耨多羅三藐三菩提時，國土一切所有資生之物皆無有主[12]。何以故？是菩薩行一切法不受，以不可得故。如是，須菩提！菩薩摩訶薩無相法中，能具足般若波羅蜜。

【論】[13]問曰：問者、答者俱言無所有，云何分別知是問、是答？答[14]曰：所言[15]法雖一而心異——問者以著心問，答者以無著心答。須菩提意謂：無所有中不應發心。須菩提爲聽者著心故作是問。諸法空中，不見菩薩發心者，不見衆生可利益者，不見阿耨多羅三藐三菩提，是故於[16]無所有法中作難者[17]：若一切法無所有性，菩薩見何利故發心？須菩提於菩薩、衆生、阿耨多羅三藐三菩提中不疑，但問無所有法。佛答：正以無所有空故能發心。若無所有空[18]，菩薩、衆生、阿耨多羅三藐三菩提，亦皆[19]空無所有，云何起難？若衆生、菩薩及阿耨多羅三藐三菩提離[20]無所有空者，可有是難。如先説：畢竟空於諸法無所障礙，何妨發心？佛還以無所有空破須菩提所問。亦復自説因緣：須菩提！著心者難得解脫。是人從無始生死中來，以一切煩惱故

1　"不見去處"，甲本脱。

2　"諸"，甲本無。

3　"布"，甲本脱。

4　"令"，甲、宋、元、明、宫、聖本無。

5　"解脱"，甲本無。

6　"道"，甲本脱。

7　"現"，甲本作"見"，"見"爲"現"之古字。

8　"佛"，甲本脱。

9　"種"，甲本脱。

10　"功"，甲本脱。

11　"不受一切"，甲本無，聖本作"不愛一切"，"愛"當爲"受"字之誤。

12　"主"，甲本作"生"，誤。

13　"論"，甲、宋、官、聖本無。下同，不復出校。

14　"答"，甲本脱。

15　"言"，甲本脱。

16　"於"，甲本脱。

17　"者"，甲、宋、元、明、宫本無。

18　"故能……有空"九字，甲本無。

19　"亦皆"，甲、聖本作"皆亦"。

20　"離"，甲本作"誰"，誤。

深著諸法，聞有亦著，聞空亦著[1]，得失亦著；如是衆生[2]難可勉[3]出。是故菩薩發無上道心，自以相好嚴身，得梵[4]音聲，有大威德，知衆生三世心根本，以種種神通力，因緣、譬喻，爲説無所有法、空解脱門，引導其心。衆生見如是希有事，即時其心柔軟，信佛受法。是故經説：著有者[5]難得解脱；有所得者，無道、無果、無阿耨多羅三藐三菩提。須菩提問：世尊！若有所得者，無道、無果、無阿耨多羅三藐三菩提[6]；無所得者有道、有果不？佛答：無所有即是道，即是果，即是阿耨多羅三藐三菩提。若人不分別是有所得、是無所得，入諸法實相畢竟空中，是亦無所得，即是道，即是果，即是阿耨多羅三藐三菩提，不破壞諸法實相故。法性即是諸法實相。須菩提意謂：法性，正行、邪行常不可破壞，何以佛言不壞法性是道、是果？佛答：法性雖不可破壞，衆生邪行故，名爲破壞。如虛空，雲霧土塵雖不能染，亦名不淨。如人實欲染污虛空，是人爲欲染污法性，無是事故。佛説譬喻：若人欲壞法性，是人爲欲於無所有法中得道、得果、得阿耨多羅三藐三菩提。須菩提白佛：若無所有即是道，云何有[7]十地等諸菩薩法？如經廣説。問曰：此事佛已先[8]答，所謂若法空，菩薩見何事故發心？今言：若法空，云何有初地等？佛皆以空答，今須菩提何以更問？答曰：以衆生著心難解故更問。是衆中，有新發意菩薩聞是諸法實相空，即生著心；佛破其著，亦著[9]所破法[10]。須菩提爲是人故更問。佛答須菩提：以無所得故有初地，乃至般涅槃[11]後舍利得供養。有所著中，不可説初地及諸功德。亦以無所得因緣故，從布施乃至諸神通，無有差別，無有差別故不應難！須菩提復問：云何無所得布施，乃至諸神通無有差別？佛答：菩薩從初發心已[12]來，似[13]阿耨多羅三藐三菩提寂滅相，布施畢竟空，所謂不得施者、受者、財物而行布施，如是布施中無有分別；乃至不得菩提而得阿耨多羅三藐三菩提，亦如是。是名菩薩行無所得般若波羅蜜。行是無所得般若波羅蜜，魔、若魔天不能破壞。一念中行六波羅蜜者，問曰：須菩提何以故問一念中行六波羅蜜等諸功德？答曰：須菩提從佛聞般若波羅蜜甚深無所有相，於諸法中無[14]礙相；若爾者，則無所不能，無事不作，云何菩薩一念中能攝六波羅蜜乃至八十隨形好？初發心時，以著有無心重故[15]，漸漸次第行；今有無悉捨故，無所不能，是故問。佛答：菩薩不離般若波羅蜜行布施等諸功德，無障礙故，能一念中行；若遠離般若波羅蜜，則漸漸次第行。須菩提問：云何名不遠[16]離？佛答：菩薩不以二相行布施等。復問：云何不以二相[17]？佛答：菩薩行般若波羅蜜時，欲具足檀波羅蜜，於布施一念中攝一切善法，如先説。何等是一念？所謂菩薩得無生法忍，斷一切煩惱，除諸憶想分別，安住無漏心中，布施一切。無漏心是無相[18]

1　“亦著”，甲本脱。

2　“生”，甲本脱。

3　“勉”，甲本作“晚”，誤，宋、宫本作“免”。

4　“梵”，甲本作“其”，誤。

5　“者”，甲本脱。

6　“須菩提……菩提”二十五字，甲本脱。

7　“有”，甲本脱。

8　“先”，甲本作“失”，誤。

9　“亦著”，甲本脱。

10　“法”，甲本脱。

11　“般涅槃”，甲本作“涅槃”，異譯詞。

12　“已”，甲、石本作“以”。

13　“似”，甲、元、明本作“以”，聖本作“至”。

14　“無”，甲本作“無所”。

15　“以著……重故”七字，甲本作“以著無所有心重故”。

16　“遠”，甲、宋、宫本無。

17　“佛答……二相”二十字，甲本脱。

18　“相”，甲本作“想”，“想”爲“相”之借字。

相。菩薩住是心中,不見誰施、誰受、誰[1]物,離一切相心布施;不見有一法,乃至阿耨多羅三藐三菩提尚不見,何況餘法! 是名不二相。乃至八十隨形好,亦如是。須菩提更以異事問此義:世尊! 諸法無相、無作、無起,云何能具足檀波羅蜜等,乃至八十隨形好? 佛答: 菩薩無相、無作法中,不取相故,無障礙心布施,須食與食等,經中已委悉。又先品中[2]亦廣說,是故更不解[3]。無漏、無相六波羅蜜有二種:一者,得無生法忍菩薩所行;二者,未得無生法忍菩薩所行。得無生法忍菩薩所行,如此中所說。何以故? 住無相、無漏心中,行布施等諸法故。問曰: 生身菩薩貪惜未除故,割截甚痛,是則爲難; 得無生法忍菩薩,如化人所作,割截無痛,有何恩分? 答曰: 得無生法忍菩薩,行是六波羅蜜爲難! 所以者何? 得無生法忍寂滅心,應受涅槃樂; 而捨此寂滅樂,入衆生中受種種身——或爲賤人,或爲[4]畜生等,是則爲難! 生身菩薩,貪愛[5]未除,著佛身故,以[6]身布施,是爲悕[7]望,非清淨施,是故不如。復次,行無漏、無相六波羅蜜,是時能具足; 有漏、有相則不能具足[8]。是故能具足者,有大恩分。

　　大智度論卷第八十七[9]。

大智度論釋六喻品第七十七(卷八十八)[10]

　　聖者龍樹造

　　後秦龜玆國三藏鳩摩羅什譯[11]

　　【經】須菩提白佛言:世[12]尊! 云何無相、不可分別、自相空諸法中,具足[13]修六波羅蜜,所謂檀波羅蜜、尸羅波羅[14]蜜、羼提波羅蜜、毘梨耶波羅蜜、禪波羅蜜、般若波羅蜜? 世尊! 云何無異法中而分別說異相? 云何般若波羅蜜攝檀、尸、羼、精進、禪? 云何行異相法,以一相道得果? 佛告須菩提:菩薩摩[15]訶薩住五陰如夢、如響[16]、如影、如焰[17]、如幻、如化,住是中行布施、持戒、修忍辱、勤精進、入禪定、修智慧。知是五陰實如夢、如響、如影、如焰、如幻、如化[18];五陰如夢無相,乃至如化無相[19]。何以故? 夢無自性,響、影、焰、幻、化,皆無自性;若法無自性,是法無相;若法無相,是法一相,所謂無相。以是因緣故,須菩提! 當知菩薩布施無相,施

1　“誰”,甲本脱。

2　“中”,甲本無。

3　“解”,甲本作“能”,誤。

4　“爲”,甲本無。

5　“愛”,甲本作“受”,誤。

6　“以”,甲本無。

7　“悕”,甲本作“希”。

8　“具足”,甲、石本無。

9　甲本終,尾題作“摩訶衍經卷第八十七　品七十四七十五”。

10　本卷對應《大智度論》寫本凡7號:中村061號(以下簡稱“甲本”)、BD01889號(以下簡稱“乙本”)、浙敦027號(以下簡稱“丙本”)、俄Дx04447號(以下簡稱“丁本”)、S.4006號A(以下簡稱“戊本”)、羽210號S(以下簡稱“己本”)、俄Дx15580號(以下簡稱“庚本”)。

11　甲本始。“大智度……譯”三十三字,甲本作“▨▨六釋論　有一段經文　卷第八十八”。

12　“經須……言世”八字,甲本殘。

13　“空諸法中具足”,甲本殘。

14　“尸羅波羅”,甲本殘。

15　“摩”,甲本作“訶”,誤。

16　“響”,甲本作“嚮”,“嚮”通“響”。下同,不復出校。

17　“焰”,甲本作“炎”,“炎”爲“焰”之古字。下同,不復出校。

18　“如夢……如化”十二字,甲本作“如夢、如如化、無相”。

19　“五陰……無相”十二字,甲本脱。

者無相，受者無相。能如是知布施，是能具足檀波羅蜜，乃至能具足般若波羅蜜；能具足四念處乃至八聖道分；能具足內空乃至無法有法空；能具足空三昧、無相¹、無作三昧；能具足八背捨、九次第定、五神通、五百陀羅尼門；能具足佛十力、四無所畏、四無礙智、十八不共法。是菩薩住是報得無漏法中，飛到東方無量國土，供²養諸佛衣服、飲食，乃至隨其所須而供養之。亦利益眾生：應以布施攝者，而布施攝之；應以持戒攝者，教令持戒；應以忍辱、精進、禪定、智慧攝者，教令忍辱、精進、禪定、智慧而攝取之；乃至應以種種善法攝者，以種種善法而攝取之。是菩薩成就是一切善法，受世間身，不爲世間生死所污；爲眾生故，於天人中受尊貴富樂，以是尊貴富樂攝取眾生。是菩薩知一切法無相故，知須陀洹果亦不於中住，知斯陀含果、阿那含果、阿羅漢果亦不於中住；知辟支佛道亦不於中住。何以故？是菩薩用一切種智知一切法已，應當得一切種智，不與聲聞、辟支佛共。如是，須菩提！菩薩摩訶薩知一切法³無相已⁴，知六波羅蜜無相，乃至知一切佛法無相⁵。復次，須菩提！菩薩摩訶薩住五陰如夢、如響、如影、如焰、如幻、如化，能具足無相尸羅波羅蜜，是戒不缺、不破、不雜、不著，聖人所讚無漏戒，入八聖道分⁶；住是戒中持一切戒，所謂名字戒、自然戒、律儀戒、作戒、無作戒、威儀戒、非威儀戒。是菩薩成就諸戒，不作是願：我以此戒因緣故，生剎利大姓、婆羅門大姓、居士大家、若小王家、若轉輪聖王家，若四天王天處生，若三十三天、夜摩天、兜率陀天、化樂天、他化自在天。不作是願：我持戒因緣故，當得須陀洹果、斯陀含果、阿那含果、阿羅漢果、辟支佛道。何以故？一切法無相，所謂一相⁷；無相法不能得無相法，有相法不能得有相法，無相法不能得有相法，有相法不能得無相法。如是，須菩提！菩薩摩訶薩行般若波羅蜜時，能具足無相尸羅波羅蜜而入菩薩位。入菩薩位已，得無生法忍；行道種智，得報得五神通；住五百陀羅尼門，得四⁸無礙智。從一佛國，至一佛⁹國，供養諸佛。成就眾生，淨佛國土；雖入五道中，生死業報不能染污。須菩提！譬如化轉輪聖王，雖坐臥行住，不見來處，不見去處，不見住處，坐¹⁰處、臥處，而能利益眾生，亦不得眾生，菩薩亦如是。須菩提！譬如須扇多佛，得阿耨多羅三藐三菩提，爲三乘轉法輪，無有得菩薩記者；化作化¹¹佛，已捨身壽命，入無餘涅槃。須菩提！菩薩亦如是，行般若波羅蜜時，能具足尸羅波羅蜜；具足尸羅波羅蜜已，攝取一切善法。復次，須菩提！菩薩摩訶薩¹²行般若波羅蜜時，住五陰如夢、如響、如影、如焰、如幻、如化，具足無相羼提波羅蜜。世尊！云何菩薩摩訶薩具足無相羼提波羅蜜？須菩提！菩薩摩訶薩住二忍中，能具足羼提波羅蜜。何等二忍？生忍、法忍。從初發意，乃至坐道場，於其中間，若一切眾生來罵詈、麄惡語，或以瓦石、刀杖加是菩薩，是菩薩欲具足羼提波羅蜜故，乃至不生一念惡。是菩薩如是思惟：罵我者誰？害¹³我者誰？以惡言加我，以瓦石刀杖害我者誰？何以故？是菩薩於一切法得無相忍故，云何作是念：是人罵我、害¹⁴我！若菩薩摩訶薩如是行，能具足羼提波羅蜜；以

1　“無相”，甲、石本作“無相三昧”。

2　“供”，甲本作“⺂”，當爲下字“養”之起筆。

3　“法”前，甲本衍“佛”。

4　“已”，甲本無。

5　“知六……無相”十六字，甲本脱。

6　“入八聖道分”後，甲本衍“戒”。

7　“相”，甲本作“切”，誤。

8　“四”，甲本作“無”，誤。

9　“佛”，甲本作“切”，誤。

10　“坐”，甲本作“臥”，誤。

11　“化”，甲、宋、元、明、宮本無。

12　“薩”，甲本作“菩”，誤。

13　“害”，甲、宋、元、明、宮本作“割”。

14　“害”，甲本作“割”，誤。

是羼提波羅蜜具足故,得無生法忍。須菩提白佛言:世尊!云何爲無生法忍?是忍何所斷?何所知?佛告須菩提:得法忍,乃至不生少許不善法,是故名無生法忍。一切菩薩所斷煩惱盡,是名斷;用智慧知一切法不生,是名知。須菩提白佛言:世尊!諸聲聞、辟支佛無生法忍,菩薩無生法忍,有何等異?佛告須菩提:諸須陀洹若智、若斷,是名菩薩忍;斯陀含若智、若斷,是名菩薩忍;阿那含若智、若斷,是名菩薩忍;阿羅漢若智[1]、若斷,是名菩薩忍;辟支佛若智、若斷,是名菩薩忍——是爲異。須菩提!菩薩摩訶薩成就是忍,勝一切聲聞、辟支佛。住如是報得無生忍中,行菩薩道,能具足道種智;具足道種智故,常不離三十七助道法,及空、無相、無作三昧,常不離五神通;不離五神通故,能成就衆生,淨佛國土;成就衆生,淨佛國土已,當得一切種智。如是,須菩提!菩薩摩訶薩具足無相羼提波羅蜜。復次,須菩提!菩薩摩訶薩住無相五陰,如夢、如響、如影、如焰、如幻、如化,行身精進、心精進。以身精進故起神通;起神通故,到十方國土,供養諸佛,饒益衆生;以身精進力教化衆生,令住三乘。如是,須菩提!菩薩摩訶薩行般若波羅蜜,能具足無相精進波羅蜜。是菩薩以心精進、聖無漏精進,入八聖道分中,能具足毘梨耶波羅蜜。是毘梨耶波羅蜜皆攝一切善法——所謂四念處、四正勤、四如意足、五根、五力、七覺分、八聖道分,四禪、四無量心、四無色定、八解脱[2]、九次第定,佛十力、四無所畏、四無礙智、十八不共法。是中[3]菩薩行是法,應具足一切種智;具足一切種智已,斷一切煩惱習,具足滿三十二相,身放無等無量光明;放光明[4]已,三轉十二行法輪;法輪轉故,三千大千世界[5]六種震動,光明遍照三千大千世界;三千大千世界中衆生,聞説法聲,皆以三乘法而得度脱。如是,須菩提!菩薩摩訶薩住精進波羅蜜中,能大饒益,及能具足一切種智。復次,須菩提!菩薩住無相五陰,如夢、如響、如影、如焰、如幻、如化,能具足禪波羅蜜。世尊!云何菩薩住五陰如夢、如響、如影、如焰、如幻、如化,能具足禪波羅蜜?須菩提!菩薩摩訶薩入初禪,乃至入第四禪;入慈、悲、喜、捨無量心;入無邊虛空處,乃至入非有想非無想處;入空三昧、無相[6]、無作三昧;入如電光三昧,入如金剛三昧,入聖正三昧;除諸佛三昧,諸餘三昧,若共聲聞、辟支佛三昧,皆證皆入;亦不受三昧味,亦不受三昧果。何以故?是菩薩知是三昧無相、無所有性,當云何於無相法受無相法味?無所有法受無所有法味?若不受味,則不隨禪定力生,若色界、若無色界。何以故?是菩薩不見是二界,亦不見是禪,亦不見入禪者,亦不見用法入禪者。若不得是法,即能具足無相禪波羅蜜。菩薩用是禪波羅蜜,能過聲聞、辟支佛地。須菩提白佛言:世尊!云何菩薩具足無相禪波羅蜜故,能過聲聞、辟[7]支佛地?佛告須菩提:菩薩[8]善學内空,善學外空,乃至善學無法有法空。於是諸空,無法可住處——若須陀洹果,若斯陀含果[9]、阿那含果[10]、阿羅漢果[11],乃至一切種智。是諸空亦空。菩薩摩訶薩行如是諸空,能入菩薩位中。須菩提白佛言:世尊!云何菩薩摩訶薩位?云何非位?須菩提!一切有所得是非菩薩位,一切無所得是菩薩位。世尊!何等是有所得?何等是無所得?須菩提!色是有所

---

1 "智",甲本作"知","知"爲"智"之古字。

2 "解脱",甲、石本作"背捨",異譯詞。

3 "中",原脱,兹據甲、宋、元、明、宫、聖本及《大正藏》本《摩訶般若波羅蜜經》補。

4 "光明",甲本作"已三",誤。

5 "世界",甲、石本作"國土"。下同,不復出校。

6 "無相",甲、石本作"無相三昧"。

7 乙本始。

8 "菩薩",甲本作"是菩薩"。"菩提菩薩",乙本殘。

9 "若斯陀含果",乙本作"斯陀含"。

10 "果",乙本無。

11 "果",乙本無。

得,受、想、行、識是有所[1]得;眼、耳、鼻、舌、身、意,乃至一切種智有所得,是非菩薩位[2]。須菩提! 菩薩位者,是諸法不[3]可示、不可説。何等法不可示、不可説? 若色乃至一切種智。何以故? 須菩提! 色性[4]是不可示、不可説,乃至一切種智性是不可示、不可説。須菩提! 如是[5]名菩薩位。是菩薩入[6]位中,一切禪定、三昧具足,尚不隨禪定、三昧力生,何況住婬、怒、癡,於中起罪業生[7]! 菩薩但住如幻法中饒益衆生亦不[8]得衆生及如幻法[9]。若無所得,是[10]時,能成就衆生、淨佛國土。如是,須菩提! 是名菩薩具足無相禪波羅蜜,乃至能轉法輪,所謂不可得法輪[11]。復次,須菩提! 菩薩摩訶薩行般若[12]波羅蜜,知一切法如夢、如響[13]、如焰[14]、如影[15]、如幻、如化。須菩提白佛言:世尊! 菩薩摩訶薩云何知一切法,如夢、如響、如影、如焰[16]、如幻、如化? 須菩提! 菩薩摩訶薩行般若波羅蜜時,不見夢、不見見夢者,不見響、不見聞[17]響者,不見影、不見見影者,不見焰、不見見焰者,不見幻、不見見幻者,不見化、不見見化者。何以故? 是夢、響、影、焰、幻、化,皆是凡夫愚人顛倒法故。阿羅漢不見夢、不見見夢者,乃至不見化、不見見化者;辟支佛、菩薩摩訶薩、諸佛,亦不見夢、不見[18]見夢者,乃至不見化、亦不見見化者。何以故? 一切法無所有性,不生、不定。若法無所有性[19],不生、不定,菩薩摩訶薩當云何行般若波羅蜜? 是中取[20]生相、定相,是處不然。何以故? 若諸法少多有性,有生、有定,不名修[21]般若波羅[22]蜜。如是,須菩提! 菩薩摩訶薩行般若波羅蜜,不著色乃至不著識,不著欲、色、無色界,不著諸禪、解脱、三昧,不著四念處乃至八聖道分,不著空三昧、無相[23]、無作三昧,不著檀波羅蜜、尸羅波羅蜜[24]、羼提波羅蜜、毘梨耶波羅蜜、禪波羅蜜、般若波羅蜜[25]。不著故,能具足菩薩初地,於初地中[26]亦不生著。何以故? 是菩薩不得是地,云何生貪著? 乃至十地亦如是。是菩薩行般若波羅蜜,亦不得般若波羅蜜;若行般若波羅

---

1 "所",甲本脱。

2 "位",乙本脱。

3 "法不",乙本殘。

4 "色性",甲本作"若色性"。

5 "如是",乙本脱。

6 "入",乙本脱。

7 "生",乙本無。

8 "不",乙本脱。

9 "及如幻法",甲、乙本作"亦不得幻",石本作"亦不得"。

10 "是",乙本脱。

11 "法輪"後,甲本有"法",石本作"法法輪"。

12 "般若",乙本作"如是"。

13 "響",乙本作"嚮","嚮"通"響"。下同,不復出校。

14 "焰",甲、乙本作"影"。

15 "影",甲、乙本作"炎"。

16 "焰",乙本作"炎","炎"爲"焰"之古字。下同,不復出校。

17 "見聞",甲本作"聞見",誤倒。

18 "不見"前,甲、乙、石本有"亦"。

19 "有性",乙本作"生"。

20 "取",乙本脱。

21 "修",乙、宋、宮本無。

22 "羅",甲本作"蜜",誤。

23 "無相",甲、石本作"無相三昧"。

24 "尸羅波羅蜜",乙本脱。

25 "蜜",乙本脱。

26 "中",甲、乙本無。

蜜時[1]不得般若波羅蜜，是時見[2]一切法皆入般若波羅蜜中，亦不得是法。何以故？是諸法與般若波羅蜜無二無別。何以故？諸法入如、法性、實際故無分別。須菩提白佛言：世尊！若諸法無相[3]、無分別，云何説是善、是不善，是有漏、是無漏，是世間、是出世間，是有爲、是無爲？須菩提！於汝意云何？諸法實相中，有法可説是善、是不善，乃至是有爲、是無爲，是須陀洹果乃至是[4]阿羅漢、是辟支佛、是菩薩、是阿耨多羅三藐三菩提不？世尊！不可説[5]也！須菩提！以是因緣故，當知一切法無相、無分別，無生、無定[6]、不可示。須菩提！我本[7]行菩薩道時，亦無有法可得性，若色、若受、想、行、識，乃至若有爲、若無爲，須陀洹果乃至阿耨多羅三藐三菩提。如是，須菩提！菩薩摩訶薩行般若波羅蜜，從初發意乃至阿耨多羅三藐三菩提，應善學諸法性！善學諸法性故[8]，是名阿耨多羅三藐三菩提道。行是道，能具足六波羅蜜，成就衆生、淨佛國土；住是法中得阿耨多羅三藐三菩提，以三乘法度脱衆生，亦不著三乘。如是，須菩提！菩薩摩訶薩，以無相法應學般若波羅蜜！

【論】[9]問曰：須菩提問佛：若諸法無相無分別，云何差別説六波羅蜜？佛還答：菩薩住是如夢五衆中，能具足六波羅蜜。須菩提以空問，佛還以空答，此[10]問答云何得别異？答曰：須菩提問[11]：若諸法空，今眼見菩薩行六波羅蜜作佛！佛答：凡夫[12]遠實[13]智慧取相，見菩薩行六波羅蜜作佛，著是空法故難。菩薩雖住五衆，住五衆[14]如幻、如夢空法中，亦以空心行布施，是故雖行諸法，具足六[15]波羅蜜，不妨於空。譬如雲霧，遠[16]視則見，近之則無所見。凡夫[17]亦如是，遠實相故，見諸佛；菩薩近實相故，見[18]皆空，是故不妨；不妨故，能於檀波羅蜜一念中，具足行諸善法。是人常修無漏清淨波羅蜜故，轉身還報得無漏波羅蜜。報得名更不修行，自然而得。譬如報得眼根，自然能見色。得是報得無漏波羅蜜已，能變一[19]身作無量阿僧祇身，於十方佛所具足聞諸佛甚深法，度脱十方衆生，漸漸淨佛世界[20]，隨願作佛。問曰：若諸法空無相，云何分別[21]？云何得知行檀波羅蜜等，各各具足餘波羅蜜？答曰：行者雖不自分別，而諸佛、菩薩説其行檀、行尸，具足諸行。如聲聞

1　“時”，乙本作“等”，誤。

2　“見”，甲、元、明、石本作“不見”。

3　“無相”，甲、乙、聖、石本無。

4　“是”，乙、宋、官本無。

5　“説”，乙本作“訶”，誤。

6　“無生無定”，乙本作“不生不定”，聖本作“無生無空”。

7　“本”，乙本作“今”。

8　“故”，乙、官、聖本無。

9　“論”，乙、宋、元、明、官、聖本無。下同，不復出校。

10　“此”，乙本作“若此”。

11　“問”，乙本作“問佛”。

12　“夫”，甲、宋、元、明、官、聖、石本作“人”，乙本作“凡夫人”。

13　“實”後，乙本衍“相”。

14　“住五衆”，甲本無，乙本作“五衆”。

15　“六”，乙、宋、元、明、官、聖本無。

16　“遠”，乙本脱。

17　“夫”，甲、乙、宋、元、明、官、聖、石本作“人”。

18　“見”，乙本脱。

19　“一”，乙、宋、官本無。

20　“世界”，乙本作“國土”。下同，不復出校。

21　“云何分別”，乙本脱。

人入見諦,無漏、無相、無分別法中,餘[1]聖人亦數其所入法:知諸法實相[2],所謂無相相[3],是名正見;正見得力已,名爲正行;是時不惱衆生,不作諸惡,是名正語、正業、正命。是時雖無所説,亦無所造,而名爲正語、正業。所以者何? 是名深妙正語、正業,所謂畢竟不惱衆生故。是中發心有所造作,是名精進;繫念[4]緣中,是名正念;攝心一處,是名正定。見身、受、心、法實相,是名四念處。乃至七覺意,亦如是。於四念處中,亦如八直聖道中,諸聖人爲數[5]。菩薩亦如是,行是[6]無相檀波羅蜜[7],能具足尸[8]波羅蜜等諸善法。如檀波羅蜜,尸[9]波羅蜜等攝諸善法,亦如是。問曰:上品中以一波羅蜜具諸波羅蜜,此無相攝一切法有何差別? 答曰:上以一念中能具諸波羅蜜,此以諸法雖空無相而能具諸波羅蜜爲異[10]。

大智度論釋四攝品第七十八[11]

【經[12]】須菩提白佛言:世尊! 若諸法如夢、如響、如影、如焰、如幻、如化,無有實事、無所有性、自相空者,云何分別:是善法[13]、是不善法[14]? 是世間法[15]、是出世間法[16]? 是有漏法[17]、是無漏法[18]? 是有爲法[19]、是無爲法[20]? 是法能得須陀洹果,能得斯陀含[21]果、阿那含果、阿羅漢果,能得辟支佛道,能得阿耨多羅三藐三菩提? 佛告須菩[22]提:凡夫愚人得夢、得見夢者,乃至得化、得見化者,起身口[23]意善業、不善業、無記業;起福業,若起[24]罪業、作不動業。是菩薩摩訶薩行般若波羅蜜,住二空中——畢竟空、無始空,爲衆生説法,作是言:諸衆生! 是色空無所有,受、想、行、識空無所有;十二入、十八界空無所有。色是夢,受、想、行、識是夢;十二入、十八界是夢。色是響[25]、是影、是焰[26]、是幻、是化,受、想、行、識亦如是。十二入、十八界是夢、是響、是影、是焰、是幻、是化。是中無陰、入、界,無夢亦無見夢者,無響亦無聞響者,無影亦無見影者,無焰亦無見焰者,

---

1　“餘”,乙本作“如”。

2　“相”,甲本脱。

3　“相”前,乙本衍“無”。

4　“念”,乙本作“心”。

5　“數”,乙本作“教”,誤。

6　“是”,甲本作“如是”。

7　“波羅蜜”後,乙本有“等諸善法如檀波羅蜜”。

8　“尸”,甲本作“尸羅”,異譯詞。

9　“尸”,甲本作“尸羅”,異譯詞。

10　“異”,乙本作“具”,誤。

11　甲本品題作“大智度經四攝品第七十八釋論　有二段經”,乙本品題作“第七十七品釋論”。

12　“經”,乙本無。

13　“是善法”,乙本作“是法善”。

14　“是不善法”,乙本作“是法不善”。

15　“法”,乙本無。

16　“是出世間法”,乙本作“是法出世間”。

17　“是有漏法”,乙本作“是法有漏”。

18　“是無漏法”,乙本作“是法無漏”。

19　“是有爲法”,乙本作“是法有爲”。

20　“是無爲法”,乙本作“是法無爲”。

21　丙本始。

22　“菩”,甲本脱。

23　“口”,甲本作“中”,誤。

24　“起”,乙本脱。

25　“響”,丙本作“嚮”,“嚮”通“響”。下同,不復出校。

26　“焰”,丙本作“炎”,“炎”爲“焰”之古字。下同,不復出校。

無幻亦無見幻者,無化亦無見化者。一切法無[1]根[2]本實性無所有;汝等於無陰中見有陰、無入見有入、無界見有界;是一切法皆從因緣和合生,以顛倒心起,屬業果報,汝[3]等何以故於諸法空無根本中而取根本相[4]?是時,菩薩摩訶薩行般若波羅蜜,以方便力故,於慳法中[5]拔出衆生,教行檀波羅蜜,持是布施功德,得大福報;從大福報[6]拔出,教令持戒,持戒[7]功德生天上[8]尊貴處;復[9]拔出令住初禪,初禪[10]功德生梵天處,二禪、三禪、四禪、無邊空處、無邊[11]識處、無所有處、非有想[12]非無想處亦如是。衆生行是布施及布施果報、持戒及持戒[13]果報、禪定及禪定果報、種種因緣[14]拔出安置無餘涅槃及涅槃道中,所謂[15]四念處、四正勤、四如意足、五根、五力、七覺分、八聖道分,空解脫門、無相、無作解脫門,八背捨[16]、九次第定,佛十力、四無所畏、四無礙智、十八不共法,安隱衆生,令住聖無漏法——無色、無形、無對法中。有可得須陀洹果者[17],安隱教化,令住須陀洹果;可[18]得斯陀含果、阿那含果、阿羅漢果、辟支佛道者,令住[19]斯陀含果、阿那含果、阿[20]羅漢果、辟支佛道;可得阿耨多羅三藐三[21]菩提者,亦[22]安隱教化,令住[23]阿耨多羅三藐三[24]菩提中。須菩提白佛言[25]:世尊!諸菩薩摩訶薩甚[26]希有難及!能行是深般若波羅蜜,諸法無所有性,畢竟空、無始空,而分別諸法是善、是不善,是有漏、是無漏,乃至是有爲、是無爲。佛告須菩提:如是!如是!諸菩薩摩訶薩甚希有難及,能行是深般若波羅蜜,諸法無所有性,畢竟空、無始空,而[27]分別諸法。須菩提!汝等若知是菩薩摩訶薩希有難及法,則知一切聲聞、辟支佛不能報,何況餘人!須菩提白佛言:世尊!何等是菩薩摩訶薩希有難及法,諸聲聞、辟支佛所無有?佛告須菩提:一心諦聽!有菩薩摩訶薩行般若波羅蜜,住報得六波羅蜜中,及住[28]報得五神通、三

1　"無",甲、乙、宋、宫本無。

2　"根",乙本作"相",誤。

3　"汝",乙本作"如","如"通"汝"。

4　"相",乙本作"根",誤。

5　"中",甲、宋、宫、聖本無。

6　"從大福報",乙本無。

7　"持戒",甲本無。

8　"天上"後,甲本作"持⺕","⺕"當爲"戒"之起筆,均爲衍文。

9　"復",乙本作"後"。

10　"初禪",乙本無。

11　"無邊",甲、乙、宋、元、明、宫本無。

12　"想",乙本作"識",誤。

13　"戒",乙本脱。

14　"種種因緣",甲、宋、元、明、宫、聖本作"因緣種種"。

15　"所謂",甲本作"謂所",誤倒。

16　"背捨",乙本作"解脱",異譯詞。

17　"者",乙本無。

18　"可",乙本無。

19　"住",甲本作"得"。

20　丁本始。

21　"支佛……藐三"十二字,丁本殘。

22　"亦",甲、乙、宋、元、明、宫本無。

23　"住",乙本脱。

24　"化令……藐三"十字,丁本殘。

25　丁本終。

26　"甚",乙本作"是"。

27　"而",甲本脱。

28　"住",乙本脱。

十七助道法,住諸陀羅尼、諸無礙智,到十方世界[1],可以布施度者,以[2]布施攝之;可以持[3]戒度者,以持戒攝之;可以忍辱、精進、禪定、智慧度者,隨其所[4]應而攝取之。可以初禪度者,以初禪攝取[5]之;可以二禪、三禪、四禪、無邊空處、無邊識處、無所有處、非有想非無想處度者,隨其所應而攝取之。可以慈、悲、喜、捨心度者,以慈、悲、喜、捨心攝取[6]之。可以四念處、四正勤、四如意足、五根、五力、七覺分、八聖道分,空三昧、無相[7]、無作三昧度者,隨所[8]攝之。世尊!菩薩摩訶薩云何以布施饒益眾生?須菩提!菩薩[9]行般若波羅蜜時,布施隨其所須飲食、衣服、車馬、香華、瓔珞種種所須,盡給與之。若供養佛、辟支佛、阿羅漢、阿那含、斯陀含、須陀洹等[10]無有[11]異;若施入[12]正道中人及凡人[13],下至禽獸,皆無分別,等一布施。何以故?一切法不異、不分別故。是菩薩無異、無別[14]布施已,當得無分別法[15]報,所謂一切種智。須菩[16]提!若[17]菩薩摩[18]訶薩見乞匈[19]者,若生是心:佛是福田,我應供養;禽獸非福田[20],不應供養——是非菩薩法。何以故?菩薩摩訶薩發阿耨多羅三藐三菩提心,不作是念:是眾生應以布施饒益[21],是不應布施[22]。是眾生布施因緣故,應[23]生剎利大姓、婆羅門大姓、居士大[24]家,乃至以是布施因緣,以三乘法度之,令入無餘涅槃。若眾生來從菩薩乞,亦不生異心分別:應與是,不應與是。何以故?是菩薩爲是眾生故,發阿耨多羅三藐三菩提心;若分別簡擇,便墮[25]諸佛、菩薩、辟支佛、學無學人、一切世間天及人訶責[26]處:誰請[27]汝救一切眾生?汝爲一切眾生舍[28]、一切眾生護、一切眾生依,而分別簡擇應與、不應與?復次,若[29]菩薩摩訶薩行般若波羅蜜時,若人、若非人來,欲求乞菩薩

1　“世界”,丙本作“國土”。下同,不復出校。

2　“以”,乙本無。

3　“持”,甲本脱。

4　“所”,乙本無。

5　“取”,甲、乙、丙、石本無。

6　“取”,乙、丙、石本無。

7　“無相”,丙、石本作“無相三昧”。

8　“所”,甲、乙、宋、元、明、宫、石本作“而”。

9　“菩薩”,甲、乙本作“菩薩摩訶薩”。

10　“等”,甲本無。

11　“有”,甲、乙、宋、元、明、宫、聖本無。

12　“入”,乙本無。

13　“凡夫”,丙本作“凡夫人”。

14　“別”,乙、元、明、石本作“分別”。

15　“法”,甲、宋、元、明、宫本無。

16　“菩”,甲本作“扌”,當爲“提”左側筆畫衍文。

17　“若”,甲、乙本無。

18　“摩”,甲本作“度”,誤。

19　“匈”,原作“匈”,誤,茲據丙本改。甲本作一字空白。

20　“田”,乙本脱。

21　“饒益”,乙本無。

22　“布施”,甲、乙、宋、宫本無。

23　“應”,甲、乙、宋、元、明、宫、聖本無。

24　“大”,乙本無。

25　“墮”,甲本作“隨”,“隨”通“墮”。

26　“訶責”,甲、乙本作“呵責”,丙、石本作“呵嘖”。

27　“請”,乙本作“責”。

28　“舍”,甲本作“合”,誤。

29　“若”,乙本無。

身體支節,是[1]時不應生二心——若與、若不與。何以故? 是菩薩摩訶薩爲衆生故受身,衆生來取,何可不與? 我以饒益衆生故受是身,衆生不乞自應與之[2],何況乞而不與! 菩薩摩訶薩行般若波羅蜜,應如是學[3]! 復次,須菩提! 菩薩[4]摩訶薩見有乞者,應生是念: 是中誰與誰受? 所施何物? 是一切法自性皆不可得,以畢竟空故,空相法無與、無奪。何以故? 畢竟空故,內空故[5],外空、內外空[6]、大空、第一義空、自相空故。住是諸空布施,是時具足檀波羅蜜。具足檀[7]波羅蜜故,若斷內外法[8]時,作是念: 截我者誰? 割我者誰? 復次,須菩提! 我以佛眼見東方如[9]恒河沙等諸菩薩摩訶薩入大地獄,令火滅湯冷,以三事教化: 一者,神通; 二者,知他心; 三者,説法。是菩薩以神通力,令大地獄火滅湯冷; 知他心; 以[10]慈、悲、喜、捨,隨意説法。是衆生於菩薩生清淨心,從地獄得脱,漸以三乘法得盡苦際。南西北方、四維、上下亦如是。復次,須菩提! 我以佛眼觀十方世界,見如恒河沙等國土中諸菩薩,爲諸佛給使,供養[11]諸佛,隨意愛[12]樂恭敬; 若諸佛所説,盡能受持,乃至阿耨多羅三藐三菩提,終不忘[13]失。復次,須菩提! 我以佛眼觀十方如恒河沙等國土中諸菩薩摩訶薩,爲畜生故,捨其壽命,割截身體,分散諸方。諸有衆生食是諸菩薩摩訶薩[14]肉者[15],皆愛敬菩薩; 以愛敬故,即得[16]離畜生道,值遇諸佛,聞佛説法,如説修行,漸以三乘——聲聞、辟支佛、佛法,於無餘涅槃而般涅槃。如是,須菩提! 諸菩薩摩訶薩所益甚多——教化衆生令發阿耨多羅三藐三菩提心,如説修行,乃至於無餘涅槃而般涅槃。復次,須菩提! 我以佛眼見十方如恒河沙等國土中諸菩薩摩訶薩,除諸餓鬼飢渴苦,是諸餓鬼皆愛敬菩薩; 以愛敬故[17],得離餓鬼道,值遇諸佛,聞諸佛説法,如説修行,漸以三乘——聲聞、辟支佛、佛法而般涅槃,乃至無餘涅槃[18]。如是,須菩提[19]! 菩薩摩訶薩爲度衆生故,行大悲[20]心。復次,須菩提! 我以佛眼見諸菩薩摩訶薩在四天王天上[21]説法,在三十三[22]天、夜摩天[23]、兜率陀天、化樂天、他化自在天上[24]説法。

---

1 "是",丙本無。

2 "之",乙本無。

3 "學",丙本作"與",誤。

4 "菩薩",丙本作"若菩薩"。

5 "故",乙本無。

6 "內外空",乙本脱。

7 "檀",丙本作"檀那"。

8 "法",乙本脱。

9 "如",甲、宋、宫本無。

10 "以",甲本無。

11 "養",甲、乙、宋、元、明、宫、聖本作"給"。

12 "愛",甲本作"受",誤。

13 "忘",丙本作"妄","妄"爲"忘"之借字。

14 "諸有……訶薩"十二字,乙本作"有衆生食是菩薩"。

15 "者",甲、乙、宋、元、明、宫本無。

16 "得",乙本無。

17 "故",乙本無。

18 "乃至無餘涅槃",乙本無。

19 "須菩提",乙本無。

20 "悲",乙本作"慈"。

21 "天上",乙本脱。

22 "三",乙本作"二"。

23 "天",乙本無。

24 "上",乙本作"王",誤。

諸天聞菩薩説法，漸以三乘而得¹滅度。須菩提！是²諸天衆中，有貪著五欲者，是菩薩示³現火起，燒其宮⁴殿，而爲説法，作是言：諸天！一切有爲法，悉皆無常，誰得安者？復次，須菩提！我以佛眼觀十方世界，見如恒河沙等國土中諸梵天著於邪見，諸菩薩摩訶薩教令遠離邪見，作是言：汝等云何於空相虛妄諸法中⁵而生邪見？如是，須菩提！菩薩摩訶薩住大慈心，爲衆生説法。須菩提！是爲諸菩薩希有難及法。復次，須菩提！我以佛眼觀十方世界如恒河沙等國土中，諸菩薩摩訶薩以四事攝取衆生⁶。何等爲⁷四？布施、愛語、利益、同事。云何菩薩以⁸布施攝取⁹衆生？須菩提！菩薩¹⁰以二種施攝取衆生——財施、法施。何等¹¹財施攝取衆生？須菩提！菩薩摩訶薩以金銀、琉璃¹²、頗梨、真珠、珂¹³貝、珊瑚等諸寶物，或以飲食、衣服、臥具、房舍、燈燭、華、香、瓔珞，若男、若女，若牛羊、象馬、車乘，若以己身給施衆生；語衆生言：汝等若有所須，各來取之，如¹⁴取己¹⁵物，莫得疑難！是菩薩施已，教三歸依¹⁶——歸依佛、歸依法、歸依僧；或教受¹⁷五戒，或教一日戒；或教初禪，乃至教非有想非無想定¹⁸；或¹⁹教慈、悲、喜、捨；或教念佛、念法、念僧、念戒、念捨²⁰、念天；或教不淨觀，或教安那般那觀，或相或觸；或教四念處、四正勤、四如意足、五根、五力、七覺分、八聖道分，空三昧，無相²¹、無作三昧，八背捨、九次第定，佛²²十力、四無所畏、四無礙智、十八不共法、大慈大悲、三十二相、八十隨形好；或教須陀洹果、斯陀含果、阿那含果、阿羅漢果，或教辟支佛道，或教阿耨多羅三藐三菩提。如是，須菩提！菩薩摩訶薩行般若波羅蜜²³，以方便力教衆生，財施已，後教令得無上安隱涅槃。須菩提！是名²⁴菩薩摩訶薩希有難及法。須菩提！菩薩云何以法施攝取²⁵衆生？須菩提！法施有二種：一者，世間；二者，出世間。何等爲世間法施²⁶？敷演、顯示世間法，所謂不淨觀、安那般那念、四禪、四無量心、四無色定。如是等世間法，

1 “得”，乙本無。
2 “是”，甲本無。
3 “示”，乙本作“亦”，誤。
4 “宮”，丙本作“官”，誤。
5 “中”，乙本無。
6 “攝取衆生”，乙本作“攝人”。
7 “爲”，甲、乙、丙、宋、元、明、宮本無。
8 “以”，乙本無。
9 “取”，甲、乙、宋、元、明、宮、聖本無。
10 “菩薩”，乙本脱。
11 “等”，甲本作“菩”，誤。
12 “琉璃”，丙、石本作“琉離”，異譯詞。
13 “珂”，甲本脱。
14 “如”，乙本脱。
15 “己”，甲、乙本作“以”，“以”爲“己”之借字。
16 “三歸依”後，乙本衍“佛”。
17 “受”，乙本無。
18 “定”，乙本作“之”，誤。
19 “或”，乙本無。
20 “念戒念捨”，甲、宮本作“念捨”，乙本作“念捨、念戒”。
21 “無相”，丙、石本作“無相三昧”。
22 “佛”，甲本作“禪”，誤。
23 “般若波羅蜜”後，丙、石本有“已”。
24 “是名”，乙本脱。
25 “取”，乙本無。
26 “施”，乙本脱。

及[1]諸餘共凡夫所行[2]法，是名世間法施。是菩薩[3]如是世間法施已，以[4]種種因緣教化，令遠離世間法；遠離世間法已[5]，以[6]方便力，令得聖無漏法及聖無漏[7]果。何等是聖無漏法[8]？何等是聖無漏法果？聖無漏法者[9]，三十七助道法、三解脱門。聖無漏法果者，須陀洹果乃至阿羅漢果，辟支佛道，阿耨多羅三藐三菩提。復次，須菩提！菩薩摩訶薩聖無漏法，須陀洹果中智慧，乃至阿羅漢果中智慧，辟支佛道中智慧，三十七助道法中智慧，六波羅蜜中智慧[10]，乃至大慈大悲中智慧——如是等一切法若世間、若出世間智慧，若有漏、若無漏、若有爲、若無爲，是法[11]中[12]一切種智，是名菩薩摩訶薩聖無漏[13]法。何等爲聖無漏法果？斷一切煩惱習，是名聖無漏法果[14]。須菩提白佛言[15]：世尊！菩薩[16]摩訶薩得[17]一切種智不？佛言：如是！如是！須菩提！菩薩摩訶薩得一切種智。須菩提言：菩薩與佛有何等異？佛言：有異。菩薩摩訶薩得一切種智，是名爲佛。所以者何？菩薩心與佛心無有異。菩薩住是一切種智中，於一切法無不照明，是名菩薩摩訶薩世間法施。須菩提！菩薩摩訶薩因世間法施，得出[18]世間法施[19]。如是，須菩提！菩薩摩訶薩教衆生令得世間法已[20]，以方便力教令得出世間法。須菩提！何等是菩薩出世間法不共凡夫法同？所謂四念處、四正勤、四如意足、五根、五力、七覺分、八聖道分，三解脱門、八背捨[21]、九次第定，佛十力、四無所畏、四無礙智、十八不共法、三十二相、八十隨形好、五百陀羅尼門，是名出世間法。須菩提！云何爲四念處？菩薩摩訶薩觀内身循[22]身觀[23]，觀[24]外身循[25]

1　“及”，甲、乙、宋、元、明、宫本無。

2　“行”，甲本作“得”。

3　“菩薩”，乙本作“菩薩摩訶薩”。

4　“以”，甲、乙、宋、元、明本無。

5　“遠離世間法已”，乙本無。

6　“以”，甲本作“巳”，“巳”通“以”。

7　“及聖無漏法”，乙本無。

8　“無漏法”後，乙本有“者”。

9　“何等……法者”十三字，乙本無。

10　“慧”，丙本作“惠”，“惠”通“慧”。

11　“法”，乙本無。

12　“中”，甲本無。

13　“無漏”，乙、宋本無。

14　“無漏法果”，乙本無。

15　“須菩提白佛言”至本段經文末，乙本接抄于下段論文“二施義，如經中佛自廣説”句後。

16　“菩薩”前，乙本有“若”。

17　“得”，乙本脱。

18　“出”，乙本脱。

19　“施”，乙本脱。

20　“已”，甲、乙、宋、明、聖本無。

21　“背捨”，乙本作“解脱”，異譯詞。

22　“循”，甲、乙本作“順”，石本作“修”。

23　“觀”，乙、宋、元、明本無。

24　“觀”，甲本無。

25　“循”，甲、乙本作“順”，石本作“修”。

身觀，觀[1]内外身循[2]身觀，勤精進，以一心智慧觀[3]身、觀身[4]集因緣[5]、觀身滅[6]、觀身集生滅；行是道[7]無所依，於世間無所受[8]。受、心、法念處，亦如是。須菩提！云何爲四正勤？未生惡不善法，爲不生故，勤、生欲、精進；已[9]生惡不善法，爲斷故，勤、生欲、精進；未生[10]善法爲生故，勤、生欲、精進；已[11]生諸善法，爲增長修具足故，勤、生欲[12]、精進；是名四正勤。須菩提！云何爲四如意足？欲三昧斷行成就初如意足；精進三昧、心三昧、思惟三昧斷行[13]成就如意足。云何爲五根？信根、精進根、念根、定根、慧根[14]。云何爲五力？信力、精進力、念力、定力、慧力。云何爲七覺分？念覺分、擇[15]法覺分、精進覺分、喜覺分、除[16]息[17]覺分、定覺分、捨覺分。云何爲八聖道分？正見、正思惟、正語、正業、正命、正精進、正念、正定。云何爲三三昧？空三昧門，無相[18]、無作三昧門。云何爲空三昧？以空行、無[19]我行攝心，是名空三昧。云何爲無相三昧？以寂滅行、離行攝心，是爲無相三昧。云何爲無作三昧？無常行、苦行攝心，是爲無作三昧。云何爲八背捨[20]？内色相外觀色，是初背捨[21]；内無色相外觀色，是二背捨[22]；淨背捨[23]，是三背捨[24]；過[25]一切色相，滅一切[26]對相，不念一切異相故，觀無邊虛空，入無邊空[27]處；乃至過一切非有想非無想處，入滅受想背捨[28]。是名八背捨[29]。云何[30]九次第定？行者離欲、

1　“觀”，乙、宋、元、明本無。

2　“循”，甲、乙本作“順”，石本作“修”。

3　“觀”後，乙本衍“觀”。

4　“觀身”，甲、乙本無，宋、元、明、聖本作“身”。

5　“集因緣”後，甲本有“生”。

6　“觀身滅”，乙本無。

7　“行是道”後，丙本有“是”。

8　“受”，原作“愛”，誤，兹據甲、乙、宋、元、明本及《大正藏》本《摩訶般若波羅蜜經》改。

9　“已”，甲本脱。

10　“生”，甲本作“至”。

11　“已”，甲、乙本脱。

12　“欲”，乙本脱。

13　“行”，乙本脱。

14　“根”，丙本脱。

15　“擇”，丙本作“釋”，誤。

16　“除”，甲本脱。

17　“息”，丙、聖、石本無。

18　“無相”，丙本作“無相三昧門”，石本作“無相三昧”。

19　“無”，乙本脱。

20　“背捨”，乙本作“解脱”，異譯詞。

21　“背捨”，甲、乙、宋、聖本作“解脱”，異譯詞。

22　“背捨”，甲、乙、宋、聖本作“解脱”，異譯詞。

23　“背捨”，甲、乙、宋、聖本作“解脱”，異譯詞。

24　“背捨”，甲、乙、宋、聖本作“解脱”，異譯詞。

25　“過”，乙本脱。

26　“一切”，甲、丙、宋、元、明、聖本作“有”。

27　“空”，乙本作“識”。

28　“背捨”，甲、乙、宋、聖本作“解脱”，異譯詞。

29　“背捨”，乙本作“解脱”，異譯詞。

30　“云何”，乙本作“云何爲”。

惡不善法,有覺有觀,離生喜樂,入初禪;第二[1]、第三[2]、第四禪[3]。乃至過非有想非無想處入[4]滅受想[5]定,是名九次第定。云何爲佛十力? 是處、不是處,如實知;知[6]眾生過去、未來、現在諸業諸受法[7],知造業處,知因緣知報;諸禪定、解脱、三昧、定垢淨分別相,如實知;知他眾生諸根上下相;知他眾生種種欲解;知一切[8]世間種種[9]無數性;知一切到道相;知種種宿命,一世乃至無量劫,如實知;天眼見眾生,乃至生善惡道;漏盡故,無漏心解脱,如實知。是爲佛十力。云何爲佛[10]四無所畏? 佛作誠言:我是一切正智人。若有沙門、婆羅門、若天、若魔、若梵、若復餘眾如實言:是法不知。乃至不見是微畏相。以是故我得安隱,得無所畏,安住聖主處,在大眾中師子吼,能轉梵輪;諸沙門、婆羅門,若天、若魔、若梵,若復餘眾實不能轉——一無畏也。佛[11]作誠言:我一切漏盡。若有[12]沙門、婆羅門、若天、若魔、若梵,若復餘眾如實言:是漏不盡。乃至不見是微畏相。以是故我得安隱,得無所畏,安住聖主處,在大眾中作師子吼,能轉梵輪;諸沙門、婆羅門,若天、若魔、若梵,若復餘眾實不能轉——二無畏也。佛作誠言:我説障法。若有沙門、婆羅門、若天、若魔、若梵,若復餘眾,如實言:受是法不障道。乃至不見是[13]微畏相。以是故我得安隱,得無所畏,安住聖主處,在大眾中師子吼,能轉梵輪;諸沙門、婆羅門,若天、若魔、若梵,若復餘眾實不能轉——三無畏[14]也。佛作誠[15]言:我所説聖道,能出世間[16],隨是行能盡苦。若有沙門、婆羅門、若天、若魔、若梵、若復餘眾[17]如實言:行是道不能出世間,不能盡苦。乃至不見是[18]微畏相。以是故我得安隱,得無所畏,安住聖主處,在大眾中[19]師子吼,能轉梵輪;諸沙門、婆羅門,若天、若魔、若梵,若復餘眾實不能轉——四無畏[20]也。云何爲[21]四無礙智? 一者,義無礙智;二者,法無礙智;三者,辭無礙智;四者,樂説無礙智。云何爲[22]義無礙智? 緣義智慧,是爲義無礙智。云何爲[23]法無礙智? 緣法智慧,是爲法無礙智。云何爲辭無礙智? 緣辭智慧,是爲辭無礙智。云何爲樂説無礙智? 緣

1　"第二",乙本作"第二禪"。

2　"第三",乙本作"第三禪"。

3　"禪",甲、宋、元、明本無。

4　"入",甲本作"八",誤。

5　"受想"後,乙本有"盡"。

6　"知",甲、乙、宋、元、明本無。

7　"受法",甲、乙本作"法受",丙、聖、石本作"受"。

8　"一切",甲、乙、宋、元、明本無。

9　"種",丙本脱。

10　"佛",甲、乙、宋、元、明本無。

11　"佛",甲本作"作",誤。

12　"有",甲、宋、元、明本無。

13　"是",乙本無。

14　"無畏",乙本作"無所畏"。

15　"作誠",乙本無。

16　"間",乙本無。

17　"餘眾"後,乙本有"能"。

18　"是",乙本無。

19　"中",乙本無。

20　"無畏",乙本作"無所畏"。

21　"爲",乙本無。

22　"爲",甲、宋、元、明、聖本無。

23　"爲",甲、宋、元、明本無。

樂説智慧,是爲樂説無礙智。云何爲¹十八不共法？一者²、諸佛身無失,二者、口無失³,三、念無失,四、無異想,五、無不⁴定心,六、無不知已⁵捨心,七、欲無減,八、精進無減,九、念無減,十、慧⁶無減,十一、解脱無減,十二、解脱知見無減,十三、一切身業隨智慧行,十四、一切口業隨智慧⁷行,十五、一切意業隨智慧行,十六、智慧知過去世無礙,十七、智慧知未來世無礙,十八、智慧知現在世無礙。云何三十二相？一者,足下安平立,平⁸如奩⁹底;二者,足下千輻輞輪,輪相具足;三者,手足指長勝於餘人;四者,手足柔軟勝餘身分;五者,足跟廣具足滿好;六者,手足指合縵¹⁰網¹¹,勝於餘人;七者,足趺高平,好與跟¹²相稱;八者,伊泥¹³延鹿膊,膊¹⁴纖¹⁵好,如伊泥延鹿王;九者,平住兩¹⁶手摩膝;十者,陰藏相,如馬王¹⁷、象王;十一者,身縱廣¹⁸等,如尼俱¹⁹盧樹;十二者,一一孔一毛生,色青²⁰、柔軟²¹、右旋;十三者,毛上向,青色、柔軟²²、右旋;十四者,金色相,其²³色微妙勝閻浮檀²⁴金;十五者,身光面一丈;十六者,皮薄細滑不受塵垢,不停²⁵蚊蚋²⁶;十七者,七處滿,兩²⁷足下,兩²⁸手中,兩²⁹肩上,項中皆滿字相分明;十八者,兩³⁰腋³¹下滿;十九者,上身如師子;二十者,身³²廣端直;二十一者,肩圓好;二十二者,四十齒;二十三者,齒白齊密而根深;二十四者,四³³牙最白而大;二十五者,方頰車如師

1　"爲",乙本無。

2　"者",乙本無。

3　"二者口無失",乙本無,丙本作"二口無失"。

4　"不",乙本脱。

5　"已",甲、乙、宋、元、明、聖本無。

6　"慧",乙本作"惠","惠"通"慧"。

7　"慧",乙本無。

8　"平",乙本無。

9　"奩",甲本作"斂",乙本作"劍",丙本作"嶮","斂""劍""嶮"皆爲"奩"之借字。

10　"縵",甲本脱。

11　"網",乙本脱。

12　"跟",乙本作"眼",誤。

13　"泥",乙本作"尼"。下同,不復出校。

14　"膊",甲本脱。

15　"纖",乙本脱。

16　"兩",乙本作"滿",誤。

17　"王",甲本無。

18　"廣",乙本作"撅",誤。

19　"俱",乙本作"拘"。

20　"青",甲本作"清","清"通"青"。

21　"柔軟"後,乙、丙本有"而"。

22　"柔軟"後,乙、丙本有"而"。

23　"其",乙本無。

24　"檀",乙本作"提"。

25　"停",乙本作"受",丙、石本作"亭","亭"爲"停"之古字。

26　"蚋",乙本作"瑚",誤,丙、石本作"宝","宝"爲"蚋"之俗字。

27　"兩",乙本脱。

28　"兩",乙本作"滿",誤。

29　"兩",乙本作"滿",誤。

30　"兩",乙本作"滿",誤。

31　"腋",甲、乙、丙本作"掖","掖"爲"腋"之古字。

32　"身",甲本脱。

33　"四",乙本脱。

子;二十六者,味中得上味,咽中二處津液流出;二十七者,舌大、軟薄[1],能覆面至耳髮際;二十八者,梵音深遠,如迦蘭頻伽聲;二十九者,眼色如金精;三十者,眼睫[2]如牛王;三十一者,眉間白毫[3]相,軟白如兜羅綿;三十二者,頂髻肉[4]成。是三十二相[5],佛身成就。光明遍照三千大千世界;若欲廣照,則[6]遍滿十方無量阿僧祇世界,爲衆生故受丈光;若放無量光明[7],則無日月、時節、歲數。佛音聲遍滿三千大千世界;若欲大聲,則遍[8]滿十方無量阿僧祇世界,隨衆[9]多少,音聲遍[10]至。

【論】問曰:上來已[11],處處説:諸法性[12]空,云何分別有善、不善?須菩提何[13]以從後已[14]來,品品中義無異,而作種種名問[15]?答曰:是事上已答。復次,衆生從無始生死已[16]來著心深難解[17]故,須菩提復作是重問。復次,是般若波羅蜜欲説是[18]空義,要故,數問。復次,佛在世時,衆生利根易悟;佛滅度五百年後,像法中[19]衆生愛著佛法,墮著法中,言:若諸法皆空,如夢、如幻,何以故有善、不善?以是故[20],須菩提憐愍未來衆生鈍根不解故重問。世尊!若諸法皆空,云何分別有善、不善等?此[21]中佛自說因緣[22]:凡夫顛倒心故,於法皆作顛倒異見,乃至不見一法是實[23]。凡夫[24]於夢中[25],著夢[26]、得夢、見夢[27]者,亦著夢中所見事[28]。是人若不信罪福,起三種不善業;若信罪福,起三種善業。善、不善、不動:善名欲界中善法,喜樂果報;不善名憂悲[29]苦惱果報;不動名生色、無色界因緣業。菩薩知[30]是三種業皆是虛誑不實,住二空中,爲衆生說法——畢竟空破諸法;無

1　"軟薄",乙本作"薄滿"。

2　"睫",甲、宋本作"䀹","䀹"爲"睫"之俗字,乙本作"睞",誤,丙、元、明本作"睚","睚"爲"睫"之俗字。

3　"毫",甲、乙、丙本作"豪","豪"通"毫"。

4　"肉",乙、丙、宋、元、明、石本作"肉骨"。

5　"三十二相"後,乙本衍"相"。

6　"則",甲、宋、元、明、聖本無。

7　"明",甲、乙、宋、元、明本無。

8　"遍",乙本無。

9　"衆",甲、乙、元、明本作"衆生"。

10　"遍",乙本作"通",誤。

11　"上來已",甲、宋、聖、石本作"上已來",乙本作"上來",丙本作"上已來",元、明本作"從上以來"。

12　"法性",乙本作"性法",誤倒。

13　"何",乙本脱。

14　"已",乙本脱。

15　"有善……名問"二十五字,甲本作"有異而作種種名問"。

16　"已",乙本作"以"。

17　"難解",甲本作"解難"。

18　"説是",乙本作"訖具",丙本作"訖是"。

19　"中",乙本無。

20　"以是故",乙本作"是",脱。

21　"此",乙本脱。

22　"此中……因緣"七字,乙本作"中佛説因緣"。

23　"實",乙本作"寶",誤。

24　"夫",甲、丙本作"人"。

25　"中",甲、宋、元、明、聖本作"法",乙本無,丙本作"法中"。

26　"著夢",乙本脱。

27　"見夢",乙本脱。

28　"所見事"後,甲、乙本衍"亦著"。

29　"悲",甲、丙、宋、元、明、聖本作"愁"。

30　"知",乙本作"如",誤。

始空破衆生相[1]。住中道，爲衆生説法，所謂五衆、十二入、十八界，皆是空，如夢、如幻乃至如化，是法中無夢，亦無見夢者。菩薩語衆生：汝等於空法顛倒心故生諸著[2]！如經中廣説。是菩薩方便力故，於顛倒中拔出[3]衆生，著破顛倒法中[4]。譬如：慳貪是顛倒，以布施破慳貪[5]法；而衆生著是布施故，爲説布施果報無常實空，從布施拔出[6]衆生，令持戒。持戒[7]及持戒果報中拔出衆生，語衆生言：天福盡時，無常苦惱；拔出衆生，令離欲、行禪定；而爲説禪定及果報虛誑不實，能令人墮[8]顛倒中。種種因緣，爲説布施、持戒、禪定無常過失，令住涅槃，得涅槃方便——所謂四念處乃至十八不共法，令衆生住是[9]法中。若布施、持戒、禪定是定[10]實法，則不應[11]令遠離。如布施、持戒等破凡夫法，此則因[12]顛倒而生，雖[13]少時益衆生，久則變異，能生苦惱故，亦教令捨離。菩薩方便力故，先教衆生捨罪，稱讚[14]持戒、布施福德；次復[15]，爲説持戒、布施亦未免[16]無常苦惱，然後爲説諸法空，但稱讚實[17]法，所謂無餘涅槃。是時，須菩提歡喜：甚希有！菩薩能如是知是[18]諸法實相，所謂畢竟空，而爲衆生説法，令至無餘涅槃。佛言：是一種希有。問[19]欲更知菩薩希有法，一切聲聞、辟支佛不能報是菩薩，何況餘人！須菩提問：何等是更有[20]希有法？佛答，如經中説。問曰：經中教令布施、持戒、禪定，今復更説，有何等異？答曰：先説生身菩薩；今説變化身。先説一國土；今説無量世界。如是等[21]差別。問曰：若菩薩知佛是福田、衆生非福田[22]，是非[23]菩薩法；菩薩以何力故，能令佛與畜生等？答曰：菩薩以般若波羅蜜力故，一切法中修畢竟空心，是故於一切法無分別。如畜生，五衆、十二入、十八界和合生，名爲畜生；佛亦如是，從諸善法和合，假名爲佛[24]。若人[25]憐[26]愍衆生，得無量福德；於佛著心，起諸惡因緣，得無量罪。是故知一切法畢竟空故，不輕畜生，不著心貴佛。復次，諸法實相，是一切法無相，是[27]無相中不分別是佛、是畜生；

1　“相”，乙本脱。
2　“著”，乙本作“善”，誤。
3　“出”，乙本脱。
4　“法中”，乙本脱。
5　“貪”，甲、乙、宋、元、明本無。
6　“出”，乙本脱。
7　“持戒”，乙本脱。
8　“墮”，甲本作“隨”，“隨”通“墮”。
9　“是”，乙本無。
10　“是定”，乙本作“具足”。
11　“應”，甲本無。
12　“因”後，乙本衍“緣”。
13　“雖”，乙本作“難”，誤。
14　“讚”，乙本作“嘆”。
15　“次復”，甲、乙、宋、元、明本作“復次”。
16　“免”，丙本作“勉”。
17　“實”，甲本脱。
18　“是”，甲、乙、丙本無。
19　“問”，甲、乙、丙、聖本作“門”。
20　“有”，乙本脱。
21　“等”，乙本脱。
22　“福田”，乙本脱。
23　“是非”，乙本脱。
24　“佛”，乙本作“人”，誤。
25　“人”，乙本脱。
26　“憐”，甲本僅抄“米”旁。
27　“是”，甲本無。

若分别即是取相,是故等觀。復次,菩薩有二法門:一者,畢竟空法門;二者,分别好惡法門。入空法門[1],則得等觀;入分别法門,諸阿羅漢、辟支佛尚不及佛[2],何況畜生! 爲其輕衆生不憐愍布施故,教不分别。問曰:菩薩身非木石,云何衆生來割截而不生異心? 答曰:有人言:菩薩久修羼提波羅蜜故,能不愁惱。如羼提仙人被截手足,血皆爲乳。有人言:菩薩無量世來,深修大慈悲心[3]故,雖有割截,亦不愁憂;譬如草木無有瞋心。有人言:菩薩深修般若波羅蜜,轉身得般若波羅蜜果報空心故,了了知空,割截身時心亦不動;如外物不動,内亦如是;得般若果報故,於諸法中無所分别。有人言:是菩薩非生死身,是出三界法性生身,住無漏聖心果報中故,身如木石,而能慈念割截者;是菩薩能生如是心故,割截劫奪内外法時[4],其心不動。是爲菩薩[5]希有法。復次,希有法者[6],如經中説[7]:我以佛眼見十方如恒河沙等世界中[8]菩薩,入地獄中,令火滅湯冷;以[9]三事教化衆生[10],如經中説。問曰:若爾者,不應有三惡道! 答曰:三惡道衆生無邊無量;菩薩雖無邊無量[11],衆生倍[12]多無量。菩薩[13]隨衆生可度因緣,若於[14]三惡道中有餘功德者,菩薩則度;重罪者則不見菩薩。菩薩一相見[15]無分别心故,不一一求覓衆生;譬如大赦,及者得脱,不及者則不蒙。問曰:若衆生割截菩薩,或食其肉,應當有罪,云何得度? 答曰:此菩薩本願:若有衆生噉我肉者,當令得度。如經中説:衆生食菩薩肉者,則生慈心。譬如有色[16]、聲[17]、香[18]、觸,人[19]聞見則喜,復有聞見則瞋;味亦如是,有瞋者,有起慈心者。如《毘摩羅鞊經》説[20]:服食香[21]飯,七日得道者,有不得。非[22]以噉肉故得度;以起發慈心故,得免[23]畜生,生善處、值佛得度。有菩薩於無量阿僧祇劫深[24]行慈心,外物給施衆生,意猶不[25]滿,并自以身[26]布施,爾乃足滿。如《法華經》中,藥王菩薩外物珍寶供養佛,意猶不滿;以身爲燈供養於佛,爾乃足滿[27]。復次,人得外

1　“入空法門”,甲本作“入空”,乙本無,宋、元、明本作“入空法”。

2　“尚不及佛”,乙本作“上不能及佛”,“上”通“尚”。

3　“心”,甲本無。

4　“時”,乙本作“持”,“持”爲“時”之借字。

5　“薩”,甲本作“菩”,誤。

6　“者”,乙本無。

7　“説”,甲本無。

8　“中”,乙本無。

9　“以”,丙、石本作“以是”。

10　“衆生”,乙本脱。

11　“無邊無量”,丙本作“無量無邊”。

12　“倍”,乙、聖本作“位”,誤。

13　“菩薩”,乙本脱。

14　“於”,乙本無。

15　“見”,甲、乙、宋、元、明本無。

16　“色”,乙本作“色者”。

17　“聲”,乙本無。

18　“香”,乙本無,丙本作“香味”。

19　“人”,甲本作“又”,誤。

20　“説”,甲、乙、宋、元、明本無。

21　“香”,乙本作“者”,誤。

22　“非”,乙本作“不”。

23　“免”,甲、丙本作“勉”,“勉”通“免”。

24　“深”,乙本作“深心”。

25　“不”,乙本作“未”。

26　“身”,丙本作“己身”。

27　戊本始。“足滿”,乙本作“滿足”。

物,雖多不以爲[1]恩,所以者何? 非所愛重故;得其身時乃能驚感[2],是故以身布施。菩薩又爲天上諸天説法,如經中廣説。人以四事攝之——布施、愛語、利益、同[3]事。布施有二事,如經中廣説。問曰:何以略説餘四道[4],而廣説人道中法? 答曰:三惡道中[5]苦多故,衆生少疑[6],若見菩薩大神通希有事,則直信愛著得度。諸天有[7]天眼故,自見罪福因緣;菩薩少現神足則解[8]。人以肉眼不見罪福因緣果報[9],又多著外道邪師及邪見經書。諸煩惱有二分[10]:一者,屬見;二者,屬愛。若但有一事,則不能成大罪。三[11]毒人得邪見力,能盡作重惡;邪見人得貪欲、瞋恚[12],能大作[13]罪事。如須陀洹雖有三毒,無邪見故,不作墮三惡道重罪。是故人中多有三毒、邪見。又眼不見罪福因緣故難度,難度故多説。問曰:若爾者,於四事中何以多説布施,餘三略[14]説? 答曰[15]:布[16]施中攝三事故,以財施、法施,教化衆生,則無所不攝。復次,四事中初廣開布施,則知餘三亦如是。問曰:若爾者,何以略説財施,而廣[17]説法施? 答曰:財施少,法施廣故。所以者何? 財施,有量果報;法施,無量果報。財[18]施,欲界繫果報[19];法施,亦[20]三界繫果報,亦是出三界果[21]報。財施[22],能與三界富樂;法施,能與涅槃常樂。又財施從法施生,聞法則能施故。復次,財施果報,但富樂,無種種[23];法施亦有富樂,亦有餘事,乃至佛道涅槃果報。以是等因緣故,廣説法施。二施義,如經中佛自廣説。問曰:經中,須菩提何以故言菩薩得一切種智不? 答曰:須菩提意:若菩薩時[24]得一切種智,則不名菩薩,云何未得佛而能得一切種智? 得[25]一切種智故名爲佛;若先作佛,何用一切種智爲? 佛答:今得一切種智,名爲菩薩;已得一切種智,名爲佛。菩薩時具足佛因緣,生心欲[26]得一切種智;得已名爲佛。真實之言[27]:菩薩不得,佛亦不得。所以者何? 菩薩未得;佛得已[28]竟,更不復得。世俗法故,説菩薩今得,佛得已竟;第一義中,則無一切法,何況佛及菩薩! 又經中言:

1　“爲”,乙本脱。

2　“感”,乙本作“惑”,誤。

3　“同”,戊本作“因”,誤。

4　“何以……四道”七字,乙本作“何以故略説四道”。

5　“中”,乙本無。

6　“疑”後,甲、戊本有“者”。

7　“有”後,乙本有“諸”。

8　“解”,甲本僅抄“禾”旁,當爲“利”之誤書。

9　“現神足……果報”十七字,戊本脱。

10　“諸煩惱有二分”,乙本作“煩惱有二種分”。

11　“三”,甲本作“二”。

12　“瞋恚”,乙本作“瞋恚力”。

13　“大作”,丙、戊本作“作大”。

14　“略”,甲本脱。

15　“曰”,甲本無。

16　“布”,甲本作“兀”,當爲“有”之殘存筆畫。

17　“廣”,乙本作“度”,誤。

18　“財”,乙本脱。

19　“果報”,甲、戊本作“欲界報”,宋、元、明本作“欲界果報”。

20　“亦”,乙本脱。

21　“果”,乙本脱。

22　“財施”,乙本脱。

23　戊本終。

24　“時”,乙本無。

25　“得,乙本脱。

26　“欲”,乙本作“故”,誤。

27　“之言”,甲、乙、丙本作“言之”。

28　“得已”,乙本作“已得”,誤倒。

佛心不異菩薩[1]，菩薩[2]不異佛心，次第相續不斷故；有[3]二心如，無異無分別故[4]。問曰：九次第定、三十二相、八十隨形好，此是世間共有法，何以故名爲出世間不共法？答曰：四禪、四無色定、滅受想，名九次第[5]；滅受定[6]，但聖人能得。四禪、四無色定——從初禪起更不雜[7]餘心而入二禪[8]；從二禪乃至滅受定[9]，念念中受[10]，不雜[11]餘心，名爲次第。凡夫是罪人鈍根，云何能[12]得三十二相？如轉輪聖王、提婆達、難陀所得相[13]，名字雖同，而威德、具足[14]、淨潔、得處則不同於佛。如先分別轉輪聖王、佛相不同中説。又[15]是相，聖[16]無漏法果報，故自在隨意，無量無邊；轉輪聖王等相，是福德業因緣，不能自在，有量有限。復次，提婆達、難陀有三十[17]相，無三十二相[18]；轉輪聖王，雖有三十二相[19]，無威德、不具足、不[20]得處，與愛等煩惱[21]俱。八十隨形好具足，唯佛菩薩有之；餘人正可有少許，或指纖長，或失腹，有如是等無威德之好，不足言。是故説言出世間不共凡夫法，無咎。問曰：從初來，處處説諸[22]法五衆乃至一切種智，不説是三十二相、八十隨形好，今經欲竟，何以品品中説？答曰：佛有二種身——法身，生身；於二身中，法身爲大。法身大[23]，所益多故，上來廣説；今經欲訖[24]故，生身義應當説，是故今説。復次，是[25]生身相好莊嚴，是聖無漏法果報；今次第説，上雜諸波羅蜜説。四念處等諸法義，如先説。十力等是佛法甚深義，今當更[26]略説。問曰：佛十力者，若總相説則一力，所謂一切種智力；若別相説則[27]千萬億種力，隨法爲名，何以但[28]説十力？答曰：佛實[29]有無量智力，但以衆生不能得、不能[30]行故不説。是十力，可度衆生事辦，所以者何？佛用是處非處力，定知一切法中因果，所謂行惡業，墮

1　“菩薩”，乙本作“菩薩心”。

2　“菩薩”，乙本作“菩薩心”。

3　“有”，甲、丙、宋、元、明本作“又”，“有”通“又”，乙本作“後”。

4　“故”，乙本脱。

5　“第”，乙本脱。

6　“滅受定”，乙、丙本作“滅受想定”。

7　“雜”，甲、乙本作“離”，誤。

8　“二禪”後，乙本有“後”。

9　“滅受定”，甲本作“滅受”，乙本作“滅受想定”。

10　“受”，甲、乙、丙本作“更”。

11　“雜”，乙本作“離”，誤。

12　“能”，乙本脱。

13　“相”，甲本無。

14　“具足”前，乙本衍“不”。

15　“於佛……説又”十七字，乙本脱。

16　“聖”後，乙本衍“王”。

17　“三十”後，乙本衍“二”字。

18　“相”，甲、乙、丙、宋、元、明、聖本無。

19　“相”，甲、乙、宋、元、明、聖本無。

20　“不”，乙本作“又”，誤。

21　“煩惱”，乙本作“煩惱習”。

22　“説諸”，甲本作“諸説”，誤倒。

23　“大”，丙、石本無。

24　“訖”，乙本作“竟”。

25　“是”，乙本作“此”。

26　“更”，乙本脱。

27　“則”，甲、宋、元、明本無。

28　“但”，甲本作“恒”，誤。

29　“實”後，乙本衍“相”。

30　“不能”，乙本脱。

惡道[1]，有是處；行惡業，生天上，無是處。善亦如是。不離五蓋、不修七覺得道者，無有是處；離五蓋、修七覺得道者[2]，有是處。餘九[3]力[4]盡入此力中。佛以此力，籌量十方六道中眾生可度者、不可度者——可度者[5]，以種種因緣、神通變化而度脫之；不可度者，於此人中修捨心。譬[6]如良醫，觀其病相，審定[7]知其可活則治[8]之，不可活者則捨。度眾生方便者，所謂二力：業力、定力。求其業因緣生處；人以業因緣故受身、縛[9]著世間，禪定因緣故得解脫。行者必應求苦從何而[10]生、由何而[11]滅，是故用二力。業力有二[12]分：一者，淨業，能[13]斷惡業；二者，垢業。淨業名[14]禪定、解脫、諸三昧；不淨業者，能於三界中受身。人有二種：鈍根，爲受身故作業；利根，爲滅身故作業[15]。問曰：若爾者，何以不皆令作淨業？ 答曰：以眾生根有利、鈍[16]故。問曰：眾生何因緣故有利、鈍？ 答曰：以有[17]種種欲力故。惡欲眾生，常入惡[18]故鈍。欲[19]名嗜好；嗜[20]好罪事、生惡業故鈍。善[21]欲者樂道、修助道法故利。問曰[22]：眾生何以不皆作善欲？ 答曰：是故佛説世間種種性[23]，惡性、善性。惡性者惡欲，惡欲故根鈍[24]。如火熱性[25]、水濕性[26]，不應責其所以。問曰：惡欲即是惡性[27]，有何差別而作二力？ 答曰：性先有，欲得因緣而生。譬如先有瘡[28]，得觸因緣則血出。性在內，欲在外。性重，欲輕。性難除，欲易捨。性深，欲淺。用性作業必當受報，用欲[29]作業不必[30]受報。有如是等差別。復有人言：欲常習[31]增[32]長，遂成爲性；性亦能生

---

1 “道”，甲本脱。
2 “者”，甲、乙、宋、元、明本無。
3 “九”，乙本作“無”，誤。
4 “力”，甲、宋、元、明本無。
5 “不可……度者”七字，乙本脱。
6 己本始。
7 “定”，丙本脱。
8 “治”，乙、己本作“活”，誤。
9 “縛”，乙、己本作“轉”，誤。
10 “而”，甲、乙、己、宋、元、明本無。
11 “而”，乙、己本無。
12 “二”，乙、己本脱。
13 “能”，甲本作“佛”，誤。
14 “名”，乙、己本脱。
15 己本終。
16 “鈍”，乙本作“根”，誤。
17 “有”，甲本無。
18 “惡”後，乙本衍“欲”。
19 “欲”，乙本作“根欲眾生”。
20 “嗜”，甲本作“罪”，誤。
21 “善”，乙本作“根善”。
22 “曰”，甲本無。
23 “性”，甲本作“姓”，“姓”爲“性”之借字，乙本脱。
24 “根鈍”，乙本作“鈍根”，誤倒。
25 “性”，甲本作“姓”，“姓”爲“性”之借字。
26 “性”，甲本作“姓”，“姓”爲“性”之借字。
27 “性”，甲本作“姅”，“姓”爲“性”之借字。
28 “瘡”，甲、乙、丙、聖、石本作“創”，“創”通“瘡”。
29 “欲”，乙本脱。
30 “不必”，乙本作“必不”，誤倒。
31 “習”，乙本作“修”。
32 “增”，丙本作“憎”，“憎”爲“增”之借字。

欲。是人若今世、若後[1]世常習是欲,則成爲性。住是性中,作惡、作善;若住[2]善性則可度,若住[3]惡性則不可度。佛既知衆生二種性已,知其果報,善道、惡道[4]種種差別。惡性者墮[5]三惡道;善性者有四種道:人、天、阿修羅[6]、涅槃道。問曰:一切到處道力與天眼力有何差別? 答曰:天眼但見生死[7]時;此中未死時知,見因知果。天眼,見現前[8]罪福果報[9]。是名一切到處道力。問曰:聲聞、辟支佛亦得涅槃,亦能化衆生,何以無是力? 答曰:是故説後三力。三世中衆生事盡能通達遍知:以宿命力,一切衆生過去事本末悉[10]知。以天眼生死智力故,一切衆生未來世中無量事盡能遍知。作是知已,知現[11]世中衆生可度者爲説[12]漏盡法。以是故,但佛有此力,二乘所無。如有一人,即日應得阿羅漢[13],舍利弗日中時語言:汝無得道因緣,捨而不度;晡時,佛以宿命神通,見過去八萬劫前得道因緣,今應成就,晡[14]時説法,即得阿羅漢道[15]。復次,佛以初力知衆生可度[16],不可度相;以第二力知衆生爲三障所覆、無覆者;以第三力知衆生禪[17]定[18]、解脱淨不淨者;以第四力知衆生根有利、有鈍[19],能通[20]法性、不通[21]者;以第五力知衆生利鈍[22]根因緣——善、惡欲;以第六力知二欲因緣——種種性;以第七力知衆生利鈍根善惡果[23]報處七種道;以第八力知衆生宿世[24]善惡業障、不障[25];以第九力知衆生今世[26]未可度,未來世生處可度;以第十力知是人以空解[27]脱門入涅槃,無相、無作門[28]入涅槃;知是人於見諦道、思惟道中,念念中[29]斷若干結使。以是十力籌量衆生所應度緣[30]而爲説法,是故説法,初無空言。問曰:佛智慧無量,

---

1　“後”,甲本作“復”,誤。
2　“住”,乙本作“作”,誤。
3　“住”,乙本作“作”,誤。
4　“道”,乙本作“惡”,誤。
5　“墮”,甲本作“隨”,“隨”通“隨”。
6　“阿修羅”,丙本作“阿羅漢”,誤。
7　“死”,丙本作“無”,誤。
8　“前”,甲本作“道”,誤,乙本作“在”。
9　“報”,甲、乙、丙、宋、元、明、聖、石本無。
10　“悉”,乙本作“志”,誤。
11　“現”,乙本作“現在”。
12　“説”,乙本脱。
13　“漢”,乙本作“難道”,誤。
14　“晡”,丙本作“脯”。
15　“漢道”,乙本作“難”,誤。
16　“可度”,乙本作“可度相”。
17　“禪”,甲本作“神”,誤。
18　“定”,丙本脱。
19　“有鈍”,甲本作“鈍有”,誤倒,乙本作“鈍”。
20　“通”,甲本作“隨”。
21　“通”,甲本作“隨”。
22　“鈍”,乙本脱。
23　“果”,乙本作“欲界”,誤。
24　“世”,乙本作“命”。
25　“不障”,乙本脱。
26　“今世”,乙本脱。
27　“解”,乙本脱。
28　“門”,乙本作“解脱”,誤。
29　“中”,丙本無。
30　“緣”,乙本作“因緣”。

身相亦應無量！又佛身勝[1]諸天王，何以正與轉輪聖王同有三十二相？答曰：三十二相不多不少，義如先説。復次，有人言：佛、菩薩相不定，如此中説；隨衆生所好，可以引導其心者爲現。又[2]衆生不貴金而貴餘色——琉璃、頗梨、金剛等，如是世界人，佛則不現金色，觀其所好則爲現色。又衆生不貴纖長指及網縵，以長指利爪[3]爲羅刹相，以[4]網縵爲水鳥相，造事不便，如著手[5]衣，何[6]用是爲？如罽賓國彌帝隷力利菩薩[7]，手網縵，其父惡以爲怪，以刀割之，言：我子何緣如鳥？有人不好肩圓大，以[8]爲似腫；有[9]以腹不現，無腹[10]如餓[11]相；亦有人以青[12]眼爲不好[13]，但好白黑分明。是故佛隨[14]衆[15]生所好而[16]爲現相好[17]，如是等無有常定[18]。有人言：此三十二相實[19]定；以神通力變化身，隨衆生所好而爲現相。有人言：佛有[20]時神通變化；有時隨世界處生，當生處不得言[21]神通變化。又於三千大千世界中，隨可度衆生處生，則爲現相。如《密迹經[22]》中説：或現金色，或現銀[23]色，或日月星宿色，或長或短[24]，隨可引導[25]，衆生則爲現相。隨此間閻浮提中天竺國人所好，則爲現三十二相。天竺國人于[26]今[27]故治肩髆[28]令厚大，頭上皆以有髻[29]爲好。如人相中説五處長爲好。眼、鼻、舌、臂[30]、指、髀[31]、手足相[32]，若輪、若蓮華、若貝、若日月，是故佛手足有千輻輪、纖長指、鼻高好、舌[33]廣長而薄[34]。如是等皆勝於先所

1　“勝”，乙本脱。

2　“又”，甲本作“有”，“有”通“又”，明本作“入”。

3　“爪”，甲、丙、宋、宫本作“抓”，“抓”通“爪”。

4　“以”，乙本無。

5　“手”，乙本作“千”，誤。

6　“何”，乙本脱。

7　“彌帝隷力利菩薩”，乙、丙本作“彌帝隷刀菩薩”，“刀”當爲“力”字之誤。

8　“腫”，乙本作“種”，“種”爲“腫”之借字，明本作“瞳”，誤。

9　“有”，乙、丙本作“又”，“有”通“又”。

10　“腹”，甲本作“復”，誤。

11　“餓”，丙本作“飢”。

12　庚本始。

13　“好”，乙本作“如”，誤。

14　“隨”，乙本脱。

15　“爲不……隨衆”十四字，庚本殘。“衆”，乙、聖本脱。

16　庚本終。

17　“好”，甲、乙、丙、宋、元、明、宫、聖、石本無。

18　“定”，乙本脱。

19　“實”，乙本作“貴”，誤。

20　“有”，乙本作“又”，“又”通“有”。

21　“言”，乙本脱。

22　“密迹經”，乙本作“蜜積經”，宋、元、明、宫本作“蜜迹經”，異譯詞。

23　“銀”，乙本作“眼”，誤。

24　“或長或短”，乙本作“或現長或現短”。

25　“導”，甲本作“道”，“道”爲“導”之古字。

26　“于”，甲本作“乎”，誤。

27　“今”，乙本作“金”，“金”爲“今”之借字。

28　“髆”，甲、乙、丙、宋、元、明、宫本作“膊”。

29　“髻”，乙、宋、元、明、宫本作“結”。

30　“臂”，甲本作“辟”，“辟”通“臂”。

31　“髀”，乙本無。

32　“相”，乙本脱。

33　“舌”，丙本作“古”，誤。

34　“薄”，乙本作“薄好”。

貴者故,起恭敬心。有國土佛爲現千萬相,或無量阿僧祇相,或五、六、三、四相;隨天竺所好故,現三十二相、八十種¹隨形好。

大智度論卷第八十八²。

大智度論釋四攝品第七十八之餘(卷八十九)³

……是爲知行⁴如。云何知識相?云何知識生滅?云何知識⁵如?知識相者,如幻師幻作四種兵,無有實,識⁶亦如是。知識生滅者,是識生時無所從來,滅時無所去,是爲知識生滅。知識如者,知識不生不滅、不來不去、不垢不淨、不增不減,是爲知識如。云何知諸入?眼、眼性空,乃至意、意性空;色、色性空,乃至法、法性空。云何知⁷界?眼、眼界⁸空,色、色界空,眼識、眼識界空;乃至意識⁹界亦如是。云何知四聖諦?知苦聖諦時,遠離二法,知苦聖¹⁰諦不二不別,是名苦聖諦;集、滅¹¹、道亦如是。云何知苦如?苦聖諦¹²即是如,如是¹³苦聖諦;集滅¹⁴、道亦如是。云何¹⁵知十二因緣?知十二因緣不生相,是名知十¹⁶二因緣¹⁷。須菩提白佛言:世尊!若菩薩摩訶薩¹⁸行般若波羅蜜時,各各分別知諸法,將無以¹⁹色性壞法性,乃至²⁰一切種智性壞法性耶……

大智度論釋實際品第八十(卷九十)²¹

聖者龍樹菩薩造

1　"八十種",甲本作"八十",乙本無。

2　甲本終,尾題作"大智度經釋論卷第八十八"。乙本終,尾題作"摩訶衍經卷第八十八　品第七十六　品第七十七"。丙本終,尾題作"大智度論卷第九十",題記作"昔雪山菩薩,八字捨身;香城大士,一言析骨。況我凡愚,而不迴向。佛弟子田豐,躬率己財,兼勸有心,仰爲皇帝、文武百僚、七世父母、過見師尊及法界衆生,敬寫一切經論,願共成佛"。

3　本卷對應《大智度論》寫本凡 2 號:俄 Дx00182 號+俄 Дx00183 號(以下簡稱"甲本")、俄 Дx11874 號 A(以下簡稱"乙本")。

4　甲本始。

5　"識相……知識"十二字,甲本殘。

6　"幻師……實識"十一字,甲本殘。

7　乙本始。

8　"界",乙本脱。

9　"空眼……意識"十一字,乙本殘。

10　"聖",甲、乙、宋、元、明、宮、聖本無。

11　"滅",甲、乙、宋、元、明、宮、聖本作"盡"。

12　"苦聖諦"前,乙、宋、宮本有"知"。

13　"是",甲、乙、宋、元、明、宮、聖本作"即是"。

14　"滅",甲、乙、宋、元、明、宮、聖本作"盡"。

15　"如是云何",甲本殘。

16　"相是名知十",甲本殘。

17　乙本終。

18　"若菩薩摩訶薩",甲本殘。

19　"別知……無以"七字,甲本殘。

20　甲本終。

21　本卷對應《大智度論》寫本凡 8 號:BD14087 號(以下簡稱"甲本")、俄 Дx07178 號(以下簡稱"乙一")、俄 Дx07268 號(以下簡稱"乙二")、S.4195 號(以下簡稱"丙一")、S.0461 號(以下簡稱"丙二")、P.4525 號 16(以下簡稱"丙三")、P.4525 號 R(以下簡稱"丙四")、俄 Дx08524 號(以下簡稱"丁本")。

後秦龜茲國三藏鳩摩羅什譯[1]

【經】須菩提白佛言：世尊！若衆生畢竟不可得，菩薩爲誰故行般若波羅蜜？佛告須菩提：菩薩爲實際故，行般若波羅蜜。須菩提！實際、衆生際異者，菩薩不行般若波羅蜜。須菩提！實際、衆生際不異，以是故，菩薩摩訶薩爲利益衆生故，行般若波羅蜜。復次，須[2]菩提！菩薩摩訶薩行般若波羅蜜時，以不壞實際法，立衆生於實際中。須菩提白佛言：世尊！若實際即是衆生際，菩薩則爲建立實際於實際。世尊！若建立實際於實際，則爲建立自性於自性。世尊！不得建立自性於自性。世尊！云何菩薩摩訶薩行般若波羅蜜時，建立衆生於實際？佛告須菩提：實際不可建立於實際，自性不可建立於自性。須菩提！今菩薩摩訶薩行般若波羅蜜時，以方便力故，建立衆生於實際；實際亦不異衆生際，實際、衆生際無二無別。須菩提白佛言：世尊！何等是諸菩薩摩訶薩方便力，用是方便力，菩薩摩訶薩行般若波羅蜜時，建立衆生於實際，亦不壞實際相？佛告須菩提：若菩薩摩訶薩行般若波羅蜜時，以方便力故，建立衆生於布施。建立已，說布施先後際相，作是言：如[3]是布施，前際空，後際空，中際亦空，施者亦空，施報亦空，受者亦空。諸善男子！是一切法實際中不可得，汝等莫念布施異、施者異、施報異、受者異！若汝等不念布施異、施者異、施報異、受者異，是時，布施能取甘露味、得甘露味果。汝善男子！以是布施故莫著色，莫著受、想、行、識。何以故？是布施、布施相空，施者、施者空，施報、施報空，受者、受者空，空中布施不可得、施者不可得、施報不可得、受者不可得。何以故？是諸法畢竟自性空故。復次，須菩提！菩薩摩訶薩行般若波羅蜜時，以方便力故，教衆生持戒；語衆生言：汝善男子！除捨殺生法，乃至除捨邪見。何以故？善男子！如汝所分別法，是諸法[4]無如是性。汝善男子當諦思惟：何等是衆生而欲奪命？用何等物奪命？乃至邪見亦如是。須菩提！菩薩摩訶薩如是方便力成就衆生。是菩薩摩訶薩即爲衆生說布施、持戒果報，是布施、持戒果報自性空；知布施、持戒果報自性空已，是中不著；不著故心不散，能生智慧；以是智慧斷一切結使煩惱，入無餘涅槃。是世俗法，非第一實義。何以故？空中無有滅、亦無使滅者；諸法畢竟空，即是涅槃。復次，須菩提！菩薩摩訶薩見衆生瞋恚惱心，教言：汝善男子來修行忍辱，作忍辱人，當樂忍辱！汝所瞋[5]者，自性空故[6]。汝來善男子如是思惟：我於何所法中瞋？誰爲瞋者？所瞋者誰？是法皆空，是性空法，無不空時。是空非諸佛作，非辟支佛、聲聞作，非菩薩摩訶薩作[7]，非諸天、鬼神、龍王、阿修羅、緊那羅、摩睺羅伽，非四天王天，乃至非他化自在天，非梵衆天，乃至非淨居天，非無邊空處，乃至非非有想非無想處諸天所作。汝當如是思惟：所[8]瞋誰？誰是瞋者？何等是瞋事？是一切法性空，性空法中[9]無有所瞋。如是，須菩提！菩薩摩訶薩行般若波羅蜜時，以是[10]因緣，建立衆生於性空，次第漸漸示教利喜，令得阿耨多羅三藐三菩提。是世俗法，非第一實義。何以故？是性空中無有得者、無有得法、無有得處。須菩提！是名實際性空法。菩薩摩訶薩爲衆生故行是法，衆生亦不可得。何以故？一切法離衆生相。復次，須菩提！菩薩摩訶薩行般若波羅蜜時，方便力故，見衆生懈怠，教令身精進、心精進；作是言：諸善男子！諸法性空中無懈怠法、無懈怠者、無懈怠事；是一切法性皆空，無過性空者。

1　甲本始。“大智度……譯”三十三字，甲本作“大智度經實際品下第八十釋論　有一段經文　卷第九十”。

2　“須”，甲本脱。

3　“如”，甲本脱。

4　“是諸法”，甲、宫本無。

5　“瞋”，甲本作“顚”，誤。

6　“故”，甲、宋、元、明、宫、聖本無。

7　“是空……薩作”二十字，甲本脱。

8　“所”，甲、宋、元、明、宫本無。

9　“中”，甲、宋、元、明、宫本無。

10　“是”，甲本脱。

汝等生身精進、心精進，爲生善法故莫懈怠！善男子[1]！若布施，若持戒，若忍辱，若精進，若禪定，若智慧，若諸禪定、解脱、三昧，若四念處乃至八聖道分，若空解脱門，無相、無作解脱門，乃至十八不共法中[2]，莫懈怠！諸善男子！是一切法性空中，當知無礙相，無礙法中無懈怠者、無懈怠法。如是，須菩提！菩薩摩訶薩行般若波羅蜜時，教衆生令住性空，不墮二法。何以故？是性空無二無別故，是無二法，則無可瞋處。復次，須菩提！菩薩摩訶薩行性空般若波羅蜜時，教衆生令精進，作是言：諸善男子勤精進！若布施，若持戒，若忍辱，若精進，若禪定，若智慧，若禪定、解脱、三昧，若四念處，乃至八聖道分，若空解脱門，無相、無作解脱門，若佛十力，若四無所畏，若四無礙智，若十八不共法，若大慈大悲。是諸法，汝等莫念二相，莫念不二相！何以故？是法性皆空，是性空法[3]，不應用二相念，不應用不二相念。如是，須菩提！菩薩摩訶薩行般若波羅蜜，以方便力故，成就衆生；成就衆生已，次第教令得須陀洹果、斯陀含果、阿那含果、阿羅漢果、辟支佛道、菩薩位，令得阿耨多羅三藐三菩提。復次，須菩提！菩薩摩訶薩行般若波羅蜜時，見衆生亂心，以方便力，爲利益衆生[4]故，作是言：諸善男子當修禪定！汝莫生亂想，當生一心。何以故？是法性皆空；性空中無有法可得——若亂、若一心。汝等住是三昧，所有作業，若身，若口，若意，若布施，若持戒，若行忍辱，若勤精進，若行禪定，若修智慧，若行四念處，乃至若行八聖道分，若諸解脱、次第定，若行佛十力、四無所畏、四無礙智、十八不共法、大慈大悲、三十二相、八十隨形好，若聲聞道，若辟支佛道，若菩薩道，若佛道，若須陀洹果、斯陀含果、阿那含果、阿羅漢果、辟支佛道，若一切種智，若成就衆生，若淨佛國土，汝等皆當應隨所願得；行性空故。如是，須菩提！若菩薩摩訶薩行般若波羅蜜、方便力，爲利益衆生故，從初發意終不懈廢，常求善法，利益衆生，從一佛國至一佛國，供養諸佛，從諸佛聞法，捨身、受身，乃至阿耨多羅三藐三菩提，終不忘失。是菩薩常得諸陀羅尼，諸根具足，所謂身根、語根、意根。何以故？是菩薩摩訶薩常修一切種[5]智；修一切種[6]智故，一切諸道皆修：若聲聞道，若辟支佛道，若菩薩神通道；行神通道菩薩，常利益衆生，終不忘[7]失。是菩薩住報得神通，利益衆生，入生死五道，終不耗減。如是，須菩提！菩薩摩訶薩行般若波羅蜜住性空，以禪定利益衆生。復次，須菩提！菩薩摩訶薩行般若波羅蜜，住性空，以方便力故，利益衆生。作是言：汝等諸善男子！觀一切法性空！善男子！汝等當作諸業——若身業，若口業，若意業，取甘露味，得甘露果！性空中無有法退。何以故？性空不退，亦無退者；以性空非法亦非非法，於[8]無所有法中，云何當有退？須菩提！菩薩摩訶薩行般若波羅蜜時，如是教衆生常不懈廢。是菩薩自行十善，亦教他人行十善；五戒、八戒，亦如是。自行初禪，亦教他人令行初禪；乃至第四禪，亦如是。常自行慈心，亦教他人令行慈心；乃至捨心，亦如是。自行無邊空處，亦教他人令行無邊空處；乃至非有想非無想處，亦如是。自行四念處，亦教他人令行四念處；乃至八聖道分，佛十力乃至八十隨形好，亦如是。自於[9]須陀洹果中生智慧，亦不住是中，亦教他人令得須陀洹果；乃至阿羅漢果[10]，亦如是。自於[11]辟支佛道中生智慧，亦不住是中，亦教他人令得辟支佛道。自

1　"男子"，甲、宋、元、明、宮、聖、石本作"法者"。

2　"中"，甲、元、明、宮本無。

3　"法"，甲、宋、元、明、宮本無。

4　"衆生"，甲本脱。

5　"種"，甲本脱。

6　"種"，甲本脱。

7　"忘"，甲本作"妄"，"妄"爲"忘"之借字。

8　"於"，甲本脱。

9　"於"，甲本無。

10　"果"，甲本脱。

11　"果"，甲本脱。

生阿耨多羅三藐三菩提道,亦教他人令得[1]阿耨多羅三藐三菩提道。如是,須菩提!菩薩摩訶薩行般若波羅蜜[2]方便力故,終不懈怠。須菩提白佛言:世尊!若諸法性常空,常空中衆生[3]不可得,法非法亦不可得,菩薩摩訶薩云[4]何求一切種智?佛告須菩提:如是!如是!如汝[5]所言:諸法性皆[6]空,空中衆生不可得,法非法亦不可[7]得。須菩提!若一切法性不空,菩薩摩訶薩不依[8]性空成阿耨多羅三藐三菩提;爲衆生説性空法[9]。須菩[10]提!色性空,受、想、行、識性空,菩薩摩訶薩行般若波羅蜜時,説五陰性空法,説十二入、十八界性空法;説四禪、四無量心、四無色定、四念處乃至八聖道分性空法;説三解脱門、八背捨、九次第定、佛十力、四無所畏、四無礙智、十八不共法、大慈大悲、三十二相、八十隨形好性空法;説須陀洹果、斯陀含果、阿那含果、阿羅漢果、辟支佛道,一切種智斷煩惱習性空法。須菩提!若内空性不空,外空乃至無法有法空性不空者,則壞空性。是性[11]空不常不斷。何以故?是性空無住處,亦無所從來,亦無所從去。須菩提!是名法住相。是中無法,無聚無散、無增無減、無生無滅、無垢無淨,是爲諸法相。菩薩摩訶薩住是中,發阿耨多羅三藐三菩提心,不見法有所發,無發無住,是名法住相。是菩薩摩訶薩行般若波羅蜜時,見一切法性空,不轉阿耨多羅三藐三菩提。何以故?是菩薩不見有法能障礙,當何處生疑?是名阿耨多羅三藐三菩提。性空不得衆生,不得我,不得人,不得壽,不得命,乃至不得知者、見者;性空中色不可得,受、想、行、識不可得,乃至八十隨形好不可得。須菩提!譬如佛化作四衆:比丘、比丘尼、優婆塞、優婆夷,常爲是諸衆説法,千萬億劫不斷。佛告須菩提:是諸化衆,當得須陀洹果、斯陀含果、阿那含果、阿羅漢果,得阿耨多羅三藐三菩提記不?須菩提言:不也!世尊!何以故?是諸化衆無有根本實故。一切諸法性空,亦無根本實事,何等是衆生得須陀洹果乃至阿羅漢果,得阿耨多羅三藐三菩提記?須菩提!菩薩摩訶薩亦如是:爲衆生説性空法,是衆生實不可得,以衆生墮顛倒故,拔衆生令住不顛倒。顛倒即是無顛倒;顛倒、不顛倒雖一相,而多顛倒,少不顛倒。無顛倒處中,則無我、無衆生,乃至無知者、見者;無顛倒處中,亦無色,無[12]受、想、行、識,無十二入,乃至無阿耨多羅三藐三菩提,是爲諸法性空。菩薩摩訶薩住是中,行般若波羅蜜時,於衆生相顛倒中拔出衆生,所謂;無衆生有衆生相中拔出,乃至知者、見者相中拔出。於無色、色相中,無受、想、行、識,受、想、行、識相中拔出衆生。十二入、十八界,乃至一切有漏法,亦如是。須菩提!亦有諸無漏法,所謂四念處、四正勤、四如意足、五根、五力、七覺分、八聖道分。如是等法,雖無漏,亦不如第一義相。第一義相者,無作、無爲、無生、無相、無説,是名第一義;亦名性空,亦名諸佛道。是中不得衆生,乃至不得知者、見者,不得色、受、想、行、識,乃至不得八十隨形好。何以故?菩薩摩訶薩非爲道法[13]故,求阿耨多羅三藐三菩提心;爲諸法實相性空故,求阿耨多羅三藐三菩提。是性空,前際亦是性空,後際亦是性空,中際亦是性空;常性空,無不性空時。

1　"令得",甲本無。

2　"般若波羅蜜",甲本作"菩薩道時",宫本作"菩薩道"。

3　乙一(4至8行)始。

4　"法亦……薩云"十一字,乙一殘。

5　"佛告……如汝"十一字,乙一殘。

6　"性皆",甲本作"住皆","住"當爲"性"字之誤,石本作"皆性"。

7　"空中……不可"十三字,乙一殘。

8　"空菩……不依"八字,乙一殘。

9　"成阿……空法"十七字,乙一殘。

10　乙一(4至8行)終。

11　"性",甲本脱。

12　"無",甲本無。

13　"法",甲、宫、聖本無。

菩薩摩訶薩行是性空般若波羅蜜,爲衆生著[1]衆生相欲拔出故,求道種智。求道種智時,遍行一切道——若聲聞道,若辟支佛道,若菩薩道。是菩薩具足一切道,拔出衆生於邪想著、淨佛國土已,隨其壽命,得阿耨多羅三藐三菩提。須菩提! 過去十方諸佛道性空,未來、現在十方諸佛道亦性空; 離性空,世間無道、無道果。要從親近諸佛,聞是諸法性空,行是法,不失薩婆若! 須菩提白佛言: 世尊! 甚希有! 諸菩薩摩訶薩行是[2]性空法,亦不壞性空相,所謂色與性空異,受、想、行、識與性空異,乃至阿耨多羅三藐三菩提與性空異。世尊! 但[3]色即是性空,性空即是色,乃至阿耨多羅三藐三菩提,阿耨多羅三藐三菩提即是性空,性空即是阿耨多羅三藐三菩提! 佛告須菩提: 如是! 如是[4]! 若色與性空異,若受、想、行、識與性空異,乃至阿耨多羅三藐三菩提與性空異,菩薩摩訶薩不能得一切種智。須菩提! 今色不異性空,乃至阿耨多羅三藐三菩提不異性空; 以是故,菩薩摩訶薩知一切法性空,發意求阿耨多羅三藐三菩提。何以故? 是中無有法若實、若常,但凡夫著色、受、想、行、識。凡夫取色相,取受、想、行、識相,有我心著内外物故,受後身: 色、受、想、行、識,是[5]故不得脱生、老、病、死,愁憂、苦惱,往來五道。以是事故,菩薩摩訶薩行性空波羅蜜,不壞色等諸法相,若空、若不空[6]。何以故? 是[7]色性空相不壞色,所謂是色、是空[8]。譬如虚空不壞虚空,内虚空不壞外虚空,外虚空不壞内虚空。如是,須菩提! 色不壞色空相,色空相不壞色。何以故? 是二法無有性能有所壞,所謂是空、是非空; 乃至阿耨多羅三藐三菩提,亦如是。須菩提白佛言: 世尊! 若一切法空無分別,云何菩薩摩訶薩從初發意已來,作是願: 我當得阿耨多羅三藐三菩提? 世尊! 若一切法無分別,云何菩薩發心言: 我當得阿耨多羅三藐三菩提? 世尊! 若分別諸法,不能得阿耨多羅三藐三菩提! 佛告須菩提: 如是! 如是! 若菩薩摩訶薩行二相者,無阿耨多羅三藐三菩提。若分別作二分者,無阿耨多羅三藐三菩提; 若不二、不分別諸法,則是阿耨多羅三藐三菩提。菩提是不二相、不壞相。須菩提! 是菩提不色中行,不受、想、行、識中行,乃至菩提亦不菩提中行。何以故? 色即是菩提,菩提即是色,不二、不分別; 乃至十八不共法,亦如是。是菩提非取故行、非捨故行。須菩提白佛言: 世尊! 若菩薩摩訶薩菩提非取故行、非捨故行,菩薩摩訶薩菩提何處行? 佛告須菩提: 於汝意云何? 如佛所化人在何處行——若取中行[9]? 若捨中行? 須菩提言: 世尊! 非取中行,非捨中行。佛言: 菩薩摩訶薩菩提亦如是,非取中行、非捨中行。須菩提! 於汝意云何? 阿羅漢夢中菩提何處行? 若取中行? 若捨中行? 不也! 世尊! 非取中行、非捨中行。世尊! 阿羅漢畢竟不眠,云何夢中菩提若取中行、若捨中行? 須菩提! 菩薩摩訶薩阿耨多羅三藐三菩提亦如是,非取中行、非捨中行——所謂色中行,乃至一切種智中行。世尊! 將無菩薩摩訶薩不行十地,不行六波羅蜜,不行三十七助道法,不行十四空,不行諸禪定、解脱、三昧,不行佛十力乃至八十隨形好,住五神通,淨佛國土,成就衆生,得阿耨多羅三藐三菩提? 佛告須菩提: 如是! 如是! 如汝所言: 今菩薩雖菩提無處行,若不具足十地、六波羅蜜、四禪、四無量心、四無色定,四念處,乃至八聖道分,空、無相、無作解脱[10],佛十力乃至八十隨形好,常捨法,不錯謬法——不具足是諸法,終不得阿耨多羅三藐三菩提。是菩薩摩訶薩住色相中,住受、想、行、識相中,乃至

1　"著",甲本作"若","若"爲"著"之借字。

2　"行是",甲、宋、元、明、宫、聖本作"有行是"。

3　"世尊但",甲、宋、元、明、宫本作"須菩提"。

4　"如是如是",甲、宫、聖本無。

5　"是",甲本無。

6　"若不空"後,甲本有"不壞,受、想、行、識若空、若不空,乃至不壞,阿耨多羅三藐三菩提相若空、若不空"。

7　"是",甲、宫、聖本無。

8　"是空"後,甲本有"受、想、行、識乃至阿耨多羅三藐三菩提亦如是,須菩提"。

9　"行",甲本脱。

10　"解脱",甲、宫、聖本無。

住阿耨多羅三藐三菩提相中，能具足十地，乃至得阿耨多羅三藐三菩提。是相常寂滅，無有法能增能[1]減、能生能滅、能垢能淨、能得道、能得果。世諦法故，菩薩摩訶薩得阿耨多羅三藐三菩提，非第一實義。何以故？第一實[2]義中，無有色，乃至無有[3]阿耨多羅三藐三菩提，亦無行阿耨多羅三藐三菩提者。是一切法[4]，皆以世諦故說，非第一義。須菩提！菩薩摩訶薩從初發意已來，行阿耨多羅三藐三菩提，菩提亦不增，衆生亦不減，菩薩亦無增減。須菩提！於意云何：若人初得道時，住無間三昧，得無漏根，若[5]成就須陀洹果、斯陀含果、阿那含果、阿羅漢果，汝[6]爾時，有所得——若夢、若心、若道、若道果不？須菩提言：世尊！不得也！佛告須菩提：云何當知得阿羅漢道者？世尊！世諦法[7]故分別[8]名阿羅漢道。佛語須菩提[9]：世諦故說名菩薩，說名色、受、想、行、識，乃至一切種智。是菩提中無法可得——若增、若減，以諸法性空故。諸法性空尚不可得，何況得初地心乃至十地心，六波羅蜜、三十七助道法，空三昧，無相、無作三昧，乃至一切佛法當有所得，無有是處！如是，須菩提！菩薩摩訶薩行阿耨多羅三藐三菩提，得阿耨多羅三藐三菩提，利益衆生。

【論】釋曰：上品中須菩提種種因緣難：若諸法空，云何有五道生死、善不善法？今難衆生，作是言：世尊！若衆生畢竟不可得，菩薩爲誰故行般若？先難法爲衆生；今難衆生爲法故。佛答[10]：爲實際故，菩薩行般若波羅蜜。須菩提意謂：菩薩爲度衆生故，行般若波羅蜜。佛意：衆生假名虛誑，畢竟不可得；菩薩爲一切實法故，行般若波羅蜜。實法即是實際。問曰：一切菩薩見衆生苦惱，爲度衆生故發大悲心，今何以言爲實際？答曰：初發意菩薩但爲滅衆生苦故，發大悲心。苦者，所謂老、病、死等，及身心衰惱。云何滅是苦？尋苦因緣，由生故，如佛十二因緣中說：何因緣故有老、病、死？以有[11]生故。問曰：一切衆生皆知生因緣，是苦；菩薩有何奇特？答曰：衆生不知由生有苦：若遭苦時，但怨[12]恨人，自不將適；初不怨生，以是故增長結使，重增生法，不知真實苦因。有人無鞭杖、刀兵諸愁惱苦，而有死苦；此死從何所來[13]？從生而有。復次，鞭杖、刀兵、愁惱，皆由生故有；餘法或有苦，或無苦，是生法必定[14]有苦。正使大智及諸天，有生必有死，有死必有苦，是故知生定是苦本。如草木有生故必可焚燒；若當不生，雖有猛火、大風，無所燒害。菩薩既得苦因緣，復推生因緣。生因緣者，有；有，有三種：欲有、色有、無色有；著是三有，起善惡業，是生因。有因者，四種取。取因緣者，愛等[15]諸煩惱。小者未能起業故，名爲愛；增長能起業故，名爲[16]取：欲取、見取、戒取、我語取，取著是四事故，能起種種業[17]。愛因緣，三種受。受因緣者，眼等六種觸。觸名受等諸心數法；情、塵、識三事和合故，心中生受等心數法。根本雖三事和合故生觸，爲六情依止住處故，但說六入。六入因緣，名色。六

1　“能”，甲本脱。

2　“實”，甲本脱。

3　“有”，甲、宋、元、明、宫本無。

4　“法”，甲本脱。

5　“若”，甲、宋、元、明、宫、聖本無。

6　“汝”，甲本脱。

7　“法”，甲本脱。

8　“分別”，甲本作“説”。

9　“佛語須菩提”，甲本作“佛言：如是，如是，須菩提”。

10　“答”，甲本作“告”。

11　“有”，甲本無。

12　“怨”，甲本脱。

13　“此死從何所來”，甲本作“此從何來”。

14　“定”，甲、宫、聖本無。

15　“等”，甲、宫本無。

16　“名爲”，甲、宫本無。

17　“能起種種業”，甲本作“能種種起業”。

入雖即是名色分,成就名六入,未成就名名色;色成就名五入,名成就名一入。是胎中時因緣次第名[1]色因緣,是識。若識不入胎,胎初[2]則爛壞。識名中陰中五衆,是五衆細故,但名爲識。若識不入而胎成者,如一切和合時,皆應成胎! 問曰:識何因緣故入胎? 答曰:行因緣。行即是過去三種業,業將識入胎。如風吹絶焰[3],空中而去,焰則依止於風;先世作人身時,然[4]六識故,命終時業將識入胎。問曰:上業何以名有? 今業何以名行? 答曰:上是今世業,爲未來有,故名爲有;今業過去世已[5]滅盡,但有名,名爲行(天竺語删迦羅,秦言行)。是行因緣,名無明。一切煩惱雖是過去業因緣,無明是根本故,但名無明。今世現在著愛、取多故,愛、取愛名;過去世中是疑、邪見處故,但名無明。今得一切苦惱根本,是無明。問曰:無始生死展轉甚多,何以止[6]齊無明? 答曰:是事先已答。菩薩思惟爲人從苦得脱故,求苦因緣。衆生過去[7]、現在老死等苦,不可得除,爲除未來世老死苦,斷相續不令復生。如良醫,過去病不可治,現在病亦不可治,服藥但能治應起病,破其冷熱,不復令起。又如失火燒舍,不爲已過去火故勤滅,亦不爲現在火故勤滅,但爲未來火,不令更燒故勤滅。良醫、滅火人,勤方便亦[8]不虚。菩薩滅衆生苦惱亦如是:過去苦已滅,無所復能;現在苦惱,先世因緣成就故不可却;但破未來世老死等苦因緣故,破是生法,老死等苦自然永滅。是故菩薩欲滅未來世老死等苦因緣生;得現在有等八因緣:一名有漏業。二名現在世諸煩惱,所謂四取、一愛。是二種煩惱,從二心數法生,所謂;受及觸——觸能生一切心數法,受前生故,得名觸是受因緣;受雖能生三毒,一切衆生,愛是舊煩惱。觸因緣是内六入,如先説。雖有外六入,内六入無故,觸等心數法不生,是故内六入得名。名色是六入因緣,如此中説。初入胎識,是名色因緣。識、名色在胎中,此中雖有六入,未成就、未可用故,未得名字。既生嬰孩,未能有所作,但有六入。轉大有六觸。如小兒蹈火履氷,但有觸,未知苦樂。轉大受苦樂,未深愛[9]著。如小兒雖瞋,未能起殺等惡業;雖喜,未能起施等善業。年及成人,得苦生恚,得樂生愛。求樂具故,取欲等四取。取時能起善惡業。若知先一世無明業因緣,則億萬世可知。譬如現在火熱,過去、未來火亦如是。若無明因緣更求其本,則無窮,即墮邊見,失涅槃道,是故不應求。若更求,則墮戲論,非是佛法。菩薩欲斷無明故,求無明體相,求時即入畢竟空。何以故? 佛經説:無明相,内法不知,外法不知,内外法不知。菩薩以内空觀内法,内法即空;以外空觀外法,外法即空;以内外空觀内外法,内外法即空。如是等一切是無明相;如先品《德女經》中破無明廣説。復次,菩薩求無明體,即時是明——所謂[10]諸法實相,名爲實際。觀諸法如幻如化,衆生顛倒因緣故,起諸煩惱,作惡罪業,輪轉五道,受生死苦。譬如蠶出絲自裹縛,入沸湯火炙;凡夫衆生亦如是,初生時未有諸煩惱,後自生貪欲、瞋恚等諸煩惱;是煩惱因緣故,覆真智慧,轉身受地獄火燒湯煮。菩薩知是法本末皆空,但衆生顛倒錯故,受如是苦。菩薩於此衆生起大悲心,欲破是顛倒故,求於實法,行般若波羅蜜,通達實際;種種因緣教化衆生,令住實際。是故住實際無咎。復次,經中説:若衆生與實際異,菩薩不應行般若波羅蜜。異者,實際是畢竟空,衆生際是決定有;若爾者,應難:若諸法實際相空,菩薩云何爲衆生故修是[11]實際? 若衆生畢竟空、實際定有,無衆生則無所利益,爲誰故行實

---

1 "名"後,甲本衍"名"。
2 "胎初",甲本作"初胎",宋、元、明、宫本作"初胎初"。
3 "焰",甲本作"炎","炎"爲"焰"之古字。下同,不復出校。
4 "然",甲本作"燃","然"爲"燃"之古字。
5 "已",甲本作"以","以"通"已"。
6 "止",甲、宋、元、明、宫、聖、石本作"正"。
7 "過去"後,甲本有"未來"。
8 "亦",甲本作"亦爾"。
9 "深愛",甲本作"染受",誤。
10 "所謂"後,甲本有"説"。
11 "是",甲、石本作"此"。

際？今衆生際實[1]不異實際，故行般若波羅蜜；欲覺悟狂惑[2]顛倒凡夫故，行般若波羅蜜，令衆生住實際中，而不壞實際。是時，須菩提更問：若衆生際、實際不異，云何以實際著實際？自性不應自性中住，如指端不能自觸指端！佛可其意：菩薩以方便故，建立衆生於實際，如衆生、實際不異；一亦[3]不可得。若是一，則壞實際相。所以者何？得是一性故。菩薩知是二法不[4]一不二，亦不不一，亦不不二，畢竟寂滅無戲論相。菩薩生大悲心，但欲拔出衆生離於[5]顛倒故，教化衆生。又問：云何名方便？佛言[6]：菩薩行般若波羅蜜[7]時，以方便力故，建立衆生於檀中，説是檀先際、後際空，中際亦爾；如經中廣説。菩薩知實際者到衆生邊，如先《檀品》中説。衆生聞已發心，折薄煩惱，深著[8]布施。菩薩憐[9]愍衆生：我從慳中拔出，今復著布施。衆生若受布施，福盡受諸苦惱，又受[10]富貴因緣，得作大罪，則墮地獄。是故愍此衆生得少許時樂而受苦長久！是故菩薩爲説布施實相，所謂畢竟空；作是言：是布施過去已滅，不可見，不可得，不可用，但可憶念，如夢所見無異；未來未[11]生故，亦無所有，畢竟空。是布施先、後際無故，中際亦無。如破六塵中、破色法中説：現在布施雖眼[12]見，分分破析，乃至微塵不可得。布施三世空，施者、受者、果報亦如是。菩薩語施者[13]言：布施等法，是初入佛法門；實際中，實際[14]相亦無，何況布施！汝莫念、莫著布施等法！若[15]不念、不著如布施體相，如是布施者，則得甘[16]露味、甘露果。甘[17]露味者，是八聖道分；甘露果者[18]，是涅槃。菩薩雖住實際中，以方便力，布施門[19]度衆生。餘波羅蜜亦如是，如經中廣説。須[20]菩提白佛言[21]：世[22]尊！若一切法性空，性空中無法及非法，亦無衆生，菩薩云何住是空中求一切種智？佛答：菩薩安立性空中故，能行是布施等諸法。又問：性空破一切法悉盡無餘，云何菩薩住性空中，能行布施等諸善法？佛可須菩提意[23]而説因緣：菩薩知諸法實相，住是中，能得阿耨多羅三藐三菩提。——諸法實相者，即是性空。若一切法性不空，菩薩不應住是[24]諸法性空中，得阿耨多羅三藐三菩提已，爲衆生説性空法，所謂色性空，受、想、行、識性空，乃至爲衆生説一切種智、斷煩

1　“際實”，甲本作“實際”，誤倒。

2　“惑”，甲、石本作“或”，“或”爲“惑”之古字。

3　“不異一亦”，甲、石本作“一異”，宋本作“一不異亦”，元、明本作“一異亦”。

4　“不”，甲本作“非”。

5　“於”，甲本無。

6　“言”，甲、石本作“答”。

7　“波羅蜜”，甲、宋、元、明、宫、聖本無。

8　“著”，甲本作“若”，“若”爲“著”之借字。

9　“憐”，甲本脱。

10　“受”後，甲、宋、元、明、聖、石本有“福得”。

11　“未”，甲本脱。

12　“眼”，甲本作“自”。

13　乙二始。

14　“是初……實際”十一字，乙二殘。

15　“施汝……法若”十一字，乙二殘。

16　“施體……得甘”十一字，乙二殘。

17　乙二終。

18　乙一（1至3行）始。

19　“雖住……施門”十二字，乙一殘。

20　“羅蜜……説須”十一字，乙一殘。

21　“言”，甲本無。

22　乙一（1至3行）終。

23　丙一始。

24　“是”，丙一無。

惱習性空法[1]。復次，須菩提！十八空，若性不空，是爲壞空體。何以故？十八空能令一切法空，若自不空，則爲虛誑；又若不空者，則墮常邊著處，能生煩惱。性空無實住處，無所從來，去無所至，是名常住法相。常住法相是性空之異名，亦名諸法實相。是相中無生無滅，無增無減，無垢無淨。菩薩住是中，見一切法性空，於阿耨多羅三藐三菩提不退、不疑、不悔。何以故？不見諸法能障礙者，以方便力故度衆生。方便力者，畢竟無法，亦無衆生，而度衆生。問曰：若衆生及法從本已[2]來無，爲誰作方便？爲度脱誰？答曰：性空名空性亦無；汝何以取是空性相作難？若有性空[3]相，應當作難！復次，得諸法實相者，知是性空，是人則知諸法性空——無法、無衆生。凡夫[4]未得實相故，種種憶想[5]分別；如[6]狂人妄有所見，以爲實有。爲度凡夫狂人故，言爲衆生説狂法中有是諸法分別，實法中則無。菩薩欲滿本願故，又不著性空故，有度衆生。此中則不應難。復次，此經中佛自説因緣：性空中衆生不可得，知者、見者亦不可得，乃至八十隨形好亦如是。而菩薩立是法爲衆生説，是世諦故，非是實。此中佛説譬喻：如佛作化人，又[7]化作四部衆而爲説法，可有得道者不？須菩提言[8]：不[9]也。所以者何？無定根本實事，何有得須陀洹乃至得佛者？菩薩説法度衆生，亦如是：衆生無有定實，但欲於顛倒中拔出衆生，著無顛倒中。無顛倒法亦無處所，是中無衆生，乃至無知者、見者。雖空性一相，而顛倒多，不顛倒少；是故貴是性空不顛倒法。菩薩住此中，但破衆生妄想，不破衆生。又無漏法，乃至八聖道分，雖是無漏，以生滅故，不如第一義。須菩提！是性空，一切諸佛唯有是道，更無異道。何以故？諸佛皆求實智不壞[10]不異法，雖有十力、四無所畏諸異法，不名爲一道。所以者何？此皆是有爲法，轉變無常故。是性空中無衆生，亦無色等諸法[11]。菩薩不爲菩薩道故求阿耨多羅三藐三菩提，但爲性空故。問曰：何等是性空？何等是菩薩道？答曰：第一義中無分別，世諦中有分別。諸法實相名性空；餘布施等乃至八十隨形好，是菩薩道。雖行是法，不爲此法，爲求性空故，是故説：不爲菩薩道故行。是性空，先亦性空[12]，中[13]、後[14]亦性[15]空；從本已[16]來常空，無有作者。非是福德力故使空，亦非智慧力故使空，但性自爾故。諸佛賢聖，以大福[17]德、智慧[18]方便力故，破衆[19]生心中顛倒，令知性空。譬如虛空，性常清淨，不著垢闇；或時風雲闇翳，世人便言虛空不淨；更有猛風吹除風雲，便言虛空清淨；而虛空實無垢無淨。諸佛亦如是，以説法猛風，吹却顛倒雲翳，令得清淨，而諸法性常自無垢無淨。是菩薩知一切法性空故，能行一切種種道度衆生。具足

---

1 “法”，丙一脱。
2 “已”，甲、宋、元、明、宫、石本作“以”。
3 “性亦……性空”一行十七字，丙一脱。
4 “夫”，甲、丙一、宋、元、明、宫本作“人”。
5 “想”，甲、丙一作“相”，“相”爲“想”之借字。
6 “如”，甲、石本作“譬如”。
7 “又”，甲本作“有”，“有”通“又”。
8 丙一終。
9 丙二始。
10 “不壞”，丙二脱。
11 “法”，丙二脱。
12 “空”，丙二脱。
13 “中”，甲、元、明本作“中亦性空”。
14 “後”，甲、石本無。
15 “性”，甲、石本作“性空亦後性”。
16 “已”，甲本作“以”。
17 “福”，丙二作“智”。
18 “智慧”，甲、石本作“智慧力”。
19 “衆”，丙二作“中”，“中”爲“衆”之借字。

一[1]切[2]道,淨佛國土,教化衆生,得阿耨多羅三藐三菩提時,隨意壽命。隨意壽命者,菩薩得無生忍法[3],入如幻菩薩道,能一時變化作千億萬身,周遍十方,具足行一切菩薩道;處處國土中,隨衆生壽命長短而受其形。如釋迦牟[4]尼佛,於此國土壽命百年,於莊嚴佛國[5]壽[6]七百阿僧祇劫。佛法於五不可思議中是第一不可思議。

佛告須菩提:一切法性空,是諸佛真法[7];若得是法,則名爲佛;若説此法,名爲度衆生。三世佛皆亦如是。離是性[8]空,則無道無果。——道者,八聖道分;果者,七種果。所以者何? 若離性空別[9]有定法,則取相生著,著故亦無離欲,無離欲故則無道果。若離性空,雖行布施、持戒、行慈、悲等,善法力故,雖不墮惡道,生天果盡還墮惡道,如本不異。行性空法,亦不著性空,即是涅槃。行餘法,生著心,有退失;若行此法,則無退失。

須菩提歡喜白佛言:甚希有! 菩薩行是性空法,亦不壞性空相。佛答:若色等法與性空異,菩薩則不得阿耨多羅三藐三菩提。何以故? 有空[10]法則不可得離。須菩提! 今色等諸法實性[11]空;菩薩知是法[12]已,得阿耨多羅三藐三菩提。所以者何? 此中無有一法定是常,但凡夫生我心故,著內外法,不得脱生、老、病、死,是故菩薩行是性空,和合六波羅蜜,不壞色等諸法相——所謂若空、若[13]不空、若空不空[14]、若非空非不空,不作如是示諸法相,是名不壞。所以者何? 色實相即是性空,性空云何[15]自壞性空? 乃至菩提亦如是。此中佛説譬喻:如內虛空不壞外虛空,以同體故。須菩提問:世尊! 若諸法性空無別異,菩薩於何處得阿耨多羅三藐三菩提? 佛可其意言:如是! 若分別有二相,則不得阿耨多羅三藐三菩提。阿耨多羅三藐三菩提名實智慧,於色法中不[16]行,所謂不著、不染。所以者何? 是智慧不爲取色故行,是故不行色中。須菩處復問:若須菩提不取中行、不捨中行,當於何處行? 取,名實法;捨,名空法。取,名著行;捨,名不著行。取,名二行;捨,名不二行。如是等分別。佛反問須菩提:於汝意云何? 佛所化人爲何處行? 須菩提言:是化人無處行[17],化人無心、無[18]心數法故。菩提亦如是。復問:於汝意云何? 阿羅漢夢中菩提爲在何處行? 須菩提言:阿羅漢尚不眠,何況夢中菩提有行處! 問曰:菩提有三種:阿羅漢菩提、辟支佛菩提、佛菩提。阿羅漢菩提不在有漏心中、無記心中行,但在無漏心中行;佛何以故問阿羅漢夢中菩提何處行? 答曰:阿羅漢是一切漏盡聖人則無夢,佛以必無處故問,欲明必無行法。問曰:乃至佛[19]猶尚有眠,何以知之? 佛嘗命[20]阿難,汝四襞[21]優

1 丙二終。
2 丙三始。
3 "忍法",甲、石本作"法忍"。
4 "迦牟",丙三殘。
5 "佛國",甲本作"國土"。
6 "壽",甲本作"壽命"。
7 "法",甲、丙三、宫、聖、石本作"道"。
8 "性",甲本脱。
9 "別",丙三作"則",誤。
10 "空",甲、宋、元、明、宫、聖本作"定"。
11 "實性",甲、丙三、宋、元、明、宫、石本作"性實"。
12 "法",甲、丙一、聖、石本無。
13 "若",丙三無。
14 "若空不空",甲本脱。
15 丙三終。
16 "不",甲木作"不得"。
17 "處行"後,甲本有"化人爲何處行? 須菩提言:是化人無處行"。
18 "無",甲本脱。
19 丁本始。
20 "嘗命",甲、宋、元、明、宫、石本作"常命",聖本作"常念","嘗"爲"嚐"之俗字,"常"通"嘗"。
21 "襞",甲、石本作"辟",元、明本作"襞",宫本作"擗"。"有眠……四襞"十四字,丁本殘。

多羅僧[1]敷，我欲[2]小眠，汝爲諸比丘説法。又[3]薩遮尼乾[4]問佛：佛自念晝日有眠不？佛言：春末夏初，以時熱故小眠息，除食患故。薩[5]遮尼乾白佛：餘人有言：晝日眠是癡相[6]。佛言[7]：汝置！汝不別癡相。諸漏能生後身相續不斷者[8]，是名癡相，雖常不眠亦是癡；若是[9]諸漏永滅[10]無餘，雖眠[11]不名癡。如是等，經中處處説。須菩提何以言阿羅漢[12]尚不眠？答曰：眠有二種：一者，眠而夢；二者，眠而不夢。阿羅漢非爲安隱著[13]樂故眠，但受四大身法，應有食、息、眠、覺，是故少許時息名爲眠；不[14]爲夢眠。故須菩提言：阿羅漢尚不眠。有人言：離欲者得禪定，色界繫四大入身[15]中，身心歡樂則無有眠；慧解脱阿羅漢，色界四大不入身中，故有眠。是故須菩提言：阿羅漢尚不眠。是故阿羅漢有眠、有[16]不眠。佛以方便力，爲度衆生，受人法故現眠。須菩提復問：若不行者，云何菩薩從一地至十地，乃至得阿耨多羅三藐三菩提？佛可其意：菩提雖無處行，未具足六波羅蜜諸法，終不得阿耨多羅三藐三菩提。是菩薩住色相，乃至菩提相中住，得阿耨多羅三藐三菩提。不捨色等法，亦不著菩提相，知色等法即是菩提，常寂滅無法——若增、若減，若垢、若淨，若得道、若得果。但世諦故，説菩薩得阿耨多羅三藐三菩提；第一義中無有色乃至菩提。佛欲明是事故，反問須菩提：於汝意云何？汝斷煩惱得道時，有所得不——所謂如夢等五衆，若道、若道果，決定一法不？須菩提言：不得也！所以者何？須菩提意：住無相門中入道，云何取相？佛言：汝若乃至不得微細少法，云何説汝爲阿羅漢？須菩提言：世諦法故，説言阿羅漢；凡夫顛倒法中有得、有失，有衆生、有法。佛言：菩提亦如是，世諦法故，説有菩薩，説有色等乃至菩提；菩提中無有定法，亦無[17]衆生，亦無菩提。菩薩觀是菩提法[18]，無有增、無有減。所以者何？諸法性如是。菩薩亦不得是諸法性，何況有初發心，乃至十地、及六波羅蜜、三十七品，乃至十八不共法，當有所得？無有是處！所以者何？諸法性是一切法根本，尚[19]不可得，何況六波羅蜜等是作法[20]當有定實！如是！菩薩行是諸法性，得佛時能大利益衆生。

　　大智度論卷第九十[21]。

1　“優多羅僧”，丁本作“憂多羅僧”，異譯詞。

2　丙四始。

3　“僧敷……法又”十四字，丁本殘。

4　“乾”，甲本作“捷”。下同，不復出校。“尼乾問佛”，丙四殘。

5　“時熱……故薩”十一字，丁本殘。

6　“癡相”，甲本作“眠癡相”。

7　“白佛……佛言”十四字，丁本殘。

8　“不別……斷者”十五字，丁本殘。

9　“若是”，甲本脱。

10　“癡相……永滅”十五字，丁本殘。

11　丁本終。

12　丙四終。

13　“著”，甲本作“若不”。

14　“不”，甲本脱，聖本作“非”。

15　“身”，甲本作“一身”。

16　“有”，甲本無。

17　“無”，甲本作“有”，誤。

18　“法”後，甲本有“中”。

19　“尚”，甲本作“常”，“常”通“尚”。

20　“作法”後，甲本衍“若法”。

21　甲本終，尾題作“大智度經釋論卷第九十”。

大智度論釋照明品第八十一（卷第九十一）¹

龍樹菩薩造

後秦龜茲國三藏鳩摩羅什譯²

【經】³須菩提白佛言：世尊！若菩薩摩訶薩行六波羅蜜、十八空、三十七助道法，佛十力、四⁴無所畏、四無礙智、十八不共法⁵；不具足菩薩道，不能得阿耨多羅三藐三菩提。世尊！菩薩摩訶薩當云何具足菩薩道，能得阿耨多羅三藐三菩提？佛告須菩提：若菩薩摩訶薩行般若波羅蜜時，以方便力故，行檀波羅⁶蜜，不得施、不得施者、不得受者，亦不遠離是法行檀波羅蜜，是則照明菩薩道。如是，須菩提！菩薩以方便力故具足菩薩道；具足已，能得阿耨多羅三藐三菩提。持戒、忍辱、精進、禪定、智慧，乃至十八不共法，亦如是⁷。舍利弗白佛言：世尊！云何菩薩摩訶薩習般若波羅蜜？佛告舍利弗：若菩薩摩訶薩行般若波羅蜜，以方便力故⁸，不壞色、不隨色，何以故？是色性無故，不壞、不隨；乃至識亦如是。舍利弗！菩薩摩訶薩行般若波羅蜜，以方便力故，檀波羅蜜不壞、不隨。何以故？檀波羅蜜性無故。乃至十八不共法，亦如是。舍利弗白佛言：世尊！若諸法無自性可壞、可隨者，云何菩薩摩訶薩能習般若波羅蜜，諸菩薩摩訶薩所學處？何以故？菩薩摩訶薩不學般若波羅蜜，不能得阿耨多羅三藐三菩提。佛告舍利弗：如汝所言：菩薩不學般若波羅蜜，不能得阿耨多羅三藐三菩提，不離方便力故可得。舍利弗！若菩薩摩訶薩行般若波羅蜜，若有一法可得，應當取；若不⁹得，何所取？所謂此是般若波羅蜜、是禪波羅蜜、是毘梨耶波羅蜜、是羼提波羅蜜、是¹⁰尸羅波羅蜜、是¹¹檀波羅蜜；是色、受、想、行、識，乃至是阿耨多羅三藐三菩提。舍利弗！是般若波羅蜜不可取相，乃至一切諸佛法不可取相。舍利弗！是名不取般若波羅蜜，乃至佛法，是菩薩摩訶薩所應學！菩薩摩訶薩於是中學時，學相亦不可得，何況般若波羅蜜，佛法、菩薩法、辟支佛法、聲聞法、凡夫人法。何以故？舍利弗！諸法無一法有性。如是無性諸法，何等是凡夫人、須陀¹²洹、斯陀含、阿那含、阿羅漢、辟支¹³佛、菩薩、佛¹⁴？若無是諸賢聖，云何有法？以是法故¹⁵，分別説是凡夫人、須陀洹、斯陀含、阿那含、阿羅漢、辟支佛、菩薩、佛¹⁶。舍利弗白佛言：世尊！若諸法無性、無實、無根、無¹⁷本，云何知是凡夫人乃至是佛？佛¹⁸告舍利弗：凡夫人所著處色，有性、有實不？不也！世尊！但以顛¹⁹倒心故。受、想、行、識，乃至十八不共法，亦如是。舍利弗！

1　本卷對應《大智度論》寫本凡 6 號：津藝 241 號（以下簡稱“甲本”）、P.2138 號（以下簡稱“乙本”）、浙敦 126 號 A（以下簡稱“丙本”）、BD01245 號（以下簡稱“丁本”）、羽 210 號 T（以下簡稱“戊本”）、俄 Дx09424 號（以下簡稱“己本”）。

2　甲本始。“大智度……譯”三十四字，甲本作“大智▨▨▨▨▨▨▨（度第八十一品釋）▭▭　▭▭▨▨▨▨（九十一）”。

3　“經”，甲、宋、宮本無。

4　乙本始。

5　“四無……共法”九字，乙本殘。

6　丙本始。

7　丙本終。

8　“故”，甲、乙本作“欲”，誤。

9　“可”，甲、乙本無。

10　“是”，甲、乙、宋、宮本無。

11　“是”，甲、乙、宋、宮本無。

12　丁本始。

13　“羅漢辟支”，丁本殘。

14　“佛”，丁本脱。

15　“以是法故”，甲、乙、宮本作“如是法故”，丁本無，宋、元、明本作“知是法故”。

16　“佛”，丁本脱。

17　“無”，甲、乙、丁、元、明、宮、聖本無。

18　“佛”，丁、石本無。

19　“顛”，丁本作“揗”，“揗”爲“顛”之借字。

菩薩摩訶薩行般若波羅蜜[1]時，以方便力故，見諸法無性、無根[2]本故，能發阿耨多羅三藐三菩提心。舍利弗白佛言：云何菩薩摩訶薩行般若波羅蜜時，以方便力故，見諸法無性、無根本故，發阿耨多羅三藐三菩提心？佛告舍利弗：菩薩摩訶薩行般若波羅蜜時，不見諸法根本、住中退没、生懈怠心[3]。舍利弗！諸法[4]根本實無我、無所有、性常空，但顛倒愚癡故，衆生著[5]陰、入、界。是[6]菩薩摩訶薩見諸法無所有、性常空、自相[7]空時，行般若波羅蜜，自立如幻師，爲衆生説法：慳者爲[8]説布施法，破戒者爲説持戒法，瞋者爲説忍辱法[9]，懈怠者爲説精進法[10]，亂想[11]者爲説禪定法，愚癡者爲説[12]智慧法。令衆生住布施乃至智慧，然後[13]爲説聖法能出苦[14]；用是法故，得須陀洹果，乃至得[15]阿羅漢果、辟支佛道，乃至得[16]阿耨多羅三藐三菩提。舍利弗白佛言：世尊！菩薩摩訶薩得是衆生無所有，教令布施、持戒乃至智慧，然後爲説聖法能出苦；以是法故，得須陀洹果乃至阿耨多羅三藐三菩提！佛告舍利弗：菩薩摩訶薩行般若波羅蜜時，無有[17]所得過[18]罪。何以故？舍利弗！是[19]菩薩摩訶薩行般若波羅蜜時，不得衆生，但空法相續故，名爲衆生。舍利弗！菩薩摩訶薩住二諦中爲衆生説法：世諦，第一義諦。舍利弗！二諦中[20]衆生雖不可得，菩薩摩訶薩行般若波羅蜜，以方便力故，爲衆生説法。衆生聞是法，今世吾我尚不可得，何況當得阿耨多羅三藐三菩提及所用法！如是，舍利弗！菩薩摩訶薩行般若波羅蜜時，以方便力故，爲衆生説法。舍利弗白佛言：世尊！是菩薩摩訶薩心曠[21]大！無有法可得——若一相、若異相、若別相，而能如是大誓[22]莊嚴！用[23]是莊嚴故，不生欲界、不生色界、不生無色界；不見有爲性、不見無爲性，而於三界中度脱衆生，亦不[24]得衆生。何以故？衆生不縛不解；衆生不縛不解故，無垢無淨；無垢無淨故，無分別五道；無分別五道故，無業無煩惱；無業無煩惱故，亦不應有果報，以是果報故生三界中。佛告舍利弗：如是！如是！如汝所言。若衆生先有後無，諸佛、菩薩則[25]有過罪。諸法、五道生死亦如是，若

1　“蜜”，丁本脱。

2　“根”，丁本作“相”，誤。

3　“心”，丁本脱。

4　“法”，丁本脱。

5　“著”，丁本作“者”。

6　“是”，丁本作“是爲”。

7　“相”，原作“性”，誤，兹據甲、丁、宋、元、宫本及《大正藏》本《摩訶般若波羅蜜經》改。

8　“爲”，丁本無。

9　“辱法”，甲、乙本無，聖本作“法”。

10　“法”，甲、乙、丁本無。

11　“想”，甲、乙、丁、宫、聖本無。

12　“説”，丁本脱。

13　“然後”，丁本作“復”。

14　“苦”，乙、丁本作“若”，誤。

15　“得”，丁本無。

16　“得”，甲、乙、丁、宋、元、明、宫本無。

17　“無有”後，甲、乙、宋、元、明、宫、聖本有“有”。

18　“過”，丁本作“退”，誤。

19　“是”，丁本作“言”，誤。

20　“二諦中”，丁本作“第二諦”。

21　“曠”，丁本作“廣”。下同，不復出校。

22　“誓”，甲、宋、元、明、宫、石本無，乙、丁本作“莊”。

23　“用”，丁本作“因”。

24　“不”，丁本作“不可”。

25　“則”，甲、乙、丁、聖本無。

先有後無,諸佛、菩薩則有過罪。舍利弗! 今有佛、無佛,諸法相常住不異,是法相中尚[1] 無我、無眾生、無壽命,乃至無知者、無見者,何況當有色、受、想、行、識! 若無是法,云何當有五道往來,拔出眾生處? 舍利弗! 是諸法[2]性常空;以是故,諸菩薩摩訶薩從過去佛聞是[3]法相,發阿耨多羅三藐三菩提意。是中無有法我當得,亦無有眾生定[4]著處法不可出,但以眾生顛倒故著。以是故,菩薩摩訶薩發大誓[5]莊嚴,常不[6]退阿耨多羅三藐三菩提。是菩薩不疑:我當不得阿耨多羅三藐三菩提? 我必[7]當得阿耨多羅三藐三菩提;得阿耨多羅三藐三菩提已,用實法利益眾生,令出顛倒。舍利弗! 譬如幻師,幻作百千萬億[8]人,與種種飲食令飽滿,歡喜唱言:我得大[9]福! 我得大[10]福! 於汝意云何? 是中有人食飲飽滿不? 不也! 世尊! 佛言:如是! 舍利弗! 菩薩摩訶薩從初發意已來[11],行六波羅蜜,四禪、四無量心、四無色定,四念處乃至八聖道分,十四空,三解脫門,八背捨[12]、九次第定,佛十力乃至十八不共法,具足菩薩道,成就眾生,淨佛國土,無眾生法可度。須菩提白佛言:世尊! 何等是菩薩摩訶薩道——菩薩行[13]是道,能成就眾生、淨佛國土? 佛告須菩提:菩薩摩訶薩從初發意已[14]來,行檀波羅蜜,行尸羅[15]、羼提[16]、毘梨耶、禪[17]、般若波羅蜜,乃至行十八不共法,成就眾生、淨佛國土。須菩提白佛言:世尊! 云何菩薩摩訶薩行檀波羅蜜成就眾生? 佛告須菩提:有菩薩摩訶薩行檀波羅蜜時,自布施,亦教眾生布施[18],作是言:諸善男子! 汝等莫著布施[19]! 汝著布施故當更受身,受身故多受眾苦。諸善男子! 諸法相中無所施[20]、無施者[21]、無受者[22],是三法[23]性皆空;是性空法不可取[24],不可取相是性空。如是,須菩提! 菩薩摩訶薩行檀波羅蜜時,布施眾生,是中不得布施,不得施者,不[25]得受者。何以故? 無所得波羅蜜[26],是名爲檀波羅蜜。是菩薩不得是三法故,能教眾生,令得[27]須陀洹果,乃至令得阿羅漢果、辟支佛道,阿

1　"尚",甲、乙本作"常","常"通"尚"。

2　"諸法",甲、乙本作"法",丁本作"法諸法"。

3　"聞是",丁本脱。

4　"定",丁本脱。

5　"誓",甲、乙、丁、宋、元、明、宫、聖、石本無。

6　"不",丁本脱。

7　"必",丁本無。

8　"萬億",丁本作"億萬"。

9　"得大",丁本作"大得"。

10　"得大",丁本作"大得"。

11　"已來",丁、石本作"以來"。下同,不復出校。

12　"背捨",甲、乙、丁、宋、元、明、宫本作"解脫",異譯詞。

13　"行",丁本作"法",誤。

14　"已",丁、石本作"以"。

15　"尸羅",丁本作"尸波羅蜜","尸"爲"尸羅"之異譯詞。

16　"羼提",丁本作"羼提波羅蜜"。

17　"禪",丁本作"禪波羅蜜"。

18　"亦教眾生布施",丁本脱。

19　"汝等莫著布施",丁本脱。

20　"所施",丁本作"所布施者"。

21　"無施者",丁本脱。

22　"無受者",丁本脱。

23　"性",丁本作"者"。

24　"取",丁本脱。

25　"不",丁本脱。

26　"波羅蜜"前,原衍"檀",兹據甲、乙、丁、宋、宫、聖本删。

27　"得",丁本脱。

耨多羅三藐三菩提。如是,須菩提[1]! 菩薩摩訶薩行檀波羅蜜時,成就衆生;是菩薩自行布施,亦教他人行布施,讚歎布施法,歡喜讚歎行布施者。是菩薩如[2]是布施已,生刹利大姓[3]、婆羅門大[4]姓、居士大家,若作小王、若轉輪聖王,是時,以四[5]事攝取衆生。何等四? 布施、愛語、利行、同事。是四事攝衆生已,衆生漸漸住於戒、四禪、四無量心、四無色定、四念處乃至[6]八聖道分、空、無相、無作三昧,得入正位中,得須陀洹果,乃至得[7]阿羅漢果,若得辟支佛道,若教令得阿耨多羅三藐三菩提;作是言:諸[8]善男子! 汝等當發阿耨多羅三藐三菩提心[9],是[10]阿耨多羅三藐三菩提易得耳[11]! 何以故? 無有定法——衆生所著處,但顛倒故衆生著。是故汝等[12]自離生死,亦當教[13]他離生死;汝等當發心能[14]自利益,亦當得利益他人! 須菩提! 菩薩摩訶薩應如是行檀波羅蜜! 是[15]行檀波羅蜜因緣故,從初發意已來,終不墮惡道,常作轉輪聖[16]王。何以故[17]? 隨其所種,得大果報。是菩薩作轉輪聖[18]王時,見有乞者,作[19]是念:我不[20]爲餘事故受轉輪聖王果,但爲利益一切衆生故。是時,作是言:此是汝物,汝自取之,莫有所難,我無所惜! 我爲衆生故受生死;憐愍汝[21]等故,具足大悲。行是大悲、饒益衆生,亦不得實定衆生相,但有假名故可説是衆生;是名字亦空,如嚮聲,實不可説相。須菩提! 菩薩摩訶薩應[22]如是行檀波羅蜜,於衆生中無所惜,乃至不惜自身肌肉,何況外物[23]! 以是法故,能出衆生生死。何等是法[24]? 所謂檀波羅蜜、尸羅波羅蜜、羼提波羅蜜、毗梨耶波羅蜜、禪波羅蜜、般若波羅蜜,乃至十八不共法,令衆生從生死中得脱。復次,須菩提! 菩薩摩訶薩住檀波羅蜜中布施已[25],作是言:諸善男子! 汝等來[26]持戒,我當供給汝等,令無乏[27]短,衣食[28]、臥具乃至資生所須,盡當給汝;汝等乏少故破戒,我當給汝所

---

1 "須菩提",丁本脱。

2 "是菩薩如",丁本作"是言自如"。

3 "姓",丁本作"性","性"通"姓"。下同,不復出校。

4 "大",丁本脱。

5 "四",丁本脱。

6 "乃至",甲、乙、丁、宋、宫本無。

7 "得",丁本脱。

8 "諸",丁本脱。

9 "心"後,丁本衍"發阿耨多羅三藐三菩提心"。

10 "是",甲、乙、丁、宋、元、明、宫本無。

11 "耳",丁本作"取",誤。

12 "等",原作"當",誤,茲據甲、乙、丁、宋、元、明、宫、聖、石本改。

13 "教",丁本脱。

14 "能",丁本脱。

15 "是",丁本脱。

16 "聖",丁本脱。

17 "故",丁本脱。

18 "聖",丁本脱。

19 "作",甲、乙、丁、宋、元、明、宫本作"不作"。

20 "不",丁、宋、宫本脱。

21 "汝",丁本作"如","如"通"汝"。

22 "應",丁本脱。

23 "何況外物",甲、乙、宋、宫本作"何況外法",丁本作"況外時"。

24 "法",甲、乙、丁本脱。

25 "已",丁本脱。

26 "來",丁本作"未",誤。

27 "乏",丁本作"少"。

28 "食",丁本作"服"。

須,令無所乏,若飲食乃至七寶。汝等住是戒律儀中[1],漸漸當得盡苦,成於三乘而得度脫:若聲聞乘、辟支佛乘、佛乘。復次,須菩提! 菩薩摩訶薩住檀波羅蜜中,若見眾生瞋惱,作是言:諸善男子! 汝等以何因緣故瞋惱? 我當與汝所須;汝等所欲,從我取之,悉當給汝,令無所乏,若飲食、衣服,乃至資生所須。是菩薩住[2]檀波羅蜜中,教眾生忍辱,作是言:一切法中無有堅實,汝等所瞋,是因[3]緣空無堅實,皆從虛妄[4]憶想生,汝無有根本。汝[5]瞋恚壞心,惡口罵詈,刀杖相加,以至害命! 汝等莫以是虛妄法起瞋故,墮地獄、畜生、餓鬼中,及餘惡道,受無量苦。汝等莫以是虛妄無實諸法故而作[6]罪業;以是罪[7]業故,尚不得人身,何況得生佛世! 諸人! 佛世難值、人身難得,汝等莫失好時! 若失好時,則不可救。是菩薩摩訶薩如是教化眾生,自行忍辱,亦教他人令行忍辱,讚歎忍辱法,歡喜讚歎行忍辱者。是菩薩令眾生住忍辱中,漸[8]以三乘得盡眾苦。如是,須菩提[9]! 菩薩摩訶薩住檀波羅蜜,令眾生住忍辱。須菩提! 云何菩薩摩訶薩住檀波羅蜜,令眾生精進? 須菩提! 菩[10]薩見眾生懈怠,作[11]如是言:汝等何以懈怠? 眾生言:因緣少故。是菩薩行檀波羅蜜時,語諸人言:我當令汝因緣[12]具足,若布施,若持戒,若忍辱。如是等因緣,令汝具足[13]。是眾生得菩薩利益因緣故,身精進、口精進、心精進;身精進、口精進、心精進故,一切善法具足,修聖無漏法;修聖無漏法故,當得須陀洹果,乃至阿羅漢[14]果、辟支佛道,若得阿耨多羅三藐三[15]菩提[16]。如是,須菩提! 菩薩摩訶薩行檀波羅蜜時,住[17]精進波羅蜜[18],攝取眾生[19]。須菩提! 云何菩薩摩訶薩行檀波羅蜜時,教化眾生令修禪波羅蜜? 佛告須菩提:菩薩見眾生亂心,作是言:汝等可[20]修禪定! 眾生言:我等因緣不具足故。菩薩言:我當與汝等作因緣。以是因緣故,令汝心[21]不隨覺觀,亦[22]不馳散。眾生以是因緣故,斷覺觀,入初禪、二禪、三禪、四禪,行慈、悲、喜、捨心。眾生以是禪、無量心因緣故,能修四念處乃至八聖道分;修三十七助道法時,漸入三乘而得[23]涅槃,終不失道。如是,須菩提! 菩薩摩訶薩行檀[24]波羅蜜時,以禪波羅蜜攝取眾生,令行禪波羅蜜。須菩提! 云何菩薩摩訶

1　"汝等……儀中"八字,丁本作"汝等作是戒法義中"。

2　"住",甲、乙本作"在"。

3　"因",丁本作"內",誤。

4　"妄",丁本作"空",誤。

5　"汝",甲、乙、丁、元、明本無。

6　"作",丁本作"得"。

7　"罪",丁本脫。

8　"漸",丁本作"漸漸"。

9　"提",乙本作"薩",誤。

10　戊本始。

11　"作",甲、乙、丁、戊本無。

12　"當令汝因緣",丁、戊本作"因緣令汝"。

13　"若布施……具足"十八字,丁、戊本脫。

14　"漢",戊本脫。

15　"多羅三藐三",戊本脫。

16　戊本終。

17　"住",丁本作"作",誤。

18　"波羅蜜",丁本脫。

19　"眾生"後,丁本衍"須菩提! 善法具足,修聖無漏法;修聖無漏法故,當得須陀洹果,乃至阿羅漢果、辟支佛道,若得阿耨多羅三藐三菩提。如是,須菩提! 菩薩摩訶薩行檀波羅蜜時,作精進波羅蜜,攝取眾生"。

20　"可",丁本脫。

21　"心",丁本脫。

22　"亦",甲、乙、丁、宋、元、明、宮本作"心"。

23　"得",甲、乙、石本作"般",丁本作一字空白。

24　"檀",丁本脫。

薩行檀波羅蜜[1]，以[2]般若波羅蜜攝取衆生？須菩提！菩薩見衆生愚癡，無有智慧，作是言：汝等何以[3]故不修智慧？衆生言：因緣未具故。菩薩住檀波羅蜜中，作是言：汝[4]等所須得智慧具，從我取之[5]，所謂布施、持戒、忍辱、精進、入禪定。是因緣具足已，汝等如是思惟：思惟般若波羅蜜時，有法可得不？若我、若[6]衆生、若壽命，乃至知者、見者可得不？若色、受、想、行、識，若欲界、色界、無色界[7]，若六波羅蜜，若三十七助道法，若須陀洹果，若斯陀含[8]、阿那含[9]、阿羅漢果、辟支佛道，若阿耨多羅三藐三菩提可得不？是衆生如是思惟時，於般若波羅蜜中，無有法可得可著處；若不著諸法，是時不見法有生有滅、有垢有淨；不分別：是地獄、是畜生、是餓鬼、是阿修羅衆、是天、是人，是持戒、是破戒，是須陀洹、是斯陀含、是阿那[10]含、是阿羅漢、是辟支佛、是佛。如是，須菩提！菩薩摩訶薩行檀波羅蜜時，以般若波羅蜜攝取衆生。須菩提！云何菩薩摩訶薩住檀波羅蜜中，以尸羅[11]波羅蜜、羼提波羅蜜、毘梨耶波羅蜜、禪波羅蜜、般若波羅蜜，乃至以[12]三十七助道法，攝取衆生？須菩提！菩薩摩訶薩住檀波羅蜜中，以供養具[13]利益衆生。以是利益因緣故，衆生能修四念處、四正[14]勤、四如意足、五根、五力、七覺分、八聖道分；衆生行是[15]三十七助道法，於生死中得解脫。如是，須菩提！菩薩摩訶薩以無漏聖法攝取衆生。復次，須菩提！菩薩摩訶薩教化衆生時，如是言：諸善男子！汝等從我取所須物，若飲食、衣服、臥具、香華[16]乃至七寶等種種[17]資生所須，汝當以是攝取衆生，汝等長夜利益安樂；莫作是念：是物非我所有。我長夜爲衆生故，集此諸[18]物；汝等當取是物，如己物無異。教化衆生令行布施、持戒、忍辱、精進、禪定、智慧，乃至令得三十七助道法，佛十力乃至十八不共法，亦令得[19]無漏法果[20]，所謂須陀洹，乃至阿羅漢果、辟支佛道、阿耨多羅三藐三菩提。如是，須菩提！菩薩摩訶薩行檀波羅蜜時，應[21]如是教化衆生，令得離三惡道，及一切生死往來苦。復次，須菩提！菩薩摩訶薩住尸羅[22]波羅蜜教化衆生，作是言：衆生！

1　"檀波羅蜜"後，丁本衍"禪波羅蜜"。

2　"以"，丁本作"行"，誤。

3　"何以"，丁本作"行少"，誤。

4　"汝"，丁本作"如"，"如"通"汝"。

5　"之"，丁本脱。

6　"若"，丁本脱。

7　"界"，丁本脱。

8　"斯陀含"，丁本作"斯陀含果"。

9　"阿那含"，丁本脱。

10　"那"，丁本作一字空白。

11　"羅"，丁本作"波"，誤。

12　"以"，甲、乙、丁、宋、宫、聖本無。

13　"具"，甲、乙本作"具足"。

14　"正"，丁本作"政"，"政"通"正"。

15　"是"，丁本脱。

16　"香華"，丁本作"花香"。

17　"種種"後，丁本衍"等"。

18　"諸"，丁本作"法"，誤。

19　"得"，丁本脱。

20　"法果"，甲、乙、丁、宋、元、明、宫本作"法"，聖本作"果"。

21　"應"，丁本脱。

22　"尸羅"，丁本作"尸"，異譯詞。

汝等¹少²何因緣故破戒？我當與汝作³具足因緣，若布施，乃至智慧，及種種資生所須。是菩薩住⁴尸羅⁵波羅蜜，利益眾生，令行十善，遠離十不善道。是諸眾生持諸戒——不破戒、不缺戒、不濁戒、不雜戒、不取戒，漸以三乘而得盡苦。尸羅⁶波羅蜜為首，如檀波羅蜜；説餘四波羅蜜亦如是。

【論】⁷問曰：先説菩薩行六波羅蜜等諸助道法，不具足菩薩道，則不能得阿耨多羅三藐三菩提；今須⁸菩提應自知行六波羅蜜等，具足菩薩道，應得阿耨多羅三藐三菩提，何以⁹更問？答曰：須菩提不疑云何得阿耨多羅三藐三菩提，今但問云何具足菩薩道，得阿耨多羅三藐三菩提。佛答：若菩薩用六波羅蜜等諸法，以方便力和合故能行；是時，具足菩薩道。方便力者，不決定得是布施等三事，亦不離是三事，行檀波羅蜜；是時，照¹⁰明菩薩道。照明、具足，是一義。若菩薩決定得布施等三事，直¹¹墮常顛倒、取相著法等過罪；若不得是三事，則墮斷滅邊¹²，著空還起邪見等諸煩惱，便離菩薩道。若菩薩離是二邊，因空捨是施等假名字虛誑法；因諸法實相，離是著空，無施者、無受者；如阿耨多羅三藐三菩提相，觀是布施亦爾無異。如是布施名為具足。乃至十八不共法亦如是。舍利弗在會中，聞佛與須菩提説般若甚深果報，大有利益；雖有利益，無決定性，云何可習？佛答：菩薩行般若波羅蜜時，不壞色、不隨色，如是名習般若波羅蜜。菩薩初發心，為知實法故，常行般若波羅蜜；次第隨其所宜，行布施等諸法。是故常説：菩薩行般若波羅蜜時，行布施等諸法。色不壞者，不言是色無常，不言是色空無所有，是名不壞色。不隨色者，不如眼見色取相生著。復次，不説是色若常、若無常、若苦、若樂等，是名不隨色。常、無常等皆非色實相。復次，不説是色根本從世性中來、若從微塵中來、從大自在天中來，亦不説從時來，亦不説自然生，亦不説無因無緣而強生。如是等名為不隨、不壞。此中佛自説因緣：是色性無故，不隨、不壞。性無者，是色從一切四大和合，假名¹³為色；是中無定一法名為色。如先破色中説。是色從因緣和合生故，即是無性；若無性，即是性空。若得是色相性空，即是習般若波羅蜜；乃至十八不共法亦如是。復問：世尊！若諸法無自性可壞可隨者，云何菩薩習般若波羅蜜？不學般若波羅蜜，不得阿耨多羅三藐三菩提！佛可舍利弗意，自説因緣：若菩薩用方便力¹⁴行六波羅蜜，是人雖知諸法空，而能起般若波羅蜜。舍利弗！若菩薩求一切法，若得少許定性，則可取可著；今菩薩實求覓一切法，不得定實，所謂是般若波羅蜜、是禪波羅蜜，乃至是¹⁵十八不共法——是諸法皆不可得；不可得故何所取？舍利弗！是名菩薩無取般若波羅蜜；菩薩應學無取般若波羅蜜。無取尚不可得，何況般若等諸法！一切法無性故。舍利弗復問：若一切法無性，云何知是凡人乃至佛？佛答：一切法雖無根本定相，但凡人顛倒故著。菩薩行般若波羅蜜時，以方便力故，見一切法無根本，而發阿耨多羅三藐三菩提心。是菩薩深行諸法性空故，不見一切法有根本，不見故不懈不退；了了知一切法無我、無所有性、性常空；但眾生愚癡

顛倒故,著是陰、界、入。是時,菩薩思惟籌量諸法甚深寂滅相,而衆生深著虛誑顛倒;菩薩自立如幻師,種種神通變化,說法度人,如幻所作,無憎無愛,等心說法,所謂慳者教施等六法。復爲說轉勝法,令出生死,得須陀洹果乃至阿耨多羅三藐三菩提。問曰:六波羅蜜外更有何法爲勝? 何以言更爲說勝法? 答曰:此中不說波羅蜜[1];但爲慳者說施,乃至癡者爲說智慧。諸佛菩薩法,有初、有後。初法,所謂布施、持戒;受戒、施果報,得天上福樂。爲說五欲味利少失多,受世間身但有衰苦,讚歎遠離世間、斷愛法,然後爲說四諦,令得須陀洹果。此中菩薩但說欲令衆生得佛道故,先教令行六法。此中善智慧不名爲三解脱門所攝;是善智慧能生布施等善法,能滅慳貪、瞋恚等惡法,能令衆生得生天上。何以知之? 更有勝法故。勝法者,所謂四諦聖法,出法。一切聖人所行法,名爲聖法;出三界生死,名爲出法。以是四諦說法故,隨衆生根因緣,令得須陀洹果,乃至得一切種智。此中雖不說初六法,說布施等,當知已攝。復次,菩薩爲佛道故說是六法;但衆生意劣故,自取小乘,是故不說布施、持戒生天受報等初六法。舍利弗白佛言:世尊! 先說菩薩是畢竟不可得法;今爲無所有衆生說法,令得無所有法——所謂須陀洹果乃至一切種智。世尊! 菩薩今得無所有法故,能令衆生得無所有法——無所得是有所得? 佛答:菩薩行般若波羅蜜時,無有有所得過! 何以故? 菩薩行般若波羅蜜時,不見衆生及法,但諸因緣和合,假名衆生。菩薩住二諦中,爲衆生說法,不但說空、不但說有;爲愛著衆生故說空,爲取相著空衆生故說有;有、無中二處不染,如是[2]方便力爲衆生說法:衆生! 現在我身及我尚不可得,何況當得阿耨多羅三藐三菩提! 舍利弗歡喜,白佛言:世尊! 曠[3]大心是菩薩! 曠大心者,此中自說因緣,所謂無有法可得,若一相、若異相。如人市買,必須交易。大心人則不然,無所依止而能發大莊嚴;大莊嚴故不生三界,亦拔衆生令出三界,而衆生不可得,不縛不解故,一切法空。從久遠以[4]來,煩惱顛倒皆是虛誑不實,是故名無縛;縛無故亦無解。縛即是垢,解即是淨。無淨無垢故,無六道分別;不分別六道故,無罪福業;罪福業無故,無煩惱能起罪福業者;不起罪福業,亦不應有果報。如是諸法畢竟空中而作大莊嚴,是爲希有! 譬如人虛空中種樹,樹葉花果,多所利益。佛可舍利弗意。舍利弗難是空故,佛亦答、亦可——以其說空故可,以其難空故答,所謂舍利弗! 若衆生及諸法,先有今無,諸佛賢聖有過罪。過罪者,所謂令衆生入無餘涅槃,永滅色等一切法;入空中皆無所有,以斷滅衆生及一切法,故有過罪。舍利弗! 衆生及一切法先來無,若有佛、無佛,常住不異,是諸法實相;是故無六道生死,亦無衆生可拔出。舍利弗! 一切法先空,是故菩薩於諸佛所聞諸法如是相故,發阿耨多羅三藐三菩提心,作是念:菩提中亦無有法可得,亦無實定法令衆生著而不可度,但衆生癡狂顛倒故,著是虛誑法。是故菩薩發大莊嚴,不轉於阿耨多羅三藐三菩提,作是念:我必當得阿耨多羅三藐三菩提,非不得;得已,用實法利益衆生;利益衆生故,衆生從顛倒得出。欲明了是事故,經中說幻師譬喻:幻師即是菩薩;幻師所作園林、盧觀即是六波羅蜜等度衆生法;幻師所作象馬、男女,即是菩薩所度衆生。如幻師一身,以幻力故,幻作衆生、園林、盧觀等娛樂衆生;若幻師以[5]所幻[6]作事爲實,於所幻人求其恩惠,即是狂人! 菩薩亦如是,從諸佛聞一切法性空如幻,而以布施等利益衆生,欲求恩惠福報,即是顛倒[7]。問曰:幻法呪術實有,幻所作物可虛。如衆生空,菩薩亦空,菩薩不化作衆生,何得爲喻? 答曰:諸法實相中,法尚無,何況衆生! 衆生異名,名爲幻師,幻師實無,何以言幻師有而所幻者無? 如汝以幻師實有、所幻者無;聖人觀幻師及所幻物不異。以明了事故說譬喻,取其

---

1 "波羅蜜",甲、乙本作"六波羅蜜"。

2 "是",甲、乙本無。

3 "曠",甲、乙本作"廣"。下同,不復出校。

4 "以",甲、乙、宋、元、明、官本作"已"。

5 "以",甲、乙本無。

6 "幻",甲、乙本脱。

7 "顛倒"後,甲、乙本有"也"。

少許相似處爲喻,何以盡取爲難?如師子喻王,師子於獸中無畏,王於群下自在無難,故以爲喻,復何可責四腳負毛爲異也[1]?佛説性空法[2],諸法皆[3]空,猶有衆生,是故説幻爲喻。我今説喻以破衆生,汝云何復以衆生爲難?爾時,須菩提白佛言:世尊!何等是成就衆生、淨佛國土道?須菩提雖知菩薩道,以中説甚深性空故,聽者生疑,是故發問。佛答:菩薩從初發心,行六波羅蜜乃至十八不共法,是菩薩道;行是道成就衆生、淨佛國土。須菩提復問:云何行是法成就衆生?須菩提意:若是法性空,衆生亦性空,云何可得成就?佛答:菩薩以方便力故,以布施法教化衆生,不教令著布施以爲真實。方便者,菩薩語衆生:汝曹[4],善男子!來布施,莫著是布施,如經中説。衆生以布施生貴樂處,貴樂因緣故生我憍慢,我憍慢增長故破善法,破善法故墮三惡道。是故菩薩先教言:莫著布施!但因是布施、修持戒等善法,皆迴是法向涅槃。所以者何?是性空諸法實相,不可取相。如是菩薩方便力故[5]教化衆生,令得須陀洹果乃至佛道。是菩薩自行布施,亦教衆生布施。若不自施,或有人言:若施是好法,何不自行?是故菩薩先自布施。復次,菩薩深愛善[6]法,布施是初門,是故行是布施。又菩薩深慈悲衆生,以慈悲心雖大,而不能充滿衆生,是故先行布施,令其心濡,可以引導。布施因緣生於四姓[7]及作轉輪王;以四攝法攝取衆生,漸漸以三乘法令得涅槃。教他布施,讚歎布施法,歡喜讚歎行布施者,是深愛布施,見同行故,歡喜讚歎。復次,憐愍心於衆生,若見修福,則爲之歡喜;如慈父見子行善,心則歡喜。是人四種行布施,生刹利等貴姓[8]中。以布施攝已,漸漸教令持戒、禪定等,乃至令得辟支佛道。或見衆生有大心者,有少許慈悲心,是人怖畏生死長遠故,其心懈退;菩薩方便力故,語是衆生:咄!衆生!阿耨多羅三藐三菩提易得,汝等何以爲難?衆生所著處,此中無有定實法,能遮者、難解者,汝等當發阿耨多羅三藐三菩提心,既自得度,復當度脱衆生!度脱衆生者,菩薩自乘大乘得度,以三乘隨衆生所應度而度之;既自利益,復利益他人。利益他[9]者,既自作佛,而以三乘度脱衆生。若菩薩能如是行般若波羅蜜者,從初發心,終不墮三惡道,常作轉輪聖王者,菩薩多生欲界。何以故?以無色界中無形故,不可教化;色界中多味著禪定樂,無厭惡心故難化;亦不生欲天,所以者何?著妙五欲多故難化。在人中,世世以四事攝衆生故,作轉輪聖王。此中佛自説因緣:隨其所種,得大果報等,如經中説布施相。復有菩薩行檀波羅蜜時,見衆生破戒,作是言:汝曹以因緣不具足故破戒,我當給汝所須,令無乏少。破戒人有二種:一者,持戒因緣不具足故,如貧窮人,飢寒急故作賊;二者,持戒因緣雖具足,以習惡心故,好行惡事。貧窮破戒者,菩薩語之言:汝但持戒,我當給汝所須!汝等住持戒中,漸漸以三乘而得度脱。是名因布施生戒。衆生以不如意事故瞋:若以求物不如意故瞋,人不稱意故瞋;菩薩住檀中,隨其意而給足之。問曰:若貧乏者給施令不瞋,可爾;人不得稱意,惱之令瞋,復云何?答曰:以如意珠施之,則使人皆稱意;珠之威德故,人無瞋者。如行者入慈三昧故,人無瞋者。是故説少何因緣故瞋,我當令汝所少具足。復次,一切法性皆空無所有,汝所瞋因緣亦皆虚誑無定,汝云何以虚誑事故,瞋罵、加害,乃至[10]奪命?起此重罪業故,墮三惡道,受無量苦。汝莫以虚誑無實事故,而受大罪!如山中有一佛圖,彼中有一别房,房中有鬼來恐惱道人故,諸

1　“也”,甲、乙、元、明本作“耶”。

2　“法”,甲、乙本脱。

3　“皆”,甲、乙本作“皆爲”。

4　“曹”,甲、乙本作“等”。

5　“故”,甲、乙、宋、元、明、宫、石本無。

6　“善”,甲、乙、石本作“是”。

7　“姓”,甲、乙本作“性”,“性”通“姓”。

8　“姓”,甲、乙、宋、元、官本作“性”,“性”通“姓”。

9　“他”,甲、乙、宋、元、明、宫、聖、石本作“他人”。

10　“乃至”前,甲、乙本有“如是”。

道人皆捨房而去。有一客僧來，維那[1]處分，令住此空房，而語之言：此房中有鬼神喜惱人，能住中者住。客僧自以持戒力、多聞故，言：小鬼何所能？我能伏之！即入房住。暮更有一僧來求住處，維那亦令在此房住，亦語有鬼惱人；其人亦言：小鬼何所能？我當伏之！先入者閉户端坐待鬼；後來者夜闇，打户[2]求入。先入者謂爲是鬼，不爲開户；後來者極力打户。在内道人以力拒之，外者得勝，排户得入；内者打之，外者亦極力熟打。至明旦相見，乃是故舊同學，各相愧謝。衆人雲集，笑而[3]怪之。衆生亦如是，五衆無我、無人，空取相致鬪[4]諍；若支[5]解在地，但有骨肉，無人、無我。是故菩薩語衆生言：汝莫於根本空中鬪諍作罪，鬪諍故，人身尚不可得，何況值佛！當知：人身難得，佛世難值，好時易過；一墮諸難，永不可治——若墮地獄，燒炙屠割，何可[6]教化？若墮畜生，共相[7]殘害，亦不可化；若墮餓鬼，飢渴熱惱，亦不可化；若生長壽天，千萬佛過，著禪定味故皆不覺知；如安息國諸邊地生者，皆是人身，愚不可教化；雖生中國，或六情不具，或四支不完，或盲聾瘖啞，或不識義理；或時六情具足，諸根通利，而深著邪見，言無罪福，不可教化。是故爲説好時易過，墮諸難中不可得度。餘波羅蜜，如經中廣説故，不復解之。問曰：住檀波羅蜜行五波羅蜜訖，何以復更説六波羅蜜？答曰：上一度中次第具足[8]五；今則一時總説。復次，先但説六波羅蜜；今通説三十七品及諸道果。問曰：三十七品自從心出，云何是因緣可與？答曰：菩薩供給坐禪者衣服、飲食、醫藥、法杖、禪毱、禪鎮；令得好師教照；令得好弟子受化；與骨人令觀；與禪經，令人爲説禪法——如是等三十七助道法因緣。又令人爲説摩訶衍法：汝等所須衣服、飲食，盡來取之，便是汝物，莫自疑難！汝等得是物已，自行六波羅蜜[9]，亦教化他人令行六波羅蜜；是布施性皆空，汝等[10]莫著是施及以果報。衆生得是性空，漸漸[11]得阿耨多羅三藐三菩提，入無餘涅槃。如布[12]施爲首生五波羅蜜，餘波羅蜜亦如是[13]。

大智度論卷第九十一[14]。

大智度論釋淨佛國土品第八十二(卷第九十二)[15]

……須[16]菩提白佛言：世尊！云何菩薩摩訶薩淨佛國土[17]？佛言：有菩薩從初發意已來，自除身麁業、除口麁業、除意麁[18]業，亦淨他人身、口、意麁業。世尊！何等是菩薩摩訶薩身麁業、口麁業、意麁業？佛告須菩

1　"維那"，甲、乙本作"唯那"。下同，不復出校。

2　"打户"，甲、乙、宋、元、明、宫、石本作"門"。下同，不復出校。

3　"而"，甲、乙本作"如"，誤。

4　"鬪"，甲、乙本脱。

5　"支"，甲、乙本作"枝"，元、明本作"肢"。

6　"炙屠割何可"，甲本殘。

7　甲本終。

8　"足"，乙本脱。

9　"六波羅蜜"，乙本作"六度"。

10　己本始。

11　"施及……漸漸"十三字，己本殘。

12　"羅三……如布"十三字，己本殘。

13　"羅蜜……如是"九字，己本殘。

14　乙本終，尾題作"大智度經論卷第九十一"，題記作"大業三年三月十五日，佛弟子蘇七寶爲亡父母敬寫《大智論》一部。以此善根，先願法輪常轉，國祚永隆，五禾豐熟，人民興盛。當令七世考妣，棲神淨土，面奉慈尊；見在眷屬，災殃彌滅，萬善扶疏。逮及法界含生，永離罣彰(障)，齊成正覺"。己本終，尾題作"品八十一"，題記作"紙十八張"。

15　本卷對應《大智度論》寫本凡1號：羽470號(以下簡稱"甲本"，所抄分屬《大正藏》本卷九十二、九十三)。

16　甲本始，有首題"第八十二品中釋論　第九十三卷"。

17　"國土"，甲本脱。

18　"麁"，甲本脱。

提：不善業——若殺生乃至邪見，是名菩薩摩訶薩身、口、意麁業。復次，須菩提！慳貪心，破戒心，瞋心，懈怠心，亂心，愚癡心，是名菩薩意麁[1]業。復次，戒不淨，是名菩薩身[2]、口麁[3]業。復次，須菩提！若菩薩遠離四念處行，是名菩薩麁業；遠[4]離四正勤、四如意足、五根、五力、七覺分、八聖道分、空三昧[5]、無相[6]、無作三昧，亦名菩薩麁業。復次，須菩提！菩薩摩訶薩貪須陀洹果[7]，乃至貪阿羅漢果證、辟支佛道，是名菩薩摩訶薩麁[8]業。

【論】釋曰[9]：上來須菩提常種種問空法，以時會疑其已體寂滅無戲論法猶復多問，是以不問而心念。復次，有菩薩及諸天，深入禪定，不好語言而欲得法利，是故須菩提不發言而心念。問曰：須菩提雖無言，而世尊以言答？答曰：佛身色視無厭足；如色無厭，聲亦如是，雖語而不妨細禪定行，是故佛以言答。復次，佛安立寂滅相，於阿耨多羅三藐三菩提中住，不分別一切法若善、若不善等，眾生有疑而問，佛隨所問、所念而答，是故不與須菩提同。須菩提聞是六波羅蜜等諸法甚深義，不能得其邊，是故問何等是菩薩道？行是道，如清淨無所著，六波羅蜜等諸善法莊嚴？佛知其意，於須菩提所益雖少，為增益諸菩薩故，答：六波羅蜜等是菩薩道。六波羅蜜是菩薩初發心道；次行四禪、八背捨、九次第定及三十七道品，但求涅槃；十八空、佛十力等微細，但為求佛道。六波羅蜜道，多為眾生故；三十七品等，但求涅槃；十八空等於涅槃中，出過聲聞、辟支佛地，入菩薩位道——是三種，皆是生身菩薩所行。所以者何？分別諸法故。今又一切法皆是菩薩道，是法性生身菩薩所行，不見諸法有好惡，安立諸法平等故。此中佛自說因緣：菩薩應學一切法，若一法不學，則不能得一切種智。學一切法者，用一切種門，思惟、籌量、修觀、通達。須菩提白佛：若一切法一相，所謂空，云何菩薩學一切法，將無於無戲論相法中作戲論耶？所謂此彼諸法。略說是戲論相：此東、彼西，是上、是下，是常、是無常，是實、是虛，是世間、是出世間，乃至是二乘法、是佛法。佛可具說：一切法空相。若法實定有、不空者，即是無生無滅；無生無滅故無四諦；無四諦故無佛、法、僧寶——如是三寶等諸法皆壞。今諸法實空，乃至空相亦空，眾生愚癡顛倒故著；是故於眾生中起悲心，欲拔出故，求佛身力；欲令眾生信受其語，捨顛倒入諸法實相。是故菩薩雖知諸法空，而為利益眾生分別說；若眾生自知諸法空，菩薩但自住空相中，不須學分別一切法。菩薩行菩薩道時，從初發意已來，如是思惟一切法無定實性，但從因緣和合起；是眾因緣，亦各各從和合起，乃至到畢竟空。畢竟空唯是一法實；餘者無性，故皆虛誑。我從無始世來，著是虛誑法，於六道中厭受苦惱。我今是三世十方佛子，般若是我母，今不應復隨逐虛誑法；是故菩薩乃至畢竟空中亦不著，何況餘法——所謂檀波羅蜜等！爾時，菩薩照明菩薩道，其心安隱；自念：我但斷著心，道自然至。知是事已，念眾生深著世間，而畢竟空亦空、無性、無有住處，眾生難可信受。為令眾生信受是法故，學一切法，修行生起是度眾生方便法。觀眾生心行所趣，知好何法、念何事、何所志願。觀時悉知眾生所著處皆是虛誑顛倒，憶想分別故著，無有根本實事。爾時，菩薩大歡喜，作是念：眾生易度耳！所以者何？眾生所著，皆是虛誑無實。譬如人有一子，喜在不淨中戲，聚土為穀，以草木為鳥獸，而生愛著；人有奪者，瞋恚啼哭。其父知已，此子今雖愛著，此事易離耳，小大自休。何以故？此物非真故。菩薩亦如是，觀眾生愛

1　“意麁”，甲本作“麁意”，誤倒。

2　“菩薩身”，甲本作“菩薩麁身”。

3　“麁”，甲本無。

4　“遠”，甲本脫。

5　“昧”，甲本作“念”，誤。

6　“無相”，甲本作“無相三昧”。

7　“果”，甲、元、明、石本作“果證”。

8　“麁”，甲本脫。

9　論文“論釋曰”至“求菩提者是菩薩”，甲本無。

著不淨臭身及五欲是無常，種種苦因；知是衆生得信等五善根成就時，即能捨離。若小兒所著實是真物，雖復年至百歲，著之轉深，不可得捨；若衆生所著之物定實有者，雖得信等五根，著之轉深，亦不能離。以諸法皆空、虛誑不實故，得無漏清淨智慧眼時，即能遠離所著，大自慚愧；譬如狂病，所作非法，醒悟之後，羞慚無顔。菩薩知衆生易度已，安住般若中，以方便力教化衆生：汝等當行布施，可得饒財，莫恃是布施果報而自憍高！此中無有堅實，皆當破壞，與未布施時無異。持戒等乃至十八不共法，亦如是。是諸法雖清淨、大有所益，皆是有爲法，從因緣生，無有自性；汝等若著是法，能生苦惱。譬如熱金丸，雖是寶物，捉則燒手。如是菩薩教化衆生行菩薩道，自無所著，亦爲衆生説無所著。以無著心行檀波羅蜜故，於檀中不住——不住者，所謂布施時不取三種相，亦不著果報而自高生罪業，布施果報滅壞時亦不生惱。尸羅波羅蜜乃至阿耨多羅三藐三菩提，亦如是。此中佛自説不住因緣有二種：一者，菩薩深入空，不見諸法性，故不住；二者，不以小事爲足，故不住。是菩薩無有異心，但一向能生菩提道。須菩提白佛：若一切法無生，云何菩薩能生菩提道？佛可須菩提意：一切法無生，我實處處説諸法無生，非爲凡夫説，但爲得無作解脱、不起三種業者説。復問：世尊！佛自説：有佛無佛，諸法法相常住，如聖人法相空，凡夫亦如是！佛可其所説：諸法實相常住；以衆生不知不解故，起菩提道。但爲除凡夫顛倒法，故名爲道；若決定有道可著者，即復是顛倒。道、非道平等，即是道，是故不應難！須菩提復問：云何可得菩提？用生道故得耶？佛言：不也！何以故？生道者，菩薩觀是有爲法生滅相謂是實，是故言不。如先説熱金丸喻。不生法即是無爲，無作法故，亦不可以得菩提。生、不生，二俱有過故。非生非不生得菩提耶？答言：不也！問曰：若生不生二俱有過，非生非不生復不應有過，何以言不得？答曰：若分別非生非不生是好、是醜，取相生著故，故言有過；若能不著，則是菩提道。須菩提問：若不以四句得者，云何得道？佛答：不以道、不以非道，則得菩提。何以故？菩提即是道，道即是菩提。菩提名諸法實相，是諸佛所得究竟實相，無有變異。一切法入菩提中，皆寂滅相；如一切水入大海，同爲一味。是故佛説：菩提性即是道性。若菩提性、道性異者，不名菩提爲無戲論寂滅相；是故説菩提即是道，道即是菩提。復次，是二法異者，行道不應到菩提；諸法因果，不一不異故。須菩提復問：若爾者，菩薩行道應便是佛！所以者何？道即是菩提故。又佛應是菩薩！何以故？菩提即是道故。今何以説有差別：佛有十力等三十二相、八十隨形好？須菩提爲新學菩薩故，分別難佛：菩薩應即是佛！佛以反問答：佛得菩提不？答言：不也！何以故？菩提不離佛、佛不離菩提；二法和合故，是佛、是菩提。是故不應難言菩薩即是佛。此總相答。問曰：佛是衆生，菩提是法，云何言佛即是菩提？答曰：先有三十二相莊嚴身、六波羅蜜等功德莊嚴心，而不名爲佛；得菩提故，名之爲佛。是故言佛與菩提不異。微妙清淨五衆和合假名爲佛，法即是五衆，五衆不離假名，菩提即是五衆實相，一切法皆入菩提故；是故佛即是菩提、菩提即是佛。但凡夫心中分別有異。問曰：汝先論議中説言菩提與道不一不異，經中何以説：道即是菩提，菩提即是道，佛即是菩提，菩提即是佛？答曰：一、異雖俱不實而多用一，故此中説菩提即是道，道即是菩提，無咎！如常、無常是二邊，常多生煩惱故不用；無常能破顛倒故多用；事既成辦，亦捨無常。此中亦如是，若以觀種種別異法故多生著心；若觀諸法一相若無常、苦、空等，是時煩惱不生。著心少故，是故多用是一。於實義中一亦不用；若著一即復是患。復次，別異無故，一亦不可得，相待法故；但以不著心，不取一相，故説無咎。一不實故，菩薩不得即是佛。復次，今佛更答須菩提，自説因緣：菩提雖寂滅相，而菩薩能具足六波羅蜜等諸功德，住金剛三昧，以一念相應慧，得阿耨多羅三藐三菩提。爾時，於一切法中自在，得名爲佛。菩薩雖知道及菩提不異，未具足諸功德故，不名爲佛。又佛諸事畢竟，願、行滿足故，不名爲菩薩。得者是佛；法是菩提；求菩提者是菩薩。須菩提從佛聞菩提相[1]、道相、成就衆生已，今問淨佛國土事。諸阿羅漢、辟支佛無有

力知淨佛國事,是故問。問曰:何等是淨佛土? 答曰:佛土者[1],百億日月,百億須彌山,百億四天王等諸天,是名三千大千世界。如是等無量無邊三千大千世界,名爲一佛土。佛於此中施作[2]佛事,佛常晝三時、夜三時,以佛眼遍觀衆生:誰可種善根? 誰善根成就應[3]增長? 誰善根成就應得度? 見是已,以[4]神通力隨所見教化。衆生心隨逐外緣,得隨意事,則不生瞋惱;得不淨、無常等因緣,則不生貪欲等煩惱;若得無所有空因緣,則不生癡等諸煩惱。是故諸菩薩莊嚴佛土,爲令衆生易度故。國土中無所乏少,無我心故,則不生慳貪、瞋恚等煩惱。有佛國土,一切樹木常出諸法實相音聲,所謂無生無滅,無起無作等;衆生但聞是妙音,不聞異聲;衆生利根故,便得諸法實相。如是等佛土莊嚴,名爲淨佛土。如《阿彌陀》等諸經中説。佛答:菩薩從初發意[5]來,自淨麁身[6]、口、意業,亦[7]教他人淨麁身、口、意業。問曰:若菩薩淨佛土,是菩薩得無生法忍,住神通波羅蜜,然後能淨佛土;今何以言從[8]初發意來,淨麁身、口、意業? 答曰:三業清淨,非但爲淨佛土,一切菩薩道皆淨[9]。此[10]三業初淨身、口[11]、意業,後爲淨佛土。自身淨亦淨[12]他人。何以故? 非但一人,生國土中者皆共作因緣。内法與外法作因緣,若善、若不善:多惡口業故,地生荆棘;諂誑曲心故,地則高下不平;慳貪多故,則水旱不調,地生沙礫。不作上諸惡故,地則平正,多出珍寶;如彌勒佛出時,人皆行十善故,地多珍寶。問曰:若布施等諸善法得淨佛土果報,何以但説淨[13]三業? 答曰:雖知善惡諸法是苦樂因緣,如一切心、心數法中,得道時智慧爲大;攝心中定爲大;作業時思爲大;得是思業已,起身、口、意業。布施、禪定等,以思爲首;譬如縫衣,以針爲導。受後世果報時,業力爲大。是故説三業,則攝一切善法——意業中盡攝一切心、心數法,身、口則攝一切色法。人身行三種,福德具足,則國土清淨;内法淨故,外法亦[14]淨。譬如面淨故,鏡中像亦淨。如《毘摩羅詰經[15]》中説:不殺生故人皆長壽。如是等。問曰:身、口、意麁[16]業,是事易知,須菩提何以故問? 答曰:麁、細不定故。如[17]求道人中布施是麁善,於白衣爲細。如小乘中不善業爲麁,善業[18]爲細;摩訶衍中取善法相,乃至涅槃皆名爲麁。以麁、細不定故問。佛次第爲説麁業相,所謂奪命,乃至邪見。是三種身業、四種口業、三種意業,皆名爲麁。復次,破菩薩六波羅蜜法,慳貪等皆名爲麁。問曰:先説十不善道,已攝慳貪等,何以復別説? 答曰:是六法不入十不善道——十不善道皆是[19]惱衆生法;是六法不但爲惱

---

1 “者”,甲本作“若”,誤。

2 “作”,甲本脱。

3 “成就應”,甲、石本作“熟應”,宋、元、明本作“成熟”,宫本作“熟”。

4 “以”,甲本脱。

5 “意”,甲本作“心”。

6 “身”後,甲本衍“身”。

7 “亦”,甲本脱。

8 “從”,甲本脱。

9 “淨”,甲本作“是”。

10 “此”,甲本無。

11 “口”,甲本脱。

12 “淨”,甲本脱。

13 “淨”,甲本脱。

14 “亦”,甲本脱。

15 “毘摩羅詰經”,甲本作“毘摩羅鞊經”,異譯詞。宋、宫本無。

16 “麁”,甲本脱。

17 “如”,甲本脱。

18 “業”,甲本脱。

19 “是”,甲本無。

衆生。如慳心，但自惜財，不惱衆生。貪心有二種：一者[1]，但貪他財[2]，未[3]惱衆生；二者，貪心轉盛，求而不得，則欲毀害，是名業道，以能起業故。瞋心[4]亦如是，小者不名業道，以其能趣[5]惡處故爲道。是故別説六法無咎。問曰：六波羅蜜中已説戒[6]，今何以復説戒不淨？答曰：破戒法是殺生等麁罪；戒不淨是微細罪，不惱衆生。如飲酒等，不入十不善道。復次，破五衆戒，名爲破戒；不破[7]所受戒，常爲三毒覆心，不憶念戒，迴向天福，邪見持戒；如是等名爲戒不淨。復次，若[8]菩薩心遠離四念處等三十七品、三解脱門，是名麁業。所以者何？此中心皆觀實法，隨涅槃，不隨世間；若出四念處等法，心則散亂。譬如蛇行本性[9]好曲，若入竹筒則直，出筒還曲。復次，若菩[10]薩貪須陀洹果證，是爲麁[11]。如人聞佛説：須陀[12]洹果，不墮三惡道[13]，盡無量苦，如五十由旬池水，餘在者如一渧、二渧，則生貪心。以其[14]心不牢固，本求作佛、爲衆生；今爲自身而欲取證，是爲欺佛，亦負衆生，是故名[15]麁。譬如人請客，欲設飲食而竟不與，是則妄[16]語負客。菩薩亦如是，初發心時作願：我當作佛，度一切衆生，而貪[17]須陀洹，是則負一切衆生。如[18]貪須陀洹果，乃至貪辟支佛道，亦如是。

　　大智度論卷第九十二[19]。

大智度論釋淨佛國土品第八十二之餘（卷第九十三）[20]

　　……復[21]次，須菩提！菩薩取[22]色相，受、想、行、識相；眼相、耳、鼻、舌、身、意相；色、聲、香、味、觸、法相；男相、女相；欲界相，色界相，無色界相；善法相，不善法相；有爲法相，無爲法相；是名菩薩麁業。菩薩摩訶薩皆遠離如是麁業相。自布施，亦教他人布施，須食與食，須衣與衣，乃至種種資生所須，盡給與之，亦教他人種種布施。持是福德[23]與一切衆生共之，迴向淨佛國土[24]故。持戒、忍辱、精進、禪定、智慧亦如是。是菩

1　“者”，甲、宋、元、明、宫、石本無。

2　“財”，甲本作“財物”。

3　“未”，甲本脱。

4　“心”，甲、宋、元、明、宫本無。

5　“趣”，甲、石本作“起”。

6　“戒”，甲、宋、元、明、宫本無。

7　“破”，甲本脱。

8　“若”，甲本脱。

9　“性”，甲本作“姓”，“姓”爲“性”之借字。

10　“菩”，甲本脱。

11　“麁”，甲本作“業麁”，元、明、石本作“麁業”。

12　“陀”，甲本脱。

13　“道”，甲本脱。

14　“其”，甲本作“是”。

15　“名”，甲本作“爲”。

16　“妄”，甲本作“忘”，“忘”通“妄”。

17　“貪”，甲本脱。

18　“如”，甲本作“而”。

19　甲本終，以下所抄相當於《大正藏》本卷九十三。

20　本卷對應《大智度論》寫本凡3號：羽470號（以下簡稱“甲本”，所抄分屬《大正藏》本卷九十二、九十三）、俄Дx07550號（以下簡稱“乙本”）、羽210號V（以下簡稱“丙本”）。

21　甲本始。

22　“取”，甲、宋、元、明、宫、石本無。

23　“福德”，甲本作“功德”。

24　“土”，甲本作“因”，當爲“國”之誤。

薩摩訶薩或以三千大千國土[1]滿中珍寶施與三尊,作是願言:我以善根因緣故,令我國土皆以七寶成! 復次,
須菩提! 菩薩摩訶薩以天妓[2]樂樂佛及塔,作是願言:以是善根因緣,願[3]我國土中常聞天樂! 復次,須菩提!
菩薩摩訶薩以三千大千國土滿中天香[4]供養諸佛及塔[5],作是願言:以是善根因緣,令我國土中常有天香! 復
次,須菩提! 菩薩摩訶薩以[6]百味食施佛及僧,作是願言:以是善根因緣故[7],令我國土中眾生,皆得百味食!
復次,須菩提! 菩薩摩訶薩以天香細滑施佛及僧,作是願言:以是善根因緣故,令我國土中一切眾生,受天
香細滑! 復次,須菩提! 菩薩摩訶薩以隨意五欲施佛及僧并一切眾生,作是願言:以是善根因緣故,令我國
土中弟子及一切眾生,皆得隨意五欲! 是菩薩以隨意五欲共一切眾生,迴向淨佛國土[8],作是願言:我得佛
時,是國土中如天五欲,應心而至! 復次,須菩提! 菩薩摩訶薩行般若波羅蜜時,作是願言:我當自入初禪,
亦教一切眾生入初禪,第二、第三、第四禪,慈、悲、喜、捨心,乃至三十七助道法亦如是;我得阿耨多羅三藐
三菩提時,令一切眾生不遠離四禪,乃至不遠離三十七品助道法! 如是,須菩提! 菩薩摩訶薩能淨佛國土[9]。
是菩薩隨爾所時行菩薩道,滿足是諸願;是菩薩自成就一切善法,亦成就一切眾生善法;是菩薩受身端正[10],
所化眾生亦得端正。所以者何? 福德因緣厚故。須菩提! 菩薩摩訶薩應如是淨佛國土[11]。是國土中,乃至
無三惡道之名,亦無邪見、三毒、二乘——聲聞、辟支佛之名;耳不聞有無常、苦、空之聲,亦無我所有乃至
無諸結使煩惱之名,亦無分別諸果之名。風吹七寶之樹,隨所應度而出音聲,所謂空、無相、無作,如諸法實
相之音;有佛、無佛,一切法[12]、一切法相空,空[13]中無有相,無相中則無作。出[14]如是法音,若晝、若夜,若坐、若
臥、若立、若行,常聞[15]此法。是菩薩得阿耨多羅三藐三菩提時,十方國土中諸佛讚歎;眾生聞是佛名,必至
阿耨多羅三藐三菩提。是[16]菩薩得阿耨多羅三藐三菩提時說法,眾生[17]聞者,無有不信而生疑,言[18]:是法、是非
法。何以故? 諸法實相中,皆是法,無有非法。諸有薄福之人,於諸佛及弟子[19]不種善根、不隨善知識,没在
我見中,乃至没在一切種種見中,墮在邊見——若斷、若常。如是人以邪見故,非[20]佛言佛、佛言非佛,非法
言法、法言非法;如[21]是人破法故,身壞命終,墮惡道地獄中。諸佛得阿耨多羅三藐三菩提時,見此眾生往來

1　“國土”,甲、石本作“世界”,宋、元、明、宫本作“界土”。下同,不復出校。

2　“妓”,甲、宫本作“伎”。

3　“願”,甲、宫本無,元、明、聖、石本作“令”。

4　“天香”前,甲本有“常聞”。

5　“塔”,甲、元、明、石本作“佛塔”。

6　“以”,甲本脱。

7　“故”,甲本無。

8　“國土”,甲本作“田”。

9　“國土”,甲本作“因”,誤。

10　“端正”,甲、石本作“端政”,“政”通“正”。下同,不復出校。

11　“國土”,甲本作“田”。

12　“一切法”後,甲本衍“相空”。

13　“空”,甲本脱。

14　“出”,甲本脱。

15　“聞”,甲本脱。

16　“是”,甲本脱。

17　“眾生”,甲本作“諸眾生”。

18　“言”,甲本作“者言”。

19　“弟子”,甲、宋、元、明、宫、聖、石本作“弟子中”。

20　“非”,甲本脱。

21　“如”,甲本脱。

五道,令離邪聚,立[1]正定聚中,更不墮惡道。如是,須菩提！菩薩摩訶薩淨佛國土[2]中衆生,無雜穢心：若世間法、若出世間法,若有漏、若無漏,若有爲、若無爲；乃至是國土中衆生,畢竟[3]至阿耨多羅三藐三菩提。須菩提[4]！是爲菩薩摩訶薩淨佛國土[5]。

【論】釋曰[6]：復有麁業[7],於諸法[8]畢竟空中取相生著心——所謂取色相[9],受、想、行、識相,眼相乃至意相,色相乃至法相,男相、女相,三界,善、不善,有爲、無爲相等。問曰：男、女相可是虛妄[10]不實,餘色等、善不善法,若不取相,云何能厭色等成就善法？答曰：佛法中有二種空：一者,衆生空；二者,法空。以衆生空破衆生相,所謂男、女等相；以法空破色等[11]法中虛妄相,如破一切法空中説。能觀色等善法如[12]幻、如化,不取定實相,得厭心,則捨戲論常、無常等,是不名爲取相。又色等及善法皆和合性空行故,不生諸煩惱。問曰：一切有爲法假名和合故不應取；無爲法是真實法,所謂如、法性、實際,何以不取？答曰：以不取相是無爲法,無相名爲無爲法門,若取相便是有爲；如是等,一切虛誑取相不實。遠離麁身、口、意業。菩薩欲行淨佛土,遠離如是等麁身、口、意業,自行六波羅蜜,亦教他人令行；共清淨因緣故,則佛土清淨。上總相説,下別相説。是菩薩滿三千大千世界七寶施佛及僧,作是願：我以是布施因緣,令我國土皆七寶莊嚴。問曰：若滿三千大千世界珍寶,從何處得？又諸佛賢聖少欲、知足,誰受是者？若凡夫[13]無厭足,何能受三千世界[14]物？答曰：是菩薩是法性生[15]身,住具足神通波羅蜜中,爲供養十方佛故,以如[16]三千世界[17]珍寶供養。又此寶物,神通力所作[18],輕細無妨；如第三禪遍淨天,六十人[19]坐一針[20]頭而聽法,不相妨礙,何況大菩薩深入神通所作寶物！或有菩薩變身如須彌山,遍十方佛前以爲燈炷,供養於佛、若佛塔廟,而作願言：令我國土常有光明,不須日月燈燭。或有菩薩雨諸華香、幡蓋、瓔珞以爲供養,復作是願：令我國土衆生端正如華[21],身相嚴淨,無有醜陋。如是等,種種好色因緣。復有菩薩以天伎樂娛樂於佛[22]、若佛塔廟。是菩薩或時以神通力故,作天伎樂,或作天王、轉輪聖王伎樂,或作阿修羅神、龍王等天伎樂[23]供養,願我國中常聞好音。問曰：諸佛賢聖是離欲人,則不須音樂歌舞,何以伎樂供養？答曰：諸佛雖於一切法中心無所著,於世間法盡無所須；

1　“立”,甲本作一字空白。

2　“土”,甲本無。

3　“畢竟”,甲、宫本作“必”。

4　“須菩提”,甲本脱。

5　“國土”,甲本作“田”。

6　“論釋曰”,甲本無,宋、宫、聖本作“釋曰”。

7　“復有麁業”至尾題,甲本抄寫於本卷首段經文前。

8　“法”,甲本脱。

9　“相”,甲本脱。

10　“虛妄”前,甲本衍“空”。

11　“色等”,甲本作“色等相”。

12　“如”,甲本脱。

13　“夫”,甲、宋、元、明、宫本作“人”。

14　“世界”,甲、聖本作“大千世界”。

15　“生”,甲本脱。

16　“如”,甲本作“如是”。

17　“世界”,甲本作“大千世界”。

18　“作”,甲本作“住”,誤。

19　“人”,甲本脱。

20　“針”,甲本作“鉢”,誤。

21　“華”,甲本作“化”,“化”爲“華”之借字。

22　“佛”,甲本脱。

23　“天伎樂”,甲本作“作天伎樂”。

諸佛憐愍衆生故出世，應隨供養者，令隨願得福故受。如以華[1]香供養，亦非佛所須，佛身常有妙香，諸天[2]所不及，爲利益衆生故受。是菩薩欲淨佛土故，求好音聲，欲使國土中衆生聞好音聲，其心柔軟，心柔軟故，易可受化。是故以音聲因緣而供養佛。或有菩薩滿三千大千世界香供養諸佛、若塔，根香、莖香、葉香、末香、若天香，若變化香，若菩薩果報生香，作是願：令我國土中常有好香，無有作者。或有菩薩以百味，供養諸佛及僧。有人言：能以百種[3]供養，是名百味。有人言：餅種數五百，其味有百，是名百味。有人言：百種藥草、藥果作歡喜丸，是名百味。有人言：飲食羹餅，總有[4]百味。有人言：飲食種種備足故[5]，稱爲百味[6]。人飲食故百味，天飲[7]食則百千種味；菩薩福[8]德生果[9]報[10]食，及神通力變化食，則有無量味，能轉人心令離欲清淨。是四種食，菩薩隨因緣供養佛及僧，是故國土中自然有百味飲食。或有菩薩以天塗香。天竺國熱，又以身臭，故以香塗身，供養諸佛及僧。以此因緣故，令我國土衆生，受天細滑。問曰：沙彌戒乃至受一日戒，尚不以香塗身，云何以香供養佛及僧？ 答曰：是菩薩以身所貴物，隨所須時，用以供養，或以塗地、塗壁及行坐處。又以[11]隨意五欲供養諸佛及僧[12]及餘衆生。是菩薩以好車馬、妻妾、伎直、幡蓋、金銀、衣服、珍寶，出家人所不受，則施諸衆生，作願言：令我國土衆生，常得隨意五欲。問曰：此五[13]欲，佛説如火、如[14]坑、如瘡[15]、如獄、如怨、如賊，能奪人善根，菩薩何以願使衆生[16]得五欲？ 又佛説弟子應納衣、乞食，坐林樹下，菩薩何以爲衆生求得五欲？ 答曰：天上[17]、人中五欲是福德果報。若今世、若後世，貧窮薄福者不能自活[18]，則行劫盜；或爲物主所害，或爲財殺他；或被詰問，妄言不作——如是，次第作十不善，皆由貧窮故作；若人五欲具足，則[19]所欲隨意，則不行十不善。菩薩國土衆生，豐樂自恣，無所乏少，則無衆惡，但有愛、慢等軟結使；若聞佛所説，或聞弟子所説，以心柔軟故，聞法易可得道。雖著心多，利根故，聞無常、苦、空等，即便得道；譬如垢膩之衣，則以灰泥淹之，經宿以水浣之，一時都去。菩薩不欲令衆生著故以五欲施，但欲令一時捨故與之。如汝先説：佛教弟子納衣、乞食。宿罪因緣生在惡世，染著心多，若得好衣、美食著心則[20]深；又[21]爲求好衣食故，妨廢行

1　“華”，甲本脱。

2　“天”，甲本作“天香”。

3　“百種”，甲、元、明、聖、石本作“百種羹”。

4　乙本始。

5　“種種備足故”，甲本作“種備種具故”，石本作“種種備具故”。

6　“有人……百味”十四字，乙本殘。

7　“飲”，甲、宋、元、明、宫本無。

8　“百味……薩福”十三字，乙本殘。

9　“果”，甲本脱。

10　乙本終。

11　“以”，甲本脱。

12　“及僧”，甲本脱。

13　“五”，甲本脱。

14　“如”，甲本脱。

15　“瘡”，甲、聖、石本作“創”，“創”通“瘡”。

16　“衆生”，甲本脱。

17　“上”，甲、宋、元、明、宫、聖、石本無。

18　“活”，甲本作“佸”，“佸”爲“活”之借字。

19　“則”，甲本脱。

20　“著心則”，甲本脱。

21　丙本始。

道。是菩薩淨佛[1]國土衆生，無量福德[2]成就，五欲一等故，不復貴著，亦不更求故，無所妨[3]。又復，若行者離五欲修苦行，則增長瞋恚；又復，憶[4]念五欲，則生煩惱，爾時則無所向。是故佛言：捨苦樂，用智慧，處中道。是故淨佛國土，五欲施無妨。問曰：若爾者，毘尼中何以一比丘言：我知[5]佛法[6]義，受五欲不妨道！是比丘應呵[7]，乃至三不止[8]，擯[9]出[10]。答曰：佛法有二[11]種：小乘、大乘；小乘中，薄福之人三毒偏多。如《婆差經》中，佛說：我白衣弟子，非一非二，乃至出五百人，受赤栴檀塗身及受好香花[12]，妻子共臥，使令奴婢，而斷三結得須陀洹；盡三結[13]，薄三毒，得斯陀含。是阿梨吒比丘聞是[14]事，即言：雖受五欲而不妨道！不知是事佛爲誰說。佛爲白衣故說；此[15]比丘持著[16]出家法中說。是須陀洹、斯陀含等不作是言：我盡形[17]壽不犯欲！以有餘三毒故，時時忘道而發婬心。出家人於僧中口自誓言：我盡形壽不犯婬欲！佛言：若出家人犯欲，則棄。是比丘自誓[18]而犯，是一罪；知佛所制而故違犯，是二罪。是比丘見白衣得道故，而以自身同彼，是故墮罪。淨佛國土有二種衆生：若出家，若在家。在家者，雖受五欲無罪，亦無所妨；如兜率陀諸天及[19]欝單曰[20]人，雖受五欲，不起重罪。出家衆生，隨佛所聽出家五欲，亦無[21]過咎。小乘法中[22]，爲阿梨吒[23]比丘說，薄福重罪之人，心多悔故。淨佛[24]土者，世世習行六波羅蜜、三解脫門，雖得五欲，亦不染著。如經中說，所謂菩薩摩訶薩行般若波羅蜜，作是念：我當自入初禪，亦當教化[25]衆生入初禪；四禪、四無量心，乃至三十七品亦如是。是菩薩作是願：我作佛時，盡行四禪乃至三十七品。如是福德故，衆生雖受五欲，不能爲妨。是菩薩作無量阿僧祇願，隨爾所時行道，盡具足是願；是菩薩一切善法皆成就，及所成就衆生。一切善法成就故，得身端正，見者無厭；亦成就衆生，令得端正。須菩提！菩薩應如是淨佛[26]土。復次，淨佛土者，乃至無[27]三惡之名，何況有三

---

1 "佛"，甲、丙本脱。

2 "德"，甲本脱。

3 "無所妨"後，丙本有"大智度論付囑阿難九十品不付囑菩薩"，丙本終。

4 "憶"，甲本作"意"，"意"爲"憶"之古字。

5 "知"，甲本作"如"，誤。

6 "法"，甲本脱。

7 "呵"，甲本作"訶"。

8 "止"，甲本作"出"，誤。

9 "擯"，甲、宮本作"儐"，"儐"通"擯"。

10 "出"，甲、宋、宮本無。

11 "二"，甲本脱。

12 "香花"，甲本作"花香"。

13 "結"，甲本作"世苦"，宋、元、明、宮、聖、石本作"世若"。

14 "是"，甲本脱。

15 "此"，甲本作"是"。

16 "著"，甲本作"若"，"若"爲"著"之借字。

17 "形"，甲本脱。

18 "誓"，甲本脱。

19 "及"後，甲本衍"及"。

20 "欝單曰"，甲、明本作"欝單越"，異譯詞。

21 "無"，甲本脱。

22 "小乘法中"，甲本作"若小乘法"。

23 "阿梨吒"，甲本作"阿梨呵吒"。

24 "佛"，甲、元、明、石本作"佛國"。

25 "化"，甲本脱。

26 "佛"，甲、元、明、石本作"佛國"。

27 "無"，甲本脱。

惡道！問曰：諸佛以大慈悲[1]心，爲苦惱衆生故出世；若無三惡道，何所憐愍？答曰：佛出爲度衆生故，而三惡道衆生不可度，但可[2]令種善根而已，是故佛名天人師。若無天、人，但有三惡道，可應有難、應作是問。問曰：佛憐愍衆生，淨佛國土中何以無三惡道衆生？答曰：憐愍一切衆生，平等無異；此中説清淨業因緣，是國土中無三惡道。又佛非但一國土，乃有十方[3]恒河沙國土。佛有清淨國土，有雜國土：雜國土中則具有五道；淨[4]佛國土，或有人、天別異，或無有人、天別異[5]。如過去天王佛[6]國土中，唯佛世尊以爲法王，是故名爲天王佛。復[7]有國土無三毒、邪見，問曰：諸佛但爲除衆生煩惱故出世[8]，邪見[9]、三毒即是煩惱，若無[10]煩惱，出[11]何所爲？答曰：有人言：是中大福德因緣故，邪見、三毒不發故言無。復次，有人言：是中諸菩薩皆得無生法忍，常修六波羅蜜等諸功德，常遊十方度脱衆生，於諸佛所修習諸佛三昧，勝教化無數聲聞、辟支佛，亦勝教化阿鞞跋致菩薩，成就衆生。菩薩淨佛土[12]，菩薩爲近佛道故，利益轉大。是[13]國土無二乘之名者，問曰：餘佛有三乘教化，豈獨劣耶？答曰：佛出五濁惡世，於一道分爲三乘。問曰：若爾，阿彌陀佛、阿閦佛等不於五濁世生，何以復有三乘？答曰：諸佛初發心時，見諸佛以三[14]乘度衆生，自[15]發願言：我亦當以三乘度衆生。亦無[16]無常、苦、空、無我之名者，以衆生深著常、樂等顛倒故，爲説無常等苦[17]法；是中無常、樂等倒[18]故，不須無常、苦，若無病則不須藥。亦無我所有，乃至無諸煩惱結使，亦如是。無二乘故，亦無須陀洹等諸果，但一向著諸法實相。先得無生法忍者，得諸三昧、陀羅尼門，轉復增益諸地等功德。風吹七寶之樹，隨所應度而出聲者，是菩薩欲使衆生易聞法故，七寶之樹出法音聲。寶樹遍滿國土故，衆生生便聞法，餘心不生，但生法心。問曰：諸佛有無量[19]不可思議神通力，何以不變化作無量身[20]説法度衆生[21]？何須樹木音聲？答曰：衆生甚多，若佛處處現身衆生不信，謂爲幻化，心不敬重。有衆生從人聞法，心不開悟；若從畜生聞法，則便信受。如《本生經》説：菩薩受畜生身，爲人説法；人以希有故，無不信受。又謂畜生心直不誑故。有人謂：畜生是有情之物，皆有[22]欺誑；以樹木無心而有音聲，則皆信受。所謂空、無相、無作；有佛、無佛，一切法常空，空故無相，無相故無作、無起。如是等法，晝夜常出[23]。餘國土以神通力、口力，種種變化；此中常自然音聲。淨

1　"悲"，甲本無。

2　"可"，甲本無。

3　"方"，甲本脱。

4　"淨"，甲本作"清淨"。

5　"或無有人天別異"，甲本作"或有人、天無別異"。

6　"佛"後，甲本衍"佛"。

7　"復"，甲本作"復次"。

8　"出世"前，甲本衍"若煩惱"。

9　"見"，甲本脱。

10　"無"，甲本脱。

11　"出"，甲本脱。

12　"土"，甲本作"國土"。

13　"是"，甲本無。

14　"三"，甲本脱。

15　"自"，甲本作"因"。

16　"無"後，甲本衍"常"。

17　"等苦"，甲本作"苦等"，誤倒，元、明本作"苦"。

18　"倒"，甲、石本作"顛倒"。

19　"量"，甲本作"礙"，誤。

20　"身"，甲、宋、元、明、宫本無。

21　"生"後，甲本衍"生"。

22　"有"，甲本脱。

23　"常出"後，甲本有"餘國土"。

佛[1]國土佛常爲諸佛所讚,大作功德故,能得如是淨國;若聞淨國佛名,則畢[2]定作佛。問曰:餘佛[3]種種勤苦説法,衆生尚不得道,何以但聞佛名便得道?答曰:餘處佛[4]種種説法,衆生或得道、或得善根,終不空説;若聞是佛名,畢[5]至阿鞞跋致,不言今得。問曰:一切佛[6],若人好心聞名,皆當至佛;如《法華經》中説;福德若大、若小,皆當作佛。何以獨説淨國佛?答曰:人聞餘佛名字,謂受生與人無異,但[7]有一切智得道爲異,心不敬重故,雖種善根亦不能深[8]。是中[9]是法性身,佛身無量無邊,光明、説法音聲遍滿十方國土,國中衆生皆是近佛道者,無量阿僧祇由旬衆中説法勝。無量億阿僧祇日月光明常從身出;佛令衆生見則得見,若不聽則不見。是佛一一毛孔邊,常出無量無邊阿僧祇佛,一一諸佛等無異,於化佛邊展轉復出。隨應度[10]衆生見佛優劣;根本真[11]佛無有分別大小之異。如是等若見、若聞名[12],若聞如是功德,深信敬重故,所種善根云何不畢[13]定作佛?復次,是佛説法時,無有疑者,乃至無一人言:是法爲非佛口所説!悉皆是法。問曰:人從釋迦文尼佛[14]聞法生疑者多?答曰:佛此中自説因緣:有人薄福不種善根、不得善知識故生疑。著我見、邊見、邪見等諸煩惱覆故,非佛言是佛[15]、是佛言非佛。不深種善根,不順善師,三毒、邪見一時發起,無所依隨,任意自恣:若見邪見,順其意故,言:是一切智[16]見;諸佛説畢竟空,不順其意,便言:非佛[17];非法言法,法言非法。如是人於諸[18]佛所多生疑,多[19]生疑故心悔。是淨佛[20]國中無如是罪人,故不生疑。佛言[21]:如是罪人,破諸法實相故,死墮地獄惡道中!諸菩薩得阿耨多羅三藐三菩提,見諸罪人往來生死中,以佛神通力,拔出衆生令住正定聚中,不墮三惡趣,是名淨佛土。是佛土中無如是諸過。無不具足,於世間、出世間,有漏、無漏,有爲、無爲等中無有障礙——所謂國土七寶,衆生身端正,相好莊嚴,無量光明,常聞法音,常不遠離六波羅蜜,乃至十八不共[22]法;是中衆生皆畢竟[23]至阿耨多羅三藐三菩提。問曰:上聞佛名畢定至佛,此於諸法無礙[24]必得

---

1 "佛",甲本脱。

2 "畢",甲本作"必"。

3 "佛",甲本脱。

4 "佛",甲本脱。

5 "畢",甲本作"必"。

6 "一切佛",甲本脱。

7 "但"後,甲本衍"但佛"。

8 "深",甲本作一字空白。

9 "是中",甲本脱。

10 "隨應度",甲本作"隨所應度"。

11 "真",甲本作"直",誤。

12 "若聞名",甲本無。

13 "畢",甲本作"必"。

14 "釋迦文尼佛",甲本作"釋迦牟尼佛",異譯詞。

15 "佛"後,甲本衍"言"。

16 "智",甲本作"知","知"爲"智"之古字。

17 "非佛"後,甲本衍"言佛"。

18 "諸",甲、石本作"餘"。

19 "多",甲本脱。

20 "佛",甲本脱。

21 "言",甲本作"説"。

22 "共",甲本脱。

23 "畢竟"後,甲本衍"空"。

24 "礙",甲、宋、元、明、宫本作"障礙"。

作佛,有何差別？答曰：此中衆生常見佛、常聞[1]法、深種善根、多集佛法故,疾得作佛。聞名者,雖俱畢竟[2]定而小不如。如是等,名爲淨國土相；如十地中莊嚴菩提樹説。

大智度論釋畢定品第八十三[3]

【經】[4]須菩提白佛言：世尊！是菩薩摩訶薩爲畢定？爲不畢定？佛告須菩提：菩薩摩訶薩畢定,非不畢定。世尊！何處畢定？爲聲聞道中？爲辟支佛道中？爲佛道中？佛言：菩薩摩訶薩,非聲聞、辟支佛道中畢定,是佛道中畢定。須菩提白佛言：世尊！爲初發意菩薩畢定？爲最後身菩薩畢定？佛言：初發意菩薩亦畢定,阿鞞跋致菩薩亦畢定,最[5]後身菩薩亦畢定。世尊！畢定菩薩墮惡道中生不？不也！須菩提！於汝[6]意云何？若八人,若須陀洹、斯陀含、阿那含、阿羅漢、辟支佛,生惡道中不？不也！世尊！如是,須菩提！菩薩摩訶薩從初發意已[7]來,布施、持[8]戒、忍辱、精進、行禪定、修智慧、斷一切不善業；若墮惡道、若生長壽天、若不得修善法處、若生邊國、若生惡[9]邪見家、無作見家,是中無佛名、無法名、無僧[10]名,無有是處！須菩提！初發意菩薩於阿耨多羅三藐三菩提以深心行十不善道,無有是處！世尊！若菩薩摩訶薩有如是善根功德成就,如佛自説本生受不善果報[11],是時,善根爲何所在？佛告須菩提：菩薩摩訶薩爲利益衆生故,隨而受身,以是身利益衆生。須菩提！菩薩摩訶薩作畜生[12]時,有是[13]方便力,若怨賊欲來殺害,以無上忍辱、無上慈悲心[14]捨身,不惱怨賊；汝諸聲聞、辟支佛,無有是力。以是[15]故,須菩提！當知菩薩[16]摩訶薩欲具足大慈悲[17]心、爲憐愍利益衆生故,受畜生身。須菩提白佛言[18]：世尊！菩薩摩訶薩住何等善根中,受如是諸身？佛告須菩提：菩薩摩訶薩從初發意乃至道場,於其中間,無有善根不具足者；具足已,當得阿耨多羅三藐三菩提。以是故,菩薩摩訶薩從初發意應當學具足一切善根！學善根已,當得一切種智,當斷一切煩惱習。須菩提白佛言：世尊！云何菩薩摩訶薩成就如是白淨無漏法,而生惡道畜生中？佛告須菩提：於汝意云何？佛成就白淨無漏法不？須菩提言：佛一切白淨無漏法成就。須菩提！若佛自化作畜生身,作佛事度衆生,實是畜生不？須菩提言：不也！佛言：菩薩摩訶薩亦如是,成就白淨無漏法,爲度衆生故受畜生身,用是身教化衆生。佛告須菩提：如阿羅漢作變化身,能使衆生歡喜不？須菩提言：能！佛言：如是！如是！須菩提！菩薩摩訶薩用是白淨無漏法,隨所度衆生而受身,以是身利益衆生,亦不受苦。須菩提！於汝意云何？幻

---

1 “聞”,甲本作“見”,誤。
2 “竟”,甲、元、明本無。
3 甲本品題作“第八十三品釋論”。
4 “經”,甲、宋、宫、聖本無。
5 “最”,甲、宋、元、明、宫本無。
6 “汝”,甲本作“如”,“如”通“汝”。
7 “已”,甲本作“以”。
8 “持”,甲本脱。
9 “惡”,甲本無。
10 “僧”,甲本作“衆僧”,宫、石本作“衆”。
11 “報”,甲本脱。
12 “生”,甲本脱。
13 “是”,甲木脱,元、明本作“大”。
14 “心”,甲本脱。
15 “以是”,甲本脱。
16 “菩薩”後,甲本衍“聲聞、辟支佛,無有是力。以是故,須菩提！當知菩薩”一行十九字。
17 “悲”,甲、宋、宫、聖、石本無。
18 “須菩提白佛言”至本段經文末,甲本無。

師幻作種種形,若象、馬、牛、羊、男、女等以示衆人。須菩提! 是象、馬、牛、羊、男、女等有實不? 須菩提言:不實也! 世尊! 佛言:如是,須菩提! 菩薩摩訶薩白淨無漏法成就,現作種種身以示衆生故,以是身饒益一切,亦不受衆苦。須菩提白佛言:世尊! 菩薩摩訶薩大方便力,得聖無漏智慧,而隨所應度衆生身,而作種種形以度衆生!

【論】¹問曰:上《阿鞞跋致品》中説:如是相是阿鞞跋致,如是相非阿鞞跋致。阿鞞跋致即是畢定,須菩提今何以更²問? 答曰:是般若波羅蜜有種種門、有種種道。阿鞞跋致是一門中説;今問畢定,更問異³門。復次,佛心中一切衆生、一切法皆畢⁴定;人以⁵智不及故,名爲不⁶畢定。佛知⁷雖無量阿僧祇劫⁸積大⁹功德,必¹⁰退作小乘者;亦知微細蜫虫雖未有善心,過爾所劫發心,後當作佛。定知一切法皆如是,從是因¹¹得是果,是故名佛,一切法中無礙,以畢定知故。復次,須菩提聞《法華經》中説:於佛所作少功德,乃至戲笑一稱南無佛,漸漸必¹²當作佛;又聞《阿鞞跋致品》中有退、不退;又復聞聲聞人皆當¹³作佛,若爾者,不應有退。如《法華經》中説畢定,餘經説有退、有不退。是故¹⁴今問爲畢定、爲不畢定。如是等種種因緣故,問定、不定。佛答:菩薩是畢定。須菩提心以¹⁵入涅槃爲畢定,是故問:爲何道中畢定? 佛答:非¹⁶畢定二乘,但於大乘中畢定。求佛道者,有上、中、下,是故問:爲初發意? 爲阿鞞跋致? 爲最後身畢定? 須菩提意謂爲:阿鞞跋致已上,畢定住¹⁷佛道中故。佛答:三種菩薩皆畢定。——畢定者,必當作佛。問曰:如上品中説:佛以佛¹⁸眼見十方菩薩,求¹⁹如恒河沙²⁰,得阿鞞跋致者若一、若二;今何以言:三種菩薩盡皆畢定? 答曰:我先已説:般若甚深有無量門,有説諸菩薩退而不畢定,有處説菩薩畢定不退。如《阿鞞跋致品》中,須菩提問佛:菩薩退者,於何處退? 爲從色,爲從受、想、行、識,乃至十八不共法? 畢竟空故,諸法皆不退;此中佛何以²¹更説不退? 問曰:是二義何者是實? 答曰:二事皆實。佛口所説無不實者。如佛或説諸法空無所有,或説布施、持戒等是有²²——爲初發心者説諸法有;爲久學人著²³善法者説諸法空無所有。懈怠於阿耨多羅三藐三菩提不牢

---

1 "論",甲、宋、宫、聖本無。下同,不復出校。
2 "更",甲本作"便",誤。
3 "異",甲本作"餘"。
4 "畢"後,甲本衍"竟"。
5 "以",甲本脱。
6 "不",甲本脱。
7 "知",甲、宋、元、明本作"智","智"通"知"。
8 "劫",甲本脱。
9 "大",甲本脱。
10 "必",甲本作"火",誤。
11 "因",甲本作"因緣"。
12 "必",甲本作"畢"。
13 "當",甲本脱。
14 "故",甲本脱。
15 "以",甲本作"巳","巳"通"以"。
16 "非",甲、宋、元、明、宫、聖、石本作"不"。
17 "住",甲、宋、元、明宫、聖本作"安立",石本作"安住"。
18 "佛",甲本脱。
19 "佛",甲本脱。
20 "恒河沙",甲本作"恒河沙等"。
21 "何以",甲、宫、聖、石本無。
22 "有",甲本脱。
23 "著",甲本作"者","者"通"著"。

固者,如是人應從聲聞道得度而不求聲聞,久[1]於生死中受苦,是故説發心如恒河沙,得阿[2]鞞跋致者若一、若二。衆生聞是已,能堪受衆苦者,畢定阿耨多羅三藐三菩提;若不能者,取聲聞、辟支佛道。有人堪任得佛而大悲心薄、自愛身重;此人聞佛難得,多有退者,作是念:我或不能得佛,不如早取涅槃,何用世世受勤苦爲!爲是人故,説一切菩薩乃至初發心皆畢定,如《法華經》中説。問曰:若菩薩皆畢定,佛何以故種種呵二乘,不聽菩薩取二乘證?答曰:求佛道者應遍[3]知法性,是人畏老、病、死故,於法性少分取證,便自[4]止息,捨佛道、不度衆生。諸佛菩薩之所呵責:汝欲捨去,會不得離,得[5]阿羅漢證時,不求諸[6]菩薩深三昧!又不廣化衆生,是則[7]迂迴,於佛道稽留。問曰:阿羅漢先世因緣所受身必應當滅,住在何處而具足佛道?答曰:得阿羅漢時,三界諸漏因緣盡,更不復生三界。有淨佛土,出於三界,乃至[8]無煩惱之名,於是國土佛所,聞《法華經》,具足佛道。如《法華經》説:有羅漢[9],若不聞《法華經》,自謂得滅度;我於餘國爲説是事,汝皆當作佛。問曰:若阿羅漢往[10]淨佛國土,受法性身,如是應得疾[11]作佛,何以言迂迴、稽留?答曰:是人著[12]小乘因緣,捨衆生、捨佛道,又復虛言得道;以是[13]因緣故,雖不受生死苦惱,於菩薩根鈍,不能疾成佛道,不如[14]直往菩薩。復次,佛法於五不可[15]思議中最[16]第一,今言漏盡阿羅漢還作佛,唯佛能知。論議者正可論,其事不能測知,是故不應戲論。若[17]求得佛時,乃能了知;餘人可信而不[18]可知。畢定菩薩墮三惡道中不者,須菩提聞佛説無量本生因緣,或象、鹿、龜、鴿、孔雀、鸚鵡等受種種苦,是故問佛:世尊!若菩薩受如是等畜生身,云何言一切菩薩畢定?畢定者,即是阿鞞跋致;阿鞞跋致者,不墮三惡趣。佛反問答:於汝意云何?八人等聖人爲墮三惡道[19]不?須菩提思惟:是[20]諸聖人入聖道故,無墮三惡道因緣。思惟已,答言:不也!佛言:菩薩亦如是,墮三惡道因緣盡故,云何墮三惡道?墮[21]三惡道因緣者,所謂諸不善法。是菩薩從初發心已來,修習布施、持戒等諸善法[22],斷諸殺生等十不善道——若是人墮三[23]惡道,無有是處!何以故?滅諸惡法、增益善法故。不善道有上、中、下:上者,墮地獄;中者,墮畜生;下者,墮餓鬼。是菩薩三種已盡,深心悲念衆[24]生,是故不墮。

1　“久”,甲本作“之”,誤。

2　“阿”,甲本脱。

3　“遍”,甲本作“逼”,誤。

4　“自”,甲本脱。

5　“得”,甲本脱。

6　“諸”後,甲本衍“時不求諸”。

7　“是則”,甲本脱。

8　“至”,甲、宋、元、明、宮、聖本無。

9　“羅漢”,甲、宋、元、明、宮本作“阿羅漢”。

10　“往”,甲、石本作“住”,誤。

11　“得疾”,甲、宋、元、明、宮、聖、石本作“疾得”。

12　“著”,甲本脱。

13　“是”,甲本脱。

14　“如”,甲本脱。

15　“可”,甲本作“有”,誤。

16　“最”,甲本作“最爲”。

17　“若”,甲、宋、宮本作“苦”,誤。

18　“不”,甲、宋、元、明、宮、聖本作“未”。

19　“墮三惡道”,甲本脱。

20　“是”,甲本脱。

21　“墮”,甲本脱。

22　“善法”前,甲本衍“不”。

23　“三”,甲本脱。

24　“衆”,甲本脱。

問曰：若爾者，三惡道可不於中生；是菩薩福德多，何以不於長壽天中生？答曰：是菩薩憐愍衆[1]生，行六波羅蜜，雖能入禪波羅蜜，和合慈悲行，不著禪味，命欲終盡，念欲界法故退禪道；以彼中無苦惱，深著禪味，難可得度，故不生[2]長壽天。以邊國障礙[3]，不得修善法故不生。所以者何？是[4]菩薩拔出悋法根本；悋法因緣故，生邊國不知法處。復次，是菩薩常好中道，捨離二邊故，不生邊國。邊國者，無三寶[5]之名，不識七衆，但貴今世現事，不貴福德道法[6]，故名邊地。不但生邊國故名爲邊地；若識三寶，知罪福相續因緣，解諸法實相，是人雖生閻浮提外，不名爲邊，何況生閻浮提中！是菩薩常樂爲他説法，亦深愛善法故，得隨意善衆生共生，所謂爲中國。又[7]於中國不生邪見家。何以故？是菩薩世世常自行正見，亦教他正見[8]，讚正見法，歡喜讚歎行正見者；是故不生惡邪見家。問曰：是菩薩大福德、智慧力，應生邊地、邪見家而教化之，何以畏而不生？答曰：菩薩有二種：一者，成就大力菩薩；二者，屬[9]因緣新發心[10]菩薩。大菩薩爲衆生隨所應度受身，不避邊地、邪見；新發意菩薩若生是處，既不能度人，又自敗壞，是故不生。譬如真金在泥，終不敗壞；銅鐵則壞。邪見者，所謂無作見。雖六十二種皆是邪見，無作最重。所以者何？無作言：不應作功德、求涅槃；若言天[11]作，若言世界始來，雖是邪見而不遮作福德；以無作大惡，故不生。又初發心菩薩深惡心行十不善道，無有是處！何以故？是菩薩一心迴向，貴重阿耨多羅三藐三菩提，不貴世間法。是人未離欲因緣故，雖起諸煩惱，終不深心作惡；雖加杖楚，終不奪命，不取他財令其失命。是菩薩斷一切不善法、修集一切善法故，不生八難處，常得八好處。須菩提問：若菩薩有如是善根成就，云何本生因緣作鹿、馬等？佛答：菩薩實有福德善根成就，爲利益衆生故，受畜生形，亦無畜生罪。此中佛自説因緣，所謂菩薩在畜生中慈愍怨賊，阿羅漢、辟支佛所無有。阿羅漢、辟支佛，怨賊來害，雖不加報，不能愛念供養供給。如菩薩本身作六牙白象，獵師以毒箭射胸[12]！爾時，菩薩象以鼻擁抱獵者，不令餘象[13]得害。語雌象言：汝爲菩薩婦，何緣生惡心？獵師[14]是煩惱罪，非人過也！我得阿耨多羅三藐三菩提，當滅除其煩惱罪。譬如鬼著人，呪[15]師來但治鬼而不瞋人，是故莫求其罪！徐問獵者：汝何以射我？答言：我須汝牙。象即就石鑄[16]，拔牙與之，血肉俱出，不以爲痛；供給糧食，示語道徑。如是等慈悲，阿羅漢、辟支佛所無有。如是好心，云何受畜生身？當知是變化，度於衆生。問曰：何以不作人身而爲説法，而作此獸身？答曰：有時衆生見人身，則不信受；見畜生身説法，則生信樂，受其教化。又菩薩欲具足大慈悲心，欲行其實事；衆生見之驚喜，皆得入道。

　　大智度論卷第九十三[17]。

───────────────

1　"衆"，甲本脱。

2　"生"，甲本脱。

3　"以邊國障礙"，甲本作"以邊遮礙"，宋、元、明、宫本作"以邊國遮礙"。

4　"是"，甲本脱。

5　"寶"，甲本脱。

6　"法"，甲本脱。

7　"又"，原作"人"，誤，兹據甲、宋、元、明、宫、聖、石本改。

8　"正見"，甲本作"正見法"。

9　"屬"，甲本脱。

10　"心"，甲本作"意"。

11　"天"，甲本作"無"，誤。

12　"胸"，甲本作"匈"，"匈"爲"胸"之古字。

13　"象"，甲本脱。

14　"師"，甲、聖、石本作"者"。

15　"呪"，甲、宋、元、明、宫本作"祝"，"呪"同"咒"，"祝"爲"咒"之古字。

16　"鑄"，甲本作"礓"。

17　甲本終，尾題作"摩訶衍經卷第九十三"。

大智度論釋畢定品第八十三之餘（卷第九十四）[1]

……須菩提問：菩薩住六波羅蜜乃至十八不共[2]法，今何以但説住無所[3]得般若波羅蜜中得？佛答：須菩提！何法不入般若[4]中？一切法皆入般若波羅蜜中；若住般若波羅蜜，則住一切法。復問：若[5]般若波羅蜜性空，云何一切法皆[6]入中？此中須菩提自説因緣：一切法性空中，無有法出、無有法入。佛告須菩提：一切法、一切法相空耶？世尊！空。須菩提！若一[7]切法、一切法相空，一切法應入空中，汝云何言空中無有法出入？爾時，須菩提心伏受解；聞是菩薩化身度衆生，今問：世尊！菩薩云何住一切法空中，能起神通波羅蜜，到十方如恒河沙國土供養佛、聽法，種甚深善根？善根者，諸陀羅尼、三昧門、無礙解脱之根本。須菩提意：般若波羅蜜性空，云何菩薩安住性空波[8]羅蜜中，能行是神通有法？佛言：空故能[9]行。所以者何？須菩提！菩薩行般若[10]時，觀十方如恒河沙國土皆空，是國土諸佛[11]亦空。問曰：若國土空，佛亦應空，何以別説？答[12]曰：佛以無量阿僧祇實功德得是身，能以一足[13]指動十方如恒河沙國土；又菩薩世世來深愛[14]重佛，不能疾觀使空。是故不共國土合説。此[15]中佛自説因緣：若十方國土及諸佛不空者，空[16]爲有偏——有偏名有[17]空、不空處……不可[18]受味故不著。譬如蠅無處不著，唯不著火焰；衆生愛著亦如是，善、不善法中皆著，乃至[19]非有想非無想著故，不能入涅槃，唯不能著[20]般若波羅蜜性空火。所以者何？般若波羅蜜、般若波羅蜜相空；若般若波羅蜜不空，即是味，是可著處。菩薩住是智慧中，不起有漏業，爲衆生説法，亦知衆生假名不可得。安住是無所得般若波羅蜜中，而能具足神通事；若[21]菩薩不得是[22]無障礙般若，則不能得無礙神通[23]。菩薩得是無障礙空神通，飛到十方國土，利益衆生。如經中廣説：或以布施，或以持戒等；慳者爲説布施等六波羅蜜義，如此中佛自廣説。如此中説譬喻：如鳥無翅不能飛翔；菩薩[24]亦如是，無神通波羅蜜，不能教化衆

1　本卷對應《大智度論》寫本凡 3 號：俄 Дx00559 號（以下簡稱"甲本"）、津藝 247 號（以下簡稱"乙本"，所抄分屬《大正藏》本卷九十四、九十五）、俄 Дx05014 號（以下簡稱"丙本"）。

2　甲本始。

3　"無所"，甲本殘。

4　"般若"，甲本作"般若波羅蜜"。

5　"若"，甲本脱。

6　"皆"後，甲本衍"空"。

7　"一"，甲本作"十"，誤。

8　"空波"，甲本殘。

9　"故能"，甲本殘。

10　"若"，甲本殘。

11　"國土諸佛"，甲本殘。

12　"以別説答"，甲本殘。

13　"身能以一足"，甲本殘。

14　"世來深愛"，甲本殘。

15　"國土合説此"，甲本殘。

16　"國土…者空"九字，甲本殘。

17　甲本終。

18　乙本始。

19　"皆著乃至"，乙本殘。

20　"涅槃唯不能著"，乙本殘。

21　"具足神通事若"，乙本殘。

22　"是"，乙本脱。

23　"能得無礙神通"，乙本殘。

24　"能飛翔菩薩"，乙本殘。

生。菩薩[1]以天眼見十方國土諸佛及一切衆生；以天耳力，從諸佛聞法；以如意神通力，放大光明，或現水火作種種變化，現奇特事，令衆生發希有尊重心；以他心智力故，知他心[2]心數法所著、所厭，可度、不可度，是利、是鈍，是善根成就[3]、是未成就——如是等知他衆生心，攝取善根成就者。有可度者，以宿命智、生死智，觀其本末：何所從來？種何善根？所好何行？從此終當生何所？何時當得解脫？如是籌量思惟，知可度者過去業因緣[4]、未來世果報。復以神通力，是人[5]應以恐怖度者，以地獄示之：汝當生此中；應以歡喜度者，示以天堂；眼見是事，心懷驚怖、歡喜，厭患世間。爾時，以漏盡神通說漏盡法，衆生聞是法，破其著心，以三乘而得涅槃。譬如白鷺[6]欲取魚時，籌量進止，不失期會，知其[7]可得，即便取之，終不空也。菩薩亦如是，以神通力故，觀衆生本末，應度因緣、國土、時節，知其信等諸根增[8]利、諸因緣具足而爲說法，則不空也。是故說：菩薩離神通，不能饒益衆生；如鳥無翅。餘神力，如佛自說：以天眼見十方[9]衆生生死，亦知衆生心，隨意說法；乃至[10]善修神通力，而爲衆生受身，不爲苦樂所污[11]。是菩薩於衆生中：或爲父、或爲子、或爲師、或爲弟子、或爲主、或爲奴、或爲象馬、或爲乘象馬者，或時富貴力勢、或時貧賤——於此諸事，亦不爲[12]染污；譬如佛所化人，作一切事，不染苦樂。一切事者，如先作種種阿僧祇身度衆生。苦樂不染[13]者，樂中不生愛[14]，苦中不生瞋[15]；不如生死衆生隨處起煩惱。菩薩應如是遊戲神通，成就衆生、淨佛國土。問曰：菩薩神通力[16]有所作，何以名遊戲？答曰：戲名如幻師種種現變；菩薩神通種種現化，名之爲戲。復次，佛法中三[17]三昧，空名爲上行。何以故？似如涅槃無所著，無所得故。諸餘行法，皆名爲下下，如小兒。是故說神通力，名爲遊戲；於成就衆生，淨佛[18]土中，最爲要用。成就衆生，如是中說：淨佛土，共修善根。問曰：何必要用成就衆生、淨佛國[19]土？答曰：佛自說因緣：不成就衆生、淨佛國土，不能得無上道。何以故？因緣不具足，則不能得阿耨多羅三藐三菩提。因緣者，所謂一切善[20]法。從初發意行檀波羅蜜，乃至十八不共法；於是行法中，無[21]憶想分別：是施者、是財物、是受者；乃至十八不共法亦如是。若菩薩不著心、無所分別，行六波羅蜜乃至十八不共法，是爲阿耨多羅三藐三菩提因緣。以是道得阿[22]耨多羅三藐三菩提，亦能自度，又能度衆生。問曰：菩薩若著心

1　"教化衆生菩薩"，乙本殘。

2　"心"，乙本脫。

3　"鈍是善根成就"，乙本殘。

4　"緣"，乙本脫。

5　"以神通力是人"，乙本殘。

6　"鷺"，乙本作"鵝"，宋、元、明、宫、石作"鶴"。

7　"不失期會知其"，乙本殘。

8　"增"，乙、元、明、聖、石本作"猛"。

9　"以天眼見十方"，乙本殘。

10　"法乃至"，乙本殘。

11　"污"，乙、聖、石本作"得"。

12　"此諸事亦不爲"，乙本殘。

13　"不染"後，乙本衍"樂"。

14　"愛"，乙、元、明、石本作"愛心"。

15　"瞋"，乙、元、明、石本作"瞋心"。

16　"曰菩薩神通力"，乙本殘。

17　"三"，乙本脫。

18　"於成……淨佛"七字，乙本殘。

19　"國"，乙、石本無。

20　"者所謂一切善"，乙本殘。

21　"無"，乙本脫。

22　"緣以是道得阿"，乙本殘。

布施，有何等過而不名具足？著心布施，受者恩重。答曰：雖有小利而有大過；如美食雜毒，雖有美利而自喪命。問曰：何者是過？答曰：若著心布施，有不稱意事，則[1]生恚怒；若受者不感其恩，即成怨嫌。若著心供養善人，有少凶[2]衰，則嫌布施無[3]應，悔惜所施；若布施心悔，所受果報則不清淨。復次，著心布施者，深心貪著財物，若有侵奪，則便加害；自念：我爲福德好事集財，汝何故侵奪？先[4]貪財物，爲今世事；而作[5]布施，爲後世事。愛惜轉深，以染[6]著故，若有侵奪，能爲重罪；重罪因緣故，受三[7]惡道苦。復次，貪著因緣故生瞋恚；瞋恚因緣故加刀杖；刀杖[8]殺害，受諸苦惱。復次，人起[9]愚癡業，大不安隱，行此虛誑不實事故，後[10]必致大患。十方諸佛皆説無相[11]解脱門；諸法無相相是爲實。若人取是財物虛誑不實相，然後心著；心[12]著故，期大果報而能施與。譬如人欲求多收故，大用穀子。如是著心布施，果報少[13]而不淨，終歸於盡，受諸憂[14]惱，不可稱説；皆由取相故，有如是過。若以如實相行布施，無有如是過；無量阿僧祇生死中，受諸福樂而亦不盡，乃至得阿耨多羅三藐三菩提。復次，若人以著心行善法，是人若聞諸法畢竟空，即[15]時捨所行法，著是空法取相，以此爲實，先者爲虛誑[16]；是人則失二種法：失先善法，而墮邪見。著心者，有如是過；譬如重病之人，雖有衆藥，療之無損，藥復作病。著心行諸功德，有如是等過罪。菩薩捨於著心，不取空相。如：如、法[17]性、實際，於布施等法亦如是見，爲一切衆生迴向阿耨多羅三藐三菩提。復次，菩薩布施時，作是念：如十方三世諸佛畢竟清淨智慧，知諸法實相，亦知是布施相，我亦以是性[18]迴向。復次，是菩薩一切五情心心數法中不用不行，不能知諸法相故。是法皆是因緣邊生，虛誑無有自性故；我今欲知諸法實相迴向，是諸虛誑入實相中，皆無有[19]異。我今未能得諸法清淨實智慧故，有所分別，是虛、是實；以清[20]淨智慧知之，則皆作第一義諦；入第一義諦中，皆爲清淨，無有別異。如是布施等迴向，直至佛道。是故説：無所分別心，能行布施等，是名真菩薩道。

1　“有不稱意事則”，乙本殘。

2　“凶”，乙本脱。

3　“無”，乙、元、明、石本作“不”。

4　“何故侵奪先”，乙本殘。

5　“作”，乙、宋、元、明、宫、聖、石本作“能”。

6　“染”，乙、宋、元、明、聖、石本作“深”。

7　“三”，乙本脱。

8　“刀杖”，乙本無。

9　“惱復次人起”，乙本殘。

10　“不實事故後”，乙本殘。

11　“相”，乙本作“想”，“想”爲“相”之借字。

12　“心”，乙本脱。

13　“心布施果報少”，乙本殘。

14　“憂”，乙、石本作“苦”。

15　“諸法畢竟空即”，乙本殘。

16　“誑”，乙、石本作“妄”。

17　“取空相如如法”，乙本殘。

18　“亦以是性”，乙本殘。

19　“有”，乙、聖本無。

20　“是虛是實以清”，乙本殘。

大智度論釋四諦品第八十四 [1]

【經】[2]須菩提白佛言：世尊！若是諸法是菩薩法，何等是佛法？佛告須菩提：如汝所問：是諸法是菩薩法，何等是佛法者，須菩提！菩薩法亦是佛法。若知一切種，是得一切種智，斷一切煩惱習，菩薩當得是法；佛以一念相應慧，知一切法已，得阿耨多羅三藐三菩提。須菩提！是爲菩薩、佛之差別。譬如向道、得果異，是二人俱爲聖人。如是，須菩提！菩薩摩訶薩無礙道中行，是名菩薩摩訶薩；解脫道中無一切闇蔽，是爲佛。須菩提白佛言：世尊！若一切法自相空，自相空法中，云何有差別之異——是地獄、是餓鬼、是畜生，是天、是人；是性地人、是八地人，是須陀洹人、是斯陀含、阿那含、阿羅漢人，是辟支佛，是菩薩，是多陀阿伽度、阿羅呵、三藐三佛陀？世尊！如諸人不可得，業因緣亦不可得，果報亦不可得！佛言：如是！如是！如汝所言，自相空法中，無衆生、無業因緣、無果報。須菩提！衆生不知是諸法自相空，是衆生作業因緣——若善、若惡、若無動：罪業因緣故，墮三惡道中；福業因緣故，在人、天中生；無動業因緣故，色、無色界中生。是菩薩摩訶薩行檀波羅蜜乃至十八不共法時，盡受行是助道法；如金剛三昧得阿耨多羅三藐三菩提；得已，饒益衆生，是利常不失故，不墮五道生死中。須菩提白佛言：世尊！佛得阿耨多羅三藐三菩提已，得五道生死不？佛言：不得也！須菩提！世尊！得業若黑、若白、若不黑不白不？佛言：不也！世尊！若不得，云何説是地獄、餓鬼、畜生，人、天，須陀洹乃至阿羅漢、辟支佛、菩薩、諸佛？須菩提！若衆生知諸法自相空，菩薩摩訶薩不求阿耨多羅三藐三菩提，亦不拔衆生於三惡趣，乃至五道往來生死中。須菩提！以衆生實不知諸法自性空故，不得脱五道生死；是菩薩從諸佛所，聞諸法自性空，發意求阿耨多羅三藐三菩提。須菩提！諸法不爾如凡夫人所著；是衆生於無所有法中，顛倒妄想分別得法——無衆生有衆生相，無色色相，無受、想、行、識，受、想、行、識相；乃至一切有爲法無所有，用顛倒妄想心，作身、口、意業因緣，往來五道生死中不得脱。是菩薩摩訶薩行般若波羅蜜時，一切善法内般若波羅蜜中，行菩薩道，得阿耨多羅三藐三菩提。得阿耨多羅三藐三菩提已，爲衆生説四聖諦——苦、苦集、苦滅、苦滅道，開示分別一切助道善法皆入四聖諦中；用是助道善法故分別有三寶。何等三？佛寶，法寶，僧寶。不信拒逆是三寶故，不得離五道生死。須菩提白佛言：世尊！用苦聖諦得度？用苦智得度？用集聖諦得度？用集智得度？用滅聖諦得度？用滅智得度？用道聖諦得度？用道智得度？佛告須菩提：非苦聖諦得度，亦非苦智得度；乃至非道聖諦得度，亦非道智得度。須菩提！是四聖諦平等故，我説即是涅槃；不以苦聖諦，不以集、滅、道聖諦，亦不以苦智，不以集、滅、道智得涅槃。須菩提白佛言：世尊！何等是四聖諦平等？須菩提！若無苦、無苦智，無集、無集智，無滅、無滅智，無道、無道智，是名四聖諦平等。復次，須菩提！是四聖諦如、不異，法相、法性、法住、法位、實際，有佛無佛，法相常住，爲不誑不失故。是菩薩摩訶薩行般若波羅蜜時，爲通達實諦故，行般若波羅蜜。須菩提白佛言：世尊！云何菩薩摩訶薩爲通達實諦故，行般若波羅蜜時，如通達實諦故不墮聲聞、辟支佛地，直入菩薩位中？佛告須菩提：若菩薩摩訶薩如實見諸法；見已，得無所有法：得無所有法已，見一切法空——四聖諦所攝、四聖諦所不攝法皆空。若如是觀，是時，便入菩薩位中，是爲菩薩住性地中，不從頂墮。用是頂墮故，墮聲聞、辟支佛地。是菩薩住性地中，能生四禪、四無量心、四無色定。是菩薩住是初定地中，分別一切諸法，通達四聖諦：知苦，不生緣苦心；乃至知道，不生緣道心；但順阿耨多羅三藐三菩提心，觀諸法如實相。世尊！云何觀諸法如實相？佛言：觀諸法空。世尊！何等空？佛言：自性空。是菩薩用如是智慧，觀一切法空，無法性可見；住是性中，得阿耨多羅三藐三菩提。何以故？無性相是阿耨多羅三藐三菩提；非諸佛所作，非辟支佛所作，亦非阿羅漢所作，亦非向道人所作，亦非得果人所作，亦非菩薩所作。但衆生不

1　乙本品題作“大智度四諦品第八十四”。

2　此段經文乙本無。

知不見諸法如實相,以是事故,菩薩摩訶薩行般若波羅蜜,以方便力故,爲是衆生説法。

【論】[1] 問曰:佛法、菩薩法,大有差別:佛是一切智,菩薩未是一切智。須菩提何故生疑而問佛:何等是諸菩薩法? 何等是佛法? 答曰:此中佛教菩薩如佛所行,應如是行六波羅蜜等,乃至[2] 一切種智。是故[3] 須菩提問:若如佛行,與佛何異? 佛可其意,應如是問。色等諸法行處是同,但智慧利鈍有異。此中佛自説因緣:菩薩雖如實行六波羅蜜而未能周遍,未能入一切門,是故不名爲佛。若菩薩已[4] 入一切種智門[5],入諸法實相中,以一念相應智慧,得阿耨多羅三藐三菩提,斷一切煩惱習,得諸法中自在力,爾時名爲佛。如月十四日、十五日,雖同爲月,十四日不能令大海水潮;菩薩亦如是,雖[6] 有實智慧清淨,未能具足諸佛[7] 法故,不能動一切十方衆生。月十五日光明盛滿時,能令大海水潮;菩薩成佛亦如是,放大光明,能動十方國土衆生。此中佛自説譬喻:如向道、得[8] 果,雖[9] 同爲聖人而有差別。菩薩亦如是,行者名[10] 爲菩薩,從初發心乃至金剛三昧;佛已得果,斷一切法中疑,無所不了,故名爲佛。須菩提復問:自相空法中差別不可得——所謂是地獄乃至天,是性人、八人,是須陀洹乃至佛! 世尊[11]! 如地獄等衆生不可得,業因緣亦應不可得。何以故? 作業者不可得;業不可得故,果報亦不可得。佛云何説佛與菩薩有差別? 佛可須菩提意,還以所問答須菩提:衆生不知自性[12] 空法[13] 故,能起善惡業,如經中廣説。衆生者,凡夫未入正位人,是人我心顛倒,煩惱因緣故起諸業。業[14] 者,有三種:身、口、意。是三種業有二種:若善、若惡,若有漏、若無漏。惡業故墮三惡趣,善業故生天人中。善業復有二[15] 種:一者,欲界[16] 繫;二者,色、無色界繫[17]——色、無色界繫[18] 生業名不動,不動業故生色、無色界。若衆生自知諸法性空,即時不生著心;著[19] 心不生[20] 故,不起業,乃至不生色、無色界。以實不知[21] 故生。以是事故[22],菩薩摩訶薩盡受行布施等法[23] 乃至十八不共法,無所失、無所少;乃至用[24] 如金剛三昧,得阿

---

1 "論",乙、宋、宫、聖本無。

2 "波羅蜜等乃至",乙本殘。

3 "故",乙本脱。

4 "已",乙、石本作"以","以"通"已"。

5 "一切種智門",乙本殘。

6 "菩薩亦如是雖",乙本殘。

7 "佛",乙本脱。

8 "如向道得",乙本殘。

9 "雖",乙、宋、元、明、宫、聖本無,石本作"報"。

10 "是行者名",乙本殘。

11 "乃至佛世尊",乙本殘。

12 "不知自性",乙本殘。

13 "法",乙本作"清",誤。

14 "業",乙本脱,聖、石本作"諸業"。

15 "二",乙本作"三",誤。

16 "一者欲界",乙本殘。

17 "繫",乙本脱。

18 "繫"後,乙本衍"少少"。

19 "著",乙本脱。

20 丙本始。

21 "不起……不知"十五字,丙本殘。

22 "生以是事故",乙本殘。

23 "以是……等法"十六字,丙本殘。

24 "至十……至用"十五字,丙本殘。

耨多羅三藐三菩提,大[1]饒益衆生。衆生得是利益故,不復往來五道生[2]死。須[3]菩提復問[4]:佛得阿耨多羅三藐三菩提時,實得是[5]五道不?佛言:不得!問曰:佛先説大利益故,不墮五道;今云何言不得?答曰:決定取相邪見、墮邪見,五道生死不得;但凡夫人以顛倒因緣起業,假[6]名有生死五道,其實如幻、如夢。復問:得黑、白等四種業不?佛言:不。黑業者,是不善業,果報地獄等受苦惱處;是中衆生,以大苦惱悶極,故名爲黑。受善業果報處,所謂諸[7]天,以其受[8]樂隨意自在[9]明了,故名爲白業;是業是三界天。善、不善業受果報處,所謂人、阿修羅等八部。此處亦受樂、亦受苦,故名爲[10]白黑業。無漏業能破不善有漏業,能拔衆生令離善惡果報中。問曰:無漏業應是白,何以言非白非黑?答曰:無漏法雖清淨無垢,以空、無相、無作故,無所分別,不得言白;黑、白是相待法;此中無相待故,不得言白。復次,無漏業能滅一切諸觀;中[11]分別,故有黑、白,此中無觀故無白[12]。須菩提復問:若不得是四種業,云何分別是地獄乃至阿羅漢?若無黑業,云何説是地獄、畜生、餓鬼?若無白業,云何説是天、人?若無黑白業,云何説是阿修羅道?若無不白不黑業,云[13]何説是須陀洹乃至阿羅漢?佛答:若一切衆生自知諸法自性空者,菩薩不發阿耨多羅三藐三菩提意,亦不於六道中拔出衆生。何以故?衆生自知諸法性空,則無所度;譬如無[14]病則不須藥,無闇則不須燈明。須菩提!今衆生實不知自相空法故,隨[15]心取相生著,以著故染,染故隨[16]於五欲,隨[17]五欲故爲貪所覆,貪因緣故,慳、虛誑、嫉妒、瞋恚、鬪諍,以瞋恚故,起諸[18]罪業,無所識知。是故壽終隨業因緣生於彼處,續作生死業,常往來六道中,無復窮已。是故[19]菩薩於諸佛及弟子所,聞説諸法空,而慈愍衆生:衆生以狂[20]愚顛倒故生著,我當作佛,破[21]衆生顛倒,令解諸法空相。所以者何?諸法不爾如凡人所著。衆生、法無有定實,但自於無所有中,憶想分別,望[22]有所得;無衆生中起衆生想,無色中起色想,無受、想、行、識中起識想。以狂顛倒故,是人能起身、口、意業,於六道生死中不能得脱。若但生衆生、法[23]想,結縛猶輕,易可得度[24]。生貪欲、瞋恚,於是中起

1 "耨三……提大"十四字,丙本殘。

2 "生衆……道生"十五字,丙本殘。

3 丙本終。

4 "菩提復問",乙本殘。

5 "是",乙、石本無。

6 "因緣起業假",乙本殘。

7 "諸",乙本脱。

8 "諸天以其受",乙本殘。

9 "在",乙本作"存",誤。

10 "爲",乙、宋、元、明、宫本無。

11 "中"前,乙本衍"諸觀"。

12 "故無白",乙本殘。

13 "黑業云",乙本殘。

14 "度譬如無",乙本殘。

15 "隨",乙本脱。

16 "隨",乙本作"墮","墮"通"隨"。

17 "隨",乙本作"墮","墮"通"隨"。

18 "恚故起諸",乙本殘。

19 "故",乙本脱。

20 "狂",乙本脱。

21 "作佛破",乙本殘。

22 "望",乙本作"聖",誤,宋、元、明、宫本作"妄"。

23 "法",乙本脱。

24 "度",乙本作"廣",誤。

諸重業,是爲重縛,受此業果報,則難可得度;譬如積微塵成山,難可得[1]移動。菩薩爲是衆生故,欲破其生死因緣果報故,於般若中攝一切善法,行菩薩道,得阿耨多羅三藐三菩提。爲衆生說四聖[2]諦,所謂苦[3]、苦集、苦滅、滅苦道,種種因緣開示、敷演。問曰:佛無量阿僧祇劫來,習微妙法[4],所謂十八不共法,乃至無礙解脫諸[5]甚深業,何以但說苦、集、滅、道?答曰:衆生所畏急者,無過於[6]苦;爲除苦已,然後示以佛道。如人重病,先以除病爲急;然後以[7]寶物、衣服莊嚴其身。苦者,受五受衆身,是一切苦本,性即是苦;是苦略而言之,是生、老、病等,如經中處處廣說。苦集者[8],愛[9]等諸煩惱;愛是心中舊[10]法,以是故,佛說愛能生後身故是苦因,苦因即是集。若人欲捨苦,先當斷愛,愛斷苦則滅,斷愛即是苦滅。苦滅即是道,觀是五衆種種因緣,苦及苦集[11]過罪,所謂無常、苦、空、無我,如病、如癰、如怨、如[12]賊等,於八聖道分[13]中爲正見,餘七事助成發起,能斷一切法中愛;如以酒發藥。此人於一切世間無所復貪,得離苦火,然後示以妙法。復次,此中佛自說因緣,所謂於四聖諦中攝一切善法。有人言:佛何以但說苦等四法?以是故,佛說:一切助道善法皆攝在四諦中。助道善法[14]因緣故,分別有三寶。衆生不信三寶故,不得離六道生死。問曰:須菩提何以作是龖問,言:爲以苦滅、以苦智滅?以集滅、集智滅?答曰:此非龖問!今問:見苦等四諦體故滅?爲用智故[15]滅?愛等諸煩惱滅故,名有餘涅槃。若以苦諦得道,一切衆生牛羊等亦應得道!若用苦智得道,離苦則無智,離苦智不名爲苦諦,但名爲苦。苦諦、苦智和合故生,不得言但以苦滅、但以智滅;乃至道諦,亦如是。佛答:不以苦諦滅,亦不以苦智滅;乃至道諦、道智亦如是。我說:是四諦平等即是滅,不用苦諦滅,不用[16]乃至[17]道諦滅。何以故?是苦等四法皆從緣[18]生,虛妄[19]不實,無有自性故不名爲實,不實故云何能滅?問曰:二諦有漏,凡夫所行法故,可是虛誑不實;道諦是無漏法,無所著,雖從因緣和合[20]生而不虛[21]誑;又[22]滅諦是無爲法,不從因緣有,云何言四法皆是虛誑?答曰:初得道,知二諦是虛誑;將入無餘涅槃,亦知道諦虛誑,以空空三昧等捨離道諦,如說栰喻。滅諦亦無定法。如經中說:離有爲無無爲,因有爲故說無爲;苦滅如燈滅,不應戲論求其處所。是故佛說:不以用苦乃至用道得滅。須菩提問佛:何者[23]是四諦平等?佛答:若無八法處——所謂四諦、四

1　"得",乙、石本無。

2　"生說四聖",乙本殘。

3　"苦"後,乙本衍"集",聖本無。

4　"法",乙本脫。

5　"諸",乙本脫。

6　"者無過於",乙本殘。

7　"以",乙本脫。

8　"說苦集者",乙本殘。

9　"愛",乙本作"受",誤。

10　"舊",乙本作"集"。

11　"及苦集",乙本殘。

12　"如",乙本脫。

13　"分",乙本脫。

14　"助道善法",乙本殘。

15　"爲用智故",乙本殘。

16　"不用",乙、宋、元、明、宮本無。

17　"至",乙本殘。

18　"緣",乙、宋、元、明、宮、石本作"因緣"。

19　"妄",乙、元、明本作"誑"。

20　"因緣和合",乙本殘。

21　"虛",乙、聖本脫。

22　"又",乙、聖本作"人",誤。

23　"問佛何者",乙本殘。

諦智,是則平等。復次,須菩提!四諦如實、不誑、不異,如、法性、法相、法住[1]、實際,若有佛、無佛,法相常住,不用心、心數法及諸觀,但爲不誑衆生故。住一切餘法皆顛倒,妄著顛倒果報生故,雖能與人天[2]喜樂,久久皆虛妄[3]變異;但有一法,所謂諸法實相,以不誑故,常住不滅[4]。如是菩薩行般若波羅蜜,通達諸法實諦。須菩提復問:云何菩薩通達得實諦,過聲聞、辟支佛地,入菩薩位?佛答:若菩薩思惟籌量求諸法[5],無有一法可得定相,見一切法皆空——若在四諦、若不在四諦。非四諦者,虛空、非數緣盡;餘在四諦。若觀如是法空,爾時,入菩薩位。問曰:何以不說空亦空觀,入菩薩位?答曰:不須是說。何以故?若說諸法空即是空,空亦空;若是空、不空,不名爲一切空。是故行是空,得入菩薩位。菩薩住是性地中,不墮頂——性地者,所謂菩薩法位;如聲聞法中[6],煖法、頂法、忍法、世間第一法,名[7]爲性地。是法隨順無漏道故,名爲性,是中住必望得道;菩薩亦如是,安住[8]是性地中,必望作佛。能生四禪、四無量心、四無色定,是菩薩住在禪地中攝心,分別思惟籌量諸法,通達四諦——所謂知見苦,亦非緣苦生心:知苦是凡夫受身,著苦因緣故,受諸憂惱;是人[9]身皆如賊、如怨,無常、空等。得是[10]已,即時捨,不取苦相,亦不緣苦諦;菩薩法位力故,乃至道諦,亦如是;但一心迴向阿耨多羅三藐三菩提。知是四諦藥病相對,亦不著是四諦,但觀諸法如實相,不作四種分別觀。須菩提問:云何如實觀諸法?佛言:觀空。須菩提!若[11]菩薩能觀一切法若大若小皆空,是名如實觀。復問:用何等空?佛答:用自相空。問曰:十八空中佛何以但說自相空?答曰:是中道空[12]。內外空等是小空;畢竟空、無所得空等是甚深空;自相空是中空。自相有理破故而心不没,而能入甚深空中。是菩薩得如是法,觀一切法皆空,乃至不見一法有性可住,得阿耨多羅三藐三菩提。觀諸法[13]如阿耨多羅三藐三菩提,阿耨多羅三藐三菩提亦自性空;非佛所作,非大菩薩所作,非阿羅漢、辟支佛所作,常寂滅相,無戲論語言。衆生不能知見如實相,是故菩薩行般若波羅蜜[14],以方便力,爲衆生說法。方便力者,菩薩得無生忍法,入菩薩位,通達菩薩第一義諦;觀是道相甚深微妙,無得無捨,用妙智慧不可得,何況可得口說!大悲心深念:衆生以空事故,墮三惡道,受大劇苦;若我直說是法,則不信不受,則破壞法,墮於地獄!我今當成就一切善法,莊嚴身三十二相,引導[15]衆生,起無量無邊諸佛神通[16]力,得成佛道,一切衆中主[17],於諸法得自在。若讚惡法,衆生猶尚當受,何況實法!是菩薩如所願思惟行,爲衆生說,使皆度脫[18]……

1　“住”,乙、宋、元、明、宫、聖、石本作“位”。

2　“天”,乙、宋、元、明、宫、聖、石本作“大”。

3　“妄”,乙、元、明本作“誑”。

4　“不滅”,乙本殘。

5　“量求諸法”,乙本殘。

6　“中”後,乙本衍“無漏”。

7　“名”,乙本脱。

8　“安住”,乙本殘。

9　“人”,乙本無。

10　“是”,乙本作“是身”。

11　“提若”,乙本殘。

12　“空”,乙本殘。

13　“觀諸法”前,乙本衍“法”。

14　“波羅蜜”,乙、宋、元、明、宫本無。

15　“導”,乙本作“道”,“道”爲“導”之古字。

16　“通”,乙本無。

17　“中主”,乙、宋、元、明、宫、聖本作“生中”。

18　乙本終,以下所抄相當於《大正藏》本卷九十五。

大智度論釋七喻品第八十五（卷第九十五）[1]

龍樹菩薩造

後秦龜茲國三藏鳩摩羅什譯[2]

【經】[3]須菩提白佛言：世尊！若諸法性無所有，非佛所作，非辟支佛所作，非阿羅漢所作，非阿那含、斯陀含、須陀洹所作，非向道人、非得果人、非諸菩薩所作，云何分別有諸法異——是地獄、是畜生、是餓鬼，是人、是天，乃至是非有想非無想天；用是業因緣故，知有生地獄者；是業因緣故，知有生畜生、餓鬼者；是業因緣故，知有生人中，生四天王天，乃至生非有想非無想天者；是業因緣故，知有得須陀洹、斯陀含、阿那含、阿羅漢、辟支佛者；是業因緣故，知是諸菩薩摩訶薩，是業因緣故，知是多陀阿伽度、阿羅訶、三藐三佛陀？世尊！無性法中，無有業用；作業因緣故，若墮地獄、餓鬼、畜生，若生人、天乃至生非有想非無想天；以是業因緣故，得須陀洹、斯陀含、阿那含、阿羅漢、辟支佛；菩薩摩訶薩行菩薩道，當得一切種智，得一切種智故，能拔出衆生於生死中？佛告須菩提：如是！如是！無性法無業無果報。須菩提！凡夫人不入聖法，不知諸法無性相，顛倒愚癡故，起種種業因緣。是諸衆生隨業得身：若地獄身，若畜生身，若餓鬼身，若人身，若天身——若四天王天身，乃至非有想非無想天身。是無性法，無業無果報，無性常是無性。如須菩提所言：若一切法無性，云何是須陀洹，乃至諸佛得一切種智？須菩提！於汝意云何？道是無性不？須陀洹果乃至諸佛一切種智是無性不？須菩提言：世尊！道無性，須陀洹果亦無性，乃至諸佛一切種智亦無性。須菩提！無性法能得無性法不？不也！世尊！佛告須菩提：有性法能得有性法不？不也！世尊！須菩提！無性法及道，是一切法，皆不合不散，無色、無形、無對，一相，所謂無相。須菩提！是菩薩摩訶薩行般若波羅蜜時，以方便力，見衆生以顛倒故著五衆：無常中常相，苦中樂相，不淨中淨相，無我中我相，著無所有處。是菩薩以方便力故，於無所有中拔出衆生。須菩提白佛言：世尊！凡夫人所著，頗如實不異不？著故起業，業因緣故，五道生死中不得脫？佛告須菩提：凡夫人所著起業處，無如毛髮許實事，但顛倒故。須菩提！今爲汝說譬喻，智者以譬喻得解。須菩提！於汝意云何？如夢中所見人受五欲樂，有實住處不？須菩提白佛言：世尊！夢尚虛妄不可得，何況住夢中受五欲樂！於汝意云何？諸法若有漏、若無漏，若有爲、若無爲，頗有不如夢者不？世尊！諸法若有漏若無漏、若有爲若無爲，無不如夢者。佛告須菩提：於汝意云何？夢中有五道生死往來不？世尊！無也！於汝意云何？夢中有修道，用是修道，若著垢、若得淨不？不也！世尊！何以故？是夢法無有實事，不可說垢、淨。於汝意云何？鏡中像有實事能起業因緣，用是業因緣墮地獄、餓鬼、畜生，若人、若天：四天王天處，乃至非有想非無想天處不？須菩提言：不也！世尊！是像無有實事，但誑小兒，是事云何當有業因緣，用是業因緣當墮地獄，乃至非有想非無想處？於汝意云何？是鏡中像有修道，用是修道若著垢、若得淨不？須菩提言：不也！世尊！何以故？是像空無實事，不可說垢、淨。於汝意云何？如深澗中有響，是響有業因緣，用是業因緣若墮地獄，乃至若生非有想非無想處不？須菩提言：不也！世尊！是事空無有實音聲，云何當有業因緣，用是業因緣墮地獄，乃至生非有想非無想處於汝意云何？是響頗有修道，用是修道，若著垢、若得淨不？不也！世尊！是事無實，不可說是垢、是淨。於如意云何？如焰非水水相，非河河相，是炎頗有業因緣，用是業因緣墮地獄，乃至生非有想非無想處不？不也！世尊！焰中水畢竟不可得，但誑無智人眼，云何當有業因緣，用是業墮地獄，乃至生非有想非無想處？於汝意云何？

1　本卷對應《大智度論》寫本凡5號：津藝247號（以下簡稱“甲本”，所抄分屬《大正藏》本卷九十四、九十五）、BD14998號（以下簡稱“乙本”）、羽471號（以下簡稱“丙本”）、俄Дx08280號（以下簡稱“丁本”），大谷敦續編2–22號（以下簡稱“戊本”）。

2　甲本始。“大智度……譯”三十四字，甲本作“大智度經卷第九十五”。

3　此段經文甲本無。

是焰有修道，用是修道，若著垢、若得淨不？不也！世尊！是焰無有實事，不可說垢、淨於汝意云何？揵闥婆城，如日出時見揵闥婆城，無智人無城有城想，無廬觀有廬觀想，無園有園想，是揵闥婆城頗有業因緣，用是業因緣墮地獄，乃至生非有想非無想處不？不也！世尊！是揵闥婆城畢竟不可得，但誑愚夫眼。云何當有業因緣，用是業因緣墮地獄，乃至生非有想非無想處。於汝意云何？是揵闥婆城有修道，用是修道，若著垢、若得淨不？不也！世尊！是揵闥婆城無有實事，不可說垢、淨。須菩提：於汝意云何？幻師幻作種種物，若象、若馬、若牛、若羊、若男、若女，於汝意云何？是幻有業因緣，用是業因緣墮地獄，乃至生非有想非無想處不？不也！世尊！是幻法空無實事，云何當有業因緣，用是業因緣墮地獄，乃至生非有想非無想處？於汝意云何？用是幻有修道，用是修道，若著垢、若得淨不？不也！世尊！是法無有實事，不可說垢、淨。須菩提！於汝意云何？如佛所化人，是化人有業因緣，用是業因緣墮地獄，乃至生非有想非無想處不？不也！世尊！是化人無有實事，云何當有業因緣，用是業因緣墮地獄，乃至生非有想非無想處？於汝意云何？是化人有修道，用是修道，若著垢、若得淨不？不也！世尊！是事無有實，不可說垢、淨。佛告須菩提：於意云何？於是空相中，有垢者、有淨者不？不也！世尊！是中無所有，無有著垢者，無有淨者。須菩提！如無有著垢者、無有淨者，以是因緣故，亦無垢、淨。何以故？住我、我所衆生有垢、有淨，實見者不垢、不淨；如實見者不垢、不淨，如是亦無有垢、淨。

【論】問曰：佛已處處答是事，今須菩提何以復問？答曰：義雖一，所因事異，所謂一切法，若有佛、若無佛，諸法性常住，空無所有，非賢聖[1]所作。般若波羅蜜甚深微妙，難解難量，不可以有量能知；諸佛賢聖憐愍衆生故，以種種語言名字、譬喻爲説。利根者解聖人意，鈍根者處處生著，著於語言名字——若聞説空則著空；聞説空亦空，亦復生著；若聞一切法寂滅相，語言道斷而亦復[2]著。自心不清淨故，聞聖人法爲不清淨；如人目瞖[3]，視清淨珠，見其目[4]影，便謂珠不淨。佛種種因緣説，見有[5]過罪而生於疑，作是言：若一切法空，空亦空，云何[6]分別有六道？常生如是等疑難故，須菩提以經將訖，爲衆生處處問是事，是故重問。佛可須菩提意。問曰：須菩提以有難空，佛云何可其意？答曰：佛可其説：諸法空常住，有佛、無佛不異；不可其難：云何分別有六道等，何以故？以其難欲破空故。是中佛解其所難，所謂凡夫人不入[7]聖法，未得聖道，不知無所有性，不善修習空三昧故。顛倒者，四顛倒；愚癡者，三界繫無明。雖不説餘煩惱，而此二法虛誑不實，顛倒即是妄語虛誑；若從顛倒所生業及果報，以根本不實故，衆生雖深著，亦無定實[8]。以是故五道皆空，但有假名。又汝難諸賢聖；是諸賢聖以斷顛倒差別故有異名，以顛倒不實故無所斷。又復滅失、無所有故名爲斷；若實有法可斷，尚[9]無斷法，何況[10]顛倒！是故一切賢聖果[11]皆是無所有。斷顛倒即是聖人果，果即是斷。爲果所修道，亦同無所有；是故修道時，必當用空、無相、無作。道、果分別故，賢、聖有差別；今實無所有法不能得，無所有云何有差別？是故不應難。須菩提意：若但顛倒故有世間，若有顛倒亦應有實，虛實相待故，是故問：世尊！凡夫所著，頗有實生著起業；業因緣故，六道生死不得解脱？佛答言：不！何以故？此中佛自

1　“聖”，甲本脱。
2　“亦復”，甲本作“復亦”，誤倒。
3　“瞖”，甲、聖本作“翳”。
4　“目”，甲本殘。
5　“有”，甲本脱。
6　“云何”，甲、宋、元、明本作“云何有”。
7　“入”，甲本作“可”，誤。
8　“亦無定實”後，甲、聖、石本有“故”。
9　“尚”，甲本作“若”，誤。
10　“況”，甲、石本作“所”。
11　“果”，甲本脱。

説因緣：但顛倒故生著；若無顛倒，云何有相待實法？乃至無毫[1]釐許實事，畢竟無故。問曰：諸佛所行實義，所謂畢竟空，此非實耶？答曰：是第一義空亦因分別凡夫顛倒故説；若無顛倒，亦無第一義。若凡夫顛倒少多有實，第一義亦應有實。問曰：若二俱不實，云何得解脱？如人手垢還以垢洗，云何得淨？答曰：諸法實相畢竟空，第一義實[2]清淨：以[3]有凡夫顛倒不清淨法故，有此清淨法——不可破壞，不變異故。以人於諸法實相起著，欲生煩惱，是故説是法性空無所有，無所有故無實。雖二法皆不實，而不實中有差別。如十善、十不善二事，皆有爲法故，虛誑不實，而善、不善有差別，殺生法故墮惡道，不殺故生天上。如布施、偷盗二事，雖取相著心，是虛誑不實，而亦有差別。如衆生乃至知者、見者無所有，而惱衆生有大罪，慈念衆生有大福。如慈能破瞋，施能破慳，雖二事俱是不實，而能相破。是故佛説：諸法無有根本定實如毫[4]釐許所有。欲證明是事故，説夢中受五欲譬喻。須菩提意：若一切法畢竟空無所有性，今何以故現有眼見、耳聞法？以是故，佛説夢譬喻。如人夢力故，雖無實事而有種種聞見，瞋處、喜處[5]；覺人在傍，則無所見。如是，凡夫人無明顛倒力故，妄有所見；聖人覺悟，則無所見。一切法——若有漏、若無漏，若有爲、若無爲，皆不[6]實，虛妄故有見聞。又如夢中見六道生死往來，見須陀洹乃至阿羅漢，夢中無是法而夢見，夢中實無淨、無垢；業[7]果報、六道亦如是。顛倒因緣故起業，業[7]果報亦應空；除却顛倒故名爲道；顛倒無實故，道亦不應實[8]。鏡中像、嚮、焰[9]乃至如化，亦如是。佛反[10]問須菩提：於是法中有垢者、有[11]淨者不？須菩提意：一切法中無我，云何當[12]説有垢、有淨者[13]？是故言無。佛言：若無受垢、受淨者，垢、淨亦無。問曰：若分別諸法，《阿毘曇》等經中有垢、有淨，但受垢、淨者無。三毒等諸煩惱是垢，三解脱門諸助道法等是淨。答曰：雖有是説，是事不然！若[14]衆生法無所屬，亦無[15]作者；若無[16]作者，亦無[17]作法，無縛無解。如人爲火所燒，畏而捨離，非火離火；衆生亦如是，畏五衆苦故捨離，非苦離苦；若無垢淨者，無有解脱。復次，佛此中自説因緣，所謂我、我所法中住，衆生受垢、受淨；我畢竟無故，垢淨無住處；住處無故，無垢、無淨。問曰：我雖無，我見[18]實有，凡夫[19]人住此中起諸煩惱。答曰：若無我[20]，我見無所緣，無所緣云何得生？問曰：雖無我，於五衆中邪行謂有我，生我見，五衆是我我所。答曰：若以五衆中定生我見因緣，於他五衆中何以故[21]不生？若於他五衆生者，則爲

1　“毫”，甲本作“豪”，“豪”通“毫”。

2　“義實”，甲、石本無，宋、元、明、宮本作“實”。

3　“以”，甲本作“以爲”。

4　“毫”，甲本作“豪”，“豪”通“毫”。

5　“喜處”，甲本脱。

6　“不”，甲、石本作“無”。

7　“業”，甲、石本無。

8　“實”，甲、聖、石本作“有”。

9　“焰”，甲本作“炎”，“炎”爲“焰”之古字。下同，不復出校。

10　“反”，甲本作“發”。

11　“有”，甲本無。

12　“當”，甲本無。

13　“者”，甲本無。

14　“若”，甲、宋、元、明、宮、聖、石本作“若無”。

15　“無”，甲、聖、石本作“無所”。

16　“無”，甲本作“無所”。

17　“無”，甲本作“無所”。

18　“我見”，甲本作“身”，宋、宮本作“身見”。

19　“夫”，甲、宋、元、明、宮本無。

20　“我”後，甲本衍“見”。

21　“故”，甲本脱。

大錯亂！是故我見無有定緣，但顛倒故生[1]。問曰：若顛倒生，何以故但自於己身生見？答曰：是顛倒狂錯，不應求其實事。又復於無始生死中來，自於相續五衆中生著；是故佛説，住我心衆生受垢、受淨。又實見者無垢無淨；若我定有，實見者應有垢淨！如實見者不垢不淨，以是因緣故無垢無[2]淨。無垢無[3]淨者，見諸法實相。又[4]於諸法實相亦不著，是故無垢；諸法實相無相可取，是故無淨。復次，八聖道中不著，是名無淨；除諸煩惱，不著顛倒，是名無垢。

大智度論釋平等品第八十六[5]

【經】[6]須菩提白佛言：世尊！見實[7]者不垢不淨，見不實者亦不垢不淨。何以故？一切法性無所有故。世尊！無所有中無垢無淨，所有中亦無垢無淨。世尊！無所有中、有所有中亦無垢無淨。世尊！云何如[8]實語者不垢不淨，不實語者亦不垢不淨？佛告須菩提：是諸法平等相，我説是淨。須菩提！何等是淨、是諸法平等[9]？所謂如、不異、不誑，法相、法[10]性、法住、法位、實際，有佛無佛法性常住，是名淨。世諦故説，非最第一義；最[11]第一義，過一切語言論議[12]音聲。須菩提白佛言：世尊！若一切法空、不可説，如夢、如嚮、如焰[13]、如影、如幻、如化，云何菩薩摩訶薩用是如夢、如嚮、如焰、如影、如幻、如化法，無有根本[14]定實，云何能[15]發阿耨多羅三藐三菩提心，作是願：我當具足檀波羅蜜，乃至具足般若波羅蜜；我當具足神通波羅蜜，具足智[16]波羅蜜，具足四禪、四無量心、四無色定、四念處，乃至具足八聖道分；我當[17]具足三解脱門、八背捨、九次第定；我當具足佛十力，乃至具足十八不共法；我當具足三十二相、八十隨形好，具足諸陀隣[18]尼門、諸三昧門；我當放大光明遍照[19]十方，知諸衆生心，如應説法？佛言[20]須菩提：於汝[21]意云何？汝所説諸法，如夢、如嚮、如焰、如影、如幻、如化不？須菩提言：爾！世尊！世尊！若一切法如夢乃至如化，菩薩摩訶薩云何行般若波羅蜜？世尊！是夢乃至如[22]化，虛妄[23]不實。世尊！不應用不實虛妄法能具足檀波羅蜜乃至十八不共法。佛告須菩提：如是！如是！不實虛妄法不能具足檀波羅蜜乃至十八不共法；行是不實虛妄法，不能得阿耨多羅

1　“生”，甲本作“住”，誤。

2　“無”，甲本無。

3　“無”，甲本無。

4　“又”，甲、石本作“人”，誤。

5　甲本終，尾題作“大智度經卷第九十五”。乙本始，品題作“第八十五品釋論”。丙本始，品題作“第八十五釋論”。

6　“經”，乙、丙、宋、聖本無。

7　“實”，乙、丙本作“定”，誤。

8　“如”，乙、丙本脱。

9　“是諸法……平等”二十二字，乙、丙本作“諸法平等是諸法平等”，誤。

10　“法”，乙、丙本脱。

11　“最”，乙、丙本作“過”，誤。

12　“議”，乙、丙本作“義”，“義”通“議”。

13　“焰”，乙、丙本作“炎”，“炎”爲“焰”之古字。下同，不復出校。

14　“根本”，乙、丙本作“限齊”。

15　“能”，乙、丙本脱。

16　“智”，乙、丙本作“知”，“知”爲“智”之古字。

17　“當”，乙、丙本脱。

18　“隣”，乙、丙本脱。

19　“照”，乙、丙本脱。

20　“言”，乙、丙、宋、元、明、宮本作“告”。

21　“汝”，乙、丙本作“如”，“如”通“汝”。

22　“如”，乙、丙、聖、石本無。

23　“妄”，乙、丙本作“忘”，“忘”通“妄”。下同，不復出校。

三藐三菩提。須菩提¹！是一切法皆是憶想思惟作法，用是思惟憶想作²法，不能得一切種智。須菩提！是³一切法能助道法，不能益其⁴果，所謂是諸法無生、無出、無相。菩薩從初發意已⁵來，所作善業，若檀波羅蜜乃至一切種智。何以故？知諸法皆如夢乃至⁶如化，如是等法不具足檀波羅蜜乃至一切種智，不能得成就衆生、淨佛國土⁷，得阿耨多羅三藐三菩提。是菩薩摩訶薩所作善業，檀波羅蜜乃至一切種智，知如夢乃至如化，亦知一切衆生如夢中行乃至知如化中行。是菩薩摩訶薩不取般若波羅蜜是有法，用是不⁸取故，得一切種智，知是諸⁹法如夢無所取，乃至諸法如化無所取。何以故？般若波羅蜜是不可取相，禪波羅蜜乃至十八不共法，是不可取相。是菩薩摩訶薩知一切法是不可取相已，發心求阿耨多羅三藐三菩提。何以故？一切法不可取相，無¹⁰根本定實¹¹，如夢乃至如¹²化；用不可取相法，不能得不可取相法。但以衆生不知不見如是諸法相，是菩薩摩訶薩爲是衆生故，求阿耨多羅三藐三菩提。是菩薩從初發意已¹³來所有布施，爲一切衆生故；乃至有所修智慧，皆爲一切衆生，不爲己身。菩薩摩訶薩不爲餘事故求阿耨多羅三藐三菩提，但爲一切衆生故。是菩薩行般若波羅蜜時，見衆生無衆生，但衆生相中住；乃至無知¹⁴者、無見者，知見¹⁵相中住，令衆生遠離顛倒；遠離已，置甘露¹⁶性中；住是中者¹⁷，無有¹⁸妄相，所謂衆生相乃至知者、見者相。是時，菩薩動心、念心¹⁹、戲論心皆捨，常行不動心、不念心、不²⁰戲論心。須菩提！以是方便力故，菩薩摩訶薩行般若波羅蜜時，自無所著，亦教一切衆生令得無所著——世諦故，非第一義。須菩提白佛言：世尊！世尊得阿耨多羅三藐三菩提時，得諸佛法，以世諦故得？以第一義中得？佛言：以世²¹諦故說²²佛得是法，是法中無有法可得，是人得是法。何以故？是人得是法，是爲大有所得，用二法，無道無果。須菩提白佛言：世尊！若行二法無道無果，行不二法有道有果不？佛言：行二法無道無果，行不二法亦無道無果；若無二法、無不二法²³，即是道、即是果²⁴。何以故？用如是法得道、得果，用是法不得道、不得果——是爲戲論。諸平等法中，無有戲論；無戲

1　“須菩提”，乙、丙本無。

2　“作”，乙、丙本作“住”。

3　“是”，乙、丙本無。

4　“其”，乙、丙、聖、石本無。

5　“已”，乙、丙本無。

6　“一切種智……乃至”十五字，乙、丙本無。

7　“國土”，乙、丙本作“田”。

8　“不”，乙、丙本作“人”，誤。

9　“諸”，乙、丙本無。

10　“無”，乙、丙本無。

11　“實”，乙、丙本作一字空白。

12　“如”，乙、丙本作“幻”。

13　“已”，乙、丙本作“以”。

14　“知”，乙、丙本作“智”，“智”通“知”。

15　“見”，乙、丙本作“者”。

16　“露”，乙、丙本脫。

17　“者”，乙、丙、宫、聖、石本無。

18　“有”，乙、丙本無。

19　“心”，乙、丙本脫。

20　“不”，乙、丙本脫。

21　“世”，乙、丙本脫。

22　“說”，乙、丙本作“諸”，誤。

23　“無不二法”後，乙、丙本有“無不二法”。

24　“果”，乙、丙本作“畏”，誤。

論相[1]，是諸法平等。須菩提白佛言：世尊！諸法無所有性，是中何等是平等[2]？佛言：若無有法、無有無法，亦不説諸法平等相；除平等，更無餘法離一切法平等相。平等者，若凡夫，若聖人，不能行、不能到[3]。須菩提白佛言：世尊！乃至佛亦不能行，亦不能到？佛言：是諸法平等，一切聖人皆不能行、不能到[4]。所謂諸[5]須陀洹、斯陀含、阿那含、阿羅漢、辟支佛、諸菩薩摩訶薩及諸佛。須菩提白佛言：世尊！佛者一切諸法中行力自在，云何説佛[6]亦不能行、不能到？佛告須菩提：若諸法平等與佛有[7]異，應當如是問。須菩提！今諸凡夫人平等，諸須陀洹、斯陀含、阿那含、阿羅漢、辟支佛、諸菩薩摩訶薩、諸佛及聖法皆平等；是一[8]平等無二，所謂是凡夫人，是須陀洹乃至佛，是一切法平等中皆不可得。須菩提白佛言：世尊！若諸法平等中皆不可得——是凡夫人乃至是佛。世尊！凡夫人、須陀洹乃至佛爲無有分別？佛告須菩提：如是！如是！諸法平等中，無有分別是[9]凡夫人、是須陀洹乃至是[10]佛。世尊！若無分別諸凡夫人、須陀洹乃至佛，云何分別有三寶現於世間[11]——佛寶、法寶、僧寶？佛言：於意云何？佛寶、法寶、僧寶與諸法等異不？須菩提白佛言：如我從佛所聞義，佛寶、法寶、僧寶與諸法等無異。世尊！是佛寶、法寶、僧寶，即是平等[12]，是法皆不合、不散，無色、無形、無對，一相、所謂無相。佛有是力，能分別無相諸法處所：是凡夫人、是須陀洹、是斯陀含、是阿那含、是阿羅漢、是辟支佛、是菩薩摩訶薩、是諸佛。佛告須菩提：如是！如是！諸佛得阿耨多羅三藐三菩提，不[13]分別諸法，當知[14]是地獄、是餓鬼、是畜生、是人、是天——是四天王天乃至是他化自在天，是梵天乃至是非有想非無想處天[15]；是四念處乃至八聖道分；是内空乃至是無法有法空；是佛十力乃至是十八不共法不？須菩提言：不知也！世尊！以是故，須菩提！當知佛有大恩力，於諸法等中不動，而分別諸法。須菩提白佛言：世尊！如[16]佛於諸法等中不動，凡夫人亦於諸法平等中[17]不動，須陀洹乃至辟支佛，亦於諸法[18]平等中不動。世尊！若諸法等相即是凡夫人相、即是須陀洹相，乃至諸佛即是平等相，世尊！今諸法各各相[19]，所謂色相異，受、想、行、識相異；眼相異，耳、鼻、舌、身意相異；地相異，水、火、風、空、識相異；欲相異，瞋、癡相異，邪見相異；禪相異，無量心相異，無色定相異；四念處相異，乃至八聖道分相異；檀波羅蜜相異，乃至般若波羅蜜相異；三解脱門相異；十八空相異；佛十力相異，四無所畏相異，四無礙智相異，十八不共法相異；有爲法

1　"無有……論相"八字，乙、丙本作"無有戲論相"。

2　"平等"，乙、丙本作"平等法"。

3　"到"，乙、丙本作"得"。

4　"一切……能到"十一字，乙、丙本作"一切聖人皆不能到"，元、明本作"一切聖人皆不能行，亦不能到"。

5　"諸"，乙、丙本無。

6　"佛"，乙、丙本作"諸佛"。

7　"有"，乙、丙本脱。

8　"一"，乙、丙本作"一切"。

9　"是"，乙、丙本脱。

10　"是"，乙、丙本脱。

11　"間"，乙、丙、宋、元、明、宫本無。

12　"平等"後，乙、丙本衍"平等"。

13　"不"，乙、丙本脱。

14　"當知"，乙、丙、石本無。

15　"處天"，乙、丙、聖、石本作"天處"。

16　"如"，乙、丙本作"知"，誤。

17　"中"，乙、丙、石本作"中亦"。

18　"法"，乙、丙本作"佛"，誤。

19　"各各相"，乙、丙本作"各各自相異"。

性[1]異,無爲法性異[2];是凡夫人相異,乃至佛相異——諸法各各相異,云何菩薩摩訶薩行般若波羅蜜時,諸法異[3]相中不作分別? 若不作分別,不[4]能行般若波羅蜜;若不行般若波羅蜜,不能從一地至一地;若不從一地至一地,不能入菩薩位;不能[5]入菩薩位故,不能過聲聞、辟支佛地;不能過聲聞、辟支佛地故,不能具足神通波羅蜜;不具足神通波羅蜜故,不能具足檀波羅蜜,乃至不能具足般若波羅蜜,從一佛國至一佛國供養諸佛,於諸佛所[6]種善根;用是善根能成就衆生、淨佛國土[7]。佛告須菩提:如汝所問:是諸法相亦是凡夫人,亦是須陀洹乃至佛[8]。世尊! 是諸法各各相,所謂色相異,乃至有爲、無爲法相異,云何菩薩摩訶薩觀一[9]相不作分別? 須菩提! 於汝意云何? 是色相空不? 乃至諸佛相空不? 世尊! 實空。須菩提! 空中各各相法可得不? 所謂色相乃至諸佛相。須菩提言:不可得! 佛言:以是因緣故,當知諸法平等中,非凡夫人,亦不[10]離凡夫人;乃至非佛,亦不離佛。須菩提白佛言:世尊! 是平等,爲是有爲法? 爲是無爲法[11]? 佛言:非有爲法[12],非無爲法。何以故? 離有爲法,無爲法不可[13]得;離無爲法,有爲法不可得。須菩提! 是有爲[14]法[15]、無爲法[16],是二法不合、不散,無色、無形、無對,一[17]相,所謂無[18]相。佛亦以世諦故説,非以第一義。何以故? 第一義中無身行、無口行[19],無意行,亦不離身、口、意行得第一義。是諸有爲法、無爲法[20]平等相,即是第一義。菩薩摩訶薩行般若波羅蜜時,第一義中不動,而行菩薩事,饒益衆生。

【論】釋曰[21]:須菩提思惟:佛答實見者、妄見者無異,垢、淨見無故。思惟已,問佛:見實[22]者無垢無淨,見不實者[23]亦不垢不淨,一切法性無所有故;無所有中[24]無垢無淨,所有中亦無垢無淨。無所有斷滅見故,不應有垢淨! 所有無[25]常見故,不應有垢淨! 所有若[26]決定是有,則不從因緣生,不從因緣生故常[27],常故[28]無垢無

1　“性”,乙、丙本作“相”。

2　“無爲法性異”,乙、丙本脱。

3　“異”,乙、丙本脱。

4　“若不作分別不”,乙、丙本脱。

5　“能”,乙、丙本脱。

6　“所”後,乙、丙本衍“所”。

7　“國土”,乙、丙本作“田”。

8　“佛”,乙、丙本作“佛道”。

9　“一”,乙、丙本作“一切”。

10　“不”,乙、丙本作“應”,誤。

11　“法”,乙、丙本脱。

12　丁本始。

13　“以故……不可”十一字,丁本殘。

14　“可得……有爲”八字,丁本殘。

15　“法”,乙、丙、宋、元、明、宫本作“性”。

16　“法”,乙、丙、宋、元、明、宫本作“性”。

17　“法不……對一”十二字,丁本殘。

18　丁本終。

19　“無口行”,乙、丙本脱。

20　“法”,乙、丙本脱。

21　“釋曰”,乙、丙本作“者言”。

22　“見實”,乙、丙本作“實見”。

23　“見不實者”,乙、丙本作“不實見者”。

24　“無所有中”後,乙、丙本有“亦”。

25　“無”,乙、丙、宋、元、明、宫、聖、石本作“中”。

26　“有若”,乙、丙本作“謂爲”。

27　“常”,乙、丙本無。

28　“常故”,乙、丙本無。

淨。須菩提白佛：實見者、不實見者，是義云何？佛答：垢、淨雖無別相可説，諸法平等故，是名爲淨。若分別説垢淨相，是事不然！一切法平等故，我説名淨。佛告須菩提：諸法實相，如、法性、法住、法位、實際是[1]平等；菩薩入是平[2]等中，心無憎[3]愛。是法，有佛、無佛常住。作法[4]皆是虛誑，是故説：無作法，有佛、無佛常住。聽者心即[5]取相，著是諸法平等[6]；如人以指指月，不知者但觀[7]其指而不視月。是故佛説：諸法[8]平等相亦如是，皆是[9]世諦，世諦非實，但爲成辦[10]事故説。譬如以金貿草，不知[11]者言：何以以貴易賤？答曰[12]：我事須用故。是平等義不可説，一切名字語言音聲悉斷。何以故？諸法平等，是無戲論寂滅相；但覺觀散心中有語言故有所説。須菩提從佛聞諸法平等相，解其旨[13]趣，爲諸新發意菩薩故問：世尊！若一切法空、不可説，如夢乃至如化，云何菩薩於無根本法中而生心作是願：我當具足檀波羅蜜，乃至爲衆生如應説法？佛以反[14]問答須菩提：布施等乃至陀羅尼門説法等，此諸法非如幻、如夢等耶？須菩提言[15]：實爾！是諸法雖有[16]利益，不出於如夢法。須菩提復問：世尊！夢等法皆虛妄不實，菩薩爲求實法故，行[17]般若波羅蜜、得佛道，云何行[18]不實法？不實法不能行檀波羅蜜等！佛可須菩提言：如是！如是！布施等法，皆是思惟憶想分別，作起生法，不得住如是法中成一切種智。即時衆中聽者心生懈怠，是故佛説：是一切法皆是助道因緣。若於是法中邪行謬錯，是名不實；若直行不謬，即是助道法[19]。是法爲助道故，不爲果。是布施等是[20]有爲法，道亦有爲[21]，同相故相[22]益。道果者，所謂諸法實無出生，一相——無相，寂滅涅槃；是故於涅槃不能有益。如時雨能益草木，不益虛空。是故菩薩知是助道法及道果，從初發心來所作善法布施等，知[23]皆是畢竟空，如夢乃至如化。問曰：若菩薩知諸法實相，何用行布施等爲？答曰：佛此中説：布施等不具足，不能[24]成就衆生。菩薩莊嚴身及音聲語言，得佛神通力，以種種方便力能引導衆生。是故菩薩爲成就衆生故，行檀波羅蜜，亦不取檀波羅蜜[25]——若有、

1　“是”，乙、丙本作“是事”。
2　“平”，乙、丙、宋、元、明、宫本無。
3　“憎”，乙、丙本作“增”，“增”通“憎”。
4　“法”，乙、丙本脱。
5　“即”，乙、丙本作“則”。
6　“著是”前，乙、丙本衍“是諸法”。
7　“觀”，乙、丙、元、明本作“視”。
8　“法”，乙、丙本脱。
9　“皆是”，乙、丙本脱。
10　“辦”，乙本作“辨”，“辨”爲“辦”之古字。
11　“知”，乙、丙、石本作“智”，“智”通“知”。
12　“曰”，乙、丙本作“言”。
13　“旨”，乙、丙本作“指”。
14　“反”，乙、丙本作“又”，誤。
15　“言”，乙、丙本脱。
16　“有”，乙、丙本脱。
17　“行”，乙、丙本脱。
18　“云何行”後，乙、丙本衍“不”。
19　“法”，乙、丙本脱。
20　“是”，乙、丙本脱。
21　“爲”，乙、丙本脱。
22　“相”，乙、丙本脱。
23　“知”，乙、丙本作“智”，“智”通“知”。
24　“能”，乙、丙本脱。
25　“亦不……羅蜜”七字，乙、丙本脱。

若[1]無相,亦不戲論如夢等諸法,直[2]行乃至得阿耨多羅三藐三菩提。何以故?般若波羅蜜不可取相,乃至十八不共法亦不可取相。知一切不可取相已,發心求阿耨多羅三藐三菩提;作是念:一切無根本,不可取相,如夢乃至如化;以不可[3]取法不能得不可[4]取相法,但以衆生不知是法故,我爲是衆生求阿耨多羅三藐三菩提。是菩薩從初發心來所有布施,爲一切衆生,所謂布施等諸善法爲一切衆生故修,不自爲身。此中佛自説因緣:不爲餘事故求阿耨多羅三藐三菩提,但爲一切衆生故。所以者何?是菩薩遠離怜[5]愍衆生心,但行般若波羅蜜,求[6]諸法實相,或墮[7]邪見中;是人未得一切智,所[8]求一切智事,心未[9]調柔,故墮[10]諸邊,諸法實相難得故。是故佛説:菩薩從初發心,怜愍衆生故,著心漸薄,不戲論畢竟空;若空有此過,若不空有彼過等。

問曰:如餘處:菩薩自利益,亦利益衆生;此中何以但説利益衆生,不説自利?自利[11]、利人有何咎?答曰:菩薩行善道爲一切衆生,此是實義;餘處説:自利,亦利益衆生,是爲[12]凡夫人作是説,然後能行菩薩道。入道人有下、中、上:下者,但爲自度故行善法;中者,自爲亦爲他;上者,但[13]爲他人故行善法。問曰:是事不然!下者,但自爲身;中者,但爲衆生;上者,自利亦利他人。若但利他[14],不能自利,云何言上?答曰:不然!世間法爾,自供養者不得其福,自害其身而不得罪。以是故,爲自身行道,名爲下人。一切世人但自利身,不能爲他;若自爲身行道,是則斷滅,自爲愛著故;若自能[15]捨己樂,但爲一切衆生故行善法,是名上人,與一切衆生異故。若但爲衆生故行善法,衆生未成就,自利則爲具足;若自利益,又爲衆生,是爲雜行。求佛道者有三種:一者,但愛念佛故,自爲己身成佛;二者,爲己身亦爲衆生;三者,但爲衆生——是人清淨行道,破我顛倒故。是菩薩行般若波羅蜜時,無衆生乃至無知者、見者[16],安住是中,拔出衆生著[17]甘露性中。甘露性者,所謂一切助道法。何以故?行是法得至涅槃,涅槃名甘露。住是甘露性中,我等妄[18]想不復生。是菩薩自[19]得無所著,亦令衆生得無所著,是名第一利益衆生。問曰:上説[20]但利益衆生故行道,今何以故自得無所著,令衆生得無所著?答曰:不得已故!若自無智慧,何能利人?以是故[21],先自得無所著,然後教人。若是[22]

1　"若",乙、丙本脱。

2　"直",乙、丙本作"真",誤。

3　"可",乙、丙本脱。

4　"可",乙、丙本脱。

5　"怜",乙、丙、明、聖、石本作"憐"。下同,不復出校。

6　"求",乙、丙本作"求取"。

7　"墮",乙、丙本作"隨","隨"通"墮"。

8　"所",乙、丙本作"而",石本無。

9　"未",乙、丙本作"亦未"。

10　"墮",乙、丙本作"隨","隨"通"墮"。

11　"自利",乙、丙本脱。

12　"爲",乙、丙本脱。

13　"但",乙、丙本脱。

14　"若但利他",乙、丙本作"若利他人"。

15　"自能",乙、丙、宋、元、明、宫本作"能自"。

16　"見者",乙、丙本作"無見者"。

17　"著",乙、丙、宋、元、明、宫、聖、石本作"於"。

18　"妄",乙、丙、聖、石本作"望","望"爲"妄"之借字。

19　"自",乙、丙本脱。

20　"上説",乙、丙本脱。

21　"故",乙、丙本脱。

22　"是",乙、丙本脱。

功德可得與他,如財物者,諸佛、大菩薩[1]所有[2]功德皆應與他,乃至調達、怨賊皆可與之,然後更自修集功德;但是事不然,不可我作而他得。是亦世俗[3]説,非第一義。何以故? 第一義中無衆生、無一無[4]異等分別諸法相,此中説亦[5]無所著處。復次,如先説:不可説相是第一義;此中可説故是世俗。爾時,須菩提問:佛於道場所得法,爲用世諦[6]故得? 爲用第一義諦? 須菩提意:若以世諦故得,即是虚妄不實;若以第一義故得,第一義中無得[7]、無得者,不可説、不可受。佛答:以世俗語言[8]故説佛得阿耨多羅三藐三菩提,是中無得者、無有得法。何以故? 若是人得是法,即是二法,二法中無道、無果。二法者,是菩薩、是得[9]阿耨多羅三藐三菩提。如是二法,皆是[10]世諦故有。若二者,佛法何得不虚妄! 若有人不得第一義,但以二法分別諸法,是則虚妄;諸佛、大菩薩得第一義故,爲度衆生令得第一義,雖分別諸法,非是虚妄。須菩提復問:世尊! 若用二法無道、無果,今以不二法故,有道、有果耶? 佛答:二法無道、無果,不二法亦無道、無果[11]。問曰:餘處説二法是凡夫法,不二法是賢聖法;如《毘摩羅詰經[12]》不二入法門中説。答曰:不二入[13]是真實聖法。或有新發意菩薩,未得諸法實相,聞是不二法,取相生著;是故或稱讚不二法,或時毀呰。又佛遮[14]二邊,説中道,所謂非二[15]、非不二。二法[16]名各各別相;不二名一空相,以是一空相[17]破各各別異相,破已事訖[18],還捨不二相,是即是道、是果。何以故? 諸賢聖雖讚歎無[19]二法,爲不著故。用是法得道、得果,用是法無道、無果——即是戲論;無戲論是平等法。須菩提白佛言:若諸法無所有性,何等是平等? 佛答:若離有性、無性,假名爲平等。若菩薩不説一切法有——不説一切法性,不説一切法[20]相等顯示;亦不説無法——無法性,無法相等顯示;亦不説離是二邊更有平等相,一切處不取平等相;亦不[21]言無是平等。不妨行諸善法[22],是名諸法平等。復次,諸法平等者,所謂出過一切法。問曰:先處處説[23]:諸法即是平等相,平等即是諸法實[24],名異而義同;色如、非色、非離色。今何以説平等出過一切法? 答曰:一切法有二種:一者,色等諸法體;二者,色等法中行——凡夫邪行,賢聖正行。此中説平等,於凡夫行中出,不言色等中出。復次,平等無能行、無能到,於是須菩提

---

1 "菩薩",乙、丙本脱。

2 "所有",乙、丙本作"所應有"。

3 "俗",乙、丙本作"欲",誤。

4 "無",乙、丙本脱。

5 "亦",乙、丙本作"衣","衣"爲"亦"之借字;石本作"示",誤。

6 "世諦",乙、丙本作"世俗諦"。

7 "無得",乙、丙本作"無得者"。

8 "語言",乙、丙本作"言諦"。

9 "得",乙、丙本脱。

10 "是",乙、丙、宋、宫本無。

11 "不二……無果"八字,乙、丙本衍。

12 "毘摩羅詰經",乙、丙、聖、宫、石本作"毘摩羅鞊經",異譯詞。

13 "入",乙、丙、宋、元、明、宫本無。

14 "又佛遮",乙、丙本作"佛佛又遮",當衍一"佛"字。

15 "二",乙、丙本脱。

16 "二法"前,乙、丙本衍"不"。

17 "以是一空相",乙、丙本脱。

18 "破已事訖",乙、丙本作"破事已言"。

19 "無",乙、丙本作"不"。

20 "法",乙、丙本作"法性"。

21 "不",乙、丙、宋、元、明、宫、聖本作"不憂"。

22 "法",乙、丙本脱。

23 "説",乙、丙、宋、元、明、宫本無。

24 "平等……法實"七字,乙、丙本作"是平等即是諸法實相"。

驚問：佛亦不能行、不能到？須菩提謂：是法雖甚¹深微妙難行，是事佛應當得！佛答：從須陀洹乃至佛，皆無能行、無能²到。佛意：三世十方佛，不能行、不能到，何況一佛！平等性自爾故。須菩提復問：佛於一切法中行力自在，佛³無礙智慧，無處不到，云何言不能行、不能⁴到？佛答：若佛與平等異，應有是難——何以不能行、不能到？今凡夫平等、須陀洹平等、佛平等，皆一平等，無二無分別。是凡夫乃至佛，自性不能自性中行、不能自性中到；自性應他性中行。是故佛説：若佛與平等異，佛應行平等。但佛即是平等故，不行、不到，非以智慧⁵少故。須菩提白佛言⁶：若平等，凡夫乃至佛不可得異，今凡夫、聖人不應有差別！佛可須菩提問：平等中無差別，世諦⁷故凡夫法中⁸有差別。復問：若凡夫乃至佛無有差別，云何三寶大現於世間，大⁹利益衆生？佛答：平等即是法寶，法寶即是佛寶、僧寶。何以故？未得法時，不名爲佛；得平等法故名爲佛；得是平等法故¹⁰，分別有須陀洹等差別。須菩提受佛教：是法皆無合、無散，無色、無形、無對，一相所謂無相；唯佛有是力，於空、無相中，分別是凡夫、是聖人。佛告須菩提：如是！如是！若諸佛不分別是法，云何當知有地獄乃至十八不共法？問曰：諸佛如日出，不能令高者下、下者高，但能照明萬物，令有眼者¹¹別識；諸佛亦如是，亦不轉諸法相，但以一切¹²智照，爲人演説令知。汝何以故言：若佛不分別諸法，云何知有地獄乃至十八不共法？如今畜生等現目所見，人皆識知，何須佛説！答曰：佛雖不作好醜諸事，而演説示人。知有二種：一者，凡夫虛妄知；二者，如實知。知畜生等相，是凡人¹³虛妄知；佛¹⁴爲知實相，故言佛不分別諸法，云何知¹⁵有地獄等。復次，諸佛法¹⁶寂滅相、無戲論；此中若分別有地獄¹⁷等相，不名爲寂滅，不¹⁸二、無戲論法。佛雖知寂滅、不二相，亦能於寂滅相中分別諸法，而不墮¹⁹戲論。離²⁰諸法實相者，雖眼見畜生等，亦不能如²¹實知其相。如牛²²，角、足、尾等諸分邊和合，更有牛法生，是爲一。諸分多、牛²³法一，一不作多、多不作一²⁴。有人言：

1　“甚”，乙、丙本作“是”。
2　“無能”，乙、丙本脱。
3　“佛”，乙、丙本無。
4　“不能”，乙、丙本脱。
5　“智慧”，乙、丙本作“智慧力”。
6　“言”，乙、丙、石本無。
7　“世諦”，乙、丙本作“諦世”，誤倒。
8　“中”，乙、丙本無。
9　“大”，乙、丙本無。
10　“得是平等法故”，乙、丙本作“得平等法”。
11　“者”，乙、丙本脱。
12　“切”，乙、丙本脱。
13　“人”，乙、丙、宋、元、明、宮、聖、石本作“夫”。
14　“佛”，乙、丙本脱。
15　“云何知”後，乙、丙本衍“知”。
16　“法”，乙、丙本脱。
17　“獄”，乙、丙本脱。
18　“不”，乙、丙、石本作“無”。
19　“墮”，乙、丙本作“隨”，“隨”通“墮”。
20　“離”，乙、丙本脱。
21　“如”，乙、丙本作一字空白。
22　“牛”，乙、丙本作“牛頭”。
23　“牛”，乙、丙本作“法”。
24　“一”，乙、丙本脱。

此説非也！除此諸分，應更有牛法力用可見。牛法衆分和合生¹，而牛法不異衆分。何以故？見此衆分合²故，名爲見牛，更不見餘物爲牛。異者破一；一者破異；不一不異，破一異；若無一異，云何有不一不異？若入是諸法平等中，爾時，始如實得牛相。是故言：若佛不分別諸法相，不説二諦，云何善説畜生等。所謂於³平等不動而分別諸法。不動者，分別諸法時，不著一、異相。須菩提白佛：如佛於諸法等中不動，辟支佛乃至凡夫於諸法等中亦不動。何以故？諸佛⁴平等相，乃至凡夫亦平等相。世尊！若爾者，佛云何分別諸法是色異、色性異、受性異，乃⁵至有爲、無爲性異？若不分別諸法，菩薩行般若波羅蜜時，不得從一地至一地乃至淨佛國土。佛答：於汝⁶意云何？推尋色⁷等相，爲是空不？世尊！實空！空⁸中有異相法不？答言：不！何以故？是畢竟空，以無相智慧可解，是中云何有異相？佛語須菩提：若空中無異相，空便是實，是故汝云何於空中分別諸法作是難？畢竟空中，空⁹亦不可得，各各相亦不可得，汝云何以空、各各相爲難？以是因緣故，當知諸法平等中，無分別故，無凡夫人¹⁰。但凡夫人，非實相，不離實相，凡夫¹¹實相即是聖人相，是故言：不但凡夫，不離凡夫，乃至佛亦如是。須菩提以平等相大利益，欲知平等定相，是故問：爲是有爲？爲是無爲？佛答：非有爲、非無爲。何以故？若有爲，皆是虛誑作法；若無爲，無爲法無生住滅故無法，無法故不得名無爲；因有爲故有無爲。如經中説：離¹²有爲，無爲不可得。如離長無短，是相待義。問曰：有爲法是無常，無爲法¹³是常，云何言離有爲，無爲不可得？答曰：無爲法無分別故無相；若説常相，不得言無相。破有爲法故名無爲，更無異法。如人閉在牢獄，穿牆得出；破壁¹⁴是空，更無¹⁵異空，空亦不從因緣生；無爲法亦如是，有爲法中先有無爲性，破有爲即是無爲，是故説離有爲，無爲不可得。是有爲¹⁶、無爲性，皆不合、不散，一相，所謂無相。佛以世諦故説是事，非第一義。何以故？佛自説因緣：第一義中無身、口、意行；有爲、無爲法平等，即是第一義。觀是有爲、無爲法平等，亦不著一相。菩薩於第一義中不動而利益衆生；方便力故，種¹⁷種因緣爲衆生説法也¹⁸。

　　大智度論卷第九十五¹⁹。

1　"生"，乙、丙本脱。

2　"而牛法……分合"十五字，乙、丙本無。

3　戊本始。

4　"佛"，乙、丙本作"法"，誤。

5　"乃"，戊本作"及"，誤。

6　"汝"，乙、丙本作"如"，"如"通"汝"。

7　"色"後，乙、丙本衍"相等"。

8　"空"，乙、丙本脱。

9　"空"，戊本脱。

10　"人"，乙、丙、戊本無。

11　"凡夫"，乙、丙本脱。

12　"離"，乙、丙本作"雖"，誤。

13　"法"，乙、丙、戊本脱。

14　"壁"，乙、丙本作"辟"，"辟"通"壁"。

15　"更無"，乙、丙本"無"。

16　"有爲"前，乙、丙本衍"有"。

17　"種"，戊本作"重"旁，誤。

18　"也"，乙、丙、戊、宋、官、聖本無。

19　乙、丙本終，尾題皆作"第九十五卷　第八十四品　第八十五品"。戊本終，尾題作"大智論卷第九十五"，題記作"大業三年三月十五日，佛弟子蘇七寶爲亡父母敬寫《大智度論》一部。以此善根，先願法輪常轉，國祚永隆，五禾豐熟，人民興盛。當令七世考妣，棲神淨土，面奉慈尊；見在眷屬，災殃彌滅，萬善扶疏。逮及法界含生，永離羈彰（障），齊成正覺。勘校定畢"。

大智度論釋涅槃如化品第八十七（卷第九十六）¹

……故問²佛：何等³法不如化？須菩提意謂：有一決定實⁴法不如化，可依是法而精進求。佛答⁵：有，若法無生無滅，即是非化。何者是？所謂無誑⁶相涅槃。是法⁷無生故無滅……

大智度論釋薩陀波崙品第八十八之餘（卷第九十七）⁸

……般若波羅⁹蜜無諸不可。子但是假名，虛誑不實之法¹⁰；般若波羅蜜真實聖法，無有虛誑¹¹。子之報恩，雖得現世小樂，而有憂愁苦惱無量之苦；般若波羅蜜但得歡喜實樂，乃至佛樂。子但能以供養利益於父，不能免¹²其生、老、病、死；般若波羅蜜令¹³菩薩畢竟清淨，無復老、病、死、患。子但能令父¹⁴得世樂自在；般若波羅蜜能令菩薩於一切世間爲天人主。如是等，種種因緣譬喻差別相。世人皆知喪子憂愁故，以此爲喻。問曰：空中¹⁵佛現，是何等佛？先何以但有音聲而今現身？佛既現身，何以不即度，方遣至曇無竭所？答曰：有人言：非真佛，但是像現耳——或諸佛遣化，或大菩薩現作。以先善根福德未成就故，但聞聲；今七日七夜一心念佛，功德成就故，得見佛身。佛所以不即度者，以其與曇無竭世世因緣，應當從彼¹⁶度故。有人應從舍利弗度，假使諸佛現身，不能令悟。佛讚言善哉者，以薩陀波崙至意求知去處、聞般若因緣故，佛現身而讚善哉。過去諸佛行菩薩道時，求此¹⁷般若，亦如是種種勤苦；以初發心，先罪厚重，福德未集故。佛¹⁸安慰其心：汝求般若波羅蜜，雖勤苦，莫懈怠，莫生退沒心！一切眾生行果¹⁹，因時皆苦，受果時樂。當思惟諸佛無量功德果報，以自勸勉。如是安慰已，作是言：汝從是東行，去此五百由旬，有城名眾香，乃至不久當聞般若²⁰波羅蜜……眾生無所乏²¹短，其心調柔，易可得度故。問曰：曇無竭菩²²薩爲是生身？爲是法身，爲度眾生故，

1　本卷對應《大智度論》寫本凡1號：俄Дx03205號（以下簡稱“甲本”）。

2　甲本始。

3　“等”，甲本無。

4　“不如……定實”十三字，甲本殘。

5　“是法……佛答”八字，甲本殘。

6　“何者……無誑”七字，甲本殘。

7　甲本終。

8　本卷對應《大智度論》寫本凡4號：P.5561號（以下簡稱“甲本”）、BD10165號（以下簡稱“乙一”）、BD09890號（以下簡稱“乙二”）、BD12148號（以下簡稱“乙三”）。

9　甲本始。

10　“是假……實之”八字，甲本殘。

11　“法無有虛誑”，甲本殘。

12　“免”，甲、聖、石本作“勉”，“勉”通“免”。

13　“令”，甲本殘。

14　“父”，甲本脱。

15　“中”，甲、聖、石本作“中有”。

16　“彼”，甲本脱。

17　“此”，甲、宫、聖、石本無。

18　“佛”，甲、聖、石本作“佛意”。

19　“果”，原作“異”，誤，兹據甲、宋、元、明、宫、聖、石本改。

20　甲本終。

21　乙一始。

22　“其心……竭菩”十五字，乙一殘。

以神[1]通力化作此身？若[2]化身[3]者，何用六萬婇女，園觀[4]浴池，種種莊嚴[5]而自娛樂？若是生身，云何能令[6]薩陀波崙供[7]養[8]具皆在空中化成大臺，入諸三昧，乃至七歲？答曰：有人言：是生身菩薩[9]，得[10]諸法實相及禪定神通力故，欲度是城中衆生。如餘菩薩利根故，能入禪定，亦能入欲界法；爲攝衆生故，受五欲而不失禪定。如人避熱故，在泥中臥，還洗則如故。凡夫[11]鈍根故，不能如是。是故以神通力化作華臺，七歲入定；又以方便力故，能受五欲，如先義説。菩薩不但行一道，爲衆生故，行種種道引導之。如龍起雲，能降大雨、雷電、礔礰；菩薩[12]亦如是，雖[13]是[14]生身，未離煩惱而能修行善法，爲衆生[15]不盡結使。有人言：是菩薩是法性生身，爲度衆香城人故，變化[16]而度。若是生身[17]……

大智度論釋曇無竭品第八十九（卷第九十九）[18]

龍樹菩薩造

後秦龜兹國三藏鳩摩羅什譯[19]

【經】爾時，曇無竭菩薩摩訶薩，語薩陀波崙菩薩[20]言[21]：善男子！諸佛無所從來，去亦無所至。何以故？諸法如不動相，諸法如即是佛。善男子！無生法[22]無來無去[23]，無生法即是佛；無滅法無來無去，無滅法即是佛；實際法[24]無來無去，實際法即是佛；空無來無去，空即是佛。善男[25]子！無染[26]無來無去，無染[27]即是佛；寂

---

1 “身爲……以神”八字，乙一殘。

2 乙二始。

3 “身”，乙二作“作”，誤。

4 “若化……園觀”十二字，乙一殘。

5 “用六……莊嚴”十三字，乙二殘。

6 “而自……能令”十二字，乙一殘。

7 乙一終。

8 “薩陀波崙供養”，乙二殘。

9 “菩薩”，乙二殘。

10 “得”後，乙二衍“薩”。

11 “夫”，乙二、宋、元、明、宫、聖、石本作“人”。

12 “菩薩”，乙二殘。

13 乙二終。

14 乙三始。

15 “故”，乙三殘。

16 “度衆……變化”八字，乙三殘。

17 乙三終。

18 本卷對應《大智度論》寫本凡2號：俄 Дx11874 號 B（以下簡稱“甲本”）、俄 Дx03653 號（以下簡稱“乙本”）。

19 甲本始。“大智度……譯”三十五字，甲本作“曇無竭品第八十八”。

20 “經……菩薩”十八字，甲本無。

21 “言”，甲本作“語言”。

22 “無生法”前，甲本有“是”。

23 “去”，甲本殘。

24 “法即……際法”七字，甲本殘。

25 “空無……善男”十一字，甲本殘。

26 “無染”，甲本作“離”。

27 “無染”，甲本作“離”。

滅無來無去,寂滅即是 [1] 佛;虛空性無來無去,虛空性即是佛。善男子! 離是諸法更 [2] 無佛;諸佛如、諸 [3] 法如……

……到佛 [4] 所則亦無用。是故曇無 [5] 竭菩薩今爲説 [6] 諸佛無所從來、去亦無所至。此中曇無竭自説因緣,所謂諸法如不動相,諸法如即 [7] 是佛。問曰:何等是諸法如 [8]? 答曰:諸法實相,所謂性空、無所 [9] 得、空等 [10] 諸法門 [11]。問曰:摩訶般若 [12] 波羅蜜,於佛法大乘六波羅蜜中第 [13] 一法;若無佛,則無 [14] 説般若者。三十二相、八十隨形好、十力、四無所畏等色、無色法等淨 [15] 妙五衆 [16] 和合……

大智度論釋曇無竭品第八十九（卷第一百）[17]

……薩陀 [18] 波崙 [19] 菩薩從是已 [20] 後,多聞、智慧不可思議,如大海水;常不離諸佛,生於有佛土 [21] 中。乃至 [22] 夢中未曾不見佛時;一切衆難皆悉已 [23] 斷,在 [24] 所佛土 [25] 隨願往生。須菩提! 當知是般若波羅 [26] 蜜因緣,能成就菩薩摩訶薩一切功 [27] 德,得一切種智 [28]。以是故,須菩提! 諸 [29] 菩薩摩訶薩 [30] 若欲學六波羅 [31] 蜜,欲深入諸佛智慧,欲

1　"寂滅……即是"十字,甲本殘。

2　"虛空……法更"十四字,甲本殘。

3　甲本終。

4　乙本始。

5　"亦無……曇無"七字,乙本殘。

6　"今爲説",乙本殘。

7　"即",乙本作"則"。

8　"如",乙本殘。

9　"無所"後,乙本衍"無所"。

10　"等",乙本殘。

11　"門",乙本殘。

12　"般若",乙、宋、元、明、宫本無。

13　"第",乙本作"弟","弟"爲"第"之古字。

14　"一法……則無"七字,乙本殘。

15　"隨形……等淨"十六字,乙本殘。

16　乙本終。

17　本卷對應《大智度論》寫本凡9號:BD10212號(以下簡稱"甲一")、BD10006號(以下簡稱"甲二")、俄Дх00572號(以下簡稱"乙本")、S.6996號(以下簡稱"丙本")、俄Дх08027號(以下簡稱"丁本")、羽210號U(以下簡稱"戊本")、俄Дх07079號(以下簡稱"己本")、俄Дх07086號(以下簡稱"庚本")、俄Э3號R(以下簡稱"辛本")。

18　甲一始。

19　"波崙",甲一殘。

20　"已",甲一無。

21　"土",甲一、聖、石本作"國"。

22　"至",甲一殘。

23　"已",甲一作"以","以"通"已"。

24　"斷在",甲一殘。

25　"土",甲一、聖、石本作"國"。

26　"若波羅",甲一殘。

27　"功",甲一脱。

28　"得一切種智",甲一殘。

29　"諸",甲一無。

30　"薩",甲一殘。

31　"欲學六波羅",甲一殘。

得[1]一切種智……

……各各自有力[2]。無衆生乃至無知者見者,無色等乃至一切[3]種智,先已破。破衆生故無作者,破法故無所[4]作;但凡夫人顛倒覆,故言[5]我有所作。諸法不可[6]思議者,色等一切法不得決定——若常、若無常、若[7]苦、若樂、若實、若空[8]、若我、若無我、若生滅、若不生[9]滅、若寂滅、若不寂滅、若離、若不離、若有、若無等[10]種種門分別[11],亦如是不可得思議。所以者何?是法皆從心[12]中憶想分別生[13],亦不可決定。一切法[14]實[15]性,皆過心、心數法、出名字語言道。如前品説[16]:一切諸法平等,一切賢聖不能行[17]、不能到。是故不可思[18]議;般若波羅蜜亦爾,觀是法故生。是時,薩陀波[19]崙即於坐上得諸三昧。問曰:薩陀波崙[20]先已知[21]諸法空相,今種種勤苦,住立七歲,見曇無竭得何[22]等利益?答曰:薩陀波崙先見諸佛,得諸三昧,貴重[23]般若波羅蜜生著相。今曇無竭七歲從定起[24],爲説[25]般若[26]破其著心:一切法性自空,非般[27]若波羅蜜令其空。是故説:諸法等故,般若波羅蜜[28]等;諸法離相;乃至諸法不可思議故,般若不可[29]思議。不令輕賤餘法、貴重般若。何以故?不令因般若[30]故,更生垢著。般若波羅蜜雖畢竟清淨,多所饒益,復不可取相而生著心;如熱金雖好,不可[31]手捉。薩陀波崙得是教化,斷般若中著心,即得諸[32]法等諸三昧。句句解説,散亂心中但有智慧,不名[33]三昧;今從師聞已,

---

1 甲一終。

2 乙本始。

3 "等乃至一切",乙本殘。

4 "法故無所",乙本殘。

5 "言",乙本殘。

6 "諸法不可",乙本殘。

7 "若無常若",乙本殘。

8 "空",乙、聖本作"虚"。

9 "滅若不生",乙本殘。

10 "若不……無等"八字,乙本殘。

11 "門分別",乙、宋、元、明、宫、聖本作"分別門",石本作"分別等門"。

12 "不可……從心"十四字,乙本殘。

13 "別生",乙本殘。

14 "決定一切法",乙本殘。

15 "實",乙本作"定",誤。

16 "如前品説",乙本殘。

17 "不能行",乙本脱。

18 "是故不可思",乙本殘。

19 "是時薩陀波",乙本殘。

20 "薩陀波崙",乙本作"薩陀波倫",異譯詞。下同,不復出校。

21 "崙先已知",乙本殘。

22 "無竭得何",乙本殘。

23 "諸三昧貴重",乙本殘。

24 "從定起",乙本殘。

25 "説",乙本殘。

26 "般若",乙本作"般若波羅蜜"。

27 "自空非般",乙本殘。

28 "般若波羅蜜",乙本殘。

29 "若不可",乙本殘。

30 "因般若",乙本殘。

31 "可",乙本殘。

32 "得諸",乙本殘。

33 "慧不名",乙本殘。

一心思惟名爲三昧，攝心[1]不散，智慧變成三昧[2]。如風中燈不能照明；在靜室閉門，明乃遍照[3]。先已欲界心散亂故，智[4]慧力未成就……得如是等[5]六百萬三昧門：薩陀波崙得聞曇無竭所説[6]法，得諸法中大[7]智慧明，所謂[8]種種諸法實相門。諸法平等——平等是[9]智慧，入薩陀波崙[10]禪定心中，變爲三昧。今欲説三昧、智慧，今世、後世果報故，爾時，佛告須菩提：如我今在大衆中説般若，以是相、以是像貌、以是名字，説般若；薩陀波崙從曇無竭[11]得是三昧，於三昧中見十方佛在大衆中説般若亦如是。須菩提！薩陀波崙從是以後，深愛樂法故，多集諸經，廣誦多聞；如阿難，佛[12]所説皆能持，薩陀波崙亦如是。多聞、智慧不可思議，如大海水。即於是世常不離佛。——如是等名爲今世果報。捨身常生有佛國中[13]，好修行念佛三昧故；乃至夢中初不離見佛。地獄等諸難皆已永絶，隨意往生諸佛國土；以其深入般若波羅蜜，集無量功德故，不隨業生。薩陀波崙從一佛土[14]至一佛土[15]，供養諸佛，度脱衆生，集無量功德；譬如豪貴長者，從一會至一會。乃至今在大[16]雷音佛所，淨修梵行。若有欲求般若波羅蜜者[17]，當如薩陀波崙菩薩[18]，堅正一心，不可傾動！是故當知般若波羅蜜因緣故，能成就一切功德者：諸菩薩等[19]得般若者，貪欲、瞋恚等在家罪垢，邪疑、戲論等出家罪垢，皆悉除滅，得心清淨；心清淨故，得一切功德成就。得一切種智者，所謂得阿耨多羅三藐三菩提。六波羅蜜者，從初地乃至七地，得無生忍法[20]；八地、九地、十地，是深入佛智慧，得一切種智，成就作佛。於一切法得自在者，皆應受持，乃至華香、妓[21]樂。須菩提雖常樂空[22]行，佛共説般若，又得無諍三昧，故不應囑累。阿難得聞持陀[23]羅尼，又常親近世尊，故廣囑累。

大智度論釋囑累品第九十[24]

【經】[25]爾時，佛告阿難：於汝意云何？佛是汝大師不？汝是佛弟子不？阿難言：世尊！佛是我大師，脩

1　“攝心”，乙本殘。
2　“三昧”，乙本殘。
3　“在靜……遍照”九字，乙本殘。
4　乙本終。
5　丙本始。
6　“陀波……所説”十字，丙本殘。
7　“諸法中大”，丙本殘。
8　“明所謂”，丙本殘。
9　“等是”，丙本殘。
10　“薩陀波崙”，丙本作“薩陀波倫”，異譯詞。下同，不復出校。
11　“無竭”，丙本殘。
12　“佛”，丙本脱。
13　“中”，丙本作“土”。
14　“土”，丙、聖、石本作“國”。
15　“土”，丙、聖、石本作“佛國”。
16　“大”，丙、聖本無。
17　“者”，原作“若”，誤，兹據丙本改。
18　“菩薩”，丙、聖、石本無。
19　“等”，丙、宋、元、明、官、聖本無。
20　“忍法”，丙、石本作“法忍”。
21　“妓”，丙、宋、官、聖本作“伎”。
22　“空”，丙本作“苦”，誤。
23　“陀”，丙本作“地”，誤。
24　丙本品題作“弟九十品釋論”。
25　“經”，丙、宋、元、官本無。

伽陀是我大師，我是佛弟子！佛言：如是！如是！我是汝大師，汝是我弟子；若如[1]弟子所應作者，汝已作竟。阿難！汝用[2]身、口、意慈業供養[3]供給我，亦常如我意，無有違失。阿難！我身現在，汝愛敬供養供給，心常[4]清淨；我滅度後，是一切愛敬供養供給事，當愛敬供養般若波羅蜜！乃至第[5]二、第三，以般若波羅蜜囑累汝[6]。阿難！汝莫忘莫失，莫作最後斷種人！阿難！隨[7]爾所時般若波羅蜜在世，當知[8]爾所時有佛在世説法。阿難！若有書般若波羅蜜，受持、讀、誦、正憶念、爲人廣説，恭敬、尊重、讚歎、華香、幡蓋、寶衣、燈燭，種種供養，當知是人不離見佛、不離聞法、常親近佛。佛説般若波羅蜜已，彌勒等諸菩薩摩訶薩、慧命須菩提、舍利弗、大目犍連[9]、摩訶迦葉、富樓那彌多隷耶尼子[10]、摩訶俱絺羅[11]、摩訶[12]迦㫛延、阿難等，并一切大衆，及一切世間諸天、人、犍闥婆[13]、阿修羅等，聞佛所説，皆大歡喜。

【論】[14]問曰：佛已斷法愛，乃至一切種智、涅槃，不著不取相，今何以種種因緣囑累是法，似如愛著？答曰：諸佛大慈悲[15]心，從初發意已[16]來，乃至到[17]涅槃門，常不捨離。於娑羅雙樹間，以金鋼[18]三昧爲衆生碎[19]身如麻米，何況經法多所饒益而不囑累！又阿難是未離欲人，未盡知般若波羅蜜力勢果報多所利益，是以慇懃囑累：汝當好受持無令忘失！是故佛雖於一切法無憎愛，常寂滅相，而囑累是般若。問曰：阿難是聲聞人，何以以般若波羅蜜囑累，而不囑累[20]彌勒等大菩薩？答曰：有人言：阿難常侍佛左右，供給所須，得聞持陀羅尼[21]，一聞常不失。既是佛之從弟，又多知多識，名聞廣普，四衆所依，是能隨佛轉法輪第三師。佛知舍利弗壽短早滅度故，不囑累。又阿難是六神通、三明、共解脱五百阿羅漢師[22]，能如是多所利益，是故囑累。彌勒等諸大菩薩，佛滅度後，各各分散，至隨所應度衆生國土——彌勒還兜率[23]天上；毘摩羅鞊、文殊師利亦至所應度衆生處。佛又以[24]是諸菩薩深知般若波羅蜜力，不須苦[25]囑累。阿難是聲聞人，隨小乘法，是故佛慇懃囑累。問曰：若爾者，《法華經》諸餘方等經，何以囑累喜王諸菩薩等？答曰：有人言：是時，佛説甚深難信之

1　“如”，丙本作“汝”，“汝”爲“如”之借字。

2　“用”後，丙本衍“佛”。

3　“供養”，丙本作“常供養”。

4　“常”，丙、聖本無。

5　“第”，丙本作“弟”，“弟”爲“第”之古字。下同，不復出校。

6　“汝”，丙、聖、石本無。

7　“隨”後，丙本衍“汝”。

8　“當知”，丙本作“知當”，誤倒。

9　“大目犍連”，丙、宋、元、明、宫、聖本作“大目揵連”，異譯詞。

10　“富樓那彌多隷耶尼子”，丙、石本作“富樓那彌多羅尼子”，異譯詞。聖本作“富樓那彌多隷尼子”。

11　“摩訶俱絺羅”，丙本作“摩呵拘絺羅”，異譯詞。

12　“摩訶”，丙、聖、石本作“大”。

13　“犍闥婆”，丙本作“揵闥婆”，聖、石本作“乾闥婆”，皆爲異譯詞。

14　“論”，丙、宋、宫本無。下同，不復出校。

15　“悲”，丙本作“大悲”。

16　“已”，丙本作“以”。

17　“到”，丙本無。

18　“鋼”，丙、宫、聖、石本作“剛”。

19　“碎”，丙本作“破”。

20　“而不囑累”，丙本脱。

21　“聞持陀羅尼”後，丙本衍“子”。

22　“師”後，丙本衍“羅漢”。

23　“兜率”，丙本作“兜術”，異譯詞。

24　“佛又以”，丙、石本作“又”。

25　“苦”，丙、石本無。

法,聲聞人不在。又如《佛說不可思議解脫經》,五百阿羅漢雖在佛邊而不聞,或[1]時得聞而不能用。是故囑累諸菩薩。問曰:更有何法甚深勝般若[2]者,而以《般若[3]》囑累阿難,而餘經囑累菩薩? 答曰:般若波羅蜜非祕密法。而《法華[4]》等諸經說阿羅漢受決[5]作佛,大菩薩能受持用;譬如大藥師能以毒為[6]藥。復次,如先說,般若有二種:一者,共聲聞說;二者,但為[7]十方住十地大菩薩說,非九住所聞,何況新發意者! 復有[8]九地所聞,乃至初地所聞,各各不同。般若波羅蜜總相[9]是一,而深淺有異,是故囑累阿難無咎。問曰:先見《阿閦佛品》中囑累,今復囑累,有何等異? 答曰:菩薩道有二種:一者,般若波羅蜜道;二者,方便道。先囑累者,為說般若波羅蜜體竟;今以[10]說令眾生得是般若方便竟,囑累。以是故,見阿閦佛後,說《漚和拘捨羅[11]品》。般若波羅蜜中雖有方便,方便中雖有般若波羅蜜[12],而隨多受名。般若與方便,本體是一,以所用小異故別說;譬如金師以巧方便故,以金作種種異物[13]……是涅槃[14]等;以分別故[15]……諸[16]佛以法為師——法者,即是般若波羅蜜[17]……如弟子不聽、不信受行師語[18],是名不聽;若以一心聽聞,信受奉行,厭[19]世、愛涅槃,離小乘、樂大乘——作如是聽受,是名[20]真聽。誦、讀亦如是。正憶念,隨如佛意,離有無[21]二邊,行於中道[22]。如所聞受[23]持……牢[24]固不動。若聞師說,若見經卷、花香等供養[25]:若智者知般若功德供養者,福德重;不知者[26]供養,福德微薄。福德純[27]厚者……如[28]此中般若波羅蜜品,有二[29]萬二千偈;大般若品,有十萬偈;諸龍王、阿修羅王、

1　"或",丙本作"若","若"為"或"之借字。

2　"般若",丙本作"般若波羅蜜"。

3　"般若",丙本作"般若波羅蜜"。

4　"法華",丙本作"法花經"。

5　"決",丙本作"記"。

6　"為",丙本脱。

7　"為",丙本脱。

8　"有",丙本作"次",誤。

9　"相",丙本作"想","想"為"相"之借字。

10　"以",丙本作"已","已"通"以"。

11　"拘捨羅",丙、宋、元、明、宮本無。

12　"方便……羅蜜"十字,丙、宋、元、明、宮、聖本作"方便雖有般若"。

13　丙本終。

14　丁本始。

15　丁本終。

16　戊本(第二段)始。

17　戊本(第二段)終。

18　己本始。

19　"名不……行厭"十四字,己本殘。

20　"乘樂……是名"十一字,己本殘。

21　"念隨……有無"八字,己本殘。

22　"於中道",己本殘。

23　己本終。

24　庚本始。

25　"師說……供養"十一字,庚本殘。

26　"供養……知者"九字,庚本殘。

27　庚本終。

28　戊本(第一段)始

29　"二",戊本作"三"。

諸天宮中,有千億萬偈[1]等……等諸大[2]經,無量無邊,如大海中寶,云何可入三藏[3]中? 小物應在大中,大物不得入小。若欲[4]問,應言:小乘何以不在摩訶衍中? 摩訶衍能[5]兼小乘法故,是故不應如汝所問。復次[6],有人言:如摩訶迦葉將[7]諸比丘……是故知《摩訶般若波羅蜜經[8]》等,在修多羅經[9]中,以經大、事異故別説[10];是故不在集三藏中[11]……

1　戊本(第一段)終。
2　甲二始。
3　"無邊……三藏"十三字,甲二殘。
4　"大物……若欲"八字,甲二殘。
5　"訶衍能",甲二殘。
6　"次",甲二殘。
7　甲二終。
8　辛本始。
9　"修多羅經",辛本作"修多多經"。
10　"經中……別説"十字,辛本殘。
11　辛本終,尾題作"摩訶衍第百卷"。

附 録

一、敦煌漢文本《大智度論》收藏情況表 [1]

已公佈寫本（486 號）				
國內收藏單位				
一、中國國家圖書館藏品（114 號）				
BD00428號	BD00684號	BD00866號	BD01034號2	BD01145號
BD01198號	BD01227號	BD01245號	BD01364號	BD01889號
BD01975號	BD02251號	BD02695號	BD02833號	BD02901號
BD03026號	BD03533號	BD03564號	BD03614號	BD03729號
BD03741號	BD04611號	BD05501號B[1]	BD05776號	BD05783號
BD05850號	BD05974號	BD06016號	BD06018號	BD06397號
BD06638號	BD06724號	BD06764號	BD06811號	BD06869號B
BD07315號	BD07357號	BD07385號	BD07392號	BD07581號
BD07657號	BD07658號	BD07723號	BD07752號	BD07764號
BD08095號	BD08223號	BD08451號	BD08533號	BD09666號
BD09799號	BD09853號	BD09890號	BD10006號	BD10165號
BD10212號	BD10227號	BD10269號	BD10440號	BD10464號
BD10488號	BD10758號	BD10817號	BD10898號	BD10934號
BD11070號	BD11224號	BD11440號	BD11474號	BD11570號
BD11641號	BD11714號	BD11809號	BD11818號	BD11921號
BD11950號	BD12128號	BD12148號	BD12288號	BD12426號
BD12966號	BD13372號	BD13502號	BD13792號	BD14024號
BD14081號	BD14082號	BD14083號	BD14084號	BD14085號
BD14086號	BD14087號	BD14424號	BD14425號	BD14454號
BD14506號	BD14825號CG	BD14825號CJ	BD14825號DE	BD14869號
BD14901號	BD14998號	BD15150號	BD15223號	BD15298號
BD15310號	BD15318號	BD15352號	BD15353號	BD15664號
BD16419號	BD16456號A	BD16456號B	BD16456號D	
二、中國歷史博物館藏品（2 號）				
國博39號		圖博38號		
三、敦煌研究院藏品（13 號）				
敦研025號	敦研026號	敦研030號	敦研052號	敦研064號
敦研120號	敦研143號	敦研171號	敦研223號	敦研224號

1　該號共抄有兩種文獻，第 1—15 行所抄爲《大般若波羅蜜多經》卷四百一十一，第 16—28 行所抄爲《大智度論》卷五十三，本書敍録將所抄《大智度論》卷五十三編爲 "BD05501 號 B"。

（續表）

敦研264號	敦研303號	敦研331號		
四、敦煌市博物館藏品（1 號）				
敦博035號				
五、天津市藝術博物館藏品（9 號）				
津藝011號	津藝013號1	津藝065號3	津藝065號5	津藝174號
津藝241號	津藝247號	津藝252號	津藝265號	
六、天津市文物公司藏品（2 號）				
津文2號			津文3號	
七、上海圖書館藏品（3 號）				
上圖030號		上圖042號		上圖115號
八、浙江省博物館藏品（5 號）				
浙敦027號		浙敦028號		浙敦046號
浙敦091號1		浙敦126號2		
九、浙江圖書館藏品（1 號）				
浙敦018號				
十、務本堂藏品（2 號）				
務本001號		務本032號		
十一、榮寶齋藏品（1 號）				
榮寶齋1255號				
十二、臺灣"國立中央圖書館"藏品（3 號）				
臺圖95號		臺圖96號		臺圖134號
十三、臺灣傅斯年圖書館（2 號）				
傅圖32號		傅圖50號C		
國外收藏單位				
十四、英國圖書館藏品（67 號）				
S.0195號	S.0224號	S.0227號	S.0313號	S.0457號
S.0461號	S.0546號	S.0629號	S.0786號	S.1224號
S.1407號	S.1534號	S.1538號	S.1621號	S.1829號1
S.1829號2	S.1830號	S.1888號	S.1934號	S.2160號
S.2161號	S.2260號	S.2410號	S.2761號	S.2866號
S.2942號	S.2988號	S.3185號	S.3273號	S.3483號
S.3673號	S.3677號	S.3865號	S.4006號3	S.4195號
S.4241號	S.4312號	S.4432號	S.4492號	S.4614號
S.4945號	S.4950號	S.4953號	S.4954號	S.4960號
S.4967號	S.4968號	S.5119號	S.5120號	S.5126號
S.5130號	S.5132號	S.5134號	S.5288號	S.5375號

1　該號爲《大智度論》卷三、七十四兩塊殘片粘合而成，本書敘録分別編爲浙敦 091 號 A、浙敦 091 號 B。

2　該號所抄依次爲《大智度論》卷九十一、四十八，本書敘録分別編爲浙敦 126 號 A、浙敦 126 號 B。

3　S.4006 號爲佛經雜抄，所抄依次爲《大智度論》卷八十八、三十一、四十六、五十四、八十，《摩訶般若波羅蜜經》卷二十四，本書敘録將所抄《大智度論》分別編爲 S.4006 號 A、S.4006 號 B、S.4006 號 C、S.4006 號 D、S.4006 號 E。

（續表）

S.5393號	S.5955號	S.6093號	S.6124號	S.6632號
S.6796號	S.6996號	S.7105號	S.7138號	S.7163號
S.7454號	S.7586號			
十五、法國國立圖書館藏品（25號）				
P.2082號1	P.2082號2	P.2089號	P.2106號	P.2138號
P.2143號	P.2199號	P.2427號1	P.2427號4[1]	P.2739號
P.2913號	P.4525號16	P.4525號18	P.4584號	P.4636號1
P.4754號	P.4838號	P.4865號[2]	P.6017號	P.4933號
P.4939號	P.5027號	P.5561號	P.5579號	P.5589號
十六、俄羅斯科學院東方學研究所聖彼德堡分所藏品（217號）				
俄Э3號R	俄Ф113號		俄Ф137號	俄Ф305號
俄Ф307號	俄Ф346號		俄Дх00182號	俄Дх00183號
俄Дх00202號	俄Дх00241號		俄Дх00526號	俄Дх00535號
俄Дх00559號	俄Дх00572號		俄Дх01085號	俄Дх01092號
俄Дх01531號	俄Дх01584號		俄Дх01618號	俄Дх01623號
俄Дх01803號	俄Дх01804號		俄Дх01805號	俄Дх01807號
俄Дх01882號	俄Дх02134號		俄Дх02412號A	俄Дх02931號
俄Дх02995號	俄Дх03179號		俄Дх03205號	俄Дх03222號B
俄Дх03254號	俄Дх03299號		俄Дх03320號	俄Дх03333號
俄Дх03358號	俄Дх03359號		俄Дх03463號	俄Дх03480號
俄Дх03502號	俄Дх03575號		俄Дх03580號	俄Дх03653號
俄Дх03673號	俄Дх03733號		俄Дх03737號	俄Дх03758號
俄Дх03793號	俄Дх03816號		俄Дх04036號B	俄Дх04038號
俄Дх04039號[3]	俄Дх04073號		俄Дх04078號	俄Дх04097號
俄Дх04143號	俄Дх04159號		俄Дх04222號	俄Дх04232號
俄Дх04411號	俄Дх04445號		俄Дх04447號	俄Дх04492號
俄Дх04619號	俄Дх04627號		俄Дх04663號	俄Дх04747號
俄Дх04881號	俄Дх04985號		俄Дх04997號	俄Дх05014號
俄Дх05101號	俄Дх05157號		俄Дх05219號	俄Дх05720號
俄Дх05786號	俄Дх05867號		俄Дх05948號	俄Дх06109號
俄Дх06172號	俄Дх06290號A		俄Дх06294號A	俄Дх06305號
俄Дх06364號	俄Дх06479號		俄Дх06662號	俄Дх06679號
俄Дх06944號	俄Дх06948號		俄Дх06962號	俄Дх06996號
俄Дх07079號	俄Дх07080號		俄Дх07086號	俄Дх07178號

　　1　P.2427號爲佛經雜抄，所抄依次爲《大智度論》卷二十三、《阿毗達磨藏顯宗論》卷二十七、《阿毗達磨藏顯宗論》卷十八、《阿毗達磨順正理論》卷三十三、《阿毗達磨順正理論》卷五十四、《大集經》卷三十三、《大智度論》卷八十二、《長爪梵志請問經》，法藏原編號"P.2427號4"，不確，本書敘録重新編號作"P.2427號G"。

　　2　P.4865號由兩個《大智度論》卷三十九殘片組成，本書敘録分別編爲P.4865號A、P.4865號B。

　　3　俄Дх04038、俄Дх04039號所抄分别爲《大智度論》卷三十一、八十六，《俄藏》已綴合，本書敘録分別編爲俄Дх04038號＋俄Дх04039號A、俄Дх04038號＋俄Дх04039號B。

（續表）

俄Дх07268號	俄Дх07310號	俄Дх07345號	俄Дх07419號
俄Дх07550號	俄Дх07803號	俄Дх07837號	俄Дх07888號
俄Дх07923號	俄Дх08027號	俄Дх08095號	俄Дх08102號
俄Дх08129號	俄Дх08147號	俄Дх08211號	俄Дх08230號
俄Дх08249號	俄Дх08280號	俄Дх08524號	俄Дх08832號
俄Дх08833號	俄Дх08896號	俄Дх08923號	俄Дх08950號
俄Дх08979號	俄Дх08987號	俄Дх08991號	俄Дх09045號
俄Дх09057號	俄Дх09061號	俄Дх09067號	俄Дх09289號
俄Дх09290號	俄Дх09424號	俄Дх09434號	俄Дх09508號
俄Дх09569號	俄Дх09574號	俄Дх10246號	俄Дх10538號
俄Дх10815號	俄Дх11318號	俄Дх11435號	俄Дх11473號
俄Дх11539號	俄Дх11543號	俄Дх11544號	俄Дх11605號
俄Дх11609號	俄Дх11619號	俄Дх11630號	俄Дх11874號[1]
俄Дх11892號A	俄Дх12006號	俄Дх12027號	俄Дх12028號
俄Дх12031號	俄Дх12037號R	俄Дх12090號	俄Дх12093號
俄Дх12105號	俄Дх12125號	俄Дх12148號	俄Дх12153號
俄Дх12178號	俄Дх12221號	俄Дх12223號R	俄Дх12256號
俄Дх12259號	俄Дх12281號（3–1）	俄Дх12283號	俄Дх12284號
俄Дх12470號	俄Дх12488號	俄Дх12485號	俄Дх12543號
俄Дх12868號	俄Дх12901號	俄Дх12907號	俄Дх14199號
俄Дх14274號	俄Дх14512號	俄Дх14679號	俄Дх14828號
俄Дх15013號	俄Дх15062號	俄Дх15412號	俄Дх15512號
俄Дх15521號	俄Дх15580號	俄Дх15777號	俄Дх15834號
俄Дх16047號	俄Дх16118號	俄Дх16161號	俄Дх16170號
俄Дх16192號	俄Дх16305號	俄Дх16499號	俄Дх16734號
俄Дх17455號	俄Дх17456號	俄Дх17631號	俄Дх17707號
俄Дх17726號	俄Дх17730號	俄Дх17741號	俄Дх17768號
俄Дх17847號	俄Дх17884號	俄Дх18123號	俄Дх18172號
俄Дх18390號	俄Дх18478號	俄Дх18605號	俄Дх18618號
俄Дх18636號	俄Дх18637號	俄Дх18671號	俄Дх18697號
俄Дх18848號			

十七、日本書道博物館藏品(8號)

中村016號	中村017號	中村019號	中村037號	中村042號
中村057號	中村061號	中村159號①		

十八、日本杏雨書屋藏品(7號)

羽001號	羽210號[2]	羽207號	羽451號	羽469號

1　俄Дх11874號所抄依次爲《大智度論》卷八十九、九十九，本書敘録分别編爲俄Дх11874號A、俄Дх11874號B。

2　該號爲《大智度論》卷三十、二十九、十六、三十五、三十九、三十二、三十八、四十、五十七、四十一、四十七、四十九、六十一、六十八、六十三、七十九、八十一、八十二、八十八、九十一、一百、九十三摘抄，本書敘録分别編爲羽210號A、羽210號B、羽210號C、羽210號D、羽210號E、羽210號F、羽210號G、羽210號H、羽210號I、羽210號J、羽210號K、羽210號L、羽210號M、羽210號N、羽210號O、羽210號P、羽210號Q、羽210號R、羽210號S、羽210號T、羽210號U、羽210號V。

（續表）

羽470號	羽471號			
十九、日本龍谷大學藏品（1 號）				
MS00530號				
二十、日本大谷大學藏品（2 號）				
大谷敦續編2-21號			大谷敦續編2-22號	
二十一、日人濱田德海藏品（1 號）				
伍倫20號				
未公佈寫本（25 號）				
一、故宮博物院藏品[1]（4 號）				
故宮新71355號	故宮新133893號	故宮新137369號	故宮新154419號	
二、天津圖書館藏品[2]（1 號）				
津圖035號				
三、湖北省博物館藏品[3]（3 號）				
湖北博7號	湖北博25號		湖北博28號	
四、湖南省圖書館藏品[4]（1 號）				
XT.009號				
五、重慶市博物館藏品[5]（1 號）				
重博08號				
六、重慶寶林博物館藏品[6]（1 號）				
BL.0012號				
七、南京藝蘭齋美術館藏品[7]（1 號）				
卷號未詳				
八、丹麥哥本哈根皇家圖書館藏品[8]（1 號）				
MS15號				
九、英國圖書館藏品（12 號）				
S.7646號	S.7668號	S.7711號	S.7761號	S.7787號
S.7790號	S.7863號	S.7921號	S.7925號	S.7950號
S.8123號	S.8274號			

1　抄寫內容尚未公佈，收藏情況據申國美編《中國散藏敦煌文獻分類目録》，北京圖書館出版社，2007 年，頁 59。

2　抄寫內容尚未公佈，收藏情況據申國美編《中國散藏敦煌文獻分類目録》，頁 59。

3　抄寫內容尚未公佈，收藏情況據申國美編《中國散藏敦煌文獻分類目録》，頁 59。

4　抄寫內容尚未公佈，收藏情況據劉雪平《湖南省圖書館藏敦煌寫經敘録》，《敦煌研究》2012 年第 3 期，頁 70—72。

5　抄寫內容尚未公佈，收藏情況據申國美編《中國散藏敦煌文獻分類目録》，頁 59。

6　抄寫內容尚未公佈，收藏情況據陳寶林《重慶寶林博物館藏敦煌寫經》，《敦煌研究》2012 年第 5 期，頁 50—58。

7　抄寫內容尚未公佈，收藏情況據黄征《吳士鑒舊藏敦煌北朝唐人寫卷的鑒定與考證》，《敦煌研究》1999 年第 2 期，頁 165—169。

8　抄寫內容尚未公佈，收藏情況據〔丹麥〕彼得森撰、榮新江譯《哥本哈根皇家圖書館藏敦煌寫本》，《敦煌學輯刊》1987 年第 1 期，頁 132—137。

二、敦煌漢文本《大智度論》卷號對應表 [1]

《大正藏》本卷一			
S.1621號	S.4614號	俄Дx01623號	俄Дx14679號
S.3273號	BD05850號	俄Дx12256號	俄Дx12027號
俄Дx8102號	大谷敦續編2-21號	津藝013號A	

《大正藏》本卷二			
大谷敦續編2-21號	S.7105號	俄Дx5948號	中村057號
俄Дx3737號	俄Дx15013號	BD02695號	

《大正藏》本卷三			
俄Дx4036號B	BD06869號B	浙敦091號A	俄Дx9569號
俄Дx00241號			

《大正藏》本卷四			
俄Дx17730號	俄Дx9045號	S.3865號	俄Дx3333號

《大正藏》本卷五			
P.4754號	P.2913號	S.7138號	俄Дx16734號
BD15150號	俄Дx12868號	俄Дx01803號+俄Дx01804號+俄Дx01805號	
BD15298號			

《大正藏》本卷六			
BD15298號	津藝011號	敦研025號	敦研026號
俄Дx4222號	浙敦018號	P.2106號	

《大正藏》本卷七			
P.2106號	S.6796號	俄Дx11543號	俄Ф307號
P.4933號	俄Дx6662號	俄Ф305號	津藝252號
S.6124號			

《大正藏》本卷八			
津藝252號	S.6124號	俄Дx01807號	BD12288號
羽001號	俄Дx11609號	俄Дx11619號	俄Дx11605號
P.4939號	俄Дx4411號	俄Дx00526號	BD14825號DE
BD03564號	俄Дx01092號	BD14825號CJ	BD14825號CG
俄Дx3816號	俄Дx6679號	俄Дx6172號	俄Ф137號
BD01364號	BD07723號		

《大正藏》本卷九			
BD07723號			

《大正藏》本卷十			
BD14506號	S.2260號	俄Дx4663號	

[1] 本表著録寫卷總數與"敦煌《大智度論》寫本收藏情況表"不同,原因有三:其一,部分寫卷與《大正藏》本分卷不同,所抄相當於《大正藏》本數卷,如 P.2106 號,所抄分屬《大正藏》本卷六、七;其二,凡同一寫卷抄有不同文獻者,本表皆分開著録,如羽 210 號,分別著録作羽 210 號 A、羽 210 號 B、羽 210 號 C、羽 210 號 D、羽 210 號 E、羽 210 號 F、羽 210 號 G、羽 210 號 H、羽 210 號 I、羽 210 號 J、羽 210 號 K、羽 210 號 L、羽 210 號 M、羽 210 號 N、羽 210 號 O、羽 210 號 P、羽 210 號 Q、羽 210 號 R、羽 210 號 S、羽 210 號 T、羽 210 號 U、羽 210 號 V;其三,《俄藏》已綴合者,本表作爲一號著録,如俄 Дx01803 號 + 俄 Дx01804 號 + 俄 Дx01805 號。

（續表）

《大正藏》本卷十一			
俄Дx02995號	BD01145號	俄Дx11318號	
《大正藏》本卷十二			
俄Дx11539號	俄Дx14199號	BD01034號B	
《大正藏》本卷十三			
S.2161號	BD11818號	BD03614號	BD07385號
BD07315號	BD02251號	BD10440號	BD10898號
俄Дx12037號R	俄Дx01618號		
《大正藏》本卷十四			
國博39號	BD03741號	上圖115號	俄Дx16499號
《大正藏》本卷十五			
俄Дx4445號	俄Дx4619號	俄Дx16192號	俄Дx12178號
《大正藏》本卷十六			
俄Дx18637號	俄Дx18618號	俄Дx18636號	津藝065號C
S.6093號	羽210號C	俄Дx6364號	俄Дx7310號
《大正藏》本卷十七			
BD12966號			
《大正藏》本卷十八			
BD00428號	S.0195號		
《大正藏》本卷十九			
伍倫20號	俄Дx8129號	P.4584號	P.4636號A
俄Дx02931號	俄Дx3673號	俄Дx11892號A	俄Дx12006號
BD11224號	S.3677號	俄Дx16047號	BD15664號
津藝265號			
《大正藏》本卷二十			
S.3677號			
《大正藏》本卷二十一			
D14869號	俄Дx03179號	中村016號	
《大正藏》本卷二十二			
S.2866號	敦研030號	S.0629號	BD06811號
俄Дx8950號	BD09799號	敦研331號	
《大正藏》本卷二十三			
敦研331號	BD07581號	BD07752號	BD06638號
BD09853號	俄Дx6109號	S.6632號	俄Дx10246號
BD02833號	BD16419號	BD08223號	俄Дx18697號
俄Лx17455號	P.2427號A	俄Дx12090號	俄Дx12148號
《大正藏》本卷二十四			
BD02833號	俄Дx3299號	BD10488號	BD02901號
BD10269號	S.0313號	俄Дx9289號+俄Дx9290號	
俄Дx8991號			

（續表）

《大正藏》本卷二十五			
BD07357號	BD14424號	俄Дx15512號	俄Дx4627號
俄Дx4159號	俄Дx3793號	俄Дx4097號	
《大正藏》本卷二十六			
俄Дx15412號	俄Дx12901號	俄Дx12907號	俄Дx8923號
BD14901號	BD15352號		
《大正藏》本卷二十七			
BD14901號	俄Дx9067號	俄Дx8249號	俄Дx7837號
《大正藏》本卷二十八			
俄Дx8147號			
《大正藏》本卷二十九			
中村037號	俄Дx3502號	俄Дx2412號A	羽210號B
《大正藏》本卷三十			
BD10227號	BD11714號	BD10758號	BD11070號
BD09666號	BD07658號	俄Дx15062號	俄Дx17726號
津文3號	俄Дx8095號	俄Дx7419號	羽210號A
俄Дx4985號	S.4950號	俄Дx4997號	俄Дx16161號
BD00866號			
《大正藏》本卷三十一			
P.6017號	S.4950號	敦研120號	BD07657號
BD11921號	中村019號	臺圖134號	俄Дx17768號
俄Дx11630號	俄Дx4747號	S.4960號	務本001號
俄Дx5219號	俄Дx08896號	S.4006號B	俄Дx4038號+俄Дx4039號A
《大正藏》本卷三十二			
S.1538號	BD14081號	俄Дx18390號	S.5393號
中村017號	羽210號F		
《大正藏》本卷三十三			
S.5393號	敦研052號	敦研224號	敦研264號
俄Дx14828號	敦研171號	敦研143號	羽207號
《大正藏》本卷三十四			
羽207號	俄Дx5101號	BD01975號	S.5120號
敦博035號	敦研303號		
《大正藏》本卷三十五			
S.1829號1	S.1829號2	BD03729號	羽210號D
俄Дx6996號			
《大正藏》本卷三十六			
俄Дx01882號+俄Дx02134號		S.4945號	BD01227號
BD10464號	S.7586號		
《大正藏》本卷三十七			
俄Дx4143號	S.7163號	BD11570號	BD08451號

（續表）

俄Дx3222號B			
《大正藏》本卷三十八			
BD08451號	BD14086號	S.3483號	S.1934號
俄Дx17884號	俄Дx16305號	羽210號G	
《大正藏》本卷三十九			
羽210號E	S.7454號	P.4865號A	BD05974號
P.4865號B	俄Дx17456號	俄Дx4073號+俄Дx4078號	
俄Дx5157號	羽469號	俄Дx3359號	俄Дx3358號
中村159號A			
《大正藏》本卷四十			
S.5375號	S.0224號	俄Дx12125號	羽210號H
俄Дx18123號	P.5579號		
《大正藏》本卷四十一			
P.2082號B	S.0227號	羽210號J	
《大正藏》本卷四十二			
S.5130號	俄Дx15777號		
《大正藏》本卷四十三			
P.2089號	俄Дx5786號	俄Дx5867號	俄Дx5720號
S.1830號			
《大正藏》本卷四十四			
S.0457號	俄Дx3733號		
《大正藏》本卷四十五			
S.5132號	S.5134號	俄Ф346號	俄Дx15521號
S.2410號	俄Дx6305號	俄Дx7888號	俄Дx6294號A
《大正藏》本卷四十六			
S.5126號	S.1407號	S.4968號	P.2082號A
S.4006號C			
《大正藏》本卷四十七			
S.4967號	羽210號K	俄Дx15834號	
《大正藏》本卷四十八			
BD14454號	俄Дx12283號+俄Дx12284號		俄Дx01531號
浙敦126號B	BD12128號		
《大正藏》本卷四十九			
S.2761號	俄Дx12221號	羽210號L	俄Дx12485號
《大正藏》本卷五十			
S.5119號	S.4953號	S.4954號	俄Дx14274號
俄Дx14512號	俄Дx3580號	俄Дx17631號	MS00530號
S.5955號			
《大正藏》本卷五十一			
S.5288號	P.2199號	BD13792號	BD14082號

（續表）

S.5955號	BD03026號	國博38號	
《大正藏》本卷五十二			
BD03026號	俄Дx12223號R	上圖030號	俄Дx7803號
S.546號	S.1224號	S.4312號	BD08095號
BD11474號	津藝065號E	BD10817號	BD03533號
BD08533號	俄Дx18605號	俄Дx18671號	
《大正藏》本卷五十三			
BD05501號B			
《大正藏》本卷五十四			
S.4006號D	BD01198號	BD14083號	P.2143號
俄Дx17847號	俄Дx18848號		
《大正藏》本卷五十五			
BD14024號	BD05776號		
《大正藏》本卷五十六			
BD06724號	S.2988號	俄Дx7080號	BD07392號
俄Дx12281（3-1）號			
《大正藏》本卷五十七			
S.4492號	羽210號I	S.1888號	BD14084號
務本032號	俄Дx4492號		
《大正藏》本卷五十八			
俄Дx16170號	BD14085號	傅圖50號C	
《大正藏》本卷五十九			
S.2942號	BD05783號		
《大正藏》本卷六十			
《大正藏》本卷六十一			
俄Дx8832號+俄Дx8833號		俄Дx7923號	俄Дx6948號
羽210號M	俄Дx9574號		
《大正藏》本卷六十二			
俄Дx6479號	俄Дx6962號		
《大正藏》本卷六十三			
臺圖95號	S.0786號	BD11440號	BD15223號
俄Дx11544號	俄Дx3320號	羽210號O	羽451號
BD11809號	BD13372號		
《大正藏》本卷六十四			
俄Ф113號	羽451號	BD16456號D	BD16456號B
BD16456號A	BD00684號	浙敦046	
《大正藏》本卷六十五			
津文2號	BD15310號	S.3185號	BD14425號
俄Дx3758號	俄Дx03254號		

（續表）

《大正藏》本卷六十六			
BD06016號	BD11950號	BD06018號	S.1534號
俄Дx9434號			
《大正藏》本卷六十七			
津藝174號	S.2160號	俄Дx8211號	俄Дx9061號
俄Дx9057號			
《大正藏》本卷六十八			
BD15353號	BD15318號	羽210號N	俄Дx12093號
俄Дx12105號			
《大正藏》本卷六十九			
《大正藏》本卷七十			
BD04611號	P.5589號		
《大正藏》本卷七十一			
BD06397號	俄Дx3575號	俄Дx17741號	
《大正藏》本卷七十二			
浙敦028號	BD10934號	BD11641號	BD06764號
俄Дx3463號	俄Дx4232號		
《大正藏》本卷七十三			
俄Дx12031號	俄Дx12153號		
《大正藏》本卷七十四			
俄Дx16118號	浙敦091號B	俄Дx11473號	俄Дx11435號
P.2739號	俄Дx00535號		
《大正藏》本卷七十五			
P.2739號	P.4838號	俄Дx10815號	俄Дx00202號
俄Дx4881號			
《大正藏》本卷七十六			
俄Дx4881號	榮寶齋1255號		
《大正藏》本卷七十七			
S.3673號	S.4241號	BD07764號	
《大正藏》本卷七十八			
俄Дx3480號	傅圖32號	俄Дx18172號	俄Дx18478號
《大正藏》本卷七十九			
俄Дx12543號	俄Дx10538號	S.4432號	羽210號P
BD12426號			
《大正藏》本卷八十			
S.4006號E			
《大正藏》本卷八十一			
羽210號Q	上圖042號	俄Дx8979號	

（續表）

《大正藏》本卷八十二			
P.2427號G	羽210號R	俄Дx7345號	
《大正藏》本卷八十三			
俄Дx12470號+俄Дx12488號		俄Дx8987號	俄Дx6290號A
《大正藏》本卷八十四			
臺圖96號	俄Дx12259號	俄Дx6944號	
《大正藏》本卷八十五			
俄Дx01085號	敦研223號	敦研064號	
《大正藏》本卷八十六			
俄Дx4038號+俄Дx4039號B		俄Дx9508號	俄Дx8230號
《大正藏》本卷八十七			
中村042號			
《大正藏》本卷八十八			
中村061號	BD01889號	浙敦027號	俄Дx4447號
S.4006號A	羽210號S	俄Дx15580號	
《大正藏》本卷八十九			
俄Дx182號+俄Дx183號		俄Дx11874號A	
《大正藏》本卷九十			
BD14087號	俄Дx7178號	俄Дx7268號	S.4195號
S.0461號	P.4525號P	P.4525號R	俄Дx8524號
《大正藏》本卷九十一			
津藝241號	P.2138號	浙敦126號A	BD01245號
羽210號T	俄Дx9424號		
《大正藏》本卷九十二			
羽470號			
《大正藏》本卷九十三			
羽470號	俄Дx7550號	羽210號V	
《大正藏》本卷九十四			
俄Дx00559號	津藝247號	俄Дx5014號	
《大正藏》本卷九十五			
津藝247號	BD14998號	羽471號	俄Дx8280號
大谷敦續編2–22號			
《大正藏》本卷九十六			
俄Дx3205號			
《大正藏》本卷九十七			
P.5561號	BD10165號	BD09890號	BD12148號
《大正藏》本卷九十八			
《大正藏》本卷九十九			
俄Дx11874號B	俄Дx3653號		

（續表）

《大正藏》本卷一百			
BD10212號	BD10006號	俄Дx00572號	S.6996號
俄Дx8027號	羽210號U	俄Дx7079號	俄Дx7086號
俄Э3號R			
其他相關寫本			
BD13502號	S.5695號		

三、敦煌漢文本《大智度論》卷品開合表 [1]

大正藏本卷次/品次	大智度經卷次/品次	摩訶衍經卷次/品次	大智論卷次/品次	大智度論卷次/品次	大智度經論卷次/品次	卷數尾題卷次/品次	蘇七寶寫經卷次/品次	據品題分類 [2] 卷次/品次
1/1				1/ S.1621號*	1/1 S.4614			
1/2		1/ BD05850號		1/ S.1621號*	2/2 大谷敦續編 2–21號			
2/3					2/3 大谷敦續編 2–21號		2/ S.7105號…俄 Дx05948號… 中村057號	
2/4							2/ S.7105號…俄 Дx05948號… 中村057號	
3/5								
3/6								
3/7								
4/8	7/ S.3865號							
5/9				5/6 P.2913號 5/4 P.4754號*				
5/10	9/ BD15298號			5/7 P.2913號 5/7 BD15150號				
6/11	9/ BD15298號							
6/12					8/ P.2106			

　　1　此表參《伊藤·分品·分卷表》，頁395。又星號所示依次爲本書敘録中之“大智度經摘抄”“大智度論釋經……”“大智度經釋論”寫本。

　　2　爲避繁瑣，據品題分類之六類寫卷皆彙于此。

（續表）

大正藏本 卷次/品次	大智度經 卷次/品次	摩訶衍經 卷次/品次	大智論 卷次/品次	大智度論 卷次/品次	大智度經論 卷次/品次	卷數尾題 卷次/品次	蘇七寶寫經 卷次/品次	據品題分類 卷次/品次
7/13				7/9 S.6796號	8/ P.2106			/9 俄Дx11543號 +俄Ф307號
7/14	S.6124號 12/ 津藝252號			7/10 S.6796號				/10 俄Дx11543號+俄 Ф307號
8/14餘	S.6124號 /10 BD07723號 12/ 津藝252號 13/ 俄Ф137號	8/ 羽001號 8/11 BD01364號						
9/14餘	/11 BD07723號							
9/15								
10/15餘								
11/16						11/14 BD01145號		
11/17						11/14 BD01145號		
11/18						11/15 BD01145號		
11/19						11/15 BD01145號		
11/20						11/15 BD01145號		
12/20餘								
13/21		13/17 S.2161號	13/ BD11818號 +BD03614號… BD07385號… BD07315號 +BD02251號					
13/22		13/17 S.2161號	13/ BD11818號 +BD03614號… BD07385號… BD07315號 +BD02251號					

（續表）

大正藏本 卷次/品次	大智度經 卷次/品次	摩訶衍經 卷次/品次	大智論 卷次/品次	大智度論 卷次/品次	大智度經論 卷次/品次	卷數尾題 卷次/品次	蘇七寶寫經 卷次/品次	據品題分類 卷次/品次
13/23		13/17 S.2161號	13/ BD11818號 +BD03614號… BD07385號… BD07315號 +BD02251號					
14/23餘			14/17 國博39號 14/17 上圖115號					14/18 BD03741號
14/24			14/18 國博39號 14/18 上圖115號					14/19 BD03741號
15/25								
15/26								
16/27								
17/28								
18/29	26/29 BD00428號							
18/30	26/30 BD00428號							
19/31	27/ 伍倫20號 28/30 俄Дx11892 號A +俄Дx12006 號 +BD11224號 +S.3677號							
20/32	28/31 俄Дx11892 號A+俄 Дx12006號 +BD11224號 +S.3677號							
20/33								
21/34								
21/35	30/33 中村016號							
21/36	30/34 中村016號							
22/36餘	32/ S.2866號 32/34 敦研331號					21/28 敦研030號		

（續表）

大正藏本 卷次/品次	大智度經 卷次/品次	摩訶衍經 卷次/品次	大智論 卷次/品次	大智度論 卷次/品次	大智度經論 卷次/品次	卷數尾題 卷次/品次	蘇七寶寫經 卷次/品次	據品題分類 卷次/品次
23/37	32/35 敦研331號			23/29 BD06638號 23/22 BD07581號… BD07752號*				/30 BD02833號 +BD16419號 /35 BD09853號 +俄Дx06109號 …S.6632號
23/38				23/30 BD06638號				/31 BD02833號 +BD16419號 /36 BD09853號+俄 Дx06109號 …S.6632號
24/39	34/ BD02901							/31 BD02833 +BD16419
25/40								
26/41	37/35 BD14901 +BD15352							
27/42	37/36 BD14901號 +BD15352號							
28/43								
28/44								
29/44餘		29/ 中村037號						
29/45		29/ 中村037號						
30/46	42/ S.4950號			30/ 津文3號				
30/47	42/ S.4950號			30/ 津文3號				
31/48	42/ S.4950號 43/ S.4960號	31/ BD07657號 +BD11921號 …中村019號		S.4006號B*		31/ 務本001號		
32/49	45/44 S.5393號	32/ 中村017號	32/40 S.1538號 +BD14081號					
33/50	45/45 S.5393號							

（續表）

大正藏本 卷次/品次	大智度經 卷次/品次	摩訶衍經 卷次/品次	大智論 卷次/品次	大智度論 卷次/品次	大智度經論 卷次/品次	卷數尾題 卷次/品次	蘇七寶寫經 卷次/品次	據品題分類 卷次/品次
33/51	46/45 羽207號							
34/51餘	46/46 羽207號 47/ S.5120號							
34/52	47/ S.5120號	/46 敦研303號						
35/2	47/2 S.1829號1 48/2 BD03729號							
35/3	47/3 S.1829號2 48/3 BD03729號							
36/3餘				36/ BD01227號	俄Дx01882號 +俄Дx02134 號			
37/3餘	51/3 S.7163號… BD11570號… BD08451號 +BD14086號							
38/4上	51/4 S.7163號… BD11570號… BD08451號 +BD14086號		38/ S.3483號					
39/4中						39/52 中村159號①	S.7454號 +P.4865號 A+BD05974號 +P.4865號B 39/ 羽469號	
40/4下			40/ P.5579號					40/4 S.5375號…S.0224 號
40/5								
40/6								
41/7			41/7 S.0227號	41/7 P.2082號2				
41/8			41/8 S.0227號	41/8 P.2082號2				
42/9			42/9 S.5130號					

（續表）

大正藏本 卷次/品次	大智度經 卷次/品次	摩訶衍經 卷次/品次	大智論 卷次/品次	大智度論 卷次/品次	大智度經論 卷次/品次	卷數尾題 卷次/品次	蘇七寶寫經 卷次/品次	據品題分類 卷次/品次
43/9下		43/9 P.2089號	43/9 俄Дx05786號+ 俄Дx05867號 +俄Дx05720號 +S.1830號					
43/10		43/10 P.2089號	43/10 俄Дx05786號+ 俄Дx05867號 +俄Дx05720號 +S.1830號					
44/11			44/11 S.0457號					
44/12			44/12 S.0457號					
45/13		45/13 S.5134號45/13 S.5132號45/13 S.2410號						
45/14		45/14 S.5134號45/14 S.5132號45/14 S.2410號						
45/15								
46/16			46/15 S.5126號 46/15 S.1407號 46/15 S.4968號					
46/17			46/16 S.5126號 46/16 S.1407號 46/16 S.4968號	46/16 P.2082號1				
46/18			46/17上 S.5126號 46/17上 S.1407號 46/17上 S.4968號	46/17 P.2082號1 S.4006號C*				
47/18餘			47/17下 S.4967號					
48/19		48/ BD14454號						

（續表）

大正藏本 卷次/品次	大智度經 卷次/品次	摩訶衍經 卷次/品次	大智論 卷次/品次	大智度論 卷次/品次	大智度經論 卷次/品次	卷數尾題 卷次/品次	蘇七寶寫經 卷次/品次	據品題分類 卷次/品次
49/20		49/19 S.2761號						
50/20餘		50/19 S.4953號	50/19下 S.5119號 50/19 S.4954號	50/19 MS00530號				
50/21	/20 S.5955號 +BD03026 號*	50/20 S.4953號	50/20 S.5119號 50/20 S.4954號	50/20 MS00530號				
51/22	/21 S.5955號 +BD03026 號*		51/21 S.5288號 +P.2199號 51/21 BD14082號					
51/23	/22 S.5955號 +BD03026 號*		51/22 S.5288號 +P.2199號 51/ 國博38號 51/22 BD14082號					
52/24	/23 S.5955號 +BD03026 號*	/23 俄Дx12223 號R						
52/25	/24 S.5955號 +BD03026 號*	BD08095號 +BD11474號… 津藝065號5… BD10817號… BD03533號 +BD08533號				52/24 S.1224…S.4312		
53/26								53/25 BD05501號B
54/27		/26 P.2143號		54/27 S.4006號D*				
55/28		55/27 BD14024號						/27 BD05776號
55/29		55/28 BD14024號						/28 BD05776號
56/30		56/29 BD06724號 +S.2988號						

（續表）

大正藏本 卷次/品次	大智度經 卷次/品次	摩訶衍經 卷次/品次	大智論 卷次/品次	大智度論 卷次/品次	大智度經論 卷次/品次	卷數尾題 卷次/品次	蘇七寶寫經 卷次/品次	據品題分類 卷次/品次
56/31		56/30 BD06724號 +S.2988號						
57/32						57/31 S.4492號 57/31 S.1888號 57/31 務本032號		
57/33						57/32 S.4492號57/32 S.1888號 57/32 務本032號		
58/34			58/33 BD14085號					
58/35			58/34 BD14085號					
58/36			58/35 BD14085號					
59/37			59/ BD05783號			59/36 S.2942號		
60/38								
61/39								
62/40								
62/41								
63/41餘						63/40 臺圖95號 S.0786號… BD11440號		
63/42	71/42 羽451號* BD13372號					63/41 臺圖95號 63/ BD11809號		
64/42餘	71/42 羽451號*					64/41 俄Φ113號		
64/43	71/43 羽451號*					64/42 俄Φ113號 64/42 BD00684號		
65/43餘	S.3185號*							
65/44	S.3185號*		65/ BD14425號					

（續表）

大正藏本 卷次/品次	大智度經 卷次/品次	摩訶衍經 卷次/品次	大智論 卷次/品次	大智度論 卷次/品次	大智度經論 卷次/品次	卷數尾題 卷次/品次	蘇七寶寫經 卷次/品次	據品題分類 卷次/品次
66/45			66/44上 BD06016號 +BD11950號⋯ BD06018號					
67/45餘			67/44下 津藝174號			67/44 S.2160號		
68/46			68/45 BD15318號[1] 68/45 BD15353號					
68/47			68/46上 BD15318號 68/46上 BD15353號					
69/47餘								
69/48								
70/48餘			70/47 BD04611號					
70/49			70/48 BD04611號					
71/50					71/50 BD06397號*			
71/51					71/51 BD06397號*			
71/52					71/52 BD06397號*			
71/53					71/53 BD06397號*			
72/54	76/ BD10934號 +BD11641 號⋯BD06764 號*					72/52、53 浙敦028號		
73/55								
73/56								
74/56餘								
74/57	/57 P.2739號 ⋯P.4838號*	74/ 俄Дx00535號						

1　BD15318 號首題作"大智論釋第四十六品　訖第四十七品上"，尾題作"大智論卷第六十八　釋第四十五品　訖第四十六品二"（"二"當爲"上"之誤），二者品序不一致，必有一誤；今從津藝 174 號之品序"44 下"推斷，此處品序當作"45""46"。BD15353 號抄寫内容與 BD15318 號相同，然首題"大智度論釋第四十五品　訖第四十六品上　卷第六十八"，可爲旁證。

（續表）

大正藏本卷次/品次	大智度經卷次/品次	摩訶衍經卷次/品次	大智論卷次/品次	大智度論卷次/品次	大智度經論卷次/品次	卷數尾題卷次/品次	蘇七寶寫經卷次/品次	據品題分類卷次/品次
75/57餘	/57 P.2739 號…P.4838 號*							
75/58	/58 P.2739 號…P.4838 號*							
75/59								/59 俄Дx04881號
76/60								/60 俄Дx04881號
76/61								
77/61餘					/61餘 S.3673號*			/60 S.4241號
77/62					/62 S.3673號*			/61 S.4241號
77/63								/62 S.4241號
78/64					78/64 傅圖32號*			
78/65					78/65 傅圖32號*			
79/65餘								
79/66								
80/67								
80/68				S.4006號E*				
81/68餘						81/67 上圖042號		
82/69								
83/69餘								
83/70								
84/70餘					84/70餘 臺圖96號*			
85/71					85/ 俄Дx01085 號*			
85/72								
85/73								
86/74								
86/75								
87/75餘								

（續表）

大正藏本 卷次/品次	大智度經 卷次/品次	摩訶衍經 卷次/品次	大智論 卷次/品次	大智度論 卷次/品次	大智度經論 卷次/品次	卷數尾題 卷次/品次	蘇七寶寫經 卷次/品次	據品題分類 卷次/品次
87/76		87/75 中村042號						
88/77		88/76 BD01889號			88/77 中村061號*			
88/78		88/77 BD01889號		90/ 浙敦027號 S.4006號A*	88/78 中村061號*			
89/78餘								
89/79								
90/80					90/80 BD14087號*			
91/81		91/81 津藝241號					91/ P.2138號	
92/82		93/82 羽470號						
93/82餘		93/82 羽470號						
93/83		93/83 羽470號						
94/83餘	95/83 津藝247號*							
94/84	95/84 津藝247號*							
95/85	95/85 津藝247號*					95/84 BD14998號 95/84 羽471號		
95/86						95/85 BD14998號 95/85 羽471號	95/ 大谷敦續編 2-22號	
96/87								
96/88								
97/88餘								
98/88餘								
99/89								/88 俄Дx11874號B
100/89餘								/89 S.6996號
100/90		100/ 俄Эз號R						/90 S.6996號

四、敦煌漢文本《大智度論》殘卷綴合表（185 號）

卷二	
1	S.7105 號⋯俄Дх05948 號⋯中村 057 號
卷三	
2	俄Дх09569 號+俄Дх00241 號
3	BD06869 號B+浙敦 091 號A
卷五	
4	俄Дх01803 號+俄Дх01804 號+俄Дх01805 號
卷六	
5	敦研 025 號+敦研 026 號
卷七	
6	俄Дх06662 號+俄Ф305 號
7	俄Дх11543 號+俄Ф307 號
卷八	
8	俄Дх03816 號+俄Дх06679 號+俄Дх06172 號
9	俄Дх11609 號+俄Дх11619 號+俄Дх11605 號
10	P.4939 號⋯俄Дх04411 號+俄Дх00526 號⋯BD14825 號DE⋯BD03564 號⋯俄Дх01092 號⋯BD14825 號CJ⋯BD14825 號CG
卷十三	
11	BD10440 號⋯BD10898 號
12	BD11818 號+BD03614 號⋯BD07385 號⋯BD07315 號+BD02251 號
卷十五	
13	俄Дх04445 號+俄Дх04619 號
卷十六	
14	俄Дх06364 號+俄Дх07310 號
15	俄Дх18637 號⋯俄Дх18618 號⋯俄Дх18636 號
卷十九	
16	BD15664 號+津藝 265 號
17	P.4584 號+P.4636 號 1
卷二十二	
18	S.0629 號⋯BD06811 號
卷二十三、二十四	
19	BD07581 號⋯BD07752 號
20	BD09853 號+俄Дх06109 號⋯S.6632 號
21	俄Дх12090 號+俄Дх12148 號
22	BD02833 號+BD16419 號
23	俄Дх09289 號+俄Дх09290 號
卷二十五	
24	俄Дх03793 號+俄Дх04097 號

（續表）

卷二十六	
25	俄 Дx15412 號 + 俄 Дx12901 號 + 俄 Дx12907 號
卷二十八	
26	俄 Дx11892 號 A+ 俄 Дx12006 號 +BD11224 號 +S.3677 號
卷二十九	
27	俄 Дx03502 號 + 俄 Дx02412 號 A
卷三十	
28	BD10227 號 +BD11714 號 +BD10758 號 +BD11070 號 +BD09666 號 … BD07658 號
卷三十一	
29	BD07657 號 +BD11921 號 … 中村 019 號
30	俄 Дx11630 號 + 俄 Дx04747 號
31	俄 Дx04038 號 + 俄 Дx04039 號 A
卷三十二	
32	S.1538 號 +BD14081 號
卷三十三	
33	敦研 052 號 … 敦研 224 號 + 敦研 264 號
34	敦研 171 號 + 敦研 143 號
卷三十六	
35	俄 Дx01882 號 + 俄 Дx02134 號
卷三十七	
36	BD14901 號 +BD15352 號
卷三十八	
37	俄 Дx17884 號 + 俄 Дx16305 號
卷三十九	
38	俄 Дx05157 號 + 俄 Дx04073 號 + 俄 Дx04078 號
39	S.7454 號 +P.4865 號 A+BD05974 號 +P.4865 號 B
卷四十	
40	S.5375 號 … S.0224 號
卷四十三	
41	俄 Дx05786 號 + 俄 Дx05867 號 + 俄 Дx05720 號 +S.1830 號
卷四十五	
42	俄 Дx06305 號 + 俄 Дx07888 號 + 俄 Дx06294 號 A
卷四十八	
43	俄 Дx12283 號 + 俄 Дx12284 號
卷五十	
44	俄 Дx03580 號 + 俄 Дx17631 號
卷五十、五十一、五十二	
45	S.5955 號 +BD03026 號

（續表）

46	S.5288 號 +P.2199 號
47	S.7163 號…BD11570 號…BD08451 號 +BD14086 號
48	BD08095 號 +BD11474 號…津藝 065 號 5…BD10817 號…BD03533 號 +BD08533 號
49	S.1224 號…S.4312 號
卷五十六	
50	BD06724 號 +S.2988 號
卷六十一	
51	俄 Дx08832 號 + 俄 Дx08833 號
52	俄 Дx07923 號… 俄 Дx06948 號
卷六十三	
53	S.0786 號…BD11440 號
54	俄 Дx11544 號 + 俄 Дx03320 號
卷六十四	
55	BD16456 號 D…BD16456 號 B…BD16456 號 A
卷六十五	
56	津文 2 號…BD15310 號
卷六十六	
57	BD06016 號 +BD11950 號…BD06018 號
卷六十七	
58	俄 Дx08211 號 + 俄 Дx09061 號… 俄 Дx09057 號
卷六十八	
59	俄 Дx12093 號 + 俄 Дx12105 號
卷七十一	
60	俄 Дx17741 號 + 俄 Дx03575 號
卷七十三	
61	俄 Дx12031 號 + 俄 Дx12153 號
卷七十四、七十五	
62	P.2739 號…P.4838 號
卷七十六	
63	BD10934 號 +BD11641 號…BD06764 號
卷七十九	
64	俄 Дx12543 號 + 俄 Дx10538 號
卷八十三	
65	俄 Дx12470 號 + 俄 Дx12488 號
卷八十六	
66	俄 Дx04038 號 + 俄 Дx04039 號 B
卷八十九	
67	俄 Дx00182 號 + 俄 Дx00183 號

（續表）

（續表）

卷九十	
68	俄 Дx07268 號＋俄 Дx07178 號
69	S.4195 號＋S.0461 號＋P.4525 號 16…P.4525 號 18
卷九十七	
70	BD 10165 號＋BD 09890 號＋BD 12148 號
卷一百	
71	BD 10212 號…BD 10006 號

五、敦煌漢文本《大智度論》題記彙總表

		一、田豐寫經
1	S.4614 號	昔雪山菩薩,八字捨身;香城大士,一言析骨。況我凡愚而不迴向。佛弟子田豐,躬率已財,兼勸有心,仰爲皇帝、文武百僚、七世父母、過見師尊及法界衆生,敬寫一切經論,願共成佛。
2	P.2106 號	昔雪山菩薩,八字捨身;香城大士,一言析骨。況我凡愚,而不迴向。佛弟子田豐,躬率已財,兼勸有心,仰爲皇帝、文武百僚、七世父母、過見師尊及法界衆生,敬寫一切經論,願共成佛。
3	浙敦 027 號	昔雪山菩薩,八字捨身;香城大士,一言析骨。況我凡愚,而不迴向。佛弟子田豐,躬率已財,兼勸有心,仰爲皇帝、文武百僚、七世父母、過見師尊及法界衆生,敬寫一切經論,願共成佛。
		二、元榮寫經
4	BD 05850 號	大代普泰二年歲次壬子□□乙丑▨(朔)二十五日己丑,弟子使持節散騎□□□諸□□□陽王元榮□□□
5	P.2143 號	大代普泰二年歲次壬子三月乙丑朔二十五日己丑,弟子使持節散騎常侍都督領(嶺)諸軍事車騎大將軍開國(府)儀同三司瓜州刺使(史)東陽王元榮,惟天地夭荒,王路否塞,群臣失禮,於慈(兹)多載。天子中興,是以遣息叔和,詣闕修受。弟子年老疹患,冀望叔和早得還迴。敬造《無量壽經》一百部,四十卷爲毗沙門天王,三十部爲帝釋天,三十部爲梵釋天王。造《摩訶衍》一百卷,三(四)十卷爲毗沙門天王,三十卷爲帝釋天王,三十卷爲梵釋天王。內律一部五十卷,一分爲毗沙門天王,一分爲帝釋天王,一分爲梵釋天王。《賢愚》一部,爲毗沙門天王。《觀佛三昧》一部,爲帝釋天王。《大雲》一部,爲梵釋天王。願天王等早成佛道,又願元祚無窮,帝嗣不絕,四方付化,惡賊退散,國豐民安,善願從心,含生有識,咸同斯願。
		三、蘇七寶寫經
6	S.7105 號…俄 Дx05948 號…中村 057 號	大業三年三月十五日,佛弟子蘇七寶爲亡父母敬寫《大智度論》一部。以此善根,先願法輪常轉,國祚永隆,五禾豐熟,人民興盛。當令七世考妣,樓神淨土,面奉慈尊;見在眷屬,災殃彌滅,萬善扶疏。逮及法界含生,永離羇彰(障),齊成正覺。
7	羽 469 號	大業三年三月十五日,佛弟子蘇七寶爲亡父母敬寫《大智度論》一部。以此善根,先願國祚永隆,人民興盛。當令七世考妣,樓神淨土,面奉慈尊;見在家室,內外眷屬,災殃彌滅,萬善扶疏。逮及法界含生,永離羇障,齊成正覺。玄福念佛。
8	國博 38 號	大業三年三月十五日,佛弟子蘇七寶爲亡父母敬寫《大智度論經》一部。以此善根,先願國祚永隆,人民興盛。當令七世考妣,樓神淨土,面奉慈尊;見在家室,內外眷屬,災殃彌滅,萬善扶疏。逮及法界含生,永離羇鄣,齊成正覺。
9	P.2138 號	大業三年三月十五日,佛弟子蘇七寶爲亡父母敬寫《大智論》一部。以此善根,先願法輪常轉,國祚永隆,五禾豐熟,人民興盛。當令七世考妣,樓神淨土,面奉慈尊;見在眷屬,災殃彌滅,萬善扶疏。逮及法界含生,永離羇彰(障),齊成正覺。

（續表）

10	大谷敦續編 2-22 號	大業三年三月十五日，佛弟子蘇七寶爲亡父母敬寫《大智度論》一部。以此善根，先願法輪常轉，國祚永隆，五禾豐熟，人民興盛。當令七世考姚，棲神淨土，面奉慈尊；見在眷屬，災殃彌滅，萬善扶疏。逮及法界含生，永離羈彰（障），齊成正覺。勘校定畢。
四、李思賢寫經		
11	S.0227 號	開皇十三年歲次癸丑四月八日，弟子李思賢敬寫供養。
12	S.5130 號	開皇十三年歲次癸丑四月八日，弟子李思賢敬寫供養。
13	S.0457 號	開皇十三年歲次癸丑四月八日，弟子李思賢敬寫供養。
14	S.4967 號	開皇十三年歲次癸丑四月八日，弟子李思賢敬寫供養。
15	S.4954 號	開皇十三年歲次癸丑四月八日，弟子李思賢敬寫供養。
16	S.5288 號+P.2199 號	開皇十三年歲次癸丑四月八日，弟子李思賢敬寫供養。
17	BD14085 號	▢▢▢歲次癸丑四▢▢▢子李思賢敬▢▢▢
18	BD11809 號	開皇十三年歲次癸丑四月八日，弟子李思賢敬寫供養。
五、尹夫人受持經		
19	S.5119 號	尹夫人受持。
20	S.5132 號	尹夫人受持。
21	BD12966 號	尹夫人受持。
22	BD12426 號	尹夫人受持。
六、泛彥芝寫經		
23	P.2082 號 1	菩薩戒佛弟子寧遠將軍折衝都尉泛彥芝爲亡夫人陰氏助成此經，資益亡者及法界眾生，同時作佛。
24	MS00530 號	菩薩戒弟子寧遠將軍折衝都尉泛彥芝爲亡夫人陰氏助成此經，資益亡者。
七、其他寫經		
25	S.1621 號	一百卷成部。
26	羽 001 號	大魏大統八年十一月十五日，佛弟子瓜州刺史鄧彥妻昌樂公主元，敬寫《摩訶衍經》一百卷，上願皇帝陛下國祚再隆，八方順軌。又願弟子現在夫妻、男女家眷，四大康健，殃災永滅；將來之世，普及眾生，同成正覺。
27	敦研 030 號	紙二十二張。一校道通。比丘僧泰。
28	中村 016 號	宗慶寫，用紙十七張。永平三年，課姚宋安寫，比字校竟。
29	BD02901 號	善泰寫，用紙▢▢▢
30	中村 037 號	開皇十七年四月一日，清信優婆夷袁敬姿謹減身口之費，敬造此經一部，永劫供養，願從今已去，災障殄除，福慶臻集，國界永隆，萬民安泰，七世久遠，一切先靈，并願離苦獲安，遊神淨國，罪滅福生，無諸障累，三界六道，怨親平等，普共含生，同升佛地。
31	BD07657 號+BD11921 號…中村 019 號	神龜二年八月十五日，經生令狐世康所寫。用紙四十三張。校竟（經）道人惠敞。

（續表）

32	中村 017 號	用紙二十五。延昌二年歲次癸巳六月二十日,敦煌鎮經生馬天安敬寫經成訖。校經道人、典經帥令狐崇哲。
33	BD 01975 號	一校。
34	敦研 303 號	通,一校已。
35	P. 2089 號	一校竟。比丘善惠所供養經。
36	BD 14454 號	比丘善慧所寫供養。
37	S. 4492 號	一校已,進業。
38	務本 032 號	一校竟。
39	S. 2942 號	法師帛慧融經,比丘安弘嵩寫。
40	BD 00684 號	用紙二十張。
41	S. 2160 號	比丘德朗經。
42	俄 Дx09424 號	紙十八張。

參考文獻

一、圖版類

1.〔日〕野上俊靜.大谷大學所藏敦煌古寫經[M].京都:大谷大學東洋學研究室,1965.

2.黄永武.國立中央圖書館藏敦煌卷子[M].臺北:石門圖書公司,1976.

3.黄永武.敦煌寶藏(全140冊)[M].臺北:新文豐出版公司,1981—1986.

4.〔俄〕俄羅斯科學院東方研究所聖彼德堡分所,俄羅斯科學出版社東方文學部,上海古籍出版社.俄藏敦煌文獻(全17冊)[M].上海:上海古籍出版社,1992—2001.

5.上海古籍出版社,法國國家圖書館.法國國家圖書館藏敦煌西域文獻(全34冊)[M].上海:上海古籍出版社,1994—2003.

6.天津藝術博物館,上海古籍出版社.天津市藝術博物館藏敦煌文獻(全7冊)[M].上海:上海古籍出版社,1996—1998.

7.天津市文物公司.天津市文物公司藏敦煌寫經[M].北京:文物出版社,1998.

8.段文傑.甘肅藏敦煌文獻(全6冊)[M].蘭州:甘肅人民出版社,1999.

9.上海圖書館,上海古籍出版社.上海圖書館藏敦煌吐魯番文獻(全4冊)[M].上海:上海古籍出版社,1999.

10.浙藏敦煌文獻編纂委員會.浙藏敦煌文獻[M].杭州:浙江教育出版社,2000.

11.史樹青.中國歷史博物館藏法書大觀(全15冊)[M].上海:上海教育出版社,2000—2001.

12.〔日〕磯部彰.臺東區立書道博物館所藏中村不折舊藏禹域墨書集成(全3冊)[M].東京:株式會社二玄社,2005.

13.任繼愈.國家圖書館藏敦煌遺書(全146冊)[M].北京:北京圖書館出版社,2005—2012.

14.方廣錩,〔英〕吳芳思.英國國家圖書館藏敦煌遺書(全50冊)[M].桂林:廣西師範大學出版社,2011—2017.

15.〔日〕武田科學振興財団杏雨書屋.敦煌秘笈(全9冊)[M].大阪:武田科學振興財団,2012.

16.方廣錩.務本堂藏敦煌遺書[M].桂林:廣西師範大學出版社,2013.

17.方廣錩.中央研究院歷史語言研究所傅斯年圖書館藏敦煌遺書[M].臺北:"中央研究院"歷史語言研究所,2013.

18.方廣錩.濱田德海搜藏敦煌遺書[M].北京:國家圖書館出版社,2016.

19.國際敦煌項目(International Dunhuang Project,簡稱IDP)網站[EB/OL].http://idp.nlc.cn/.

二、古籍類

20.〔東漢〕班固.漢書[M].北京:中華書局,1962.

21.〔劉宋〕范曄.後漢書[M].北京:中華書局,1965.

22.〔唐〕魏徵,等.隋書[M].北京:中華書局,1973.

23.〔東漢〕王充.論衡[M].上海:上海人民出版社,1974.

24.〔北齊〕魏收.魏書[M].北京:中華書局,1974.

25.〔宋〕歐陽修,等.新唐書[M].北京:中華書局,1975.

26.〔五代〕劉昫.舊唐書[M].北京:中華書局,1975.

27.鍾廣言.天工開物[M].北京:中華書局,1978.

28.〔宋〕邱雍,等.宋本廣韻[M].〔宋〕陳彭年,編.北京:中國書店,1982.

29.梁啓雄.荀子簡釋[M].北京:中華書局,1983.

30.〔宋〕丁度.集韻[M].北京:中國書店,1983.

31.〔宋〕朱熹.四書章句集注[M].北京:中華書局,1983.

32.〔清〕朱駿聲.説文通訓定聲[M].北京:中華書局,1984.

33.〔遼〕釋行均.龍龕手鏡[M].北京:中華書局,1985.

34.〔梁〕蕭統.文選[M].上海:上海古籍出版社,1986.

35.吳樹平.東觀漢記校注[M].鄭州:中州古籍出版社,1987.

36.〔梁〕顧野王.大廣益會玉篇[M].北京:中華書局,1987.

37.〔清〕紀昀.影印文淵閣四庫全書[M].上海:上海古籍出版社,1987.

38.〔清〕段玉裁.説文解字注[M].北京:中華書局,1988.

39.施安昌.顏真卿書干禄字書[M].北京:紫禁城出版社,1990.

40.〔唐〕李林甫.唐六典[M].北京:中華書局,1992.

41.任繼愈.中華大藏經(漢文部分)[M].北京:中華書局,1993.

42.《字典彙編》編委會.字典彙編[M].北京:國際文化出版公司,1993.

43.〔日〕大正一切經刊行會.大正新修大藏經[M].臺北:新文豐出版公司,1996.

44.〔清〕阮元.十三經注疏[M].上海:上海古籍出版社,1997.

45.陳奇遒.韓非子新校注[M].上海:上海古籍出版社,2000.

46.陳奇猷.呂氏春秋新校釋[M].上海:上海古籍出版社,2002.

47.楊琳.小爾雅今注[M].上海:漢語大詞典出版社,2002.

48.〔清〕顧藹吉.隸辨[M].北京:紫禁城出版社,2004.

49.李定生,等.文子校釋[M].上海:上海古籍出版社,2004.

50.〔春秋〕左丘明.左傳[M].長沙:岳麓書社,2006.

51.陳志堅.諸子集成[M].北京:燕山出版社,2008.

52.李之亮.司馬温公集編年箋注[M].成都:巴蜀書社,2009.

53.方勇.墨子[M].北京:中華書局,2011.

54.楊天才,等.周易[M].北京:中華書局,2011.

55.〔明〕李時珍.本草綱目[M].哈爾濱:黑龍江科學技術出版社,2012.

56.王世舜,等.尚書[M].北京:中華書局,2012.

57.余冠英.漢魏六朝詩選[M].北京:中華書局,2012.

58.王繼如.漢書今注[M].南京:鳳凰出版社,2013.

59.中華書局編輯部.全唐詩[M].北京:中華書局,2013.

60.〔西漢〕司馬遷.史記[M].北京:中華書局,2014.

61.〔唐〕玄奘.大唐西域記[M].北京:中華書局,2014.

62.〔宋〕洪邁.容齋隨筆[M].上海:上海古籍出版社,2015.

63.〔清〕王先慎.韓非子集解[M].上海:上海古籍出版社,2015.

64.王秀梅.詩經[M].北京:中華書局,2018.

三、今人論著類

65.陳垣.敦煌劫餘録[M].臺北:"中央研究院"歷史語言研究所,1931.

66.許國霖.敦煌石室寫經題記與敦煌雜録[M].上海:商務印書館,1937.

67.姜亮夫.敦煌學概論[M].昆明:雲南人民出版社,1955.

68.姜亮夫.敦煌——偉大的文化寶藏[M].上海:古典文學出版社,1956.

69.〔日〕藤枝晃.文字文化史[M].東京:岩波書店,1971.

70.北京圖書館善本組.敦煌劫餘録續編[M].北京:北京圖書館,1981.

71.敦煌文物研究所.敦煌莫高窟内容總録[M].北京:文物出版社,1982.

72.王重民.敦煌遺書總目索引[M].北京:中華書局,1983.

73.劉進寶.敦煌學論著目録:1909—1983[M].蘭州:甘肅人民出版社,1985.

74.王重民.巴黎敦煌殘卷敘録[M].臺北:新文豐出版公司,1985.

75.敦煌研究院.敦煌莫高窟供養人題記[M].北京:文物出版社,1986.

76.黃永武.敦煌遺書最新目録[M].臺北:新文豐出版公司,1986.

77.鄺士元.敦煌學研究論著目録[M].臺北:新文豐出版公司,1987.

78.慈怡.佛光大辭典[M].高雄:佛光山出版社,1989.

79.中國佛教協會.中國佛教[M].北京:知識出版社,1989.

80.〔日〕池田温.中國古代寫本識語集録[M].東京:東京大學東洋文化研究所,1990.

81.林聰明.敦煌文書學[M].臺北:新文豐出版公司,1991.

82.丁福保.佛學大辭典[M].上海:上海書店,1991.

83.〔日〕藤枝晃.漢字的文化史[M].瞿德芳,孫曉林,譯.北京:知識出版社,1991.

84.陳士強.佛典精解[M].上海:上海古籍出版社,1992.

85.朱慶之.佛典與中古漢語辭彙研究[M].臺北:文津出版社,1992.

86.王雲路,等.中古漢語語詞例釋[M].長春:吉林教育出版社,1992.

87.吳汝鈞.佛教大辭典[M].北京:商務印書館,1992.

88.〔法〕伯希和.巴黎圖書館敦煌寫本書目[M].北京:書目文獻出版社,1992.

89.李維琦.佛經釋詞[M].長沙:岳麓書社,1993.

90.朱慶之.佛典與中古漢語辭彙研究[M].臺北:文津出版社,1993.

91.中國佛教文化研究所.俗語佛源[M].上海:上海人民出版社,1993.

92.蔣禮鴻.敦煌文獻語言詞典[M].杭州:杭州大學出版社,1994.

93.徐中舒.漢語大字典[M].武漢:湖北辭書出版社,成都:四川辭書出版社,1995.

94.方廣錩.藏外佛教文獻[M].北京:宗教文化出版社,1995.

95.張涌泉.敦煌俗字研究[M].上海:上海教育出版社,1996.

96. 榮新江. 海外敦煌吐魯番文獻知見録[M]. 南昌: 江西人民出版社, 1996.

97. 張涌泉. 敦煌俗字研究導論[M]. 臺北: 新文豐出版公司, 1996.

98. 鄭炳林. 敦煌歸義軍義專題研究[M]. 蘭州: 蘭州大學出版社, 1997.

99. 方廣錩. 敦煌佛教經録輯校[M]. 南京: 江蘇古籍出版社, 1997.

100. 湯用彤. 漢魏兩晉南北朝佛教史[M]. 北京: 北京大學出版社, 1997.

101. 王素, 等. 魏晉南北朝敦煌文獻編年[M]. 臺北: 新文豐出版公司, 1997.

102. 蔣禮鴻. 敦煌變文字義通釋[M]. 上海: 上海古籍出版社, 1997.

103. 江藍生, 等. 唐五代語言詞典[M]. 上海: 上海教育出版社, 1997.

104. 羅竹風. 漢語大詞典[M]. 上海: 漢語大詞典出版社, 1997.

105. 黃征. 敦煌語文叢説[M]. 臺北: 新文豐出版公司, 1997.

106. 程千帆, 等. 校讎廣義·版本編[M]. 济南: 齊魯書社, 1998.

107. 潘吉星. 中國科學技術史·造紙與印刷卷[M]. 北京: 科學出版社, 1998.

108. 季羨林. 敦煌學大辭典[M]. 上海: 上海辭書出版社, 1998.

109. 〔俄〕孟列夫. 俄藏敦煌漢文寫卷敍録[M]. 上海: 上海古籍出版社, 1999.

110. 李維琦. 佛經續釋詞[M]. 長沙: 岳麓書社, 1999.

111. 施萍婷. 敦煌遺書總目索引新編[M]. 北京: 中華書局, 2000.

112. 方廣錩. 英國圖書館藏敦煌遺書目録(斯6981號—8400號)[M]. 北京: 宗教文化出版社, 2000.

113. 項楚. 敦煌歌辭總編匡補[M]. 成都: 巴蜀書社, 2000.

114. 張涌泉. 漢語俗字叢考[M]. 北京: 中華書局, 2000.

115. 賴永海. 中國佛教百科全書[M]. 上海: 上海古籍出版社, 2000.

116. 蘇寶榮. 詞義研究與辭書釋義[M]. 北京: 商務印書館, 2000.

117. 鄭阿財, 等. 敦煌學研究論著目録(1908—1997)[M]. 臺北: 漢學研究中心, 2000.

118. 申國美. 國家圖書館藏敦煌遺書研究論著目録索引:1900—2001[M]. 北京:北京圖書館出版社, 2001.

119. 褚良才. 敦煌學簡明教程[M]. 北京: 中華書局, 2001.

120. 榮新江. 敦煌學十八講[M]. 北京: 北京大學出版社, 2001.

121. 梁曉虹. 佛教與漢語詞彙[M]. 高雄: 佛光文化事業有限公司, 2001.

122. 王鍈. 唐宋筆記語辭彙釋[M]. 北京: 中華書局, 2001.

123. 曾良. 敦煌文獻字義通釋[M]. 廈門: 廈門大學出版社, 2001.

124. 蔡忠霖. 敦煌漢文寫卷俗字及其現象[M]. 臺北: 文津出版社, 2002.

125. 黃征. 敦煌語言文字學研究[M]. 蘭州: 甘肅教育出版社, 2002.

126. 王雲路. 辭彙訓詁論稿[M]. 北京: 北京語言文化大學出版社, 2002.

127. 李際寧. 佛經版本[M]. 南京: 江蘇古籍出版社, 2002.

128. 湛如. 敦煌佛教律儀制度研究[M]. 北京: 中華書局, 2003.

129. 姚永銘. 慧琳《一切經音義》研究[M]. 南京: 江蘇古籍出版社, 2003.

130. 黃征. 敦煌俗字典[M]. 上海: 上海教育出版社, 2005.

131. 梁曉虹, 等. 佛經音義與漢語詞彙研究[M]. 北京: 商務印書館, 2005.

132. 鄭阿財, 等. 敦煌學研究論著目録(1998—2005)[M]. 臺北: 樂學書局有限公司, 2006.

133. 王鐵鈞. 中國佛典翻譯史稿[M]. 北京：中央編譯出版社, 2006.

134. 方廣錩. 中國寫本大藏經研究[M]. 上海：上海古籍出版社, 2006.

135. 申國美. 中國散藏敦煌文獻分類目録[M]. 北京：北京圖書館出版社, 2007.

136. 劉進寶, 〔日〕高田時雄. 轉型期的敦煌學[M]. 上海：上海古籍出版社, 2007.

137. 許威漢. 漢語詞彙學導論[M]. 北京：北京大學出版社, 2008.

138. 申國美, 等. 英圖法藏敦煌遺書研究按號索引[M]. 北京：國家圖書館出版社, 2009.

139. 韓理洲, 等. 全北魏東魏西魏文補遺[M]. 西安：三秦出版社, 2010.

140. 劉顯. 敦煌寫本《大智度論》研究[M]. 北京：中國社會出版社, 2011.

141. 〔清〕曾國藩. 曾國藩全集[M]. 長沙：岳麓書社, 2011.

142. 林世田, 等. 敦煌佛典的流通與改造[M]. 蘭州：甘肅教育出版社, 2013.

143. 張涌泉. 敦煌寫本文獻學[M]. 蘭州：甘肅教育出版社, 2013.

144. 劉正成. 中國書法全集14·三國兩晉南北朝編·兩亞南北朝寫經寫本卷[M]. 北京：榮寶齋出版社, 2013.

145. 張涌泉. 敦煌文獻整理導論[M]. 杭州：浙江大學出版社, 2015.

146. 秦公, 等. 碑別字新編修訂本[M]. 北京：文物出版社, 2016.

四、論文類
（一）單篇論文

147. 〔日〕本田義英. 敦煌出土《智度論》に就て[J]. 宗教研究, 1929(3).

148. 〔日〕本田義英. 敦煌本《智度論》と現行藏經本その本文異同對校[M]//〔日〕本田義英. 仏典の内相と外相. 東京：弘文堂書房, 1934.

149. 〔日〕本田義英. 再び敦煌出土《智度論》に就て[M]//〔日〕本田義英. 仏典の内相と外相. 東京：弘文堂書房, 1934.

150. 李圓淨. 歷代漢文大藏經概述[J]. 南行, 1949(6).

151. 〔日〕幹鳥龍祥.《大智度論》の作者について[J]. 印度學佛教學研究, 1958, 7(1).

152. 〔日〕幹鳥龍祥.《大智度論》の作者について[J]. 印度學佛教學研究. 1958, 7(1).

153. 〔日〕佐藤心嶽. 中國における《大智度論》の研究講説とくに隋時代中心として[M]//〔日〕野上俊靜. 大谷大學所藏敦煌古寫經. 京都：大谷大學東洋學研究室, 1972.

154. 〔日〕臼田淳三. 敦煌出土《大智度論》の諸相(上)[J]. 佛教學研究, 1979.

155. 〔日〕臼田淳三. 敦煌出土《大智度論》の諸相(下)[J]. 佛教學研究, 1981.

156. 王力. 字典問題雜談[J]. 辭書研究, 1983(2).

157. 〔日〕小川隆. 敦煌本《大智度論》の惠能傳に關する一試論[J]. 駒澤大學大學院佛教學研究會年報, 1985.

158. 〔丹麥〕彼得森著、榮新江譯. 哥本哈根皇家圖書館藏敦煌寫本[J]. 敦煌學輯刊, 1987(1).

159. 李正宇. 敦煌遺書中的標點符號[J]. 文史知識, 1988(8).

160. 〔日〕加藤純章.《大智度論》的世界[J]. 諦觀, 1988(52).

161. 〔日〕藤純章.《大智度論》的世界[J]. 宏音, 譯. 諦觀, 1988(52).

162. 〔日〕蒙特.《大智度論》之作者及其翻譯[J]. 郭忠生, 譯. 諦觀, 1990(62).

163.〔比利時〕拉蒙特.《大智度論》之作者及其翻譯[J].郭忠生,譯.諦觀,1990(62).

164.印順.《大智度論》之作者及其翻譯[J].東方宗教研究,1990(2).

165.郭在貽,等.敦煌寫本書寫特例發微[C]//中國敦煌吐魯番學會.敦煌吐魯番學研究論文集.上海:漢語大詞典出版社,1990.

166.王雲路.辭書失誤考略[J].古漢語研究,1993(1).

167.方廣錩,等.敦煌經帙[J].敦煌學輯刊,1995(1).

168.〔日〕藤枝晃.敦煌寫本概述[J].徐慶全,等,譯.榮新江,校.敦煌研究,1996(2).

169.楊銘.重慶市博物館藏敦煌寫經目録[J].敦煌研究,1996(1).

170.〔日〕伊藤美重子.敦煌本《大智度論》の整理[M]//〔日〕氣賀澤保規.中國佛教石經の研究.京都大學學術出版會,1996.

171.鄧文寬.敦煌本《六祖壇經》書寫形式和符號發微[M]//中國文物研究所.出土文獻研究第3輯.北京:中華書局,1998.

172.黄征.吳士鑒舊藏敦煌北朝唐人寫卷的鑒定與考證[J].敦煌研究,1999(2).

173.王明艷.瓜沙州大王印考[J].敦煌學輯刊,2000(2).

174.王傳奇,等.湖北省博物館藏敦煌經卷概述[J].敦煌吐魯番研究,2001(5).

175.宗舜.《浙藏敦煌文獻》佛教資料考辨[M]//季羨林,等.敦煌吐魯番研究第6卷.北京:北京大學出版社,2002.

176.張小艷.删字符號"卜"與敦煌文獻的解讀[J].敦煌研究,2003(3).

177.馬德.俄藏敦煌寫經部分殘片内容的初步辨識——以《俄藏敦煌文獻》第六、七、八册爲中心[J].戒幢佛學,2005(3).

178.鄭炳林,等.敦煌寫本《籯金》研究[J].敦煌學輯刊,2006(2).

179.方廣錩.敦煌已入藏佛教文獻簡目[J].敦煌研究,2006(3).

180.鄭阿財.論敦煌俗字與寫本學之關係[J].敦煌研究,2006(6).

181.方廣錩.敦煌遺書與奈良平安寫經[J].敦煌研究,2006(6).

182.宗舜.六家散藏敦煌遺書之佛教文獻考辨[J].敦煌學研究,2006(1).

183.〔日〕衣川賢次.以敦煌寫經校訂《大正藏》芻議[M]//劉進寶,高田時雄.轉型期的敦煌學.上海:上海古籍出版社,2007.

184.劉顯.《大正藏》本《大智度論》校勘舉誤[J].遼東學院學報,2008(5).

185.劉顯.敦煌寫本《大智度論》殘卷綴合四則[J].敦煌學研究,2008(1).

186.劉顯.《漢語大詞典》收詞補遺十六則[J].魯東大學學報,2009(6).

187.劉顯.《大正藏》本《大智度論》校勘劄記[J].蘭州教育學院學報,2009(2).

188.劉顯.敦煌本《大智度論》學術價值初探[J].圖書館理論與實踐,2009(3).

189.劉顯.大藏經的校勘不應忽略敦煌寫本——以《大智度論》爲例[J].藝術百家,2009(5).

190.劉顯.敦煌寫本《大智度論》殘卷綴合研究[J].宗教學研究,2011(2).

191.劉顯.敦煌出土《大智度論》寫卷綴合十例[J].新世紀宗教研究,2011(4).

192.劉顯.《漢語大詞典》收詞補遺十四則[J].貴陽學院學報,2011(3).

193.劉顯.《漢語大詞典》釋義訂補六則[J].貴陽學院學報,2011(1).

194.劉顯.敦煌出土《大智度論》寫卷綴合六則[J].新世紀宗教研究,2012(3).

195. 趙鑫曄.《俄藏敦煌文獻》第 11 册佛經殘片初步綴合研究［M］// 西南大學出土文獻綜合研究中心，西南大學漢語言文獻研究所. 出土文獻研究集刊第一輯,成都: 巴蜀書社,2014.

196. 張磊,等. 俄藏楷書《大智度論》寫本殘片綴合研究［J］. 復旦學報,2015(6).

197. 郝春文. 敦煌寫本學與中國古代寫本學［J］. 中國高校社會科學,2015(2).

（二）學位論文

198. 史光輝. 東漢佛經辭彙研究［D］. 浙江大學博士學位論文,2001.

199. 蔣宗福. 敦煌禪宗文獻研究［D］. 四川大學博士學位論文,2002.

200. 王紹峰. 初唐佛典辭彙研究［D］. 浙江大學博士學位論文,2002.

201. 張小艷. 敦煌書儀語言研究［D］. 浙江大學博士學位論文,2004.

202. 景盛軒. 敦煌本《大般涅槃經》研究——以版本、異文及訓詁爲中心［D］. 浙江大學博士學位論文,2004.

203. 朱大星. 敦煌本《老子》研究［D］. 浙江大學博士學位論文,2004.

204. 陳建敏.《大智度論》複音詞研究［D］. 南京師範大學碩士學位論文,2009.

205. 劉顯. 敦煌寫本《大智度論》研究［D］. 南京師範大學博士學位論文,2010.

206. 郭曉燕. 敦煌本《大智度論》寫本考［D］. 浙江師範大學碩士學位論文,2015.

207. 鍾玉娟. 敦煌本《大智度論》文字與書法美學研究［D］. 海南大學碩士學位論文,2019.

後 記

我從 2007 年讀博士開始，即在業師黄征教授指導之下，系統整理研究敦煌本《大智度論》，2010 年完成博士學位論文《敦煌寫本〈大智度論〉研究》，2011 年學位論文在中國社會出版社出版，2013 年《敦煌寫本〈大智度論〉研究》一書獲海南省第七次社會科學優秀成果獎，2013 年以該書爲基礎申報的國家社會科學基金項目"敦煌寫本《大智度論》整理研究"成功獲批。

本書上篇即以博士學位論文爲基礎修訂擴充而成，修訂之處如下：第一章第一節"《大智度論》的傳譯"删去了鳩摩羅什生平介紹，行文作出調整，使表述更爲簡潔明了。新增第二節"敦煌漢文本《大智度論》概述"、第三節"敦煌漢文本《大智度論》的流傳"。第四節"敦煌漢文本《大智度論》研究綜述"新增2010—2019 年間的相關成果。第二章"叙録"主要對五個方面作出修訂，一是收録寫卷總數由 190 號增至486 號；二是將寫卷以文本先後爲序排列，調整爲按傳本系統爲序分類編排；三是殘卷綴合數量由 55 號（29組），增加至 185 號（71 組）；四是綴合示意圖製作方法由 QQ 截圖改進爲 Adobe Photoshop 製圖；五是對原有叙録作出全面訂補。第三章前五節在例證、注釋等方面均有調整與充實，新增第六節"文獻彙抄"、第七節"文多疏誤"。第四章"异文研究"爲新增。第五章第一節"《大正藏》本《大智度論》校勘示例"中的示例全部更新，新增第二節"敦煌漢文本《大智度論》校勘示例"。第六章第一節"俗字研究"爲新增，第二節"詞彙研究"中的示例全部更新。附表二、三、四爲新增。修訂的主要目的是吸收十年間的最新研究成果，充分反映學術前沿。本書下篇爲此次新增内容，該部分的撰寫用力最勤，耗時最久。《大智度論》素有佛教百科全書之稱，卷帙浩繁，全論多達 100 多萬字，而敦煌本複本衆多且多殘卷，整理難度極大。爲此，我和項目組成員投入了大量時間和精力，對全部 486 號《大智度論》寫卷前後進行過四次全文對校，共出校勘記 16811 條。寒來暑往，數易其稿，回首往事，個中艱辛實難爲外人道也！

在本書的撰寫過程中，諸位良師益友給我提供了許多支持與幫助，在此一併致以衷心的謝意！

首先我要特別感謝導師黄征先生。我在南京師範大學攻讀碩士、博士期間，均忝列先生門下，是先生將我領入敦煌學研究的神聖殿堂。書稿從選題到框架，從資料的搜集到一些具體問題的研究，先生都傾注了大量心血。如果没有先生的精心指導，就不會有本書稿的最后完成。二十年來先生對我的教益和關懷，必將銘刻胸中，永志不忘！

我還要感謝導師郝春文先生。我在首都師範大學訪學期間，有幸參與了先生主持的國家社會科學基金重大項目"英藏敦煌社會歷史文獻整理與研究"，在課題研究過程中，先生結合具體實例，傳授給我很多敦煌文獻整理的科學方法，令我獲益終生。同時，先生也撥冗對書稿悉心審讀，指出了不少問題和錯誤，使我在後期修訂中，下筆如有神。

感謝國家社科基金的匿名審稿專家們，他們在充分肯定書稿學術價值的同時，提出了詳細的修改意見，讓我少走了很多彎路。

感謝廣陵書社對本書出版的大力支持。

感謝海南大學 2019 年度人文社會科學高水平學術著作出版資助項目、海南省中國文學研究中心、海南省特色重點學科"中國語言文學"提供出版資助。

本書第六章第一節"俗字研究"由友生鍾玉娟撰稿,第二節"詞彙研究"的示例部分由友生黃梅梅撰稿,部分綴合示意圖亦由黃梅梅製作,她們的辛苦付出,爲本書增色不少。

此外,還有不少師友和同學也爲本書的撰寫提供過各種形式的幫助,在此恕不一一列名。

最後需要説明的是,本書的實際定稿時間爲 2019 年 6 月,故此後公佈的《大智度論》寫卷及相關研究成果均未能參考,而且隨着今後世界各地收藏的敦煌文獻的全面公佈,以及英藏敦煌文獻殘片辨識成果的出現,仍陸續會有《大智度論》寫卷浮出水面,這一遺憾只能留待他日再版時彌補了。

本書從初稿撰寫到最後定稿,雖歷時十三年,其間經多次修改,但疏誤仍在所難免,期待海内方家予以批評和幫助!

劉　顯

2021 年 1 月 16 日